བྱང་ཇོས་སྤྲུལ་པ་སྟེ་ཡི་ལྷ་ཁང་དུ། །གནས་ལྔ་རིག་པའི་མཐར་སོན་འཇམ་པའི་དབྱངས། །
དྲིགས་ལྡན་རྒོལ་བ་འཇོམས་པའི་དཔའ་བོ་ཆེ། །ས་སྐྱ་པཎ་ཆེན་ཞབས་ལ་གསོལ་བ་འདེབས། །

ཚར་ཆེན་བློ་གསལ་རྒྱ་མཚོས།

ཀ།།ཆ།ཁཡ།རྫོགས། ༧

༄༅། །དཔལ་ས་སྐྱའི་སྡོམ་གསུམ་ཕྱོགས་བསྒྲིགས་བཞུགས་སོ།།

པོད་བདུན་པ།

མང་ཐོས་ཀླུ་སྒྲུབ་རྒྱ་མཚོ་སོགས་ཀྱིས་མཛད།

སི་ཁྲོན་བོད་ཡིག་དཔེ་རྙིང་བསྡུ་སྒྲིག་ཁང་གིས་བསྒྲིགས།

རྒྱལ་ཁབ་དཔེ་མཛོད་དཔེ་སྐྲུན་ཁང་།

དཀར་ཆག

༄༅། །སྡོམ་གསུམ་བརྒྱུད་འདེབས་ལམ་རིམ་དང་བཅས་པ་དངོས་གྲུབ་ཀྱི་ཕོ་ཉ་ཞེས་བྱ་བ་བཞུགས་སོ། །

མང་ཐོས་ཀླུ་སྒྲུབ་རྒྱ་མཚོ།

མཁྱེན་པའི་རལ་གྲིས་མ་རིག་གཡུལ་ལས་རྒྱལ། །རྩ་བའི་ཆུ་རྒྱུན་སྐལ་ལྡན་བྱུང་བའི་གཉེན། །དུས་གསུམ་རྒྱལ་བའི་གཉེན་གཅིག་འཇམ་པའི་དབྱངས། །སྙིང་ནས་གསོལ་བ་འདེབས་སོ་བྱིན་གྱིས་རློབས། །འཇམ་དབྱངས་མཁྱེན་རྩེའི་རི་མོ་རྣམ་བཀྲའི་གཟུགས། །རྣམ་དག་འཁོན་གྱི་བཞིན་རས་ལ་འཕོས་ནས། །གངས་ཅན་བསྟན་པ་གསལ་མཛད་ས་སྐྱ་པ། །ས་གསུམ་འགྲོ་བའི་བླ་མ་འཕགས་པའི་ཞབས། །དེ་སྲས་མཁས་པ་ཕྱུལ་ཕྱིན་སྤྱི་ལུང་པ། །ལུང་རིགས་སྨྲ་བ་མཁས་པ་དཀོན་མཆོག་གྲགས། །ཕར་ཕྱིན་བསྟན་པའི་མངའ་བདག་མི་ཕམ་གཡག །གསང་སྔགས་བསྟན་པའི་མངའ་བདག་ཨེ་ཝཾ་པ། །ཟབ་ལམ་བསྟན་པ་འཛིན་པའི་གཞོན་སེང་ཞབས། །གྲུབ་པའི་གཙུག་རྒྱན་མུས་ཆེན་འཁོར་ལོ་སྡོམ། །མཁས་པའི་མཆོག་གྱུར་གུང་རུ་ཤེས་རབ་བཟང་། །ནུས་པའི་མངའ་བདག་རྒྱལ་ཚབ་ཀུན་དགའི་མཚན། །བསོད་ནམས་གངས་རིའི་དུམ་ཁྲོད་ལྷུན་པོའི་སྦྱོར། །འཆད་རྩོད་རྩོམ་པའི་ལུང་རིགས་སེང་གེའི་སྒྲས། །སྨྲ་ངན་ཝ་ཚོགས་སྐྲག་མཛད་གོ་བའི་མཚན། །མཁས་གྲུབ་མཚུངས་མེད་གློ་བོ་མཁན་ཆེན་ཞབས། །འཇམ་མགོན་དཔའ་བོ་ཀུན་དགའ་གྲོལ་མཆོག་རྗེ༑ ༑མང་དུ་ཐོས་པའི་ནོར་ལྡན་ཀླུ་སྒྲུབ་མཆོག །སྙིང་ནས་གསོལ་བ་འདེབས་སོ་བྱིན་གྱིས་རློབས། །

༈ སོ་ཐར་སྡོམ་པ་ངེས་འབྱུང་གཞི་ལ་གནས། །བྱང་སེམས་སྡོམ་པས་བདག་གཞན་མཉམ་ཉིད་འབྱོངས། །རིག་འཛིན་སྡོམ་པས་སྟོང་བཅུད་བདེ་ཆེན་དང་། །སྡོམ་གསུམ་བརྒྱུད་པའི་བླ་མར་སྙིང་ནས་འདུད། །ལུགས་གཉིས་སོ་ཐར་འདུལ་བའི་གནང་བཀག་ཤེས། །གོང་འོག་སྟོན་པའི་ལས་འབྲས་སྤངས་བླང་ཤེས། །དྲང་ངེས་མདོ་སྡེའི་གཞི་ལམ་ལྟ་བ་རྟེན། །སོ་ཐར་སྐབས་ཀྱི་བསྟན་ལ་གནས་པར་ཤོག །བསྟན་ལ་གནས་ནས་འཆད་རྩོད་རྩོམ་པ་དང་། །ཐོས་བསམ་སྒོམ་པས་བསྟན་པ་འཛིན་པ་དང་། །བཟུང་བའི་བསྟན་པ་ཡུན་རིང་གནས་བྱས་ནས། །ཕྱི་མ་མངོན་དགའི་ཞིང་དུ་སྐྱེ་བར་ཤོག །ལུགས་གཉིས་སེམས་བསྐྱེད་མི་འདྲའི་ཁྱད་པར་ཤེས། །བསླབ་བྱ་བརྗེ་བའི་གནད་ཀྱི་སྙིང་པོ་ལོངས། །མུ་བཞི་ལྷུང་བའི་གནད་ཀྱི་གནང་བཀག་ཕྱེད། །

བྱང་སྡོམ་སྐབས་ཀྱི་བསྟན་ལ་གནས་པར་ཤོག །བསྟན་ལ་གནས་ནས་ཞེས་འགྲེ། སྨིན་བྱེད་དབང་བཞིའི་སྐྱ་བཞིའི་ས་བོན་སྨིན། །གྲོལ་བྱེད་ལམ་གྱི་ཉམས་མྱོང་ལྷ་བ་སྐྱེ། །བོགས་འབྱིན་སྤྱོད་པས་བཅུ་གསུམ་ས་ལམ་བགྲོད། །སྔགས་སྡོམ་སྐབས་ཀྱི་བསྟན་ལ་གནས་པར་ཤོག །བསྟན་ལ་ཞེས་སོགས༞དེ་ལྟར་སྡོམ་གསུམ་རྒྱུད་པའི་གསོལ་འདེབས་ལམ་རིམ་དང་བཅས་པ་དངོས་གྲུབ་ཀྱི་ཕོ་ཉ་ཞེས་བྱ་བ་འདི། ཤཱཀྱའི་དགེ་སློང་རྡོ་རྗེ་འཛིན་པ་ལས་ཆེན་ཆོས་དོན་འགྲུབ་ཅེས་བྱ་བས་སྐུལ་བ་ལས། ཤཱཀྱའི་དགེ་སློང་སྡོམ་པ་གསུམ་གྱི་རྒྱལ་མཚན་འཛིན་པ་ན་གཙྫུ་ན་ཞེས་བྱ་བས་ཡ་ག་ཆོས་སྡིང་ཆོས་ཀྱི་སྐྱིད་ཚལ་དུ་སྦྱར་བའོ། །

ༀ ཆོས་རྗེ་ས་སྐྱ་པཎྜི་ཏ་ཀུན་དགའ་རྒྱལ་མཚན་དཔལ་བཟང་པོས་མཛད་པའི་ཆོས་དང་ཆོས་མ་ཡིན་པ་རྣམ་པར་འབྱེད་པའི་བསྟན་བཅོས་སྡོམ་པ་གསུམ་གྱི་རབ་ཏུ་དབྱེ་བ། ཀུན་མཁྱེན་ཆེན་པོས་མཛད་པའི་སྤྱི་དོན་བཇ་བདུན་གྱི་རྒྱལ་པོ་སྡོམ་གསུམ་ཉམས་ལེན་གསལ་བ་ཞེས་བྱ་བ་དང་། ཊཱི་ཀཱ་རྒྱལ་བའི་གསུང་རབ་ཀྱི་དགོངས་གསལ་གཉིས་ཀྱི་སྟེང་ནས་བཤད་ལུང་ཞིབ་ཏུ་ཐོབ་པའི་བརྒྱུད་པ་ནི། ཆོས་རྗེ་ས་སྐྱ་པཎྜི་ཏ། འཕགས་པ་བློ་གྲོས་རྒྱལ་མཚན། ཆོས་རྗེ་སྦྲུ་ལུང་པ། མཁས་པ་དཀོན་མཆོག་གྲགས། གཡག་མི་ཕམ་ཆོས་ཀྱི་བླ་མ། ངོར་ཆེན་ཀུན་དགའ་བཟང་པོ། ཆོས་རྗེ་གཞོན་ནུ་སེང་གེ། མུས་ཆེན་དཀོན་མཆོག་རྒྱལ་མཚན། གུང་རུ་ཤེས་རབ་བཟང་པོ། ཀུན་མཁྱེན་བསོད་ནམས་སེང་གེ། འདྲེན་མཆོག་དཀོན་མཆོག་འཕེལ། རྒྱལ་བ་ལྷ་མཆོག་སེང་གེ། རྗེ་སངས་རྒྱས་སེང་གེ། ཆོས་རྗེ་ཀུན་དགའ་མཆོག་ལྡན། འདྲེན་མཆོག་ནམ་མཁའ་དཔལ་བཟང་། འཇམ་དབྱངས་ཀུན་དགའ་བསོད་ནམས་ལྷུན་གྲུབ། དེས་བདག་ས་སྐྱ་པ་ངག་དབང་ཀུན་དགའ་བསོད་ནམས་ལའོ།། །།

༄༅། །སྡོམ་པ་གསུམ་གྱི་རབ་ཏུ་དབྱེ་བའི་དཀའ་འགྲེལ་གནད་ཀྱི་སྙིང་པོ་གསལ་བྱེད་ཅེས་བྱ་བ་བཞུགས་སོ། །

མང་ཐོས་ཀླུ་སྒྲུབ་རྒྱ་མཚོ།

ལེགས་བཤད་འབྱེད་པའི་བློ་གྲོས་འོད་སྟོང་གིས། །བདག་བློའི་རྣམ་དཀར་པད་ཚལ་ཁ་ཕྱེ་ནས། །རྒྱལ་བ་དགེས་པའི་ཟབ་དོན་སྦྲང་རྩིའི་བཅུད། །སྦྱིན་མཁས་ཁོ་བོའི་ཡོངས་འཛིན་བླ་མ་རྒྱལ། །འཇིག་རྟེན་ལྷ་མའི་སྟོན་པ་ཟས་གཙང་སྲས། །སྨྲ་མཁས་ངག་གི་དབང་པོ་འཇམ་པའི་དབྱངས། །འཛམ་གླིང་མཁས་པའི་རྒྱན་གཅིག་ས་སྐྱ་པ། །བསྟགས་འོས་བརྒྱུད་པའི་བླ་མ་ཕྱག་གི་གནས། །གཞུང་ལུགས་འབུམ་སྡེའི་མཐའ་བདག་འབུམ་ཕྲག་གསུམ། །བློ་གསལ་འབུམ་སྡེའི་སྒོ་འབྱེད་ལུགས་ཐང་རྗེ། །མན་ངག་འབུམ་སྡེའི་གསལ་བྱེད་བཟང་པོའི་མཚན། །མཉན་ཡོད་བརྒྱུད་པའི་བླ་མ་གཙུག་ན་དགེ། །ཟབ་མོའི་བཅུད་བསྡུས་སྡོམ་གསུམ་འདབ་བརྒྱའི་ཚལ། །ཁོ་བོའི་རྣམ་དཔྱོད་འོད་བརྒྱའི་རབ་ཕྱེ་ཡིས། །བློ་གསལ་སྐལ་བཟང་ལྡན་པའི་སྦྲང་རྩིས་སྐྱོང་། །དགའ་བའི་ཡིད་རྒྱས་མགྲིན་པའི་གསུང་སྣན་སྒྲོགས། །

ཞེས་མཆོད་པར་བརྗོད་ཅིང་རྩོམ་པར་དམ་བཅའ་སྔོན་དུ་བཏང་ནས། ཆོས་དང་ཆོས་མ་ཡིན་པ་རྣམ་པར་འབྱེད་པའི་བསྟན་བཅོས་སྡོམ་པ་གསུམ་གྱི་རབ་ཏུ་དབྱེ་བ་འདི་འཆད་པར་བྱེད་པ་ལ། བསྡུས་དོན་གསུམ་སྟེ༑ ཐུན་མོང་བསྟན་པའི་རྩ་བ་སོར་སྡོམ་ལ། །འཁྲུལ་པ་འགོག་པ་སོ་ཐར་སྡོམ་པའི་སྐབས། །ཐེག་ཆེན་བསྟན་པའི་སྙིང་པོ་བྱང་སྡོམ་ལ། །འཁྲུལ་པ་འགོག་པ་བྱང་སེམས་སྡོམ་པའི་སྐབས། །གསང་སྔགས་བསྟན་པའི་ཉིང་ཁུ་སྔགས་སྡོམ་ལ། །འཁྲུལ་པ་འགོག་པ་རིག་འཛིན་སྡོམ་པའི་སྐབས། །ཞེས་པ་ལྟར། སོ་ཐར་འདུལ་བ་ནས་བཤད་པ་ལྟར་ཉམས་སུ་ལེན་པའི་སྐབས་དང་པོ་བཤད་པ། བྱང་སྡོམ་མདོ་སྡེ་ནས་བཤད་པ་ལྟར་ཉམས་སུ་ལེན་པའི་སྐབས་གཉིས་པ་བཤད། སྔགས་སྡོམ་རྒྱུད་སྡེ་ནས་བཤད་པ་ལྟར་ཉམས་སུ་ལེན་པའི་སྐབས་དང་གསུམ་མོ། །དང་པོ་འཆད་པ་ལ་གསུམ། སྐབས་གསུམ་སྤྱིའི་སྔོན་འགྲོའི་ཆོས་བཞི་བཤད་པ། དངོས་གཞི་སོ་ཐར་སྐབས་ཀྱི་རང་བཞིན་བཤད་པ། སྐབས་འདི་རྫོགས་པའི་རྗེས་ཀྱི་བྱ་བ་བཤད་པའོ། །དང་པོ་ལ་བཞི་སྟེ། བརྗོད་བྱ་བྱེད་ལས་ལྡན་པ་མཚན་གྱི་དོན། དགོས་པ་གསུམ་ལྡན་བླ་མ་ལ་མཆོད་པར་བརྗོད་པ། དགོས་པ་

གསུམ་ལྡན་ཁས་ལེན་དམ་བཅའ་བཤད་པ། དགོས་པ་གསུམ་ལྡན་ལུས་ཀྱི་གཙོ་བོ་བསྡུ་བའོ། །དང་པོ་ལ། བླ་མ་དམ་པའི་ཞབས་ལ་མཆོད་བརྗོད་དངོས། མཆོད་ཡུལ་དམ་པའི་ཡོན་ཏན་བསྡུས་ཏེ་བསྟན། མཆོད་ནས་དམ་པའི་ལས་ལ་གདམས་པའོ། །དང་པོ་ནི། གང་བཤད་པར་བྱ་བའི་བསྟན་བཅོས་འདི་ཆོས་ཅན། ཁྱོད་ལ་སྡོམ་པ་གསུམ་གྱི་རབ་ཏུ་དབྱེ་བ་ཞེས་བྱ་སྟེ། བརྗོད་བྱ་ཧོ་ཧྲི་རྟེ་མོ་ལས། སོ་སོར་ཐར་དང་བྱང་ཆུབ་སེམས། །རིག་འཛིན་རང་གི་ངོ་བོའོ། །ཞེས་པ་ལྟར་གྱི། བསྟན་པའི་རྩ་བ་སོར་སྡོམ། བསྟན་པའི་སྙིང་པོ་བྱང་སྡོམ། བསྟན་པའི་ཉིང་ཁུ་སྔགས་སྡོམ། བྱེད་ལས། འཁྲུལ་མ་འཁྲུལ་གྱི་རབ་དབྱེ་ཕྱིན་ཅི་མ་ལོག་པར་སྟོན་པའི་བསྟན་བཅོས་རྣམ་དག་ཡིན་པའི་ཕྱིར། ཡང་བསྟན་བཅོས་འདི་ཆོས་ཅན། ཁྱོད་ལ་སྡེ་སྣོད་གསུམ་དང་རྒྱུད་སྡེ་བཞིའི་རབ་ཏུ་དབྱེ་བ་ཞེས་ཀྱང་འདོགས་སུ་རུང་སྟེ། སོར་སྡོམ་དང་བྱང་སྡོམ་གྱི་ཉམས་ལེན་དག་མ་དག་གི་རབ་དབྱེ་གཏན་ལ་ཕབ་པས། འདུལ་བ་དང་མདོན་པའི་བརྗོད་བྱ་ཕྱིན་ཅི་མ་ལོག་པར་གཏན་ལ་འབེབས། སྔགས་སྡོམ་གྱི་ཉམས་ལེན་དག་མ་དག་གི་རབ་དབྱེ་གཏན་ལ་ཕབ་པས། རྒྱུད་སྡེ་བཞིའི་བརྗོད་དོན་ཕྱིན་གྱི་མ་ལོག་པར་གཏན་ལ་འབེབས་པའི་ཕྱིར།

གཉིས་པ་ལ་གསུམ། བླ་མ་དམ་པའི་ཞབས་ལ་མཆོད་བརྗོད་དངོས། མཆོད་ཡུལ་དམ་པའི་ཡོན་ཏན་བསྡུས་ཏེ་བསྟན། མཆོད་ནས་དམ་པའི་ལས་ལ་འཇུག་པར་གདམས་པའོ། །དང་པོ་ལ་དགོས་དོན། བསྡུས་དོན། ཚིག་དོན་དང་གསུམ། དང་པོ་ནི། དཔལ་ལྡན་ས་སྐྱ་པཎྜི་ཏས་སྡོམ་གསུམ་རབ་དབྱེ་རྩོམ་པའི་ཐོག་མར་རྗ་བའི་བླ་མ་གྲགས་པ་རྒྱལ་མཚན་ལ་ཕྱག་འཚལ་བ་ཆོས་ཅན། དགོས་པ་ཡོད་དེ། རྩོམ་པ་པོ་རང་གི་རྒྱུད་ལ་བསོད་ནམས་འཕེལ་ནས་རྩོམ་པ་མཐར་ཕྱིན། ཉན་པ་པོའི་རྒྱུད་ལ་བསོད་ནམས་འཕེལ་ནས་བཤད་ཉན་མཐར་ཕྱིན། དེ་གཉིས་ལ་བརྟེན་ནས་རྒྱལ་བའི་བསྟན་པ་ཡུན་རིང་དུ་གནས་པའི་དགོས་པ་གསུམ་ཡོད་པའི་ཕྱིར་ཏེ། མཁས་པ་འཇུག་སྒོ་ལས། བསྟན་བཅོས་བྱེད་པའི་དམ་པ་ཡིས། །སྟོན་པ་ལ་ནི་མཆོད་བརྗོད་བྱ། །བསྟན་པ་སྤེལ་ཕྱིར་དགེ་བའི་ཚིག །འདི་ལ་འཐད་པ་བཟང་པོ་མཐོང་། །ཞེས་བཤད་པའི་ཕྱིར།

གཉིས་པ་གང་ལ་ཕྱག་འཚལ་བའི་ཡུལ། གང་གིས་ཕྱག་འཚལ་བའི་གང་ཟག །ཇི་ལྟར་ཕྱག་འཚལ་བའི་ཚུལ་ལོ། །དང་པོ་ལ་གསུམ། བླ་མ་ངོས་བཟུང་། རྩ་བའི་བླ་མ་ངོས་བཟུང་། བླ་མ་དམ་པ་ངོས་བཟུང་བའོ། །དང་པོ་ལ། སྤྱིར་རང་གི་སློབ་མ་རྗེས་སུ་སྐྱོང་བར་བྱེད་པའི་དགེ་བའི་བཤེས་གཉེན་དེ་ལ་བླ་མ་ཞེས་འདོག་ཅིང་། དེ་ལ་ཉན་ཐོས་སྤྱིའི་བླ་མ། ཕ་རོལ་ཏུ་ཕྱིན་པའི་བླ་མ། སྔགས་ཀྱི་བླ་མ་དང་གསུམ་ཡོད་དེ། འདི་ཉིད་ལས། ཉན་ཐོས་ལུགས་ཀྱི་བླ་མ་ནི། །ཞེས་བཤད་པའི་ཕྱིར། དེས་ན་ཁ་ཅིག །ཐུན་མོང་མ་ཡིན་པའི་གསང་བ་ལས། གང་

ལས་དབང་རབ་མཆོག་ཐོབ་པ། །དེ་ནི་བླ་མར་ཡོངས་སུ་བཟུང་། །ཞེས་དང་། འདི་ཉིད་ལས། དབང་མ་བསྐུར་ལ་བླ་མ་མེད། །ཅེས་དང་། སློ་མོ་སྒོམ་ཆེན་གྱི་དྲིས་ལན་ལས། གསང་སྔགས་ཀྱི་རྒྱུད་སྡེ་དང་མཐུན་པའི་དབང་བསྐུར་བ་ཕྱིན་ཅི་མ་ལོག་པར་ཐོབ་པའི་ཡུལ་དེ་བླ་མ་མཚན་ཉིད་པར་འགྱུར། དབང་བསྐུར་བ་མ་ཐོབ་པའི་བླ་མ་ཇི་ལྟར་གང་ཟག་བཟང་ཡང་བླ་མ་བདགས་པ་བ་ཡིན། ཞེས་སོགས་བཤད་པ་ལ་བརྟེན་ནས། བླ་མ་མཚན་ཉིད་པ་ལ། དབང་བསྐུར་བ་ཐོབ་པ་ཞིག་དགོས་སོ་ཞེས་བཤད་པ་ནི་མི་འཐད་དེ། ཉན་ཐོས་ལུགས་ཀྱི་བླ་མ་དེ། །ཞེས་སོགས་ཀྱི་བླ་མ་དེ་ལ། ཐེག་པ་གསུམ་གྱི་བླ་མ་གསུམ་ཡོད་པར་བཤད་པའི་ཕྱིར་དང་། ཕ་རོལ་ཏུ་ཕྱིན་པའི་གཞུང་ལུགས་ལས། བླ་མ་སངས་རྒྱས་ལྟ་བུ་སྟེ། །བལྟ་བར་བྱ་ཞེས་གསུང་མོད་ཀྱི། །སངས་རྒྱས་དངོས་སུ་གསུངས་པ་མེད། །ཅེས་སོགས་བཤད་པ་ལྟར། ཕ་རོལ་ཏུ་ཕྱིན་པ་དང་། གསང་སྔགས་ལུགས་ལ། བླ་མ་ལ་ལྟ་ཚུལ་ཐ་དད་པ་གཉིས་ཡོད་པར་བཤད་པ་ལས་ཤེས་པའི་ཕྱིར་རོ། །འོན་ལུགས་སྔ་མ་དེའི་དོན་ཅི་སྙམ་ན། དེ་ནི་སྔགས་ལུགས་གཞིར་གཞག་ལ་དགོངས་པ་ཡིན་མོད། དེར་ཡང་མཐའ་གཅིག་ཏུ་མ་ངེས་ཏེ། བླ་མ་གཞན་ལས་དབང་ཐོབ་ནས། བླ་མ་གཞན་ལ་རྒྱུད་མན་ངག་སོགས་ཐོབ་པའི་བླ་མ་མཚན་ཉིད་པ་ཡོད་པའི་ཕྱིར་རོ། །

གཉིས་པ་རྩ་བའི་བླ་མ་ངོས་བཟུང་བ་ནི། ལུགས་གསུམ་ཆར་ལ། བླ་མ་གང་ལས། རང་ཉིད་ལ་ཆོས་ཀྱི་བཀའ་དྲིན་དངོས་སུ་ཐོབ་པ་དེ། རང་གི་རྩ་བའི་བླ་མར་འཇོག་པ་ཡིན་ཏེ། འདུལ་བ་ལུང་ལས། རྒན་ནམ་ཡང་ན་གཞོན་ཡང་རུང་། །གང་ལས་ཆོས་ནི་རྣམ་ཤེས་པ། །དེ་ལ་ཐོག་མར་ཕྱག་བྱ་སྟེ། །ཀླུ་བ་ཆོས་ལ་བྲམ་ཟེ་བཞིན། །ཞེས་བཤད་པ་ལས་ཤེས་པའི་ཕྱིར། གསུམ་པ་ནི། སྤྱིར་སློབ་བུ་དམ་པ་དེ་ལ། འཇིག་རྟེན་གྱི་སློབ་བུ་དམ་པ། ཐེག་པ་ཐུན་མོང་ལ་གྲགས་པའི་སློབ་བུ་དམ་པ། ཐེག་པ་ཐུན་མོང་མ་ཡིན་པའི་སློབ་བུ་དམ་པ་དང་གསུམ་ཡོད་པའི། དང་པོ་ནི། ས་སྐྱ་ལེགས་བཤད་ལས། སྐྱེ་བོ་དམ་པ་རིན་ཆེན་བཞིན། །རྣམ་པ་ཀུན་ཏུ་འགྱུར་ལྡོག་མེད། །ཅེས་དང་། ལེགས་བཤད་མཁས་པའི་ཁྲིད་འབྱིན་པ། །དམ་པ་འཇིག་རྟེན་འདི་ན་དཀོན། །ཞེས་སོགས་བཤད་པ་ལྟར། འཇིག་རྟེན་གྱི་ཚུལ་ལུགས་གནམ་ཐིག་དྲང་པོར་བསྲུང་བའི་སློབ་བུ་ལ་འཇོག་ཅིང་། གཉིས་པ་མངོན་པ་མཛོད་ལས། དམ་པ་དམ་མིན་འཇུག་མི་འཇུག །སོན་པ་ཕྱིར་མི་འོང་ཕྱིར་ཏེ། །ཞེས་པ་ལྟར། རྣམ་གྲངས་པའི་སློབ་བུ་དམ་པ་ནི། རྩ་བ་བཞི་ཆང་དང་ལྔ་གཏན་ནས་མི་བྱེད་པའི་སྡོམ་པ་ཐོབ་པའི་འཕགས་པ་རྒྱུན་ཞུགས་དང་། ཕྱིར་འོང་ལྟ་བུ་དང་། རྣམ་གྲངས་མིན་པའི་སློབ་བུ་དམ་པ་ནི། མི་དགེ་བ་བཅུ་གཏན་ནས་མི་བྱེད་པའི་སྡོམ་པ་ཐོབ་ཅིང་། རང་གང་དུ་སོན་པའི་གནས་དེ་ལས་ཕྱིར་མི་ལྡོག་པ་ཕྱིར་མི་འོང་བ་ལྟ་བུ་ལ་བཤད་

ལ༑ གསུམ་པ་ལའང་གཉིས་ཡོད་པའི་ཕ་རོལ་ཏུ་ཕྱིན་པ་ལས། གཞན་དོན་ཁོ་ན་བྱེད་པའི་བྱང་ཆུབ་སེམས་དཔའ་ལ་སྐྱེས་བུ་དམ་པ་དང་། གསང་སྔགས་བླ་མེད་ལམ་འབྲས་པ་ལྟར་ན། ཕྱི་སྒྲོ་འདོགས་ཡོངས་སུ་གཅོད་པར་བྱེད་པ་བུམ་དབང་བསྐུར་བའི་བླ་མ། ནང་རང་བྱུང་གི་ཡེ་ཤེས་སྟོན་པར་བྱེད་པ་གསང་དབང་བསྐུར་བའི་བླ་མ། གསང་བ་ལྷན་ཅིག་སྐྱེས་པའི་ཡེ་ཤེས་སྟོན་པར་བྱེད་པ་ཤེས་རབ་ཡེ་ཤེས་ཀྱི་དབང་བསྐུར་བའི་བླ་མ། མཐར་ཐུག་དེ་ཁོ་ན་ཉིད་དུ་ཆོས་ཐམས་ཅད་ཤིན་ཏུ་རྣམ་པར་དག་པའི་དེ་ཁོ་ན་ཉིད་སྟོན་པར་བྱེད་པ་དབང་བཞི་པ་བསྐུར་བའི་བླ་མ་དང་བཞི་ལ། བླ་མ་ཚད་མ་བཞི་འམ་བླ་མ་དམ་པ་ཞེས་བཤད་པ་ཡིན་མོད། སྐབས་འདིར་ནི། ཐེག་པ་གསུམ་པོ་གང་དང་གང་གི་གཞུང་ནས་བཤད་པའི་བླ་མའི་ཁྱད་ཆོས་ཚང་བ་ལྡན་པ་ལ། ཐེག་པ་གསུམ་སོ་སོའི་བླ་མ་དམ་པ་དང་། དེ་དག་མི་ལྡན་པ་ལ། བླ་མ་དམ་པ་མ་ཡིན་པ་ཞེས་བྱ་ཞིང་། དེས་ན་བླ་མ་དམ་པ་ལ༑ ཉན་ཐོས། ཕར་ཕྱིན། གསང་སྔགས་ལུགས་ཀྱི་བླ་མ་དམ་པ་གསུམ་དུ་འབྱེད་དགོས་ཏེ། གཞུང་འདི་ཉིད་ཀྱི་སྐབས་ལས། དེ་ལྟའི་ཐེག་པ་གསུམ་པོ་ཡི། །སོ་སོའི་གཞུང་ནས་བཤད་པ་བཞིན། །བླ་མའི་མཚན་ཉིད་མི་ལྡན་ན། །བླ་མ་ཡིན་གྱི་དམ་པ་མིན། །ཞེས་བཤད་པ་ལས་ཤེས་ནུས་པའི་ཕྱིར་རོ། །

མཁས་པ་ཆེན་པོ་འགའ་ཞིག་གཞུང་འདིའི་དགོངས་པར་བསམ་ནས། ད་ལྟའི་སོ་སོའི་སྐྱེ་བོའི་རྡོ་རྗེ་སློབ་དཔོན་ལ། ཐེག་པ་གསུམ་སོ་སོ་ནས་བཤད་པའི་བླ་མའི་མཚན་ཉིད་གསུམ་ཀ་དང་ལྡན་པ་ཞིག་དགོས་ཞེས་འཆད་པ་ནི། བདག་ཉིད་ཆེན་པོ་འདིའི་དགོངས་པ་མ་ཡིན་ཏེ། ཉན་ཐོས་ལུགས་ཀྱི་བླ་མ་དེ། །བཟང་ཡང་གང་ཟག་ཁོ་ནར་བས། །ཞེས་སོགས་ཀྱིས། བླ་མ་དེ་ལ། ཉན་ཐོས། ཕར་ཕྱིན། སྔགས་ལུགས་ཀྱི་བླ་མ་གསུམ་དུ་བཤད་ནས། དེ་ལྟའི་ཐེག་པ་གསུམ་པོ་ཡིས། །སོ་སོའི་གཞུང་ནས་བཤད་པ་བཞིན། །ཞེས་སོགས་ཀྱིས་བཤད་ཟིན། དེ་ལྟ་བུའི་ལུགས་གསུམ་པོ་སོ་སོའི་གཞུང་ནས་བཤད་པའི་བླ་མའི་མཚན་ཉིད་ལྡན་པ་རྣམས་བླ་མ་དམ་པ་དང་། མི་ལྡན་པ་རྣམས་དམ་པ་མིན་ཞེས་ལུགས་གསུམ་ཀ་ལ་བླ་མ་དམ་པ་ཡིན་མིན་གཉིས་གཉིས་བཤད་ཀྱིས། བླ་མ་དམ་པ་ལ་གསང་སྔགས་ཀྱི་བླ་མ་དམ་པ་ཡིན་པས་མ་ཁྱབ་པའི་ཕྱིར་དང་། མཁས་པའི་དགོངས་པ་དེ་ལྟར་ན། བླ་མ་དམ་པ་ཡིན་ན། དགེ་སློང་ཡིན་པས་ཁྱབ་པར་འགྱུར་ཏེ། དེ་ཡིན་ན། ཉན་ཐོས་འདུལ་བའི་ལུགས་ཀྱི་བླ་མ་མཚན་ཉིད་དང་ལྡན་པ་གཅིག་དགོས་པ་གང་ཞིག །དེའི་ལུགས་ཀྱི་བླ་མ་ནི། དགེ་སློང་ལས་གཞན་ལ་བཤད་པ་མེད་པའི་ཕྱིར་དང་། དེ་ལྟའི་ཐེག་པ་གསུམ་པོ་ཡི། །ཞེས་འཆད་དགོས་ཀྱི། ད་ལྟའི་ཐེག་པ་གསུམ་པོ་ཡི། །ཞེས་པ་གཞུང་མ་དག་པ་ཡང་ཡིན་པའི་ཕྱིར་རོ། །

གཉིས་པ། གང་གིས་ཕྱག་འཚལ་བ་ནི། ས་སྐྱ་པཎྜི་ཏ་བདག་གིས་སོ། །གསུམ་པ་ཇི་ལྟར་དུ་ཕྱག་

འཚལ་བ་ལ། ཕྱག་གི་ངོ་བོ་ནི་གུས་པས་འདུད་པ་ཡིན་ལ། དེ་ལ་ལུས་ངག་ཡིད་གསུམ་གྱིས་ཕྱག་གསུམ་ཡོད་ཅིང་། དང་པོ་ལའང་། ཡན་ལག་ལྔ་པོ་ས་ལ་གཏུགས་པའི་ཕྱག་དང་། སྙིད་པ་ནས་འཁྱུད་པའི་ཕྱག་ནི་འདུལ་བ་ལས་བཤད་དེ། འདུལ་བ་མེ་ཏོག་ཕྲེང་རྒྱུད་ལས། མུན་ཁུང་དག་ཏུ་ས་ལ་མགོ། །གཏུགས་ཏེ་བླ་མར་ཕྱག་མི་བྱ། །དེར་ནི་ཚིག་གིས་ཕྱག་བྱ་འམ། །ངེས་པར་ཡིད་ཀྱིས་ཕྱག་བྱའོ། །ཞེས་དང་། བསྟན་ལ་དམ་པར་བྱ་བ་ཡི། །དགེ་སློང་ཕྱག་ནི་རྣམ་པ་གཉིས། །གཅིག་ནི་དཀྱིལ་འཁོར་ལྔ་པ་སྟེ། །གཞན་ནི་སྙིད་པ་ནས་འཁྱུད་ཡིན། །ཞེས་བཤད་པའི་ཕྱིར། དེས་ན་འདུལ་བ་རང་གང་ལ། །ལུས་ཀྱི་ཕྱག་ནི་མཚན་ཉིད་པ། །གཞན་གཉིས་བཏགས་པ་བར་བཤད་ཀྱང་། །སྐབས་འདིར། གསུམ་ཀ་མཚན་ཉིད་པར་བཤད་ཀྱང་འགལ་བ་མེད་པས། ཡོན་ཏན་དྲན་པའི་དད་འདུན་ཡིད་ཀྱིས་ཕྱག་འཚལ་བའི་སྒོ་ནས། ཡོན་ཏན་གྱི་བསྔགས་པའི་སྒྲ་དབྱངས་སྒྲོགས་པ་ངག་གི་ཕྱག་དང་། སྐུའི་དམའ་ཤོས་ཞབས་ཀྱི་པདྨོ་ལ་ལུས་ཀྱི་མཐོ་ཤོས་མགོ་བོས་བཏུད་པ་ལུས་ཀྱི་ཕྱག་ཀྱང་འཚལ་ཞེས་པའོ། །

གཉིས་པ་མཆོད་ཡུལ་དམ་པའི་ཡོན་ཏན་བསྟུས་ཏེ་བསྟན་པ་ནི། འོ་ན་ས་པཎ་ཁྱོད་རྩ་བའི་བླ་མ་གྲགས་པ་རྒྱལ་མཚན་ལ་ཕྱག་འཚལ་བའི་རྒྱུ་གང་ཡིན་ཞེ་ན། གྲགས་པ་རྒྱལ་མཚན་ཆོས་ཅན། ཁྱོད་ལ་ས་པཎ་བདག་ཅག་ཕྱག་འཚལ་བའི་རྒྱུ་མཚན་ཡོད་དེ། ཁྱོད་བདེ་བར་གཤེགས་པའི་ལུང་རྟོགས་ཀྱི་བསྟན་པ། ལུང་རིགས་ཀྱི་སྒོ་ནས་ཕྱིན་ཅི་མ་ལོག་པར་འཆད་པའི་སེང་གེའི་ང་རོའི་སྒྲས། སྡོམ་པ་གསུམ་གྱི་ཉམས་ལེན་ལ་མ་རྟོགས་ཐེ་ཚོམ་ལོག་པར་ལྟ་བའི་རི་དྭགས་མཐའ་དག་སྐྲག་པར་མཛད་པ་གཞན་ཚར་གཅོད་པའི་ཡོན་ཏན་དང་། བསྟན་པའི་སྙིང་པོ་སྡོམ་པ་གསུམ་གྱི་ཉམས་ལེན་སངས་རྒྱས་ཀྱི་དགོངས་པ་ཇི་ལྟ་བ་བཞིན་དུ་ཐོས་བསམ་སྒོམ་གསུམ་གྱི་སྒོ་ནས་ལེགས་པར་བསྒྲུབས་ཏེ།

འཆད་རྩོད་རྩོམ་གསུམ་གྱི་སྒོ་ནས་གཞན་ལ་འཆད་པ་སྐལ་ལྡན་རྗེས་སུ་འཛིན་པའི་ཡོན་ཏན་གཉིས་དང་ལྡན་པས། གཞན་དང་མཚུངས་པ་མེད་པའི་སྐྱེས་བུ་དམ་པ་ཡིན་པའི་ཕྱིར། འོ་ན་ས་པཎ་ཁྱོད་ལ། ཁ་ཆེ་པཎ་ཆེན་སོགས་རྒྱ་བོད་ཀྱི་བླ་མ་མང་དུ་ཡོད་པ་ལས། བསྟན་བཅོས་འདི་རྩོམ་པའི་ཐོག་མར། རྗེ་བཙུན་གྲགས་པ་ཁོ་ན་ལ་ཕྱག་འཚལ་བའི་རྒྱུ་མཚན་གང་ཡིན། བླ་མ་དེ་ལ་ཡོན་ཏན་མང་དུ་ཡོད་པ་ལས། ལོག་སྨྲ་ཚར་གཅོད་པ་དང་། སྐལ་ལྡན་རྗེས་འཛིན་གྱི་ཡོན་ཏན་གཉིས་ཀྱི་ཡོན་ཏན་བརྗོད་པའི་རྒྱུ་མཚན་ཅི་ཡིན་སྙམ་ན་དེའི་རྒྱུ་མཚན་ཡང་ཡོད་དེ། བསྟན་བཅོས་འདི་སྡོམ་པ་གསུམ་གྱི་ཉམས་ལེན་ལ་ལོག་རྟོག་བཀག་ནས། སྡོམ་གསུམ་གྱི་གནད་ཕྱིན་ཅི་མ་ལོག་པར་ཤེས་ཕྱིར་རྩོམ་པ་ཡིན་པ་ལས། བླ་མ་དེ་ཉིད་བདག་ལ་སྡོམ་པ་གསུམ་གྱི་

བཀའ་དྲིན་ནོད་པའི་སྒོ་ནས། སྡོམ་གསུམ་གྱི་གནད་ཕྱིན་ཅི་མ་ལོག་པར་སྟོན་པའི་རྩ་བའི་བླ་མ་བཀའ་དྲིན་མཆོག་ཏུ་གྱུར་པ་དེ་ཡིན་པའི་ཕྱིར་དང་། བསྟན་བཅོས་ལུས་དང་མཐུན་པའི་ཡོན་ཏན་བརྗོད་པ་ཡིན་པའི་ཕྱིར།

གསུམ་པ་མཆོད་ནས་དམ་པའི་ལས་ལ་འཇུག་པར་གདམས་པ་ནི། འོ་ན་ས་པཎ་ཁྱོད་བླ་མ་དེ་ལ་ཕྱག་འཚལ་ནས་བྱ་བ་ཅི་བྱེད་ཅེ་ན། ས་པཎ་བདག་སྒོ་གསུམ་ལ་ཉེས་པའི་སྐྱོན་མེད་ཅིང་། སྤངས་རྟོགས་སམ། ལུང་རྟོགས་ཀྱི་ཡོན་ཏན་ཀུན་གྱི་མཛོད་མངའ་བའི་འགྲོ་བའི་བླ་མ་གྲགས་པ་རྒྱལ་མཚན་ལ་ཕྱག་འཚལ་ནས། ལས་སམ་བྱ་བ་བྱེད་ཚུལ་ཡོད་དེ། འོག་ནས་འཆད་པའི་སྣོད་ལྡན་གྱི་གདུལ་བྱ་ལ་སྡོམ་པ་གསུམ་གྱི་ཉམས་ལེན་ཕྱིན་ཅི་མ་ལོག་པར་འཆད་པར་འདོད་པའི་ཕྱིར། མཆོད་བརྗོད་ཀྱི་ཚིག་གསུམ་པོ་འདི་ལ། པཎ་ཆེན་ཤཱཀྱ་མཆོག་ལྡན། དང་པོ་གཉིས་རྩ་བའི་བླ་མ། གསུམ་པ་སྟོན་པ་སངས་རྒྱས་ཡིན་གསུངས་པ་དང་། ཀུན་མཁྱེན་གོ་བོ་རབ་འབྱམས་པས། དང་པོ་བླ་མ་སྤྱི། གཉིས་པ་རྩ་བའི་བླ་མ་གྲགས་པ། གསུམ་པ་སྟོན་པ་སངས་རྒྱས་ལ་ཡིན་གསུངས་པ་དང་། མཁས་པ་དཀོན་མཆོག་གྲགས། དང་པོ་བླ་མ་སྤྱི། གཉིས་པ་ཁ་ཆེ་པཎ་ཆེན། གསུམ་པ་རྗེ་བཙུན་གྲགས་པ་ཡིན་གསུངས་པ་དང་། དཔལ་འབྱུམ་ཕྲག་གསུམ་པ། དང་པོ་བརྒྱུད་པའི་བླ་མ། གཉིས་པ་རྩ་བའི་བླ་མ་གྲགས་པ། གསུམ་པ་འགྲོ་བའི་བླ་མ་སྟོན་པ་སངས་རྒྱས་ཡིན་གསུངས་པ་སོགས་མང་དག་ཡོད་ཀྱང་མཁས་པའི་དབང་པོ་ལྷུགས་ཐང་ཆོས་རྗེ། གསུམ་ཆར་རྗེ་བཙུན་གྲགས་པ་ཉིད་ལ་འཆད་དེ། ས་བཅད་ལྔར། དང་པོ་མཆོད་བརྗོད་དངོས། གཉིས་པ་ཕྱག་འཚལ་བའི་རྒྱུ་མཚན། མཆོད་ཡུལ་གྱི་ཡོན་ཏན། གསུམ་པ། མཆོད་ནས་སྡོམ་གསུམ་རྩོམ་ཞེས་བཤད་པར་དམ་བཅའ་དང་འབྲེལ་ནས་མཚམས་སྦྱར་བ་ཙམ་ཡིན་པའི་ཕྱིར། བསྡུས་དོན་དང་ཚིག་དོན་གོང་ལས་ཤེས།

གཉིས་པ། དགོས་པ་གསུམ་ལྡན་ཁས་ལེན་དམ་བཅའ་བཤད་པ་ལ་གསུམ། བཤད་བྱའི་ཡུལ་ལ་བཤད་བྱ་འཆད་ཚུལ་དངོས། སྦྱོར་བ་ཕུན་ཚོགས་གོ་བདེའི་ཚིག་གིས་བཤད། བསམ་པ་ཕུན་ཚོགས་ལྷག་བསམ་དག་པར་བསྒྲུབ་པའོ། །དང་པོ་ནི། འཆད་པ་པོ། ཤེས་རབ་དག་པས་ལུང་རིགས་མཁས་པ། ཚུལ་ཁྲིམས་དག་པས་ལུས་ངག་གཙང་བ། ལྷག་བསམ་དག་པས་གཞན་ལ་ཕན་པར་འདོད་པའི་ཁྱད་ཆོས་གསུམ་དང་ལྡན་པའི་ས་པཎ་ཆོས་ཅན། ཁྱོད་ཀྱི་བཤད་བྱ་མདོ་རྒྱུད་བསྟན་བཅོས་དང་མཐུན་པའི་ལུང་། སྒྲ་ཚད་དངོས་སྟོབས་དང་མཐུན་པའི་རིགས་པ། བླ་མའི་མན་ངག་གི་རྗེས་སུ་གདམས་པ་སྟེ། ཁྱད་ཆོས་གསུམ་དང་ལྡན་པའི་སྡོམ་གསུམ་རབ་དབྱེ་འདི། ཉན་པ་པོ། སྐྱེས་སྦྱངས་ཀྱི་བློ་གསལ་བ། དོན་གཉེར་གྱི་འདུན་པ་དང་ལྡན་པ། དང་པས་རྒྱལ་བའི་བསྟན་པ་དང་བླ་མ་ལ་གུས་པ། སྡོམ་པ་གསུམ་གྱི་ཉམས་ལེན་རང་ཉིད་ཤེས་པར་འདོད་ཀྱང་

རང་སྟོབས་ཀྱིས་ཤེས་པར་མ་ནུས་པ་སྟེ། ཁྱད་ཆོས་གསུམ་ལྡན་གྱི་གདུལ་བྱ་ལ་འཆད་ཚུལ་ཡོད་དེ། སྒོ་གསུམ་གྱི་ཀུན་སྤྱོད་རྣམ་དག་དང་ལྡན་པའི་སྒོ་ནས་བཤད་པའི་ཕྱིར། དེ་ལྟ་བུའི་བཤད་པར་དམ་བཅའ་བ་ཆོས་ཅན། དགོས་པ་ཡོད་དེ། རང་ཉིད་སྐྱེས་བུ་མཆོག་ཏུ་རྟོགས་པ་དང་། བཤད་པ་དེ་མཐར་ཕྱིན་པར་བསྒྲུབ་པའི་དགོས་པ་གསུམ་ཡོད་པའི་ཕྱིར་ཏེ། དམ་པས་འཇུག་བྱ་མིན་པའི་ལས་དང་། རང་ཉིད་མི་མཁས་པའི་ལས་ལ་འཇུག་པར་མཁས་པའི་ཚོགས་སུ་ཁས་མི་ལེན་པའི་ཕྱིར་དང་། དམ་པ་རྣམས་ནི་གང་དམ་བཅས་པ་དེ་སྲོག་ལ་བབས་ཀྱང་མི་འདོར་བའི་ཕྱིར་ཏེ། མཁས་འཇུག་ལས། དམ་བཅའ་བ་དང་སྐུལ་ཚིག་སོགས། །འཆད་ཕྱིར་སྤྲོ་བ་སྟོན་པ་སྟེ། །མཆོག་རྟོགས་འགྲུབ་པའི་རྒྱུར་འགྱུར་བས། །ཁས་ལེན་པ་ལ་འགལ་བ་མེད། །ཅེས་བཤད་པའི་ཕྱིར་རོ།། །།

གཉིས་པ་ནི་ས་པཎ་བདག་གིས། བསྟན་བཅོས་འདི་རྒྱ་གར་མཁས་པ་རྣམས་དགའ་བའི་སྡེབ་སྦྱོར་ནི། བོད་ཀྱི་བླུན་པོ་རྣམས་ཀྱིས་གོ་དཀའ་བས། ཚིག་གི་སྡེབ་སྦྱོར་དམ་པོ་སྤངས་ནས་བཤད་པ་ཆོས་ཅན། དགོས་པ་ཡོད་དེ། བོད་ཀྱི་གདུལ་བྱ་མཁས་རྨོངས་ཀུན་གྱིས་གོ་བར་བྱ་བའི་ཆེད་ཡིན་པའི་ཕྱིར། གསུམ་པ་ནི། ས་པཎ་བདག་ནི་ཆོས་ཅན། ཁྱོད་ཀྱི་བསྟན་བཅོས་འདི། བསྟན་འཛིན་གཞན་ལ་ཕྲག་དོག་སོགས་ཀྱིས་ཀུན་ནས་བསླངས་ནས་འཆད་པ་མ་ཡིན་ཏེ། ཁྱོད་སངས་རྒྱས་ཀྱི་བསྟན་པ་བསྟན་འཛིན་དང་བཅས་པ་ལ་མི་ཕྱེད་པའི་དད་པ་དང་ལྡན་པའི་སྐྱེས་བུ་དམ་པ་ཡིན་པའི་ཕྱིར། དེ་ལྟར་དད་པ་དང་ལྡན་པ། འོན་ཀྱང་ས་པཎ་བདག་ཆོས་ཅན། སངས་རྒྱས་ཀྱི་བསྟན་པའི་རྩ་བ་སྡོམ་གསུམ་གྱི་ཉམས་ལེན་ལ་འཁྲུལ་པར་སྤྱོད་པ་རྣམས་ལ་མ་དད་པའི་རྒྱུ་མཚན་ཡོད་དེ། དེ་དག་བསྟན་འཛིན་ལྟར་སྣང་ཡིན་པས། དེ་དག་གི་ཉམས་ལེན་འཁྲུལ་པ་དགག་པའི་ཕྱིར་དུ་བསྟན་བཅོས་འདི་རྩོམ་པ་ཡིན་པའི་ཕྱིར་རོ། །དེས་ན་བདག་གིས་བསྟན་བཅོས་འདི་རྩོམ་པའི་ཀུན་སློང་གི་བསམ་པ་ཆོས་ཅན། ཕྲག་དོག་སོགས་མ་ཡིན་ཏེ། སྡོམ་གསུམ་གྱི་ཉམས་ལེན་དག་མ་དག་གི་རབ་དབྱེ་ཕྱིན་ཅི་མ་ལོག་པར་ཤེས་པའི་རྣམ་དཔྱོད་ཀྱི་ཤེས་རབ་དང་། རྒྱལ་བའི་བསྟན་པ་ལ་མི་ཕྱེད་པའི་དད་པ་དང་། ལོག་པར་སྤྱོད་པའི་སྐྱེས་བུ་ལ་སྙིང་ནས་བརྩེ་བའི་བརྩེ་བ་གསུམ་དང་ལྡན་པའི་ལྷག་བསམ་རྣམ་དག་ཡིན་པའི་ཕྱིར།

གསུམ་པ། དགོས་པ་གསུམ་ལྡན་ལུས་ཀྱི་གཙོ་བོ་བསྡུ་བ་ལ། དགོས་བསྡུས་ཚིག་གསུམ། དང་པོ་ནི། ས་སྐྱ་པཎྜི་ཏས། སོ་ཐར་ནས་ས་ལམ་གྱི་བར་བཅུ་གཅིག་གིས་དག་མ་དག་གི་རབ་ཏུ་དབྱེ་བའམ། རྣམ་པར་དབྱེ་བ་བཤད་ཀྱིས་ཉོན་ཞེས། ལུས་རྣམ་བཞག་མཛད་པ་ཆོས་ཅན། དགོས་པ་ཡོད་དེ། འཆད་པ་པོས་བཤད་སླ། ཉན་པ་པོས་བཟུང་བདེ། བསྟན་བཅོས་ལ་ངེས་པ་སྐྱེ་བའི་དགོས་པ་གསུམ་ཡོད་པའི་ཕྱིར། དང་པོ་གྲུབ་སྟེ།

ལུས་རྣམ་བཞག་ཤེས་པས་བཟོད་བྱ་ངོས་ཟིན། གོ་རིམ་མི་འཁྲུག །མགོ་སློས་པས་དོན་བདེ་བླག་ཏུ་བྱ་བའི་དགོས་པ་གསུམ་ཡོད་པའི་ཕྱིར། གཉིས་པ་གྲུབ་སྟེ། ཐོས་པའི་སྐབས་སུ་བཟོད་བྱ་བདེ་བླག་ཏུ་ངོས་ཟིན། བསམ་པའི་སྐབས་སུ་གོ་རིམ་མི་འཁྲུག་པས་རྟོགས་སླ། སྒོམ་པའི་སྐབས་སུ་ཉམས་སུ་བླངས་པས་སྒོམ་བྱུང་གི་ཤེས་རབ་མྱུར་དུ་སྐྱེ་བ་ཡིན་པའི་ཕྱིར། གསུམ་པ་གྲུབ་སྟེ། ལུས་དང་ཡན་ལག་སྦྱར་བས། ལྷག་ཆད་ནོར་གསུམ་གྱི་སྐྱོན་དང་བྲལ་བས་བསྟན་བཅོས་ཡང་དག་པར་རྟོགས་པའི་ཕྱིར་རོ། །

མཁས་པ་འཇུག་པའི་སྒོ་ལས། བཤད་སླ་བ་དང་བཟུང་བདེ་ཞིང་། །བསྟན་བཅོས་ལ་ཡང་རྩོད་བྲལ་ཕྱིར། །མཁས་པ་ལ་ལ་བསྟན་བཅོས་ལུས། །བསྡུས་ཏེ་ཐོག་མར་བཟོད་པ་མཛད། །ཅེས་བཤད་པའི་ཕྱིར། གཉིས་པ་ནི། ས་པཎ་ཆོས་ཅན། ཁྱོད་ཀྱིས་སྡོམ་པ་གསུམ་སོ་སོའི་ངོ་བོ་བསླབ་བྱ་སོགས་འཁྲུལ་མ་འཁྲུལ་གྱི་རབ་དབྱེའམ་རྣམ་དབྱེ་ཕྱིན་ཅི་མ་ལོག་པར་འཆད་རྒྱུ་ཡོད་དེ། འདུལ་མདོན་གྱི་སྡེ་སྣོད་ནས་བཤད་པའི་སོ་སོ་ཐར་པའི་སྡོམ་པ་དང་། མདོ་སྡེའི་སྡེ་སྣོད་ནས་བཤད་པའི་བྱང་ཆུབ་སེམས་དཔའི་སེམས་བསྐྱེད་དང་། རྒྱུད་སྡེ་ནས་བཤད་པའི་གསང་སྔགས་ཀྱི་དབང་བསྐུར་བའི་སྡོམ་པའི་ངོ་བོ་དང་། སྡོམ་གསུམ་དེ་དག་གི་ཆོ་ག་དང་། གསུམ་པོ་སོ་སོའི་བསླབ་པར་བྱ་བ་དང་། བྱང་སྡོམ་གྱི་སྐབས་སུ་སེམས་བསྐྱེད་པའི་གནད་བདག་གཞན་བརྗེ་བ་དང་། བསྔོ་བ་སྨོན་ལམ་ལ་སོགས་པའི་གནད་རྣམས་དང་། སྟོང་ཉིད་སྙིང་རྗེའི་སྙིང་པོ་ཅན་གྱི་ཟུང་འཇུག་གི་ལམ་དང་། སྔགས་སྡོམ་སྐབས་སུ། རིམ་གཉིས་ཀྱི་གསང་ཚིག་དང་། ཡེ་ཤེས་ཕྱག་རྒྱ་ཆེན་པོ་དང་། ཕྱི་དང་ནང་གི་རྟེན་འབྲེལ་དང་། ས་དང་ལམ་གྱི་རྣམ་གཞག་སྟེ། བཅུ་གཅིག་འཁྲུལ་མ་འཁྲུལ་གྱི་རྣམ་པར་དབྱེ་བ། མཁས་པ་དགའ་བར་བྱེད་པའི་དགག་སྒྲུབ་ཀྱིས་གཏན་ལ་ཕབ་པའི་སྒོ་ནས་འཆད་པར་བྱེད་པའི་ཕྱིར་རོ། །དེས་ན་སྡོམ་པ་གསུམ་གྱི་རབ་ཏུ་དབྱེ་བ་ཞེས་པ་ཡང་། སོར་སྡོམ་ལ་དབྱེ་ན། ཉན་ཐོས་ལུགས་དང་། ཐེག་ཆེན་ལུགས་གཉིས་སུ་ཡོད་ཅེས་སོགས། དབྱེ་བ་འཆད་པ་ལ་ཟེར་བ་མིན་གྱི། སོར་སྡོམ་ནས་ས་ལམ་གྱི་བར་བཅུ་གཅིག །འཁྲུལ་མ་འཁྲུལ་གྱི་རབ་དབྱེ་རྣམ་པར་འབྱེད་པ་ལ་ཟེར་བ་ཡིན་ཏེ། སོ་སོ་ཐར་པའི་སྡོམ་པ་ཡི། །རྣམ་པར་དབྱེ་བ་བཤད་ཀྱིས་ཉོན། །ཞེས་པ་ནས། ས་དང་ལམ་གྱི་རྣམ་གཞག་གི། །རྣམ་པར་དབྱེ་བ་བཤད་ཀྱིས་ཉོན། །ཞེས་བཤད་པ་ལས་ཤེས་ནུས་པའི་ཕྱིར་རོ། །

འོན་བཅུ་གཅིག་གི་རབ་དབྱེ་འཆད་ན། སྡོམ་གསུམ་རབ་དབྱེ་ཞེས་པ་ལས་མི་སློས་པ་ཅི་ཞེ་ན། སྐྱོན་མེད་དེ། ལྷག་མ་བརྒྱད་པོ་དེ་ཡང་སྡོམ་གསུམ་གྱི་ནང་ཚན་དང་། ཁྱད་ཆོས་སོ་སོ་ལ་ཡིན་མིན་གྱི་རྣམ་གཞག་བྱས་པ་ཡིན་པས། སྡོམ་གསུམ་ལ་བརྟེན་པའི་ཆོས་དང་ཆོས་མིན་རྣམ་འབྱེད་དུ་འདུས་པའི་ཕྱིར་རོ། །འོན་

ལུས་རྣམ་གཞག་ཏུ་དོན་ཚན་བཅུ་གཅིག་བཀོད་ནས། ཡན་ལག་རྒྱས་བཤད་དུ། སྡོམ་པ་གསུམ་གྱི་སྐབས་གསུམ་ལས་མི་འཆད་པ། ལུས་མདོར་བསྟན་དང་ཡན་ལག་རྒྱས་བཤད་མི་མཐུན་པའི་སྐྱོན་ཡིན་ནམ་སྙམ་ན་སྐྱོན་མེད་དེ། སྡོམ་པ་ཐོབ་བྱེད་ཀྱི་ཆོག་དང་བསླབ་བྱ་ནི། སྐབས་གསུམ་དུ་སོ་སོར་འཆད། སེམས་བསྐྱེད་ཀྱི་གནད་ནི། སྐབས་གཉིས་པར་འཆད། སྟོང་ཉིད་སྙིང་རྗེའི་སྙིང་པོ་ཅན་ནི། སྐབས་གསུམ་ཆར་དུ་ཅི་རིགས་པར་འཆད། རིམ་གཉིས་ཀྱི་གསང་ཚིག་དང་། ཕྱག་ཆེན་དང་། ཕྱི་ནང་གི་རྟེན་འབྲེལ་དང་། ས་ལམ་གྱི་རྣམ་དབྱེ་ནི། སྐབས་གསུམ་པར་འཆད་པའི་ཕྱིར་རོ། །

ཀུན་མཁྱེན་གོ་བོ་རབ་འབྱམས་པའི་གསུང་ལས། རིམ་གཉིས་མི་དགོས་པའི་ལོག་རྟོག་སྐབས་གསུམ་པར་འཆད་ཅིང་། རིམ་གཉིས་ཀྱི་གསང་ཚིག་ནི་སྐབས་འདིར་མི་སྟོན། ཞེས་བཤད་པ་ནི་མི་འཐད་དེ། རིམ་པ་གཉིས་ཀྱི་གསང་ཚིག་གི། །རྣམ་པར་དབྱེ་བ་བཤད་ཀྱིས་ཉོན། །ཞེས་བཤད་ནས། དེ་མི་སྟོན་པ་ཁས་བླང་འགལ་བ་ཡིན་པའི་ཕྱིར། ཡང་། རིམ་གཉིས་ཀྱི་གསང་ཚིག་སྐབས་འདིར་མི་སྟོན་པའི་རྒྱུ་མཚན་ཅི་ཡིན། གསང་སྒྲོགས་སུ་འགྱུར་བའི་ཕྱིར་རོ། །ཞེ་ན། ཡེ་ཤེས་ཕྱག་རྒྱ་ཆེན་པོ་ལའང་དེར་ཐལ་བའི་ཕྱིར་རོ། །འདོད་ན། དཔག་མེད་ཡོད་མེད་གསང་སྔགས་ཉིད། །ཡིན་ཕྱིར་ཁོ་བོས་གཞན་དུ་བཤད། །ཅེས་དང་། འདི་ནི་ཀུན་ལ་བཤད་རུང་བའི། །ཞེས་སོགས་བཤད་པ་མ་ཡིན་ནམ་སྙམ་ན། སྐྱོན་མེད་དེ། གསང་སྔགས་པ་རྣམས་ཀྱི་ནང་ནས་ཀྱང་། གསང་སྔགས་བླ་མེད་པ་ཀུན་གྱི་སྤྱོད་ཡུལ་དུ་མ་གྱུར་པའི་གནད་རྣམས་འདིར་མི་འཆད་ཅེས་པ་ཙམ་ཡིན་པའི་ཕྱིར་རོ། །

གཉིས་པ་དངོས་གཞི་སོ་ཐར་སྐབས་ཀྱི་རང་བཞིན་བཤད་པ་ལ། བསྡུས་དོན་དང་ཚིག་དོན་གཉིས། དང་པོ་བསྡུས་དོན་ལ། གཉིས་ཡོད་དེ། ངག་དོན་བསྡུས་ཏེ་བརྗོད་པ་དང་། གཞུང་དོན་སོ་སོའི་བསྡུས་དོན་གཉིས་ཀྱིས་འཆད་པ་ལས། དང་པོ་ནི། ངག་དོན་གྱི་སྦྱོར་བར་འགོད་པ་དང་། གཉིས་པ་ནི། བསྡུས་དོན་གྱིས་བཅད་ལ་འཇོག་སྟེ། བསྡུས་པའི་དོན་ལ་རྣམ་པ་གཉིས། །ངག་དོན་བསྡུས་ཏེ་བརྗོད་པ་དང་། །གཞུང་དོན་སོ་སོའི་བསྡུས་དོན་ནོ། །ཞེས་བཤད་པའི་ཕྱིར་རོ། །གཉིས་པ་ས་བཅད་ནི། དོན་འདུས་ཚིག་གསལ་བརྗོད་པ་བདེ། །ངག་ཉུང་ཚིག་སྙོམ་བཟུང་བ་སླ། །བསྡུས་དོན་ཉིད་ཀྱི་གཞུང་གོ་བ། །དེ་འདྲ་གང་གིས་ཤེས་དེ་མཁས། །ཞེས་པ་ལྟར་བཤད་ན། རྩ་བ་སོ་ཐར་སྡོམ་པའི་སྐབས། །སྤྱི་སྡོམ་དྲུག་ཏུ་བསྡུས་ཏེ་བཤད། །སྙིང་པོ་བྱང་སེམས་སྡོམ་པའི་སྐབས། །སྤྱི་སྡོམ་བཞི་རུ་བསྡུས་ཏེ་བཤད། །ཉིང་ཁུ་རིག་འཛིན་སྡོམ་པའི་སྐབས། །སྤྱི་སྡོམ་བཞི་རུ་བསྡུས་ཏེ་བཤད། །འཕྲོས་དོན་སྡོམ་གསུམ་ཐུན་མོང་སྐབས། །སྤྱི་དོན་བཞི་རུ་བསྡུས་ཏེ་བཤད། །སྔོན་འགྲོ་སྤྱི་

ཡི་སྡོམ་བཞི་དང་། །རྗེས་ཀྱི་སྡོམ་བཞིའང་བསྟན་ནས་ནི། །སྡོམ་གསུམ་རབ་དབྱེའི་བསྟན་བཅོས་འདི། །སྤྱི་སྡོམ་སུམ་ཅུ་ཐམ་པ་དང་། །ནང་སེལ་རང་རང་སྡོམ་ཚིག་གིས། །འཆད་པ་ཁོ་བོའི་ལེགས་བཤད་ཡིན། །ཞེས་པ་ལྟར། སྤྱི་དང་ནང་སེལ། གཙོ་བོ་དང་ཞར་བྱུང་། འཕྲོས་དོན་སོགས་སྐབས་ཕྱེད་པར་བྱས་པའི་བསྡུས་དོན་གྱི་ས་བཅད་འདི་ཙམ་གྱིས་ཀྱང་། དབང་པོ་རབ་ལ་གཞུང་ལུགས་ཀྱི་དགོངས་པ་དཔྱིས་ཕྱིན་པར་འགྱུར་བ་ཡིན་མོད། འོན་ཀྱང་དབང་པོ་འབྲིང་གི་དབང་དུ་བྱས་ཏེ། བསྡུས་དོན་ས་བཅད་དང་། ཚིག་དོན་གྱི་འབྲུ་གཉེར་བ་ཅུང་ཟད་དང་། དབང་པོ་ཡང་རབ་ལ་སོ་སོའི་དཀའ་གནས་ལ་མཁས་པ་དགའ་བར་བྱེད་པའི་རྣམ་དཔྱོད་ཀྱི་དཔྱད་པ་ཅུང་ཟད་འཆད་པར་བྱ་བ་ལས།

སོ་ཐར་གྱི་སྐབས་འདི་ལ། སྤྱི་སྡོམ་དྲུག་ཡོད་དེ། རྒྱ་བ་སྡོམ་པའི་གནད་ལ་འཁྲུལ་པ་དགག །སྙིང་པོ་གཞིའི་གནད་ལ་འཁྲུལ་པ་དགག །ཉམས་ལེན་ལས་ཀྱི་གནད་ལ་འཁྲུལ་པ་དགག །མཐར་ཐུག་འབྲས་བུའི་གནད་ལ་འཁྲུལ་པ་དགག །སྨྲང་བྱ་ལྟུང་བའི་གནད་ལ་འཁྲུལ་པ་དགག །ལག་ལེན་སྤྱོད་པའི་གནད་ལ་འཁྲུལ་པ་དགག་པའོ། །དང་པོ་ལ། བསྟན་བཤད་གཉིས་ལས། དང་པོ་ནི། སོ་སོར་ཐར་པའི་སྡོམ་པ་ཆོས་ཅན། ཁྱོད་ལ་དབྱེ་ན་གཉིས་ཡོད་དེ། ཉན་ཐོས་ལུགས་དང་ཐེག་ཆེན་ལུགས་ཀྱི་སོར་སྡོམ་གཉིས་ཡོད་པའི་ཕྱིར།

གཉིས་པ་ལ་གཉིས། ཉན་ཐོས་སོ་ཐར་བཤད་དེ་གཞན་གྱི་འཁྲུལ་པ་དགག་པ་དང་། ཐེག་ཆེན་སོ་ཐར་བཤད་དེ་རང་ལུགས་འཁྲུལ་མེད་དུ་བསྒྲུབ་པའོ། །དང་པོ་ལའང་གཉིས། སོ་ཐར་རིགས་བདུན་ལག་ལེན་འཁྲུལ་པ་དགག །བསྙེན་གནས་སྡོམ་པའི་ལག་ལེན་འཁྲུལ་པ་དགག་པའོ། །དང་པོ་ལ། འཁྲུལ་མེད་རྣམ་གཞག་ཉན་ཐོས་གཞུང་བཞིན་བཤད། དགག་བྱའི་གཙོ་བོ་གཞན་གྱི་འཁྲུལ་པ་བརྗོད། འཁྲུལ་པ་འགོག་བྱེད་ལུང་རིགས་རྣམ་བདུན་བསྟན་པའོ། །དང་པོ་ལ། བསྒྲུབ་བྱའི་རྣམ་གཞག་བསྡུས་ཏེ་བསྟན་པ་དང་། སྒྲུབ་བྱེད་རྣམ་གཞག་རྒྱས་པར་བཤད་པ་གཉིས། དང་པོ་ལ། སྐབས་དོན་སོ་ཐར་ཇི་སྲིད་འཚོ་བར་བསྟན། འཕྲོས་དོན་བྱང་སྡོམ་བྱང་ཆུབ་སྙིང་པོར་བསྟན་པ་གཉིས། དང་པོ་ནི། ཉན་ཐོས་བྱེ་སྨྲ་བའི་ལུགས་ཀྱི་སྐབས་འགྲོ་ནས། དགེ་བསྙེན་ཕ་མ། དགེ་ཚུལ་ཕ་མ། དགེ་སློབ་ཕ་མ། དགེ་སློང་གི་ནི་སྡོམ་པ་སྟེ། དགེ་སློང་ཕ་མའི་སྡོམ་པ་སྟེ་བརྒྱད་པོ་ཆོས་ཅན། ཁྱོད་རྟེན་ཤི་འཕོས་པའི་ཚེ་ན་གཏོང་སྟེ། ཇི་སྲིད་འཚོ་བའི་བར་དུ་བླངས་པ་ཡིན་པའི་ཕྱིར། དེ་ལ་ཁོ་ན་རེ། དེ་བརྒྱད་པོ་ཆོས་ཅན། ཁྱོད་བླངས་པ་ལ་དགོས་པ་མེད་པར་ཐལ། ཁྱོད་རྟེན་ཤི་བའི་ཚེ་ན་གཏོང་བས་དགོས་དུས་མི་ཕན་པའི་ཕྱིར་རོ། །ཟེར་ན། དེ་ལྟ་བུའི་སྡོམ་པ་ཆོས་ཅན། ཁྱོད་བསྲུངས་པ་ལ་ཕན་ཡོན་ཡོད་དེ། ཚེ་འདིར་བསྲུངས་པའི་འབྲས་བུ། ཚེ་འཕོས་ནས་ནི་འབྱུང་བར་འགྱུར་བའི་ཕྱིར། གཉིས་པ་ནི། འོན་

མདོ་སྡེ་ནས་བཤད་པའི་བྱང་སྡོམ་ཡང་ཤི་བའི་ཚེ་ན་གཏོང་བར་ཐལ། མངོན་འདུལ་ནས་བཤད་པའི་སོ་ཐར་ཤི་བའི་ཚེ་ན་གཏོང་བའི་ཕྱིར་ཟེར་ན། བྱང་ཆུབ་སེམས་དཔའི་སྡོམ་པ་ཆོས་ཅན། ཁྱོད་རྟེན་ཤི་འཕོས་ནས་རྗེས་སུ་འབྲང་སྟེ། བྱང་ཆུབ་སྙིང་པོའི་མཐའ་ཅན་དུ་གསུངས་པའི་ཕྱིར།

གཉིས་པ་ལ། དང་པོ་སླུབ་བྱེད་ལུང་རིགས་སོ་སོར་བསྟན། གཉིས་པའི་སླུབ་བྱེད་ལུང་རིགས་སོ་སོར་བཤད་པའོ། །དང་པོ་ནི། ཉན་ཐོས་བྱེ་སྨྲ་བའི་ལུགས་ཀྱི་སོར་སྡོམ་དེ། ཤི་འཕོས་པའི་ཚེ་ངེས་པར་གཏོང་བ་མི་འཐད་དེ། བྱང་ཆུབ་སྙིང་པོའི་མཐའ་ཅན་དུ་བླངས་པས་མི་སྐྱེ་བ་ལ་རྒྱུ་མཚན་མེད་པའི་ཕྱིར་སྙམ་ན། འདི་ལ་ཉན་ཐོས་བྱེ་སྨྲ་བའི་ལུགས་གཞིར་བཞག་ལ་སོར་སྡོམ་བྱང་ཆུབ་སྙིང་པོའི་མཐའ་ཅན་དུ་བླངས་ཀྱང་མི་སྐྱེ་བའི་རྒྱུ་མཚན་ཤེས་ན། ཉན་ཐོས་དང་ཐུན་མོང་བའི་ཐེག་ཆེན་སོ་ཐར་སྡོམ་པ་བྱང་ཆུབ་སྙིང་པོའི་མཐའ་ཅན་དུ་བླང་དུ་མི་རུང་བའི་གནད་ཤེས་པར་འགྱུར་བས། ཐོག་མར་བྱེ་སྨྲ་བའི་ལུགས་འཆད་པ་ནི། ཉན་ཐོས་བྱེ་སྨྲ་བ་གཞིར་བཞག་ནས། སོར་སྡོམ་ཆོས་ཅན། ཁྱོད་བྱང་ཆུབ་སྙིང་པོའི་མཐའ་ཅན་དུ་བླངས་ཀྱང་མི་སྐྱེ་བའི་རྒྱུ་མཚན་ཡོད་དེ། རྟེན་ཤི་འཕོས་པའི་ཚེ་ན་ངེས་པར་གཏོང་བའི་ཕྱིར་ཏེ། ལུས་ངག་གང་རུང་གི་རྗེས་སུ་འབྲང་བའི་སྡོམ་པ་གཟུགས་ཅན་ཡིན་པའི་ཕྱིར་ཏེ། རང་གཞན་གྱི་ལུས་ངག་གང་རུང་གི་བྱེད་པ་ལས་གཙོ་བོར་སྐྱེས་པར་འདོད་ཅིང་། གཙོ་བོར་རྣམ་པར་རིག་བྱེད་ཀྱི་གཟུགས་གང་རུང་གིས་བསྡུས་པ་ཡང་ཡིན་པའི་ཕྱིར། དེ་ལྟར་ཡང་མཛོད་རང་ལས། ཇི་སྲིད་འཚོ་ཡི་འོག་ཏུ་ནི་ཡང་དག་པར་བླང་བ་ཡོད་ཀྱང་ལུས་བསྐལ་བ་མི་འདྲ་བའི་ཕྱིར་དང་། དེས་ཀྱང་དེར་སྦྱོར་བ་མ་བྱུས་པའི་ཕྱིར་དང་། མི་བརྟན་པའི་ཕྱིར་སྡོམ་པ་མི་སྐྱེ་བར་རིགས་ན། ཞེས་སོགས་ཀྱི་སོ་ཐར་སྡོམ་པ་ནི། དལྟར་གྱི་ལུས་ངག་གང་རུང་གི་རྗེས་སུ་འབྲང་བས། དལྟར་གྱི་ལུས་རྟེན་པོར་བའི་ཚེ་ངེས་པར་གཏོང་སྟེ། བསྐལ་པ་མི་མཉམ་པའི་ལུས་ངག་གི་སྦྱོར་བ་མ་བྱུས་ཤིང་། སེམས་ཀྱི་མི་བརྟེན་པ་ནས། ཇི་སྲིད་འཚོ་ལས་ལྷག་པ་མི་ལེན་པའི་ཤེས་བྱེད་གསལ་བར་བསྟན་འདུག་པའི་ཕྱིར་དང་། བསམ་གཏན་དང་ཟག་མེད་ཀྱི་སྡོམ་པ་གཟུགས་ཅན་ཡིན་ཡང་། ཐ་མ་གཉིས་ནི་སེམས་རྗེས་འབྲང་། །ཞེས་སེམས་ཀྱི་རྗེས་འབྲང་དུ་བཤད་ཀྱི། ལུས་ངག་གི་རྗེས་འབྲང་དུ་མ་བཤད་པས། དེ་གཉིས་ནི་འཆི་འཕོས་པས་མི་གཏོང་བའི་གནད་དང་། སོ་ཐར་དང་མི་མཚུངས་པའི་གནད་དགོངས་ནས། བདག་ཉིད་ཆེན་པོས། ལུས་ངག་ལས་ནི་སྐྱེ་བར་འདོད། །ཅེས་པའི་གནད་སྨྲར་བ་ཡིན་པའི་ཕྱིར་རོ། །ཉན་ཐོས་སྡོམ་པ་རྣམ་རིག་མིན། །ཞེས་སོགས་ཀྱི་གཞུང་ཤློ་ཀ་འདི་ལ།

པཎ་ཤཱཀ་པས། དྲི་བ་གསུམ་མཛད་པའི་དང་པོ། ཉན་ཐོས་ལུགས་ལ་སོ་ཐར་གྱི། །སྡོམ་པ་རིག་བྱེད་

མིན་པའི་གཟུགས། །ཁོ་ནར་བཤད་པ་གཀན་ཡོད། །ཅེས་པའི་དྲི་ལན་ལ། གསེར་ཐུར་རང་ལན་དུ། བྱེ་སྨྲ་བ་གཞིར་བཞག་ལ། སྡོམ་པ་ཡིན་ན་རྣམ་པར་རིག་བྱེད་མ་ཡིན་པའི་གཟུགས་ཡིན་པས་ཁྱབ། ཅེས་བྱ་བ་ནི་བྱེ་སྨྲ་བའི་རང་ལུགས་མ་ཡིན་ཏེ། དང་པོའི་རྣམ་རིག་རྣམ་རིག་མིན། །ཞེས་དང་། དེའི་རང་འགྲེལ་ལས། སྡོམ་པ་ཡང་དག་པར་བླངས་པའི་རྣམ་པར་རིག་བྱེད་དང་རིག་བྱེད་མ་ཡིན་པ། དང་པོ་དག་ནི་སོ་སོར་ཐར་པ་ཞེས་བྱ་སྟེ། དེས་སྡིག་པ་ལས་སོ་སོར་ཐར་པའི་ཕྱིར་ཏེ་སྤང་བའི་ཕྱིར། ཞེས་བྱ་བའི་ཐ་ཚིག་གོ། །སྡོམ་པ་ཞེས་ཀྱང་བྱ་སྟེ། ལུས་དང་ངག་སྡོམ་པའི་ཕྱིར་རོ། །སྐད་ཅིག་གཉིས་པ་ལ་སོགས་པ་ནི། སོ་སོར་ཐར་པའི་སྡོམ་པ་ཡིན་གྱི། སོ་སོ་ཐར་པ་ནི་མ་ཡིན་ནོ། །ལས་ཀྱི་ལམ་གྱི་འཇུག་ཡིན་གྱི། སོ་སོ་ཐར་པ་ནི་མ་ཡིན་ནོ། །ལས་ཀྱི་ལམ་གྱི་འཇུག་ཡིན་གྱི། ལས་ཀྱི་ལམ་དངོས་ནི་མ་ཡིན་ནོ། །

ཞེས་སོར་སྡོམ་སྐད་ཅིག་དང་པོར་གྱུར་པའི་རྣམ་པར་རིག་བྱེད་དང་རིག་བྱེད་མ་ཡིན་པའི་གཟུགས་གཉིས། སོ་ཐར་དང་སོར་སྡོམ་གཉིས་ཀ་ཡིན་པ་དང་། སྐད་ཅིག་གཉིས་པ་ཕན་ཆད་ཀྱི་གཟུགས་གཉིས་ཀ་སོར་སྡོམ་ཁོ་ན་ཡིན་གྱི། སོ་ཐར་མ་ཡིན་པ་དང་། ལས་ལམ་གྱི་འཇུག་ཡིན་གྱི། དངོས་གཞི་མ་ཡིན་པར་གསལ་བར་བཤད་པའི་ཕྱིར། དེ་ལ་བཙན་ཐུག་པ་ན་རེ། སོར་སྡོམ་ཡང་དག་པར་བླངས་པའི་རྣམ་པར་རིག་བྱེད་མ་ཡིན་པའི་གཟུགས་སྐད་ཅིག་མ་དང་པོ་ནི། སོ་ཐར་དང་། སོར་སྡོམ་གཉིས་ཀ་ཡིན་ཞིང་། རྣམ་པར་རིག་བྱེད་ཀྱི་གཟུགས་སྐད་ཅིག་མ་དང་པོ་ནི། སོ་ཐར་ཁོ་ན་ཡིན་གྱི། སོར་སྡོམ་མ་ཡིན་ཞེས་འཆད་པ་ཡང་མི་འཐད་དེ། དང་པོའི་རྣམ་རིག་རྣམ་རིག་མིན། །ཞེས་པའི་སྐབས་ཀྱི་གཟུགས་གཉིས་པོ་དེ། སོ་སོར་ཐར་དང་བྱ་བའི་ལམ། །ཞེས་པའི་སྐབས་ཀྱི་སོ་ཐར་དང་ལས་ལམ་དངོས་གཞིར་མི་འཆད་པ། གཞུང་གི་ཚིག་དོན་གང་ལ་ཡང་མ་ཞུགས་པའི་ཕྱིར་དང་། གཞུང་ཚིག་ཟིན་ལས། སོར་སྡོམ་ཡིན་ལ་སོ་ཐར་མ་ཡིན་པའི་མུ། ཞེས་དངོས་སུ་བསྟན་གྱི༑ སོ་ཐར་ཡིན་ལ་སོར་སྡོམ་མ་ཡིན་པའི་མུ་བཤད་པ་མེད་པའི་ཕྱིར་དང་། ཁྱད་པར་དེ་སྐབས་ཀྱི་རྣམ་པར་རིག་བྱེད་ཀྱི་གཟུགས་དེ། ལས་ལམ་གྱི་དངོས་གཞི་མ་ཡིན་གྱི་འཇུག་ཡིན་ནོ། །ཞེས་འཆད་པ་ནི། མཁས་པའི་བཞད་གད་ཆེན་པོ་ཡིན་ཏེ། སོར་སྡོམ་གྱི་ལས་ལམ་གྱི་དངོས་གཞིར་གྱུར་པའི་རྣམ་པར་རིག་བྱེད་མ་ཡིན་པའི་གཟུགས་སྐྱེས་མ་ཐག་ཏུ། སོར་སྡོམ་གྱི་ལས་ལམ་གྱི་འཇུག་ཏུ་གྱུར་པའི་རྣམ་པར་རིག་བྱེད་ཀྱི་གཟུགས་སྐྱེས་པར་ཁས་བླངས་འདུག་པའི་ཕྱིར་དང་། ཁྱད་པར་མཛོད་རང་འགྲེལ་ལས། འདི་ལྟར་དགེ་ཚུལ་བསྙེན་པར་རྫོགས་པར་བྱེད་པ་ན། གནས་སྣ་ཚོགས་སུ་འཇུག་པར་བྱེད། མཁན་པོ་ལ་ཕྱག་འཚལ་བར་བྱེད། ལས་ལན་གཅིག་བརྗོད་པ་ནས།ལན་གཉིས་བརྗོད་པའི་བར་ནི་སྦྱོར་བ་ཡིན་ནོ། །

ལས་གསུམ་པ་བརྗོད་པའི་ཚོའི་རྣམ་པར་རིག་བྱེད་དང་། དེའི་སྐད་ཅིག་ནི། རྣམ་པར་རིག་བྱེད་མ་ཡིན་པའི་གཟུགས་གང་ཡིན་པ་འདི་ནི་ལས་ཀྱི་ལམ་དངོས་ཡིན་ནོ། །ཞེས་སོར་སྡོམ་གྱི་ལས་ལམ་གྱི་དངོས་གཞིར་གྱུར་པའི་རྣམ་པར་རིག་བྱེད་དང་། རིག་བྱེད་མ་ཡིན་པའི་གཟུགས་གཉིས་ཀ་གསལ་བར་བཤད་འདུག་པའི་ཕྱིར་དང་། ཁྱེད་ཀྱིས་སྒྲུབ་བྱེད་ཀྱིས་ལུང་རིགས་འཆད་པའི་ཚེ། དགེ་སློང་གི་སྡོམ་པ་སྐྱེ་བཞིན་པའི་རྣམ་པར་རིག་བྱེད་ཀྱི་སྡོམ་པ་ཡིན་ནམ། སྐྱེས་ཟིན་པའི་རིག་བྱེད་སྡོམ་པ་ཡིན་ཞེས་དྲིས་ནས་འགོག་པ་ནི། མདོ་སྡེ་པས་བྱེ་སྨྲ་བ་ལ་སྐྱོན་བསྟན་པའི་རིགས་པ་ལ། བྱེ་སྨྲ་བའི་རང་ལུགས་སུ་བཟུང་ནས་བྱེ་སྨྲ་བའི་གྲུབ་མཐའ་བཤིག་པ་ནི། གྲུབ་མཐའི་རྣམ་དབྱེ་མ་ཕྱེད་པའི་སྐྱོན་ཆེན་པོ་ཡིན་པའི་ཕྱིར་དང་། ལུང་གི་སྒྲུབ་བྱེད་འདིར། ཉན་ཐོས་སྡོམ་པ་རྣམ་རིག་མིན། །ཞེས་དང་། རྣམ་རིག་མིན་རྣམ་གསུམ་ཞེས་བྱ། །ཞེས་སོགས་ཀྱིས་སྒྲུབ་བྱེད་དུ་མཛད་པ་ཡང་མཁས་པའི་གཏམ་མ་ཡིན་ཏེ། འོ་ན་བར་མ་མིན་ན་ཡང་། རྣམ་པར་རིག་བྱེད་མ་ཡིན་པའི་གཟུགས་ཡིན་པས་ཁྱབ་པར་འགྱུར་ཏེ། རྣམ་རིག་མིན་རྣམ་གསུམ་ཞེས་བྱ། །སྡོམ་དང་སྡོམ་པ་མིན་དང་གཞན། །ཞེས་པ་དེ། སྡོམ་པ་ཡིན་ན་རྣམ་པར་རིག་བྱེད་མ་ཡིན་པའི་གཟུགས་ཡིན་པས་ཁྱབ་པའི་སྒྲུབ་བྱེད་གང་ཞིག །དེ་བར་མ་ལའང་མཚུངས་པའི་ཕྱིར། འདོད་ན། བར་མ་དོར་གནས་སེམས་ཞན་པས། །བྱེད་ན་རྣམ་རིག་ཉིད་དང་ལྡན། །ཞེས་བར་མར་གྱུར་པའི་རྣམ་པར་རིག་བྱེད་ཀྱི་གཟུགས་དངོས་སུ་བཤད་པ་དང་འགལ་བའི་ཕྱིར་རོ། །

དྲི་བ་གཉིས་པ། ཉན་ཐོས་སོ་ཐར་མཁན་སློབ་ཀྱི། །ལུས་ངག་ལས་ནི་སྐྱེས་པ་ཞེས། །གཞུང་གི་དགོངས་པ་ཡིན་ན་ནི། །སྡོམ་པའི་ཐོབ་རྒྱུ་བཅུ་མེད་དམ། །ཞེས་པའི་ལན་དུ། གསེར་ཐུར་རང་ལན་ལ་ཉན་ཐོས་ལུགས་ལ་སོར་སྡོམ་དེ་རང་གི་ཉེར་ལེན་འབྱུང་བཞི་དང་ལྷན་ཅིག་བྱེད་རྐྱེན་ལུས་ངག་གི་རིག་བྱེད་ལས་སྐྱེས་པའི་གཟུགས་ཅན་ཡིན། ཞེས་བཤད་པ་ཡང་། མཁས་པས་བརྟག་པར་བྱ་སྟེ། སྤྱིར་བྱེ་སྨྲ་བའི་གཞུང་ལུགས་ལས། ཉེར་ལེན་གྱི་རྒྱུ་ཞེས་པའི་ཐ་སྙད་གསལ་པོར་བཤད་པ་མ་མཐོང་ཞིང་། གལ་ཏེ་བཤད་པ་ཡོད་དུ་ཆུག་ན་ཡང་། འབྱུང་ལས་གྱུར་པའི་རྣམ་པ་ལྔ། །ཞེས་འབྱུང་བས་འབྱུང་འགྱུར་ལ། རྐྱེན་བཞིའི་ནང་ནས་བདག་རྐྱེན་ཁོ་ན་བྱེད་ཀྱི། རྐྱེན་དང་པོ་གསུམ་དང་། རྒྱུད་ཕྱི་མ་ལྔ་གང་ཡང་མི་ཕྱེད་པར་བཤད་པས། ཁྱེད་ཀྱི་འདོད་པ་སུན་ཕྱུང་ཟིན་པ་ཡིན་ཏེ། ཉེར་ལེན་གྱི་རྒྱུ་ཁས་ལེན་ན། རྒྱུ་རྐྱེན་གྱི་སྟེང་ནས་འཆད་པར་རིགས་ཤིང་། སྡོམ་པ་རྣམས་ནི་འབྱུང་འགྱུར་ཁོ་ན་ཡིན་པའི་ཕྱིར་རོ། །

དྲི་བ་གསུམ་པ། གཟུགས་ཅན་ཡིན་པའི་རྒྱུ་མཚན་གྱིས། །ཤི་བས་གཏོང་ན་བསམ་གཏན་དང་། །ཟག་མེད་གཉིས་ལའང་མི་ཐལ་ལམ། །ཞེས་པའི་ལན་དུ། ཀུན་མཁྱེན་གོ་བོ་རབ་འབྱམས་པའི་དྲི་ལན་འཁྲུལ་སྤོང་

ལས། བསམ་གཏན་དང་ཟག་མེད་ཀྱི་སྡོམ་པ་གཉིས་ཀྱང་། ཤི་འཕོས་པས་གཏོང་བ་འདོད་ལན་ཡིན་ཏེ། རྟེན་བོར་བ་ཡིན་པའི་ཕྱིར། དེས་ན་གཟུགས་ཅན་རྣམས་ནི་རྟེན་བོར་བའམ་ཤི་འཕོས་པས་གཏོང་བ་ཀུན་ཏུ་མཚུངས་ཤིང་། གཟུགས་ཅན་མ་ཡིན་པ་རྣམས་ལ་ནི། རྟེན་བོར་བའི་གཏན་ཚིགས་མི་འགྲུབ་ལ། རྒྱུ་མཚན་དེས་ན། འདོད་རྟེན་ཅན་གྱི་ཕྱིར་མི་འོང་། གཟུགས་མེད་དུ་ཤི་འཕོས་པའི་ཚེ། འདོད་རྟེན་ལ་ཐོབ་པའི་ཟག་མེད་ཀྱི་སྡོམ་པ་གཏོང་ཡང་། གཟུགས་མེད་ཀྱི་རྟེན་ལ་གསར་དུ་ཐོབ་པའི་ཟག་མེད་ཀྱི་སྡོམ་པ་ཐོབ་པ་འབྱུང་བ་ཡིན་ནོ། །ཞེས་བཤད་པ་ཡང་། མཁས་པའི་ལན་མ་ཡིན་ཏེ། གཟུགས་མེད་ཀྱི་ཁམས་ན་གཟུགས་མེད་པས། གཟུགས་མེད་ཀྱི་རྟེན་ལ། ཟག་མེད་ཀྱི་སྡོམ་པ་གསར་ཐོབ་ཡོད་པ་མཁས་པའི་བཞད་གད་ཡིན་པའི་ཕྱིར་དང་། ཤི་འཕོས་པས་གཏོང་བའི་སྐྱོན་བྱེད། རྟེན་བོར་བའི་ཕྱིར། ཞེས་བཤད་པ། གཟུགས་ཅན་གྱི་སྡོམ་པ་ཐམས་ཅད་ལ་མཚུངས་ཞེས་པ་ནི། སེམས་ཀྱི་རྗེས་འབྲང་དང་། ལུས་ངག་གི་རྗེས་འབྲང་གིས་ཤན་མ་ཕྱེད་པའི་གཏམ་ཡིན་པའི་ཕྱིར། ཁོ་བོ་ནི་དྲི་བ་དེ་གཉིས་ཀྱི་ལན། གཞུང་གི་འགྲུ་གཉེར་བ་དེ་ཉིད་ལས་ཤེས་པས་སླར་སྤྲོ་བར་མི་བྱ་སྟེ། མང་པས་འཇིགས་པའི་ཕྱིར་རོ། །

དེ་ལྟར་རིགས་པའི་སྐྱོན་བྱེད་བཤད་ནས། ལུང་གི་སྐྱོན་བྱེད་ནི། བྱེ་སྨྲ་བའི་ལུགས་ལ། སོར་སྡོམ་ཤི་འཕོས་པས་གཏོང་བ་འདི་ཆོས་ཅན། ལུང་གི་སྐྱོན་བྱེད་ཡོད་དེ། བསླབ་པ་ཕུལ་དང་ཞེས་སོགས་གསུངས་པ་དེ། ལུགས་འདི་ལ་ལུང་ཚད་མ་ཡིན་པའི་ཕྱིར། གཉིས་པ། གཉིས་པའི་སྐྱོན་བྱེད་ལུང་རིགས་རྣམ་གཉིས་བཤད་པ་ནི༔ ཐེག་ཆེན་ཐུན་མོང་མ་ཡིན་པའི་སྡེ་སྣོད་ལས་བཤད་པའི་བྱང་ཆུབ་སེམས་དཔའི་སྡོམ་པ་ནི་ཆོས་ཅན། གཟུགས་ཅན་མ་ཡིན་ཏེ། རང་གི་ཉེར་ལེན་བྱང་ཆུབ་བར་དུ་ལེན་པའི་སེམས་ལས་གཙོ་བོར་སྐྱེས་པའི་ཕྱིར། དེས་ན་སྡོམ་པ་དེ་ཆོས་ཅན། ཤི་འཕོས་པས་མི་གཏོང་སྟེ། བྱང་ཆུབ་སྙིང་པོའི་བར་ལེན་འདོད་ཀྱི་སེམས་མ་ཉམས་པ་དེ་སྲིད་དུ་ཡོད་པའི་ཕྱིར། བྱང་སྡོམ་ཤི་འཕོས་པས་མི་གཏོང་བ་འདི་ཉིད་ཆོས་ཅན། ལུང་གི་སྐྱོན་བྱེད་ཡོད་དེ། ཐེག་ཆེན་ཐུན་མོང་མ་ཡིན་པའི་མདོ་རྒྱུད་དང་བསྟན་བཅོས་ཚད་ལྡན་ཀུན་གྱི་དགོངས་པ་ཡང་ཡིན་པའི་ཕྱིར། རྩ་བའི་གཉིས་པ་དགག་བྱའི་གཙོ་བོ་འཁྲུལ་པ་བརྗོད་པ་ནི། འབྲི་གུང་པ་ན་རེ། ཇི་སྲིད་འཚོའི་མཐའ་ཅན་ཡིན་ན། རྟེན་ཤི་འཕོས་པའི་ཚེ་ན་བོར་བས་མ་ཁྱབ་སྟེ། ཇི་སྲིད་འཚོ་ལ། ལུས་ཇི་སྲིད་འཚོ་དང་། སེམས་ཇི་སྲིད་འཚོ་གཉིས་ཡོད་པ་ལས། ཉན་ཐོས་རྣམས་ཀྱིས་ནི་ལུས་ཇི་སྲིད་འཚོ་དང་། ཐེག་ཆེན་པ་རྣམས་ཀྱིས་ནི་སེམས་ཇི་སྲིད་འཚོ་ལ་དགོངས་ནས་ལེན་པའི་ཕྱིར་རོ། །

དེ་ལྟར་ཡང་། ཐུབ་པ་དགོངས་གསལ་ལས། ཁ་ཅིག་ཇི་སྲིད་འཚོ་བ་ཞེས་བྱ་བ་ལུས་ཇི་སྲིད་འཚོ་ལ་མི་

ཟེར་བར་སེམས་ཇི་སྲིད་འཚོ་ཞེས་བྱ་བ། བྱང་ཆུབ་མ་འཐོབ་ཀྱི་བར་དུ་སྐྱབས་སུ་འགྲོ་བ་ཉིད་ཡིན། འདི་སེམས་བསྐྱེད་རྒྱུ་ཐབས་མ་བྱ་བ་ཡིན་ནོ། །ཞེས་བཤད་པ་ལྟར་རོ། །

གསུམ་པ་འཕྲུལ་པ་འགོག་བྱེད་ལུང་རིགས་རྣམ་བདུན་བཤད་པ་ལ། ཇི་སྲིད་འཚོ་ལ་ལུས་སེམས་ཇི་སྲིད་འཚོ་གཉིས་སུ་ཕྱེ་བ་དེ་འདྲ་ཆོས་ཅན། འཐད་པ་མ་ཡིན་ཏེ། སངས་རྒྱས་ཀྱི་བཀའ་མདོ་རྒྱུད་ཀྱི་དགོངས་པ་མ་ཡིན་ཞིང་། རྒྱན་དྲུག་མཆོག་གཉིས་སོགས་མཁས་པའི་གཞུང་ལས་བཤད་པ་མེད་པའི་ཕྱིར། དོན་སྙིང་པོར་དྲིལ་ན། ཉན་ཐོས་དང་ཐུན་མོང་བའི་སོར་སྡོམ་ཆོས་ཅན། ཁྱོད་བྱང་ཆུབ་སྙིང་པོའི་བར་དུ་ལེན་པའི་ཆོ་ག་དེ། ཁྱོད་ཆགས་པའི་གནད་བཅོས་པའི་རང་བཟོ་ཡིན་ཏེ། ཁྱོད་ཇི་སྲིད་འཚོའི་བར་དུ་བླངས་དགོས་པའི་སྡོམ་པ་གང་ཞིག །ཆོ་ག་དེས་ཁྱོད་བྱང་ཆུབ་སྙིང་པོའི་བར་དུ་བླངས་པའི་ཕྱིར། དེ་ལྟར་ཡང་། སོ་སོར་ཐར་པའི་སྡོམ་པ་ནི༑ ༑བྱང་ཆུབ་བར་དུ་བླངས་གྱུར་ན། །སོ་སོ་ཐར་པ་ཅི་ནས་འཇིག །འདི་ཡང་གནད་རྣམས་བཅོས་པར་དོགས། །ཞེས་བཤད་པ་ལྟར་རོ། །དེ་ལྟར་ལུང་གིས་ཤེས་བྱེད་མེད་པར་བསྟན་ནས།

རིགས་པས་གནོད་བྱེད་ཡོད་པར་བསྟན་པ་ནི། ཇི་སྲིད་འཚོ་ལ་གཉིས་སུ་བཤད་པ་དེ་ལྟར་ཡིན་ན། ཉན་ཐོས་དང་ཐུན་མོང་བའི་སོར་སྡོམ་ཆོས་ཅན། ཁྱོད་དང་ཐེག་ཆེན་ཐུན་མོང་མ་ཡིན་པའི་བྱང་ཆུབ་སེམས་དཔའི་སྡོམ་པ་དུས་ཀྱི་སྒོ་ནས་ཁྱད་མེད་དུ་འགྱུར་ལ། ཁྱོད་གཉིས་ཀ་བྱང་ཆུབ་སྙིང་པོའི་མཐའ་ཅན་དུ་མཚུངས་པའི་ཕྱིར་རོ། །རྟགས་དངོས། རིགས་པ་གཅིག་གོ། །

སྐྱབས་འགྲོ་ཆོས་ཅན། ཁྱོད་ལ་ཐུན་མོང་བ་ཇི་སྲིད་འཚོ་དང་། ཐུན་མོང་མ་ཡིན་པའི་བྱང་ཆུབ་སྙིང་པོའི་མཐའ་ཅན་གྱི་སྐྱབས་འགྲོ་གཉིས་སུ་འང་དབྱེར་མི་རུང་བར་ཐལ། ཁྱོད་ཀྱི་དབྱེ་སྒོ་དེ་གཉིས་ཀ་བྱང་ཆུབ་སྙིང་པོའི་མཐའ་ཅན་དུ་མཚུངས་པའི་ཕྱིར། རིགས་པ་གཉིས་པའོ། །

རིགས་པ་དང་པོ་ལ་འདོད་ན། ཉན་ཐོས་དང་ཐུན་མོང་བའི་སོར་སྡོམ་དང་། ཐུན་མོང་མ་ཡིན་པའི་བྱང་སྡོམ་གཉིས་ཆོས་ཅན། ཁྱོད་འབོགས་པའི་སྦྱོར་དངོས་རྗེས་གསུམ་གྱི་ཆོ་ག་དང་། ཁྱོད་བསྲུང་བའི་དགག་སྒྲུབ་ཀྱི་བསླབ་བྱའང་ཐུན་མོང་གཅིག་ཏུ་འགྱུར་བར་ཐལ། ཁྱོད་ཐེག་པ་སོ་སོ་ནས་དུས་སོ་སོར་བཤད་པ་ལྟར་བྱེད་མི་རིགས་པར་ཐེག་ཆེན་ལྟར་བྱང་ཆུབ་སྙིང་པོའི་མཐའ་ཅན་དུ་བྱེད་རིགས་པའི་སྡོམ་པ་ཡིན་པའི་ཕྱིར། རྟགས་དངོས། རིགས་པ་གསུམ་པའོ། །

འདིར་ཁ་ཅིག །དེ་ལྟར་ཡིན་ན་ཉན་ཐོས་དང་། ཐེག་ཆེན་སྡོམ་པ་ཁྱད་མེད་འགྱུར། །ཞེས་པའི་དོན། ཉན་ཐོས་དང་ཐུན་མོང་བ་འདུལ་བ་ལུང་ནས་བཤད་པའི་སོར་སྡོམ་དང་། ཐེག་ཆེན་ཐུན་མོང་མ་ཡིན་པ་མདོ་སྡེ་

ནས་བཤད་པའི་སོར་སྡོམ་གཉིས་ལ་དུས་ཀྱི་ཁྱད་པར་མེད་པར་ཐལ། དེ་གཉིས་ཀ་བྱང་ཆུབ་སྙིང་པོའི་མཐའ་ཅན་དུ་མཚུངས་པའི་ཕྱིར། ཞེས་འཆད་པ་ནི། ཅུང་ཟད་མི་འཐད་དེ། ཐེག་ཆེན་མདོ་སྡེ་ནས་བཤད་པའི་སོ་ཐར་བྱང་ཆུབ་སྙིང་པོའི་མཐའ་ཅན་དུ་བཤད་པའི་ཤེས་བྱེད་གསལ་པོ་རྙེད་དཀའ་བའི་ཕྱིར་དང་། དེ་སྐབས་ཀྱི་ཐེག་ཆེན་སྡོམ་པ་དེ། བྱང་སྡོམ་ལ་འཆད་པར། ཐུབ་པ་དགོངས་གསལ་ལས་བཤད་པའི་ཕྱིར་ཏེ། དེ་ཉིད་ལས། དེ་ལྟར་ན་སོ་སོར་ཐར་པ་དང་བྱང་ཆུབ་སེམས་དཔའི་སྡོམ་པའང་ཚུལ་གཅིག་ཏུའང་འགྱུར་ལ། ཐུན་མོང་དང་ཐུན་མོང་མ་ཡིན་པའི་སྐབས་འགྲོ་ཁྱད་མེད་དུ་འགྲོ་ཞིང་། ཐེག་པ་ཆེན་པོ་མདོ་སྡེ་རྒྱན་ལས། ཐེག་པ་ཆེན་པོའི་སྐབས་འགྲོ་ཆོས་བཞི་ལྡན་དུ་བཤད་པ་དང་འགལ་ཞིང་། མདོ་རྒྱུད་གང་ལས་ཀྱང་། འདི་འདྲ་བའི་ཚུལ་བཤད་པ་མེད་པས་ཆོས་རྒྱུས་ཆུང་ལ་འདོད་རྫམ་ཆེ་བའི་སྐྱོན་ཡིན་པའི་ཕྱིར་རོ། །ཞེས་བཤད་པའི་ཕྱིར། ཡང་ཁ་ཅིག ། ཐེག་ཆེན་གྱི་སོ་ཐར་རིགས་བརྒྱད་ཐམས་ཅད་རྟེན་ཤི་འཕོས་ནས་གཏོང་བའི་ཕྱིར་ན། བྱང་ཆུབ་སྙིང་པོའི་མཐའ་ཅན་མིན་གསུངས་པའང་བརྟག་པར་བྱ་སྟེ། རྣམ་པར་གཏན་ལ་དབབ་པ་བསྡུ་བ་ནས་བཤད་པའི་དགེ་བསྙེན་ཕ་མ། དགེ་ཚུལ་ཕ་མའི་སྡོམ་པ་སོགས་རང་ཉིད་ཀྱིས་ལེན་པར་བཤད་པ་དེ། ཐེག་ཆེན་ཐུན་མོང་མ་ཡིན་པའི་ལུགས་ཡིན་མོད། དེ་ཇི་སྲིད་འཚོ་དང་བྱང་ཆུབ་སྙིང་པོའི་མཐའ་ཅན་གང་ཡིན་སུས་ཀྱང་རྙེད་དཀའ་བའི་ཕྱིར་དང་། ཁྱད་པར། རྒྱལ་སྲས་བྱམས་པ་འཇམ་དབྱངས་སོགས། །ཞེས་སོགས་དང་། ཙན་དན་སྤོས་ཀྱི་ངད་ལྡང་བའི། །ཞེས་སོགས་ནས་བཤད་པའི་བསྙེན་རྫོགས་ཀྱི་སྡོམ་པ་ནི། བྱང་ཆུབ་སྙིང་པོའི་མཐའ་ཅན་དུ་འཆད་པར་རིགས་པས་ཐོབ་པའི་ཕྱིར་རོ། །

རིགས་པ་བཞི་པ་ནི། ཉན་ཐོས་དང་ཐུན་མོང་བའི་དགེ་སློང་གི་སྡོམ་པ་སོགས་ཆོས་ཅན། ཁྱོད་བསླབ་པ་ཕུལ་བ་ལ་སོགས་པ་བརྒྱད་པོ་གཞན་གྱིས་ཀྱང་མི་གཏོང་བར་འགྱུར་བར་ཐལ། ཤི་འཕོས་པ་སོགས་དགུ་པོ་ཁྱོད་ཀྱི་གཏོང་རྒྱུར་མཚུངས་པ་གང་ཞིག །ཁྱོད་ཤི་ཡང་མི་འདོར་བ་དེས་ཡིན་པའི་ཕྱིར་རོ། །དེ་ལ་དེའི་རྗེས་འབྲང་ཁ་ཅིག་འདི་སྐད་དུ། ཐེག་ཆེན་སེམས་བསྐྱེད་ཀྱིས་མ་ཟིན་པའི་སོར་སྡོམ་ཤི་བས་སྟོང་ཡང་། ཐེག་ཆེན་སེམས་བསྐྱེད་ཀྱིས་ཟིན་པའི་སོར་སྡོམ་ཆོས་ཅན། ཤི་བས་གཏོང་བ་མི་སྲིད་པར་ཐལ། ཁྱོད་བྱང་ཆུབ་སྙིང་པོའི་མཐའ་ཅན་གྱི་བྱང་ཆུབ་སེམས་ཀྱིས་ཟིན་པའི་ཕྱིར། ཞེས་འདོད་དོ་ལོ། །འདོད་ན། ཐེག་ཆེན་སེམས་བསྐྱེད་ཀྱིས་ཟིན་པའི་དགེ་སློང་ལ་སོགས་པའི་སྡོམ་པ་རྣམས་ཆོས་ཅན། བསླབ་པ་ཕུལ་བ་དང་ཤི་འཕོས་པ་དང་། དགེ་བའི་རྩ་བ་བཅད་པ་ལ་སོགས་པ་གཏོང་རྒྱུ་ཀུན་གྱིས་མི་གཏོང་བར་འགྱུར་བར་ཐལ། ཁྱོད་ཐེག་ཆེན་སེམས་བསྐྱེད་ཀྱིས་ཟིན་པའི་ཕྱིར། ཁྱབ་པ་དངོས། རྩ་བར་འདོད་པ་དེ་ལྟར་ཡིན་ན། བཅས་ལྡན་དགེ་སློང་ཆོས་ཅན།

ཁྱོད་ཀྱིས་སྡོམ་པ་ཕུལ་ཡང་བསྲུངས་དགོས་པར་འགྱུར་བ་དང་། མ་བསྲུངས་པར་སྲོག་གཅོད་སོགས་བྱས་ན་དགེ་སློང་ལས་ཉམས་པར་འགྱུར་བར་ཐལ། ཁྱོད་དགེ་སློང་གི་སྡོམ་པ་མ་བཏང་བར་ཡོད་པའི་གང་ཟག་ཡིན་པའི་ཕྱིར་རོ། །རྟགས་ཁས། ཡང་དེ་ཆོས་ཅན། ཁྱོད་ཤི་འཕོས་ནས་ཀྱང་དགེ་སློང་དུ་འགྱུར་བར་ཐལ། ཁྱོད་ཤི་འཕོས་པས་དགེ་སློང་གི་སྡོམ་པ་མི་གཏོང་བའི་དགེ་སློང་ཡིན་པའི་ཕྱིར། འདོད་ན། བཅས་ལྡན་དགེ་སློང་དེ་ཆོས་ཅན། ཁྱོད་གལ་ཏེ་ཤི་ནས་ལྷར་སྐྱེས་ན་ལྷའི་དགེ་སློང་གཅིག་སྲིད་པར་འགྱུར་བ་དང་། མིར་སྐྱེས་ན་ཡང་བླང་མི་དགོས་པ་བྱིས་པ་ཆུང་ངུའི་དགེ་སློང་སྲིད་པར་འགྱུར་བར་ཐལ། ཁྱོད་ཤི་འཕོས་པས་དགེ་སློང་གི་སྡོམ་པ་མི་གཏོང་བའི་ཕྱིར། དེ་གཉིས་ལ་འདོད་ན། དགེ་སློང་ཤི་འཕོས་ནས་མིར་སྐྱེས་པ་ལོ་ཉི་ཤུ་མ་លོན་པའི་བྱིས་པ་ཆོས་ཅན། རྩ་བའི་ལྟུང་བ་བྱུང་ན་སྟེ། དགག་དགོས་མེད་པར་ཁྱོད་ཀྱི་སྔོར་དངོས་རྗེས་གསུམ་ཚང་བའི་སྒོ་ནས་མིའི་རྟེན་གྱི་སྲོག་བཅད་ན། དགེ་སློང་གི་སྡོམ་པ་ལས་ཉམས་པར་འགྱུར་བར་ཐལ། ཁྱོད་བཅས་ལྡན་དགེ་སློང་རྣམ་དག་ལུས་སེམས་རང་བཞིན་དུ་གནས་པ་དེ་ཡིན་པའི་ཕྱིར། འདོད་ན། ཁྱོད་ཀྱི་ལོ་ཉི་ཤུ་ལོན་ནས་དགེ་སློང་གི་སྡོམ་པ་བླངས་ཀྱང་མི་སྐྱེ་བར་ཐལ། ཁྱོད་མིའི་སྲོག་བཅད་ནས་འཆབ་སེམས་སྐྱེས་པ་སྲིད་པ་གང་ཞིག །ཉམས་ནས་འཆབ་སེམས་སྐྱེས་པ་ལ། སླར་ཡང་བླང་དུ་མེད་པ་འདུལ་བ་ལས་བཤད་པའི་ཕྱིར། ཡང་། ཉན་ཐོས་དང་ཐུན་མོང་བའི་འདུལ་བ་གཞིར་བཞག་ལ། ལྷའི་དགེ་སློང་དང་། བསམ་པའི་སྒོ་ནས་ལོ་ཉི་ཤུ་མ་ལོན་པའི་བྱིས་པའི་དགེ་སློང་མི་སྲིད་པར་ཐལ། དེ་གཉིས་ཉན་ཐོས་ཀྱི་འདུལ་བའི་སྡེ་སྣོད་ལས་བཀག་པའི་ཕྱིར་ཏེ། བསམ་པའི་སྒོ་ནས་ལོ་ཉི་ཤུ་མ་ལོན་པར་དགེ་སློང་གི་སྡོམ་པ་མི་སྐྱེ་བ་དང་། མི་མ་ཡིན་པའི་འགྲོ་བ་ལ་སོ་ཐར་སྡོམ་པ་མི་སྐྱེ་བར་བཤད་པའི་ཕྱིར་ཏེ། མི་མ་ཡིན་པའི་འགྲོ་བ་པ་དང་། བྱང་གི་སྒྲ་མི་སྙན་པ་གཉིས་ནི་སྡོམ་པའི་ཞིང་ཉིད་མ་ཡིན་ནོ། །ཞེས་བཤད་པའི་ཕྱིར་རོ། །

དེ་ལྟར་ན་ལྷའི་དགེ་སློང་དུ་ཐལ་བ་དང་། བྱིས་པ་དགེ་སློང་དུ་ཐལ་བ་སྟེ། རིགས་པ་གཉིས་པའོ། །

ཡང་ནང་འགལ་གྱི་རིགས་པ་ནི། ཐེག་ཆེན་སེམས་བསྐྱེད་དང་ལྡན་པའི་ཉིན་ཞག་གཅིག་པའི་བསྙེན་གནས་བླངས་པའི་གང་ཟག་ཀྱང་ཆོས་ཅན། ཁྱོད་ཀྱིས་དུས་རྟག་ཏུ་བསྙེན་གནས་བསྲུངས་དགོས་པར་འགྱུར་བ་དང་། བསྲུངས་པ་མིན་ན་བསྙེན་གནས་ལས་ཉམས་པར་འགྱུར་ལ། ཁྱོད་ཀྱི་བསྙེན་གནས་དེ་འང་སང་ནངས་པར་ཕན་ཆད་ཀྱང་མ་བཏང་བར་ཡོད་པའི་ཕྱིར། དེ་ལ་རྟགས་མ་གྲུབ་སྟེ། དེ་ལྟ་བུའི་བསྙེན་གནས་དེ་ནངས་པར་སྐྱ་རེངས་ཤར་ཕན་ཆད་གཏོང་བའི་ཕྱིར་ཞེ་ན། དེ་ལྟ་བུའི་བསྙེན་གནས་ཆོས་ཅན། ཐེག་ཆེན་སེམས་བསྐྱེད་ཀྱིས་ཟིན་པའི་སོ་ཐར་རིགས་བདུན་གྱི་སྡོམ་པ་བྱང་ཆུབ་སྙིང་པོའི་བར་དུ་རྒྱུན་དུ་འབྱུང་བ་འགལ་བར་ཐལ། ཁྱོད་

དང་དེ་ལྟ་བུའི་སོ་ཐར་རིགས་བདུན་ཐེག་ཆེན་སེམས་བསྐྱེད་ཀྱིས་ཟིན་སྙམ་པ་གང་ཞིག །ཁྱོད་བྱང་ཆུབ་སྙིང་པོའི་མཐའ་ཅན་མ་ཡིན་པའི་ཕྱིར། རྟགས་གཉིས་དངོས། ཁྱབ་པ་ཁྱོད་ལ་སོང་སྟེ། ཐུན་མོང་བའི་དགེ་སློང་གི་སྡོམ་པ་ཐེག་ཆེན་སེམས་བསྐྱེད་ཀྱིས་ཟིན་པ་དེ། བྱང་ཆུབ་སྙིང་པོའི་མཐའ་ཅན་ཡིན་པའི་སྒྲུབ་བྱེད་དུ་ཁས་བླངས་པའི་ཕྱིར་རོ། །དེས་ན་བསྙེན་གནས་གཏན་དུ་བར་ཐལ་བའི་རིགས་པ་འདི་དང་བདུན་ཡོད་དོ། །དེས་ན་ཉན་ཐོས་དང་ཐུན་མོང་བའི་སོ་སོར་ཐར་པའི་སྡོམ་པ་ཤེ་ཡང་ཡོད་དོ། །ཞེས་སྨྲ་བའི་སྐྱེས་བུ་འབྲི་གུང་པ་དེ་ཆོས་ཅན། ཁྱོད་ལ་སྡེ་སྣོད་ཀྱི་རྣམ་དབྱེ་མེད་པར་ཟད་དེ། ཉན་ཐོས་དང་ཐུན་མོང་བའི་སོ་ཐར་རིགས་བདུན་ཇི་སྲིད་འཚོའི་མཐའ་ཅན་དང་། ཐེག་ཆེན་ཐུན་མོང་མ་ཡིན་པའི་བྱང་སྡོམ་བྱང་ཆུབ་སྙིང་པོའི་མཐའ་ཅན་ཡིན་པར་འདི། ཉན་ཐོས་ཀྱི་འདུལ་བ་དང་། ཐེག་ཆེན་མདོ་སྡེའི་དགོངས་པ་ཡིན་པ་ལ་དེ་ལྟར་མ་ཤེས་པའི་ཕྱིར་རོ། །

གཉིས་པ་བསྙེན་གནས་སྡོམ་པའི་རྣམ་གཞག་བྱེ་བྲག་ཏུ་བཤད་པ་ལ། གྲུབ་མཐའ་སོ་སོའི་བསྙེན་གནས་སོ་སོར་བཤད། གཞན་གྱི་ལག་ལེན་འཁྲུལ་པ་སོ་སོར་དགག་པའོ། །དང་པོ་ལ་གསུམ། བྱེ་སྨྲའི་བསྙེན་གནས་འདུལ་བའི་གཞུང་བཞིན་བཤད། མདོ་སྡེའི་བསྙེན་གནས་མདོ་སྡེའི་གཞུང་བཞིན་བཤད་། ཐེག་ཆེན་བསྙེན་གནས་ཐེག་ཆེན་གཞུང་བཞིན་བཤད་པའོ། །དང་པོ་ནི། སེམས་བསྐྱེད་ལྡན་པའི་བསྙེན་གནས་ཀྱང་། །ཞེས་སོགས་ལ་འཕྲོས་ནས། གཞུང་འདིའི་ཕྱོགས་སྔ་མས། བསྙེན་གནས་མཚན་མོ་འདས་པས་མི་གཏོང་བ་ཡང་ཡོད་དེ། ཇོ་བོ་རྗེའི་ཕྱག་བཞེས་ལས་འབྱུང་བ་བཞིན་ནོ། །ཞེས་སོགས། བསྙེན་གནས་ལ་ལོག་རྟོག་མང་དུ་ཡོད་པས། དེ་དགག་པའི་ཕྱིར་ཐོག་མར། གྲུབ་མཐའི་རྣམ་དབྱེ་ཕྱེད་པའི་ཕྱིར། བསྙེན་གནས་སོ་སོར་བཤད་ན། བྱེ་སྨྲ་བའི་ལུགས་གཞིར་བཞག་ལ། སྡོམ་པས་བསྡུས་པའི་བསྙེན་གནས་ཡང་ཆོས་ཅན། ཁྱོད་བླངས་པའི་ཡུལ་དང་། ལེན་པའི་ལུས་རྟེན་སོགས་མདོ་སྡེ་པ་ཡན་ཆད་དང་མི་འདྲ་སྟེ། ཁྱོད་ཡུལ་དགེ་སློང་ཁོ་ན་ལས་ལེན་ཞིང་། རྟེན་གང་ཟག་ནི་གླིང་གསུམ་གྱི་སྐྱེས་པ་དང་བུད་མེད་ལས་གཞན་པའི་འགྲོ་བ་ལ་སྐྱེ་བ་བཀག་པའི་ཕྱིར་ཏེ། མཛོད་འགྲེལ་ལས། འདི་ནི་གཞན་ལ་རྣམ་པར་རིག་པར་བྱེད་ན། གཞན་གྱི་རྣམ་པར་རིག་བྱེད་ལས་ཐོབ་བོ། །དེ་ཡང་དགེ་འདུན་ནམ་གང་ཟག་ལས་ཏེ། དགེ་སློང་དང་དགེ་སློང་མ་དང་དགེ་སློབ་དང་དགེ་སློབ་མའི་སྡོམ་པ་རྣམས་ནི་དགེ་འདུན་ལས་སོ། །གཞན་དག་ནི་གང་ཟག་ལས་སོ། །ཞེས་སོ་ཐར་རིགས་བརྒྱད་ཀྱི་དགེ་སློང་གི་སྡོམ་པ་སོགས་གསུམ་ཡུལ་དགེ་སློང་བཞི་སྡེ་ཡོད་པའི་དགེ་འདུན་དང་། ལྷག་མ་ཡུལ་དགེ་སློང་རེ་རེ་ཡན་ཆད་ལས་ལེན་པར་བཤད་པའི་ཕྱིར་ཏེ། དགེ་འདུན་དང་གང་ཟག་གི་ཟླས་ཕྱེ་བའི་གང་ཟག་ནི། དགེ་འདུན་དུ་མ་ལོང་བའི་དགེ་སློང་ལ་འཇོག་པ་ལས་འོས་མེད་པའི་ཕྱིར་དང་། མདོ་རྩར། མི་མ་ཡིན་པའི་འགྲོ་བ

དང་། །ཞེས་སོགས་ཀྱི་མི་མ་ཡིན་པའི་འགྲོ་བ་པ་ལ་སོར་སྡོམ་སྐྱེ་བ་བཀག་པའི་ཕྱིར། གལ་ཏེ་དགེ་འདུན་དང་གང་ཟག་གིས་ཟླས་ཕྱེ་བའི་གང་ཟག་དེ། དགེ་སློང་ལ་མི་འཇོག་པར་གང་ཟག་ཙམ་ལ་འཇོག་ན། དགེ་ཚུལ་གྱི་སྡོམ་པ་ཡང་དགེ་སློང་ལས་ལེན་མི་དགོས་པར་ཐལ་ལོ། །གཞུང་འདི་ལ། པཎ་ཆེན་ཤཱཀྱ་མཆོག་ལྡན་པས། བྱེ་སྨྲའི་བསྙེན་གནས་དགེ་སློང་ལས། །ལེན་པའི་དམིགས་བསལ་གང་ན་ཡོད། །འདུལ་བའི་ལུགས་ཀྱི་བསྙེན་གནས་ཀྱི། །ཚིག་གསལ་པོ་གང་ན་བཞུགས། །ཞེས་དྲི་བ་གཉིས་མཛད་པའི་དྲི་ལན་དང་པོ་ནི། སྔར་མཛོད་འགྲེལ་གྱི་ལུང་དྲངས་པ་དེ་ཉིད་ལས་གསལ་བས་འདིར་བཤད་མི་དགོས་ལ།

དྲི་བ་གཉིས་པའི་ལན་ལ། མཁས་པས་བཤད་པའི་རྣམ་གྲངས་བཀོད་པ་དང་། རང་ལུགས་འཐད་པའི་ཕྱོགས་ངོས་བཟུང་བ་གཉིས་ལས། དང་པོ་ནི་བོད་ཀྱི་འདུལ་འཛིན་ཕལ་ཆེར་ཞན་ཐོས་ཀྱི་བསྙེན་གནས་འབོགས་པའི་ཆོ་ག་ནི། སྐྱབས་འགྲོ་རྗེས་བྱེད་དུ་བྱས་ནས། ཁས་ལེན་གསུམ་བྱས་ནས་བསླབ་བྱ་འདྲུག་ཚིག་ཏུ་ཁས་ལེན་གཅིག་བྱེད་པ་ཁོ་ན་ཡིན་ཞེས་འཆད་ཅིང་། དེ་དང་མཐུན་པར། པཎ་ཤཱཀྱ་པས་རང་ལན་དུ། འདུལ་བའི་ལུགས་ཀྱི་བསྙེན་གནས་ཀྱི། །ཚིག་གསལ་པོ་མི་བཞུགས་ཀྱང་། །རྟུང་མཐུན་སྦྱོར་ཚུལ་མཛོད་འགྲེལ་དུ། ། གསལ་བར་གསུངས་པ་དེ་ཡིན་ནོ། །ཞེས་བསྙེན་གནས་འབོགས་ཚིག་དགེ་བསྙེན་སོགས་དང་འདྲ་བར་མཛོད་འགྲེལ་ལས་བཤད་དོ། །ཞེས་དང་། དེ་དང་མཐུན་པར་ཀུན་མཁྱེན་གོ་བོ་རབ་འབྱམས་པས་ཀྱང་། སྡོམ་བརྒྱད་དང་གནས་བརྟན་བྱང་བཟང་གིས་བཤད་པ་ནི་མདོ་སྡེའི་ལུགས་ཡིན་ལ། བྱེ་སྨྲ་བ་ནི་དགེ་བསྙེན་སོགས་དང་ཚུལ་འདྲ་བ་ཡིན་ནོ། །ཞེས་དེ་རྣམས་ལུགས་གཅིག་ཡིན་པར་འཆད་པར་བྱེད་ལ། ཡང་གློ་བོ་མཁན་ཆེན་གྱི་དྲི་ལན་ལུང་གི་ཚད་མ་ལས། གནས་མཆོག་གིས་ཞུས་པའི་མདོ། ཀུན་ཏུ་རྒྱུ་སེན་རིངས་ཀྱིས་ཞུས་པའི་མདོ། སྡོམ་བརྒྱད་དང་། གནས་བརྟན་བྱང་བཟང་སོགས་ཀྱིས་བསྙེན་གནས་འབོགས་ཚིག་སྐྱབས་འགྲོ་རྗེས་བྱེད་དུ་བྱས། བསླབ་བྱ་བརྒྱད་ཁས་ལེན་ལན་གསུམ་བྱས་ནས། བདག་བསྙེན་གནས་པར་བཟུང་དུ་གསོལ། ཞེས་པ་འདྲུག་ཚིག་ཏུ་བྱས་ནས་བཤད་པ་ཡིན་པས། བྱེ་མདོ་གཉིས་ལ། ཡུལ་དང་རྟེན་གྱི་གང་ཟག་ལ་མི་འདྲ་བའི་ཁྱད་པར་བཤད་ཀྱི། ཆོ་ག་ལ་ཁྱད་པར་མེད་པ་སྐྱབས་འགྲོ་རྗེས་བྱེད་དུ་བྱས་ནས། བསླབ་བྱ་ལན་གསུམ་བརྗོད་པ་འདི་དངོས་གཞིའི་ཆོ་ག་ཡིན་པར་འཆད་དགོས་ཀྱི། དགེ་བསྙེན་སོགས་དང་འདྲ་བར་བྱེད་པ་ནི་རང་བཟོའི་ཆོ་ག་ཡིན་ནོ། །དེས་ན། འདུལ་བའི་ལུང་དུ་དེའི་ཆོ་ག་གསལ་བར་བཤད་པ་མི་སྣང་ཡང་། མདོ་སྡེ་ལས་ནི་གསུངས་པ་ཡི། །ཆོ་ག་དེར་ཡང་སྦྱར་བར་བྱ། །ཞེས་འཆད་པར་བྱེད་དོ། །འདི་ལུགས་གཅིག་ཡིན་ནོ། །

གཉིས་པ་རང་གི་འཐད་པ་ནི། པཎ་ཤཱཀྱ་པས། རྟུང་མཐུན་སྦྱོར་ཚུལ་མཛོད་འགྲེལ་དུ་གསལ་བར

བཤད་གསུངས་པའང་བརྟག་པར་བྱ་སྟེ། དམའ་བར་འདུག་སླ་བཟླས་པ་ཡི། །ཞེས་སོགས་ཀྱིས་རང་འགྲེལ་ལས། འགོགས་པ་པོའི་ཚིག་ཏུམ་སླས་པར་སྨྲར་ཡང་སླ་བར་མི་བྱ་ལ་ཁ་སྐམས་ཏེ་ཡང་སླ་བར་མི་བྱ་སྟེ། དེ་ལྟར་ན༏ འདི་གཞན་ལས་ནོད་པ་ཡིན་གྱི། གཞན་དུ་ན་འགོགས་པ་དང་ནོད་པ་གྲུབ་པར་མི་འགྱུར་རོ། །ཞེས་རྗེས་ཟློས་བྱེད་པའི་ཚེ། འགོགས་པ་པོའི་སང་སོགས་དང་། དུས་མཉམ་པ་མིན་པའི་ཕྱིར། འགོགས་ཚིག་རྫོགས་པའི་རྗེས་སུ་རྗེས་ཟློས་བྱེད་པ་ཞེས་པ་ཙམ་དང་། ཡན་ལག་བརྒྱད་ཚང་བར་ནོད་པར་བྱའི། མ་ཚང་བར་ནི་མ་ཡིན་ནོ། །ཞེས། ཡན་ལག་བརྒྱད་ཚང་བར་ནོད་དགོས་ཞེས་པ་ཙམ་ལས། བསྙེན་པར་བཟུང་དུ་གསོལ་ཞེས་པ་དང་། བསླབ་བྱ་བརྗོད་པ་གཉིས་ཀ་དངོས་གཞིར་བྱེད་གསལ་བར་མ་བཤད་འདུག་པའི་ཕྱིར། ཡང་ལུང་གི་ཚད་མ་ལྟར་བྱེ་མདོ་གཉིས་ལ་བསྙེན་གནས་འགོགས་ཚོག་ལ་ཁྱད་པར་མེད་ཅེས་འཆད་པ་ཡང་མི་འཐད་དེ། གྲུབ་མཐའ་སོ་སོའི་གནད་མ་དགོངས་པ་ལྟ་བུར་སྣང་བའི་ཕྱིར་རོ། །

འོ་ན་ཁྱོད་རང་ཇི་ལྟར་སྙམ་ན། གྲུབ་མཐའི་གནད་དང་སྦྱར་ནས་བཤད་པར་བྱ་སྟེ། འདི་ལ་གཉིས། དགེ་བསྙེན་སྡོམ་པ་འགོགས་པའི་ཚོག་བཤད་པ་དང་། ཚུལ་དེ་བསྙེན་གནས་ལ་སྦྱར་བའོ། །དང་པོ་ནི། ཁ་ཆེ་བྱེ་བྲག་ཏུ་སྨྲ་བ་དང་། ཉི་འོག་བྱེ་བྲག་ཏུ་སྨྲ་བ་གཉིས་ལ་ཡང་། དགེ་བསྙེན་གྱི་སྡོམ་པ་འགོགས་པའི་ཚོག་མི་འདྲ་བའི་ཁྱད་པར་ཡོད་དེ། ཁ་ཆེ་བྱེ་སྨྲ་བས། སྐྱབས་འགྲོ་རྫོམ་བྱེད་དུ་བྱས། བདག་དགེ་བསྙེན་དུ་གཟུང་དུ་གསོལ། ལན་གསུམ་བྱས་པའི་ཐ་མ་ལ་དགེ་བསྙེན་གྱི་སྡོམ་པ་སྐྱེ། བསླབ་བྱ་བརྗོད་པ་འཇུག་ཚོག་ཏུ་བྱེད། ཉི་འོག་བྱེ་སྨྲ་བས་སྐྱབས་འགྲོ་རྫོམ་བྱེད་དུ་བྱས། བསླབ་བྱ་ལྟ་ལན་གསུམ་བརྗོད་པའི་ཐ་མ་ལ་དགེ་བསྙེན་གྱི་སྡོམ་པ་སྐྱེ་བར་འཆད་པའི་ཕྱིར་རོ། །འདི་ལ་ཤེས་བྱེད་ཅི་ཡོད་ན། དང་པོའི་ཤེས་བྱེད་ནི། མདོ་རྩ་བར་སྐྱབས་སུ་འགྲོ་བར་ཁས་བླངས་པའི་ཚིག་རྫོམ་པ་དང་། དེའི་འོག་ཏུ་དགེ་བསྙེན་ཉིད་དང་། དགེ་ཚུལ་ཉིད་དུ་ཁས་བླངས་པའི་ཚིག་བྱའོ། །དེའི་འོག་ཏུ་བསླབ་པ་བརྗོད་པ་ཁས་བླངས་པའི་ཚིག་བྱའོ། །ཞེས་དང་། མཛོད་ལས། དགེ་བསྙེན་ཉིད་དུ་ཁས་བླངས་པ། །སྡོམ་པ་བསྟན་པ་དགེ་སློང་བཞིན། །ཞེས་བཤད་པས་ཤེས་ལ།

གཉིས་པའི་སྒྲུབ་བྱེད་ནི། ཉི་འོག་བྱེ་སྨྲ་བའི་ལུགས་ལ། སྐྱབས་འགྲོ་རྫོམ་བྱེད་དུ་བྱས་ནས། བསླབ་བྱ་བརྗོད་པ་གསུམ་གྱི་མཐར་དགེ་བསྙེན་གྱི་སྡོམ་པ་སྐྱེས་པའི་སྐྱབས་འགྲོ་རྫོམ་བྱེད་དུ་བྱས་ནས། བདག་དགེ་བསྙེན་དུ་གཟུང་དུ་གསོལ། ཞེས་ལན་གསུམ་བརྗོད་པ་ཙམ་གྱིས་དགེ་བསྙེན་གྱི་སྡོམ་པ་སྐྱེ་བར་མི་ནུས་ཏེ། དེ་ལྟ་བུའི་དགེ་བསྙེན་དེ་ནི་སྐྱབས་སུ་འཛིན་པའི་དགེ་བསྙེན་ཙམ་ཡིན་གྱི། དགེ་བསྙེན་གྱི་སྡོམ་ལྡན་མ་ཡིན་ནོ། ། ཞེས་ཉི་འོག་པས་ཁས་བླངས་པའི་ཕྱིར་དང་། ཁ་ཆེ་བས། དེ་ལྟར་ལན་གསུམ་བརྗོད་པ་ཙམ་གྱིས་དགེ་བསྙེན

གྱི་སྡོམ་པ་སྐྱེ་བར་ནུས་ཏེ། དགེ་བསྙེན་གྱི་སྡོམ་པ་དང་མི་ལྡན་པའི་སྐྱབས་སུ་འཛིན་པའི་དགེ་བསྙེན་ཞེས་བྱ་བ་མེད་པའི་ཕྱིར་རོ། །ཞེས་ཁས་ལེན་པའི་ཕྱིར་ཏེ། དེ་ལྟར་ཁས་ལེན་པའི་ཤེས་བྱེད་ཀྱང་། སྐྱབས་འགྲོ་ལན་གསུམ་བྱས་ནས་བདག་ལ་དགེ་བསྙེན་དུ་གཟུང་དུ་གསོལ། ཞེས་པ་ཙམ་གྱིས་དགེ་བསྙེན་དུ་འགྱུར་རམ་ཞེས་པའི་ལན་དུ། ཉི་འོག་པས། དེ་ལ་དགེ་བསྙེན་གྱི་སྡོམ་པ་མི་སྐྱེ་ཡང་། སྐྱབས་སུ་འཛིན་པའི་དགེ་བསྙེན་ཙམ་དུ་འགྱུར་རོ། །ཞེས་ལན་བཏབ། ཁ་ཅེ་བས་སྡོམ་པ་མེད་པའི་དགེ་བསྙེན་མེད་པས། ཐུན་མོང་ལྟར་དགེ་བསྙེན་དུ་ཁས་བླངས་ཚེ་དགེ་བསྙེན་གྱི་སྡོམ་པ་སྐྱེའོ། །ཞེས་ལན་བཏབ་འདུག་པའི་ཕྱིར་ཏེ། མཛོད་འགྲེལ་ལས། མིང་ཆེན་ཁྱིམ་པ་གོས་དཀར་པོ་གྱོན་པ་སྐྱེས་པ་ཕོའི་དབང་པོ་དང་ལྡན་པ་ཞིག་སངས་རྒྱས་ལ་སྐྱབས་སུ་འགྲོ། ཆོས་དང་དགེ་འདུན་ལ་སྐྱབས་སུ་འགྲོ་ཞིང་། བདག་ལ་དགེ་བསྙེན་དུ་གཟུང་དུ་གསོལ་ཞེས་ཚིག་ཏུ་ཡང་སྨྲ་ན་དེ་ཙམ་གྱིས་དགེ་བསྙེན་དུ་འགྱུར་རོ། །ཞེས་གསུངས་པ་དེ་ཅི། སྐྱབས་སུ་འགྲོ་བ་ཁོ་ནས་དགེ་བསྙེན་དུ་འགྱུར་རམ་ཞེ་ན། ཉི་འོག་པ་རྣམས་ན་རེ། འགྱུར་རོ་ཞེས་ཟེར་རོ། །

ཁ་ཆེ་བ་རྣམས་ན་རེ་སྡོམ་པ་མེད་པས་མི་འགྱུར་རོ་ཞེས་ཟེར་རོ། །འོན་གང་མདོ་ལས་གསུངས་པ་ཇི་ལྟ་བུ་ཞེ་ན། འདི་ལ་འགལ་བ་མེད་དེ། འདི་ལྟར། དགེ་བསྙེན་ཉིད་དུ་ཁས་བླངས་པ་དེ་ཁོ་ན་ལས་འདིའི་སྡོམ་པ་སྐྱེ་བར་འགྱུར་ཏེ། ཞེས་སོགས་བཤད་པའི་ཕྱིར། དེས་ན་ཉི་འོག་བྱེ་སྨྲ་བ་དང་། མདོ་སྡེ་པའི་ལུགས་ལ། སྐྱབས་གསུམ་སྔོན་དུ་བཏང་ནས། བདག་དགེ་བསྙེན་དུ་གཟུང་དུ་གསོལ། ཞེས་ལན་གསུམ་བརྗོད་པའི་ཚེ། དགེ་བསྙེན་གྱི་སྡོམ་པ་མི་ཐོབ་ཀྱང་། སྐྱབས་སུ་འཛིན་པའི་དགེ་བསྙེན་ཙམ་དུ་འགྱུར། སྐྱབས་གསུམ་སྔོན་དུ་བཏང་ནས། བདག་སྲོག་གཅོད་པ་སྤངས་ཏེ་སྲོག་གཅོད་པ་ལས་སླར་ལྡོག་པར་བགྱིའོ། །ཞེས་ལན་གསུམ་བརྗོད་པའི་ཚེ། སྣ་གཅིག་སྤྱོད་པའི་དགེ་བསྙེན་གྱི་སྡོམ་པ་སྐྱེ། དེ་བཞིན་དུ་སྲོག་གཅོད་མ་བྱིན་ལེན་གཉིས་དང་། འདོད་པས་ལོག་གཡེམ་གསུམ་དང་། དེ་གསུམ་རྫུན་ཆང་དང་ལྔ་སྤོང་བར་ལན་གསུམ་གསུམ་ཁས་བླངས་པའི་ཚེ། སྣ་འགའ་སྤྱོད་པ་དང་། ཕལ་ཆེར་སྤྱོད་པ་དང་། ཡོངས་རྫོགས་ཀྱི་དགེ་བསྙེན་གྱི་སྡོམ་པ་སྐྱེ་བར་འདོད་དེ། དེ་ལྟར་མིང་ཆེན་གྱི་མདོ་ལས་བཤད་ཅིང་། བཤད་པ་སྦྲ་ཇི་བཞིན་དུ་ཁས་ལེན་པའི་ཕྱིར། དེ་ལྟར་མདོ་ལས་བཤད་དེ། བཙུན་པ་ཅི་ཙམ་གྱིས་ན་དགེ་བསྙེན་དུ་འགྱུར་བ་ལགས། མིང་ཆེན་ཁྱིམ་པ་གོས་དཀར་པོ་གྱོན་པ། སྐྱེས་པ་ཕོའི་དབང་པོ་དང་ལྡན་པ་ཞིག །སངས་རྒྱས་ལ་སྐྱབས་སུ་འགྲོ་ཆོས་དང་དགེ་འདུན་ལ་སྐྱབས་སུ་འགྲོ་ཞིང་བདག་དགེ་བསྙེན་དུ་གཟུང་དུ་གསོལ་ཞེས་ཚིག་ཏུ་ཡང་སྨྲ་ན་མིང་ཆེན་འདི་ཙམ་གྱིས་དགེ་བསྙེན་དུ་འགྱུར་རོ། །

བརྩུན་པ་ཇི་ཙམ་གྱིས་ན་སྣ་གཅིག་ལ་སློབ་པའི་དགེ་བསྙེན་དུ་འགྱུར། མིང་ཆེན་དགེ་བསྙེན་གང་ཞིག་སྲོག་གཅོད་པ་སྤོང་ཞིང་སྲོག་གཅོད་པ་ལས་སླར་ལྡོག་པར་བྱེད་ན། འདི་ཙམ་གྱིས་ན། སྣ་གཅིག་ལ་སློབ་པའི་དགེ་བསྙེན་དུ་འགྱུར་རོ། །དེ་བཞིན་དུ་ཕྱོགས་གཅིག་དང་། ཕལ་ཆེར་ཡོངས་རྫོགས་ལ་དྲི་ལན་སྦྱར་ཏེ། སྲོག་གཅོད་པ་དང་མ་བྱིན་པ་ལེན་པ་སྤངས་ཏེ། མ་བྱིན་པར་ལེན་པ་ལས་སླར་ལྡོག་པར་བྱེད་ན། ཕྱོགས་གཅིག་ལ་སློབ་པའི་དགེ་བསྙེན་དང་། དེ་གཉིས་དང་འདོད་པས་ལོག་པར་གཡེམ་པ་ལས་སླར་ལོག་པར་བྱེད་ན་ཕལ་ཆེར་ལ་སློབ་པའི་དགེ་བསྙེན་དང་། དེ་གསུམ་དང་རྫུན་དུ་སྨྲ་བ་དང་འབྲུའི་ཆང་དང་བཙོས་པའི་ཆང་དང་མྱོས་པར་འགྱུར་བ་བག་མེད་པའི་གནས་སྤངས་ཏེ། དེ་ལས་སླར་ལྡོག་པར་བྱེད་ན། ཡོངས་སུ་རྫོགས་པའི་དགེ་བསྙེན་དུ་འགྱུར་རོ། །ཞེས་བཤད་པའི་ཕྱིར་རོ། །དེས་ན་འདུལ་བ་ལས་ནི། ཁ་ཆེ་བའི་འདོད་པ་ལྟར་བཤད་ལ། མདོ་སྡེ་ལས་ནི་ཉི་འོག་པ་དང་མདོ་སྡེ་པའི་འདོད་པ་ལྟར་བཤད་དེ། འདུལ་བ་ལུང་ལས་དགེ་བསྙེན་གྱི་སྡོམ་པ་འབོགས་ཆོག་ཁ་ཆེ་བ་ལྟར་བཤད།

མིང་ཆེན་གྱི་མདོ་ལས། ཉི་འོག་པ་དང་མདོ་སྡེ་པ་ལྟར་བཤད་པའི་ཕྱིར། གནད་དེ་ཉིད་ཀྱིས་འདུལ་བ་དང་མདོ་སྡེ་ལ་བརྟེན་པའི་གྲུབ་མཐའ་སོ་སོ་ལ། དགེ་བསྙེན་གྱི་སྡོམ་པ་འབོགས་ཆོག་དང་། བླང་བའི་ཡུལ་དང་། ལེན་པའི་རྟེན་གྱི་གང་ཟག །སྡོམ་པའི་ངོ་བོ་རྣམས་ལ་འཇོག་ཚུལ་མི་འདྲ་བ་རེ་རེ་ཡོད་པ་ནི། ཁོ་བོའི་རྣམ་དཔྱོད་ཀྱི་དཔལ་ལས་གྲུབ་པ་ཡིན་ཏེ། ཡུལ་དང་རྟེན་གྱི་མི་འདྲ་བའི་ཁྱད་པར་ནི་གཞུང་འདི་ཉིད་ལས། བསྙེན་གནས་ལ་དངོས་སུ་བཤད་པའི་ཤུགས་ལས་ཤེས་ལ། འབོགས་པའི་ཆོ་ག་མི་འདྲ་བ་ནི། རྣམ་དཔྱོད་དང་ལྡན་ན་མངོན་སུམ་གྱིས་གྲུབ་པ་ཡིན་ཏེ། སྐྱབས་འགྲོ་རྗེས་མ་བྱེད་དུ་བྱས་ནས་བདག་དགེ་བསྙེན་དུ་གཟུང་དུ་གསོལ། ཞེས་པ་ལན་གསུམ་བརྗོད་པ་སྡོམ་པ་འབོགས་ཆོག་ཏུ་ཁ་ཆེ་བས་ཁས་ལེན། སྐྱབས་འགྲོ་རྗེས་མ་བྱེད་དུ་བྱས་ནས། བསླབ་བྱ་གཅིག་གཉིས་སོགས་གང་ལེན་པ་དེ། ལན་གསུམ་བརྗོད་པ་སྡོམ་པ་འབོགས་ཆོག་ཏུ་མིང་ཆེན་གྱི་མདོ་ལས་བཤད་པ་ལྟར། ཉི་འོག་པ་སོགས་ཁས་ལེན་པའི་ཕྱིར། དེས་ན་ཁ་ཅིག །མདོ་སྡེ་པའི་ལུགས་ལ། བདག་སྐྱབས་གསུམ་འཛིན་པའི་དགེ་བསྙེན་དུ་གཟུང་དུ་གསོལ་དང་། སྣ་གཅིག་སྤྱོད་པ་དང་། ཡོངས་རྫོགས དགེ་བསྙེན་དུ་གཟུང་དུ་གསོལ། ལན་གསུམ་གསུམ་བྱེད་པ་སྡོམ་པ་འབོགས་ཆོག་ཏུ་འདོད་པ་ནི། གྲུབ་མཐའ་རྣམ་དབྱེ་མ་ཕྱེད་པ་སྟེ། ཉི་འོག་པ་དང་མདོ་སྡེ་པའི་གྲུབ་མཐའི་གནད་མ་རྟོགས་པར་ཁ་ཆེ་བའི་སྡོམ་པ་འབོགས་པའི་ཆོ་གའི་རིགས་འགྲེ། ཉི་འོག་པ་དང་མདོ་སྡེ་པ་ལ་སྦྱར་འདུག་པའི་ཕྱིར། དེ་ལྟར་ཆོ་ག་མི་འདྲ་བ་གཉིས་འབྱུང་བའི་ལུང་གི་གནད་ནི། འདུལ་བ་དང་མདོ་སྡེ་ལས་བཤད་ཚུལ་མི་འདྲ་བ་གཉིས་འབྱུང་བའི་གནད་ཀྱིས

ཡིན་ལ། རིགས་པའི་གནད་ནི་དགེ་བསྙེན་སྡོམ་པ་དང་མི་ལྡན་པའི་དགེ་བསྙེན་མི་འདོད་ཅིང་། སོར་སྡོམ་ལ་རྩ་བ་བཞི་ངེས་པར་སྲུང་དགོས་པའི་གནད་ཀྱིས་ཚིག་མི་འདྲ་བ་གཅིག་དང་། དགེ་བསྙེན་གྱི་སྡོམ་པ་དང་མི་ལྡན་པར་སྐྱབས་འགྲོ་ཙམ་གྱིས་དགེ་བསྙེན་དུ་གྱུར་པ་ཞིག་ཡོད་པར་འདོད་པ་དང་། སོར་སྡོམ་ལ་རྩ་བ་བཞི་ངེས་པར་སྲུང་མི་དགོས་ཀྱི་རྩ་བ་གཅིག་གཉིས་སོགས་ཅི་རིགས་པར་སྤངས་པས་ཆོག་པའི་གནད་ཀྱིས་ཚིག་མི་འདྲ་བ་གཅིག་བྱུང་བ་ཡིན་ནོ། །ཞེས་སྐལ་ལྡན་ཡོངས་ཀྱི་སྙིང་ལ་བཅང་བར་བྱ་སྟེ། སྔོན་མ་བྱུང་བའི་ལེགས་བཤད་ཀྱི་གནད་དམ་པ་ཡིན་པའི་ཕྱིར་རོ། །

གཉིས་པ་ནི། དེ་ལྟར་དགེ་བསྙེན་གྱི་སྡོམ་པ་ལ་ཚིག་མི་འདྲ་བའི་གནད་གཉིས་ཡོད་པ་དེ་ལྟར་ན། སྐབས་སུ་བབ་པ་བསྙེན་གནས་ཀྱི་ཚིག་ཇི་ལྟར་བྱེད་སྙམ་ན། དགེ་བསྙེན་དང་འདྲ་བར་བསྙེན་གནས་ལ་ཡང་གྲུབ་མཐའི་དབང་གིས་ཚིག་མི་འདྲ་བ་གཉིས་འབྱུང་སྟེ། སྐྱབས་འགྲོ་རྗེས་བྱེད་དུ་བྱས་བསླབ་བྱ་བརྒྱད་ཁས་ལེན་གསུམ་བྱེད་པ་མདོ་སྡེ་པའི་ལུགས་དང་། སྐྱབས་འགྲོ་རྗེས་བྱེད་དུ་བྱས་བདག་བསྙེན་གནས་པར་གཟུང་དུ་གསོལ། ལན་གསུམ་བྱེད་པ་ཁ་ཆེ་བྱེ་སྨྲ་བའི་ལུགས་གཉིས་ཡོད་པའི་ཕྱིར་རོ། །གཉིས་པ་ནི་འདུལ་ལུང་སོགས་ལས་མ་བཤད་ཀྱང་། མཛོད་རང་འགྲེལ་ལས༴གས་ཀྱིས་བཤད་པའི་ལུང་དང་། དང་པོ་ནི། གནས་མཆོག་གི་མདོ་སོགས་ལས་བཤད་པ་ལྟར། བྱང་བཟང་དང་སྡོམ་བརྒྱད་འགྲེལ་པ་སོགས་ལས་བཤད་པའི་ལུང་དང་། གོང་དུ་བཤད་པ་ལྟར་གྱི་རིགས་པས་གྲུབ་པའི་ཕྱིར་རོ། །

གཉིས་པ་མདོ་སྡེ་པའི་ལུགས་ནི། མདོ་སྡེ་པ་རྣམས་ཆོས་ཅན། ཁྱོད་ཀྱི་ལུགས་ལ་བསྙེན་གནས་སྡོམ་པའི་རྟེན་དང་། གླིང་ཡུལ་སོགས་ཁ་ཆེ་བྱེ་སྨྲ་བ་དང་མི་འདྲ་སྟེ། དུད་འགྲོ་སོགས་འགྲོ་བ་གཞན་ལའང་བསྙེན་གནས་ཀྱི་སྡོམ་པ་སྐྱེ་བར་མདོ་མཛངས་བླུན་སོགས་ལས་བཤད་པ་ལྟར་འདོད་ཅིང་། གླིང་བའི་ཡུལ་ཡང་དགེ་བསྙེན་སོགས་སྡོམ་ལྡན་གང་ཡང་རུང་བ་ལས་གླིང་བར་གནས་མཆོག་གི་མདོ་སོགས་ལས་བཤད་པ་ལྟར་འདོད་པའི་ཕྱིར་རོ། །འདི་ལ་པཎ་ཤཱཀ་པས། དུད་འགྲོ་སོ་སོར་ཐར་པ་ཡི། །སྡོམ་པའི་རྟེན་དུ་ཁས་ལེན་པའི། །ཉན་ཐོས་སྡེ་པ་ཡོད་དམ་ཅི། །ཞེས་དྲིས་ནས། དེའི་རང་ལན་དུ། གྲུབ་མཐའ་སྨྲ་བ་བཞིས་ཟླས་ཕྱེ་བའི་མདོ་སྡེ་པས། དུད་འགྲོ་སོར་སྡོམ་གྱི་རྟེན་དུ་ཁས་མི་ལེན་ཏེ། དེས་སོ་ཐར་གྱི་རྣམ་གཞག་འདུལ་བ་དང་མི་འགལ་བར་ཁས་ལེན་པ་གང་ཞིག །འདུལ་བ་ལས་དུད་འགྲོ་སོར་སྡོམ་གྱི་རྟེན་ཡིན་པ་བཀག་པའི་ཕྱིར། དེས་ན་ཐེག་པ་ཆེ་ཆུང་གི་མདོ་སྡེ་ཇི་བཞིན་དུ་ཁས་ལེན་པ་དག་ལ་ཟེར་བ་ཡིན་ཏེ། མདོ་སྡེ་མཛངས་བླུན་ལས་ཀླུའི་བསྙེན་གནས་བསྲུངས་པར་བཤད་པའི་ཕྱིར་དང་། ཁྱིམ་བདག་མགོན་མེད་ཟས་སྦྱིན་གྱིས་གཞན་ལ་བསྙེན་གནས་ཐོག་པར་

བཤད་པའི་ཕྱིར། དེས་ན་དེ་དག་བར་མ་དགེ་བ་ཙམ་ཡིན་གྱི། སྡོམ་པར་བཞེད་པའི་ཚད་ལྡན་སུ་ཡང་མེད་དོ། ། དེས་ན། འདུལ་བར་བསྙེན་གནས་དགེ་སློང་ལས། །ལེན་ཞིང་མི་ཡི་རྟེན་དུ་བཤད། །མདོ་སྡེ་ལས་ནི་དུད་འགྲོ་སོགས། །འགྲོ་བ་གཞན་ལའང་སྐྱེ་བར་བཤད། །ཅེས་སྟོན་ན་གནད་འགྲུལ་པ་མེད་དོ། །ཞེས་འཆད་པར་བྱེད་དོ༎ ༎དེ་ཡང་གྲུབ་མཐའ་གོང་འོག་གི་གནད་རྣམས་མ་དགོངས་པའི་སྐྱོན་ཡིན་ཏེ། བསྟན་བཅོས་བྱེ་བྲག་ཏུ་བཤད་པ་ལ། གཙོ་བོར་བྱེད་པ་ལ་བྱེ་བྲག་སྨྲ་བ་དང་། ཐེག་ཆུང་གི་མདོ་ལ་གཙོ་བོར་བྱེད་པ་མདོ་སྡེ་པ་ཞེས་འཇོག་པ་ཡིན་པས། མདོ་སྡེ་པས་མདོ་ལས་བསྙེན་གནས་སྡོམ་པ་བླང་བའི་ཡུལ་དང་། རྟེན་བཤད་པ་དེ་ཚད་མར་བྱེད་ཅེས་པ་གྲུབ་མཐའི་གནད་ཡིན་པའི་ཕྱིར་དང་། གཞན་དུ་ན། ཐེག་པ་ཆེ་ཆུང་གི་མདོ་སྨྲ་ཇི་བཞིན་དུ་ཁས་ལེན་པ་དེ། གྲུབ་མཐའ་སྨྲ་བ་སུ་ཡིན་དྲིས་ན། ལན་རྣལ་མ་མེད་པའི་ཕྱིར་དང་། ཁྱད་པར་ཁྱེད་རང་གི་མདོ་སྡེ་པས་ཉིན་ཞག་ལྔའི་མཐའ་ཅན་གྱི་བསྙེན་གནས་སྡོམ་པ་ཁས་ལེན་པར་འོག་ཏུ་བཤད་པ་དེ་མི་འཐད་པར་ཐལ། མདོ་སྡེ་པས་བསྙེན་གནས་སྡོམ་པའི་རྣམ་གཞག་འདུལ་བ་དང་མི་འགལ་བར་ཁས་ལེན་པ་གང་ཞིག ། འདུལ་བ་ལས་དེ་འདྲ་མ་བཤད་པའི་ཕྱིར། འཁོར་གསུམ་ཨེ་དྲན། འདུལ་བར་བསྙེན་གནས་དགེ་སློང་ལས། ། ཞེས་སོགས་གཞུང་འཆོས་མི་དགོས་ཏེ། འདུལ་བ་དང་མདོ་ལས་དེ་ལྟར་བཤད་པ་དེ། བྱེ་མདོ་གཉིས་ཀྱིས་སོ་སོར་ཁས་ལེན་པ་གྲུབ་མཐའི་གནད་ཡིན་པའི་ཕྱིར་རོ། །

གསུམ་པ། ཐེག་ཆེན་གྱི་ལུགས་འཆད་པ་ནི། ཤེས་བྱ་ཆོས་ཅན། ཐེག་པ་ཆེ་ཆུང་ལས་བསྙེན་གནས་འབོགས་པའི་ཆོ་ག་མི་འདྲ་བའི་ཁྱད་པར་ཡོད་དེ། ཉན་ཐོས་སྡེ་གཉིས་ཀྱི་ལུགས་ལ། དགེ་བསྙེན་དུ་མ་ཟད་བསྙེན་གནས་ཀྱི་ཆོ་ག་ཡང་། ཐོག་མར་སྐྱབས་སུ་འགྲོ་བ་སྔོན་དུ་སོང་བའི་ཚུལ་གྱིས་དངོས་པོ་རང་རང་གི་ལུགས་བཞིན་འབོགས། དོན་ཡོད་ཞགས་པའི་རྟོགས་པ་ཆེ་བ་ལས་བསྙེན་གནས་རང་གི་བླང་བའི་ཆོ་ག་དབུ་མ་ལུགས་ཀྱི་སེམས་བསྐྱེད་ཀྱི་ཆོ་ག་དང་འདྲ་བར་གསུངས་པའི་ཕྱིར།

དེས་ན་འདིར། རྒྱ་བའི་གཉིས་པ་གཞན་གྱི་ལག་ལེན་འཁྲུལ་པ་སོ་སོར་དགག་པ་ལ་གསུམ། ཐ་མར་བསྙེན་གནས་འབུལ་བའི་ལག་ལེན་དགག ། བར་དུ་བསྙེན་གནས་འཚོལ་བའི་ལག་ལེན་དགག ། དང་པོར་བསྙེན་གནས་ལྷ་སྒོམ་ལག་ལེན་དགག་པའོ། ། དང་པོ་ནི། བྱ་ཡུལ་བ་སོགས་བཀའ་གདམས་པ་ལ་ལ་བསྙེན་གནས་བསྲུངས་པའི་ནངས་པར་བསྙེན་གནས་འབུལ་ཆོག་བྱེད་དགོས་ཏེ། མ་བྱས་ན་བསྙེན་ནས་ཉམས་པར་འགྱུར་བའི་སྐྱོན་ཡོད་པའི་ཕྱིར། ཞེས་ཟེར། བསྙེན་གནས་བསྲུངས་པའི་ལུགས་འདི་ལ་བསྙེན་གནས་ཆོས་ཅན། ཁྱོད་སང་ནངས་པར་འབུལ་ཆོག་མི་དགོས་ཏེ། ཁྱོད་མཚན་མོ་འདས་ནས་སྐྱ་རེངས་ཤར་བའི་ཚེ་རང

ཤུགས་ཀྱིས་གཏོང་བའི་ཕྱིར། དེ་ལ་ཁོ་ན་རེ་མ་གྲུབ་སྟེ། ཇི་སྲིད་འཚོའི་བར་དུ་དུས་བཟང་གསུམ་ལ་སོགས་པའི་བསྙེན་གནས་སྐབས་གཅིག་ཏུ་བླངས་ནས་བསྲུང་བ་ཡོད་པའི་ཕྱིར་ཞེ་ན། ཁྱོད་ཀྱི་འབྲུལ་གཞི་ཐམས་ཅད་དེ་ལྟ་བུས་བྱས་པར་སྣང་མོད། ཇོ་བོ་རྗེའི་ཕྱག་བཞེས་སུ་མདོ་སྡེ་པའི་ལུགས་སུ་གྲགས་པ་བཞིན། ཐོག་མར་སློབ་དཔོན་ལས་བསྙེན་གནས་སྐབས་གཅིག་ཏུ་བླངས་ནས། ཕྱིས་རང་ཇི་ལྟར་ནམ་འདོད་པའི་ཚེ་ལེན་པ་སྟེ་བསྲུང་ན་ཡང་། དེ་ལྟར་སྐབས་གཅིག་ཏུ་བླངས་ནས་བསྲུངས་པའི་སྡོམ་པ་ཆོས་ཅན། ཁྱོད་སང་གི་སྐྱ་རེངས་ཤར་ནས་གཏོང་སྟེ། ཁྱོད་བསྲུང་བའི་གང་ཟག་དེ་ལ། ཁྱོད་སང་ནངས་པར་ཕན་ཆད་དུས་རྟག་ཏུ་བསྲུང་བའི་བསམ་པ་མེད་པའི་ཕྱིར་ཏེ། གང་ཟག་དེས་ཁྱོད་ནམ་འདོད་པའི་ཉིན་ཞག་རེ་རེ་ཁོ་ནར་བླངས་པ་ཙམ་ཡིན་པའི་ཕྱིར། དེས་ན་ཉིན་ཞག་གཅིག་པའི་བསྙེན་གནས་སྐབས་གཅིག་ཏུ་བླངས་པའི་ལུགས་འདི་ཡང་ཆོས་ཅན། བསྲུངས་ཟིན་པའི་རྗེས་སུ་འབུལ་མི་དགོས་ཏེ། ཉི་མ་ཕྱི་མའི་སྐྱ་རེངས་ཤར་བས་གཏོང་བ་དེའི་ཕྱིར་རོ། །

གཞུང་འདི་ལ་པཎ་ཤཱཀ་པས། མདོ་སྡེ་པའི་ལུགས་བཞིན་དུ། ཇི་ལྟར་འདོད་ཚེ་ལེན་ཞེས་པ། །དུས་གཅིག་སྐབས་སུ་ལེན་ནམ་ཅི། །གཟན་ཟོས་ནས་ཀྱང་ནོད་ཅེས་པ། །འདི་ཡི་དོན་དུ་ཁས་ལེན་ན། །དེ་འདྲ་བྱེ་བྲག་སྨྲ་བ་ཡི། །དམིགས་བསལ་ཡིན་གྱི་མདོ་སྡེ་པའི། །གཞུང་ལུགས་ཡིན་པར་འགལ་བ་མེད། །བསྙེན་གནས་སྐབས་གཅིག་ལེན་པ་དེ། །མདོ་སྡེའི་གཞུང་ལུགས་གང་ལས་བྱུང་། །ཞེས་པའི་དྲི་བ་མཛད་དོ། །

འདི་ལ་དྲི་བའི་སྒོ་ནས་དོགས་པ་བཀོད་པ། དྲི་ལན་གྱི་སྒོ་ནས་གཏན་ལ་ཕབ་པ་གཉིས། དང་པོ་ནི་རྣམ་བཤད་མཛད་པ་སྔ་མ་རྣམས་ཀྱིས། ཐོག་མར་སློབ་དཔོན་ལ་ཟླ་བ་བྱུང་ངོ་ཅོག་གི་དུས་བཟང་གསུམ་གྱི་བསྙེན་གནས་སྐབས་གཅིག་ཏུ་བླངས་ནས། ཕྱིས་ནམ་འདོད་པའི་ཚེ་བསྲུངས་པས་ཆོག་པ་འདི། མདོ་སྡེ་པའི་ལུགས་བཞིན་དུ་ཞེས་པའི་སྐབས་ཀྱི་མདོ་སྡེ་པའི་ལུགས་ཡིན་ཞིང་། དེའི་རྒྱུ་མཚན་ནི་མཛོད་འགྲེལ་ལས། གང་གིས་ཆོས་བརྒྱད་ལ་རྟག་ཏུ་བསྙེན་པར་བྱའོ། །ཞེས་སྔོན་ཡང་དག་པར་བླངས་པ་བྱས་པ་དེས་ནི་ཟས་ཟོས་ནས་ཀྱང་ནོད་པར་བྱའོ། །ཞེས་འབྱིན་པར་མཛད་ཅིང་། འདི་ཉིད་ཇོ་བོ་རྗེའི་ཕྱག་བཞེས་དང་། རང་རེ་དཔལ་ལྡན་ས་སྐྱ་པའི་གོང་མ་རྣམས་ཀྱིས་ཀྱང་ཕྱག་བཞེས་ཡིན་ནོ། །

ཞེས་ཁས་བླངས་པ་ལ། གསེར་ཐུར་ལས། འདི་མི་འཐད་པ་ལ། མདོ་སྡེ་པའི་ལུགས་ཡིན་པ་མི་འཐད། བྱེ་བྲག་ཏུ་མཛོད་འགྲེལ་གྱི་དགོངས་པ་ཡིན་པ་མི་འཐད། ཁྱད་པར་ས་སྐྱ་པཎྜི་ཏའི་དགོངས་པ་ཡིན་པ་མི་འཐད་པ་དང་གསུམ་མཛད་ནས། དང་པོ་ནི་འདི་མདོ་སྡེ་པའི་ལུགས་མ་ཡིན་ཏེ། འདི་ལྟ་བུ་སྡེ་སྣོད་གསུམ་པོ་གང་ནས་ཀྱང་མ་བཤད་པས་ལུང་མེད་ཅིང་། རིགས་པས་ཀྱང་གནོད་དེ། ཆོས་གཅིག་གི་ཉིན་དུས་བཟང་གསུམ་གྱི་བསྙེན་

གནས་སྐབས་གཅིག་ཏུ་བླངས་པའི་ཚེ། བསྙེན་གནས་སྡོམ་པ་སྐྱེས་སམ་མ་སྐྱེས། སྐྱེས་ན་ཚེས་གཅིག་གི་ཉིན་བསྙེན་གནས་བསྲུངས་དགོས་སམ་མི་དགོས་མི་བསྲུང་ན་འབུལ་དགོས་པ་སོགས་ཀྱི་ཉེས་པ་ཡོད། མི་སྐྱེ་བར་ཕྱིས་ཚེས་བཅོ་ལྔ་ལྷ་བབ་ལ་སྐྱེ་བ་ཡིན་ན་ནི། ཚིག་དེ་ལ་དགོས་པ་མེད་པར་འགྱུར་ཏེ། ཚིགས་བླངས་པའི་ཉིན་སྡོམ་པ་མ་སྐྱེས་པའི་ཕྱིར་རོ། །གཉིས་པ་མཛོད་འགྲེལ་གྱི་དོན་མ་ཡིན་ཏེ། མཛོད་འགྲེལ་ལས་སྔར་དམ་བཅས་ནས། ཟས་ཟོས་ནས་ཀྱང་ནོད་པར་བྱའོ་ཞེས་དངོས་སུ་བསྟན་ལ། ཁྱོད་ཀྱིས་ནི་སྔར་བླངས་ནས་ཕྱིས་དུས་བཟང་ལ་ནོད་མི་དགོས་པར་བསྲུངས་པས་ཚོག་གོ། །ཞེས་ཁས་བླངས་པའི་ཕྱིར་དང་། ཁྱད་པར་འགྲེལ་པ་དེ་ནི། ནངས་པར་གཞན་ལ་ནོད་པར་བྱ། །ཞེས་སྒྲིར་བཏང་བ་དེའི་དམིགས་བསལ་འཆད་པའི་བྱེ་བྲག་སྨྲ་བའི་རང་གཞུང་ཡིན་གྱི། མདོ་སྡེ་པའི་ལུགས་མ་ཡིན་པའི་ཕྱིར། གསུམ་པ་བསྟན་བཅོས་མཛད་པ་འདིའི་དགོངས་པ་ཡང་མ་ཡིན་ཏེ། བདག་ཉིད་ཆེན་པོ་འདིས་སོ་སོ་ཐར་པ་འདུལ་བ་བཞིན། ཞེས་ཞལ་གྱིས་བཞེས་པ་གང་ཞིག །འདུལ་བ་ལས། བསྙེན་གནས་སྐབས་གཅིག་ལེན་པ་དེ་འདྲ་དངོས་ཤུགས་གང་ལས་ཀྱང་མ་བཤད་པའི་ཕྱིར་ཞེས་བཤད།

གཉིས་པ་དྲི་ལན་གྱིས་གཏན་ལ་ཕབ་པ་ལ། མཁས་པས་བཤད་པའི་རྣམ་གྲངས་དང་། རང་གི་འཐད་པ་གཉིས་ལས། དང་པོ་ནི། པཎ་ཤཱཀ་པས། རང་གི་ལན་དུ། ཕྱོགས་སྔ་མས་མདོ་སྡེ་པའི་འདོད་པར་བཏགས་པ་དེ་སོར་བཞག་ནས་བཤད་པ་དང་། མདོ་སྡེ་པའི་ལུགས་ཡིན་ངེས་ཤེས་པ་ཞིག་བཞག་ནས་བཤད་པ་གཉིས་སུ་མཛད་ནས། དང་པོ་ནི། དགོངས་གཅིག་ལས། ཟླ་བ་བྱུང་ངོ་ཅོག་གི་དུས་བཟང་རྣམས་སུ་དམ་བཅས་ནས་དུས་གཅིག་ལེན་པ་འདི་ཡང་རྟག་བརྟན་མཛོན་གྱུར་བཅས་པ་དེ་གཏོང་། ས་བོན་བག་ཆགས་དེ་མི་གཏོང་ཞེས་བཤད་པ་དེ་དགག་པ་ལ། མདོ་སྡེ་པ་ཡི་ལུགས་ལ་ཡང་། །ཇི་ལྟར་འདོད་ཚེ་ལེན་དགོས་པས། །ཞེས་སོགས་སྨྲོར་རོ། །དེས་ན་འདི་མདོ་སྡེ་པའི་ལུགས་ཡིན་ཞེས་བོད་རྣན་པོ་ལ་གྲགས་ཀྱང་ལུགས་དང་པོ་མིན་ནོ། །

གཉིས་པ་ནི། བྱེ་སྨྲ་བའི་བསྙེན་གནས་ཉིན་གཅིག་ལས་ལྷག་པ་ལེན་པར་མི་འདོད་ཀྱང་། མདོ་སྡེ་པས་ནི་ཉིན་ཞག་དུ་མ་བླངས་ཀྱང་སྐྱེ་བར་འདོད་དེ། མདོ་སྡེ་པའི་འདོད་པ་འཆད་པ་ན་མཛོད་འགྲེལ་ལས། ཡང་ཉིན་ཞག་གི་འོག་ཞག་ལྔ་འམ་བཅུ་ཡང་རུང་སྟེ། བསྙེན་གནས་ཀྱི་སྡོམ་པ་ཡང་དག་པ་བླངས་པའི་བསྙེན་གནས་ཀྱི་སྡོམ་པ་མང་པོ་སྐྱེ་བ་ལ་སུ་ཞིག་གེགས་བྱེད། དེ་ནི་འདི་དཔྱད་པར་བྱ་སྟེ། རིགས་པ་བཅོམ་ལྡན་འདས་ཀྱིས་ཉིན་ཞག་གི་འོག་ཏུ་སྡོམ་པ་མི་སྐྱེ་བར་གཟིགས་ནས་ཉིན་ཞག་གཅིག་པའི་བསྙེན་གནས་བསྟན་ཏམ། འོན་ཏེ་དབང་པོ་འདུལ་དཀའ་བ་རྣམས་ཉིན་ཞག་གཅིག་པའི་སྡོམ་པ་ཡང་དག་པར་བླངས་པ་ལ་སྦྱོར་བའི་ཆེད་ཡིན། དེ་དེ་

ལྟར་བརྟག་ག་ལ་ནུས། ཕྱིན་ཆད་སྡོམ་པ་སྐྱེ་བ་ལ་ཡང་རིགས་པ་དང་འགལ་བ་མེད་པའི་ཕྱིར། ཞེས་བཤད་པས་སོ། །

དེ་འགོག་པ་ནི། བསྙེན་གནས་ཞག་གཅིག་ལས་ལྷག་པར་བླངས་ཀྱང་བསྲུངས་ཟིན་པའི་ནངས་པར་འབུལ་མི་དགོས་ཏེ། དེ་ཕན་ཆད་བསྲུང་བའི་བསམ་པ་མེད་པའི་ཕྱིར། ཞེས་སྟོན་པ་ནི། མདོ་སྡེ་པ་ཡི་ལུགས་བཞིན་དུ། །ཇི་ལྟར་འདོད་ཚེ་ལེན་ན་ཡང་། །ནངས་པར་ཕན་ཆད་བསྲུང་བ་ཡི། །བསམ་པ་མེད་ཕྱིར་སྡོམ་པ་གཏོང་། །ཞེས་འཆད་དོ། །སྔར་གྱི་མཛོད་འགྲེལ་གྱི་དོན་ནི། ནངས་པར་གཞན་ལ་ནོད་པར་བྱ། །ཞེས་པའི་འགྲེལ་པར། ནངས་པར་ནི་རེ་ཞིག་ཉི་མ་ཤར་བའི་ཚེ་སྟེ་ཞེས་གསུངས་པ་ནི་སྤྱིར་བཏང་བ་ཡིན་ལ། དམིགས་བསལ་ལ་དེར་མ་ངེས་ཏེ། ཇི་སྲིད་འཚོའི་བར་དུ་ཆོས་བརྒྱད་བྱུང་རྫོགས་ཅིག་ལ་བསྙེན་གནས་ཀྱི་སྡོམ་པ་བསྲུང་རྫོགས་པའི་སྒྲིང་སེམས་སྔོན་དུ་བཏང་བ་དེས་ནི། ཉི་མ་ཤར་བའི་འོག་ཏུ་ཡང་བླངས་པས་སྐྱེ་ཞེས་པའི་དོན་ཡིན་ལ། དམ་བཅའ་དེ་ནི་བར་མ་དགེ་བ་ཙམ་ཡིན་གྱི། སྡོམ་པ་ལྟ་ཞོག་བསྙེན་གནས་ཙམ་ཡང་མིན་ཏེ། ཇི་སྲིད་འཚོ་བ་ཡིན་པའི་ཕྱིར། ཞེས་འཆད་པར་མཛད་དོ། །

འདི་ལ་དཔྱད་པར་བྱེད་པ་ལ་གཉིས་ཏེ། གཞན་ལུགས་འགོག་ཚུལ་ལ་དཔྱད་པ་དང་། རང་ལུགས་འཛོག་ཚུལ་ལ་དཔྱད་པའོ། །དང་པོ་ནི། མདོ་སྡེ་པའི་ལུགས་མིན་པ་སོགས་སྐྱོན་གསུམ་བསྟན་པའི་དང་པོ་ནི། སྔ་རབས་པའི་བསྙེན་གནས་སྐབས་གཅིག་ལེན་པའི་ཚིག་ལ་ལུང་གི་ཁུངས་མེད་གསུངས་པ་ལ་བརྟག་པར་བྱ་སྟེ༑ མཛོད་འགྲེལ་ལས། གང་གིས་ཆོས་བརྒྱད་ལ་རྟག་ཏུ་བསྙེན་གནས་ལ་གནས་པར་བྱའོ། །ཞེས་སྟོན་ཡང་དག་པར་བླངས་པ་བྱས་པ་དེ་ནི། ཞེས་པ་དེས། ཟླ་བ་བྱུང་རྫོགས་ཅིག་གི་ཆོས་བརྒྱད་ཀྱི་བསྙེན་གནས་ཀྱི་སྡོམ་པ་ཚོ་ག་ལས་དུས་གཅིག་ཏུ་བླངས་པ་གཅིག་ཡོད་པར་དངོས་སུ་བསྟན་པ་གང་ཞིག །དེས་བསྟན་ན་དུས་བཟང་གཞན་རྣམས་ལའང་མཚུངས་པའི་ཕྱིར། རྟགས་དང་པོ་གྲུབ་སྟེ། དེ་ལྟར་བླངས་པའི་གང་ཟག་དེས། ཟླ་བ་ཕྱི་མའི་ཆོས་བརྒྱད་ཀྱི་ཉི་མ་ཤར་མ་ཐག་རང་རྒྱུད་ལ་བསྙེན་གནས་ཀྱི་སྡོམ་པ་སྐྱེས་ཀྱང་། དེའི་ཉིན་བསྙེན་གནས་བསྲུང་བའི་བསམ་པ་བརྗེད་དེ་གཟན་ཐོས་ན་ཡང་། སླར་ཡང་བླངས་པའི་སྡོམ་པ་དྲན་པས་གསལ་འདེབས་པ་ཙམ་གྱི་ཕྱིར་དུ་བསྙེན་གནས་གཞན་ལ་ནོད་ཀྱང་ཚོག་ཅེས་པ་ནི། གཟན་ཐོས་ནས་ཀྱང་ནོད་པར་བྱའོ། །ཞེས་པས་བསྟན་པ་ཡིན་པའི་ཕྱིར་ཏེ། དེའི་འགྲེལ་བཤད་རྒྱལ་སྲས་མ་ལས། སྡོམ་པ་ནི་སློང་བར་བྱེད་པ་ཡང་དག་པར་ལེན་པར་ངེས་པའི་སེམས་དཔའ་ཡིན་པའི་ཕྱིར། ཉི་མ་འཆར་བའི་ཚེ་ཁོ་ན་སྐྱེའོ། །གཟན་ཐོས་ནས་ནོད་པ་ནི་གསལ་བར་བྱ་བའི་ཕྱིར་རོ། །ཞེས་གསལ་བར་བཤད་འདུག་པའི་ཕྱིར་རོ། །དེ་ལ་མཁས་པ་པཎ་ཌི་ཏ་པ་ན

རེ༔ མཛོད་འགྲེལ་དེའི་དོན། ཆོས་བརྒྱད་ལ་རྟག་ཏུ་བསྙེན་གནས་ལ་གནས་པར་འོས་པ་ཙམ་ལ་དགོངས་ཀྱི་ཆོ་གས་བླངས་པ་མ་ཡིན་ནོ། །ཞེས་ཁོ་བོས་བཤད་ཟིན་པ་མ་ཡིན་ནམ་ཞེ་ན། དེ་ལྟར་བཤད་པ་དེ། འགྲེལ་བཤད་འདི་ལ་ཐུགས་བསམ་མ་བཅུག་པའི་སྐྱོན་ཡིན་ཏེ། ཆོས་བརྒྱད་ཀྱི་ཉི་མ་འཆར་བའི་ཚེ་བསྙེན་གནས་ཀྱི་སྡོམ་པ་སྐྱེས་ཀྱང་། ཉི་མ་ཤར་ཟིན་ཆ་བ་ཟློས་རྗེས་བསྙེན་གནས་ལེན་པ་ཞིག་འགྲེལ་བཤད་འདིས་བསྟན་པ་ལས། ཉི་མ་འཆར་བའི་ཚེ་སྐྱེས་པའི་བསྙེན་གནས་སྡོམ་པ་དེ། སྔར་དུས་གཅིག་བླངས་པའི་ཆོ་ག་གཅིག་ལས་མ་སྐྱེས་ན། སྔར་གྱི་དམ་བཅའ་དེ་ལས་སྐྱེས་པའམ། ཕྱིས་ཀྱི་ཆོ་ག་དེ་ལས་སྐྱེས་པ་གང་རུང་དུ་ཁས་བླངས་དགོས་པས། མཁས་པའི་བཞད་གད་ཆེན་པོ་ཡིན་པའི་ཕྱིར་རོ། །

ཡང་གཞན་ལ་བརྗོད་པའི་རིགས་པའི་གནོད་བྱེད་དེ་ཡང་མི་འཐུག་སྟེ། ཆོས་གཅིག་གི་ཉིན་དུས་བཟང་གསུམ་གྱི་བསྙེན་གནས་སྐབས་གཅིག་ཏུ་བླངས་པའི་ཚེ། ཆོས་གཅིག་གི་ཉིན་བསྙེན་གནས་ཀྱི་སྡོམ་པ་མི་སྐྱེ་སྟེ། དེའི་ཉིན་དེ་བསྲུང་བར་ཁས་མ་བླངས་པའི་ཕྱིར། འོན་ཀྱང་དེའི་ཉིན་ཆོ་ག་དེ་བླངས་པ་ལ་དགོས་པ་ཡོད་དེ། ཕྱིས་ཆོས་བརྒྱད་སོགས་དུས་བཟང་སོ་སོ་ལ་བསྙེན་གནས་ཀྱི་སྡོམ་པ་སྐྱེ་བའི་ཆེད་ཡིན་པའི་ཕྱིར། ཕྱིས་ཀྱི་སྡོམ་པ་དེ་ཆོས་ཉིད་ཀྱི་ཐོབ་པ་ཡང་མ་ཡིན་ཏེ། སྔར་ཆོས་གཅིག་གི་ཆོ་ག་དེ་ལ་ལྟོས་པའི་ཕྱིར་རོ། །གཞན་ཡང་རྣམ་གསལ་གྱི་དཔེར་བརྗོད་པར་བྱ་སྟེ། ཆོས་སྦྱིན་མ་ཕྲིན་གྱི་བསྙེན་རྫོགས་བྱེད་པའི་ཚེ། དགེ་འདུན་སྡེ་གཉིས་ཀྱི་ཨུཏྤལ་མདོག་ཅན་གྱི་གམ་དུ་གསོལ་བཞིའི་ཆོ་ག་བྱས་པའི་ཚེ། ཆོས་སྦྱིན་མའི་རྒྱུད་ལ་བསྙེན་རྫོགས་སྡོམ་པ་སྐྱེས་སམ་མ་སྐྱེས། སྐྱེས་ན་བསྒྲུབ་བྱ་མེད་པའི་སྡོམ་པ་སྐྱེ་བ་བཞད་གད་ཡིན་ཞིང་། མ་སྐྱེས་ན་ཆོ་ག་དེ་བྱས་པ་ལ་དགོས་པ་མེད་པར་ཐལ། དེ་བྱས་པའི་ཚེ་སྡོམ་པ་སྐྱེ་རྒྱུ་མ་བྱུང་བའི་ཕྱིར། འཁོར་གསུམ་ཨེ་དྲན། གཉིས་པ་མཛོད་འགྲེལ་གྱི་དོན་མིན་ཞེས་པའི་སྐབས་སུ། མཛོད་འགྲེལ་དང་། ཕྱོགས་སྔའི་འདོད་པ་ལ་གནོད་བྱེད་དུ་སོང་བ་ཡིན་གསུངས་པ་ལའང་བརྟག་སྟེ། ཕྱོགས་སྔ་མས། སྔར་དུས་གཅིག་ལེན་པའི་ཆོ་ག་བྱས་ནས་ཕྱིས་ཆོས་བརྒྱད་སོགས་ལ་གཏན་ནས་བླངས་དུ་མི་འདོད་པར་ཁས་བླངས་ན། ཁྱེད་བདེན་ཡང་། ཕྱིས་བླང་བའི་ཡུལ་རྐྱེན་བླངས་ཀྱང་སྐྱོན་མེད་ལ། མ་བླངས་ཀྱང་བསྲུངས་པས་ཆོག་ཅེས་ཁས་བླངས་པས་གནོད་བྱེད་མེད་པའི་ཕྱིར་རོ༔ ༔

གསུམ་པ་བདག་ཉིད་ཆེན་པོ་འདིའི་དགོངས་པ་མིན་གསུངས་པ་ལ་ཡང་བརྟག་པར་བྱ་སྟེ། གཞུང་ལས། མདོ་སྡེ་པ་ཡི་ལུགས་བཞིན་དུ། །ཇི་ལྟར་འདོད་ཚེ་ལེན་ན་ཡང་། །ཞེས་པ་ཙམ་ལས་དགག་པ་མ་མཛད་པའི་ཕྱིར་དང་། དེའི་རང་མཆན་ལས་ཀྱང་། མདོ་སྡེ་པ་ཡན་ཆད་སློབ་དཔོན་ལ་ལན་གཅིག་བླངས་ཏེ། ཕྱིས་ནམ་འདོད་

པ་ན་བསྔུངས་པས་ཆོག་ཅེས་ཟེར་ཏེ། སྤོང་བའི་སེམས་ནི་ཐོབ་པ་ལ། །ཚུལ་ཁྲིམས་ཕ་རོལ་ཕྱིན་པར་བཤད། །ཅེས་གསུངས་པས་སོ། །ཞེས་བཤད་པའི་ཕྱིར་དང་། ཁྱད་པར་ཇི་ལྟར་འདོད་ཚེ་ལེན་པའི་ཆོག་འི་རྣམ་གཞག །ཇོ་བོའི་ཕྱག་ལེན་གྱི་རྒྱུན། ཞང་ཞུང་པ་རྒྱལ་བ་ཤེས་རབ་ཀྱིས་འདུལ་བ་ཀུན་སྤྱོད་དུ་བཀོད་པ་ལྟར། སོ་སྡོན་འཛིགས་མེད་གྲགས་པས་བཤད་ཅིང་། འཕགས་པ་རིན་པོ་ཆེས་དེའི་ཆོག་ཞིབ་པར་བཀོད་ནས། འདི་མདོ་སྡེ་པའི་ལུགས་ཡིན་པས། ནམ་བསྲུང་བའི་ཉིན་པར་བླངས་མི་དགོས། ནམ་འདོད་པའི་ཚེ་ཞེས་སློས་པས་ཉ་དང་གནམ་སྟོང་ལ་སོགས་པའི་དུས་ཐམས་ཅད་ངེས་པར་འགྱུར་ཞེས་བཤད་པའི་ཕྱིར། འོན་ཀྱང་ཞང་ཞུང་པ་དང་འཕགས་པ་རིན་པོ་ཆེ་སོགས་ཀྱིས་འདི་མདོ་སྡེ་པའི་ལུགས་ཁོ་ནར་མཛད་ནས། ཆོག་ལ་བྱེ་བྲག་པའི་འདྲེས་ཤོར་བར་སྣང་སྟེ། སྐྱབས་འགྲོ་ཚོམ་བྱེད་དུ་བྱས་ནས་ཁས་ལེན་ལན་གསུམ་བསླབ་བྱ་ལན་གཅིག་བརྗོད་པ་འདུག་ཆོག་ཏུ་མཛད་འདུག་པའི་ཕྱིར་རོ། །འོན་མཛོད་འགྲེལ་དེ་ནི། བྱེ་སྨྲ་བའི་དམིགས་བསལ་འཆད་པའི་གཞུང་ཡིན་གྱི། མདོ་སྡེ་པའི་གཞུང་མ་ཡིན་ནོ་ཞེས་བཤད་ཟེར་བ་མ་ཡིན་ནམ་ཞེ་ན། ཁོ་བོ་ཅག་ནི། མཛོད་འགྲེལ་འདི་ལྟར་ན། ཆོག་དེ་ལྟ་བུ་གཙོ་བོར་མདོ་སྡེ་པའི་ལུགས་ཡིན་ཡང་། བྱེ་མདོ་གཉིས་ཐུན་མོང་དུ་ཁས་བླངས་ཀྱང་སྐྱོན་མེད་དམ་སྙམ་ལ། དྲིས་ལན་འབྲུལ་སྤོང་ལས་ནི། སྤྱིར་བཏང་བྱེ་སྨྲ་བའི་ལུགས་ཡིན་ཡང་། དམིགས་བསལ་མདོ་སྡེ་པ་ཁོ་ནའི་ལུགས་ཡིན་ཏེ། འགྲེལ་བཤད་ལས། སྡོམ་པ་སེམས་པར་བཤད་པའི་ཕྱིར་གསུངས་ཏེ་བརྟག་པར་བྱའོ། །

གཉིས་པ་ཁྱད་རང་གི་ལུགས་འཛིན་ཚུལ་ཡང་མི་འཐད་དེ། འདིའི་ཕྱོགས་སྔ་མས་མདོ་སྡེ་པས་ཞག་ལྔའི་མཐའ་ཅན་གྱི་བསྙེན་གནས་ཁས་བླངས་པས་ཕྱོགས་སྔ་མ་དང་འབྲེལ་བའི་ཕྱིར་དང་། ཁྱད་པར་མདོ་སྡེ་པས་དེ་ལྟར་ཁས་བླངས་ན། མདོ་སྡེ་པའི་ལུགས་ལ་ཇི་སྲིད་འཚོའི་བར་དུ་བསྙེན་གནས་སྡོམ་པ་ཆོགས་བླངས་ཀྱང་སྐྱེ་བ་གཅིག་ཡོད་པར་ཐལ། དེ་སྐྱེ་བ་རིགས་པས་གནོད་བྱེད་མེད་པ་གང་ཞིག །ཞག་ལྔའི་མཐའ་ཅན་དུ་བསྙེན་གནས་སྡོམ་པ་སྐྱེ་བ་ལ་རིག་པས་གནོད་བྱེད་མེད་ན། ཞག་ལྔའི་མཐའ་ཅན་དུ་བླངས་པའི་དགེ་བསྙེན་སྡོམ་པ་ཡོད་དགོས་པའི་ཕྱིར། ལེགས་པར་སེམས་ཤིག་གོ། །གཉིས་པ་འཆོལ་བའི་ལག་ལེན་དགག་པ་ལ། བཀའ་གདམས་པ་ལ་ལ་བསྙེན་གནས་བསྲུངས་པའི་ཉིན་ཆང་ལྟ་བུ་འཐུང་བའི་ཚེ་རང་གི་བསྙེན་གནས་གཞན་ལ་འཆོལ་བ་ཐོས་མོད་དེ་མི་འཐད་དེ། འདི་འདྲ་བཀའ་བསྟན་བཅོས་གང་ནས་ཀྱང་བཤད་པ་མེད་པའི་ཕྱིར། གསུམ་པ་ལྷ་སྒོམ་གྱི་ལག་ལེན་དགག་པ་ནི། བཀའ་གདམས་པ་ཁ་ཅིག་བསྙེན་གནས་འབོགས་པའི་ཚེ། ཉ་དང་གནམ་སྟོང་ཆེས་བརྒྱད་གསུམ་ལ། སྣང་བ་མཐའ་ཡས་སྨན་བླ་ཤཱཀྱ་ཐུབ་ལྷ་བུའི་སྒོམ་བཟླས་ཐ་དད་པ་རེ་

བྱེད་དགོས་ཏེ། དེ་ལྟར་མ་བྱས་ན་བསྙེན་གནས་བསྲུང་དུ་མི་འདོད་པའི་ཕྱིར་ཞེས་ཟེར། འདི་ཡང་རེ་ཞིག་བརྟག་པར་བྱ་སྟེ། སོ་སོ་ཐར་པ་སྟེ་ཉན་ཐོས་འདུལ་བའི་ལུགས་ཀྱི་བསྙེན་གནས་ཆོས་ཅན། ཁྱོད་འབོགས་པའི་ཡན་ལག་ཏུ་ལྷ་སྒྲོམ་བཟླས་ངེས་པར་དགོས་པ་མ་ཡིན་ཏེ། ཁྱོད་གཙོ་བོར་ཉན་ཐོས་གཞུང་ལུགས་ནས་བཤད་པའི་སྡོམ་པ་ཡིན་པ་གང་ཞིག ཡི་དམ་ལྷའི་སྒྲོམ་བཟླས་ནི་གསང་སྔགས་པའི་གདམས་ངག་ཡིན་པས། ཉན་ཐོས་ཀྱི་གཞུང་ལུགས་ནས་བཤད་པ་མེད་པའི་ཕྱིར། དེ་ཆོས་ཅན། འོན་ཀྱང་ཁྱོད་བསྲུང་བའི་ཉིན་ལྷ་སྒྲོམ་བཟླས་གཏན་ནས་མི་རུང་བ་མིན་ཏེ། ཁྱོད་བསྲུང་བའི་གང་ཟག་གསང་སྔགས་ལུགས་ཀྱི་ཉམས་ལེན་བྱེད་པ་ཞིག་ཡིན་ན༑ ཡི་དམ་གྱི་ལྷ་སྒྲོམ་པའི་ངང་ནས་བསྲུང་ན་བསོད་ནམས་ཆེ་བ་ཡིན་པའི་ཕྱིར། འདིར་པཎ་ཤཱཀ་པས། དྲི་བ་གསུམ་མཛད་པའི་དང་པོ་བཏང་སྙོམས་སུ་བཞག་ནས།

གཉིས་པ་ནི། རྣམ་རྒྱལ་དོན་ཞགས་ལ་སོགས་པའི། །ཚོག་བྱེད་པའི་དགེ་ཚུལ་དང་། །དགེ་སློང་དག་གིས་གསོ་སྦྱོང་ནི། །རང་གིས་བླངས་པའི་དགོས་པ་ཅི། །ཞེས་དྲིས་ནས། བོད་འདིར་རྣམ་རྒྱལ་ལ་སོགས་པའི་ཆོག་མཛད་པའི་ཚེ། དགེ་སློང་དང་དགེ་ཚུལ་རྣམས་ཀྱིས་ཀྱང་། གསོ་སྦྱོང་གི་སྡོམ་པ་ལེན་པར་མཛད་པ་ནི་མི་འཐད་དེ། དྲི་མེད་ཀྱི་ཆོག་དང་། སྨན་བླའི་མདོ་ཆོག་སོགས་ལས། ཁྲིམ་པ་ཡིན་ན། བསྙེན་གནས་ཀྱི་ཁྲིམས་བཟུང་ཞེས་བཤད་ཀྱི། རབ་ཏུ་བྱུང་བས་བསྙེན་གནས་ཀྱི་སྡོམ་པ་ལེན་པར་མ་བཤད་པའི་ཕྱིར། ཞེས་བཤད་ཅིང་། དྲི་བ་གསུམ་པ། དགེ་བསྙེན་བཟང་པོས་བསྙེན་གནས་ནི། །ཡོངས་སུ་རྫོགས་པར་ནོད་པའི་ཚེ། །གནང་བཅས་པ་ཡི་ཚིག་དེ་ཡིས། །སྔར་གྱི་སྡོམ་པ་མི་འཇིག་གམ། །ཞེས་དྲིས་ནས། ཡོངས་རྫོགས་དགེ་བསྙེན་གྱིས་ཀྱང་བསྙེན་གནས་ཡན་ལག་བརྒྱད་ཚང་བར་བླང་དུ་མི་རུང་སྟེ། རྩ་བ་བཞི་ཇི་སྲིད་འཚོའི་བར་དུ་སྲུང་བའི་སྡོམ་པ་ཡོད་བཞིན། རྩ་བ་བཞི་ཉིན་གཅིག་ཏུ་བསྲུངས་པར་ཁས་བླངས་པ་ལ་དགོས་པ་མེད་པའི་ཕྱིར་དང་། དེ་ལྟར་བླངས་ན་སྡོམ་པ་སྔ་མ་འཇིག་པའི་རྒྱུར་འགྱུར་བའི་ཕྱིར། དཔེར་ན་དགེ་སློང་གིས་དགེ་ཚུལ་དུ་ཁས་བླངས་ན་དགེ་སློང་སྡོམ་པའི་གཏོང་རྒྱུར་བཤད་པ་བཞིན་ནོ། །ཞེས་བཤད་དོ། །

འདི་ཡང་དོགས་དཔྱོད་དགོས་རྒྱུར་སྣང་བས་ཅུང་ཟད་དཔྱད་ན། འོན་ཁྱེད་རང་གིས་ཁྲིམ་པའི་གསོ་སྦྱོང་དང་། བསྙེན་གནས་ཀྱི་སྡོམ་པ་ལ་མུ་བཞིར་བཤད་ཅིང་། བསྙེན་གནས་ཀྱི་སྡོམ་པ་ཡིན་ལ་གསོ་སྦྱོང་མ་ཡིན་པ་ནི༑ དགེ་བསྙེན་གྱི་སྡོམ་པ་དང་མི་ལྡན་པས་བླངས་པའི་བསྙེན་གནས་ཀྱི་སྡོམ་པ་ལྟ་བུ། གསོ་སྦྱོང་ཡིན་ལ་བསྙེན་གནས་ཀྱི་སྡོམ་པ་མ་ཡིན་པ་ནི། ཡོངས་རྫོགས་དགེ་བསྙེན་གྱིས་ཉིན་ཞག་གཅིག་པའི་གསོ་སྦྱོང་གཞན་ལ་མ་ལྟོས་པར་རང་གིས་བླངས་པ་ལྟ་བུ། གཉིས་ཀ་མ་ཡིན་པ་ནི། ཡོངས་རྫོགས་དགེ་བསྙེན་གྱིས་ཉིན་ཞག

གཅིག་པའི་གསོ་སྦྱོངས་བླངས་པ་ལྟ་བུ། གཉིས་ཀ་ཡིན་པ་ནི། ཉིན་ཞག་ཕྱེད་པའི་བསྙེན་གནས་ལྟ་བུའོ། ། ཞེས་བཤད་པ་དེ་ཐུགས་ལ་ཨེ་གསལ། དེ་ཐུགས་ལ་གསལ་ན། ཉིན་ཞག་གཅིག་པའི་བསྙེན་གནས་ཀྱི་སྡོམ་པ་བླངས་མ་ཐག་པའི་ཡོངས་རྫོགས་དགེ་བསྙེན་ཆོས་ཅན། ཁྱོད་ཀྱི་རྒྱ་བཞི་ཧྲི་སྲིད་འཚོའི་བར་དུ་སྲུང་བའི་སྡོམ་པ་དེ་གཏོང་བར་ཐལ། ཁྱོད་དེ་ལྟ་བུའི་སྡོམ་པ་ཡོད་བཞིན་དུ། རྒྱ་བ་བཞི་ཉིན་ཞག་གཅིག་གི་མཐའ་ཅན་དུ་སྲུང་བའི་སྡོམ་པ་ཁས་བླངས་མ་ཐག་པ་ཡིན་པ་གང་ཞིག །དེ་དེའི་གཏོང་རྒྱུ་ཡིན་པའི་ཕྱིར། འཁོར་གསུམ་ཨེ་དྲན། དེ་ལ་མཁས་པ་ན་རེ། ཡོངས་རྫོགས་དགེ་བསྙེན་དེས་བསྙེན་པར་ཁས་བླངས་ནས་ཡན་ལག་ལྷག་མ་བསྲུངས་པ་ཙམ་གྱིས་གསོ་སྦྱོང་ལ་གནས་པར་འགྱུར་རོ། །ཞེས་ཁས་བླངས་ཀྱིས། བསྙེན་གནས་ཡན་ལག་བརྒྱད་ཚང་བར་ནོད་པར་ཁས་མ་བླངས་པས་སྐྱོན་མེད་ཅེ་ན། ཤིན་ཏུ་ཡང་མི་རིགས་ཏེ། མཛོད་འགྲེལ་ལས། ཡན་ལག་བརྒྱད་ཚང་བར་ནོད་པར་བྱའི། མ་ཚང་བར་ནི་མ་ཡིན་ནོ། །ཞེས་བཤད་པས། མཛོད་འགྲེལ་ལས། ཡན་ལག་བརྒྱད་ཚང་བར་མ་ནོད་པའི་བསྙེན་གནས་སྡོམ་པ། མཁས་པ་བདེ་བའི་དགའ་སྟོན་ཡིན་པའི་ཕྱིར་དང་། དགེ་ཚུལ་གྱིས་བསྙེན་གནས་པར་ཁས་བླངས་ན་དགེ་ཚུལ་སྡོམ་པའི་གཏོང་རྒྱུར་འགྱུར་ན། ཡོངས་རྫོགས་དགེ་བསྙེན་གྱིས་བསྙེན་གནས་པར་ཁས་བླངས་ན་དགེ་བསྙེན་སྡོམ་པའི་གཏོང་རྒྱུར་འགྱུར་བར་མཚུངས་པའི་ཕྱིར་རོ། །

ཁྱད་པར་རབ་ཏུ་བྱུང་བས་བསྙེན་གནས་སྡོམ་པ་ལེན་དུ་རུང་བར་ལུང་ལས་གསལ་བར་བཤད་དེ། དོན་ཡོད་ཞགས་པའི་ཆོ་ག་ཞིབ་མོ་ལས། བཅོམ་ལྡན་འདས་གང་ཡང་རིགས་ཀྱི་བུའམ་རིགས་ཀྱི་བུ་མོའམ། དགེ་སློང་ཕའམ་དགེ་སློང་མའམ། དགེ་བསྙེན་ཕའམ་དགེ་བསྙེན་མའམ། དེ་ལས་གཞན་པའི་སེམས་ཅན་གང་ཡང་རུང་བས། དོན་ཡོད་ཞགས་པའི་སྙིང་པོའི་ཆེད་དུ་ཡར་ངོའི་ཚེས་བརྒྱད་ལ་སྨྱུང་བར་གནས་པར་བགྱིས་ཏེ། གཞན་མི་སྨྲ་བར་དོན་ཡོད་ཞགས་པའི་སྙིང་པོ་ལན་བདུན་བཟླས་བརྗོད་བགྱིས་ན། བཅོམ་ལྡན་འདས་དེས་ཚེ་འདི་ཉིད་ལ་ཕན་ཡོན་ཉི་ཤུ་རྩ་གཅིག་ཐོབ་པར་འགྱུར་ཏེ། ཞེས་བཤད་པའི་ཕྱིར། གལ་ཏེ་བསྙེན་གནས་དང་སྨྱུང་གནས་དོན་མི་གཅིག་གོ་ཞེ་ན་ཡང་། རྗེ་བཙུན་ཆེན་པོས། དེའི་གཟུངས་ཆོག་ལས། དེ་ལྟར་མཆོད་པའམ་གཏོར་མའི་རྗེས་ལ། འཕགས་པའི་རྗེས་སུ་བཟླས་པ་བྱེད་པར་བསམ་ཞིང་། རང་གི་གསོ་སྦྱོང་གི་ཚིག་ལན་གསུམ་བརྗོད་ལ། བདག་སྡོམ་པ་དང་ལྡན་པར་བྱའོ། །འདི་ནི་རབ་ཏུ་བྱུང་བའི་ཕྱོགས་ལའང་བྱ་དགོས་ཏེ། སེམས་ཅན་ཐམས་ཅད་ལ་ཕན་པར་བྱ་བའི་ཕྱིར་དང་། ཞེས་བྱ་བ་ལ་སོགས་པ་ཐེག་པ་ཆེན་པོའི་ལུགས་ཡིན་པའི་ཕྱིར་རོ། །ཞེས་བཤད་པ་འདི་ལ་ལན་གྱིས་ཟློག་པར་མི་ནུས་པའི་ཕྱིར་རོ། །གལ་ཏེ་དེ་ལའང་ཐུགས་ཡིད་

མི་ཆེས་ན། སྨན་བླའི་མདོ་ཆོག་ལས། འཇམ་དཔལ་གཞན་ཡང་འཁོར་གྱི་དགེ་སློང་དང་དགེ་སློང་མ་དང་། དགེ་བསྙེན་དང་དགེ་བསྙེན་མ་དག་དང་། གཞན་ཡང་དད་པའི་རིགས་ཀྱི་བུའམ་རིགས་ཀྱི་བུ་མོ་གང་དག ། ཡན་ལག་བརྒྱད་དང་ལྡན་པའི་བསྙེན་གནས་ལ་ཉེ་བར་གནས་ཏེ། ལོ་གཅིག་གམ་ཟླ་བ་གསུམ་དུ་བསླབ་པའི་གཞི་རྣམས་འཛིན་ཅིང་། ཞེས་བཤད་པ་འདི་ལ་ཐུགས་ཡིད་ཆེས་དགོས་པའི་ཕྱིར་རོ། །འདིར་ལོ་ཟླའི་བར་དུ་བསྙེན་གནས་བསྲུང་བར་བཤད་པ་ནི། མཛོད་འགྲེལ་ལས། ཟླ་བ་ཕྱེད་ལ་སོགས་པ་ནི་ཉིན་ཞག་ཟླས་པའོ། ། ཞེས་པ་ལྟར་ཉིན་རེ་བཞིན་ལོ་གཅིག་ཏུ་བླངས་པ་ལ་འཛོག་དགོས་པའི་ཕྱིར།

གཉིས་པ་ཐེག་ཆེན་ལུགས་ཀྱི་སོ་ཐར་བཤད་པ་ལ་གསུམ། དང་པོ་ཐོབ་བྱེད་ཆོ་ག་འཁྲུལ་མེད་བཤད། བར་དུ་བསྲུང་བྱའི་བསླབ་བྱ་འཁྲུལ་མེད་བཤད། ཐ་མར་གཏོང་རྒྱུའི་གཏོང་ཚུལ་འཁྲུལ་མེད་བཤད་པའོ། ། དང་པོ་ལ་གཉིས། ཐུན་མོང་མ་ཡིན་ཆོ་གའི་རྣམ་གྲངས་བཤད། ཐུན་མོང་ཆོ་གའི་ལག་ལེན་གནད་དུ་བསྟན་པའོ། །དང་པོ་ནི། ཉན་ཐོས་ཐེག་ཆེན་ལུགས་གཉིས་ཡོད། །ཅེས་པ་ལ་འཕྲོས་ནས། ཐེག་ཆེན་ལུགས་ཀྱི་སོར་ཐར་གྱི་རྣམ་གཞག་ཇི་ལྟར་ཞེ་ན། ཉན་ཐོས་ལུགས་ཀྱི་སོ་ཐར་བཤད་ཟིན་པས། ཐེག་པ་ཆེན་པོའི་སྡེ་སྣོད་ལས་འབྱུང་བའི་སོ་སོར་ཐར་པ་བཤད་ཀྱིས་ཉོན། ཞེས་གདམས་པ་ཆོས་ཅན། དགོས་པ་ཡོད་དེ། ཐོབ་བྱེད། བསླབ་བྱ༑ གཏོང་ཚུལ་གསུམ་གྱི་སྒོ་ནས་འཁྲུལ་མེད་དུ་འཆད་པའི་ཆེད་ཡིན་པའི་ཕྱིར། འོ་ན་ཐེག་ཆེན་སོ་ཐར་འབོགས་བྱེད་ཀྱི་ཆོ་ག་ཇི་ལྟ་བུ་ཞེ་ན། ཉན་ཐོས་གཞུང་ལ་མ་ལྟོས་པར། །བྱང་ཆུབ་སེམས་དཔའ་ཉིད་ལ་ཡང་། ། སོ་སོ་ཐར་པ་འབོགས་པའི་ཆོ་ག་འགའ་ཞིག་ཡོད་མོད་ཀྱི། ཐམས་ཅད་ད་ལྟར་ལག་ལེན་ལ་བྱར་མི་རུང་སྟེ། གཏན་ལ་དབབ་པ་བསྡུ་བ་ལས། དགེ་སློང་མ་གཏོགས་པའི་སོར་སྡོམ་རང་གིས་ལེན་པར་བཤད་པ་ལྟ་བུ། ཐེག་ཆེན་ཐུན་མོང་མ་ཡིན་པའི་ལུགས་ཀྱི་ཆོ་ག་ཕལ་ཆེར་ད་ལྟ་ནུབ་ནས་མེད་པའི་ཕྱིར། ཕལ་ཆེར་ནུབ་ཅེས་པ་ལས་འཕྲོས་ནས། ཐུན་མོང་མ་ཡིན་པའི་ཆོ་ག་མ་ནུབ་པ་ཅུང་ཟད་ཀྱང་ཡོད་དེ། བྱ་རྒྱུད་ནས་བཤད་པའི་གསོ་སྦྱོང་རང་གིས་བླངས་པའི་ཆོ་ག་དང་སོགས་སྨྲས་བསྡུས་པ། དབུ་མའི་ལུགས་ཀྱི་སེམས་བསྐྱེད་ཀྱི་སྔོན་དུ་ཐུན་མོང་མ་ཡིན་པའི་སྐྱབས་འགྲོའི་སྡོམ་པ་འབོགས་པའི་ཆོ་ག་ལྟ་བུ་འགའ་ཞིག་ཡོད་པའི་ཕྱིར་རོ། །

གཞན་ཡང་ཐེག་ཆེན་ཐུན་མོང་མ་ཡིན་པའི་གཞུང་དཀོན་བརྩེགས་ལེའུའི་ནང་ཚན་དྲག་ཤུལ་ཅན་གྱིས་ཞུས་པའི་མདོ་ལས། ཁྱིམ་པའི་ཆ་ལུགས་ཅན་གྱི་རྒྱལ་སྲས་བྱམས་པ་དང་། འཇམ་དབྱངས་ལ་སོགས་པ་བདག་ཉིད་ཆེན་པོ་འགའ་ཞིག་གིས། མཁན་པོ་མཛད་ནས་རང་བཞིན་ཁྱིམ་པའི་ཆ་ལུགས་ཅན་གྱི་དགུ་སྟོང་དང་བདུན་སྟོང་ལ་སོགས་པའི་འགྲོ་བ་མང་པོ་བསྙེན་པར་རྫོགས་པར་མཛད་དོ། །ཞེས་པའི་ཚིག་འབྲུ་ཙམ་ཞིག

གསུངས་མོད་ཀྱི། འོན་ཀྱང་དེ་འདྲའི་ལག་ལེན་དེང་སང་བྱར་མི་རུང་སྟེ། དེའི་ཆོ་ག་སྦྱོར་དངོས་རྗེས་གསུམ་ཚང་བ་མདོ་ལས་བཤད་པ་ས་པཎ་དངས་མ་མཐོང་བ་ལྟར་བཤད་པའང་མེད་པའི་ཕྱིར་རོ། །དེས་ན་ཁྱིམ་པའི་ཆ་ལུགས་ཅན་གྱིས་མཁན་པོ་མཛད་ནས་ཁྱིམ་པའི་ཆ་ལུགས་ཅན་གྱི་བསྒྲུབ་བྱ་ལ་བསྙེན་པར་རྫོགས་ཚུལ་འདི་འདྲ་ཆོས་ཅན། སོ་སོའི་སྐྱེ་བོའི་མཁན་པོས། སོ་སྐྱེའི་བསྒྲུབ་བྱ་ལ་བྱར་མི་རུང་སྟེ། འཕགས་པའི་མཁན་པོ་དང་འཕགས་པའི་བསྒྲུབ་བྱ་རྣམས་ཀྱི་ཐུན་མོང་མ་ཡིན་པའི་སྤྱོད་ཡུལ་ཡིན་པའི་ཕྱིར་ཏེ། སྔོན་གྱི་ཐེག་ཆེན་ཐུན་མོང་མ་ཡིན་པའི་གདུལ་བྱ་འཕགས་པའི་གང་ཟག་ལ་བསྙེན་པར་རྫོགས་པའི་ཆོ་ག་སྐེ་ཐབས་ཙམ་ཡིན་པའི་ཕྱིར་རོ། །དེས་ན་རབ་བྱུང་མིན་ལ་མཁན་པོ་མེད་ཅེས་པ་ནི། ཉན་ཐོས་དང་ཐུན་མོང་བ་གཞིར་བཞག་ལ་འཆད་དགོས་ཏེ། གཞན་དུ་ན་གཞུང་འདིས་གནོད་པའི་ཕྱིར་རོ། །དེ་ལྟར་ན་འདིར་སྐབས་ཀྱི་བསྙེན་རྫོགས་ཀྱི་སྡོམ་པ་དང་། ཙན་དན་སྡོམ་ཀྱི་ངང་ལྡན་པའི། །ཞེས་སོགས་ཀྱིས་སྐབས་ཀྱི་དགེ་སློང་གི་སྡོམ་པ་རྣམས་ནི། སྔོན་ཆོག་ལ་བརྟེན་ནས་མ་ཡིན་ཏེ། དེ་འབོགས་བྱེད་ཀྱི་སྦྱོར་དངོས་རྗེས་གསུམ་ཚང་བའི་སྔོན་ཆོག་མཚན་ཉིད་པ་བཤད་པ་མེད་པའི་ཕྱིར་རོ། །

གཉིས་པ་ད་ལྟར། ཆོ་གའི་ལག་ལེན་འཆད་པ་ལ། འོ་ན་ཐེག་ཆེན་ཐུན་མོང་མ་ཡིན་པའི་སྡེ་སྣོད་ལས་བཤད་པའི་སོ་ཐར་འབོགས་པའི་ལག་ལེན་ཕལ་ཆེར་ད་ལྟ་བྱར་མི་རུང་ན། ད་ལྟ་ཐེག་ཆེན་སོ་ཐར་འབོགས་པོའི་ཆོ་ག་ཇི་ལྟར་བྱ་སྙམ་ན། ཐེག་ཆེན་མདོ་ནས་བཤད་པའི་ཆོ་ག་བྱར་མི་རུང་བ་དེས་ན། ད་ལྟའི་ཐེག་ཆེན་སོ་ཐར་འབོགས་པའི་ཆོ་ག་འདི་ཆོས་ཅན། ཁྱད་བྱེད་པའི་ཚུལ་ཡོད་དེ། བསམ་པ་ཐེག་ཆེན་སེམས་བསྐྱེད་དེ། གཞན་དོན་དུ་སངས་རྒྱས་འཐོབ་འདོད་ཀྱིས་ཟིན་པའི་སྒོ་ནས། སྦྱོར་དངོས་རྗེས་གསུམ་གྱི་ཆོ་ག་ཉན་ཐོས་ལུགས་བཞིན་དུ་གྱིསཤིག་སྟེ་བྱེད་དགོས་པའི་ཕྱིར། དེ་ལྟར་བྱས་པའི་སོ་སོ་ཐར་པ་རིགས་བརྒྱད་པོ་ཆོས་ཅན། ཁྱོད་བྱང་སེམས་སོ་སོ་ཐར་པར་འགྱུར་ཏེ། ཀུན་སློང་ཐེག་ཆེན་སེམས་བསྐྱེད་ཀྱིས་ཟིན་པའི་སོར་སྡོམ་ཡིན་པའི་ཕྱིར། གཉིས་པ་བསླབ་བྱ་འཆད་པ་ལ། ཐོག་མར་འབོགས་བྱེད་ཀྱི་ཆོ་གཤེས་པ་དེས་ན། བྱང་ཆུབ་སེམས་དཔའི་སོ་སོར་ཐར་པའི་བསླབ་བྱའི་ཁྱད་པར་འགའ་ཞིག་བཤད་ཀྱིས་ཉོན་ཅེས་གདམས་པ་ཆོས་ཅན། དགོས་པ་ཡོད་དེ། ཐུན་མོང་དང་ཐུན་མོང་མ་ཡིན་པའི་རྣམ་དབྱེ་མ་འདྲེས་པར་བྱེད་ཚུལ་ཡོད་དེ།

སྤྱིར་ལྟུང་བ་ལ་རང་བཞིན་གྱི་ཁ་ན་མ་ཐོ་བའི་སྟེང་དུ་བཅས་པ། འདོད་ཡོན་གྱི་སྟེང་དུ་བཅས་པ། ལུས་ངག་གི་སྤྱོད་པའི་སྟེང་དུ་བཅས་པ་གསུམ་ཡོད་པ་ལས། འདི་དག་ནི་མི་དགེ་བའི་ཕྱོགས་རང་བཞིན་གྱི་ཁ་ན་མ་ཐོ་བ་མི་དགེ་བ་བཅུ་པོ་ཕལ་ཆེར་ཉན་ཐོས་ལུགས་བཞིན་བསྲུངས། འདོད་ཡོན་ལ་ཆགས་སོགས་ཉོན་མོངས་

པས་དཔེན་པའི་བཅས་ལྟུང་འགའ་ཞིག་བྱང་ཆུབ་སེམས་དཔའི་ལུགས་བཞིན་དུ་བསྲུངས། འཇིག་རྟེན་མ་དད་གྱུར་པའི་ལུས་ངག་གི་སྤྱོད་པའི་ཆ་གཉིས་ཀ་མཐུན་པ་རྣམས་ཐུན་མོང་དུ་བཤད་པས་བསྲུངས་པའི་ཕྱིར། འཇིག་རྟེན་པ་བསྟན་པ་ལ་འཇུག་པའི་རྒྱུར་འགྱུར་ན་ལུས་ངག་གི་སྤྱོད་པ་ཉན་ཐོས་སོ་ཐར་ལ་བཀག་ཀྱང་། ཐེག་ཆེན་སོ་སོར་ཐར་པ་ལ་གནང་བ་ལྟར་བྱེད་དགོས་པའི་ཕྱིར། དེ་ལ་དང་པོ་རང་བཞིན་གྱི་ཁ་ན་མ་ཐོ་བ་ཕལ་ཆེར་ཉན་ཐོས་ལུགས་བཞིན་བསྲུངས་ཞེས་སྨོས་པ་དེ་ཆོས་ཅན། ཁྱོད་ལ་རྣམ་བཅད་ཀྱི་དགོས་པ་ཡོད་དེ། ཉན་ཐོས་དགེ་སློང་ལ་རང་བཞིན་གྱི་ཁ་ན་མ་ཐོ་བ་གནང་བ་མི་སྲིད་དོ། །ཞེས་ཤེས་པར་བྱ་བའི་ཆེད་ཡིན་པའི་ཕྱིར། ཡོངས་གཅོད་ཀྱི་དགོས་པ་ཡོད་དེ། ཕ་རོལ་ཏུ་ཕྱིན་པའི་དགེ་སློང་ལ་ཡིད་ཀྱི་ཉེས་སྤྱོད་གསུམ་གནང་བ་མི་སྲིད་ཀྱང་། ལུས་ངག་གི་ཉེས་སྤྱོད་བདུན་གཞན་དོན་དུ་གནང་བ་ཡོད་པས། གཞན་དོན་དུ་སྲོག་གཅོད་པ་སོགས་བྱ་དགོས་པ་སྲིད་པའི་ཕྱིར། ཟུར་གཉིས་པ་བཅས་ལྟུང་འགའ་ཞིག་བྱང་ཆུབ་སེམས་དཔའི་ལུགས་བཞིན་དུ་བསྲུང་ཞེས་སྨོས་པ་ཆོས་ཅན། ཁྱོད་ལ་རྣམ་བཅད་ཀྱི་དགོས་པ་ཡོད་དེ། ཉན་ཐོས་དགེ་སློང་གིས་འདོད་ཡོན་ལ་ཅི་དགར་ལོངས་སྤྱོད་དུ་མི་རུང་ཞེས་བསྟན་པའི་ཆེད་ཡིན་པའི་ཕྱིར། ཡོངས་གཅོད་ཀྱི་དགོས་པ་ཡོད་དེ། ཐེག་ཆེན་དགེ་སློང་དེས། འདོད་ཡོན་ལྔ་ལ་ཆགས་སོགས་ཉོན་མོངས་དང་རང་འདོད་ཀྱིས་འབྲི་བ་མེད་ན་ཅི་དགར་ལོངས་སྤྱོད་དུ་རུང་ཞེས་བསྟན་པའི་ཆེད་ཡིན་པའི་ཕྱིར་རོ། །

བཤད་མ་ཐག་པའི་འདོད་པས་དཔེན་པའི་ལྟུང་བ་འབའ་ཞིག་པ་ལ་འཕྲོས་ནས། ཐེག་པ་ཆེ་ཆུང་གཉིས། འདོད་ཡོན་གྱི་སྟེང་དུ་བཅས་པའི་ལྟུང་བ་ལ། བསླབ་ཚུལ་སོ་སོར་དགོས་པའི་རྣམ་གསལ་གྱི་དཔེ་ནི་ཡོད་དེ། དཔེར་ན་ཉན་ཐོས་དགེ་སློང་ནི་གསེར་དངུལ་ལེན་པ་སྤང་ལྟུང་དུ་བཅས་ཏེ་ཐུབ་པས་བཀག །བྱང་ཆུབ་སེམས་དཔའི་དགེ་སློང་ནི། གཞན་དོན་དུ་འགྱུར་ན་གསེར་དངུལ་མི་ལེན་པ་ཡན་ལག་གི་ལྟུང་བར་བཅས་ཏེ། ལེན་པ་ལ་ལྟུང་བ་མེད་པར་བཤད་པའི་ཕྱིར། འོ་ན། ཉན་ཐོས་ལ་མངོན་ཚན་དང་ཉོ་ཚོང་ངོ་། །ཞེས་གསེར་དངུལ་ལེན་པ་སྤང་ལྟུང་དང་། ཐེག་ཆེན་ལ་གསེར་ལ་སོགས་པ་ལེན་མི་བྱེད། །ཅེས་གསེར་དངུལ་མི་ལེན་པ་ཡན་ལག་གི་ཉེས་བྱས་སུ་གསུངས་པའི་རྒྱུ་མཚན་ཅི་ཡིན་ཞེ་ན། ཐེག་ཆེན་དགེ་སློང་ཆོས་ཅན། ཁྱོད་ལ་འདོད་ཡོན་ཆེན་པོ་གསེར་དངུལ་སོགས་ལེན་པ་ལ། ལྟུང་བ་མེད་པར་གསུངས་པའི་རྒྱུ་མཚན་ཡོད་དེ། ཁྱོད་ལ་བསླབ་བྱ་ཐམས་ཅད་གཙོ་བོར་གཞན་གྱི་དོན་དུ་བཅས་པ་ཡིན་པ་གང་ཞིག །འདོད་ཡོན་ཐབས་མཁས་ཀྱིས་ཟིན་པ་དེ་རང་གཞན་གྱིས་དོན་བསྒྲུབ་པ་གཙོ་བོ་ཡིན་པའི་ཕྱིར། ཉན་ཐོས་དགེ་སློང་ཆོས་ཅན། ཁྱོད་ལ་སེམས་ཅན་གྱི་དོན་ཡིན་ཡང་འདོད་ཡོན་ཆེན་པོ་ལེན་པ་ལ་ལྟུང་བ་འབྱུང་བར་གསུངས་པའི་རྒྱུ་མཚན་ཡོད་དེ། ཁྱོད་ལ་བསླབ་བྱ

ཐམས་ཅད་གཙོ་བོར་རང་དོན་དུ་བཅས་པ་གང་ཞིག །ཐབས་མཁས་མེད་པར་འདོད་ཡོན་ཆེན་པོ་ལ་ལོངས་སྤྱོད་པ་ནི། རང་དོན་ཉམས་པའི་རྒྱུ་ཡིན་པའི་ཕྱིར་རོ། །དེས་ན་སོ་སོ་ཐར་པ་ལུགས་གཉིས་པོ་ཆོས་ཅན། ཁྱོད་ཀྱི་བསླབ་བྱ་ལ་སྤྱར་བཤད་པ་དེ་འདྲའི་རྣམ་དབྱེ་ཤེས་པར་བྱ་སྟེ། ཐེག་པ་ཆེ་ཆུང་གཉིས་དང་། རང་དོན་གཞན་དོན་དང་། ཐབས་དང་ཤེས་རབ་ཀྱི་སྒོ་ནས་བསླབ་བྱ་མ་འདྲེས་པ་སོ་སོར་ཤེས་དགོས་པའི་ཕྱིར། དེ་ལྟར་ཡང་། བསླབ་གསུམ་ལྡན་པའི་གང་ཟག་གིས། །སྡོམ་གསུམ་སྤང་བླང་ནང་འགལ་ཆེ། །དགག་བྱ་དང་ནི་དགོས་པ་གཉིས། །གཙོ་བོ་གང་ཆེའི་ལུགས་སུ་བྱ། །ཞེས་དང་། བེའུ་བུམ་སྔོན་པོ་ལས། བྱང་ཆུབ་སེམས་དཔའི་བསླབ་བྱ་དག་ལ། །གནང་བ་བཀག་པ་དཔག་མེད་གསུངས་ཀྱང་། །ཞེས་སོགས་བཤད་པ་ལས་ཤེས་སོ། །

གསུམ་པ་གཏོང་ཚུལ་ནི། འོ་ན་ཆོ་ག་ཉན་ཐོས་ལུགས་བཞིན་བྱས་པའི་ཐེག་ཆེན་དགེ་སློང་གི་སྡོམ་པ་ཆོས་ཅན། ཁྱོད་ཤི་འཕོས་ཀྱང་མི་གཏོང་བར་ཐལ། ཁྱོད་བྱང་ཆུབ་སེམས་དཔའི་སྡོམ་པ་ཡིན་པ་གང་ཞིག །བྱང་ཆུབ་སེམས་དཔའི་སྡོམ་པ་ནི། །སེམས་ལས་སྐྱེས་ཕྱིར་གཟུགས་ཅན་མིན། །དེས་ན་ཇི་སྲིད་སེམས་མ་ཉམས། །དེ་ཡི་བར་དུ་སྡོམ་པ་ཡོད། །ཅེས་གོང་དུ་བཤད་ཟིན་པའི་ཕྱིར་སྙམ་ན། དེ་ལྟ་བུའི་དགེ་སློང་ལ་སོགས་པའི་སྡོམ་པ་ཆོས་ཅན། ཁྱོད་ཐེག་ཆེན་སོ་སོར་ཐར་པའི་སྡོམ་པ་ཡིན་ཡང་། ཁྱོད་ཀྱི་ལྡོག་པ་སྟེ། མིང་གི་ཐ་སྙད་ཤི་བའི་ཚེ་ན་གཏོང་སྟེ། ཁྱོད་ཇི་སྲིད་འཚོའི་མཐའ་ཅན་དུ་བླངས་པའི་སྡོམ་པ་ཡིན་པའི་ཕྱིར། དེ་ཆོས་ཅན། ཁྱོད་ཀྱི་ཀུན་སློང་བྱང་ཆུབ་སེམས་དཔའི་ལྡོག་པ་ཤི་ཡང་འབྱུང་སྟེ། བྱང་ཆུབ་སྙིང་པོའི་མཐའ་ཅན་ཡིན་པའི་ཕྱིར། ཁྱོད་ཀྱི་འབྲས་བུ་ཡང་ཤི་འཕོས་པས་མི་གཏོང་སྟེ། རང་འབྲས་མངོན་མཐོ་དང་དགེ་ལེགས་བྱང་ཆུབ་བར་དུ་འབྱུང་བའི་ཕྱིར་རོ། །

སྐབས་འདིར་མཁས་པ་ཁ་ཅིག །དེ་འདྲའི་དགེ་སློང་སྡོམ་པའི་ཁས་བླངས་དུས་ཀྱི་ལྡོག་ཆ་ཤི་བས་གཏོང་། ཁོ་རང་ཤི་བས་མི་གཏོང་གསུངས་པ་ནི། མཁས་པའི་གཏམ་མ་ཡིན་ཏེ། འོ་ན་སེམས་བསྐྱེད་ཀྱིས་ཟིན་པའི། །དགེ་སློང་ལ་སོགས་སྡོམ་པ་རྣམས། །ཞེས་བཤད་པ་མི་འཐད་པར་ཐལ། ཐེག་ཆེན་སེམས་བསྐྱེད་ཀྱིས་ཟིན་པའི་དགེ་སློང་གི་སྡོམ་པ་ཤི་འཕོས་པས་མི་གཏོང་བའི་ཕྱིར། འཁོར་གསུམ། ཡང་། སོ་སོར་ཐར་པའི་སྡོམ་པ་ནི། །བྱང་ཆུབ་བར་དུ་བླངས་གྱུར་ན། །ཞེས་སོགས་བཤད་པའང་མི་འཐད་པར་ཐལ། ཉན་ཐོས་དང་ཐུན་མོང་བའི་ཐེག་ཆེན་དགེ་སློང་གི་སྡོམ་པ་དེ། ཇི་སྲིད་འཚོའི་མཐའ་ཅན་དུ་བླངས་པ་གང་ཞིག །དེ་བྱང་ཆུབ་བར་དུ་མི་གཏོང་བའི་ཕྱིར། འཁོར་གསུམ་ཨེ་དྲན། རྩ་བ་སྤྱི་སྡོམ་གྱི་ས་བཅད་གཉིས་པ་དང་གསུམ་པ་ཕྱོགས་སྔའི་དབང་གིས། ཐུན་མོང་དུ་འཆད་པ་ལ་གཉིས། ལས་ཀྱི་རྣམ་གཞག་དབྱེ་བ་གཞུང་བཞིན་བཤད། གནད་ལ

འཕྲུལ་པའི་ལོག་རྟོག་རྒྱས་པར་བཀག་པའོ། །དང་པོ་ནི། རྩ་བ་སྡོམ་པའི་རྣམ་གཞག་བཤད་ཟིན་པ་དེས་ན། ལས་དང་རྣམ་སྨིན་གྱི་རྣམ་པར་དབྱེ་བ་བཤད་ཀྱིས་ཉོན་ཞེས་གདམས་པ་ཆོས་ཅན། དགོས་པ་ཡོད་དེ། གཞི་སྡོམ་པ་གནས་ནས། ལས་འབྲས་ཀྱི་བླང་དོར་ཕྱིན་ཅི་མ་ལོག་པར་ཤེས་དགོས་པའི་ཕྱིར། དེ་ལ་ཡང་ལས་ཆོས་ཅན། ཕྱོད་ལ་དབྱེ་ན་དགེ་སྡིག་ལུང་མ་བསྟན་གསུམ་ཡིན་ཞེས་རྒྱལ་བས་མདོ་ལས་གསུངས་པ་ཡིན་ཏེ། རྒྱུ་དགེ་བ་ནི་ངོ་བོ་ལེགས་པར་སྤྱོད་པས་རྣམ་སྨིན་གཙོ་བོར་བདེ་བ་སྐྱེད་པར་བྱེད། སྡིག་པ་ནི་ངོ་བོ་ཉེས་པ་སྤྱོད་པས་རྣམ་སྨིན་སྡུག་བསྔལ་སྐྱེད་པར་བྱེད། བཏང་སྙོམས་ལུང་མ་བསྟན་ནི། ངོ་བོ་ལེགས་སྤྱོད་དང་ཉེས་སྤྱོད་གཉིས་ཀ་མིན་པས་རྣམ་པར་སྨིན་པའང་། བདེ་སྡུག་གཉིས་ཀ་བསྐྱེད་བྱེད་མིན་པའི་ཕྱིར། དེས་ན་དགེ་མི་དགེ་ལུང་མ་བསྟན་གསུམ་པོ་འདི་དག་ཆོས་ཅན། འདུས་བྱས་ཡིན་ཏེ། རང་རྒྱུ་སྐྱེས་བུས་བྱས་པའི་ལས་ཡིན་པའི་ཕྱིར། ཆོས་དབྱིངས་ཆོས་ཅན། དགེ་སྡིག་ལུང་མ་བསྟན་གྱི་ལས་གསུམ་གང་རུང་མ་ཡིན་ཏེ། འདུས་མ་བྱས་ཡིན་པའི་ཕྱིར།

འདི་ལ་པཎ་ཤཱ་པས། བཏང་སྙོམས་གཉིས་ཀ་མ་ཡིན་ན། །བསམ་གཏན་བཞི་པ་ཡན་ཆད་ཀྱི། །ཟག་བཅས་དགེ་བའི་རྣམ་སྨིན་ཅི། །བཏང་སྙོམས་ཞེས་པ་ལུང་མ་བསྟན། །ཡིན་ན་ཀུན་གཞིའི་ས་བོན་ལས། །རྣམ་སྨིན་འབྱུང་བ་དེ་ཅི་ཞིག །ཅེས་དྲི་བ་མཛད་དེ། འདི་ལ་གཉིས། དྲི་བའི་དོགས་པ་བཀོད་པ་དང་། དྲིས་ལན་གྱིས་གདན་ལ་ཕབ་པའོ། །དང་པོ་ནི། གཞུང་གི་ཚིག་ཟིན་ལྟར། ཚོར་བ་བཏང་སྙོམས་ཡིན་ན། རྣམ་སྨིན་གྱི་འབྲས་བུ་མི་བསྐྱེད་པས་ཁྱབ་ན། བསམ་གཏན་བཞི་པ་ཡན་ཆད་ཀྱི་ཟག་བཅས་ཀྱི་དགེ་བར་གྱུར་པའི་ཚོར་བ་བཏང་སྙོམས་ཆོས་ཅན། དེར་ཐལ། དེའི་ཕྱིར། གལ་ཏེ་དེ་སྐབས་ཀྱི་གཏང་སྙོམས་དེ། ཚོར་བ་བཏང་སྙོམས་མ་ཡིན་གྱི། ལུང་མ་བསྟན་གྱི་ལས་ལ་དེའི་མིང་བཏགས་པ་ཡིན་ནོ། །ཞེ་ན་ཡང་མི་འཐད་དེ། འབྲས་བུ་བདེ་སྡུག་གི་ༀ་ཕྱེས་པ་ལ་བཏང་སྙོམས་ཀྱི་ཐ་སྙད་འཐད་ཀྱི། རྒྱུ་དགེ་སྡིག་གི་ༀ་ཕྱེས་པ་ལ་བཏང་སྙོམས་ཀྱི་ཐ་སྙད་མི་འཐད་དེ། བཏང་སྙོམས་སུ་གྱུར་པའི་དགེ་མི་དགེ་གཉིས་ཀ་ཡོད་པའི་ཕྱིར་དང་། གལ་ཏེ་ཐ་སྙད་འཐད་ན་ཡང་། ཟག་བཅས་དགེ་བའི་ལས་ཀྱི་ཀུན་སློང་དུ་གྱུར་པའི་ལུང་མ་བསྟན་གྱི་མ་རིག་པ་དང་། ཀུན་གཞིའི་སྟེང་གི་མི་དགེ་བའི་ས་བོན་ཆོས་ཅན། རང་གི་འབྲས་བུར་གྱུར་པའི་རྣམ་སྨིན་སྐྱེད་པ་མ་ཡིན་པར་ཐལ། ལུང་མ་བསྟན་ཡིན་པའི་ཕྱིར། ཞེས་དོགས་པ་བཀོད་ནས། གསེར་ཐུར་རང་ལན་དུ། གཞུང་རྐང་པ་དྲུག་པོ་འདིས་མཛོད་ལས། རྣམ་པར་རྟོག་པ་མེད་པ་ཡི། །དགེ་བའི་ལས་ཀྱི་རྣམ་སྨིན་ནི། །སེམས་ཀྱི་ཚོར་བ་ཁོ་ན་སྟེ། །མི་དགེ་བ་ནི་ལུས་ཀྱི་ཡིན། །ཞེས་པའི་ཚིགས་སུ་བཅད་པའི་དོན་འཆད་པར་སྣང་ལ། དེའི་ཚེ་ན་གཞུང་འདི་ལྟར

འདོན་པར་བྱ་སྟེ། མི་དགེའི་ལས་ཀྱི་རྣམ་སྨིན་ནི། །ལུས་ཀྱི་ཚོར་བ་སྡུག་བསྔལ་སྟེ། །དགེ་བའི་ལས་ལ་རྟོག་བཅས་དང་། །རྟོག་པ་མེད་པ་གཉིས་ཡོད་ལ། །རྟོག་བཅས་དགེ་བའི་རྣམ་སྨིན་ནི། །ལུས་ཀྱི་ཚོར་བ་བདེ་བར་ངེས། །རྟོག་མེད་དགེ་ལ་བདེ་བ་དང་། །བཅས་དང་བཏང་སྙོམས་ཁོ་ན་བ། །གཉིས་ཀའི་རྣམ་སྨིན་སེམས་ཚོར་ཡིན། །བདེ་དང་བཅས་པའི་རྣམ་སྨིན་ནི། །སེམས་ཀྱི་ཚོར་བ་བདེ་བ་སྟེ། །བཏང་སྙོམས་ཁོ་ན་དང་བཅས་པའི། །རྣམ་སྨིན་སེམས་ཚོར་བཏང་སྙོམས་སོ། །ཞེས་བྱ་བས་རྐང་པ་དྲུག་པོའི་འབྲུ་གཉེར་བར་འགྱུར་རོ། །དང་པོ་ལན་ནི། བཏང་སྙོམས་ཞེས་པ་བསམ་གཏན་བཞི་པ་ཡན་ཆད་ཀྱི་ཚོར་བ་བཏང་སྙོམས་ལ་ཟེར་བ་ཡིན་ཏེ། བཏང་སྙོམས་དགེ་སྡིག་གཉིས་མིན་པས། །རྣམ་སྨིན་གཉིས་མིན་བཏང་སྙོམས་སོ། །ཞེས་བྱ་བའི་དོན་ནོ། །ཞེས་བཤད་དོ། །

གཉིས་པ་དྲིས་ལན་ལ་གསུམ། དྲི་བ་འགོད་ཚུལ་མི་འཐད། མཛོད་ཀྱི་ལུང་དོན་མི་འཐད། བསྟན་བཅོས་འདིའི་གཞུང་དོན་མི་འཐད་པའོ། །དང་པོ་ནི། བསམ་གཏན་བཞི་པ་ཡན་ཆད་ཀྱི། །ཟག་བཅས་དགེ་བའི་རྣམ་སྨིན་ཅི། །ཞེས་པའི་དྲི་བ་ནི་འབྲེལ་མེད་དེ། བསམ་གཏན་བཞི་པ་ཡན་ཆད་ཀྱི་ལས་དགེ་བ་ཆོས་ཅན། རྣམ་སྨིན་བདེ་སྡུག་གང་རུང་མི་བསྐྱེད་པར་ཐལ། ཚོར་བ་བཏང་སྙོམས་ཡིན་པའི་ཕྱིར་ཟེར་ན། འདོད་ལན་ཐེབས་ཤིང་། རྣམ་སྨིན་མི་སྐྱེད་པར་ཐལ། དེའི་ཕྱིར་ཟེར་ན། ཁྱབ་པ་མ་ངེས་པའི་ལན་ཐེབས་པའི་ཕྱིར། ཡང་འདུ་བྱེད་བཏང་སྙོམས་ལ་བཏང་སྙོམས་ཀྱི་ཐ་སྙད་མི་འཐད་པར་ཐལ། དེ་ཡིན་ན་དགེ་མི་དགེ་གང་རུང་ཡིན་པས་ཁྱབ་པའི་ཕྱིར་ཏེ། དགེ་བ་ཡིན་པས་ཁྱབ་པའི་ཕྱིར། བཏང་སྙོམས་ཞེས་པ་ལུང་མ་བསྟན། །ཞེས་སོགས་ཀྱིས་དྲི་བ་ལའང་འབྲེལ་མེད་དེ། ཀུན་གཞིའི་སྟེང་གི་མི་དགེ་བའི་ས་བོན་སོགས་ཆོས་ཅན། རང་གི་རྣམ་སྨིན་འབྲས་བུ་བསྐྱེད་བྱེད་མ་ཡིན་པར་ཐལ། ལུང་མ་བསྟན་ཡིན་པའི་ཕྱིར་ཟེར་ན། འདོད་ལན་དང་། རང་འབྲས་སུ་གྱུར་པའི་རྣམ་སྨིན་བསྐྱེད་བྱེད་མ་ཡིན་པར་ཐལ། ཟེར་ན་ཁྱབ་པ་མ་ངེས་ཏེ། དེ་འདྲའི་ཁྱབ་པ་བཅས་པ་མེད་དོ། །

གཉིས་པ་མཛོད་ཀྱི་ལུང་དོན་འཆད་ཚུལ་ཡང་མི་འཐད་དེ། འདོད་པའི་སས་བསྡུས་ཀྱི་དགེ་བའི་རྣམ་སྨིན་དུ་གྱུར་པའི་སེམས་ཚོར་སྡུག་བསྔལ་མེད་པའི་ཕྱིར་སྙམ་ན། ཁྱེད་ལ་འཁྲུལ་གཞི་དེས་བྱས་པར་སྣང་མོད། དེ་གཉིས་མི་མཚུངས་ཏེ། ཚོར་བ་ཡིད་མི་བདེ་ཡིན་ན། དགེ་མི་དགེ་གང་རུང་ཡིན་དགོས་པ་དང་། ཚོར་བ་བདེ་བ་ལ་དགེ་མི་དགེ་ལུང་མ་བསྟན་གསུམ་ཀ་ཡོད་པར་བཤད་པའི་གནད་མ་རྟོགས་འདུག་པའི་ཕྱིར་རོ། །དེས་ན། ཁོ་བོ་ནི་མཛོད་ཀྱི་ལུང་དོན་འདི་ལྟར་འཆད་དེ། མི་དགེ་བའི་རྣམ་སྨིན་དུ་གྱུར་པའི་ཚོར་བ་ཡིན་ན། ལུས་ཚོར་སྡུག་བསྔལ་ཡིན་པས་ཁྱབ་སྟེ། དེར་གྱུར་པའི་སེམས་ཚོར་སྡུག་བསྔལ་མེད་པའི་ཕྱིར་ཏེ། སེམས་ཚོར་སྡུག

བསྡུལ་དང་། ཚོར་བ་ཡིད་མི་བདེ་དོན་གཅིག་པ་གང་ཞིག །ཡིད་མི་བདེ་ཡིན་ན། རྣམ་སྨིན་གྱི་རྒྱུ་ཡིན་པས་ཁྱབ་པར། དེ་གཅིག་ནི་རྣམ་པར་སྨིན་བཅས། ཞེས་མཛོད་གནས་གཉིས་པར་བཤད་པའི་ཕྱིར། བསམ་གཏན་དང་པོའི་དངོས་གཞི་ཙམ་པོ་མན་ཆད་ཀྱིས་སས་བསྡུས་པའི་དགེ་བའི་རྣམ་སྨིན་དུ་གྱུར་པའི་ཚོར་བ་ལུས་བདེ་དང་སེམས་བདེ་གཉིས་ཀ་ཡོད་ཅིང་། བསམ་གཏན་དང་པོའི་དངོས་གཞི་ཁྱད་པར་ཅན་མན་ཆད་ཀྱི་སས་བསྡུས་པའི་དགེ་བའི་རྣམ་སྨིན་དུ་གྱུར་པའི་ཚོར་བ་ལ་སེམས་ཚོར་ཁོ་ན་ཡིན་པས་ཁྱབ་སྟེ། རྣམ་པར་རྟོག་པ་མེད་པ་ཡི། །དགེ་བའི་ལས་ཀྱི་རྣམ་སྨིན་ནི། །སེམས་ཀྱི་ཚོར་བ་ཁོ་ནར་འདོད། །ཅེས་བཤད་པའི་ཕྱིར། འོན་བསམ་གཏན་ཁྱད་པར་ཅན་གྱི་དགེ་བའི་རྣམ་སྨིན་དུ་གྱུར་པའི་སེམས་ཚོར་བཏང་སྙོམས་གཅིག་ཡོད་དམ་སྙམ་ན༑ སྤྱིར་བཏང་ལ། བསམ་གཏན་གསུམ་པའི་བར་དགེ་བ། །བདེ་བ་མྱོང་གྱུར་དེ་ཡན་ཆད། །སྡུག་མིན་བདེ་མིན་མྱོང་གྱུར་བ། །སྡུག་བསྔལ་མྱོང་འགྱུར་འདིའི་མི་དགེ། །ཞེས་མེད་པར་བཤད་ཀྱང་། དམིགས་བསལ་ལ་ཡོད་པར་ཁས་བླངས་དགོས་ཏེ། འོག་ནའང་བར་མ་ཡོད་དོ། །ཞེས་ཁ་ཅིག་ཟེར་ན་སྟེ་གང་གི་ཕྱིར། བསམ་གཏན་ཁྱད་པར་རྣམ་སྨིན་ལས། །སྡུ་ཕྱི་མེད་གསུམ་སྨིན་འདོད་ཕྱིར། །ཞེས་བཤད་པ་འདི་རང་ལུགས་ལའང་ཁས་བླངས་དགོས་པའི་ཕྱིར་རོ། །

གསུམ་པ། བསྟན་བཅོས་འདིའི་དགོངས་པ་མིན་པ་ནི། དགེ་བ་ལེགས་པར་དཔྱད་པ་སྟེ། །ཞེས་པའི་ཚིག་རྐང་དྲུག །མཛོད་ཀྱི་རྣམ་པར་རྟོག་པ་མེད་པ་ཡི། །ཞེས་སོགས་དང་སྦྱར་ནས། དེར་སྐབས་ཀྱི་བཏང་སྙོམས། ཚོར་བ་བཏང་སྙོམས་ལ་འཆད་པ་ནི། མཁས་པ་ཆེན་པོའི་གདམ་མ་ཡིན་ཏེ་གོང་དུ། ལས་ལ་དགེ་སྡིག་ལུང་མ་བསྟན། །ཡིན་ཞེས་རྒྱལ་བས་མདོ་ལས་གསུངས། །ཞེས་པ་དང་སྦྱར་ནས། ལུང་མ་བསྟན་ལ་འཆད་པ་མཁས་པའི་དགོངས་པ་ཡིན་པའི་ཕྱིར། འོན་ལུང་མ་བསྟན་ལ་བཏང་སྙོམས་ཀྱི་ཐ་སྙད་མི་འཐད་དོ་ཞེ་ན། ཤིན་ཏུ་འཐད་དེ། སྤྱིར་བཏང་སྙོམས་ཞེས་པ་དེ། བདེ་སྡུག་གཉིས་ཀྱིས་བླས་ཕྱེས་པའི་ཚེ་ཚོར་བ་བཏང་སྙོམས་དང་། དད་སོགས་དགེ་བ་བཅུ་གཅིག་གིས་བླས་ཕྱེ་བའི་ཚེ་འདུ་བྱེད་བཏང་སྙོམས་དང་། དགེ་སྡིག་གཉིས་ཀྱིས་བླས་ཕྱེས་པའི་ཚེ་ལུང་མ་བསྟན་ལ་འཇུག་པ་གནད་དམ་པ་ཡིན་པའི་ཕྱིར་རོ། །

ཡང་ཁོ་བོའི་རྣམ་དཔྱོད་ལྟར་ན། དབུ་མ་འཇུག་པ་ལས། དེ་ཕྱིར་རྣམ་སྨིན་མི་དགེ་ནག་པོའི་ལས། །རྣམ་སྨིན་དགེ་ཉིད་དགེ་ལས་ཡིན་མཐོང་བཞིན། །ཞེས་རྣམ་སྨིན་བདེ་སྡུག་ལ། རྒྱུ་ལས་དཀར་ནག་གི་མིང་བཏགས་པ་ལྟར། འདིར་ཡང་། རྒྱུ་ལུང་མ་བསྟན་ལ། འབྲས་བུ་བཏང་སྙོམས་ཀྱི་མིང་བཏགས་པ་ཡིན་ཏེ། ལུང་མ་བསྟན་གྱི་ལས་དེས། རྣམ་སྨིན་ཚོར་བ་གང་ཡང་མི་བསྐྱེད་ཀྱང་། འབྲས་བུ་ཚོར་བ་བཏང་སྙོམས་བསྐྱེད་པ་ཁོའི་གཙོ

བོའི་བྱེད་ལས་ཡིན་པའི་ཕྱིར་ཏེ། འཕགས་པ་རིན་པོ་ཆེས་ལས་འབྲས་གསལ་བའི་མེ་ལོང་ལས། ཀུན་ནས་ཡིད་དུ་འོང་བ་ཡི། །འབྲས་འབྱིན་བྱེད་པ་དགེ་བ་སྟེ། །ལྡོག་པའི་འབྲས་འབྱིན་སྡིག་པ་ཡིན། །ཡིད་དུ་འོང་དང་མི་འོང་བས། །གཏོང་བ་ཆོར་བ་བཏང་སྙོམས་དེས། །དེ་བསྐྱེད་ལས་ནི་ལུང་མ་བསྟན། །ཞེས་རྒྱུ་ལས་དེ་གསུམ་གྱིས། འབྲས་བུ་ཚོར་བ་གསུམ་སོ་སོར་བསྐྱེད་པར་བཤད་འདུག་པའི་ཕྱིར། དེས་ན། འདིའི་གོང་འོག་གི་སྐབས་མང་པོར། རྒྱུ་དགེ་བས་རྣམ་སྨིན་ཚོར་བ་བདེ་བ་བསྐྱེད་པར་བཤད་པ་ནི་སྤྱིར་བཏང་ཡིན་གྱི་དམིགས་བསལ་ལ་མ་ཁྱབ་སྟེ། ཟག་མེད་ཀྱི་ལས་ལ་རྣམ་སྨིན་མེད་པའི་ཕྱིར་དང་། བསམ་གཏན་བཞི་པ་ཡན་ཆད་ཀྱི་ཟག་བཅས་དགེ་བས་རྣམ་སྨིན་ཚོར་བ་བཏང་སྙོམས་ཁོ་ན་བསྐྱེད་པའི་ཕྱིར་དང་། དེ་མན་ཆད་ལའང་རྣམ་སྨིན་གཏན་ནས་མི་འབྱིན་པའི་ཟག་བཅས་དགེ་བ་ཇི་སྙེད་ཡོད་པའི་ཕྱིར་རོ། །འདིར་འགྲེལ་སྟོང་ལས། ཟག་མེད་ལས་ལ་རྣམ་སྨིན་ཡོད་པར་བཤད་ཀྱང་། རང་རེའི་བླ་མ་གོང་མ་མི་བཞེད་དོ། །

གཞན་ཡང་ལས་ཆོས་ཅན། ཁྱོད་ལ་ཀུན་སློང་གི་སྒོ་ནས་རྣམ་པ་བཞི་ཡོད་དེ། ལས་དཀར་རྣམ་སྨིན་དཀར་བ་དང་། ལས་གནག་རྣམ་སྨིན་གནག་པ་དང་། ལས་དཀར་རྣམ་སྨིན་གནག་པ་དང་། ལས་གནག་རྣམ་སྨིན་དཀར་བ་དང་བཞིའོ། །ཞེས་བཤད་པའི་ཕྱིར། དེ་ཡང་རིམ་བཞིན་ངོས་བཟུང་ན། བསམ་པ་དག་པའི་སྦྱིན་པ་སོགས་ཆོས་ཅན། མཁས་པས་སྤྱད་པར་བྱ་སྟེ། ལས་དང་རྣམ་སྨིན་གཉིས་ཀ་དཀར་བས་ཏེ། རྒྱུ་མཚན་དེའི་ཕྱིར། བཟའ་བའི་དོན་དུ་གསོད་པ་སོགས་ཆོས་ཅན། མཁས་པས་སྤང་བར་བྱ་སྟེ། ལས་དང་རྣམ་སྨིན་གཉིས་ཀ་གནག་པ་སྟེ་རྒྱུ་མཚན་དེའི་ཕྱིར། འགྲོ་བ་མང་པོ་སྐྱབ་པའི་ཕྱིར་འགྲོ་བ་གཅིག་གསོད་པ་སོགས་ཆོས་ཅན། མཁས་པས་བླང་བར་བྱ་སྟེ། ལས་ནག་པོའི་གཟུགས་བརྙན་ཡིན་ཡང་། རྒྱུ་དུས་ཀྱི་ཀུན་སློང་དཀར་བའི་དབང་གིས་རྣམ་སྨིན་དཀར་ན་སྟེ་རྒྱུ་མཚན་དེའི་ཕྱིར། དེ་ལྟར་ཡང་འཕགས་པས། མང་པོའི་དོན་དུ་གཅིག་གསོད་སོགས། །ཀུན་སློང་ཉོན་མོངས་མིན་ཕྱིར་དང་། །ཕན་པའི་འབྲས་བུ་ཆེ་བའི་ཕྱིར། །སྡིག་པའི་གཟུགས་བརྙན་ལྟ་བུ་སྟེ། །འབྲས་བུ་ཡིད་འོང་བསྐྱེད་པ་ཡིན། །ཞེས་བཤད་དོ། །

གསོད་ཕྱིར་སྦྱིན་པ་གཏོང་བ་ལ་སོགས་པ་ཆོས་ཅན། མཁས་པས་སྤང་བར་བྱ་སྟེ། ལས་དཀར་པོའི་གཟུགས་བརྙན་ཡིན་ཡང་། རྒྱུ་དུས་ཀུན་སློང་ནག་པོའི་དབང་གིས། རྣམ་སྨིན་གནག་པ་ཡིན་པའི་ཕྱིར། དེ་ལྟར་ཡང་འཕགས་པས། གསོད་ཕྱིར་སྦྱིན་པ་གཏོང་བ་སོགས། །ཀུན་སློང་ལྷག་བསམ་མིན་ཕྱིར་དང་། །སྲོག་ལ་ཉེ་བར་འཚེ་བའི་ཕྱིར། །དགེ་བའི་གཟུགས་བརྙན་ལྟ་བུ་སྟེ། །འབྲས་བུ་སྡུག་བསྔལ་བསྐྱེད་པ་ཡིན། །ཞེས་བཤད་པའོ། །གཞུང་འདི་ལ་མཁས་པའི་དབང་པོ་པཎ་ཤཱཀ་པས། ལས་དཀར་ཞེས་པ་དགེ་བ་ལ། །ཟེར་ན་རྣམ་

སྨིན་ནག་པ་ཅི། །ལས་ནག་ཅེས་པ་སྡིག་པ་ལ། །ཟེར་ན་རྣམ་སྨིན་དཀར་བ་ཅི། །ཞེས་སོགས་དང་། དངོས་དང་འཕྲོས་པའི་དྲི་བ་གསུམ་མཛད་ནས། གསེར་ཐུར་རང་ལན་དུ། འདིར་བཤད་པའི་ལས་དཀར་རྣམ་སྨིན་གནག་པ་དང་། ལས་གནག་རྣམ་སྨིན་དཀར་བའི་ལས་གཉིས་པོ་འདི། མདོ་ལས་གསུམ་བཤད་པའི་འདྲེས་མའི་ལས་ཞེས་གྲགས་པ་ཡིན་ལ། དེ་ཡང་མངོན་པ་གོང་འོག་ལས་དགོངས་པ་འགྲེལ་ཚུལ་ཐ་དད་པ་གཉིས་བྱུང་བའི་མངོན་པ་གོང་མ་ནས་བཤད་པའི་འདྲེས་མའི་ལས་ཡིན་པས། རྒྱུ་དུས་དང་དེ་དུས་ཀྱི་ཀུན་སློང་གཉིས་པོ་གང་རུང་གཅིག་གནག་ལ་ཅིག་ཤོས་དཀར་བའི་ལས་ཡིན་ནོ། །ཞེས་འཆད་ལ། དྲི་ལན་འཕྲུལ་སྒྲོང་དུ་ནི། འདྲེས་མའི་ལས་འོག་ཏུ་འཆད་པས། འདི་གཉིས་ནི་འདྲེས་མའི་ལས་སུ་འོང་དོན་མེད་དེ། དཔེར་ན། ལས་དཀར་རྣམ་སྨིན་གནག་པའི་ལས་ནི། འདྲེས་མའི་ལས་མ་ཡིན་ཏེ། ཀུན་སློང་གཉིས་ཆར་གནག་པའི་ལས་ཡིན་པའི་ཕྱིར། འོན་ཀྱང་དཀར་པོའི་མིང་བཏགས་པ་ནི། དཀར་པོའི་གཟུགས་བརྙན་ཙམ་ཡིན་པ་ལ་མིང་བཏགས་པ་ཡིན་གྱི། ངོ་བོ་ལས་ནག་པོ་ཡིན་པའི་ཕྱིར། ལས་གཉིས་པ་ལའང་དེས་རིགས་འགྲེའོ། །ཞེས་འཆད་པར་བྱེད་དོ། །

འདི་ཡང་དོགས་པ་དཔྱད་དགོས་རྒྱུར་སྣང་བས་ཅུང་ཟད་དཔྱད་ན་གསུམ། མངོན་པ་འོག་མ་ནས་བཤད་ཚུལ། གོང་མ་ནས་བཤད་ཚུལ། བསྟན་བཅོས་འདི་ཉིད་ལ་སྦྱར་ཏེ་བཤད་པའོ། །དང་པོ་ནི། མཛོད་ལས། དཀར་ནག་ལ་སོགས་བྱེ་བྲག་གིས། །ལས་ནི་རྣམ་པ་བཞི་ཡིན་ནོ། །མི་དགེ་གཟུགས་དང་འདོད་གཏོགས་པའི། །དགེ་བ་ཉིད་ནི་རིམ་བཞིན་དུ། །གནག་དང་དཀར་དང་གཉིས་ཀའི་ལས། །དེ་ཟད་བྱེད་པ་ཟག་མེད་ཡིན། །ཞེས་ལས་དེ་ལ། ནག་པོ། དཀར་པོ། འདྲེས་མ། དཀར་ནག་གཉིས་པོ་ཟད་བྱེད་ལས་དང་བཞི་ཡོད་པའི་ངོས་འཛིན་རིམ་བཞིན། མི་དགེ་བ། གཟུགས་ཀྱི་དགེ་བ། འདོད་པའི་དགེ་བ། ཟག་མེད་ཀྱི་ལས་དང་བཞི་ལ་བཤད། འོན། འདོད་པའི་དགེ་བ་དེ་འདྲེས་མའི་ལས་སུ་འཇོག་པའི་རྒྱུ་མཚན་ཅི་ཞེ་ན། འདི་ལ་གསེར་ཐུར་ལས། དེའི་རྒྱུ་མཚན་ཡོད་དེ། འདོད་པའི་དགེ་བ་དེ་མི་དགེ་བ་ལས་སྟོབས་ཆུང་བའི་ཕྱིར་ཏེ། འདོད་པའི་དགེ་བས་མི་དགེ་བའི་ཐོབ་པ་གཅོད་པ་མི་སྲིད། འདོད་པའི་ལོག་ལྟས། འདོད་པའི་དགེ་བའི་ཐོབ་པ་གཅོད་པར་བྱེད་པའི་ཕྱིར། ཞེས་ནུས་པ་ཆེ་ཆུང་གི་སྒོ་ནས་འཆད་མོད། ཁོ་བོས་ནི་འདི་ལྟར་འཆད་དེ། འདོད་པའི་ཁམས་ན་དགེ་བ་ནི། མི་དགེ་བ་དང་འདྲེས་པ་མིན་ཏེ། མི་དགེ་བ་རྒྱ་མཚོ་ལྟ་བུ་ལ་དགེ་བ་ཆུ་ཐིགས་ཙམ་ལས་མེད་པའི་ཕྱིར། འོན་མི་དགེ་བ་ཡང་འདྲེས་མའི་ལས་སུ་འགྱུར་ཏེ། དགེ་བ་དང་འདྲེས་པའི་ཕྱིར་ཟེར་ན་མ་གྲུབ་སྟེ༑ འདོད་ཁམས་ན་མི་དགེ་བ་སྟོབས་ཆེ་བའི་ཕྱིར། དཔེར་ན་ཆུ་ཐིགས་གཅིག་རྒྱ་མཚོར་དོར་བའི་ཚེ་ན། ཆུ་ཐིགས་དེ་རྒྱ་མཚོ་དང་འདྲེས་པ་ཡིན་ཀྱི། རྒྱ་མཚོ་ཆུ་ཐིགས་དང་འདྲེས་ཞེས་ཐ་སྙད་མི་འདོགས་པ་བཞིན་ནོ། །

དེ་ལྟར་ཡང་མཛོད་འགྲེལ་ལས། འདོད་པའི་ཁམས་ན་དགེ་བ་ནི། མི་དགེ་བ་དང་འདྲེས་པའི་ཕྱིར་དཀར་ནག་ཡིན་ལ། རྣམ་པར་སྨིན་པའང་འདྲེས་པའི་ཕྱིར་དཀར་ནག་ཡིན་ནོ། །འདི་ནི་རྒྱུའི་སྒོ་ནས་རྣམ་པར་གཞག་གི། ངོ་བོ་ཉིད་ཀྱི་སྒོ་ནས་ནི་མ་ཡིན་ཏེ། ལས་སམ་རྣམ་པར་སྨིན་པ་གཅིག་ལ་དཀར་པོ་ཡང་ཡིན་ལ་ནག་པོ་ཡང་ཡིན་པ་དེ་ལྟ་བུ་མི་སྲིད་དེ། ཕན་ཚུན་འགལ་བའི་ཕྱིར་རོ། །འོན་མི་དགེ་བ་ཡང་དགེ་བ་དང་འདྲེས་པའི་ཕྱིར། དཀར་ནག་ཏུ་གྱུར་པ་མིན་នམ་ཞེ་ན། མ་ཡིན་ཏེ། འདོད་པའི་ཁམས་ན་དེ་སྟོབས་དང་ལྡན་པའི་ཕྱིར། ཞེས་སོགས་བཤད་པའི་ཕྱིར། གཞུང་འདི་ལྟར་གསལ་བར་བཤད་ཀྱང་། གསེར་ཐུར་ལས། རྣམ་སྨིན་འདྲེས་ཚུལ་ལས་ཀྱི་འདྲེས་ཚུལ་དང་མི་འདྲ་བར། སྤྱིལ་མར་འབྱུང་བ་ལ་འཆད་ཅེས་པ་ཡང་མི་འཐད་དེ། འདོད་པའི་ཁམས་ན་གང་ཟག་གི་རྒྱུད་ལ། དགེ་བའི་རྣམ་སྨིན་བདེ་བ་སོགས་སྟོབས་ཆུང་ལ། ཅིག་ཤོས་སྟོབས་ཆེ་བའི་ཕྱིར་རོ། །

གཉིས་པ་གོང་མ་ནས་བཤད་ཚུལ་ལ། ཀུན་བཏུས་ལས། གཅིག་ཏུ་དཀར་བའི་ལས་གང་ཞེ་ན། གང་ཁམས་གསུམ་པའི་དགེ་བའོ། །གཅིག་ཏུ་གནག་པའི་ལས་གང་ཞེ་ན་གང་མི་དགེ་བའོ། །དཀར་ནག་ཏུ་གྱུར་ལ་རྣམ་པར་སྨིན་པ་དཀར་ནག་ཏུ་གྱུར་པའི་ལས་གང་ཞེ་ན། འདོད་པ་དང་རབ་ཏུ་ལྡན་པའི་འདྲེན་མ་སྟེ། བསམ་པས་གནག་ལ་སྦྱོར་བས་དཀར་བའམ། སྦྱོར་བས་གནག་ལ་བསམ་པས་དཀར་བའོ། །ཞེས་སོགས་བཤད་པ་ལྟར། གཅིག་ཏུ་དཀར་བའི་ལས། གཅིག་ཏུ་གནག་པའི་ལས། དཀར་གནག་ཏུ་གྱུར་ལ་རྣམ་པར་སྨིན་པ་དཀར་གནག་ཏུ་གྱུར་པའི་ལས། ནག་པོ་ཟད་བྱེད་ཀྱི་ལས་དང་བཞི་བཤད་པའི་མཚན་ཉིད་རིམ་བཞིན། ཁམས་གསུམ་གྱི་དགེ་བ། མི་དགེ་བ། བསམ་པས་གནག་ལ་སྦྱོར་བས་དཀར་བའམ། སྦྱོར་བས་གནག་ལ་བསམ་པས་དཀར་བའི་ལས། ཟག་མེད་ཀྱི་ལས་དང་བཞི་ལ་བཤད། འོན་གསུམ་པོ་དེའི་མཚན་གཞི་གང་ཞེ་ན། འདི་ལ་དྲི་ལན་འབྲུལ་སྤོང་དུ། དེ་སྐབས་ཀྱི་བསམ་སྦྱོར་ཀུན་སློང་གཉིས་ལ་སྦྱར་ཏེ། རྒྱུ་དུས་དང་དེ་དུས་ཀྱི་ཀུན་སློང་གཉིས་ཀ་དཀར་བའི་ལས་དེ་གཅིག་ཏུ་དཀར་བའི་ལས་དང་། དེ་གཉིས་ཀ་གནག་པའི་ལས་ཏེ་གཅིག་ཏུ་གནག་པའི་ལས་དང་། གང་རུང་གཅིག་དཀར་ལ་ཅིག་ཤོས་གནག་པའི་ལས་ནི། འདྲེས་མའི་ལས་སུ་འཇོག །གསེར་ཐུར་ལས་ཀྱང་དེ་དང་འདྲ་བར། ལས་གཅིག་གི་རྣམ་སྨིན་དཀར་ནག་གཉིས་འབྱིན་པའི་དོན་མིན་གྱི། ལས་ལམ་གཅིག་སྦྱོར་དངོས་རྗེས་ཀྱི་ནང་ནས། རྣམ་སྨིན་ནག་པོ་འབྱིན་པ་དང་དཀར་པོ་འབྱིན་པ་གཉིས་ཀ་ཡོད་ཅེས་བྱ་བའི་དོན་ཡིན། དེའི་མཚན་གཞི་ཡང་། རྒྱུ་དུས་ཀྱི་ཀུན་སློང་གནག་ལ། དེ་དུས་ཀྱི་ཀུན་སློང་དཀར་པོ་ཡིན་པའི་ལས་དེའི་མཚན་གཞི་ཡིན་ཞིང་། དེ་ཡང་རང་གི་ངོ་བོ་དཀར་པོ་ཡིན་ཡང་། རང་གི་རྒྱུའི་ཀུན་སློང་དེ་རྣམ་སྨིན་ནག་པོ་འབྱིན་བྱེད་ཡིན་པའི་རྒྱུ་མཚན་གྱིས། རང་ཡང་རྣམ་སྨིན་ནག་པོ་དེ་བསྐྱེད་བྱེད་དུ་འཇོག

ཅེས་བཤད། དཔལ་འབུམ་ཕྲག་གསུམ་པས་ཀྱང་། མི་དགེ་བ་དང་མ་འདྲེས་པའི་ལེགས་སྤྱོད་དེ། གཅིག་ཏུ་དཀར་བའི་ལས་ཀྱི་མཚན་ཉིད། དགེ་བ་དང་མ་འདྲེས་པའི་ཉེས་སྤྱོད་གཅིག་ཏུ་གནག་པའི་ལས་ཀྱི་མཚན་ཉིད། དགེ་སྡིག་སྤེལ་མར་སྤྱོད་པའི་ལས་འདྲེས་མའི་ལས་ཀྱི་མཚན་ཉིད་ཡིན། ཞེས་བཤད་པའང་། བརྟགས་ན་མཁས་པ་གོ་ཤཱཀྱ་གཉིས་ཀྱི་བཤད་པ་དང་གནད་གཅིག་པ་སྟེ། མི་དགེ་བ་དང་མ་འདྲེས་པའི་དགེ་བ་ཞེས་པའི་དོན། དགེ་བའི་ལས་ལམ་ཚར་གཅིག་གི་སྦྱོར་དངོས་ཀྱི་ནང་ན་སྡིག་པ་གཏན་ནས་མེད་པ་ལ་འཛོག་ཅིང་། དགེ་བ་དང་མ་འདྲེས་པའི་སྡིག་པའི་དོན་ཡང་། མི་དགེ་བའི་ལས་ལམ་ཚར་གཅིག་གི་སྦྱོར་དངོས་ཀྱི་ནང་ན་དགེ་བ་གཏན་ནས་མེད་པ་ལ་འཛོག་ལ། དགེ་སྡིག་སྤེལ་མར་སྤྱོད་པའི་དོན་ཡང་། དགེ་མི་དགེ་གང་ཡིན་ཡང་ལས་ལམ་ཚར་གཅིག་གི་སྦྱོར་དངོས་ཀྱི་ནང་ན་དགེ་མི་དགེ་གཉིས་ཀ་སྲིད་པ་གཅིག་ལ་འཛོག་དགོས་པ་གནད་ཀྱི་གདམས་པ་ཡིན་པའི་ཕྱིར་རོ། །

གསུམ་པ་བསྟན་བཅོས་འདིའི་དགོངས་པ་དང་སྦྱར་ཏེ་བཤད་པ་ལ། འོན་འདིར། ལས་དཀར་རྣམ་སྨིན་གནག་པ་དང་། །ལས་གནག་རྣམ་སྨིན་དཀར་བ་དང་། །ཞེས་པའི་ལས་གཉིས་པོ་དེ། འདྲེས་མའི་ལས་སུ་འཛོག་གམ་མི་འཛོག་སྙམ་ན་ཁོ་བོ་ལྟར་ན། གཞུང་འདིའི་མདོན་པ་གོང་མ་ལས། དཀར་ནག་ཏུ་གྱུར་ལ་རྣམ་པར་སྨིན་པ་དཀར་ནག་ཏུ་གྱུར་པ་གང་ཞེ་ན། འདོད་པ་དང་རབ་ཏུ་ལྡན་པའི་འདྲེན་མ་སྟེ། བསམ་པས་གནག་ལ་སྦྱོར་བས་དཀར་བའམ། སྦྱོར་བས་གནག་ལ་བསམ་པས་དཀར་བའོ། །ཞེས་པའི་དགོངས་འགྲེལ་དུ་སྦྱར་བ་ཡིན་ཏེ། གཞུང་དེར་འདྲེན་མའི་ལས་ཀྱི་མཚན་གཞིར་བསམ་པས་གནག་ལ་སྦྱོར་བས་དཀར་བའམ། སྦྱོར་བས་གནག་ལ་བསམ་པས་དཀར་བའོ། །ཞེས་གཉིས་བཤད་པ་དེ་སོ་སོར་ཕྲལ་ནས། ལས་ནག་རྣམ་སྨིན་དཀར་བ་ནི། སྦྱོར་བས་གནག་ལ་བསམ་པས་དཀར་བའི་མཚན་གཞི་དང་། ལས་དཀར་རྣམ་སྨིན་གནག་པ་ནི། སྦྱོར་བས་དཀར་ལ་བསམ་པས་གནག་པའི་མཚན་གཞིར་བཤད་པའི་ཕྱིར། འདི་ཡང་ཅུང་ཟད་གསལ་བར་བཤད་ན། ཀུན་བཏུས་ལས་བཤད་པའི་ལས་དེའི་ངོ་བོ་ངོས་བཟུང་། དེ་ཉིད་གཞུང་འདིར་བཤད་པའི་མཚན་གཞི་དང་སྦྱར། དེ་ལ་མཁས་པའི་དོགས་པ་སྤང་བ་དང་གསུམ། དང་པོ་ནི། བསམ་སྦྱོར་ཚར་གཅིག་ལ་དཀར་ནག་གཉིས་ཀ་སྲིད་པའི་ལས་གང་ཞིག །རང་འབྲས་རྣམ་སྨིན་བདེ་སྡུག་འདྲེན་མར་བསྐྱེད་པ་དེ་ཀུན་བཏུས་ལས་བཤད་པའི་འདྲེན་མའི་ལས་ཀྱི་མཚན་ཉིད་དུ་འཛོག་དགོས་ཏེ། གཞུང་འདི་ཉིད་ལ། དཀར་ནག་ཏུ་གྱུར་ལ༑ ཞེས་པ་དེས། ལས་ཀྱི་ངོ་བོ་ལ་དཀར་ནག་གཉིས་ཀ་ཚང་དགོས་པར་བསྟན། རྣམ་པར་སྨིན་པའང་དཀར་ནག་ཏུ་གྱུར། ཞེས་པ་དེས། རང་འབྲས་རྣམ་སྨིན་དཀར་ནག་གཉིས་ཀ་བསྐྱེད་པ་གཅིག་དགོས་པར་བསྟན་

པའི་ཕྱིར། གཉིས་པ་ནི། འོ་ན་མཚན་ཉིད་དེ་ལྡན་གྱི་ལས་དེའི་མཚན་གཞིར་ཅི། དེ་ལས་དཀར་ནག་གཉིས་ལས་གང་ཡིན་དེ་ལ་སྨྲང་བླང་ཇི་ལྟར་བྱེད་སྙམ་ན། འདི་ལྟ་བུའི་རྣམ་དབྱེ་ཤེས་པའི་ཆེད་དུ། ས་པཎྜི་ཏས་གཞུང་འདི་གསུངས་པ་ཡིན་པས། གསོད་ཕྱིར་སྦྱིན་པ་གཏོང་བའི་ལས་འདི་ཆོས་ཅན། བསམ་པས་གནག་ལ་སྦྱོར་བས་དཀར་བའི་འདྲེན་མའི་ལས་ཀྱི་མཚན་གཞི་ཡིན་ཏེ། ཁྱོད་རང་གི་རྒྱུ་དུས་ཀྱི་ཀུན་སློང་མི་དགེ་བ་དང་། དེ་དུས་ཀྱི་ཀུན་སློང་དགེ་བ་དང་ལྡན་པའི་ལས་ཡིན་པའི་ཕྱིར། ཞེས་སྟོན་པ་ལ། གསོད་ཕྱིར་སྦྱིན་པ་གཏོང་ལ་སོགས། །ཞེས་པ་འདི་བྱུང་།

འོ་ན་དེ་ལས་དཀར་ནག་གང་དུའང་མི་འདུ་བའི་ཕྱིར་ཞེ་ན། དེ་ཆོས་ཅན། ལས་དཀར་པོ་ཡིན་ཏེ། རང་གི་དེ་དུས་ཀྱི་ཀུན་སློང་དགེ་བ་དང་མཚུངས་ལྡན་ཡིན་པའི་ཕྱིར། ཞེས་སྟོན་པ་ལ། ལས་དཀར་ཞེས་པ་འདི་བྱུང་། འོ་ན་ལས་དཀར་པོ་ཡིན་ན། དེ་དང་དུ་བླངས་པས་ཆོག་གམ་ཞེ་ན། དེ་ཆོས་ཅན། ཁྱོད་ལས་འབྲས་ལ་མཁས་པས་སྤང་བར་བྱ་བ་ཡིན་ཏེ། སྦྱིན་པ་བཏང་བའི་རྣམ་སྨིན་བདེ་བ་ཅུང་ཟད་བསྐྱེད་ཀྱང་། རང་གི་རྒྱུ་དུས་ཀྱི་ཀུན་སློང་མི་དགེ་བ་དེས་རྣམ་སྨིན་ནག་པོ་སྟོབས་ཆེ་བ་གཅིག་བསྐྱེད་པ་གང་ཞིག །ཁྱོད་ཀྱིས་ཀྱང་དེའི་རྣམ་སྨིན་ནག་པོ་བསྐྱེད་པའི་གྲོགས་བྱེད་པའི་ཕྱིར། ཞེས་སྟོན་པ་ནི། རྣམ་སྨིན་གནག་པས་སྤང་ཞེས་པ་འདི་བྱུང་། ཡང་མང་པོ་སྐྱོབ་ཕྱིར་གཅིག་གསོད་པའི་ལས་ཆོས་ཅན། ཁྱོད་སྦྱོར་བས་གནག་ལ་བསམ་པས་དཀར་བའི་འདྲེན་མའི་ལས་ཀྱི་མཚན་གཞི་ཡིན་ཏེ། ཁྱོད་རང་གི་རྒྱུ་དུས་ཀྱི་ཀུན་སློང་དགེ་བས་ཀུན་ནས་བསླངས་ཤིང་། དེ་དུས་ཀྱི་ཀུན་སློང་མི་དགེ་བ་དང་ལྡན་པའི་ལས་ཡིན་པའི་ཕྱིར། དེ་ཆོས་ཅན། མི་དགེ་བ་ཡིན་ཏེ། རང་གི་དེ་དུས་ཀྱི་ཀུན་སློང་མི་དགེ་བ་དང་མཚུངས་ལྡན་ཡིན་པའི་ཕྱིར། འོ་ན་སྤང་བར་བྱ་སྙམ་ན། མཁས་པས་དང་དུ་བླང་བར་བྱ་སྟེ། སྲོག་བཅད་པའི་རྣམ་སྨིན་སྡུག་བསྔལ་ཅུང་ཟད་བསྐྱེད་སྲིད་ཀྱང་། རང་གི་རྒྱུ་དུས་ཀྱི་ཀུན་སློང་ལྷག་བསམ་དེས། རྣམ་སྨིན་བདེ་བ་སྟོབས་ཆེན་བསྐྱེད་པ་གང་ཞིག །ཁྱོད་ཀྱིས་ཀྱང་དེའི་རྣམ་སྨིན་བསྐྱེད་པའི་གྲོགས་བྱེད་པའི་ཕྱིར་རོ། །ཞེས་སྟོན་པ་ལ། མང་པོ་སྐྱོབ་ཕྱིར་གསོད་པ་སོགས། །ལས་ནག་རྣམ་སྨིན་དཀར་ན་བྱ༔ །ཞེས་པ་བྱུང་བ་ཡིན་ནོ། །

དེས་ན་གནད་ཀྱི་སྙིང་པོ་དྲིལ་ན། འདྲེས་མའི་ལས་ཀྱི་དོན། ལས་གཅིག་ཉིད་དཀར་ནག་གཉིས་ཀ་ཡིན་པ་དང་། ལས་གཅིག་ལ་རྣམ་སྨིན་དཀར་ནག་གཉིས་ཀ་ཡོད་ཅེས་པའི་དོན་མ་ཡིན་གྱི། བསམ་སྦྱོར་གཉིས་སམ་ཀུན་སློང་གཉིས་ཚང་བའི་ལས་གཅིག་ལ། ཀུན་སློང་དཀར་ནག་གཉིས་ཚང་བ་གཅིག་སྲིད་ཅིང་། ཀུན་སློང་དཀར་ནག་གཉིས་ལ་རྣམ་སྨིན་དཀར་ནག་གཉིས་སྲིད་ཅེས་པའི་དོན་ཡིན་ལ། འོ་ན་དེ་ལ་སྤང་བླང

ཇི་ལྟར་བྱེད་སྙམ་ན། ལས་དཀར་ནག་ཏུ་འཛོག་པ་ལ་དེ་དུས་ཀྱི་ཀུན་སློང་གཙོ་ཆེ་ཡང་། འབྲས་བུ་འབྱིན་པ་ལ་རྒྱུ་དུས་ཀྱི་ཀུན་སློང་གཙོ་ཆེ་བས། དེའི་སྒོ་ནས་སྤང་བླང་བྱེད་དགོས་སོ། །ཞེས་པའི་གནད་སྟོན་པ་ལ། འཕྲུལ་པ་ཟད་པའི་པཎ་ཆེན་གང་དེས་མང་པོ་སྐྱབ་ཕྱིར། ཞེས་སོགས་ཀྱི་ཚིགས་སུ་བཅད་པ་བཀའ་བསྩལ་པ་ཡིན་ཏེ། བླ་མ་འཕགས་པས། དགེ་སྡིག་མ་འདྲེས་སྤྱོད་པའི་འབྲས། །མ་འདྲེས་མྱོང་ཞིང་འདྲེན་མ་ཡིན། །འདྲེན་མར་མྱོང་འགྱུར་འཕེན་པའི་ལས། །ཞེས་དང་། རྒྱ་ཡི་ནུས་པ་སྟོབས་ཆེའི་ལས། །འབྲས་བུ་ངེས་པར་མྱོང་འགྱུར་ཏེ། །རྐྱེན་གྱི་ནུས་པས་མ་ངེས་འགྱུར། །ཞེས་བཤད་པའང་འདིའི་གསལ་བྱེད་ཡིན་པའི་ཕྱིར།

གསུམ་པ། འོན། མང་པོའི་དོན་དུ་གཅིག་གསོད་པའི་ལས་འདི་ཆོས་ཅན། ཁྱོད་མི་དགེ་བ་མ་ཡིན་པར་ཐལ། ཁྱོད་མི་དགེ་བའི་གཟུགས་བརྙན་ཡིན་པའི་ཕྱིར་ཏེ། རང་འབྲས་ཚོར་བ་ཡིད་འོང་སྐྱེད་བྱེད་ཡིན་པའི་ཕྱིར། རྟགས་གྲུབ་སྟེ། གསལ་བའི་མེ་ལོང་ལས། མང་པོའི་དོན་དུ་གཅིག་གསོད་སོགས། །ཞེས་སོགས་བཤད་པས་སོ་སྙམ་ན། སྐྱོན་མེད་དེ། མི་ངན་པ་ལ་མིའི་གཟུགས་བརྙན་ཞེས་པ་ལྟར། དམན་པ་ལ་དགག་སྒྲ་སྦྱར་བ་ཙམ་ཡིན་པའི་ཕྱིར་དང་། ཁོ་རང་གི་རྣམ་སྨིན་སྡུག་བསྔལ་ཅུང་ཟད་བསྐྱེད་ཀྱང་། བདག་འབྲས་བདེ་བ་སྟོབས་ཆེ་བ་ཞིག་བསྐྱེད་པ་ལ། འབྲས་བུ་ཡིད་འོང་བསྐྱེད་ཅེས་གཙོ་ཆེ་བའི་མིང་བཏགས་པའི་ཕྱིར་དང་། གཞུང་འདིར། རྣམ་སྨིན་དཀར་ན་བྱ། ཞེས་པ་དེས། ལས་དེ་ཁོ་རང་གི་རྣམ་སྨིན་མ་ཡིན་གྱི། ཁོ་རང་གི་རྒྱུའི་ཀུན་སློང་གི་རྣམ་སྨིན་ལ་དགོངས་པ་ཡིན་པའི་ཕྱིར་རོ། །ཅིག་ཤོས་ལ་ཡང་སྐྱོན་སྤོང་དེ་བཞིན་སྦྱར་རོ། །

འོན། ཁོ་ན་རེ། རབ་དབྱེའི་གཞུང་འདི། ཀུན་བཏུས་ཀྱི་གཞུང་དེ་དང་སྦྱར་ནས་འཆད་པ་རང་བཟོ་མ་གཏོགས། ཡིད་ཆེས་པའི་ལུང་མེད་དོ་ཞེ་ན། ཤིན་ཏུ་ཡོད་དེ། དཀྲུས་ཀྱི་འགྲེལ་པ་རྒྱལ་པོའི་ཟླས་ལས། དེའི་མཚན་གཞི་བཟུང་བ་དང་། བདག་ཉིད་ཆེན་པོའི་གཞུང་འདི་ལེགས་པར་འགྲིག་འདུག་པའི་ཕྱིར་ཏེ། རྒྱལ་སྲས་ལས། གཅིག་ན་ཇི་ལྟར་དགེ་བར་ཡང་འགྱུར་ལ། མི་དགེ་བ་ཡང་འགྱུར་ཞེ་ན། འདི་ལ་འཇུག་པའི་སྐད་ཅིག་ངེས་པས་དེ་གཉིས་ཀ་བརྗོད་པས་ནི་མ་ཡིན་གྱི། བསམ་པ་དང་ལྡན་ཅིག་པའི་སྦྱོར་བ་ལ་ཅེས་བྱ་སྟེ། འདི་ནི་འདིར་དགོངས་པ་ཡིན་པར་རིགས་པར་བྱའོ། །དེ་ལ་བསམ་པས་གནག་ལ་སྦྱོར་བས་དཀར་བ་ནི། དཔེར་ན་འགའ་ཞིག་གཞན་དག་ལ་བསླུ་བར་འདོད་ནས། དེ་དག་ཡིད་ཆེས་པར་བྱ་བའི་མཚན་མར་བསམ་པས། སྦྱིན་པ་རྣམས་བྱིན་ནས་རབ་ཏུ་བྱུང་བའི་བར་དུའོ། །སྦྱོར་བས་གནག་ལ་བསམ་པས་དཀར་བ་ནི། དཔེར་ན་འགའ་ཞིག་བུའམ་སློབ་མ་ལ་མི་ཕན་པར་ལྡོག་པར་འདོད་ཅིང་། ཕན་པ་ལ་སྦྱོར་བར་འདོད་ནས་སྙིང་བརྩེ་བའི་སེམས་ཀྱིས་ལུས་དང་ངག་གི་དྲག་ཏུ་བྱེད་པའི་ཚེ་ཀུན་ནས་ཉོན་མོངས་པར་འགྱུར་རོ། །ཞེས། བརྩེ་བས

བུ་སློབ་འཚོས་པའི་ལས་ལ་རྒྱུ་དུས་སྙིང་བརྩེ་དང་། དེ་དུས་ཞེ་སྡང་སྐྱེ་བར་བཤད་འདུག་པ་སོགས་ཀྱིས་ཡིན་ནོ༎ །གནད་འདི་རྣམས་དེང་སང་ཁོ་བོའི་སྤྱོད་ཡུལ་ཡིན་ཏེ། པཎ་ཆེན་གསུང་གི་བདུད་རྩི་ཁོ་བོའི་སྙིང་ལ་སིམས་པས་སོ། །གཞན་ཡང་ལས་ཆོས་ཅན། ཁྱོད་ལ་འབྲས་བུའི་སྒོ་ནས། འཕེན་བྱེད་ལས་དང་རྫོགས་བྱེད་ལས་རྣམ་པ་གཉིས་སུ་བཤད་དེ། རང་འབྲས་རྣམ་སྨིན་གྱི་ངོ་བོ་འཕེན་པར་བྱེད་པའི་ལས་དང་། རྣམ་སྨིན་དང་བདག་འབྲས་སོགས་ཀྱི་ཁྱད་པར་རྫོགས་པའི་ལས་གཉིས་སུ་བཤད་པའི་ཕྱིར། དཔེར་ན། རི་མོའི་སྐྱ་རིས་དང་། ཚོན་རྫོགས་ལྟ་བུའོ། །འཕེན་རྫོགས་ཀྱི་ལས་དེ་དག་ཆོས་ཅན། ཁྱོད་ཀྱིས་འབྲས་བུ་འགྲུབ་ཚུལ་ལ་དབྱེ་ན་མུ་བཞིར་ཡོད་དེ། འཕེན་བྱེད་དགེ་བས་འཕངས་པ་ལ། རྫོགས་བྱེད་ཀྱང་ནི་དགེ་བས་རྫོགས་པ་དང་། འཕེན་བྱེད་སྡིག་པས་འཕངས་པ་ལ། རྫོགས་བྱེད་ཀྱང་ནི་སྡིག་པས་རྫོགས་པ་དང་། འཕེན་བྱེད་དགེ་བས་འཕངས་པ་ལ་རྫོགས་བྱེད་སྡིག་པས་རྫོགས་པ་དང་། འཕེན་བྱེད་སྡིག་པས་འཕངས་པ་ལ་རྫོགས་བྱེད་དགེ་བས་རྫོགས་པ་དང་བཞི་ཡོད་པའི་ཕྱིར། དེ་དག་གི་དཔེར་བརྗོད་མདོར་བསྡུས་པ་ཆོས་ཅན། སྐལ་ལྡན་རྣམས་ཀྱི་ཡིད་ལ་ཟུངས་ཤིག་སྟེ། མ་འདྲེས་པར་བཤད་པར་བྱའོ་སྟེ་རྒྱུ་མཚན་དེའི་ཕྱིར།

དེ་ཡང་། ཇི་ལྟར་སྙམ་ན། ཚེ་སྔ་མ་རྒྱུ་དགེ་བ་ཤས་ཆེར་སྤྱད་ཅིང་། འཆི་བའི་བསམ་སྦྱོར་དགེ་བས་བྱས་པའི་མཐོ་རིས་གསུམ་པོ་འགྲུབ་པ་ནི་ཆོས་ཅན། འཕེན་བྱེད་དགེ་བས་འཕངས་པ་ཡིན་ཏེ། དགེ་བའི་ལས་ཀྱི་འཕང་བྱའི་རྣམ་སྨིན་གྱི་གཙོ་བོ་ཡིན་པའི་ཕྱིར། དེ་དག་ནད་མེད་པ་དང་། ལོངས་སྤྱོད་ཆེ་བ་དང་། བདེ་བ་སོགས་རྫོགས་པར་མྱོང་བ་ཆོས་ཅན། རྫོགས་བྱེད་དགེ་བས་རྫོགས་པ་ཡིན་ཏེ། དགེ་བའི་རྣམ་སྨིན་གྱི་ལུས་རྟེན་ལ། དགེ་བའི་བདག་འབྲས་དང་རྒྱུ་མཐུན་འབྲས་བུ་སོགས་ཀྱིས་ཁ་རྫོགས་པར་བསྐང་བའི་འབྲས་བུ་ཡིན་པའི་ཕྱིར། ཚེ་སྔ་མ་རྒྱུ་མི་དགེ་བ་ཤས་ཆེར་སྤྱད་ཅིང་། འཆི་བའི་མཚམས་སྦྱོར་མི་དགེ་བས་བྱས་པའི་ངན་སོང་གསུམ་དུ་སྐྱེ་བ་ནི་ཆོས་ཅན། འཕེན་བྱེད་སྡིག་པས་འཕངས་པ་ཡིན་པར་གསུངས་ཏེ། སྡིག་པས་འཕངས་བྱའི་རྣམ་སྨིན་གྱི་གཙོ་བོ་ཡིན་པ་ལྟར་འཕངས་ཟིན་པའི་རྟེན་ཡིན་པའི་ཕྱིར། དེ་དག་དབུལ་འཕོངས་སོགས་ཀྱི་སྡུག་བསྔལ་མྱོང་བ་ནི་ཆོས་ཅན། རྫོགས་བྱེད་སྡིག་པས་རྫོགས་པ་ཡིན་ཏེ། སྡིག་པའི་རྣམ་སྨིན་ལུས་རྟེན་ལ། སྡིག་པའི་རྒྱུ་མཐུན་དང་བདག་འབྲས་སོགས་ཀྱིས་ཁ་བསྐང་བའི་འབྲས་བུ་ཡིན་པའི་ཕྱིར། ཚེ་སྔ་མ་ལ་མི་དགེ་བ་ཤས་ཆེར་སྤྱད་ནས། འཆི་བའི་མཚམས་སྦྱོར་དགེ་བས་བྱས་པའི་མཐོ་རིས་ཆོས་ཅན། ཁྱོད་འཕེན་བྱེད་དགེ་བས་འཕང་ཞིང་རྫོགས་བྱེད་སྡིག་པས་རྫོགས་པ་ཡིན་ཏེ། ཁྱོད་དགེ་བས་འཕངས་པའི་རྣམ་སྨིན་འབྲས་བུ་ཡིན་མོད་ཀྱི། ཁྱོད་སོགས་དེའི་ནད་དང་གནོད་པ་སོགས་རྫོགས་བྱེད་སྡིག་པའི་བདག་འབྲས་སོགས་ཀྱིས་ཁ་བསྐང་

བ་ཡིན་པར་གསུངས་པའི་ཕྱིར། ཚེ་སྔ་མ་ལ་དགེ་བ་ཤས་ཆེར་སྤྱད་ནས་འཆི་བའི་མཚམས་སྦྱོར་མི་དགེ་བས་བྱས་པའི་ངན་འགྲོ་ཀླུ་ལྟ་བུ་ཆོས་ཅན། ཁྱོད་འཕེན་བྱེད་སྡིག་པས་འཕངས་པ་ལ་རྫོགས་བྱེད་དགེ་བས་རྫོགས་པ་ཡིན་ཏེ། ཁྱོད་ཀྱི་འཕེན་བྱེད་སྡིག་པ་ཡིན་ཡང་། ཁྱོད་སོགས་དེའི་ལུས་སེམས་བདེ་བས་གནས་སྐབས། དགེ་བས་བདག་འབྲས་སོགས་ཀྱིས་ཁ་བསྐང་བ་སོགས་ཡིན་པའི་ཕྱིར། དེ་ལྟར་ཡང་། ལས་འབྲས་གསལ་བའི་མེ་ལོང་ལས། རྟག་པར་རྒྱུན་དུ་སྡིག་བསགས་ཀྱང་། །འཆི་ཚེ་དགེ་བས་མཚམས་སྦྱར་ན། །འཕེན་བྱེད་དགེ་བས་འཕངས་པའི་ཕྱིར། །བདེ་འགྲོར་སྐྱེས་ཀྱང་རྫོགས་བྱེད་ལས། །སྡིག་པས་ནད་ཅན་དབུལ་པོ་སོགས། །རྟག་པར་སྡུག་བསྔལ་གྱིས་གཟིར་འགྱུར། །རྟག་པར་རྒྱུན་དུ་དགེ་བསགས་ཀྱང་། །འཆི་ཚེ་སྡིག་པས་མཚམས་སྦྱར་ན༑ ༑འཕེན་བྱེད་སྡིག་པས་འཕངས་པའི་ཕྱིར། །ངན་འགྲོར་སྐྱེས་ཀྱང་རྫོགས་བྱེད་ལས། །དགེ་བས་ཀླུ་ཡི་དབང་པོ་དང་། །གནོད་སྦྱིན་མཆོག་སོགས་བདེ་ལྡན་འགྱུར། །ཞེས་བཤད་པས་སོ་ཞེས་སོ། །

དེས་ན་སྐབས་འདིར་གནད་འདི་ཤེས་དགོས་ཏེ། འཕེན་རྫོགས་གཉིས་ཀྱི་ཟླས་ཕྱེས་པའི་འཕེན་བྱེད་དང་། འཕེན་འགྲུབ་གཉིས་ཀྱིས་ཟླས་ཕྱེས་པའི་འཕེན་བྱེད་དང་། འཕེན་པར་བྱེད་པ་དང་བྱ་བའི་དུས་སུ་མཐུན་པར་འཇུག་པ་གཉིས་ཀྱིས་ཟླས་ཕྱེས་པའི་འཕེན་བྱེད་གསུམ་མ་འདྲེས་པར་ཤེས་དགོས་ཏེ། དང་པོ་ནི། རྣམ་སྨིན་གྱི་རྒྱུར་གྱུར་པའི་འཕེན་གྲུབ་ཐམས་ཅད། གཉིས་པ་ནི། རྟེན་འབྲེལ་བཅུ་གཉིས་ཀྱིས་ཟླས་ཕྱེ་བའི་ཡན་ལག་དང་པོ་གསུམ་དང་། གསུམ་པ་ནི། རྒྱུ་དུས་དང་། དེ་དུས་ཀྱི་ཀུན་སློང་གིས་ཟླས་ཕྱེས་པའི་རྒྱུ་དུས་ཀྱི་ཀུན་སློང་ལ་འཇོག་དགོས་པའི་ཕྱིར། འོན་སྐབས་འདིའི་འཕེན་རྫོགས་གཉིས་ཀྱི་ཁྱད་པར་གང་སྙམ་ན། རང་གི་རྣམ་སྨིན་གྱི་ངོ་བོ་འཕེན་པར་བྱེད་པའི་ལས། དེ་གཉིས་ཀྱིས་ཟླས་ཕྱེས་པའི་འཕེན་བྱེད་ལས་ཀྱི་མཚན་ཉིད་ཡིན། འདི་གཡོ་བ་མི་སྲིད་དེ། བདེ་འགྲོ་འཕེན་བྱེད་ཀྱིས་ངན་འགྲོ་འཕེན་པ་སོགས་མི་སྲིད་པའི་ཕྱིར། རང་གི་བདག་འབྲས་དང་རྒྱུ་མཐུན་གྱི་འབྲས་བུ་ཅི་རིགས་པར་རྫོགས་པར་བྱེད་པའི་ལས་རྫོགས་བྱེད་ལས་ཀྱི་ངོ་བོ་ཡིན། འདི་གཡོ་བ་ཡང་སྲིད་དེ། རང་རང་ཚེ་རིང་བ་སོགས་བདེ་འགྲོའི་རྟེན་ལ་སྨིན་དགོས། ངན་འགྲོའི་རྟེན་ལ་སྨིན་པའང་སྲིད་པའི་ཕྱིར། དཔེར་ན། མཛོད་ལས། ཐམས་ཅད་བདག་པོའི་རྒྱུ་མཐུན་དང་། །རྣམ་སྨིན་འབྲས་བུ་འབྱིན་པར་འདོད། །སྡུག་བསྔལ་ཕྱིར་དང་བསད་ཕྱིར་དང་། །གཟི་བྱིན་མེད་ཕྱིར་འབྲས་རྣམ་གསུམ། །ཞེས་བཤད་པའི་སྲོག་གཅོད་པའི་རྣམ་སྨིན་ནི། ངན་འགྲོའི་རྟེན་ལ་སྨིན་དགོས་ལ། བདག་པོ་དང་རྒྱུ་མཐུན་འབྲས་བུ་ནི། བདེ་འགྲོའི་རྟེན་ལ་སྨིན་པ་ཡོད་པ་ལྟ་བུའོ། །

གཞན་ཡང་། ལས་ཆོས་ཅན། ཁྱོད་ལ་དབྱེ་ན་གཅིག་ཏུ་དཀར་བ་དང་། གཅིག་ཏུ་གནག་པ་དང་། འདྲེན

མའི་ལས་རྣམ་པ་གསུམ་དུ་ཕྱེ་བ་པས་གསུངས་ཏེ། བསམ་སྦྱོར་ཚར་གཅིག་གི་སས་བསྡུས་པའི་ལས་ལ་ཀུན་སློང་གཉིས་ཀ་དཀར་བ་དང་། གཉིས་ཀ་གནག་པ་དང་། གང་རུང་གཅིག་དཀར་ལ་གཅིག་ཤོས་གནག་པའི་ལས་གསུམ་དུ་གསུངས་པའི་ཕྱིར། ལས་དེ་གསུམ་གྱི་རྣམ་སྨིན་འབྱིན་ཚུལ་ཡང་ཡོད་དེ། གཅིག་ཏུ་དཀར་བས་རྣམ་སྨིན་བདེ་བ་ཁོ་ན་བསྐྱེད། གཅིག་ཏུ་གནག་པས་རྣམ་སྨིན་སྡུག་བསྔལ་ཁོ་ན་བསྐྱེད། འདྲེན་མའི་ལས་ཀྱིས་རྣམ་སྨིན་བདེ་བ་དང་སྡུག་བསྔལ་གཉིས་ཀ་སྤེལ་ཏེ་བསྐྱེད་པར་གསུངས་པའི་ཕྱིར། འདིར་པཎ་ཤཱཀ་པས། འདི་དང་འོག་ཏུ་འདྲེན་མའི་ལས། །བཤད་པ་མི་ཐློས་ཁྱད་པར་ནི། །མངོན་པ་གོང་འོག་ལུགས་ཡིན་ཏེ། །ལས་དེ་གཟུགས་ཅན་ཡིན་མིན་ནོ། །ཞེས་གོང་དུ་བཤད་པའི་འདྲེས་མའི་ལས་ནི། མངོན་པ་གོང་མའི་ལུགས་དང་། འདིར་བཤད་པ་ནི་མངོན་པ་འོག་མའི་ལུགས་ཡིན། ཞེས་གསུངས་པ་ནི་གནད་ཙུང་ཟད་མ་རྟོགས་པ་ཡིན་ཏེ། མདོ་ལས། དཀར་ལ་དཀར་བའི་ལས། གནག་ལ་གནག་པའི་ལས། དཀར་ནག་ཏུ་སྤྱུར་ལ་རྣམ་པར་སྨིན་པ་དཀར་ནག་ཏུ་སྤྱུར་པའི་ལས། ནག་པོ་ཟད་བྱེད་ཀྱི་ལས་དང་བཞིར་བཤད་པའི་དཀར་ནག་ཏུ་སྤྱུར་ལ་རྣམ་པར་སྨིན་པ་དཀར་ནག་ཏུ་སྤྱུར་པའི་ལས་ཀྱི་དོན་འཛིན། མདོ་ལས། འདོད་པའི་དགེ་བ་ལ་དོན་བཟུང་ནས། འདྲེས་མའི་ལས་ཞེས་བཤད་པ་དང་། ཀུན་བཏུས་ལས། བསམ་སྦྱོར་དཀར་ནག་གཉིས་ཀྱི་བསྡུས་པའི་ལས་ལ་དོན་བཟུང་ནས་འདྲེན་མའི་ལས་ཞེས་བཤད་པའི་ཚིག་དོན་གྱི་ནུས་པ་མ་རྟོགས་པའི་ཕྱིར།

དེ་ཡང་མདོ་ལས། འདོད་པའི་དགེ་བ་དེ་དཀར་ནག་ཏུ་སྤྱུར་པའི་ལས་ཞེས་བྱ་སྟེ། དེ་མི་དགེ་བ་དང་འདྲེས་མའི་ལས་ཡིན་པའི་ཕྱིར་ཏེ། དེ་གང་ཟག་གཅིག་གི་རྒྱུད་ལ་མི་དགེ་བ་དང་ལྷན་ཅིག་ཏུ་འདྲེས་པའི་ཕྱིར། དེའི་རྣམ་སྨིན་དེ་ཡང་དཀར་ནག་ཏུ་སྤྱུར་པའི་རྣམ་སྨིན་ཞེས་བྱ་སྟེ། གང་ཟག་གཅིག་གི་རྒྱུད་ལ་མི་དགེ་བའི་རྣམ་སྨིན་དང་ལྷན་ཅིག་འདྲེས་པའི་ཕྱིར། དེས་ན་ལུགས་འདི་ལ་འདྲེས་མའི་ལས་ཡིན་ན་དགེ་བ་ཁོ་ན་ཡིན་པས་ཁྱབ་ཅིང་། རྣམ་སྨིན་ཡང་དགེ་བ་ཁོ་ན་བསྐྱེད་པར་བཤད་ཀྱི། ལས་དེས་རྣམ་སྨིན་བདེ་སྡུག་འདྲེས་མར་བསྐྱེད་པའི་དོན་མེད་པས། སྐབས་འདིའི་འདྲེན་མའི་ལས་སུ་འཛོག་པ་ནི། གནད་མ་ཟིན་པ་ཡིན་པའི་ཕྱིར། ཀུན་བཏུས་ལྟར་ན་བསམ་སྦྱོར་དཀར་ནག་སྤེལ་མའི་ལས་དེ་ལ། དཀར་ནག་ཏུ་སྤྱུར་ལ་རྣམ་པར་སྨིན་པའང་དཀར་ནག་ཏུ་སྤྱུར་པའི་ལས་ཞེས་བྱ་སྟེ། ལས་ཀྱི་ངོ་བོ་དགེ་མི་དགེ་སྤེལ་མ་དང་། རྣམ་སྨིན་བདེ་སྡུག་སྤེལ་མ་བསྐྱེད་པས་འདྲེན་མའི་ལས་ཀྱི་ཐ་སྙད་གསུངས་པ་ཡིན་པའི་ཕྱིར་རོ། །

དེས་ན་ལུགས་འདི་ལ་འདྲེན་མའི་ལས་ལ་དགེ་མི་དགེ་གཉིས་ཀ་ཡོད་ཅིང་། འབྲས་བུ་བདེ་སྡུག་གཉིས་འདྲེན་པས། གཞུང་འདི་དང་ཤིན་ཏུ་འབྲེལ་ཆགས་པའི་ཕྱིར། གནད་འདི་ཡང་ཁོ་བོས་རྟོགས་ཏེ། ཀུན་བཏུས

ལྟར་ན། འབྲེན་མའི་ལས་དང་། མདོ་ལྟར་ན། འབྲེས་མའི་ལས་ཅེས་བྱ་བའི་གནད་ཀྱི་སྙིང་པོ་ཁོ་བོས་རྟོགས་པའི་ཕྱིར་རོ། །འོན་སྟར་གོང་དུ་འབྲེན་མའི་ལས་བཤད་ཟིན་པ་དང་། ཟློས་པའི་སྐྱོན་ཡོད་ཅེ་ན་མེད་དེ། བཞིར་ཕྱེ་བ་དང་། གསུམ་དུ་དབྱེ་བའི་ཁྱད་པར་ཙམ་ཡིན་པའི་ཕྱིར་རོ། །

གཉིས་པ་ལོག་རྟོག་དགག་པ་ལ་གཉིས། གཞི་དང་ལས་ལ་འཁྲུལ་པ་ཐུན་མོང་བ་དགག །གཞིའི་གནད་ལ་འཁྲུལ་མེད་རང་ལུགས་བསྒྲུབ་པའོ། །དང་པོ་ལ་གཉིས། ཆོས་དབྱིངས་བསྔོ་རྒྱུའི་དགེ་བར་འཁྲུལ་པ་དགག །ཁམས་གཞན་སྙིང་པོ་རྒྱུའི་དགེ་བར་འཁྲུལ་པ་དགག་པའོ། །དང་པོ་ལ་གཉིས། དགག་བྱའི་གཙོ་བོ་གཞན་གྱི་འཁྲུལ་པ་བརྗོད། འཁྲུལ་པ་འགོག་བྱེད་ལུང་རིགས་རྒྱས་པར་བཤད་པའོ། །དང་པོ་ནི། བོད་གངས་ཅན་འདིར་གཞི་བདེ་གཤེགས་སྙིང་པོ་དང་། ལས་དངོས་རྒྱུའི་དགེ་བ་དང་། རྒྱུ་དང་འབྲས་བུའི་རྣམ་གཞག་གི་གནད་བཅོས་པ། རྒྱལ་བའི་བསྟན་པའི་ཡང་སྙིང་། གྲངས་ཅན་གྱི་ལུགས་དང་འདྲ་བར་བཅོས་པ་འགའ་ཞིག་ཡོད་པས། འདི་ལུང་རིགས་ཀྱི་གནད་ཟབ་མོས་འགོག་པར་བྱེད་པ་ལ། ཐོག་མར་ཕྱོགས་སྔ་བརྗོད་པ་ན། ཞང་གཡུ་བྲག་པ། འབྲི་སྟག་ཚོད་གསུམ་ལ་སོགས་པའི་གངས་ཅན་གྱི་བགྲེས་པོ་ཁ་ཅིག་ཆོས་ཅན། ཁྱོད་མདོ་ཕལ་པོ་ཆེའི་ལེའུ་ཉི་ཤུ་རྩ་གཅིག་པ་རྡོ་རྗེ་རྒྱལ་མཚན་གྱི་བསྔོ་བའི་ལེའུ་ལས། འགྲོ་ཀུན་དགེ་བ་ཇི་སྙེད་ཡོད་པ་དང་། །བྱས་དང་བྱེད་འགྱུར་དེ་བཞིན་བྱེད་པ་རྣམས། །བཟང་པོ་ཇི་བཞིན་དེ་འདྲའི་ས་དག་ལ། །ཀུན་ནས་ཀུན་ཀྱང་བཟང་པོ་དེར་གྱུར་ཅིག །ཅེས་པའི་དགོངས་པ་འཆད་པ་ལ། གཞི་དང་། བསྔོ་རྒྱུའི་དགེ་བ་དང་། རྒྱུ་འབྲས་ཀྱི་གནད་གསུམ་ལ་འཁྲུལ་པར་སྨྲ་བའི་གང་ཟག་ཡིན་ཏེ། དཔེ་གྲངས་ཅན་གྱི་ལུགས་བཞིན་དུ། མདོ་དེའི་ཚིག་གི་འཁྲུལ་གཞི་བྱས་ནས། བསྔོ་རྒྱུ་ཡོད་པའི་དགེ་བ་ཞེས་བྱ་བ་རང་བྱུང་དུ་གྲུབ་པར་འདོད་ཅིང་། དེ་ལ་བདེ་གཤེགས་སྙིང་པོ་ཡིན་ཞེས་ཟེར་བའི་ཕྱིར། ཞང་གཡུ་བྲག་པའི་ལམ་མཆོག་ཏུ་མཐར་ཐུག་ལས། པ་ན་སེ་ཡི་འབྲས་བུ་བཞིན། །རྒྱུ་དང་འབྲས་བུ་དུས་མཚུངས་ཡིན། །ལས་འཕྲོ་ཅན་གྱིས་རྟོགས་པར་འགྱུར། །ཞེས་དང་། ཡང་དེ་ཉིད་ཀྱི་ཐབས་ལ་མཁས་པའི་དྲིས་ལན་གསེར་ཞུན་མ་ལས། རྒྱ་མཚོ་ལྟ་བུའི་ཁམས་དགེ་བ། །བྱ་བསགས་གཉེར་མའི་རླབས་ཆེན་གྱིས། །སྤྱོད་པ་ལྟ་བུའི་དགེ་བས་ཕྱིར། །བླ་ན་མེད་པའི་བྱང་ཆུབ་བསྔོ། །ཞེས་བཤད་པའི་ཕྱིར། གྲངས་ཅན་ལུགས་བཞིན་ཞེས་པའི་དཔེ་འཆད་པ་ལ། མུ་སྟེགས་གྲངས་ཅན་པ་རྣམས་ཆོས་ཅན། ཁྱོད་གཤིས་ལ་དགེ་སྡིག་ཡོད་ཅེས་ཟེར་ཞིང་རྒྱུ་ལ་འབྲས་བུ་གནས་པར་འདོད་དེ། ཤེས་བྱ་ཉི་ཤུ་རྩ་ལྔ་ལས། རྒྱུ་སྤྱི་གཙོ་བོ་རྟག་པ་ལ། འབྲས་བུ་རྣམ་འགྱུར་ཉེར་གསུམ་གདོད་མ་ནས་ཡོད་པར་འདོད་པའི་ཕྱིར་ཏེ་གྲངས་ཅན་གྱི་གཞུང་ལས། དགེ་དང་མི་དགེ་ཇི་སྙེད་པ། །འཁོར་བ་དང་ནི་གྲོལ་བ་ཡང་། །གཙོ་བོའི་ངང་དུ་གདོད་ནས

ཡོད། །འོན་ཀྱང་ཐབས་ཀྱི་གསལ་བར་འབྱེན། །འོ་མའི་དུས་ན་ཞོ་གང་དང་། །ཞོ་ཡི་དུས་ན་མར་ཉིད་གང་། །དྲག་པོ་ལེན་གྱིས་བཤད་པ་སྟེ། །འཕགས་བྱེད་གནས་པའང་དེ་སྐད་སྨྲ། །ཞེས་བཤད་པའི་ཕྱིར། བོད་དེ་དག་མདོའི་ཚིག་གིས་འཁྲུལ་གཞི་བྱས་ནས། དེ་ལྟར་སྨྲ་བའི་རྒྱུ་མཚན་ཡོད་དེ། མདོ་དེས། འགྲོ་ཀུན་དགེ་བ་ཐེ་སྙིང་ཡོད་པ་དང་། །ཞེས་བསྔོ་རྒྱུའི་དགེ་རྩ་ངོས་བཟུང་བ་ལས་ལོགས་སུ། བྱས་དང་བྱེད་འགྱུར་དེ་བཞིན་བྱེད་པ་རྣམས། །ཞེས་པ་དེས་ཀྱང་། དུས་གསུམ་གྱི་བསྡུས་པའི་བསྔོ་རྒྱུའི་དགེ་རྩ་གཅིག་ངོས་བཟུང་བ་གང་ཞིག །ཕྱི་མ་དེས། འདུས་བྱས་ཀྱི་བསྔོ་རྒྱུའི་དགེ་རྩ་ཐམས་ཅད་བསྡུས་པས། སྔ་མ་དེས་འདུས་མ་བྱས་ཀྱི་བསྔོ་རྒྱུའི་དགེ་རྩ་ལ་འཆད་པ་ལས་འོས་མེད་པའི་ཕྱིར་དང་། དེ་ལྟར་མིན་ན། དེ་གཉིས་ཟློས་པའི་སྐྱོན་ཡོད་པའི་ཕྱིར་སྙམ་དུ་འཁྲུལ་འདུག་པའི་ཕྱིར་རོ། །

དེས་ན་ཆོས་དབྱིངས་བསྔོ་རྒྱུའི་དགེ་བར་ཁས་བླངས་པས། བསྔོ་རྒྱུའི་དགེ་བ་བསྔོ་བ་དང་བཅས་པའི་གནད་བཅོས་པར་སོང་ཞིང་། གཞི་བདེ་གཤེགས་སྙིང་པོ་དགེ་བ་དང་། དེ་ལ་སྟོབས་སོགས་ཀྱི་ཡོན་ཏན་རང་ཆས་སུ་ཁས་བླངས་པས། གཞིའི་གནད་བཅོས་པ་ཡང་ཡིན་ལ། དེ་ལྟ་བུའི་སྙིང་པོ་སེམས་ཅན་ལ་གདོད་མ་ནས་ཡོད་པར་ཁས་བླངས་པས། རྒྱུ་འབྲས་ཀྱི་གནད་ཀྱང་བཅོས་པར་སོང་བས། ཕྱོགས་སྔ་མའི་འཁྲུལ་པའི་གནད་ངོས་བཟུང་ནས། དེ་འགོག་བྱེད་ལུང་རིགས་ཀྱི་གནད་བསྡུས་ནས་སྟོན་པ། གཞུང་འདི་ལ་རྣམ་དཔྱོད་ཀྱི་ཤེས་རབ་ཀྱི་མིག་གིས་བལྟས་ན། གསལ་ལེར་བཞུགས་ཀྱང་། དེ་ལྟ་བུའི་གནད་མ་གོ་བ་དག་གིས་བསྡུས་དོན་གྱི་ས་བཅད་ཙམ་ཡང་འཆད་མ་ཤེས་ན། ལུང་རིགས་ཀྱི་གནད་ཟུར་ཕྱིན་པ་ལ་ཕྱུལ་ཕྱིན་དུ་འཆད་ཤེས་པ་སྨོས་ཀྱང་ཅི་འཚལ་མེད། ཁོ་བོས་ནི་དེ་ལྟ་བུའི་གནད་བཤད་ཅིང་འཆད་པར་འགྱུར་ཏེ། དཔྱོད་ལྡན་གཟུ་བོར་གནས་པ་དག་གིས་གཟིགས་པས་གསལ་བའི་ཕྱིར་རོ། །

གཉིས་པ་འགོག་བྱེད་ལུང་རིགས་རྒྱས་པར་བཤད་པ་ལ་བཞི། ཐུན་མོང་ལུང་རིགས་སྤྱི་དང་འགལ་བས་དགག །ཁྱད་པར་བསྔོ་ལེའི་མདོ་དང་འགལ་བས་དགག །དབྱེ་བྲག་ཐུན་མོང་མ་ཡིན་པའི་རིགས་པས་དགག །ལག་ལེན་རང་ཚིག་སྔ་ཕྱི་འགལ་བས་དགག་པའོ། །དང་པོ་ལ་གསུམ། ཐུན་མོང་ལུང་གི་གནོད་བྱེད་རྒྱས་པར་བཤད། ཐུན་མོང་རིགས་པས་གནོད་བྱེད་བསྡུས་ཏེ་བསྟན་པ། ཞར་བྱུང་བྱམས་སོགས་ཤེས་དགེའི་ལོག་རྟོག་དགག་པའོ། །དང་པོ་ལ་བཞི། འགྱུར་མེད་སྟོན་པའི་ལུང་དང་འགལ། དགེ་སྡིག་མེད་པའི་ལུང་དང་འགལ། ཞར་བྱུང་སྙིང་པོའི་ལོག་རྟོག་དགག །འཕྲོས་དོན་མདོན་པའི་ལུང་དོན་བཤད་པའོ། །དང་པོ་ནི། གྲངས་ཅན་ལུགས་དང་འདྲ་བའི་བོད་ཀྱི་འཁྲུལ་པ་འདི་ཆོས་ཅན། ཁྱོད་ལུང་དང་རིགས་པས་དགག་པར་བྱ་སྟེ།

གནད་འཆུག་མེད་ཀྱི་གྲུབ་མཐར་མི་འཐད་པ་ཏེ། རྒྱུ་མཚན་དེའི་ཕྱིར། འོན་ལུང་དང་འགལ་བ་ཇི་ལྟར་སྙམ་ན། ཆོས་དབྱིངས་ཆོས་ཅན། ཁྱོད་བསྔོ་རྒྱུའི་དགེ་བ་མ་ཡིན་ཏེ། ཡིན་ན་བསྔོ་བས་འགྱུར་བ་མེད་པར་ལུང་གིས་གྲུབ་པའི་ཕྱིར་ཏེ། ལུང་དང་འགལ་བ་དེ་སྐད་དུ་ཡང་། རྒྱུད་བླ་མ་ལས། སེམས་ཀྱི་རང་བཞིན་འོད་གསལ་བ་ནམ་མཁའ་བཞིན་དུ་འགྱུར་མེད་དུ་གསུངས་པའི་ཕྱིར་དང་། སྙིང་པོའི་མདོ་སོགས་ལས་ཀྱང་། དེ་བཞིན་གཤེགས་པའི་སྙིང་པོ་འགྱུར་མེད་ཡིན། །ཞེས་གསུངས་པའི་ཕྱིར་དང་། ཀླུ་སྒྲུབ་ཀྱིས་ཀྱང་དབུ་མ་རྩ་ཤེས་ལས། དེ་བཞིན་གཤེགས་པའི་རང་བཞིན་གང་། །ཞེས་སོགས་གསུངས་པ་ཡང་ཆོས་དབྱིངས་འགྱུར་བ་མེད་པ་དེ་ཉིད་ཀྱི་ལུང་ཡིན་པའི་ཕྱིར་རོ། །འདིར་པཎ་ཤཱཀ་པས། ཆོས་དབྱིངས་དགེ་བ་མ་ཡིན་ན། །མངོན་རྟོགས་རྒྱན་དང་རྒྱུད་བླ་དང་། །དབུས་མཐའ་རྣམ་འབྱེད་བཤད་དེ་ཅི། །ཞེས་དྲིས་ནས། དེའི་དྲི་ལན་འཕྲུལ་སྒྲོང་དུ། དེ་དག་ཏུ་ཆོས་དབྱིངས་ལ་དགེ་བའི་མིང་བཏགས་པ་ཙམ་ཡིན་གྱི། དགེ་བ་མཚན་ཉིད་པར་བཤད་པ་མ་ཡིན་ཞེས་བཤད། གསེར་ཐུར་རང་ལན་དུ། ཀླུ་སྒྲུབ་ཡབ་སྲས་སོགས་ལ་དབུ་མ་རང་སྟོང་པ་དང་། ཐོགས་མེད་སྐུ་མཆེད་སོགས་ལ་དབུ་མ་གཞན་སྟོང་པར་མཛད་ནས་དབུ་མ་རང་སྟོང་ལུགས་ལ། ཆོས་དབྱིངས་འདུས་མ་བྱས་དང་། དགེ་བ་མ་ཡིན་པར་འདོད། གཞན་སྟོང་ལུགས་ལ། ཆོས་དབྱིངས་ཤེས་པ་དང་དགེ་བ་ཡིན་པར་འདོད། འོན་ཀྱང་ཆོས་དབྱིངས་བསྔོ་རྒྱུའི་དགེ་བར་ནི་མི་འདོད་དོ། །

དེས་ན་སྡོམ་གསུམ་རང་ལུགས་ལ་རང་སྟོང་ལུགས་དང་མཐུན་པར། ཆོས་དབྱིངས་དགེ་བ་མ་ཡིན་པར་བཤད་ཅིང་། བྱམས་ཆོས་ཀྱི་ལུང་དྲངས་པ་རྣམས་ནི། ཆོས་དབྱིངས་བསྔོ་རྒྱུའི་དགེ་བ་མ་ཡིན་པའི་སྒྲུབ་བྱེད་དུ་གྲགས་པ་ཡིན་ལ། མངོན་པ་གོང་མ་ལས། ཆོས་དབྱིངས་དགེ་བར་བཤད་པའི་དྲང་དོན་དུ་ཕྲལ་བ་ནི། ཆོས་དབྱིངས་ལ་དགེ་བར་བཤད་པའི་དགོས་པ་དང་དགོངས་གཞི་ངོས་བཟུང་བ་ཡིན་གྱི། ཆོས་མངོན་པ་དང་རང་ལུགས་ལ་ཆོས་དབྱིངས་དགེ་བ་བཏགས་པ་བར་འཆད་དགོས་སོ་ཞེས་སྟོན་པ་མིན་ནོ། །ཞེས་བཤད་དོ། །

འདི་ཡང་དབྱིངས་ཆེ་བའི་དོགས་པའི་གནས་སུ་སྣང་བས་ཅུང་ཟད་དཔྱད་ན། འདི་ལ་གསུམ། སྔོན་གཉིས་ཀྱི་རྣམ་དབྱེ། དེ་ཉིད་གཏན་ལ་ཕབ་པ། དོན་དེ་བསྟན་བཅོས་འདི་ལ་སྦྱར་བའོ། །དང་པོ་ནི། སྤྱིར་བཀའ་བར་པ་དང་། ཐ་མའི་དངོས་བསྟན་ལ། ཆོས་དབྱིངས་མཐའ་བཞིའི་སྤྲོས་པ་བཀག་པའི་དབྱིངས་ཙམ་ལ་ངོས་བཟུང་བ་དང་། སྤྲོས་པས་གདོད་མ་ནས་དབེན་པའི་གཉིས་མེད་ཀྱི་ཡེ་ཤེས་ལ་ངོས་བཟུང་བ་གཉིས་བྱུང་བའི་གནད་ཀྱིས། ཤིང་རྟའི་སྲོལ་འབྱེད་ཆེན་པོར་ཀླུ་སྒྲུབ་རྗེས་འབྲང་དང་བཅས་པས། སྔ་མ་ལྟར་བཤད་པའི་སྲོལ་དང་། ཐོགས་མེད་རྗེས་འབྲང་དང་བཅས་པས་ཕྱི་མ་ལྟར་བཤད་པའི་སྲོལ་གཉིས་འབྱུང་བ་ཡིན་ལ།

དེའི་གནད་ཀྱིས། ལུགས་དེ་གཉིས་ལ། ཆོས་དབྱིངས་དགེ་བར་མི་འདོག་པ་དང་། འདོག་པའི་སྲོལ་གཉིས་ཀྱང་ཡོད་དོ། །ཞེས་མཁས་པ་རྣམས་ཀྱིས་ངེས་པར་བྱ་དགོས་སོ། །གཉིས་པ་ནི། ལུགས་དང་པོ་ཀུན་ལ་གྲགས་པ་དེ་ཉིད་ཡིན་ལ། ལུགས་ཕྱི་མ་ལ་ལུང་དྲངས་པ་དང་། ལུང་དོན་བཤད་པ་གཉིས། དང་པོ་ནི། དཔལ་ཕྲེང་གི་མདོ་ལས། ལྷ་མོ་ཆོས་འདི་གཉིས་ནི་རྟོགས་པར་དཀའ་བ་སྟེ། སེམས་རང་བཞིན་གྱིས་རྣམ་པར་དག་པ་རྟོགས་པར་དཀའ་བ་དང་། སེམས་དེའི་ཉེ་བར་ཉོན་མོངས་པ་རྟོགས་པར་དཀའ་བའོ། །ལྷ་མོ་ཆོས་འདི་གཉིས་ཉན་པར་བྱེད་པ་ནི་ཁྱོད་དམ། ཡང་ན་ཆོས་ཆེན་པོ་དང་ལྡན་པའི་བྱང་ཆུབ་སེམས་དཔའ་རྣམས་ཡིན་ནོ། །ལྷག་མ་ཉན་ཐོས་དང་རང་སངས་རྒྱས་རྣམས་ཀྱིས་ནི། ཆོས་འདི་གཉིས་དེ་བ་ལ་དད་པས་རྟོགས་པར་བྱ་བ་ཡིན་ནོ། །ཞེས་བཤད། གཉིས་པ་ལུང་དོན་བཤད་ན། གཟུང་འཛིན་གཉིས་སྣང་གི་རྟོག་མས་གདོད་མ་ནས་དྭངས་པའི་སེམས་གསལ་རིག་འདི་ནི་ཆོས་དབྱིངས་དང་། རྒྱུ་བདེ་གཤེགས་སྙིང་པོ་ཡིན་ལ། རང་བཞིན་གནས་རིག་དང་། ཟག་མེད་ཀྱི་ས་བོན་ཞེས་སོགས་མིང་གི་རྣམ་གྲངས་དུ་མ་དང་ལྡན་པ་དེ་ཉིད་ཡིན་ལ། འདི་ཉིད་རྟོགས་པར་དཀའ་བ་ཡིན་ཏེ། གཟུང་འཛིན་གཉིས་སྣང་དང་ཐོག་མ་མེད་པ་ནས་འགྲོགས་ཀྱང་། དེའི་དྲི་མས་གདོད་མ་ནས་མ་གོས་པ་དེ་ཡིན་པའི་ཕྱིར།

དེ་ཉིད་སྙིང་པོ་དྲིལ་ནས་འཆད་པ་ལ་གསུམ། རྒྱུད་བླ་ཙ་འགྲེལ་དང་སྦྱར། རྒྱན་ཙ་འགྲེལ་དང་སྦྱར། དབུས་མཐའ་ཙ་འགྲེལ་དང་སྦྱར་བའོ། །དང་པོ་ནི། སེམས་ཀྱི་རང་བཞིན་འོད་གསལ་གང་ཡིན་པ། །ཞེས་སོགས་དང་། སེམས་དེ་རང་བཞིན་འོད་གསལ་བས། །ཉོན་མོངས་ངོ་བོ་མེད་གཟིགས་པས། །ཞེས་སོགས་དང་། དེའི་ཐོགས་མེད་འགྲེལ་ཆེན་ལས། དེ་ལ་སེམས་རང་བཞིན་གྱིས་འོད་གསལ་བ་གང་ཡིན་པ་དང་། དེའི་ཉེ་བའི་ཉོན་མོངས་པ་ཞེས་བྱ་བ་གང་ཡིན་པ་འདི་གཉིས་ནི། དགེ་བ་དང་མི་དགེ་བའི་སེམས་དག་ལས་གཅིག་རྒྱུ་བས་སེམས། གཉིས་པ་མཚམས་སྦྱོར་བ་མེད་པའི་ཚུལ་གྱིས་ཟག་པ་མེད་པའི་དབྱིངས་ལ་མཆོག་ཏུ་རྟོགས་པར་དཀའ་བ་ཡིན་ནོ། །དེའི་ཕྱིར་བཅོམ་ལྡན་འདས་དགེ་བའི་སེམས་ནི་གནད་དམ་པ་སྟེ། ཉོན་མོངས་པ་དག་གིས་ཉོན་མོངས་པར་མི་འགྱུར་རོ། །མི་དགེ་བའི་སེམས་ནི། སྐད་ཅིག་མ་སྟེ་སེམས་དེ་ནི་ཉོན་མོངས་པ་དང་རྗེས་སུ་འབྲེལ་ཡང་དེས་འགྱུར་བ་མི་ནུས་པའི་དབྱིངས་ཡིན་པའི་ཕྱིར། དེ་ལྟར་ཡང་། རང་བཞིན་འགྱུར་བ་མེད་པ་དང་། །ཞེས་དང་། དེའི་འགྲེལ་པར། སེམས་གང་ཡིན་པ་དེ་ནི། ཉོན་མོངས་པ་དང་། སྡུག་བསྔལ་མཐའ་ཡས་པ་རྗེས་སུ་འབྲེལ་ཡང་། རང་བཞིན་གྱིས་འོད་གསལ་བ་ཉིད་ཀྱིས་རྣམ་པར་འགྱུར་བ་ལ་མི་བརྟེན་པ་དེའི་ཕྱིར། གསེར་བཟང་པོ་བཞིན་དུ་མི་འགྱུར་བའི་དོན་གྱིས་དེ་བཞིན་ཉིད་ཅེས་བརྗོད་དོ། །ཞེས་བཤད་པས་སོ། །

གཉིས་པ་ནི། འོ་ན་གཉིས་མེད་ཀྱི་ཡེ་ཤེས་དེས། ཆོས་དབྱིངས་ཡིན་པ་གང་ལས་ཤེས་སྙམ་ན། མདོ་སྡེ་རྒྱན་ལས་ཤེས་ཏེ། ཇི་ལྟར་ཆུ་རྙོག་པ་ལས་དྭངས་པ་ན། ཞེས་སོགས་ཚིགས་བཅད་གསུམ་དང་། དེའི་འགྲེལ་པར། དབྱིག་གཉེན་གྱིས། ཆོས་ཉིད་ཀྱི་སེམས་ལས་གཞན་ནི་གཞན་གྱིས་དབང་གི་སེམས་ནི་རང་བཞིན་གྱིས་འོད་གསལ་བར་མི་བརྗོད་དོ། །ཞེས་བཤད།

དེའི་དོན་ནི། ཆོས་ཉིད་ཀྱི་སེམས་དང་། གཞན་དབང་གི་སེམས་གཉིས་ལས། དང་པོ་དེ། ཆོས་དབྱིངས་ཡིན་གྱི། གཉིས་པ་མ་ཡིན་ཏེ། དེ་རང་བཞིན་གྱིས་འོད་གསལ་བ་མ་ཡིན་པའི་ཕྱིར། དཔེར་ན། ཆུ་རྙོག་མས་དྭངས་པའི་ཚེ། རྙོག་མེད་པའི་ཆུ་དེ་ཆུའི་རང་བཞིན་ཡིན་གྱི། ཆུའི་རྙོག་མ་ཆུའི་རང་བཞིན་མ་ཡིན་པ་ལྟ་བུའོ། །གསུམ་པ་ནི། འོ་ན་ཆོས་ཉིད་ཀྱི་སེམས་དེ། རང་བཞིན་འོད་གསལ་ཡིན་པའི་རྒྱུ་མཚན་ཅི་སྙམ་ན། དེ་དབུས་མཐའ་རྣམ་འགྲེལ་ལས་ཤེས་ཏེ། ཆོས་ཀྱི་དབྱིངས་ནི་མ་གཏོགས་པར། །འདི་ལྟར་ཆོས་ཡོད་མ་ཡིན་ཏེ། །ཞེས་སོགས་དང་། ཆོས་ཀྱི་དབྱིངས་ནི་རང་བཞིན་གྱིས། །རྣམ་པར་དག་ཅིང་ནམ་མཁའ་བཞིན། །གཉིས་ནི་གློ་བུར་བྱུང་བ་སྟེ། །ཞེས་དང་། དེའི་འགྲེལ་པར། དབྱིག་གཉེན་གྱིས། གལ་ཏེ་ཀུན་བཏགས་པ་དང་གཞན་གྱི་དབང་གིས་མཚན་ཉིད་ཀྱི་ཆོས་དེ་དག་མེད་ན་ཇི་ལྟར་དམིགས་པར་འགྱུར། ཅི་སྟེ་ཡོད་ན་དེ་ལྟ་ན་གོ་ཆོས་རྣམས་རང་བཞིན་འོད་གསལ་བ་ཉིད་དུ་མི་རུང་ངོ་། །ཞེ་ན། དེའི་ལན་ནི། སྒྱུ་མ་ལྟ་བུ་ཉིད་ཡིན་ཏེ། དཔེར་ན། སྒྱུ་མ་བྱས་པ་ནི་མེད་ཀྱང་དམིགས་པ་ལྟ་བུའོ། །ཞེས་བཤད། དེའི་དོན་ནི། ཀུན་བརྟགས་གཞན་དབང་གཉིས་རང་བཞིན་གྱིས་གྲུབ་ན། ཡོངས་གྲུབ་ཀྱི་སེམས་རང་བཞིན་འོད་གསལ་དུ་མི་འགྱུར་ཏེ། སྒྲིབ་བྱེད་ཀྱི་མུན་པ་རང་བཞིན་གྱིས་མེད་པའི་ཕྱིར་སྙམ་ན། སྐྱོན་མེད་དེ། ཀུན་བརྟགས་གཞན་དབང་གཉིས་སྒྱུ་མ་བྱས་པ་ལྟར་བདེན་པར་མེད་པའི་ཕྱིར་རོ། །

དེས་ན་སེམས་རང་བཞིན་གྱིས་འོད་གསལ་བ་ནི། ནམ་མཁའ་དང་འདྲ་སྟེ། སྒྲིབ་བྱེད་ཀྱི་དྲི་མ་གློ་བུར་དུ་སྐྱེས་པ་དང་གློ་བུར་ཟད་པ་ཙམ་ཡིན་གྱི། གདོད་མ་ནས་དྲི་མས་མ་གོས་པའི་གསལ་བྱ་དང་ལྡན་པའི་ཕྱིར། དཔེར་ན། ནམ་མཁའ་ལ་སྤྲིན་གློ་བུར་དུ་སྐྱེས་ཤིང་ཟད་པ་ཡིན་གྱི། སྤྲིན་གྱི་གདོད་མ་ནས་མ་གོས་པ་ལྟ་བུའོ། །གསུམ་པ་ནི། བསྟན་བཅོས་མཛད་པ་འདིའི་བཞེད་པས། སེམས་ཅམ་མན་ཆད་དངོས་སྨྲ་བ་རྣམས་ཀྱི་ལུགས་ལ༑ དོན་དམ་པའི་དགེ་བ་དགེ་བ་མཚན་ཉིད་པར་འདོད་པ་དང་། ངོ་བོ་ཉིད་མེད་པར་སྨྲ་བའི་དབུ་མ་པ་ཡན་ཆད་ཀྱི་ལུགས་ལ་དེས་དགེ་བའི་གོ་མི་ཆོད་པ་འདོད་དེ། དངོས་སྨྲ་བས་ཆོས་ཉིད་སོགས་བདེན་གྲུབ་རྫས་ཡོད་དུ་ཁས་ལེན། དབུ་མ་པས་ཆོས་ཐམས་ཅད་བདེན་མེད་དུ་ཁས་ལེན་པས། ཡུལ་གྱི་གནས་ལུགས་མཐར་ཐུག་དགེ་བར

ཁས་ལེན་པའི་གོ་སྐབས་མེད་པའི་ཕྱིར། ཞེས་མ་འདྲེས་པར་འཆད་པ་ནི། ཁོ་བོས་རྟོགས་ཏེ། ཚག་ལོའི་དྲི་ལན་ལས། ཉན་ཐོས་དང་ནི་ཐེག་ཆེན་གཉིས། །གཞི་དང་བསམ་པ་ཕལ་ཆེར་འགལ། །ཉན་ཐོས་ཐམས་ཅད་ཡོད་པར་སྨྲ། །དབུ་མར་དེ་དག་སྟོང་པར་གསུངས། །ཞེས་སོགས་དང་། མཛོད་ལས་དོན་དམ་དགེ་བ་སོགས། །བཤད་པ་མཚན་ཉིད་པར་འདོད་དོ། །ཀུན་ལས་བཏུས་ལས་དེ་འདྲ་བ། །གསུངས་པ་བཏགས་པ་བ་ལ་དགོངས། །ཞེས་སོགས་བཤད་པའི་ཕྱིར། འོན་ཀྱང་། གཞུང་དེ་དག་གིས་ཉན་ཐོས་སམ་མཛོད་ཀྱི་ལུགས་ལ༑ དོན་དམ་པའི་དགེ་བ་དགེ་བ་མཚན་ཉིད་པར་ཁས་ལེན་པའི་སྒྲུབ་བྱེད་དུ་སོང་གི། སེམས་ཙམ་པའམ། མངོན་པ་ཀུན་བཏུས་རང་ལུགས་ལ། དེ་ལྟར་ཁས་ལེན་པའི་སྒྲུབ་བྱེད་དུ་མ་སོང་ངོ་སྙམ་ན། ཤིན་ཏུ་ཡང་སོང་སྟེ༑ དོན་དམ་དགེ་བ་མཚན་ཉིད་པར་འདོད་མི་འདོད་ཀྱི་སྒྲུབ་བྱེད། བདེན་གྲུབ་ཀྱི་ཆོས་ཁས་ལེན་མི་ལེན་པ་ལ་བཤད་འདུག་པའི་ཕྱིར་དང་། ཀུན་བཏུས་ཀྱང་མདོ་སྡེ་པའི་གཞུང་དུ། མཁས་པ་འཇུག་པའི་སྒོ་དང་། བསྟན་བཅོས་འདི་གཉིས་ལས་བཤད་འདུག་པའི་ཕྱིར་དང་། གཉིས་པ། དགེ་སྡིག་མེད་པའི་ལུང་དང་འགལ་བ་ནི། ཆོས་དབྱིངས་ཆོས་ཅན། ཁྱོད་བསྔོ་རྒྱུ་མ་ཡིན་ཏེ། བསྔོ་རྒྱུ་ཡིན་ན། དགེ་བའི་ལས་དང་། དུས་གསུམ་གང་རུང་གིས་བསྡུ་དགོས་པ་ལ། ཁྱོད་དགེ་སྡིག་གཉིས་དང་། ཁམས་གསུམ་གང་རུང་དང་། དུས་གསུམ་གང་རུང་སོགས་ཀྱིས་མ་བསྡུས་པར་ལུང་ཚད་ལྡན་ལས་བཤད་པའི་ཕྱིར་ཏེ། ཤེས་རབ་ཀྱི་ཕ་རོལ་ཏུ་ཕྱིན་པ་བརྒྱད་སྟོང་པ་ལས། ཆོས་ཀྱི་དབྱིངས་ནི་དུས་གསུམ་དང་། །ཁམས་གསུམ་དང་ནི་དགེ་སྡིག་ལས། །རྣམ་པར་གྲོལ་བ་ཡིན་ཞེས་གསུངས་པའི་ཕྱིར་དང་། རྒྱུ་མཚན་དེས་ན་ཆོས་ཀྱི་དབྱིངས་ལ་ནི་བསྔོ་བ་མེད་དོ། །

ཞེས་རྒྱལ་བས་རྒྱས་པ་འབུམ་ལས་ཀྱང་བཤད་པའི་ཕྱིར། ཕ་རོལ་ཏུ་ཕྱིན་པར་མ་ཟད། ཡང་དག་སྦྱོར་བའི་རྒྱུད་སཾ་པུ་ཊི་ལས་ཀྱང་། དགེ་སྡིག་དང་བསོད་ནམས་ཀྱི་ཆ་གཉིས་རྣམ་པར་རྟོག་པ་སྟེ། མཁས་པས་དེ་གཉིས་རྣམ་པར་སྤྲངས། །ཞེས་གསུངས་ཤིང་། དེ་བཞིན་གསང་འདུས་ལེའུ་བཅུ་བདུན་པ་ལ་སོགས་པ་རྒྱུད་སྡེ་ཀུན་ལས་ཀྱང་། ཆོས་དབྱིངས་དགེ་སྡིག་གང་རུང་མ་ཡིན་པར་གསུངས་པའི་ཕྱིར་དང་། རྒྱལ་བའི་བཀའ་མདོ་རྒྱུད་དུ་མ་ཟད། འཕགས་པ་ཀླུ་སྒྲུབ་ཉིད་ཀྱི་གཏམ་བྱ་རིན་ཆེན་ཕྲེང་བ་ལས། སྡིག་དང་བསོད་ནམས་བྱ་བ་འདས། །ཟབ་མོ་བཀོལ་བའི་དོན་དང་ལྡན། །མུ་སྟེགས་གཞན་དང་རང་ཉིད་ཀྱང་། །གནས་མིན་སྐྲག་པས་མ་མྱངས་པ། །ཞེས་གསུངས་ཤིང་། གཞན་ཡང་། དེ་ཉིད་ལས། ཤེས་པས་ཡོད་དང་མེད་ཞིའི་ཕྱིར། །སྡིག་དང་བསོད་ནམ་ལས་འདས་པ། །དེ་ནི་བདེ་འགྲོ་ངན་འགྲོ་ལས། །དེ་ནི་ཐར་པ་དམ་པར་བཞེད། །ཅེས་གསུངས་པ་འདི་ཡང་ཆོས་ཀྱི་དབྱིངས་དགེ་སྡིག་གང་རུང་དུ་མེད་པའི་ལུང་ཚད་ལྡན་ཡིན་པའི་ཕྱིར། འདིར། ཟབ་མོ་བཀྲོལ་

བའི་དོན་དང་ལྡན། །ཞེས་པ་དང་། བཀོལ་བའི་དོན་དང་ལྡན་ཞེས་པ་གཉིས་བྱུང་བའི། བཀོལ་བའི་དོན་དང་ལྡན་ཞེས་པ་འདི་དག་པར་སེམས་ཏེ། རྒྱུ་མཚན་ཅིའི་ཕྱིར་ན། ཟབ་མོ་སྟོང་ཉིད་ནི། ཉན་པའི་ཡུལ་མུ་སྟེགས་དང་ཉན་ཐོས་སོགས་ལས་ལོགས་སུ་བཀོལ་གནས། བྱང་ཆུབ་སེམས་པའི་རང་བཞིན་ལ་སྟོན་པ་ཡིན་གྱི། སྡུ་མ་དེ་དག་ལ་མི་སྟོན་ཏེ། དེ་དག་ཟབ་མོ་སྟོན་པའི་སྣོད་མ་ཡིན་པའི་ཕྱིར། ཞེས་པའི་དོན་དུ་སྣང་བའི་ཕྱིར་རོ། །

གསུམ་པ་ཞར་བྱུང་སྙིང་པོའི་ལོག་རྟོག་དགག་པ་ནི། སྟོད་ལུང་རྒྱ་དམར་སོགས་ཁ་ཅིག་ཆོས་ཅན། ཁྱོད་ཀྱི་སྙིང་པོ་ངོས་འཛིན་ཚུལ་ཡོད་དེ། བདེ་གཤེགས་སྙིང་པའི་སྒྲ། སྟོང་ཉིད་སྙིང་རྗེའི་སྙིང་པོ་ཅན་གྱི་བྱང་ཆུབ་སེམས་ལ་འཇུག་པར་འདོད་པའི་ཕྱིར། འདི་མི་འཐད་དེ། སྟོང་ཉིད་སྙིང་རྗེའི་སྙིང་པོ་ཅན་གྱི་བྱང་ཆུབ་ཀྱི་སེམས་འདི་ཆོས་ཅན། ཁྱོད་སྒྲུང་གཞི་བདེ་གཤེགས་སྙིང་པོའི་ཁམས་དངོས་མ་ཡིན་ཏེ། སྙིང་པོ་དེའི་སྟེང་གི་དྲི་མ་སྦྱོང་བྱེད་ཙམ་ཡིན་པའི་ཕྱིར། རྟགས་གྲུབ་སྟེ། དེ་སྐད་དུ་ཡང་རྣམ་འགྲེལ་ལས། སྒྲུབ་བྱེད་ཐུགས་རྗེ་གོམས་པ་ལས། །ཞེས་གསུངས་པ་དང་། དེ་བཞིན་དུ་བསླབ་བཏུས་ལས། སྟོང་ཉིད་སྙིང་རྗེའི་སྙིང་པོ་ཅན། །བསྐྱེད་པས་བསོད་ནམས་དག་པར་འགྱུར། །ཞེས་གསུངས་པ་དང་། དེ་བཞིན་དུ་མདོ་སྡེ་དང་རྒྱུད་ཀུན་ལས་ཀྱང་། སྙིང་རྗེ་དང་བྱང་ཆུབ་ཀྱི་སེམས་སོགས་དྲི་མ་སྦྱོང་བྱེད་ཁོ་ནར་བཤད་ཀྱི། སྦྱང་གཞིར་བཤད་པ་མེད་པའི་ཕྱིར་རོ། །ཁོ་ན་རེ། ཆོས་དབྱིངས་སྦྱང་གཞིར་མི་འཐད་པར་ཐལ། ཕུང་ཁམས་སྐྱེ་མཆེད་སྦྱང་གཞིར་ཁྱེད་རང་ས་ལུགས་པས་བཞེད་པའི་ཕྱིར་ཟེར་ན། ཆོས་དབྱིངས་ནི་འཁོར་འདས་ཀུན་གྱི་གཞི་ཡིན་པས་དྲི་མའི་སྦྱང་གཞིར་མདོ་སྔགས་གཉིས་ཆར་དུ་བཞེད་ལ། རང་གི་ཕུང་ཁམས་ཀྱང་གཞི་ཡིན་པས་སྔགས་ཀྱི་སྐབས་སུ་བཞེད་པའི་ཕྱིར་རོ༑ ༑

གཞུང་འདི་ལ། པཎ་ཤཱཀ་པས། སྟོང་ཉིད་སྙིང་རྗེའི་སྙིང་པོ་ཅན། །བདེ་གཤེགས་སྙིང་པོ་མ་ཡིན་ན། །རྒྱུས་འགྱུར་རིགས་ལ་བདེ་གཤེགས་ཀྱི། །སྙིང་པོར་བཤད་པ་དེ་ཅི་ཞིག །ཅེས་པའི་དྲི་བ་མཛད་པ་ལ། འབྲུལ་སྤོང་ལས། རྒྱས་འགྱུར་རིགས་ལ། བདེ་གཤེགས་སྙིང་པོ་གང་ལས་བཤད། །གལ་ཏེ་རྒྱུད་བླ་མར། སེམས་ཅན་ལ་བདེ་གཤེགས་སྙིང་པོ་ཡོད་པའི་རྒྱུ་མཚན་དུ། རིགས་ཡོད་པ་རྟགས་སུ་བཀོད་ནས། རིགས་ལ་རང་བཞིན་གནས་རིགས་གཉིས་ཡོད་པར་བཤད་པའི་ཕྱིར་སྙམ་ན། འོ་ན་མེ་ཡོད་པའི་སྒྲུབ་བྱེད་དུ། དུ་བ་ཡོད་པ་བཀོད་པའི་ཚེ། དུ་བ་ཡིན་ན་མེ་ཡིན་པས་ཁྱབ་པར་འགྱུར་ཏེ། བདེ་གཤེགས་སྙིང་པོ་ཡོད་པའི་སྒྲུབ་བྱེད་དེ་དག་ཡིན་ན། བདེ་གཤེགས་སྙིང་པོ་ཡིན་པས་ཁྱབ་པའི་ཕྱིར། ཞེས་སུན་འབྱིན་མཛད་ནས། དངོས་ལན་ལ། རྒྱུད་བླ་མར་སེམས་ཅན་གྱི་རྒྱུད་ལ་བདེ་གཤེགས་སྙིང་པོ་ཡོད་པའི་སྒྲུབ་བྱེད་དུ། ཆོས་སྐུ་འཕྲོ་བ་དང་། དེ་བཞིན་

ཉིད་དབྱེར་མེད་པ་དང་། རིགས་ཡོད་པ་གསུམ་བཀོད་ནས། གསུམ་པོ་ལ། འདིའི་རང་བཞིན་ཆོས་སྐུ་དང་། ། ཞེས་སོགས་དགུར་ཕྱེ་བ་ནི། སྒྲུབ་བྱེད་ལ་དགུར་ཕྱེ་བ་ཡིན་གྱི། བསྒྲུབ་བྱ་ལ་དགུར་ཕྱེ་བ་མ་ཡིན། ཞེས་གསུངས་པ་དང་། གསེར་ཐུར་རང་ལན་དུ་ཡང་དེ་སྐད་བྲིས་པ་དེ་གཞན་དག་ཅི་ཟེར་བལྟས་པ་ཡིན་གྱི། དོན་ལ་མདོ་ལས་སེམས་ཅན་བདེ་གཤེགས་སྙིང་པོ་ཅན་དུ་གསུངས་པའི་རྒྱུ་མཚན་ནི། དགོངས་གཞི་ལ་ཆོས་སྐུ་འཕྲོ་བ་སོགས་གསུམ་དང་གསུམ་ལ་དགུར་ཕྱེ་བ་ཡིན་གྱི། བདེ་གཤེགས་སྙིང་པོ་ལ་དགུར་ཕྱེ་བ་མ་ཡིན་ཞེས་པ་ནི། སེམས་ཅན་གྱི་རྒྱུད་ལ་བདེ་གཤེགས་སྙིང་པོ་ཡོད་མེད་མ་མཐུན་པ་ཙམ་མ་གཏོགས། ཕལ་ཆེར་མཁས་པ་ཀུན་མཐུན་པའི་ལེགས་བཤད་དུ་སྣང་མོད། གནད་ཀྱི་གདམས་པ་ནི། ཁོ་བོས་འཆད་པར་བྱེད་དེ། མདོ་ལས་དངོས་སུ་བསྟན་པའི་བསྟན་བཅོས་ཀྱི་དགོངས་པ་འགྲེལ་བའི་གནད་སོ་སོར་ཕྱེས་ནས་འོག་ཏུ་འཆད་པའི་ཕྱིར་རོ། །

བཞི་པ། འཕྲོས་དོན་མདོན་པའི་ལུང་དོན་བཤད་པ་ལ་གཉིས། མངོན་པའི་ལུང་ལས་བཤད་ཚུལ་འགོད། དགོས་སོགས་གསུམ་གྱིས་གཏན་ལ་ཕབ་པའོ། །དང་པོ་ནི། སྤྱིར་མངོན་པ་གོང་འོག་གཉིས་ལས། དགེ་སྡིག་ལུང་མ་བསྟན་གསུམ་ལ། དོན་དམ་པ། ངོ་བོ་ཉིད། མཚུངས་ལྡན། ཀུན་སློང་གི་དགེ་བ་སོགས་བཞིར་ཕྱེ་ནས་བཤད་པ་ལ། སྐབས་འདིར། མངོན་པ་གོང་མའི་གཞུང་ཆོས་ཅན། ཁྱོད་ལས་དོན་དམ་པའི་དགེ་སྡིག་ལུང་མ་བསྟན་གསུམ་བཤད་ཚུལ་ཡོད་དེ། ངོ་བོ་ཉིད་ཀྱི་དགེ་བ་ཞེས་བཤད་པ་ནི། དད་པ་ལ་སོགས་པ་དགེ་བ་བཅུ་གཅིག་པོ་ཁོ་ན་ཡིན་ཞེས་གསུངས་ཤིང་། དོན་དམ་པའི་དགེ་བ་ཞེས་བཤད་པ་དེ་བཞིན་ཉིད་ལ་གསུངས་པ་ཡིན་ལ། དོན་དམ་པའི་སྡིག་པ་ནི་འཁོར་བ་ཀུན་ལ་བཤད་ཅིང་། ནམ་མཁའ་དང་སོ་སོར་བརྟགས་མིན་འགོག་པ་གཉིས་ནི། དོན་དམ་པར་ལུང་མ་བསྟན་ཡིན་ཞེས་བཤད་པའི་ཕྱིར། འདིར་ཉན་ཐོས་རྣམས་ཞེས་པས་མངོན་པ་གོང་འོག་གཉིས་ཆར་བསྟན་པ་ཡིན་ཏེ། འོག་མ་བྱེ་སྨྲ་བ་དང་། གོང་མ་མདོ་སྡེའི་གྲུབ་མཐའ་སྟོན་བྱེད་དུ། མངོན་རྟོགས་ལྡོན་ཤིང་ལས་བཤད་ཅིང་། མཁས་འཇུག་ལས། འདི་ལ་སེམས་ཙམ་ཕྱི་རོལ་དོན། །ཁས་ལེན་ཡིན་ཞེས་བོད་རྣམས་སྨྲ། །རྟག་དངོས་བཞིན་དུ་འདི་མི་སྲིད། །མདོ་སྡེ་པ་ལ་བཏགས་པར་ཟད། །ཅེས་བཤད་པའི་ཕྱིར། འོན་ཀྱང་མཚན་ཉིད་འཛིན་ཚུལ་ནི། གོང་མ་ལྟར་མཛད་པ་ཡིན་ཏེ། དད་སོགས་བཅུ་གཅིག་གི་ངོ་བོ་ཉིད་ཀྱི་དགེ་བ་དང་། དེ་བཞིན་ཉིད་དོན་དམ་པའི་དགེ་བའི་མཚན་ཉིད་ཡིན་པའི་ཕྱིར་རོ། །གཉིས་པ་ནི། མངོན་པ་ལས། དེ་བཞིན་ཉིད་ལ་དགེ་བ་ཞེས་བཤད་པའི་དགོས་པ་ཆོས་ཅན། ཁྱོད་འདི་ལྟར་འཆད་པ་ཡིན་ཏེ། དགོངས་གཞི་སྡིག་པ་མེད་པ་ཙམ་ལ་དགོངས། དགོས་པ་ཞུམ་པ་གཟེངས་བསྟོད་

པའི་ཆེད་ཡིན་ལ། དངོས་ལ་གནོད་བྱེད། དེ་ལ་དགེ་བའི་མཚན་ཉིད་དང་བྱེད་ལས་མ་ཚང་བའི་ཕྱིར། རྟགས་དང་པོར་སྒྲུབ་པ་ལ། ཆོས་དབྱིངས་ཆོས་ཅན། ཁྱོད་ལ་ཡང་། སྡིག་པ་མེད་པ་ཙམ་ཞིག་ལས་ལྷག་པའི་དགེ་བའི་མཚན་ཉིད་མེད་མོད་ཀྱི། སྡིག་པ་མེད་པ་ཙམ་ལ་དགོངས་ནས་དགེ་བ་ཡིན་ཞེས་བཏགས་པར་ཟད་དེ། དཔེར་ན་སྐྱེས་བུ་ནད་དང་བྲལ་བ་ནི། ལུས་བདེ་མྱ་ངན་མེད་པ་ལ། སེམས་བདེ་ཞེས་ནི་འཇིག་རྟེན་པ་ཟེར་ཞིང་། འདི་དག་སྡུག་བསྔལ་མེད་པ་ལས། །གཞན་པའི་བདེ་བ་མེད་མོད་ཀྱི། །འོན་ཀྱང་སྡུག་བསྔལ་མེད་ཙམ་ལ། །སེམས་བདེ་བ་ཡིན་ཞེས་འཇིག་རྟེན་པ་ཀུན་ལ་གྲགས་པ་དང་ཆོས་མཚུངས་པ་དེ་ཡིན་པའི་ཕྱིར་དང་། དཔེ་གཞན་ཡང་མདོན་པའི་གཞུང་རྣམས་ལས། ཟས་ཀྱིས་འབྲང་པ་ལ་སོགས་ལ། །ཟས་ཀྱི་འདོད་ཆགས་དང་བྲལ་བར་གསུངས་མོད་ཀྱིས། འོན་ཀྱང་གདན་ནས་བྲལ་བ་ཡི། །འདོད་ཆགས་དང་བྲལ་བ་མཚན་ཉིད་པ་མ་ཡིན་ནོ༑ ༑ཞེས་བཤད་པ་དང་ཡང་ཆོས་མཚུངས་པའི་ཕྱིར། གཉིས་པ་དགོས་པ་དངོས་སུ་འདིར་མ་བསྟན། གསུམ་པ་གནོད་བྱེད་ཀྱི་རྟགས་གསུམ་པ་བསྒྲུབ་པ་ནི། ཆོས་དབྱིངས་ཆོས་ཅན། ཁྱོད་ལ་ཡང་དགོངས་གཞི་དེ་བཞིན་ལ་དགོངས་ནས། དགེ་བ་ཡིན་ཞེས་གསུངས་པར་གྱུར་ཀྱང་། འབྲས་བུ་བདེ་བ་སོགས་སྐྱེད་པ་ཡི། དགེ་བ་དངོས་ནི་མ་ཡིན་ནོ། །ཞེས་བྱ་སྟེ། རང་རྒྱུ་དགེ་རྩ་གསུམ་གྱིས་ཀུན་ནས་བསླངས་པའི་རྣམ་དཀར་གྱི་ལས་མ་ཡིན་པས། དགེ་བའི་མཚན་ཉིད་མ་ཚང་བའི་ཕྱིར་རོ། །

གནད་འདི་བཞིན་དུ། ཚག་ལོའི་དྲིས་ལན་ལས། དོན་དམ་དགེ་བ་དགོངས་པའི་གཞི། །སྡིག་མེད་ཙམ་ཡིན་དགོས་པ་ནི། །ཞུམ་པ་གཟེངས་བསྟོད་དེ་དག་གི། །འཕད་པ་རྒྱུད་བླར་གསུངས་པ་བཞིན། །དགོངས་པ་མིན་ན་ལས་སུ་འགྱུར། །ལས་མིན་དགེ་བས་འབྲས་འབྱིན་ན། །ངན་འགྲོ་མི་སྲིད་མི་འབྱིན་ན། །དགེ་བར་བཏགས་པ་མིང་རྐྱང་ཡིན། །ངེས་དོན་རྣམས་ཀྱི་མདོ་སྡེ་དང་། །འགལ་བ་གླུ་སྒྲུབ་གཞུང་བཞིན་བལྟ། །ཞེས་དང་། དགེ་སྡིག་མཚན་ཉིད་ལེགས་ཤེས་ནས། །ཕྱིས་ནས་ཡིན་མིན་དཔྱད་པར་བྱ། །དུག་གསུམ་གྱིས་སྐྱེད་ལས་སྡིག་པ། །དེ་ལས་ལྡོག་པ་དགེ་བ་ཉིད། །ཡིན་ཕྱིར་ཆོས་ཉིད་དགེ་བ་མིན། །ཞེས་བཤད། དེས་ན་མདོན་པ་ལས་ནི། དོན་དམ་པའི་དགེ་བ་དགེ་བའི་མཆོག་ཡིན་ཡང་། དགེ་བའི་ལས་སུ་མི་འཇོག་སྟེ། ཀུན་སློང་དགེ་རྩས་ཀུན་ནས་མ་བསླངས་ཤིང་། འབྲས་བུ་བདེ་བ་སོགས་མི་བསྐྱེད་པའི་ཕྱིར། འོན་ཀྱང་དགེ་བ་ཡིན་ཏེ། དོན་དམ་པའི་དགེ་བ་དང་། དགེ་བའི་མཆོག་ཡིན་པའི་ཕྱིར། ཞེས་བཞེད་དེ། གདན་ལ་དབབ་པ་བསྡུ་བ་ལས། དེ་བཞིན་ཉིད་ནི་དགེ་བ་ཡིན་ཏེ། རྣམ་པར་དག་པ་དགེ་བའི་དམིགས་པ་ཡིན་གྱི། འདོད་པའི་འབྲས་བུ་ཡོངས་སུ་འཛིན་པ་འབྱུང་བའི་མཚན་ཉིད་ཀྱི་དོན་ནི་མ་ཡིན་ནོ། །ཞེས་བཤད་པའི་ཕྱིར། བསྟན་བཅོས་འདིར་ནི། རྒྱུ་དགེ

རྒྱས་ཀུན་ནས་མ་བསླངས་ཤིང་། འབྲས་བུ་བདེ་བ་སོགས་མི་འབྱིན་པ་དེ་ཉིད་ཀྱིས་དགེ་བ་མཚན་ཉིད་པར་མ་སོང་སྟེ། དགེ་བའི་མཚན་ཉིད་དང་བྱེད་ལས་སོགས་མེད་པའི་ཕྱིར། ཞེས་གནད་ཀྱི་སྙིང་པོ་གོ་བར་བྱ་སྟེ། གླུ་སྒྲུབ་ཀྱི་ལུང་དང་། བསྟན་བཅོས་མཛད་པའི་རིགས་པ་ལས་ཤེས་པའི་ཕྱིར་རོ། །

རྩ་བའི་གཉིས་པ་རིགས་པས་གནོད་བྱེད་བསྟན་པ་ནི། ཆོས་དབྱིངས་ཆོས་ཅན། ངན་འགྲོ་མི་སྲིད་པར་ཧ་ཅང་ཐལ་བར་འགྱུར་ཏེ། ཁྱོད་ཅི་ནས་ཀྱང་དགེ་བ་ཡིན་པ་གང་ཞིག །ཁྱོད་ལས་མ་གཏོགས་པའི་ཆོས་མེད་པའི་ཕྱིར། རྟགས་དང་པོ་དངོས། ཕྱི་མ་གྲུབ་སྟེ། ཤེར་ཕྱིན་མདོ་དང་། ལྷག་བསམ་བསྟན་པའི་མདོ་སོགས་ལས་དེ་ལྟར་བཤད་ཅིང་། རྒྱན་ལས། ཆོས་ཀྱི་དབྱིངས་ནི་མ་གཏོགས་པར། །གང་ཕྱིར་ཆོས་མེད་དེ་ཡི་ཕྱིར། །ཞེས་སོགས་དང་། དབུས་མཐའ་རྣམ་འབྱེད་ལས། ཆོས་ཀྱི་དབྱིངས་ནི་མ་གཏོགས་པར། །འདི་ལྟར་ཆོས་ཡོད་མ་ཡིན་ཏེ། །ཞེས་སོགས་བཤད་པའི་ཕྱིར། རྩ་བ་ལ་ཁྱབ་འབྲེལ་མེད་དོ། །ཞེ་ན་ཉོན་ཅིག །སྡིག་པ་དང་ལུང་མ་བསྟན་ཡང་ཆོས་ཅན། ཁྱོད་ལ་འབྲས་བུ་བདེ་བ་སོགས་བསྐྱེད་པའི་དགེ་བའི་ལས་ཀྱིས་ཁྱབ་པར་འགྱུར་བར་ཐལ། ཆོས་དབྱིངས་དགེ་བ་གང་ཞིག །ཆོས་དབྱིངས་ལས་མ་གཏོགས་པའི་ཆོས་གཞན་མེད་པའི་ཕྱིར། འདོད་པ་དེ་ལྟར་ཡིན་ན། སེམས་ཅན་ཀུན་ཆོས་ཅན། ཁྱོད་ངན་འགྲོར་འགྲོ་བ་མི་སྲིད་པར་འགྱུར་བར་ཐལ། ཁྱོད་ཀྱིས་སྡིག་པ་དང་ལུང་མ་བསྟན་གྱི་ལས་རེ་བྱས་པའི་ཚེའང་དགེ་བའི་ལས་རེའང་བྱས་པའི་ཕྱིར། དོན་གྱི་འཕོར་གསུམ།

གཞུང་འདི་ལ་པཎ་ཤཱཀྱ་པས། ཆོས་དབྱིངས་ལུང་མ་བསྟན་ཡིན་ན། །ཆོས་ཀྱི་དབྱིངས་ལས་མ་གཏོགས་པའི། །ཆོས་གཞན་མེད་ཕྱིར་དགེ་བ་དང་། །སྡིག་པའང་ལུང་མ་བསྟན་དུ་འགྱུར། །སྨྲ་བའི་དོགས་པ་མི་འབྱུང་ངམ། །ཆོས་དབྱིངས་གསུམ་ཆར་མི་རུང་ན། །དེ་མཚུངས་དོགས་པ་ཅིས་མི་འབྱུང་། །ཆོས་དབྱིངས་ཡོད་པར་མི་བཞེད་ན། །ཆོས་ཀྱི་དབྱིངས་ལས་མ་གཏོགས་པའི། །ཆོས་གཞན་མེད་ཕྱིར་དངོས་ཀུན་ཡང་། །ཡོད་པར་མི་བཞེད་མིན་དེ་ཅི། །ཞེས་པའི་དྲི་བ་མཛད་པ་ལ། འབྲུལ་སྤོང་ལས། རབ་དབྱེའི་གཞུང་འདི་ཆོས་ཅན། སྡིག་པ་དང་ལུང་མ་བསྟན་ལའང་དགེ་བ་ཡོད་པར་ཐལ། ཆོས་དབྱིངས་དགེ་བ་གང་ཞིག །ཆོས་དབྱིངས་ཀྱིས་མ་ཁྱབ་པའི་ཆོས་མེད་པའི་ཕྱིར། ཞེས་པ་ཡིན་ལ། དེ་ལ་ཁྱེད་ཀྱི་དྲི་བ་དེའི་དོན། དགེ་སྡིག་གཉིས་ལའང་ལུང་མ་བསྟན་ཡོད་པར་ཐལ། ཆོས་དབྱིངས་ལུང་མ་བསྟན་གང་ཞིག །ཆོས་དབྱིངས་ལས་མ་གཏོགས་པའི་ཆོས་མེད་པའི་ཕྱིར། ཟེར་བ་ཡིན་ན་འདོད་ལན་ཐེབས་ལ། འོན་སེམས་ཅན་ཀུན་བདེ་འགྲོར་འགྲོ་བ་མི་སྲིད་པར་ཐལ། དགེ་སྡིག་གཉིས་ལའང་ལུང་མ་བསྟན་གྱི་ཆོས་ཡོད་པའི་ཕྱིར་ཟེར་ན། ཁྱབ་འབྲེལ་མེད་དེ། ལུང་མ་བསྟན་ནི་བདེ་

འགྲོ་དང་ངན་འགྲོ་གང་གིའང་རྒྱུ་མ་ཡིན་པའི་ཕྱིར། དྲི་བ་གཉིས་པ་དང་གསུམ་པ་ནི། ཆོས་དབྱིངས་དེ་གསུམ་གང་རུང་མ་ཡིན་ཟེར་ན། འོ་ན་ལུང་མ་བསྟན་ཡང་དེ་གསུམ་གང་རུང་མ་ཡིན་པར་ཐལ། ཆོས་དབྱིངས་དེ་གསུམ་གང་རུང་མ་ཡིན་པ་གང་ཞིག །ཁྱོད་ལས་མ་གཏོགས་པའི་ཆོས་མེད་པའི་ཕྱིར། གསུམ་པའི་དོན་ཆོས་དབྱིངས་ཡོད་པའང་མིན་ཟེར་ན། འོ་ན་དངོས་པོའང་ཡོད་པ་མ་ཡིན་པར་ཐལ། ཆོས་དབྱིངས་ཡོད་པ་མིན་པ་གང་ཞིག ། ཆོས་དབྱིངས་ལས་མ་གཏོགས་པའི་ཆོས་མེད་པའི་ཕྱིར། ཞེས་མཚུངས་པ་བསྒྲེ་བ་ནི། དགག་ཁྱབ་དང་སྒྲུབ་ཁྱབ་ཀྱི་རྣམ་དབྱེ་མ་ཕྱེ་བ་ཡིན་པའི་ཕྱིར་ཏེ། དཔེར་ན། སྔར་རྒོལ་གྱིས་ཤེས་བྱ་བུམ་པར་ཁས་བླངས་པ་ལ། ཕྱིར་རྒོལ་གྱིས། ཀ་བ་ཆོས་ཅན། བུམ་པར་ཐལ། ཤེས་བྱ་ཡིན་པའི་ཕྱིར། ཞེས་སྨྲ་བ་ལ། སྔར་རྒོལ་ན་རེ། ཁྱོད་ཀྱི་ཤེས་བྱ་བུམ་པ་མ་ཡིན་པར་ཁས་བླངས་པས། གསེར་བུམ་ཆོས་ཅན། བུམ་པ་མ་ཡིན་པར་ཐལ། ཤེས་བྱ་ཡིན་པའི་ཕྱིར། ཞེས་ཁྱབ་པ་བསྒྲིགས་པ་དང་ཆོས་མཚུངས་པ་འདི། དབུས་གཙང་གི་མཁས་པ་ལ་དྲི་ཅི་དགོས། བསྟུས་ར་བ་རྣམས་ལ་དྲིས་ཤིག །ཅེས་གསུངས་པ་འདི་ཉིད་ལན་གྱི་སྙིང་པོ་ཡིན་ཏེ། ཆོས་དབྱིངས་དགེ་བ་ཁས་བླངས་པ་ལ་འཕངས་པའི་རིགས་པ་དེ་ཉིད། ཆོས་དབྱིངས་དགེ་བ་མ་ཡིན་པར་ཁས་བླངས་པ་ལ་མགོ་བསྒྲེ་བ་ནི་མཁས་པའི་བཞད་གད་ཡིན་པའི་ཕྱིར། གསེར་ཐུར་རང་ལན་དུ། གཞུང་འདི་རྣལ་འབྱོར་སྤྱོད་པ་དག་གིས། ཡོད་ན་ཆོས་དབྱིངས་ཡིན་པས་ཁྱབ་པ་དང་། ཆོས་དབྱིངས་ཁོ་ན་དོན་དམ་པའི་དགེ་བ་འདོད་པ་ལ། ཐལ་རང་གི་རིགས་པས་འགོག་ཚུལ་མང་དུ་བཀོད་པ་ནི་ཤིན་ཏུ་མི་འཐད་དེ། གཞུང་འདིའི་ཕྱོགས་སྔ་སྨྲ་བ་པོ་ངོས་མ་ཟིན་པའི་སྐྱོན་དུ་སྣང་བའི་ཕྱིར། འགྲོ་ཀུན་དགེ་བ་ཅི་སྙེད་ཡོད་པ་དང་། །ཞེས་སོགས་སྐབས་ཀྱི་ཕྱོགས་སྔ་སྨྲ་བ་པོ་དེ་འགོག་པ་ཡིན་གྱིས། རྣལ་འབྱོར་སྤྱོད་པ་བ་འགོག་པ་མ་ཡིན་པའི་ཕྱིར་རོ། །

དེས་ན་དྲི་བ་འདི་ལྟ་བུ་ཡང་། ཆོས་ཀྱི་དབྱིངས་ལས་མ་གཏོགས་པའི། །ཆོས་གཞན་མེད་ཕྱིར་ཞེས་པའི་ཚིག་གི་ནུས་པ་མ་རྙེད་པ་ལ་བརྟེན་ནས་དྲིས་པ་ཡིན་པས་འདི་ལ་གཉིས། མཁས་པའི་བཤད་སྲོལ་དང་། རང་གིས་བཞེད་པའོ། །དང་པོ་ནི། གསེར་ཐུར་ལས། ཆོས་དབྱིངས་ལས་མ་གཏོགས་པའི་ཆོས་གཞན་མེད་ཅེས་འབུམ་ལས་བཤད་པའི་དགོངས་པ་དང་། བྱམས་ཆོས་ཕྱི་མ་ལས་དེ་ལྟར་བཤད་པའི་དགོངས་པ་གཉིས་སུ་མཛད་ནས། དང་པོ་ནི། ཤེས་བྱ་ཐམས་ཅད་ཀྱི་གནས་ལུགས་ཆོས་དབྱིངས་སུ་གནས་པས་ཆོས་དབྱིངས་ལས་མ་གཏོགས་པའི་ཆོས་མེད་ཅེས་བྱ་ཡི། ཤེས་བྱ་ཡིན་ན། ཆོས་དབྱིངས་ཡིན་པས་ཁྱབ་པའི་དོན་མིན་ཅེས་བཤད། གཉིས་པ་ནི། བྱམས་ཆོས་བར་པ་གསུམ་གྱི་ལྟ་བའི་འཛོག་མཚམས་མཐར་ཐུག་ཏུ་སླེབ་པ་ན། ཆོས་དབྱིངས་ལས་མ་གཏོགས་པའི་ཆོས་གཞན་ཡོད་པ་མ་ཡིན་ཏེ། ཆོས་དབྱིངས་ཁོ་ན་ཡོད་ལ། ཆོས་གཞན་མེད་པའི་ཕྱིར་ཏེ།

ཡོད་ན་ཆོས་དབྱིངས་ཡིན་དགོས་པའི་ཕྱིར། ཞེས་བཤད། གཉིས་པ་རང་གི་འདོད་པ་ནི། སྤྱིར་བཀའ་བསྟན་བཅོས་ལས་བཤད་ཚུལ་མི་གཅིག་པ་སོ་སོ་བ་ཙུང་ཟད་ཡོད་ཀྱང་། བསྟན་བཅོས་འདིར་བཤད་པའི་དགོངས་པ་དང་སྦྱར་ན། ཆོས་ཀྱི་དབྱིངས་ཀྱིས་མ་ཁྱབ་པའི་ཆོས་མེད་ཅེས་པ་ཡིན་ལ། དེའི་གནད་ཀྱང་། ཁོ་ཆོས་ཡིན་ན། ཁོའི་གནས་ཚུལ་ཆོས་དབྱིངས་ལས་མ་འདས། ཞེས་པའི་དོན་ཡིན་པས། དགེ་རྩ་ཆད་པའི་གང་ཟག་དང་། རྡོ་དང་བོང་བ་སོགས་ལའང་དགེ་བ་ལྡན་པར་ཐལ། ཆོས་དབྱིངས་དགེ་བ་གང་ཞིག །ཆོས་དབྱིངས་དང་མི་ལྡན་པའི་ཆོས་མེད་པའི་ཕྱིར། ཞེས་པའི་དོན་ནོ། །

གཞན་ཡང་། ཆག་ལོའི་དྲིས་ལན་ལས། ཆོས་ཀྱི་དབྱིངས་ལས་མ་གཏོགས་པའི། །ཆོས་མེད་ཅེས་གསུངས་དོན་དམ་ཡིན། །ཞེས་དང་། དམ་པའི་དོན་ལ་དགོངས་ནས་ནི། །ཆོས་ཀུན་སྤྲོས་པ་བྲལ་ཞེས་གསུངས། ། ཞེས་དོན་དམ་པར་ཆོས་ཐམས་ཅད་ཆོས་དབྱིངས་ལས་མ་འདས་པར་བཤད་པ་ནི། གཞུང་འདིའི་དོན་མ་ཡིན་ཏེ། སྡིག་པ་དང་ལུང་མ་བསྟན་ལའང་དགེ་བ་ཡོད་པར་ཐལ། ཆོས་དབྱིངས་དགེ་བ་གང་ཞིག །དོན་དམ་པར་ཆོས་དབྱིངས་ལས་མ་གཏོགས་པའི་ཆོས་མེད་པའི་ཕྱིར། ཞེས་པ་ལྟ་བུ་ལ་འབྲེལ་མ་ཆགས་པའི་ཕྱིར་རོ། །དེས་ན་པཎ་ཤཱཀ་པས། བྱམས་ཆོས་ཀྱི་དགོངས་པ་འགྲེལ་ཚུལ་དེ་ཡང་ཙུང་ཟད་མ་འབྲེལ་ཏེ། མདོ་ལས། འདོད་ཆགས་ལས་མ་གཏོགས་པར་འདོད་ཆགས་ལས་ངེས་པར་འབྱུང་བ་མི་སྲི་ཞེས་པའི་དགོངས་པ་འཆད་པ་ལ། འདོད་ཆགས་ཀྱིས་འདོད་ཆགས་སྦྱོང་ཞེས་པའི་དགོངས་པ་ཡོད་དེ། འདོད་ཆགས་ཀྱི་ངོ་བོ་རང་བཞིན་འོད་གསལ་ལམ་ཆོས་དབྱིངས་ལས་མ་འདས་པས། བློ་ནང་དུ་ཕྱོགས་ནས་འདོད་ཆགས་ཀྱི་ངོ་བོ་རང་བཞིན་འོད་གསལ་ལ་ཐོས་བསམ་སྒོམ་གསུམ་གྱིས་འབད་པས་འདོད་ཆགས་སྦྱོང་གི། དེ་སྦྱོང་བའི་གཉེན་པོ་གཞན་མི་དགོས་ཞེས་པའི་དོན་ཡིན་པའི་ཕྱིར་ཏེ། རྒྱུད་རྩ་བར། ཆོས་ཀྱི་དབྱིངས་ལས་མ་གཏོགས་པར། །གང་ཕྱིར་ཆོས་མེད་དེ་ཡི་ཕྱིར། །ཀུན་ནས་ཉོན་མོངས་བསྟན་པ་ལ། །བློ་ལྡན་དགོངས་པ་དེ་ཡིན་འདོད། །ཅེས་དང་། གང་ཕྱིར་ཆགས་སོགས་དེ་ཉིད་ལས། །ཚུལ་བཞིན་འཇུག་པ་དེ་ཡི་ཕྱིར། །དེ་ལས་རྣམ་གྲོལ་གྱུར་དེས་ན། །དེ་ཡིས་དེ་དག་ལས་ངེས་འབྱུང་། །ཞེས་དང་། འགྲེལ་པར་དབྱིག་གཉེན་ཞབས་ཀྱིས། གང་གི་ཕྱིར་བཅོམ་ལྡན་འདས་ཀྱིས་འདོད་ཆགས་ལས་མ་གཏོགས་པར་འདོད་ཆགས་ལས་ངེས་པར་འབྱུང་བར་མི་སྲི་སྟེ། ཞེ་སྡང་དང་གཏི་མུག་ཀྱང་དེ་དང་འདྲའོ། །

ཞེས་གསུངས་པ་དེའི་དགོངས་པ་སྟོན་ཏེ། གང་གི་ཕྱིར་ཆོས་ཉིད་ལས་མ་གཏོགས་པའི་ཆོས་མེད་པ་དེའི་ཕྱིར། འདོད་ཆགས་ལ་སོགས་པའི་ཆོས་ཉིད་ཀྱང་འདོད་ཆགས་ལ་སོགས་པས་མི་འཐོབ་ལ། ཞེས་སོགས་བཤད་

པའི་ཕྱིར། གསུམ་པ། ཞར་བྱུང་བྱམས་སོགས་གཤིས་ཀྱིས་ལོག་རྟོག་དགག་པ་ནི། བྱམས་པ་དང་སྙིང་རྗེ་སོགས་ཆོས་ཅན། ཁྱོད་ཡུལ་གང་ལ་དམིགས་པའམ། ཁྱོད་ཀྱིས་ཀུན་ནས་བསླངས་པའི་ལས་གང་བྱས་ཀྱང་དགེ་བ་ཡིན་ནོ། །ཞེས་འདོད་པ་ཡོད་དེ། དགོངས་གཅིག་པ་དང་བཀའ་གདམས་པ་ལ་ལ། ཁྱོད་གཤིས་ཀྱི་དགེ་བར་གསུངས་པ་ནི། ཞེས་འདོད་པའི་ཕྱིར་རོ། །ཐབས་ལ་མི་མཁས་པའི་བྱམས་དང་སྙིང་རྗེ་འདི་ཡང་ཆོས་ཅན། ཁྱོད་མཐའ་གཅིག་ཏུ་ཕྱོགས་སྔའི་འདོད་པ་དེ་ལྟར་གཤིས་ཀྱི་དགེ་བ་ཡིན་པའི་ངེས་པ་མེད་དེ། ཁྱོད་ཀྱིས་ཀུན་ནས་བསླངས་པའི་ལས་འགའ་ཞིག་གིས་རྣམ་སྨིན་སྡུག་བསྔལ་སྐྱེད་པས། ཁྱོད་ཀྱང་ངན་འགྲོའི་རྒྱུ་རུ་ཐུབ་པས་གསུངས་པའི་ཕྱིར་དང་། དེ་གཤིས་ཀྱི་དགེ་བར་གསུངས་པ་ནི། ཐབས་ལ་མཁས་པའི་བྱམས་སྙིང་རྗེ་སོགས་ལ་དགོངས་པའི་ཕྱིར་རོ། །ཞལ་ཆེར་གྱིས། མདོ་མཛངས་བླུན་ལས་བཤད་པའི་བྱམས་པའི་སེམས་ཀྱིས་དགེ་འདུན་གྱི་སྐོར་ཉེ་དུ་སོགས་ལ་སྦྱིན་པའི་ལས་དེ་ཉིད་འདིའི་མཚན་གཞིར་བཟུང་བ་ལ།

པཎ་ཤཱཀ་པས། མི་མཁས་པ་ཡི་བྱམས་སྙིང་རྗེ། །ངན་སོང་རྒྱུ་རུ་ཐུབ་པས་གསུངས། །འཕེན་བྱེད་རྒྱུ་ཡི་རྫོགས་བྱེད་ཀྱི། །རྒྱུ་ཞེས་བཏགས་ན་ཇི་ལྟར་འགྱུར། །ཞེས་པའི་དྲི་བ་མཛད་ནས། ངན་སོང་འགྲུབ་བྱེད་ཀྱི་རྒྱུ་ནི༑ ཐབས་ལ་མཁས་པའི་བྱམས་པས་ཀྱང་བྱེད་སྲིད་ཅིང་། འཕེན་བྱེད་ཀྱི་རྒྱུ་བྱམས་པ་མཚན་ཉིད་པས་བྱེད་པ་མི་སྲིད་དེ། ངན་སོང་འཕེན་བྱེད་ཀྱི་རྒྱུ་ཡིན་ན། སྡིག་པ་ཡིན་པས་ཁྱབ་པའི་ཕྱིར་དང་། དགེ་འདུན་གྱི་སྐོར་ཉེ་དུ་ལ་བྱིན་པས། སྔར་བ་པོའི་དགེ་སློང་ཤིང་ལྗོན་པ་ལྟ་བུའི་དམྱལ་བར་སྐྱེས་ཤིང་། ཉེ་དུ་རྣམས་ཤིང་ལྗོན་པ་དེ་ལ་ཟ་བའི་སྲིན་བུར་སྐྱེས་པར་བཤད་པ་ནི། ཀུན་སློང་བྱམས་པ་དང་སྙིང་རྗེའི་དབང་གིས་སྐྱེས་པ་མ་ཡིན་གྱི། དགེ་འདུན་གྱི་དཀོར་ཕུད་ཟོས་པའི་དབང་གིས་སྐྱེས་པ་ཡིན་པའི་ཕྱིར། ཞེས་བཀག་ནས། རང་ལན་ལ། གདུག་པ་ཅན་ལ་བྱམས་པའི་བྱམས་པ་དང་། སྨོད་མིན་ལ་གསང་བ་སྟོན་པའི་སྙིང་རྗེ་ལྟ་བུ། འདིར་སྐབས་ཀྱི་བྱམས་སྙིང་རྗེ་ལ་འཇོག་སྟེ། འདི་ཉིད་རྩ་བའི་ལྟུང་བར་བཤད་པས། ངན་སོང་གི་རྒྱུར་འཆད་སླ་བའི་ཕྱིར་དང་། དེ་ཉིད་བྱམས་སྙིང་རྗེ་མཚན་ཉིད་པ་མ་ཡིན་ཏེ། མི་མཁས་པའི་བྱམས་སྙིང་རྗེ་ཡིན་པའི་ཕྱིར་དང་། ཆགས་སྡང་རྨོངས་གསུམ་གང་རུང་དང་མཚུངས་ལྡན་ཡིན་པའི་ཕྱིར། དེས་ན་བྱམས་བརྩེ་གཉིས་ཀྱི་དགེ་བ་མ་ཡིན་ཏེ། དེས་རྒྱུས་ཀུན་སློང་བྱས་པ་ལས་བྱུང་བའི་ལས་མི་དགེ་བ་སྲིད་པའི་ཕྱིར། ཞེས་པའི་དོན་དུ་བཤད་ན་ལེགས་སོ་ཞེས་བཤད། འབྲུལ་སྤོང་ལས། བྱམས་དང་སྙིང་རྗེའི་ཆ་ནས་ངན་སོང་གི་རྒྱུར་སོང་བ་མ་ཡིན་ལ། རང་གི་ཉེ་དུ་བདེ་བ་དང་འཕྲད་སྡུག་བསྔལ་དང་བྲལ་བར་འདོད་ནས་སྒྲོག་གཅོད་མ་བྱིན་སོགས་ལ་འཇུག་པ་ལས་འབྲས་ལ་མི་མཁས་པའི་ཆ་ནས་ངན་སོང་གི་རྒྱུར་སོང་བ་ཡིན་པས། འཕེན་བྱེད་ཀྱི་རྒྱུར་སོང་བ་ཡང་ཡོད། རྫོགས་བྱེད་ཀྱི་རྒྱུར་སོང་

བ་ཡང་ཡོད་ཅེས་སྨྲས་ན་ཉེས་པ་ཇི་ལྟར་འགྱུར། ཞེས་བཤད།

འདི་ཡང་ཅུང་ཟད་དོགས་པ་དཔྱད་དགོས་རྒྱུར་སྣང་སྟེ། དེས་ན་སེམས་ཀྱི་འཕེན་པ་ལས། །གཞན་པའི་དགེ་སྡིག་ཡོད་མ་ཡིན། །ཞེས་དགེ་མི་དགེ་གང་ལའང་ཀུན་སློང་གཉིས་པོའི་རྗེས་སུ་འགྲོ་ལྡོག་བྱེད་པ་གཅིག་བཤད་ནས། ཐབས་ལ་མི་མཁས་པའི་བྱམས་སྙིང་རྗེ་སོགས་ལ་ཀུན་སློང་གཉིས་པོས་ཕན་ཆེར་མ་བཏགས་པ་གཅིག་བཤད་འདུག་པའི་ཕྱིར། དེས་ན་མཁས་པ་ཁྱེད་གཉིས་ལ་ཐུན་མོང་དུ། ཉེ་དུ་ལ་བྱམས་སྙིང་རྗེས་ཀུན་ནས་བསླངས་ནས་དགེ་འདུན་གྱི་རྫས་སྦྱིན་པའི་ལས་འདི་ཆོས་ཅན། ཁྱོད་གཅིག་ཏུ་དཀར་བ། གཅིག་ཏུ་གནག་པ། འདྲེན་མའི་ལས་གསུམ་པོ་གང་རུང་ཡིན་པ་ཐལ། ཁྱོད་དགེ་མི་དགེ་གང་རུང་ཡིན་པའི་ཕྱིར། འདོད་ན། གསུམ་པོ་གང་ཡིན། གཅིག་ཏུ་དཀར་བ་ཡིན་ན། ཁྱོད་རྣམ་སྨིན་ངན་སོང་འཕེན་བྱེད་མ་ཡིན་པ་ཐལ། དེའི་ཕྱིར། འདྲེན་མའི་ལས་ཡིན་ན། ཁྱོད་ཀྱི་ཀུན་སློང་གཉིས་པོ་གང་རུང་གཅིག་ནག་ལ་གཅིག་ཤོས་དཀར་བ་ཡིན་པར་ཐལ། འདོད་པའི་ཕྱིར། འདོད་ན། གང་དཀར་ལ་གང་གནག་ཅེས་དྲིས་ན་ལན་ཅི་ཡོད། ཡང་དེ་འདྲེན་མའི་ལས་སུ་གྱུར་པའི་དགེ་བ་ཡིན་ནམ་མི་དགེ་བ་ཡིན། དང་པོ་ལྟར་ན་རྣམ་སྨིན་སྡུག་བསྔལ་བསྐྱེད་བྱེད་མ་ཡིན་པར་ཐལ་བ་དང་། གཉིས་པ་ལྟར་ན། དེ་དུས་ཀུན་སློང་མི་དགེ་བ་དང་མཚུངས་ལྡན་ཡིན་པར་ཐལ་ལོ། ། གསུམ་པ་གཅིག་ཏུ་གནག་པ་ཡིན་ནོ་ཞེ་ན། མི་འཐད་དེ། ཁྱོད་ཀྱི་རྒྱུ་དུས་ཀྱི་ཀུན་སློང་བྱམས་པ་དེ་དགེ་བ་མཚན་ཉིད་པ་ཡིན་པའི་ཕྱིར། ཡང་འབྲུལ་སྤོང་ལྟར་ན། དེ་ལྟ་བུའི་བྱམས་པ་ཆོས་ཅན། ཁྱོད་ཉེ་དུ་ལ་བྱམས་པའི་ཆ་ནས་དགེ་བ་དང་། ཐབས་ལ་མི་མཁས་པའི་ཆ་ནས་མི་དགེ་བར་ཁས་ལེན་རིགས་པར་ཐལ། བྱམས་པའི་ཆ་ནས་ངན་སོང་འཕེན་བྱེད་མ་ཡིན་ལ། ཐབས་ལ་མི་མཁས་པའི་ཆ་ནས་ངན་སོང་འཕེན་བྱེད་ཀྱི་རྒྱུ་ཡང་ཡིན་པའི་ཕྱིར། འདོད་ན། དགེ་མི་དགེ་གཞི་མཐུན་དུ་འགྱུར་རོ། །

ཡང་གསེར་ཐུར་ལས། གདུག་པ་ཅན་ལ་ཡིད་ཀྱི་བྱམས་པ་དེ། འདིར་སྐབས་ཀྱི་བྱམས་པ་ཡིན་ནམ། ལུས་ངག་གི་བྱམས་པ་དེ་ཡིན། དང་པོ་ལྟར་ན་ཁྱོད་ལ་འགལ་ཏེ། ཁྱོད་ཀྱིས་འདིར་སྐབས་ཀྱི་བྱམས་པ་རྟ་ལྟུང་དུ་བཤད་པ་གང་ཞིག །དེ་ལ་ཡིད་ཀྱི་བྱམས་པ་རྟ་ལྟུང་མ་ཡིན་ནོ། །ཞེས་རྟ་ལྟུང་འབྲུལ་སྤོང་ལས་བཤད་པའི་ཕྱིར། གཉིས་པ་ལྟར་ན། དེ་ལྟ་བུ་དེ་ཀུན་སློང་གང་གིས་ཀུན་ནས་བསླངས་ཞེས་བརྟག་པར་བྱའོ། །ཡང་། མང་པོ་སྐྱོབ་ཕྱིར་གཅིག་གི་སྲོག་གཅོད་པའི་ཀུན་སློང་དུ་གྱུར་པའི་བྱམས་པ་ཆོས་ཅན། གཤིས་ཀྱི་དགེ་བ་མ་ཡིན་པར་ཐལ། ཁྱོད་ཀྱིས་ཀུན་ནས་བསླངས་པའི་ལུས་ངག་ཡིད་གསུམ་གང་རུང་གི་མི་དགེ་བ་སྲིད་པའི་ཕྱིར། རྟགས་ཁྱབ་དངོས། གལ་ཏེ་འདོད་དེ། གཤིས་ཀྱི་དགེ་བ་མེད་དོ་ཟེར་ན། འོ་ན། རྟགས་རྒྱ་ཆེ་བ་བདག་མེད་ཀྱིས་ཚོག

པ་ལ་རྒྱ་ཆུང་བ་བཀོད་པས་ཅི་ཞིག་བྱ། ཞེས་མཁས་པ་ཁྱེད་ལ་འདྲིའོ། །དེས་ན་ཁོ་བོ་རེ་ཤིག་འདི་ལྟར་སེམས་ཏེ༔ མཚན་གཞི་ནི་སྔ་ཕྱི་སྔ་མ་ལྟར་འཐད་དེ། རང་མཆན་ལས། ཉེ་དུ་ལ་བྱམས་པས་དཀོན་མཆོག་གི་དཀོར་ཕྲོགས་ནས་གསོ་བ་དང་། གཞན་གྱི་རླུང་ནད་ཞི་བའི་ཕྱིར། སྲོག་ཆགས་བསད་ནས་ཤ་སྟེར་བ་ལ་སོགས་པ་ཞེས་བཤད་པའི་ཕྱིར། དེ་ཡང་འདི་ལྟར་འཆད་དེ། ཉེ་དུ་ལ་དགེ་འདུན་གྱི་དཀོར་སྦྱིན་པའི་ལས་ཀྱི་ཀུན་སློང་བྱམས་པ་ཆོས་ཅན། ཁྱོད་ཐབས་ལ་མི་མཁས་པའི་བྱམས་པ་ཡིན་ཏེ། བྱམས་པ་གང་ཞིག །ཁྱོད་ཀྱི་རྣམ་སྨིན་གྱི་འབྲས་བུ་བདེ་བ་ལས་ཁྱོད་ཀྱིས་ཀུན་ནས་བསླངས་པའི་ཉེ་དུ་ལ་དཀོར་སྦྱིན་པའི་ལས་ཀྱི་རྣམ་སྨིན་སྡུག་བསྔལ་དེ་སྟོབས་ཆེ་བའི་ཕྱིར། དེས་ཀུན་ནས་བསླངས་པའི་ཉེ་དུ་ལ་དཀོར་སྦྱིན་པའི་ལས་འདི་ཆོས་ཅན། འདྲེན་མའི་ལས་སུ་གྱུར་པའི་མི་དགེ་བ་ཡིན་ཏེ། རྒྱུ་དུས་ཀུན་སློང་བྱམས་པ་དང་། དེ་དུས་ཀུན་སློང་ཆགས་པ་མི་དགེ་བའི་ཀུན་ནས་བསླངས་པའི་མ་བྱིན་ལེན་གྱི་ཆར་གཏོགས་ཡིན་པའི་ཕྱིར་རོ། །མང་པོ་སྐྱོབ་ཕྱིར་གཅིག་གི་སྲོག་གཅོད་པའི་ཀུན་སློང་བྱམས་པ་ཆོས་ཅན། ཐབས་ལ་མཁས་པའི་བྱམས་པ་ཡིན་ཏེ། བྱམས་པ་གང་ཞིག །ཁྱོད་ཀྱིས་ཀུན་ནས་བསླངས་པའི་གཅིག་གི་སྲོག་བཅད་པའི་མི་དགེ་བའི་རྣམ་སྨིན་སྡུག་བསྔལ་ལས། ཁྱོད་རང་གི་རྣམ་སྨིན་དགེ་བ་སྟོབས་ཆེ་བ་དེའི་ཕྱིར་རོ། །

དེས་ན། དེ་ལྟ་བུའི་ཐབས་ལ་མི་མཁས་པའི་བྱམས་པ་ནི། རང་གི་ངོ་བོ་བྱམས་པ་མཚན་ཉིད་པ་དང་། ཀུན་ནས་བསླངས་པའི་ལས་ནི་འདྲེན་མའི་ལས་ཡིན་ལ། གདུག་པ་ཅན་ལ་ལུས་ངག་གི་ཕན་འདོད་པའི་ཀུན་སློང་ཡིད་ཀྱི་བྱམས་པ་ཡང་མ་དག་པའི་བྱམས་པ་ཡིན་ཏེ། རང་གི་ངོ་བོ་དཀར་པོ་དང་། ཀུན་ནས་བསླངས་པའི་ལས་དེ་ཡང་དཀར་པོ་ཡིན་པ་སྲིད་ཀྱང་། གདུག་པ་ཅན་དེས་བསྟན་པ་དང་སེམས་ཅན་ལ་གནོད་པ་ཆེར་བྱེད་པའི་བརྒྱུད་པའི་རྒྱུད་པ་ཅན་བྱམས་པ་ཡིན་པའི་ཕྱིར། ཡང་ནད་པ་དགའ་བའི་ཁ་ཟས་སྟེར་བའི་ཀུན་སློང་སྙིང་རྗེ་ཡང་མ་དག་པའི་སྙིང་རྗེ་ཡིན་ཏེ། ངོ་བོ་དང་འབྲས་བུ་གཉིས་ཀ་དགེ་བ་ཡིན་ཡང་། ཕྱིས་ནས་ཕ་རོལ་གྱི་སྲོག་ལ་གནོད་པ་སོགས་ཀྱི་བརྒྱུད་རྒྱུར་འགྱུར་སྲིད་པའི་སྙིང་རྗེ་ཡིན་པའི་ཕྱིར་རོ། །དེས་ན་ཁོ་བོ་ནི་མ་དག་པའི་བྱམས་སྙིང་རྗེ་སོགས། བྱམས་སྙིང་རྗེ་མཚན་ཉིད་པ་མ་ཡིན་ཞིང་། རྣམ་སྨིན་ཡང་དཀར་པོ་ཙུང་ཟད་སྐྱེད་ཀྱང་། བདག་འབྲས་སོགས་ཉེས་དམིགས་ཆེར་སྐྱེད་པས། མ་དག་པ་ཡིན་པའི་ཕྱིར། སྤང་དགོས་སོ་ཞེས་སྨོད་ལྡན་གྱི་གདུལ་བྱ་རྣམས་ལ་མན་ངག་ཏུ་སྦྱིན་པ་ཡིན་ཏེ། མཁས་པའི་དགོངས་པ་རྙེད་པའི་ཕྱིར་རོ། །

གསུམ་པ། ཁྱད་པར་བསྡུ་ལེའི་མདོ་དང་འགལ་བ་ལ་གཉིས། མདོ་དང་འགལ་བའི་གནོད་བྱེད་རྣམ་གསུམ་བསྟན། འཁྲུལ་མེད་མདོ་དོན་འཆད་ཚུལ་རྣམ་གསུམ་བཤད་པའོ། །དང་པོ་ལ་གསུམ། ཧི་སྐེད་སྤྲ་དང་

འགལ་བས་དགག །ཡོད་པའི་སྒྲ་དང་འགལ་བས་དགག །འགྲོ་ཀུན་སྒྲ་དང་འགལ་བས་དགག་པའོ། །དང་པོ་ནི༑ གཞན་གྱི་བསྔོ་ཡིའི་མདོ་དོན་འཆད་ཚུལ་ལ་ལུང་རིགས་སྤྱི་དང་འགལ་བའི་གནོད་བྱེད་བསྟན་ཟིན་པ་དེས་ན༑ བསྔོ་རྒྱུའི་དགེ་རྩ། འགྲོ་ཀུན་དགེ་བ་ཇི་སྙེད་ཡོད་པ་དང་། །ཞེས་བྱ་བའི་ཚིག་གིས་གསུངས་པ་ཆོས་ཅན། ཁྱོད་འགྲོ་བ་ཐམས་ཅད་ཀྱིས་བྱས་པའི་དགེ་བ་ལ་དགོངས་པ་ཡིན་གྱི། ཆོས་དབྱིངས་ལ་དགོངས་པ་མ་ཡིན་ཏེ། ཁྱོད་གལ་ཏེ་ཆོས་དབྱིངས་ལ་དགོངས་པ་ཡིན་ན། ཇི་སྙེད་ཅེས་བྱ་བའི་སྒྲ་མི་འཐད་པ་དང་། ཡོད་ཅེས་བྱ་བའི་སྒྲ་དང་ཡང་འགལ་བ་དང་། འགྲོ་ཀུན་ཞེས་བྱ་བའི་ཚིག་ལ་རྣམ་བཅད་མེད་པར་ཐལ་བའི་སྐྱོན་གསུམ་ས་པཎ་གོ་བོས་རྟོགས་པའི་ཕྱིར་རོ། །དེ་ཡང་རིམ་བཞིན། ཇི་སྙེད་ཅེས་པའི་སྒྲ་དང་འགལ་བ་དེའི་རྒྱུ་མཚན་འདི་ལྟར་ཡིན་ནོ་ཉོན་ཅིག །ཆོས་ཀྱི་དབྱིངས་དེ་ནི་ཆོས་ཅན། ཁྱོད་འགྲོ་ཀུན་དགེ་བ་ཞེས་སོགས་ཀྱིས་ཚིག་ཟུར་གྱི་ཇི་སྙེད་ཅེས་པའི་སྒྲས་བསྟན་པ་མི་འཐད་པར་ཐལ། ཇི་སྙེད་ཅེས་བྱ་བའི་སྒྲ་དེ་མང་པོའི་ཚིག་ཡིན་པ་གང་ཞིག །ཁྱོད་ལ་མང་ཉུང་གི་ཐ་སྙད་དོན་མཐུན་འཇུག་ཏུ་མེད་པའི་ཕྱིར་དང་། ཁྱོད་མང་ཉུང་གི་སྤྲོས་པ་དང་བྲལ་བའི་དབྱིངས་ཡིན་པའི་ཕྱིར་རོ། །གཉིས་པ་ནི། ཆོས་དབྱིངས་ཆོས་ཅན། ཁྱོད་གཞུང་དེའི་ཚིག་ཟུར་གྱི་ཡོད་པ་ཞེས་སྒྲས་བསྟན་པའི་ཡོད་པའང་མ་ཡིན་ཏེ། དེ་སྐབས་ཀྱི་ཡོད་པ་དེ་ཡིན་ན། དངོས་པོར་ཡོད་དགོས་པ་གང་ཞིག །ཁྱོད་དངོས་པོ་མ་ཡིན་པའི་ཕྱིར། ཁྱབ་སྟེ། དངོས་པོར་ཡོད་པ་ཙམ་ལ་མི་རྟག་གིས་ཁྱབ་པར་ཆོས་ཀྱི་གྲགས་པས་ལེགས་པར་གསུངས་པའི་ཕྱིར།

དེར་མ་ཟད་ཀླུ་སྒྲུབ་ཀྱིས་ཀྱང་། དབུ་མ་རྩ་ཤེས་ལས། གལ་ཏེ་མྱ་ངན་འདས་དངོས་ན། །མྱ་ངན་འདས་པ་འདུས་བྱས་འགྱུར། །དངོས་པོ་འདུས་བྱས་མ་ཡིན་པ། །འགའ་ཡང་གང་ནའང་ཡོད་མ་ཡིན། །ཞེས་གསུངས་པ་དང་། གཞན་ཡང་། དབུ་མ་དེ་ཉིད་སྣང་བ་ལས། གང་དག་རང་བཞིན་གཞན་དངོས་དང་། །དངོས་དང་དངོས་མེད་ཉིད་ལྟ་བ། །དེ་དག་སངས་རྒྱས་བསྟན་པ་ལ། །དེ་ཉིད་མཐོང་བ་མ་ཡིན་ནོ། །ཞེས་གསུངས་པ་དང་། གཞན་ཡང་དབུ་མ་དེ་ཉིད་ལས། བཅོམ་ལྡན་དངོས་དང་དངོས་མེད་པ། །མཁྱེན་པས་ཀཱ་ཏྱཱ་ཡ་ན་ནི། །གདམས་ངག་ལས་ནི་ཡོད་པ་དང་། །མེད་པ་གཉིས་ཀ་དགག་པ་མཛད། །ཅེས་གསུངས། གཞན་ཡང་། དབུ་མ་དེ་ཉིད་ལས། ཡོད་ཅེས་བྱ་བ་རྟག་པར་འཛིན། །མེད་ཅེས་བྱ་བ་ཆད་པར་ལྟ། །དེ་ཕྱིར་ཡོད་དང་མེད་པ་ལ། །མཁས་པས་གནས་པར་མི་བྱའོ། །ཞེས་གསུངས་པ་ཡང་། ཆོས་ཀྱི་དབྱིངས་དངོས་པོར་ཡོད་པ་དང་། མེད་པའི་མཐའ་གཉིས་ཀ་མིན་པའི་ལུང་ཚད་མ་ཡིན་པའི་ཕྱིར། ལུང་གི་སྒྲུབ་བྱེད་དེས་ན། ཆོས་ཀྱི་དབྱིངས་ཆོས་ཅན། སངས་རྒྱས་བསྟན་པ་འཕགས་པ་ཀླུ་སྒྲུབ་ལུགས་བཞིན་ལ་གུས་པར་བྱེད་ན། ཁྱོད་དངོས་པོར་ཡོད་པ་དང་མེད་པའི་མཐའ

གཉིས་ཀ་རྫུམ་བཟུང་ཞིག་ཅེས་བྱ་སྟེ། ཁྱོད་མཐའ་བྲལ་གྱི་དབྱིངས་ཡིན་པའི་ཕྱིར། ཆོས་ཀྱི་དབྱིངས་དེ་ནི་ཆོས་ཅན། ལུང་དུ་མ་ཟད་རིགས་པས་ཀྱང་ནི། ཁྱོད་དངོས་པོར་ཡོད་པར་མིན་པ་ནི་འགྲུབ་སྟེ། ཁྱོད་ལ་རང་འབྲས་བསྐྱེད་པའི་བྱ་བ་མེད་པ་གང་ཞིག །དངོས་པོར་ཡོད་ཙམ་ལ་དོན་བྱེད་ནུས་པས་ཁྱབ་པའི་ཕྱིར་རོ། །དང་པོ་གྲུབ་སྟེ༏ ཁྱོད་སྤྲོས་བྲལ་གྱི་དབྱིངས་ཡིན་པའི་ཕྱིར་རོ། །

གསུམ་པ་ནི། ཁྱོད་ཀྱི་མདོ་དོན་འཆད་ཚུལ་ལ། ཇི་སྙེད་དང་ཡོད་པའི་སྒྲ་དང་། འགལ་བའི་སྐྱོན་གཉིས་ཡོད་པར་མ་ཟད། གཞན་ཡང་འགྲོ་ཀུན་ཞེས་སོགས་ཀྱི་མདོ་ཚིག་ཆོས་ཅན། ཁྱོད་ཀྱི་སྐབས་ཀྱི་ཡོད་པའི་དགེ་བ་ནི། ཆོས་ཉིད་ཡིན་ན། འགྲོ་ཀུན་གྱི་དགེ་བ་ཞེས་བྱ་བ་སྨོས་ཅི་དགོས་ཏེ། སྨོས་པ་ལ་རྣམ་བཅད་མེད་པར་ཐལ། འགྲོ་བའི་ཆོས་ཉིད་དུ་མ་ཟད། །བེམ་པོ་དང་ནི་དངོས་མེད་དང་། །འཕགས་པའི་ཆོས་ཉིད་ཀྱང་ནི་ཅེས་མི་བསྔོ་སྟེ། བསྔོ་རྒྱུར་བྱེད་རིགས་པའི་ཕྱིར་ཏེ། ཆོས་དབྱིངས་ཐམས་ཅད་བསྔོ་རྒྱུ་ཡིན་པ་ལ། འགའ་ཞིག་བསྔོ་རྒྱུར་བྱེད་ཅིང་འགའ་ཞིག་མི་བྱེད་པ་མི་རིགས་པའི་ཕྱིར་རོ། །འདིར་པཎ་ཤཱཀ་པས། ཡོད་པ་ཉིད་ལ་མ་ཡིན་པས། །ཁྱད་པར་ཆོས་ཀྱི་གྲགས་པས་གསུངས། །ཡོད་པ་ཙམ་ལ་དེས་ཁྱབ་པར། །ཞེས་དྲིས་ནས། གསེར་ཐུར་རང་ལན་དུ། ཡོད་པ་ཉིད་ལ་མི་རྟག་པས་ཁྱབ་ཅིང་། ཡོད་ཚད་ལ་མི་རྟག་པས་མ་ཁྱབ་པའི་སྒྲུབ་བྱེད་མང་དུ་མཛད་ཀྱང་། བསྟན་བཅོས་འདིའི་དགོངས་པ་ནི། དྲི་ལན་ལས། འདིར་ནི་ཡོད་པ་རྣམ་གཉིས་ཏེ། །དོན་དང་ཐ་སྙད་དག་གིས་སོ། །དོན་གྱི་ཡོད་པ་བྱ་བ་བྱེད། །ཐ་སྙད་ཡོད་པ་དགག་སྒྲུབ་རྟེན། །ཞེས་གསུངས་པ་ལྟར་ཡོད་པ་ལ༏ དོན་དམ་པར་ཡོད་པ་དང་། སེལ་ངོར་ཡོད་པ་གཉིས་ཡོད་པའི། དང་པོ་ལ། མི་རྟག་པས་ཁྱབ་པར་བཤད་པ་ལྟར་ཡིན་ནོ། །

གཉིས་པ་རང་ལུགས་མདོ་དོན་འཆད་ཚུལ་ལ་བཞི། སྤྱིར་བསྟན་དམིགས་བསལ་གཉིས་ཀྱིས་འཆད། བདག་གཞན་རྣམ་པ་གཉིས་ཀྱིས་བཤད། མདོར་བསྟན་རྒྱས་བཤད་གཉིས་ཀྱིས་བཤད། དཔེ་དང་ལུང་གིས་སྒྲུབ་བྱེད་བཤད་པའོ། །དང་པོ་ནི། གཞན་གྱིས་འཆད་ཚུལ་ལ་སྐྱོན་གསུམ་བསྟན་ཟིན་པ་དེས་ན། འགྲོ་ཀུན་ཞེས་སོགས་ཀྱི་གཞུང་དེའི་དགོངས་པ་ནི་ཆོས་ཅན། ས་པཎ་ཁོ་བོས་བཤད་པ་འདི་ལྟར་ཡིད་ལ་ཟུངས་ཤིག་ཅེས་བྱ་སྟེ། འཆད་ཚུལ་འཁྲུལ་མེད་གསུམ་གྱི་སྒོ་ནས་ལེགས་བཤད་ཀྱིས་ཏེ་འཆད་པར་བྱ་བའི་ཕྱིར་རོ། །འཁྲུལ་མེད་དེ་ཇི་ལྟར་སྙམ་ན། འགྲོ་ཀུན་དགེ་བ་ཇི་སྙེད་ཡོད་པ། །ཞེས་སོགས་ཀྱི་ཚིགས་སུ་བཅད་པ་ཆོས་ཅན། ཁྱོད་ཀྱི་མདོ་དོན་འཆད་ཚུལ་ཡོད་དེ། ཁྱོད་ཀྱི་རྐང་པ་དང་པོ་འགྲོ་བ་ཀུན་གྱིས་བྱས་པ་ཡི། དགེ་བ་ཇི་སྙེད་ཡོད་པ་ཞེས་བྱ་བའི་ཐ་སྙད་ནི། བསྔོ་རྒྱུའི་དགེ་བ་སྤྱིར་བསྟན་པ་ཡིན་ལ། རྐང་པ་གཉིས་པ་བྱས་དང་བྱེད་འགྱུར

བྱེད་པ་ཞེས། དུས་གསུམ་དུ་དབྱེ་བ་ནི། བསྔོ་རྒྱུའི་དགེ་བའི་མཚན་གཞི་དམིགས་ཀྱིས་བསལ་ཏེ་ངོས་བཟུང་བ་ཙམ་ཡིན་པའི་ཕྱིར། འོན་བསྟན་བཅོས་དག་ལས། སྤྱིར་བཏང་དམིགས་བསལ་གཉིས་འགལ་བ་གཅིག་ལ་མ་བཤད་དམ་སྙམ་ན། བཤད་མོད་སྐྱོན་མེད་དེ། འདིར་ནི། སྤྱིར་བསྟན་དམིགས་བསལ་ཡིན་གྱི། སྤྱིར་བཏང་དམིགས་བསལ་མ་ཡིན་པའི་ཕྱིར་དང་། གཉིས་པོའི་ཁྱད་པར་ཡང་། སྤྱིར་བཏང་ལ། དགེ་བ་ཡིན་ན། བསྔོ་རྒྱུ་ཡིན་པས་ཁྱབ་པར་བཤད་ནས། དམིགས་བསལ་ལ་མ་ཁྱབ་ཅེས་པ་ལྟ་བུ་དང་། འགྲོ་བའི་དགེ་བ་བསྔོ་རྒྱུ་ཡིན་ཞེས་སྤྱིར་བསྟན་ནས། བུས་དང་བྱེད་འགྱུར་ལ་སོགས་པ་འདི་ལྟ་བུའོ། །ཞེས་མཚན་གཞི་དམིགས་བསལ་དུ་འཛིན་པ་ལྟ་བུ་ལ་བཞེད་པ་གཉིས་ཡོད་པ་ལས། འདིར་ནི་ཕྱི་མ་ལྟར་ཡིན་ནོ། །གཉིས་པ་ནི། ཆོས་ཅན་དང་བསལ་བ་འདྲ་ལ། འཆད་ཚུལ་སྔ་མ་ལས་ཡང་ན་ཁྱོད་ཀྱིས་རྐང་པ་དང་པོས། གཞན་གྱིས་བྱས་པའི་དགེ་བ་ཇི་སྙེད་ཡོད་པ་དང་། རྐང་པ་གཉིས་པས་ཞུ་བ་པོ་རྡོ་རྗེ་རྒྱལ་མཚན་རང་ཉིད་ཀྱིས་བྱས་དང་བྱེད་འགྱུར་བྱེད་པ་ཞེས། རང་གཞན་གྱི་དགེ་བར་གཉིས་ལ་སྦྱར་ཏེ་བཤད་ཀྱང་མདོ་ཁྱོད་དང་འགལ་བ་མེད་པའི་ཕྱིར། གསུམ་པ་ནི། ཆོས་ཅན་དང་བསལ་བ་གཉིས་འདྲ་བ་ལ། འཆད་ཚུལ་སྔ་མ་གཉིས་ལས་ཡང་ན་ཁྱོད་ཀྱི་རྐང་པ་དང་པོས་བསྔོ་རྒྱུ་མདོར་བསྟན། རྐང་པ་གཉིས་པས་བསྔོ་རྒྱུ་རྒྱས་པར་བཤད་པའོ། །ཞེས་མདོར་བསྟན་རྒྱས་བཤད་གཉིས་ལ་སྦྱར་ན་ཡང་མཁས་པའི་ལེགས་བཤད་ཡིན་པའི་ཕྱིར་རོ། །བཞི་པ་ནི། ཁ་བོས་མདོ་དོན་འཆད་ཚུལ་འདི་ཆོས་ཅན། ཁྱོད་དཔེར་ན་བཤགས་པ་བྱེད་པའི་ཚེ། འགྲོ་བ་ཀུན་གྱི་སྡིག་པ་ཇི་སྙེད་ཡོད་པ་བྱས་པ་དང་། བྱེད་འགྱུར་དེ་བཞིན་བྱེད་པ་རྣམས། །རྒྱལ་བའི་མདུན་དུ་བཤགས་པར་བགྱི། །ཅེས་བྱ་བའི་ཚིག་དང་མཚུངས་པ་ཡིན་ཏེ། བཤགས་པ་བྱེད་ཚུལ་འདི་ལའང་། དུས་གསུམ་ལས་གཞན་པའི་ཡོད་པའི་སྡིག་པ་གང་ཡང་མེད་པ་ལྟར། དེ་བཞིན་དུ། ཁྱོད་ལའང་རྐང་པ་གཉིས་པས་བསྟན་པའི་དུས་གསུམ་གྱི་དགེ་བ་ལས་གཞན་པའི། རྐང་པ་དང་པོས་བསྟན་པའི་ཡོད་པའི་དགེ་བ་ཞེས་བྱ་བ་སྲིད་པ་མ་ཡིན་པའི་ཕྱིར་རོ། །

ཀུན་མཁྱེན་གཉིས་པའི་ཊཱི་ཀྐ་ལས། འདི་རྟག་པ་མཐའ་བཟུང་བ་ཡིན་གྱི། འདི་འདྲའི་བཤགས་པ་བྱེད་ཚུལ་མཚན་ཉིད་པ་མི་སྲིད་དེ། བཤགས་པ་མཚན་ཉིད་པ་ལ་ཕྱིན་ཆད་མི་བྱེད་པའི་སྡོམ་སེམས་དགོས་པའི་ཕྱིར་གསུངས་པ་ནི། ཅུང་མི་འཐད་དེ། རང་གི་སྡིག་པ་ཇི་སྙེད་བྱས་པ་དང་། གཞན་གྱི་བྱས་དང་བྱེད་འགྱུར་སོགས་ལ་སྦྱར་ཡང་སྐྱོན་མེད་པའི་ཕྱིར་རོ། །གཞན་གྱི་སྡིག་པ་མི་བྱེད་པར་རང་གིས་སྡོམ་སེམས་བྱས་པས་མི་ཆོག་པའི་ཕྱིར་དང་། རང་ལ་སྦྱོར་ན་ཡང་། དཔྱིན་ཆད་སྲོག་གི་སྐད་དུ་ཡང་སྡིག་པ་མི་བྱེད་མོད། གལ་ཏེ་བྱས་སྲིད་ན་བཤགས་སོ་བྱས་པས་ཆོག་པའི་ཕྱིར་རོ། །ཡང་། ཁ་བོའི་མདོ་དོན་འཆད་ཚུལ་འདི་ཆོས་ཅན། རྡོ་རྗེ་རྒྱལ་མཚན་

གྱིས་ཞུས་པའི་མདོ་ཉིད་ལ་ཡང་། ཕྱོགས་བཅུའི་འཇིག་རྟེན་ཁམས་ན་ཡོད་པ་ཡི། །དགེ་བ་དེ་དག་ཡང་དག་བསྔབས་པས་ན། །འགྲོ་བ་ཀུན་ལ་ཕན་དང་བདེ་སེམས་ཀྱིས། །ཡེ་ཤེས་མཁས་པ་དེ་ཡིས་ཡོངས་སུ་བསྔོ། །ཞེས་ཁྱོད་ཀྱིས་མདོའི་དངོས་བསྟན་གྱི་དགེ་བ་དེ། སྐྱེས་བུའི་བྱེད་པ་བསྔོ་བ་ལས་གསར་དུ་བསྒྲུབ་པར་གསུངས་པ་ཡང་ཁྱོད་ཀྱིས་སྒྲུབ་བྱེད་ཡིན་ཏེ། ཆོས་ཉིད་ཡིན་ན། གསར་དུ་བསྒྲུབ་པར་འགལ་བའི་ཕྱིར་རོ། །

གསུམ་པ། ཐེ་བྲག་ཐུན་མོང་མ་ཡིན་པའི་རིགས་པས་དགག་པ་ལ་གཉིས། བསྔོ་བ་དོན་མེད་ཐལ་བའི་རིགས་པས་དགག །བསྔོ་བ་དམིགས་བཅས་ཐལ་བའི་རིགས་པས་དགག་པའོ། །དང་པོ་ནི་ཆོས་དབྱིངས་ཆོས་ཅན། ཁྱོད་དགེ་བར་བྱས་ནས་ནི། ཁྱོད་བསྔོ་བའི་རྒྱུར་བྱེད་པའི་བསྔོ་བ་དེ། བསྔོ་བ་དོན་མེད་ཡིན་པར་ཐལ། ཁྱོད་བསྔོས་པའི་བསྔོ་བ་དེས། ཁྱོད་གོང་འཕེལ་དུ་མི་འགྱུར་བའི་ཕྱིར། མ་གྲུབ་ན་ཆོས་ཅན། ཁྱོད་འདུས་བྱས་སུ་འགྱུར་བར་ཐལ། ཁྱོད་བསྔོ་བས་འགྱུར་ན་སྟེ། དེའི་ཕྱིར། འདོད་ན། ཆོས་ཀྱི་དབྱིངས་ཆོས་ཅན། ཁྱོད་འདུས་བྱས་སུ་འགྱུར་བ་མ་ཡིན་པར་ཐལ། མདོ་སྡེ་རྣམས་ལས་ཁྱོད་འགྱུར་བ་མེད་ཅེས་རྒྱལ་བས་གསུངས་པའི་ཕྱིར་དང་། དེར་མ་ཟད་ཀླུ་སྒྲུབ་ཀྱི་རྩ་བ་ཤེས་རབ་ཉིད་ལས་ཀྱང་། རང་བཞིན་རྒྱུ་དང་རྐྱེན་ལས་ནི། །འབྱུང་བར་རིགས་པ་མ་ཡིན་ནོ། །རྒྱུ་དང་རྐྱེན་ལས་བྱུང་བ་ཡི། །རང་བཞིན་བྱས་པ་ཅན་དུ་འགྱུར། །རང་བཞིན་བྱས་པ་ཅན་ཞེས་བྱར། །ཇི་ལྟར་བུར་ནི་རུང་བར་འགྱུར། །རང་བཞིན་དག་ནི་བཅོས་མིན་དང་། །གཞན་ལ་ལྟོས་པ་མེད་པ་ཡིན། །ཞེས་གསུངས་པ་དང་། གཞན་ཡང་དེ་ཉིད་ལས། གལ་ཏེ་རང་བཞིན་གྱིས་ཡོད་ན། །ཞེས་སོགས་ཚིག་བཅད་གཅིག་རྣམས་ཀྱིས་ཁྱོད་འགྱུར་མེད་འདུས་མ་བྱས་སུ་བཤད་པའི་ཕྱིར། དེས་ན་ཆོས་དབྱིངས་ཆོས་ཅན། དགེ་བ་མ་ཡིན་ཏེ། བཤད་མ་ཐག་པ་དེ་ལ་སོགས་པའི་ལུང་རིགས་རྣམས་ཀྱིས། ཁྱོད་དགེ་བ་མ་ཡིན་པར་གསུངས་ཤིང་གྲུབ་པའི་ཕྱིར་རོ། །

འདིར་པཎ་ཤཱཀ་པས། མི་འགྱུར་བསྔོ་བ་དོན་མེད་ན། །ཆོང་དཔོན་ཛ་ཧུའི་བུ་མོ་ཡིས། །སྨོན་ལམ་བཏབ་པ་དེ་ཅི་ཞིག །ཅེས་དྲིས་ནས། གསེར་ཐུར་རང་ལན་དུ། བསྔོ་བ་ལ་བསྔོས་པའི་འབྲས་བུ་ངེས་པར་འགྲུབ་པ་གཅིག་དགོས། སྨོན་ལམ་ལ་སྨོན་བྱའི་འབྲས་བུ་འགྲུབ་མི་འགྲུབ་གཉིས་ཡོད། དེའི་གནད་ཀྱིས། སྨོན་ལམ་ལ་གནས་དང་གནས་མིན་གྱི་སྨོན་ལམ་གཉིས་བཤད་པའི། བསྔོ་བ་ནི་གནས་ཀྱི་སྨོན་ལམ་ཁོ་ན་ཡིན་གྱི། གནས་མིན་གྱི་སྨོན་ལམ་མི་སྲིད་ཅེས་སོགས་བཤད་ནས། འོན་གཞུང་འདི་ལས། བསྔོ་བ་དེ་ཡང་མདོར་བསྡུ་ན། །གནས་དང་གནས་མ་ཡིན་པ་གཉིས། །ཞེས་བཤད་པ་ཅི་ཡིན་དྲིས་པས། གཞུང་དེ་ནི། སྨོན་ལམ་དེ་ཡང་མདོར་བསྡུ་ན། །གནས་དང་གནས་མ་ཡིན་པ་གཉིས། །ཞེས་འཆད་རྒྱུ་ཡིན་གྱི། བསྔོ་བ་དེ་ཡང་མདོར་བསྡུ་ན། ཞེས་པ

དེ་མ་དག་པ་ཡིན་ནོ། །ཞེས་འཆད་དེ། དེ་འདྲ་ནི་མཁས་པའི་གཏམ་མ་ཡིན་ནོ། །གཞུང་འདིར། མི་འགྱུར་བསྔོ་བ་དོན་མེད་ཡིན། །ཞེས་གསུངས་པ་དང་། འོག་ཏུ། བསྔོ་བ་དེ་ཡང་མདོར་བསྡུ་ན། །གནས་དང་གནས་མ་ཡིན་པ་གཉིས། །ཞེས་གནས་མིན་གྱི་བསྔོ་བ་བཤད་པ་གཉིས་འགལ་འདུག་དགོངས་ནས། གཞུང་ཕྱི་མ་རྩ་ནས་དོར་བ་འདི། གཞུང་སྔ་ཕྱི་གནད་མ་དགོངས་པའི་ལན་པའི་ཕྱིར་ཏེ། གཞུང་སྔ་མས་བསྔོ་རྒྱུའི་དགེ་རྩ་མི་འགྱུར་ན་བསྔོ་བ་དོན་མེད་ཡིན་ཞེས་བཤད། ཕྱི་མས་བསྔོས་པའི་འབྲས་བུ་འགྲུབ་མི་འགྲུབ་གཉིས་ཀྱི་སྒོ་ནས་གནས་དང་གནས་མིན་གྱི་བསྔོ་བ་གཉིས་སུ་ཕྱེ་བ་ཡིན་པའི་ཕྱིར་རོ། །

གཉིས་པ་ལ་གསུམ། དཔེ་དང་སྦྱར་བའི་རིགས་པ་དངོས། འཕྲོས་དོན་གནད་ཀྱི་བསྔོ་བ་བཤད། སྐབས་དོན་ལུང་རིགས་སྒྲུབ་བྱེད་བཤད་པའོ། །དང་པོ་ནི། གལ་ཏེ་ཆོས་ཉིད་དེ་བཞིན་ཉིད་ཆོས་ཅན། ཁྱོད་བསྔོ་བྱའི་དགེ་བ་མཚན་ཉིད་པ་མིན་མོད། བསྔོ་རྒྱུར་བྱས་ནས་བསྔོས་ཀྱང་ཉེས་པ་མེད་དེ། བྱང་ཆུབ་སེམས་དཔའི་བློ་སྦྱོང་ལ་བསྔོ་བ་ཙམ་ཡིན་པའི་ཕྱིར་སྙམ་ན། ཆོས་ཉིད་བསྔོ་རྒྱུར་བྱས་པའི་བསྔོ་བ་ལ་འདི་ཆོས་ཅན། ཉེས་མེད་མ་ཡིན་ཏེ། བསྔོ་བ་དུག་བཅས་སུ་ཐལ་བའི་ཉེས་པ་ཡོད་པའི་ཕྱིར། ཇི་ལྟར་སྙམ་ན། དེ་འདྲའི་བསྔོ་བ་ཆོས་ཅན། ཁྱོད་མཚན་འཛིན་གྱི་དུག་དང་བཅས་པར་འགྱུར་བར་ཐལ། ཁྱོད་ཆོས་དབྱིངས་ལ་དགེ་བར་དམིགས་པའི་འདུ་ཤེས་ཡོད་པའི་བསྔོ་བ་ཡིན་པའི་ཕྱིར། འདི་འདྲའི་བསྔོ་བ་ཆོས་ཅན། ཁྱོད་བྱས་པར་འགྱུར་ན་བསྔོ་བ་རྣམ་དག་ཐམས་ཅད་དམིགས་བཅས་སུ་འཛིག་པར་འགྱུར་བར་ཐལ། ཁྱོད་སྦྲལ་པ་སྨྲ་ཅན་གཅིག་སྦྲལ་དོང་དུ་བཅུག་ན་སྨྲ་མེད་ཀྱི་སྦྲལ་པ་གཞན་འཆི་བ་ཇི་བཞིན་དུ་མཚུངས་པའི་བསྔོ་བ་ཡིན་པའི་ཕྱིར། གཉིས་པ་གནད་ཀྱི་བསྔོ་བ་ནི། བསྔོ་རྒྱུ་འདུས་བྱས་ཀྱི་དགེ་བ་ཇི་སྙེད་བྱས་པ་རྣམས། འཛིན་སྟངས་ཆོས་ཉིད་སྦྱོར་བྲལ་གྱི་ངང་ནས་ནི། འདོད་བྱའི་འབྲས་བུ་འགྲུབ་བམ་འོན་ཏེ་མི་འགྲུབ་ཀྱང་རུང་། ཆེད་དུ་བྱ་བ་འགྲོ་བའི་དོན་དུ་བསྔོ་བར་བྱེད་ན། དེ་འདྲའི་བསྔོ་བ་ཆོས་ཅན། བྱང་ཆུབ་སེམས་དཔའི་བློ་སྦྱོང་གི་བསྔོ་བ་ཡིན་ཏེ། ཁྱད་ཆོས་གསུམ་ལྡན་དེ་འདྲའི་བསྔོ་བ་རྣམ་དག་ཡིན་པའི་ཕྱིར། ཁྱད་ཆོས་གསུམ་ནི། བསྔོ་རྒྱུའི་འདུས་བྱས་དགེ་བ། འཛིན་སྟངས་སྦྱོར་བྲལ། ཆེད་དུ་བྱ་བ་གཞན་དོན་དང་གསུམ་མོ། །

འདིར་འགྲུབ་བམ་འོན་ཏེ་མི་འགྲུབ་ཀྱང་ཞེས་པས་གནས་དང་གནས་མིན་གྱི་བསྔོ་བའི་གནད་བསྟན་པ་ཡིན་ནོ། །གསུམ་པ་ལུང་རིགས་སྒྲུབ་བྱེད་ནི། ཆོས་ཉིད་བསྔོ་རྒྱུར་བྱེད་ན་ནི་དེ་འདྲའི་བསྔོ་བ་ཆོས་ཅན། བློ་སྦྱོང་དུ་ཡང་མི་རུང་ངོ་ཞེས་བྱ་སྟེ། མི་རུང་བ་དེའི་རྒྱུ་མཚན་འཆད་པ་འདི་ལྟར་ཡིན་པའི་ཕྱིར། ཇི་ལྟར་སྙམ་ན། ཆོས་དབྱིངས་ཆོས་ཅན། ཁྱོད་བསྔོ་རྒྱུར་བྱེད་པའི་བསྔོ་བ་དེ་དུག་བཅས་ཡིན་པའི་རྒྱུ་མཚན་ཡོད་དེ། ཁྱོད་བསྔོ་བ་རྣམ

དག་གི་འཛིན་སྟངས་ཀྱི་རྣམ་པ་ཡིན་པ་གང་ཞིག །ཁྱོད་སྤྲོས་པ་དང་བྲལ་བ་ཡིན་པ་ལ་དགེ་བར་བྱེད་ན། ཁྱོད་དམིགས་པ་དང་བཅས་པར་འགྱུར་ཞིང་། འཛིན་སྟངས་དམིགས་པའི་རྣམ་པ་དང་བཅས་པའི་འདུ་ཤེས་ཀྱིས་ཟིན་པའི་བསྔོ་བ་ཡིན་ན། དུག་དང་བཅས་པ་ཡིན་པས་ཁྱབ་པར་མདོ་རྒྱུད་བསྟན་བཅོས་ཀུན་ལས་གསུངས་པའི་ཕྱིར་རོ། །གནད་འདི་ནི་ཁོ་བོ་འབའ་ཞིག་གི་རྣམ་དཔྱོད་ཀྱི་རྩལ་ལས་གྲུབ་པ་ཡིན་ཏེ། བསྔོ་རྒྱུ་དུག་བཅས་སུ་སོང་བས་བསྔོ་བ་དེ་དུག་བཅས་སུ་འགྲོ་ན། མཚན་བཅས་ཀྱི་དགེ་བ་བསྔོ་རྒྱུར་བྱེད་པའི་བསྔོ་བ་དུག་མེད་མི་སྲིད་པར་ཐལ་བ་ལས། ཁོ་བོས་ནི་སྐྱོན་དེ་ལེགས་པར་བཀྲལ་ཟིན་པའི་ཕྱིར་ཏེ། བསྔོ་བ་དུག་བཅས་དང་དུག་མེད་ཀྱི་ཁྱད་པར། བསྔོ་རྒྱུའམ་དམིགས་ཡུལ་གྱི་སྒོ་ནས་མི་འབྱེད་ཀྱི། འཛིན་སྟངས་ཀྱི་སྒོ་ནས་འབྱེད་དགོས་པར། དེ་ནི་དམིགས་མེད་རྣམ་པ་ཅན། །ཞེས་གསུངས་པ་ལས་ཤེས་དགོས་པའི་ཕྱིར། ཡང་ཆོས་ཉིད་བསྔོ་རྒྱུར་བྱེད་པའི་བསྔོ་བ་ཆོས་ཅན། ཁྱོད་དུག་བཅས་ཀྱི་ཟས་དང་འདྲ་སྟེ། དཔེར་ན་དུག་དང་བཅས་པ་ཡི། །ཁ་ཟས་བཟང་པོ་ཟོས་ན་འཆི་བ་ལྟར། དཀར་པོའི་ཆོས་ལ་འཛིན་སྟངས་སུ་དམིགས་པ་དང་། ཟས་དུག་བཅས་དེ་དང་འདྲ་བར་རྒྱལ་བས་མདོ་སྡུད་པར་གསུངས་པའི་ཕྱིར་དང་། དེར་མ་ཟད། མངོན་པར་རྟོགས་པའི་རྒྱན་ལས་ཀྱང་། ཡོངས་སུ་བསྔོ་བ་ཁྱད་པར་ཅན་སོགས་ཚིགས་བཅད་གཅིག་གསུངས་པ་དང་།

གཞན་ཡང་། མདོ་རྒྱུད་ཐམས་ཅད་མཐུན་པར་འཛིན་སྟངས་དམིགས་པ་དང་བཅས་པའི་བསྔོ་བ་ཡིན་ན། བསྔོ་བ་དུག་བཅས་ཡིན་པས་ཁྱབ་པར་གསུངས་པའི་ཕྱིར་རོ། །བཀའ་ཕྱག་པ་གང་དག་ཆོས་ཅན། ཁྱོད་ཀྱི་ཆོས་དབྱིངས་བསྔོ་རྒྱུར་བྱས་པའི་བསྔོ་བ་དེ་ཡིས། དམིགས་བཅས་ཀྱི་ཆོས་ཅན་གཞན་དག་ལ་དམིགས་པར་འགྱུར་བ་ལྟ་ཅི་སྨོས་ཏེ། དེ་ལ་ངོ་མཚར་རྒྱུ་མེད་པར་ཐལ། དམིགས་པ་མེད་པ་ཆོས་ཀྱི་དབྱིངས་ལ་ཡོད་པའི་དགེ་བ་ཡིན་ཞེས་དམིགས་པར་བྱེད་པ་ཡང་ཡིན་པའི་ཕྱིར་རོ། །དཔེར་ན་བྱི་བས་སྨུམ་འཁྱུར་གོས་པའི་རྒྱུག་པ་ཡང་ཟོས་པར་འགྱུར་ན། སྨུམ་ཁུར་ཟོས་པ་སྨོས་ཅི་དགོས་ཏེ། དེ་ལ་ངོ་མཚར་རྒྱུ་མེད་པ་དང་ཆོས་མཚུངས་པའི་ཕྱིར་རོ། །བཞི་པ་ལག་ལེན་རང་བཞིན་འགལ་བས་དགག་པ་ལ། གཞན་གྱི་ཚུལ་ལ་ལུང་རིགས་སྒྲི་བྱེ་བྲག་གིས་གནོད་བྱེད་བསྟན་ཟིན་ལ།

གཞན་ཡང་ཆོས་ཉིད་དེ་བཞིན་ཉིད་ཆོས་ཅན། ཁྱོད་ཐོག་མར་བསྔོ་རྒྱུའི་དགེ་བར་བྱས་ནས། བསྔོ་བའི་ཡུལ་དུ་བྱེད་པ་དང་། རྗེས་སུ། སངས་རྒྱས་སྐུ་གསུམ་བརྙེས་པའི་བྱིན་རླབས་དང་། །ཆོས་ཉིད་མི་འགྱུར་བདེན་པའི་བྱིན་རླབས་དང་། །དགེ་འདུན་མི་ཕྱེད་འདུས་པའི་བྱིན་རླབས་ཀྱིས། །བསྔོ་བ་སྨོན་ལམ་བཏབ་པ་འགྲུབ་པར་ཤོག །ཅེས་པའི་སྒོ་ནས་བསྔོ་བར་ཟེར་བ་རང་གི་ལག་ལེན་གོང་འོག་འགལ་བ་ཡིན་ཏེ། ཆོས་ཉིད་བསྔོ་རྒྱུ

ཁས་ལེན་པ་དང་འགྱུར་མེད་དུ་ཁས་ལེན་པ་འགལ་བའི་ཕྱིར། ཚིགས་བཅད་དེས་དཀོན་མཆོག་གསུམ་རིམ་བཞིན་སྟོན་ཏེ། ཚིག་རྐང་གཉིས་པའི་ཆོས་ཉིད་མི་འགྱུར་བདེན་པ་ཞེས་པ། ཆོས་དཀོན་མཆོག་ལ་འཇོག་དགོས་པས། ཆོས་དཀོན་མཆོག་ལ་ཆོས་ཉིད་མ་ཡིན་དགོས་གསུངས་པ་རྣམས་ལ་ཅུང་ཟད་དཀའ་བས་བརྟག་པར་བྱའོ། །མཁས་པའི་གྲུབ་མཐའ་ལ་ལུང་རིགས་ཀྱིས་དཔྱད་བཟོད་པ་གཅིག་དགོས་པ་དེས་ན། བཀའ་བསྟན་བཅོས་ལ་བརྟག་དཔྱད་བྱེད་པ་རྣམས་ཆོས་ཅན། ལེགས་པར་སེམས་ལ་སློམས་ཤིག་ཅེས་བྱ་སྟེ། གྲུབ་མཐའ་སོ་སོའི་རྣམ་དབྱེ་ཕྱེད་པའི་སློ་ནས་སྨྲ་དགོས་པའི་ཕྱིར་རོ། །

གཉིས་པ་ཁམས་གཞན་བསྔོ་རྒྱུའི་དགེ་བར་འཁྲུལ་པ་དགག་པ་ལ་གསུམ། དགག་བྱའི་གཙོ་བོ་འཁྲུལ་པ་བརྗོད། འགོག་བྱེད་མུ་གསུམ་རིགས་པས་བཤད། འཕྲོས་དོན་ཆོས་དབྱིངས་ཤན་འབྱེད་དགག་པའོ། །དང་པོ་ནི། བཀའ་ཕྱུག་པ་ལ་ལ་ཆོས་ཅན། ཁྱོད་བསྔོ་བའི་སྐབས་ཀྱི་བསྔོ་རྒྱུའི་དགེ་བར་གྱུར་པའི་བདེ་གཤེགས་སྙིང་པོའི་སྒྲ་འཇུག་པའི་གཞི། ཆོས་ཀྱི་དབྱིངས་ལ་མི་ཟེར་བར། སེམས་ཅན་ཁོ་ནའི་ཁམས་ལ་འདོད་དེ། དེ་ཆོས་དབྱིངས་ལ་འཇོག་པ་ལུང་རིགས་ཀྱི་གནོད་བྱེད་མཐོང་ཞིང་། གཞན་ངོས་འཛིན་རྒྱུ་ཡང་མ་བྱུང་འདུག་པའི་ཕྱིར་རོ།། །།

གཉིས་པ་ལ་བཞི། མུ་གསུམ་བརྟགས་པའི་དྲི་བ་འགོད། དང་པོ་ལྟར་ན་རྟགས་ཏེ་དགག །གཉིས་པ་ལྟར་ན་རིགས་པས་བརྗོད། གསུམ་པ་ལྟར་ན་ཁས་བླངས་འགལ་བའོ། །དང་པོ་ནི། ཆོས་དབྱིངས་ལས་གཞན་པའི་སེམས་ཅན་གྱི་ཁམས་དེ་ཆོས་ཅན། ཁྱོད་དྲི་ཞིང་བརྟག་པར་བྱ་སྟེ། ཁྱོད་དངོས་པོའམ་དངོས་མེད་དམ། དེ་གཉིས་ཀ་མིན་པར་སྤྲོས་བྲལ་ཡིན་ཞེས་དྲི་དགོས་པའི་ཕྱིར་ཏེ། དེ་ལྟ་བུ་རྣམ་པ་གསུམ་ལས་གཞན་པའི་སེམས་ཅན་གྱི་ཁམས་དེ་འདྲ་མི་སྲིད་པའི་ཕྱིར་རོ། །གཉིས་པ་ནི། གལ་ཏེ་དངོས་པོ་ཡིན་ཟེར་ན། སེམས་ཅན་གྱི་ཁམས་ཆོས་ཅན། ཁྱོད་བེམ་པོ་དང་རིག་པ་གཉིས་སུ་ཁ་ཚོན་ཆོད་པར་ཐལ། དངོས་པོ་གང་ཞིག །སེམས་ཅན་གྱི་ཁམས་ཡིན་པའི་ཕྱིར། འདོད་ན། དེ་ཆོས་ཅན། ཁྱོད་རིག་པ་ཡིན་པར་ཐལ། བེམ་རིག་གང་རུང་གང་ཞིག །སེམས་ཅན་གྱི་ཁམས་ཡིན་པའི་ཕྱིར། ཁྱབ་སྟེ། བེམ་པོ་སེམས་ཅན་ཁམས་སུ་འདོད་པ། ལུས་སེམས་ཆ་མེད་རྫས་གཅིག་ཏུ་འདོད་པ་མུ་སྟེགས་རྒྱང་འཕེན་འགའ་ཡི་ལུགས་ཡིན་གྱི། སངས་རྒྱས་པའི་ལུགས་ལ་མེད་པའི་ཕྱིར། འདི་མུ་སྟེགས་གཅེར་བུ་པ་ལ་སྦྱོར་བ་མི་འཐད་དེ། རྒྱང་འཕེན་ཉིད། ཕ་མའི་ཁུ་ཁྲག་ཁོ་ན་ལས་སེམས་ཅན་གྱི་ལུས་སེམས་འགྲུབ་པར་འདོད་པ་ལ་སྦྱར་བ་ཡིན་པའི་ཕྱིར་རོ། །རྩ་བར་འདོད་ན། སེམས་ཅན་གྱི་ཁམས་ཆོས་ཅན། ཁྱོད་བདེ་གཤེགས་སྙིང་པོར་མི་འཐད་དེ། ཁྱོད་རིག་པ་གང་ཞིག །རིག་པ་ཡིན་ན་རྣམ་ཤེས

ཚོགས་བརྒྱད་འཁོར་བཅས་ཉིད་ལས་འདའ་བ་མེད་ལ། ཚོགས་བརྒྱད་འཁོར་བཅས་ཐམས་ཅད་འདུས་བྱས་ཡིན་པའི་ཕྱིར། ཁྱབ་སྟེ། ཤེར་ཕྱིན་མདོ་སོགས་ལས། བདེ་གཤེགས་སྙིང་པོ་ནི་འདུས་མ་བྱས་སུ་གསུངས་པའི་ཕྱིར་རོ། །འོན་གཞུང་ལུགས་འགའ་ཞིག་ལས། སེམས་ཅན་རྣམས་ཀྱི་རྒྱུད་ལ་གདོད་མ་ནས་གནས་པའི་ཟག་མེད་ཀྱི་ས་བོན་ཞེས་པ་གཅིག་བཤད་པ་མ་ཡིན་ནམ་སྙམ་ན། བཀའ་ཐ་མ་དང་བྱམས་པ་རྗེས་འབྲང་གི་གཞུང་འགའ་ལས་ཟག་མེད་སེམས་རྒྱུད་ཅེས་གསུངས་པ་དེ་ནི་ཆོས་ཅན། ཚོགས་བརྒྱད་འཁོར་བཅས་སུ་མ་འདུས་པ་མ་ཡིན་ཏེ། ཀུན་གཞིའི་རྣམ་ཤེས་ཀྱི་སྟེང་གི་རང་བཞིན་འོད་གསལ་བའི་གསལ་ཆ་ཉིད་ལ་དགོངས་ནས་གསུངས་པ་ཙམ་ཡིན་པའི་ཕྱིར། དེ་འདྲ་དེ་ནི་ཆོས་ཅན། ཁྱོད་འདོད་པའི་སྙིང་རྗེའི་དགེ་བའི་ཐ་སྙད་མེད་དེ། མ་སྒྲིབ་ལུང་མ་བསྟན་ཡིན་པའི་ཕྱིར། འོན་ཏེ་ཟག་མེད་སེམས་རྒྱུད་ཅེས་བྱ་བ་དེ་ཆོས་ཅན། ཁྱོད་ཚོགས་བརྒྱད་འཁོར་བཅས་ལས་གཞན་དུ་ཡོད་ན་ནི། དེའི་ཚེ་རྣམ་ཤེས་ཚོགས་དགུར་འགྱུར་བར་ཐལ། ཁྱོད་རྣམ་ཤེས་གང་ཞིག །ཚོགས་བརྒྱད་གང་རུང་མ་ཡིན་པའི་ཕྱིར། རྒྱུ་མཚན་དེས་ན། ཚོགས་བརྒྱད་འཁོར་བཅས་ལས་གཞན་པའི་ཟག་མེད་སེམས་རྒྱུད་མི་འཐད་དོ། །ཞེས་བྱ་སྟེ། རྣམ་ཤེས་ཚོགས་དགུ་པ་མེད་པའི་ཕྱིར་རོ། །

དེས་ན་སྐབས་འདིར། གྲུབ་མཐའི་རྣམ་དབྱེ་ཕྱེད་པ་ཞིག་གནད་དུ་ཆེ་སྟེ། འཕགས་པ་ཀླུ་སྒྲུབ་རྗེས་འབྲང་དང་བཅས་པས། བདེ་གཤེགས་སྙིང་པོ་ལ་ཆོས་དབྱིངས་དང་། ཆོས་དབྱིངས་ལ་འདུས་མ་བྱས་ཀྱིས་ཁྱབ་པར་བཤད་པ་ལྟར། སྐབས་འདིར། དྲི་བཅས་སེམས་ཀྱི་ཆོས་དབྱིངས་དང་། རྒྱུ་བདེ་གཤེགས་སྙིང་པོ་དོན་གཅིག་ལ། དྲི་མེད་སེམས་ཀྱི་ཆོས་དབྱིངས་དང་། འབྲས་བུ་བདེ་གཤེགས་སྙིང་པོ་དོན་གཅིག་པས། བདེ་གཤེགས་སྙིང་པོ་ཡིན་ན། འདུས་མ་བྱས་དང་དོན་དམ་བདེན་པ་ཡིན་པས་ཁྱབ། ཅེས་བསྟན་བཅོས་འདིའི་དགོངས་པར་དཔལ་འབུམ་ཕྲག་གསུམ་པས་བཞེད་པ་ལྟར་ཡིན་ལ། འཕགས་པ་ཐོགས་མེད་རྗེས་འབྲང་དང་བཅས་པས། སྙིང་པོ་ལ་ཆོས་དབྱིངས་དང་། ཆོས་དབྱིངས་ལ་འདུས་བྱས་དང་། དེའི་ནང་ནས་ཀྱང་རང་བཞིན་འོད་གསལ་གྱི་ཤེས་པ་ཁོ་ན་ཡིན་པས་ཁྱབ་ཅིང་། མདོ་ལས་འདུས་མ་བྱས་སུ་བཤད་པ་ནི། ལས་ཉོན་གྱི་འདུས་མ་བྱས་པ་དང་། གཟུང་འཛིན་གྱི་དྲི་མས་འགྱུར་བ་མེད་པ་ལ་དགོངས་སོ། །ཞེས་བཤད་པ་ལྟར། དཔལ་ས་སྐྱ་པའི་རྒྱུད་མན་ངག་གི་རྒྱུད་འཆད་པའི་སྐབས་སུ་ཁས་ལེན་དགོས་ཏེ། ཀུན་གཞི་རྒྱུ་རྒྱུད་ནི། གཞི་བདེ་གཤེགས་སྙིང་པོ་དངོས་ཡིན་ལ། དེ་ཉིད་རང་བཞིན་འོད་གསལ་གྱི་སེམས་ལ་ངོས་བཟུང་དགོས་པ་ཡིན་ཏེ། འཁོར་འདས་དབྱེར་མེད་པའི་མན་ངག་ལས། སེམས་སྟོང་རིག་བྱེ་བྲག་ཏུ་མ་ཕྱེ་བ། རིས་ཕྱོགས་སུ་མ་ཆད་པ། ཐབས་རིག་པ་གསལ་ལ་མ་འགགས་པ། ངོ་བོ་སྟོང་པ་ཉིད་ལ་ཀུན་གཞི་ཞེས་བྱའོ། །ཅིའི་ཕྱིར་ཀུན་གཞི་ཞེས་བྱ་ན། འཁོར་འདས་གཉིས

ཀའི་གཞིར་གྱུར་པའོ། །ཞེས་དང་། གྲུབ་དོན་མ་ལས། ཡང་ཀུན་གཞིའི་རྣམ་ཤེས་ནི་སེམས་ཉིད་གཉུག་མ་རྒྱུ་རྒྱུད་དེ། ཡེ་ནས་རང་བཞིན་གྱིས་རྣམ་པར་དག་པ། དྲི་མ་མཐའ་དག་སྤྱངས་པའོ། །ཞེས་དང་། དེ་ཡང་ཀུན་གཞིའི་རྒྱུ་རྒྱུད་ནི། སེམས་རང་བཞིན་གྱིས་འོད་གསལ་བ་ས་བོན་གས་ཆག་མེད་པ་ལྟ་བུ། ཞེས་སོགས་གསལ་བར་བཤད་འདུག་པའི་ཕྱིར་རོ། །གནད་འདི་ཡང་ཁོ་བོས་མཁས་པ་གཞན་ལ་དད་པའི་རྗེས་འབྲང་བྱས་པའི་རྗེས་ཟློས་ཙམ་མ་ཡིན་པའི་ཕྱིར། བསོད་ནམས་དཔག་ཏུ་མེད་པས་བསྒྲུབ་པའི་རྣམ་དཔྱོད་ཀྱི་བློ་གྲོས་ལ་ངང་གིས་ཤར་བའི་སྐྱབ་བྱེད་མང་དུ་ཡོད་པའི་ཕྱིར་རོ། །གསུམ་པ། གཉིས་པ་ལྟར་ན་རིགས་པས་དགག་པ་ནི། གལ་ཏེ་བརྟག་པ་གཉིས་པ་ལྟར། དངོས་མེད་ཡིན་ནོ་ཟེར་ན། སེམས་ཅན་གྱི་ཁམས་དེ་ཆོས་ཅན། ཁྱོད་ལ་དགེ་སྡིག་གང་ཡང་འཐད་པ་མ་ཡིན་ཏེ། རང་འབྲས་སྐྱེད་པའི་དོན་བྱེད་པ་མེད་པའི་ཕྱིར། རྟགས་ཁྱབ་གྲུབ་སྟེ། དགེ་སྡིག་གང་རུང་ཡིན་ན། དོན་བྱེད་ནུས་དགོས་པ་ལས། ཁྱོད་དངོས་མེད་ཡིན་པའི་ཕྱིར། བཞི་པ་ཁས་བླངས་འགལ་བས་དགག་པ་ནི། གལ་ཏེ་སེམས་ཅན་གྱི་ཁམས་དེ་དངོས་དང་དངོས་མེད་གཉིས་ཀ་མིན་པར་སྤྲོས་བྲལ་ཡིན་ནོ་ཟེར་ན། སེམས་ཅན་གྱི་ཁམས་ཆོས་ཅན། ཁྱོད་སྔར་བཤད་པའི་ཆོས་ཀྱི་དབྱིངས་ལས་འདའ་བ་མེད་པར་ཐལ། དངོས་དང་དངོས་མེད་གང་ཡང་མ་ཡིན་པའི་སྤྲོས་བྲལ་ཡིན་པའི་ཕྱིར། འདོད་ན་དེ་ལྟ་ཡིན་ན། སྔར་ཆོས་དབྱིངས་མ་ཡིན་པར་ཁས་བླངས་པ་དང་དངོས་འགལ་ཡིན་མོད། མིན་དུ་ཆུག་ནའང་ཆོས་དབྱིངས་ཆོས་ཅན། ཁྱོད་ལ་དགེ་སྡིག་གང་ཡང་མེད་པར་བཤད་ཟིན་ཏོ། །ཞེས་བྱ་སྟེ། ལུང་རིགས་དུ་མའི་སྒོ་ནས་བཤད་ཟིན་པའི་ཕྱིར་རོ། །

གསུམ་པ་ཆོས་དབྱིངས་ཤན་འབྱེད་དགག་པ་ལ། གལ་ཏེ་ཁོ་ན་རེ། ཆོས་དབྱིངས་མཐའ་དག་སྙིང་པོའི་དགེ་བ་མ་ཡིན་ཡང་། ཆོས་དབྱིངས་འགའ་ཞིག་ནི་སྙིང་པོའི་དགེ་བ་ཡིན་པ་ཡང་ཡོད་དེ། ཐམ་པོའི་ཆོས་དབྱིངས་བདེ་གཤེགས་སྙིང་པོའི་དགེ་བ་མ་ཡིན་ཡང་། སེམས་ཅན་རྣམས་ཀྱི་ཆོས་དབྱིངས་བདེ་གཤེགས་སྙིང་པོའི་དགེ་བ་ཡིན་པའི་ཕྱིར་སྙམ་ན། ཆོས་དབྱིངས་ཆོས་ཅན། ཁྱོད་ལ་སྙིང་པོའི་དགེ་བ་ཡིན་མིན་གྱི་དབྱེ་བ་འབྱེད་པ་འཐད་པ་མ་ཡིན་ཏེ། ཁྱོད་ལ་ངོ་བོའི་སྒོ་ནས་རིགས་མི་འདྲ་བའི་དབྱེ་བ་མེད་པར་རྒྱལ་བས་འབུམ་ལས་གསུངས་པའི་ཕྱིར། འདིར་པཎ་ཤཱཀ་པས། སེམས་ཅན་མ་གཏོགས་ཐམ་པོའི་ཡང་། །ཆོས་དབྱིངས་སྙིང་པོ་ཡིན་ན་ནི། །སེམས་ཅན་ཁོ་ནས་སངས་རྒྱས་ཀྱི། །སྙིང་པོ་ཅན་དུ་འཆད་པ་ཅི། །སེམས་ཅན་མ་གཏོགས་ཐམ་པོ་ཡང་། །ཆོས་དབྱིངས་སྙིང་པོ་མ་ཡིན་ན། །རྒྱུད་དང་སེམས་འགྲེལ་སྐོར་གསུམ་ལས། །བརྟན་གཡོ་ཀུན་ལ་བདེ་གཤེགས་ཀྱི། །སྙིང་པོས་ཁྱབ་པར་བཤད་དེ་ཅི། །ཞེས་དྲིས་ནས། གསེར་ཐུར་རང་ལན་དུ། ཆོས་སྐུ་ཁོན་བདེ་

གཤེགས་སྙིང་པོ་ཡིན་གྱི། ཆོས་དབྱིངས་མ་ཡིན་པས། སེམས་ཅན་དང་བེམ་པོའི་ཆོས་དབྱིངས་སོགས་ཐམས་ཅད་བདེ་གཤེགས་སྙིང་པོ་མིན་པ་གཞུང་འདིའི་དགོངས་པར་འཆད། འབྲུལ་སྤོང་ལས། གསལ་སྟོང་ཟུང་འཇུག་ཁོ་ན་བདེ་གཤེགས་སྙིང་པོ་ཡིན་གྱི། གསལ་བྱ་དང་སྟོང་བྱ་རྐྱང་པ་མ་ཡིན་པས། སེམས་ཅན་དང་བེམ་པོའི་ཆོས་དབྱིངས་སོགས་ཐམས་ཅད་བདེ་གཤེགས་སྙིང་པོ་མ་ཡིན་པར་ཐལ། དེའི་ཕྱིར། འདོད་ན། དེ་ཆོས་ཅན། ཁྱོད་བདེ་གཤེགས་སྙིང་པོ་ཡིན་པར་ཐལ། ཁྱོད་ཆོས་སྐུ་ཡིན་པའི་ཕྱིར། འཁོར་གསུམ་ཡིན་པ་ཨེ་དྲན། ཀུན་མཁྱེན་གཉིས་པ་གསོན་ཅིག །བུམ་པའི་ཆོས་དབྱིངས་ཆོས་ཅན། གསལ་སྟོང་ཟུང་འཇུག་ཡིན་པར་ཐལ། བདེ་གཤེགས་སྙིང་པོ་ཡིན་པའི་ཕྱིར། ཡང་དེ་ཆོས་ཅན། དྲི་བཅས་ཀྱི་བདེ་གཤེགས་སྙིང་པོ་ཡིན་པར་ཐལ། སྙིང་པོ་ཡིན་པ་གང་ཞིག །དྲི་མེད་སྙིང་པོ་མ་ཡིན་པའི་ཕྱིར། དེ་གཉིས་ལ་འདོད་ན། དེའི་རྒྱུ་མཚན་ཅི་ཡིན་དྲི། གལ་ཏེ་ཆོས་ཅན་ཐམས་ཅད་ཀྱི་ཆོས་དབྱིངས་དོན་གཅིག་པའི་གནད་ཀྱིས་ཡིན་ཟེར་ན། དྲི་བཅས་ཀྱི་ཆོས་དབྱིངས་དང༌། དྲི་མེད་ཀྱི་ཆོས་དབྱིངས་ཀྱང་དོན་གཅིག་པར་ཐལ། འདོད་པའི་ཕྱིར། ཇོ་ནང་པ་ལྟར་འདོད་ན་མི་གསུངས་ལགས་སམ། དེས་ན་དཔལ་འབུམ་ཕྲག་གསུམ་པ་འདི་ལྟར་བཞེད་དེ། གང་ཟག་དང༌། ཤེས་པ་དང༌། རྒྱུད་ཀྱི་བསྡུས་པའི་བེམ་པོ་རྣམས་ཀྱི་ཆོས་དབྱིངས་བདེ་གཤེགས་སྙིང་པོ་ཡིན་ཏེ། དེ་དག་དྲི་བཅས་དང་དྲི་མེད་ཀྱི་ཆོས་དབྱིངས་གང་རུང་ཡིན་པའི་ཕྱིར། རྒྱུད་ཀྱིས་མ་བསྡུས་པའི་བེམ་པོ་སོགས་ཀྱི་ཆོས་དབྱིངས་བདེ་གཤེགས་སྙིང་པོ་མ་ཡིན་ཏེ། དེ་དག་དྲི་བཅས་དང་དྲི་མེད་ཀྱི་ཆོས་དབྱིངས་གང་རུང་མ་ཡིན་པའི་ཕྱིར། རྒྱུད་ཀྱིས་མ་བསྡུས་པའི་བེམ་པོ་སོགས་ཀྱི་ཆོས་དབྱིངས་བདེ་གཤེགས་སྙིང་པོ་མ་ཡིན་ཏེ། རྒྱུ་དང་འབྲས་བུའི་བདེ་གཤེགས་སྙིང་པོ་གང་ཡང་མ་ཡིན་པའི་ཕྱིར། དེས་ན་འགྲོ་བ་ཐམས་ཅད་བདེ་གཤེགས་སྙིང་པོ་ཅན་དུ་འཆད་ལ། བརྟན་གཡོ་ཐམས་ཅད་བདེ་གཤེགས་སྙིང་པོ་ཅན་དུ་མི་འཆད་པའི་རྒྱུ་མཚན་ཡོད་དེ། དེ་དག་གི་ཆོས་དབྱིངས་ལ་བདེ་གཤེགས་སྙིང་པོར་འཇོག་མི་འཇོག་གི་ཁྱད་པར་ཡོད་པའི་ཕྱིར།

རྩ་བའི་གཉིས་པ། གཞིའི་གནད་ལ་འཁྲུལ་མེད་སྐྱབ་པ་ལ་གཉིས། འཁྲུལ་མེད་གནད་ཀྱི་གཙོ་བོ་བཤད། འཁྲུལ་གཞིའི་ལུང་དོན་གཏན་ལ་དབབ་པའོ། །དང་པོ་ལ་བཞི། ཟུང་འཇུག་གཞིའི་གནད་བསྟན། གནད་དེ་ཡིད་ཆེས་ལུང་གིས་བསྒྲུབ། ལུང་དོན་རིགས་པས་གཏན་ལ་ཕབ། རིགས་པས་ཆོས་འཕགས་ལུང་དང་སྦྱར་བའོ། །དང་པོ་ནི། གཞིའི་གནད་ལ་འཁྲུལ་པ་བཀག་ཟིན་པ་དེས་ན། དྲི་བཅས་ཀྱི་སེམས་མཐའ་བཞིའི་སྤྲོས་པ་དང་བྲལ་བ་གསལ་སྟོང་ཟུང་འཇུག་གི་དབྱིངས་ཆོས་ཅན། རྒྱུ་བདེ་གཤེགས་སྙིང་པོའི་མཚན་ཉིད་ཡིན་ཏེ། དེའི་འཇོག་བྱེད་ཡིན་པའི་ཕྱིར། སེམས་ཅན་རྣམས་ཆོས་ཅན། ཁྱོད་ལ་འཁོར་བ་དང་སངས་རྒྱས

གཉིས་འབྱུང་བ་འཐད་དེ། རང་རྒྱུད་ཀྱི་བདེ་གཤེགས་སྙིང་པོ་ངོས་ཟིན་ཏེ་ལམ་གྱི་དྲི་མ་སྦྱངས་པ་ལས་སངས་རྒྱས་འབྱུང་ཞིང་། ངོས་མ་ཟིན་པར་དཀར་ནག་གི་ལས་སྤྱད་པ་ལས་འཁོར་བ་འབྱུང་བའི་ཕྱིར་རོ། །

གཉིས་པ་ནི། བདེ་གཤེགས་སྙིང་པོ་ངོས་འཛིན་སྦྱོར་ཕྲལ་ཟུང་འཇུག་ལ་འཇོག་པ་འདི་ཉིད་ཆོས་ཅན། ཁྱོད་ལ་ལུང་གི་སྒྲུབ་བྱེད་ཡོད་དེ། འཕགས་པ་ཀླུ་སྒྲུབ་སྐྱོབ་ཉིད་ཀྱིས། གང་ལ་སྟོང་པ་ཉིད་རུང་བ། །ཞེས་གསུངས་པ་སོགས་ཚིགས་བཅད་གཅིག་གསུངས་པ་ཡང་ཁྱོད་ཀྱིས་སྒྲུབ་བྱེད་ཡིན་པའི་ཕྱིར། སེམས་ཅན་གྱི་རྒྱུད་ལ་ཁམས་བདེ་གཤེགས་སྙིང་པོ་ཡོད་པའི་དོན་འདི་ཉིད་ཆོས་ཅན། ཁྱོད་ལ་ལུང་གི་སྒྲུབ་བྱེད་ཀྱང་ཡོད་དེ། ཐེག་པ་ཆེན་པོ་རྒྱུད་བླ་མར། གལ་ཏེ་བདེ་གཤེགས་ཁམས་མེད་ན། །ཞེས་སོགས་ཚིགས་བཅད་གཅིག་གསུངས་པའང་། ཁྱོད་ཀྱི་སྒྲུབ་བྱེད་ཡིན་པའི་ཕྱིར། གལ་ཏེ་བདེ་སྡུག་སྐྱེས་པ་རིག་ན་སྤང་བླང་གི་བློ་སྐྱེས་པ། བདེ་གཤེགས་སྙིང་པོའི་བྱེད་ལས་སུ་བཤད་ཀྱིས། སྒྲུབ་བྱེད་དུ་མ་བཤད་དོ་སྙམ་ན། སེམས་ཅན་ཆོས་ཅན། ཁྱོད་འཁོར་བའི་སྐྱོན་མཐོང་ནས་ཡིད་སྐྱོ་བ་དང་། མྱ་ངན་ལས་འདས་པའི་ཕན་ཡོན་མཐོང་ནས་དགའ་བའི་འདུན་པ་སྐྱེས་པ་དེ། ཁྱོད་ཀྱི་རྒྱུད་ལ་བདེ་གཤེགས་སྙིང་པོ་ཡོད་པའི་སྒྲུབ་བྱེད་དུ་འཐད་དེ། རང་རྒྱུད་ཀྱི་ཉེ་བར་ལེན་པའི་ཕུང་པོ་ལྔ་སྡུག་བསྔལ་གྱི་རང་བཞིན་ཡིན་ཞིང་། མྱ་ངན་ལས་འདས་པ་བདེ་བའི་རང་བཞིན་ཡིན་པས་ན། རང་གི་སེམས་ནི་རང་གནས་བསྒྱིག་པའི་ཆེད་ཡིན་པའི་ཕྱིར། དཔེར་ན་དུ་བ་མེའི་སྒྲུབ་བྱེད་ཡིན་གྱི། སྲེག་པར་བྱེད་པ་མེའི་བྱེད་ལས་ཡིན་ལ། མེའི་རང་བཞིན་ཚ་ཞིང་བསྲེག་པ་ལས་མ་འདས་པས། ཚ་ཞིང་སྲེག་པ་མེའི་སྒྲུབ་བྱེད་དུ་འགྱུར་བ་དང་ཆོས་མཚུངས་པའི་ཕྱིར། བཞི་པ། རིགས་པ་ཆོས་འཕགས་ལུང་དང་སྦྱར་བ་ནི། གཞི་བདེ་གཤེགས་སྙིང་པོའི་གནས་ཚུལ། དབྱིངས་རིག་ཟུང་འཇུག་གི་སྦྱོར་ཕྲལ་ལས་མ་འདས་པ་འདི་ཆོས་ཅན། ཁྱོད་ཀྱི་དོན་རྒྱས་པར་ཆོས་བརྒྱད་སྟོང་པ་ལ་སོགས་པའི་ཆོས་འཕགས་ཀྱི་ལེའུར་ལྟོས་ཤིག་ཅེས་བྱ་སྟེ། བྱང་ཆུབ་སེམས་དཔའ་རྟག་ཏུ་ངུས། གཟུགས་སྐུ་བདེ་གཤེགས་སྙིང་པོའི་གནས་ཚུལ། རང་བཞིན་རྣམ་དག་གི་ཆོས་སྐུ་ལས་མ་འདས་པར་མཐོང་བ་སོགས་ལས་གསལ་བར་ཤེས་པའི་ཕྱིར་རོ། །

གཉིས་པ་འབྲུལ་པའི་ལུང་དོན་གཏན་ལ་ཕབ་པ་ལ་གསུམ། འབྲུལ་གཞིའི་ལུང་ལས་བཤད་ཚུལ་བསྟུས་ཏེ་འགོད། དགོས་སོགས་གསུམ་གྱིས་དྲང་དོན་དུ་སྒྲུབ། ཚུལ་འདི་བཀའ་དང་བསྟན་བཅོས་ལུང་དང་སྦྱར་བའོ། །དང་པོ་ལའང་གསུམ། དགོངས་གཞིའི་གཙོ་བོ་སྟོང་ཉིད་ཡིན་པར་བསྟན། དགོས་པའི་གཙོ་བོ་སྐྱོན་ལྔ་སྤོང་བར་བསྟན། དངོས་ལ་གནོད་བྱེད་ལུང་རིགས་རྣམ་གསུམ་བཤད་པའོ། །དང་པོ་ནི། སེམས་ཅན་གྱི་རྒྱུད་ལ་མཚན་དཔེས་བརྒྱན་པའི་བདེ་གཤེགས་སྙིང་པོ་མེད་མོད། འོན་ཀྱང་སྙིང་པོའི་མདོ་དང་དཔལ་ཕྲེང་གི་མདོ་ལ

སོགས་པ་མདོ་སྡེ་འགའ་ཞིག་དང་། ཐེག་པ་ཆེན་པོ་རྒྱུད་བླ་མར་གཞུང་གི་ཆ་འགའ་ཞིག་ཏུ། གོས་ངན་ནང་ན་རིན་ཆེན་ལྟར་སེམས་ཅན་གྱི་རྒྱུད་ལ་མཚན་དཔེས་བརྒྱན་པའི་སངས་རྒྱས་ཀྱི་སྙིང་པོ་ཡོད་པར་བཤད་པ་ཡང་ཡོད་དེ།

སྙིང་པོའི་མདོར། བསྒྲིབ་བྱའི་དཔེ་དགུ་དང་། སྒྲིབ་བྱེད་ཀྱི་དཔེ་དགུའི་སྒོ་ནས་སེམས་ཅན་གྱི་རྒྱུད་ལ་ཉོན་མོངས་པའི་སྦུབས་ན་སངས་རྒྱས་དངོས་སུ་བཞུགས་པ་བཤད་པ་ལྟར། རྒྱུད་བླ་མར། སངས་རྒྱས་པད་ངན་སྦྲང་རྩི་སྦྲང་མ་ལ། །ཞེས་པ་ནས། སེམས་ཀྱི་རང་བཞིན་དྲི་མེད་ནི། །ཐོག་མ་མེད་པ་ཡིན་པར་བརྗོད། །ཅེས་པའི་བར་གྱི་སྙིང་པོའི་མདོའི་སྒྲ་ཟིན་དེ་ཉིད་སོར་བཞག་ནས། དཔེ་བཤད་པ། དོན་བཤད་པ། དཔེ་དོན་སྦྱར་བ་དང་གསུམ་གསུམ་གྱི་སྒོ་ནས་བཤད་པའི་ཕྱིར། གཉིས་པ་ལ། གོང་གི་ས་བཅད་གསུམ་ཡོད་པའི། དེ་ལྟར་བཤད་པ་དེ་སྒྲ་ཇི་བཞིན་དུ་ཁས་ལེན་ནམ་སྙམ་ན། དེ་ལྟར་བཤད་པ་དེ་ཆོས་ཅན། ངེས་དོན་སྒྲ་ཇི་བཞིན་པ་མ་ཡིན་ཏེ། དྲང་དོན་དགོངས་པ་ཅན་གྱི་མདོ་ཡིན་པའི་ཕྱིར། འོ་ན་དགོས་སོགས་ཆོས་གསུམ་ཇི་ལྟར་ཚང་སྙམ་ན། དེ་ཆོས་ཅན། ཁྱོད་ཀྱི་དགོངས་གཞི་ཡོད་དེ། སེམས་ཅན་གྱི་རྒྱུད་ལ་གསལ་བ་དང་ཟུང་དུ་འཇུག་པའི་སྟོང་པ་ཉིད་ཡོད་པ་དེ། ཁྱོད་ཀྱིས་དེ་ལྟར་བཤད་པ་དེའི་དགོངས་གཞི་ཡིན་པའི་ཕྱིར། གཉིས་པ་ནི། དེ་ཆོས་ཅན། ཁྱོད་དགོས་པ་ཡོད་དེ། སེམས་ཞུམ་པ་དང་། སེམས་ཅན་དམན་པ་ལ་བརྙས་པ་ལ་སོགས་པའི་སྐྱོན་ལྔ་སྤོང་བའི་ཕྱིར་དུ་གསུངས་པ་ཡིན་པའི་ཕྱིར། དེ་ལྟར་བཤད་པ་ཆོས་ཅན། ཁྱོད་དངོས་ལ་གནོད་བྱེད་ཀྱི་ཚད་མ་ཡོད་དེ། མུ་སྟེགས་འདོད་པའི་བདག་དང་མཚུངས་པ་དང་། བདེན་པའི་དངོས་པོར་འགྱུར་བ་དང་། ངེས་པའི་དོན་གྱི་མདོ་སྡེ་དང་འགལ་བའི་ཕྱིར། ཞེས་པའི་སྐྱོན་གསུམ་ཡོད་པའི་ཕྱིར། གསུམ་པ་ནི། སེམས་ཅན་གྱི་རྒྱུད་ལ་མཚན་དཔེས་བརྒྱན་པའི་སྙིང་པོ་ཡོད་པར་སྟོན་པའི་མདོ་དྲང་དོན་དགོངས་པ་ཅན་ཡིན་པ་འདི་ཆོས་ཅན། ཁྱོད་དོན་ཡིད་ཆེས་ཀྱི་བཀའ་དང་། བསྟན་བཅོས་ཚད་ལྡན་ལས་གསལ་བར་ཤེས་ནུས་ཏེ། དེ་བཞིན་གཤེགས་པའི་སྙིང་པོའི་ལེའུའི་མདོ་སྡེ་ལྟོས་ཤིག་སྟེ་བལྟས་པས་གསལ་བ་ཡིན་པའི་ཕྱིར་དང་། སློབ་དཔོན་ཟླ་བ་གྲགས་པས་དབུ་མ་འཇུག་པ་ལས། མཚན་དཔེས་བརྒྱན་པའི་བདེ་གཤེགས་སྙིང་པོ། སེམས་ཅན་ལ་ཡོད་པ་དྲང་དོན་གྱི་མདོར་གསུངས་པ་དེ་ཡང་ཤེས་པར་གྱིས་ཤིག་སྟེ། དེ་ལས་གསལ་བར་ཤེས་ནུས་པའི་ཕྱིར་རོ། །

འདིར་པཎ་ཤཱཀ་པས། འོན་ཀྱང་མདོ་སྡེ་འགའ་ཞིག་ཏུ། །གོས་ངན་ནང་ན་རིན་ཆེན་ལྟར། །སེམས་ཅན་རྣམས་ལ་སངས་རྒྱས་ཀྱི། །སྙིང་པོ་ཡོད་པར་གསུངས་པ་དེ། །ཐེག་པ་ཆེན་པོ་རྒྱུད་བླ་མས། །དགོངས་པ་ཅན་དུ་བཀྲལ་ཞེས་བྱ། །ཞེས་སྟོན་ན་འཁྲུལ་པ་མེད་ཀྱི། ད་ལྟའི་གཞུང་གི་རིམ་པ་ནི་ཅུང་མ་དག་སྟེ། སྙིང་པོའི་མདོར།

མཚན་དཔེས་བརྒྱན་པའི་སྙིང་པོ་སེམས་ཅན་ལ་ཡོད་པར་བསྟན་པ་དེ། ཐེག་ཆེན་རྒྱུད་བླ་མས་དྲང་དོན་དགོངས་པ་ཅན་དུ་ཁྲལ་ཟིན་པའི་ཕྱིར། རྒྱུད་བླ་མའི་བསྟན་བཅོས་ལས། དེ་ལྟར་དངོས་སུ་བསྟན་པ་མེད་པས། རྒྱུད་བླ་མས་དེ་ལྟར་བསྟན་པ། བསྟན་བཅོས་དྲང་དོན་དགོངས་པ་ཅན་དུ་འགྲེལ་དགོས་པ་མེད་པའི་ཕྱིར་ཞེས་གསུངས་པ་ནི། ཅུང་ཟད་དགོངས་པ་དཔྱད་དགོས་རྒྱུར་སྣང་སྟེ། མཁས་པས་དགོངས་པ་བཀོད་པ་དེ་བཞིན་དོན་ལ་གནས་པའི་ཕྱིར། འདིའི་ལན་ལ་འབྲུལ་སྤོང་ལས། སྙིང་པོའི་མདོ་དང་། རྒྱུད་བླ་མའི་བསྟན་བཅོས་ལས། སེམས་ཅན་གྱི་རྒྱུད་ལ་བདེ་གཤེགས་སྙིང་པོ་སྐྱབ་པའི་ཚུལ་གྱིས་ཡོད་པར་བསྟན་པ་དེ། བསྟན་བཅོས་འདིའི་དགོས་སོགས་གསུམ་གྱི་སྒོ་ནས་དྲང་དོན་དུ་བཀྲལ་བ་ཡིན་ཏེ། དེའི་རྒྱུད་ལ་དེ་བསྒྲུབ་པའི་ཚུལ་གྱིས་ཡོད་པ་དེ་དྲང་དོན་ཡིན་པའི་ཕྱིར། རྒྱུད་བླ་མ་ལས། སེམས་ཅན་གྱི་རྒྱུད་ལ་བདེ་གཤེགས་སྙིང་པོ་ཡོད་པར་མཐོང་བ་ཟི་སྙིང་པ་མཁྱེན་པའི་ཡེ་ཤེས་སུ་བཤད་པའི་ཕྱིར། ཞེས་གསུངས་པ་ནི་དཔྱད་དགོས་ཏེ། འོ་ན་སེམས་ཅན་གྱི་རྒྱུད་ལ་བདེ་གཤེགས་སྙིང་པོ་སྦྲུབ་པའི་ཚུལ་གྱིས་ཡོད་པར་ཐལ། དེའི་རྒྱུད་ལ་དེ་སྦྲུབ་པའི་ཚུལ་གྱིས་ཡོད་པར་མཁྱེན་པའི་ཟི་སྙིང་པ་མཁྱེན་པའི་ཡེ་ཤེས་ཡོད་པའི་ཕྱིར། རྟགས་དོན་གྱིས་དངོས། འདོད་ན། མེད་པར་ཐལ། སེམས་ཅན་གྱི་རྒྱུད་ལ་དེ་སྦྲུབ་པའི་ཚུལ་གྱིས་ཡོད་པ་ལས་དངོས་ལ་གནོད་བྱེད་ཀྱི་ཚད་མ་ཡོད་པའི་ཕྱིར་ཏེ། དེའི་དགོངས་གཞི་སྟོང་ཉིད་ཡིན། །ཞེས་སོགས་ཀྱི་གཞུང་དེ། སེམས་ཅན་གྱི་རྒྱུད་ལ་བདེ་གཤེགས་སྙིང་པོ་སྦྲུབ་པའི་ཚུལ་གྱིས་ཡོད་པ་ལ། དགོངས་གཞི། དགོས་པ། དངོས་ལ་གནོད་བྱེད་ཀྱི་ཚད་མ་གསུམ་བསྟན་པའི་གཞུང་ཡིན་པའི་ཕྱིར། རྟགས་དངོས། ཡང་། བདེ་གཤེགས་སྙིང་པོ་ཡོད་པ་དེ་ཀུན་རྫོབ་བདེན་པ་ཡིན་པར་ཐལ། སེམས་ཅན་གྱི་རྒྱུད་ལ་བདེ་གཤེགས་སྙིང་པོ་ཡོད་པ་དེ་ཀུན་རྫོབ་བདེན་པ་ཡིན་པའི་ཕྱིར། འདོད་ན། དེ་ཆོས་ཅན། ཁྱོད་ཡོད་པ་ཀུན་རྫོབ་བདེན་པ་མ་ཡིན་པར་ཐལ། ཁྱོད་དོན་དམ་བདེན་པ་ཡིན་པའི་ཕྱིར་རོ། །

ཅེས་སྡོམ་གསུམ་རབ་དབྱེའི་སོར་སྡོམ་སྐབས་ཀྱི་ལེགས་པར་བཤད་པ་ཨུཏྤ་ལའི་མྱུ་གུ་སྨིན་པའི་འཁྲོ་ན་རེ་བ་འདི་ཡང་ཆོས་ལུགས་འདི་ལ་མི་ཕྱེད་པའི་དད་པ་ཐོབ་ཅིང་རྣམ་དཔྱོད་ཀྱི་བློ་གྲོས་ཅུང་ཟད་གསལ་བ་ཤཱཀྱའི་བཛྙེ་ཀླུ་སྒྲུབ་བདག་གིས་བློ་ལྡན་དོན་གཉེར་ཅན་དག་ལ་ཕན་པའི་བློས་སྦྱར་བ་དགེ་ཞིང་བཀྲ་ཤིས། །ཤ་སན་སཏྭ་ཧི་ཏོ་བྷ་ཝནྟུ། །ཤུས་དག །

༄༅། །ལེགས་བཤད་ཉི་མའི་འོད་ཟེར་ལས་སྡོམ་པ་གསུམ་གྱི་དཀའ་འགྲེལ་ས་ལམ་དང་ཡུལ་ཆེན་གྱི་རྣམ་པར་བཞག་པ་ཞེས་བྱ་བ་བཞུགས་སོ། །

མང་ཐོས་ཀླུ་སྒྲུབ་རྒྱ་མཚོ།

ཨོཾ་སྭ་སྟི་སིདྡྷི། སོ་བདུན་ཡུལ་གྱི་རྩ་ཡིག་བདུད་རྩི་རླུང་། །སྲིད་པའི་འཕྲི་ཤིང་སྙིང་བྱེད་ཆོས་ཀྱི་དབྱིངས། །རྟེ་ཏིར་ཐིམ་ལས་ཟག་མེད་བདེ་བའི་སྐུར། །ཁ་སྦྱོར་སྟོན་པ་རྡོ་རྗེ་འཆང་དེར་འདུད། །འཇམ་པའི་རྡོ་རྗེའི་མཁྱེན་བརྩེའི་རྣམ་རོལ་འོད་གསལ་ལྷ་ཡི་མེ་ལོང་ལ། །འཕོས་པའི་རི་མོ་ས་ལ་རྣམ་བཀྲ་ས་སྟེང་འདི་ན་ས་སྐྱ་པར། །སྟོན་གྲགས་ག་བུར་ཟེགས་མ་འཐོར་བས་སྐལ་བཟང་ཀུ་མུད་བཞད་པའི་གཉེན། །དབྱངས་ཅན་དགའ་མའི་རྩེ་དགས་འཕྲུད་བྱེད་འཇམ་མགོན་རིམ་པར་རྒྱལ་གྱུར་ཅིག །གངས་རིའི་འགྲམ་གྱི་རྡོ་རྗེ་གདན། །བྱ་གཤོངས་ས་ཡི་ལྟེ་བ་འདིར། །ལེགས་བཤད་སྒྲོག་པའི་རོལ་མོ་མཁན། །མཉན་ཡོད་མཁས་རྣམས་རིམ་པར་བསྟུགས། །ཚེ་རབས་སྔོན་ནས་ཡོངས་ཀྱི་བཤེས་གཉེན་མཚུངས་བྲལ་མ་ཏི་བི་ཛ་ཡ། །མཁས་པའི་ཡང་རྩེར་གྲུབ་པའི་རོལ་རྩེད་འཇམ་མགོན་དཔའ་བོ་ཨ་ནནྡ། །སྨན་བརྒྱུད་མན་ངག་ཟབ་མོའི་ཡོངས་འཛིན་བཀའ་དྲིན་མཉམ་མེད་བློ་གསལ་བར། །སྙིང་ནས་འདུད་དོ་བྱིན་རླབས་གྱུ་ཆར་དེང་འདིར་སྩོལ་ཞེས་རིང་ནས་འབོད། །མཁས་ལ་རབ་གྲགས་ས་སྐྱ་འཕེན་གྱི་གཏམ། །རྒྱུད་དང་མན་ངག་ཟབ་དོན་སྙིང་པོའི་བཅུད། །མཁས་རློམ་མགྲིན་པར་མ་མྱངས་གསར་པའི་སྐྱེས། །སྐལ་བཟང་སྙིང་ལ་སྨྲིན་ནོ་དགའ་བས་ལོངས། །

ཞེས་མཆོད་པར་བརྗོད་ཅིང་རྩོམ་པར་དམ་བཅའ་བ་སྔོན་དུ་བཏང་ནས། སྐལ་བཟང་གི་གདུལ་བྱ་ལ་སྨིན་བྱེད་དབང་བཞིའི་རྒྱུད་སྦྱངས། གྲོལ་བྱེད་ལམ་རིམ་གཉིས་སྒོམ་པས་ཡེ་ཤེས་ཕྱག་ཆེན་མངོན་དུ་གྱུར་པ་དེ་སྤྱོད་པ་རྣམ་གསུམ་གྱིས་བོགས་དབྱུང་ནས་ཉེ་རྒྱུ་ཡིས་མཚམས་སྦྱར་ཏེ། ས་བཅུ་གསུམ་དང་ལམ་ལྔ། རྟེན་འབྲེལ་ལྔ་དང་། བྱང་ཕྱོགས་སོ་བདུན་སོགས་བགྲོད་པའི་རིམ་པ་དཔྱོད་ལྡན་གྱི་རྣ་བའི་བདུད་རྩིར་གྱུར་པ་ཞིག་འཆད་པར་འགྱུར་བས་མཉན་པར་བྱོས་ཤིག །དེས་ན་སྡོམ་གསུམ་རབ་དབྱེ་ལས། །ཕ་རོལ་ཕྱིན་གཞུང་མི་ནུས་

པར། །གལ་ཏེ་གསང་སྔགས་སྒོམ་འདོད་ན། །ཞེས་པ་ནས། རྡོ་རྗེ་འཛིན་པའི་ས་དགེ་བ། །བཅུ་གསུམ་པ་ནི་ཐོབ་པར་འགྱུར། །ཞེས་པའི་བར་གྱི་བསྟན་པ། གསང་སྔགས་བླ་མེད་ཀྱི་ས་ལམ་བགྲོད་ཚུལ་གྱི་སྙིང་པོ་བསྡུས་པ༑ དཔལ་ལྡན་ས་སྐྱ་པའི་རྒྱུད་མན་ངག་དང་བཅས་པའི་ཟབ་གནད་ཀྱིས་དཀྲོལ་བ་ནི་འདི་ལྟར་ཡིན་ཏེ། སྨིན་བྱེད་ཀྱི་དབང་བཞི། གྲོལ་བྱེད་ཀྱི་རིམ་གཉིས། དེ་ལས་སྐྱེས་པའི་ཡེ་ཤེས་ཕྱག་རྒྱ་ཆེན་པོ། དེ་ལ་བོགས་འབྱིན་སྤྱོད་པ་སྤྱད་ཚུལ། དེ་ལས་ས་ལམ་བགྲོད་ཚུལ་ལོ། །འདི་རྣམས་ཀྱང་ལུགས་ཟློག་གི་མས་རིམ་བཞིན་བཤད་ན། ས་ལམ་བགྲོད་ཚུལ་ལ། སྤྱིར་ཐེག་ཆེན་ས་ལམ་གྱི་རྣམ་གཞག །ཁྱེ་བྲག་ཐེག་ཆེན་ས་ལམ་གྱི་རྣམ་གཞག །ཁྱད་པར་གསང་སྔགས་བླ་མེད་ཀྱི་ས་ལམ་གྱི་རྣམ་གཞག་གོ། །

དང་པོ་ལ། དམན་པ་ས་བརྒྱད་ཅེས་གྲགས་པ་སྟེ། དཀར་པོ་རྣམ་པར་མཐོང་བའི་ས། རིགས་ཀྱི་ས། བརྒྱད་པའི་ས། མཐོང་བའི་ས། སྲབ་པའི་ས། འདོད་ཆགས་དང་བྲལ་བའི་ས། བྱས་པ་རྟོགས་པའི་ས། རང་སངས་རྒྱས་ཀྱི་ས་དང་བརྒྱད་ལས། དང་པོ་དང་ཉན་ཐོས་ཀྱི་ཚོགས་ལམ་དོན་གཅིག་པ་ནས། ཉན་ཐོས་ཀྱི་སྦྱོར་ལམ། རྒྱུན་ཞུགས་ཞུགས་པའི་ལམ། རྒྱུན་ཞུགས་ཀྱི་ལམ། ཕྱིར་འོང་གི་ལམ། ཕྱིར་མི་འོང་གི་ལམ། ཉན་ཐོས་དགྲ་བཅོམ་པའི་ལམ། རང་རྒྱལ་གྱི་ལམ་དང་རིམ་བཞིན་དོན་གཅིག་པ་ཡིན་ནོ། །གཉིས་པ་ཐེག་ཆེན་ཕ་རོལ་ཏུ་ཕྱིན་པའི་ལུགས་ལ་ནི། མངོན་རྟོགས་རྒྱན་ལས། ས་བཅུར་ཕྱེ་ནས་བཅུ་པ་ལ་སངས་རྒྱས་ཀྱི་སར་བཤད་པ་དང་། བྱང་ས་ལས་ཐེག་ཆེན་མོས་སྤྱོད་ལས་ས་གཉིས་དང་། བྱང་སེམས་འཕགས་པའི་ས་བཅུ་དང་། སངས་རྒྱས་ཀྱི་ས་དང་བཅུ་གསུམ་དུ་བཤད་པ་ལ་སོགས་པའང་ཡོད་མོད་ཀྱི། མདོ་རྒྱན་རྩ་འགྲེལ་ལས། བྱང་སེམས་འཕགས་པའི་ས་རབ་དགའ་སོགས་བཅུ་དང་། བཅུ་གཅིག་པ་སངས་རྒྱས་ཀྱི་ས་དང་བཅུ་གཅིག་ཏུ་བཤད་པ་འདི་སྙིང་པོར་བཟུང་ངོ་། །གསུམ་པ་བླ་མེད་རྡོ་རྗེ་ཐེག་པའི་ལུགས་ལ། ཁ་ཅིག །ས་བཅུ་གཅིག་ཁོ་ནར་བཞེད་པ་དང་། ལ་ལ་ས་བཅུ་གཉིས་ཁོ་ནར་བཞེད་པ་དང་། གཞན་དག་ས་བཅུ་བཞི་དང་། བཅུ་དྲུག་སོགས་སུ་བཞེད་པའང་སྣང་མོད་ཀྱི། ཁོ་བོ་ཅག་འབྲུལ་པའི་དྲི་མ་ཟད་པ་འཇམ་མགོན་ས་སྐྱ་པའི་རིང་ལུགས་འཛིན་པ་དག་གིས། ས་བཅུ་གསུམ་གྱི་རྣམ་གཞག་འདི། ལུང་རིགས་མན་ངག་གསུམ་གྱིས་གཏན་ལ་ཕབ་སྟེ། འཐད་ལྡན་དུ་ཁས་ལེན་པ་ཡིན་ནོ། །

དེས་ན་འདི་ལ་གཉིས། ས་བཅུ་གསུམ་གྱི་བགྲོད་ཚུལ་དང་། ལམ་ལྔ་དང་བྱང་ཕྱོགས་སོ་བདུན་གྱི་བགྲོད་ཚུལ་གཉིས། དང་པོ་ལ་བཞི། ཡུལ་ཆེན་སོ་བདུན་གྱི་སྒོ་ནས་ས་ལམ་བགྲོད་པའི་ཚུལ། རྩ་དབུ་མའི་མདུད་པ་གྲོལ་ཚུལ་གྱི་སྒོ་ནས་ས་ལམ་བགྲོད་པའི་ཚུལ། དགའ་བ་བཅུ་དྲུག་འཆར་ཚུལ་གྱི་སྒོ་ནས་ས་ལམ་བགྲོད་པའི་

ཚུལ། དེ་ལ་ས་ལམ་གྱི་འཇུག་ལྡོག་གཏན་ལ་ཕབ་པའོ། །དང་པོ་ལ། འཁོར་ལོ་བདེ་མཆོག་ནས་བཤད་ཚུལ་དང་། དགེས་པ་རྡོ་རྗེ་ནས་བཤད་པའི་ཚུལ་ལོ། །དང་པོ་ལ་གསུམ། ཕྱིའི་ཡུལ་ཆེན་སོ་བདུན་ངོས་བཟུང་བ། ནང་གི་ཡུལ་ཆེན་སོ་བདུན་ངོས་བཟུང་བའོ། །ཞེས་སྦྱར་ནས་ས་སྦྱད་གསུམ་པ་འདི་བཞག །དེ་ལས་ས་ལམ་བགྲོད་ཚུལ་དངོས་བཤད་པའོ། །དང་པོ་ལ། ཐུགས་འཁོར་གྱི་གནས་བརྒྱད། གསུང་འཁོར་གྱི་གནས་བརྒྱད། སྐུ་འཁོར་གྱི་གནས་བརྒྱད། དམ་ཚིག་འཁོར་ལོའི་གནས་བརྒྱད། བདེ་ཆེན་འཁོར་ལོའི་གནས་ལྔའོ། །དང་པོ་ནི། འཛམ་གླིང་གི་ལྟེ་བ་རྡོ་རྗེ་གདན་དབུས་སུ་བཞག་པའི་ཕྱོགས་བཞི་མཚམས་བརྒྱད་ན་གནས་པའི་པུལླི་ར་མ་ཡ་སྟེ་བརྒྱད་པའི་རི་ཛྭ་ལནྡྷ་རའམ། ཛ་ལནྡྷ་ར་སྟེ། འབར་བ་འཛིན་པའམ། དྲྭ་བ་འཛིན་པ། ཨོཾ་ཊྲི་ན་ཏེ་ཨུ་རྒྱན། ཨརྦུ་ར་ཏེ་མཆོད་འོས། གོ་ད་ཝ་རི་ཏེ་བའི་མཆོག་སྦྱིན། རམེ་ཤྭ་ར་ཏེ་དགའ་བྱེད་དབང་ཕྱུག །དེ་བི་ཀོ་ཊ་སྟེ་ལྷ་མོའི་མཁར། མཱ་ལ་ཝ་སྟེ། ཕྲེང་བ་ཅན་དང་བརྒྱད་གནས་པ་དེའོ། །གཉིས་པ་ནི། དེའི་ཕྱི་སྐོར་གྱི་ཕྱོགས་མཚམས་བརྒྱད་ན། ཀ་མ་རུ་པ་སྟེ་འདོད་པའི་གཟུགས། ཨོ་ཏྲེ་སྟེ་རོལ་པ་ཅན། ཏྲི་ཤ་ཀུ་ནེ་ཏེ་དགེ་མཚན་གསུམ་པ། ཀོ་ས་ལ་སྟེ་མཛོད་ལྡན་ནམ་དགེ་བ་ཅན། ཀ་ལིངྒ་ཏེ་སྒྲ་བའི་རྟགས། ལམྤ་ཀ་སྟེ་འཕྲུང་བ་ཅན། ཀཉྩི་ཀ་སྟེ་སྒྲུར་བག་ཅན། ཧི་མ་ལ་ཡ་སྟེ་གངས་ཅན་དང་བརྒྱད་གནས་པ་དེའོ། །གསུམ་པ་ནི། དེའི་ཕྱི་རོལ་གྱི་ཕྱོགས་མཚམས་བརྒྱད་ན། པྲེ་ཏ་པུ་རི་ཏེ་ཡི་དྭགས་ཀྱི་གྲོང་ཁྱེར། གྲི་ཧ་དེ་བ་སྟེ་ཁྱིམ་གྱི་ལྷ། སཽ་རཥྚ་སྟེ་ཡུལ་འཁོར་བཟང་པོ། སུ་ཝརྞ་དེ་བ་སྟེ་གསེར་དང་ལྡན་པའི་གླིང་། ནཱ་ག་ར་ཏེ་གྲོང་ཁྱེར། སིནྡྷུ་ར་ཏེ་ལེགས་སྦྱར་སོར་བཞག །མ་རུ་ཏེ་སྤུ་རམ་གྱི་ཐང་ངམ་ཆུ་མེད་པའི་ཐང་། ཀུ་ལུ་ཏ་སྟེ་རིགས་དང་ལྡན་པ་ཞེས་པའི་གནས་བརྒྱད་གནས་པ་དེའོ། །བཞི་པ་ནི། དེའི་ཕྱི་རོལ་ན། གླིང་བཞི་དང་། ཤར་ལྷོའི་གླིང་ཕྲན་གཉིས་གཅིག་ཏུ་བསྡེས་པ་སོགས་གླིང་ཕྲན་བཞི་སྟེ་བརྒྱད་པ་གནས་པ་དེའོ། །ལྔ་པ་ནི། དབུས་རི་བོ་མཆོག་རབ་ཀྱི་རྩེ་དབུས་དང་ཕྱོགས་བཞིའི་གནས་ཏེ་ལྔ་པོ་དེ་ལ་བྱེད་དོ། །འདི་དག་ཀུང་ཤར་ནས་བརྩམས་པའི་ཕྱོགས་གཡོན་བསྐོར་དང་ཤར་ལྷོ་ནས་བརྩམས་པའི་མཚམས་གཡས་བསྐོར་དུ་གནས་པ་ནི་འཁོར་ལོ་བདེ་མཆོག་གི་སྲོལ་ལོ། །

གཉིས་པ་ནང་གི་ཡུལ་ཆེན་སོ་བདུན་ནི། བྱང་སེམས་འབབས་པའི་རྩ་སུམ་ཅུ་རྩ་གཉིས། སྙིང་ཁ་ན་གནས་པའི་སྤྲས་པའི་རྩ་ལྔ་སྟེ་རྩ་སུམ་ཅུ་རྩ་བདུན། དེ་དག་གི་ནང་ན་གནས་པའི་རྩ་ཡི་གེ་སུམ་ཅུ་རྩ་བདུན། ཁམས་སུམ་ཅུ་རྩ་བདུན། རླུང་སུམ་ཅུ་རྩ་བདུན་རྣམས་ལ་འཇོག་པ་ཡིན་ཏེ། དེ་ཡང་བྱང་སེམས་འབབ་པའི་རྩ་སོ་གཉིས་ལས། སྤྱི་བོ་ནས་གྲེས་པའི་རྩ་བརྒྱད་དང་། དེ་དག་གི་རྩ་མདུད་ཡི་གེ་པུ་ཛ་ཨོཾ་ཨ། གོ་ར་དེ་མ་བརྒྱད། ཁམས་བདུད་རྩི་རླུང་དང་བཅས་པ་རྣམས་ནང་གི་ཐུགས་འཁོར་གྱི་གནས་བརྒྱད། མགྲིན་པ་ནས་གྲེས་པའི་རྩ

བརྒྱད་དང་། དེ་དག་གི་དབྱེབས། ཀཱ་ཡོ་ཧྲི་གོ་ཀ་ལ་ཀ་ཧིའི་རྣམ་པ་ཅན། ཁམས་བདུད་རྩི་རླུང་དང་བཅས་པ་རྣམས་གསུང་འཁོར་གྱི་གནས་བརྒྱད། ལྟེ་བ་ནས་གྱེས་པའི་རྩ་བརྒྱད་དང་། དེ་དག་གི་དབྱེབས་པྲེ་གྲི་སོ་སྲུ་ན་སི་མ་ཀུའི་རྣམ་པ་ཅན། ཁམས་བདུད་རྩི་རླུང་དང་བཅས་པ་རྣམས་སྐུ་འཁོར་གྱི་གནས་བརྒྱད་དང་། སྙིང་ཁ་ནས་གྱེས་པའི་ཕྱི་སྐོར་འདབ་མ་བརྒྱད་དང་། དེ་དག་གི་དབྱེབས་ཧཱུྃ་རིང་པོ་བརྒྱད་ཀྱི་རྣམ་པ་ཅན་ཁམས་བདུད་རྩི་རླུང་དང་བཅས་པ་རྣམས་དམ་ཚིག་འཁོར་ལོའི་གནས་བརྒྱད་དང་། སྙིང་ཁ་ན་ནང་སྐོར་གྱི་འདབ་མ་བཞི་དང་། དེ་དག་གི་དབྱེབས་རྩ་མདུད། ཧྲཱུྃ་ཡཾ་ཧྲཱིཿཁཾ་ཧཱུྃ་གི་རྣམ་པ་ཅན་ཁམས་བདུད་རྩི་རླུང་དང་བཅས་པ་རྣམས་ནང་གི་བདེ་ཆེན་འཁོར་ལོའི་གནས་ལྟར་འཇོག་པའི་ཕྱིར་རོ། །

དེ་ཡང་པུ་ལླི་ར་མ་ལ་སོགས་བརྒྱད་ལ་ཐུགས་འཁོར་གྱི་གནས་དང་། མཁའ་སྤྱོད་ཀྱི་གནས་ཞེས་བྱ་སྟེ། སངས་རྒྱས་ཀྱི་ཐུགས་ལས་སྤྲུལ་པའི་དཔའ་བོ་དང་རྣལ་འབྱོར་མས་བྱིན་གྱིས་བརླབས་པ་དང་། དབང་ཕྱུག་གི་ཐུགས་ལས་སྤྲུལ་པའི་སྟེང་ལྷ་ལས་བབས་པའི་འཇིགས་བྱེད་བརྒྱད་དང་པོར་བྱུང་བའི་གནས་ཡིན་པའི་ཕྱིར་རོ༔ ༔ཀ་མ་རུ་པ་སོགས་བརྒྱད་ལ་གསུང་འཁོར་གྱི་གནས་དང་། ས་སྤྱོད་ཀྱི་གནས་ཞེས་བྱ་སྟེ། སངས་རྒྱས་ཀྱི་གསུང་ལས་སྤྲུལ་པའི་དཔའ་བོ་དང་རྣལ་འབྱོར་མས་བྱིན་གྱིས་བརླབས་པ་དང་། དབང་ཕྱུག་གི་གསུང་ལས་སྤྲུལ་པའི་གནོད་སྦྱིན་གཙོ་འཁོར་བཞི་དང་སྲིན་པོ་གཙོ་འཁོར་བཞི་སྟེ། ས་སྟེང་ན་སྤྱོད་པའི་འཇིགས་བྱེད་བརྒྱད་དང་པོར་བྱུང་བའི་གནས་ཡིན་པའི་ཕྱིར་རོ། །པྲེ་ཏ་པུ་རི་སོགས་བརྒྱད་ལ་སྐུ་འཁོར་གྱི་གནས་དང་། ས་འོག་ན་སྤྱོད་པའི་གནས་ཞེས་འཇོག་སྟེ། སངས་རྒྱས་ཀྱི་སྐུ་ལས་སྤྲུལ་པའི་དཔའ་བོ་དང་རྣལ་འབྱོར་མས་བྱིན་གྱིས་བརླབས་པ་དང་། དབང་ཕྱུག་གི་སྐུ་ལས་སྤྲུལ་པའི་རྒྱ་མཚོའི་ཀླུ་གཙོ་འཁོར་བཞི་དང་། རི་རབ་ཀྱི་ཆུ་མཚམས་མན་ཆད་ན་གནས་པའི་གཙོ་འཁོར་བཞི་སྟེ་ས་འོག་ན་སྤྱོད་པའི་འཇིགས་བྱེད་བརྒྱད་དང་པོར་བྱུང་བའི་གནས་ཡིན་པའི་ཕྱིར་རོ། །ཤར་ལུས་འཕགས་སོགས་བརྒྱད་ལ་དམ་ཚིག་འཁོར་ལོའི་གནས་དང་། ཕྲིན་ལས་ཀྱི་གནས་ཞེས་བྱ་སྟེ། ཤར་ལུས་འཕགས་པོའི་ལྟེ་བ་ན་ཁ་གདོང་མ་གནས། སྲྀ་མི་སྔན་ན་འུག་གདོང་མ། བ་ལང་སྤྱོད་ན་ཁྱི་གདོང་མ། འཛམ་བུ་གླིང་ན་ཕག་གདོང་མ། ཤར་ལྷོའི་གླིང་ཕྲན་གཉིས་ན་གཤིན་རྗེ་བརྟན་མ། ལྷོ་ནུབ་ཀྱི་གླིང་ཕྲན་གཉིས་ན་གཤིན་རྗེ་ཕོ་ཉ་མོ། ནུབ་བྱང་གླིང་ཕྲན་གཉིས་ན་གཤིན་རྗེ་མཆེ་བ་མ། བྱང་ཤར་གྱི་གླིང་ཕྲན་གཉིས་ན་གཤིན་རྗེ་འཇོམ་མ་སྟེ། སངས་རྒྱས་ཀྱི་དམ་ཚིག་ལས་སྤྲུལ་པའི་སྒོ་མཚམས་མ་བརྒྱད་ཀྱིས་བྱིན་གྱིས་བརླབས་པ་དང་། དབང་ཕྱུག་གི་ཕྲིན་ལས་ལ་སྤྲུལ་པའི་མ་མོ་བརྒྱད་དང་པོར་བྱུང་བའི་གནས་ཡིན་པའི་ཕྱིར་རོ། །

རི་རབ་རྩེའི་དབུས་ན་འཁོར་ལོ་བདེ་མཆོག་ཡབ་ཡུམ། ཤར་ན་མཁའ་འགྲོ་མ་སྔོན་མོ། བྱང་ན་ལོ་མ་ལྗང་ཁུ། ནུབ་ན་ཁཎྜ་རོ་ཧ་དམར་མོ། ལྷོ་ན་གཟུགས་ཅན་མ་སེར་མོ་སྟེ་ལྷ་ལྔ་བཞུགས་པའི་གནས་ལྔ་པོ་དེ་ལ་བདེ་ཆེན་འཁོར་ལོའི་གནས་ཞེས་བྱ་སྟེ། བདེ་མཆོག་འཁོར་ལོའི་ལྷ་གཙོ་འཁོར་ལྔས་བྱིན་གྱིས་བརླབས་པའི་གནས་ཡིན་པའི་ཕྱིར་རོ། །དེ་ལྔ་ལ་སྦས་པའི་ཡུལ་ལྔ་ཞེས་ཀྱང་བྱ་སྟེ། ནང་སྦས་པའི་རྩ་ལྔས་མཚོན་པའི་ཕྱིའི་གནས་ཡིན་པའི་ཕྱིར་རོ། །

གཉིས་པ་ཀྱེ་རྡོ་རྗེའི་རྒྱུད་ནས་བཤད་ཚུལ་ལ། རྩ་རྒྱུད་དང་། བཤད་རྒྱུད་ཁ་སྦྱོར་སྦྲར་ནས་བཤད་པའི་ཚུལ་དང་། རྩ་རྒྱུད་དང་ཆ་མཐུན་གྱི་རྒྱུད་ཕྱག་ཆེན་ཐིག་ལེ་སྦྲར་ནས་བཤད་པའི་ཚུལ་གཉིས། དང་པོ་ལ། སྤྱིར་བཏང་རྒྱུད་ལུགས། དམིགས་གསལ་མན་ངག་ལུགས་སོ། །དང་པོ་ལ། སྤྱིར་ཕྱི་ནང་གི་ཡུལ་ཆེན་སོ་བདུན་ལ་བརྟེན་ནས་ས་བཅུ་གསུམ་བགྲོད་ཚུལ་འདི་ལྟར་ཡིན་ཏེ། གནས་དང་ཉེ་བའི་གནས་གཉིས་ལས་ཕྱེ་བའི་ཐུགས་འཁོར་གྱི་ཡུལ་ཆེན་དང་པོ་བཞི་ལས་ས་དང་པོ་བགྲོད། ཕྱི་མ་བཞི་ལས་ས་གཉིས་པ་བགྲོད། ཞིང་དང་ཉེ་བའི་ཞིང་། ཚནྡྷོ་དང་ཉེ་བའི་ཚནྡྷོ་སྟེ་གནས་བཞི་ལས་གནས་གཉིས་གཉིས་སུ་ཕྱེ་བའི་གསུང་འཁོར་གྱི་གནས་བརྒྱད་ལས། ས་གཉིས་པ་བཞི་པ་ལྔ་པ་དྲུག་པ་སྟེ་བཞི་བགྲོད། འདུ་བ་དང་ཉེ་བའི་འདུ་བ། དུར་ཁྲོད་དང་ཉེ་བའི་དུར་ཁྲོད་སྟེ་བཞི་ལས་ཕྱེ་བའི་ནང་ཚན་སྐུ་འཁོར་གྱི་གནས་བརྒྱད་ལས། ས་བདུན་པ་དང་བརྒྱད་པ་དགུ་པ་བཅུ་པ་བཞི་བགྲོད། འཐུང་སྐྱོད་དང་ཉེ་བའི་འཐུང་སྐྱོད་གཉིས་ལས་ཕྱེ་བའི་དམ་ཚིག་འཁོར་ལོའི་གནས་བརྒྱད་ལས། ས་བཅུ་གཅིག་པ་དང་བཅུ་གཉིས་པ་གཉིས་བགྲོད། སྦས་པའི་ཡུལ་ལྔའམ་བདེ་ཆེན་འཁོར་ལོའི་གནས་ལྔ་ལས། ས་བཅུ་གསུམ་པ་བགྲོད་པ་ཡིན་པའི་ཕྱིར་རོ། །དེས་ན་ས་དང་པོ་དང་གཉིས་པ་གཉིས་དང་། ས་བཅུ་གཅིག་པ་དང་བཅུ་གཉིས་པ་གཉིས་ཏེ་བཞི་ཐོབ་པ་ལ། ཡུལ་ཆེན་བཞི་བཞི་བགྲོད་དགོས་ལ། བར་གྱི་ས་བརྒྱད་ཐོབ་པ་ལ་ཡུལ་ཆེན་གཉིས་གཉིས་བགྲོད་པས་ཆོག་པ་ཡིན་ནོ། །ཞེས་མདོར་བསྟན་ནས།

དེ་ཉིད་ཞིབ་ཏུ་བཤད་ན། ས་དང་པོ་ཐོབ་པ་ལ་ཡུལ་ཆེན་བཞི་བགྲོད་དགོས་ཏེ། རྩ་མི་ཕྱེད་མ་དང་ཕྲ་གཟུགས་མ་དང་བརྩེ་བ་མ་དང་གཡོན་པ་མ་སྟེ་ནང་གི་རྩ་བཞི་དང་། རྩ་དེ་བཞིའི་མདུད་པ་པུ་རྡྷ་ཨོཾ་ཨའི་རྣམ་པས་སྤྱི་བོ་སྤྱི་གཙུག་རྣ་བ་གཡས་ལྟག་པ་བཞིར་གནས་པའི་ཡི་གེ་བཞི་དང་། རྩ་དེ་དག་ནས་སོ་དང་སེན་མོའི་ཁམས་སོགས་ཁམས་བདུད་རྩི་བཞི་དང་། ནང་གི་ཡུལ་དེ་བཞི་རེ་རེ་ནས་ལས་ཀྱི་རླུང་དྲུག་བརྒྱ་བདུན་ཅུ་རྩ་ལྔ་བ་རེ་རྒྱུ་བ་རྣམས་དབུ་མར་ཐིམ་པ་དང་། ཕྱིའི་པུལླི་ར་མ་ལ་སོགས་ཡུལ་བཞིའི་དཔའ་བོ་དང་རྣལ་འབྱོར་མ་རྣམས་དབང་དུ་འདུས་པ་ལས་ས་དང་པོའི་རྟོགས་པ་སྐྱེ་བ་ཡིན་པའི་ཕྱིར། ཞེས་འཆད་པ་ལ། རྗེ་བཙུན་རིན་པོ

ཆེས། བདག་མེད་མའི་བསྟོད་པ་ལས། པུལླི་ར་མའི་ཕྱེད་སོ་དང་སེན་མོའི་ཁམས། །འབར་འཛིན་ཕྲ་གཟུགས་སྐྲ་དང་སྤུ་འབབ་ཅིང་། །གཟུགས་ཕུང་གཏི་མུག་མིག་སྐྱོང་ཨཱུ་ལས་བྱུང་། །འཁོར་ལོའི་ཞར་གནས་རྡོ་རྗེ་མར་ཕྱག་འཚལ། །ཨུ་རྒྱན་རྩ་བ་ལྤགས་པ་དྲི་མ་བསྐྱེད། །ཨརྦུ་གཡོན་པ་མ་སྙེཤ་འབབ་ཅིང་། །ཚོར་བ་སེར་སྣ་སྣ་སྐྱོང་ཨི་ལས་བྱུང་། །ཕྱཱ་ཕྱོགས་གསང་བའི་དཀར་མོར་བདག་ཕྱག་འཚལ། །སྤྱི་བོ་སྤྱི་གཙུག་རྣ་བ་ལྷག་པར་བཞུགས། །ལུས་དང་ཚོར་བ་སེམས་དང་ཆོས་ཀྱི་དངོས། །ལྷུང་དང་བྱང་ཆུབ་སེམས་རྣམས་དབུ་མར་ཐིམ། །གནས་དེར་རབ་དགའི་ས་ལ་བདག་ཕྱག་འཚལ། །ཞེས་པའི་ཤོ་ལོ་ཀ་གསུམ་མོ། །

དེ་བཞིན་དུ་ས་གཉིས་པ་ཐོབ་པ་ལ་ཡུལ་བཞི་བགྲོད་དགོས་ཏེ། ཐུང་དུམ་དང་། རུས་སྦལ་སྐྱེས་མ་དང་། སྒོམ་པ་མ་དང་། དབང་མ་སྟེ་རྩ་བཞི་དང་། རྩ་དེ་བཞིའི་མདུད་པ། གོ་ར་དེ་མའི་རྣམ་པས། རྣ་བ་གཡོན་པ། སྨིན་ཕྲག་མིག་གཉིས། ཕྲག་པ་གཉིས་ཏེ་གནས་བཞིར་གནས་པའི་རྩ་ཡིག་བཞི་དང་། ཆུ་རྒྱུས་ཀྱི་ཁམས་ལ་སོགས་པ་ཁམས་བཞི་དང་། ཡུལ་བཞི་རེ་རེ་ནས་ལས་རླུང་དྲུག་བརྒྱ་བདུན་ཅུ་རྩ་ལྔ་རེ་རྒྱུ་བ་རྣམས་དབུ་མར་ཐིམ་ཞིང་། གོ་ད་ཝ་རི་སོགས་ཕྱིའི་ཡུལ་བཞིའི་དཔའ་བོ་དང་རྣལ་འབྱོར་མ་དབང་དུ་འདུས་པ་ལས་ས་གཉིས་པའི་རྟོགས་པ་སྐྱེ་བ་ཡིན་པའི་ཕྱིར། ཞེས་བཤད་པ་ལ། བདག་མེད་བསྟོད་པ་ལས། གོ་ད་ཝ་རིར་ཐུང་དུ་ཆུ་རྒྱུས་འབབ། །རསྨིར་རུས་སྦལ་སྐྱེས་མ་རུས་ཁྲེང་སྐྱེ། །འདུ་ཤེས་འདོད་ཆགས་ལྕེ་སྐྱོང་ཨཱྀ་ལས་བྱུང་། །ཆུ་བདག་ཆུ་ཡི་རྣལ་འབྱོར་མ་ཕྱག་འཚལ། །དེ་བི་ཀོ་ཊ་སྒོམ་མ་མཁལ་མ་སྐྱེད། །མ་ལར་དབང་མ་སྙིང་འབབ་འདུ་བྱེད་བསྐྱེད། །ཕྲག་དོག་ལུས་སྐྱོང་ཨུ་སྐྱེས་ཡང་དག་སྐྱོངས། །རྡོ་རྗེ་མཁའ་འགྲོ་གཉིས་པའི་ས་ལ་བསྟོད། །ཞེས་སོ། །

ཡང་ས་གསུམ་པ་ནས་དྲུག་པའི་བར་ཐོབ་པ་ལ་ཡུལ་གཉིས་གཉིས་བགྲོད་དགོས་པ་ཡིན་ཏེ། སྒྲོན་མ། འཇིག་མ། མ་མོ། མཚན་མོ་སྟེ་རྩ་བཞི་དང་། དེ་དག་གི་མདུད་པ། ཀ་ཨོཾ་ཏྲི་ཀའི་རྣམ་པས་མཆན་ཁུང་གཉིས། ནུ་མ་གཉིས། ལྟེ་བ། རྣ་རྩེ་སྟེ་ཙུང་ཟད་བརྟག་པར་བྱ། ས་པཎ་སྦྲས་བཤད་ཁྲིད་ཡིག་ལས། །གློ་བ་པད་དཀར་འདབ་མ་བརྒྱད། །ཁ་ནི་ཐུར་དུ་བལྟ་བ་དང་། །མཆིན་སྨུག་པད་མ་འདབ་མ་བརྒྱད། །ཁ་ནི་གྱེན་ལ་བསྟན་པ་སྟེ༔ ༔དེ་གཉིས་རྩེ་མོ་ཙུང་ཟད་བསྟོལ། །གཞལ་ཡས་ཁང་གི་ཚུལ་དུ་བསྒོམ། །ཞེས་པ་ཙམ་ཞིག་གསུངས་པ་ཡོད། །བདག་ཆེན་བློ་གྲོས་རྒྱལ་མཚན་གྱིས། །མུས་ཆེན་སེམས་དཔའ་ཆེན་པོ་ཡི། །གསུང་ལ་ཟིན་བྲིས་ཁྲིད་ཡིག་ལས། །ལུས་ཀྱི་གནས་ཚུལ་གློ་བ་ནི། །ཐུར་བསྟན་འཕྱིན་པ་ལྟེབ་ལ་ནི། །གནས་མོད་སྒོམ་པའི་དུས་སུ་ནི༔ ༔གོ་ལོག་གློ་བ་པད་མ་དཀར། །ཁ་ནི་གྱེན་ལ་བསྟན་པ་དང་། །མཆིན་པ་པད་སྨུག་འདབ་མ་བརྒྱད། །ཁ་ནི་མཐུར་ལ་བསྟན་ཏེ་བསྒོམ། །དེ་གཉིས་རྩེ་མོ་ཙུང་ཟད་བསྟོལ། །གཞལ་ཡས་ཁང་གི་ཚུལ་དུ་བསྒོམ། །རྡོ་རྗེ་

ལུས་ཀྱི་གནས་ལུགས་ལ། །སྙིང་ཀ་ཐུར་བསྟན་གནས་ན་ཡང་། །བསྒོམ་དུས་བློ་ཡིས་གྱེན་དུ་བསླང་། །པད་མ་གཉིས་ཀྱི་བར་དུ་ནི། །གནས་པར་བསམ་སྟེ་བསྒོམ་པར་བྱ། །སྙིང་དབུས་རྩ་གསུམ་འདུས་པ་ཡི། །མདུད་པ་ཧཱུྃ་གི་གཟུགས་སུ་གྲུབ། །དེ་ཉིད་རྡོ་རྗེ་མཁའ་འགྲོར་བསྒོམ། །ཞེས་པ་བདག་ཆེན་ཆོས་རྗེས་གསུངས། །དེས་ན་ལུས་ལ་གནས་ལུགས་དང་། །བསྒོམ་དུས་ཇི་ལྟར་བསྒོམ་པའི་ཚུལ། །མ་ནོར་བ་ཞིག་ཤིན་ཏུ་གཅེས། །དེས་ན་བདག་ཆེན་ཆོས་རྗེའི་གསུངས། །མ་ནོར་བ་འདི་དང་དུ་ལོང་། །ཁྱེད་ཀྱི་ལམ་འབྲས་ཁྲིད་འདི་ལ། །འཕོ་བ་གྲོང་འཇུག་བར་དོ་དང་། །རྨི་ལམ་ཁྲིད་རྣམས་འདུག་པའི་ཕྱིར། །ཁྲིད་གཞན་བསྲེས་པ་ཡིན་ནོ་སྙམ། །བློ་ཆུང་ལོག་རྟོག་སྐྱེ་བ་བདེན། །དཔལ་ལྡན་ས་སྐྱ་པཎྜི་ཏས། །ཁྲིད་ཡིག་བཟ་དོན་གསལ་བ་ལས། །ཞར་ལས་བྱུང་བའི་ཁྲིད་བཞི་ནི། །འཕོ་བ་གྲོང་འཇུག་གི་ཁྲིད་གོང་མ་བཞུགས་དུས་བྱུང་འདུག་ཀྱང་ད་ལྟ་ལག་ལེན་མི་འདུག །གྲོང་འཇུག་བར་དོ་དང་། །ལམ་གྱི་ཆོད་འཛིན་རྨི་ལམ་ཁྲིད། །བཞི་ཞེས་གསུངས་པ་མ་མཐོང་ངམ། །ཀྱེ་མ་ཉམས་ཆུང་སྙིང་རེ་རྗེ། །བདག་ཆེན་གསུང་གི་ཟེགས་མ་ཡི། །ལམ་ཟབ་ཞེན་པ་སྤྱོང་བ་ལ། །རྒྱུད་ དང་གོང་མར་འགལ་ཞེས་ཟེར། །དེ་ནི་ས་པཎ་ལམ་ཟབ་ལས། །ཆགས་སྡང་ལུས་ལ་ཞེན་སྤྲངས་སོགས། །ཀུ་སྣའི་ཚོགས་སོགས་མཛད་ཇི་བཞིན། །ཡིན་པས་གོང་མའི་གསུང་རབ་དང་། །རྒྱུད་དང་འགལ་བ་ག་ལ་ཡོད། །ཞལ་རས་འཛུམ་ན་བཞིན་ལེགས་ཡིན། །

ཡང་ཁྱེད་ཀྱི་དྲི་བ་བདུན་པ་ནི། པད་མ་བ་ནས་རྒྱུད་པ་དང་། །བྲམ་ཟེ་མཆོག་རྩ་དེ་དག་གི་ནང་གི་ཚིལ་བུའི་ཁམས་སོགས་བདུད་རྩི་བཞི་དང་། ཡུལ་རེ་རེ་ནས་ལས་རླུང་སྟར་བཞིན་རྒྱུ་བ་རྣམས་དབུ་མར་ཐིམ་ཞིང་། ཕྱིའི་ཡུལ་ནཱ་ག་ར་སོགས་བཞིའི་མཁའ་འགྲོ་དབང་དུ་འདུས་པ་ལས་ས་དགུ་པ་དང་བཅུ་པ་གཉིས་ཀྱི་རྟོགས་པ་སྐྱེ་བ་ཡིན་པའི་ཕྱིར་རོ། །ཞེས་པ་ལ། པྲེ་ཏ་རར་ཤིན་ཏུ་གཟུགས་ཅན་བད་ཀན་འབབ། ། ཁྲིམ་གྱི་ལྷ་ནི་སྤྲི་མ་ནག་འབབ་གཟུགས། །ལྔི་སྐྱེས་གཱ་རིས་སྦྱོང་མཛད་དབང་པོ་སྟོབས། །ཤར་ཕྱོགས་འདུ་བ་རིང་དུ་སོང་བར་བསྟོད། ། སཱ་རཥྚ་རྒྱུས་སྤྲིན་ཁྲག་འབབ་ཅིང་། །གསེར་གླིང་སྦྱོར་བྲལ་རྫུལ་འབབ་སྐྲ་ཡི་ཁམས། །ཨེ་སྐྱེས་ཙཱ་རིས་སྦྱོང་མཛད་སྟོབས་གཉིས་ལྡོར། །མི་གཡོ་ཉེ་བའི་འདུ་བར་བདག་ཕྱག་འཚལ། །ནཱ་ག་རར་ནི་སྣ་གུ་ཚིལ་བུ་འབབ། ། སིནྡྷུར་གྲུབ་མ་མཆིན་འབབ་རྣ་ཡི་ཡུལ། །ཨཻ་སྐྱེས་བཻ་ཏ་ལིས་སྦྱོང་སྟོབས་གཉིས་ལྡོར། །དུར་ཁྲོད་ལེགས་པའི་བློ་གྲོས་ལ་ཕྱག་འཚལ། །མ་རུར་མཆེད་མ་མཆིལ་མ་འབབ་པ་འཛིན། །ཀུ་ལུར་ཡིད་བཟང་རྣག་འབབ་ལྟེ་ཡི་ཡུལ། །ཨོ་སྐྱེས་ཬཱ་སྨ་རིས་སྦྱོང་བྱང་ཆུབ་གཉིས། །ཉེ་བའི་དུར་ཁྲོད་ཆོས་ཀྱི་སྤྲིན་ལ་འདུད། །ཅེས་སོ། །

དེ་ནས་ས་བཅུ་གཅིག་པ་དང་། བཅུ་གཉིས་པ་གཉིས་ཐོབ་པ་ལ་ཡུལ་ཆེན་བཞི་བཞི་བགྲོད་དགོས་པ་ལས། ཐོག་མར་ས་བཅུ་གཅིག་པ་ཡུལ་ཆེན་བཞི་བགྲོད་དགོས་ཏེ། སུམ་བསྐོར་མ་དང་། འདོད་མ་དང་། ཁྱིམ་མ་

དང་། གཏུམ་མོ་སྟེ་རྩ་བཞི་དང་། རྩའི་མདུད་པ་ཧཱུྃ་གི་རྣམ་པས་སྙིང་ཁ་ཆོས་ཀྱི་འཁོར་ལོ་ཕྱི་སྐོར་འདབ་མ་བརྒྱད་ཀྱི་མཚམས་བཞིར་གནས་པའི་ཡི་གེ་བཞི་དང་། རྩ་དེ་དག་གི་ནང་ན་ རླུང་ལྔ་དང་བདུད་རྩི་ལྔ་འདྲེས་ནས་འབབ་པའི་ཁམས་བདུད་རྩི་བཞི་སྟེ། དེ་དག་གི་ནང་ནས་རླུང་གྲངས་སྔར་བཞིན་རྒྱུ་བ་རྣམས་དབུ་མར་ཐིམ་ཞིང་། ཕྱིའི་གླིང་ཕྲན་བཞིའི་མཁའ་འགྲོ་དབང་དུ་འདུས་པ་ལས། ས་བཅུ་གཅིག་པའི་རྟོགས་པ་སྐྱེ་བའི་ཕྱིར། ཞེས་འཆད་པ་ལ། སུམ་བསྐོར་འདོད་མ་རེག་བྱ་ས་སྤྱོད་སྤྱོད། །ཨོཾ་སྐྱེས་བྱང་ཆུབ་ལམ་གཉིས་ལ་བཏུད་ནས། །ཁྲིམ་མ་གཏུམ་མོ་ཆོས་དབྱིངས་མཁའ་སྤྱོད་སྤྱོད། །ཨཾ་སྐྱེས་བྱང་ཆུབ་ལམ་གསུམ་ལ་ཕྱག་འཚལ། །འདི་བཞི་སྙིང་གི་འདབ་བརྒྱད་ལྟེ་བ་ཡི། །མཚམས་ན་རླུང་དང་བདུད་རྩི་ལྔ་འདྲེས་འབབ། །འདི་རྣམས་དབུ་མར་ཐིམ་པས་འཕྲུང་སྤྱོད་དེ། །དཔེ་མེད་ཡེ་ཤེས་བཅུ་གཅིག་པར་ཕྱག་འཚལ། །ཞེས་སོ། །

ཡང་ས་བཅུ་གཉིས་པ་ཐོབ་པ་ལ་ཡུལ་བཞི་བགྲོད་དགོས་ཏེ། ཀུན་འདར་མ། རོ་མ། རྐྱང་མ། མདུད་ཁྲལ་མ་སྟེ་རྩ་བཞི། ཧཱུྃ་རིང་པོའི་རྣམ་པས་སྙིང་ཁའི་ཕྱི་བསྐོར་ཤར་ལ་ཉེ་བའི་དབུས་དང་གཡས་གཡོན་རྒྱབ་ཀྱི་ཆ་ན་གནས་པའི་ཡི་གེ་བཞི་དང་། དེ་དག་གི་ནང་གི་ཁམས་བདུད་རྩི་བཞི། དེ་བཞི་རེ་རེ་ནས་ལས་རླུང་དྲུག་བརྒྱ་བདུན་བཅུ་རྩ་ལྔ་རེ་རྒྱུ་བ་རྣམས་དབུ་མར་ཐིམ་ཞིང་། ཕྱིའི་གླིང་བཞིའི་མཁའ་འགྲོ་དབང་དུ་འདུས་པ་ལས་ས་བཅུ་གཉིས་པའི་རྟོགས་པ་སྐྱེ་བ་ཡིན་པའི་ཕྱིར། ཞེས་བཤད་པ་ལ། དབུས་གནས་གཡས་གཡོན་རྒྱབ་ཀྱི་ཆ་ན་བཞུགས། །ཀུན་འདར་རོ་རྐྱང་མདུད་ཁྲལ་ཆ་དང་བཅས། །ཤུ་ཁྲག་དྲི་ཆུ་དྲི་ཆེན་མི་རྟོག་སྐྱེད། །འཕགས་པའི་ལམ་གསུམ་བྱང་ཆུབ་ལ་ཕྱག་འཚལ། །གནས་བཞི་དབུ་མར་སྟོང་པས་བཅུ་གཉིས་པ། །ཉེ་བའི་འཕྲུང་སྤྱོད་ཡེ་ཤེས་ཆེན་པོ་སྟེ། །སྤྱང་བྱ་ཀུན་སྤང་ཐོབ་བྱ་ཀུན་རྫོགས་པའི། །འཁོར་ལོའི་དབུས་ན་བཞུགས་ལ་ཕྱག་འཚལ་ལོ། །རྣ་བ་ཞེ་སྡང་རྣམ་ཤེས་ཕུང་པོ་སྦྱོང་། །སེམས་དག་ཆོས་དབྱིངས་ཡེ་ཤེས་ངོ་བོ་ཉིད། །སྒྲིབ་བྲལ་ཨ་ལས་བྱུང་བའི་བདག་མེད་མ། །རྡོ་རྗེ་བདག་མེད་མ་དཔལ་བདག་ཕྱག་འཚལ། །ཞེས་སོ། །

དེས་ན་འདིར། འདི་བཞི་སྙིང་གི་འདབ་བརྒྱད་ལྟེ་བ་ཡི། །མཚམས་དང་རླུང་དང་བདུད་རྩི་ལྔ་འདྲེས་འབབ། །ཅེས་འཕྲུང་སྤྱོད་ས་བཅུ་གཅིག་པའི་གནས་ཀྱི་རྩ། སུམ་བསྐོར་མ་སོགས་བཞི་པོ་འདི། སྙིང་གི་འདབ་བརྒྱད་ཀྱི་མཚམས་བཞིར་བཤད་པའི་གནད་ཀྱིས། བྱང་སེམས་འབབ་པའི་རྩ་སོ་གཉིས་ཀྱི་ཟླས་ཕྱེ་བའི། ཀུན་འདར་རོ་རྐྱང་མདུད་ཁྲལ་མ་བཞི་པོ་འདི་སྙིང་གི་འདབ་བརྒྱད་ཀྱི་རྩ་ཕྱོགས་མ་བཞིར་གྲུབ་སྟེ། བརྒྱད་པོ་དེ་སྙིང་ཁ་ནས་གྱེས་པའི་འདབ་མ་བརྒྱད་དུ་བཤད་པ་གང་ཞིག །སུམ་བསྐོར་མ་སོགས་བཞི་པོ་དེ་མཚམས་ཀྱི་རྩ་བཞིར་བཤད་པའི་ཕྱིར། དེས་ན་རྩ་སོ་གཉིས་ཀྱི་ནང་ཚན་རོ་རྐྱང་དབུ་གསུམ་པོ་དེ་ཡང་སྙིང་ཁ་ཆོས་ཀྱི་འཁོར་ལོ

ལ་གནས་པའི་རོ་རྐྱང་དབུ་མའི་ཚཤས་རེ་ལ་འཛོག་དགོས་ཀྱི། དེ་གསུམ་ཡོངས་རྫོགས་ལ་འབྲུལ་པར་མི་བྱ་སྟེ། གནས་བཞི་དབུ་མར་སྡོང་པས་བཅུ་གཉིས་པ། ཞེས་དབུ་མར་སྡོང་རྒྱུའི་དབུ་མ་དང་། སྡོང་པའི་དབུ་མ་གཉིས་ལ་ཞིབ་ཆ་མ་ཕྱེད་པའི་སྐྱོན་འབྱུང་བའི་ཕྱིར་དང་། སུམ་བསྐོར་མ་སོགས་འཕྲུང་སྦྱོད་ཀྱི་གནས་བཞི་དང་། ཀུན་འདར་མ་སོགས་ཉེ་བའི་འཕྲུང་སྦྱོད་ཀྱི་རྩ་བཞི་སྟེ་བརྒྱད་པོ་དེ་སྙིང་ཁ་ནས་ཕྱེས་པར་འཆད་དགོས་པའི་ཕྱིར་ཏེ། རྩ་ཡིག་སོ་བདུན་གྱི་ནང་ཚན་ཧུྂ་བརྒྱད་པོ་དེ། སྙིང་ཁའི་ཕྱི་བསྐོར་འདབ་བརྒྱད་ལ་བཀོད་འདུག་པའི་ཕྱིར་དང་། དེས་ན། རྡོ་རྗེ་ལུས་ཀྱི་སྐབས་བཤད་ལས་ཀྱང་བྱང་སེམས་འབབ་པའི་རྩ་སོ་གཉིས་ལ་སྤྱི་བོ་ནས་ཕྱེས་པ་བརྒྱད་སོགས་བཤད་པ་འདི། རྗེ་བཙུན་ས་སྐྱ་པའི་གསུང་གི་ཉིང་ཁུ་ལམ་སྐབས་བཤད་ཀྱི་ཞལ་གདམས་ཡིན་གསུངས་པ་ཡང་། རྣ་བའི་བཅུད་ལེན་བླ་ན་མེད་པ་སྟེ། འཕྲུང་སྦྱོད་ཉེ་བའི་འཕྲུང་སྦྱོད་ཀྱི་གནས་རྩ་བརྒྱད་པོ་དེ་སྙིང་ཁ་ནས་ཕྱེས་པར་བཤད་པའི་གནད་ཀྱིས། གནས་དང་ཉེ་བའི་གནས་ཀྱི་རྩ་བརྒྱད་པོ་དེ་སྤྱི་བོ་ནས་ཕྱེས་པ་དང་། ཞིང་དང་ཉེ་བའི་ཞིང་། ཚནྡྷ་དང་ཉེ་བའི་ཚནྡྷའི་གནས་ཀྱི་རྩ་བརྒྱད་པོ་དེ་མགྲིན་པ་ནས་ཕྱེས་པ་དང་། འདུ་བ་དང་ཉེ་བའི་འདུ་བ། དུར་ཁྲོད་དང་ཉེ་བའི་དུར་ཁྲོད་ཀྱི་གནས་ཀྱི་རྩ་བརྒྱད་པོ་དེ་ལྟེ་གསང་གཉིས་ནས་ཕྱེས་པར་ཤེས་པའི་ཕྱིར་ཏེ། བདག་མེད་བསྟོད་འགྲེལ་ལས་ཀྱང་། སུམ་སྐོར་མ་དང་། འདོད་མ་དང་། ཁྱིམ་མ་དང་གཏུམ་མོ་སྟེ་རྩ་བཞི་སྙིང་ཁ་ཆོས་ཀྱི་འཁོར་ལོའི་ནང་བསྐོར་རྩ་འདབ་བཞི་ལས་ཕྱི་བསྐོར་བརྒྱད་དུ་ཕྱེས་པའི་མཚམས་ན་རླུང་དང་བདུད་རྩི་ལྔ་པོ་འདྲེས་པར་འབབ་པའི་རྩ་བཞི་པོ་སྟེ། འདི་དག་ལ་དགོངས་ནས། བཅོམ་ལྡན་འདས་ཀྱི་རྒྱུད་ལས་གསུངས་པའི་དགོངས་པ། སློབ་དཔོན་རྡོ་རྗེ་དྲིལ་བུ་ཞབས་ཀྱིས་བླངས་ནས་ནང་སྐོར་བཞི་ལ། སྙིང་པོའི་རྣལ་འབྱོར་མ་བཞི་དང་ཕྱི་བསྐོར་བརྒྱད་ལ་སྒོ་མཚམས་མ་བརྒྱད། སྒོ་མཚམས་མ་བརྒྱད་ཀྱི་ཁ་དོག་ཐ་དད་པར་འབྱུང་བ་ཡང་། རླུང་དང་བདུད་རྩི་ལྔ་ཐ་དད་པར་འདྲེས་པ་འབབ་པ་ལ་དགོངས་པ་ཡིན་ནོ། །ཞེས་གསུངས་སོ། །

ཡང་ས་བཅུ་གསུམ་པ་ཐོབ་པ་ལ་ཡུལ་ལྔ་བགྲོད་དགོས་ཏེ། སྐབས་པའི་རྩ་ལྔར་གྲགས་པ་སྙིང་ཁ་ཆོས་ཀྱི་འཁོར་ལོའི་དབུས་ནང་བསྐོར་གྱི་རྩ་འདབ་ཕྱོགས་བཞི་དབུས་དང་ལྔ། དེ་དག་ན་གནས་པའི་ཧཱུྃ་སོགས་ཡི་གེ་ལྔ་ཡ༔ ཁམས་བདུད་རྩི་ལྔ། དབུས་ནས་ནམ་མཁའི་རླུང་། ཤར་ནས་ཆུ་རླུང་། ལྷོ་ནས་ས་རླུང་། ནུབ་ནས་མེ་རླུང་། བྱང་ནས་རླུང་གི་རླུང་སྟེ། དྭངས་མའི་རླུང་ལྔ་དང་བཅས་པ་དབུ་མའི་གཙུག་ཏོར་མཆོག་ཏུ་ཐིམ་ཞིང་། ཕྱིའི་སྐབས་པའི་ཡུལ་ལྔའི་མཁའ་འགྲོ་དབང་དུ་འདུས་པ་ལས། ས་བཅུ་གསུམ་པའི་རྟོགས་པ་སྐྱེ་བའི་ཕྱིར། ཞེས་བཤད་པ་ལ༔ སྐབས་པའི་རྩ་ལྔ་བདུད་ཐལ་ཆ་དང་བཅས། །སྙིང་ཁའི་དབུས་གནས་གཙུག་ཏོར་མཆོག་ཏུ་ཐིམ། །འཕགས་

པའི་ལམ་ལ་དྲུག་པའི་ཆ་ཡི་དངོས། ། རྡོ་རྗེ་འཛིན་པ་བཅུ་གསུམ་པར་ཕྱག་འཚལ། །ཞེས་སོ། །གཞན་དེས་ན་རྒྱུད་གསུམ་གྱི་དངོས་བསྟན་ལམ་མེ་བ་ཞིག་འཆད་པའི་ཚེ། སྔགས་པའི་ཡུལ་ལྔའི་རྟེན་དཀྱིལ་འཁོར་བཞི་དབུ་མར་ཐིམ་མ་ཐག་པ་དེར། བཅུ་གསུམ་རྡོ་རྗེ་འཛིན་པའི་ས་ཞེས་བྱ་བ་སངས་རྒྱས་ཀྱི་ཡེ་ཤེས་མངོན་དུ་གྱུར་པ་ཡིན་པས། ས་བཅུ་གསུམ་པ་དེ་ལ་ཕྱེད་སྔ་ཕྱིའི་རིམ་པ་མི་འབྱེད་པར། ས་བཅུ་གསུམ་པ་ལ་སངས་རྒྱས་ཀྱི་ས་ཡིན་པས་ཁྱབ་པ་ལྟ་བུར་བཤད་པ་ཡིན་ཏེ། རྗེ་བཙུན་ས་པཎ་གྱིས་བདག་མེད་བསྟོད་འགྲེལ་ལས། སྔགས་པའི་རྩ་ལྔ་ནི་གནས་སྙིང་ཁ་ན་གནས་ཏེ། ཡང་དག་པར་སྦྱོར་བ་ལས། ལུས་ཅན་སྙིང་གི་དབུས་སུ་ནི། །རྩ་རྣམས་ལྔ་ནི་ཡང་དག་གནས། །ཞེས་བཤད་པའི་ཕྱིར་རོ། །འདུད་བྲལ་མ་ནི་དེ་དག་གི་རྒྱབ་ཀྱི་ཆ་ལ་བརྟེན་པའོ། །རྩ་དེ་དག་ཏུ་རྩ་གཞན་བསམ་གྱིས་མི་ཁྱབ་པའི་ནུས་པ་འདུས་ཏེ། ཡི་གེ་བསམ་གྱིས་མི་ཁྱབ་པ་ཡང་བྷྲཱུཾ་ཨཱཾ་ཛྲཱིཾ་ཁཾ་ཧཱུཾ་ལྔར་འདུས། བདུད་རྩི་ལྔ་ཡང་ཤིན་ཏུ་དྭངས་པར་བྱས། རླུང་རྣམས་ཀྱང་ཤིན་ཏུ་སྦྱངས་པས་དཀྱིལ་འཁོར་བཞི་དབུ་མར་ཐིམ་པས་དབུའི་གཙུག་ཏོར་ལྟར་མི་མངོན་པ་སྐྱེའོ། །བྱང་ཆུབ་ཀྱི་ཕྱོགས་ཀྱི་ས་མཚམས་འཛོག་ནའང་ཡང་དག་པའི་ཏིང་ངེ་འཛིན་ལ་སོགས་པ་ལྔ་དང་། དྲུག་པའི་ཆ་ཡང་དག་པའི་ངག་གོ། །རྡོ་རྗེ་འཛིན་པ་ནི་སངས་རྒྱས་ཀྱི་ས་བཅུ་གསུམ་པ་སྟེ། དེ་ལ་སྒོ་གསུམ་གུས་པས་ཕྱག་འཚལ་བའི་དོན་ཏོ་ཞེས་བཤད་པས་སོ། །ཞེས་བྱ་བ་འདི་ནི་སྤྱིར་བཏང་རྒྱུད་ཀྱི་ལུགས་སོ། །

གཉིས་པ་དམིགས་བསལ་མན་ངག་གི་ལུགས་ལ། སྔགས་པའི་ཡུལ་ལྔ་བགྲོད་པ་ཙམ་གྱིས་བཅུ་གསུམ་རྡོ་རྗེ་འཛིན་པའི་ས་ཐོབ་མི་ནུས་ཏེ། སྔགས་པའི་རྩ་ལྔའི་རྟེན་དང་བརྟེན་པའི་དཀྱིལ་འཁོར་བཞི་དབུ་མར་ཐིམ་པ་ལས་ས་བཅུ་གསུམ་པའི་ཕྱེད་འོག་མ་ར་དེར་སླེབ་ཅིང་། དབུའི་གཙུག་ཏོར་ཕྱེད་འཕགས་པ་ཙམ་ཡིན་ལ། རྟེན་དེ་ལ་ཉེ་རྒྱུའི་ཉམས་ལེན་གྱི་གནད་ཀྱིས། སྲོག་རྩོལ་གྱི་རླུང་ཨ་ཝ་དྷཱུ་ཏིར་འགགས། དབུའི་གཙུག་ཏོར་རྫོགས་ཁམས་དྭངས་མས་བརྟན་པར་བྱས་ཏེ། བཅུ་གསུམ་ཕྱེད་གོང་མ་རྡོ་རྗེ་འཛིན་པ་སངས་རྒྱས་ཀྱི་ས་མཚན་ཉིད་པ་མངོན་དུ་འགྱུར་བ་འདི། གསུང་ངག་རྡོ་རྗེ་ཚིག་རྐང་གི། དགོངས་པ་དཔྱིས་ཕྱིན་པ་ཡིན་ནོ་ཞེས་འཆད་པར་འགྱུར་བའི་ཕྱིར་རོ། །དེས་ན་ཡུལ་ཆེན་སོ་བདུན་ངོས་འཛིན་བཤད་ཟིན་པ་དེ་ནི་གཙོ་བོར་འཁོར་ལོ་བདེ་མཆོག་གི་འཁོར་ལོ་ལྔ་ལ་སྦྱར་ཏེ། ཨ་བྷི་དྷཱ་ན་ལས། རབ་ཏུ་དགའ་དང་དྲི་མ་མེད། །འོད་བྱེད་པ་དང་འོད་འཕྲོ་དང་། །སྦྱང་དཀའ་དང་ནི་མངོན་དུ་གྱུར། །རིང་དུ་སོང་དང་མི་གཡོ་བ། །ལེགས་པའི་བློ་གྲོས་ཆོས་ཀྱི་སྤྲིན། །དཔེ་མེད་པ་དང་ཡེ་ཤེས་ལྡན། །རྡོ་རྗེའི་ས་ནི་བཅུ་གསུམ་པ། །ཞེས་བཤད་པའི་ས་བཅུ་གསུམ་པོ་དེ། ཡུལ་ཆེན་སོ་བདུན་དང་སྦྱར་ནས་གསལ་བར་བྱེད་པ་ཡིན་པའི་ཕྱིར་རོ། །

གཉིས་པ་རྩ་རྒྱུད་དང་ཕྱག་ཆེན་ཐིག་ལེ་སྦྱོར་ནས་བཤད་པའི་ཚུལ་ནི། བརྟག་པ་གཉིས་པའི་བརྟག་པ་དང་པོའི་ལེའུ་བདུན་པ་ལས། ཀྱེ་བཅོམ་ལྡན་འདས་འདུ་བའི་གནས་དུ་ལགས། བཅོམ་ལྡན་འདས་ཀྱིས་བཀའ་བསྩལ་པ། གནས་དང་ཉེ་བའི་གནས་དང་ནི། །ཞིང་དང་ཉེ་བའི་ཞིང་ཉིད་དང་། །ཚནྡྷོ་ཉེ་བའི་ཚནྡྷོ་དང་། །དེ་བཞིན་འདུ་བ་ཉེ་འདུ་བ། །འཐུང་སྤྱོད་ཉེ་བའི་འཐུང་སྤྱོད་ཉིད། །དུར་ཁྲོད་ཉེ་བའི་དུར་ཁྲོད་ཉིད། །འདི་རྣམས་ས་ནི་བཅུ་གཉིས་ཏེ། །ས་བཅུའི་དབང་ཕྱུག་མགོན་པོ་ཉིད། །འདིས་ནི་གཞན་གྱིས་བརྗོད་མི་བྱ། །ཞེས་མདོར་བསྟན་ནས། དེ་དག་རྒྱས་བཤད་ཀྱི་སྐབས་ནས། ཡུལ་སུམ་ཅུ་སོ་གཉིས་ངོས་བཟུང་ཡོད་མོད། དངོས་བསྟན་ལྟར་ན་གོ་རིམ་འཁྲུགས་པ་དང་། ཡུལ་བཞི་བགོས་པར་མ་ཚང་བ་དང་། གཉིས་གཉིས་བགོས་པར་ལྷག་པ་སོགས་ཡོད་པས། བླ་མའི་མན་ངག་གིས་ཕྱེ་སྟེ་བཤད་དགོས་པ་ཡིན་ནོ། །

དེ་ཡང་མདོར་བསྟན་དུ། འདི་རྣམས་ས་ནི་བཅུ་གཉིས་ཏེ། །ཞེས་པ་ཡན་གྱིས། གནས་དང་ཉེ་བའི་གནས་སོགས་ས་བཅུ་གཉིས་བཤད་ནས། ས་བཅུའི་དབང་ཕྱུག་མགོན་པོ་ཉིད། །ཅེས་པས་ས་བཅུ་གསུམ་པ་བསྟན་པ་ཡིན་ཏེ། ས་བཅུ་གཉིས་པ་མན་ལ་གནས་པའི་བྱང་སེམས་ཀྱི་མགོན་པོ་གཙོ་བོ་ནི། ས་བཅུ་གསུམ་པ་ལ་གནས་པ་དེ་ཡིན་ནོ་ཞེས་པའི་དོན་དུ། གནའ་མཚན་འགའ་ཞིག་དང་། ཐེག་ཆེན་ཆོས་རྗེའི་གསུང་ཊཱི་ཀ་སོགས་ལས་བཤད་པ་དེ་ལེགས་བཤད་དུ་སྣང་བས་སོ། །

ད་ནི་ཡུལ་སོ་གཉིས་གསལ་པོར་ས་བཅུ་གཉིས་དང་སྦྱར་ཏེ་ངོས་བཟུང་ན། ས་དང་པོ་གཉིས་ལ་ཡུལ་བཞི་བཞི། ས་བཅུ་གཅིག་པ་དང་། ས་བཅུ་གཉིས་པ་ལ་ཡུལ་བཞི་བཞི། བར་གྱི་བརྒྱད་ལ་ཡུལ་གཉིས་གཉིས་ཚང་དགོས་པས། ཐོག་མར་ས་དང་པོ་གནས་ཀྱི་ས་ཐོབ་པ་ལ། ཕྱི་ནང་ཡུལ་ཆེན་བཞི་བགྲོད་དགོས་ཏེ། ཛཱ་ལནྡྷ་ར་འབར་བ་འཛིན་པ་ནི། ཕྱིའི་ཁ་ཆེ་དང་རྒྱ་གར་གྱི་བར་ན་ཡོད་ཅིང་། ནང་གི་སྤྱི་བོ་ཨོཌྜི་ཡ་ན་སྟེ་འཕྲུར་འགྲོའི་ཨུ་རྒྱན་ནི། ཕྱིའི་རྒྱ་གར་ནུབ་ཕྱོགས་ན་ཡོད་ཅིང་། ནང་གི་སྤྱི་བོ་གོ་ལླ་གི་རི་ནི། ལྷོ་ནུབ་ཀ་ལ་པུ་རིའི་གྲོང་ན་ཡོད་ཅིང་། ནང་གི་འཚོགས་མ་ཀ་མ་རུ་པ་སྟེ་འདོད་པའི་གཟུགས་ནི། མཉལ་གྱི་མདའ་རྒྱ་གར་ཤར་ཕྱོགས་ན་ཡོད་ཅིང་། ནང་གི་སྨིན་ཕྲག་སྟེ། དེ་བཞིའི་རླུང་སེམས་དབུ་མར་ཐིམ་པ་ལས། ས་དང་པོའི་རྟོགས་པ་སྐྱེ་བའི་ཕྱིར། ཞེས་བཤད་པ་ལ། ཀྱེ་བཅོམ་ལྡན་འདས་གནས་ལ་སོགས་པ་གང་ལགས། བཀའ་བསྩལ་པ། གནས་ནི་ཛཱ་ལནྡྷ་རར་བཤད། །དེ་བཞིན་དུ་ནི་ཨུ་རྒྱན་ཉིད། །གནས་ནི་གོ་ལླ་གི་རི་ཉིད། །དེ་བཞིན་དུ་ཡང་ཀཱ་རུ་ཉིད། །ཅེས་སོ། །དེ་བཞིན་དུ་ས་གཉིས་པ་ཉེ་གནས་ཐོབ་པ་ལ་ཡུལ་བཞི་བགྲོད་དགོས་ཏེ། མ་ལ་ཝ་སྟེ་ཕྲེང་བ་ཅན་ནི་ལྷོའི་གླིང་ཕྲན་ཏེ། ནང་སྣ་རྩེའོ། །སིནྡྷུ་ནི་ཆུ་བོ་སིནྡྷུ་འབབ་པའི་སན་ཡོད་ཅིང་མིག་གཉིས་སོ། །ན་ག་ར་སྟེ་གྲོང་

ཁྱེར་ནི་ཡུལ་དབུས་ན་ཡོད་ཅིང་རྣ་བ་གཉིས་སོ། །ལྷུགས་སའི་གྲོང་ནི་སིནྡྷ་གླིང་སྟེ་ནང་གི་ཁ་ནང་སྟེ་དེ་བཞི་ལས་ས་གཉིས་པའི་རྟོགས་པ་སྐྱེ་བའི་ཕྱིར། ཞེས་འཆད་པ། འབྲུགས་སྟེབས་ན། ཉེ་གནས་མ་ལ་ཝ་ཞེས་བརྗོད། །སིནྡྷུ་ན་ག་ར་ཉིད་དོ། །ཡང་ནི་ལྷུགས་སའི་གྲོང་ཉིད་དོ། །ཞེས་སོ། །ཞིང་དང་ཉེ་ཞིང་ས་གསུམ་པ་དང་བཞི་པ་ལ་ཡུལ་གཉིས་གཉིས་བགྲོད་དགོས་ཤིང་། ཚནྡྷོ་དང་ཉེ་བའི་ཚནྡྷོ་ས་ལྔ་པ་དང་དྲུག་པ་གཉིས་ལའང་ཡུལ་གཉིས་གཉིས་བགྲོད་དགོས་ཏེ། མུ་མུ་ནི་ཞེས་པ་ལྷོ་ཕྱོགས་རྒྱ་མཚོའི་འགྲམ་ན་ཡོད་ཅིང་ཀོས་ཀོའོ། །དེ་བི་ཀོ་ཊ་སྟེ་ལྷ་མོའི་མཁར་ནི་རྡོ་རྗེ་གདན་གྱི་ཤར་ན་སྟེ་མགྲིན་པའོ། །དེ་གཉིས་ལས་ས་གསུམ་པ་ཐོབ། ཀུ་ལུ་ཏ་ཞེས་པ་ལྷོ་ནུབ་ན་རྡོ་ཕུས་མོ་ལྟ་བུ་ཡོད་པ་སྟེ་རྒྱབ་ཀྱི་ཚིགས་པ། ཨརྦུ་ཏ་ཞེས་པ་ལྷོ་ཕྱོགས་ན་རྡོ་ནུ་མ་ལྟ་བུ་ཡོད་པ་སྟེ་ནུ་མ་གཉིས་སོ། །དེ་གཉིས་ལས་ས་བཞི་པ་ཐོབ། ཏ་ཏི་ཀེ་ལ་ཞེས་པ། ཤར་ལྷོ་ན་ནམ་མཁའི་ཤིང་ལྡན་ཏེ་སྙིང་ཁའོ། །གོ་ཏ་ཝ་རི་སྟེ་བའི་མཆོག་སྦྱིན་ནི། ལྷོ་ཕྱོགས་དཔལ་གྱི་རིའི་ངོས་ན་སྟེ་ལྟེ་བའོ། །དེ་གཉིས་ལས་ས་ལྔ་པ་ཐོབ། ལམྤ་ཀ་ཞེས་པ་རྒྱ་གར་ནུབ་ཕྱོགས་ན་སྟེ་གསང་གནས་སོ། །ཀཉྩི་ཞེས་པ་ལྷོ་ནུབ་ན་ཏེ་རྟགས་ཀྱི་དབུས་སོ། །དེ་གཉིས་ལས་ས་དྲུག་པ་ཐོབ་པའི་ཕྱིར། ཞེས་འཆད་པ། གཞུང་ཐོབ་རྩེས་ན། ཞིང་ནི་མུ་མུ་ནི་ར་བཤད་དེ། །དེ་བི་ཀོ་ཊ་དེ་བཞིན་ཞིང་། །ཉེ་ཞིང་ཀུ་ལུ་ཏ་ཞེས་བརྗོད། །དེ་བཞིན་ཨརྦུ་ཏ་ཉིད་དོ། །ཚནྡྷོ་ཏ་རི་ཀེ་ལ་དང་། །དེ་བཞིན་བ་ཡི་མཆོག་སྦྱིན་ནོ། །ཉེ་བའི་ཚནྡྷོ་ལམྤ་ཀ །དེ་བཞིན་ཀཉྩི་ཀ་ཉིད་དོ། །ཞེས་སོ། །དེ་བཞིན་དུ་འདུ་བ་དང་ཉེ་བའི་འདུ་བ་ས་བདུན་པ་དང་བརྒྱད་པ་གཉིས་དང་། དུར་ཁྲོད་ཉེ་བའི་དུར་ཁྲོད་ས་དགུ་པ་དང་བཅུ་པ་གཉིས་ལའང་ཡུལ་གཉིས་གཉིས་བགྲོད་དགོས་ཏེ། བྱེད་པའི་བྲང་ཞེས་པ་ལྷོ་ཕྱོགས་རྒྱ་མཚོའི་གླིང་ཕྲན་ཏེ། རྟགས་ཀྱི་རྩེ་མོའོ། །གསེར་དང་ལྡན་པའི་གླིང་ནི། ལྷོ་ཕྱོགས་མི་མེད་པའི་གླིང་སྟེ་གཞང་ཁའོ། །དེ་གཉིས་ལས་ས་བདུན་པ་ཐོབ། ཀོངྐ་ན་ཞེས་པ་ལྷོ་ཕྱོགས་ན་མ་ཏྲ་པི་ཧྲ་ཞེས་པའི་མཆོད་རྟེན་རང་བྱོན་ཡོད་པའི་གནས་ཏེ་བརླ་གཉིས་སོ། །བིནྡྷ་ཞེས་པ་རི་བོ་འབིགས་བྱེད་དེ། ལྷོ་ཕྱོགས་ན་ཡོད་ཅིང་བྱིན་པོ་གཉིས་སོ། །དེ་གཉིས་ལས་ས་བརྒྱད་པ་ཐོབ། རབ་སོང་དགེ་འདུན་ཞེས་པ། རོ་མང་དུ་གནས་པ་ཡི་དྭགས་འདུས་པ་སྟེ། བྱིན་པ་གཉིས་སོ། །རྒྱ་མཚོའི་འགྲམ་ནི། རསྨི་ཤྲ་ར་སྟེ་ཡི་དྭགས་རྒྱུ་བའི་གནས་ཡིན་ཞིང་། རྐང་བོལ་གཉིས་སོ། །དེ་གཉིས་ལས་ས་དགུ་པ་ཐོབ། ཙ་རི་ཏ་ཞེས་པ་ལྷོ་ཕྱོགས་རྒྱ་མཚོའི་འགྲམ་ན་ཡོད་ཅིང་སོར་མོ་གཉིས་སོ། །གཞོན་ནུའི་གྲོང་ཁྱེར་ཞེས་པ་བུ་མོ་གཟུགས་བཟང་བ་སྐྱེ་བའི་གནས་རྒྱ་མཚོའི་གླིང་ཕྲན་ཏེ་མཐེ་བོང་གཉིས་སོ། །དེ་གཉིས་ལས་ས་བཅུ་པ་ཐོབ་པ་ཡིན་ཕྱིར། ཞེས་འཆད་པ་ལ། གཞུང་ལས་ཚུན་སྟེབ་ན། འདུ་བ་བྱེད་པའི་བྲང་ཉིད་དོ། །དེ་བཞིན་གསེར་དང་ལྡན་པའི་གླིང་། །ཉེ་བའི་འདུ་བ་ཀོངྐ་ན། དེ་བཞིན་དུ་ནི་འབིགས་བྱེད་ཉིད། །དུར་ཁྲོད་རབ་སོང་དགེ

འདུན་ཉིད། །དུར་ཁྲོད་རྒྱ་མཚོའི་འགྲམ་ཉིད་དོ། །ཉེ་བའི་དུར་ཁྲོད་ཙ་རི་ཏྲ། །དེ་བཞིན་གཞོན་ནུའི་གྲོང་ཁྱེར་རོ། ། ཞེས་སོ།

ཡང་འཐུང་སྤྱོད་ས་བཅུ་གཅིག་པ་དང་། ཉེ་བའི་འཐུང་སྤྱོད་ས་བཅུ་གཉིས་པ་གཉིས་ལ་ཡུལ་བཞི་བཞི་བགྲོད་དེ། གྲོང་ཁྱེར་ཞེས་པ་ཁ་ཆེའི་བྱེ་བྲག་སྟེ་ཕྲག་པ། གྲོང་མཐའ་ཞེས་པ་མོན་ཡུལ་ཏེ་རྐང་མཐིལ། ལཉྩ་རྒྱ་མཚོའི་ནང་སྐྱེས་པ་ཁྲབ་འཛུག་གིས་བྱས་པའི་རྣམ་སྣང་གི་སྐུ་བཞུགས་པའི་གནས་དེ་དང་། སཽ་རཥྚ་ཡུལ་འཁོར་བཟང་པོ་ནི་སུ་ར་ཊ་ན་ཡོད་པ་སྟེ་དེ་གཉིས་སྙིང་ཁའི་ཕྱོགས་ན་ཡོད་པས་དེ་བཞི་ལས་ས་བཅུ་གཅིག་པ་ཐོབ། ཁ་བའི་རི་ཞེས་པ། ཧི་མ་ལ་ཡ་ནི། བལ་པོར་གཏོགས་པའི་བོད་དེ་ལྟག་པ། ཀོ་ས་ལ་ཞེས་པ་རྡོ་རྗེ་གདན་གྱི་ནུབ་མཉན་ཡོད་ཀྱི་ཕྱོགས་ཏེ་སྣེད་པ། ཀ་ལིངྐ་ཞེས་པ་ལྷོ་ཕྱོགས་རྒྱ་མཚོའི་འགྲམ་ལིངྐ་དང་ཉེ་བའི་ཡུལ་འཁོར་དང་། སྐྱིད་ཚལ་ར་བའི་རྫིང་བུའི་འགྲམ་ཞེས་པ། མ་སྐྱེས་དགྲའི་སྐྱེད་ཚལ་གྱི་ཕྱོགས་ཏེ་དེ་གཉིས་ཀྱང་སྙིང་ཁའི་ཕྱོགས་ཡིན་ལ། དེ་བཞི་ལས་ས་བཅུ་གཉིས་པ་ཐོབ་པའི་ཕྱིར་ཞེས་འཆད་པ། འཐུང་སྤྱོད་གྲོང་ཁྱེར་གྱི་དང་ཡང་། །འཐུང་སྤྱོད་གྲོང་གི་མཐར་གནས་པ། །ལཉྩ་རྒྱ་མཚོའི་ནང་སྐྱེས་དང་། །དེ་བཞིན་སཽ་རཥྚ་ཉིད་དོ། །ཉེ་བའི་འཐུང་སྤྱོད་ཁ་བའི་རི། །ཀོ་ས་ལ་དང་ཀ་ལིངྐ་དང་། །སྐྱིད་ཚལ་ར་བའི་རྫིང་བུའི་འགྲམ། །ཉེ་བའི་འཐུང་སྤྱོད་མདོར་བསྡུས་པའོ། །ཞེས་སོ། །འདིར་སྐབས་ཀྱི་ཧི་མ་ལ་ཡ་ཞེས་པ་དེ་གངས་ཅན་གྱི་སྐད་དོད་ཡིན་མོད། མངོན་པ་དང་དུས་འཁོར་ནས་བཤད་པའི་གངས་ཅན་མཚན་ཉིད་པ་མ་ཡིན་ཏེ། འདི་བལ་བོད་ཀྱི་མཚམས་ན་ཡོད་པའི་ཕྱིར་དང་། གངས་ཅན་མཚན་ཉིད་པ་དེའི་ཁྱད་ཆོས་མ་ཚང་བའི་ཕྱིར་རོ། །དེས་ན་གངས་ཅན་མཚན་ཉིད་པ་ནི་བདེ་ཀྱེ་ནས་བཤད་པའི་ཡུལ་ཆེན་སོ་བདུན་གྱི་ནང་ཚན་མ་ཡིན་པར་གོ་དགོས་སོ། །

འོ་ན་ཡུལ་གྱི་ངོས་འཛིན་བདེ་ཀྱེ་གཉིས་མི་མཐུན་པར་འབྱུང་བ་ཅི་སྙམ་ན། འདི་དག་རྒྱའི་སྐྱེ་བ་དང་། འབྲས་བུ་སྨིན་པའི་དབང་གིས་ཐ་དད་པ་ཙམ་ཡིན་གྱི་དོན་ལ་འགལ་བ་མེད་དེ། དཔེར་ན་རྐང་པའི་བོལ་ལ་དཀྱུ་མཉེ་བྱས་པས་མིག་བདེ་བར་འགྱུར་བ་རྩ་རྒྱུད་གཅིག་པའི་རྟེན་འབྲེལ་གྱིས་ཡིན་པའི་གནད་ལ་དགོངས་ནས། མིག་སིཀྐྲ་ར་བཤད་པ་དང་། རྐང་པའི་བོལ་སིཀྐྲ་ར་བཤད་པ་གནད་གཅིག་པ་ལྟ་བུ་དང་། ལྟེ་བར་དཀྱུ་མཉེ་བྱས་པས་རྣ་བ་བདེ་བར་འགྱུར་བ་རྩའི་གནད་གཅིག་པའི་རྟེན་འབྲེལ་གཟིགས་པས། གོ་ད་ཝ་རི་ལྟེ་བའི་རྣ་བ་གཡོན་དུ་བཤད་པ་ལྟ་བུ་ཡིན་ཕྱིར་རོ། །དེ་ལྟར་ན་བརྟག་གཉིས་དངོས་བསྟན་གྱི་ཡུལ་གྱི་ངོས་འཛིན་ཟིང་ཟིང་པོར་ཡོད་པ་དང་། རྗེ་བཙུན་གོང་མའི་ཞལ་ནས་སྟན་དུ་བརྒྱུད་པའི་དག་ལྡན་སོགས་ཀྱི་སྙིང་པོ། འགྲོ་བའི་མགོན་པོ་འཕགས་པ་རིན་པོ་ཆེས་མཆན་བུའི་སྒོ་ནས་གསལ་བར་མཛད་པའི་ཡུལ་ཆེན་སོ་གཉིས་ངོས་འཛིན་

དང་། དེ་ས་བཅུ་གཉིས་དང་སྦྱོར་ཚུལ་གྱིས་ལེགས་བཤད་འདི་མ་མཐོང་བར། བརྟག་གཉིས་དངོས་བསྟན་གྱི་ཡུལ་ལ་བདེ་མཆོག་ནས་བཤད་པའི་ཡུལ་གྱི་ཁ་སྐོང་མཛད་པའི་འོ་རྒྱལ་སོགས་བརྟག་གཉིས་དངོས་བསྟན་གྱི་ཡུལ་ཆེན་གཏན་ནས་ངོས་མ་ཟིན་པ་དེ་དག་ལ་ཕན་པར་གྱུར་ཅིག །འོན་འདིར་སྐབས་ཀྱི་ཡུལ་སོ་བདུན་ཇི་ལྟ་བུ་སྙམ་ན། སྔར་བཤད་པ་དེ་ལྟར་ས་བཅུ་གཉིས་མན་ཆད་ཐོབ་པ་ལ། ཡུལ་སོ་གཉིས་བགྲོད་དགོས་པའི་གནད་ཀྱིས་ས་བཅུ་གསུམ་པའམ་བཅུ་གསུམ་ཕྱེད་འོག་མ་ཐོབ་པ་ལ། སྔགས་པའི་རྩ་ལྟས་མཚོན་པའི་ཡུལ་ལྔ་བགྲོད་དགོས་ཏེ། སྔགས་པའི་རྩ་ལྔའི་རླུང་སེམས་དབུ་མར་ཐིམ་པ་ལས། རང་ཉིད་འཁོར་ཆོམ་བུ་གཅིག་དང་བཅས་འཚང་རྒྱ་བའི་ཕྱོགས་བཞི་དབུས་དང་ལྔའི་མཁའ་འགྲོ་རྣམས་དབང་དུ་འདུ་བ་ཡིན་པའི་ཕྱིར་རོ། །

སྐབས་འདིར་སྔགས་པའི་ཡུལ་ལྔ་སྒྲུབ་པ་པོ་རང་ཉིད་ཉེ་རྒྱུ་སྦྱོད་བཞིན་པའི་དབུས་དང་ཕྱོགས་བཞི་ལ་ངོས་འཛིན་པ་ཅིས་ཀྱང་འཐད་དེ། མངོན་རྟོགས་ལྗོན་ཤིང་ལས། ཉེ་རྒྱུ་མངོན་དུ་བྱེད་པའི་གནས་ལ་ཕྱིའི་གནས་རྡོ་རྗེ་གདན། ནང་གི་གནས་འོག་མིན། དོན་དམ་པའི་གནས་སྒྲུབ་པ་པོ་རང་ཉིད་གང་ན་འདུག་པའི་གནས་དེ་ཡིན་པར་བཤད་པའི་ཕྱིར་རོ། །དེས་ཡུལ་སོ་བདུན་བགྲོད་པ་ལས་ས་རྣམས་ཐོབ་ཚུལ་དཔལ་ལྡན་ས་སྐྱ་པའི་བཤད་པའི་སྒྲོལ་ལས་བྱོན་པ་དེ་སོང་།

གཉིས་པ་རྩ་དབུ་མའི་མདུད་པ་གྲོལ་ཚུལ་གྱིས་སྒོ་ནས་ས་ལམ་བགྲོད་ཚུལ་ལ་གཉིས། སྤྱིར་རྩ་དབུ་མའི་མདུད་པ་ཆགས་ཚུལ་དང་། དེ་གྲོལ་བས་ས་ལམ་བགྲོད་ཚུལ་དངོས་སོ། ། དང་པོ་ནི། རྩ་དབུ་མ་ལ་རོ་རྐྱང་གཉིས་ཀྱིས་གཅེར་བའི་མདུད་པ་སོ་གཉིས་གནས་པ་ཡིན་ཏེ། གསང་གནས་ཀྱི་བདེ་སྐྱོང་གི་འཁོར་ལོའི་ཐ་དད་ཀྱི་རྩ་དབུ་མ་ལ་མདུད་པ་བཞི། ལྟེ་བ་སྤྲུལ་པའི་འཁོར་ལོའི་རྩ་དབུ་མ་ལ་མདུད་པ་དྲུག །སྙིང་ཁ་ཆོས་ཀྱི་འཁོར་ལོའི་རྩ་དབུ་མ་ལ་མདུད་པ་དྲུག །མགྲིན་པ་ལོངས་སྤྱོད་ཀྱི་འཁོར་ལོའི་རྩ་དབུ་མ་ལ་མདུད་པ་དྲུག ། སྨིན་མཚམས་མཛོད་སྤུའི་འཁོར་ལོ་ལ་མདུད་པ་དྲུག །སྤྱི་བོ་བདེ་ཆེན་གྱི་འཁོར་ལོ་ལ་མདུད་པ་བཞི་རྣམས་གནས་པས་སོ། །དེ་ལྟར་ཡང་རྒྱུད་ལས། སྲོག་གི་དབྱིག་པའི་ནང་ན་གནས། །སུམ་ཅུ་རྩ་གཉིས་མདུད་དང་ལྡན། །ཁྲ་བའི་ཁྲ་བ་ཡང་དག་མཆོག །ཕྱི་རོལ་མ་ཡིན་ནང་ན་ཡིན། །ཞེས་བཤད་དོ། །གཉིས་པ་ལ། མདུད་པ་སོ་གཉིས་གྲོལ་བས་ས་བཅུ་གཉིས་མན་ཆད་བགྲོད་ནུས་ཏེ། གསང་གནས་ལྟེ་སྙིང་གི་མདུད་པ་བཅུ་དྲུག་གྲོལ་བས། བུམ་དབང་ས་བཅུ་དྲུག་བགྲོད་དེ། གྲུབ་མཐའ་བཞི་ལས་འཁོར་འདས་དབྱེར་མེད་ཀྱི་གྲུབ་མཐའ་སྐོགས། མགྲིན་སྨིན་གྱི་མདུད་པ་བཅུ་གཉིས་གྲོལ་བས་གསང་དབང་ས་བཞི་བགྲོད་དེ་མ་འདྲེས་ལ་ཡོངས་སུ་རྫོགས་པའི་གྲུབ་མཐའ་སྐོགས། སྤྱི་བོ་བདེ་ཆེན་གྱི་འཁོར་ལོའི་མདུད་པ་བཞི་གྲོལ་བས་ཤེས་རབ་ཡེ་ཤེས་ས

གཉིས་བགྲོད་དེ། གྲུབ་མཐའ་གསུམ་པ་བདེ་སྟོང་རྒྱ་ཆུང་བའི་གྲུབ་མཐའ་སློགས། དེས་ས་བཅུ་གཉིས་མན་ཆད་བགྲོད་ཟིན་ནས། བཅུ་གཉིས་པའི་རྟེན་དེ་ལ་ཉེ་རྒྱུའི་ཉམས་ལེན་ལ་བརྟེན་ནས་དབང་བཞི་པ་ས་ཕྱེད་བགྲོད་དེ། གྲུབ་མཐའ་བཞི་པ་བདེ་སྟོང་རྒྱ་ཆེ་བ་སློགས། དེས་ས་བཅུ་གསུམ་ཕྱེད་འོག་མ་དེར་སླེབ་པ་ཙམ་ཡིན་ལ། སླར་ཡང་ཉེ་རྒྱུའི་ཉམས་ལེན་འཕྲོ་མཐུད་པས་བཅུ་གསུམ་ཕྱེད་གོང་མ་དེར་སླེབ་པ་དང་། འཁོར་ཚོམ་བུ་གཅིག་དང་བཅས་འཚང་རྒྱས་ཟིན་པ་མཉམ་དུ་འབྱུང་བ་ཡིན་པའི་ཕྱིར་རོ། །

དེ་ཡང་གསུང་ངག་རྡོ་རྗེ་ཚིག་རྐང་ལས་ས་ཐོག་མཐའ་ལ་རེ་རེ་གསུམ་པ་བཅུས་བར་གྱི་རྩ་མདུད་གྲོལ་བར་ལ་དོར་ཞེས། ས་དང་པོ་དང་། བཅུ་གཉིས་པ་ལ་མདུད་པ་རེ་རེ་གྲོལ་དགོས། བར་གྱི་ས་བཅུ་ལ་མདུད་པ་གསུམ་གསུམ་གྲོལ་དགོས་པར་བཤད་པ་ལྟར་ཡིན་ཏེ། གསང་གནས་འཁོར་ལོའི་མདུད་པ་དང་པོ་གྲོལ་བས། ས་དང་པོ་རབ་ཏུ་དགའ་བའམ། གནས་ཀྱི་ས་ཐོབ། མདུད་པ་ཕྱི་མ་གསུམ་གྲོལ་བས། ས་གཉིས་པ་དྲི་མ་མེད་པའམ་ཉེ་བའི་གནས་ཀྱི་ས་རྫོགས་པར་ཐོབ། ལྟེ་བའི་མདུད་པ་དང་པོ་གསུམ་གྲོལ་བས་ས་གསུམ་པ་འོད་བྱེད་པའམ། ཞིང་གི་ས་རྫོགས་པར་ཐོབ། ཕྱི་མ་གསུམ་གྲོལ་བས་ས་བཞི་པ་འོད་འཕྲོ་བའམ། ཉེ་བའི་ཞིང་གི་ས་རྫོགས་པར་ཐོབ། སྙིང་གི་མདུད་པ་དང་པོ་གསུམ་གྲོལ་བས་ས་ལྔ་པ་སྦྱང་དཀའ་བའམ་ཚཀྵོའི་ས་རྫོགས་པར་ཐོབ། ཕྱི་མ་གསུམ་གྲོལ་བས་ས་དྲུག་པ་མངོན་དུ་གྱུར་པའམ། ཉེ་བའི་ཚཀྵོའི་ས་ཐོབ་པས་བུམ་དབང་ས་དྲུག་རྫོགས་པར་ཐོབ་ཞེས་བྱ་སྟེ། ས་དྲུག་པོ་དེ། གཙོ་བོར་བུམ་དབང་། ལམ་བསྐྱེད་རིམ་སོགས་ཀྱི་ལག་རྗེས་ཡིན་པས་བུམ་དབང་ནི་ཉེར་ལེན་རྒྱུ་ལྟ་བུ་དང་། དབང་གཞན་གསུམ་པོ་ལྷན་ཅིག་བྱེད་པའི་རྐྱེན་ལྟ་བུ་ཡིན་པའི་ཕྱིར་རོ། །དེ་བཞིན་དུ་མགྲིན་པའི་མདུད་པ་དང་པོ་གསུམ་གྲོལ་བས་ས་བདུན་པ་རིང་དུ་སོང་བའམ། འདུ་བའི་ས་རྫོགས་པར་ཐོབ། ཕྱི་མ་གསུམ་གྲོལ་བས་ས་བརྒྱད་པ་མི་གཡོ་བའམ། ཉེ་བའི་འདུ་བའི་ས་རྫོགས་པར་ཐོབ། སྨིན་མཚམས་མདུད་པ་དང་པོ་གསུམ་གྲོལ་བས་ས་དགུ་པ་ལེགས་པའི་བློ་གྲོས་སམ། དུར་ཁྲོད་ཀྱི་ས་རྫོགས་པར་ཐོབ། ཕྱི་མ་གསུམ་གྲོལ་བས་ས་བཅུ་པ་ཆོས་ཀྱི་སྤྲིན་ནམ། ཉེ་བའི་དུར་ཁྲོད་ཀྱི་ས་རྫོགས་པར་ཐོབ་པས། དེ་བཞི་ལ་གསང་དབང་ས་བཞི་ཞེས་བྱ་སྟེ། གཙོ་བོར་གསང་དབང་གི་ཉེར་ལེན་དང་། དབང་གཞན་གསུམ་གྱིས་ལྷན་ཅིག་བྱེད་རྐྱེན་བྱས་པའི་ལག་རྗེས་ལྟ་བུ་ཡིན་པས་སོ། །

དེས་ན་སྤྱི་བོའི་མདུད་པ་དང་པོ་གསུམ་གྲོལ་བས། ས་བཅུ་གཅིག་པ་དཔེ་མེད་པའི་ས་རྫོགས་པར་ཐོབ། མདུད་པ་ཕྱི་མ་གཅིག་གྲོལ་བས། ས་བཅུ་གཉིས་པ་ཡེ་ཤེས་ཆེན་པོའི་ས་ཐོབ་པས། དེ་གཉིས་ལ་ཤེར་དབང་ས་གཉིས་ཞེས་ཀྱང་བྱ་སྟེ། དབང་དེས་ཉེར་ལེན་དང་། གཞན་གསུམ་གྱིས་ལྷན་ཅིག་བྱེད་རྐྱེན་བྱས་པའི་ས་ཡིན་

པའི་ཕྱིར་རོ། །དེས་ན་དེ་མན་ཆད་ལ་རྩ་དབུ་མའི་མདུད་པ་སོ་གཉིས་གྲོལ་བས། མཐོང་ལམ་ས་དང་པོ་ནས་སྒོམ་ལམ་ས་བཅུ་གཅིག་སྟེ་ས་བཅུ་གཉིས་པོ་དེ་ཐོབ། ས་རེ་རེ་ལས། འཕོ་བ་རེ་རེའི་རླུང་དགུ་བརྒྱ་པ་ཕྲག་གཉིས་ཏེ་སྟོང་བརྒྱད་བརྒྱ་པ་རེ་འགགས་པས། ལས་རླུང་ཉི་ཁྲི་ཆིག་སྟོང་དྲུག་བརྒྱ་ཡང་འགགས། ས་རེ་རེ་ལ་ལས་རླུང་ཕྱི་ནང་སོར་རེ་རེ་འགགས་པས། ལས་རླུང་གི་ཚད་སོར་བཅུ་གཉིས་པོ་དེ་ཡང་འགགས། རྟེན་འབྲེལ་བཅུ་གཉིས་དང་སྤང་བྱ་རྣམ་རྟོག་བཅུ་གཉིས་ཀྱང་འགགས་ཤིང་། ཕྱི་ནང་གི་ཡུལ་སོ་གཉིས་ཀྱང་བགྲོད། མས་བསྟན་པའི་དགའ་བ་བཅུ་དྲུག་ཀྱང་རྫོགས་པ་ཡིན་མོད། ད་དུང་ཐམས་ཅད་མཁྱེན་པའི་ས་མཚན་ཉིད་པ་མངོན་དུ་བྱས་པ་ནི་མ་ཡིན་ཏེ། སྣས་པའི་ཡུལ་ལྔ་མ་བགྲོད་པས། དེ་བགྲོད་བྱེད་ཀྱི་ཐབས་ལ་བསླབ་དགོས་པའི་ཕྱིར་རོ། །ས་བཅུ་གཉིས་པོ་དེའི། ས་བཅུ་ལ་ཕ་རོལ་ཏུ་ཕྱིན་པ་དང་སྒོ་བསྟུན་ནས་རབ་ཏུ་དགའ་བ་སོགས་ཀྱི་མིང་བཏགས་པ་ནི་འབྲས་བུའི་སྒོ་ནས་ཡིན་ལ། བླ་མེད་ཐུན་མོང་མ་ཡིན་པས་གནས་དང་ཉེ་བའི་གནས་སོགས་ཀྱི་མིང་བཏགས་པ་ནི་རྒྱུའི་སྒོ་ནས་བཏགས་ཤིང་། སློབ་ལམ་ས་བཅུ་གཅིག་པ་དང་བཅུ་གཉིས་པ་གཉིས་ནི་ཕ་རོལ་ཏུ་ཕྱིན་པ་ལ་མ་གྲགས་པས། ཐུན་མོང་མ་ཡིན་པའི་མིང་། དཔེ་མེད་པའི་ས་དང་། དཔེ་མེད་ཡེ་ཤེས་ཆེན་པོའི་ས་ཞེས་བཤད་པ་ཡིན་ཏེ། སཾ་པུ་ཊ་ལས། གནས་ནི་རབ་ཏུ་དགའ་བའི་ས། །དེ་བཞིན་ཉེ་གནས་དྲི་མ་མེད། །ཞིང་ནི་འོད་བྱེད་ཤེས་བྱ་སྟེ། །ཉེ་བའི་ཞིང་ནི་འོད་འཕྲོ་ཅན། །ཚནྡྷོ་མངོན་དུ་གྱུར་པ་སྟེ། །ཉེ་བའི་ཚནྡྷོ་སྦྱང་དཀའ་བ། །འདུ་བ་རིང་དུ་སོང་བ་སྟེ། །ཉེ་བའི་འདུ་བ་མི་གཡོ་བ། །དུར་ཁྲོད་ལེགས་པའི་བློ་གྲོས་ཏེ། །ཉེ་བའི་དུར་ཁྲོད་ཆོས་ཀྱི་སྤྲིན། །ཕ་རོལ་ཕྱིན་བཅུའི་ས་རྣམས་ལ། །རྣལ་འབྱོར་མ་ཡི་ཀླུ་ཀློའི་སྐད། །པུ་ལ་སོགས་པ་ཅི་གསུངས་པ། །ཕྱི་དང་ནང་དུ་ཡང་དག་བསམ། །ཞེས་དང་། ཀྱེ་རྡོར་རྒྱུད་རྒྱས་པ་ལས། འཐུང་སྤྱོད་དཔེ་མེད་ཡེ་ཤེས་ཏེ། །ཉེ་བའི་འཐུང་སྤྱོད་ཡེ་ཤེས་ཆེ། །ཞེས་ས་བཅུ་གཅིག་པ་དང་བཅུ་གཉིས་པ་གཉིས་ཀྱི་མིང་དོན་བཤད་པ་དང་། དགོངས་པ་ལུང་སྟོན་ལས་ཀྱང་། འཇིག་རྟེན་དང་ནི་འཕགས་པའི་ཆོས། །སྔ་མ་ཀུན་གྱིས་བསྒྲུན་མེད་ཅིང་། །དེ་ཕྱིར་ཀུན་ཏུ་འོད་བྱེད་པ། །དཔེ་མེད་ཡེ་ཤེས་ཞེས་སུ་བཤད། །ཐུབ་པའི་སྤྱོད་ཡུལ་མ་གཏོགས་པ། །རྒྱལ་སྲས་ཀུན་གྱི་ས་ལས་རྒལ། །ཤེས་བྱ་ཀུན་ལ་འཇུག་ཆོས་ཅན། །ས་དེ་ཡེ་ཤེས་ཆེན་པོར་འདོད། །ཅེས་ཀྱང་བཤད་པའི་ཕྱིར་རོ། །

གཉིས་པ་དགའ་བ་བཅུ་དྲུག་གི་འཆར་ཚུལ་གྱི་སྒོ་ནས་ས་ལམ་བགྲོད་ཚུལ་ལ། ལུགས་འདི་ལ་ཡས་འབབ་ཀྱི་དགའ་བ་བཅུ་དྲུག །མས་བརྟན་གྱི་དགའ་བ་བཅུ་དྲུག་འཆར་དགོས་པ་ལས། ཡས་འབབ་ཀྱི་དགའ་བ་བཅུ་དྲུག་པ་ལྷན་སྐྱེས་ཀྱི་ལྷན་སྐྱེས་སམ། མས་བརྟན་གྱི་དགའ་བ་བཅུ་དྲུག་གི་དང་པོ་དགའ་བའི་དགའ་བ

ནས་ས་དང་པོ་སྐྱེས་པའི་མགོ་ཚུགས་པ་ཡིན་པས། མས་བརྟན་གྱི་དགའ་བའི་དགའ་བ། དགའ་བའི་མཆོག་དགའ། དགའ་བའི་དགའ་བྲལ་གསུམ་གྱི་ཚེ། ས་དང་པོའི་སྐབས་ཡིན་ལ། མས་བརྟན་གྱི་ལྷན་སྐྱེས་ཀྱི་མཆོག་དགའ་ལྷན་སྐྱེས་ཀྱི་དགའ་བྲལ། ལྷན་སྐྱེས་ཀྱི་ལྷན་སྐྱེས་གསུམ་ཤར་བའི་སྐབས་དེར་ས་བཅུ་གཉིས་པར་སླེབ་ཟིན་པས། བར་གྱི་ས་བཅུ་ལ་དགའ་བ་རེ་རེ་འཆར་བ་ཡིན་ཏེ། རྡོ་རྗེའི་རྩེར་ལྷན་ཅིག་སྐྱེས་པའི་སར། ཐིག་ལེ་གནས་པ་ལྟར་ལུས་བདེ་བས་མྱོས་ཤིང་བརྒྱལ། ཞེས་པའི་རྣམ་འགྲེལ་ཕལ་ཆེ་བ་ལས། ས་དང་པོ་ལ་དགའ་བ་གསུམ་སྦྱར་བའི་གནད་ཀྱིས། མཁས་པ་དགེ་བཟང་བའི་གཞུང་བཤད་ལས། ས་ཐོག་མཐའ་ལ་དགའ་བ་གསུམ་གསུམ་དང་། བར་ས་བརྒྱད་ལ་དགའ་བ་རེ་རེ་འཆར། ཞེས་གསལ་བར་བཤད་འདུག་པའི་ཕྱིར་རོ། །

དེས་ན་རྡོ་རྗེ་ལུས་ལ་འཁོར་ལོ་དྲུག་གནས་པའི་ལྟེ་གསང་གཉིས་འཁོར་ལོ་གཅིག་དང་། དཔྲལ་སྤྱི་གཉིས་འཁོར་ལོ་གཅིག་ཏུ་རྩིས་པའི་འཁོར་ལོ་དང་པོ་ལ་མས་བརྟན་གྱི་དགའ་བ་བཞི་ཤར་སྟེ། ཁམས་དྭངས་མ་བརྟན། གཉིས་པ་ལ་མཆོག་དགའི་བཞི་དང་། གསུམ་པ་ལ་དགའ་བྲལ་གྱི་བཞི་དང་། བཞི་པ་ལ་ལྷན་སྐྱེས་ཀྱི་དགའ་བ་བཞི་ཤར་ཏེ་འཁོར་ལོ་དེ་དག་གིས་ལས་རླུང་དག་ནས་ཁམས་དྭངས་མས་གང་ཞིག་བརྟན་པར་བྱས་པ་ཡིན་མོད། གནད་འདི་ཁོང་དུ་མ་ཆུད་ཅིང་། ས་བཅུ་གཉིས་དང་དགའ་བ་བཅུ་དྲུག་སྦྱོར་མ་ཤེས་པའི་བབ་ཅོལ་གྱིས། དགའ་བ་བཅུ་དྲུག་ཡོད་པས་ས་ཡང་བཅུ་དྲུག་ཡོད་ཅེས། མགྲིན་པ་འདེགས་པ་དེ་འདྲ་མ་མཛད་ཅིག །ཅེས་གདམས་སོ། །

གཉིས་པ་ལམ་ལྔ་དང་བྱང་ཕྱོགས་ཀྱི་བགྲོད་ཚུལ་ལ་གཉིས། ལམ་ལྔའི་བགྲོད་ཚུལ་དང་། བྱང་ཕྱོགས་སོ་བདུན་གྱི་བགྲོད་ཚུལ་ལོ། །དང་པོ་ལ་འང་། རྒྱུད་དང་མན་ངག་གི་ལུགས་གཉིས་ལས། དང་པོ་རྒྱུད་ལུགས་ནི། དྲོད་ཆུང་ངུ་ཚོགས་ལམ། འབྲིང་པོ་སྦྱོར་ལམ། དྲོད་ཆེན་པོ་མཐོང་ལམ། དེ་ནས་ས་གཉིས་པ་ནས་བཅུ་གཉིས་པའི་བར་སྒོམ་ལམ། ས་བཅུ་གསུམ་པ་ལ་མཐར་ཕྱིན་ལམ་ཞེས་བཞེད་པ་ཡིན་ཏེ། བདག་མེད་བསྟོད་འགྲེལ་ལས། རིམ་པ་གཉིས་བསྒོམས་པ་ལས་དྲོད་ཆུང་ངུ་སྐྱེ་ལ། དེ་ནས་ཀུན་འདར་གསང་སྟེ་སྦྱོད་དོ། །དེ་ནས་དྲོད་འབྲིང་པོ་སྐྱེ་ལ། དེར་ཀུན་འདར་འཇིག་རྟེན་པའི་མངོན་དུ་སྤྱོད་དོ། །དེ་གཉིས་ནི་ཕ་རོལ་ཏུ་ཕྱིན་པ་དང་བསྟུན་ནས་ཚོགས་སྦྱོར་གཉིས་སོ། །དེ་ནས་དྲོད་ཆེན་པོ་མཐོང་ལམ་གྱི་ཡེ་ཤེས་སྐྱེས་ནས་ཀུན་ཏུ་བཟང་པོའི་སྤྱོད་པ་སྤྱོད་དོ། །ཞེས་དང་། མངོན་རྟོགས་ལྗོན་ཤིང་ལས་ཀྱང་དེས་དྲོད་ཆེན་པོ་ཐོབ་ཏེ། ཟག་པ་མེད་པའི་ཡེ་ཤེས་འཇིག་རྟེན་ལས་འདས་པའི་གྲུབ་མཐའ་སྔོགས་ནས། ལུང་བསྟན་པའི་ཕྱག་རྒྱ་བྱུང་བ་དང་ཀུན་ཏུ་བཟང་པོའི་སྤྱོད་པ་འཇིག་རྟེན་པའི་མངོན་དུ་སྤྱོད་དོ། །ཞེས་བཤད་པས་སོ། །གཉིས་པ་མན་ངག་ལུགས་ལ། ཕ་རོལ་ཏུ

ཕྱིན་པ་དང་སྒོ་བསྟུན་ནས་ལམ་ལྔའི་འཇོག་མཚམས་འདི་ལྟར་བཞེད་དེ། འཇིག་རྟེན་པའི་ལམ་ཁམས་འདུས་པ་གསུམ་གྱི་སྐབས་སུ་ཚོགས་སྦྱོར་གཉིས་འདྲེ་ཞིང་སྐྱེ་བ་ཡིན་ལ། འདས་ལམ་ས་དང་པོ་མཐོང་ལམ། དེ་ནས་ས་བཅུ་གཉིས་པའི་བར་སྒོམ་ལམ། བཅུ་གསུམ་ཕྱེད་འོག་མ་ལ་མཐར་ཕྱིན་ལམ་དུ་བཞག་ནས། དེ་མན་ཆད་ལ་ཕ་རོལ་ཏུ་ཕྱིན་པ་དང་སྒོ་བསྟུན་པའི་ལམ་ལྔ་རྫོགས་ནས། བཅུ་གསུམ་ཕྱེད་གོང་མ་ལ་བཅུ་གསུམ་རྡོ་རྗེ་འཛིན་པའི་ས་ཞེས་འཇོག་པ་ཡིན་ཏེ། སྡོམ་གསུམ་རབ་དབྱེར། ནང་གི་ས་ལམ་ཀུན་བགྲོད་ནས། །རྡོ་རྗེ་འཛིན་པའི་ས་དགེ་བ། །བཅུ་གསུམ་པ་ནི་ཐོབ་པར་འགྱུར། །ཞེས་པའི་རང་མཆན་དུ། ས་བཅུ་གཉིས་དང་ལམ་ལྔ་ཀུན་བགྲོད་ནས་ས་བཅུ་གསུམ་པ་རྡོ་རྗེ་འཛིན་པའི་ས་ཐོབ་པར་འགྱུར་ཞེས། བཅུ་གསུམ་ཕྱེད་འོག་མ་ལ་མཐར་ཕྱིན་ལམ་དུ་བཞག་པ་དང་། གཞུང་བཤད་གཉག་མ་ལས་ཀྱང་། ཕྱེད་འོག་མའི་སྐབས་ཀྱི་མཐར་ཕྱིན་གྱི་ལམ་ནས་མཐར་ཐུག་རྟེན་འབྲེལ་གྱི་མཐར་ཐུག་ཡིད་འདག་པར་བྱེད་པ་ཞེས་པ་རྡོ་རྗེ་ཚིག་རྐང་གི་རྣམ་འགྲེལ་དུ། ནང་རྟེན་འབྲེལ་ནི་འགྲོས་བཞི་ཐིམ་པའི་དབང་ཉིད་དོ། །ཉེ་བའི་རྒྱུ་དེ་ཉིད་ལས་ལུང་སྒོ་བསྟུན་ནས་ལམ་ལྔ་ལས་མཐར་ཕྱིན་གྱི་ལམ་ནས་ཞེས་བྱ་བ་དང་། རྟེན་འབྲེལ་ལྔ་ལས་མཐར་ཐུག་གི་རྟེན་འབྲེལ། སྤྱང་བྱ་ལས་ཀྱང་། ཤེས་བྱའི་སྒྲིབ་པ་མཐར་ཐུག་འདག་པར་ཤེས་པར་བྱའོ། །ཞེས་དང་། ཡང་དེ་ཉིད་ལས། རེ་ཞིག་དེ་དག་གིས་ནི་འཇིག་རྟེན་དང་འཇིག་རྟེན་ལས་འདས་པའི་ལམ་གཉིས་ལ་ལུང་སྒོ་བསྟུན་ཏེ། ལམ་ལྟར་ན་ལྔ༔ བྱང་ཆུབ་ཀྱི་ཕྱོགས་ལྟར་ན་སུམ་ཅུ་རྩ་བདུན། ས་ལྟར་ན་ཕྱེད་དང་བཅུ་གསུམ་གྱི་ལམ་མ་ལུས་པར་བསྟན་ཏོ༔ ༔

ད་ནི་ལམ་དེ་བསྒྲུབ་པའི་འབྲས་བུ་བསྟན་པ་ལས་ཞེས་སོགས་བཤད་པའི་སྙིང་པོ་བསྡུས་ན། བཅུ་གསུམ་ཕྱེད་འོག་མ་འདི་ནི་དབང་བཞི་པ་ས་ཕྱེད་ཞེས་པ་དེ་ཡིན་ལ། ཕྱེད་པོ་འདི་ལ་འབྲས་དུས་ཀྱི་དབང་། འགྲོས་བཞི་ཐིམ་བྱེད་ཀྱི་དབང་། ཉེ་རྒྱུའི་དབང་། མཐར་ཐུག་གི་རྟེན་འབྲེལ་མཐར་ཕྱིན་གྱི་ལམ། མཐར་ཐུག་གི་སྒྲིབ་པ་འདག་བྱེད་ཀྱི་གཉེན་པོ་ཞེས་མཚན་གྱི་རྣམ་གྲངས་དུ་མས་བསྟན་ཏེ། དེ་མན་ཆད་ལ་ལམ་ལྔ་བྱང་ཕྱོགས་སོ་བདུན། རྟེན་འབྲེལ་ལྔ། ས་ཕྱེད་དང་བཅུ་གསུམ། རྒྱུ་ལམ་འབྲས་བུའི་དབང་རྣམས་རྫོགས་པ་ཡིན་ཀྱང་། བཅུ་གསུམ་ཕྱེད་གོང་མའམ། བཅུ་གསུམ་རྡོ་རྗེ་འཛིན་པའི་ས་ཞེས་གྲགས་པ། སྐུ་ལྔ་ཡེ་ཤེས་ལྔ་ལྡན་གྱི་འབྲས་བུ་དེ་ར་ཙུང་མ་སླེབ་པས། འབྲས་བུ་མཆོག་དེ་ནི། ས་ཕྱེད་པོ་འདིའི་གཙོ་བོའི་བྱེད་ལས་ལས་ཐོབ་དགོས་རྒྱུ་ཡིན་པས། ལམ་ལྔ་ས་ཕྱེད་དང་བཅུ་གསུམ་སོགས་ནི་ལམ་འབྲས་གཉིས་ཀྱི་ཟླས་ཕྱེ་བའི་ལམ་ཡིན་ལ། བཅུ་གསུམ་རྡོ་རྗེ་འཛིན་པའི་ས་ནི་འབྲས་བུ་ཡིན་ནོ་ཞེས་སྐལ་བ་དང་ལྡན་པ་དག་ལ་སྙིང་གི་བདུད་རྩིར་སྦྱིན་པ

ཡིན་པས། ལམ་བཟང་འདི་ལ་ཡིད་ཆེས་པའི་མཚན་མ་དང་ལྡན་པས་བསྟན་པའི་སྙིང་པོ་རྒྱས་པར་གྱུར་ཅིག ། ཅེས་སྨོན་པ་འཚལ་ལོ། །

འོན་ཚོགས་སྦྱོར་གཉིས་འདྲེ་ཞིང་སྐྱེ་ཚུལ་ཇི་ལྟར་སྙམ་ན། སྐལ་བ་བཟང་པོ་དག་ལ་བཤད་པར་བྱ་སྟེ། སྦྱོར་མན་ངག་འདི་པའི་ལུགས་ཀྱིས། དབང་བཞིའི་ལམ་བསྐྱེད་རིམ་སོགས་བཞི་ནི། ཏིང་ངེ་འཛིན་སྐྱེ་བའི་རྒྱུ་ཚོགས་པས་ཚོགས་ལམ། ལམ་དེ་ལ་བརྟེན་ནས་སྐྱེས་པའི་བུམ་དབང་གི་ལྟ་བ་ངོ་བོ་ཉིད་གསུམ་སོགས་ལྟ་བའི་ཉམས་ལེན་རྣམས་སྦྱོར་ལམ་ཞེས་འཇོག་ཅིང་། ཚོགས་ལམ་དེ་ལ་དབྱེ་ན། ཕྱི་དབྱིབས་ཀྱི་ཚོགས་ལམ། ནང་རྟགས་ཀྱི་ཚོགས་ལམ། གསང་བ་དབང་གི་ཚོགས་ལམ། མཐར་ཐུག་དེ་ཁོ་ན་ཉིད་ཀྱི་ཚོགས་ལམ་དང་བཞི་ཡོད་པའི་དང་པོ་ནི། བསྐྱེད་རིམ་གྱི་ལམ། གཉིས་པ་ནི་ལྟེ་བར་རླུང་སེམས་འཚོག་པར་བྱེད་པ་གསང་དབང་གི་ལམ་གཏུམ་མོ་ཙཎྜ་ལི། དེ་གཉིས་ཁམས་འདུས་པ་དང་པོ་ལ་གཙོ་ཆེ། གསུམ་པ་ནི། ཡུམ་གྱི་གསང་བའི་གནས་སུ་རླུང་སེམས་འཚོག་པའི་རྒྱུ་ཤེར་དབང་གི་ལམ་དཀྱིལ་འཁོར་འཁོར་ལོ་སྟེ། ཁམས་འདུས་པ་བར་པ་ལ་གཙོ་བོ་ཆེ། བཞི་པ་ནི། རྟེན་པདྨ་ཅན་མའི་ཧྲ་གར་རླུང་སེམས་འཚོག་པར་བྱེད་པ་དབང་བཞི་པའི་ལམ་རྡོ་རྗེ་ཐ་རླབས་ཏེ། ཁམས་འདུས་པ་ཐ་མ་ལ་གཙོ་ཆེ། དེས་ན་ཁམས་འདུས་པ་གསུམ་གྱི་ཚོགས་ལམ་གསུམ་ལ་ཚོགས་ལམ་ཆུང་འབྲིང་ཆེ་གསུམ་དང་། འདུས་པ་གསུམ་གྱི་ཉམས་གསུམ་ལ་དྲོད་ཆུང་འབྲིང་ཆེ་གསུམ་དུ་འཇོག་པས་དྲོད་ཆེན་པོ་ལ་མཐོང་ལམ་དུ་མི་འཇོག་པ་ནི། རྒྱུད་དང་མན་ངག་གི་བཤད་པའི་སྲོལ་ཐ་དད་པ་ཙམ་མོ། །འདི་ནི་རགས་པ་ཙམ་ཡིན་ལ་ཞིབ་པར་འཕགས་པ་རིན་པོ་ཆེའི་ཚོགས་སྦྱོར་མངོན་རྟོགས་ལྟར་བཤད་ན། བླ་མེད་ཐེག་པའི་ས་ལམ་རྣམས་རྡོ་རྗེའི་ལུས་ཀྱི་བྱེད་པ་ལས་བགྲོད་དགོས་པའི་གནད་ཀྱིས། རྩ་དབུ་མའི་མདུད་པ་དང་པོ་གྲོལ་ནས། ས་དང་པོ་ཡན་ཆད་བགྲོད་པ་ཡིན་ལ། རྩ་དབུ་མའི་མས་སྣར་མདུད་པ་མེད་པ་སོར་བཞི་ཕྱི་ནས་རོ་རྐྱང་གཉིས་ཀྱིས་གཅེར་བ་རོ་གཅིག་པ་ལྟ་བུ་ཞིག་ཡོད་པ་དེའི་ཕྱི་རོལ་ནས་འོག་ཏུ་རླུང་སེམས་འདུ་འགྲོ་བྱས་པ་ལ་སྦྱོར་ལམ། དྲོད་རྩེ་གཉིས། ནང་ལོགས་ནས་གྱེན་དུ་འདུ་འགྲོ་བྱས་པ་ལས་བཟོད་མཆོག་གཉིས་སྐྱེ་བ་ཡིན་ཏེ། དེ་ཡང་ཁམས་འདུས་པ་ཐ་མར་ལུང་བསྟན་པའི་ཕྱག་རྒྱ་པདྨ་ཅན་དང་མཉམ་པར་སྦྱར་བ་ལས། ལྟེ་བའི་འཁོར་ལོ་རླུང་སེམས་ཕབ། དབུ་མའི་མས་སྣ་ཕྱི་ཤུན་ནར་སོར་ཕྱེད་ཐུར་དུ་བསྐྱོད་པས་དྲོད་ཆུང་དུ་ཡང་སོར་ཕྱེད་བསྐྱོད་པས་དྲོད་འབྲིང་། ཡང་སོར་ཕྱེད་བསྐྱོད་པས་དྲོད་ཆེན་པོའི་ཆུང་དུ། ཡང་ཕྱེད་བསྐྱོད་པས་ཆེན་པོའི་ཆེན་པོ་སྐྱེ། སྤྱང་བྱ་མཐོང་སྤང་ཉོན་མོངས་བཟུང་རྟོག་ཆེན་པོའི་ཆེན་པོ། ཆེན་པོའི་ཆུང་དུ་ཉོན་མོངས་བཟུང་རྟོག་འབྲིང་པོ། ཉོན་མོངས་བཟུང་རྟོག་ཆུང་དུ་སྟེ་བཞི་མངོན་འགྱུར་འགག །

ཡས་འབབ་ཀྱི་དགའ་བ་བཅུ་དྲུག་ལས་དགའ་བའི་དགའ་བ་སོགས་བཞི་འཆར། དེ་ནས་ཡང་སོར་ཕྱེད་པ་བཞི་ཐུར་དུ་བསྐྱོད་པས། སྦྱོར་ལམ་རྩེ་མོ་བཞི་གོང་བཞིན་སྐྱེས། མཐོང་སྤང་རྣམ་བྱང་བཟུང་རྟོག་བཞི་གོང་བཞིན་འགག །ཡས་འབབ་མཆོག་དགའི་དགའ་བ་བཞི་སྔ་མ་བཞིན་འཆར། དེ་ནས་ནང་ལོགས་ནས་སོར་ཕྱེད་པ་བཞི་གྱེན་དུ་བསྐྱོད། སྦྱོར་ལམ་རྩེ་མོ་བཞི་བསྐྱེད། མཐོང་སྤང་རྫས་འཛིན་རྟོག་པ་བཞི་འགག །དགའ་བྲལ་གྱི་དགའ་བ་བཞི་འཆར། ཡང་སོར་ཕྱེད་པ་བཞི་གྱེན་དུ་བསྐྱོད། ཆོས་མཆོག་བཞི་བསྐྱེད། མཐོང་སྤང་རྟག་འཛིན་རྟོག་པ་བཞི་འགག །ལྷན་སྐྱེས་ཀྱི་དགའ་བ་དང་པོ་གསུམ་འཆར། རྩ་རོ་རྐྱང་གི་མས་སྣ་གཉིས་དབུ་མའི་མས་སྣར་ཆུད་དེ། རྩ་མདུད་དང་པོ་གྲོལ་ལ་ཁད། ལུས་ངག་ཡིད་རྡོ་རྗེའི་དཀྱིལ་འཁྲུང་འཆའ། ཞེས་པ་དེར་སླེབ། དེ་ནས་མདུད་པ་དང་པོ་གྲོལ་བ་དང་ཡས་འབབ་ཀྱི་དགའ་བ་བཅུ་དྲུག་པ། མས་བརྟན་གྱི་དགའ་བ་དང་པོ། མཐོང་ལམ་ས་དང་པོ་རྣམས་དུས་གཅིག་ཉིད་ལ་འཆར་བ་ཡིན་པའི་ཕྱིར་རོ། །དེས་ན་ཁམས་འདུས་པ་དང་པོ་གཉིས་ཀྱི་སྐབས་སུ་ཡང་སྦྱོར་ལམ་དྲོད་ཀྱི་རྟོགས་པ་སྐྱེ་མེད། འདིར་ཁམས་འདུས་པ་ཐ་མའི་སྐབས་སུ་དྲོད་སོགས་བཞི་སྐྱེ་ཚུལ་སྦྱར་བ་ནི། རྟེན་པདྨ་ཅན་མའི་རྟེན་ལ་ཡང་དག་སྦྱོང་བཞིའི་ཚོགས་ལམ་ཆེན་པོ་ལ་བརྟེན་ནས་དྲོད་སོགས་ཁྱད་པར་བའི་རྟོགས་པ་སྐྱེ་ཚུལ་བྱེ་བྲག་པ་ཞིག་སྦྱར་བ་ཡིན་ལ་རྩེ་མོ་སོགས་གསུམ་ནི་འདུས་པ་ཐ་མའི་སྐབས་འདིར་མི་རྟོགས། དེ་ཡན་ཆད་དུ་སྐྱེ་བའི་བཤད་པ་མེད་པ་དེ་ཡང་རྣམ་དཔྱོད་ཀྱི་འདབ་མར་ཆགས་པ་གཅེས་སོ། །

དེ་ནས་འདས་ལམ་བགྲོད་ཚུལ་ལ། རྡོ་རྗེའི་ལུས་ལ་འཁོར་ལོ་དྲུག་གནས་པའི་འཁོར་ལོ་རེ་རེ་ལས་ས་གཉིས་གཉིས་བགྲོད་པས། སྤང་བྱ་སྒོམ་སྤང་རྣམ་རྟོག་ཆེ་འབྲིང་གསུམ་བཅུ་གཉིས་སྤོང་། ཀ་ཤི་སོགས་རྟེན་འབྲེལ་བཅུ་གཉིས་ལུགས་ལྡོག་ཏུ་འགག །ཕྱི་ནང་དེ་ཁོ་ན་ཉིད་ཀྱི་རྟགས་གསུམ་གསུམ་འཆར་བ་ཡིན་ཏེ། དཔེར་ན་ས་དང་པོ་ལྟ་བུ་ལ་སྦྱར་ན། དབུ་མའི་མདུད་པ་དང་པོ་གྲོལ། ས་དང་པོ་ཐོབ། ཛཱ་ལ་ནྡྷ་ར་སོགས་ཡུལ་བཞི་དབུ་མར་གྲོང་སྟོང་། སྤང་བྱ་རྣམ་རྟོག་ཆེ་འབྲིང་ཆུང་གསུམ་ཆུང་ངུའི་ཆུང་ངུ་བཞི་ལ་གསུམ་གསུམ་དུ་ཕྱེ་བའི་ཆེན་པོའི་ཆེན་པོ་འགགས། ཕྱི་རྟགས་ཐིག་ལེ་ལ་ཤར་ཏེ་གསང་གནས་འཁོར་ལོའི་ཕྱེད་ཁམས་དྭངས་མས་བརྟན། ནང་རྟགས་རླུང་ལ་ཤར་ཏེ་འཕོ་བ་གཅིག་ལས་རླུང་སྟོང་བརྒྱད་བརྒྱ་པ་ཞིག་འགགས། དེ་ཁོ་ན་ཉིད་ཀྱི་རྟགས་སེམས་ལ་ཤར་སྟེ་རྩ་བྱང་ཆུབ་ཀྱི་ཡན་ལག་བདུན་ཞེས་པ། རྩ་འཁོར་ལོ་བཞི་དང་གཙོ་མོ་གསུམ་སྟེ་བདུན་མངོན་སུམ་དུ་མཐོང་བ་སོགས་འབྱུང་བས་སོ། །དེས་ལྷག་མ་ཡང་མཚོན་ནུས་ཏེ་མང་བས་འཇིགས་སོ༑ ༑བར་གྱི་ས་བརྒྱད་ལ་ཞིབ་ཏུ་དཔྱད་ན་སྦྱོར་བ་མགོ་རྫོམ་པ་ལ་མདུད་པ་གཅིག་གྲོལ། དངོས་གཞི་ལོངས

སྤྱོད་པ་ལ་གཅིག་གྲོལ། རྗེས་ཐིམ་པ་ལ་མདུད་པ་གཅིག་གྲོལ་ཞེས་འབྱུང་བས། མདུད་པ་གསུམ་གསུམ་གྱི་དང་པོ་གྲོལ་ཆོས་དེ་ཐོབ་པའི་མགོ་ཙམ། གཉིས་པའི་ཆོས་དེ་ཐོབ། གསུམ་པའི་ཆོས་དེས་(གྲོལ) ། བྱེ་བྲག་ཏུ་བྱང་ཆུབ་ཀྱི་ཕྱོགས་ལ་སོགས་པ་འདི་རྣམས་རྡོ་རྗེ་ཐེག་པའི་བསྟན་བཅོས་ལས་སྦྱོར་བའི་ལུགས་ལ་ཡོད་དེ། རྒྱུ་རྒྱུད་སྣང་གཞི་རྩ་ལ་སོགས་པར་སྦྱོར་བ་དང་། ལམ་བསྐྱེད་རིམ་ལྷ་རྟེན་དང་བརྟེན་པ་ལ་སྦྱོར་བ་དང་། སོ་སོ་སྐྱེ་བོ་ལམ་དུ་ཞུགས་པ་ནས་བཟུང་སྟེ་ལམ་ལྔར་ཕྱེ་ནས་སོ་སོ་ལ་སྦྱོར་བ་དང་། བདེན་པ་མཐོང་བ་ནས་བཟུང་སྟེ་སངས་རྒྱས་ཀྱི་ས་མངོན་དུ་བྱས་ཀྱི་བར་ལ་སྦྱོར་བ་དང་། སངས་རྒྱས་ཁོ་ནའི་གཟུགས་སྐུའི་ལྷ་ལ་སྦྱོར་བ་དང་ལུགས་ལྔ་ཡོད་པ་ལས་འདི་ནི་མཐོང་ལམ་ཡན་ལ་སྦྱོར་བ་གཙོ་བོ་ཡིན་ཏེ། ལྔ་ཀའང་འདིས་ཤེས་པར་ནུས་པས་ན་གཙོ་བོར་དེའི་ལུགས་ཡིན་ནོ། །ཞེས་བཤད་པ་ལྟར་སྦྱོར་ལུགས་ལྔ་ཡོད་པ་ལས། འདིར་མཐོང་ལམ་ཡན་ཆད་ལ་སྦྱོར་བའི་ལུགས་བཤད་ན། འདི་ལྟར་ཡིན་ཏེ་ས་དང་པོ་ལ། ལུས་ཚོར་སེམས་ཆོས་དྲན་པ་ཉེ་བར་གཞག་པ་སྟེ་དྲན་པ་ཉེར་གཞག་བཞིས་ས་དང་པོ་བགྲོད། སྡིག་པ་མ་སྐྱེས་པ་མི་སྐྱེད་སྐྱེས་པ་སྤོང་། དགེ་བ་མ་སྐྱེས་པ་སྐྱེད་སྐྱེས་པ་སྤེལ་བའི་ཡང་དག་སྤོང་བ་བཞིས་ས་གཉིས་པ་བགྲོད། དེ་ནས་བར་གྱི་ས་བརྒྱད་ལ་བྱང་ཕྱོགས་གཉིས་གཉིས་དགོས་པས། འདུན་པའི་ཏིང་ངེ་འཛིན་སྤོང་བའི་འདུ་བྱེད་དང་ལྡན་པའི་རྫུ་འཕྲུལ་གྱི་རྐང་པའོ། །

དེ་བཞིན་དུ་བྱང་སེམས་ཀྱི་ཏིང་ངེ་འཛིན་སྤོང་བའི་འདུ་བྱེད་དང་ལྡན་པའི་རྫུ་འཕྲུལ་གྱི་རྐང་པའོ། །བརྩོན་འགྲུས་ཀྱི་ཏིང་ངེ་འཛིན་སྤོང་བའི་འདུ་བྱེད་དང་ལྡན་པའི་རྫུ་འཕྲུལ་གྱི་རྐང་པའོ། །སྤྱོད་པའི་ཏིང་ངེ་འཛིན་སྤོང་བའི་འདུ་བྱེད་དང་ལྡན་པའི་རྫུ་འཕྲུལ་རྐང་པ་བཞིས་རིམ་བཞིན་ས་གསུམ་པ་དང་བཞི་པ་བགྲོད། དད་པའི་དབང་པོ། བརྩོན་འགྲུས་ཀྱི་དབང་པོ། དྲན་པའི་དབང་པོ། ཏིང་ངེ་འཛིན་གྱི་དབང་པོ། ཤེས་རབ་ཀྱི་དབང་པོ། དད་པའི་སྟོབས་སོགས་ལྔ་དང་བཅུ་ལས་གཉིས་གཉིས་ཀྱིས། ས་ལྔ་པ་དང་དྲུག་པའི་བར་བགྲོད། བྱང་ཆུབ་ཡན་ལག་བདུན་ལས། དྲན་པ་ཡང་དག་བྱང་ཆུབ་ཀྱི་ཡན་ལག་དང་། ཆོས་རབ་ཏུ་རྣམ་པར་འབྱེད་པ་བྱང་ཆུབ་ཀྱི་ཡན་ལག་གཉིས་ཀྱིས་ས་བདུན་པ་བགྲོད། དེ་ནས་ས་བཅུ་གཅིག་པ་དང་བཅུ་གཉིས་པ་ལ་བྱང་ཕྱོགས་བཞི་བཞི་དགོས་པས། བྱང་ཆུབ་ཡན་ལག་བདུན་གྱི་ནང་ཚན། བརྩོན་འགྲུས་ཡང་དག །དགའ་བ་ཡང་དག །ཤིན་ཏུ་སྦྱངས་པ་ཡང་དག །ཏིང་ངེ་འཛིན་ཡང་དག །བྱང་ཆུབ་ཡན་ལག་བཞིས་ས་བཅུ་གཅིག་པ་བགྲོད། བྱང་ཆུབ་ཡན་ལག་གི་ནང་ཚན་བཏང་སྙོམས་ཡང་དག་བྱང་ཆུབ་ཡན་ལག་དང་། འཕགས་ལམ་ཡན་ལག་བརྒྱད་ཀྱི་ནང་ཚན་ཡང་དག་པའི་ལྟ་བ་དང་། ཡང་དག་པའི་རྟོག་པ་དང་། ཡང་དག་པའི་ངག་གསུམ་སྟེ་བཞིས་ས་བཅུ

གཉིས་པ་བགྲོད་པར་བྱེད་པའི་ཕྱིར་དང་། དེ་ནས་འཕགས་ལམ་ཡན་ལག་བརྒྱད་ཀྱི་ནང་ཚན་ལྷག་མ་ཡང་དག་པའི་ལས་ཀྱི་མཐའ་དང་། འཚོ་བ་དང་། རྩོལ་བ་དང་། ཡང་དག་པའི་དྲན་པ་དང་། ཡང་དག་པའི་ཏིང་ངེ་འཛིན་སྟེ་ལྔས། ས་བཅུ་གསུམ་པ་སངས་རྒྱས་ཀྱི་ས་བགྲོད་པར་བྱེད་པའི་ཕྱིར་རོ། །དེ་ལྟར་སྦྱོར་ཚུལ་དེ་ནི། བདག་མེད་མའི་བསྟོད་པ་རྩ་འགྲེལ་སོར་བཞག་པ་ཡིན་ལ། འོན་ཀྱང་། འཕགས་པའི་ལམ་ལྔ་དྲུག་པའི་ཆའི་དཔྱད། །ཞེས། ས་བཅུ་གསུམ་པ་ལ་འཕགས་ལམ་ཡན་ལག་བརྒྱད་ཀྱི་ལྔ་དང་སྦྱར་བས་ཀ་བྱང་ཕྱོགས་སོ་བདུན་ཚང་བཞིན་དུ་དྲུག་པའི་ཆ་དཔྱད། ཞེས་དྲུག་པའི་ཆ་ཤས་གཅིག་བསྟན་པ་ལ་ནུས་པ་ཁྱད་པར་ཅན་དགོས་རྒྱུར་སྣང་བས་དཔྱོད་ལྡན་དག་གིས་དཔྱད་པར་བྱའོ། །

གཉིས་པ་མན་ངག་ལུགས་ལ། བྱང་ཕྱོགས་སོ་བདུན་ཚོགས་ལམ་ནས། ས་བཅུ་གསུམ་ཕྱེད་འོག་མ་མན་ཆད་ལ་སྦྱོར་བ་ཡིན་ཏེ། སྣང་བ་དཀྲར་ལངས་ཀྱི་གཉེན་པོར། ས་ལྟུང་རྡོ་འཕྲུལ་གྱི་ཐང་པ། དེ་བཞིན་དུ་ཚུ་ལྟུང་མེ་ལྟུང་གི་ལྟུང་རྡོ་འཕྲུལ་ཐང་པ་བཞིས་སྣང་བ་དཀྲར་ལངས་ཀྱི་འཕྲང་བསྒྲལ་ཏེ་ཁམས་འདུས་པ་དང་པོའི་ལམ་ཆོད། དེ་ནས་སྟོང་པ་དཀྲར་ལངས་ཀྱི་གཉེན་པོར། རང་ལྷར་བསྒོམ་པ་ལུས་དྲན་པ་ཉེར་གཞག །དེ་ལ་ཡི་ཤེས་སེམས་དཔའ་གཞུག་པ་ལྷ་དྲན་པ་ཉེར་གཞག །ལྷ་དེའི་སྙིང་པོ་བཟླས་པ་སྔགས་དྲན་པ་ཉེ་བར་བཞག་པ༏ ལྷ་དེའི་རྒྱན་དྲུག་གི་དགོས་པ་བསམ་པ་ཆོས་དྲན་པ་ཉེ་བར་བཞག་པ་སྟེ། དྲན་པ་ཉེར་གཞག་བཞིས། སྟོང་པ་དཀྲར་ལངས་ཀྱི་འཕྲང་ལས་བསྒྲལ་ཏེ། ཁམས་འདུས་པ་བར་པའི་ལམ་ཆོད། དེ་ནས་བདེ་བས་རྒྱལ་བའི་གཉེན་པོར། ཡང་དག་སྤོང་བ་བཞི་སྒོམ་སྟེ། དེ་ཡང་རོ་རྐྱང་གཉིས་ཀྱི་མས་སྣ་དབུ་མའི་མས་སྣར་ཚུད་པ་ལུས་རྩའི་རྟེན་འབྲེལ། གཡོན་རྐྱང་མའི་མས་སྣ་ན་ཡོད་པའི་ཡི་གེ་བཞི་པ་སྙིང་པོའི་ཨ་དབུ་མའི་མས་སྣར་སླེབ་པས། དབུ་མའི་ཆ་ཤས་ཡི་གེ་བཞི་པ་ཕྱི་དབྱིབས་ཀྱི་ཨ་གྲེན་ལ་བསྐྱོད་པ་རྩ་ཡི་གེའི་རྟེན་འབྲེལ། དེ་ལས་ཆུ་ལྟུང་སོགས་ལྟུང་ལྔ་དབུ་མའི་མས་སྣར་ཚུད་པ་ལྟུང་གི་རྟེན་འབྲེལ། དེ་ལས་རྩ་གཡས་གཡོན་གྱི་ལས་ལྟུང་རྒྱུ་བའི་སྒོ་ཐིག་ལེས་བཀག་པ་ཁམས་བདུད་རྩིའི་རྟེན་འབྲེལ་ཏེ། རྟེན་འབྲེལ་དེ་བཞིས་གཟུང་འཛིན་གྱི་རྣམ་རྟོག་སྤོང་བས་ཡང་དག་སྤོང་བ་ཞེས་བྱ་ཞིང་། དེ་བཞིས་བྱིང་བ་ཆེན་པོའི་འཕྲང་བསྒྲལ་ཏེ་ཁམས་འདུས་པ་ཐ་མའི་ལམ་ཆོད་པས་ན། བྱང་ཕྱོགས་བཅུ་གཉིས་པོ་དེས་འཇིག་རྟེན་པའི་ལམ་མན་ཆད་བགྲོད་པར་བྱེད་པའི་ཕྱིར། དེ་ཡང་ཡང་དག་སྤོང་བ་བཞི་པོ་དེ་ནི་ཚོགས་ལམ་ཆེན་པོ་ཡིན་ལ། དེ་ལས་དྲོད་སོགས་བཞིའི་རྟོགས་པ་འཆར་ཚུལ་ལམ་གྱི་སྐབས་སུ་བཤད་པ་བཞིན་ནོ། །

དེ་ནས་བྱང་ཕྱོགས་ཉི་ཤུ་རྩ་ལྔས་འདས་ལམ་ས་ཕྱེད་དང་བཅུ་གསུམ་བགྲོད་པ་ཡིན་ཏེ། རྩ་འཁོར་ལོ་

བཞིའི་དབྱིབས་ཨེ་ཝཾ་མ་ཡའི་རྣམ་པ་ཅན་དུ་ཡོད་པ་བཞི་དང་། རྩའི་གཙོ་མོ་རོ་རྐྱང་དབུ་གསུམ་མཐོང་བ་ནི་བྱང་ཆུབ་ཡན་ལག་བདུན་ཏེ། དེས་བུམ་དབང་ས་དྲུག་བགྲོད། འབྱུང་བ་ལྔའི་རླུང་ལ་དབང་ཐོབ་པ་ནི་དབང་པོ་ལྔ་སྟེ༑ དེས་གསང་དབང་ས་བཞི་བགྲོད། འབྱུང་ལྔའི་རླུང་སྟོབས་སུ་གྱུར་པ་ནི་སྟོབས་ལྔ་སྟེ་དེས་ཤེར་དབང་ས་གཉིས་བགྲོད། ཡེ་ཤེས་ལྔར་གནས་འགྱུར་བ་ལ་མངོན་དུ་ཕྱོགས་པའི་བརྟེན་པ་རྣམ་ཤེས་ཚོགས་བརྒྱད་ནི། འཕགས་པའི་ལམ་སངས་རྒྱས་པའི་ཡན་ལག་སྟེ་རྒྱུ་ཡིན་པས་འཕགས་ལམ་ཡན་ལག་བརྒྱད་དེ། དེས་དབང་བཞི་པ་ས་ཕྱེད་པོ་དེ་བགྲོད་དེ། བཅུ་གསུམ་ཕྱེད་འོག་མར་སླེབ་པ་ཙམ་ཡིན་པའི་ཕྱིར་རོ། །འདི་ལ་གཞན་དག་ན་རེ། ས་བཅུ་གཉིས་པ་ལས་གོང་དུ་ས་བཅུ་གསུམ་པ་ཞིག་ཁས་བླང་དུ་རུང་མོད། བཅུ་གསུམ་པ་ལ་ཕྱེད་གོང་འོག་གཉིས་བཅོས་ནས། ཕྱེད་འོག་མ་སངས་རྒྱས་པར་མི་འཆད་པ་འདི་ནི། ཁྱེད་ས་སྐྱ་པ་དག་གིས་རྟོག་པས་བཏགས་པ་ཡིན་ཏེ། ཡིད་ཆེས་པའི་ཁུངས་མེད་པའི་ཕྱིར་རོ་ཞེ་ན། འདི་ལ་ཡིད་ཆེས་པའི་འབྱུང་ཁུངས་ཅིས་ཀྱང་ཡོད་དེ། གསུང་ངག་རྡོ་རྗེ་ཚིག་རྐང་ལས། ས་བཅུ་གསུམ་པ་རྫོགས་སངས་རྒྱས་པར་མ་སླེབ་པའི་བར་དེར། ས་ཕྱེད་དང་བཅུ་གསུམ་པའོ་ཞེས་བཤད་འདུག་པ་འདི། ཁྱེད་ཅག་ལ་ཐུགས་རྒྱུས་མེད་པ་བདེན་ཡང་། ཁོ་བོ་ཅག་རྗེ་བཙུན་རྡོ་རྗེ་བདག་མེད་མ་ནས་སྙན་རྒྱུད་ཀྱི་བཀའ་བབས་པ་དག་ལ་ཆ་རྒྱུས་ཆ་ཙམ་མངའ་བས་སོ། །ཁྱེད་ཅག་དེ་ལ་མི་བརྩི་འོ་སྙམ་ན། རྡོ་རྗེ་འཆང་ལ་དག་མི་གནང་བ་དེ་དང་ལྷན་ཅིག་འབེབས་པའི་བཀའ་མཆིད་རྗེ་མི་ཐོགས་པས། སྙིང་ལས་ཆུང་དུར་གནས་པ་ལེགས་སོ། །

དེས་ན་བཅུ་གསུམ་ཕྱེད་འོག་མ་འདི་ནི་འབྲས་དུས་ཀྱི་དབང་དང་། མཐར་ཕྱིན་གྱི་ལམ་དང་། འགྲོས་བཞི་ཐིམ་བྱེད་ཀྱི་དབང་ཡིན་ལ། འདིའི་ཉམས་ལེན་གྱི་གཙོ་བོ་ནི་ཉེ་རྒྱུའི་ཉམས་ལེན་ཡིན་པས། འདི་ཙུང་ཟད་ཕྱེ་ན། སྐད་ཅིག་མ་བདུན་དུ་བཤད་པ། གསུམ་དུ་བཤད་པ། གཉིས་སུ་བཤད་པ་གསུམ་ལས། དང་པོ་ནི། ཐབས་ཀྱི་རྒྱུད་དག་པ་ལ་སྐད་ཅིག་མ་གསུམ། ཤེས་རབ་ཀྱི་རྒྱུད་དག་པ་ལ་སྐད་ཅིག་མ་གསུམ། ཐབས་ཤེས་སོ་སོར་དག་པ་ལ་སྐད་ཅིག་མ་གཅིག་གོ། །གཉིས་པ་ནི། ཐབས་ཀྱི་རྒྱུད་དག་པ་ལ་སྐད་ཅིག་མ་གཅིག །ཤེས་རབ་ཀྱི་རྒྱུད་དག་པ་ལ་སྐད་ཅིག་མ་གཅིག །ཐབས་ཤེས་སོ་སོར་དག་པ་ལ་སྐད་ཅིག་མ་གཅིག་གོ། །གསུམ་པ་ནི། ཐབས་ཤེས་རབ་ཀྱི་རྒྱུད་དག་པ་ལ་སྐད་ཅིག་མ་གཅིག །ཐབས་ཤེས་རབ་ཀྱི་རྒྱུད་སོ་སོར་དག་པ་ལ་སྐད་ཅིག་མ་གཅིག་སྟེ་སྐད་ཅིག་མ་གཉིས་སོ། །དེ་ལྟར་སྐད་ཅིག་མ་གཉིས་སུ་ཕྱེ་བའི་སྐད་ཅིག་མ་དང་པོ་དེ་ལ། བར་ཆད་མེད་པའི་དུས། སྒྲོད་ལ་བདུད་བཏུལ་བའི་དུས། ཆོ་འཕྲུལ་བསྟན་པའི་དུས། འབྲས་བུ་གཉིས་ཀྱི་དུས་ཞེས་དང་། སྐད་ཅིག་མ་གཉིས་པ་ལ། རྣམ་པར་གྲོལ་བའི་དུས། ཐོ་རངས་མངོན་པར་བྱང་ཆུབ་པའི་དུས། ཐམས་

ཅད་མཁྱེན་པ་ཆུང་ངུའི་དུས། འབྲས་བུ་གཅིག་གི་དུས་ཞེས་པའི་མིང་གི་རྣམ་གྲངས་ཀྱི་བསྟན་པ་ཡིན་ལ། འདིའི་སྐད་ཅིག་མ་གཉིས་པ་ལ། རྣམ་པར་གྲོལ་བའི་དུས་དང་། མངོན་པར་བྱང་ཆུབ་པའི་དུས་ཞེས་བཤད་པའི་འཕྲུལ་གཞི་བྱས་ནས། སྐད་ཅིག་མ་གཉིས་པ་དེར་སངས་རྒྱས་པ་མཚན་ཉིད་པར་བྱེད་པ་དང་། གཞུང་བཤད་དམར་མ་ལས་ཀྱང་། སྐད་ཅིག་མ་དང་པོ་དེ་ལ་ས་ཕྱེད་དང་བཅུ་གསུམ་པ་དང་། སྐད་ཅིག་མ་གཉིས་པ་དེ་ལ་བཅུ་གསུམ་ཕྱེད་གོང་མར་མཛད་པར་སྣང་བ་ནི། ཅེས་ཀྱང་མི་རིགས་ཏེ། ཉེ་རྒྱུའི་སྐད་ཅིག་མ་བདུན་དང་། གསུམ་དང་གཉིས་སུ་ཕྱེ་བ་ཐམས་ཅད། ལམ་དང་འབྲས་བུ་གཉིས་ཕྱེ་བའི་ལམ་གྱི་སྐབས་ཁོ་ན་ཡིན་ལ། ཉེ་རྒྱུ་སྐད་ཅིག་མ་གཉིས་པའི་བྱེད་པ་ལས། སྲོག་རྩོལ་གྱི་རླུང་ཨ་ཝ་དྷཱུ་ཏིར་འགགས་ཤིང་། གཙུག་ཏོར་ཧྲིལ་པོ་འཕགས་ཏེ༑ འགྲོས་བཞི་རྫོགས་པར་ཐིམ་ཚར་བ་དང་། འབྲས་བུ་སྐུ་ལྔ་མངོན་དུ་གྱུར་པ་ཡིན་པའི་ཕྱིར་རོ། །གནད་དེས་ན་སྐད་ཅིག་མ་གཉིས་པ་དེ་ལ་ཐམས་ཅད་མཁྱེན་པ་ཆུང་ངུ་དང་། མཐར་ཕྱིན་པའི་ལམ་ཞེས་བཤད་པའང་། ཕ་རོལ་ཏུ་ཕྱིན་པ་དང་སྒོ་བསྟུན་པའི་ཐམས་ཅད་མཁྱེན་པ་དང་། མཐར་ཕྱིན་པའི་ལམ་ཡིན་ཞེས་བྱ་བའི་དོན་ཡིན་གྱི། བླ་མེད་ཐེག་པས་གཞལ་བའི་དེ་དང་། དེ་མཚན་ཉིད་པ་མ་ཡིན་ཏེ། ཕ་རོལ་ཏུ་ཕྱིན་པ་དང་སྒོ་བསྟུན་གྱི་བྱང་ཕྱོགས་སོ་བདུན་གྱི་ལམ་དང་། སྔགས་ལམ་ས་ཕྱེད་དང་བཅུ་གསུམ་མན་ཆད་ལམ་དང་འབྲས་བུའི་ཟླས་ཕྱེ་བའི་ལམ་དུ་བཞག་པའི་གནད་ཁྱད་པར་ཅན་རྟོགས་དགོས་པའི་ཕྱིར་རོ། །

དེས་ན་ཉེ་རྒྱུའི་ཉམས་ལེན། རྡོ་རྗེ་ཐ་རླབས་ཀྱི་ལམ། འབྲས་དུས་ཀྱི་དབང་། བཅུ་གསུམ་ཕྱེད་འོག་མ་རྣམས་མིང་གི་རྣམས་གྲངས་སུ་བཤད་ཀྱང་དོན་གཅིག་ཏུ་འཕྲུལ་བར་མི་བྱ་སྟེ། ཉེ་རྒྱུའི་ཉམས་ལེན་ཙམ་ཞིག་ས་བརྒྱད་པ་ནས་ཉམས་སུ་བླང་བར་བཤད་ཀྱང་། ས་བརྒྱད་པའི་ཉམས་ལེན་དེ། འབྲས་དུས་ཀྱི་དབང་དང་། བཅུ་གསུམ་ཕྱེད་འོག་མ་མིན་པའི་ཕྱིར་དང་། རྡོ་རྗེ་ཐ་རླབས་ཀྱི་ལམ་ཙམ་ཞིག་སོ་སོ་སྐྱེ་བོས་ཀྱང་ཉམས་སུ་བླང་བར་བཤད་ཀྱང་སོ་སྐྱེའི་ཉམས་ལེན་དེ། ཉེ་རྒྱུའི་ཉམས་ལེན་དང་། འབྲས་དུས་ཀྱི་དབང་སོགས་མ་ཡིན་པའི་ཕྱིར་རོ། །དེས་ན་མན་ངག་གི་སྐབས་འདིར། བྱང་ཕྱོགས་སོ་བདུན་རྟེན་དཀྱིལ་འཁོར་བཞི་དང་། བརྟེན་པ་དང་རྣམ་ཤེས་ཚོགས་བརྒྱད་ལ་བཞག་པ་ནི། གཞན་དང་ཐུན་མོང་མ་ཡིན་པས་རིགས་པ་ལྷུར་སྣང་གིས་ཅོ་འདྲི་བར་མ་བྱེད་ཅིག་ཅེས་གདམས་སོ། །དེས་རྒྱུད་མན་ངག་གི་སློལ་ལས་བྱོན་པའི་བྱང་ཕྱོགས་སོ་བདུན་བགྲོད་ལུགས་སོ། །གཉིས་པ་ས་ལམ་གྱི་འཇུག་ལྡོག་བསྟན་པ་ལ། འོ་ན་སྔར་བཤད་པའི་ལམ་ལྔ་དང་ས་བཅུ་གཉིས་སོ༑ །དེ་ངེས་པར་བླ་མེད་སྔགས་ལམ་ལ་བརྟེན་ནས་བགྲོད་པ་ཞིག་དགོས་སམ་ཞེ་ན། མཁས་པ་པོ་དོང་པ་དང་། གཙང་བྱམས་པ་རྡོ་རྗེ་རྒྱལ་མཚན་སོགས་ཕར་ཕྱིན་ཐེག་པས་ས་དང་པོ་ཡན་ཆད་བགྲོད་པ་མེད་དོ་ཞེས་འཆད་

མོད། བླ་མ་ས་སྐྱ་པ་ཆེན་པོའི་ལམ་འཇུག་ལྡོག་ལས། ཕར་ཕྱིན་ཐེག་པས་འཇིག་རྟེན་པའི་ལམ་ཕལ་ཆེར་བགྲོད་ནས་བླ་མེད་ལམ་ལ་ཞུགས་ནས་ས་དང་པོ་ཡན་ཆད་བགྲོད་པ་དང་། ས་དང་པོ་མན་ཆད་ཕ་རོལ་ཏུ་ཕྱིན་པས་བགྲོད་ནས། ས་གཉིས་པ་ཡན་ཆད་སྔགས་ལམ་གྱིས་བགྲོད་པ་ནས། ས་བཅུ་པ་མན་ཕར་ཕྱིན་ཐེག་པས་བགྲོད་ནས། ས་བཅུ་གཅིག་པ་ཡན་ཆད་སྔགས་ལམ་གྱིས་བགྲོད་དགོས་པའི་བར་བཤད་དེ། ལམ་འཇུག་ལྡོག་གི་ཡིག་ཆུང་ལས། ཁ་ཅིག །འཇིག་རྟེན་པའི་ལམ་མན་ཆད་དུ་ཕ་རོལ་ཏུ་ཕྱིན་པས་ལམ་བགྲོད་ནས། དེ་ནས་རྡོ་རྗེ་ཐེག་པའི་ལམ་ལ་ཞུགས་ཏེ། ས་དང་པོ་ཡན་ཆད་རྡོ་རྗེ་ཐེག་པས་བགྲོད་པ་ཡང་ཡོད་དོ། །

ཁ་ཅིག་ནི་ས་དང་པོ་མན་ཆད་ཀྱང་ཕ་རོལ་ཏུ་ཕྱིན་པས་བགྲོད་ནས། ས་གཉིས་པ་ནས་རྡོ་རྗེ་ཐེག་པ་ལ་ཞུགས་ཤིང་། ས་རྣམས་བགྲོད་ཅིང་འབྲས་བུ་མངོན་དུ་བྱེད་པ་ཡང་ཡོད་དོ། །ཁ་ཅིག་ནི་ས་དྲུག་པ་མན་ཆད་ཕ་རོལ་ཏུ་ཕྱིན་པའི་ཐེག་པས་བགྲོད་ནས། དེ་ནས་རྡོ་རྗེ་ཐེག་པའི་ལམ་དང་རོ་གཅིག་པར་འགྱུར་ཏེ། དེ་ཡན་ཆད་ཀྱིས་ལམ་བགྲོད་ཅིང་འབྲས་བུ་མངོན་དུ་བྱེད་པ་ཡང་ཡོད་དོ། །ཁ་ཅིག་ས་བཅུ་པ་མན་ཆད་ཕ་རོལ་ཏུ་ཕྱིན་པའི་ཐེག་པས་ལམ་བགྲོད་ནས། དེ་ནས་རྡོ་རྗེ་ཐེག་པ་ལ་ཞུགས་ཏེ། སླས་པའི་ས་གཉིས་དང་མཐར་ཕྱིན་གྱི་ས་ཕྱེད་བགྲོད་ནས། རྡོ་རྗེ་འཛིན་པའི་ས་མངོན་དུ་བྱེད་པ་ཡང་ཡོད་དོ། །ཞེས་གསལ་བར་བཤད་པ་ལ་སྐྱོན་དུ་མེད་པའི་ཕྱིར་རོ། །དེས་ན་ཕར་ཕྱིན་རང་རྐང་ལས་ས་བཅུ་པ་མན་ཆད་བགྲོད་པ་ཡོད་ཀྱི། བཅུ་གཅིག་པ་ཡན་ཆད་བགྲོད་པ་ནི་མེད་དེ། སློབ་ལམ་ས་བཅུ་གཅིག་པ་སོགས་ནི་ཕར་ཕྱིན་ཐེག་པ་ལ་སྨྲས་ནས་མ་བཤད་པའི་ཕྱིར་དང་། སངས་རྒྱས་པར་གྱུར་པའི་ས་བཅུ་གཅིག་པ་ཞིག་ཕར་ཕྱིན་རང་རྐང་ལས་ཐོབ་པར་ཕར་ཕྱིན་རང་རྐང་བ་དག་བཞེད་ཀྱང་དེ་ཐོབ་པ་གནས་ཚུལ་ལ་མི་སྲིད་པའི་ཕྱིར་ཞེས་པ་ནི་ལུང་འདིའི་དགོངས་པ་བླ་ན་མེད་པ་ཡིན་ལ༑ འདི་ལ་རྗོང་ལུགས་པ་དག་བཤད་པ་དང་བགྲོད་པའི་ཁྱད་པར་ཡིན་ཞེས་ཕ་རོལ་ཏུ་ཕྱིན་པ་ལས་དེ་ལྟར་བཤད་པ་ཙམ་ཡིན་གྱི། བཤད་པ་ལྟར་ཐོབ་པ་ཁས་མི་ལེན་ཞེས་ཀྱོག་བཤད་གནང་བ་ནི། མཁས་པའི་རྣམ་འགྱུར་མ་ཡིན་ཏེ། ཡིན་ན་ཕ་རོལ་ཏུ་ཕྱིན་པའི་ཐེག་པ་ས་བཅུ་པ་མན་ཆད་བགྲོད་པར་རློམ་ནས། དེ་ནས་རྡོ་རྗེ་ཐེག་པ་ལ་ཞུགས་ཏེ། ས་དང་པོ་ཡན་ཆད་བགྲོད་པ་ཡོད་ཅེས་གསུངས་རིགས་ཀྱི། དེ་ནས་རྡོ་རྗེ་ཐེག་པའི་ལམ་ལ་ཞུགས་ཏེ། སླས་པའི་ས་གཉིས་དང་། མཐར་ཕྱིན་གྱི་ས་ཕྱེད་བགྲོད་ནས་ཞེས་སོགས། ས་བཅུ་པ་མན་ཆད་བགྲོད་མི་དགོས་པར་བཤད་པ་འདི་ལ། དགོས་པ་ལྟ་ཅི་སྨོས། དགོངས་གཞི་ཙམ་ཡང་མེད་པར་ཐལ་ཏེ། དེ་འདྲ་བ་དེས། སྔགས་ཀྱི་ཚོགས་སྦྱོར་ནས་ས་དང་པོ་ཡན་ཆད་ཀུན་བགྲོད་དགོས་པའི་ཕྱིར་རོ། །ཁྱེད་ལ་དོན་དང་མཐུན་པའི་ལན་མེད་དོ། །

འོན་ཀྱང་རང་ལུགས་ལམ་འཇུག་ལྟོག་གི་གཞུང་དོན་ཁས་བླངས་པ་དག་ལ་སྐྱོན་འདི་དག་སྤང་དགོས་ཏེ༑ འོ་ན་ཕར་ཕྱིན་རང་རྐང་ལས་ས་བཅུ་པ་མན་ཆད་བགྲོད་པའི་བྱང་སེམས་དེས་སྒྲིབ་མཚམས་གནད་ཀྱི་མདུད་པ་ཉེར་བརྒྱད་པོ་དེ་གྲོལ་ལམ་མ་གྲོལ། གྲོལ་ན་ཕར་ཕྱིན་རང་རྐང་གི་ལམ་ལས་རྩ་མདུད་གྲོལ་བར་སོང་བས། ཕར་ཕྱིན་རང་རྐང་གི་ལམ་དེ་ཡང་རྡོ་རྗེའི་ལུས་ལ་གནད་དུ་བསྣུན་པའི་ལམ་ཡིན་པར་ཐལ་ལོ། །གལ་ཏེ་མ་གྲོལ་ན། སླར་ཡང་རྩ་མདུད་དེ་དག་གྲོལ་བའི་ཕྱིར་དུ་བླ་མེད་ཀྱི་ས་བཅུ་རིམ་གྱིས་བགྲོད་དགོས་པར་ཐལ་བའམ། ཡང་ན་ས་བཅུ་གཅིག་པ་ཐོབ་པའི་ཚེ་མདུད་པ་ཉེར་བརྒྱད་ཅིག་ཆར་གྲོལ་བར་ཐལ་བ་གང་རུང་ལས་མ་འདས་སོ་ཞེས་བྱ་བ་ནི་སྐྱོན་གཅིག་གོ། །

ཡང་དེ་ལྟ་བུའི་བྱང་སེམས་དེས་ཕྱི་ནང་གི་ཡུལ་ཆེན་ཉེར་བཞི་བགྲོད་དམ་མ་བགྲོད། བགྲོད་ན་གནས་དང་ཉེ་བའི་གནས་ནས། དུར་ཁྲོད་ཉེ་བའི་དུར་ཁྲོད་ཀྱི་བར་བཅུ་ཡང་བགྲོད་ཟིན་པས། བླ་མེད་ཀྱི་ས་བཅུ་ཐོབ་ཟིན་པར་ཐལ་ལོ། །གལ་ཏེ་མ་བགྲོད་ན། སླར་ཡང་ཕྱི་ནང་གི་ཡུལ་ཆེན་ཉེར་བཞི་བགྲོད་པའི་སྒོ་ནས་བླ་མེད་ཀྱི་ས་བཅུ་གསུམ་རིམ་གྱིས་བགྲོད་དགོས་པར་ཐལ་བའམ། ཡང་དེས་ས་བཅུ་གཅིག་པ་ཐོབ་པའི་ཚེ་ཕྱི་ནང་གི་ཡུལ་ཉེར་བཞི་པོ་ཅིག་ཆར་བགྲོད་པར་ཐལ་བ་གང་རུང་ལས་མ་འདས་ཤིང་། ཐལ་བ་ཕྱི་མ་ལ་འདོད་ན། དེས་བླ་མེད་ཀྱི་ས་བཅུ་ཡང་དེའི་ཚེ་ཅིག་ཆར་ཐོབ་པར་ཐལ་ལོ། །ཞེས་པ་ནི་སྐྱོན་གཉིས་པའོ། །ཡང་དེ་ལྟ་བུའི་བྱང་སེམས་དེས། མས་བརྟན་གྱི་དགའ་བ་བཅུ་དྲུག་ལས། མས་བརྟན་དགའ་བ་བཅུ་གཉིས་མན་ཆད་པོ་དེ་ཐོབ་ཟིན་ནམ་མ་ཟིན། གལ་ཏེ་ཟིན་ན་མས་བརྟན་གྱི་དགའ་བ་བརྒྱད་ལ་སྐྱེས་པའི་ཕར་ཕྱིན་རང་གི་འཕགས་པ་ཡོད་པར་ཐལ་ལོ། །གལ་ཏེ་མ་ཟིན་ན། མས་བརྟན་གྱི་ཟག་མེད་དགའ་བ་དང་པོ་མན་ཆད་བྱེད་བླ་མེད་ས་དང་པོ་སོགས་རིམ་གྱིས་ཐོབ་དགོས་པར་ཐལ་བའམ། ཡང་ན་དེས་ས་བཅུ་གཅིག་པའི་ཚེ་མས་བརྟན་གྱི་དགའ་བ་བཅུ་གཉིས་པོ་དེ་ཡང་ཅིག་ཆར་མངོན་དུ་བྱེད་པར་ཐལ་ལོ་ཞེས་པ་ནི་སྐྱོན་གསུམ་པའོ། །ཡང་ས་བཅུ་པ་མན་ཆད་ཕར་ཕྱིན་རང་རྐང་གིས་བགྲོད་པའི་བྱང་སེམས་དེའི་རྗེན་ལ། བླ་མེད་སྔགས་ལམ་དུ་འཇུག་པ་དེའི་ཚེ། དེ་དེར་ཞུགས་མ་ཐག་ཏུ་ས་བཅུ་གཅིག་པ་ཐོབ་པ་ཡིན་ནམ་མ་ཡིན། ཡིན་ན། དེ་བླ་མེད་ལམ་དུ་འཇུག་པའི་ཚེ། བླ་མེད་ཀྱི་སྨིན་བྱེད་དབང་ནས་བསྐུར་དགོས་སམ། ལམ་དབང་དང་འབྲས་དབང་ལྟ་བུ་ནས་ཞུགས་པས་ཆོག །ཕྱི་མ་གཉིས་མི་སྲིད་དེ། བླ་མེད་ཀྱི་སྨིན་བྱེད་ཀྱི་དབང་མ་ཐོབ་པར། བླ་མེད་ཀྱི་ལམ་དབང་དང་འབྲས་དབང་ཐོབ་པ་བརྒྱུད་པ་འདིའི་སྲོལ་ལ་མེད་པའི་ཕྱིར་རོ། །གལ་ཏེ་སྨིན་བྱེད་དབང་ནས་འཇུག་པ་ལས་འོས་མེད་དོ་སྙམ་ན།

འོ་ན་སྨིན་བྱེད་ཀྱི་དབང་དེ་ལ་སྔ་གོན་དང་དངོས་གཞི་གཉིས་དགོས་སམ། དངོས་གཞི་ནས་ཞུགས་པས་ཆོག །དང་པོ་ལྟར་ན། སྔར་དབང་གིས་མ་སྨིན་པའི་ལས་དང་པོ་ལ། དབང་གི་སྔ་གོན་ཐོབ་མ་ཐག་ཏུ་ས་བཅུ་གཅིག་པ་ཐོབ་པ་དེ་བརྒྱུད་པ་འདིའི་ལུགས་ལ་མི་སྲིད་དོ། །གཉིས་པ་ལྟར་ན་ཡང་དེ་ལ་དབང་གི་ཕྱི་འཇུག་ནང་འཇུག་དགོས་སམ། དངོས་གཞི་བུམ་དབང་བཅུ་གཅིག་ནས་རིམ་པས་ཞུགས་པས་ཆོག །དེ་དག་གང་ལྟར་ཡང་སྔར་མ་སྨིན་པའི་ལས་དང་པོ་པས། དབང་གི་འཇུག་པ་ལ་ཞུགས་མ་ཐག་པའམ། སློབ་མའི་དབང་ཐོབ་མ་ཐག་པའམ། སློབ་དཔོན་གྱི་བུམ་དབང་ཐོབ་མ་ཐག་སོགས་སུ་ས་བཅུ་གཅིག་པ་ཐོབ་པ་ནི་མི་སྲིད་དེ། བླ་མེད་ཀྱི་ས་བཅུ་གཅིག་པ་ཐོབ་པ་ལ་བླ་མེད་ཀྱི་དབང་བཞི་ཐོབ་དགོས་པའི་ཕྱིར་རོ། །

གལ་ཏེ་དེས་དབང་བཞི་དང་ས་བཅུ་གཅིག་པ་སོགས་ཅིག་ཆར་ཐོབ་པ་ཅི་འགལ་སྙམ་ན། དབང་བཞི་ཅིག་ཆར་ཐོབ་པ་དང་། དབང་འོག་མ་མ་ཐོབ་པར་གོང་མ་ཐོབ་པ་སོགས་ལུགས་མཆོག་འདི་ལ་ཁས་མི་ལེན་ཏེ། རྡོ་རྗེ་སྙིང་འགྲེལ་ལས། རྡོ་རྗེ་སློབ་དཔོན་བློ་དང་ལྡན་པས་དབང་ལ་འཚོལ་བའི་སྐྱོན་སྤྱངས་ལ་དབང་བཞི་གོ་རིམ་བཞིན་དུ་བསྐུར་བར་བྱའོ། །ཞེས་གསལ་བར་བཤད་པའི་ཕྱིར་དང་། གཞན་དུ་ན། ས་བཅུ་གཅིག་པ་དང་། ལམ་ལྔ་སོགས་ཀྱང་ཅིག་ཆར་བགྲོད་པ་སྲིད་པར་ཐལ་བའི་ཕྱིར་རོ། །གལ་ཏེ་དེས་སྔགས་ལམ་དུ་ཞུགས་མ་ཐག་ཏུ་ས་བཅུ་གཅིག་པ་ཐོབ་པར་མི་ནུས་ན། བར་སྐབས་དེར་བླ་མེད་ཀྱི་ཚོགས་སྦྱོར་གཉིས་མངོན་དུ་བྱེད་དགོས་པར་འགྱུར་ལ། དེ་ལྟར་ན་བླ་མེད་ཀྱི་མཐོང་ལམ་སོགས་ཀྱང་ཅིའི་ཕྱིར་མངོན་དུ་བྱེད་མི་དགོས། ཞེས་རྒལ་ཞིང་བརྟག་པ་ནི་སྐྱོན་བཞི་པའོ། །དེ་ལྟར་སྐྱོན་བཞི་པོ་དེ་སྤོང་བ་ངེས་པར་གནད་དུ་ཆེ་བས། འདི་ལྟར་སྐྱོན་དང་པོ་མེད་དེ། ཕར་ཕྱིན་གཞུང་ལས་རྒྱ་མདུད་གྲོལ་བའི་ཐ་སྙད་མ་བཤད་ཀྱང་། ཕར་ཕྱིན་ཐེག་པས་ས་བཅུ་མན་ཆད་བགྲོད་པ་དེས། རྡོ་རྗེའི་ལུས་ལ་རྒྱ་མདུད་ཉེར་བརྒྱད་མན་ཆད་གྲོལ་དགོས་ཏེ། དེས་ས་བཅུ་ཐོབ་པའི་འགལ་རྐྱེན་གེགས་རྣམས་བསལ་ཞིང་། ཐོབ་བྱའི་ཡོན་ཏན་ཐོབ་ཅིང་། རྟོགས་བྱའི་གནས་ལུགས་རྣམས་རྟོགས་པའི་སྒོ་ནས་ས་བཅུ་པ་མན་ཆད་བགྲོད་པ་ཡིན་པའི་ཕྱིར་རོ། །

དེས་ན་རྒྱ་མདུད་གྲོལ་བ་ལ་ངེས་པར་རྡོ་རྗེའི་ལུས་ལ་གནད་དུ་བསྣུན་པའི་ལམ་དགོས་པའང་མ་ཡིན་ཏེ། ལམ་ཟབ་མོ་བླ་མའི་རྣལ་འབྱོར་ལས་རྒྱ་མདུད་ཅི་རིགས་པར་གྲོལ་བ་ཡང་སྲིད་པའི་ཕྱིར་རོ། །དེས་ན་སྐྱོན་གཉིས་པ་དང་གསུམ་པ་ཡང་རང་གྲོལ་ཡིན་ཏེ། ས་བཅུ་པ་བགྲོད་པའི་ཕར་ཕྱིན་པ་དེས། སྐྱེ་བོ་སོགས་ཀྱི་ཁམས་རྣམས་དབུ་མར་ཐིམ་ཟིན་པས། ཡུལ་ཉེར་བཞིའི་ཐ་སྙད་མ་བགྲོད་ཀྱང་དེ་དག་གི་དོན་བགྲོད་ཟིན་པས་སླར་བགྲོད་མི་དགོས་པའི་ཕྱིར་དང་། གནས་དང་ཉེ་གནས་སོགས་ཀྱི་ཐ་སྙད་མ་ཐོབ་ཀྱང་དེ་དག་གི་དོན་ས་དང་པོ

སོགས་ཐོབ་ཟིན་པས་སླར་གནས་སོགས་བགྲོད་མི་དགོས་པའི་ཕྱིར་དང་། དེ་བཞིན་དུ་དེས་མས་བརྟན་ལྷན་སྐྱེས་ཀྱི་ཐ་སྙད་མ་ཐོབ་ཀྱང་ལྷན་སྐྱེས་ཀྱི་དོན་རྣམས་ཇི་ལྟ་བ་བཞིན་ཤར་བ་ཡིན་ཏེ། ས་དང་པོའི་ཚེ། གསང་གནས་ཀྱི་འཁོར་ལོ་དྭངས་མས་བརྟན་ཞིང་། ཟག་མེད་ཀྱི་དགའ་བདེ་ཐོབ་པ་སོགས་ཀྱི་ཕྱིར་རོ། །སྐྱོན་བཞི་པས་ཀྱང་མི་གནོད་དེ། ཁོ་བོ་ཅག་སྦྱོར་བཏང་དང་དམིགས་བསལ་དུ་བྱ་སྟེ། དེ་ལྟ་བུའི་བྱང་སེམས་ཀྱི་རྟེན་ལ་སྔགས་ལམ་དུ་ཞུགས་པ་དེས། སྔགས་བླ་མེད་ཀྱི་ཚོགས་སྦྱོར་གཉིས་མངོན་དུ་བྱེད་དགོས་ཀྱང་། མཐོང་ལམ་ས་དང་པོ་ནས། སྒོམ་ལམ་ས་བཅུ་པའི་བར་མངོན་དུ་བྱེད་མི་དགོས་པར། སྦྱོར་ལམ་གྱི་མཇུག་དེར་ས་བཅུ་གཅིག་པ་ལ་ཞུགས་པས་ཆོག་པར་འདོད་པའི་ཕྱིར་རོ། །

འོ་ན་དེས་སྔགས་བླ་མེད་ཀྱི་ཚོགས་སྦྱོར་གཉིས་སྔོན་དུ་བྱེད་དགོས་པའི་གནད་ཇི་ལྟ་བུ་སྙམ་ན། གནད་འདི་ལྟར་ཡིན་ཏེ། དེ་ལྟ་བུའི་བླ་མེད་དུ་ཞུགས་མ་ཐག་སྔགས་བླ་མེད་ཀྱི་ལས་དང་པོ་པ། སྔར་དབང་གིས་མ་སྨིན་པ་ཡིན་པས། དེས་སྨིན་བྱེད་དབང་བཞི་པོ་རིམ་ཅན་དུ་ནོད་དགོས་ལ། དེ་དབང་བཞི་ཐོབ་ནས་མཚོན་བྱ་དོན་གྱི་ཡེ་ཤེས་གཅིག་ནམ་རྒྱུད་ལ་སྐྱེས་པའི་ཚེ། ས་བཅུ་གཅིག་པ་རྒྱུད་ལ་སྐྱེས་པ་ཡིན་ལ། དེ་མ་སྐྱེས་གོང་གི་དབང་བཞིའི་ལམ་རྣམས་ནི་ཚོགས་ལམ་དང་། དབང་ལམ་དེ་དག་ལ་བརྟེན་པའི་ལྟ་བ་ངོ་བོ་ཉིད་གསུམ་སོགས་ལ་སྦྱོར་ལམ་དུ་འཇོག་དགོས་པའི་ཕྱིར་རོ། །དེ་ལྟ་མ་ཡིན་པར། དེ་བླ་མེད་ལམ་དུ་ཞུགས་མ་ཐག་ཏུ་ས་བཅུ་གཅིག་པ་ཐོབ་པ་ཡིན་ན། དེ་ལྟ་བུའི་རྟེན་ལ་བླ་མེད་ལམ་དུ་ཞུགས་མ་ཐག་པའི་གང་ཟག་གི་རྒྱུད་ཀྱི་ས་བཅུ་གཅིག་པ་ཆོས་ཅན། ཁྱོད་བླ་མེད་ཀྱི་དབང་བཞི་ཐོབ་པའི་ཡེ་ཤེས་ཡིན་པར་ཐལ། ཁྱོད་གསང་སྔགས་བླ་མེད་ཀྱི་མཚོན་བྱ་དོན་གྱི་ཡེ་ཤེས་ཡིན་པའི་ཕྱིར་ཏེ། ས་བཅུ་གཅིག་པ་ཡིན་པའི་ཕྱིར། གོང་དེར་ཁྱབ་སྟེ། སྔགས་བླ་མེད་ཀྱི་མཐོང་ལམ་ཡིན་ན་དབང་བཞི་ཐོབ་པའི་ལམ་ཡིན་དགོས་པའི་ཕྱིར་ཏེ། དེ་ཡིན་ན། ཁམས་འདུས་པ་ཐ་མའི་སྐབས་ཀྱི་ཡང་དག་སྦྱོང་བ་བཞི་ལ་བརྟེན་ནས་ཐོབ་དགོས། ཁམས་འདུས་པ་ཐ་མའི་སྔགས་བླ་མེད་ཀྱི་ཡང་དག་སྦྱོང་བཞིའི་ལམ་ཡིན་ན། དབང་བཞི་ལམ་ཡིན་དགོས་པ་འདི་གསུང་རབ་ལ་ཀྲུས་ཡོད་པ་རྣམས་ཀྱི་སྤྱི་ལུགས་ཡིན་པའི་ཕྱིར་རོ། །གལ་ཏེ་འདོད་ན། དེ་འདྲ་བླ་མེད་ལམ་དུ་ཞུགས་མ་ཐག་པ་དེས། དབང་བཞི་ཅིག་ཆར་ཐོབ་བམ་རིམ་གྱིས་ཐོབ། ཅིག་ཆར་ཐོབ་པ་ས་ལུགས་ལ་མི་སྲིད། རིམ་གྱིས་ཐོབ་ན། བླ་མེད་ལམ་དུ་འཇུག་ཁ་མའི་ས་བཅུ་པའི་ཕ་རོལ་ཏུ་ཕྱིན་པ་དེས་ཀྱང་བླ་མེད་བུམ་དབང་སོགས་ཐོབ་ཟིན་པར་འགྱུར་བས། བླ་མེད་སྔགས་སྡོམ་ཐོབ་པ་ལ་མ་བཏང་བའི་ཕར་ཕྱིན་རང་རྐང་གིས་འཕགས་པ་དེ་འདྲ་ཡ་མཚན་ནོ། །

གཞན་ཡང་། ཕར་ཕྱིན་ཐེག་པས་ཚོགས་སྦྱོར་མན་ཆད་བགྲོད་པ་དེས། བླ་མེད་ལམ་དུ་འཇུག་པའི་ཚེས

དང་པོ་ནས་ཞུགས་ཚོག་པ་དང་། དེ་ལས་ས་དང་པོ་མན་ཆད་བགྲོད་པ་དེས། བླ་མེད་ལ་འཇུག་པའི་ཚེ་ས་གཉིས་པ་ནས་ཞུགས་ཚོག་པར་འགྱུར་ལ། དེ་ལྟར་ན་སྨིན་བྱེད་དབང་བཞི་མ་རྫོགས་པར། གྲོལ་བྱེད་མཐོང་སྒོམ་ཟག་མེད་ཀྱི་ཡེ་ཤེས་བླ་མེད་ཀྱི་ཡེ་ཤེས་བླ་མེད་སྔགས་ལམ་གྱིས་བསྐྱུས་པ་རེ་རྒྱུད་ལ་སྐྱེས་པ་ཞིག་ཁས་བླངས་པས། སྨིན་གྲོལ་གྱི་རྣམ་དབྱེ་ཐམས་ཅད་འཆོལ་བར་འགྱུར་བས། ཧ་ཅང་ཐལ་ཆེས་སོ། །གནད་དེས་ན་ཕར་ཕྱིན་ཐེག་པས་ས་བཅུ་མན་ཆད་བགྲོད་ནས་བླ་མེད་སྔགས་ལམ་དུ་ཞུགས་མ་ཐག་པའི་བྱང་སེམས་དེ་ཐེག་ཆེན་འཕགས་པ་ཡིན་པའི་ཕྱིར་མོད། ཕ་རོལ་ཏུ་ཕྱིན་པའི་འཕགས་པ་དང་། སྔགས་བླ་མེད་ཀྱི་འཕགས་པ་གང་རུང་ནི་མ་ཡིན་ཏེ། སྔགས་ཀྱི་ཐེག་པ་ལ་གནས་པའི་ཕྱིར་དང་བླ་མེད་ཀྱི་འཕགས་ལམ་རྒྱུད་ལ་མ་སྐྱེས་པའི་ཕྱིར་རོ། །དེས་གཞན་ལ་ཡང་མཚོན་ནོ། །དེ་ལྟ་བུའི་བྱང་སེམས་དེ་བླ་མེད་ཀྱི་འཕགས་པ་ཡིན་ཏེ། བླ་མེད་ཀྱི་ལམ་དུ་ཞུགས་ནས་ས་བཅུ་གཅིག་པ་ཐོབ་པའི་བྱང་སེམས་ཡིན་པའི་ཕྱིར་ཏེ། ལམ་འཇུག་ལྡོག་ལས། ས་བཅུ་པ་མན་ཆད་ཕ་རོལ་ཏུ་ཕྱིན་པས་བགྲོད་ནས་ཞེས་སོགས་གསུངས་པ་དེས་དེ་ལྟར་བསྟན་པའི་ཕྱིར། མདོར་ན་མདོ་འམ་སྔགས་གང་རུང་ནི་འཕགས་པ་མ་ཡིན་པའི་ཐེག་ཆེན་འཕགས་པ་ཕུང་གསུམ་པ་དེ་འདྲ་འདོད་པ་ནི། རང་གི་ཕར་ཕྱིན་གྱི་སྐབས་སུ་ཉན་ཐོས་དགྲ་བཅོམ་པའི་རྟོགས་པ་སྟོན་སོང་། ཐེག་ཆེན་ལམ་དུ་བཞུགས་པའི་ཚོགས་སྦྱོར་བ་དེ་ཐེག་ཆེན་འཕགས་པ་དང་ཐེག་དམན་འཕགས་པ་གང་ཡང་མ་ཡིན་པའི་འཕགས་པ་ཕུང་གསུམ་པར་ཁས་བླངས་པ་དེས་འགྲེལ་ཤོར་བ་ཡིན་གྱི་མདོ་རྒྱུད་སྤྱི་དང་ཁྱད་པར་རྗེ་ས་ཆེན་སོགས་ཀྱི་དགོངས་པ་མ་ཡིན་ནོ། །

དེ་ལྟར་ས་ཕྱེད་དང་བཅུ་གསུམ་བགྲོད་ཚུལ་བཤད་ནས། ད་ནི་འབྲས་བུ་ས་བཅུ་གསུམ་རྡོ་རྗེ་འཛིན་པ་ཐོབ་ཚུལ་ལ་དངོས་དང་། དགོས་པ་བཅད་པ་གཉིས། དང་པོ་ལ། ས་བཅུ་གསུམ་ཕྱེད་གོང་མ་དེའི་བརྒྱུད་པའི་རྒྱུ་ནི། སྤྱོད་པ་རྣམ་པ་གསུམ་དང་། ལྷན་ཅིག་བྱེད་པའི་རྐྱེན་ནི། ཉེ་རྒྱུ་ཞེས་མིང་བཏགས་ས་འགྲོས་བཞི་ཐིམ་བྱེད་ཀྱི་འབྲས་དུས་ཀྱི་དབང་དེ་ཡིན་ལ། ཉེར་ལེན་གྱི་རྒྱུ་ནི་འགྲོས་བཞི་ཐིམ་ཁ་མའི་རྟེན་དཀྱིལ་འཁོར་བརྟེན་པ་དང་བཅས་པ་རྣམས་ཏེ། དེ་ལྟར་འགྲོས་བཞི་ཐིམ་པ་ལས་རང་དོན་གྱི་ཆེ་བ་སྐུ་ལྔ། གཞན་དོན་གྱི་ཆེ་བ་ཡོང་བ་རྣམས་ཀྱིས་མིག་ཐོབ་པ་ལ་སོགས་དུ་མ། བདག་གཞན་གྱི་རྒྱུ་ནི་འགྲོས་བཞི་ཐིམ་ཁ་མའི་རྟེན་དཀྱིལ་འཁོར་བརྟེན་དང་བཅས་པ་རྣམས་ཏེ། དེ་ལྟར་འགྲོས་བཞི་ཐིམ་པ་ལས་རང་དོན་གྱི་ཆེ་བ་སྐུ་ལྔ། གཞན་དོན་གྱི་ཆེ་བ་ཡོང་བ་རྣམས་ཀྱི་མིག་ཐོབ་པ་ལ་སོགས་དུ་མ། བདག་གཞན་གཉིས་ཀའི་ཆེ་བ་འཁོར་ཚོམ་བུ་གཅིག་དང་བཅས་ཏེ་འཚང་རྒྱ་བ་ཡིན་ནོ། །དེ་ཡང་འགྲོས་བཞི་ཐིམ་ཚུལ་ནི། ལུམ་དབང་རྩའི་འགྲོས་ཐིམ་སྟེ། རྩ་ཐམས་ཅད་ཀྱི་ནུས་པ་དབུ་མར་ཐིམ། དབུ་མ་ཡང་གཙུག་ཏོར་མཆོག་ཏུ་ཐིམ་ཏེ། ཚད་སོར་བཞི་པ། དབྱིབས་ཡི་གེ་ནཱ་ད་ཞེས

པ་གསུམ་འཁྲུག་གི་རྣམ་པ་ཅན། སྔོམ་ཕྲ་ཧ་ཪ་བརྒྱར་གཤགས་པའི་ཚད་ཙམ་པ་སྟེ། དེའི་ཚེ་རྒྱ་གནས་གྱུར་སྤྲུལ་པའི་སྐུ་ཞེས་པ། རྡོ་རྗེ་འཆང་ནས་ཤཱཀྱ་ཐུབ་པའི་སྐུའི་རྣམ་པས་འགྲོ་བའི་དོན་བྱེད་པ་དེ་འབྱུང་། གསང་དབང་རྒྱ་ཡི་གེའི་འགྲོས་ཐིམ་སྟེ། སྙིང་པོའི་ཨ་དེ་རྒྱ་མདུད་གང་གྲོལ་སར་ཕྱིན་པ་སྤྱི་བོའི་ཧཾ་དང་ཕྲད་པ་ལས། ཁ་དོག་ཐིམ་པས་དཀར་པོ། དབྱིབས་ཐིམ་པས་ཨ་ཧཾ་མི་ཐི། སྟོབས་ཐིམ་པས་ཧཱུྃ་གི་སྟོབས་སུ་གྱུར། དེའི་ཚེ་ཡི་གེ་གནས་གྱུར་ལོངས་སྐུ་ཞེས་བྱ་བ། ཤེས་བྱ་ཇི་ལྟ་བ་དང་ཇི་སྙེད་པ་ཐམས་ཅད་གསལ་ལེར་མཁྱེན་པས་འགྲོ་བའི་དོན་བྱེད་པ་དེ་འབྱུང་། ལེགས་སྦྱར་གྱི་སྐད་ནས། འགྲོ་བ་རིགས་དྲུག་སོགས་ནས་སྐད་ཀྱིས་འགྲོ་བའི་དོན་བྱེད་པ་དེ་འབྱུང་། ཤེར་དབང་བདུད་རྩིའི་འགྲོས་ཐིམ་སྟེ། ཁམས་དྭངས་མ་ཐམས་ཅད་གཙུག་ཏོར་མཆོག་གི་དབུ་མར་ཐིམ། དེའི་ཚེ་བདུད་རྩི་གནས་གྱུར་ཆོས་ཀྱི་སྐུ་ཞེས་བྱ་བ། ཤེས་བྱ་ཇི་ལྟ་བ་དང་ཇི་སྙེད་པ་ཐམས་ཅད་གསལ་ལེར་མཁྱེན་པས་འགྲོ་བའི་དོན་བྱེད་པ་དེ་འབྱུང་། དབང་བཞི་པ་རླུང་གི་འགྲོས་ཐིམ་སྟེ། ལས་རླུང་ཐམས་ཅད་གྲོང་སྟོངས་ཏེ། ཡེ་ཤེས་ཀྱི་རླུང་འབའ་ཞིག་ཏུ་འགྱུར། དེའི་ཚེ་རླུང་གནས་གྱུར་ངོ་བོ་ཉིད་སྐུ་ཞེས་བྱ་བ། སྐྱེ་འགག་འགྲོ་འོང་སོགས་དང་བྲལ་བའི་དྲི་བྲལ་དབྱིངས་མངོན་སུམ་དུ་གཟིགས་ཏེ་འགྲོ་བའི་དོན་བྱེད་པ་དེ་འབྱུང་། དེ་ལྟར་རྟེན་གནས་གྱུར་སྐུ་བཞི་དང་མཉམ་དུ། བརྟེན་པ་ཀུན་གཞི་གནས་གྱུར་ཏེ། ཤིན་ཏུ་རྣམ་དག་ངོ་བོ་ཉིད་ཀྱི་སྐུ་ཞེས་བྱ་བ། དབྱིངས་དང་ཡེ་ཤེས་ཟུང་དུ་ཆུག་པའི་ཟུང་འཇུག་བདེ་བ་ཆེན་པོའི་སྐུ་ཐོབ་སྟེ། འཁོར་བ་མ་སྟོང་གི་བར་ལ་འགྲོ་དོན་རྒྱུན་མི་འཆད་པ་དེ་འབྱུང་། དེ་ལྟར་བདག་ཉིད་ཀྱི་སྐུ་ལྷ་མཉེས་པའི་ཚེ། སྒྲུབ་པ་པོ་རང་ཉིད། རྒྱུད་དག་པའི་ཕྱག་རྒྱ་གཅིག །གསོལ་བ་འདེབས་པའི་བླ་མ་གཅིག །མོས་པ་ཐོབ་པའི་སློབ་མ་གཅིག །བར་ཆད་སེལ་བའི་མཁའ་འགྲོ་གཅིག་སྟེ། འཁོར་ཚོམ་བུ་གཅིག་དང་བཅས་པ་དུས་མཉམ་དུ་གྲོལ་བ་ནི། བླ་མེད་རྡོ་རྗེ་ཐེག་པ་འདིའི་རྟེན་འབྲེལ་གྱི་ཆེ་བ་སྟེ། ཕྱི་ནང་གི་རྟེན་འབྲེལ་གཟིགས་པའི་བརྒྱུད་པ་བར་མ་ཆད་པའི་སྙན་བརྒྱུད་ལས་དེ་ལྟར་གསལ་བས་སོ། །

གཉིས་པ་དོགས་པ་དཔྱད་པ་ལ། སྔ་རབས་མཁས་པའི་གསུང་སྒྲོས་བསྐྱར་བ། རྗེ་བཙུན་གོང་མས་ཇི་ལྟར་བཤད་ཚུལ། སྙིང་པོའི་དོན་ངོས་བཟུང་བའོ། །དང་པོ་ལ། སྔོན་གྱི་པཎ་ཆེན་ནཱ་རོ་མཻ་ཏྲི་གཉིས་ལས་མངའ་བདག་མཻ་ཏྲི་པ་ནི། ཕར་ཕྱིན་ཐེག་པ་དེ། སྔགས་ལ་འཇུག་པའི་ཐེམ་སྐས་ལྟ་བུ་ཡིན་གྱི། སྔགས་ལ་མ་ལྟོས་པར་འཚང་རྒྱ་བ་མེད་ལ། གནད་དེས་ན། ཕར་ཕྱིན་ཐེག་པས་སྔགས་ལ་འཇུག་པའི་ཕྱི་མཐའ་ཚོགས་ལམ་ཆེན་པོ་ནས་ཡིན་ཏེ། དེར་མཆོག་གི་སྤྲུལ་སྐུ་ལས་ཆོས་མཉན་དུ་ཡོད་པས། དེ་ནས་ངེས་པར་སྔགས་ལམ་ལ་འཇུག་པ་ཡིན་ལ། ཐེག་ཆེན་སྦྱོར་ལམ་མན་ཆད་ནི་སྔགས་ཀྱི་ཐེག་པས་བགྲོད་དགོས་སོ་ཞེས་འཆད་ཅིང་། དེ་དང་མཐུན་

པར་ཕྱིས་ཀྱི་མཁས་པ་བོ་དོང་ཕྱོགས་ལས་རྣམ་རྒྱལ་དང་། དཔལ་ལྡན་ས་སྐྱ་པའི་ཕྱོགས་གཅིག་ཀྱང་འདི་བཞིན་བཞེད་པར་སྣང་ངོ་། །

ཡང་རྗེ་བཙུན་ན་རོ་ཏ་པ་ནི། རྒྱུ་འབྲས་ཀྱི་ཐེག་པ་གཉིས་པོ་མྱུར་བུལ་གྱི་ཁྱད་ཙམ་མ་གཏོགས་མཐར་འཚང་རྒྱ་བ་ལ་ཁྱད་པར་མེད་པས་ཕར་ཕྱིན་ཐེག་པའི་རྒྱུད་སྡེ་འོག་མའམ། བསྐྱེད་རྫོགས་ཀྱི་ལམ་གང་ལ་ཕྱིན་ཀྱང་། ས་དང་པོ་ནས། སངས་རྒྱས་པའི་བར་ན་ཕན་ཚུན་དེ་དག་སྤྱང་རྟོགས་ལ་ཁྱད་པར་གཏན་ནས་མེད་པས། མདོ་ལམ་ནས་སངས་རྒྱས་པ་དང་། སྔགས་ལམ་ནས་སངས་རྒྱས་པ་གཉིས་ལ་སྤྱང་རྟོགས་ཁྱད་པར་གཏན་ནས་མེད་དེ། སངས་རྒྱས་ཐམས་ཅད་དགོངས་པ་གཅིག་པའི་ཕྱིར། ཞེས་བཞེད་ལ། པཎ་ཆེན་དེ་དག་གི་སྒྲོལ་འཛིན་སྤྱིལ་སྐྱ་པདྨ་དཀར་པོའི་གསུང་ལས། སའི་རྣམ་གཞག་བཅུ་གཉིས་བཅུ་དྲུག་བཅུ་གསུམ་སོགས་ཐམས་ཅད་ཚད་མར་མཛད་ནས། རྟེན་འབྲེལ་བཅུ་གཉིས་དག་པ་ས་བཅུ་གཉིས་སུ་ཕྱེ་བའི་དང་པོ་བཅུ་གཅིག་སློབ་ལམ། བཅུ་གཉིས་པ་སངས་རྒྱས་ཀྱི་ས་དང་། ལྷན་ཅིག་སྐྱེས་པའི་དགའ་བ་བཅུ་དྲུག་ལས་ཕྱེ་བའི་དང་པོ་བཅོ་ལྔ་སློབ་པའི་ས་དང་། བཅུ་དྲུག་པ་མི་སློབ་པའི་ས་དང་། བརྟག་གཉིས་ལས་བཤད་པའི་བཅུ་གཉིས་སློབ་པ་དང་། བཅུ་གསུམ་པ་མི་སློབ་པའི་སར་འཇོག་ཅེས་དང་། ཡང་ས་ལུགས་ལ་སྐྱོན་བརྗོད་གནང་བའི་ཚེ། ཁ་ཅིག་མདོ་ལམ་དུ་ས་བཅུ་ཚུན་བགྲོད་ནས། དེ་ནས་སྔགས་ལམ་དུ་ཞུགས་ཏེ་ས་བཅུ་གཅིག་པ་དང་། བཅུ་གཉིས་པ་དང་། བཅུ་གསུམ་པ་རྣམས་རིམ་གྱིས་ཐོབ་པར་འདོད་ཅིང་། བཅུ་གསུམ་པ་དེའི་ཕྱེད་འོག་མ་སློབ་པ་དང་། གོང་མ་མི་སློབ་པའི་སར་འདོད་དོ། །ཞེས་ཕྱོགས་སྔ་བླངས་ནས། ས་བཅུ་བགྲོད་པ་དེའི་ཚེ། རྩ་མདུད་མ་གྲོལ་ན་ནི། ནང་རྩ་གནས་ཀྱི་རྟེན་འབྲེལ་ངོ་མཚར་ཅན་གྱི་ས་དང་མ་མཐུན་པས་འཕགས་པ་རྟག་པ་བར་ཁས་ལེན་དགོས། གྲོལ་ན་ནི་མདོ་ལམ་ཕྱིན་ཀྱང་སྔགས་ཀྱི་སྤྱངས་རྟོགས་རྫོགས་པར་སོང་ངོ་། །གང་ཟག་དེ་ལ་སྨིན་བྱེད་ཀྱི་དབང་བསྐུར་མི་དགོས་ཏེ། སྨིན་བྱེད་ནི་རྒྱུ་དབང་ཡིན། དེ་ལ་ལམ་དང་འབྲས་བུའི་དབང་ཙམ་གྱིས་ཆོག་པར་བཤད་པས་སོ། །དེ་དབང་མ་བསྐུར་བར་ཐོབ་པ་མ་ཡིན་ན། དབང་མ་ཐོབ་པར་སྔགས་ཀྱི་འཕགས་པའི་སྤྱངས་རྟོགས་རྙེད་པར་འདོད་ན་ནི་རང་གཞུང་དང་འགལ་ལོ། །ཞེས་སོགས་སྐྱོན་འཕེན་པར་མཛད་དོ། །ཡང་རྗེ་བཙུན་རེད་མདའ་པས། ས་བཅུ་གསུམ་བཤད་ཀྱང་དོན་ལ་བཅུ་གཅིག་ལས་མེད་དེ། ས་བཅུ་པའི་རྣམ་གྲོལ་ལམ་དང་། ཁྱད་པར་ལམ་ལ། ས་བཅུ་གཅིག་པ་དཔེ་མེད་དང་། བཅུ་གཉིས་པ་ཡེ་ཤེས་ལྡན་དུ་བྱས་ནས་བཅུ་གཅིག་ཀུན་ཏུ་འོད་ཀྱི་ས་ལ། བཅུ་གསུམ་རྡོ་རྗེ་འཛིན་པའི་ས་ཞེས་བཞག་པ་ཡིན་པའི་ཕྱིར་རོ། །ཞེས་འཆད་དོ། །

ཡང་དཔལ་ཤཱཀྱ་མཆོག་ལྡན། སྔགས་ནས་བཤད་པའི་ས་བཅུ་གསུམ་པ་དང་། མདོ་ནས་བཤད་པའི་བཅུ་

གཅིག་ཀུན་ཏུ་འོད་ཀྱི་ས་གཉིས་གནད་གཅིག་པས་དེ་གཉིས་ཐོབ་པ་སྔགས་ལམ་ལ་ལྟོས་དགོས་ཀྱི་ཕར་ཕྱིན་ཐེག་པས་ཐོབ་ནུས་པ་མ་ཡིན་ནོ་ཞེས་འཆད། ཀུན་མཁྱེན་གོ་རམས་པ། མདོ་སྔགས་གཉིས་སངས་རྒྱས་ཀྱི་མཚན་གཞི་ལ་མི་མཐུན་ཏེ། ཕར་ཕྱིན་པས་བཅུ་གཅིག་ཀུན་ཏུ་འོད་ཀྱི་ས་ལ་གནས་པ་དེ་སངས་རྒྱས་སུ་འདོད་ལ། སྔགས་བླ་མེད་པས་བཅུ་གསུམ་རྡོ་རྗེ་འཛིན་པའི་ས་ལ་གནས་པ་དེར་འདོད་པས་སོ། །དེས་ན་ཕར་ཕྱིན་ཐེག་པ་ནས་བཤད་པའི་བཅུ་གཅིག་ཀུན་ཏུ་འོད་དང་། བླ་མེད་ནས་བཤད་པའི་བཅུ་གཅིག་པ་དཔེ་མེད་ཀྱི་ས་གཉིས་གནད་གཅིག་ཅིང་། ས་བཅུ་གཅིག་པ་ཡན་ཆད་སྔགས་ལམ་ཁོ་ནས་བགྲོད་དགོས་ཀྱི་ཕར་ཕྱིན་ཐེག་པས་བགྲོད་པར་མི་ནུས་སོ། །དེ་གཉིས་སངས་རྒྱས་ཀྱི་མཚན་ཉིད་ལ་ནི་མཐུན་པ་ཡིན་ཏེ། སྤངས་རྟོགས་མཐར་ཐུག་བརྙེས་པ་ཞིག་ལ་སངས་རྒྱས་སུ་འཇོག་པར་མཐུན་པའི་ཕྱིར་རོ། །དེས་ན་ཕར་ཕྱིན་ཐེག་པ་ནས་བཤད་པའི་སྟོན་པ་ཐུབ་དབང་དེས། ས་བཅུ་གསུམ་པ་ཐོབ་ཀྱང་། ཕར་ཕྱིན་ཐེག་པ་ལས་དེ་ལྟར་ནི་མ་བཤད་དེ། ས་བཅུ་གཅིག་པ་ལ་སངས་རྒྱས་སུ་འཇོག་པའི་སྐབས་ཡིན་པའི་ཕྱིར་རོ། །ཞེས་བཞེད་དོ། །

ཡང་མཁས་པའི་དབང་པོ་སྒྲ་པ་ཤེར་རིན་པོ་ཆེའི་གསུང་ལས། འཁོར་བ་ལ་ཕྲ་རགས་གསུམ་ཡོད་པའི་རགས་པ་ནི། ལས་ཉོན་མཚན་ཉིད་པས་སྐྱེ་འཆི་བྱེད་པ་འདི་དག་སྟེ། འདིའི་རྒྱུ་བ་ནི་ཟག་བཅས་ཀྱི་ལས་ཉོན། འཁོར་བ་ཕྲ་བ་ནི། ཟག་མེད་ཡིད་ལུས་ལ་བརྟེན་པའི་དགྲ་བཅོམ་པ་སོགས་ཏེ། འདིའི་རྒྱུ་བ་ནི། མ་རིག་པའི་བག་ཆགས་ཀྱི་སའོ། །འཁོར་བ་ཤིན་ཏུ་ཕྲ་བ་ནི། ཕར་ཕྱིན་རང་གི་སངས་འཕགས་ཏེ། འདིའི་རྒྱུ་བ་འཕོ་བའི་བག་ཆགས་ཕྲ་མོའོ། །དེས་ན་ཕར་ཕྱིན་པའི་སངས་འཕགས་དེ་ཡང་། བླ་མེད་ལམ་ལ་འཇུག་པའི་ཚེ་ཚོགས་ལམ་ནས་རིམ་བཞིན་ལམ་ལྔ་སོགས་ཐེག་ཆེན་དུ་བགྲོད་དགོས་སོ་ཞེས་འཆད་པར་མཛད་དོ། །དེ་ལྟར་བཞེད་སྲོལ་མང་དག་སྣང་བའི། དང་པོ་ཕར་ཕྱིན་ཐེག་པས་ས་དང་པོ་ཙམ་ཡང་བགྲོད་མི་ནུས་ཞེས་འཆད་པ་དག་ལ་འདི་སྐད་ཅེས་བསྟན་པའི་བདག་པོ་ཐུབ་དབང་ཉིད་ཀྱིས། རྒྱུའི་ཐེག་པའི་ཆོས་འཁོར་བསྐོར་བ་ལ་དགོས་པ་ཅུང་ཟད་མེད་པར་ཐལ། དེ་བསྐོར་བ་ལས། དེའི་ཆེད་དུ་བྱ་བའི་གདུལ་བྱས་བདེན་པ་མཐོང་བ་མེད་པའི་ཕྱིར། རྟགས་དངོས། མ་ཁྱབ་ན། འོ་ན་སྟོན་པས་ཐེག་ཆེན་དང་ཐུན་མོང་བ་བདེན་བཞིའི་ཆོས་འཁོར་བསྐོར་བ་ལས། དེའི་གདུལ་བྱས་བདེན་པ་མཐོང་བར་མི་སྲིད་པར་ཐལ་ལོ། །འདོད་ན། སྟོན་པས་སྔགས་ཀྱི་འཁོར་ལོ་བསྐོར་བ་ལས། ཐེག་ཆེན་གྱི་གང་ཟག་གང་ཞིག་བདེན་པ་མཐོང་བ་ཡོད་པར་ཐལ། ཐེག་ཆེན་འཕགས་པ་ཞིག་ཡོད། ཐེག་ཆེན་གྱི་ཆོས་འཁོར་བསྐོར་བ་ལས། ཐེག་ཆེན་གྱི་གང་ཟག་གིས་བདེན་པ་མཐོང་བ་མེད་པའི་ཕྱིར། འདོད་ན། སྔགས་ལམ་ལ་བརྟེན་ནས་ཉན་ཐོས་འཕགས་པ་ཐོབ་པ་སྲིད་པར་ཐལ་ལོ། །དང་པོ་སྐབས་འདིར་ཐེག་ཆེན་

འཕགས་པ་ཁས་མི་ལེན་གསུངས་ན་གཞན་དུ་དཔྱད་དོ། །

ཡང་སྟོན་པས་བྱ་རྒོད་ཕུང་པོ་རི་རུ་ཤེར་ཕྱིན་གྱི་ཆོས་འཁོར་བསྐོར་བ་ལས་བདེན་པ་མཐོང་བའི་གང་ཟག་ཡོད་པར་ཐལ། སྟོན་པས་ཝ་ར་ཎ་སིར་བཀའ་དང་པོ་བདེན་བཞིའི་ཆོས་འཁོར་བསྐོར་བ་ལས། འཁོར་ལྔ་སྡེ་བཟང་པོས་བདེན་པ་མཐོང་བར་བཤད་པའི་རྫུན་གསུངས་པ་མ་ཡིན་པའི་ཕྱིར་རོ། །མདོར་ན་འཁོར་ལྔ་སྡེ་བཟང་པོ་ཆོས་འཁོར་གང་ལས་བརྟེན་ནས་བདེན་པ་མཐོང་གསལ་པོར་སྨྲོས་ཤིག །ཡང་དོན་འདི་ལུང་གིས་ཀྱང་གྲུབ་སྟེ། འགྲེལ་ཆེན་དྲི་མེད་འོད་ལས། བྱང་ཆུབ་སེམས་དཔའ་ཆོས་འཕགས་དེ་ཕ་རོལ་ཏུ་ཕྱིན་པའི་འཕགས་པར་བཤད་པའི་ཕྱིར་དང་། ཤེས་རབ་ཀྱི་ཆགས་པ་དང་བྲལ་བ་ལས་ས་བཅུ་གཅིག་ཐོབ་ཚུལ་དང་། ཤེས་རབ་ཀྱི་ཆགས་པ་དང་བཅས་པ་ལས་ས་བཅུ་གཉིས་ཐོབ་ཚུལ་བཤད་པ་ལས་རྟོགས་ནུས་པའི་ཕྱིར་རོ། །དེ་ལྟར་ཡང་འགྲེལ་ཆེན་དེ་ལས། བཅོམ་ལྡན་འདས་ཀྱི་གསུང་འདིའི་ཕྱིར་ཐར་པ་དོན་དུ་གཉེར་བ་རྣམས་ཀྱིས་མཆོག་ཏུ་མི་འགྱུར་བའི་ཕྱག་རྒྱ་ཆེན་པོའི་ཡེ་ཤེས་བསྒོམ་པར་བྱའོ། །གལ་ཏེ་མི་འཕོ་བའི་ཚུལ་ཁྲིམས་མེད་པར་མངོན་པར་ཤེས་པ་ལྔར་མི་འགྱུར་བ་མ་ཡིན་ནམ། དེའི་ཚེ་ཆོས་འཕགས་ལ་སོགས་པའི་བྱང་ཆུབ་སེམས་དཔའ་རྣམས་དང་། བཤེ་ཏྲ་ལ་སོགས་པ་དྲང་སྲོང་རྣམས་ལ་ཇི་ལྟར་ན་མངོན་པར་ཤེས་པ་ལྔར་འགྱུར། ཞེས། ཁམས་འཕོ་མེད་ཀྱི་བདེ་ཆེན་ཡེ་ཤེས་མངོན་དུ་འགྱུར་བ་ལ། ཟག་མེད་ཀྱི་ལམ་ཐོབ་པ་མི་སྲིད་ན། ཆོས་འཕགས་སོགས་ཕ་རོལ་ཏུ་ཕྱིན་པའི་བྱང་ཆུབ་སེམས་དཔའ་རྣམས་དང་། བཤེ་ཏྲ་ལ་སོགས་པའི་ཕྱི་རོལ་པའི་དྲང་སྲོང་རྣམས་ལའང་དེ་མེད་པར་ཐལ་ལོ། །ཞེས་དོགས་པ་བཀོད་ནས། དེའི་ལན་དུ། བྱང་ཆུབ་ཀྱི་སེམས་འདི་ལ་བཅིང་བ་གཉིས་ཏེ་ཤེས་རབ་ཀྱི་ཆགས་པ་བྲལ་བས་དང་། ཤེས་རབ་ཀྱི་ཆགས་པས་སོ། །དེ་ལྟར་བརྗོད་པའི་རིམ་པ་འདིས། ས་བརྒྱད་ཀྱི་དབང་ཕྱུག་ལ་སོགས་པའི་ལྷ་རྣམས་དང་། བྱང་ཆུབ་སེམས་དཔའ་རྣམས་ལ་ཡང་མངོན་པར་ཤེས་པ་ལྔ་རིག་པར་བྱའོ། །བཤེ་ཏྲ་ལ་སོགས་པའི་དྲང་སྲོང་རྣམས་ལ་མངོན་པར་ཤེས་པ་ལྔ་མེད་དེ། ཞེས་སོགས་བཤད་པས་སོ། །

ལུགས་གཉིས་པ་སྤྲུལ་སྐུ་པདྨ་དཀར་པོས་ས་བཅུ་གཉིས་དང་བཅུ་གསུམ་སོགས་ཐམས་ཅད་ཚད་མར་ཞལ་གྱིས་བཞེས་པ་ལ་དཔྱད་པར་བྱ་སྟེ། དུས་འཁོར་ནས་བཤད་པའི་ས་བཅུ་གཉིས་པ་ཐོབ་མ་ཐག་པའི་གང་ཟག་ཆོས་ཅན། ཁྱོད་ཀྱི་རྗེར་ནས་བཤད་པའི་ས་བཅུ་གསུམ་པ་ཐོབ་པའི་གང་ཟག་ཡིན་པར་ཐལ། ཁྱོད་སངས་རྒྱས་མ་ཐག་པའི་གང་ཟག་ཡིན་པའི་ཕྱིར། འདོད་ན། ཁྱོད་ས་བཅུ་གཉིས་པ་ཐོབ་ཟིན་ཐོབ་པའི་གང་ཟག་ཡིན་པར་ཐལ། འདོད་པའི་ཕྱིར། འདོད་ན་མ་ཡིན་པར་ཐལ། ས་བཅུ་གཉིས་པ་ཐོབ་མ་ཐག་པའི་གང་ཟག་ཡིན་པའི་

ཕྱིར་ཏེ། ཆོས་ཅན་དེ་ཡིན་པའི་ཕྱིར། གལ་ཏེ་ཀུ་རྡོར་ནས་བཤད་པའི་ས་བཅུ་གསུམ་པ་ཐོབ་པའི་གང་ཟག་ཡིན་པར་ཐལ་ལོ། མ་ཁྱབ་ན། དེ་ཆོས་ཅན། ཁྱོད་དེ་ཐོབ་ངེས་ཀྱི་གང་ཟག་ཡིན་པར་ཐལ། ཁྱོད་དེ་ཐོབ་པའི་གང་ཟག་དང་ཁྱོད་དེ་ཐོབ་ངེས་ཀྱི་གང་ཟག་གང་རུང་ཡིན། དང་པོ་མ་ཡིན་པའི་ཕྱིར། འདོད་ན། ཁྱོད་ཀུ་རྡོར་ནས་བཤད་པའི་སངས་རྒྱས་ངེས་ཀྱི་གང་ཟག་ཡིན་པར་ཐལ་ལོ། །འདོད་ན། ཁྱོད་སངས་རྒྱས་ངེས་ཀྱི་གང་ཟག་ཡིན་པར་ཐལ་ལོ། །

ཡང་ཀུ་རྡོར་ནས་བཤད་པའི་ས་བཅུ་གསུམ་པ་ཐོབ་མ་ཐག་པའི་སངས་རྒྱས་ཆོས་ཅན། ཁྱོད་ས་བཅུ་དྲུག་པ་ཐོབ་པའི་གང་ཟག་ཡིན་པར་ཐལ། ཁྱོད་དེ་ཐོབ་པའི་གང་ཟག་དེ། ཐོབ་ངེས་ཀྱི་གང་ཟག་གང་རུང་ཡིན། ཕྱི་མ་ཡིན་པའི་ཕྱིར། འདོད་ན། ཁྱོད་ས་བཅོ་ལྔ་པ་ཐོབ་པའི་གང་ཟག་ཡིན་པར་ཐལ་ལོ། །འདོད་ན། ཁྱོད་ས་བཅུ་དྲུག་པ་དང་། བཅོ་ལྔ་པ་དང་། ས་བཅུ་གཉིས་པ་གསུམ་ཅིག་ཆར་ཐོབ་པའི་གང་ཟག་ཡིན་པར་ཐལ། ཁྱོད་དེ་གསུམ་ཐོབ་པའི་གང་ཟག་ཡིན་པ་གང་ཞིག །ཁྱོད་དེ་གསུམ་རིམ་ཅན་ཐོབ་པའི་གང་ཟག་མ་ཡིན་པའི་ཕྱིར། འདོད་ན། ཁྱོད་སློབ་ལམ་དུ་གྱུར་པའི་ས་བཅོ་ལྔ་པ་དང་། མི་སློབ་ལམ་དུ་གྱུར་པའི་ས་བཅུ་དྲུག་པ་གཉིས་ཅིག་ཆར་ཐོབ་པའི་གང་ཟག་ཡིན་པར་ཐལ། འདོད་པ་གང་ཞིག །ས་བཅོ་ལྔ་པ་སློབ་ལམ་དང་། ས་བཅུ་དྲུག་པ་དེ་མི་སློབ་ལམ་ཁྱེད་རང་འདོད་པའི་ཕྱིར་རོ། །འདོད་ན། ཁྱོད་སློབ་པ་ཡིན་པར་ཐལ། ཁྱོད་སློབ་ལམ་དུ་གྱུར་པའི་ས་བཅོ་ལྔ་པ་ཐོབ་མ་ཐག་པའི་གང་ཟག་ཡིན་པའི་ཕྱིར། འདོད་མི་ནུས་ཏེ་ཁྱོད་སངས་འཕགས་ཡིན་པའི་ཕྱིར་རོ། ། འདོད་ན། ས་བཅུ་དྲུག་དང་། བཅུ་གསུམ་དང་། བཅུ་གཉིས་སུ་བཤད་པ་དེ་དག་ལ་སྤྲང་སྟོགས་རིམ་ཅན་ཐ་མཐོར་སོང་ནས། རང་རང་གི་མཐར་ཐུག་དེར་སློབ་པ་རེ་ཁས་ལེན་ནམ་མི་ལེན། མི་ལེན་ན། ས་བཅུ་དྲུག་ཏུ་བཞག་པ་ལ་དགོས་པ་མེད་དེ། ས་བཅོ་ལྔ་པ་མན་ཆད་ལ་སྤྲང་སྟོགས་རིམ་ཅན་མེད་ཅིང་། རྟོགས་པ་གོང་འཕེལ་དུ་འགྲོ་རྒྱུ་མི་འདུག་པའི་ཕྱིར། གལ་ཏེ་ཁས་ལེན་ན། དུས་འཁོར་ནས་བཤད་པའི་ས་བཅུ་གཉིས་པ་ལ་གནས་པའི་སངས་རྒྱས་དེས། ཀུ་རྡོར་ནས་བཤད་པའི་ས་བཅུ་གསུམ་པ་ཐོབ་པའི་གེགས་སུ་གྱུར་པའི་སྤང་བྱ་དང་། ས་བཅུ་གསུམ་པ་དང་། བཅོ་ལྔ་པ་དང་། བཅུ་དྲུག་པ་རྣམས་ཐོབ་པའི་གེགས་སུ་གྱུར་པའི་སྤང་བྱ་རྣམས་སྤྲངས་སམ། མ་སྤྲང་ན་སྤྲངས་རྟོགས་ཡོངས་སུ་མ་རྫོགས་པའི་མཐར་ཐུག་གི་སངས་རྒྱས་དེ་འདྲ་ཡ་མཚན་ཞིང་། སྤྲངས་ན། དེས་ཀྱང་ས་དེ་རྣམས་ཅིག་ཆར་དུ་ཐོབ་པར་ཐལ་བ་ཟློག་ཏུ་མེད་པས། སློབ་ལམ་དང་མི་སློབ་ལམ་གྱི་ས་གཉིས་རྒྱུད་གཅིག་ལ་ཅིག་ཆར་འཛོམ་པ་མཁས་པ་བདེ་བའི་དགའ་སྟོན་ཆེན་པོ་མ་ལེགས་སམ། ཡང་ཀུ་རྡོར་ནས་བཤད་པའི་ས་བཅུ་གསུམ་པའི་ཡེ་ཤེས་སྐད་ཅིག་མ་ལ་གནས་པའི་གང་ཟག་དེ། ཡུལ་ཆེན་སུམ་ཅུ་རྩ་

གཉིས་བགྲོད་ཟེར། རྩ་དབུ་མའི་མདུད་པ་སོ་གཉིས་གྲོལ་ཟེར་ཡང་། སློབ་ལམ་ཙམ་དུ་བཞག་ནས། དུས་འཁོར་ནས་བཤད་པའི་ས་བཅུ་གཉིས་པའི་ཡེ་ཤེས་སྣང་ཅིག་མ་དང་པོ་ལ་གནས་པ་དེ་ཡང་སངས་རྒྱས་ཀྱི་ས་མཚན་ཉིད་པར་འཇོག་པ་ལ་གནད་ཅི་ཞིག་ཡོད། གལ་ཏེ་ཀྱེ་རྡོར་ལུགས་ལ། དེའི་གོང་དུ་ཡང་སྤྲས་པའི་ཡུལ་ལྷ་བགྲོད་དགོས་པའི་རྒྱུ་མཚན་གྱིས་ཡིན་ནོ་སྙམ་ན། གནད་དེ་ཉིད་ཀྱིས་དུས་འཁོར་ས་བཅུ་གཉིས་པ་ལ་གནས་པ་དེ་ཡང་། སངས་རྒྱས་མཚན་ཉིད་པ་མ་ཡིན་པར་གོར་མ་ཆག་སྟེ། ཡུལ་ཆེན་སོ་བདུན་མ་བགྲོད་པས་སྤངས་རྟོགས་མཐར་མ་ཕྱིན་པའི་ཕྱིར་རོ། །གལ་ཏེ་འདི་སྙམ་དུ། དུས་འཁོར་ས་བཅུ་གཉིས་པ་ལ་གནས་པའི་སངས་རྒྱས་དེས། བརྟག་གཉིས་ནས་བཤད་པའི་ས་བཅུ་གསུམ་པ་དང་། ལྷན་སྐྱེས་ས་བཅུ་དྲུག་པ་རྣམས་ཐོབ་པས་སྤངས་རྟོགས་ཡོངས་སུ་རྫོགས་སོ་སྙམ་ན། འོན་དེས་བརྟག་གཉིས་ནས་བཤད་པའི་བཅུ་གཉིས་པ་ཐོབ་པར་ཐལ། དེ་ནས་བཤད་པའི་ས་བཅུ་གསུམ་པ་ཐོབ་པའི་ཕྱིར། ཁྱབ་པ་འདི་ཁོ་བོས་མཁས་པའི་མདུན་སར་བཅས་ཤིང་། འདོད་ན། དེས་དེ་དུས་ནམ་ཞིག་གི་ཚེ་སྐབས་གང་དུ་ཐོབ་དྲིས་ནས། བརྟག་གཉིས་སློབ་ལམ་ས་བཅུ་གཉིས་པ་དང་། དུས་འཁོར་མི་སློབ་ལམ་ས་བཅུ་གཉིས་པ་གཉིས་ཅིག་ཆར་ཐོབ་ཅེས་སྨྲ་དགོས་འབྱུང་བས། མཁས་པའི་རྣམ་འགྱུར་དུ་ཨེ་འགྲོ་ན། དགོངས་ཤིག །

ཡང་ས་ལུགས་ལ་སྐྱོན་འཛིན་པའི་ཚེ། ཕར་ཕྱིན་ལམ་གྱིས་ས་བཅུ་པ་མན་ཆད་བགྲོད་པ་དེས་རྩ་མདུད་མ་གྲོལ་ན། ནང་རྩ་གནས་ཀྱི་རྟེན་འབྲེལ་ཟབ་མོ་མ་མཐོང་བའི་ཕྱིར། འཕགས་པ་བཏགས་པ་བ་ཡིན། གྲོལ་ན་ནི་མདོ་ལམ་ནས་ཕྱིན་ཀྱང་། སྔགས་ཀྱི་སྤངས་རྟོགས་རྫོགས་པར་སོང་ངོ་ཞེས་དང་། དེས་ན་གང་ཟག་དེ་ནི་དབང་མ་བསྐུར་ཡང་ཐོབ་པ་ཡིན་ཞེས་སོགས་བཤད་སྣང་བ་ནི་དཔྱད་མི་བཟོད་དེ། མདོ་རང་རྐང་ནས་ས་བཅུ་པ་མན་ཆད་བགྲོད་པའི་གང་ཟག་ཆོས་ཅན། ཁྱོད་མདོ་རང་རྐང་ལས་ས་བཅུ་བགྲོད་པའི་གང་ཟག་མ་ཡིན་པར་ཐལ། ཁྱོད་སྔགས་ལམ་ལ་བརྟེན་ནས་ས་བཅུ་བགྲོད་པའི་གང་ཟག་ཡིན་པའི་ཕྱིར་ཏེ། ཁྱོད་ས་བཅུ་བགྲོད་པའི་གང་ཟག་ཡིན་པ་གང་ཞིག །ཁྱོད་ཀྱིས་ཐོབ་པའི་ས་དང་པོ་སོགས་བཅུ་ཆར་སྔགས་ལམ་ཡིན་པའི་ཕྱིར་ཏེ། དེ་རྣམས་སྔགས་ཀྱི་དབང་མ་བསྐུར་ཡང་ཐོབ་པའི་ལམ་ཡིན་པའི་ཕྱིར། རྟགས་དངོས། གལ་ཏེ་མདོ་ལམ་ནས་ས་དང་པོ་སོགས་ཐོབ་པ་ཡོད་པར་ཁས་བླངས་ཀྱི། མདོ་རང་རྐང་ནས་དེ་ཐོབ་པར་ཁས་མ་བླངས་སོ་སྙམ་ན། འོན་མདོ་ལམ་ནས་ས་བཅུ་བགྲོད་པའི་ས་བཅུ་པོ་དེ་མདོ་སྔགས་ཀྱི་ལམ་གྱི་གཞི་མཐུན་པ་ཡིན་པར་ཐལ། དེ་མདོ་ལམ་གང་ཞིག །སྔགས་ལམ་ཡིན་པའི་ཕྱིར། ཕྱི་མ་གྲུབ་སྟེ། སྔགས་ཀྱི་དབང་བསྐུར་ཐོབ་པའི་ལམ་ཡིན་པའི་ཕྱིར། རྟགས་དངོས། ཡང་རྗེ་རེད་མདའ་བས་ས་བཅུ་གསུམ་སོགས་བཤད་ཀྱང་། དོན་ལ་ས་བཅུ་གཅིག་ལས

མེད་གསུངས་པ་ནི། མདོ་སྔགས་ཀྱི་ཟབ་ཁྱད་མ་ཕྱེད་ཅིང་། གསུང་ངག་རྡོ་རྗེ་ཚིག་རྐང་ལྔ་བུའི་ས་ལམ་བགྲོད་པའི་ཟབ་དོན་ཐུགས་སུ་མ་ཚུད་པས་ལན་ནོ། །

ཡང་མཁས་པ་གོ་བོ་རབ་འབྱམས་པས། མདོ་སྔགས་གཉིས་སངས་རྒྱས་ཀྱི་མཚན་གཞི་ལ་མི་མཐུན་པ་མ་གཏོགས། མཚན་ཉིད་ལ་མཐུན་ཞེས་དང་། མདོ་ནས་བཤད་པའི་བཅུ་གཅིག་ཀུན་ཏུ་འོད་ཀྱི་ས་དང་། སྔགས་ནས་བཤད་པའི་བཅུ་གཅིག་པ་དཔེ་མེད་པའི་ས་གཉིས་དོན་གཅིག་ཅེས་འཆད་པ་དེ་ཡང་བརྟག་དགོས་ཏེ༑ འོ་ན། མདོ་རང་རྐང་ནས་བཤད་པའི་སངས་རྒྱས་མཚན་ཉིད་པ་ཞིག་ཡོད་པར་ཐལ། མདོ་སྔགས་གཉིས་སངས་རྒྱས་ཀྱི་མཚན་ཉིད་ལ་མཐུན་པའི་ཕྱིར། འདོད་ན། མདོ་རང་རྐང་ནས་བཤད་པའི་སངས་འཕགས་ཆོས་ཅན། ཁྱོད་ས་བཅུ་གསུམ་པ་ཐོབ་པའི་གང་ཟག་ཡིན་པར་ཐལ། ཁྱོད་སངས་འཕགས་པའི་ཡིན་ཕྱིར། ཁྱབ་པ་དོན་གྱིས་ཁས། འདོད་ན་མ་ཡིན་པར་ཐལ། ཁྱོད་ས་བཅུ་གཅིག་པ་ཀུན་ཏུ་འོད་ལ་གནས་པའི་གང་ཟག་ཡིན་པའི་ཕྱིར། ཁྱབ་སྟེ། ས་བཅུ་གཅིག་པ་ཀུན་ཏུ་འོད་ཡིན་ན། སློབ་ལམ་ཡིན་པས་ཁྱབ་པ་ཡོད་པའི་ཕྱིར། རྟགས་གྲུབ་སྟེ། ཆོས་ཅན་ཡིན་པའི་ཕྱིར། ཁྱེད་རང་གིས་ཕར་ཕྱིན་པས། སངས་འཕགས་ས་བཅུ་གཅིག་པ་ལ་གནས་པར་ཁས་ལེན་ཞེས་བཤད་པའི་ཕྱིར། གལ་ཏེ་རྩ་བར་མ་ཁྱབ་ན། མདོ་རང་རྐང་ནས་བཤད་པའི་སངས་འཕགས་ཡོད་པར་ཐལ། མདོ་རང་རྐང་ནས་བཤད་པའི་ས་བཅུ་གཅིག་པ་ལ་གནས་པའི་གང་ཟག་དེ་སངས་འཕགས་ཡིན་པའི་ཕྱིར་ཏེ། དེ་སངས་འཕགས་དང་བྱང་འཕགས་གང་རུང་ཡིན། ཕྱི་མ་མ་ཡིན་པའི་ཕྱིར། ཕྱི་མ་མ་གྲུབ་ན། དེ་ཆོས་ཅན། ཁྱོད་མདོ་རང་རྐང་ནས་བཤད་པའི་འཕགས་པ་མ་ཡིན་པར་ཐལ། ཁྱོད་སྔགས་བླ་མེད་རང་རྐང་ནས་བཤད་པའི་འཕགས་པ་ཡིན་པའི་ཕྱིར་ཏེ། ཁྱོད་བཅུ་གཅིག་པ་དཔེ་མེད་པའི་ས་ལ་གནས་པའི་འཕགས་པ་ཡིན་པའི་ཕྱིར། ཁྱབ་སྟེ། བཅུ་གཅིག་པ་དཔེ་མེད་པའི་ས་ཡིན་ན། བླ་མེད་རང་རྐང་ནས་བཤད་པའི་ས་ཡིན་དགོས་པའི་ཕྱིར། རྟགས་དངོས། གོང་གི་རྟགས་གྲུབ་སྟེ། ཁྱོད་ས་བཅུ་གཅིག་པ་ལ་གནས་པའི་འཕགས་པ་ཡིན་པའི་ཕྱིར། གལ་ཏེ། ཆོས་ཅན་དེ་འདྲ་མེད་དོ་ཟེར་ན། མདོ་རང་རྐང་ནས་བཤད་པའི་ས་བཅུ་གཅིག་པ་ལ་གནས་པའི་གང་ཟག་ཡོད་པར་ཐལ། མདོ་རང་རྐང་ནས་བཤད་པའི་ས་བཅུ་གཅིག་པ་ཡོད་པའི་ཕྱིར་ཏེ། མདོ་རང་རྐང་ནས་བཤད་པའི་ཀུན་ཏུ་འོད་ཀྱི་ས་ཡོད་པའི་ཕྱིར། ཁྱེད་རང་གི་སྡོམ་གསུམ་དཀའ་འགྲེལ་ལས། ཕར་ཕྱིན་ཐེག་པ་ནས་བཤད་པའི་བཅུ་གཅིག་ཀུན་ཏུ་འོད་དང་། བཅུ་གཅིག་པ་དཔེ་མེད་པའི་ས་གནད་གཅིག་ཅིང་ཞེས་སོགས་བཤད་པའི་ཕྱིར། གལ་ཏེ་མདོ་ནས་བཤད་པའི་དེ་ཡོད་པའི་ཕྱིར་ལ་མ་ཁྱབ་ན། འོ་ན་མདོ་ནས་བཤད་པའི་བཅུ་གཅིག་ཀུན་ཏུ་འོད་དང་། བླ་མེད་ནས་བཤད་པའི་ས་བཅུ་གསུམ་པ་གཉིས་དོན་གཅིག་པར་

གསུང་བ་ཡང་བརྟག་པར་བྱ་སྟེ། མདོ་ནས་བཤད་པའི་བཅུ་གཅིག་ཀུན་ཏུ་འོད་ཀྱི་ས་ཆོས་ཅན། ཁྱོད་སྔགས་པའི་ས་ཡིན་པར་ཐལ། ཁྱོད་ས་བཅུ་གསུམ་པ་ཡིན་ཕྱིར། འདོད་ན། ཁྱོད་ཕར་ཕྱིན་ཐེག་པ་ལས་སྔགས་ཏེ་མ་བཤད་པར་ཐལ་ལོ། །ཁྱབ་པ་ལ་ཁོན་ནོ། འོ་ན། ཁྱོད་རང་ལ། སངས་རྒྱས་པའི་མཁྱེན་པ་ཆོས་ཅན། ཁྱོད་སྔགས་པའི་ས་ཡིན་པར་ཐལ། ཁྱོད་ས་བཅུ་གསུམ་པ་ཡིན་པའི་ཕྱིར། ཁྱབ་པ་དངོས། རྟགས་དོན་གྱིས་འགྲུབ། འདོད་ན། ཁྱོད་ཕར་ཕྱིན་ཐེག་པར་སྔགས་ཏེ་མ་བཤད་པར་ཐལ་ལོ། །ཁྱབ་པ་ལ་ཁོན་ནོ། འོ་ན་ཁྱོད་རང་ལ། སངས་རྒྱས་པའི་མཁྱེན་པ་ཆོས་ཅན། ཟེར་ན། རང་ལྡོག་ལ་འབྲུལ་པའི་སྐྱོན་དུ་སྣང་མོད། དོན་གྱིས་ན་ཕར་ཕྱིན་ཐེག་པར། སངས་རྒྱས་དང་། སངས་རྒྱས་ཀྱི་མཁྱེན་པ་དང་། རྣམ་མཁྱེན་ཞེས་སོགས་མིང་ཙམ་ཞིག་མ་སྔགས་པར་བཤད་ཀྱང་། དོན་སྔགས་ཏེ་བཤད་པས་དོན་ལ་སྐྱོན་ཆགས་པ་མ་ཡིན་ནོ། །

ཡང་མདོ་རང་རྐང་ནས་བཤད་པའི་བཅུ་གཅིག་ཀུན་ཏུ་འོད་ཀྱི་ས་དེ་ས་བཅུ་གསུམ་པ་ཡིན་པར་ཐལ། དེ་ཡོད་པ་གང་ཞིག །བཅུ་གཅིག་ཀུན་ཏུ་འོད་ཀྱི་ས་དེ་ས་བཅུ་གསུམ་ཡིན་པའི་ཕྱིར། དང་པོ་དེར་ཐལ། མདོ་རང་རྐང་ནས་བཅུ་གཅིག་ཀུན་ཏུ་འོད་ཀྱི་སར་བཤད་པའི་ཕྱིར་ཏེ། མདོ་རང་རྐང་ནས་ཐེག་ཆེན་གྱི་ལམ་ལྔ་བཤད་པའི་ཕྱིར་རོ། །རྩ་བར་འདོད་ན། དེ་ཆོས་ཅན། ཁྱོད་མདོ་རང་རྐང་ནས་བཤད་པའི་ས་མིན་པར་ཐལ། ཁྱོད་སྔགས་བླ་མེད་ནས་བཤད་པའི་ས་ཡིན་པའི་ཕྱིར་ཏེ། ཁྱོད་བཅུ་གསུམ་རྡོ་རྗེ་འཛིན་པའི་ས་ཡིན་པའི་ཕྱིར། ཡང་སྒྲ་པ་ཤེར་རིན་པས། མདོ་ལམ་ནས་ས་བཅུ་ལམ་ལྔ་མཐར་ཕྱིན་པ་དེས། སྔགས་ལ་འཇུག་པའི་ཚེ་སྔགས་ཀྱི་ཚོགས་ལམ་ནས་ལམ་ལྔ་ས་བཅུ་སླར་ཡང་འགྲོ་དགོས་ཞེས་འཆད་པ་འདི། དཔལ་ལྡན་ས་སྐྱ་པའི་དགོངས་པ་ནི་གཏན་ནས་མ་ཡིན་ཏེ། ལམ་འཇུག་ལྡོག་གི་ཡིག་ཆུང་དང་འགལ་བའི་ཕྱིར་རོ། །ཡང་ཕར་ཕྱིན་རང་རྐང་གི་སངས་འཕགས་ཆོས་ཅན། ཁྱོད་སྤྱངས་རྟོགས་མཐར་ཐུག་བརྙེས་པའི་སངས་རྒྱས་ཡིན་པར་ཐལ། ཁྱོད་སངས་འཕགས་ཡིན་པའི་ཕྱིར། འདོད་ན། ཁྱོད་འཕོ་ཆགས་ཕྲ་མོ་སྤྱངས་པའི་གང་ཟག་ཡིན་པར་ཐལ་ལོ། །ཡང་ཟག་པ་མེད་པའི་ཡིད་ལུས་ལ་བརྟེན་པའི་ཉན་རང་དགྲ་བཅོམ་རྣམས་ཆོས་ཅན། ཁྱོད་འཁོར་བ་མ་ཡིན་པར་ཐལ། ཁྱོད་འཁོར་བ་སྤྱངས་པའི་གང་ཟག་ཡིན་པའི་ཕྱིར་ཏེ། ཁྱོད་འཁོར་བ་ལས་ཐར་བའི་ཐར་པ་ཐོབ་པའི་གང་ཟག་ཡིན་པའི་ཕྱིར་ཏེ། ཁྱོད་དགྲ་བཅོམ་པ་ཡིན་པའི་ཕྱིར་རོ། །འདོད་མི་ནུས་ཏེ། ཁྱོད་འཁོར་བ་རགས་པ། ཕྲ་བ། ཤིན་ཏུ་ཕྲ་བ་གསུམ་གྱི་ནང་ནས་འཁོར་བ་ཕྲ་བ་ཡིན་པའི་ཕྱིར་རོ། །རྟགས་དངོས་སོ། །གཉིས་པ་རྗེ་བཙུན་གོང་མས་ཇི་ལྟར་བཤད་ཚུལ་ལ། བླ་མ་ས་སྐྱ་པ་ཆེན་པོའི་གསུང་། རྡོ་རྗེ་ཚིག་རྐང་གི་ལྟ་བཅུ་ལ་གསང་ཞེས་པའི་རྣམ་འགྲེལ་དུ། ཕ་རོལ་ཏུ་ཕྱིན་པའི་ལམ་ལྔ་དང་ས་བཅུ་ལ་གསང་ཞེས་དང་། ཕ་རོལ་ཏུ་ཕྱིན་པའི་ལོངས་སྐུ་རིགས་ལྔ་

ལ་གསང་། ཞེས་ཕར་ཕྱིན་རང་རྐྱང་གི་སངས་འཕགས་ཡོད་ཅིང་། དེ་སྔགས་ཀྱི་སངས་འཕགས་ལས་ཅུང་རྟོགས་པ་དམའ་བ་ལྟ་བུར་བཤད། དེ་བཞིན་དུ་རྗེ་བཙུན་རྩེ་མོས་རྒྱུད་སྡེ་སྤྱི་རྣམས་ལས་ཀྱང་། མདོ་རང་རྐྱང་ནས་བཤད་པའི་བཅུ་གཅིག་ཀུན་ཏུ་འོད་ལ་གནས་པའི་འཕགས་པ་དེས། མདོ་ལམ་པའི་སངས་རྒྱས་ཡིན་ཡང་། སྔགས་ནས་བཤད་པའི་ཡེ་ཤེས་ལྷ་ལྔན་དང་། སྐུ་བཞི་དང་ལྔ་སོགས་དང་། ཤེས་བྱ་ཐམས་ཅད་རང་སྣང་དུ་མཁྱེན་པ་སོགས་མ་ཡིན་པས། མདོ་སྔགས་ཀྱི་སངས་རྒྱས་ལ་ཁྱད་པར་ཡོད་པ་ལྟ་བུ་ཞིག་བཤད་དེ། དེ་ཉིད་ལས། མཐར་ཐུག་པ་ནི་དེ་ལ་གོང་དུ་བོགས་དབྱུང་དུ་མེད་པས་མཐར་ཐུག་པ་སྟེ་སངས་རྒྱས་ཀྱི་ཡེ་ཤེས་སོ། ། དེ་ལའང་རྣམ་པ་གཉིས་ཏེ་སྤྱི་དོན་གྱི་མཐར་ཐུག་སྟེ། ཐེག་པ་ཐུན་མོང་བ་ལ་གྲགས་པ་ས་བཅུ་གཅིག་པ་དང་། སྒོས་དོན་གྱི་མཐར་ཐུག་སྟེ་སྔགས་ལ་གྲགས་པའི་ས་བཅུ་གཉིས་པ་དང་བཅུ་གསུམ་པའོ། །གལ་ཏེ་མཐར་ཐུག་གཉིས་མི་རིགས་ཏེ། སྤྱི་དོན་མཐར་ཐུག་ཡིན་ན། དེའི་སྟེང་དུ་ཡོན་ཏན་བསྐྱེད་དུ་མེད་པས། སྒོས་དོན་མཐར་ཐུག་ཏུ་མི་རིགས་ལ། ཡོན་ཏན་སྐྱེད་དུ་ཡོད་ན། སྤྱི་དོན་ལ་མཐར་ཐུག་པར་མི་རིགས་སོ་ཞེ་ན། ཡོན་ཏན་བསྐྱེད་དུ་ཡོད་དེ། ཕ་རོལ་ཏུ་ཕྱིན་པ་ལས། ཆོས་ཀྱི་དབྱིངས་ཀྱི་ཡེ་ཤེས་བྱ་བའང་མ་བཤད་ཅིང་། ཕར་ཕྱིན་ལས་སྐུ་གསུམ་ལས་མ་བཤད་ལ། སྔགས་ལས་སྐུ་བཞི་དང་ལྔ་བཤད་པ་དང་། དེ་བཞིན་དུ་དཔལ་སཾ་པུ་ཊ་ལས། གང་དག་བསམ་གྱིས་མི་ཁྱབ་པའི་གནས་མངོན་དུ་མ་བྱས་པ་དེ་དག་ནི། བདེ་བར་གཤེགས་པ་སྟེ་སངས་རྒྱས་ཡིན་ལ༑ མཚན་གཞི་མཚོན་པར་བྱེད་པ་ནི་རྡོ་རྗེ་སེམས་དཔའ་ཡང་དག་པར་གསུངས་སོ་ཞེས། ཞེས་བྱ་བ་འདིས། ཕ་རོལ་ཏུ་ཕྱིན་པ་ལས་ཤེས་བྱ་གཞན་སྣང་ལས་མཁྱེན་པས། གཟུགས་ཀྱང་གཞན་ལ་རྣམ་པ་ཐམས་ཅད་མཁྱེན་པའི་ཡེ་ཤེས་ཀྱང་གཞན་ཞེས་གསུངས་ལ། སྔགས་ཀྱི་ཤེས་བྱ་ཐམས་ཅད་རང་སྣང་དུ་མཁྱེན་ཞེས་བྱ་བ་འདིས་ཁྱད་ཡོད་དོ། །འོ་ན་སྤྱི་དོན་ལ་མཐར་ཐུག་བཞག་པ་མི་རིགས་སོ་སྙམ་ན། འཐད་དེ་ཉེ་བའི་བྱ་བ་བྱས་པའི་ཕྱིར་རོ། །ཞེས་སོགས་གསལ་བར་བཤད་པའི་ཕྱིར་རོ། །

ཡང་རྗེ་བཙུན་ས་པཎ་གྱིས་བདག་མེད་བསྟོད་འགྲེལ་ལས། ཕར་ཕྱིན་ཐེག་པ་ནས་ས་བཅུ་གཅིག་པ་ལ་གནས་པ་སངས་རྒྱས་སུ་བཤད་པའི་སངས་རྒྱས་དེ་ནི། སངས་རྒྱས་བཏགས་པ་བ་དང་། བླ་མེད་ལས་ས་བཅུ་གསུམ་པ་ལ་གནས་པ་སངས་རྒྱས་སུ་བཤད་པའི་སངས་རྒྱས་དེ། སངས་རྒྱས་མཚན་ཉིད་པ་ཡིན་ཞེས་དངོས་བཏགས་ཕྱེ་ནས་བཤད་དེ། བདག་མེད་བསྟོད་འགྲེལ་ལས། སྤྱི་དོན་གཉིས་པ་རྩོད་པ་སྤོང་བ་ལ་གཉིས། རྩོལ་བ་འགོད་པ་དང་། དེ་དགག་པའོ། །དང་པོ་ལ་ཁ་ཅིག་ན་རེ། ཁྱེད་རྡོ་རྗེ་ཐེག་པ་བ་དག་ས་བཅུ་གསུམ་པ་སངས་རྒྱས་ཀྱི་སར་འདོད་པ་ནི་མ་ཡིན་ཏེ། ཕ་རོལ་ཏུ་ཕྱིན་པ་ལས་བཅུ་གཅིག་པ་སངས་རྒྱས་སུ་བཤད་པ་དང་འགལ

བའི་ཕྱིར་རོ། །ཞེ་ན། དེ་དགག་པ་ལ་གཉིས་ཏེ་ལུང་དང་རིགས་པའོ། །དང་པོ་ནི། ཡང་དག་པར་སྦྱོར་བ་ལས། གང་དག་བསམ་གྱིས་མི་ཁྱབ་པའི་གནས་མངོན་དུ་མ་བྱས་པ་དེ་ནི་བདེ་བར་གཤེགས་པ་སྟེ་སངས་རྒྱས་ཡིན་ལ༑ མཚན་གཞི་མཚོན་པར་བྱེད་པ་ནི། རྡོ་རྗེ་འཛིན་པ་ཡང་དག་པའོ་ཞེས་བཤད་ལ། དེའི་དོན་ནི། བསམ་གྱིས་མི་ཁྱབ་པའི་གནས་ནི་ཤེས་བྱ་ཕྲ་ཞིང་ཕྲ་བ་སྟེ། དེ་མངོན་དུ་མ་བྱས་པའི་ཕ་རོལ་ཏུ་ཕྱིན་པ་ནས་བཤད་པའི་བདེ་བར་གཤེགས་པ་སྟེ། སངས་རྒྱས་ཡིན་ལ། ཤེས་བྱ་ཕྲ་བའི་ཕྲ་བ་མཚན་གཞིའི་དོན་མ་ལུས་པ་ཡེ་ཤེས་ཀྱི་མཚོན་པ་ནི། རྡོ་རྗེ་འཛིན་པ་ས་བཅུ་གསུམ་པ་ཐོབ་པ་སྟེ་རྡོ་རྗེ་ཐེག་པ་ལས་བཤད་པའི་སངས་རྒྱས་མཚན་ཉིད་པ་ཞེས་གདགས་སོ། །གཉིས་པ་རིགས་པས་ཀྱང་གནོད་དེ། རྒྱུ་ལམ་རིམ་གཉིས་ལ་སོགས་པའི་ཁྱད་ཞུགས་པས་འབྲས་བུ་ལ་ཁྱད་པར་འཇུག་པ་ཆོས་ཉིད་དེ། ཆུ་དང་འོམས་བཀྲུས་པའི་སྐྱུར་རུར་བཞིན་ནོ། །འོན་ཕ་རོལ་ཏུ་ཕྱིན་པ་ལས། ས་བཅུ་གཅིག་པ་སངས་རྒྱས་སུ་བཤད་པ་དང་འགལ་ལོ་ཞེ་ན། འོ་ན་ཁྱེད་མདོ་ལས་ས་བཅུ་པ་སངས་རྒྱས་སུ་བཤད་པ་གང་གིས་སྤོངས། དེ་ཉེ་བ་ཉིད་ལ་དགོངས་སོ་ཞེ་ན། བཅུ་གཅིག་པའང་ཉེ་བ་ཉིད་ལ་དགོངས་པས་མཚུངས་སོ་ཞེས་མདོ་ནས་བཤད་པའི་ས་བཅུ་གཅིག་པ་ལ་གནས་པའི་འཕགས་པ་ཞིག་ཡོད་པར་ཞལ་གྱིས་བཞེས་ནས། དེ་སངས་རྒྱས་བཏགས་པ་བ་ཡིན་པ་དང་། བླ་མེད་ནས་བཤད་པའི་ས་བཅུ་གསུམ་པ་ལ་གནས་པའི་གང་ཟག་དེ། སངས་རྒྱས་མཚན་ཉིད་པ་ཡིན་པར་བཤད་དོ། །

དེས་ན་གཞུང་འདི་ལས་ཀྱང་། རྒྱུ་ལ་ཁྱད་ཞུགས་པས་འབྲས་བུ་ལ་ཁྱད་པར་འབྱུང་བ་ཆོས་ཉིད་དེ། ཞེས་སོགས་ཀྱི། མདོ་རང་རྐྱང་གི་ལམ་ལས་ཐོབ་པའི་ས་བཅུ་གཅིག་པ་ཞིག་ཡོད་པ་ལྟ་བུར་བཤད་ལ། གོང་གི་སྤྱི་དོན་རྣམས་ལས་ཀྱང་ས་བཅུ་གཅིག་པ་སྤྱི་དོན་གྱི་མཐར་ཐུག་པར་བཤད་པས། ས་བཅུ་གཅིག་པ་མདོ་ལམ་ལས་ཐོབ་པར་ནུས་ཞེས་པར་སོང་ལ། སློབ་དཔོན་རིན་པོ་ཆེས་གནད་ཀྱི་གསལ་བྱེད་ལས་ནི། ཕར་ཕྱིན་ཐེག་པས་བགྲོད་པར་བྱ་བ་ས་བཅུ་གཅིག་པའམ་སྤྱི་དོན་གྱི་མཐར་ཐུག་ཅེས་བཤད་པས། ཕར་ཕྱིན་ཐེག་པས་བགྲོད་པར་བྱ་བ་ས་བཅུ་གཅིག་པའམ་བཅུ་གཉིས་པ་སྤྱི་དོན་གྱི་མཐར་ཐུག་ཅེས་བཤད་པས། ས་བཅུ་གཅིག་པ་དང་བཅུ་གཉིས་པ་གཉིས་ཀར་ཡང་མདོ་རང་རྐྱང་ལམ་ལས་ཐོབ་པར་ནུས་པ་ལྟ་བུར་བཤད་མོད། གོང་དུ་བཤད་པའི་ལམ་འཇུག་ལྡོག་ལས། མདོ་རང་རྐྱང་ལས་ས་བཅུ་པ་མན་ཆད་བགྲོད་ནས་ས་བཅུ་གཅིག་པ་ཐོབ་པ་སྔགས་ལ་ངེས་པར་ལྟོས་དགོས་པར་བཤད་པའི་གནད་ཀྱིས་མདོ་རང་རྐྱང་ལ་བརྟེན་ནས་ཐོབ་པའི་ས་བཅུ་གཅིག་པ་སོགས་གཏན་ནས་ཞལ་གྱིས་མི་བཞེད་པས། གོང་མའི་གསུང་སྒྲོས་དེ་དག་ལ་ཞིབ་ཏུ་དཔྱད་ན། མི་འདྲ་བའི་ཁྱད་པར་ཧ་ཅང་ཆེ་བ་ཞིག་ཡོད་པར་མངོན་ནོ། །

གསུམ་པ་གཞན་གྱི་དོན་ངོས་བཟུང་བ་ལ། འོ་ན་རྗེ་བཙུན་གོང་མའི་གསུང་དེ་དག་འགལ་མེད་དུ་ཁས་བླངས་ཚུལ་ཇི་ལྟ་བུ་སྙམ་ན་རྣ་བ་བླགས་ཏེ་ཉོན་ཅིག །འདི་ལ་གཉིས་རྒྱུད་དང་མན་ངག་གི་ལུགས་གཉིས་སོ། །དང་པོ་ནི། ས་བཅུ་གཅིག་པ་ཐོབ་པ་སྔགས་ལམ་ལ་ལྟོས་དགོས་པ་ལམ་འཇུག་ལྡོག་ནས་བཤད་པ་ལྟར་ཡིན་པས། ས་བཅུ་གཅིག་པ་ལ་སྔགས་ལམ་ཡིན་པས་ཁྱབ་ལ། འོན་ཀྱང་རྒྱུད་སྡེ་སྤྱི་རྣམ་དང་། བདག་མེད་བསྟོད་འགྲེལ་གྱི་དགོངས་པ། མདོ་རང་རྐང་ལས་ས་བཅུ་གཅིག་པ་ཀུན་ཏུ་འོད་ཀྱི་མིང་ཙམ་ཞིག་བཤད་ཅིང་། མདོ་ལུགས་པ་དག་གིས། ས་དེ་ཐོབ་པ་ལ་སངས་རྒྱས་སུ་བཞེད་པ་ཙམ་ལ་བསམ་ནས། ས་བཅུ་གཅིག་པ་ལ་གནས་པའི་གང་ཟག་དེ། སྤྱི་དོན་གྱི་མཐར་ཐུག་དང་། ཕ་རོལ་ཕྱིན་པའི་མདོ་ལས་བཤད་ཚོད་ཙམ་གྱི་སངས་རྒྱས་ཡིན་ཀྱང་། སྤྱིར་སྤངས་རྟོགས་མཐར་ཐུག་བརྙེས་པའི་སངས་རྒྱས་མ་ཡིན་པས། སངས་རྒྱས་བཏགས་པ་བ་ཡིན་ཞེས་ཁས་ལེན་པ་ཡིན་གྱི། དེ་ཕར་ཕྱིན་མདོ་ལམ་ལས་ཐོབ་པའི་སངས་རྒྱས་ཡིན་ཀྱང་། དེ་སངས་རྒྱས་མཚན་ཉིད་པ་མིན་ཞེས་ཁས་ལེན་པ་ནི་མ་ཡིན་ཏེ། ས་བཅུ་གཅིག་པ་མཚན་ཉིད་པ་ཞིག་སུས་ཐོབ་ཀྱང་། སྔགས་ལམ་ལ་བརྟེན་ནས་ཐོབ་དགོས་པའི་ཕྱིར་རོ། །

དེས་ན་རྒྱུད་ཀྱི་སྐབས་འདིར། མདོ་ལས་བཤད་པའི་བཅུ་གཅིག་ཀུན་ཏུ་འོད་ཀྱི་ས་དེ། སྔགས་ནས་བཤད་པའི་བཅུ་གཅིག་པ་དཔེ་མེད་པའི་ས་ཡིན་པས། དེ་གཉིས་གཞན་གཅིག་པ་ཡིན་མོད། རང་ལྡོག་ནས་དོན་གཅིག་ཏུ་ཁས་བླངས་པར་མི་བྱ་སྟེ། བཅུ་གཅིག་པ་དཔེ་མེད་པའི་ས་དེ། མདོ་ནས་བཤད་པའི་ས་བཅུ་གཅིག་པ་མ་ཡིན་པའི་ཕྱིར་ཏེ། དེ་སྔགས་བླ་མེད་ཀྱི་རྒྱུད་སྡེ་ཐུན་མོང་མ་ཡིན་པ་ནས་བཤད་པའི་ས་ཡིན་པའི་ཕྱིར་རོ། །དེ་བཞིན་དུ་མདོ་ནས་བཤད་པའི་ས་བཅུ་གཅིག་པ་ཆོས་ཅན། སྦས་དོན་གྱི་ས་ཡིན་པར་ཐལ། སྔགས་ནས་བཤད་པའི་ས་བཅུ་གཅིག་པ་ཡིན་པའི་ཕྱིར་ནའང་མ་ཁྱབ་སྟེ། ལམ་འབྲས་ལས་སྦས་པའི་ས་ཕྱེད་དང་བཅུ་གསུམ་མའམ། སྦས་པའི་ས་གསུམ་སོགས་བཤད་པ་ནི། སློབ་ལམ་དུ་གྱུར་པའི་ས་བཅུ་གཅིག་པ་དེ་མདོ་ལས་སྦས་ཞེས་པའི་དོན་ཡིན་གྱི་ས་བཅུ་གཅིག་པ་རང་ལྡོག་ནས་སྦས་པར་མི་འཆད་པའི་ཕྱིར་རོ། །འོ་ན་དེ་ཆོས་ཅན། ཁྱོད་སྦས་པའི་ས་ཡིན་པར་ཐལ། ཁྱོད་སློབ་ལམ་དུ་གྱུར་པའི་ས་བཅུ་གཅིག་པ་ཡིན་པ་གང་ཞིག །དེ་མདོ་ལས་སྦས་པའི་ཕྱིར་ནའང་མ་ཁྱབ་སྟེ། སྔགས་ལམ་གྱི་ཐ་སྙད་མདོ་ལས་མ་བཤད་ཀྱང་། སྔགས་ལམ་ཡིན་ན་མདོ་ལས་མ་བཤད་པས་ཁྱབ་པ་ཁས་མི་ལེན་པ་བཞིན་ནོ། །དེ་ཁས་ལེན་ནོ་ཞེ་ན། སངས་རྒྱས་ཀྱི་ཡེ་ཤེས་ཆོས་ཅན་གྱི་བཤགས་པས་ལན་མེད་དོ། །

དེས་ན་མདོ་ནས་བཤད་པའི་ཀུན་ཏུ་འོད་ཀྱི་ས་ལ་གནས་པའི་སངས་རྒྱས་ལྟ་བུ་ནི་མ་ཡིན་ཏེ། སངས་

འཕགས་ཡིན་ན། སྔགས་ལམ་ནས་བཤད་ཅིང་། སྔགས་ལམ་ལས་བགྲོད་དགོས་པ་དང་། སྔགས་ལམ་ལ་གནས་དགོས་པའི་ཕྱིར་རོ། །དེ་སངས་རྒྱས་མཚན་ཉིད་པ་ནི་མ་ཡིན་ཏེ། གང་དག་བསམ་གྱིས་མི་ཁྱབ་པའི་གནས་མངོན་དུ་མ་བྱས་པ་དེ་ནི་བདེ་བར་གཤེགས་པ་སྟེ་སངས་རྒྱས་ཡིན་ལ་ཞེས་པའི་དངོས་བསྟན་གྱི་སངས་རྒྱས་ཙམ་ཡིན་ཡང་། མཚན་གཞི་མཆོན་པ་ནི་རྡོ་རྗེ་འཛིན་པ་ཡང་དག་པའོ་ཞེས་པའི་དངོས་བསྟན་གྱི་སངས་རྒྱས་དེ་མ་ཡིན་པའི་ཕྱིར་རོ། །

གཉིས་པ་མན་ངག་གི་ལུགས་ལ། མདོ་ནས་བཤད་པའི་བཅུ་གཅིག་ཀུན་ཏུ་འོད་ཀྱི་ས་དེ། མན་ངག་གི་སྐབས་འདིར། དབང་བཞི་པ་ས་ཕྱེད་ཅེས་གྲགས་པའམ། ས་བཅུ་གསུམ་པའི་ཕྱེད་འོག་མ་ཞེས་གྲགས་པ་དེ་དང་གནད་གཅིག་པར་ཁོ་བོས་སེམས་ཏེ། ཕྱེད་འོག་མ་དེ། ཕ་རོལ་ཏུ་ཕྱིན་པ་དང་སྒོ་བསྟུན་གྱི། མཐར་ཕྱིན་གྱི་ལམ་དུ་བཞག་འདུག་པའི་ཕྱིར་དང་། ལམ་འབྲས་ལས། བཅུ་གསུམ་ཕྱེད་འོག་མ་དེ་ལ་སྐད་ཅིག་མ་གཉིས་སུ་བཞག་པའི་སྐད་ཅིག་མ་དང་པོ་ལ། བར་ཆད་མེད་པའི་དུས། བདུད་བཏུལ་བའི་དུས། ཆོ་འཕྲུལ་བསྟན་པའི་དུས་ཞེས་སོགས་བཤད་ནས། སྐད་ཅིག་མ་གཉིས་པ་དེ་ལ། རྣམ་པར་གྲོལ་བའི་དུས། ཐ་མར་རྫོགས་པར་བྱང་ཆུབ་པའི་དུས། ཐམས་ཅད་མཁྱེན་པ་ཆུང་ངུའི་དུས་ཞེས་སོགས་བཤད་པ་ནི། ཕར་ཕྱིན་ལུགས་ཀྱི་སངས་རྒྱས་དེ་ཙམ་ཡིན་པ་ལ་དགོངས་ཏེ་བཤད་པའི་ཕྱིར་རོ། །འདི་ནི་ཁོ་བོས་རྟོགས་ཏེ། སྐལ་བཟང་སྙིང་ལ་དགའ་སྟོན་དུ་གྱིས་ཤིག །དེ་ལ་ཁོ་ན་རེ། མདོ་ནས་བཤད་པའི་བཅུ་གཅིག་ཀུན་ཏུ་འོད་ཆོས་ཅན། སྔགས་དོན་གྱི་ས་ཡིན་པར་ཐལ། ས་ཕྱེད་དང་བཅུ་གསུམ་པ་ཡིན་པའི་ཕྱིར་ཟེར་ན། ཁྱོད་རང་ལ། མདོ་ལས་བཤད་པའི་སངས་རྒྱས་ཀྱི་ས་ཆོས་ཅན། སྔགས་དོན་གྱི་ས་ཡིན་པར་ཐལ། ས་བཅུ་གསུམ་པ་ཡིན་པའི་ཕྱིར་རོ། །ཞེས་སོགས་མཚུངས་སོ། །ཡང་བཅུ་གཅིག་ཀུན་ཏུ་འོད་ཆོས་ཅན། ཁྱོད་མདོ་ནས་བཤད་པའི་སངས་རྒྱས་ཀྱི་ས་མ་ཡིན་པར་ཐལ། ཁྱོད་མདོ་ནས་བཤད་པའི་བྱང་ཆུབ་སེམས་དཔའི་ས་ཡིན་པའི་ཕྱིར་ཏེ། མདོ་ནས་བཤད་པའི་བྱང་ཆུབ་སེམས་དཔའི་ས་དང་། དེ་ནས་མ་བཤད་པའི་བྱང་ཆུབ་སེམས་དཔའི་ས་གང་རུང་གང་ཞིག །ཕྱི་མ་མ་ཡིན་པའི་ཕྱིར། དང་པོ་གྲུབ་སྟེ། བྱང་ཆུབ་སེམས་དཔའི་ས་ཡིན་པའི་ཕྱིར། ཕྱི་མ་མ་གྲུབ་ན། ཁྱོད་མདོ་ནས་མ་བཤད་པར་ཐལ་ལོ་ཟེར་ན། འོ་ན་ས་བཅུ་གཅིག་པ་ཆོས་ཅན། ཁྱོད་མདོ་ནས་བཤད་པའི་སྔགས་དོན་གྱི་ས་ཡིན་པར་ཐལ། ཁྱོད་དེ་དང་ཁྱོད་དེ་ནས་མ་བཤད་པའི་ས་གང་རུང་གང་ཞིག །ཕྱི་མ་མ་ཡིན་པའི་ཕྱིར། འདོད་ན། ཁྱོད་མདོ་ནས་བཤད་པར་ཐལ་ལོ། །འདོད་མི་ནུས་ཏེ། ཁྱོད་མདོ་ལས་སྔགས་པའི་ས་ཡིན་པའི་ཕྱིར། རྩ་བའི་རྟགས་ཕྱི་མ་མ་གྲུབ་ན། ཁྱོད་མདོ་ལས་མ་བཤད་པར་ཐལ་ལོ། །རྩ་བའི་རྟགས་དང་པོ་དེར་ཐལ། ཁྱོད་སྔགས་པའི་ས

ཡིན་པའི་ཕྱིར། མ་གྲུབ་ན། ས་བཅུ་གཅིག་པ་དེ་སྦྱངས་པའི་ས་ཡིན་པར་ཐལ། སྦྱངས་པའི་ས་གསུམ་ཡོད་པའི་ཕྱིར་རོ། །ཁྱབ་པ་ཁས་སོ། །ཡང་འདིར། ཁྱེད་ལམ་འབྲས་པ་དག །འཚང་རྒྱ་བའི་ཚེ་འཁོར་ཆོས་ཕྱུ་གཅིག་དང་བཅས་ངེས་པར་འཚང་རྒྱ་དགོས་ན་འཁོར་ཆོས་ཕྱུ་གཅིག་གི་ནང་ཚན། སློབ་པ་པོ་རང་གི་བླ་མ་དང་། གསོལ་བ་འདེབས་པའི་སློབ་མ་ཡང་ཆོས་ཅན། ཁྱོད་འཁོར་ཆོས་ཕྱུ་གཅིག་དང་བཅས་འཚང་རྒྱ་བར་ཐལ། ཁྱོད་འཚང་རྒྱ་བ་ལ་མངོན་དུ་ཕྱོགས་པའི་གང་ཟག་ཡིན་པའི་ཕྱིར། ཁྱབ་པ་ཁས། འདོད་ན། དེ་གཉིས་ཆོས་ཅན། ཁྱེད་རང་གི་བླ་མ་དང་། རང་གི་སློབ་མ་དང་། རྒྱུད་དག་པའི་ཕྱུག་རྒྱ་སོགས་དང་བཅས་འཚང་རྒྱ་བར་ཐལ། འདོད་པའི་ཕྱིར། འདོད་ན། སློབ་པ་པོ་རང་ཉིད་འཚང་རྒྱ་བའི་ཚེ་ཆོས་ཕྱུ་གྲངས་མེད་བཅས་འཚང་རྒྱ་དགོས་པར་ཐལ། རང་ཉིད་ཆོས་ཕྱུ་གཅིག་དང་བཅས་འཚང་རྒྱ་བའི་ཚེ། ཆོས་ཕྱུའི་ཡ་གྱལ་རེ་རེ་ལ་ཡང་ཆོས་ཕྱུ་རེ་དགོས། ཆོས་ཕྱུ་དེའི་ཡ་གྱལ་རེ་རེ་ལ་ཡང་ཆོས་ཕྱུ་རེ་སོགས་ཐུག་མེད་དུ་དགོས་པའི་ཕྱིར། ཟེར་ན། འོ་ན་ཁྱེད་ལ་རྣམ་གསལ་གྱི་དཔེ་བསྟན་པར་བྱ་སྟེ། ཤིང་གཅིག་ལ་ཡལ་འདབ་ལྔ་ཁ་ན་ཡོད་པའི་ཡལ་འདབ་ལྔ་པ་དེ་ཆོས་ཅན། ཁྱོད་ཡལ་ག་ལོ་མ་དང་ལྡན་པ་ཡིན་པར་ཐལ། ཁྱོད་ཤིང་ཡིན་པའི་ཕྱིར། འདོད་ན། ལོ་འདབ་ལྔ་ཁ་ན་བྱས་པའི་ཤིང་དེ། ལོ་འདབ་ལྔ་ལྔ་པ་ཁ་ན་ཅན་མ་ཡིན་པར་ཐལ། དེ་ལ་ལོ་འདབ་གྲངས་མེད་ཡོད་པའི་ཕྱིར། ཞེས་སོགས་ཀུན་ནས་མཚུངས་སོ། །དེས་ན་འཁོར་ཆོས་ཕྱུ་གཅིག་གི་ནང་ཚན་རེ་རེ་ལའང་། ཆོས་ཕྱུ་རེ་དགོས་པ་མ་ཡིན་ཏེ། དེ་དག་འཁོར་ཆོས་ཕྱུ་གཅིག་གི་ནང་ཚན་ནམ་རིགས་སུ་གནས་པ་ཡིན་པའི་ཕྱིར་རོ། །

ཡང་ཁ་ན་རེ། ཁྱེད་པི་ཊུ་པའི་རྗེས་འབྲང་དག །འཚང་རྒྱ་བ་ངེས་པར་ཉེ་རྒྱུ་ལ་ལྟོས་དགོས་ན། འཁོར་ཆོས་ཕྱུ་གཅིག་གི་བླ་མ་དང་། སློབ་མ་སོགས་ཀྱང་ཉེ་རྒྱུའི་སྦྱོད་པ་ལ་བརྟེན་ནས་འཚང་རྒྱ་དགོས་པར་ཐལ། དམ་བཅའ་དེའི་ཕྱིར། འདོད་ན། དེ་དག་ལ་ཡང་ཕྱུག་རྒྱ་མ་རེ་དགོས་པར་ཐལ་ལོ། །ཟེར་ན་སྐྱོན་མེད་དེ། འཚང་རྒྱ་བའི་ཚེ། རང་གཞན་གང་རུང་གི་ཉེ་རྒྱུའི་སྦྱོད་པ་ལ་བརྟེན་ནས་འཚང་རྒྱ་བ་ཡིན་པས། སློབ་པ་པོ་རང་ཉིད་འཁོར་ཆོས་ཕྱུ་གཅིག་བཅས་འཚང་རྒྱ་བའི་ཚེ། སློབ་པ་པོ་རང་ཉིད་རང་གི་ཉེ་རྒྱུའི་སྦྱོད་པ་དང་། གཞན་རྣམས་གཞན་གྱི་ཉེ་རྒྱུའི་སྦྱོད་པ་ལ་བརྟེན་ནས་འཚང་རྒྱ་བ་ཡིན་པའི་ཕྱིར་རོ། །

ཨེ་མ་ཧོ། །མདོ་རྒྱུད་གངས་ཅན་ནོར་བུའི་ལྟེ་བ་ནས། །སྡོམ་གསུམ་ཏ་རིའི་འཕྲེ་ཤིང་རྒྱས་པའི་རྟེར། །ལེགས་བཤད་འབྲས་བུ་ཆགས་པའི་དྲི་བསུང་གིས། །མཉན་ཡོད་པདྨའི་ལྟོངས་འདི་གང་བར་ཤོག །ཅེས་པ་ལམ་འབྲས་བུའི་ལེགས་པར་བཤད་པ་མཉན་ཡོད་བྱ་གཤོངས་ཆོས་ཀྱི་མདུན་ས་ཆེན་པོར། བློ་སྦྱོང་ཁ་བོས་ལེགས་པར་བཤད་པའོ། །

༄༅། །ལེགས་བཤད་ཉི་མའི་འོད་ཟེར་ལས་སྡོམ་གསུམ་སྐབས་གསུམ་པའི་དཀའ་གནད་ལ་རྣམ་པར་དཔྱད་པ་བདུད་རྩིའི་ཟེགས་མ་བཞུགས་སོ། །

མང་ཐོས་ཀླུ་སྒྲུབ་རྒྱ་མཚོ།

འཇམ་དཔལ་དགེས་མཛད་ལྷ་རིག་ས་སྐྱ་པ། །དེ་ཡི་ལེགས་བཤད་མཛོད་འཛིན་འབུམ་ཕྲག་གསུམ། །(འདི་ནས་ཆ་རྐང་པ་གཅིག་མ་དཔེ་ལས་ཆད།) སྙིང་ནས་ཕྱག་འཚལ་དེང་འདིར་བདེ་ལེགས་མཛོད། །བསྟན་པའི་ཉམས་ལེན་སྙིང་པོ་སྡོམ་གསུམ་གནད། །རྟོགས་པའི་དྲི་མ་འབྱུད་བྱེད་ནོར་བུའི་ཆུར། །བློ་གསལ་དང་མོ་རྩེ་བ་ཅ་ཅོའི་གཏམ། །སྙིང་གི་བདུད་རྩི་གསོ་འདི་མཉན་པར་རིགས། །

ཞེས་མཆོད་བརྗོད་དང་དམ་བཅའ་སྔོན་དུ་བཏང་ནས། གལ་ཏེ་གསང་སྔགས་བསྒོམ་འདོད་ན། །ནོར་བ་མེད་པའི་དབང་བཞི་ལོངས། །ཞེས་སོགས་ཀྱི་སྐབས་སུ་གསུམ་ལས། དང་པོ་གཞུང་འགྲེལ་ལ། གཞུང་འདིར། ནོར་བ་མེད་པའི་དབང་བཞི་ལོངས། །ཞེས་པ་ནས། རྡོ་རྗེ་འཛིན་པའི་ས་དགེ་བ། །བཅུ་གསུམ་པ་ནི་ཐོབ་པར་འགྱུར། །ཞེས་པའི་བར་གྱིས་སྙིང་པོ་བསྡུས་པའི་སྐབས་གསུམ་པ་རིག་འཛིན་སྡོམ་པའི་སྐབས་འཆད་པ་ལ་བརྒྱད། སྨིན་བྱེད་དབང་གི་གནད་ལ་འཁྲུལ་པ་དགག །གྲོལ་བྱེད་ལམ་གྱི་གནད་ལ་འཁྲུལ་པ་དགག །ཡེ་ཤེས་ཕྱག་ཆེན་གནད་ལ་འཁྲུལ་པ་དགག །ཡན་ལག་ལྔ་བའི་གནད་ལ་འཁྲུལ་པ་དགག །རྒྱུད་སྡེའི་སྒྲུབ་ཐབས་གནད་ལ་འཁྲུལ་པ་དགག །བོགས་འབྱིན་སྤྱོད་པའི་གནད་ལ་འཁྲུལ་པ་དགག །མཐར་ཕྱུག་འབྲས་བུའི་གནད་ལ་འཁྲུལ་པ་དགག །གནས་སྐབས་ས་ལམ་གནད་ལ་འཁྲུལ་པ་དགག་པའོ། །དང་པོ་ལ་གསུམ། གནད་ལ་འཁྲུལ་མེད་སྨིན་བྱེད་བཤད། གནད་ལ་འཁྲུལ་པའི་སྨིན་བྱེད་དགག །ཞར་བྱུང་དམ་ཚིག་འཁྲུལ་པ་དགག་པའོ། །དང་པོ་མདོར་བསྟན་པ་ནི། རྡོ་རྗེ་ཐེག་པའི་ལམ་ཞུགས་ཏེ། །ཞེས་སོགས་རྐང་པ་གསུམ་དང་། རྒྱས་བཤད་ནི། སྨིན་པར་བྱེད་པའི་དབང་བསྐུར་ཡང་། །ཞེས་སོགས་ནས། དེ་ཡི་སྡོམ་པ་གསུམ་ལྡན་འགྱུར། །ཞེས་པའི་བར་རོ། །

གཉིས་པ་ལ་བཞི། གོང་མའི་དབང་ལ་འཁྲུལ་པ་དགག །འོག་མའི་དབང་ལ་རིམ་གཉིས་དགག །

དབང་མེད་མོས་པའི་ཆོས་སྒོ་དགག །འབྲེལ་མེད་དབང་བསྐུར་མུ་བཞི་དགག་པའོ། །དང་པོ་ལ་བཞི། བྱིན་རླབས་ཙམ་གྱིས་ཆོག་པ་དགག །སེམས་བསྐྱེད་ཙམ་གྱིས་ཆོག་པ་དགག །ལྷ་བ་ཙམ་གྱིས་ཆོག་པ་དགག །ལུས་ལ་དབང་བཞི་ལེན་པ་དགག་པའོ། །དང་པོ་ལ་གཉིས། བྱིན་རླབས་སྨིན་བྱེད་ཡིན་པ་དགག །བྱིན་རླབས་དབང་རབ་སྨིན་བྱེད་ཡིན་པ་དགག་པའོ། །དང་པོ་ལ་བཞི། སྐབས་དོན་དབང་གི་ངོ་བོ་འཁྲུལ་པ་དགག །འཕྲོས་དོན་སློབ་མའི་གྲངས་ལ་འཁྲུལ་པ་དགག །ཞར་བྱུང་དཀྱིལ་འཁོར་དབྱིབས་ལ་འཁྲུལ་པ་དགག །གྲུབ་དོན་ཆོག་འི་གནད་ལ་འཁྲུལ་པ་དགག་པའོ། །དང་པོ་ལ་བཞི། བྱིན་རླབས་དབང་དུ་བྱེད་པ་དགག །བརྡ་བཞིའི་ཆོག་བསྲེས་པ་དགག །རང་བཟོའི་ཆོག་བཅོས་པ་དགག །གཞན་ལ་ཧ་ཅང་ཐལ་བ་དགག་པའོ། །དང་པོ་ལ་བཞི། དགག་བྱའི་ཕྱོགས་སྔ་གསལ་བར་བརྗོད། སྤྱི་དང་བྱེ་བྲག་ལུང་གིས་དགག །དཔེ་དང་སྦྱར་བའི་རིགས་པས་དགག །སྙིང་པོ་ལྡན་པའི་རིགས་པས་དགག་པའོ། །

དང་པོ་ནི། ཁ་ཅིག་རྡོ་རྗེ་ཕག་མོ་ཡི། །ཞེས་སོགས་རྐང་པ་གཉིས་པ་ལ། འདི་འདྲ་རྒྱུད་སྡེ་ལས་མ་གསུངས། །ཞེས་སོགས། གསུམ་པ་ནི། དཔེར་ན་མུ་ཟེའི་བཅུད་ལེན་འདྲ། །ཞེས་སོགས། བཞི་པ་ནི། རྡོ་རྗེའི་ཕག་མོའི་བྱིན་རླབས་ལ། །ཞེས་སོགས། གོང་གི་གཉིས་པ། བརྡ་བཞི་བསྲེས་པ་དགག་པ་ནི། ཁ་ཅིག་འདི་ལའང་ཕག་མགོ་ལ། །ཞེས་སོགས། གསུམ་པ་རང་བཟོའི་ཆོག་དགག་པ་ནི། ལ་ལ་རྡོ་རྗེ་ཕག་མོ་ལ། །སྒོམ་པ་འབོགས་པའི་ཆོག་དང་། །ཞེས་སོགས། བཞི་པ་ཧ་ཅང་ཐལ་བ་ནི། གཞན་ཡང་ཕག་མོའི་བྱིན་རླབས་ལ། །གསང་སྔགས་ཆོས་སྒོར་བྱེད་པ་ནི། །ཞེས་སོགས། དེའི་གོང་མའི་གཉིས་པ་སློབ་མའི་གྲངས་ལ་འཁྲུལ་པ་དགག་པ་ནི། དཔེར་ན་རབ་བྱུང་གང་ཟག་ནི། །གསུམ་ལས་མང་བ་འཇུག་མི་ནུས། །ཞེས་སོགས། གསུམ་པ་དབྱིབས་ལ་འཁྲུལ་པ་དགག་པ་ནི། འདི་ལ་བྱིན་རླབས་མི་བྱེད་ཅིང་། །དབང་བསྐུར་བྱེད་པ་ཁ་ཅིག་ཀྱང་། །ཞེས་སོགས། བཞི་པ་ཆོག་འི་གནད་ལ་འཁྲུལ་པ་དགག་པ་ནི། དབང་བསྐུར་བྱེད་པ་ཕལ་ཆེར་ཡང་། །རྫོགས་སངས་རྒྱས་ཀྱིས་གསུངས་པ་ཡི། །ཞེས་སོགས། དེའི་གོང་གི་གཉིས་པ་བྱིན་རླབས་དབང་རབ་སྨིན་བྱེད་ཡིན་པ་དགག་པ་ནི། ཁ་ཅིག་གང་ཟག་དབང་པོ་རབ། །སྨིན་བྱེད་ཕག་མོའི་བྱིན་རླབས་ཡིན། །ཞེས་སོགས། དེའི་གོང་གི་གཉིས་པ་སེམས་བསྐྱེད་ཙམ་གྱིས་ཆོག་དགག་པ་ནི། ལ་ལ་སེམས་བསྐྱེད་བྱས་པ་ལ། །གསང་སྔགས་བསྒོམ་དུ་རུང་ཞེས་ཟེར། །ཞེས་སོགས། གསུམ་པ་ལྷ་བ་ཙམ་གྱིས་ཆོག་པ་དགག་པ་ནི། ལ་ལ་སེམས་ཉིད་མ་རྟོགས་ན། །ཞེས་སོགས། བཞི་པ་ལུས་ལ་དབང་བཞི་ལེན་པ་དགག་པ་ནི། ཁ་ཅིག་ཆོག་མེད་བཞིན་དུ། །བླ་མའི་ལུས་ཀྱི་དཀྱིལ་འཁོར་ལ། །ཞེས་སོགས། དེའི་གོང་མ། འོག་མའི་དབང་བཞི་རིམ་གཉིས་དགག་པ་ནི།

ཁ་ཅིག་བྱ་བའི་རྒྱུད་སོགས་ལའང་། །དབང་བཞིའི་ཚིག་བྱེད་པ་དང་། །ཞེས་སོགས། གསུམ་པ་དབང་མེད་མོས་པའི་ཆོས་སྐྲོ་དགག་པ་ནི། ལ་ལ་དབང་བསྐུར་མ་ཐོབ་ཀྱང་། །གལ་ཏེ་སྔགས་ལ་མོས་ཐོབ་ན། །ཞེས་སོགས། བཞི་པ་འབྲེལ་མེད་དབང་བསྐུར་མུ་བཞི་དགག་པ་ནི། ལ་ལ་དབང་བསྐུར་མུ་བཞི་འདོད། །ཅེས་སོགས།

༄ རྩ་བའི་གསུམ་པ་ཞར་བྱུང་དམ་ཚིག་གི་གནད་ལ་འཁྲུལ་པ་དགག་པ་ནི། ཁ་ཅིག་གསང་སྔགས་གསང་བ་ལ། །ཡི་གསང་ཐབས་ཀྱིས་ཆོད་པའི་ཕྱིར། །ཞེས་སོགས་བྱུང་། དེ་དག་ནི་དང་པོ་དབང་གི་གནད་ལ་འཁྲུལ་པ་དགག་པའི་གཞུང་གི་ས་ཁོངས་སྐྱོད་ཚུལ་རགས་རིམ་ཡིན་ལ། དེ་དག་ལ། དཀའ་བའི་གནས་ལ་རྣམ་པར་དཔྱོད་པ་དང་ལྡན་པའི་འབྲུ་རགས་རིམ་ཞིག་བཀོད་པ་ལ། བླ་མེད་རྡོ་རྗེ་ཐེག་པའི་ལམ་བསྒྲུང་བ་ལ་དབང་ཞིང་། བསྒྲུང་ན་བླ་མེད་སྔགས་སྡོམ་གཏོང་བ་ཡིན་གྱི། དེ་བཅུ་བཞི་བསྒྲུང་བ་ལ། རྡོ་རྗེ་སློབ་མའི་དབང་མན་ཆད་ཙམ་ཐོབ་པས་ཀྱང་མི་ཆོག །ཡང་དབང་གོང་མ་ཐོབ་དགོས་པ་ཡང་མ་ཡིན་པའི་ཕྱིར་རོ། །

འདིར། མཁས་པ་པཎ་ཤཱཀ་པའི་གསེར་ཐུར་ལས། །དབང་བཞི་བླངས་པས་སྡོམ་པ་གསུམ། །ཐོབ་པར་འགྱུར་ན་དབང་གོང་ལས། །ཐོབ་པའི་གསང་སྔགས་སྡོམ་པ་དང་། །དབང་ལས་ཐོབ་པའི་སོ་ཐར་དང་། ། སེམས་བསྐྱེད་སྡོམ་པ་བཞེད་ལགས་སམ། །ཞེས་པའི་དྲི་བ་བཀོད་ནས། འདི་ལ་དྲི་བའི་བསམ་པ་བསླངས་པ་དང་། དངོས་ལན་གདབ་པ་གཉིས། དང་པོ་ལ་གཉིས། དྲི་དགོས་པའི་རྒྱུ་མཚན་དང་། མ་དྲིས་ན་བསྟན་བཅོས་ཚུད་འཛའ་བའི་ཉེས་དམིགས་གཉིས། དང་པོ་ནི། རྣམ་བཤད་མཛད་པ་ཀུན་གྱིས། ཞིབ་མོའི་རྣམ་གཞག་མ་མཛད་པར། །དབང་བཞི་ཡོངས་རྫོགས་པ་བླངས་པ་དེ། །སྤྱིར་སྡོམ་པ་གསུམ་དང་། བྱེ་བྲག་སྔགས་སྡོམ་གྱི་ཐོབ་རྒྱུར་བཤད་པ་དང་། བྱེ་བྲག་དགེ་བསྙེན་སྡོམ་པ་ཙམ་ཡང་སྔོན་དུ་མ་སོང་བས་དབང་བཞི་བླངས་ནས། སྡོམ་པ་གསུམ་ལྡན་དུ་འགྱུར་བ་ཞིག་བཤད་འདུག་པའི་རྒྱུ་མཚན་གྱིས་སོ། །གཉིས་པ་ནི། དེ་ལྟར་བཤད་པའི་སོ་ཐར་སྡོམ་པ་དང་། བྱང་སྡོམ་གཉིས་ཀྱང་བླ་མེད་དབང་ཚིག་ལ་ལྟོས་པར་འགྱུར་བ་དང་། རྒྱུད་སྡེ་འོག་མའི་སྔགས་སྡོམ་ཡང་དབང་བཞིའི་ཚིག་ལ་ལྟོས་པར་འགྱུར་བ་དང་། བླ་མེད་ཀྱི་སྔགས་སྡོམ་ཡང་དབང་གོང་མ་ལ་ལྟོས་པར་འགྱུར་ལ། དེ་ལྟར་ན་བླ་མེད་བུམ་དབང་སྐབས་སུ་སྔགས་སྡོམ་མ་ལུས་པ་ཐོབ་པར་ཁས་བླངས་པ་དང་འགལ་ལོ་སྙམ་པའི་དོགས་པ་འབྱུང་ངོ་སྙམ་ཞེས་དང་།

དངོས་ལན་ལ་གཉིས་གཞན་གྱིས་བརྟག་པའི་མཐའ་གསལ་བ་ནི། ཕྱིས་འཕེལ་གཏམ་གླེང་བ་དག་ན་རེ། འདིར་སྡོམ་པ་གསུམ་དུ་འགྱུར་རྒྱུའི་སོ་ཐར་སྡོམ་པ་ནི། བྱང་ཆུབ་སེམས་དཔའི་སོ་སོར་ཐར་པའི་སྡོམ་པ་ཡིན་ལ༑ དེའི་ངོ་བོ་ནི་གཞན་ལ་གནོད་པ་གཞི་དང་བཅས་པ་ནི་སྤོང་བའི་སེམས་པ་ས་བོན་དང་བཅས་པའོ། །དུས་

ནི་བྱང་ཆུབ་ཀྱི་མཐའ་ཅན་དང་། ཐོབ་པའི་དུས་ནི། སྟ་གོན་གྱི་ཡན་ལག་བདུན་པའམ། རིག་ལྡའི་སྡོམ་བཟུང་གི་ཚིག་ལས་སོ། །གསུམ་གྱིས་རླབས་ཕྱེས་པའི་བྱང་སྡོམ་ནི། སེམས་བསྐྱེད་ཀྱི་སྡོམ་པ་སྟེ། ཐོབ་པའི་དུས་ནི་སྔ་མ་བཞིན་ནོ། །གསུམ་གྱིས་རླབས་ཕྱེས་པའི་སྔགས་སྡོམ་ལ་ཁས་བླངས་ཀྱིས་ཐོབ་པ་ནི། རིགས་ལྡའི་སྡོམ་བཟུང་ལན་གསུམ་གྱིས་མཐར་སྐྱེ་ལ། ཚོགས་ཐོབ་པ་ནི། བུམ་དབང་རྫོགས་པའི་མཐར་སྐྱེ་བ་ཡིན་ནོ། །ཞེས་སོགས་དང་། འདི་མི་འཐད་པ་ལ་གསུམ་སྟེ། འདི་ནས་བཤད་པའི་སོར་སྡོམ་ངེས་མ་ཟིན་པ་དང་། དེའི་རྒྱུ་མཚན་གྱིས་སེམས་བསྐྱེད་ཀྱི་སྡོམ་པ་ས་ངེས་མ་ཟིན་པ་དང་། སྔགས་ཀྱི་སྡོམ་པ་རྒྱ་ཆུང་བའི་ཉེས་པའོ། །

དང་པོ་ནི། དེ་ལྟར་འདོད་པ་དེ། བསྟན་བཅོས་འདིའི་ཕྱོགས་སྔར་སོང་བ་ཡིན་ཏེ། སོ་སོ་ཐར་པའི་སྡོམ་པ་ནི། །བྱང་ཆུབ་བར་དུ་བླངས་གྱུར་ན། །སོ་སོར་ཐར་པ་ཅི་ནས་འཇིག །འདི་ཡང་གནད་རྣམས་བཙོས་པར་དོགས། །གལ་ཏེ་དེ་ལྟར་བཤད་པ་དེ། །ཉན་ཐོས་དང་ཐུན་མོང་བའི་སོ་ཐར་ལ་དགོངས་སོ་སྙམ་ན། གཞུང་འདི་གསུམ་གྱིས་རླབས་ཕྱེ་བའི་སོར་སྡོམ་ནི་དེ་ཉིད་ལ་འཆད་དགོས་པ་ཡིན་ཏེ། དེས་ན་ད་ལྟའི་ཚོ་ག་ནི། །བསམ་པ་སེམས་བསྐྱེད་ཀྱིས་ཟིན་པའི། །ཆོ་ག་ཉན་ཐོས་ལུགས་བཞིན་གྱིས། །སོ་སོར་ཐར་པ་རིགས་བརྒྱད་པོ། །ཐེག་ཆེན་སོ་སོར་ཐར་པར་འགྱུར། །ཞེས་བཤད་པའི་ཕྱིར་རོ། །གཉིས་པ་ནི། ཁྱེད་ཀྱིས་འཆད་ཚུལ་དེ་ལྟ་ན༔ སེམས་བསྐྱེད་ཀྱི་སྡོམ་པ་ངེས་མ་ཟིན་པ་ཡིན་ཏེ། སྡོམ་པ་དེའི་གཙོ་བོ་ནི་འཇུག་སྡོམ་ཡིན་ལ། དེའི་དངོས་གཞི་ནི། ཉེས་སྤྱོད་སྡོམ་པའི་ཚུལ་ཁྲིམས་ཞེས་ཀྱང་བྱ། བྱང་སེམས་ཀྱི་སོ་ཐར་ཞེས་ཀྱང་བྱ་བའི་མིང་ཅན། མི་དགེ་བཅུའི་ནང་ནས་གཙོ་བོར་ཡིད་ཀྱི་གསུམ་སྤོང་བའི་སེམས་དཔའ་ས་བོན་དང་བཅས་པ་དེ་ཡིན་ལ། དེ་འདྲ་དེ་སྡོམ་གསུམ་གྱིས་བརླབས་པའི་སོར་སྡོམ་དུ་བསྒྲུབ་སོང་། གསུམ་པ་ནི། སྤྱིར་སྔགས་སྡོམ་གྱི་ངོས་འཛིན་རྒྱ་ཆུང་བ་ཡིན་ཏེ། རྒྱུད་སྡེ་འོག་མ་གཉིས་ཀྱི་དབང་ལས་ཐོབ་པའི་སྡོམ་པ་མ་འདུས་པ་དང་། དབང་གོང་མ་གསུམ་ལས་ཐོབ་པའི་སྡོམ་པ་མ་བཤད་པའི་ཕྱིར། ཞེས་སོགས་དང་། གཉིས་པ་རང་གི་ལན་ནི། དེ་ཡིས་སྡོམ་པ་གསུམ་ལྡན་འགྱུར། །ཞེས་པ་དེས། དབང་བཞི་ཡོངས་སུ་རྫོགས་པ་དེ། སྡོམ་པ་གསུམ་ཡོངས་སུ་རྫོགས་པའི་ཐོབ་རྒྱུར་བསྟན་པ་ཡིན་ལ། དེ་ཙམ་གྱིས་སྡོམ་པ་དང་པོ་གཉིས་ཀྱི་ཐོབ་རྒྱུར་འགྲོ་བ་མ་ཡིན་ཏེ། སྡོམ་པ་དང་པོ་གཉིས་ཀྱི་ཐོབ་རྒྱུ་ལེའུ་དང་པོ་གཉིས་སུ་བསྟན་ཟིན་པ་དེ་གཞིར་བཞག་ནས། དེའི་སྟེང་དུ་དབང་བླངས་ན་སྔགས་ཀྱི་སྡོམ་པ་ཡོངས་སུ་རྫོགས་པས་སྡོམ་པ་གསུམ་ལྡན་དུ་འགྱུར་ཞེས་བྱ་བའི་དོན་ཡིན་པའི་ཕྱིར་རོ། །འདིའི་དྲིས་ལན་མི་ཉག་ཆོས་གྲགས་དཔལ་གྱིས་མཛད་པ་ལས་ཀྱང་། དབང་བཞི་བླངས་པས་སྡོམ་པ་གསུམ། །མཚན་ཉིད་ལྡན་པར་འགྱུར་བ་ནི། །མཁས་པ་རྣམས་ཀྱིས་བཞད་གད་གནས། །གཞན་དུ་སོ་ཐར་རིས་བརྒྱད་ལས། །

གཞན་པའི་སོ་ཐར་ཡོད་པར་འགྱུར། །སྡོམ་པ་གསུམ་ལ་རིམ་ཅན་དུ། །སློབ་པ་འབྲས་བུ་མེད་པར་འགྱུར། ། འདུལ་བར་མ་གསུངས་སོ་ཐར་ནི། །བཏགས་པ་ཙམ་ཡིན་མཚན་ཉིད་པ། །མིན་པའང་མཁས་པའི་བཞེད་པ་ཡིན། །ཞེས་སོགས་དང་། དེས་ན་སོ་ཐར་འཇུག་པ་སོགས། །གཞུང་བཞིན་པ་ནི་གང་ལ་སྲིད། །གཞན་དུ་བྱང་ཆུབ་མ་ཐོབ་བར། །བླངས་པའི་སོ་ཐར་ཡོད་པར་འགྱུར། །དེ་ལྟ་ཡིན་ན་བསྟན་བཅོས་ལས། །སོ་སོར་ཐར་པའི་སྡོམ་པ་ནི། །བྱང་ཆུབ་བར་དུ་བླངས་གྱུར་ན། །འདི་ཡི་ཚིག་ངེས་པར་འཇིག །འདི་ཡང་གནད་རྣམས་བཅོས་པར་དོགས། །ཞེས་གསུངས་པ་ཡང་འདོར་བར་གྱིས། །ཞེས་སོགས་བཤད་ནས། སོར་སྡོམ་ཡིན་ན་བྱང་སྡོམ་མ་ཡིན་པས་ཁྱབ་པ་དང་། སོར་སྡོམ་ཡིན་ན། སོ་ཐར་རིས་བརྒྱད་གང་རུང་ཡིན་པས་ཁྱབ་ཅེས། མཁས་པ་ཁྱེད་གཉིས་ཞལ་བགྲོས་མཐུན་པར་འགྱུར་བ་ནི། མཁས་པའི་གཏམ་མ་ཡིན་ནོ། །ཇི་ལྟར་མ་ཡིན་སྙམ་ན། ཐོག་མར་ཁྱེད་རང་གིས་བཀོད་པའི་དྲི་དགོས་པའི་རྒྱུ་མཚན་དེ་མི་འཐད་དེ། དབང་བཞི་ཡོངས་རྫོགས་ལེན་པའི་སྒྲུབ་དངོས་ཀྱི་ཚིག་ཅི་རིགས་པ་ལས་ཐོབ་པའི་སྡོམ་པ་གསུམ་ཡོད་པ་ནི། འཆད་པར་འགྱུར་བས་ཤེས་ལ། དབང་བཞི་བླངས་པ་དེ། སྡོམ་པ་གསུམ་གང་ཡོད་ཀྱི་ཐོབ་རྒྱུར། བསྟན་བཅོས་མཛད་པས་ཞལ་གྱིས་མ་བཞེས་པའི་ཕྱིར་དང་། བྱེ་བྲག་དགེ་བསྙེན་ཙམ་ཡང་མ་བླངས་པས། དབང་བཞི་བླངས་ནས་སྡོམ་པ་གསུམ་ལྡན་དུ་འགྱུར་བ་འདི། ཐུགས་ཡུལ་དུ་མི་ཤོང་བ་ནི། རྗེ་བཙུན་ས་སྐྱ་པ་གོང་མའི་གསུང་གི་བདུད་རྩི་མགྲིན་པར་མ་ལྟུང་བའི་གཏམ་ཆེན་པོ་ཡིན་པའི་ཕྱིར་རོ། །

གཉིས་པ་མ་དྲིས་པའི་ཉེས་དམིགས་ཞེས་བཤད་པ་དེ་ལ་ཡང་རྣམ་པར་བཅད་པ་ཆེར་མི་སྣང་སྟེ། དབང་གི་ཚིག་ལས་ཐོབ་པའི་སོར་སྡོམ་དང་། བྱང་སྡོམ་ཡོད་ཅེས་ཁས་བླངས་ཀྱི་དེ་གཉིས་ཐོབ་པ་དབང་ཚིག་ཁོ་ནར་རག་ལས་པ་ཡིན་ནོ་ཞེས་ནམ་དུ་ཡང་མ་བཤད་པའི་ཕྱིར་དང་། དབང་གོང་མ་ལས་ཐོབ་པའི་སྔགས་སྡོམ་ཁས་ལེན་ཡང་། སྔགས་སྡོམ་ཐོབ་པ་དབང་གོང་མ་ལ་རག་ལས་ཞེས་ཁས་མ་བླངས་པའི་ཕྱིར་དང་། བུམ་དབང་གི་སྐབས་སུ་སྔགས་སྡོམ་རྫོགས་པར་ཁས་བླངས་པས། དེའི་རྗེས་སུ་བསྐུར་བའི་དབང་རྣམས་ལས་ཐོབ་པའི་སྔགས་སྡོམ་མེད་པར་ཁས་བླང་དགོས་སྙམ་པ་ནི། སྔགས་སྡོམ་རྫོགས་པར་ཐོབ་ཅེས་པའི་སྐབས་ཐོབ་ཀྱི་གོ་བ་མ་ལོན་པའི་སྐད་ཆ་ཡིན་པའི་ཕྱིར་རོ། །དེ་ཡང་ཇི་ལྟར་སྙམ་ན། འོན་ཁྱེད་རང་སློབ་བྱེད་དབང་བཞི་རྫོགས་པའི་མཐར། བླ་མེད་སྔགས་སྡོམ་རྫོགས་པར་ཁས་ལེན་པ་དེ་ཡང་མི་འཐད་པར་འགྱུར་ཏེ། དེའི་རྗེས་སུ། ལམ་དུས་ཀྱི་དབང་བཞི་དང་། འབྲས་བུ་དུས་ཀྱི་དབང་བཞི་སོ་སོ་ལས་ཐོབ་པའི་ལམ་དུས་ཀྱི་སྔགས་སྡོམ་དང་། འབྲས་དུས་ཀྱི་སྔགས་སྡོམ་ཡང་མེད་པར་ཐལ། སློབ་བྱེད་དབང་བཞིའི་སྐབས་སུ་བླ་མེད་ཀྱི་སྔགས་སྡོམ་

རྫོགས་པར་ཐོབ་ཟིན་པའི་ཕྱིར་རོ། །འདོད་ན། ལམ་དུས་ཀྱི་སྡོམ་པ་དང་། འབྲས་དུས་ཀྱི་སྡོམ་པ་ཀྱི་ཐ་སྙད་ཅིག་ཁས་བླངས་མི་རིགས་པར་ཐལ་ཞེས་བརྗོད་ན་བཟློག་ཏུ་མེད་པར་འགྱུར་བ་ཡིན་ནོ། །

གསུམ་པ་དངོས་ལན་བཏབ་པ་ལ་གཉིས་སུ་མཛད་པའི་གཞན་ལུགས་འགོག་པའི་ཚེ། སོ་ཐར་ཀྱི་སྡོམ་པ་ངོས་མ་ཟིན་ཞེས་བཤད་པ་དེ་ཤིན་ཏུ་ཡང་མི་འཐད་དེ། སྡོམ་གསུམ་མཛད་པའི་དགོངས་པས་དབང་ཆོག་གི་བྱེད་ལས་ལས་སྡོམ་པ་གསུམ་ལྡན་དུ་འགྱུར་དགོས་པར་བཤད་པའི་ཕྱིར། སོར་སྡོམ་ནི། ཉན་ཐོས་དང་ཐུན་མོང་བའི་སོར་སྡོམ་ལ་འཆད་པར་མ་ཡིན་པར། ཐེག་ཆེན་ཐུན་མོང་མ་ཡིན་པའི་སོར་སྡོམ་ཞེས་པ། བྱང་ཆུབ་སྙིང་པོའི་མཐའ་ཅན་ཞིག་ལ་འཆད་པ་སྐབས་སུ་བབ་པ་ཡིན་པས། དབང་གི་སྔ་གོན་ནི་འཇུག་པའི་སྐབས་སུ་རྒྱུན་བཤགས་ཀྱི་ཚིག་ལས་ཐོབ་པའི་སྐབས་འགྲོའི་སྡོམ་པ་ལྟ་བུ་ལ་ངོས་བཟུང་བ་ལ་འགལ་བ་ཅི་ཡང་མེད་པའི་ཕྱིར་ཏེ། རྩ་ལྟུང་འགྲེལ་སྒྲོན་ལས། ཉན་ཐོས་དང་ཐུན་མོང་བའི་སོ་སོར་ཐར་པ་འདི་ནི། ཐོབ་པ་དང་གནས་པའི་རྟེན་དུ་མི་རུང་བར་ཁྱོད་སྨྲ་བ་བཞིན་དུ་ཁོ་བོ་ཅག་ཀྱང་སྨྲའོ། །

འོ་ན་ཁྱོད་ཀྱི་སོ་སོར་ཐར་པ་སྔོན་དུ་མ་སོང་བའི་སྡོམ་པ་གསུམ་གང་ཡིན་ཞེ་ན། འདིར་སོ་སོར་ཐར་པའི་རང་བཞིན་ནི། གཞན་ལ་གནོད་པ་གཞི་དང་བཅས་པ་ལས་ལོག་པ་ཡིན་ལ། བྱང་ཆུབ་སེམས་དཔའི་སྡོམ་པ་ནི། དེའི་སྟེང་དུ་གཞན་ལ་ཕན་འདོགས་པར་ཞུགས་པ་ཡིན་ཞིང་། རིག་པ་འཛིན་པ་ནི། དེ་དག་ཀུང་ལྷའི་རྣམ་པའམ། ཡེ་ཤེས་ཀྱི་བྱིན་གྱིས་བརླབས་ནས་ལོངས་སྤྱོད་པས་འདི་ལ་འགལ་བ་ཅི་ཡང་ཡོད་པ་མ་ཡིན་ནོ། །ཞེས་སོར་སྡོམ་དང་། བྱང་སྡོམ་སྤྱི་བྱེ་བྲག་ཏུ་བཤད་ཀྱི། དེ་གཉིས་འགལ་བ་ཡིན་ཞེས་རྗེ་བཙུན་གོང་མའི་གསུང་རབ་ལས་ཀུང་མི་འབྱུང་བའི་ཕྱིར་དང་། སོ་སོར་ཐར་པའི་སྡོམ་པ་ནི། །བྱང་ཆུབ་བར་དུ་བླངས་གྱུར་ན། །ཞེས་སོགས་བཤད་པ་ནི། ཆོག་ཉན་ཐོས་དང་ཐུན་མོང་བའི་སོ་ཐར་བྱང་ཆུབ་བར་དུ་བླངས་ནས། ཆོག་ཉན་ཐོས་དང་ཐུན་མོང་བའི་སོ་ཐར་སྡོམ་པའི་གནད་འཛིག་ཅེས་པའི་དོན་ཡིན་པའི་ཕྱིར་དང་། སོ་ཐར་སྡོམ་པ་ལ། ཉན་ཐོས་དང་ཐུན་མོང་བའི་སོ་ཐར་ཡིན་པས་ཁྱབ་ཅེས་སྨྲ་བ་ནི། ཐེག་པ་ཆེན་པོ་ལས་འབྱུང་བའི། །སོ་སོར་ཐར་པ་བཤད་ཀྱིས་ཉོན། །བྱང་ཆུབ་སེམས་དཔའ་ཉིད་ལ་ཡང་། །སོ་སོར་ཐར་པ་འབོགས་པ་ཡི། །ཆོ་ག་འགའ་ཞིག་ཡོད་མོད་ཀྱི། ཞེས་སོགས། སོ་ཐར་སྡོམ་པ་ལ། ཆོག་ཉན་ཐོས་དང་ཐུན་མོང་བ་དང་། ཐེག་ཆེན་ཐུན་མོང་མ་ཡིན་པའི་སོར་སྡོམ་གཉིས་སུ་བཤད་པའི་གནད་མ་ཟིན་པའི་སྐད་ཆ་ཡིན་པའི་ཕྱིར་དང་། དེ་ལྟ་མ་ཡིན་ན། ཐེག་ཆེན་ཐུན་མོང་མ་ཡིན་པའི་སྐྱབས་འགྲོའི་སྡོམ་པ་དང་། དོན་ཡོད་ཞགས་པའི་རྟོགས་པ་ནས་བཤད་པའི་བསྙེན་གནས་ཀྱི་སྡོམ་པ་དང་། རྒྱལ་སྲས་བྱམས་པ་འཇམ་དབྱངས་སོགས། །ཞེས་སོགས་ཀྱིས་བསྟན་པའི་བསྙེན་རྫོགས་ཀྱི་

སྡོམ་པ་དང་། ཅན་སྤྱོས་ཀྱི་དང་ལྡན་པའི། །ཞེས་སོགས་ཀྱིས་བསྟན་པའི་དགེ་སློང་གི་སྡོམ་པ་རྣམས་ཆོས་ཅན། ཉན་ཐོས་དང་ཐུན་མོང་བའི་སོ་ཐར་སྡོམ་པར་ཐལ། སོ་ཐར་སྡོམ་པ་ཡིན་པའི་ཕྱིར་ཞེས་འཕངས་ན། ལན་གྱིས་བཟློག་པར་མི་ནུས་པའི་ཐལ་བ་ཡིན་པའི་ཕྱིར་ཏེ། དེ་ལྟ་བུའི་ཐལ་བ་ལ། ཁྱོད་ཀྱིས་ནི། དེ་ལྟ་བུ་དེ་དག་སོ་ཐར་བཏགས་པ་ཡིན་ཞེས་བབ་ཅོལ་སྨྲ་བ་ལས། ཆོས་དང་མཐུན་པའི་ལན་ཅི་ཡང་འདེབས་རྒྱུ་མི་འབྱུང་བའི་ཕྱིར་རོ། །ཁྱད་པར། སོར་སྡོམ་ཡིན་ན། སོ་ཐར་རིས་བརྒྱད་གང་རུང་ཡིན་པས་ཁྱབ་ན། རབ་དབྱེ་ལས། རྡོ་རྗེ་ཕག་མོའི་བྱིན་རླབས་ལ། །སྡོམ་པ་གསུམ་ལྡན་བྱར་མི་རུང་། །ཞེས་སོགས་བཤད་པ་ལ་གསལ་འདེབས་རིགས་པར་འགྱུར་ཏེ། སྨིན་བྱེད་དབང་གི་སྦྱོར་དངོས་གང་རུང་གི་ཆོ་ག་ལས་ཐོབ་པའི་སོར་སྡོམ་གཏན་ནས་མི་འདུག་པའི་ཕྱིར་རོ། །མ་གྲུབ་ན། དེ་ཆོས་ཅན། སོ་ཐར་རིགས་བརྒྱད་གང་རུང་ཡིན་པར་ཐལ་ལོ་བྱས་ན། ཁྱོད་ལ་ཆོས་དང་མཐུན་པའི་ལན་ཅི་ཡང་མེད་པ་ཡིན་ནོ། །

དེས་ན་དེ་དག་གིས་ནི། དེ་ཡི་སྡོམ་པ་གསུམ་ལྡན་འགྱུར། །ཞེས་པ་ཡན་གྱིས་འབྲུ་དོགས་དཔྱོད་དང་བཅས་པ་གྲུབ་པ་ཡིན་ནོ། །གོང་གི་ས་བཅད། བྱིན་རླབས་དབང་དུ་བྱེད་པ་དགག་པ་ལ། ས་བཅད་བཞི་ཡོད་པའི་དང་པོ་ཕྱོགས་སྔ་བརྗོད་པ་ནི། ཁ་བ་ཅན་འདིར། རྗེ་དྭགས་པོ་ལྷ་རྗེའི་རྗེས་འབྲང་འགའ་ཞིག །རྡོ་རྗེ་ཕག་མོའི་བྱིན་རླབས་ཙམ། སྨིན་བྱེད་ཀྱིས་དབང་དུ་བྱས་ནས། དེ་ཐོབ་པ་ཙམ་ལས། གཏུམ་མོའི་ལམ་སོགས་རྫོགས་རིམ་ཟབ་མོ་བསྒོམ་ཞིང་ཉིན་མཚན་དུ་འཇུག་པ་ནི་མི་འཐད་དེ། རྡོ་རྗེ་ཕག་མོའི་བྱིན་རླབས་སྨིན་བྱེད་ཀྱི་དབང་དུ་བྱེད་པ་ནི། དབང་དང་བྱིན་རླབས་སོགས་ཀྱི་ནང་ཚན་སོ་སོར་འབྱེད་མ་ཤེས་པའི་སྐྱོན་ཆེན་པོ་ཡིན་པའི་ཕྱིར། ཞེས་བཤད་པ་ལ། དེང་སང་ཞེས་སོགས་ཤོ་ལོ་ཀ་གཅིག་བྱུང་། འདི་དང་མཐུན་པར། རྗེ་བཙུན་རིན་པོ་ཆེའི་འཕྲུལ་སྤྱོང་དུ་ཡང་། དེ་ཡང་བྱང་ཕྱོགས་རྒྱུད་འདི་ན། རྡོ་རྗེ་རྣལ་འབྱོར་མའི་བྱིན་རླབས་ཙམ་ལ་བརྟེན་ཏེ། གསང་བ་སྟོན་པ་དེ་ནི་ནོར་བ་སྟེ། བྱིན་རླབས་འདི་ལ་དབང་དམ་ཚིག་གང་ཡང་མེད་པའི་ཕྱིར་རོ། །ཡང་རྗེ་བཙུན་མ་འདི་ལས་ཆེས་ལྷག་པའི་སངས་རྒྱས་གཞན་མེད་ཅིང་། འདིའི་བྱིན་རླབས་ཀྱང་ཏིང་ངེ་འཛིན་སྐྱེ་བའི་རྟེན་འབྲེལ་ཡིན་པའི་ཕྱིར། དབང་གོང་མ་བཞིན་དུ་ཐུམ་པའི་དབང་གི་རྗེས་ལ་བསྐུར་བ་ཡིན་པ་ལས། ཐུམ་པའི་དབང་མ་ཐོབ་པ་ལ་འདི་ཡི་བྱིན་རླབས་བྱེད་པའང་རྒྱ་བའི་ལྟུང་བར་འགྱུར་བ་ཡིན་ནོ། །ཞེས་གསལ་བར་བཤད་པ་ཡིན་ནོ། །

དེས་ན། གཞུང་འདིས། གཞན་ལས་ལྷག་པའི་ནུས་པ་ཁྱད་པར་གསུམ་བསྟན་ཏེ། དེ་ཡང་ཇི་ལྟར་སྣམ་ན་ཕག་མོའི་བྱིན་རླབས་ཙམ་ལ་བརྟེན་ནས། རྫོགས་རིམ་ཟབ་མོའི་གསང་བ་སྟོན་པ་ནི་ནོར་བ་སྟེ། བྱིན་རླབས

དེ་ལ་བརྟེན་ནས། བསྐྱེད་རིམ་གྱི་སྒོམ་པ་གསར་ཐོབ་མེད་ཅིང་། རྫོགས་རིམ་གྱི་སྒོམ་པའང་གསར་ཐོབ་མེད་པའི་ཕྱིར། ཞེས་པའི་གནད་དང་པོ་འཆད་པ་ནི། དེ་ཡང་བྱང་ཕྱོགས་ཀྱི་རྒྱུད་འདི་ན་རྡོ་རྗེ་རྣལ་འབྱོར་མའི་བྱིན་རླབས་ཙམ་ལ་བརྟེན་ནས་གསང་བ་སྔོན་པ་ནི་ནོར་བ་སྟེ་བྱིན་རླབས་འདི་ལ་དབང་དམ་ཚིག་གང་ཡང་མེད་པའི་ཕྱིར་རོ། །ཞེས་པ་འདི་འབྱུང་། འོན་རྡོ་རྗེ་རྣལ་འབྱོར་མའི་བྱིན་རླབས་འདི་ལ་དགོས་པ་ཅི་ཡོད་ཅེ་ན། འདི་ལ་བརྟེན་ནས་གདུལ་བྱ་མ་སྨིན་པ་སྨིན་པར་བྱེད་པའམ། བླ་མེད་སྔགས་ཀྱི་དམ་ཚིག་དང་སྡོམ་པ་གསར་ཐོབ་མེད་ཀྱང་འདི་བསྒྲུར་བ་ལ་དགོས་པ་ཡོད་དེ། བླ་མེད་ཀྱི་ཏིང་ངེ་འཛིན་ཁྱད་པར་ཅན་བསྐྱེད་པའི་ཆེད་ཡིན་པའི་ཕྱིར། ཞེས་སྟོན་པ་ལ། ཡང་རྗེ་བཙུན་མ་འདི་ལས་ཆེས་ལྷག་པའི་སངས་རྒྱས་གཞན་མེད་ཅིང་། འདིའི་བྱིན་རླབས་ཀྱང་ཏིང་ངེ་འཛིན་སྐྱེ་བའི་རྟེན་འབྲེལ་ཡིན་པའི་ཕྱིར། དབང་གོང་མ་བཞིན་དུ། ཞེས་པ་འདི་བྱུང་། དེས་ན། བླ་མེད་ཐུམ་དབང་གིས་མ་སྨིན་པ་ལ། རྡོ་རྗེ་རྣལ་འབྱོར་མའི་བྱིན་རླབས་བྱེད་པ་ནི། གསང་སྔགས་ཀྱི་ལྷུང་བ་འབྱུང་བའི་རྒྱུར་གྱུར་པ་ཡིན་པའི་ཕྱིར་ཏེ། ཐུམ་དབང་གིས་མ་སྨིན་པ་ལ་དབང་གོང་མ་བསྐུར་ན། གསང་བ་སྒྲོགས་པར་འགྱུར་བ་བཞིན་དུ། འདི་གཉིས་ཀུན་ནས་མཚུངས་པའི་ཕྱིར་རོ། །ཞེས་བཤད་པ་ནི། དབང་གོང་མ་བཞིན་དུ་ཐུམ་དབང་མ་ཐོབ་པ་ལ་འདིའི་བྱིན་རླབས་བྱེད་པའང་རྩ་བའི་ལྟུང་བར་འགྱུར་བ་ཡིན་པའི་ཕྱིར་རོ་ཞེས་པ་འདི་འབྱུང་། །སརྦ་མངྒ་ལཾ།། །།

༄༅། །སྡོམ་གསུམ་རབ་དབྱེའི་དཀའ་འགྲེལ་སྤྲས་དོན་སྙིང་པོ་གསལ་བྱེད་ལས་བྱང་དང་སྨོན་པ་ཉེ་རྒྱུ་གསུམ་གྱི་རྣམ་བཤད་ལེགས་བཤད་ཉི་མའི་འོད་ཟེར་བཞུགས་སོ། །

མང་ཐོས་ཀླུ་སྒྲུབ་རྒྱ་མཚོ།

གངས་ཅན་ལྗོངས་བར་སྤྲུལ་པའི་སྐུ། །འཇམ་པའི་རྡོ་རྗེའི་ཕོ་བྲང་ནས། །ཀྲྀཿཡིག་འོད་ཕྲེང་ཐིགས་པའི་མཚོ། །འཇམ་དབྱངས་བླ་མ་རྒྱལ་གྱུར་ཅིག །ད་ནི་ས་བཅད་བཞི་པ་བོགས་འབྱིན་སྤྱོད་པ་སྤྱད་ཚུལ་འཆད་པ་ལ། ས་བཅུ་གསུམ་པ་དེའི་དངོས་ཀྱི་རྒྱུ་ནི། རྟེན་དཀྱིལ་འཁོར་བཞི་ཡིན་ལ། བརྒྱུད་པའི་རྒྱུ་ལ་གཉིས། སྤྱོད་པ་དང་ཉེ་རྒྱུའོ། །དང་པོ་ལ་གཉིས། སྤྱོད་པའི་སྔོན་དུ་འགྲོ་བ་བྱང་བཤད་པ་དང་། བྱང་ཐོབ་ནས་སྤྱོད་པ་སྤྱད་པ་དངོས་སོ༑ ༑དང་པོ་ལ་གཉིས། རྒྱུད་དང་མན་ངག་གི་ལུགས་གཉིས་སོ། །དང་པོ་ལ་དྲུག །བྱང་གི་ངོ་བོ། བྱང་གི་དབྱེ་བ། དབྱེ་བ་སོ་སོའི་མཚན་ཉིད། བྱང་མ་ཐོབ་པ་ཐོབ་པར་བྱེད་པའི་ཐབས། ཐོབ་པ་བརྟན་པར་བྱེད་པའི་དུས། བྱང་དང་སྤྱོད་པ་མཚམས་སྦྱར་བའོ། །དང་པོ་ནི། བླ་མེད་ཀྱི་དབང་དང་རིམ་གཉིས་གང་རུང་བསྒོམས་པ་ལ་བརྟེན་ནས་སྐྱེས་པའི་ལུས་ངག་ཡིད་གསུམ་གང་རུང་གི་ཉམས་མྱོང་ཅི་རིགས་པ་དེ་སྐབས་འདིར་བསྟན་བླ་མེད་བྱང་གྱི་ངོ་བོ་ཡིན་ཏེ། མདོན་རྟོགས་ལྗོན་ཤིང་ལས། དང་པོ་ནི། ཏིང་ངེ་འཛིན་ལས་སྐྱེས་པའི་ལུས་ངག་ཡིད་ཀྱི་མཐུ་འམ་ནུས་པའི་ཁྱད་པར་ལ་བྱང་ཅེས་བྱ་བ་སྟེ། ཞེས་བཤད་པའི་ཕྱིར་རོ། །གཉིས་པ་དབྱེ་ན་བྱང་ཆེ་འབྲིང་ཆུང་གསུམ་མོ། །གསུམ་པ་མཚན་ཉིད་ལ། བྱང་སྤྱིའི་མཚན་ཉིད་དང་། དབྱེ་བ་སོ་སོའི་མཚན་ཉིད་དོ། །དང་པོ་ནི། བླ་མེད་ལམ་ལ་བརྟེན་ནས་སྐྱེས་པའི་སྤྲིན་དང་དུ་བ་ལ་སོགས་པ་འོད་གསལ་གྱི་རྟགས་ཅི་རིགས་པ་ཤར་བ་དེ། བླ་མེད་ལམ་གྱིས་བསྡུས་པའི་བྱང་སྤྱིའི་རྟགས་སམ་མཚན་ཉིད་དུ་འཛོག་པ་ཡིན་ཏེ། རྡོ་རྗེ་གུར་ལེའུ་བཞི་པ་ལས། དང་པོ་སྤྲིན་གྱི་རྣམ་པ་སྟེ། །གཉིས་པ་དུ་བ་འདྲ་བ་ཉིད། །གསུམ་པ་མེ་ཁྱེར་རྣམ་པ་སྟེ། །བཞི་པ་མར་མེ་ཉེ་འབར་བ། །ལྔ་པ་རྟག་ཏུ་སྣང་བ་སྟེ། །སྤྲིན་མེད་ནམ་མཁའ་འདྲ་བ་ཉིད། །དེ་ནི་ཐམས་ཅད་མཁྱེན་པའི་རྒྱུ། །ཞེས་སོགས་བཤད་པས་སོ། །

གཉིས་པ་ནི། བླ་མེད་ཀྱི་དྲོད་ཆུང་ངུ་ཙམ་ཐོབ་པ་གང་ཞིག་ཚར་བཅད་རྗེས་འཛིན་དངོས་སུ་མི་ནུས་པ་དེ་དྲོད་ཆུང་ངུའི་མཚན་ཉིད་ཡིན་ལ། དྲོད་འབྲིང་གང་ཞིག །ཚར་བཅད་དང་རྗེས་འཛིན་གང་རུང་ཞིག་ནུས་ལ། གཉིས་ཀ་མི་ནུས་པ་དེ་དྲོད་འབྲིང་གི་མཚན་ཉིད་ཡིན་ཞིང་། བླ་མེད་ཀྱི་དྲོད་ཆེན་པོ་ཐོབ་ནས། གཉིས་ཀ་ནུས་པ་དེ་བླ་མེད་ཀྱི་དྲོད་ཆེན་པོའི་ངོ་བོར་འཇོག་སྟེ། ལྗོན་ཤིང་ལས། དྲོད་འབྲིང་པོས་ནི། ཚར་བཅད་པ་དང་རྗེས་སུ་བཟུང་བའི་ལས་གང་ཡང་རུང་བ་གཅིག་ནུས་པ་སྟེ། རྣམ་ཤེས་དང་ཡེ་ཤེས་ཀྱི་ལས་ཆ་མི་མཉམ་པ་ཞེས་བྱའོ། །དྲོད་ཆེན་པོས་ནི། ཚར་བཅད་དང་རྗེས་འཛིན་གཉིས་ཀ་ནུས་པ་སྟེ། རྣམ་ཤེས་དང་ཡེ་ཤེས་ཀྱི་ལས་ཆ་མཉམ་པ་ཞེས་བྱའོ། །དྲོད་ཆེ་འབྲིང་གཉིས་ཀའི་ལུང་ཡང་། རྩ་རྒྱུད་ཕྱི་མའི་གཉིས་པ་ལས། ཕན་དང་གནོད་པའི་འབྲས་འབྱུང་བ། །དེ་ལྟར་ངེས་པར་ཤེས་ནས་ནི། །ཇི་ལྟར་དེ་ནི་སྐད་ཅིག་ཀྱང་། །རྣལ་འབྱོར་དུ་འབོད་ག་ལ་འགྲོ། །ཞེས་གསུངས་པས་སོ། །འདིར་ཚར་བཅད་དང་རྗེས་འཛིན་ཞེས་པ་ནི། ལྟ་སྟངས་སོགས་ཀྱི་སྒོ་ནས། ཤིང་ཏོག་ལྟ་བུ་ལྟུང་བར་བྱེད་ནུས་པའམ། (འདི་ན་ཚིག་གོང་འོག་འགྲིགས་མི་འདུག་སྙམ་མོད་མ་དཔེ་ལས་འདི་བཞིན་འདུག་པས་རང་སོར་བཞག་ཡོད་རྩོམ་སྒྲིག་པ་གཡང་ཤོད་པས)སྨིན་བྱེད་ཀྱི་དབང་བཞི། གྲོལ་བྱེད་ཀྱི་རིམ་གཉིས། དེ་ལས་སྐྱེས་པའི་ཡེ་ཤེས་ཕྱག་རྒྱ་ཆེན་པོ། དེ་ལས་བོགས་འབྱིན་སྤྱོད་པ་སྤྱོད་ཚུལ། དེ་ལས་ས་ལམ་བགྲོད་ཚུལ་ལོ། །འདི་རྣམས་ཀྱང་ལུགས་ལྡོག་གི་ལམ་རིམ་བཞིན་བཤད་ན། ས་ལམ་བགྲོད་ཚུལ་ལ། སྤྱིར་ཐེག་ཆེན་ས་ལམ་གྱི་རྣམ་གཞག །བྱེ་བྲག་ཐེག་ཆེན་ས་ལམ་གྱི་རྣམ་གཞག །ཁྱད་པར་གསང་སྔགས་བླ་མེད་ཀྱི་ས་ལམ་གྱི་རྣམ་གཞག་གོ། །

དང་པོ་ལ། དམན་པ་ས་བརྒྱད་ཅེས་གྲགས་པ་སྟེ། དཀར་པོ་རྣམ་པར་མཐོང་བའི་ས། རིགས་ཀྱི་ས། བརྒྱད་པའི་ས། མཐོང་བའི་ས། སྲབ་པའི་ས། འདོད་ཆགས་དང་བྲལ་བའི་ས། བྱས་པ་རྟོགས་པའི་ས། རང་སངས་རྒྱས་ཀྱི་ས་དང་བརྒྱད་ལས། དང་པོ་དང་ཉན་ཐོས་ཀྱི་ཚོགས་ལམ་དོན་གཅིག་པ་ནས། ཉན་ཐོས་ཀྱི་སྦྱོར་ལམ། རྒྱུན་དུ་ཞུགས་པའི་ལམ། རྒྱུན་ཞུགས་ཀྱི་ལམ། ཕྱིར་འོང་གི་ལམ། ཉན་ཐོས་དགྲ་བཅོམ་པའི་ལམ། རང་རྒྱལ་གྱི་ལམ་དང་རིམ་བཞིན་དོན་གཅིག་པ་ཡིན་ནོ། །གཉིས་པ་ཐེག་ཆེན་ཕ་རོལ་ཏུ་ཕྱིན་པའི་ལུགས་ལ་ནི། མངོན་རྟོགས་རྒྱན་ལས་ས་བཅུར་ཕྱེ་ནས་བཅུ་པ་ལ་སངས་རྒྱས་ཀྱི་སར་བཤད་པ་དང་། བྱང་ས་ལས་ཐེག་ཆེན་མོས་སྤྱོད་ལས་ས་གཉིས་དང་། བྱང་སེམས་འཕགས་པའི་ས་བཅུ་དང་། སངས་རྒྱས་ཀྱི་ས་དང་བཅུ་གསུམ་དུ་བཤད་པ་ལ་སོགས་པའང་ཡོད་མོད་ཀྱི། མདོ་རྒྱན་རྩ་འགྲེལ་ལས། བྱང་སེམས་འཕགས་པའི་ས་རབ་དགའ་སོགས་བཅུ་དང་། བཅུ་གཅིག་པ་སངས་རྒྱས་ཀྱི་ས་དང་བཅུ་གཅིག་ཏུ་བཤད་པ་འདི་སྙིང་པོར་བཟུང་ངོ། །གསུམ་པ་བླ་མེད་རྡོ་རྗེ་ཐེག་པའི་ལུགས་ལ། ཁ་ཅིག །ས་བཅུ་གཅིག་ཁོ་ནར་བཞེད་པ་དང་། ལ་ལས་བཅུ་གཉིས

ཁོ་ནར་བཞེད་པ་དང་། གཞན་དག་ས་བཅུ་བཞི་དང་། བཅུ་དྲུག་སོགས་སུ་བཞེད་པའང་སྣང་མོད་ཀྱི། ཁོ་བོ་ཅག་འབྲུལ་པའི་དྲི་མ་ཟད་པ་འཇམ་མགོན་ས་སྐྱ་པའི་རིང་ལུགས་འཛིན་པ་དག་གིས་ས་བཅུ་གསུམ་གྱི་རྣམ་གཞག་འདི། ལུང་རིགས་མན་ངག་གསུམ་གྱིས་གཏན་ལ་ཕབ་སྟེ། འཐད་ལྡན་དུ་ཁས་བླངས་པ་ཡིན་នོ། །

དེས་ན་འདི་ལ་གཉིས། ས་བཅུ་གསུམ་གྱི་བགྲོད་ཚུལ་དང་། ལམ་ལྔ་དང་བྱང་ཕྱོགས་སོ་བདུན་གྱི་བགྲོད་ཚུལ་གཉིས། དང་པོ་ལ་བཞི། ཡུལ་ཆེན་སོ་བདུན་གྱི་སྒོ་ནས་ས་ལམ་བགྲོད་པའི་ཚུལ། རྩ་དབུ་མའི་མདུད་པ་གྲོལ་ཚུལ་གྱི་སྒོ་ནས་ས་ལམ་བགྲོད་པའི་ཚུལ། དགའ་བ་བཅུ་དྲུག་འཆར་ཚུལ་གྱི་སྒོ་ནས་ས་ལམ་བགྲོད་པའི་ཚུལ། དེ་ལ་ས་ལམ་གྱི་འཇུག་ལྡོག་གཏན་ལ་ཕབ་པའོ། །དང་པོ་ལ། འཁོར་ལོ་བདེ་མཆོག་ནས་བཤད་ཚུལ་དང་། དགྱེས་པ་རྡོ་རྗེ་ནས་བཤད་པའི་ཚུལ་ལོ། །དང་པོ་ལ་གསུམ། སྤྱིའི་ཡུལ་ཆེན་སོ་བདུན་ངོས་བཟུང་བ་སྦྱོར་ལམ་འདི་ལ་འཇིག་རྟེན་པའི་ལམ་དང་། འཇིག་རྟེན་ལས་འདས་པའི་ལམ་གཉིས་སུ་ཕྱེ་ནས། །དང་པོ་དྲོད་ཀྱིས་བསྡུས་པའི་ལམ་དང་། གཉིས་པ་རྟགས་ཀྱིས་བསྡུས་པའི་ལམ་ཞེས་བྱ་ཞིང་། དེ་བཞིན་དུ། འཁོར་ལོ་འཆམ་པའི་ལམ་དང་། འཁོར་ལོ་བསྒོར་བའི་ལམ་གཉིས། ཡེ་ཤེས་འཇུག་ལྡོག་དང་། རྣམ་རྟོག་འཇུག་ལྡོག་གི་ལམ་གཉིས། བླ་མ་ན་མི་འཕོ་བའི་ལམ་དང་། བླ་མ་ན་འཕོ་བའི་ལམ་གཉིས་སོགས་ཕྱེ་བའི་སྤྱི་མ་རྣམས་འཇིག་རྟེན་པའི་ལམ་དང་། ཕྱི་མ་རྣམས་འཇིག་རྟེན་ལས་འདས་པའི་ལམ་དུ་བཤད་པའི་གནད་ཀྱིས། དྲོད་ཆེ་འབྲིང་ཆུང་གསུམ་ཐམས་ཅད། མན་ངག་གི་སྐབས་འདིར་འཇིག་རྟེན་པའི་ལམ་ཁོ་ན་ལ་འཇོག་པ་ཡིན་ལ། དེ་ཡང་ལམ་ལྔ་ལྟར་ན། དབང་བཞིའི་བསྐྱེད་རྫོགས་རྣམས་བསྒོམས་པ་ནི་ཚོགས་ལམ་ཡིན་ཞིང་། དེ་ལས་ཉམས་མྱོང་གི་ལྟ་བ་མ་སྐྱེད་ན་ཚོགས་ལམ་རང་རྒྱུད་དུ་ཞོར་བ་ཞེས་བྱ་བ་ཡིན་ལ། ཉམས་མྱོང་གི་ལྟ་བ་སྐྱེད་ན། སྦྱོར་ལམ་དྲོད་ཀྱི་སྐེ་ཟིན་པ་ཡིན་པས། ཁམས་འདུས་པ་གསུམ་ལ་དྲོད་ཆུང་འབྲིང་ཆེ་གསུམ་རིམ་གྱིས་འཆར་བ་ཡིན་ཏེ། གཞུང་བཤད་གཉག་མ་ལས། མདོར་ན་ཏིང་ངེ་འཛིན་སྐྱེ་བའི་རྒྱུ་འཚོགས་པ་ལ་ཚོགས་ལམ་ཞེས་བྱ་བར་བཞེད་དོ། །

ལམ་དེས་སྦྱོར་ལམ་དྲོད་དང་འབྱོར་བར་གྱུར་པ་ན། དྲོད་གསུམ་ལ་ཆེ་འབྲིང་ཆུང་གསུམ་གྱི་དབྱེ་བྲག་གིས། ཁམས་འདུས་པ་གསུམ་རིམ་གྱིས་འཇུག་པས། ཐ་མལ་པའི་ལུས་ངག་ཡིད་གསུམ་དང་བྲལ་བའི་འབྲས་བུ་བཞི་ཐོབ་ནས་ཞེས་སྨོས་ཏེ། ཞེས་སོགས་བཤད་པའི་ཕྱིར་དང་། གཞུང་བཤད་མན་ངག་གཏེར་མཛོད་ལས་ཀྱང་། ལམ་དེ་དག་བསྒོམས་ཀྱང་མ་སྐྱེས་ན། ཚོགས་ལམ་རང་རྒྱུད་དུ་ཞོར་བ་ཡིན་པས། ཕར་ཕྱིན་གྱི་ལྟ་བ་དང་ཁྱད་པར་མེད་གསུངས། དེ་ལས་སྐྱེས་པའི་ཉམས་ལ་མི་བརྟེན་པའི་ངོས་ནས་ལྟ་བ། ལམ་ཕན་འདོགས་ཆུང་བའི་ངོས་ནས

དྲོད། སེམས་ལ་འཆར་བའི་ངོས་ནས་སེམས་ཉམས། རྟོག་པ་རྒྱུན་ཆགས་ཀྱི་སྟོང་པའི་ངོས་ནས་སྒོམ་པ། རྣམ་རྟོག་ཟིལ་གྱིས་གནོན་པའམ། ཡུལ་རྣམས་གྲོགས་སུ་འཆར་བའི་ངོས་ནས་རྟོགས་པ་ཞེས་བྱ། ཞེས་སོགས་བཤད་པས་སོ། །

དེས་ན་ལམ་གྱི་ཉམས་མྱོང་ལྔ་བ་རྒྱུད་ལས་སྐྱེས་ནས། མཐོང་ལམ་སྐྱེས་ཀྱི་བར་གྱི་ཉམས་མྱོང་ལ་སྦྱོར་ལམ་དྲོད་ཅེས་བཞག་ནས། དེ་ཡང་ཁམས་འདུས་པ་གསུམ་གྱི་དབང་གིས། ཁམས་འདུས་པ་དང་པོའི་ཉམས་རྣམས་ལ། རྣམ་རྟོག་སྔོན་དུ་སོང་བའི་དྲོད་ཅེས་བྱ་ཞིང་། མ་ངེས་པའི་འཁྲུལ་སྣང་དུ་འཆར་བའི་དུས་དང་། ཕྱི་རོལ་ཡུལ་རྐྱེན་གྱིས་འདོན་པས་དྲོད་ཆུང་ངུ་ཞེས་བྱ། ཁམས་འདུས་པ་བར་པའི་ཉམས་རྣམས་ལ་ཁམས་དགུ་འདུས་པའི་དྲོད་ཅེས་བྱ་ཞིང་། ངེས་པ་མཐོང་སྣང་དུ་འཆར་བའི་དུས་དང་ཕྱི་རོལ་ཡུལ་རྐྱེན་གྱིས་མི་གནོད་པས་དྲོད་འབྲིང་པོ་ཞེས་བྱ། ཁམས་འདུས་པ་ཐ་མའི་ཉམས་རྣམས་ལ། ཐིག་ལེ་འབར་ཞིང་འདུས་པའི་དྲོད་ཅེས་བྱ་ཞིང་། ཤིན་ཏུ་ངེས་པ་གསལ་སྣང་དུ་འཆར་བའི་དུས་དང་། ཕྱི་རོལ་ཡུལ་རྐྱེན་གྱིས་ཕན་འདོགས་པ་དྲོད་ཆེན་པོ་ཞེས་བྱ་བ་ཡིན་ལ། ཁམས་འདུས་པ་ཐ་མའི་སྐབས་ཀྱི་དྲོད་ཆེན་པོའི་ལྡོག་པ་ལ། སྦྱོར་ལམ་ལྷག་མ་གསུམ་ཡང་འཛོག་སྟེ། རྟེན་པད་མ་ཅན་གྱི་བྱེད་པ་ལས། རྩ་དབུ་མའི་མས་སྣར། རོ་རྐྱང་གཉིས་ཀྱི་མས་སྣ་ཆུད་པའི་རྟེན་འབྲེལ་གྱིས། ཕྱི་ནང་གི་རྩེ་མོ་གཉིས། མ་སྐྱེས་པའི་ཆོས་ལ་བཟོད་པར་དཀའ་བའི་བཟོད་པ་གཅིག །འཁོར་བའི་ཆོས་ལས་འདས་པའི་ཆོས་མཆོག་དང་། མྱ་ངན་ལས་འདས་པའི་ལམ་ཆོས་རྣམས་རྫོགས་པའི་ཆོས་མཆོག་རྣམས་གཉིས་སྐྱེ་བ་ཡིན་པའི་ཕྱིར། དེ་ཡང་ཕྱིའི་རྩེ་མོ་ནི། རོ་རྐྱང་གཉིས་ཀྱི་སྣ་རྩེར་རླུང་སེམས་ཆུད་པ་ཡིན་ལ། ནང་གི་རྩེ་མོ་ནི། དབུ་མའི་སྣ་རྩེར་རླུང་སེམས་ཕྱིན་པ་ཡིན་ཞིང་། དེའི་ཚེ་དབུ་མའི་ནང་དུ་རླུང་སེམས་འདུས་པས་སྟོང་པ་ཉིད་ལ་མི་སྐྲག་པས་བཟོད་པ་ཞེས་བྱ་ལ། རྩ་རོ་རྐྱང་གཉིས་ལས་འདས་པས་འཇིག་རྟེན་ལས་འདས་པའི་ཆོས་མཆོག་དང་། དབུ་མའི་སྣ་རྩེར་རླུང་སེམས་བྱོན་པས་མྱ་ངན་ལས་འདས་པའི་ལམ་ཆོས་རྣམས་རྫོགས་པའི་ཆོས་མཆོག་ཅེས་བྱ་བ་ཡིན་ཏེ། རྡོ་རྗེའི་ཚིག་རྐང་ལས། ནང་གི་སངས་རྣམས་ཀྱི་ལམ་སྲིད་པའི་རྩེ་མོར་ཕྱིན་ཅིང་། མ་སྐྱེས་པའི་ཆོས་ལ་བཟོད་པར་དཀའ་བ། དབུ་མར་སེམས་རྟོག་མེད་ལོག་སེམས་འཕོས་ན་བཟོད་པ༑ འཁོར་བའི་ཆོས་ལས་འདས་ཤིང་། མྱ་ངན་ལས་འདས་པའི་ཆོས་རྣམས་རྫོགས་པས་ཆོས་ཀྱི་མཆོག་ཅེས་བཤད་པས་སོ། །འོན་འདིར། སྦྱོར་ལམ་རྩེ་མོ་སོགས་ཅིག་ཆར་སྐྱེ་ཞིང་ལྡོག་པས་ཕྱེ་བ་ཙམ་ཡིན་སྙམ་ན་གཞུང་བཤད་ཀྱི་དངོས་བསྟན་དེ་ལྟར་སྣང་ཡང་། དོན་ལ་མ་ཡིན་ཏེ། རིམ་ཅན་སྐྱེ་ཚུལ་སོགས་ཚོགས་སྦྱོར་མངོན་རྟོགས་ནས་བཤད་པ་ལྟར་གོང་དུ་བསྟན་ཟིན་པའི་ཕྱིར་རོ། །འདི་དག་ནི་གཞུང་བཤད་ཀྱི་དངོས་བསྟན་ཙམ་ཡིན་ལ།

རྡོ་རྗེ་བཙུན་ས་པཎ་གྱི་ཕྱག་ཆེན་མིག་ཐུར་ལས་བཤད་པའི་གནད་ཟབ་མོ་ནི། ཕྱག་ཆེན་སྐབས་སུ་འཆད་དོ། །

གཉིས་པ་དྲོད་ཐོབ་ནས་སྤྱོད་པ་སྤྱད་པ་ལ་གཉིས། རྒྱུད་དང་མན་ངག་གི་ལུགས་གཉིས་སོ། །དང་པོ་ལ་དྲུག །སྤྱོད་པའི་ངོ་བོ། དབྱེ་བ། དབྱེ་བ་སོ་སོའི་རང་བཞིན། སྤྱོད་པ་སྤྱོད་པའི་གང་ཟག །སྤྱོད་པ་སྤྱད་པའི་གནས། དེ་སྤྱད་པའི་དགོས་པའོ། །དང་པོ་ནི། ནང་དུ་དེ་ཁོ་ན་ཉིད་རྟོགས་པས་ཀུན་ནས་བསླངས་ཏེ། ཕྱི་རོལ་ཏུ་ལུས་ངག་ཅི་འདོད་གཡོ་ཞིང་རྒྱུ་བའི་ཁྱད་པར་དེའི་ངོ་བོ། གཉིས་པ་དབྱེ་ན། གཉིས་སུ་དབྱེ་བ་དང་། གསུམ་དུ་དབྱེ་བའོ། །དང་པོ་ལ་ཀུན་འདར་གྱི་སྤྱོད་པ་དང་། ཀུན་ཏུ་བཟང་པོའི་སྤྱོད་པའོ། །དང་པོ་མིང་གི་རྣམ་གྲངས་ནི། རྒྱལ་བུ་གཞོན་ནུའི་སྤྱོད་པ། གསང་སྤྱོད། སྨྱོན་པ་བརྟུལ་ཞུགས་ཀྱི་སྤྱོད་པ་ཞེས་བྱ་ལ། གཉིས་པ་མིང་གི་རྣམ་གྲངས། ཕྱོགས་ལས་རྣམ་པར་རྒྱལ་བའི་སྤྱོད་པ། རྒྱལ་ཚབ་ཆེན་པོའི་ས་ལ་གནས་པའི་སྤྱོད་པ། འཇིག་རྟེན་པའི་མངོན་དུ་སྤྱོད་པ། ཚོགས་བདག་ཆེན་པོའི་སྤྱོད་པ་ཞེས་བྱ་བ་རྣམས་མིང་གི་རྣམ་གྲངས་སོ། །

གཉིས་པ་གསུམ་དུ་དབྱེ་ན། ཀུན་འདར་གསང་སྤྱོད། ཀུན་འདར་མངོན་སྤྱོད། ཀུན་ཏུ་བཟང་པོའི་སྤྱོད་པ་དང་གསུམ་མོ། །གསུམ་པ་སོ་སོའི་ངོ་བོ་ནི། དྲོད་ཆུང་ངུ་ཐོབ་ནས་དྲོད་འབྲིང་པོ་ཐོབ་ཕྱིར་དུ་སྤྱོད་པའི་སྤྱོད་པ། སྤྱོད་པ་གསུམ་གྱིས་ཟླས་ཕྱེ་བའི་ཀུན་འདར་གསང་སྤྱོད་ཀྱི་ངོ་བོ་ཡིན་ལ། དྲོད་འབྲིང་པོ་ཐོབ་ནས། དྲོད་ཆེན་པོ་མཐོང་ལམ་ཐོབ་ཕྱིར་དུ་སྤྱོད་པ་སྤྱད་པ་སྟེ། དེ་གསུམ་གྱིས་ཟླས་ཕྱེ་བའི་ཀུན་འདར་མངོན་སྤྱོད་ཀྱི་ངོ་བོ་ཡིན་ཞིང་། དྲོད་ཆེན་པོ་ཐོབ་ནས་ཕྱག་རྒྱ་ཆེན་པོ་མཆོག་གི་དངོས་གྲུབ་བཅུ་གསུམ་རྡོ་རྗེ་འཛིན་པའི་ས་ཐོབ་ཕྱིར་དུ་སྤྱོད་པའི་སྤྱོད་པ་དེ། དེ་གསུམ་གྱིས་མདོར་བསྟན། དེ་ཉིད་ཞིབ་ཏུ་བཤད་ན། ས་དང་པོ་ཐོབ་པ་ལ་ཡུལ་ཆེ་བ་བཞི་བགྲོད་དགོས་ཏེ། རྩ་མི་ཕྱེད་མ་དང་། ཕྲ་གཟུགས་མ་དང་། བརྩེ་བ་མ་དང་། གཡོན་པ་མ་སྟེ་ནང་གི་རྩ་བཞི་དང་། རྩ་དེ་བཞིའི་མདུད་པ་པུ་ཛྙཱ་ཨོཾ་ཨའི་རྣམ་པས་སྤྱི་བོ་སྤྱི་གཙུག་རྣ་བ་གཡས་ལྟག་པ་བཞིར་གནས་པའི་ཡི་གེ་བཞི་དང་། རྩ་དེ་དག་ནས་སོ་དང་སེན་མོའི་ཁམས་སོགས་ཁམས་བདུད་རྩི་བཞི་དང་། ནང་གི་ཡུལ་དེ་བཞི་རེ་རེ་ནས་ལས་ཀྱི་རླུང་དྲུག་བརྒྱ་བདུན་བཅུ་རྩ་ལྔ་པ་རེ་རྒྱུ་བ་རྣམས་དབུ་མར་ཐིམ་པ་དང་། ཕྱིའི་པུལླི་ར་མ་ལ་སོགས་ཡུལ་བཞིའི་དཔའ་བོ་དང་རྣལ་འབྱོར་མ་རྣམས་དབང་དུ་འདུས་པ་ལས་ས་དང་པོའི་རྟོགས་པ་སྐྱེ་བ་ཡིན་པའི་ཕྱིར། ཞེས་འཆད་པ་ལ།

རྗེ་བཙུན་རིན་པོ་ཆེས། བདག་མེད་མའི་བསྟོད་པ་ལ། པུལླི་ར་མི་ཕྱེད་སོ་དང་སེན་མོའི་ཁམས། །འབར་འཛིན་ཕྲ་གཟུགས་སྐྲ་དང་སྤུ་འབབ་ཅིང་། །གཟུགས་ཕུང་གཏི་མུག་མིག་སྒྲོང་ཛཱ་ལས་བྱུང་། །འཁོར་ལོའི་ཤར་གནས་རྡོ་རྗེ་མར་ཕྱག་འཚལ། །ཨུ་རྒྱན་རྩེ་བ་ལྤགས་པ་དྲི་མ་སྐྱེད། །ཨརྦུ་གཡོན་པ་མ་སྟེ་ཤ་འབབ་ཅིང་། །ཚོར

བ་སེར་སྣ་རྣ་སྦྱོང་ཨེ་ལས་བྱུང་། །ལྷོ་ཕྱོགས་གསང་བའི་དཀར་མོར་བདག་ཕྱག་འཚལ། །སྤྱི་བོ་སྤྱི་གཙུག་རྣ་བ་ལྟག་པར་བཞུགས། །ལུས་དང་ཚོར་བ་སེམས་དང་ཆོས་ཀྱི་དངོས། །རླུང་དང་བྱང་ཆུབ་སེམས་རྣམས་དབུ་མར་ཐིམ། །གནས་དེར་རབ་དགའི་ས་ལ་བདག་ཕྱག་འཚལ། །ཞེས་པའི་ཤོ་ལོ་ཀ་གསུམ་མོ། །དེ་བཞིན་དུ་ས་གཉིས་པ་ཐོབ་པ་ལ་ཡུལ་བཞི་བགྲོད་དགོས་ཏེ། ཐུང་དུམ་དང་། རུས་སྦྲུལ་སྐྱེས་མ་དང་། སྒོམ་པ་མ་དང་། དབང་མ་སྟེ་རྩ་བཞི་དང་། རྩ་དེ་བཞིའི་མདུད་པ། གོ་ར་དེ་མའི་རྣམ་པས། རྣ་བ་གཡོན་པ། སྨིན་ཕྲག །མིག་གཉིས། ཕྲག་པ་གཉིས་ཏེ་གནས་བཞིར་གནས་པའི་རྩ་ཡི་གེ་བཞི་དང་། ཆུ་རྒྱུས་ཀྱི་ཁམས་ལ་སོགས་པ་ཁམས་བཞི། ཡུལ་བཞི་རེ་རེ་ནས་ལས་རླུང་དྲུག་བརྒྱ་བདུན་ཅུ་རྩ་ལྔ་རེ་རྒྱུ་བ་རྣམས་དབུ་མར་ཐིམ་ཞིང་། གོ་ད་ཝ་རི་སོགས་ཕྱིའི་ཡུལ་བཞིའི་དཔའ་བོ་དང་རྣལ་འབྱོར་མ་དབང་དུ་འདུས་པ་ལས་ས་གཉིས་པའི་རྟོགས་པ་སྐྱེ་བ་ཡིན་པའི་ཕྱིར། ཞེས་བཤད་པ་ལ། བདག་མེད་བསྟོད་པ་ལས། གོ་ད་ཝ་རིར་ཐུང་དུ་ཆུ་རྒྱུས་འབབ། །རམ་སྨིན་རུས་སྦྲུལ་སྐྱེས་མ་རུས་ཕྲེང་སྐྱེད། །འདུ་ཤེས་འདོད་ཆགས་ལྷེ་སྦྱོང་ཨེ་ལས་བྱུང་། །ཆུ་བདག་ཆུ་ཡི་རྣལ་འབྱོར་མ་ཕྱག་འཚལ། །དེ་ཝི་ཀོ་ཊ་སྒོམ་མ་མཁལ་མ་སྐྱེད། །མ་ལར་དབང་མ་སྙིང་འབབ་འདུ་བྱེད་སྐྱེད། །ཕྲག་དོག་ལུས་སྦྱོང་ཨུ་སྐྱེས་ཡང་དག་སྤོང་། །རྡོ་རྗེ་མཁའ་འགྲོ་གཉིས་པའི་ས་ལ་བསྟོད། །ཅེས་སོ། །

ཡང་ས་གསུམ་པ་ནས་དྲུག་པའི་བར་ཐོབ་པ་ལ་ཡུལ་གཉིས་གཉིས་བགྲོད་དགོས་པ་ཡིན་ཏེ། སྐྱོན་མ། འཇིགས་མ། མ་མོ། མཚན་མོ་སྟེ་རྩ་བཞི་དང་། དེ་དག་གི་མདུད་པ། ཀ་ཨོཾ་ཏྲི་ཀོའི་རྣམ་པས་མཆན་ཁུང་གཉིས། ནུ་མ་གཉིས། ལྟེ་བ། རྣ་རྩེ་སྟེ་གནས་བཞིར་གནས་པའི་ཡི་གེ་བཞི་དང་། རྩ་དེ་དག་གི་ནང་གི་མིག་གི་ཁམས་སོགས་བཞི་དང་། ཡུལ་རེ་རེ་ནས་ལས་རླུང་སྟོར་བཞིན་རྒྱུ་བ་རྣམས་དབུ་མར་ཐིམ་ཞིང་། ཀ་མ་རཱུ་པ་སོགས་ཕྱིའི་ཡུལ་བཞིའི་མཁའ་འགྲོ་དབང་དུ་འདུས་པ་ལས། རིམ་བཞིན་ས་གསུམ་པ་དང་བཞི་པའི་རྟོགས་པ་སྐྱེ། བསིལ་སྦྱིན་མ་དང་། ཚ་བ་མ་དང་། གཞོལ་མ་དང་། རལ་མ་སྟེ་རྩ་བཞི་དང་། རྩ་མདུད་ཀ་ལ་ཀ་ཧའི་རྣམ་པས། ཁ་དང་། མགྲིན་པ་དང་། སྙིང་ཀ །འདོམ་བར་ན་གནས་པའི་ཡི་གེ་བཞི་དང་། ཆུ་རྒྱུས་ཀྱི་ཁམས་སོགས་བཞི་དང་། ཡུལ་རེ་རེ་ནས་ལས་རླུང་སྟོམ་བཞིན་རྒྱུ་བ་རྣམས་དབུ་མར་ཐིམ་ཞིང་། ཀ་ལིངྒ་སོགས་ཕྱིའི་ཡུལ་བཞིའི་མཁའ་འགྲོ་དབང་དུ་འདུས་པར་ལས་རིམ་བཞིན་ས་ལྔ་པ་དང་དྲུག་པའི་རྟོགས་པ་སྐྱེ་བའི་ཕྱིར། ཞེས་བཤད་པ་ལ། ཀ་མ་རཱུ་པ་སྐྱོན་མ་མིག་འབབ་ཅིང་། །ཨོཾ་ཏྲིར་འཇིགས་མ་མཁྲིས་འབབ་ཆུ་ཡི་ཁམས། །ཨུ་སྐྱེས་ཕུཀྐ་སེས་སྦྱོང་རྫུ་འཕྲུལ་གཉིས། །བྱང་ཤར་འོད་བྱེད་ཞིང་ལ་ཕྱག་འཚལ་ལོ། །ཧྲི་ཤ་ཀུ་ནེར་མ་མོ་གློ་བ་འབབ། །ཀོ་སར་མཚན་མོ་རྒྱུ་མ་ཆུ་ཡི་ཁམས། །རི་སྐྱེས་ཤ་བ་རིས་སྦྱོང་རྫུ་འཕྲུལ་གཉིས། །ཤར་ལྷོ་ཉེ་ཞིང་འོད་འཕྲོ་ཕྱག་འཚལ་

ཡོ༔ ༔ཀ་ལིངྐ་ར་ནི་བསིལ་སྦྱིན་ཆུ་རྒྱུས་འབབ། །ལམྤཱ་ར་ཚ་བ་ལྷོ་བ་འབབ་པ་མེ། །རི་སྐྱེས་ཙཎྜ་ལིས་སྐྱོང་དབང་པོ་གཉིས། །ལྷོ་ནུབ་ཚཀྐྲི་སྦྱང་ཀ་ཕྱག་འཚལ་ལོ། །ཀཱུཏྲིར་གཞོལ་མ་སྙིང་འབབ་ཁ་བའི་རི། །དྭངས་མ་རུས་པའི་ཁམས་འབབ་རླུང་གི་ཁམས། །ལི་སྐྱེས་གཡུང་མོས་སྐྱོང་ཞིང་དབང་པོ་གཉིས། །ནུབ་བྱང་མངོན་གྱུར་ཉེ་བའི་ཚཀྐྲ་ར་བསྟོད། །ཞེས་སོ། །

དེ་བཞིན་དུ་ས་བདུན་པ་ནས་བཅུ་པའི་བར་ཐོབ་པ་ལ་ཡང་ཡུལ་གཉིས་གཉིས་བགྲོད་དགོས་ཏེ། ཤིན་ཏུ་གཟུགས་ཅན་མ་དང་། སྤྱི་མ་དང་། རྒྱས་སྦྱིན་མ་དང་། སྦྱོར་བྲལ་མ་སྟེ་རྩ་བཞི་དང་། རྩ་མདུད་པྲེ་གྲི་སོ་སུའི་ནམ་པས། མཚན་མ་དང་། བཤང་ལམ་དང་། བརླ་གཉིས་དང་། བྱིན་པ་གཉིས་ཏེ་གནས་བཞིར་གནས་པའི་ཡི་གེ་བཞི་དང་། རྩ་དེ་དག་གི་ནང་གི་བད་ཀན་གྱི་ཁམས་སོགས་བཞི་དང་། ཡུལ་རེ་རེ་ནས་ལས་རླུང་སྔར་བཞིན་དྲུག་བརྒྱ་བདུན་བཅུ་རྩ་ལྔ་རེ་རྒྱུ་བ་རྣམས་དབུ་མར་ཐིམ་ཞིང་། ཕྱིའི་ཡུལ་པྲེ་ཏ་པུ་རི་སོགས་བཞིའི་མཁའ་འགྲོ་དབང་དུ་འདུས་པ་ལས། རིམ་བཞིན་ས་བདུན་པ་དང་བརྒྱད་པའི་རྟོགས་པ་སྐྱེད། ཡང་སྡུ་གུ་མ་དང་། གྲུབ་མ་དང་། འཚེད་མ་དང་། ཡིད་བཟང་མ་སྟེ་རྩ་བཞི་དང་། རྩ་མདུད་རྣམས་པི་མ་ཀུའི་རྣམ་པས་སོར་མོ་བཅུ་དྲུག་དང་། བོལ་གོང་གཉིས། མཐེ་བོང་བཞི་དང་། པུས་མོ་གཉིས་ཏེ་གནས་བཞིར་གནས་པའི་ཡི་གེ་བཞི་དང་། རྩ་དེ་དག་གི་ནང་གི་ཚིལ་བུའི་ཁམས་སོགས་བདུད་རྩི་བཞི་དང་། ཡུལ་རེ་རེ་ནས་ལས་རླུང་སྔར་བཞིན་རྒྱུ་བ་རྣམས་དབུ་མར་ཐིམ་ཞིང་། ཕྱིའི་ཡུལ་ན་ག་ར་སོགས་བཞིའི་མཁའ་འགྲོ་བཞིར་གནས་པའི་ཡི་གེ་བཞི་དང་། རྩ་དེ་དག་གི་ནང་གི་ཚིལ་བུའི་ཁམས་སོགས་བདུད་རྩི་བཞི་དང་། ཡུལ་རེ་རེ་ནས་ལས་རླུང་སྔར་བཞིན་རྒྱུ་བ་རྣམས་དབུ་མར་ཐིམ་ཞིང་། ཕྱིའི་ཡུལ་ན་ག་ར་སོགས་བཞིའི་མཁའ་འགྲོ་དབང་དུ་འདུས་པ་ལས་ས་དགུ་པ་དང་བཅུ་པ་གཉིས་ཀྱི་རྟོགས་པ་སྐྱེ་བ་ཡིན་པའི་ཕྱིར་ཞེས་པ་ལ། པྲེ་ཏ་རར་ཤིན་ཏུ་གཟུགས་ཅན་འབབ། །ཁྲིམ་གྱི་ལྷ་ནི་སྤྱི་མ་རྣག་འབབ་གཟུགས། །ལྡི་སྐྱེས་གཽ་རིས་སྐྱོང་མཛད་དབང་པོ་སྟོབས། །ཤར་ཕྱོགས་འདུ་བ་རིང་དུ་སོང་བར་བསྟོད། །སཽ་རཥྚ་རྒྱས་སྦྱིན་ཁྲག་འབབ་ཅིང་། །གསེར་གླིང་སྦྱོར་བྲལ་རྡུལ་ འབབ་སྐྲ་ཡི་ཁམས། །ཤཻ་སྐྱེས་ཙཽ་རིས་སྐྱོང་མཛད་སྟོབས་གཉིས་ལྡོར། །མི་གཡོ་ཉེ་བའི་འདུ་བར་བདག་ཕྱག་འཚལ། །ནཱ་ག་ར་ར་ནི་སྡུ་གུ་ཚིལ་བུ་འབབ། །སིནྡྷུར་གྲུབ་མ་མཆིན་འབབ་རྣ་ཡི་ཡུལ། །ཤྲཱི་སྐྱེས་བཻ་ཏཱ་ལིའི་སྐྱོང་སྟོབས་གཉིས་ལྡོར། །དུར་ཁྲོད་ལེགས་པའི་བློ་གྲོས་ལ་ཕྱག་འཚལ། །མ་རུར་འཚེད་མ་འཆིལ་མ་འབབ་པ་འཛིན། །ཀུ་ལུར་ཡིད་བཟང་སྣབས་འབབ་ལྕེ་ཡི་ཡུལ། །ཨཻ་སྐྱེས་གྷསྨ་རིས་སྐྱོང་བྱང་ཆུབ་གཉིས། །ཉེ་བའི་དུར་ཁྲོད་ཆོས་ཀྱི་སྤྲིན་ལ་འདུད། །ཅེས་སོ། །དེ་ནས་ས་བཅུ་གཅིག་པ་དང་། བཅུ་གཉིས་པ་གཉིས་ཐོབ་པ་ལ་ཡུལ་ཆེན་བཞི་བཞི་བགྲོད་དགོས་པ་

ལས། ཐོག་མར་ས་བཅུ་གཅིག་པ་ཡུལ་ཆེན་བཞི་བགྲོད་དགོས་ཏེ། སུམ་སྐོར་མ་དང་། འདོད་མ་དང་། ཁྲིམ་མ་དང་། གཏུམ་མོ་སྟེ་རྩ་བཞི་དང་། རྩའི་མདུད་པ་ཧཱུྃ་གི་རྣམ་པས་སྙིང་ཁ་ཆོས་ཀྱི་འཁོར་ལོ་ཕྱི་བསྐོར་འདབ་མ་བརྒྱད་ཀྱི་མཚམས་བཞིར་གནས་པའི་ཡི་གེ་བཞི་དང་། རྩ་དེ་དག་གི་ནང་ན་རླུང་ལྔ་དང་བདུད་རྩི་ལྔ་འདྲེས་ནས་འབབ་པའི་ཁམས་བདུད་རྩི་བཞི་སྟེ། དེ་དག་གི་ནང་ནས་ལས་རླུང་གྲངས་སྔར་བཞིན་རྒྱུ་བ་རྣམས་དབུ་མར་ཐིམ་ཞིང་། ཕྱིའི་གླིང་ཕྲན་བཞིའི་མཁའ་འགྲོ་དབང་དུ་འདུས་པ་ལས། ས་བཅུ་གཅིག་པའི་རྟོགས་པ་སྐྱེ་བའི་ཕྱིར།

ཞེས་འཆད་པ་ལ། སུམ་སྐོར་འདོད་མ་རེག་བྱ་ས་སྦྱོད་སྦྱོངས། །ཨོཾ་སྐྱེས་བྱང་ཆུབ་ལམ་གཉིས་ལ་བཏུད་ནས། །ཨཾ་སྐྱེས་བྱང་ཆུབ་ལམ་གསུམ་ལ་ཕྱག་འཚལ། །འདི་བཞི་སྙིང་གི་འདབ་བརྒྱད་ལྟེ་བ་ཡི། །མཚམས་ན་རླུང་དང་བདུད་རྩི་ལྔ་འདྲེས་འབབ། །འདི་རྣམས་དབུ་མར་ཐིམ་པས་འཕྲུང་སྦྱོད་དེ། །དཔེ་མེད་ཡེ་ཤེས་བཅུ་གཅིག་པར་ཕྱག་འཚལ། །ཞེས་སོ། །ཡང་ས་བཅུ་གཉིས་པ་ཐོབ་པ་ལ་ཡུལ་བཞི་བགྲོད་དགོས་ཏེ། ཀུན་འདར་མ༔ རོ་མ། རྐྱང་མ། མདུད་བྲལ་མ་སྟེ་རྩ་བཞི། ཧཱུྃ་རིང་པོའི་རྣམ་པས་སྙིང་ཁའི་ཕྱི་བསྐོར་ཤར་ལ་ཉེ་བའི་དབུས་དང་གཡོན་རྒྱབ་ཀྱི་ཆ་ན་གནས་པའི་ཡི་གེ་བཞི། དེ་དག་གི་ནང་གི་ཁམས་བདུད་རྩི་བཞི། དེ་བཞི་རེ་རེ་ནས་ལས་རླུང་དྲུག་བརྒྱ་བདུན་བཅུ་རྩ་ལྔ་རེ་རྒྱུ་བ་རྣམས་དབུ་མར་ཐིམ་ཞིང་། ཕྱིའི་གླིང་བཞིའི་མཁའ་འགྲོ་དབང་དུ་འདུས་པ་ལས་ས་བཅུ་གཉིས་པའི་རྟོགས་པ་སྐྱེ་བ་ཡིན་པའི་ཕྱིར། ཞེས་བཤད་པ་ལ། དབུས་གནས་གཡས་གཡོན་རྒྱབ་ཀྱི་ཆ་ན་བཞུགས། །ཀུན་འདར་རོ་རྐྱང་མདུད་བྲལ་ཆ་དང་བཅས། །ཨུ་ཁྲག་དྲི་ཆུ་དྲི་ཆེན་མི་རྟོག་སྐྱེད། །འཕགས་པའི་ལམ་གསུམ་བྱང་ཆུབ་ལ་ཕྱག་འཚལ། །གནས་བཞི་དབུ་མར་སྟོང་པས་བཅུ་གཉིས་པ། །ཉེ་བའི་འཕྲུང་སྦྱོད་ཡེ་ཤེས་ཆེན་པོ་སྟེ། །སྤྲང་བྱ་ཀུན་སྤང་ཐོབ་བྱ་ཀུན་རྫོགས་པའི། །འཁོར་ལོའི་དབུས་ན་བཞུགས་ལ་ཕྱག་འཚལ་ལོ། །རྣ་བ་ཞེ་སྡང་རྣམ་ཤེས་ཕུང་པོ་སྦྱོངས། །སེམས་དག་ཆོས་དབྱིངས་ཡེ་ཤེས་ངོ་བོ་ཉིད། །སྦྲོས་བྲལ་ཨ་ལས་བྱུང་བའི་བདག་མེད་མ། །རྡོ་རྗེ་བདག་མེད་མ་ལ་བདག་ཕྱག་འཚལ། །ཞེས་སོ། །

དེས་ན་འདིར། འདི་བཞི་སྙིང་གི་འདབ་བརྒྱད་ལྟེ་བ་ཡི། །མཚམས་དང་རླུང་དང་བདུད་རྩི་ལྔ་འདྲེས་འབབ། །ཅེས། འཕྲུང་སྦྱོད་ས་བཅུ་གཅིག་པའི་གནས་ཀྱི་རྩ། སུམ་སྐོར་མ་སོགས་བཞི་པོ་འདི། སྙིང་གི་འདབ་བརྒྱད་ཀྱི་མཚམས་བཞིར་བཤད་པའི་གནད་ཀྱིས་བྱང་སེམས་འབབ་པའི་རྩ་སོ་གཉིས་ཀྱིས་ཟླས་ཕྱེ་བའི། ཀུན་འདར་རོ་རྐྱང་མདུད་བྲལ་མ་བཞི་པོ་འདི་སྙིང་གི་འདབ་བརྒྱད་ཀྱི་རྩ་ཕྱོགས་མ་བཞིར་གྲུབ་སྟེ། བརྒྱད་པོ་དེ་སྙིང་ཁ་ནས་གྱེས་པའི་འདབ་མ་བརྒྱད་དུ་བཤད་པ་གང་ཞིག །སུམ་སྐོར་མ་སོགས་བཞི་པོ་དེ་མཚམས་ཀྱི་རྩ་བཞིར་

བཤད་པའི་ཕྱིར། དེས་ན་རྩ་སོ་གཉིས་ཀྱི་ནང་ཚན་རོ་རྐྱང་དབུ་གསུམ་པོ་དེ་ཡང་། སྙིང་ཁ་ཆོས་ཀྱི་འཁོར་ལོ་ལ་གནས་པའི་རོ་རྐྱང་དབུ་མའི་ཆ་ཤས་རེ་ལ་འཇོག་དགོས་ཀྱི། དེ་གསུམ་ཡོངས་རྫོགས་ལ་འཁྲུལ་པར་མི་བྱ་སྟེ། གནས་བཞི་དབུ་མར་སྡོང་པས་བཅུ་གཉིས་ས། །ཞེས་དབུ་མར་སྡོང་རྒྱུའི་དབུ་མ་དང་སྡོང་པའི་དབུ་མ་གཉིས་ལ་ཞིབ་ཆ་མ་ཕྱེད་པའི་སྐྱོན་འབྱུང་བའི་ཕྱིར་དང་། སུམ་སྐོར་མ་སོགས་འཐུང་སྤྱོད་ཀྱི་གནས་བཞི་དང་། ཀུན་འདར་མ་སོགས་ཉེ་བའི་འཐུང་སྤྱོད་ཀྱི་རྩ་བཞི་སྟེ་བརྒྱད་པོ་དེ་སྙིང་ཁ་ནས་ཕྱེས་པར་འཆད་དགོས་པའི་ཕྱིར་ཏེ། རྩ་ཡིག་སོ་བདུན་གྱི་ནང་ཚན་ཧཱུྃ་བརྒྱད་པོ་དེ། སྙིང་ཁའི་ཕྱི་བསྐོར་འདབ་བརྒྱད་ལ་བཀོད་འདུག་པའི་ཕྱིར་དང་། དེས་ན། རྡོ་རྗེ་ལུས་ཀྱི་སྦས་བཤད་ལས་ཀྱང་བྱང་སེམས་འབབ་པའི་རྩ་སོ་གཉིས་ལ་སྤྱི་བོ་ནས་ཕྱེས་པ་བརྒྱད་སོགས་བཤད་པ་འདི། རྗེ་བཙུན་ས་སྐྱ་པའི་གསུང་གི་ཉིང་ཁུ་ལམ་སྦས་བཤད་ཀྱི་ཞལ་གདམས་ཡིན་གསུངས་པ་ཡང་། རྣ་བའི་བཅུད་ལེན་བླ་ན་མེད་པ་སྟེ། འཐུང་སྤྱོད་དང་ཉེ་བའི་འཐུང་སྤྱོད་ཀྱི་གནས་རྩ་བརྒྱད་པོ་དེ་སྙིང་ཁ་ནས་ཕྱེས་པར་བཤད་པའི་གནད་ཀྱིས། གནས་དང་ཉེ་བའི་གནས་ཀྱི་རྩ་བརྒྱད་པོ་དེ་སྤྱི་བོ་ནས་ཕྱེས་པ་དང་། ཞིང་དང་ཉེ་བའི་ཞིང་། ཚནྡོ་དང་ཉེ་བའི་ཚན་དྷོའི་གནས་ཀྱི་རྩ་བརྒྱད་པོ་དེ་མགྲིན་པ་ནས་ཕྱེས་པ་དང་། འདུ་བ་དང་ཉེ་བའི་འདུ་བ། དུར་ཁྲོད་དང་ཉེ་བའི་དུར་ཁྲོད་ཀྱི་གནས་ཀྱི་རྩ་བརྒྱད་པོ་དེ་ལྟེ་གསང་གཉིས་ནས་ཕྱེས་པར་ཤེས་པའི་ཕྱིར་ཏེ། བདག་མེད་བསྟོད་འགྲེལ་ལས་ཀྱང་། སུམ་སྐོར་མ་དང་འདོད་མ་དང་། ཁྱིམ་མ་དང་གཏུམ་མོ་སྟེ་རྩ་བཞི་སྙིང་ཁ་ཆོས་ཀྱི་འཁོར་ལོའི་ནང་བསྐོར་རྩ་འདབ་བཞི་ལས་ཕྱི་སྐོར་བརྒྱད་དུ་ཕྱེས་པའི་མཚམས་ན་ཀླུང་དང་བདུད་རྩི་ལྔ་པོ་འདྲེས་པར་འབབ་པའི་རྩ་བཞི་པོ་སྟེ། འདི་དག་ལ་དགོངས་ནས། བཅོམ་ལྡན་འདས་ཀྱི་རྒྱུད་ལས་གསུངས་པའི་དགོངས་པ། སློབ་དཔོན་རྡོ་རྗེ་དྲིལ་བུ་ཞབས་ཀྱིས་བླངས་ནས། ནང་སྐོར་བཞི་ལ། སྙིང་པོའི་རྣལ་འབྱོར་མ་བཞི་དང་ཕྱི་བསྐོར་བརྒྱད་ལ་སྒོ་མཚམས་མ་བརྒྱད། སྒོ་མཚམས་མ་བརྒྱད་ཀྱི་ཁ་དོག་ཐ་དད་པར་འབྱུང་བ་ཡང་། ཀླུང་དང་བདུད་རྩི་ལྔ་ཐ་དད་པར་འདྲེས་པ་འབབ་པ་ལ་དགོངས་པ་ཡིན་ནོ། །ཞེས་གསུངས་སོ། །

ཡང་ས་བཅུ་གསུམ་པ་ཐོབ་པ་ལ་ཡུལ་ལྔ་བགྲོད་དགོས་ཏེ། སྦས་པའི་རྩ་ལྔར་གྲགས་པ་སྙིང་ཁ་ཆོས་ཀྱི་འཁོར་ལོའི་དབུས་ནང་བསྐོར་གྱི་རྩ་འདབ་ཕྱོགས་བཞི་དབུས་དང་ལྔ། དེ་དག་ན་གནས་པའི་ཧཱུྃ་སོགས་ཡི་གེ་ལྔ༔ ཁམས་བདུད་རྩི་ལྔ། དབུས་ནས་ནམ་མཁའི་རླུང་། ཤར་ནས་ཆུ་རླུང་། ལྷོ་ནས་ས་རླུང་། ནུབ་ནས་མེ་རླུང་། བྱང་ནས་རླུང་གི་རླུང་སྟེ། དྭངས་མའི་རླུང་ལྔ་དང་བཅས་པ་རྩ་དབུ་མའི་གཙུག་ཏོར་མཆོག་ཏུ་ཐིམ་ཞིང་། ཕྱིའི་སྦས་པའི་ཡུལ་ལྔའི་མཁའ་འགྲོ་དབང་དུ་འདུས་པ་ལས། ས་བཅུ་གསུམ་པའི་རྟོགས་པ་སྐྱེ་བའི་ཕྱིར། ཞེས

བཤད་པ་ལ། སྦྲས་པའི་རྒྱ་ལྷ་བདུད་བྲལ་ཆ་དང་བཅས། །སྙིང་ཀའི་དབུས་གནས་གཙུག་ཏོར་མཆོག་ཏུ་ཐིམ། །འཕགས་པའི་ལམ་ལྔ་དྲུག་པའི་ཆ་ཡི་དངོས། །རྡོ་རྗེ་འཛིན་པ་བཅུ་གསུམ་པར་ཕྱག་འཚལ། །ཞེས་སོ། །གནད་དེས་ན་རྒྱུད་གསུམ་གྱི་དངོས་བསྟན་ལམ་མེ་བ་གཅིག་འཆད་པའི་ཚེ། སྦྲས་པའི་ཡུལ་ལྷའི་རྟེན་དཀྱིལ་འཁོར་བཞི་དབུ་མར་ཐིམ་མ་ཐག་པ་དེར། བཅུ་གསུམ་རྡོ་རྗེ་འཛིན་པའི་ས་ཞེས་བྱ་བ་སངས་རྒྱས་ཀྱི་ཡེ་ཤེས་མངོན་དུ་གྱུར་པ་ཡིན་པས། ས་བཅུ་གསུམ་པ་དེ་ལ་ཕྱེད་སྔ་ཕྱིའི་རིམ་པ་མི་འབྱེད་པར། ས་བཅུ་གསུམ་པ་ལ་སངས་རྒྱས་ཀྱི་ས་ཡིན་པས་ཁྱབ་པ་ལྟ་བུར་བཤད་པ་ཡིན་ཏེ། རྗེ་བཙུན་ས་པཎ་གྱི་བདག་མེད་བསྟོད་འགྲེལ་ལས། སྦྲས་པའི་རྒྱ་ལྷ་ནི་གནས་སྙིང་ཁ་ན་གནས་ཏེ། ཡང་དག་པར་སྦྱོར་བ་ལས། ལུས་ཅན་སྙིང་གི་དབུས་སུ་ནི། །རྒྱ་རྣམས་ལྷ་ནི་ཡང་དག་གནས། །ཞེས་བཤད་པའི་ཕྱིར་རོ། །བདུད་བྲལ་མ་ནི་དེ་དག་གི་རྒྱབ་ཀྱི་ཆ་ལ་བརྟེན་པའོ། །རྒྱ་དེ་དག་ཏུ་རྒྱ་གཞན་བསམ་གྱིས་མི་ཁྱབ་པའི་ནུས་པ་འདུས་ཏེ། ཡི་གེ་བསམ་གྱིས་མི་ཁྱབ་པ་ཡང་ཧཱུཾ་ཨཾ་ཧྲཱིཾ་ཁཾ་ཧཱུཾ་ལྟར་འདུས། བདུད་རྩི་ལྔ་ཡང་ཤིན་ཏུ་དྭངས་པར་བྱས། རླུང་རྣམས་ཀྱང་ཤིན་ཏུ་སྦྱངས་པས་དཀྱིལ་འཁོར་བཞི་དབུ་མར་ཐིམ་པས་དབུའི་གཙུག་ཏོར་ལྟར་མི་མངོན་པ་སྐྱེའོ། །བྱང་ཆུབ་ཀྱི་ཕྱོགས་ཀྱི་ས་མཚམས་འཛོག་ནའང་དག་པའི་ཏིང་ངེ་འཛིན་ལ་སོགས་པ་ལྔ་དང་། དྲུག་པའི་ཆ་ཡང་དག་པའི་ངག་གོ། །རྡོ་རྗེ་འཛིན་པ་ནི་སངས་རྒྱས་ཀྱི་ས་བཅུ་གསུམ་པ་སྟེ། དེ་ལ་སྒོ་གསུམ་གུས་པས་ཕྱག་འཚལ་བའི་དོན་ཏོ་ཞེས་བཤད་པས་སོ། །ཞེས་བྱ་བ་འདི་ནི་སྤྱིར་བཏང་རྒྱུད་ཀྱི་ལུགས་སོ། །

གཉིས་པ་དམིགས་བསལ་མན་ངག་གི་ལུགས་ལ། སྦྲས་པའི་ཡུལ་ལྷ་བགྲོད་པ་ཙམ་གྱིས་བཅུ་གསུམ་རྡོ་རྗེ་འཛིན་པའི་ས་ཐོབ་མི་ནུས་ཏེ། སྦྲས་པའི་རྒྱ་ལྷའི་རྟེན་དང་བརྟེན་པའི་དཀྱིལ་འཁོར་བཞི་དབུ་མར་ཐིམ་པ་ལས་ས་བཅུ་གསུམ་པའི་ཕྱེད་འོག་མ་དེར་སླེབ་ཅིང་། དབུའི་གཙུག་ཏོར་ཕྱེད་འཕགས་ཙམ་ཡིན་ལ། རྟེན་དེ་ལ་ཉེ་རྒྱུའི་ཉམས་ལེན་གྱི་གནད་ཀྱིས། སྲོག་རྩོལ་གྱི་རླུང་ཨ་ཝ་དྷཱུ་ཏིར་འགགས། དབུའི་གཙུག་ཏོར་ཧྲིལ་ཁམས་དྭངས་མས་བརྟན་པར་བྱས་ཏེ། བཅུ་གསུམ་ཕྱེད་འོག་མ་རྡོ་རྗེ་འཛིན་པ། སངས་རྒྱས་ཀྱི་ས་མཚན་ཉིད་པ་མངོན་དུ་འགྱུར་བ་འདི། གསུང་ངག་རྡོ་རྗེ་ཚིག་རྐང་གི་དགོངས་པ་དཔྱིས་ཕྱིན་པ་ཡིན་ནོ་ཞེས་འཆད་པར་འགྱུར་བའི་ཕྱིར་རོ། །དེས་ན་ཡུལ་ཆེན་སོ་བདུན་ངོས་བཤད་ཟིན་པ་དེ་ནི་གཙོ་བོར་འཁོར་ལོ་བདེ་མཆོག་གི་འཁོར་ལོ་ལྷ་ལ་སྦྱར་ཏེ། ཨ་བྷི་དྷཱ་ན་ལས། རབ་ཏུ་དགའ་དང་དྲི་མ་མེད། །འོད་བྱེད་པ་དང་འོད་འཕྲོ་དང་། །སྦྱངས་དཀའ་དང་ནི་མངོན་དུ་གྱུར། །རིང་དུ་སོང་དང་མི་གཡོ་བ། །ལེགས་པའི་བློ་གྲོས་ཆོས་ཀྱི་སྤྲིན། །དཔེ་མེད་པ་དང་ཡེ་ཤེས་ལྡན། །རྡོ་རྗེའི་ས་ནི་བཅུ་གསུམ་པ། །ཞེས་བཤད་པའི་བཅུ་གསུམ་པོ་དེ། ཡུལ་ཆེན་སོ་བདུན་དང་སྦྱར་ནས

གསལ་བར་བྱེད་པ་ཡིན་པའི་ཕྱིར་རོ། །

གཉིས་པ་ཀྱེ་རྡོ་རྗེའི་རྒྱུད་ལས་བཤད་ཚུལ་ལ། བརྟག་པ་གཉིས་པའི་བརྟག་པ་དང་པོ་ལེའུ་བདུན་པ་ལས། ཀྱེ་བཅོམ་ལྡན་འདས་འདུ་བའི་གནས་དུ་ལགས། བཅོམ་ལྡན་འདས་ཀྱིས་བཀའ་བསྩལ་པ། གནས་དང་ཉེ་བའི་གནས་དང་ནི། །ཞིང་དང་ཉེ་བའི་ཞིང་ཉིད་དང་། །ཚན་དྷོ་ཉེ་བའི་ཚན་དྷོ་དང་། །དེ་བཞིན་འདུ་བ་ཉེ་འདུ་བ། །འཐུང་སྤྱོད་ཉེ་བའི་འཐུང་སྤྱོད་ཉིད། །དུར་ཁྲོད་ཉེ་བའི་དུར་ཁྲོད་ཉིད། །འདི་རྣམས་ས་ནི་བཅུ་གཉིས་ཏེ། །ས་བཅུའི་དབང་ཕྱུག་མགོན་པོ་ཉིད། །འདིས་ནི་གཞན་གྱི་བརྗོད་མི་བྱ། །ཞེས་མདོར་བསྟན་ནས། དེ་དག་རྒྱས་བཤད་ཀྱི་སྐབས་ནས། ཡུལ་སུམ་ཅུ་སོ་གཉིས་ངོས་བཟུང་ཡོད་མོད་ཀྱང་། དངོས་བསྟན་ལྟར་ན་གོ་རིམ་འཁྲུགས་པ་དང་། ཡུལ་བཞི་བཞི་དགོས་པར་མ་ཚང་བ་དང་། གཉིས་གཉིས་དགོས་པར་ལྷག་པ་སོགས་ཡོད་པས། བླ་མའི་མན་ངག་གིས་ཕྱེ་སྟེ་བཤད་དགོས་པ་ཡིན་ནོ། །

དེ་ཡང་མདོར་བསྟན་དུ། འདི་རྣམས་ས་ནི་བཅུ་གཉིས་ཏེ། །ཞེས་པ་ཡན་གྱིས། གནས་དང་ཉེ་བའི་གནས་སོགས་ས་བཅུ་གཉིས་བཤད་ནས་ས་བཅུའི་དབང་ཕྱུག་མགོན་པོ་ཉིད། ཅེས་པས་ས་བཅུ་གསུམ་པ་བསྟན་པ་ཡིན་ཏེ། ས་བཅུ་གཉིས་པ་མན་ལ་གནས་པའི་བྱང་སེམས་ཀྱི་མགོན་གཙོ་བོ་ནི། ས་བཅུ་གསུམ་པ་ལ་གནས་པ་དེ་ཡིན་ནོ་ཞེས་པའི་དོན་དུ། གནའ་མཆན་འགའ་ཞིག་དང་། ཐེག་ཆེན་ཆོས་རྗེའི་གསུང་ཊཱི་ཀ་སོགས་བཤད་པ་དེ་ལེགས་བཤད་དུ་སྣང་བས་སོ། །ད་ནི་ཡུལ་སོ་གཉིས་གསལ་པོར་ས་བཅུ་གཉིས་དང་སྦྱར་ཏེ་ངོས་བཟུང་ན། ས་དང་པོ་གཉིས་ལ། ཡུལ་བཞི་བཞི། ས་བཅུ་གཅིག་པ་དང་། ས་བཅུ་གཉིས་པ་ལ་ཡུལ་བཞི་བཞི། བར་གྱི་བརྒྱད་ལ་ཡུལ་གཉིས་གཉིས་ཚང་དགོས་པས། ཐོག་མར་ས་དང་པོ་གནས་ཀྱི་ས་ཐོབ་པ་ལ། ཕྱི་ནང་ཡུལ་ཆེན་བཞི་བགྲོད་དགོས་ཏེ། ཛ་ལན་དྷ་ར་འབབ་པ་འཛིན་པ་ནི། ཕྱིའི་ཁ་ཆེ་དང་རྒྱ་གར་གྱི་བར་ན་ཡོད་ཅིང་། ནང་གི་སྤྱི་བོ་ཨོ་ཊྱི་ན་སྟེ་འཕུར་འགྲོའི་ཨུ་རྒྱན་ནི། ཕྱིའི་རྒྱ་གར་ནུབ་ཕྱོགས་ན་ཡོད་ཅིང་ནང་གི་སྤྱི་བོ་ཀོལླ་གི་རི་ནི། ལྷོ་ནུབ་ཀ་ལ་པུ་རིའི་གྲོང་ན་ཡོད་ཅིང་། ནང་གི་འཚོགས་མ་ཀ་མ་རུ་པ་སྟེ་འདོད་པའི་གཟུགས་ནི། མཉལ་གྱི་མདའ་རྒྱ་གར་ཤར་ཕྱོགས་ན་ཡོད་ཅིང་། ནང་གི་སྨིན་ཕྲག་སྟེ། དེ་བཞིའི་རླུང་སེམས་དབུ་མར་ཐིམ་པ་ལས། ས་དང་པོའི་རྟོགས་པ་སྐྱེ་བའི་ཕྱིར་རོ། །ཞེས་བཤད་པ་ལ། ཀྱེ་བཅོམ་ལྡན་འདས་གནས་ལ་སོགས་པ་གང་ལགས། བཀའ་བསྩལ་པ། གནས་ནི་ཛ་ལན་དྷ་རར་བཤད། །དེ་བཞིན་དུ་ནི་ཨུ་རྒྱན་ཉིད། །གནས་ནི་ཀོལླ་གི་རི་ཉིད། །དེ་བཞིན་དུ་ཡང་ཀཾ་རུ་ཉིད། །ཅེས་སོ། །དེ་བཞིན་དུ་ས་གཉིས་པ་ཉེ་གནས་ཐོབ་པ་ལ་ཡུལ་བཞི་བགྲོད་དགོས་ཏེ། མ་ལ་ཝ་ཏེ་ཕྲེང་བ་ཅན་ནི་ལྷོའི་གླིང་ཕྲན་ཏེ། ནང་ཚན་སྣ་རྩེའོ། །སིནྡྷུ་ནི་ཆུ་བོ་སིནྡྷུ་འབབ་པའི་ས་ན་ཡོད་ཅིང་

མིག་གཉིས་སོ། །ན་ག་ར་སྟེ་གྲོང་ཁྱེར་ནི་ཡུལ་དབུས་ན་ཡོད་ཅིང་རྣ་བ་གཉིས་སོ། །ལྷུགས་པའི་བྲང་ནི་སིང་ག་གླིང་སྟེ་ནང་གི་ཁ་ནང་སྟེ། དེ་བཞི་ལས་ས་གཉིས་པའི་རྟོགས་པ་སྐྱེ་བའི་ཕྱིར་རོ། །ཞེས་འཆད་པ་ལ། འབྲུགས་སྟེབ་ན། ཉེ་གནས་མ་ལ་ཝ་ཞེས་བརྗོད། །སིནྡྷུ་ན་ག་ར་ཉིད་དོ། །ཡང་ནི་ལྷུགས་པའི་གྲོང་ཉིད་དོ། །ཞེས་སོ། །

ཞིང་དང་ཉེ་ཞིང་ས་གསུམ་པ་དང་བཞི་པ་གཉིས་ལ་ཡུལ་གཉིས་གཉིས་བགྲོད་དགོས་ཅིང་། ཚན་དྷོ་དང་ཉེ་བའི་ཚན་དྷོ་ས་ལྔ་པ་དང་ས་དྲུག་པ་གཉིས་ལའང་ཡུལ་གཉིས་གཉིས་བགྲོད་དགོས་ཏེ། མུ་མུ་ནི་ཞེས་པ་ལྷོ་ཕྱོགས་རྒྱ་མཚོའི་འགྲམ་ན་ཡོད་ཅིང་གོས་གོའོ། །དེ་ནི་ཀོ་ཊ་སྟེ་ལྷ་མོའི་མཁར་ནི་རྡོ་རྗེ་གདན་གྱི་ཤར་ན་སྟེ་མགྲིན་པའོ། །དེ་གཉིས་ལས་ས་གསུམ་པ་ཐོབ། ཀུ་ལུ་ཏ་ཞེས་པ་ལྷོ་ནུབ་ན་རྡོ་ཕུས་མོ་ལྟ་བུ་ཡོད་པ་སྟེ་རྒྱབ་ཀྱི་ཚིགས་པ༔ །ཨརྦུ་ཏ་ཞེས་པ་ལྷོ་ཕྱོགས་ན་རྡོ་ནུ་མ་ལྟ་བུ་ཡོད་པ་སྟེ་ནུ་མ་གཉིས་སོ། །དེ་གཉིས་ལས་ས་བཞི་པ་ཐོབ། ཧ་རི་ཀེ་ལ་ཞེས་པ། ཤར་ལྷོ་ན་ནམ་མཁའི་ཤིང་ལྡན་ཏེ་སྙིང་ཁའོ། །གོ་ད་ཝ་རི་སྟེ་བའི་མཆོག་སྦྱིན་ནི། ལྷོ་ཕྱོགས་དཔལ་གྱི་རིའི་ངོས་ན་སྟེ་ལྟེ་བའོ། །དེ་གཉིས་ལས་ས་ལྔ་པ་ཐོབ། ལམྤཱ་ཀ་ཞེས་པ་རྒྱ་གར་ནུབ་ཕྱོགས་ན་སྟེ་གསང་གནས་སོ། །ཀཉྩི་ཞེས་པ་ལྷོ་ནུབ་ན་སྟེ་རྟགས་ཀྱི་དབུས་སོ། །དེ་གཉིས་ལས་ས་དྲུག་པ་ཐོབ་པའི་ཕྱིར་ཞེས་འཆད་པ། གཞུང་ཐོབ་རྩིས་ན། ཞིང་ནི་མུ་མུ་ནིར་བཤད་དེ། །དེ་བའི་ཀོ་ཊ་དེ་བཞིན་ཞིང་། །ཉེ་ཞིང་ཀུ་ལུ་ཏ་ཞེས་བརྗོད། །དེ་བཞིན་ཨརྦུ་ཏ་ཉིད་དོ། །ཚན་དྷོ་ཧ་རི་ཀེ་ལ་དང་། །དེ་བཞིན་བ་ཡི་མཆོག་སྦྱིན་ནོ། །ཉེ་བའི་ཚན་དྷོ་ལམྤཱ་ཀ །དེ་བཞིན་ཀཉྩི་ཀ་ཉིད་དོ། །ཞེས་སོ། །དེ་བཞིན་དུ་འདུ་བ་དང་ཉེ་བའི་འདུ་བས་བདུན་པ་དང་བརྒྱད་པ་གཉིས་དང་། དུར་ཁྲོད་ཉེ་བའི་དུར་ཁྲོད་ས་དགུ་པ་དང་བཅུ་པ་གཉིས་ལའང་ཡུལ་གཉིས་གཉིས་བགྲོད་དགོས་ཏེ། བྱེད་པའི་བྲང་ཞེས་པ་ལྷོ་ཕྱོགས་རྒྱ་མཚོའི་གླིང་ཕྲན་ཏེ། རྟགས་ཀྱི་རྩེ་མོའོ། །གསེར་དང་འགྲན་པའི་གླིང་ནི། ལྷོ་ཕྱོགས་མི་མེད་པའི་གླིང་སྟེ་གཞང་ཁའོ། །དེ་གཉིས་ལས་ས་བདུན་པ་ཐོབ། ཀོངྐ་ན་ཞེས་པ་ལྷོ་ཕྱོགས་ན་མ་ཧྲུ་བི་ཧྲ་ཞེས་པའི་མཆོད་རྟེན་རང་བྱོན་ཡོད་པའི་གནས་ཏེ་བརླ་གཉིས་སོ། །པིཊྚ་ཞེས་པ་རི་བོ་འབིགས་བྱེད་དེ། ལྷོ་ཕྱོགས་ན་ཡོད་ཅིང་པུས་མོ་གཉིས་སོ། །དེ་གཉིས་ལས་ས་བརྒྱད་པ་ཐོབ། རབ་སོང་དགེ་འདུན་ཞེས་པ། རི་མང་དུ་གནས་པ་ཡི་དྭགས་འདུས་པ་སྟེ། བྱིན་པ་གཉིས་སོ། །རྒྱ་མཚོའི་འགྲམ་ན། རསྨི་ཤྭ་ར་སྟེ་ཡི་དྭགས་རྒྱུ་བའི་གནས་ཡིན་ཞིང་། རྐང་བོལ་གཉིས་སོ། །དེ་གཉིས་ལས་ས་དགུ་པ་ཐོབ། ཙ་རི་ཏ་ཞེས་པ་ལྷོ་ཕྱོགས་རྒྱ་མཚོའི་འགྲམ་ན་ཡོད་ཅིང་སོར་མོ་གཉིས་སོ། །གཞོན་ནུའི་གྲོང་ཁྱེར་ཞེས་པ་བུ་མོ་གཟུགས་བཟང་བ་སྐྱེ་བའི་གནས་རྒྱ་མཚོའི་གླིང་ཕྲན་ཏེ་མཐེ་བོང་གཉིས་སོ། །དེ་གཉིས་ལས་ས་བཅུ་པ་ཐོབ་པ་ཡིན་པའི་ཕྱིར། ཞེས་འཆད་པ་ལ། གཞུང་ཕན་ཚུན་སྟེབ་ན། འདུ་བ་བྱེད་པའི་བྲང་ཉིད་དོ། །དེ་བཞིན་གསེར

དང་ལྡན་པའི་གླིང་། །ཉེ་བའི་འདུ་བ་གོ་དཱ་ན། །དེ་བཞིན་དུ་ནི་འཕིགས་བྱེད་ཉིད། །དུར་ཁྲོད་རབ་སོང་དགེ་འདུན་ཉིད། །དུར་ཁྲོད་རྒྱ་མཚོའི་འགྲམ་ཉིད་དོ། །ཉེ་བའི་དུར་ཁྲོད་ཙ་རི་ཏྲ། །དེ་བཞིན་གཞོན་ནུའི་གྲོང་ཁྱེར་རོ། །ཞེས་སོ། །ཡང་འཐུང་སྤྱོད་ས་བཅུ་གཅིག་པ་དང་། ཉེ་བའི་འཐུང་སྤྱོད་ས་བཅུ་གཉིས་པ་གཉིས་ལ་ཡུལ་བཞི་བཞི་བསྒྲོད་དགོས་ཏེ། གྲོང་ཁྱེར་ཞེས་པ་ཁ་ཆེའི་བྱེ་བྲག་སྟེ་ཕྲག་པ། གྲོང་མཐའ་ཞེས་པ་མོན་ཡུལ་ཏེ་ཏཱང་མཐིལ། ལཉྩ་རྒྱ་མཚོའི་ནང་སྐྱེས་པ་ཁྱབ་འཛུག་གི་བྱས་པའི་རྣམ་སྣང་གི་སྐུ་བཞུགས་པའི་གནས་དེ་དང་། སོ་སོ་རཥྚ་ཡུལ་འཁོར་བཟང་པོ་ནི་སུ་ཕ་ན་ད་ན་ཡོད་པ་སྟེ་དེ་གཉིས་སྙིང་གའི་ཕྱོགས་ན་ཡོད་པས་དེ་བཞི་ལས་ས་བཅུ་གཅིག་པ་ཐོབ། ཁ་བའི་རི་ཞེས་པ། ཧི་མ་ལ་ཡ་ནི། བལ་པོར་གདོགས་པའི་བོད་དེ་ལྟག་པ། །ཀོ་ས་ལ་ཞེས་པ་ཪྻ་ཧེ་གདན་གྱི་ནུབ་མཉན་ཡོད་ཀྱི་ཕྱོགས་ཏེ་སྐེད་པ། ཀ་ལིངྐ་ཞེས་པ་ལྟོ་ཕྱོགས་རྒྱ་མཚོའི་འགྲམ་ལིངྐ་དང་ཉེ་བའི་ཡུལ་འཁོར་དང་། སྐྱིད་ཚལ་ར་བའི་ཛྫིང་བུའི་འགྲམ་ཞེས་པ། མ་སྐྱེས་དགྲའི་སྐྱིད་ཚལ་གྱི་ཕྱོགས་ཏེ་དེ་གཉིས་ཀྱང་སྙིང་གའི་ཕྱོགས་ཡིན་ལ། དེ་བཞི་ལས་ས་བཅུ་གཉིས་པ་ཐོབ་པའི་ཕྱིར། ཞེས་འཆད་པ། འཐུང་སྤྱོད་གྲོང་ཁྱེར་གྱི་དང་ཡང་། །འཐུང་སྤྱོད་གྲོང་གི་མཐར་གནས་པ། །ལཉྩ་རྒྱ་མཚོའི་ནང་སྐྱེས་དང་། །དེ་བཞིན་སོ་རཥྚ་ཉིད་དོ། །ཉེ་བའི་འཐུང་སྤྱོད་ཁ་བའི་རི། །ཀོ་ས་ལ་དང་ཀ་ལིངྐ་དང་། །སྐྱིད་ཚལ་ར་བ་ཛྫིང་བུའི་འགྲམ། །ཉེ་བའི་འཐུང་སྤྱོད་མདོར་བསྡུས་པའོ། །ཞེས་སོ། །འདིར་སྐབས་ཀྱི་ཧི་མ་ལ་ཡ་ཞེས་པ་དེ་གངས་ཅན་གྱི་སྐད་དོད་ཡིན་མོད། མངོན་པ་དང་དུས་འཁོར་ནས་བཤད་པའི་གངས་ཅན་མཚན་ཉིད་པ་ནི་མ་ཡིན་ཏེ། འདི་བལ་བོད་ཀྱི་མཚམས་ན་ཡོད་པའི་ཕྱིར་དང་། གངས་ཅན་མཚན་ཉིད་པ་དེའི་ཁྱད་ཆོས་མ་ཚང་བའི་ཕྱིར་རོ། །

དེས་ན། གངས་ཅན་མཚན་ཉིད་པ་ནི་བདེ་ཀྱི་ནས་བཤད་པའི་ཡུལ་ཆེན་སོ་བདུན་གྱི་ནང་ཚན་མ་ཡིན་པར་གོ་དགོས་སོ། །འོན་ཡུལ་གྱི་དོས་འཛིན་བདེ་ཀྱེ་གཉིས་མི་མཐུན་པར་འབྱུང་བ་ཅི་སྙམ་ན། འདི་དག་རྩའི་སྐྱེ་བ་དང་། འབྲས་བུ་སྨིན་པའི་དབང་གིས་ཐ་དད་པ་ཙམ་ཡིན་གྱི་དོན་ལ་འགལ་བ་མེད་དོ། །དཔེར་ན་ཏཱང་པའི་བོལ་ལ་དགྱེ་མཉེ་བྱས་པས་མིག་བདེ་བར་འགྱུར་བ་རྩ་རྒྱུད་པ་གཅིག་པའི་རྟེན་འབྲེལ་གྱིས་ཡིན་པའི་གནད་ལ་དགོངས་ནས་མིག་སིཀྐུར་བཤད་པ་དང་། ཏཱང་པའི་བོལ་སིཀྐུར་བཤད་པ་གནད་གཅིག་པ་ལྟ་བུ་དང་། ལྟེ་བར་དགྱེ་མཉེ་བྱས་པས་རྣ་བ་བདེ་བར་འགྱུར་བ་རྩའི་གནད་གཅིག་པའི་རྟེན་འབྲེལ་གཟིགས་པས། གོ་ད་ཝ་རི་ལྟེ་བའམ་རྣ་བ་གཡོན་དུ་བཤད་པའི་ཕྱིར་རོ། །དེ་ལྟར་ན་བརྟག་གཉིས་དངོས་བསྟན་གྱི་ཡུལ་གྱི་ངོས་འཛིན་ཟིན་ཟིན་པོར་ཡོད་པ་དང་། རྗེ་བཙུན་གོང་མའི་ཞལ་ནས་སྐབས་དུ་བརྒྱུད་པའི་དག་ལྡན་སོགས་ཀྱི་སྙིང་པོ། འགྲོ་བའི་མགོན་པོ་འཕགས་པ་རིན་པོ་ཆེས་མཆན་བུའི་སྒོ་ནས་གསལ་བར་མཛད་པའི་ཡུལ་ཆེན་སོ་གཉིས་ངོས་འཛིན

དང་། དེ་ས་བཅུ་གཉིས་དང་སྦྱོར་ཚུལ་གྱི་ལེགས་བཤད་འདི་མ་མཐོང་བར། བརྟག་གཉིས་དངོས་བསྟན་གྱི་ཡུལ་ལ་བདེ་མཆོག་ནས་བཤད་པའི་ཡུལ་གྱི་ཁ་སྐོང་མཛད་པའི་འོ་བརྒྱལ་སོགས་བརྟག་གཉིས་དངོས་བསྟན་གྱི་ཡུལ་ཆེན་བརྟན་ནས་ངོས་མ་ཟིན་པ་དེ་དག་ལ་ཕན་པར་གྱུར་ཅིག །འོན་འདིར་སྐབས་ཀྱི་ཡུལ་སོ་བདུན་ཛཱ་ལནྡྷ་ར་ནི་ཨུ་རྒྱན་ཏྲ་ས་ཡུལ་སོགས་གཉིས་ཀྱི་ཡུལ་སོ་བདུན་ཡིན་ན། ཞེ་ན། ལྷ་བུ་སྨམ་ན། སྔར་བཤད་པ་དེ་ལྟར་ས་བཅུ་གཉིས་མན་ཆད་ཐོབ་པ་ལ། ཡུལ་སོ་གཉིས་བགྲོད་དགོས་པའམ་གཞན་ཀྱི་ས་བཅུ་གསུམ་པའམ། བཅུ་གསུམ་ཕྱེད་འོག་མ་ཐོབ་པ་ལ། སྔགས་པའི་རྩ་ལྟས་མཆོན་པའི་ཡུལ་ལྟ་བགྲོད་དགོས་ཏེ། སྔགས་པའི་རྩ་ལྟའི་རླུང་སེམས་དབུ་མར་ཐིམ་པ་ལས་རང་ཉིད་འཁོར་ཚོམ་བུ་གཅིག་དང་བཅས་འཚང་རྒྱ་བའི་ཕྱོགས་བཞི་དབུས་དང་ལྟའི་མཁའ་འགྲོ་རྣམས་དབང་དུ་འདུ་བ་ཡིན་པའི་ཕྱིར་རོ། །སྐབས་འདིར་སྔགས་པའི་ཡུལ་ལྟ་སྒྲུབ་པ་པོ་རང་ཉིད་ཉི་རྒྱུ་སྦྱོད་བཞིན་པའི་དབུས་དང་ཕྱོགས་བཞི་ལ་ངོས་འཛིན་པ་ཅིས་ཀྱང་འཐད་དེ། མངོན་རྟོགས་ལྗོན་ཤིང་ལས། ཉི་རྒྱུ་མངོན་དུ་བྱེད་པའི་གནས་ལ་ཕྱིའི་གནས་རྡོ་རྗེ་གདན། ནང་གི་གནས་འོག་མིན། དོན་དམ་པའི་གནས་སྒྲུབ་པ་པོ་རང་ཉིད་གང་ན་འདུག་སའི་གནས་དེ་ཡིན་པར་བཤད་པའི་ཕྱིར་རོ། །དེས་ཡུལ་སོ་བདུན་བགྲོད་པ་ལས་ས་རྣམས་ཐོབ་ཚུལ་དཔལ་ལྡན་ས་སྐྱ་པའི་བཤད་པའི་སྲོལ་ལས་བྱུང་བ་དེ་སོང་།

གཉིས་པ་རྩ་དབུ་མའི་མདུད་པ་གྲོལ་ཚུལ་གྱིས་སྒོ་ནས་ས་ལམ་བགྲོད་ཚུལ་ལ་གཉིས། སྤྱིར་རྩ་དབུ་མའི་མདུད་པ་ཆགས་ཚུལ་དང་། དེ་གྲོལ་བས་ས་ལམ་བགྲོད་ཚུལ་དངོས་སོ། །དང་པོ་ནི། རྩ་དབུ་མ་ལ་རོ་རྐྱང་གཉིས་ཀྱིས་གཅེར་བའི་མདུད་པ་སོ་གཉིས་གནས་པ་ཡིན་ཏེ། གསང་གནས་བདེ་སྐྱོང་གི་འཁོར་ལོའི་ཐད་ཀྱི་རྩ་དབུ་མ་ལ་མདུད་པ་བཞི། །ལྟེ་བ་སྤྲུལ་པའི་འཁོར་ལོའི་རྩ་དབུ་མ་ལ་མདུད་པ་དྲུག །སྙིང་ཁ་ཆོས་ཀྱི་འཁོར་ལོའི་རྩ་དབུ་མ་ལ་མདུད་པ་དྲུག །མགྲིན་པ་ལོངས་སྤྱོད་ཀྱི་འཁོར་ལོའི་རྩ་དབུ་མ་ལ་མདུད་པ་དྲུག །སྨིན་མཚམས་མཛོད་སྤུའི་འཁོར་ལོ་ལ་མདུད་པ་དྲུག །སྤྱི་བོ་བདེ་ཆེན་གྱི་འཁོར་ལོ་ལ་མདུད་པ་བཞི་རྣམས་གནས་པས་སོ། །དེ་ལྟར་ཡང་རྒྱུད་ལས། སྲོག་གི་དཀྱིལ་པའི་ནང་ན་གནས། །སུམ་ཅུ་རྩ་གཉིས་མདུད་དང་ལྡན། །ཕྲ་བའི་ཕྲ་བ་ཡང་དག་མཆོག །ཕྱི་རོལ་མ་ཡིན་ནང་ན་མེད། །ཞེས་བཤད་དོ། །གཉིས་པ་ལ། མདུད་པ་སོ་གཉིས་གྲོལ་བས་ས་བཅུ་གཉིས་མན་ཆད་བགྲོད་ནུས་ཏེ། གསང་གནས་ལྟེ་སྙིང་གི་མདུད་པ་དྲུག་གྲོལ་བས། ཐུམ་དབང་ས་དྲུག་བགྲོད་དེ། གྲུབ་མཐའ་བཞི་ལས་འཁོར་འདས་དབྱེར་མེད་ཀྱི་གྲུབ་མཐའ་སྐོགས། མགྲིན་སྨིན་གྱི་མདུད་པ་བཅུ་གཉིས་གྲོལ་བས་གསང་དབང་ས་བཞི་བགྲོད་དེ་མ་འདྲེས་ལ་ཡོངས་སུ་རྫོགས་པའི་གྲུབ་མཐའ་སྐོགས། སྤྱི་བོ་བདེ་ཆེན་གྱི་འཁོར་ལོའི་མདུད་པ་བཞི་གྲོལ་བས་ཤེས་རབ་ཡེ་ཤེས་ས་གཉིས་བགྲོད་དེ། གྲུབ་

མཐའ་གསུམ་པ་བདེ་སྟོང་རྒྱ་ཆུང་བའི་གྲུབ་མཐའ་སྐྱོགས། དེས་ས་བཅུ་གཉིས་མན་ཆད་བགྲོད་ཟིན་ནས། བཅུ་གཉིས་པའི་རྟེན་དེ་ལ་ཉེ་རྒྱུའི་ཉམས་ལེན་ལ་བརྟེན་ནས་དབང་བཞི་པ་ས་ཕྱེད་བགྲོད་དེ། གྲུབ་མཐའ་བཞི་པ་བདེ་སྟོང་རྒྱ་ཆེ་བ་སྐྱོགས། དེས་ས་བཅུ་གསུམ་ཕྱེད་འོག་མ་དེར་སླེབ་པ་ཙམ་ཡིན་ལ། སླར་ཡང་ཉེ་རྒྱུའི་ཉམས་ལེན་འཕྲོ་མཐུད་པས་བཅུ་གསུམ་ཕྱེད་གོང་མ་དེར་སླེབ་པ་དང་། འཁོར་ཆོམ་བུ་གཅིག་དང་བཅས་སངས་རྒྱས་ཟིན་པ་མཉམ་དུ་འབྱུང་བ་ཡིན་པའི་ཕྱིར་རོ། །

དེ་ཡང་གསུང་ངག་རྡོ་རྗེ་ཚིག་རྐང་ལས་ས་ཐོག་མཐའ་ལ་རེ་རེ་གསུམ་པ་བཅུ་པ་བར་གྱི་རྩ་མདུད་བྲལ་བར་ལ་༼དོགས་༽འོར་ཞེས། ས་དང་པོ་དང་། བཅུ་གཉིས་པ་ལ་མདུད་པ་རེ་རེ་གྲོལ་དགོས། བར་གྱི་ས་བཅུ་ལ་མདུད་པ་གསུམ་གྲོལ་དགོས་པར་བཤད་པ་ལྟར་ཡིན་ཏེ། གསང་གནས་འཁོར་ལོའི་མདུད་པ་དང་པོ་གྲོལ་བས། ས་དང་པོ་རབ་ཏུ་དགའ་བའམ། གནས་ཀྱི་ས་ཐོབ། མདུད་པ་ཕྱི་མ་གསུམ་གྲོལ་བས། ས་གཉིས་པ་དྲི་མ་མེད་པའི་ཉེ་བའི་གནས་ཀྱི་ས་རྫོགས་པར་ཐོབ། ལྟེ་བའི་མདུད་པ་དང་པོ་གསུམ་གྲོལ་བས་ས་གསུམ་པ་འོད་བྱེད་པའམ། ཞིང་གི་ས་རྫོགས་པར་ཐོབ། ཕྱི་མ་གསུམ་གྲོལ་བས་ས་བཞི་པ་འོད་འཕྲོ་བའམ། ཉེ་བའི་ཞིང་གི་ས་རྫོགས་པར་ཐོབ། སྙིང་གི་མདུད་པ་དང་པོ་གསུམ་གྲོལ་བས་ས་ལྔ་པ་སྦྱང་དཀའ་བའམ་ཚནྡོའི་ས་རྫོགས་པར་ཐོབ། ཕྱི་མ་གསུམ་གྲོལ་བས་ས་དྲུག་པ་མངོན་དུ་གྱུར་པའམ། ཉེ་བའི་ཚནྡོའི་ས་ཐོབ་པས་བུམ་དབང་ས་དྲུག་རྫོགས་པར་ཐོབ་ཅེས་བྱ་སྟེ། ས་དྲུག་པོ་དེ། གཙོ་བོར་དབང་བུམ་དབང་། ལམ་བསྐྱེད་རིམ་སོགས་ཀྱི་ལག་རྗེས་ཡིན་པས། བུམ་དབང་ནི་ཉེར་ལེན་རྒྱུ་ལྟ་བུ་དང་། དབང་གཞན་གསུམ་པོ་ལྷན་ཅིག་བྱེད་པའི་རྐྱེན་ལྟ་བུ་ཡིན་པའི་ཕྱིར་རོ། །དེ་བཞིན་དུ་མགྲིན་པའི་མདུད་པ་དང་པོ་གསུམ་གྲོལ་བས་ས་བདུན་པ་རིང་དུ་སོང་བའམ། འདུ་བའི་ས་རྫོགས་པར་ཐོབ། ཕྱི་མ་གསུམ་གྲོལ་བས་ས་བརྒྱད་པ་མི་གཡོ་བའམ། ཉེ་བའི་འདུ་བའི་ས་རྫོགས་པར་ཐོབ། སྨིན་མཚམས་མདུད་པ་དང་པོ་གསུམ་གྲོལ་བས་ས་དགུ་པ་ལེགས་པའི་བློ་གྲོས་སམ། དུར་ཁྲོད་ཀྱི་ས་རྫོགས་པར་ཐོབ། ཕྱི་མ་གསུམ་གྲོལ་བས་ས་བཅུ་པ་ཆོས་ཀྱི་སྤྲིན་ནམ། ཉེ་བའི་དུར་ཁྲོད་ཀྱི་ས་རྫོགས་པར་ཐོབ་པས། དེ་བཞི་ལ་གསང་དབང་ས་བཞི་ཅེས་བྱ་སྟེ། གཙོ་བོར་གསང་དབང་གི་ཉེར་ལེན་དང་། དབང་གཞན་གསུམ་གྱི་ལྷན་ཅིག་བྱེད་རྐྱེན་བྱས་པའི་ལག་རྗེས་ལྟ་བུ་ཡིན་པས་སོ། །

དེས་ན་སྤྱི་བོའི་མདུད་པ་དང་པོ་གསུམ་གྲོལ་བས། ས་བཅུ་གཅིག་པ་དཔེ་མེད་པའི་ས་རྫོགས་པར་ཐོབ། མདུད་པ་ཕྱི་མ་གཅིག་གྲོལ་བས། ས་བཅུ་གཉིས་པ་ཡེ་ཤེས་ཆེན་པོའི་ས་ཐོབ་པས། དེ་གཉིས་ལ་ཤེར་དབང་ས་གཉིས་ཞེས་ཀྱང་བྱ་སྟེ། དབང་དེས་ཉེར་ལེན་དང་། གཞན་གསུམ་གྱི་ལྷན་ཅིག་བྱེད་རྐྱེན་བྱས་པའི་ས་ཡིན་པའི་

ཕྱིར་རོ། །དེས་ན་དེའི་མན་ཆད་ལ་རྩ་དབུ་མའི་མདུད་པ་སོ་གཉིས་གྲོལ་བས། མཐོང་ལམ་ས་དང་པོ་ནས་སློམ་ལམ་ས་བཅུ་གཅིག་སྟེ་ས་བཅུ་གཉིས་པོ་ཐོབ། ས་རེ་རེ་ལས། འཕོ་བ་རེ་རེའི་རླུང་དགུ་བརྒྱ་པ་ཕྲག་གཉིས་ཏེ་སྟོང་བརྒྱད་བརྒྱ་པ་རེ་འགགས་པས། ལས་རླུང་ཉི་ཁྲི་ཆིག་སྟོང་དྲུག་བརྒྱ་ཡང་འགགས། ས་རེ་རེ་ལ་ལས་རླུང་ཕྱི་ནང་དུ་སོར་རེ་རེ་འགགས་པས། ལས་རླུང་གི་ཚད་སོར་བཅུ་གཉིས་པོ་དེ་ཡང་འགགས། རྟེན་འབྲེལ་བཅུ་གཉིས་དང་སྤང་བྱ་རྣམ་རྟོག་བཅུ་གཉིས་ཀྱང་འགགས་ཤིང་། ཕྱི་ནང་གི་ཡུལ་སོ་གཉིས་ཀྱང་བགྲོད། མས་བརྟན་པའི་དགའ་བ་བཅུ་དྲུག་ཀྱང་རྫོགས་པ་ཡིན་མོད། ད་དུང་ཐམས་ཅད་མཁྱེན་པའི་ས་མཚན་ཉིད་པ་མངོན་དུ་བྱས་པ་ནི་མ་ཡིན་ཏེ། སྔགས་པའི་ཡུལ་ལྔ་མ་བགྲོད་པས། དེ་བགྲོད་བྱེད་ཀྱི་ཐབས་ལ་བསླབ་དགོས་པའི་ཕྱིར་རོ། །ས་བཅུ་གཉིས་པོ་དེའི། ས་བཅུ་ལ་ཕ་རོལ་ཏུ་ཕྱིན་པ་དང་སྒྲ་བསྟུན་ནས་རབ་ཏུ་དགའ་བ་སོགས་ཀྱི་མིང་བཏགས་པ་ནི་འབྲས་བུའི་སྒོ་ནས་ཡིན་ལ། བླ་མེད་ཐུན་མོང་མ་ཡིན་པས། གནས་དང་ཉེ་བའི་གནས་སོགས་ཀྱི་མིང་བཏགས་པ་ནི་རྒྱུའི་སྒོ་ནས་བཏགས་ཤིང་། སློབ་ལམ་ས་བཅུ་གཅིག་པ་དང་བཅུ་གཉིས་པ་གཉིས་ནི་ཕ་རོལ་ཏུ་ཕྱིན་པ་ལ་མ་གྲགས་པས། ཐུན་མོང་མ་ཡིན་པའི་མིང་དཔེ་མེད་པའི་ས་དང་། དཔེ་མེད་ཡེ་ཤེས་ཆེན་པོའི་ས་ཞེས་བཤད་པ་ཡིན་ཏེ། སམྦུ་ཊ་ལས། གནས་ནི་རབ་ཏུ་དགའ་བའི་ས། །དེ་བཞིན་ཉེ་གནས་དྲི་མ་མེད། །ཞིང་ནི་འོད་བྱེད་ཤེས་བྱ་སྟེ། །ཉེ་བའི་ཞིང་ནི་འོད་འཕྲོ་ཅན། །ཚནྡོ་མངོན་དུ་གྱུར་པ་སྟེ། །ཉེ་བའི་ཚནྡོ་སྦྱང་དཀའ་བ། །འདུ་བ་རིང་དུ་སོང་བ་སྟེ། །ཉེ་བའི་འདུ་བ་མི་གཡོ་བ། །དུར་ཁྲོད་ལེགས་པའི་བློ་གྲོས་ཏེ། །ཉེ་བའི་དུར་ཁྲོད་ཆོས་ཀྱི་སྤྲིན། །ཕ་རོལ་ཕྱིན་བཅུའི་ས་རྣམས་ལ། །རྣལ་འབྱོར་མ་ཡི་གླུ་གླེའི་སྐད། །སུ་ལ་སོགས་པ་ཏི་གསུངས་པ། །ཕྱི་དང་ནང་དུ་ཡང་དག་བསམ། །ཞེས་དང་། ཀྱེ་རྡོར་རྒྱུད་རྒྱས་པ་ལས། འཐུང་སྤྱོད་དཔེ་མེད་ཡེ་ཤེས་ཏེ། །ཉེ་བའི་འཐུང་སྤྱོད་ཡེ་ཤེས་ཆེ། །ཞེས། ས་བཅུ་གཅིག་པ་དང་བཅུ་གཉིས་པ་གཉིས་ཀྱི་མིང་དོན་བཤད་པ་དང་། དགོངས་པ་ལུང་སྟོན་ལས་ཀྱང་། འཇིག་རྟེན་དང་ནི་འཕགས་པའི་ཆོས། །སྤྱི་མ་ཀུན་གྱིས་བསྙུན་མེད་ཅིང་། །དེ་ཕྱིར་ཀུན་ཏུ་འོད་འགྱེད་པ། །དཔེ་མེད་ཡེ་ཤེས་ཞེས་སུ་བཤད། །ཐུབ་པའི་སྤྱོད་ཡུལ་མ་གཏོགས་པ། །རྒྱལ་སྲས་ཀུན་གྱི་ས་ལས་བརྒལ། །ཤེས་བྱ་ཀུན་ལ་འཇུག་ཆོས་ཅན། །ས་དེ་ཡེ་ཤེས་ཆེན་པོར་འདོད། །ཅེས་ཀྱང་བཤད་པའི་ཕྱིར་རོ། །

གཉིས་པ་དགའ་བ་བཅུ་དྲུག་གི་འཆར་ཚུལ་གྱི་སྒོ་ནས་ས་ལམ་བགྲོད་ཚུལ་ལ་ལུགས་འདི་ལ་ཡས་འབབ་ཀྱི་དགའ་བ་བཅུ་དྲུག །མས་བརྟན་གྱི་དགའ་བ་བཅུ་དྲུག་འཆར་དགོས་པ་ལས། ཡས་འབབ་ཀྱི་དགའ་བ་བཅུ་དྲུག་པ་ལྷན་སྐྱེས་ཀྱི་ལྷན་སྐྱེས་སམ། མས་བརྟན་གྱི་དགའ་བ་བཅུ་དྲུག་གི་དང་པོ་དགའ་བའི་དགའ་བ་ནས་ས

དང་པོ་སྐྱེས་པའི་མགོ་ཚུགས་པ་ཡིན་པས། མས་བརྟན་གྱི་དགའ་བའི་དགའ་བ། དགའ་བའི་མཆོག་དགའ། དགའ་བའི་དགའ་བྲལ་གསུམ་གྱི་ཚེ། ས་དང་པོའི་སྐབས་ཡིན་ལ། མས་བརྟན་གྱི་ལྷན་སྐྱེས་ཀྱི་མཆོག་དགའ་ལྷན་སྐྱེས་ཀྱི་དགའ་བྲལ། ལྷན་སྐྱེས་ཀྱི་ལྷན་སྐྱེས་གསུམ་ཤར་བའི་སྐབས་དེ་ར་ས་བཅུ་གཉིས་པར་སླེབ་ཟིན་པས། བར་གྱི་ས་བཅུ་ལ་དགའ་བ་རེ་རེ་འཆར་བ་ཡིན་ཏེ། རྡོ་རྗེའི་རྩེ་ར་ལྷན་ཅིག་སྐྱེས་པའི་སར། ཐིག་ལེ་གནས་པ་ལྷར་ལུས་བདེ་བས་མྱོས་ཤིང་བརྒྱལ། ཅེས་པའི་རྣམ་འགྲེལ་ཞལ་ཆེ་བ་ལས། ས་དང་པོ་ལ་དགའ་བ་གསུམ་སྐྱར་བའི་གནད་ཀྱིས། མཁས་པ་དགེ་བཟང་བའི་གཞུང་བཤད་ལས། ས་ཐོག་མཐའ་ལ་དགའ་བ་གསུམ་གསུམ་དང་། བར་པ་བརྒྱད་ལ་དགའ་བ་རེ་རེ་འཆར། ཞེས་གསལ་བར་བཤད་འདུག་པའི་ཕྱིར་རོ། །

དེས་ན་རྡོ་རྗེའི་ལུས་ལ་འཁོར་ལོ་དྲུག་གནས་པའི་ལྟེ་གསང་གཉིས་འཁོར་ལོ་གཅིག་དང་། དཔྲལ་སྤྱི་གཉིས་འཁོར་ལོ་གཅིག་ཏུ་རྩིས་པའི་འཁོར་ལོ་དང་པོ་ལ། མས་བརྟན་གྱི་དགའ་བའི་དགའ་བ་བཞི་ཤར་ཏེ། ཁམས་དྭངས་མ་བརྟན། གཉིས་པ་ལ་མཆོག་དགའི་བཞི་དང་། གསུམ་པ་ལ་དགའ་བྲལ་གྱི་བཞི་དང་། བཞི་པ་ལ་ལྷན་སྐྱེས་ཀྱི་དགའ་བ་བཞི་ཤར་ཏེ་འཁོར་ལོ་དེ་དག་གི་ལས་རླུང་དག་ནས་ཁམས་དྭངས་མས་གང་ཞིང་བརྟན་པར་བྱས་པ་ཡིན་མོད། གནད་འདི་ཁོང་དུ་མ་ཆུད་ཅིང་། ས་བཅུ་གཉིས་པ་དང་དགའ་བ་བཅུ་དྲུག་སྦྱོར་མ་ཤེས་པའི་བབ་ཅོལ་གྱིས་དགའ་བ་བཅུ་དྲུག་ཡོད་པས་ས་ཡང་བཅུ་དྲུག་ཡོད་ཅེས། མགྲིན་པ་འདེགས་པ་དེ་འདྲ་མ་མཛད་ཅིག །ཅེས་གདམས་སོ། །

གཉིས་པ་ལམ་ལྔ་དང་བྱང་ཕྱོགས་ཀྱི་བགྲོད་ཚུལ་ལ་གཉིས། ལམ་ལྔའི་བགྲོད་ཚུལ་དང་བྱང་ཕྱོགས་སོ་བདུན་གྱི་བགྲོད་ཚུལ་ལོ། །དང་པོ་ལ་འང་། རྒྱུད་དང་མན་ངག་གི་ལུགས་གཉིས་ལས། དང་པོ་རྒྱུད་ལུགས་ནི། དྲོད་ཆུང་དུ་ཚོགས་ལམ། འབྲིང་པོ་སྦྱོར་ལམ། དྲོད་ཆེན་པོ་མཐོང་ལམ། དེ་ནས་ས་གཉིས་པ་ནས་བཅུ་གཉིས་པའི་བར་སྒོམ་ལམ། ས་བཅུ་གསུམ་པ་ལ་མཐར་ཕྱིན་ལམ་ཞེས་བཞེད་པ་ཡིན་ཏེ། བདག་མེད་བསྟོད་འགྲེལ་ལས། རིམ་པ་གཉིས་བསྒོམས་པ་ལས་དྲོད་ཆུང་དུ་སྐྱེ་ལ། དེ་ནས་ཀུན་འདར་གསང་སྔེ་སྦྱོད་དོ། །དེ་ནས་དྲོད་འབྲིང་པོ་སྐྱེ་ལ། དེར་ཀུན་འདར་འཇིག་རྟེན་པའི་མངོན་དུ་སྤྱོད་དོ། །དེ་གཉིས་ནི་ཕ་རོལ་ཏུ་ཕྱིན་པ་དང་བསྟུན་ནས་ཚོགས་སྦྱོར་གཉིས་སོ། །དེ་ནས་དྲོད་ཆེན་པོ་མཐོང་ལམ་གྱི་ཡེ་ཤེས་སྐྱེས་ནས་ཀུན་ཏུ་བཟང་པོའི་སྤྱོད་པ་སྤྱོད་དོ། །ཞེས་དང་། མངོན་རྟོགས་ལྗོན་ཤིང་ལས་ཀྱང་དེས་དྲོད་ཆེན་པོ་ཐོབ་སྟེ། ཟག་པ་མེད་པའི་ཡེ་ཤེས་འཇིག་རྟེན་ལས་འདས་པའི་གྲུབ་མཐའ་སྙོགས་ནས། ལུང་བསྟན་པའི་ཕྱག་རྒྱ་བྱུང་བ་དང་ཀུན་ཏུ་བཟང་པོའི་སྤྱོད་པ་འཇིག་རྟེན་པའི་མངོན་དུ་སྤྱོད་དོ། །ཞེས་བཤད་པས་སོ། །གཉིས་པ་མན་ངག་ལུགས་ལ། ཕ་རོལ་ཏུ

ཕྱིན་པ་དང་སྒོ་བསྟུན་ནས་ལམ་ལྔའི་འཇོག་མཚམས་འདི་ལྟར་བཞེད་དེ། འཇིག་རྟེན་པའི་ལམ་ཁམས་འདུས་པ་གསུམ་གྱི་སྐབས་སུ་ཚོགས་སྦྱོར་གཉིས་འགྲོ་ཞིང་སྐྱེ་བ་ཡིན་ལ། འདས་ལམ་ས་དང་པོ་མཐོང་ལམ། དེ་ནས་ས་བཅུ་གཉིས་པའི་བར་སྒོམ་ལམ། བཅུ་གསུམ་ཕྱེད་འོག་མ་ལ་མཐར་ཕྱིན་ལམ་དུ་བཞག་ནས། དེ་མན་ཆད་ལ་ཕ་རོལ་ཏུ་ཕྱིན་པ་དང་སྒོ་བསྟུན་པའི་ལམ་ལྔ་རྫོགས་ནས། བཅུ་གསུམ་ཕྱེད་གོང་མ་ལ་བཅུ་གསུམ་རྡོ་རྗེ་འཛིན་པའི་ས་ཞེས་འཇོག་པ་ཡིན་ཏེ། སྡོམ་གསུམ་རབ་དབྱེར། ནང་གི་ས་ལམ་ཀུན་བགྲོད་ནས། །རྡོ་རྗེ་འཛིན་པའི་ས་དགེ་བ། །བཅུ་གསུམ་པ་ནི་ཐོབ་པར་འགྱུར། །ཞེས་པའི་རང་མཆན་དུ། ས་བཅུ་གཉིས་དང་ལམ་ལྔ་ཀུན་བགྲོད་ནས་ས་བཅུ་གསུམ་པ་རྡོ་རྗེ་འཛིན་པའི་ས་ཐོབ་པར་འགྱུར་ཞེས། བཅུ་གསུམ་ཕྱེད་འོག་མ་ལ་མཐར་ཕྱིན་ལམ་དུ་བཞག་པ་དང་། གཞུང་བཤད་གཉག་མ་ལས་ཀྱང་། ཕྱེད་འོག་མའི་སྐབས་ཀྱི་མཐར་ཕྱིན་གྱི་ལམ་ནས་རྟེན་འབྲེལ་གྱི་མཐར་ཐུག་འདག་པར་བྱེད་པ་ཞེས་པ་རྡོ་རྗེ་ཚིག་རྐང་གི་རྣམ་འགྲེལ་དུ། ནང་རྟེན་འབྲེལ་ནི་འགྲོས་བཞི་ཐིམ་པའི་དབང་ཉིད་དོ། །ཉེ་བའི་རྒྱུ་དེ་ཉིད་ལས། ལུང་སྒོ་བསྟུན་ནས་ལམ་ལྔ་ལས་མཐར་ཕྱིན་གྱི་ལམ་ནས་ཞེས་བྱ་བ་དང་། རྟེན་འབྲེལ་ལྔ་ལས་མཐར་ཐུག་གི་རྟེན་འབྲེལ། སྣང་བྱ་ལས་ཀྱང་། ཤེས་བྱའི་སྒྲིབ་པ་མཐར་ཐུག་འདག་པར་ཤེས་པར་བྱའོ་ཞེས་དང་། ཡང་དེ་ཉིད་ལས། རེ་ཞིག་དེ་དག་གིས་ནི་འཇིག་རྟེན་དང་འཇིག་རྟེན་ལས་འདས་པའི་ལམ་གཉིས་ལ་ལུང་སྒོ་བསྟུན་ཏེ། ལམ་ལྟར་ན་ལྔ། བྱང་ཆུབ་ཀྱི་ཕྱོགས་ལྟར་ན་སུམ་ཅུ་རྩ་བདུན། ས་ལྟར་ན་ཕྱེད་དང་བཅུ་གསུམ་གྱི་ལམ་མ་ལུས་པར་བསྟན་ཏོ། །

ད་ནི་ལམ་དེས་བསྒྲུབས་པའི་འབྲས་བུ་བསྟན་པ་ལས་ཞེས་སོགས་བཤད་པའི་སྙིང་པོ་བསྡུས་ན། བཅུ་གསུམ་ཕྱེད་འོག་མ་འདི་ནི་དབང་བཞི་པ་ས་ཕྱེད་ཞེས་པ་དེ་ཡིན་ལ། ཕྱེད་པོ་འདི་ལ་འབྲས་དུས་ཀྱི་དབང་། འགྲོས་བཞི་ཐིམ་བྱེད་ཀྱི་དབང་། ཉེ་རྒྱུའི་དབང་། མཐར་ཐུག་གི་རྟེན་འབྲེལ་མཐར་ཕྱིན་གྱི་ལམ། མཐར་ཐུག་གི་སྒྲིབ་པ་འདག་བྱེད་ཀྱི་གཉེན་པོ་ཞེས་མཚན་གྱི་རྣམ་གྲངས་དུ་མས་བསྟན་ཏེ། དེ་མན་ཆད་ལ་ལམ་ལྔ་བྱང་ཕྱོགས་སོ་བདུན། རྟེན་འབྲེལ་ལྔ། ས་ཕྱེད་དང་བཅུ་གསུམ། རྒྱུ་ལམ་འབྲས་བུའི་དབང་རྣམས་རྫོགས་པ་ཡིན་ཀྱང་། བཅུ་གསུམ་ཕྱེད་གོང་མའམ་བཅུ་གསུམ་རྡོ་རྗེ་འཛིན་པའི་ས་ཞེས་གྲགས་པ། སྐུ་ལྔ་ཡེ་ཤེས་ལྔ་ལྡན་གྱི་འབྲས་བུ་དེར་ཙུང་མ་སླེབ་པས། འབྲས་བུ་མཆོག་དེ་ནི། ས་ཕྱེད་པོ་འདིའི་གཙོ་བོའི་བྱེད་ལས་ལས་ཐོབ་དགོས་རྒྱུ་ཡིན་པས། ལམ་ལྔ་ས་ཕྱེད་དང་བཅུ་གསུམ་སོགས་ནི། ལམ་འབྲས་གཉིས་ཀྱི་ཐླས་ཕྱེ་བའི་ལམ་ཡིན་ལ༑ བཅུ་གསུམ་རྡོ་རྗེ་འཛིན་པའི་ས་ནི་འབྲས་བུ་ཡིན་ནོ། །ཞེས་སྐལ་བ་དང་ལྡན་པ་དག་ལ་སྙིང་གི་བདུད་རྩིར་སྦྱིན་པ་ཡིན་པས། ལམ་བཟང་འདི་ལ་ཡིད་ཆེས་པའི་མཚན་མ་དང་ལྡན་པས་བསྟན་པའི་སྙིང་པོ་རྒྱས་པར་གྱུར་

ཅིག །ཅེས་སྨོན་པར་འཚལ་ལོ། །འོན་ཚོགས་སྦྱོར་གཉིས་འགྲེ་ཞིང་སྐྱེ་ཚུལ་ཇི་ལྟར་སྙམ་ན། སྐལ་བ་བཟང་པོ་དག་ལ་བཤད་པར་བྱ་སྟེ། སྤྱིར་མན་ངག་འདི་པའི་ལུགས་ཀྱི་དབང་བཞིའི་ལམ་བསྐྱེད་རིམ་སོགས་བཞི་ནི། ཏིང་ངེ་འཛིན་སྐྱེ་བའི་རྒྱུ་འཚོགས་པས་ན་ཚོགས་ལམ། ལམ་དེ་ལ་བརྟེན་ནས་སྐྱེས་པའི་བུམ་དབང་གི་ལྟ་བ་ངོ་བོ་ཉིད་གསུམ་སོགས་ལྟ་བའི་ཉམས་ལེན་རྣམས་སྦྱོར་ལམ་ཞེས་འཇོག་ཅིང་། ཚོགས་ལམ་དེ་ལ་དབྱེ་ན། ཕྱི་དབྱིབས་ཀྱི་ཚོགས་ལམ། ནང་སྟགས་ཀྱི་ཚོགས་ལམ། གསང་བ་དབང་གི་ཚོགས་ལམ། མཐར་ཐུག་དེ་ཁོ་ན་ཉིད་ཀྱི་ཚོགས་ལམ་དང་བཞི་ཡོད་པའི། དང་པོ་ནི། བསྐྱེད་རིམ་གྱི་ལམ། གཉིས་པ་ནི་ལྟེ་བར་རླུང་སེམས་འཚོགས་པར་བྱེད་པ་གསང་དབང་གི་ལམ་གཏུམ་མོ་ཙཎྜ་ལི། དེ་གཉིས་ཁམས་འདུས་པ་དང་པོ་ལ་གཙོ་ཆེ། གསུམ་པ་ནི༑ ཡུམ་གྱི་གསང་བའི་གནས་སུ་རླུང་སེམས་འཚོགས་པའི་རྒྱུ་ཤེར་དབང་གི་ལམ་དཀྱིལ་འཁོར་འཁོར་ལོ་སྟེ། ཁམས་འདུས་པ་བར་པ་ལ་གཙོ་ཆེ། བཞི་པ་ནི། རྟེན་པདྨ་ཅན་མའི་ནྲྀ་གར་རླུང་སེམས་འཚོགས་པར་བྱེད་པ་དབང་བཞི་པའི་ལམ་རྡོ་རྗེ་ཐ་རླབས་ཏེ། ཁམས་འདུས་པ་ཐ་མ་ལ་གཙོ་ཆེ།

དེས་ན་ཁམས་འདུས་པ་གསུམ་གྱི་ཚོགས་ལམ་གསུམ་ལ་ཚོགས་ལམ་ཆུང་འབྲིང་ཆེ་གསུམ་དང་། འདུས་པ་གསུམ་གྱི་ཉམས་གསུམ་ལ་དྲོད་ཆུང་འབྲིང་ཆེ་གསུམ་དུ་འཇོག་པས། དྲོད་ཆེན་པོ་ལ་མཐོང་ལམ་དུ་མི་འཇོག་པ་ནི། རྒྱུད་དང་མན་ངག་གི་བཤད་པའི་སྲོལ་ཐ་དད་པ་ཙམ་མོ། འདི་ནི་རགས་པ་ཙམ་ཡིན་ལ་ཞིབ་པར་འཕགས་པ་རིན་པོ་ཆེའི་ཚོགས་སྦྱོར་མདོན་རྟོགས་ལྟར་བཤད་ན། བླ་མེད་ཐེག་པའི་ས་ལམ་རྣམས་རྡོ་རྗེའི་ལུས་ཀྱི་བྱེད་པ་ལས་བགྲོད་དགོས་པའི་གནད་ཀྱིས། ཟླ་དབུ་མའི་མདུད་པ་དང་པོ་གྲོལ་ནས། ས་དང་པོ་ཡན་ཆད་བགྲོད་པ་ཡིན་ལ། ཟླ་དབུ་མའི་མས་སྣར་མདུད་པ་མེད་པ་སོར་བཞི་ཕྱི་ནས་རོ་རྐྱང་གཉིས་ཀྱིས་གཅེར་བ་རོ་གཅིག་པ་ལྟ་བུ་ཞིག་ཡོད་པ་དེའི་ཕྱི་རོལ་ནས་འོག་ཏུ་རླུང་སེམས་འདུ་འགྲོ་བྱས་པ་ལས་སྦྱོར་ལམ། དྲོད་རྩེ་གཉིས། ནང་ལོགས་ནས་གྱེན་དུ་འདུ་འགྲོ་བྱས་པ་ལས་བཟོད་མཆོག་གཉིས་སྐྱེ་བ་ཡིན་ཏེ། དེ་ཡང་ཁམས་འདུས་པ་ཐ་མར་ལུང་བསྟན་པའི་ཕྱག་རྒྱ་པདྨ་ཅན་དང་མཉམ་པར་སྦྱོར་བ་ལས། ལྟེ་བའི་འཁོར་ལོ་རླུང་སེམས་ཐབ། དབུ་མའི་མས་སྣ་ཕྱི་ཤུན་ནར་སོར་ཕྱེད་མཐུར་དུ་སྒྲོད་པས་དྲོད་ཆུང་ངུ། ཡང་སོར་ཕྱེད་བསྒྲོད་པས་དྲོད་འབྲིང་། ཡང་སོར་ཕྱེད་བསྒྲོད་པས་དྲོད་ཆེན་པོའི་ཆུང་ངུ ཡང་ཕྱེད་བསྒྲོད་པས་ཆེན་པོའི་ཆེན་པོ་སྐྱེ། སྤྱང་བྱ་མཐོང་སྤང་ཉོན་མོངས་གཟུང་རྟོགས་ཆེན་པོའི་ཆེན་པོ། ཆེན་པོའི་ཆུང་ངུ། ཉོན་མོངས་གཟུང་རྟོགས་འབྲིང་པོ། ཉོན་མོངས་གཟུང་རྟོགས་ཆུང་ངུ་སྟེ་བཞི་མངོན་འགྱུར་འགགས། ཡས་འབབ་ཀྱི་དགའ་བ་བཅུ་དྲུག་ལས་དགའ་བའི་དགའ་བ་སོགས་བཞི་འཆར། དེ་ནས་ཡང་སོར་ཕྱེད་པ་བཞི་ཐུར་དུ་བསྒྲོད་པས། སྦྱོར་ལམ་རྩེ་མོ་བཞི་གོང་

བཞིན་སྐྱེས། མཐོང་སྣང་རྣམ་བྱང་གཟུང་རྟོགས་བཞི་གོང་བཞིན་འགགས། ཡས་འབབ་མཆོག་དགའི་དགའ་བ་བཞི་སྟུ་མ་བཞིན་འཆར། དེ་ནས་ནང་ལོགས་སོར་ཕྱེད་པ་བཞི་གྱེན་དུ་བསྒྱོད། སྦྱོར་ལམ་རྩེ་མོ་བཞི་བསྐྱེད། མཐོང་སྣང་རྫས་འཛིན་རྟོགས་པ་བཞི་འགག །དགའ་བྲལ་གྱི་དགའ་བ་བཞི་འཆར། ཡང་སོར་ཕྱེད་པ་བཞི་གྱེན་དུ་བསྒྱོད། ཆོས་མཆོག་བཞི་བསྐྱེད། མཐོང་སྣང་རྟག་འཛིན་རྟོགས་པ་བཞི་འགག །ལྷན་སྐྱེས་ཀྱི་དགའ་བ་དང་པོ་གསུམ་འཆར། རྩ་རོ་རྐྱང་གི་མས་སྣ་གཉིས་དབུ་མའི་མས་སྣར་ཚུད་དེ། རྩ་མདུད་དང་པོ་གྲོལ་ལ་ཁད། ལུས་ངག་ཡིད་རྡོ་རྗེའི་དཀྱིལ་ཀྱང་འཆའ། ཞེས་པ་དེར་སླེབ། དེ་ནས་མདུད་པ་དང་པོ་གྲོལ་བ་དང་ཡས་འབབ་ཀྱི་དགའ་བ་བཅུ་དྲུག་པ། མས་བརྟན་གྱི་དགའ་བ་དང་པོ། མཐོང་ལམ་ས་དང་པོ་རྣམས་དུས་གཅིག་ཉིད་ལ་འཆར་བ་ཡིན་པའི་ཕྱིར་རོ། །

དེས་ན་ཁམས་འདུས་པ་དང་པོ་གཉིས་ཀྱི་སྐབས་སུ་ཡང་སྦྱོར་ལམ་དྲོད་ཀྱི་རྟོགས་པ་སྐྱེ་མེད། འདིར་ཁམས་ཐ་མའི་སྐབས་སུ་དྲོད་སོགས་བཞི་སྐྱེ་ཚུལ་སྦྱར་བ་ནི། རྟེན་པདྨ་ཅན་མའི་རྟེན་ལ་ཡང་དག་སྦྱོང་བཞིའི་ཚོགས་ལམ་ཆེན་པོ་ལ་བརྟེན་ནས་དྲོད་སོགས་ཁྱད་པར་བའི་རྟོགས་པ་སྐྱེ་ཚུལ་བྱེ་བྲག་པ་ཞིག་སྦྱར་བ་ཡིན་ལ་རྩེ་མོ་སོགས་གསུམ་ནི་འདུས་པ་ཐ་མའི་སྐབས་འདིར་མི་རྟོགས། དེ་ཡན་ཆད་དུ་སྐྱེ་བའི་བཤད་པ་མེད་པ་དེ་ཡང་རྣམ་དཔྱོད་ཀྱི་འདབ་མར་ཆགས་པ་ཞེས་སོ། །དེ་ནས་འདས་ལམ་བགྲོད་ཚུལ་ལ། རྡོ་རྗེའི་ལུས་ལ་འཁོར་ལོ་དྲུག་གནས་པའི་འཁོར་ལོ་རེ་ལས་ས་གཉིས་གཉིས་བགྲོད་པས། སྣང་བྱེ་སྟོམ་སྣང་རྣམ་རྟོག་ཆེ་འབྲིང་ཆུང་གསུམ་བཅུ་གཉིས་སྤྲངས། རྐྱེ་སོགས་རྟེན་འབྲེལ་བཅུ་གཉིས་ལུགས་ལྡོག་ཏུ་འགག །ཕྱི་ནང་དེ་ཁོ་ན་ཉིད་ཀྱི་རྟགས་གསུམ་གསུམ་འཆར་བ་ཡིན་ཏེ། དཔེར་ན་ས་དང་པོ་ལྟ་བུ་ལ་སྦྱར་ན། དབུ་མའི་མདུད་པ་དང་པོ་གྲོལ། ས་དང་པོ་ཐོབ། པུ་ལི་ར་མ་ལ་སོགས་ཡུལ་བཞི་དབུ་མར་གྲོང་སྟོང་། སྣང་བྱ་རྣམ་རྟོག་ཆེ་འབྲིང་ཆུང་གསུམ་ཆུང་ངུའི་ཆུང་ངུ་བཞི་ལ་གསུམ་གསུམ་དུ་ཕྱེ་བའི་ཆེན་པོའི་ཆེན་པོ་འགགས། ཕྱི་རྟགས་ཐིག་ལེ་ལ་ཤར་ཏེ་གསང་གནས་འཁོར་ལོའི་ཕྱེད་ཁམས་དྭངས་མས་བརྟན། ནང་རྟགས་རླུང་ལ་ཤར་ཏེ་འཕོ་བ་གཅིག་ལས་རླུང་སྟོང་བརྒྱད་བརྒྱ་འགགས། དེ་ཁོ་ན་ཉིད་ཀྱི་རྟགས་སེམས་ལ་ཤར་ཏེ་རབ་བྱང་ཆུབ་ཀྱི་ཡན་ལག་བདུན་ཞེས་པ། རྩ་འཁོར་ལོ་བཞི་དང་གཙོ་མོ་གསུམ་སྟེ་བདུན་མངོན་གསུམ་དུ་མཐོང་བ་སོགས་འབྱུང་བས་སོ། །དེས་ལྷག་མ་ཡང་མཚོན་ནུས་ཏེ་མང་བས་འཇིགས་སོ། །བར་གྱི་ས་བརྒྱད་ལ་ཞིབ་ཏུ་དབྱེད་ན་སྦྱོར་བ་མགོ་རྩོམ་པ་ལ་མདུད་པ་གཅིག་གྲོལ། དངོས་གཞི་ལོངས་སྤྱོད་པ་ལ་གཅིག་གྲོལ། རྗེས་ཐིམ་པ་ལ་མདུད་པ་གཅིག་གྲོལ་ཞེས་འབྱུང་བས། མདུད་པ་གསུམ་གསུམ་གྱི་དང་པོ་གྲོལ་ཚེ་ས་དེ་ཐོབ་པའི་མགོ་ཙམ། གཉིས་པའི་ཚེ་ས་དེ་ཐོབ། གསུམ་

པའི་ཚེ་ས་དེའི་གྲོལ་བས། བྱེ་བྲག་ཏུ་བྱང་ཆུབ་ཀྱི་ཕྱོགས་ལ་སོགས་པ་འདི་རྣམས་ཛོ་ཛེ་ཐེག་པའི་བསྟན་པ་ལས་སྦྱོར་བའི་ལུགས་ལྔ་ཡོད་དེ། རྒྱུ་རྒྱུད་སྦྱང་གཞི་རྩ་ལ་སོགས་པར་སྦྱོར་བ་དང་། ལམ་བསྐྱེད་རིམ་ལྷ་རྟེན་དང་བརྟེན་པ་ལ་སྦྱོར་བ་དང་། སོ་སོ་སྐྱེ་བོ་ལམ་དུ་ཞུགས་པ་ནས་བཟུང་སྟེ་ལམ་ལྔར་ཕྱེ་ནས་སོ་སོ་ལ་སྦྱོར་བ་དང་། བདེན་པ་མཐོང་བ་ནས་བཟུང་སྟེ་སངས་རྒྱས་ཀྱི་བར་ལ་སྦྱོར་བ་དང་། སངས་རྒྱས་པོ་ནའི་གཟུགས་སྐུའི་ལྷ་ལ་སྦྱོར་བ་དང་ལུགས་ལྔ་ཡོད་པ་ལས་འདི་ནི་མཐོང་ལམ་ཡན་ལ་སྦྱོར་བ་གཙོ་བོ་ཡིན་ཏེ། ལྔ་ཀ་འང་འདིས་ཤེས་པར་ནུས་པས་ན་གཙོ་བོར་དེའི་ལུགས་ཡིན་ནོ། །

ཞེས་བཤད་པ་ལྟར་སྦྱོར་ལུགས་ལྔ་ཡོད་པ་ལས། འདིར་མཐོང་ལམ་ཡན་ཆད་ལ་སྦྱོར་བའི་ལུགས་བཤད་ན༑ འདི་ལྟར་ཡིན་ཏེ། ས་དང་པོ་ལ། ལུས་ཚོར་སེམས་ཆོས་དྲན་པ་ཉེ་བར་བཞག་པ་སྟེ་དྲན་པ་ཉེར་གཞག་བཞིས་ས་དང་པོ་བགྲོད། སྡིག་པ་མ་སྐྱེས་པ་མི་སྐྱེད་སྐྱེས་པ་སྤོང་། དགེ་བ་མ་སྐྱེས་པ་བསྐྱེད། སྐྱེས་པ་སྤེལ་བའི་ཡང་དག་སྤོང་བ་བཞིས་ས་གཉིས་པ་བགྲོད། དེ་ནས་བར་གྱི་ས་བརྒྱད་ལ་བྱང་ཕྱོགས་གཉིས་གཉིས་དགོས་པས། འདུན་པའི་ཏིང་ངེ་འཛིན་སྤོང་བའི་འདུ་བྱེད་དང་ལྡན་པའི་རྫུ་འཕྲུལ་གྱི་རྐང་པའོ། །དེ་བཞིན་དུ་བྱང་སེམས་ཀྱི་ཏིང་ངེ་འཛིན་སྤོང་བའི་འདུ་བྱེད་དང་ལྡན་པའི་རྫུ་འཕྲུལ་གྱི་རྐང་པའོ། །བརྩོན་འགྲུས་ཀྱི་ཏིང་ངེ་འཛིན་སྤོང་བའི་འདུ་བྱེད་དང་ལྡན་པའི་རྫུ་འཕྲུལ་གྱི་རྐང་པའོ། །སྤྱོད་པའི་ཏིང་ངེ་འཛིན་སྤོང་བའི་འདུ་བྱེད་དང་ལྡན་པའི་རྫུ་འཕྲུལ་གྱི་རྐང་པ་བཞིས་རིམ་བཞིན་ས་གསུམ་པ་དང་བཞི་པ་བགྲོད། དད་པའི་དབང་པོ། བརྩོན་འགྲུས་ཀྱི་དབང་པོ། དྲན་པའི་དབང་པོ། ཏིང་ངེ་འཛིན་གྱི་དབང་པོ། ཤེས་རབ་ཀྱི་དབང་པོ། དད་པའི་སྟོབས་སོགས་ལྔ་དང་བཅུ་ལས་གཉིས་གཉིས་ཀྱིས། ས་ལྔ་པ་དང་དྲུག་པའི་བར་བགྲོད། བྱང་ཆུབ་ཡན་ལག་བདུན་ལས། དྲན་པ་ཡང་དག་བྱང་ཆུབ་ཀྱི་ཡན་ལག་དང་། ཆོས་རབ་ཏུ་རྣམ་པར་འབྱེད་པ་བྱང་ཆུབ་ཀྱི་ཡན་ལག་གཉིས་ཀྱི་ས་བཅུ་པ་བགྲོད། དེ་ནས་ས་བཅུ་གཅིག་པ་དང་བཅུ་གཉིས་པ་ལ་བྱང་ཕྱོགས་བཞི་བཞི་དགོས་པས། བྱང་ཆུབ་ཡན་ལག་བདུན་གྱི་ནང་ཚན། བརྩོན་འགྲུས་ཡང་དག །དགའ་བ་ཡང་དག །ཤིན་ཏུ་སྦྱངས་པ་ཡང་དག །ཏིང་ངེ་འཛིན་ཡང་དག །བྱང་ཆུབ་ཡན་ལག་བཞིས་ས་བཅུ་གཅིག་པ་བགྲོད། བྱང་ཆུབ་ཡན་ལག་གི་ནང་ཚན་བཏང་སྙོམས་ཡང་དག་བྱང་ཆུབ་ཡན་ལག་དང་། འཕགས་ལམ་ཡན་ལག་བརྒྱད་ཀྱི་ནང་ཚན་ཡང་དག་པའི་ལྟ་བ་དང་། ཡང་དག་པའི་རྟོག་པ་དང་། ཡང་དག་པའི་ངག་གསུམ་སྟེ་བཞིས་ས་བཅུ་གཉིས་པ་བགྲོད་པར་བྱེད་པའི་ཕྱིར་དང་། དེ་ནས་འཕགས་ལམ་ཡན་ལག་བརྒྱད་ཀྱི་ནང་ཚན་ལྷག་མ་ཡང་དག་པའི་ལས་ཀྱི་མཐའ་དང་། འཚོ་བ་དང་། རྩོལ་བ་དང་། ཡང་དག་པའི་དྲན་པ་དང་། ཡང་དག་པའི་ཏིང་ངེ་འཛིན་ཏེ་ལྔས། ས་བཅུ་གསུམ་པ

སངས་རྒྱས་ཀྱི་ས་བགྲོད་པར་བྱེད་པའི་ཕྱིར་རོ། །དེ་ལྟར་སྦྱོར་ཚུལ་དེ་ནི། བདག་མེད་མའི་བསྟོད་པ་རྩ་འགྲེལ་སོར་བཞག་པ་ཡིན་ལ། འོན་ཀྱང་། འཕགས་པའི་ལམ་ལྔ་དྲུག་པའི་ཆའི་དངོས། །ཞེས། ས་བཅུ་གསུམ་པ་ལ་འཕགས་ལམ་ཡན་ལག་བརྒྱད་ཀྱི་ལྔ་དང་སྦྱར་བས་ཀ་བྱང་ཕྱོགས་སོ་བདུན་ཚང་བཞིན་དུ། དྲུག་པའི་ཆའི་དངོས་ཞེས་དྲུག་པའི་ཆ་ཤས་གཅིག་བསྟན་པ་ལ་ནུས་པ་ཁྱད་པར་ཅན་དགོས་རྒྱུར་སྣང་བས་དཔྱོད་ལྡན་དག་གིས་དཔྱད་པར་བྱའོ། །

གཉིས་པ་མན་ངག་ལུགས་ལ། བྱང་ཕྱོགས་སོ་བདུན་ཚོགས་ལམ་ནས། ས་བཅུ་གསུམ་ཕྱེད་འོག་མ་མན་ཆད་ལ་སྦྱོར་བ་ཡིན་ཏེ། སྣང་བ་དཀྱར་ལངས་ཀྱི་གཉེན་པོར། ས་རླུང་རྫུ་འཕྲུལ་གྱི་རྐང་པ། དེ་བཞིན་དུ་ཆུ་རླུང་མེ་རླུང་གི་རླུང་རྫུ་འཕྲུལ་རྐང་པ་བཞིས་སྣང་བ་དཀྱར་ལངས་ཀྱི་འཕྲང་བསྒྲལ་ཏེ་ཁམས་འདུས་པ་དང་པོའི་ལམ་ཆོད། དེ་ནས་སྟོང་པ་དཀྱར་ལངས་ཀྱི་གཉེན་པོར། རང་ལྷར་བསྒོམ་པ་ལུས་དྲན་པ་ཉེར་གཞག །དེ་ལ་ཡེ་ཤེས་སེམས་དཔའ་གཞུག་པ་ལྷ་དྲན་པ་ཉེར་བཞག །ལྷ་དེའི་སྙིང་པོ་བཟླས་པ་སྔགས་དྲན་པ་ཉེ་བར་བཞག་པ༑ ལྷ་དེའི་རྒྱན་དྲུག་གི་དགོས་པ་བསམ་པ་ཆོས་དྲན་པ་ཉེ་བར་བཞག་པ་སྟེ། དྲན་པ་ཉེར་བཞག་བཞིས། སྟོང་པ་དཀྱར་ལངས་ཀྱི་འཕྲང་ལས་བསྒྲལ་ཏེ། ཁམས་འདུས་པ་བར་པའི་ལམ་ཆོད། དེ་ནས་བདེ་བས་བརྒྱལ་བའི་གཉེན་པོར་ཡང་དག་སྤོང་བ་བཞི་སྒོམ་སྟེ། དེ་ཡང་རོ་རྐྱང་གཉིས་ཀྱི་མས་སྣ་རྩ་དབུ་མའི་མས་སྣར་ཚུད་པ་ལུས་རྩའི་རྟེན་འབྲེལ། གཡོན་རྐྱང་མའི་མས་སྣ་ཡོད་པའི་ཡི་གེ་བཞི་པ་སྙིང་པོའི་ཨ་དབུ་མའི་མས་སྣར་སླེབ་པས། དབུ་མའི་ཆ་ཤས་ཡི་གེ་བཞི་པ་ཕྱི་དབྱིབས་ཀྱི་ཨ་གྱེན་ལ་སྐྱོད་པ་རྩ་ཡི་གེའི་རྟེན་འབྲེལ། དེ་ལས་ཆུ་རླུང་སོགས་རླུང་ལྔ་དབུ་མའི་མས་སྣར་ཚུད་པ་རླུང་གི་རྟེན་འབྲེལ། དེ་ལས་རྩ་གཡས་གཡོན་གྱི་ལས་རླུང་རྒྱུ་བའི་སྒོ་ཐིག་ལེས་བཀག་པ་ཁམས་བདུད་རྩིའི་རྟེན་འབྲེལ་ཏེ། རྟེན་འབྲེལ་དེ་བཞིས་གཟུང་འཛིན་གྱི་རྣམ་རྟོག་སྤངས་པས་ཡང་དག་སྤོང་བ་ཞེས་བྱ་ཞིང་། དེ་བཞིས་བྱིང་བ་ཆེན་པོའི་འཕྲང་བསྒྲལ་ཏེ་ཁམས་འདུས་པ་ཐ་མའི་ལམ་ཆོད་པས་ན། བྱང་ཕྱོགས་བཅུ་གཉིས་པོ་དེས་འཛིག་རྟེན་པའི་ལམ་མན་ཆད་བགྲོད་པར་བྱེད་པའི་ཕྱིར། དེ་ཡང་ཡང་དག་སྤོང་བ་བཞི་པོ་དེ་ནི་ཚོགས་ལམ་ཆེན་པོ་ཡིན་ལ། དེ་ལས་དྲོད་སོགས་བཞིའི་རྟོགས་པ་འཆར་ཚུལ་ལམ་གྱི་སྐབས་སུ་བཤད་པ་བཞིན་ནོ། །

དེ་ནས་བྱང་ཕྱོགས་ཉི་ཤུ་རྩ་ལྔས་འདས་ལམ་ས་ཕྱེད་དང་བཅུ་གསུམ་བགྲོད་པ་ཡིན་ཏེ། རྩ་འཁོར་ལོ་བཞིའི་དབྱིབས་ཨེ་ཝཾ་མ་ཡའི་རྣམ་པ་ཅན་དུ་ཡོད་པ་བཞི་དང་། རྩའི་གཙོ་མོ་རོ་རྐྱང་དབུ་གསུམ་མཐོང་བ་ནི་བྱང་ཆུབ་ཡན་ལག་བདུན་ཏེ། དེས་བུམ་དབང་ས་དྲུག་བགྲོད། འབྱུང་བ་ལྔའི་རླུང་ལ་དབང་ཐོབ་པ་ནི་དབང་པོ་ལྔ་སྟེ།

དེས་གསང་དབང་ས་བཞི་བགྲོད། འབྱུང་བ་ལྔའི་རླུང་སྟོབས་སུ་གྱུར་པ་ནི་སྟོབས་ལྔ་སྟེ་དེས་ཤེར་དབང་ས་གཉིས་བགྲོད། ཡེ་ཤེས་ལྔར་གནས་འགྱུར་བ་ལ་མངོན་དུ་ཕྱོགས་པའི་བརྟེན་པ་རྣམ་ཤེས་ཚོགས་བརྒྱད་ནི། འཕགས་པའི་ལམ་སངས་རྒྱས་པའི་ཡན་ལག་སྟེ་རྒྱུ་ཡིན་པས་འཕགས་ལམ་ཡན་ལག་བརྒྱད་དེ། དེས་དབང་བཞི་པ་ས་ཕྱེད་པོ་དེ་བགྲོད་དེ། བཅུ་གསུམ་ཕྱེད་འོག་མར་སླེབ་པ་ཙམ་ཡིན་པའི་ཕྱིར་རོ། །འདི་ལ་གཞན་དག་ན་རེ། ས་བཅུ་གཉིས་པ་ལས་གོང་དུ་ས་བཅུ་གསུམ་པ་ཞིག་ཁས་བླང་དུ་རུང་མོད། བཅུ་གསུམ་པ་ལ་ཕྱེད་གོང་འོག་གཉིས་བཅོས་ནས། ཕྱེད་འོག་མ་སངས་རྒྱས་པར་མི་འཆད་པ་འདི་ནི་ཁྱེད་ས་སྐྱ་པ་དག་གིས་རྟོགས་པས་བཏགས་པ་ཡིན་ཏེ། ཡིད་ཆེས་པའི་ཁུངས་མེད་པའི་ཕྱིར་རོ་ཞེ་ན། འདི་ལ་ཡིད་ཆེས་པའི་འབྱུང་ཁུངས་ཅིས་ཀྱང་ཡོད་དེ། གསུང་ངག་རྡོ་རྗེ་ཚིག་རྐང་ལས། ས་བཅུ་གཉིས་པ་རྫོགས་སངས་རྒྱས་པར་མ་སླེབ་པའི་བར་དེར། ས་ཕྱེད་དང་བཅུ་གསུམ་པའོ་ཞེས་བཤད་པ་འདི། ཁྱེད་ཅག་ལ་ཐུགས་རྒྱུས་མེད་པ་བདེན་ཡང་། ཁོ་བོ་ཅག་རྗེ་བཙུན་རྡོ་རྗེ་བདག་མེད་མ་ནས་སྣན་བརྒྱུད་ཀྱི་བཀའ་བབས་པ་དག་ལ་ཆ་རྒྱུས་ཆ་ཙམ་མངའ་བས་སོ། ། ངེད་ཅག་དེ་ལ་མི་རྩིའོ་སྙམ་ན། རྡོ་རྗེ་འཆང་ལ་དག་མི་གནང་བ་དེ་དང་ལྷན་ཅིག་འབེལ་བའི་བཀའ་མཆིད་རྫོ་མི་ཐོགས་པས། སྙིང་ལས་ཆུང་ངུར་གནས་པ་ལེགས་སོ། །དེས་ན་བཅུ་གསུམ་ཕྱེད་འོག་མ་འདི་ནི། འབྲས་དུས་ཀྱི་དབང་དང་། མཐར་ཕྱིན་གྱི་ལམ་དང་། འཁྲོས་བཞི་ཐིམ་བྱེད་ཀྱི་དབང་ཡིན་ལ། འདིའི་ཉམས་ལེན་གྱི་གཙོ་བོ་ནི་ཉེ་རྒྱུའི་ཉམས་ལེན་ཡིན་པས།

འདི་ཙུང་ཟད་ཕྱེ་ན། སྐད་ཅིག་མ་བདུན་དུ་བཤད་པ། གསུམ་དུ་བཤད་པ། གཉིས་སུ་བཤད་པ་གསུམ་ལས། དང་པོ་ནི། ཐབས་ཀྱི་རྒྱུད་དག་པ་ལ་སྐད་ཅིག་མ་གསུམ། ཤེས་རབ་ཀྱི་རྒྱུད་དག་པ་ལ་སྐད་ཅིག་མ་གསུམ། ཐབས་ཤེས་སོ་སོར་དག་པ་ལ་སྐད་ཅིག་མ་གཅིག་གོ། །གཉིས་པ་ནི་ཐབས་ཀྱི་རྒྱུད་དག་པ་ལ་སྐད་ཅིག་མ་གཅིག །ཤེས་རབ་ཀྱི་རྒྱུད་དག་པ་ལ་སྐད་ཅིག་མ་གཅིག །ཐབས་ཤེས་སོ་སོར་དག་པ་ལ་སྐད་ཅིག་མ་གཅིག་གོ། །གསུམ་པ་ནི། ཐབས་ཤེས་རབ་ཀྱི་རྒྱུད་དག་པ་ལ་སྐད་ཅིག་མ་གཅིག །ཐབས་ཤེས་རབ་ཀྱི་རྒྱུད་སོ་སོར་དག་པ་ལ་སྐད་ཅིག་མ་གཅིག་སྟེ། སྐད་ཅིག་མ་གཉིས་སོ། །དེ་ལྟར་སྐད་ཅིག་མ་གཉིས་སུ་ཕྱེ་བའི་སྐད་ཅིག་མ་དང་པོ་དེ་ལ། བར་ཆད་མེད་པའི་དུས། སྒྲོད་ལ་བདུད་བཏུལ་བའི་དུས། ཚོ་འཕྲུལ་བསྟན་པའི་དུས། འབྲས་བུ་གཉིས་ཀྱི་དུས་ཞེས་དང་། སྐད་ཅིག་མ་གཉིས་པ་ལ། རྣམ་པར་གྲོལ་བའི་དུས། ཐོ་རངས་མངོན་པར་བྱང་ཆུབ་པའི་དུས། ཐམས་ཅད་མཁྱེན་པ་ཆུང་ངུའི་དུས། འབྲས་བུ་གཅིག་གི་དུས་ཞེས་པའི་མིང་གི་རྣམ་གྲངས་ཀྱིས་བསྟན་པ་ཡིན་ལ། འདིའི་སྐད་ཅིག་མ་གཉིས་པ་ལ། རྣམ་པར་གྲོལ་བའི་དུས་དང་། མངོན་པར་བྱང

ཆུབ་པའི་དུས་ཞེས་བཤད་པའི་འཁྲུལ་གཞི་བྱས་ནས། སྐད་ཅིག་མ་གཉིས་པ་དེར་སངས་རྒྱས་པ་མཚན་ཉིད་པར་བྱེད་པ་དང་། གཞུང་བཤད་དམར་མ་ལས་ཀྱང་། སྐད་ཅིག་མ་དང་པོ་དེ་ལ་ཕྱེད་དང་བཅུ་གསུམ་པ་དང་། སྐད་ཅིག་མ་གཉིས་པ་དེ་ལ། བཅུ་གསུམ་ཕྱེད་གོང་མར་མངོན་པར་སྣང་བ་ནི། ཅེས་མི་རིགས་ཏེ། ཉེ་རྒྱུའི་སྐད་ཅིག་མ་བདུན་དང་། གསུམ་དང་གཉིས་སུ་ཕྱེ་བ་ཐམས་ཅད། ལམ་དང་འབྲས་བུ་གཉིས་ཕྱེ་བའི་ལམ་གྱི་སྐབས་ཁོ་ན་ཡིན་ལ། ཉེ་རྒྱུ་སྐད་ཅིག་མ་གཉིས་པའི་བྱེད་པ་ལས། སྲོག་རྩོལ་གྱི་རླུང་ཨ་ཝ་དྷཱུ་ཏིར་འགགས་ཤིང་། གཙུག་ཏོར་རྩེ་ཕྱིལ་པོ་འཕགས་ཏེ། འགྲོས་བཞི་རྫོགས་པར་ཐིམ་ཚར་བ་དང་། འབྲས་བུ་སྐུ་ལྔ་མངོན་དུ་གྱུར་པ་ཡིན་པའི་ཕྱིར་རོ། །གནད་དེས་ན་སྐད་ཅིག་མ་གཉིས་པ་དེ་ལ་ཐམས་ཅད་མཁྱེན་པ་ཆུང་ངུ་དང་། མཐར་ཕྱིན་པའི་ལམ་ཞེས་བཤད་པའང་། ཕ་རོལ་ཏུ་ཕྱིན་པ་དང་སྔོ་བསྟན་པའི་ཐམས་ཅད་མཁྱེན་པ་དང་། མཐར་ཕྱིན་པའི་ལམ་ཡིན་ཞེས་བྱ་བའི་དོན་གྱི། བླ་མེད་ཐེག་པས་གཞལ་བའི་དེ་དང་། དེ་མཚན་ཉིད་པ་མ་ཡིན་ཏེ། ཕ་རོལ་ཏུ་ཕྱིན་པ་དང་སྔོ་བསྟན་གྱི་བྱང་ཕྱོགས་སོ་བདུན་གྱི་ལམ་དང་། སྔགས་ལམ་ས་ཕྱེད་དང་བཅུ་གསུམ་མན་ཆད་ལམ་དང་འབྲས་བུའི་རླབས་ཕྱེ་བའི་ལམ་དུ་བཞག་པའི་གནད་ཁྱད་པར་ཅན་རྟོགས་དགོས་པའི་ཕྱིར་རོ། །དེས་ན་ཉེ་རྒྱུའི་ཉམས་ལེན། རྡོ་རྗེ་ཐ་རླབས་ཀྱི་ལམ། འབྲས་དུས་ཀྱི་དབང་། བཅུ་གསུམ་ཕྱེད་འོག་མ་རྣམས་མིང་གི་རྣམ་གྲངས་སུ་བཤད་ཀྱང་དོན་གཅིག་ཏུ་འཁྲུལ་བར་མི་བྱ་སྟེ། ཉེ་རྒྱུའི་ཉམས་ལེན་ཙམ་ཞིག་ས་བརྒྱད་པ་ནས་ཉམས་སུ་བླང་བར་བཤད་ཀྱང་། ས་བརྒྱད་པའི་ཉམས་ལེན་དེ། འབྲས་དུས་ཀྱི་དབང་དང་། བཅུ་གསུམ་ཕྱེད་འོག་མ་མིན་པའི་ཕྱིར་དང་། རྡོ་རྗེ་ཐ་རླབས་ཀྱི་ལམ་ཙམ་ཞིག་སོ་སོ་སྐྱེ་བོས་ཀྱང་ཉམས་སུ་བླང་བར་བཤད་ཀྱང་། སོ་སྐྱེའི་ཉམས་ལེན་དེ། ཉེ་རྒྱུའི་ཉམས་ལེན་དང་། འབྲས་དུས་ཀྱི་དབང་སོགས་མ་ཡིན་པའི་ཕྱིར་རོ། །དེས་ན་མན་ངག་གི་སྐབས་འདིར། བྱང་ཕྱོགས་སོ་བདུན་རྟེན་དཀྱིལ་འཁོར་བཞི་དང་། བརྟེན་པ་རྣམ་ཤེས་ཚོགས་བརྒྱད་ལ་བཞག་པ་ནི། གཞན་དང་ཐུན་མོང་མ་ཡིན་པས། རིགས་པ་ལྷུར་སྣང་གིས་ཅི་འདྲི་བར་མ་བྱེད་ཅིག་ཅེས་གདམས་སོ། །དེས་རྒྱུད་མན་ངག་གི་སྲོལ་ལས་བྱོན་པའི་བྱང་ཕྱོགས་སོ་བདུན་བགྲོད་ལུགས་སོ། །

གཉིས་པ་ལམ་གྱི་འཇུག་ལྡོག་བསྟན་པ་ལ། འོན་སྟོར་བཤད་པའི་ལམ་ལྔ་དང་ས་བཅུ་གསུམ་པོ། དེ་ངེས་པར་བླ་མེད་སྔགས་ལམ་བརྟེན་ནས་བགྲོད་པ་ཞིག་དགོས་སམ་ཞེ་ན། མཁས་པ་བོ་དོང་པ་དང་། གཙང་བྱམས་པ་རྡོ་རྗེ་རྒྱལ་མཚན་སོགས་ཕར་ཕྱིན་ཐེག་པས་ས་དང་པོ་ཡན་ཆད་བགྲོད་པ་མེད་དོ་ཞེས་འཆད་མོད། བླ་མ་ས་སྐྱ་པ་ཆེན་པོའི་ལམ་འཇུག་ལྡོག་ལས། ཕར་ཕྱིན་ཐེག་པས་འཛིག་རྟེན་པའི་ལམ་ཕལ་ཆེར་བགྲོད་ནས

བླ་མེད་ལམ་ལ་ཞུགས་ནས་ས་དང་པོ་ཡན་ཆད་བགྲོད་པ་དང་། ས་དང་པོ་མན་ཆད་ཕ་རོལ་ཏུ་ཕྱིན་པས་བགྲོད་ནས། ས་གཉིས་པ་ཡན་ཆད་སྔགས་ལམ་གྱིས་བགྲོད་པ་ནས། ས་བཅུ་པ་མན་ཆད་ཕར་ཕྱིན་ཐེག་པས་བགྲོད་ནས། ས་བཅུ་གཉིས་པ་ཡན་ཆད་སྔགས་ལམ་གྱིས་བགྲོད་དགོས་པའི་བར་བཤད་དེ། ལམ་འཇུག་ལྡོག་གི་ཡིག་ཆུང་ལས། ཁ་ཅིག །འཇིག་རྟེན་པའི་ལམ་མན་ཆད་དུ་ཕ་རོལ་ཏུ་ཕྱིན་པས་ལམ་བགྲོད་ནས། དེ་ནས་རྡོ་རྗེ་ཐེག་པའི་ལམ་ལ་ཞུགས་ཏེ། ས་དང་པོ་ཡན་ཆད་རྡོ་རྗེ་ཐེག་པས་བགྲོད་པ་ཡང་ཡོད་དོ། །ཁ་ཅིག་ནི། ས་དང་པོ་མན་ཆད་ཀྱང་ཕ་རོལ་ཏུ་ཕྱིན་པས་བགྲོད་ནས། ས་གཉིས་པ་ནས་རྡོ་རྗེ་ཐེག་པ་ལ་ཞུགས་ཤིང་ས་རྣམས་བགྲོད་ཅིང་འབྲས་བུ་མངོན་དུ་བྱེད་པ་ཡང་ཡོད་དོ། །ཁ་ཅིག་ནི། ས་དྲུག་པ་མན་ཆད་ཕ་རོལ་ཏུ་ཕྱིན་པའི་ཐེག་པས་བགྲོད་ནས། དེ་ནས་རྡོ་རྗེ་ཐེག་པའི་ལམ་དང་རོ་གཅིག་པར་འགྱུར་ཏེ། དེ་ཡན་ཆད་ཀྱི་ས་ལམ་བགྲོད་ཅིང་འབྲས་བུ་མངོན་དུ་བྱེད་པ་ཡང་ཡོད་དོ། །ཁ་ཅིག །ས་བཅུ་པ་མན་ཆད་ཕ་རོལ་ཏུ་ཕྱིན་པའི་ཐེག་པས་ལམ་བགྲོད་ནས། དེ་ནས་རྡོ་རྗེ་ཐེག་པའི་ལམ་ལ་ཞུགས་ཏེ། སྦས་པའི་ས་གཉིས་དང་མཐར་ཕྱིན་གྱི་ས་ཕྱེད་བགྲོད་ནས། རྡོ་རྗེ་འཛིན་པའི་ས་མངོན་དུ་བྱེད་པ་ཡང་ཡོད་དོ། །ཞེས་གསལ་བར་བཤད་པ་ལ་སྐྱོན་དུ་མེད་པའི་ཕྱིར་རོ༏ ༏དེས་ན་ཕར་ཕྱིན་རང་རྐང་ལས་ས་བཅུ་པ་མན་ཆད་བགྲོད་པ་ཡོད་ཀྱི། བཅུ་གཅིག་པ་ཡན་ཆད་བགྲོད་པ་ནི་མེད་དེ། སློབ་ལམ་ས་བཅུ་གཅིག་པ་སོགས་ནི། ཕར་ཕྱིན་ཐེག་པ་ལ་སྦས་ནས་མ་བཤད་པའི་ཕྱིར་དང་། སངས་རྒྱས་པར་གྱུར་པའི་ས་བཅུ་གཅིག་པ་ཞིག་ཕར་ཕྱིན་རང་རྐང་ལས་ཐོབ་པར་ཕར་ཕྱིན་རང་རྐང་བ་དག་བཞེད་ཀྱང་དེ་ཐོབ་པ་གནས་ཚུལ་ལ་མི་སྲིད་པའི་ཕྱིར་ཞེས་པ་ནི་ལུགས་འདིའི་དགོངས་པ་བླ་ན་མེད་པ་ཡིན་ལ། འདི་ལ་རྗོང་ལུགས་པ་དག་བཤད་པ་དང་བགྲོད་པའི་ཁྱད་པར་མེད་ཅེས། ཕ་རོལ་ཏུ་ཕྱིན་པ་ལས་དེ་ལྟར་བཤད་པ་ཙམ་ཡིན་གྱི། བཤད་པ་ལྟར་ཐོབ་པ་ཁས་མི་ལེན་ཞེས་སྐྱོགས་བཤད་གནང་བ་ནི། མཁས་པའི་རྣམ་འགྱུར་མ་ཡིན་ཏེ། ཡིན་ན་ཕ་རོལ་ཏུ་ཕྱིན་པའི་ཐེག་པས་ས་བཅུ་པ་མན་ཆད་བགྲོད་པར་རློམ་ནས། དེ་ནས་རྡོ་རྗེ་ཐེག་པ་ལ་ཞུགས་ཏེ། ས་དང་པོ་ཡན་ཆད་བགྲོད་པ་ཡོད་ཅེས་གསུང་རིགས་ཀྱི། དེ་ནས་རྡོ་རྗེ་ཐེག་པའི་ལམ་ལ་ཞུགས་ཏེ༏ སྦས་པའི་ས་གཉིས་དང་། མཐར་ཕྱིན་གྱི་ས་ཕྱེད་བགྲོད་ནས་ཞེས་སོགས། ས་བཅུ་པ་མན་ཆད་བགྲོད་མི་དགོས་པར་བཤད་པ་འདི་ལ། དགོས་པ་ལྟ་ཅི་སྨོས། དགོངས་གཞི་ཅི་ཡང་མེད་པར་ཐལ་ཏེ། དེ་འདྲ་བ་དེས། སྔགས་ཀྱི་ཚོགས་སྦྱོར་ནས་ས་དང་པོ་ཡན་ཆད་ཀུན་བགྲོད་དགོས་པའི་ཕྱིར་རོ། །ཁྱེད་ལ་དོན་དང་མཐུན་པའི་ལན་མེད་དོ། །

འོན་ཀྱང་རང་ལུགས་ལམ་འཇུག་ལྡོག་གི་གཞུང་དོན་ཁས་བླངས་པ་དག་ལ་སྐྱོན་འདི་དག་སྤང་དགོས་ཏེ།

འོ་ན་ཕར་ཕྱིན་རང་རྐང་ལས་ས་བཅུ་པ་མན་ཆད་བགྲོད་པའི་བྱང་སེམས་དེས། སྒྲིབ་མཚམས་གཉན་གྱི་མདུད་པ་ཉེར་བརྒྱད་པོ་དེ་གྲོལ་ལམ་མ་གྲོལ། གྲོལ་ན་ཕར་ཕྱིན་རང་རྐང་གི་ལམ་ལས་རྩ་མདུད་གྲོལ་བར་སོང་བས། ཕར་ཕྱིན་རང་རྐང་གི་ལམ་དེ་ཡང་རྡོ་རྗེའི་ལུས་ལ་གནད་དུ་བསྣུན་པའི་ལམ་ཡིན་པར་ཐལ་ལོ། །གལ་ཏེ་མ་གྲོལ་ན། སྔར་ཡང་རྩ་མདུད་དེ་དག་གྲོལ་བའི་ཕྱིར་དུ་བླ་མེད་ཀྱི་ས་བཅུ་རིམ་གྱིས་བགྲོད་དགོས་པར་ཐལ་བའམ། ཡང་ན་ས་བཅུ་གཅིག་པ་ཐོབ་པའི་ཚེ། མདུད་པ་ཉེར་བརྒྱད་ཅིག་ཆར་གྲོལ་བར་ཐལ་བ་གང་རུང་ལས་མ་འདས་སོ་ཞེས་བྱ་བ་ནི་སྐྱོན་གཅིག་གོ། །

ཡང་དེ་ལྟ་བུའི་བྱང་སེམས་དེས་ཕྱི་ནང་གི་ཡུལ་ཆེན་ཉེར་བཞི་བགྲོད་དམ་མ་བགྲོད། བགྲོད་ན་གནས་དང་ཉེ་བའི་གནས་ནས། དུར་ཁྲོད་ཉེ་བའི་དུར་ཁྲོད་ཀྱི་བར་བཅུ་ཡང་བགྲོད་ཟིན་པས། བླ་མེད་ཀྱི་ས་བཅུ་ཐོབ་ཟིན་པར་ཐལ་ལོ། །གལ་ཏེ་མ་བགྲོད་ན། སྔར་ཡང་ཕྱི་ནང་གི་ཡུལ་ཆེན་ཉེར་བཞི་བགྲོད་པའི་སྒོ་ནས་བླ་མེད་ཀྱི་ས་བཅུ་གསུམ་རིམ་གྱིས་བགྲོད་དགོས་པར་ཐལ་བའམ། ཡང་དེས་ས་བཅུ་གཅིག་པ་ཐོབ་པའི་ཚེ་ཕྱི་ནང་གི་ཡུལ་ཉེར་བཞི་པོ་ཅིག་ཆར་བགྲོད་པར་ཐལ་བ་གང་རུང་ལས་མ་འདས་ཤིང་། ཐལ་བ་ཕྱི་མ་ལ་འདོད་ན། དེས་བླ་མེད་ཀྱི་ས་བཅུ་ཡང་དེའི་ཚེ་ཅིག་ཆར་ཐོབ་པར་ཐལ་ལོ། །ཞེས་པ་ནི་སྐྱོན་གཉིས་པའོ། །ཡང་དེ་ལྟ་བུའི་བྱང་སེམས་དེས། མས་བརྟན་གྱི་དགའ་བ་བཅུ་དྲུག་ལས། མས་བརྟན་དགའ་བ་བཅུ་གཉིས་མན་ཆད་པོ་དེ་ཐོབ་ཟིན་ནམ་མ་ཟིན། གལ་ཏེ་ཟིན་ན། མས་བརྟན་གྱི་དགའ་བ་རྒྱུད་ལ་སྐྱེས་པའི་ཕར་ཕྱིན་རང་རྐང་གི་འཕགས་པ་ཡོད་པར་ཐལ་ལོ། །གལ་ཏེ་མ་ཟིན་ན། མས་བརྟན་གྱི་ཟག་མེད་དགའ་བ་དང་པོ་འཆད་བྱེད་བླ་མེད་ས་དང་པོ་སོགས་རིམ་གྱིས་ཐོབ་དགོས་པར་ཐལ་བའམ། ཡང་ན་དེས་ས་བཅུ་གཅིག་པའི་ཚེ་མས་བརྟན་གྱི་དགའ་བ་བཅུ་གཉིས་པོ་དེ་ཡང་ཅིག་ཆར་མངོན་དུ་བྱེད་པར་ཐལ་ལོ་ཞེས་པ་ནི་སྐྱོན་གསུམ་པའོ། །

ཡང་ས་བཅུ་པ་མན་ཆད་ཕར་ཕྱིན་རང་རྐང་གི་བགྲོད་པའི་བྱང་སེམས་དེའི་རྟེན་ལ། བླ་མེད་སྔགས་ལམ་དུ་འཇུག་པ་དེའི་ཚེ། དེ་དེར་ཞུགས་མ་ཐག་ཏུ་ས་བཅུ་གཅིག་པ་ཐོབ་ཡིན་ནམ་མ་ཡིན། ཡིན་ན། དེ་བླ་མེད་ལམ་དུ་འཇུག་པའི་ཚེ། བླ་མེད་ཀྱི་སྨིན་བྱེད་དབང་ནས་བསྐུར་དགོས་སམ། ལམ་དབང་དང་འབྲས་དབང་ལྟ་བུ་ནས་ཞུགས་པས་ཆོག །ཕྱི་མ་གཉིས་མི་སྲིད་དེ། བླ་མེད་ཀྱི་སྨིན་བྱེད་ཀྱི་དབང་མ་ཐོབ་པར། བླ་མེད་ཀྱི་ལམ་དབང་དང་འབྲས་དབང་ཐོབ་པ་བརྒྱུད་པ་འདིའི་སྲོལ་ལ་མེད་པའི་ཕྱིར་རོ། །གལ་ཏེ་སྨིན་བྱེད་དབང་ནས་འཇུག་པ་ལས་འོས་མེད་དོ་སྙམ་ན། འོ་ན་སྨིན་བྱེད་ཀྱི་དབང་དེ་ལ་སྔ་གོན་དང་དངོས་གཞི་གཉིས་དགོས་སམ། དངོས་གཞི་ནས་ཞུགས་པས་ཆོག །དང་པོ་ལྟར་ན་སྔར་དབང་གིས་མ་སྨིན་པའི་ལས་དང་པོ་པ། དབང་གི་སྔ་

གོན་ཐོབ་མ་ཐག་ཏུ། ས་བཅུ་གཅིག་པ་ཐོབ་པ་དེ་བརྒྱུད་པ་འདིའི་ལུགས་ལ་མི་སྲིད་དོ། །གཉིས་པ་ལྟར་ན་ཡང་དེ་ལ་དབང་གི་ཕྱི་འཇུག་ནང་འཇུག་དགོས་སམ། དངོས་གཞི་བུམ་དབང་བཅུ་གཅིག་ནས་རིམ་པས་ཞུགས་པས་ཆོག །དེ་དག་གང་ལྟར་ཡང་། སྔར་མ་སྨིན་པའི་ལས་དང་པོ་པས། དབང་གི་འཇུག་པ་ལ་ཞུགས་མ་ཐག་པའམ། སློབ་མའི་དབང་ཐོབ་མ་ཐག་པའམ། སློབ་དཔོན་གྱི་བུམ་དབང་ཐོབ་མ་ཐག་སོགས་སུ་ས་བཅུ་གཅིག་པ་ཐོབ་པ་ནི་མི་སྲིད་དེ། བླ་མེད་ཀྱི་ས་བཅུ་གཅིག་པ་ཐོབ་པ་ལ་བླ་མེད་ཀྱི་དབང་བཞི་ཐོབ་དགོས་པའི་ཕྱིར་རོ། །གལ་ཏེ་དེས་དབང་བཞི་དང་ས་བཅུ་གཅིག་པ་སོགས་ཅིག་ཆར་ཐོབ་པ་ཅི་འགལ་སྙམ་ན། དབང་བཞི་ཅིག་ཆར་ཐོབ་པ་དང་། དབང་འོག་མ་མ་ཐོབ་པར་གོང་མ་ཐོབ་པ་སོགས་ལུགས་མཆོག་འདི་ལ་ཁས་མི་ལེན་ཏེ། རྡོ་རྗེ་སྙིང་འགྲེལ་ལས། རྡོ་རྗེ་སློབ་དཔོན་བློ་དང་ལྡན་པས་དབང་ལ་འཚོལ་བའི་སྐྱོན་སྤྲངས་ལ་དབང་བཞི་གོ་རིམ་བཞིན་དུ་བསྐུར་བར་བྱའོ། །ཞེས་གསལ་བར་བཤད་པའི་ཕྱིར་དང་། གཞན་དུ་ན། ས་བཅུ་གཅིག་དང་། ལམ་ལྔ་སོགས་ཀྱང་ཅིག་ཆར་བགྲོད་པ་སྲིད་པར་ཐལ་བའི་ཕྱིར་རོ། །

གལ་ཏེ་དེས་སྔགས་ལམ་དུ་ཞུགས་མ་ཐག་ཏུ་ས་བཅུ་གཅིག་པ་ཐོབ་པར་མི་ནུས་ན། བར་སྐབས་དེར་བླ་མེད་ཀྱི་ཚོགས་སྦྱོར་གཉིས་མངོན་དུ་བྱེད་དགོས་པར་འགྱུར་ལ། དེ་ལྟར་ན་བླ་མེད་ཀྱི་མཐོང་ལམ་སོགས་ཀྱང་ཅིའི་ཕྱིར་མངོན་དུ་བྱེད་མི་དགོས། ཞེས་བརྒལ་ཞིང་བརྟག་པ་ནི་སྐྱོན་བཞི་པའོ། །དེ་ལྟར་སྐྱོན་བཞི་པོ་དེ་སྤོང་བ་ངེས་པར་གནད་དུ་ཆེ་བས། འདི་ལྟར་སྐྱོན་དང་པོ་མེད་དེ། ཕར་ཕྱིན་གཞུང་ལས་རྒྱ་མདུད་གྲོལ་བའི་ཐ་སྙད་མ་བཤད་ཀྱང་། ཕར་ཕྱིན་ཐེག་པས་ས་བཅུ་མན་ཆད་བགྲོད་པ་དེ། རྡོ་རྗེའི་ལུས་ལ་རྒྱ་མདུད་ཉེར་བརྒྱད་མན་ཆད་གྲོལ་དགོས་ཏེ། དེས་ས་བཅུ་ཐོབ་པའི་འགལ་རྐྱེན་གེགས་རྣམས་གསལ་ཞིང་། ཐོབ་བྱའི་ཡོན་ཏན་ཐོབ་ཅིང་། རྟོགས་བྱའི་གནས་ལུགས་རྣམས་རྟོགས་པའི་སྒོ་ནས་ས་བཅུ་པ་མན་ཆད་བགྲོད་པ་ཡིན་པའི་ཕྱིར་རོ། །དེས་ན་རྒྱ་མདུད་གྲོལ་བ་ལ་ངེས་པར་རྡོ་རྗེའི་ལུས་ལ་གནད་དུ་བསྣུན་པའི་ལམ་དགོས་པའང་མ་ཡིན་ཏེ། ལམ་ཟབ་མོ་བླ་མའི་རྣལ་འབྱོར་ལས་རྒྱ་མདུད་ཅི་རིགས་པར་གྲོལ་ཡང་སྲིད་པའི་ཕྱིར་རོ། །

དེས་ན་སྐྱོན་གཉིས་པ་དང་གསུམ་པ་ཡང་རང་གྲོལ་ཡིན་ཏེ། ས་བཅུ་པ་བགྲོད་པའི་ཕར་ཕྱིན་པ་དེས། སྐྱི་བོ་སོགས་ཀྱི་ཁམས་རྣམས་དབུ་མར་ཐིམ་ཟིན་པས། ཡུལ་ཉེར་བཞིའི་ཐ་སྙད་མ་བགྲོད་ཀྱང་དེ་དག་དོན་བགྲོད་ཟིན་པས་སླར་བགྲོད་མི་དགོས་པའི་ཕྱིར་དང་། གནས་དང་ཉེ་གནས་སོགས་ཀྱི་ཐ་སྙད་མ་ཐོབ་ཀྱང་དེ་དག་གི་དོན་ས་དང་པོ་སོགས་ཐོབ་ཟིན་པས་སླར་གནས་སོགས་བགྲོད་མི་དགོས་པའི་ཕྱིར་དང་། དེ་བཞིན་དུ་དེས་མས་བརྟན་ལྷན་སྐྱེས་ཐ་སྙད་མ་ཐོབ་ཀྱང་། ལྷན་སྐྱེས་ཀྱི་དོན་རྣམས་ཇི་ལྟ་བ་བཞིན་ཤར་བ་ཡིན་ཏེ། ས་དང་

པོའི་ཚེ་གསང་གནས་ཀྱི་འཁོར་ལོ་དྭངས་མས་བརྟན་ཞིང་། ཟག་མེད་ཀྱི་དགའ་བདེ་ཐོབ་པ་སོགས་ཀྱི་ཕྱིར་རོ། ། སྐྱོན་བཞི་པས་ཀྱང་མི་གནོད་དེ། ཁོ་བོ་ཅག་སྤྱིར་བཏང་དང་དམིགས་བསལ་དུ་བྱ་སྟེ། དེ་ལྟ་བུའི་བྱང་སེམས་ཀྱི་རྟེན་ལ་སྔགས་ལམ་དུ་ཞུགས་པ་དེས། སྔགས་བླ་མེད་ཀྱི་ཚོགས་སྦྱོར་གཉིས་མངོན་དུ་བྱེད་དགོས་ཀྱང་། མཐོང་ལམ་ས་དང་པོ་ནས། སྒོམ་ལམ་ས་བཅུ་པའི་བར་མངོན་དུ་བྱེད་མི་དགོས་པར། སྦྱོར་ལམ་གྱི་འཇུག་དེར་ས་བཅུ་གཅིག་པ་ལ་ཞུགས་པས་ཚོག་པར་འདོད་པའི་ཕྱིར་རོ། །འོན་དེས་སྔགས་བླ་མེད་ཀྱི་ཚོགས་སྦྱོར་གཉིས་མངོན་དུ་བྱེད་དགོས་པའི་གནད་ཇི་ལྟ་བུ་སྙམ་ན། གནད་འདི་ལྟར་ཡིན་ཏེ། དེ་ལྟ་བུའི་བླ་མེད་ལམ་དུ་ཞུགས་མ་ཐག་སྔགས་བླ་མེད་ཀྱི་ལས་དང་པོ་པ། སྔར་དབང་གིས་མ་སྨིན་པ་ཡིན་པས། དེས་སྨིན་བྱེད་དབང་བཞི་པོ་རིམ་ཅན་དུ་ནོད་དགོས་ལ། དེས་དབང་བཞི་ཐོབ་ནས་མཚོན་བྱ་དོན་གྱི་ཡེ་ཤེས་གཅིག་ནམ་རྒྱུད་ལ་སྐྱེས་པའི་ཚེ། ས་བཅུ་གཅིག་པ་རྒྱུད་ལ་སྐྱེས་པ་ཡིན་ཡིན་ལ། དེ་མ་སྐྱེས་གོང་གི་དབང་བཞིའི་ལམ་རྣམས་ནི་ཚོགས་ལམ་དང་། དབང་ལམ་དེ་དག་ལ་བརྟེན་པའི་ལྟ་བ་ངོ་བོ་ཉིད་གསུམ་སོགས་ལ་སྦྱོར་ལམ་དུ་འཛོག་དགོས་པའི་ཕྱིར་རོ། ། དེ་ལྟ་མ་ཡིན་པར། དེ་བླ་མེད་ལམ་དུ་ཞུགས་མ་ཐག་ཏུ་ས་བཅུ་གཅིག་པ་ཐོབ་པ་ཡིན་ན། དེ་ལྟ་བུའི་རྟེན་ལ་བླ་མེད་ལམ་ཞུགས་མ་ཐག་པའི་གང་ཟག་རྒྱུད་ཀྱི་ས་བཅུ་གཅིག་པ་ནི། ཁྱོད་བླ་མེད་ཀྱི་དབང་བཞི་ཐོབ་པའི་ཡེ་ཤེས་ཡིན་པར་ཐལ། ཁྱོད་གསང་སྔགས་བླ་མེད་ཀྱི་མཚོན་བྱ་དོན་གྱི་ཡེ་ཤེས་ཡིན་པའི་ཕྱིར་ཏེ། ས་བཅུ་གཅིག་པ་ཡིན་པའི་ཕྱིར། གོང་དེར་ཁྱབ་སྟེ། སྔགས་བླ་མེད་ཀྱི་མཐོང་ལམ་ཡིན་ན། དབང་བཞི་ཐོབ་པའི་ལམ་ཡིན་དགོས་པའི་ཕྱིར་ཏེ། དེ་ཡིན་ན། ཁམས་འདུས་པ་ཐ་མའི་སྐབས་ཀྱི་ཡང་དག་སྦྱོང་བ་བཞི་ལ་བརྟེན་ནས་ཐོབ་དགོས། ཁམས་འདུས་པ་ཐ་མའི་སྔགས་བླ་མེད་ཀྱི་ཡང་དག་སྦྱོང་བཞིའི་ལམ་ཡིན་ན། དབང་བཞི་པའི་ལམ་ཡིན་དགོས་པ་འདི་གསུང་རབ་ལ་རྒྱུས་ཡོད་པ་རྣམས་ཀྱི་སྤྱི་ལུགས་ཡིན་པའི་ཕྱིར་རོ། །གལ་ཏེ་འདོད་ན། དེ་འདྲ་བླ་མེད་ལམ་དུ་ཞུགས་མ་ཐག་པ་དེས། དབང་བཞི་ཅིག་ཆར་ཐོབ་བམ་རིམ་གྱིས་ཐོབ། ཅིག་ཆར་ཐོབ་པ་ས་ལུགས་ལ་མི་སྲིད། རིམ་གྱིས་ཐོབ་ན། བླ་མེད་ལམ་དུ་འཇུག་ཁ་མའི་ས་བཅུ་པའི་ཕ་རོལ་ཏུ་ཕྱིན་པ་དེས་ཀྱང་བླ་མེད་བུམ་དབང་སོགས་ཐོབ་ཟིན་པར་འགྱུར་བས། བླ་མེད་སྔགས་སྒོམ་ཐོབ་ལ་མ་བཏང་བའི་ཕར་ཕྱིན་རང་རྐང་གི་འཕགས་པ་དེ་འདྲ་ཡ་མཚན་ནོ། །

གཞན་ཡང་། ཕར་ཕྱིན་ཐེག་པས་ཚོགས་སྦྱོར་མན་ཆད་བགྲོད་པ་དེས། བླ་མེད་ལམ་དུ་འཇུག་པའི་ཚེ་ས་དང་པོ་ནས་ཞུགས་ཚོག་པ། དེ་ལས་ས་དང་པོ་མན་ཆད་བགྲོད་པ་དེས་བླ་མེད་ལ་འཇུག་པའི་ཚེ་ས་གཉིས་པ་ནས་ཞུགས་ཚོག་པར་འགྱུར་ལ། དེ་ལྟར་ན་སྨིན་བྱེད་དབང་བཞི་མ་རྫོགས་པར། གྲོལ་བྱེད་མཐོང་སྒོམ་ཟག་མེད་

ཀྱི་ཡེ་ཤེས་བླ་མེད་སྔགས་ལམ་གྱིས་བསྡུས་པ་རེ་རྒྱུད་ལ་སྐྱེས་པ་ཞིག་ཁས་བླངས་པས། སྨིན་གྲོལ་གྱི་རྣམ་དབྱེ་ཐམས་ཅད་འཆོལ་བར་འགྱུར་བས། ཧ་ཅང་ཐལ་ཆེས་སོ། །གཞན་དེས་ན་ཕར་ཕྱིན་ཐེག་པས་ས་བཅུ་མན་ཆད་བགྲོད་ནས་བླ་མེད་སྔགས་ལམ་དུ་ཞུགས་མ་ཐག་པའི་བྱང་སེམས་དེ་ཐེག་ཆེན་འཕགས་པ་ཡིན་པའི་ཕྱིར་མོད། ཕ་རོལ་ཏུ་ཕྱིན་པའི་འཕགས་པ་དང་། སྔགས་བླ་མེད་ཀྱི་འཕགས་པ་གང་རུང་ནི་མ་ཡིན་ཏེ། སྔགས་ཀྱི་ཐེག་པ་ལ་གནས་པའི་ཕྱིར་དང་། བླ་མེད་ཀྱི་འཕགས་ལམ་རྒྱུད་ལ་མ་སྐྱེས་པའི་ཕྱིར་རོ། །དེས་གཞན་ལ་ཡང་མཚོན་ནོ༔ །དེ་ལྟར་ས་ཕྱེད་དང་བཅུ་གསུམ་བགྲོད་ཚུལ་བཤད་ནས། ད་ནི་འབྲས་བུ་ས་བཅུ་གསུམ་རྡོ་རྗེ་འཛིན་པ་ཐོབ་ཚུལ་ལ་དངོས་དང་། དོགས་པ་དཔྱད་པ་གཉིས། དང་པོ་ལ། ས་བཅུ་གསུམ་ཕྱེད་གོང་མ་དེའི་བརྒྱུད་པའི་རྒྱུ་ནི། སྤྱོད་པ་རྣམ་པ་གསུམ་དང་། ལྷན་ཅིག་བྱེད་པའི་རྐྱེན་ནི། ཉེ་རྒྱུ་ཞེས་མིང་བཏགས་པ་འགྲོས་བཞི་ཐིམ་བྱེད་ཀྱི་འབྲས་དུས་ཀྱི་དབང་དེ་ཡིན་ལ། ཉེར་ལེན་གྱི་རྒྱུ་ནི་འགྲོས་བཞི་ཐིམ་ཁ་མའི་རྟེན་དཀྱིལ་འཁོར་རྟེན་དང་བཅས་པ་རྣམས་ཏེ། དེ་ལྟར་འགྲོས་བཞི་ཐིམ་པ་ལས་རང་དོན་གྱི་ཆེ་བ་སྐུ་ལྔ། གཞན་དོན་གྱི་ཆེ་བ་ཡོངས་པ་རྣམས་ཀྱིས་མིག་ཐོབ་པ་ལ་སོགས་དུ་མ། བདག་གཞན་གཉིས་ཀའི་ཆེ་བ་འཁོར་ཚོམ་བུ་གཅིག་དང་བཅས་ཏེ་འཚང་རྒྱ་བ་ཡིན་ནོ། །

དེ་ཡང་འགྲོས་བཞི་ཐིམ་ཚུལ་ནི། བུམ་དབང་རྩའི་འགྲོས་ཐིམ་སྟེ། རྩ་ཐམས་ཅད་ཀྱི་ནུས་པ་དབུ་མར་ཐིམ། དབུ་མ་ཡང་གཙུག་ཏོར་མཆོག་ཏུ་ཐིམ་སྟེ། ཚད་སོར་བཞི་པ། དབྱིབས་ཡི་གེ་ནཱ་ད་ཅེས་པ་གསུམ་འཁྱོག་གི་རྣམ་པ་ཅན། སྦོམ་ཕྲ་ཧ་ཧ་བརྒྱར་གཤགས་པའི་ཆ་ཙམ་པ་སྟེ། དེའི་ཚེ་རྩ་གནས་གྱུར་སྤྲུལ་པའི་སྐུ་ཞེས་པ། རྡོ་རྗེ་འཆང་ནས་ཤཱཀྱ་ཐུབ་པའི་སྐུའི་རྣམ་པས་འགྲོ་བའི་དོན་བྱེད་པ་དེ་འབྱུང་། གསང་དབང་རྩ་ཡི་གེའི་འགྲོས་ཐིམ་སྟེ། སྙིང་པོའི་ཨ་དེ་རྩ་མདུད་གང་གྲོལ་སར་ཕྱིན་པ་སྤྱི་བོའི་ཧཾ་དང་ཕྲད་པ་ལས། ཁ་དོག་ཐིམ་པས་དཀར་པོ། དབྱིབས་ཐིམ་པས་ཨ་ཧཾ་མི་ཐི། སྟོབས་ཐིམ་པས་ཧཱུྃ་གི་སྟོབས་སུ་གྱུར། དེའི་ཚེ་ཡི་གེ་གནས་གྱུར་ལོངས་སྐུ་ཞེས་བྱ་བ། ལེགས་སྦྱར་གྱི་སྐད་ནས། འགྲོ་བ་རིགས་དྲུག་སོགས་ནས་སྐད་ཀྱིས་འགྲོ་བའི་དོན་བྱེད་པ་དེ་འབྱུང་། ཤེར་དབང་བདུད་རྩིའི་འགྲོས་ཐིམ་སྟེ། ཁམས་དྭངས་མ་ཐམས་ཅད་གཙུག་ཏོར་མཆོག་གི་དབུ་མར་ཐིམ། དེའི་ཚེ་བདུད་རྩིའི་གནས་གྱུར་ཆོས་ཀྱི་སྐུ་ཞེས་བྱ་བ། ཤེས་བྱ་ཇི་ལྟ་བ་དང་ཇི་སྙེད་པ་ཐམས་ཅད་གསལ་ལེར་མཁྱེན་པས་འགྲོ་བའི་དོན་བྱེད་པ་དེ་འབྱུང་། དབང་བཞི་པ་རླུང་གི་འགྲོས་ཐིམ་སྟེ། ལས་རླུང་ཐམས་ཅད་གྲོང་སྟོང་སྟེ། ཡེ་ཤེས་ཀྱི་རླུང་འབའ་ཞིག་ཏུ་འགྱུར། དེའི་ཚེ་རླུང་གནས་གྱུར་ངོ་བོ་ཉིད་སྐུ་ཞེས་བྱ་བ། སྐྱེ་འགག་འགྲོ་འོང་སོགས་དང་བྲལ་བའི་དྲི་བྲལ་དབྱིངས་མངོན་སུམ་དུ་གཟིགས་ཏེ་འགྲོ་བའི་དོན་བྱེད་པ་དེ་འབྱུང་། དེ་

ལྟར་རྟེན་གནས་གྱུར་སྐུ་བཞི་དང་མཉམ་དུ། བརྟེན་པ་ཀུན་གཞི་གནས་གྱུར་ཏེ། ཤིན་ཏུ་རྣམ་དག་ངོ་བོ་ཉིད་ཀྱི་སྐུ་ཞེས་བྱ་བ། དབྱིངས་དང་ཡེ་ཤེས་ཟུང་དུ་ཆུད་པའི་ཟུང་འཇུག་བདེ་བ་ཆེན་པོའི་སྐུ་ཐོབ་སྟེ། འཁོར་བ་མ་སྟོངས་ཀྱི་བར་ལ་འགྲོ་དོན་རྒྱུན་མི་འཆད་པ་དེ་འབྱུང་། དེ་ལྟར་བདག་ཉིད་ཀྱི་སྐུ་ལྟ་མཉེས་པའི་ཚེ། སྒྲུབ་པ་པོ་རང་ཉིད། རྒྱུད་དག་པའི་ཕྱག་རྒྱ་གཅིག །གསོལ་བ་འདེབས་པའི་བླ་མ་གཅིག །མོས་པ་ཐོབ་པའི་སློབ་མ་གཅིག །བར་ཆད་སེལ་བའི་མཁའ་འགྲོ་གཅིག་སྟེ། འཁོར་ཚོམ་བུ་གཅིག་དང་བཅས་པ་དུས་མཉམ་དུ་གྲོལ་བ་ནི། བླ་མེད་རྡོ་རྗེ་ཐེག་པ་འདིའི་རྟེན་འབྲེལ་གྱི་ཆེ་བ་སྟེ། ཕྱི་ནང་གི་རྟེན་འབྲེལ་གཟིགས་པའི་རྒྱུད་པ་བར་མ་ཆད་པའི་སྙན་བརྒྱུད་ལས་དེ་ལྟར་གསལ་བས་སོ། །

གཉིས་པ་དོགས་དཔྱོད་ལ། སྔ་རབས་མཁས་པའི་གསུང་སྒྲོས་བསྐྱར་བ། རྗེ་བཙུན་གོང་མས་ཇི་ལྟར་བཤད་ཚུལ། སྙིང་པོའི་དོན་ངོས་བཟུང་བའོ། །དང་པོ་ལ། སྔོན་གྱི་པཎ་ཆེན་ནཱ་རོ་མཻ་ཏྲི་གཉིས་ལས་མངའ་བདག་མཻ་ཏྲི་པ་ནི། ཕར་ཕྱིན་ཐེག་པ་དེ། སྔགས་ལ་འཇུག་པའི་ཐེམ་སྐས་ལྟ་བུ་ཡིན་གྱི། སྔགས་ལ་མ་ལྟོས་པར་འཚང་རྒྱ་བ་མེད་ལ། གནས་དེས་ན། ཕར་ཕྱིན་ཐེག་པས་སྔགས་ལ་འཇུག་པའི་ཕྱི་མཐའ་ཚོགས་ལམ་ཆེན་པོ་ནས་ཡིན་ཏེ། དེར་མཆོག་གི་སྤྲུལ་སྐུ་ལས་ཆོས་ཉན་དུ་ཡོད་པས། དེ་ནས་ངེས་པར་སྔགས་ལམ་ལ་འཇུག་པ་ཡིན་ལ། ཐེག་ཆེན་སྦྱོར་ལམ་མན་ཆད་ནི་སྔགས་ཀྱི་ཐེག་པས་བགྲོད་དགོས་སོ་ཞེས་འཆད་ཅིང་། དེ་དང་མཐུན་པར་ཕྱིས་ཀྱི་མཁས་པ་བོ་དོང་ཕྱོགས་ལས་རྣམ་རྒྱལ་དང་། དཔལ་ལྡན་ས་སྐྱ་པའི་ཕྱོགས་གཅིག་ཀྱང་འདི་བཞིན་བཞེད་པར་སྣང་ངོ་། །ཡང་རྗེ་བཙུན་ནཱ་རོ་ཏ་པ་ནི། རྒྱུ་འབྲས་ཀྱི་ཐེག་པ་གཉིས་པོ་མྱུར་བུལ་གྱི་ཁྱད་ཙམ་མ་གཏོགས་མཐར་འཚང་རྒྱ་བ་ལ་ཁྱད་པར་མེད་པས། ཕར་ཕྱིན་ཐེག་པའི་རྒྱུད་སྡེ་འོག་མའམ། བསྐྱེད་རྫོགས་ཀྱི་ལམ་གང་ལ་བྲིན་ཀྱང་། ས་དང་པོ་ནས། སངས་རྒྱས་པའི་བར་ན་ཡན་ཚུན་དེ་དག་སྤྱང་རྟོགས་ལ་ཁྱད་པར་གཏན་ནས་མེད་པས། མདོ་ལམ་ནས་སངས་རྒྱས་པ་དང་། སྔགས་ལམ་ནས་སངས་རྒྱས་པ་གཉིས་ལ་སྤང་རྟོགས་ལ་ཁྱད་པར་གཏན་ནས་མེད་དེ། སངས་རྒྱས་ཐམས་ཅད་དགོངས་པ་གཅིག་པའི་ཕྱིར། ཞེས་བཞེད་ལ། པཎ་ཆེན་དེ་དག་གི་སློལ་འཛིན་སྤྲུལ་སྐུ་པདྨ་དཀར་པོའི་གསུང་ལས། སའི་རྣམ་གཞག་བཅུ་གཉིས་བཅུ་དྲུག་བཅུ་གསུམ་སོགས་ཐམས་ཅད་ཚད་མར་མཛད་ནས། རྟེན་འབྲེལ་བཅུ་གཉིས་དག་པ་ས་བཅུ་གཉིས་སུ་ཕྱེ་བའི། དང་པོ་བཅུ་གཅིག་སློབ་ལམ། བཅུ་གཉིས་པ་སངས་རྒྱས་ཀྱི་ས་དང་། ལྷན་ཅིག་སྐྱེས་པའི་དགའ་བ་བཅུ་དྲུག་ལས་ཕྱེ་བའི་དང་པོ་བཅོ་ལྔ་སློབ་པའི་ས་དང་། བཅུ་དྲུག་པ་མི་སློབ་པའི་ས་དང་། བརྟག་གཉིས་ལས་བཤད་པའི་བཅུ་གཉིས་སློབ་པ་དང་། བཅུ་གསུམ་པ་མི་སློབ་པའི་སར་འདོག་ཅེས་དང་། ཡང་ས་ལུགས་ལ་སྐྱོན་བརྗོད་གནང་

བའི་ཚེ། ཁ་ཅིག །མདོ་ལམ་དུ་ས་བཅུ་ཚུན་བགྲོད་ནས། དེ་ནས་སྔགས་ལམ་དུ་ཞུགས་ཏེ་ས་བཅུ་གཅིག་པ་དང་། བཅུ་གཉིས་པ་དང་། བཅུ་གསུམ་པ་རྣམས་རིམ་གྱིས་ཐོབ་པར་འདོད་ཅིང་། བཅུ་གསུམ་པ་དེའི་ཕྱེད་འོག་མ་སློབ་པ་དང་། གོང་མ་མི་སློབ་པའི་སར་འདོད་དོ། །ཅེས་ཕྱོགས་སྔ་ལངས་ནས། ས་བཅུ་བགྲོད་པ་དེའི་ཚེ། རྒྱ་མདུད་མ་གྲོལ་ན་ནི། ནང་རྒྱ་གནས་ཀྱི་རྟེན་འབྲེལ་ངོ་མཚར་ཅན་གྱི་ས་དང་མ་མཐུན་པས་འཕགས་པ་བཏགས་པ་བར་ཁས་ལེན་དགོས། གྲོལ་ན་ནི་མདོ་ལམ་གྱིས་ཀྱང་སྔགས་ཀྱི་སྤྱང་རྟོགས་རྫོགས་པར་སོང་ངོ་། །གང་ཟག་དེ་ལ་སྨིན་བྱེད་ཀྱི་དབང་བསྐུར་མི་དགོས་ཏེ། སྨིན་བྱེད་ཡིན་ན་ནི་རྒྱུ་དབང་ཡིན། དེ་ལ་ལམ་དང་འབྲས་བུའི་དབང་ཙམ་གྱིས་ཆོག་པར་བཤད་པས་སོ། །དེ་དབང་མ་བསྐུར་བར་ཐོབ་པ་མ་ཡིན་ན། དབང་མ་ཐོབ་པར་སྔགས་ཀྱི་འཕགས་པའི་སྤྱངས་རྟོགས་སྐྱེད་པར་འདོད་ན་ནི་རང་གཞུང་དང་འགལ་ལོ། །ཞེས་སོགས་སྐྱོན་འཕེན་པར་མཛད་དོ། །

ཡང་རྗེ་བཙུན་རེད་འདའ་བས། ས་བཅུ་གསུམ་བཤད་ཀྱང་། དོན་ལ་བཅུ་གཅིག་ལས་མེད་དེ། ས་བཅུ་གསུམ་པའི་རྣལ་གྲོལ་ལམ་དང་། ཁྱད་པར་ལམ་ལ། ས་བཅུ་གཅིག་པ་དཔེ་མེད་དང་། བཅུ་གཉིས་པ་ཡེ་ཤེས་ལྡན་དུ་བྱས་ནས་བཅུ་གཅིག་ཀུན་དུ་འོད་ཀྱི་ས་ལ། བཅུ་གསུམ་རྡོ་རྗེ་འཛིན་པའི་ས་ཞེས་བཞག་པ་ཡིན་པའི་ཕྱིར་རོ། །ཞེས་འཆད་དོ། །ཡང་དཔལ་ཤཱཀྱ་མཆོག་ལྡན། སྔགས་ནས་བཤད་པའི་ས་བཅུ་གསུམ་པ་དང་། མདོ་ནས་བཤད་པའི་བཅུ་གཅིག་ཀུན་ཏུ་འོད་ཀྱི་ས་གཉིས་གནད་གཅིག་པས་དེ་གཉིས་ཐོབ་པས་སྔགས་ལམ་ལ་ལྟོས་དགོས་ཀྱི། ཕར་ཕྱིན་ཐེག་པས་ཐོབ་ནུས་པ་མ་ཡིན་ནོ་ཞེས་འཆད། ཀུན་མཁྱེན་གོ་རམས་པས། མདོ་སྔགས་གཉིས་སངས་རྒྱས་ཀྱི་མཚན་གཞི་ལ་མི་མཐུན་ཏེ། ཕར་ཕྱིན་པས་བཅུ་གཅིག་ཀུན་ཏུ་འོད་ཀྱི་ས་ལ་གནས་པ་དེ་སངས་རྒྱས་སུ་འདོད་ལ། སྔགས་བླ་མེད་པས་བཅུ་གསུམ་རྡོ་རྗེ་འཛིན་པའི་ས་ལ་གནས་པ་སྐྱེ་རེ་རེ་འདོད་པས་སོ། །དེས་ན་ཕར་ཕྱིན་ཐེག་པ་ནས་བཤད་པའི་བཅུ་གཅིག་ཀུན་ཏུ་འོད་དང་། བླ་མེད་ནས་བཤད་པའི་བཅུ་གཅིག་པ་དཔེ་མེད་ཀྱི་ས་གཉིས་གནད་གཅིག་ཅིང་། ས་བཅུ་གཅིག་པ་ཡན་ཆད་སྔགས་ལམ་ཁོ་ནས་བགྲོད་དགོས་ཀྱི། ཕར་ཕྱིན་ཐེག་པས་བགྲོད་པར་མི་ནུས་སོ། །དེ་གཉིས་སངས་རྒྱས་ཀྱི་མཚན་ཉིད་ལ་ནི་མཐུན་པ་ཡིན་ཏེ། སྤྱངས་རྟོགས་མཐར་ཐུག་བརྙེས་པ་ཞིག་ལ་སངས་རྒྱས་སུ་འཇོག་པར་མཐུན་པའི་ཕྱིར་རོ། །

དེས་ན་ཕར་ཕྱིན་ཐེག་པ་ནས་བཤད་པའི་སྟོན་པ་ཐུབ་དབང་དེས། ས་བཅུ་གསུམ་པ་ཐོབ་ཀྱང་། ཕར་ཕྱིན་ཐེག་པ་ལས་དེ་ལྟར་ནི་མ་བཤད་དེ། ས་བཅུ་གཅིག་པ་ལ་སངས་རྒྱས་སུ་འཇོག་པའི་སྐབས་ཡིན་པའི་ཕྱིར་རོ། །ཞེས་བཞེད་དོ། །ཡང་མཁས་པའི་དབང་པོ་སྨྲ་བ་ཤེར་རིན་པའི་གསུང་ལས། འཁོར་བ་ལ་ཕྲ་རགས་གསུམ་

ཡོད་པའི་རགས་པ་ནི། ལས་ཉོན་མཚན་ཉིད་པས་སྐྱེ་འཆི་བྱེད་པ་འདི་དག་སྟེ། འདིའི་རྒྱ་བ་ནི་ཟག་བཅས་ཀྱི་ལས་ཉོན། འཁོར་བ་ཕྲ་བ་ནི། ཟག་མེད་ཡིད་ལུས་ལ་བརྟེན་པའི་དགྲ་བཅོམ་པ་སོགས་ཏེ། འདིའི་རྒྱ་བ་ནི། མ་རིག་པའི་བག་ཆགས་ཀྱི་སའོ། །འཁོར་བ་ཤིན་ཏུ་ཕྲ་བ་ནི། ཕར་ཕྱིན་རང་གི་སངས་འཕགས་ཏེ། འདིའི་རྒྱ་བ་འཕོ་བའི་བག་ཆགས་ཕྲ་མོའོ། །དེས་ན་ཕར་ཕྱིན་པའི་སངས་འཕགས་དེ་ཡང་། བླ་མེད་ལམ་ལ་འཇུག་པའི་ཚེ། ཚོགས་ལམ་ནས་རིམ་བཞིན་ལམ་ལྔ་སོགས་མཐར་ཆགས་སུ་བགྲོད་དགོས་སོ་ཞེས་འཆད་པར་མཛད་དོ། །

དེ་ལྟར་བཞེད་སྲོལ་མང་དག་སྣང་བའི། དང་པོ་ཕར་ཕྱིན་ཐེག་པས་ས་དང་པོ་ཙམ་བགྲོད་མི་ནུས་ཞེས་འཆད་པ་དག་ལ་འདི་སྐད་ཅེས། བསྟན་པའི་བདག་པོ་ཐུབ་དབང་ཉིད་ཀྱིས་རྒྱུའི་ཐེག་པའི་ཆོས་འཁོར་བསྐོར་བ་ལ་དགོས་པ་ཅུང་ཟད་ཀྱང་མེད་པར་ཐལ། དེ་བསྐོར་བ་ལས། དེའི་ཆེད་དུ་བྱ་བའི་གདུལ་བྱས་བདེན་པ་མཐོང་བ་མེད་པའི་ཕྱིར། རྟགས་དངོས། མ་ཁྱབ་ན། འོན་སྟོན་པས་ཐེག་ཆེན་དང་ཐུན་མོང་བ་བདེན་བཞིའི་ཆོས་འཁོར་བསྐོར་བ་ལས། དེའི་གདུལ་བྱས་བདེན་པ་མཐོང་བ་མི་སྲིད་པར་ཐལ་ལོ། །འདོད་ན། སྟོན་པས་སྔགས་ཀྱི་འཁོར་ལོ་བསྐོར་བ་ལས། ཐེག་ཆེན་གང་ཟག་གི་བདེན་པ་མཐོང་བ་ཡོད་པར་ཐལ། ཐེག་ཆེན་འཕགས་པ་གཅིག་ཡོད་ཐེག་ཆེན་གྱི་ཆོས་འཁོར་བསྐོར་བ་ལས། ཐེག་ཆེན་གྱི་གང་ཟག་གིས་བདེན་པ་མཐོང་བ་མེད་པའི་ཕྱིར། འདོད་ན། སྔགས་ལམ་ལ་བརྟེན་ནས་ཉན་ཐོས་འཕགས་པ་ཐོབ་པ་སྲིད་པར་ཐལ་ལོ། །དང་པོ་སྐབས་འདིར། ཐེག་ཆེན་འཕགས་པ་ཁས་མི་ལེན་གསུང་ན་གཞན་དུ་དཔྱད་དོ། །ཡང་སྟོན་པས་བྱ་རྒོད་ཕུང་པོར་ཤེར་ཕྱིན་གྱི་ཆོས་འཁོར་བསྐོར་བ་ལས་བདེན་པ་མཐོང་བའི་གང་ཟག་ཡོད་པར་ཐལ། སྟོན་པས་ཝ་ར་ཎ་སིར་བཀའ་དང་པོ་བདེན་བཞིའི་ཆོས་འཁོར་བསྐོར་བ་ལས་འཁོར་ལྔ་སྡེ་བཟང་པོས་བདེན་པ་མཐོང་བར་བཤད་པའི་རྫུན་གསུང་བ་མ་ཡིན་པའི་ཕྱིར་རོ། །མདོར་ན་འཁོར་ལྔ་སྡེ་བཟང་པོ་ཆོས་འཁོར་གང་ལ་བརྟེན་ནས་བདེན་པ་མཐོང་གསལ་པོར་སྨྲོས་ཤིག །ཡང་དོན་འདི་ལུང་གིས་ཀྱང་གྲུབ་སྟེ། འགྲེལ་ཆེན་དྲི་མེད་འོད་ལས། བྱང་ཆུབ་སེམས་དཔའ་ཆོས་འཕགས་དེ་ཕ་རོལ་ཏུ་ཕྱིན་པའི་འཕགས་པར་བཤད་པའི་ཕྱིར་དང་། ཤེས་རབ་ཀྱི་ཆགས་པ་དང་བྲལ་བ་ལས་ས་བཅུ་གཅིག་ཐོབ་ཚུལ་དང་། ཤེས་རབ་ཀྱི་ཆགས་པ་དང་བཅས་པ་ལས་ས་བཅུ་གཉིས་ཐོབ་ཚུལ་བཤད་པ་ལས་རྟོགས་ནུས་པའི་ཕྱིར་རོ། །དེ་ལྟར་ཡང་འགྲེལ་ཆེན་དེ་ལས། བཅོམ་ལྡན་འདས་ཀྱི་གསུང་འདིའི་ཕྱིར་ཐར་པ་དོན་དུ་གཉེར་བ་རྣམས་ཀྱིས་མཆོག་ཏུ་མི་འགྱུར་བའི་ཕྱག་རྒྱ་ཆེན་པོའི་ཡེ་ཤེས་བསྒོམ་པར་བྱའོ། །

གལ་ཏེ་མི་འཕོ་བའི་ཚུལ་ཁྲིམས་མེད་པར་མངོན་པར་ཤེས་པ་ལྟར་མི་འགྱུར་བ་མ་ཡིན་ནམ། དེའི་ཚེ་ཆོས

འཕགས་པ་ལ་སོགས་པའི་བྱང་ཆུབ་སེམས་དཔའ་རྣམས་དང་། བཞིཙྪ་ལ་སོགས་པ་དྲང་སྲོང་རྣམས་ལ་ཇི་ལྟར་ན་མངོན་པར་ཤེས་པ་ལྔར་འགྱུར། ཞེས། ཁམས་འཕོ་མེད་ཀྱི་བདེ་ཆེན་ཡེ་ཤེས་མངོན་དུ་འགྱུར་བ་ལ། ཟག་མེད་ཀྱི་ལམ་ཐོབ་པ་མི་སྲིད་ན། ཆོས་འཕགས་སོགས་ཕ་རོལ་ཏུ་ཕྱིན་པའི་བྱང་ཆུབ་སེམས་དཔའ་རྣམས་དང་། བཞིཙྪ་ལ་སོགས་པའི་ཕྱི་རོལ་པའི་དྲང་སྲོང་རྣམས་ལའང་དེ་མེད་པར་ཐལ་ལོ། །ཞེས་དོགས་པ་བཀོད་ནས། དེའི་ལན་དུ། བྱང་ཆུབ་ཀྱི་སེམས་འདི་ལ་བཅིང་བ་གཉིས་ཏེ་ཤེས་རབ་ཀྱི་ཆགས་པ་བྲལ་བས་དང་། ཤེས་རབ་ཀྱི་ཆགས་པས་སོ། །དེ་ལྟར་བརྗོད་པའི་རིམ་པ་འདིས། ས་བརྒྱད་ཀྱི་དབང་ཕྱུག་ལ་སོགས་པའི་ལྷ་རྣམས་དང་། བྱང་ཆུབ་སེམས་དཔའ་རྣམས་ལ་ཡང་མངོན་པར་ཤེས་པ་ལྔ་རིག་པར་བྱའོ། །

བཞིཙྪ་ལ་སོགས་པའི་དྲང་སྲོང་རྣམས་ལ་མངོན་པར་ཤེས་པ་ལྔ་མེད་དེ། ཞེས་སོགས་བཤད་པས་སོ། །ལུགས་གཉིས་པ་སྤྲུལ་སྐུ་པདྨ་དཀར་པོས་ས་བཅུ་གཉིས་དང་བཅུ་གསུམ་སོགས་ཐམས་ཅད་ཚད་མར་ཞལ་གྱིས་བཞེས་པ་ལ་དཔྱད་པར་བྱ་སྟེ། དུས་འཁོར་ནས་བཤད་པའི་ས་བཅུ་གཉིས་པ་ཐོབ་མ་ཐག་པའི་གང་ཟག་ཆོས་ཅན། ཁྱོད་ཀྱི་རྡོར་ནས་བཤད་པའི་ས་བཅུ་གསུམ་པ་ཐོབ་པའི་གང་ཟག་ཡིན་པར་ཐལ། ཁྱོད་སངས་རྒྱས་མ་ཐག་པའི་གང་ཟག་ཡིན་པའི་ཕྱིར། འདོད་ན། ཁྱོད་ས་བཅུ་གཉིས་པ་ཐོབ་ཟིན་ཐོབ་པའི་གང་ཟག་ཡིན་པར་ཐལ། འདོད་པའི་ཕྱིར། འདོད་ན་མ་ཡིན་པར་ཐལ། ས་བཅུ་གཉིས་པ་ཐོབ་མ་ཐག་པའི་གང་ཟག་ཡིན་པའི་ཕྱིར་ཏེ༑ ཆོས་ཅན་དེའི་ཕྱིར། གལ་ཏེ་ཀྱེ་རྡོར་ནས་བཤད་པའི་ས་བཅུ་གསུམ་པ་ཐོབ་པའི་གང་ཟག་ཡིན་པར་ཐལ་བ་ལ་མ་ཁྱབ་ན། དེ་ཆོས་ཅན། ཁྱེད་དེ་ཐོབ་ངེས་ཀྱི་གང་ཟག་ཡིན་པར་ཐལ། ཁྱོད་དེ་ཐོབ་པའི་གང་ཟག་དང་། ཁྱོད་དེ་ཐོབ་ངེས་ཀྱི་གང་ཟག་གང་རུང་ཡིན། དང་པོ་མ་ཡིན་པའི་ཕྱིར། འདོད་ན། ཁྱོད་ཀྱེ་རྡོར་ནས་བཤད་པའི་སངས་རྒྱ་ངེས་ཀྱི་གང་ཟག་ཡིན་པར་ཐལ་ལོ། །འདོད་ན། ཁྱོད་སངས་རྒྱ་ངེས་ཀྱི་གང་ཟག་ཡིན་པར་ཐལ་ལོ༑ ༑

ཡང་ཀྱེ་རྡོར་ནས་བཤད་པའི་ས་བཅུ་གསུམ་པ་ཐོབ་མ་ཐག་པའི་སངས་རྒྱས་ཆོས་ཅན། ཁྱོད་ས་བཅུ་དྲུག་པ་ཐོབ་པའི་གང་ཟག་ཡིན་པར་ཐལ། ཁྱོད་དེ་ཐོབ་པའི་གང་ཟག་དེ། ཐོབ་ངེས་ཀྱི་གང་ཟག་གང་རུང་ཡིན། ཕྱི་མ་ཡིན་པའི་ཕྱིར། འདོད་ན། ཁྱོད་ས་བཅོ་ལྔ་པ་ཐོབ་པའི་གང་ཟག་ཡིན་པར་ཐལ་ལོ། །འདོད་ན། ཁྱོད་ས་བཅུ་དྲུག་པ་དང་། བཅོ་ལྔ་པ་དང་། ས་བཅུ་གཉིས་པ་གསུམ་ཅིག་ཆར་ཐོབ་པའི་གང་ཟག་ཡིན་པར་ཐལ། ཁྱོད་དེ་གསུམ་ཐོབ་པའི་གང་ཟག་ཡིན་པ་གང་ཞིག །ཁྱོད་དེ་གསུམ་རིམ་ཅན་ཐོབ་པའི་གང་ཟག་མ་ཡིན་པའི་ཕྱིར། འདོད་ན། ཁྱོད་སློབ་ལམ་དུ་གྱུར་པའི་ས་བཅོ་ལྔ་པ། མི་སློབ་ལམ་དུ་གྱུར་པའི་ས་བཅུ་དྲུག་པ་གཉིས་ཅིག་ཆར

ཐོབ་པའི་གང་ཟག་ཡིན་པར་ཐལ། འདོད་པ་གང་ཞིག །ས་བཅོ་ལྔ་པ་སློབ་ལམ་དང་། ས་བཅུ་དྲུག་པ་དེ་མི་སློབ་ཡིན་པར་ཁྱེད་རང་འདོད་པའི་ཕྱིར་རོ། །འདོད་ན། ཁྱོད་སློབ་པ་ཡིན་པར་ཐལ། ཁྱོད་སློབ་ལམ་དུ་གྱུར་པའི་ས་བཅོ་ལྔ་པ་ཐོབ་པའི་གང་ཟག་ཡིན་པའི་ཕྱིར། འདོད་མི་ནུས་ཏེ། ཁྱོད་སངས་འཕགས་ཡིན་པའི་ཕྱིར་རོ། །འདོར་ན། ས་བཅུ་དྲུག་དང་། བཅུ་གསུམ་དང་། བཅུ་གཉིས་སུ་བཤད་པ་དེ་དག་ལ་སྤྱངས་རྟོགས་རིམ་ཅན་ཧ་མཐོར་སོང་ནས། རང་རང་གི་མཐར་ཐུག་དེར་སློབ་པ་རེ་ཁས་ལེན་ནམ་མི་ལེན། མི་ལེན་ན། ས་བཅུ་དྲུག་ཏུ་བཞག་པ་ལ་དགོས་པ་མེད་དེ། ས་བཅོ་ལྔ་པ་མན་ཆད་ལ་སྤྱངས་རྟོགས་རིམ་ཅན་མེད་ཅིང་། རྟོགས་པ་གོང་འཕེལ་དུ་འགྲོ་རྒྱུ་མི་འདུག་པའི་ཕྱིར། གལ་ཏེ་ཁས་ལེན་ན། དུས་འཁོར་ནས་བཤད་པའི་ས་བཅུ་གཉིས་པ་ལ་གནས་པའི་སངས་རྒྱས་དེས། ཀྱེ་རྡོར་ནས་བཤད་པའི་ས་བཅུ་གསུམ་པ་ཐོབ་པའི་གེགས་སུ་གྱུར་པའི་སྤང་བྱ་དང་། ས་བཅུ་གསུམ་པ་དང་། བཅོ་ལྔ་པ་དང་། བཅུ་དྲུག་པ་རྣམས་ཐོབ་པའི་གེགས་སུ་གྱུར་པའི་སྤང་བྱ་རྣམས་སྤྱངས་སམ་མ་སྤྱངས། མ་སྤྱངས་ན་སྤྱངས་རྟོགས་ཡོངས་སུ་མ་རྫོགས་པའི། མཐར་ཐུག་གི་སངས་རྒྱས་དེ་འདྲ་ཡ་མཚན་ཞིང་། སྤྱངས་ན། དེས་ཀྱང་ས་དེ་རྣམས་ཅིག་ཆར་དུ་ཐོབ་པར་ཐལ་བ་བཟློག་ཏུ་མེད་པས། སློབ་ལམ་དང་མི་སློབ་ལམ་གྱི་ས་གཉིས་རྒྱུད་གཅིག་ལ་ཅིག་ཆར་འཛོག་པ་མཁས་པའི་བདེ་བའི་དགའ་སྟོན་ཆེན་པོ་མ་ལེགས་སམ།

ཡང་ན་ཀྱེ་རྡོར་ནས་བཤད་པའི་ས་བཅུ་གསུམ་པའི་ཡེ་ཤེས་སྐད་ཅིག་མ་ཐ་མ་ལ་གནས་པའི་གང་ཟག་དེ། ཡུལ་ཆེན་སུམ་ཅུ་རྩ་གཉིས་བགྲོད་ཟིན། རྩ་དབུ་མའི་མདུད་པ་སོ་གཉིས་གྲོལ་ཟིན་ཡང་། སློབ་ལམ་ཙམ་དུ་བཞག་ནས། དུས་འཁོར་ནས་བཤད་པའི་ས་བཅུ་གཉིས་པའི་ཡེ་ཤེས་སྐད་ཅིག་མ་དང་པོ་ལ་གནས་པ་དེ་ཡང་སངས་རྒྱས་ཀྱི་ས་མཚན་ཉིད་པར་འཇོག་པ་ལ་གནད་ཅི་ཞིག་ཡོད། གལ་ཏེ་ཀྱེ་རྡོར་ལུགས་ལ། དེའི་གོང་དུ་ཡང་སྦྱས་པའི་ཡུལ་ལྔ་བགྲོད་དགོས་པའི་རྒྱུ་མཚན་གྱིས་ཡིན་ནོ་སྙམ་ན། གནད་དེ་ཉིད་ཀྱི་དུས་འཁོར་ས་བཅུ་གཉིས་པ་ལ་གནས་པ་དེ་ཡང་། སངས་རྒྱས་མཚན་ཉིད་པ་མ་ཡིན་པ་གོར་མ་ཆག་སྟེ། ཡུལ་ཆེན་སོ་བདུན་མ་བགྲོད་པས་སྤྱངས་རྟོགས་མཐར་མ་ཕྱིན་པའི་ཕྱིར་རོ། །གལ་ཏེ་འདི་སྙམ་དུ། དུས་འཁོར་ས་བཅུ་གཉིས་པ་ལ་གནས་པའི་སངས་རྒྱས་དེས། བརྟག་གཉིས་ནས་བཤད་པའི་ས་བཅུ་གསུམ་པ་དང་། ལྷན་སྐྱེས་ས་བཅུ་དྲུག་པ་རྣམས་ཐོབ་པས་སྤྱངས་རྟོགས་ཡོངས་སུ་རྫོགས་སོ་སྙམ་ན། འོ་ན་དེས་བརྟག་གཉིས་ནས་བཤད་པའི་ས་བཅུ་གཉིས་པ་ཐོབ་པར་ཐལ། དེ་ནས་བཤད་པའི་ས་བཅུ་གསུམ་པ་ཐོབ་པའི་ཕྱིར། ཁྱབ་པ་འདི་ཁོ་བོས་མཁས་པའི་མདུན་སར་བཅས་ཤིང་། འདོད་ན། དེས་དེ་དུས་ནམ་ཞིག་ཚེ་སྐབས་གང་དུ་ཐོབ་བྲིས་ནས། བརྟག་གཉིས་སློབ་ལམ

ས་བཅུ་གཉིས་པ་དང་། དུས་འཁོར་མི་སློབ་ལམ་ས་བཅུ་གཉིས་པ་གཉིས་ཅིག་ཆར་ཐོབ་ཅེས་སྨྲ་དགོས་འགྱུར་བས། མཁས་པའི་རྣམ་འགྱུར་དུ་ཨེ་འགྲོ་ན། དགོངས་ཤིག །ཡང་ས་ལུགས་ལ་སྐྱོན་འཛིན་པའི་ཚེ། ཕར་ཕྱིན་ལམ་གྱིས་ས་བཅུ་པ་མན་ཆད་བགྲོད་པ་དེས་རྩ་མདུད་མ་གྲོལ་ན། ནང་རྩ་གནས་ཀྱི་རྟེན་འབྲེལ་ཟབ་མོ་མ་མཐོང་བའི་ཕྱིར། འཕགས་པ་བཏགས་པ་བ་ཡིན། གྲོལ་ན་ནི་མདོ་ལམ་ནས་ཕྱིན་ཀྱང་སྔགས་ཀྱི་སྤྱངས་རྟོགས་རྫོགས་པར་སོང་ངོ་ཞེས་དང་།

དེས་ན་གང་ཟག་དེ་ནི་དབང་མ་བསྐུར་ཡང་ཐོབ་པ་ཡིན་ཞེས་སོགས་བཤད་སྣང་བ་ནི་དཔྱད་མི་བཟོད་དེ། མདོ་རང་རྐང་ནས་ས་བཅུ་པ་མན་ཆད་བགྲོད་པའི་གང་ཟག་ཆོས་ཅན། ཁྱོད་མདོ་རང་རྐང་ལས་ས་བཅུ་བགྲོད་པའི་གང་ཟག་མ་ཡིན་པར་ཐལ། ཁྱོད་སྔགས་ལམ་ལ་བརྟེན་ནས་ས་བཅུ་བགྲོད་པའི་གང་ཟག་ཡིན་པའི་ཕྱིར་ཏེ། ཁྱོད་སྔགས་ལམ་དུ་གྱུར་པའི་ས་བཅུ་བགྲོད་པའི་གང་ཟག་ཡིན་པའི་ཕྱིར་ཏེ། ཁྱོད་ས་བཅུ་བགྲོད་པའི་གང་ཟག་ཡིན་པ་གང་ཞིག །ཁྱོད་ཀྱིས་ཐོབ་པའི་ས་དང་པོ་སོགས་བཅུ་ཆར་སྔགས་ལམ་ཡིན་པའི་ཕྱིར་ཏེ། དེ་རྣམས་སྔགས་ཀྱི་དབང་མ་བསྐུར་ཡང་ཐོབ་པའི་ལམ་ཡིན་པའི་ཕྱིར། རྟགས་དངོས། གལ་ཏེ་མདོ་ལམ་ནས་ས་དང་པོ་སོགས་ཐོབ་པ་ཡོད་པར་ཁས་བླངས་ཀྱི། མདོ་རང་རྐང་ནས་དེ་ཐོབ་པར་ཁས་མ་བླངས་སོ་སྙམ་ན། འོ་ན་མདོ་ལམ་ནས་ས་བཅུ་བགྲོད་པའི་ས་བཅུ་པོ་དེ་མདོ་སྔགས་ཀྱི་ལམ་གྱི་གཞི་མཐུན་པ་ཡིན་པར་ཐལ། དེ་མདོ་ལམ་གང་ཞིག་སྔགས་ལམ་ཡིན་པའི་ཕྱིར། ཕྱི་མ་གྲུབ་སྟེ། སྔགས་ཀྱི་དབང་བསྐུར་ཐོབ་པའི་ལམ་ཡིན་པའི་ཕྱིར། རྟགས་དངོས། ཡང་རྗེ་རེད་མདའ་བས་ས་བཅུ་གསུམ་སོགས་བཤད་ཀྱང་། དོན་ལ་ས་བཅུ་གཅིག་ལས་མེད་གསུངས་པ་ནི། མདོ་སྔགས་ཀྱི་ཟབ་ཁྱད་མ་ཕྱེད་ཅིང་གསུང་ངག་རྡོ་རྗེ་ཚིག་རྐང་ལྔ་བུའི་ས་ལམ་བགྲོད་པའི་ཟབ་དོན་ཐུགས་སུ་མ་ཆུད་པས་ལན་ནོ། །

ཡང་མཁས་པ་གོ་བོ་རབ་འབྱམས་པས། མདོ་སྔགས་གཉིས་སངས་རྒྱས་ཀྱི་མཚན་གཞི་ལ་མི་མཐུན་པ་མ་གཏོགས། མཚན་ཉིད་ལ་མཐུན་ཞེས་དང་། མདོ་ནས་བཤད་པའི་བཅུ་གཅིག་ཀུན་ཏུ་འོད་ཀྱི་ས་དང་། སྔགས་ནས་བཤད་པའི་བཅུ་གཅིག་པ་དཔེ་མེད་པའི་ས་གཉིས་དོན་གཅིག་ཅེས་འཆད་པ་དེ་ཡང་བརྟག་དགོས་ཏེ། འོ་ན༑ མདོ་རང་རྐང་ནས་བཤད་པའི་སངས་རྒྱས་མཚན་ཉིད་པ་ཞིག་ཡོད་པར་ཐལ། མདོ་སྔགས་གཉིས་སངས་རྒྱས་ཀྱི་མཚན་ཉིད་ལ་མཐུན་པའི་ཕྱིར། འདོད་ན། མདོ་རང་རྐང་ནས་བཤད་པའི་སངས་འཕགས་ཆོས་ཅན། ཁྱོད་ས་བཅུ་པ་ཐོབ་པའི་གང་ཟག་ཡིན་པར་ཐལ། ཁྱོད་སངས་འཕགས་ཡིན་པའི་ཕྱིར། ཁྱབ་པ་དོན་གྱི་ཁས། འདོད་ན་མ་ཡིན་པར་ཐལ། ཁྱོད་ས་བཅུ་གཅིག་པ་ཀུན་ཏུ་འོད་ལ་གནས་པའི་གང་ཟག་ཡིན་པའི་ཕྱིར། ཁྱབ་སྟེ།

ས་བཅུ་གཅིག་པ་ཀུན་ཏུ་འོད་ཡིན་ན། སློབ་ལམ་ཡིན་པས་ཁྱབ་པ་ཡོད་པའི་ཕྱིར། རྟགས་གྲུབ་སྟེ། ཆོས་ཅན་ཡིན་པའི་ཕྱིར། ཁྱེད་རང་གི་ཕར་ཕྱིན་ལས། སངས་འཕགས་ས་བཅུ་གཅིག་པ་ལ་གནས་པར་ཁས་ལེན་ཞེས་བཤད་པའི་ཕྱིར། གལ་ཏེ་རྩ་བར་མ་ཁྱབ་ན། མདོ་རང་རྐང་ནས་བཤད་པའི་སངས་འཕགས་ཡོད་པར་ཐལ། མདོ་རང་རྐང་ནས་བཤད་པའི་ས་བཅུ་གཅིག་པ་ལ་གནས་པའི་གང་ཟག་དེ་སངས་འཕགས་ཡིན་པའི་ཕྱིར་ཏེ། དེ་སངས་འཕགས་དང་། བྱང་འཕགས་གང་རུང་ཡིན། ཕྱི་མ་མ་ཡིན་པའི་ཕྱིར། ཕྱི་མ་མ་གྲུབ་ན། དེ་ཆོས་ཅན། ཁྱོད་མདོ་རང་རྐང་ནས་བཤད་པའི་འཕགས་པ་མ་ཡིན་པར་ཐལ། ཁྱོད་སྟུགས་བླ་མེད་རང་རྐང་ནས་བཤད་པའི་འཕགས་པ་ཡིན་པའི་ཕྱིར་ཏེ། ཁྱོད་བཅུ་གཅིག་པ་དཔེ་མེད་པའི་ས་ལ་གནས་པའི་འཕགས་པ་ཡིན་པའི་ཕྱིར། ཁྱབ་སྟེ། བཅུ་གཅིག་པ་དཔེ་མེད་པའི་ས་ཡིན་ན། བླ་མེད་རང་རྐང་ནས་བཤད་པའི་ས་ཡིན་དགོས་པའི་ཕྱིར། རྟགས་དངོས། གོང་གི་རྟགས་གྲུབ་སྟེ། ཁྱོད་ས་བཅུ་གཅིག་པ་ལ་གནས་པའི་འཕགས་པ་ཡིན་པའི་ཕྱིར། གལ་ཏེ། ཆོས་ཅན་དེ་འདྲ་མེད་དོ་ཟེར་ན། མདོ་རང་རྐང་ནས་བཤད་པའི་ས་བཅུ་གཅིག་པ་ལ་གནས་པའི་གང་ཟག་ཡོད་པར་ཐལ། མདོ་རང་རྐང་ནས་བཤད་པའི་ས་བཅུ་གཅིག་པ་ཡོད་པའི་ཕྱིར་ཏེ། མདོ་རང་རྐང་ནས་བཤད་པའི་ཀུན་དུ་འོད་ཀྱི་ས་ཡོད་པའི་ཕྱིར། ཁྱེད་རང་གི་སྡོམ་གསུམ་དཀའ་འགྲེལ་ལས། ཕར་ཕྱིན་ཐེག་པ་ནས་བཤད་པའི་བཅུ་གཅིག་ཀུན་ཏུ་འོད་དང་། བཅུ་གཅིག་པ་དཔེ་མེད་པའི་ས་གནད་གཅིག་ཅིང་ཞེས་སོགས་བཤད་པའི་ཕྱིར། གལ་ཏེ་མདོ་ནས་བཤད་པའི་དེ་ཡོད་པའི་ཕྱིར་ལ་མ་ཁྱབ་ན། འོན་མདོ་ནས་བཤད་པའི་བཅུ་གཅིག་ཀུན་དུ་འོད་དང་། བླ་མེད་ནས་བཤད་པའི་ས་བཅུ་གཅིག་པ་གཉིས་དོན་གཅིག་གསུངས་པ་ཡང་བརྟག་པར་བྱ་སྟེ། མདོ་ནས་བཤད་པའི་བཅུ་གཅིག་ཀུན་ཏུ་འོད་ཀྱི་ས་ཆོས་ཅན། ཁྱོད་སྦྲས་པའི་ས་ཡིན་པར་ཐལ། ཁྱོད་ས་བཅུ་གསུམ་པ་ཡིན་པའི་ཕྱིར། འདོད་ན། ཁྱོད་ཕར་ཕྱིན་ཐེག་པ་ལས་སྦྲས་ཏེ་མ་བཤད་པར་ཐལ་ལོ། ། བྱས་པ་ལ། ཁོ་ན་རེ། འོན་ཁྱོད་རང་ལ། སངས་རྒྱས་པའི་མཁྱེན་པ་ཆོས་ཅན། ཁྱོད་སྦྲས་པའི་ས་ཡིན་པར་ཐལ། ཁྱོད་ས་བཅུ་གསུམ་པ་ཡིན་པའི་ཕྱིར། ཁྱབ་པ་དངོས། རྟགས་དོན་གྱིས་གྲུབ། འདོད་ན། ཁྱོད་ཕར་ཕྱིན་ཐེག་པར་སྦྲས་ཏེ་མ་བཤད་པར་ཐལ་ལོ། །ཟེར་ན་རང་ཕྱོགས་ལ་འཕྲས་པའི་སྐྱོན་དུ་སྣང་མོད་དོན་གྱིས་ན། ཕར་ཕྱིན་ཐེག་པར། སངས་རྒྱས་དང་། སངས་རྒྱས་ཀྱི་མཁྱེན་པ་དང་། རྣམ་མཁྱེན་ཞེས་སོགས་མིང་ཙམ་ཞིག་མ་སྦྲས་པར་བཤད་ཀྱང་། དོན་སྦྲས་ཏེ་བཤད་པས་དོན་ལ་སྐྱོན་ཆགས་པ་མ་ཡིན་ནོ། །

ཡང་མདོ་རང་རྐང་ནས་བཤད་པའི་བཅུ་གཅིག་ཀུན་ཏུ་འོད་ཀྱི་ས་དེ་ས་བཅུ་གསུམ་པ་ཡིན་པར་ཐལ། དེ་ཡོད་པ་གང་ཞིག །བཅུ་གཅིག་ཀུན་ཏུ་འོད་ཀྱི་ས་དེ། ས་བཅུ་གསུམ་པ་ཡིན་པའི་ཕྱིར། དང་པོ་དེར་ཐལ། མདོ་

རང་རྐང་ནས་བཅུ་གཅིག་ཀུན་ཏུ་འོད་ཀྱི་ས་བཤད་པའི་ཕྱིར་ཏེ། མདོ་རང་རྐང་ནས་ཐེག་ཆེན་གྱི་ལམ་ལྔ་བཤད་པའི་ཕྱིར་རོ། །རྩ་བར་འདོད་ན། དེ་ཆོས་ཅན། ཁྱོད་མདོ་རང་རྐང་ནས་བཤད་པའི་ས་ཡིན་པར་ཐལ། ཁྱོད་སྔགས་བླ་མེད་ནས་བཤད་པའི་ས་ཡིན་པའི་ཕྱིར་ཏེ། ཁྱོད་བཅུ་གསུམ་རྡོ་རྗེ་འཛིན་པའི་ས་ཡིན་པའི་ཕྱིར། ཡང་སྒྲ་པ་ཤེར་རིན་པས། མདོ་ལམ་ནས་ས་བཅུ་ལམ་ལྔ་མཐར་ཕྱིན་པ་དེ་དང་། སྔགས་ལ་འཇུག་པའི་ཚེ་སྔགས་ཀྱི་ཚོགས་ལམ་ནས་ལམ་ལྔ་ས་བཅུ་སླར་ཡང་བགྲོད་དགོས་ཞེས་འཆད་པ་འདི། དཔལ་ལྡན་ས་སྐྱ་པའི་དགོངས་པ་ནི་གཏན་ནས་མ་ཡིན་ཏེ། ལམ་འཇུག་ལྡོག་གི་ཡིག་ཆུང་དང་འགལ་བའི་ཕྱིར་རོ། །

ཡང་ཕར་ཕྱིན་རང་གི་སངས་འཕགས་ཆོས་ཅན། ཁྱོད་སྤྱངས་རྟོགས་མཐར་ཐུག་བརྙེས་པའི་སངས་རྒྱས་ཡིན་པར་ཐལ། ཁྱོད་སངས་འཕགས་ཡིན་པའི་ཕྱིར། འདོད་ན། ཁྱོད་འཕོ་ཆགས་ཕྲ་མོ་སྤྱངས་པའི་གང་ཟག་ཡིན་པར་ཐལ་ལོ། །ཡང་ཟག་པ་མེད་པའི་ཡིད་ལུས་ལ་བརྟེན་པའི་ཉན་རང་དགྲ་བཅོམ་རྣམས་ཆོས་ཅན། ཁྱོད་འཁོར་བ་མ་ཡིན་པ་ཐལ། ཁྱོད་འཁོར་བ་སྤྱངས་པའི་གང་ཟག་ཡིན་པའི་ཕྱིར་ཏེ། ཁྱོད་འཁོར་བ་ལས་ཐར་བའི་ཐར་པ་ཐོབ་པའི་གང་ཟག་ཡིན་པའི་ཕྱིར་ཏེ། ཁྱོད་དགྲ་བཅོམ་པ་ཡིན་པའི་ཕྱིར་རོ། །འདོད་མི་ནུས་ཏེ། ཁྱོད་འཁོར་བ་རགས་པ། ཕྲ་བ། ཤིན་ཏུ་ཕྲ་བ་གསུམ་གྱི་ནང་ནས་འཁོར་བ་ཕྲ་བ་ཡིན་པའི་ཕྱིར་རོ། །རྟགས་དངོས་སོ༑ ༑གཉིས་པ་རྗེ་བཙུན་གོང་མས་ཇི་ལྟར་བཤད་ཚུལ་ལ། བླ་མ་ས་སྐྱ་པ་ཆེན་པོའི་གསུང་། རྡོ་རྗེ་ཚིག་རྐང་གི་ལྔ་བཅུ་ལ་གསང་ཞེས་པའི་རྣམ་འགྲེལ་དུ། ཕ་རོལ་ཏུ་ཕྱིན་པའི་ལམ་ལྔ་དང་ས་བཅུ་ལ་གསང་ཞེས་དང་། ཕ་རོལ་ཏུ་ཕྱིན་པའི་ལོངས་སྐུ་རིགས་ལྔ་ལ་གསང་། ཞེས། ཕར་ཕྱིན་རང་རྐང་གི་སངས་འཕགས་ཡོད་ཅིང་། དེ་སྔགས་ཀྱི་སངས་འཕགས་ལས་ཅུང་རྟོགས་པ་དམའ་བ་ལྟ་བུར་བཤད། དེ་བཞིན་དུ་རྗེ་བཙུན་རྩེ་མོས་རྒྱུད་སྡེ་སྤྱི་རྣམ་ལས་ཀྱང་། མདོ་རང་རྐང་ནས་བཤད་པའི་བཅུ་གཅིག་ཀུན་ཏུ་འོད་ལ་གནས་པའི་འཕགས་པ་དེས། མདོ་ལམ་པའི་སངས་རྒྱས་ཡིན་ཀྱང་། སྔགས་ནས་བཤད་པའི་ཡེ་ཤེས་ལྔ་ལྡན་དང་། སྐུ་བཞི་དང་ལྔ་སོགས་དང་། ཤེས་བྱ་ཐམས་ཅད་རང་སྣང་དུ་མཁྱེན་པ་སོགས་མ་ཡིན་པས། མདོ་སྔགས་ཀྱི་སངས་རྒྱས་ལ་ཁྱད་པར་ཡོད་པ་ལྟ་བུ་ཞིག་བཤད་དེ། དེ་ཉིད་ལས། མཐར་ཐུག་པ་ནི་དེ་ལས་གོང་དུ་བོགས་དབྱུང་དུ་མེད་པས་མཐར་ཐུག་པ་སྟེ། སངས་རྒྱས་ཀྱི་ཡེ་ཤེས་སོ། །དེ་ལའང་རྣམ་པ་གཉིས་ཏེ་སྤྱི་དོན་གྱི་མཐར་ཐུག་སྟེ། ཐེག་པ་ཐུན་མོང་བ་ལ་གྲགས་པས་ས་བཅུ་གཅིག་པ་དང་། སྔས་དོན་གྱི་མཐར་ཐུག་སྟེ་སྔགས་ལ་གྲགས་པའི་ས་བཅུ་གཉིས་པ་དང་བཅུ་གསུམ་པའོ། །

གལ་ཏེ་མཐར་ཐུག་མི་རིགས་ཏེ། སྤྱི་དོན་མཐར་ཐུག་ཡིན་ན། དེའི་སྟེང་དུ་ཡོན་ཏན་བསྐྱེད་དུ་མེད་པས།

སྦྲས་དོན་མཐར་ཐུག་ཏུ་མི་རིགས་ལ། ཡོན་ཏན་བསྐྱེད་དུ་ཡོད་ན། སྤྱི་དོན་ལ་མཐར་ཐུག་པར་མི་རིགས་སོ་ཞེ་ན། ཡོན་ཏན་བསྐྱེད་དུ་ཡོད་དེ། ཕ་རོལ་ཏུ་ཕྱིན་པ་ལས། ཆོས་ཀྱི་དབྱིངས་ཀྱི་ཡེ་ཤེས་བྱ་བའང་མ་བཤད་ཅིང་། ཕར་ཕྱིན་ལས་སྐུ་གསུམ་ལས་མ་བཤད་ལ། སྔགས་སྐུ་བཞི་དང་ལྔ་བཤད་པ་དང་། དེ་བཞིན་དུ་དཔལ་སཾ་པུ་ཊ་ལས། གང་དག་བསམ་གྱིས་མི་ཁྱབ་པའི་གནས་མངོན་དུ་མ་བྱས་པ་དེ་དག་ནི། བདེ་བར་གཤེགས་པ་སྟེ་སངས་རྒྱས་ཡིན་ལ་མཚན་གཞི་མཚོན་པར་བྱེད་པ་ནི་རྡོ་རྗེ་སེམས་དཔའ་ཡང་དག་པར་གསུངས་སོ་ཞེས། ཞེས་བྱ་བ་འདིས། ཕ་རོལ་ཏུ་ཕྱིན་པ་ལས་ཤེས་བྱ་གཞན་སྣང་ལས་མཁྱེན་པས། གཟུགས་ཀྱང་གཞན་ལ་རྣམ་པ་ཐམས་ཅད་མཁྱེན་པའི་ཡེ་ཤེས་ཀྱང་གཞན་ཞེས་གསུངས་ལ། སྔགས་ཀྱི་ཤེས་བྱ་ཐམས་ཅད་རང་སྣང་དུ་མཁྱེན་ཞེས་བྱ་བ་འདིས་ཁྱད་ཡོད་དོ། །འོན་སྤྱི་དོན་ལ་མཐར་ཐུག་ཏུ་བཞག་པ་མི་རིགས་སོ་སྙམ་ན། འཐད་དེ་ཉེ་བའི་བྱ་བ་བྱས་པའི་ཕྱིར་རོ། །ཞེས་སོགས་གསལ་བར་བཤད་པའི་ཕྱིར་རོ། །ཡང་རྗེ་བཙུན་ས་པཎ་གྱི་བདག་མེད་བསྟོད་འགྲེལ་ལས། ཕར་ཕྱིན་ཐེག་པ་ནས་ས་བཅུ་གཅིག་པ་ལ་གནས་པ་སངས་རྒྱས་སུ་བཤད་པའི་སངས་རྒྱས་དེ་ནི། སངས་རྒྱས་བཏགས་པ་བ་དང་། བླ་མེད་ལས་ས་བཅུ་གསུམ་པ་ལ་གནས་པ་སངས་རྒྱས་སུ་བཤད་པའི་སངས་རྒྱས་དེ། སངས་རྒྱས་མཚན་ཉིད་པ་ཡིན་ཞེས་དངོས་བཏགས་ཕྱེ་ནས་བཤད་དེ།

བདག་མེད་བསྟོད་འགྲེལ་ལས། སྤྱི་དོན་གཉིས་པ་རྩོད་པ་སྤོང་བ་ལ་གཉིས། རྒོལ་བ་འགོད་པ་དང་། དེ་དགག་པའོ། །དང་པོ་ལ། ཁ་ཅིག་ན་རེ། ཁྱེད་རྡོ་རྗེ་ཐེག་པ་བ་དག་ས་བཅུ་གསུམ་པ་སངས་རྒྱས་ཀྱི་སར་འདོད་པ་ནི་མ་ཡིན་ཏེ། ཕ་རོལ་ཏུ་ཕྱིན་པ་ལས་བཅུ་གཅིག་པ་སངས་རྒྱས་སུ་བཤད་པ་དང་འགལ་བའི་ཕྱིར་རོ། །ཞེ་ན། དེ་དགག་པ་ལ་གཉིས་ཏེ་ལུང་དང་རིགས་པའོ། །དང་པོ་ནི། ཡང་དག་པར་སྦྱོར་བ་ལས། གང་དག་བསམ་གྱིས་མི་ཁྱབ་པའི་གནས་མངོན་དུ་མ་བྱས་པ་དེ་ནི་བདེ་བར་གཤེགས་པ་སྟེ་སངས་རྒྱས་ཡིན་ལ། མཚན་གཞི་མཚོན་པར་བྱེད་པ་ནི། རྡོ་རྗེ་འཛིན་པ་ཡང་དག་པའོ་ཞེས་བཤད་ལ། དེའི་དོན་ནི། བསམ་གྱིས་མི་ཁྱབ་པའི་གནས་ནི། ཤེས་བྱ་ཕྲ་ཞིང་ཕྲ་བ་སྟེ། དེ་མངོན་དུ་མ་བྱས་པའི་ཕ་རོལ་ཏུ་ཕྱིན་པ་ནས་བཤད་པའི་བདེ་བར་གཤེགས་པ་སྟེ། སངས་རྒྱས་ཡིན་ལ། ཤེས་བྱ་ཕྲ་བའི་ཕྲ་བ་མཚན་བཞིའི་དོན་མ་ལུས་པ་ཡེ་ཤེས་ཀྱི་མཚོན་པ་ནི། རྡོ་རྗེ་འཛིན་པ་ས་བཅུ་གསུམ་པ་ཐོབ་པ་སྟེ། རྡོ་རྗེ་ཐེག་པ་ལས་བཤད་པའི་སངས་རྒྱས་མཚན་ཉིད་པ་ཞེས་གདགས་སོ། །གཉིས་པ་རིགས་པས་ཀྱང་གནོད་དེ། རྒྱུ་ལམ་རིམ་གཉིས་ལ་སོགས་པའི་ཁྱད་ཞུགས་པས། འབྲས་བུ་ལ་ཁྱད་པར་འཇུག་པ་ཆོས་ཉིད་དེ། ཆུ་དང་འོ་མས་བཟུས་པའི་སྨྲུ་རྫུར་བཞིན་ནོ། །

འོན་ཕ་རོལ་ཏུ་ཕྱིན་པ་ལས། ས་བཅུ་གཅིག་པ་སངས་རྒྱས་སུ་བཤད་པ་དང་འགལ་ལོ་ཞེ་ན། འོན་ཁྱེད་

མདོ་ལས་ས་བཅུ་པ་སངས་རྒྱས་སུ་བཤད་པ་གང་གིས་སྤྱོང་། དེ་ཉེ་བ་ཉིད་ལ་དགོངས་སོ་ཞེ་ན། བཅུ་གཅིག་པའང་ཉེ་བ་ཉིད་ལ་དགོངས་པས་མཚུངས་ཞེས། མདོ་ནས་བཤད་པའི་ས་བཅུ་གཅིག་པ་ལ་གནས་པའི་འཕགས་པ་ཞིག་ཡོད་པར་ཞལ་གྱིས་བཞེས་ནས། དེ་སངས་རྒྱས་བཏགས་པ་ཡིན་པ་དང་། བླ་མེད་ནས་བཤད་པའི་ས་བཅུ་གསུམ་པ་ལ་གནས་པའི་གང་ཟག་དེ། སངས་རྒྱས་མཚན་ཉིད་པ་ཡིན་པར་བཤད་དོ། །

དེས་ན་གཞུང་འདི་ལས་ཀྱང་། རྒྱུ་ལ་ཁྱད་ཞུགས་པས་འབྲས་ལ་ཁྱད་པར་འབྱུང་བ་ཆོས་ཉིད་དེ། ཞེས་སོགས་ཀྱིས། མདོ་རང་རྐང་གི་ལམ་ལས་ཐོབ་པའི་ས་བཅུ་གཅིག་པ་ཞིག་ཡོད་པ་ལྟ་བུ་བཤད་ལ། གོང་གི་སྤྱི་དོན་རྣམས་ལས་ཀྱང་། ས་བཅུ་གཅིག་པ་སྤྱི་དོན་གྱི་མཐར་ཐུག་པར་བཤད་པས། ས་བཅུ་གཅིག་པ་མདོ་ལམ་ལས་ཐོབ་པར་ནུས་ཞེས་པར་སོང་ལ། སློབ་དཔོན་རིན་པོ་ཆེས་གནད་ཀྱི་གསལ་བྱེད་ལས་ནི། ཕར་ཕྱིན་ཐེག་པས་བགྲོད་པར་བྱ་བ་ས་བཅུ་གཅིག་པའམ། བཅུ་གཉིས་པ་སྤྱི་དོན་གྱི་མཐར་ཐུག་ཅེས་བཤད་པས། ས་བཅུ་གཅིག་པ་དང་བཅུ་གཉིས་པ་གཉིས་ཆར་ཡང་མདོ་རང་རྐང་ལམ་ལས་ཐོབ་པར་ནུས་པ་ལྟ་བུར་བཤད་མོད། གོང་དུ་བཤད་པའི་ལམ་འཇུག་ལྡོག་ལས། མདོ་རང་རྐང་ལས་ས་བཅུ་པ་མན་ཆད་བགྲོད་ནས། ས་བཅུ་གཅིག་པ་ཐོབ་པ་སྔགས་ལ་ངེས་པར་ལྟོས་དགོས་པར་བཤད་པའི་གནད་ཀྱིས། མདོ་རང་རྐང་ལ་བརྟེན་ནས་ཐོབ་པའི་ས་བཅུ་གཅིག་པ་སོགས་གཏན་ནས་ཞལ་གྱིས་མི་བཞེས་པས། གོང་མའི་གསུང་བགྲོས་དེ་དག་ལ་ཞིབ་ཏུ་དཔྱད་ན༑ མི་འདྲ་བའི་ཁྱད་པར་ཧ་ཅང་ཆེ་བ་ཞིག་ཡོད་པར་མངོན་ནོ། །

གསུམ་པ་གཞན་གྱི་དོན་ངོས་བཟུང་བ་ལ། འོ་ན་རྗེ་བཙུན་གོང་མའི་གསུང་དེ་དག་འགལ་མེད་དུ་ཁས་བླངས་ཚུལ་ཇི་ལྟ་བུ་སྙམ་ན་རྣ་བ་བླགས་ཏེ་ཉོན་ཅིག །འདི་ལ་གཉིས་རྒྱུད་དང་མན་ངག་གི་ལུགས་གཉིས་སོ། །

དང་པོ་ནི། ས་བཅུ་གཅིག་པ་ཐོབ་པ་སྔགས་ལམ་ལ་ལྟོས་དགོས་པ་ལམ་འཇུག་ལྡོག་ནས་བཤད་པ་ལྟར་ཡིན་པས། ས་བཅུ་གཅིག་པ་ལ་སྔགས་ལམ་ཡིན་པས་ཁྱབ་ལ། འོན་ཀྱང་རྒྱུད་སྡེ་སྤྱི་རྣམ་དང་། བདག་མེད་བསྟོད་འགྲེལ་གྱི་དགོངས་པ། མདོ་རང་རྐང་ལས་ས་བཅུ་གཅིག་པ་ཀུན་ཏུ་འོད་ཀྱི་མིང་ཙམ་ཞིག་བཤད་ཅིང་། མདོ་ལུགས་པ་དག་གིས་ས་དེ་ཐོབ་པ་ལ་སངས་རྒྱས་སུ་བཞེད་པ་ཙམ་ལ་བསམ་ནས། ས་བཅུ་གཅིག་པ་ལ་གནས་པའི་གང་ཟག་དེ། སྤྱི་དོན་གྱི་མཐར་ཐུག་དང་། ཕ་རོལ་ཕྱིན་པའི་མདོ་ལས་བཤད་ཚོད་ཙམ་གྱི་སངས་རྒྱས་ཡིན་ཀྱང་། སྤྱིར་སྤངས་རྟོགས་མཐར་ཐུག་བརྙེས་པའི་སངས་རྒྱས་མ་ཡིན་པས། སངས་རྒྱས་བཏགས་པ་བ་ཡིན་ཞེས་ཁས་ལེན་པ་ཡིན་གྱི། དེ་ཕར་ཕྱིན་མདོ་ལམ་ལས་ཐོབ་པའི་སངས་རྒྱས་ཡིན་ཀྱང་། དེ་སངས་རྒྱས་མཚན་ཉིད་པ་མིན་ཞེས་ཁས་ལེན་པ་ནི་མ་ཡིན་ཏེ། ས་བཅུ་གཅིག་པ་མཚན་ཉིད་པ་ཞིག་སུས་ཐོབ་ཀྱང་། སྔགས་

ལམ་ལ་བརྟེན་ནས་ཐོབ་དགོས་པའི་ཕྱིར་རོ། །

དེས་ན་རྒྱུད་ཀྱི་སྐབས་འདིར། མདོ་ལས་བཤད་པའི་བཅུ་གཅིག་ཀུན་ཏུ་འོད་ཀྱི་ས་དེ། སྔགས་ནས་བཤད་པའི་བཅུ་གཅིག་པ་དཔེ་མེད་པའི་ས་ཡིན་པས། དེ་གཉིས་གནད་གཅིག་པ་ཡིན་མོད། རང་ལྡོག་ནས་དོན་གཅིག་ཏུ་ཁས་བླངས་པར་མི་བྱ་སྟེ། བཅུ་གཅིག་པ་དཔེ་མེད་པའི་ས་དེ། མདོ་ནས་བཤད་པའི་ས་བཅུ་གཅིག་པ་མ་ཡིན་པའི་ཕྱིར་ཏེ། དེ་སྔགས་བླ་མེད་ཀྱི་རྒྱུད་སྡེ་ཐུན་མོང་མ་ཡིན་པ་ནས་བཤད་པའི་ས་ཡིན་པའི་ཕྱིར་རོ། །དེ་བཞིན་དུ་མདོ་ནས་བཤད་པའི་ས་བཅུ་གཅིག་པ་ཆོས་ཅན། སྔགས་དོན་གྱི་ས་ཡིན་པར་ཐལ། སྔགས་ནས་བཤད་པའི་ས་བཅུ་གཅིག་པ་ཡིན་པའི་ཕྱིར་ནའང་མ་ཁྱབ་སྟེ། ལམ་འབྲས་ལས་སྨྲས་པའི་ས་ཕྱེད་དང་གསུམ་མམ། སྨྲས་པའི་ས་གསུམ་སོགས་བཤད་པ་ནི། སློབ་ལམ་དུ་གྱུར་པའི་ས་བཅུ་གཅིག་པ་དེ་མདོ་ལས་སྨྲས་ཞེས་པའི་དོན་ཡིན་གྱི། ས་བཅུ་གཅིག་པ་རང་ལྡོག་ནས་སྨྲས་པར་མི་འཆད་པའི་ཕྱིར་རོ། །འོ་ན་དེ་ཆོས་ཅན། ཁྱོད་སྨྲས་པའི་ས་ཡིན་པར་ཐལ། ཁྱོད་སློབ་ལམ་དུ་གྱུར་པའི་ས་བཅུ་གཅིག་པ་ཡིན་པ་གང་ཞིག །དེ་མདོ་ལས་སྨྲས་པའི་ཕྱིར་ནའང་མ་ཁྱབ་སྟེ། སྔགས་ལམ་གྱི་ཐ་སྙད་མདོ་ལས་མ་བཤད་ཀྱང་། སྔགས་ལམ་ཡིན་ན་མདོ་ ལས་མ་བཤད་པས་ཁྱབ་པ་ཁས་མི་ལེན་པ་བཞིན་ནོ། །དེ་ཁས་ལེན་ནོ་ཞེ་ན། སངས་རྒྱས་ཀྱི་ཡེ་ཤེས་ཆོས་ཅན་གྱིས་བཤགས་པས་ལན་མེད་དོ། །

དེས་ན་མདོ་ནས་བཤད་པའི་ཀུན་ཏུ་འོད་ཀྱི་ས་ལ་གནས་པའི་སངས་རྒྱས་ལྷ་བུ་ནི་མ་ཡིན་ཏེ། སངས་འཕགས་ཡིན་ན། སྔགས་ལམ་ནས་བཤད་ཅིང་། སྔགས་ལམ་ལས་བགྲོད་དགོས་པ་དང་། སྔགས་ལམ་ལ་གནས་དགོས་པའི་ཕྱིར་རོ། །དེ་སངས་རྒྱས་མཚན་ཉིད་པ་ནི་མ་ཡིན་ཏེ། གང་དག་བསམ་གྱིས་མི་ཁྱབ་པའི་གནས་མངོན་དུ་མ་བྱས་པ་དེ་ནི་བདེ་བར་གཤེགས་པ་སྟེ་སངས་རྒྱས་ཡིན་ལ་ཞེས་པའི་དངོས་བསྟན་གྱི་སངས་རྒྱས་ཙམ་ཡིན་ཀྱང་། མཚན་གཞི་མཆོན་པ་ནི་རྡོ་རྗེ་འཛིན་པ་ཡང་དག་པའོ་ཞེས་པའི་དངོས་བསྟན་གྱི་སངས་རྒྱས་དེ་མ་ཡིན་པའི་ཕྱིར་རོ། །གཉིས་པ་མན་ངག་གི་ལུགས་ལ་མདོ་ནས་བཤད་པའི་བཅུ་གཅིག་ཀུན་ཏུ་འོད་ཀྱི་ས་དེ། མན་ངག་གི་སྐབས་འདིར། དབང་བཞི་པ་ས་ཕྱེད་ཙམ་གྲགས་པའམ། ས་བཅུ་གསུམ་པའི་ཕྱེད་འོག་མ་ཞེས་གྲགས་པ་དེ་དང་གནད་གཅིག་པར་ཁོ་བོས་སེམས་ཏེ། ཕྱེད་འོག་མ་དེ། ཕ་རོལ་ཏུ་ཕྱིན་པ་དང་སྔོ་བསྟུན་གྱི། མཐར་ཕྱིན་གྱི་ལམ་དུ་བཞག་འདུག་པའི་ཕྱིར་དང་། ལམ་འབྲས་ལས་བཅུ་གསུམ་ཕྱེད་འོག་མ་དེ་ལ་སྐད་ཅིག་མ་གཉིས་སུ་བཞག་པའི་སྐད་ཅིག་མ་དང་པོ་ལ། བར་ཆད་མེད་པའི་དུས། བདུད་བཅུལ་བའི་དུས། ཆོ་འཕྲུལ་བསྟན་པའི་དུས་ཞེས་སོགས་བཤད་ནས། སྐད་ཅིག་མ་གཉིས་པ་དེ་ལ། རྣམ་པར་གྲོལ་བའི་དུས། ཐ་མར་

རྫོགས་པར་བྱང་ཆུབ་པའི་དུས། ཐམས་ཅད་མཁྱེན་པ་ཆུང་དུའི་དུས་ཞེས་སོགས་བཤད་པ་ནི། ཕར་ཕྱིན་ལུགས་ཀྱི་སངས་རྒྱས་དེ་ཙམ་ཡིན་པ་ལ་དགོངས་ཏེ་བཤད་པའི་ཕྱིར་རོ། །འདི་ནི་ཁོ་བོས་རྟོགས་ཏེ། སྐལ་བཟང་སྙིང་ལ་དགའ་སྟོན་དུ་གྱིས་ཤིག །དེ་ལ་ཁོ་ན་རེ། མདོ་ནས་བཤད་པའི་བཅུ་གཅིག་ཀུན་ཏུ་འོད་ཆོས་ཅན། སྔགས་དོན་གྱི་ས་ཡིན་པར་ཐལ། ས་ཕྱེད་དང་བཅུ་གསུམ་པ་ཡིན་པའི་ཕྱིར་ཟེར་ན། ཁྱོད་རང་ལ། མདོ་ལས་བཤད་པའི་སངས་རྒྱས་ཀྱི་ས་ཆོས་ཅན། སྔགས་དོན་གྱི་ས་ཡིན་པར་ཐལ། ས་བཅུ་གསུམ་པ་ཡིན་པའི་ཕྱིར། ཞེས་སོགས་མཚུངས་སོ། །

ཡང་བཅུ་གཅིག་ཀུན་ཏུ་འོད་ཆོས་ཅན། ཁྱོད་མདོ་ནས་བཤད་པའི་སངས་རྒྱས་ཀྱི་ས་མ་ཡིན་པར་ཐལ། ཁྱོད་མདོ་ནས་བཤད་པའི་བྱང་ཆུབ་སེམས་དཔའི་ས་ཡིན་པའི་ཕྱིར་ཏེ། མདོ་ནས་བཤད་པའི་བྱང་ཆུབ་སེམས་དཔའི་ས་དང་། དེ་ནས་མ་བཤད་པའི་བྱང་ཆུབ་སེམས་དཔའི་ས་གང་རུང་གང་ཞིག །ཕྱི་མ་མ་ཡིན་པའི་ཕྱིར། དང་པོ་གྲུབ་སྟེ། བྱང་ཆུབ་སེམས་དཔའི་ས་ཡིན་པའི་ཕྱིར། ཕྱི་མ་མ་གྲུབ་ན། ཁྱོད་མདོ་ ནས་མ་བཤད་པར་ཐལ་ལོ་ཟེར་ན། འོ་ན་ས་བཅུ་གཅིག་པ་ཆོས་ཅན། ཁྱོད་མདོ་ནས་བཤད་པའི་སྔགས་དོན་གྱི་ས་ཡིན་པར་ཐལ། ཁྱོད་དེ་དང་། ཁྱོད་དེ་ནས་མ་བཤད་པའི་ས་གང་རུང་གང་ཞིག །ཕྱི་མ་མ་ཡིན་པའི་ཕྱིར། འདོད་ན། ཁྱོད་མདོ་ནས་བཤད་པར་ཐལ་ལོ། །འདོད་མི་ནུས་ཏེ། ཁྱོད་མདོ་ལས་སྔགས་པའི་ས་ཡིན་པའི་ཕྱིར། རྩ་བའི་རྟགས་ཕྱི་མ་མ་གྲུབ་ན། ཁྱོད་མདོ་ལས་མ་བཤད་པར་ཐལ་ལོ། །རྩ་བའི་རྟགས་དང་པོ་དེར་ཐལ། ཁྱོད་སྔགས་པའི་ས་ཡིན་པའི་ཕྱིར། མ་གྲུབ་ན། ས་བཅུ་གཅིག་པ་དེ་སྔགས་པའི་ས་ཡིན་པར་ཐལ། སྔགས་པའི་ས་གསུམ་ཡོད་པའི་ཕྱིར་རོ། །ཁྱབ་པ་ཁས་སོ། །

ཡང་འདིར། ཁྱེད་ལམ་འབྲས་པ་དག །འཚང་རྒྱ་བའི་ཚེ་འཁོར་ཆོམ་བུ་གཅིག་དང་བཅས་ངེས་པར་འཚང་རྒྱ་དགོས་ན། འཁོར་ཆོམ་བུ་གཅིག་གི་ནང་ནས། སློབ་དཔོན་རང་གི་བླ་མ་དང་། གསོལ་བ་འདེབས་པའི་སློབ་མ་ཡང་ཆོས་ཅན། ཁྱོད་འཁོར་ཆོམ་བུ་གཅིག་དང་བཅས་འཚང་རྒྱ་བར་ཐལ། ཁྱོད་འཚང་རྒྱ་བ་ལ་མངོན་དུ་ཕྱོགས་པའི་གང་ཟག་ཡིན་པའི་ཕྱིར། ཁྱབ་པ་ཁས། འདོད་ན། དེ་གཉིས་ཆོས་ཅན། ཁྱོད་རང་གི་བླ་མ་དང་། རང་གི་སློབ་མ་དང་། རྒྱུད་དག་པའི་ཕྲུག་རྒྱ་སོགས་དང་བཅས་འཚང་རྒྱ་བར་ཐལ། འདོད་པའི་ཕྱིར། འདོད་ན། སློབ་དཔོན་རང་ཉིད་འཚང་རྒྱ་བའི་ཚེ། ཆོམ་བུ་གྲངས་མེད་བཅས་འཚང་རྒྱ་དགོས་པར་ཐལ། རང་ཉིད་ཆོམ་བུ་གཅིག་དང་བཅས་འཚང་རྒྱ་བའི་ཚེ། ཆོམ་བུའི་ཡ་གྱལ་རེ་རེ་ལ་ཡང་ཆོམ་བུ་རེ་དགོས། ཆོམ་བུ་དེའི་ཡ་གྱལ་རེ་རེ་ལ་ཡང་ཆོམ་བུ་རེ་སོགས་ཐུག་མེད་དུ་དགོས་པའི་ཕྱིར་ཟེར་ན། འོ་ན་ཁྱོད་ལ་རྣམ་གསལ་གྱི་དཔེས་བསྟན་

པར་བྱ་སྟེ། ཤིང་གཅིག་ལ་ཡལ་འདབ་ལྔ་ཁོ་ན་ཡོད་པའི་ཡལ་འདབ་ལྔ་པ་དེ་ཆོས་ཅན། ཁྱོད་ཡལ་ག་ལོ་མ་དང་ལྡན་པ་ཡིན་པར་ཐལ། ཁྱོད་ཤིང་ཡིན་པའི་ཕྱིར། འདོད་ན། ལོ་འདབ་ལྔ་ཁོ་ན་བྱས་པའི་ཤིང་དེ། ལོ་འདབ་ལྔ་ལྔ་པ་ཁོ་ན་ཅན་མིན་པར་ཐལ། དེ་ལ་ལོ་འདབ་གྲངས་མེད་ཡོད་པའི་ཕྱིར། ཞེས་སོགས་ཀུན་ནས་མཚུངས་སོ། །

དེས་ན་འཁོར་ཚོམ་བུ་གཅིག་གི་ནང་ཚན་རེ་རེ་ལའང་། ཚོམ་བུ་རེ་དགོས་པ་མ་ཡིན་ཏེ། དེ་དག་འཁོར་ཚོམ་བུ་གཅིག་གི་ནང་ཚན་ནམ་རིགས་སུ་གནས་པ་ཡིན་པའི་ཕྱིར་རོ། །ཡང་ཁོ་ན་རེ། ཁྱེད་བློ་ཧྲུ་བའི་རྗེས་འབྲང་དག །འཚང་རྒྱ་བ་ངེས་པར་ཉེ་རྒྱུ་ལ་ལྟོས་དགོས་ན། འཁོར་ཚོམ་བུ་གཅིག་གི་བླ་མ་དང་། སློབ་མ་སོགས་ཀྱང་ཉེ་རྒྱུའི་སྦྱོད་པ་ལ་བརྟེན་ནས་འཚང་རྒྱ་དགོས་པར་ཐལ། དམ་བཅའ་དེའི་ཕྱིར། འདོད་ན། དེ་དག་ལ་ཡང་ཕྱག་རྒྱ་མ་རེ་དགོས་པར་ཐལ་ལོ། །ཟེར་ན་སྐྱོན་མེད་དེ། འཚང་རྒྱ་བའི་ཚེ་རང་གཞན་གང་རུང་གི་ཉེ་རྒྱུའི་སྦྱོད་པ་ལ་བརྟེན་ནས་འཚང་རྒྱ་བ་ཡིན་པས། སྒྲུབ་པ་པོ་རང་ཉིད་འཁོར་ཚོམ་བུ་གཅིག་བཅས་འཚང་རྒྱ་བའི་ཚེ། སྒྲུབ་པ་པོ་རང་ཉིད་རང་གི་ཉེ་རྒྱུའི་སྦྱོད་པ་དང་། གཞན་རྣམས་གཞན་གྱི་ཉེ་རྒྱུའི་སྦྱོད་པ་ལ་བརྟེན་ནས་འཚང་རྒྱ་བ་ཡིན་པའི་ཕྱིར་རོ། །

ཨེ་མ་ཧོ། མདོ་རྒྱུད་གངས་ཅན་ནོར་བུའི་ལྗོ་བ་ནས། །སྡོམ་གསུམ་ཧ་རིའི་འཁྲི་ཤིང་རྒྱས་སའི་རྩེར། །ལེགས་བཤད་འབྲས་བུ་ཆགས་པའི་དྲི་བསུང་གིས། །མཉན་ཡོད་པདྨའི་ལྗོངས་འདིར་གང་བར་ཤོག །ཅེས་པ་ལམ་འབྲས་བུའི་ལེགས་པར་བཤད་པ། མཉན་ཡོད་བྱ་གཤོངས་ཆོས་ཀྱི་མདུན་ས་ཆེན་པོར། ཀླུ་སྒྲུབ་ཁོ་བོས་ལེགས་པར་བཤད་པ། ཡི་གེའི་རིག་བྱེད་གཙང་སྟོད་དགེར་བུ་པ། །གཉོས་བན་འཇམ་པའི་རྡོ་རྗེ་བདག་གིས་བྲིས། །བླ་མའི་བྱིན་རླབས་སྙིང་ལ་འཇུག་པར་ཤོག །ཟབ་དང་རྒྱ་ཆེའི་བློ་གྲོས་རྒྱས་གྱུར་ཅིག །

རྣམ་བཤད་ཉི་འོད་ལས། འོན་འདིར་མདོར་བསྟན་དུ་འདུ་བ་དང་ཉེ་བའི་འདུ་བ་གཉིས་གསུངས་ནས། རྒྱས་བཤད་དུ་དེ་གཉིས་མི་གསུངས་པའི་རྒྱུ་མཚན་ཅི་ཡིན་སྙམ་ན་ཁ་ཅིག་དེ་གཉིས་ཀུན་གྱི་སྤྱི་ཁྱབ་ཏུ་སྟོང་པ་ཡིན་ནོ་ཞེས་ཟེར་མོད། འཐད་པ་མིན་ལ་དེས་ན་དེ་གཉིས་ནི་བཤད་པའི་རྒྱུད་པ་སམྤུ་ཊར་བསྟུལ་བར་བྱའོ།། །།

༄༅། །སྡོམ་གསུམ་རབ་དབྱེའི་དཀའ་འགྲེལ་སྨྲས་དོན་སྙིང་པོ་གསལ་བྱེད་ལས་ སྡོད་དང་སྦྱོད་པ་ཉེ་རྒྱུ་གསུམ་གྱི་རྣམ་བཤད་ལེགས་བཤད་ ཉི་མའི་འོད་ཟེར་དཔེ་མི་འདྲ་བ་བཞུགས་སོ། །

མང་ཐོས་ཀླུ་སྒྲུབ་རྒྱ་མཚོ།

གངས་ཅན་ལྗེ་བར་སྤྲུལ་པའི་སྐུ། །འཇམ་པའི་རྡོ་རྗེའི་ཕོ་བྲང་ནས། །ཧྲཱིཿཡིག་འོད་ཕྲེང་ཐིགས་པའི་མཚོ། །མཉན་ཡོད་བླ་མ་རྒྱལ་གྱུར་ཅིག །ཅེས་བརྗོད་ནས། ད་ནི་ས་བཅད་བཞི་པ་བོགས་འབྱིན་སྦྱོད་པ་སྤྱད་ཚུལ་འཆད་པ་ལ། ས་བཅུ་གསུམ་པ་དེའི་དངོས་ཀྱི་རྒྱུ་ནི། རྟེན་དཀྱིལ་འཁོར་བཞི་ཡིན་ལ། བརྒྱུད་པའི་རྒྱུ་ལ་གཉིས། སྦྱོད་པ་དང་ཉེ་རྒྱུའོ། །དང་པོ་ལ་གཉིས། སྦྱོད་པའི་སྔོན་དུ་འགྲོ་བ་སྡོད་བཤད་པ་དང་། སྡོད་ཐོབ་ནས་སྦྱོད་པ་སྤྱད་པ་དངོས་སོ། །དང་པོ་ལ་གཉིས། རྒྱུད་དང་མན་ངག་གི་ལུགས་གཉིས་སོ། །དང་པོ་ལ་དྲུག །སྡོད་ཀྱི་ངོ་བོ། །སྡོད་ཀྱི་དབྱེ་བ། དབྱེ་བ་སོ་སོའི་མཚན་ཉིད། སྡོད་མ་ཐོབ་པ་ཐོབ་པར་བྱེད་པའི་ཐབས། ཐོབ་པ་བརྟན་པར་བྱེད་པའི་དུས། སྡོད་དང་སྦྱོད་པ་མཚམས་སྦྱར་བའོ། །དང་པོ་ནི། བླ་མེད་ཀྱི་དབང་དང་རིམ་གཉིས་གང་རུང་བསྒོམས་པ་ལ་བརྟེན་ནས་སྐྱེས་པའི་ལུས་ངག་ཡིད་གསུམ་གང་རུང་གི་ཉམས་མྱོང་ཅི་རིགས་པ་དེ་སྐབས་འདིར་བསྟན་བླ་མེད་ཀྱི་སྡོད་ཀྱི་ངོ་བོ་ཡིན་ཏེ། མདོན་རྟོགས་ལྗོན་ཤིང་ལས། དང་པོ་ནི། ཏིང་ངེ་འཛིན་ལས་སྐྱེས་པའི་ལུས་ངག་ཡིད་གསུམ་གྱི་མཐུའམ་ནུས་པའི་ཁྱད་པར་ལ་སྡོད་ཅེས་བྱ་སྟེ། ཞེས་བཤད་པའི་ཕྱིར་རོ། །

གཉིས་པ་དབྱེ་ན་སྡོད་ཆེ་འབྲིང་ཆུང་གསུམ་མོ། །གསུམ་པ་མཚན་ཉིད་ལ། སྡོད་སྤྱིའི་མཚན་ཉིད་དང་། དབྱེ་བ་སོ་སོའི་མཚན་ཉིད་དོ། །དང་པོ་ནི། བླ་མེད་ལམ་ལ་བརྟེན་ནས་སྐྱེས་པའི་སྤྲིན་དང་དུ་བ་ལ་སོགས་པ་འོད་གསལ་གྱི་རྟགས་ཅི་རིགས་པ་ཤར་བ་དེ། བླ་མེད་ལམ་གྱིས་བསྡུས་པའི་སྡོད་སྤྱིའི་རྟགས་སམ་མཚན་ཉིད་དུ་འཛོག་པ་ཡིན་ཏེ། རྡོ་རྗེ་གུར་ལེའུ་བཞི་པ་ལས། དང་པོ་སྤྲིན་གྱི་རྣམ་པ་སྟེ། །གཉིས་པ་དུ་བ་འདྲ་བ་ཉིད། །གསུམ་པ་མེ་ཁྱེར་རྣམ་པ་སྟེ། །བཞི་པ་མར་མེ་ཉེ་འབར་བ། །ལྔ་པ་རྟག་ཏུ་སྣང་བ་སྟེ། །སྤྲིན་མེད་ནམ་མཁའ་འདྲ་བ་ཉིད། །དེ་ནི་ཐམས་ཅད་མཁྱེན་པའི་རྒྱུ། །ཞེས་སོགས་བཤད་པས་སོ། །

གཉིས་པ་ནི། བླ་མེད་ཀྱི་སྡོད་གསུམ་གང་རུང་གང་ཞིག་ཚར་བཅད་དང་རྗེས་འཛིན་གང་ཡང་མི་ནུས་པ་

དེ༔ བླ་མེད་ཀྱི་དྲོད་ཆུང་ངུའི་ངོ་བོ། གང་ཞིག་དེ་གང་རུང་ནུས་ལ། གཉིས་ཀ་མི་ནུས་པ་དེ། འབྲིང་གི། དེ་གང་ཞིག །དེ་གཉིས་ཀ་ནུས་པ་དེ། བླ་མེད་ཀྱི་དྲོད་ཆེན་པོའི་ངོ་བོར་འཛོག་སྟེ། ལྗོན་ཤིང་ལས། དྲོད་འབྲིང་པོ་ནི། ཚར་བཅད་པ་དང་རྗེས་སུ་བཟུང་བའི་ལས་གང་ཡང་རུང་བ་གཅིག་ནུས་པ་སྟེ། རྣམ་ཤེས་དང་ཡེ་ཤེས་ཀྱི་ལས་ཆ་མི་མཉམ་པ་ཞེས་བྱའོ། །དྲོད་ཆེན་པོས་ནི། ཚར་བཅད་དང་རྗེས་འཛིན་གཉིས་ཀ་ནུས་པ་སྟེ། རྣམ་ཤེས་དང་ཡེ་ཤེས་ཀྱི་ལས་ཆ་མཉམ་པ་ཞེས་བྱའོ། །དྲོད་ཆེ་འབྲིང་གཉིས་ཀའི་ལུང་ཡང་། རྩ་རྒྱུད་ཕྱི་མའི་གཉིས་པ་ལས། ཕན་དང་གནོད་པའི་འབྲས་འབྱུང་བར། །དེ་ལྟར་ངེས་པར་ཤེས་ནས་ནི། །ཇི་ལྟར་དེ་ནི་སྐད་ཅིག་ཀྱང་། །རྣལ་འབྱོར་དུ་འབོད་ག་ལ་འགྲོ། །ཞེས་གསུངས་སོ། །ཞེས་བཤད་པས་སོ། །འདིར་ཚར་བཅད་དང་རྗེས་འཛིན་ཞེས་པ་ནི། ལྷ་སྔངས་སོགས་ཀྱི་སྒོ་ནས། ཤིང་ཏོག་ལྟ་བུ་ལྟུང་བར་བྱེད་ནུས་པའམ། ཕ་རོལ་གྱི་སྲོག་འཕྲོག་པ་ལྟ་བུར་ནུས་པ་ལ་ཚར་བཅད་དང་། ཡང་ཤིང་ཏོག་དེ་ཉིད་རང་གནས་སུ་སྦྱོར་ནུས་པའམ། སྲོག་ཆད་པ་གསོ་བ་ལྟ་བུར་ནུས་པ་ལ་རྗེས་འཛིན་ཞེས་བཞེད་པ་ཡིན་ཏེ། གོང་གི་ལུང་ཕན་དང་གནོད་པའི་འབྲས་འབྱུང་བར་ཞེས་སོགས་བཤད་པས་སོ། །(ས་བཅད་གསུམ་པ་མི་གསལ།)

བཞི་པ་ནི། དྲོད་ཆུང་ངུ་ཐོབ་པའི་ཐབས་ནི། ལམ་རིམ་གཉིས་བསྒོམ་པ་དེ་ཡིན་ལ། འབྲིང་པོ་ཐོབ་པའི་ཐབས་ནི། ཀུན་འདར་གསང་སྤྱོད་ཡིན་ཞིང་། ཆེན་པོ་ཐོབ་པའི་ཐབས་ནི། དྲག་ཤུལ་གྱི་ལས་སམ། ཀུན་འདར་མངོན་སྤྱོད་ཅེས་བྱ་བ་དེ་ཡིན་ནོ། །འོན་དྲག་ཤུལ་གྱི་ལས་ཇི་ལྟ་བུ་སྙམ་ན། ལམ་རིམ་གཉིས་བསྒོམས་པས་དུ་བ་སོགས་འོད་གསལ་གྱི་རྟགས་ལྔ་ཤར་ཏེ། དྲོད་ཆུང་འབྲིང་གཉིས་ཐོབ་ཀྱང་ཆེན་པོ་ཐོབ་ཏུམ་སྙེར་ན། རིམ་གཉིས་ལ་བརྩོན་འགྲུས་དྲག་པོའི་སྒྲུབ་པ་ཟླ་བ་དྲུག་བྱ། དེས་མ་གྲུབ་ན་སླར་ཡང་ཟླ་བ་དྲུག་བྱ། དེ་ལྟར་སྒྲུབ་པ་ཆེན་པོ་ཟླ་བ་བཅོ་བརྒྱད་ཀྱིས་ཀྱང་དྲོད་ཆེན་པོ་ཞེས་བྱ་བ་མཐོང་ལམ་མ་ཐོབ་ན། དངོས་པོ་ལ་མངོན་པར་ཞེན་པའི་རྟགས་ཡིན་པས། ལྷ་གནད་ལ་བོར་བ་དྲག་ཤུལ་གྱིས་སྒྲུབ་པ་བྱ་སྟེ། རྡོ་རྗེ་གུར་ལས། ཆོས་འབྱུང་གྲོང་ཁྱེར་ཡིད་འོང་བར། །བཟླས་དང་སྒོམ་ལ་མངོན་དགའ་བ། །གལ་ཏེ་དངོས་གྲུབ་མི་སྙེར་ན། །རྡོ་རྗེ་རྩུབ་མོའི་སྦྱོར་བ་ཡིས། །སངས་རྒྱས་ཐམས་ཅད་གསད་པར་བྱ། །ཞེས་དང་། གསང་འདུས་ལས། གལ་ཏེ་དངོས་གྲུབ་མི་སྙེར་ན། །རྡོ་རྗེ་སེམས་དཔའ་བསད་པར་བྱ། །ཞེས་སོགས་བཤད་པས་སོ། །

ལྔ་པ་ནི། དྲོད་ཆེན་པོ་ཐོབ་ནས། དེ་བརྟན་པར་བྱ་བའི་ཕྱིར་དུ། ཟླ་ཕྱེད་སྔར་ལྟར་གོམས་ཤིང་སྤྱོད་པ་སྤྱད་པར་བྱ་སྟེ། རྩ་རྒྱུད་ཕྱི་མའི་གཉིས་པ་ལས། བསྟེ་བས་དངོས་གྲུབ་དོན་དུ་ཡང་། །ཟླ་བ་ཕྱེད་དུ་ཡོངས་སུ་རྫོགས། །ཉི་མ་གཅིག་ཀྱང་མ་ཆད་པར། །བསྒོམ་པས་ཡོངས་སུ་བརྟག་པར་བྱིས། །ཞེས་བཤད་པས་སོ། །

དྲུག་པ་ནི། རྡོར་ཆུང་དུ་ཐོབ་ནས་ཀུན་འདར་གསང་སྤྱོད་དང་། རྡོར་འབྲིང་པོ་ཐོབ་ནས་ཀུན་འདར་འཇིག་རྟེན་པའི་མངོན་སྤྱོད་དང་། རྡོར་ཆེན་པོ་ཐོབ་ནས། ཀུན་ཏུ་བཟང་པོའི་སྤྱོད་པ་ཞེས་བྱ་བ་ལ་སྤྱོད་པ་ཡིན་ཏེ། དེ་ལྟར་ལྡོན་ཤིང་སོགས་ལས་བཤད་པས་སོ། །དེས་ན་རྒྱུད་ཀྱི་སྐབས་འདིར་རྡོར་ཆུང་འབྲིང་གཉིས་ནི་འཇིག་རྟེན་པའི་ལམ་ཡིན་ལ། རྡོར་ཆེན་པོ་ནི་འཇིག་རྟེན་ལས་འདས་པའི་ལམ་གྱི་ནང་ཚན་མཐོང་ལམ་ཡིན་ནོ་ཞེས་ཤེས་པར་བྱའོ། །

གཉིས་པ་མན་ངག་གི་ལུགས་ལ། སྤྱིར་ལམ་འདི་ལ་འཇིག་རྟེན་པའི་ལམ་དང་། འཇིག་རྟེན་ལས་འདས་པའི་ལམ་གཉིས་སུ་ཕྱེ་ནས། དང་པོ་ལ་རྡོར་གྱིས་བསྡུས་པའི་ལམ་དང་། གཉིས་པ་ལ་རྟགས་ཀྱིས་བསྡུས་པའི་ལམ་ཞེས་བྱ་ཞིང་། དེ་བཞིན་དུ་འཁོར་ལོ་འཆམ་པའི་ལམ་དང་། འཁོར་ལོ་བསྐོར་བའི་ལམ་གཉིས། ཡེ་ཤེས་འདྲུག་ལྡོག་གི་ལམ་དང་། རྣམ་རྟོག་འདྲུག་ལྡོག་གི་ལམ་གཉིས། བླ་མ་ན་མི་འཕོ་བའི་ལམ་དང་། བླ་མ་ན་འཕོ་བའི་ལམ་གཉིས་སོགས་ཕྱེ་བའི་སྣ་མ་རྣམས་འཇིག་རྟེན་པའི་ལམ་དང་། ཕྱི་མ་རྣམས་འཇིག་རྟེན་ལས་འདས་པའི་ལམ་དུ་བཤད་པའི་གནད་ཀྱིས། རྡོར་ཆེ་འབྲིང་ཆུང་གསུམ་ཐམས་ཅད་མན་ངག་གི་སྐབས་འདིར་འཇིག་རྟེན་པའི་ལམ་ཁོན་ལ་འཇོག་པ་ཡིན་ལ། དེ་ཡང་ལམ་ལྔ་ལྟར་ན། དབང་བཞིའི་ལམ་བསྐྱེད་རྫོགས་རྣམས་སྒོམ་པ་ནི་ཚོགས་ལམ་ཡིན་ཞིང་། དེ་ལས་ཉམས་མྱོང་གི་ལྟ་བ་མ་སྐྱེད་ན་ཚོགས་ལམ་རང་རྐྱང་དུ་ཤོར་བ་ཞེས་བྱ་བ་ཡིན་ལ། ཉམས་མྱོང་གི་ལྟ་བ་སྐྱེད་ན། སྦྱོར་ལམ་དྲོད་ཀྱི་སྣེ་ཟིན་པ་ཡིན་པས། ཁམས་འདུས་པ་གསུམ་པོ་ལ་རྡོར་ཆུང་འབྲིང་ཆེ་གསུམ་རིམ་གྱིས་འཆར་བ་ཡིན་ཏེ། གཞུང་བཤད་གཉག་མ་ལས། མདོར་ན་ཏིང་ངེ་འཛིན་སྐྱེ་བའི་རྒྱུ་ཚོགས་པ་ལ་ཚོགས་ལམ་ཞེས་བྱ་བར་བཞེད་དོ། །ལམ་དེས་སྦྱོར་ལམ་དྲོད་དང་འབྲོར་བར་འགྱུར་ན། རྡོར་གསུམ་ལ་ཆེ་འབྲིང་ཆུང་གསུམ་གྱི་བྱེ་བྲག་གིས། ཁམས་འདུས་པ་གསུམ་རིམ་གྱིས་འདུག་པས། ཐ་མལ་པའི་ལུས་ངག་ཡིད་དང་བྲལ་བའི་འབྲས་བུ་བཞི་ཐོབ་ནས་ཞེས་སློས་ཏེ། ཞེས་སོགས་བཤད་པའི་ཕྱིར་དང་། གཞུང་བཤད་མན་ངག་གཏེར་མཛོད་ལས་ཀྱང་། ལམ་དེ་དག་བསྒོམས་ཀྱང་མ་སྐྱེས་ན། ཚོགས་ལམ་རང་རྐྱང་དུ་ཤོར་བ་ཡིན་པས། ཕར་ཕྱིན་གྱི་ལྟ་བ་དང་ཁྱད་པར་མེད་གསུང་། དེ་ལ་སྐྱེས་པའི་ཉམས་ལ་མི་བརྟན་པའི་དོས་ནས་ལྟ་བ། ལམ་ཕན་འདོགས་ཆུང་བའི་དོས་ནས་དྲོད། སེམས་ལ་འཆར་བའི་དོས་ནས་སེམས་ཉམས། རྟོག་པ་རྒྱུན་ཆགས་ཀྱི་སྟོང་པའི་དོས་ནས་བསྒོམ་པ། རྣམ་རྟོག་ཟིལ་གྱིས་གནོན་པའམ། ཡུལ་རྣམས་གྲོགས་སུ་འཆར་བའི་དོས་ནས་རྟོག་པ་ཞེས་བྱ། ཞེས་སོགས་བཤད་པས་སོ། །

དེས་ན་ལམ་གྱི་ཉམས་མྱོང་ལྟ་བ་རྒྱུད་ལ་སྐྱེས་ནས། མཐོང་ལམ་མ་སྐྱེས་ཀྱི་བར་གྱི་ཉམས་སྣང་ལ་སྦྱོར

ལམ་དྲོད་ཅེས་བཞག་ནས། དེ་ཡང་ཁམས་འདུས་པ་གསུམ་གྱི་དབང་གིས་ཁམས་འདུས་པ་དང་པོའི་ཉམས་སྣང་ལ། རྣམ་རྟོག་སྟོན་དུ་སོང་བའི་དྲོད་ཅེས་བྱ་ཞིང་། མ་ངེས་པ་འཁྲུལ་སྣང་དུ་འཆར་བའི་དུས་དང་། ཕྱི་རོལ་ཡུལ་རྐྱེན་གྱིས་གནོད་པས་དྲོད་ཆུང་དུ་ཞེས་བྱ། ཁམས་འདུས་པ་བར་པའི་ཉམས་རྣམས་ལ་ཁམས་དགུ་འདུས་པའི་དྲོད་ཅེས་བྱ་ཞིང་། ངེས་པ་མཐོང་སྣང་དུ་འཆར་བའི་དུས་དང་། ཕྱི་རོལ་ཡུལ་རྐྱེན་གྱིས་ཕན་འདོགས་པས། དྲོད་ཆེན་པོ་ཞེས་བྱ་བ་ཡིན་ལ། ཁམས་འདུས་པ་ཐ་མའི་སྐབས་ཀྱི་དྲོད་ཆེན་པོའི་ལྡོག་པ་ལ། སྦྱོར་ལམ་ལྷག་མ་གསུམ་ཡང་འཛོག་སྟེ། རྟེན་པདྨ་ཅན་གྱི་བྱེད་པ་ལས། རྩ་དབུ་མའི་མས་སྣར། རོ་རྐྱང་གཉིས་ཀྱི་མས་སྣར་ཆུད་པའི་རྟེན་འབྲེལ་གྱིས། ཕྱི་ནང་གི་རྩེ་མོ་གཉིས། མ་སྐྱེས་པའི་ཆོས་ལ་བཟོད་པར་དགའ་བའི་བཟོད་པ་གཅིག །འཁོར་བའི་ཆོས་ལས་འདས་པའི་ཆོས་མཆོག་དང་། མྱ་ངན་ལས་འདས་པའི་ལམ་ཆོས་རྣམས་རྫོགས་པའི་ཆོས་མཆོག་གཉིས་རྣམས་སྐྱེ་བ་ཡིན་པའི་ཕྱིར། དེ་ཡང་ཕྱིའི་རྩེ་མོ་ནི་རོ་རྐྱང་གཉིས་ཀྱི་སྣ་རྩེར་རླུང་སེམས་ཕྱིན་པ་ཡིན་ལ། ནང་གི་རྩེ་མོ་ནི། དབུ་མའི་སྣ་རྩེར་རླུང་སེམས་ཕྱིན་པ་ཡིན་ཞིང་། དེའི་ཚེ་དབུ་མའི་ནང་དུ་རླུང་སེམས་འདུས་པས་སྟོང་པ་ཉིད་ལ་མི་སྐྲག་པས་བཟོད་པ་ཞེས་བྱ་ལ། རྩ་རོ་རྐྱང་གཉིས་ལས་འདས་པས་འཇིག་རྟེན་ལས་འདས་པའི་ཆོས་མཆོག་དང་། དབུ་མའི་སྣ་རྩེར་རླུང་སེམས་བྱོན་པས་མྱ་ངན་ལས་འདས་པའི་ལམ་ཆོས་རྣམས་རྫོགས་པའི་ཆོས་མཆོག་ཅེས་བྱ་བ་ཡིན་ཏེ། རྡོ་རྗེ་ཚིག་རྐང་ལས། ནང་གི་སངས་རྒྱས་རྣམས་ཀྱི་ལམ་སྲིད་པའི་རྩེ་མོར་ཕྱིན་ཅིང་། མ་སྐྱེས་པའི་ཆོས་ལ་བཟོད་པར་དགའ་བ། དབུ་མར་སེམས་རྟོག་མེད་ལོག་སེམས་འཕོས་ན་བཟོད་པ། འཁོར་བའི་ཆོས་ལས་འདས་ཤིང་། མྱ་ངན་ལས་འདས་པའི་ལམ་ཆོས་རྣམས་ཡོངས་སུ་རྫོགས་པས་ཆོས་ཀྱི་མཆོག་གོ་ཞེས་བཤད་པས་སོ། །འོ་ན་འདིར། སྦྱོར་ལམ་རྩེ་མོ་སོགས་ཅིག་ཆར་སྐྱེ་ཞིང་ལྡོག་པས་ཕྱེ་བ་ཙམ་ཡིན་ནམ་སྙམ་ན། གཞུང་བཤད་ཀྱི་དངོས་བསྟན་དེ་ལྟར་སྣང་ཡང་། དོན་ལ་མ་ཡིན་ཏེ། རིམ་ཅན་སྐྱེ་ཚུལ་ཚོགས་སྦྱོར་མངོན་རྟོགས་ནས་བཤད་པ་ལྟར་གོང་དུ་བསྟན་ཟིན་པའི་ཕྱིར་རོ། །འདི་དག་ནི་གཞུང་བཤད་ཀྱི་དངོས་བསྟན་ཙམ་ཡིན་ལ། རྗེ་བཙུན་ས་པཎ་གྱི་ཕྱག་ཆེན་མིག་ཐུར་ལས་བཤད་པའི་གནད་ཟབ་མོ་ནི། ཕྱག་ཆེན་སྐབས་སུ་འཆད་དོ། །

གཉིས་པ། དྲོད་ཐོབ་ནས་སྤྱོད་པ་སྤྱད་པ་ལ་གཉིས། རྒྱུད་དང་མན་ངག་གི་ལུགས་གཉིས་སོ། །དང་པོ་ལ་དྲུག །སྤྱོད་པའི་ངོ་བོ། དབྱེ་བ། དབྱེ་བ་སོ་སོའི་རང་བཞིན། སྤྱོད་པ་སྤྱད་པའི་དུས། སྤྱོད་པ་སྤྱོད་པའི་གང་ཟག །དེ་སྤྱད་པའི་དགོས་པའོ། །དང་པོ་ནི། ནང་དུ་དེ་ཁོ་ན་ཉིད་རྟོག་པས་ཀུན་ནས་བསླངས་ཏེ། ཕྱི་རོལ་ཏུ་ལུས་ངག་ཅི་འདོད་གཡོ་ཞིང་རྒྱུ་བའི་ཁྱད་པར་དེའི་ངོ་བོ།

གཉིས་པ་དབྱེ་ན། གཉིས་སུ་དབྱེ་བ་དང་། གསུམ་དུ་དབྱེ་བའོ། །དང་པོ་ལ། ཀུན་འདར་གྱི་སྤྱོད་པ་དང་། ཀུན་ཏུ་བཟང་པོའི་སྤྱོད་པའོ། །དང་པོའི་མིང་གི་རྣམ་གྲངས་ནི། རྒྱལ་བུ་གཞོན་ནུའི་སྤྱོད་པ། གསང་སྤྱོད། སྨྱོན་པ་བརྟུལ་ཞུགས་ཀྱི་སྤྱོད་པ་ཞེས་བྱ་ལ། གཉིས་པ་མིང་གི་རྣམ་གྲངས། ཕྱོགས་ལས་རྣམ་པར་རྒྱལ་བའི་སྤྱོད་པ། རྒྱལ་ཚབ་ཆེན་པོའི་ས་ལ་གནས་པའི་སྤྱོད་པ། འཇིག་རྟེན་པའི་མངོན་དུ་སྤྱོད་པ། ཚོགས་བདག་ཆེན་པོའི་སྤྱོད་པ་ཞེས་བྱ་བ་རྣམས་མིང་གི་རྣམ་གྲངས་སོ། །གཉིས་པ་གསུམ་དུ་དབྱེ་ན། ཀུན་འདར་གསང་སྤྱོད། ཀུན་འདར་མངོན་སྤྱོད། ཀུན་ཏུ་བཟང་པོའི་སྤྱོད་པ་དང་གསུམ་མོ། །

གསུམ་པོ་སོ་སོའི་ངོ་བོ་ནི། དྲོད་ཆུང་དུ་ཐོབ་ནས་དྲོད་འབྲིང་པོ་ཐོབ་ཕྱིར་དུ་སྤྱོད་པའི་སྤྱོད་པ། སྤྱོད་པ་གསུམ་གྱི་ཟླས་ཕྱེ་བའི་ཀུན་འདར་གསང་སྤྱོད་ཀྱི་ངོ་བོ་ཡིན་ལ། དྲོད་འབྲིང་པོ་ཐོབ་ནས་དྲོད་ཆེན་པོ་མཐོང་ལམ་ཐོབ་ཕྱིར་དུ་སྤྱོད་པའི་སྤྱོད་པ་དེ། དེ་གསུམ་གྱིས་ཟླས་ཕྱེ་བའི་ཀུན་འདར་མངོན་སྤྱོད་ཀྱི་ངོ་བོ་ཡིན་ཞིང་། དྲོད་ཆེན་པོ་མཐོང་ལམ་ཐོབ་ནས། ཕྱག་རྒྱ་ཆེན་པོ་མཆོག་གི་དངོས་གྲུབ་བཅུ་གསུམ་རྡོ་རྗེ་འཛིན་པའི་ས་ཐོབ་ཕྱིར་དུ་སྤྱོད་པའི་སྤྱོད་པ་དེ། དེ་གསུམ་གྱིས་ཟླས་ཕྱེ་བའི་ཀུན་ཏུ་བཟང་པོའི་སྤྱོད་པའི་ངོ་བོ་ཡིན་ནོ། །དེ་ཡང་། ཨ་ཝ་དྷཱུ་ཏི་ཞེས་པའི་དྷཱུ་ཏི་ནི་གཉིས་ཡིན་ལ། དེ་ལས་བཀག་པས་གཉིས་སྤངས་སམ། གཉིས་མེད་དམ། ཀུན་འདར་ཞེས་བྱ་སྟེ། གཟུང་འཛིན་གྱི་རྣམ་པར་རྟོག་པ་འདར་བའམ། གཟུང་འཛིན་གྱིས་བསྡུས་པའི་བཟའ་བྱ་དང་བཟའ་བྱ་མ་ཡིན་པ་གཉིས་སུ་མེད་པ་ལ་སོགས་པའི་སྤྱོད་པ་ཡིན་པས། ཀུན་འདར་གྱི་སྤྱོད་པ་ཞེས་བྱ་སྟེ། རྩ་རྒྱུད་དང་པོའི་དྲུག་པ་ལས། བཟའ་དང་བཟའ་མིན་སྤྱོད་པ་དང་། །དེ་བཞིན་བཏུང་དང་བཏུང་མིན་ཉིད། །བགྲོད་དང་བགྲོད་མིན་སྤྱགས་པ་ཡིས། །རྣམ་རྟོག་ཉིད་དུ་མི་བྱའོ། །ཞེས་བཤད་པས་སོ། །རང་གི་རིགས་ལ་སོགས་པ་གསང་ཞིང་། སྨྱོན་པར་བརྫུས་ནས་མཚན་མོར་སྤྱོད་པས། སྨྱོན་པས་བརྟུལ་ཞུགས་ཀྱི་སྤྱོད་པའམ། ཀུན་འདར་གསང་སྤྱོད་ཅེས་བྱ་བ་ཡིན་ཏེ། བརྟག་གཉིས་ལས། བཟའ་དང་བཟའ་མིན་ཇི་སྙེད་པ། །སྨྱོན་པའི་སྤྱོར་བས་བཟའ་བར་བྱ། །ཞེས་སོགས་དང་། དེ་ལྟར་མཆོག་ཏུ་བསམ་བྱས་ནས། །ཤིན་ཏུ་གསང་བ་ཡོ་གའི་སྡོམ། ཞེས་བཤད་པས་སོ། །

དྲོད་ཆེན་པོ་ཐོབ་བྱེད་ཀྱི་གཞོན་ནུའི་ས་ལ་གནས་པའི་སྤྱོད་པ་ཡིན་པས་ན། རྒྱལ་པོ་གཞོན་ནུའི་སྤྱོད་པ་ཞེས་བྱ་ལ། དྲོད་ཆེན་པོ་ཐོབ་ནས། རང་གི་རྟོག་པ་ཡེ་ཤེས་གཅིག་གི་ངོར་ཆོས་ཀུན་བཟང་པོར་རྟོགས་པས་ན་ཀུན་ཏུ་བཟང་པོའི་སྤྱོད་པ་དང་། ས་ཐོབ་ནས་མི་མཐུན་ཕྱོགས་ཀྱི་རྡོ་རྗེ་མི་ནུས་ཤིང་། དེ་ལས་རྒྱལ་བས་ཕྱོགས་ལས་རྣམ་པར་རྒྱལ་བའི་སྤྱོད་པ། འཇིག་རྟེན་པའི་རྒྱལ་པོའི་རྒྱལ་ཚབ་ཆེན་པོ་དང་འདྲ་བར་རྣམ་ཤེས་དང་ཡེ་

ཤེས་ཆ་མཉམ། ཟག་པ་མེད་པའི་ཡེ་ཤེས་མངོན་དུ་གྱུར་པས། གཞན་དོན་ཐོགས་མེད་དུ་སྦྱོད་པ། རྒྱལ་ཚབ་ཆེན་པོའི་ས་ལ་གནས་པའི་སྦྱོད་པ་ཞེས། ས་ཐོབ་པའི་སྦྱོད་པ་དེ་ལ་མཚན་གྱི་རྣམ་གྲངས་གསུམ་པོ་དེ་བཏགས་པ་ཡིན་ཏེ། ལྔ་པའི་གསུམ་པ་ལས། ཀུན་བཟང་མཚུངས་པ་མེད་གྲུབ་པས། །སྦྱོད་པ་ངེས་རིག་རྡོ་རྗེ་ཅན། །ཞེས་དང་། བྱང་ཆུབ་ལ་ནི་སེམས་བཞག་ནས། །ཕྱོགས་ལས་རྒྱལ་བའི་སྦྱོད་པ་ཙམ། །ཞེས་དང་། ཡང་ནི་དཔལ་ལྡན་རྒྱལ་ཚབ་ཆེ། །བརྟུལ་ཞུགས་སྦྱོད་པ་བསྒྲགས་པ་ཡིས། །སེམས་ཅན་ཀུན་གྱི་དོན་གྱི་ཕྱིར། །གང་གི་དངོས་གྲུབ་མཐར་འགྲོ་བ། །ཞེས་བཤད་པས་སོ། །

བཞི་པ་སྦྱོད་པ་སྤྱད་པའི་དུས་ལ་གཉིས། གང་གི་ཚེ་སྤྱད་པ་དང་། ཇི་སྲིད་སྤྱད་པའི་ཡུན་ཚད་དོ། །དང་པོ་ནི། དྲོད་ཆུང་དུ་ཐོབ་ནས། ཀུན་འདར་གསང་སྦྱོད་སྦྱོད་དེ། མཚན་མོའི་དུས་བཟའ་བྱ་དང་བཟའ་བྱ་མ་ཡིན་པ་གཉིས་མེད་པ་སོགས་སྦྱོད་ཅིང་། ཉིན་མོར་རང་གི་རིགས་དང་། མཐུན་པར་སྦྱོད་པའོ། །འབྲིང་པོ་ཐོབ་ནས། ཀུན་འདར་འཇིག་རྟེན་པའི་མངོན་སྦྱོད་དེ། རང་གི་ཡུལ་འཁོར་སྤངས་ཏེ་རང་གི་རིགས་ལ་སོགས་པ་གསང་ནས་སྨྱོན་པར་བརྫུས་ཏེ་ཉིན་མོ་སྦྱོད་པ་བྱེད་པའོ། །དྲོད་ཆེན་པོ་ཞེས་བྱ་བ། ཟག་མེད་ས་དང་པོའི་གྲུབ་མཐའ་སྟོགས་ནས། ལུང་བསྟན་པའི་ཕྱག་རྒྱ་ལ་བརྟེན་ནས། ཀུན་ཏུ་བཟང་པོའི་སྦྱོད་པའམ། ཕྱོགས་ལས་རྣམ་པར་རྒྱལ་བའི་སྦྱོད་པ་སྤྱད་དེ། ས་ལྷག་མ་རྣམས་བགྲོད་པར་བྱེད་པ་ཡིན་ཏེ། མངོན་པར་རྟོགས་པ་རིན་པོ་ཆེའི་ལྗོན་ཤིང་ལས། དེས་དྲོད་ཆེན་པོ་ཐོབ་སྟེ། ཟག་པ་མེད་པའི་ཡེ་ཤེས་འཇིག་རྟེན་ལས་འདས་པའི་གྲུབ་མཐའ་སྟོགས་ནས། ལུང་བསྟན་པའི་ཕྱག་རྒྱ་བྱུང་བ་དང་། ཀུན་ཏུ་བཟང་པོའི་སྦྱོད་པ་འཇིག་རྟེན་པའི་མངོན་དུ་སྦྱོད་དོ། །ཞེས་བཤད་པས་སོ། །དེས་ན། སྦྱོད་པ་དང་པོ་ནི་གསང་སྦྱོད་ཡིན་ལ། ཕྱི་མ་གཉིས་ནི་མངོན་སྦྱོད་ཡིན་པས་གཉིས་སུ་འདུ་བ་ཡིན་ནོ། །གཉིས་པ་ཡུན་ཚད་ནི། སྦྱོད་པ་དེ་དག་ཀྱང་ཟླ་བ་རེ་རེར་མ་མཐའ་སྦྱོད་དགོས་ཏེ། བརྟག་གཉིས་ལས། ཟླ་བ་གཅིག་ཏུ་གསང་ལ་སྦྱོད། །ཇི་སྲིད་ཕྱག་རྒྱ་མ་རྙེད་པར། །ཞེས་གསང་སྦྱོད་ཀྱི་དུས་བསྟན་ནས། ཟླ་བ་གཅིག་གི་སྐལ་ལྡན་པར། །འགྱུར་བ་འདི་ལ་ཐེ་ཚོམ་མེད། །ཅེས་མངོན་སྦྱོད་ཀྱི་ཡུན་ཚད་བསྟན་པས་སོ། །

ལྔ་པ་སྦྱོད་པ་སྦྱོད་པའི་རྟེན་ནི། དྲོད་ཐོབ་ཅིང་། ཚེ་འདི་ཉིད་ལ་སེམས་ཅན་གྱི་དོན་དུ་ཕྱག་རྒྱ་ཆེན་པོ་མཆོག་གི་དངོས་གྲུབ་ཐོབ་འདོད་ཀྱི་ཁྱད་ཆོས་གཉིས་ལྡན་ཞིག་དགོས་ཏེ། བརྟག་གཉིས་ལས། ཅུང་ཟད་དྲོད་ནི་ཐོབ་པ་ན། །གལ་ཏེ་སྦྱོད་པ་བྱེད་འདོད་པས། །གལ་ཏེ་འགྲུབ་འགྱུར་འདོད་ཡོད་ན། །འདིས་ནི་སྦྱོད་པ་སྤྱད་པ་ཉིད། །ཅེས་བཤད་པས་སོ། །

དྲུག་པ་སྤྱོད་པ་སྤྱད་པའི་དགོས་པ། སེམས་ཀྱི་བརྟན་གཡོ་བརྟག་པ་དང་། རང་དོན་མཐར་ཕྱིན་པའི་ཕྱིར་དུ༏ ཀུན་འདར་གསང་སྤྱོད་དང་མངོན་སྤྱོད་དེ་སྤྱོད་པ་དང་པོ་གཉིས་བྱེད་དགོས་ཏེ། བརྟག་གཉིས་ལས། ཡིད་ནི་བརྟན་ནམ་གཡོ་འམ་ཅི། །རང་གི་སེམས་ནི་སོ་སོར་བརྟག །ཅེས་བཤད་པས་སོ། །སེམས་ཅན་ཡོངས་སུ་སྨིན་པ་དང་། གཞན་དོན་མཐར་ཕྱིན་པའི་ཕྱིར་དུ་ཀུན་ཏུ་བཟང་པོའི་སྤྱོད་པ་བྱེད་དགོས་ཏེ། བརྟག་གཉིས་ལས། སེམས་ཅན་རྗེས་སུ་བཟུང་བའི་རྒྱུར། །བློ་ལྡན་ཆེན་པོས་རྒྱུ་བར་བྱ། །ཞེས་བཤད་པས་སོ། །

གཉིས་པ་མན་ངག་གི་ལུགས་ལ། གཞུང་བཤད་རྣམ་འགྲེལ་གནྱག་མ་ལས། དེའི་གཉེན་པོར་སྤྱོད་པ་ཆུང་ངུ་དྲན་པ་ཉེ་བར་བཞག་པ་བཞི་ནི་རང་ཡི་དམ་གྱི་ལྷ་དང་། ཞེས་སོགས་དང་། དེའི་གཉེན་པོར་སྤྱོད་པ་ཆེན་པོ་ཡང་དག་པར་སྤོང་བ་བཞི་འཇུག་སྟེ། དེ་ཡང་དོན་ནི་དབང་བཞི་པ་མཚན་ཉིད་པ་ཡིན་པས། དབང་བླང་བའི་ཡུལ་གང་ལས་བླང་བ། རྟེན་གང་ལ་ཐོབ་པ། དབང་རང་གི་ངོ་བོ་གང་ཡིན་པ། དེ་ལས་ཕན་ཡོན་གང་འབྱུང་བ་སྟེ་བཞིར་ཤེས་པར་བྱའོ། །ཞེས་སོགས་བཤད་པ་ལྟར། དྲན་པ་ཉེར་གཞག་བཞི་ལས་སྤྱོད་པ་ཆུང་ངུ་དང་། ཡང་དག་སྤོང་བ་བཞི་ལ་སྤྱོད་པ་ཆེན་པོ་ཞེས་སྤྱོད་པ་གཉིས་ལས་མ་བཤད་ཀྱང་། པཎ་ཆེན་འབུམ་ཕྲག་གསུམ་པ་ཐམས་ཅད་མཁྱེན་པས། འཕྲང་གསུམ་སྒྲོལ་བའི་སྤྱོད་པ་རྣམ་པ་གསུམ། ཞེས་སྤྱོད་པ་གསུམ་བཤད་པ་ལྟར་ན། སྤྱོད་པ་ཆུང་ངུ་ནི་རྫུ་འཕྲུལ་རྐང་པ་བཞི་སྟེ། དེས་སྣང་བ་དགྲར་ལངས་ཀྱི་འཕྲང་ལས་བསྒྲལ་ཏེ། ཁམས་འདུས་པ་དང་པོ་ཚོགས་ལམ་ཆུང་ངུའི་ལམ་ཆོད་དེ། མ་དག་པ་དྭག་ལྷ་སོགས་ཐ་མལ་སྣང་བ་རྣམས། ས་ཀླུང་རྫུ་འཕྲུལ་གྱི་རྐང་པ་སོགས་ཀྱི་ཉམས་ཀྱི་སྣང་བར་འཆར་བས་སོ། །

སྤྱོད་པ་འབྲིང་ནི་དྲན་པ་ཉེར་གཞག་བཞི་སྟེ། དེས་སྟོང་པ་དགྲར་ལངས་ཀྱི་འཕྲང་ལས་བསྒྲལ་ཏེ།ཁམས་འདུས་པ་བར་པ་ཚོགས་ལམ་འབྲིང་གི་ལམ་ཆོད་དེ། སྟོང་པ་དགུའི་ནང་ནས། ཤེས་རབ་ཀྱི་ཨར་ཀླད་སེམས་འདུས་པས་སྟོང་པའི་ཉམས་འབབ་ཞིག་ཤར་བ་སྟེ། དེའི་གཉེན་པོར་རང་ཡི་དམ་གྱི་ལྷར་གསལ་བ་ལུས་དྲན་པ་ཉེར་གཞག་སོགས་བཞི་སྒོམ་པས། སྣང་སྟོང་ཟུང་དུ་ཆུད་དེ་སྣང་བ་ལྷག་པའི་ལྷ་དང་། སྒྲ་ཐམས་ཅད་སྔགས་སུ་འཆར་བའི་ཏིང་ངེ་འཛིན་རྒྱུན་མི་འཆད་པས་སོ། །འདིར་སྟོང་པ་དགྲར་ལངས་ཀྱི་སྟོང་པ་ངོས་འཛིན་པ་ལ། སྦྱོར་ལམ་འབྲས་ལས་སྟོང་པ་དགུར་བཤད་དེ། ཤེས་རབ་ཀྱི་ཨར་ཀླད་སེམས་ཐིམ་པས་མཐོང་ཡུལ་འགག་པའི་སྟོང་པ། སྙིང་པོའི་ཨར་ཀླད་སེམས་ཐིམ་པས་སྦྱང་བྱ་གཟུང་འཛིན་ལས་གྲོལ་བའི་སྟོང་པ། འགོག་པའི་སྙོམ་འཇུག་གི་རྩ་ར་ཀླད་སེམས་ཐིམ་པས་ཚོགས་དྲུག་འགག་པའི་སྟོང་པ། ཀླད་གི་ཀླད་སྦུ་གྲི་སྟོབས་སུ་གྱུར་པས་ཤེས་པ་སྐད་ཅིག་ཀྱང་མི་གནས་ཤིང་གཉིད་ཀྱང་འཆག་པས། ཡོན་ཏན་ཏིང་ངེ་འཛིན་གྱིས་སྟོང་པའི་སྟོང་

པ༔ ཕྱི་དབྱིབས་ཀྱི་ཨར་རླུང་སེམས་ཐིམ་པས་ལུས་ཐིག་ལེས་གང་ཞིང་ཟག་བཅས་ཀྱི་བདེ་བ་རྒྱས་པས། བདེ་བས་བརྒྱལ་བའི་སྟོང་པ། རྩ་རླུང་འགའ་ཞིག་གི་རྟེན་འབྲེལ་ལས་ནང་ལུས་ཀྱི་ཚཤས་རེ་རེ་ཙམ་དང་། ཕྱི་ལྕུ་ལ་སོགས་པའི་ཚཤས་རེ་རེ་ཙམ་མེད་པར་མཐོང་བ། ཉི་ཚེ་བའི་སྟོང་པ། ཕྱི་ནང་གི་གནས་ལུགས་དེ་བཞིན་ཉིད་ནི། ངོ་བོ་ཉིད་ཀྱིས་སྟོང་པ། ཐོས་བསམ་ལ་བརྟེན་ནས་མ་རྟོག་ལོག་རྟོག་གི་མདུད་པ་གྲོལ་བ་ནི། བློ་འདོགས་ཆོད་པའི་སྟོང་པ། འབྲས་བུ་ཆོས་སྐུའི་ཡེ་ཤེས་དག་པ་གཉིས་ལྡན་ནི། རྣམ་པ་ཐམས་ཅད་པའི་མཆོག་དང་ལྡན་པའི་སྟོང་པ་སྟེ། སྟོང་པ་དགུ་ཡོད་དོ། །

དེ་ལས་འདིར་ནི་སྟོང་པ་དང་པོ་དེ་ཉིད་ཡིན་ཏེ། གསང་གནས་རྩ་གསུམ་གྱི་འདུས་མདོ་གཡོན་རྐྱང་མའི་ཚཤས་དང་པོ་ན། གཟུགས་མེད་ཀྱི་ས་བོན་ཤེས་རབ་ཀྱི་ཨ་དམར་པོ་དེར་རླུང་སེམས་ཐིམ་པས། སྨྱོན་དངོས་པོ་དང་མཚན་མས་སྟོང་། ཡོན་ཏན་ཏིང་ངེ་འཛིན་ཞི་ལྷག་གིས་སྟོང་། བསམ་གཏན་གྱི་ཁང་བུ་བསམ་གཏན་གྱིས་སྟོང་། སྤྲང་བུ་མཐོང་ཡུལ་སྣ་ཚོགས་ཀྱིས་སྟོང་པ་ཞིག་འབྱུང་བ་དེའི་གཉེན་པོར། དྲན་པ་ཉེར་གཞག་བཞི་སྒོམ་དགོས་པས་སོ། །འདི་ནི་འབྲས་མིང་རྒྱུ་ལ་བཏགས་པ་སྟེ། སྟོང་ཉམས་འབའ་ཞིག་ཤར་བ་ན། རང་ལྟར་གསལ་འདེབས་པའི་དྲན་པ་ཉེར་གཞག་སོགས་བཞི་བསྒོམ་སྟེ། སེམས་ཀྱི་བརྟན་གཡོ་བརྟག་པའི་ཕྱིར་དུ་ལུས་ངག་ཡིད་གསུམ་གྱི་སྤྱོད་པ་སྣ་ཚོགས་སྤྱོད་པའོ། །དེས་ན་རྒྱུད་ནས་བཤད་པའི་ཀུན་འདར་གསང་སྤྱོད་ཀྱང་འདི་ནས་སྤྱོད་པར་སེམས་སོ། །

སྤྱོད་པ་ཆེན་པོ་ནི་ཡང་དག་སྤོང་བ་བཞི་སྟེ། དེས་བདེ་བས་བྱིང་བ་ཆེན་པོ་རྒྱལ་བའི་འཕྲང་ལས་བསྒྲལ་ནས། ཁམས་འདུས་པ་ཐ་མ་ཚོགས་ལམ་ཆེན་པོའི་ལམ་ཆོད་དེ། དེ་ཡང་གསང་གནས་རྩ་གསུམ་གྱི་འདུས་མདོ་དབུ་མའི་ཚཤས་ཀྱི་དབྱིབས་ཀྱི་ཨ་དཀར་པོར་རླུང་སེམས་ཐིམ་སྟེ། བདེ་བས་བརྒྱལ་བའི་སྟོང་པར་ཚོག་ཤེས་པའི་བདུད་ཀྱིས་ཟིན་པ་ན། རྟེན་པདྨ་ཅན་མའི་རྟེན་འབྲེལ་ལས། གཡོན་རྐྱང་མའི་ཚཤས་ཀྱི་ཡི་གེ་བཞི་པ་སྙིང་པོའི་ཨ་རྩ་དབུ་མའི་མས་སྣར་ཞུགས་པས། ཕྱི་དབྱིབས་ཀྱི་ཨ་གྱེན་ལ་བསྐྱོད་དེ། སྙིང་པོའི་ཨའི་ཉམས་དེས། ཕྱི་དབྱིབས་ཀྱི་ཨའི་བྱིང་བ་ཆེན་པོ་དེ་ལས་གློང་ནུས་པས་སོ། །དེས་ན། ཡང་དག་སྤོང་བཞི་འདི་ལ་སྤྱོད་པ་ཆེན་པོ་ཞེས་བྱ་སྟེ། སྤྱོད་པ་སྔ་མ་གཉིས་ནི། ཕྱག་རྒྱའི་ཉམས་ལེན་དང་མ་འབྲེལ་བ་ལས། འདི་ནི་དངོས་ཀྱི་ཕྱག་རྒྱའི་ཉམས་ལེན་དང་ལྡན་པས་སོ། །འདི་ཡང་འབྲས་མིང་རྒྱུ་ལ་བཏགས་པ་སྟེ། བྱིང་བ་ཆེན་པོའི་འཕྲང་དུ་ལྷུང་བའི་ཚེ། ལུང་བསྟན་པའི་ཕྱག་རྒྱ་པདྨ་ཅན་དང་འགྲོགས་ཏེ་སེམས་ཀྱི་བརྟན་གཡོ་བརྟག་པའི་སྤྱོད་པ་སྣ་ཚོགས་སྤྱོད་པའོ། །དེས་ན་རྒྱུད་ནས་བཤད་པའི་ཀུན་འདར་མངོན་སྤྱོད་ཀྱང་འདི་ནས་སྤྱོད་པ་ཡིན་ནོ། །མན་ངག

ལས་སྤྱོད་པ་ཆུང་དུ་དྲན་པ་ཉེར་གཞག་དང་ཆེན་པོ་ཡང་དག་སྦྱོང་བ་བཞི། ཞེས་གསུངས་པའི་གནད་ཀྱང་འདི་ཡིན་ཏེ། འཕྲང་ཕྱི་མ་གཉིས་བསྒྲལ་བའི་ཕྱིར་དུ་གསང་སྤྱོད་མངོན་སྤྱོད་སོགས་སྤྱོད་པ་ཤུགས་ཆེ་བའི་ཕྱིར་རོ། །དེ་ལྟ་བུའི་ཡང་དག་སྦྱོང་བཞིའི་རྟེན་འབྲེལ། དྲོད་སོགས་སྦྱོར་ལམ་བཞི་བགྲོད་པའི་ཚུལ་ནི་བཤད་ཟིན་ཏོ། །

གཉིས་པ་ཉེ་རྒྱུ་ལ་གཉིས། རྒྱུད་དང་མན་ངག་གི་ལུགས་གཉིས་སོ། །དང་པོ་ལ་གཉིས། ཕྱག་རྒྱ་བརྟེན་པའི་དགོས་པ་དང་། ཉེ་རྒྱུའི་ཉམས་ལེན་དངོས་སོ། །དང་པོ་ནི། སྤྱིར་ཕྱག་རྒྱ་བརྟེན་པའི་དུས་གསུམ་སྟེ། དང་པོ་དབང་དུས། བར་དུ་ལམ་དུས། ཐ་མ་འབྲས་བུའི་དུས་སོ། །དེ་ཡང་དུས་གསུམ་ཆར་དུ་ཕྱག་རྒྱ་བརྟེན་པའམ། དང་པོ་གཉིས་སུ་མ་བརྟེན་ཀྱང་། ཐ་མར་བརྟེན་ན་ཕྱག་རྒྱའི་དངོས་གྲུབ་འགྲུབ་ལ། དང་པོ་གཉིས་སུ་བརྟེན་ཀྱང་ཐ་མ་འབྲས་དུས་སུ་མ་བརྟེན་ན་མི་འགྲུབ་པས། ཕྱག་རྒྱའི་རྣལ་འབྱོར་ནི། ཅིས་ཀྱང་གལ་ཆེ་བ་ཡིན་ཏེ། གུར་ལེའུ་བཅོ་ལྔ་པ་ལས། ཕྱག་རྒྱའི་དངོས་གྲུབ་དངོས་གྲུབ་ཆེ། །དངོས་གྲུབ་ཀུན་གྱི་སྤྱོད་ཡུལ་མིན། །ཞེས་བཤད་པས་སོ། །

གཉིས་པ་ལ་དྲུག །ཉེ་རྒྱུའི་ངོ་བོ། མངོན་དུ་བྱེད་པའི་དུས། མངོན་དུ་བྱ་བའི་གནས། གང་ལ་བརྟེན་པའི་ཕྱག་རྒྱ། མངོན་དུ་བྱེད་པའི་ཐབས། འབྲས་བུ་འགྲུབ་པའི་ཚུལ་ལོ། །དང་པོ་ནི། ཐབས་གཉིས་ལས་བྱུང་བའི་ཨ་ལི་དང་ཀཱ་ལིའི་བདག་ཉིད། བྱང་ཆུབ་ཀྱི་སེམས་བརྒྱད་དྲུག་གི་བདག་ཉིད་ཅན་ནི། ཉེ་རྒྱུའི་ངོ་བོ་ཡིན་នོ། །དེ་ཡང་ཐབས་གཉིས་ནི། རང་བྱིན་རླབས་ལས་བྱུང་བ་ནི། ཨ་ལི་བྱང་ཆུབ་ཀྱི་སེམས་དང་། དཀྱིལ་འཁོར་འཁོར་ལོ་ལ་བརྟེན་ནས་བྱུང་བ་ནི་ཀཱ་ལི་བྱང་ཆུབ་ཀྱི་སེམས་ཞེས་བྱ་ལ། དེ་ཉིད་ལ་ལྡོག་པས་ཕྱེ་ན། ཐབས་སླུབ་པ་པོས་རང་བྱིན་རླབས་སྒོམ་པའི་ཞུ་བདེ་གཉིས། དཀྱིལ་འཁོར་འཁོར་ལོ་སྒོམ་པའི་ཞུ་བདེ་གཉིས་ཏེ་བཞི། ཤེས་རབ་ལའང་དེ་བཞིན་བཞི་སྟེ་བརྒྱད་དོ། །དྲུག་ནི། ཤེས་རབ་ཀྱིས་རང་བྱིན་རླབས་མ་བསྒོམས་ཀྱང་ཐབས་ཀྱིས་དེས་བཏུབ་པས་དྲུག་གོ། །ཡང་ན་ཐབས་ལ་ཞུ་བ་བདེ་བ་མི་རྟོག་པ་བཞི། ཤེས་རབ་ལའང་བཞི་སྟེ་བརྒྱད། ཞུ་བ་བདེ་བ་མི་རྟོག་པ་གསུམ་གསུམ། རང་རིག་པ་སྤྱི་ཁྱབ་ཏུ་བཏང་བས་དྲུག་གོ། །

གཉིས་པ་དུས་ལ་གཉིས། ཉེ་རྒྱུ་གོམས་པའི་དུས་དང་། ནམ་འགྲུབ་པའི་དུས་སོ། །དང་པོ་ལ། མངོན་རྟོགས་ལྗོན་ཤིང་ལས། རིམ་པ་གཉིས་བསྒོམས་ཏེ་དྲོད་ཐོབ་ནས། གསང་སྤྱོད་ཟླ་བ་གཅིག་སྤྱད་པའི་མཐར་ཉེ་རྒྱུ་བསྒོམ་པའི་སྐལ་བ་དང་ལྡན་པར་འགྱུར་རོ། །ཞེས། དྲོད་ཆུང་ངུ་ཐོབ་གསང་སྤྱོད་བཅད་ནས་ཉེ་རྒྱུ་བསྒོམ་པར་བཤད། ཡང་། རྗེ་བཙུན་ས་པཎ་གྱི་བདག་མེད་བསྟོད་འགྲེལ་ལས། ཉེ་རྒྱུ་སྤྱོད་པའི་གང་ཟག་ནི། ས་བརྒྱད་པ་ཡན་གྱིས་བསླབ་ཏུ་རུང་ལ། དེས་ན་ས་བརྒྱད་པས་སླབ་ན་ཞག་བདུན་འགོར་ལ། ས་དགུ་པ་ནས་རིམ་པ

བཞིན་འགྲུབ་ཉེ་ཞིང་། ས་བཅུ་གཉིས་པས་སྨྲུབ་ན་ཉི་མ་གཅིག་ཉིད་ཀྱིས་འགྲུབ་པོ་ཞེས་གསུང་སྟེ། དྲི་མ་མེད་པའི་ཐུགས་དང་ལྡན་པའི་བླ་མའི་ཞལ་ནས་ཀྱང་། ཉེ་རྒྱུ་ཞག་བདུན་པ་འདི་ལ་དགོངས་ནས། མདོ་ལས་ཀྱང་བྱང་ཆུབ་སེམས་དཔའ་མི་སྐྱེ་བའི་ཆོས་ལ་བཟོད་པ་ཐོབ་པ་ནི་འདོད་ན་ཞག་བདུན་ནའང་མངོན་པར་རྫོགས་པར་འཚང་རྒྱའོ། །ཞེས་གསུངས་པའང་དེ་དང་རྗེས་སུ་མཐུན་ནོ། །ཞེས་མ་མཐའ་ས་བརྒྱད་པ་ཐོབ་ནས་ཉེ་རྒྱུའི་ཉམས་སུ་ལེན་པར་བཤད་པའི་ལུགས་མི་འདྲ་བ་གཉིས་སྣང་ངོ་། །གཉིས་པ་དུས་ནི། ཞག་བདུན་ཚུན་ཆད་ཀྱིས་འགྲུབ་སྟེ། གུར་ལེའུ་བཅོ་ལྔ་པ་ལས། ཉི་མ་གཅིག་གིས་འགྲུབ་པར་འགྱུར། །ཉི་མ་གསུམ་གྱིས་སྦྱོར་བ་དང་། །དེ་བཞིན་དུ་ནི་ཉི་མ་བཞི། །ཉི་མ་ལྔ་ཡི་སྦྱོར་བ་ཡིས། །འགྲུབ་འགྱུར་འདི་ལ་ཐེ་ཚོམ་མེད། །ཞེས་སོགས་བཤད་པས་སོ། །

གསུམ་པ་གནས་ལ་གཉིས་ཏེ། ཕྱིའི་གནས་དང་། ནང་གི་གནས་སོ། །དང་པོ་ལ། ཐུན་མོང་གི་གནས། ཐུན་མོང་མིན་པ་དྲང་དོན་གྱི་གནས། ངེས་དོན་དོན་དམ་པའི་གནས་གསུམ་ལས། དང་པོ་ནི། འཕགས་ཡུལ་རྡོ་རྗེའི་གདན་ལྟ་བུའོ། །གཉིས་པ་ནི། རྣམ་སྣང་གངས་ཆེན་མཚོ་ཞིང་འོག་མིན་ལྟ་བུའོ། །གསུམ་པ་ནི། རྣལ་འབྱོར་པ་རང་ཉིད་གང་དུ་གནས་ཤིང་འབྲས་བུ་མངོན་དུ་བྱས་པའི་གནས་དེ། ཕྱི་ལྟར་ན་རྡོ་རྗེ་གདན་དང་། ནང་ལྟར་ན་འོག་མིན་ཞེས་འཇོག་པ་ཡིན་ཏེ། བདེ་མཆོག་རྩ་རྒྱུད་ལས། རྣལ་འབྱོར་ཆེ་མཆོག་ཧེ་རུ་ཀ །ཡུལ་ཕྱོགས་གང་ན་གནས་གྱུར་པ། །ཡུལ་ངན་མཐའ་ཁོབ་ཡིན་ན་ཡང་། །ཡུལ་དེ་ཡོངས་སུ་བརྟག་(དག)པ་ཡིན། །ཞེས་བཤད་པས་སོ། །གཉིས་པ་ནང་གི་གནས་ནི། ཐབས་ཀྱི་རིགས་ཀྱི་བདག་པོའི་ཁ་དང་། ཡུམ་གྱི་རྩ་མཛེས་པའི་སྤྱི་བོ་གཉིས་འཛོམས་པའི་ཆོས་ཀྱི་འབྱུང་གནས་དེ་ཉིད་ཡིན་ཏེ། བརྟག་གཉིས་ལས། ཨེ་ཡི་ཆ་བྱད་བཟང་པོ་གང་། །དབུས་སུ་ཝཾ་གི་རྣམ་པར་གནས། །བདེ་བ་ཐམས་ཅད་ཀྱི་ནི་གནས། །སངས་རྒྱས་རིན་ཆེན་ཟ་མ་ཏོག །ཅེས་བཤད་པས་སོ། །

བཞི་པ་གང་ལ་བརྟེན་པའི་ཕྱག་རྒྱ་ནི། སྤྱིར་ཕྱག་རྒྱ་ལ། དང་པོ་ནས་གོམས་པ། གྲུབ་པ་ཐོབ་པ། ལུང་བསྟན་པ། མཐུས་བཀུག་པའི་ཕྱག་རྒྱ་དང་བཞི་ལས། སམ་ཊི་ལས། བཞི་ཀས་གྲོལ་བའི་རྟེན་དུ་འགྱུར་བ་ལྟ་བུར་བཤད་ཀྱང་། གུར་ལས། མིའི་ཕྱག་རྒྱས་ནི་གྲོལ་བའི་རྟེན་བྱེད་ལ། ལྷ་མོ་ལ་སོགས་པས་ནི་གྲོལ་བར་མི་នུས་ཀྱི། ལོངས་སྤྱོད་པའི་རྟེན་ཙམ་དུ་བཤད་དེ། གུར་ལས། མི་ཡི་ཕྱག་རྒྱས་བླངས་ནས་ནི། །དེ་ལ་ཚོགས་ནི་རབ་ཏུ་དབྱེ། །ཞེས་སོགས་བཤད་པས་སོ། །

ལྷ་པ་མངོན་དུ་བྱེད་པའི་ཐབས་ལ་གཉིས། རང་བྱིན་རླབས་དང་། དཀྱིལ་འཁོར་འཁོར་ལོའོ། །དང་པོ་

ན༔ རླུང་དང་། གཏུམ་མོ་ལ་སོགས་པའི་རྣལ་འབྱོར་ཏེ། དེས་ཁམས་ཅུང་ཟད་དྭངས་པར་བྱས་ནས། གཉིས་པ་དཀྱིལ་འཁོར་འཁོར་ལོ་ནི། དངོས་སམ་ཡེ་ཤེས་ཀྱི་ཕྱག་རྒྱའི་རྣལ་འབྱོར་ཏེ། དབང་དངོས་ཀྱི་ཕྱག་རྒྱ་ལ་བརྟེན་ནས། འབྲས་བུ་མངོན་དུ་བྱེད་དོ། །

དྲུག་པ་ཇི་ལྟར་འབྲས་བུ་སྒྲུབ་པའི་ཚུལ་ལ་གཉིས། ཕྱིའི་མངོན་བྱང་ལྔ་མཉམ་སྦྱོར་གྱི་ཚུལ་གྱིས་འཚང་རྒྱ་བ། ཐུན་མོང་བའི་ལུགས་དང་། ནང་གི་མངོན་བྱང་ལྔ་མི་མཉམ་སྦྱོར་གྱི་ཚུལ་གྱིས་འཚང་རྒྱ་བ་ཐུན་མོང་མིན་པའི་ལུགས། དེ་གཉིས་ཅིག་ཆར་དུ་སྒྲུབ་པའི་སྒོ་ནས་འཚང་རྒྱ་བ་གསང་བ་མན་ངག་གི་ལུགས་དང་གསུམ་མོ། ། དང་པོ་ནི། འཚང་རྒྱ་བའི་སྒྲུབ་པ་པོ་དེ་ཉིད་འོག་མིན་དུ་མི་གཡོ་བའི་ཏིང་ངེ་འཛིན་ལ་མཉམ་པར་བཞག་པའི་ཚེ༔ ཕྱོགས་བཅུའི་དེ་བཞིན་གཤེགས་པ་ཐམས་ཅད་ཀྱིས། སེ་གོལ་གྱི་སྒྲས་སད་པར་བྱས་ཏེ། ཨོཾ་ཙིཏྟ་པྲ་ཏི་བེ་ཀ་རོ་མི། ཞེས་གསུངས་པའི་དོན་ཉམས་སུ་བླངས་པ་ལས། མཉམ་གཞག་ཏུ་རང་བཞིན་རྣམ་དག་གི་རྟོགས་པ་སྐྱེ༔ རྗེས་ཐོབ་ཏུ་སྙིང་གར་ཟླ་བའི་དཀྱིལ་འཁོར་གྱི་སྣང་བ་ཤར་ཏེ། ཐབས་ཀྱི་ཕ་རོལ་ཏུ་ཕྱིན་པའི་ངོ་བོ་མེ་ལོང་ལྟ་བུའི་ཡེ་ཤེས་ཀྱི་རང་བཞིན། མི་བསྐྱོད་པའི་གོ་འཕང་ཆ་ཙམ་མཉེས། སེམས་སོ་སོར་རྟོགས་པ་ལས་མངོན་པར་བྱང་ཆུབ་པ་ཞེས་བྱ་བའི་མངོན་བྱང་དང་པོ་གྲུབ། རྗེས་འཇུག་རྣམས་མངོན་བྱང་དང་པོ། ཟླ་བར་སྒོམ་པ་ཡང་དེ་ཉིད་མཚོན་པ་ཡིན། ཡང་བྷུ་དྷི་ཙིཏྟ་ཨུཏྤ་ད་ཡ་མི་ཞེས་པའི་དོན་བསྒོམས་པས། མཉམ་གཞག་ཏུ་གློ་བུར་རྣམ་དག་གི་རྟོགས་པ་སྐྱེ། རྗེས་ཐོབ་ཏུ་ནག་ནོག་གི་དྲི་མ་དང་བྲལ་བ་ཟླ་བའི་དཀྱིལ་འཁོར་ཆེས་ཆེར་གསལ་བའི་སྣང་བ་ཤར། སྦྱིན་པའི་ཕ་རོལ་ཏུ་ཕྱིན་པའི་ངོ་བོ་མཉམ་ཉིད་ཡེ་ཤེས་ཀྱི་རང་བཞིན། རིན་ཆེན་འབྱུང་ལྡན་གྱི་གོ་འཕང་ཆ་ཙམ་མཉེས། བྱང་ཆུབ་ཏུ་སེམས་བསྐྱེད་པ་ལས་མངོན་པར་བྱང་ཆུབ་པ་ཞེས་བྱ་བའི་མངོན་བྱང་གཉིས་པ་གྲུབ། རྗེས་འཇུག་རྣམས་མཉམ་སྦྱོར་གྱི་མངོན་བྱང་གཉིས་པ་ཟླ་བར་སྒོམ་པ་ཡང་དེ་ཉིད་མཚོན་པ་ཡིན། ཡང་ཏིཥྛ་བཛྲ་ཞེས་བྱ་བའི་དོན་ཉམས་སུ་བླང་པ་ལས། མཉམ་གཞག་ཏུ་བཟུང་བྱའི་རྟོགས་པ་དང་བྲལ་བའི་འོད་གསལ་སྟོང་པ་ཉིད་རྟོགས་པའི་རྟོགས་པ་སྐྱེས། རྗེས་ཐོབ་ཏུ་ཟླ་བའི་སྟེང་དུ་རྡོ་རྗེ་རྩེ་ལྔ་པའི་སྣང་བ་ཤར། ཤེས་རབ་ཀྱི་ཕ་རོལ་ཏུ་ཕྱིན་པའི་ངོ་བོ། སོར་རྟོག་ཡེ་ཤེས་ཀྱི་རང་བཞིན། འོད་དཔག་མེད་ཀྱི་གོ་འཕང་ཆ་ཙམ་བརྙེས་པས། བརྟན་པའི་རྡོ་རྗེ་ལས་མངོན་པར་བྱང་ཆུབ་པ་ཞེས་བྱ་བ་མངོན་བྱང་གསུམ་པ་དེ་གྲུབ། རྗེས་འཇུག་རྣམས་མཉམ་སྦྱོར་གྱི་ཚེ། ཟླ་བ་གཉིས་ཀྱི་སྟེང་དུ་རྡོ་རྗེ་སྒོམ་པ་དེ་ཡང་དེ་ཉིད་མཚོན་པ་ཡིན་ནོ། །

ཡང་ཨོཾ་བཛྲ་ཨཏྨ་ཀོ་ཧཾ་ཞེས་པའི་དོན་ཉམས་སུ་བླངས་པས། མཉམ་གཞག་ཏུ་འཛིན་པའི་རྟོག་པ་དང་བྲལ་བའི་འོད་གསལ་སྟོང་ཉིད་རྟོགས་པའི་རྟོགས་པ་སྐྱེས། རྗེས་ཐོབ་ཏུ་བུམ་ཆུ་བྱེ་མ་ལ་སིམ་པ་ལྟར་དེ་བཞིན་

གཤེགས་པ་ཐམས་ཅད་ཀྱི་སྐུ་གསུང་ཐུགས་ཐམས་ཅད་རྡོ་རྗེ་ལ་ཐིམ་པའི་སྣང་བ་ཤར། བརྩོན་འགྲུས་ཀྱི་ཕ་རོལ་ཏུ་ཕྱིན་པའི་ངོ་བོ་བྱ་གྲུབ་ཡེ་ཤེས་ཀྱི་རང་བཞིན། དོན་གྲུབ་ཀྱི་གོ་འཕང་ཆ་ཙམ་བརྙེས། རྡོ་རྗེ་བདག་ཉིད་ལས་མངོན་པར་བྱང་ཆུབ་པ་ཞེས་བྱ་བའི་མངོན་བྱང་བཞི་པ་གྲུབ། རྗེས་འཇུག་རྣམས་མངོན་བྱང་བཞི་པ་དེ་རྣམས་རོ་གཅིག་འདྲེས་པར་སྒོམ་པ་དེ་དེ་ཉིད་མཚོན་པ་ཡིན། ཡང་ཨོཾ་སརྦ་ཏ་ཐཱ་ག་ཏ་ཐཱ་ཨ་ཧཾ་ཞེས་པའི་དོན་ཉམས་སུ་བླངས་པས། མཉམ་གཞག་ཏུ་གཟུང་འཛིན་གྱི་རྟོག་པ་ཐམས་ཅད་དང་བྲལ་བ་རྣམ་ཀུན་མཆོག་ལྡན་གྱི་སྟོང་པ་ཉིད་རྟོགས་པའི་རྟོགས་པ་སྐྱེ། རྗེས་ཐོབ་ཏུ་རང་ཉིད་རྣམ་སྣང་ཆེན་པོར་སངས་རྒྱས་པའི་སྣང་བ་ཤར། ཡེ་ཤེས་ཀྱི་ཕ་རོལ་ཏུ་ཕྱིན་པའི་ངོ་བོ་ཆོས་དབྱིངས་ཡེ་ཤེས་ཀྱི་རང་བཞིན། རྣམ་སྣང་ཆེན་པོའི་གོ་འཕང་བརྙེས། དེ་བཞིན་གཤེགས་པ་ཇི་ལྟ་བ་ལས་མངོན་པར་བྱང་ཆུབ་པ་ཞེས་བྱ་བའི་མངོན་བྱང་ལྔ་པ་གྲུབ། རྗེས་འཇུག་རྣམས་མངོན་བྱང་ལྔ་པ་སྐུ་ཡོངས་རྫོགས་སྒོམ་པ་དེ་ཉིད་མཚོན་པ་ཡིན་ནོ། །

དེ་ལྟར་མངོན་བྱང་ལྔ་པ་གྲུབ་པའི་ཚེ་རྟེན་གང་ཟག་དེ་ཡེ་ཤེས་ལྔ་ལྡན་རིགས་ལྔ་ཡོངས་རྫོགས་ཀྱི་སྐུར་སངས་རྒྱས་པ་ཡིན་གྱི། མངོན་བྱང་དང་པོ་བཞིའི་སྐབས་སུ། ཡེ་ཤེས་དེ་དག་གི་ཆ་ཤས་ཙམ་གསལ་བར་ཤར་བ་ཡིན་གྱི། ཡེ་ཤེས་དེ་ལྡན་གྱི་རིགས་དེ་དང་དེར་གོ་འཕང་མཉེས་པར་ནི་མ་ཡིན་ཏེ། མེ་ལོང་ལྟ་བུའི་ཡེ་ཤེས་དང་མི་བསྐྱོད་པའི་གོ་འཕང་མཉེས་ནས། ཡེ་ཤེས་ཕྱི་མ་དེ་དག་དང་རིགས་གཞན་དེ་དག་གོ་འཕང་ད་དུང་ཐོབ་དགོས་པ་ནི་མི་སྲིད་པའི་ཕྱིར་ཏེ། སྲིད་ན་སྤྱངས་རྟོགས་ཡོངས་སུ་མ་རྫོགས་པའི་སངས་རྒྱས་སྲིད་པར་ཐལ་བའི་ཕྱིར་རོ༑ ༑དེ་ལྟར་ཕྱིའི་མངོན་བྱང་ལྔའི་སྒོ་ནས་འཚང་རྒྱ་བའི་ཚུལ་འདི། གཙོ་ཆེར་རྣལ་འབྱོར་རྒྱུད་ལས་བཤད་མོད་ཀྱི༑ རྣལ་འབྱོར་རྒྱུད་རང་རྐང་ལ་བརྟེན་ནས་ཕྱིའི་མངོན་བྱང་འགྲུབ་པ་ནི་མི་སྲིད་དེ། རྣལ་འབྱོར་རྒྱུད་རང་རྐང་ལ་ནང་གི་མངོན་བྱང་ལྔ་སྒྲུབ་པའི་ཉམས་ལེན་མ་བཤད་པ་གང་ཞིག །ནང་གི་མངོན་བྱང་མ་གྲུབ་པར་ཕྱིའི་མངོན་བྱང་མི་འགྲུབ་པའི་ཕྱིར་ཏེ། ནང་མ་མཐོང་བར་ཕྱི་མི་མཐོང་ཞེས་བཤད་པའི་ཤུགས་ལ་གྲུབ་པའི་ཕྱིར་རོ། །

གཉིས་པ་ནང་གི་མངོན་བྱང་མི་མཉམ་སྦྱོར་གྱི་ཚུལ་གྱིས་གྲུབ་སྟེ་འཚང་རྒྱ་བའི་ཚུལ་ནི། ཉི་རྒྱུ་ཞག་བདུན་སྦྱོང་པ་ཞིག་ཡིན་ན། ཞག་བདུན་པའི་ཐོ་རངས་སྒྲུབ་པ་པོ་ཡབ་ཡུམ་སྙོམས་པར་ཞུགས་པ་ལས། ཐབས་ཀྱི་རིགས་ཀྱི་བདག་པོའི་སྤྱི་བོར་ཡབ་ཀྱི་བྱང་སེམས་ཀྱི་དྭངས་མ་མངོན་དུ་བྱས་པ་ནི། ཟླ་བ་མེ་ལོང་ལྟ་བུ་ལས་མངོན་པར་བྱང་ཆུབ་པ་སྟེ་མངོན་བྱང་དང་པོའོ། །ཤེས་རབ་ཀྱི་རྩ་མཛེས་པའི་སྤྱི་བོར་ཡུམ་གྱི་རཀྟ་མངོན་དུ་བྱས་པ་ནི། ཉི་མ་མཉམ་པ་ཉིད་ལས་མངོན་པར་བྱང་ཆུབ་པ་སྟེ། མངོན་བྱང་གཉིས་པ། ཁམས་དཀར་དམར་གྱི་དྭངས་མ་འདྲེས་པར་སོ་སོར་ཞལ་སྦྱོར་དུ་གནས་པ་ནི། སོ་སོར་རྟོགས་པའི་ཡེ་ཤེས་ལས་མངོན་པར་བྱང་ཆུབ་སྟེ་

མངོན་བྱང་གསུམ་པ། དེ་གཉིས་རེ་གཅིག་ཏུ་འདྲེས་པ་ནི། བྱ་བ་འགྲུབ་པ་ལས་མངོན་པར་བྱང་ཆུབ་པ་སྟེ་མངོན་བྱང་བཞི་པ། དེ་ལྟ་བུའི་བྱང་སེམས་དཀར་དམར་གྱི་དྭངས་མ་དེ། གཡས་གཡོན་དབུས་གསུམ་ནས་འདྲེན་པ་གསུམ་གྱི་ཐབས་ཤེས་རབ་ཀྱི་རྒྱུད་དག་པའི་སྐད་ཅིག་མ་གཉིས་དང༌། སོ་སོར་དག་པའི་སྐད་ཅིག་མ་གཅིག་སྟེ་གསུམ་པའི་མཐར། རྟེན་དཀྱིལ་འཁོར་བཞིའི་དྭངས་མ། དབུ་མར་འགྲོས་ཐིམ་ནས་གཙུག་གཏོར་མཆོག་གྲུབ་པའི་ཚེ། སྒྲུབ་པ་པོ་དེ་ཉིད་སངས་རྒྱས་པ་ཡིན་ཏེ། དེའི་ཚེ་སྐུ་ཡོངས་རྫོགས་ཆོས་དབྱིངས་ཡེ་ཤེས་ཞེས་བྱ་བའི་མངོན་བྱང་ལྔ་པ་དེ་མཐར་ཕྱིན་པས་སོ། །མངོན་བྱང་ཕྱི་ནང་ཅིག་ཅར་དུ་གྲུབ་ཚུལ་མན་ངག་གི་སྐབས་སུ་འབྱུང་ངོ་། །དེ་ཡང་ཕྱི་ནས་དེ་བཞིན་གཤེགས་པ་རྣམས་ཀྱིས་དབང་བསྐུར་ཞིང་དེའི་དོན་ཉམས་སུ་བླངས་པས་མངོན་བྱང་ལྔ་རིམ་གྱིས་བགྲོད་པ་ནི་ཕྱིའི་མངོན་བྱང་ལྔ་ཞེས་བྱ་ལ། ནང་དུ་རང་ཉིད་ཀྱིས་ཉེ་རྒྱུའི་དབང་ཉམས་སུ་བླངས་པས་མངོན་བྱང་ལྔ་གྲུབ་པ་ནི་ནང་གི་མངོན་བྱང་ཞེས་བྱའོ། །

གཉིས་པ་མན་ངག་གི་ལུགས་ལའང༌། ཉེ་རྒྱུའི་ངོ་བོ། སྒོམ་པའི་དུས། སྒོམ་པའི་གནས། སྒོམ་པའི་རྟེན། མངོན་དུ་བྱེད་པའི་ཐབས། འབྲས་བུ་མངོན་དུ་བྱེད་པའི་ཚུལ་དྲུག་གོ། །དང་པོ་ནི། རྟེན་དཀྱིལ་འཁོར་བཞིའི་འགྲོས་བཞི་ཐིམ་པར་བྱེད་པའི་དབང་ངོ་། །འདི་ལ་ཉེ་རྒྱུའི་དབང་དང༌། འབྲས་དུས་ཀྱི་དབང་ཞེས་ཀྱང་བྱ་སྟེ། དབང་བཞི་པ་གཙོ་ཆེ་བ་ཡིན་ནོ། །དང་པོ་ལ། ནམ་ཞིག་སྒོམ་པའི་དུས་དང༌། ཇི་ཙམ་སྒོམ་པའི་ཡུན་ཚད་དོ། །དང་པོ་ནི། ས་བཅུ་གཉིས་པའམ། ས་བཅུ་གསུམ་པའི་ཕྱེད་འོག་མ་ཐོབ་པའི་ཚེའོ། །

གཉིས་པ་ནི། སྐད་ཅིག་མ་བདུན་དུ་སྒོམ་པ། གསུམ་དུ་སྒོམ་པ། གཉིས་སུ་སྒོམ་པ་དང་གསུམ་མོ། །འདི་དག་ངོས་འཛིན་གོང་དུ་བཤད་ཟིན་ཏོ། །འདི་དག་ལ་ཕྱི་དུས་ཀྱིས་མཚོན་ན། ཞག་བདུན་དང་གསུམ་ཞེས་བྱ་བ་ལ་སོགས་པ་དང༌། སྐད་ཅིག་མ་གཉིས་སུ་བྱས་པའི་ཚེ། སྲོད་ལ་བདུད་བཏུལ་བ་དང༌། ཐོ་རངས་མངོན་པར་རྫོགས་བྱང་ཆུབ་པའི་དུས་ཞེས་ཕ་རོལ་ཏུ་ཕྱིན་པ་དང་སྔོ་བསྟུན་ནས་བཤད་པའི་གནད་གོ་ཤེས་དགོས་ཏེ། དེའི་ཚེ་ཐམས་ཅད་མཁྱེན་པ་ཆུང་ངུ་ཞེས་མིང་བཏགས་པས། ས་བཅུ་གསུམ་པའི་སྤྱངས་རྟོགས་བརྙེས་པ་ནི་མ་ཡིན་པའི་ཕྱིར་རོ། །དེས་ན་ཉེ་རྒྱུ་སྐད་ཅིག་མ་བདུན་གྱི་ཉམས་ལེན་ཆ་མཐུན་པ་ནི་སྔར་གོང་དུའང་ཡོད་ཀྱང༌། མཚན་ཉིད་པ་ནི་བཅུ་གཉིས་པའམ། བཅུ་གསུམ་ཕྱེད་འོག་མའི་གནས་སྐབས་ན་ཡོད་དེ། བཅུ་གཉིས་པ་ནས་བཅུ་གསུམ་ཕྱེད་འོག་མར་ན་འཕོ་བ་དང༌། ཕྱེད་འོག་མ་ནས་ཕྱེད་གོང་མར་ན་འཕོ་བའི་སྐབས་ཀྱི་ཉམས་ལེན་ལ་ཉེ་རྒྱུའམ་འབྲས་བུའི་དབང་དུ་བཞག་པའི་ཕྱིར་རོ། །

གསུམ་པ་ཉེ་རྒྱུ་སྒྲོད་པའི་གནས་ལ། ཕྱི་ལྟར་ན་ཐུན་མོང་བ་རྡོ་རྗེ་གདན་ལྟ་བུ་སྟེ། ཐུན་མོང་གི་གདུལ་བྱ

རྣམས་ལ་རྟེན་གྱི་གང་ཟག་དེ་འོག་མིན་དུ་སངས་རྒྱས་པར་སྣང་ཞིང་། རང་གིས་ཀྱང་དེ་ལྟ་བུའི་ཚུལ་བསྟན་པའི་ཕྱིར། ཕྱི་ཐུན་མོང་མ་ཡིན་པའི་གནས་ནི་འོག་མིན་ཏེ། ཐུན་མོང་མ་ཡིན་པའི་གདུལ་བྱ་སྐལ་ལྡན་རྣམས་ལ། རྟེན་གང་ཟག་དེ་འོག་མིན་དུ་སངས་རྒྱས་པར་སྣང་ཞིང་། རང་ཉིད་ལ་ཡང་དེ་ལྟར་སྣང་བའི་ཕྱིར་རོ། །ཕྱི་ངེས་དོན་དོན་དམ་པ་ལྟར་ན། སྒྲུབ་པ་པོ་རང་ཉིད་ཉེ་རྒྱུ་སྦྱོད་དེ་གང་དུ་འཚང་རྒྱ་བའི་གནས་དེ་ཉིད། རྡོ་རྗེ་གདན་ནམ་འོག་མིན་ཏེ། ལས་དག་མ་དག་གི་དབང་གིས། འགའ་ཞིག་ལ་རྡོ་རྗེ་གདན་ཙམ་དང་། འགའ་ཞིག་ལ་འོག་མིན་གྱི་སྣང་བ་འཆར་བའི་ཕྱིར། ཕྱི་ནང་གཉིས་ཀྱི་ནང་ལྟར་ན། དབང་གི་གནས་སམ་རྡོ་རྗེ་བཙུན་མོའི་ཟླ་ག་ཅེས་སམ། ཡུམ་གྱི་རྩ་མཛེས་པའི་སྒྲི་བོ་ཞེས་བྱ་བ་དེ་ཉིད། རང་འཚང་རྒྱ་བའི་གནས་ཡིན་ཞིང་། དེ་ལ་འོག་མིན་དང་བདེ་བ་ཅན་ཞེས་བྱ་བ་ལ་སོགས་མིང་གི་གདགས་སུ་རུང་བ་ཡང་ཡིན་ཏེ། སངས་རྒྱས་རིན་ཆེན་ཟམ་ཏོག །བདེ་བ་ཅན་དུ་རྟག་ཏུ་བཞུགས། །ཞེས་སོགས་བཤད་པ་སྟེ། དེ་ལ་དགོངས་ནས་གསུངས་པའི་ཕྱིར་རོ། །

དེ་ལྟར་བཤད་པའི་སྙིང་པོ་བསྡུས་ན། སྒྲུབ་པ་པོ་རང་ཉིད་ཐོག་མར་འཚང་རྒྱ་བའི་གནས་ནི། མདོ་སྔགས་གང་ལྟར་ཡང་འོག་མིན་ཁོ་ནར་ངེས་ཏེ། ཐོག་མར་འཚང་རྒྱ་བའི་ཚེ། ལོངས་སྐུ་ཞེས་པ་མཚན་ཉིད་པ་དེར་འཚང་རྒྱ་དགོས་སོ། །ལོངས་སྐུ་མཚན་ཉིད་པའི་གནས་ནི་འོག་མིན་ཁོ་ནར་ངེས་པའི་ཕྱིར་རོ། །

འོ་ན་འོག་མིན་དེ་ཇི་ལྟ་བུ་སྙམ་ན་འདི་ལ་གསུམ། མདོ་ལས་བཤད་པའི་ཚུལ། རྒྱུད་སྡེ་སྤྱི་རྣམ་ལས་བཤད་པའི་ཚུལ། ཐུན་མོང་མིན་པ་མན་ངག་ལས་བཤད་པའི་ཚུལ་ལོ། །དང་པོ་ནི། མདོ་ལུགས་གཞིར་བཞག་ལ་འོག་མིན་གྱི་གནས་དེ་ཉིད། འདོད་པ་དང་གཟུགས་མེད་ཁམས་ན་མེད་ཀྱིས་གཟུགས་ཁམས་ཁོ་ན་ན་ཡོད་དེ། ལང་གཤེགས་ལས། འདོད་པའི་ཁམས་དང་གཟུགས་མེད། །དུ་སངས་རྒྱས་རྣམ་པར་འཚང་མི་རྒྱ། གཟུགས་ཀྱི་ཁམས་ཀྱི་འོག་མིན་དུ། །འདོད་ཆགས་བྲལ་ཁྱོད་འཚང་རྒྱའོ། །ཞེས་ཐོག་མར་འཚང་རྒྱ་བའི་ཚེ། འདོད་པ་དང་གཟུགས་མེད་ཁམས་སུ་འཚང་མི་རྒྱ་བར། གཟུགས་ཁམས་ཀྱི་འོག་མིན་དུ་འཚང་རྒྱ་ཞེས་བཤད་འདུག་པའི་ཕྱིར། འོ་ན་དེ་ལྟ་བུའི་འོག་མིན་དེ། གཟུགས་ཁམས་གནས་རིགས་བཅུ་བདུན་གྱི་གནས་གཙང་ལྔའི་འོག་མིན་དེ་དེ་ཡིན་ནམ་སྙམ་ན། དེ་མ་ཡིན་ཏེ། ལོངས་སྐུའི་གནས་འོག་མིན་དེ་ནི་འཁོར་བྱང་འཕགས་ཁོ་ན་ལས་ཉན་རང་འཕགས་པ་ནི་ཅི་ཡང་མེད་ལ། གནས་གཙང་འོག་མིན་ན་ཉན་ཐོས་འཕགས་པ་ཕྱིར་མི་འོང་དང་དགྲ་བཅོམ་པ་མང་དུ་ཡོད་པར་བཤད་པའི་ཕྱིར་རོ། །

གཞན་ཡང་ལུང་གིས་ཀྱང་གྲུབ་སྟེ། རྒྱན་སྟུག་པོ་བཀོད་པ་ལས། གཙང་མའི་གནས་རྣམས་སྤངས་པ་ཡི། །འོག་མིན་གནས་ནི་ཉམས་དགའ་བར། །ཡང་དག་རྫོགས་སངས་དེར་རྒྱས། །སྤྲུལ་པ་པོ་ཞིག་འདིར

འཚང་རྒྱ། །ཞེས། ལོངས་སྐུར་ཐོག་མར་འཚང་རྒྱ་བའི་ཚེ། གནས་གཙང་ལྔ་སྤངས་པའི་འོག་མིན་དུ་སངས་རྒྱ། མཆོག་གི་སྤྲུལ་སྐུ་མཛད་པ་སྟོན་པའི་ཚེ། འདོད་ཁམས་རྡོ་རྗེ་གདན་ལྟ་བུར་འཚང་རྒྱ་བའི་ཚུལ་སྟོན་ཞེས་བཤད་འདུག་པའི་ཕྱིར་རོ། །འོན་འོག་མིན་དེ་ཇི་ལྟ་བུ་སྙམ་ན། དེ་ནི་འཕགས་པ་ཐོགས་མེད་ཀྱི་སའི་དངོས་གཞི་ནས་བཤད་པ་ལྟར། གཟུགས་ཁམས་གནས་རིགས་བཅུ་བདུན་གྱི་སྟེང་ན། དབང་ཕྱུག་ཆེན་པོའི་གནས་ཞེས་བྱ་བ་བྱང་སེམས་ས་བཅུ་པ་ཁོ་ན་བཞུགས་པའི་གནས་ཤིག་ཡོད་པར་བཤད་པ་དེ་ཉིད་ལ་གདོན་མི་ཟ་བར་ངོས་བཟུང་དགོས་ཏེ། གནས་གཙང་ལྔ་ལས་གཞན་པའི་གཟུགས་ཁམས་ཀྱི་འོག་མིན་ཞིག་ཡོད་པར་མདོ་སྡེ་མ་དེས་བཤད་པ་གང་ཞིག །དེ་ལས་གཞན་ཞིག་མི་རྙེད་པའི་ཕྱིར་རོ། །

གལ་ཏེ་དེ་ནི་བྱང་སེམས་ས་བཅུ་པ་ཁོ་ནའི་གནས་སུ་བཤད་ཀྱི་ལོངས་སྐུའི་གནས་སུ་མ་བཤད་པས་མི་འཐད་དོ་སྙམ་ན། སློབ་མེད་དེ་ཚིག་ཟིན་ལ་མ་བཤད་ཀྱང་། འཁོར་བྱང་སེམས་ས་བཅུ་པ་ཁོ་ན་བཞུགས་པར་བཤད་པ་ཉིད་ཀྱིས། གཙོ་བོ་ལོངས་སྤྱོད་རྫོགས་སྐུ་ཞིག་བཞུགས་པར་གྲུབ་སྟེ། གཙོ་བོ་སངས་རྒྱས་མི་བཞུགས་པར་འཁོར་བྱང་སེམས་ས་བཅུ་པ་ཁོ་ན་བཞུགས་པའི་དག་པའི་ཞིང་ཁམས་དེ་འདྲ་མི་སྲིད་ཅིང་། བྱང་སེམས་ས་བཅུ་པ་ཁོ་ནས་བསྐོར་བའི་འདྲེན་པ་དམ་པ་དེ་ནི་ལོངས་སྤྲུལ་གཉིས་ལས་ལོངས་སྐུ་ཁོ་ནར་ངེས་པའི་ཕྱིར་ཏེ། རྒྱུད་བླ་མ་ལས། དག་ལས་ཉེ་དང་རིགས་རྣམས་ལ། །འཇིག་རྟེན་རྒྱལ་བའི་དཀྱིལ་འཁོར་དུ། །ཆུ་དང་ནམ་མཁར་ཟླ་གཟུགས་བཞིན། །དེ་མཐོང་བ་ནི་རྣམ་པ་གཉིས། །ཞེས་འཁོར་ཉན་རང་སོ་སྐྱེ་བྱང་སེམས་སོགས་ཐུན་མོང་བའི་གདུལ་བྱ་རྣམས་ལ་སྣང་བའི་གཙོ་བོ་དེ་ནི། སྤྲུལ་སྐུ་དང་། འཁོར་དག་པ་ཡན་ཆད་ལ་གནས་པའི་བྱང་འཕགས་ཁོ་ན་ལ་སྣང་བའི་དག་པའི་ཞིང་གི་འདྲེན་པ་དེ་ལ་ལོངས་སྐུ་ཞེས་བཤད་འདུག་པའི་ཕྱིར་དང་། འོན་ཀྱང་སྟུག་པོ་བཀོད་པའི་མདོ་ལས། འོག་མིན་གྱི་གནས་དེ་ཁམས་གསུམ་ལས་འདས་པར་བཤད་པ་དང་། དེ་གཟུགས་ཁམས་སུ་བཤད་པ་གཉིས་འགལ་ལོ་སྙམ་ན། དེ་ཡང་སྐྱོན་མེད་དེ། གཟུགས་ཁམས་གནས་རིས་བཅུ་བདུན་མན་ཆད་ལ་གཟུགས་ཁམས་སུ་བྱས་པའི་ཁམས་གསུམ་ལས་འདས་པ་ན། ཁམས་གསུམ་ལས་འདས་ཞེས་བཤད་པའི་ཕྱིར་དང་། འོག་མིན་དེ་གནས་པའི་བྱང་སེམས་ཐམས་ཅད་ཀྱང་། ཟག་མེད་ཡིད་ལུས་ལ་གནས་པའི་འཕགས་པ་ཁོ་ན་ཡིན་གྱི། གནད་དེས་ན་ཟག་བཅས་ཀྱི་ཆོས་གང་ཡང་མེད་པའི་ཆ་ནས་ཀྱང་། ཟག་བཅས་ཁམས་གསུམ་ལས་འདས་ཞེས་བཤད་པ་ཡིན་པའི་ཕྱིར་རོ། །དེ་ལྟ་མ་ཡིན་ན། གཟུགས་ཀྱི་ཁམས་ཀྱི་འོག་མིན་དུ། །ཞེས་པའི་འོག་མིན་དེ་ཁྱོད་ཀྱིས་སྨྲོས་ཤིག་དང་། ཁོ་བོས་རྗེས་སུ་ཡི་རང་བར་བྱའོ། །སློབ་དཔོན་རིན་པོ་ཆེས་སྒྱི་རྣམ་ལས་བཤད་པ་དེ་ནི། དགོངས་པ་ཅན་དུ་དྲངས་པ་ལས་འོས་མེད་དོ། །

གཉིས་པ་རྒྱུད་སྡེ་སྤྱི་རྣམ་ལས་བཤད་པ་ནི། རྒྱུད་སྡེ་སྤྱི་རྣམ་ལས་འདི་སྐད་ཅེས་ཕལ་པོ་ཆེ་དང་། དེ་ཉིད་བསྡུས་པ་དང་། དཔང་བསྐུར་བའི་རྒྱུད་ལས་བཤད་པ་ལྟར་མི་མཇེད་ལ་སོགས་པ་བསམ་གྱིས་མི་ཁྱབ་པ་ནང་དུ་ཆུད་པ་ནི་གཞི་དང་སྙིང་པོ་མེ་ཏོག་གིས་བརྒྱན་པའི་ཞིང་ཁམས། དེ་བསམ་གྱིས་མི་ཁྱབ་པ་ནང་དུ་ཆུད་པ་དེ་ནི་འཇིག་རྟེན་གྱི་ཁམས་བརྒྱའོ། །རྒྱ་མཚོ་དེ་ནི་རྣམ་སྣང་གངས་ཅན་མཚོའི་ཕྱག་གི་མཐིལ་ན་གནས། རྣམ་སྣང་གངས་ཆེན་མཚོ་བྱང་ཆུབ་སེམས་དཔའི་འཁོར་དང་བཅས་པ་གང་ན་བཞུགས་པའི་གནས་དེ་འོག་མིན་ཡིན་ཞེས་བཤད་དོ། །དེ་ཙམ་ལས་སླ་བར་མ་ནུས་སོ། །

གསུམ་པ་ཐུན་མོང་མ་ཡིན་པའི་མན་ངག་ལས་བཤད་ཚུལ་ནི། རྡོ་རྗེ་ཚིག་རྐང་ལས། འབིགས་བྱེད་གཞོན་ནུའི་གྲོང་ཁྱེར་ཆོས་ཀྱི་དབྱིངས་བྱང་ཆུབ་སེམས་ཀྱིས་ནི་འབིགས་ཞེས་དང་། སློབ་དཔོན་དུས་གསུམ་བདེ་གཤེགས་བཙུད་འདུས་ཡིན། །ཡི་དམ་ལྷ་དང་བླ་མ་དབྱེར་མེད་ལ། །ལྷ་གར་དངོས་གྲུབ་ལེན་པའི་རྟེན་འབྲེལ་གྱིས། །སྲིད་པཤིན་ཏུ་རྣམ་པར་དག་པའི་ལམ། །ཞེས་བཤད་པ་ལྟར། སྨྲུབ་པ་པོ་ས་བཅུ་གཉིས་པ་ཐོབ་པ་དེས། ཡུལ་ཆེན་སོ་གཉིས་བགྲོད་ཟིན་པས། དབུ་མའི་མདུད་པ་སོ་གཉིས་གྲོལ་ཟིན་ཡང་། ད་དུང་ཕྱི་ནང་སྨྲས་པའི་ཡུལ་ལྷ་མ་བགྲོད་པས། སྤྱངས་རྟོགས་མཐར་ཐུག་མ་བརྙེས་ལ། དེའི་ཆེད་དུ་སྨྲས་པའི་ཡུལ་ལྷ་བགྲོད་དགོས་པའི་གནད་ཀྱིས། སྨྲས་པའི་ཡུལ་ལྷ་པོ་དེ་ནི་འོག་མིན་གྱི་གནས་སུ་ཁས་ལེན་དགོས་ཏེ། ཕྱི་སྨྲས་པའི་ཡུལ་ལྷ་པོ་དེ། ཕྱིའི་འོག་མིན་དང་། ནང་སྨྲས་པའི་ཡུལ་ལྷ་པོ་དེ་ནང་གི་འོག་མིན་དུ་བཞག་དགོས་པའི་ཕྱིར་ཏེ། ངེས་པའི་དོན་དུ་ན། སྒྲུབ་པ་པོ་རང་ཉིད་གང་དུ་འཚང་རྒྱ་བའི་གནས་དེ་འོག་མིན་ཡིན་ཞེས་དང་། ནང་ལྟར་ན། ལུས་ཀྱི་རྩ་མཛེས་པའི་སྤྱི་བོ་ཨེ་ཝཾ་ཟུང་འཇུག་དེ་འོག་མིན་ཡིན་ཞེས། རྗེ་བཙུན་གོང་མ་འབྲུལ་པ་ཟད་པ་དེ་དག་གི་གསུང་དངོས་དང་བརྒྱུད་པ་ལས་སྐྱོན་མེད་དུ་འབྱུང་བའི་ཕྱིར་རོ། །འོ་ན་ཕྱི་ནང་སྨྲས་པའི་ཡུལ་ལྷ་ཇི་ལྟར་སྙམ་ན། ནང་སྨྲས་པའི་ཡུལ་ལྷ་ནི། གོང་མའི་གསུང་ལས་ཆ་གཉིས་སྣང་བའི་ཆ་གཅིག་ལས། རྩ་རོ་རྐྱང་གི་མས་སྣ་གཉིས་གཉིས་གྱེས་པ་དང་། དབུ་མའི་མས་སྣ་ལྔ་ལ་ནང་སྨྲས་པའི་ཡུལ་ལྔར་བཤད་པ་འདི་ཡང་ལེགས་བཤད་དུ་སྣང་སྟེ། ཉེ་རྒྱུ་ཉམས་ལེན་ཡབ་ཡུམ་སྙོམ་པར་བཞུགས་པའི་ཚེ། ཡབ་ཡུམ་གྱི་ཁམས་དཀར་དམར་གྱི་དྭངས་མས་གང་བའི་ཟླ་གའི་རྩ་ལྔ་ནི། རླུང་སེམས་མཁའ་འགྲོ་ཡབ་ཡུམ་བཅུའི་ཕོ་བྲང་དང་། སངས་རྒྱས་ཡབ་ཡུམ་གྱི་གནས་ཟ་མ་ཏོག་ལྟ་བུ་ཡིན་པའི་ཕྱིར་ཏེ། ལྷ་གར་དངོས་གྲུབ་ལེན་པའི་རྟེན་འབྲེལ་གྱིས་ཞེས་སོགས་དང་། རྒྱུད་ལས་ཀྱང་། སངས་རྒྱས་རིན་ཆེན་ཟ་མ་ཏོག་ཅེས་སོགས་བཤད་པས་སོ། །

གསུང་གི་ཆ་གཅིག་ནི་གོང་དུ་བཤད་པ་ལྟར། སྙིང་ཁའི་ནང་བསྐོར་དབུས་དང་ཕྱོགས་བཞིའི་རྩ་ཁམས

སོགས་ཏེ། གནས་དེ་ལྷའི་དཀྱིལ་འཁོར་བཞིའི་འགྲོས་དབུ་མར་ཐིམ་པ་ལས། བཅུ་གསུམ་ཕྱེད་འོག་མའི་རྟོགས་པ་སྐྱེ་བའི་ཕྱིར་རོ། །དེ་གཉིས་ཀྱང་དོན་ལ་འགལ་བར་ནི་མི་སེམས་ཏེ། རྒྱ་དེ་དག་གི་རྒྱ་བ་དང་། རྒྱ་མོའི་གནས་མ་འཆོལ་བའི་རིགས་པ་ལས་ཞེས་དགོས་པའི་ཕྱིར་རོ། །འོན་ཕྱི་སྒྲུབ་པའི་ཡུལ་ལྷ། ཇི་ལྟར་སྙམ་ན། བཤད་པར་བྱ་སྟེ། ཉེ་རྒྱུའི་ཉམས་ལེན་དངོས་གཞིར་སླེབ་པའི་རྟེན་གང་ཟག་དེ་ལ། ཕྱི་ནང་རྟེན་འབྲེལ་གྱི་གནད་ཀྱིས་ཤེས་རབ་ཀྱི་རྡོ་རྗེ་བཙུན་མོའི་ལྷ་གའི་ཕོ་བྲང་དམ། སྙིང་ག་རྒྱ་ལྷའི་ཕོ་བྲང་དེ། འོག་མིན་གྱི་གནས་སུ་རང་གྲུབ་དུ་འཆར་བས་དེ་ཉིད་ཕྱིའི་འོག་མིན་ཡིན་ལ། འོན་ལྟར་ཇི་ལྟར་འགྱུར་སྙམ་ན། ནང་གི་ཡུལ་ལྷའི་རྟེན་འབྲེལ་གྱིས། ཕྱིར་ཡང་ཡུལ་ལྷའི་སྣང་བ་འཆར་བའམ། ཡང་ན་ལྷོག་པས་ཕྱེ་བའི་ལྷ་ཡིན་གྱི་དོན་ལ་ཐ་དད་མེད་ཅེས་སམ། ཡང་ན་འཁོར་ཆོམ་བུ་གཅིག་དང་བཅས་འཚང་རྒྱ་བའི་ཚེ། བརྟེན་པ་ལྷའི་གནས་ཀྱིས་རྟེན་ཡུལ་ཆེན་ཡང་ལྷ་ཡོད་ཅེས་ཁས་ལེན་པར་རིགས་སམ་སྙམ་མོ། །འདི་ལྟ་བུའི་རྣམ་གཞག་བྱེས་པའི་བློ་གྲོས་ཀྱིས་ཇི་ལྟ་བ་བཞིན་བསམ་ཞིང་བརྗོད་པར་ག་ལ་ནུས་ཏེ། བསམ་གྱིས་མི་ཁྱབ་ཡེ་ཤེས་ཅན། །དེའི་མཁྱེན་པ་དཔག་མི་ནུས་ཞེས་བཤད་པས་སོ། །འོན་ཀྱང་། ནང་སྒྲུབ་པའི་ཡུལ་ལྷས་མཚོན་པའི་ཕྱི་སྒྲུབ་པའི་ཡུལ་ལྷ་པོ་དེ་ཡང་། འོག་མིན་ཁོ་ན་ཡིན་ནོ་ཞེས་ཁོ་བོ་སྨྲ་སྟེ། ཉེ་རྒྱུ་ཉམས་ལེན་གྱི་བཅུ་གསུམ་ཕྱེད་འོག་མ་ལ་གནས་པའི་རྣལ་འབྱོར་པ་དེ་དང་། དེ་ལས་འགྲོས་བཞི་ཐིམ་པའི་སངས་རྒྱས་དེ་གཉིས་ནི། གནས་འོག་མིན་ཁོ་ན་ན་བཞུགས་དགོས་པའི་ཕྱིར་རོ། །

དེས་ན་ཕྱིའི་འོག་མིན་དང་ནང་གི་འོག་མིན་ཞེས་ཐ་དད་པ་གཉིས་ཁས་ལེན་དགོས་པ་མ་ཡིན་ཏེ་ནང་སྒྲུབ་པའི་ཡུལ་ལྷ་འོག་མིན་དུ་ཤར་བ་ཙམ་ཡིན་པའི་ཕྱིར་རོ། །འདི་ཡང་གནད་གཅིག་གོ། །དཔེར་ན་ཕར་ཕྱིན་ལུགས་ལ། བྱང་སེམས་རྒྱུན་མཐའ་པ་ཞེས་གྲགས་པ་དེ་དང་། དེའི་རྟེན་ལ་སངས་རྒྱས་མ་ཐག་པའི་སངས་རྒྱས་གཉིས་ཆར་འོག་མིན་ན་བཞུགས་པར་ཁས་ལེན་དགོས་པ་བཞིན་ནོ། །དེས་ན་རྡོ་རྗེ་ཐེག་པའི་ལུགས་འདི་ལ་འོག་མིན་དུ་འཚང་རྒྱ་བ་ལ། འོག་མིན་ཞེས་པའི་གནས་ཐག་རིང་པོ་ཞིག་ཏུ་འགྲོ་དགོས་པ་ནི་མ་ཡིན་ཏེ། འདོད་ཁམས་པ་ཞིག་ཚེ་འདི་ཉིད་ལ་འཚང་རྒྱ་བའི་ཚེ། ཕྱི་ལྟར་ན་རང་ཉིད་གནས་པའི་འདོད་པའི་ཁམས་འདི་ཉིད་དུ་སངས་རྒྱས་པར་སྣང་ཡང་། ནང་ལྟར་ན། རྣལ་འབྱོར་པ་རང་སྣང་ལ་ནང་སྒྲུབ་པའི་ཡུལ་ལྷ་པོ་དེ་འོག་མིན་དུ་ཤར་ཏེ་སངས་རྒྱས་པ་ཡིན་པའི་ཕྱིར། གནད་འདི་ངེས་པར་གོ་དགོས་སོ། །

དེས་ན་ཉེ་རྒྱུ་ཉམས་ལེན་གྱི་གནས་ནི། ཕྱི་ནང་གསང་བ་གསུམ་དུ་ཡང་འགྱུར་ཏེ། ཕྱི་ལྟར་ན། རྣལ་འབྱོར་པ་རང་ཉིད་ཉམས་ལེན་བྱེད་པའི་གནས་དེ་ཡིན་ལ། ནང་ལྟར་ན། ཀླུང་སེམས་མཁའ་འགྲོ་བཅུའི་ཕོ་བྲང

དེ་ཡིན་ཞིང་། གསང་བ་ལྟར་ན། སྟོང་གསུམ་ཡུངས་འབྲུའི་དཔེས། རྣལ་འབྱོར་པ་རང་སྣང་འཕྲུལ་མེད་ལ་ཤར་བའི་འོག་མིན་དེ་ཡིན་པས་སོ། །

བཞི་པ་རྟེན་ནི་གོང་དུ་བཤད་པ་ལྟར་ལས་ཀྱི་ཕྱག་རྒྱ་མཚན་ཉིད་པ་དང་ལྡན་པ་དེ་ཉིད་དོ། །

ལྷ་པ་མངོན་དུ་བྱེད་པའི་ཐབས་ནི། རང་བྱིན་རླབས་ཀྱི་སྦྱང་པ་སྔོན་དུ་སོང་བའི་དཀྱིལ་འཁོར་འཁོར་ལོའི་ཐབས་ཁྱད་པར་ཅན་དེ་ཉིད་ཡིན་ལ། དྲུག་པ་ཇི་ལྟར་མངོན་དུ་བྱ་བའི་ཚུལ་ནི། ཕྱི་ནང་གི་མངོན་བྱང་གི་ལྷ་ཅིག་ཆར་གྲུབ་པའི་ཚུལ་གྱིས་འབྲས་བུ་ས་བཅུ་གསུམ་པ་རྡོ་རྗེ་འཛིན་པ་མངོན་དུ་བྱེད་པ་ཡིན་ཏེ། དེ་ཡང་ཡབ་ཡུམ་མཉམ་སྦྱོར་གྱི་ཚེ། ཡབ་ཀྱི་ཁམས་དྭངས་མ། རིགས་ཀྱི་བདག་པོའི་ཁ་ཨེའི་རྣམ་པར་ཕབ་པ་ན། མཉམ་གཞག་ཏུ་ཆོས་ཐམས་ཅད་རང་བཞིན་རྣམ་དག་གི་རྟོགས་པ་སྐྱེས། རྗེས་ཐོབ་ཏུ་སྙིང་གར་ཟླ་བས་མཚན་པའི་སྣང་བ་འཆར། དེས་མངོན་བྱང་དང་པོ་གྲུབ་སྟེ། ཡེ་ཤེས་ལྷ་ལས་མེ་ལོང་ལྟ་བུའི་ཡེ་ཤེས་དང་། རིགས་ལྔ་ལས་རྣམ་སྣང་གི་གསལ་སྣང་ཆེས་ཆེར་རྙེད་དེ། ཡུམ་གྱི་རཀྟའི་དྭངས་མ་རྩ་མཛེས་པའི་སྤྱི་བོ་བཾ་གྱི་རྣམ་པར་ཕབ་པ་ན། མཉམ་གཞག་ཏུ་གློ་བུར་རྣམ་དག་གི་རྟོགས་པ་སྐྱེ། རྗེས་ཐོབ་ཏུ་མཉམ་སྦྱོར་ལྟར་ན་དེའི་སྟེང་དུ་ཟླ་བའི་དཀྱིལ་འཁོར་གཉིས་པའམ། མི་མཉམ་སྦྱོར་ལྟར་ན། ཉི་མའི་དཀྱིལ་འཁོར་གྱི་སྣང་བ་འཆར། དེས་མངོན་བྱང་གཉིས་པ་གྲུབ། མཉམ་ཉིད་ཡེ་ཤེས་དང་། རིན་འབྱུང་གི་གསལ་སྣང་ཆེས་ཆེར་རྙེད། ཡབ་ཡུམ་གྱི་རྩ་གཉིས་ཡི་གེ་གཉིས་ཁམས་དཀར་དམར་གཉིས། རླུང་གཉིས་རྣམས་མ་འདྲེས་པར་ཞལ་སྦྱོར་དུ་གནས་པ་ན། མཉམ་གཞག་ཏུ་བཟུང་བས་དག་པའི་འོད་གསལ་སྟོང་ཉིད་རྟོགས་པ་སྐྱེས། རྗེས་ཐོབ་ཏུ་མཉམ་སྦྱོར་ལྟར་ན། ཟླ་བ་གཉིས་ཀྱི་སྟེང་དུ་རྡོ་རྗེ་དང་། མི་མཉམ་སྦྱོར་ལྟར་ན་ཉི་ཟླའི་བར་དུ་ཕྱག་མཚན་ས་བོན་གྱིས་མཚན་པའི་སྣང་བ་འཆར། མངོན་བྱང་གསུམ་པ་གྲུབ། སོར་རྟོག་ཡེ་ཤེས་དང་། འོད་དཔག་མེད་ཀྱི་གསལ་སྣང་ཆེས་ཆེར་རྙེད། ཡབ་ཡུམ་གྱི་རྩ་ཡིག་ཁམས་སོགས་རོ་གཅིག་ཏུ་འདྲེས་པ་ན། མཉམ་གཞག་ཏུ་འཛིན་པ་ལས་དག་པའི་འོད་གསལ་སྟོང་པ་ཉིད་ཀྱི་རྟོགས་པ་སྐྱེ། རྗེས་ཐོབ་ཏུ་དེ་བཞིན་གཤེགས་པ་ཐམས་ཅད་ཀྱི་སྐུ་གསུང་ཐུགས་ཀྱི་དྭངས་མ་ཐམས་ཅད་དང་། རྡོ་རྗེ་ལ་ཐིམ་པའི་སྣང་བ་འཆར། མངོན་བྱང་བཞི་པ་གྲུབ། བྱ་གྲུབ་ཡེ་ཤེས་དང་། དོན་གྲུབ་ཀྱི་གསལ་སྣང་ཆེས་ཆེར་རྙེད། ཡབ་ཡུམ་གྱི་བྱང་སེམས། རང་རང་གི་དབུ་མ་ནས་དྲངས་ཏེ་སྤྱི་གཙུག་ཏུ་རྟེན་དཀྱིལ་འཁོར་འཁོར་ལོ་བཞིའི་འགྲོས་ཐིམ། དབུའི་གཙུག་ཏོར་མཆོག་ཏུ་གྲུབ་པའི་ཚེ། མཉམ་གཞག་ཏུ་བཟུང་འཛིན་གཉིས་ཀྱི་དག་པའི་འོད་གསལ་རྣམ་ཀུན་མཆོག་ལྡན་གྱི་སྟོང་པ་ཉིད་ཀྱི་རྟོགས་པ་སྐྱེ། རྗེས་ཐོབ་ཏུ་མཚན་དཔེས་བརྒྱན་པའི་མི་བསྐྱོད་རྡོ་རྗེའི་སྐུ་རུ་སངས་རྒྱས་པའི་སྣང་བ་འཆར། དེས་མངོན་བྱང་ལྔ་པ་

གྲུབ། ཆོས་དབྱིངས་ཡེ་ཤེས་ཀྱི་གསལ་སྣང་ཆེས་ཆེར་རྣེད། ས་བཅུ་གསུམ་ཕྱེད་གོང་མར་མཐར་ཕྱིན་ཏེ། ཡེ་ཤེས་ལྔ་ལྡན་སྐུ་ལྔ་ཡོངས་རྫོགས་ཀྱིས་འབྲས་བུ་མཐར་ཐུག་གྲུབ་པ་ཡིན་ནོ། །

དེས་ན་མངོན་བྱང་ལྔ་པའི་ཚེ་ཡེ་ཤེས་ལྔ་དང་རིགས་ལྔ་སྐུ་ལྔ་སོགས་ཅིག་ཅར་གྲུབ་པ་ཡིན་གྱི། དེ་དག་རིམ་ཅན་དུ་གྲུབ་པ་ཡིན་ནོ་སྙམ་དུ་བསམ་པར་མི་བྱ་སྟེ། ཡེ་ཤེས་ལྔ་དང་མི་ལྡན་པའི་སངས་རྒྱས་མཚན་ཉིད་པ་མེད་པའི་ཕྱིར་རོ། །འོན་གོང་ཕྱིའི་མངོན་བྱང་གི་ཚེ་ཆོས་དབྱིངས་ཡེ་ཤེས་དང་རྣམ་སྣང་སྨྲར། འདིར་མི་བསྐྱོད་པ་དང་སྦྱར་བ་མི་འགལ་ལམ་སྙམ་ན། མི་འགལ་ཏེ་སྔ་མ་ནི་རྣལ་འབྱོར་རྒྱུད་དང་ཐུན་མོང་བ་ལ་དགོངས། ཕྱི་མ་ནི་བླ་མེད་ཐུན་མོང་མ་ཡིན་པའི་དབང་དུ་བྱས་པ་ཡིན་པའི་ཕྱིར། གོང་དུ་འཁོར་ཚོམ་བུ་གཅིག་དང་བཅས་འཚང་རྒྱ་ཞེས་བྱ་བའི་དོན་ཀྱང་། སྒྲུབ་པ་པོ་རང་ཉིད་འོག་མིན་དུ་སངས་རྒྱས་པའི་ཚེ། ཚོམ་བུ་གཞན་རྣམས་ནི། རང་ཉིད་ཀྱི་འཁོར་དུ་འབྱུང་ཞེས་པ་ཙམ་ཞིག་ཡིན་ནམ་སྙམ་སྟེ། འོག་མིན་དུ་འཚང་རྒྱ་བའི་ཚེ། རང་ཉིད་ཀྱི་ཡེ་ཤེས་ཀྱི་སྣང་བ་ཤར་བ་དེར་འཚང་རྒྱ་བ་ཡིན་གྱི། སངས་རྒྱས་གཞན་ཞིག་ཆོས་ཀྱི་འཁོར་ལོ་བསྐོར་བཞིན་པའི་འོག་མིན་དེར་སངས་རྒྱ་བ་ནི་མ་ཡིན་ཏེ། ཞིང་ཁམས་གཅིག་ཏུ་བསྟན་པ་གཅིག་ལ་སྟོན་པ་གཉིས་འབྱུང་བ་ནི་མ་བཤད་པའི་ཕྱིར་རོ། །དེས་ན་འཚང་རྒྱ་བའི་ཚེ། མ་མཐའ་འཁོར་ཚོམ་བུ་གཅིག་དང་བཅས་འཚང་རྒྱ་བའི་གནད་ཀྱང་འདི་ཉིད་ཡིན་ཏེ། འཁོར་བྱང་འཕགས་མེད་པའི་སངས་རྒྱས་གསར་བུ་བ་གཅིག་པོ་ནའམ། མང་པོ་ལྷན་ཅིག་ཏུ་བཞུགས་པ་དེ་འདྲ་མི་འོས་པའི་ཕྱིར་རོ། །ཆོས་ཀྱི་གནད་ཟབ་མོ་ཡིད་ལ་ཤར་བ་ནི། བླ་མ་དམ་པའི་བྱིན་རླབས་སྙིང་ལ་ཞུགས་པའི་དྲིན་ནོ། །འོན་འཆད་པ་པོ་ང་ཆོས་ཀྱང་ང་། །རང་གི་ཚོགས་ལྡན་ཉན་པ་ང་། ། ཞེས་སོགས་བཤད་པ་མ་ཡིན་ནམ་སྙམ་ན། སྐྱོན་མེད་དེ། དེ་ནི་ལྷན་སྐྱེས་ཀྱི་ཡེ་ཤེས་ལྷ་བའི་ངོ་ན། གཙོ་འཁོར་ཆོས་སོགས་ཐ་དད་མེད་ཅེས་པའི་དོན་ཡིན་ལ། འདི་ནི་ཐ་སྙད་རྣམ་འཇོག་གི་སྐབས་ཡིན་པའི་ཕྱིར་དང་། གཙོ་འཁོར་ཐ་དད་པ་དང་ཐ་མི་དད་པའི་སྐབས་གཉིས་ཡོད་པ་དེ་ཡང་། སངས་རྒྱས་ཟིན་ནས་དེའི་རྗེས་སུ་མཛད་པ་སྟོན་པའི་སྐབས་ཡིན་པའི་ཕྱིར་རོ། །

འདི་ལ་དོགས་པ་འདི་ལྟར་དཔྱད་དགོས་ཏེ། འདིར་བཤད་པ་ལྟར་མངོན་བྱང་ལྔ་དང་སྐུ་གསུམ་སོགས་ཅིག་ཅར་དུ་གྲུབ་པ་དེ་ལྟ་ན། རང་རེའི་རྒྱུད་སྡེ་སྤྱི་རྣམ་ལས། དེ་ལྟར་མངོན་པར་སངས་རྒྱས་པ་ཉིད་ཀྱིས་སྐུ་གསུམ་གྲུབ་སྟེ། མངོན་པར་བྱང་ཆུབ་པ་དང་པོ་དང་ཐ་མས་ཆོས་ཀྱི་སྐུ་གྲུབ་ལ། གཉིས་པ་དང་གསུམ་པས་ལོངས་སྐུ་དང་། བཞི་པས་སྤྲུལ་སྐུ་གྲུབ་པའོ་ཞེས། སྐུ་གསུམ་རིམ་ཅན་དུ་གྲུབ་པར་བཤད་པ་དང་མི་འགལ་ལམ་སྙམ་ན། སྐྱོན་མེད་དེ། དེ་ལྟར་བཤད་པ་དེ་ནི་ཡེ་ཤེས་ལྔ་དང་སྐུ་གསུམ་དུ་རིམ་ཅན་གྱིས་གྲུབ་ཅེས་པའི

དོན་མ་ཡིན་གྱི་བཤད་པའི་གོ་རིམ་གྱི་དབང་དུ་བྱས་པའི་མངོན་བྱང་དང་པོར་བཤད་པའི་མེ་ལོང་ལྟ་བུའི་ཡེ་ཤེས་དང་། མངོན་བྱང་ལྔ་པར་བཤད་པའི་ཆོས་དབྱིངས་ཡེ་ཤེས་དེ་ལ་ཆོས་སྐུ་དང་། མངོན་བྱང་གཉིས་པར་བཤད་པའི་མཉམ་ཉིད་ཡེ་ཤེས་དང་། གསུམ་པར་བཤད་པའི་བྱ་གྲུབ་ཡེ་ཤེས་ལ་སངས་རྒྱས་རང་སྣང་གི་ལོངས་སྐུ་དང་། མངོན་བྱང་བཞི་པར་བཤད་པའི་སོར་རྟོགས་ཡེ་ཤེས་དེ་རང་སྣང་གི་སྤྲུལ་སྐུར་འཇོག་ཅེས་པའི་དོན་དུ་སྣང་བའི་ཕྱིར་རོ། །དེ་ལྟ་མ་ཡིན་ན། དོན་ཅི་ཡང་མི་སྟོན་ཏེ། མངོན་བྱང་དང་པོས་ཆོས་སྐུ་གྲུབ་ན། མངོན་བྱང་ལྔ་པ་ལ་ཆོས་སྐུ་འགྲུབ་དགོས་རྒྱུ་མེད་པའི་ཕྱིར་དང་། ཆོས་སྐུ་གྲུབ་ནས་ལོངས་སྐུ་གྲུབ་མ་ཟིན་པ་ཡང་མདོ་སྔགས་གཉིས་ཆར་ལ་མི་སྲིད་པའི་ཕྱིར་རོ། །དེས་ན་རྒྱུད་སྡེ་སྤྱི་རྣམ་ལས། ལོངས་སྐུར་སངས་རྒྱས་མ་ཐག་པ་དེ་ནི། རྣམ་པར་སྣང་མཛད་ཅེས་བྱ་སྟེ། དེ་ནི་སྟོན་པ་ལོངས་སྐུ་ཡིན་པར་བཤད། དེའི་ཐུགས་ཡེ་ཤེས་ཆོས་སྐུ་སེམས་སེམས་བྱུང་རྣམས། རྡོ་རྗེ་འཆང་རྡོ་རྗེ་སེམས་དཔའི་སྐུར་བསྟན་ནས་ཆོས་སྟོན་པ་ནི་སྟོན་པ་ཆོས་ཀྱི་སྐུ་ཡིན་པར་བཤད་ནས། འོན་འོག་མིན་དེར་སྟོན་པ་གཉིས་སུ་མི་འགྱུར་རམ་ཞེས་དོགས་པ་བཀོད་ནས། དེའི་ལན་དུ་མི་འགྱུར་ཏེ། དེ་གཉིས་ལ་དབྱེ་བ་མེད་པའི་ཕྱིར་རམ། ཡང་ན་སྟོན་པ་ཆོས་ཀྱི་སྐུ་དེ་ནི་སྟོད་པ་པོའི་ཆ་བཟུང་བ་ཡིན་པའི་ཕྱིར། ཞེས་བཤད་དོ། །

མན་ངག་ལས་ནི། རྟེན་གནས་གྱུར་གྱི་སྐུ་བཞི་དང་། བརྟེན་པ་གནས་གྱུར་གྱི་སྐུ་གཅིག་སྟེ་སྐུ་ལྔ་ཅིག་ཆར་གྲུབ་པར་བཤད་ལ། དེ་དག་གི་གནད་ངོས་བཟུང་བ་ནི་ལོགས་སུ་གསལ་ལོ། །རྩ་རྒྱུད་བླ་མའི་བྱིན་རླབས་སྙིང་ལ་འཕོས། །ཚེ་རབས་ཕྲེང་བར་བསགས་པའི་བག་ཆགས་སད། །ཚུལ་དང་ཚུལ་མིན་རྣམ་འབྱེད་སྤོབས་པ་ཐོབ། །ཟབ་དོན་ཉམས་སུ་ལེན་པར་བྱིན་གྱིས་རློབས། །ས་སྐྱའི་འཇམ་མགོན་ཐུགས་ཀྱི་མཛོད། །སྙིགས་དོན་གནད་ཀྱི་གཏེར་ཁ་ཕྱེ། །རྣམ་གསུམ་བླ་མའི་བཀའ་དྲིན་ལས། །ཀླུ་སྒྲུབ་བདག་གི་སྐལ་བས་རྙེད། །

༄༅། །སྡོམ་གསུམ་རབ་དབྱེའི་དཀའ་འགྲེལ་སྦས་དོན་གནད་ཀྱི་སྙིང་པོ་གསལ་བྱེད་ལས། ཕྱག་ཆེན་རྩོད་སྤོང་སྐབས་ཀྱི་ལེགས་བཤད་ཉི་མའི་འོད་ཟེར་བཞུགས་སོ། །

མང་ཐོས་ཀླུ་སྒྲུབ་རྒྱ་མཚོ།

སེམས་འོད་གསལ་དག་པ་གདངས་ཀྱི་རིར། །ལམ་ཕྱག་ཆེན་འོད་བརྒྱའི་སྣང་བ་གསལ། །ཕྱོགས་མི་
ཤེས་མུན་པའི་དྲི་མ་བཀྲུས། །མཆོག་བདུད་རྩིའི་ཐིགས་ཕྲེང་འབབས་དེར་བསྟོད། །ངན་རྟོག་རི་བོ་ལྷ་མིན་
མགྲོན་གྱི་ཟོལ། །རྣམ་དཔྱོད་ལྟོ་བར་བཞུ་ཡང་མ་ཚིམ་པར། །གནས་ལྔའི་མཚོ་ཆེན་རྦབ་གཅིག་གིས་ཟ་བའི། །
སླ་མཁས་དྲང་སྲོང་ཆེ་དེ་ཕྱག་གི་གནས། །གཉིས་འཐུང་རང་བཞིན་མཛེས་པའི་གོམ་སྟབས་ལ། །འགྲན་འདོད་
ཝ་སྐྱེས་གར་སྟབས་བསྒྱུར་བའི་མོད། །མི་གཙང་འདམ་དུ་ཉམས་པའི་རྣམ་ཐར་ལ། །ལྷ་རྣམས་རྒོད་པའི་
དབྱངས་ཀྱིས་ཁྲེལ་ཞེས་ཐོས། །ཆོས་སྟོང་ཉིད་རང་གཟུགས་མ་མཐོང་ཡང་། །སྒྲ་རྟོག་པའི་འཇུག་ཚུལ་འཕྲུལ་
པར་གོ། །ཚིག་མཆོན་ཆའི་ན་བུན་དབྱིངས་སུ་ཡལ། །ངེད་རྟོག་གེ་མཁན་རྣམས་འོད་གསལ་དང་། །ཨེ་མ་ཧོ།
ཁོང་སྐྱུ་མའི་མཁན་པོ་སྐྱུ་མས་བསླུས། །ཆོས་ཕྱག་རྒྱ་ཆེན་པོ་རང་ཚུགས་ཞིག །རི་མཐོན་པོའི་བུ་ཆུང་ཐང་ལ
འཁྲུམས། །ཆོས་རྟོག་གེའི་གཞུང་ལ་སྐྱབས་གནས་འཚོལ། །ཨ་ལ་ལ་ཧོ། ཆོས་ཚིག་གི་བདག་པོ་འདུལ་བ
ལས། །འཁོར་སྦྲང་བུས་ཟླ་བ་ཟོས་སོ་ལོ། །ས་ནགས་བཅས་མཁའ་ལ་འཕགས་སོ་ལོ། །ཁོང་རྒྱལ་བའི་གསུང་
ཡིན་བདེན་ལས་ཆེ། །སྟོན་རྒྱ་གར་འཕགས་ཡུལ་གྲུབ་ཐོབ་ཀུན། །སྔར་ཐོས་བསམ་སྦྱངས་ནས་བརྟུལ་ཞུགས་
སྤྱོད། །དུས་དེང་གི་རྟོགས་ལྡན་རྒྱལ་པོ་རྣམས། །སྟོན་དཔེན་པ་བསྟེན་ནས་གྲོང་མཐར་འཁྲུམས། །ཆོས་ཐོས་
པ་བྱེད་ཟེར་ཚོལ་ཚོལ་སླ། །གཏམ་དྲང་པོའི་བདེན་ཚིག་དགྲ་རུ་ཤར། །ནང་རིག་པའི་རྒྱལ་པོ་བཙོན་དུ་ཤོར། །
ཕྱི་སྣང་བ་གྲོགས་ཀྱིས་རང་ངོ་ལོག །ལུང་རིགས་པ་ལྷར་སྣང་ཐ་རླབས་ཀྱིས། །སེམས་སྙིགས་མའི་ཟེ་ཁ་སྒྲོན་
པ་བས། །ཆོས་ཕྱག་རྒྱ་ཆེན་པོའི་ཟོལ་འགྲོས་ཀྱིས། །ངག་སླ་བཅད་བསྡམས་ན་མི་ལེགས་སམ། །མདའ་དྲང་
པོ་ནམ་མཁའི་དབྱིངས་སུ་འཕངས། །འབེན་གཅིག་གི་ངོས་ལེན་བྱས་ན་ཕམ། །ཕྱོགས་ཤར་ལ་འཕངས་ཀྱང་

ནུབ་ལ་འཕོག །གཞན་ས་འོག་གནས་ཀྱང་མི་འདར་རམ། །

ཞེས་བཞད་གད་ཉམས་ལྡན་གྱི་ཚིག་སྤོན་དུ་བཏང་ནས། རྩ་བའི་ས་བཅད་བཞི་པ་གཞན་གྱི་ལོག་རྟོག་བསལ་བ་ཞེས་བྱ་བ་འཆད་པ་ལ། ཆོས་རྗེ་ས་སྐྱ་པཎྜི་ཏས། བོད་ཁ་བ་ཅན་གྱི་མཁས་གྲུབ་གོང་མ་དག་གི་ཉམས་བཞེས་ལ་འཁྲུལ་བ་མི་མངའ་ཡང་། རྫོང་བྱེད་ཚིག་གི་འགྲོས་ཙུང་ཟད་དང་། མཐོང་བརྒྱུད་ཕྱག་ལེན་ཙུང་ཟད་ཟོར་ཡང་དུ་གནང་བ། ཕྱི་རབས་མི་ཤེས་པ་དག་གིས་གནད་མ་ཟིན་པར། ལྟ་སྒོམ་སྤྱོད་གསུམ་དང་། མཐོང་བ་བརྒྱུད་པའི་ལག་ལེན་འཚོལ་མར་སོང་ན། རྒྱལ་བའི་བསྟན་པ་ལ་གནོད་པར་དགོངས་པའི་ལྷག་བསམ་གྱིས་ཀུན་ནས་བླངས་ཏེ། སྡོམ་པ་གསུམ་གྱི་རབ་ཏུ་དབྱེ་བ་ཞེས་བྱ་བའི་བསྟན་བཅོས་ཆེན་པོར། ཚུལ་བཞིན་རྣམ་འབྱེད་ཀྱི་གཡར་དམ་རྒྱས་པར་བཀའ་སྩལ་པ་ལ། ས་དགེ་བོ་དོང་བཀའ་ཕྱག་ལ་སོགས་པའི་མཁས་སློངས་རྣམས་མགྲིན་པ་བཏེགས་ཏེ། དགག་སྒྲུབ་དང་འཐད་མི་འཐད་ཀྱི་འཐེལ་བའི་བཀའ་མཆིད་གླིང་བ་ལ་སྤྲོ་བ་མཆོག་ཏུ་གྱུར། དེ་ཙམ་གྱིས་ཀྱང་བསྟན་པ་ལ་བྱ་བ་བྱས་པར་སྣང་མོད། འོན་ཀྱང་ཆེས་མི་ཤེས་པ་དག་གིས་གསུང་རབ་ཀྱི་དོན་ལ་དགག་སྒྲུབ་དང་། རང་གཞན་གྱི་གྲུབ་མཐའི་གནད་དང་། འགོག་བྱེད་ཀྱི་ལུང་རིགས་ཀྱི་གནད་ལ་བློ་གྲོས་ཀྱི་འཇུག་པ་ཅི་ཡང་མཤར་བཞིན་དུ། གང་ཟག་དང་གྲུབ་མཐའ་ལ་སྡང་ཞུགས་ཀྱིས་ལུང་རིགས་ལྟར་སྣང་གིས་སྲུན་འབྱིན་དང་། ཚིག་རྩུབ་དང་ངག་འཁྱལ་སྣ་ཚོགས་ཀྱི་ཙ་ཙོ་སྒྲོག་པ་ནི། རང་རང་གི་དེ་ཉིད་སྟོན་ཅིང་། བསྟན་པ་ལ་ཕན་པར་ཡང་མ་ཁྱུམས།

ད་ལན་སྐབས་འདིར་ས་སྐྱ་པས་ཕྱག་ཆེན་བཀག་གོ་སྙམ་པའི་རྣ་བ་ཁབ་ལྟར་ཕུག་ཅིང་། སྙིང་ལ་ཟུག་རྔུས་བསྣུན་པ་དག་གིས་ལན་དུ་བསམ་པའི་ཚིག་རྩོམ་ངན་ཤགས་ལྷུར་ལེན་པ་མང་དག་གཅིག་རྣ་བས་ཐོས་ཤིང་། མིག་ལམ་དུའང་སྣང་མོད། རྣམ་དཔྱོད་དང་ལྡན་པས་དཔྱད་པར་རིགས་ཤིང་། ལན་བྱ་བའི་འོས་སུ་མི་སྣང་བས་བཏང་སྙོམས་སུ་བཞག །ཆེད་དུ་ཕུལ་དོན། བདེན་མཐོང་གྲུབ་ཐོབ་དངོས་མའི་ཡེ་ཤེས་གཟིགས་པའི་རྒྱུན་མ་ཉམས་ཤིང་། ཕྱི་ཤེས་བྱ་རིག་པའི་གནས་ལྔ་ལ་ཐོགས་མེད་ཀྱི་སྤོབས་པ་བརྙེས་པ། དཔལ་ལྡན་འབྲུག་པ་སྤྲུལ་སྐུ་ཞེས་སྙན་པའི་གྲགས་པ་ཕྱོགས་ཀྱི་མཁས་པ་རྣམས་ཀྱི་རྣ་བའི་རྒྱན་དུ་གྱུར་ལ། སྙིང་ལ་རབ་དགའི་བདུད་རྩིས་གསོས་འདེབས་པ། གང་དུ་སྐུའི་སྣང་བརྙན་ཤར་བ་དང་མ་ཤར་བ་ལས། བསྟན་པ་རིན་པོ་ཆེ་ལ་འཕེལ་འགྲིབ་ཀྱི་རྗེ་ཐོགས་པར་ནུས་པའི་མཁས་ཤིང་གྲུབ་པ་བརྙེས་པའི་སྐྱེས་ཆེན་པད་མ་དཀར་པོ་ཞེས་མཚན་གྱི་དགེ་ལེགས་དང་ལྡན་པ་དེས། ཕྱག་ཆེན་མན་ངག་གི་བཤད་སྦྱར་རྒྱལ་བའི་གན་མཛོད་ཅེས་པའི་བསྟན་བཅོས་བརྩམས་པ་དེར། དུས་དེང་གི་དཔལ་ལྡན་ས་སྐྱ་པའི་རྗེས་འབྲང་དག་ལ་མཁས་སློངས་ཀྱི་ཉམས

སད་པའི་ཕྱིར། ཉམས་ལྡན་གྱི་གསུང་གིས་སྨིན་འབྱིན་དང་། འགོག་བྱེད་ལན་གྱི་རྣམ་གྲངས་མང་དུ་གནང་བ་ནི། མཁས་པ་ལ་འོས་ཤིང་། དཔྱད་པར་རིགས་པའི་གཞིར་གྱུར་ལ། འདི་ལ་ལན་དུ་བཀའི་གནང་བ་ཡང་ཐོབ་པས། མཁས་པ་དཔྱོད་ལྡན་དག་གསན་པར་བྱ་བའི་འོས་སོ། །

དེ་ཡང་བསྟན་བཅོས་དེ་ཉིད་ལས། རྫོད་བྱེད་ཚིག་གི་ཕྱག་ཆེན་དང་། བརྗོད་བྱ་དོན་གྱི་ཕྱག་ཆེན་གཉིས་སུ་ཕྱེ་ནས། དང་པོའི་སྐབས་སུ་གྲུབ་པ་སྡེ་བདུན་གྱི་ནང་ཚན་ཡེ་ཤེས་གྲུབ་པའི་ལུང་དྲངས་པར། བྱིན་རླབས་ཀྱི་ཚིག་ཁོ་ནས་དབང་ཐོབ་པ། རྒྱུད་ཐམས་ཅད་ཀྱི་རྡོ་རྗེ་སློབ་དཔོན་དུ་འོས་པ་སོགས་གསུངས་པའང་མཐོང་། གཞུང་འདི་ཚད་མར་ཁས་ལེན་བཞིན་དུ། བྱིན་གྱིས་བརླབས་པས་དབང་བསྐུར་གྱི་གོ་མི་ཆོད་དེ་དབང་དེ་ཏཱན་འཚལ་ལོ། །ཞེས་དང་། བརྟག་གཉིས་དྲི་བར་ཡང་། བྱིན་རླབས་སྨིན་བྱེད་ཡེ་ཤེས་གྲུབ་པར་བཤད། །གསང་འདུས་རྒྱུད་ཟིན་ཡིན་པར་དེ་ནས་གསལ། །ཞེས་སོགས་བྲིས་སོ། །

དེའི་ལན་ནི། དེ་སྐད་སྨྲ་བ་དེ་ནི། བྱིས་པ་བློ་གྲོས་མ་སྨིན་པའི་རྣམ་དཔྱོད་ཀྱི་མིག་གི་རྒྱུད་དོན་ཟབ་མོར་ལྟ་མ་བཟོད་པའི་བསླུབ་ཉེས་ཀྱི་བབ་ཅོལ་ཁོ་ནར་ཟད་དོ། །ཅིའི་ཕྱིར་སྙམ་ན། ཨིནྡྲ་བྷཱུ་ཏིའི་ཡེ་ཤེས་གྲུབ་པའི་ལེའུ་བཅུ་བདུན་པར། ཡེ་ཤེས་རྡོ་རྗེ་དབང་བསྐུར་བའི་ཚིག་ཞེས་པ་སྦྱོར་དངོས་རྗེས་གསུམ་ཚང་བའི་ཚིག་ཞིག་སྣང་བ་དེ་ནི། དབང་གོང་མ་བྱིན་རླབས་ཀྱི་ཚུལ་དུ་བསྐུར་བའི་ཚིག་ཡིན་པས། དེ་སྨིན་བྱེད་ཀྱི་དབང་ཡིན་གསུངས་པ་ནི། བརྟག་ཅིང་དཔྱད་པ་མ་བྱས་པ་སྟེ། དེ་དབང་གིས་སྨིན་ཟིན་ཡེ་ཤེས་སྐྱེས་པ་ཞིག་ལ་བསྐུར་དགོས་པར་བཤད་ཀྱི། དབང་གིས་མ་སྨིན་པའི་ལས་དང་པོ་པ་ལ་བསྐུར་བས་ཆོག་པར་མ་བཤད་པའི་ཕྱིར། འདི་ཇི་ལྟར་ཤེས་སྙམ་ན། བཤད་པར་བྱ་སྟེ། དབང་དེ་ཉིད་ཀྱི་གསོལ་བཏབ་ཏུ། ཐུགས་རྗེའི་བདག་ཉིད་དྲིན་ཅན་གྱིས། །ཡང་དག་ཡེ་ཤེས་མཆོག་ཐོབ་སྟེ། །རང་གི་རིག་པའི་ངོ་བོ་ལ། །བདག་ནི་ཤིན་ཏུ་ངེས་པ་སྐྱེས། །གཉིས་མེད་ཡེ་ཤེས་འདི་ཉིད་ནི། །འགྲོ་བ་གཞན་ལ་ཡོད་མ་ཡིན། །ཆོས་ཀྱི་བདུད་རྩི་འདི་འཐུང་ཕྱིར། །བླ་མ་མཆོག་ལ་གསོལ་བ་འདེབས། །ཞེས་སློབ་མ་དེ་ལ་དབང་གི་ཡེ་ཤེས་སྐྱེས་ཟིན་པར་བཤད་པའི་ཕྱིར་དང་། དེ་ཉིད་ཀྱི་ལེའུ་དང་པོར། རྡོ་རྗེ་ཡེ་ཤེས་དབང་བསྐུར་བས། །དངོས་གྲུབ་མཆོག་ནི་བསྒྲུབ་པར་བྱ། །ཡང་དག་ཡེ་ཤེས་ཀུན་ལྡན་ན། །བྲིས་པའི་དཀྱིལ་འཁོར་སོགས་གཞན་དུ། །དབང་བསྐུར་བ་ནི་ལེན་ཞེ་ན། །འདི་ནི་དམ་ཚིག་ཉམས་པར་འགྱུར། །ཞེས་ཡང་དག་པའི་ཡེ་ཤེས་དང་ལྡན་ན། བྲིས་བསྐྲུབ་སོགས་ཀྱི་དབང་མི་དགོས་ཞེས་པའི་ཚིག་གི་ནུས་པ་དང་། གཞན་དུ་དམ་ཚིག་ཉམས་པར་འགྱུར། །ཞེས་པའི་ཚིག་གི་ནུས་པས། སློབ་མ་དེ་ལ་ཡེ་ཤེས་སྐྱེས་ཟིན་པ་དང་། དམ་ཚིག་དང་ལྡན་པ་ཡིན་པར་བཤད་པ་མ་གཟིགས་པར་ཟད་པའི་ཕྱིར་དང་།

ཡང་དེ་ཉིད་ཀྱི་ལེའུ་བཅོ་ལྔ་པར་ཡང་། རྡོ་རྗེའི་ཐིག་རྣམས་གདབ་པ་དང་། །ཚོན་རྩི་དག་ཀྱང་བཀྱེ་བ་ནི། ། སྔགས་ཀྱི་སེམས་དཔས་མི་བྱ་སྟེ། །བྱས་ན་དངོས་གྲུབ་ཉེད་པར་དཀའ། །ཞེས་བྱ་སྟེ། དཀྱིལ་འཁོར་གྱི་ཐིག་གདབ་པ་དང་། ཚོན་རྩི་བཀྱེ་བ་ལ་སོགས་པ་མི་བྱའོ། །སྔགས་ཀྱི་སེམས་དཔའ་ཞེས་བྱ་བ་ནི་ཡིད་སྐྱོབ་པར་བྱེད་པའི་ཕྱིར། སྔགས་ནི་ཡེ་ཤེས་ཡིན་ཏེ། ཡང་དག་པའི་ཡེ་ཤེས་མཐོང་བ་ཞེས་བྱ་བའི་དོན་ཏོ། །གལ་ཏེ་རྨོངས་པས་དེ་ལྟར་བྱེད་ན་ནི། བྱང་ཆུབ་ཉེད་དཀའ་བར་འགྱུར་ཏེ། བྱིས་པའི་སྐྱེ་བོ་ལས་དང་པོ་པའི་སེམས་ཅན་གྱི་བྱ་བ་བྱེད་པས། སངས་རྒྱས་ཉིད་དང་། རྡོ་རྗེ་འཛིན་པ་ཉིད་ཉེད་པར་དཀའ་བར་འགྱུར་ཞེས་བྱ་བའི་དོན་ཏོ། ། ཞེས་འདིར་སྐབས་ཀྱི་སྔགས་ཀྱི་སེམས་དཔའ་དེ་ནི། ཡང་དག་པའི་ཡེ་ཤེས་མཐོང་ཟིན་པ་དང་། ལས་དང་པོ་བ་མིན་པར་གསལ་བར་བཤད་འདུག་པའི་ཕྱིར་དང་། སྔགས་ཀྱི་སེམས་དཔས་མི་བྱ་སྟེ། །ཞེས་པའི་ཚིག་གི་ནུས་པ་མ་ཉེད་པར་ལས་དང་པོ་བས་ཀྱང་མི་བྱ་ཞེས་པར་འཁྲུལ་འདུག་པའི་ཕྱིར་དང་། གནད་ཀྱི་དོན་ནི། གསང་འདུས་ལས། སྔགས་ཀྱི་སེམས་དཔས་མི་བྱ་སྟེ། །ཞེས་པའི་སྔགས་ཀྱི་སེམས་དཔའ་དེ་དང་། ཡེ་ཤེས་གྲུབ་པར་བཤད་པའི་ཡེ་ཤེས་རྡོ་རྗེ་དབང་བསྐུར་བའི་མིང་ཅན། བྱིན་རླབས་བྱ་ཡུལ་གྱི་སློབ་མ་དེ་གཉིས་གནད་གཅིག་པས། དེར་སྐབས་ཀྱི་སྔགས་ཀྱི་སེམས་དཔའ་ཡང་ཡིན། སྔར་དབང་གིས་སྨིན་མ་ཟིན་པའི་ལས་དང་པོ་བ་ཡང་ཡིན་པའི་གཞི་མཐུན་གཅིག་ཡོད་ན། བྱིན་རླབས་དེ། ལས་དང་པོ་བ་ལ་སྨིན་བྱེད་ཡིན་གསུངས་པ་ཐུགས་བདེན་ནའང་། དེ་འདྲའི་གཞི་མཐུན་མི་སྲིད་པར་ཡེ་ཤེས་གྲུབ་པའི་ལུང་དེས་བསལ་ཟིན་པས། གསང་འདུས་དང་། ཡེ་ཤེས་གྲུབ་པའི་ལུང་དེས། བྱིན་རླབས་སྨིན་བྱེད་ཡིན་པར་བསྒྲུབས་པ་ནི། ལུང་དོན་ལ་དཔྱད་པ་མ་ཞུགས་པའི་རབ་འགྲོས་སུ་ཤེས་པར་མཛོད་ཅིག །

གཞན་ཡང་རྣམ་དཔྱོད་ཐལ་བ་མང་པོ་དག སྙིང་འགྲེལ་ལས། ཟབ་ཅིང་རྒྱ་ཆེའི་ཆོས་རྣམས་ལ། །སྐལ་བ་ཐལ་བའི་བདག་ཉིད་ལ། །ཕྱག་རྒྱ་དཀྱིལ་འཁོར་སྔགས་སོགས་ཀྱི། །ཡིད་འོང་བདག་གིས་བསྟན་པ་ཡིན། ། ཕྱག་རྒྱ་དཀྱིལ་འཁོར་སྔགས་སོགས་ཀྱིས། །སངས་རྒྱས་རྡོ་རྗེ་སེམས་དཔའ་ཉིད། །སྟོན་པར་བྱེད་པ་མ་འོངས་པའི། །སློབ་དཔོན་རྣམས་ནི་བདུད་ཀྱི་རིགས། །ཞེས་སོགས་དང་། གསང་འདུས་སོགས་ལས། རྡོ་རྗེའི་ཐིག་རྣམས་གདབ་པ་དང་། །ཚོན་རྩི་དག་ཀྱང་དགྱེ་བ་ནི། །ཞེས་སོགས་ཀྱིས་འཁྲུལ་གཞི་བྱས་ནས། དཀྱིལ་འཁོར་ཆེན་པོར་སྨིན་བྱེད་སྟོན་དུ་མ་སོང་བར། བྱིན་རླབས་ཙམ་ཞིག་སྨིན་བྱེད་དུ་འདོད་པ་དང་། དབང་དང་བསྐྱེད་རིམ་ལ་མ་བརྟེན་པར་རྫོགས་རིམ་རྐྱང་པས་གྲོལ་བར་འདོད་པ་སོགས་ནི། བླ་མེད་ལམ་གྱི་གནད་བཅོས་པའི་ཉེས་པ་ཆེན་པོར་སྣང་སྟེ། བསྐྱེད་རྫོགས་སོགས་ཡེ་ཤེས་གོང་མ་གོང་མ་སྐྱེས་ནས། འོག་མ་དེ་དག་རྩོལ་བ་ཆེར་མི་

དགོས་པའི་ཚུལ་གྱིས་སྦྱང་ཆོག་པའི་ལུང་ལ། ལས་དང་པོ་པས་དེ་དག་སྦྱང་ཆོག་པའི་ལུང་དུ་སྒྲུར་འདུག་པའི་ཕྱིར་རོ། །འདི་ཇི་ལྟར་ཤེས་སྙམ་ན། བཤད་པར་བྱ་སྟེ། རྡོ་རྗེ་སྙིང་འགྲེལ་ལས། འདི་ལྟར་བསྐྱེད་པའི་ཏིང་འཛིན་རྣམ་པར་རྟོག་པའི་བདག་ཉིད་ཅན། ལག་པའི་ཕྱག་རྒྱ་བཅིང་བ་དང་། འདུག་སྟངས་དང་། ཕྲེང་བའི་ཁྱད་པར་ལ་སོགས་པ་ཐོག་མ་ཉིད་དུ་འཛིག་རྟེན་པའི་ཐ་སྙད་ཁྱད་པར་དུ་བྱས་ལ། ཕྱིས་ཕྱི་མ་ཕྱི་མའི་ཡོན་ཏན་གྱིས་སྟོན་མ་རྣམས་སྤྱང་བར་བྱ་བ་ནི། རྒྱུད་དེ་དང་དེའི་ངེས་པའོ་ཞེས་བཤད་པ་འདི་ལ། སྤྱན་རས་གཟིགས་གཟིགས་པ་ཏ་རེ་ལོང་དུ་མ་སོང་ན། དེ་ཀས་ཆོག་པའི་ཕྱིར་དང་། རྣམ་གསལ་གྱི་དཔེ་ཡང་། སྦྱང་ཕྱིར་བསླུ་བའི་ཆོས་ཅན་ཕྱིར། །ཞེས་ལུང་གི་ཆོས་རྣམས་ཆུ་ཐོན་པའི་ཟམ་པ་བཞིན་སྤྱང་བར་བྱ། ཞེས་གསུངས་ཀྱང་། ས་ཐོབ་ནས་ལུང་ལ་གཙོ་བོར་ལྟོས་མི་དགོས་པའི་དོན་ཡིན་གྱི། ལས་དང་པོ་པས་ལུང་ལ་ལྟོས་མི་དགོས་པར། ལུང་སྦྱང་ཆོག་པའི་དོན་མ་ཡིན་པ་དང་ཆོས་མཚུངས་པའི་ཕྱིར་རོ། །དེ་བཞིན་དུ་དུས་འཁོར་མཆོག་དབང་བཞི་ཡང་། སྔར་མ་སྨིན་པའི་ལས་དང་པོ་བ་ལ་བྱར་མི་རུང་སྟེ། དེ་བསྐུར་ཡུལ་གྱི་སློབ་མ་མཆོག་དེ་ནི། སྔར་དབང་གིས་སྨིན་ཟིན་པར་སློབ་མ་མཆོག་དེ་ངོས་འཛིན་པའི་གཞུང་ཚིག་གི་ནུས་པ་ལས་ཤེས་པའི་ཕྱིར་རོ། །

ཡང་གན་མཛོད་ལས། སློབ་དཔོན་ཡན་ལག་མེད་པའི་རྡོ་རྗེས་མཛད་པའི་གཏན་ལ་དབབ་པར་གྲུབ་པའི་ལུང་དྲངས་ནས། འདི་ལ་གསུམ་པའི་དབང་མ་བྱུང་། དབང་གི་ཚོ་གའི་འགྲོས་འདི་ལྟ་བུ་མི་འཐད་ན། སློབ་དཔོན་ཚད་མར་གྱུར་པ་དེས་ཅི་ལ་གསུངས། འཐད་ན་ནི་ག་དཔེ་མ་ངེས་པར་དགོས་པ་ཅི་འདོད་པ། ཨོཾ་ཨཱཿཧཱུྃ། ཞེས་པ་བྲིས་སོ། །

དེའི་ལན་ནི། རྡོ་རྗེ་སྙིང་འགྲེལ་ལས། རྡོ་རྗེ་སློབ་དཔོན་བློ་དང་ལྡན་པས། དབང་ལ་འཚོལ་བའི་སྐྱོན་སྤྱངས་ལ། དབང་བཞི་གོ་རིམ་བཞིན་དུ་བསྐུར་བར་བྱའོ། །ཞེས་གསུངས་སོ། །ལུང་འདི་ཚད་མར་ཁས་ལེན་བཞིན་དུ། རྒྱུད་དུས་དབང་བཞི་བསྐུར་ཚུལ་འཆོལ་མར་མཛད་པ་པོ་རྣམས་ནི། ཀྱེ་ནོར་བུ་པདྨ་ཧཱུྃ་ངོ་། །ཐབས་དང་ཤེས་རབ་གཏན་ལ་དབབ་པར། དབང་གསུམ་པ་པོར་ནས་གཞན་གསུམ་བསྐུར་བའི་ཚོ་ག་དེ་འདྲ་མེད་ཅིང་། བྱང་ཆུབ་སེམས་ཀྱི་དབང་བསྐུར་བ་ཞེས་པའི་མིང་ཅན་བླ་མ་ལ་གསང་ཡུམ་ཕུལ་ནས་དབང་བསྐུར་བ་ཞིག་བཤད་པ་དེ་དང་། གསང་བ་གྲུབ་པར་ཕྱག་རྒྱ་ཆེན་པོའི་དབང་བསྐུར་བ་ཞེས་བཤད་པ་དེ་གཉིས་ནི། རྣལ་འབྱོར་པ་མངོན་སྤྱོད་དང་ཀུན་བཟང་གི་སྤྱོད་པ་སོགས་སྤྱོད་པའི་ཚེ་རྟོགས་པ་བོགས་དབྱུང་བའི་ཕྱིར། བཞི་པ་རྟེན་ཅན་བསྐུར་ནས་བསྐུར་བ་ལྟ་བུ་ཡིན་གྱི། ལས་དང་པོ་པ་ལ་བསྐུར་བ་མ་ཡིན་ཏེ། བུམ་དབང་གིས་མ་སྨིན་པ་ལ་གོང་མའི་དབང་ལམ་བསྟན་ན་རྩ་ལྟུང་དང་། དེས་སྨིན་ཀྱང་གོང་མ་གསུམ་རང་རང་མ་ཐོབ་པ་ལ་དེའི་

གསང་བ་བསྟན་ན་ཡན་ལག་གི་ལྟུང་བ་འབྱུང་བར་ཚད་ལྡན་ལས་བཤད་པས་གསུམ་པ་མ་བསྒྱུར་བར་བཞི་པ་བསྒྱུར་བ་སོགས་ཀྱི་ཏཔ་འགྲོས་རྒྱ་གར་པཎ་ཆེན་མི་མཛད་པས་སྨིན་བྱེད་དབང་བསྒྱུར་རྒྱལ་བས་གསུངས་པ་བཞིན་མཛད་པར་རིགས་སོ་ཞེས་ཐལ་མོ་སྦྱར་ནས་གསོལ་བ་འདེབས་སོ། །

ཡང་དང་པོའི་སྐབས་སུ། རབ་དབྱེ་ལས། ན་རོ་ཆོས་དྲུག་ཅེས་བྱའི་ཁྲིད། །མི་ལ་ཡན་ཆད་དེ་ལས་མེད། །ཅེས་སོགས་དྲངས་ནས། དེའི་རྗེས་འབྲང་དག །དེ་ལས་མེད་དང་། དེ་ལ་མེད་ལ་མི་འཆམ། དེ་ནི་རྨོངས་པ་སྟེ། དེ་མ་ཐག་ཏུ། ཆོས་དྲུག་པོར་ཞེས་པའི་ཚིག་ལ་མ་བརྟགས་པས་སོ། །རྩོད་ཁྱེར་ནི། ན་རོ་ཆོས་དྲུག་ཅེས་བྱའི་ཁྲིད། མི་ལ་ཡན་ཆད་དེ་ལས་མེད་དེ། དྭགས་པོ་མན་གྱིས་ཆོས་དྲུག་པོར་བས་སོ། །དེ་པོར་ཏེ། དྭགས་པོས་ཕྱག་ཆེན་སོགས་སྣྲས་ལམ་རིམ། ཡང་ཕག་གྲུས་ལམ་འབྲས་ཏེ། གཞན་གྱི་གདམས་ངག་སྒོམ་བཞིན་པར་འདུག་པའི་ཕྱིར་རོ་ཞེས་པའོ། །སྒོམ་བཞིན་པ་ཞེས་པས། སྔར་དེ་ལ་ཞུགས་པ་ཙམ་མིན་ཞེས་ནུས་པ་བཏོན་པའི་ལུགས་སོ། །ཞེས་སོགས་ཕྱོགས་སྔ་བཀོད་ནས། ལན་དངོས་གཞིའི་ཚེ།

རྩོད་པའི་ལན་ནི། ཕྱག་རྒྱ་ཆེན་པོ་གཞན་གྱི་གདམས་ངག་ཡིན་པ་དང་། ལམ་འབྲས་སྒོམ་བཞིན་པ་གཉིས་ཀ་མ་གྲུབ་པས། དགག་པ་འདི་ནི་ཕྱོགས་ཆོས་མ་གྲུབ་པའི་གཏན་ཚིགས་སོ། །དེས་ན་གོལ་བ་ཉིད་ཚར་བཅད་ཀྱི་གནས་སུ་ལྟུང་ངོ་ཞེས་བྱ་བ་བྲིས་སོ། །

འདིའི་ལན་ལ་གཉིས། དངོས་ལན་དང་། འཕྲོས་དོན་ནོ། །དང་པོ་ལ་གཉིས། ཚར་བཅད་གནས་སུ་ལྟུང་ཞེས་པའི་ལན་དང་། ཕྱོགས་ཆོས་མ་གྲུབ་ཅེས་པའི་ལན་ནོ། །དང་པོ་ནི། འདིར་གོལ་བ་ཚར་བཅད་ཀྱི་གནས་སུ་ལྟུང་ཞེས་པ། རྟོག་གེ་ལ་གྲགས་པའི་ཚར་བཅད་རྗེས་འཛིན་གྱི་འཇུག་པ་མཤར་བའི་སྤྱི་བརྗོལ་གྱི་གསུང་དུ་སྣང་ངོ་། །ཅིའི་ཕྱིར་སྙམ་ན་བཤད་པར་བྱ་སྟེ། འོན་འདིར་ས་སྐྱ་པ་སྔར་གོལ་ཡིན་པའི་དབང་དུ་བྱས་ནས། སྔར་གོལ་ལ་ཚར་བཅད་བྱུང་གསུངས་པ་ལགས་སམ། ཕྱིར་གོལ་ཡིན་པའི་དབང་དུ་བྱས་ནས་ཕྱིར་གོལ་ལ་ཚར་བཅད་བྱུང་གསུངས་པ་གང་ལགས། དང་པོ་ལྟར་ན་མི་རིགས་ཏེ། སྔར་གོལ་ལ་ཚར་བཅད་འབྱུང་བ་ལ། སྔར་གོལ་གྱིས་ཕྱིར་གོལ་ལ་སྒྲུབ་བྱེད་ལྟར་སྣང་བཀོད་པ་ཙམ་གྱིས་ཆོག་པ་མ་ཡིན་གྱི། སྔར་གོལ་གྱིས་དམ་བཅའ་དང་སྒྲུབ་བྱེད་ལྟར་སྣང་བཀོད་པ་ལ། ཕྱིར་གོལ་གྱིས་སྐྱོན་འབྱིན་ཡང་དག་བརྗོད་ན། སྔར་གོལ་ལ་ཚར་བཅད་འབྱུང་བ་ཡིན་པ་ལ། སྐབས་འདིར། སྔར་གོལ་ས་སྐྱ་པས། ཕྱིར་གོལ་ཕྱག་ཆེན་པ་ལ་སྒྲུབ་བྱེད་ལྟར་སྣང་བཀོད་དུ་ཆུག་ན་ཡང་། ཕྱིར་གོལ་ཁྱེད་ལ། རྟགས་དེའི་ཕྱོགས་ཆོས་མ་གྲུབ་པོ་ཞེས་པ་ཙམ་ལས།སྐྱོན་འབྱིན་རྣམ་དག་བརྗོད་རྒྱུ་པད་མའི་འདབ་རྩེར་སྒྲེང་བའི་ཆུ་ཐིགས་ཙམ་ཡང་མ་བྱུང་བའི་ཕྱིར་རོ། །

གཉིས་པ་ལྟར་ཡང་མི་རིགས་ཏེ་ཕྱིར་རྒོལ་ལ་ཚར་བཅད་འབྱུང་བ་ལ། ཕྱིར་རྒོལ་གྱིས་སྲུན་འཛིན་ལྟར་སྣང་འཕངས་པ་ཙམ་གྱིས་མི་ཆོག་གི སྔར་རྒོལ་གྱིས་སྒྲུབ་བྱེད་ཡང་དག་བཀོད་པ་ལ། ཕྱིར་རྒོལ་ལ་སླུ་རྒྱུ་ཅི་ཡང་མ་བྱུང་བའམ་སྲུན་འཛིན་ལྟར་སྣང་འཕངས་པའི་ཚེ། ཕྱིར་རྒོལ་ལ་ཚར་བཅད་འབྱུང་བ་ཡིན་པ་ལ། སྐབས་འདིར། ཕྱིར་རྒོལ་ས་སྐྱ་པས། སྔར་རྒོལ་ཁྱེད་ལ་སྲུན་འཛིན་ལྟར་སྣང་འཕངས་སུ་ཟིན་ཀྱང་། སྔར་རྒོལ་ཁྱེད་ལ་སྒྲུབ་བྱེད་རྣམ་དག་འགོད་རྒྱུ་ཏིལ་འབྲུ་ཙམ་ཡང་མི་འདུག་པའི་ཕྱིར་རོ། །ཚར་བཅད་ཀྱི་གནད་དེ་ལྟར་དགོས་པའི་ཤེས་བྱེད་ཀྱང་། བོད་ཀྱི་རྟོག་གེའི་བསྟན་བཅོས་ཀུན་གྱི་སྙིང་པོ་རིགས་གཏེར་རྩ་བར། རྒོལ་བ་གཉིས་ལ་སྐྱོན་ཡོན་གྱིས། །ཚར་བཅད་པ་དང་རྗེས་འཛིན་འཇུག །དེ་ལྟར་སྐྱོན་ན་རྒྱལ་ཕམ་ཡོད། །མིན་ན་གཉིས་ཀ་མེད་པར་གསུངས། །ཞེས་དང་། རང་འགྲེལ་ལས། རྒོལ་བས་སྒྲུབ་བྱེད་ཡང་དག་བཀོད་པ་ལ། ཕྱིར་རྒོལ་གྱིས་སྐྱོན་མ་བརྗོད་ན་ཕྱིར་རྒོལ་ཕམ་ལ། རྒོལ་བས་སྒྲུབ་བྱེད་ལྟར་སྣང་བཀོད་པ་ལ། ཕྱིར་རྒོལ་གྱིས་སྐྱོན་ཡང་དག་པ་བརྗོད་ན་རྒོལ་བ་ཕམ་ཞིང་། དེས་སྒྲུབ་བྱེད་ལྟར་སྣང་བཀོད་ཀྱང་། ཕྱིར་རྒོལ་སྐྱོན་མི་བརྗོད་པའམ། སྐྱོན་ལྟར་སྣང་གཅིག་བརྗོད་ཀྱང་། རྒོལ་བས་ཚེར་མ་འབྱིན་མ་ཤེས་ན། དེ་གཉིས་ཀ་ལ་ཕམ་རྒྱལ་མེད་དེ། སྐྱོན་ཅན་ཡིན་ཡང་སྒྲུབ་པ་དང་སྲུན་འབྱིན་མ་ཤེས་པའི་ཕྱིར་དང་། རྒྱལ་ཕམ་གྱི་རྣམ་གཞག་རྒོལ་བ་གཉིས་ཀྱི་སྤྲོབས་པ་འཛོམས་ནུས་མ་ནུས་ལ་རག་ལས་པའི་ཕྱིར་རོ། །ཞེས་བཤད་པ་ལྟར་དེ་ལྟར་བཤད་ཀྱང་དེ་ལ་ཡིད་མི་ཆེས་སོ་སྙམ་ན། འོན་རྩོད་རིགས་ལས། ཕྱིར་རྒོལ་བས་དེའི་དངོས་པོ་གོ་བར་བྱས་ན་འགྱུར་གྱི། གཞན་དུ་ན་གཉིས་པོ་གཅིག་ཀྱང་རྒྱལ་བ་དང་ཕམ་པར་མི་འགྱུར་རོ། །ཞེས་དང་། རྒོལ་བས་སྒྲུབ་པར་བྱེད་པ་སྐྱོན་ཅན་བརྗོད་ནའང་། ཕྱིར་རྒོལ་བས་སྐྱོན་མ་བསྟན་ན་ཕམ་པའི་རྣམ་པར་གཞག་པ་རིགས་པ་མ་ཡིན་ཏེ། དེ་དག་ཉིད་ཀྱིས་ཕན་ཚུན་ནུས་པ་ཉེ་བར་འཛོམས་པ་ལ་ལྟོས་ནས། རྒྱལ་བ་དང་ཕམ་པ་རྣམ་པར་འཇོག་པའི་ཕྱིར་རོ། །ཞེས་བཤད་པ་འདི་དགོངས་འཚལ་ལམ། དེ་ལྟར་ན་རྒྱལ་ཕམ་གྱི་སྒོ་ནས་ཚར་བཅད་དང་རྗེས་འཛིན་གྱི་གནད་ཤེས་དགོས་ནའང་། ཕྱག་ཆེན་འདིའི་མགོ་མཇུག་མང་པོར། རྒོལ་བ་ལ་ཚར་བཅད་བྱུང་ངོ་། །ཞེས་ཡང་ཡང་བཀའ་བསྩལ་པ་ནི། བརྗོད་བྱས་སྟོང་པ་བརྗོད་རྣམས་ཀྱིས། །འདི་དེ་མི་ཤེས་ཀྱིས་བླངས་ཡིན། །ཞེས་རྒྱུད་འཕེན་གྱི་སྙིང་ལ་འཕངས་པའི་རིགས་པ་དེ་ཕམ་ལེན་དུ་སྣང་བས། བདག་པས་གཞན་གཅེས་སྒོམ་པའི་རྒྱལ་སྲས་ཆེན་པོར་མངའ་གསོལ་ལོ། །

གཉིས་པ་ཕྱོགས་ཆོས་མ་གྲུབ་ཅེས་པའི་ལན་ནི། ཕྱག་རྒྱ་ཆེན་པོ་གཞན་གྱི་གདམས་ངག་ཡིན་པ་མ་གྲུབ་སྟེ། ངེད་རང་གི་གདམས་ངག་ཡིན་པའི་ཕྱིར་གསུངས་པར་སྣང་ཡང་དེས་སྐྱོན་མི་འཕོངས་ཏེ། ཕྱོགས་སྔ་

ཁོང་དུ་མ་ཆུད་པའི་ལན་ཡིན་པའི་ཕྱིར་རོ། །ལམ་འབྲས་སྒོམ་བཞིན་པ་མ་གྲུབ་གསུངས་པ་ཡང་། ཕྱོགས་སྔ་མ་དགོངས་པའི་ལན་ནོ། །གཉིས་པ་འཁྲུལ་དོན་ནི། ལས་དང་ལ་ལ་མ་འཆམ། ཞེས་གསུངས་པ་ནི་མི་བདེན་ཏེ༑ མི་ལ་ཡན་ཆད་དེ་ལ་མེད། །ཅེས་པའི་གཞུང་ཡོད་ན། མི་ལ་ཡན་ཆད་ལ་ནཱ་རོ་ཆོས་དྲུག་མེད་ཟེར་བར་སོང་བས། དེ་འདྲའི་གཏམ་སྐྱི་ལམ་དུ་ཡང་མི་འབྱུང་བའི་ཕྱིར་རོ། །དེ་ལས་མེད་ཅེས་པའི་འབྲུ་གནོན་ལ། རྗེས་འབྲང་འགའ་ཞིག །རྗེ་མར་པ་ལ། ཟབ་དོན་ཆོས་དྲུག་དང་། རྫོགས་རིམ་ཆོས་དྲུག་ཅེས་གཉིས་སུ་གྲགས་པའི་དང་པོ་ནི། སྨིན་བྱེད་དབང་གི་ཆོས། གྲོལ་བྱེད་ཐབས་ལམ་གྱི་ཆོས། རྟོགས་པ་ཡེ་ཤེས་ཕྱག་རྒྱ་ཆེན་པོའི་ཆོས། གྲོགས་དམ་ཚིག་དང་སྡོམ་པའི་ཆོས། སྤྱོད་པ་བོགས་འབྱིན་པའི་ཆོས། གྲུབ་པ་འབྲས་བུའི་ཆོས་དང་དྲུག་ལ་བྱེད། ཟབ་དོན་ཆོས་དྲུག་ཚད་མ་འདི། མི་ལས་མར་པ་ལ་གསན་ཀྱང་། །མི་ལས་དྭགས་པོ་དང་། རས་ཆུང་པ་ལ་སོགས་ལ་རྫོགས་རིམ་ཆོས་དྲུག་ཙམ་ལས་མ་གནང་བས། མི་ལ་ཡན་ཆད་དེ་ལས་མེད། །ཅེས་པ་དེ། ཟབ་དོན་ཆོས་དྲུག་ཆ་ཚང་བ་དེ་ལ་དགོངས། ཆོས་དྲུག་ལུགས་གསུམ་གསན་པ་སོགས་རྫོགས་རིམ་ཆོས་དྲུག་ཙམ་ལ་དགོངས་གསུངས་པའང་སྣང་མོད་ཀྱི། ཁོ་བོ་ཅག་ནི་འདི་སྐད་སྨྲ་སྟེ། རྗེ་མི་ལ་ཡན་ཆད་ལ་གཞན་གྱིས་བསྲེ་བསླད་མེད་པའི་ཆོས་དྲུག་གཙང་མ་དེ་ཁོ་ན་ཡོད་པ་ལས། དུས་ཕྱིས་འགའ་ཞིག་གིས་བསྲེ་བསླད་མེད་པའི་ཆོས་དྲུག་གཙང་མ་དེ་བོར་ནས། མངའ་བདག་མཻ་ཏྲི་པ་སོགས་བརྒྱུད་པ་གཞན་ནས་བརྒྱུད་པའི་ཕྱག་ཆེན་སོགས་དང་། ལམ་འབྲས་སོགས་དང་བསྲེས་པའི་ཆོས་དྲུག་སྒོམ་བཞིན་དུ། བརྒྱུད་པ་གཞན་དེ་དག་གི་མཚན་ནས་མི་སྨོས་པར་གཅིག་ཁོ་ནའི་བརྒྱུད་པ་འདེད་པ་མི་རིགས་ཏེ། བརྒྱུད་པ་གཉིས་ཆར་གྱི་གདམས་པ་སྒོམ་པར་སོང་བའི་ཕྱིར་ཞེས་པ་སྟེ། སྙིང་པོ་ནི། ཆོས་ཐ་དད་བསྲེ་བསླད་མ་བྱེད་པར་ཉམས་སུ་ལོངས་ཤིག་ཅེས་གདམས་པ་སྟེ། གཞུང་དེའི་རང་མཆན་ལས། ཞི་བྱེད་དང་རྫོགས་ཆེན་དང་། ལམ་འབྲས་ལ་སོགས་པ་ཅལ་ཅོལ་མང་པོ་བསྲེས་ནས་ཞེས་དང་། ཆོས་གཞན་ནས་བྱུང་། བརྒྱུད་པ་གཞན་ནས་འདེད། ཅེས་སོགས་བཤད་པས་སོ། །དེས་ན་ཆོས་དྲུག་བོར་ནས་ཞེས་པ་དང་། གཞན་གྱི་གདམས་ངག་སྒོམ་བཞིན་དུ། །ཞེས་པའི་ཕྱོགས་སྔ་མ་ལོངས་པའི་རྩོད་པ་ནི། མཆིལ་མའི་ཐལ་བ་དང་མཚུངས་སོ། །

ཡང་དེ་ཉིད་ཀྱི་བརྗོད་བྱ་དོན་གྱི་ཕྱག་ཆེན་ལ། བརྗོད་བྱ་ཕྱག་རྒྱ་ཆེན་པོ། འཆད་བྱེད་བླ་མའི་མན་ངག །དེ་ལ་རྩོད་པ་སྤང་བ་དང་གསུམ། དང་པོ་ལ། གཞན་གྱིས་ཕྱིན་ཅི་ལོག་ཏུ་བཤད་ཚུལ། མ་ནོར་བཀའ་བརྒྱུད་པས་བཤད་ཚུལ་གཉིས་སོ། །དང་པོ་ནི། དེང་གི་ཕྱག་རྒྱ་ཆེན་པོ་ནི། །ཞེས་སོགས་དྲངས་ནས། ཞེས་སྨྲའོ། །དེའི་དབང་ལས་བྱུང་བ་དང་། རྫོགས་པའི་རིམ་པ་ལས་བྱུང་བ་གཉིས་ཀ་དཔེའི་ཡེ་ཤེས་སུ་འདོད་པར་སྣང་སྟེ།

དེ་ཉིད་ཀྱིས་ཇོ་བོ་ནཱ་རོ་ཏ་པ་ནི། །དབང་བསྐུར་དུས་སུ་མཐོང་ལམ་སྐྱེ། །དེ་ནི་སྐད་ཅིག་དེ་ལ་འགག །ཆོས་མཆོག་ རྗེས་ཀྱི་མཐོང་ལམ་ནི། །འགག་པ་མེད་ཅེས་གསུངས་པར་གྲག །དེ་ནི་དཔེ་ཡི་ཡེ་ཤེས་ལ། །མཐོང་བའི་ལམ་དུ་བཏགས་པར་ཟད། །འདིས་དང་པོ་དང་། འཕགས་པ་ལྷ་ཡི་སྤྱོད་བསྡུས་སུ། བདེན་པ་མཐོང་ཡང་ལས་མཐའ་ལ། །ཆགས་པར་གསུངས་པ་རྗོགས་རིམ་གྱི། །རང་བྱུང་ཡེ་ཤེས་རྟོགས་པ་ནི། །དཔེ་ཡི་ཡེ་ཤེས་ཉིད་ལ་དགོངས། །གཉིས་པའོ། །དེ་གཉིས་གཞན་ལུགས་ཡིན་དུ་ཆུག་ཀྱང་། དེ་དང་ལམ་འབྲས་ལ་སོགས་པ། །གྲུབ་ཐོབ་རྣམས་ཀྱི་དགོངས་པ་མཐུན། །དེས་ན་ངེད་ཀྱི་མཐོང་ལམ་ནི། །འཕགས་པ་མིན་ལ་འབྱུང་མི་སྲིད། །ཅེས་པའི་ཚིག་འདིས། དེ་གཉིས་དང་རང་ལུགས་མཐུན་པར་སྨྲ་བའི་ཕྱིར། རང་ལུགས་ཇི་སྐད་སྨྲས་པ་དེར་ཟད་དོ། ། དེ་ནི་ཉེས་པ་ཆེན་པོ་སྟེ། མཚོན་བྱ་དོན་གྱི་ལམ་ཕྱག་རྒྱ་ཆེན་པོ་དང་། འབྲས་བུ་ཕྱག་རྒྱ་ཆེན་པོ་མཆོག་གི་དངོས་གྲུབ་གཏན་མེད་དུ་ཐལ་བས་སོ། །རྐང་པ་ཕྱི་མ་དེས་ནི། དེས་ན་གང་ཟག་དབང་པོ་རབ། །དབང་བསྐུར་ཉིད་ཀྱིས་གྲོལ་བར་གསུངས། །ཞེས་པའང་། རྗེས་མེད་དུ་བཏང་ལ་ཕྱི་མ་འདིའི་ཚིག་གིས། དེས་ན་གྲུབ་ཐོབ་ཐམས་ཅད་ནི། །ཕྱོགས་རེའི་ཐབས་ཀྱིས་གྲོལ་བ་མིན། །ཞེས་པའང་ཚད་མས་བསལ་བར་བྱས་སོ། །དབང་བསྐུར་གྱི་དུས་སུ་སྐྱེས་པའི་མཐོང་ལམ་དེ། ཆོས་མཆོག་རྗེས་ཀྱི་མཐོང་ལམ་མིན་པ་ནཱ་རོའི་བཞེད་པའང་མ་ཡིན་ཏེ། ཡས་བབས་ཀྱི་མཐའ་ཁོ་ན་ཆོས་མཆོག་མཐའ་མ་ཡིན་པ་དེའི་འགྲེལ་ཆེན་གཉིས་སུ། རྒྱུའི་དེ་ཉིད་བཅུ་དྲུག་གམ་རྒྱུའི་བདེན་དོན་བཅུ་གཉིས་འབྱེད་པ་ལས་གསལ་བར་མཐོང་བའི་ཕྱིར་རོ། །འདིས་ནི་ཇོ་རྗེ་ཐེག་པའི་གནད་ལ་རྩོད་པ་པོ་མུན་པར་འཁྱམས་འཁྱམས་འདྲའོ། །ཞེས་བྱ་བ་བྲིས་སོ། །

འདིའི་ལན་ལ། འདི་དག་ནི་ཕྱོགས་སྔའི་སྐྱ་རེངས་མ་ཤར་བའི་དགག་པའི་ཉི་མ་ཁོ་ནར་སྣང་ངོ་། །ཇི་ལྟར་སྨྲས་ན། ངེད་ཀྱི་ཕྱག་རྒྱ་ཆེན་པོ་ནི། །དབང་ལས་བྱུང་བའི་ཡེ་ཤེས་དང་། །ཞེས་པ་དེས། དབང་ལས་བྱུང་བའི་ཡེ་ཤེས་ཡིན་ན་མཚོན་བྱེད་དཔེའི་ཡེ་ཤེས་ཡིན་པས་ཁྱབ་པར་ཁས་བླངས་པའི་སྐྱབ་བྱེད་དུ། ཇོ་བོ་ནཱ་རོ་ཏ་པ་ནི། །ཞེས་སོགས་བཀོད་པ་ནི། ཕྱོགས་སྔ་མ་ལོངས་པ་སྟེ། གཞུང་དེས། ནཱ་རོ་ཏ་པ་དབང་དུས་ཀྱི་ཡེ་ཤེས་ཡིན་ན་དཔེའི་ཡེ་ཤེས་ཡིན་པས་ཁྱབ་པར་ཁས་ལེན། དེ་དང་ངེད་ཀྱི་ལུགས་འདི་མཐུན་ཞེས་པའི་དོན་མ་ཡིན་པའི་ཕྱིར་རོ། །འོན་གཞུང་དེའི་དོན་ཅི་ཡིན་སྙམ་ན། བཀའ་བརྒྱུད་གོང་མ་འགའི་གསུང་འགྲོས་ལས། ནཱ་རོ་ཏ་པ་དབང་དུས་སུ་མཐོང་ལམ་སྐྱེ། དེ་མི་བརྟན་པར་དེ་མ་ཐག་འགག །ཆོས་མཆོག་རྗེས་ཀྱི་མཐོང་ལམ་སྐྱེས་ནས། དེའི་རྒྱུན་འགག་པ་མེད་ཅེས་པ་ནཱ་རོ་ཏ་པའི་བཞེད་པ་ཡིན་ཞེས་གྲགས་པ་འདི། ནཱ་རོ་ཏ་པའི་གསུང་དངོས་ཀྱི་ཟིན་སོ་ཡོད་པ་བདེན་ན། དབང་དུས་སུ་དཔེའི་ཡེ་ཤེས་སྐྱེས་པ་ལ་མཐོང་ལམ་དུ་མིང་བཏགས་པ་ཙམ

ཡིན་ནོ་ཞེས་པཎ་ཆེན་དེའི་དགོངས་པ་བླངས་པ་ཙམ་ཡིན་ཏེ། མཐོང་ལམ་སྐྱེས་ནས་གོ་མི་ཆོད་པ་དེ་འདྲའི་འཁྲུལ་པ་ཁོང་ལ་མི་མངའ་བའི་ཕྱིར། གཞུང་དེའི་དོན་དེ་ཀར་སྣང་སྟེ། གསུངས་པར་གྲག །ཅེས་དང་། མཐོང་བའི་ལམ་དུ་བཏགས་པར་ཟད། །ཅེས་པའི་ཚིག་གི་ནུས་པ་ལས་ཤེས་པའི་ཕྱིར། གནད་དེས་ན། དབང་བསྐུར་དུས་སུ་སྐྱེས་པའི་མཐོང་ལམ། ཆོས་མཆོག་རྗེས་ཀྱི་མཐོང་ལམ་མ་ཡིན་པ་ནཱ་རོ་ཏ་པའི་བཞེད་པ་མིན་ཏེ། ཞེས་སྒྲུབ་བྱེད་བཀོད་སྣང་བ་ནི། མཁས་པའི་སྔོན་གཏམ་རང་ཤུགས་ཀྱིས་ཤོར་བ་སྟེ། དབང་བསྐུར་དུས་ཀྱི་མཐོང་ལམ་མཚན་ཉིད་པ། ཆོས་མཆོག་རྗེས་ཀྱི་མཐོང་ལམ་མིན་པ། ནཱ་རོའི་བཞེད་པ་ཡིན་ཞེས་ཁོ་བོས་མ་སླས་པའི་ཕྱིར་དང་། དབང་བསྐུར་དུས་སུ་མཐོང་ལམ་སྐྱེ། །དེ་ནི་སྐད་ཅིག་དེ་ལ་འགག །ཅེས་པའི་མཐོང་ལམ་གྱི་མིང་ཅན། ཉམས་རྟོགས་མི་བརྟན་པ་དེ། ཆོས་མཆོག་རྗེས་ཀྱི་མཐོང་ལམ་མ་ཡིན་པར་ཁོ་བོ་ཅག་གིས་སླས་མོད། དེ་ཁྱེད་ཅག་སྒྲུབ་པ་གནང་ན་ནི། ནཱ་རོ་ཏ་པའི་ཞབས་ཏོག་ཏུ་ཨེ་འགྲོ་བརྟག་དགོས་ཏེ། དེས་མཐོང་ལམ་གྱི་གོ་མ་ཆོད་པར། ཆོས་མཆོག་རྗེས་ཀྱི་མཐོང་ལམ་དང་ཁྱད་པར་དབྱེ་འདུག་པའི་ཕྱིར་རོ། །

ཡང་ས་སྐྱ་པས། རྟོགས་རིམ་གྱི་ཡེ་ཤེས་ལ་དཔེའི་ཡེ་ཤེས་ཡིན་པས་ཁྱབ་པ་ཁས་བླངས་པའི་སྒྲུབ་བྱེད་དུ། འཕགས་པ་ལྷ་ཡི་སྤྱོད་བསྡུས་སུ། །ཞེས་སོགས་འདྲེན་པའང་ཕྱོགས་སྔ་མ་ལོངས་པ་སྟེ། གཞུང་དེས། སྤྱོད་བསྡུས་སུ། རྟོགས་རིམ་གྱི་ཡེ་ཤེས་ལ་དཔེའི་ཡེ་ཤེས་ཡིན་པས་ཁྱབ་པ་བསྟན་ལ། དེ་དང་དེད་མཐུན་ཞེས་པའི་དོན་མ་ཡིན་པའི་ཕྱིར་རོ། །འོན་ཇི་ལྟར་སྙམ་ན། བཤད་པར་བྱ་སྟེ། སྤྱོད་བསྡུས་ལས། གལ་ཏེ་སྒྲུབ་པ་པོ་བདེན་པ་མཐོང་ཡང་། སྔོན་གྱི་བག་ཆགས་གོམས་པའི་སྟོབས་ཀྱིས་ཞིང་ལས་དང་། ཚོང་རྙེད་བཀུར་ལ་སོགས་པས་གཡེངས་པས་སྤྱོད་པ་མ་སྤྱད་པ་དང་། འཕྲོར་བ་ཆུང་བས་སྤྱོད་པའི་ཚོགས་མ་རྫོགས་པར་འཆི་བའི་དུས་བྱས་ནས་སྲིད་པ་གཞན་དུ་སྐྱེ་བར་འགྱུར་རམ། རྡོ་རྗེ་འཆང་ཉིད་ཐོབ་པར་འགྱུར། །ཞེས་ཞུས་པའི་ལན་དུ། ཡང་དག་པའི་དོན་མཐོང་བས། རྟག་པ་དང་། ཆད་པ་དང་། འཕོ་བ་ལ་སོགས་པའི་ལྟ་བ་ངན་པ་འགག་པར་འགྱུར་རོ་ཞེས་སོགས་དྲི་བ་དང་ལན་གྱི་སྐབས་ཀྱི་བདེན་པ་མཐོང་ཞེས་པ་དེ། རིམ་ལྔ་རྟོགས་རིམ་སྐབས་ཀྱི་རང་བྱུང་ཡེ་ཤེས་སུ་གྱུར་པའི་དཔེའི་ཡེ་ཤེས་ཙམ་སྐྱེས་པ་ལ་བདེན་པ་མཐོང་ཞེས་བཏགས་པ་ཡིན་གྱི། བདེན་མཐོང་གི་མཐོང་ལམ་སྐྱེས་པ་ནི་མ་ཡིན་ཏེ། རྟེན་གང་ཟག་དེ། ཞིང་ལས་དང་ཚོང་ལས་སོགས། ལས་ཐ་ལ་ཆགས་ཤིང་ཞེན་པར་བཤད་འདུག་ཕྱིར་ཞེས་པའི་དོན་ཡིན་པས། འཁྲུལ་གཞི་དེ་འདྲ་ག་ལ་འབྱུང་། དེས་ན། དེ་དང་ལམ་འབྲས་ལ་སོགས་པ། །གྲུབ་ཐོབ་རྣམས་ཀྱི་དགོངས་པ་མཐུན། །ཞེས་པ་ཡང་། དབང་དུས་དང་། རྟོགས་རིམ་ཡེ་ཤེས་ལ་དཔེའི་ཡེ་ཤེས་ཡིན་པས་ཁྱབ་པ་ནཱ་རོ་ཏ་པ་དང་། འཕགས་པ་ལྷ་དང་། བི་རཱུ་པ་གསུམ་དགོངས་པ་

མཐུན་ཞེས་པའི་དོན་མ་ཡིན་ཏེ། ནཱ་རོ་པས། དབང་བསྐུར་དུས་སུ་མཐོང་ལམ་སྐྱེ། །དེ་ནི་སྐད་ཅིག་དེ་ལ་འགག །ཅེས་པའི་སྐབས་ཀྱི་མཐོང་ལམ་དེ་ཡང་། མཐོང་ལམ་མཚན་ཉིད་པ་མ་ཡིན་པར་བསྒྲུབས། འཕགས་པ་ལྷ་ཡི་སྤྱོད་བསྡུས་སུ། །བདེན་པ་མཐོང་ཡང་ཞེས་པའི་སྐབས་ཀྱི་བདེན་མཐོང་དེ་ཡང་། མཐོང་ལམ་མ་ཡིན་པར་བསྒྲུབས་ཟིན་པས། མཐོང་ལམ་མཚན་ཉིད་པ་སྐྱེས་པ། འཕགས་པ་མིན་པ་སོ་སྐྱེ་ལ་མི་སྲིད་པ་འདི། གྲུབ་ཐོབ་དེ་རྣམས་དགོངས་པ་མཐུན་ཞེས་པའི་དོན་དུ་སྣང་བའི་ཕྱིར་རོ། །གཞན་དེས་ན་གསུང་ལས། དེ་ནི་ཉེས་པ་ཆེན་པོ་སྟེ། མཆོན་བྱ་དོན་གྱི་ལམ་ཕྱག་རྒྱ་ཆེན་པོ་དང་། འབྲས་བུ་ཕྱག་རྒྱ་ཆེན་པོ་མཆོག་གི་དངོས་གྲུབ་གཏན་མེད་དུ་ཐལ་བས་སོ། །ཞེས་བཤད་པ་ནི། རྟགས་ཅི་ཡང་མེད་པའི་བསལ་བ་རྒྱང་པ་ཞིག་ནམ་མཁའ་ལ་འཕྱུར་བ་སྟེ། རིགས་པ་མཁྱེན་པར་ཨེ་འགྲོ་ན། གལ་ཏེ་དབང་དུས་དང་རྫོགས་རིམ་སྐབས་སུ་མཆོན་བྱ་དོན་གྱི་ཡེ་ཤེས་མི་སྐྱེ་བར་ཁས་བླངས་པའི་ཕྱིར་གསུང་རྒྱུ་ཡིན་ན་ནི། གོང་དུ་ངོ་སྤྲོད་ཟིན་པས། རྒྱུན་པོའི་མཚང་བརྗོལ་བ་བཞིན་ནོ། །ཡང་གསུང་ལས། རྐང་པ་ཕྱི་མ་དེས་ནི། དེས་ན་གང་ཟག་དབང་པོ་རབ། །དབང་བསྐུར་ཉིད་ཀྱིས་གྲོལ་བར་གསུངས། །ཞེས་པའང་བདེན་མེད་དུ་བཏང་ལ་ཞེས་བཤད་པ་ནི། ཚིག་དེ་ཉིད་ཀྱིས་རང་ཉིད་བདེན་མེད་དུ་བཏང་བ་སྟེ། གོང་དུ། དབང་དུས་སུ་གྲོལ་བ་མེད་པར་ཁས་མ་བླངས་པའི་ཕྱིར་རོ། །ཡང་གསུང་ལས། ཕྱི་མ་འདིའི་ཚིག་གིས། དེས་ན་གྲུབ་ཐོབ་ཐམས་ཅད་ཀྱང་། །ཕྱོགས་རེའི་ཐབས་ཀྱིས་གྲོལ་བ་མིན། །ཞེས་པའང་ཚད་མས་བསལ་བར་བྱས་སོ། །ཞེས་པ་ནི་མི་བདེན་ཏེ། དབང་གིས་གྲོལ་བ་དེ། ཕྱོགས་རེའི་ཐབས་ཀྱིས་གྲོལ་བ་མ་ཡིན་པའི་ཕྱིར་ཏེ། ལས་འགྲོ་ཅན་རང་གི་ངང་གིས་ཁམས་འདུ་བའམ། མོས་གུས་ཅན་བྱིན་རླབས་ཀྱི་ཁམས་འདུ་བ་ལྷ་བུའི་གང་ཟག་རབ་བླ་མེད་དབང་དུས་སུ་གྲོལ་བ་ཡང་སྲིད། བརྩོན་འགྲུས་ཅན་འབད་རྩོལ་གྱིས་ཁམས་འདུ་བའི་དབང་པོ་ཐ་མ་ལ། བླ་མེད་དབང་ཐོབ་རྗེས་སུ་ལམ་རིམ་གཉིས་ལ་བརྩོན་པ་དྲག་ཏུ་བྱས་པའི་སྟོབས་ཀྱིས་གྲོལ་བའང་ཡོད་མོད། དེ་དག་ཐབས་དེ་དག་གིས་ཡེ་ཤེས་སྐྱེ་བའི་སྣ་འདྲེན་བྱས་པ་ཡིན་གྱི། དེ་དག་རེ་རེ་རྐྱང་པས་གྲོལ་བ་ནི་མ་ཡིན་པའི་ཕྱིར་ཏེ། རབ་དབྱེ་ལས། སྨྲ་མའི་ལས་འཕྲོའི་བྱེ་བྲག་དང་། །ནང་གི་རྟེན་འབྲེལ་ཁྱད་པར་གྱིས། །ཡེ་ཤེས་སྐྱེ་བའི་སྣ་འདྲེན་ནི། །ཐབས་ཀྱི་དབྱེ་བས་བྱེད་པར་གསུངས། །དཔེར་ན་ནད་པའི་ལུས་བརྟས་པ། །བཟའ་དང་བཏུང་བས་བྱེད་མོད་ཀྱི། །དེ་ཡི་ཡི་ག་འབྱེད་པ་ནི། ། ཟས་ཀྱི་ཁྱད་པར་ཡིན་པ་བཞིན། །ཞེས་བཤད་པས་སོ། །དེ་ཉིད་ཀྱི་ཕྱིར། རབ་དབྱེ་ལས། དེས་ན་གྲུབ་ཐོབ་ཐམས་ཅད་ཀྱང་། །ཕྱོགས་རེའི་ཐབས་ཀྱིས་གྲོལ་བ་མིན། །དབང་དང་རིམ་གཉིས་ལས་བྱུང་བའི། །ཡེ་ཤེས་སྐྱེས་པས་གྲོལ་བ་ཡིན། །ཞེས་པའི་ཚིག་དོན་གསལ་ལེ་བ་གཟིགས་བཞིན་དུ། དབང་དང་ལམ་དུས་ཀྱི་ཡེ་ཤེས་ལ་མཆོན་བྱ་དོན་

གྱི་ཡེ་ཤེས་མི་སྲིད་པ་ཕྱོགས་སྔར་བྱས་ནས། མདའ་མདང་དུ་འཕེན་པ་ནི། སྨྱུ་མའི་གླང་ཆེན་ལ་མདའ་འཕེན་པའོ། །

ཡང་དེ་ཉིད་ལས། ནཱ་རོ་དང་ནི་མཻ་ཏྲི་པའི། །ཕྱག་རྒྱ་ཆེན་པོ་གང་ཡིན་པ། །དེ་ནི་ལས་དང་ཆོས་དང་ནི། །དམ་ཚིག་དང་ནི་ཕྱག་རྒྱ་ཆེ། །གསང་སྔགས་རྒྱུད་ནས་ཇི་སྐད་དུ། །བཤད་པ་དེ་ཉིད་ཁོང་བཞེད་དོ། །ཞེས་པ་ནི། ཇོ་བོ་གཉིས་ཀྱི་ལུགས་མ་མཐོང་བར། དེ་སྐད་ཟེར་སྙམ་ནས་སྨྲ་བ་ཁོ་ན་སྟེ། ནཱ་རོ་པའི་དགོས་རྫོར་འགྲེལ་ཆེན་དང་། བསྒྲེ་འཕོའི་མན་ངག་གཉིས་ཀ་མཐུན་པར། ལས་དང་ཆོས་དང་ཕྱག་རྒྱ་ཆེ། །དམ་ཚིག་ཅེས་བྱ་འོད་གསལ་ཉིད། །ཅེས་བཤད་པ་དང་། མཻ་ཏྲི་པའི་ཕྱག་རྒྱ་བཞི་བཤད་པའི་ཁུངས། དཔང་བསྐུར་ངེས་བསྟན་ཡིན་ལ་དེར། །ལས་ཀྱི་ཕྱག་རྒྱ་ལ་བརྟེན་ནས། །ཆོས་ཀྱི་ཕྱག་རྒྱ་རྣམ་པར་བསྒོམ། །དེ་ཡི་སྙིང་དུ་ཕྱག་རྒྱ་ཆེ། །གང་ལས་དམ་ཚིག་འབྱུང་བ་འོ། །ཞེས་དང་། ཟླ་སྒྲུབ་ཀྱི་ཕྱག་རྒྱ་བཞི་པའང་འགྲོས་དེ་ཀ་ཡིན་པས། བོད་དུ་གྲགས་པའི་ཆོས་ལུགས་ཀུན། །ཕོས་པ་ཙམ་དུ་མ་བཞག་པའང་། །ཚིག་ཉམས་སུ་ཟད་དོ་ཞེས་བྲིས་སྣང་ངོ་། །

དེའི་ལན་ནི། དེ་སྐད་གསུངས་པ་དེ་ཅིར་འགྱུར་བརྟག་དགོས་ཏེ། རབ་དབྱེ་མཁན་པོས། ནཱ་རོ་མཻ་ཏྲི་གཉིས་ཀྱང་ཕྱག་རྒྱ་བཞིའི་རྣམ་གཞག་གསང་སྔགས་རྒྱུད་སྡེ་ནས་བཤད་པ་བཞིན་མཛད་ཀྱི། རང་བཟོ་མི་མཛད་ཅེས་བཤད་པ་ལ་སུན་འབྱིན་གནང་བ་ནི། ཁོང་གཉིས་ནི། ཕྱག་རྒྱ་བཞིའི་རྣམ་གཞག་རྒྱུད་ནས་བཤད་པ་བཞིན་མཛད་ཟེར་བ་ཁྱེད་རང་གིས་མ་གོ་བ་ཡིན་ཟེར་བར་སོང་འདུག་པའི་ཕྱིར་རོ། །ཡང་ནཱ་རོ་མཻ་ཏྲི་གཉིས་ཀྱི་ཕྱག་རྒྱ་བཞིའི་ལུང་འདྲེན་གནང་བ་དེ་ནི། རབ་དབྱེ་ལས། བླུན་པོ་མཁས་པར་འཆོས་པ་འགའ། །མདོ་རྒྱུད་ལུང་སྦྱོར་བྱེད་མོད་ཀྱི། །དེ་ནི་བླུན་པོ་ཁ་ཤགས་ལྟར། །གང་དུ་འགྲོ་བ་མི་ཤེས་སོ། །ཞེས་པའི་ལུང་དེས་ཟིན་པར་སྣང་སྟེ། ནཱ་རོ་མཻ་ཏྲི་གཉིས་ཆར་གྱི་ལུང་དྲངས་པ་དེར། ཕྱག་རྒྱ་བཞིའི་ཟླས་ཕྱེ་བའི་ཕྱག་ཆེན་དེ་ནི། ཆོས་ཀྱི་ཕྱག་རྒྱ་ལ་བརྟེན་པ་དང་། དེ་ཡང་ལས་ཀྱི་ཕྱག་རྒྱ་ལ་བརྟེན་དགོས་པར་བཤད་འདུག་པ་ལས། ཁྱེད་ནི་མདོ་ལུགས་ཀྱི་ཕྱག་ཆེན་དང་། རྒྱུད་སྡེ་འོག་མའི་ཕྱག་ཆེན་སོགས་འཆོལ་བ་ཞིག་བཞེད་པར་སྣང་བས་མདོ་རང་རྐང་ལས་ལས་ཀྱི་ཕྱག་རྒྱ་སོགས་མ་བཤད་པ་དང་ཁས་བླངས་འགལ་འདུག་པའི་ཕྱིར་རོ། །གལ་ཏེ་དངོས་བཏགས་ཕྱེ་ན་དེ་ལྟར་མི་བཞེད་དོ་གསུང་ན། མཐོལ་ལོ་བཤགས་སོ། །གལ་ཏེ་ཁྱེད་ཀྱིས་ནཱ་རོ་མཻ་ཏྲི་གཉིས་ཕྱག་རྒྱ་བཞིའི་རྣམ་གཞག་རྒྱུད་སྡེ་ནས་བཤད་པ་བཞིན་བཞེད་ཟེར་བ་འོལ་ཚོད་ཡིན་ཏེ། དེ་གཉིས་ཀྱིས་ཕྱག་རྒྱ་ཆེན་པོ་ཕྱག་རྒྱ་གསུམ་པར་བཤད་པའི་ཕྱིར་གསུང་རྒྱུ་ཡིན་ན་ནི། ཁྱབ་པ་མ་ངེས་ཏེ། རྒྱུད་སྡེ་ནས་བཤད་པའི་ཕྱག་རྒྱ་བཞིའི་གོ་རིམ་ལ། ཕྱག་ཆེན་ཕྱག་རྒྱ་གསུམ་པར་བྱེད་དགོས་པའི་ངེས་པ་མི་འདུག་པའི་ཕྱིར་ཏེ། རྒྱུད་སོ་སོ་ལས། ལས། ཆོས། དམ་ཚིག །ཕྱག་ཆེན་བཞིའི་གོ་རིམ་དང་། ལས། ཆོས། ཕྱག་ཆེན། དམ་ཚིག་གི་

ཕྱག་རྒྱ་བཞིའི་གོ་རིམ་དང་། ཆོས་དང་། ལས་དང་། དམ་ཚིག་དང་། ཕྱག་རྒྱ་ཆེན་པོ་བཞིའི་ཞེས་སོགས་གོ་རིམ་མི་མཐུན་པ་མང་དག་བཤད་པ་དང་། ཡེ་ཤེས་སྙིང་པོའི་རྒྱུད་ལས། ལས་ཀྱི་ཕྱག་རྒྱ། དམ་ཚིག་གི་ཕྱག་རྒྱ། ཡེ་ཤེས་ཀྱི་ཕྱག་རྒྱ། ཆོས་ཀྱི་ཕྱག་རྒྱ་བཞིར་བྱས་ནས། ཕྱག་རྒྱ་ཆེན་པོ་ནི། ཆོས་ཀྱི་ཕྱག་རྒྱ་ལ་བརྟེན་ནས་རྟེན་དགོས་པར་བཤད་པ་སོགས་མང་དག་སྣང་བའི་ཕྱིར་རོ། །དེ་ལྟར་ན་བདག་སྐལ་ལ་བཞག །ཅེས་གསུངས་པ་དེ་ཡང་། ཚིག་ཉམས་ཙམ་དུ་ཟད་དོ། །

ཡང་ཕྱག་ཆེན་དེ་ཉིད་ལས། འཕགས་པ་ཀླུ་སྒྲུབ་ཉིད་ཀྱིས་ཀྱང་། །ཕྱག་རྒྱ་བཞི་པར་འདི་སྐད་གསུངས། །ལས་ཀྱི་ཕྱག་རྒྱ་མི་ཤེས་པས། ཆོས་ཀྱི་ཕྱག་རྒྱ་མི་ཤེས་ན། །ཕྱག་རྒྱ་ཆེན་པོའི་མིང་ཙམ་ཡང་། །རྟོགས་པ་ཉིད་ནི་མི་སྲིད་གསུངས། །འདི་ནི་ཀླུ་སྒྲུབ་ཀྱི་གཞུང་ལས་མི་འབྱུང་ཞིང་། དེར་ནི་དེ་ལས་ལོག་པ་ཞིག་གསུངས་ཏེ། དེ་ལ་དགའ་ཞིང་མགུ་བས། ཆོས་ཀྱི་ཕྱག་རྒྱའི་གཏམ་ཙམ་ཡང་མི་ཤེས་སོ། །ཆོས་ཀྱི་ཕྱག་རྒྱ་མི་ཤེས་པས། ལས་ཀྱི་ཕྱག་རྒྱའང་བཅོས་མ་འབའ་ཞིག་ལས། མ་བཅོས་པའི་ལྷན་ཅིག་སྐྱེས་པའི་རང་བཞིན་འབྱུང་ཞིང་སྐྱེ་བར་ག་ལ་འགྱུར། རིགས་མཐུན་པའི་རྒྱུ་ལས་རིགས་མཐུན་པའི་འབྲས་བུ་སྐྱེ་བར་འགྱུར་གྱི། རིགས་མི་མཐུན་པ་ལ་མ་ཡིན་ནོ། །ཇི་ལྟར་ས་ལུའི་ས་བོན་ལས། ས་ལུའི་མྱུ་གུ་སྐྱེ་བ་འགྱུར་གྱི། ཀོ་ཏ་པ་ལས་ནི་མ་ཡིན་ནོ། །དེ་བཞིན་དུ་མ་བཅོས་པའི་ཆོས་ཀྱི་ཕྱག་རྒྱའི་རང་བཞིན་ལས། མ་བཅོས་པའི་ལྷན་ཅིག་སྐྱེས་པ་འབྱུང་ངོ་། །དེའི་ཕྱིར་ཆོས་ཀྱི་ཕྱག་རྒྱའི་རྒྱུ་ལས། མི་ཕྱེད་པའི་ཕྱག་རྒྱ་ཆེན་པོ་སྐྱེ་བར་འགྱུར་རོ། །ཞེས་བྱ་བ་བྲིས་སོ། །

འདིའི་ལན་ལ། འདི་ནི་འཕགས་པ་ཀླུ་སྒྲུབ་ཉིད་ཀྱིས་ཀྱང་། །ཕྱག་རྒྱ་བཞི་པར་འདི་སྐད་གསུངས། །ཞེས་པའི་གཞུང་ལུགས་སུན་འབྱིན་པའི་ཟློལ་གྱིས་རང་ཉིད་སུན་ཕྱུང་བར་སོང་བས། ལུང་བསྟན་སྟ་མ་དེ་ཉིད་དོ༔ །ཅིའི་ཕྱིར་སྙམ་ན། ཁྱེད་རང་གིས་དྲངས་པའི་ཀླུ་སྒྲུབ་ཀྱི་ལུང་དེས་ནི། མི་ཕྱེད་པའི་ཕྱག་རྒྱ་ཆེན་པོ་ཆོས་ཀྱི་ཕྱག་རྒྱ་ལས་འབྱུང་དགོས་པར། ས་ལུའི་ས་བོན་ལས་ས་ལུའི་མྱུ་གུ་འབྱུང་བའི་དཔེས་གཏན་ལ་ཕབ་ནས་ཁྱེད་ཅག་གི་ཆོས་ཀྱི་ཕྱག་རྒྱའི་མིང་ཙམ་ལ་ཡང་མ་བརྟེན་པའི། མདོ་རྒྱུད་ལས། ཕྱག་ཆེན་གྱི་མིང་བཏགས་པ་ཐམས་ཅད་ཕྱག་ཆེན་ཡིན་ནོ། །ཞེས་དངོས་བཏགས་ཀྱི་རྣམ་དབྱེ་མ་ཕྱེ་བར་ཞལ་གྱིས་བཞེས་པའི་ཕྱིར་རོ། །ཁོ་བོ་ཅག་ལ་གནོད་བྱེད་དུ་མ་སོང་སྟེ། གོ་རིམ་ཙུང་ཟད་བསྒོལ་དུ་ཟིན་ཡང་། ཕྱག་རྒྱ་བཞིའི་ནླས་ཕྱེ་བའི་ཕྱག་ཆེན་དེ། ཆོས་ཀྱི་ཕྱག་རྒྱ་མ་ཡིན་པ་རྒྱུ་གཞན་ལས་མི་འབྱུང་བར་བཤད་པའི་གནད་ཀྱིས་དེ་བཞིའི་ནང་ཚན་གྱི་ཕྱག་ཆེན་དེ་ནི་རྒྱུད་སྡེ་འོག་མ་དང་མདོ་རང་རྐང་ལས་མི་འབྱུང་བར་ཀོ་ཏ་པའི་ས་བོན་ལས་ས་མྱུག་མི་འབྱུང་བའི་དཔེས་གཏན་ལ་ཕབ་འདུག་པའི་ཕྱིར་རོ། །འདིར་ཁ་ཅིག་ཕྱག་རྒྱ་བཞི་པའི་བསྟན་བཅོས་ཀླུ་སྒྲུབ་ཀྱིས་མ

མཛད་ཅེས་གླེང་བ་དང་། འགའ་ཞིག་དེ་ལ་ཚིགས་བཅད་དང་ལྷུག་པ་གཉིས་ཡོད་པ་ལས། ཕྱི་མ་ཀླུ་སྒྲུབ་ཀྱིས་མཛད་གསུངས་པ་གཉིས་སྣང་བའི་ཕྱི་མ་འདི་དག་པར་སྣང་སྟེ། རབ་དབྱེར། ཚིགས་བཅད་དུ་བསྡེབས་པ་མ་གཏོགས། རང་མཆན་ལས་འདི་སྐད་ཅེས། ལས་ཀྱི་ཕྱག་རྒྱ་མི་ཤེས་པ་རྣམས་ཀྱིས་ནི་ཆོས་ཀྱི་ཕྱག་རྒྱ་མི་ཤེས་ན། ཕྱག་རྒྱ་ཆེན་པོའི་མིང་ཙམ་རྟོགས་པར་ག་ལ་འགྱུར། ཞེས་གསུངས་སོ་ཞེས་བཤད་པའི་ཕྱིར་རོ། །ཡང་ཕྱག་ཆེན་གན་མཛོད་དེ་ཉིད་ལས། དབང་བསྐུར་བཞི་པ་མ་ཐོབ་པར། །ཕྱག་རྒྱ་ཆེན་པོ་སོགས་སྒོམ་དང་། །ཞེས་པའང་ཚིག་སྦྱོམས་སོ། །རྒྱུ་མཚན་ཕྱག་རྒྱ་ཆེན་པོའི་སྒྲ་ནི་སྤྱོད་རྒྱུད་རྣལ་འབྱོར་རྒྱུད་དུའང་བཤད་ལ། དེ་དག་ཙམ་ཞིག །རྣལ་འབྱོར་ཆེན་པོ་དེ་ཉིད་འདུས་པར། རྣམ་པར་སྣང་མཛད་ཕྱག་རྒྱ་ཆེ། །སྐུ་གསུང་ཐུགས་ཀྱིས་མཚན་པ་འོ། །ཞེས་བསྐྱེད་རིམ་ལ་ཕྱག་ཆེན་དུ་བཞག་པ་དང་། བརྟག་གཉིས་ལས། དེ་ལས་སྐྱེས་པའི་རྣལ་འབྱོར་པ། །དེ་ཡི་བདེ་བ་ཟ་བ་ཉིད། །དེ་དང་ལྡན་ཅིག་ཕྱག་རྒྱ་ཆེ། །བདེ་བ་སྦྱིན་པའི་དངོས་གྲུབ་འགྱུར། །ཞེས་པ་ལས་རྒྱ་ཕྱག་ཆེན་དུ་བཞག་པ་དང་། དུས་འཁོར་རྩ་རྒྱུད་ལས། དུང་ཅན་མ་ནི་ཕྱག་རྒྱ་ཆེ། །དེ་ནི་གཙུམ་མོར་བརྗོད་པར་བྱ། །སོ་སོར་སྡུད་པ་ཕྱག་རྒྱ་ཆེ། །ནམ་མཁའ་སྟོང་པའི་མཚན་ཉིད་དོ། །ཞེས་གཙུམ་མོ་དང་། སྒྱུ་ལུས་ཕྱག་ཆེན་དུ་བཞག་པ་སོགས་མ་ཕྱེད་པས་སོ་ཞེས་བྱ་བ་བྲིས་སོ། །

དེའི་ལན་ནི། དབང་བསྐུར་བཞི་པ་མ་ཐོབ་པར། །ཕྱག་རྒྱ་ཆེན་པོ་སོགས་སྒོམ་དང་། །ཞེས་པའི་ཚིག་སྦྱོམས་སོ་གསུངས་པ་དེ་མ་བརྟགས་པ་དག་གི་ངོར་མད་པར་སྣང་སྟེ། བཞི་པ་མ་ཐོབ་ཀྱང་དབང་འོག་མའི་སྐབས་སུ་ཕྱག་ཆེན་དཔེའི་ཡེ་ཤེས་སྐྱེ་བ་ཡོད་པའི་ཕྱིར་རོ། །རབ་དབྱེའི་དགོངས་པ་ནི་སྤྱི་མིང་མཚོན་བྱ་དོན་གྱི་ཕྱག་ཆེན་ལ་བྱེ་བྲག་ཏུ་བཏགས་པ་སྟེ། མཚོན་བྱ་དོན་གྱི་ཕྱག་རྒྱ་ནི་དབང་བཞི་པ་མ་ཐོབ་པར་མི་སྐྱེ་བའི་ཕྱིར་རོ། །སྔར་གྱི་རྒྱུ་མཚན་སྒྲུབ་བྱེད་བཀོད་པ་དེས་ནི། དམ་བཅའ་དེ་ཡང་ཆུད་གསན་པར་སྣང་སྟེ། ཕྱག་རྒྱ་ཆེན་པོའི་མིང་བཏགས་ཚད་ཕྱག་ཆེན་མཚན་ཉིད་པར་ཁས་བླངས་པས་མཐར་མི་བླུན་པོ་ལ་བ་གླང་ཞེས་བཏགས་པའི་མི་དེ་ཡང་བ་གླང་ཡིན་ཞེས་ཁས་ལེན་དགོས་འགྱུར་བའི་ཕྱིར་ཏེ། དངོས་བཏགས་ཀྱི་རྣམ་དབྱེ་ཅི་ཡང་མ་ཕྱེད་འདུག་པའི་ཕྱིར་རོ། །ཁས་བླངས་ནང་འགལ་ཡང་འགྱུར་སྟེ། འདིར་བསྐྱེད་རིམ་དང་ལས་རྒྱ་སོགས་ཕྱག་ཆེན་དུ་ཁས་བླངས་ནས། འོག་ཏུ་རང་ལུགས་ཀྱི་ཕྱག་ཆེན་ངོས་འཛིན་པའི་ཚེ། ཤེས་རབ་ཀྱི་ཕ་རོལ་ཏུ་ཕྱིན་པ་ལ་ངོས་བཟུང་འདུག་པའི་ཕྱིར་རོ། །གལ་ཏེ་སྔ་མ་དེ་དག་ཕྱག་ཆེན་མཚན་ཉིད་པར་ཁས་མི་ལེན་ན། རྩོད་ལན་ལ་འབྲེལ་པ་ཅི་ཡང་མི་འབྱུང་སྟེ། དབང་བཞི་པ་མ་ཐོབ་པར་ཕྱག་རྒྱ་ཆེན་པོ་སྒོམ་པ་མི་འཐད་ན། བསྐྱེད་རིམ་དང་ལས་རྒྱ་སོགས་ལ་ཕྱག་ཆེན་གྱི་མིང་བཏགས་པ་མི་འཐད་པར་ཐལ་བའི་ཕྱིར་རོ། །ཞེས་པར་སོང་འདུག

པའི་ཕྱིར་རོ། །ཅི་སྟེ་ལས་རྒྱ་སོགས་ཀྱང་ཞེར་ཕྱིན་ཅིས་མ་ཡིན་སྙམ་ན། དེ་ལྟར་ན་གཞི་གྲུབ་ནཤེར་ཕྱིན་ཡིན་པས་ཁྱབ། ཕྱག་ཆེན་ཡིན་པས་ཁྱབ། ཅེས་སོགས་ཀྱང་གསུངས་པར་རིགས་ཏེ། ཤེས་བྱ་ཐམས་ཅད་ཡང་ཆེལ་ལ་འགྲོ་བར་སྣང་བའི་ཕྱིར་རོ། །

ཡང་དེ་ཉིད་ལས། དབང་བསྐུར་དག་དང་མ་འབྲེལ་བ། །དེ་ལ་ཕྱག་རྒྱ་ཆེན་པོ་བཀག །ཅེས་པ་ནི་ནམ་ཡང་མི་རིགས་ཏེ། དེ་དགག་པའི་གཞུང་མ་དམིགས་པ་དང་། མདོ་ལུགས་ཀྱི་འཚང་རྒྱ་བར་ཁས་བླངས་པ་དང་ནང་འགལ་ཞིང་། གཞན་ཡང་འཐད་ན། གཞི་ཕྱག་རྒྱ་ཆེན་པོ་ཡུལ་ཅི་ནས་མི་ཐོན། གཞི་ཕྱག་རྒྱ་ཆེན་པོའི་ཐ་སྙད་ཁས་མི་ལེན་སྙམ་ན། བརྟག་གཉིས་སུ། གཟུགས་ཉིད་ནི་བདག་མེད་མ། །བདེ་བ་བདག་མེད་རྩུལ་ཅན་ཉིད། །དེ་ཡི་བདེ་བ་ཕྱག་རྒྱ་ཆེ། །ལྟེ་བའི་དཀྱིལ་འཁོར་ཉིད་དུ་གནས། །དང་པོའི་དབྱངས་ཡིག་རང་བཞིན་ཏེ། །བློ་ཞེས་སངས་རྒྱས་རྣམས་ཀྱིས་བརྟགས། །ཞེས་པ་སྦུབ་བམ་ཞེས་བྱ་བ་བྲིས་སོ། །

འདིའི་ལན་ལ་གསུམ། དགག་པའི་གཞུང་མ་དམིགས་ཞེས་པའི་ལན། མདོ་ལུགས་ཀྱི་འཚང་རྒྱ་བ་དང་འགལ་བའི་ལན། གཞི་ཕྱག་རྒྱ་ཆེན་པོ་ཡུལ་ཐོན་པ་དང་འགལ་བའི་ལན་ནོ། །དང་པོ་ནི། དབང་བསྐུར་དག་དང་མ་འབྲེལ་བ། །དེ་ལ་ཕྱག་རྒྱ་ཆེན་པོ་བཀག །ཅེས་པ་ནི་བླ་མེད་དབང་བསྐུར་མ་ཐོབ་པའི་གང་ཟག་གི་རྒྱུད་ལ་ཕྱག་ཆེན་ཡེ་ཤེས་སྐྱེ་བ་རྒྱུད་ལས་བཀག་པ་སྟེ། མདོ་རྒྱུད་ཚད་ལྡན་གང་ལས་ཀྱང་མ་བཤད་ཅེས་པའི་དོན་ཡིན་ལ། དེ་ལྟར་མ་བཤད་གསུངས་པ་འདི། ཤེས་ལྡན་གཟུར་གནས་ཤིག་གིས་འགོག་མི་རིགས་ཏེ། བཀག་ན་རང་ཉིད་ཀྱི་སྤྱི་བོར་གནམ་ལྕགས་ཀྱི་ཐོག་འབབ་པའི་ཕྱིར་ཏེ། ཁྱེད་རང་གིས་ཀྱང་ཕྱག་ཆེན་མཚན་ཉིད་པར། ཕྱག་རྒྱ་བཞིའི་ནང་ཚན་ཕྱི་མ་གསུམ་གང་རུང་ཞིག་ལ་བཞེད་པར་སྣང་ལ། ཕྱག་རྒྱ་བཞིའི་ནང་ཚན་ཕྱག་ཆེན་དེ་རྒྱུད་ལ་སྐྱེ་བ་ལ་དབང་བསྐུར་ཐོབ་པ་ཞིག་དགོས་པ་ཁོ་ནར་བཤད་པའི་ཕྱིར་ཏེ། ཕྱག་རྒྱ་བཞིའི་ནང་ཚན་གྱི་ཕྱག་རྒྱ་ཆེན་པོ་ནི། ཆོས་ཀྱི་ཕྱག་རྒྱ་ཞེས་བྱ་བ་མཚོན་བྱེད་དཔེའི་ཡེ་ཤེས་ལ་བརྟེན་ནས་སྐྱེ་དགོས་ལ། ཆོས་ཀྱི་ཕྱག་རྒྱ་དེ་ནི་ལས་ཀྱི་ཕྱག་རྒྱ་ཞེས་བྱ་བ་དངོས་སམ་ཡེ་ཤེས་ཀྱི་ཕྱག་རྒྱ་ལ་བརྟེན་ནས་སྐྱེ་དགོས་ཤིང་། ཕྱག་རྒྱ་དེ་བསྟེན་པ་ལ་ཐབས་ཤེས་གཉིས་ཆར་བླ་མེད་དབང་གིས་སྨིན་པ་ཞིག་དགོས་པའི་ཕྱིར་ཏེ། དམ་ཚིག་དག་དང་མི་ལྡན་པའི། །རིགས་མ་བསྟེན་པར་དགའ་བ་དང་། །ཞེས་དབང་གིས་མ་སྨིན་པའི་ཕྱག་རྒྱ་བསྟེན་པ་ལ་ཡན་ལག་གི་ལྟུང་བ་འབྱུང་བར་བཤད་པའི་ཕྱིར་རོ། །རྣམ་དཔྱོད་དང་ལྡན་ན་དེ་ཙམ་གྱིས་དགོངས་འཚལ་ལོ། །

དེས་ཀྱང་མི་དགོངས་ན་བརྟག་པ་གཉིས་པར། སངས་རྒྱས་ཀུན་གྱི་སྡོམ་པ་ནི། །ཨེ་ཝཾ་རྣམ་པར་རབ་ཏུ་གནས། །ཨེ་ཝཾ་རྣམ་པའི་བདེ་ཆེན་པོ། །ཞེས་པ་དང་། ཁྱེད་རང་གིས་གོང་དུ་དྲངས་པའི། བདེ་བ་བདག་མེད་རྩུལ་ཅན

ཉིད། །ཅེས་པ་དེ་དག་གནད་གཅིག་པས། དེ་སྐབས་ཀྱི་བདེ་ཆེན་གྱི་ཡེ་ཤེས་སྐྱེ་བ་ཡང་དབང་ལ་ལྟོས་མི་དགོས་པར་འགྱུར་ཏེ། ཕྱག་རྒྱ་བཞི་པོ་དེ་བསྙེན་པའམ་སྒྲོམ་པའམ་སྐྱེ་བ་ལ་དབང་གཏན་ནས་མི་དགོས་འདུག་པའི་ཕྱིར། གལ་ཏེ་ཤིན་ཏུ་འདོད་ཐོག་ཏུ་བབ་བོ་སྙམ་ན། གཞུང་སྔ་མ་དེའི་འཕྲོ་དེ་ཉིད་ལས། དབང་ལས་ཡང་དག་ཤེས་པར་འགྱུར། །ཞེས་དེ་འདྲའི་ཡེ་ཤེས་སྐྱེ་བ་དབང་ལ་ལྟོས་པར་བཤད་པ་དེ་མ་དགོངས་སམ། ཅི་སྟེ་དེ་དུང་ཕན་དགོངས་བདུད་རྩིའི་རྒྱ་མཚོ་རངས་པར་མ་གྱུར་ན། འདི་སྐད་ཞུ་འཚལ། མཚོན་བྱ་དོན་གྱི་ཕྱག་རྒྱ་ཆེན་པོ་ཞེས་གྲགས་པ་འདི་རྒྱུད་ལ་འཆར་བ་ལ་བླ་མེད་ཀྱི་དབང་ཐོབ་དགོས་ཏེ། རྒྱུད་སྡེ་ཆེན་པོ་གཞན་དག་ཕར་ཞོག །ཡེ་ཤེས་སྙིང་པོ་ཞེས་བྱ་བའི་རྒྱུད་ཉུང་ངུ་ཞིག་ལས། ཕྱག་རྒྱ་ཆེན་པོ་དེ་ནི་འོད་གསལ་མ་ཡིན་པ་གཞན་ལས་མི་སྐྱེད་དོ། །ཞེས་དེ་སྐབས་ཀྱི་ཕྱག་རྒྱ་ཆེན་པོ་དེ་ནང་གི་ཕྱག་རྒྱ་བཞི་བཤད་པའི་སྣང་བ། མཆེད་པ། ཉེར་ཐོབ། འོད་གསལ་བཞིའི་རླུས་ཕྱེ་བའི་འོད་གསལ་ལས་སྐྱེད་པར་བཤད། ནང་གི་ཕྱག་རྒྱ་སྣང་མཆེད་ཐོབ་གསུམ་འོད་གསལ་དང་བཞི་པོ་དེ་ནི། ཕྱིའི་ཕྱག་རྒྱ། ལས་ཀྱི་ཕྱག་རྒྱ། དམ་ཚིག་གི་ཕྱག་རྒྱ། ཡེ་ཤེས་ཀྱི་ཕྱག་རྒྱ། ཆོས་ཀྱི་ཕྱག་རྒྱ་བཞི་ལས་སྐྱེད་པར་བཤད། ཕྱི་ནང་གི་ཕྱག་རྒྱ་བཞི་པོ་དེ་ཡང་བླ་མེད་ཀྱི་དབང་བཞི་ལས་སྐྱེད་དགོས་པར་བཤད་པས། སྐལ་བ་དང་ལྡན་ན་འདི་ལ་འཁྲུལ་པ་ཅི་ཡང་མེད་པའི་ཕྱིར་རོ། །

འདི་དག་ཀྱང་ཁོ་བོའི་རང་བཟོ་མ་ཡིན་ཏེ། རྒྱུད་དེ་ཉིད་ལས། ནང་གི་ཕྱག་རྒྱ་སྣང་མཆེད་ཐོབ་གསུམ་འོད་གསལ་བཞིའི་ནང་ཚན་འོད་གསལ་ངོས་འཛིན་པ་ལ། བཅོམ་ལྡན་འདས་མས་གསོལ་པ། བཅོམ་ལྡན་འདས་འོད་གསལ་ཞེས་བགྱི་བ་ཇི་ལྟར་ལགས། གང་དུ་གནས་པ་ལགས། བཅོམ་ལྡན་འདས་ཀྱིས་བཀའ་སྩལ་པ། འོད་གསལ་ནི་ནམ་མཁའི་ཁམས་ན་གནས་པའི་ཐིག་ལེའི་ངོ་བོ་སྟེ། དེས་ནི་ཕྱག་རྒྱ་ཆེན་པོ་སྐྱེད་པར་འགྱུར་རོ། །ཞེས་གཟུང་འཛིན་གྱི་དྲི་མས་རང་བཞིན་གྱིས་དག་པའི་གནས་ལུགས་མངོན་སུམ་དུ་མཐོང་བ་མིན་ཡང་། དེ་ཉིད་ལ་གསལ་སྣང་ཆེར་སྐྱེད་པ་ཐིག་ལེའི་མིང་ཅན། རང་བཞིན་འོད་གསལ་དེ་ཉིད་ལ་ངོས་བཟུང་བར་སྣང་སྟེ། ནང་གི་ཕྱག་རྒྱ་སྣང་མཆེད་ཐོབ་གསུམ་ནི། གཟུང་བྱ་ཞེ་སྡང་། འཛིན་བྱེད་འདོད་ཆགས། གཏི་མུག་གསུམ་རང་བཞིན་རྣམ་དག་གི་ཆ་ལ་གསལ་སྣང་སྐྱེད་པའི་ཡེ་ཤེས་ལ་ངོས་འཛིན་དགོས་པའི་ཕྱིར་རོ། །དེ་ལྟ་བུའི་ནང་གི་ཕྱག་རྒྱ་འོད་གསལ་དེ་ཡང་། ཕྱིའི་ཕྱག་རྒྱ་བཞི་ལས་གཙོ་བོར་ཕྱིའི་ཆོས་ཀྱི་ཕྱག་རྒྱ་ལས་སྐྱེད་དགོས་ཏེ། དེ་ཉིད་ལས། བཅོམ་ལྡན་འདས་མས་གསོལ་པ། རེ་ཞིག་འོད་གསལ་ནི་ཇི་ལྟར་སྐྱེད་པ་ལགས། བཅོམ་ལྡན་འདས་ཀྱིས་བཀའ་སྩལ་པ། ལས་དང་། དམ་ཚིག་དང་། ཡེ་ཤེས་དང་། ཆོས་ཀྱི་ཕྱག་རྒྱས་སོ་ཞེས་བཤད་པས་སོ། །ཕྱི་ནང་གི་ཕྱག་རྒྱ་རྣམ་བཞི་ཡང་། བླ་མེད་དབང་བསྐུར་བ་ལས་སྐྱེད་དགོས་ཏེ། དེ་ཉིད་ལས། བཅོམ་ལྡན་འདས

མས་གསོལ་པ། ཕྱག་རྒྱ་རྣམས་ཉིད་གང་ལས་སྐྱེད་པར་འགྱུར་ལགས། བཅོམ་ལྡན་འདས་ཀྱིས་བཀའ་སྩལ་པ། དབང་བསྐུར་བ་ཕྱིའི་ཕྱག་རྒྱ་ལ་བརྟེན་ནས་ནང་གི་ཕྱག་རྒྱ་རྣམས་སྐྱེད་དོ་ཞེས་བཤད་པས་སོ། །དབང་དེ་ཡང་བྱིན་རླབས་ཙམ་མ་ཡིན་གྱི། སྨིན་བྱེད་དབང་མཚན་ཉིད་པ་ཞིག་ཡིན་ཏེ། དེ་ཉིད་ལས། བཅོམ་ལྡན་འདས་མས་གསོལ་པ། ཕྱི་ནང་གི་ཕྱག་རྒྱ་དེ་གནས་གང་དུ་གནས་པར་གྱུར། མཚན་ཉིད་ཇི་ལྟ་བུ། རང་གི་ངོ་བོ་ཇི་ལྟ་བུ། དེར་དབང་ཇི་ལྟ་བུ་ལགས། བཅོམ་ལྡན་འདས་ཀྱིས་བཀའ་སྩལ་པ། འདིར་དབང་ནི་བཞི་སྟེ། སློབ་དཔོན་དང་། གསང་བ་དང་། ཤེས་རབ་ཡེ་ཤེས་དང་། དེ་ལྟར་དེ་བཞིན་བཞི་པའོ། །ཞེས་སོགས་ནས། བཅོམ་ལྡན་འདས་མས་གསོལ་བ། དབང་བསྐུར་བའི་དུས་སུ་དཀྱིལ་འཁོར་རྣམས་ཇི་ལྟ་བུ། སློབ་དཔོན་ཇི་ལྟ་བུས་བྱ། བཅོམ་ལྡན་འདས་ཀྱིས་བཀའ་སྩལ་པ། སློབ་དཔོན་གྱིས་དབང་བསྐུར་བའི་དུས་སུ། རྡུལ་ཚོན་ལ་སོགས་པའི་དཀྱིལ་འཁོར་རོ་ཞེས་སོགས་བཤད་པས་སོ། །

དེ་ལྟ་བུའི་ཕྱི་ནང་གི་ཕྱག་རྒྱ་བཞི་ཡང་དེ་ཉིད་ལས་འདི་ལྟར་བཤད་དེ། དེ་ཉིད་ལས། བཅོམ་ལྡན་འདས་ཀྱིས་བཀའ་སྩལ་པ། །ཁྱོད་ཀྱིས་བདག་ལ་ཞུས་པ་གང་། །ཉོན་ཅིག་ལྷ་མོ་རབ་ཏུ་བཤད། །ཕྱག་རྒྱ་ཆེན་པོ་ནི་འདིར་བཞིར་དབྱེ་བ་སྟེ། ལས་ཀྱི་ཕྱག་རྒྱ་དང་། དམ་ཚིག་གི་ཕྱག་རྒྱ་དང་། ཡེ་ཤེས་ཀྱི་ཕྱག་རྒྱ་དང་། ཆོས་ཀྱི་ཕྱག་རྒྱའོ། །གང་ཞིག་ལས་ཀྱི་ཕྱག་རྒྱ་ནི། སྣང་བའི་རང་བཞིན་དགའ་བའི་ཡོ་དང་ལྡན་པའོ། །གང་ཞིག་དམ་ཚིག་གི་ཕྱག་རྒྱ་དེ་ནི། སྣང་བ་མཆེད་པའི་རང་བཞིན་སྐྱེ་མཆེད་ཀྱི་ཡོ་དང་ལྡན་པའོ། །གང་ཞིག་ཡེ་ཤེས་ཀྱི་ཕྱག་རྒྱ་དེ་ནི་སྣང་བ་ཐོབ་པའི་རང་བཞིན་ཁམས་ཀྱི་ཡོ་དང་ལྡན་པའོ། །གང་ཞིག་ཆོས་ཀྱི་ཕྱག་རྒྱ་དེ་ནི་འོད་གསལ་གྱི་རང་བཞིན་ནོ། །ཕྱག་རྒྱ་ཆེན་པོ་དེ་ཡང་འོད་གསལ་མ་ཡིན་པ་གཞན་ལས་མི་སྐྱེད་དོ། །ཞེས་བཤད་པ་ལྟར། རྒྱུད་འདིའི་དངོས་བསྟན་ལ། ཕྱིའི་ཕྱག་རྒྱ་བཞི་ནི། དགའ་བའི་ཡོ་དང་ལྡན་པའི་གཞོན་ནུ་མ། དེ་བཞིན་དུ་སྐྱེ་མཆེད་ཀྱི་ཡོ་དང་ལྡན་པ། ཁམས་ཀྱི་ཡོ་དང་ལྡན་པ། འོད་གསལ་གྱི་རང་བཞིན་གྱི་གཞོན་ནུ་མ་བཞི་ལ་དངོས་བཟུང་བ་ཡིན་ལ། ནང་གི་ཕྱག་རྒྱ་བཞི་ནི། སྣང་མཆེད་ཐོབ་གསུམ་འོད་གསལ་དང་བཞི་ལ་དངོས་བཟུང་བར་སྣང་བས། ཕྱིའི་ཕྱག་ཆེན་བཞི་ནི། ཕྱག་ཆེན་བཏགས་པ་བ་ཡིན་ལ། ནང་གི་ཕྱག་ཆེན་བཞི་ནི། མཚོན་བྱེད་དཔེའི་ཕྱག་ཆེན་ཡིན་ཞིང་། དེ་བཞི་ལ་བརྟེན་ནས་སྐྱེས་པའི་ལྷན་སྐྱེས་དེ་ནི་མཚོན་བྱ་དོན་གྱི་ཕྱག་ཆེན་ཡིན་ནོ། །ཞེས་ཡིད་ཆེས་པའི་ལུང་དང་། སྔན་བརྒྱུད་བཞི་ལྡན་གྱི་བླ་མ་ཚད་མའི་ཞལ་གྱི་པདྨ་ལས་སྐྱེད་པའི་བདུད་རྩི་ཡིན་པས། ལུང་རིགས་ལྟར་སྣང་གིས་སུན་ཕྱུང་བར་ག་ལ་ནུས། དེའི་ཕྱིར་བདག་ཅག་གི་སྟོན་པས་ཕྱག་རྒྱ་བཞིའི་ཕྱག་རྒྱས་བསྡམས་པའི་ཕྱག་རྒྱ་ཆེན་པོ། བླ་མེད་དབང་དང་འབྲེལ་མི་དགོས་ཞེས་སྨྲ་བའི་ཞལ་གྱི་པདྨ་ནི།

རི་བོང་ཅན་གྱི་འོད་ཀྱིས་རེག་ན་མཛེས་པ་ཡིན་ནོ། །དེས་ན་རྒྱུད་སོ་སོ་ལས། ཕྱག་རྒྱ་བཞིའི་གོ་རིམ་དང་། ངོས་འཛིན་དང་། འཛོག་མཚམས་མི་གཅིག་པ་ཁ་རེ་སྣང་བས། ཕྱོགས་རེའི་མིག་ཅན་དག་གིས་དངོས་བཏགས་མ་ཕྱེ་བའི་བབ་ཅོལ་དང་། མིང་ཙམ་ལ་འཁྲུལ་པའི་ཆོལ་གཏམ་མ་སྨྲ་ཞིག་ཅེས་གདམས་སོ། །

རྩ་བའི་གཉིས་པ་ནི། མདོ་ལུགས་ཀྱི་འཚང་རྒྱ་བ་དང་ནང་འགལ་ཞིང་། ཞེས་རྩོད་པ་ནི། འབྲེལ་ཙམ་ཟད་ཀྱང་མི་འབྱུང་སྟེ། མདོ་རང་རྐང་ལ་འཚང་རྒྱ་བ་ཁས་མི་ལེན་ཞིང་། དེ་ཁས་བླངས་ན་ཡང་། མདོ་རང་རྐང་གི་སངས་རྒྱས་ཀྱི་མཁྱེན་པ་དེ་ཕྱག་ཆེན་མ་ཡིན་པའི་ཕྱིར། དེས་ན་རྩོད་པ་འདི་ནི། ལྷ་འདི་ན་སྟག་མོ་ལས་མ་སྐྱེས་པའི་སྟག་ཕྲུག་ཡོད་དེ། བྱང་ཕ་གི་ན་འབྲོང་མོ་ལས་སྐྱེས་པའི་འབྲོང་ཕྲུག་ཡོད་པའི་ཕྱིར་ཞེས་པ་སྟེ། དབང་དང་མ་འབྲེལ་བའི་ཕྱག་ཆེན་ཡོད་དེ། མདོ་རང་རྐང་ལ་བརྟེན་ནས་སངས་རྒྱས་འབྱུང་བའི་ཕྱིར་ཞེས་བཀོད་པ་དེ་ཉིད་ཀྱིས་སོ། །གསུམ་པ་གཞི་ཕྱག་རྒྱ་ཆེན་པོ་ཡུལ་ཅི་ནས་མི་ཐོབ་ཞེས་པའི་སུན་འབྱིན་ཡང་ལྷར་སྣང་ཁོ་ན་སྟེ། གཞི་ཕྱག་ཆེན་གྱི་ཐ་སྙད་ཁས་ལེན་དུ་རུག་ན་ཡང་། དེས་ཕྱག་ཆེན་གྱི་གོ་མི་ཆོད་པའི་ཕྱིར་རོ། །དེས་གོ་ཆོད་ན་རང་ཉིད་ལ་ཁས་བླངས་ནང་འགལ་འབྱུང་སྟེ། རང་གི་ཕྱག་ཆེན་ངོས་འཛིན་པའི་ཚེ། དྲང་དོན། ངེས་དོན། མཐར་ཐུག་གསུམ་དུ་ཕྱེ་བའི་མཐར་ཐུག་དེ་ཀ་ཡིན་ཞེས་དང་། ཤེས་རབ་ཀྱི་ཕ་རོལ་ཏུ་ཕྱིན་པ་ཡང་ཡིན་ལ། བདེ་ཀྱི་དུས་འཁོར་སོགས་ཐམས་ཅད་ཀྱང་ཡིན་པ་སྐད་གསུངས་པ་དང་། ནཱ་རོ་ཏ་པས་བཞེད་པའི་ཕྱག་རྒྱ་བཞི་པ་ཡིན། ཀླུ་སྒྲུབ་དང་མཻ་ཏྲི་པའི་ཕྱག་ཆེན་དང་། དམ་རྒྱར་འདིའི་ཕྱག་ཆེན་བསྡུས་སོ་ཞེས་སོགས་བཤད་པ་དང་འགལ་བའི་ཕྱིར་ཏེ། ཐར་ལམ་གྱི་སྙེ་ཀ་མ་ཟིན་པའི་འགྲོ་བ་སེམས་ཅན་གྱི་རྒྱུད་ཀྱི་གཞི་དུས་ཕྱག་ཆེན་དེ། བདེ་མཆོག་ཀྱི་རྫོར་སོགས་སུ་ཐལ་བ་དང་། དེ་དག་ཤེས་རབ་ཀྱི་ཕ་རོལ་ཏུ་ཕྱིན་པ་དངོས་སུ་ཐལ་བ་དང་། དེ་དག་ཕྱག་རྒྱ་བཞིའི་ནང་ཚན་གང་རུང་དུ་ཐལ་ལོ། །དེ་དག་ཀྱང་འདོད་ན་དངོས་བཏགས་གཏན་ནས་མ་ཕྱེད་པའི་ཉེས་པ་སྟེ། སེམས་ཅན་རྣམས་ནི་སངས་རྒྱས་ཉིད། །ཅེས་གསུངས་ཀྱང་། དེས་གོ་མ་ཆོད་པར། འོན་ཀྱང་གློ་བུར་དྲི་མས་བསྒྲིབས། །དེ་བསལ་ན་ནི་སངས་རྒྱས་ཉིད། །ཅེས་གསུང་དགོས་པ་བྱུང་འདུག་པའི་ཕྱིར་དང་། དེ་བཞིན་ཉིད་ནི་ཐམས་ཅད་ལ། །ཁྱད་པར་མེད་ཀྱང་ཞེས་གསུངས་ཀྱང་། དེས་གོ་མ་ཆོད་པར། དག་གྱུར་པ། དེ་བཞིན་གཤེགས་ཉིད། ཅེས་གསུངས་དགོས་པ་བྱུང་བའི་ཕྱིར་དང་། ཤེས་རབ་ཕ་རོལ་ཕྱིན་གཉིས་མེད། །ཡེ་ཤེས་དེ་ནི་དེ་བཞིན་གཤེགས། །བསྒྲུབ་བྱ་དེ་དོན་སྦྱོར་བ་ཡི། །གཞུང་དང་ལམ་ལ་དེ་སྒྲས་བཏགས། །ཞེས་གཞུང་ལམ་གྱི་ཤེས་ཕྱིན་གྱིས་ཤེས་ཕྱིན་གྱི་གོ་མི་ཆོད་འདུག་པའི་ཕྱིར་དང་། ཁྱད་པར་ཕྱག་རྒྱ་བཞི་པོ་དེ་ནི་དབང་ལས་རྙེད་དགོས་པར་བཤད་འདུག་པའི་ཕྱིར་རོ། །གལ་ཏེ་ཁོ་བོ་ཅག་ལ་རྒྱུད་དང་མདོ་

སོགས་ལས་བཤད་ཚོད་ཀྱི་ཀ་དཔེ་མ་དེ་མི་དགོས་ཏེ། ཅིག་ཅར་བ་དང་། ཐོད་རྒལ་བ་ལ་སོགས་པ་ལམ་ཚོད་ཆེ་བར་ཡོད་པའི་ཕྱིར་གསུང་ན། ལུང་རིགས་རྣམ་དག་གི་འཇུག་སྒོ་བོར་ཕྱིན། དེ་ནི་ཅི་ཞིག་བྱ་ན་ཞེས་སྙིང་ལས་ཆུང་དུར་གནས་པ་ལས་མ་མཆིས་ཏེ། གནས་ཚུལ་དེ་ཉིད་ཀྱིས་ཕྱིར་རོ། །ཡང་གཞི་ཕྱག་རྒྱ་ཆེན་པོའི་ཐ་སྙད་ཀྱང་ཁས་མི་ལེན་ན། བརྟག་གཉིས་ལས། བདེ་བ་བདག་མེད་ཚུལ་ཅན་ཉིད། །དེ་ཡི་བདེ་བ་ཕྱག་རྒྱ་ཆེ། །ཞེས་སོགས་སྨྲ་བམ། ཞེས་པ་ཡང་མི་མད་དེ། རང་བྱིན་རླབས་ལ་བརྟེན་ནས་སྐྱེས་པའི་རྫོགས་རིམ་གྱི་ཕྱག་ཆེན་དུ་ངོས་འཛིན་པའི་ཕྱིར་རོ། །

ཡང་དེ་ཉིད་ལས། རྟོག་པ་ཁ་འཚོམ་ཉིད་སྒོམ་གྱི། །རིམ་གཉིས་ལས་བྱུང་ཡེ་ཤེས་ལ། །ཕྱག་རྒྱ་ཆེན་པོར་མི་ཤེས་སོ། །འདི་ཡང་མི་རིགས་ཏེ། འབྲུལ་ལུགས་ཕྱག་རྒྱ་ཆེན་པོ་དགག་པས་སོ། །དེ་འདྲའི་ཐ་སྙད་ཁས་མི་ལེན་དགོངས་ན། སམྦུ་ཊི་ར། གཏི་མུག་དམ་ཚིག་ཕྱག་རྒྱ་ཆེ། །ཞེ་སྡང་རྟག་ཏུ་ཕྱག་རྒྱ་ཆེ། །ཕྲག་དོག་ལས་ཀྱི་ཕྱག་རྒྱ་སྟེ། །འདོད་ཆགས་ཆོས་ཀྱི་ཕྱག་རྒྱ་འོ། །ཕྱག་རྒྱ་དེ་དག་རྣལ་འབྱོར་པས། །རྫོགས་པར་བྱེད་པ་བསྟེན་པར་བྱ། །ཞེས་གསུངས་པ་ཅི་རེད་ན། ཞེས་བྱ་བ་བྲིས་སོ། །

ལན་ནི་འདི་ཡང་ཆུ་ཤིང་གི་སྙིང་པོ་དང་མཚུངས་པ་སྟེ། སྤྱིར་ཕྱག་རྒྱ་བཞི་པོ་འདི་ནི། སྦྱང་བྱ་ཉོན་མོངས་བཞི་དང་སྦྱར་བ། སྨིན་བྱེད་དབང་བཞི་དང་སྦྱར་བ། དགའ་བ་བཞི་དང་སྦྱར་བ། ཚད་མེད་བཞི་དང་སྦྱར་བ། རྣལ་འབྱོར་བཞི་དང་སྦྱར་བ། རྟེན་དཀྱིལ་འཁོར་བཞི་དང་སྦྱར་བ། འབྲས་བུ་སྐུ་བཞི་དང་སྦྱར་བ་སོགས་མང་དག་སྣང་མོད། དེ་དག་ལ་དངོས་བཏགས་ཆེན་པོ་ཡོད་པ་མ་ཕྱེ་བར་སོ་སོ་ནས་ཞལ་གྱིས་བཞེས་ཏེ། འབྲུལ་ལུགས། ཕྱག་རྒྱ་ཆེན་པོར་མིང་བཏགས་པའི། །གཏི་མུག་དམ་ཚིག་ཕྱག་རྒྱ་ཆེ། །ཞེས་སོགས་ཀྱི་གཏི་མུག་དམ་ཚིག་གི་ཕྱག་རྒྱ་ཡང་ཡིན་པ་དང་། ཞེ་སྡང་ཕྱག་རྒྱ་ཆེན་པོ་ཡང་། །ཞེས་སོགས། དེ་དག་ཕྱག་ཆེན་མཚན་ཉིད་པ་ཡིན་ན་ནི་ཧ་ཅང་ཐལ་ཆེས། མིན་ན་ནི་གོང་གི་སུན་འབྱིན་ལ་འབྲེལ་མི་འབྱུང་སྟེ། ཕྱག་རྒྱ་ཆེན་པོ་ལ་དབང་དང་རིམ་གཉིས་གང་རུང་ལ་ལྟོས་མི་དགོས་ཕྱིར་ཏེ། གཏི་མུག་དམ་ཚིག་ཕྱག་རྒྱ་ཆེ། །ཞེས་སོགས་གསུངས་པ་ལྟར། ཉོན་མོངས་བཞི་ལ་ཕྱག་རྒྱ་བཞིའི་མིང་བཏགས་པ་ཡོད་པའི་ཕྱིར། ཞེས་པར་སོང་བས། བདེ་བའི་དགའ་སྟོན་ཁོ་ན་ཡིན་པའི་ཕྱིར་རོ། །

མདོར་ན་ཕྱག་ཆེན་ཡེ་ཤེས་དབང་རིམ་གང་རུང་ལ་ལྟོས་དགོས་པར་ཁས་བླངས་པ་ལ། འབྲུལ་ལུགས་ཕྱག་ཆེན་སྐྱོན་ལ་གཏོང་བར་སྣང་སྟེ། རྟགས་མ་གྲུབ་ཅེས་པ་གཅིག་ཕུལ་ཆོག་གོ །

ཡང་གན་མཛོད་ལས། བླུན་པོ་ཕྱག་རྒྱ་ཆེ་བསྒོམ་པ། །ཕལ་ཆེར་དུད་འགྲོའི་རྒྱུ་རུ་འགྱུར། །ཕྱོགས་ཆོས

རང་གིས་མ་གཟིགས་པར། གཞན་ལ་སྟོན་པའི་ངག་ཏུ་འདུག་པས། གྲངས་ཅན་གྱི་རིང་ལུགས་འཛིན་རྒྱུ་ལགས་སམ། རིང་ལུགས་དེ་རྣམ་འགྲེལ་དུ། བདག་མཐོང་མིན་ཡང་གཞན་དག་གིས། །མཐོང་བ་སྒྲུབ་བྱེད་ཅེས་ཁ་ཅིག །ཅེས་སོགས་ཀྱིས་བཀག་ཟིན་ཏོ། །བདག་ཉིད་ཀྱིས་མཐོང་ངོ་ཞེ་ན། རང་ལ་གནོད་དེ། ཕྱག་རྒྱ་ཆེན་པོ་དབང་བཞི་པ་ཐོབ་ནས་སྟོན་རྒྱུ་དེའི་གདུལ་བྱ་ནི། དབང་པོ་རྣོན་པོར་ངེས་པས་སོ། །ཞེས་བྱ་བ་བྲིས་སོ། །

འདིའི་ལན་ལ་གཉིས། མགོ་བསྒྲེ་བའི་ལན་དང་། རྣལ་མའི་ལན་ནོ། །དང་པོ་ནི། སུན་འབྱིན་དེ་ལྟ་བུས་ནི༑ དཔལ་འཕགས་པ་ཀླུ་སྒྲུབ་ཀྱང་སུན་འབྱིན་པར་སྣང་ངོ་། །ཇི་ལྟར་སྙམ་ན། ཀླུ་སྒྲུབ་ཀྱིས། སྟོང་པ་ཉིད་ལ་ལྟ་ཉེས་ན། །ཤེས་རབ་ཆུང་རྣམས་ཕུང་བར་འགྱུར། །ཇི་ལྟར་སྦྲུལ་ལ་བཟུང་ཉེས་དང་། །རིག་སྔགས་ལོག་པར་བསྒྲུབས་པ་བཞིན། །ཞེས་པ་འདི་ཡང་ཕྱོགས་ཆོས་རང་གིས་མ་གཟིགས་པར་གཞན་ལ་སྟོན་པའི་ངག་ཏུ་འདུག་པས་གྲངས་ཅན་གྱི་རིང་ལུགས་སོ། །ཕྱོགས་ཆོས་རང་གིས་གཟིགས་ན། རང་ལ་གནོད་པར་འགྱུར་ཏེ། སྟོང་པ་ཉིད་ལ་བལྟ་བའི་ལྟ་བ་ནི་ལྟ་བ་རྣམ་དག་ཡིན་པ་དང་། དེ་སྟོན་ཡུལ་གྱི་གདུལ་བྱ་དེ་ཡང་། ཟབ་མོ་ཁྲུ་འཁྲིག་ཅན་འཇིག་པ། །སྟོང་ཉིད་སྙིང་རྗེ་སྙིང་པོ་ཅན། །བྱང་ཆུབ་སྒྲུབ་པ་ཁ་ཅིག་ལའོ། །ཞེས་དང་། སོ་སོ་སྐྱེས་པོའི་དུས་ནའང་སྟོང་པ་ཉིད་ཐོས་ནས། ནང་དུ་རབ་ཏུ་དགའ་བ་ཡང་དང་ཡང་དུ་འབྱུང་། ཞེས་སོགས་ལྟར་དབང་རྣོན་དུ་ངེས་པས་སོ། །ཞེས་མཚུངས་སོ། །ཅི་སྟེ་མི་མཚུངས་ཏེ། སྟོང་པ་ཉིད་ལ་ལྟ་ཉེས་ན། །སྨིན་དེར་འགྱུར་ཞེས་པའི་དོན་ཡིན་པའི་ཕྱིར་སྙམ་ན། ཁོ་བོ་ཅག་ཀྱང་དེ་སྐད་སྨྲ་སྟེ། རིམ་གཉིས་ལས་བྱུང་ཡེ་ཤེས་ལ། །ཕྱག་རྒྱ་ཆེན་པོར་མི་ཤེས་སོ། །ཞེས་དང་། གལ་ཏེ་དེ་ནི་སྒོམ་ལེགས་ཀྱང་། །དབུ་མའི་སྒོམ་ལས་ལྷག་པ་མེད། །ཅེས་སོགས་ཀྱི་ནུས་པ་དང་། བླུན་པོ་ཞེས་པའི་ཚིག་གི་ནུས་པས། ཕྱག་རྒྱ་ཆེན་པོ་སྒོམ་ཉེས་པ་དང་། སྒོམ་མ་ཤེས་ན། སྨིན་དེར་འགྱུར་ཞེས་བཤད་པ་ཡིན་པའི་ཕྱིར། བསྐལ་པར་མཚུངས་སོ། །དེ་བཞིན་དུ་ཀླུ་སྒྲུབ་ཀྱིས། རྒྱལ་བ་ཀུན་གྱིས་སྟོང་པ་ཉིད། །ལྟ་ཀུན་ངེས་པར་འབྱིན་པར་གསུངས། །གང་དག་སྟོང་པ་ཉིད་ལྟ་བ། །དེ་དག་སྒྲུབ་ཏུ་མེད་པར་གསུངས། །ཞེས་པ་འདི་ཡང་སུན་དབྱུང་བར་སོང་བས། འཇིགས་ཤིང་གཡང་ཟ་བའི་སུན་འབྱིན་དུ་སྣང་ངོ་། །

གཉིས་པ་དངོས་ལན་ཡང་ངེས་འཁྲུལ་མོད། འོན་ཀྱང་ཅུང་ཟད་གསལ་བར་བྱས་ན། སྐབས་འདིར་རྒོལ་བ་གྲངས་ཅན་གྱི་རིང་ལུགས་འཛིན་པར་སོང་གསུངས་པ་དེ། དགོངས་པའི་དབྱིངས་སུ་ཇི་ལྟ་བུ་ཞིག་ཤར། རབ་དབྱེ་མཁན་པོས། བླུན་པོ་ཆོས་ཅན། ཁྱོད་ངན་འགྲོར་འགྲོ་སྟེ། ཁྱོད་ཀྱིས་ཕྱག་རྒྱ་ཆེན་པོ་བསྒོམ་པའི་ཕྱིར། ཞེས་པ་ཞིག་བཀོད་པར་བསམ་པའམ། ཡང་ན་བསལ་བ་དེ་བཞིན་ལ། ཁྱོད་ཀྱིས་ཕྱག་རྒྱ་ཆེན་པོ་མི་ཤེས་བཞིན་

ཏུ་སྒོམ་ཉེས་པའི་ཕྱིར། ཞེས་པ་ཞིག་བཀོད་པར་བསམ་པའམ། ཡང་ན་ཆོས་ཅན་མེད་བཞིན་དུ་ཕལ་ཆེར་ངན་འགྲོར་འགྲོ་སྟེ། བླུན་པོས་ཕྱག་རྒྱ་ཆེན་པོ་བསྒོམ་པའི་ཕྱིར། །ཞེས་པ་ཞིག་བཀོད་པར་བསམ་ནས་དཔྱད་པ་གནང་བ་གང་ཡིན། དང་པོ་ལྟར་ན། ཕྱོགས་ཆོས་ལས་ཁྱབ་པ་ལ་སྐྱོན་བཏང་ན་བཟང་། གཉིས་པ་ལྟར་ན། ཕྱོགས་ཆོས་རང་གིས་གཟིགས་པས་རང་ལ་གནོད་པར་ག་ལ་འགྱུར་ཏེ། བླུན་པོས་ཕྱག་ཆེན་ངོས་མ་ཟིན་པར་སྒོམ་པའི་ཕྱག་ཆེན་དེ། ཕྱག་ཆེན་མཚན་ཉིད་པ་མ་ཡིན་པའི་ཕྱིར། སྟོང་པ་ཉིད་ལ་ལྟ་ཉེས་ན། །ཞེས་པ་དེ་ཡང་། སྟོང་ཉིད་ངོས་མ་ཟིན་པ་ལགས་པས། དེའི་སྟོང་ཉིད་དེ་ཡང་སྟོང་ཉིད་མཚན་ཉིད་པ་མ་ཡིན་པའི་ཕྱིར་ན། དེ་གཉིས་སྐྱོན་ཡོད་མེད་མཚུངས་པ་དགོངས་འཚལ་ལམ། དཔྱད་པ་གསུམ་པ་ལྟར་ན་མི་རིགས་ཏེ། ཆོས་ཅན་གཞི་མ་གྲུབ་པ་ལ། རྗོལ་བས་ཕྱོགས་ཆོས་གྲུབ་མ་གྲུབ་ཀྱི་དཔྱད་པ་མི་རིགས་པའི་ཕྱིར་རོ། །དེས་ན་རང་ཉིད་ཀྱིས་དམར་འདོན། རྒྱུད་དབང་གིས་མ་སྨིན་པར་རྫོགས་པ་ཁ་འཆོམ་ཙམ་དང་སྟོང་པ་ཐལ་བྱུང་ཙམ་སོགས་ལ། ཕྱག་ཆེན་དུ་རློམ་ནས་སྒོམ་པའི་བླུན་པོ་རྣམས་ཆོས་ཅན། ཁྱོད་ཀྱི་སྒོམ་དེ་ལས་ཕྱག་ཆེན་མཆོག་གི་དངོས་གྲུབ་སོགས་ཐོབ་པར་མི་འགྱུར་གྱི། ཉེས་ན་ངན་འགྲོ་འམ། གཟུགས་མེད་ཁམས་སམ། ཉན་ཐོས་འགོག་པའི་རང་རྒྱུ་ཙམ་མམ། ཇི་ལྟར་བཟང་ཡང་ཕར་ཕྱིན་དབུ་མའི་སྒོམ་དང་ན་མཉམ་པ་ཙམ་ལས་ལྷག་པ་མི་འབྱུང་སྟེ། ཕྱག་ཆེན་ངོ་མཤེས་པར་ཕྱག་ཆེན་དུ་རློམ་ནས་སྒོམ་པའི་སྒོམ་པ་པོ་ཡིན་པའི་ཕྱིར། ཞེས་པར་སོང་ལ། སྐབས་འདིར་རྟོག་གེའི་རྒྱས་བཀབ་ཀྱི་ཚུལ་གསུམ་ཚང་མ་ཚང་སོགས་ཀྱི་ཞིབ་དཔྱོད་གནང་བ་སྐབས་བབ་ཀྱི་སྲུན་འབྱིན་རྣལ་མར་ཨེ་འགྲོ་ན་སྙམ། འགྲོ་ངེས་ན་རང་ཉིད་ལ་མཛད་དཀའ་འབྱུང་བའི་ཕྱིར་རོ། །དེ་དག་ནི་གན་མཛོད་ལས། གཞན་གྱིས་ཕྱིན་ཅི་ལོག་ཏུ་བཤད་ཚུལ། ཞེས་པའི་བརྒལ་ལན་ལས་འཕྲོས་པའོ། །ས་བཅད་འདི་ཙམ་གྱིས་མགྲིན་པ་བཏེགས་ནས་ཕན་ཚུན་དུ་ཆོས་སྒྲོང་བའི་ལས་གསོག་པར་མི་བྱ་སྟེ། ངན་འགྲོའི་རྒྱུའི་ཕྱིར་རོ། །

པདྨ་དཀར་པོས་འདི་ལྟར་དཔྱད་པ་ལ་ནི། དགོས་པ་སྣང་སྟེ། ཕྱོགས་འགའ་ཞིག་དབུགས་དབྱུང་བ་དང་། ཕྱོགས་འགའ་ཞིག་ལ་ཞལ་གྱི་ཐྲངས་པ་དང་། ལྷན་ཅིག་པའི་ཚིག་དོན་མཐུན་བརྟག་པའི་ཆེད་དུ་སྣང་བའི་ཕྱིར་རོ། །

ཡང་གན་མཛོད་ལས། གཉིས་པ་མ་ནོར་བཀའ་བརྒྱུད་པས་བསྟན་ཚུལ་ལ། ཕྱག་རྒྱའི་རྣམ་གྲངས་ལས་གང་ཡིན་པ། ཕྱག་ཆེན་དེ་རང་གི་ངོ་བོ་ཇི་ལྟ་བུ་ཡིན་པ། ངེས་ཚིག་མདོ་རྒྱུད་གཉིས་ཀར་བསྟན་ཚུལ། དེ་དཀར་པོ་ཆིག་ཐུབ་ཏུ་འགྲོ་བའི་གནད་བཤད་པ་བཞི་ལས། དང་པོ་ནི། ཛོ་བོ་ནཱ་རོ་ཏ་པས་གསུངས་པའི་ཕྱག་རྒྱ་བཞི

པར་འོང་སྟེ། ཕྱག་རྒྱ་དང་པོ་ཕྱི་རོལ་བུད་མེད། གཉིས་པ་ཡིད་ཀྱི་རིག་མ། གསུམ་པ་ཕྱག་རྒྱ་ཆེན་པོ་འམ་ཆེན་མོ་རྣམ་ཀུན་མཆོག་ལྡན་གྱི་སྟོང་པ་ཉིད་ལ་མཛད་པས། དུས་ཀྱི་འཁོར་ལོ་ནས་གསུངས་པའི་ཕྱག་རྒྱ་བཞི་པ་ཇི་ལྟ་བར། སློབ་དཔོན་ཆེན་པོ་ཀླུ་སྒྲུབ་དང་རྒྱལ་བ་མཻ་ཏྲི་པས་གསུངས་པའི་ཕྱག་ཆེན་དང་དམ་རྒྱར་འདིའི་ཕྱག་རྒྱ་ཆེན་པོ་བསྡུས་སོ་ཞེས་སོགས་དང་། དེ་བས་ན་ཕྱག་རྒྱ་ཆེན་པོའི་སྒྲ་ཙམ་ལ་རྣམ་པར་དབྱེ་བ་མང་ཡང་། འདིར་བསྟན་ཆགས་ལམ་དང་གཉིས་སུ་དབྱེ་བའི་དུས་ཀྱི་གྲོལ་ལམ་དེའོ། །ཞེས་བྱ་བ་བྲིས་སོ། །

དེའི་ལན་ནི། འོན་རྒྱུད་སྡེ་འོག་མ་རང་རྐང་གི་ཕྱག་ཆེན་དང་། མདོ་རང་རྐང་གི་ཕྱག་ཆེན་སོགས་ཀྱང་། འདིའི་ཕྱག་རྒྱ་བཞིའི་ཕྱག་ཆེན་སོགས་སུ་འདུས་སམ་མ་འདུས། འདུས་ན་འདི་སྐབས་ཀྱི་ཕྱག་རྒྱ་བཞི་ནི། བླ་མེད་དབང་ལས་སྐྱེད་དགོས་པར་ཡེ་ཤེས་ཐིག་ལེའི་རྒྱུད་ལས་བསྒྲུབས་ཟིན་པས་གནོད། མི་འདུ་ན། ཇི་སྐད་བཤད་པ་དེ་ནི་དངོས་བདགས་རྣམ་པར་མ་ཕྱེ་བའི་གསུང་དུ་སྣང་བས་དངོས་བདགས་ཕྱེ་ནས་སྨྲ་བར་རིགས་སོ། །

ཡང་གན་མཛོད་སྟུ་མ་དེའི་འཕྲོ་ལས། དེ་ཡང་དབུ་མ་པས་བསོད་ནམས་མ་ཡིན་པ་བཟློག་པ་དང་། བདག་བཟློག་པ་དང་། ལྟ་བ་ཀུན་བཟློག་པའི་སྐབས་གསུམ་དུ་ཕྱེ་བ་དང་། ཕྱིར་མི་ལྡོག་པ་འཁོར་ལོའི་མདོར། ཡིད་བཞིན་གྱི་ནོར་བུ་སྦྱོང་བའི་ཚུལ་གསུམ་གྱིས་བདེ་བར་གཤེགས་པའི་སྙིང་པོ་སྦྱོང་བའི་རིམ་པ་གསུམ་བསྟན་པ་དང་། དཔལ་དུས་ཀྱི་འཁོར་ལོར། བསོད་ནམས་ཀྱི་ཚོགས། ཚུལ་ཁྲིམས་ཀྱི་ཚོགས། ཡེ་ཤེས་ཀྱི་ཚོགས་གསུམ་ལ་བཀྲི་བའི་རིམ་པ་ཇི་ལྟ་བ་བཞིན་འདིར་ཡང་རྗེ་བཙུན་མི་ལའི་ཞལ་སྔ་ནས། ཕྱི་སྣང་བ་ཇི་ལྟར་སྣང་ལགས་ཀྱང་། །མ་རྟོགས་པ་ལ་འཁྲུལ་སྣང་སྟེ། །རྟོགས་པ་རྣམས་ལ་ཆོས་སྐུར་སྣང་། །མཐར་ཐུག་དོན་ལ་སྣང་མ་མྱོང་། །སྤྲིན་བྲལ་མཁའ་ལྟར་དག་གོ་གསུངས། །ཞེས་མ་རྟོགས་པའི་སྐབས། རྟོགས་པ་ཤར་བའི་སྐབས། མཐར་ཐུག་པའི་སྐབས་གསུམ། དེ་དག་ཀྱང་སོ་སོ་སྐྱེ་བོའི་གནས་སྐབས་དང་། བྱང་ཆུབ་སེམས་དཔའ་འཕགས་པའི་གནས་སྐབས་དང་། སངས་རྒྱས་ཀྱི་གནས་སྐབས་གསུམ་དུ་ཤེས་པར་བྱ་དགོས་པའི་དང་པོ་ནི། གཉིས་མེད་དམ་ཟུང་འཇུག་ཙམ་བཤད་ཀྱང་། བློའི་གོ་ཕྱོགས་ལ་གཉིས་སྣང་ངམ། ཐ་དད་གཅིག་ག་འབྱུང་སྟེ། དོན་གཉིས་སྣང་མ་སྤྱངས་པས་ལན་ནོ། །

དེ་དག་གི་བློ་ངོར་བཟུང་ནས། འཁྲུལ་པ་འཁྲུལ་པ། མ་འཁྲུལ་པ་མ་འཁྲུལ་པ། ཀུན་རྫོབ་ཀུན་རྫོབ་དང་། དོན་དམ་དོན་དམ་རང་རང་སྟེ། ཕན་ཚུན་འགལ་བ་ལྟ་བུར་བཤད་པ་རྣམས་བཟུང་བས་དྲང་དོན། བློ་དམན་རྣམས་ལ་དེ་ཀ་བདེན་པར་བཤད་དགོས་པ་ཡིན་ནོ། །གཉིས་པ་ནི་གཉིས་སྣང་ཟད་པས་ན་གཉིས་མེད་རྟོགས་པ་ཞེས་བཞག །དེའི་དབང་གིས་ན་རྣམ་རྟོག་ཐམས་ཅད་ཆོས་སྐུ། ཉོན་མོངས་ཐམས་ཅད་བདུད་རྩི།

འཁྲུལ་པ་ཐམས་ཅད་ཡེ་ཤེས་སུ་འཆར་བས། ཕྱོགས་སུ་ཕྱེ་ཡང་བྱེ་བ་མི་སྲིད་པས། བདེན་གཉིས་དབྱེར་མེད་དམ། ཐབས་ཤེས་དབྱེར་མེད་སོགས་ཀྱི་གནད་ཀས་བདེན་པ་གཅིག་སྟེ་དོན་དམ་པའི་བདེན་པའོ། །དེ་ཡང་རྒྱལ་དབང་རྗེས། རྣམ་རྟོག་གི་རང་བཞིན་ཤེས་ཙ་ན། །གང་ཤར་འདི་ཆོས་སྐུར་ཁྲོལ་ལོ་ལོ། །ཞེས་དང་། ས་ར་ཧ་ཆེན་པོས། རྟོགས་པར་གྱུར་ན་ཐམས་ཅད་དེ་ཡིན་ཏེ། །དེ་ལས་གཞན་ཞིག་སུས་ཀྱང་རྙེད་མི་འགྱུར། །ཞེས་པས་སོ། །འདི་ནི་ངེས་དོན་ནོ། །གསུམ་པ་སངས་རྒྱས་ཀྱིས་གཟིགས་པ་ལ། སེམས་ཅན་གྱི་བློས་གཞལ་བ་ནི། རྒྱལ་བའི་དབང་པོས། ནམ་མཁའ་ལ་འདོམ་གྱིས་འཇལ་བ་དང་། །ཀུན་ཁྱབ་ལ་སྐོར་ལེར་གཅོད་པ་རྣམས། །བྱེད་དོན་རང་མེད་དེ་བྱེད་མཁན་མང་། །ཞེས་གསུངས་པར་ཟད་ལ། ཞེས་སོགས་ནས། དེ་ནི་མཐར་ཐུག་ཅེས་པའི་སྐབས་ཏེ། དེས་ན་དྲང་དོན་དུ་འདི། ངེས་དོན་དུ་འདི། མཐར་ཐུག་ཏུ་འདི་ཞེས་ཤན་ཕྱེད་པར་བྱའོ་ཞེས་བྱ་བ་བྲིས་སོ། །

འདི་དག་ཕལ་ཆེར་སྙིང་གི་བཅུད་དུ་གྱུར་པ་ལྟར་སྣང་མོད། དཔྱད་པར་བྱ་བའི་གནས་ཀྱང་ཅུང་ཟད་སྣང་སྟེ། དེ་ཡང་གནས་སྐབས་གཉིས་པར་རྣམ་རྟོག་ཆོས་སྐུར་བཞེད་པ་མི་འཐད་དེ་བྱང་འཕགས་མཉམ་བཞག་ན་གཉིས་སྣང་མེད་པ་དང་རྗེས་ཐོབ་ཀྱི་གཉིས་སྣང་ཀུན་རྫོབ་ཙམ་དུ་བཤད་པའི་ཕྱིར། སངས་རྒྱས་སར་རྣམ་རྟོག་ཆོས་སྐུར་ཁས་མི་ལེན་པ་ཡང་ཁས་བླངས་འགལ་ཏེ། སངས་རྒྱས་ཀྱིས་གཟིགས་པ་ཚད་མར་བྱས་ནས་རྣམ་རྟོག་ཆོས་སྐུ་བཞེད་ཅེས་རྣམ་རྟོག་ཆོས་སྐུའི་དྲིས་ལན་དུ་དྲིས་སྣང་བའི་ཕྱིར་རོ། །འཕགས་པ་ཀླུ་སྒྲུབ་ལུགས་ཀྱིས། སྟོན་པས་ཆོས་སྟོན་པའི་རིམ་པ་དང་པོ་ནི། བསོད་ནམས་མིན་པ་དང་པོར་བཟློག །ཅེས་པ་སྟེ། བདེན་བཞི་དང་ལས་རྒྱུ་འབྲས་ལ་སོགས་མེད་པར་ལྟ་བའི་ཆད་ལྟ་དན་པ་སྲུན་ཕྱུང་ནས། ལྟ་བ་བདེན་བཞི་རྟོགས་པའི་ཤེས་རབ་དང་། སྤྱོད་པ་ལས་རྒྱུ་འབྲས་ཀྱི་སྤང་བླང་ཚུལ་བཞིན་དུ་སྟོན་པའོ། །འདི་ནི་བདག་གོ་ཞེས་ཀྱང་བསྟན་གྱུར་ཅིང་། །ཞེས་པ་དང་། རེ་ཞིག་ཉེས་ཀུན་འབྱུང་བའི་གནས། །མེད་ཉིད་རྣམ་པར་བཟློག་ཟིན་གྱིས། །ཞེས་དང་། མདོ་ལས། སྐྱེ་བ་མེད་པ་བདེན་པ་གཅིག་ཡིན་ན། །དེ་ལ་གཞན་དག་བདེན་པ་བཞི་ཞེས་ཟེར། །ཞེས་བཤད་པའི་གཞན་དག་བདེན་པ་བཞི་ཞེས་ཟེར་ཞེས་པ་དེའོ། །འདི་དྲང་དོན་ཡིན་ཞིང་། དབུ་མའི་ལྟ་བ་ཅུང་ཟད་ཀྱང་མ་བསྟན་པས། མ་རྟོགས་པ་ལ་འཁྲུལ་པ་སྟེ། །ཞེས་པ་དང་སྦྱར་ཡང་འགྲིག་པར་སྣང་ངོ༎ ༎

རིམ་པ་གཉིས་པ་ནི། བར་དུ་བདག་ནི་བཟློག་པ་སྟེ། །ཞེས་པ་དེ་ཉིད་ཡིན་པས། འདིར་དངོས་སྨྲ་བ་ལས་ཐལ་དུ་བྱུང་བའི་རྟག་ཆད་ཀྱི་མཐའ་དང་བྲལ་བའི་དབུ་མའི་ལམ་གསལ་བར་བཤད་པ་ཡིན་ཏེ། སྐྱེ་བ་མེད་པ

བདེན་པ་གཅིག་ཡིན་ན། །ཞེས་པ་དང་། བདག་མེད་ཅེས་ཀྱང་བསྟན་པར་བྱུར། །ཅེས་པ་དང་། རིགས་པ་གང་གིས་ཡོད་ཉིད་ཀྱང་། །བཟློག་པར་འགྱུར་བ་མཉན་པར་གྱིས། །ཞེས་དངོས་སྨྲ་བས་བདེན་གྲུབ་ཁས་བླངས་པ་ལ༑ གནོད་བྱེད་ཀྱི་རིགས་པ་ཆར་ལྟར་ཕབ་པ་དང་། སྟོང་ཉིད་བག་ཆགས་གོམས་པ་ཡིས། །དངོས་པོའི་བག་ཆགས་བཟློག་པར་འགྱུར། །ཞེས་སོགས་བཤད་པ་དེ་འདིའི་སྐབས་ཡིན་པའི་ཕྱིར་རོ། །ལྟ་བ་འདི་ནི་ཉན་རང་དང་ཐུན་མོང་བའི་དབུ་མའི་ལྟ་བ་སྟེ། ལྟ་བ་འདི་ཙམ་ལ་ཉན་རང་དང་སྡུག་པ་མན་གྱི་བྱང་སེམས་མཐུན་པའི་གནད་ཀྱིས་སྡུག་པ་མན་ཆད་ཀྱིས་ཉན་རང་བློ་གྲོས་ཀྱིས་ཟིལ་གྱིས་གནོན་མི་ནུས་པར་བཤད་པ་ཡིན་ནོ༑ ༑བདག་ཟློག་འདི་སྟོན་པའི་ཤེས་ཕྱིན་གྱི་མདོ་སོགས་ངེས་དོན་གྱི་མདོ་ཡིན་ཞིང་། འཕགས་པ་རྣམ་གསུམ་གྱི་མཉམ་བཞག་ལ་གཉིས་སྣང་མེད་ཀྱང་། རྗེས་ཐོབ་ཏུ་གཉིས་སྣང་ཟད་པ་མི་བདེན་ཏེ། དེ་གསུམ་གྱི་རྗེས་ཐོབ་ཏུ་སྣང་བ་བདེན་མེད་དུ་སྒྱུ་མ་ལྟ་བུར་འཆར་བའི་གནད་ཀྱིས། སྣང་བ་དེ་ལ་ཀུན་རྫོབ་ཙམ་ཞེས་དཔལ་ལྡན་ཟླ་བས་བཤད་འདུག་པའི་ཕྱིར་རོ། །གནས་སྐབས་དང་པོ་དེར། བདེན་གཉིས་དང་འབྲུལ་མ་འབྲུལ་སོགས་ཐ་དད་སོ་སོར་ཁས་ལེན། གནས་སྐབས་གཉིས་པ་འདིར་བདེན་གཉིས་དབྱེར་མེད། ཐབས་ཤེས་དབྱེར་མེད་སོགས་ཁས་ལེན་གསུངས་པ་ནི། རྣམ་དཔྱད་ཆེར་མི་སྣང་སྟེ། ཐེག་ཆེན་སྐབས་སུ་བདེན་གཉིས་ཀྱི་རྣམ་གཞག་ཁས་ལེན་བྱེད་པ་དེ་སྲིད་དུ། བདེན་པ་གཉིས་དབྱེར་མེད་དུ་ཁས་ལེན་དགོས་ཤིང་། དེ་ཁས་བླངས་ཀྱང་། ཀུན་རྫོབ་བདེན་པ་ཀུན་རྫོབ་བདེན་པ་དང་། འཁྲུལ་པ་འཁྲུལ་བ་ཡིན་པ་སོགས་རྣམ་དབྱེ་མ་འཆོལ་བ་ལ་ཁས་ལེན་དགོས་པའི་ཕྱིར་རོ། །

གནས་སྐབས་གཉིས་པ་འདིར། བདེན་གཉིས་དབྱེར་མེད་ཀྱི་གནད་ཀྱིས་རྣམ་རྟོག་ཆོས་སྐུ་དང་། ཉོན་མོངས་བདུད་རྩི་དང་། འཁྲུལ་པ་ཡེ་ཤེས་སུ་འཆར་ཞེས་གསུངས་པ་ནི། སྒོམ་མཉམ་འཛོག་པ་དག་དེ་ལྟར་གསུངས་པ་ལ་འཁྲུལ་གཞི་སྣང་ཡང་མཁས་པའི་གཏམ་མ་ཡིན་ཏེ། རྣམ་རྟོག་ཆོས་སྐུ་ཡིན་ན། རྣམ་རྟོག་ཀྱང་ཡིན་ཆོས་སྐུ་ཡང་ཡིན་པའི་གཞི་མཐུན་ཞིག་ཁས་ལེན་རྒྱུ་དགོས་པ་ལས། དེ་འདྲ་དེ་གནས་སྐབས་གསུམ་པོ་དེ་གང་དུ་ཡང་མི་སྲིད་པའི་ཕྱིར་དང་། རྣམ་རྟོག་སོགས་རང་ཡལ་དུ་སོང་བ་ལ། རྣམ་རྟོག་ཆོས་སྐུའི་མིང་འདོགས་ན་མིང་ལ་མི་བརྩད་མོད། དོན་དང་མི་མཐུན་པའི་ཕྱིར་ཏེ། སྤྲིན་ནམ་མཁར་དྭངས་པའི་ཚེ། སྤྲིན་ནམ་མཁའ་ཡིན་ཞེས་སྨྲ་བ་དང་མཚུངས་པའི་ཕྱིར་རོ། །གལ་ཏེ་གན་མཛོད་ལས། སེར་པོ་དུང་གི་གཤིས་སམ་མདངས་ག་ལ་ཡོད་ནའང་། ནད་མེད་ཀྱིས་ཀྱང་མཐོང་རིགས་པ་ལས་མེད་པས་མ་མཐོང་བ་བཞིན། མ་རྟོགས་ན་འཁྲུལ་བར་སྣང་རུང་། རྟོགས་ན་ཆོས་སྐུར་འཆར་བ་ཡང་དེ་ལྟ་བུ་སྟེ། འདི་གཉིས་ཀའི་མཚན་གཞིར་རྣམ་པར་རྟོག་པ་

འདི་ཀ་འཛིན་པ། དུང་སེར་མཐོང་དང་དུང་སེར་པོར་མ་མཐོང་བ་གཉིས་ཀ་འང་སེར་པོར་བཏགས་པའི་དུང་དེ་ཀ་མཚན་གཞིར་འཛིན་པ་ལྟ་བུའོ། །ཞེས་བཤད་པ་འདི་རྣམ་རྟོག་ཆོས་སྐུའི་སྒྲུབ་བྱེད་ཐུགས་གཏད་དྲག་ཤོས་ཡིན་ན་སྙིང་པོ་མི་སྣང་སྟེ། སེར་པོར་བཏགས་པའི་དུང་སེར་པོར་སྣང་ཡང་ཁོ་རང་དཀར་པོ་ཡིན་པ་བཞིན། འཁྲུལ་པར་བཏགས་པའི་རྣམ་རྟོག་དེ་འཁྲུལ་པར་སྣང་ཡང་ཁོ་རང་ཆོས་སྐུ་ཡིན་དགོས་པ་ལས། དེ་ལྟར་མ་ཡིན་པར་དེའི་ཚེ་ཡང་རྣམ་རྟོག་ཁོ་རང་འཁྲུལ་པ་ཡིན་པའི་ཕྱིར་དང་། རྣམ་རྟོག་རྟོགས་ན་ཆོས་སྐུར་འཆར་བ་ཡང་། དུང་དང་དཔེ་དོན་མི་འགྲིག་སྟེ། མིག་མ་བསླད་པས་དུང་སེར་པོར་མ་མཐོང་དཀར་པོ་ཁོ་རང་མཐོང་བ་བཞིན། བློ་མ་འཁྲུལ་བའི་འཕགས་པས་རྣམ་རྟོག་འཁྲུལ་པར་མ་མཐོང་། རྣམ་རྟོག་ཁོ་རང་མཐོང་ཞེས་པ་དང་སྦྱར་དགོས་པ་ལས། དེའི་ཚེ་རྣམ་རྟོག་ཁོ་རང་ཡང་མེད་པར་སོང་བ་ཡིན་གྱི་དེ་མཐོང་བ་མ་ཡིན་པའི་ཕྱིར་རོ། །ཅི་སྟེ་རྣམ་རྟོག་ཤར་ཡང་འཛིན་པ་མ་ཞུགས་པའོ་སྙམ་ན། དེས་ཆོས་སྐུར་མི་འགྲུབ་སྟེ།ཐེག་ཆེན་མ་དག་པའི་རྗེས་ཐོབ་ཏུ་གཉིས་སྣང་ཤར་ཡང་བདེན་འཛིན་མ་ཞུགས་པས། དེ་ཀུན་རྫོབ་བདེན་པ་མིན་གྱི། ཀུན་རྫོབ་ཙམ་ཡིན་ཞེས་དཔལ་ལྡན་ཟླ་བས་བཤད་པས་ཆོས་སྐུར་ག་ལ་རིགས། ཚོགས་སྦྱོར་གྱི་རྣལ་འབྱོར་པ་ལ་ཉོན་མོངས་ཆགས་སོགས་ལྡང་ཙམ་ཤར་བ་ན། ལྟ་བའི་རྩིས་ཟིན་ཏེ་བདེན་མཐོང་དུ་ཁྲོལ་སོང་བའི་ཚེ། ཆགས་སོགས་ཉོན་མོངས་རང་གྲོལ་དུ་སོང་སྲིད་ཀྱང་། ཉོན་མོངས་ཆོས་སྐུ་དངོས་སུ་སོང་བ་ཅི་ལ་ཡིན། དེས་ན་ས་སྐྱ་པ་ཆེན་པོས། ཡེ་ཤེས་རྣམ་པར་རྟོག་པ་ཡི། །དབང་དུ་སོང་ན་གྲོལ་བ་མེད། །རྣམ་པར་རྟོག་པ་ཡེ་ཤེས་ཀྱི། །དབང་དུ་སོང་ན་འཁོར་བ་མེད། །ཅེས་པ་འདི་དང་བཀའ་བརྒྱུད་གོང་མ། གནད་འགྲོལ་ཤེས་ན་དགོངས་དབྱེངས་གཅིག་ཏུ་འབབ། རྣམ་རྟོག་ཆོས་སྐུའི་སྒྲ་ཟིན་སྐྱོད་པ་མཁས་པ་དགེས་པའི་གཏམ་མ་ཡིན་ཡང་གདུལ་བྱ་བློ་ཆུང་འཁྲིད་པའི་དྲང་དོན་ཙམ་དུ་ཤེས་པར་མཛོད་ཅིག །

གཞན་དེས་ན་རྣམ་རྟོག་ཆོས་སྐུར་ཁས་མི་ལེན་ན། འདོད་ཆགས་ཆེན་པོ་སོགས་ཁས་ལེན་པ་ཡང་འགལ་བ་གསུངས་པ་ཡང་མི་མད་དེ། འདོད་ཆགས་སོགས་ཟད་ཅིང་གནས་གྱུར་པའི་ཡེ་ཤེས་ལ་འདོད་ཆགས་ཆེན་པོ་སོགས་མིང་བཏགས་ཀྱང་། དེ་འདོད་ཆགས་སོགས་མཚན་ཉིད་པ་མ་ཡིན་པའི་ཕྱིར་རོ། །སྐབས་འདིར་བདེན་པ་གཅིག་ཅེས་པའི་གོ་བ་བཟང་སྟེ། འཕགས་པ་རྣམས་གསུམ་གྱི་མཉམ་བཞག་གི་གཟིགས་ངོར་ནི། དོན་དམ་བདེན་པ་ཡིན་ལ། རྗེས་ཐོབ་ཀྱི་གཟིགས་ངོར་འི་སྣང་ཆ་ནི། ཀུན་རྫོབ་ཙམ་ཡིན་པའི་ཕྱིར་རོ། །རིམ་པ་གསུམ་པ་ནི། མཐའ་མར་ལྟ་བཞི་ཀུན་བཟློག་པ། །གང་གིས་ཤེས་དེ་མཁས་པ་ཡིན། །ཞེས་པ་སྟེ། སྐབས་འདིར་མཐར་འཛིན་འགོག་དགོས་པ་ཅི་ཡང་མེད་ཀྱང་། ཡོད་མེད་ཡིན་མིན་སོགས་མཚན་མའི་སྤྲོས་པ་མཐའ་

དག་བཅད་དེ། མུ་བཞིའི་སྤྲོས་པ་དང་བྲལ་བའི་དབུ་མའི་ལྟ་བ་ཐུན་མོང་མ་ཡིན་པ་དེ་འདིར་བསྟན་པ་ཡིན་པའི་ཕྱིར་རོ། །ལྟ་བ་འདི་མངོན་སུམ་དུ་རྟོགས་པ་ས་བདུན་པ་ནས་འབྱུང་བའི་གནད་ཀྱིས། ས་བདུན་པ་ནས་ཉན་རང་དགྲ་བཅོམ་བློ་གྲོས་སྟོབས་ཀྱིས་ཟིལ་གྱིས་གནོན་ནུས་པར་བཤད་པའི་རྒྱུ་མཚན་ཡང་དེ་ཡིན་ནོ། །མདོ་ལས། བྱང་ཆུབ་སྙིང་པོར་གྱུར་ནས་བདེན་གཅིག་ཀྱང་། །གྲུབ་པ་མ་མཐོང་ཞེས་དང་། སངས་རྒྱས་རྣམས་ཀྱིས་བདག་དང་ནི། །བདག་མེད་འགའ་མེད་ཅེས་ཀྱང་བསྟན། །ཅེས་དང་། ཅི་ཡང་མེད་ཅེས་གོམས་པ་ལས། །དེ་ཡང་ཕྱིས་ནས་སྤོང་བར་འགྱུར། །ཞེས་སོགས་ཀྱང་། གནས་སྐབས་གསུམ་པ་འདི་ཉིད་དོ། །དེས་ན། ལས་དང་ཉོན་མོངས་རྣམ་རྟོག་ལས། །དེ་དག་སྤྲོས་ལས་སྤྲོས་པ་ནི། །སྟོང་པ་ཉིད་ཀྱིས་འགག་པར་འགྱུར། །ཞེས་པའི་རྣམ་རྟོག་ནི་བདེན་འཛིན་ཡིན་ལ། དེ་ནི་བར་དུ་བདག་བློག་གི་ལྟ་བ་དེས་སུན་ཕྱུང་བ་ཡིན་ཞིང་། སྤྲོས་པ་ནི་མཚན་འཛིན་ཙམ་ཡིན་ལ། དེ་ནི་ལྟ་བ་ཕྱི་མ་འདིས་སུན་ཕྱུང་བ་ཡིན་ནོ། །དེས་ན་ལྟ་བ་ཀུན་བློག་གི་ཡུལ་སྟོང་ཉིད་དོན་དམ་བདེན་པ་ཡིན་ཞིང་། དེ་ཉིད་སྟོན་པའི་མདོ་རྣམས་ཀྱང་ངེས་དོན་གྱི་མདོ་ཡིན་མོད། བྱང་ཆུབ་སྙིང་པོར་འདུག་ནས་བདེན་གཅིག་ཀྱང་། །གྲུབ་པ་མ་མཐོང་ཞེས་པ་ནི། འཇམ་དཔལ་གྱིས་ནི་ཡང་དག་དྲིས། །རྒྱལ་བའི་སྲས་པོ་མི་གསུང་བཞུགས། །ཞེས་དང་། རབ་དབྱེར། དེ་ཕྱིར་དམ་པའི་དོན་དུ་ནི། །ཆོས་རྣམས་ཐམས་ཅད་སྤྲོས་བྲལ་ཡིན། །སངས་རྒྱས་ཉིད་ཀྱང་ཡོད་མིན་ན། །ཚོ་ག་གཞན་ལྟ་སློས་ཅི་དགོས། །ཞེས་བཤད་པ་དེ་ལ་དགོངས་སམ་སྙམ། གནད་དེས་ན། དྲང་དོན། ངེས་དོན། མཐར་ཐུག་ཅེས་གསུམ་དུ་འབྱེད་པ་ཇི་ལྟར་རིགས་ཏེ། དྲང་ངེས་གཉིས་སུ་འདུས་པའི་བཀའི་བརྗོད་བྱ་དང་རྗོད་བྱེད་མི་སྲིད་པའི་ཕྱིར་རོ། །གནད་དེས་ན། རྗེ་མི་ལས། རྟོགས་པ་རྣམས་ལ་སྒྲུ་མར་འཆར། །མཐར་ཐུག་དོན་ལ་སྣང་མ་མྱོང་། །ཞེས་པ་ཡང་གནས་སྐབས་གཉིས་པ་དེ་དང་འགྲོར་ཏེ། འཕགས་པའི་རྗེས་ཐོབ་ཏུ་སྣང་གཞི་སྒྱུ་མ་ལྟ་བུ་དང་། མཉམ་བཞག་ལ་གཉིས་སྣང་ཅི་ཡང་མེད་པས་སོ། །

དེ་ལ་གན་མཛོད་འདི་ཉིད་ལས། གཞི་ཇི་ལྟ་བ་སངས་རྒྱས་ཀྱི་གཟིགས་ངོ་ཞིག་ལ་ངོས་འཛིན། དེས་ན་བྱང་ཆུབ་སེམས་དཔའི་གཟིགས་པ་ཐམས་ཅད་དེ་ལ་ལྟོས་ནས་ཀུན་རྫོབ། སོ་སོ་སྐྱེ་བོ་ལ་ལྟོས་ནས་དོན་དམ། དེའི་ཕྱིར་མཁས་པས་རྣམ་གྲངས་པའི་དོན་དམ་བདེན་པ་ཞེས་བཏགས་ཏེ། རེ་ཞིག་པའི་དོན་དམ་དེས་ན་ངེས་དོན་མཐར་ཐུག་གཉིས་འབྱེད་པ་འདི་ཡིན་ནོ། །ཞེས་བཤད་མོད། དེ་སྐད་གསུངས་པས་འབྱེད་ཐུབ་པར་མི་སྣང་སྟེ། བྱང་སེམས་ཀྱི་གཟིགས་ངོར་དེ་དོན་དམ་བདེན་པ་མཚན་ཉིད་པ་མ་ཡིན་ན། དེ་ངེས་དོན་ཡིན་པ་ཡང་འགལ། སངས་རྒྱས་ཀྱི་གཟིགས་ངོར་དེ་དོན་དམ་བདེན་པ་མཚན་ཉིད་པ་ཡིན་ན། དེ་ངེས་དོན་མ་ཡིན་པ་ཡང་

འགལ་བས། ངེས་དོན་དུ་མ་འདུས་པའི་མཐར་ཐུག་ཅེས་བཞག་པ་ལ་རྣམ་དབྱེད་མེད་པའི་ཕྱིར་དང་། འོག་ནས་འབྱུང་བའི་གན་མཛོད་ལས། ཆོས་མཆོག་པ་ཚུན་དབུ་མའི་ལྟ་བ་མི་སྐྱེ་བས་ཐོས་བསམ་གྱི་གྲུབ་མཐའ་དབུ་མ་པར་ཁས་བླངས་ཀྱང་། དོན་འཇིག་རྟེན་པའམ། ཉན་ཐོས་པའམ། རྣམ་རིག་པ་གསུམ་གང་རུང་ཞིག་ཏུ་འགྱུར་རོ། །ཞེས་ས་དང་པོ་ནས་དབུ་མའི་ལྟ་བ་སྐྱེ་བར་བཤད་པའང་རྗེས་མེད་དུ་བཏང་སྟེ།ས་དང་པོ་པས་གཟིགས་ངོ་དེ་དོན་དམ་བདེན་པ་མིན་པས། ཆོས་ཉིད་མིན། དེ་མ་ཡིན་པས། ཡུལ་ཅན་ཡེ་ཤེས་དེ་དབུ་མའི་ལྟ་བ་ཡང་མ་ཡིན་དགོས་པའི་ཕྱིར་རོ། །ཡང་སངས་མ་རྒྱས་བར་དུ་བདེན་པ་མཐོང་བར་ཡང་མི་འགྱུར་ཏེ། བྱང་སེམས་འཕགས་པས་དོན་དམ་བདེན་པ་མངོན་སུམ་དུ་མ་གཟིགས་པས་སོ། །གལ་ཏེ་བྱང་སེམས་འཕགས་པས་གཟིགས་ངོ་དེ། དོན་དམ་བདེན་པ་མཚན་ཉིད་པ་ཡིན་གསུང་ན། དེ་ཆོས་ཅན། དེ་མ་ཡིན་པར་ཐལ། རྣམ་གྲངས་པའི་དོན་དམ་བདེན་པ་ཡིན་པའི་ཕྱིར། ཞེས་སྨྲས་ན། འཁོར་གསུམ་ཞེས་གྲགས་པ་དེར་གདོན་མི་ཟའོ། །ས་དང་པོ་མན་དུ་དབུ་མའི་ལྟ་བ་སྐྱེ་བ་ཡང་ཧ་ཅང་ཐལ་ཏེ། ས་དང་པོར་ཆོས་ཉིད་མངོན་སུམ་དུ་མཐོང་བ་ལ། ཆོས་མཆོག་གི་སྐབས་སུ་ཆོས་ཉིད་ལ་གསལ་སྣང་ཐོབ་པའི་དབུ་མའི་ལྟ་བ་སྐྱེ་དགོས་པར་སྣང་བའི་ཕྱིར་ཏེ། ཇི་ལྟར་མར་ངོའི་བཅུ་བཞི་ལ། །ཟླ་བ་ཅུང་ཟད་མཐོང་བ་ལྟར། །དེ་བཞིན་ཐེག་མཆོག་མོས་རྣམས་ཀྱིས། །ཆོས་ཀྱི་སྐུ་ཡང་ཅུང་ཟད་གསལ། །ཞེས་བཤད་པ་དང་། སྔགས་ཀྱི་མཚོན་བྱེད་དཔེའི་ཡེ་ཤེས་སྐབས་སུ་དབུ་མའི་ལྟ་བ་མ་སྐྱེས་ན། མཚོན་བྱ་དོན་གྱི་ཡེ་ཤེས་སུ་ན་འཕོས་པའི་དབུ་མའི་ལྟ་བ་དེ་ཉེ་བར་ལེན་པའི་རྒྱུ་མེད་པ་ཅན་དུ་ཐལ་བས་སོ། །

ཡང་གན་མཛོད་ལས། ངེས་ཤེས་སྐབས་སུ་ཁོ་བོའི་བླ་མ་འབྲུག་པ་རིན་པོ་ཆེའི་ཞལ་སྔ་ནས། ཕྱག་རྒྱ་ཞེས་པའི་སྒྲ་ནི་མདོར་ཡང་བཤད་ལ། དེ་ག་བཤད་པས་ཆེན་པོ་བཤད་པ་ཡིན་མོད། འོན་ཀྱང་ཆེན་པོ་དང་མ་སྦྱར་བས་མདོའི་དེ་མི་གསལ་བར་མདོར་བསྟན་དུ་སོང་། སྔགས་སུ་དེ་གཉིས་སྦྱར་བས་ཤིན་ཏུ་གསལ་བའི་ཕྱིར་རྒྱས་བཤད་དོ། །ཞེས་སོགས་མང་དུ་བྲིས་སོ། །འོན་འདུལ་ལུང་ལས། བཙུན་པ་ཚེ་དང་ལྡན་པ་ཀུན་དགའ་བོས་ནི་ཉེད་པ་ལེགས་པར་ཉེད་དེ། གང་གི་ཕྱིར་བཙུན་པ་ཀུན་དགའ་བོ་ནི། སློབ་དཔོན་ཆེན་པོས་དབང་བསྐུར་བས་དབང་བསྐུར་མོད་ཀྱི། བདག་ལེགས་པར་གསུངས་པའི་ཆོས་འདུལ་བ་ལས་རབ་ཏུ་བྱུང་སྟེ། བསྙེན་པར་རྫོགས་ནས་དགེ་སློང་གི་དངོས་པོ་ཐོབ་སྟེ། གང་གི་ཕྱིར་བདག་གིས་ཀྱང་ཉེད་པ་ལེགས་པར་ཉེད་པར་གྱུར་ཅིག །ཅེས་སོགས། བཅོམ་ལྡན་འདས་ཀྱིས་ཀུན་དགའ་བོ་ལ། སློབ་དཔོན་གྱི་དབང་བསྐུར་བས་དབང་བསྐུར་རོ། །ཞེས་བཤད་པའི་དབང་བསྐུར་གྱི་མིང་ཅན་དེ་ཡང་སློབ་དཔོན་གྱི་དབང་བསྐུར་མཚན་ཉིད་

པར་ཐལ་བ་དང་། འདུལ་བ་སུམ་བརྒྱ་པ་ལས། རྫོགས་པའི་བྱང་ཆུབ་དཔལ་ནོད་དབང་བསྐུར་ཡིན། །ཞེས་པ་དེ་ཡང་། དེར་ཐལ་བ་དང་། མདོ་ལས་བཤད་པའི་འོད་ཟེར་ཆེན་པོའི་དབང་བསྐུར་དེ་ཡང་དེར་ཐལ་བ་དང་། མཐར་དབང་ཕྱག་ཆེན་པོའི་དབང་བསྐུར་དེ་ཡང་དབང་བསྐུར་མཚན་ཉིད་པར་ཐལ་ཏེ། མདོ་ལས་བཤད་པའི་ཕྱག་རྒྱའི་མིང་ཅན་དེ་ཡང་ཕྱག་ཆེན་མཚན་ཉིད་པ་ཡིན་པའི་ཕྱིར་རོ། །

ཡང་གན་མཛོད་ལས། བཞི་པ་དེ་དཀར་པོ་ཆིག་ཐུབ་ཏུ་འགྲོ་བའི་གནད་བཤད་པ་ནི། ཞེས་སོགས་སྐབས་སུ། དེ་ལ་གཞན་དག་ན་རེ། ཁ་ཅིག་དཀར་པོ་ཆིག་ཐུབ་ལས། །འབྲས་བུ་སྐུ་གསུམ་འབྱུང་ཞེས་ཟེར། །གཅིག་ལས་འབྲས་བུ་འབྱུང་མི་སྲིད། །གལ་ཏེ་གཅིག་ལས་འབྲས་བུ་ཞིག །འབྱུང་ཡང་ཉན་ཐོས་འགོག་པ་བཞིན། །འབྲས་བུ་དེ་ཡང་གཅིག་ཏུ་འགྱུར། །ཞེས་པའི་ཚིག་བར་མ་ཕྱི་མ་གཉིས་ཀྱིས་བཀག་པས་རང་ལ་གནོད་དེ། རྒྱུ་མཚན་གཅིག་ལས་འབྲས་བུ་མི་འབྱུང་བར་ཁ་ཙོན་བཅད་ནས། ཡང་ཉན་ཐོས་འགོག་པ་རྒྱུ་གཅིག་ལས་འབྱུང་བའི་འབྲས་བུར་བཤད་པས་སོ། །དོན་ཡང་མི་འཐད་དེ། ས་ར་ཧས། སེམས་ཉིད་གཅིག་པུ་ཀུན་གྱི་ས་བོན་ཏེ། །གང་ལས་སྲིད་དང་མྱ་ངན་འདས་འཕྲོ་བ། །འདོད་པའི་འབྲས་བུ་སྟེར་བར་བྱེད་པ་སྟེ། །ཡིད་བཞིན་ནོར་འདྲའི་སེམས་ལ་ཕྱག་འཚལ་ལོ། །ཞེས་དང་། རྩ་བ་གཅིག་ལས་སྡོང་པོ་གཉིས། །རྒྱུ་མཚན་དེ་ལས་འབྲས་བུ་གཅིག །ཅེས་བཤད་པ་དང་། སྤྱན་རས་གཟིགས་ཀྱིས། དཔའ་བོའི་རིམ་པ་བདག་བྱིན་བརླབ་པ་ཡི། །རིམ་པ་དག་ཀྱང་ཐར་པའི་ལམ་མ་ཡིན། །ཤིན་ཏུ་རྣམ་དག་རིམ་པ་གཅིག་པུ་ནི། །ཐར་པའི་སླད་དུ་སངས་རྒྱས་རྣམས་ཀྱིས་བསྟན། །ཅེས་དང་། ཞེས་སོགས་ནས། རྣལ་འབྱོར་མ་ཀུན་སྤྱོད་ལས། གང་དུ་བདེ་ཆེན་ཞེས་བྱ་གཅིག་པུ་ཉིད། །གཅིག་པུའི་ཉམས་ཀྱིས་དུ་མའི་གར་མཛད་དོ། །ཞེས་པ་ལྷ་བུ་ལ་སོགས་པ་རྡོ་རྗེའི་ཚིག་ཐམས་ཅད་རྫོག་པས་སུབ་པའི་ཚིག་གོ། །མདོ་ལུགས་ལ་ཡང་མི་འཐད་དེ། ཆོས་ཀྱི་དབྱིངས་ལ་དབྱེར་མེད་ཕྱིར། །གཙོ་བོའི་ཐེག་པ་དབྱེར་མ་མཆིས་པ་དང་། ཆོས་ཀྱི་དབྱིངས་ལ་དབྱེར་མེད་ཕྱིར། །རིགས་ནི་ཐ་དད་རུང་མ་ཡིན། །བརྟེན་པའི་ཆོས་ཀྱི་བྱེ་བྲག་གིས། །དེ་ཡི་དབྱེ་བ་ཡོངས་སུ་བརྗོད། །ཅེས་པ་དང་མདོན་སུམ་དུ་འགལ་བ་དང་། མཐར་ཐུག་ཐེག་པ་གཅིག་ཏུ་བསྒྲུབ་པའི་རིག་པ་ཐམས་ཅད་མི་འཐད་པར་ཁས་ལེན་དགོས་པར་ཡང་ཐལ་བས་སོ། །ཞེས་བྱ་བ་བྲིས་སོ། །

འདིའི་ལན་ལ་གཉིས། རྩ་བའི་རྩོད་པའི་ལན་དང་། དེའི་སྒྲུབ་བྱེད་ཀྱི་ལན་ནོ། །དང་པོ་ལ་གཉིས། མགོ་བསྒྲེ་བའི་ལན་དང་། རྣལ་མའི་ལན་ནོ། །དང་པོ་ནི། འོན་ཤེར་ཕྱིན་གྱི་གླེང་གཞི་པར། ཐམས་ཅད་ཀྱང་དགྲ་བཅོམ་པ། ཟག་པ་ཟད་པ། སོགས་བཤད་པ་དེའི་མཇུག་ཏུ། གང་ཟག་གཅིག་མ་གཏོགས་པ་ནི་འདི་ལྟ་སྟེ།

སློབ་པ་རྒྱུན་དུ་ཞུགས་པ་ཀུན་དགའ་བོ་འོ་ཞེས་པའི་ཚིག་ཕྱི་མ་དེས་ཚིག་སྔ་མ་དེ་བཀག་པར་ཐལ། སྔ་མ་དེས་ཐམས་ཅད་དགྲ་བཅོམ་པའོ་ཞེས་ཁ་ཚོན་བཅད་ནས། ཕྱི་མ་དེས་ནང་ཚན་གཅིག་སློབ་པ་ཡིན་པར་བཤད་པའི་ཕྱིར་རོ། །ཡང་བརྟག་གཉིས་ལས། གཞན་གྱིས་བརྗོད་མིན་ལྷན་ཅིག་སྐྱེས། །ཞེས་སོགས་ཀྱང་། ཕྱེད་སྔ་མས་ཕྱེད་ཕྱི་མ་བཀག་པར་ཐལ། ཕྱེད་སྔ་མས་གང་དུ་ཡང་མི་ཉིད་ཅེས་བསྟན་ནས། ཕྱེད་ཕྱི་མས། བླ་མའི་དུས་ཐབས་བརྟེན་པ་སོགས་ལས་རྟོགས་པར་བཤད་པའི་ཕྱིར། དེ་ནི་སྔ་མ་སྤྱིར་བཏང་། ཕྱི་མ་དམིགས་བསལ་ལོ་གསུང་ན། ཁོ་བོ་ཅག་གིས་ཀྱང་དེ་སྐད་སྨྲ་ན་ཅི་གསུང་། ཡང་མི་གཅིག་ལ་བུ་གླེན་པ་ཞིག་ལས་མེད་པ་ལ་བསམས་ནས། ཁོ་བོ་ལ་བུ་མེད་ཅེས་སྨྲས་པའི་ཚེ། ཚིག་ཕྱི་མ་དེས་སྔ་མ་དེ་བཀག་པར་ཐལ། སྔ་མས་བུ་མེད་པར་ཁ་ཚོན་བཅད་ནས་ཕྱི་མས་བུ་གླེན་པ་གཅིག་ཡོད་པར་ཁས་བླངས་པའི་ཕྱིར། ཅི་སྟེ། སྔ་མ་དེ་ནི་དམན་པ་ལ་དགག་སྒྲ་སྦྱར་བའོ་ཞེས་གསུང་ན། ཁོ་བོ་ཅག་ཀྱང་དེ་སྐད་ཅི་གདམ། དེ་ནི་མཁས་པ་ཀུན་ལ་གྲགས་པའི་སྤྱིར་བཏང་། དམིགས་བསལ་སོགས་ལ་འགལ་བར་བཟུང་དུ་མི་རུང་ཞེས་པ་སྤྱིའི་ལན་ནོ། །

གཉིས་པ་རྣལ་མའི་ལན་ནི། རྒྱུ་གཅིག་ཁོ་ན་ལས་འབྲས་བུ་འབྱུང་བ་མི་སྲིད་པ་ནི་ངེས་པ་སྟེ། བསྐྱེད་བྱ་སྐྱེད་བྱེད་ཀྱི་འབྲས་བུ་སྐྱེ་བ་ལ་ཉེ་བར་ལེན་པའི་རྒྱུ་དང་། ལྷན་ཅིག་བྱེད་རྐྱེན་གཉིས་ངེས་པར་འཚོགས་དགོས་པའི་ཕྱིར་ཏེ། དཔལ་ཆོས་ཀྱི་གྲགས་པས། རྒྱུ་ཚོགས་པ་ལས་འབྲས་སྐྱེས་པར། །རྗེས་སུ་དཔོག་པ་གང་ཡིན་དེ། །ཞེས་སོགས་ཀྱིས་རྒྱུ་ཚོགས་པ་ཚང་ན་འབྲས་བུ་འབྱུང་དུ་རུང་བ་དང་། འབྲས་བུ་འབྱུང་བར་ངེས་པ་ལ་དངོས་རྒྱུ་ནུས་པ་ཐོགས་མེད་ཀྱི་རྒྱུ་རྐྱེན་ཚང་དགོས་པ་དང་། རྒྱུ་ཡན་གར་བས་འབྲས་བུ་གདན་ནས་སྐྱེད་མི་ནུས་པར་བཤད་པའི་ཕྱིར་དང་། སྐྱེས་རབས་ལས་ཀྱང་། རྒྱུ་གཅིག་གིས་ནི་ཀུན་འགྲུབ་པའི། །འབྲས་བུ་གང་ནའང་ཡོད་མ་ཡིན། །ལྷ་རྣམས་ཀྱིས་ནི་བྱས་པ་ཡང་། །རྒྱུ་རྐྱེན་གཞན་ལ་ལྟོས་པ་ཡིན། །ཞེས་དང་། སྤྱོད་འཇུག་ལས་ཀྱང་། རྐྱེན་གཅིག་གིས་ནི་ཀུན་ནུས་པ། །དེ་ནི་གང་ནའང་ཡོད་མ་ཡིན། །ཞེས་བཤད་པའི་ཕྱིར་དང་། དབུ་མ་རང་རྒྱུད་པས། མྱུ་བཞི་སྐྱེ་འགོག་གི་ཚེ། རྒྱུ་གཅིག་ཁོ་ནས་འབྲས་བུ་གཅིག་ཁོ་ན་བསྐྱེད་པ་དང་། རྒྱུ་གཅིག་ཁོ་ནས་འབྲས་བུ་དུ་མ་བསྐྱེད་པ་ལ། དགག་བྱ་ལ་དོན་དམ་གྱི་ཁྱད་པར་སྦྱར་མི་དགོས་པར་ཚིག་ཟིན་དེ་ཀ་ཁས་བླངས་པས་ཚོག་ཅེས་པ་ཡང་གནད་དེ་ཉིད་ཡིན་པའི་ཕྱིར་རོ། །འཐོབ་བྱ་ཐོབ་བྱེད་ཀྱི་རྣམ་བྱང་རྒྱུ་འབྲས་ལྟ་བུ་ལ་ཡང་། འབྲས་བུ་གཅིག་ཁོ་ན་ཡིན་པ་སྲིད་ཀྱང་། ཐོབ་བྱེད་ཀྱི་རྒྱུ་ནི་གཅིག་ཁོ་ནས་མི་ཚོག་སྟེ། འཐོབ་བྱ་མྱང་འདས་ལྟ་བུ་ལ་ཐོབ་བྱེད་ཚོགས་ལམ་སོགས་ལམ་བཞི་ཚང་དགོས་པའི་ཕྱིར་དང་། ཐོབ་བྱེད་བར་ཆད་མེད་ལམ་གཅིག་ཉིད་ལ་ཡང་ནང་ཚན་སེམས་སེམས་བྱུང་སོགས་དུ་མ་དགོས་པའི་ཕྱིར་རོ། །འོན་ཁྱེད་རང་གི་ཉན་ཐོས་འགོག་པ།

རྒྱུ་གཅིག་གིས་འབྲས་བུ་གཅིག་བསྐྱེད་པའི་དཔེར་བཀོད་པ་མ་ཡིན་ནམ་སྙམ་ན། ཐུགས་མད་ཀྱང་། དེ་ནི་གནད་མ་ཟིན་པ་སྟེ། ཉན་ཐོས་འགོག་པ་དེ་འབྲས་བུ་གཅིག་པའི་དཔེར་བཟུང་བ་ཡིན་གྱི། རྒྱུ་གཅིག་གིས་འབྲས་བུ་གཅིག་པའི་དཔེར་བཟུང་བ་མ་ཡིན་པའི་ཕྱིར། གཞུང་དོན་དངོས་ནི། རྒྱུ་གཅིག་ཁོ་ན་ལས་འབྲས་བུ་འབྱུང་བ་མི་སྲིད་ལ། གལ་ཏེ་ཁྱེད་ཀྱི་དཀར་པོའི་ཆིག་ཐུབ་ལྟ་བུའི་རྒྱུ་གཅིག་ཁོ་ན་ལས་འབྲས་བུ་འབྱུང་སྲིད་ནའང་། འབྲས་བུ་སྐུ་གསུམ་མི་འབྱུང་བས་ཉན་ཐོས་འགོག་པ་ལྟ་བུའི་འབྲས་བུ་གཅིག་ཁོ་ན་འབྱུང་བར་འགྱུར་ཏེ། དེ་ལས་འབྲས་བུ་འབྱུང་བར་ནི་ཁྱེད་ཀྱིས་ཁས་བླངས། འབྲས་བུ་སྐུ་གསུམ་འབྱུང་བའི་རྒྱུ་ནི་དེ་ལ་མ་ཚང་འདུག་པའི་ཕྱིར་ཞེས་པའོ། །དེས་ན་ཉན་ཐོས་འགོག་པ་དེ། འཐོབ་བྱ་ཐོབ་བྱེད་དབང་དུ་བྱས་པའི་འཐོབ་བྱའི་འབྲས་བུ་གཅིག་ཁོ་ན་ཡིན་ཏེ། མར་མེ་ཤི་བ་ལྟ་བུར་ཡོན་ཏན་གང་ཡང་གྲོགས་སུ་མེད་པའི་སྡུག་བསྔལ་ཀུན་ཟད་པའི་འགོག་པ་རྐྱང་པ་ཞིག་ཡིན་པའི་ཕྱིར་རོ། །འོན་ཀྱང་དེ་ཐོབ་བྱེད་ཀྱི་རྒྱུ་ནི་གཅིག་པུར་མ་ངེས་ཏེ། གསུམ་གྱི་བར་དུ་དེ་ཐོབ་བྱེད་ཐབས་མང་པོ་ཞིག་བརྟེན་དགོས་པའི་ཕྱིར་རོ། །དེས་ན་ཕ་རོལ་གྱི་རྩོད་པ་དེ་ནི་ནམ་མཁའི་དབྱིངས་སུ་ཡལ་ལོ། །

གཉིས་པ་དེའི་སྒྲུབ་བྱེད་ཀྱི་ལན་ལ་རྒྱུ་གཅིག་ཁོ་ན་ལས་འབྲས་བུ་འབྱུང་བའི་སྒྲུབ་བྱེད་ལུང་རིགས་འདྲ་སྣང་བ་སྒྱུར་རྗེས་སྐམ་ལྟར་མཁས་པ་ལ་འོས་པའི་གཏམ་དུ་མི་སྣང་ངོ་། །ཇི་ལྟར་སྙམ་ན། སེམས་ཉིད་གཅིག་པོ་ཀུན་གྱི་ས་བོན་ཏེ། །ཞེས་སོགས་ནི་གཅིག་པུ་ཞེས་པའི་མིང་ལ་འཁྲུལ་བ་སྟེ། དཔྱད་ན་འཇིག་པས་སོ། །དེ་ཡང་སེམས་ཅན་ཐམས་ཅད་ཡང་ན་ནི་འབད་ཀྱང་མི་གྲོལ་བའམ། ཡང་ན་ནི་འབད་མེད་དུ་གྲོལ་བར་འགྱུར་ཏེ། འཁོར་བར་འཁྱམ་པའི་རྒྱུ་ནི་སེམས་གཅིག་པུ་ཡིན་གྱི། གྲོགས་ལས་དང་ཉོན་མོངས་པ་སོགས་གཏན་ནས་མི་དགོས་པའི་ཕྱིར་དང་། ཐར་པ་ཐོབ་ལ་ཡང་རྒྱུ་སེམས་གཅིག་པུས་ཆོག་གི། དེ་ལ་ལྟ་སྒོམ་སྤྱོད་པ་སོགས་ལམ་ལ་འབད་རྩོལ་གཏན་ནས་མི་དགོས་པའི་ཕྱིར། རྟགས་གཉིས་པོ་མ་གྲུབ་ན། འཁོར་འདས་གཉིས་ལ་རྒྱུ་མང་དུ་མཆིས་པས། རྒྱུ་གཅིག་ཁོ་ན་ལས་མེད་པའི་བསྒྲུབ་བྱ་སྒྲུབ་བྱེད་ཐམས་ཅད་སྤྲུལ་གྱིས་བལྟས་པ་བཞིན་འགྱུར་སྣང་ངོ་། །ཅི་སྟེ་དེ་དག་ཐམས་ཅད་ཀྱང་སེམས་གཅིག་པུའི་ཆོ་འཕྲུལ་ལོ་སྙམ་ན། དེ་གཅིག་པུས་འཁྲུལ་གཞི་བྱས་པར་སྣང་མོད། འོན་འཁོར་བར་འཁྱམས་པ་ལ་འཕེན་བྱེད་ཡན་ལག་གསུམ་དང་། འགྲུབ་བྱེད་ཡན་ལག་གསུམ་དགོས་སམ་མི་དགོས། དགོས་ན་རྒྱུ་དྲུག་ཏུ་འགྱུར། མི་དགོས་ན། རྟེན་འབྲེལ་ཡན་ལག་བཅུ་གཉིས་ཞེས་བཤད་པ་དེ་བདེན་མེད་དུ་བཏང་ངོ་། །དཔེར་ན། ནས་མྱུག་སྐྱེ་བ་ལ་ནས་ཀྱི་ས་བོན་གཙོ་བོ་ཡིན་མོད། གྲོགས་ཆུ་ལུད་དྲོད་གཤེར་སོགས་ཚང་དགོས་པའི་ཚེ་ནས་མྱུག་དེ་ནས་ཀྱི་ས་བོན་གཅིག་པུ་ཁོ་ན་ལས

སྐྱེས་སོ། །ཞེས་སློན་མཁས་པའི་དབུས་སུ་ཇི་ལྟར་མཛེས། མདོར་ན་རྒྱུ་གཅིག་ཁོ་ན་ལས་འབྲས་བུ་གཅིག་ཁོ་ན་འབྱུང་བའི་ཤེས་བྱེད་དུ། སེམས་ཉིད་གཅིག་པུ་ཀུན་གྱི་ས་བོན་ཏེ། །ཞེས་སོགས་འདྲེན་པ་ནི་ཐལ་ཆེས་ཏེ། འཇིག་རྟེན་པ་རྣམས་ཀྱི་འདོད་བྱའི་འབྲས་བུ་སྟོན་ཐོག་སོགས་སྒྲུབ་པ་ལ་ཡང་། རྒྱུ་ས་བོན་ཆུ་ལུད་སོགས་མི་དགོས་པར་ཐལ་ཏེ། རྒྱུ་སེམས་གཅིག་པུས་ཆོག་པའི་ཕྱིར་རོ། །

དེས་ན་གཞུང་དོན་ནི་འཁོར་འདས་ཀུན་གྱི་བྱེད་པ་པོ་སེམས་གཙོ་བོ་ཡིན་པ་ལ་དགོངས་པ་ཡིན་གྱི། སེམས་གཅིག་པུ་ལས་རྒྱུ་གཞན་མེད་ཅེས་སྒྲ་ཇི་བཞིན་པར་གཟུང་དུ་མི་རུང་སྟེ། དོན་སྒྲ་ཇི་བཞིན་ཡོངས་རྫོགས་ན། །བདག་ཉིད་ཉམས་ཤིང་བློ་ཉམས་འགྱུར། །ཞེས་པའི་ལུང་བསྟན་ཐོག་ཏུ་བབ་པ་ཡིན་པའི་ཕྱིར་རོ། །ཡང་རྩ་བ་གཅིག་ལ་སྡོང་པོ་གཉིས། །ཞེས་སོགས་ཀྱང་རང་ལ་ཁས་བླངས་ནང་འགལ་བསྟན་པར་སྣང་སྟེ། སེམས་ཉིད་གཅིག་པུ་ཀུན་གྱི་ས་བོན་ཏེ། །ཞེས་པར་འཁོར་འདས་གཉིས་ལ་རྒྱུ་གཅིག་ཁོ་ན་ལས་མེད་པར་ཁས་བླངས། རྩ་བ་གཅིག་ལས་སྡོང་བུ་གཉིས། །རྒྱུ་མཚན་དེ་ལས་འབྲས་བུ་གཅིག །ཅེས་པར་རྒྱུ་ཡལ་ག་གཉིས་ལས་འབྲས་བུ་གཅིག་འབྱུང་བར་ཁས་བླངས་པའི་ཕྱིར་རོ། །གལ་ཏེ་རྩ་བ་གཅིག་ཁོ་ན་ལ་སྡོང་པོ་གཉིས་སུ་གྱེས་ཀྱང་། འབྲས་བུ་གཅིག་ཁོ་ན་འབྱུང་ཞེས་པའོ་སྙམ་ན། འབྲས་བུ་གཅིག་ཁོ་ན་ལས་མི་འབྱུང་བ་དེ་ཡང་མ་ཡིན་པར་ཐལ། འབྲས་བུ་སྐུ་གསུམ་འབྱུང་བའི་ཕྱིར་རོ། །ཅི་སྟེ་འབྲས་བུ་སངས་རྒྱས་གཅིག་པུ་འབྱུང་། །ཞེས་པའོ་སྙམ་ན། རྩ་བ་གཅིག་ཁོ་ན་ལས་འབྲས་བུ་སངས་རྒྱས་གཅིག་པུ་འབྱུང་བ་ཡང་མི་བདེན་པར་ཐལ། དེ་ལས་འབྲས་བུ་འཁོར་འདས་གཉིས་ཀ་འབྱུང་བའི་ཕྱིར་རོ། །དེ་བཞིན་དུ་ཤིན་ཏུ་རྣམ་པར་དག་པའི་རིམ་པ་གཅིག་པུ་ནི། ཞེས་སོགས་ཀྱང་། འདི་ལྟར་སྨྲིན་པའི་དུས་དག་ཏུ། །ཚུལ་ཁྲིམས་བཏང་སྙོམས་བཞག་པར་གསུངས། །ཞེས་པ་ལྟར། རང་རང་གི་ཆེ་བ་བརྗོད་པ་ཙམ་ཡིན་གྱི། ཚིག་ཟིན་ལྟར་མི་བདེན་ཏེ། དེ་ལྟར་བདེན་ན་བདག་བྱིན་རླབས་ཀྱི་རིམ་པ་ཐར་བའི་ལམ་མ་ཡིན་པར་ཐལ་བའི་ཕྱིར་རོ། །དེ་བཞིན་དུ་རྣལ་འབྱོར་མ་ཀུན་སྤྱོད་ལས། གང་དུ་བདེ་ཆེན་ཞེས་བྱ་གཅིག་པུ་ཉིད། །གཅིག་པུའི་ཉམས་ཀྱིས་དུ་མའི་གར་མཛད་དོ། །ཞེས་པ་ཡང་ཆེ་བ་བརྗོད་པ་ཙམ་སྟེ། སྒྲ་ཇི་བཞིན་པ་ལྟར་ན། དེ་གཅིག་པུ་མ་ཡིན་པར་ཐལ། དུ་མ་ཡིན་པའི་ཕྱིར་རོ། །གལ་ཏེ་ཁོ་རང་གཅིག་པུ་ལས་འབྲས་བུ་དུ་མ་བསྐྱེད་པའི་དོན་དུ་འཆད་དོ་སྙམ་ན། ཁས་བླངས་འགལ་ཏེ། འབྲས་བུ་གཅིག་ལས་མེད་པར་ཁས་བླངས་པའི་ཕྱིར་རོ། །

ཡང་མདོ་ལུགས་ལ་ཡང་མི་འཐད་དེ། ཆོས་ཀྱི་དབྱིངས་ལ་དབྱེར་མེད་ཕྱིར། །གཙོ་བོའི་ཐེག་པ་དབྱེར་མ་མཆིས། །ཞེས་སོགས་དང་། ཆོས་ཀྱི་དབྱིངས་ལ་དབྱེར་མེད་ཕྱིར། །རིགས་ནི་ཐ་དད་རུང་མ་ཡིན། །ཞེས་སོགས

དང་མཛོད་སུམ་དུ་འགལ་ལ་གསུངས་པ་ནི། ཕྱོགས་སུ་མ་ཕྱིན་པའི་གནད་མ་སྟེ། གཞུང་གི་དོན། རྟེན་ཆོས་དབྱིངས་ལ་ངོ་བོའི་སྒོ་ནས་དབྱེ་བ་མེད་ཀྱང་། བརྟེན་པ་ཐེག་པ་གསུམ་གྱི་སྒྲུབ་པ་གསུམ་ཐ་དད་པའི་དབང་གིས་རིགས་ལ་གསུམ་དུ་དབྱེ་ཞེས་པ་ཙམ་ཡིན་གྱི། རྟེན་ཆོས་དབྱིངས་གཅིག་པོ་ན་ལས། བརྟེན་པ་ཐེག་པ་གསུམ་གྱི་སྒྲུབ་པ་གསུམ་ཞེས་པའི་དོན་མ་ཡིན་པའི་ཕྱིར་ཏེ། ཀླུ་སྒྲུབ་སོགས་འགའ་ཞིག་ལྟར་ན། ཆོས་དབྱིངས་ནི་འདུས་མ་བྱས་ཡིན་པའི་ཕྱིར་དང་། བྱམས་པའི་རྗེས་འབྲང་ཁ་ཅིག །སེམས་རང་བཞིན་གྱི་འོད་གསལ་ལ་ཆོས་དབྱིངས་སུ་བཞེད་པ་ལྟར་ནའང་དེ་གཅིག་པུ་པོ་ན་ལས། ཐེག་པ་གསུམ་གྱི་ལམ་གསུམ་སྐྱེ་བར་མི་འཆད་པའི་ཕྱིར་དང་། གལ་ཏེ། འཕགས་པའི་ཆོས་ཀྱི་རྒྱུ་ཡི་ཕྱིར། །ཞེས་པ་ལ་འགྲེལ་མཆིས་ན། དེ་ནི། ཆོས་དབྱིངས་དམིགས་པར་བྱས་པ་ལས། །ཐེག་པ་གསུམ་གྱི་ལམ་གསུམ་སྐྱེ། །ཞེས་པའི་དོན་ཡིན་གྱི། ཆོས་དབྱིངས་ལས་ཐེག་པ་གསུམ་གྱི་ལམ་གསུམ་སྐྱེ་ཞེས་པའི་དོན་མིན་པའི་ཕྱིར་རོ། །

ཡང་མཐར་ཐུག་ཐེག་པ་གཅིག་ཏུ་བསྒྲུབ་པའི་རིགས་པ་ཐམས་ཅད་མི་འཐད་པར་ཐལ་གསུངས་པ་ནི། རྨི་ལམ་གྱི་ཚིག་སྟེ་མཐར་ཐུག་ཐེག་པ་གཅིག་ཏུ་བསྒྲུབ་པའི་རིགས་པ་ནི་མི་འཐད་པར་ཐལ། རྒྱུ་གཅིག་པོ་ན་ལས་འབྲས་བུ་འབྱུང་བ་མི་འཐད་པའི་ཕྱིར། ཞེས་འབྲེལ་མེད་བཀོད་པར་སྣང་བའི་ཕྱིར་རོ། །འདི་ལ་འབྲེལ་ཇི་ལྟར་མེད་སྙམ་ན། རིགས་པ་ལས་ཏེ། མཐར་ཐུག་ཐེག་པ་གཅིག་ཏུ་བསྒྲུབ་པའི་རིགས་པས། རྒྱུ་གཅིག་པོ་ན་ལས་འབྲས་བུ་གཅིག་པོ་ན་འབྱུང་བ་བསྒྲུབ་མི་ནུས་པའི་ཕྱིར་ཏེ། མཐར་ཐུག་གི་ཐེག་པ་དེ་རྒྱུ་གཅིག་པོ་ན་ལས་བྱུང་བའི་འབྲས་བུ་གཅིག་པོ་ན་མ་ཡིན་པའི་ཕྱིར་ཏེ། ཉན་རང་གི་ཐེག་པ་མཐར་ཐུག་མ་ཡིན་པ་ལ་ལྟོས་ནས་ཐེག་པ་གཅིག་ཅེས་བཤད་ཀྱང་། མཐར་ཐུག་གི་ཐེག་པ་དེ་ལ་ཡེ་ཤེས་ལྔ་དང་སྐུ་གསུམ་སོགས་དུ་མ་ཡོད་པའི་ཕྱིར་དང་། དེ་རྒྱུ་གཅིག་པོ་ན་ལས་བྱུང་བ་མ་ཡིན་ཏེ། ཉེར་ལེན་དང་བྱེད་རྐྱེན་ཐེག་ཆེན་གྱི་ལམ་ཆ་ཚང་བ་ལས་བྱུང་བ་ཡིན་པའི་ཕྱིར་རོ། །

ཡང་གན་མཛོད་ལས། ཁ་ཅིག་ཆིག་ཐུབ་སྒོམ་པ་ཡིས། །རྗེས་ལ་བསྔོ་བ་བྱ་དགོས་ཟེར། །འོན་ཆིག་ཐུབ་གཉིས་སུ་འགྱུར། །ཞེས་སོགས་དྲངས་ནས། འདི་ནི་བྱིས་པའི་ཀླན་ཀ་སྟེ། འཐད་ན་རང་ཉིད་ལའང་རིམ་གཉིས་རིམ་གཉིས་སུ་བཞག་ཏུ་མི་ཡོང་། འདི་ཡང་དོན་དམ་པའི་ཕྱོགས་སུ་ལོང་གནད་མ་སྟེ། ཁོ་བོ་ཅག་གི་ལུགས་ལ་འདི་ཀ་དོན་དམ་པའི་སེམས་བསྐྱེད་ཡིན་པས། རྒྱལ་དབང་རྗེས། གདོད་ནས་རྣམ་དག་གི་བྱང་ཆུབ་སེམས། །མ་བཅོས་ཐ་མལ་གྱི་ཤེས་པ་ལ། །མཁའ་ལྟར་སྒྲིབ་མེད་ཀྱི་འོད་གསལ་ཆེ། །འདི་སེམས་བསྐྱེད་ཕྱག་རྒྱ་ཆེན་པོ་ཡིན། །ཞེས་སོ། །འདི་མི་འཐད་ན། གསང་བ་འདུས་པ་ལས། བྱང་ཆུབ་ཀྱི་སེམས་འདི་གསུངས་སོ། །

དངོས་པོ་ཐམས་ཅད་དང་བྲལ་བ། །ཕུང་པོ་ཁམས་དང་སྐྱེ་མཆེད་དང་། །གཟུང་དང་འཛིན་པ་རྣམ་སྤངས་པ། །ཆོས་བདག་མེད་པར་མཉམ་ཉིད་པས། །རང་སེམས་གཟོད་ནས་མ་སྐྱེས་པ། །སྟོང་པ་ཉིད་ཀྱི་རང་བཞིན་ནོ། །ཞེས་གསུངས་པ་དང་། བརྟག་གཉིས་ལས། དཀྱིལ་འཁོར་འཁོར་ལོའི་ཐབས་དང་ནི། །རང་བྱིན་བརླབ་པའི་རིམ་པས་ཀྱང་། །ཀུན་རྫོབ་དོན་དམ་རྣལ་ཅན་གྱི། །བྱང་ཆུབ་སེམས་ནི་རབ་ཏུ་བསྐྱེད། །ཅེས་པ་མི་འཐད་པར་འགྱུར་རོ་ཞེས་དང་། དེ་བཞིན་དུ། འདི་ལྷ་སྐུ་ཕྱག་རྒྱ་ཆེན་པོ་ཡིན། །མོས་གུས་ཕྱག་རྒྱ་ཆེན་པོ་ཡིན། །གནས་ལུགས་ཕྱག་རྒྱ་ཆེན་པོ་ཡིན། །བསྔོ་བ་ཕྱག་རྒྱ་ཆེན་པོ་ཡིན། །གཤིས་ལུགས་ཀྱི་དགེ་བ་བཤད་པ་མི་འཐད་ན། ཆོས་མངོན་པའི་གླེགས་བམ་རྒྱབ་ཏུ་སྐྱུར་རིགས་ཞེས་དང་། དབང་བསྐུར་བ་ཕྱག་རྒྱ་ཆེན་པོ་ཡང་ཡིན་པ་དང་། གཅིག་ཤེས་ཀུན་གྲོལ་ཡིན་ཞེས་བྱ་བ་སོགས་ལུང་འདྲེན་བསམ་ལས་འདས་པ་དང་བཅས་པ་བྲིས་སོ། །

ལན་ནི། འདི་དག་ཀྱང་། ཕྱོགས་སྔ་ཕྱིའི་གནད་མ་དགོངས་པར་སོང་སྟེ། ཚིག་ཐུབ་ཀྱི་རྗེས་ལ་བསྔོ་བ་བྱེད་དགོས་ན། ཚིག་ཐུབ་གཉིས་སུ་འགྱུར་ཞེས་པའི་ལན་དུ། ཚིག་ཐུབ་ཚིག་ཐུབ་ཡིན་པའི་སྐྱོན་བྱེད་ལས་གཞན་འགོད་རྒྱུ་མ་བྱུང་བའི་ཕྱིར་དང་། དེར་མ་ཟད། གཞན་ཡང་སྤྲོས་བྲལ་ལམ་སྟོང་ཉིད་ཀྲུང་བ་ལ་ཕྱག་ཆེན་དུ་མིང་བཏགས། དེ་ལ་དཀར་པོ་ཆིག་ཐུབ་ཏུ་མངའ་གསོལ་ནས། དེ་གཅིག་པུས་ཆོག་པ་སྙད་བྱེད་པ་ནི་ཉམས་ལེན་གཞན་རྒྱུན་གཅོད་པའི་སྒོ་ནས་ཆོས་ཀྱི་གནད་བཅོས་པར་དགོངས་ནས། ཕྱི་རབས་རྣམས་ལ་བརྩེ་བས་གདམས་པ་སྟེ། ལ་ལ་སྤྲོས་བྲལ་ཀྲུང་པ་ལ། །དཀར་པོ་ཆིག་ཐུབ་ཡིན་ཞེས་ཟེར། །འདི་ཡང་གནད་རྣམས་བཅོས་པར་དོགས། །ཞེས་སོགས་དང་། གཅིག་ལས་འབྲས་བུ་འབྱུང་མི་སྲིད། །ཅེས་སོགས་རིགས་པའི་གསང་མདའ་འཕངས་པའི་ཚེ། དེའི་ལན་དུ། རང་གི་ཆོས་ཀྱི་ཆེ་བ་བརྗོད་པ་ཙམ་ཡིན་ཞེས་བཀའ་སྩལ་ན། ཉེ་བར་མཁོ་བ་ལས། མདའ་དེ་ལ་ཆེས་བྲེད་དེ། སེམས་བསྐྱེད་ཀྱང་འདི་ཀ་ཡིན། སེམས་བསྐྱེད་གཞན་བླང་མི་དགོས། ལྷ་སྒོམ་ཡང་འདི་ཀ་ཡིན། ལྷ་གཞན་སྒོམ་མི་དགོས། དབང་བསྐུར་ཡང་འདི་ཀ་ཡིན། དབང་བསྐུར་གཞན་མི་དགོས་ཞེས་སོགས་སྨྲ་བ་ནི། སླར་བསྔོ་བ་བྱེད་དགོས་པ་དང་ཁས་བླངས་འགལ་བར་མ་ཟད། ཧ་ཅང་ཐལ་བའང་ཡིན་ཏེ། སྟོན་གྲུབ་ཐོབ་རྣམས་ལ་དགོངས་གཞི་རེ་ཡོད་པས་དེ་གས་ཆོག་ཀྱང་། རྗེས་འཇུག་རྣམས་ལ་ཚོལ་ལེ་བར་འགྱུར་བའི་ཕྱིར་རོ། །

དེས་ན་ལྷ་བའི་སྐབས་ཀྱི་ལུང་སྦྱོད་པ་དང་ལག་ལེན་ལ་སྦྱར་ན། སྤྱོད་པ་འཚོལ་ཞིང་ལག་ལེན་རྒྱུན་གཅོད་པའི་ཕྱིར། འདི་ཡང་གནད་རྣམས་བཅོས་པར་དོགས་ཞེས་གསུངས་པའི་གནད་ཀ་དེ་གར་སྣང་ངོ་། །སྐབས་དོན་འདི་ནི་བྲིས་པའི་ཀླན་ཀ་སྟེ། །ཞེས་གསུངས་པ་ནི། བྲིས་པའི་རྩོད་ལན་ཏེ། ཆིག་ཐུབ་སྒོམ་པའི་

རྗེས་ལ་བསྔོ་བ་བྱེད་པ་ལ། འོན་ཆིག་ཐུབ་གཉིས་སུ་འགྱུར་ཏེ། ཆིག་ཐུབ་རང་གི་བསྔོ་བས་གོ་མ་ཆོད་པར། སླར་བསྔོ་བ་བྱེད་དགོས་བྱུང་འདུག་པའི་ཕྱིར་ཞེས་རྩོད་པའི་ལན་དུ། དེད་ཀྱི་འདི་བསྔོ་བ་ཕྱག་རྒྱ་ཆེན་པོ་ཡིན། ཞེས་འབྲེལ་མེད་བཀོད་པའི་ཕྱིར་ཏེ། ཁྱེད་ཀྱི་དེ་བསྔོ་བ་ཕྱག་རྒྱ་ཆེན་པོ་ཡིན་ན། དེའི་རྗེས་ལ་བསྔོ་བ་བྱེད་མི་དགོས་ཏེ། ཁོ་རང་བསྔོ་བའི་གོ་ཆོད་པའི་ཆིག་ཐུབ་ཡིན་པའི་ཕྱིར་རོ། །ཡང་འཐད་ན་རང་ཉིད་ལ་འང་། རིམ་གཉིས་རིམ་གཉིས་སུ་བཞག་ཏུ་མི་ཡོང་། ཞེས་པའི་ལན་ནི། རྒྱུ་མཚན་ཅིའི་ཕྱིར་ཞེས་འདྲིའོ། །འཚང་རྒྱ་བ་ལ་རིམ་པ་གཉིས་མི་དགོས་པར་ཐལ། རིམ་པ་གཅིག་ཁོ་ནས་ཆོག་པའི་ཕྱིར། གསུང་རྒྱུ་ཡིན་ན་ནི་བཞད་གད་དེ། ཁོ་བོས་རྟགས་མ་གྲུབ་ཀྱི་ལན་བཏབ་པས། མི་སྨྲ་བའི་བརྟུལ་ཞུགས་ལ་གནས་དགོས་པའི་ཕྱིར་རོ། །འདི་ནི་དོན་དམ་པའི་ཕྱོགས་སུ་ལོང་གཏམ་སྟེ་ཞེས་སོགས་ཆིག་ཐུབ་སེམས་བསྐྱེད་ཕྱག་ཆེན་ཡིན་པའི་སྒྲུབ་བྱེད་གསང་བ་འདུས་པའི་ལུང་འདྲེན་གནང་བ་ནི། གསུང་དེ་ཉིད་འཁོར་བ་སྟེ། རང་སེམས་གདོད་ནས་མ་སྐྱེས་པ། །སྟོང་པ་ཉིད་ཀྱི་རང་བཞིན་ནོ། །

ཞེས་སོགས་ལུང་དེའི་ཚིག་ཟིན་ལྟར། སྟོང་ཉིད་དོན་དམ་སེམས་བསྐྱེད་དུ་ཁས་བླངས་པས། བརྟན་གཡོའི་ཆོས་ཐམས་ཅད་དོན་དམ་སེམས་བསྐྱེད་ཀྱིས་ཟིན་པར་བསྒྲུབས་འདུག་པའི་ཕྱིར། བརྟག་གཉིས་ཀྱི་ལུང་འདྲེན་གནང་བའང་དེ་འདྲ་སྟེ། ལུང་གི་ཚིག་ཟིན་ལྟར་ཀུན་རྫོབ་བྱང་སེམས་ཀུན་རྫོབ་སེམས་བསྐྱེད་དང་། དེ་ལ་བརྟེན་པའི་བདེ་བ་དོན་དམ་བྱང་སེམས་ཡིན་ན། འདོད་ཁམས་པའི་འགྲོ་བ་ཕལ་ཆེར། བདེན་གཉིས་ཟུང་འཇུག་གི་བྱང་སེམས་ཉམས་སུ་ལེན་བཞིན་པར་ཐལ་བའི་ཕྱིར་རོ། །གཤེགས་ལུགས་ཀྱི་དགེ་བ་བཤད་པ་མི་འཐད་ན། ཆོས་མངོན་པའི་གླེགས་བམ་རྒྱབ་ཏུ་སྐྱུར་རིགས་ཞེས་གསུངས་པའང་། ལུགས་སྲོལ་སོ་སོར་མ་ཕྱེད་པ་སྟེ། མངོན་པ་འོག་མར། སོ་སོར་བརྟགས་འགོག་དོན་དམ་པའི་དགེ་བར་བྱས་ནས། དེས་དགེ་བའི་གོ་ཆོད་པ་དང་། མངོན་པ་གོང་མར། དེ་བཞིན་ཉིད་ལ་དོན་དམ་པའི་དགེ་བར་བྱས་ནས་དགེ་བའི་གོ་ཆོད་པ་དང་། ཀླུ་སྒྲུབ་ལུགས་ལ་ཆོས་དབྱིངས་སོགས་འདུས་མ་བྱས་ཀྱི་དགེ་བ་ཁས་མི་ལེན་པའི་ལུགས་སོ་སོར་ཡོད་པ་ལས། ཁོ་བོ་ཅག་ཀླུ་སྒྲུབ་ཀྱི་ལུགས་དེ་ཁས་ལེན་པ་ཡིན་པའི་ཕྱིར་དང་། མངོན་པའི་ལུགས་བཞིན་དེ་བཞིན་ཉིད་དགེ་བར་ཁས་ལེན་ན་ཡང་། དེས་རང་སྟོབས་ཀྱིས་བདེ་འགྲོ་དང་ཐར་པའི་རྒྱུ་བྱེད་པ་མ་ཡིན་ཏེ། བྱེད་ན་སྐྱེ་འགྲོ་ཐམས་ཅད་ལ་ངན་འགྲོ་མི་སྲིད་པའི་ཕྱིར་རོ། །

དེས་ན་ཁྱེད་རང་བཞེད་པའི་གཤེགས་ལུགས་ཕྱག་རྒྱ་ཆེན་པོ་ནི། ཆོས་ཀྱི་གནས་ལུགས་སྟོང་པ་ཉིད་དང་གནད་གཅིག་པས། གལ་ཏེ་དེ་ནི་སྒོམ་ལེགས་ཀྱང་། །དབུ་མའི་སྒོམ་ལས་ལྷག་པ་མེད། །ཅེས་གསུངས་པའི་

གཞན་ཀྱང་དེར་སྣང་ངོ་། །མདོར་ན་རྒྱུ་གཅིག་ཁོ་ན་ལས་འབྲས་བུ་འབྱུང་བའི་ཞེས་བྱེད་དུ། སེམས་ཉིད་གཅིག་པུ་ཀུན་གྱིས་ས་བོན་ཏེ། །ཞེས་སོགས་འདྲེན་པ་ནི་རང་ལ་གནོད་ཅིང་ཧ་ཅང་ཐལ་བ་སྟེ། འོན་ཐར་པ་སྒྲུབ་འདས་སྒྲུབ་པ་ལ་དཀར་པོ་ཆིག་ཐུབ་ཅེས་པའི་གདམས་ངག་དེ་ཡང་མི་དགོས་པར་ཐལ་ཏེ། གྲོགས་མེད་ཀྱི་སེམས་གཅིག་པུས་ཆོག་པའི་ཕྱིར་རོ། །དེ་གཉིས་གནད་མི་འདྲའོ་སྙམ་ན། སེམས་ཉིད་གཅིག་པུ་དེ་དཀར་པོ་ཆིག་ཐུབ་ཏུ་སོང་བས་དེ་མ་ཡིན་པར་ཐལ། དེ་ནག་པོ་ཆིག་ཐུབ་ཡིན་པའི་ཕྱིར་ཏེ། དེ་གཅིག་པུས་གྲོགས་མེད་དུ་འཁོར་བར་འཁྲུམས་པའི་ཕྱིར་དང་། གྲོགས་དགོས་ན་རྒྱུ་གཅིག་ཁོ་ན་ཨེ་ཡིན་དགོངས་ཤིག །ཡང་ཞིང་ལ་སྟོན་ཐོག་འབྱུང་བ་ལ་ཡང་ཆུ་ལུད་ས་བོན་སོགས་མི་དགོས་པར་ཐལ་ཏེ་སེམས་གཅིག་པུས་ཆོག་པའི་ཕྱིར་རོ། །དེས་ན་འཁོར་འདས་གཉིས་ལ་སེམས་གཙོ་ཆེ་བ་ཙམ་ལ་དགོངས་ཏེ་གསུངས་པ་སྒྲ་ཇི་བཞིན་དུ་ཁས་ལེན་ན། དོན་སྒྲ་ཇི་བཞིན་ཡོངས་རྟོགས་ན། །བདག་ཉིད་ཉམས་ཤིང་བློ་ཉམས་འགྱུར། །ཞེས་པ་དེས་རིག་པའོ། །

ཡང་གན་མཛོད་ལས། གསུམ་པ་རྩོད་པ་སྤང་བ་ལ། དངོས་སུ་རྩོད་པའི་ལན་དང་། སྐབས་ཀྱི་རྩོད་པའི་ལན་ནོ། །དང་པོ་ནི། ད་ལྟའི་ཕྱག་རྒྱ་ཆེན་པོ་དང་། །རྒྱ་ནག་ལུགས་ཀྱི་རྫོགས་ཆེན་དང་། །ཞེས་སོགས་ནས། རྒྱ་ནག་མཁན་པོའི་གཞུང་ལུགས་ཀྱི། །ཡི་གེ་ཙམ་ལ་བརྟེན་ནས་ཀྱང་། །ཞེས་སོགས་ནས། ཕལ་ཆེར་རྒྱ་ནག་ཆོས་ལུགས་ཡིན། །ཞེས་པའི་བར་བཀོད་ནས། ཐོག་མར་ལོ་རྒྱུས་འདི་ཀ་མ་དག་སྟེ། སྒོམ་རིམ་གྱི་དབུར་ཀ་མ་ལ་ཤཱི་ལ་རང་གི་སློབ་མ་དག་གིས་ཡི་གེར་བཀོད་པ་ལས་འདི་ལྟར་འབྱུང་ཞེས་པ་ནས། དེ་ལ་སྒོམ་པའི་རིམ་པ་དང་པོ་ནི། ལང་ཀར་གཤེགས་པ་ལ་བརྟེན་ནོ། །བར་མ་ནི་རྣམ་སྣང་མངོན་བྱང་གི་རྒྱུད་ལ་བརྟེན་པའོ། །ཐ་མ་ནི་དགོངས་པ་ངེས་པར་འགྲེལ་པའི་མདོ་ལ་བརྟེན་པའོ་ཞེས་འབྱུང་གི དེ་ལས་གཞན་ནི་བླུན་པོས་སྦྱར་བའི་གཏམ་ཡིན་པས་ཚད་མར་བྱ་མི་རིགས་པས་སོ། །དེས་ན་རྩོད་པ་པོས། རྒྱ་ནག་ལུགས་ཀྱི་རྫོགས་ཆེན་ཞེས་སྦྱར་བས་འདི་མ་གཟིགས་པར་ཟད་དོ། །འདིར་མདོ་སྡེའི་སྒོམ་རིམ་དུ་བཤད་པ་ལ། རྫོགས་ཆེན་ནི། ཨ་ཏི་ཡོ་ག་ཡིན་པ་ཤན་མ་ཕྱེད་པར་རྩོད་པས་ཚར་གཅོད་ཀྱི་གནས་སོ། །གལ་ཏེ་རྫོགས་པ་ཆེན་པོར་ཁས་བླངས་ན། ཀ་མ་ལ་ཤཱི་ལས་རྒྱུའི་མདོ་སྡེ་དང་། རྣམ་སྣང་མངོན་བྱང་ལུང་གིས་སུན་ཡང་མི་འབྱིན་ཏེ། རྣལ་འབྱོར་པ་ཡང་བློ་ཕྲད་ཀྱིས། །གོང་མ་གོང་མ་རྣམས་ཀྱིས་གནོད། །ཅེས་འབྱུང་བས་སོ། །དེས་ན་ལུགས་དེ་གཉིས་ཀ་མཚན་ཉིད་ཐེག་པའི་ལུགས་སུ་བྱས་པར་ཤེས་སོ། །ཡང་རྒྱ་ནག་མཁན་པོའི་ཆོས་ལུགས་ཕྱིས་འཕེལ་བའི་གཞུང་ལུགས་ཡིན་ན། དེའི་གཞུང་ལུགས་གར་འཕེལ། ཐོག་མར་སུའི་ལག་ཏུ་བྱུང་དྲིས་ན་སྨྲ་བཅད་དགོས་པས་ཚར་བཅད་གཉིས་པར་ལྟུང་ངོ་ཞེས་སོགས་དང་། ཡང་དྲན་པ་མེད་པ་དང་། ཡིད་ལ་བྱེད་པ་མེད་པ་ནི། སྤྱིར་གྱི་དབུ

མ་པ། སྒོམ་སུ་སྒོམ་རིམ་པས་ཐེར་བཀག་ནེར་བཀག་བྱས་སོ་སྙམ་པ་མཁས་རློམ་གྱི་གཞུང་མང་པོ་ན་སྣང་ངོ་། །མི་འཐད་དེ། གོང་དུ་དྲངས་པར། སོ་སོར་རྟོག་པས་དྲན་པ་དང་ཡིད་ལ་བྱ་བ་མེད་པ་ལ་ཞུགས་པ་དེས་སྟོང་ཉིད་རྟོགས། དེས་ལྟ་བ་ཐམས་ཅད་སྤོང་བར་བསྒྲུབས་པས་སོ། །དེ་བས་ན་བདག་ཅག་ཇི་ལྟ་བ་དང་འདིའི་ལུགས་མཐུན། བདག་ཅག་ཀྱང་སོ་སོར་རང་རིག་གིས་བལྟ་བ་ལྟ་བྱེད་དྲན་པ་དང་། ཡིད་བྱེད་སྤོང་བར་འདོད་པ་ཡིན་ཞིང་། རང་རིག་འདི་མ་རྟེན་ཙུན། རྣམ་གཞག་འདི་དག་ཁས་མི་ལེན་པ་འདི་ཡང་ལྟ་བའི་དབང་དུ་བྱས་ལ༑ ཞེས་སོགས་དང་། དེས་ན་དེས་གཅིག་ཅར་བ་བཀག་གོ་སྙམ་ནས་ཐ་སྙད་དེ་བཟོ་བ་ལ་འཇིགས་འཇིགས་བལྟ་བའང་གདའ་སྟེ། རྒྱ་ནག་ལུགས་ཀྱི་གཅིག་ཅར་བར་བཞག་པ་དེ་བཀག་གི། སྤྱིར་གྱི་གཅིག་ཅར་བ་མ་བཀག །བདག་ཅག་ལམ་འདི་དག་གཅིག་ཅར་བའི་ལམ་དེ་གཉིས་ལའང་ཅིག་ཅར་ཐོད་རྒལ་རིམ་གྱིས་པ་གསུམ་དུ་འབྱེད་པས། ཡས་བབས་དང་ནི་མས་འཛེག་གཉིས། །རིམ་གྱིས་པ་དང་གཅིག་ཅར་བར། །མིང་འདོགས་བསྒྱུར་བ་མ་གཏོགས་པ། །དོན་ལ་ཁྱད་པར་དབྱེ་བ་མེད། །ཅེས་པའང་བོད་སྒྲོན་འཕྲོང་ཡིན་པས་ཚར་བཅད་གསུམ་པར་ལྟུང་ངོ་། །ཞེས་བྱ་བ་བྲིས་སོ། །

འདིའི་ལན་ལ། དེ་ཡང་ས་དགེ་བོ་དོང་བཀའ་ཕྱག་ལ་སོགས་པ་ཕལ་མོ་ཆེ་ཞིག །གཞན་ཕྱོགས་ཀྱི་ལྟ་བ་གང་ཡིན། ཧྭ་ཤང་གི་ལྟ་བར་སོང་ངོ་ཞེས་ཚེ་རེས་འདེབས་པ་དེ་འདིར་གཏན་ལ་འབེབས་པ་ཡིན། དེ་གཏན་ལ་འབེབས་པ་ལ། ཧྭ་ཤང་གི་ཕྱོགས་སྔའི་གནད་དང་། དེ་འགོག་བྱེད་ཀ་མ་ལ་ཤཱི་ལའི་རིགས་པའི་གནད་དང་། དཔང་པོ་རྣམས་ཀྱིས་ཤན་ཕྱེ་བའི་གནད་རྣམས་ཀྱི་སྙིང་པོ་ཟིན་པ་ཞིག་གཅེས་ཀྱི། ལོ་རྒྱུས་ཅུང་ཟད་དག་མ་དག་དང་། མིང་འདོགས་ཅུང་ཟད་མ་མཐུན་པ་ལ་འགངས་ཆེར་མི་སྣང་མོད། འོན་ཀྱང་དེ་ལས་གཞན་ནི་བློན་པོས་སྒྱུར་བའི་གཏམ་ཡིན་པས་ཚད་མར་བྱ་མི་དགོས་གསུངས་པའི་གཏམ་ནི། སློབ་པོ་རང་གི་གསུང་དེ་ཉིད་དེ། ཐུབ་པ་དགོངས་གསལ་དུ་ལོ་རྒྱུས་ཟུར་ཙམ་བཀོད་ནས། རྒྱས་པར་རྒྱལ་བཞེད་དང་དབའ་བཞེད། སྦ་བཞེད་རྣམས་སུ་བལྟ་བར་བྱའོ་གསུངས་ནའང་། དེ་གསུམ་ན་གསལ་བ་རྣམས་ཀྱང་སྲུན་ཕྱུང་བའི་ཕྱིར་རོ། །འདི་མདོ་སྡེའི་སྒོམ་རིམ་ཡིན་ལ། རྫོགས་ཆེན་ནི་ཨ་ཏི་ཡོ་ག་ཡིན་པས། ཤན་མ་ཕྱེད་པར་རྩོད་པས་ཚར་བཅད་ཀྱི་གནས་སོ་གསུངས་པ་ནི་ཚར་བཅད་ཀྱི་མིང་ཙམ་ལ་དགེས་པའོ་ཞེས་གོང་དུ་བཤད་ཟིན་ཏེ། རྟོག་གེ་ཤེས་པའི་ང་རྒྱལ་གྱིས། །གང་ཞིག་རྩོད་པར་མངོན་རློམ་པ། །དེ་ཡི་དྲིགས་པ་གཞོམ་པའི་ཕྱིར། །ཚར་བཅད་གནས་འདི་བཤད་ཟིན་ཏོ། །ཅི་སྟེ་རྟོག་གེ་ལ་གྲགས་པ་དེ་མ་ཡིན་གྱི། དབུ་མ་པ་ལ་གྲགས་པ་དེའོ་སྙམ་ན། དེ་ཡང་མ་ཡིན་ཏེ། དབུ་མ་པས། ལྟག་ཆོད་དང་ཚར་བཅད་པ་ལ་སོགས་པ་ཁས་མི་ལེན་པའི་ཕྱིར་ཏེ། དབུ་མའི་གཞུང་ལས། ཚར་

བཅད་པའི་གནས་ལ་ནི། ཚར་གཅོད་པ་མེད་དེ་བཅིངས་པ་བཞིན་ནོ། །ཞེས་བཤད་པས་སོ། །ཡང་རྫོགས་ཆེན་དུ་ཁས་བླངས་པ་ལ། རྒྱུའི་མདོ་སྡེ་དང་། རྣམ་སྣང་མངོན་བྱང་གི་ལུང་གིས་མི་གནོད་གསུངས་པའང་མ་ཕྱེད་པ་སྟེ༑ དེ་རྣམས་ཐུན་མོང་བའི་ལྟ་བ་ལོག་པར་སྨྲ་བ་ལ། འོག་མའི་ལུང་གིས་ཀྱང་གནོད་རིགས་པའི་ཕྱིར་རོ། །སྒོམ་རིམ་རྣམ་གསུམ་དེ་དུས་ཀྱི་ལན་དངོས་ནི་མ་ཡིན་ཏེ། རྩོད་པའི་རྗེས་སུ་བརྩམས་པའི་ཕྱིར་རོ། །ཧྭ་ཤང་ལྟ་བ་ལ་རྫོགས་ཆེན་གྱི་མིང་འདོགས་དེ་གཉིས་རྩོད་པའི་རྗེས། ས་ལོ་ཆེན་པོའི་གོང་ཙམ་དུ་བྱུང་ངམ་སྙམ་སྟེ། སྔོན་གྱི་ལོ་ཙྪ་བ་ཆེན་པོ་སོགས་རྫོགས་ཆེན་ལ་ཧྭ་ཤང་གི་ལྟད་ཡོད་པར་སྨྲས་པ་ལ། ཕྱིས་རྙིང་མ་དག་གིས་ལན་མང་དུ་མཛད་པའི་ཕྱིར་རོ། །

ཡང་དེ་རྒྱ་ནག་མཁན་པོའི་ཆོས་ཕྱིས་འཕེལ་བ་ཡིན་ན། དེའི་གཞུང་ལུགས་གར་འཕེལ། ཐོག་མར་སུའི་ལག་ཏུ་བྱུང་སོགས་དྲིས་པས། སླ་བཅད་དགོས་པས་ཚར་བཅད་གཉིས་པའོ་གསུངས་པའི་ལན་ནི། དེ་ལྟ་བུ་ལ་ཚར་བཅད་འབྱུང་བར་ཚད་ལྡན་ལས་མ་བཤད་ཀྱང་། ཕྱག་རྒྱ་ཆེན་པོའི་ལུགས་སུ་སྣང་། དེའི་གཞུང་ལུགས་བསམ་གཏན་ཉལ་ཚོག །བསམ་གཏན་གྱི་ལོན། ཡང་ལོན། ལྟ་བའི་རྒྱུད་ཤ མདོ་སྡེ་བརྒྱད་ཅུ་ཁུངས་སོགས་ལྟའམ་གསུམ་ཙམ་བྱུང་བ་གཏེར་དུ་སྦས། ཕྱིས་འོད་སྲུང་དང་ཡུམ་བརྟན་འཁྲུགས་པའི་སྐབས་སུ་དེའི་གཞུང་ལུགས་འགའ་ཞིག་གཏེར་ནས་ཐོན། གླུན་པོ་འགའ་ཞིག་གིས་དེའི་ཡི་གེ་ལ་ཟུར་བཅོས་ཏེ་སྣང་བ་སེམས་སུ་ངོ་སྤྲོད། སེམས་ནམ་མཁར་ངོ་སྤྲོད། ནམ་མཁའ་ཅི་ཡང་མེད་པའི་སྟོང་ཉིད་དུ་ངོ་སྤྲོད་པའི་ཕྱག་རྒྱ་ཆེན་པོ་ངོ་སྤྲོད་གསུམ་པར་གྲགས་པ་བཅོས་ཏེ། ཧྭ་ཤང་གི་ལྟ་བ་ལ་ཕྱག་རྒྱ་ཆེན་པོའི་མིང་འདོགས་བྱེད་པ་དེ་ནས་བྱུང་ཟེར་བའི་ཡི་གེ་རྙིང་མ་མཐོང་བ་དེ་ཉིད་བཀོད་པར་སྣང་བས་སླ་བཅད་མི་དགོས་པར་ཡི་གེ་དེ་ཉིད་ན་གསལ་ལོ། །ཡང་དྲན་པ་མེད་པ་དང་ཡིད་ལ་བྱེད་པ་མེད་པ་ནི། ཞེས་སོགས་དང་། བདག་ཅག་ཇི་ལྟ་བ་དང་། འདིའི་ལུགས་མཐུན་གསུང་བ་ནི། བཤད་གཞི་ཆེར་སྣང་བས། འདི་ལ་བཞི། ཧྭ་ཤང་གི་ཕྱོགས་སྔ་རོལ་བཟུང་། ཀ་ཤཱིས་སྐྱོན་འཕེན་ཚུལ། དཔང་པོས་ཇི་ལྟར་ཕྱེ་ཚུལ། རྩོད་ལན་དངོས་སོ། །དང་པོ་ལ་ལྟ་བའི་གནད་དང་། སྤྱོད་པ་ལག་ལེན་གྱི་གནད་གཉིས། དང་པོ་ནི། རྒྱུ་མཚན་ཤེས་བྱེད་མ་རྙེད་བཞིན་དུ། ཅི་ཡང་ཡིད་ལ་མི་བྱེད་པ་ཞེས་བྱ་བ་དྲན་པ་དང་ཡིད་ལ་བྱེད་པ་བཀག་པའི་ལྟ་སྒོམ་གཅིག་ཐུབ་ཆོག་ཅེས་པ་སྟེ། སེམས་རྟོགས་པས་སངས་རྒྱས་ཞེས་པ་དང་། ཅི་ཡང་ཡིད་ལ་བྱར་མེད་པའི་ལུང་གིས་འགྲུབ་གཞི་བྱས་པར་སྣང་ངོ་། །

གཉིས་པ་ནི། རྣམ་པར་རྟོག་པས་ཀུན་ནས་བསླངས་པའི་ལས་དཀར་ནག་གིས་འཁོར་བར་འཁྱམས་པས། སྦྱིན་པ་ལ་སོགས་པའི་ལས་ལ་འཇུག་པ་ནི། དབང་པོ་རྟུལ་པོ་ལས་འགྲོ་མེད་པ་དག་གི་དབང་དུ་བྱས་

ཞེས་སྒྲིབ་སོགས་དཀར་ཕྱོགས་ཀྱི་ལས་རྒྱུན་བཅད་པ་དེའོ། །དེ་ཡང་ས་ཐོབ་ནས་རྣམ་སྨིན་འཕོར་བ་འབྱིན་པའི་ལས་དཀར་ནག་ཐམས་ཅད་ཟད་ནས། དེ་ཡན་ཆད་རྣམ་སྨིན་སྨྱོང་བས་ལས་དཀར་ནག་གང་ཡང་མི་བྱེད་པར་བཤད་པ་དེས་འབྲུལ་གཞི་བྱས་པར་སྣང་། དེས་ན་དེད་ཀྱི་ཆོས་ལུགས་འདི་དབང་པོ་རྣོན་པོའི་ལམ་ཡིན། ས་བཅུ་པ་ཐོབ་པ་འདྲ་སྟེ། དེ་མ་ཐག་འཚང་རྒྱ་བས་གཅིག་ཅར་བ་ཡིན། ཁྲུང་ནམ་མཁའ་ནས་བབས་པ་དང་འདྲ་སྟེ། ཡས་བབས་ཀྱི་ཆོས་ཡིན། ཞེས་སྨྲ་བ་སྟེ། སྟོན་མིན་པ་ཞེས་གྲགས། ཁྱེད་ཀྱི་ལུགས་འདི་ནི་དབང་པོ་རྟུལ་པོའི་ལམ་རིམ་གྱིས་པའི་ལམ་སྟེ། སྤྲེའུ་ཤིང་རྩེར་འཛེག་པ་དང་འདྲ་སྟེ། མས་འཛེག་གི་ཆོས་ཡིན་ཞེས་སྨྲ་སྟེ། དེ་ལ་རྩེན་མིན་པ་ཞེས་གྲགས་སོ། །འདིའི་ཕྱོགས་སྔ་བརྗོད་པའི་གཏམ་རྒྱུད་རྣམས་ནི་ཕལ་ཆེར་མཐུན་པར་སྣང་བས་འདིར་རྒྱས་པར་མ་བྲིས་སོ། །

གཉིས་པ་འགོག་བྱེད་རིགས་པའི་གནད་ལ། ཐུབ་པ་དགོངས་གསལ་ལས། དཔེ་དོན་འགལ་བའི་རིགས་པ་མདོར་བསྡུས་ལས་མ་བཤད་ཀྱང་། འདིར་སྒོམ་རིམ་གྱི་དབུ་ན་བཞུགས་པ་བཞིན་དྲངས་པ་དང་། དབུས་པ་བློ་གསལ་གྱི་ཆོས་འབྱུང་ནས་འབྱུང་བ་སོགས་ཚིག་སྣ་རིང་བས་དེ་བཞིན་བཤད་ན། འདི་ལ་གཉིས། ལྟ་བ་ངན་པ་སུན་དབྱུང་བ་དང་། སྤྱོད་པ་ངན་པ་སུན་དབྱུང་བའོ། །དང་པོ་ལ་རིགས་པ་མང་དུ་སྣང་བའི་རིགས་པ་དང་པོ་ནི༔ ཧྭ་ཤང་གི་ལྟ་བ་འདི་བསྒོམས་པས། འཇིག་རྟེན་ལས་འདས་པའི་ཤེས་རབ་སྐྱེ་བར་མི་འགྱུར་ཏེ། འཇིག་རྟེན་ལས་འདས་པའི་ཤེས་རབ་ཀྱི་རྒྱུ་བའམ་རྒྱུ་ནི། ཡང་དག་པའི་སོ་སོར་རྟོག་པའི་ཤེས་རབ་ཡིན་ལ། ཁྱོད་ཀྱིས་ལྟ་བ་དེ་སྤྲང་བས་སོ་ཞེས་པའི་རིགས་པ་ནི། འདི་ལྟར་ཅི་ཡང་མི་སེམས་སོ། །ཞེས་སྨྲ་བ་ནི། ཡང་དག་པར་སོ་སོར་རྟོག་པའི་མཚན་ཉིད་ཀྱིས་ཤེས་པ་སྤྲངས་པར་འགྱུར་རོ། །ཡང་དག་པའི་ཤེས་རབ་ཀྱི་རྩ་བ་ནི། ཡང་དག་པར་སོ་སོར་རྟོག་པ་ཡིན་པས་ན་དེ་སྤྲངས་ན་རྩ་བ་བཅད་པའི་ཕྱིར། འཇིག་རྟེན་ལས་འདས་པའི་ཤེས་རབ་ཀྱང་སྤྲངས་པར་འགྱུར་རོ་ཞེས་བཤད་པས་བསྟན་ནོ། །དེ་ཡང་སྙིང་པོ་གྲོལ་ན། བར་དུ་བདག་བློག་གི་དབུ་མའི་ལྟ་བ་ལྟ་བུ། ཆོས་ཐམས་ཅད་བདེན་མེད་དུ་མངོན་སུམ་དུ་མཐོང་བའི་ལྟ་བ་སྐྱེ་ལ། རྒྱུ་མཚན་མེད་བཞིན་དུ་ཆོས་ཐམས་ཅད་བདེན་མེད་ཡིན་སྙམ་དུ་སེམས་ཤིང་བསྒོམས་པས་མི་ཆོག་གི། ལུང་རིགས་རྣམ་དག་ལ་བརྟེན་ནས་ཆོས་ཐམས་ཅད་བདེན་མེད་དུ་ངེས་པ་གཏིང་ཚུགས་པའི་སོ་སོར་རྟོག་པའི་ཤེས་རབ་ཀྱིས་དཔྱད་པ་སྔོན་དུ་བཏང་ནས་སྒོམ་དགོས་སོ་ཞེས་པ་དང་། དེ་བཞིན་དུ་མཐའ་མར་ལྟ་བ་ཀུན་ལྡོག་ལྟ་བུའི་དབུ་མའི་ལྟ་བ་མངོན་སུམ་དུ་རྟོགས་པ་ལ། རྒྱུ་མཚན་མ་ངེས་བཞིན་དུ། དྲན་པ་དང་ཡིད་བྱེད་སོགས་བཀག་པ་ཙམ་གྱིས་མི་ཆོག་གི། ལུང་རིགས་རྣམ་དག་ལ་བརྟེན་པའི་སོ་སོར་རྟོག་པའི་ཤེས་རབ་ཀྱིས་དཔྱད་པས། ཅི་ཡང་ཡིད་ལ་

མི་བྱེད་པའི་གནད་ལ་ངེས་པ་དྲངས་ནས། ཡིད་ལ་མི་བྱེད་པའི་དོན་བསྒོམ་དགོས་སོ་ཞེས་པའི་དོན་ནོ། །

འོན་སོ་སོ་སྐྱེ་བོའི་རྟོག་པས། བདེན་མེད་དང་། སྟོང་ཉིད་དང་། ཡིད་ལ་མི་བྱེད་པ་སོགས་བསྒོམས་ཀྱང་། ཕྱིན་ཅི་ལོག་འབའ་ཞིག་ཏུ་སོང་བས། རྣམ་པར་མི་རྟོག་པའི་ཡེ་ཤེས་སྐྱེ་བར་ཇི་ལྟར་འགྱུར་སྙམ་ན། རྒྱུ་མཚན་མེད་པར་ཡིད་དཔྱོད་དམ། བག་ལ་ཉལ་གྱི་ཐེ་ཚོམ་གྱིས་དྲངས་ནས་དེ་ལྟར་བསྒོམས་ན་མི་རྟོག་ཡེ་ཤེས་མི་སྐྱེ་བ་བདེན་ཡང་། ཡིད་ཆེས་པའི་ངེས་པ་རྐྱེད་པའི་སོ་སོར་རྟོག་པའི་ཤེས་རབ་སྔོན་དུ་སོང་ནས་བསྒོམས་པ་ཡིན་ན་མཐོང་ལམ་སྐྱེ་བའི་རྒྱུ་བྱེད་དེ། སོང་ཚོད་ལ་ཕྱིན་ཅི་ལོག་ཏུ་སོང་སྲིད་ནའང་། རྣོམ་ཚོད་ལ་ཕྱིན་ཅི་མ་ལོག་པ་དང་རྗེས་སུ་མཐུན་པ་ཡིན་པས་སོ། །དེ་ལྟར་ཡང་བྱམས་མགོན་གྱིས། རྗེས་སུ་མཐུན་ལ་ཕྱིན་ཅི་ལོག །ཕྱིན་ཅི་མ་ལོག་ཕྱིན་ཅི་ལོག །རྗེས་སུ་འབྲེལ་མེད་སྒོམ་པ་འོ། །ཞེས་བཤད་པ་ཡིན་ནོ། །

ཡང་རིགས་པ་གཉིས་པ་ནི། ཁྱོད་ཀྱིས་དྲན་པ་མེད་ཅིང་ཡིད་ལ་བྱ་བ་མེད་པ་བསྒོམས་པའི་ཚེ། དེའི་ཚེ་དྲན་པ་མེད་ཅིང་ཡིད་ལ་མི་བྱའོ་སྙམ་པའི་བསམ་པ་སྔོན་དུ་གཏོང་དགོས་སམ་མི་དགོས། གཏོང་དགོས་ན་དེ་གཉིས་ཀ་དྲན་པ་དང་ཡིད་ལ་བྱེད་པ་ཡིན་པས་དམ་བཅའ་ཉམས། མི་དགོས་པར་ཐོག་བབས་སུ་སྒོམ་དེ་སྐྱེ་བ་ཡིན་ན་སེམས་ཅན་ཐམས་ཅད་འབད་མེད་དུ་གྲོལ་བར་ཐལ་ལོ་ཞེས་པའི་རིགས་པ་ནི། གལ་ཏེ་བདག་གིས་ཆོས་འདི་དྲན་པར་མི་བྱའོ། །ཡིད་ལ་མི་བྱའོ་སྙམ་དུ་དེ་ལྟར་སྒོམ་པ་དེ་དག་དྲན་པ་མེད་པ་དང་ཡིད་ལ་བྱེད་པ་མེད་པར་སྒོམ་པ་ནི། དེའི་ཚེ་དེ་དག་ཤིན་ཏུ་དྲན་པ་དང་ཤིན་ཏུ་ཡིད་ལ་བྱས་པར་འགྱུར་རོ། །ཞེས་པས་བསྟན་ཏོ། །

ཡང་རིགས་པ་གསུམ་པ་ནི། ཁྱོད་ཀྱི་དྲན་པ་དང་ཡིད་བྱེད་མེད་པའི་སྒོམ་དེ་ལ་རྣམ་པར་རྟོག་པ་ཉི་ཚེ་བཀག་པས་ཆོག་གམ། རྣམ་རྟོག་མཐའ་དག་བཀག་དགོས། དང་པོ་ལྟར་ན་བརྒྱལ་བ་དང་གཉིད་མཐུག་པོ་ཡང་རྣམ་པར་མི་རྟོག་པའི་སྒོམ་དུ་ཐལ་ལོ། །གཉིས་པ་ལྟར་ན་མི་འཐད་དེ། ཁྱོད་ཀྱི་ལུགས་ལ་གནས་ལུགས་ལ་དཔྱོད་པའི་སོ་སོར་རྟོག་པའི་ཤེས་རབ་མེད་པས། སྤྲོས་པ་མཐའ་དག་བཀག་པའི་ལྟ་བ་རྣམ་དག་སྐྱེ་བའི་ཐབས་མེད་པའི་ཕྱིར་ཞེས་པ་ནི། ཅི་སྟེ་དྲན་པ་དང་ཡིད་ལ་བྱེད་པ་མེད་པ་ཙམ་ལ། དྲན་པ་དང་ཡིད་ལ་བྱེད་པ་མེད་པ་སྙད་དུ་བྱས་ནས། དེའི་ཚེ་དེ་གཉིས་པོ་རྣམ་པོ་གང་གིས་མེད་པར་འགྱུར་བ་དེ་ཉིད་དཔྱད་དགོས་ཏེ། མེད་པ་ནི་རྒྱུར་རུང་བར་ཡང་མི་འགྱུར་ཏེ། གང་གིས་མཚན་མ་མེད་པ་དང་། ཡིད་ལ་བྱེད་པ་མེད་པ་ལས་རྣམ་པར་མི་རྟོག་པ་ཉིད་དུ་འགྱུར། དེ་ཙམ་གྱི་ཕྱིར་རྣམ་པར་མི་རྟོག་པར་འགྱུར་དུ་ཟིན་ན་ནི། བརྒྱལ་བ་ལ་ཡང་དྲན་པ་དང་ཡིད་ལ་བྱེད་པ་མེད་པས་རྣམ་པར་མི་རྟོག་པ་ཉིད་དུ་འཇུག་པར་འགྱུར་རོ། །ཡང་དག་པར་སོ་སོར

རྟོག་པ་མེད་པར་རྣམ་པ་གཞན་གྱིས་དྲན་པ་མེད་པ་དང་། ཡིད་ལ་བྱེད་པ་མེད་པས་ཐབས་མེད་དོ་ཞེས་པ་དེས་བསྟན་པའོ། །

ཡང་རིགས་པ་བཞི་པ་ནི། ཁྱོད་ཀྱི་སྒོམ་དེ་ལས་ནི། འབྲས་བུ་གླེན་ཞིང་ལྐུགས་པ་ཉིད་ཐོབ་པར་འགྱུར་གྱི། ཐར་པ་ཐོབ་པར་མི་འགྱུར་ཏེ། གནས་ལུགས་ལ་སོ་སོར་རྟོག་པའི་ཤེས་རབ་མེད་པར་དྲན་པ་དང་ཡིད་བྱེད་བཀག་པ་ཙམ་ཡིན་པས་སོ་ཞེས་པ་ནི། ཡང་གལ་ཏེ་རྣལ་འབྱོར་པ་དེ་ཐམས་ཅད་ལ་དྲན་པ་ཉམས་པའམ་རྨོངས་པས་དྲན་པ་དང་ཡིད་ལ་བྱེད་པ་མི་འཇུག་ན་ནི། དེའི་ཚེ་ཤིན་ཏུ་རྨོངས་པ་ཡིན་པས་རྣལ་འབྱོར་དུ་ཇི་ལྟར་འགྱུར། ཡང་དག་པར་སོ་སོར་རྟོག་པ་མེད་པར་དེ་ལ་དྲན་པ་དང་ཡིད་ལ་བྱེད་པ་མེད་པར་བྱས་པས་གླེན་པ་ཉིད་གོམས་པར་བྱས་པ་ཡིན་ནོ་ཞེས་པས་བསྟན་པས་སོ། །

ཡང་རིགས་པ་ལྔ་པ་ནི། ཁྱོད་ཀྱིས་ཡིད་ལ་མི་བྱེད་པ་སྒོམ་པའི་རྣལ་འབྱོར་པ་དེའི་རྒྱུད་ལ་དྲུག་པ་ཡིད་ཀྱི་རྣམ་པར་ཤེས་པ་ཡོད་དམ་མེད། ཡོད་ན་ནི། དྲན་པ་དང་ཡིད་ལ་བྱེད་པ་མེད་པའི་དམ་བཅའ་ཉམས་ཏེ། དེའི་རྒྱུད་ཀྱི་ཡིད་བྱེད་ཀྱི་རྣམ་པར་ཤེས་པ་དེས་ཁོ་རང་གི་ཡུལ་གྱི་ངོ་བོ་ལ་དམིགས་པ་དང་། ཁོ་རང་དང་མཚུངས་པར་ལྡན་པའི་སེམས་བྱུང་དྲན་པ་དེས་དམིགས་པ་དྲན་པ་དང་། སེམས་བྱུང་ཡིད་བྱེད་དེས་ཡུལ་ཡིད་ལ་བྱེད་པ་ཡང་ཡིན་པའི་ཕྱིར། ཅི་སྟེ་མེད་ན་ནི། ཁྱོད་ཀྱི་རྣལ་འབྱོར་པ་དེས་ཆོས་རྣམས་ཀྱི་ངོ་བོ་ཉིད་རྟོགས་པར་མི་འགྱུར་ཞིང་། སྒྲིབ་པ་སྤོང་བར་ཡང་མི་ནུས་ཏེ། དེ་རྟོགས་བྱེད་ཀྱི་རྣམ་ཤེས་དང་། སྤང་བྱ་སྤོང་བྱེད་ཀྱི་གཉེན་པོ་ཡང་མེད་པའི་ཕྱིར་རོ། །ཁྱོད་ཀྱི་རྣལ་འབྱོར་པ་དེའི་རྒྱུད་ལ་དྲུག་པ་ཡིད་ཀྱི་རྣམ་ཤེས་མེད་པ་ཡང་མི་འཐད་དེ། སོ་སོ་སྐྱེ་བོ་རྣམས་ཀྱིས་བསམ་གཏན་བཞི་པའི་དངོས་གཞི་སྙོམས་འཇུག་མ་ཐོབ་བར་དུ། དགག་བྱ་སེམས་འགོག་མི་ནུས་པའི་ཕྱིར་ཏེ།དགག་བྱ་དྲུག་པ་ཡིད་ཀྱི་རྣམ་པར་ཤེས་པ་བཀག་པའི་སེམས་མེད་ཀྱི་སྙོམས་འཇུག་གཉིས་ཡོད་པའི་འགོག་པའི་སྙོམས་འཇུག་ཐོབ་པ་ལ་ནི་འཕགས་ལམ་ཐོབ་དགོས་ལ། འདུ་ཤེས་མེད་པའི་སྙོམས་འཇུག་སོ་སོ་སྐྱེ་བོས་ཐོབ་པ་སྲིད་ཀྱང་། དེ་ཐོབ་པ་ལ་བསམ་གཏན་བཞི་པའི་གནས་བརྒྱད་ལས་སོ་སོ་སྐྱེ་བོའི་གནས་གསུམ་གྱི་ནང་ཚན་འབྲས་བུ་ཆེ་བའི་སྙོམས་འཇུག་ཐོབ་དགོས་པའི་ཕྱིར་ཞེས་སྟོན་པ་ནི། ཡང་རྣལ་འབྱོར་པ་ཏིང་ངེ་འཛིན་ལ་སྙོམས་པར་ཞུགས་པ་ལ་གལ་ཏེ་ཡིད་ཀྱི་རྣམ་པར་ཤེས་པ་ཡོད་ན་དེའི་ཚེ་གདོན་མི་ཟ་བར་ཅི་ཞིག་དམིགས་དགོས་ཏེ། སོ་སོ་སྐྱེ་བོ་རྣམས་ཀྱི་ཤེས་པ་ནི། གློ་བུར་དུ་དམིགས་པ་མེད་པ་མི་འགྱུར་རོ། །ཅི་སྟེ་མེད་ན་ནི། དེའི་ཚེ་ཇི་ལྟར་ཆོས་རྣམས་ཀྱི་ངོ་བོ་ཉིད་མེད་པར་རྟོགས་པར་འགྱུར། གཉེན་པོ་གང་གིས་ཉོན་མོངས་པ་སྤོང་བར་འགྱུར། བསམ་གཏན་བཞི་པ་མ་ཐོབ་པའི་སོ་སོ་སྐྱེ་བོས་སེམས་ནི་འགོག་པར་འགྱུར་མི་

སྲིད་དོ་ཞེས་པས་བསྟན་ཏོ། །

རིགས་པ་དྲུག་པ་ནི། ཁྱོད་ཀྱི་ཡིད་ལ་མི་བྱེད་པའི་རྣལ་འབྱོར་པ་དེས། དྲན་པ་མེད་པ་དང་ཡིད་ལ་བྱེད་པ་མེད་པས་གནས་ལུགས་ཟབ་མོ་མངོན་སུམ་དུ་རྟོགས་པར་མི་ནུས་ཏེ། བཅོམ་ལྡན་འདས་ཀྱི་གསུང་རབ་ལས། དྲན་པ་མེད་ཅིང་ཡིད་ལ་མི་བྱ་ཞེས་གསུངས་པའི་དོན། ཆོས་ཀྱི་གནས་ལུགས་ཟབ་མོ་མཚན་མར་འཛིན་པའི་དྲན་པས་དྲན་དུ་མི་རུང་ཞིང་མཚན་འཛིན་གྱིས་ཡིད་ལ་བྱེད་པས་ཡིད་ལ་བྱར་མི་རུང་བའི་གནད་ཁོང་དུ་ཆུད་པའི་སོ་སོར་རྟོག་པའི་ཤེས་རབ་ཀྱིས་ཟིན་པའི་སྒོམ་པས། མཚན་འཛིན་གྱི་དྲན་པ་དང་ཡིད་བྱེད་བཀག་པའི་གནས་ལུགས་ཟབ་མོ་མཐོང་དགོས་པ་ལས། ཁྱོད་ཀྱི་དེ་ལྟ་བུའི་སོ་སོར་རྟོག་པའི་ཤེས་རབ་སྤངས་ནས་དྲན་པ་དང་ཡིད་བྱེད་བཀག་པ་ཙམ་ཡིན་པའི་ཕྱིར། ཞེས་པ་ནི། དེ་ལྟ་བས་ན། དམ་པའི་ཆོས་ལྷ་དྲན་པ་དང་ཡིད་ལ་བྱེད་པ་མེད་པ་ཞེས་འབྱུང་བ་དེ་ཡང་། ཡང་དག་པར་སོ་སོར་རྟོག་པ་སྔོན་དུ་འགྲོ་བ་ཡིན་པ་བལྟ་བར་བྱ་སྟེ། གང་གི་ཕྱིར་ཡང་དག་པར་སོ་སོར་རྟོག་པ་ཉིད་ཀྱིས། དྲན་པ་མེད་པ་དང་ཡིད་ལ་བྱེད་པ་མེད་པར་བྱེད་ནུས་ཀྱི། གཞན་དུ་མ་ཡིན་ཏེ། འདི་ལྟར་རྣལ་འབྱོར་པ་གང་གི་ཚེ། ཡང་དག་པའི་ཤེས་རབ་ཀྱིས་བརྟགས་ན། དོན་དམ་ན་དུས་གསུམ་དུ་ཆོས་སྐྱེས་པ་གང་དྲན་པ་མཐོང་བ་དེའི་ཚེ། ཇི་ལྟར་དྲན་པ་མེད་པ་དང་། ཡིད་ལ་བྱེད་པ་མེད་པ་ལ་ཞུགས་པ་ཡིན་ནོ། །དེ་ལ་ཞུགས་པས་སྟོང་པ་ཉིད་རྟོགས་པར་འགྱུར་རོ། །དེ་རྟོགས་པས་ལྟ་བ་ངན་པའི་དྲྭ་བ་མཐའ་དག་སྤངས་པ་ཡིན་ནོ། །ཞེས་སོགས་ཀྱིས་བསྟན་ཏོ། །དེ་ལྟ་བུའི་སོ་སོར་རྟོག་པའི་ཤེས་རབ་དེ་ཡང་ཅི་ཡིན་གྱིས་ཆོག་པ་མ་ཡིན་ཏེ། རྟེན་འབྲེལ་ལ་སོགས་པའི་གནད་ཟབ་མོས། ཆོས་ཐམས་ཅད་དང་རང་བཞིན་གྱི་སྐྱེ་འགག་གནས་གསུམ་གྱི་སྟོང་པར་རྟོགས་པའི་ཤེས་རབ་ཁྱད་པར་ཅན་གཅིག་ལ་ལུང་དེ་དོན་གཟུང་བར་སྣང་བས་སོ། །

རིགས་པ་བདུན་པ་ནི། ཁྱོད་ཀྱི་ཅིག་ཅར་དུ་འཇུག་པ་ཞེས་བྱ་བ། ཐོས་བསམ་གྱི་ཤེས་རབ་སྔོན་དུ་མ་སོང་བའི་སྒོམ་པ་ཙམ་དང་། ས་ལམ་གྱི་ཐེམ་སྐས་འོག་མ་ནས་རིམ་གྱིས་མ་བགྲོད་པར། འབྲས་བུ་གོང་མར་སོན་པ་དེ་ལྟ་བུ་ནི་མི་སྲིད་དེ། རིམ་གྱིས་དཀྱུས་བསྟན་ནས་རྟས་རྩེར་ལྟར། ཚུལ་བཞིན་ཡིད་བྱེད་ཀྱི་ཐོས་བསམ་སྒོམ་གསུམ་གྱི་ཤེས་རབ་ཀྱིས་འཇིག་རྟེན་པའི་ལམ་དུ་རྒྱུད་སྦྱོང་བ་དཀྱུས་བསྟན་པ་ལྟར་བྱས་ནས། འབྲས་བུའི་སར་ཐོགས་མེད་དུ་སོན་པར་བྱེད་དགོས་པའི་ཕྱིར། ཞེས་པའི་རིགས་པ་ནི་ཐོས་པ་དང་བསམ་པ་ལས་བྱུང་བའི་ཤེས་རབ་ཀྱིས་བསྒོམ་པར་བྱའི། གཞན་དུ་མ་ཡིན་ཏེ། རིམ་གྱིས་དཀྱུས་བསྟན་ནས་རྒྱུག་པ་བཞིན་ནོ། །དེ་ལྟ་བས་ན་ཡང་དག་པར་སོ་སོར་བརྟག་པར་བྱའོ། །དེ་རྣམ་པར་རྟོག་པའི་ངོ་བོ་ཉིད་ཡིན་དུ་ཟིན་ཡང་།

ཚུལ་བཞིན་དུ་ཡིད་ལ་བྱེད་པའི་ངོ་བོ་ཡིན་པའི་ཕྱིར། དེ་ལས་རྣམ་པར་མི་རྟོག་པའི་ཡེ་ཤེས་དེ་འབྱུང་བས་ན། ཡེ་ཤེས་དེ་འདོད་པས་དེ་ལ་བརྟེན་པར་བྱའོ། །རྣམ་པར་མི་རྟོག་པའི་ཡང་དག་པའི་ཡེ་ཤེས་ཀྱི་མེ་བྱུང་ན་ཤིང་རྣམས་བྲུད་པ་ལས་མེ་བྱུང་ནས། ཤིང་དེ་གཉིས་བསྲེགས་པ་བཞིན་དུ། དེ་ཡང་ཕྱིས་དེ་ཉིད་ཀྱིས་བསྲེག་པར་འགྱུར་རོ། །ཞེས་བྱ་བ་དེས་བསྟན་ཏོ། །

འདིར་རིགས་པ་འདི་དག་གི་སྙིང་པོ་ནི། མཚན་མ་དང་སྤྲོས་པ་བཀག་པའི་ལྟ་བ་མངོན་སུམ་དུ་མཐོང་བ་ལ། དབུ་མའི་གཞུང་ནས་བཤད་པའི་རིགས་པས་གནད་དེ་ལ་ངེས་པར་དྲངས་པའི་སོ་སོར་རྟོག་པའི་ཤེས་རབ་སྔོན་དུ་བཏང་ནས་བསྒོམ་དགོས་ཞེས་པ་དང་། དེ་ལྟ་བུའི་ཐོས་བསམ་སྒོམ་གསུམ་རིམ་པས་ཉམས་སུ་ལེན་དགོས་པར་སོང་བས། གཞན་དག་སྨྲ་མས་འཚལ་ལོ། །དེ་ལྟ་བུའི་སོར་རྟོག་དེ་ཞི་གནས་ཀྱི་ངང་ནས་དཔྱད་པའི་སོར་རྟོག་དེ་ཡིན་གསུངས་པ་ཡང་མི་མད་དེ། འོན་ཞི་གནས་ངང་ནས་དཔྱད་པའི་སོར་རྟོག་དེ་ཞི་གནས་ཡིན་ནམ་དེ་ལས་ལངས་པའི་རྟོག་པ་ཞིག་ཡིན། སྔ་མ་ལྟར་ན། མཐོང་ལམ་སྐྱེས་ནས་དེ་བསྲེག་དགོས་པར་བཤད་པ་དང་འགལ་ཏེ། དེ་མཐོང་ལམ་གྱི་རྟེན་དུ་དགོས་པའི་ཕྱིར། ཕྱི་མ་ལྟར་ན། དེ་ལས་མཐོང་ལམ་སྐྱེ་བ་ཁྱེད་ལ་འགལ་ཏེ། རྟོག་པ་ལས་མཐོང་ལམ་མི་སྐྱེ་བར་ཁས་བླངས་པའི་ཕྱིར་དང་། སྒོམ་རིམ་དང་ཡང་འགལ་ཏེ། སྒོམ་རིམ་ལས་དཔྱད་སྒོམ་དེ་ཐོས་བསམ་གྱི་ཤེས་རབ་ཡིན་ཡང་དེས་དྲངས་པའི་འཇོག་སྒོམ་ཞི་གནས་ལ་བརྟེན་ནས་སྐྱེ་བར་བཤད་པའི་ཕྱིར་ཏེ། རྣམ་པར་རྟོག་པའི་ངོ་བོ་ཉིད་ཡིན་ཡང་ཚུལ་བཞིན་དུ་ཡིད་ལ་བྱེད་པའི་ངོ་བོ་ཡིན་པའི་ཕྱིར། དེ་ལས་རྣམ་པར་མི་རྟོག་པའི་ཡེ་ཤེས་དེ་འབྱུང་བས་ན་ཞེས་སོགས་བཤད་པས་སོ། །

གཉིས་པ་སྤྱོད་པ་ངན་པ་སུན་དབྱུང་བ་ནི། ཁྱོད་ཀྱི་ཡིད་ལ་མི་བྱེད་པས་ཡས་འབབ་དང་གཅིག་ཅར་བ་ཞེས་བྱ་བ་དེ་ནི། ཉེས་པ་ཆེན་པོ་སྟེ་ལམ་ལྔ་ས་བཅུ་ཕར་ཕྱིན་དྲུག་སོགས་སྤངས་པས་ཐེག་ཆེན་གྱི་ཆོས་མཐའ་དག་སྤངས་པ་ཡིན་ནོ། །དེ་སྤངས་པས་དམ་པའི་ཆོས་མཐའ་དག་སྤང་བར་འགྱུར་རོ། །ཞེས་པའི་རིགས་པ་སྟེ། དེ་ནི་དེ་སྐད་སྨྲ་བ་དེ་ཐེག་པ་ཆེན་པོ་མཐའ་དག་སྤངས་པ་ཡིན་ནོ། །ཐེག་པ་ཐམས་ཅད་ཀྱི་རྩ་བ་ནི་ཐེག་པ་ཆེན་པོ་ཡིན་པས། དེ་སྤངས་ན་ཐེག་པ་ཐམས་ཅད་སྤངས་པར་འགྱུར་རོ། །ཞེས་བྱ་བ་དེས་བསྟན་ཏོ། །

གསུམ་པ་དེ་ལ་དཔང་པོས་ཇི་ལྟར་ཕྱེ་བའི་ཚུལ་ནི། སྦ་སང་ཤེས་ཤན་ཕྱེ་བ་ལས། ཁྱེད་གཅིག་ཅར་བ་ལྟར་ན་ཕ་རོལ་ཏུ་ཕྱིན་པ་དྲུག་གི་གནད་བཅོས་པ་ཡིན་ཏེ། འཛིན་པ་མ་མཆིས་ན་སྦྱིན་པ་ཡིན་ཞེས་པ་སྦྱིན་པ་སྤངས་ཏེ་སྦྱིན་པའི་གནད་བཅོས། ཆགས་སྡང་བཀག་ན་ཚུལ་ཁྲིམས་ཡིན་ཞེས་ཚུལ་ཁྲིམས་སྤངས་ཏེ་ཚུལ་ཁྲིམས་ཀྱི་

གནད་བཅོས་པ་སོགས་ཡིན་པས་སོ་ཞེས་རྩེན་མིན་བདེན་པའི་གདམ་སླས་པས་སོ། །དེ་ལྟར་ཡང་སྣ་སང་ཤིའི་མཆིད་ནས། རྒྱུའི་ལྟར་གཅིག་ཅར་འཇུག་ཅིང་། རིམ་གྱིས་མི་སྦྱོར་བ་ལྟར་ན། ཕ་རོལ་ཏུ་ཕྱིན་པ་དྲུག་ཀྱང་འཛིན་པ་མ་མཆིས་པའི་སླད་དུ་སྦྱིན་པར་མིང་བཏགས་སོགས་ནས། ཆོས་སྤྱི་དང་རང་གི་མཚན་ཉིད་ཤེས་ན་ཤེས་རབ་ལགས། སྟོན་པ་འདས་ནས་རིང་ཞིག་ཏུ་ལྟ་བ་མི་མཐུན་པ་མ་མཆིས། སླད་ནས་སྟོན་མིན་གཅིག་ཅར་དུ་འཇུག་པ་མཆིས་ཏེ། མ་འཇལ་མ་རྟོགས་པས་དེ་ལྟར་གྱུར་ཅེས་པ་ལ་སོགས་པ་སླས་སོ་ཞེས་བཤད། དཔལ་དབྱངས་ཀྱིས་ཤན་ཕྱེ་བ་ནི། ཁྱེད་གཅིག་ཅར་བས་ནི་ཆོས་ཀྱི་གནད་བཅོས་པར་སོང་སྟེ། ཁྱེད་ལམ་ལ་གཅིག་ཅར་འཇུག་ཅིང་། ལྟ་བ་ཡས་ཕུབ་པ་ཡིན་ན། ཁྱེད་ད་ལྟ་ཐ་མལ་དུ་བསྡད་ནས་ཅི་བྱེད་དེ། དང་པོ་ཉིད་ནས་སངས་རྒྱས་པར་རིགས་པས་སོ། །ཁྱོད་ཀྱི་ལམ་དེས་ཐམས་ཅད་མཁྱེན་པ་ལྟ་ཞོག །ས་དང་པོ་ཙམ་ཡང་ཐོབ་པར་མི་ནུས་ཏེ། སྐས་ཀྱི་གདང་བུ་ལ་རིམ་གྱིས་འཛེག་དགོས་པ་ལྟར། ལམ་འོག་མ་ལ་མ་སྦྱངས་པས་སོ། །ཚོགས་མ་བསགས་ཤིང་ཅི་ཡང་ཡིད་ལ་མི་བྱེད་པའི་སྒོང་ལྟ་ཙམ་གྱིས་ནི་གཞན་གྱི་དོན་ལྟ་ཞོག་དང་། རང་དོན་ཙམ་ཡང་སྒྲུབ་པར་མི་ནུས་ཏེ། འཚོ་བ་དང་བྲལ་ཏེ་སྲོག་འཆད་པ་ལས་མ་འདས་པས་སོ། །ཞེས་རྩེན་མིན་གྱི་ཕྱོགས་གཟུང་བ་ལ་དྲང་པོའི་ཤན་ཕྱེ་བས་སོ། །དེ་ལྟར་ཡང་དཔལ་དབྱངས་ཀྱིས་སླས་པ། གཅིག་ཅར་འཇུག་ན། ཁྱེད་ད་དུང་ཅི་བྱེད། དང་པོ་ནས་སངས་རྒྱས་ན་ཅི་ཉེས། འཛེག་པ་ཡང་གོམ་པ་རེ་རེས་འཛེག་པ་དཀའ་སྟེ། གོམ་པ་གཅིག་གིས་བགྲོད་མི་ནུས་པ་ལྟར། ཞེས་སོགས་དང་། ངེད་རྩེ་མིན་པས་ཤེས་རབ་གསུམ་ལ་བརྟེན་ནས་མ་ནོར་བར་ཤེས། ཆོས་སྤྱོར་བཅུ་དང་ཕ་རོལ་ཏུ་ཕྱིན་པ་བཅུ་ལ་བསླབས། རྒྱུད་སྦྱངས། ཚོགས་བསགས་ནས་སངས་རྒྱས་པ་ཡིན། ཁྱེད་ལྟར་ན་ཚོགས་མ་བསགས། བློ་མ་སྦྱངས། འཇིག་རྟེན་གྱི་བྱ་བ་ཡང་མི་ཤེས་ན། ཐམས་ཅད་མཁྱེན་པའི་རིག་པ་དང་། ཤེས་བྱའི་གནས་ཐམས་ཅད་ལ་འཇུག་པར་ཇི་ལྟར་འགྱུར། ཞེས་སོགས་ཤན་འབྱེད་རྒྱས་པར་སླས་པ་དེའོ། །དེ་ལྟ་བུའི་ཕྱོགས་སྔ་ཕྱིའི་འཆད་ལ་ངེས་པ་རྙེད་ན། རང་གཞན་གྱི་གྲུབ་མཐའི་སྐྱོན་ཡོན། སྲང་ཚང་མ་དེས་གཏན་ལ་འབེབས་པར་གོ་ར་མ་ཆག་གོ །

བཞི་པ་ལན་དངོས་ལ། བདག་ཅག་ཇི་ལྟ་བ་དང་། འདིའི་ལུགས་མཐུན་ཞེས་གསུངས་པ་ནི་མི་མད་དེ། འདིར་ནི། དེ་ཕྱིར་རྟེན་འབྱུང་རིགས་པ་འདི་ཡིས་ནི། །ལྟ་ངན་དྲྭ་བ་མཐའ་དག་གཅོད་པར་བྱེད། །ཅེས་དང་། སོ་སོ་སྐྱེ་བོ་རྣམས་ནི་རྟོག་པས་བཅིངས། །མི་རྟོག་རྣལ་འབྱོར་པ་ནི་གྲོལ་འགྱུར་བས། །རྟོག་རྣམས་ལོག་པར་འགྱུར་བ་གང་ཡིན་དེ། །རྣམ་པར་དཔྱོད་པའི་འབྲས་བུར་མཁས་རྣམས་གསུངས། །ཞེས་པ་ལྟར། དབུ་མའི་གཞུང་ནས་བཤད་པའི་རྟེན་འབྲེལ་གྱི་རིགས་པ་སོགས་ལ་བརྟེན་ནས་ཆོས་ཐམས་ཅད་རང་བཞིན་གྱི་སྐྱེ་མེད་དུ་རྟོགས

པའི་སོ་སོར་རྟོག་པའི་ཤེས་རབ། ཐོས་བྱུང་དང་བསམ་བྱུང་སྔོན་དུ་བཏང་། སོར་རྟོག་ཤེས་རབ་དེས་ཟིན་པའི་སྒོམ་བྱུང་བསྒོམས། དེ་ལས་བདེན་པ་མཐོང་དགོས་པར་བཤད་གདའ་ན། རང་རེའི་ཕྱག་ཆེན་ཁྲིད་ཀྱི་ཚེ་དེ་འདྲ་ཞིག་མི་མཛད་པར་སྣང་བའི་ཕྱིར་རོ། །ཡང་བདག་ཅག་ལམ་འདི་ཀ་གཅིག་ཅར་བའི་ལམ། དེ་གཉིས་ལའང་། གཅིག་ཅར། ཐོད་རྒལ། རིམ་གྱིས་པ་གསུམ་དུ་འབྱེད་པས། ཡས་འབབ་དང་ཉི་མས་འཛེག་གཉིས་ཞེས་པའང་བོང་སྐྱོན་འཕྱོང་ཡིན་པས་ཚར་བཅད་གསུམ་པར་སྣང་ངོ་ཞེས་བཤད་པའང་། བོང་སྐྱོན་འཕྱོང་གི་ལན་དུ་སྣང་སྟེ། ཧྭ་ཤང་གི་ཡས་འབབ་ཅེས་པའི་མིང་དེ། གཅིག་ཅར་བའི་མིང་དུ་བསྒྱུར། མས་འཛེག་ཅེས་པའི་མིང་དེ་རིམ་གྱིས་པའི་མིང་དུ་བསྒྱུར་བ་ཙམ་མ་གཏོགས་ཧྭ་ཤང་གི་ལུགས་དང་། ཕྱིས་ཀྱི་ཕྱག་ཆེན་པ་གཉིས་དོན་ལ་ཁྱད་ཆེར་མི་སྣང་ཞེས་པ་ཙམ་གསུངས་ཀྱི། ཕྱག་ཆེན་ལུགས་ལ་ཐོད་རྒལ་བ་དང་རིམ་གྱིས་པ་མེད་ཅེས་མ་གསུངས་པའི་ཕྱིར་རོ། །

དོན་ལ་ཁྱད་པར་མེད་པ་ཅིས་ཤེས་སྙམ་ན། དགོངས་འཚལ་ཅིག །ཕྱག་རྒྱ་ཆེན་པོའི་ཚིག་ཚོད་ལ། །ས་ལམ་སྐྱེ་བའི་སྐྱོངས་པ་འཁྲུལ། །ཞེས་རང་ཉིད་བཞེད་པའི་ཅིག་ཅར་བ་དེས། ལམ་ལྔ་ས་བཅུ་རིམ་གྱིས་བགྲོད་མི་དགོས་པར་བཞེད་པ་འདྲ་ན། དེ་འདྲའི་ཅིག་ཅར་བ་དེ་ནི། སངས་རྒྱས་སར་ཡས་འབབ་དང་། ཐོག་འབབ་མཚན་ཉིད་པར་སོང་འདུག་པའི་ཕྱིར་དང་། རྒྱུད་དབང་གིས་མ་སྨིན་པ་ལ། སྟོང་ལྟ་ཙམ་བསྟན་པའི་ལམ་དེ་ཕྱག་ཆེན་ཡིན་གསུངས་པ་ནི། ཧྭ་ཤང་ལས་ཀྱང་ཅུང་མི་རིགས་པར་སོང་སྟེ། ཧྭ་ཤང་རང་གི་ལྟ་བ་དེ་ཕྱག་ཆེན་ཡིན་པར་ཁས་མ་བླངས་པའི་ཕྱིར་ཏེ། ཕྱོགས་སྔ་ཕྱི་གཉིས་ཀ་ཕ་རོལ་ཏུ་ཕྱིན་པའི་ལམ་རིམ་ལ་རྩོད་པ་ཡིན་གསུངས་པ་དེ་མད་པར་སྣང་བའི་ཕྱིར་དང་། ཧྭ་ཤང་གིས་ཀྱང་ལམ་སྦྱིན་སོགས་ལ་བསླབ་མི་དགོས་པར་ཁོ་རང་གི་ལྟ་བ་དེ་བསྐྱུངས་པས་ས་དང་པོ་ཐོབ་པ་དང་འདྲ་བར་མྱུར་དུ་འཚང་རྒྱ་བ་ཙམ་ལ་གཅིག་ཅར་བའི་མིང་བཏགས་ཀྱི། རྒྱལ་བས་གསུངས་པའི་ས་ལམ་གྱི་རིམ་པ་ཐམས་ཅད་རྫོགས་པས་བརྗེས་ཏེ་ཅིག་ཅར་དུ་བགྲོད་ཅེས་ཁས་མ་བླངས་འདུག་པའི་ཕྱིར་དང་། སྤྱོད་པའི་སྐབས་སུ་ཡང་། དཀར་པོ་ཆིག་ཐུབ་ཅེས་པའི་མཚན་དོན་སྒྲ་ཇི་བཞིན་བསྐྱུངས་ཏེ། དེ་གཅིག་པུས་དབང་ལམ། སེམས་བསྐྱེད་བསྔོ་བ་བསྐྱེད་རྫོགས་སོགས་ཀུན་གྱི་གོ་ཆོད་པར་ཞལ་གྱིས་བཞེས་པ་དེ་ཡང་། ཧྭ་ཤང་གི་ཕྱོགས་དང་ཤིན་ཏུ་ཉེ་བར་སྣང་བའི་ཕྱིར་རོ། །

ཡང་དེ་འདྲ་བ་དེ། སྔ་ནས་སངས་རྒྱས་མ་ཟིན་པ་ཡང་ཅིས་ཉེས་ཏེ། འཚང་རྒྱ་བ་ལ་རྒྱལ་བས་གསུངས་པའི་ལམ་རིམ་པར་བགྲོད་མི་དགོས་པའི་ཕྱིར་རོ། །ཅི་སྟེ་ཚེ་སྔ་མ་ནས་རིམ་གྱིས་སྦྱངས་པས། ཚེ་འདིར་དབང་རྣོན་ཅིག་ཅར་བར་སོང་བའི་ཕྱིར་རོ་སྙམ་ན། དེས་ན་སྔ་མ་རྣམས་སུ་ལམ་དང་། ས་སྔ་མ་འདི་ཙམ་བགྲོད་ནས།

འདིར་ས་ལམ་འདི་ཡན་ཆད་བགྲོད་པས་ཆོག་ཅེས་པ་ཙམ་རིགས་ཀྱི། ཇི་ལྟར་དབང་པོ་རྣོ་ཡང་རྒྱལ་བས་གསུངས་པའི་ས་ལམ་ལ་གཅིག་ཅར་བ་དང་། འཚོལ་བ་སོགས་མི་རིགས་པའི་ཕྱིར་རོ། །ཏྲཱ་ཤང་ཆོས་ཀྱི་མེ་ལོང་བསྟར་བའི་ངོས། །ཕྱག་རྒྱ་ཆེན་པོའི་རང་གཟུགས་ངོ་འཛུམ་གསལ། །པདྨའི་དང་ཚུལ་ལུང་དང་རིགས་པའི་མདའ། །ཆེད་དུ་མ་གཟས་དེ་ལ་ཕོག་པར་ངེས། །ཞེས་རབ་རྟོགས་རྒྱན་གྱིས་བསྒྱུ་བའི་ཚིགས་སུ་བཅད་པའོ། །

འདིར་སླལ་བཟང་མིག་འབྱེད་ལས། སྔགས་བླ་མེད་ཀྱི་རྫོགས་རིམ་ཟབ་མོ་ཉམས་སུ་ལེན་པར་འདོད་པ་ཕྱིན་ཆད་ཐམས་ཅད། ཡུལ་ཅི་ཡང་མ་གྲུབ་པ་ལ། བློས་ཅིར་ཡང་མི་འཛིན་པར་འཛོག་ཟེར་བ་འདིར་ཁ་འཆམ་ནས་འོང་བ་འདི། དབང་པོ་རྣོན་པོས་བལྟས་ན་ཤིན་ཏུ་མཚང་ཆེ་བ་ཡིན་ཞེས་དང་། མཁས་པར་གྲགས་པ་དག་གིས་གྲུབ་མཐའ་མི་འདྲ་བའི་ཁྱད་ཇི་ཙམ་ཕྱེད་ཀྱང་། ལྟ་བ་གཏན་ལ་འབེབས་པའི་དུས་ཁྱད་ཆེ་བ་ལྟར་མི་སྒོམ་པར། སྒོམ་དུས་ཅི་ཡང་ཡིད་ལ་མི་བྱེད་པ་སྒོམ་པ་ལ་ཁྱད་པར་མེད་པས། ཐམས་ཅད་ཀྱང་རྒྱ་ནག་ཧྭ་ཤང་གི་ལྟ་བ་གྲྭ་མ་ཆགས་པར་ལོག་པ་ཤ་སྟག་ཏུ་སྣང་ངོ་། །ཞེས་དང་། རང་ཅག་བོད་ཀྱི་ཉམས་ལེན་པ་མང་དག་གིས། ཚེ་རིལ་པོར་གནས་ལུགས་སྒོམ་པར་རློམས་ཀྱང་། བདག་འཛིན་ཁ་བྲི་བ་ཙམ་ཡང་མི་ཡོང་བ་འདི། ཉམས་སུ་ལེན་ཚུལ་ཕྱིན་ཅི་ལོག་ཏུ་སོང་བའི་འབྲས་རྟགས་ཡང་དག་ཡིན་པར་ཤེས་པར་གྱིས་ཤིག །ཅེས་བཤད་པ་འདིས་བཀའ་རྣམ་གཉིས་ལ་ཟུར་ཟ་བར་སྣང་ཡང་། རང་གི་དང་ཚུལ་ངོམས་པ་སྟེ། མཐའ་མར་ལྟ་བ་ཀུན་བཟློག་གི་དབུ་མའི་ལྟ་བ་ལ་བག་ཆགས་ཙམ་ཡང་མ་བཞག་པའི་གཏམ་དུ་སྣང་བའི་ཕྱིར་དང་། འདི་སྐབས་ཀྱི་རྩོད་ལན་དུ་ཡང་། སོར་རྟོག་ཤེས་རབ་སྔོན་དུ་སོང་ནས། མཚན་རྟོག་དྲན་པ་དང་། ཡིད་བྱེད་བཀག་དགོས་པར་བཤད་པ་མ་གཟིགས་པར་ཟད་པའི་ཕྱིར་དང་། གཞན་འདི་དགོངས་ནས་མཁས་པ་མཆོག་གི་གྲུབ་མཐའ་ཤན་འབྱེད་ལས། ངེས་ཤེས་འདྲིས་དྲངས་ཅིར་ཡང་མི་འཛིན་དང་། །ཏྲཱ་ཤང་ལྟ་བ་མཚུངས་པའི་སྐབས་མེད་པས། །གཉིས་པར་སྔོན་དུ་མ་བཏང་ཙམ་འཛོག་དང་། །གསུམ་པར་མེད་དགག་ནན་འཛིན་གཉིས་ཀ་འཁྲུལ། །ཞེས་བཤད་པའང་། དོན་དང་མཐུན་པའི་གཏམ་ཡིན་པའི་ཕྱིར་རོ། །དེའི་རྗེས་འབྲང་ཁ་ཅིག །བདེན་མེད་སྒོམ་པའི་ཚེ། བདེན་མེད་ཡིན་ནོ་སྙམ་པའི་འཛིན་སྟངས་ལྷང་ངེ་བ་དགོས་ཏེ། ཇོ་བོ་བཀའ་གདམས་པའི་བེའུ་བུམ་སྔོན་པོ་ལས། ཁ་ཅིག་ཐོས་བསམ་དུས་སུ་རང་བཞིན་མེད་པ་གཏན་ལ་ཕབ་ནས། །སྒོམ་དུས་མི་རྟོག་འབའ་ཞིག་བསྒོམ་ཟེར། །དེ་ལྟ་ན་ནི་འབྲེལ་མེད་སྟོང་ཉིད། །སོགས་སུ་བསྒོམ་པར་གཉེན་པོར་མི་འགྱུར། །དེ་ལྟ་བས་ན་སྒོམ་དུས་ཉིན་ནའང་། །གཅིག་དང་དུ་བྲལ་རྟེན་འབྲེལ་ལ་སོགས། །གང་ལ་གོམས་པས་སོ་སོར་བརྟག་ཅིང་། །ཅུང་ཟད་མི་རྟོག་ཉིད་དུའང་གནས་བྱ། །ཞེས་པས་དོན་དེ་བསྟན་པ་ཡིན་པའི་ཕྱིར་ཞེས་བཤད་

པའང་། གཞན་མ་ཟིན་པ་སྟེ། སྒོམ་དུས་མི་རྟོག་འབའ་ཞིག་བསྒོམ། །ཞེས་པའི་འབའ་ཞིག་ཅེས་པའི་ཚིག་གི་ནུས་པ་དང་། ཅུང་ཟད་མི་རྟོག་ཉིད་དུའང་གནས་བྱ། །ཞེས་པའི་ནུས་པས་ལས་དང་པོ་པས་འཇོག་སྒོམ་རྐྱང་པ་མི་བྱ་བར། དཔྱད་སྒོམ་དང་འཇོག་སྒོམ་སྤེལ་ནས་བྱ་ཞེས་པའི་དོན་དུ་སྣང་བའི་ཕྱིར་རོ། །གལ་ཏེ་སོར་རྟོག་སྔོན་དུ་སོང་ནས་དྲན་པ་དང་ཡིད་བྱེད་བཀག་པ་དེ། བདེན་འཛིན་དུ་གྱུར་པའི་དྲན་པ་ཡིད་བྱེད་བཀག་པའོ་སྙམ་ན། དེ་ལྟ་བུ་དེ་བར་དུ་བདག་ཟློག་དང་། སྟོང་ཉིད་བག་ཆགས་གོམས་པ་ལས། །དངོས་པོའི་བག་ཆགས་སྤོང་བར་འགྱུར། །ཞེས་པའི་སྐབས་ཀྱི་ལྟ་བ་ཙམ་ཡིན་མོད། དེའི་རྗེས་སུ་ཅི་ཡང་མེད་ཅེས་གོམས་པ་ལས། དེ་ཡང་ཕྱིས་ནི་སྤོང་བར་འགྱུར། །ཞེས་པའི་སྐབས་ཀྱི་ཕྱིས་སྤོང་རྒྱུའི་མཚན་མ་དེ་དང་། དེ་སྐབས་ཀྱི་ལྟ་བ་དེ་གང་ལ་ངོས་འཛིན་དྲིས་ན། དོན་དང་མཐུན་པའི་ལན་མེད་པས། ལྐུགས་པའི་རྣམ་འགྱུར་བཟུང་ན་བཞིན་མཛེས་པ་ཡིན་ནོ། །

ཡང་གཞན་མཛོད་ལས། ལྟ་བ་དེ་ཡི་ཡན་ལག་ཡིན། །ཞེས་པའང་རང་ཉིད་ཀྱི་བློ་སྐྱོན་ཏེ། ལམ་འབྲས་བུ་ལྟ་གྲུབ་ཐ་དད་དུ་བཞག་པའི་ཞེན་པས་སོ། །འདི་ནི་མི་རིགས་ཏེ། དུས་ཀྱི་འཁོར་ལོའི་ལྟ་བའི་མདོར་བསྡུས་སུ། གྲུབ་པའི་མཐའ་ཁོན་ལྟ་བར་བཞག་པས་སོ་ཞེས་པའི་ལན་ལ། དེ་སྐད་གསུངས་པ་ནི། འཕེན་མ་མཐོང་བའི་མུན་པའི་མདའ་སྟེ། ཁོ་བོ་ཅག་ལྟ་བ་དེ་ལ་རྟོགས་པ་ཙམ་ལ་ལྟ་བར་བཞག་པའི་ལྟ་བ་གཅིག་དང་། ཉམས་མྱོང་ཏིང་ངེ་འཛིན་ལ་ལྟ་བར་བཞག་པའི་ལྟ་བ་གཉིས་སུ་ཕྱེ་ནས། སྔ་མ་ནི་རྒྱུ་དུས་ཀྱི་ལྟ་བ་དུག་ཅན་ཞེས་བཤད་པ་དེ་ལ་ངོས་འཛིན་པས། ལྟ་བ་དེ་ཡི་ཡན་ལག་ཡིན། །ཞེས་པ་དེ། ཐོས་བསམ་གྱི་ལྟ་བ་དེ་ལ་ཟེར་བ་ལགས། ལྟ་བ་དང་གྲུབ་མཐའ་གཉིས་ཀྱི་ལྟ་བ་དེ་ནི། ཉམས་མྱོང་ཏིང་ངེ་འཛིན་གྱི་ལྟ་བ་དེ་ལ་འཇོག་ཅིང་། དེར་སྐབས་ཀྱི་ལྟ་བ་དེ་གཙོ་བོར་འཛིན་རྟེན་པའི་ལམ་མན་ཆད་ན་ཡོད་ཀྱང་། སྤྱིར་ལྟ་གྲུབ་ག་ལ་འགལ་ཏེ། གྲུབ་མཐའ་བཞི་པོ་གང་རུང་ལ། ཉམས་མྱོང་ཏིང་ངེ་འཛིན་གྱི་ལྟ་བའི་མཆོག །མཆོན་བྱ་དོན་གྱི་ཕྱག་ཆེན་ཡིན་པས་ཁྱབ་པ་ཁས་ལེན་པའི་ཕྱིར་རོ། །དེ་ལྟར་བདག་གིས་རང་བཟོ་མ་ཡིན་ཏེ། རྡོ་རྗེའི་ཚིག་རྐང་ལས། སྔོན་བླ་མས་རྒྱུ་དུས་ན་བསྟན་པའི་འཁོར་འདས་དབྱེར་མེད་དེ་ཙམ་ན་རྟོགས། ཞེས་འཁོར་འདས་དབྱེར་མེད་ལྟ་ཁྲིད་ཀྱི་སྐབས་སུ་བསྟན་པའི་འཁོར་འདས་དབྱེར་མེད་ཀྱི་ལྟ་བ་དེ། ལམ་དུས་སུ་ལྟ་བ་ཉམས་སུ་མྱོང་སྟེ། ཏིང་ངེ་འཛིན་གྱི་ལྟ་བ་དེར་ན་འཕོ། ས་དང་པོའི་ཚེ་གྲུབ་མཐའ་ལ་རྟགས་སུ་ཤར་ཏེ། ལྟ་བ་འཁོར་འདས་དབྱེར་མེད་མངོན་སུམ་དུ་རྟོགས། གྲུབ་མཐའ་དང་པོ་འཁོར་འདས་དབྱེར་མེད་ཅེས་གྲགས་པ་དེར་ན་འཕོ་བར་བཤད་བདོག་ཅིང་། རྗེ་བཙུན་འཕྲུལ་བའི་དྲི་མ་ཟད་པ་གྲགས་པ་རྒྱལ་མཚན་གྱི་ཞལ་ནས་ཀྱང་། དབང་གི་ཡེ་ཤེས་ལམ་གྱི་ལྟ་བ་དང་། །ཉམས་མྱོང་སངས་རྒྱས་ས་དང་ངོ་བོ་གཅིག །རྟོགས་པའི་ཁྱད་པར་ཟླ་བའི་དཔེ་ཡིས་བསྟན། །ཅེས་བཤད་པ་

ལགས། དེ་ཉིད་ཀྱི་ཕྱིར། འཕེན་མ་མཐོང་བར་མྱུན་པའི་མདའ། །འཕན་དོན་མེད་དེ་འཕེན་མཁན་མང་། །ཞེས་པ་དེར་གདའ་འོ། །

ཡང་གན་མཛོད་ལས། སྟོང་ཉིད་སྙིང་རྗེའི་སྙིང་པོ་ཅན། །ཕ་རོལ་ཕྱིན་པའི་གཞུང་ལུགས་ཡིན། །དེ་ཡིས་ཇི་ལྟར་མྱུར་ན་ཡང་། །གྲངས་མེད་གསུམ་གྱི་དཀའ་སྤྱད་དགོས། །ཞེས་པའང་རང་ཚིག །སྟོང་ཉིད་སྙིང་རྗེའི་སྙིང་པོ་ཅན། །ཐབས་དང་ཤེས་རབ་ཟུང་འཇུག་ཏུ། །མདོ་རྒྱུད་ཀུན་ལས་རྒྱལ་བས་གསུངས། །ཞེས་པ་དང་ནང་འགལ་བ་དང་། རྡོ་རྗེ་ཐེག་པ་ཆེན་པོ་ལ་སྨྲུན་འབྱིན་པ་སྟེ། སྟོང་ཉིད་སྙིང་རྗེའི་སྒོམ་ལས་ལོགས་སུ་བཀར་བས་སོ་ཞེས་པའི་ལན་ནི། དེ་འདྲའི་སྨྲུན་འབྱིན་གཉིས་ཀའང་ལྟར་སྣང་སྟེ། སྟོང་ཉིད་སྙིང་རྗེ་སོགས་སྒོམ་པ༑ ༑ཕ་རོལ་ཕྱིན་པ་ཁོ་ནའི་ཡིན། །ཞེས་པ་ཡོད་ན། ཕྱི་མ་དེ་དང་རང་ཚིག་འགལ་བར་འགྱུར་མོད། སྟོང་ཉིད་སྙིང་རྗེ་སོགས་སྒོམ་པ། ཕ་རོལ་ཕྱིན་པའི་གཞུང་ལུགས་ནས་བཤད་པའི་ཉམས་ལེན་ཡིན་ཞིང་ཕར་ཕྱིན་ཁོ་ནར་མ་ཟད། སྟོང་ཉིད་སྙིང་རྗེའི་སྙིང་པོ་ཅན་གྱི་ཉམས་ལེན་འདི། མདོ་རྒྱུད་ཀུན་ལས་གསུངས་སོ་ཞེས་སྨྲས་པ་ལ་རང་ཚིག་འགལ་བའི་དྲི་ཙམ་ཡང་མེད་པའི་ཕྱིར་དང་། སྟོང་ཉིད་སྙིང་རྗེའི་སྙིང་པོ་ཅན། །ཐབས་དང་ཤེས་རབ་ཟུང་འཇུག་ཏུ། །མདོ་རྒྱུད་ཀུན་ལས་རྒྱལ་བས་གསུངས། །ཞེས་སྟོང་ཉིད་སྙིང་རྗེའི་སྙིང་པོ་ཅན་གྱི་ཉམས་ལེན་འདི་མདོ་རྒྱུད་ཀུན་གྱི་ཉམས་ལེན་ལ་དགོས་སོ། །ཞེས་སྨྲ་བཞིན་དུ། རྡོ་རྗེ་ཐེག་པའི་སྒོམ། སྟོང་ཉིད་སྙིང་རྗེའི་སྙིང་པོ་ཅན་ལས་ལོགས་སུ་བཀར་རོ། །ཞེས་གསུངས་པ་སྔོན་སྤྱོར་བའི་གསུང་དུ་སྣང་ཡང་རང་གི་དང་ཚུལ་གསལ་བ་ཙམ་ཡིན་པའི་ཕྱིར་རོ། །

ཡང་གན་མཛོད་ལས། རྫོགས་པའི་སངས་རྒྱས་ལམ་པོ་ཆེ། །རྩོད་པ་ཀུན་ལས་གྲོལ་བའི་ཆོས། །མཁས་པ་ཀུན་གྱིས་གུས་པས་བསྟེན། །འདིའི་ཞེ་འདོད་ཕྱག་རྒྱ་ཆེན་པོའི་ལམ་རྩོད་པ་ཅན་དུ་གཏོང་འདོད་པ་ཡིན་ལ། སྤྱིར་ན་རྩོད་པ་འབྱུང་བ་ཙམ་གྱི་རྩོད་པ་ཅན་དུ་འདོད་ན། ཐེག་ཆེན་ཐམས་ཅད་རྩོད་པ་ཅན་ཏེ་ཐེག་ཆེན་བཀར་བསྒྲུབས་པ་མདོ་སྡེ་རྒྱན་དུ་གསུངས་པ་དང་། བྱེ་བྲག་གསང་སྔགས་བཀར་བསྒྲུབས་པ་རྒྱ་གཞུང་དུ་མ་ལས་བྱུང་བ་དང་། ཞེས་སོགས་དང་། བརྗོད་པར་བྱ་བ་ལ་རིགས་པས་གནོད་ནུས་པ་རྩོད་པ་ཅན་དུ་བཞག་པ་ནི༑ ༑དགོངས་འགྲེལ་ལས། ཆོས་འཁོར་དང་པོ་དང་བར་པ་རྩོད་པ་ཅན་དུ་གསུངས་པ་དང་། དབུ་མ་པས་བསོད་ནམས་མིན་པ་བཟློག་པ་ལ་བདག་བཟློག་པའི་རིགས་པ་དང་། ཕྱི་མ་ལ་ལྟ་བ་ཀུན་བཟློག་པའི་རིགས་པས་གནོད་པས། དེ་གཉིས་རྩོད་པ་ཅན་སྨྲང་དགོས་པར་འགྱུར་རོ། །ཞེས་བྲིས་སོ། །

འདིའི་ལན་ལ་གཉིས། དངོས་དང་འཕྲོས་པའོ། །དང་པོ་ནི་གཞུང་གི་དངོས་བསྟན། ཡང་ན་ཕ་རོལ་ཕྱིན་

པ་ཡི། །མདོ་ལས་ཇི་ལྟར་འབྱུང་བཞིན་གྱིས། །ཡང་ན་རྡོ་རྗེ་ཐེག་པ་ཡི། །རྒྱུད་སྡེ་བཞིན་དུ་ཉམས་སུ་ལོངས། ། ཞེས་ལུགས་དེ་གཉིས་གང་རུང་དང་མཐུན་པའི་ཆོས་ཤིག་ལ་ཉམས་ལེན་བྱའི། དེ་གཉིས་དང་མི་མཐུན་པ་རང་བཟོའི་ཆོས་ལ་ཉམས་ལེན་བྱ་མི་རིགས་ཞེས་པ་ཙམ་དུ་སྣང་ཞིང་། རབ་དབྱེ་འདིའི་ཕྱོགས་སྔ་མ་ཡང་བརྒྱ་ཙམ་ཞིག་བཏོག་པས། ཕྱག་ཆེན་པ་ཁོ་ནས་འབེན་དུ་ངོས་བླངས་གནང་རང་མི་དགོས་པ་འདྲ། འོན་ཀྱང་ཐེག་ཆེན་རྣམ་གཉིས་དང་མི་མཚུངས་ཏེ། དེ་དག་སྔར་ཉིད་དུ་བཀར་བསྒྲུབས་ཟིན་པས། ད་ལྟ་རྩོད་མེད་དུ་གྲུབ་ཟིན་པའི་ཕྱིར་རོ། །

གཉིས་པ་འཕྲོས་དོན་ནི། དེང་སང་གི་ཕྱག་ཆེན་རྩོད་པ་ཅན་ཡིན་མིན་ལས་འཕྲོས་ནས། དགོངས་འགྲེལ་ལས་བཤད་པའི་ཆོས་འཁོར་དང་པོ་གཉིས། བརྗོད་བྱའི་དོན་ལ་རིགས་པས་གནོད་པའི་རྩོད་པ་ཅན་ཡིན་གསུངས་པ་ཡང་སྐབས་མ་ཕྱེད་པ་སྟེ། རྣམ་རིག་པ་ཁ་དྲང་བའི་སྐབས་སུ་ཆོས་ཐམས་ཅད་བདེན་པའི་ངོ་བོ་ཉིད་མེད་པར་སྟོན་པའིཤེར་ཕྱིན་གྱི་མདོ་དྲང་དོན་གྱི་མདོར་བཤད་ཀྱང་། དབུ་མ་པས་དྲང་དོན་གྱི་མདོ་མ་ཡིན་པ་དང་། དེའི་བརྗོད་བྱའི་དོན་རིགས་པས་གནོད་པ་ཁས་བླང་དུ་མི་རུང་སྟེ། དེ་ཁས་བླངས་ན་ཆོས་ཐམས་ཅད་ལ་བདེན་པའི་ངོ་བོ་ཉིད་ཡོད་པར་ཁས་བླང་དགོས་པའི་ཕྱིར་རོ། །དབུ་མ་པས། ལྟ་བ་ཀུན་བཟློག་གི་རིགས་པས། བདག་ཟློག་ལ་གནོད་གསུངས་པ་ཡང་། ལྟ་རིམ་དེ་གཉིས་ངོས་མ་ཟིན་པ་སྟེ། དེ་ལྟར་གནོད་ན། བདག་ཟློག་གི་རིགས་པས་ཆོས་ཐམས་ཅད་བདེན་མེད་དུ་གཏན་ལ་ཕབ་པ་དེ་ལ། རིགས་པ་ཕྱི་མས་གནོད་དགོས་པའི་ཕྱིར་རོ། །ཡང་གསུང་ལས་འདིར་བརྗོད་བྱའི་དོན་ལའོ་སྙམ་ན། ཕྱག་རྒྱ་ཆེན་པོ་འཁོར་གསུམ་ཡོངས་སུ་དག་པས་ཅི་ཞིག་གིས་དགག །སུ་ཞིག་གིས་རྩོད་པ་ནུས་ཏེ། ཞེས་སོགས་ཀྱང་མ་འབྲེལ་བ་ཁོ་ན་སྟེ། རྩོད་གཞི་ཕྱག་རྒྱ་ཆེན་པོ་ཡིན་ངེས་པ་ལ་རྩོད་པ་མི་འབྱུང་ཡང་། ཕྱག་ཆེན་མ་ཡིན་པ་ལ་ཡིན་པར་རློམ་པའི་ཞེ་འདོད་དེ་ཕྱག་ཆེན་ཡིན་མིན་ལ་རྩོད་པར་སྣང་བའི་ཕྱིར་རོ། །

ཡང་གན་མཛོད་ལས། ཡང་ན་ཉན་ཐོས་འགོག་པར་ལྟུང་། །ཞེས་པའང་རིགས་པ་མ་ཡིན་ཏེ། སོ་སོ་སྐྱེ་བོས་བསམ་གཏན་བཞི་པ་མ་ཐོབ་པར་འགོག་པར་འཇུག་མི་ནུས་པར་སྒོམ་རིམ་ལས་གསུངས་པ་དང་། ཉན་ཐོས་འགོག་པ་ལའང་དེ་དག་ལས་ལོགས་སུ་བཀར་བའི་ཕྱིར་འགོག་སྙོམས་ལས་ཡིན་པས་དེ་ཡང་རིགས་པ་མ་ཡིན་ནོ་ཞེས་བྲིས་སོ། །

དེའི་ལན་ནི་དེ་འདྲ་ཡང་ངེས་པ་མ་རྟེད་པའི་སྨྲ་བ་སྟེ། སྒོམ་རིམ་ལས། བསམ་གཏན་བཞི་པ་མ་ཐོབ་པར་འཇུག་མི་ནུས་ཞེས་བཤད་པ་དེ་ནི། འདུ་ཤེས་མེད་པའི་སྙོམས་འཇུག་ཡིན་ལ། འགོག་སྙོམས་ནི། སེམས

མེད་ཀྱི་སྙོམས་འཇུག་གཉིས་པ་ཡིན་ཞིང་། ཉན་ཐོས་འགོག་པ་ནི། དམན་པའི་ལྷག་མེད་མྱང་འདས་ལ་ངོས་འཛིན་པ་ཡིན་པའི་ཕྱིར་རོ། །དེ་ལྟར་ན་ཡང་། ཡང་ན་ཉན་ཐོས་འགོག་པར་ལྷུང་། །ཞེས་པ་ནི། མཐར་ཉན་ཐོས་འགོག་པར་ལྷུང་བའི་རྒྱུ་བྱེད་ཅེས་པའི་དོན་ཡིན་ཏེ། ལམ་འདི་ལ་བརྟེན་ནས་འཚང་རྒྱ་བྱས་པས་གཞན་ལ་ལྟོས་མེད་དུ་དེ་མ་ཐག་ཏུ་འཚང་རྒྱ་མི་དགོས་པའི་ཕྱིར་རོ། །

ཡང་གན་མཛོད་ལས། རྟོགས་ལྡན་མཚན་ཉིད་འདི་ཡིན་ཞེས། །མདོ་རྒྱུད་ཀུན་ལས་བཤད་པ་མེད། །དེས་ན་རྟོགས་ལྡན་བླུན་པོ་ལ། །གྲགས་ཀྱི་མཁས་པ་རྣམས་ལ་མིན། །ཞེས་པའང་མི་འཐད་དེ། སྒྲ་མདོར་བྱུཀྵ་རྟོགས་པ་ལའོ། །ཞེས་པའི་བྱིངས་ལ་སྒྲ་སྒྲུབ་མཛད་ནས། རྟོགས་ལྡན་ལ་སངས་རྒྱས་ཀྱིས་ཁྱབ་པ་བསྒྲུབས་སྣང་ངོ་། །དེའི་ལན་ནི། དེ་ནི་སྤྲོས་པ་ཆེ་ཞིང་དོན་ཆུང་བ་སྟེ། རྟོགས་ལྡན་གྱི་སྒྲ་བཤད་ཚང་ན་རྟོགས་ལྡན་ཡིན་པས་མ་ཁྱབ་པ་དང་། རྟོགས་པ་དང་ལྡན་ན་རྟོགས་ལྡན་ཡིན་པས་མ་ཁྱབ་པའི་གནད་ཁོང་དུ་མ་ཆུད་པར་སྣང་བའི་ཕྱིར་ཏེ། མཚོ་ལས་སྐྱེས་ན་མཚོ་སྐྱེས་ཡིན་པས་མ་ཁྱབ་པ་དང་། ལག་པ་དང་ལྡན་ན་ལག་ལྡན་ཡིན་པས་མ་ཁྱབ་པ་སོགས། ཐད་སོའི་བརྡ་ཆད་གཞག་མཚམས་མ་འཚོལ་བ་གཅིག་དགོས་པའི་ཕྱིར་རོ། །སྤྱིར་ཡང་། མདོ་རྒྱུད་ཀུན་ལས་གསུངས་པ་མེད། །ཅེས་པའི་རྣམ་བཅད་ཀྱང་རྟོགས་དགོས་སོ། །དེས་ན་སངས་རྒྱས་ཀྱི་མཚན་ལ་རྟོགས་པ་དང་ལྡན་པ་ཞེས་འབྱུང་ཡང་། རྟོགས་ལྡན་ཞེས་པའི་ཐ་སྙད་མ་གྲགས་ཏེ། མི་ལག་པ་དང་ལྡན་ཡང་ལག་ལྡན་གྱི་ཐ་སྙད་མ་གྲགས་པ་བཞིན་ནོ། །ཡང་གསུང་ལས། དེས་ན་གྲུབ་ཐོབ་བརྒྱ་ལས་རྟོགས་ལྡན་གཅིག་ཅི་ལ་མི་དགའ། གྲུབ་ཐོབ་ཀྱང་ཐུན་མོང་བའི་དངོས་གྲུབ་ཐོབ་པ་ལ་བྱས་པས་སྐྱོན་བརྗོད་རྒྱུ་ཅི་ཡང་མེད་ཅེས་པའི་ལན་ནི། དེ་འདྲ་དེ་ནི་སྒྲ་བཤད་འཇུག་མུ་བཞི་ཙམ་ཡང་མ་དགོངས་པ་སྟེ། བཅོམ་ལྡན་འདས་ཀྱི་སྒྲ་བཤད་དུ་ཡོད་པ་དང་། སངས་རྒྱས་ཀྱི་སྒྲ་བཤད་དུ་ཡོད་པ་དང་། རྟོགས་ལྡན་གྱི་སྒྲ་བཤད་དུ་ཡོད་པ་སོགས་ལ་དེ་དང་དེ་ཡིན་པས་ཁྱབ་པ་ཁས་བླངས་ན་གསུང་རབ་ཀྱི་བརྡ་ཆད་འཚོལ་ཞིང་། སྒྲ་བཤད་དུ་ཡོད་ལ་འཇུག་ཏུ་མེད་ཅེས་པ་དེ་ངོས་མ་ཟིན་པའི་སྐྱོན་ཡིན་པའི་ཕྱིར་རོ། །སངས་རྒྱས་ལ་རྟོགས་ལྡན་སྒྲ་སྒྲུབ་མཁས། །གྲུབ་ཐོབ་གཞན་རྟོགས་ལྡན་ཁྱུ་ནས་བུད། །རང་བཞིན་པའི་གྲུབ་མཐའི་རྒྱ་བ་དང་། །འགལ་མི་འགལ་གཟུ་བོས་དཔྱོད་པ་ཞུ། །ཐུན་མོང་བའི་དངོས་གྲུབ་ཙམ་ཐོབ་པས་གྲུབ་ཐོབ་ཏུ་འགྲོ་ན་ཕྱི་རོལ་པའི་རྣལ་འབྱོར་པ་ཐལ་ཆེར་གྲུབ་ཐོབ་ཏུ་ཐལ་བའི་ཕྱིར་དང་། བྱམས་མགོན་གྱིས། སྣྲམས་ཐམས་ཅད་མ་གྲུབ་དང་། །གྲུབ་པ་དག་ཏུ་ཤེས་པར་བྱ། །གྲུབ་པ་དག་ཀྱང་མ་གྲུབ་དང་། གྲུབ་པ་དག་ཏུ་ཡང་འདོད་དོ། །ཞེས་ཐེག་ཆེན་སྦྱོར་ལམ་མན་ཆད་ལ་མ་གྲུབ་པའི་ས་དང་། ས་དང་པོ་ཡན་ཆད་ལ་གྲུབ་པའི་ས་ཞེས་པའི་བརྡ་ཆད་བཞག་པའི་

གནད་ཀྱིས་ས་དང་པོ་ཐོབ་ནས། གྲུབ་ཐོབ་ཅེས་པའི་གྲངས་སུ་འགྲོ་ཞིང་དེ་མ་ཐོབ་ན་མི་འགྲོ་བའི་གནད་ཀ་དེ་ཀར་མཆིས་པས། སྐྱོན་བརྗོད་རྒྱུ་ཡོད་མེད་དེ་ཀར་ཞུས་པས། ལུང་བསྟན་གསལ་པོར་འབྱུང་བའི་ཕྱིར་རོ། །

ཡང་གནམ་མཛོད་ལས། ལ་ལ་ཉམས་དང་གོ་བ་དང་། །རྟོགས་པ་ཞེས་བྱ་རྣམ་པ་གསུམ། །ཞེས་པ་ནས། ཡེ་ཤེས་ཡིན་ན་འཕགས་པ་ཡི། །གང་ཟག་རྣམས་ལ་ཉམས་དེ་ཡོད། །ཅེས་པའི་བར་དྲངས་ནས་ཞེས་པ་ནི། མུན་པའི་མདའ་སྟེ། ངེད་ཅི་ཟེར་མ་དགོངས་པ་དྲི་རུང་མཛད་པས་སོ། །སྨོངས་པ་བསལ་བར་བྱའོ། །ཉམས་རྟགས་ལ་ཟེར། སྒོང་བ་རྟགས་ཅན་འོད་གསལ་དེ་དོན་སྤྱི་ལུས་ཡིན། རྟོགས་པ་ལྷག་མཐོང་ལ་ཟེར། གོ་བ་ཡུལ་རྟེན་པ་ཙམ། ཐོས་བསམ་གྱི་ཤེས་རབ་སྒོང་བ་དོན་སྤྱི། རྟོགས་པ་རྣལ་འབྱོར་མངོན་སུམ། དེའི་ཕྱིར་བཟང་ངན་དུ་བཞག་པ་ལགས་སོ། །གོ་བ་དང་ནི་རྟོགས་པ་གཉིས། །རྣམ་གྲངས་སྒྲ་ཡིན་ངོ་བོ་གཅིག །རྒྱ་སྐད་གཅིག་ལ་ལོ་ཙྪ་བས། །འགྱུར་གྱི་དབྱེ་བ་ཁོ་ནར་ཟད། །འདིས་གོ་རྟོགས་གཅིག་ཏུ་སྒྲུབ་ནུས་ན་ས་དང་ཕྱོགས་ཀྱང་གཅིག་ཏུ་འགྱུར་ཏེ། སྒྲུབ་བྱེད་མཚུངས་པས་སོ་ཞེས་བྲིས་སོ། །

དེའི་ལན་ནི། འདི་ནི་མུན་པའི་ནང་ནས་གཉིད་ཀྱི་མདའ་ཁོ་ནར་སྣང་ངོ་། །ཅིའི་ཕྱིར་སྙམ་ན། རབ་དབྱེར། སྒོང་བ་ངན། གོ་བ་འབྲིང་། རྟོགས་པ་བཟང་ཟེར་བ་དེ་ཕྱོགས་སྔར་བྱས་ནས། ཉམས་ཞེས་པ་རྟོག་གེ་ལ་གྲགས་པའི་རང་རིག་གི་ཉམས་སུ་མྱོང་བྱ་ཙམ་མམ། རྣལ་འབྱོར་པ་ལ་གྲགས་པའི་སྒོམ་པའི་ཉམས་སྒོང་ཙམ་ནས། སོ་སོ་རང་རིག་པའི་ཡེ་ཤེས་ལ་བྱེད་པ་གསུམ་ལས་གང་ཡིན་ཞེས་དཔྱད་ནས་དྲིས་པ་ལ། ཉམས་དང་སྒོང་བ་སོ་སོར་ཕྲལ་ནས་ཉམས་རྟགས་ལ་ཟེར། སྒོང་བ་རྟགས་ཅན། འོད་གསལ་དང་སྤྱི་ལུས་ཞེས་སོགས་ནི་འཕགས་ལམ་དུ་གྱུར་པའི་ཉམས་དང་སྒོང་བ་མེད་པར་སོང་བས་སྙིང་པོས་དབེན་པའི་ཕྱིར་དང་། ཉམས་དང་སྒོང་བ་སོ་སོར་ཕྲལ་ནས་སྒོང་བ་དེ་འོད་གསལ་དང་སྤྱི་ལུས་ཐོས་བསམ་གྱི་ཤེས་རབ་གང་ལ་བྱེད་མཐའ་གཉིས་པའི་ལན་ཙམ་ལས་དངོས་ལན་མ་བྱུང་བས་སྙིང་པོས་དབེན་པའི་ཕྱིར་དང་། ཉམས་རྟགས་ལ་ཟེར། སྒོང་བ་རྟགས་ཅན་འོད་གསལ་ཞེས་པ་མི་མཁས་པ་དག་གིས་རང་བཟོའི་རྗེས་སུ་མཁས་པར་རློམ་པ་ཡང་རང་ཤུགས་ཀྱིས་ཤོར་བར་སྣང་བའི་ཕྱིར་ཏེ། ཉམས་སུ་སྒོང་བ་ཞེས་པའི་བར་གྱི་ཚིག་མི་མངོན་པར་བྱས་པའི་ཚིག་ཡིན་པ་ལ་ཉམས་དང་སྒོང་བ་སོ་སོར་ཕྲལ་བའི་བཤད་པ་མཁས་པ་ལ་མ་གྲགས་ཤིང་། དོན་ལ་ཡང་མི་གནས་པའི་ཕྱིར་དང་། འདིར་རྟགས་དང་རྟགས་ཅན་ཞེས་པ་ཙམ་ལ་ངོ་མཚར་དུ་ཅི་ཡོད་དེ། ཁོ་བོ་ཅག་རྒྱུ་ལ་གནས་པ་དབང་ལས་ཐོབ་པ་ལམ་ལ་གོམས་པ་ལྟ་བ་ལ་ཉམས་སུ་སྒོང་བ། གྲུབ་མཐའ་ལ་རྟགས་སུ་ཤར་བ། འབྲས་བུ་ལ་དོན་མ་ལུས་པ་མངོན་དུ་གྱུར་པ་ཞེས། རྒྱུ་རྒྱུད་ཐབས་རྒྱུད་འབྲས་རྒྱུད་བར་གྱི་གནད་ཐམས་ཅད་དོན་

དྲུག་ཏུ་བསྡུས་ནས་འཆད་ཅིང་ཉམས་སུ་ལེན་པའི་ཚེ་ལྟ་བ་ལ་ཉམས་སུ་མྱོང་བ་དེ། གནས་སྐབས་ཀྱི་འབྲས་བུ་ཐོབ་ནས་གྲུབ་མཐའ་ལ་རྟགས་སུ་ཤར་བ་ཞེས་པ་དེ་འབྱུང་། མཐར་ཐུག་གི་འབྲས་བུ་སངས་རྒྱས་པའི་ཚེ། དོན་མ་ལུས་པ་མངོན་དུ་གྱུར་པ་ཞེས་པ་དེ་འབྱུང་བར་བཞེད་པ་ནི་ངོ་མཚར་རྨད་དུ་བྱུང་བའི་ལུགས་མཆོག་ཡིན་པའི་ཕྱིར་དང་། ཁྱེད་ཀྱི་རྟགས་དེ་རྒྱ་ལ་ངོས་བཟུང་བ་འདྲ་སྟེ་ཇི་ལྟར་ལགས་སམ། ཕ་རོལ་ཏུ་ཕྱིན་པར་ཡང་རྣམ་རྟགས་མཚན་མ་ཞེས་པའི་རྣམ་པ་ངོ་བོ། རྟགས་འབྲས་བུ། མཚན་མ་རྒྱུ་ལ་ངོས་བཟུང་མཆིས། གོ་བ་ཡུལ་རྐྱེན་ཙམ་ཞེས་དང་། རྟོགས་པ་ལྷག་མཐོང་ཞེས་པ་དང་། རྟོགས་པ་རྣལ་འབྱོར་མངོན་སུམ་ལ་ཟེར། དེའི་ཕྱིར་བཟང་ངན་དུ་བཞགས་གསུངས་པ་ནི། རྟོགས་པ་གསལ་དང་མི་གསལ་ལ། །གོ་དང་རྟོགས་པར་འདོགས་ན་ཐོགས། །ཞེས་བཀའ་སྩལ་པ་དེ་གདའ། གལ་ཏེ་གོ་བ་ཐོས་བསམ་གྱི་ཤེས་རབ་ལ་ཟེར། རྟོགས་པ་རྣལ་འབྱོར་མངོན་སུམ་ལ་ཟེར་གསུང་རྒྱུ་ཡིན་ན་ཡང་། རྟོགས་པ་མི་གསལ་བ་ལ་གོ་བ་ཞེས་བཤད་པར་སོང་བས། གོ་དང་རྟོགས་པར་འདོགས་ན་ཐོགས། །ཞེས་གནང་བ་སྤྱིན་པ་དེ་གར་མཆིས་པས་འཆིང་བ་དམ་པོ་ལས་རང་གྲོལ་ཡིན་ནོ། །བུདྡྷ་རྟོགས་པའམ་གོ་བ་འདིས་གོ་རྟོགས་གཅིག་ཏུ་སྒྲུབ་ནུས་ན་ས་དང་ཕྱོགས་གཅིག་ཏུ་འགྱུར། ཞེས་པའི་མཚུངས་པ་ནི་བཞད་གད་དེ། ངག་ཕྱོགས་ས་དང་འོད་ཟེར་དང་། །བ་ལང་མིག་དང་རྡོ་རྗེ་དང་། །མཐོ་རིས་ཆུ་དང་དོན་དགུ་ལ། །མཁས་པས་གོ་སྒྲ་ངེས་པར་བསྟད། །ཅེས་པ་ལྟར། གོ་ཞེས་པའི་སྒྲ། ངག་ཕྱོགས་སོགས་དོན་དགུ་ལ་ཚིག་འགྲོས་དབང་གིས་འཇུག་པའི་སྐབས་སྲིད་ཀྱང་། དེ་དག་ཀུན་གྱི་སྐད་དོད་མ་ཡིན་པའི་ཕྱིར་ཏེ་ཡིན་ན་གོ་སྒྲ་འཇུག་པའི་ཡུལ་དེ་དག་ཕྱོགས་སོགས་དགུ་ཆར་ཡིན་ཞེས་ཁས་བླང་དགོས་འབྱུང་བའི་ཕྱིར་རོ། །གོ་རྟོགས་གཉིས་ལ་སྐད་དོད་གཅིག་གིས་ཆོག་པའི་ཕྱིར་རོ། །

ཡང་གན་མཛོད་ལས། རྩེ་གཅིག་དང་ནི་སྦྱོར་བྲལ་དང་། །སོགས་ཀྱང་རྒྱ་མཚན་མ་འཚོལ་བར་དགག་བཞེད་པར་འདུག་པས། རྩེ་གཅིག་ནི་སྦྱོར་ལམ་མཚན་ཉིད་པ། སྤྲོས་བྲལ་མ་དག་པའི་ས། རོ་གཅིག་དག་ས། སྒོམ་མེད་སངས་རྒྱས་ཀྱི་སའོ། །ཅི་སྟེ་འཕགས་པའི་སར་བྱེད་ན། མདོ་རྒྱུད་ཀུན་དང་འགལ་བར་འགྱུར། འདི་ལ་རྒྱུ་མཚན་ཡོད་ན། དེ་བཀོད་ནས་གསུང་རིགས་ཏེ་མ་བྱུང་བར་ཟད་དོ། །ཞེས་བྱ་བ་བྲིས་སོ། །

དེའི་ལན་ནི། དེ་འདྲ་མདོ་རྒྱུད་དང་འགལ་ཏེ། མདོ་རྒྱུད་ལས་དེ་འདྲ་མ་བཤད་པས་རང་བཟོ་ཡིན་པའི་ཕྱིར་གསུང་བར་སྣང་བས་དེ་བཤད་པའི་སྒྲུབ་བྱེད་མདོ་རྒྱུད་ཀྱི་ལུང་ཡོད་ན། དེ་གསུང་བར་རིགས་ཏེ། དེ་ཡང་མ་བྱུང་བར་སྣང་ངོ་། །ཞེས་གསུངས་སོ། །

ཡང་གན་མཛོད་ལས། འདིའི་ཙལ་རྒྱུགས་ལ་བརྟེན་ནས། ཕྱག་རྒྱ་ཆེན་པོ་དྭགས་པོ་གི་འདོད་པ་དང་མཚུངས་

པར་སྨྲ་བ་བྱུང་བས། ཕྱོགས་ཚར་བཅད་པས། རྗེས་འབྲང་དང་བཅས་པའི་རྩོད་པ་ཐམས་ཅད་ལྟར་སྣང་དུ་གྲུབ་པ་ཉིད་དོ། །ཞེས་པ་བྲིས་སོ། །

འདིའི་ལན་ནི། འདིའི་རྩོད་སྤོང་གི་ལན་དང་། གནོད་བྱེད་ལུང་རིགས་ཐམས་ཅད་ཀྱང་ལྟར་སྣང་ཁོ་ནའོ། །ཞེས་ཁོ་བོས་རེ་རེ་ནས་ངོ་སྤྲོད་ཟིན་པས། དཔྱོད་ལྡན་གཟུར་པོར་གནས་པ་དག་གིས་ཆོས་ཀྱི་རྗེས་སུ་འབྲང་བའི་བློས་ཕྱོགས་སྔ་ཕྱི་ལ་གཞིག་བརྟག་ལེགས་པར་བཙུག་པའི་སྒོ་ནས་ཡིད་ཆེས་པར་མཛོད་ཅིག །ས་ལོ་ཙཱ་བའི་གཞུང་ལུགས་འདི་ནི། ཆོས་དང་མཐུན་པར་བརྒལ་བའི་སུན་འབྱིན་གྱི་སྒོ་ནས་སུས་ཚར་གཅོད་པར་མི་ནུས་ཏེ། དཔལ་ཆོས་ཀྱི་གྲགས་པས། རང་བཞིན་ལ་ནི་ཕྱིན་ལོག་གིས། །འབད་དུ་ཟིན་ཀྱང་མི་བཟློག་སྟེ། །བློ་ནི་དེ་ཕྱོགས་འཛིན་ཕྱིར་རོ། །ཞེས་པ་ལྟར་གཞི་ཆོས་དབྱིངས་འོད་གསལ། ལམ་ལྷན་སྐྱེས་ཕྱག་ཆེན། འབྲས་བུ་དུས་གསུམ་རྒྱལ་བ་ཐམས་ཅད་འདི་ཉིད་ཀྱི་ཕྱོགས་ན་གནས་པའི་ཕྱིར་རོ། །གཞན་དེས་ན་རབ་དབྱེའི་བསྟན་བཅོས་དག་ལ། དཔལ་འབྲུག་པ་བཀའ་བརྒྱུད་པ་རྣམས་ཀྱིས་ཉིན་ལན་གསུམ་མཚན་ལན་གསུམ་ཕྱག་བྱ་བར་རིགས་ཏེ༔ སྤྲུལ་སྐུ་པདྨ་དཀར་པོ། འདིའི་ལན་འདེབས་པ་ལ་ཡང་དང་ཡང་དུ་སྐུ་སྐྱེ་བ་བསམ་བཞིན་བཞེས་དགོས་པར་སྣང་བའི་ཕྱིར་རོ། །

ས་པཎ་ཆེན་ལ་འཁོན་འཛིན་མི་མངའ་ཡང་། །ཆོས་ལོག་སྨྲ་ལ་ཚར་གཅོད་བརྒྱ་ཕྲག་གཏམ། །གཞི་གནས་ལུགས་ལ་འགྱུར་བ་མི་གདའ་ནའང་། །ལམ་དྲང་པོ་འདི་ཡི་ཕྱོགས་སུ་འགྱུར། །ལམ་དྲང་པོ་ཡ་ཡོ་མི་གདའ་ནའང་། །གཏམ་དྲང་པོར་སྨྲ་བའི་ཕྱོགས་སུ་འཁྱོག །ཁོང་སངས་རྒྱས་ལ་ཕྱོགས་ལྷུང་མི་གདའ་ནའང་། །ཆོས་ཚད་མར་སྨྲ་བའི་ཕྱོགས་སུ་བཞེངས། །ཞེས་ཀྱང་ཤུགས་འབྱུང་དུ་སྨྲས་སོ། །ཉི་མས་གདུངས་པའི་གཉིས་འཐུང་པདྨའི་མཚོར། །བསིལ་བའི་གཉིས་འཐུང་འོད་ཟེར་བརྒྱ་བའི་ཕྱོགས། །གཞོམ་ཆེད་སྤང་བས་ཞུགས་ཞེས་སྙན་ངག་མཁན། །རབ་རྟོག་རྒྱུན་ལ་མཁས་པར་མ་གྱུར་ཅིག །ཇི་སྐད་སྨྲ་འདི་བདེན་ནམ་གཞན་ཞིག་ཅེས། །ཕྱོག་ཏུ་མ་གྱུར་རྒྱལ་བའི་ཚོགས་ཀྱིས་དགོངས། །རྣམ་དཔྱོད་མིག་བྲལ་གཟུར་མི་གནས་པ་འགས། །ཅལ་ཅོལ་སྨྲ་ལ་བ་སྤུ་གཡོ་རེ་སྐན། །

ཡང་སྨྲས་པ། དཀའ་སྤྱད་དྲག་པོའི་སྤྲིན་རུམ་ནས། །མོས་གུས་ཕྱོགས་མེད་ཉི་མ་ཤར། །ཉམས་དང་རྟོགས་པའི་བཞིན་རས་གསལ། །ཕྱག་ཆེན་པ་དག་ཨ་རེ་སྐྱིད། །འདི་བཀའ་བརྒྱུད་གོང་མའི་རྣམ་ཐར་ཡིན། །རང་མི་ཕྱེད་སྙིང་གི་དཀྱིལ་ན་བཞུགས། །སྲོལ་འདི་ལ་འདུན་པའི་བློ་ཡོད་ན། །ཁོང་དེ་བཞིན་མཛད་ན་མི་ལེགས་སམ། །ཆགས་སྡང་དྲག་པོའི་རྒྱུ་འཛིན་འཐིབས། །ལུང་རིགས་འབྲུག་སྐད་སྟོང་སྒྲ་སྒྲོག །དག་སྣང་ཉི་མ

འཆར་དུས་མེད། །རྟོག་གེ་མཁན་རྣམས་འོ་རེ་བརྒྱལ། །དེ་རྟོག་གེ་ཡོངས་ཀྱི་རྣམ་ཐར་ཡིན། །ཕྱི་རིག་པ་སྤྱངས་ཀྱང་དེ་རམ་འཕྲུན། །ནང་རིག་པ་ཀུན་ལ་རྣམ་དཔྱོད་གསལ། །ཕྱོགས་གཅིག་ཏུམ་ཞེན་ཉམས་རེ་དགའ། །དུས་ད་རེས་པདྨ་དཀར་པོ་ཡིས། །ཡུལ་དབུས་གཙང་ས་སྐྱའི་ཞལ་འཛིན་ལ། །ལུང་རིགས་པའི་ཅོ་འདྲི་བཟློག་པའི་ཕྱིར། །མཆོན་རྣོན་པོ་མིན་ཡང་ཐལ་ནས་སོང་། །ཁོང་རྣམ་རྟོག་ཆོས་སྐུའི་ཡ་ལད་མནབས། །ཉོན་མོངས་པའི་རུ་མཚོན་རྒྱབ་ཀྱང་འཛམ། །ཞལ་དགེས་པའི་འཛུམ་མདངས་འགྱུར་མེད་ཅིང་། །དུས་ཀུན་ཏུ་མཛལ་བའི་རྟེན་འབྲེལ་མཛོད། །ཅེས་ཀྱང་སྨྲས་སོ། །

ཡང་སྨྲས་པ། ས་སྐྱ་བོའི་གངས་ལ་ཉི་མ་ཤར། །བློ་འབྲུལ་བའི་མུན་རུམ་དབྱིངས་སུ་ཡལ། །དོན་མ་ནོར་གནད་ཀྱི་རང་གཟུགས་མཐོང་། །སེམས་བདེ་ཆེན་ངང་དུ་ཉོལ་ལ་ཐོང་། །དཔལ་ལྡན་ས་སྐྱ་སྟོ་ཏའི་རྡོ་རྗེ་གདན། །ས་སྐྱ་ལོ་ཙཱ་འཛམ་པའི་རྡོ་རྗེ་དངོས། །ལུང་རིགས་མན་ངག་ཡིད་ཆེས་བསླུ་བ་མེད། །བཤད་སྒྲུབ་བསྟན་པ་ཕྱོགས་བཅུར་རྒྱས་གྱུར་ཅིག །

ཅེས་པ་སྡོམ་པ་གསུམ་གྱི་རབ་ཏུ་དབྱེ་བའི་དཀའ་འགྲེལ་སྨྲས་དོན་གནད་ཀྱི་སྙིང་པོའི་གསལ་བྱེད་ལས། ཕྱག་རྒྱ་ཆེན་པོ་ལ་རྩོད་པ་སྤོང་བའི་རྣམ་བཤད་འདི་ཡང་། བཀའ་དྲིན་གཞལ་དུ་མ་མཆིས་པ་འཇམ་མགོན་བླ་མ་བློ་གྲོས་ཕྱོགས་ཐམས་ཅད་ལས་རྣམ་པར་རྒྱལ་བའི་ཞབས་རྡུལ་གཙུག་གིས་བསྟེན་པས་ཕྱི་མཚན་ཉིད་ཀྱི་ཐེག་པ་ལ་བློའི་སྣང་བ་ཅུང་ཟད་གསལ་ཞིང་། དྲིན་ཅན་བླ་མ་སྔགས་བརྒྱུད་འཛིན་པའི་གཙུག་རྒྱན་བླ་ཆེན་ཚར་པ་བློ་གསལ་རྒྱ་མཚོ་དང་། འཇམ་མགོན་མཁས་ཤིང་གྲུབ་པའི་གཙུག་རྒྱན་ཀུན་དགའ་གྲོལ་མཆོག་བློ་གསལ་རྒྱ་མཚོའི་སྙེའི་བཀའ་དྲིན་ལས། ཟབ་གསལ་སྔགས་བརྒྱུད་ཀྱི་གནད་ལ་དཀར་བའི་བག་ཆགས་སད་པ། ཤཱཀྱའི་དགེ་སློང་རིག་པ་འཛིན་པ་ཀླུ་སྒྲུབ་ཅེས་བྱ་བས། རང་གཞན་གྱི་དགེ་བའི་བཤེས་གཉེན་མཁས་ཤིང་གྲུབ་པ་དག་གིས། འདི་ལ་ལན་དུ་འོས་པ་ཞིག་བྲི་བར་འོས་སོ། །ཞེས་དྲས་རིང་པོ་ནས། རྣ་བར་འཕྲུད་པ་དང་། སྤྲུལ་སྐུ་མཆོག་པདྨ་དཀར་པོ་ཡང་ལན་གྱི་རྣམ་པ་འདེབས་པ་པོ་སུ་གང་དག་ལ་ཡང་རབ་ཏུ་དགོས་པ་ལྷུར་ལེན་པ་ཞིག་གོ༔ །ཞེས་ཐོས་པས་རྐྱེན་བྱས་ཏེ། ས་སྐྱོང་ཞེས་པ་ཤིང་མོ་བྱའི་ལོ། རི་བྱིའི་རྒྱལ་སྲིད་མཁའ་ལ་ཤར་བས་ཕྱི་ནང་གི་རྟེན་འབྲེལ་འགྲིག་པའི་དུས་བཟང་། འཇམ་མགོན་ས་ལོ་ཙཱ་བས་བྱིན་གྱིས་བརླབས་པའི་ཆོས་བཅུ་བཞིའི་ཉིན། བྱང་ཕྱོགས་སའི་ཐིག་ལེ་གཙང་པོ་གདོང་བྱ་རྒོད་གཤོངས་ཞེས་བྱ་བའི་གཙུག་ལག་ཁང་འཆི་མེད་ཆོས་ཀྱི་སྐྱེད་ཚལ་དུ་སྦྱར་བའོ།། །།

ནོར་བུའི་ས་འཛིན་མཐོན་པོའི་རྩེར། །ཀུནྡའི་ཡོན་པོ་ལྟར་དཀར་བའི། །གངས་རིའི་དུམ་དཀྲིགས་རྣམ་

བཀྲའི་མཁར། །གཙང་སྟོད་ནོར་འཛིན་ལྟེ་བའི་དབུས། །དགྲ་བགེགས་འདར་བྱེད་དཔའ་བོ་མཆོག །ཆོས་སྐྱོང་རྡོ་རྗེ་གྲགས་དཀར་གྱི། །རི་མོ་ས་ལ་མ་ཉམས་པར། །བཀྲང་ཡས་བསོད་ནམས་ཡོངས་འདུའི་ཁྲིར། །ལྷུན་གྱིས་གྲུབ་པའི་རིགས་བཟང་གིས། །དགྲ་ཚོགས་འདུལ་བའི་རྡོ་རྗེ་མཆོག །མི་དབང་མཆེད་ཀྱི་ལྷག་བསམ་གྱི། །མ་ལ་ཡ་རླུང་གིས་བསྐུལ་བས། །རབ་དབྱེའི་གཞུང་ལ་འཁྲུལ་སེལ་བ། །སྤྱིར་དུ་བསྒྲུབ་པའི་དྲི་བཟང་གིས། །དཀར་ཕྱོགས་ཆོས་སྲུང་བུང་བའི་ཚོགས། །བསྡུས་ནས་དགྲ་བགེགས་རིང་དུ་སྐྲོད། །དཔྱོད་ལྡན་མཁས་པ་ཡིད་འཕྲོག་ཅིང་། །འཁྲུལ་མེད་ཕྱག་ཆེན་ལམ་པོ་ཆེར། །སྐལ་བཟང་དྭངས་ནས་མཐར་ཐུག་གི། །ཟག་མེད་བདེ་ལ་འགོད་པར་ཤོག །ཕྱོགས་འདིར་ཆོས་བཞིན་ས་སྐྱོང་བའི། །ལྷུན་གྱིས་གྲུབ་པ་ཡུམ་དང་བཅས། །རིགས་སྲས་མཆེད་གང་དེ་ཡི་ཡུམ། །སྲས་ནི་དཔལ་གྱི་འབྱོར་བས་ཕྱུག །དབུ་རྨོག་རབ་བཙན་མངའ་ཐང་གི། །ཆབ་སྲིད་འཛམ་དར་ཆེ་བ་དང་། །སྙན་གྲགས་ཕྱོགས་ཀྱི་མཛེས་མ་ཡི། །རྣ་བའི་རྒྱན་དུ་མཛེས་གྱུར་ཅིག །རྐང་འཐུང་བློ་ཤེལ་གླེགས་བུ་ལ། །ཕྱག་ཆེན་འཁྲུལ་སེལ་རི་མོའི་གཟུགས། །མཛེས་པའི་རྒྱུ་ཡིས་བཅིངས་པ་འདིས། །ལོག་ལྟའི་མུན་སྤྲུལ་སྤོམ་པས་མཚར། །ཐུབ་དབང་ཡོངས་འདུས་གསུམ་སྟོང་དང་། །བདུན་བརྒྱ་ཉི་ཤུ་རྩ་གསུམ་པ། །ལུགས་ཕོ་སྟག་གི་བགྲང་གཞི་ལ། །མདར་སྟོད་རྣམ་རྒྱལ་སྟག་རྩེ་ཡི། །ཕོ་བྲང་ཆེན་པོའི་ཡང་རྩེ་རུ། །ཡི་གེའི་རིག་བྱེད་བཟང་ལྡན་པ། །སངས་རྒྱས་བཟང་དང་རྐོས་བྱེད་མཁན། །བི་ཤྭའི་རྣམ་འཕྲུལ་མང་མཁར་བ། །བློ་གྲོས་ཀུན་དགའ་བཟང་པོ་དང་། །དེ་སློབ་བྱམས་པ་ཆོས་བཟང་སྟེ། །དག་བྱེད་རབ་འབྱམས་ནམ་མཁའ་དང་། །འཛམ་དབྱངས་དགེ་བའི་བཤེས་གཉེན་ཡིན། །དཀར་ཆག་ཚིགས་སུ་བཅད་པ་འདི་ཡང་དགེས་མཛད་རྒྱུད་གསུམ་འཆད་པའི་ཞར་བྱུང་དུ་ནུ་གཙྭ་ནས་སོ།། །།དགེ་ཞིང་བཀྲ་ཤིས་པར་གྱུར་ཅིག །།

༄༅། །རྗེ་བཙུན་འབྲུག་པ་སྤྲུལ་སྐུའི་དྲིས་ལན་སྙིང་པོ་གསལ་བ་བཞུགས་སོ། །

མང་ཐོས་ཀླུ་སྒྲུབ་རྒྱ་མཚོ།

མདོ་རྒྱུད་མ་དྲོས་ཡིད་འོང་ཆུ་གཏེར་ནས། །འཕྲོལ་བྱེད་མན་ངག་བཤད་སྒྲོལ་ཆུ་བོའི་རྒྱུན། །གང་གི་ཞལ་སྒོར་ལེགས་བཤད་དངུལ་དཀར་གྱི། །ཕྲེ་མ་འདྲེན་མཁས་ས་སྐྱའི་འཇམ་མགོན་རྒྱལ། །རབ་དཀར་གཙུག་གི་ནོར་བུ་མདངས་གསལ་ཞིང་། །རབ་འབྱམས་སྨྲ་བ་ཕུད་ཀྱི་དབྱངས་སྒྲོག་མཁན། །རབ་མང་ཡོངས་ཀྱི་གཤེས་གཉེན་གཅིག་པུ་བ། །རབ་མཁས་ཕྱོགས་ལས་རྣམ་རྒྱལ་འདི་ན་རྒྱལ། །སླར་ཡང་དྲི་བ་མཚན་བྱུར་བཅས་པའི་ལན། །རིགས་པར་བགྲིས་ཤེས་རྣམ་འཕྲུལ་པཎྜི་ཏའི། །ལེགས་གསུང་དགའ་མའི་འཇུམ་ཕྲེང་མ་བཟོད་ནས། །ཟོལ་མེད་སྙིང་གི་གསང་བ་ལྷུག་པར་ཤོར། །

གང་ཞིག་དབང་གི་གྲྭ་དེར་འཁོད་པ་ལའང་། །གསང་བ་སྒྲོག་པའི་ཉེས་པས་རེག་དོགས་ནས། །སྐུ་གོན་དུས་དེར་ནང་གི་དབང་བསྐུར་ཞིག །འབྲུལ་ཟད་རྒྱུད་པའི་ལུགས་ལ་འབྱུང་བ་ཡིན། །ཞེས་པ་ལ། འདི་འདྲ་གཏམ་གསར་གལ་ཏེ་བདེན་སྲིད་ན། །དབང་དེ་སྨིན་བྱེད་འདོད་པ་སུ་ཞིག་ཡོད། །ཅེས་པའི་ལན་ནི། གཏམ་དེ་གསར་རྙིང་གང་དུ་ཆམ་བཞག །རྣལ་འབྱོར་དབང་ཕྱུག་བརྒྱུད་པའི་མན་ངག་ཡིན། །ཞེས་བྱའོ། །དེ་སླད་རྡོ་རྗེ་ཐེག་པའི་བསྟན་པ་ནི། །གཟུགས་བརྙན་ཙམ་ཡང་ལུས་པར་མ་བྱས་ཞེས། །ས་སྐྱའི་འཇམ་དབྱངས་གཞོན་ནུ་འཛིགས་བྲལ་དེའང་། །སྙིང་གཏམ་ཤུལ་དུ་བོར་ནས་མཁའ་ལ་གཤེགས། །ཞེས་པ་ལ། ལམ་འབྲས་ལ་སོགས་ཚད་ལྡན་ཡོད་བཞིན་དུ། །དེ་སྐད་སྨྲ་བ་ཚད་མར་བསྒྲུབ་ནུས་སམ། །ཞེས་པའི་ལན་ནི། གསང་སྔགས་བསྟན་པའི་ལྷག་མ་ཡོད་མོད་ཀྱང་། །དམན་ལ་དགག་སྒྲ་ཞེས་བྱར་མཁས་ལ་གྲགས། །ཞེས་བྱའོ། །བྱ་བའི་རྒྱུད་ལ་གྲངས་ངེས་འདི་ཉིད་ཀྱི། །དམིགས་བསལ་སྤྱི་རྒྱུད་ལུང་གིས་གསལ་བར་ངེས། །སྤྱོད་པའི་རྒྱུད་ལ་གྲངས་ངེས་མི་དགོས་པའི། །དམིགས་བསལ་རྣམ་སྣང་མངོན་བྱང་ལུང་གིས་གསལ། །ཡོ་ག་བླ་མེད་རྒྱུད་སྡེ་རྣམ་གཉིས་སུ། །འདི་ཞེས་དམིགས་བསལ་གསལ་བྱེད་འགར་མ་བཤད། །ཅེས་པ་ལ། དེ་ཉིད་བསྡུས་པར་གསུངས་དེ་མ་ཤེས་སམ། །དུས་འཁོར་བླ་མེད་མིན་ན་བདེན་དུ་ཆུག །ཅེས་པའི་ལན་ནི། དེ་ཉིད་བསྡུས་པར་དེ་དོན་གསལ་བ་མེད། །སློབ་མའི་གྲངས་ངེས་གསལ་བར་མ་བཤད་ཕྱིར། །དུས་འཁོར་བླ་མེད་ཡིན་པས་ཅི་ཕྱིར་ཕན། །དྲང་སྲོང་བྱེ་

བས་ཕན་ན་ལྔ་བརྒྱུས་གནོད། །ཅེས་བྱའོ། །

དེ་ཉིད་བསྡུས་པར་ སྡིག་ཅན་ལོག་སྲིད་ཅན་ལོག་པར་མོས་པ་སྟེ་ཆོས་མི་ལྡན་གྱི་སློབ་བུ་གསུམ་ཆོས་ལྡན་གྱི་སློབ་བུ་གཅིག་དང་བཞི་བཤད་ནས། དཀྱིལ་འཁོར་དུ་འཇུག་པ་ཙམ་ལ་སྐྱོད་བརྟག་མི་དགོས་པར་ཆོས་མི་ལྡན་གསུམ་ཡང་བཙུག་པས་ཆོག་ལ། དབང་བསྐུར་བ་ལ་སྐྱོད་བརྟགས་ནས་ཆོས་ལྡན་ཁོ་ན་ལ་དབང་བསྐུར་ཞེས་པ་ཙམ་ཞིག་བཤད་ཀྱི། གྲངས་ངེས་དགོས་མི་དགོས་དམིགས་བསལ་གང་ཡང་མ་བཤད་པའི་ཕྱིར་དང་། གནད་དེ་ལ་དགོངས་ནས་ཡོ་ག་རབ་འབྱམས་ལ་མཁས་པ་བུ་སྟོན་གྱིས་ཀྱང་རྡོར་དབྱིངས་དཀྱིལ་ཆོག་གི་འགྲེལ་ཆེན་དུ། སྤྱི་རྒྱུད་ཀྱི་ལུང་དྲངས་ནས། ཡོ་གའི་དབང་ལ་གྲངས་ངེས་དགོས་པར་བཤད་ཀྱི། གྲངས་ངེས་མི་དགོས་པ་རྒྱུད་འདིའི་དགོངས་པ་ཡིན་ཞེས་ཟུར་ཙམ་ཡང་མ་བཤད་པའི་ཕྱིར་དང་། སྤྱོད་རྒྱུད་ལ་ནི། དཔྱད་མི་དགོས་པར་བཟུང་བར་བྱ། །ཞེས་གྲངས་ངེས་མི་དགོས་པའི་དམིགས་བསལ་གསུངས་པའི་ཕྱིར་རོ། །དེ་ཆེ་སྤྱི་རྒྱུད་ལུང་གི་ངེས་བསལ་འདི། །རྒྱུད་སྡེ་གོང་མ་རྣམས་ཀྱི་གྲངས་ངེས་ལ། །སྦྱོར་བ་མཁས་རྣམས་དགེས་པའི་ལེགས་བཤད་ཡིན། །ཞེས་པ་ལ། རྒྱུད་སྡེར་མ་སྦྱངས་མཁས་པ་དགའ་བ་སྲིད། །ཞེས་པའི་ལན་ནི། རྒྱུད་དོན་མཁས་ལ་སྐྱེས་ཀྱི་ཧ་དབྱངས་དང་། །མི་ཤེས་དོན་གཉེར་ཀུན་ལ་སྙིང་གཏམ་ཡིན། །རྒྱུད་སྡེར་སྦྱངས་སམ་མ་སྦྱངས་དེ་རྟ་བྲིས། །བསགས་ལྡན་དགའ་བ་སྐྱེ་བ་སུ་ཡིས་འགོག །ཅེས་བྱའོ། །ཅི་སྐད་ཅེ་ན་དེ་ཉིད་བསྡུས་པ་ལས། །ང་དང་སྤྱི་རྒྱུད་འཇམ་དཔལ་རྩ་རྟོགས་ལས། །ཆོ་གའི་རྣམ་དབྱེ་བཤད་འདི་ཅི་རིགས་པར། །ཆོ་ག་གཞན་ལའང་སྦྱོར་ཞེས་བཤད་མིན་ནམ། །ཞེས་པ་ལ། གོང་མ་གར་ཡང་མེད་ལ་དེར་ཡོད་པ། །སྦྱོར་རིགས་འདི་འདྲ་མདོ་ལས་གསུངས་ལའང་འགྲོ། །ཞེས་པའི་ལན་ནི། དེ་ལྟར་ཁོ་བོས་ཀྱང་སྨྲས་པ་མི་དྲན་ནས། གོང་མ་གཉིས་ནའང་དམིགས་བསལ་ཡོད་དོ་ཞེས། །སྨྲ་ན་ལུང་རིགས་མདའ་ཆེན་དུ་གཞོད་འཕེན། །མདོ་ལས་གསུངས་ལ་འགྲེ་དེ་རྣམ་དབྱེ་གཅེས། །ཞེས་བྱའོ། །སཾ་ཊི་ལས་ཀྱང་གསལ་བར་མ་གསུངས་སམ། །ཞེས་པ་ལ། འདི་འདྲའི་ལུང་དེ་དེ་ལ་སྦྱོར་བ་མིན། །ཞེས་པའི་ལན་ནི། སྤྱི་རྒྱུད་ཆོགས་ཐམས་ཅད་བྱའོ་ཞེས། །སཾ་ཊིར་གསུང་འདི་དེ་ལ་མི་སྦྱོར་ན། །སྔ་མའི་ལུང་དེའང་དེ་ལ་མི་སྦྱོར་ཞེས། །ནམ་མེད་ཨུ་ཚུགས་དེར་ཡང་ཅི་མི་སྨྲ། །ཞེས་བྱའོ། །

ཁ་ཅིག་སྤྱི་རྒྱུད་ཅེས་པའི་ཚིག་གི་དོན། །བྱ་རྒྱུད་དཀྱིལ་འཁོར་སུམ་སྟོང་ལྔ་བརྒྱ་ཡི། །སྤྱི་རྒྱུད་ཡིན་གྱི་རྒྱུད་སྡེ་སྤྱི་ཡི་མིན། །དེ་ཕྱིར་རྒྱུད་སྡེ་གཞན་ལ་མི་རིགས་སོ། །ཞེས་པ་ལ། དེ་ཉིད་རྒྱུད་གཞུང་དེ་ཁར་གསུངས་པ་ཡིན། །ཞེས་པའི་ལན་ནི་མེད་ཀྱང་ཆོག་སྟེ། གསང་བ་སྤྱི་རྒྱུད་རྒྱུད་སྡེ་བཞི་ཆར་གྱི་སྤྱི་རྒྱུད་ཡིན་ཞེས་མི་སྨྲ་བའི་ཕྱིར་རོ། །སྤྱི་རྒྱུད་ཅེས་པའི་ཚིག་དོན་དེར་ཟད་མོད། །གང་དུ་ལས་ཡོད་ཆོ་ག་མེད་ཀུན་ལ། །ཚུལ་དེ་ཇི་ལྟར

རིགས་པར་སྦྱོར་ཞིག་ཅེས། །རྒྱུད་སྡེ་གསུམ་དུ་གསུང་ལ་སུ་ཞིག་འགོམ། །ཞེས་པ་ལ། རྒྱུད་སྡེ་ཉིད་ལ་སྦྱངས་ཆེ་གོ་བ་ཙམ། །ཞེས་པའི་ལན་ནི། རྒྱུད་སྦྱངས་མཁས་པ་དེ་འདྲས་བསླུ་བ་མེད། །མ་སྦྱངས་མཁས་པའི་རོལ་རྩེད་སྨྲ་མའི་གར། །ཞེས་བྱའོ། །ཁ་ཅིག་བྱ་རྒྱུད་ལུང་གིས་གོང་མ་ལ། །གྲངས་ངེས་འགྲུབ་ན་སྤྱོད་རྒྱུད་ལུང་གིས་ཀྱང་། །གྲངས་ངེས་མེད་འདི་སྒྲུབ་པར་ནུས་སོ་ཞེས། །མི་མཚུངས་མཚུངས་པའི་མགོ་བསྒྲེ་བྱེད་དོ་ལོ། །སྤྱོད་རྒྱུད་ལུང་དོན་གཞན་ལ་སྦྱོར་བ་ཡི། །གསལ་བྱེད་ཡོད་ན་ཁོ་བོས་འཇུག་ བློག་བྱེད། །སྤྱི་རྒྱུད་ལུང་དོན་གཞན་ལ་སྦྱོར་བ་ཡི། །གསལ་བྱེད་རྡོ་རྗེ་འཆང་དེས་མ་གསུངས་སམ། །ཞེས་པ་ལ། བྱ་བ་དམན་ལ་སྤྱོད་རྒྱུད་གོང་མ་སྟེ། །གོང་འོག་འདོམས་ན་གོང་མ་གཙོ་བ་འདི། །སངས་རྒྱས་པ་ཡི་ལུང་རིགས་ཞེས་ཀུན་ལ། །གྲགས་ཕྱིར་ལུང་མང་འདྲེན་པས་ངལ་མ་དགོས། །ཞེས་པའི་ལན་ནི། དཔལ་ལྡན་དུས་འཁོར་ཀུན་ལས་གཙོ་བོའི་ཕྱིར། །རྒྱུད་སྡེ་གཞན་གྱི་གྲངས་ངེས་དེ་རེ་ཞིག །ཕ་ཅང་ཐལ་བ་རིགས་འགྲེའི་སྒྲུབ་ཐབས་ཀྱིས། །དཀའ་བ་རྒྱུན་ཆད་མེད་པའི་དངོས་གྲུབ་ཐོབ། །ཅེས་བྱའོ། །

དུས་འཁོར་འཕྲེང་བའི་དབང་སོགས་མང་པོ་ལ། །བག་ཡངས་སྤྱོད་པའི་ས་རྫུས་ཡོད་སྲིད་ན། །འཇམ་དབྱངས་གསུང་གི་ཐེགས་མ་འགོག་པས་ན། །ལུང་རིགས་དྲག་པོས་ཚར་བཅད་ཅེས་མི་རིགས། །དུས་འཁོར་གྱི་དབང་ལ་གཅིག་གཉིས་ལས་མི་རུང་བར་ཐལ་བའི་རྒྱུ་མཚན་ཅི་ཡིན། ནུབ་གཅིག་ལ་དེ་ལས་ལྷག་ན་མི་རྫོགས་པའི་ཕྱིར་སྙམ་ན། འོན་དུས་འཁོར་གྱི་དབང་ལ་གྲངས་ངེས་མི་དགོས་པར་འདོད་པ་དང་ནང་འགལ་ཏེ། དུས་འཁོར་དབང་དེ་ཡང་ནུབ་གཅིག་ལ་རྫོགས་དགོས་པར་ན་རོ་ཏ་པ་བཞེད་པའི་ཕྱིར་ཏེ། དབང་མདོར་བསྟན་གྱི་འགྲེལ་པར། རྡོ་རྗེ་སློབ་དཔོན་གྱི་དབང་གི་སྐབས་སུ། ནམ་ཕྱེད་ནས་ཆུ་ཚོད་གཉིས་ཀྱི་གོང་གི་བར་དུའོ། །ཉི་མ་ཤར་བ་ན་དེ་ནས་ཚོགས་ཀྱི་འཁོར་ལོ་གཤེགས་སུ་གསོལ་བར་བྱའོ། །ཞེས་བཤད་པས་སོ། །སྔ་གོན་དབང་སོགས་དཀའ་སྟོན་བདུད་རྩི་ནི། །ཟླ་འོད་མཛེས་པའི་དུས་དེར་ཅིས་མི་མྱོང་། །དེ་ཚེ་ཉེར་ལྔ་ལས་ལྷག་མི་རྫོགས་ཞེས། །ལུང་སྟོན་དྲི་མེད་རིགས་པས་དྲངས་མིན་ནམ། །ཞེས་པ་ལ། སྤྱི་རྒྱུད་གྲངས་ངེས་ཚིག་མི་རྫོགས་པའི། །རིགས་པ་འདི་འདྲ་ཡང་དག་བདེན་སྲིད་ན། །དེར་བཤད་དབང་ལས་དུས་འཁོར་སོགས་མང་བས། །གཅིག་གཉིས་ཙམ་གྱིས་གྲངས་ངེས་འོས་པར་འགྱུར། །ཞེས་པའི་ལན་ནི། སྤྱི་རྒྱུད་གྲངས་ངེས་ཚིག་མི་རྫོགས་པའི། །རིགས་པ་བདེན་ནོ་རྡོ་རྗེ་འཆང་གི་ལུང་། །འཇམ་པའི་དབྱངས་ཀྱིས་གསལ་བར་བཤད་ཕྱིར་རོ། །གཞན་དུ་སྤྱི་རྒྱུད་ལུང་དོན་སྨྲ་བར་རིགས། །དུས་འཁོར་དབང་ལ་ཉེར་ལྔ་མན་ཆད་ཀྱི། །མང་ཉུང་ཅི་དགོས་སློབ་དཔོན་འཁོས་དང་བསྟུན། །ཞེས་བྱའོ། །དཔལ་ལྡན་དུས་ཀྱི་འཁོར་ལོའི་བཤད་པའི་སྲོལ། །རྒྱུད་སྡེ་གཞན་དང་

ཐུན་མོང་མིན་པས་ན། །དེ་ཕྱིར་དེ་ཡི་ཐུན་མོང་མིན་པ་ཡི། །ཁྱད་ཆོས་གཞན་ལ་སྦྱོར་ན་མཛེས་མ་ཡིན། །གལ་ཏེ་གཞན་ལ་སྦྱོར་བར་འོས་ན་ཡང་། །རྒྱུད་སྡེ་དེ་ཡི་དབང་བསྐུར་སློབ་མ་ལ། །གྲངས་ངེས་བྱེད་དམ་མི་བྱེད་འདི་ཡིན་ཞེས། །གསལ་བྱེད་རྒྱུད་དང་རྒྱུད་འགྲེལ་དེ་རམ་གསུངས། །དྲང་སྲོང་བྱེ་བ་ཕྲག་ལ་དབང་བསྐུར་ཞེས། །བཤད་ཀྱང་སྟོན་དུས་སྨིན་ཐེན་ཁོ་ནར་དགོངས། །མིན་ཡང་དྲང་སྲོང་ཀུན་ལ་ཅིག་ཆར་དུ། །དབང་བསྐུར་མ་ངེས་ཤཱཀ་རིགས་ལྔ་བརྒྱ་དང་། །དྲང་སྲོང་ལྔ་བརྒྱ་བསྙེན་པར་རྫོགས་སོ་ཞེས། །འདུལ་བར་གསུངས་པའང་ཅིག་ཆར་ངེས་སམ་ཅི། །

ཞེས་པ་ལ། རྒྱུད་ཀུན་གསལ་བྱེད་ཡིན་པར་དེ་ནས་གསུངས། །བཅོམ་ལྡན་གསུང་རབ་རིགས་གསུམ་མགོན་པོ་ཡིས། །བཀྲལ་བའི་ལུང་དོན་པོར་ནས་རང་ལུགས་ཞིག །སྒྲུབ་པའི་སྟགས་པ་མུ་སྟེགས་ལས་ཀྱང་ལོད། །ཅེས་པའི་ལན་ནི། རྒྱུད་གཅིག་ཐུན་མོང་མིན་པའི་ལྷག་པའི་ཆོས། །རྒྱུད་སྡེ་ཀུན་ལ་སྦྱོར་བའི་རྩིང་རྟུལ་མཁན། །ཕྱི་ནང་གང་གི་གཟུགས་སུ་རྫུས་ཀྱང་བླ། །ཐུབ་བསྟན་དཀྲུགས་པའི་སྨྱོན་སྦྱོར་མཁན་པོ་ཡིན། །ཞེས་བྱའོ། །ཡང་སྐྱ་མ་དེ་ལ། དྲང་སྲོང་བྱེ་བ་ཕྲག་བཞི་ཡུལ་དེ་ཡི། །རྒྱལ་སོགས་མང་པོར་དུས་གཅིག་བསྐུར་ཞེས་པའི། །གཏམ་འདིའི་ཐད་དུ་རྣ་བ་འོན་ནམ་ཅི། །ཞེས་པའི་ལན་ནི། དྲང་སྲོང་བྱེ་བར་རྣ་བ་འོན་པ་དང་། །དྲང་སྲོང་ལྔ་བརྒྱར་དམུས་ཏེ་ལོང་བ་གཉིས། །མདོ་རྒྱུད་མུ་ངམ་ཐང་ལ་འཁྱམ་དུ་ཆུག །བདེ་བའི་དགའ་སྟོན་གསར་དུ་བོས་པ་བཞིན། །ཞེས་བྱའོ། །དེ་ཡང་ཇི་ལྟར་སྙམ་ན། ཐོག་མར་ཁྱེད་ལ་དྲི་བ་འདི་འདྲི་སྟེ། །མཚམས་ནང་གཅིག་ཏུ་བསྒྲུབ་བྱ་བརྒྱ་ཕྲག་བརྒྱལ། །ད་ཆོག་བསྙེན་རྫོགས་སྡེ་སྣོད་གང་དུ་བཀག །མདོ་རྩའི་ལུང་ལས་སྐབས་འདིར་བཙན་པའི་ལུང་། །འདུལ་བའི་སྡེ་སྣོད་གསལ་བར་སྣང་མིན་ནམ། །ཞེས་འདྲིའོ། །གལ་ཏེ། འདུལ་བ་ལུང་ནས་བསྒྲུབ་བྱ་བརྒྱ་ཕྲག་བརྒྱལ་བ། ད་ལྟར་ཆོགས་རྫོགས་པར་བཤད་པ་མི་སྣང་ངོ་སྙམ་ན། ལུང་བཞིར། གསོལ་བཞིས་ཆོགས་ཤཱཀྱ་ལྔ་བརྒྱ་རྫོགས་པར་བཤད་པ་མ་མཐོང་ངམ། དེ་ཉིད་གསོལ་གཞིའི་སྟོན་ཆོག་ལས་རྫོགས་པ་ཡིན་ནོ་ཞེ་ན། གསོལ་གཞིའི་སྟོན་ཆོག་གི་བསྒྲུབ་བྱ་ལ། ཚོགས་ཀྱི་ཚོགས་ལ་ལས་མི་ཆགས་སོ། །ཞེས་པའི། དགག་དགོས་རྩེ་མི་དགོས་པའི་ལུང་སྦྱིན་དྲངས་ཤིག །དེ་འདྲའི་ལུང་ཡོད་དུ་ཆུག་ན་ཡང་། ཕྲན་ཚེགས་ལས། དགྲ་བཅོམ་པ་ཉི་མ་གྲུང་པ་སོགས་དྲང་སྲོང་ལྔ་བརྒྱ་རྫོགས་པར་བཤད་པ་དེ་མ་མཐོང་ངམ། གལ་ཏེ་དེ་ཡང་སྟོན་ཆོག་གིས་སོ་སྙམ་ན། ཀུན་དགའ་བོས་མཁན་པོ་མཛད་པར་བཤད་པ་དེ་མི་དྲན་ནམ། གལ་ཏེ་དྲང་སྲོང་དེ་དག་ནི། མཚམས་ཐ་དད་པར་རིམ་གྱིས་སམ། མཚམས་ཐ་དད་པ་མང་པོར་དུས་གཅིག་ཏུ་རྫོགས་པ་དག་ཀྱང་སྲིད་དོ་སྙམ་ན། ཁོ་བོས་ཀྱང་དུས་འཁོར་གྱི་དབང་བསྐུར། ཞེས་པའི་དྲང་སྲོང་རྣམས་ནི། སྟོན་དབང་གི་སྨིན་ཐེན་པ་

ལ་ཡེ་ཤེས་འདྲེན་བྱེད་དམ། ཡང་ན་རིམ་གྱིས་བསྒྱུར་ཡང་ཉེ་བ་ལ་དགོངས་སོ་ཞེས་སྨྲ་བར་ནུས་སོ། །

གཞན་གྱི་སྙིང་པོ་དེས་ན་དུས་འཁོར་དབང་ལ་གྲངས་ངེས་མི་དགོས་པའི་ཤེས་བྱེད་དུ། དྲང་སྲོང་ཉི་མའི་ཞིང་རྟ་སོགས་དྲང་སྲོང་བྱེ་བ་ཕྲག་ཕྱེད་དང་བཞི་ལ་དུས་འཁོར་གྱི་དབང་བསྐུར་བར་བཤད་ཅེས་པའི་གཏམ་རྒྱུད་རྣ་བོས་འདི་ཙམ་ཞིག་སྐབས་སུ་བཙོལ་བ་ལས་གཞན་མི་སྣང་ན། དགྲ་བཅོམ་པ་ཉི་མ་གྱུང་པ་སོགས་དྲང་སྲོང་ལྔ་བརྒྱད་ལྟར་ཚོགས་བསྐྱེན་པར་རྫོགས་པའི་གཏམ་རྒྱུད་འདི་དེང་སང་དུ་ལྟར་ཚོགས་མཆམས་ནང་གཅིག་ཏུ་བསྒྲུབ་བྱ་ལྔ་བརྒྱ་སོགས་བསྙེན་པར་རྫོགས་པར་རུང་བའི་སྒྲུབ་བྱེད་དུ་ཅིའི་ཕྱིར་མི་རུང་། དེ་ཡང་རུང་བར་འཆད་ན། འཇམ་པའི་དབྱངས་ཀྱིས། དཔེར་ན་རབ་བྱུང་གང་ཟག་ནི། །གསུམ་ལས་མང་བ་འཇུག་མི་ནུས། །སྔགས་ཀྱི་དབང་བསྐུར་བྱེད་པ་ན། །གྲངས་ངེས་མེད་པར་དབང་བསྐུར་བྱེད། །ཅེས་གསུངས་པ་ཡིན་ན་ཡང་། དེང་སང་རབ་བྱུང་གང་ཟག་ཀྱང་། །གྲངས་ངེས་མེད་པར་བསྙེན་རྫོགས་བྱེད། །ཅེས་པའི་བསྟན་པའི་གཟུགས་བརྙན་ཞིག་འབྱུང་བར་འགྱུར་རོ། །རྗེས་གནང་རིག་གཏད་སོགས་ཀྱང་གྲངས་ངེས་ཀྱིས། །གདམས་ནག་ལེན་ཚོག་མཛེས་མོད་ཀྱིས། །རྒྱ་བ་ཡན་ལག་རྟེན་འབྲེལ་མི་མཚུངས་ཕྱིར། །གྲངས་ངེས་མེད་ཀྱང་འགལ་བ་ཡོད་མི་སེམས། །ཞེས་པ་ལ། དེ་སྐད་སྨྲ་འདི་དྲི་བ་མ་གོ་བ། །སྤྱི་རྒྱུད་ལུང་འདི་རྣམས་ཀུན་ཁས་ལེན་ན། །དམ་ཚིག་མེད་ལ་སྔགས་སྟེར་བཀག་པས་དང་། །དམ་ཚིག་དབང་ལ་རགས་པའི་རང་ལུགས་འགལ། །ཞེས་སྨྲ་དེ་ཕྱིར་ཕྱིན་ཆད་དཔྱད་པར་འཚལ། །ཞེས་པའི་ལན་ནི། བྱ་རྒྱུད་སྡོམ་པ་དབང་ལ་མ་རགས་པའི། །མ་འདྲེས་རྣམ་དབྱེ་རབ་བྱེད་གསལ་མོད་ཀྱང་། །མ་སྨིན་བུ་ལ་བྱ་རྒྱུད་རིག་གཏད་ཀྱི། །ཆོག་བྱེད་པ་མཁས་པས་དཔྱད་པའི་གནས། །ཞེས་བྱའོ། །དབང་དང་བྱིན་རླབས་རྗེས་གནང་རིག་བཏད་སོགས། །རྒྱ་བ་ཡན་ལག་ནང་ཚན་སོ་སོ་ཡི། །རྟེན་འབྲེལ་གཞན་དུ་སོ་སོར་འབྱེད་ཤེས་ན། །འདི་ལ་དཀའ་བ་ཅི་ཡང་ཡོད་མི་སེམས། །ཞེས་པ་ལ། འདི་འདྲ་ཇི་བཞིན་ཕྱེད་པའི་ སྟགས་པ་དཀོན། །ཟློལ་སྦྱོར་ལན་ནི་སྨྲོངས་པའི་ཁྲོད་དུ་མཛེས། །ཞེས་པའི་ལན་ནི༑ ཟློལ་སྒྲིབ་གོས་ཀྱི་ལན་བུ་མི་མཛེས་ན། །ཡིད་བཟང་མཁས་པའི་གཟུགས་དེའང་གཅེར་བུ་ཡིན། །ཞེས་བྱའོ། །དབང་འདི་བླ་མེད་ལམ་གྱི་སྲོག་རྩ་སྟེ། །གང་གིས་བསྐུར་དང་གང་ལ་བསྐུར་བ་དང་། གང་དུ་བསྐུར་དང་ཇི་ལྟར་བསྐུར་བ་ཡི། །ཚོགའི་གནད་རྣམས་འཆོལ་བ་བྱར་མི་རུང་། །དཀྱིལ་འཁོར་ཆེན་པོའི་ནང་དེ་རམ་ཞུགས་ན། །དཀྱིལ་འཁོར་ལྷ་དང་བརྒྱལ་བའང་མི་མཉམ་ཕྱིར། །དཀྱིལ་འཁོར་དེ་བསྟེན་ཟབ་མོའི་ལོངས་སྤྱོད་ལ༑ ༑ཇི་ལྟར་བཞེད་རྒྱུར་སྤྱོད་པའི་མཐུ་ཡོད་དམ། །དཀྱིལ་འཁོར་སྤྲུལ་དང་ཏིང་འཛིན་ལུས་དཀྱིལ་སོགས། །དབྱེ་བའི་རྣམ་གྲངས་མང་དུ་བཤད་ན་ཡང་། །རྒྱུ་ལམ་འབྲས་སོགས་གང་ལ་ཅི་དགོས་པའི། །དཀྱིལ་འཁོར་

རྣམ་དབྱེ་མ་ཕྱེད་རྣམ་པར་འཕྲུམ། །ཞེས་པ་ལ། དེ་འདྲ་གཅིག་ཏུ་མ་ངེས་རང་ཉིད་ལ། །འོས་པ་དེ་དེའི་ལུགས་དང་མཐུན་དགོས་མོད། །རྣམ་གཞག་གཅིག་གིས་ཀུན་ལ་སྦྱོན་མི་རིགས། །ཞེས་པའི་ལན་ནི། སྨིན་འདོད་དབང་པོ་རབ་འབྲིང་ཐ་མ་ཀུན། །དཀྱིལ་འཁོར་ཆེན་པོར་ཐོག་མར་མ་སྨིན་པར། །བྱིན་རླབས་ལ་སོགས་སྨིན་བྱེད་སོ་སོ་བ། །རྒྱུད་སྡེ་ཆེན་པོར་བཀག་ཅེས་མཁས་པའི་གདམས། །ཞེས་བྱའོ། །སྤྲུལ་དང་ཡེ་ཤེས་ཏིང་འཛིན་དཀྱིལ་འཁོར་སོགས། །དག་པའི་གདུལ་བྱ་ཁོ་ནའི་སྤྱོད་ཡུལ་ཏེ། །སྟོན་ཆེ་དབང་གིས་སྨིན་པར་མ་བྱས་པའི། །ཐ་མལ་སྐྱེ་བོས་མཐོང་བའི་གོ་སྐབས་བྲལ། །ཞེས་པ་ལ། ཕར་ཕྱིན་ལམ་བགྲོད་འཕགས་པའི་འཁོར་ཀ་ལ། །ཞེས་པའི་ལན་ནི། ཕར་ཕྱིན་ལམ་བགྲོད་འཕགས་པའི་འཁོར་ཀ་ནི། །མོ་གཤམ་བུ་མོ་རྒྱུས་ཆེའོ་མི་ཆེ་ན། །ཐ་མལ་སྐྱེ་བོའི་གསེབ་ཏུ་མ་ཤོག་ཅིག །བཞག་ན་ཀྱེ་མ་འཕགས་པའི་འཁོར་ཀ་ལ། །ཞེས་བྱའོ། །དེ་ཕྱིར་སྤྲུལ་སོགས་དཀྱིལ་འཁོར་དེ་མཐོང་བ། །སྨིན་ཟིན་ཡེ་ཤེས་འདྲེན་བྱེད་ཁོ་ན་སྟེ། །ཐོག་མའི་སྨིན་བྱེད་དབང་ལ་དཀྱིལ་འཁོར་འདི། །རྒྱུད་དང་རྒྱུད་འགྲེལ་འགར་ཡང་བཤད་མ་མཐོང་། །སླར་ཡང་སྤྲུལ་པའི་དཀྱིལ་འཁོར་དུ་འཇུག་པ། །འཕགས་པ་ཞེས་སྨྲ་བསྟན་པའི་ཆོས་རྐུན་ཡིན། །ཡེ་ཤེས་དབབ་དང་ཤེར་དབང་ཞེས་སོགས་ཀྱིས། །སོ་སྐྱེས་སྤྲུལ་འཇུག་ནུས་པར་སྨན་ཞབས་གསུང་། །ཞེས་པའི་ལན་ནི། འདི་ཡང་ཕྱོགས་སྔ་མ་མཐོང་མུན་པའི་མདའ། །འདུས་པ་ཐ་མར་སྤྲུལ་སྐུའི་ཞལ་མཐོང་ནས། །བཞི་པ་རྟེན་ཅན་དབང་གི་རྟེན་འབྲེལ་ལས། །མི་རྟོགས་མཐོང་ལམ་ཐོབ་ཅེས་མཁས་པའི་གདམས། །ཞེས་བྱའོ། །ཁོ་བོས་ནི་རེ་ཞིག་ཕར་ཕྱིན་ལམ་གྱི་ས་བོར་ཏེ། སྤྲུལ་པའི་དཀྱིལ་འཁོར་དུ་དབང་བསྐུར་བར་ནུས་པའི་སློབ་བུ་དེ་ནི་སྔོན་དུ་དབང་གི་སྦྱངས་ཟིན་པ་ཞིག་ཡིན་ནོ་ཞེས་བཤད་ཀྱིས་དེ་ལ་འཕགས་པས་ཁྱབ་ཅེས་སྨྲས་པ་མེད་དོ། །

བདག་མེད་ལྷ་མོས་སྤྲུལ་པའི་དཀྱིལ་འཁོར་དེར། །རྣལ་འབྱོར་གཙུག་རྒྱན་རྗེས་སུ་བཟུང་བ་དེའང་། །ཟག་མེད་དགའ་བདེ་འདྲེན་བྱེད་ལམ་ཡིན་གྱི། །དེ་ཉིད་སྔོན་དུ་སྨིན་ཟིན་མ་ཡིན་ནམ། །ཞེས་པ་ལ། ཨ་ལ་ལ་ཧོ་ལམ་བཀའི་བརྒྱུད་པ་དང་། །སྨིན་བྱེད་དབང་རྒྱུད་ཐ་དད་འབྱེད་བྱེད་པའི། །ས་སྐྱ་པ་རྣམས་སྨིན་བཀའ་སུ་ལས་བརྒྱུད། །ལམ་བཀས་སྨིན་བྱེད་དབང་རྒྱུད་ཆོག་འགལ། །ཞེས་པའི་ལན་ནི། ཨུ་ལུ་ལུ་ཧོ་དབང་བསྐུར་མི་དགོས་པའི། །བཀའ་བརྒྱུད་པ་དག་དབང་བསྐུར་སུ་ལས་འདེད། །བརྒྱུད་པ་ཡོད་ན་དབང་བསྐུར་མ་ཐོབ་ཀྱང་། །གཞན་ལ་དབང་བསྐུར་བྱེད་སོགས་འགལ་མིན་ནམ། །བདག་མེད་ལྷ་མོའི་ཟག་མེད་བདུད་རྩིའི་བཅུད། །རྣལ་འབྱོར་དབང་ཕྱུག་ཐུགས་མཚོར་འདྲེས་ཟིན་ཕྱིར། །དགེས་མཛད་རྡོ་རྗེའི་སྨིན་ལམ་མན་ངག་བརྒྱུད། །བརྒྱུད་པ་གཞན་དུ་མ་འཚོལ་དེ་རུ་དེད། །ཞེས་བྱའོ། །རྡོ་རྗེ་བཙུན་མོའི་ཕྱུ་སྐྱེས་ཟེར་བ་དེར། །མཆོག་ཏུ་གསང་བའི་

རྣམ་འཕྲུལ་དཀྱིལ་འཁོར་ཆེ། །གྲུབ་པའི་གཙུག་རྒྱན་ཨིནྡྲ་བྷུ་ཏི་བ། །དབང་དུས་གྲོལ་བར་བྱས་ཞེས་གླེང་བ་དེའང་། །སྨིན་ཆེ་སླིན་ཟིན་གྲོལ་བ་ཁོ་ན་ཏེ། །སྐལ་ལྡན་ལས་འཕྲོ་ཅན་ཞེས་མ་བཤད་དམ། །གཞན་དུ་དེ་ཡི་ཚིག་གི་ནུས་པ་ཅི། །མིན་ན་ཧ་ཅང་ཐལ་བ་ཁོ་ནར་འགྱུར། །ཞེས་པ་ལ། ལས་འཕྲོ་ཅན་དུ་དབང་ཐོབ་ཁོ་ནས་མིན། །ཕར་ཕྱིན་ལམ་གྱི་སྦྱངས་པའང་དེར་འདོག་གོ། །

ཞེས་པའི་ལན་ནི། འདུལ་བ་མདོ་སྡེ་སྔགས་ཀྱི་ཐེག་གསུམ་ལས། །རང་རང་བགོ་སྐལ་ལས་འཕྲོ་སོ་སོར་བཤད། །དེ་ཉིད་གང་དུ་གང་གིས་བསད་པ་ཡི། །སྐབས་ཐོབ་རྣམ་དབྱེ་མ་ཕྱེད་འཆལ་བ་ཡིན། །ཞེས་བྱའོ། །དེ་ཕྱིར་དེ་འདྲའི་རིགས་ཀྱི་སྐལ་ལྡན་འགའ། །ཚེ་འདིར་དབང་བསྐུར་ཐོབ་པའམ་མིན་ཡང་རུང་། །དབང་དང་རིམ་གཉིས་བདུད་རྩིའི་ལོངས་སྤྱོད་ལ། །དགའ་ཞིང་འཇུ་བ་སྔོན་དུ་གོམས་པའི་རྟགས། །ཤེས་རབ་མཆོག་གྱུར་ཤཱ་རིའི་བུ་དེས་ཀྱང་། །སྤྱོད་པས་ཡིད་འཕྲོག་འཕགས་པ་རྟ་ཐུལ་ལ། །ཚིགས་བཅད་གཅིག་ལས་གནས་ལུགས་གཟིགས་པ་དེའང་། །ལྷ་ལ་གོམས་པས་ཡིན་ཞེས་མ་བཤད་དམ། །མིན་ན་སྦྱོར་བ་སྔོན་དུ་མ་བྱས་པའམ། །ཡང་ན་སྦྱོར་བའི་ལམ་དང་མཐོང་བའི་ལམ། །ཅིག་ཅར་ཐོབ་པའམ་ཡང་ན་ཚིག་ཙམ་གྱིས། །མཐོང་ལམ་དངོས་ཀྱི་བདག་རྐྱེན་བྱས་སམ་ཅི། །ཞེས་པ་ལ། ཉན་ཐོས་ལུང་བཞིན་སླན་དེ་སྐྱ་ཕན། །སླིན་ཟིན་ཐ་མའི་གང་ཟག་འདོད་པ་ཡིན། །ཞེས་པའི་ལན་ནི། ཉན་ཐོས་ལུང་བཞིན་སླན་དེ་སྐྱ་ཕན། །སླིན་ཟིན་ཐ་མའི་གང་ཟག་འདོད་པ་ལྟར། །ཐེག་ཆེན་ལུང་བཞིན་སླན་དེ་སྐྱ་ཕན། །སླིན་ཟིན་ཐ་མའི་གང་ཟག་ཅིས་མ་ཡིན། །ཞེས་བྱ་སྟེ། སྔགས་ཀྱི་ཐེག་པར་གཏམ་དུ་གྲགས་པའི་རྒྱལ་པོ་ཨིནྡྲ་བྷུ་ཏི་ལྟ་བུ་དབང་དུས་སུ་གྲོལ་བ་དེ་ཉིད། ཚེ་སྔ་མ་དབང་གིས་སླིན་ཟིན་པ་ཁོ་ནས། ཚེ་འདིར་དབང་གི་བྱེད་པ་ཙམ་གྱིས་གྲོལ་ནུས་པ་ཡིན་ཏེ། དཔེར་ན། ཉན་ཐོས་ཀྱི་ཐེག་པར། ཤཱ་རིའི་བུས། ཆོས་གང་རྒྱུ་ལས་རབ་བྱུང་བ། །ཞེས་སོགས་ཀྱི་ཚིགས་སུ་བཅད་པས་མཐོང་ལམ་སྐྱེས་པར་བཤད་པ་དེ་ཡང་། ཚེ་སྔ་མར་བདེན་བཞིའི་དོན་ལ་གོམས་པའི་ཚོགས་སྦྱོར་གྱི་ལམ་སྔོན་དུ་སོང་བ་ཉིད་ཀྱི་མཐུ་ཡིན་པ་དང་། ཐེག་ཆེན་གྱི་ཕ་རོལ་ཏུ་ཕྱིན་པར། ཇི་ལྟར་འཇིག་རྟེན་ལས་དང་ཉོན་མོངས་རྒྱུར་བཅས་བྱེད་རྒྱུར་ལྡན་འབྱུང་དང་། །ཞེས་སོགས་ཚིགས་སུ་བཅད་པ་ལ་བརྟེན་ནས། ཤཱ་རིའི་བུས་ཆོས་ཉིད་མངོན་སུམ་དུ་རྟོགས་པར་བཤད་པ་དེ་ཡང་། ཚེ་སྔ་མར། གནས་ལུགས་སྤྲོས་བྲལ་སྟོང་པ་ཉིད་ལ་གོམས་པའི་ཚོགས་སྦྱོར་གྱི་ལམ་གྱི་མཐུ་ཡིན་པར་འདོད་པ་ལྟར། འདིར་ཡང་གནས་ཁོང་དུ་ཆུད་པར་བྱའོ། །

དེ་ལྟ་མ་ཡིན་ན། ཤཱ་རིའི་བུ་དེ་སྐྱ་ཕན། ཕྱི་རོལ་པའི་ཟོལ་ཅན་ཡིན་གྱི། ཆོས་འདི་པའི་ལམ་ལ་སྦྱངས་པའི་ཚུལ་མ་བསྟན་པས། ཚོགས་སྦྱོར་གྱི་ལམ་མ་ཐོབ་པར་མཐོང་ལམ་ཐོབ་པ་ཡིན་ནམ། ཡང་ན་དེ་དག་ཅིག་ཅར་དུ

ཐོབ་པ་ཡིན་ཞེས་དཔྱད་ན་འཇིགས་ཏེ། དེ་དག་གང་ལྟར་ཡང་རིགས་པས་གནོད་པའི་ཕྱིར་རོ། །

ཉན་ཐོས་ཀྱི་སྐབས་སུ་དེ་ལྟར་ཁྱེད་རང་གིས་ཀྱང་ཞལ་གྱིས་བཞེས་ཤིང་། ཐེག་ཆེན་གྱི་སྐབས་སུ་སྔ་མའི་རིགས་པ་དང་། ལུང་ཡང་དཔལ་ལྡན་ཟླ་བས། གང་དག་འདས་པའི་སྲིད་པ་ན་རྟེན་ཅིང་འབྲེལ་པར་འབྱུང་བ་རྟོགས་ཤིང་། སྟོང་པ་ཉིད་མཐོང་བའི་ས་བོན་ཡོད་པ་དེ་དག་ནི་མཐུ་ཆེ་བ་ཡིན་ཏེ། ད་ལྟར་གྱི་དུས་སུ་སྐྱེས་པའི་གོམས་པ་མཚར་པོ་ཆེ་མེད་དུ་ཟིན་ཡང་། བྱིས་པའི་སྐྱེ་བོའི་བློའི་སྤྱོད་ཡུལ་མ་ཡིན་པ། ཡོད་པ་དང་མེད་པའི་མཐར་རྟོག་པའི་རྟོག་མས་དྲིམས་མ་སྨྱགས་པ། རྟེན་ཅིང་འབྲེལ་པར་འབྱུང་བ་ཟབ་མོ། འཕགས་པ་ཤཱ་རིའི་བུ་ལ་སོགས་པས་ཁོང་དུ་ཆུད་པར་དམིགས་ཏེ། ཇི་ལྟར་འཇིག་རྟེན་ལས་དང་ཉོན་མོངས་རྒྱུར་བཅས་བྱེད་རྒྱུར་ལྡན་འབྱུང་དང་། །ལས་དང་ཉོན་མོངས་པ་དག་ཟློག་རྒྱུ་དེ་ཡང་འདྲེན་པས་རབ་ཏུ་གསུང་། །གང་ན་སྐྱེ་དང་ན་དང་རྒུད་པའི་སྡུག་བསྔལ་ཉེ་བར་མི་གནས་པ། །ཐར་པའི་མཆོག་དེ་སླ་བའི་ཁྱུ་མཆོག་དེས་རབ་མཁྱེན་དེས་གསུངས། །ཚིགས་སུ་བཅད་པ་དེ་ཐོས་ནས་ཤཱ་རིའི་བུ་ལ་སོགས་པས་དེ་ཁོ་ན་ཉིད་རྟོགས་ཞེས་འབྱུང་སྟེ། དེ་ལྟར་སྔོན་གོམས་པའི་མཐུ་ཉིད་ཀྱིས། དེའི་བློ་ཡོད་པ་དང་མེད་པར་མཐོང་བ་ལས་འདས་སོ་ཞེས་གསལ་བར་གསུངས་པ་འདི་ཉིད་དོ། །འཁོར་ལོ་སྡོམ་པའི་གྲུབ་ཆེན་དྲིལ་བུ་པས། དབང་པོ་རྣོ་རྟུལ་གདུལ་བྱའི་བྱེ་བྲག་གིས། །ལུས་དཀྱིལ་རས་བྲིས་རྟུལ་ཚོན་དབང་བསྐུར་གསུམ། །སྨིན་བྱེད་ལྟ་བུར་གསལ་བར་བཤད་མོད་ཀྱི། །འཇམ་དབྱངས་རྣམ་འཕྲུལ་ས་སྐྱའི་རྗེ་བཙུན་དེས། །དེང་སང་སྨིན་བྱེད་རྟུལ་ཚོན་ཉིད་དོ་ཞེས། །བཤད་པའི་གྲུབ་པའི་དབང་ཕྱུག་བྲི་རུ་པའི། །རྒྱུད་གསུམ་མན་ངག་བཤད་སྲོལ་ཆེན་པོའི་ལུགས། །ཞེས་པ་ལ། བྲི་རུ་པ་དེས་བྲིས་པའི་དཀྱིལ་འཁོར་འགར། །སློབ་བུ་སུ་ཞིག་རྗེས་བཟུང་སླ་བར་རིགས། །ཞེས་པའི་ལན་ནི། རྡོ་རྗེ་འཆང་དེས་བྲིས་པའི་དཀྱིལ་འཁོར་འགར། །སློབ་བུ་སུ་ཞིག་རྗེས་བཟུང་སླ་བར་རིགས། །ཞེས་བྱའོ། །དཔལ་ལྡན་དུས་ཀྱི་འཁོར་ལོའི་བཤད་སྲོལ་ལའང་། །བུམ་དབང་རྟུལ་ཚོན་ཉིད་དུ་མི་བསྐུར་ཡང་། །དབང་བདུན་རྟུལ་མཚོན་ཉིད་དུ་བསྐུར་བའི་ཕྱིར། །སྨིན་བྱེད་རྟུལ་མཚོན་ཉིད་དུ་མི་རིགས་སམ། །ཞེས་པ་ལ། དབང་བདུན་སྨིན་བྱེད་བདེན་ན་རང་ལ་འགལ། །ཞེས་པའི་ལན་ནི། དབང་བདུན་སྨིན་བྱེད་བདེན་ནོ་འགལ་བ་སློས། །བདུན་པ་རྗེས་གནང་ཡིན་པའི་ཕྱིར་སྙམ་ན། །ཡེ་ཤེས་ཕྱུང་ཁམས་དག་བྱེད་རྗེས་གནང་དབང་། །དབང་བདུན་གཙོ་བོ་ཡིན་གྱི་རྗེས་གནང་མིན། །ཞེས་བྱའོ། །

ཅི་ཕྱིར་ཞེན་སྨིན་བྱེད་གཙོ་བོ་ནི། །བྱིས་པའི་དབང་བདུན་ཉིད་ལ་རིགས་པའི་ཕྱིར། །འོག་མ་བྱིས་པའི་དབང་བདུན་མ་ཐོབ་ན། །དཀྱིལ་འཁོར་གསུམ་དུ་དབང་བཞི་རུང་ངམ་ཅི། །ཞེས་པ་ལ། མཆོག་དོན་གཉེར་བ

དེ་ཉིད་ནས་འཇུག་གསུང་། །ཞེས་པའི་ལན་ནི། མཆོག་གི་སློབ་མས་ཕྱིས་དབང་ཐོབ་ཟིན་ཞེས། །ཁོ་བོས་འདི་གར་བཤད་འདི་མ་གཟིགས་སམ། །ཞེས་བྱའོ། །རྒྱུད་དེར་བཤད་པའི་དབང་བསྐུར་བཅུ་གཅིག་པོ། །སྔ་མ་སྔ་མ་སྔོན་དུ་མ་སོང་བར། །ཕྱི་མ་ཕྱི་མ་བསྐུར་བའི་ཕྱག་སྲོལ་ནི། །དཔྱོད་ལྡན་མཁས་པའི་ལུགས་ལ་རུང་མ་ཡིན། ། ཞེས་པ་ལ། དེ་ཁ་གཟིགས་པ་རྒྱ་ཆེ་བདེན་གྱུར་ཅིག །ཅེས་པའི་ལན་ནི། གཟིགས་པ་རྒྱ་ཆེར་རྣམ་དཔྱོད་ཞིབ་ན་མཛེས། །དེ་འདྲའི་ཕྱག་ལེན་མཐོང་ཞིང་ཐོས་པ་དག །དཔྱོད་ལྡན་ལུགས་སམ་ལུགས་མིན་ཅི་ཡིན་ཞེས། ། རྒྱུད་དང་རྒྱུད་འགྲེལ་དཔང་དུ་གཙུགས་ན་གསལ། །ཞེས་བྱའོ། །

གལ་ཏེ་ལུགས་དེའི་མཆོག་གི་དབང་བསྐུར་བཞི། །ཕྱིས་དབང་མེད་ལ་ཐོག་མར་བསྐུར་རུང་ན། ། དཀྱིལ་འཁོར་ཆེན་པོའི་ནང་དུ་མ་ཞུགས་ལ། །གསང་བ་ཆེན་པོ་སྒྲུགས་པར་དགོད་འགྱུར། །ཞེས་པ་ལ། ཨེ་མ་ལུས་དང་ངག་བྱང་སེམས་གསུམ། །དཀྱིལ་འཁོར་ཆེ་ཡིན་རྟུལ་ཚོན་འདི་ལ་བཀག །ཅེས་པའི་ལན་ནི། ཨེ་མ་གསུང་འདི་དཀྱིལ་འཁོར་མ་ཟིན་གདམ། །ཅི་ཕྱིར་ཞེ་ན་དཀྱིལ་འཁོར་མ་མཐོང་བར། །སློ་མི་བྱ་ཞེས་ཐུབ་པས་བཀའ་སྩལ་པའི། །དཀྱིལ་འཁོར་མཚན་ཉིད་ཇི་བཞིན་མ་མཐོང་ན། །དཀྱིལ་འཁོར་མིང་ཙམ་བྱུང་བས་ཆོག་པ་མིན། །འདྲེན་པ་ལྷ་དང་འདྲེན་མཆོག་གཞལ་ཡས་ཁང་། །བླ་མེད་འཇུག་སྒོའི་དཀྱིལ་འཁོར་ཆེན་པོ་ཞེས། །ཚད་ལྡན་གཞུང་ལས་འབྱུང་དེ་མ་གཟིགས་སམ། །ཞེས་བྱའོ། །ཀུན་ལ་གྲགས་པའི་མཆོག་དབང་གསུམ་པོ་དེའང་། །བུམ་དབང་མེད་ལ་རང་འགར་རུང་འགྱུར་ཞིང་། །ལམ་ཟབ་ལ་སོགས་བྱིན་རླབས་ཕྲ་མོ་ཡང་། ། ཐོག་མའི་སྨིན་ལམ་ཆེས་ཆེར་ཐལ་བར་འགྱུར། །ཞེས་པ་ཚིག་རྐང་སྔ་མ་གཉིས་ལ། སྔགས་ལས་མ་སྨྲངས་འགའ་ཞིག་དེ་སྐད་སྨྲ། །ཞེས་དང་ཕྱི་མ་གཉིས་ལ། བྱིན་རླབས་སྨིན་བྱེད་ཡེ་ཤེས་གྲུབ་པར་གསུང་། །ཞེས་པའི་ལན་ནི། འོག་མ་མ་ཐོབ་གོང་མ་མི་རུང་ཞེས། །ཅལ་འདི་རྡོ་རྗེ་སྙིང་པོས་བསྒྲགས་པ་སྟེ། །དེ་ཉིད་ཅལ་སྒྲོགས་ཟ་བའི་བདུད་རྩི་མ། །དཔལ་ལྡན་ས་སྐྱའི་གདངས་རིར་བྲོས་པ་བཞིན། །སྔགས་ལས་སྨྲངས་སམ་མ་སྨྲངས་སུ་ཡིས་ཤེས། །རྒྱུད་དོན་སླ་བ་ཀུན་གྱི་སྤྱི་ལུགས་ཡིན། །བྱིན་རླབས་སྨིན་བྱེད་ཡེ་ཤེས་གྲུབ་པ་སོགས། །འཕགས་ཡུལ་ཡངས་པར་མཐོང་བོད་ཀྱི་གདམ། །ཞེས་བྱའོ། །དབང་བཞི་འོག་མ་མ་ཐོབ་པ་ལ་གོང་མ་བྱར་མི་རུང་སྟེ། བརྟག་པ་ཕྱི་མའི་ལྔ་པའི་སྙིང་འགྲེལ་ལས། རྡོ་རྗེ་སློབ་དཔོན་བླ་དང་ལྡན་པས་དབང་ལ་འཚོལ་བའི་སྐྱོན་སྤངས་ལ་དབང་བཞི་གོ་རིམ་བཞིན་དུ་བསྐུར་བར་བྱའོ། །ཞེས་དབང་ལ་འཚོལ་བར་སྤྱོད་པའི་རྡོ་རྗེ་སློབ་དཔོན་ལ་ཆེད་དུ་དམིགས་ཀྱིས་བཀར་བའི་དགག་པ་མཛད་འདུག་པའི་ཕྱིར་རོ། །ཕྱིས་པའི་དབང་བདུན་སྨིན་བྱེད་མ་ཡིན་ན། །ཕུང་པོ་ལྔ་དང་ཉོན་མོངས་ལྔ་སོགས་ཀྱི། །དྲི་མ་སྦྱངས་ནས་བསྐྱེད་རིམ་ལྷར་སྒོམ་པའི། །སྨིན་བྱེད་

དབང་དེ་སུ་ཞིག་ཡིན་པ་སྨྲོས། །ཞེས་པ་ལ། བུམ་དབང་བུམ་དབང་བུམ་དབང་ཞེས་པར་སྨྲ། །ཞེས་པའི་ལན་ནི། སྐབས་དེའི་སྨིན་བྱེད་མཆོག་གི་བུམ་དབང་ཞེས། །མཐོན་པོའི་གདངས་ཀྱིས་གྲངས་མེད་བགྲངས་ན་ཡང་། །ཀྱེ་མ་ཀྱི་ཧུད་ཅེས་པའི་སྨྲེ་སྔགས་འཆོར། །ཟའི་སྐད་ལྷུག་པ་བརྒྱུད་མར་ཐོར་ཕྱིར་རོ། །ཞེས་བྱའོ། །

ཅིའི་ཕྱིར་ཞེ་ན། ཁོ་བོས། སྦྱངས་གཞི་ཕུང་པོ་ལྔ་དང་ཉོན་མོངས་ལྔ་སོགས་ཀྱི་དྲི་མ་སྦྱངས་ནས། ལམ་བསྐྱེད་རིམ་སྒོམ་པའི་སྣོད་རུང་དུ་བྱེད་པའི་དབང་དེ། ཞུས་པའི་དབང་མ་ཡིན་ན་གཞན་སུ་ཞིག་ཡིན་དྲིས་པའི་ལན་དུ། དེ་ཉིད་བུམ་དབང་ཡིན་ནོ་ཞེས་གསུངས་པ་ནི། ཡང་དག་པ་མ་ཡིན་ཏེ། དུས་ཀྱི་འཁོར་ལོ་དེར། མཆོག་གི་བུམ་དབང་ནི། ཕུང་པོ་ལྔ་སོགས་སྦྱོང་བྱེད་དུ་གཞར་ཡང་མ་བཤད་སྟེ། ཆུ་དབང་འབྱུང་བ་ལྔ་སྦྱོང་བྱེད་དང་། ཅོད་པན་གྱི་དབང་ཕུང་པོ་ལྔ་སྦྱོང་བྱེད་དང་། རྡོ་རྗེའི་བརྟུལ་ཞུགས་ཕྱི་ནང་གི་སྐྱེ་མཆེད་རྣམས་སྦྱོང་བྱེད། མིང་དབང་ཉོན་མོངས་ལྔ་སོགས་སྦྱོང་བྱེད་ཡིན་ཞེས། རྒྱུད་དེའི་རྩ་འགྲེལ། ནཱ་རོ་འགྲེལ་ཆེན་སོགས་ལས་གསལ་བར་བཤད་ཀྱི་མཆོག་གི་བུམ་དབང་ལ་བཤད་པ་མི་སྣང་བའི་ཕྱིར་དང་། ཞུས་པའི་དབང་རྣམས། ལམ་ལྷ་སྒོམ་སྔགས་བཟླས་སོགས་བྱེད་པའི་སྨིན་བྱེད་དང་། མཆོག་དབང་བཞི་ནི། ལམ་སྟོང་པ་ཉིད་དང་བདེ་བ་ཆེན་པོ་སྒོམ་པའི་སྨིན་བྱེད་དུ་བཤད་ཀྱི། མཆོག་གི་བུམ་དབང་བསྐྱེད་རིམ་སྒོམ་པའི་སྨིན་བྱེད་དུ་མ་བཤད་པའི་ཕྱིར་རོ༔ །གནོད་བྱེད་གཞན་ཡང་། མཆོག་གི་བུམ་དབང་དོན་དུ་གཉེར་བའི་སློབ་བུ་དེ་ནི། རྒྱུད་འགྲེལ་དེར་བཤད་པའི་སློབ་མ་གསུམ་ལས་སློབ་མ་འབྲིང་པོ་དེར་ཐལ་བ་དང་། བུམ་དབང་དེ་ཡང་དེར་བཤད་པའི་དཀྱིལ་འཁོར་བཞི་ལས། ཀུན་རྫོབ་རྡུལ་ཚོན་གྱི་དཀྱིལ་འཁོར་དུ་བསྐུར་བར་ཐལ་བ་དང་། དབང་དེ་འཇིག་རྟེན་པའི་དངོས་གྲུབ་གཙོ་བོར་སྒྲུབ་བྱེད་དུ་ཐལ་བ་གསུམ་ཡང་ཟློག་པར་མི་ནུས་ཏེ། དེ་ཉིད་སྦྱང་གཞི་ཕུང་ཁམས་སྐྱེ་མཆེད་སོགས་སྦྱངས་ནས། བསྐྱེད་རིམ་སྒོམ་པའི་སྨིན་བྱེད་ཀྱི་དབང་ཡིན་ནོ་ཞེས་ནན་གྱིས་ཞལ་གྱི་པདྨར་གཟེངས་བསྟོད་པའི་ཕྱིར་རོ། །དེ་དག་ལ་ལན་གྱིས་ཟློག་པར་ཡང་མི་ནུས་ཏེ། དྲི་མ་མེད་པའི་མདོ་ལས། འདིར་སྔགས་ཀྱི་ཚུལ་ལ་སློབ་མ་རྣམ་པ་གཉིས། ཞེས་དང་། གང་ཕྱག་རྒྱ་ཆེན་པོའི་དངོས་གྲུབ་སྒྲུབ་པ་དོན་དུ་གཉེར་བ་དེ་ནི། སྟོང་པ་ཉིད་ཀྱི་ལམ་སྒོམ་པའི་དོན་དུ། བུམ་པ་དང་གསང་བ་ལ་སོགས་པའི་དབང་གིས་ཡང་དག་པར་བསྐུ་བར་བྱའོ། །གང་འཇིག་རྟེན་པའི་དངོས་གྲུབ་སྒྲུབ་པ་དོན་དུ་གཉེར་བ་དེ་ནི། སྔགས་དང་ཕྱག་རྒྱ་དང་དཀྱིལ་འཁོར་གྱི་འཁོར་ལོ་སྒོམ་པའི་དོན་དུ། དབང་བདུན་གྱི་ཡང་དག་པར་བསྐུ་བར་བྱ་སྟེ། འབྲིང་པོ་བསོད་ནམས་དག་གི་རྒྱུད་ཅེས་སོ། །

ཐ་མ་ནི་དབང་གིས་ཡང་དག་པར་བསྐུ་བར་བྱ་བ་མ་ཡིན་ཏེ། དགེ་བསྙེན་གྱི་བསླབ་པས་ཡང་དག་པར་

བསྐུ་བར་བྱའོ་ཞེས་པ་ནི་ངེས་པའོ། །ཞེས། ལྷ་སྒོམ་སོགས་ནི་བྱིས་དབང་གི་ལམ་དུ་བཤད་ཀྱི། བུམ་དབང་གི་ལམ་དུ་མ་བཤད་པའི་ཕྱིར་དང་། དབང་མདོར་བསྟན་གྱི་ན་རོ་འགྲེལ་ཆེན་དུ། འདིར་ཆུའི་དབང་གང་ཡིན་པ་དེ་དག་ལ་སོགས་པའི་ཁམས་ལྷ་རྣམ་པར་དག་པའི་སྒྲིབ་པ་མེད་པའོ་ཞེས་དང་། དེ་བཞིན་དུ་དབུ་རྒྱན་གྱིས་དབང་གི་གཟུགས་ལ་སོགས་པའི་ཕུང་པོ་ལྷ་རྣམ་པར་དག་ཅིང་སྒྲིབ་པ་མེད་པ་ནི་ཞེས་སོགས་དང་། རྡོ་རྗེ་བརྟུལ་ཞུགས་ཀྱི་དབང་གིས་ནི་གཟུགས་ལ་སོགས་པའི་ཡུལ་དང་། མིག་ལ་སོགས་པའི་དབང་པོ་རྣམ་པར་དག་པ་སྟེ་ཞེས་སོགས་དང་། རྡོ་རྗེ་ཆེ་གེ་མོ་ཞེས་མིང་གི་བྱེད་པ་ལས། བྱམས་པ་ལ་སོགས་པའི་ཚངས་པའི་གནས་བཞི་ཡོངས་སུ་གང་བ། དུས་ཐམས་ཅད་དུ་འདོད་ཆགས་དང་ཞེ་སྡང་ལ་སོགས་པ་རྣམ་པར་དག་པའི་སྒྲིབ་པ་མེད་པ་ཞེས་པ་ནི་མིང་གི་དབང་སྟེ་དྲུག་པའོ། །

ཞེས་ཐ་མལ་པའི་ཕུང་ཁམས་སྐྱེ་མཆེད་རྣམས་སྦྱོང་བ་བྱིས་དབང་གིས་བྱེད་པར་བཤད་ཀྱི། མཆོག་གི་བུམ་དབང་ལ་ཅོལ་གཉེར་ཙུང་ཟད་ཀྱང་མེད་པའི་ཕྱིར། གནད་དེས་ན་ཕུང་སོགས་ལ་ཐ་མལ་སྣང་ཞེན་སྦྱངས་ནས། བསྐྱེད་རིམ་སྒོམ་པའི་སྨིན་བྱེད། བྱིས་པའི་དབང་མ་ཡིན་པར། བུམ་དབང་ཡིན་ནོ་ཞེས་པ་ནི། གྲུབ་དབང་མཆོག་གི་སྒྲོན་དོར་དུ་ཤེས་པར་བྱ་སྟེ། རྒྱུད་སྡེ་དེ་ར་རྣམ་པར་དཔྱད་པ་ཙམ་གྱིས་སོམ་ཉི་འཕྲོག་པར་ནུས་པའི་ཕྱིར་རོ། །མཆོག་དབང་རྣམ་བཞིས་བསྐུ་བྱ་ཁོ་ནའི་ཕྱིར། །རྒྱུད་སྡེར་བཤད་པའི་མཆོག་གི་སློབ་མ་དེ། །བྱིས་པའི་དབང་གིས་བསྐུ་བྱ་མིན་པས་ན། །མཆོག་དབང་ཐོག་མའི་སྨིན་བྱེད་ཡིན་སྙམ་ན། །སློབ་མ་གསུམ་ལས་མཆོག་གི་སློབ་མ་དེ། །དཀྱིལ་འཁོར་དེའམ་དཀྱིལ་འཁོར་གཞན་དུའང་རུང་། །བྱིས་པའི་དབང་གིས་བསྐུས་ཟིན་ཁོ་ནའི་ཕྱིར། །སྐབས་དེར་བྱིས་པའི་དབང་གིས་མ་བསྐུས་ཀྱང་། །མཆོག་དབང་གོང་མ་སློབ་མ་མཆོག་དེ་ལ། །སྨིན་བྱེད་ཐོག་མར་དགོས་པའི་གོ་སྐབས་བྲལ། །མིན་ན་མཆོག་དབང་གིས་བསྐུས་སློབ་མ་དེས། །རྒྱུད་སྡེའི་དཀྱིལ་འཁོར་ཆེན་པོ་མཐོང་ངམ་ཅི། །མཐོང་བ་མིན་ན་རྫོགས་རིམ་ཉམས་ལེན་བྲལ། །མཐོང་ན་གང་ཞིག་གང་དུ་མཐོང་བ་སྨྲོས། །གལ་ཏེ་ལུས་ཀྱི་དཀྱིལ་འཁོར་མཐོང་སྙམ་ན། །དྲིལ་བུ་ལུས་དཀྱིལ་སོགས་དང་འདི་མི་འདྲ། །རྒྱུད་འདིའི་བུམ་དབང་ལུས་ཀྱི་དཀྱིལ་འཁོར་ལ། །རྟེན་དང་བརྟེན་པའི་དཀྱིལ་འཁོར་མེད་ཕྱིར་རོ། །ཞེས་པ་ལ། བྲིས་པ་ཞིག་ལ་རྣམ་ཀུན་བློ་གཏད་ནས། །སྟུགས་དང་འགལ་མོད་གསང་དབང་ཐོབ་པ་ཡང་། །ལུས་དཀྱིལ་མ་མཐོང་མ་ཡིན་གསུམ་སོགས་མཚུངས། །ཞེས་པའི་ལན་ནི། གང་དུ་ཞུགས་པས་ལྷ་དང་སྐལ་མཉམ་པའི། །དཀྱིལ་འཁོར་གང་ཞིག་མཐོང་ཞེས་བརྗོད་པའི་ཚེ། །དཀར་འཛིན་ནུ་མ་མཐོང་ཞེས་བཞད་པ་མཚར། །སྔོ་ནི་གང་ཕྱེ་མེ་ཏོག་གང་ལ་ཐོག །ཕ་མེད་བུ་ཡི་སྒྲོན་དོར་ཇི་བཞིན་དུ། །རིགས་སུ་མ་སྐྱེས

མཆོག་གི་སློབ་མ་མཚར། །དེ་ཕྱིར་ཁོ་བོའི་རྣམ་དཔྱོད་པར་གྱིས་ཤིས། །རྣམ་བཀྲ་རི་མོའི་དགའ་སྟོན་འདི་ཡོངས་ཤིག །ཅེས་བྱའོ། །གནད་འདི་ཁོང་དུ་ཆུད་པར་བྱ་སྟེ། གྲུབ་པ་མཆོག་གི་གསུང་ལས། དེང་སང་གང་ཟག་རབ་འབྲིང་ཀུན། །རྡུལ་ཚོན་གྱི་ནི་དཀྱིལ་འཁོར་དུ། །དབང་བསྐུར་བྱ་བར་གསུང་མོད་ཀྱི། །གཞན་གྱི་སྨིན་བྱེད་རྒྱུད་ལས་བཀག །ཅེས་པ་ནི་མི་རིགས་ཏེ། བུམ་དབང་དཀྱིལ་འཁོར་རྡུལ་ཚོན་ལས་གཞན་པ། །དཔལ་ལྡན་དུས་ཀྱི་འཁོར་ལོ་གསུང་བཞིན་དུ། །སྨིན་བྱེད་རྡུལ་ཚོན་ཁོ་ནར་བསྐུར་དགོས་པའི། །སྒྲུབ་བྱེད་སླུ་བ་རི་བོང་ཅལ་དང་མཚུངས། །

ཞེས་དཔལ་ལྡན་དུས་ཀྱི་འཁོར་ལོ་བུམ་དབང་བསྐུར་བའི་དཀྱིལ་འཁོར། རྡུལ་ཚོན་དུ་མི་བསྐུར་བར་དཀྱིལ་འཁོར་གཞན་ཁོ་ནར་བསྐུར་བར་བཤད་པའི་ཕྱིར་དང་། དུས་འཁོར་གྱི་བུམ་དབང་དེ་ཉིད་ཐོག་མའི་སྨིན་བྱེད་ཀྱང་ཡིན་པའི་ཕྱིར་རོ་ཞེས་པ་ནི། ཕྱོགས་སྔ་མའི་རིགས་པ་དང་ལུང་གི་སྙིང་པོའོ། །ཁོ་བོས་ལན་དུ་སྨྲས་པ། དཔལ་ལྡན་དུས་ཀྱི་འཁོར་ལོའི་བཤད་སྲོལ་ལའང་། །བུམ་དབང་རྡུལ་ཚོན་ཉིད་དུ་མི་བསྐུར་ཡང་། །དབང་བདུན་རྡུལ་ཚོན་ཉིད་དུ་བསྐུར་བའི་ཕྱིར། །སྨིན་བྱེད་རྡུལ་ཚོན་ཉིད་དུ་མི་རིགས་སམ། །ཞེས་པ་ལྟར། ལུང་རིགས་དེས་གནོད་པ་མ་ཡིན་ཏེ། རྒྱུད་སྡེ་ཆེན་པོ་དེར། བུམ་དབང་སོགས་མཆོག་དབང་བཞི། གང་ཟག་ལས་དང་པོ་པ་ཞིག་ལ་ཐོག་མར་སྨིན་བྱེད་དུ་བྱར་རུང་ན། གནོད་བྱེད་དེ་དག་ཟློག་པར་མི་ནུས་ཤིང་། གནོད་བྱེད་གཞན་ཡང་མགྲོན་དུ་བོས་པ་ལྟར་འབྱུང་མོད། དེ་ལྟ་མ་ཡིན་གྱི། མཆོག་དབང་བཞིའི་སྔོན་དུ། བྱིས་པའི་དབང་ངེས་པར་དགོས་ལ། བྱིས་པའི་དབང་བདུན་ནི་རྡུལ་ཚོན་ཉིད་དུ་བསྐུར་དགོས་སོ་ཞེས་རྒྱུད་སྡེ་དེར་བཤད་པ་ནི་ཁོ་བོའི་སྒྲུབ་བྱེད་ཡིན་གྱི་གནོད་བྱེད་དུ་ནམ་ཡང་མི་འགྱུར་བའི་ཕྱིར་རོ། །

གལ་ཏེ་དེ་ཉིད་ཁྱོད་ཀྱི་འཇིག་འགྲོས་ཁོ་ན་ཡིན་གྱི་རྒྱུད་སྡེ་དེ་ཉིད་ཀྱི་དགོངས་པ་མ་ཡིན་ཏེ། རྒྱུད་འགྲེལ་དེར་སློབ་མ་གསུམ་བཤད་པའི། སློབ་མ་ཐ་མ་དབང་གིས་མི་འདུ་ཞིང་། འབྲིང་བྱིས་པའི་དབང་དང་། མཆོག་དབང་བཞིས་བསྒྲུ་དགོས་པར་བཤད་པས། མཆོག་དབང་གིས་བསྒྲུ་དགོས་པའི་སློབ་མ་དེ་ལ། བྱིས་པའི་དབང་བསྐུར་མི་དགོས་པའི་ཕྱིར་རོ་སྙམ་པ་ནི་ཕྱོགས་སྔ་མའི་རིགས་པའི་སྙིང་པོར་གོ་དགོས་སོ། །དེ་ལ་ཁོ་བོས་སྨྲས་པ། དེ་ལྟ་བུའི་མཆོག་གི་སློབ་མ་དེ་ལ་སྐབས་དེར་བྱིས་པའི་དབང་མ་བསྐུར་དུ་ཟིན་ཀྱང་། སྔར་བྱིས་པའི་དབང་ཐོབ་ཟིན་པ་ཁོ་ན་ཡིན་ཏེ། དེ་ལྟར་མ་ཡིན་ན་གནོད་བྱེད་དང་། ཡིན་པའི་སྒྲུབ་བྱེད་ལུང་གིས་གསལ་བར་བྱེད་ནུས་པའི་ཕྱིར་རོ། །གནོད་བྱེད་ཇི་ལྟར་ཡོད་ན། འོན་མཆོག་གི་སློབ་མ་དེས། རྒྱུད་སྡེའི་དཀྱིལ་འཁོར་ཆེན་པོར་ཞུགས་ཤིང་མཐོང་རམ་མ་མཐོང་། མ་ཞུགས་ཤིང་མ་མཐོང་ན་བླ་མེད་རྫོགས་རིམ་གྱི་ལམ་ཟབ་མོ་ཉམས

སུ་ལེན་པའི་སྐལ་བ་ཅིའི་ཕྱིར་ཐོབ། གལ་ཏེ་ཞུགས་ཏེ་ལུས་ཀྱི་དཀྱིལ་འཁོར་མཐོང་བ་ཡིན་ནོ། །ཞེས་གསུང་ན༑ དེ་ཉིད་ནི་མ་བརྟག་པའི་སླུ་བ་སྟེ། དུས་ཀྱི་འཁོར་ལོ་དེར། བུམ་དབང་ལུས་དཀྱིལ་དུ་ཐོབ་ཅེས་པ་ནི། རྟེན་ཤེས་རབ་མའི་ངོ་འཛིན་ལ་རིག་པ་ཉམས་སུ་མྱོང་བ་ཙམ་ཞིག་ལ་བཤད་ཀྱི། ཤེས་རབ་མའི་ལུས་ལ་རྟེན་གཞལ་ཡས་ཁང་དང་། བརྟེན་པ་ལྷའི་བཀོད་པ་མི་འབྱུང་བའི་ཕྱིར་དང་། གནད་དེས་ན་གཞལ་ཡས་ཁང་དུ་འཇུག་པ་དང་། ལྷ་ལ་མེ་ཏོག་ཐོགས་པ་སོགས་མི་འབྱུང་བས། ཁྲིས་དབང་སྔོན་དུ་མ་སོང་བར་མཆོག་དབང་ཐོབ་པའི་སློབ་བུ་དེ་ནི། དཔལ་དུས་ཀྱི་འཁོར་ལོའི་རིགས་སུ་མ་སྐྱེས་པར་ཤེས་པར་གྱིས་ཤིག །གནོད་བྱེད་ཀྱི་རིགས་པའོ། །

ཤེས་པར་བྱེད་པའི་ལུང་ནི། ཁྲིས་དབང་དང་མཆོག་དབང་རྣམས། སྔ་མ་སྔོན་དུ་མ་སོང་བར། ཕྱི་མ་བསྐུར་བར་བྱ་བ་ནི་མིན་ཏེ། རྒྱུད་ལས། གནས་ནི་གང་དུ་མེ་ཏོག་བཟང་པོ་ལྟུང་བ་དེ་ཉིད་དེའི་རིགས་སམ་མིའི་བདག་པོར་སྐྱེ། ཕྱི་ནས་དབང་བདུན་རྣམས་དང་རྣམ་གསུམ་བླ་མེད་ཇི་ལྟ་བ་བཞིན་འདིར་ནི་ཡང་དག་རབ་ཏུ་སྦྱིན་ཞེས། མཆོག་དབང་རྣམས། དཀྱིལ་འཁོར་དུ་འཇུག་པ་དང་། ཁྲིས་དབང་བསྐུར་བའི་ཕྱིས་བསྐུར་དགོས་པར་བཤད་ཀྱི། ཐོག་མར་བསྐུར་རུང་བ་མ་བཤད་པའི་ཕྱིར་དང་། ཀུན་སྤྱངས་དབང་བསྐུར་བའི་སྐབས་སུ། དྲི་མེད་འོད་ལས་ཀྱང་། རིམ་པ་ཇི་ལྟ་བས་དབང་བདུན་དང་དེ་ནས་བུམ་པ་ལ་སོགས་པ་རྣམ་པ་གསུམ་སྦྱིན་པར་བྱའོ་ཞེས་སྔ་མ་ལྟར་བཤད་པའི་ཕྱིར་དང་། ཁྱད་པར་གནད་ཀྱི་སྙིང་པོ་སློབ་མ་གསུམ་གྱི་མཆོག་གི་སློབ་མ་ངོས་འཛིན་པའི་ཚེ། རྒྱུད་ལས། ཟབ་ཅིང་རྒྱ་ཆེའི་སེམས་དང་བླ་མའི་ངེས་པ་ལ་དགའ་གཏོང་བའི་ངང་ཚུལ་ལྡན་དང་ཡོན་ཏན་ཤེས། །ཐར་པ་དོན་དུ་གཉེར་དང་རྒྱུད་ལ་གྲུས་དང་གཡོ་མེད་སེམས་དང་དེ་ཉིད་སྒྲིན་པ་ཞེས་བྱ་གསང་། །གདུག་པ་རྣམས་ཀྱིས་དགེ་འདུན་འཇོམས་པས་དེ་ཉིད་རིག་པའི་བླ་མ་ཤིན་ཏུ་འཚོལ་བ་དང་བཅས་པའི། །ཤེས་རབ་ཡེ་ཤེས་དབང་གི་རྒྱུ་རུ་ཡིན་ཏེ་གཞན་ཞེས་བྱ་དང་འབྲིང་པོ་བསོད་ནམས་དག་གི་རྒྱུར། །ཞེས་པའི་འགྲེལ་པ་དྲི་མེད་འོད་དུ། འདིར་ཟབ་ཅིང་རྒྱ་ཆེ་བའི་ཆོས་སྟོང་པ་ཉིད་དང་སྙིང་རྗེའི་བདག་ཉིད་ལ་གང་ཞིག་སེམས་པ་དེ་ནི། ཟབ་ཅིང་རྒྱ་ཆེ་ལ་སེམས་ཞེས་པ་སྟེ་སློབ་མ་མཆོག་གོ། །

བླ་མའི་ངེས་པ་ལ་དགའ་ཞེས་པ་ནི་རྩ་བའི་ལྟུང་བ་བཅུ་བཞི་དང་བྲལ་ཞིང་དགེ་བ་བཅུའི་ཆོས་ལ་དགའ་བའོ། །ཞེས་སོགས་དང་། རྒྱུད་ལ་གུས་ཤིང་ཞེས་པ་ནི། རྒྱུད་ལས་གསུངས་པའི་སྡོམ་པ་བསྲུང་བར་བྱེད་པའོ། །ཞེས་སོགས་དང་། དེ་ལྟར་གྱུར་པ་ནི་སློབ་མ་ཆེན་པོ་སྟེ་བླ་མ་ཤིན་ཏུ་མཁས་པ་དེ་ཉིད་རིགས་པ་རྣམས་ཀྱི། ཤེས་རབ་ཡེ་ཤེས་ཀྱི་དབང་ལ་སོགས་པའི་རྒྱུར་བསྟུ་བར་བྱའོ་ཞེས་སོགས་དང་། འབྲིང་པོ་ནི་སྔར་ཡང་བསོད་ནམས

དག་གི་རྒྱུར་ཏེ། ཡོན་ཏན་འབྱིང་པོ་དང་ལྡན་པ་ནི་དབང་བདུན་གྱི་རྒྱུར་ཡང་དག་པར་བསྟུ་བར་བྱའོ། །

ཞེས་སློབ་མ་མཆོག་དེ་ལ། རྩ་ལྟུང་བཅུ་བཞི་དང་བྲལ་ཞིང་། རྒྱུད་ལས་གསུངས་པའི་སྡོམ་པ་བསྲུང་བར་བྱེད་པ་ཞིག་དགོས་པར་བཤད་པ་ནི་ཁོ་བོའི་དབང་པོ་སྟེ། སྤྱིར་དབང་ཙམ་ཡང་མ་ཐོབ་པའི་བྱིས་པ་ཞིག་ལ་སྔགས་ཀྱི་སྡོམ་པ་བསྲུང་དགོས་མེད་ཅིང་། རྩ་ལྟུང་བཅུ་བཞི་དང་བྲལ་མ་བྲལ་གྱི་དཔྱད་པ་ཡང་ཅི་ཞིག་དགོས་སོམས་ཤིག །དོན་དེ་ལ་དགོངས་ནས་དུས་ཀྱི་འཁོར་ལོ་ལ་འདྲིས་པར་བྱས་པའི་ཕྱོགས་ལས་རྣམ་རྒྱལ་ལ་སོགས་པའི་མཁས་པ་དག་གིས་ཀྱང་། མཆོག་དབང་བཞི་བསྐུར་བའི་སློབ་མ་དེ་ལ། རྒྱུད་འདིའི་རྡུལ་ཚོན་དཀྱིལ་འཁོར་དུ་བྱིས་དབང་ཐོབ་པའམ། བདེ་ཀྱེ་ལ་སོགས་པའི་དཀྱིལ་འཁོར་དུ་དབང་ཐོབ་པ་ཞིག་བསྟུ་བར་བྱ་བ་ཡིན་ནོ་ཞེས་བཤད་པ་ཡིན་ནོ། །དེ་ཉིད་དཀྱིལ་འཁོར་འཁོར་ལོའི་སྒྲ་བ་འདི་ནི། ཆོས་ལ་སྟོན་པ་ཡིན་གྱི། གང་ཟག་ཙམ་ལ་སྟོན་པ་མ་ཡིན་པས། འཇམ་པའི་དབྱངས་ཀྱི་བཤད་པའི་སྲོལ་ནི་ཡིད་ཆེས་པའི་གནས་སུ་གསལ་བར་བྱས་པ་ཡིན་ནོ། །དེས་ན་དུས་འཁོར་དགེས་རྡོར་ལ་སོགས་སུ། །སྨིན་བྱེད་ཐོག་མ་རྡུལ་ཚོན་དཀྱིལ་འཁོར་དང་། །སྡོམ་པ་ལ་སོགས་བཤད་སྲོལ་གཞན་དག་ཏུ། །ལུས་དཀྱིལ་རས་བྲིས་སོགས་ཀྱང་སྨིན་བྱེད་ཅེས། །རྒྱུད་དང་འཕགས་ཡུལ་འགྲེལ་མཛད་བཤད་པའི་སྲོལ། །རྣམ་དབྱེ་སོ་སོར་ཕྱེ་ན་མི་མཛེས་སམ། །འོན་ཀྱང་ལུས་དཀྱིལ་སྨིན་བྱེད་ཅེས་པ་དེ། །སློབ་དཔོན་ལུས་དཀྱིལ་རྟེན་དང་བརྟེན་པ་རྒྱུ །དག་པའི་སྣང་བ་འཆར་ནུས་ཡང་རབ་ལ། །དགོངས་པ་ཡིན་གྱི་ད་ལྟ་གང་ལ་ཡིན། །དེ་ཕྱིར་དེ་འདྲའི་བློ་བཟང་སྐལ་བ་ཅན། །དེ་ཡང་བརྟགས་ན་སྔོན་དུ་སྦྱངས་ཟིན་ཕྱིར། །འདི་ལ་ལྟོས་པའི་སྨིན་བྱེད་ཅེས་བཤད་ཀྱང་། །དོན་ལ་གྲོལ་བྱེད་ལམ་དབང་ཁོ་ནར་ངེས། །དེ་ཕྱིར་བློ་གྲོས་མཆོག་མིན་གདུལ་བྱ་ལ། །སློབ་དཔོན་ལུས་ལ་རྟེན་དང་བརྟེན་པ་ཡི། །འོལ་སྤྱི་ཙམ་ལས་གསལ་བར་མི་འཆད་ཕྱིར། །རྡུལ་ཚོན་ཉིད་དུ་སྨིན་བྱེད་ལེགས་པ་ཡིན། །ཞེས་པ་ལ། སྨིན་པ་མ་དགོངས་པར་ཟད་སྨིན་པ་ཡང་། །སྣོད་མིན་ཚོགས་སྨིན་དང་ཚོག་རྫོགས་དང་། །ཟབ་མོས་སྨིན་དང་ཉམས་མིན་སྨིན་པ་ཞེས། །ནག་པོ་པ་སོགས་འཕགས་ཡུལ་མཁས་ལ་གྲགས། །ཞེས་པའི་ལན་ནི། ཐེག་པ་སོ་སོར་སྨིན་ལམ་མ་འཆོལ་བར། །རྣམ་དབྱེ་སོ་སོར་ཕྱེ་ན་མཁས་པ་ཡིན། །སྐབས་ཀྱི་རྩོད་ལན་སྨིན་པའི་རྣམ་གྲངས་ནི། །སྤྱི་ཕྱིར་མ་འབྲེལ་ཙ་ཙོའི་ཚིག་ཏུ་གོ། །ཞེས་བྱ་སྟེ། ཇི་སྐད་དུ། མདོ་རྒྱན་ལས། ཇི་ལྟར་རྨ་དང་ཟས་ལ་དེ་དག་གི། །བཟའ་དང་སྤྱད་དུ་རུང་བ་སྨིན་འདོད་ལྟར། །ཞེས་སོགས་ཀྱིས། ཐེག་པ་སོ་སོའི་སྦྱོར་ལམ་ནི། ཐེག་པ་སོ་སོའི་སྨིན་བྱེད་ཀྱི་ལམ་ཡིན་གྱི་མཐོང་སྒོམ་ནི་སྨིན་བྱེད་དུ་མི་བཞེད་པ་ལྟར། བླ་མེད་ཐེག་པ་འདིར་ནི། ལས་དང་པོ་པ་སྣོད་རུང་དུ་བྱེད་པའི་དབང་བཞི་པོ་དེ། གདུལ་བྱ་དེ་ཉིད་སྨིན་བྱེད་ཡིན་ལ། དེ་ཕྱིན་ཆད་ཀྱི་དབང་བྱིན་

ནྱབས་རྣམས་ནི། སློན་ཟིན་གོམས་བྱེད་དམ། ཡེ་ཤེས་འཛིན་བྱེད་སོགས་ཡིན་གྱི་སློན་བྱེད་མ་ཡིན་ཏེ། ཡིན་ན་སློན་བྱེད་ཐུག་མེད་དུ་འགྱུར་ཞིང་། སློན་གྲོལ་ལམ་གྱི་རྣམ་དབྱེ་འཆོལ་བར་འགྱུར་བའི་ཕྱིར་རོ། །དོན་དེས་ན། སློབ་དཔོན་རྡོ་རྗེ་དྲིལ་བུ་པས། གདུལ་བྱ་རབ་འབྲིང་ཐ་གསུམ་གྱི་རབ་ལུས་དཀྱིལ་དུ་དབང་བསྐུར་བར་བཤད་པ་དེ་ཡང་ཚེ་འདི་ཉིད་ཀྱི་དབང་ཐོག་མ་ཡིན་པ་ལ་བསམས་ནས་སློན་བྱེད་ཀྱི་མིང་གིས་བཏགས་སྲིད་ཀྱང་། གདུལ་བྱ་དེ་སློན་བྱེད་གདམས་པ་མ་ཡིན་ཏེ། གདུལ་བྱ་རབ་དེ་ནི་གོང་དུ་སློན་ཟིན་པའི་ཕྱིར་ཏེ། དེ་ལྟ་བུའི་གདུལ་བྱ་རབ་དེ་ནི། རྡོ་རྗེ་སློབ་དཔོན་མཁྱེན་ལྡན་མ་ཡིན་པ་དག་གིས་ངེས་པར་དཀའ་བའི་ཕྱིར་ན། དྲིལ་བུ་ལུས་དཀྱིལ་གྱི་དབང་གི་སྔོན་དུ། བཙོས་མའི་དཀྱིལ་འཁོར་དུ་དབང་བསྐུར་བ་དེ་ངེས་པར་འགྲོ་དགོས་པ་ནི། དཔལ་ལྡན་ས་སྐྱ་པ་དག་གིས་ཕྱག་སྲོལ་ཏེ། གདུལ་བྱ་འཁྲིད་པར་མཛད་པ་ལ་ཞིབ་མོའི་ཕྱག་སྲོལ་རྨད་དུ་བྱུང་བ་ཡིན་པའི་ཕྱིར་རོ། །གནད་འདི་ཁོང་དུ་ཆུད་ན། དཔལ་ལྡན་དུས་ཀྱི་འཁོར་ལོ་སློབ་མ་མཆོག་བྱིས་དབང་གི་བསྐུ་མི་དགོས་པར་བཤད་པ་དང་། སློབ་དཔོན་འདིས་གདུལ་བྱ་རབ་མཁས་པའི་རང་བཞིན་ཅན། བཙོས་མའི་དབང་གིས་བསྐུ་མི་དགོས་པར། གདུལ་བྱ་མཆོག་དང་རབ་མཁས་པ་དེར་སློབ་ཟིན་པའི་ཚེ་དབང་དེ་དག་མི་དགོས་པའི་དོན་ཡིན་གྱི་དབང་དེ་དག་གཏན་ནས་མ་ཐོབ་པར། དེ་དག་བྱུར་རུང་བའི་དོན་ནི་མ་ཡིན་ཏེ། གདུལ་བྱ་མཆོག་དང་རབ་དེས་བཙོས་མའི་དཀྱིལ་འཁོར་དུ་དབང་བསྐུར་བ་ནི་ཐོབ་ཟིན་ནོ། །ཞེས་བཤད་ཅིང་འཆད་པར་འགྱུར་བའི་ཕྱིར་རོ། །

ཁ་བོ་ཅག་གི་འདི་བཞིན་སྨྲས་པ་ལ། སློན་པ་མ་གོ་སྟེ། སློབ་དཔོན་ནག་པོ་པས། མ་སློན་པ་ལྟ་བཤད་པའི་ལོག་ཕྱོགས་སློན་པ་ལྟ་ཁས་ལེན་དགོས་པའི་ཕྱིར་ཞེས་པའི་གནོད་བྱེད་ནི། ཕྱོགས་སུ་མ་ཕྱིན་ཏེ། དེས་མ་སློན་པ་ལྟར་བཤད་པའི་ལོག་ཕྱོགས། སྔོད་ཀྱི་སློན་པ་ཙམ་གྱིས་སློན་པའི་གོ་མི་ཆོད་པའི་ཕྱིར་དང་། ཚོགས་སློན་པ་ནི་བུམ་དབང་གིས་སློན་པ་དང་། ཚིག་རྫོགས་པས་སློན་པ་ནི། གསང་ཤེར་གྱི་དབང་གིས་སློན་པ་དང་། ཟབ་མོས་སློན་པ་ནི་བཞི་པས་སློན་པ་དང་། མ་ཉམས་པས་སློན་པ་ནི། དབང་ཐོབ་ནས་རྒྱ་ལྡུང་གིས་མ་ཉམས་པ་ཙམ་ལ་བཞེད་པས། ཕྱོགས་འདི་ལ་གནོད་བྱེད་མ་ཡིན་ཏེ། སློན་བྱེད་ཀྱི་དབང་ཡིན་ན། བུམ་དབང་ཡིན་པས་ཁྱབ་ཅེས་མ་སྨྲས་པའི་ཕྱིར་རོ། །འོན་ཀྱང་རྒྱ་ལྡུང་བདུན་པའི་རྗེན་ནི། ཚོགས་མ་སློན་པ་ཞེས་པ་དེས་ཚོག་པ་ཡིན་གྱི། ཚིག་རྫོགས་པས་མ་སློན་པ་དང་། ཟབ་མོས་མ་སློན་པ་ཞེས་པ་གཉིས་པོ་དེ་དགོས་པ་མ་ཡིན་ཏེ། བླ་མེད་བུམ་དབང་གིས་སློན་ནས། དབང་གོང་མ་མ་ཐོབ་པ་ལ། གོང་མའི་གསང་བ་བསྒྲགས་ན། ཡན་ལག་གི་ལྡུང་བ་ཙམ་ཞིག་འབྱུང་གི་རྩ་བའི་ལྡུང་བ་མི་འབྱུང་བའི་ཕྱིར་རོ། །བདག་མེད་ཕག་མོའི་བྱིན་ནྱབས་ལ་སོགས་

ཀྱང་། སློབ་ཟིན་ཉིད་ལ་རྫོགས་རིམ་སྒོ་འབྱེད་པའི། །བྱིན་རླབས་ཡིན་གྱི་སྨིན་བྱེད་ག་ལ་ཡིན། །ཞེས་པ་ལ། དབང་གཉིས་མ་ཕྱེ་སྔར་ཡང་འབྱེད་དགོས་པའི། །ཡ་མཚན་ཅལ་སྒྲོག་འདི་འདྲ་དེང་དུས་གྲག །ཅེས་པའི་ལན་ནི༑ དབང་དང་བྱིན་རླབས་སོ་སོར་ཕྱེ་བ་ནི། །རྒྱུད་དང་རྒྱུད་འགྲེལ་ཚད་ལྡན་དག་གི་ལུང་། །ཚུལ་བཞིན་རྣམ་དབྱེ་སྨྲ་བའི་སེངྒེ་ལ། །ངོན་མིན་རི་བོང་ཅལ་གྱིས་ཅི་ལ་འཇིགས། །ཞེས་བྱའོ། །ཏེ་ལོ་ནཱ་རོ་ལ་སོགས་རྒྱ་བོད་ཀྱི། །བཀའ་བརྒྱུད་གྲུབ་དབང་ཆོས་ཀྱི་སྤྱན་ལྡན་འགས། །བྱིན་རླབས་ཙམ་ལ་སྨིན་བྱེད་ཚད་ལྡན་དུ། །ནམ་དུའང་འགར་ཡང་བཤད་པ་མ་ཡིན་ལ། །སྙན་བརྒྱུད་ཚིག་དང་ཏེ་ལོའི་གཞུང་ལས་ཀྱང་། །དྲུག་ཅུ་རྩ་གཉིས་བདེ་མཆོག་དཀྱིལ་འཁོར་དུ། །སློབ་ཟིན་ཉིད་ལ་ཕག་མོའི་བྱིན་རླབས་འདི། །ངེས་པར་བྱ་ཞེས་བཤད་པའང་མ་ཡིན་ནམ། །ཞེས་པ་ལ། ཆོས་འདིའི་བདག་པོ་ཁོ་ན་རྒྱུས་ཆེ་འམ། །ནཱ་རོ་འགྲེལ་ཆེན་ཉིད་དུ་བཤད་ལ་ལྟོས། །ཡེ་ཤེས་གྲུབ་པའི་ལུང་ཡང་ད་གཟོད་གཟིགས། །ཞེས་དང་། ཟབ་མོའི་གནད་འདི་ཞུས་ཀྱི་བདུད་རྩི་སྲུ །གཅེས་པར་འཚོ་བའི་འཇམ་མགོན་ས་སྐྱ་པས། །དབང་མ་བསྐུར་ལ་བྱིན་རླབས་འདི་བྱས་ན། །གསང་སྒྲོགས་འགྱུར་ཞེས་བརྩེ་བས་གདམས་པ་ཡིན། །ཞེས་སོགས་ལ། གཉིས་ཀར་ཚད་ཐུབ་ཡེ་ཤེས་གྲུབ་པར་རོ། །གསང་འདུས་རྒྱུད་ཟིན་ཡིན་པར་དེ་ནས་བཤད། །ཅེས་པ་སྔ་ཕྱི་གཉིས་ཀྱི་ལན་ནི། བྱིན་རླབས་སྨིན་བྱེད་གསང་འདུས་རྒྱུད་ཟིན་དང་། །ཡེ་ཤེས་གྲུབ་པ་ནཱ་རོ་འགྲེལ་ཆེན་སོགས། །ཚད་ལྡན་ལུང་གིས་མངོན་སུམ་གསལ་བྱེད་ན། །རྡོ་རྗེ་འཆང་དེས་སྨོན་ལ་དགྱེས་སམ་ཅི། །འཇམ་དབྱངས་གཞོན་ནུ་སྐྱོངས་པའི་ཟློལ་གྱིས་ནི། །མངོན་དགའི་ཞིང་དེར་ཡུད་ཀྱིས་བཞུད་པར་ངེས། །ནོར་གྱི་རྒྱུས་ནི་མཛོད་ཀྱི་སྲུང་པ་སྟེ། །བདག་པོ་མུན་པའི་ཁྲི་ལ་འགྱིང་བས་ལན། །ཞེས་བྱ་སྟེ། དེ་ཅིའི་ཕྱིར་སྙམ་ན། ཇོ་བོ་ནཱ་རོ་ཏ་པ་བྱིན་རླབས་ཙམ་ལ་སྨིན་བྱེད་དུ་མི་བཞེད་དེ། རབ་དབྱེ་ལས། ནཱ་རོ་ཏ་པ་དབང་བསྐུར་དང་། །རིམ་གཉིས་ཆོས་ཀྱི་གཙོ་བོར་བཞེད། །ཅེས་པ་འདི་རྒྱུས་ཆེ་བའི་ཕྱིར་རོ༑ ༑

ཅི་སྟེ་ནཱ་རོའི་ཆོས་བདག་ཏུ་རློམ་པ་ཁ་ཅིག །ནཱ་རོའི་དགོངས་པ་སྔ་མ་ལྟར་ཁས་ལེན་ན། ནཱ་རོའི་བརྒྱུད་པ་འཛིན་བཞིན་དུ། །དབང་དང་རིམ་གཉིས་མི་སྒོམ་པ། །རྒྱུད་དང་འགལ་བ་ལྟ་ཅི་སྨོས། །རང་ལུགས་དང་ཡང་འགལ་བ་ཡིན། །ཞེས་པའི་འགལ་བ་འདི་ད་གཟོད་ཐོག་ཏུ་བབ་པ་ཡིན་ནོ། །ཇི་ལྟར་སྙམ་ན། ཐོག་མར་འཁྲུལ་གཞིའི་ལུང་ཁྱེད་རང་གི་སྤྱི་བོར་བཅིངས་པ་ནི། ཁྱེད་རང་གི་སྡོམ་གསུམ་རྒྱན་དུ་དྲངས་པའི་བརྟག་གཉིས་ནཱ་རོ་འགྲེལ་ཆེན་ལས། དེ་ནས་ལངས་ནས་དགེས་པའི་དཔལ། །ཧེ་རུ་ཀ་དཔལ་བདག་སྐྱོར་ཀྱི། །དབང་བསྐུར་རིན་ཆེན་ཅོད་པན་ནི། །གཉིས་མེད་ཆུ་ཡིས་སྦྱིན་པར་བྱ། །ཞེས་སོགས་དང་། སྙིང་ཁའི་དཀྱིལ་འཁོར

འོད་རྣམས་ཀྱིས། །སློབ་མའི་ལུས་ནི་རྫོང་བཀང་ནས། །དབང་བསྐུར་སྦྱིན་པར་བསམ་པར་བྱ། །སངས་རྒྱས་ལྷ་ཡི་བདག་ཉིད་དེ། །བརྟན་གཡོ་ཀུན་གྱི་བདག་ཉིད་པ། །དེ་ཡི་དང་པོར་དབང་བསྐུར་ལྷ། །བདེ་བ་ཕུན་ཚོགས་སྦྱིན་པར་བྱ། །

ཞེས་སོགས་ཀྱི་འོད་ཟེར་གྱི་སྤྲོ་བསྡུ་ཙམ་གྱི་སློབ་མ་སྨིན་པར་བྱེད་པར་བཤད་དོ་སྙམ་ན། ལུང་དེའི་དོན་ནི་དེ་ལྟར་མ་ཡིན་ཏེ། ལུང་འདིས་བརྟག་པ་དང་པོའི་ལེའུ་བཅུ་པའི་ནཱ་རོ་འགྲེལ་ཆེན་གྱིས། བདག་མེད་མའི་དཀྱིལ་འཁོར་དུ་ཕྱི་འཇུག་ནང་འཇུག་གཉིས་སོང་ནས། དངོས་གཞིའི་དབང་བསྐུར་བའི་ཐོག་མར་འབྱུང་བས། སློབ་དཔོན་གྱི་ཐུགས་ཀ་ནས་སྤྲོས་པའི་དབང་ལྷ་རྣམས་ཀྱིས། ཏིང་ངེ་འཛིན་གྱི་དབང་བསྐུར་བར་བསམ་ནས། སློབ་དཔོན་རང་ཉིད་ཀྱིས། དབང་རྣམས་རིམ་བཞིན་བསྐུར་དགོས་པའི་ལུང་དུ་སྣང་བའི་ཕྱིར་རོ། །འདི་ལྟར་ཡིན་པར་ཅིས་ཤེས་ཞེ་ན། སྡོམ་དེའི་འགྲེལ་ཉིད་ལས། དབང་བསྐུར་མཛད་པ་ལས་བྱུང་བ། །བརྟན་དང་གཡོ་བའི་འགྲོ་བ་སྟེ། །གང་ཕྱིར་འགྲོ་བ་དབང་བསྐུར་འབྱུང་། །དེ་ཕྱིར་དབང་བསྐུར་སྦྱིན་མི་བྱ། །སྐྱེས་བུ་དེ་ཉིད་དེ་ལྡན་ཡང་། །མི་ཤེས་དེ་ཉིད་མི་རིག་པས། །སྐྱེ་མེད་ཡེ་ཤེས་སླར་ཡང་ནི། །བསྐྱེད་པར་བྱ་ཕྱིར་བརྗོད་པར་བྱ། །དང་པོར་དམ་པའི་རྒྱུ་སྦྱིན་ཏེ། །མཁའ་འགྲོ་མ་ཡི་ སྟུགས་ཀྱིས་བཏབ། །མཆོག་ཏུ་དགའ་བའི་ཏིང་འཛིན་གནས། །རིག་པའི་དབང་བསྐུར་ཡང་དག་བསྟན། །རང་གི་རིག་པའི་སྐྱེས་བུའི་རྒྱུས། །ཀུན་ནས་བུམ་པ་བརྒྱུད་ཀྱིས་སོ། །ཞེས་སོགས་ཀྱིས། སྡོམ་འོད་ཟེར་གྱི་དབང་བསྐུར་བ་དེ་ཙམ་གྱིས་མི་ཚོག་པར། རིག་པའི་དབང་ལྔ་སོགས་དངོས་སུ་བསྐུར་ཚུལ་གསལ་བར་བཤད་པའི་ཕྱིར་དང་། སྡོམ་དེ་ཙམ་གྱིས་དབང་བསྐུར་ཐོབ་པར་ནུས་ན། བརྟན་གཡོ་ཐམས་ཅད་ཀྱི་དབང་བསྐུར་ཐོབ་པར་ཏ་ཅང་ཐལ་བའི་ཕྱིར་རོ། །གལ་ཏེ། གང་ཕྱིར་འགྲོ་བ་དབང་བསྐུར་འབྱུང་། །དེ་ཕྱིར་དབང་བསྐུར་སྦྱིན་མི་བྱ། །ཞེས་སོགས་ཀྱིས། དབང་མ་བསྐུར་ཡང་། དབང་རང་བཞིན་གྱིས་ཐོབ་པ་ཞིག་བསྟན་པ་ཡིན་ནོ། །ཞེས་བཤད་པ་དེ་ཡང་དགོངས་པ་མིན་ཏེ། ལུང་དེས་ནི། ལུས་ལ་ཡེ་ཤེས་ཆེན་པོ་གནས། ཞེས་བཤད་པ་ལྟར། རང་བཞིན་ལྡན་སྐྱེས་ཀྱིས། འགྲོ་བ་ཐམས་ཅད་ལ་ཁྱབ་པའི་དོན་ཙམ་ཡིན་པའི་ཕྱིར་དང་། དེ་ལྟ་མ་ཡིན་ན། སྐྱེས་བུ་དེ་ཉིད་དེ་ལྡན་ཡང་། །མི་ཤེས་དེ་ཉིད་མི་རིགས་པས། །སྐྱེ་མེད་ཡེ་ཤེས་སླར་ཡང་ནི། །བསྐྱེད་པར་བྱ་ཕྱིར་བརྗོད་པར་བྱ། །དང་པོར་དམ་པའི་རྒྱུ་སྦྱིན་ཏེ། །ཞེས་སོགས་ཀྱིས། ཡེ་ཤེས་སྡོམ་དེ་རང་ཉིད་ལ་གནས་ཀྱང་མ་ཤེས་མ་རིག་པས། ཡེ་ཤེས་རང་རྒྱུད་ལ་བསྐྱེད་པར་བྱ་བའི་ཕྱིར་དུ་རིགས་དབང་ལྔ་སོགས་བསྐུར་བར་བཤད་པ་དང་འགལ་བའི་ཕྱིར་རོ། །

དེ་ནི་རང་ལུགས་དང་ཡང་འགལ་བ་ཡིན། ཞེས་པའི་ལུང་འགལ་གསལ་བར་བཤད་དེ་ལེའུ་བཅུ་གཉིས་

པ་དེ་ཉིད་ཀྱི་ནྲ་རོ་འགྲེལ་པར། དེ་ནི་དཀྱིལ་འཁོར་མེད་པར་དབང་སྦྱིན་པར་མི་བྱ་ཞིང་། དབང་བསྐུར་བ་མེད་པ་ལ་དེ་ཁོ་ན་ཉིད་གསལ་བར་བྱ་བ་མ་ཡིན་ནོ་ཞེས་པས། དཀྱིལ་འཁོར་སྔོན་དུ་འགྲོ་བའི་དབང་བསྐུར་བའི་ལེའུ་དེ་ནས་ཞེས་པ་ལ་སོགས་པ་མདོར་བསྡུས་ཏེ་བསྡུས་ནས་གསལ་བར་བྱའོ། །དཀྱིལ་འཁོར་སྔོན་དུ་འགྲོའི་དབང་འདི་ཉིད། བླ་མེད་ཀྱི་འཇུག་སྒོ་དང་པོར་བཤད་ཀྱི། འོད་ཟེར་དབང་བསྐུར་དང་། བྱིན་རླབས་སོགས། ལས་དང་པོ་པ་སྨིན་བྱེད་ཡིན་ཚུལ་ཟུར་ཙམ་མ་བཤད་པའི་ཕྱིར་དང་། དབང་མདོར་བསྟན་གྱི་ནྲ་རོ་འགྲེལ་པར་ཡང་འདི་ཁོ་ན་ལྟར་བཤད་པའི་ཕྱིར་རོ། །

དེ་ནི་རྒྱུད་དང་འགལ་བ་ལྟ་ཅི་སྨོས། །ཞེས་པའི་ལུང་འགལ་ཡང་གསལ་བར་བཤད་དེ། གལ་ཏེ་འདི་སྙམ་དུ་རྡོ་རྗེ་སློབ་དཔོན་མི་མཁས་པ་དག་གིས་དེ་ལྟར་ཡིན་ཀྱང་། མཁས་པ་དག་གིས། དབང་བཞི་རྫོགས་དང་། བྱིན་རླབས་དང་། འོད་ཟེར་གྱི་དབང་བསྐུར་སོགས། སྨིན་བྱེད་ཇི་ལྟར་འཚམས་པ་བྱས་པས་ཆོག་གོ་སྙམ་ན། དེ་ཡང་མ་ཡིན་ཏེ། ཁྱེད་རང་གིས་ཀྱང་། རྣམ་པ་ཐམས་ཅད་དུ་སྟོན་པའི་རྒྱུད་དང་འདྲ་བར་ཁས་བླངས་པའི་སེམས་དཔའི་འགྲེལ་པ། བརྟག་པ་དང་པོའི་ལེའུ་དགུ་པའི་རྡོ་རྗེ་སྙིང་འགྲེལ་ལས། དེ་ལྟར་བརྗོད་པའི་རིམ་པས་རྣལ་འབྱོར་པ་མཁས་པ་རྣམས་ཀྱིས་ཀྱང་། བདེན་པ་གཉིས་ཀྱི་ཚུལ་ལ་བརྟེན་ནས། བྱིས་པ་རྣམས་ཀྱི་སེམས་གང་གིས་གྲོལ་བར་འགྱུར་བ་དེ་ལྟར་ཆོས་བསྟན་པར་བྱ་བ་ནི་དེ་བཞིན་གཤེགས་པའི་ངེས་པའོ། །ཞེས། རྡོ་རྗེ་སློབ་དཔོན་མཁས་ཤིང་གྲུབ་པར་གྱུར་ཀྱང་། གདུལ་བྱ་ལས་དང་པོ་པ་རྣམས་བྱིས་པའི་དབང་ནས་བསྐྱི་དགོས་པར་བཤད་པའི་ཕྱིར་རོ། །གལ་ཏེ་གདུལ་བྱ་དབང་རྟུལ་ལ་དེ་ལྟར་ཡིན་ཡང་དབང་རྣོན་ལ་མི་དགོས་སོ་སྙམ་ན། གདུལ་བྱ་དབང་པོ་རབ་འབྲིང་ཐ་གསུམ་གང་ཡིན་ཡང་། སྔར་དབང་གིས་མ་སྨིན་པའི་བྱིས་པ་རྣམས་ནི༑ བྱིས་པའི་དབང་ནས་ངེས་པར་བསྐྱི་དགོས་ཏེ། སྙིང་འགྲེལ་དེ་ཉིད་ལས། དག་པས་དུག་མེད་བྱས་ནས་ནི། །བརྟེན་བྱ་འདི་དག་བརྟེན་པ་ཉིད། །ཅེས་བྱ་བ་ལ་རྣལ་འབྱོར་པ་མཁས་པ་དང་། བྱིས་པའི་རང་བཞིན་ཅན་དག་གིས། འདི་ལྟར་རིམ་པ་བཞིན་དུ་བདེན་པ་གཉིས་ལ་བརྟེན་ཏེ། རྣལ་འབྱོར་པ་མཁས་པས་ཀྱང་སྒྱུ་མའི་དཔེ་བཅུ་གཉིས་དང་། དམ་ཚིག་འཁོར་ལོས་ཀུན་རྫོབ་ཀྱི་བདེན་པ་མི་སྤང་སྟེ། རང་རང་ཇི་ལྟར་འདུ་བ་བཞིན་དུ་དཀྱིལ་འཁོར་གྱི་འཁོར་ལོ་བསྟན་ཏོ། །དེ་བཞིན་དུ་ལས་དང་པོ་པ་དག་གིས་ནི། བདག་དང་བདག་གིར་འཛིན་པ་འདི་ལྟ་སྟེ། རིགས་དང་རྒྱུས་དང་རྒྱུད་དང་ཚེ་འབྲང་དུ་འཛིན་པ་ བཟློག་སྟེ། རྡོ་རྗེའི་རིགས་ཞེས་བྱ་བ་ཀུན་རྫོབ་ཀྱི་མངོན་པར་དབང་བསྐུར་བ་བདུན་ལ་གནས་ཏེ། གཙང་བ་དང་མི་གཙང་བའི་རྟོག་པ་ལས་རིམ་གྱིས་ལྡོག་པར་བྱ་བའི་ཕྱིར། ཞེས་ལས་དང་པོ་པ་ལ། བྱིས་དབང་འཇུག་སྒོ་དང་པོར་ངེས་པ་ཅན་དུ་བཤད་པའི་ཕྱིར་རོ། །ཅི་

སྟེ་ད་དུང་འདི་སྙམ་དུ་འདིར་བཤད་པའི་རྣལ་འབྱོར་པ་མཁས་པ་དང་དུས་ཀྱི་འཁོར་ལོ་བཤད་པའི་སློབ་མ་མཆོག་ལྟ་བུ་ལ། བྱིས་དབང་ཐོབ་པ་ཞིག་མི་དགོས་སོ་སྙམ་ན། དེ་ཡང་མ་ཡིན་ཏེ། སྔར་དུས་འཁོར་རྒྱུད་འགྲེལ་གྱི་གསང་བ་བསྟན་པ་འདིར་དྲན་པར་བྱོས་ཤིག །

འདིར་ཡང་བརྟག་པ་དང་པོའི་བཅུ་པའི་སྙིང་འགྲེལ་ལས། དེ་ལྟར་དཀྱིལ་འཁོར་དུ་སྔགས་འཆང་རང་ཉིད་བཅུའི་ཟླ་བ་ལྟ་བུ་བསམ་པ་དང་ལྡན་པས། རྟུལ་ཆེན་གྱི་དཀྱིལ་འཁོར་བྱིན་གྱིས་རླབས་ཤིང་། རང་ཉིད་ལེགས་པར་ཞུགས་པ་དེའི་རྗེས་ལ། སློབ་མ་དག་པའི་བསྙེན་གནས་ཀྱི་སྡོམ་པ་དང་། ཕྱིའི་དམ་ཚིག་སྡོམ་པ། བྱང་ཆུབ་ཀྱི་མཆོག་ཏུ་སེམས་བསྐྱེད་པ་ལ་སོགས་པ་སྔོན་དུ་འཛིན་དུ་བཅུག་ལ། དེའི་རྗེས་ལ་འཇིག་རྟེན་པའི་དབང་རྣམས་བཅེ་བྲག་ཏུ་སྦྱིན་པར་བྱ་སྟེ། དེ་ཡང་བྱིས་པ་རྣམས་དྲང་བར་བྱ་བའི་ཕྱིར། རྡོ་རྗེ་སློབ་དཔོན་གྱི་དབང་ཞེས་བྱ་བ་ཡོངས་སུ་རྫོགས་པར་བྱའོ་ཞེས་སོགས་དང་། བརྟག་པ་ཕྱི་མའི་དངོས་གྲུབ་ཀྱི་ལེའུའི་སྙིང་འགྲེལ་ལས། ཀྱེ་རྡོ་རྗེ་སྙིང་པོ་དེ་ལྟར་ཡིན་གྱིས་ཀྱང་། ལས་དང་པོ་པ་ལ་གནས་པའི་རྣལ་འབྱོར་པས། གོང་དུ་བསྟན་པའི་དཀྱིལ་འཁོར་དུ་ཞུགས་ལ་བསྐྱེད་པ་ལྔའི་ང་རྒྱལ་གྱི་དུས་དང་། བདག་མེད་པའི་རྣལ་འབྱོར་ལ་གནས་པར་བྱས་ནས་ངེས་པར་ཀྱེ་རྡོ་རྗེར་འགྱུར་རོ། །དེའི་དཀྱིལ་འཁོར་དངོས་གྲུབ་འདོད་པས་རིམ་པ་གཉིས་ལ་བརྟེན་པ་མ་གཏོགས་པར། གཞན་གྱི་སེམས་ཀྱི་སྐད་ཅིག་ཀྱང་མི་གནས་སོ་ཞེས་བྱ་བ་གསུངས་སོ། །དེ་ཡང་ལས་དང་པོ་པས་ཐོག་མར་རེ་ཞིག །ཁ་དོག་དང་དབྱིབས་ཀྱི་བདག་ཉིད་ལ་མངོན་པར་ཞེན་པས་གནས་ལ། དེ་མཐར་ཕྱུར་པ་ན་བདག་མེད་པའི་རྣལ་འབྱོར་ལ་བསླབ་པར་བྱའོ། །ཞེས་ཐོག་མར་ལས་དང་པོ་པའི་དུས་སུ་བྱིས་དབང་བསྐྱེད་རིམ་ལ་གོམས་པར་བྱས་ནས། དེའི་མཐར་དབང་གོང་མ་དང་རྫོགས་རིམ་སྒོམ་པར་བཤད་ཀྱི། དེ་དག་སྔོན་དུ་མ་སོང་བར། གོང་མར་སླེབ་ཐེན་པ་གཏན་ནས་མ་བཤད་པའི་ཕྱིར་རོ། །དེ་ཉིད་ཀྱི་ཕྱིར་ན་དུས་འཁོར་མཆོག་གི་སློབ་མ་སོགས་ནི་ལས་དང་པོ་པ་ལ་མ་ཡིན་ཏེ། རྒྱུ་མཚན་བཤད་ཟིན་པའི་ཕྱིར་རོ། །

ཡང་གལ་ཏེ་སྐལ་དམན་རིམ་འཇུག་པ་འགའ་ཞིག་དེ་ལྟར་ཡིན་ཡང་། སྐལ་ལྡན་ཅིག་ཆར་བ་འགའ་ཞིག་བྱིས་དབང་དང་བསྐྱེད་རིམ་མ་ཐོབ་ཀྱང་། དབང་གོང་མ་དང་རྫོགས་རིམ་ནས་ཞུགས་པས་ཆོག་གོ་སྙམ་ན། དེ་ཡང་མ་ཡིན་ཏེ། བརྟག་པ་ཕྱི་མའི་གླེང་གཞིའི་འགྲེལ་པ་ལས། དཀྱིལ་འཁོར་འཁོར་ལོའི་ཐབས་ཀྱིས་ནི། །རྟག་ཏུ་ངེས་པར་འགྲོ་བར་འགྱུར། །ཞེས་བྱ་བས་སྒོམ་པར་བྱ་སྟེ། འདི་ལྟར་རིགས་ཀྱི་བུ་དག་ནང་གི་ལུས་ལ་བྲུ་བས་གནས་པ་འདི་ཡང་། སེམས་ཅན་ཐམས་ཅད་བདེ་བ་ཐུན་མོང་པ་ཡིན་པའི་ཕྱིར། དངོས་སུ་འདིས་གྲོལ་བ་ཡོད་པ་མ་ཡིན་ཏེ། གལ་ཏེ་དངོས་སུ་གྲོལ་བ་ལྟ་ན་ནི། མངོན་སུམ་ཉིད་དུ་འགལ་བའི་ཕྱིར།

ཐབས་དམ་པའི་ཚུལ་དུ་ཐོག་མར་རེ་ཞིག་རྟུལ་ཆོན་གྱི་གཞལ་ཡས་ཁང་དང་། ལག་པའི་ཕྱག་རྒྱ་བཅིང་བ་དང་། སྟོམ་པ་བཟུང་བ་ལ་སོགས་པ་སྔོན་དུ་འགྲོ་བར་བྱ་ཞིང་། བརྟག་པའི་རྣལ་འབྱོར་གོམས་པ་དང་། དུས་ཇི་ཙམ་ལོན་པ་ན། ལུས་ཀྱི་དཀྱིལ་འཁོར་ཡོངས་སུ་ཤེས་པར་བྱས་ནས། སྙིང་པོའི་རིམ་སྦྱངས་ཏེ་གྲོལ་བར་འགྱུར་རོ། །ཞེས་ཐོག་མར་རྟུལ་ཆོན་དུ་སྨིན་པ་དང་། བརྟག་པ་ལྷའི་རྣལ་འབྱོར་གོམས་པས་རྫོགས་རིམ་སྒོམ་དགོས་པར་བཤད་པའི་ཕྱིར་དང་། ཡང་དེ་ཉིད་ལས། རྡོ་རྗེ་སྙིང་པོས་གསོལ་པ། ཐབས་གང་གིས་བྱང་ཆུབ་ཏུ་སེམས་བསྐྱེད་པར་བགྱི་ཞེས་བྱ་བ་ནི། འདི་ལྟ་བུའི་བྱང་ཆུབ་ཀྱི་ལམ་ལ་འཇུག་པའི་གོ་རིམ་ཇི་ལྟར་བསླབ་པར་བགྱི་ཞེས་བྱ་བའི་དོན་ནོ། །

བཅོམ་ལྡན་འདས་ཀྱིས་བཀའ་བསྩལ་པ། དཀྱིལ་འཁོར་འཁོར་ལོའི་ཐབས་དང་ནི། །རང་བྱིན་བརླབས་པས་རིམ་པས་ཀྱང་། །ཀུན་རྫོབ་དོན་དམ་གཟུགས་ཅན་གྱི། །བྱང་ཆུབ་སེམས་ནི་རབ་ཏུ་བསྐྱེད། །ཅེས་བྱ་བ་སྐར་གསུངས་ཏེ། སྔོན་དུ་ཐུན་མོང་གི་སྡོམ་པ་བཟུང་བ་དང་། རྟུལ་ཆོན་གྱི་ནང་དུ་དྲངས་པ་དང་། བླ་མ་རྡོ་རྗེ་སློབ་དཔོན་གྱི་དབང་ཞེས་བྱ་བ་རྣམ་པ་བདུན་གྱི་བྱིན་གྱིས་བརླབས་ལ། མདོར་ཁམས་ཀུན་རྫོབ་དཀར་པོ་དང་། དེ་ལས་བྱུང་བའི་བདེ་བས་སེམས་བསྐྱེད་པར་བྱའོ་ཞེས་བྱ་བའི་དོན་ནོ། །ཞེས་རྫོགས་རིམ་གཉིས་སྒོམ་པ་ལ། རྟུལ་ཆོན་དུ་བྱིས་དབང་ཐོབ་པ་ཞིག་མི་དགོས་སམ་སྙམ་པའི་དོགས་པ་བཟློག་པའི་ཕྱིར། གོ་རིམ་ངེས་པ་ཅན་དེ་ལྟར་བཤད་པའི་ཕྱིར་རོ། །གལ་ཏེ་འདི་སྙམ་དུ། རྡོ་རྗེ་སྙིང་འགྲེལ་ལས། ཟབ་ཅིང་རྒྱ་ཆེའི་ཆོས་རྣམས་ལ། །སྐལ་བ་ཐལ་བའི་བདག་ཉིད་ལ། །ཕྱག་རྒྱ་དཀྱིལ་འཁོར་སྔགས་སོགས་ཀྱི། །ཡིད་འོང་བདག་གིས་བསྟན་པ་ཡིན། །ཕྱག་རྒྱ་དཀྱིལ་འཁོར་སྔགས་སོགས་ཀྱིས། །སངས་རྒྱས་རྡོ་རྗེ་སེམས་དཔའ་ཉིད། །སྟོན་པར་བྱེད་པ་མ་འོངས་པའི། །སློབ་དཔོན་རྣམས་ནི་བདུད་ཀྱི་རིགས། །ཞེས་དང་།

གཞན་ཡང་རྒྱུད་སྡེ་སོ་སོ་དང་། གྲུབ་པ་སྡེ་བདུན་སོགས་བསྟན་བཅོས་ཚད་ལྡན་ལས། བསྐྱེད་རིམ་གྱི་མཆོག་མི་འགྲུབ་པ་དང་། དྲང་དོན་ཙམ་ཞིག་ཡིན་པ་དང་། དེ་ལ་འབད་པ་དོན་མེད་དུ་བཤད་པ་སོགས་ཡོད་པས། ལས་དང་པོ་པ་ཡིན་ཡང་། གདུལ་བྱ་མཆོག་ལ་བྱིས་དབང་དང་བསྐྱེད་རིམ་ངལ་བ་དོན་མེད་ཡིན་ནོ་སྙམ་ན། འདི་འདྲའི་རིགས་ཀྱི་འབྲུལ་གཞི་བྱས་ནས། དབང་ཆོག་གི་ལག་ལེན་དང་། བསྐྱེད་རིམ་ཉམས་ལེན་གྱི་རྒྱ་བ་གཅོད་པ་མང་དུ་སྣང་མོད། །འདི་ནི་དེ་ལྟར་མ་ཡིན་ཏེ། རྣམ་རྟོག་ལས་ནི་རྣམ་རྟོག་དང་། །སྲིད་པ་ཉིད་ཀྱི་སྲིད་པ་དག །ཅེས་པའི་རྡོ་རྗེ་སྙིང་འགྲེལ་ལས། འདི་ལྟར་བསྐྱེད་པའི་ཏིང་ངེ་འཛིན་རྣམ་པར་རྟོག་པའི་བདག་ཉིད་ཅན། ལག་པའི་ཕྱག་རྒྱ་བཅིང་བ་དང་། འདུག་སྟངས་དང་། ལྟ་སྟངས་དང་། འཕྲེང་བའི་ཁྱད་པར་ལ་སོགས་པ་ཐོག་

མ་ཉིད་དུ་འཇིག་རྟེན་པའི་ཐ་སྙད་ཁྲིད་པར་དུ་བྱས་ལ། ཕྱིས་ཕྱི་མ་ཕྱི་མའི་ཡོན་ཏན་གྱིས། སྔོན་མ་རྣམས་སྤང་བར་བྱ་བ་ནི་རྒྱུད་དེ་དང་དེའི་དེས་པའོ། །

ཞེས་བསྐྱེད་རྫོགས་ཀྱི་ཡོན་ཏན་གོང་མ་གོང་མ་རྒྱུད་ལ་སྐྱེས་པའི་རྣལ་འབྱོར་པས། སྦྲུས་བཅས་ཀྱི་ཉམས་ལེན་འོག་མ་དེ་དག་སྤྲངས་ཆོག་པའི་ལུང་ཡིན་གྱི། ལས་དང་པོ་པས་དེ་དག་སྤྲངས་ཆོག་པའི་ལུང་དུ་སྦྱོར་བ་ནི། བློ་གྲོས་རྟིང་པོ་ཡིན་པའི་ཕྱིར་དང་། དེ་བཞིན་དུ། བརྟག་གཉིས་ལས། བསླབ་དང་དབང་ལས་རྣམ་པར་གྲོལ། །ཞེས་སོགས་ནི། དྲོད་ཀྱི་ཡོན་ཏན་ཐོབ་ནས་སྤྱོད་པ་བྱེད་པའི་རྣལ་འབྱོར་པ་ལ་དགོངས་པ་ཡིན་ཏེ། དེ་ཉིད་ཀྱི་སྙིང་འགྲེལ་ལས། གཞན་ཡང་སྤྱོད་པ་པས། བསླབ་པ་དང་། དབང་བདུན་དང་། སྦྱིན་སྲེག་དང་། མཆོད་སྦྱིན་དང་། དཀའ་ཐུབ་དང་སྡོམ་པ་ལ་སོགས་པ་འཇིག་རྟེན་ཐ་སྙད་པ་རྣམས་ཆེད་ཆེར་བཟུང་བར་མི་བྱ་བ་ཉིད་དོ། །ཞེས་བཤད་པའི་ཕྱིར་རོ། །དེས་ན། འདིར། བྱིན་རླབས་སྨིན་བྱེད་ཡེ་ཤེས་གྲུབ་པར་བཤད། །ཅེས་དང་། སྡོམ་གསུམ་རྒྱན་དུའང་། གྲུབ་སྟེ་དེ་དག་གི་ལུང་འདྲེན་མང་དུ་སྣང་བ་ནི། ཀུ་ཤིང་སྙིང་པོའི་རྣམ་པར་ཐར་པ་སྟེ་དེ་དག་དབང་གོང་མའི་ཆོག་དངོས་སམ། དབང་བྱིན་རླབས་ཀྱི་ཚུལ་དུ་བསྐུར་བའི་ཆོག་ཅི་རིགས་སུ་སྣང་བས། བྱིན་རླབས་སྨིན་བྱེད་ཡིན་པའི་སྒྲུབ་བྱེད་དུ་མ་འབྲེལ་ཏེ། བླ་མེད་ཐུམ་དབང་གིས་མ་སྨིན་པའི་ལས་དང་པོ་པ་ལ་དེ་དག་བྱར་མི་རུང་བའི་ཕྱིར་རོ། །གལ་ཏེ་དེ་དག་དབང་གོང་མའི་ཆོག་དང་། བྱིན་རླབས་ཀྱི་ཆོག་ཡིན་ཡང་། སྔར་མ་སྨིན་པའི་ལས་དང་པོ་ལ་ཐོག་མ་ཉིད་དུ་བྱར་རུང་བ། སློབ་དཔོན་དེ་དག་གི་དགོངས་པ་ཡིན་པས་བྱིན་རླབས་སྨིན་བྱེད་ཡིན་པའི་སྒྲུབ་བྱེད་དམ་པ་ཡིན་ནོ་སྙམ་ན། འདི་ནི་དེ་བས་ཀྱང་དེ་ལྟར་མ་ཡིན་ཏེ། རྡོ་རྗེ་སྙིང་འགྲེལ་ལས། རྡོ་རྗེ་སློབ་དཔོན་བློ་དང་ལྡན་པས། དབང་ལ་འཚོལ་བའི་སྐྱོན་སྤྲངས་ལ་དབང་བཞི་གོ་རིམ་བཞིན་དུ་བསྐུར་བར་བྱའོ། །ཞེས་དབང་བཞི་གོ་རིམ་འཚོལ་བ་དང་། འོག་མ་མ་བསྐུར་བ་ལ་གོང་མ་བསྐུར་བ་སོགས་བཀག་པའི་ཕྱིར་དང་། ལྟག་པར་དོན་དེ་དག་ལ། ཡེ་ཤེས་གྲུབ་པ་རང་ཉིད་ཀྱི་ལུང་དོན་ལ་དཔྱད་པས་ཤེས་པའི་ཕྱིར་རོ། །

འདི་ཇི་ལྟར་ཤེས་སྙམ་ན། ཨིནྡྲ་བྷཱུ་ཏིས་མཛད་པའི་ཡེ་ཤེས་གྲུབ་པའི་ལེའུ་བཅུ་བདུན་པ་ལས། ཡེ་ཤེས་རྡོ་རྗེ་དབང་བསྐུར་བའི་ཆོག་ཞེས་པ་སྦྱོར་དངོས་རྗེས་གསུམ་སྦྱར་བ་ཞིག་སྣང་མོད། འདི་ནི་སྔར་མ་སྨིན་པའི་ལས་དང་པོ་ལ་བྱར་མི་རུང་སྟེ། སྨིན་ཟིན་ཉིད་ལ་དབང་གོང་མ་བསྐུར་བའི་ཆོག་དངོས་སམ། དྲོད་ཀྱི་ཡེ་ཤེས་སྐྱེས་པའི་རྣལ་འབྱོར་པ་ལ། སྤྱོད་པས་བོགས་དབྱུང་བའི་ཕྱིར་དུ་དབང་གོང་མའི་བྱིན་རླབས་ཀྱི་ཆོག་ཞིག་ཏུ་སྣང་བའི་ཕྱིར་རོ། །དེ་ཡང་ཇི་ལྟར་ཤེས་སྙམ་ན། དབང་དེ་བསྐུར་ཡུལ་གྱི་གདུལ་བྱ་དེ་ནི། མ་སྨིན་པ་མ་ཡིན་ཏེ།

དེ་ལ་དབང་དེ་བསྐུར་བའི་གོང་དུ་དབང་གི་ཡེ་ཤེས་སྐྱེས་ཟིན་པར་བཤད་པའི་ཕྱིར་ཏེ། དེ་ཉིད་ཀྱི་དབང་གིས་གསོལ་འདེབས་ཀྱི་ཚིག་ཏུ། ཐུགས་རྗེའི་བདག་ཉིད་དྲིན་ཅན་གྱིས། །ཡང་དག་ཡེ་ཤེས་མཆོག་ཐོབ་ཏེ། །རང་གི་རིགས་པའི་ངོ་བོ་ལ། །བདག་ནི་ཤིན་ཏུ་ངེས་པ་སྐྱེས། །གཉིས་མེད་ཡེ་ཤེས་འདི་ཉིད་ནི། །འགྲོ་བ་གཞན་ལ་ཡོད་མ་ཡིན། །ཆོས་ཀྱི་བདུད་རྩི་འདི་འཐུང་ཕྱིར། །བླ་མ་མཆོག་ལ་གསོལ་བ་འདེབས། །ཞེས་སློབ་མ་དེ་ལ་ཡེ་ཤེས་སྐྱེས་ཟིན་པར་དེས་བཤད་པའི་ཕྱིར་དང་། དེ་ཉིད་ཀྱི་ལེའུ་དང་པོར། རྡོ་རྗེ་ཡེ་ཤེས་དབང་བསྐུར་བས། །དངོས་གྲུབ་མཆོག་ནི་བསྒྲུབ་པར་བྱ། །ཡང་དག་ཡེ་ཤེས་ཀུན་ལྡན་ན། །བྲིས་པའི་དཀྱིལ་འཁོར་སོགས་གཞན་དུ། །དབང་བསྐུར་བ་ནི་ལེན་ཞེ་ན། །འདི་ནི་དམ་ཚིག་ཉམས་པར་འགྱུར། །

ཞེས་སློབ་མ་དེ། དབང་གི་ཡེ་ཤེས་དང་ལྡན་པའི་ཆ་ནས། དབང་བསྐུར་བའི་ཆོ་ག་དེ་ཙམ་མ་གཏོགས། བྲིས་སྐྲུབ་ཀྱི་དཀྱིལ་འཁོར་སོགས་མི་དགོས་པར་བཤད་པའི་ཕྱིར་དང་། གཞན་དུ་དམ་ཚིག་ཉམས་པར་འགྱུར་ཞེས་པའི་ཚིག་གི་ནུས་པས་ཀྱང་། སྔར་དུ་དབང་ཐོབ་ཡིན་པར་བསྟན་པའི་ཕྱིར་དང་། དེ་ཉིད་ཀྱི་ལེའུ་བཅོ་ལྔ་པར་ཡང་། རྡོ་རྗེའི་ཐིག་ནི་གདབ་པ་དང་། །ཚོན་རྩི་དག་ཀྱང་བཀྱེ་བ་ནི། །སྔགས་ཀྱི་སེམས་དཔའ་མི་བྱ་སྟེ། །བྱས་ན་བྱང་ཆུབ་རྙེད་པར་དཀའ། །ཞེས་གསུངས་ཏེ་དཀྱིལ་འཁོར་གྱི་ཐིག་གདབ་པ་དང་། ཚོན་རྩི་བཀྱེ་བ་ལ་སོགས་པ་མི་བྱའོ། །སྔགས་ཀྱི་སེམས་དཔའ་ཞེས་བྱ་བ་ནི། ཡིད་སྐྱོབ་པར་བྱེད་པའི་ཕྱིར་སྔགས་ཀྱི་ཡེ་ཤེས་ཡིན་ཏེ། ཡང་དག་པའི་ཡེ་ཤེས་མཐོང་བ་ཞེས་བྱ་བའི་དོན་ནོ། །གལ་ཏེ་སྨོངས་པས་དེ་ལྟར་བྱེད་ན་ནི། བྱང་ཆུབ་རྙེད་པར་དཀའ་བར་འགྱུར་ཏེ། བྱིས་པའི་སྐྱེ་བོ་ལས་དང་པོ་པའི་སེམས་ཅན་གྱི་བྱ་བ་བྱེད་པས། སངས་རྒྱས་ཉིད་དང་རྡོ་རྗེ་འཛིན་པ་ཉིད་རྙེད་དཀའ་བར་འགྱུར་རོ་ཞེས་བྱ་བའི་དོན་ནོ། །ཡང་དག་པའི་ཡེ་ཤེས་ཀྱི་མངོན་པར་དབང་བསྐུར་བ་དང་ལྡན་པའི་རྣལ་འབྱོར་དེ་ལ་ནི། དཀྱིལ་འཁོར་བྲི་བ་དང་། འཇུག་པ་དང་། དབང་བསྐུར་བ་ལ་སོགས་པ་ནི་བཀག་པ་ཡིན་ནོ། །ཞེས་བཤད་པའི་སྔགས་ཀྱི་སེམས་དཔའ་མི་བྱ་སྟེ་ཞེས་པའི་སྔགས་ཀྱི་སེམས་དཔའ་དང་། འདིར་སྐབས་ཀྱི་སློབ་བུ་དེ་གནད་གཅིག་ཅིང་། སྔགས་ཀྱི་སེམས་དཔའ་དེ་ལ་ཡེ་ཤེས་སྐྱེས་ཟིན་པར་ནི། ལུང་འདི་ཉིད་ལས་གསལ་བ་དེ་ཡིན་པའི་ཕྱིར་དང་། དཀྱིལ་འཁོར་བྲིས་སྐྲུབ་ནི། ལས་དང་པོ་པའི་བྱ་བ་ཡིན་གྱི། སྔགས་ཀྱི་སེམས་དཔའི་ལས་སུ་བྱ་བ་མིན་ནོ་ཞེས་བཤད་པས། ལས་དང་པོ་པ་སྨིན་པ་ལ་དཀྱིལ་འཁོར་བྲིས་སྐྲུབ་དགོས་པ་དང་། སྔགས་ཀྱི་སེམས་དཔའ་དེ་ལས་དང་པོ་པ་མིན་ཞེས་པའི་ཚིག་གི་ནུས་པ་གཉིས་བསྟན་པའི་ཕྱིར་དང་། རྡོ་རྗེའི་ཐིག་ནི་གདབ་པ་དང་། ཞེས་སོགས་འདུས་པའི་གཞུང་དེ་ལ། གསང་འདུས་འཕགས་ལུགས་དང་ཡེ་ཤེས་ཞབས་ལུགས་གཉིས་ཀྱིས་བཤད་ལུགས་མི་འདྲ་བ་གཉིས་མཛད་སྣང་ཡང་།

ལས་དང་པོ་པ་སློབ་པ་ལ་དཀྱིལ་འཁོར་བྲིས་ཐིག་མི་དགོས་པའི་ལུང་དུ་བཤད་པ་མི་སྣང་བའི་ཕྱིར། དེས་ན་བྱིན་རླབས་སློབ་བྱེད་ཡེ་ཤེས་གྲུབ་པར་བཤད་ཅེས་པ་ནི། གྲུབ་པའི་སློབ་དཔོན་དེ་ལ་ཅོ་འདྲི་བའི་ཚིག་ཏུ་སྣང་ངོ་། །གནད་དེ་ཤེས་ན། གསང་འདུས་རྒྱུད་ཟིན་ཡིན་པར་དེ་ནས་བཤད། ཅེས་པ་ཡང་སྙིང་པོས་བདེན་པ་སྟེ། ཡེ་ཤེས་གྲུབ་པར་གོང་གི་དབང་བསྐུར་གྱི་དེ་མ་ཐག་ཏུ། དེ་བཞིན་གཤེགས་པ་ཐམས་ཅད་ཀྱི་ཡེ་ཤེས་མཆོག་གི་དབང་བསྐུར་བའི་རྣལ་འབྱོར་པ་རྣམས་ཀྱི་བདག་ཉིད་ཆེན་པོ་ནི། དཔལ་གསང་བ་འདུས་པ་ལས་གསུང་སྟེ། འདི་ལྟར་བཅོམ་ལྡན་འདས་དེ་བཞིན་གཤེགས་པ་ཐམས་ཅད་ཀྱི་སྐུ་དང་གསུང་དང་ཐུགས་རྡོ་རྗེ་གསང་བ་མངོན་པར་རྟོགས་པའི་རྡོ་རྗེ་སློབ་དཔོན་ལ་ཇི་ལྟར་ལྟ་བར་བགྱི། དེ་བཞིན་གཤེགས་པ་ཐམས་ཅད་ཀྱིས་བཀའ་སྩལ་པ༔ རིགས་ཀྱི་བུ་བྱང་ཆུབ་ཀྱི་སེམས་རྡོ་རྗེ་ལྟ་བུར་དེ་བཞིན་གཤེགས་པ་ཐམས་ཅད་དང་། བྱང་ཆུབ་སེམས་ཀྱིས་བལྟ་བར་བྱའོ། །ཞེས་སོགས་དྲངས་པའི་ལུང་དེ། བྱིན་རླབས་སློབ་བྱེད་དུ་སྟོན་པའི་ལུང་དུ་འགྲུབ་པར་མི་བྱ་སྟེ། ལུང་དེ་ནི། ཡེ་ཤེས་རྡོ་རྗེ་དབང་བསྐུར་བ། །ཞེས་པ་དེའི་རྒྱབ་རྟེན་ཡིན་ལ། ཡེ་ཤེས་རྡོ་རྗེའི་དབང་བསྐུར་དེ་ལས་དང་པོ་པ་སློབ་བྱེད་མ་ཡིན་ནོ་ཞེས་བཤད་ཟིན་པའི་ཕྱིར་དང་། གཞན་དུ་ན་གསང་འདུས་རྩ་རྒྱུད་བཤད་ཀྱི་རྒྱུད་རྣམས་ལས། ལས་དང་པོ་པ་སློབ་པ་ལ་དཀྱིལ་འཁོར་ཆེན་པོར་ཞུགས་པའི་དབང་བསྐུར་ཁོ་ན་དགོས་པར་བཤད་པ་དང་འགལ་བའི་ཕྱིར་རོ། །

གཞན་ཡང་སློབ་དཔོན་ཡན་ལག་མེད་པའི་རྡོ་རྗེས། ཐབས་དང་ཤེས་རབ་གཏན་ལ་དབབ་པ་གྲུབ་པའི་ལེའུ་གསུམ་པར། བྱང་ཆུབ་ཀྱི་སེམས་ཀྱིས་དབང་བསྐུར་བའི་ཚོ་ག་ཞེས་པ་སྦྱོར་དངོས་རྗེས་གསུམ་སྦྱར་བ་ཞིག་སྣང་བ་དེ་ཡང་། དབང་གོང་མའི་ཚོ་ག་ཙམ་ཞིག་ཡིན་ཏེ། དེ་ཉིད་ཀྱི་དབང་གི་དངོས་གཞིའི་ཚེ། དེ་ནས་སློབ་དཔོན་སྐལ་བཟང་གིས། །ཕྱག་རྒྱ་དང་ནི་སྦྱར་བྱས་ཏེ། །རྒྱལ་བའི་གནས་གྱུར་བྱང་ཆུབ་སེམས། །པདྨའི་སྣོད་དུ་བཞག་ནས་ནི། །བཀྲ་ཤིས་གླུ་ཡི་ཚིགས་བཅད་དང་། །གདུགས་དང་རྒྱལ་མཚན་རྔ་ཡབ་བཅས། །ཕྱག་རྒྱར་ལྡན་པས་སློབ་མ་ནི། །འགྲོ་བའི་གཙོ་བོར་དབང་བསྐུར་བྱ། །ཞེས་རིག་མ་ལ་བརྟེན་ནས་གསང་དབང་བསྐུར་ཚུལ་དུ་སྣང་བའི་ཕྱིར་དང་། སློབ་དཔོན་པདྨ་བཛྲ་གྱིས་གསང་བ་གྲུབ་པའི་ལེའུ་ལྔ་པར། ཕྱག་རྒྱ་ཆེན་པོའི་དབང་བསྐུར་བ། །ཞེས་བྱ་བ་སྦྱོར་དངོས་རྗེས་གསུམ་ཚང་བ་ཞིག་སྣང་བ་དེ་ཡང་། དབང་གོང་མའི་ཚོ་གར་སྣང་སྟེ། དངོས་གཞིའི་ཚོ་གའི་ཚེ། ཕྱག་རྒྱ་དང་ནི་ལྡན་པ་ཡིས། །སློབ་དཔོན་ཐུགས་རྗེ་ལྡན་པ་ཡིས། །རྡོ་རྗེ་པདྨ་སྙོམས་འཇུག་ཅིང་། །ཡང་དག་རབ་སྦྱིན་ལ་གནས་ནས། །ལྷ་ཡི་རྣལ་འབྱོར་བསྐྱེད་གྱུར་པས། །ཇི་ལྟ་བ་བཞིན་རྣམ་པར་གནས། །འབབ་པས་གསུང་གི་རྡོ་རྗེ་ཡིས། །པདྨ་ལས་བྱུང་བླངས་བར་བྱ། །ཞེས་སོགས་ཀྱི་

དངོས་ཀྱི་ཕྱག་རྒྱ་ལ་བརྟེན་པའི་དབང་གོང་མ་གཉིས་ཀྱི་ཆོ་ག་གསལ་བར་བཤད་པའི་ཕྱིར་དང་། བརྟག་གཉིས་ལས། ཕྱག་རྒྱ་ཆེན་པོ་དབང་བསྐུར་བས། །ཇི་ལྟར་ཤེས་པའི་བདེ་ཆེན་པོ། །ཞེས་པ་ཡང་དེ་དང་འདྲ་བར་དབང་གསུམ་པ་བསྐུར་བའི་ཆོ་ག་བསྟན་པ་ཡིན་པའི་ཕྱིར་ན། བྱིན་རླབས་སྨིན་བྱེད་ཡིན་པའི་ལུང་དུ་འཁྱོག་པར་མི་བྱའོ། །དེ་ལྟར་ཤེས་པ་ན། བྱིན་རླབས་སྨིན་བྱེད་ཀྱི་ལུང་དུ། གསང་འདུས། གྲུབ་སྙེ། ནཱ་རོ་འགྲེལ་ཆེན་སོགས་འདྲེན་པ་ནི། རབ་དབྱེ་ལས། ལུང་གི་གནས་སྐབས་མི་ཤེས་པར། །མདོ་རྒྱུད་ལུང་སྦྱོར་བྱེད་མོད་ཀྱི། །དེ་ནི་བླུན་པོའི་ཁ་གཤགས་ལྟར། །གང་དུ་འགྲོ་བ་མི་ཤེས་སོ། །ཞེས་པའི་ལུང་བསྟན་དེས་ཟིན་པའོ། །

དྲི་བ་པོ་རང་གིས། བཅོམ་ལྡན་གསུང་རབ་རིག་གསུམ་མགོན་པོ་ཡིས། །བཀྲལ་བའི་ལུང་དོན་བོར་ནས་རང་ལུགས་ཤིག །སྒྲུབ་པའི་སྔགས་པ་མུ་སྟེགས་ལས་ཀྱང་ལོད། །ཅེས་པ་དེ་ཡང་བདེན་པའི་ཚིག་གོ། །ཚེ་འདིར་དབང་མ་བསྐུར་ཡང་ཐོབ་པ་ནི། སྔགས་སྡོམ་སེམས་རྗེས་འབྲང་ཕྱིར་ཅེས་མི་འཐད། །འོན་ཀྱང་རབ་དབྱེའི་བསྟན་བཅོས་ཆེན་པོ་ལས། །དབང་བསྐུར་མུ་བཞི་བཀག་ཅེས་གྲགས་པ་ནི། །སྔོན་བྱོན་ཆེན་པོར་གྲགས་པ་འགའ་ཞིག་གིས། །དབང་བསྐུར་མུ་བཞི་རྩིས་པའི་ཟློལ་གྱིས་ནི། །དབང་ལ་ཡངས་པོར་སྤྱོད་དེ་འགོག་མཛད་ཅིང་། །དབང་བསྐུར་གདན་ནས་མ་བྱས་ཐོབ་པ་སོགས། །མུ་བཞིར་འདོད་པ་ལུང་རིགས་སྐྱོན་སླ་ཡི། །ཚེ་འདིར་མ་བྱས་ཐོབ་ཙམ་དགག་བྱ་མིན། །ཅིའི་ཕྱིར་ཞེ་ན་སྡོམ་དང་སེམས་བསྐྱེད་དང་། །དབང་སོགས་ཀུན་ལ་མུ་བཞི་འདོད་བཞིན་དུ། །དབང་ལ་རྩིས་ནས་དབང་བསྐུར་འདོད་པ་དེ། །འཛམ་དབྱངས་གཞུང་གི་དགག་བྱར་གསལ་ཕྱིར་རོ། །ཞེས་པ་ལ། སེམས་བསྐྱེད་དག་ལ་གོམས་པས་ཐོབ་ན་ཡང་། །ཆོགས་ལེན་པ་བཏང་སྙོམས་འཛོག་ཏུ་རུང་། །ཞེས་པའི་ལན་ནི། སེམས་བསྐྱེད་ཆོ་ག་བཏང་སྙོམས་རུང་ན་ཡང་། །དབང་བསྐུར་ཆོ་ག་བཏང་སྙོམ་མི་རུང་བ། །སྤྱི་ཕྱིའི་གྲུབ་མཐའ་མ་འདྲེས་ཕྱེད་གྱུར་ནས། །དགག་སྒྲུབ་ལན་གྱི་རྣམ་དབྱེ་སོ་སོར་རིགས། །ཞེས་བྱ་སྟེ། རབ་དབྱེའི་ཕྱོགས་སྔ་མས་ནི། དབང་བསྐུར་མ་བྱས་ཀྱང་ཐོབ་པ་སོགས་མུ་བཞི་ཡོད་པའི་ཕྱིར་ན། དབང་བསྐུར་ངེས་པར་མི་དགོས་ཞེས་བཤད་པ་ཡིན་ལ། རབ་དབྱེས་སྐྱོན་སྟོན་པའི་ཚེ། སེམས་བསྐྱེད་དང་བྱིན་རླབས་སྒོམ་པ་སོགས་ཀྱང་འབད་ནས་བྱ་མི་དགོས་པར་ཐལ། དབང་སེམས་བསྐྱེད་སྒོམ་སོགས་ལ་མུ་བཞི་ཁས་བླངས་པར་མཚུངས་པ་ལས། མུ་བཞིའི་རྒྱུ་མཚན་གྱིས་དབང་བསྐུར་ངེས་པར་བྱ་མི་དགོས་པར་ཁས་བླངས་པས་སོ། །

ཞེས་པ་འདི་ཉིད་ཡིན་ཞིང་། དེ་ལ་ཚེ་འདིར་དབང་མ་བསྐུར་ཡང་ཐོབ་པ་ཡོད་ན། ཕྱོགས་སྔ་ཕྱི་ཁས་བླངས་མཐུན་པས་རྩོད་པ་མེད་ཅིང་། མེད་ན་སྔགས་སྡོམ་བྱང་ཆུབ་སྙིང་པོའི་མཐའ་ཅན་དུ་ཁས་བླངས་པ་དང་འགལ་

ལོ་སྙམ་ན། དེ་ཡོད་ཀྱང་ཁས་བླངས་མཐུན་པ་ནི་མ་ཡིན་ཏེ། ཚེ་འདིར་དབང་མ་བསྐུར་ཀྱང་སྔགས་སྡོམ་ཐོབ་པ་ཡོད་པ་དང་། དབང་མ་བསྐུར་ཀྱང་སྔགས་སྡོམ་ཐོབ་པ་མེད་པ་ནི་ཞིབ་མོའི་རྣམ་དཔྱོད་ལས་ཐོན་པའི་ཕྱིར་སྟེ། ཚེ་འདིར་དབང་བསྐུར་མ་ཐོབ་པར་ཚེ་རབས་སྔ་མ་ནས་དབང་ཐོབ་ཟིན་མ་ཉམས་པ་དང་ཚེ་འདིར་དབང་བསྐུར་ཐོབ་པའི་གང་ཟག་ཡིན་ཏེ། ཚེ་འདིར་དབང་གི་སྨིན་པའི་གང་ཟག་ཡིན་པའི་ཕྱིར་ཏེ། ཚེ་འདིར་སྔགས་སྡོམ་ཐོབ་ཟིན་མ་མཉམ་པ་ཡིན་པའི་ཕྱིར་སྙམ་ན། ཚེ་འདིར་ཞེས་པའི་ཚིག་གི་རྣམ་བཅད་ཡོད་ཕྱིན་ཏགས་མ་གྲུབ་ཀྱི་ལན་དང་། མེད་ན་ཁྱབ་པ་མ་གྲུབ་ཀྱི་ལན་ཐེབས་ཏེ། རིགས་ལམ་གྱི་འཇུག་སྒོ་ཤར་བ་དག་གིས་དཔྱད་པས་ཤེས་པའི་ཕྱིར་རོ། །དོན་དེ་ཉིད་སྨྲས་པ་ལ། སེམས་བསྐྱེད་དེ་དག་ལ་གོམས་པས་ཐོབ་ན་ཡང་། ཞེས་སོགས་ནི། སྐབས་དོན་གྱི་ལན་མ་ཡིན་ཏེ། དེ་ཙམ་མཐུན་པའི་ཕྱིར་རོ། །

ཚེ་འདིར་མ་བྱས་ཐོབ་པའི་གང་ཟག་ནི། །ཆོས་ཀྱི་སྤྱན་ལྡན་འགའ་ཙམ་མ་གཏོགས་པ། །ལུས་ངག་ཡིད་ཀྱི་མཚན་མ་འདི་འདྲ་ཞེས། །ངེས་འཛིན་འཕྲུལ་མེད་གསལ་བར་སྨྲ་མི་ནུས། །ཞེས་པ་ལ། ཆུ་སྐྱར་མཐོང་བས་ཆུ་དཔོག་ཇི་བཞིན་དུ། །རིགས་སད་ཏགས་དེ་རྒྱུད་ལས་མང་དུ་གསུངས། །ཞེས་པའི་ལན་ནི། གཞལ་བྱའི་ཏགས་ཀྱིས་མི་ཏག་སྒྲུབ་པ་བཞིན། །རིགས་སད་ཏགས་ཀྱིས་འདི་ཉིད་སྒྲུབ་མི་ནུས། །ཞེས་བྱ་སྟེ། སྐྱེ་བ་སྔ་མར་དབང་ཐོབ་ལ་མ་ཉམས་པ། །ཐེག་ཆེན་དུ་རིགས་སད་པ་ཙམ་གྱིས་བསྒྲུབ་པ་ནི་མི་རིགས་ཏེ། །རིགས་སད་པ་ཙམ་ནི། ཐེག་ཆེན་ལམ་དུ་འཇུག་པའི་སྔོན་ཉིད་དུའང་བཤད་པའི་ཕྱིར་རོ། །དེ་ཕྱིར་མངོན་ཤེས་མཁྱེན་ལྡན་མིན་ཀུན་གྱིས། །བག་ཡངས་འོལ་སྤྱོད་པོ་ཅི་མ་ཡིན་པར། །སྔགས་ཀྱི་རྒྱ་བ་མ་འཁྲུལ་དབང་བསྐུར་ནས། །སྐལ་བཟང་རིམ་གྱིས་ཁྲིད་ན་མི་མཛེས་སམ། །ཞེས་པ་ལ། རྣམ་ཀུན་དེ་འདྲ་རེད་ཀྱིས་དགག་བྱ་ཡིན། །འགའ་ཞིག་དེ་འདྲས་འདུལ་བའང་བྱ་བ་ཡིན། །ཞེས་པའི་ལན་ནི། བླ་མེད་ལམ་གྱི་འཇུག་སྒོ་དབང་བཞི་ལ། །དང་པོའི་ལས་ཅན་སྨིན་པའི་ཐབས་གཞན་ཞིག །སྟོན་པ་གཉིས་པས་བཤད་དམ་གཞན་དུ་ཅི། །སྟོན་མཆོག་ཟས་གཙང་སྲས་འདིའི་ལུགས་ལ་མིན། །ཞེས་བྱའོ། །

ཚེ་འདིར་སེམས་བསྐྱེད་མ་བྱས་ཐོབ་པ་ཞིག །སྡེ་སྣོད་འཛིན་པ་ཀུན་ལ་གྲགས་པའི་ཕྱིར། །བྱང་ཆུབ་སེམས་མཆོག་བསྐྱེད་པའི་ཚོ་ག་འདིའང་། །ཀུན་ཏུ་འདོར་ན་མཁས་ལ་མཛེས་སམ་ཅི། །བ་གླང་སྐྱོང་སོགས་གྲུབ་དབང་དམ་པ་འགའ། །ཚེ་འདིར་དབང་བསྐུར་བྱས་སམ་མིན་པ་སྨྲ། །མཆོག་དང་མཆོག་མིན་དངོས་གྲུབ་འགའ་བྱུང་བ། །སྔོན་སྦྱངས་དམ་པའི་འབྲས་བུ་མིན་ཡིན་ནམ། །ཨུ་རྒྱན་མཐོང་དགའི་བུ་མོ་རོལ་པ་མོའང་། །དྲང་སྲོང་ཕྲུག་གིས་སྤྱི་བོར་བསྐུལ་བ་ལས། །སྔོན་ཚེ་ཕྲག་རྫོར་སྤྲུལ་པར་རང་དྲན་ནས། །ཏིང་འཛིན་བརྒྱ་ཕྲག

མངོན་དུ་མ་བྱས་སམ། །དེ་སྐད་སྟོན་གོམས་སྐྱེས་བུ་འགའ་ཞིག་གིས། །ལུས་ངག་སྤྱོད་པ་བསམ་པ་ག་ལ་ནུས། །
དེ་ཉིད་འདྲ་དཔེས་གཞན་ལ་བཀབ་པ་ན། །མཁས་རྣམས་བདེ་བའི་དགའ་སྟོན་མ་ལགས་སམ། །ཞེས་པ་ལ།
དེ་འདྲའི་གང་ཟག་དེང་སང་མེད་ན་བདེན། །

ཞེས་པའི་ལན་ནི། ཚེ་སྟོན་དབང་གིས་སྨིན་ཟིན་མ་ཉམས་པ། །ཡོད་པ་སྲིད་མོད་དེ་ཉིད་ངོས་ཟིན་ན། །འཁྲིད་ཀྱི་ཐོག་མར་བཀྲིར་རུང་དེ་མིན་ན། །དབང་གི་ཐོག་མར་བཀྲི་ཞེས་མཁས་པའི་གདམས། །ཞེས་བྱ་སྟེ། དེ་འདྲའི་གང་ཟག་ཡོད་པས་ཅི་ཕན་ཏེ། དེ་འདྲ་ངོས་ཟིན་པའི་རྡོ་རྗེ་སློབ་དཔོན་དཀོན་པའི་ཕྱིར་རོ། །དབང་ལས་ཐུགས་སྟོམ་ཐོབ་པའི་ས་མཚམས་གང་། །སྟོམ་བཟུང་རྗེས་ཟློས་སྐབས་སུ་ཐོབ་ཅེས་པ། །གསང་སྔགས་ལམ་གྱི་རྣམ་དབྱེ་མ་ཕྱེད་པར། །སོ་ཐར་འདྲ་དཔེ་སྔགས་ལ་བཀབ་པས་ལན། །འཇམ་དབྱངས་གསུངས་ལམ་སྐྱོང་བའི་བགྲེས་པོ་འགའ། །སྐབས་དེར་སྐྱེས་པ་དབང་དུས་ཐོབ་པོ་ཞེས། །སྐྱེས་ཐོབ་སོ་སོར་ཕྱེ་ནས་སྨྲ་བ་ཡང་། །ཚིག་དོན་རྣམ་དབྱེ་མ་ཕྱེད་འཁྲུལ་བའི་གདམས། །སྐྱེ་བའི་འཇུག་པ་ཐོག་མར་རྩོད་པ་དང་། །བརྩམས་པའི་བྱ་བ་ཐ་མར་རྫོགས་པ་ལ། །སྐྱེས་ཐོབ་མིང་གི་ཐ་སྙད་བཏགས་པ་ནི། །བསམ་གཏན་སྤྲིངས་ཡིག་དགོངས་དོན་མ་ཡིན་ནམ། །བླ་མེད་བུམ་དབང་སྐབས་སུ་རྫོགས་ཞེས་པ། །འདི་ལ་ལུང་རིགས་སྒྲུབ་བྱེད་ཡོད་དོ་སྐམ། །ཅིའི་ཕྱིར་ཞེ་ན་སྟོམ་པ་གང་དང་གང་། །རྫོགས་པ་སྔར་བྱ་མི་མཐུན་ཕྱོགས་དེར་ལྡོས། །གཞན་གནོད་གཞི་དང་ཞི་བདེའི་སླན་སེམས་དང་། །ཐ་མལ་ཞེན་པའི་སྣང་བྱ་སྟོམ་པའི་ཚེ། །སོ་སོར་ཐར་དང་བྱང་སེམས་རིག་འཛིན་གྱིས། །སྟོམ་པར་འཛོག་པ་བསྟན་པའི་སྤྱི་ལུགས་ཡིན། །བླ་མེད་བུམ་པའི་དབང་བསྐུར་རྫོགས་དུས་འདིར། །སྤྱང་གཞི་སྦྱོང་བྱེད་འཕྲོད་པའི་རྟེན་འབྲེལ་གྱིས། །མ་དག་སྣང་བ་སྦྱོངས་བྱེད་རིགས་དྲུག་ཏུ། །སྦྱོང་ཐབས་ཐུགས་སྟོམ་རྫོགས་པ་མ་ཡིན་ནམ། །ཅི་ཕྱིར་ཞེ་ན་རིགས་པའི་དབང་ལྔའི་ཚེ། །རིགས་ལྔའི་སྟོམ་པ་རྫོགས་ཞིང་བརྟུལ་ཞུགས་དང་། །སློབ་དཔོན་དབང་ཚེ་དྲུག་པ་རྫོར་སེམས་ཀྱི། །ཐུགས་སྟོམ་རྫོགས་པ་སྙིང་པོ་ཡིན་ཕྱིར་རོ། །ཞེས་པ་ལ། ཡིན་ཏེ་སྤྱི་དོན་སྟྲས་དང་མཐར་ཐུག་པའི། །རྣམ་བཞག་མ་ཆགས་པ་ལ་དེ་ཉིད་བདེན། །
ཞེས་པའི་ལན་ནི། སྤྱི་དོན་བཤད་པའི་ཚུལ་དང་སྦྲུར་བ་ཡི། །སྟོམ་པའི་ཐོབ་མཚམས་ལེགས་བཤད་འདི་ཉིད་ཡིན། །སྟྲས་དང་མཐར་ཐུག་བཤད་པའི་རྣམ་གྲངས་ཀྱིས། །སྟོམ་པའི་ཐོབ་མཚམས་བཙལ་ན་ཙ་ཙོའི་རྒྱུ། །
ཞེས་བྱ་སྟེ།
སྤྱིར་རི་བོ་དགེ་ལྡན་པ་དང་བོ་དོང་པ་ཆེན་པོ། རིགས་ལྔའི་སྟོམ་བཟུང་གི་སྐབས་སུ། ཐུགས་སྟོམ་རྫོགས་པར་འདོད་པ་དང་། དཔལ་ལྡན་ས་སྐྱ་པའི་རྗོང་ཕྱོགས་འགའ་ཞིག །སྟོམ་བཟུང་གི་སྐབས་སུ་ཐུགས་སྟོམ་སྐྱེ་ཞིང་།

དབང་དངོས་གཞིའི་ཚེ་ཐོབ་ཅེས་གླེང་བ་དང་། གོ་ཤཱཀ་ལ་སོགས་པས་དབང་བཞི་པ་ཐོབ་པའི་ཚེ་རྫོགས་པར་བཞེད་པ་སོགས་སྣང་ན་ཡང་ཁོ་བོ་ཅག་གིས་སྐབས་འདིར། གྲུབ་པའི་གཙུག་རྒྱན་རྗེ་བཙུན་ཁའུ་པ་ཡབ་སྲས་དང་། མཁས་པའི་མཆོག་གྱུར་རྗེ་བཙུན་མཉན་ཡོད་པ་ཡབ་སྲས་ཀྱི་གསུང་བརྒྱུད་པ་ལྟར། བླ་མེད་བུམ་དབང་གི་ཚེ་ན་སྔགས་སྡོམ་རྫོགས་པའི་སླབ་བྱེད་ཀྱི་གཙོ་བོ། དེའི་ཚེ་ན་རིགས་དྲུག་གི་སྔགས་སྡོམ་རྫོགས་པའི་ཕྱིར་ཞེས་བཀོད་པ་ཡིན་ལ། དོན་དེ་ལ། ཡི་གེ་སྤྱི་སྦས་སོགས་རྒྱུད་འཆད་ཚུལ་གྱི་རྣམ་གཞག་མ་ཆགས་སོ་སྐྱེས་འདོམས་པའི་བཀའི་ངེས་གསང་ནི། གཡེམ་མའི་མྱུ་ཅོར་ཞེས་པའི་རྣམ་ཐར་ལྟུག་པ་སྟེ། རྒྱུད་འཆད་ཚུལ་ཐབས་ཀྱི་མན་ངག་དྲུག་ལས། བསྡུས་དོན་གྱི་བཤད་པ། ཚིག་དོན་གྱི་བཤད་པ། ཡི་གེའི་དོན་གྱི་བཤད་པ་གསུམ་ནི། བརྗོད་བྱེད་ཚིག་གིས་བཤད་ཚུལ་ཙམ་ཡིན་པས་དོན་འདི་ལ་ཕན་གནོད་དུ་འགྱུར་པ་འདི་ཡང་མེད་ལ༑ སྤྱི་དོན་གྱི་བཤད་པ། སྦས་དོན་གྱི་བཤད་པ། མཐར་ཐུག་གི་བཤད་པ་གསུམ། བརྗོད་བྱའི་དོན་འཆད་ཚུལ་དུ་སྣང་མོད། སྤྱི་དོན་ལ། ཕ་རོལ་ཏུ་ཕྱིན་པ་སྤྱི་དང་། བསྐྱེད་པའི་རིམ་པ་སྤྱི་ཞེས་བྱ་བ་གཉིས་སུ་ཡོད་པའི་བསྐྱེད་པའི་རིམ་པ་སྤྱིའི་དབང་དུ་བྱས་ནས། སྡོམ་པའི་རྫོགས་ཚུལ་འདི་ཉིད་ཡིན་ལ། སྦས་དོན་གྱི། དབང་གོང་མ་མ་ཐོབ་པ་ལ་སྦས་པ་ཞེས་བྱ་བ་ཡིན་ཅིང་། མཐར་ཐུག་ནི། ས་བཅུའི་སའམ་བཅུ་གཉིས་པ་ཞེས་འཆད་པས། དེ་ཉིད་ལ་བསམ་ནས་སྡོམ་པ་རྫོགས་མཚམས་འཚོལ་དགོས་ན། ཧ་ཅང་ཐལ་བར་འགྱུར་བ་ལ་སོགས་པའི་སྐྱོན་འཆད་པར་འདི་ཉིད་ཡིན་པའི་ཕྱིར་རོ། །གནད་འདི་ཟབ་མོའི་བཅུད་དུ་ཕེབས་པས་ན། །བཅུ་བཞི་བསྲུང་བའི་དམ་ཚིག་བདུད་རྩི་དེ། །བུམ་དབང་བསྲུང་བའི་དམ་ཚིག་ཡིན་ནོ་ཞེས། །གསུང་ངག་རྡོ་རྗེའི་ཚིག་འགྲེལ་གང་དེར་གསལ། །ཞེས་པ་ལ། དེར་རྟོག་པ་སོགས་འདི་ལ་མི་རུང་ཕྱིར། །བཤད་པ་འདི་ནི་རིགས་པས་དག་མ་ཡིན། །ཞེས་པའི་ལན་ནི་བྱིས་པའི་དབང་བདུན་ཙམ་ཞིག་ཐོབ་པ་དེས། རྩ་ལྟུང་བཅུ་བཞི་ངེས་པར་བསྲུང་དགོས་ན། །གནོད་བྱེད་གཞན་ལ་འཕངས་དེར་རང་ལ་ཟློག །མི་དགོས་དུས་ཀྱི་འཁོར་ལོའི་གཞུང་དང་འགལ། །ཞེས་བྱའོ། །

སྡོམ་པ་སྔགས་གཟུང་གསོལ་བའི་སྔགས་སྡོམ་དེ། །བླ་མེད་བུམ་དབང་ཆེན་རྫོགས་སམ་ཅི། །རྫོགས་ན་སྔགས་སྡོམ་དུས་དེར་མ་རྫོགས་གང་། །མ་རྫོགས་གང་དུ་རྫོགས་པའི་ས་འཚམས་འདྲི། །བཞི་པའི་དབང་བསྐུར་ཆེན་རྫོགས་སྨམ་ན། །རིགས་དྲུག་སྡོམ་པ་རང་རང་འབོགས་ཚོག་ལ། །མི་ལྟོས་གོང་མའི་དབང་ལ་ལྟོས་སོ་ཞེས། །སྨྲ་ལ་དཔྱོད་ལྡན་གཟུར་གནས་སུ་ཡིད་ཆེས། །ཞེས་པ་ལ། མཐར་ཐུག་བཤད་པའི་ཡོངས་འཛིན་མ་རྙེད་པའི། །བློ་གསལ་དག་ལ་རེ་ཞིག་སྨྲ་མི་ཉན། །ཞེས་པའི་ལན་ནི། ཡོངས་འཛིན་གཙུག་གི་ནོར་བུའི་སྣང་བྱེད་མཁན། །

གདེངས་ཅན་དབང་པོ་འདི་ན་ཕོངས་མ་གྱུར། །གསེར་མདངས་ཅན་གྱི་ཟློལ་ཚིག་གླུ་དབྱངས་ནི། ། ཚངས་པའི་འཇིག་རྟེན་གང་བ་སུ་ཡིས་ཟློག །ཞེས་བྱའོ། །འོན་འཇུག་པའི་སྒྲག་གཟུང་བྱས་པའི་སྡུགས་སྡོམ་དང་། སློབ་དཔོན་གྱི་དབང་གི་ཚེ་སངས་རྒྱས་ཀུན་གྱི་དམ་ཚིག་དང་ཞེས་སོགས་གསོལ་བ་བཏབ་པའི་སྡུགས་སྡོམ་བླ་མེད་བུམ་དབང་གི་ཚེ་རྫོགས་ན། སྡུགས་སྡོམ་ཡང་རྫོགས་པ་ལས་འོས་མེད་ཅིང་། དེར་མ་རྫོགས་པར་དབང་བཞི་པའི་ཚེ་རྫོགས་སོ་སྙམ་ན་ནི་འབྲེལ་མེད་ཡིན་ཏེ། རིགས་དབང་ལྔ་པོ་དེ་རིགས་ལྔའི་སྡོམ་པ་འབོགས་ཚིག་དང་། དྲུག་པ་རྡོར་སེམས་ཀྱི་རྗེན་ལ་དམ་ཚིག་གསུམ་སྦྱིན་པའི་ཚིག་དེ། སངས་རྒྱས་ཀུན་གྱི་སྐུའི་སྡོམ་པ་སོགས་ཐོབ་བྱེད་ཀྱི་ཚིག་ཡིན་གྱི། དབང་གོང་མའི་ཚིག་དེ་དག་འབོགས་པའི་ཚིག་མ་ཡིན་པའི་ཕྱིར། ཁོ་བོས་དེ་སྐད་སྨྲས་པ་ལ། རང་ཉིད་དབང་བཞི་པའི་ཚེ་སྡུགས་སྡོམ་རྫོགས་པར་འདོད་བཞིན་དུ་ལན་འདི་བཞིན་སྒྲིགས་པ་ནི། འཕགས་པ་ཧ་ཐུལ་དྲི་བ་དྲིས་པའི་ཚངས་པ་ཆེན་པོའི་རྣམ་ཐར་གཙང་མ་ཡིན་ནོ། །

འོན་རྒྱུད་སྡེ་གོང་མ་རྣམ་གཉིས་ལ། །སྡོམ་པའི་ཐོབ་མཚམས་ཁྱད་པར་མི་ཕྱེད་ཕྱིར། །རྒྱུད་སྡེའི་མཆོག་དམན་ཅི་ཡང་མེད་དམ་ཞེས། །ཆོས་ཀྱི་སྤྱན་ལྡན་གསུང་གི་ལམ་འོངས་ན། །དམ་ཚིག་གསུམ་ཚེ་སྡོམ་པ་རྫོགས་པ་ཡི། །མིང་ཙམ་མཐུན་ཡང་དོན་གྱི་ཁྱད་པར་ནི། །ཡོ་གར་རིགས་ལྔའི་སྡོམ་པ་ཙམ་ཞིག་ལས། །རིགས་དྲུག་སྡོམ་པ་ཚང་བར་མེད་ཕྱིར་དང་། །སྡོམ་པའི་ངོ་བོ་སྣང་གཞི་ལེགས་འཕྲོད་པའི། །ཀུན་རྫོབ་སྣང་བ་ལྷར་སྡོམ་མིན་ཕྱིར་དང་། །སྡོམ་ཚུལ་སློབ་མའི་རིགས་དབང་ལྔ་ཡི་ཚེ། །རིགས་ལྔའི་སྡོམ་པ་ཐོབ་པ་མིན་པ་སོགས། ། ཟབ་པའི་ཁྱད་པར་ཡུལ་དུ་ཕྱིན་པ་ཡི། །རྣམ་གྲངས་དབྱེ་བ་བརྗོད་ཀྱི་ག་ལ་ལང་། །ཞེས་པ་ལ། ཡེ་ཤེས་ཐིག་ལེའི་དབང་བཞིན་བུམ་པའི་དབང་། །རྒྱུད་དེར་བསྟན་ན་དེང་སང་གི་རྫོར་བ། །ཕལ་པའི་བུམ་དབང་རྣམ་དབྱེ་ཡོད་སྨྲས་ཀྱང་། །འབྱེད་དུ་བཅུག་ཚེ་མི་སྨྲ་བརྟུལ་ཞུགས་ལེན། །ཞེས་པའི་ལན་ནི། སྐབས་ཀྱི་ལན་ལ་དེ་ཉིད་མ་འབྲེལ་མོད། །དངོས་རྟགས་མ་ཕྱེ་བུམ་དབང་བཅུ་གཅིག་སོགས། །རྒྱུད་དང་རྒྱུད་འགྲེལ་དགོངས་པ་བསམ་མི་ཁྱབ། །མ་འདྲེས་སོ་སོར་འབྱེད་ལ་རྣམ་དབྱོད་གཅེས། །

ཞེས་བྱ་སྟེ། ཡེ་ཤེས་ཐིག་ལེར། ཆུ་ཡི་དབང་བསྐུར་ཅོད་པན་དག །བྱ་བའི་རྒྱུད་ལ་རབ་ཏུ་གསལ། །རྡོ་རྗེ་དྲིལ་བུ་མིང་གི་དབང་། །སྤྱོད་པའི་རྒྱུད་ལ་རབ་ཏུ་གྲགས། །ཕྱིར་མི་ལྡོག་པ་ཡི་ནི་དབང་། །རྣལ་འབྱོར་རྒྱུད་དུ་གསལ་བར་བྱེ། །དེ་ནི་དྲུག་གི་བྱེ་བྲག་དབང་། །དེ་ནི་སློབ་དཔོན་དབང་ཞེས་བྱ། །རྣལ་འབྱོར་བླ་མ་ཡི་ནི་མཚན། །གསང་བ་ཡི་ནི་དབང་རྒྱལ་བཤད། །ཤེས་རབ་ཡེ་ཤེས་བླ་ན་མེད། །བཞི་པ་དེ་ལྟར་དེ་བཞིན་ནོ། །ཞེས། རྒྱུད་སྡེ་བཞི་ལ་དབང་གི་བབས་མི་འདྲ་བ་བཞི་བཤད་པའི། རྣལ་འབྱོར་རྒྱུད་ལ་རིག་པའི་དབང་ལྔ། རྡོ་རྗེ་སློབ་

དཔོན་གྱི་དབང་ལ། ཕྱིར་མི་ལྡོག་པའི་དབང་། གསང་དབང་། རྗེས་གནང་། ལུང་བསྟན། དབུགས་དབྱུང་། གཟེངས་བསྟོད་དེ་དྲུག །རྣལ་འབྱོར་བླ་མེད་ལ། དེ་དག་བུམ་དབང་དུ་བྱས་ནས་བུམ་དབང་བཅུ་གཅིག ། དབང་གོང་མ་གསུམ་སྟེ་བཅུ་བཞིར་བཤད།

ཡང་དེ་ཉིད་ལས། ཆུ་དང་ཅོད་པན་རྡོ་རྗེ་དང་། །དྲིལ་བུ་མིང་དང་བརྟུལ་ཞུགས་དང་། །ལུང་བསྟན་པ་དང་སྐྱབས་སྦྱིན་དང་། །སྔགས་དང་ཕྱག་རྒྱ་ཡི་ཤེས་སོགས། །རྣལ་འབྱོར་རྒྱུད་ལ་མོས་པ་ལ། །དབང་བརྒྱད་ཕྱེ་ལ་སྦྱིན་པར་བྱ། །རྣལ་འབྱོར་བླ་མ་ལ་མོས་ལ། །བཅུ་ཡི་བདག་ཉིད་སྦྱིན་པར་བྱ། །ཞེས། རྣལ་འབྱོར་རྒྱུད་ལ། སྔགས་ཕྱག་རྒྱ་ཏིང་ངེ་འཛིན་གསུམ་ཞར་བྱུང་དུ་བྱས་ནས། དབང་སྔ་མ་བརྒྱད། བླ་མེད་ལ། བརྒྱད་པོའི་སྟེང་དུ་དམ་ཚིག་གསུམ་བསྣན་པས། བུམ་དབང་བཅུ་གཅིག་ཏུ་བཤད། རྡོ་རྗེ་ཕྲེང་བ་ལས། དང་པོའི་དབང་ནི་གཙོ་བོ་སྟེ། །གཉིས་པ་གསང་བའི་མིང་ཅན་ནོ། །གསུམ་པ་ཀུན་ནས་སྦྱོར་བ་སྟེ། །བཞི་པ་དོན་ནི་དམ་པའོ། །གཙོ་བོའི་དབྱེ་བ་བཅུ་གཅིག་སྟེ། །བཅུ་གཉིས་པ་ནི་གསང་བའོ། །བཅུ་གསུམ་པ་ནི་ཡང་དག་སྦྱོར། །བཅུ་བཞི་པ་ནི་དོན་དམ་པའོ། །དབང་བསྐུར་རེ་རེས་ས་རེའོ། །ཞེས་དང་། དེ་བཞིན་དུ་བདེ་མཆོག་ཕྱག་ཆེན་ཐིག་ལེ་སོགས་ཕལ་ཆེར་ལས། སློབ་མའི་དབང་དྲུག །སློབ་དཔོན་གྱི་དབང་བདུན། རྗེས་གནང་བསྟན། དབུགས་དབྱུང་། གཟེངས་བསྟོད་བཞི་སྟེ། བུམ་དབང་བཅུ་གཅིག །དབང་གོང་མ་གསུམ་དང་བཅུ་བཞིར་བཤད། དུས་ཀྱི་འཁོར་ལོ། ཆུ་དང་ཅོད་པན་དར་དཔྱངས་དང་། །རྡོ་རྗེ་དྲིལ་བུ་བརྟུལ་ཞུགས་དང་། །མིང་རྒྱལ་དབང་ནི་རྣམ་པ་བདུན། །བྱིས་པ་རྣམས་ནི་གཟུང་ཕྱིར་ཡིན། །གསུམ་པོ་འཇིག་རྟེན་ཀུན་རྫོབ་སྟེ། །བཞི་པ་དོན་གྱི་དམ་པའོ། ། ཞེས་ཆུ་ཅོད་པཎ་དར་དཔྱངས། རྡོར་དྲིལ། བརྟུལ་ཞུགས། མིང་། རྗེས་གནང་གི་དབང་སྟེ་བྱིས་པ་འཇུག་པའི་དབང་བདུན། བུམ་དབང་སོགས་མཆོག་དབང་བཞི་དང་བཅུ་གཅིག་ཏུ་བཤད། འོན་དེས་དངོས་རྟགས་མི་ཕྱེད་པར་མཚན་ཉིད་པ་ཡིན་ནམ་སྙམ་ན། ཆོས་རྗེ་ས་པཎ་གྱིས། ཕྱག་ལོའི་དྲིས་ལན་དུ། སློབ་དཔོན་དག་གི་དབང་བཅུ་བཞི། །གསུངས་ཀྱང་འགའ་ཞིག་ཡན་ལག་ལ། །དེ་ཡི་མིང་གི་བཏགས་པ་སྟེ། །དགེ་སློང་བཅུ་དང་དགེ་ཚུལ་བཞི། །དེ་ལ་དགེ་འདུན་བཅུ་བཞི་ཞེས། །འཇིག་རྟེན་པ་དག་སྒྲོགས་པ་བཞིན། །ཞེས་པ་ལྟར། སློབ་མའི་དབང་དྲུག །སློབ་དཔོན་གྱི་དབང་བདུན། དབང་གོང་མ་བཞི་དང་བཅུ་བཞི་པོ་ནི། དངོས་གཞིའི་དབང་ཡིན་པས། དབང་དང་བཀའ་གནང་སོགས་ཀྱི་ཟླས་ཕྱེ་བའི་དབང་གདམས་པ་ཡིན་ལ། རྗེས་གནང་སོགས་བཞི་ནི། དབང་གི་མཐའ་རྟེན་ལ་དབང་གི་མིང་བཏགས་པ་ཙམ་མོ། །

འོན་ཆུ་དབང་སོགས་བདུན་ཀ་བུམ་དབང་མཚན་ཉིད་པ་ཡིན་ནམ་སྙམ་ན། དེ་དག་ཀུན་ལ་བུམ་པའི་

བྱ་བ་འཇུག་པའི་ཕྱིར། བུམ་དབང་གི་ཁོངས་སུ་བསྡུ་ལ། བུམ་དབང་མཚན་ཉིད་པ་ནི། དབང་བདུན་པ་ཉིད་ལ་འཇོག་ཅེས། རྒྱུད་སྡེ་ཕལ་ཆེར་གྱི་དངོས་བསྟན་ལྟར། གོང་མའི་གསུང་ལས་འབྱུང་ལ། དཔལ་དུས་ཀྱི་འཁོར་ལོ་ནི་བྱིས་པའི་དབང་བདུན་ལ་བུམ་དབང་གི་མིང་ཙམ་ཡང་མི་འདོགས་པར། མཆོག་དབང་བཞི་ཞེས་ལོགས་སུ་བཀོལ་བར་མཛད་པ་ནི། རྒྱུད་སྡེའི་ཁྱད་པར་ཏེ། འདི་ལྟར་དགོས་པའི་གནད་ཁྱད་པར་ཅན་སྙིང་གི་པདྨར་གཅེས་སོ། །

འོན་དཔལ་དུས་ཀྱི་འཁོར་ལོར་བཤད་པའི་དབང་བདུན་པ་ནི། རྗེས་གནང་ཡིན་པའི་ཕྱིར། སྨིན་བྱེད་དུ་མི་འཐད་དོ་སྙམ་ན་འདི་ནི། རྗེས་གནང་གི་བྱ་བ་བྱེད་པའི་དབང་ཡིན་པས་རྗེས་གནང་གི་དབང་ཞེས་མིང་བཏགས་པ་ཙམ་ཡིན་གྱི། དོན་ལ་སྨིན་བྱེད་ཀྱི་དབང་མཚན་ཉིད་པ་ཡིན་ཏེ། དབང་འོག་མ་དྲུག་ནི། ལུས་ངག་ཡིད་གསུམ་དག་བྱེད་ཡིན་ལ། འདི་ནི། ཡེ་ཤེས་ཀྱི་ཕུང་ཁམས་དག་བྱེད་ཡིན་ཞིང་། ས་བདུན་པའི་དབང་ཕྱུག་ཏུ་འགྱུར་བྱེད་ཡིན་པས། བྱིས་དབང་བདུན་གྱི་གཙོ་བོ་དངོས་གཞིའི་དབང་ཡིན་པའི་ཕྱིར་རོ། །གནད་དེས་ན། ཀྱི་རྡོར་བས་འཆད་པའི་རྗེས་གནང་དང་འདི་མི་འདྲ་སྟེ། དབང་གི་དངོས་གཞི་དང་མཐར་རྟེན་གྱི་ཁྱད་པར་ཆེན་པོ་ཡོད་པའི་ཕྱིར་རོ། །མིང་ཙམ་གྱིས་སྨོངས་པར་མ་གྱུར་ཅིག །དཔྱོད་ལྡན་འགའ་ཞིག་བསྐྱེད་རིམ་སྒོམ་པ་ནི། །ཐོབ་ཀྱང་རྫོགས་རིམ་སྒོམ་པ་མི་ཐོབ་ཕྱིར། །སྔགས་སྒོམ་རྫོགས་པ་དབང་བསྐུར་བཞི་པ་ལ། །ལྟོས་འདི་རྒྱུད་སྡེའི་ཁྱད་པར་ཡིན་ཞེས་གསུངས། །བསྐྱེད་རྫོགས་སྒོམ་པའི་ཐ་སྙད་འཐད་མོད་ཀྱང་། །དེ་ཉིད་བསྐྱེད་རྫོགས་ལམ་གྱི་བྱེད་པ་ལས། །ཐོབ་ཀྱི་དབང་ལས་ངེས་པར་མིན་ནོ་ཞེས། །དཔྱོད་ལྡན་མཁྱེན་པ་བརྟེགས་ནས་དགྱེས་འདི་སྨྲོག །ཅེས་པ་ལ། འདི་སྐད་མཁྱེན་པ་བརྟེགས་ཀྱང་འཛེར་བག་ཅན། །ཞེས་པའི་ལན་ནི། དབང་དུས་ཁོ་ནར་བསྐྱེད་རྫོགས་ཡེ་ཤེས་ཀྱང་། །སྐྱེ་བར་ངེས་ཤེས་མཁྱེན་པ་འདེགས་ནུས་ན། །བཙུ་ཕྲག་དྲུག་གི་དགྱེས་ལ་ད་གཟོད་འགྲན། །ཕ་རོལ་ཁ་ནི་ས་ཡི་བུག་པར་ངེས། །ཞེས་བྱ་སྟེ། ཁོ་བོས་ནི། བསྐྱེད་རྫོགས་ཀྱི་སྒོམ་པ་དང་། བསྐྱེད་རྫོགས་ཀྱི་ཡེ་ཤེས་གནད་གཅིག་པས། དེ་ཉིད་དབང་དུས་ཁོ་ནར་སྐྱེ་བའི་ངེས་པ་མེད་པའི་ཕྱིར་ན་བསྐྱེད་རྫོགས་ཀྱི་ལམ་རིམ་པ་གཉིས་སྒོམ་པའི་རྗེས་སུ་བསྐྱེད་དགོས་པ་ཡང་སྲིད་ལ། དེས་ན་དབང་བཞི་རྫོགས་ཀྱང་བསྐྱེད་རྫོགས་ཀྱི་སྒོམ་པ་མ་ཐོབ་པ་ཡང་ཡོད་དོ། །ཞེས་སྨྲས་པ་ཡིན་ནོ། །

དོན་འདི་ལ་བསྐྱེད་རྫོགས་ཀྱི་སྒོམ་པ་དང་། བསྐྱེད་རྫོགས་ཀྱི་ཡེ་ཤེས་རང་ཉིད་ཀྱིས་ཀྱང་གནད་གཅིག་ཏུ་བཤད་ནས། ཁོ་བོས་སྨྲས་པ་ལ་སྐྱོན་འདིང་བས་ནི། དབང་དུས་ཁོ་ནར་བསྐྱེད་རྫོགས་ཀྱི་ཡེ་ཤེས་ཀྱང་སྐྱེ་བར་ཞལ་གྱིས་འཆེས་པས། ཚངས་པའི་དབྱངས་ཁོ་ནར་ངེས་སོ། །ཅི་ཕྱིར་ཞེ་ན་བསྐྱེད་རྫོགས་སྒོམ་པ་དེ། །དབང

དུས་ཁོ་ནར་ཐོབ་ཅེས་སྨྲ་བ་ན། །བསྐྱེད་རྫོགས་ལམ་གྱི་ཡེ་ཤེས་ཟབ་མོ་དེའང་། །དབང་དུས་ཁོ་ནར་ཐོབ་པ་སུ་ཡིས་ཟློག །དེ་ཡང་འདོད་ན་དབང་བཞི་ལམ་བཞི་དང་། །ལམ་ལས་སྐྱེས་པའི་ཡེ་ཤེས་བཞི་ལ་སོགས། །གདུལ་བྱ་སྐལ་བ་འབྲིང་གི་གང་ཟག་ལ། །རིམ་བཞིན་བགྲོད་པའི་གོ་སྐབས་མེད་དམ་ཅི། །མདོར་ན་བསྐྱེད་རྫོགས་སྡོམ་དང་བསྐྱེད་རྫོགས་ལ། །ཁྱད་པར་ཡོད་ན་སྨྲ་བའི་དུས་དེར་སླེབས། །མིན་ན་དབང་བསྐུར་ཐོབ་པའི་དུས་སྐབས་དེར། །བསྐྱེད་རྫོགས་སྡོམ་པ་ཐོབ་ཕྱིར་བསྐྱེད་རྫོགས་ཀྱི། །ཡེ་ཤེས་གཉིས་ཀྱང་ཐོབ་པར་བྱས་སམ་ཞེས། །སྨྲ་བ་འདི་ལ་ལན་འདེབས་མཁས་དབང་སུ། །ཞེས་པ་ལ། ཁོ་བོ་ཁྱད་པར་མེད་ཕྱིར་སྨྲས་མི་དགོས། །རྡོ་རྗེ་ཐེག་པའི་སྐོར་ཞུགས་ནས། །དབང་བསྐུར་ལས་གཞན་ཆོས་མེད་དོ། །ཅེས་འདི་གོང་མའི་ས་སྐྱ་པས་གསུངས་ཏེ། །དེང་གིས་ས་མིང་རྣམ་པ་འདི་མི་འཐད། །

ཅེས་པའི་ལན་ནི། ཁྱད་པར་མེད་ལ་སྤྱར་གྱི་སྐྱོན་དེས་འཇིགས། །དབང་ལས་གཞན་པའི་ཆོས་མེད་ཅེས་པའི་དོན། །ཡོན་ཏན་མཐའ་དག་དབང་དུས་ཁོ་ན་རུ། །ཐོབ་ཅེས་བཞེད་པ་སྙིང་པོ་ག་ལ་ཡིན། །ཞེས་བྱ་སྟེ། བསྐྱེད་རྫོགས་ཀྱི་སྡོམ་པ་དང་། བསྐྱེད་རྫོགས་ཀྱི་ཡེ་ཤེས་དོན་གཅིག་ཏུ་འདོད་པ་དང་། དབང་དུས་ཁོ་ནར་བསྐྱེད་རྫོགས་ཀྱི་སྡོམ་པ་ཐོབ་པར་འདོད་པ་ལ་ནི། སྔར་བརྗོད་པའི་སྐྱོན་དེ་ཉིད་དེ། དབང་དུས་སུ་བསྐྱེད་རྫོགས་ཀྱི་ཡེ་ཤེས་སྐྱེ་བ་དང་མི་སྐྱེ་བ་རིགས་སུ་རྒྱུད་ལས་བཤད་ཅིང་རིགས་པའི་ཕྱིར་རོ། །འོན་ཀྱང་སྐལ་བར་འཚམ་པ་འགའ་ཞིག་ལ། །དབང་གི་དུས་དེར་བསྐྱེད་རྫོགས་ཡེ་ཤེས་དེ། །སྐྱེས་ན་དབང་དུས་བསྐྱེད་རྫོགས་སྡོམ་པ་དེའང་། །ཅིག་ཆར་ཐོབ་པ་སྟོབས་ལྡན་སུ་ཡིས་ཟློག །ཞེས་པ་ལ། འདི་ནི་འཐད་ཕྱིར་ཟློག་བྱེད་དཀའ་བའི་རྒྱུ། །ཞེས་པའི་ལན་ནི། འདི་འཐད་ཅེས་པའང་ཞིབ་ཆ་མ་གཟིགས་གཏམ། །ཞེས་བྱ་སྟེ། ཁོ་བོས་ནི། དབང་དུས་དེར་བསྐྱེད་རྫོགས་ཀྱི་སྡོམ་པ་ཐོབ་མི་ཐོབ་ཆ་གཉིས་བཤད་པ་ཡིན་ལ། ཁྱེད་ཅག་མཐའ་གཅིག་ཏུ་ཐོབ་པར་བཞེད་པའི་ཕྱིར་རོ། །དེ་ཕྱིར་བསྐྱེད་རྫོགས་སྡོམ་པ་ཞེས་བཤད་པ། །བསྐྱེད་རྫོགས་ལམ་ལས་བྱུང་བའི་ཡེ་ཤེས་ལ༑ ༑བསྐྱེད་རྫོགས་སྡོམ་པའི་ཐ་སྙད་བཏགས་སོ་ཞེས། །རྒྱུད་ལྡན་མཁས་པའི་གསུང་བཞིན་ཁོ་བོ་སྨྲ། །ཅི་ཕྱིར་ཞེ་ན་དོན་ཚན་རྣམ་པ་ལྔས། །རྫོགས་རིམ་སྡོམ་པ་གདན་ལ་ཕབ་པའི་ཚེ། །སྡོམ་བྱེད་ཐབས་ནི་གཏུམ་མོའམ་ཡོ་ཞ་ཞེས། །ས་སྐྱའི་འཇམ་མགོན་མཆེད་དེས་བཤད་མིན་ནམ། །ཞེས་པ་ལ། བསྐྱེད་རིམ་རྫོགས་རིམ་ཞེས་ཀྱང་མཁས་པ་ཟེར། །

ཞེས་པའི་ལན་ནི། རྒྱུ་དབང་ལམ་དང་ལྟ་གྲུབ་འབྲས་བུ་དྲུག །རྣམ་དབྱེ་ཤེས་ཚེ་འདི་འདྲའི་སྨྲ་བས་ཅི། །ཞེས་བྱ་སྟེ། རྒྱུ་ལ་གནས་པ། དབང་ལས་ཐོབ་པ། ལམ་ལས་གོམས་པ། ལྟ་བ་ལ་ཉམས་སུ་མྱོང་བ། གྲུབ་མཐའ

ལ་རྟགས་སུ་ཤར་བ། འབྲས་བུ་ལ་མངོན་དུ་གྱུར་པ་དྲུག །དབང་བཞི་རེ་རེ་ལ་སྦྱོར་བའི་གནད་ཤེས་ན་འདི་འདྲའི་སྨྲ་བ་ནི་གྱི་ན་སྟེ། བསྐྱེད་རིམ་དང་རྫོགས་རིམ་ནི་བསྐྱེད་རྫོགས་ཀྱི་ལམ་ཡིན་ལ། བསྐྱེད་རྫོགས་ཀྱི་ཡེ་ཤེས་ནི། ལམ་དེ་སྒོམ་པ་ལས་ཐོབ་པའི་ཉམས་མྱོང་གི་ཐོབ་པའི་ལྟ་བ་ཡིན་པའི་ཕྱིར་རོ། །དེ་སྐད་སྣང་བ་ལྷ་རུ་སྒོམ་བྱེད་པ༑ །འདི་ཙམ་རིག་འཛིན་སྨོམ་པའི་ངོ་བོ་ཡིན། །དེ་ཉིད་ཐོབ་བྱེད་བུམ་པའི་དབང་བསྐུར་ཏེ། །གོང་མའི་དབང་གིས་འདི་ལ་དགོས་ནུས་ཅི། །འོན་ཀྱང་གོང་མ་བསྐུར་བའི་དགོས་པ་ནི། །ཙཎྜ་ལི་སོགས་ལམ་ལ་དབང་ཐུས་ནས། །རང་བྱུང་བཞི་སོགས་ཏིང་འཛིན་བརྒྱ་ཕྲག་ལ། །དབང་བསྐུར་བྱེད་ཡིན་ནུས་མེད་ག་ལ་ཡིན། །ཁ་ཅིག་མཆོག་དབང་རྣམ་གསུམ་བྱིན་རླབས་ཙམ། །ཡིན་གྱི་སྨིན་བྱེད་དབང་བསྐུར་མིན་ཞེས་སྨྲ། །འདི་ཡང་མཁས་པས་དཔྱད་པའི་གནས་ཡིན་མོད། །ཧ་ཅང་མང་བས་འཇིགས་ཏེ་བཏང་སྙོམས་ལེགས། །ཞེས་པ་ལ། ལྷ་ཡང་གཟུགས་དང་གོང་བུ་བདེ་བ་དང་། །ཟུང་འཇུག་ཅེས་སྒྱུར་རྒྱུད་ལ་གྲགས་པ་ཡིན། །

ཞེས་པའི་ལན་ནི། མ་དག་སྣང་བ་སྒོམ་བྱེད་ལྷ་དེ་ནི། །བསྐྱེད་རིམ་རྟེན་བཅས་ལྷ་ཡི་འཁོར་ལོ་ཡིན། །ལྷ་ཞེས་མིང་གིས་འདི་ལ་འཁྲུལ་མི་བྱ། །ནང་གི་བསྐྱེད་རིམ་ཡིན་ན་འགལ་བ་མེད། །ཅེས་བྱ་སྟེ། དབང་བཞིའི་སྐབས་སུ་རིམ་བཞིན། གཟུགས་དང་གོང་བུ་བདེ་བ་དང་། ཟུང་འཇུག་གི་ལྷ་ཞེས་བཤད་པ་ཡང་གནང་ཞིང་། བརྟག་པ་གཉིས་ལས་ཀྱང་། གང་ཕྱིར་ལུས་ལས་བྱུང་བ་ཉིད། །ལྷ་ཞེས་མངོན་པར་བརྗོད་པར་བྱ། །ཞེས་དང་། ལྷ་ཞེས་བྱ་བ་བྱང་ཆུབ་སེམས། །ཞེས་པའང་སྣང་མོད། སྐབས་ཐོབ་ཀྱི་སོ་སོར་ཕྱེད་པར་བྱའོ། །ཁ་ཅིག་དབང་བསྐུར་རྣམ་བཞི་མ་རྫོགས་ན། །སློབ་དཔོན་དབང་གི་དངོས་གཞི་མི་རྫོགས་པས། །ཐུགས་སྨོམ་རྫོགས་འདི་དབང་བསྐུར་བཞི་པ་ལ། །ངེས་པར་ལྟོས་ཞེས་མགྲིན་པའི་ཧ་དབྱངས་སྒྲོག །འདི་ལའང་ནུས་པ་ཆེ་ཆེར་མ་མཐོང་སྟེ། །སློབ་དཔོན་དབང་ལ་བཤད་སྲོལ་སོ་སོ་ཅི། །ངོས་འཛིན་མི་འདྲ་སྣ་ཚོགས་འབྱུང་ཕྱིར་དང་། །མིན་ཡང་རྩ་བའི་ཁྲབ་འབྲེལ་མ་ངེས་ཕྱིར། །ཐལ་ཆེར་ཡོ་ག་ཉིད་དང་སྒོ་བསྟུན་ནས། །དམ་ཚིག་གསུམ་མའམ་རིག་དབང་བསྐུར་མ་ལ། །ངོས་འཛིན་འགའ་ཞིག་དབང་བཞི་རྫོགས་རྗེས་སུ། །ལོགས་སུ་བསྐུར་བའི་ལག་ལེན་ཟུར་པ་བྱེད། །ཅེས་པ་ལ། ལག་ལེན་འཁྲུལ་པ་མེད་ཕྱིར་ཡོད་པ་སྲིད། །

ཅེས་པའི་ལན་ནི། ལོགས་སུ་སློབ་དཔོན་དབང་བསྐུར་འཁྲུལ་གྱུར་ན། །དཔལ་ལྡན་དུས་ཀྱི་འཁོར་ལོས་གནོད་མིན་ནམ། །ཞེས་བྱ་སྟེ། སྐྱིར་དཔལ་ལྡན་དུས་ཀྱི་འཁོར་ལོ་ལས། རྡོ་རྗེ་སློབ་དཔོན་གྱི་དབང་བསྐུར་ཚུལ་གྱི་རིམ་པ་གསུམ་མཐོང་སྟེ། དང་པོ་རྡོ་རྗེ་སློབ་དཔོན་ཆུང་ངུའི་དབང་ནི། བྱིས་དབང་བདུན་གྱི་དངོས་གཞི་རྫོགས་ནས་དམ་ཚིག་གསུམ་སྦྱིན་པའི་ཚེ་ཐོབ་སྟེ། དྲི་མེད་འོད་ལས། དེ་ནས་སློབ་མ་ལ་ལག་པར་རྡོ་རྗེ་དང་དྲིལ་

བུ་ཁྲིན་ནས། ཆེ་གེ་མོ་རྡོ་རྗེ་དེ་དག་གིས་སློབ་དཔོན་ཏེ། ཞེས་སོགས་བཤད་པ་ལྟར་རོ། །སློབ་དཔོན་གྱི་དབང་འདིས། རྒྱུད་སྡེ་འོག་མའི་རྒྱུད་འཆད་པ་སོགས་ལ་དབང་ངོ་ཞེས་མཁས་པ་དག་བཞེད་དོ། །

དེ་ནས་རྡོ་རྗེ་སློབ་དཔོན་བདག་པོའི་དབང་ནི། བྲིས་པའི་དབང་དང་མཆོག་དབང་བཞི་རྫོགས་པར་ཐོབ། རྒྱུད་འགྲེལ་ལ་སོགས་པའི་བསླབ་སྦྱོང་མཐར་ཕྱིན་པའི་ཚེ། དབང་སྐྱེགས་ཀྱི་དཀྱིལ་འཁོར་རིམ་པ་གསུམ་བལྟམས་ཏེ། བུམ་པ་བརྒྱ་དང་གཅིག་གིས། དགེ་སློང་དགེ་ཚུལ་དགེ་བསྙེན་རྡོ་རྗེ་འཛིན་པ་གསུམ་ལ་རིམ་བཞིན་བསྐུར་བ་ནི། རྡོ་རྗེ་སློབ་དཔོན་རབ་འབྲིང་ཐ་གསུམ་སྟེ། དྲི་མེད་འོད་ལས། དེ་ནས་རྒྱུད་ཐམས་ཅད་ཤེས་ཤིང་དམ་པ་ལ་གནས་པའི་སློབ་མ་ནི། རྡོ་རྗེ་སློབ་དཔོན་བདག་པོའི་སླད་དུ་བླ་མས་དབང་བསྐུར་བར་བྱའོ། །སློབ་དཔོན་གྱི་དབང་འདིས། བླ་མེད་རྒྱུད་ཀྱི་རབ་ཏུ་གནས་པ་ལ་སོགས་པ་ལ་དབང་ངོ་། །རྡོ་རྗེ་སློབ་དཔོན་བདག་པོ་ཆེན་པོའི་དབང་ནི། དབང་རྒྱུད་རྣམས་མཐར་ཕྱིན་རྗེས། དབང་གོང་མའི་གོང་མ་ཞེས་ཡོངས་སུ་གྲགས་པ་སྟེ། དྲི་མེད་འོད་ལས། དེ་ནས་འགྲེལ་བཤད་དང་བཅས་པའི་རྒྱུད་ཐམས་ཅད་ཐོས་ཤིང་ཤེས་པར་གྱུར་པ་ན། བདག་པོ་ཆེན་པོ་ཉིད་ཀྱི་སླད་དུ་གོ་རིམ་ཇི་ལྟ་བ་བཞིན་དུ་གསུངས་པའི་རིག་མ་བཅུ་པོ་རྣམས། ཁྱིམ་ན་གནས་པའི་སློབ་མས་བླ་མ་ལ་དབུལ་བར་བྱའོ། །ཞེས་སོགས་བཤད་པ་ལྟར་རོ། །རྡོ་རྗེ་སློབ་དཔོན་གྱི་དབང་འདིས་རྒྱུད་འཆད་པ་སོགས་ལ་དབང་བ་ཡིན་ཏེ། དྲི་མེད་འོད་ལས། འདིར་དབང་གོང་མ་ནི་རྣམ་པ་གཉིས་ཏེ། གཅིག་ནི་སེམས་ཅན་ཞུགས་པའི་དོན་དང་། ལམ་ཡོངས་སུ་ཤེས་པའི་དོན་དང་། རྒྱུད་ཉན་པ་ལ་དབང་བའི་དོན་དུའོ། །གཞན་གྱི་སློབ་དཔོན་ཆེན་པོའི་གནས་སྐྱིན་པ་དང་། སྟོན་པ་པོ་བྱེད་པའི་སླད་དུའོ། །ཞེས། དབང་གོང་མའི་གོང་མ་བཞི་ནི། རྡོ་རྗེ་སློབ་དཔོན་བདག་པོ་ཆེན་པོའི་དབང་ཡིན་ཞིང་། རྒྱུད་འཆད་དབང་བསྐུར་སོགས་ལ་དབང་བར་བཤད་པའི་ཕྱིར་རོ། །གནད་དེས་ན། དབང་བཞི་རྫོགས་པར་ཐོབ་ནས་ སྒྲུབ་སྡོམ་རྫོགས་པར་འདོད་པ་དང་། རྡོ་རྗེ་སློབ་དཔོན་གྱི་དབང་མ་རྫོགས་པར་སྒྲུབ་སྡོམ་རྫོགས་པར་འདོད་པ་ནི། དཀའ་བའི་གནས་ཏེ། དཔལ་དུས་ཀྱི་འཁོར་ལོའི་མཆོག་དབང་བཞི་ཐོབ་ནས་ཀྱང་། རྡོ་རྗེ་སློབ་དཔོན་བདག་པོའི་དབང་དང་། རྡོ་རྗེ་སློབ་དཔོན་བདག་པོ་ཆེན་པོའི་དབང་མ་ཐོབ་པ་ཡོད་པའི་ཕྱིར་དང་། རྒྱུད་སྡེ་གཞན་ལ་ཡང་དེ་འདྲའི་ལག་ལེན་མང་དུ་སྣང་བའི་ཕྱིར་རོ། །

དེས་ན། དབང་བཞི་ལས་ལོགས་སུ་རྡོ་རྗེ་སློབ་དཔོན་གྱི་དབང་བསྐུར་འབྱུང་བའི་རྣམ་གསལ་གྱི་དཔེ་ནི། དཔལ་ལྡན་དུས་ཀྱི་འཁོར་ལོ་ན་གསལ་ལོ། །སྔོན་དུས་དུས་འཁོར་འཆད་པོ་ཚད་ལྡན་དག་ཀྱང་། རྒྱུད་འགྲེལ་ཤེས་ནས་རྡོ་རྗེ་སློབ་དཔོན་བདག་པོའི་དབང་བསྐུར་མཛད་པའི་ཕྱག་ལེན་ཡོད་དོ་ཞེས་ཐོས་སོ། །དེ་ཡང་། རང་དོན་

བསྐྱེད་རྫོགས་ཉམས་ལེན་ལ། །དབང་བཞིས་ཆོག་མོད་གཞན་དོན་བསྒྲུབ་པ་ལ། །སློབ་དཔོན་དབང་བསྐུར་ཆོ་གའི་ལག་ལེན་ནི། །ཟུར་དུ་མཛད་ཅེས་མཁས་ལ་གྲགས་པ་ཡིན། །ཞེས་པ་ལ། དེས་ན་སྔར་ཡང་འགྱུར་དེ་དེ་མི་འདོད། །ཅེས་པའི་ལན་ནི་སྔ་མ་དེ་ཉིད་དོ། །དམ་ཚིག་གསུམ་སོགས་སློབ་དཔོན་དབང་བསྐུར་དུ། །ཡོ་ག་ཉིད་དང་མཐུན་སོགས་ཉིད་ལ་དགོས། །དུས་ཀྱི་འཁོར་ལོ་གཞན་དུ་བཤད་པ་ནི། །གཞན་དང་མི་འདྲའི་བཤད་སྲོལ་ཟུར་པ་ཙམ། །དེ་ཕྱིར་དབང་བཞི་མིན་པའི་སློབ་དཔོན་དག །རང་གི་གཟིགས་ཤིང་ཕྱག་ལེན་ཡོད་བཞིན་དུ། །མཆོག་དབང་གསུམ་ལ་སློབ་དཔོན་དབང་བསྐུར་ཞེས། །རྣམ་པ་ཀུན་ཏུ་སྨྲས་ན་མཛེས་མ་ཡིན། །ཞེས་པ་ལ། བུམ་དབང་སློབ་དཔོན་དབང་ཞེས་རྣམ་གྲངས་པར། །བརྟག་གཉིས་ལས་གསུངས་དེར་དཔྱད་མ་གོ་བ། །

ཞེས་པའི་ལན་ནི། དཔྱད་དོན་བཤད་པའི་རྣམ་གྲངས་དེ་ན་གསལ། །ཞེས་བྱ་སྟེ། བརྟག་གཉིས་ལས། སློབ་དཔོན་གསང་བ་ཤེས་རབ་དང་། །ཞེས་སོགས་དང་། སྡོམ་འབྱུང་ལས། ཕྱིར་མི་ལྡོག་པའི་སློབ་དཔོན་དབང་། །བུམ་པ་ལས་ནི་བྱུང་བའོ། །ཞེས་དང་། ཕྱག་ཆེན་ཐིག་ལེ་ལས། དང་པོ་སློབ་དཔོན་དབང་དང་གཅིག །གཉིས་པའི་གསང་བའི་དབང་ནི་མཆོག །ཅེས་སོགས་དང་། རྡོ་རྗེ་དྲིལ་བུ་པས། སློབ་དཔོན་དབང་སོགས་དབྱེ་བ་ཡི། །དབང་བསྐུར་རྣམ་པ་བཞིར་བཤད་དེ། །ཞེས་སོགས། རྒྱུད་དང་འགྲེལ་བྱེད་ཕལ་ཆེར་གྱིས་དབང་བཞིའི་བུམ་དབང་རྡོ་རྗེ་སློབ་དཔོན་གྱི་དབང་དུ་བཤད་པ་དང་། གསང་འདུས་འགྲེལ་བྱེད་ཁ་ཅིག་གིས། རིག་དབང་བསྐུར་མ་ལ་རྡོ་རྗེ་སློབ་དཔོན་གྱི་དབང་དུ་བཤད་པ་སོགས་ནི། ཡོ་ག་དང་སྒྲོ་བསྟུན་པ་ཙམ་ཡིན་ལ། དཔལ་དུས་འཁོར་ལས་བཤད་པ་དེ་ནི། ཐུན་མོང་མིན་པའི་ཟབ་ཁྱད་དུ་སྣང་གིས། ཕན་ཚུན་གནོད་བྱེད་དམ། རྒྱས་བཀབ་དགོས་པ་ནི་མ་ཡིན་ཏེ། བཤད་སྲོལ་ཡོངས་རྫོགས་མི་གཅིག་པའི་ལུགས་ཐ་དད་པ་ཡིན་པའི་ཕྱིར། དཔེར་ན། དམ་ཚིག་གསུམ་སྦྱིན་པ་འདི། སློབ་མའི་དབང་གི་སྐབས་དང་། སློབ་དཔོན་གྱི་དབང་གི་དངོས་གཞི་དང་། དབང་གི་མཐའ་རྟེན་དུ་བཤད་པའི་ལུགས་གསུམ་སྣང་ཡང་། ཐད་སོར་འཐད་པ་ཁོ་ན་ཡིན་གྱི། འདོར་ལེན་བྱ་མི་དགོས་ཏེ། སློབ་དཔོན་གྱི་དབང་གི་དངོས་སོགས་གསུམ་དུ་གྱུར་པའི་དམ་ཚིག་གསུམ་ཁས་ལེན་གྱི། དེ་གསུམ་ཇི་བཞིན་དུ་ཁས་བླངས་མི་དགོས་པ་བཞིན་གནད་ཀྱི་སྙིང་པོའོ། །འོན་བརྟག་པ་གཉིས་པ་འདིར་རྡོ་རྗེ་སློབ་དཔོན་གྱི་དབང་ལ་བུམ་དབང་གི་ཁྱབ་བམ་སྙམ་ན་མ་ཡིན་ཏེ། ཡོ་ག་དང་ཐུན་མོང་བ་དྲང་དོན་གྱི་དབང་དུ་བྱས་ན་བུམ་དབང་ལ་དེ་ལྟ་བུར་བཤད་ཀྱི། བླ་མེད་ཐུན་མོང་མིན་པ་ལ། དབང་གོང་མ་གསུམ་ཡང་རྡོ་རྗེ་སློབ་དཔོན་གྱི་དབང་དུ་བྱ་དགོས་ཏེ། རྡོ་རྗེ་སྙིང་འགྲེལ་ལས། སློབ་དཔོན་གྱི་དབང་ནི་དྲང་བའི་དོན་དུ་བུམ་པ་ཡིན་ལ། ངེས་པའི་དོན་དུ་ནི་བཞི་པ་ལ་སོགས་པ་ཡོངས་སུ་རྫོགས་པ་ཁོ་ན་སློབ་དཔོན་ཞེས་བརྗོད་ཀྱི། བུམ་

པ་ཙམ་ནི་མིན་ནོ། །ཅིའི་ཕྱིར་ཞེ་ན་སློབ་དཔོན་གྱི་ངེས་ཚིག་དང་མི་ལྡན་པའི་ཕྱིར་རོ། །ཞེས་བཤད་པའོ། །ཁྱིམ་པ་བུམ་པ་གསང་བཤེས་རབ་ལ། །དགེ་བསྙེན་དགེ་ཚུལ་དགེ་སློང་གནས་བརྟན་ཞེས། །དཔལ་ལྡན་དུས་ཀྱི་འཁོར་ལོར་བཤད་མོད་ཀྱི། །དེ་ཡང་ཚོས་མཐུན་ཙམ་ཡིན་དོན་ལ་མིན། །ཞེས་པ་ལ། དོན་མིན་རྒྱུ་མཚན་མེད་པའི་སྐྱོན་གཏམ་ཡིན། །

ཞེས་པའི་ལན་ནི། དེ་ཉིད་ཕར་ལ་ལོག་གམ་འདིར་མ་འོངས། །ཞེས་བྱ་སྟེ། དེ་གསུམ་དགེ་བསྙེན་སོགས་མཚན་ཉིད་པར་བཞེད་པ་འདྲ་མོད། འོ་ན་དབང་བཞི་རྫོགས་པའི་ཁྱིམ་པ་མི་སྲིད་པར་འགྱུར་ཏེ། མཆོག་དབང་ཐོབ་ཕྱིར་རབ་བྱུང་ཁོན་ཡིན་པའི་ཕྱིར་ཏེ། གསང་དབང་ཐོབ་ན་དགེ་ཚུལ་དང་། ཤེར་དབང་ཐོབ་ནས་དགེ་སློང་དུ་འགྱུར་བའི་ཕྱིར་རོ། །ཡང་དཔལ་དུས་ཀྱི་འཁོར་ལོ་གཞིར་བཅས་ལ། རྡོ་རྗེ་སློབ་དཔོན་བདག་པོར་གྱུར་པའི་དགེ་བསྙེན་མི་སྲིད་པར་འགྱུར་ཏེ། དབང་བཞི་རྫོགས་ནས་དགེ་སློང་དུ་གྱུར་ཟིན་པའི་ཕྱིར་རོ། །ཡང་གཙུག་ལག་ཁང་སོགས་རབ་གནས་སོགས། །རྟག་ཏུ་རྟགས་ཅན་གྱིས་ནི་བྱ། །གནས་གཅིག་ཏུ་ནི་གསུམ་ཡོད་ན། །ཁྱིམ་པ་གོས་དཀར་ལྡན་པས་མིན། །ཞེས་བཤད་པ་ཡང་མི་འཐད་པར་འགྱུར་ཏེ། གཙུག་ལག་ཁང་གི་རབ་གནས་བྱེད་པ་པོའི་རྡོ་རྗེ་སློབ་དཔོན་ནི། དགེ་སློང་ཁོན་ནར་བབ་པའི་ཕྱིར་རོ། །གལ་ཏེ་དེ་དག་སྔགས་ཀྱི་དགེ་སློང་སོགས་ཡིན་གྱི། རྟགས་ཅན་གྱི་དགེ་སློང་དང་། ཁྲིམས་ཉིས་བརྒྱ་ལྔ་བཅུ་སོགས་བསྲུང་བའི་དགེ་སློང་མིན་པས་སྐྱོན་མེད་དོ་སྙམ་ན། དོན་དེ་ཉིད་ཀྱིས། དངོས་བཏགས་མ་ཕྱེད་པའི་སྐྱོན་དུ་གྱུར་པ་ཡིན་ཏེ། གཞན་དུ་ན་བརྟག་པ་གཉིས་པ་ལས། གཅེར་བུ་སྐྲ་དང་ཁ་སྤུ་བྲེགས། །སྔགས་འཛིན་སྐྱེས་པ་དགེ་སློང་ཉིད། །ཅེས་ཀྱང་བཤད་པས། དགེ་སློང་ཏ་ཙང་མང་བའི་སྐྱོན་དུ་འགྱུར་བའི་ཕྱིར་རོ། །གཞན་དུ་དབང་དང་ས་རྣམས་ཅི་རིགས་པར། །སྦྱར་ནས་འཆད་པ་མཁས་ལ་གྲགས་པའི་ཕྱིར། །དབང་རྣམས་ཐོབ་པས་གྲུབ་པའི་ས་རྣམས་ཀྱང་། །ཐོབ་ཅེས་ཏ་ཙང་ཐལ་བ་མ་ལགས་སམ། །འབྲས་དབང་སངས་རྒྱས་ཉིད་ལ་བཞག་པའི་ཕྱིར། །དེ་སྐད་སྨྲ་ལ་རིགས་པས་གནོད་མ་མཐོང་། །ཞེས་པའི་ལན་ནི། འདི་འདྲའི་རྩོད་ལན་འབྱུང་བའི་ཞལ་གྱི་སྒོ། །སྟོན་མེད་ཨུ་དུམ་ཝ་རའི་དོ་ཟླར་འོངས། །ཞེས་བྱ་སྟེ། འདིར་རྩོད་པ་ནི། བྱིས་དབང་ཐོབ་པས། ས་བདུན་ཡང་ཐོབ་ཅེས་རིགས་པར་འགྱུར་ཏེ། བྱིས་དབང་ཐོབ་པས་དགེ་བསྙེན་གྱི་སྡོམ་པ་ཐོབ། ཅེས་རིགས་པ་གང་ཞིག །དྲི་མེད་འོད་ལས། བྱིས་དབང་ཐོབ་པས། དགེ་བསྙེན་དུ་འགྱུར་ཞེས་དང་། ས་བདུན་གྱི་དབང་ཕྱུག་ཏུ་འགྱུར་ཞེས་ཚིག་ཙམ་གྱིས་བསྟན་པར་མཚུངས་པས་སོ། །

དེ་ལྟར་ཡང་། དྲི་མེད་འོད་ལས། འདིར་དང་པོར་དབང་བདུན་པོ་ཆུའི་མིང་ཅན་དག་ལ་མངོན་པར་དབང་

བསྐུར་བར་གྱུར་པ་ནི། ས་བདུན་པར་ལུང་བསྟན་པའི་ཕྱིར། དགེ་བསྙེན་དུ་བརྗོད་དེ། དཔེར་ན་དགེ་བསྙེན་དུ་འགྱུར་རོ་ཞེས་པ་ནི་ངེས་པའོ། །ཞེས་སོགས་དང་། འདིར་དབང་བདུན་དག་གིས་དཀྱིལ་འཁོར་ཆེན་པོར་མངོན་པར་དབང་བསྐུར་བར་གྱུར་པ་ན་དགེ་བའི་དབང་གིས་ས་བདུན་གྱི་ནི་དབང་ཕྱུག་ཉིད་དུ་འགྱུར། གལ་ཏེ་དཀྱིལ་འཁོར་གྱི་འཁོར་ལོ་མངོན་སུམ་དུ་བྱེད་ན་དེའི་ཚེ་ལུས་འདི་ཉིད་ཀྱི་ས་བདུན་གྱི་དབང་ཕྱུག་ཉིད་དུ་འགྱུར་རོ་ཞེས་སོགས་བཤད་པ་ལྟར་རོ། །

རྩོད་པ་འདིའི་ལན་སྒྲོགས་པ་ན། མི་གནོད་དེ། འབྲས་དབང་སངས་རྒྱས་ཉིད་ལ་འཇོག་པའི་ཕྱིར། །ཞེས་པ་ནི་ཅིར་ཡང་མི་འགྱུར་ཏེ། སྤྱིར་འབྲས་དབང་། སངས་རྒྱས་ཀྱི་སར་འཇོག་པའི་ལུགས་ཤིག་ཡོད་དུ་བཅུག་ནའང་། སྐབས་འདིར་ཅི་ཡང་མ་འབྲེལ་བ་ཡིན་ཏེ། ས་བདུན་པོ་དེ་འབྲས་དབང་ཡིན་ཞེས་སམ། དེ་གཉིས་གང་ཡང་མིན་པར། འབྲས་དབང་སངས་རྒྱས་སར་འཇོག་ཅེས་པ་གང་ཡིན་བརྟགས་ན་འཇིག་པའི་ཕྱིར་རོ། །གལ་ཏེ་དབང་བདུན་ལས་འབྲས་བུ་ས་བདུན་ཐོབ་ཅེས་པའོ་སྙམ་ན། དེ་ཉིད་རིགས་མོད། དབང་བདུན་ཐོབ་པ་ཡང་། དགེ་བསྙེན་དང་ཆོས་མཐུན་པ་ཙམ་ལ་དགོངས་སོ་ཞེས་ལན་སྨྲ་བར་ནུས་ཏེ། དེ་ལྟ་མིན་ན། བརྟག་གཉིས་ལས། དེ་བཞིན་མ་ནི་མཁན་མོ་ཉིད། །མགོ་བོར་ཐལ་མོ་སྦྱར་བ་ཕྱག །ཅེས་ཀྱང་བཤད་པས། རང་གི་མ་ཏྲན་མཁན་མོ་དངོས་སུ་ཐལ་བའི་ཕྱིར་རོ། །མཆོག་དབང་རྣམ་གསུམ་བསྐུར་བའི་དཀྱིལ་འཁོར་ལ། །དངོས་དང་ཡེ་ཤེས་ཕྱག་རྒྱ་རྣམ་པ་གཉིས། །དྲི་མེད་རྒྱུད་ལས་གསལ་བར་འབྱུང་བའི་ཕྱིར། །དངོས་སམ་སྒོམ་ཡང་རུང་བའི་གཏན་ཚིགས་མཐོང་། །སྨིན་བྱེད་བུམ་དབང་བསྐུར་བའི་དཀྱིལ་འཁོར་ལ། །དམིགས་བསལ་རྒྱུད་ཀྱི་ངེས་གནས་མེད་ཕྱིར་དང་། །སྒོམ་ཡང་ཕྱི་ནང་རྟེན་འབྲེལ་མི་ཚང་ཕྱིར། །སྨིན་བྱེད་དཀྱིལ་འཁོར་ཆེན་པོར་ག་ལ་རུང་། །ཚེ་འདིར་སྣང་བ་མངོན་དུ་མ་སོང་ཡང་། །དག་པའི་སྣང་བ་རབ་འབྱམས་འཆར་བ་དེ། །སྔོན་དུ་སྦྱངས་ཟིན་སྐལ་ལྡན་འགའ་ཞིག་ཕྱིར། །དེ་འདྲའི་རྟགས་ཀྱིས་གཞན་ལ་གཞལ་མི་རུང་། །ཞེས་པ་ལ། སྒོམ་ཡང་རྟེན་འབྲེལ་ཚད་རུང་མ་ཡིན་པ། །དངོས་སུ་མཐོང་བའི་སྐལ་བ་མེད་པས་ཀྱང་། །བྲིས་པ་ཙམ་ཞིག་དཀྱིལ་འཁོར་མ་ཡིན་པས། །ཡ་མཚན་མཁས་པས་རྟོགས་དང་བཞད་གད་རུང་། །

ཞེས་པའི་ལན་ནི། འདི་འདྲ་ཕྱོགས་སྔའི་ནམ་ནངས་མ་གྱུར་པས། །དགག་པའི་ཉི་མ་ཤར་ཡང་མུན་པའི་སྨག །ཅེས་བྱ་སྟེ། རྩ་བའི་དྲི་བར། མཆོག་དབང་གསུམ་ལ་དཀྱིལ་འཁོར་སྒོམ་པས་རུང་། །བུམ་པའི་དབང་ལ་དེ་ལྟ་མིན་པ་ཡི། །ཤེས་བྱེད་ཅི་ཡོད། ཅེས་པའི་ལན་དུ། ཤེས་བྱེད་ནི། རྒྱུད་དང་རྒྱུད་འགྲེལ་ཚད་ལྡན་ཏེ། །མཆོག་དབང་བསྐུར་བའི་དཀྱིལ་འཁོར་ལ། །ཡེ་ཤེས་ཀྱི་ཕྱག་རྒྱའི་དཀྱིལ་འཁོར་ཡང་བཤད་པས། དཀྱིལ་འཁོར་

སྒོམ་པས་ཆོག་ལ་ཐོག་མར་སྨིན་བྱེད་ཀྱི་བུམ་དབང་བསྐུར་བའི་དཀྱིལ་འཁོར་ལ་དེ་འདྲའི་ངེས་གསལ་མ་བཤད་པའི་ཕྱིར་ཅེས་པའི་ཡིན་ལ། དེ་ལ་གོང་གི་ལན་ནི་གང་དུ་ཡང་མ་འབྲེལ་བའི་ཕྱིར་རོ། །གཞན་འདི་ལ་དཔལ་དུས་ཀྱི་འཁོར་ལོ་ནས་བཤད་པའི་བུམ་དབང་གིས་མ་ངེས་སོ་སྙམ་པའི་དོགས་པ་འབྱུང་བ་རིགས་མོད། དེའི་ལན་ནི། དེ་ཉིད་ཐོག་མའི་སྨིན་བྱེད་མ་ཡིན་ཏེ། །དེའི་སྔོན་དུ་བྱིས་པའི་དབང་གིས་སྨིན་པ་ཞིག་དགོས་པར་བཤད་ཟིན་པའི་ཕྱིར་རོ། །ཚེ་འདིར་སྤྲུངས་པ་སྔོན་དུ་མ་སོང་ཡང་། །དག་པའི་སྣང་བ་རབ་འབྱམས་འཆར་བ་དེ། །སྔོན་དུ་སྦྱངས་ཟིན་སྐལ་ལྡན་འགའ་ཞིག་ཕྱིར། །དེ་འདྲའི་རྟགས་ཀྱིས་གཞན་ལ་གཞལ་མི་རུང་། །ཞེས་པ་ལ། ལམ་འདི་གདུལ་བྱའི་མོས་རྗེས་འགྲོ་བས་ན། །ལམ་རིམ་གཅིག་གིས་མི་ཆོག་དེ་སྐད་ཟེར། །

ཞེས་པའི་ལན་ནི། འདི་ཡང་ཕྱོགས་སྔ་མ་ལོངས་རྣམ་འགྱུར་ཡིན། །ཞེས་བྱ་སྟེ། ཁོ་བོས་ནི་ཚེ་འདིར་བྱེད་པ་ཆུང་དུས། བསྐྱེད་རྫོགས་ཀྱི་ཡེ་ཤེས་ཀྱི་སྣང་བ་ཕྱོགས་མེད་དུ་འཆར་བ་ཞིག་སྲིད་པ་དེ་ནི། སྔ་མ་ནས་དབང་གི་བྱེད་པ་མ་ཉམས་པའི་འབྲས་བུའི་གཏན་ཚིགས་ཡང་དག་ཡིན་པས། དེ་ལྟ་བུའི་གདུལ་བྱ་དེ་ལ། ཚེ་འདིར་དབང་མ་བསྐུར་བའམ། བསྐུར་ཡང་ལུས་དཀྱིལ་སོགས་སམ། འབྲིང་རིམ་ཡང་ཇི་ལྟར་འཚམས་པས་བགྱིར་རུང་བ་ཡིན་ལ། དེའི་རིགས་པས་མ་སྨིན་པ་གཞན་ལ། དབང་བསྐུར་མེད་པར་ཁྲིད་སོགས་བྱར་མི་རུང་བས། སེམས་དཔའ་རྣམ་གསུམ་གྱི་གཞུང་ལྟར། བཅོས་མའི་དཀྱིལ་འཁོར་དུ་བྱིས་པའི་དབང་གིས་ཐོག་མར་སྨིན་པར་བྱོས་ཤིག་ཅེས་གདམས་སོ། །གལ་ཏེ་ཚེ་འདིར་དབང་མ་བསྐུར་བ་ལ་ཁྲིད་ཀྱིས་བགྱིར་རུང་བ་ཞིག་ཡོད་ན། ཁྱེད་རང་གི་ལུགས་དང་འགལ་ལོ་སྙམ་ན། མི་འགལ་ཏེ་ཚེ་འདིར་དབང་བསྐུར་མི་དགོས་པར། ཚེ་རབས་སྔ་མ་ནས་དབང་ཐོབ་ལ་མ་ཉམས་པའི་སྐལ་ལྡན་ཞིག་སྲིད་པའི་ཕྱིར་རོ། །དེ་འདྲ་མེད་ན་ནི། སྡུགས་སྡོམ་ཐམས་ཅད་ཇི་སྲིད་འཚོ་བར་ཁོ་ནར་འགྱུར་ཏེ། ཤི་འཕོས་ཚེ་བཏང་ཟིན་པའི་ཕྱིར་རོ། །གསུམ་པ་བཞི་པའི་ཡས་འབབ་མས་བརྟན་གྱིས། །དགའ་བ་བཞི་པའི་ལྷན་སྐྱེས་ཡེ་ཤེས་ཆེ། །ཞུ་བདེ་ལྷན་སྐྱེས་རང་བཞིན་ལྷན་སྐྱེས་ཀྱི། །བདེ་ཆེན་གཉིས་ལ་སོ་སོར་བཞེད་པར་སེམས། །དེ་ཚེ་ཞུ་བདེ་གཉིས་བྱུང་བདེ་ཆེན་དེ། །དོན་གྱི་ཡེ་ཤེས་ཡིན་ལ་སྨྲོན་སྐབས་ཀྱི། །དཔེ་ཡི་ཡེ་ཤེས་ཙམ་ཞིག་ག་ལ་འགོག །དེ་ལྟ་མིན་ན་གོང་མའི་དབང་བསྐུར་གཉིས། །ཀུན་རྫོབ་དོན་དམ་བྱང་སེམས་དཀྱིལ་འཁོར་དུ། །བསྐུར་ཞེས་དྲི་མེད་བཀའ་དང་བསྟན་བཅོས་ལས། །བཤད་འདིའི་དགོངས་པའི་སྙིང་པོ་ཅི་ཡིན་སྨྲོས། །ཞེས་པ་ལ། མས་བརྟན་ལྷན་སྐྱེས་སངས་རྒྱས་ས་ནས་འཇོག །བཞི་པ་ཐོབ་པའི་སོ་སྐྱེས་ཡོད་སྲ་བའི། །དཀའ་བ་འདི་ནི་ཤིག་དང་འདྲུག་ཚུགས་གསུངས། །སྟོན་པའི་བླ་མ་མ་རྙེད་པ་ཡི་སྐྱོན། །

ཞེས་པའི་ལན་ནི། དེ་འདྲའི་འགལ་བའི་ཁུར་འདེགས་རྫོངས་པ་དེར། །ཤིག་དང་འཇུག་ཚུགས་སྤྲད་ཀྱང་གོ་མི་འགྱུར། །ཞེས་བྱ་སྟེ། མས་བརྟན་ལྷན་སྐྱེས་ཀྱི་མས་མཐའི་ས་མཚམས། སངས་རྒྱས་ཀྱི་ས་ནས་འཇོག་ཅེས་པ། རང་ཉིད་ཀྱི་ཚད་མས་གྲུབ་པ་ལགས་སམ། གཞན་གྱིས་ཁས་བླངས་པ་ལགས། དང་པོ་ལྟར་ན་ནི། དབང་བཞི་པ་ཐོབ་པའི་སོ་སྐྱེས་མེད་པའམ། ཡོད་ན་འགལ་བའི་ཁུར་དེ་རང་གིས་བཞེས་སོ། །ཕྱི་མ་ལྟར་ན་ནི། ཁོ་བོས་ནི་དེ་ལྟར་ནམ་དུའང་ཁས་མ་བླངས་པས། འགལ་བའི་ཁུར་དེ། ནམ་མཁའ་ལ་ཐོགས་ཤིག །ཅེས་ཏེ། བཞི་པའི་ལྷན་སྐྱེས་རང་བཞིན་ལྷན་སྐྱེས་ལ་འཇོག་པར་ཁས་བླངས་པ་མ་ཡིན་ནམ་སྙམ་ན། དེ་ལྟར་ཁས་བླངས་པས་ཕན་པ་མ་ཡིན་ཏེ། རང་བཞིན་ལྷན་སྐྱེས་ལ་སངས་རྒྱས་ཀྱི་ཡེ་ཤེས་ཡིན་པས་ཁྱབ་པ་ལྟ་ཅི་སྨོས། འཕགས་ལམ་ཡིན་པས་ཁྱབ་ཅེས་སྨྲ་བའི་དཔྱོད་ལྡན་འགའ་ཡང་མི་སྣང་བའི་ཕྱིར་རོ། །སྐབས་འདིར་དྲི་བོའི་གསུང་ལས། ཛྷོ་བོ་ནཱ་རོ་ཏ་པ་ནི། །དབང་བསྐུར་དུས་སུ་མཐོང་ལམ་སྐྱེ། །ཞེས་སོགས་ནཱ་རོའི་དགོངས་པ་མ་ལོན་ཏེ། ནཱ་རོ་ཏ་པ་ཡས་འབབ་ཀྱི་དགའ་བ་བཞི་པ་ལྷན་སྐྱེས་དེ་སྦྱོར་ལམ་ཐ་མ་དང་། དེའི་མཐའ་ལ་མཐོང་ལམ་མཚན་ཉིད་པ་སྐྱེ་བར་བཞེད་ཅེས་པ་ཡང་ཐལ་ཆེས་ཏེ། དེ་ལྟར་སྲིད་པ་ཙམ་ན་བཀག་པ་མེད་ལ། ཁྱབ་མཐས་བསྡུས་པ་ཡིན་ན། ཡས་འབབ་ཀྱི་དགའ་བཞི་ལ་སྦྱོར་ལམ་དང་། མས་བརྟན་གྱི་དགའ་བཞི་ལ་འཕགས་ལམ་གྱིས་ཁྱབ་པར་ཐལ་བའི་ཕྱིར་རོ། །དབང་དུས་སོ་ཐར་བྱང་ཆུབ་སྙིང་པོའི་བར། །འགྲོ་བ་སྲིད་མེད་དེས་ཀྱང་གནོད་མིན་ཏེ། །སོ་སོར་ཐར་ལཤི་ཚེ་སྟོང་པ་ཡི། །ཁྱབ་ཅེས་སྨྲ་བ་དགོངས་དོན་མ་ཡིན་ཕྱིར། །ཞེས་སོགས་ལ། གཞུང་དུ་དེས་ན་སོ་སོ་ཐར་པ་ཡི། །སྡོམ་པ་ཤི་ཡང་ཡོད་ཅེས་སྨྲ་སྨྲོན་ཕྱིར། །འདི་ཡང་རབ་དབྱེ་བ་ལ་འགལ་སྤོབས་ཀྱི། །རང་གི་འདོད་པ་སྒྲུབ་ཕྱིར་བཞག་པ་མིན། །

ཞེས་པའི་ལན་ནི། འདི་ཡང་ཕྱོགས་སྔ་གཉིས་ཆར་མ་ལོངས་སྐྱོན། །ཞེས་བྱའོ། །རྩ་བ་རབ་དབྱེའི་ཕྱོགས་སྔ་མ་ལོངས་ཏེ། །དེས་ན་སོ་སོར་ཐར་པ་ཡི། །སྡོམ་པ་ཤི་ཡང་ཡོད་དོ་ཞེས། །ཞེས་སོགས་ནི། འབྲི་གུང་པས། ཉན་ཐོས་དང་ཐུན་མོང་བའི་སོ་ཐར་བྱང་ཆུབ་སྙིང་པོའི་མཐའ་ཅན་དུ་ཁས་བླངས་པས། ཐེག་པ་ཆེ་ཆུང་གི་སྡེ་སྣོད་ཀྱི་རྣམ་དབྱེ་མ་ཕྱེད་པའི་སྐྱོན་ཡིན་ཏེ། ཉན་ཐོས་དང་ཐུན་མོང་བའི་སོ་ཐར་ཡང་། ཐེག་ཆེན་སྡེ་སྣོད་ནས་བཤད་པའི་བྱང་སྡོམ་ལྟར། བྱང་ཆུབ་སྙིང་པོའི་མཐའ་ཅན་དུ་ཁས་བླངས་པའི་ཕྱིར། ཞེས་པ་ཡིན་གྱི། སོར་སྡོམ་ཙམ་ལཤི་འཕོས་པས་ཁྱབ་པ་རབ་དབྱེ་ན་མི་གཞུག་པའི་ཕྱིར་རོ། །ཕྱོགས་སྔ་ཕྱི་མ་མ་ལོངས་ཏེ། ཁོ་བོས་ཀྱང་དེ་བཞིན་གྱི་སྒོ་ནས་འགལ་བ་མེད་པའི་ལན་སྨྲས་ཀྱི། དྲི་བོའི་དགོངས་བཞེད་ཡིན་པར་མ་སྨྲས་པའི་ཕྱིར་རོ། །

སྡོམ་གསུམ་ཚ་ཟེར་ཐིག་ཕྲེང་ཕོག་པ་ཡིས། །གཉིས་འཐུང་དྲི་བའི་རྫིང་བུར་སོང་བ་དེས། །ཉི་ཕྱོགས་པདྨར་སྟོང་བས་ཡིན་ནོ་ཞེས། །བྱུང་བ་འགྲུབ་པའི་གླུ་དབྱངས་མཁའ་ལ་བྲེལ། །ལེགས་བཤད་སྦྲང་རྩིའི་དོག་པ་འཁྲི་ཤིང་རྩེར། །ཕྱོགས་འཛིན་རོ་ལ་སྲེད་པའི་ལྷུགས་སྒྲོག་གིས། །ཉིན་མཚན་ལྷོད་པ་མེད་པའི་རྔ་དབྱངས་དེས། །རྣ་བའི་བདུད་རྩིར་མ་བྱུས་མཁའ་ལ་རྒྱུ། །ལེགས་བཤད་དྲི་ཚིག་ཨུ་དུམ་ཝ་ར་ལས། །བརྒྱལ་ལན་གསེར་གྱི་ཁུ་བ་འཛག་པའི་རྒྱུན། །རྩ་མཆོག་གྲོང་ངམ་གངས་རིའི་ངོགས་ན་ཞེས། །ཕྱོགས་ལ་འཕྱུར་བའི་ཡིད་གཉིས་སུ་ཡིས་བཟློག །རྒོལ་དང་ཕྱིར་རྒོལ་ཚར་གཅད་རྗེས་འཛིན་མཁན། །རྣམ་གསལ་དབང་པོ་འཆི་མེད་མཛེས་པའི་དཔལ། །མཐོ་རིགས་རྗེ་བོ་དགའ་བྱེད་གླུ་གར་ལས། །གཞན་དུ་མི་སེམས་ལྷ་ཡི་གནས་སུ་སོང་། །དེ་ལྟ་ན་ཡང་རྣམ་དཔྱོད་རི་མོ་ཀྲན་པོའི་ཐིག །ལེགས་བཤད་ན་ཆུང་མིག་གི་པདྨའི་ངོ་མཚར་དཔྱིད། །འཁྱོག་པོའི་རོལ་རྩེད་ལག་པའི་མཛའ་བོ་སླུ་བྱེད་མཁན། །ཡིན་མིན་རྣམ་འབྱེད་དཔྱོད་ལྡན་དགའ་བྱེད་གཏམ་འདི་ཡིན། །ཐུབ་བསྟན་འཇའ་རིས་འོད་ཀྱི་གུར་ཁང་ནས། །ནཱ་རོའི་རྣམ་འཕྲུལ་འབྲུག་གི་ན་ཆུང་མཛེས། །རྣམ་དཔྱོད་ཚང་གིས་སྨྲོས་པའི་གླུ་དབྱངས་འབུལ། །དྲི་བའི་ཟློལ་གྱིས་ལེགས་བཤད་ཟེགས་མ་འཐོར། །དེ་ལན་ལུང་རིགས་ཐིག་ལེ་མཆོག་མའི་དབྱངས། །ཕས་རྒོལ་ཚངས་པའི་དཀའ་ཐུབ་ཕྲོགས་ནས་སླར། །འོས་མིན་རོ་ལ་ཆགས་པའི་ཚོད་མས་གང་། །གདོང་པ་ལྔ་པའི་རྣམ་དཔྱོད་མཚོན་ཆའི་རྩེར། །ཧ་ལ་དབྱུག་གུས་བསྣུན་པའི་སྒྲ་སྙན་བཞིན། །མཁས་ལ་རྩད་ཅིང་དྲིས་པའི་རོལ་མོའི་དབྱངས། །འཆི་མེད་རྒྱུད་མངས་སྐལ་བཟང་འཕྲོག་བྱེད་ཅིང་། །དཔྱོད་ལྡན་དགའ་མའི་སྙིང་ལ་བདུད་རྩིའི་བཅུད། །བརྒྱལ་ལན་འཆི་མེད་དཔལ་མོའི་གདོང་པ་ནས། །ལེགས་བཤད་སོ་ཕྲེང་ཟེའུ་འབྲུ་བཞད་པའི་མོད། །བློ་གསལ་སྦྲང་རྩིས་སྐྱོང་བའི་མཛའ་བོ་རྣམས། །མ་ཉམས་སེམས་ཀྱི་དྲན་པ་བརྟན་པར་མཛོད། །

ཅེས། དཔལ་ལྡན་ནཱ་རོ་ཏ་པའི་རྣམ་འཕྲུལ་འབྲུག་པ་སྤྲུལ་སྐུ། ངག་དབང་ནོར་བུ་པདྨ་དཀར་པོ་ཞེས་མཚན་གྱི་སྙན་གྲགས་ཕྱོགས་བཅུར་གྲགས་པ་གང་དེས། རྣམ་དཔྱོད་ལྡན་པའི་དྲི་བ་ཞུང་གསལ་ཕྱོགས་མཐར་སྐྱེས་སུ་གནང་བའི་ལན་གྱི་རྣམ་བཤད་ཚིགས་སུ་བཅད་པ་ཞིག་ཕུལ་བའི་ལན་དྲི་བར་བཅས་པ་སླར་ཡང་ཐེབས་པའི་བརྒྱལ་ལན་ལེགས་པར་བཤད་པ་སྙིང་པོ་གསལ་བ་འདི་ཡོངས་ཀྱི་བཤེས་གཉེན་ཆེན་པོ་འཇམ་དབྱངས་ཕྱོགས་ལས་རྣམ་པར་རྒྱལ་བའི་ཞབས་རྡུལ་གཙུག་གིས་མཆོད་ཅིང་། འཇམ་མགོན་གྲུབ་པའི་དབང་པོ་ཀུན་དགའ་གྲོལ་མཆོག་དང་། སྔགས་འཆང་ཡོངས་ཀྱི་གཙུག་རྒྱན་བློ་གསལ་རྒྱ་མཚོའི་གསུང་གི་བདུད་རྩིས། བློ་གྲོས་ཀྱི་ལུས་འཚོ་བ། ཀུན་མཁྱེན་རྒྱལ་བའི་བསྟན་པ་ལ་ཆོས་ཀྱི་རྗེས་སུ་འབྲང་བའི་དད་པ་ཙུང་ཟད་གསལ

བ༔ ནཱ་གརྫུ་ན་ས་གཱ་རས། རྣམ་བྱུང་ཞེས་པ་ས་མོ་སྤྲུལ་གྱི་ལོའི་ཟླ་བ་བཞི་པ་ལ། དཔལ་གཡས་རུ་བྱང་གི་སའི་ཐིག་ལེ། མདོ་སྔགས་ཀྱི་བསྟན་པ་ཆེད་དུ་གསལ་བ། མདོག་ལུང་པའི་སྨན་ལྗོངས། ཡ་ག་ཆོས་སྡིངས་བཀྲ་ཤིས་རྣམ་པར་རྒྱལ་བའི་གཙུག་ལག་ཁང་ཆེན་པོ་ནས་ཕུལ་བ་འདིས་ཀྱང་། རྒྱལ་བའི་བསྟན་པ་རིན་པོ་ཆེ་ལ་ཐོས་བསམ་གྱི་དཔྱད་པ་དར་ཞིང་རྒྱས་པར་གྱུར་ཅིག །

བྱམས་པས་གཅིག་བལྟས།

༄༅། །ཡང་ལན་མཁས་པའི་མིག་ཐུར་སྨྱུན་དབྱེའི་ཚིག་བཞུགས།

མང་ཐོས་ཀླུ་སྒྲུབ་རྒྱ་མཚོ།

དྲང་དང་ཇི་བཞིན་དོན་མིན་ལྡེམ་པོའི་ངག །འདོམས་མཛད་བཤེས་གཉེན་གཞན་ལས་ཆེས་ལྷག་པ། །ངེས་གསང་བདུད་རྩིའི་བཅུད་ཀྱིས་པད་དཀར་སྙིང་། །ཚིམས་མཛད་འདྲེན་པ་རྣམ་གསུམ་འདིར་ཕྱག་ཡིན། །བརྩད་ཅིང་དྲིས་པ་ངག་གི་དབྱུག་པ་ཡིས། །བསྐུལ་ཡང་ལྷབ་ལྷིབ་དབྱར་དུས་ཛ་ཟླུམ་སྦྲས། །སྐན་པ་བསྲིངས་ཚེ་མ་བརྡུངས་ལྷ་ཡི་ཛ། །སྟོང་གསུམ་ཁྱབ་པའི་སྒྲ་ལ་སུས་མི་ཉན། །ཨེ་མ་ས་ལོའི་གསུང་དབྱངས་སའི་ཟླ་བ། །ལུང་རིགས་རྟོག་སྦྱོར་བསྒྲིགས་བཅད་ཅི་བདར་ཡང་། །ཉམས་མིན་ངོ་མཚར་ཆེད་དུ་གསལ་བ་ཕྱོད། །སྙིང་ནས་དྲན་ནོ་འདིར་ཕྱིན་དགེ་ལེགས་མཛོད། །རབ་དབྱེར་བརྒྱལ་བའི་ཐ་ལ་བརྒྱལ་ལན་གྱི། །དབྱུག་པ་འཕངས་ཚེ་མ་འབྲེལ་ཙ་ཙོའི་འཁུན། །མཆན་བུའི་ཕོ་ཉ་འཁོར་ཞིང་འདིར་སོན་པ། །ཡང་ལན་ཟབ་སྐོམ་འདི་སྦྱིན་ཚིམ་པར་ཕྱོས། །

ཞེས་བརྗོད་ནས། སྐབས་ཀྱི་གླེང་བསླང་བ་ནི། ཕྱག་ཆེན་གན་མཛོད་ལས། ཡེ་ཤེས་གྲུབ་པའི་ལུང་དྲངས་ནས་བྱིན་རླབས་ཙམ་གྱིས་སྨིན་བྱེད་དབང་གི་གོ་ཆོད་ཚུལ་གནང་འདུག་པ་ལ། ཡེ་ཤེས་གྲུབ་པའི་ལུང་ལ་ཞིབ་ཏུ་དཔྱད་པས། དེ་སྐབས་དབང་གི་མིང་ཅན་དེ། ལས་དང་པོ་པ་མ་སྨིན་པ་ཞིག་ལ་བསྐུར་ཆོག་པ་མ་ཡིན་པར། སྔར་དབང་གིས་སྨིན་ནས་ཡེ་ཤེས་སྐྱེས་ཟིན་པ་ཞིག་ལ་རྟོགས་པ་འབོགས་དབྱུང་གི་ཆེད་དུ་དབང་གོང་མ་དངོས་སམ་དེ་བྱིན་རླབས་ཀྱི་ཚུལ་དུ་བསྐུར་ནས་བསྐུར་བ་ཞིག་ཡིན་ཚུལ། ལོ་རང་གི་དབང་གི་གསོལ་བཏབ་ཏུ་ཡང་། ཐུགས་རྗེའི་བདག་ཉིད་དྲིན་ཅན་གྱིས། །ཡང་དག་ཡེ་ཤེས་མཆོག་ཐོབ་སྟེ། །ཞེས་སོགས་ལས་ཀྱང་། སློབ་མ་དེ་ལ་དབང་གི་ཡེ་ཤེས་སྐྱེས་ཟིན་པར་བཤད་འདུག་པ་དང་། ཡང་དག་ཡེ་ཤེས་ཀུན་ལྡན་ན། །བྲིས་པའི་དཀྱིལ་འཁོར་སོགས་གཞན་དུ། །དབང་བསྐུར་བ་ནི་ལེན་ཞེ་ན། །འདི་ནི་དམ་ཚིག་ཉམས་པར་འགྱུར། །ཞེས་ཁོ་ལ་བྲིས་སྐུ་སོགས་ཀྱི་དབང་མི་དགོས་པའི་ཤེས་བྱེད་དུ། སྔ་ནས་ཡང་དག་པའི་ཡེ་ཤེས་དང་ལྡན་པ་བཀོད་འདུག་པ་དང་དེའི་ལེའུ་བཅོ་ལྔ་པར་ཡང་། རྡོ་རྗེ་ཐིག་རྣམས་གདབ་པ་དང་། །ཚོན་རྩི་དག་ཀྱང་བགྱི་བ་ནི། །སྔགས་ཀྱི་སེམས་དཔས་མི་བྱ་སྟེ། །བྱས་ན་དངོས་གྲུབ་སྐྱེད་པར་དཀའ། །ཞེས་བྱ་བ་དང་། དཀྱིལ་འཁོར་གྱི་

ཐིག་གདབ་པ་དང་། ཚོན་རྩི་བགྱི་བ་ལ་སོགས་པ་མི་བྱའོ། །སྔགས་ཀྱི་སེམས་དཔའ་ཞེས་བྱ་བ་ནི། ཡིད་སྐྱོབ་པའི་ཕྱིར་སྔགས་ནི་ཡེ་ཤེས་ཡིན་ཏེ་ཡང་དག་པའི་ཡེ་ཤེས་མཐོང་བ་ཞེས་བྱ་བའི་དོན་ཏོ། །གལ་ཏེ་རྨོངས་པས་དེ་ལྟར་བྱེད་ན་ནི་བྱང་ཆུབ་རྙེད་པར་དཀའ་བར་འགྱུར་ཏེ། བྱིས་པའི་སྐྱེ་བོ་ལས་དང་པོ་པའི་སེམས་ཅན་གྱི་བྱ་བ་བྱེད་པས། སངས་རྒྱས་ཉིད་དང་རྡོ་རྗེ་འཛིན་པ་ཉིད་རྙེད་པར་དཀའ་བར་འགྱུར་ཞེས་བྱ་བའི་དོན་དོ། །ཞེས་སོགས་ཚིག་ལས་འདིར་སློབ་མ་སྔགས་ཀྱི་སེམས་དཔའ་དེ་ནི་ལས་དང་པོ་བ་མ་ཡིན་པར་དབང་གི་ཡེ་ཤེས་སྐྱེས་ཟིན་དྲོད་འབྲིང་པོ་ཙམ་མ་མཐའ་ཐོབ་པ་ཞིག་ཡིན་པར་ཚིག་སོ་སོའི་ནུས་པ་ལས་ཐོན་པས། དབང་དེ་བྱིས་པ་མ་སྨིན་པ་ལ་ཅི་ཙམ་དུ་བསྐུར་ཆོག་པ་ཞིག་མིན་པར་འདུག་གོ་ཞེས་སོགས་ཞུས་པའི་ལན་མཚན་ཡུར་བཏབ་པ་ནི། ཚིག་འདི་བྱིན་རླབས་ལས་ཆོ་ག་རྫོ་བར་མཐོང་ནས་གསོལ་བ་བཏབ་པ་ཞེས་དང་། དེའི་འཕྲོས་ལས། ཤོག་བྱང་ཁྲོན་པ་འདིའི་གཏིང་ཡང་། །དཔོག་པའི་རྣམ་དཔྱོད་མི་ལྡན་པར། །ཆོས་ཚུལ་རྒྱ་མཚོའི་གློང་གཞལ་བའི། །རེ་བ་བྱེད་པ་ཨེ་མ་མཚར། །རྣམ་དཔྱོད་འབྲིང་ཞིག་གིས་ཤོག་བྱང་དེ་ལན་གསུམ་དལ་ཡུར་བཀླགས་པ་ཉིད་ཀྱིས་གཞུང་དེར་ཇི་ལྟར་བསྟན་པ་རིག་པར་འགྱུར་ལ། དེ་ལྟར་མི་གོ་ན་ནི། བཤད་ཀྱང་མི་གོ་བས་བཏང་སྙོམས་ངལ་གསོར་ཆུག་ཅིག །ཅེས་བྲིས་སྣང་བ་ནི། རང་གི་བདག་ཉིད་རིག་པའི་བཀའ་སྐུལ་པ་དེ་ག་བདག་ཉིད་ཀྱང་སེམས་བྱིན་རླབས་ལས་ཆོ་ག་རྫོ་ཞེས་པ་ནི་རང་གསུང་དང་འགལ་ཏེ། སྔར་བྱིན་རླབས་ཡིན་གསུངས། ཕྱིས་དེ་ལས་ལོགས་པར་བཀའ་བསྐུལ་པའི་ཕྱིར་རོ། །

ཡེ་ཤེས་གྲུབ་པའི་ཚིག་གི་ནུས་པ་ལ་དཔྱད་པའི་རྣམ་དཔྱོད་ཀྱི་བཀའ་སྐུལ་ཅི་ཡང་མི་སྣང་བར། ཤོག་བྱང་ཁྲོན་པ་འདིའི་གཏིང་ཡང་། །ཞེས་སོགས་ཀྱི་གསུང་མཐོ་ཡང་། ཧ་ཐུལ་གྱིས་དྲིས་མེས་པོའི་ལན། །མིན་ན་པདྨ་དཀར་པོའི་སྤྱན། །ཁྲེན་དུ་མི་བསྒྲིལ་འཛུམ་པའི་ཞལ། །ཚེམས་དཀར་འོད་ཀྱིས་ཆེམ་པར་མཛོད། །སྔགས་ཀྱི་སེམས་དཔའ་གསལ་བྱེད་རྡོ་རྗེའི་ཚིག །མདུད་པ་བཀྲོལ་ཡང་སྲིན་བུའི་ཁ་ཆུ་བཞིན། །དམ་དུ་བཅིངས་སམ་གསུང་མགྲིན་བུ་ག་ནས། །ཙ་ཙོ་འཁྱོག་པོར་སྒྲོགས་འདི་གཞན་དུ་ཅི། །ཡང་མཚན་ཡུའི་འཕྲོས་ལས། རྒྱུད་སྡེ་ཟབ་མོ་ལ་སྦྱངས་མ་སྦྱངས་གཏམ་མགོ་མཐོང་གིས་ཚོད་པར་སྣང་སྟེ། སྔགས་ཀྱི་སེམས་དཔའ་ཞེས་པ་མཐོང་ལམ་སྐྱེས་ཟིན་ལ་སློག་རྒྱུ་ཡིན་ན་ནི། བྱས་ན་དངོས་གྲུབ་རྙེད་པར་དཀའ་ཞེས་དེ་མ་ཐག་ཏུ་འབྱུང་བའི་དངོས་གྲུབ་དེ། སྒོམ་ལམ་མི་སློབ་ལམ་ལས་འོས་མེད། ཐེག་ཆེན་འཕགས་པ་ཤིན་ཏུ་སྨྲུགས་འཐུམས་སོ། །

ལམ་དེ་གཉིས་པོ་མཉམ་ན། རྡོ་རྗེ་འཛིན་པ་ཉིད་རྙེད་དཀའ་བར་འགྱུར་ཞེས་གསུངས་པ་ཡང་སངས་རྒྱས

ལས་ལོགས་སུ་བཀར་དོན་མེད་དོ། །ཞེས་བྲིས་སྣང་བ་ནི། རྒྱུད་སྡེ་ཟབ་མོ་ལ་སྦྱངས་མ་སྦྱངས་གཏམ་མགོ་མཐོང་གིས་གོ་གསུང་བ་དེ་ཀ་སྟེ། རྒྱུད་མ་སྦྱངས་དམུ་ལོང་རིག་པ་འཆར། །བཀའ་མདོ་རྒྱུད་བསྟན་བཅོས་ལམ་རྒྱུས་གསལ། །སྦྱངས་མིག་ལྡན་བདེ་མོའི་ཐང་ལ་དྲེད། །དོན་ཐབ་ལ་ལྷུང་ངོ་སུ་ཡིས་ཟིན། །ཐུགས་ཀྱི་སེམས་དཔའ་མཐོང་ལམ་སྐྱེས་ཟིན་པ་ལ་སློག་པ་རྩ་གཞུང་ན་མེད་ཅིང་ཁོ་བོས་ཀྱང་སྨྲས་པ་མེད་པས། རྣམ་དཔྱོད་གྲོན་དུ་སོང་། ཅི་སྟེ་ཟེར་མཁན་ཞིག་ཡོད་ནའང་། བྱས་ན་དངོས་གྲུབ་རྙེད་པར་དཀའ་དང་ཅི་འགལ་ཏེ། བྲིས་སྒྲུབ་སོགས་ལས་དང་པོ་བའི་བྱ་བ་བྱས་ན་དེ་རྙེད་པར་དཀའ་ཞེས་པའི་དོན་དུ་སྣང་བའི་ཕྱིར། ཐེག་ཆེན་འཕགས་པ་སྒྲུགས་མ་འཐུམས། ཐེག་ཆེན་རྣལ་འབྱོར་པ་གཉིས་སྣང་མཉམ་གཞག་ལ་ཐུགས་ཞུགས་པས་ལན་པ་ཙམ་མོ། །ཅི་སྟེ་ཡང་དག་པའི་ཡེ་ཤེས་དང་ལྡན་ན་ཞེས་པས་དེ་སྟོན་སྐམ་དུ་དགོངས་ན། རང་གི་སྒྲུབ་བྱེད་ཀྱི་ལུང་རང་གིས་སུན་ཕྱུངས་ཤིག །ངོ་ཐེ་འཛིན་པ་ལོགས་སུ་བཀར་དོན་གསུངས་པ་དེ་ཡང་། རྩ་བ་སུན་འབྱིན་དུ་སྣང་བས་དེར་དྲིས་ཤིག །

རྟོག་བསྐྱེད་བོགས་དབྱུང་ཡེ་ཤེས་གྲུབ་པའི་དབང་། །མ་སྨིན་བྱིས་པའི་ལྟོ་བར་མ་ཞུའི་དུག །རྣམ་དཔྱོད་སྲུན་མི་གསལ་ལམ་ཐུགས་བསྐྱེད་མཉེལ། །སློ་ཐུགས་འོ་དོད་བསྒྲེང་བ་མ་གསན་ནམ། །ཚིག་དོན་འོ་མའི་རྒྱ་མཚོ་བསྲུབས་པའི་བཅུད། །ལེགས་བཤད་བདུད་རྩིའི་བུམ་བཟང་རབ་ཕྱེ་ཡང་། །སྟོན་རབས་ལྷ་གྲན་རྡུལ་རྩེགས་བང་རིམ་ལ། །སྤྱན་རས་ཟུར་མིག་སྐྱོག་པོས་མ་གཟིགས་གྲང་། །ཡང་སྙིང་འགྲེལ་ལས། ཟབ་ཅིང་རྒྱ་ཆེའི་ཆོས་རྣམས་ལ། །ཞེས་སོགས་མཚན་བྱུར་ལུང་འདི་ཟབ་མོ་ལ་སྐལ་བ་མེད་པ་ལ་དེ་དག་བསྟན་དགོས་པར་བཤད་པའི་ལུང་དུ་སྣང་གི །སྤྱངས་ཆོག་ལུང་ཅི་ཡིན་གསུངས་པ་ཡང་ཐུགས་འཛོལ་བ་འདྲ་སྟེ། ཁོ་བོས་ཀྱང་སྐལ་མེད་ལས་དང་པོ་པ་ལ་ཕྱག་རྒྱ་དཀྱིལ་འཁོར་སོགས་སྤྱངས་ཆོག་པའི་ལུང་ཡིན་ཞེས་ཅི་ལ་ཞུ།

ཟབ་རྒྱས་ཆོས་ལ་སྐལ་ལྡན་སློབ་མ་མཆོག་རྫོགས་རིམ་ཡེ་ཤེས་སྐྱེས་པ་ཞིག་གིས་ཕྱག་རྒྱ་དཀྱིལ་འཁོར་སོགས་ལ་ཆེད་གཉེར་མི་དགོས་པས་དེ་དག་སྤྱངས་ཆོག་པའི་ལུང་ཡིན་ཡང་། དེ་མ་གོ་བར་ལས་དང་བློ་ཉམས་པས་ཀྱང་སྤྱངས་ཆོག་པའི་ལུང་དུ་འཁྲུལ་བ་མང་དུ་སྣང་བས། དེ་ནི་མི་རིགས་ཞེས་སྙིང་འགྲེལ་གྱི་ལུང་དུ་སྦྱར་ཏེ་རྣམ་པར་ཕྱེ་བ་ལགས། སྙིང་འགྲེལ་ཚིག་དོན་མ་ཕྱེད་གསར་བུས་ཀྱང་། །བྲིས་སྒྲུབ་དབང་སོགས་གཅོད་ལ་སྙིང་རྗེ་ནས། །ཕྱི་མའི་ཡོན་ཏན་སྐྱེས་ཆེ་སྤྱ་མ་རྣམས། །སྤྱངས་ཆོག་ལུང་ཞེས་དྲང་པོ་ཁ་ནས་ཤོར། །ཡང་དབང་དང་བསྐྱེད་རིམ་ལ་མ་བརྟེན་པར་རྫོགས་རིམ་རྐྱང་པས་གྲོལ་བར་འདོད་པ། བླ་མེད་ལམ་གྱི་གནད་བཅོས་ཞེས་པའི་ལན་མཚན་བྱུར། བླ་མས་ཚིག་གཅིག་མ་བསྟན་ཅེས་སོགས་སྨྲ་བ་དོན་མེད་དུ་སོང་ཞེས་གསུངས་པ་ནི།

དོན་ལ་མ་དཕྱད་པར་ཚིག་ལ་འཁྲིས་པ་ཙམ་སྟེ། ཁོ་བོ་ཅག་ལས་འགྲོ་ཅན་དང་གིས་ཁམས་འདུ་བའམ། ཕྱིན་རླབས་ཅན་མོས་གུས་ཀྱིས་ཁམས་འདུ་བ་ཞེས་པ། སྔར་དབང་གིས་སྨིན་ཟིན་པས་འགྲོས་སད་པ། དབང་པོ་རབ་ལམ་ཟབ་བླ་མའི་ལམ་ཞེས་པའི་སྐབས་སུ་དེ་སྐད་གསུང་བ་ཞིག་ཡིན་ཡང་། ལམ་ཟབ་མོ་བླ་མའི་ཆེ་བརྗོད་དང་གསང་སྔགས་ཟབ་མོའི་ཆེ་བརྗོད་བྱས། ཆོས་སྟོན་ཉན་གྱི་འབད་རྩོལ་ཆེར་མ་དགོས་པ་ལ། དམན་པ་ལ་དགག་སྒྲ་སྒྲུར་བ་ཞེས་མཁས་པ་ལ་གྲགས་པ་དེར་སྣང་། དེ་ལྟར་མིན་ན་ཆོས་གང་འཆད་ལ་ཆེ་བརྗོད་དེ་འདྲ་རེ་སྣང་བས་སྒྲ་ཇི་བཞིན་དུ་ཞེ་ན། རོང་སྟོན་ལྷ་དགའ་དང་རྗེ་མི་ལའི་དཔེའོ། །

དབང་ལམ་ཟབ་ཁྲིད་སྟོན་ཆོ་ཉན་པོ་ལ། །ཡིད་ཆེས་དད་པ་བསྐྱུལ་ཕྱིར་བསྔགས་བརྗོད་གཏམ། །འར་ཞུར་ཀུན་གྱིས་སྒྲོགས་ཀྱང་ཇི་བཞིན་དགོན། །ཡེ་ཤེས་སྐྱེ་བའི་སྣ་འདྲེན་ཕན་དགོངས་ལྡན། །ཚིག་ཆེ་བརྗོད་དོན་དུ་ཁྲུལ་བའི་གཏམ། །ཆོས་དཀར་པོ་ཚིག་ཐུབ་སྐྱོང་སྐྱོང་ནས། །ལམ་ལྷག་མ་རིམ་སུ་འབོར་དགོས་ཆེ། །རྒྱུ་མ་ཚང་འབྲས་བུ་རེ་ཡང་དགོན། །ལུང་ཡེ་གྲུབ་གསང་གྲུབ་ཐབས་ཤེས་གྲུབ། །མཛོད་དེ་ན་བཞུགས་པའི་དབང་བསྐུར་གསུམ། །རྒྱུད་ཆེན་པོར་སྨྲས་པ་བཞི་པའི་དབང་། །འདིས་གསང་བ་སྒྲོགས་ན་མཁས་གྲུབ་འཚང་། །རྒྱུད་རྒྱ་མཚོར་སྐྱེས་པའི་ལས་འགྲོ་ཅན། །ཡིད་དབྱོད་ལྡན་གདེངས་ཅན་མིག་གིས་མཐོང་། །གཞན་སུ་སྟེང་ས་བླ་འབྱུང་པོའི་མིག །རྫོ་བདར་ཡང་ཆུ་ནང་བྱ་བྱེད་ཐལ། །

ཡང་། ཆོས་དྲུག་པོར་ནས་ལམ་འབྲས་དང་། །ཕྱག་རྒྱ་ཆེན་པོ་ལ་སོགས་པ། །གཞན་གྱི་གདམས་ངག་སློམ་བཞིན་དུ། །ཞེས་པར་གན་མཛོད་ལས། ཕྱག་རྒྱ་ཆེན་པོ་གཞན་གྱི་གདམས་ངག་ཡིན་པ་དང་ལམ་འབྲས་སློམ་བཞིན་པ་གཉིས་ཀ་མ་གྲུབ་པས། དགག་པ་འདི་ནི་ཕྱོགས་ཆོས་མ་གྲུབ་པའི་གཏན་ཚིགས་སུ་སོང་། དེས་ན་རྐྱོལ་བ་ཉིད་ཚར་བཅད་ཀྱི་གནས་སུ་ལྟུང་ངོ་ཞེས་གསུངས་འདུག་པ་ལ། ཁོ་བོའི་རྩོད་སྤོང་དུ། འོ་ན། སྔ་རྐྱལ་ལམ་ཕྱི་རྐྱོལ་ལ་ཚར་བཅད་འབྱུང་བ་ག་ལ་ཡིན་ཞེས་ཞིབ་ཏུ་དཔྱད་པའི་ལན་མཆན་བུར། ཤེས་པ་ཅན་ལ་དྲི་ཅི་དགོས་གསུང་བ་ཁྲིས་སྣང་བ་ནི། འདི་ག་མ་དགོངས་པར་རྨམ་དཔྱོད་འཕྲུང་མོ་ཡུག་གི་སྐྱོན་ཏེ། རྐྱོལ་དང་ཕྱི་རྐྱོལ་དབང་པོ་གསུམ། །ངེས་པར་བྱས་ནས་རྩོད་ལ་འཇུག །ཅེས་པ་ལྟར། ཚར་བཅད་རྗེས་འཛིན་འབྱུང་བའི་རྩོད་པ་བྱེད་པ་ལའང་། རྐྱོལ་དང་ཕྱི་རྐྱོལ་དབང་པོ་གསུམ་རྐྱོལ་བའི་དཀྱིལ་འཁོར་གཅིག་ཏུ་བཤམ་ནས། དེ་གསུམ་སོ་སོར་ངེས་པ་ཞིག་ཅིས་ཀྱང་དགོས་པའི་ཕྱིར་རོ། །ཅི་སྟེ་དེ་ངེས་མེད། སྔ་རྐྱལ་ནི་ས་ལོ། ཕྱི་རྐྱོལ་ནི་པདྨ་དཀར་པོའོ་སྙམ་ན། དེ་གཏོག་གེའི་གླེང་ཡངས་སུ་མ་ཞུགས་པའི་འོལ་ཚོད་དོ། སྔ་རྐྱོལ་འདས་ནས་རིང་དུ་ལོན། །ཕྱི་རྐྱོལ་དེང་ཚེ་ཤུལ་དུ་ལུས། །ཤན་འབྱེད་དབང་པོ་རི་དྭགས་ཕྲུག །ཚར་བཅད་ནམ་མཁའི་པདྨ་ཡལ། །དེ་

དག་ཅིའི་ཕྱིར་སྙམ་ན། ཕྱི་རྒོལ་གྱིས་སྔ་རྒོལ་ཚར་བཅད་པ་ལ། སྔ་རྒོལ་གྱིས་སྒྲུབ་བྱེད་ལྟར་སྣང་བཀོད་པ་ཙམ་དང་། ཕྱི་རྒོལ་གྱིས་སྒྲུབ་བྱེད་དེ་སྐྱོན་ཅན་ཡིན་ནོ་ཞེས་བརྗོད་པ་ཙམ་གྱིས་ཚར་གཅོད་ག་ལ་ནུས། སྔ་རྒོལ་གྱི་དམ་བཅའ་འམ་སྒྲུབ་བྱེད་དེ་ལ་འགལ་འདུ་སྦྲིགས་པའི་སུན་འབྱིན་ཞེས་པ། རྟོག་གེ་ལ་གྲགས་པའི་སུན་འབྱིན་རྣམ་དག་འཕངས་པས། སྔ་རྒོལ་གྱིས་ལོག་རྟོག་སེལ་བའི་ནུས་ལྡན་དུ་བྱས་ཏེ། སྔ་རྒོལ་གྱི་སྤྲོབས་པ་གཞོམ་ནུས་པ་ཞིག་དགོས་པ་ལགས། སྔ་རྒོལ་མེད་སར་ལྐོག་ལབ་རིགས་པ་ཅི་བཟང་ཡང་ཚར་བཅད་རྗེས་འཛིན་རྟོག་གེའི་གཞུང་ལ་མ་གྲགས་མཆིས་སོ། །

ཤར་མཛོད་དགའི་སྔ་རྒོལ་ས་པཎ་ལ། །ཡུལ་ནྒྲོ་ཊའི་ཕྱི་རྒོལ་པདྨ་དཀར། །སྐྱ་རྫུ་འཕྲུལ་བཀོད་པས་འབེལ་གཏམ་ན། །གཞན་ཡིད་ཆེས་དཀའ་ཡང་བདག་བློ་དད། །ཡང་ཁོ་བོའི་རྩོད་ལན་དུ། སྔ་རྒོལ་ས་སྐྱ་པས་ཕྱི་རྒོལ་ཕྲུག་ཆེན་པ་སྒྲུབ་བྱེད་ལྟར་སྣང་བཀོད་དུ་ཆུག་ན་ཡང་། ཕྱི་རྒོལ་ཁྱེད་ལ་རྟགས་དེའི་ཕྱོགས་ཆོས་མ་གྲུབ་པ་ཞེས་པ་ཙམ་ལས། སུན་འབྱིན་རྣམ་དག་པདྨའི་འདབ་རྩེར་བསྒྲེང་བའི་ཆུ་ཐིགས་ཙམ་ཡང་མ་བྱུང་བའི་ཕྱིར་རོ། །ཞེས་བཀོད་པ་ལས། ལན་མཆན་བུར། སྔར་རྒོལ་གྱིས་ཕྱོགས་ཆོས་མ་གྲུབ་པ་བཀོད་པ་ལ། དེས་ཕྱོགས་ཆོས་མ་གྲུབ་པར་སྟོན་པ་ལས་ལྷག་པའི་དེ་ལ་སུན་འབྱིན་ཅི་ཞིག །སྡེ་བདུན་མཛད་པས་བསྟན་པ་ཡོད་ན་སྟོན་རིགས་སོ་ཞེས་དང་། སྒྲུབ་བྱེད་མ་གྲུབ་པོ་བྱས་པ་ལ་སྨྲ་བའི་ལྐུ་ཆད་པས་ཕམ་པར་སོང་། སྒྲུབ་བྱེད་མ་གྲུབ་པ་དང་། མ་ངེས་པ་ལ་ངེས་སོ་ཞེས་བརྗོད་པ་ལས་ལྷག་པ་ཆོས་ཀྱི་གྲགས་པས་མ་གསུངས། ཞེས་བྲིས་སྣང་བའི་ལན་ཡང་། དཔྱོད་ལྡན་གཟུར་གནས་ལ་སྨྲ་མ་དེས་འཕྲུས། འོན་ཀྱང་ཕྱོགས་ཆོས་མ་གྲུབ་པ་བཀོད་པ་ལ་ཕྱོགས་ཆོས་མ་གྲུབ་པར་སྟོན་པ་དེ་སུན་འབྱིན་ཡིན་གསུངས་པ་ནི། སུན་འབྱིན་ཅི་ལ་ཟེར་རྣམ་དཔྱོད་མ་ཞུགས་པ་སྟེ། འདིར་སྐྱེ་བོ་ཕལ་པའི་ངག་འཁྲུལ་ཙམ་སུན་འབྱིན་མ་ཡིན་པའི་རྟོག་གེ་ལ་གྲགས་པའི་སུན་འབྱིན་ཞིག་ཡོད་པ་དེ་འཕངས་པས་རྒོལ་བའི་ལོག་རྟོག་བཟློག་ནུས་སུ་བྱེད་པ་ཞིག་དགོས་སོ། །དེ་ལྟ་བུ་སྟོན་བྱེད། སྡེ་བདུན་གྱི་ལུང་ཡོད་ན་སྟོན་རིགས་གསུངས་པ་ནི། སྤྱན་ཟུར་གཡོ་ན་སྔར་རྩོད་ལན་དུ་ཕུལ་བའི་རྩོད་རིགས་ལས། རྒོལ་བས་སྒྲུབ་པར་བྱེད་པ་སྐྱོན་ཅན་བརྗོད་ནའང་། ཕྱི་རྒོལ་བས་སྐྱོན་མ་བསྟན་ན་ཕམ་པའི་རྣམ་པར་བཞག་པ་རིགས་པ་མ་ཡིན་ཏེ། དེ་དག་ཉིད་ཀྱིས་ཕན་ཚུན་ནུས་པ་ཉེ་བར་འཇོམས་པ་ལ་ལྟོས་ན་རྒྱལ་བ་དང་། ཕམ་པ་རྣམ་པར་འཇོག་པའི་ཕྱིར་རོ་ཞེས་དང་། ཕྱི་རྒོལ་བས་དེའི་དངོས་པོ་གོ་བར་བྱས་ན་འགྱུར་གྱི། གཞན་དུ་ན་གཉིས་པོ་གཅིག་རྐྱང་རྒྱལ་བ་དང་། ཕམ་པར་མི་འགྱུར་ཞེས་དང་། ས་ལོས། སྐྱོན་ཅན་ཡིན་ཡང་སྒྲུབ་པ་དང་། སུན་འབྱིན་མ་ཤེས་པའི་ཕྱིར་རོ་ཞེས་གོང་མ་གཉིས་གསལ་བར་བྱས་པ་དེ་ཡིན་ནོ། །

དེའི་ཕྱིར་འདིར་སྐབས་ཀྱི་དེའི་དངོས་པོ་གོ་བར་བྱེད་ཚུལ་དང་། སྐྱོན་བརྗོད་དམ་སུན་འབྱིན་དེ་ནི། སྔ་རྒོལ་ལ་རྟགས་དེ་མ་གྲུབ་པོ། ཁྱབ་པ་མ་ངེས་སོ་ཞེས་བརྗོད་པ་ཙམ་གྱི་ག་ལ་ཚོག་སྟེ། དེ་ཙམ་གྱིས་སྔ་རྒོལ་གྱི་ལོག་རྟོག་བཟློག་མི་ནུས་པའི་ཕྱིར་རོ། །དཔེར་ན་སྔ་རྒོལ་གྱིས་ཕྱི་རྒོལ་ཚར་གཅོད་པ་ལ་ཡང་། སྔ་རྒོལ་གྱིས་དོན་སྐྱོན་དང་བྲལ་བ་ཙམ་གྱི་སྒྲུབ་བྱེད་བཀོད་ནས། ཁོ་བོའི་སྒྲུབ་བྱེད་དེ་སྐྱོན་མེད་ཡིན་නོ་ཞེས་བརྗོད་པ་ཙམ་གྱི་ག་ལ་ཚོག་སྟེ། སྒྲུབ་བྱེད་དེ་ལ་རྟགས་ཀྱི་ཚེར་མ་དབྱུང་། ཕྱི་རྒོལ་གྱི་ཚུལ་གསུམ་ཤེས། བསྒྲུབ་བྱ་ལ་ཤེས་འདོད་ཐེ་ཚོམ་དང་ལྡན་པའི་ཚེ། སྒྲུབ་བྱེད་ཀྱི་ངག་བཀོད་ནས་བསྒྲུབ་བྱ་ངེས་པའི་རྗེས་དཔག་སྐྱེད་པའི་ནུས་ལྡན་དུ་བྱེད་པ་ཞིག་བྱུང་ན། རྒོལ་བས་ཕྱི་རྒོལ་ཚར་བཅད་དེ་རྒྱལ་ཕམ་མཚན་ཉིད་པ་འབྱུང་བ་རྟོག་གེའི་ལུགས་སོ། །སྒྲུབ་བྱེད་མ་གྲུབ་པོ་བྱས་པ་ལ་སླ་བའི་ལྟེ་ཆད་པས་ཕམ་པར་སོང་གསུངས་པ་ནི། རྩོད་ཟླ་སྔ་རྒོལ་ཁོང་ཤར་ཕྱོགས་མངོན་དགའ་ན་བཞུགས་པས། ཇུ་འཕྲུལ་བཀོད་པས་བྱིན་ན་མ་གཏོགས་ཁྱེད་རྣམ་པས་མི་དགོངས་པ་འདྲ། རང་གི་རྟགས་མ་གྲུབ་པར་དགོངས་ཀྱང་། ས་ལོའི་རྗེས་འབྲང་རྣམས་ནི། རྟགས་མ་གྲུབ་ཅེས་པའི་ལོག་ཕྱོགས་སྒྲུབ་པ་ལ་རྣམ་དཔྱོད་ཀྱི་ལྟེ་རིང་དུ་རྐྱོང་བ་ཞིག་མཆིས་ན། པཎ་ཆེན་ཁོང་གི་ལྷགས་འགྲུམ་པ་ཅི་ཞིག་རྟེ་རེ༔

ཆོས་རྟོག་གེར་གྲགས་པའི་རྒྱལ་ཕམ་ལ། །སེམས་ལོག་རྟོག་ལོག་གམ་རྗེས་དཔག་སྐྱེ། །རང་ཚིག་ལབ་ལུང་རིགས་ལྟར་སྣང་ལ། །དོན་ཚར་བཅད་རྗེས་འཛིན་གད་མོའི་གནས། །ཡང་། ནཱ་རོ་ཆོས་དྲུག་ཅེས་བྱའི་ཁྲིད། །མི་ལ་ཡན་ཆད་དེ་ལས་མེད། །ཅེས་པར་ཁོ་བོའི་རྩོད་སྤྱོད་དུ། འདི་པའི་རྗེས་འབྲང་འགའ་ཞིག །རྗེ་མི་ལ་ལ་ཟབ་དོན་ཆོས་དྲུག་དང་། རྫོགས་རིམ་ཆོས་དྲུག་གཉིས་ལས། ཟབ་དོན་ཆོས་དྲུག་དེ་མི་ལ་ཡན་ཆད་ལས་དེ་མན་ཆད་ལ་མ་བྱུང་བ་ལ་དགོངས་ཟེར་བའི་ལན་མཚན་ཐུར། འདི་འདྲ་བཀའ་བརྒྱུད་གོང་མའི་གསུང་མིན་བབ་ཅོལ་ལོ་གསུང་བ་བྲིས་སྣང་བ་ནི། ཁོ་བོས་ཀྱང་བཤད་ཡམས་སུ་བཀོད་པ་ཙམ་མ་གཏོགས། ཡིད་ཆེས་ཀྱི་གནས་སུ་བཀོད་པ་ནི་མིན། ཇི་ལྟར་ཡང་མཚན་ཐུ་མཁན་པོ་ཐུགས་རྒྱུས་ཆེ་དགོངས་པར་ནི་སྣང་མོད། ཅི་འདྲ་གཡོད་དམ། རང་ལན་རྩོད་སྤྱོད་དུ། སྟོམ་གསུམ་རང་མཚན་ལྟར། མི་ལ་ཡན་ལ་བསྲེ་སླད་མེད་པའི་ཆོས་དྲུག་གཙང་མ་ཁོ་ན་ལས། གཞན་དང་བསྲེས་པའི་ཆོས་དྲུག་དེ་འདྲ་མེད། ཕྱིན་ཆད་ཆོས་དྲུག་བསྲེ་སླད་བྱས་པ་མ་དག་སྣང་བ་དེ་ལ་དགོངས་ཞེས་པའི་ལན་མཚན་ཐུར། མཻ་ཏྲི་པའི་ཕྱག་ཆེན་ཅི་འདྲ་གསུངས་པ་དང་། ལྷད་གང་བཙུག་སྟོན་དང་ཞེས་འདྲིའོ། །ཞེས་བྲིས་སྣང་བ་ནི། ཐུགས་མད་ནའང་། རང་མཚན་ལས་ཞི་བྱེད་དང་རྫོགས་ཆེན་དང་ལམ་འབྲས་ལ་སོགས་པ་ཅལ་ཅོལ་མང་པོ་བསྲེས་གསུངས་པ་དེ་ཤེས་བྱེད་ཚད་མར་བྱས་པ་སྟེ། ཆོས་ཀྱི་

སྤྱན་ལྔན་དེ་ལ་ཇྟུན་དང་རབ་འགྲོས་མི་མངའ་བའི་ཕྱིར། དེ་སྐད་གསུངས་པ་བཞིན་བཀའ་བརྒྱུད་ཆོས་ལ་གོམས་འདྲིས་བྱས་པའི་རྗེས་འབྲང་འགའ་ཡང་བསྒྲི་སླད་བྱས་པ་མང་དག་ཡོད་གསུངས་པས། དེ་ལུགས་ཀྱི་ཡིག་རིགས་སྔ་ཕྱི་ལ་རྣམ་དབྱོད་སྤྱན་རས་ཕྱོགས་རེ་མིན་པའི་རྣམ་པར་དབྱེ་བ་ཕྱེད་པ་ཡང་གཅེས་སོ། །

ཕ་ཆོས་ཀྱི་སྤྱན་རས་ཟུར་མིག་གིས། །རང་གཞན་གྱི་ཆོས་ནོར་སྐྱོན་ཡོན་རིག །བུ་ཐོ་ཅོར་ཤོར་ན་སྐྱོན་ཡོན་དང་། །ཆོས་བདེན་ཇྟུན་རྟོག་དཔྱོད་གན་འཆར། །ཡང་ཅལ་ཅོལ་མང་པོ་བསྲེས་ནས་ཞེས་པ་ལ། ལམ་འབྲས་སོགས་ཀྱང་ཅལ་ཅོལ་དུ་བཏང་གསུངས་པ་ནི། ཕྱག་ཆེན་རྟོག་གེས་བསླད་པའི་ཚིག་སྐྱོན་ཏེ། རང་གི་ཆོས་རྐང་ཚུགས་ཡོད་བཞིན་དུ་གཞན་གྱི་ཆོས་བསྲེ་བར་མི་འོས་པ་ལ་ཅལ་ཅོལ་ཞེས་པར་སྣང་བའི་ཕྱིར་རོ། །

ཡང་ཇོ་བོ་ནཱ་རོ་ཏ་པ་ནི། །དབང་བསྐུར་དུས་སུ་མཐོང་ལམ་སྐྱེ། །དེ་ནི་སྐད་ཅིག་དེ་ལ་འགག །ཅེས་པར། བཀའ་བརྒྱུད་གོང་མ་འགའི་གསུང་འགྲོས་ལས། དེ་ལྟར་ན་ནཱ་རོའི་དགོངས་པ་ཡིན་ཟེར་བ་ཡོད་ཅེས་པའི་ལན་མཆན་བུར། སུ་ཡིས་ཟེར་གསུངས་པ་ནི། རང་གི་ཡིག་ཆ་སྔ་ཕྱི་ལ་གཟིགས་པ་མ་འཚལ་བའི་ལན་ནོ། །

ཡང་རབ་དབྱེར། ཁེད་ཀྱི་ཕྱག་རྒྱ་ཆེན་པོ་ནི། །དབང་ལས་བྱུང་བའི་ཡེ་ཤེས་དང་། །ཞེས་སོགས་གསུངས་པ་ལ། གན་མཛོད་ལས། དབང་དུས་ཡེ་ཤེས་དང་རྫོགས་རིམ་ལས་བྱུང་བའི་ཡེ་ཤེས་ལ། དཔེའི་ཡེ་ཤེས་ཡིན་པས་ཁྱབ་པ་ནི་རབ་དབྱེ་བས་ཁས་བླངས་གསུང་བའིཤེས་བྱེད་དུ། ཇོ་བོ་ནཱ་རོ་ཏ་པ་ནི། །ཞེས་སོགས་ཀྱིས་དང་པོ་དང་། འཕགས་པ་ལྷའི་སྤྱོད་བསྡུས་སུ། །ཞེས་སོགས་ཀྱིས་གཉིས་པ་ཁས་བླངས་གསུང་བའི་ཕྱོགས་སྔ་བཀོད་ནས། འགོག་བྱེད་མང་དུ་སྣང་བ་ལ། ཁོ་བོའི་རྩོད་སྤོང་དུ། ཕྱོགས་སྔ་རྒྱ་མཚོའི་གཏིང་དཔོག་པར་མ་ནུས་སོ་ཞེས་སྨྲས་པའི་ལན་མཆན་བུར། མཐོང་ལམ་མཚན་ཉིད་པ་འཕགས་པ་མིན་པ་ལ་མེད་པ་སྒྲུབ་མི་དགོས་པས་མཐུན། དབང་བསྐུར་དུས་སུ་མཐོང་ལམ་མཚན་ཉིད་པ་སྐྱེ་བ་དང་། སྐྱེས་པ་དེ་དཔེའི་ཡེ་ཤེས་སུ་མ་བསྟན་ན་བདག་དང་རྩོད་ཅི་དགོས་ཞེས་བྲིས་སྣང་བ་ནི། རྩོད་མི་དགོས་བཞིན་དུ་ཕྱོགས་སྔ་མ་ལོངས་པར་བརྩད་པར་དེས་ལན།

འབེན་མ་མཐོང་འཕོང་རྩེད་དེ་མིན་ཡང་། །མདའ་མ་ཕོག་གཟུ་བོར་གནས་པའི་གཏམ། །ཤིང་ཨུ་དུམ་ཝ་རར་མེ་ཏོག་འབྱུངས། །དོན་འདི་ལ་ངོ་མཚར་སུ་ཡང་ཆེ། །དེས་ན་དབང་དུས་སུ་མཐོང་ལམ་སྐྱེས་པ་ཅི་ཡང་ཡོད་ཅིང་། སྐྱེས་པ་དེ་དཔེའི་ཡེ་ཤེས་ཡིན་ཞེས་ བླུན་ཚིག་ཅི་ལ་སྨྲ། འོན་ཀྱང་ཇོ་བོ་ནཱ་རོ་ཏ་པ་ནི། །དབང་བསྐུར་དུས་སུ་མཐོང་ལམ་སྐྱེ། །ཞེས་པའི་མཐོང་ལམ་གྱི་མིང་ཅན་དེ། མཐོང་ལམ་མཚན་ཉིད་པ་མིན་པ་དང་། དཔེའི་ཡེ་ཤེས་ལ་མཐོང་ལམ་གྱི་མིང་བཏགས་པ་ཡིན་ཞེས་པ་ནི། སྒྲ་ཟིན་ཙམ་ལ་མ་ཞེན་པར་ནཱ་རོ་ཏ་པའི་དགོངས་པའི་

མཐིལ་བླངས་པ་ཡིན་པས། འདི་ལ་སོམ་ཉི་ར་གྱུར་པ་དག་ནི་ནཱ་རོ་ཏ་པའི་སྟོན་རབས་མ་དྲན་པ་ཁོ་ནའོ། །འཕགས་པ་ལྷའི་སྤྱོད་བསྡུས་སུ། །བདེན་པ་མཐོང་ཡང་ཞེས་པ་དེ་ཡང་། རིམ་ལྔ་རྫོགས་རིམ་སྐབས་ཀྱི་དཔེའི་ཡེ་ཤེས་ལ་མཐོང་ལམ་གྱི་མིང་བཏགས་པ་ཡིན་གྱི། བདེན་མཐོང་མཚན་ཉིད་པ་མིན་ནོ་ཞེས་སྒྲུབ་དགོས་ཏེ། དེ་བདེན་མཐོང་མཚན་ཉིད་པ་ཡིན་ན། སོ་སྐྱེ་ལ་མཐོང་ལམ་རང་འབྱུངས་སུ་སོང་བས། འཕགས་པ་མིན་པ་ལ་མཐོང་ལམ་མཚན་ཉིད་པ་མི་འབྱུང་ཞེས་སྒྲུབ་དགོས་པའི་གནད་དེ་ཡིན། དེ་ཙམ་མ་གཏོགས་དབང་དུས་དང་རྫོགས་རིམ་སྐབས་ཀྱི་ཡེ་ཤེས་མཐའ་དག་དཔེའི་ཡེ་ཤེས་སུ་བསྒྲུབ་པ་ག་ལ་ཡིན།

ཡང་གན་མཛོད་ལས། དེ་ནི་ཉེས་པ་ཆེན་པོ་སྟེ། མཚོན་བྱ་དོན་གྱི་ལམ་ཕྱག་རྒྱ་ཆེན་པོ་དང་། འབྲས་བུ་ཕྱག་རྒྱ་ཆེན་པོ་མཆོག་གི་དངོས་གྲུབ་གཏན་མེད་དུ་ཐལ་བས་སོ། །ཞེས་གསུངས་པ་ལ། ཁོ་བོའི་རྩོད་སྤོང་དུ། དེ་ལྟར་བཤད་པས་རྟགས་ཅི་ཡང་མེད་པའི་བསལ་བ་རྐྱང་པ་ཞིག་ནམ་མཁར་འཕྱུར་བ་སྟེ། རིགས་པ་མཁྱེན་པར་ཨེ་འགྲོ་ན། ཞེས་པའི་ལན་མཆན་བུར། འདི་ལྟ་བུའི་རྟོག་གེ་བ་རྟགས་ཁས་བླངས་བཀོད་པ་ཞེས་བྲིས་སྣང་བ་ནི་ཐུགས་མད། རྟོགས་ལྡན་ལ་རིགས་པ་མཁྱེན་པ་ཞེས་བོས་པས་ལན། ཁས་བླངས་རྟགས་སུ་བཀོད་པ་ལ་ཆོལ་བས་ཤེས་པ་ཞིག་དགོས་པ་ལགས། དེ་མིན་པར་ཁོ་བོའི་རྩོད་སྤོང་དུ། གལ་ཏེ་དབང་དུས་དང་། རྫོགས་རིམ་སྐབས་སུ་མཚོན་བྱ་དོན་གྱི་ཡེ་ཤེས་མི་སྐྱེ་བར་ཁས་བླངས་པའི་ཕྱིར་གསུང་རྒྱུ་ཡིན་ན་ནི། གོང་དུ་ངོ་སྤྲོད་ཟིན་པས་རྐྱན་པོའི་མཚང་བརྗོད་པ་བཞིན་ནོ་ཞེས་བྲིས་པ་གཟིགས་བཞིན་དུ། སླར་ཡང་རྟགས་ཁས་བླངས་རྟགས་བཀོད་གསུངས་པ་ནི་རིགས་པའི་གྲྭར་ཕྱག་མ་ཕེབས་པའི་མཚོན་བྱེད་དོ། །

གཞན་ཁས་བླངས་རྟགས་སུ་བཀོད་བྱས་ནས། །དོན་མི་འདོད་ཐལ་བར་འཕངས་པའི་ཚེ། །ཁོང་རྒོལ་བ་ལན་གྱི་ལྟེ་ཆད་ན། །ཆོས་རྟོག་གེའི་སྲུན་འབྱིན་དེ་ལ་ཟེར། །ཁོང་རྒོལ་བས་རྟགས་ལ་ལན་ཐེབས་ཚེ། །རང་ཁས་བླངས་རྟགས་སུ་བཀོད་དོ་ཞེས། །ཐུགས་ཡུས་ཀྱང་མཁས་པའི་གྲྭ་མི་ཤོགས། །དུས་ད་རེས་གཟུར་ན་སྐྱང་པོ་ཡིན། །ཡང་ཁོ་བོའི་རྩོད་སྤོང་དུ། གསུང་ལས། ཕྱི་མ་འདི་ཡི་ཚིག་གིས་ནི། །དེས་ན་གྲུབ་ཐོབ་ཐམས་ཅད་ཀྱང་། །ཕྱོགས་རེའི་ཐབས་ཀྱིས་གྲོལ་བ་མིན། །ཞེས་པའང་ཚད་མའི་བསལ་བར་བྱས་སོ་ཞེས་པ་ནི་མི་བདེན་ཏེ། དབང་གིས་གྲོལ་བ་དེ་ཕྱོགས་རེའི་ཐབས་ཀྱིས་གྲོལ་བ་མ་ཡིན་པའི་ཕྱིར་རོ་ཞེས་སོགས་བཀོད་པའི་ལན་མཆན་བུར། ཕྱོགས་རེ་དབང་ངམ། བསྐྱེད་རིམ་མམ། རྫོགས་རིམ་གཏུམ་མོ་ལྟ་བུ་རེ་རེས་གྲོལ་ན་གཞན་ཕྱོགས་རེ་མི་ཉེད་གསུངས་པ་ཡང་། ཕྱོགས་སྡེའི་དགོངས་བཞེད་ཙུང་ཟད་ཐུགས་སུ་མ་ཆུད་པ་སྟེ། རབ་དབྱེར། སྔ་མའི་ལས་འཕྲོའི་བྱེ་བྲག་དང་། །ནང་གི་རྟེན་འབྲེལ་ཁྱད་པར་གྱིས། །ཡེ་ཤེས་སྐྱེ་བའི་སྣ་འདྲེན་ནི། །ཐབས་ཀྱི་དབྱེ་བས

བྱེད་པར་གསུངས། །ཞེས་སོགས་ལྟར། རླུང་གཏུམ་མོ་བསྐྱེད་རིམ་སོགས་རེ་རེས་ཡེ་ཤེས་སྐྱེ་བའི་རྣ་འདྲེན་བྱེད་ཀྱང་། དེ་དག་རེ་རེ་ཀྲུང་པས་གྲོལ་བ་ནི་མ་ཡིན་ཏེ། གྲོལ་བ་མཐོང་ལམ་སྐྱེ་བ་ལ་ཁོ་རང་སྐྱེ་བའི་རྒྱུ་རྐྱེན་ནུས་པ་ཀུན་ཚང་དགོས་པའི་ཕྱིར། འདི་དབང་དུས་སུ་གྲོལ་བ་དང་མི་མཚུངས་ཏེ། དབང་དུས་སུ་རྒྱུ་རྐྱེན་ནུས་པ་ཀུན་ཚང་བའི་ཕྱིར། དཔེར་ན་ས་བོན་ལས་མྱུ་གུ་སྐྱེ་བ་ལ་ཆུ་ལུད་ལྟ་བུའི་རྣ་འདྲེན་བྱས་སྲིད་ཀྱང་། མྱུ་གུ་སྐྱེ་བ་ས་བོན་ཆུ་ལུད་སོགས་རྒྱུ་རྐྱེན་ནུས་པ་ཀུན་ཚང་དགོས་པ་བཞིན་ཞེས་པ་དེར་སྣང་ངོ། །

འབྲས་སྐྱེ་བའི་རྒྱུ་རྐྱེན་མ་འཛོམ་པའི། །རྐྱེན་རེ་རེ་བ་ལ་ཕྱོགས་རེ་ཙེར། །ཐབས་གཏུམ་མོ་རླུང་སོགས་རྣ་འདྲེན་ཙེང་། །དེ་ཀྲུང་པས་གྲོལ་བ་མིན་ཞེས་བཞེད། །རྒྱུད་དབང་བཞི་རྫོགས་པའི་ཡེ་ཤེས་ལ། །ལམ་བསྐྱེད་རྫོགས་ཐབས་ཤེས་ནུས་པ་འཛོམས། །ཕྱོགས་རེ་རེ་ཀྲུང་པར་མཐོང་བས། །དེས་གྲོལ་བ་ཐོབ་ཅེས་ས་ལོ་གསུང་། །ལྟ་བསྐྱེད་རིམ་གཏུམ་མོ་རླུང་སོགས་ལ། །རྒྱུ་སྐྱེན་སོགས་ནུས་པ་མ་ཚང་བས། །དེ་རེ་རེས་གྲོལ་བ་མིན་ནོ་ཞེས། །ཆོས་རབ་དབྱེར་གསུངས་དེ་མ་གསན་ནམ། །ཡང་རབ་དབྱེར། ནཱ་རོ་དང་ནི་མཻ་ཏྲི་བའི། །ཕྱག་རྒྱ་ཆེན་པོ་གང་ཡིན་པ། །དེ་ནི་ལས་དང་ཆོས་དང་ནི། །དམ་ཚིག་དང་ནི་ཕྱག་རྒྱ་ཆེ། །གསང་སྔགས་རྒྱུད་ལས་ཇི་སྐད་དུ། །བཤད་པ་དེ་ཉིད་ཁོང་བཞེད་དོ། །ཞེས་པར་གན་མཛོད་ལས། ཇོ་བོ་གཉིས་ཀྱི་ལུགས་མ་མཐོང་བར་དེ་སྐད་ཟེར་སྙམ་ན་སྨྲ་བ་ཁོ་ན་སྟེ་ཞེས་སོགས་དང་། གླུ་སྒྲུབ་ཀྱི་ཕྱག་རྒྱ་བཞི་པའང་འགྲོས་དེ་ཀ་ཡིན་པས། བོད་དུ་འགྱུར་བའི་ཆོས་ལུགས་ཀུན་ཐོས་པ་ཙམ་དུ་མ་བཞག་པའང་ཚིག་ཉམས་ཙམ་དུ་ཟད་དོ་ཞེས་བྲིས་སྣང་བ་ལ། ཁོ་བོའི་རྩོད་སྤོང་དུ། ནཱ་རོ་མཻ་ཏྲི་གཉིས་ཕྱག་རྒྱ་བཞིའི་རྣམ་གཞག་རྒྱུད་ནས་བཤད་པ་བཞིན་མཛད་གསུངས་པ་ལ། སུན་འབྱིན་གནང་བ་ནི། ཁོང་གཉིས་ནི་ཕྱག་རྒྱ་བཞི་རྒྱུད་ནས་བཤད་པ་བཞིན་མི་མཛད་གསུང་བར་སོང་འདུག་གོ། །

ཞེས་སོགས་བཀོད་པའི་ལན་མཆན་བུར། དེ་ཙམ་ལ་རྩོད་པ་ཅི་ཡིན། རབ་དབྱེ་བས་བཞག་པའི་གོ་རིམ་དེ་དག་པཎ་ཆེན་གསུམ་བཞེད་པ་དེ་མིན། དེའི་རྒྱུ་མཚན་ལུགས་གསུམ་ཀར་ཕྱག་ཆེན་གསུམ་པ་དང་། དམ་ཚིག་བཞི་པར་བཤད་འདུག་པ་འབྲེལ་ལེགས་པར་ལྟོས། ཞེས་བྲིས་སྣང་བ་ནི། བལྟས་ཀྱང་འབྲེལ་ཆེ་བར་མ་ཁྱམས། རྒྱུ་མཚན་རབ་དབྱེ་ལས། ཕྱག་རྒྱ་བཞི་པོ་དེ་ནཱ་རོ་མཻ་ཏྲི་གཉིས་ཀྱང་རྒྱུད་ནས་བཤད་པ་བཞིན་མཛད་གསུངས་པ་ཙམ་ལས་ཁོང་གཉིས་ཀྱང་གོ་རིམ་འདི་འདྲ་བ་ཞིག་མཛད་གསུང་བ་ཡང་མི་སྣང་། རབ་དབྱེའི་གོ་རིམ་ལྟར་བྱས་ན། རྒྱུད་བསྟན་བཅོས་དང་འགལ་བས་རྒྱུད་དང་མི་མཐུན་ཞེས་ཀྱང་གསུང་བར་མི་སྤྱོབས་ཏེ། ཕྱག་རྒྱ་བཞི་པོ་དེ་ལ་རྒྱུད་བསྟན་བཅོས་སོ་སོར། གོ་རིམ་ངེས་འཛིན་སྦྱོར་ཚུལ་མི་འདྲ་བ་མང་དག་གཅིག་སྣང་

བས། གོ་རིམ་མི་མཐུན་པ་ཙམ་ལ་རྩོད་པ་མི་རིགས་ཞེས། སླར་རྩོད་སྤོང་དུ་བཀོད་ཟིན་པ་ལ། སླར་ཡང་གོ་རིམ་ལ་རྩོད་པ་ཡིན་གསུངས་པ་ཙམ་ལས་ནུས་པ་མི་སྣང་བས་ལན་གྱི་སྤོབས་པ་གཏུགས་པར་གོ།

ཡང་རྩོད་སྤོང་དུ། དེ་ལྟར་གོ་རིམ་ངོས་འཛིན་སོགས་མི་མཐུན་པ་མང་དག་བྱུང་ཞེས་པའི་ལན་མཆན་བུར་ཡང་ངེས་པ་ཅི་ཡོད། བཞི་པར་བྱས་པ་དང་། གསུམ་པར་བྱས་པ་མ་མཐུན་ཞེས་སྨྲ། ཞེས་བྲིས་སྣང་བ་ཡང་། ནུས་པ་ཟད་པ་ཁོ་ནའོ། །ཆོས་ཕྱག་རྒྱ་བཞི་ཡི་ཕྱག་ཆེན་དེ། །གྲངས་བཞི་པར་བཀོད་ལ་ཉེས་པའི་ཚོགས། །སྐྱོན་ཅི་གཟིགས་པདྨ་དཀར་པོའི་སྤྱན། །དོན་མ་སྨྲས་བསྐུལ་བར་ཅིས་མི་གནང་། །

ཡང་རྩོད་སྤོང་དུ། ཕྱག་རྒྱ་བཞི་ལ་རྒྱུད་བསྟན་བཅོས་སོ་སོར་གོ་རིམ་ཐ་དད་པ་ཞིག་སྣང་བས། ཕྱག་ཆེན་ཕྱག་རྒྱ་གསུམ་པར་དགོས་པའི་ངེས་པ་མི་འདུག་ཞུས་པའི་ལན་མཆན་བུར། ངེས་པ་ཅི་ཡོད་ཅེས་བྲིས་སྣང་བ་ནི། ཕྱག་ཆེན་ཕྱག་རྒྱ་གསུམ་པར་བྱེད་དགོས་པའི་ངེས་པ་མེད་ན་གོ །པཎ་ཆེན་རྣམ་གཉིས་ཀྱང་གོ་རིམ་དེ་ལ་ཐུགས་སྤྲོ་ལང་བ་ཞིག་མིན་པ་འདྲ། ལམ་ཕྱག་རྒྱ་ཆེན་པོར་གྲགས་པ་དེ། །གྲངས་གསུམ་པར་དགོས་པའི་ངེས་མེད་ན། །དེ་བཞི་པར་བྱས་པ་འཁྲུལ་ཞེས་གཏམ། །ཐུགས་ཡུས་ཀྱི་བརྣངས་དེའང་འོ་རེ་བརྒྱལ། །

ཡང་ཁོ་བོའི་རྩོད་སྤོང་དུ། ནཱ་རོ་མཻ་ཏྲི་གཉིས་ཅར་གྱི་ལུང་དྲངས་པ་དེར། ཕྱག་རྒྱ་བཞིའི་ཟླས་ཕྱེ་བའི་ཕྱག་ཆེན་དེ་ནི། ཆོས་ཀྱི་ཕྱག་རྒྱ་ལ་བརྟེན་པ་དང་། དེ་ཡང་ལས་ཀྱི་ཕྱག་རྒྱ་ལ་བརྟེན་དགོས་གསུངས་པ་ལ། ཁྱེད་ཅག་མདོ་དང་། རྒྱུད་སྡེ་འོག་མ་རང་རྐང་གི་ཕྱག་ཆེན་ཡང་བཞེད་པས། ལུང་གནོད་བྱེད་དུ་སོང་ཞེས་བཀོད་པའི་ལན་མཆན་བུར། ལས་དང་ཆོས་དང་ཕྱག་རྒྱ་ཆེ། །དམ་ཚིག་ཅེས་བྱ་འོད་གསལ་ཉིད། །ཟེར་བའི་ལུང་རྣམ་སྣང་མངོན་བྱང་དུའང་བྱུང་། རྒྱུད་སྡེ་འོག་མའི་ལུང་གོང་མར་འདྲེན་མི་རིགས་ན། ཀླུ་སྒྲུབ་ཡབ་སྲས་ཀྱིས། འཇའ་ཚོན་ལྟ་བུའི་ལུས་ངག་གི །དེ་ཉིད་བསྒོམ་པས་ཐོབ་པར་འགྱུར། །ཞེས་སོགས་མང་དུ་གསུངས་ཞེས་བྲིས་སྣང་བ་ནི། རྒྱུད་སྡེ་གོང་འོག་ཐུན་མོང་བའི་ལུང་སྐབས་སུ་གང་བབ་དྲང་དུ་རུང་བས། དེ་འདྲ་མི་རུང་ཞེས་ཅི་ཞུ། འོན་ཀྱང་རང་རང་ཐུན་མོང་མིན་པ་དེ་མ་འཆོལ་བར་བྱེད་པ་ངེད་ཀྱི་ལུགས། རྣམ་སྣང་མངོན་བྱང་དང་། རྣལ་འབྱོར་རྒྱུད་དུའང་། ཕྱག་རྒྱ་བཞིའི་མིང་དང་ཁོ་རང་སྐབས་ཀྱི་དོན་ངོས་འཛིན་རེའང་འབྱུང་ཡང་། རྣལ་འབྱོར་བླ་མེད་དང་མིང་མཐུན་ལ་དོན་མི་འདྲ་བས། དེ་དག་ལ་འཁྲུལ་ན་མཁས་པའི་གྲངས་སུ་ཅི་འགྲོ། དེ་དག་སྒྲ་ཇི་བཞིན་པར་གཟུང་དུ་ག་ལ་རུང་སྟེ། གོང་མའི་ཐུན་མོང་མ་ཡིན་པ་དེ་འོག་མར་འབྱུང་དོན་མེད་ཅིང་། ཐུན་མོང་མ་ཡིན་པ་བསྲེ་མི་རུང་བའི་ཕྱིར་རོ། །

རྒྱུད་འོག་མར་ཕྱག་རྒྱ་རྣམ་བཞིའི་དོན། །དངོས་ཚང་ན་གོང་འོག་ཟབ་ཁྱད་འཚོལ། །དོན་འགལ་མེད་

གོང་འོག་ལུང་རིགས་ཀྱིས། །གསལ་ནུས་ན་ལུང་འདྲེན་སུ་ཡིས་འགོག །རྒྱུད་གོང་འོག་ཕྱག་རྒྱ་རྣམ་བཞིའི་དོན། །དུག་བདུད་རྩི་ར་བསྲེས་ནས་འཕྱུང་བ་མཁན། །ཆོས་ཟབ་དོན་སྲོག་ལ་མི་བརྩི་ཡང་། །རང་སྐྱུ་འཚོ་སྟོངས་ན་མི་འགྱོད་དམ། །

ཡང་གན་མཛོད་ལས། ཀླུ་སྒྲུབ་ཀྱི་ཕྱག་རྒྱ་བཞི་པའི་ལུང་འདྲེན་གསལ་པོར་གནང་བ་ལ། རྩོད་སྤོང་དུ། ལུང་དེ་རྣམས་རང་ལ་གནོད་བྱེད་དུ་སོང་སྟེ། ལུང་དེ་ར་མི་ཕྱེད་པའི་ཕྱག་རྒྱ་ཆེན་པོ་ཆོས་ཀྱི་ཕྱག་ཆེན་ལས་འབྱུང་དགོས་པར་ས་ལུའི་ས་བོན་ལས་ས་མྱུག་འབྱུང་བའི་དཔེས་བསྟན། ཁྱེད་ཅག་ཆོས་ཀྱི་ཕྱག་རྒྱའི་མིང་ཙམ་ཡང་མ་ཚོར་བར་ཕྱག་ཆེན་དུ་མིང་བཏགས་ཚད་ཕྱག་ཆེན་དུ་ཁས་ཆེས་པའི་ཕྱིར་ཞེས་བཀོད་པའི་ལན་མཆན་བུར། སྔོན་ལ་ཆོས་ཀྱི་ཕྱག་རྒྱ་དགོངས་པ་ཞིག་མཛད་ནས་གསུངས་ན་འོ་མི་བརྒྱལ་བ་འདྲ་ཞེས་གསུངས་པ་ནི། ཕྱག་རྒྱ་བཞི་ལ་འཇོག་མཚམས་དང་གྲངས་གོ་རིམ་ངོས་འཛིན་མི་འདྲ་བ་མང་དག་སྣང་བས་མགོ་འཁོར་སྦྱོང་དུ་བཙུག་པ་ཡང་ཐུགས་མང་དེ། དེ་བས་ཀྱང་དངོས་བཏགས་གཏན་ནས་མ་ཕྱེད་པར་མིང་བཏགས་ཚད་དངོས་སུ་ཞལ་གྱིས་བཞེས་པས་ཐུགས་རྣམ་དཔྱོད་གྲོན་དུ་སོང་ཞིག་འཆུགས་ཆེ་བ་འདི་ཕངས་པར་སྣང་ངོ་། །

ཆོས་ཕྱག་རྒྱ་བཞི་ཡི་རྣམ་གྲངས་མང་། །དོན་དངོས་བཏགས་ཕྱེད་ན་སྤྱང་པོ་ཡིན། །ཁོང་གཡོན་ཞར་མ་ཡི་ལྷ་སྟངས་ཀྱིས། །ཕྱོགས་གཡོན་གྱི་མེ་ཏོག་ཆུན་པོ་བོར། །ཆོས་ཕྱག་རྒྱའི་ཐ་སྙད་མགོ་འཁོར་ཡང་། །གཏམ་དྲང་སླ་མཁྱེན་པ་ངལ་གསུང་མད། །དེ་མཁྱེན་ཡང་དོན་མིན་སྐྱོག་པའི་གསུང་། །དོན་འདི་ཀ་ཡིན་ནམ་མགུ་རི་ཤི༔ །ཡང་རབ་དབྱེར། དབང་བསྐུར་བཞི་པ་མ་ཐོབ་པར། །ཕྱག་རྒྱ་ཆེན་པོ་སོགས་སྒོམ་དང་། །ཞེས་པར་གན་མཛོད་ལས། འདི་ཚིག་སྡོམས་སོ། རྒྱ་མཚན་ཕྱག་རྒྱ་ཆེན་པོའི་སྒྲ་ནི། སྤྱོད་རྒྱུད་རྣལ་འབྱོར་རྒྱུད་དུའང་བཤད་ལ། དེ་དག་ཙམ་ཞིག །རྣལ་འབྱོར་ཆེན་པོ་དེ་ཉིད་འདུས་པར། རྣམ་པར་སྣང་མཛད་ཕྱག་རྒྱ་ཆེ། །སྐུ་གསུང་ཐུགས་ཀྱི་མཚན་པའོ། །ཞེས་བསྐྱེད་རིམ་ལ་ཕྱག་ཆེན་དུ་བཞག་པ་དང་། ཞེས་སོགས་མང་དུ་སྣང་བ་ལ། རྩོད་སྤོང་དུ་རབ་དབྱེའི་གཞུང་དེ་ར་ནི། དབང་བཞི་པ་མ་ཐོབ་པར་མཆོན་བྱ་དོན་གྱི་ཕྱག་ཆེན་མི་འབྱུང་བས་དོན་དེ་ཀ་ཡིན་ཡང་། དེ་མ་ཐོབ་པར་མཆོན་བྱེད་དཔེའི་ཕྱག་ཆེན་སྐྱེ་བ་ཡང་ཡོད་པས། འབྲུལ་གཞི་སྐྱེ་བ་ཡང་མད་མོད། སྒྲུབ་བྱེད་ལུང་འདྲེན་དེ་དག་ནི། ཕྱག་ཆེན་དུ་མིང་བཏགས་ཚད་ཕྱག་ཆེན་དུ་ཁས་བླངས་པ་དང་། མཐར་མི་བླུན་པོ་ལ་བ་ལང་ཞེས་མིང་བཏགས་པའི་མི་དེ་ཡང་བ་ལང་ཡིན་ཞེས་ཁས་བླངས་དགོས་འབྱུང་ངོ་། །

ཞེས་སླས་པ་ལ་ལན་མཆན་བུར། གང་དུ་ཕྱག་ཆེན་དུ་མིང་བཏགས་པ་དེ་དེའི་སྐབས་སུ་ཁས་མི་ལེན་ན་བཏགས་ནས་ཅི་བྱ། དེ་ཐམས་ཅད་གཅིག་ཏུ་ཁས་མ་བླངས་པས། ལ་ལར་ལག་པའི་ཕྱག་རྒྱ། བསྐྱེད་རིམ

སོགས་དམིགས་བསལ་མང་དུ་འདུག་པ་ལ། བད་ཀླུང་གིས་སྐྱོན་དུ་བྱུར་ཅེས་བྲིས་སྣང་བ་ནི། སྤྱིར་བཀའ་བསྟན་བཅོས་ཀྱི་བབས་འགྲོས་ལ། མིང་དེ་ལ་དངོས་མིང་དང་བཏགས་མིང་གཉིས། དངོས་མིང་ལ་བཤད་འཇུག་མུ་གསུམ། བཏགས་མིང་ལ་འདྲ་འབྲེལ་རྒྱུ་མཚན་དུ་བྱས་པ་སོགས་མང་དག་ཡོད་པས། དངོས་བཏགས་ཕྱེ་དགོས་པ་ཞིག་མཁས་པའི་སྤྱི་ལུགས་ཡིན་ཡང་། ཁོང་ཕྱག་ཆེན་པ་ལ་ཐད་ཁམ་དེ་ཙམ་ལོས་ཡོད། མིང་བཏགས་ཚད་ལ་དངོས་བཏགས་མི་དགོས་པར། ཕྱག་ཆེན་དུ་མིང་བཏགས་པའི་ཉོན་མོངས་པ་དེ་ནི་ཕྱག་ཆེན། སངས་རྒྱས་སུ་མིང་བཏགས་པའི་ཐ་མལ་སྐྱེ་བོ་དེ་ནི་སངས་རྒྱས། སེང་གེར་མིང་བཏགས་པའི་མི་དེ་ནི་སེང་གེ། གླང་ཆེན་དུ་མིང་བཏགས་པའི་སངས་རྒྱས་དེ་ནི་གླང་ཆེན་སོགས་ཕྱག་རྒྱ་ཆེན་པོའི་གློང་ཡངས་ཀྱི་རྣམ་འཕྲུལ་ངོ་མཚར་བའི་གཏན་བསམ་ལས་འདས། བད་ཀླུང་ལངས་པའི་རྟོག་གེ་སྦྱུགས་འཐུམ་ཁྱོད་ལ་དེ་རང་མགོ།

ནད་བད་ཀླུང་ལངས་པའི་ཕྱལ་ཕྱོལ་དེ། །གཞན་གསོ་རིག་མཁས་ན་འཚོ་བའང་སྲིད། །ཆོས་ཕྱག་ཆེན་མྱོས་པའི་ཞུར་ཤང་འདི། །ཁོང་རྒྱལ་རྣམས་འཛོམ་ཡང་དཀའ་སེ་བ། །ཕྱག་ཆེན་མིང་རྐྱང་སློག་རྒྱུ་གསར་པའི་ཐང་། །ཉམ་ཆུང་རི་དྭགས་ཆུར་སྲེད་བྲེལ་བའི་ལྟོ། །དོན་མེད་གྲོག་སྐམ་མྱ་ངམ་ཐང་ལ་འཁྱམས། །རིག་རིག་མིག་གིས་བལྟས་ཀྱང་སྐྱབས་མེད་དོ། །

ཡང་རྩོད་སྤོང་དུ་རང་ལ་ཁས་བླངས་ནང་འགལ་འབྱུང་སྟེ། འདིར་བསྐྱེད་རིམ་དང་ལས་རྒྱ་སོགས་ཕྱག་ཆེན་དུ་ཁས་བླངས་ནས། འོག་ཏུ་རང་ལུགས་ཀྱི་ཕྱག་ཆེན་ངོས་འཛིན་པའི་ཚེ། ཤེས་རབ་ཀྱི་ཕ་རོལ་ཏུ་ཕྱིན་པ་ལ་ངོས་བཟུང་འདུག་པའི་ཕྱིར། ཞེས་ཞུས་པའི་ལན་མཚན་བུར། བསྐྱེད་རིམ་ལ་ཕྱག་རྒྱ་བཞིར་གསུངས་པའི་ཕྱག་ཆེན་དེ་སྐབས་སུ་བསྒོམ་མི་དགོས་པར་ཐལ་བ་ལ་ལན་རློན་ཞེས་བྲིས་པ་ནི། ཅིར་ཡང་མ་འབྲེལ་ཏེ། ཕྱག་ཆེན་ལ་ཤེར་ཕྱིན་ཡིན་པ་ཞིག་དགོས་ན། བསྐྱེད་རིམ་དང་ལས་རྒྱ་ཡང་ཤེར་ཕྱིན་དུ་ཐལ་ཏེ། ཕྱག་ཆེན་ཡིན་པའི་ཕྱིར། རྟགས་ཁས་བླངས་ཞེས་པ་ལ། ལན་དངོས་མི་གནང་བར། བསྐྱེད་རིམ་སྐབས་སུ་ཕྱག་ཆེན་སྒོམ་མི་དགོས་པར་ཐལ། བསྐྱེད་རིམ་ཕྱག་ཆེན་མ་ཡིན་པའི་ཕྱིར་གསུང་བར་སྣང་བས། མཁས་རྣམས་དགོས་པའི་དགའ་སྟོན་དུ་མར་གྱུར་ཏམ། ཡང་རབ་དབྱེར། དབང་བསྐུར་དག་དང་མ་འབྲེལ་བ། །དེ་ལ་ཕྱག་རྒྱ་ཆེན་པོ་བཀག །ཅེས་པར་གན་མཛོད་ལས། དགག་པའི་གཞུང་མ་དམིགས་པ་དང་། མདོ་རང་ལམ་ནས་འཚང་རྒྱ་བ་དང་འགལ་བ་དང་། གཞི་ཕྱག་རྒྱ་ཆེན་པོ་ཡུལ་ཐོན་གསུང་བའི་སྐྱོན་གསུམ་གནང་བ་ལ། རྩོད་སྤོང་དུ། དབང་དང་མ་འབྲེལ་བ་ལ་ཕྱག་ཆེན་ཡེ་ཤེས་སྐྱེ་བའི་ལུང་གང་ཡང་མེད་པས་ལུང་གིས་བཀའ་བར་ཡང་སོང་། མདོ་རང་ལམ་ལས་འཚང་རྒྱ་བ་ཁས་མི་ལེན་ཞིང་། ཁས་ལེན་ན་ཡང་། དེའི་ཡེ་ཤེས་དེ་ཕྱག་ཆེན་ཡིན་པ་མི་འཐད་པ

དང་། གཞི་ཕྱག་ཆེན་གྱི་ཐ་སྙད་ཁས་མི་ལེན། ལེན་ན་ཡང་དེ་ཕྱག་ཆེན་མ་ཡིན་པས། ཕྱག་ཆེན་ཡེ་ཤེས་སྐྱེ་བ་ལ་དབང་དང་འབྲེལ་བ་དགོས་བྱས་པ་ལ། ཕྱག་ཆེན་མ་ཡིན་པའི་སྐྱོན་གཏོང་འབྲེལ་མེད་ཡིན་ཞུས་པའི་ལན་མཚན་བྱུར། མདོ་རང་ལམ་གྱིས་སངས་རྒྱས་པ་ཞིག་ཡོད་ན་ནི། དེའི་སངས་རྒྱས་ཀྱི་ཡེ་ཤེས་ཕྱག་རྒྱ་ཆེན་པོ་དངོས་གྲུབ་ཅེས་བཞག་པ་དེ་མ་ཡིན་ན། སངས་རྒྱས་གོ་མ་ཆོད། དེ་འདྲ་སངས་རྒྱས་པའི་ལུགས་ལ་ནི་མི་སྲིད། དེང་སང་བྱང་ཕྱོགས་ཀྱི་སྲང་དབར་ན་གཏམ་སྙད་དེ་འདྲ་ཡོད་སྲིད། གཞི་ཕྱག་རྒྱ་ཆེན་པོ་ལ་དབང་དང་འབྲེལ་མ་འབྲེལ་མི་ཡོང་། བདེ་མཆོག་རྩ་རྒྱུད་ལས། ཐོག་མ་མེད་པའི་ཆོས་ཉིད་ནི། །འཕེལ་འགྲིབ་མེད་པས་གནས་པ་ཡིན། །གསུངས།

རྟོད་གཞི་ལ་གནས་པ་ལམ་ཉམས་སུ་ལེན་པ་ལ། གསང་སྔགས་ལས་དབང་ལ་རག་ལས་པར་གསུངས་ལ༑ དབང་དེ་ལ་ཇོ་བོ་ཨ་ཏི་ཤའི་དམ་ཚིག་བསྟུས་པ་ལས། རིག་པ་རྩལ་གྱི་དབང་སོགས་བཤད་པས། འདི་དག་ཁོང་དུ་ཆུད་པ་ལ། རྒྱུད་སྡེ་ལ་སྦྱངས་པ་བྱེད་དགོས་པ་འདྲ་གསུངས་ཏེ། འདི་རྣམ་དཔྱོད་ཕྱུག་ཅིང་རྒྱུད་སྡེ་ལ་སྦྱངས་པ་ཞིག་གི་གཏམ་ནི་གཏན་ནས་མི་འདྲ། རྒྱུ་མཚན་ཕྱག་ཆེན་མཆོག་གི་དངོས་གྲུབ་མ་ཐོབ་པའི་སངས་རྒྱས་ཤིག་འདོད་ན་དེ་གོ་མ་ཆོད་ཡིན་པ་དང་། དེ་འདྲ་ནང་པ་སངས་རྒྱས་པའི་ལུགས་ལ་ནི་མེད་གསུངས་པ་ནི། སངས་རྒྱས་པའི་གྲུབ་མཐའ་མཐའ་དག་ཐུགས་སུ་མ་ཐྱོན་པ་སྟེ། ནང་པའི་གྲུབ་མཐའ་སྨྲ་བ་བྱེ་སྨྲ་སོགས་བཞི་རང་རང་ལམ་ནས་སངས་རྒྱས་པའི་སངས་རྒྱས་རེ་བཞེད་ཀྱང་། དེ་དག་ཕྱག་རྒྱ་ཆེན་པོ་མཆོག་གི་དངོས་གྲུབ་ཐོབ་པའི་སངས་རྒྱས་ཡིན་ཞེས་ཁས་ལེན་པ་དེ་དག་གི་ལུགས་སུ་ལ་ཡང་མེད་པ་དང་། སྐབས་དོན་རྟོད་སྒྲོང་དུ། གསང་སྔགས་ཀྱི་སྐབས་འདིར། མདོ་རང་རྐང་ལས་འཚང་རྒྱ་བ་ཁས་མི་ལེན། ཁས་ལེན་ན་ཡང་ཞེས་པའི་ཚིག་གི་ནུས་པ་ལས་ཤེས། དཔལ་ལྡན་ས་སྐྱ་སྔགས་ལུགས་ལ་ངོར་རྫོང་གཉིས་ཞེས་གྲགས། རྫོང་ལུགས་པོ་ངོང་པ་དང་བཅས་པ་མདོ་རང་རྐང་ལས་ས་དང་པོ་ཙམ་ཡང་ཐོབ་པ་མེད་གསུངས། ངོར་ལུགས་བླ་མ་ས་ཆེན་གྱི་ལམ་འབྲས་ལྟོག་ལྟར་མདོ་རང་ལམ་ནས་ས་བཅུ་པ་མན་བགྲོད་སྲིད་ཀྱང་། སྔགས་ལུགས་པས་ས་བཅུ་གཅིག་པ་དང་ས་བཅུ་གཉིས་པ་སློབ་པའི་ས་དང་། བཅུ་གསུམ་གོང་མ་མི་སློབ་པ་སངས་རྒྱས་ཀྱི་ས་ཡིན་པས། ས་དེ་གསུམ་སྤྲས་པའི་ས་ཡིན་པའི་གནད་ཀྱིས་ཕར་ཕྱིན་རང་རྐང་པས་བགྲོད་མི་ནུས་ཞེས་འཆད་པས། བྱང་ཕྱོགས་ཆོས་རྒྱལ་དྲི་མ་མེད་པའི་སྤྱངས་པའི་གྲིབ་བསིལ་ལ་བདེ་བར་འཚོ་བའི་ནོར་འཛིན་དག་པའི་ཞིང་ཁམས་འདི་ནི། གོ་མ་ཆོད་ཀྱི་སངས་རྒྱས་ཀྱི་གཏམ་དེ་འདྲ་སྔར་ཡང་མ་གྲགས་ཅིང་། ཕྱིས་ཀྱང་འབྱུང་བར་ག་ལ་འགྱུར་ཏེ༑ བསྟན་པའི་སྙིང་པོ་རྣལ་མར་གནས་པས་སོ། །

ཁྱེད་ཅག་གིས་གལ་ཏེ་ཁས་ལེན་ན་ཡང་དེའི་ཡེ་ཤེས་ཕྱག་ཆེན་མིན། ཞེས་པ་ཐུགས་སུ་མཐོང་བར་སྣང་ཡང་། དེ་གོ་མ་ཆོད་དམ། གོ་ཆོད་དྲགས་པའི་ཧང་གདམ་ཡིན་ནམ། གདམ་གསར་དེ་འདྲ་ཕྱོགས་འདི་ན་མི་སྣང་། སྐུ་གཞོགས་ཉེ་སར་ལྐོག་ལབ་འདི་རི་རི་ཡོད་པ་འདྲ་སྟེ། མདོ་རང་རྐང་ལས་སངས་རྒྱ་བ་ཞིག་ནི་ཡོད་ཅེས་གྲག །དེས་ཕྱག་ཆེན་མཆོག་གི་དངོས་གྲུབ་ཐོབ་ན། བཅུ་གསུམ་རྡོ་རྗེ་འཛིན་པའི་ས། རིག་མའི་སྐྱེས་བུ། ཡབ་ཡུམ་ཞལ་སྦྱོར་གྱི་ཉམས་ལེན། བསྐྱེད་རྫོགས་ཟབ་དོན་སོགས། གསང་སྔགས་བླ་མེད་སྨྲས་དོན་ཟབ་མོའི་གནད་རྣམས་བརྙེད་དགོས་པར་སོང་སྟེ་རྙེད་རྙེད་མི་འདྲ། མ་རྙེད་ན་ནི་གོ་མ་ཆོད་ཀྱི་སངས་རྒྱས་ཁོང་སྐུ་བཞོགས་ན་ཟབ་དོན་གསན་པ་ལ་ཡོད་ཐང་། གལ་ཏེ་རྙེད་དོ་གསུང་གིན་གདའ་ན་ནི། བླ་མེད་སྨྲས་དོན་གྱི་བང་མཛོད་ལ་ཆོམ་རྐུན་ཤོར་རམ། ཡང་ན་མདོ་རང་རྐང་པ་དག་རྐང་མ་ཚུགས་ཏེ་བླ་མེད་སྔགས་ལ་འདྲིས་སམ། ཡང་ན་མ་རྙེད་ཀྱང་རྙེད་གདམ་བྲག་ཆའི་སྒྲ་དབྱངས་རྣ་བའི་བདུད་རྩིར་ཞེན་པའི་སྐྱོན་ནོ། །

མདོ་རང་རྐང་སངས་རྒྱས་ཞལ་བཞེན་མཁན། །དོན་བསམ་ཡས་གོ་འཕང་མ་རྙེད་ཀྱང་། །བདག་བླ་མེད་ལམ་འོངས་རྫོར་འཛིན་ཞེས། །བརྟེན་གཞན་གྱིས་བསླབ་པ་མ་ཡིན་ནམ། །གཞི་ཕྱག་ཆེན་ལ་དབང་དང་འབྲེལ་མ་འབྲེལ་མེད་ན། ལམ་དུས་དང་འབྲས་དུས་ཀྱི་གཞི་ཕྱག་ཆེན་གཅིག་ཡོད་དམ་མེད། ཡོད་ན་དེ་ཡང་དབང་དང་མ་འབྲེལ་བར་སོང་ཞིང་། མེད་ན་གཞི་འབྲས་ལྷུན་གྲུབ་ཅེས་སོགས་དང་འགལ་བ་མིན་ནམ། གསང་སྔགས་ལས་གཞི་ལ་གནས་པ། ལམ་དུ་ཉམས་སུ་ལེན་པ་དབང་ལ་རག་ལས་ན་བླ་མེད་ལམ་གྱི་སྙིང་པོ་ཕྱག་ཆེན་ཡེ་ཤེས་དབང་དང་འབྲེལ་དགོས་པ་ལ་སྐྱོན་གཏོང་བརྒྱ་ཕྲག་གིས་ཅི་མཛད། རྡོ་བོའི་རིག་པ་རྩལ་གྱི་དབང་ཞེས་པའང་མིང་ཙམ་ལས་སྦྱོར་དངོས་རྗེས་གསུམ་ཚང་བའི་སྨིན་བྱེད་ཀྱི་དབང་མཚན་ཉིད་པ་ག་ལ་ཡིན་གསུང་ན་རང་ལ་འཁོར་ཏེ། སྐལ་ལྡན་ཅིག་ཅར་བ་ལ་དབང་མི་དགོས་གསུངས་པ་དང་། ཡང་སྔགས་ཉམས་སུ་ལེན་པ་དབང་ལ་རག་ལས། དེ་ཡང་རིག་པ་རྩལ། དབང་ལྷ་བུ་སྨིན་བྱེད་མཚན་ཉིད་པ་ཞིག་དགོས་ཞེས་བཀས་བཅད་པའི་ཕྱིར་རོ། །

ཁོང་གོ་མ་ཆོད་ཀྱི་སངས་རྒྱས་ཤིག །ཕྱོགས་བྱང་ན་འདུག་ཅེས་རི་བོང་ཅལ། །ཡུལ་ཤར་ན་བཞུགས་པ་བདེ་ཡང་ཟེར། །གོ་ཆོད་ཆོད་འུད་ཀྱི་སླུས་ཀྱང་ལོ། །མདོ་རང་རྐང་མ་རི་ཅི་ཐང་ན། །ནོར་སྒྲིག་རྒྱུ་ལས་གཞན་ཆུ་མི་རྙེད། །ཆོས་སྨྲས་དོན་བཅུད་ཀྱི་སྐལ་བ་ཅི། །གསུང་འཁྲུག་བྲལ་ངེས་དོན་རྩལ་ན་ཆེམ། །

ཡང་རྩོད་སྤོང་དུ་མཆོན་བྱ་དོན་གྱི་ཕྱག་ཆེན་སྐྱེ་བ་ལ་བླ་མེད་དབང་ཐོབ་དགོས་ཏེ། རྒྱུད་སྡེ་ཆེན་པོ་གཞན་དག་ཕར་ཞོག །ཡེ་ཤེས་སྙིང་པོ་ཞེས་བྱ་བའི་རྒྱུད་ཉུང་ངུ་ཞིག་ལས་ཀྱང་། འདི་ལྟར་ཞེས་སོགས་ལུང་གསལ་པོ

དེ་ཕུལ་བའི་ལན་མཆན་བུར། རྒྱུད་སྡེ་ཆེན་པོ་དེ་ཕར་བཞག་པའི་སྐྱོན་ག་བྱུང་བར་གདའོ། །ཞེས་དང་། ཡེ་ཤེས་སྙིང་པོ་འདི་དང་། ར་ལི་སོགས་ཚད་ལྡན་མིན་ཟེར་བ་ཡོད་ཅེས། ཕྱག་ཆེན་ཁྲོ་ཞལ་ཅུང་ཟད་བསྟན་པའི་ཐུགས་སུན་གནང་བ། ཀྱང་སྐྲའི་ནུས་པ་མ་དགོངས་འདུག་ཀྱང་། ཚིག་འཕྲིས་ཙམ་ལ་རྩོད་རིན་ཅི་ཆོག །ཞལ་རླངས་དྲག་ཏུ་འཕྱུར་བས། ཡེ་སྙིང་རྒྱུད་རྣམས་དག་ལ་གཤེགས་གསོལ་སྣང་བ་འདྲ་ནའང་། དེ་ག་ལ་རིགས། བཀའི་ཟུར་ཕྲ་འཕོག་དགོས་པའི་ཚིག་རྒྱུད་དེ་ན་མི་སྣང་། ཅི་སྟེ་རྒྱུད་དེ་ན། མཆོན་བྱ་དོན་གྱི་ཕྱག་ཆེན། ཆོས་ཀྱི་ཕྱག་ཆེན་སོགས་མཚོན་བྱེད་དཔེའི་ཡེ་ཤེས་ལས་སྐྱེ་བ་དང་། དེ་ཡང་ལས་ཀྱི་ཕྱག་རྒྱའི་མིང་ཅན་དངོས་སམ་ཡེ་ཤེས་ཀྱི་ཕྱག་རྒྱ་ལ་བརྟེན་ནས་སྐྱེད་དགོས་པ་དང་། ལས་རྒྱ་དེ་བརྟེན་པ་ལ་ཡང་དབང་ཐོབ་དགོས་པར་བཤད་པ་འདི་ལས་ཚར་བཅད་སྣང་བ་ཡིན་ན་ནི། དེ་འདྲ་ནི་བླ་མེད་ཀྱི་རྒྱུད་ཕལ་ཆེ་བ་དང་། ནཱ་རོ་མཻ་ཏྲི་སོགས་དགོངས་འགྲེལ་གྱི་བསྟན་བཅོས་ཤས་ཆེར་ན་ཡོད་པས། དེ་ཐམས་ཅད་ཕར་ཙམ་བཞག་ཅིག་དེ་ནས་ངོས་གནང་དགོས་ཉེན་གདའོ། །

རྒྱུད་ཡེ་ཤེས་སྙིང་པོའི་ཞིང་ས་ལ། །ལམ་ཕྱག་རྒྱ་བཞི་ཡི་ལོ་ཏོག་སྨིན། །སྨོན་བསགས་ལྡན་དགའ་བདེ་ལོངས་སྤྱོད་ལ། །གཞན་ཕྲག་དོག་རྫུན་ཞུས་གསན་མི་རིགས། །རྒྱུ་ཡེ་སྙིང་འཆི་མེད་གཞོན་ནུ་ལ། །སྐྱོན་ཡོད་མེད་ཁྱེད་ཐུགས་དག་པས་མཁྱེན། །གཞན་རྒྱུས་མེད་གཡོན་གཏམ་མི་གསན་པར། །ཁོང་ནག་མེད་གནང་དབྱུང་མི་གནང་འཚལ། །ལྷ་བདུད་རྩེ་ལྷ་མིན་གྱིས་བརྐུས་འཚང་། །བུ་བླ་བས་གཏོལ་བའི་ལེ་ལན་གྱིས། །ནག་ཉེས་བྲལ་ཉི་གཞོན་གཟའ་ཡིས་གཟུང་། །ཀུན་ར་འདའ་སྒྲོན་པ་མ་དགོངས་སམ། །

ཡང་རྩོད་སྤོང་དུ། གཞི་ཕྱག་ཆེན་གྱི་ཐ་སྙད་ཁས་མི་ལེན། ཁས་ལེན་ན་ཡང་དེས་ཕྱག་ཆེན་གྱི་གོ་མི་ཆོད། ཆོད་ན་རང་ཉིད་ལ་ནང་འགལ་འབྱུང་སྟེ། ཕྱག་ཆེན་ངོས་འཛིན་གྱི་ཚེ། དྲང་ངེས་མཐར་ཐུག་གསུམ་གྱི་མཐར་ཐུག་ཡིན། ཤེར་ཕྱིན་ཡིན། བདེ་དགྱེས་དུས་འཁོར་སོགས་ཡིན་ཞེས་གསུངས་པ་དང་འགལ་ཞེས་པའི་ལན་མཆན་བུར། གསང་སྔགས་ལ་རྒྱུ་འབྲས་སམ་གཞི་འབྲས་ལྷུན་གྲུབ་ཏུ་སྤྱོད་པ་ཞེས་པ་ཞིག་འབྱུང་། རྒྱུད་སྡེ་རྣམས་ཀྱི་མཚན་དོན་ཙམ་ཡང་མ་བལྟས་པར་ཁྲལ་སྤྱོད་དུ་འོངས་པ་ལེགས་སོ། །ཞེས་བྲིས་སྣང་ངོ་། །འོ་ན་རྒྱུ་འབྲས་ལྷུན་གྲུབ་བྱས་པས། རྒྱུ་འབྲས་བུ་ཡིན། འབྲས་བུ་རྒྱུ་ཡིན་ཞེས་པའམ། ཡང་ན་རྒྱུ་དུས་ན་འབྲས་བུ། འབྲས་དུས་ན་རྒྱུ་ཡོད་གསུངས་སམ། ཡང་གཞི་འབྲས་ལྷུན་གྲུབ་བྱས་པས། གཞི་འབྲས་བུ། འབྲས་བུ་གཞི་ཡིན་གསུངས་སམ་གསུང་ན་ནི་ཕྱག་རྒྱ་ཆེན་པོ་འཚོལ། མི་གསུང་ན་ནི་རྩོད་ལན་འབྲེལ་ཅི། རྒྱུ་མཚན། གཞི་ཕྱག་ཆེན་གྱིས་ཕྱག་ཆེན་གྱི་གོ་ཆོད་ན། ཕྱག་ཆེན་ངོས་འཛིན་ཚེ། མཐར་ཐུག་ཤེར་ཕྱིན། བདེ་དགེས་དུས་འཁོར་སོགས

ལ་ངོས་བཟུང་བས། མ་དག་པ་གཞིའི་ཕྱག་ཆེན་དེ་ཡང་། མཐར་ཐུག་ཤེར་ཕྱིན་བདེ་དགོས་སོགས་སུ་འགྱུར་ཞེས་པའི་ལན་དུ་རྒྱུ་འབྲས་ལྷུན་གྲུབ་གཞི་འབྲས་ལྷུན་གྲུབ་ཞེས་པ་དེ། རྟ་ཐུལ་གྱིས་ནི་ཚངས་པ་ལ། །འབྱུང་ཆེན་གང་དུ་འགག་ཅེས་དྲིས། །མེས་པོར་རློམ་པས་སྙེ་མ་ཡིས། །དྲིས་ལན་རླུང་ལ་བསྐུར་དང་མཚུངས། །ཅེས་པ་དེར་སོང་། ཅི་སྟེ་རྒྱུད་ཀྱི་མཚན་དོན་ཙམ་ཡང་མ་བལྟས་པར་ཁྲལ་སྤྱོད་གསུངས་པ་དེ་མྱངས་ན། རྒྱུད་ཀྱི་མཚན་བཏགས་ཚད་དེ་དང་དེ་མཚན་ཉིད་པ་ཡིན་གསུང་ཞིག་འདུག་ན། དེ་འདྲ་མིན་ལས་ཏེ། རྒྱུད་ཀྱི་མཚན་དོན་འཆད་ཤེས་པ་རྣམས་རྒྱུ་རྒྱུད་ཀྱི་རྡོ་རྗེ། ཐབས་རྒྱུད་ཀྱི་རྡོ་རྗེ། ཀྱེ་རྡོ་རྗེའི་རྒྱུད་ཚིག །འབྲས་རྒྱུད་ཀྱི་རྡོ་རྗེ་ཞེས་མཚན་གསོལ་བའི་སྐབས་སུ་རྒྱུ་རྒྱུད་སོགས་ལ། ཀྱེ་རྡོ་རྗེ་ཞེས་མཚན་འདོགས་པའི་རྒྱུ་མཚན། བཏགས་པའི་དགོས་པ། དངོས་ལ་གནོད་བྱེད་གསུམ་ཚང་བས་རྒྱུ་རྒྱུད་གཞུང་ལམ་སོགས་ཀྱེ་རྡོ་རྗེ་བཏགས་པ་བ་ཡིན། ཕྱི་མ་དེ་ལ་དངོས་ལ་གནོད་བྱེད་མེད་པས་མཚན་ཉིད་པ་ཡིན་ཞེས་ཟེར་མཆིས། དཔལ་ལྡན་ས་སྐྱ་པའི་གསུང་གི་གསང་བ་ཟབ་མོའི་མཛོད་ནས་སྐྱེས་པ་དང་། ཕྱོགས་གཞན་དུ་ཁྲལ་སྤྱོད་དགོས་པ་ནི། ཅི་ལ་འཆར། འོན་ཀྱང་སྐྱེས་བུ་དམ་པ་ལ་ཅམ་བུ་མ་ཡིན་པར་སྙིང་ནས་དད་པའི་ལྷ་ཕྱག་འདི་རྒྱང་ནས་འཚལ་ལོ། །

ཚིག་འགལ་འདུར་རྩོད་ཅིང་བརྒྱལ་བའི་ལན། །གཞི་རྒྱུ་འབྲས་ལྷུན་གྲུབ་ཡིན་ནོ་སྐད། །སྨོན་འཇིག་རྟེན་མེས་པོའི་རྣམ་ཐར་དེས། །ལན་དྲང་པོའི་བདེན་ཚིག་དབྱིངས་སུ་ཡལ། །རྒྱུད་མཚན་དོན་མ་རྟེད་ཁྲལ་འཇལ་གསུང་། །བཀའ་སྐྱོན་ཡང་ཕྱིན་རླབས་རྙིང་ལ་འཇུག །མཚན་བཏགས་ཚད་མཚན་ཉིད་པར་བཞེད་ཚེ། །རྒྱུད་མཚན་དོན་རྙེད་དེའང་ཨ་རེ་བླུན། །

ཡང་རྩོད་སྤོང་དུ། ཆོས་དབྱིངས་རང་བཞིན་རྣམ་དག་ཙམ་གྱིས་སངས་རྒྱས་དངོས་ཀྱི་གོ་མི་ཆོད་པ་དང་། ཤེས་རབ་ཕ་རོལ་ཕྱིན་གཉིས་མེད། །ཅེས་སོགས་ཀྱི་ལུང་དྲངས་ནས། གཞུང་ལམ་ཤེར་ཕྱིན་གྱིས་ཤེར་ཕྱིན་གྱི་གོ་མི་ཆོད་ཞུས་པ་ལ། ལན་མཆན་བུར། འདི་ཡང་དེང་སང་དྲང་ངེས་མི་འབྱེད་པར་དེ་སྐད་སྨྲ་སྟེ། དེ་དག་ཤེར་ཕྱིན་བཏགས་པ། བཏགས་པའི་དགོས་པ་མེད་པར་སོང་གསུང་བ་བྲིས་སོ། །

ཕྱོགས་སྔ་གི་གཞུང་གསལ་པོ་དེ་ལ་དེ་འདྲའི་གསུང་འགྲོན་པ་ཨེ་རིགས། གཞུང་ཤེར་ཕྱིན་དང་ལམ་ཤེར་ཕྱིན་གྲངས་བཞིན། ཤེར་ཕྱིན་དངོས་བརྗོད་བྱ་དང་། འཐོབ་བྱར་བྱེད་པ་དགོངས་གཞི་ཡིན། གཞུང་ཤེར་ཕྱིན་ལ་ཐོས་བསམ་སྒོམ་གསུམ་དང་། ལམ་ཤེར་ཕྱིན་ཉམས་སུ་བླངས་པས། མཐར་ཐུག་འབྲས་བུ་ཤེར་ཕྱིན་དངོས་འགྱུར་བ་དགོས་པ། དེ་གཉིས་འབྲས་དུས་ཀྱི་སངས་རྒྱས་ཡེ་ཤེས་དངོས་མིན་པས་གནོད་བྱེད་ཚང་གསུང་བ་མཁས་པ་སྐྱིའི་སྐད། ཆོས་ཤེར་ཕྱིན་དངོས་བཏགས་རབ་ཕྱེ་ཡང་། །དེ་མི་མཁྱེན་བཛྲ་བའི་ཚུལ་སྟོན་

པ༑ ༑ལྷ་པད་མིག་མི་ཐུབ་གཟུགས་བསྒྱུར་ནས། །གཞན་སྟོབས་ལྡན་བསླུ་བར་མི་མཛད་དམ། །

ཡང་རྗོད་སྒྲོང་དུ། གཏི་མུག་དང་ཞེ་སྡང་སོགས་ཕྱག་ཆེན་མཚན་ཉིད་པ་ཡིན་ན་ནི་ཧ་ཅང་ཐལ་ཆེས། མིན་ན་ནི་གོང་གི་སྨྲན་འཕྱིན་ལ་འབྲེལ་མེད། ཅེས་པའི་ལན་མཆན་བུར། རྟོགས་པ་རྣམས་ལ་ཆོས་སྐུར་འཆར་གྱིས་ལན་གྱི་གོ་ཆོད་གསུང་བ། ཉོན་མོངས་ཆོས་སྐུའི་ཞལ་ཞེས་བཀའ་དྲིན་ཆེ། འཁོར་བ་པ་ཐམས་ཅད་འབད་མེད་དུ་གྲོལ་མཆིས་སྐྲུབ་བྱེད་གཏན་ཚིགས་དེ་ནི་མ་གྲུབ་པར་སྣང་སྟེ་རྟོགས་པ་ལ་ཉོན་མོངས་པ་འབྲས་དུས་ཀྱི་ཆོས་སྐུ་ལྟ་ཅི། རང་བཞིན་ཆོས་སྐུ་ཞེས་པ་རང་བཞིན་རྣམ་དག་གི་ཆོས་དབྱིངས་ཙམ་དུའང་ག་ལ་འཆར་ཏེ། བཀའ་བརྒྱུད་གོང་མའི་གསུང་དེ་རིགས་རྣལ་འབྱོར་པ་རྟོགས་པ་ཆེར་ལྡན་པ་ལ། སྔར་ཉོན་མོངས་ཆགས་སྡང་སྐྱེ་བའི་ཡུལ་དེ་ལ། ཕྱིས་དྲན་འཛིན་ལྷ་བས་ཟིན་པའི་ཚེ། ཆགས་སོགས་ཉོན་མོངས་མི་སྐྱེ་བའམ། སྐྱེས་ཀྱང་ཆུ་བུར་ལྟར་རང་གྲོལ་དུ་སོང་བ་ཙམ་ལ་དགོངས། དེ་ཙམ་ས་དཀར་སོགས་གོང་མ་དགོངས་དབྱིངས་གཅིག །འཇམ་མགོན་བླ་མ་ས་སྐྱ་པ་ཆེན་པོས་ཀྱང་། རྣམ་པར་རྟོག་པ་ཡེ་ཤེས་ཀྱི། །དབང་དུ་སོང་ན་འཁོར་བ་མེད། །ཡེ་ཤེས་རྣམ་པར་རྟོག་པ་ཡི། །དབང་དུ་སོང་ན་གྲོལ་བ་མེད། །ཅེས་གསུངས་པ་ལྟར། ཚིག་དེ་དག་གི་མདུད་པ་བཀྲོལ་མ་ཤེས་པར། སྒྲ་ཟིན་གྱི་སྐྱུད་སྣེ་ལོག་པ་ནས་འཐེན་ན་སྐྲེ་འགགས་ཏེ་སྲོག་དང་འབྲལ་མཆི།

སེམས་གཞན་འགྱུ་བསམ་པ་མ་བརྟགས་པར། །གསུང་སྐན་སྐན་ཁྲུས་མཁན་དུལ་ཉམས་ལ། །བག་ཕབ་ན་བྱི་བ་སྲོག་རྩ་འཕྲོག །རོ་མངར་མཚུངས་དུག་ལ་ཞེན་དང་མཚུངས། ཁོང་རྒྱལ་དང་པཎ་གྲུབ་གོང་མའི་གསུང་། །ཆོས་དྲང་ངེས་དགོངས་པ་མ་རྟོགས་པར། །ཚིག་ཇི་བཞིན་དོན་ལ་མངོན་ཞེན་ན། །བློ་ཉམས་ཞེས་མི་ཕམ་མགོན་དེས་གསུངས། །ཡང་རབ་དབྱེར། བླུན་པོས་ཕྱག་རྒྱ་ཆེ་སྒོམ་པ། །ཕལ་ཆེར་དུད་འགྲོའི་རྒྱུ་རུ་གསུངས། །ཞེས་པར་གན་མཛོད་ལས། ཕྱོགས་ཆོས་རང་གིས་མ་གཟིགས་པར། གཞན་ལ་སྐྱོན་པའི་ངག་ཏུ་འདུག་པས་གྲངས་ཅན་གྱི་རིང་ལུགས་འཛིན་རྒྱུད་གྲང་། རིང་ལུགས་དེ་ནི་རྣམ་འགྲེལ་དུ། བདག་མཐོང་མིན་ཡང་ཞེས་སོགས་ཀྱིས་བཀག་ཟིན་ཏོ། །རང་ཉིད་ཀྱིས་མཐོང་ངོ་ཞེ་ན་རང་ལ་གནོད་དེ། ཕྱག་རྒྱ་ཆེན་པོ་དབང་བཞི་པ་ཐོབ་ནས་སྟོན་རྒྱུ། དེའི་གདུལ་བྱ་ནི་དབང་པོ་རྣོན་པོར་ངེས་པས་སོ་ཞེས་དང་། བདག་ཉིད་ཀྱིས་མཐོང་ན་རང་ལ་གནོད་ཅེས་པའི་ལན་མཆན་བུར། བླུན་པོས་ཕྱག་ཆེན་སྒོམ་པ་ཡོད་ན་ཞེས་བྲིས་སྣང་ཡང་། རབ་དབྱེའི་དགོངས་པ་ནི། ཕྱག་ཆེན་ངོས་མ་ཟིན་པར་ཕྱག་ཆེན་དུ་རློམ་ནས་སྒོམ་པ་ཞིག་ལ་གསུངས་པར་སྣང་། ཁྱེད་ཅག་ཕྱག་ཆེན་སྒོམ་པ་ལ་ཕྱག་ཆེན་ཡེ་ཤེས་སྐྱེས་པ་ཞིག་དགོས་པ་དང་། དབང་བཞི་པ་ཐོབ་པ་ལ་དབང་རྣོན་ཞིག་དགོས་གསུང་བ་ཨེ་ཡིན། སྔ་མ་ལྟར་ན་ནི་ཕྱག་ཆེན་སྒོམ་པའི་འཕྲེད་དམིགས་བསྟན་ཙམ་ནས་ཕྱག

ཆེན་ཡེ་ཤེས་སྐྱེ་དགོས་པ་དང་། ཡང་ན་དེ་མ་སྐྱེས་བར་དུ་སྒོམ་ཁྲིད་བསྟན་ཀྱང་དེ་སྒོམ་མཁན་མིན་དགོས་པར་སོང་། ཕྱི་མ་ལྟར་ན་ནི། དབང་བཞི་ཐོབ་པའི་སྐལ་དམན་རིམ་འཇུག་པ་གདན་མི་སྲིད་པ་འདུག་གོ། །ཁོང་བླུན་པོས་ཕྱག་ཆེན་མི་སྒོམ་གསུངས། །གཞན་ཆད་སྟོང་སྟོང་ཉིད་ལྟ་ཡིན་གསུངས། །དོན་དངོས་པོ་མིན་ཡང་རློམ་ཚོད་ཙམ། །དེ་བདེན་ནོ་གསུང་ན་གཉིས་ཀ་མཚུངས། །

ཡང་གན་མཛོད་དེ་ལ་རྩོད་སྤོང་དུ། འོན་ཀླུ་སྒྲུབ་ཀྱིས། སྟོང་པ་ཉིད་ལ་ལྟ་ཉེས་ན། །ཞེས་སོགས་ཀྱང་ཕྱོགས་ཆོས་རང་གིས་མ་གྲུབ་པ་གཞན་ལ་སྟོན་པར་སོང་བར་ཐལ་ཏེ། སྟོང་པ་ཉིད་ལ་ལྟ་བའི་ལྟ་བ་ནི་རྣམ་དག་ཡིན་པ་དང་། ཞེས་སོགས་བཀོད་པའི་ལན་མཚན་ཐུར། ཆད་སྟོང་ཡོད་པ་གང་དུ་ལྟ་ཡང་དུག་ཡིན་རྣམ་དག་ཅི། །ཞེས་བྲིས་པ་ནི། ཆད་སྟོང་དང་ཡོད་མཐར་ལྟ་བའི་ལྟ་བ་དེ། སྟོང་པ་ཉིད་ལ་ལྟ་བའི་ལྟ་བ་ཡིན་ན། སྟོང་ཉིད། ཆོས་ཉིད། དེ་བཞིན་ཉིད་རྣམས་རྣམ་གྲངས་ཡིན་པས་ཆད་སྟོང་དུ་ལྟ་བ་དེ། ཆོས་ཉིད་དེ་བཞིན་ཉིད་ལ་ལྟ་བར་ཡང་སོང་བས་དབུ་མའི་ལྟ་བར་ཐལ་ལོ། །ཅི་སྟེ་སྟོང་ཉིད་ལ་ལྟ་བའི་ལྟ་བ་ལ། སྟོང་ཉིད་རྟོགས་མི་དགོས་གསུང་ན། བླུན་པོས་ཕྱག་ཆེན་སྒོམ་པ་ཡང་སྲུས་འགོག །སེམས་ཁྲོས་པའི་དྲང་སྲོང་དམོད་པའི་སེམས། །གཞན་ཉེས་མེད་བསྲེག་པ་མ་བཟོད་ནས། །མགོ་སྐྱེས་པའི་རལ་ཁྲུར་རྡོ་ཚ་བཞིན། །རང་སྐྱེས་གནས་པོར་ནས་ས་ལ་ཐིམ། །མདོན་འགྲན་བླ་བྲལ་བའི་དམ་པ་དེར། །སེམས་མ་དད་རྟོག་པའི་རྩལ་མེད་ཀྱང་། །ཚིག་སྦྱོར་བ་རབ་རྟོག་ཁ་ནས་ཤོར། །འདི་ཉམས་ལྟན་ཡིན་ཡང་མཁས་ལ་བཤགས། །

ཡང་གན་མཛོད་ལས། མ་རྟོགས་པའི་སྐབས། རྟོགས་པ་ཤར་བའི་སྐབས། མཐར་ཐུག་གི་སྐབས་གསུམ་མམ། སོ་སྐྱེ། བྱང་འཕགས། སངས་འཕགས་ཀྱི་སྐབས་གསུམ་དུ་ཕྱེ་ནས། གནས་སྐབས་གཉིས་པ་དེར། རྣམ་རྟོག་ཆོས་སྐུ། དུག་ལྔ་ཡེ་ཤེས་ལྔ་སོགས་ཁས་ལེན་གསུངས་པ་ལ། རྩོད་སྤོང་དུ། རྣམ་རྟོག་ཆོས་སྐུ་ཡིན་ན། རྣམ་རྟོག་ཀྱང་ཡིན། ཆོས་སྐུ་ཡང་ཡིན་པའི་གཞི་མཐུན་ཞིག་དགོས་པ་ལས། དེ་འདྲ་བ་དེ་གནས་སྐབས་གསུམ་པོ་གང་དུ་ཡང་མི་སྲིད་དོ། །ཞེས་སོགས་བཀོད་པ་ལ་ལན་མཚན་ཐུར། བྱམས་ཆོས་ནེ་ཅོའི་འདོན་པ་བྱེད་པ་དག །མདོ་སྡེ་རྒྱན་གྱི། དེ་བཞིན་ཉིད་དམིགས་ཡེ་ཤེས་ནི། །རྣམ་པ་ཐ་དད་མེད་སྒོམ་ཞིང་། །ཡོད་དང་མེད་དོན་མངོན་སུམ་པ། །རྣམ་རྟོག་དབང་འབྱོར་ཉིད་ཅེས་བྱ། །འགྲེལ་པར། རྣམ་པ་ཐ་དད་མེད་པ་སྒོམ་པ་ནི། མཚན་མ་དང་དེ་བཞིན་ཉིད་དག་ཐ་མི་དད་པ་ཉིད་དུ་མཐོང་བའི་ཕྱིར་རོ། །འདིས་ནི་ཉན་ཐོས་ཀྱི་མཚན་མ་མེད་པ་ལས། བྱང་ཆུབ་སེམས་དཔའི་མཚན་མ་མེད་པ་ཁྱད་ཞུགས་པ་ཡོངས་སུ་བསྟན་ཏེ། དེ་དག་གི་མཚན་མ་དང་། མཚན་མ་མེད་པ་དག་ཐ་དད་ཉིད་དུ་མཐོང་བས། མཚན་མ་ཐ་དད་ཡིད་ལ་མི་བྱེད་པ་དང་། མཚན་མ་མེད་པའི་དབྱིངས

ཡིད་ལ་མི་བྱེད་པའི་སྒོ་ནས་མཚན་མ་མེད་པ་ལ་སྒོམས་པར་འཇུག་གོ། །བྱང་ཆུབ་སེམས་དཔའ་རྣམས་ནི། དེ་བཞིན་ཉིད་ལས་མ་གཏོགས་པའི་མཚན་མ་མ་མཐོང་བས། མཚན་མ་མེད་པ་མཐོང་སྟེ། དེའི་ཕྱིར་དེ་དག་གི་ཡེ་ཤེས་ནི་རྣམ་པ་ཐ་དད་མེད་པར་སྒོམ་པ་ཡིན་ནོ། །ཡོད་པའི་དེ་བཞིན་ཉིད་དང་། མེད་པའི་དོན་མངོན་སུམ་པ་སྟེ། རྣམ་པར་རྟོག་པ་ཇི་ལྟ་བ་དོན་ཐམས་ཅད་འགྲུབ་པའི་སྒོ་ནས། རྣམ་པར་རྟོག་པ་ལ་དབང་འགྱུར་བ་འདི་ཉིད་ཐོབ་པའི་ཕྱིར་རོ། །

རྣམ་པར་རྟོག་པ་ལ་དབང་འགྱུར་བ་ཉིད་ཅེས་བྱའོ་ཞེས་པ་གཟིགས་འཚལ་ལོ་ཞེས་བྲིས་སྣང་བ་ནི། རྣམ་རྟོག་ཆོས་སྐུའི་སྒྲུབ་བྱེད་གསལ་པོའི་སྙམ་དུ་དགོངས་ཀྱང་། མདོ་རྒྱན་ལྟ་བའི་དོན་མ་རྟོགས་པར། དེ་བཞིན་ཉིད་དང་མཚན་མ་ཐ་མི་དད་ཅེས་དང་། རྣམ་རྟོག་ལ་དབང་འགྱུར་ཞེས་པའི་ཚིག་ཙམ་ལ་ཐུགས་འཇོལ་མཆིས། འདིའི་ལྟ་བ་ཅི་སྙམ་ན། འདི་རྟོགས་པ་ལ། ལྟ་བའི་རྟོགས་བྱ་ཆོས་དབྱིངས་དེ་བཞིན་ཉིད་དོན་དམ་བདེན་པ་ཁྱད་ཆོས་ལྔ་ལྡན་འདི་རྟོགས་དགོས་པས། དེ་ཡང་མདོ་རྒྱན་ལས། ཡོད་མིན་མེད་མིན་དེ་བཞིན་མིན་གཞན་མིན། །སྐྱེ་དང་འཇིག་མེད་འབྲི་བར་མི་འགྱུར་ཞིང་། །འཕེལ་བ་མེད་ཅིང་རྣམ་པར་དག་པའང་མེད། །རྣམ་པར་དག་འགྱུར་འདི་ནི་དོན་དམ་མཚན། །ཞེས་པ་ལྟར། གཟུང་འཛིན་གྱིས་ཀུན་བཏགས་པ་ལྟར་ཡོད་པ་མ་ཡིན། གཟུང་འཛིན་གྱིས་སྟོང་པའི་དེ་བཞིན་ཉིད་དུ་མེད་པ་མ་ཡིན། གཞན་དབང་ཡང་དག་པ་མ་ཡིན་པའི་ཀུན་རྟོག་གི་ཆོས་ཉིད་དེ་ཆོས་ཅན་གཞན་དབང་ཀུན་རྟོག་དང་། དེ་བཞིན་མིན་པ་སྟེ་གཅིག་ཀྱང་མ་ཡིན། གཞན་མིན་པ་སྟེ་ཐ་དད་པ་ཡང་མ་ཡིན། དབྱིངས་དེ་སྐྱེ་འཇིག་དང་འཕེལ་འགྲིབ་མེད་པ་དང་། ད་ལྟ་གློ་བུར་དྲི་མས་བསྒྲིབས་པའི་ཕྱིར་ན་རྣམ་པར་དག་པའང་མེད། གཉེན་པོས་སྦྱངས་ན་ཕྱིས་དྲི་མ་དག་པར་ཡང་འགྱུར་ཞེས་པའི་ཁྱད་པར་ཆོས་ཀྱི་ནང་ཚན་དེ་བཞིན་མིན་གཞན་མིན་ཞེས་པའི་དོན། གཞན་དབང་རྣམ་རྟོག་དེ། ཁོ་རང་གི་ཆོས་ཉིད་དེ་ཡིན་ཞེས་པ་ལྟ་བུའི་སྒོ་ནས་གཅིག་ཀྱང་མ་ཡིན། ཆོས་ཉིད་དེ་ཆོས་ཅན་ཀུན་རྟོག་དེའི་ངོ་བོ་ཡིན་པས་དེ་ལས་གཞན་པའམ་ཐ་དད་པ་ཡང་མ་ཡིན། གནད་དེས་ན་དེ་རྟོགས་པའི་ལྟ་བ་དེས་ཀྱང་། རྣམ་རྟོག་དང་ཆོས་ཉིད་གཅིག་མིན་དུ་རྟོགས་ཀྱང་། རྣམ་རྟོག་ཆོས་སྐུ་མཚན་ཉིད་པ་ལྟ་ཅི་སྨོས། རང་བཞིན་ཆོས་སྐུ་ཙམ་དུ་ཡང་རྟོགས་པར་མི་སྣང་སྟེ། ལྟ་བ་མཉམ་གཞག་དེའི་ངང་ན་རྣམ་རྟོག་འཁྲུལ་པ་ནུབ་ནས་མེད་པས་སོ། །

འདིའི་སྐབས་སུ་ཉན་ཐོས་དང་ཐེག་ཆེན་ལྟ་བ་ཐ་དད་ཡིན་པས། ཉན་ཐོས་པ་དག་གིས། མཉམ་གཞག་ཏུ་མཚན་མ་བཀག་ཙམ་ལས། མཚན་མེད་ཆོས་ཉིད་ཀྱི་དོན་མ་རྟོགས་པས། མཚན་མེད་རྟོགས་པའི་ལྟ་བ་ཁྱད་པར་འབྱུང་བའི་རྒྱུ་མཚན་དེ་ཡིན། ཆོས་ཉིད་འདི་རྟོགས་པའི་མཉམ་གཞག་ཏུ། གཞན་དབང་རྣམ་རྟོག་གི་སྣང་

བ་ནུབ་ཅིང་། རྗེས་ཐོབ་ཏུ་ལྟ་བ་དེས་ཟིན་པས་སྣང་བ་རྨི་ལམ་སྒྱུ་མ་ལྟར་འཆར་བས་རྣམ་པར་རྟོག་པ་ལ་དབང་འབྱོར་ཞེས་པའི་གནད་ཀྱང་དེ་ཡིན། དེ་ལྟར་ཤེས་ཚེ། དེ་བཞིན་ཉིད་དམིགས་ཡེ་ཤེས་ནི། །ཞེས་སོགས་རྩ་འགྲེལ་གྱི་མདུད་པ་དེས་གྲོལ། རྣམ་རྟོག་ཆོས་སྐུར་དགུག་ཀྱང་རེ་ཐག་དེ་ནས་ཆད་དོ། །གཞུང་བྱམས་ཆོས་ནི་ཙོའི་འདོན་པ་ཞེས། །བཀའ་ལྗི་ཡང་ཚིག་དོན་མདུད་པ་གྲོལ། །ཆོས་ཐོས་བསམ་ལྟ་བར་གདེང་ཐོབ་ཙམ། །སྒོམ་མཉམ་འཇོག་གནད་འགག་གཞན་ནའང་དཀོན། །གནད་དེས་ན་བཀའ་བསྟན་བཅོས་མཁས་གྲུབ་གོང་མའི་གསུང་ལ་དགོངས་དོན་འཚོལ་བའི་གནད་མ་ཤེས་པར། ཚིག་ཟིན་ཙམ་ཞིག་བསྒྲུངས་པས་ག་ལ་རུང་སྟེ། མདོ་ལས་མ་རིག་པ་བྱང་ཆུབ། ཉོན་མོངས་ལམ་བྱེད། ཆགས་སོགས་ཉོན་མོངས་ཆོས་དབྱིངས་ཡིན་ཟེར་བ་ལྟ་བུའི་ཚིག་ཟིན་ཡོད་ཀྱང་། དེའི་དགོངས་དོན་བྱམས་མགོན་གྱིས་བཀྲལ་བ་ལྟར་ཤེས་དགོས་ཏེ། དེ་ཡང་མདོ་ལས། མ་རིག་པ་དང་བྱང་ཆུབ་ནི་གཅིག་གོ་ཞེས་དང་། འདོད་ཆགས་ལས་མ་གཏོགས་པར་འདོད་ཆགས་ལས་ངེས་པར་འབྱུང་བར་ང་མི་སྨྲའོ། །ཞེས་སོགས་དང་། ལྷག་བསམ་བསྟན་པར། ཀུན་དགའ་བོ་འདོད་ཆགས་ལས་གཡོ་བར་མི་བྱའོ། །ཅིའི་ཕྱིར་ཞེ་ན། སྟོང་པ་ཉིད་མི་གཡོ་བའི་དོན་གྱིས་འདོད་ཆགས་ཉིད་ཆོས་ཀྱི་དབྱིངས་ཡིན་པའི་ཕྱིར་རོ་ཞེས་སོགས་ཚིག་ཟིན་ལ་དེ་ལྟར་བསྟན་ཀྱང་། དེ་ལྟ་བུ་མ་འོངས་པའི་སྐྱེ་བོ་བློ་གྲོས་ཞན་པ་དག་འཁྲུལ་གཞི་བྱུང་དོགས། ཐུགས་རྗེ་དང་བྱམས་པའི་བདག་ཉིད་རྒྱལ་ཚབ་མ་ཕམ་པས་དྭོགས་པ་བཀོད། དགོངས་པ་བླངས་པའི་འཁྲུལ་སེལ་འདི་གསུངས་ཏེ།

མདོ་རྒྱན་ལས། ཆོས་ཀྱི་དབྱིངས་ནི་མ་གཏོགས་པར། །གང་ཕྱིར་ཆོས་མེད་དེ་ཡི་ཕྱིར། །ཀུན་ནས་ཉོན་མོངས་བསྟན་པ་ལ། །བློ་ལྡན་དགོངས་པ་དེ་ཡིན་འདོད། ། ཅེས་དང་། གང་ཕྱིར་ཆགས་སོགས་དེ་ཉིད་ལ། །ཚུལ་བཞིན་འཇུག་པས་དེ་ཡི་ཕྱིར། །དེ་ལས་རྣམ་གྲོལ་འགྱུར་དེས་ན། །དེ་ཡིས་དེ་དག་ལ་ངེས་འབྱུང་། །ཞེས་དང་། ཆོས་ཀྱི་དབྱིངས་ནི་མ་གཏོགས་པར། །གང་ཕྱིར་ཆོས་མེད་དེ་ཡི་ཕྱིར། །སངས་རྒྱས་རྣམས་ཀྱིས་དེ་དག་ལ༔ །ངེས་འབྱུང་ཆགས་སོགས་ཡིན་པར་དགོངས། །ཞེས་དང་། འགལ་བ་དབྱིག་གཉེན་གྱིས། མ་རིག་པ་དང་བྱང་ཆུབ་ནི་གཅིག་གོ་ཞེས་ཉོན་མོངས་པ་བསྟན་པ་དེར་ཡང་། དགོངས་པ་ནི་དེ་ཁོ་ན་ཡིན་ཏེ། མ་རིག་པ་དང་བྱང་ཆུབ་ཀྱི་ཆོས་ཉིད་ལ་ཉེ་བར་བཏགས་པའི་ཕྱིར་ཞེས་མ་རིག་པ་ལ་ཆོས་དབྱིངས་ཀྱིས་ཁྱབ་པས། མ་རིག་པའི་ཆོས་ཉིད་དེ། རང་བཞིན་རྣམ་དག་གི་བྱང་ཆུབ་ཡིན་པ་ལ་དགོངས་ནས། མ་རིག་པ་དང་བྱང་ཆུབ་གཅིག་ཅེས་གསུངས་ཀྱིས། མ་རིག་པ་དངོས་བྱང་ཆུབ་ཡིན་པའི་དོན་མིན་ཞེས་གསུངས་འདུག་པ་དང་། གཞུང་འོག་མའི་འགྲེལ་པར། བཅོམ་ལྡན་འདས་ཀྱིས་འདོད་ཆགས་ལས་མ་གཏོགས་པར་འདོད་ཆགས་ལས་ངེས་པར་

འབྱུང་བར་ངམ་སྨྲའོ་ཞེས་པ་དེའི་དགོངས་པ་སྟོན་ཏེ། ཆོས་ཉིད་ལས་མ་གཏོགས་པའི་ཆོས་མེད་པ་དེའི་ཕྱིར་རོ། །

འདོད་ཆགས་ལ་སོགས་པའི་ཆོས་ཉིད་ཀྱང་འདོད་ཆགས་ལ་སོགས་པའི་མིང་ཐོབ་ལ། དེ་ཡང་འདོད་ཆགས་ལ་སོགས་པ་ལས་ངེས་པར་འབྱུང་བ་ཡིན་པས། དེ་ལ་དགོངས་པ་ནི་དེ་ཡིན་པར་རིག་པར་བྱའོ་ཞེས་ཉོན་མོངས་ཆགས་སོགས་ཀྱི་རང་བཞིན་དེ་ཆོས་དབྱིངས་ཡིན་པས། ཆོས་དབྱིངས་ལས་མ་གཏོགས་པའི་ཆོས་མེད་ཅེས་པའི་དོན་ཡང་དེ་ཡིན། འདོད་ཆགས་ཉིད་ཆོས་ཀྱི་དབྱིངས་ཡིན་པའི་ཕྱིར་ཞེས་པའི་ཚིག་ཟིན་ལྟར། འདོད་ཆགས་གཉིས་སྣང་དེ་ཆོས་དབྱིངས་ཡིན་ཟེར་བ་མིན། འདོད་ཆགས་ཀྱི་རང་བཞིན་འོད་གསལ་དེ་ཆོས་དབྱིངས་ཡིན་པས། དེ་ལ་ཐོས་བསམ་སྒོམ་པས་གནད་དུ་བསྣུན་ན། ཉོན་མོངས་ཆགས་སོགས་སུན་དབྱུང་ནུས་ཞེས་པའི་དོན་ཡིན་གྱི་ཆགས་སོགས་དངོས་ལམ་དུ་སོང་བ་མིན་ཞེས་བྱམས་པས་བཀའ་བསྩལ་པ་དེར་གདའ། རི་བོང་ཅལ་གྱི་རྗེས་ལ་དམ་པ་ཁྱེད་འོ་བརྒྱལ་མཆིས།

ཆུ་གཏིང་རིང་ཁྲོན་པའི་གཟུགས་བརྙན་ལ། །ཉོན་མ་བརྟགས་མཆོངས་པའི་སེང་ཕྲུག་བཞིན། །གནད་མ་རིག་ཚིག་འབྲུ་སྟུག་ལྟེམ་ལ། །སེམས་ཁྲུང་ཆེན་ཆགས་ན་གཤོག་པ་འཆག །ཆོས་རྣམ་རྟོག་ཆོས་སྐུ་ཡིན་མིན་ལ། །སྲས་རྒྱལ་ཚབ་དམ་པ་ཐུགས་རྒྱུས་ཆེ། །གཞན་རྟོགས་ལྡན་སྣང་གླུ་ཀྱུར་ཀྱུར་ལ། །ཐུགས་ཨ་འཐས་སྣང་ན་གྲུབ་མཐའ་འཇིག །

ཡང་རྩོད་སྤོང་དུ། གནས་སྐབས་དང་པོ་དེར། བདེན་གཉིས་དང་འབྲུལ་མ་འབྲུལ་སོགས་ཐ་དད་སོ་སོར་ཁས་ལེན། གནས་སྐབས་གཉིས་པ་འདིར་བདེན་གཉིས་དབྱེར་མེད། ཐབས་ཤེས་དབྱེར་མེད་སོགས་ཁས་ལེན་གསུང་བ་ལ་རྣམ་དཔྱད་མེད་དེ། ཐེག་ཆེན་སྐབས་སུ་བདེན་གཉིས་ཁས་ལེན་པ་དེ་སྲིད་དུ། བདེན་གཉིས་དབྱེར་མེད་ཡིན་ཞེས་ཁས་བླང་དགོས་ཤིང་། དེ་ཁས་བླངས་ཀྱང་། ཀུན་རྫོབ་ཀུན་རྫོབ་དང་། དོན་དམ་བདེན་པ་དོན་དམ་བདེན་པ་དང་། འབྲུལ་པ་འབྲུལ་པ་སོགས་རྣམ་གཞག་མ་འཚོལ་བར་ཁས་ལེན་དགོས་པའི་ཕྱིར་ཞུས་པ་ལ། ལན་མཆན་བུར། ཀུན་རྫོབ་བདེན་པ་དང་། དོན་དམ་བདེན་པའི་གཞི་མཐུན་མི་སྲིད་པ་ཐ་དད་ཀྱི་སྐྱབ་བྱེད་སྒྲི་གཏམ་དུག་ལ་འགྲོ་ཞེས་བྲིས་གནང་བ་ནི། གནད་མ་དགོངས། གཞི་མཐུན་མི་སྲིད་ཙམ་ཐ་དད་དམ་གཞན་ཡིན་པའི་སྐྱབ་བྱེད་དུག་ལ་འགོད། གནས་སྐབས་གཉིས་པར་བདེན་གཉིས་དབྱེར་མེད་སོགས་ཀྱི་གནད་ཀྱིས་རྣམ་རྟོག་ཆོས་སྐུ་ཡིན་གསུང་བ་ན། བདེན་གཉིས་འབྲུལ་མ་འབྲུལ་དབྱེར་མེད་ཡིན་པས། འབྲུལ་པ་མ་འབྲུལ་བ། ཀུན་རྫོབ་བདེན་པ་དོན་དམ་བདེན་པ་ཡིན་ཞེས་པ་ཡང་ཁས་བླང་དགོས། དེ་ཁས་བླངས་ན་འཁོར་བ་མྱང་འདས་ཡིན་པ་སོགས་ཧ་ཅང་ཐལ་བས། བདེན་གཉིས་འཁོར་འདས་སྟོང་གཞིའི་ཆོས་ཅན་དང་།

ཆོས་ཉིད་སྟོང་པ་སོགས་དབྱེར་མེད་དང་། ཐ་མི་དད་པ་དང་། གཞན་མ་ཡིན་ཞེས་ཁས་བླངས་ཀྱང་། དེ་དག་གཞི་མཐུན་ཡོད་པ་དང་། གཅིག་ཅིག་ཤོས་དེ་ཡིན་ཞེས་ཁས་བླང་དུ་མི་རུང་ཞེས་ཞུས་པ་ལགས་པས། དགོངས་དབྱིངས་ཞིབ་དཔྱོད་འཚལ་ལོ། །དེས་ན་གནས་སྐབས་གཉིས་པར་རྣམ་རྟོག་ཆོས་སྐུ་ཡིན་གསུངས་པ་ནི། གནས་སྐབས་དང་པོ་ལས་གནས་སྐབས་གཉིས་པ་གཟིགས་སྣང་ལོག་པར་སོང་སྟེ། གནས་སྐབས་གཉིས་པར་རྣམ་རྟོག་ཆོས་སྐུ། འཁོར་བ་མྱང་འདས། ཀུན་རྫོབ་དོན་དམ་སོགས་སུ་ལོག་པར་མཐོང་། གནས་སྐབས་དང་པོར། རྣམ་རྟོག་རྣམ་རྟོག །འཁོར་བ་འཁོར་བ། ཀུན་རྫོབ་ཀུན་རྫོབ་སོགས་ཡིན་པབ་བཞིན་མཐོང་འདུག་པའི་ཕྱིར་རོ། །གལ་ཏེ་དེ་ལྟར་ན། འདི་ལ་རོ་མི་ཞིམ་པ་རོ་མཆོག་སྣང་དང་། ཞིང་མ་དག་པ་དག་པ་སྣང་སོགས་ལའང་མཚུངས་སོ་སྙམ་ན། ཚིག་ཟིན་གྱི་དགོངས་པ་བཀྲོལ་མ་ཤེས་ན་བདེན་ཡང་། སྐྱེ་བོ་ཐལ་བ་ལ་རོ་མི་ཞིམ་པ་དང་། ཞིང་མ་དག་པར་སྣང་བའི་གཞི་ཞིག །དེ་དག་གི་སྔོན་སྦྱངས་ནས་རོ་ཞིམ་པ་དང་། ཞིང་དག་པར་སྣང་བ་ཡིན་གྱི། རོ་མི་ཞིམ་པ་དངོས་དང་། ཞིང་མ་དག་པ་དངོས། རོ་ཞིམ་པ་དང་། ཞིང་དག་པར་སྣང་བ་མ་ཡིན་པའི་ཕྱིར། དཔེར་ན་ནད་ཀྱི་ཚོར་བ་སྡུག་བསྔལ་གྱི་རྒྱུ་སྨན་གྱིས་བཅོས་ནས། ལུས་ཚོར་རམ་སེམས་ཚོར་བདེ་བ་སྐྱེས་པའི་ཚེ། ལུས་ཚོར་སྡུག་བསྔལ་དེ་ཚོར་བ་བདེ་བར་སྣང་བ་མ་ཡིན་ནོ། །ཐྲས་འཕགས་པའི་རྗེས་ཐོབ་གཟིགས་སྣང་དེ། ཁོང་བླ་གྲགས་ཀུན་རྫོབ་ཙམ་ཞེས་གཏམ། །དེ་ཆོས་སྐུར་འཆར་ཞེས་པཎྜི་ཏ་ཀར། །གཞན་སེམས་འཕྲིད་ཙམ་ཡིན་དྲང་པོ་ཅི། །

ཡང་གན་མཛོད་ལས། གཞི་ཇི་ལྟ་བ་སངས་རྒྱས་ཀྱི་གཟིགས་སྣང་ཞིག་ལ་ངོས་འཛིན། དེས་ན་བྱང་ཆུབ་སེམས་དཔའི་གཟིགས་སྣང་ཐམས་ཅད་དེ་ལ་ལྟོས་ནས་དོན་དམ་དེའི་ཕྱིར་མཁས་པས་རྣམ་གྲངས་པའི་དོན་དམ་བདེན་པ་ཞེས་བཏགས། རེ་ཞིག་པའི་དོན་དམ་བདེན་པ། མཐར་ཐུག་གཉིས་འབྱེད་པ་འདིས་ཡིན་ནོ་གསུངས་པ་ལ། རྩོད་སྤོང་དུ་ངེས་འབྱེད་ཐུབ་པར་མི་སྣང་སྟེ། བྱང་འཕགས་གཟིགས་སྣང་དེ་དོན་དམ་བདེན་པ་མཚན་ཉིད་པ་མ་ཡིན་ན། ངེས་དོན་ཡིན་པ་འགལ། གཟིགས་ངོ་དོན་དམ་བདེན་པ་ཡིན་ན། ངེས་དོན་མ་ཡིན་པའང་འགལ་བས། ངེས་དོན་དུ་མ་འདུས་པའི་མཐར་ཐུག་ཅེས་གཞན་པ་ལའང་རྣམ་དཔྱད་མེད་ཞུས་པའི་ལན་མཆན་ཐུར། ངེས་དོན་དང་མཐར་ཐུག་གཉིས་སུ་ཕྱེ་བ་ཐུགས་སུ་མ་ཤོང་བར་སྣང་སྟེ། གསང་བ་འདུས་པར་བཤད་པ་བཞི་ཟེར་བ་ལ། སྦས་དོན་དང་མཐར་ཐུག་ཅེས་ཕྱེ་བ་ངེས་དོན་གཞིར་བཞག་ལ་ཟབ་ཁྱད་ཡིན། མཁས་པ་སྟ་མ་དྲང་དོན་དང་ངེས་དོན། དང་པོ་ལ། དྲང་དོན་གྱི་དྲང་དོན་དང་། དྲང་དོན་གྱི་ངེས་དོན་དབྱེར་འབྱེད་པ་བཞིན་ཕྱི་མ་ལའང་ཕྱེ་བས་ཐུགས་ཁོག་བསྐྱེད་དུ་གསོལ་ཞེས་བྲི་སྣང་ཡང་། ཚུལ་བཞིའི་ཤེས་པ་སྦས་

དོན་དང་། མཐའ་ཐུག་གཉིས་སུ་ཕྱེ་བ་འདི་སྐབས་ཀྱི་ལན་དུ་ག་ལ་འགྱུར་ཏེ། དྲང་ངེས་འཛོག་མཚམས་མང་དུ་འདུག་ཀྱང་། བདེན་གཉིས་དང་དེ་བརྗོད་བྱར་སྟོན་པ་ཞིག་ལ་དགོངས་པ་གཏད་འདུག་མོད། འདིར་སྐབས་སྦས་དོན་མཐར་ཐུག་གཉིས་ནི། བརྗོད་བྱ་དོན་དམ་བདེན་པ་ལ་ཟབ་ཁྱད་ཆེ་བར་མི་སྣང་སྟེ། རྒྱུ་མཚན། སྤྱི་དོན་ཞེས་པ་ལ་ཡར་ཕྱིན་སྤྱི་དང་སྐྱེ་རིམ་སྤྱི་གཉིས་སུ་ཕྱེ། སྦས་དོན་གྱི་བཤད་པ་ནི། དབང་གོང་མ་མ་ཐོབ་པའི་ཐུམ་དབང་ཙམ་ཐོབ་པ་མན་ཆད་ལ་སྦས་པ། དབང་གོང་མ་ཐོབ་པའི་སློབ་མ་ལ་རྫོགས་རིམ་གྱི་བཤད་པ་བྱེད་པ་དང་། མཐར་ཐུག་གི་བཤད་པ་ནི། སྤྱི་དོན་གྱི་མཐར་ཐུག་དང་། སྦས་དོན་གྱི་མཐར་ཐུག་ཅེས་པ་འབྲས་བུའི་བཤད་པ་བྱེད་པ་གཅིག་ལ་ངོས་འཛིན་པས། དོན་དམ་བདེན་པ་ཡིན་པ་གཞིར་བཞག་ལ་ཟབ་ཁྱད་ཕྱེ་བ་ཅི་ལ་ཡིན། བཤད་བྱ་སྤྱི་སྦས་མཐར་ཐུག་གསུམ་ལ་འཆད་བྱེད་མཐའ་དག་མན་ངག་གསུམ་དང་སྦྱར་བའི་བཤད་པ་བྱེད་པའི་ཚེ། བཤད་བྱ་སྤྱི་དོན་གཉིས། འཆད་བྱེད་མན་ངག་གསུམ་གྱི་ནང་ནས། ཡན་ལག་གི་དོན་གྱི་བཤད་པ་བྱེད་པ་ལ། མཐའ་དྲུག་གི་ནང་ཚན་སྒྲ་ཇི་བཞིན་པའི་བཤད་པ་ཟེར། བཤད་བྱ་སྤྱི་དོན་དེ། འཆད་བྱེད་མན་ངག་གསུམ་ལས་ཡིག་དོན་དང་མན་ངག་གཉིས་ཀྱི་བཤད་པ་ལ། མཐའ་དྲུག་ནི་ནང་ཚན་སྒྲ་ཇི་བཞིན་པ་མ་ཡིན་པའི་བཤད་པ་ཟེར། བརྗོད་བྱ་སྦས་དོན་འཆད་བྱེད་དང་པོས་བཤད་པ་ལ་ངེས་དོན་དང་། ཕྱི་མ་གཉིས་ཀྱི་བཤད་པ་ལ་དྲང་དོན་གྱི་བཤད་པ་ཟེར།

བཤད་བྱ་མཐར་ཐུག་འཆད་བྱེད་དང་པོས་བཤད་པ་ལ་དགོངས་པ་ཅན་མ་ཡིན་པ་དང་། ཕྱི་མ་གཉིས་ཀྱི་བཤད་པ་ལ་དགོངས་པ་ཅན་གྱི་བཤད་པ་ཟེར་བས། བདེན་གཉིས་ལ་དྲང་ངེས་སུ་བཞག་པའི་འཆད་ཚུལ་དང་གཏན་མི་འདྲ་བས། སྐབས་ཀྱི་རྩོད་ལན་དུ་ཟུར་ཙམ་ཡང་འགྲོ་བར་མ་མཆིས། མཁྱེན་ཡངས་རྒྱ་མཚོ་བསྐྱེད་དུ་གསོལ། སྤྱིར་མཁས་པ་སྟ་མ་འགའ་ཞིག་གིས་དྲང་ངེས་ལ་བཞིར་ཕྱེ་བ་ཡང་སྣང་མོད། བྱང་འཕགས་གཟིགས་ངོ་རྣམ་གྲངས་པའི་དོན་དམ་བདེན་པ་དང་། དེ་སངས་རྒྱས་ཀྱི་གཟིགས་ངོ་ལ་ལྟོས་ཏེ་ཀུན་རྫོབ་བདེན་པ་ཡིན་གསུངས་པ་འདི་ག་ལ་རིགས་ཏེ། ཤིང་རྟའི་སྲོལ་འབྱེད་དག་གི་གཞུང་ལུགས་ཆེན་པོར། སྤྲིན་མཐོང་མཁའ་ལ་ཉི་བཞིན་ཞེས་སོགས་དང་། ཇི་ལྟར་ཆོས་པའི་ཟླ་བ་ལ། །ཞེས་སོགས་ལྟར། ས་དང་པོ་ནས་སངས་རྒྱས་སའི་བར་ལ་མཐོང་བྱ་རྒྱ་ཆེ་ཆུང་ཙམ་བཤད་ཀྱི། བྱང་འཕགས་མཉམ་གཞག་དང་། སངས་རྒྱས་གཟིགས་སྣང་། ཆོས་དབྱིངས་གནས་ཚུལ་གཟིགས་ཚུལ་ལ་ལོག་མ་ལོག་གི་ཁྱད་པར་ཅུང་ཟད་ཀྱང་མ་བཤད་པའི་ཕྱིར་དང་། གནད་དེས་ན་དཔལ་ལྡན་ཟླ་བས་ཀྱང་། སོ་སོ་སྐྱེ་བོ་རྣམས་ཀྱི་དོན་དམ་པའི་བདེན་པ་གང་ཡིན་པ་དེ་ནི་འཕགས་པ་སྣང་བ་དང་བཅས་པའི་སྤྱོད་ཡུལ་ཅན་རྣམས་ཀྱི་ཀུན་རྫོབ་ཙམ་ཡིན་ལ། དེའི་རང

བཞིན་སྟོང་པ་ཉིད་གང་ཡིན་པ་དེ་ནི་དེ་རྣམས་ཀྱི་དོན་དམ་པའོ། །སངས་རྒྱས་རྣམས་ཀྱི་དོན་དམ་པ་ནི་རང་བཞིན་ཉིད་ཡིན་ཞིང་དེ་ཡང་བསླུ་བ་མེད་པ་ཉིད་ཀྱིས་དོན་དམ་པའི་བདེན་པ་ཡིན་ལ། དེ་ནི་དེ་རྣམས་ཀྱི་སོ་སོ་རང་གི་རིག་པར་བྱ་བ་ཡིན་ནོ་ཞེས་ཀུན་རྫོབ་ལ་གཉིས་སུ་ཕྱེ་ནས་དོན་དམ་བདེན་པ་ལ་གཉིས་སུ་ཕྱེ་བ་སོགས་མི་སྣང་བའི་ཕྱིར་རོ། །

ཁོང་རྒྱལ་སྲས་འཕགས་པའི་གཟིགས་སྣང་ལ། །མཆོག་རྒྱལ་རྣམས་ཁྲོ་ཞལ་བསྒྱུར་རོ་ཞེས། །འཕྲིན་བདེན་མིན་ཆེམས་སྦྲིབ་གཡོ་མི་འཚལ། །སྲས་འཕགས་ཚོགས་གཞན་ནུ་ཐུགས་ཀྱང་ཕམ། །ཚུལ་སྤྱི་སྦྲས་མཐར་ཐུག་བཤད་བྱ་གསུམ། །ཐབས་འཆད་བྱེད་དྲུག་གིས་འཆད་པའི་ཚེ། །སྦྲས་མཐར་ཐུག་གཉིས་ལའང་དྲང་ངེས་ཚང་། །དེ་ངེས་དོན་ཁོ་ནར་འཆད་པའི་གཏམ། །བློ་ཁོང་ཡངས་བསྐྱེད་ཀྱང་ཞོང་མི་རིགས། །མཆོག་སྤྲུལ་སྐུ་ཞལ་འཛུམ་དཀར་ན་ཡང་། །ལྷ་རྡོ་རྗེ་སྙིང་པོས་བདག་ལ་ཁྲེལ། །དོན་འདི་ལ་དགོངས་དབྱིངས་མཐོ་སྒྲོན་ཞུ། །

ཡང་རྩོད་སྤོང་དུ། ས་དང་པོའི་གཟིགས་སྣང་དེ་དོན་དམ་བདེན་པ་མཚན་ཉིད་པ་མ་ཡིན་ན། སངས་མ་རྒྱས་བར་དུ་བདེན་པ་མཐོང་བར་ཡང་མི་འགྱུར་ལ། དོན་དམ་བདེན་པ་ཡིན་གསུངས་ན། དེ་དེ་མ་ཡིན་པར་ཐལ། དེ་རྣམ་གྲངས་པའི་དོན་དམ་བདེན་པ་ཡིན་པའི་ཕྱིར། འཁོར་གསུམ་ཡིན་ཞེས་ཞུས་པ་ལ། ལན་མཆན་བུར། ཕྱིན་ཅི་མ་ལོག་པའི་ཡོངས་གྲུབ་ཆོས་ཅན་དུ་བཟུང་ནས་ཐལ་ཕྱིར་བྱས་ན་འཁོར་གསུམ་ཡིན། སྔ་མ་ཁྱབ་པ་བསྒྲུབ་བྱར་འདུག་པས་འཁོར་གསུམ་ཏ་ཏ་ཞེས་བྲིས་སྣང་སྟེ། གྲུབ་མཐའི་སྐབས་གང་དུ་ཡང་མ་འབྲེལ་བའི་ཐལ་ཕྱིར་ཏེ། ཐུགས་ངལ། རྣམ་རིག་པའི་སྐབས་ནི་རྟགས་མ་གྲུབ་ཀྱི་ལན་ཐེབས། དཔལ་འཕགས་པ་ཀླུ་སྒྲུབ་ཀྱི་སྐབས་འདིར་འདོད་ཐོག་ཏུ་བབས་པས། འཁོར་གསུམ་དེ་འདྲ་ཕན། སྔ་མ་ཁྱབ་པ་བསྒྲུབ་བྱ་གསུངས་པ་ནི། རྣམ་གྲངས་ཀྱི་དོན་དམ་གྱི་དོན་དམ་བདེན་པའི་གོ་མི་ཆོད་པ་མཁས་པ་སྤྱི་ལུགས། རྟགས་གསལ་དངོས་འགལ་ཁྱབ་པ་ཡོངས་གྲགས་དེ་ཙམ་ལ་འཁོར་གསུམ་རྟོག་གེ་མཁས་པའི་དཀྱིལ་འཁོར་དུ་གྲགས། རྟགས་གསལ་ལ་ལན་ཐེབས་པའི་འཁོར་གསུམ་བདེན་ན། རྟོག་གེ་པ་གཞན་ནུ་ཨ་རེ་འཚེང་།

ཐུགས་བཞད་སྒྲ་ཏ་ཏའི་དམོད་ཚིག་མདའ། །གཞན་ཉེས་མེད་འཛིམ་དུམ་མགོ་བོ་བཀས། །དམོད་ཚིག་མདའ་བསྟུན་པའི་ཆེད་ཀྱི་ཡུལ། །མཁར་ཉི་མ་ཤར་ཆེ་གར་རྩེ་སྐད། །ཆོས་རྟོག་གེ་མཁན་གྱི་དཀྱིལ་འཁོར་དུ། །འབྲེལ་ཁྱབ་པ་ཡོངས་སུ་གྲགས་དེ་ལ། །རྟགས་གསལ་བར་ལན་གྱི་གདོད་ཕམ་ན། །དོན་དེ་ལ་འཁོར་གསུམ་སུ་ཡང་ཟེར། །རྟགས་གསལ་བར་ལན་གྱིས་ལྟེ་རྐྱོང་ན། །ཚིག་ཁྱབ་པ་ཁས་ཙམ་འཁོར་གསུམ་ཞེས། །དོན་མ་བརྟགས་ཀུ་ཅོ་མ་འདོན་ཅིག །ཁོང་མཁས་རྣམས་ཁྲེལ་ན་རང་ཕམ་མོ། །

ཡང་རྗོད་སྒྲོང་དུ། ས་དང་པོ་མན་ཆད་དུ་དབུ་མའི་ལྟ་བ་མི་སྐྱེ་བ་ནི་ཧ་ཅང་ཐལ་ཏེ། ས་དང་པོར་དབུ་མའི་ལྟ་བའི་ཆོས་ཉིད་མངོན་སུམ་དུ་མཐོང་བ་ལ། ཆོས་མཆོག་སྐབས་སུ་ཆོས་ཉིད་ལ་གསལ་སྣང་ཐོབ་པའི་དབུ་མའི་ལྟ་བ་སྐྱེ་དགོས་པའི་ཕྱིར། ཞེས་ཞུས་པའི་ལན་མཆན་བུར། མོས་པས་དཔྱོད་པ་ཞེས་པའི་སྒྲ་ཙམ་ལ་ཡང་མ་བརྟགས་པའོ་ཞེས་གསུང་བ་ནི། དོན་སྤྱིའི་ཚུལ་གྱིས་རྟོགས་པ་དང་གསལ་སྣང་ཐོབ་པའི་ཚུལ་གྱི་རྟོགས་པ་དང་། མངོན་སུམ་དུ་རྟོགས་པ་ཞེས་སོགས་ཐུགས་སུ་མ་བྱོན་པ་སྟེ། དེ་ཙམ་གྱི་དབུ་མའི་ལྟ་བའི་གོ་མི་ཆོད་ན། མཚོན་བྱེད་དཔེའི་ཕྱག་ཆེན་གྱིས་ཀྱང་ཕྱག་ཆེན་གྱི་གོ་མི་ཆོད་པར་འགྱུར་བ་དང་། ཁྱད་པར་མཐར་འཛིན་འགོག་བྱེད་དབུ་མ་ཆེན་པོའི་རིགས་པ་ལ་བརྟེན་ནས་དབུ་མའི་ལྟ་བ་སྐྱེས་པ་ཞིག་མི་སྲིད་པར་འགྱུར་ཏེ། རིག་ཤེས་རྗེས་དཔག་ཏུ་གྱུར་པའི་དབུ་མའི་ལྟ་བ་ལ་བཀག་སྐྱོན་ཕོག་སོང་བས་སོ། །ཆོས་མོས་སྤྱོད་སྐབས་སུ་དབུ་མའི་ལམ། །མཆོག་ལྟ་བ་མེད་ཅེས་སྤྲིན་གྱི་ཧས། ཁོང་ཐལ་རང་རིགས་པའི་འབྲི་ཤིང་ལ། །ངོ་མཚར་བའི་མེ་ཏོག་འཕྲུངས་འདི་མཚར། །སྔོན་ལྷ་ཆེན་དབྱིགས་པའི་འཕྱོང་སྟབས་ལ། ཁོང་དྲང་སྲོང་མ་རུངས་ཚིག་མདའ་ཕོག །རང་ཆེ་བའི་མཚོན་བྱེད་ལིཏྣ་ཡང་། །ངོ་ཚ་ནས་ས་ལ་ལྷུང་ཞེས་གྲགས། །

ཡང་གན་མཛོད་ལས། ངེས་ཚིག་སྐབས་སུ། ཁོ་བོའི་བླ་མ་འབྲུག་པ་རིན་པོ་ཆེས་ནི། ཕྱག་རྒྱ་ཞེས་པའི་སྒྲ་ནི་མདོར་ཡང་བཤད་ལ། དེ་བཤད་པས་ཆེན་པོར་ཡང་བཤད་པ་ཡིན་མོད། འོན་ཀྱང་ཆེན་པོ་དང་མ་སྦྱར་བས། མདོའི་དེ་མི་གསལ་བ་མདོར་བསྟན་དུ་སོང་། སྔགས་སུ་གཉིས་སྦྱར་བས། ཤིན་ཏུ་གསལ་བའི་ཕྱིར་སངས་རྒྱས་བཤད་དོ་ཞེས་གསུངས་པ་ལ། རྗོད་སྒྲོང་དུ། འོ་ན་འདུལ་ལུང་ནས། བཙུན་པ་ཀུན་དགའ་བོ་ནི་སློབ་དཔོན་ཆེན་པོའི་དབང་བསྐུར་བས་དབང་བསྐུར་མོད་ཀྱི་ཞེས་པ་དེ་ཡང་། སློབ་དཔོན་གྱི་དབང་བསྐུར་མཚན་ཉིད་པར་ཐལ་བ་དང་། འདུལ་བ་སུམ་བརྒྱ་པར། རྫོགས་པའི་བྱང་ཆུབ་དཔལ་ནོད་དབང་བསྐུར་ཡིན། །ཞེས་པ་དེ་ཡང་དེར་ཐལ་བ་དང་། མདོ་ལས་བཤད་པའི་འོད་ཟེར་ཆེན་པོའི་དབང་བསྐུར་དེ་ཡང་དེར་ཐལ་བ་དང་། མཐར་དབང་ཕྱུག་ཆེན་པོའི་དབང་བསྐུར་དེ་ཡང་དེར་ཐལ་ཏེ། མདོ་ལས་བཤད་པའི་ཕྱག་རྒྱའི་མིང་ཅན་དེ་དག་ཕྱག་ཆེན་མཚན་ཉིད་པ་ཡིན་པའི་ཕྱིར། ཞེས་བཀོད་པ་ལ། ལན་མཆན་བུར། འདུལ་བའི་དབང་ལ་སྒྲ་བཤད་མཚུངས། །ཞེས་དང་། འོད་ཟེར་ཆེན་པོའི་དབང་ལ་དོན་མཚུངས་ཞེས་དང་། ཡང་མདོ་ལས་བཤད་པའི་ཕྱག་རྒྱའི་མིང་ཅན་དེ་དག་ཕྱག་ཆེན་མཚན་ཉིད་པ་ཡིན་པའི་ཕྱིར་ཞེས་པ་ལ། ཕྱག་རྒྱ་ལ་ཕྱག་ཆེན་གྱིས་ཁྱབ་པ་མ་བླངས་པས། གསུང་བའི་ལན་མཆན་བུ་རེ་སྣང་ཡང་། སྒྲ་མཚུངས་ཀྱང་དོན་མི་མཚུངས་པ། ཕ་དང་མ་ནི་གསད་བྱ་ཞིང་། །ཞེས་སོགས་ལྟ་བུ། དོན་མཚུངས་ཀྱང་ཐ་སྙད་མི་མཚུངས་པ། མི་དང་གླང་ཆེན་ལ་ལག་ལྡན་གྱི་

དོན་མཚུངས་ཀྱང་། མི་ལ་ལག་ལྡན་གྱི་ཐ་སྙད་མ་གྲགས་པ་ལྷ་བུ་དང་། མཚོ་ནང་གི་རུས་སྦལ་མཚོ་སྐྱེས་ཀྱི་སྒྲ་བཤད་དུ་ཡོད་ཀྱང་། དེའི་སྒྲ་འཇུག་ཏུ་མེད་པ་སོགས་མང་དུ་ཡོད་ཀྱང་། དེ་དག་རྣམ་པར་མ་ཕྱེད་པའི་སྐྱོན་ཆེན་པོ་སྣང་སྟེ། འདུལ་ལུང་དབང་དང་། འོད་ཟེར་ཆེན་པོའི་དབང་། དབང་མཚན་ཉིད་པར་བཞེད་ན། མིང་ལ་དོན་དུ་འཁྲུལ། འདུལ་བ་དང་མདོ་དང་གང་ལ་སྔགས་དབང་མཚན་ཉིད་པ་ཡོད་པར་སོང་ངོ་། །སྒྲ་མཚུངས་ཀྱང་དོན་འདྲ་བས། དེ་དག་མཚན་ཉིད་པར་མི་བཞེད་ན། མདོ་ལས་བཤད་པའི་ཕྱག་རྒྱའི་མིང་ཅན་དེ་དག་ཀྱང་། མིང་མཚུངས་ཀྱང་ཕྱག་ཆེན་མཚན་ཉིད་པ་མིན་གསུང་དགོས་པ་ལས། ཆེན་པོ་དང་མ་སྦྱར་བས། མདོར་བསྟན་ཡིན་ཡང་ཕྱག་ཆེན་མཚན་ཉིད་པ་མིན་ཞེས་ཞལ་བཞེས་གནང་བ་དང་འགལ་འདུའི་ཕུང་པོར་སྣང་ངོ་། །འགལ་འདུ་དེ་ནི། མཆན་བུ་ཕོ་ཉ་དེས་བཅོས་སོང་སྟེ། མདོ་ལས་བཤད་པའི་ཕྱག་རྒྱའི་མིང་ཅན་དེ་དག་ཀྱང་། ཕྱག་ཆེན་མཚན་ཉིད་པ་ཡིན་པའི་ཕྱིར་བྱས་པ་ལ། ཕྱག་རྒྱ་ལ་ཕྱག་ཆེན་གྱིས་ཁྱབ་པ་ཁས་མ་བླངས་པས་རྟགས་མ་གྲུབ་ཅེས་མཆན་བུ་ཕོ་ཉས་སླུས་སོང་བའི་ཕྱིར་རོ། །

ཕོ་ཉ་དེ་བདེན་ནོ་གསུང་ན་ནི། མདོའི་ཕྱག་རྒྱ་ཕྱག་ཆེན་དུ་བཞེད་པའི་གྲུབ་མཐའ་ཞིག །ནད་ཚད་པ་རི་གླུང་འཐབ་པ་ལ། །འགྲན་བདོ་བཞིན་མདོ་རྒྱུད་རི་གླུང་འཐབ། །ཁོང་གཞོན་ནུ་གསོས་ཀྱིས་ཕན་པ་མེད། །ལྷ་སྨན་བླ་སངས་རྒྱས་སྨན་དྲོངས་ཤིག །གྲོགས་འཆི་མེད་མངལ་སྦས་མཐོ་རིས་བདག །མངལ་ཅོལ་ཆུང་ཁ་ནས་སྐྱུགས་པའི་མོད། །ལྷ་དཀའ་ཐུབ་མཁན་གྱི་ཚིག་མཆོན་མདས། །ལྷ་མི་བཟོད་མཚན་མ་སྟོང་གིས་གཏམས། །ཆོས་བླ་མེད་སྦས་དོན་སྟོད་མིན་ལ། །དུས་ཡང་ཡང་གསང་བ་གཏོལ་བའི་མཚང་། །ཚིག་མ་སྦས་འཐོལ་ཞིང་ཆགས་དེ་ལ། །དོན་ཀུན་གསལ་སྤྱན་སྟོང་མཛེས་དེ་བསྟུགས། །མཆོག་པདྨ་དཀར་པོ་སྤྲུལ་པའི་སྐུ། །སྟོན་གྲགས་དཀར་གདུགས་མཛེས་སྟོང་ཕུབ་ཀྱང་། །གསུང་ལྡེམ་དགོངས་ཚ་ཟེར་སྐྱུགས་པ་དེས། །སྙིང་གདུང་བ་བསིལ་བའི་གདེང་མ་ཐོབ། །ལས་བསོད་ནམས་བསགས་པ་འཕགས་པའི་ཡུལ། །མཁས་པཎ་གྲུབ་གཙུག་རྒྱན་ནཱ་རོ་པ། །ས་དཀར་དྭངས་འཛམ་པོའི་རྡོ་རྗེ་དང་། །དོན་དབྱེར་མེད་སྙིང་གི་དཀྱིལ་ན་བཞུགས། །

ཞེས་བོད་ཁ་བ་ཅན་པའི་བསྟན་བཅོས་ཀུན་གྱི་གཙུག་རྒྱན་སྡོམ་གསུམ་རབ་དབྱེ་ཞེས་གྲགས་པའི་བསྟན་བཅོས་ཆེན་པོར། གངས་ཅན་གྱི་ལྗོངས་འདིར་བྱོན་པའི་མང་པོ་དག་གིས། ཆོས་ལྟར་བཅོས་པའི་བསྟན་པའི་གཟུགས་བརྙན་ཅི་མཆིས་པ་ལ་དག་མ་དག་གི་རབ་ཏུ་དབྱེ་བ་སོ་སོར་ཕྱེ། བཀའ་ཕྱག་གི་གོང་མ་འཁྲུལ་མེད་དེ་དག་སྤྱི་བོའི་གཙུག་ཏུ་བསྟེན་ཡང་། ཕྱིས་ལྷ་སྤྱོད་ཟེར་ཡངས་སུ་ཤོར་བ་དེ་དག་རབ་དབྱེས་རྣམ་པར་ཕྱེ་བ་ལ་དེང་གི་དུས་འདིར་འགྲན་ཟླ་ཀུན་བྲལ་པདྨ་དཀར་པོའི་ཕྱག་ཆེན་གན་མཛོད་ཅེས་པར། ལན་གྱི་རྣམ་གཞག

ཆེད་དུ་བསྔགས་པའི་ཚེ་ཁོ་བོས་ཀྱང་ཕྱོགས་སྔ་ཕྱིའི་དགོངས་པ་དཔྱིས་ཕྱིན་པར་བླངས་ནས། གཟུར་གནས་ཉམས་ལྡན་གྱི་ཚིག་གི་སྲིད་བུ་ལ། བརྗོད་བྱ་དོན་གྱི་མུ་ཏིག་ཕྲེང་བ་བལྟར་དུ་བརྒྱུས་པའི་ལན། ཕྲུག་ཆེན་རྩོད་སྤྱོང་དུ་གྲགས་པའི་ཀླུང་དུ་ཞིག་ཕུལ་བ་ལ། སླར་ཡང་སྨྲུལ་པ་མཆོག་པདྨ་དཀར་པོས། མཆན་བུར་བཏབ་པའི་ལན་ཕྲན་བུ་གནང་འདུག་པ་ལ། ཡང་ལན་མཁས་པའི་མིག་ཐུར་ཞེས་པ་འདི་ནི། སྟག་ལོ་ཟླ་བ་བཞི་པའི་དཀར་ཕྱོགས་རང་ཅག་གི་སྟོན་པའི་དུས་བཟང་པོ་གསུམ་ལྡན། ཡོན་ཏན་གྱི་ཆ་ཤས་ཡོངས་སུ་གང་ཞིང་རྫོགས་པ་གསུམ་པའི་ཚེས་ལ། ཁ་བ་ཅན་གྱི་འདྲེན་པ་ཟླ་མེད་དཔལ་ས་སྐྱ་པར་གྲགས་པའི་མཚན་ཅན། མཁའ་འགྲོ་འབུམ་སྡེས་ཤེལ་གྱི་སྐས་ལ་མཁའ་སྤྱོད་དུ་སྤྱན་འདྲེན་པར་བརྩམ་པ་ན། གདུལ་བྱ་སྐལ་ལྡན་འདྲེན་པའི་བྱ་བ་ལྷག་མ་ཡོད་པས་མི་འགྲོ་ཞེས། མི་འགྱུར་རྡོ་རྗེའི་གདན་ལ་ཞབས་བརྟན་པར་བཞུགས་པའི་གནས། དྲིན་ཅན་བླ་མ་ཚར་ཆེན་ཆོས་ཀྱི་རྒྱལ་པོས་དཔལ་རྟ་མགྲིན་ཡང་གསང་གི་ཞལ་མངོན་སུམ་དུ་གཟིགས་པའི་ཁང་བརྩེགས། མང་མཁར་ཆ་ལུང་རྡོ་རྗེའི་བྲག་རྫོང་དུ། བླ་མ་ལྷ་དང་བཅས་པས་རྒྱུད་བྱིན་གྱིས་བརླབས་ཤིང་། རྒྱལ་བའི་བསྟན་པ་བསྟན་འཛིན་དང་བཅས་པ་ལ་ཤེས་ནས་དད་པ་ཐོབ་སྟེ། འཆད་རྩོད་རྩོམ་གསུམ་ལ་རྣམ་དཔྱོད་ཀྱི་པད་ཚལ་བཞད་པའི་བདུད་རྩིས་སྐལ་བཟང་གི་བུང་བ་ཚིམ་པར་བྱེད་པ། ཡུལ་བྱང་ཕྱོགས་ཀྱི་གློག་པ་བ། ཤཱཀྱའི་དགེ་སློང་རྡོ་རྗེ་འཛིན་པ་ཀླུ་སྒྲུབ་ཅེས་བྱ་བས་མགྱོགས་པར་སྦྱར་བ་འདིས་ཀྱང་། རང་གཞན་མཁས་པ་ཤེས་འདོད་ཅན་རྣམས་ཀྱི་རྣམ་དཔྱོད་ཀྱི་སྤྱན་དབྱེ་བར་གྱུར་ཅིག །

མཁས་གང་བློ་མིག་ཨུཏྤལ་སྙིང་པོ་ཅན། །རྣམ་གསལ་ཉི་གཞོན་མིག་ཐུར་འདིས་རེག་ཚེ། །སྤྱན་དབྱེ་ལེགས་པར་བསྟར་བའི་ཚོ་ག་ཡིས། །ཕྲིན་ལས་བདུད་རྩི་སྨིན་པའི་བཀྲ་ཤིས་ཤོག །ཡང་ལན་མིག་ཐུར་གྱེན་མིག་ཤ་ར་ཆྭས། །ཕས་རྒོལ་གདོང་ལྔ་བསྒྲལ་བའི་ལས་སྒྲིབ་སྡིག །སྦྱང་ཕྱིར་རབ་མཛེས་སྤྲར་གྱི་ཟླ་ཤེལ་ལས། །ལེགས་བཤད་བདུད་རྩིའི་དགའ་ཆར་འདི་བབས་སོ། །ཤེ་མ་བྱེད་པོ་རྒྱུགས་པའི་སྲས། །སྙིག་ལྡན་གདུགས་མ་དག་པའི། །སྡིག་ལྡང་དྲི་མ་འགག་མེད་ཀྱི། །བདེ་བར་གཉིད་ཀྱི་བསམ་གཏན་འཕེལ། །དག་བྱེད་སྤར་གྱི་དགེ་བའི་ལས། །ཡི་གེའི་རིག་བྱེད་རྫོང་རི་བ། །བྱམས་པའི་རྒྱལ་མཚན་མཛེས་བྱེད་དང་། །རྐོས་བྱེད་མཁས་པ་མང་མཁར་བ། །བློ་གྲོས་ཀུན་བཟང་གྲོགས་དང་བཅས། །དགེ་འདིས་འགྲོ་རྣམས་རྣམ་དཔྱོད་ཀྱི། །མིག་ཕྱེ་ཐར་ལམ་བསྒྲོད་པར་ཤོག །དགེའོ། །མངྒ་ལཾ། ཤུ་བྷཾ།། ༎

༄༅། །དྲིས་ལན་མཁས་པ་དགའ་བྱེད་བཞུགས།

མང་ཐོས་ཀླུ་སྒྲུབ་རྒྱ་མཚོ།

གང་བློ་རབ་ཏུ་གསལ་བའི་པད་དཀར་འབུམ། །སྙན་བརྒྱུད་རྒྱ་མཚོར

ཁྱབ་པའི་དྲི་བསུང་གིས། །སྐལ་བཟང་བུང་བ་ཚིམ་མཛད་དྲིན་ཅན་རྗེ། །བློ་གསལ་རྒྱ་མཚོའི་ཞབས་ཀྱི་པདྨོར་འདུད། །བློ་གསལ་མཁས་ཀུན་དགའ་བྱེད་པའི། །རྣམ་གྲོལ་མཆོག་གི་ལམ་བཟང་སྟོན། །བཀའ་དྲིན་མཚུངས་བྲལ་བླ་མ་རྗེ། །ཀུན་དགའ་གྲོལ་མཆོག་ཞབས་ལ་འདུད། །ཤེས་བྱ་ཀུན་གསལ་བློ་གྲོས་ཀྱིས། །ཕྱོགས་ལས་རྣམ་རྒྱལ་རྒྱལ་མཚན་གཙུག ། བཀའ་དྲིན་འཁོར་མེད་དྲིན་ཅན་རྗེ། །བློ་གྲོས་རྣམ་རྒྱལ་སྤྱི་བོར་བྱོན། །རིགས་གནས་ཀུན་མཁྱེན་རབ་དགའི་ས༔ ༔མཆོག་བརྙེས་སྐལ་ལྡན་བླ་མ་རྗེ། །ཀུན་དགའ་མཆོག་གི་ཞབས་པདྨོར། །བཏུད་དེ་ཐལ་སྦྱར་གསོལ་བ་འདེབས། །མདོ་ཁམས་ཡུལ་སྐྱེས་བསོད་ནམས་འབུམ། །དྲི་ཚིག་དར་གྱི་སྤྲོད་བུས་སྤྲེལ། །དར་དང་དྲི་བཟང་ཁུར་དུ་ཁུར། །འདིར་འགྱོར་བདག་བློ་སྤྲོ་བ་སྐྱེས། །

ཞེས་བརྗོད་ནས། དྲི་བའི་ལན་རིམ་པར་བགྱིས་པ་ནི། ཁྱེད་ཀྱི་དྲི་བ་དང་པོ་ནི། རྒྱུད་སྡེ་ཀུན་གྱི་རྩ་བཤད་ལ༔ ༔ཟབ་དང་མི་ཟབ་ཡོད་ལགས་སམ། །ཞེས་པའི་ལན་ནི། རྩ་བ་བཤད་པའི་རྒྱུད་དག་ལ། །གསལ་དང་མི་གསལ་ཚང་མ་ཚང་། །ལ་སོགས་ཤིན་ཏུ་ཡོད་པས་ན། །གོ་བ་དཀའ་སླའི་ཁྱད་པར་ཡོད། །གསལ་དང་ཚང་ལ་ཟབ་པ་དང་། །མི་གསལ་མ་ཚང་མི་ཟབ་པར། །འདོད་པ་གང་ལ་དེ་ལྟར་དེས། །

ཁྱེད་ཀྱི་དྲི་བ་གཉིས་པ་ནི། སྡོམ་པ་གསུམ་གྱི་རབ་དབྱེ་ལས། །མདོར་བསྟན་རིམ་གཉིས་གསང་ཚིག་ནི། ། བཤད་ཅེས་གསུངས་ཤིང་འོག་ཏུ་ནི། །གསང་ཚིག་ཡིན་ཕྱིར་མི་བཤད་གསུངས། །དེ་ཡི་དགོངས་པ་ཇི་ལྟར་ལགས། །ཞེས་པའི་ལན་ནི། སྡོམ་གསུམ་ལུས་ཀྱི་རྣམ་བཞག་ཏུ། །གསང་ཚིག་སྤྱིར་བཏང་བཤད་རུང་བ། ། འཆད་ལ་དགོངས་ནས་བཤད་རྗེས་གསུངས། །དམིགས་བསལ་ཐུན་མོང་མིན་པ་ཡི། །གསང་ཚིག་བཤད་དུ་མི་རུང་བས། །མ་བཤད་ཅེས་གསུངས་འགལ་བ་ཅི། །

ཁྱེད་ཀྱི་དྲི་བ་གསུམ་པ་ནི། ཕ་རོལ་ཕྱིན་པའི་ལྟ་བ་དང་། །གསང་སྔགས་ལྟ་བ་ཁྱད་མེད་གསུངས། ། ལམ་འབྲས་གཞུང་བཤད་དག་ལས་ནི། །ཕ་རོལ་ཕྱིན་དང་རྒྱུད་དུས་ཀྱི། །ལྟ་བ་དུག་ཅན་ཡིན་པར་གསུངས། །

དེ་གཉིས་དགོངས་པ་ཇི་ལྟར་ལགས། །ཞེས་པའི་ལན་ནི། འཁོར་འདས་དབྱེར་མེད་ལྟ་བ་ལ། །རྟོགས་པ་ཙམ་གྱི་ལྟ་བ་དང་། །ཉམས་མྱོང་ཉིང་འཛིན་ལྟ་བ་གཉིས། །རྟོགས་པ་ཙམ་གྱི་ལྟ་བ་ལ། །མདོ་སྔགས་གཉིས་ལ་ཁྱད་པར་མེད། །དེ་ཕྱིར་ཐོས་པའི་ལྟ་བ་ནི། །དབུ་མ་ཡན་ཆད་ཐམས་ཅད་མཐུན། །གསུངས་པའི་དགོངས་པ་དེ་ཉིད་ཡིན། །ལམ་འབྲས་དབང་བཞིའི་ངོ་སྤྲོད་ལས། །རྒྱུ་དུས་ལྟ་བས་རབ་རྒྱུན་པས། །བུམ་དབང་བསྐྱེད་རིམ་ཐོག་མར་བསྒོམ། །རྒྱུ་དུས་ལྟ་བ་སྒོམ་ཚུལ་ནི། །རྣམ་པར་རྟོག་པ་ཡེ་ཤེས་ཀྱི། །དབང་དུ་སོང་ན་འཁོར་བ་མེད། །ཡེ་ཤེས་རྣམ་པར་རྟོག་པ་ཡིས། །དབང་དུ་སོང་ན་གྲོལ་བ་མེད། །ཅེས་དང་། དྲན་གསལ་ཡིད་ལ་འགྱུས་པ་མ་ལུས་ཀུན། །སྐྱེ་མེད་ཆོས་ཀྱི་དབྱིངས་སུ་ཐག་ཆོད་ན། །མི་རྟོག་ཡེ་ཤེས་ཆེན་པོ་ཡིན། །དེ་ལྟར་ལྟ་བས་ཁྲིད་བསྒོམས་པས། །ཐ་མལ་རྟོག་པའི་གཞན་དབང་དུ། །མི་འགྲོ་ཆེན་བསྐྱེད་རིམ་བསྒོམ། །དེ་འདྲའི་ལྟ་ཁྲིད་ཟབ་མོ་འདི། །ཞི་གནས་ཉིང་འཛིན་མ་ཡིན་ཞིང་། །གོ་ཡུལ་ཙམ་ཡང་མ་ཡིན་པ། །ལྟ་བའི་དྲན་འདུན་མེལ་ཚེ་ཡིས། །རྣམ་རྟོག་རྐུན་མོ་མཤོར་བར། །མ་བརྗེད་དྲན་པས་སྐྱོ་བ་ཡིན། །ཕ་རོལ་ཕྱིན་ལ་ཉིང་འཛིན་གྱི། །ལྟ་བ་མེད་པ་མ་ཡིན་ཏེ། །ཕར་ཕྱིན་ལྟ་སྒོམ་ཟུང་འཇུག་ལས། །ལམ་ལྔ་ས་བཅུ་ཐོབ་པོ་ཞེས། །ས་ཆེན་བཤད་དེ་མ་མཚལ་ལམ། །འོན་ཀྱང་གསང་སྔགས་ཕར་ཕྱིན་གཉིས། །ལྟ་བ་སྐྱོན་ཚུལ་ཁྱད་པར་ཡོད། །ཕ་རོལ་ཕྱིན་པ་ཁ་དོག་དང་། །དབྱིབས་དང་རེག་བྱ་བསིལ་བ་ལ། །ཟླ་བ་ཞེས་ནི་ཟེར་བ་ལྟར། །ཐོས་བསམ་གཏན་ལ་ཕབ་པ་ཡིས། །གོ་ཡུལ་ཙམ་གྱི་ལྟ་བ་སྟོན། །གསང་སྔགས་ཆུ་ནང་ཟླ་གཟུགས་ལ། །ཟླ་བའི་དཔེར་བྱས་སྟོན་པ་ལྟར། །ཉམས་མྱོང་ཉིང་འཛིན་སྐྱེས་པ་ལ། །ལྟ་བ་ཡིན་ཞེས་སྟོན་པར་བྱེད། །འདི་འདྲའི་རྣམ་དབྱེ་མ་ཤེས་པར། །ཕ་རོལ་ཕྱིན་པའི་རང་ལུགས་ལ། །ཉམས་མྱོང་ལྟ་བ་མེད་པ་སོགས། །བབ་ཅོལ་སྨྲ་བ་ཉུང་ན་མཛེས། །ཕར་ཕྱིན་ལྟ་བ་ཕལ་ཆེ་བ། །རྣམ་རྟོག་རྒྱུན་ཆགས་མ་ནུབ་པས། །ལྟ་བ་དུག་ཅན་ཞེས་བཤད་ཀྱང་། །དུག་མེད་ཉིང་འཛིན་ལྟ་བ་ནི། །

ལྟ་འཁོར་འདས་དབྱེར་མེད་ཀྱི་བ་ཕྲ་འགྲེལ་ཉིད་ན་གསལ། །

དྲི་བ་བཞི་པ་ནི། ཚུལ་གསུམ་སྒྲོན་མེའི་ལུང་ལས་ནི། །འབྲས་བུ་སངས་རྒྱས་ཐོབ་པ་ལ། །མདོ་སྔགས་གཉིས་པོ་འདྲ་བར་གསུངས། །ཁ་སྐྱོར་རྒྱུད་ལ་དེ་གཉིས་ཀྱི། །འབྲས་བུ་སངས་རྒྱས་གཉིས་ལ་ཡང་། །སྤྲངས་རྟོགས་ཆེ་ཆུང་ཡོད་པར་གསུངས། །རྗེ་བཙུན་གོང་མ་དག་གིས་ཀྱང་། །དེ་དང་མཐུན་པའི་འབྲུ་གནོན་མཛད། །འདི་གཉིས་མཐུན་པར་བཤད་ན་ནི། །ཅུང་ཟད་འགལ་བ་འདུག་ལགས་ན། །དེ་ཡི་རྒྱུ་མཚན་ཇི་ལྟར་ལགས། །ཞེས་པའི་ལན་ནི། ཚུལ་གསུམ་སྒྲོན་མེའི་ལུང་ལས་ནི། །དོན་གཅིག་ན་ཡང་གསུངས་པའི་དོན། །མདོ་སྔགས་གཉིས་པོ་ཐོབ་བྱ་ཡིས། །འབྲས་བུ་སངས་རྒྱས་ཉིད་ལ་ནི། །དམིགས་པ་ཙམ་དུ་མཐུན་པའི་དོན། །ཡིན་མདོ་སྔགས

གཉིས་ཀྱི་ཐོབ་བྱའི་འབྲས་བུ་སངས་རྒྱས་མཚན་ཉིད་པ་གཅིག་ཐོབ་ཅེས་གྱི་གཞན་དུ་མ་སེམས་གཅིག །ཁ་སྐོར་རྒྱུད་ཀྱི་ལུང་དོན་དང་། །བདག་མེད་སྟོད་འགྲེལ་ལུང་དོན་གཉིས། །ས་པཎ་ཁ་སྐོར་མཆན་བུ་ལྟར། །ལེགས་པར་བཤད་ན་འདི་ལྟར་ཡིན། །ཕ་རོལ་ཕྱིན་པའི་ཐོབ་འབྲས་དང་། །རྣལ་འབྱོར་རྒྱུད་སྡེ་མན་ཆད་ཀྱི། །ཐོབ་འབྲས་ས་ནི་བཅུ་གཅིག་པོ། །དེ་ལ་སངས་རྒྱས་ཞེས་པ་དང་། །བདེ་གཤེགས་ཞེས་པའི་མིང་དུ་བཏགས་ཀྱང་མཚན་ཉིད་པ་མིན། །བླ་མེད་རྒྱུད་ཀྱི་ཐོབ་འབྲས་ནི། །བཅུ་གསུམ་རྡོ་རྗེ་འཛིན་པའི་ས། །དེ་ལ་རྡོ་རྗེ་སངས་རྒྱས་མཚན་ཉིད་པ་ཡིན་འཛིན་པ་ཟེར། །རྒྱུ་ལ་ཁྱད་པར་ཡོད་པའི་ཕྱིར། །འབྲས་བུ་དེ་དག་རྣམས་ལ་ཡང་། དངོས་རྣལ་འབྱོར་རྒྱུད་མན་ཆད་ཀྱིས་བཅུ་གཅིག་པ་སངས་རྒྱས་མཚན་ཉིད་པ་མིན་པ་དང་། བླ་མེད་ཀྱི་ས་བཅུ་གསུམ་པ་སངས་རྒྱས་མཚན་ཉིད་པ་ཡིན་ཞེས་བཏགས་ཁྱད་འབྱེད་ཤེས་ན། །དཀའ་བའི་གནད་ལས་རང་གྲོལ་ཡིན། །

དྲི་བ་ལྔ་པ་ནི། གསང་འདུས་སོགས་ཀྱི་རྒྱུད་སྡེ་ལས། ཚོགས་དང་སློབ་བཤད་གཉིས་སུ་གསུངས། །དེ་ལ་རྗེ་མོའི་སྤྱི་རྣམ་ལས། །ཅུང་ཟད་མི་འཐད་ཚུལ་དུ་གསུངས། །མདོ་རྒྱུད་ཀུན་གྱི་སྙིང་པོའི་བཅུད། །སྙན་རྒྱུད་བཞི་ཡི་སྔོམ་པའི་མཆོག །མཁས་གྲུབ་མང་པོ་གཤེགས་པའི་ལམ། །ཞལ་ནས་སྙན་དུ་རྒྱུད་པ་ཡི། །ཟབ་མོའི་མན་ངག་ལམ་འབྲས་ལ། །ཚོགས་བཤད་སློབ་བཤད་གྲགས་པ་ཡིས། །གཉིས་སུ་དབྱེ་བའི་རྒྱུ་མཚན་དེ། །རྡོ་རྗེའི་ཚིག་དང་གོང་མ་ཡི། །རྣམ་འགྲེལ་ཡིག་སྣ་གང་ལས་བཤད། །རྟེན་འབྲེལ་ལྔ་ཡི་ཡིག་ཆུང་ལས། །གླེགས་བམ་ཙམ་ལ་བརྟེན་པ་ཡི། །ལམ་འབྲས་པས་ཀྱང་འདི་མི་ཤེས། །གསུངས་པའི་དོན་ལ་འཆད་ན་ནི། །ལུང་དེའི་དོན་ནི་འདི་ལྟར་རོ། །ཉམས་མྱོང་རྒྱུད་ལ་སྐྱེས་པ་ཡི། །རྟེན་འབྲེལ་ཟབ་མོ་ནང་ནས་འཆར། །གཞུང་བཤད་དག་ལ་བརྟེན་པ་ཡི། །ས་ལམ་ཕྱི་ནང་རྟེན་འབྲེལ་སོགས། །ཐོས་པའི་སྒོ་ནས་འཆད་པ་དང་། །དེ་གཉིས་ཀྱི་ནི་ཁྱད་པར་ཡིན། །དེ་ལས་གཞན་པའི་ཁྱད་ཆོས་ནི། །མེད་སྙམ་ཡོད་ན་བདག་ལ་གསུངས། །ཞེས་པའི་ལན་ནི། གླེགས་བམ་ཙམ་ལ་བརྟེན་པ་ཡིས། །ལམ་འབྲས་པས་ཀྱང་འདི་མི་ཤེས། །གསུངས་འདི་གཞུང་བཤད་རྣམ་འགྲེལ་ལ། །ཟུར་ཟ་མཛད་པ་ག་ལ་ཡིན། །བླ་མ་གོང་མ་ཉམས་མྱོང་ཅན། །ཡི་དམ་ལྷ་ཡི་ཞལ་མཐོང་བ། །ཕྱག་ལེན་མཐོང་རྒྱུ་མ་ཉམས་པར། །གསུང་བཞིན་ཉམས་སུ་བླང་དགོས་ཀྱི། །ཡི་གེ་ནག་པོ་ཐུག་ཐྲག་ལ། །རྣམ་ཀུན་ཡིད་རྟོན་མེད་པའི་དོན་ཡིན་གྱི་ཐོས་རྒྱང་གོ་ཡུལ་ཙམ་ག་ལ་ཡིན། །དེ་ཕྱིར་འདིས་ཀྱང་སློབ་བཤད་ཀྱི། །མན་ངག་ཟུགས་ཀྱི་ཐོན་པ་ཡིན། །གཞུང་བཤད་རྣམ་འགྲེལ་ལན་བཤད་པ། །མན་ངག་ཉམས་ཁྲིད་ཁོ་ན་ཡིན། ། འདི་ཡི་རྗེས་སུ་འབྲང་ནས་ནི། །ཁྲིད་ཀྱི་སྙིང་པོ་འབྱུང་བ་ཡིན། །དེང་ཀྱི་གསུང་ངག་ལམ་འབྲས་ལ། །སློབ་ཚོགས་བཤད་པ་སྦྱར་བ་ལ། །སློབ་ཚོགས་བཤད་པ་སྦྱར་བ་ལ། །མཁས་རློམ་ཕལ་ཆེར་དགོངས་པ་འགལ། །

ཐུགས་ཀྱི་བློ་གྲོས་དོགས་པའི་སྐྱོན། །ལྷག་བསམ་སྐྱེད་ལ་གསན་པར་ཞུ། །གསང་འདུས་རྒྱུད་དང་མན་ངག་ལ༔ །སློབ་ཚོགས་བཤད་པ་ཤིན་ཏུ་གསལ། །དེ་ལ་དཔལ་ལྡན་རྩེ་མོ་ཡིས། །མི་མཐུན་གསུང་བ་ཞིག་ཀྱང་མེད། དེ་ལ་བརྟེན་ནས་རང་ལུགས་ལ་ཡང་སློབ་ཚོགས་ཀྱི་བཤད་པ་མཛད་པ་ཡིན་ཅི་ཕྱིར་བཅོམ་ལྡན་འདས་ཀྱིས་ཀྱང་། །རྒྱུད་ནི་རྒྱུད་གཞན་གྱིས་གསལ་གསུངས། །དེ་དོན་བདེ་ཀྱི་ལ་སོགས་ལ། །མི་གསལ་བ་དེ་གསང་འདུས་སོགས། །རྒྱུད་ལས་གསལ་བ་དེ་སྦྱོར་བས། །གསལ་བར་བྱེད་ཅེས་གསུངས་པ་ཡིན། །དེ་ཕྱིར་རྩེ་མོའི་སྤྱི་སྒྲིརྣམ་ལས། འོ་ན་ཁྱོད་ཀྱིས་གཤད་པ་གཉིས་པོ་གང་ཞེ་ན། ལན་དུ། སྤྱི་དོན་གཉིས་སུ་འཆད་བྱེད་ཀྱི་མན་ངག་གསུམ་གྱི་བཤད་པ་ནི་ཚོགས་པ་མ་བཤད་པ་ཡིན་ལ་རྣམ་བཤད་ལས། །གཞན་གྱི་རྩོད་པ་སྤོང་བའི་སྐབས། །ཁྱོད་ཀྱི་སློབ་ཚོགས་བཤད་པ་གཉིས། །ཇི་ལྟར་བྱེད་ཅེས་མཚམས་སློབ་མ་རྡོ་རྗེ་སློབ་དཔོན་གྱི་འོས་སུ་གྱུར་པ་ཟབ་ཅིང་རྒྱ་ཆེ་བའི་བློ་གྲོས་དང་ལྡན་པ་ལ་བཤད་པ་མཐའ་དག་བྱེད་དེ་ཞེས་གསུངས་སྦྱར་ནས། །བཤད་བྱ་ཕར་ཕྱིན་སྤྱི་དོན་དང་། །བསྐྱེད་རིམ་སྤྱི་དོན་རྣམ་གཉིས་ལ། །འཆད་བྱེད་ཡི་གེ་མན་ངག་དང་། །ཡན་ལག་དོན་གྱིས་འཆད་པ་ལ། །ཚོགས་བཤད་ཡིན་ཞེས་བཀའ་བསྩལ་ནས། །ཟབ་རྒྱས་བློ་ལྡན་སློབ་མ་ལ། །སྤྱི་སྤྲས་མཐར་ཐུག་བཤད་བྱ་རྣམས། །འཆད་བྱེད་གསུམ་གྱིས་འཆད་པ་ལ། །སློབ་བཤད་ཡིན་ཞེས་གསལ་བར་བཤད། །འདིའི་རྗེས་སུ་འབྲང་ནས་ནི། །རྒྱུད་དང་མན་ངག་གཉིས་ཀ་ལ། །སློབ་བཤད་ཚོགས་བཤད་གཉིས་བྱེད་པ། །ཁོ་བོ་རྗེ་བཙུན་རྩེ་མོ་ཡི། །རྗེས་སུ་འབྲངས་ནས་འཆད་པ་ལགས། །འདི་ཡི་རྣམ་དབྱེ་ཤེས་པ་ལ། །ཚོགས་སློབ་རྣམ་གཉིས་ཤེས་པ་དགོས། །ཚོགས་པ་བུམ་དབང་ཐོབ་པ་ཙམ། །སློབ་མ་དབང་གོང་ཐོབ་པ་དགོས། །དེ་ལ་བཤད་པའི་ཆོས་རྣམ་གཉིས། །ཚོགས་ལ་སྤྱི་དོན་རྣམ་གཉིས་ཙམ། །སློབ་མར་སྤྱི་སྤྲས་མཐར་ཐུག་སོགས། །བཤད་བྱ་མཐའ་དག་འཆད་པ་ཡིན། །འདིར་ནི་འོན་ཁྱོད་ཀྱི་བློ་བཤད་འདི་ཅི་ལ་ཟེར་སྙམ་ན་ལམ་འབྲས་སློབ་བཤད་ཅེས། །བྱེ་བྲག་སློབ་བཤད་ཅེས་པའི་བྱེ་བྲག་གི་མིང་ལམ་འབྲས་ཀྱི་ཁྲིད་ལ་སློབ་བཤད་དང་ཚོགས་བཤད་ཀྱི་ཁྲིད་གཉིས་ཀ་ཡོད་ཀྱང་དེ་ལྟར་བཏགས་སོ། །སྤྱིར་ལམ་འབྲས་ཀྱི་ཁྲིད་ལ་ཚོགས་བཤད་སློབ་བཤད་གཉིས་ཆར་ཡོད་ཀྱང་སྤྱི་ལ་བཏགས་པ་སྟེ། །དབང་ཁྲིད་བྱིན་རླབས་བཤད་པ་སོགས། །ལམ་འབྲས་ཁྲིད་ལ་དགོས་ཆོད་རྣམས། །ལྷག་ཆད་མེད་པར་འཆད་འདི་ལ། །སློབ་བཤད་ཅེས་སུ་གདགས་པ་ཡིན། །ཐོག་ཁྲིད་ཚང་བ་ཇི་ལྟར་བྱེད་སྣམ་ན་མར་སྣང་བ་གསུམ་གྱིས་ཁྲིད། །དེ་ནས་སློབ་མ་རྗེས་འཛིན་བྱས། །དེ་རྗེས་སྨིན་བྱེད་ཡབ་យུམ་དབང་། །རྟུལ་ཚོན་ལ་བརྟེན་དབང་བཞི་བསྐུར། །དེ་ནས་ལྷ་ཁྲིད་རྒྱས་པར་སྟོན། །དེ་ནས་ལུས་ཀྱི་དཀྱིལ་འཁོར་དུ། །དབང་བཞི་བསྐུར་ནས་ལམ་དུས་ལེན། །དེ་ནས་དབང་བཞིའི་ལམ་བཞི་ཡི། །ཁྲིད་རིམ་བཞི་པོ་རིམ་པར་བུམ་དབང་གི་ཕྱི་ནང་བསྐྱེད་རིམ་གྱི་ཁྲིད་གསང་དབང་གི་གཏུམ་མོའི་མེ་དམིགས་བཅོ་བརྒྱད་དེའི་ཐོག་ཏུ་ཡུམ་གྱི་བྱིན་རླབས་མཛད་ཕྱག་ལེན

ཞེས་ན་དབང་ངམ་ཡེ་ཤེས་ཀྱི་ཕྱག་རྒྱའི་ཉམས་ལེན་ཡས་བབ་དགའ་བཞི། དབང་བཞི་པའི་སྐད་ཅིག་མ་བདུན་གྱི་ཉམས་ལེན་ལམ་རྟེན་དགའ་བཞི་སྟོན། །དེ་ལས་བྱུང་བའི་ལྷ་ཉམས་བཞི། །སྐྱོན་ཅན་སྐྱོན་མེད་རབ་ཕྱེ་ནས། །སྐྱོན་མེད་བཞི་ལ་ཕྱག་ཆེན་གྱི་༼ལྷ་བ་དང་། འབྱུང་བཞི་ལས། ཉོན་མོངས། རྣམ་རྟོག །གློལ་བཞི་དང་འབྱུང་གསུམ་སྐྱོན་ཅན་གསལ་ཡང་རང་འབྱུང་གིས་ཏིང་འཛིན་སྐྱོན་མེད་དབང་གོང་མ་གཉིས་ཀྱི་དགའ་བ་དང་པོ་གསུམ་སྐྱོན་ཅན། བཞི་པ་ལྷན་སྐྱེས་སྐྱོན་མེད་ལྷ་ཉམས་སྐྱོན་མེད་བཞི་ལ་ཕྱག་ཆེན་ཡེ་ཤེས་སུ་ངོ་སྤྲད༽། །ཡེ་ཤེས་ངོ་སྤྲོད་རྒྱས་པ་བྱེད། དེ་ཉིད་ཐུན་མོང་ཡིན་མིན་གྱི། །སྤྱོད་པ་གསུམ་གྱིས་རྗེས་སུ་བསྐྱངས། །བུམ་དབང་གི་ལྟ་བ་ངོ་བོ་ཉིད་གསུམ་ལས་སྣང་ཕྱོགས་སྟོང་ཕྱོགས་སྐྱོན་ཅན། ཟུང་འཇུག་སྐྱོན་མེད། གསང་དབང་ཀུན་འདར་གསང་སྤྱོད། མངོན་སྤྱོད། ཀུན་བཟང་སྤྱོད་པ་གསུམ་དང་། ཐུན་མོང་མིན་པ་རྫུ་འཕྲུལ་རྐང་བཞིའི་སྤྱོད་པ། དྲན་པ་ཉེར་བཞག་བཞིའི་སྤྱོད་པ། ཡང་དག་སྤོང་བཞིའི་སྤྱོད་པ། དེ་ནས་ལམ་བཞི་རང་རང་གི། །གྲུབ་མཐའ་གྲུབ་མཐའ་དང་པོ་འཁོར་འདས་དབྱེར་མེད། གཉིས་པ་མ་འདྲེས་ལ་ཡོངས་སུ་རྫོགས་པ། གསུམ་པ་བདེ་སྟོང་རྒྱ་ཆུང་བ། བཞི་པ་བདེ་སྟོང་རྒྱ་ཆེ་བ་བཞི་པོ་རྟོགས་པར་འགྱུར། །གལ་ཏེ་གྲུབ་མཐའ་མ་རྟོགས་ན། །ལམ་བཞི་དབང་བཞི་རང་རང་གི། །མདའ་ཀ་བཞི་ཡི་བུམ་དབང་དག་གིས་སྣང་བ་སྒྱུར་བའི་མདའ་ཀ་སོགས། གསང་དབང་གིས་འོད་གསལ་ནས་འཕོ་བ། ཤེར་དབང་གིས་ནམ་འཆི་བའི་ཚེ་ན་རྡོ་རྗེ་སེམས་དཔའ་འགྲོན་པར་འགྱུར་བ་དང་། དབང་བཞི་པའི་ཕྱག་ཆེན་ལམ་ནས་འཕོ་བ་ཁྲིད་བཞི་བསྐྱངས། །གལ་ཏེ་འདའ་ཀ་མ་ཐེབ་ན། །དབང་བཞི་བར་དོའི་ཁྲིད་བཞི་སྟོན་བུམ་དབང་གི་བར་དོའི་ཁྲིད་སོགས། །དེ་ཚེ་བར་དོ་དེ་ཉིད་དུ། །དཔའ་བོ་མཁའ་འགྲོ་སྦྲ་རོལ་བཅས། །མེ་ཏོག་གདུགས་དང་རྒྱལ་མཚན་ཐོགས། །མཁའ་སྤྱོད་གནས་སུ་ཁྲིད་པར་བྱེད། །མཐའ་ནའང་སྐྱེ་བ་བདུན་དང་ནི། །བཅུ་དྲུག་བར་དུ་དམ་ཚིག་ལ། །སྐྱོན་མེད་གྲོལ་བ་ཐོབ་པར་བཤད། །ཨེ་མ་རང་དོན་གྱི་ཆེ་བ་སྐུ་ལྔ་སྟེ། རྟེན་དཀྱིལ་འཁོར་བཞི་གནས་གྱུར། སྤྲུལ་སྐུ། ལོངས་སྐུ། ཆོས་སྐུ། ངོ་བོ་ཉིད་སྐུ། བརྟེན་པ་ཡིད་གནས་གྱུར། ཤིན་ཏུ་རྣམ་པར་དག་པ་ངོ་བོ་ཉིད་ཀྱི་སྐུ་ལྔ་སྟེ། གཞན་དོན་གྱི་ཆེ་བ་ཡོང་བ་རྣམས་ཀྱིས་མིག་ཐོབ་པ་ལ་སོགས་དུ་མ། བདག་གཞན་གཉིས་ཀའི་ཆེ་བ་འཁོར་ཚོམ་བུ་དང་གཅིག་དང་བཅས་ཏེ་འཚང་རྒྱ་བའོ་འདི་ནི་ངོ་མཚར་ཆེ། །དེ་ལམ་འབྲས་སྤྱི་ལྟར་ལམ་འབྲས་རིང་རྒྱུད་དང་། །ཉེ་དང་ལམ་སྦས་བཤད་ཤིན་ཏུ་ཉེ་བརྡ་དོན་བསལ་བ་རྒྱུད་ཀྱི། །ཁྲིད་དང་ཁྲིད་གསུམ་བྱིན་རླབས་བྱིན་བརླབས་ཉེར་གཅིག་ལ་སོགས་དུ་མ། བདག་གཞན་གཉིས་ཀའི་ཆ་བ་འཁོར་ཚོམ་བུ་གཅིག་དང་བཅས་སྟེ་འཚང་རྒྱ་བ་པོ་ཀུན་རྫོགས་ནས། །སྒྲུབ་པའི་ལུང་དང་གསང་བཅུ་ཡི། །རྒྱས་བཏབ་བྱས་ནས་ལམ་འབྲས་རྫོགས། །ལམ་འབྲས་ཁྲིད་རིམ་མ་ཚང་མེད། །འདི་ལ་ལམ་འབྲས་སློབ་བཤད་ཟེར། །གལ་ཏེ་ལམ་འབྲས་ཁྲིད་འདི་ལ། །འཕོ་བ་གྲོང་འཇུག་བར་དོ་དང་། །རྨི་ལམ་ཁྲིད་འདི་འདུག་པའི་ཕྱིར། །རིམ་ལྔ་ནི་གུ་ལ་སོགས་པའི། །ཁྲིད་གཞན་བསྲེས་པ་ཡིན་ནོ་སྐམ། །བློ་ཆུང་ལོག་རྟོག་སྐྱེ་བ་བདེན། །སློབ་ཚོགས་བཤད་པ་དོན་ཟིན་ན། །ངོར་རྫོང་ཀུན་ལ་གཉིས་ཀ་

ཡོད། །དེ་ཉིད་མི་ཤེས་དམུས་ལོང་རྣམས། །རིན་ཆེན་གླིང་དུ་ཁྲིད་ན་ཡང་། །ངོ་མ་ཤེས་པའི་ལག་སྟོང་འབྱམ། །

དྲི་བ་དྲུག་པའི་ལན་ནི། བདག་ཆེན་བློ་གྲོས་རྒྱལ་མཚན་ལ། །གལ་ཏེ་གདན་ཚོགས་བྱེད་ནའང་། །དེ་ཡི་མཛད་པའི་ཡིག་ཆ་ལས། །དབང་དང་བྱིན་རླབས་མ་ཕྱེད་ཅིང་། །སྦྲས་བཤད་ལམ་གྱི་ཁྲིད་ཡིག་ལ། །གློ་མཆིན་གཉིས་ཀྱི་གནས་ཚུལ་དང་། །ལམ་ཟབ་ལུས་ཀྱི་ཞེན་སྤྱང་སོགས། །རྒྱུད་དང་གོང་མའི་གསུང་རབ་དང་། །འགལ་བ་དུ་མར་སྣང་བས་ན། །ཡིད་རྟོན་ཐུབ་པ་ཤིན་ཏུ་དཀའ། །ཞེས་བྲིས་སོ། །དེའི་ལན་ནི། ངེད་ཅག་བདག་ཆེན་བློ་གྲོས་པའི། །བརྒྱུད་འཛིན་གཙང་མ་ཡིན་པས་ན། །དེ་ལ་ཡིད་གདན་ཤིན་ཏུ་འཆའ། །དེ་ཡི་མཛད་པའི་ཡིག་ཆ་ལ། །སྐྱོན་མཚང་གཟིགས་པ་ངོ་མཚར་ཆེ། །འདི་ན་འདི་འདུག་བསྟན་ན་གསལ། །དེས་མཛད་ལམ་དུས་དབང་མཆོག་ནི། །ཤིན་ཏུ་ངོ་མཚར་ཆེ་བས་ན། །འདྲེན་མཆོག་ཀུན་དགའ་མཆོག་ལྡན་ཡང་། །དེ་ཡི་སྙིང་ནས་ཕྱག་ལེན་མཛད། །རྒྱུ་དབང་ལམ་དབང་གཉིས་པོ་ལ། །སྨིན་བྱེད་ཡིན་མིན་ཁྱད་པར་ཆེ། །འོན་ཀྱང་ལམ་དུས་དབང་མཆོག་ལ། །ཟབ་མོ་ལུས་དཀྱིལ་མ་སྨིན་པར། །དབང་འདི་བསྐུར་ཞེས་གསུངས་པ་ལ། །སྨིན་བྱེད་ཡིན་སྙམ་འཁྲུལ་མི་བྱ། །སྔོན་ཆད་ལུས་ཀྱི་དཀྱིལ་འཁོར་དུ། །དབང་མ་ཐོབ་ལ་བསྐུར་ཞེས་པའི། །དོན་ཡིན་སྨིན་བྱེད་དངོས་མ་ཡིན། །རྗེ་བཙུན་ཡུམ་གྱི་བྱིན་རླབས་དང་། །ཡབ་ཀྱི་ལམ་དུས་དབང་ཚོག་གཉིས། །སྨིན་བྱེད་མིན་པར་གསུངས་པ་ལ། །གཅིག་ལ་ལམ་དུས་དབང་མཆོག་ཟེར། །ཅིག་ཤོས་ཡུམ་གྱི་བྱིན་རླབས་ཟེར། །དེ་ཡི་རྒྱུ་མཚན་ཅི་སྙམ་ན། །ཡུམ་གྱི་ལམ་དུས་རྒྱུན་མ་ལ། །མི་ལན་པ་ཡི་གནད་ཀྱིས་ཡིན། །ཡབ་ཡུམ་གཉིས་ཀྱི་ལམ་དུས་དབང་། །རྒྱུན་མར་བྱེད་པ་ཡོད་སྲིད་ན། །གཉིས་ཀ་ལམ་དབང་བྱིན་རླབས་མཚུངས། །ཡབ་ཀྱི་ལམ་དུས་དབང་ཚོག་འདི། །མ་སྨིན་པ་ལ་བྱེད་ཟེར་བའི། །ས་རྫུས་བན་དེ་འགའ་ཞིག་མཐོང་། །ལམ་དབང་སྨིན་བྱེད་ཐལ་བ་སོགས། །ཟློག་མེད་རིགས་པ་མང་པོ་འབྱུང་། །སྦྲས་བཤད་ལམ་གྱི་ཁྲིད་ཡིག་ལ། །གློ་མཆིན་གནས་ཚུལ་ནོར་ཞེས་པ། །འདི་ལ་ཅུང་ཟད་བརྟག་པར་བྱ། །ས་པཎ་སྦྲས་བཤད་ཁྲིད་ཡིག་ལས། །གློ་བ་པད་དཀར་འདབ་མ་བརྒྱད། །ཁ་ནི་ཐུར་དུ་བལྟ་བ་དང་། །མཆིན་སྨུག་པདྨ་འདབ་མ་བརྒྱད། །ཁ་ནི་གྱེན་ལ་བསྟན་པ་སྟེ། །དེ་གཉིས་རྩེ་མོ་ཅུང་ཟད་བསྣོལ། །གཞལ་ཡས་ཁང་གི་ཚུལ་དུ་བསྒོམ། །ཞེས་པ་ཙམ་ཞིག་གསུངས་པ་ཡོད། །བདག་ཆེན་བློ་གྲོས་རྒྱ་མཚན་གྱིས། །མུས་ཆེན་སེམས་དཔའ་ཆེན་པོ་ཡི། །གསུང་ལ་ཟིན་བྲིས་ཁྲིད་ཡིག་ལས། །ལུས་ཀྱི་གནས་ཚུལ་གློ་བ་ནི། །ཐུར་བསྟན་འཕྱིན་པ་ལྟེབ་ལ་ནི། ། གནས་མོད་སྒོམ་པའི་དུས་སུ་ནི༏ ༏གོ་ལོག་གློ་བ་པདྨ་དཀར། །ཁ་ནི་གྱེན་ལ་བསྟན་པ་དང་། །མཆིན་པ་པད་སྨུག་འདབ་མ་བརྒྱད། །ཁ་ནི་ཐུར་ལ་བསྟན་ཏེ་བསྒོམ། །དེ་གཉིས་རྩེ་མོ་ཅུང་ཟད་བསྣོལ། །གཞལ་ཡས་ཁང་གི་ཚུལ་དུ་བསྒོམ། །རྡོ་རྗེ་ལུས

ཀྱི་གནས་ལུགས་ལ། །སྙིང་ཁ་ཐུར་བསྟན་གནས་ན་ཡང་། །བསྒོམ་དུས་བློ་ཡི་ཐྲེན་དུ་སླངས། །པདྨ་གཉིས་ཀྱི་བར་དུ་ནི། །གནས་པར་བསམ་སྟེ་བསྒོམ་པར་བྱ། །སྙིང་དབུས་རྩ་གསུམ་འདུས་པ་ཡི། །མདུད་པ་ཧཱུྃ་གི་གཟུགས་སུ་གྲུབ། །དེ་ཉིད་རྡོ་རྗེ་མཁའ་འགྲོར་བསྒོམ། །ཞེས་པ་བདག་ཆེན་ཆོས་རྗེ་གསུངས། །དེས་ན་ལུས་ལ་གནས་ལུགས་དང་། །སྒོམ་དུས་ཇི་ལྟར་བསྒོམ་པའི་ཚུལ། །མ་ནོར་བ་ཞིག་ཤིན་ཏུ་གཅེས། །དེས་ན་བདག་ཆེན་ཆོས་རྗེའི་གསུང་། །མ་ནོར་བ་འདི་དང་དུ་ལོངས། །ཁྱེད་ཀྱི་ལམ་འབྲས་ཁྲིད་འདི་ལ། །འཕོ་བ་གྲོང་འཇུག་བར་དོ་དང་། །རྨི་ལམ་ཁྲིད་ནི་འདུག་པའི་ཕྱིར། །ཁྲིད་གཞན་བསྲེས་པ་ཡིན་ནོ་སྙམས། །བློ་ཆུང་ལོག་རྟོག་སྐྱེ་བ་བདེན། །དཔལ་ལྡན་ས་སྐྱ་པཎྜི་ཏས། །ཁྲིད་ཡིག་བརྡ་དོན་གསལ་བ་ལས། །ཞར་ལས་བྱུང་བའི་ཁྲིད་བཞི་ནི༏ ༏འཕོ་བ་གྲོང་གྲོང་འཇུག་གི་ཁྲིད་གོང་མ་བཞུགས་དུས་བྱུང་འདུག་ཀྱང་ད་ལྟ་ལག་ལེན་མི་འདུག་འཇུག་བར་དོ་དང་། །ལམ་གྱི་ཚོད་འཛིན་རྨི་ལམ་ཁྲིད། །བཞི་ཞེས་གསུངས་པ་མ་མཐོང་ངམ། །ཀྱེ་མ་ཉམས་ཆུང་སྙིང་རེ་རྗེ། །བདག་ཆེན་གསུང་གི་ཟེར་མ་ཡིན། ལམ་ཟབ་ཞེན་པ་སྤྱོང་བ་ལ། །རྒྱུད་དང་གོང་མར་འགལ་ཞེས་ཟེར། །དེ་ནི་ས་པཎ་ལམ་ཟབ་ལས། །ཆགས་སྡང་ལུས་ལ་ཞེན་སྤྱངས་སོགས། །ཀུ་གསལ་ཚོགས་སོགས་མཛད་ཇི་བཞིན། །ཡིན་པས་གོང་མའི་གསུང་རབ་དང་། །རྒྱུད་དང་འགལ་བ་ག་ལ་ཡོད། །ཞལ་རས་འཛུམ་ན་བཞིན་ལེགས་ཡིན། །

ཡང་ཁྱེད་ཀྱི་དྲི་བ་བདུན་པ་ནི། པདྨ་ས་ནས་བདུན་པ་དང་། །བྲམ་ཟེ་མཆོག་སྲེད་ནས་རྒྱུད་པའི། །ནག་པོ་ཆེན་པོའི་རྗེས་གནང་ལ། །ཐུན་མོང་ཐུན་མོང་མ་ཡིན་པ། །གསུང་བའི་རྒྱུ་མཚན་ཇི་ལྟར་ལགས། །ཞེས་པའི་ལན་ནི། གུར་ཞལ་གཉིས་ཀྱི་རྗེས་གནང་ལ། །ཚོགས་བཅད་སྲིད་ཐུས་སྤྲེལ་ནས་ནི། །ཕྱག་མཚན་ལག་ཏུ་གཏོད་པ་ལ། །ཐུན་མོང་མིན་པའི་རྗེས་གནང་ཟེར། །དེ་ལྟར་མི་བྱེད་རྗེས་གནང་ལ། །ཐུན་མོང་བ་ཞེས་ཟེར་བ་ལགས། །དེ་ལྟར་སྟགས་འཆང་ཁྱེད་ཀྱིས་ནི། །ཇི་ལྟར་དྲིས་པའི་དྲི་བ་རྣམས། །ཁོ་བོ་ནྲ་གརྫུ་ན་ཡིས། །ལན་འདེབས་ཇི་ལྟར་བགྱིས་པ་འདིས། །བསྟན་པ་རིན་ཆེན་དྲི་མ་མེད། །དྲི་དང་ལྡན་གྱི་སྒོ་ནས་ཀྱང་། །དར་ཞིང་རྒྱས་པའི་འཕྲིན་ལས་དང་། །བཤད་དོན་ཕུན་སུམ་ཚོགས་པར་ཤོག །སྤྲུལ་སྐུ་པད་མ་དཀར་པོས། སྡོམ་གསུམ་རབ་དབྱེ་ཕྱག་ཆེན་པ་ལ་དཔྱད་པ་གནང་བའི་དགག་ལན་ཐུང་ཙམ་གནང་འདུག་པ་ལ། ཁོ་བོས་ལན་བགྱིས་པ་པར་མ་འདིའི་ནང་ན་གསལ། དགེའོ།། །།

དེང་སང་གི་ལམ་འབྲས་འཆད་ལུགས་འདི་ལ་སྣང་གསུམ་གྱི་རྗེས་ལ་དབང་བཞི་རྫོགས་པར་བསྐུར་དགོས་པས། འདི་འཆད་ཡུལ་གྱི་གདུལ་བྱ་དེ་ལ་སློབ་ཚོགས་གཉིས་ཀྱི་ཟླས་ཕྱེ་བའི་ཚོགས་པ་ཙམ་ནི་ཡོད་པ་མ་ཡིན་ཏེ། གདུལ་བྱ་དེ་རྣམས་སློབ་ཚོགས་གཉིས་ཀྱི་ཟླས་ཕྱེ་བའི་སློབ་མ་མཆོག་ཏུ་གྱུར་ཟིན་པའི་ཕྱིར་རོ། །འོན་ཀྱང་བློ་གསར་བུ་བ་ལ་སྣང་གསུམ་འཆད་ཡུལ་གྱི་གདུལ་བྱ་དེ་ཚོགས་པ་ཙམ་ཡིན་

ཞིང་། དབང་བཞི་རིམ་ཅན་པའི་ལུགས་བྱས་ཐོག་མར་བུམ་དབང་ཙམ་བསྐུར། དེ་ལ་བསྐྱེད་རིམ་གྱི་ཁྲིད་ཙམ་སྟོན་པ་ཡིན་ན། དེ་འཆད་ཡུལ་གྱི་གདུལ་བྱ་དེ་ཚོགས་པ་ཙམ་ཡིན་བྱས་པས་ཆོག་པ།

༄༅། །དྲི་བ་དྲིས་ལན་ངོ་མཚར་ཅན་བཞུགས།

མང་ཐོས་ཀླུ་སྒྲུབ་རྒྱ་མཚོ།

གང་ཞིག་དབང་གི་གྲྭ་དེར་འཁོད་པ་ལའང་། །གསང་བ་སྒྲོག་པའི་ཉེས་པས་རེག་དོགས་ནས། །སྔ་གོན་དུས་དེར་ནང་གི་དབང་བསྐུར་ཞིག །འབྲུལ་ཟད་བརྒྱུད་པའི་ལུགས་ལས་འབྱུང་བ་ཡིན། །དཔལ་ལྡན་དུས་ཀྱི་འཁོར་ལོས་བཤད་པའི་སྲོལ། །རྒྱུད་སྡེ་གཞན་དང་ཐུན་མོང་མིན་པས་ན། །དེ་ཕྱིར་དེ་ཡི་ཐུན་མོང་མིན་པ་ཡི། །ཁྱད་ཆོས་གཞན་ལ་སྦྱར་ན་མཛེས་པ་མིན། །སྤྲུལ་དང་ཡེ་ཤེས་ཏིང་འཛིན་དཀྱིལ་འཁོར་སོགས། །དག་པའི་གདུལ་བྱ་ཕོ་ནའི་སྤྱོད་ཡུལ་ཏེ། །སྨོན་ཆེ་དབང་གིས་སྨིན་པར་མ་བྱས་པའི། །ཐ་མལ་སྐྱེ་བོས་མཐོང་བའི་གོ་སྐབས་བྲལ། །འཇམ་དབྱངས་རྣམ་སྤྲུལ་ས་སྐྱའི་རྗེ་བཙུན་དེ། །དེང་སང་སྨིན་བྱེད་རྟུལ་ཆོན་ཉིད་དུ་ཅེས། །བཤད་འདི་གྲུབ་པའི་དབང་ཕྱུག་བི་རུ་པའི། །རྒྱུད་གསུམ་མན་ངག་བཤད་སྲོལ་ཆེན་པོའི་ལུགས། །དཔལ་ལྡན་དུས་ཀྱི་འཁོར་ལོའི་བཤད་སྲོལ་ལའང་། །བུམ་དབང་རྟུལ་ཆོན་ཉིད་དུ་མི་སྐུར་ཡང་། །དབང་བདུན་རྟུལ་ཆོན་ཉིད་དུ་སྐུར་བའི་ཕྱིར། །སྨིན་བྱེད་རྟུལ་ཆོན་ཉིད་དུ་མི་རིགས་སམ། །

སྨྲ་སྨི། ནང་དབང་བསྐུར་བ་དཔོན་སློབ་ཕ་བུ་སུ། །སྒྲུབ་པའི་དོན་ཡིན་གསང་སྒྲོགས་ཉེས་པ་ཉིད། །འགོག་སླད་ཡིན་ན་དེ་ཉིད་སྨིན་བྱེད་ཀྱི། །དབང་སྐུར་ཉིད་དུ་ཐལ་བ་མ་ལེགས་སམ། །དུས་ཀྱི་འཁོར་ལོའི་ཐུན་མོང་མིན་པ་ཡི། །བཤད་པ་རྒྱུད་སྡེ་གཞན་ལ་མི་རུང་ན། །ཕྱག་ན་རྡོ་རྗེ་སྙིང་པོས་བདེ་དགེས་གཉིས། །དུས་འཁོར་ཉིད་དང་མཐུན་པར་བཀྲལ་འདི་ཅི། །སྤྲུལ་སོགས་དཀྱིལ་འཁོར་དག་པའི་གདུལ་བྱ་ཡི། །སྤྱོད་ཡུལ་ཞེས་གསུངས་དག་པའི་དོན་དེ་ཅི། །ཐ་མལ་སྐྱེ་བོས་མཐོང་བའི་སྐབས་བྲལ་ན། །དེ་མཐོང་འཕགས་པ་ཉིད་དུ་བཞེད་དམ་ཅི། །སྨིན་བྱེད་རྟུལ་ཆོན་ཉིད་དུ་བསྐུར་བ་འདི། །བི་རུ་པ་ཡི་མན་ངག་ལུགས་ཡིན་ན། །རྡོ་རྗེའི་ཚིག་ཏུ་རྟུལ་ཆོན་ཞེས་པ་ཡི། །ཚིག་ཟུར་ཙམ་ཡང་མི་འབྱུང་ཅི་ཞིག་ཡིན། །དབང་བདུན་རྟུལ་ཆོན་ཕོ་ནར་སྐུར་ཞེས་པ། །ཕོ་ནའི་སྒྲ་ལ་རྣམ་བཅད་ཅི་ཞིག་ཡོད། །ཤམྦྷ་ལ་ཡི་ཆོས་རྒྱལ་རིགས་ལྡན་རྣམས། །དབང་བདུན་བློས་བསླངས་ཉིད་དུ་བསྐུར་མིན་ནམ། །

སྨྲ་སྨི། ངོ་མཚར་གནས་ལྔའི་གཞུང་བཟང་དཔལ་གྱི་ནགས། །ལེགས་བཤད་མེ་ཏོག་དཀར་པོའི་ལན་

ཚར་ཅན། །འདིག་རྟེན་མིག་གྱུར་ཐུབ་བསྟན་རིན་ཆེན་གྱི། །མངའ་བདག་མཁས་དབང་ཞབས་དེར་ཕྱག་བྱས་ནས། །གང་གསུང་དཀའ་གནས་རྡོ་རྗེའི་སྒྲོགས་དམ་པོས། །བཅིངས་ནས་རྣམ་དཔྱོད་སྤོབས་པ་གྲོས་པ་བཞིན། །གྱུར་ཀྱང་ལྷག་བསམ་མགྲིན་པ་ཙུང་ཟད་ཙམ། །བཏེགས་ནས་དོན་ལྡན་ཚིག་ཕྲེང་རྣམ་པར་སྤེལ། །ནང་དབང་བསྐུར་བས་དཔོན་སློབ་ཕ་བུ་སྲུ། །སྒྲུབ་པ་དེས་ཀ་དབང་ཆོག་སྟོན་འགྲོ་ཡི། །གསང་ཚིག་ཕྲ་མོའི་སྟོད་རྩུང་བཞེད་པ་ལ། །དེ་ཉིད་སྨིན་བཀའ་ཆེན་པོར་ཐལ་གསུངས་པ། །འོན་རིམ་འཇུག་བློ་དམན་སྤྱོང་བའི་ཚེ། །ཐེག་པ་ཆུང་ཆེར་རིམ་གྱིས་སློབ་པ་ཡང་། །གསང་ཆེན་སྟོད་རྩུང་ཆེད་ཡིན་དེ་ཉིད་ཀྱང་། །སྨིན་བྱེད་དབང་དུ་ཐལ་བ་མ་ཡིན་ནམ། །དུས་འཁོར་ཐུན་མོང་མིན་པའི་ཁྱད་ཆོས་འགའ། །གཞན་ལ་སྦྱར་ན་རིགས་མིན་གསུངས་པའི་དོན། །བདེ་ཀྱེ་ཁྱད་ཆོས་སྦྱོར་རྒྱུ་ཡོད་བཞིན་དུ། །དེ་དོར་དུས་འཁོར་ཁྱད་ཆོས་སྦྱོར་བ་སོགས། །རྩིང་པོར་སྤྱོད་པ་དག་ལ་གཟན་པ་ལེགས། །སེམས་དཔའ་གཉིས་ཀྱི་བདེ་དགོས་དུས་འཁོར་ལྟར། །བཀྲལ་བར་མཛད་བཞིན་འཆད་ན་དེ་གཞུང་ལྟར། །བྱེད་པར་དཔྱོད་ལྡན་མཁས་པའི་ཚོགས་ལ་གསལ། །འདི་རྣམ་མཆན་བུ་མཁན་པོས་དེ་ནང་དུ། །རིགས་གསུམ་མགོན་པོས་མཛད་པ་ཤུགས་ལ་བསྟན། །བརྟག་གཉིས་སྤྱི་དོན་གྲུབ་པའི་ཡིད་འཕྲོག་ཏུ། །ཕྱག་རྡོར་རྡོར་སྙིང་གཅིག་གསུང་དཔྱད་པའི་གནས། །སྤྲུལ་སོགས་དཀྱིལ་འཁོར་དག་པའི་གདུལ་བྱ་ཡི། །སྤྱོད་ཡུལ་ཞེས་གསུངས་དག་པའི་དོན་དེ་ནི། །ཡེ་ཤེས་དཀྱིལ་འཁོར་མཐོང་འཇུག་ཞུས་པ་ཙམ། །འཕགས་པ་ཁོ་ན་ངེས་པ་མ་ཡིན་ལགས། །རྟུལ་ཆེན་དེ་ལ་གཙོ་བོར་བི་རུ་པའི། །ལུགས་སྲོལ་ཡིན་མོད་ཚིག་རྐང་དངོས་བསྟན་དུ། །མ་གསུངས་པ་ཡིས་གནོད་མིན་འདིའི་གསུང་རྒྱུན། །ཨཧྰའི་གཞི་བཤད་སོགས་སུ་རྒྱ་ཆེར་གསལ། །དབང་བདུན་རྟུལ་ཆེན་ཁོ་ནར་སྐུར་ཞེས་པ། །ན་རོའི་མདོར་བསྟན་ཚིག་འགྲེལ་སོར་བཞག་ལགས། །དེ་ལ་སྦྱིར་བཏང་དམིགས་བསལ་སོགས་ཡོད་ན། །ཡོངས་འཛིན་མཁས་པའི་དགོངས་པའང་དེ་ཡིས་འགྲེལ། །དེ་སྐད་རང་སྙིང་ལམ་ལ་གསལ་བ་ཙམ། །དམ་པའི་དྲུང་དུ་གསོལ་ལོ་རྣམ་འདྲེན་དེའི། །གསུང་གི་གསང་བ་མི་ཟད་རྒྱན་འཁོར་ལོ། །རྟོགས་ཧེ་འཆད་པའི་ནུས་པ་བདག་ལ་ཅི། །འདི་ཙམ་བརྗོད་ལས་འགལ་བའི་རང་མཚང་ཞིག །བསྟན་ན་དམ་པའི་ཐུགས་ཀྱིས་མི་ཁྲེལ་ཞིང་། །གལ་ཏེ་ལེགས་པར་བཤད་པའི་ཆ་མཆིས་ན། །ཁྱོད་དགེས་འཇམ་དེས་ཀུན་མཁྱེན་ཐོབ་པར་སྨོན། །

༈ གསོ་སྦྱོང་བསླབ་པའི་གནས་བཅུ་སོགས་སྟེར་བ། །སྟོད་ཀྱིས་མ་སྨིན་སྨིན་བྱེད་ཐབས་ཡིན་ཡང་། །དེ་དབང་དབང་དུ་འདོད་པ་སུ་ཡང་མེད། །སྨིན་བྱེད་དབང་དུ་ཐལ་བར་ག་ལ་འགྱུར། །བདེ་ཀྱེའི་ཁྱད་ཆོས་སྤངས་ནས་དུས་འཁོར་གྱི། །ཁྱད་ཆོས་དེ་དེར་སྦྱར་བའི་མཚན་གཞི་ནི། །འདི་ཞེས་གསལ་བར་ཞལ་གྱི་པདྨ་ནི། །འཇམ་

མདངས་ཉི་འོད་ཀྱིས་ཕྱེ་གསུང་དགོས་སོ། །དབང་སྐུར་བཞི་པ་ཡེ་ཤེས་རྡོ་རྗེའི་ལམ། །རྒྱུད་སྡེ་གཞན་དུ་སྦས་པ་གསལ་བྱེད་པ། །དུས་འཁོར་རྒྱུད་དང་སེམས་དཔའི་འགྲེལ་པ་ཡིན། །འདི་ཡིས་རྒྱུད་སྡེ་གཞན་གྱི་སྦས་དོན་འཆད། །བརྟག་པ་གཉིས་པར་སློབ་དཔོན་གསང་བ་དང་། །ཤེས་རབ་ཞེས་པས་དབང་གསུམ་གསལ་བར་བསྟན། །བཞི་པ་དེ་ཡང་དེ་བཞིན་ཞེས་པ་ཡི། །བཞིན་གྱི་སྒྲ་ཡི་དབང་མཆོག་བཞི་པ་སྦས། །འདི་དོན་གསུམ་པར་ཤེས་རབ་ཡེ་ཤེས་ཞེས། །བརྗོད་པ་དེ་བཞིན་དབང་སྐུར་བཞི་པ་ལའང་། །ཤེས་རབ་ཡེ་ཤེས་ཞེས་པའི་མཚན་གྱིས་སྨད། །མིང་ཙམ་མཚུངས་ཀྱང་གསུམ་པའི་ཤེས་རབ་ནི། །ལས་ཀྱི་ཕྱག་རྒྱ་བཞི་པའི་ཤེས་རབ་ནི། །རྣམ་པ་ཀུན་གྱི་མཆོག་ལྡན་ཕྲ་ཐབ་གཟུགས། །

༄ ཨེ་མ་ཐུབ་གསུང་འོ་མའི་ཆུ་གཏེར་དུ། །འགྱུར་མེད་རྣམ་དཔྱོད་བློ་གྲོས་མཆུས་གཞིབས་ཏེ། །ལེགས་བཤད་དབྱངས་ཀྱི་རྒྱལ་མོའི་རོ་བརྒྱ་པས། །བདེ་ཆེན་ལོང་ལ་སྤྱོད་པ་དམ་པའི་གསུང་། །རིམ་འཛུག་ཚུལ་དེ་སྔོད་ཀྱིས་མ་སྨིན་པ། །སྨིན་བྱེད་ཐབས་སུ་བཞེད་པ་ཇི་བཞིན་དུ། །ནང་དབང་སྐུར་བ་སྔོད་ཀྱི་མ་སྨིན་པ༑ ༑སྨིན་བྱེད་ཐབས་ཞེས་ཞུ་བའི་མགྲིན་པ་འདེགས། །འོན་གསང་བ་སྒྲོགས་པས་རིག་དོགས་ཞེས། །བཤད་པ་མིན་ནམ་ཞེས་ན་གསང་བ་དེ། །ཕྲ་མོ་ཡིན་གྱི་གསང་ཆེན་དངོས་མིན་པས། །ལེགས་བཤད་ཟླ་དབང་རྩོད་པའི་འཕྲིན་ལས་གྲོལ། །ཡོངས་གྲགས་བདེ་ཀྱེ་རང་ལ་རིགས་ལྔ་ཡི། །སྡོམ་གཟུང་ཆོག་སྦྱོང་བཞིན་དུས་འཁོར་གྱི༑ ༑རིགས་ལྔའི་ཐུན་མོང་མིན་པའི་སྡོམས་བཟུང་གི། །ཆོ་ག་སྦྲུར་བ་མཚན་བཞིའི་དཔེ་ཙམ་ཡིན། །གཞན་ཡང་རྒྱལ་བའི་མཁྱེན་སྤྱན་ཡངས་པས་གཟིགས། །ཞིབ་ཏུ་དམིགས་བསལ་དོས་བཟུང་བཀར་བ་ཞིག །རྩིང་པོར་སྤྱོད་པའི་སྐྱེ་དགུ་འདི་དག་གིས། །བདག་ལ་ཁྲོ་བ་ཆེན་པོའི་སྨིགས་ཀྱིས་བལྟས། །རྡོ་རྗེའི་ལམ་དེ་བླ་མེད་རྒྱུད་གཞན་དུ། །སྦས་ཞིང་མི་གསལ་བ་ཞིག་ཡོད་ངེས་ན། །རྒྱུད་སྡེའི་ཡངས་རྩེ་དུས་ཀྱི་འཁོར་ལོ་ཡིས། །གསལ་ཞིང་རྒྱས་པར་བཤད་ལ་ཅི་བའི་འཛུག །དེ་ཕྱིར་དམ་པ་ཁྱོད་ཀྱི་སྒྲོལ་ཆེན་འདིའི། །བཤད་པའི་ནོར་བུ་བསྟན་པའི་རྒྱལ་མཚན་རྩེར། །བཀོད་དེ་འདོད་དགུ་འབྱུང་བའི་ལེགས་བཤད་ཀྱིས། །དཔྱོད་ལྡན་རེ་བའི་བང་མཛོད་དགང་བར་གསོལ། །

༄༅། །སྤྲུལ་སྐུའི་དྲིས་ལན་འོད་ཟེར་བརྒྱ་པ་བཞུགས་སོ། །

མང་ཐོས་ཀླུ་སྒྲུབ་རྒྱ་མཚོ།

གང་སྐུའི་བཞིན་གྱིས་འགྲོ་བའི་ཡིད་རབ་འཕྲོགས། །གསུང་གི་ཞགས་པས་འགྲོ་བའི་ངག་རབ་བཅིངས། །ཐུགས་རྗེའི་ལྕགས་ཀྱུས་འགྲོ་བའི་ཡིད་རབ་བཟུང་། །ནྲ་རོའི་སྤྲུལ་སྐུ་སྙིང་གི་པདྨོར་བྱོན། །བྱམས་པའི་ཆུ་འཛིན་མཁའ་ལ་ཉེར་འཁྲིགས་བློ་གྲོས་གློག་སྟོང་གཤོན་ནུས་ཀློད། །རྣམ་དཔྱོད་ནམ་མཁའི་ཇ་དབྱངས་ཆེར་སྒྲོགས་ལེགས་བཤད་ཆུ་བོའི་ཟེགས་མ་འཐོར། །རྒྱལ་བའི་བསྟན་ལ་ཆད་རྟོད་རྩོམ་གསུམ་རྐང་འཐུང་ལོ་མའི་ཚལ་རབ་སྨིན། །བཀའ་དྲིན་མཚུངས་བྲལ་བཤེས་གཉེན་ཆེན་པོ་ཕྱོགས་ལས་རྣམ་པར་རྒྱལ་གྱུར་ཅིག །རྣམ་དག་ལུང་རིགས་དྲི་མེད་གོམ་ཟླུང་གིས། །འཆད་རྩོད་རྩོམ་པའི་ཐུབ་བསྟན་ས་གསུམ་པོ། །བདག་གིར་བགྱིས་ཏེ་ཕ་རོལ་སྤོབས་ལྡན་དེའང་། །རང་གིས་དམ་བཅས་ས་འོག་འཆིང་ནུས་པའི། །གངས་ཅན་འདི་ན་མཁོན་རིགས་ས་སྐྱ་པ། །འཆི་མེད་གཞོན་ནུའི་ཐུབ་དབང་ནོར་ལྷའི་བུ། །བོད་ཡུལ་བསྟན་པའི་ནོར་འཛིན་ཡངས་པའི་ཁྱོན། །མ་ལུས་འདེགས་བྱེད་ས་སྐྱའི་རྗེ་བཙུན་རྒྱལ། །བསིལ་ཟེར་ཟླ་འོད་སྟོང་གིས་མི་ཟློགས་ཤིང་། །བསིལ་བྱེད་ཆུ་བོ་ཕྲག་བརྒྱས་མི་བཟོད་པ། །རང་བྱུང་གཏུམ་མོའི་བདེ་དྲོད་འབར་བའི་མེས། །ལྷ་དང་སྲེག་བྱེད་བཀའ་རྒྱུད་བླ་མ་རྒྱལ། །ལུང་རིགས་འོད་སྣང་འཕྲོ་བའི་འོད་བརྒྱ་པ། །ཐུབ་བསྟན་ཡངས་པའི་པད་ཚལ་སྨིན་བྱས་ནས། །གསུང་སྐྱེས་བུང་བའི་མགྲིན་ཇ་སྒྲོགས་པའི་ཕྱིར། །ཆོས་སྡིངས་ཤར་རིའི་རྩེ་ནས་འཆར་རོ་སྐམ། །

སྟོད་ཉུང་སྐལ་བར་འཚམས་པའི་གདུལ་བྱ་ལ། །སྨིན་བྱེད་དབང་གིས་ས་བོན་འདེབས་པའི་ཕྱིར། །ཀུན་ལ་དབང་བསྐུར་བགྱིས་པས་སྟོད་མིན་ལ། །གསང་ཆེན་ཁྲིམ་དུ་སྒྲོགས་པར་ག་ལ་འགྱུར། །གང་ཞིག་དབང་གི་གྲྭ་དེར་འཁོད་པ་ལའང་། །གསང་བ་སྒྲོག་པའི་ཉེས་པས་རེག་དོགས་ནས། །སྔ་གོན་དུས་དེར་ནང་གི་དབང་བསྐུར་ཞིག །འཁྲུལ་ཟད་རྒྱུད་པའི་ལུགས་ལ་མི་འབྱུང་ངམ། །འོན་ཀྱང་སྙིགས་མས་བསྐུས་པའི་སྐལ་ངན་ཚོགས། །སོ་ཐར་འདུལ་བའི་རྟེན་དུའང་མི་རིགས་ཤིང་། །ཐུན་མོང་བྱང་སེམས་སྟོད་དུའང་མི་འོས་ན། །གསང་ཆེན་ཐུན་མོང་མིན་པའི་བདུད་རྩི་ཆེའི། །སྟོད་ཅེས་དཔྱོད་ལྡན་མཁས་པ་སུས་སྨྲ་ནུས། །དེ་ཕྱིར་ཟབ་ཟིང་སླད་དུ་ཟབ་མོའི་ཆོས། །ཕངས་མེད་ཟོང་དུ་འཚོང་འདི་དུས་སྐབས་ཀྱིས། །སྟོན་བྱོན་མཁས་པ་སུས་ཀྱང་

འགོག་མ་ནུས། །དེ་སྐད་རྡོ་རྗེ་ཐེག་པའི་བསྟན་པ་ནི། །གཟུགས་བརྙན་ཙམ་ཡང་ལུས་པར་མ་བྱས་ཞེས། །ས་སྐྱའི་འཇམ་དབྱངས་གཞོན་ནུ་འཇིགས་བྲལ་དེས། །སྙིང་གཏམ་སྐད་དུ་བོར་ཏེ་མཁའ་ལ་གཤེགས། །བླ་མེད་དབང་ལ་སྨོད་རུང་ཉེར་ལྔ་ལས། །ལྟག་པའི་སློབ་བུ་གཞུག་པར་མི་བྱ་ཞེས། །ལུང་རིགས་མན་ངག་མངའ་བའི་རྣམ་དཔྱོད་ཅན། །ས་སྐྱའི་འཇམ་མགོན་གང་དེས་བརྩེ་བས་གདམས། །བྱ་བའི་རྒྱུད་ལ་གྲངས་ངེས་འདི་ཉིད་ཀྱི༔ ༔དམིགས་གསལ་སྤྱི་རྒྱུད་ལུང་གིས་གསལ་བར་ངེས། །སྤྱོད་པའི་རྒྱུད་ལ་གྲངས་མེད་རྗེས་བཟུང་ཞེས། །དམིགས་བསལ་རྣམ་སྣང་མངོན་བྱང་ལུང་གིས་བསལ། །ཡོ་ག་རྣལ་འབྱོར་བླ་མེད་རྒྱུད་གཉིས་སུ། །འདི་ཞེས་དམིགས་བསལ་གསལ་བྱེད་འགར་མ་བཤད། །དེ་ཚེ་སྤྱི་རྒྱུད་ལུང་གི་ངེས་གསལ་འདི། །རྒྱུད་སྡེ་གོང་མ་གཉིས་ཀྱི་གྲངས་ངེས་ལ། །སྦྱོར་བ་མཁས་རྣམས་དགེས་པའི་ལེགས་བཤད་ཡིན། །

ཅི་སྐད་ཅེ་ན་དེ་ཉིད་འདུས་པ་ལས། །ང་དང་སྤྱི་རྒྱུད་འཇམ་དཔལ་རྩ་རྟོགས་ལས། །ཆོ་གའི་རྣམ་དབྱེ་བཤད་འདི་ཅི་རིགས་པར། །ཆོ་ག་གཞན་ལ་སྦྱོར་ཞེས་བཤད་མིན་ནམ། །ཁ་ཅིག་སྤྱི་རྒྱུད་ཅེས་པའི་ཚིག་གི་དོན། །བྱ་རྒྱུད་ཚོགས་སུམ་སྟོང་དྲུག་བརྒྱ་ཡི། །སྤྱི་རྒྱུད་ཡིན་གྱི་རྒྱུད་སྡེ་སྤྱི་ཡི་མིན། །དེ་ཕྱིར་རྒྱུད་སྡེ་གཞན་ལ་མི་རིགས་ལོ། །སྤྱི་རྒྱུད་ཅེས་པའི་སྒྲ་དོན་དེར་ཟད་མོད། །གང་དུ་ལས་ཡོད་ཆོ་ག་མེད་ཀུན་ལ། །ཚུལ་དེ་ཇི་ལྟར་རིགས་པར་སྦྱོར་ཞིག་ཅེས། །རྒྱུད་སྡེ་གཉིས་དེར་གསུང་ལ་སུ་ཞིག་འགོག །ཁ་ཅིག་སྤྱི་རྒྱུད་ལུང་གིས་གོང་མ་ལ༔ ༔གྲངས་ངེས་འགྲུབ་ན་སྤྱོད་རྒྱུད་ལུང་གིས་ཀྱང་། །གྲངས་ངེས་མེད་འདི་སྒྲུབ་པར་ནུས་སོ་ཞེས། །མི་མཚུངས་མཚུངས་པའི་མགོ་བསྒྲེ་བྱེད་དོ་ལོ། །སྤྱོད་རྒྱུད་ལུང་དོན་གཞན་ལ་སྦྱོར་བ་ཡི། །གསལ་བྱེད་ཡོད་ན་ཁོ་བོས་འཇུག་ལྡོག་བྱེད། །སྤྱི་རྒྱུད་ལུང་དོན་གཞན་ལ་སྦྱོར་བ་ཡི། །གསལ་བྱེད་རྡོ་རྗེ་འཆང་དེས་མ་གསུངས་སམ། །དཔལ་ལྡན་དུས་ཀྱི་འཁོར་ལོའི་བཤད་པའི་སྒྲོལ། །རྒྱུད་སྡེ་གཞན་དང་ཐུན་མོང་མིན་པའི་ཕྱིར། །དེའི་ཕྱིར་དེ་ཡི་ཐུན་མོང་མིན་པ་ཡི། །ཁྱད་ཆོས་གཞན་ལ་སྦྱར་ན་གད་མོའི་གནས། །གལ་ཏེ་གཞན་ལ་སྦྱོར་བར་འོས་ན་ཡང་། །རྒྱུད་སྡེ་དེ་ཡི་སློབ་མའི་གྲངས་ངེས་ལ། །གསལ་བྱེད་རྒྱུད་དང་རྒྱུད་འགྲེལ་དེར་མ་གསུངས། །དྲང་སྲོང་བྱེ་བ་ཕྲག་ལ་དབང་བསྐུར་ཞེས། །གསུངས་ཀྱང་སྟོན་དུས་སྣོད་ལྡན་དག་ལ་དགོངས། །དུས་འཁོར་ཕྲེང་བའི་དབང་སོགས་གྲངས་མེད་ལ། །བག་མེད་སྤྱོད་པའི་ས་ལུགས་ཡོད་སྲིད་ན། །འཇམ་མགོན་གསུང་གི་ཟེགས་མ་འགོག་པ་སྟེ། །སླར་ཡང་ལུང་རིགས་དྲག་པོས་ཚར་གཅོད་རིགས། །དབང་དང་བྱིན་རླབས་རྗེས་གནང་རིགས་གཏད་སོགས། །རྩ་བ་ཡན་ལག་ནང་ཆེན་སོ་སོ་ཡི། །རྟེན་འབྲེལ་གནད་དུ་སོ་སོར་འབྱེད་ཤེས་ན། །འདི་ལ་དཀའ་གནས་ཅི་ཡང་ཡོད་མ་ཡིན། །དབང་འདི་གསང་སྔགས་ལམ་གྱི་སྒྲོག་རྩ་སྟེ། །གང་གིས་བསྐུར

དང་གང་དུ་བསྒྱུར་བ་དང་། །གང་ལ་བསྒྱུར་དང་ཇི་ལྟར་བསྒྱུར་བ་ཡི། །ཆོ་གའི་གནད་རྣམས་འཚོལ་བ་བྱ་མི་རུང་། །དཀྱིལ་འཁོར་ཆེན་པོའི་ནང་དེར་མ་ཞུགས་ན། །དཀྱིལ་འཁོར་ལྷ་དང་སྐལ་བའང་མི་སྙམ་ན། །དཀྱིལ་འཁོར་དེར་བརྟེན་ཟབ་མོའི་ལོངས་སྤྱོད་ལ། །ཇི་ལྟར་འདོད་རྒྱུར་སྤྱོད་པའི་མཐུ་ཡོད་དམ། །དཀྱིལ་འཁོར་སྤྲུལ་དང་རྡུལ་ཚོན་ལུས་དཀྱིལ་སོགས། །དབྱེ་བའི་རྣམ་གྲངས་མང་དུ་གསུངས་ན་ཡང་། །རྒྱུ་ལམ་འབྲས་སོགས་གང་ལ་གང་དགོས་པའི། །དཀྱིལ་འཁོར་རྣམ་དབྱེ་མ་ཕྱེད་རྣམ་པར་འཁྲུམ། །སྤྲུལ་དང་ཏིང་འཛིན་ཡེ་ཤེས་དཀྱིལ་འཁོར་སོགས། །དག་པའི་གདུལ་བྱ་ཁོ་ནའི་སྤྱོད་ཡུལ་ཏེ། །སྔོན་ཚེ་དབང་གིས་སྨིན་པར་མ་བྱས་པའི། །ཐ་མལ་སྐྱེ་བོས་མཐོང་བའི་གོ་སྐབས་བྲལ། །དེ་ཕྱིར་སྤྲུལ་སོགས་དཀྱིལ་འཁོར་དེ་མཐོང་བ། །སྨིན་ཟིན་ཡེ་ཤེས་འདྲེན་བྱེད་ཁོ་ན་སྟེ། །ཐོག་མེད་སྨིན་བྱེད་དབང་ལ་དཀྱིལ་འཁོར་འདི། །རྒྱུད་དང་རྒྱུད་འགྲེལ་འགའ་ཡང་བཤད་མ་མཐོང་། །བདག་མེད་ལྷ་མོའི་སྤྲུལ་པའི་དཀྱིལ་འཁོར་དེར། །རྣལ་འབྱོར་གཙུག་རྒྱན་རྗེས་སུ་བཟུང་བ་དེའང་། །ཟག་མེད་དགའ་བདེ་འདྲེན་བྱེད་ལམ་ཡིན་གྱི། །དེ་ཉིད་སྔོན་དུ་སྨིན་ཟིན་མ་ཡིན་ནམ། །རྡོ་རྗེ་བཙུན་མོའི་ཆུ་སྐྱེས་ཟེ་བ་དེར། །མཆོག་ཏུ་གསང་བའི་དཀྱིལ་འཁོར་ཆེན་པོ་རུ། །གྲུབ་པའི་གཙུག་རྒྱན་ཨིནྡྲ་བྷཱུ་ཏི་བ། །དབང་དུས་གྲོལ་བར་བྱས་ཞེས་གླེང་བ་དེའང་། །ཚེ་སྔོན་སྨིན་ཟིན་གྲོལ་བ་ཁོ་ན་ཏེ། །སྐལ་ལྡན་ལས་འགྲོ་ཅན་ཞེས་བཤད་མིན་ནམ། །གཞན་དུ་དེ་ཡི་ཚིག་གི་ནུས་པ་ཅི། །ངུར་སྨྲིག་གོས་ལྡན་འཕགས་པ་རྟ་ཐུལ་དེས། །ཤེས་རབ་མཆོག་གྱུར་ཤཱ་རིའི་བུ་དེ་ལ། །ཚིགས་བཅད་གཅིག་གིས་བདེན་པ་མཐོང་ཞེས་པའང་། །སྟོང་ཉིད་ལྟ་བ་གོམས་ཟིན་ཡིན་ཞེས་བཤད། །མིན་ན་སྦྱོར་ལམ་སྔོན་དུ་མ་བྱས་པའམ། །ཡང་ན་སྦྱོར་བའི་ལམ་དང་མཐོང་བའི་ལམ། །གཅིག་ཆར་ཐོབ་བམ་ཡང་ན་ཕྱི་རོལ་སྨྲས། །མཐོང་ལམ་དངོས་ཀྱི་བདག་རྐྱེན་བྱས་སམ་ཅི། །འཁོར་ལོ་སྒོམ་པའི་རྣལ་འབྱོར་དྲིལ་བུ་པས། །གདུལ་བྱའི་དབང་པོ་རྣོ་བརྟུལ་བྱེ་བྲག་གི། །ལུས་དཀྱིལ་དབང་དང་རས་བྲིས་རྡུལ་ཚོན་གསུམ། །སྨིན་བྱེད་དབང་ཞེས་གསལ་བར་བཤད་མོད་ཀྱི། །འཇམ་དབྱངས་རྣམ་འཕྲུལ་ས་སྐྱའི་རྗེ་བཙུན་དེས། །དེང་སང་སྨིན་བྱེད་རྡུལ་ཚོན་ཁོ་ན་ཞེས། །བཤད་འདི་གྲུབ་པའི་དབང་ཕྱུག་བི་རཱུ་པའི། །རྒྱུད་གསུམ་མན་ངག་བཤད་སྲོལ་ཁོ་ནའི་ལུགས། །རྒྱུད་འགྲེལ་ཕལ་ལས་འདི་ཉིད་གཙོར་གསུངས་ཞིང་། །བྲིས་ཐིག་ལག་ལེན་ནུས་པར་མི་འགྱུར་དང་། །ཀུན་ལ་ཡིད་ཆེས་གསལ་བར་ཆེ་བའི་ཕྱིར། །འདི་ལས་གཞན་བཀག་ཅེས་པ་དགོས་པའི་དབང་། །དེ་ཕྱིར་འདི་ན་ལག་ལེན་བྱེད་པ་འགའ། །ལུས་དཀྱིལ་རས་བྲིས་དབང་གི་སྔོན་དུ་ཡང་། །རྡུལ་ཚོན་ངེས་པར་སྔོན་དུ་འགྲོ་ཞེས་པ། །ཧ་ཅང་དགག་བྱས་འཛིགས་པའི་བག་འབྲུམས་ཡིན། །

སྣང་གཞི་སྣོད་ཀྱི་འཇིག་རྟེན་སྣོད་བ་དང་། །ཕུང་ལྔ་ཉོན་མོངས་ལྔ་སོགས་ཐ་མལ་རྟོག །སྦྱོང་བྱེད་རྟེན་འབྲེལ་འཁྲིག་ཕྱིར་ལུས་དཀྱིལ་དང་། །རས་བྲིས་སྨིན་བྱེད་ཡིན་ཞེས་ཁོ་བོ་སྨྲ། །དཔལ་ལྡན་དུས་ཀྱི་འཁོར་ལོའི་བཤད་སྲོལ་ལ། །བུམ་དབང་རྟུལ་ཚོན་ཉིད་དུ་མི་བསྐུར་ཡང་། །དབང་བདུན་རྟུལ་ཚོན་ཁོ་ནར་བསྐུར་བའི་ཕྱིར། །སྨིན་བྱེད་གཙོ་བོ་རྟུལ་ཚོན་ཁོ་ནར་ངེས། །ཅི་ཕྱིར་ཞེ་ན་སྨིན་བྱེད་གཙོ་བོ་ནི། །བྱིས་པའི་དབང་བདུན་ཉིད་ལ་མི་རིགས་སམ། །རྟུལ་ཚོན་ཉིད་དུ་དབང་བདུན་མ་ཐོབ་ན། །དཀྱིལ་འཁོར་གསུམ་དུ་གོང་མའི་དབང་བསྐུར་བཞི། །བསྐུར་དུ་རུང་བའི་གོ་སྐབས་ཡོད་དམ་ཅི། །རྒྱུད་དེར་བཤད་པའི་དབང་བསྐུར་བཅུ་གཅིག་པོ། །སྔ་མ་སྔ་མ་སྔོན་དུ་མ་སོང་བར། །ཕྱི་མ་ཕྱི་མ་བསྐུར་ན་ཅི་འགྱུར་སོམས། །གལ་ཏེ་ལུགས་འདིའི་མཆོག་གི་དབང་བསྐུར་བཞི། །དབང་བདུན་མེད་པར་ཐོག་མར་བསྐུར་རུང་ན། །དཀྱིལ་ཆེན་པོའི་ནང་དུ་མ་ཞུགས་ལ། ། གསང་བ་ཆེན་པོ་བསྒྲགས་པར་ད་གཟོད་འགྱུར། །ཐུན་མོང་གྲགས་པའི་མཆོག་དབང་གསུམ་པོ་དེར། །བུམ་དབང་མ་ཐོབ་རང་དགར་བསྐུར་རུང་འགྱུར། །བདག་མེད་ཕག་མོའི་བྱིན་རླབས་ལ་སོགས་ཀྱང་། །ཐོག་མའི་སྨིན་བྱེད་བྱེད་ལ་སུ་ཞིག་བསྙོན། །བྱིས་པའི་དབང་བདུན་སྨིན་བྱེད་མ་ཡིན་ན། །ཕུང་པོ་ལྔ་དང་ལུས་ངག་ཡིད་གསུམ་གྱི། །དྲི་མ་སྦྱངས་ནས་བསྐྱེད་རིམ་ལྷ་སྒོམ་པའི། །སྨིན་བྱེད་དབང་དེ་སུ་ཞིག་ཡིན་པར་སྨྲོས། ། དབང་བདུན་རྟུལ་ཚོན་ཁོ་ནར་བསྐུར་བ་དང་། །བུམ་དབང་ལུས་བརྟེན་ཁོ་ནར་བསྐུར་བ་ནི། །དཔལ་ལྡན་དུས་འཁོར་ཁོ་ནའི་ཁྱད་ཆོས་ཏེ། །རྒྱུད་དང་འབྲེལ་བྱེད་གཞན་ལ་ལུགས་འདི་མེད། །ཅི་ཕྱིར་ཞེ་ན་བུམ་པའི་དབང་བསྐུར་ལ། །གཞན་དང་མི་མཐུན་ངོས་འཛིན་འབྱུང་ཕྱིར་རོ། །དེས་ན་དུས་འཁོར་ཀྱི་རྗེར་ལ་སོགས་སུ། །སྨིན་བྱེད་གཙོ་བོ་རྟུལ་ཚོན་ཁོ་ན་དང་། །འཁོར་ལོ་སྡོམ་པའི་བཤད་སྲོལ་ལ་སོགས་སུ། །རས་བྲིས་ལུས་དཀྱིལ་སོགས་ཀྱང་སྨིན་བྱེད་ཅེས། །རྣམ་དབྱེ་སོ་སོར་ཕྱེ་ན་མི་མཛེས་སམ། །འོན་ཀྱང་ལུས་དཀྱིལ་སྨིན་བྱེད་ཅེས་པ་དེ༔ །སློབ་དཔོན་ལུས་དཀྱིལ་རྟེན་དང་བརྟེན་པ་རུ། །དག་པའི་སྣང་བ་འཆར་ནུས་ཡང་རབ་ལ། །དགོངས་པ་ཡིན་གྱི་གཞན་དུ་ག་ལ་ཡིན། །དེ་ཕྱིར་དེ་འདྲའི་དབང་པོ་ཡངས་རབ་ཅན། །དེ་ཡང་བརྟགས་ན་སྔོན་དུ་སྦྱངས་ཟིན་ཕྱིར། །འདི་ལ་ལྟོས་པའི་སྨིན་བྱེད་ཅེས་བགྱི་ཡང་། །དོན་ལ་གྲོལ་བྱེད་ལམ་དབང་ཁོ་ནར་ངེས། །དེས་ན་འབྲིང་དང་ཐ་མའི་གང་ཟག་ལ། །སློབ་དཔོན་ལུས་ལ་རྟེན་དང་བརྟེན་པ་ཡི། །འོལ་སྤྱི་ཙམ་ལས་གསལ་བར་མི་དྲན་ཕྱིར། །རྟུལ་ཚོན་ཁོ་ནའི་སྨིན་བྱེད་ལེགས་པ་ཡིན། །བདག་མེད་ཕག་མོའི་བྱིན་རླབས་ལ་སོགས་པ། ། སྨིན་ཟིན་ཉིད་ལ་ཟབ་ལམ་སྒོ་འབྱེད་པའི། །བྱིན་རླབས་ཡིན་གྱི་སྨིན་བྱེད་ག་ལ་ཡིན། །ཚེ་འདིར་དབང་བསྐུར་མ་བྱུས་ཐོབ་པ་ནི། །དབང་སྒོམ་སེམས་རྗེས་འབྲང་ཕྱིར་ཅེས་མི་འཐད། །འོན་ཀྱང་རབ་དབྱེའི་བསྟན་བཅོས་

ཆེན་པོ་ལས། །དབང་བསྐུར་མུ་བཞི་འགོག་པར་མཛད་པ་ནི། །སྔོན་དུས་སྐྱེས་ཆེན་དམ་པར་གྲགས་པ་འགས། །ཚེ་འདིར་མ་བྱས་ཐོས་པའི་གདན་ཚིགས་ཀྱི། །དབང་མེད་ལམ་བཟང་རྫོལ་བ་འགོག་པ་སྟེ། །ཆོས་ཀྱི་སྨིན་ལྡན་འགའ་ཙམ་མ་གཏོགས་པ། །མ་བྱས་ཐོས་པའི་གང་ཟག་འདི་ཡིན་ཞེས། །ངོས་འཛིན་འཁྲུལ་པ་མེད་པར་སློ་མི་ནུས། །དེ་ཕྱིར་མངོན་ཤེས་མཁྱེན་ལྡན་མིན་ཀུན་གྱིས། །མ་འཁྲུལ་དབང་གིས་ཁྲིད་ན་མཛེས་པ་ཡིན། །ཚེ་འདིར་སེམས་བསྐྱེད་མ་བྱས་ཐོབ་པ་ཞིག །དཔྱོད་ལྡན་གཟུར་གནས་ཀུན་ལ་གསལ་བའི་ཕྱིར། །བྱང་ཆུབ་སེམས་མཆོག་བསྐྱེད་པའི་ཆོ་ག་འདི། །ཀུན་ཏུ་འགོག་ན་མཁས་ལ་མཛེས་སམ་ཅི། །བ་ལང་སྐྱོང་སོགས་སྔོན་དུ་སྐལ་ལྡན་འགའ། །ཚེ་འདིར་དབང་བསྐུར་མ་བྱས་ཐོབ་པ་སྲིད། །དེ་ཕྱིར་དེ་འདྲའི་རྟགས་ལས་དབང་མེད་ཀྱང་། །ཕྱག་རྒྱའི་དངོས་གྲུབ་འབྱུང་ཞེས་སྒྲུབ་མི་ནུས། །དེ་སྣད་སྔོན་གོམས་སྐྱེས་བུ་འགའ་ཞིག་གི། །ལུས་ངག་སྤྱོད་པ་བསམ་པར་ག་ལ་ནུས། །དེ་ཉིད་འདྲ་དཔེ་གཞན་ལ་བཀབ་པ་ན། །མཁས་རྣམས་བདེ་བའི་དགའ་སྟོན་མ་ལགས་སམ། །དབང་ལས་སྡོམ་པ་ཐོབ་པའི་ས་མཚམས་གང་། །སྡོམ་བཟུང་རྗེས་བློས་སྐབས་སུ་ཐོབ་ཅེས་པ། །གསང་སྔགས་ལམ་གྱི་རྣམ་དབྱེ་མ་ཕྱེད་པར། །སོ་ཐར་འདྲ་དཔེ་སྔགས་ལ་བཀབ་པས་ལན། །བླ་མེད་བུམ་དབང་རྫོགས་ཚེ་ཐོབ་ཅེས་པ། །འདི་ལ་སྒྲུབ་བྱེད་ནུས་པ་བཟང་པོ་མཐོང་། །ཅི་ཕྱིར་ཞེ་ན་སྡོམ་པ་གང་དང་གང་། །འཛིན་པ་སྣང་བྱ་ལྟུང་བ་སྤྱོང་ལ་ལྟོས། །གཞན་གནོད་བཞི་དང་ཞི་བདེའི་ཕན་སེམས་དང་། །ཐ་མལ་ཞེན་པའི་སྣང་བྱ་སྡོམ་པའི་ཚེ། །སོ་སོར་ཐར་དང་བྱང་སེམས་རིག་འཛིན་གྱི། །སྡོམ་པར་འཛོག་པ་བསྟན་པའི་སྤྱི་ལུགས་ཡིན། །བླ་མེད་བུམ་པའི་དབང་བསྐུར་རྫོགས་པའི་ཚེ། །སྣང་གཞི་སྦྱོང་བྱེད་འཕྲོད་པའི་རྟེན་འབྲེལ་གྱིས། །མ་དག་སྣང་བ་སྦྱོང་བྱེད་རིགས་དྲུག་ཏུ། །སྦྱོང་བྱེད་སྔགས་སྡོམ་རྫོགས་པ་མ་ཡིན་ནམ། །ཅི་ཕྱིར་ཞེ་ན་རིག་པའི་དབང་ལྔའི་ཚེ། །རིགས་ལྔའི་སྡོམ་པ་རྫོགས་ཤིང་བརྟུལ་ཞུགས་དང་། །སློབ་དཔོན་དབང་ཚེ་དྲུག་པ་རྡོར་སེམས་ཀྱི། །སྔགས་སྡོམ་རྫོགས་པར་ཐོབ་པ་ཡིན་ཕྱིར་རོ། །གནད་དེ་དོན་གྱི་གཙོ་བོར་རབ་དགོངས་ནས། །རྩ་ལྟུང་བཅུ་བཞི་བསྲུང་བའི་དམ་ཚིག་དེ། །བུམ་དབང་བསྲུང་བའི་དམ་ཚིག་ཡིན་ནོ་ཞེས། །གསུང་ངག་རྡོ་རྗེའི་ཚིག་འགྲེལ་ཉིད་དུ་གསལ། །སྡོམ་པ་སྨྲག་བཟུང་བྱས་པའི་སྔགས་སྡོམ་དེ། །བླ་མེད་བུམ་དབང་ཆེན་རྫོགས་མ་རྫོགས། །རྫོགས་ན་སྔགས་སྡོམ་དུས་དེར་མ་རྫོགས་ཅི། །མ་རྫོགས་གང་དུ་རྫོགས་པའི་ས་མཚམས་དྲི། །བཞི་པའི་དབང་བསྐུར་ཆེན་རྫོགས་སྐམ་ན། །རིགས་ལྔའི་སྡོམ་པ་གོང་མ་ལ་ལྟོས་ཤིང་། །རིགས་ལྔའི་དབང་བསྐུར་ཉིད་ལ་མི་ལྟོས་པ། །འདི་ལ་དཔྱོད་ལྡན་གཟུར་གནས་སུ་ཡིད་ཆེས། །འོན་རྒྱུད་སྡེ་གོང་མ་རྣམ་གཉིས་ལ། །སྡོམ་པའི་རྫོགས་མཚམས་ཁྱད་པར་མི་ཕྱེད་ཕྱིར། །རྒྱུད་སྡེའི་མཆོག་དམན་ཁྱད་པར་

མེད་དམ་ཞེས། །ཆོས་ཀྱི་སྤྱན་ལྡན་གསུང་གི་ལམ་ནས་རྒྱུ། །དམ་ཚིག་གསུམ་ཚེ་སྡོམ་པ་རྫོགས་པ་ཡི། །མིང་ཙམ་མཐུན་ཡང་དོན་གྱི་ཁྱད་པར་ནི། །ཡོ་གར་རིགས་ལྔའི་སྡོམ་པ་ཙམ་ཞིག་ལས། །རིགས་དྲུག་སྡོམ་པ་ཚང་བར་མ་ཐོབ་དང་། །སྡོམ་པའི་ངོ་བོ་སྲུང་གཞི་སྤྱོད་ནུས་པའི། །སྤྱོད་བྱེད་ཡུལ་ཕྱིན་སྡོམ་པ་མ་ཡིན་དང་། །ཐོབ་ཚུལ་སློབ་མའི་རིག་པའི་དབང་ལྔའི་ཚེ། །རིགས་ལྔའི་སྡོམ་པ་ཐུན་མོང་མིན་པ་སོགས། །ཟབ་པའི་ཁྱད་པར་ཡུལ་དུ་ཕྱིན་པ་ཡིན། །རྣམ་གྲངས་དབྱེ་བ་བརྗོད་ཀྱི་ག་ལ་ཡང་། །འདི་ལ་ཆོས་ཀྱི་སྤྱན་ལྡན་དཔྱོད་ལྡན་འགའ། །ཐ་མལ་སྣང་ཞེན་སྡོམ་བྱེད་བསྐྱེད་རིམ་སྒོམ། །ཐོབ་ཀྱང་ལྷར་ཞེན་སྣང་བ་སྡོམ་བྱེད་ཐབས། །དཔྱོད་ལྡན་འགའ་ཞིག་བསྐྱེད་རིམ་སྒོམ་པ་ནི། །ཐོབ་ཀྱང་རྫོགས་རིམ་སྒོམ་པ་མི་ཐོབ་ཕྱིར། །སྡོམ་པ་རྫོགས་པ་བཞི་པའི་དབང་བསྐུར་ལ། །ལྟོས་འདི་རྒྱུད་སྡེའི་ཁྱད་པར་ཡིན་ཞེས་སྨྲ། །བསྐྱེད་རྫོགས་སྡོམ་པའི་ཐ་སྙད་འཐད་མོད་ཀྱང་། །དེ་ཉིད་བསྐྱེད་རྫོགས་ལམ་གྱི་བྱེད་པ་ལས། །ཐོབ་ཀྱི་དབང་ལས་ངེས་པར་མིན་ནོ་ཞེས། །དཔྱོད་ལྡན་མགྲིན་པ་བརྟེགས་ནས་ཁོ་བོས་སྨྲ། །བསྐྱེད་རྫོགས་སྡོམ་པ་ཐོབ་ཀྱང་བསྐྱེད་རྫོགས་ལམ། །མ་ཐོབ་པ་ཞིག་ཁྱོད་ཀྱིས་སྨྲ་ནུས་སམ། །ནུས་ན་བསྐྱེད་རྫོགས་སྡོམ་དང་བསྐྱེད་རྫོགས་ལ། །ཁྱད་པར་ཅི་ཡོད་གཟུ་བོས་སྨྲ་དགོས་སོ། །མིན་ན་དབང་བསྐུར་ཐོབ་པའི་དུས་སྐབས་དེར། །བསྐྱེད་རྫོགས་སྡོམ་པ་ཐོབ་པས་བསྐྱེད་རྫོགས་ཀྱི༔ ༔ལམ་རིམ་གཉིས་ཀྱང་ཐོབ་པར་བྱས་སམ་ཞེས། །སླར་ན་དོན་མཐུན་ལན་འདེབས་མཁས་དབང་སུ། །གང་གི་སྡོམ་སོགས་དོན་ཚན་རྣམ་ལྔ་ཡིས། །རྫོགས་རིམ་ཐོབ་པ་གཏན་ལ་ཕབ་པའི་ཚེ། །སྡོམ་བྱེད་ཐབས་ནི་ཙནྡྲའི་ཕོ་ཉ་ཞེས། །ས་སྐྱའི་འཇམ་མགོན་མཆོག་ངེས་མ་བཤད་དམ། །དེ་ཕྱིར་སྣང་སྲིད་ལྷ་རུ་བྱིན་རློབས་པ། །འདི་ཙམ་རིག་འཛིན་སྡོམ་པའི་ངོས་འཛིན་ཡིན། །དེ་ཉིད་ཐོབ་བྱེད་བུམ་པའི་དབང་བསྐུར་ཏེ། །གོང་མའི་དབང་གི་འདི་ལ་ཅི་ཞིག་བྱ། །འོན་ཀྱང་གོང་མ་བསྐུར་བའི་དགོས་པ་ནི། །ཏིང་འཛིན་ཡེ་ཤེས་སོ་སོ་བསྐྱེད་པའི་ཐབས། །ཙཎྜ་ལི་སོགས་ལམ་གྱི་བྱེ་བྲག་ལ། །དབང་གི་སྔོན་དུ་བྱ་བའི་ཕྱིད་དུ་ཡིན། །དེ་ཕྱིར་བསྐྱེད་རྫོགས་སྡོམ་པ་ཞེས་བཤད་པ། །བསྐྱེད་རྫོགས་ལམ་ལས་བྱུང་བའི་ཡེ་ཤེས་ལ། །དེ་དང་དེ་ཡི་མིང་གིས་བཏགས་སོ་ཞེས། །རྒྱུད་ལྡན་བླ་མའི་གསུང་བཞིན་ཁོ་བོ་སྨྲ། །འོན་ཀྱང་སྐལ་བར་འཚམས་པ་འགའ་ཞིག་ལ། །དབང་གི་དུས་སུ་བསྐྱེད་རྫོགས་ཡེ་ཤེས་དེ། །སྐྱེས་ན་དབང་དུས་བསྐྱེད་རྫོགས་སྡོམ་པ་འདི། །ཐོབ་པ་མིན་ཞེས་དཔྱོད་ལྡན་སུ་ཞིག་སྨྲ། །

ཁ་ཅིག་མཆོག་དབང་གསུམ་པོ་བྱིན་རླབས་ཙམ། །ཡིན་གྱི་སྨིན་བྱེད་དབང་བསྐུར་མིན་ཞེས་སྨྲ། །འདི་ལ་དཔྱད་པར་བྱ་བའི་གཞི་ཡོད་མོད། །ཧ་ཅང་མང་བས་འཇིགས་པས་བཏང་སྙོམས་ལེགས། །ཁ་ཅིག་དབང་བདུན

རྣམ་བཞི་མ་རྫོགས་ན། །སློབ་དཔོན་དབང་གི་དངོས་གཞི་མི་རྫོགས་པས། །སྔགས་སྡོམ་རྫོགས་འདི་དབང་བཞི་རྫོགས་པ་ལ། །ངེས་པར་ལྟོས་ཞེས་མཁྱེན་པའི་རྗེ་དབྱངས་སྒྲོག །འདི་ལའང་ནུས་པ་ཆེ་ཆེར་མ་མཐོང་སྟེ། །སློབ་དཔོན་དབང་ལ་བཤད་སྲོལ་སོ་སོ་ཡི། །ངོས་འཛིན་མི་འདྲ་སྣ་ཚོགས་འབྱུང་ཕྱིར་དང་། །མིན་ཡང་རྒྱ་བའི་ཁྱབ་འབྲེལ་མ་ངེས་ཕྱིར། །ཞལ་ཆེར་ཡོ་ག་ཉིད་དང་སྒྲོ་བསྟུན་ནས། །དམ་ཚིག་གསུམ་མམ་རིག་དབང་བརྒྱད་ག་ལ། །ངོས་འཛིན་འགའ་ཞིག་དབང་བཞི་རྫོགས་རྗེས་སུ། །ལོགས་སུ་བསྐུར་བའི་ལག་ལེན་ཟུར་པ་བྱེད། །དུས་ཀྱི་འཁོར་ལོ་གཞན་དུ་བཤད་པ་ནི། །གཞན་དང་མ་འདྲེས་བཤད་སྲོལ་ཟུར་པ་ཙམ། །དེ་ཕྱིར་མཆོག་དབང་གསུམ་ལ་སློབ་དཔོན་དབང་། །ཡིན་ཞེས་རྣམ་པ་ཀུན་ཏུ་མཛེས་མ་ཡིན། །ཁྲིས་པ་བུམ་པ་གསང་བ་ཤེས་རབ་ལ། །དགེ་བསྙེན་དགེ་ཚུལ་དགེ་སློང་གནས་བརྟན་ཞེས། །བཤད་པ་དུས་འཁོར་ཁོ་ནའི་བཤད་སྲོལ་ཏེ། །ཆོས་མཐུན་ཙམ་མོད་དངོས་སུ་ག་ལ་རིགས། །གཞན་དུ་ས་བདུན་བརྒྱད་པ་དགུ་པ་དང་། །བཅུ་པ་ཆོས་ཀྱི་སྤྲིན་གྱི་ས་རྣམས་ཀྱང་། །དབང་བསྐུར་དེ་དག་ཐོབ་ཆེ་ཐོབ་འགྱུར་ཏེ། །དབང་དང་དེ་དག་སྦྱར་ནས་བཤད་ཕྱིར་རོ། །

མཆོག་དབང་རྣམ་གསུམ་བསྐུར་བའི་དཀྱིལ་འཁོར་ལ། །དངོས་སམ་ཡེ་ཤེས་ཕྱག་རྒྱ་རྣམ་པ་གཉིས། །དྲི་མེད་རྒྱུད་ལས་གསལ་བར་འབྱུང་བའི་ཕྱིར། །དངོས་སམ་སྒོམ་ཡང་རུང་བའི་གཏན་ཚིག་མཐོང་། །སྨིན་བྱེད་བུམ་པའི་དབང་གི་དཀྱིལ་འཁོར་ལ། །དམིགས་གསལ་རྒྱུད་ཀྱི་ངེས་གནས་མེད་ཕྱིར་དང་། །བསྒོམས་ཀྱང་དམིགས་རྣམ་གསལ་བར་མི་འཆར་ཕྱིར། །རྟེན་འབྲེལ་འགྲིག་ནུས་དབང་དེར་ཅི་སྟེ་རིགས། །ཚེ་འདིར་སྤྱད་པ་སྔོན་དུ་མ་སོང་ཡང་། །དག་པའི་སྣང་བ་རབ་འབྱམས་འཆར་བ་དེ། །སྔོན་དུ་སྦྱངས་པ་བྱུས་ཟིན་འབའ་ཞིག་ཕྱིར། །དེ་འདྲའི་རྟགས་ཀྱི་གཞན་ལ་གཞལ་མི་རུང་། །གསུམ་པ་བཞི་པའི་ཡས་བབ་མས་བརྟན་གྱི། །དགའ་བ་བཞི་པའི་ལྷན་སྐྱེས་ཡེ་ཤེས་ཆེ། །ཞུ་བདེ་ལྷན་སྐྱེས་རང་བཞིན་ལྷན་སྐྱེས་ཀྱི། །བདེ་ཆེན་གཉིས་ལ་སོ་སོར་ངོས་བཟུང་བྱ། །དེ་ཚེ་ཞུ་བདེ་གཉིས་སྦྱོར་བདེ་ཆེན་དེ། །དོན་གྱི་ཡེ་ཤེས་ཡིན་པ་འགོག་མཛད་ཀྱི། །དཔེ་ཡི་ཡེ་ཤེས་ཡིན་ཙམ་ག་ལ་འགོག །དེ་ལྟ་མིན་ན་གོང་མའི་དབང་བསྐུར་གཉིས། །ཀུན་རྫོབ་དོན་དམ་བྱང་སེམས་དཀྱིལ་འཁོར་དུ། །བསྐུར་ཞེས་དྲི་མེད་བཀའ་དང་བསྟན་བཅོས་ལས། །བཤད་འདིའི་དགོངས་པའི་སྙིང་པོ་ཅི་ཡིན་སྨྲོས། །དབང་དུས་སོར་སྡོམ་བྱང་ཆུབ་སྙིང་པོའི་བར། །འགྲོ་བ་སྲིད་མོད་དེས་ཀྱང་གནོད་མིན་ཏེ། །སོ་ཐར་སྡོམ་པ་ཤི་འཕོས་གཏོང་བ་ཡི། །ཁྱབ་པར་འཛམ་དབྱངས་པཎ་ཆེན་མི་བཞེད་ཕྱིར། །ཅིའི་ཕྱིར་ཞེ་ན་སོ་ཐར་སྡོམ་པ་ལ། །ཐུན་མོང་ཐུན་མོང་མིན་པར་བཤད་ཕྱིར་དང་། །གོང་མའི་སྡོམ་གཉིས་སོ་ཐར་སྡོམ་པ་རུ། །གཞན་གནོད་གཞི་བཅས་སྤོང་བས་གྲུབ་ཕྱིར་རོ། །སོ་སོ་ཐར་དང་བྱང་སེམས་གསང་སྔགས་གསུམ། །ཤི་ཚེ་སྟོང་དང་

བྱང་ཆུབ་ཐོབ་ཆོ་གཏོང་། །ནམ་མཁའ་ཇི་སྲིད་བར་དུ་གནས་སོ་ཞེས། །འཛམ་དབྱངས་དགོངས་པར་མཁས་དབང་ཁ་ཅིག་འཆད། །སྔགས་ཀྱི་སྡོམ་ལྡན་རྡོ་རྗེ་འཆང་ཆེན་ཞིག །སྲིད་ན་བྱང་སེམས་སྡོམ་ལྡན་ཐུབ་དབང་ཞིག །མི་སྲིད་རྣམ་དབྱེ་ལུང་རིགས་གང་གིས་འབྱེད། །ཚུལ་བཞིན་སྐྱ་བའི་དཔྱོད་ལྡན་ཡོད་དམ་ཅི། །ཐུན་མོང་མིན་པའི་སྐྱབས་འགྲོ་བསྙེན་གནས་སོགས། །བྱང་ཆུབ་སྙིང་པོའི་བར་དུ་ལེན་བཞིན་དུ། །སོ་ཐར་ཤི་བས་གཏོང་དང་སོར་སྡོམ་དང་། །བྱང་སྡོམ་འགལ་ཞེས་སྨྲ་འདི་རིགས་སམ་ཅི། །ཚིག་བྱེ་བྲག་སྨྲ་དང་ཐུན་མོང་བའི། །རིས་བརྒྱད་ལྷག་ཙམ་སྣང་སམ་མིན་ཡང་རུང་། །ཤི་ཚེ་དེ་པར་གཏོང་བ་རིགས་མོད་ཀྱི། །དབུ་སེམས་གྲུབ་མཐའི་སྒོ་ལ་འཁྱིང་བཞིན་དུ། །ཚིག་ཁ་ཆེའི་རྒྱུ་གཏེར་ནས་བཀྲུས་པ། །སོ་ཐར་ཤི་ཚེ་གཏོང་བ་ཅི་ཡིན་ཞེས། །སླར་ཡང་དཔྱོད་ལྡན་དགེས་པའི་དྲི་བ་འབྱུང་། །ཁ་ཅིག་དེ་ཡང་གཟུགས་ཅན་ཡིན་ཕྱིར་རོ། །དགེ་དང་མི་དགེ་གཟུགས་སུ་གྲུབ་པ་ནི། །ཐེག་ཆེན་གྲུབ་མཐའི་མཛོད་ཕྱུར་ནོར་མ་ཡིན། །གཞི་མདོའི་རྩ་བཞིན་དོར་བ་མི་ལེགས་སམ། ། ཕལ་ཆེར་ཇི་སྲིད་འཚོ་བར་བླངས་ཕྱིར་རོ། །

དགེ་བསྙེན་དགེ་ཚུལ་རྩ་ཞིག་དེར་མཐོང་མོད། །བསྙེན་རྫོགས་གསོལ་བཞིས་ཚོགས་ལེན་སོགས་ལ། ། ཇི་སྲིད་འཚོ་བའི་ཚིག་སྦྱོར་སུ་ཡིས་མཐོང་། །དེས་ན་ཇི་སྲིད་འཚོ་ཞེས་མ་བླངས་ཀྱང་། །ཚིག་ཉན་ཐོས་ལུགས་དེས་བླངས་པའི་ཕྱིར། །བྱང་ཆུབ་སྙིང་པོའི་བར་དུ་མི་འགྲོ་སྟེ། །ཉན་ཐོས་གཞུང་དུ་གྲགས་པ་མིན་ཕྱིར་རོ། ། སེམས་ཙམ་ལུགས་སུ་གྲགས་པའི་བྱང་སྡོམ་དེའང་། །བྱང་ཆུབ་སྙིང་པོར་ལེན་པའི་ཚིག་མེད་ཀྱང་། །སྐབས་སྐོབས་དག་གིས་བྱང་ཆུབ་སྙིང་པོ་ཡི། །མཐའ་ཅན་ཡིན་ཞེས་སྨྲ་བ་མི་རིགས་སམ། །ཁ་ཅིག་ཉན་ཐོས་ཚོགས་བླངས་དེ་ཡང་། །ཁས་བླང་དུས་ཀྱི་ལྟོག་ཆ་གཏོང་མོད་ཀྱི། །དགེ་སློང་ལ་སོགས་སྡོམ་པའི་ངོ་བོ་ནི། །ཤི་འཕོས་ཚེ་ན་གཏོང་བ་མིན་ནོ་ལོ། །ལྷ་དང་བྲིས་སོགས་དགེ་སློང་སྲིད་པ་དང་། ། བསླབ་པ་ཕུལ་སོགས་གཏོང་རྒྱུར་མི་རུང་དང་། །ལུགས་གཉིས་གྲུབ་མཐའ་ཕན་ཚུན་འཚོལ་བ་སོགས། །བྱེ་བ་ཕྲག་བརྒྱའི་གནོད་པས་འཚེ་མིན་ནམ། །དེ་ཕྱིར་གྲུབ་མཐའི་རྣམ་དབྱེ་མ་ཕྱེད་ན། །ཕ་རོལ་རྒོལ་བ་ཟློག་བྱེད་ལུང་རིགས་དཔུང་། །རང་ལ་འཕོར་ཞིང་ལྡོག་པའི་རྒྱུར་མཐོང་བས། །གཞན་ཀྱི་སྙིང་པོ་སྣ་ལ་བག་ཡོད་ལེགས། །ཡིན་མིན་རྣམ་པར་འབྱེད་པའི་འོད་ཟེར་སྟོང་། །བློན་རྨོངས་བློ་ཡི་རབ་རམ་མཐོང་ནས། །རྣམ་དཔྱོད་ཡངས་པའི་མཁའ་ལ་གྲོས་པའི་ཚེ། །ཁྱོད་ཐུགས་བརྩེ་བས་ལྟུགས་ཀྱུའི་མ་དྲངས་སམ། །ལེགས་བཤད་རོ་བརྒྱ་འབྱུང་བའི་ཛམྦུ་ཕལ། །དཔྱོད་ལྡན་བུང་བས་སྤྱོངས་ཆོ་ཡིད་སྐྱེངས་ནས། །བྱང་ཕྱོགས་འཆི་མེད་ཟླུམ་གྲར་ཡིབ་པའི་ཚེ། །ཁྱེད་འཕྲིན་སྦྲང་རྩི་སྐྱོང་དེས་མཐོང་མིན་ནམ། །ལུང་བཟང་འདབ་མའི་ཁུར་གྱིས་ངལ་གྱུར་ཅིང་། །དྲི་མེད་རིགས་པའི་ཟེ་བས་མཛེས་པ་

ཅན། །དོན་བཟང་སྦྲང་རྩིའི་བཅུད་ཀྱི་ཟ་མ་ཏོག །བློ་གསལ་བུང་བ་འདུ་བའི་དགའ་སྟོན་ཅན། །བྱང་ཕྱོགས་གངས་རིའི་འཕྲེང་བས་བསྐོར་བའི་དབུས། །རིགས་ལྡན་ཆོས་རྒྱལ་རིམ་པས་སྐྱོང་བའི་ས། །ཡོ་ག་ཆོས་སྡིངས་ཆོས་ཀྱི་སྙིང་ཚལ་འདིར། །ལེགས་བཤད་ཀུ་རྒྱན་མཛེས་པའི་སྟོང་བུ་བལྟམས། །གང་དེའི་དྲི་བསུངས་གསར་པས་བོས་པ་ཡི། །དམ་པའི་གསུང་སྐྱེས་རྐང་དྲུག་ལྡན་པ་འདི། །རྣམ་འབྱེད་བཅུད་ཀྱི་སྙིང་པོ་འདི་ལོང་ལ། །མགྲིན་པའི་གླུ་དབྱངས་འཆོར་ཞིང་འཕུར་ཏེ་སོང་། །

དེ་ལྟར་མཁས་པའི་དྲིས་ལན་གནད་ཀྱི་གསལ་བྱེད་འོད་ཟེར་བརྒྱ་པ་འདི་ཡང་། མེ་ཕོ་སྟག་གི་ལོ་ཟླ་བ་གསུམ་པའི་ཚེས་བཅུ་བཞི་ལ། ཤཱཀྱའི་བཙུན་པ་ཀླུ་སྒྲུབ་ཅེས་བྱ་བས། དཔལ་ཡོ་ག་ཆོས་སྡིངས་ཀྱི་ཆོས་གྲྭ་ཆེན་པོ་ནས་ཕུལ་བ་དགེ་ཞིང་བཀྲ་ཤིས།

༄༅། །གཡས་རུ་གཙང་གི་ལྷ་རིག་ལོ་ཙཱ་བ་འཇམ་པའི་རྡོ་རྗེས་ཕྱག་ཆེན་རྩོད་སྤོངས་ལ་དོགས་སློང་གནང་བའི་ལན་དུ་ཕུལ་བ་བཞུགས་སོ། །

མང་ཐོས་ཀླུ་སྒྲུབ་རྒྱ་མཚོ།

རིགས་ལྡན་དྲག་པོའི་རྣམ་འཕྲུལ་འཁོར་ལོས་བསྒྱུར། །ས་གཞི་སྐྱོང་བ་རྒྱལ་པོའི་གནམ་ལོགས་ན། །གནས་ལྔའི་རིགས་བྱེད་སྨྲ་བའི་མདུན་ན་འདོན། །མཁས་པའི་གཉན་པོ་དཔྱོད་ལྡན་དེ་ཉིད་བསྔགས། །ལེགས་བཤད་བྱ་སྙན་གཟེབ་ཏུ་ཆུད་ཀྱང་རྣམ་དཔྱོད་ཤེས་བྱའི་མཁའ་ལ་འཕུར། །རྣམ་མང་འཁོར་དུ་རྩེ་ཞིང་རོལ་ཡང་ཟབ་དོན་སྨྲ་ལ་གཅིག་པུ་བ། །ཐག་རིང་ཤུལ་གྱིས་རིང་དུ་བསྐལ་ཡང་དམ་ཚིག་སྲད་བུས་གཅིག་ཏུ་སྦྲེལ། །མཁས་པའི་གྲལ་དུ་སེམས་མི་འགོང་བ་སྔོན་མགྲིན་མཛའ་བོ་བདུད་རྩིའི་སྤྲིན། །རྒྱལ་དང་རྒྱལ་སྲས་རྒྱན་དྲུག་མཆོག་སོགས་གཞུང་། །བརྒྱུད་ཀྱིས་ལྷག་པའི་བཅུ་ཕྲག་མགྲིན་པའི་སྒྲོར། །ཚིག་དོན་མ་ནོར་སྙོག་བྲལ་གཏྣའི་རྒྱུན། །ཞུབ་ཀྱིས་འཕྲུང་བ་མཁས་དབང་ཁྱོད་ཁོ་ན། །ནང་རིག་མཚོ་བྱུང་ངག་དབང་བསྐྱེས་ཀྱང་ཕྱི་རིག་རྒྱ་མཚོའི་ཆང་གིས་མྱོས། །མི་གསལ་ཕྱོགས་དེའི་མིག་དང་བྲལ་ཡང་རྣམ་དཔྱོད་པད་དཀར་མིག་གིས་མཐོང་། །གཡོ་ཟོལ་འཕྲུལ་པའི་དྲི་མ་བྲལ་ཡང་ཕས་རྒོལ་སྟོབས་ལྡན་ས་འོག་བཅིངས། །མདོ་རྒྱུད་རྒྱ་མཚོའི་འཛིངས་སུ་རོལ་ཀྱང་ས་སྟེང་སྐྱེ་བོའི་རྒྱན་གཅིག་པུ། །ཁྱོད་ཀྱིས་བསྔགས་པའི་སྙན་ཚིག་ནོར་བུའི་ཅོད་པཎ་དོ་ཤལ་སེ་མོ་དོའི། །ཁྱེད་ཀྱིས་ནོན་ལས་འདི་ན་རང་ཅག་རྣམ་དཔྱོད་སྤྲ་ལོ་ཡིབ་པ་བཞིན། །འོན་ཀྱང་རྨད་བྱུང་གཙུག་གི་ནོར་བུ་འོད་འཆེར་གདེངས་ཅན་དབང་པོ་གང་། །སྐལ་བཟང་ས་འོག་རབ་རིབ་སེལ་ཆེ་གཟུར་གནས་མཁས་པས་ཡི་རངས་སླམ། །སྙན་ཚིག་གསེར་གྱི་མཆོད་སྡོང་ལྟ་བ་ཡི། །ངོ་མཚར་ལྟད་མོས་གཡེངས་ཆེ་མཁས་པ་ཀུན། །མིག་གི་བུང་བ་རྣ་བའི་སྣང་རྩེ་ཡི། །རོ་ལ་མྱོང་བཞིན་གཟུགས་ལ་ཆགས་པས་བྲེལ། །ལྷ་རིག་མངོན་ཤེས་ལྷ་ཐོབ་དྲང་སྲོང་ཆེན་པོ་གོ་དམ་པས། །རྟག་ཆད་གཏུམ་པའི་ཟུར་མིག་མ་བཟོད་སྙན་ཚིག་ལ་ཆགས་གཞོལ་མེད་མས། །གསང་ཚིག་བརྒྱ་བྱིན་ཁ་ནས་སྐྱུགས་ཆེ་ཉེས་པའི་ཚིག་རྨ་བུ་ག་སྟོང་། །འཆི་མེད་མཁས་མང་མདུན་དུ་བདར་ལས་ལེགས་བཤད་སྤྱན་སྟོང་མཛེས་སོ་སླམ། །ཡི་གེའི་རིགས་བྱེད་ཚངས་པའི་གཏྣ་ཡིས། །མ་དག་དུག་ཅན་བུ

རྣམས་དྲི་མ་བཀྲུས། །བརྒྱལ་བརྟག་བ་ཀུ་ལ་ཡི་འཕྲི་ཤིང་ལ། །རྟོག་དཔྱོད་ཁ་ཁྲའི་ཟེགས་མ་འདི་འཐོར་རོ། །

དོན་ལ་རྟོག་དཔྱོད་གནང་བའི་སྐབས་སུ། འོན་ཆིག་ཐུབ་གཉིས་སུ་འགྱུར། །ཞེས་པའི་སྐབས་སུ། རྒྱུ་མཚན་དྲིས་ཆེ་ཁོང་ཚོ་དེ་སྐད་མི་གསུང་བར། ཁྱེད་རང་གི་རིམ་གཉིས་ཀྱི་གོང་དུ་སྐྱབས་འགྲོ་སེམས་བསྐྱེད་དང་། རྗེས་ལ་བསྔོ་བ་བྱ་དགོས་སམ་མི་དགོས། དགོས་ན་རིམ་གཉིས་སུ་བཞག་ཏུ་མི་རུང་སྟེ། རིམ་པ་མང་པོ་འདུག་པའི་ཕྱིར་ཞེས་གསུང་བར་ངེས་པས། འདི་སྐད་དུའང་དོགས་དཔྱོད་ཞིབ་པར་མཛད་པའི་ལན་གྱི་རིམ་པ་འབུལ་བ་ཞུ་ཞེས་བཀའ་ཕེབས་པ་ལ། ཕྱོགས་སྔའི་དགོངས་པ་དེ་ལྟར་མིན་ནམ། དེ་ལྟར་ཡིན་ནའང་མཁས་པའི་ལན་དུ་མི་འོས་ཏེ། བསྐྱེད་རིམ་བསྒོམ་པའི་སྔོན་དུ་སྐྱབས་སེམས་སོགས་དགོས་ཀྱང་། དེ་དག་བསྐྱེད་རིམ་གྱི་ཆ་ལག་ཡིན་གྱི། བསྐྱེད་རྫོགས་ལས་གཞན་པའི་རིམ་པ་གསུམ་པ་དང་བཞི་པ་སོགས་གང་ཡང་མ་ཡིན་པའི་ཕྱིར། ཕྱོགས་སྔ་མ་ལ་ནི་མི་མཚུངས་ཏེ། སྟོང་རྐྱང་ཁོ་ན་སྒོམ་པ་དཀར་པོ་ཆིག་ཐུབ་ཡིན་པས། སྟོང་ཉིད་སྒོམ་པ་ལས་གཞན་མི་དགོས་པར་ཁས་བླངས་པའི་ཕྱིར། དེས་ན་ཕྱོགས་སྔའི་དགོངས་པ། ཁྱོད་རང་ལ་ཡང་འཚང་རྒྱ་བ་ལ་རིམ་པ་གཉིས་དགོས་ཞེས་ཁས་བླངས་པ་དེ་མི་འཐད་པར་ཐལ་དེ་ལ་རིམ་པ་གཅིག་ཁོ་ནས་ཆོག་པའི་ཕྱིར། རྟགས་གྲུབ་ལ། ཕྱོགས་སྔ་མས། རྒྱུ་གཅིག་ཁོ་ན་ལས་འབྲས་བུ་གཅིག་འབྱུང་བའི་ཤེས་བྱེད་དུ་དྲངས་པའི། དཔའ་བོའི་རིམ་པ་བདག་བྱིན་རླབས་པ་ཡི། །རིམ་པ་དག་ཀྱང་ཐར་པའི་ལམ་མ་ཡིན། །ཤིན་ཏུ་རྣམ་དག་རིམ་པ་གཅིག་པུ་ནི། །ཐར་པའི་སླད་དུ་སངས་རྒྱས་རྣམས་ཀྱིས་བསྟན། །ཞེས་པའི་ལུང་དེའི་ཕྱིར་ཞེས་གསུངས་པ་ཡིན་ནམ་སྙམ་སྟེ། བསྐྱེད་རིམ་ལ་བརྟེན་ནས་ཐུན་མོང་ཙམ་ལས་མཆོག་མི་འགྲུབ་ཅེས་འཆད་པ་གཞན་དག་ཀྱང་སྣང་བའི་ཕྱིར་སྙམ་ལགས། ཡང་གོ་ཞེས་པའི་སྒྲ་དོན་དགུ་ལ་འཇུག་པའི་སྐབས་སྲིད་ཀྱང་། དེ་དག་ཀུན་གྱི་སྐད་དོད་མ་ཡིན་པའི་ཕྱིར་གསུང་སྣང་བ་ཙུང་ཟད་ཐལ་ལམ་སྙམ་སྟེ། ཚིག་གྲོགས་ཀྱི་སྐབས་ཐོབ་དང་སྦྱར་ནས། དེ་དག་གང་འོས་སུ་བསྒྱུར་དགོས་ཏེ། དཔེར་ན་གོ་རཱུ་བ་ལང་སྒྲུང་བར་བསྒྱུར་བའི་ཚེ། གོ་ཞེས་བ་ལང་གི་སྐད་དོད་ལས་མ་འདས་ཤིང་གཞན་རྣམས་ལའང་དེས་མཚོན་པས་འདི་ཐད་དུའང་ཞིབ་དཔྱོད་གནང་བའི་ལན་འབུལ་རིགས་པ་འདྲ་སྙམ་ལགས། ཞེས་བཀའ་བསྟུལ་པ་ལ། གོ་ཞེས་པ་དེ་དག་ཀུན་གྱི་སྐད་དོད་ཡིན་ན། རྩོད་པའི་ལན་འདེབས་དཀའ་ཞིང་། དོན་ལའང་ཞིབ་ཏུ་དཔྱད་ན། གོ་ཞེས་པའི་སྒྲ། གྲོགས་སྟོབས་ཀྱིས་ཡུལ་དགུ་ལ་འཇུག་པའི་སྐབས་སྲིད་ཀྱང་། གྲོགས་དང་མ་འབྲེལ་བའི་གོ་སྒྲ་དེ། དེ་དག་དགུ་རེ་རེའི་སྐད་དོད་མ་ཡིན་ཏེ། དེ་ཡིན་ན་གོ་སྒྲ་འཇུག་པའི་ཡུལ་དེ། ས་སོགས་དགུ་ཆར་ཡིན་པར་ཐལ་བའི་སྐྱོན་གནས་པའི་ཕྱིར། དེས་ན་གོ་ཞེས་པའི་སྒྲ་རཱུ་ཞེས་པའི་ཚིག་གྲོགས་དང་འབྲེལ་བའི་ཚེ་བ་ལང་ཁོ་ན་ལ་འཇུག་གི་གཞན་ལ་མི་

འཇུག །ངེས་གཞན་ལ་ཡང་མཚོན་ཞེས་ཁས་ལེན་པ་གནས་ཚུལ་ལ་བཞུགས་པ་འདྲ་སྟེ། དཔེར་ན་རྟོག་གེའི་སྐབས་སུ། ཕྱོགས་ཞེས་པའི་སྒྲ་འཇུག་པའི་ཡུལ་གསུམ་ཡོད་ཀྱང་། ཚུལ་དང་པོའི་ཆེ་ཆོས་ཅན་དང་ཁྱབ་པའི་ཆེ་སྒྲུབ་ཆོས་དང་། བསྒྲུབ་བྱའི་ཆེ་ཆོགས་དོན་ལ་འཇུག་ཅེས་ཁས་ལེན་གྱི། ཕྱོགས་ཞེས་པའི་སྒྲ་དེ། དེ་གསུམ་ཆར་གྱི་མིང་ཡིན་ཞེས་སྐབས་མ་ཕྱེ་བར་ཁས་མི་ལེན་པ་དང་འདྲ་བ་འདྲ་ལགས། ཡང་། དཀའ་སྤྱོད་དྲག་པོའི་སྤྲིན་རུམ་ན། །ཞེས་སོགས་ཤློ་ཀ་གཉིས་ནི། གཞན་ཕྱོགས་སྤྲོ་བ་བསྐྱེད་ཅིང་། རང་ཚིག་ཀྱང་ཅུང་ཟད་འགལ་བ་ཙམ་ལས་ཕུལ་དུ་བྱུང་ཆེ་དབྱུང་དུ་མེད་པ་འདྲ་སྙམ་ལགས། ཞེས་དང་། ཡང་། ངེད་རྟོག་གེ་མཁན་རྣམས་འོད་གསལ་དང་། །ཞེས་གསུངས་པ། སྤྱིར་སྙན་ངག་མཁན་ནམ་དགོང་པས་ཏེ། ཞེས་སྣང་བས་སྤྱོད་དཀའ་མོད། འོན་ཀྱང་སྒྲ་ཇི་བཞིན་གྱི་ཚིག་ལ་དཔྱད་ན། རྟོག་གེའི་གཞུང་གི་འོད་གསལ་ཆོས་ཉིད་ཀྱི་ལམ་ལ་ཁྲིད་ནས་གོལ་བ་ཆེན་པོར་འགྱུར་བ། སློབ་དཔོན་ཕྱོགས་གླང་ཞབས་ཀྱིས། གང་ཞིག་རྟོག་གེའི་ལམ་ནས་ཆོས་ཉིད་ལ་ཁྲིད་ན། །ཐུབ་པའི་བསྟན་ལས་ཆེས་རིང་གོལ་བར་བྱས་པ་ཡིན། །ཞེས་པས་གནོད་སྙམ་ལགས། ཞེས་བཀའ་གནང་བ་ལ།

འདིར་རང་གི་བསམ་པ་ཕྱོགས་སྔ་མས། །རབ་དབྱེའི་ཚིག་ཟུར་རྡོ་བ་ཐུགས་ལ་ཟུག་པའི་རྣམ་འགྱུར་བསྟན་པ་ལ་ཟུར་གཟས་ཏེ། ཆོས་སྐྱོང་ཉིད་རང་གཟུགས་མ་མཐོང་ཡང་། །སྒྲ་རྟོག་པའི་འཇུག་ཚུལ་འཕྲུལ་བར་གོ། །ཚིག་མཚོན་བྱའི་ན་བུན་དབྱིངས་སུ་ཡལ། །ངེད་རྟོག་གེ་མཁན་རྣམས་འོད་གསལ་དང་། ། ཞེས་ཁྲིད་ཕྱག་ཆེན་པ་རྣམས། ཕྱག་ཆེན་གྱི་ཉམས་རྟོགས་བཟང་རྒྱུ་ཡིན་པས། ཚིག་ངན་སོགས་སྣང་གྲག་བདེན་མེད་དུ་བུན་ལོང་འགྲོ་དགོས་རྒྱུ་ལ་དེ་ལྟར་མི་སྣང་། ངེད་རྟོག་གེ་པ་ལ། ཆོས་ཉིད་མངོན་སུམ་དུ་རྟོགས་པའི་ཉམས་རྟོགས་མི་འདུག་ཀྱང་། སྒྲ་རྟོག་ཡུལ་ལ་དངོས་དབང་གིས་མི་འཇུག་པའི་གཞན་སེལ་གྱི་ལྟ་བ་ཙམ་ཡོད་པས། ཚིག་རྩུབ་སོགས་ལ་ཞེན་པ་མེད་པའི་ཕྱིར་ན། ཁྱེད་ཅག་རྒྱལ་བར་རློམ་པ་བས། ངེད་འོད་གསལ་གྱི་ལྟ་བ་བཟང་བ་མིན་ནམ་ཞེས་པ་ལྟ་བུ་ཡིན་གྱི། རྟོག་གེའི་གཞུང་ལས་གནས་ལུགས་མངོན་སུམ་དུ་རྟོགས་པ་ཁས་བླངས་པ་མིན་པ་དང་། དཀའ་སྤྱོད་དྲག་པོའི་སྤྲིན་རུམ་ནང་སོགས་ཚིགས་བཅད་དང་པོས་སྟོན་གྱི་ཕྱག་ཆེན་པ་མཚན་ཉིད་པའི་རྣམ་ཐར་དངོས་བསྟན་དང་། ཤུགས་ཀྱི་དཀྱིལ་འཁོར་ལྟར་གྱི་ཚོ་ལ་མི་འདུག་ཅེས་པ་དང་། ཚིགས་བཅད་ཕྱི་མས། ནང་དོན་ལ་ངེས་པ་མ་སྙེད་པའི་རྟོག་གེ་རང་འགའ་བ་རྣམས་ཀྱི་རྣམ་ཐར་དངོས་བསྟན་དང་། ཤུགས་ལ་རང་ཉིད་ནང་རིག་དང་འབྲེལ་བའི་རྟོག་གེ་པ་མིན་ཞེས་བསྟན་པས་ནང་འགལ་བ་མེད་ཅིང་ཚིག་གི་ནུས་པ་ཅུང་ཟད་ཡོད་པའི་ལུགས་སུ་བགྱིད་པ་ལགས། དེ་ན་རྟོགས་ལྡན་བླུན་པོ་ལ། །གྲགས་ཀྱི་མཁས་པ་

རྣམས་ལ་མིན། །ཞེས་པ་ལ་དཔྱད་རྒྱུའི་གསང་ཚིག་ཅུང་ཟད་འདུག་པས། ཡིག་ཆུང་དུ་ཕུལ་བ་ལྟར་ཡིན་ལགས། ཞེས་པའི་ཡིག་ཆུང་དང་བཅས་བཀའ་མཆིད་ཕེབས་པ་ལ། འཁོར་ལོ་སྡོམ་པའི་གྲུབ་ཆེན་བཀའ་དྲིན་བླ་མེད་ཨ་ནནྟ་ཤྲཱིའི་ཞལ་སྔ་ནས་ཀུང་རྣལ་འབྱོར་དབང་ཕྱུག་གི་དོ་ཧ་ལས་ཚིག་འདི་ལྟ་བུའི་ངེས་གསལ་ཡོད་པ་ལ། ས་སྐྱ་པཎྜི་ཏ་ཐུགས་ངར་ཡངས་པའི་དྲགས་ཅུང་ཐལ་མཆི་གསུངས་པ་ཞིག་ཡོད་ནའང་། གཞུང་དེའི་དོན་རྣལ་འབྱོར་པ་ཉམས་རྟོགས་བཟང་པོ་དང་ལྡན་ཡང་། ཕྱག་རྒྱ་སོགས་སྤྱོད་པའི་གྲོགས་མེད་ན། སྐྱེས་བུ་མིག་དང་ལྡན་ཡང་རྐང་པ་མེད་པ་དང་འདྲ་བར་ཉམས་རྟོགས་གོང་འཕེལ་དུ་མི་འགྲོ་ཞེས་པ་ཙམ་ཞིག་ཡིན་ལ། དེའི་ཚེ་རྣལ་འབྱོར་པ་རྟོགས་པ་དང་ལྡན་པ་ལ། ཚིགས་སུ་བཅད་པ་ན། དང་གི་ཚིག་མི་མངོན་པར་བྱས་ནས། གལ་ཏེ་རྟོགས་ལྡན་ཉམས་བཟང་སྤྱོད་པའི་གྲོགས་མེད་ན། ཞེས་དང་གིས་བསྐྱབ་བྱས་པ་ཡིན་གྱི། རྣལ་འབྱོར་པ་དེ་ལ་རྟོགས་ལྡན་གྱི་ཐ་སྙད་བཏགས་པ་མིན་ལ། ཕྱོགས་སྔ་མས། འདི་ལྟ་བུ་ཤེས་བྱེད་དུ་དྲངས་ན། རང་ལ་གནོད་བྱེད་ཁོ་ནར་སྣང་སྟེ། འདིར་སྐབས་ཀྱི་རྟོགས་པ་དང་ལྡན་པའི་རྣལ་འབྱོར་པ་དེ་ནི། སློབ་པ་ལམ་གྱི་གནས་སྐབས་ཁོ་ནར་བཞག་ལ། ཕྱོགས་སྔ་མས་ནི། ལ་ལ་གྲུབ་ཐོབ་ངན་ཞེས་ཟེར། །རྟོགས་ལྡན་བཟང་བ་ཡིན་ནོ་ལོ། །གྲུབ་ཐོབ་བརྒྱད་ཅུའི་ནང་ན་ཡང་། །རྟོགས་ལྡན་མེད་ཅེས་ཟེར་བ་ཐོས། །ཞེས་པའི་ཕྱོགས་སྔ་ལྟར། རྟོགས་ལྡན་ལ་སངས་རྒྱས་རང་ཡིན་པས་ཁྱབ་པར་ཞལ་གྱིས་བཞེས་སྣང་བས་སོ། །

རང་ལ་མི་བདེ་བའི་རྣམ་པར་རྟོག་པ་ནི། མངོན་བརྗོད་ཀྱི་བསྟན་བཅོས་ལས། སངས་རྒྱས་སྤྱིའི་མཚན་བདུན་ཅུ་རྩ་གཉིས་འདྲེན་པའི་ཚེ། རྟོགས་ལྡན་ཡོན་ཏན་འབྱུང་གནས་དང་། །ཞེས་རྟོགས་ལྡན་དང་། སངས་རྒྱས་མཚན་རྣམ་གྲངས་པར་བཤད་པ་འདི་ཇི་ལྟར་ཡིན་ཞེས་ཀློལ་ན་ཅུང་དཀའ་བར་སྣང་ཡང་། རྟོགས་པ་དང་ལྡན་པ་ལ་རྟོགས་ལྡན་ཞེས། ཚིགས་བཅད་དུ་སྡེབས་པ་ཙམ་ཡིན་གྱི། སངས་རྒྱས་དང་རྟོགས་ལྡན་མཚན་ཉིད་པ་ནི་མ་ཡིན་ཏེ། དེ་ལ་རྟོགས་ལྡན་གྱི་དོན་ཚང་ཡང་། རྟོགས་ལྡན་གྱི་ཐ་སྙད་མདོ་སྔགས་གང་ལས་ཀྱང་མ་བསྟན་པའི་ཕྱིར། དེས་ན་གང་དང་གང་ལ་དོན་དང་ཐ་སྙད་གཉིས་གཉིས་དབྱེ་ཤེས་དགོས་ཏེ། ལག་ལྡན་གྱི་དོན་ཚང་ལ་ཐ་སྙད་མ་ཚང་བ་སོགས་ཇི་སྙེད་ཅིག་མཁས་པ་རྣམས་ལ་གྲགས་པའི་ཕྱིར་རོ། །ཡང་། ཁོང་སྐྱུ་མའི་མཁན་པོ་སྐྱུ་མས་བསླུས། །གསུངས་པ། སྐྱུ་མ་མཁན་པོས། རྫ་དུམ། སྦྲེ་འཇུག་སོགས་ལ་རྫས་སྔགས་སོགས་ཀྱི་འདུ་འགོད་ལ་བརྟེན་ནས། རྟ་གླང་ལ་སོགས་པ་ཇི་སྙེད་པ་སྣང་ཡང་། འཁྲུལ་པའི་ཡོ་ལང་ལ་རང་བྱུན་ཆུད་པའི་ཕྱིར་ན། སྤྲུལ་པ་སྐྱུ་མས་སྤྲུལ་བྱེད་མཁན་པོ། བསླུ་བ་གཏན་མི་སྲིད་སྙམ་ལགས་ཤིང་། ཡང་། སྐྱུ་མ་མཁན་བཟང་པོ་གྲོགས་ཀྱིས་སླད་པས། བཅོམ་ལྡན་འདས་ལ་ངན་སེམས་ཀྱི་ཐོ་འཚམས་པར་བྱས་པ། དོན་

བཟང་པོ་རང་གིས་རང་བསླུས་ལ་སྦྱར་ན་ཐལ་དོགས་ལ། ཞེས་བཀའ་མཆིད་ཕེབས་པ་ལ། ཁོང་སྒྱུ་མའི་མཁན་པོ་སྒྱུ་མས་བསླུས། །ཆོས་ཕྱག་རྒྱ་ཆེན་པོའི་རང་རྩུགས་ཞིག །རི་མཐོན་པོའི་བྱུ་རྒྱུང་ཐང་ལ་འཁྱམས། །ཆོས་རྟོག་གེའི་གཞུང་ལ་སྐྱབས་གནས་འཚོལ། །ཞེས་པ་བསམ་ཆེ། ཁོང་ད་ལྟའི་ཕྱག་རྒྱ་པར་རློམ་པ་དག །ཕྱག་རྒྱ་ཆེན་པོའི་སྒོམ་གྱི་རྩུགས་ཞིག་ནས་རི་ལས་ཐང་ལ་བབས་ཏེ་རྟོག་གེའི་གཞུང་ལ་སློབ་སྦྱོང་བྱེད་པ་ནི། བྱེད་མི་སྲིད་པ་བྱེད་པའམ། མི་འོས་པ་བྱེད་པ་སྟེ། དཔེར་ན། སྒྱུ་མ་མཁན་པོ་རང་གི་སྤྲུལ་པའི་སྒྱུ་མའི་ན་ཆུང་ལ་ཆགས་ཞེན་སྐྱེས་ནས་རང་གིས་རང་བསླུས་པ་བཞིན་ཞེས། རྩ་ཚིག་ལ་རབ་རྟོག་གསལ་བྱེད་དངོས་སུ་མེད་ཀྱང་། དོན་གྱིས་ཐོབ་པ་རབ་རྟོག་གི་ལུགས་བགྱིས་པ་ལགས། དཔེར་ན་འདུལ་བ་ལུང་ལས། ཀཽ་ཤམྦྲིའི་རྒྱལ་པོ་ཤར་པའི་བློན་པོ་འཁྱེར་འཆང་གིས་ལུས་འཕགས་ཀྱི་རྒྱལ་པོ་གཏུམ་པོ་རབ་སྣང་བསླུ་བའི་ཆེད་དུ། ཚོང་དཔོན་སྨད་ཚོང་མ་དང་བཅས་པ་ལུས་འཕགས་སུ་བཏང་སྟེ། རབ་སྣང་སྨད་ཚོང་མ་ལ་ཆགས་པས། སྨད་ཚོང་མས་རབ་སྣང་ཀཽ་ཤམྦྲིའི་ཁྲིད་པའི་ཚེ། ཚིགས་སུ་བཅད་པ། ས་བཞི་ནགས་བཅས་མཁའ་ལ་འཕགས། །སྤྲང་མ་དག་གིས་བླ་བ་ཐོབ། །རྣམ་ཐོས་སྲས་ནི་གཉེར་པས་དེད། །སྨད་ཚོང་མས་ནི་རབ་སྣང་ཁྲིད། །

ཅེས་པ་ལྟ་བུ་ཡང་། སྤྲང་མས་བླ་བ་ཐོབ་པ་སོགས་མི་སྲིད་ཅིང་། རབ་རྟོག་གསལ་བྱེད་མེད་ཀྱང་། རབ་རྟོག་ལས་འོས་འདས་སྙམ་པ་ལགས། ཡང་། ངན་རྟོག་རི་བོ་ལྷ་མིན་མགྲོན་གྱི་ཟློལ། །རྣམ་དཔྱོད་ལྟོ་བར་བཞུ་ཡང་མ་ཆོག་པར། །ཞེས་གསུངས་པ། དྲང་སྲོང་ཨ་སྟུས་ལྷ་མིན་གཉིས་ཟོས་པས་བསྐྱེད་པའི་སྐྲོམ་པའི་གདུང་བ་མ་བཟོད་པར། རྒྱ་མཚོ་འཐུང་བ་སོགས་རིག་བྱེད་ཀྱི་གཏམ་རྒྱུད་དང་སྦྱར་བ་ལགས་མོད། གཞུ་ཡང་མ་ཆོག་གསུང་བ་ཡང་སྐྲ་མི་ཡོ་བ་འདྲ་སྙམ་ལགས། ཞེས་བཀའ་བསྩལ་ལ། སློབ་པོའི་བསམ་རྩེད་ཨ་སྟུས་རྒྱ་མཚོ་འཐུང་བ། ལྷ་མིན་བཟས་པའི་སྐྲོམས་པས་བསྐྱེད་པ་ཡིན་པ་ལ། སྐན་དགས་པས་ཅུང་ཟད་འཚོས་ཏེ། ལྷ་མིན་ཟས་སུ་བཟས་པས་མ་ཆིམ་པར་རྒྱ་མཚོ་ཆེན་པོ་ཡང་སྐྲོམ་དུ་འཐུང་བ་དང་སྦྱར་ཏེ། བསྟོད་པའི་ཡུལ་དེས། ལྷ་མིན་དང་འདྲ་བའི་རྣམ་རྟོག་བཟས་ཏེ་གཞུ་བས་ཀྱང་མ་ཆིམ་པར། རྒྱ་མཚོ་ཆེན་པོ་དང་འདྲ་བའི་གནས་ལྔའི་ཆུ་ཆེན་པོ་ཡང་ཧུབ་ཀྱིས་འཐུང་ཞེས། ཡང་སྐྲའི་ནུས་པ་ཆེ་ཆེར་ཡོད་རློམ་པ་ལ་ཡང་སྐྱུའི་སྣང་བརྙན་ཤར་བ་དང་མ་ཤར་བ་ཞེས་གསུངས་པ། སྤྲུལ་པའི་སྐྱུ་ཙམ་ལ་དགོངས་པར་སྣང་མོད། དེ་ཉིད་འདྲེན་བྱེད་ཀྱི་བཟུང་བྱ་ངོ་བོ་ཡིན་སྐྱུ་སྣང་བརྙན་ཞེས་པ་བྲིས་འབྱུར་དུ་བསྒྱུར་པ་ཡིན་ལ། གཟུགས་བརྙན་ཞེས་པ་མེ་ལོང་དུ་ཤར་བ་དང་། ཆུ་ནང་གི་ཟླ་བ་ལྟ་བུ་ཡི་པས། གང་སྐྱུ་མཐོང་བ་དང་། མ་མཐོང་བ་ཙམ་རིགས་པ་འདྲ་ལགས། ཞེས་ཕེབས་པ་ལ༔ སློབ་པོའི་བསམ་པ། བསྟོད་ཡུལ་དེའི་ཐུགས་ཆོས་ཀྱི་སྐྱུ་ལ་འཆར་ནུབ་མི་མངའ་ཡང་། ཆོས་སྐྱུ་དེའི་སྣང

བརྟན་སྤྲུལ་པའི་སྐུ་དེ་ཡིན་པ་ལ་བསམ་པ་ཡིན་ཞིང་། སྤྲུལ་པའི་སྐུ་དེའི་སྐུ་བརྟན་ནམ་ཞེས་གསུངས་པ་ལྟར་ངེས་པས། སླར་ཡང་སྔ་ཕྱི་གཉིས་ཀ་ལ་རྟགས་དཔྱད་ཀྱི། སྣང་བརྟན་ཞེས་བརྗོད་ན། བྲིས་འབུར་ལ་འབྲུལ་དགོས་འདུག་ལགས་པས། གང་དུ་སྐུའི་སྣང་བཤར་བ་དང་ཞེས་སོགས་ལེགས་པར་འདུག་ལགས། རྗེ་ས་སྐྱ་པཎྜི་ཏས། མཁས་པ་རྣད་ཅིང་མ་དྲིས་པ། །དེ་ཡི་བར་དུ་གཏིང་མི་དཔོགས། །ཞེས་གསུངས་པ་ལྟར་ངེས་པས། སླར་ཡང་སྔ་ཕྱི་གཉིས་ཀ་ལ་བརྟག་དཔྱད་ཀྱི་ལན་གནང་བ། བསྟན་པ་རིན་པོ་ཆེ་གནས་ཞེས་མཚོན་པའི་དཔེར་གྱུར་པ་ལགས། དེང་དུས་སུ་སྙིགས་མ་རུང་བའི་སྤྱོད་པ་ལ་ཏ་ཙང་ཡིད་འབྱུང་བར་ཡང་མི་སྣང་སྟེ། སངས་རྒྱས་ཞལ་བཞུགས་པའི་དུས་ཀྱི་སྙིགས་མ་རུང་པའི་རྣམ་ཐར་མདོ་སྡེ་མཐའ་དག་ན་བཞུགས་པ་མཐོང་བའི་ཚེ་ན། དེ་དག་གི་སྤྱོད་པ་ལ་ངལ་མཆོ་ཐོབ་པ་ཙམ་དུ་འགྱུར་གྲང་།

ཞེས་བླ་བརྒྱད་པའི་ཆོས་བརྒྱད་ལ་མཉན་ཡོད་ཆོས་ཀྱི་སྙིད་ཚལ་འཕེལ་བའི་གཏམ་རྒྱུན་མི་ཆད་པར་དུར་སླིག་འདུ་བའི་གླིང་ཆེན་པོ་ནས་ཕུལ་བ་དགེ་ཞིང་བཀྲ་ཤིས། །

༄༅། །དྲི་ལན་དག་བྱེད་གང་གཱའི་ལྷ་མོ་བཞུགས།

མང་ཐོས་ཀླུ་སྒྲུབ་རྒྱ་མཚོ།

ཧྲཱིཿཡིག་དམར་སེར་འོད་བརྒྱའི་སྣང་བ་ཡིས། །རྣམ་དཔྱོད་ཨུཏྤལ་ཀུ་མུད་བཞད་པའི་མོད། །གཞན་བློའི་ཟླ་སྐྱེངས་ནས་ཆུ་ལྡན་མར། །གཟིམས་པ་སྟེར་མཛད་ས་སྐྱ་པ་དེ་བསྟགས། །ཨེ་མ་ས་སྐྱའི་འཇམ་མགོན་ཁྱེད། །ཕྱོགས་ཆས་བསྟོད་ཀྱང་སྨད་པའི་རྒྱན། །གནམ་ཐིག་འཁྱོག་བྲལ་འདེབས་བརྩོན་པའི། །ཟླ་བའི་ལྷུམ་གྱིས་དཔང་བྱོས་ཤིག །ནང་རིག་གོས་ཀྱི་ཕུར་མ་ཡིས། །བཀླུབས་ཀྱང་སྒྲ་རིག་འོད་ཟེར་འབུམ། །སྤྲོ་མཁས་འཛིག་རྟེན་ཀུན་གྱི་མིག །དགའ་ཞིང་མགུ་བས་སླར་ཁྱོད་བསྟགས། །ལྷག་བསམ་ཟླ་བའི་མ་མ་ཡིས། །བསྐྱུན་པའི་དཔལ་མོ་དྲི་བའི་ཚིག །ལེགས་བཤད་འདྲེན་པའི་ཤིང་རྟ་ལ། །བཅིབས་ནས་འདིར་བྱོན་བྱོན་པ་ལེགས། ། ཁྱོད་ཕྲིན་ཤིང་རྟ་འབུམ་ཕྲག་གིས། །དྲངས་ཀྱང་ལེགས་བཤད་རིན་ཆེན་གཏེར། །ངན་རྟོག་རྒྱ་མཚོའི་ཐ་རླབས་ཀྱིས། །དཀྲུགས་ཕྱིར་སུ་ལ་ཅི་ཞིག་མཛོན། །འོན་ཀྱང་ལྷག་བསམ་ལྷ་ཡི་ཆུར། །ཆུ་ལོན་རྩིག་པར་མ་སྤྱོབས་ནས། །ཛ་ཧྣུའི་མགྲིན་པ་ནས་སྐྱུགས་པའི། །གང་གཱའི་ལྷ་མོ་འདི་སྤྲུལ་ལོ། །

བྱ་རྒྱུད་ལུང་གིས་གྲངས་ངེས་སྒྲུབ་ནུས་ལ། །སྤྱོད་རྒྱུད་ལུང་གིས་གྲངས་ངེས་མི་འགྲུབ་ཅིང་། །དེ་གཉིས་སྦྱོར་བཏང་དམིགས་བསལ་དུ་འཇོག་པའི། །རྒྱུ་མཚན་གསལ་བར་གསུར་པ་ཇི་ལྟར་ལགས། །ཞེས་པའི་ལན། བྱ་རྒྱུད་ལུང་གིས་གོང་མ་རྣམ་གཉིས་ལ། །གྲངས་ངེས་སྒྲུབ་པ་རྡོ་རྗེ་འཆང་གི་བཀའ། །སྤྱོད་རྒྱུད་ལུང་གིས་གྲངས་ངེས་སྒྲུབ་མཛད་ན། །རྡོ་རྗེ་འཆང་ལ་འགལ་བའི་ཁུར་བསྐྱུར་རམ། །ཅིའི་ཕྱིར་ཞེ་ན་གྲངས་ངེས་དགོས་མི་དགོས། །འགལ་འདུ་རྣམ་གཉིས་ཞལ་གྱིས་བཞེས་ཕྱིར་རོ། །རྒྱུད་སྡེ་གོང་མ་གཉིས་ལ་ནི་གྲངས་ངེས་དགོས་ཏེ། རྒྱུད་སྡེ་གོང་མ་གཉིས་རང་རྐང་ལ་གྲངས་ངེས་དགོས་མི་དགོས་གསལ་ཁ་མེད་པ་དེར། བྱ་རྒྱུད་ཀྱི་གྲངས་ངེས་དེ་སྦྱོར་ཞེས་རྡོ་རྗེ་འཆང་གིས་བཀས་བཅད་པའི་ཕྱིར་ཏེ། ང་དང་གསང་བ་སྤྱི་རྒྱུད་དང་། །འཇམ་དཔལ་རྩ་བའི་རྟོགས་པ་དང་། །ཚིག་འདུས་དང་ཚིག་བཤད་ལས། །དཀྱིལ་འཁོར་ཚིག་གང་བཤད་པ། །མཁས་པས་ཀུན་ལ་སྦྱར་བར་བྱ། །ཞེས། རྒྱུད་སྡེ་སོ་སོར་ཚིག་གསལ་ཁ་མེད་པ་རྣམས་ལ། སྤྱི་རྒྱུད་སོགས་དེ་སྦྱོར་ཞེས་གསལ་བར་བཤད་པའི་ཕྱིར། དེ་ལྟར་བཤད་བཞིན་དུ། སྤྱོད་རྒྱུད་ཀྱི་ལུང་གིས་གྲངས་ངེས་མི་དགོས་པ་སྨྲབས་ན།

གོང་མའི་དབང་ལ་གྲངས་ངེས་དགོས་ཀྱང་དགོས་ལ་མི་དགོས་ཀྱང་མི་དགོས་སོ། །ཞེས་རྡོ་རྗེ་འཆང་གིས་བཤད་དོ༑ ༑ཞེས་ཁས་བླངས་དགོས་པས། དེ་འདྲ་སུ་ཞིག་གིས་སྨྲ་བར་ནུས། དེ་ཕྱིར་བྱ་རྒྱུད་གྲངས་ངེས་དགོས་པ་དང་། །སྤྱོད་པའི་རྒྱུད་ལ་གྲངས་ངེས་མི་དགོས་པའི། །དམིགས་བསལ་ཡོད་མོད་གོང་མ་རྣམ་གཉིས་སུ། །དམིགས་བསལ་མེད་དེར་བྱ་རྒྱུད་སྐྱོར་ཞེས་གསུངས། །དེས་ན་རབ་དབྱེར། ལྷག་མ་དམིགས་བསལ་མ་མཛད་པའི། །སློབ་མ་ལ་ནི་གྲངས་ངེས་ཡོད། །ཅེས་འདོན་དགོས་ཏེ། འོག་མ་གཉིས་གཅིག་ཏུ་གྲངས་ངེས་དགོས་པ་དང་། ཅིག་ཤོས་སུ་གྲངས་ངེས་མི་དགོས་པའི་དམིགས་བསལ་ཡོད་ཅིང་། ལྷག་མ་གོང་མ་གཉིས་སུ་དམིགས་བསལ་གང་ཡང་མེད་པ་དེར། བྱ་རྒྱུད་ཀྱི་དམིགས་བསལ་དེ་སྦྱོར་ཞེས་བཤད་འདུག་པའི་ཕྱིར་རོ། །

དེས་ན་དེ་གཉིས་སྤྱིར་བཏང་དམིགས་བསལ་དུ་སྦྱོར་བ་མཁས་པའི་དགོངས་པ་མ་ཡིན་ཏེ། གཅིག་ནི་སྤྱིར་བཏང་ཅིག་ཤོས་དམིགས་བསལ་ནི། །གང་ཡིན་དྲིས་ན་ལན་འདེབས་དཀའ་ཕྱིར་རོ། །དེའི་རྒྱུ་མཚན་ཅི་སྙམ་ན། བྱ་རྒྱུད་ཀྱི་དེ་སྤྱིར་བཏང་། སྤྱོད་རྒྱུད་ཀྱི་དེ་དམིགས་བསལ་ཡིན་ན། བྱ་རྒྱུད་ཀྱི་དབང་ལ་ཡང་གྲངས་མེད་བྱས་ཆོག་པ་ཞིག་ཡོད་པར་ཐལ་བ་དང་། སྤྱོད་རྒྱུད་སྤྱིར་བཏང་། བྱ་རྒྱུད་དམིག་བསལ་ཡིན་ན། སྤྱོད་རྒྱུད་ཀྱི་དབང་ལ་གྲངས་ངེས་དགོས་པ་ཞིག་ཡོད་པར་ཐལ་བ་དང་། བྱ་སྤྱོད་གཉིས་པོ་དེ། རྒྱུད་སྡེ་བཞི་ཆར་གྱི་སྤྱིར་བཏང་དམིགས་བསལ་དུ་འཆད་པ་ལ་ནི་འབྲེལ་ཏིལ་འབྲུ་ཙམ་ཡང་མེད་པའི་ཕྱིར་རོ། །ཡང་འདི་སྐད་ཅེས། སྤྱིར་བཏན་དམིགས་བསལ་སྤྱིར་བཏང་དམིགས་གསལ་གྱི། །རྣམ་དབྱེ་མ་ཕྱེད་སྔ་ཕྱིའི་མཁས་རློམ་འགའ། །རབ་དབྱེའི་གཞུང་ལ་རྩོད་པའི་མགྲིན་པ་ནི། །བསྲིངས་ཀྱང་ལྷགས་རྩེ་རྐན་ལ་འཁོར་བའང་མཐོང་། །སྤྱིར་སྤྱིར་བཏང་དམིགས་གསལ་གྱི་དོན། སྤྱིར་བཏང་གི་ཚེ། དོན་དེ་ལ་ཁྱབ་མཐའ་བཅས་ནས། དམིགས་བསལ་གྱི་ཚེ། དེ་ལ་སྐྱོན་བཏང་བ་ལྟ་བུའི་སྤྱིར་བཏང་དམིགས་བསལ་འགལ་བ་ཞིག་གཙོ་ཆེ་ཡང་། མཐའ་གཅིག་ཏུ་ངེས་པ་མེད་པ་རྒྱ་འགྲེལ་མང་པོ་ན་གསལ་མོད། རབ་དབྱེར། སྤྱིར་བསྟན་དམིགས་བསལ་ཡིན་པས། འགྲོ་ཀུན་དགེ་བ་ཇི་སྙེད་ཡོད་པ་ཞེས། བསྔོ་རྒྱུའི་དགེ་བ་སྤྱིར་བསྟན་ནས། བྱས་དང་བྱེད་འགྱུར་ཞེས་སོགས། སེམས་ཅན་གྱི་དགེ་བ་དུས་གསུམ་པོ་ལ། མཚན་གཞིར་བཀར་ནས་བཟུང་བ་ལ། དམིགས་བསལ་ཞེས་བཤད་པའི་གནད་མ་གོ་བར། སྒྲོན་གཏོང་ཐལ་རོར་སོང་བ་མང་པོ་སྣང་ངོ་། །པཎ་ཤཱཀ་སྤྱོད་རྒྱུད་ལ་ཡང་གྲངས་ངེས་བཞེད། དེས་ན་སྤྱོད་པའི་རྒྱུད་ཀྱི་དབང་བསྐུར་ལ། །སློབ་མ་རྗེས་བཟུང་གྲངས་ངེས་མེད་ཅེས་འཆོས། །འདི་ཉིད་འཇམ་དབྱངས་དགོངས་པ་ཇི་ལྟར་ཡིན། །

ཞེས་པའི་ལན་ནི། སྤྱོད་པའི་རྒྱུད་ལ་གྲངས་ངེས་བསྐྱབ་པ་ཡི། །སྐྱུན་ཡངས་དེ་ནི་ས་སྐྱའི་དགོངས་པ་མིན། །

བྱ་སྤྱོད་གཉིས་ལ་གྲངས་ངེས་ཡོད་མེད་གཉིས། །གསལ་བར་བཤད་ནས་གོང་མར་མ་བཤད་དེར། །བྱ་རྒྱུད་གྲངས་ངེས་སྦྱོར་ཞེས་བཤད་པའི་དོན། །མ་གཟིགས་ཕྱིན་ཅི་ལོག་ཏུ་བཤད་ཕྱིར་རོ། །འོན་དེ་ལྟ་བུ་དེ་ས་སྐྱ་པའི་དགོངས་པ་མ་ཡིན་མོད། སྤྱོད་རྒྱུད་རང་གི་དགོངས་པར་ཡང་མ་སོང་ངམ་སྙམ་ན། གསེར་ཐུར་ལས། སྤྱོད་པའི་རྒྱུད་ཀྱི་དབང་བསྐུར་ལ། །སློབ་མ་ཁ་འབྱམ་ཁ་ཡར་གྱི། །ངེས་པ་མེད་མོད་གྲངས་མེད་མིན། །བཅུ་ལས་ལྷག་པ་བཀག་ཕྱིར་རོ། །ཞེས་བཤད་པ་འདི་ལ་རྣམ་དབྱོད་ཞུགས་པའི་འབྲུལ་གཞི་ཤིན་ཏུ་ཆེ་བར་སྣང་ཡང་། རྣམ་དཔྱོད་ཀྱི་རྒྱུས་ཅུང་ཟད་མ་ཐོན་པས་འབྲུལ་པ་མ་སེལ་བ་འདྲའོ། །

འབྲུལ་གཞི་ཇི་ལྟར་ཡོད་ན། མངོན་བྱང་ལས། སློབ་མ་དད་ཅིང་རིགས་བཙུན་པ། །ཞེས་པ་ནས། སློབ་མ་ངོས་བཟུང་ནས། བཅུ་འམ་བརྒྱད་དམ་བདུན་ནམ་ལྔ། །གཅིག་གཉིས་བཞི་ལས་ལྷག་ཀྱང་རུང་། །དཔྱད་མི་དགོས་པར་བཟུང་བར་བྱ། །ཞེས་པ་དེས་བཅུ་ལས་ལྷག་པ་བཀག་སྙམ་པའི་འབྲུལ་གཞི་དང་། དེའི་རྒྱུས་བཤད་དུ། དེ་དག་ནི་རྡོ་རྗེ་སེམས་དཔའ་ཡིན་ཏེ། དེ་རྣམས་ཉིད་ཀྱི་དོན་གྱི་ཕྱིར་གྲངས་ཀྱི་ཚད་འདི་བྱས་སོ། །ཞེས་པ་དེས་བཅུ་མན་ཆད་དུ་གྲངས་ངེས་བསྟན་འདུག་སྙམ་པའི་འབྲུལ་གཞི་བྱས་སོ། །དེ་དག་ནི་རྣམ་པར་དཔྱོད་པའི་རྒྱུས་མ་ཐོན་པ་སྟེ། གཅིག་ནས་བཅུའི་བར་བགྲངས་པ་དེ་དག་དང་། བཅུ་པོ་དེ་ལས་ལྷག་པ་སྣོད་རུང་གི་ཡོན་ཏན་དང་ལྡན་པ་གཞན་ཡོད་ན་ཡང་དབང་བསྐུར་དུ་རུང་ཞེས་བསྟན་པ་ལ། བཅུ་ལས་ལྷག་པ་ལ་མི་རུང་ཞེས་འབྲུལ་འདུག་པའི་ཕྱིར། དེ་ལྟར་མ་ཡིན་པ། གཅིག་གཉིས་ལས་ལྷག་པ་གསུམ་དང་། བཞི་ལས་ལྷག་པ་དྲུག་དང་དགུ་ལྟ་བུ་ཡིན་སྙམ་ན། དེ་ཡང་མི་རུང་སྟེ། དེ་དག་ནི། གཅིག་ནས་བཅུའི་བར་བསྟན་པ་དེའི་ཤུགས་ལ་གོ་བས། ལྷག་ཀྱང་རུང་ཞེས་པའི་ཚིག་གིས་བསྟན་མི་དགོས་པའི་ཕྱིར་རོ། །གྲངས་ཀྱི་ཚད་འདི་བྱས་སོ་ཞེས་པ་ཡང་། བཅུ་མན་ཆད་ཀྱི་གྲངས་ངེས་འདི་བྱས་ཞེས་པའི་དོན་མ་ཡིན་ཏེ། རྒྱུད་དེ་ཉིད་ལས། གསང་བའི་བདག་པོ་ཐེག་པ་ཆེན་པོ་ལ་གོམས་པར་མ་བྱས་པ་རྣམས་ནི། གསང་སྔགས་སྤྱོད་པའི་ཚུལ་མཐོང་ངམ། ཐོས་ནས་སེམས་ལ་དགའ་བའམ། དང་བ་ཅུང་ཟད་ཀྱང་ཡང་དག་པར་མི་སྐྱེའི་གསང་བ་པའི་བདག་པོ་གང་དག་གིས། སྔོན་ཐེག་པ་ཆེན་པོ་གསང་སྔགས་སྤྱོད་པའི་ཚུལ་སྒོ་མཐའ་ཡས་པ་སྒྲུབ་པ་ལ་གོམས་པར་བྱས་པ་དེ་དག་ནི་རྡོ་རྗེ་སེམས་དཔའ་ཡིན་ཏེ། དེ་རྣམས་ཉིད་ཀྱི་དོན་གྱི་སྦྱིར་གྲངས་ཀྱི་ཚད་འདི་བྱས་སོ། །ཞེས། སྔོན་ཐེག་པ་ཆེན་པོ་གསང་སྔགས་ལ་གོམས་པར་བྱས་ཤིང་ཚེ་འདིར་དེ་ལྟ་བུའི་རིགས་སད་པ་དེ་དག་ལ། རྡོ་རྗེ་སེམས་དཔར་མིང་བཏགས་ནས། དེ་ལྟ་བུའི་རྡོ་རྗེ་སེམས་དཔའ་རྣམས་ལ་དབང་བསྐུར་དུ་རུང་། དེ་ལས་གཞན་པ་ལ་མི་རུང་ཞེས་པའི་གྲངས་ཀྱི་ཚད་དམ་རྣམ་པར་བཞག་པ་འདི་བསྟན་པ་ཡིན་ཞེས་པའི་དོན་ཡིན་གྱི། བཅུའི་གྲངས་ངེས

བསྟན་པ་མ་ཡིན་པའི་ཕྱིར་ཏེ། ཡིན་ན་དེ་ལྟ་བུའི་རྡོ་རྗེ་སེམས་དཔའ་བཅུ་ལས་ལྷག་པ་མེད་པའམ། ཡོད་ན། ལྷག་ཀྱང་རུང་ཞེས་པའི་ཚིག་གི་ནུས་པས་དེ་དག་ལ་དབང་བསྐུར་དུ་རུང་བར་བསྟན་པ་དང་འགལ་འདུག་པའི་ཕྱིར་དང་། དེ་དག་ནི་རྡོ་རྗེ་སེམས་དཔའ་ཡིན་ཏེ། དེ་རྣམས་ཉིད་ཀྱི་དོན་གྱི་ཕྱིར་ཞེས་པས་ཀྱང་། རྡོ་རྗེ་སེམས་དཔའ་དེ་ཐམས་ཅད་དབང་གི་སྣོད་དུ་བསྟན་པའི་ཕྱིར་རོ། །

འོ་ན་རྡོ་རྗེ་སེམས་དཔའ་མ་ཡིན་པ་དེ་དག་ལ་ཇི་ལྟར་བྱ་སྙམ་པ་ལ། རྒྱུད་དེ་ལས། གྲངས་ཀྱི་ཚད་འདི་བྱས་སོ། །འོན་ཀྱང་སློབ་དཔོན་སྙིང་རྗེ་ཆེན་པོ་དང་ལྡན་པས། སེམས་ཅན་གྱི་ཁམས་མ་ལུས་པ་བསྒྲལ་བར་ཡིད་དམ་བཅའ་བར་ཁོ་ནར་བྱ་སྟེ། དེས་བྱང་ཆུབ་ཀྱི་སེམས་ཀྱི་རྒྱུར་འགྱུར་བར་བྱ་བའི་ཕྱིར་རོ། །སེམས་ཅན་ཚད་མེད་པ་རྣམས་ཡོངས་སུ་བཟུང་བར་བྱའོ། །ཞེས་ཐེག་པ་ཆེན་པོར་རིགས་མ་སད་པ་དེ་དག་ཀྱང་འཁོར་བ་ལས་བསྒྲལ་བའི་ཕྱིར། དེ་དག་གི་དོན་དུ་སེམས་བསྐྱེད་ནས་བློས་སྦྱོང་བར་མི་བྱ་ཞེས་བསྟན་པ་ཡིན་ནོ། །འདི་ལ་པཎ་ཤཱཀ་པས། ཚིག་དེས་རྒྱུད་འདིའི་ལུགས་ཀྱི་སློབ་མ་རྗེས་འཛིན་བསྟན་པས་སློབ་མ་རྗེས་འཛིན་ལ་གྲངས་ངེས་མེད་པ་དང་། དབང་དངོས་གཞི་ལ་གྲངས་ངེས་བྱེད་པ་རྒྱུད་འདིའི་དགོངས་པའོ། །ཞེས་གསུངས་པ་ཡང་མི་རིགས་ཏེ། དེ་ལྟར་ན་ཡོ་ག་ལྟར། སྣོད་དང་སྣོད་མིན་གཉིས་ཆར་ལ་ཕྱི་ནང་གི་འཇུག་པ་བྱེད་དགོས་ལ། དེ་ལྟར་བྱས་ན། གདོད་འཆིང་བའི་ཚེ། མདོན་བྱང་ལས། དེ་བཞིན་གཤེགས་པ་དྲན་བྱས་ནས། །བྱང་ཆུབ་སེམས་རྐྱང་འཛིན་དུ་གཞུག །དེ་ནས་རྒྱལ་བའི་རིགས་དག་ལ། །ཐམས་ཅད་རབ་ཏུ་སྐྱེ་བར་འགྱུར། །ཆོས་ཀྱི་དབྱིངས་ལས་བྱུང་བ་ཡི། །ཕྱག་རྒྱ་དེ་དག་རྣམས་ལ་བཅིངས། །ཆོས་ཀྱི་འཁོར་ལོའང་བཅིངས་ནས་ནི། །རྡོ་རྗེ་སེམས་དཔར་བྱིན་གྱིས་བརླབས། །ཅེས་སློབ་མ་དེ་དག་བྱང་ཆུབ་ཀྱི་མཆོག་ཏུ་སེམས་བསྐྱེད་དུ་བཅུག་པས། རྒྱལ་བའི་སྲས་སུ་འབྲུངས། ཆོས་ཀྱི་དབྱིངས་ཀྱི་ཕྱག་རྒྱ་དང་། ཆོས་ཀྱི་འཁོར་ལོའི་ཕྱག་རྒྱ་བཅིངས་པས། རྡོ་རྗེ་སེམས་དཔར་བྱིན་གྱིས་བརླབས་ནས་རྡོ་རྗེ་སེམས་དཔར་འགྱུར་བར་བཤད་པས། སྣོད་མིན་དེ་དག་ལ་ཡང་དངོས་གཞིའི་དབང་བསྐུར་དགོས་པས། དངོས་གཞིའི་གྲངས་ངེས་ཉམས་པར་འགྱུར་བས་སོ། །དེས་ན་གསེར་ཐུར་ལས། སྤྱོད་པའི་རྒྱུད་ཀྱི་དབང་བསྐུར་ལ། །སློབ་མའི་རྗེས་བཟུང་གྲངས་ངེས་མེད། །ལྷག་མ་དམིགས་བསལ་མཛད་པ་ཡི། །ཞེས་སོགས་སྨྲ་རོ། །ཞེས་པ་ཡང་བཞད་གད་དེ། སྤྱོད་རྒྱུད་ལ་རྗེས་འཛིན་ཡོ་ག་ལྟར་བྱས་ན། འགལ་འདུའི་ཁུར་ཆེན་པོ་དང་། ལྷག་མ་དམིགས་བསལ་མཛད་ཅེས་པ་ལྟར། འདོན་པ་ཡང་མ་བརྟག་པ་ཁོ་ན་ཡིན་པའི་ཕྱིར་རོ། །

དོན་གཉེར་གཉིས་ལ་མངོན་པར་དབང་བསྐུར་བའི། །ཚུལ་གཉིས་དྲི་མ་མེད་པའི་འོད་ལས་གསུངས། །

དབང་བཞིའི་སྔོན་དུ་ཕྱིས་འཇུག་དབང་བདུན་པོ། །ངེས་པར་མཐའ་གཅིག་དགོས་པ་བཤད་པ་མེད། །ཅེས་པའི་ལན། རྒྱུད་དང་རྒྱུད་འགྲེལ་དགོངས་པ་འབྱེད་མཁས་པའི། །དཔྱོད་ལྡན་རྣམས་ལ་དེ་འདྲའི་དགོངས་པ་ཅི། །དུས་འཁོར་འཆད་ཅིང་འདོམས་པའི་བཤེས་གཉེན་དག །སྐན་ཤལ་ཨུཏྤལ་བསྒྲེངས་ཤིག་གཏམ་འདི་གླེང་། །ཇི་ལྟར་སྙམ་ན་མཆོག་དབང་ཙམ་ཐོབ་པའི། །སློབ་བུ་དེ་ནི་དཀྱིལ་འཁོར་གང་དུ་སྨིན། །དཀྱིལ་འཁོར་ཆེན་པོར་མ་སྨིན་གྲོལ་བྱེད་ལམ། །ཡན་ལག་དྲུག་ལྡན་སྒོམ་པར་ཅང་རུང་ངམ། །ལུས་དཀྱིལ་དག་ཏུ་སྨིན་ན་ཤེས་རབ་མའི། །འོ་འཛིན་རིག་པའི་བདེ་བ་སྦྱོང་ལས་གཞན། །རྟེན་དང་བརྟེན་པའི་དཀྱིལ་འཁོར་དེ་ན་མེད། །དཔྱོད་ལྡན་མཁས་པས་དགོངས་པ་བསྐྱེད་དུ་གསོལ། །དུས་འཁོར་མཆོག་དབང་། ལས་དང་པོ་པ་ལ་ཐོག་མ་ཉིད་དུ་བསྐུར་ནས་གྲོལ་ལམ་སྟོན་པ་ནི་མི་རིགས་ཏེ། དེ་ལྟ་བུ་ལ་རྟེན་དང་བརྟེན་པའི་དཀྱིལ་འཁོར་གང་ཡང་མེད་པས། དཀྱིལ་འཁོར་ཕྱི་ནང་དུ་འཇུག་པ་དང་། ལྷ་ལ་མེ་ཏོག་ཐོབ་པ་དང་། མེ་ཏོག་ཐོབ་པའི་ལྷའི་རིགས་སུ་སྐྱེ་བ་སོགས་མེད་པས། དེ་ལྟ་བུ་དེ་བླ་མེད་ཀྱི་ཆོས་ལ་ལོངས་སྤྱོད་པ་ལ་དབང་བ་མ་ཡིན་ནོ། །

དེ་ལྟར་ཡང་། རྒྱུད་ལས། གནས་ནི་གང་དུ་མེ་ཏོག་བཟང་པོ་ལྷུང་བ་དེ་ཉིད་དེ་ཡི་རིགས་སོ་སོའི་བདག་པོ་ཀྱི༔ ཕྱི་ནས་དབང་བདུན་རྣམས་དང་རྣམ་གསུམ་བླ་མེད་ཇི་ལྟ་བ་བཞིན་འདིར་ནི་ཡང་དག་རབ་ཏུ་སྦྱིན། །ཞེས་དང་། ཀུན་སྤྱངས་དབང་བསྐུར་གྱི་ཚེ་ཡང་། དྲི་མེད་འོད་ལས། རིམ་པ་ཇི་ལྟ་བས་དབང་བདུན་དང་། དེ་ནས་བུམ་པ་ལ་སོགས་པ་རྣམ་པ་གསུམ་སྦྱིན་པར་བྱའོ། །ཞེས་ཕྱིས་དབང་དང་། མཆོག་དབང་རིམ་བཞིན་བསྐུར་དགོས་པར་བཤད་ཀྱི། ཕྱིས་དབང་སྔོན་དུ་མ་སོང་བར། མཆོག་དབང་བསྐུར་ཆོག་པར་མ་བཤད་པའི་ཕྱིར་དང་། གལ་ཏེ་སློབ་མ་མཆོག་ལ་མི་དགོས་སྙམ་ན། འབྲུལ་གཞི་དེས་བྱས་འདུག་ཀྱང་མི་རིགས་ཏེ། དེ་ལྟ་བུའི་སློབ་མ་དེ་ནི་དཀྱིལ་འཁོར་དུ་ཞུགས་ནས་མེ་ཏོག་ཐོབ་པའི་ལྷའི་རིགས་སུ་མ་སྐྱེས་པས་རྫོགས་རིམ་ལྟ་ཅི། བསྐྱེད་རིམ་སྒོམ་པ་ཡང་མི་དབང་བའི་ཕྱིར་ཏེ། དེས་ཕུང་པོ་ལྔ་དང་ཉོན་མོངས་ལྔ་སོགས་ཀྱི་སྣང་ཞེན་སྦྱངས་ནས་བསྐྱེད་རིམ་སྒོམ་པའི་སྨིན་བྱེད་ཀྱི་དབང་མ་ཐོབ་འདུག་པའི་ཕྱིར་དང་། ཁོ་བོས་བརྟག་གཉིས་དྲི་ལན་དུ། ཕྱིས་པའི་དབང་བདུན་སྨིན་བྱེད་མ་ཡིན་ན། ཕུང་པོ་ལྔ་དང་ཉོན་མོངས་ལྔ་སོགས་ཀྱི། དྲི་མ་སྦྱངས་ནས་བསྐྱེད་རིམ་ལྟ་སྒོམ་པའི། །སྨིན་བྱེད་དབང་དེ་སུ་ཞིག་ཡིན་པ་སྨྲོས། །ཞེས་པའི་ལན་དུ། པདྨ་དཀར་པོས། བུམ་དབང་བུམ་དབང་བུམ་དབང་ཞེས་སུ་སྨྲ། །ཞེས་ཐུགས་སུན་དང་བཅས་གནང་བ་ནི། རྣམ་པར་མ་དཔྱད་པའི་རབ་འགྲོས་ཁོ་ནར་སྣང་སྟེ། ཕུང་པོ་ལྔ་དང་། ཉོན་མོངས་ལྔ་སོགས་སྦྱོང་བྱེད་ནི། ཕྱིས་པའི་དབང་བདུན་ལ་བཤད་ཀྱི། མཆོག་གི་བུམ་དབང་ལ་བཅོལ་གཉེར་ཅུང་ཟད་ཀྱང་མེད་པའི་ཕྱིར་དང་། མཆོག་གི་བུམ་དབང་སོགས་ནི་རྫོགས་

རིམ་སྒོམ་པའི་རྣལ་འབྱོར་ཡིན་གྱི། བསྐྱེད་རིམ་སྒོམ་པའི་རྣལ་འབྱོར་དུ་ཟུར་ཙམ་ཡང་མ་བཤད་པའི་ཕྱིར་དང་། བསྐྱེད་རིམ་གྱི་མཆོག་མི་འགྲུབ་པར་ཁས་བླངས་པ་དང་ཡང་འགལ་བའི་ཕྱིར་རོ། །

གཞན་ཡང་སྙིང་འགྲེལ་ལས། ཟབ་ཅིང་རྒྱ་ཆེའི་ཆོས་རྣམས་ལ། །བསྐལ་པ་བྲལ་བའི་བདག་ཉིད་ལ། །ཕྱག་རྒྱ་དཀྱིལ་འཁོར་སྔགས་སོགས་ཀྱི། །ཡིད་འོང་བདག་གིས་བསྟན་པ་ཡིན། །ཕྱག་རྒྱ་དཀྱིལ་འཁོར་སྔགས་སོགས་ཀྱིས། །སངས་རྒྱས་རྡོ་རྗེ་སེམས་དཔའ་ཉིད། །སྟོན་པར་བྱེད་པ་མ་འོངས་པའི། །སློབ་དཔོན་རྣམས་ནི་བདུད་ཀྱི་རིགས། །ཞེས་པ་འདིས་ཀྱང་། མཆོག་གི་ཐུམ་དབང་བསྐྱེད་རིམ་སྒོམ་པའི་རྣལ་འབྱོར་མ་ཡིན་པར་བསྟན་པ་དང་། ཚིག་འདི་ལྟ་བུས་འབྲུལ་གཞི་བྱས་ནས། བྱིས་དབང་དང་། བསྐྱེད་རིམ་གྱིས་མཆོག་མི་འགྲུབ་པ་དང་། མཆོག་གི་སློབ་མ་ལ་བྱིས་དབང་སྔོན་དུ་འགྲོ་མི་དགོས་པ་སོགས་སྨྲ་བ་ནི། ཡང་དག་པ་མ་ཡིན་ཏེ། རྣམ་རྟོག་ལས་ནི་རྣམ་རྟོག་དང་། །སྲིད་པ་ཉིད་ཀྱིས་སྲིད་པ་དག །ཅེས་པའི་སྙིང་འགྲེལ་ལས། འདི་ལྟར་བསྐྱེད་པའི་ཏིང་ངེ་འཛིན་རྣམ་པར་རྟོག་པའི་བདག་ཉིད་ཅན། ལག་པའི་ཕྱག་རྒྱ་བཅིངས་པ་དང་། འདུག་སྟངས་དང་། ལྟ་སྟངས་དང་། ཕྲེང་བའི་ཁྱད་པར་ལ་སོགས་པ་ཐོག་མ་ཉིད་དུ་འཛིན་རྟེན་པའི་ཐ་སྙད་ཁྱད་པར་དུ་བྱས་ལ། ཕྱིས་ཕྱི་མ་ཕྱི་མའི་ཡོན་ཏན་གྱིས། སྟོན་མ་རྣམས་སྤང་བར་བྱ་བ་ནི། རྒྱུད་དེ་དང་དེའི་ངེས་པའོ། །ཞེས་རྫོགས་རིམ་གྱི་ཡོན་ཏན་རྒྱུད་ལ་སྐྱེས་པའི་རྣལ་འབྱོར་པས། བསྐྱེད་རིམ་སྤྲོས་བཅས་དེ་དག་ཆེད་གཉེར་བྱེད་པ་སྤྱངས་ཆོག་པའི་ལུང་ཡིན་གྱི། ལས་དང་པོ་པས། བྱིས་དབང་དང་བསྐྱེད་རིམ་སྤྱངས་ཆོག་པའི་ལུང་གཏན་ནས་མ་ཡིན་པས། རྣམ་དཔྱོད་རྩིང་ཤོས་མ་ཡིན་པར་རྒྱས་ཆོད་པར་མཛད་འཚལ་ལོ། །

ཡང་མཆོག་དབང་ལ་བྱིས་དབང་སྔོན་དུ་འགྲོ་མི་དགོས་པ་དང་། བྱིས་དབང་དང་བསྐྱེད་རིམ་གྱིས་མཆོག་མི་འགྲུབ་ཅེས་པ་ཡང་། རྒྱུད་རྡོ་རྗེའི་མདུད་པ་འགྲོལ་མ་ཤེས་པར་ཚིག་ཟིན་ཙམ་ལ་ཞེན་པའི་སྐྱོན་ཏེ། བསོད་ནམས་ཀྱི་ཚོགས་བྱིས་དབང་བསྐུར་བའི་བྱེད་ལས་སམ་འབྲས་བུ། ས་བདུན་ཐོབ་པ་དང་། བུམ་དབང་གི་འབྲས་བུ་ས་བརྒྱད་པ་དང་དགུ་པ་ཐོབ་པ་དང་། ཚུལ་ཁྲིམས་ཀྱི་ཚོགས་ཤེར་དབང་གི་འབྲས་བུ་ས་བཅུ་པ་ཐོབ་པ་དང་། ཡེ་ཤེས་ཀྱི་ཚོགས་དབང་བཞི་པ་ལས་ས་བཅུ་གཅིག་པ་ཐོབ་སྟེ། ཚོགས་གསུམ་གྱི་རང་བཞིན་དབང་བཅུ་གཅིག་པོ་དེ་ལས་འབྲས་བུ་ས་བཅུ་གཉིས་པ་འབྱུང་བར་བཤད་པ་དེ་དག་གོ་རིམ་ངེས་པ་ཅན་ཡིན་པས། དབང་དེ་དག་སྔ་མ་སྔ་མ་སྔོན་དུ་མ་སོང་བར་ཕྱི་མ་ཕྱི་མ་མི་རིགས་པའི་ཕྱིར་དང་། རིགས་ན། ས་བདུན་སྔོན་དུ་མ་སོང་བར་ས་བརྒྱད་པ་སོགས་དང་། ས་བཅུ་གཅིག་པ་སྔོན་དུ་མ་སོང་བར་ས་བཅུ་གཉིས་པ་འབྱུང་བར་ཐལ་བའི་སྐྱོན་ཡོད་པའི་ཕྱིར་དང་། ས་བདུན་གྱི་དབང་བསྐུར་བཤད་ནས་བྱིས་དབང་ལས་མཆོག་མི་འགྲུབ་ཅེས་པ

ཡང་། མཆོག་དང་ཐུན་མོང་ཅི་ལ་ཟེར་ངོས་མ་ཟིན་པའི་སྐྱོན་ཡིན་པའི་ཕྱིར་དང་། ཅི་སྟེ་བྲིས་དབང་ལས་ས་བདུན་ཐོབ་ཅེས་པ་ཡང་། དྲང་དོན་ནམ་ཆོས་མཐུན་ཙམ་ཡིན་ནོ་སྙམ་ན། དེ་ཡང་མ་ཡིན་ཏེ། དྲི་མེད་འོད་ལས། དཎྜི་དབང་ཞེས་པ་ལ་སོགས་པས། དབང་བསྐུར་བའི་འབྲས་བུ་གསུངས་ཏེ། འདིར་དབང་བདུན་དག་གིས། དཀྱིལ་འཁོར་ཆེན་པོར་མངོན་པར་དབང་བསྐུར་བར་གྱུར་པ་ན་དགེ་བའི་དབང་གིས་ས་བདུན་གྱི་དབང་ཕྱུག་ཉིད་དུ་འགྱུར། གལ་ཏེ་དཀྱིལ་འཁོར་གྱི་འཁོར་ལོ་མངོན་སུམ་དུ་བྱེད་ན། དེའི་ཚེ་ལུས་འདི་ཉིད་ཀྱི་ས་བདུན་གྱི་དབང་ཕྱུག་ཉིད་དུ་འགྱུར་རོ། །ཅི་སྟེ་མི་དགེ་བ་བཅུ་དང་བྲལ་ཏེ་ཤི་བར་གྱུར་ན། དེའི་ཚེ་དེ་ནས་དགེ་བའི་དབང་གིས་ས་བདུན་གྱི་དབང་ཕྱུག་ཉིད་དུ་འགྱུར་རོ་ཞེས་པ་ངེས་པ་སྟེ། བསོད་ནམས་ཀྱི་ཚོགས་ཀྱིས་སོ། །ཞེས་དབང་བདུན་ཐོབ་སྟེ། ཡེ་ཤེས་ཀྱི་རང་སྣང་རྟེན་དང་བརྟེན་པའི་དཀྱིལ་འཁོར་མངོན་སུམ་དུ་བྱེད་ནུས་ན། ཚེ་དེ་ཉིད་ལ་ས་བདུན་དང་། དེ་ཙམ་མ་ནུས་ན་ཚེ་འཕོས་ནས་རིམ་གྱིས་ས་བདུན་གྱི་དབང་ཕྱུག་ཏུ་འགྱུར་བར་བཤད་པའི་ཕྱིར་དང་། དེར་མ་ཟད་ཡེ་ཤེས་ཕབ་པའི་ཚེ་ཡང་ས་བཅུའི་དབང་ཕྱུག་ཏུ་འགྱུར་བས། མཆོག་འགྲུབ་པར་སོང་ན། དབང་བདུན་ལས་མཆོག་འགྲུབ་པ་ལྟ་སྨོས་ཀྱང་ཅི་དགོས་པའི་ཕྱིར་རོ། །

དེ་ལ་དཔྱོད་ལྡན་གྱི་རྟོགས་པ་འདི་འདྲ་སྟེ། ཡེ་ཤེས་ཕབ་པའི་ཚེ་ས་བཅུ་ཐོབ་པ་ཡོད་ན། དབང་བཅུ་གཅིག་མ་ཐོབ་པར་ས་བཅུ་གཅིག་ཐོབ་པ་ཡོད་པར་ཧ་ཅང་ཐལ་ལོ་སྙམ་ན། འདིའི་ལན་ནི་རང་གཞན་གཉིས་ཀས་འདོན་དགོས་མོད། ཁོ་བོ་ཅག་ནི་སྐྱེ་བ་སྟོ་མ་ལ་དབང་བདུན་དང་མཆོག་དབང་སོགས་ཐོབ་ལ་མ་ཉམས་པར་སྟོ་མའི་བག་ཆགས་སམ་རིགས་སད་པ་འགའ་ཞིག་ལ་དེ་ལྟ་བུ་འབྱུང་བ་སྲིད་པ་ཙམ་ལ་དགོངས་ཞེས་བྱ་སྟེ། དྲི་མེད་འོད་ལས། ཅི་སྟེ་སྐྱེ་བ་སྟོ་མའི་བག་ཆགས་ཀྱིས། །ཁ་ཅིག་ལ་ཡེ་ཤེས་འབེབས་པར་འགྱུར་ཏེ། དེའི་ཚེ་དཀྱིལ་འཁོར་ལ་གྲུབ་པར་འགྱུར་ཞིང་། སངས་རྒྱས་སུ་འགྱུར་རོ། །བླ་མའི་ཡང་བླ་མ་ཞེས་པ་མངོན་པར་ཤེས་པ་ལྔ་ཐོབ་པ་དང་། ས་བཅུའི་དབང་ཕྱུག་ཏུ་འགྱུར་རོ། །སངས་རྒྱས་ཞེས་པ་ཉེ་བར་བཏགས་པ་སྟེ། རྫུ་འཕྲུལ་ལྡན་པའི་སྟོན་པ་གཅིག་པུ་ཞེས་པ་ཡང་དེ་བཞིན་ནོ། །ཞེས་སྐྱེ་བ་སྟོ་མའི་བག་ཆགས་ཀྱིས། ཞེས་པའི་ཚིག་གིས་ནུས་པ་དང་། ས་བཅུ་ལ་སངས་རྒྱས་སུ་བཏགས་པ་ཡིན་གྱི། སངས་རྒྱས་མཚན་ཉིད་པ་མིན་ཞེས་སོགས་ལས་ཤེས་པའི་ཕྱིར་རོ། །དེ་ལྟ་མིན་ན་ཁྱེད་ལ་འགལ་ཏེ། བྲིས་དབང་གིས་མཆོག་མི་འགྲུབ་པར་ཁས་བླངས་ནས། །དབང་བཅུ་གཅིག་སོགས་གང་ཡང་མ་ཐོབ་པར། མཆོག་གི་དངོས་གྲུབ་ས་བཅུའི་བར་ཐོབ་པ་ཡོད་པར་ཁས་བླངས་པའི་ཕྱིར་རོ། །ཅི་སྟེ་ཡེ་ཤེས་ཕེབས་ནས་རིམ་པས་ས་བཅུ་ཐོབ་པ་ལ་དགོངས་སྙམ་ན། རིམ་པས་སངས་རྒྱས་འགྲུབ་ཀྱང་སུས་འགོག་བསམ་པར་བྱོས་ཤིག །

གཞན་ཡང་། རྒྱུད་འདིར་དབང་བཅུ་གཅིག་པོ་དེ་དག་ནི་གོ་རིམ་ངེས་པ་སྟེ། འདིར་བསོད་ནམས་ཀྱི་ཚོགས། ཚུལ་ཁྲིམས་ཀྱི་ཚོགས། ཡེ་ཤེས་ཀྱི་ཚོགས་གསུམ་པོ་རིམ་པས་མ་བསྒྲོད་པར་སངས་མི་རྒྱ་བར་བཤད་ལ༑ ཚོགས་གསུམ་པོ་ཡང་། དབང་བདུན་བསོད་ནམས་ཀྱི་ཚོགས། བུམ་གསང་ཤེས་རབ་གསུམ་ཚུལ་ཁྲིམས་ཀྱི་ཚོགས། དབང་བཞི་པ་དང་ས་བཅུ་གཅིག་པ་ཡེ་ཤེས་ཀྱི་ཚོགས་སུ་བཤད་པས་སོ། །དེ་ལྟར་ཡང་དྲི་མེད་འོད་ལས། དེའི་ཕྱིར་བསོད་ནམས་དང་ཚུལ་ཁྲིམས་ཀྱི་ཚོགས་དག་ལས་ཡེ་ཤེས་ཀྱི་ཚོགས་སོ། །དེ་ལྟར་ཚོགས་གསུམ་གྱིས། ཀྱེ་རིགས་ཀྱི་བུ་ཁྱོད་ཡང་དག་པར་རྫོགས་པའི་སངས་རྒྱས་སུ་འགྱུར་རོ། །གཞན་དུ་མཐའ་ཡས་བསྐལ་པས་མིན་པར། གང་རྒྱལ་བས་གསུངས་པའོ་ཞེས་པ་སྟེ། རྒྱུད་ཐམས་ཅད་ལས་རྣམ་པར་དག་པའི་ཆོས་བསྟན་པའི་ངེས་པའོ། །ཞེས། ཚོགས་གསུམ་པོ་རིམ་ཅན་དེ་ལྟར་བུར་མ་བསྒྲོད་ན་བསྐལ་པར་སངས་རྒྱས་བསྒྲུབས་ཀྱང་མི་འགྲུབ་པར་བཤད་འདུག་པས་སོ། །དེས་ན། ཀྱིས་དབང་བདུན་ལས་ས་བདུན་རྟེན་འབྲེལ་བསྒྲིག །ས་བདུན་སྟོན་དུ་མ་སོང་སངས་རྒྱས་པར། །ཅིག་ཆར་བགྲོད་པ་མདོ་རྒྱུད་དགོངས་པར་འགལ། །ས་བདུན་ཐོབ་བྱེད་དབང་དེ་སུ་ཡིན་སློས། །ས་བདུན་ཐོབ་ནས་མཆོག་མི་འགྲུབ་ཅེས་པའི། །ཞལ་ཀྱི་སྒོ་དེར་གཅེས་སྤྲས་ཤིན་ཏུ་མཛེས། །ཞེས་པ་ནི་ཉམས་ལྡན་གྱི་ཚིག་གོ། །

གཞན་ཡང་། མཆོག་དབང་ཐོབ་པའི་སློབ་མ་དེར། །རྩ་ལྟུང་བྱུང་ན་སླར་ཡང་བྱིས་དབང་བདུན། །ཞུས་ནས་གསོ་བར་བཤད་དེའང་མ་འཚལ་ལམ། །སླར་ཡང་ཞེས་པའི་ཚིག་གི་ནུས་པ་ཅི། །རྒྱུད་ལས། རྩ་བའི་ལྟུང་བ་བྱུང་བ་གང་ཞིག་དག་པའི་སླད་དུ་སླར་ཡང་དཀྱིལ་འཁོར་ཉིད་དུ་འཇུག་བྱ་སྟེ། ཞེས་དང་། འགྲེལ་པར། འདིར་གང་གི་ཚེ་དབང་བདུན་ལ་གནས་པའམ། བུམ་པ་དང་གསང་བའི་དབང་ལ་གནས་པ་ལ། རྩ་བའི་ལྟུང་བ་བྱུང་བར་གྱུར་ན། དེའི་ཚེ་དེ་དག་པའི་སླད་དུ་དཀྱིལ་འཁོར་འདི་བྲིས་ནས། སླར་མི་བྱེད་པའི་དོན་དུ་སླར་ཡང་དཀྱིལ་འཁོར་དུ་འཇུག་པ་ལ་སོགས་པ་བྱའོ། །དེ་ནས་རྗེས་སུ་གནང་བ་ཐོབ་ནས། སླར་ཡང་ཚོགས་ཀྱི་འདུས་པར་ཞེས་པ་རིགས་ཀྱི་དབུས་སུ་སྔར་ཐུ་བོ་ཡི་མིང་གང་ཡིན་པ་དེ་ནི་ཆུང་བ་ཉིད་དུ་འགྱུར་ཏེ། གཞོན་པ་ཉིད་དུ་འགྱུར་རོ། །ཞེས་པ་སླར་མི་བྱེད་པའི་སྡོམ་པའི་སླད་དུ་དེ་བཞིན་གཤེགས་པའི་ངེས་པ་སྟེ། སློབ་མ་རྣམས་ཀྱིས་གདོན་མི་ཟ་བར་བྱའོ། །ཞེས་སློབ་མ་མཆོག་འབྲིང་གང་ལ་རྩ་བའི་ལྟུང་བ་བྱུང་ན། སྔར་རྩ་ལྟུང་བསྲུང་བའི་སྡོམ་པ་ནི་བྱིས་དབང་གི་ཚེ་ཐོབ་པས། སྔར་ཞུགས་ཟིན་པའི་དཀྱིལ་འཁོར་དུ་ཞུགས་ནས་བྱིས་དབང་བླངས་དགོས་ཞེས་པའི་ཚིག་གི་ནུས་པ་རྙེད་ན་འདི་ལ་འབྲུལ་གཞི་རླབས་པོ་ཆེ་འབྱུང་བའི་དོན་མེད་ཅིང་། ཅི་སྟེ་བྱིས་དབང་མ་ཐོབ་པའི་སློབ་མ་མཆོག་ཅིག་ཡོད་ན་དེ་ལ་རྩ་ལྟུང་བྱུང་ན་སླར་ཡང་དཀྱིལ་འཁོར་དུ་འཇུག་ཅེས་པའི་

ཡང་སྒྲ་དོན་མེད་ལ། བྱིས་དབང་མ་ཐོབ་པའི་སློབ་མ་མཆོག་ཡོད་ན། རྩ་ལྟུང་བྱུང་དུས་མཆོག་དབང་ཞུས་ནས་གསོས་ཆོག་པ་ཞིག་དགོས་རྒྱུར་འདུག་པ་ལ་དེ་འདྲ་ཟུར་ཙམ་ཡང་མ་བཤད་འདུག་པའི་ཕྱིར། དེས་ན་ལུགས་འདི་ལ། བྱིས་དབང་བདུན་ལ་གནས་པ་ལ་རྩ་ལྟུང་བྱུང་ན། བྱིས་དབང་ཞུས་སྔགས་ཀྱི་བཟླས་པ་བྱས་པས་དག་པ་ཐོབ་པ་དང་། བུམ་གསང་ལ་གནས་པ་ལ་རྩ་ལྟུང་བྱུང་ན། བུམ་གསང་བྱིས་འཇུག་མན་ཆད་ཞུས། སློབ་དཔོན་གྱིས་བརྟུལ་ཞུགས་ངེས་པས་ཆད་པ་སྦྱིན་པ་ལས་དག་པ་འཐོབ་པ་དང་། གོང་མ་ལ་ནི་དག་པ་མེད། ཅེས་པས་ཤེར་དབང་ལ་གནས་པ་ལ་རྩ་ལྟུང་བྱུང་ན། སློབ་དཔོན་གྱིས་ཆད་པས་སྦྱིན་པས་དག་པ་ཐོབ་པ་མ་ཡིན་པར། རང་ཉིད་ཀྱི་བསོད་ནམས་ཀྱི་ཚོགས་དབང་བདུན་དང་། ཚུལ་ཁྲིམས་ཀྱི་ཚོགས་བུམ་གསང་ཤེར་དབང་སོགས་ཞུས་ནས་བཤགས་པ་བྱས་པས་དག་པ་ཐོབ་ཅེས་བཤད་པའི་གནད་ཁོང་དུ་ཆུད་ན་དུས་ཀྱི་འཁོར་ལོའི་དགོངས་པ་རྙེད་པར་འགྱུར་གྱི། གཞན་དུ་ཇི་ཙམ་སྦྱངས་ཀྱང་འབྲས་བུ་རྙེད་པ་དཀའ་བར་གནས་སོ། །

དེ་ལྟར་ཡང་འགྲེལ་པ་ལས། འདིར་གང་གི་ཚེ་འཆད་པར་འགྱུར་བའི་རྩ་བའི་ལྟུང་བ་བྱུང་ན། དེའི་ཚེ་དབང་བདུན་ལ་གནས་པ་དག་གིས། སྔགས་བཟླས་པ་སྟོང་ཕྲག་སུམ་ཅུ་རྩ་དྲུག་གིས་དག་པར་འགྱུར་ཏེ། ཡོན་ཏན་ལྡན་པ་ཞེས་པ་ཕྱིས་མི་བྱེད་པའི་སྡོམ་པ་ལ་གནས་པའོ། །བུམ་པ་གསང་བའི་དབང་བསྐུར་བ་ལ་གནས་པ་ལ། གང་གི་ཚེ་རྩ་བའི་ལྟུང་བ་བྱུང་ན། དེའི་ཚེ་གལ་ཏེ་བརྟུལ་ཞུགས་ངེས་པའི་དབང་གིས་ཞེས་པ་བསོད་ནམས་དང་ཚུལ་ཁྲིམས་ཀྱི་ཚོགས་ཀྱི་དབང་གིས་རྣམ་པར་དག་པར་འགྱུར་ཏེ། དེ་ཉིད་ལ་སློབ་དཔོན་གྱི་བརྟུལ་ཞུགས་ཀྱི་ངེས་པས་ཆད་པ་སྦྱིན་པར་བྱའོ། །གོང་མ་ལ་ནི་དག་པ་མེད། །ཅེས་པ་ནི། ཤེས་རབ་ཡེ་ཤེས་ཀྱི་དབང་བསྐུར་བ་ལ་གང་གི་ཚེ་རྩ་བའི་ལྟུང་བ་བྱུང་བར་གྱུར་ན། དེའི་ཚེ་དག་པ་མེད་དོ། །དོན་ཅི་ཞེ་ན་སློབ་དཔོན་གྱིས་འདིའི་ཆད་པ་སྦྱིན་པར་མི་བྱ་སྟེ། རང་བསོད་ནམས་དང་ཚུལ་ཁྲིམས་ཀྱི་སྟོབས་ཀྱིས་བདག་ཉིད་ཀྱི་སྡིག་པ་བཤགས་པ་ལ་སོགས་པ་བྱས་ནས་སངས་རྒྱས་དང་བྱང་ཆུབ་སེམས་དཔའ་རྣམས་ཀྱི་བྱིན་རླབས་དང་། བཅས་པའི་གནས་སུ་འགྱུར་ཏེ་བདག་ཉིད་དག་པ་ཐོབ་བོ་ཞེས་པ་ནི་སངས་རྒྱས་རྣམས་ཀྱིས་བཞེད་པའོ། །ཞེས་སོགས་བཤད་པ་འདི་ལ་རྣམ་པར་དཔྱད་ཤེས་ན་བློ་གྲོས་གྲོན་དུ་མི་འགྱུར་རོ། །མཆོག་དབང་བསྐུར་ཡུལ་སློབ་མ་མཆོག་དེ་ཉིད། །རྩ་ལྟུང་བཅུ་བཞི་བྲལ་བར་བཤད་པའི་ཕྱིར། །སྔར་དུ་དབང་གིས་སྨིན་པར་བསྒྲུབ་ནུས་ན། །ཟབ་ཅིང་རྒྱ་ཆེ་ལ་སེམས་ཞེས་པའི་དོན། །སྟོང་ཉིད་སྙིང་རྗེའི་བདག་ཉིད་ལ་སེམས་དང་། །གཡོ་བ་མེད་པའི་སེམས་ལྡན་ཞེས་པ་ཡང་། །འཇིག་རྟེན་ལམ་གྱིས་གཡོ་བ་མེད་པར་གསུངས། །དེ་ཉིད་ཐོབ་པ་ཤིན་དུ་སྦྲིད་ཅེས་པའང་། །མཐར་ཐུག་གདམས་ངག་ཐོབ་ལ་བཤད་པས་ན། །དབང་བཞིའི་སྔོན་དུ་རྫོགས་རིམ་ཐོབ་པར་

འགྱུར། །དེས་ན་དགའ་བ་ཞེས་པའི་ཚིག་འདི་ཉིད། །གསལ་བྱེད་དུ་སྦྱར་འཆད་པ་མཁས་པའི་ལུགས། །ཞེས་པའི་ལན་ནི། མཆོག་གི་སློབ་མར་རྐྱ་ལྟུང་བྲལ་ཞེས་འདི། །བྱིས་དབང་སྟོན་དུ་སོང་བའི་སྒྲུབ་བྱེད་དེ། །མིན་ན་དེ་ལ་རྩ་ལྟུང་བྱུང་བའི་ཚེ། །བྱིས་དབང་ཞུས་ནས་གསོ་བའི་གནད་དོན་ཅི། །མཆོག་དབང་ཞུས་ནས་གསོ་བ་མི་རིགས་སམ། །རྩ་ལྟུང་བཅུ་བཞི་བསྲུངས་པའི་སྡོམ་པ་ནི། །བྱིས་དབང་དུས་སུ་ཐོབ་ཀྱི་གོང་མར་མིན། །ཡིན་ན་དམ་ཚིག་གསོ་བ་བྱིས་དབང་ལ། །ངེས་པར་ལྟོས་ཞེས་བཤད་པའི་ལུང་དང་འགལ། །དེ་ལ་དགའ་ཞེས་འབྲུ་སྒྲོག་རྟུལ་དམར་གྱིས། །རྒྱུད་དོན་འཛུམ་ཞལ་སྒྲིབ་པ་ཁྱེད་རིགས་སམ། །བསྐྱེད་རིམ་ཙམ་གྱིས་བློ་གྲོས་མ་ཁེངས་པར། །ཟབ་རྒྱས་ལ་དགའ་དེ་ཉིད་ཐོབ་ཚེ་སྲིད། །དེ་སོགས་ཁྱད་ཆོས་ཚང་དེར་བྱིས་དབང་རྗེས། ། མཆོག་དབང་བསྐུར་ཅེས་རྒྱུད་དེའི་དགོངས་པ་ཡིན། །བྱིས་དང་མཆོག་དབང་གོ་རིམ་ངེས་པ་སྟེ། །དབང་དང་ས་བཅུ་དབང་དང་ཚོགས་གསུམ་པོ། །རིམ་པར་སྦྱར་བའི་གནད་ཀྱི་གཟེར་བུ་འདིས། །ལམ་རིམ་འཆུག་པ་མེད་པའི་སྒྲོག་ཤིང་རྩུགས། །བཅུ་གཅིག་དབང་དང་ཚོགས་གསུམ་བཅུ་གཉིས་ས། །གོ་རིམ་ངེས་ཀྱི་ཐོད་བརྒྱལ་ཅིག་ཆར་བའི། །ཧབ་འཕྱོངས་ཆེས་ན་ཞབས་པད་ཕྱེད་དཀྲུང་བསྐྱོལ། །ཕྱི་མའི་ཡོན་ཏན་སྐྱེས་ཚེ་སྔ་མ་ལྡོད། ། བསྐྱེད་རིམ་བརྟན་ལ་རྫོགས་རིམ་ངེས་པར་བསྒོམ། །དབང་འཚོལ་སྤྱོངས་ཞེས་རྡོ་རྗེ་སློབ་དཔོན་ལ། །རྡོ་སྙིང་བཀའ་རྒྱ་གཏབ་ལས་འདའ་ནུས་སམ། །དེ་ཉིད་རྡོ་རྗེ་སྙིང་འགྲེལ་མིན་སྣམ་ན། །སྣད་འགྲེལ་མཛད་པའི་རྡོ་རྗེ་སྙིང་པོ་དེ། །ཚད་མ་མིན་པར་བསྒྲུབ་ལ་རང་ལུགས་དང་། །འགལ་བ་ལས་གཞན་ལུང་རིགས་སྒྲུབ་བྱེད་ཅི། །

དེ་ཡང་། ཡོན་ཏན་ངོས་འཛིན་པའི་ཚེ། བླ་མའི་ངེས་པ་ལ་དགའ་བ་ནི་རྩ་བའི་ལྟུང་བ་བཅུ་བཞི་དང་བྲལ་ཅིང་དགེ་བ་བཅུའི་ཆོས་ལ་དགའ་བའོ་ཞེས། རྩ་ལྟུང་བཅུ་བཞིའི་སྐྱོན་མེད་པ་ཞིག་དགོས་པ་དང་། རྒྱུད་ལ་གུས་ཤིང་ཞེས་པ་ནི། རྒྱུད་ལས་གསུངས་པའི་སྡོམ་པ་བསྲུངས་བར་བྱེད་པའོ། །ཞེས་པ་ནི། སློབ་མ་མཆོག་དེ་ལ་སྔར་རྩ་ལྟུང་གི་སྐྱོན་མེད་པ་ད་ལྟ་སྡོམ་པ་སྲུང་བཞིན་པ་གཅིག་དགོས་ཞེས་པ་ལ་འབྲུ་སྒྲོག་མི་དགོས་པར་ཁས་བླང་བར་བྱ་དགོས་ཏེ། སློབ་མ་མཆོག་དེ་ནི། བྱིས་དབང་དང་བསྐྱེད་རིམ་སྒོམ་པ་སྔོན་སོང་དུ་བསྒྲུབས་ཟིན་པས་སོ༔ །དེས་ན། ཐར་པ་དོན་དུ་གཉེར་ཞེས་པ་ནི། ཞི་སོགས་འཇིག་རྟེན་པའི་དངོས་གྲུབ་ལ་མ་ཞེན་པར། ཐར་པ་ཐོབ་བྱེད་རྫོགས་རིམ་སྒོམ་པར་འདོད་པ་ཞེས་པ་ཡིན་པ་དང་། གཡོ་བ་མིན་པའི་སེམས་ལྡན་ཞེས་པ་ཡང་འཇིག་རྟེན་པའི་ལམ་དང་ཐུན་མོང་བསྐྱེད་རིམ་གྱིས་རྟོགས་པས། རྫོགས་རིམ་ལ་དད་པའི་སེམས་གཡོ་མི་ནུས་པ་ཞེས་པའི་དོན་ཡིན་པས། དེ་ཉིད་ཐོབ་པ་སྲིད་ཅེས་པ་ནི། དེ་ཁོ་ན་ཉིད་ཡེ་ཤེས་སྦྱོར་བ་དྲུག་གི་གདམས་པ་ཐོབ་པ་ན། རང་གི་ཉམས་སུ་མྱོང་བ་དེ་སྲིད་དུ་སྲིད་ཅེས་པ་ཡིན་གྱི། ད་ལྟ་ཉམས་སུ་མྱོང་བ་སྐྱེས་ནས་སྲིད་ཅེས

པ་མ་ཡིན་པས་མཚུངས་པའི་གོ་སྐབས་མེད་པའི་ཕྱིར་ཏེ། འགྲེལ་པར། ཐར་པ་དོན་དུ་གཉེར་ཞེས་པ་ནི་འཇིག་རྟེན་པའི་དངོས་གྲུབ་ལ་ལྟོས་པ་མེད་པའོ། །ཞེས་དང་། གཡོ་བ་མེད་པའི་སེམས་ལྡན་པ་ཞེས་པ་ནི་འཇིག་རྟེན་པའི་ལམ་རྣམས་ཀྱིས་གང་གི་སེམས་གཡོ་བ་མེད་པ་ནི་གཡོ་བ་མིན་པའི་སེམས་ལྡན་ནོ། །དེ་ཉིད་ཐོབ་པ་ཤིན་ཏུ་སྲིད་ཅེས་པ་ནི། དེ་ཉིད་ཐོབ་པ་ན་ཇི་སྲིད་རང་གི་ཉམས་སུ་མྱོང་བར་འགྱུར་བ་དེ་སྲིད་དུ་སྲིད་པ་ནི་ཤིན་ཏུ་སྲིད་པའོ། །ཞེས་བཤད་པས། འབྲུ་སྒྲོག་མི་དགོས་པར་རྒྱུད་ཀྱི་སྙིང་པོ་ཁས་ལེན་པ་འདི་མཁས་པའི་ལུགས་སོ། །གཞན་དེ་རེས་ན། བྱིས་དབང་ནས་བརྩམ་པའི་དབང་རྣམས་དང་། ས་བཅུ་གཉིས་དང་། ཚོགས་གསུམ་དང་། ལམ་ལྔ་རྣམས་ལ་རྟབ་འཁྱོངས་མིན་པ་ཞིག་གཅེས་སོ། །

ཡེ་ཤེས་གྲུབ་པའི་ཚིག་གི་ནུས་པ་ལས། །དཔྱད་ན་ཐུགས་རྗེའི་བདག་ཉིད་དྲིན་ཅན་གྱིས། །ཡང་དག་ཡེ་ཤེས་མཆོག་ཐོབ་ཅེས་གསུངས་པ། །སློབ་དཔོན་ཉིད་ལ་སྦྱོར་ཅེས་སྨྲ་ན་ཅི། །ཤེས་བྱེད་ཡང་དག་ཡེ་ཤེས་མཆོག་ཐོབ་ནས། །ཆོས་ཀྱི་བདུད་རྩི་འཐུང་བར་བྱ་བའི་ཕྱིར། །གསོལ་བ་འདེབས་པ་འདི་འདྲ་ཇི་ལྟར་འཐད། །ཆུ་བརྐྱལ་རྫིངས་ཀྱི་དགོས་པ་མེད་པ་བཞིན། །དེ་བཞིན་སྔགས་ཀྱི་སེམས་དཔའ་ཞེས་པ་ཡང་། །སློབ་དཔོན་ཉིད་ཡིན་རྒྱུ་མཚན་ཅི་ཞེ་ན། །སྔགས་ནི་ཡེ་ཤེས་ཡིན་ཏེ་ཡང་དག་པའི། །ཡེ་ཤེས་མཐོང་བ་ཞེས་བཤད་ཉིད་ཕྱིར་རོ། །ཡང་དག་ཡེ་ཤེས་ཀུན་ལྡན་ཞེས་པ་ཡང་། །དེ་ཉིད་ལྡན་པར་འདོད་ན་ཞེས་པའི་དོན། །བསྒྱུར་ཡུལ་སློབ་མ་ཉིད་ལ་མི་རིགས་ཏེ། །ཡེ་ཤེས་ཀུན་དང་ལྡན་ན་ཆོགས་ཅི། །དམ་ཚིག་ཉམས་པར་འགྱུར་ཞེས་ཙམ་གྱིས་ནི། །སྔར་དུ་དམ་ཚིག་ཉམས་པར་མི་འགྲུབ་སྟེ། །དམ་ཚིག་འདས་ན་སྲེག་པར་བྱེད་ཅེས་པའི། །དམ་བཞག་གོང་དུ་དམ་ཚིག་ཐོབ་བམ་ཅི། །ཞེས་པའི་ལན་ནི། ཡེ་ཤེས་གྲུབ་པ་འདི་ལ་ལེའུ་ཉི་ཤུ་ཡོད་པའི། དེ་ལ་ཡང་དབང་པོ་རབ་འབྲིང་ཐ་མའི་སྐབས་གསུམ་དུ་ཕྱེ། ལེའུ་བཅོ་བརྒྱད་པ་ཡན་ཆད་དབང་པོ་རབ་ཀྱི་སྐབས། བཅུ་དགུ་པ་དབང་པོ་འབྲིང་གི་སྐབས། ཉི་ཤུ་པ་དབང་པོ་ཐ་མའི་སྐབས་ཡིན། དབང་པོ་རབ་འབྲིང་ཐ་གསུམ་པོ་དེ་ཡང་། སློབ་དཔོན་ལ་ཕྱེ་བ་མིན། སློབ་མ་ཡིན། སློབ་མ་རབ་དེ་ཡང་། བླ་མེད་དབང་གིས་སྨིན། དབང་དང་རིམ་གཉིས་བསྒོམས་པ་ལས་བྱུང་བའི་ཡེ་ཤེས་དྲོད་ཆུང་འབྲིང་མ་མཐའ་ཐོབ། ཆེན་པོ་ཡང་ཐོབ་པའམ་ཐོབ་ཏུ་ཉེ་བ་ཞིག་ཡིན་པས། སློབ་མ་དབང་པོ་རབ་དེའི་དབང་དུ་བྱས་ནས། ལེའུ་བཅོ་བརྒྱད་པ་ཡན་ཆད་བཤད། འབྲིང་བླ་མེད་དབང་གིས་སྨིན་ཡང་། དབང་གི་ཡེ་ཤེས་མ་སྐྱེས་པ་གཅིག་ལ་དངོས་བཟུང་ནས། ལེའུ་བཅུ་དགུ་པ་དབང་པོ་འབྲིང་གི་སྐབས་ཡིན། དབང་པོ་ཐ་མ་ནི། དབང་གིས་སྨིན་ཡང་ཡེ་ཤེས་མ་སྐྱེས་པ། དབང་པོ་འབྲིང་ལས་ཀྱང་ཅུང་དམན་པའམ། ཡང་ན་དབང་གིས་མ་སྨིན་པ་གཅིག་ལ་དངོས་བཟུང་ནས། དེའི་དབང་དུ་བྱས་ཏེ་ཡེ་ཤེས

གྲུབ་པ་ལས་དབང་པོ་ཐ་མ་བསྟན་པའི་སྐབས་ཏེ་ལེའུ་ཉི་ཤུ་པའོ། །ཞེས་གསུངས། དེ་ཡང་དབང་གི་ཡེ་ཤེས་དོད་ཆུང་ངུ་ཐོབ་ནས་ཀུན་འདར་གསང་སྤྱོད། འབྲིང་ཐོབ་ནས་ཀུན་འདར་མངོན་སྤྱོད། ཆེན་པོ་ཐོབ་ནས་ཀུན་ཏུ་བཟང་པོའི་སྤྱོད་པའམ། ཕྱོགས་ལས་རྣམ་པར་རྒྱལ་བའི་སྤྱོད་པ་བྱེད་པར་བཤད་པའི་དོད་ཆེན་པོ་འདི། རྒྱུད་ཀྱི་སྐབས་སུ་མཐོང་ལམ་ལ་ངོས་འཛིན། མན་ངག་གི་སྐབས་སུ་ཁམས་འདུས་པ་ཐ་མ་འཛིག་རྟེན་པའི་ལམ་སྟེ། ལུང་བསྟན་པའི་ཕྱག་རྒྱ་མ་བསྟེན་ནས་བཞི་པ་རྟེན་ཅན་ཞེས་པའི་དབང་བཞི་པ་བསྐུར་ནས་མཐོང་ལམ་ལ་མཚམས་སྦྱོར་བར་བྱེད་པ་ཡིན་ནོ། །

དེས་ན་འདིའི་ལེའུ་བཅུ་བདུན་པར། །རྡོ་རྗེ་ཡེ་ཤེས་དབང་བསྐུར་བ། །ཞེས་པ་ཞིག་བཤད་པ་དེ། གདུལ་བྱ་དབང་པོ་རབ་དབང་གིས་སྨིན། དབང་གིས་ཡེ་ཤེས་དྲོད་འབྲིང་སོགས་སྐྱེས་པ་གཅིག་ལ་རྫོགས་པ་པོགས་དབྱུང་བའི་དབང་ཡིན་པ་ལ། སྤྲུལ་པ་མཆོག་པདྨ་དཀར་པོས། དབང་འདི་མ་སྨིན་པ་སྨིན་པར་བྱེད་པའི་དབང་ཡིན་གསུངས་པ་ལ། ཁོ་བོ་ཅག་གིས་དབང་འདི་ནི། གདུལ་བྱ་སྨིན་ཟིན་ཡེ་ཤེས་སྐྱེས་པ་ཞིག་ལ་བསྐུར་བར་བྱ་བ་ཡིན་གྱི། མ་སྨིན་པ་བསྐུར་དུ་མི་རུང་ངོ་ཞེས་ཞུས་པ་ལ། ལན་མཆན་བུར། ཤོག་བྱང་བྲིན་པ་ཞེས་སོགས་ཀྱི་གསུངས་འབྲིན་པ་ནི། གཞུང་འདི་ལ་རྣམ་པར་དཔྱོད་པ་ལ་མ་ཞུགས་བཞིན་དུ། གདུལ་བྱ་འགའ་ཞིག་གི་ཡིད་འཚོ་བར་བྱེད་པའི་ཟློལ་འགྲོས་ཀྱི་གསུང་དུ་སྣང་གི། ཡང་དག་པ་ནི་མ་ཡིན་ནོ། །འདི་ཇི་ལྟར་ཤེས་སྙམ་ན། འདིའི་ལེའུ་དང་པོར། རྟོག་པ་ཐམས་ཅད་རྣམ་སྤངས་པའི། །ཡེ་ཤེས་མཆོག་བཟང་ཐོབ་པ་ཡི། །རྡོ་རྗེ་ཡེ་ཤེས་དབང་བསྐུར་བས། །དངོས་གྲུབ་མཆོག་ནི་བསྒྲུབ་པར་བྱ། །ཡང་དག་ཡེ་ཤེས་ཀུན་ལྡན་ན། །བྲིས་པའི་དཀྱིལ་འཁོར་ལོགས་གཞན་དུ། །དབང་བསྐུར་བ་ནི་ལེན་ཅེ་ན། །འདི་ནི་དམ་ཚིག་ཉམས་པར་འགྱུར། །དམ་ཚིག་ཉམས་པས་སྡུག་བསྔལ་ནི། །ཡུལ་དང་དེ་བཞིན་ཡིད་དང་ནི། །དེ་ཡི་དོན་རྣམས་ཉམས་འགྱུར་ཞིང་། །མྱུར་བ་ཉིད་དུ་ཤི་བར་འགྱུར། །ཤི་ནས་དམྱལ་བའི་སྡུག་བསྔལ་ནི། །མྱོང་ནས་གནས་ནས་འཕོས་གྱུར་ནའང་། །གདོལ་པའམ་དམན་པའི་རིགས་སུ་སྐྱེ། །ཞེས་སོགས་དང་།

ལེའུ་བཅུ་བདུན་པར། དེ་ནི་ཁྲོད་ཀྱི་ཆོས་རྣམས་ལ། །སོམ་ཉིད་དག་ནི་མི་བྱའོ། །སླར་ནི་དབང་བསྐུར་མི་བླང་ངོ་། །གཞན་དུ་དམ་ཚིག་ཉམས་པར་འགྱུར། །ཞེས། འདིར་སྐབས་ཀྱི་སློབ་མ་དབང་རབ་དེ་དང་། ལས་དང་པོ་མ་ཡིན་པར། རྟོགས་པ་ཆེས་ཆེར་འཕེལ་བ་ཞིག་ཡིན་པས། རྡོ་རྗེ་ཡེ་ཤེས་ཀྱི་དབང་བསྐུར་བ་ཞེས་པའི་དབང་བསྐུར་འདི་ཙམ་བླངས་པས་ཆོག་གི། རྟུལ་ཞུགས་བྲིས་སྐུ་སོགས་ཀྱི་དབང་བླངས་མི་དགོས་ཤིང་བླང་ན་དམ་ཚིག་ཉམས་པར་འགྱུར་ཞེས་བཤད་ལ། ཉམས་རྒྱུའི་དམ་ཚིག་དེ་ཡང་། དམ་ཚིག་གསུམ་ལས། བརྟན་པ

ཐོབ་པའི་དམ་ཚིག་དང་། བརྟན་པ་ཆེར་ཐོབ་པའི་དམ་ཚིག །དཀྱིལ་འཁོར་ལ་སོགས་ལུས་ཀྱི་ལས། །མྱི་ལམ་དུ་ཡང་མི་བྱའོ། །ཞེས་པ་ལྔ་བུའི་དམ་ཚིག་ལ་དགོངས་སོ། །

དབང་རབ་ཀྱི་གདུལ་བྱ་འདི་ཡང་མཐའ་མ་དང་འབྲིང་སྟོན་དུ་སོང་ནས་རབ་ཏུ་གྱུར་པ་ཡིན་གྱི། དང་པོ་ཉིད་ནས་ནི་མ་ཡིན་ཏེ། ལེའུ་དང་པོ་ལས། གང་ཞིག་རིམ་གྱིས་བསླབ་པ་ཡིས། །སྦྱོར་བ་སེམས་ནི་འཇུག་འགྱུར་བའི། །རྣལ་འབྱོར་པ་འདི་སངས་རྒྱས་འགྱུར། །གཞན་དག་སངས་རྒྱས་འགྲུབ་པ་མིན། །གལ་ཏེ་དང་གིས་སངས་རྒྱས་པར། །བསླབས་པ་དགོས་པ་ཅི་ཞིག་ཡོད། །ཅེས། དབང་པོའི་རིམ་པ་དང་། ས་ལམ་དབང་སོགས་ཀྱི་རིམ་པ་འོག་མ་འོག་མ་ལ་བསླབ་ནས་གོང་མ་ལ་སློབ་པ་དང་། དབང་པོ་རིམ་བཞིན་འཕོ་དགོས་པར་བཤད་འདུག་པའི་ཕྱིར་དང་། དབང་པོ་འབྲིང་གི་སྐབས་སུ། གང་ཞིག་ཡང་དག་ཡེ་ཤེས་མེད། །འདི་ལྟར་ལོག་ཤེས་སྦྱོར་བར་ལྡན། །དབང་པོ་བར་མ་ཞེས་བཤད་དེ། །དེ་ཡི་བྱ་བ་རབ་བཤད་བྱ། །གང་ཞིག་སྔར་ནི་ལམ་བཤད་པའི། །ཕྱག་ལ་སོགས་པ་ཐམས་ཅད་དང་། །དེ་བཞིན་འདུས་པའི་ཚིག་ཏུ་བཤད། །དེ་དག་ཀུན་ཀྱང་བྱ་བ་མིན། །རྣམ་པ་ཀུན་མཆོག་ལྡན་པ་ཡི། །རང་གི་ལྷ་ཡི་སྐད་ཅིག་གིས། །བསྐྱེད་ལ་སྟོན་བཞིན་རྣལ་འབྱོར་པས། །ལམ་ལ་གནས་ཏེ་བཟླས་བརྗོད་ཙམ། །མཐར་ཡང་འདི་སྐད་བརྗོད་པར་བྱ། །སྲས་བཅས་སངས་རྒྱས་ཐམས་ཅད་ནི། །ཐམས་ཅད་ཐུགས་རྗེའི་བདག་ཉིད་ཅན། །བདག་ལ་བཀའ་དྲིན་མཛད་དུ་གསོལ། །ཐོགས་མེད་དུས་ནས་འདི་བར་དུའང་། །བདག་ནི་འཁོར་བར་འཁོར་གྱུར་ཏེ། །ཡང་དག་ཡེ་ཤེས་མ་མཐོང་བས། །སྡུག་བསྔལ་རྣམས་ཀྱིས་རྟག་དུབ་པ། །ཇི་ལྟར་ཡེ་ཤེས་སྐྱེ་འགྱུར་བས། །གང་གིས་ཡེ་ཤེས་མཆོག་ཐོབ་ནས། །སེམས་ཅན་ཁ་ལོ་བསྒྱུར་འགྱུར་བས། །ཁྱེད་ཀྱིས་བདག་ལ་དེ་ལྟར་མཛོད། །ཞེས་སོགས་ལྟར། དབང་པོ་འབྲིང་དེ་ནི་བླ་མེད་དབང་གིས་སྨིན་ཡང་། ཡེ་ཤེས་མ་སྐྱེས་པ་བསྐྱེད་རིམ་དང་བཟླས་བརྗོད་ཙམ་བྱེད་པ་ཞིག་ལ་ངོས་བཟུང་བ་དང་། དབང་པོ་ཐ་མའི་སྐབས་སུ། ཕྱག་རྒྱའི་དཀྱིལ་འཁོར་སྐུ་མདོག་སོགས། །ཕྱག་དང་གདན་ནི་རྣམ་བསྒོམ་དང་། །ཏིང་འཛིན་གསུམ་དང་ཕྱག་རྒྱ་བཞི། །ཞལ་གསུམ་དང་ནི་ཕྱག་དྲུག་རྣམས། །བསྒོམ་འགྱུར་དེ་ནི་ཕྱི་ཤུན་བཅས། །སྣ་ཚོགས་སྤྲོས་པའི་མན་ངག་རྣམས། །དེ་ཀུན་དམན་པ་ཡིན་པར་བཤད། །དེ་རྣམས་ལ་ཡང་དེ་བཞིན་ཐབས། །དེ་ལ་གདན་ཚིགས་བཤད་པར་བྱ། །མཆོག་དང་བར་མའི་ལམ་དག་ལས། །ཇི་བཞིན་ཆུང་ངུ་གཞན་བྱ་བ། །ལྷ་དང་སྔགས་ནི་རྣལ་འབྱོར་པ། །རྒྱུད་ལས་གསུངས་པ་ཀུན་ཏུ་བྱ། །ཞེས་སོགས་ཀྱིས། དབང་པོ་ཐ་མ་ནི། དབང་པོ་མཆོག་འབྲིང་གི་ལམ་ལས་དམན་པ་གཞན་སྤྲོས་བཅས་ལ་དགའ་བ་ཙམ་ལ་ངོས་བཟུང་ནས། ཡང་དེ་ཉིད་ལས། གང་ཞིག་བར་མཐའ་གཉིས་པོ་ཉིད། །སྒོམ་པ་གསུམ་པོ་གཙོ་བོ་བས། །ཡང་

དག་ཡེ་ཤེས་འབྱུང་བའི་དོན། །ཡང་དག་བྱ་བ་དབང་དུ་འགྱུར། །དེ་ཉིད་མེད་པར་འཚང་མི་རྒྱ། །ཞེས་དབང་པོ་ཐ་འབྲིང་མཆོག་གསུམ་པོ་དེ་དང་། དེ་གསུམ་གྱི་ལམ་ལ་རིམ་བཞིན་བསླབས་ནས་འཚང་རྒྱ་བ་ཡིན་གྱི། གཞན་དུ་འབད་ཀྱང་འཚང་མི་རྒྱ་བར་བཤད་པའི་གནད་ཁོང་དུ་ཆུད་ན། འདི་སྐབས་ཀྱི་དབང་པོ་རབ་སྔགས་ཀྱི་སེམས་དཔའ་རྡོ་རྗེ་སློབ་དཔོན་ལ་སྦྱོར་བ་དང་། དབང་པོ་རབ་ལ་རྫོགས་པ་པོགས་དབྱུང་གི་དབང་། རྡོ་རྗེ་ཡེ་ཤེས་དབང་བསྐུར་བའི་མིང་ཅན་དེ་དག་གང་ཟག་ཐ་མ་ལས་དང་པོ་པ་སྨིན་བྱེད་ཡིན་གསུངས་པ་སོགས་ཀྱི་རྟོག་མ་འདི་དག །ནོར་བུ་དང་ཆུ་རྟོག་ཕྲད་པ་བཞིན་དུ་རང་སངས་ལ་སོང་ཆེ། དཔལ་ལྡན་ས་སྐྱ་པའི་བཤད་པའི་སྲོལ་འདི་ཁོ་ན་ངོ་མཚར་ཞུལ་བྱུང་དུ་མཐོང་ནས། སྙིང་གི་དཀྱིལ་ནས་དད་པ་བརྟན་པོའི་ཕུར་ཚུགས་པར་གྱུར་ཏོ། །

དྲི་བ་པོ་དཔྱོད་ལྡན་དབང་པོ་ལ་དེ་ཙམ་གྱིས་གྲོལ་བར་འགྱུར་མོད། འོན་ཀྱང་མཁས་འདོད་འགའ་ཞིག་ལ་དོགས་པ་སེལ་བའི་ཕྱིར་ཅུང་ཟད་ཞིབ་པར་བརྗོད་ན། གདུལ་བྱ་རབ་འབྲིང་ཐ་གསུམ་རྣམ་ཕྱེས་པའི། །ཡེ་གྲུབ་ནོར་བུའི་མེ་ལོང་འདི་བསྟན་ཆེ། །གཞན་ཟེར་རྒྱན་མོའི་ཁྲི་གཉེར་ངོ་འཛུམ་གདོང་། །མཐོང་ནས་རང་གིས་རང་ལ་མི་ཁྲེལ་ལམ། །ཡེ་ཤེས་གྲུབ་པའི་ཚིག་གི་ནུས་པ་ལ། །ཞེས་སོགས་ཚིགས་བཅད་གཅིག་གི་ལན་ནི། དབང་བསྐུར་ཞུ་ཆེ་སློབ་མས་བླ་མ་ལ། །གསོལ་བ་འདེབས་མོད་བཟློག་ནས་སློབ་མ་ལ། །གསོལ་བ་འདེབས་པ་ཆོས་པའི་ལུགས་ལ་མེད། །དེ་སྐད་སྨྲ་ལ་ལན་འདི་ཡོངས་སམ་ཅི། །འདི་ལ་འཁྲུལ་པ་མེད་དེ། ལེའུ་བཅུ་བདུན་པར། ཐལ་མོ་སྦྱར་བ་བྱས་ནས་བརྗོད། །ཐུགས་རྗེའི་བདག་ཉིད་དྲིན་ཅན་གྱིས། །ཡང་དག་ཡེ་ཤེས་མཆོག་ཐོབ་སྟེ། །རང་གི་རིག་པའི་ངོ་བོ་ལ། །བདག་ནི་ཤིན་ཏུ་ངེས་པ་སྐྱེས། །གཉིས་མེད་ཡེ་ཤེས་འདི་ཉིད་ནི། །འགྲོ་བ་གཞན་ལ་ཡོད་མ་ཡིན། །ཆོས་ཀྱི་བདུད་རྩི་འདི་འཐུང་ཕྱིར། །བླ་མ་མཆོག་ལ་གསོལ་བ་འདེབས། །ཞེས་པའི་ཐལ་མོ་སྦྱོར་བ་མཁན་དེ་དང་། བདག་ནི་ཞེས་སོགས་དེ་སློབ་མ་ཡིན་ལ། བླ་མ་ཆེ་ལ་གསོལ་བ་འདེབས་ཞེས་པ་དེ་རྡོ་རྗེ་སློབ་དཔོན་ཡིན་པའི་ཕྱིར་རོ། །ཡང་། ཤེས་བྱེད་ཡང་དག་ཡེ་ཤེས་མཆོག་ཐོབ་ནས། །ཆོས་ཀྱི་བདུད་རྩི་འཐུང་བར་བྱ་བའི་ཕྱིར། །ཆུ་བརྒྱལ་རྗིང་གི་དགོས་པ་མེད་པ་བཞིན། །ཞེས་པའི་ལན་ནི། དྲོད་འབྲིང་ཡང་དག་ཡེ་ཤེས་ཉིད་ཐོབ་ནས། །དྲོད་ཆེན་ཆོས་ཀྱི་བདུད་རྩི་འཐུང་བའི་ཕྱིར། །གསོལ་བ་འདེབས་པ་སློབ་མ་མཆོག་དེའི་ལུགས། །རྟོགས་པ་གོང་དུ་འཕེལ་བྱེད་དགོས་པ་ཡིན། །ཡང་། སློབ་དཔོན་ལ་སྦྱོར་ཤེས་བྱེད་དེ་ཡིན་ན། །སྔོན་བརྗོད་དེ་དག་རང་ལ་མ་འཁོར་རམ། །ཡང་། དེ་བཞིན་སྔགས་ཀྱི་སེམས་དཔའ་ཞེས་པ་ཡང་། །སློབ་དཔོན་ཉིད་ཡིན་རྒྱུ་མཚན་ཅི་ཞེ་ན། །སྔགས་ནི་ཡེ་ཤེས་ཡིན་ཏེ་ཡང་དག་པའི། །ཡེ་ཤེས་མཐོང་བ་ཞེས་བཤད་ཉིད་ཕྱིར་རོ། །ཞེས་པའི་ལན་ནི། སྔགས་ཀྱི་སེམས་དཔའ་དུས་འཁོར་རྒྱུད་འགྲེལ་ལས། །སློབ་

དཔོན་ལ་སྦྱར་ཡེ་ཤེས་གྲུབ་པ་ལ། །དེ་ཉིད་སྦྱར་ན་ལྷམ་དཔེ་ཞྭ་དང་མཚུངས། །དུས་འཁོར་རྒྱུད་འགྲེལ་ལས། དེ་ལྟར་བཤད་པས་འབྲུལ་གཞི་བྱུས་ནས་ལུགས་འདི་ལ་སྦྱོར་བ་ནི་ཤིན་ཏུ་མི་རིགས་ཏེ། ལེའུ་བཅུ་དྲུག་པར། རྡོ་རྗེའི་ཐིག་ནི་གདབ་པ་དང་། །ཚོན་རྩི་དག་ཀྱང་བགྱི་བ་ནི། ། སྔགས་ཀྱི་སེམས་དཔའ་མི་བྱ་སྟེ། །བྱས་ན་བྱང་ཆུབ་རྙེད་པར་དཀའ། །ཞེས་གསུངས་ཏེ། དཀྱིལ་འཁོར་གྱི་ཐིག་གདབས་པ་དང་ཚོན་རྩི་བཀྱི་བ་ལ་སོགས་པ་མི་བྱའོ། །སྔགས་ཀྱི་སེམས་དཔའ་ཞེས་བྱ་བ་ནི། ཡིད་སྐྱོབ་པར་བྱེད་པའི་ཕྱིར་སྔགས་ནི་ཡེ་ཤེས་ཡིན་ཏེ། ཡང་དག་པའི་ཡེ་ཤེས་མཐོང་བ་ཞེས་བྱ་བའི་དོན་ནོ། །གལ་ཏེ་རྨོངས་པས་དེ་ལྟར་བྱེད་ན་ནི་བྱང་ཆུབ་རྙེད་པར་དཀའ་བར་འགྱུར་ཏེ། བྱིས་པའི་སྐྱེ་བོ་ལས་དང་པོ་པའི་སེམས་ཅན་གྱི་བྱ་བ་བྱེད་པས། སངས་རྒྱས་ཉིད་དང་། རྡོ་རྗེ་འཛིན་པ་ཉིད་རྙེད་པར་དཀའ་བར་འགྱུར་རོ་ཞེས་བྱ་བའི་དོན་ནོ། །ཡང་དག་པའི་ཡེ་ཤེས་ཀྱི་མངོན་པར་དབང་བསྐུར་བ་དང་ལྡན་པའི་རྣལ་འབྱོར་པ་དེ་ལ་ནི། དཀྱིལ་འཁོར་བྲི་བ་དང་། འཇུག་པ་དང་། དབང་བསྐུར་བ་ལ་སོགས་པ་ནི་བཀག་པ་མ་ཡིན་ནོ། །

ཞེས་འདིའི་སྐབས་ཀྱི་སྔགས་ཀྱི་སེམས་དཔའ་ནི། རྡོ་རྗེ་སློབ་མ་ཁོ་ན་སྟེ། རྒྱུ་མཚན། སྔགས་ཀྱི་སེམས་དཔའ་དེ་དང་། ཡེ་ཤེས་གྲུབ་པའི་སློབ་མ་དབང་རབ་དེ་དང་། དེ་མ་ཐག་པའི་ཡང་དག་པའི་ཡེ་ཤེས་ཀྱི་མངོན་པར་དབང་བསྐུར་བ་དང་ལྡན་པའི་རྣལ་འབྱོར་པ་དེ་ལ་ནི། དཀྱིལ་འཁོར་བྲི་བ་དང་། འཇུག་པ་དང་། དབང་བསྐུར་བ་ལ་སོགས་པ་ནི་བཀག་པ་ཡིན་ནོ། །ཞེས་བཤད་པའི་རྣལ་འབྱོར་པ་དེ་དང་། ལེའུ་དང་པོར། ཡང་དག་ཡེ་ཤེས་ཀུན་ལྡན་ན། །བྲིས་པའི་དཀྱིལ་འཁོར་ལོགས་གཞན་དུ། །དབང་བསྐུར་བ་ནི་ལེན་ཅེ་ན། །འདི་ནི་དམ་ཚིག་ཉམས་པར་འགྱུར། །ཞེས་པའི་ཡེ་ཤེས་ཀུན་ལྡན་དེ་དང་། ལེའུ་བཅུ་བདུན་པར། དེ་ནི་ཁྱོད་ཀྱིས་ཆོས་རྣམས་ལ། །སོམ་ཉི་དག་ནི་མི་བྱའོ། །སླར་ནི་དབང་བསྐུར་མི་བླང་ངོ་། །གཞན་དུ་དམ་ཚིག་ཉམས་པར་འགྱུར། །ཞེས་པའི། དེ་ནི་ཁྱོད་ཀྱི་ཞེས་བསྟན་པའི་རྣལ་འབྱོར་པ་དེ་རྣམས་གནད་གཅིག་པར། དཔྱོད་ལྡན་ལ་ལ་ལེ་བསྙོན་མེད་དུ་སྣང་ཞིང་། དེ་རྣམས་སློབ་མ་ཡིན་པ་ཡང་། །དབང་བསྐུར་བ་ནི་ལེན་ཅེ་ན། །ཞེས་པ་དང་། སླར་ནི་དབང་བསྐུར་མི་བླང་ངོ་། །ཞེས་པའི་ཚིག་འབྱུང་གི། དབང་བསྐུར་བ་ནི་བྱེད་ཅེ་ན། །ཞེས་དང་། སླར་ནི་དབང་བསྐུར་མི་བྱེད་དོ། །ཞེས་པ་ལྟ་བུའི་ཚིག་གི་འབྲུལ་གཞི་ཙམ་ཡང་མེད་པའི་ཕྱིར་དང་། ཁྱད་པར་རྡོ་རྗེའི་ཚིག་དེའི་འགྲེལ་པ་དངོས་སུ། སྔགས་ནི་ཡེ་ཤེས་ཡིན་ཏེ་ཡང་དག་པའི་ཡེ་ཤེས་མཐོང་བ་ཞེས་བྱ་བའི་དོན་ནོ། །གལ་ཏེ་རྨོངས་པས་དེ་ལྟར་བྱེད་ན་ནི། བྱང་ཆུབ་རྙེད་པར་དཀའ་བར་འགྱུར་ཏེ། བྱིས་པའི་སྐྱེ་བོ་ལས་དང་པོ་པས་སེམས་ཅན་གྱི་བྱ་བ་བྱེད་པས། སངས་རྒྱས་ཉིད་དང་། རྡོ་རྗེ་འཛིན་པ་ཉིད་རྙེད་པར་དཀའ་བར་འགྱུར་རོ་ཞེས་བྱ་

བའི་དོན་ནོ། །ཞེས་སློབ་དཔོན་ལ་སྦྱར་ན། བྲིས་སྒྲུབ་སོགས་ལས་དང་པོ་པའི་བྱ་བ་ཡིན་པས། བྱས་ན་བྱང་ཆུབ་ཉེད་པར་དཀའ་ཞེས་པའི་ཚིག་ལ་འབྲེལ་མི་འབྱུང་ཞིང་། རྡོ་རྗེ་སློབ་དཔོན་གྱིས། བྱིས་དབང་སོགས་བྲིས་སྒྲུབ་ཀྱི་དབང་བསྐུར་བ་ཡང་བཀག་པར་སོང་འདུག་པའི་ཕྱིར་དང་། ཅི་སྟེ་མཆོག་གི་དངོས་གྲུབ་ཀྱི་ཆེད་དུ་བྲིས་སྒྲུབ་བཀག་པའོ་སྙམ་ན། དེ་ལྟར་ན། ཡེ་ཤེས་མཐོང་བ་དང་ཡེ་ཤེས་དང་ལྡན་ཞེས་སོགས་ཀྱི་ཁྱད་ཆོས་སྦྱར་ཅི་དགོས་ཏེ། ཡེ་ཤེས་དང་ལྡན་མི་ལྡན་ཅི་ཡིན་ཡང་། རྟུལ་ཚོན་བྲིས་སྒྲུབ་དཀྱིལ་འཁོར་དུ་དབང་བསྐུར་མཆོག་གི་དངོས་གྲུབ་ཀྱི་ཆེད་དུ་མི་བྱེད་པར་ཁས་བླངས་པའི་ཕྱིར་རོ། །

དེ་བས་ན། ཡེ་གྲུབ་འདིར་སློབ་མ་ཁོ་ན་ལ་སྦྱར་བ་སྟེ། སློབ་མ་ཁྱོད་དབང་གིས་སྨིན་ནས་ཡེ་ཤེས་སྐྱེས་རྟོགས་པ་མཆོག་ཏུ་གྱུར་པ་ཞིག་ཡིན་པ་ལ། བྲིས་སྒྲུབ་དཀྱིལ་འཁོར་དུ་དབང་ལེན་ན། མ་སྨིན་པ་ལས་དང་པོ་པའི་བྱ་བ་བྱེད་པར་སོང་བས། དམ་ཚིག་ཉམས་པར་འགྱུར་བའི་ཕྱིར་ན། ཡེ་ཤེས་རྡོ་རྗེའི་དབང་བསྐུར་བ་འདི་ཙམ་ཞུ་བར་རིགས་ཀྱི། རྟུལ་ཚོན་དཀྱིལ་འཁོར་དུ་དབང་ཞུ་བ་མི་རིགས་ཞེས་བསྟན་པ་ཡིན་པའི་ཕྱིར་རོ། །

དེས་ན། རྡོ་རྗེའི་ཐེག་ནི་གདབས་པ་དང་། །ཞེས་སོགས་ཚིགས་བཅད། གསང་འདུས། དུས་འཁོར་སོགས་འགའ་ཞིག་ན་ཡོད་པར་སྣང་ཞིང་། འདུས་པ་ལུགས་གཉིས་དང་། དུས་འཁོར་བ་སོགས་སློབ་དཔོན་རྣམས་ཀྱིས། དངོས་བསྟན་སློབ་དཔོན་ལ་སྦྱར་ཡང་དགོངས་པ་ལེན་ལུགས་སོ་སོ་སྣང་མོད། ཡེ་གྲུབ་མཁན་པོས་འདི་སློབ་མ་ལ་སྦྱར་བ་བསྙོན་དུ་མེད་པས། ཡེ་ཤེས་ཀྱི་གཟིགས་པ་བསྐྱེད་དུ་གསོལ། དུས་འཁོར་བས་རྡོ་རྗེ་སློབ་དཔོན་སྦྱར་བ་ལ་ཡང་དཔྱད་པ་འདི་ཞུགས་ཏེ། རྡོ་རྗེའི་ཐེག་གདབ་ལ་སོགས་སློབ་དཔོན་གྱིས། །བྱེད་པ་བཀག་ན་དབང་བདུན་མི་རུང་འགྱུར། །མཆོག་གི་དངོས་གྲུབ་ཆེད་དུ་ཞེས་སྟོན་ན། །བྱིས་དབང་ས་བདུན་ཐོབ་བྱེད་གཞུང་དང་འགལ། །ཕྱག་ཆེན་མཆོག་གི་དངོས་གྲུབ་ཞེས་སྟོན་ན། །རྟུལ་ཚོན་དབང་བསྐུར་ཆེན་གསོལ་བཏབ་ཆོ། །དགའ་ཆེན་ཁྱོད་བདག་ཅེས་སོགས་བླ་མེད་ཀྱི། །བྱང་ཆུབ་ཆེད་དུ་གསོལ་བཏབ་ངེས་འབྱུང་གི། །བསམ་པ་བསྐུལ་བ་འདི་དག་སུན་དབྱུང་དམ། །མདོར་ན་རྟུལ་ཚོན་དབང་ཞུའི་སློབ་མ་དེ། །མངོན་མཐོ་ངེས་ལེགས་གང་ཞིག་དོན་གཉེར་བྲི། །ངེས་ལེགས་བླ་མེད་བྱང་ཆུབ་འདོད་ན་འགལ། །ཐེག་དམན་ཐར་པའམ་མངོན་མཐོ་ཙམ་འདོད་ན། །རྡོ་རྗེ་ཐེག་པའི་བསྟན་པར་ཚུད་དམ་ཅི། །མདོར་ན་བྱིས་དབང་བདུན་དང་བསྐྱེད་རིམ་ལ། །ཐེག་ཆེན་སེམས་ཀྱིས་ཟིན་ནམ་མ་ཟིན་དྲི། །ཐེག་ཆེན་ཐར་ལམ་ཡིན་នམ་མིན་པ་ཞེས། །དྲི་བའི་ལན་འདེབས་དཔྱོད་ལྡན་ཡོད་དམ་ཀྱི། །ཡང་དག་ཡེ་ཤེས་ཀུན་ལྡན་ཞེས་པ་ཡང་། །དེ་ཉིད་ལྡན་པར་འདོད་ན་ཞེས་པའི་དོན། །བསྐུར་ཡུལ་སློབ་མ་ཉིད་ལ་མི་རིགས་ཏེ། །ཡེ་ཤེས་ཀུན་དང་ལྡན་ན་ཚོགས་ཅི། །དམ་ཚིག

ཉམས་པར་འགྱུར་ཞེས་ཙམ་གྱིས་ནི། །སྔར་དུ་དམ་ཚིག་ལྡན་པར་མི་འགྲུབ་སྟེ། །དམ་ཚིག་འདས་ན་སྒྲིག་པར་བྱེད་ཅེས་པའི། །དམ་བཞག་གོང་དུ་དམ་ཚིག་ཐོབ་བམ་ཅི། །ཞེས་པའི་ལན་ཡང་སྔར་བཤད་ཟིན་མོད།

ཅུང་ཟད་ཕྱེ་ན། སློབ་དཔོན་ལ་སྦྱོར་བ་ནི། བྲིས་པའི་དཀྱིལ་འཁོར་ལོགས་གཞན་དུ། །དབང་བསྐུར་བ་ན་ལེན་ཅེ་ན། །ཞེས་པའི་ཚིག་དེས་བཀག་ཟིན་ལ། །སློབ་དཔོན་ཡེ་ཤེས་དང་ལྡན་ན། །བྲིས་སྐྲུབ་དཀྱིལ་འཁོར་དུ་དབང་མ་བྱེད་བྱས་ན་འབྲེལ་ཅི་ཡང་མེད་པས། སློབ་མ་ཡེ་ཤེས་ཀུན་ལྡན་དེ་ལ། བྲིས་སྐྲུབ་ཀྱི་དཀྱིལ་འཁོར་དུ་དབང་བླངས་མི་དགོས་ཞེས་པའི་དོན་ཡིན་ལ། ཡེ་ཤེས་ཀུན་ཞེས་པ་དེ་ཡང་། རྡོ་རྗེ་ཡེ་ཤེས་ཞེས་པའི་ཡེ་ཤེས་དེའི་ཆེ་མིང་ཡིན་ཏེ། ལེའུ་དང་པོར། དེ་བཞིན་གཤེགས་ཀུན་ཡེ་ཤེས་ནི། །རྡོ་རྗེ་ཡེ་ཤེས་ཞེས་བྱར་བཤད། །བློ་ལྡན་དེའི་དབང་བསྐུར་ན། །དབང་བསྐུར་བ་ནི་ཤེས་པར་བྱ། །ཞེས་སློབ་མ་དེ་ལ་རྡོ་རྗེ་ཡེ་ཤེས་ཀྱི་དབང་བསྐུར་བ་དེ་ཞུས་པས་ཆོག་གི། གཞན་བྲིས་དབང་སོགས་མི་དགོས་ཞེས་པའི་དོན་ཡིན་པའི་ཕྱིར་རོ། །དམ་བཞག་རིགས་པས་འདི་ལ་གནོད་མིན་ཏེ། །དངོས་གཞི་སློབ་དཔོན་བུམ་དབང་རྫོགས་པ་ན། །སྔར་གྱི་དམ་ཚིག་སྡོམ་པ་རྫོགས་པར་ཐོབ། །དེ་ཚེ་གསང་བ་སྒྲགས་ན་ཉམས་འགྱུར་ཞེས། །སྔོན་དུ་དམ་བཞག་ཁྲིམས་ཀྱིས་གདམས་པ་ཡིན། །ཡེ་ཤེས་གང་གི་ཞེས་པའང་དངོས་གཞི་སྟེ། །དངོས་གཞིའི་དབང་བསྐུར་ཐོབ་ནས་སློབ་དཔོན་དེ། །སློབ་མ་དེའི་ཧེ་རུ་ཀ་ཡིན་ནོ། །ཡང་དྲི་བ་ལས། རིང་བསྲེལ་རྣམ་བཞིར་གསུངས་པའི་གཟུངས་རྣམས་ལ། །ཆོས་ཀྱི་སྐུ་ཡི་རིང་བསྲེལ་ཞེས་པ་ཡི། །ཐ་སྙད་དོན་གསལ་ཉིད་དུ་འབྱུང་བ་འདིའི། །རྒྱུ་མཚན་བཤད་པའི་ལུང་ནི་གང་ན་མཆིས། །ཞེས་པའི་ལན་ནི། རྟེན་འབྲེལ་སྙིང་པོའི་གཟུངས་ལ་ཆོས་སྐུ་ཞེས། །གཟུངས་ཉིད་ལས་བྱུང་དེ་ཕྱིར་གཟུངས་དེ་ལ། །ཆོས་སྐུའི་རིང་བསྲེལ་ཞེས་ནི་གོང་མས་བཤད། །བཤད་ལུང་དེ་ཡི་ལན་དངོས་གཟུངས་ཀྱིས་ཤེས། །ཡེ་དྷརྨཱའི་གཟུངས་ལ། ཡེ་དྷརྨཱ་ཧེ་ཏུ་པྲ་བྷ་ཝཱ། ཧེ་ཏུནྟེ་ཥཱནྟ་ཐཱ་ག་ཏོ་ཧྱ་བ་དཏ྄། ཏེ་ཥཱཉྩ་ཡོ་ནི་རོ་དྷ་ཨེ་ཝཾ་བཱ་དི་མ་ཧཱ་ཤྲ་མ་ཎཿ། སྤྱན་རས་གཟིགས་ཀྱི་དབང་ཕྱུག་རྟེན་ཅིང་འབྲེལ་པར་འབྱུང་བ་འདི་ནི་དེ་བཞིན་གཤེགས་པ་རྣམས་ཀྱི་ཆོས་ཀྱི་སྐུ་ཡིན་ཏེ། སུས་རྟེན་ཅིང་འབྲེལ་པར་འབྱུང་བ་དེ་མཐོང་བ་དེས་དེ་བཞིན་གཤེགས་པ་མཐོང་ངོ་། །སྤྱན་རས་གཟིགས་ཀྱི་དབང་ཕྱུག་རིགས་ཀྱི་བུ་འམ་རིགས་ཀྱི་བུ་མོ་དད་པ་ཅན་གང་གི་མི་གནས་པའི་ས་ཕྱོགས་སུ་མཆོད་རྟེན་ནི་སྐྱུ་རུ་རའི་འབྲས་བུ་ཙམ། སྲོག་ཤིང་ནི་ཁབ་ཙམ། གདུགས་ནི་བ་གུ་ལའི་ཏོག་ཙམ་བྱས་ལ། རྟེན་ཅིང་འབྲེལ་པར་འབྱུང་བའི་ཆོས་ཀྱི་དབྱིངས་ཀྱི་ཚིགས་སུ་བཅད་པ་ནང་དུ་བཅུག་ན། ཚངས་པའི་བསོད་ནམས་བསྐྱེད་པར་འགྱུར་ཏེ་ཞེས་གསུངས་ལ།

དེའི་དོན་ཡང་རྟེན་འབྲེལ་གྱི་རྟགས་ལས་ཆོས་ཐམས་ཅད་བདེན་སྟོང་དུ་གཏན་ལ་ཕབས་པའི་དེ་བཞིན་

ཉིད་དེ་ལ། བདེ་གཤེགས་སྙིང་པོའི་རང་བཞིན་ཆོས་སྐུ་ཞེས་བྱ་ལ། དེ་མངོན་སུམ་དུ་མཐོང་བའི་ཚེ་སངས་རྒྱས་ཀྱི་ཆོས་སྐུ་མངོན་སུམ་དུ་མཐོང་ཞེས་བཤད་པའི་གནད་འདིས་ཡིན་ཏེ། རྩ་ཤེར། དེ་བཞིན་གཤེགས་པའི་རང་བཞིན་གང་། །དེ་ནི་འགྲོ་བའི་རང་བཞིན་ཡིན། །ཞེས་དང་། དཔལ་ལྡན་ཟླ་བས། རིགས་པ་དྲུག་བཅུ་པའི་འགྲེལ་པར། བྱིས་པའི་སྐྱེ་བོ་རྣམས་ཀྱི་རང་བཞིན་དུ་མ་གྱུར་པའི་མཐའ་རང་བཞིན་ནི་གཉིས་ཀ་ཡང་མ་སྐྱེས་པའི་ཕྱིར། ངོ་བོ་ཉིད་ཀྱིས་སྐྱེ་བ་མེད་པས་འཁོར་བ་དང་མྱ་ངན་ལས་འདས་པ་གཉིས་གཅིག་གོ། །

དེ་བས་ན་མྱ་ངན་ལས་འདས་པ་དང་ཁྱད་པར་མེད་པའི་ཕྱིར། རྟེན་ཅིང་འབྲེལ་བར་འབྱུང་བ་ལ་ཡང་ཆོས་ཞེས་བྱ་སྟེ། དེ་མཐོང་བས་ན་མྱ་ངན་ལས་འདས་པ་ཡང་མཐོང་བས་སུས་རྟེན་ཅིང་འབྲེལ་བར་འབྱུང་བ་མཐོང་བ་དེས་ཆོས་མཐོང་ངོ་། །ཆོས་ཀྱི་ངོ་བོ་ཉིད་དང་སངས་རྒྱས་བཅོམ་ལྡན་འདས་ཐ་མི་དད་པས་ན་དེ་མཐོང་ན་སངས་རྒྱས་མཐོང་བ་ཡིན་ནོ། །ཞེས་བཤད་པས་རྟེན་འབྲེལ་སྙིང་པོའི་གཟུངས་ལ་ཆོས་སྐུའི་རིང་བསྲེལ་ཞེས་བྱ་ལ། དེའི་བྱེ་བྲག་གིས་གཟུངས་སྤྱི་ལ་བཏགས་པར་སེམས་སོ། །ཡང་དྲི་བར། རྫོགས་སངས་རྒྱས་ལ་རྟོགས་ལྡན་ཞེས་པའི་སྒྲ། །བཤད་དུ་ཡོད་ཀྱང་འཇུག་པ་མ་ཡིན་ན། །མུ་ཏིག་ཕྲེང་བར་རྟོགས་ལྡན་ཞེས་བྱ་བ། །རྒྱལ་བའི་མཚན་གྱིས་གྲངས་སུ་མཛད་དེ་ཅི། །ཞེས་པའི་ལན་ནི། རྫོགས་པའི་སངས་རྒྱས་རྟོགས་པ་ལྡན་ན་ཡང་། །རྟོགས་ལྡན་མིན་ཏེ་ལག་པ་ལྡན་ན་ཡང་། །ལག་ལྡན་མིན་པའི་དཔེ་ནི་དགོངས་འཚལ་ལམ། །མུ་ཏིག་ཕྲེང་བར་རྟོགས་པ་ལྡན་པ་ལ། །རྟོགས་ལྡན་ཞེས་པ་ཚིགས་བཅད་དབང་གིས་ཡིན། །

ཡང་དྲི་བར། སྔ་གོན་སྐབས་སུ་དཔུང་སྐྱད་འཆིང་བའི་ཚུལ། །སྐྱེས་པར་གཡོན་དང་བུད་མེད་གཡས་པ་ཞེས། །དཀྱིལ་ཆོག་རྣམས་སུ་འབྱུང་འདིའི་དགོས་པ་གང་། །ཤེས་བྱེད་ལུང་དང་འབྲེལ་བ་ཇི་ལྟར་མཆིས། །ཞེས་པའི་ལན་ནི། དཔུང་སྐྱད་རྨི་ལམ་བར་ཆད་བསྲུངས་ཕྱིར་ཡིན། །དཀར་དམར་ཁམས་ཀྱི་འཕོ་བ་འགོག་པའི་ཕྱིར། །བུད་མེད་སྐྱེས་ལ་གཡས་གཡོན་ཡིན་ཞེས་གསུངས། །གོ་རམ་ཆེན་པོ་ཤེས་བྱེད་རྒྱུད་ལས་གསུངས་པ་ངས་མ་མཐོང་། །སྐྱེས་དང་བུད་མེད་གཡས་གཡོན་འགལ་མེད་ཅེས། །མཁས་པ་མཁས་པ་འགའ་ཞིག་ཕ་རྒྱུད་ལ་སྐྱེས་པ་ལགས་མཆོག་གི་གསུངས་ཡིན་མ་རྒྱུད་དེ་ལས་ཟློག་ཅེས་གསུངས་ཕ་མའི་རྒྱུད། །ཁྱད་པར་འབྱེད་མོད་ཡིད་ཆེས་མ་རྙེད་དོ། །

ཡང་དྲི་བར། ཕ་རོལ་ཕྱིན་དང་རྡོ་རྗེ་ཐེག་པ་ལ། །རྒྱུ་དང་འབྲས་བུ་ལམ་དུ་བྱེད་པ་ཞེས། །ཀུན་གྱི་ཞལ་སྒྲོར་ཀླུང་ལྟར་རྒྱུ་བ་འདིའི། །རྒྱུ་མཚན་བཤད་པའི་ཁུངས་ནི་གང་ན་མཆིས། །ཞེས་པའི་ལན་ནི། ད་ལྟ་ཉིད་ནས་འབྲས་བུ་སྐུ་གཉིས་པོ། །གཟུགས་སྐུའི་དང་འདྲ་བའི་བསྐྱེད་རིམ་ཆོས་སྐུ་དང་འདྲ་བའི་རྫོགས་རིམ་འདྲ་བའི་ལྷ་དང་བདེ་སྟོང་

སྒོམ་པ་ལ། །དེ་སྐད་ཅེས་སམ་འབྲས་ལ་ཉེ་རིང་གི། །འབྲས་ལམ་བྱེད་དང་རྒྱུ་ལམ་བྱེད་ཅེས་གདགས། །

ཡང་དྲི་བ་ལས། འདུས་པར་མར་མེ་མཛད་ནས་ཤཱཀ་ཐུབ་པར། །རྒྱལ་བ་གང་གིའང་སྔགས་མ་གསུངས་ཞེས་འབྱུང་། །མཚན་བརྗོད་ཉིད་དུ་དུས་གསུམ་རྒྱལ་ཀུན་གྱི། །གསང་སྔགས་གསུངས་ཞེས་བཤད་པའི་འགལ་སྤོང་གང་། །ཞེས་པའི་ལན་ནི། ཐུན་མོང་མ་ཡིན་དག་པའི་འཁོར་རྣམས་ལ། །སངས་རྒྱས་སྟོང་གིས་གསུངས་ཀྱང་ཐུན་མོང་འཁོར། །ཤཱཀ་ཐུབ་ཁོ་ནས་རྗེས་གཟུངས་འཕགས་པའི་གདམ། །ཐུན་མོང་བ་ཡི་འཁོར་རྣམས་ལ༔ །ཤཱཀྱ་ཐུབ་པ་ཁོ་ནས་གསུངས། །གསང་འདུས་དགོངས་པ་དེ་ལྟར་ཡིན། །ཐུན་མོང་མ་ཡིན་འཁོར་རྣམས་ལ། །དུས་གསུམ་སངས་རྒྱས་ཀུན་གྱིས་གསུངས། །འཕགས་པའི་དྲི་ལན་ཡང་འགའ་ཞིག །ཤཱཀྱ་ཐུབ་ཁོ་ནས་གསུངས་འདུས་པ། །སངས་རྒྱས་ཀུན་གྱི་གསུངས་གསང་སྔགས། །ཞེས་བཞེད། ཤཱཀྱ་ཐུབ་པས་གསང་སྔགས་གསུངས་བཞིན་དུ། །ཤཱཀ་ཐུབ་བར་གྱི་མ་གསུངས་འདུས་པའི་ཚིག །ཡོད་པ་མི་རིགས་གལ་ཏེ་དེ་བཞིན་ན། །བར་ཚིག་མི་མཛོན་པ་ལས་གཞན་མ་ཤཱཀྱ་ཐུབ་པའི་བར་སངས་རྒྱས་གཞན་གྱི་མ་གསུངས་མཆིས། །ཡང་དྲི་བར། ཀུན་སྤྱངས་ས་ལྔ་པར་བཞག་པ་ལ། །ཁྱིམ་པ་རྡོ་རྗེ་འཛིན་པ་མེད་འགྱུར་བའི། །དགག་པ་མཛད་མོད་ཀུན་ཉམས་ཙམ་ཉིད། །ལྟུང་བར་མ་བཞག་ཁྱད་ཆོས་སྨྲ་རེ་གསུངས། །

ཞེས་པའི་ལན་ནི། རྩ་ལྟུང་ལྔ་པ་ཐེག་ཆེན་ཆོས་ཀུན་གྱི། །རྩ་བ་བྱང་སེམས་སྤྱངས་ལ་བཤད་པས་ན། །ཀུན་སྤྱངས་ལ་འཆད་པ་ཐལ་ཆེས་སེམས། །འོན་ཀྱང་དུས་འཁོར་རྒྱུད་ལ་སྲུ་ཞིག་འགོམ། །འདི་ལ་དགོས་པའི་གནས་ནི། གང་ཕྱིར་འབྱུང་བ་ཆེ་བདེ་བ་སོགས་དང་། དབང་པོ་གཉིས་སྦྱོར་བདེ་བ་ནི། ཞེས་སོགས་ལྟར། དབང་པོ་གཉིས་སྦྱོར་གྱི་བདེ་བ་ལ་ཐར་ལམ་དུ་འདོད་མཁན་ནི་ཆེར་མེད་དམ། འོན་ཀྱང་ཕོ་ཉ་ལམ་བྱེད་པ་ཐལ་གྱི་དབང་པོ་གཉིས་སྦྱོར་གྱི་འཁྲིག་བདེ་དབང་ཤེས་ཡིན་པས་དེ་དབང་གི་ཡེ་ཤེས་དངོས་མིན་པ་དང་། འཁྲིག་བདེ་བདེ་སྟོང་རྟོགས་པའི་ཤེས་རབ་དང་། ཀུན་སློང་བྱང་སེམས་ཀྱིས་ཟིན་པ། དྲུག་པ་ཡིད་ཀྱི་རྣམ་པར་ཤེས་པ་འཁོར་བཅས་ཀྱི་ཡེ་ཤེས་གཅིག་ལ་དབང་གི་ཡེ་ཤེས་སུ་ངོས་འཛིན་པའི་རྣམ་དབྱེ་མ་ཕྱེད་པར་འཕྱུང་མོ་ལྷག་ཏུ་སོང་བ་ནི་མང་པོར་ཡོད་པར་སྣང་། ཡིད་ཆེས་པའི་ལུང་ལས། དངོས་གྲུབ་ཀུན་གྱི་རྟེན་གྱུར་པ། །བྱང་ཆུབ་སེམས་ནི་ལྟུང་གྱུར་ན། །ཕུང་པོ་རྣམ་ཤེས་རྒྱལ་བ་ལ། །མ་སྨད་དངོས་གྲུབ་ག་ལ་ཡོད། །ཞེས་བྱང་ཆུབ་ཀྱི་སེམས་ལྟུང་དུ་མི་རུང་བར་བཤད་ཀྱང་ལྟུང་ཡང་སྐྱོན་མེད་པའི་དམིགས་བསལ་གསུམ་ཙམ་ཅིས་ཀྱང་འདུག་མོད། དྲི་མེད་འོད་ལས་དེ་ཁོ་ན་ཉིད་མེད་པ་དབང་པོ་གཉིས་ཀྱི་བདེ་བས་སངས་རྒྱས་ཉིད་འདོད་པ་རྣམས་ལ་རྩ་བའི་ལྟུང་བ་ལྟ་བར་འགྱུར་རོ་ཞེས། དེ་ཁོ་ན་ཉིད་གནས་ལུགས་མ་རྟོགས་པར་དབང་པོ་གཉིས་སྦྱོར་མ་ཞེན་པ་ཁོ་ན་མང་བས་ཁྱིམ་པ་རྡོ་རྗེ་འཛིན་པ་མི་སྲིད་གསུངས་པ་དེ་མད་པའི་ཚོད་ཙམ་དུ་མ་མཆིས་སམ།

ཡང་དྲི་བ་ལས། དབང་བདུན་སྨིན་བྱེད་ཡིན་ན་རྗེས་དཔག་ལྟ། །ཡོངས་སུ་མ་སྨིན་བློ་ཅན་བསྒོམ་བྱ་ཞེས། །རྒྱུད་རྒྱལ་ཉིད་ལས་གསུངས་པ་ཇི་ལྟར་དྲངས། །ཁྲིས་འཇུག་མ་བསྐུར་ལྟ་བསྒོམ་རུང་མ་ཡིན། །ཞེས་པའི་ལན་ནི། ཁྲིས་དབང་སྨིན་བྱེད་མིན་པ་མཆོག་གི་དབང་། །སྨིན་བྱེད་འདོད་ལ་ལུང་རིགས་སྒྲུབ་བསྟན་ཟིན། །འདིར་སྐབས་མ་སྨིན་ཞེས་པ་སྨིན་བྱེད་དབང་། །དག་པར་རློམ་ཡང་དོན་ལ་མ་སྨིན་པའམ། མ་སྨིན་བཞི་ཡིས་ཕྱོགས་གཅིག་ལ་དགོངས་སོ། །

ཡང་དྲི་བ་ལས། མདོ་དང་རྒྱུད་ཀྱི་ཁྱད་པར་ཚིག་ཡི། །བྱ་བ་ཡོད་མེད་ཡིན་ན་སྔགས་ཀྱི་བླའི། །མདོ་ཚིག་སོགས་ཀྱི་མ་ངེས་པར་འགྱུར་བས། །དེ་ན་འདིར་སྐབས་ཚིག་ག་ཅི་ཞིག་ཡིན། །ཞེས་པའི་ལན་ནི། ཚིག་ཙམ་ཞིག་མདོ་འདུལ་ལ་ཡང་ཡོད། །འདིར་སྐབས་ཚིག་སྦྱོར་དངོས་རྗེས་གསུམ་གྱི། །དབང་བསྐུར་ཚིག་ཉིད་ལས་འོས་མ་མཆིས། །ཡང་དྲི་བ་ལས། ངེད་ཀྱི་མཐོང་ལམ་འཕགས་པ་མིན་པ་ལ། །འབྱུང་བ་མིན་ཞེས་མཐོང་ལམ་སྐྱེ་བའི་རྟེན། །འཕགས་པར་བཤད་པ་ལྟ་བུའི་གཞུང་འདི་ལ། །ཚིག་འབྲུ་ཇི་བཞིན་གཉེར་ན་ཇི་ལྟར་ལགས། །ཞེས་པའི་ལན་ནི། མཐོང་ལམ་གསར་སྐྱེའི་རྟེན་ལ་འཕགས་པ་ཞིག །དགོས་པ་མ་ཡིན་སྐྱེས་ཟིན་གནས་པའི་རྟེན། །འཕགས་པ་མིན་པ་སོ་སོའི་སྐྱེ་བོ་ཡི། །རྒྱུད་ལ་འབྱུང་བ་མེད་ཅེས་མཁས་པའི་ལུགས། །

ཡང་དྲི་བ་ལས། ཕྱག་རྒྱ་བཞི་ཡི་གོ་རིམ་སྣ་ཚོགས་ཀྱང་། །ཕྱག་ཆེན་གསུམ་པར་འཇོག་འདི་ངེས་དོན་ཏེ། །ཕྱག་རྒྱ་ཆེན་པོས་འགྱུར་མེད་བདེ་བ་ཆེ། །སྟེར་བ་བླ་མེད་རྒྱུད་སྡེའི་དགོངས་པ་ཡིན། །ཞེས་པའི་ལན་ནི། ཕྱག་ཆེན་གསུམ་དང་བཞི་པར་འགལ་བ་མེད། །ལས་རྒྱ་རྟེན་དང་ཆོས་རྒྱ་མཚོན་བྱེད་དཔེ། །ཕྱག་ཆེན་གསུམ་པ་དང་བཞི་པ་གང་དུ་བྱེད། ལས་མཆིས་དམ་རྒྱ་གསུམ་པར་ཕྱེས་ན་ཕྱག་ཆེན་བཞི་པར་འོང་། དམ་རྒྱ་བཞི་པར་བྱུས་ན་ཕྱག་ཆེན་གསུམ་པར་འོང་། ཕྱག་ཆེན་མཚོན་བྱ་དོན་ཡིན་དམ་རྒྱ་ནི། །བཞི་པ་གསུམ་པ་གང་དུ་བྱེད་ལ་རག །

ཡང་དྲི་བར། བསྐྱེད་རིམ་ལ་བརྟེན་དཔེ་ཡི་ཡེ་ཤེས་ཀྱང་། །ཕྱག་རྒྱ་ཆེན་པོའི་དབྱེ་ངོར་མཛད་གྲངས་ན། །ཕྱག་ཆེན་དབང་བསྐུར་བཞི་པ་དང་འབྲེལ་བར། །གསུངས་པའི་གཞུང་གི་རྣམ་བཅད་ནུས་པ་ཅི། །དེའི་ལན་ནི། བཞི་པ་མ་ཐོབ་ཕྱག་ཆེན་མི་རུང་ཞེས། །གསུངས་པ་དོན་གྱི་ཕྱག་རྒྱ་ཆེན་པོ་ཡིན། །འོག་མར་དཔེའི་ཡེ་ཤེས་འགལ་བ་མེད། །གནད་འདི་རྟོགས་ན་མདུད་པ་ཅིག་ཆར་གྲོལ། །

ཡང་དྲི་བ་ལས། དབང་དང་རིམ་གཉིས་ལས་བྱུང་རང་འབྱུང་གི། །ཡེ་ཤེས་ཕྱག་རྒྱ་ཆེན་པོར་རྣམ་གཞག་པའི། །རང་འབྱུང་དོན་ནི་གང་ལ་མཛད་པ་ཡིན། །ཕྱག་ཆེན་སྐྱིད་འབྲས་ཁོ་ནར་བཞེད་ལགས་སམ། །ཞེས་པའི་ལན་ནི། དབང་དང་རིམ་གཉིས་ལས་གཞན་འབད་རྩོལ་ལ། །མ་ལྟོས་ཙམ་ལ་རང་བྱུང་ཞེས་སུ་གདགས། །

རྒྱུ་རྐྱེན་མེད་པའི་རང་བྱུང་ཕྱི་བའི་ལུགས། །ཕྱག་ཆེན་སྙིང་འབྲས་དངོས་ཡིན་འདུས་བྱས་ཕྱིར། །ཕྱག་ཆེན་ཡེ་ཤེས་རྟག་པ་དངོས་ཡིན་ན་རྟག་པའི་མཐར་ལྷུང་ཞེས་ཀླུ་སྒྲུབ་ཁོང་བཞེད།

ཡང་དྲི་བ་ལས། རབ་དབྱེར། དོན་དམ་སེམས་བསྐྱེད་སྒོམ་སྟོབས་ལས། །སྐྱེ་མེད་ཆོ་གའི་སྒོ་ནས་མི་སྐྱེ་གསུངས། །དབང་རབ་དབང་ཉིད་ཀྱིས་གྲོལ་ཕྱིར་སྒོམ་མི་དགོས། །འདི་གཉིས་འགལ་ལྟར་སྣང་བ་འགལ་མེད་གང་། །དེའི་ལན་ནི། དོན་དམ་སེམས་བསྐྱེད་འདི་ལ་ངོས་འཛིན་གསུམ། །འཕགས་ལམ་མི་རྟོག་ཡེ་ཤེས་ངོར་གྱུར་དང་། །དོན་དམ་སྟོང་ཉིད་ལྟ་བའི་ངོར་གྱུར་དང་། །ཟླ་སྟེ་རྡོ་རྗེའི་རྣམ་པ་ཅན་དེ་གསུམ། །དང་པོ་སྒོམ་སྟོབས་སྐྱེ་ཡི་ཆོ་གས་མིན། །ཕྱི་མ་ཆོ་གའི་སྟོབས་ཀྱིས་སྐྱེ་བའང་སྲིད། །ཀླུ་སྒྲུབ་དོན་དམ་སེམས་བསྐྱེད་ཆོ་ག་ནི། །བར་པ་དེ་ལ་དགོངས་པས་འགལ་བ་མེད། །སྤྱིར་འདི་ལ་དགོས་པ་མང་དུ་མཆིས་ཏེ་གང་ཟག་དབང་པོ་རབ་དབང་བསྐུར་ཉིད་ཀྱིས་གྲོལ་ཞེས་དང་། ཆོས་རྣམས་ཐམས་ཅད་རྒྱུ་ལས་བྱུང་ཞེས་སོགས་ཚིགས་བཅད་གཅིག་གིས་ཤཱ་རིའི་བུ་གྲོལ་ཞེས་དང་། འདུལ་ལུང་ལས་བསྙེན་རྫོགས་ཀྱི་གསོལ་བའི་ཚེ། ཉི་མ་གྲུང་པ་སོགས་ལ་མཐོང་ལམ་དང་། བརྗོད་པ་གསུམ་གྱི་ཚེ་དགྲ་བཅོམ་པ་འཐོབ་ཅེས་དང་། མདོ་སྡེ་མང་པོར་ཆོས་ཀྱི་རྣམ་གྲངས་འདི་བཤད་པ་ན། ཁ་ཅིག་གི་ནི་བྱང་ཆུབ་ཀྱི་མཆོག་ཏུ་སེམས་བསྐྱེད་དོ། །ཁ་གཅིག་གི་ནི་ཆོས་ཀྱི་མིག་རྡུལ་མེད་ཅིང་རྫ་སྒྲིན་པ་བཏོལ་རན་པ་དེ་ལྟར་དྲི་མ་མེད་པ་ཐོབ་བོ། །ཁ་ཅིག་གི་ནི་མི་སྐྱེ་བའི་ཆོས་ལ་བཟོད་སྟེར་ས་བདུན་པ་མན་ཆད་ཐོབ་པའི་ལས་འགྲོ་སད་པ་ལས་ས་བརྒྱད་པ་པ་ཐོབ་བོ། །ཞེས་སོགས་བཤད་པས། ས་པཎྜི་ཏས། འདི་མཐའ་འདི་ཙམ་ཁོ་ནར་གནས་སོ་ཞེས། །དེ་མཐའ་དེ་ཙམ་ཁོ་ནས་རྗེས་དཔག་ན། །འགྲོ་བའི་བླ་མའི་གསུང་ལ་འགལ་བ་སྟེ། །དེས་ན་མཐའ་མེད་དགོངས་པར་དཔྱད་པར་བྱ། །ཞེས་གསུངས་པ་ལྟར། སྔོན་རྫོགས་སྨིན་སྦྱང་གསུམ་སྔོན་དུ་སོང་བ་དང་། སྔོན་གྱི་ལས་འཕྲོ་སད་པའི་གང་ཟག་དབང་པོ་རབ་ཀྱི་རྣམ་ཐར་བློས་གཞལ་བར་དཀའ་ན། རང་གིས་ཚུར་ཟད་དཔྱད་ན་དབང་དུས་སུ་གྲོལ་བ་ནི། སྔོན་སྦྱངས་པའི་སྟོབས་ཀྱིས་གྲོལ་ཟིན་ཀྱང་དབང་གི་སད་བྱེད་ཀྱིས་གྲོལ་བ་ལྟ་བུར་མངོན་དུ་གྱུར་པའམ། ཡང་ན་དབང་དེས་རྐྱེན་ཙམ་བྱས་སྔོན་སྒོམ་སྟོབས་ཀྱི་བག་ཆགས་སད་དེ་མཉམ་བཞག་རང་ཤར་ལས་མཐོང་ལམ་སྐྱེས་པ་ཡིན་པས། དབང་གི་སད་བྱེད་ཀྱི་རྐྱེན་ཙམ་ལས་གཙོ་བོར་སྒོམ་སྟོབས་ཀྱིས་གྲོལ་བ་ཡིན་པས། དབང་ཆོག་ཁོ་ནས་མིན་ཞེས་བཤད་ན་གཞན་རྣམས་ལའང་དེའི་ཤུགས་ཀྱིས་དཀའ་བའི་གནས་ལས་ཨེ་གྲོལ་སྙམ། ཀླུ་སྒྲུབ་ཀྱི་དོན་དམ་སེམས་བསྐྱེད་འབོགས་པའི་ཆོ་ག་ན་ཚིག་འདི་ལྟར་སྣང་སྟེ། སྐྱབས་འགྲོ་དང་བཤགས་པ་སོགས་ཡན་ལག་བདུན་པ་སྔོན་དུ་བཏང་ནས། ཇི་ལྟར་སྔོན་གྱི་སངས་རྒྱས་བཅོམ་ལྡན་འདས་རྣམས་དང་། བྱང་ཆུབ་སེམས་དཔའ་ཆེན་པོ་དེ་དག་གི་དངོས་པོ་

ཐམས་ཅད་དང་བྲལ་བ་ཕུང་པོ་དང་ཁམས་སྐྱེ་མཆེད་དང་། གཟུང་བ་དང་འཛིན་པ་རྣམ་པར་སྤངས་པ། ཆོས་བདག་མེད་པ་མཉམ་པ་ཉིད་ཀྱི་རང་གི་སེམས་གདོད་མ་ནས་མ་སྐྱེས་པ་སྟོང་པ་ཉིད་ཀྱི་ངོ་བོ་ཉིད་ཀྱི་སེམས་བསྐྱེད་པ་དེ་བཞིན་དུ་བདག་མིང་འདི་ཞེས་བགྱི་བས་དུས་འདི་ནས་བཟུང་སྟེ། བྱང་ཆུབ་ཀྱི་སྙིང་པོ་ལ་མཆིས་ཀྱི་བར་དུ་སེམས་བསྐྱེད་དོ། །ཞེས་སོགས་ལན་གསུམ་ནས། སེམས་ཅན་ཐམས་ཅད་བདག་གི་མགྲོན་དུ་གཉེར། །བྱང་ཆུབ་སྤྱོད་མཆོག་ཡིད་འོང་བསྐྱེད་པར་བགྱི། །འགྲོ་ལ་ཕན་ཕྱིར་སངས་རྒྱས་འགྲུབ་པར་ཤོག །དེ་སྐད་ལན་གསུམ་བཟླས་བྱང་ཆུབ་ཏུ་སེམས་བསྐྱེད་པའོ། །ཞེས་བཤད། འདི་དོན་དམ་སྟོང་ཉིད་ཡུལ་དུ་བྱེད་པའི་སེམས་བསྐྱེད་ལ་དོན་དམ་སེམས་བསྐྱེད་དུ་བཤད་པ་ཡིན་པས། འདི་རིགས་ཚོགའི་སྒོ་ནས་ཀྱང་བསྐྱེད། འདི་ལྟ་བུའི་རྣམ་དབྱེ་མ་ཕྱེད་པར་ཕན་ཚུན་བློ་རྨོངས་པའི་རྩོད་པ་མང་པོ་མ་བྱེད་ཅིག་ཅེས་གདམས་སོ། །

ཡང་དྲི་བ་ལས། ཡེ་ཤེས་འདི་ནི་ཞེས་པའི་ཡེ་ཤེས་ཉིད། །གསུམ་པའི་ཞུ་བདེ་ཉིད་ལ་མཛད་གྲངས་ན། །འདི་ནི་ཞེས་པའི་ཉེ་ཚིག་ནུས་པ་གང་། །ཧཱྃ་ཀ་རཤས་བཞི་པ་ཉིད་ལ་བཞག །ཞེས་པའི་ལན་ནི། དབང་བཞི་ཅིག་ཆར་ཡིན་ན་གསུམ་པ་ཉིད། །ད་ལྟ་བ་ཡིན་ཉེ་ཚིག་ནུས་མི་ཉམས། །བཞི་པ་རྟེན་ཅན་ཡིན་ན་བཞི་པ་ཡི། །ཡེ་ཤེས་ཉིད་ལ་སྦྱོར་ལས་འོས་གཞན་མེད། །ཡང་དྲི་བ་ལས། མཆོག་མཐའ་དགའ་བྲལ་དང་པོར་ཞེས་པ་ཡི། །སྐབས་ཀྱི་དགའ་བྲལ་དགའ་བཞིའི་ནང་ཚན་གྱི། །གསུམ་པ་ཡིན་ནམ་དེ་ལས་གཞན་ཉིད་དུ། །འཆད་པ་རྒྱུད་ཀྱི་དགོངས་པ་ཇི་ལྟར་ལགས། །ཞེས་པའི་ལན་ནི། སྐབས་དེའི་དགའ་བྲལ་དགའ་བཞིའི་དགའ་བྲལ་དུ། །འཆད་པའི་རྒྱ་བོད་མང་ཡང་དེ་ལྟ་མིན། །ཐིག་ལེ་ལྷུང་བའི་དགའ་བྲལ་དེའི་མངོན་དུ། །ལྷན་སྐྱེས་ཡེ་ཤེས་སྐྱེ་བ་རྒྱུད་ཀྱི་དོན། །དེ་སྐབས་ཀྱི་དགའ་བྲལ་དེ་དགའ་བཞིའི་དགའ་བྲལ་དུ་བསམ་ནས་ལྷན་སྐྱེས་དགའ་བ་གསུམ་པར་འཆད་པ་ཡང་དེས་འཁྲུལ་གཞི་བྱས་པར་སྣང་མོད། ཡེ་ཤེས་སྙིང་པོའི་རྒྱུད་ལས། དགའ་བྲལ་དེ་ལ་ཐིག་ལེ་ཕྱིར་ལྷུང་བའི་དགའ་བྲལ་གཅིག་དང་། དགའ་བྲལ་དགའ་བ་གཉིས་སུ་བྱས་ནས་གཞུང་དེའི་དོན། དགའ་བ་གསུམ་ལས་མཆོག་ཏུ་གྱུར་པའི་མཐར་ཐུག་ལྷན་སྐྱེས་དེ། ཐིག་ལེ་ཕྱིར་ལྷུང་བའི་དགའ་བྲལ་གྱི་དང་པོ་དེ། ཐིག་ལེ་ཕྱིར་མ་ལྷུང་བའི་དུས་སུ་སྐྱེས་ཞེས་པ་ལ་བཤད་གདོག་པས། དེ་ལ་ཐུགས་ཡིད་ཆེས་པར་མཛོད་ཅིག །དེ་འདྲ་མེད་དམ་སྙམ་ན། རྒྱུད་དེ་ཉིད་ལས། ཀྱེ་བཅོམ་ལྡན་འདས་དགའ་བྲལ་གྱི་དགའ་བ་དང་དགའ་བ་ལ་ཁྱད་པར་ཅི་ལགས། བཅོམ་ལྡན་འདས་ཀྱིས་བཀའ་བསྩལ་པ། །དགའ་མོ་ཁྱོད་ཅིའི་ཕྱིར་དེ་སྐད་ཅེས་སྨྲ། དགའ་བྲལ་གྱི་དགའ་བ་དང་དགའ་བྲལ་གཉིས་ལ་ཁྱད་པར་ཆེན་པོ་ཡོད་པར་བརྗོད་པར་བྱའོ། །གང་ཞིག་དགའ་བྲལ་གྱི་དགའ་བདེ་ཞུ་བ་གནས་པ་སྟེ་འཕོ་བ་ལ་སོགས་པ་དང་བྲལ་བའོ། །གང་ཞིག་དགའ་བྲལ་དེ་ནི་

དགའ་བ་དང་བྲལ་བ་ཞུ་བ་འཕོ་ཞིང་འཛིག་པའོ། །དགའ་བྲལ་གྱི་དགའ་བ་ནི་ཞུ་བ་གནས་པ་སྟེ། འཕོ་བ་ལ་སོགས་པ་དང་བྲལ་བའི་ཕྱིར་རང་གིས་ཉམས་སུ་མྱོང་བའི་ངོ་བོའོ། །ཞེས་སོགས་གསལ་བར་བཤད་སྲས་དེ་གཉིས་ཀྱི་ཁྱད་པར་མ་ཕྱེད་པས་པཎ་གྲུབ་འགའ་རེ་ལའང་ཐུགས་འཚལ་རེ་ཐུབ་བྱུང་བར་སྣང་ཅིང་། དེའི་འགྲེལ་ལས་བཅོམ་ལྡན་འདས་མ་ལས་གསོལ་པ་དེ་ལྟ་བུའི་ལྷན་སྐྱེས་པའི་དགའ་བ་གང་ལས་སྐྱེད། བཅོམ་ལྡན་འདས་ཀྱིས་བཀའ་བསྩལ་པ། དགའ་བྲལ་གྱི་དགའ་བ་ཉམས་སུ་མྱོང་བ་ལས་སྐྱེད་དེ། དེ་བཞིན་དུ་བསམ་གཏན་ལ་སོགས་པས་མ་ཡིན་ནོ། །ཞེས་གསལ་བར་བཤད་པས། དགའ་བྲལ་གྱི་དགའ་བ་དང་དགའ་བྲལ་ལ་ཁྱད་པར་ཆེ་བས་དེ་གཉིས་གཅིག་ཏུ་འཁྲུལ་བ་ལ་བརྟེན། ལྷན་སྐྱེས་དགའ་བ་གསུམ་པར་འཆད་པ་རྣམས་ཐུགས་གཟུ་བོར་གནས་པས་མཁྱེན་པར་མཛོད་ཅིག །འོན་ཀྱང་དེའི་འགྲེལ་ལས་རྒྱུ་ལས་གསལ་བའི་རྒྱུ་དང་འབྱུང་བའི་རྒྱུ་གཉིས་སུ་ཕྱེ། དེ་བཞིན་འབྲས་བུ་ལ་ཡང་གཉིས་སུ་ཕྱེས་ནས་དགའ་བ་ལས་མཆོག་དགའ་འབྱུང་བ་དེ་འབྱུང་བའི་རྒྱུ་འབྲས་དང་། དགའ་བྲལ་གྱི་དགའ་བ་ལས་ལྷན་སྐྱེས་འབྱུང་བ་དེ་གསལ་བའི་རྒྱུ་འབྲས་ཙམ་ཡིན་ཞེས་བཤད་པས། ལྷན་སྐྱེས་ཡེ་ཤེས་དེ་རྟག་བརྟན་ཐེག་ཟུག་མཚན་ཉིད་པ་ཡིན་ནམ་སྙམ་དུ་འཁྲུལ་བར་མི་བྱ་སྟེ། ཡེ་ཤེས་རྟག་པར་འདོད་པ་ནི། འཕགས་པ་ཀླུ་སྒྲུབ་ཀྱིས་རྟག་པའི་མཐར་ལྟུང་བར་བཤད་པས་མཐའ་བྲལ་ལྟ་བ་སྐྱེ་བའི་གེགས་ཡིན་པའི་ཕྱིར་རོ། །རྒྱུད་སྤྱི་མ་དེའི་དོན་ནི། ཡུལ་ཅན་རང་བཞིན་ལྷན་སྐྱེས་ཀྱི་ཡེ་ཤེས་དེ་ལུས་ལ་ཡེ་ཤེས་ཆེན་པོ་གནས་ཞེས་པའི་སེམས་རང་བཞིན་གྱིས་འོད་གསལ་བ་དེའི་རྒྱུན་གློ་བུར་གྱི་དྲི་མས་སྒྲིབ་གཡོགས་ཅུང་ཟད་གསལ་བའི་ཆ་ལ་ལྷན་སྐྱེས་བཞི་པར་བཞག་པ་ཙམ་ཡིན་པས། དེ་ལྟ་བུ་ནི་ཐོགས་མ་མེད་པ་ནས་ཡོད་པའི་སེམས་ཀྱི་རྒྱུན་ཡིན་གྱི། དགའ་བྲལ་གྱི་དགའ་བ་ལ་བརྟེན་ནས་གསར་དུ་སྐྱེས་པ་མ་ཡིན་པས་གསལ་བའི་རྒྱུ་ཡིན་གྱི་འབྱུང་བའི་རྒྱུ་མ་ཡིན་ཞེས་པའི་སྙིང་པོ་དེ་ཡིན་ཏེ། རང་བཞིན་ལྷན་སྐྱེས་ཀྱི་ཡེ་ཤེས་དེ་ལུས་གནས་ལུས་ལས་མ་སྐྱེས་པའོ། ཞེས་བཤད་དེ་ལུས་ལས་མ་སྐྱེས་པར་པའི་སྙིང་པོ་དེ་ཡིན་པས་སོ། །སྤྲུལ་སྐུ་པདྨ་དཀར་པོས་བརྟག་གཉིས་ཊཱི་ཀཱར་རྒྱུད་འདི་ཚད་མར་མཛད་བཞིན་དུ་ཕྱིས་རང་གི་གྲུབ་མཐའ་དང་འགལ་བར་དགོངས་ནས་མཆན་བུའི་དྲི་ལན་དུ། འདི་དང་ར་ལི་སོགས་ཚད་མར་མི་བྱེད་པ་ལ། ཞེས་གནས་དབྱུང་མཛད་པ་ནི་མཁས་པ་ཆེན་པོ་ཐུགས་མི་གསལ་བར་ངེས་སོ། །

ཡང་དྲི་བར། རྣལ་འབྱོར་བླ་ན་མེད་པའི་གྲོལ་བ་ནི། །ངེས་པར་དབང་བཞིའི་གོ་རིམ་ལ་ལྟོས་ན། །བྱིན་དབབ་ཡེ་ཤེས་རྡོ་རྗེ་ཕེབས་པའི་ཚེ། །གྲོལ་བར་བཤད་པ་འདི་ཉིད་ཇི་ལྟར་ལགས། །ཞེས་པའི་ལན་ནི། གང་ཟག་དབང་རབ་སྨྱངས་པའི་གོང་དུ་དབང་ཐོབ་མ་ཉམས་པ་ཡིན་པས་ལས་འགྲོ་ཅན། །བྱིན་དབབ་ཚེ་དེ་སྐར་དུ་དབང་ཐོབ་ཟིན་པ་

ཡིན་པས་ན་གྲོལ་ལ་འགལ་བ་མཐོང་ལམ་སྐྱེས་པ་ལ་མེད། །འཕར་གཡོ་ངག་གི་ཙ་ཙོ་འར་འུར་ལ། །གྲོལ་བ་ཡིན་སྙམ་གཞན་དག་མ་འཁྲུལ་ཅིག །

ཡང་དྲི་བར། བརྟག་པ་གཉིས་པར་དཀའ་བཞི་འཆད་པའི་སྐབས། །གྲོས་ནི་རྣམ་པར་ཉེད་པར་བརྗོད་ཅེས་པའི། །གྲོས་ཀྱི་དོན་ནི་གང་ལ་མཛད་པ་ཡིན། །སྐད་དོད་ལ་དཔྱད་ཕྱུལ་བྱུང་གཏམ་མཆིས་སམ། །ཞེས་པའི་ལན་ནི། སྐད་དོད་ལ་སོགས་ལེགས་སྦྱར་གཏམ་རྣམས་ལ། །ཕྱུལ་ཕྱིན་གང་གི་ཞལ་གྱི་པདྨོ་ལས། །འཕྲོས་པ་དེ་ལ་ཡིད་ཆེས་ཁོ་བོ་ལ། །ལུང་རིགས་ཀྱིས་གྲངས་ངེས་པ་མ་མཆིས་སོ། །

ཡང་དྲི་བ་ལས། སློབ་དཔོན་དང་ནི་གསང་བ་ཤེས་རབ་དབང་། །བཞི་པ་དེ་ཡང་དེ་བཞིན་ཞེས་པ་ཡི། །བཞིན་སྒྲས་གསུམ་པ་དཔེ་དང་བཞི་པ་ཉིད། །དཔེ་ཅན་དུ་སྦྱར་འཆད་དམ་གཞན་པ་ཅི། །ཞེས་པའི་ལན་ནི། དེ་གཉིས་དཔེ་དང་དཔེ་ཅན་འབྲེལ་མ་མཐོང་། །གསུམ་པ་བཤད་ནས་བཞི་པ་དེ་བཞིན་ཞེས། །དམིགས་བསལ་བཀག་པ་སྟེད་པའི་ཚིག་ཏུ་སྣང་། །སྒྲས་དོན་གསལ་བར་འཆད་ལ་སུ་ཞིག་དབང་། །

ཡང་དྲི་བ་ལས། རྐྱང་མ་བླ་བའི་རྩ་སྟེ་ཐབས་ཉིད་དང་། །རོ་མ་ཉི་མ་ཤེས་རབ་ཡིན་པ་ལ། །རྐྱང་མ་ཤེས་རབ་རོ་མ་ཐབས་སུ་བཞག །འདིའི་དགོངས་པ་འཆད་ན་ཇི་ལྟར་ལགས། །ཞེས་པའི་ལན་ནི། རོ་རྐྱང་ཐབས་ཤེས་ཉམས་ལེན་བྱེད་པའི་ཚེ། །རོ་མར་གཏུམ་མོའི་མེ་ཆེན་སྦར་བ་དེ། །རྐྱང་མའི་བྱང་སེམས་བཞུ་བའི་ཐབས་ཡིན་པས་ན་རོ་ལ་ཐབས། །དེ་ལས་བདེ་སྟོང་ཤེས་རབ་སྐྱེ་བའི་ཕྱིར་ན་རྐྱང་མ་ཤེས་པ་དོན། །

ཡང་དྲི་བ་ལས། རྐྱང་མ་མི་བསྐྱོད་འབབ་ཅེས་གསུངས་པ་དང་། །དུས་ཀྱི་འཁོར་ལོ་ཉི་མས་གཅི་བ་འབབ། །འདི་གཉིས་འགལ་མེད་འཆད་ན་ཇི་ལྟར་བགྱི། །འགལ་བ་མེད་དེ་དཔྱད་གསུམ་དག་པའི་ལུང་། །ཞེས་པའི་ལན་ནི། རྡོ་རྗེ་ལུས་ཀྱི་གནས་ལུགས་ཐ་དད་པས། །རྒྱུད་སྡེ་སོ་སོར་བཤད་ཚུལ་མི་འདྲ་ལ། །འགལ་བར་མི་བཟུང་གང་བཤད་དེ་དེ་བདེན། །རྟོགས་སངས་རྒྱས་དེས་གསལ་བར་གཟིགས་ཕྱིར་རོ། །

ཡང་དྲི་བ་ལས། ནུ་མ་སྦྱངས་པ་པོ་ལར་འགྱུར་སོགས་ཀྱི། །འཚང་རྒྱའི་དངོས་རྟེན་སྐྱེས་པ་ཉིད་ངེས་ན། །ཡོངས་སུ་དག་པའི་རིག་མ་བདག་ཉིད་དང་། །དུས་གཅིག་གྲོལ་བར་བཤད་འདི་ཇི་ལྟར་ལགས། །ཞེས་པའི་ལན་ནི། འཚང་རྒྱའི་དངོས་རྟེན་སྐྱེས་པ་ཁོ་ན་མིན། །ཐབས་ཤེས་གཉིས་ཀ་དུས་གཅིག་གྲོལ་ཕྱིར་རོ། །འོན་ཀྱང་ལམ་ལ་སློབ་ཚེ་བུད་མེད་ཀྱང་། །སྐྱེས་པར་བསྒྱུར་ནས་ཕྱག་རྒྱ་བརྟེན་ན་ཡང་འཚང་རྒྱ་བ་ལ་རྟེན་ཕྱག་རྒྱ་ངེས་པར་དགོས་པའང་མ་ཡིན་ཏེ། འཁོར་ཆོམ་བུ་གཅིག་དང་བཅས་འཚང་རྒྱ་བའི་ཕྱིར་ཏེ། ཆོམ་བུ་གཞན་རྣམས་ལ་དེ་ལྟར་མི་དགོས་པའི་ཕྱིར། སྤྱིར་བཏང་དམིགས་བསལ་གྱིས་གནད་ཤེས་དགོས་སོ་བཟང་། །

ཡང་དྲི་བ་ལས། ཡེ་ཤེས་གྲུབ་པའི་ཚིག་གི་ནུས་པ་ལ། །དཔྱད་ན་ཐུགས་རྗེའི་བདག་ཉིད་དྲིན་ཅན་གྱིས། ། ཞེས་སོགས་ཀྱི་ལན་གོང་དུ་རྒྱས་པར་བཤད་ཟིན་པ་དེས་འཐུས། ཡེ་གྲུབ་ཡེ་ཤེས་གྲུབ་པའི་ལུང་ལ་རྟོག་དཔྱོད་ཙམ་ཡང་མ་ཞུགས་པར་བྱིན་རླབས་སློབ་བྱེད་ཡིན་གསུངས་པ་ནི། མི་ལེགས་ཏེ་དབང་བྱིན་རླབས་རྗེས་གནང་གསུམ་ལ་ཁྱད་ཕྱེད་ཅིང་དབང་ལ་ཡང་སློབ་བྱེད་དབང་དང་། ལམ་དབང་རྒྱུ་དབང་ལམ་བྱེད་ཀྱི་དབང་སོགས་ལ་རྣམ་དབྱེ་ཞིབ་ཏུ་ཆགས་དགོས་པས་སོ་ལ་སོགས་བསྟན་བཅོས་བཀའ་རྣམས་ལ། །རྣམ་དཔྱོད་དག་པའི་དཔྱད་པ་ལ་ཞུགས་པར། །ཕྱོགས་རེའི་མིག་གིས་ཧབ་འགྲོས་སྤྲད་ཚོད་ལ། །ཕློ་རྩེ་གཏད་ན་རེ་སར་བསླུ་བ་མང་། །

ཡང་དྲི་བ་ལས། ཏཱོད་པ་དག་པ་སློབ་དཔོན་སོགས་ཀྱི་དོན། །འདོད་ཁམས་ཆགས་རིགས་དག་པ་ལ་སྦྱོར་ན། །ལྷ་བའི་སྟོན་དུ་ཏཱོད་པ་འབྱུང་བ་ཅི། །ལྷ་ཏཱོད་ཕྲ་དང་རགས་པ་མ་ལགས་སམ། །ཞེས་པའི་ལན་ནི། འདོད་ཁམས་ཆགས་རིགས་བཞི་དང་སྦྱོར་མོད་ཀྱི། །རྒྱུད་ཏཱོད་པ་དག་ལ་སློབ་དཔོན་དབང་ཚིག་དགུགས་ཡིན་པ་ཡིན་ཏེ་རྒྱུད་ལ་རང་འགར་འཇུག་པ་དགག་པའི་ཕྱིར་རོ་ཞེས་གསུངས་དེ་ཉིད་འཆད་པའི་ཚེ། །འདོད་ཁམས་ཆགས་པ་ཕྲ་དང་རགས་པ་བཞིན། །ལྷ་ཏཱོད་གོ་རིམ་སྦྱོར་ནས་འཆད་པ་ལགས། །

ཡང་དྲི་བ་ལས། རྒྱ་དཔེར་མོ་ཀླ་དམ་ཞེས་བྱ་བ་སྣང་། །དེ་ཉིད་ཐར་པ་སྨིན་པ་ཞེས་པར་འགྱུར། །དེས་མཐར་ཕྱིན་པ་ཞེས་པ་ཇི་ལྟར་འཐད། །ཡང་ན་སྐད་དོད་མི་འདྲའི་དབང་ཡིན་ནམ། །ཞེས་པའི་ལན་ནི། དེ་ཉིད་འགྱུར་གྱི་བྱེ་བྲག་ཡིན་མོད་ཀྱི། །ཐར་པ་སྨིན་དང་མཐར་ཕྱིན་ཁྱད་པར་མེད། །མཐར་ཕྱིན་སངས་རྒྱས་སྨིན་པ་ཡིན་ཕྱིར་རོ། །རྒྱ་དཔེ་ལ་སྨྱུར་འཆད་དེ་མཁས་པ་ཡིན། །ཡང་དྲི་བ་ལས། ལུས་ལ་ཡེ་ཤེས་ཆེན་པོ་གནས་ཞེས་པས། །ལུས་ཉིད་རྟེན་དང་ཡེ་ཤེས་བརྟེན་པར་གསུངས། །དུས་འཁོར་རྒྱུད་བླར་དེ་ལས་ཟློག་ཏེ་བཤད། །དེ་དག་དགོངས་གཞི་སོ་སོར་འཆད་ན་ཅི། །ཞེས་པའི་ལན་ནི། རྟེན་དང་བརྟེན་པར་དུས་མཉམ་དགོས། །རྒྱུ་འབྲས་གཉིས་ལ་སྔ་ཕྱི་ཞེས། །རིགས་གཞུང་ལུགས་ཡིན་དེའི་ཚེ། །སྐྱེ་ཚེ་སེམས་རྟེན་ལུས་ནི་བརྟེན་པ་ཡིན། ། གནས་ཚེ་ལུས་ནི་རྟེན་ཡིན་སེམས་བརྟེན་པ། །གསང་སྔགས་ཚུལ་ཡིན་རྒྱུད་བླ་ནས་བཤད་པ། །རྒྱུ་ལ་རྟེན་དང་འབྲས་བུ་བརྟེན་པ་ཞེས། །རྒྱུ་འབྲས་གཉིས་ལ་རྟེན་དང་བརྟེན་པར་བཏགས། །དེ་ཡང་སྤྱིར་རྟེན་དང་བརྟེན་པ་ལ་དུས་མཉམ་ཡིན་པ་ཞིག་དགོས། རྒྱུ་དང་འབྲས་བུ་སྔ་ཕྱི་ཡིན་པ་ཞིག་དགོས་པ་རིགས་པའི་གཞུང་ལུགས་སོགས་སྤྱི་པའི་ལུགས་ཡིན་པས། རྒྱུ་འབྲས་གཉིས་ལ་རྟེན་དང་བརྟེན་པ་འཇོག་པ་ཙང་མི་མཛེས། འོན་ཀྱང་འགལ་བ་ཆེར་མེད། དེའི་ཚེ་ཡང་། གསང་སྔགས་ལུགས་ལ་སྐྱེ་བའི་ཚེ་སེམས་རྟེན་ལུས་བརྟེན་པ་ཡིན་ཞེས་པ་ནི། སེམས་ཀྱི་ལུས་དབང་དུ་བྱས་པས་ལས། དེ་དུས་སེམས་གཙོ་ཆེ་བའི་གནད་ཀྱིས་ཡིན། གནས་པའི་ཚེ་ལུས་ལ་ཡེ་ཤེས་ཆེན་པོ་

གནས་ཞེས་པ་ལྟ་བུ། ལུས་རྟེན་དང་སེམས་བརྟེན་པར་བཤད་པ་ནི་དེའི་དུས་ལུས་གཙོ་ཆེ་བའི་གནད་ཀྱིས་ཡིན་ནོ། །དེ་ལྟར་ཡང་ཕྱག་ཆེན་ཐིག་ལེ་ལས། འབྱུང་བ་ཆེན་པོ་བཞི་པོ་ནི། །སྲོག་གི་རྟེན་དུ་ཤེས་པར་བྱ། །ཡང་ན་སྲོག་ནི་དེ་ལྟར་རྟེན། །ལེགས་སྐྱེས་དབང་མོས་ཤེས་པར་གྱིས། །ཞེས་པའི་འགྲོས་ཀྱིས་ཤེས་པ་ཡིན་ནོ། །རྒྱུད་བླ་མ་ལས། ས་ནི་ཆུ་ལ་ཆུ་རླུང་ལ། །ཞེས་སོགས་ནི། རྒྱུ་ལ་རྟེན་དང་འབྲས་བུ་ལ་བརྟེན་པར་བཞག་པ་གཙོ་ཆེ་བར་སྣང་སྟེ། ནམ་མཁའ་ལ་རླུང་ཆགས། རླུང་ལ་ཆུ་ཆགས། ཆུ་ལ་ས་ཆགས། ཞེས་པ། འབྱུང་བ་ཞེས་བྱས་ཀྱང་འབྱུང་འགྱུར་ལ་འབྱུང་བ་ཞེས་མིང་བཏགས་པར་མངོན་ཏེ། དེ་ལྟ་བུའི་རླུང་སོགས་རྟེན་དཀྱིལ་འཁོར་ལ་འབྱུང་བ་བཞི་ཆར་ཚང་དགོས་པས་རླུང་གཙོ་ཆེ་བ་ལ་རླུང་ཞེས་བཏགས་པ་ཡིན་ནོ་འབྱུང་བ་རྒྱུ་འབྲས་ཀྱི་རིམ་པ་ཡིན། ནམ་མཁའ་ལ་རྟེན་ནམ་རྒྱུ་མེད། དེ་བཞིན་དུ་ཟག་བཅས་རྣམ་སྨིན་གྱི་ཕུང་པོ་འདི་རྒྱུ་ལས་དང་ཉོན་མོངས་པ་ལ་བརྟེན། འབྲས་བུ་ལས་ཉོན་གཉིས་རྒྱུ་ཚུལ་བཞིན་མ་ཡིན་པའི་ཡིད་བྱེད་ཀྱི་རྣམ་པར་རྟོག་པ་ལ་གནས། འབྲས་བུ་རྣམ་རྟོག་དེ་སེམས་ཀྱི་དག་པ་སྟེ་སེམས་ཀྱི་རང་བཞིན་འོད་གསལ་བ་ཡེ་ཤེས་ཆེན་པོ་ལ་གནས། ཡེ་ཤེས་ཆེན་པོ་དེ་ནི་ཐོག་མ་མེད་པ་ནས་རྒྱུན་མ་ཆད་པས་གསར་དུ་སྐྱེད་བྱེད་ཀྱི་རྒྱུ་གཞན་མེད་པའི་ཕྱིར་ནམ་མཁའ་བཞིན་དུ་གང་ལ་ཡང་གནས་པ་མེད་དོ། །རྟག་པར་མིང་བཏགས་པ་ཡོད་ཀྱང་རྟག་པ་དངོས་སུ་འགྲུབ་ཅིག །རྟག་པ་དམ་པ་སོགས་ཀྱང་དེ་དང་འདྲ། དུས་ཀྱི་འཁོར་ལོ་འདི་ཡང་དེ་དང་ཆ་འདྲ་བ་ཞིག་ཡིན་པ་སྙམ་མོ། །

ལྕེ་རིག་གདོང་པད་བཞི་པའི་བཀའ་ཡིས་མངགས། །དག་བྱེད་ཁྲུས་ཀྱི་ལྷ་མོ་ཙོ་ལང་མ། །རིག་འཛིན་ལྷ་ལམ་ལས་འོང་གླུ་ཡིས་བྲེལ། །རྣམ་གཡེང་མགྲིན་སྔོན་རལ་པ་བཙོན་དུ་བཟུང་། །ཧཱུྃ་གི་ར་ཐས་ཞུ་འབོད་སྙན་རྩེར་བས། །དཔྱོད་ལྡན་ཛ་ཧུ་སེམས་འཁྲུགས་རུབ་ཀྱིས་འཐུང་། །སྐལ་བཟང་སར་ཐིམ་བླུན་རྨོངས་དུག་ཅན་བུས། །དྲི་བཀྲུས་བདེ་ཆེན་ཐང་ན་སྐྱིད་དོ་ལོ། །དེ་ལྟར་སྟུགས་འཆང་སྒྲ་རིག་པ་ཆེན་པོ་གཡས་རུ་བྱང་གི་འབྲས་སྤུངས་ལོ་ཙཱ་བ་འགྱུར་མེད་མཚན་ཅན་གྱིས་དོགས་པའི་གནས་ཕྲ་རགས་མང་པོ་ལ་དྲི་བའི་ཚིགས་སུ་བཅད་པ་ལེགས་བཤད་འདྲེན་པའི་ཤིང་རྟ་ཞེས་བྱ་བ་ཞིག་གནང་བྱུང་བ་ལ། མགོ་ཁག་ཆེ་བ་རྣམས་དྲི་ལན་ཕུལ་ཟིན། འཕྲོ་རྣམས་རང་ཕར་འགྲོ་ཚུར་འགྲོ་དང་ཆོས་འཆད་སོགས་ཀྱིས་གཡེང་ནས་ད་བར་མ་གྲུབ་པ་ལ་ཉེ་ལོགས་ན་གནས་པ་འགགས་བསྐུལ་ནས། དྲི་ལན་དུས་ཀྱི་ཕོ་ཉ་མོ་ཞེས་བྱ་བ་ལན་གྱི་ནོར་བུའི་ཕྲེང་བ་ལག་ཏུ་ཐོགས་ཏེ་ཤིང་རྟ་ལ་ཞོན་ནས། ཤིང་ཕོ་རྟའི་ལོ་ཟླ་བ་ལྔ་པའི་དཀར་ཕྱོགས་དགའ་བ་དང་པོའི་ཚེས་ལ། སློབ་བཤད་ནོར་བུའི་གླིང་གི་སྙིང་ཚལ་ནས་མགྱོགས་པར་སོང་བ་དགེ་ཞིང་བཀྲ་ཤིས། དོགས་དཔྱོད་སྨུ་ཏིག་དོ་ཤལ་སེ་མོ་དོའི། །དྲི་ཚིག་དར་གྱི་སྲད་བུ་ལ་བརྒྱུས་པ། །དྲི་ལྡན་རྟོག་དཔྱོད་དུས་ཀྱི་ཕོ་ཉ་མོའི། །མགྲིན་པར་འཆང་བཞིན་ནོར་བུ

གླིང་ནས་སོ། །འདི་བཞེད་རྣམ་དཔྱོད་མགྲིན་པའི་བརྒྱན། །དེ་མིན་མཁའ་ལ་ཐོ་རེ་སྤྱོགས། །ཁ་སྐོང་སྐལ་བཟང་སྐར་ཕྲན་རྒྱན་དུ་མཛེས། །ཆོས་ལུང་རིགས་བསྟན་པའི་དཔལ་དུ་ཆེ། །ཞེས་ན་གཙྫུ་ན་སག་རས་སོ། །མདྒ་ལཾ། །(གཞན་ཡང་འདི་ལ་མ་དཔེ་མི་འདྲ་བ་གཉིས་ཙམ་མཆིས་མོད། ནང་དོན་ལ་ཁྱད་པར་ཆེན་པོ་རང་མི་འདུག་དེས་ན་དཔེ་གཅིག་ལ་སོར་བཞག་བྱས་ཤིང་འབྲུ་མི་གསལ་བ་དང་ཚིག་དོགས་ཅན་རྣམས་ལ་དཔེ་གཉིས་བསྡུར་ཞིབ་བྱས་ཡོད་མོད་ད་དུང་ལྷག་ཆད་ནོར་འཁྲུལ་ཡོད་སྲིད་པས་དཔྱད་ལྡན་རྣམས་ཀྱིས་ཞིབ་གཟིགས་གནང་བར་ཞུ་ཞེས་རྩོམ་སྒྲིག་པས།)

༄༅། །སོ་སོ་ཐར་པའི་སྐབས་སྐྱེ་སྐབས་དང་པོའི་བསྡུས་དོན་བདུད་རྩིའི་ཐིགས་པ་འདི་ན་བཞུགས་པ་དགེ།

མང་ཐོས་ཀླུ་སྒྲུབ་རྒྱ་མཚོ།

བསྟན་པའི་གཞི་མ་སེར་སྡོམ་གནད། །འཁྲུལ་མེད་སྟོན་པའི་ཐུགས་རྗེ་ཅན། །འཇམ་དབྱངས་བླ་མ་དེར་ཕྱག་འཚལ། །སོར་སྡོམ་བསྡུས་དོན་འདི་ལྟར་འཆད། །ཅེས་བརྗོད་ནས། བསྟན་པའི་གཞི་མ་སོ་ཐར་སྡོམ་པ་ལ་འཁྲུལ་པ་འགོག་པའི་སྐབས་དང་པོ་འཆད་པ་ལ། ཕྱི་སྡོམ་དྲུག་སྐྱེ་རྒྱ་བ་སྡོམ་པའི་གནད་ལ་འཁྲུལ་པ་དགག །སྙིང་པོ་གཞིའི་གནད་ལ་འཁྲུལ་པ་དགག །ཉམས་ལེན་ལས་ཀྱི་གནད་ལ་འཁྲུལ་པ་དགག །མཐར་ཐུག་འབྲས་བུའི་གནད་ལ་འཁྲུལ་པ་དགག །སྤྱང་བྱ་ལྟུང་བའི་གནད་ལ་དགག །ལག་ལེན་སྤྱོད་པའི་གནད་ལ་འཁྲུལ་པ་དགག་པའོ། །དང་པོ་ལ་གཉིས། ཉན་ཐོས་སོ་ཐར་བཤད་དེ་གཞན་གྱི་འཁྲུལ་པ་དགག །ཐེག་ཆེན་སོ་ཐར་བཤད་དེ་རང་ལུགས་འཁྲུལ་མེད་སྒྲུབ་པའོ། །དང་པོ་ལ་གཉིས། སོ་ཐར་རིས་བདུན་ལག་ལེན་འཁྲུལ་པ་དགག །བསྙེན་གནས་སྡོམ་པའི་ལག་ལེན་འཁྲུལ་པ་དགག་པའོ། །དང་པོ་ལ་གསུམ། འཁྲུལ་མེད་རྣམ་གཞག་ཉན་ཐོས་གཞུང་ལྟར་བཤད། །དགག་ཁ་ཅིག་ཇི་སྲིད་འཚོའི་བྱའི་གཙོ་བོ་གཞན་གྱི་འཁྲུལ་པ་བརྗོད། འགོག་བྱེད་ལུང་འདི་འདྲ་སངས་རྒྱས་དགོངས་པ་མིན་དང་རིགས་པ་རྣམ་བདུན་བསྟན་པའོ། །དང་པོ་ལ་གཉིས། བསྒྲུབ་བྱའི་ཚུལ་གྱི་རྣམ་གཞག་བསྡུས་ཏེ་བསྟན། སྒྲུབ་བྱེད་ཚུལ་གྱི་རྣམ་གཞག་རྒྱས་པར་བཤད་པའོ། །

དང་པོ་ལ་གཉིས། སྐབས་སོ་སོར་ཐར་པའི་སྡོམ་པ་ལ་དོན་སོ་ཐར་ཇི་སྲིད་འཚོ་བར་སྒྲུབ། འཕྲོས་དོན་བྱང་ཆུབ་སེམས་དཔའི་སྡོམ་པ་རྣམས་བྱང་སྡོམ་བྱང་ཆུབ་སྙིང་པོར་སྒྲུབ་པའོ། །གཉིས་པ་ལ་གཉིས། དང་པོའི་སྒྲུབ་བྱེད་དེ་དག་གི་ནི་རྒྱུ་མཚན་ཡང་ལུང་རིགས་སོ་སོར་བཤད། གཉིས་པའི་སྒྲུབ་བྱེད་ལུང་བྱང་ཆུབ་སེམས་དཔའི་སྡོམ་པ་ནི་རིགས་སོ་སོར་བཤད་པའོ། །གཉིས་པ་ལ་གཉིས། གྲུབ་མཐའ་སོ་སོའི་བསྙེན་གནས་སོ་སོར་བཤད། །གཞན་གྱི་ལག་ལེན་འཁྲུལ་པ་སོ་སོར་དགག་པའོ། །དང་པོ་ལ་གསུམ། བྱེ་སྨྲའི་བསྙེན་བྱེ་བྲག་སྨྲ་བའི་བསྙེན་གནས་ཀྱང་གནས་འདུལ་བའི་གཞུང་བཞིན་བཤད། མདོ་སྡེའི་བསྙེན་མདོ་སྡེ་པ་རྣམས་དུད་འགྲོ་སོགས་གནས་མདོ་སྡེའི་གཞུང་བཞིན་བཤད། ཐེག་ཆེན་དོན་ཡོད་ཞགས་པའི་སྟོན་པ་ལས་བསྙེན་གནས་ཐེག་ཆེན་གཞུང་བཞིན་བཤད་པའོ། །གཉིས་

པ་ལ་གསུམ། ཐ་མར་བསྙེན་གནས་ལ་ལ་བསྙེན་གནས་བསྲུངས་པ་ཡི་འབྲུལ་བའི་ལག་ལེན་དགག །བར་དུ་བསྙེན་གནས་འཚོལ་ལ་ལ་བསྙེན་གནས་འཚོལ་བ་ཐོས་བའི་ལག་ལེན་དགག །དང་པོར་བསྙེན་གནས་ཁ་ཅིག་བསྙེན་གནས་འབོགས་པའི་ཆོ་ལྒ་སྒྲོམ་ལག་ལེན་དགག་པའོ། །གཉིས་པ་ལ་གསུམ། དང་པོར་ཐོབ་བྱེད་ཆོ་ག་འཁྲུལ་མེད་སྒྲུབ། བར་དུ་སྲུང་དེ་ནས་བྱང་ཆུབ་སེམས་དཔའ་ཡི་ཚུལ་བསླབ་བྱ་འཁྲུལ་མེད་སྒྲུབ། ཐ་མར་གཏོང་རྒྱུས་གཏོང་ཚུལ་ཐེག་ཆེན་སོ་སོར་ཐར་ཡིན་ཡང་འཁྲུལ་མེད་སྒྲུབ་པའོ། །དང་པོ་ལ་གཉིས། ཐུན་མོང་མིན་པའི་ཐེག་པ་ཆེན་པོ་ལས་བྱུང་བའི་ཆོ་གའི་རྣམ་གྲངས་བསྟན། ཐུན་མོང་ཆོ་གའི་ལག་ལེན་དེས་ན་ད་ལྟའི་ཆོ་ག་ནི་གནད་དུ་བསྟན་པའོ། །

༄ རྩ་བ་སྡེ་སྡོམ་གྱི་ས་བཅད་གཉིས་པ་དང་གསུམ་པ་གཉིས་ཕྱོགས་སྔའི་དབང་གི་ཐུན་མོང་དུ་འཆད་པ་ལ་གཅིག །ལས་ཀྱི་རྣམ་གཞག་དབྱེ་དེ་ནས་ལས་དང་རྣམ་སྨིན་གྱི་བ་གཞུང་བཞིན་བཤད། གནད་ལ་འཁྲུལ་པའི་ལོག་རྟོག་རྒྱས་པར་དགག་པའོ། །གཉིས་པ་ལ་གསུམ། གཞི་དང་ལས་ལ་འཁྲུལ་པ་ཐུན་མོང་དགག །གཞིའི་གནད་ལ་འཁྲུལ་མེད་རང་ལུགས་སྒྲུབ་དགག །ལས་ཀྱི་སྐད་ལ་འཁྲུལ་མེད་ས་ལུགས་སྒྲུབ་པའོ། །དང་པོ་ལ་གཉིས། ཆོས་ཉིད་བསྒོ་རྒྱུའི་དགེ་བར་འཁྲུལ་པ་དགག །ཁམས་གཞན་སྙིང་པོའི་དགེ་བར་འཁྲུལ་པ་དགག་པའོ། །དང་པོ་ལ་གཉིས། དགག་བྱའི་གཙོ་བོ་གཞན་གྱི་འཁྲུལ་མུ་སྟེགས་གྲངས་ཅན་པ་རྣམས་ནི་པ་བརྗོད། །འཁྲུལ་པ་འགོག་པའི་ལུང་རིགས་རྒྱས་པར་བཤད་པའོ། །གཉིས་པ་ལ་བཞི། ཐུན་མོང་ལུང་རིགས་སྤྱི་དང་འགལ་བས་དགག །ཁྱད་པར་བསྒོ་ལེའི་མདོ་དང་འགལ་བས་དགག །ཁྱེ་བྲག་ཐུན་མོང་མིན་པའི་རིགས་པས་དགག །ལག་ལེན་རང་ཚིག་སྔ་ཕྱི་འགལ་གཞན་ཡང་ཆོས་ཉིད་དེ་བཞིན་ཉིད། །བསྒོ་བའི་ཡུལ་དུ་བྱེད་པ་དང་བས་དགག་པའོ། །དང་པོ་ལ་གསུམ། ཐུན་མོང་ལུང་དང་འགལ་བ་རྒྱས་པར་བཤད། ཐུན་མོང་རིགས་པའི་གནོད་བྱེད་བསྡུས་ཏེ་བསྟན། ཞར་ལ་ལ་བྱིས་དང་སྙིང་རྗེ་སོགས་བྱུང་བྱམས་སོགས་གཤིས་དགེའི་ལོག་རྟོག་དགག་པའོ། །དང་པོ་ལ་བཞི། ལུང་དང་རིགས་པས་དགག་པར་བྱ། འགྱུར་མེད་སྟོན་པའི་ལུང་དང་འགལ་བས་དགག །དགེ་སྡིག་མེད་ཤེས་རབ་ཕ་རོལ་ཕྱིན་པ་ལས་པའི་ལུང་དང་འགལ་བས་དགག །ཞར་བྱུང་ཟུང་འཇུག་སྙིང་པོའི་ལོག་རྟོག་ཁ་ཅིག་བདེ་གཤེགས་སྙིང་པོའི་སྒྲ། །སྟོང་ཉིད་སྙིང་རྗེའི་སྙིང་པོ་འདོད། །དགག །འཕྲོད་དོན་མངོན་པའི་ལུང་དོན་གཏན་ལ་དབབ་པའོ། །བཞི་པ་ལ་གསུམ། དྲང་དོན་མངོན་པའི་མངོན་པའི་གཞུང་ལས་ཉན་ཐོས་རྣམས་ལུང་ལས་བཤད་ཚུལ་འགོད། །དཔེ་དང་སྦྱར་ཏེ་ལུང་གི་དེ་བཞིན་ཉིད་ལ་དགེ་བ་ཞེས་དགོངས་གཞི་བཤད། །དཔེ་དང་སྦྱར་ཏེ་དངོས་ལ་གཞན་ཡང་མངོན་པའི་གཞུང་རྣམས་ལས་གནོད་བྱེད་བསྟན་པའོ། །གཉིས་པ་ལ་གཉིས། མདོ་དང་འགལ་བའི་གནོད་བྱེད་རྣམ་གསུམ་བསྟན། འཁྲུལ་མེད་མེད་དོན་འཆད་ཚུལ་རྣམ་གསུམ་བཤད་པའོ། །དང་པོ་ལ་གསུམ། ཇི་སྙེད་དེས་ན་འགྲོ་བ་ཐམས་ཅད་ཀྱི། །

བྱས་པའི་དགེ་བ་ལ་དགོངས་ནས་སྒྲ་དང་འགལ་བ་རིགས་པས་བསྟན། ཡོད་པའི་སྒྲ་དང་འགལ་བ་ཆོས་དབྱིངས་ཡོད་པའང་མ་ཡིན་ཏེ་ལུང་གིས་བསྟན། འགྲོ་ཀུན་སྒྲ་དང་གཞན་ཡང་ཡོད་པའི་དགེ་བ་ནི་འགལ་བ་འདོད་པས་བསྟན་པའོ། །གཉིས་པ་ལ་ལྔ། སྤྱིར་བཏང་དམིགས་བསལ་དེས་ན་ལུང་དེའི་དགོངས་པ་ནི་གཉིས་ལ་སྦྱར་ཏེ་འཆད། བདག་གཞན་ཡང་ན་གཞན་གྱིས་བྱས་པ་ཡི་དགེ་བ་གཉིས་ལ་སྦྱར་ཏེ་འཆད། མདོར་བསྟན་རྒྱས་བཤད་གཉིས་ཡང་ན་མདོར་བསྟན་རྒྱས་བཤད་དོ་ལ་སྦྱར་ཏེ་འཆད། འཆད་ཚུལ་དཔེར་ན་འགྲོ་བ་ཀུན་གྱི་སྡིག་བཤགས་པའི་དཔེ་ཡིས་རིགས་པས་སྒྲུབ། འཆད་ཚུལ་རྡོ་རྗེ་རྒྱལ་མཚན་ཉིད་ལས་ཀྱང་ཡིད་ཆེས་བསྔོ་ལེའི་ལུང་གིས་བསྒྲུབ་པའོ། །གསུམ་པ་ལ་གཉིས། བསྔོ་བ་ཆོས་དབྱིངས་དགེ་བར་བྱས་ནས་ནི་དོན་མེད་ཐལ་བའི་རིགས་པས་དགག །བསྔོ་བ་དམིགས་བཅས་ཐལ་བའི་རིགས་པས་དགག་པའོ། །གཉིས་པ་ལ་བཞི། འབྲུལ་པ་གལ་ཏེ་ཆོས་ཉིད་དེ་བཞིན་ཉིད་གཞན་ཡང་ཁེགས་པའི་དགོས་པ་གསུངས། དམིགས་བཅས་ཉེས་མ་ཡིན་འདི་ལ་ཉེས་པ་མེད་པ་སྦྱལ་པའི་དཔེ་དང་སྦྱར། འཕྲོས་དོན་ཆོས་ཉིད་སྤྲོས་བྲལ་དང་ནས་ནི་མ་འབྲུལ་བློ་སྦྱོང་བསྔོ་བ་བཤད། སྐབས་དོན་དམིགས་བཅས་ཆོས་དབྱིངས་བསྔོ་རྒྱུར་བྱེད་པ་ནི་སྒྲུབ་བྱེད་དཔེ་ལུང་བཤད་པའོ། །གཉིས་པ་ལ་གསུམ། དགག་ལ་ལ་བདེ་གཤེགས་སྙིང་པོའི་སྒྲ་བྱའི་གཙོ་བོ་གཞན་གྱི་འབྲུལ་པ་བརྗོད་པ་འགོག་བྱེད་མུ་གསུམ་རིགས་པ་བཤད། འཕྲོས་དོན་གལ་ཏེ་བེམས་པོའི་ཆོས་ཀྱི་དབྱིངས་བེམས་རིག་ཆོས་དབྱིངས་ཤན་འབྱེད་དགག་པའོ། །གཉིས་པ་ལ་བཞི། མུ་གསུམ་རྣམ་པར་སེམས་ཅན་ཁམས་དེ་བརྟགས་པར་བྱ་བརྟགས་པའི་དྲི་བ་འགོད། དང་པོ་ལྟར་དངོས་པོ་ཡིན་ན་བེམས་པོ་དང་ན་རྣམ་པར་བརྟགས་པར་འབྲུལ་པ་སྣེ་དགག །གཉིས་པ་ལྟར་དངོས་མེད་ཡིན་ན་དོན་བྱེད་མེད་ན་དགེ་བར་འགལ་བས་དགག །གསུམ་པ་ལྟར་ན་ཁས་སླངས་འགལ་གལ་ཏེ་སེམས་ཅན་ཁམས་དངོས་དང་བས་དགག་པའོ། །གཉིས་པ་ལ་གཉིས། འབྲུལ་མེད་གནད་ཀྱི་གཙོ་བོ་ང་ཡིས་བཟུང་། འབྲུལ་གཞི་ལུང་གི་དགོངས་དོན་གཏན་ལ་དབབ་པའོ། །

དང་པོ་ལ་བཞི། མཐའ་བྲལ་དེས་ན་དེ་བཞིན་གཤེགས་པ་ཡི་སྙིང་པོ་གཞིའི་གནད་དུ་བསྟན། དོན་དེ་ཀླུ་སྒྲུབ་བྱམས་པའི་ལུང་འཕགས་པ་ཀླུ་སྒྲུབ་སྐྱོབས་ཉིད་ཀྱིས་གིས་བསྒྲུབ། ལུང་དོན་ཆོས་དེ་འབྲུལ་མེད་བདེ་བར་ལེན་པའི་ཕུང་པོ་ལྔ་རིགས་པས་གནད་དུ་ཕབ། གནད་དོན་ཆོས་འདི་དོན་རྒྱས་པར་བརྒྱད་སྟོང་པའི་འཕགས་ལེའུའི་ལུང་དང་སྦྱར་བའོ། །གཉིས་པ་ལ་གསུམ། འབྲུལ་འོན་ཀྱང་མདོ་སྡེ་འགའ་ཞིག་དང་གཞིའི་ལུང་ལས་བཤད་ཚུལ་བསྡུས་ཏེ་བསྟན། དགོས་སོགས་གསུམ་གྱིས་དྲང་བའི་དོན་དུ་བསྒྲུབ་ཚུལ་འདི་བཀའ་འདི་དོན་དེ་བཞིན་བཤེགས་པ་ཡི་དང་བསྟན་བཅོས་ལུང་དང་སྦྱར་བའོ། །གཉིས་པ་ལ་གསུམ། དགོངས་གཞིའི་དེའི་དངོས་གཞི་སྟོང་ཉིད་ཡིན་གཙོ་བོ་སྟོང་ཉིད་ཡིན་པར་བསྟན། དགོས་པའི་གཙོ་བོ་དགོས་པ་སྐྱོན་ལྔ་སྤང་བར་གསུངས་སྐྱོན་ལྔ་སྤོང་བར་བསྟན། །དངོས་ལ་གནོད་བྱེད་ལུང་

རིགས་རྣམ་གསུམ་དངོས་ལ་གནོད་བྱེད་ཚད་མ་ནི་བསྟན་པའོ། །གསུམ་པ་ལ་བཞི། ཞར་བྱུང་ཁ་ཅིག་བསྔོ་བའི་ཚེ་ན་རྒྱུ་བསྔོ་བའི་ལག་ལེན་འཁྲུལ་པ་དགག །འཕྲོས་དོན་བསྔོ་བསྔོ་བ་དེ་ཡང་མདོར་བསྡུ་ན་བའི་དབྱེ་བ་བསྡུས་ཏེ་བསྟན། གྲུབ་དོན་བསྔོ་རྒྱུའི་དེས་ན་བསྔོ་རྒྱུའི་དགེ་རྩ་དང་དགེ་བ་ངོ་ཡིས་བཟུང་། སྐབས་དོན་ལས་འབྲས་གནད་ཀྱི་གཙོ་བོ་བསྟན་པའོ། །བཞི་པ་ལ་གཉིས། ལས་འབྲས་སྤྱི་དེའི་རྣམ་གཞག་བཤད་ཀྱི་ཉན་ཐོས། །འདོད་ཆགས་ཞེ་སྡང་གཏི་མུག་གསུམ་ལ་ཀུན་སློང་གནད་དུ་བསྟན། རྒྱལ་སྲས་ལས་ལ་ཐབས་མཁས་ཉན་ཐོས་དགེ་བ་ཕལ་ཆེར་ཡང་གནད་དུ་བསྟན་པའོ། །

༈ གསུམ་པའི་སྤྱི་སྡོམ་བཞི་པ་འཆད་པ་ལ་གསུམ། དགག་དཀར་ནག་ཟང་ཐལ་ཞེས་བྱ་བྱའི་གཙོ་བོ་གཞན་ཀྱི་འཁྲུལ་པ་བརྗོད། འཁྲུལ་པ་འགོག་བྱེད་ལུང་རིགས་རྒྱས་པར་བཤད། དོན་དེ་མཁས་འདིའི་ལུང་དང་རིགས་པ་རྣམས་པའི་ལུང་རིགས་གཞན་དང་སྦྱར་བའོ། །གཉིས་པ་ལ་གཉིས། གནོད་བྱེད་ལུང་གི་གཙོ་བོ་བསྡུས་ཏེ་བསྟན། གནོད་བྱེད་རིགས་པ་རྣམ་གལ་ཏེ་རྫོགས་པའི་སངས་རྒྱས་ལ་བཞི་རྒྱས་པར་བཤད་པའོ། །དང་པོ་ལ་ལྔ། འཁྲུལ་དེང་དཔོན་སློང་རྗེ་ཆེན་པོ་ཡི་གཞི་འདུལ་ལུང་དྲང་དོན་ཡིན་པར་བསྟན། གནོད་བྱེད་ཐབས་མཁས་ཐབས་ལ་མཁས་པའི་མདོ་སྡེ་ལྟོས་ངེས་དོན་ཡིན་པར་བསྟན། གནོད་བྱེད་རིགས་པ་གལ་ཏེ་རྫོགས་པའི་སངས་རྒྱས་ལ་རྣམ་གསུམ་ཐུན་མོང་བསྟན། འཐད་པའི་སྒོ་དེའི་འཐད་པ་བཤད་ཀྱིས་ཉོན་ནས་གནད་ཀྱི་གཙོ་བོ་བསྟན། །རིགས་པ་བཞི་གལ་ཏེ་སངས་རྒྱས་དངོས་ལ་ནི་པ་དཔེ་དང་སྦྱར་ཏེ་བསྟན་པའོ། །

༈ རྩ་བའི་སྤྱི་སྡོམ་ལྔ་པ་འཆད་པ་ལ་གསུམ། དགག་ཡེ་བཀག་ཡེ་གནང་ཞེས་བྱ་བའི་བྱའི་གཙོ་བོ་གཞན་གྱི་འཁྲུལ་པ་བརྗོད། འཁྲུལ་པ་འགོག་བྱེད་རྣམ་གཞག་རྒྱས་པར་བཤད། །ཅོད་སྤང་སྒོ་ནས་རྣམ་གཞག་གྲུབ་དོན་བསྡུ་བའོ། །གཉིས་པ་ལ་དྲུག །ཉན་ཐོས་སྡེ་ཉན་ཐོས་རྩ་བའི་སྡེ་བཞི་ལ་བཞི་གནང་བཀག་འགལ་བས་དགག །རབ་བྱུང་ཁྱིམ་པ་ཁ་ཅིག་རབ་ཏུ་བྱུང་བ་ལ་གནང་བཀག་འགལ་བས་དགག །ཉན་ཐོས་ཐེག་ཆེན་གནང་བཀག་ཉན་ཐོས་རྣམ་གསུམ་དག་པའི་ཤ་འགལ་བས་དགག །ཕར་ཕྱིན་དེ་བཞིན་ཕ་རོལ་ཕྱིན་པ་དང་གསང་སྔགས་གནང་བཀག་འགལ་བས་དགག །དཔེའི་སྒོ་ནས་འདི་འདྲའི་འགལ་བ་ལྟག་སྤྲོད་ལ་གནད་ཀྱི་གཙོ་བོ་བསྟན། །བརྟུལ་ཞུགས་ཡེ་གནང་ཧ་ཅང་ཐལ་བས་དགག་པའོ། །དྲུག་པ་ལ་གསུམ། ཞར་བྱུང་གལ་ཏེ་སྡོམ་པ་མ་ཐོབ་ན་འཁྲུལ་པ་བརྗོད་ནས་དཔེ་ཡིས་དགག །འཕྲོས་དོན་དེས་ན་མདོ་དང་བསྟན་བཅོས་ལས་བཅས་རང་གནད་ཀྱི་གཙོ་བོ་བསྟན། སྐབས་དོན་ཧ་ཅང་ཐལ་བའི་རིགས་པ་བསྟན་པའོ། །གསུམ་པ་ལ་གསུམ། ཧ་ཅང་ཐལ་དེ་ལྟར་ཡིན་པར་དམ་བཅས་ཀྱང་བའི་རིགས་པའི་རྣམ་གྲངས་དྲུག །འཕྲོས་དོན་བརྟུལ་དེས་ན་མདོ་ལས་བརྟུལ་ཞུགས་ལ་ཞུགས་གནད་ཀྱི་གཙོ་བོ་བསྟན། །དོན་དེ་ལུང་རིགས་དུ་བུ་མོ་གསེར་མཆོག་འོད་དཔལ་གྱིས་མས་གཏན་ལ་དབབ་པའོ། །གསུམ་པ་ལ་གསུམ། གཞན་གྱི་

འབྲུལ་གཞི་རྫོད་པར་བསྡུས་ཏེ་བཀོད། མགོ་བསྒྲེའི་ལན་གྱིས་འབྲུལ་དེའི་ལན་ལ་རྣམ་གཉིས་ལས་པའི་རྩ་བ་བཅད། ། རྣམ་མའི་ལན་གྱི་འཁྲུལ་པའི་གནད་དུ་བསྟན་པའོ། །རྣལ་མའི་གཉིས་པ་དངོས་པོའི་ལན་ལ་ནི་ལན་གྱིས་འཁྲུལ་མེད་གནད་དུ་བསྟན་པའོ། །

ༀ རྩ་བ་སྤྱི་སྡོམ་དྲུག་པ་འཆད་པ་ལ་བཞི། འཁྲུལ་མེད་སྤྱོད་པས་གོང་བ་ཅན་དང་སྨྱུ་གུ་ཅན་བསྟན་པ་དང་བས་སྐྲུབ། ལག་ལེན་འཁྲུལ་མདོ་བསྐྱལ་རིང་མོ་ཞེས་བྱ་བ་པས་བསྟན་པ་བསྟུབ་པས་དགག །བསྟན་དང་མི་མཐུན་ཐོས་འགའ་ཞིག་རྫོགས་པའི་སངས་རྒྱས་ཀྱི་བསམ་ནོར་བས་དགག །འཁྲུལ་མེད་ཐོས་བསམ་སངས་རྒྱས་བསྟན་པར་བསྒྲུབས་དེས་ན་སངས་རྒྱས་གསུང་རབ་དང་པའོ། །

ཨེ་མ་ཧོ། བསྟན་པའི་གཞི་མ་སོ་ཐར་སྡོམ་པའི་སྐབས། །སྤྱི་སྡོམ་དྲུག་གིས་གཞུང་དོན་ཚོད་ཆེ་ཞིང་། ། ནང་སེལ་སྡོམ་ཚིག་བཟུང་སླ་ངག་ཞུང་མཐུས། །བརྗོད་བྱ་མ་འཁྲུལ་ཚིག་གི་རྒྱུར་ཕྱིན་པའི། །ལེགས་བཤད་འདི་འདྲ་བདུད་རྩིའི་ཐིགས་པ་སྟེ། །གཞན་གྱི་ཁ་ཟགས་བསྡུས་པའི་ཅལ་ཅོལ་མིན། །མཁས་པའི་ལེགས་བཤད་བདུད་རྩིའི་བུམ་པ་ནས། །རྣམ་དཔྱོད་ཀུ་ཤས་དྲངས་པའི་ཟེགས་མ་ཡིན། །སྡོམ་གསུམ་བཅུད་ཀྱི་རང་བློ་འཚོལ་འདོད་ན། །བདུད་རྩི་ཐིགས་པ་འདི་ལ་རོལ་ཅིག་ཨཾ།། །།

༄༅། །བྱང་ཆུབ་སེམས་དཔའི་སྡོམ་པའི་སྐབས་ཏེ་སྐབས་གཉིས་པའི་བསྡུས་དོན་བདུད་རྩིའི་ཐིགས་པ་འདི་ན་བཞུགས་སོ། །

མང་ཐོས་ཀླུ་སྒྲུབ་རྒྱ་མཚོ།

ཀུན་རྫོབ་དོན་དམ་སེམས་བསྐྱེད་ཀྱི། །རང་བཞིན་རྣམ་དབྱེ་བསླབ་བྱའི་གནད། །སྟོན་མཛད་བླ་མ་དེར་ཕྱག་འཚལ། །བྱང་སྡོམ་བསྡུས་དོན་འདི་ལྟར་འཆད། །ཅེས་བརྗོད་ནས་ཕར་ཕྱིན་བསྟན་པའི་སྙིང་པོ་བྱང་སྡོམ་ལ་འཁྲུལ་པ་འགོག་པའི་སྐབས་གཉིས་པ་འདི་འཆད་པ་ལ། སྤྱི་སྡོམ་བཞི་སྟེ། རྩ་བ་ཀུན་རྫོབ་སེམས་ལ་འཁྲུལ་པ་དགག །སྙིང་པོ་དོན་དམ་སེམས་ལ་འཁྲུལ་པ་དགག །ཁྱད་པར་བསླབ་བྱའི་གནད་ལ་འཁྲུལ་པ་དགག །ཐུན་མོང་ཐབས་ཀྱི་གནད་ལ་འཁྲུལ་པ་དགག་པའོ། །དང་པོ་ལ་གཉིས། ཞར་བྱུང་སེམས་བསྐྱེད་ལ་ནི་ཉན་ཐོས་དང་ཉན་ཐོས་སེམས་བསྐྱེད་བསྡུས་ཏེ་བསྟན། སྐབས་དོན་ཐེག་ཆེན་སེམས་བསྐྱེད་རྒྱས་པར་བཤད་པའོ། །གཉིས་པ་ལ་གསུམ། ཐེག་ཆེན་ལུགས་ལ་ཐེག་པ་ཆེན་པོའི་སེམས་བསྐྱེད་ལ་དབུ་སེམས་ལུགས་གཉིས་བསྟན། ལུགས་གཉིས་རྣམ་གཞག་འཁྲུལ་མེད་བསྡུས་ཏེ་བཤད། སྐལ་དོན་ལུགས་གཉིས་གནད་ལ་འཁྲུལ་པའི་ལོག་རྟོག་དགག་པའོ། །གསུམ་པ་ལ་ལྔ། སེམས་ཙམ་སེམས་བསྐྱེད་ཀུན་ལ་བྱེད་པ་དགག །དབུ་མའི་དབུ་མའི་ལུགས་ཀྱི་སེམས་བསྐྱེད་འདི་སེམས་བསྐྱེད་ཀུན་ལ་རུང་བར་སྒྲུབ། ཞར་བྱུང་ཇི་ལྟར་འབྲས་ཀྱི་ས་བོན་ནི་གཉིས་པོའི་ཁྱད་པར་དཔེ་ཡིས་བསྟན། འཕྲོས་དོན་གལ་ཏེ་མདོ་ལས་བཤད་པ་ཡི་ལུང་གི་དགོས་པ་རིགས་པས་བཅད། གྲུབ་དེས་ན་སེམས་ཙམ་པ་ཡི་ལུགས་དོན་ལུགས་གཉིས་བསྒྲུབ་ཚུལ་གནད་དུ་བསྟན་པའོ། །དང་པོ་ལ་གསུམ། ཀུན་སེམས་ཙམ་པའི་སེམས་བསྐྱེད་འདི་ལ་བྱེད་པའི་ལག་ལེན་སྤྱི་ཙམ་དགག །བྱེ་བྲག་ལ་ལ་སྐྱེ་བོ་འགའ་ཞིག་གི་སེམས་བསྐྱེད་སྨྲི་ལམ་ལུང་གིས་དགག །ཁྱད་ཁ་ཅིག་བླུན་པོ་སྡིག་པ་ཅན་པར་སེམས་བསྐྱེད་ཁ་བྲོད་མདོ་དགག་པའོ། །

༈ སྤྱི་སྡོམ་གཉིས་པ་ལ་བཞི། འཁྲུལ་དོན་དམ་སེམས་བསྐྱེད་ཅེས་བྱ་བ་མེད་གནད་ཀྱི་དམ་བཅའ་བསྡུས་ཏེ་བསྟན། གནད་བཅོས་དོན་དམ་སེམས་བསྐྱེད་ཆོག་དགག །བཀག་པའི་དོན་ལ་ལུང་དང་འགལ་བ་སྤང་། ཀྱི་མ་འཇིག་རྟེན་བླུན་པོ་འདི་སྤྲངས་བྱའི་དོན་དེ་གཞན་ལ་ཅིར་འགྱུར་དྲི་བའོ། །གཉིས་པ་ལ་བཞི། བཟོ་ལས་བྱུང་གལ་ཏེ་ཆོ་གས་སྐྱེ་ན་ནི་བར་ཐལ་བའི་རིགས་པས་དགག །མདོ་ལུང་འདི་ལ་སྦྱོར་དངོས་རྗེས་གསུམ་གྱི་ཡིད་ཆེས་གང་ཡང་མེད་

པས་དགག །གནད་དོན་དཔེ་དཔེར་ན་ཆུ་ལུད་ས་བོན་སོགས་ཡི་སྟེང་དུ་གསལ་བར་བསྟན། དེ་ལ་ལུང་འདི་དག་འཐད་པ་དང་བཅས་པ་རིགས་ཤེས་བྱེད་ཡོད་པར་བསྟན་པའོ། །

༼ གསུམ་པ་ལ་གསུམ། འཕྲུལ་གཞི་ལུང་དོན་དམ་སེམས་བསྐྱེད་བྱའོ་ཞེས་འགལ་ཚིག་གི་ཟུར་གྱིས་འགོད། ལུང་དོན་དཔེ་དང་སྦྱར་ཏེ་དམ་བཅའ་ཡིན་གྱི་ཚིག་མིན་འགལ་མེད་སྒྲུབ། གཞན་དུ་ཏ་ཙང་གཞན་དུ་ཏ་ཙང་ཐལ་འགྱུར་ཞིང་ཐལ་བའི་རིགས་པ་བསྟན་པའོ། །

༼ སྤྱི་སྡོམ་གསུམ་པ་ལ་གསུམ། བསྲུང་ཚུལ་ལྟུང་བའི་རྣམ་གཞག་མུ་བཞི་བསྟན། བསླབ་བྱ་བརྗེ་བའི་སེམས་ལ་འཁྲུལ་པ་དགག །གཙོ་བོ་བྱང་སེམས་གནད་ཀྱི་སྙིང་པོར་བསྟན་པའོ། །དང་པོ་ལ་གསུམ། མུ་བཞིར་དེ་ལྟར་སེམས་ཙམ་དབུ་མ་གཉིས་དབྱེ་སྟེ་མཚན་གཞི་ངོ་ཡིས་བཟུང་། གནད་དུ་དྲིལ་དེས་ན་སེམས་ཀྱི་འཕེན་པ་ལས་ཏེ་སྙིང་པོ་ངོ་ཡིས་བཟུང་། སྙིང་འཕགས་པ་ལྷ་ཡི་བཞི་བརྒྱ་པར་པོའི་སྒྲུབ་བྱེད་མཁས་པའི་ལུང་དང་སྦྱར་བའོ། །གཉིས་པ་ལ་གསུམ་སྟེ། བསླབ་བྱང་ཆུབ་སེམས་ཀྱི་བསླབ་བྱ་ལ་བྱའི་གཙོ་བོ་མཉམ་བརྗེ་གཉིས་སུ་བསྟན། དོན་དེ་འགོག་པའི་ལོག་རྟོག་འགོག་ཚུལ་སྤྲོས། དོན་དེ་བསྒྲུབ་པའི་ལུང་གི་གཙོ་བོ་བསྡུ་བའོ། །གཉིས་པ་ལ་གཉིས། དགག་བྱའི་གཙོ་བོ་གཞན་གྱི་འཁྲུལ་པ་བརྗོད། འཁྲུལ་པ་འགོག་པའི་རིགས་པ་རྒྱས་པར་བཤད་པའོ། །དང་པོ་གསུམ། དང་པོ་དེ་དོན་འདི་ལྟར་བརྟག་པར་བྱ་རྣམ་པར་བརྟགས་པའི་རིགས་པ་འགོད། བར་དུ་ཏ་ཙང་ཐལ་བ་རྣམ་པ་གསུམ། ཐ་མར་ཐབས་དེ་ན་འདི་འདྲའི་གསང་ཚིག་ནི་ལ་སླུ་བའི་བདུད་དུ་བསྟན་པའོ། །གཉིས་པ་ལ་གསུམ། མཛའ་བོའི་བུ་བྱང་ཆུབ་སེམས་ཀྱི་བློ་སྦྱོང་བའི་མོ་ཀླད་ནད་ཅན་དུ་ཐལ། དུས་གསུམ་སངས་རྒྱས་དུས་གསུམ་སངས་རྒྱས་ཐམས་ཅད་ཀྱང་སྡུག་བསྔལ་ཅན་དུ་ཐལ། བརྗེ་ཡུལ་བརྗེས་པའི་སེམས་ཅན་དེ་དག་ཀྱང་སེམས་ཅན་སྡུག་བསྔལ་ལས་གྲོལ་བར་ཐལ་བའོ། །གསུམ་པ་ལ་གསུམ། དང་བདག་གཞན་བརྗེ་བ་སངས་རྒྱས་ཀྱི་པོར་སྙིང་པོ་ཡིན་པའི་དམ་བཅའ་འགོད། བར་དུ་ལུང་གི་ཤེས་བྱེད་རྣམ་པ་གསུམ། ཐ་མར་འབྲས་བུའི་དེས་ན་བདག་གཞན་བརྗེ་བ་ཤེས་སློ་ནས་སྦྱོ་བ་བསྐྱེད་པའོ། །གཉིས་པ་ལ་གསུམ། འཕགས་པ་འཕགས་པ་ཀླུ་སྒྲུབ་སློབས་ཉིད་ཀྱིས་ཀླུ་སྒྲུབ་རིན་ཆེན་ཕྲེང་བའི་ལུང་། རྒྱལ་སྤྱོད་འཇུག་ལས་ཀྱང་འདི་སྐད་དུ་སྲས་ཞི་ལྷའི་བྱང་སེམས་སྤྱོད་པའི་ལུང་། རྒྱལ་བའི་མདོ་དང་བསྟན་བཅོས་གཞན་ལས་ཀྱང་མདོ་དང་རྒྱལ་སྲས་གཞན་གྱི་ལུང་ངོ་། །གསུམ་པ་ལ་གསུམ། དང་པོར་གཙོ་བོ་བྱང་ཆུབ་སེམས་ཀྱི་གནད་འཆུགས་ན་ཡིན་པའི་དམ་བཅའ་འགོད། བར་དུ་དེའི་སྒྲུབ་བྱེད་སྟོང་ཉིད་ཉན་ཐོས་རྣམས་ཀྱང་བསྒོམ་རྒྱས་པར་བཤད། ཐ་མར་དེའི་གྲུབ་དོན་བསྡུས་འོན་ཀྱང་ཐབས་ལ་མཁས་པ་ཡི་ཏེ་བསྟན་པའོ། །

༼ སྤྱི་སྡོམ་བཞི་པ་ལ་གཉིས། མ་དག་འཁྲུལ་པའི་ལོག་རྟོག་གྲངས་སུ་བགྲངས། དག་པའི་ཐོས་མདོར་ན

སངས་རྒྱས་གསུང་རབ་དང་སྒྲོམ་སངས་རྒྱས་བསྟན་པར་བསྒྲུབ་པའོ། །དང་པོ་ལ་གསུམ། དང་པོར་འབྲུལ་པ་སངས་རྒྱས་དགོངས་པ་མི་ཤེས་ན། ཕྱིན་དྲུག་དག་དང་སྙིང་རྗེ་དང་འགོད་པའི་དམ་བཅའ་བསྟན། བར་དུ་ཆང་དང་དུག་དང་མཚོན་ཆ་དང་འབྲུལ་བྱམས་དང་ཐབས་ལམ་སློན་ལམ་གནད། མ་དག་བཅོས་པ་བཅུ་གཅིག་གོ་པའི་རྣམ་གྲངས་བཅུ་གཅིག་འགོད། ཐ་མར་ཚུལ་དེ་ཤེས་དེ་ལ་སོགས་པ་མཐའ་ཡས་པ་ནས་སྤྱོང་བར་གདམས་པའོ། །

ཨེ་མ་ཧོ། བསྟན་པའི་རྩ་བ་བྱང་སེམས་སྡོམ་པའི་སྐབས། །སྤྱི་དོན་རྣམ་བཞིས་གཞུང་དོན་ཆོད་ཆེ་ཞིང་། །ནང་སེལ་སྡོམ་གྱིས་གཞུང་དོན་ལེགས་སྟོན་པའི། །ལེགས་བཤད་འདི་འདྲ་བདུད་རྩིའི་ཐིགས་པ་སྟེ། །འཇམ་དབྱངས་བཞེད་གཞུང་བདུད་རྩིའི་རྒྱ་མཚོ་ནས། །རྣམ་དཔྱོད་བུམ་པས་བཅུས་པའི་ཟབ་དོན་བཅུད། །སྡོམ་གསུམ་བདུད་རྩི་མྱོང་འདོད་སྐལ་བཟང་ཀུན། །བདུད་རྩིའི་ཐིགས་པ་འདི་དོན་མྱོངས་ཅིག་ཨོཾ།། །།

༄༅། །སྐབས་གསུམ་པ་རིག་འཛིན་སྡོམ་པའི་སྐབས་ཀྱི་བསྡུས་དོན་བདུད་རྩིའི་ཐིགས་པ་འདི་ན་བཞུགས་པ་དགེ།

མང་ཐོས་ཀླུ་སྒྲུབ་རྒྱ་མཚོ།

ཐེག་གསུམ་སྣ་ཚོགས་ཚུལ་བསྟན་ནས། །གསང་སྔགས་སྙིང་པོའི་གནད་སྟོན་པའི། །འཇམ་དབྱངས་བླ་མ་ལ་བསྟོད་ནས། །སྐབས་གསུམ་བསྡུས་དོན་འདི་ལྟར་འཆད། །ཞེས་བརྗོད་ནས། བསྟན་པའི་ཉིང་ཁུ་སྔགས་ཀྱི་སྡོམ་པ་ལ་འབྲུལ་པ་འགོག་པ། སྐབས་གསུམ་པ་རིག་འཛིན་སྡོམ་པའི་སྐབས་འདི་འཆད་པ་ལ། སྤྱི་སྡོམ་བརྒྱད་དེ། སྨིན་བྱེད་དབང་གི་གནད་ལ་འཁྲུལ་པ་དགག །གྲོལ་བྱེད་རིམ་གཉིས་གནད་ལ་འཁྲུལ་པ་དགག །ཡེ་ཤེས་ཕྱག་ཆེན་གནད་ལ་འཁྲུལ་པ་དགག །ཡན་ལག་ལྟ་བའི་གནད་ལ་འཁྲུལ་པ་དགག །རྒྱུད་སྡེའི་སྒྲུབ་ཐབས་གནད་ལ་འཁྲུལ་པ་དགག །བོགས་འབྱིན་སྤྱོད་པའི་གནད་པ་འཁྲུལ་པ་དགག །མཐར་ཐུག་འབྲས་བུའི་གནད་ལ་འཁྲུལ་པ་དགག །གནས་སྐབས་ས་ལམ་གནད་ལ་འཁྲུལ་པ་དགག་པའོ། །

དང་པོ་ལ་གསུམ། དབང་གི་གནད་ལ་འཁྲུལ་མེད་རྣམ་གཞག་བསྟན། གནད་ལ་འཁྲུལ་བའི་གཞན་གྱི་སྨིན་བྱེད་དགག །ཞར་བྱུང་དབང་གི་དམ་ཚིག་འཁྲུལ་པ་དགག་པའོ། །དང་པོ་ལ་བཞི། དང་པོ་ལ་གཉིས། རྡོ་རྗེ་ཐེག་པའི་ལམ་བཞུགས་ནས་མདོར་བསྟན་པ་དང་སྨིན་པར་བྱེད་པའི་དབང་བསྐུར་བ་རྒྱས་པར་བཤད་པའོ། །གཉིས་པ་ལ་བཞི་རྒྱུད་སྡེ་གོང་མའི་དབང་ལ་འཁྲུལ་པ་དགག །རྒྱུད་སྡེ་འོག་མའི་དབང་ལ་རིམ་གཉིས་དགག །དབང་བསྐུར་མེད་ཀྱང་མོས་པའི་ཆོས་སྒོ་དགག །བསྟན་པ་དཀྲུག་པའི་དབང་བསྐུར་མུ་བཞི་དགག་པའོ། །བྱིན་རླབས་ཙམ་གྱིས་དབང་བསྐུར་འདོར་བ་དགག །སེམས་བསྐྱེད་ཙམ་གྱིས་དབང་བསྐུར་འདོར་བ་དགག །སྟོང་པ་ཙམ་གྱི་དབང་བསྐུར་འདོར་བ་དགག །ལུས་དཀྱིལ་ཙམ་གྱིས་དབང་ཚིག་འདོར་བ་དགག་པའོ། །དང་པོ་ལ་གཉིས། བྱིན་རླབས་སྨིན་བྱེད་ཆོས་སྒོ་ཡིན་པ་དགག །བྱིན་རླབས་དབང་རབ་སྨིན་བྱེད་ཡིན་པ་དགག་པའོ། །དང་པོ་ལ་བཞི། སྐབས་དོན་དབང་གི་ངོ་བོ་འཁྲུལ་པ་དགག །འཕྲོས་དོན་སློབ་མའི་གྲངས་ལ་འཁྲུལ་པ་དགག །ཞར་བྱུང་དཀྱིལ་འཁོར་དབྱིབས་ལ་འཁྲུལ་པ་དགག །གྲུབ་དོན་ཚིག་བྱིན་རླབས་འཁྲུལ་པ་དགག་པའོ། །དང་པ་ལ་བཞི། བྱིན་རླབས་ཙམ་ལ་དབང་དུ་བྱེད་པ་དགག །བཟླ་བཞིའི་ཚིག་བསྲེས་ནས་བྱེད་པ་དགག །རང་བཟོའི་ཚིག་བཅོས་ནས

བྱེད་པ་དགག །གཞན་ཡང་ཧ་ཅང་ཐལ་བའི་གཞན་ཡང་ཕག་མོའི་བྱིན་རླབས་ལ་རིགས་པས་དགག་པའོ། །དང་པོ་ལ་བཞི། དགག་བྱའི་གཙོ་བོ་ཁ་ཅིག་རྡོ་རྗེ་ཕག་མོའི་གཞན་གྱི་འཁྲུལ་པ་བརྗོད། སྨྲ་དང་བྱེ་བྲག་ལུང་དང་འགལ་འདི་འདྲ་རྒྱུད་སྡེ་ལས་མ་གསུངས་བས་དགག །ལུང་དོན་དཔེ་དང་སྦྱར་བའི་དཔེར་ན་མུ་ཟེའི་བཙུད་ལེན་འདྲ་རིགས་པས་དགག །དབང་གི་བྱེད་ལས་མེད་རྡོ་རྗེ་ཕག་མོའི་བྱིན་རླབས་ལ་པའི་རིགས་པས་དགག་པའོ། །གཉིས་པ་ལ་གསུམ། དགག་བྱའི་གཙོ་བོ་ཁ་ཅིག་འདི་ལའང་ཕག་མགོ་སོགས་གཞན་གྱི་འཁྲུལ་པ་བརྗོད། ཤེས་བྱེད་འདི་འདྲ་དབང་བསྐུར་ཉིད་མ་ཡིན་ལུང་གི་གཙོ་བོ་མེད་པས་དགག །རྗེས་གནང་གལ་ཏེ་བཀྱ་ལ་གསུང་སྲིད་ན་དབང་དུ་འགལ་བའི་རིགས་པས་དགག་པའོ། །གསུམ་པ་ལ་གསུམ། དགག་བྱའི་ལ་ལ་རྡོ་རྗེ་ཕག་མོ་ལ་གཙོ་བོ་གཞན་གྱི་འཁྲུལ་པ་བརྗོད། རང་བཟོ་ཆོ་གར་རང་བཟོ་ཆོ་གར་འགྱུར་མི་སྲིད་འགལ་བའི་རིགས་པས་དགག །ནོར་བ་ཆོ་གར་འགལ་བའི་རིགས་ཁྱིམ་པས་གསོལ་བཞིའི་ལས་བྱས་ཀྱང་པས་དགག་པའོ། །གཉིས་པ་ལ་བཞི། དགག་བྱའི་གཙོ་བོ་གཞན་གྱི་འཁྲུལ་པ་བརྗོད། གསང་བ་འདི་ནི་གསང་བ་སྤྱི་རྒྱུད་ལས་སྤྱི་རྒྱུད་ལུང་དང་འགལ་བས་དགག །ལུང་དོན་རིགས་པས་བཀྲལ་དེ་བས་ལྷག་པའི་སློབ་མ་ལ་ཧེ་ལུང་གིས་བསླབ། ལུང་དོན་གཞན་འདི་ནི་བྱ་བའི་རྒྱུད་ཡིན་པས་དུ་དགོས་པ་ལུང་གིས་གསལ་བའོ། །དང་པོ་ལ་གཉིས། གང་ལ་དེས་ན་ཞན་ཐོས་ཐེག་པ་ནི་འཁྲོས་པའི་གླེང་གཞི་དཔེ་དང་སྦྱར། དེ་ལ་འཁྲོས་སྟགས་ཀྱི་དབང་བསྐུར་བྱེད་པ་ན་པའི་ཕྱོགས་སྔ་ངོ་ཡིས་བཟུང་བའོ། །

གསུམ་པ་ལ་གཉིས། དགག་དེང་སང་བྱིན་རླབས་མི་བྱེད་ཅིང་བྱའི་གཙོ་བོ་གཞན་གྱི་འཁྲུལ་པ་བརྗོད། ཕྱི་ནང་རྟེན་འབྲེལ་འདི་འདྲ་དགོས་སུ་དབང་བསྐུར་ཡང་མེད་པའི་རིགས་པས་དགག་པའོ། །བཞི་པ་ལ་གསུམ། དགག་བྱའི་གཙོ་བོ་གཞན་དབང་བསྐུར་བྱེད་པ་ཕལ་ཆེར་ཡང་གྱི་འཁྲུལ་པ་བརྗོད། དཔལ་ལྡན་དམ་པ་དཔལ་ལྡན་དམ་པ་དང་པོ་ལས་དང་པོའི་ལུང་གིས་དགག །གཞན་གྱི་དབང་བསྐུར་མེད་ཀྱང་ལམ་ཟབ་མོ་འཁྲུལ་གཞི་བཀོད་ནས་ལུང་གིས་དགག་པའོ། །གཉིས་པ་ལ་གསུམ། དགག་བྱའི་གཙོ་བོ་གཞན་གྱི་ཁ་ཅིག་གང་ཟག་དབང་པོ་རབ་འཁྲུལ་པ་བརྗོད། འཕྲོས་འཕགས་པ་རྣམས་ཀྱི་གང་ཟག་རབ་དོན་འཁྲུལ་གཞིའི་ལུང་དོན་བསྟན་པ་ཕབ། སྐབས་དོན་ལུང་དང་འགལ་བས་དེང་སང་གང་ཟག་རབ་འབྲིང་ཀུན་འགོག་པར་བསྟན་པའོ། །གཉིས་པ་ལ་བཞི། དགག་བྱའི་གཙོ་བོ་གཞན་གྱི་ལ་ལ་སེམས་བསྐྱེད་བྱས་པ་ལ་བྱ་བའི་རྒྱུད་ལ་གསུམ་དུ་ཕྱེ་འདི་ཡང་ཕྱེ་སྟེ་བཤད་ཀྱི་ཉོན་འཁྲུལ་པ་བརྗོད་དེ་བསྟན། ལྷག་མ་གསུམ་ལ་ལྷག་མ་རྒྱུད་སྡེ་གསུམ་པོ་ལ་གཅིག་ཏུ་ནོར་བས་དགག །ཞར་བྱུང་འཁྲུལ་པ་གཞན་ཡང་བརྗོད་ནས་དགག་པའོ། །བཞི་པ་ལ་གཉིས། གཏོར་མའི་དབང་གཏོར་མའི་དབང་བསྐུར་ཞེས་བྱ་བ་དང་སོགས་སྨིན་བྱེད་ཡིན་པ་དགག །གྲོལ་ལམ་རྗེས་སུ་ལ་ལ་གསང་སྔགས་ད་ལྟ་སྤྱོད་སྨིན་ལམ་ཁས་ལེན་དགག་པའོ། །གསུམ་པ་ལ་གསུམ། དགག་

བྱའི་གཙོ་བོ་ལ་ལ་སེམས་ཉིད་མ་རྟོགས་ན་གཞན་གྱི་འཁྲུལ་པ་བརྗོད། ཧ་ཤང་ཐལ་བ་མཚུངས་འོན་སེམས་ཉིད་མ་རྟོགས་ན་པའི་རིགས་པས་དགག །གསང་སྔགས་དེས་ན་རབ་བྱུང་སྡོམ་པ་དང་སྦྱོང་བའི་ཚིག་ཏུ་ཐལ་བས་དགག་པའོ། །བཞི་པ་ལ་ལྔ། དགག་བྱའི་གཙོ་བོ་ཁ་ཅིག་ཆོ་ག་མེད་བཞིན་དུ་གཞན་གྱི་འཁྲུལ་པ་བརྗོད། ཧ་ཤང་ཐལ་འོན་དགེ་ཚུལ་དགེ་སློང་ཡང་བ་མཚུངས་པའི་རིགས་པས་དགག །མཚུངས་པའི་མཚུངས་གལ་ཏེ་ཆོ་ག་རྣམས་གྱུར་ན་ལྡན་མཚུངས་པའི་རིགས་པས་དགག །ཐབས་ལ་དེས་ན་ཆོ་ག་གཞན་དག་ལ་བསླུ་བའི་བདུད་དུ་བསྟན་ནས་དགག །བདེན་གཉིས་གནད་ཀྱི་རྣམ་དབྱེ་བསྟན་ནས་དགག་པའོ། །ལྔ་པ་ལ་གསུམ། དོན་ནི་མཐའ་བཞིའི་དེ་ཕྱིར་དམ་པའི་དོན་དུ་ན་སྤྲོས་དང་བྲལ་བར་བསྟན། ཀུན་རྫོབ་ས་ལམ་འབྲས་བུ་རྒྱུ་དང་ལམ་དང་འབྲས་བུ་ཡི་སྣ་ཚོགས་བསྟན། དེ་འདྲའི་དབྱེ་བ་བླང་དོར་སོ་སོར་དེ་འདྲའི་དབྱེ་བ་ཤེས་ནས་ནི་བསྟན་པའོ། །གཉིས་པ་ལ་གསུམ། དགག་བྱའི་གཙོ་བོ་གཞན་ཁ་ཅིག་བྱ་བའི་རྒྱུད་སོགས་ལའང་གྱི་འཁྲུལ་པ་བརྗོད། འོག་མ་གོང་མར་ཐལ་བའི་འདི་ཡང་སངས་རྒྱས་དགོངས་པ་མིན་རིགས་པས་དགག །འཕྲོས་དོན་རྒྱུད་སྡེའི་དེས་ན་རྒྱུད་སྡེ་བཞི་པོ་ཡི་ས་ལམ་རྣམ་དབྱེ་བསྟན་པའོ། །

གསུམ་པ་ལ་གསུམ། དགག་བྱའི་གཙོ་བོ་ལ་ལ་དབང་བསྐུར་མ་བྱས་ཀྱང་གཞན་གྱི་འཁྲུལ་འཕ་བརྗོད། ཧ་ཤང་ཐལ་བ་མཚུངས་འོན་སོ་སོར་ཐར་པ་ཡི་པའི་རིགས་པས་དགག །འཕྲོས་དོན་འཁྲུལ་གཞིའི་གཙོ་བོ་གནད་དུ་དགག་པའོ། །གསུམ་པ་ལ་བཞི། ཆོས་སྒོའི་འཁྲུལ་གཞི་དེས་ན་ཆོས་སྒོ་ཞེས་བྱ་བ་བྱས་པའི་འཁྲུལ་པ་བརྗོད། སྐབས་དོན་ཧ་ཤང་ཐལ་བའི་འོན་དགེ་སློང་སྡོམ་པ་ཡང་མཚུངས་པས་དགག །འཕྲོས་དོན་སྙིང་གཏམ་དེས་ན་སྙིང་གཏམ་འདི་ལྟར་ཡིན་གནད་ཀྱི་གཙོ་བོ་བསྟན། གྲུབ་དོན་དཔེ་དེ་ཕྱིར་ཕ་རོལ་ཕྱིན་པ་ལ་དང་སྦྱར་ཏེ་གནད་དུ་བསྟན་པའོ། །བཞི་པ་བཞི། དགག་བྱའི་གཙོ་བོ་གཞན་གྱི་འཁྲུལ་ལ་ལ་དབང་བསྐུར་མུ་བཞི་འདོད་པ་བརྗོད། མུ་བཞི་ཧ་ཤང་ཐལ་འདི་འདྲ་གང་ནའང་བཤད་པ་མེད་པའི་མཚུངས་པས་དགག །མུ་བཞིའི་མཚན་གཞི་གལ་ཏེ་མུ་བཞི་ཡོད་ན་ཡང་དབྱེས་ནས་རང་བཟོར་བསྟན། མུ་བཞི་ཡོད་ན་གལ་ཏེ་མུ་བཞི་བདེན་སྲིད་ན་དབང་བསྐུར་རིགས་པར་བསྟན་པའོ། །གསུམ་པ་ལ་གཉིས། དགག་བྱའི་གཙོ་བོ་ཁ་ཅིག་གསང་སྔགས་གསང་བ་ལ་གཞན་གྱི་འཁྲུལ་པ་བརྗོད། དོན་དེ་རྣམ་པར་བརྟགས་པའི་དེ་ཡང་རེ་ཞིག་བརྟག་པར་བྱ་རིགས་པས་དགག་པའོ། །

སྤྱི་སྡོམ་གཉིས་པ་ལ་གསུམ། གནད་ལ་འཁྲུལ་པའི་ཕྱོགས་རེའི་ཐབས་ལམ་དགག །གནད་ལ་འཁྲུལ་མེད་ཟུང་འཇུག་ལམ་རིམ་བསྒྲུབ། དེ་ལ་འཕྲོས་སྒོ་འཁྲུལ་པ་སྣ་ཚོགས་དགག་པའོ། །དང་པོ་ལ་གསུམ། ཕྱོགས་རེའི་ཁ་ཅིག་འཁྲུལ་དང་མ་འཁྲུལ་མེད་ཐབས་ཀྱི་གྲོལ་བའི་འཁྲུལ་པ་བརྗོད། སྨིན་གྲོལ་ལམ་གྱི་རྣམ་དབྱེ་བསྟན་ཏེ་དགག །དེ་ལྟར་བཀག་དེས་ན་ཐབས་ཀྱི་ཁྱད་པར་ལ་པའི་གྲུབ་དོན་བསྡུས་ཏེ་བསྟན་པའོ། །གཉིས་པ་ལ་གཉིས། གྲོལ་

བྱེད་གཙོ་བོ་ཟུང་འཇུག་ཡིན་པར་བསྟན། ཡེ་ཤེས་སྔ་སྔོན་གྱི་ལས་འགྲོའི་བྱེ་བྲག་དང་འབྲེན་ཕྱོགས་རེའི་ཐབས་སུ་བསྟན་པའོ། །དང་པོ་ལ་བཞི། སྐབས་དོན་ཕྱོགས་འདི་ཡང་ལེགས་པར་བཤད་ཀྱི་ཉོན་རེས་གྲོལ་བ་མིན་ཚུལ་དངོས། དབང་དང་རིམ་གཉིས་བསྒོམ་ནས་དབང་བསྐུར་བ་དང་བྱིན་རླབས་དང་གྲོལ་བའི་ཚུལ། བསྐྱེད་རིམ་རླུང་སོགས་བསྐྱེད་རིམ་རླུང་དང་གཏུམ་མོ་སོགས་རིམ་གཉིས་ངོ་བོར་བསྟན། བྱིན་རླབས་བཞི་སོགས་རིམ་གཉིས་ཆོས་བྱིན་རླབས་དེ་ལས་འབྱུང་བ་ཡིན་སུ་བསྟན་པའོ། །གཉིས་པ་ལ་གསུམ། ཚུལ་གཉིས་སོ་ནམ་ཚུལ་བཞིན་བྱེད་པ་ཡི་འབྲས་བུའི་སྨྱུར་བུལ་དཔེ་ཡིས་བསྟན། འབྲས་བུ་འགྲུབ་བྱེད་ལམ་རིམ་སོ་སོར་བསྟན། དེ་ལས་གང་ཞིག་སངས་རྒྱས་བྱེད་འདོད་ན་གཞན་པའི་ཐེག་ཆེན་མེད་པར་བསྟན་པའོ། །གཉིས་པ་ལ་གཉིས། འཕྲོས་དོན་ཕར་ཕྱིན་ལམ་གྱི་རིམ་པ་བཤད། སྐབས་དོན་གསང་སྔགས་ལམ་གྱི་རིམ་པ་བསྟན་པའོ། །དང་པོ་ལ་གསུམ། ཟུང་འཇུག་ལམ་གྱི་སྟོང་ཉིད་སྙིང་རྗེ་སོགས་བསྒོམ་པ་གཙོ་བོ་ངོ་ཡིས་བཟུང་། དེ་ལ་གསང་སྔགས་གལ་ཏེ་འདི་བཞིན་སྒྲུབ་འདོད་ན་ལམ་གྱིས་སྒྲུབ་ཐབས་སྤྱངས། འཁྲུལ་མེད་འོན་ཀྱང་ཐེག་པ་ཆེན་པོ་ཡི་ལམ་རིམ་རང་གི་གཞུང་ལྟར་བཤད་པའོ། །གཉིས་པ་ལ་གཉིས། འཁྲུལ་ཕ་རོལ་ཕྱིན་གཞུང་མི་ནུས་པར་མེད་ལམ་རིམ་གཙོ་བོ་ལྟ་རུ་བསྟུས། དོན་དེ་རྒྱུད་འདི་ནི་དུས་གསུམ་སངས་རྒྱས་ཀྱི་སྙེ་ཀུན་གྱི་སྙིང་པོར་བསྟན་པའོ། །གསུམ་པ་ལ་གསུམ། ཞར་བྱུང་བསྟན་འཛིན་གནད་ལ་འཁྲུལ་པ་དགག །སྐབས་དོན་བསྟན་པའི་གནད་ལ་འཁྲུལ་པ་དགག །གྲུབ་དོན་རྣམ་གཞག་རབ་བྱུང་མིན་ལ་མཁན་པོ་མེད་རྣམ་གཉིས་བསྡུས་ཏེ་བསྟན་པའོ། །དང་པོ་ལ་གཉིས། ཐེག་གསུམ་ཁུངས་ད་ལྟའི་ཆོས་པ་ཕལ་ཆེ་བ་དང་མ་འབྲེལ་བསྟན་འཛིན་བརྟག །མདོ་རྒྱུད་ལུང་མུ་སྟེགས་བྱེད་པ་ཁ་ཅིག་ཀྱང་དང་མི་མཐུན་བསྟན་འཛིན་བརྟག་པའོ། །གཉིས་པ་ལ་གསུམ། འདུལ་བའི་ལུང་གང་དག་རབ་ཏུ་འབྱུང་འདོད་ན་དང་མི་མཐུན་སོ་ཐར་བརྟག །མདོ་སྡེའི་ལུང་དང་མི་མཐུན་སེམས་བསྐྱེད་བྱེད་པ་དེ་དག་ཀྱང་སེམས་བསྐྱེད་བརྟག །གསང་སྔགས་རྒྱུད་དང་མི་མཐུན་གསང་སྔགས་བརྟག་པའོ། །

གསུམ་པ་ལ་གསུམ། སྨིན་བྱེད་གསང་སྔགས་བསྒོམ་པ་མང་མོད་ཀྱི་ངོ་བོ་རང་བཟོའི་དབང་བསྐུར་བརྟག །བསྐྱེད་རིམ་བརྒྱ་ལ་བསྐྱེད་རིམ་བསྒོམ་ན་ཡང་ངོ་བོ་ཡི་དམ་དགོངས་བསྐྱེད་བརྟག །རྫོགས་རིམ་ངོ་བོ་གཏུམ་མོ་བདེ་བསྐྱེད་བརྟག་པའོ། །གསུམ་པ་ལ་གསུམ། དམིགས་པའི་གཙོ་བོ་གཏུམ་མོ་བསྒོམ་པ་ཕལ་ཆེར་ཡང་དྲོས་ཙམ་ཡིན་པས་བརྟག །རྒྱུ་རྐྱེན་གཙོ་བོ་ཡེ་ཤེས་ཅུང་ཟད་སྐྱེས་ན་ཡང་ཐབས་མཁས་མེད་པས་བརྟག །བདག་རྐྱེན་གཙོ་བོ་བླ་མ་མིན་པས་བརྟག་པའོ། །གསུམ་པ་ལ་བཞི། མོས་ཀྱང་བླ་མ་ལ་ནི་མོས་ན་ཡང་བླ་མ་མིན་པའི་སྒྲུབ་བྱེད་འགོད། མིན་གསང་སྔགས་མིན་པའི་བླ་མ་ལ་ན་མོས་ཀྱང་མཆོག་གི་དངོས་གྲུབ་འགལ། འཕྲོས་དོན་ཚུལ་ཕ་རོལ་ཏུ་ཕྱིན་པའི་གཞུང་ལུགས་ལས་གཉིས་བླ་མའི་ལྟ་ཚུལ་བསྟན། ཚུལ་དེ་དབང་བསྐུར་སྡོམ་པས་མ་འབྲེལ་ན་སྐབས་ཀྱི་གྲུབ་དོན་འདི་ལ་སྦྱར་བའོ། །

སྤྱི་སྡོམ་གསུམ་པ་ལ་བཞི། ལྷག་མཐོང་ཙམ་ལ་ཕྱག་རྒྱ་ཆེན་པོ་དགག །ཞི་གནས་ཙམ་ལ་ཕྱག་རྒྱ་ཆེན་པོ་དགག །ཞི་ལྷག་ཙམ་ལ་ཕྱག་རྒྱ་ཆེན་པོ་དགག །ཞར་བྱུང་ཐེག་གསུམ་ལག་ལེན་འཁྲུལ་པ་དགག་པའོ། །དང་པོ་ལ་བཞི། རྟོག་པ་ཕྱག་རྒྱ་ཆེན་པོ་སྒོམ་ན་ཡང་ཁ་འཚོམས་ཕྱག་ཆེན་འཁྲུལ་པར་བསྟན། དབང་དེད་ཀྱི་ཕྱག་རྒྱ་ཆེན་པོ་ནི་གི་ཡེ་ཤེས་ཕྱག་ཆེན་གནད་དུ་བསྟན། གཞན་གྱི་ཕྱག་ཆེན་རྒྱ་ནག་ལུགས་སུ་བསྟན། རང་གི་ཕྱག་ཆེན་རྒྱ་གར་ལུགས་སུ་བསྟན་པའོ། །གསུམ་པ་ལ་གསུམ། སྐབས་དོན་རྒྱ་ནག་ད་ལྟའི་ཕྱག་རྒྱ་ཆེན་པོ་དང་ལུགས་སུ་བསྟན་པ་དངོས། འཕྲོས་དོན་རྒྱ་ནག་ཆོས་ལུགས་ངོ་ཡིས་བཟུང་། གྲུབ་དོན་དེ་གཉིས་ཕྱི་ནས་རྒྱལ་ཁྲིམས་ནུབ་པ་དང་ཇི་ལྟར་བསྲེས་པའི་ཚུལ་ལོ། །གཉིས་པ་ལ་གཉིས། ཞི་འཚོས་ལུང་ཆོས་ལུགས་འདི་འདྲ་འབྱུང་བ་ཡང་བསྟན་ཇི་ལྟར་མཛད་པའི་ཚུལ། ལུང་བསྟན་དེའི་ཇི་ལྟར་གསུངས་པ་བཞིན་ཇི་བཞིན་ཐོག་ཏུ་བབ་པའི་ཚུལ་ལོ། །བཞི་པ་གསུམ། ནཱ་རོ་ནཱ་རོ་དང་ནི་མི་ཏྲི་པའི་མེ་ཏྲིའི་ལུང་དང་མཐུན་པས་གྲུབ། འཕགས་པ་ཀླུ་སྒྲུབ་འཕགས་པ་ཀླུ་སྒྲུབ་ཉིད་ཀྱིས་ཀྱང་ལུང་དང་མཐུན་པས་གྲུབ། རྒྱུད་རྒྱུད་ཀྱི་རྒྱལ་པོ་གཞན་དང་ནི་དང་བསྟན་བཅོས་གཞན་དང་མཐུན་པས་གྲུབ་པའོ། །གཉིས་པ་ལ་བཞི། དགག་བྱའི་གཙོ་བོ་དེ་ཡང་ཁ་ཅིག་བླ་མ་ཡི་གཞན་གྱི་འཁྲུལ་པ་བརྗོད། བདུད་དམ་དེ་འདྲ་བདུད་ཀྱི་ཡིན་པའང་སྲིད་འབྱུང་བཞིའི་སྐོབས་སུ་ཐལ་བས་དགག །དེའི་ཀ་རུ་འཛིན་ཞེས་བྱ་བ་ཡི་དཔེར་བརྗོད་སྔོན་བྱུང་གླེང་གཞི་འགོད། ཞར་བྱུང་འཁྲུལ་ཁ་ཅིག་སྐྱེ་བ་སྔ་མ་ལ་པ་བརྗོད་ནས་མཚུངས་པས་དགག་པའོ། །

བཞི་པ་ལ་བཞི། ཡོན་ཏན་མེད་པའི་མཐོང་ལམ་དཔེ་ཡིས་ལ་ལ་ཞི་གནས་ཙུང་ཟད་དང་དགག །རྒྱུན་ཅན་རྒྱུན་མེད་ཁ་ཅིག་ཕ་རོལ་ཕྱིན་པ་དང་མཐོང་ལམ་མཚུངས་པས་དགག །གྲུབ་དོན་བསྡུས་ཏེ་བླུན་ཤན་ཐོས་ལུགས་ཀྱི་ཚ་ཚའི་དཔེ་པོའི་རྫུན་ཕུགས་སྟེབ། འཕྲོས་དོན་འཁྲུལ་གཞིའི་ལུང་དོན་གཏན་ལ་དབབ་པའོ། །བཞི་པ་ལ་གསུམ། ནཱ་རོའི་ཛ་བོ་ནཱ་རོ་ཏ་པ་ནི་གསུང་བགྲོས་དཔེ་དོན་སོ་སོར་བཀྲལ། འཕགས་པའི་ལུང་རིམ་ལྔ་དང་ནི་སྤྱོད་བསྡུས་སུ་དོན་དཔེའི་རྟོགས་པར་བསྟན། དེས་ན་གྲུབ་དེ་དང་ལམ་འབྲས་ལ་སོགས་པ་ཐོབ་དགོངས་པ་གཅིག་ཏུ་བསྟན་པའོ། །བཞི་པ་ལ་ལྔ། ལམ་གྱི་རྩ་བ་བླ་མ་བསྟེན་ཚུལ་བཤད། ལམ་ལ་འཇུག་ཚུལ་དབང་བསྐུར་དང་པོ་མ་ཐོབ་པར་གོ་རིམ་འཆོལ་བ་དགག །ལམ་གྱི་ཡན་ལག་མཆོད་གཏོར་འཁྲུལ་པ་དགག །ལམ་གྱི་དམིགས་རྟེན་སྐུ་གཟུགས་འཁྲུལ་པ་དགག །ལམ་གྱི་སྒྲུབ་ཐབས་མདོ་སྔགས་འཆོལ་བ་དགག་པའོ། །དང་པོ་ལ་གཉིས། ཐེག་ཐེག་པ་གསུམ་གྱི་ལག་ལེན་ཡང་གསུམ་བླ་མའི་མཚན་ཉིད་སོ་སོར་བཤད། མཚན་ལྡན་དེས་ན་དབང་བསྐུར་ཐོབ་པའི་མི་བླ་མ་བརྟེན་ཚུལ་གནད་དུ་བསྟན་པའོ། །

གསུམ་པ་ལ་གསུམ། གཏོར་གཞན་ཡང་གདངས་རིའི་ཁྲོད་འདི་ན་མའི་མཚན་སྔགས་གོ་རིམ་ནོར་བ་དགག །ཚུ་སྦྱིན་ཁ

ཅིག་ཆུ་སྦྲིན་ནང་དུ་ཟན་རྫས་ཀྱི་ངོ་བོ་ལྷག་པ་དགག །ཟས་ཀྱིས་ཟན་གྱི་ཕུད་ལ་ལྷ་བཞོས་དང་ཕུད་མཆོད་དབྱིབས་གཟུགས་འཁྲུལ་པ་དགག་པའོ། །བཞི་པ་ལ་གཉིས། ལྷུང་བཞགས་སངས་རྒྱས་རབ་ཏུ་བྱུང་བ་ཡི་ལྷ་ལ་ཕྱག་མཚན་མཆོན་ཆ་དགག །རིགས་ལྔའི་ལྷ་ལ་ཁ་དོག་སེར་འབྱམས་དགག་པའོ། །གཉིས་པ་ལ་བཞི། མདོ་བྱང་ཆུབ་མཆོག་གི་ཕྱག་རྒྱ་སོགས་ལུགས་ཡིན་པ་རང་བཟོར་བསྟན་ནས་དགག །བྱ་སྤྱོད་གཉིས་བྱ་སྤྱོད་གཉིས་ཀྱི་རྒྱུད་དུ་ཡང་ལ་རིགས་ལྔ་མེད་པས་དགག །གོང་མ་རྣལ་འབྱོར་རྒྱུད་དུ་གསུངས་པ་ཡི་གཉིས་དང་མཐུན་པ་མིན་པས་དགག །འཁྲུལ་སངས་རྒྱས་གསེར་མདོག་ཅེས་གསུངས་པ་གཞིའི་ལུང་དོན་བཤད་དེ་ལུང་འགལ་བསྟན་པའོ། །ལྔ་པ་ལ་གསུམ། མདོ་ལ་སྔགས་ཀྱི་སྒྲུབ་ཐབས་འཆོལ་བ་དགག །སྔགས་ལ་མདོའི་སྒྲུབ་ཐབས་འཆོལ་བ་དགག །གཉིས་ཀ་ཕན་ཚུན་འཆོལ་བ་གཉིས་ཀ་དགག་པའོ། །གཉིས་པ་ལ་གཉིས། དགག་བྱའི་གཙོ་གཞན་ཡང་རབ་གནས་མདོ་ལུགས་དང་བོ་ཐུན་མོང་གྲངས་སུ་བགྲང་། དོན་དེ་འགོག་པའི་རྣམ་གཞག་སོ་སོར་བཤད་པའོ། །གཉིས་པ་ལ་གསུམ། རབ་གནས་མདོའི་ལུགས་སུ་འཆོལ་བ་དགག །ཕྱག་རྡོར་སྔགས་ཕྱག་ན་རྡོ་རྗེའི་བསྒོམ་བཟླས་ཀུང་ཀྱི་ལུགས་སུ་འཆོལ་བ་དགག །ལྷུང་ལྷུང་བཞགས་སངས་རྒྱས་ཕྱག་མཚན་ལ་བཞགས་སྔགས་ཀྱི་ལུགས་སུ་འཆོལ་བ་དགག་པའོ། །དང་པོ་ལ་གཉིས། རབ་གནས་བྱེད་པའི་ཚིག་བརྟགས་ཏེ་དགག །རབ་གནས་བྱེད་པའི་གང་ཟག་བརྟགས་ཏེ་དགག་པའོ། །དང་པོ་ལ་བཞི། མཆོད་བསྟོད་ཙམ་ལ་མདོ་ནས་རབ་གནས་བཤད་པ་མེད་བྱེད་ན་ཆོད་ལས་གྲོལ། སྦྱོར་ལྷ་བསྒོམ་པ་དང་སྔགས་བཟླས་ཀུང་དངོས་རྗེས་ཆོག་སྔགས་ལུགས་ཁོ་ནར་བསྟན་པའོ། །ཉིས་སྤྱོང་ལ་ལ་མདོ་ལུགས་ཡིན་ཞེས་སྨྲ་གདམས་ངག་ཡིན་པ་དྲིས་ནས་དགག །ཞར་བྱུང་གསང་ཁ་ཅིག་གསང་བ་འདུས་པའི་ལྷ་འདུས་མདོ་རུ་བཙོས་པ་དགག་པའོ། །གཉིས་པ་ལ་བཞི། རབ་ལྷ་ལ་རབ་ཏུ་གནས་པ་དང་གནས་སློབ་དཔོན་ཁོ་ནའི་བྱ་བར་བསྟན། འཕྲོས་རྡོ་རྗེ་སློབ་མའི་དབང་བསྐུར་ཙམ་དོན་རྡོ་རྗེ་སློབ་མའི་ཕྲིན་ལས་བཤད། སྐབས་རྡོ་རྗེ་སློབ་དཔོན་དབང་ཐོབ་ནས་དོན་རྡོ་རྗེ་སློབ་དཔོན་ཕྲིན་ལས་བཤད། གྲུབ་དོན་དཔེ་དེང་སང་རབ་གནས་མདོ་ལུགས་ཞེས་དང་སྦྱར་ཏེ་རིགས་པས་དགག་པའོ། །

སྤྱི་སྡོམ་བཞི་པ་ལ་གསུམ། རིམ་དགུའི་ལྷ་བའི་དབྱེ་བ་ཐ་དད་དགག །རྒྱུད་བཞིའི་ལྷ་བའི་ངོ་བོ་ཀུན་རྫོབ་དགག །ཞར་བྱུང་རྣལ་འབྱོར་བཞི་རིམ་འཁྲུལ་པ་དགག་པའོ། །དང་པོ་ལ་བཞི། ཐེག་ཁ་ཅིག་ཐེག་པའི་རིམ་དགུ་ལ་པ་རིམ་དགུའི་ལྷ་བའི་འདོད་ཚུལ་འགོད། ཐེག་ཉན་ཐོས་དང་ནི་ཐེག་ཆེན་ལ་པ་ཆེ་ཆུང་ལྷ་བའི་རིམ་པ་བསྟན། མདོ་ཕ་རོལ་ཕྱིན་དང་གསང་སྔགས་ལ་སྔགས་ལྷ་བའི་རིམ་པ་རིགས་པས་དགག །གྲུབ་དོན་བསྡུས་ཏེ་དེས་ན་བཤད་པས་གོ་བ་ཡི་ཐབས་ཀྱི་ཁྱད་པར་བསྟན་པའོ། །གཉིས་པ་ལ་བཞི། མདོ་དང་ཁ་ཅིག་དབུ་མའི་ལྷ་བ་ནི་རྒྱུད་བཞིའི་ལྷ་བའི་འདོད་ཚུལ་འགོད། ཀུན་རྫོབ་ལྷ་བར་འདོད་པ་གཅིག་ཏུ་དགག །ཀུན་རྫོབ་ལྷ་རུ་གནས་པ་ཕྱི་སྟེ་དགག །ཀུན་

རྫོབ་དེ་ནས་ཀུན་རྫོབ་ལོག་པ་དང་ལྷ་བར་འགྲུབ་པའི་རང་འཚང་བསྟན་པའོ། །གཉིས་པ་ལ་གཉིས། འཕྲོས་དོན་རྣམ་དབྱེའི་ཚུལ་ལྷ་སྒོམ་རྣམ་དབྱེ་མ་ཕྱེ་ཅིང་ལ་རྨོངས་པར་བསྟན། སྐབས་དོན་རིགས་གསུམ་ལ་སོགས་སངས་རྒྱས་སུ་རིགས་པའི་གཙོ་བོ་ངོ་ཡི་བཟུང་བའོ། །གསུམ་པ་ལ་གཉིས། རྒྱུད་གསུམ་ཀུན་རྫོབ་ལྷ་རུ་གནས་པ་དགག །བླ་མེད་རྣལ་འབྱོར་ཆེན་པོའི་རྒྱུད་སྡེ་ལས་ཀུན་རྫོབ་ལྷ་རུ་གནས་པར་བསྟན་པའོ། །དང་པོ་ལ་བཞི། ཐུན་མོང་བྱ་སྤྱོད་རྣལ་འབྱོར་རྒྱུད་གཉིས་སུ་འགོག་པའི་དམ་བཅའ་བསྡུས་ཏེ་བསྟན། འཕྲོས་དོན་རྒྱུད་སྡེའི་ཉམས་ལེན་གཞན་དུ་བསྟན། སྐབས་དོན་འགོག་བྱེད་རིགས་པ་གཞན་དུ་བསྟན། གྲུབ་དོན་དེས་ན་རྣལ་འབྱོར་རྒྱུད་མན་ཆད་རྒྱུད་གསུམ་ཀུན་རྫོབ་གཞན་དུ་བསྟན་པའོ། །གཉིས་པ་ལ་བཞི། བྱ་རྒྱུད་འོན་ཀྱང་བྱ་བའི་རྒྱུད་དུ་ནི་མདུན་བསྐྱེད་ཉམས་ལེན་གཞན་དུ་བསྟན། སྤྱོད་རྒྱུད་བདག་འདུན་སྤྱོད་པའི་རྒྱུད་དུ་དྲིས་སྐུ་དང་ཉམས་ལེན་གཞན་དུ་བསྟན། རྣལ་འབྱོར་རྣལ་འབྱོར་རྒྱུད་དུ་ཕྱི་རོལ་ལ་སེམས་དཔའ་རྣམ་གཉིས་གཞན་དུ་བསྟན། བླ་མེད་རྣལ་འབྱོར་ཆེན་པོའི་རྒྱུད་དུ་ནི་དག་པ་རྣམ་གསུམ་གཞན་དུ་བསྟན་པའོ། །གསུམ་པ་ལ་གཉིས། བྱ་རྒྱུད་ཀུན་རྫོབ་རིགས་གསུམ་ཡིན་པ་དགག །སྤྱོད་རྒྱུད་ཀུན་རྫོབ་རིགས་ལྔ་ཡིན་པ་དགག་པའོ། །དང་པོ་ལ་གཉིས། དཀའ་ཐུབ་གལ་ཏེ་བྱ་བའི་རྒྱུད་ཀྱི་ཡང་གཙང་སྦྲ་འགལ་བའི་རིགས་པ་དངོས། རིགས་ལྷ་ལ་གཙང་དང་མི་གཙང་མེད་པ་དེའི་ཁྱབ་སྒྲུབ་འགལ་བར་བསྟན་པའོ། །གཉིས་པ་ལ་གཉིས། ཞར་བྱུང་ཁ་ཅིག་སྤྱོད་པའི་རྒྱུད་ཀྱི་ཡང་གཞན་གྱི་འདོད་པ་བརྗོད་ནས་དགག །སྐབས་དོན་སྤྱོད་པའི་རྒྱུད་ལ་རིགས་ལྔ་ཡི་རིགས་པའི་གཙོ་བོ་ངོ་ཡི་བཟུང་བའོ། །གཉིས་པ་ལ་གསུམ། རྣལ་འབྱོར་ཐེག་པའི་རིམ་པར་བཀོད་པ་དགག །འཕྲོས་དོན་དེས་ན་ཐོས་པའི་ལྟ་བ་ནི་མདོ་སྔགས་ལྟ་བ་གཅིག་ཏུ་བསྟན། གྲུབ་དོན་ཐེག་དེ་རྟོགས་པའི་ཐབས་ལ་ནི་པའི་རིམ་པ་ཐབས་སུ་བསྟན་པའོ། །དང་པོ་ལ་བཞི། གསང་སྔགས་གསང་སྔགས་སྔ་འགྱུར་པ་རྣམས་ནི་རྙིང་མའི་རྣལ་འབྱོར་རིམ་པ་བརྗོད། གསང་སྔགས་གསང་སྔགས་ཕྱི་འགྱུར་བ་རྣམས་ནི་གསར་མའི་རྣལ་འབྱོར་རིམ་པ་བརྗོད། ཚུལ་དེ་དེས་ན་རྒྱུད་སྡེ་བཞི་པོ་ཡི་དོན་དང་མཐུན་པའི་སྒྲུབ་བྱེད་བརྗོད། ཚུལ་དེས་ལུགས་འདི་ལེགས་པར་ཤེས་འགྱུར་ན་རྙིང་མའི་འདོད་པའང་ཁེགས་པར་བསྟན་པའོ། །

ཕྱི་སྒོམ་ལྟ་བ་ལ་གསུམ། སྒྲུབ་ཐབས་གཞན་ལ་འཁྲུལ་པའི་ལོག་རྟོག་དགག །གཞན་ལ་འཁྲུལ་པ་མེད་པའི་སྒྲུབ་ཐབས་བསྟན། ལྷ་གྲུབ་གྲུབ་མཐའི་རྣམ་དབྱེ་མི་ཤེས་ཤིང་རྣམ་དབྱེ་མི་ཤེས་རང་བཟོར་བསྟན་པའོ། །དང་པོ་ལ་གསུམ། བྱ་བའི་རྒྱུད་སྡེ་བཞིའི་སྒྲུབ་པ་ཡང་རྒྱུད་ལ་བདག་བསྐྱེད་སྒྲུབ་ཐབས་འཁྲུལ། བདག་བསྐྱེད་སྒྲུབ་ཐབས་བདག་བསྐྱེད་སྒྲུབ་ཐབས་ཡོད་པ་ནི་གོང་མའི་ལུགས་སུ་བསྟན། དེ་ལ་སྨྱུང་གནས་དེ་ལྟར་བྱེད་ན་སྨྱུང་གནས་མེད་འགལ་བའི་རིགས་པ་བསྟན་པའོ། །གཉིས་པ་ལ་གསུམ། བྱ་རྒྱུད་གལ་ཏེ་སྨྱུང་གནས་བྱེད་འདོད་ན་གཞན་ལ་འཁྲུལ་མེད་སྒྲུབ་

ཐབས་བསྟན། སྤྱོད་དང་སྤྱོད་དང་རྣལ་འབྱོར་རྒྱུད་གཉིས་སུ་རྣལ་འབྱོར་རྒྱུད་ཀྱི་སྒྲུབ་ཐབས་བསྟན། བླ་མེད་རྣལ་འབྱོར་ཆེན་པོའི་རྒྱུད་རྣམས་སུ་སྒྲུབ་ཐབས་ཞལ་ཤེས་ཉིད་དུ་བསྟན་པའོ། །

སྤྱི་སྡོམ་དྲུག་པ་ལ་གསུམ། སྤྱོད་པའི་དབང་བཞི་ཡོངས་སུ་རྫོགས་པ་དང་གནད་ལ་འཁྲུལ་མེད་རང་ལུགས་སྒྲུབ། སྤྱོད་པའི་གནད་ལ་འཁྲུལ་པའི་གཞན་ལུགས་དགག །གྲུབ་དོན་ཏི་སེ་དང་ནི་ཙ་རི་སོགས་གནད་ཀྱི་སྙིང་པོ་བསྡུས་ཏེ་བསྟན་པའོ། །གཉིས་པ་ལ་གཉིས། གང་གིས་དེང་སང་གསང་སྔགས་མ་ཤེས་ན་སྤྱོད་པའི་གང་ཟག་འཁྲུལ་པ་དགག །གང་དུ་སྤྱོད་པའི་གནས་ལ་འཁྲུལ་པ་དགག་པའོ། །དང་པོ་ལ་གསུམ། སྔགས་དེང་སང་གསང་སྔགས་མི་ཤེས་པར་མེད་སྒོམ་ཆེན་ཡུལ་ཆེན་རྒྱུ་བ་འཁྲུལ། སྔགས་གསང་སྔགས་སྒོམ་པའི་རྟོགས་པ་ཅན་ལན་རྒྱུ་བ་དངོས་གྲུབ་རིམ་པར་བསྟན་པའོ། །གཉིས་པ་ལ་གཉིས། ཏི་སེ་གངས་ཅན་ཡིན་པར་སྨྲ་བ་དགག །ཙ་རི་གནས་ཆེན་ཡིན་པར་སྨྲ་བ་དགག་པའོ། །དང་པོ་ལ་གསུམ། དགག་བྱ་དཔལ་ལྡན་དུས་ཀྱི་འཁོར་ལོ་དང་འགོག་པའི་དམ་བཅའ་བསྡུས་ཏེ་བསྟན། སྐབས་དོན་འགོག་པའི་ལུང་རིགས་རྒྱས་པར་བཤད། འཕྲོས་དོན་དེ་ལ་གཞན་གྱིས་ཉེས་སྤོང་དགག་པའོ། །གཉིས་པ་ལ་གཉིས། དངོས་སུ་གྲུབ་པ་གླང་པོ་རྣམས་ཀྱང་དེ་ན་མེད་པའི་མངོན་སུམ་བསལ་བ་ཕབ། ཏི་སེ་གངས་ཅན་ལུང་འགལ་བཞི་ཡིས་དགག །མ་ཕང་མ་ཕལ་པོ་ཆེའི་མདོ་ལས་ཀྱང་དྲོས་ཕལ་ཆེན་ལུང་གིས་དགག་པའོ། །གཉིས་པ་ལ་བཞི། དུས་ཀྱི་དེའི་གཏན་ཚིགས་འདི་ལྟར་ཡིན་འཁོར་ལོའི་ལུང་དོན་མིན་པས་དགག །དམ་ཆོས་མངོན་པ་ལས་ཀྱང་འདི་སྐད་དུ་མངོན་པའི་ལུང་དོན་མིན་པས་དགག །མུ་སྟེགས་མུ་སྟེགས་བྱེད་པའི་གཞུང་ལས་ཀྱང་ལུང་གི་དོན་ཡང་མིན་པས་དགག །རྨ་བྱ་རྨ་བྱ་ཆེན་མོའི་མདོ་ལས་ཀྱང་ཆེན་མོའི་མདོ་དང་འགལ་བས་དགག་པའོ། །གསུམ་པ་ལ་བཞི། གཞན་གྱིས་དེ་ལ་ཁ་ཅིག་འདི་སྐད་དུ་སྨྲས་པའི་ཉེས་སྤོང་བསྡུས་ཏེ་བརྗོད། སྐབས་དོན་འདི་ཡང་ཕྱི་སྟེ་བཤད་ཀྱི་ཉོན་རྩོད་ལན་རྣམ་དབྱེ་ཕྱེ་སྟེ་བསྟན། འཕྲོས་དོན་བསྐང་སྔགས་པའི་ཆེད་སྐབས་ཀྱི་དཔེར་བརྗོད་སོ་སོར་བསྟན། གྲུབ་དོན་དེས་ན་བྱ་རྒོད་ཕུང་པོ་སོགས་སྐབས་ཀྱི་རྩོད་ལན་འདི་ལ་སྦྱར་བའོ། །གཉིས་པ་ལ་གཉིས། ཙ་རི་ཙ་རི་ཏྲ་ཞེས་བྱ་བའི་ཡུལ་ཏྲ་ཧྲ་འདོད་པ་གཅིག་ཏུ་དགག །དེ་ཤྲི་ཀོ་དེ་ཤྲི་ཀོ་ཊའི་གནས་གཞན་ཞིག་ཏྲར་འདོད་པ་བརྟགས་ཏེ་དཔྱད་པའོ། །

སྤྱི་སྡོམ་བདུན་པ་ལ་ལྔ། མི་མཐུན་རྒྱུ་ལས་འབྲས་བུ་འབྱུང་བ་དགག །ལོག་པའི་ལ་ལ་སྟོང་ཉིད་བསྒོམ་པ་ལས་རྒྱུ་ལས་འབྲས་བུ་འབྱུང་བ་དགག །རྒྱུ་ཁ་ཅིག་ས་ལམ་མི་བསྒྲོད་པར་མེད་པ་ལས་འབྲས་བུ་འབྱུང་བ་དགག །མ་ལ་ལ་དབང་བཞི་མི་འདོད་ཅིང་ཚངས་རྒྱུ་ལས་འབྲས་བུ་འབྱུང་བ་དགག །རྒྱུ་ཚོགས་འབྲས་བུ་འཁྲུལ་བར་སྨྲ་བ་དགག་པའོ། །དང་པོ་ལ་བཞི། དཀར་པོ་ཁ་ཅིག་དཀར་པོ་ཆིག་ཐུབ་ལས་ཆིག་ཐུབ་སྨྲ་བའི་འདོད་པ་འགོད། སྐབས་དོན

འགོག་པའི་ལུང་རིགས་རྒྱས་པར་བཤད། འཕྲོས་དོན་གནད་ཀྱི་རྣམ་གཞག་རྒྱས་པར་བཤད། གྲུབ་དོན་ལུང་རིགས་རྣམ་དབྱེ་བསྡུས་ཏེ་བསྟན་པའོ། །གཉིས་པ་ལ་གསུམ། གཅིག་གཅིག་ལས་འབྲས་བུ་འབྱུང་མི་ནུས་ཉིད་ཡིན་ན་འབྲས་བུ་བརྟགས་ཏེ་དགག །ཐབས་གཞན་དགོས་ན་ཆིག་ཐུབ་འགལ་ཞིག་ཆིག་ཐུབ་བསྒོམ་པ་ཡི་ཡིན་པ་དགག །འཁྲུལ་གཞི་སྟོང་ཉིད་བསྔགས་པའི་ལུང་དོན་བཤད་པའོ། །གསུམ་པ་ལ་གསུམ། དགོས་པའི་ཐུབ་པས་སྟོང་ཉིད་བསྔགས་པ་ནི་གཙོ་བོ་དངོས་འཛིན་ལྡོག་པར་བསྟན། དགོངས་གཞིའི་གཙོ་བོ་མདོ་སངས་རྒྱས་ཕྱག་འཚལ་བསྟོད་ཙམ་གྱིས་གཞན་དཔེ་ཡིས་བསྒྲུབ། དངོས་ལ་གནོད་བྱེད་ལུང་རིགས་རྣམ་གཉིས་བསྟན་པའོ། །གསུམ་པ་ལ་གསུམ། རིགས་པའི་གཙོ་བོ་མདའ་རྒྱང་ལ་ནི་བྱེད་པ་མེད་དཔེ་དང་སྦྱར་ཏེ་བསྟན། ལུང་གི་རྡོ་རྗེ་གུར་ལས་འདི་སྐད་གསུངས་གཙོ་བོ་གསུམ་དུ་བསྡུས་ནས་བསྟན་པའོ། །གསུམ་པ་ལ་བཞི། ཐབས་དེས་ན་ཐབས་ལ་མ་སྦྱངས་པར་དང་བྲལ་ན་ཀུན་མཁྱེན་སྒྲུབ་པར་དཀའ། དེ་ཕྱིར་ཐགས་ཀྱི་རྒྱུ་རྣམས་ཕལ་ཆེར་མཐུན་འབྲས་བུའི་བཟང་ངན་ཐབས་ཀྱིས་ཕྱེ། དེས་ན་ཐབས་དེས་ན་སངས་རྒྱས་ཐོབ་འདོད་ན་མཁས་ནན་ཏན་བྱ་བར་རིགས། སྒྲུབ་བྱེད་དེ་ཡང་མདོ་སྡེ་རྒྱན་ལས་ནི་བྱམས་པ་དཔའ་བོའི་ལུང་དང་སྦྱར་བའོ། །བཞི་པ་ལ་གཉིས། སྟོང་ཉིད་འདྲིས་དེས་ན་སངས་རྒྱས་ཐོབ་འདོད་ན། །སྟོང་པ་ཉིད་ལ་འདྲིས་པར་གྱིས་ནས་ཐབས་ལ་འབད་པར་གདམས། སྟོང་རྐྱང་བསྒོམས་སྟོང་ཉིད་རྐྱང་པ་བསྒོམ་ན་ནི་པའི་ཉེས་དམིགས་ལུང་རིགས་བསྟན་པའོ། །ལྔ་པ་ལ་གཉིས། ཟུང་འཇུག་སྦྱངས་ཁ་ཅིག་འབྲས་བུའི་མཐར་ཐུག་ནི། །འོད་གསལ་ཡིན་ཞེས་སྨྲ་བ་ཐོས་པའི་འོད་གསལ་མཐར་ཐུག་དགག །གྲུབ་པ་ལ་ལ་གྲུབ་ཐོབ་ངན་ཞེས་ཟེར་སྦྱངས་པའི་རྟོགས་ལྡན་མཐར་ཐུག་དགག་པའོ། །

སྤྱི་སྡོམ་བརྒྱད་པ་ལ་གཉིས། ཉམས་དང་གོ་རྟོགས་བཟང་ངན་ཤན་འབྱེད་བརྟག །རྣལ་འབྱོར་བཞི་ལ་ས་བཅུའི་སྦྱོར་ཚུལ་བརྟག་པའོ། །དང་པོ་ལ་བཞི། ཉམས་སོགས་ལ་ལ་ཉམས་དང་གོ་བ་དང་བཟང་ངན་སྐྱེད་པའི་འདོད་པ་འགོད། ཉམས་ཉམས་ཞེས་བྱ་བ་ཉམས་མྱོང་ལ་ཀྱི་ངོས་འཛིན་གསུམ་དུ་དབྱེ་ནས་བརྟག །གོ་གོ་བ་དང་ནི་རྟོགས་པ་གཉིས་རྟོགས་རྣམ་གྲངས་ཙམ་དུ་བསྟན་ནས་དགག །མཐར་ཐུག་གཞུང་ལུགས་འགའ་ལས་སྒོམ་པ་ཡི་ཉམས་རྟོགས་གཅིག་ཏུ་བསྟན་ནས་དགག་པའོ། །གཉིས་པ་ལ་གསུམ། རྣལ་འབྱོར་རྩ་ཚིག་དང་སྦྱོར་བྲལ་དང་སོ་སོར་སྦྱོར་བའི་འདོད་པ་འགོད། ཆོས་མཐུན་སྦྱོར་ན་འགལ་བ་མདོར་རུ་བསྟན། བདེན་སྦྱོར་ཅི་སྟེ་འཕགས་པའི་སར་བྱེད་ན་ཀུན་དང་འགལ་བར་བསྟན་པའོ། །གཉིས་པ་ལ་གཉིས། སྨྲ་འདི་ཡང་ཕྱི་སྟེ་བཤད་ཀྱིས་ཉེན་ལམ་ས་བཅུའི་ཆོས་མཐུན་དཔེར་བརྗོད་བསྟན། དེ་བཞིན་དེ་བཞིན་དཔེ་གཅིག་ལ་སོགས་པ་འདི་ལ་སྦྱོར་བའི་ལུང་ཁུངས་བརྟག་པའོ། །

ཨེ་མ་ཧོ། བསྟན་པའི་སྙིང་པོ་གསང་སྔགས་སྡོམ་པའི་སྐབས། །སྤྱི་སྡོམ་བརྒྱད་ཀྱི་གཞུང་དོན་ཆོད་ཆེ་ཞིང་། །

ནང་སེལ་སྒོམ་གྱིས་གཞུང་དོན་རྙེད་སླ་བའི། །ལེགས་བཤད་འདི་འདྲ་བདུད་རྩིའི་ཐིགས་པ་སྟེ། །འཇམ་དབྱངས་བཞེད་གཞུང་བདུད་རྩིའི་བུམ་པ་ནས། །རྣམ་དཔྱོད་ཕྱུར་མས་དྲངས་པའི་ཟབ་དོན་གནད། །སྒོམ་གསུམ་ལེགས་བཤད་རོ་མཆོག་མྱོང་འདོད་ན། །བདུད་རྩིའི་ཐིགས་པ་འདི་ལ་རོལ་ཅིག་ཨེ། །འདི་དག་གིས་ནི་སྔགས་སྒོམ་གྱི་སྐབས་ཀྱི་སྙིང་པོ་བསྡུས་དོན་དུ་དྲིལ་ནས་བརྗོད་ཟིན་པ་ཡིན་ནོ། །

༄ འོ་ན་འདི་མན་ཆད་ཀྱང་སྐབས་འདིར་གཏོགས་པ་མིན་ནམ་སྙམ་ན། ཤིན་ཏུ་ཡང་ཡིན་ཏེ། བསྟན་བཅོས་མཛད་པས་འདི་མན་སྐབས་གསུམ་པར་བསྡུས་ནས་སྐབས་གསུམ་གྱི་ཐ་སྙད་མཛད་པའི་ཕྱིར་རོ། དེ་ལྟ་མོད་ཀྱང་ཁོ་བོས་འདི་ཡན་ཆད་སྐབས་གསུམ་པ་དངོས་སུ་བྱས་ནས་སྤྱི་སྒོམ་བརྒྱད་དུ་བསྡུས། འདི་མན་ཆད་སྐབས་གསུམ་ཐུན་མོང་དུ་བྱས་ནས་སྤྱི་སྒོམ་བཞི་དང་། རྗེས་ཀྱི་ཆོས་བཞི་སྟེ་བརྒྱད་དུ་བསྡུས་པ་རྣམས་ལེགས་སུ་བཀོད་པ་ལ་ནི། དགོས་པ་གཉིས་ཡོད་དེ། འདི་ཡན་ཆད་ཀྱི་ལུས་རྣམ་གཞག་གིས་ཟིན་པའི་ཡན་ལག་རྒྱུད་བཤད་རྣམས་རྫོགས་ཟིན་ནས། འདི་མན་ཆད་ནི། འཕྲོས་དོན་དང་ཞར་བྱུང་ཙམ་ཡིན་ནོ་ཞེས་ཤེས་པའི་ཆེད་དང་། འདི་ཐམས་ཅད་རྒྱུས་ཐོག་གཅིག་ལ་བཤད་ན། བསྡུས་དོན་ཚོགས་ཆེས་པས། གདུལ་བྱ་སྒྲིབ་ལུགས་པར་འགྱུར་བ་སྤྱངས་པའི་ཆེད་དེ་གཉིས་ཡིན་པའི་ཕྱིར་རོ། །གང་དག་འདི་ཐམས་ཅད་དཀྱུས་ཐོག་གཅིག་ལ་འཆད་བཞིན་དུ། སྐབས་འདིར་རིག་འཛིན་སྒོམ་པའི་སྐབས་སོ་ཞེས་པའི་རྫོགས་ཚིག་འཇུག་པ་ནི་མི་འཐད་པར་སེམས་ཏེ། འདི་མན་ཆད་སྐབས་གསུམ་པར་འདུའམ་མི་འདུ། མི་འདུ་ན་སྐབས་བཞིར་ཐལ་ཞིང་། འདུ་ན། འདིར་བཅུག་པ་ལ་དགོས་པ་ཅི་ཡོད། དེས་ན་འདི་ཁོ་ནར་རིག་འཛིན་སྒོམ་པའི་སྐབས་ཏེ་སྐབས་གསུམ་པའོ། །ཞེས་འཇུག་དགོས་ཏེ། འདི་མན་ཆད་སྤྱིར་ཆོས་ལོག་སྲུན་འབྱིན་ཙམ་ཡིན་གྱི། སྔགས་སྒོམ་ཁོ་ནའི་དབང་དུ་བྱས་པ་མིན་པའི་ཕྱིར་ཞེས་གསུངས་པ་ནི། འོ་ན་ལུས་རྣམ་གཞག་ཡན་ཆད་ཀྱང་སོར་སྒོམ་ཁོ་ནའི་དབང་དུ་བྱས་པ་མིན་པས། སོ་ཐར་གྱི་སྐབས་སུ་མི་འདུ་བར་ཐལ་བ་བཟློག་ཏུ་མེད་དོ། །དེ་ཡན་ཆད་སྐབས་དང་པོར་བསྟན་བཅོས་མཛད་པས་བསྡུས་འདུག་པ་སྙམ་ན། འདི་མན་ཆད་ཀྱང་སྐབས་གསུམ་པར་བསྟན་བཅོས་མཛད་པས་བསྡུས་གདའ་བ། འོ་ན་ཁྱོད་རང་ལ་ཡང་སྐབས་བཞིར་ཐལ་བ་མིན་ནམ་སྙམ་ན། ཁོ་བོ་ཅག་གི་བསྡུས་དོན་གྱི་ས་བཅད་འདི་ལ་སྐབས་བཞི་ཡོད་པ་ནི་འདོད་ལ། སྒོམ་གསུམ་གྱི་གཞུང་ལ་སྐབས་བཞི་བཟོ་བ་ནི་མིན་ཏེ༑ ཅི་སྟེ་འཕགས་པའི་སར་བྱེད་ན། །མདོ་རྒྱུད་ཀུན་དང་འགལ་བར་འགྱུར། །ཞེས་པའི་དེ་མ་ཐག་འདི་ཁོ་ནར་སྐབས་གསུམ་པའི་མཇུག་རྫོགས་སོ་ཞེས་མི་སྨྲ་བའི་ཕྱིར་རོ། །འདི་ཙམ་གྱི་རྣམ་རྟོག་གི་ཟེར་ཤུན་ལ་དཔྱད་རིན་ཅི་ཆོག །གཞུང་ལུགས་ཆེན་པོའི་དགོངས་པའི་བབས་འདི་ལ་ཉིན་མཚན་ཀུན་ཏུ་དཔྱོད་ཅིས། དགེའོ་བཀྲ་ཤིས།

དཔལ་མཉན་ཡོད་ཀྱི་ཆོས་གྲྭར་ནུ་གརྫུ་ནས་སྦྱར་བ་རི་ཞིག་རྫོགས་སོ།། །།

༄༅། །སྐབས་གསུམ་སྤྱིའི་དོན་གྱི་བསྡུས་དོན་བདུད་རྩིའི་ཐིགས་པ་ཚིགས་སུ་བཅད་པ་བཞུགས་སོ། །

མང་ཐོས་ཀླུ་སྒྲུབ་རྒྱ་མཚོ།

གང་གི་མཁྱེན་བརྩེའི་འོད་ཟེར་གྱིས། །བདག་བློའི་པད་དཀར་བཞད་མཛད་དེ། །སྐལ་བཟང་བུང་བའི་ཡིད་འཕྲོག་པའི། །ལེགས་བཤད་དགའ་སྟོན་འདི་ཡིན་ནོ། །བསྙེན་པའི་གཞི་མ་སོ་ཐར་སྐབས། །སྤྱི་སྡོམ་དྲུག་ཏུ་བསྡུས་ཏེ་བཤད། །བསྙེན་པའི་རྩ་བ་བྱང་སྡོམ་སྐབས། །སྤྱི་སྡོམ་བཞི་རུ་བསྡུས་ཏེ་བཤད། །བསྙེན་པའི་སྙིང་པོ་སྔགས་སྡོམ་སྐབས། །སྤྱི་སྡོམ་བརྒྱད་དུ་བསྡུས་ཏེ་བཤད། །སྡོམ་གསུམ་ཐུན་མོང་གཙོ་བོའི་སྐབས། །སྤྱི་སྡོམ་བཞི་རུ་བསྡུས་ཏེ་བཤད། །དེ་ལྟར་བསྙན་བཅོས་དངོས་བཞི་ལ། །སྤྱི་སྡོམ་ཉི་ཤུ་རྩ་གཉིས་ཡོད། །བསྟན་བཅོས་སྟོན་འགྲོའི་ཆོས་བཞི་དང་། །རྗེས་ཀྱི་ཆོས་བཞིའང་བསྟན་ནས་ནི། །སྡོམ་གསུམ་རབ་དབྱེ་བསྟན་བཅོས་འདི། །སྤྱི་སྡོམ་སུམ་ཅུས་བཤད་པའི་སྲོལ། །སྟོན་མེད་ལེགས་བཤད་ཤིང་རྟའི་སྲོལ། །དེང་སང་ཀླུ་སྒྲུབ་ཁོ་ནའི་སྲོལ། །ཡིན་གྱི་གཞན་གྱི་སྲོལ་ལ་མེད། །དེ་ཡང་སོ་སོའི་སྤྱི་སྡོམ་དང་། །སྡོམ་དེར་བསྡུས་པའི་གཞུང་ཚིག་གྲངས། །འཁྲུལ་མེད་དོན་བཟང་སྟན་པའི་གཏམ། །ཅུང་ཟད་འཆད་ཀྱི་སྤྲོ་བ་བསྐྱེད། །རྩ་བ་སྡོམ་པ་བསྐྱེད་པ་དང་། །སྙིང་པོ་གཞིའི་བཞུགས་ཚུལ་དང་། །དགེ་སྡིག་ལས་ཀྱི་མདོར་ལེན་དང་། །ལས་ཀྱི་འབྲས་བུ་སྨྱོང་ཚུལ་དང་། །སྤང་བྱ་ལྟུང་བ་སྲུང་ཚུལ་དང་། །ལག་ལེན་སྤྱོད་པ་བྱེད་ཚུལ་དྲུག །འཁྲུལ་པ་བཀག་ནས་འཁྲུལ་མེད་སྒྲུབ། །སོར་སྡོམ་སྐབས་ཀྱི་སྡོམ་དྲུག་ཡིན། །དེ་ཡང་སྤྱི་སྡོམ་དང་པོ་ལ། །ཚིགས་བཅད་བཅུ་ཕྲག་བཞི་དང་ནི། །ཚིག་རྐང་རྣམ་པ་གསུམ་ཡོད་དོ། །གཉིས་པ་དང་ནི་གསུམ་པ་ལ། །ཚིགས་བཅད་བརྒྱ་དང་བཅུ་གསུམ་ཡོད། །དེར་རྗེས་སྤྱི་སྡོམ་བཞི་པ་ལ། །ཚིགས་སུ་བཅད་པ་བཅུ་བཞི་དང་། །ཚིག་རྐང་རྣམ་པ་གཅིག་ཡོད་དོ། །ལྔ་པ་ལ་ནི་ཚིགས་བཅད་གྲངས། །བཅུ་ཕྲག་ལྔ་དང་བདུན་ཕྲག་གཅིག །ཚིག་རྐང་རྣམ་པ་གསུམ་ཡོད་དོ། །དེ་རྗེས་སྤྱི་སྡོམ་དྲུག་པ་ལ། །ཚིགས་བཅད་ཉི་ཤུ་རྩ་གཉིས་དང་། །ཚིག་རྐང་རྣམ་པ་གསུམ་ཡོད་དོ། །དེ་ལྟར་སྡོམ་དྲུག་སྡོམ་པ་ཡི། །སོ་ཐར་སྡོམ་པའི་སྐབས་འདི་ལ། །ཚིགས་བཅད་ཉིས་བརྒྱ་ཞེ་བདུན་ཡོད། །དེས་ནི་སོ་ཐར་སྡོམ་པ་ཡི། །སྤྱི་སྡོམ་དྲུག་གིས་ནང་སེལ་གྱི། །གཞུང་ཚད་བསྡུས་ཚུལ་བཤད་པ་ཡིན། །

ད་ནི་ཁོ་བོ་བྱང་སྡོམ་འཆད། །ཀུན་རྫོབ་ལུགས་གཉིས་སེམས་བསྐྱེད་དང་། །མི་ཏོག་དོན་དམ་སེམས་བསྐྱེད་དང་། །སེམས་བསྐྱེད་བསླབ་བྱའི་གཙོ་བོ་དང་། །ཐུན་མོང་ཐབས་ཤེས་སྣ་ཚོགས་ལ། །འཁྲུལ་པ་འགོག་དང་འཁྲུལ་མེད་སྒྲུབ། །བྱང་སྡོམ་སྐབས་ཀྱི་སྡོམ་བཞི་ཡིན། །དེ་ཡང་སྤྱི་སྡོམ་དང་པོ་ལ། །ཚིགས་སུ་བཅད་པ་བཅོ་བརྒྱད་དང་། །ཚིག་རྐང་རྣམ་པ་གསུམ་ཡོད་དོ། །གཉིས་པ་ལ་ནི་ཚིགས་བཅད་བཅུ། །གསུམ་པ་ལ་ནི་ཚིགས་བཅད་གྲངས། །བཅུ་ཕྲག་གཉིས་དང་བདུན་ཕྲག་གཅིག །དེར་རྗེས་སྤྱི་སྡོམ་བཞི་པ་ལ། །ཚིགས་སུ་བཅད་པ་བཅུ་དགུ་དང་། །ཚིག་རྐང་རྣམ་པ་གཅིག་ཡོད་དོ། །དེ་ལྟར་སྡོམ་བཞི་སྡོམས་པ་ཡི། །བྱང་སེམས་སྡོམ་པའི་སྐབས་འདི་ལ། །ཚིགས་བཅད་བདུན་ཅུ་རྩ་ལྔ་ཡོད། །དེ་ཕྱིར་སྐབས་གཉིས་སྡོམ་པ་ན། །ཚིགས་བཅད་བཞི་བརྒྱ་ཉེར་གཉིས་འབྱུང་། །དེས་ནི་བྱང་སེམས་སྡོམ་པ་ཡི། །སྤྱི་སྡོམ་བཞི་ཡིས་ནང་སེལ་གྱི། །གཞུང་ཚད་བསྡུས་ཚུལ་བཤད་པ་ཡིན། །

ད་ནི་ཁོ་བོ་སྔགས་སྡོམ་འཆད། །རྒྱ་བ་སྨིན་བྱེད་དབང་གི་གནད། །གྲོལ་བྱེད་རིམ་གཉིས་བསྒོམ་པའི་གནད། །ཡེ་ཤེས་ཕྱག་ཆེན་ངོ་སྤྲོད་གནད། །དོན་དམ་ལྟ་བ་སྐྱོང་བའི་གནད། །ཀུན་རྫོབ་ལྟ་ཚོགས་བསྒྲུབ་པའི་གནད། །བོགས་འཇིན་སྤྱོད་པ་རྒྱུ་བའི་གནད། །མཐར་ཐུག་ཐོབ་བྱ་འབྲས་བུའི་གནད། །གནས་སྐབས་ཐོབ་བྱེད་ས་ལམ་གནད། །འཁྲུལ་པ་འགོག་དང་འཁྲུལ་མེད་སྒྲུབ། །སྔགས་སྡོམ་སྐབས་ཀྱི་སྡོམ་བརྒྱད་ཡིན། །
དེ་ཡང་སྤྱིར་སྡོམ་དང་པོ་ལ། །ཚིགས་སུ་བཅད་པ་བརྒྱ་དང་ནི། །ཚིགས་བཅད་བཞི་དང་ཚིག་རྐང་གསུམ། །
གཉིས་པ་ལ་ནི་ཚིགས་བཅད་གྲངས། །བཅུ་ཕྲག་རྣམ་པ་བཞི་དང་ནི། །ཚིགས་བཅད་བཞི་དང་ཚིགས་རྐང་གསུམ། །དེར་རྗེས་སྤྱི་སྡོམ་གསུམ་པ་ལ། །ཚིགས་སུ་བཅད་པ་གོ་གསུམ་དང་། །ཚིག་རྐང་རྣམ་པ་གཉིས་ཡོད་དོ༑ ༑བཞི་པ་ལ་ནི་ཚིགས་བཅད་གྲངས། །སོ་གཅིག་དང་ནི་ཚིག་རྐང་གཅིག །ལྔ་པ་ལ་ནི་ཚིགས་བཅད་གྲངས། །
བཅུ་གཉིས་དང་ནི་ཚིགས་རྐང་གཅིག །དེར་རྗེས་སྤྱི་སྡོམ་དྲུག་པ་ལ། །ཚིགས་བཅད་བཅུ་ཕྲག་ལྔ་ཡོད་དོ། །
བདུན་པ་ལ་ནི་ཚིགས་བཅད་གྲངས། །ཞེ་གཉིས་དང་ནི་ཚིག་རྐང་གསུམ། །དེར་རྗེས་སྤྱི་སྡོམ་བརྒྱད་པ་ལ། །
ཚིགས་བཅད་བཅུ་ཕྲག་གཅིག་དང་དྲུག །དེ་ལྟར་སྡོམ་བརྒྱད་སྡོམ་པ་ཡི། །རིག་འཛིན་སྡོམ་པའི་སྐབས་འདི་ལ༑ ༑ཚིགས་སུ་བཅད་པ་བཞི་བརྒྱ་དང་། །ཚིགས་བཅད་ལྔ་དང་ཚིག་རྐང་གཉིས། །དེ་ལྟའི་སྐབས་གསུམ་སྡོམ་པ་ན། །ཚིགས་བཅད་བརྒྱད་བརྒྱ་ཉེར་བདུན་དང་། །ཚིག་རྐང་རྣམ་པ་གཉིས་སུ་འབྱུང་། །དེས་ནི་རིག་འཛིན་སྡོམ་པ་ཡི། །སྤྱི་སྡོམ་བརྒྱད་ཀྱིས་ནང་སེལ་གྱི། །གཞུང་ཚད་བསྡུས་ཚུལ་བཤད་པ་ཡིན། །

ད་ནི་སྐབས་གསུམ་ཐུན་མོང་འཆད། །སྡོམ་གསུམ་བཤད་ལ་རྩོད་པ་སྤང་བ་དང་། །སྡོམ་གསུམ་བཤད་

པའི་གྲུབ་དོན་བསྡུ་བ་དང་། །སྡོམ་གསུམ་བཤད་པའི་ཞར་ལས་བྱུང་པ་དང་། །སྡོམ་གསུམ་བཤད་པའི་འཕྲོས་དོན་བསྟན་པ་བཞི། །སྡོམ་གསུམ་ཐུན་མོང་སྐབས་ཀྱི་སྡོམ་བཞི་ཡིན། །དེ་ཡང་སྤྱི་སྡོམ་དང་པོ་ལ། །ཚིགས་སུ་བཅད་པ་བཅུ་བདུན་དང་། །ཚིག་རྐང་རྣམ་པ་གསུམ་ཡོད་དོ། །དེ་རྗེས་སྤྱི་སྡོམ་གཉིས་པ་ལ། །ཚིགས་སུ་བཅད་པ་བརྒྱ་དང་ནི། །ཚིགས་བཅད་བརྒྱ་དང་ཚིག་རྐང་གཅིག །གསུམ་པ་ལ་ནི་ཚིགས་བཅད་གྲངས། །ང་དྲུག་དང་ནི་ཚིག་རྐང་གཅིག །དེར་རྗེས་སྤྱི་སྡོམ་བཞི་པ་ལ། །ཚིགས་སུ་བཅད་པ་བཅུ་ཕྲག་ལྔ། །ཚིགས་བཅད་ལྔ་དང་ཚིགས་རྐང་གསུམ། །དེ་ལྟར་སྡོམ་བཞི་སྡོམ་པ་ཡི། །སྡོམ་གསུམ་ཐུན་མོང་སྐབས་འདི་ལ། །ཚིགས་བཅད་ཉིས་བརྒྱ་སོ་བརྒྱད་ཡོད། །དེ་ལྟའི་སྐབས་བཞི་སྡོམ་པ་ན། །ཚིགས་བཅད་སྟོང་ཕྲག་གཅིག་དང་ནི། །བཅུ་ཕྲག་དྲུག་དང་ལྔ་དང་ནི། །ཚིག་རྐང་རྣམ་པ་གཉིས་སུ་འབྱུང་། །དེས་ནི་སྡོམ་གསུམ་ཐུན་མོང་བའི། །སྤྱི་སྡོམ་བཞི་ཡིས་ནང་སེལ་གྱི། །གཞུང་ཚད་བསྡུས་ཚུལ་བཤད་པ་ཡིན། །

ད་ནི་སྔོན་འགྲོའི་ཆོས་བཞི་དང་། །རྗེས་ཀྱི་ཆོས་བཞི་བཤད་པར་བྱ། །མཚན་དང་མཆོད་བརྗོད་དམ་པ་དང་། །ལུས་ཀྱི་རྣམ་གཞག་རྣམ་པ་བཞི། །སྔོན་འགྲོའི་ཆོས་བཞིར་ཤེས་པར་བྱ། །བརྩམས་དོན་དགག་བྱ་མཇུག་བསྡུད་དང་། །རྩོམ་བྱེད་བསམ་པའི་མཇུག་བསྡུད་དང་། །བརྩམ་བྱ་གཞུང་གི་མཇུག་བསྡུད་དང་། །རྩོམ་བྱེད་སྦྱོར་བའི་མཇུག་བསྡུད་བཞི། །རྗེས་ཀྱི་ཆོས་བཞིར་ཤེས་པར་བྱ། །དེ་ཡང་སྔོན་འགྲོའི་ཆོས་བཞི་ལ། །ཚིགས་སུ་བཅད་པ་བདུན་ཕྲག་གཅིག །རྗེས་ཀྱི་ཆོས་ལ་ཚིགས་བཅད་གྲངས། །ཉེར་གཅིག་དང་ནི་རྐང་པ་གཉིས། །དེ་ཕྱིར་སྡོམ་གསུམ་རབ་དབྱེ་འདིའི། །སྔོན་འགྲོ་དངོས་གཞི་རྗེས་གསུམ་གྱི། །སྡོམ་ཚིག་སུམ་ཅུ་སྡོམས་པའི་ཚེ། །ཚིགས་བཅད་སྟོང་ཕྲག་གཅིག་དང་ནི། །བཅུ་ཕྲག་དགུ་དང་ཚིགས་བཅད་བཞི། །བསྟན་བཅོས་འདིའི་གཞུང་ལུགས་ཡིན། །

གང་འདིར་སྔོན་འགྲོ་རྗེས་རྣམ་གཉིས། །ཐུན་མོང་གཞུང་གི་སྐབས་སུ་བསྡུས། །དེ་ཕྱིར་རབ་དབྱེའི་བསྟན་བཅོས་འདི། །ཐུན་མོང་མིན་པའི་སྐབས་གསུམ་དང་། །ཐུན་མོང་སྤྱིའི་སྐབས་གཅིག་སྟེ། །གནས་སྐབས་བཞི་རུ་དབྱེ་བྱས་ཏེ། །སྤྱི་སྡོམ་ཆེན་པོས་ཁོག་ཕུབ་ནས། །ནང་སེལ་སྡོམ་གྱིས་གནད་བགྲོལ་ཏེ། །སོ་སོའི་གཞུང་ཚད་དང་བཅས་པའི། །བསྡུས་དོན་བདུད་རྩིའི་ཐིགས་པ་འདི། །མཉན་ཡོད་ཐུབ་བསྟན་ཟླུམ་པའི་གྲྭར། །སྡོམ་གསུམ་པད་ཚལ་རབ་རྒྱས་ཏེ། །ཟབ་དོན་སྦྲང་རྩིའི་དགའ་སྟོན་གྱིས། །བློ་གསལ་མགུ་བ་སྐྱེད་ཕྱིར་དབབ། །པཎ་ཆེན་རོལ་པའི་རྡོ་རྗེའི་གསུང་། །སྡོམ་གསུམ་རོལ་པའི་རྡོ་རྗེ་འདི། །མཁས་གྲུབ་རོལ་པའི་རྡོ་རྗེ་ལས། །ལེགས་ཐོས་རོལ་པའི་རྡོ་རྗེ་ཅན། །མང་ཐོས་རོལ་པའི་རྡོ་རྗེ་ཁོས། །མཉན་ཡོད་བྱ་གཤོང་ཆོས་ཀྱི་གྲྭའི། །ཡ་

མཚན་གསེར་གླིང་བསྟི་གནས་འདིར། །སྡོམ་གསུམ་བསྡུས་དོན་འདི་སྤྲུར་རོ། །པཎ་ཆེན་རོལ་པའི་རྡོ་རྗེ་ཁྱོད། །
དགྱེས་པའི་རོལ་ཆར་འདི་འབུལ་གྱི། ཁྱོད་དགྱེས་བཞད་པའི་འཛུམ་མདངས་ཀྱིས། །མི་འབྲལ་བརྟེ་བས་
བསྐྱངས་དུ་གསོལ། །ཨེ་མ་ཧོ་ཀུན་དགའ་རྒྱལ་མཚན་དཔལ། ཁྱོད་ལས་ལྷག་པའི་སྐྱབས་གཞན་མེད། །དེ་
ཕྱིར་ཁྱོད་གསུང་ཆ་ཙམ་ལའང་། །འཆད་རྩོད་རྩོམ་དང་སྒོམ་པ་ཡིས། །ཉིན་མཚན་ཀུན་ཏུ་གཡེལ་མེད་པར། །
ཁྱོད་ཐུགས་དགྱེས་པའི་དགེ་མཚན་གྱིས། །བདག་བློ་དགའ་བ་མ་སྐྱེས་བར། །ཡང་དང་ཡང་དུ་འཇུག་པར་
སྨོན། །དེ་ཚེ་ཆོས་ཀྱི་སྤྱན་ལྡན་ཁྱོད། །བརྟེ་བའི་སྤྱན་རྩ་རབ་བསྒྲིམས་ལ། །ཉིན་དང་མཚན་དང་རྨི་ལམ་དུའང་། །
རེ་བའི་དགེ་མཚན་བསྟུལ་དུ་གསོལ། །དགེའོ། །བཀྲ་ཤིས་སོ། །མཉན་ཡོད་ཆོས་གྲྭ་རྟག་ཏུ་འཕེལ་བར་ཤོག། །།

༄༅། །སྡོམ་པ་གསུམ་གྱི་རབ་ཏུ་དབྱེ་བ་ལས་སྐབས་གསུམ་སྤྱིའི་བསྡུས་དོན་བདུད་རྩིའི་ཐིགས་པ་བཞུགས་སོ༎

མང་ཐོས་ཀླུ་སྒྲུབ་རྒྱ་མཚོ།

ལམ་ཟབ་བླ་མའི་རྣལ་འབྱོར་མཐུས། །ལམ་འདྲེན་བླ་མ་འཇམ་དཔལ་གཟིགས། །ལམ་མཆོག་མཐོང་ལམ་ལྷ་བ་བརྙེས། །ལམ་སྟོན་ས་སྐྱ་པཎ་ཆེན་རྒྱལ། །ཟབ་མོའི་དོན་གཟིགས་འབུམ་ཕྲག་གསུམ། །བྱམས་པའི་ཐུགས་མངའ་ལྷུགས་ཐང་རྗེ། །ལེགས་བཤད་དབྱངས་སྒྲོགས་མ་ཧིའི་ཞབས། །བྱ་གཤོངས་བླ་མའི་ཚོགས་ཀུན་རྒྱལ། །སྡོམ་གསུམ་པད་མའི་ལྡིང་ཁང་ནས། །ལེགས་བཤད་སྙན་པའི་དབྱངས་སྒྲོག་ཅིང་། །རྣམ་དཔྱོད་འདབ་མའི་གར་བསྒྱུར་བའི། །བློ་གསལ་བུང་ཚོགས་དགའ་བ་བསྐྱེད། །སྡོམ་གསུམ་པད་དཀར་སྡོང་པོ་ལས། །བསྡུས་དོན་སྦྲང་རྩིའི་བཅུད་ཕྱུང་ནས། །བློ་གསལ་དོན་གཉེར་བུང་བ་ཁྱེད། །དགྱེས་པའི་དགའ་སྟོན་འདི་ལྟར་སྤེལ། །ཞེས་བརྗོད་ནས།

སྡོམ་པ་གསུམ་གྱི་རབ་ཏུ་དབྱེ་བ་འདིའི་བསྡུས་དོན་གྱི་ས་བཅད་བདུད་རྩིའི་ཐིགས་པ་ཙུང་ཟད་སྤྲིན་ན། དེ་ཡང་བསྡུས་དོན་གྱི་ས་བཅད་འདི་ལྟ་བུ་ཞིག་རྩོམ་ཤེས་ན། འཆད་པ་པོ་མཁས་པའི་གྲངས་སུ་འགྲོ། འཆད་ཡུལ་གདུལ་བྱའི་ཡིད་འཕྲོག །སྐབས་དོན་གཞུང་གི་དགོངས་པ་བདེ་བླག་ཏུ་རྟོགས་པ་ཡིན་ཏེ། སྤྱིའི་བསྡུས་དོན་ཚོད་ཆེ་བ། བྱེ་བྲག་གི་བསྡུས་དོན་གོ་སླ་བ། ནང་སེལ་གྱི་དབྱེ་བ། སྤྱི་སྡོམ་གྱི་ཐླས་མ་གྲངས་པ། སྤྱི་སྡོམ་གྱི་མིང་ནང་སེལ་གྱི་དབྱེ་བར་མ་ལྟུང་བ། རང་ལུགས་དང་གཞན་ལུགས། གཙོ་བོ་དང་ཞར་བྱུང་། དཀྱུས་དང་འཕྲོས་དོན། སྤྱི་དང་བྱེ་བྲག །ལུང་དང་རིགས་པ་སོགས་ཀྱི་ས་མཚམས་མ་འཆུགས་ཤིང་རྣམ་དབྱེ་གསལ་བར་ཕྱེད་པ། ཚིག་གསལ་བར་གོ་སླ་ཞིང་སྡེབས་ལེགས་པ། ངག་ཉུང་ཞིང་དོན་ཐུས་པ། སྔ་ཕྱི་རིང་ཐུང་སྙོམས་ཤིང་འཆད་བདེ། སྔ་མའི་ཚིག་ཕྲད་ཀྱིས་ཕྱི་མའི་ཚིག་འབད་མེད་དུ་འདོན་ནུས་པས། ཡིད་ལ་ཆགས་ཤིང་བརྗེད་དཀའ་བ། མདོར་ན། ཐོས་པའི་ཚེ་རྣ་བར་སྙན། སྨྲ་བའི་ཚེ་ངག་ཏུ་བརྗོད་བདེ། བཟུང་བའི་ཚེ་ཡིད་ལ་ཆགས་སླ། བསམ་པའི་ཚེ་གཞུང་གི་ཚིག་དོན་འཇུམ་ཤིག་གེ་བ་ཞིག་བྱུང་ན། མཁས་པ་འཇུག་སྒོ་ལས་བཤད་པའི་བསྡུས་དོན་གྱི་མན་ངག་དང་ལྡན་པའི་ལེགས་བཤད་བླ་ན་མེད་པ་ཡིན་པའི་ཕྱིར་རོ། །དེ་ལྟ་བུ་མ་ཡིན་པར། སྤྱི་དོན་

ཚོད་ཆུང་མང་ལ་བཟུང་མི་བདེ། །ཕྲེ་བྲག་བསྡུས་དོན་སྤྱན་ལ་གོ་མི་བདེ། །བརྗོད་བྱ་མི་འདུས་བསྡུས་དོན་ཚིག་མི་གསལ། །འཆད་ན་མི་བདེ་བརྗོད་སྡོང་ཚིག་ཚོགས་མང་། །ཚིག་ཕྲད་མི་མཛེས་བརྗོད་དཀའ་བཟུང་བ་དཀའ། །བསྡུས་དོན་བཀླགས་པས་གཞུང་དོན་སེལ་བུར་འཕོར། །ཚིག་དོན་འབྲུག་ཅིང་བློན་པོའི་རྟགས་མཚོན་པའི། །རྣམ་བཤད་དེ་འདྲ་མཁས་པའི་སྤྱང་བྱ་ཡིན། །དེ་ཕྱིར་གཞན་གྱི་ཁ་ཟགས་འདིར་མི་འཆད། །ས་པཎ་གཞུང་བཞིན་འཆད་ཀྱི་རྣ་བ་གཏོད། །དེང་འདིར་རྒྱལ་དང་རྒྱལ་སྲས་མཁས་པའི་ཚོགས། །ཁོ་བོའི་ལེགས་བཤད་མཆོད་པ་འདི་བཞེས་ཤིག །

དེས་ན། སྡོམ་པ་གསུམ་གྱི་རབ་ཏུ་དབྱེ་བ་འདི་ལ་སྤྱིའི་སྡོམ་ནི་གསུམ་ཁོ་ན་ཡིན་ཏེ། ཐུན་མོང་བསྟན་པའི་གཞི་མ་སོར་སྡོམ་ལ། །འབྲུལ་བ་འགོག་པ་སོ་ཐར་སྡོམ་པའི་སྐབས། །ཕར་ཕྱིན་བསྟན་པའི་སྙིང་པོ་བྱང་སྡོམ་ལ། །འབྲུལ་བ་འགོག་པ་བྱང་སེམས་སྡོམ་པའི་སྐབས། །གསང་སྔགས་བསྟན་པའི་ཉིང་ཁུ་སྔགས་སྡོམ་ལ༑ ༑འབྲུལ་བ་འགོག་པ་རིག་འཛིན་སྡོམ་པའི་སྐབས། །བསྟན་པའི་དག་བྱེད་སྡོམ་གསུམ་རབ་དབྱེ་འདིའི། །གཙོ་བོ་བསྡུས་པའི་སྤྱི་སྡོམ་གསུམ་ཡིན་ནོ། །ཞེས་པ་ལྟར་གསུམ་མོ། །

དེ་ལྟར་གསུམ་གྱི་སྐབས་དང་པོ་འཆད་པ་ལ་ཡང་གསུམ་སྟེ། སྐབས་གསུམ་སྤྱིའི་སྡོན་འགྲོ་ཚོས་བཞིན་བཤད། །དངོས་གཞི་སོར་སྡོམ་སྐབས་ཀྱི་གཙོ་བོ་བཤད། །སྐབས་མདོར་ན་སངས་རྒྱས་གསུང་རབ་འདི་རྫོགས་པའི་རྗེས་ཀྱི་བྱ་བ་བཤད་པའོ། །དང་པོ་ལ་བཞི། བརྗོད་བྱ་སྡོམ་པ་གསུམ་གྱི་རབ་ཏུ་དབྱེ་བ་ཞེས་བྱ་བ་བྱེད་ལས་ལྡན་པ་མཚན་གྱི་དོན། །དགོས་པ་གསུམ་ལྡན་བླ་མ་མཆོད་པར་བརྗོད། །དགོས་པ་གསུམ་ལྡན་ཁས་ལེན་འཆད་དམ་བཅའ། །དགོས་པ་གསུམ་ལྡན་ལུས་ཀྱི་གཙོ་བོ་བསྡུ་བའོ། །གཉིས་པ་ལ་གསུམ། བླ་མ་བླ་མ་དམ་པའི་ཞབས་ལ་གུས་པས་ཕྱག་འཚལ་ལོ་དམ་པའི་ཞབས་ལ་མཆོད་བརྗོད་དངོས། །མཆོད་ཡུལ་བདེ་གཤེགས་བསྟན་པའི་གསུང་རབ་སེང་གེའི་སྒྲ་དམ་པའི་ཡོན་ཏན་བསྡུས་ཏེ་བརྗོད། །མཆོད་གནས་སྐྱོན་མེད་ཡོན་ཏན་ཀུན་གྱི་མཛོད་མངའ་བ་དམ་པའི་ལས་ལ་འཇུག་པར་གདམས་པའོ། །གསུམ་པ་ལ་གསུམ། འཆད་དད་ལྡན་སངས་རྒྱས་གསུང་བཞིན་སྒྲུབ་འདོད་པ་པའི་ཡུལ་ལ་བཤད་བྱ་འཆད་དམ་དངོས། །སྦྱོར་བ་མཁས་པ་རྣམས་དགའ་བའི་སྟེགས་སྦྱོར་ནི་ཕྱུན་ཚོགས་གོ་བདེའི་ཚིག་གིས་སྦྱར། །བསམ་པ་བདག་ནི་སངས་རྒྱས་བསྟན་པ་ལ་ཕྱུན་ཚོགས་ལྷག་བསམ་དག་པས་བསྒྲུབས་པའོ། །

༄ སྐབས་གསུམ་པ་འཆད་པ་ལ། དངོས་གཞི་སྔགས་སྡོམ་སྐབས་ཀྱི་གཙོ་བོ་བཤད། །སྐབས་གསུམ་སྤྱིའི་གྲུབ་དོན་གཏན་ལ་དབབ། །སྐབས་གསུམ་རྫོགས་པའི་རྗེས་ཀྱི་བྱ་བ་བཤད་པའོ། །གཉིས་པ་ལ་སྤྱི་སྡོམ་བཞི་སྟེ། སྐབས་གསུམ་གྲུབ་པའི་དོན་ལ་རྩོད་པ་སྤོང་ངས། །སྐབས་གསུམ་གྲུབ་པའི་གྲུབ་འབྲས་རིམ་པར

བཤད། །སྐབས་གསུམ་གྲུབ་ནས་ཞར་བྱུང་འཕྲུལ་བ་དགག །སྐབས་གསུམ་གྲུབ་པའི་འཕྲོས་དོན་གཏན་ལ་དབབ་པའོ། །དང་པོ་ལ་བཞི། ཐེག་པ་ཁ་ཅིག་ཐེག་པ་རང་ས་ནས་རང་སར་བདེན་པའི་རྩོད་པ་འགོད། །ཚིག་འདི་ཡང་བརྟག་པར་བྱ་བས་སྟོན་ཀུན་བདེན་ན་ཧ་ཅང་ཐལ་བས་དགག །གྲུབ་མཐའ་གལ་ཏེ་གྲུབ་མཐའ་ཀུན་བདེན་ན་བདེན་ན་ལྷ་ལོག་བདེན་པས་དགག །ཐེག་ཀུན་བདེན་ན་རྣམ་པར་ཕྱེ་སྟེ་བསྟན་པའོ། །བཞི་པ་ལ་བཞི། སངས་རྒྱས་གསུང་ལ་དབྱེ་བའི་ཅི་སྟེ་སངས་རྒྱས་ཐེག་པ་ཀུན་རྣམ་གྲངས་འགོད། །དགོངས་བཞི་དེ་ལ་འཇིག་རྟེན་མཐུན་འཇུག་ལ་གསུམ་གྱིས་དགོངས་དོན་གཏན་ལ་དབབ། །བདེན་རྫུན་དེས་ན་དྲང་བའི་དོན་དང་ནི་རྣམ་དབྱེ་སྐབས་ཀྱི་ལན་ལ་སྦྱར། །མུ་སྟེགས་ལུང་དང་མཚུངས་པའི་དོགས་པ་བཟློག་པའོ། །བཞི་པ་ལ་བཞི། མུ་སྟེགས་གལ་ཏེ་མུ་སྟེགས་བྱེད་ལ་ཡང་ལུང་དང་མཚུངས་པའི་དོགས་པ་འགོད། །སྦྱོར་ཚུལ་སངས་རྒྱས་དྲང་དོན་གྱིས་ཁྲིད་ནས་རྣམ་གཉིས་སྐབས་ཀྱི་ལན་ལ་སྦྱར། །དེ་མཚུངས་དེ་བཞིན་གནས་ཅན་འདི་ན་ཡང་ཆོས་དང་གང་ཟག་གཞན་ཡང་སྤྱངས། །གནད་རྣམས་སྟོན་པའི་བླ་མ་ཐེག་པ་སྣ་ཚོགས་ཚུལ་བསྟན་ནས་མཆོག་ཏུ་བསྟགས་པའོ། །

༄ སྤྱི་སྡོམ་གཉིས་པ་ལ་བཞི། གནད་བཅོས་ཆོས་ལོག་སྐྱོན་གྱི་གཙོ་བོར་བསྟན། །གནད་འཆོས་སྐྱེས་བུ་བདུད་ཀྱི་གཙོ་བོར་བསྟན། །དོན་དེ་ཤེས་ནས་དེ་འདྲ་ཤེས་པར་བྱས་ནས་ནི་ཚུལ་བཞིན་སྤྱོང་བར་གདམས། །དོན་དེ་འགོག་པའི་ལུང་རིགས་གནད་དུ་བསྟན་པའོ། །དང་པོ་ལ་བཞི། བཅོས་ནས་ཆོས་གཞན་ལེགས་པར་སྟོན་ན་ཡང་ཞིག་པའི་སྟོན་བྱུང་གླེང་གཞི་འགོད། །བཅོས་ན་འཇིག་པའི་སྐབས་ཀྱི་དོན་ཨོཾ་མེད་པ་ཡི་གསང་སྔགས་ལ་ལ་སྦྱར། །ཇི་ལྟར་བཅོས་པའི་ཆོས་ལོག་གྲངས་སུ་བགྲངས། །བཅོས་གནད་རྣམས་མིན་པའི་ཆོས་གཞན་འགའ་ན་འཇིག་པ་དཔེའི་གཏན་ལ་དབབ་པའོ། །གསུམ་པ་ལ་གཉིས། ཐེག་གསུམ་གནད་ཀྱི་གཙོ་བོ་ངོ་ཡིས་བཟུང་། །གནད་དེ་བཅོས་པའི་ཆོས་ལོག་རྣམ་གྲངས་བརྒྱད་དོ། །དང་པོ་ལ་གསུམ། བདེན་བཞི་ཉན་ཐོས་ཀྱི་ནི་ཐེག་པ་ལ་སྡོམ་པ་ཉན་ཐོས་གནད་དུ་བསྟན། །སེམས་བསྐྱེད་ཕ་རོལ་ཕྱིན་ལ་སེམས་བསྐྱེད་དང་བསླབ་བྱ་བྱང་སེམས་གནད་དུ་བསྟན། །དབང་དང་གསང་སྔགས་ལ་ནི་དབང་བསྐུར་དང་རིམ་གཉིས་གསང་སྔགས་གནད་དུ་བསྟན་པའོ། །གཉིས་པ་ལ་བརྒྱད། བྱང་ཆུབ་དེས་ན་ད་ལྟའི་ཆོས་འགའ་ལ་མཐའ་ཅན་སོར་སྡོམ་བཅོས་པའི་གནད། །སེམས་བསྐྱེད་བྱང་ཆུབ་སེམས་དཔའི་སེམས་བསྐྱེད་ཀུང་སྨྲི་ལམ་སེམས་བསྐྱེད་བཅོས་པའི་གནད། །བདག་གཞན་སེམས་བསྐྱེད་ཀྱི་ནི་བསླབ་བྱའི་མཆོག་བརྗེ་འགོག་བསླབ་བྱ་བཅོས་པའི་གནད། །དབང་མེད་གསང་སྔགས་ཀྱི་ནི་དབང་བསྐུར་བ་གསང་སྔགས་སྨིན་བྱེད་བཅོས་པའི་གནད། །རང་བཟོའི་གདམས་ངག་གསང་སྔགས་ལམ་གྱི་མཐར་ཐུག་པ་གྲོལ་བྱེད་བཅོས་པའི་གནད། །བླ་མ་བསྐྱེད་པའི་རིམ་པའི་མཐར་ཐུག་པ་མི་བསྒོམ་རིགས་བདག་བཅོས་པའི་གནད། །ཆོས་ཉིད་ཡོད་པའི་དགེ་བ་ཞེས་བྱ་བ་བསྔོ་

རྒྱུ་བསྒོ་བ་བཅོས་པའི་གནད། །དཀར་པོ་ཆོས་རྣམས་ཀུན་གྱི་རྩ་བ་ནི་ཆིག་ཐུབ་ཐབས་ཤེས་བཅོས་པའི་གནད་དོ། །གཉིས་པ་ལ། ཇི་ལྟར་འབྱུང་བ་བདུད་ཀྱི་རྣམ་འགྱུར་བཤད། །ཇི་ལྟར་བྱུང་བ་འདི་དག་ཇི་ལྟར་འབྱུང་བའི་ཚུལ། །མདོ་ཙམ་ང་ཡིས་བཤད་ཀྱི་ཉོན་སྨོན་བྱུང་གླེང་གཞི་འགོད། །བདུད་དེས་ཆོས་ལོག་དེ་འདྲའི་རིགས་ཀྱི་བདུད་རིགས་འགའ་བསྟན་ནས་བསླུ་ཚུལ་བཤད་པའོ། །དང་པོ་ལ་བཞི། སངས་རྒྱས་དེ་ལ་གནད་རྣམས་འཆོས་པའི་བདུད་ལ་ལ་སངས་རྒྱས་དངོས་སུ་སྟོན་གཟུགས་སོ་ལུས་ཀྱི་རྣམ་འགྱུར་བཤད། །འཇམ་རྩུབ་ལ་སོགས་ངག་གི་ལ་ལ་འཇམ་པོར་སྨྲ་བྱེད་ཅིང་རྣམ་འགྱུར་བཤད། །མངོན་ཤེས་ལ་སོགས་སེམས་ཀྱི་རྣམ་འགྱུར་ལ་ལ་མངོན་པར་ཤེས་པ་དང་བཤད། །རང་ཉམས་ཡིན་སོགས་སྒོ་གསུམ་ལ་ལ་ང་ཡིས་འདི་ལྟར་སྒོམ་རྣམ་འགྱུར་བཤད་པའོ། །

༈ བཞི་པ་ལ་གསུམ། ཆོས་འཁྲུལ་བའི་གྲུབ་མཐའ་སྨུན་འབྱིན་པའི་རྣམ་གཞག་ཙུང་ཟད་བཤད་ཀྱི་ཉོན་ལོག་བཀག་པའི་སྨོན་བྱུང་གླེང་གཞི་འགོད། །ཆོས་ལོག་འགོག་པའི་ལུང་རིགས་གདམས་ངག་བཤད། །འཕྲོས་དོན་ལུང་སྦྱོར་གནད་ཀྱི་མན་ངག་བཤད་པའོ། །གཉིས་པ་ལ་གསུམ། རིགས་པས་གནོད་ཡུལ་བདག་དང་གཞན་གྱི་གྲུབ་མཐའ་ལ་རིགས་པས་འགོག་པར་གདམས། །ལུང་དང་འགལ་ན་འགོག་པའི་གདམས་ངག་བསྟན། །དེ་ལྟར་འགོག་པའི་གྲུབ་དོན་བསྡུས་ཏེ་བསྟན་པའོ། །གཉིས་པ་ལ་གཉིས། ལུང་འགལ་མཚན་ཉིད་གལ་ཏེ་ལུང་དང་འགལ་གྱུར་ན་མ་འདྲེས་སོ་སོར་བཤད། །མཚན་གཞིའི་སྟེང་དུ་ལུང་འགལ་དྲུག་ཏུ་བསྡུ་བའོ། །གཉིས་པ་ལ་དྲུག །གསང་སྔགས་དེའི་དཔེར་བརྗོད་མདོ་ཙམ་ཞིག །ལེགས་པར་བཤད་ཀྱི་མཉན་པར་གྱིས་འགོག་པ་ཇོ་བོའི་ལུང་དང་འགལ། །སེམས་སེམས་བསྐྱེད་ཇོ་བོའི་ལུགས་བྱེད་ཅིང་བསྐྱེད་རྨི་སོགས་ཇོ་བོའི་ལུང་དང་འགལ། །རིམ་གཉིས་འདོར་བ་ནཱ་རོ་ཏ་པ་དབང་བསྐུར་དང་ནཱ་རོའི་ལུང་དང་འགལ། །ཕག་མོའི་ཇོ་ཇེ་ཕག་མོའི་བྱིན་རླབས་ནི་བྱིན་རླབས་མར་པའི་ལུང་དང་འགལ། །ཆོས་དྲུག་འབོར་བ་མི་ལའི་ལུང་དང་ནཱ་རོ་ཆོས་དྲུག་ཅེས་བྱ་བའི་ཁྲིད་འགལ། །གཏེར་མའི་བརྒྱུད་གཏེར་ནས་ཕྱུང་བའི་གླེགས་བམ་དང་འདེད་རང་ལུང་ཀུན་དང་འགལ་བའོ། །གསུམ་པ་ལ་གསུམ། ལུང་རིགས་གཉིས་དང་འགལ་གལ་ཏེ་དེ་འདྲའི་རིགས་ཅན་གྱི་ན་གཉིས་ཀྱིས་དགག །ལུང་མེད་གདོད་ཀྱི་ཆོས་ལུགས་གལ་ཏེ་མུ་སྟེགས་ལ་སོགས་པ་རིག་པས་དགག །ཏ་ཙང་ཐལ་ན་གལ་ཏེ་རྒྱལ་པོའི་ཁྲིམས་ཡོད་ན་རྒྱལ་པོའི་ཁྲིམས་ཀྱིས་དགག་པའོ། །

༈ གསུམ་པ་ལ་བཞི། གནས་སྐབས་འཚོལ་ལུང་གི་གནས་སྐབས་མི་ཤེས་པའི་བའི་ལུང་སྦྱོར་བླུན་པོར་བསྟན། །ལྟ་སྒོམ་དཔེར་ན་ཕྱག་དང་མཆོད་པ་དང་སྤྱོད་པའི་ལུང་སྦྱོར་མན་ངག་བཤད། །སོ་སྐྱེ་འཕགས་པའི་གཞན་ཡང་ལུང་སྦྱོར་བྱེད་པ་ལ་ལུང་སྦྱོར་མན་ངག་བཤད། །མཁས་མིག་ལྡན་ཇི་ལྟར་ལམ་ནོར་ཡང་བླུན་འཁྲུལ་བའི་ཁྱད་པར་དཔེས་བསྟན་པའོ། །སྤྱི་སྡོམ་གསུམ་པ་ལ་གཉིས། བརྗོད་བྱ་དོན་གྱི་བསྟན་ལ་འཁྲུལ་བ་དགག་པ། བརྗོད་བྱེད་

ཚིག་གི་བསྟན་ལ་འཁྲུལ་བ་དགག་པའོ། །དང་པོ་ལ་གསུམ། མཐར་ཐུག་རྟོགས་པའི་བསྟན་ལ་འཁྲུལ་བ་དགག །གནས་སྐབས་ལུང་གི་བསྟན་ལ་འཁྲུལ་བ་དགག །འཁྲུལ་གཞི་གློ་བུར་བརྟགས་ལ་འཁྲུལ་བ་དགག་པའོ། །དང་པོ་ལ་བཞི། མདོ་རྒྱུད་མིག་མངས་བརྒྱད་དང་མ་འབྲེལ་ན་མི་མཐུན་སྙན་བརྒྱུད་གདམས་ངག་བརྟག །མདོ་ཕྱི་ལམ་གྱི་ནི་ཆོས་ལུགས་དང་རྒྱུད་མི་མཐུན་ཕྱི་ལམ་ཆོས་ལུགས་བརྟག །མདོ་རྒྱུད་བླ་མའང་མདོ་རྒྱུད་དང་མཐུན་ན་མི་མཐུན་བླ་མའི་གསུང་སྒྲོས་བརྟག །གྲུབ་དེས་ན་ཕྱི་ལམ་ཆོས་ལུགས་དང་དོན་བསྡུས་ཏེ་བསྟན་པ་ངོ་ཡིས་བཟུང་བའོ། །གཉིས་པ་ལ་གསུམ། སྡུ་སྐྱེས་བུ་བླུན་པོས་སྒྱུར་བ་ཡི་རབས་བོད་ཀྱི་སྒྱུར་བའི་མདོ་རྒྱུད་བརྟག །བོད་ཀྱི་ལྷ་འདྲེས་གཙུག་ཏོར་ནག་མོ་ལ་སོགས་པའི་སྒྱུར་བའི་མདོ་རྒྱུད་བརྟག །མུ་སྟེགས་ལྷ་མོ་གནས་མཁར་ལ་སོགས་པ་ངན་པས་སྒྱུར་བའི་མདོ་རྒྱུད་བརྟག་པའོ། །གསུམ་པ་ལ་བཞི། སྐྱོན་རིང་སྲེལ་དང་ནི་ཐུགས་དང་ལྷུགས་ཡོན་སྣ་ཚོགས་འབྱུང་བའི་རིང་སྲེལ་བརྟག །ལུང་རིགས་ཐུགས་ལྷུགས་སྐུ་གཟུགས་ལ་སོགས་པ་མེད་པའི་ཐུགས་ལྷུགས་སྐུ་གཟུགས་བརྟག །བར་ཆད་ཉི་མ་དུ་མར་ཤར་བ་དང་རྟགས་སུ་འཆར་བའི་མཐོང་སྣང་བརྟག །མི་དགེའི་ལྟས་སུ་སྐུ་གཟུགས་མཆི་མ་འཛག་པ་དང་འཆར་བའི་འཁྲུལ་སྣང་བརྟག་པའོ། །གཉིས་པ་ལ་གཉིས། ཚིག་དེས་ན་ཚིག་ལ་འཁྲུལ་བ་ཡི་ལ་འཁྲུལ་བའི་ལོག་རྟོག་གྲངས་སུ་བགྲངས། །ལེགས་སྦྱར་དེ་བཞིན་གཤེགས་པའི་བཤད་པ་ནི་མཐུན་པའི་ལེགས་བཤད་གྲངས་སུ་བགྲངས་པའོ། །

༈ སྤྱི་སྡོམ་བཞི་པ་ལ་གསུམ། འཕགས་ཡུལ་བསྟན་པ་དར་བའི་རིམ་པ་བཤད། །གངས་ཅན་བསྟན་པ་དར་བའི་རིམ་པ་བཤད། སྐབས་འདིར་བསྟན་པ་དར་བའི་རིམ་པ་བསྒྲུབ་པའོ། །དང་པོ་ལ་གཉིས། ཉན་ཐོས་སངས་རྒྱས་གསུང་རབ་དྲི་མ་མེད། །བསྡུ་བ་དང་པོ་བྱས་པའི་རྗེས་བསྟན་ལ་བཀའ་བསྡུ་རིམ་གསུམ་བཤད། །ཐེག་ཆེན་བསྟན་ལ་དར་ཚུལ་ཐེག་པ་ཆེན་པོའི་བསྟན་པ་ནི་རིམ་གསུམ་བཤད་པའོ། །གཉིས་པ་ལ་གཉིས། གངས་ཅན་ཕྱི་ནས་གངས་རིའི་ཁྲོད་འདི་རུ་བསྟན་པ་སྔ་དར་བྱུང་བའི་ཚུལ། དར་མས་བསྣུབས་རྒྱལ་པོ་དར་མས་བསྟན་པ་བསྣུབས་རྗེས་ཕྱི་དར་བྱུང་བའི་ཚུལ། །གསུམ་པ་ལ་གསུམ། སྐབས་འདིར་ཕྱི་ནས་ཕག་མོའི་བྱིན་རླབས་དང་ཆོས་ལོག་ཇི་ལྟར་དར་བའི་ཚུལ། །ཆོས་ལོག་བཀག་ནས་སྡོམ་གསུམ་རྩོམ་པའི་ཚུལ། །སྡོམ་གསུམ་བརྩམས་ནས་བསྟན་པ་དར་བའི་ཚུལ་ལོ། །གཉིས་པ་ལ་གཉིས། སྡོམ་གསུམ་རྩོམ་པར་འདི་འདྲའི་རིགས་ཅན་འཕེལ་གྱུར་ན་རིགས་པའི་སྒྲུབ་བྱེད་འགོད། །བསྟན་པའི་རིན་ཆེན་ཆོས་ཀྱང་དོན་ལ་ནི་གྲི་དོར་མཁས་པའི་བྱ་བར་བསྟན། །ཆོས་དང་ཉི་མ་གཅིག་ནི་བཟའ་སྤྱང་ལ་འཛད་བླ་མ་བརྟག་སྟེ་བླང་བར་གདམས། །སྡོམ་གསུམ་བརྩམས་པ་ལ་སྡང་ཞུགས་ཡིན་པ་དགག་པའོ། །བཞི་པ་ལ་བཞི། དག་ཏུ་བདག་ནི་སེམས་ཅན་ཀུན་ལ་བྱམས་ཀུན་ལ་བྱམས་པའི་བྱམས་པ་བསྒྲུབ། །སྡང་ཞུགས་དམ་ཆོས

འཁྲུལ་དང་མ་འཁྲུལ་བ་སླུ་བ་རང་གི་སྐྱོན་དུ་བསྟན། །བསྟན་དང་ཀླུ་སྒྲུབ་དང་ནི་དབྱིག་གཉེན་དང་བསྟན་འཛིན་གཞན་ལའང་ཧ་ཅང་ཐལ། །ཕན་བྱེད་གང་ཟག་ནད་པ་ལ་ནི་གནོད་པ་ཡི། །ཡོང་ཁྲིད་རྣམས་ཀྱི་ཡོང་བ་ལ་གཞན་ལའང་ཧ་ཅང་ཐལ་བའོ། །གསུམ་པ་ལ་བཞི། སངས་རྒྱས་སངས་རྒྱས་འཇིག་རྟེན་ཕྱིན་པ་དང་ཕྱིན་པའི་འབྲས་བུ་གསུམ་དུ་བསྟན། །རྣམ་གསུམ་དེང་སང་དེང་སང་འདི་ན་ཡང་མཁས་པ་རྣམས་ཀྱིས་ཆོས་བཤད་ན་སྡོམ་གསུམ་འབྲས་བུར་སྦྱར། །ཚུལ་དེས་དེང་སང་འདི་འདྲས་བསྟན་པ་འཛིན་པར་ནུས་བསྟན་པ་དར་བར་གྱུབ། །སྡོམ་གསུམ་བརྩམས་པ་ཟང་ཟིང་སྒྲུབ་པ་དགག་པའོ། །བཞི་པ་ལ་གསུམ། ཞར་བྱུང་བདག་ཀུང་རྡོ་རྗེ་ཕག་མོ་ཡི་ཟང་ཟིང་སྒྲུབ་ཐབས་གཞན་དུ་བསྟན། །སྐབས་དོན་འཁོར་ལ་ཞེན་པ་མེད་པར་འཁོར་དང་ཟང་ཟིང་སྒྲུབ་པའི་ཕྱིར་བསྟན། །འཕྲོས་དོན་འོན་ཀྱང་སངས་རྒྱས་བསྟན་པ་ལ་བསྟན་ལ་ཕན་པའི་ལྷག་བསམ་བསྟན་པའོ། །

གསུམ་པ་ལ་བཞི། དགག་བྱ་བཀག་པའི་རྗེས་ཀྱི་བྱ་བ་བཤད། །ལྷག་བསམ་དག་པའི་རྗེས་ཀྱི་བྱ་བ་བཤད། །བརྩམ་བྱ་གཞུང་གི་རྗེས་ཀྱི་བྱ་བ་བཤད། །རྩོམ་བྱེད་སྤྱོར་བའི་རྗེས་ཀྱི་བྱ་བ་བཤད་པའོ། །དང་པོ་ལ་བཞི། གཞན་གྱིས་མུ་སྟེགས་བྱེད་དང་ཉན་ཐོས་དང་དཔྱད་ཟིན་དགག་བྱ་མིན་པར་བསྟན། །བཤད་དུ་མི་རུང་རྡོ་རྗེ་ཐེག་པའི་གནད་འཆུགས་ལ་དགག་བྱ་མིན་པར་བསྟན། །བཤད་རུང་འདི་ནི་ཀུན་ལ་བཤད་རུང་བའི་འཁྲུལ་བ་རགས་རིམ་དགག་བྱར་བསྟན། །འདི་རམ་དཔྱད་པ་དུང་འཁྲུལ་བའི་རྣམ་བཞག་ནི་གཞན་ལ་འགོག་པར་གདམས་པའོ། །གཉིས་པ་ལ་གཉིས། ཕྱོགས་མེད་རབ་འབྱམས་སྡོམ་པ་གསུམ་གྱི་རབ་ཏུ་དབྱེ་བ་ཞེས་བྱ་བ་ཆོས་དང་ཆོས་མ་ཡིན་པ་རྣམ་པར་འབྱེད་པའི་བསྟན་བཅོས་སོ་ཞེས་སོགས་འཆད་གཞུང་ལ་སྦྱངས་པའི་ཚུལ། །ཕྱོགས་ལྷུང་དེ་ཕྱིར་ཆོས་རྣམས་ཕལ་ཆེར་ཐོས་མེད་པར་ལྷག་བསམ་དག་པའི་ཚུལ་ལོ། །དང་པོ་ལ་ལྔ། ཕྱི་རོལ་བདག་གི་སྒྲ་དང་ཚད་མ་བསླབས་རིག་གནས་བཞི་ལ་སྦྱངས་པའི་ཚུལ། །ནང་དོན་མདོ་སྡེ་དང་ནི་འདུལ་བ་དང་སྡེ་སྣོད་གསུམ་ལ་སྦྱངས་པའི་ཚུལ། །གསང་སྔགས་གསང་སྔགས་རྒྱུད་སྡེ་བཞི་པོ་ཡང་རྒྱུད་སྡེ་བཞི་ལ་སྦྱངས་པའི་ཚུལ། །ཆོས་བྱེ་བྲག་སྨྲ་དང་མདོ་སྡེ་དང་འདིའི་གྲུབ་མཐའ་བཞི་ལ་སྦྱངས་པའི་ཚུལ། །ཟབ་དོན་གདམས་ངག་ཀུན་ལ་སྦྱངས་པའི་ཚུལ་ལོ། །ལྔ་པ་ལ་གཉིས། བོད་ལ་དེང་སང་བོད་ལ་གྲགས་པའི་གྲགས་པའི་གདམས་ངག་མང་འང་བའི་ཚུལ། །རྒྱ་གར་ས་ར་ཧ་དང་ཏི་ལོ་པ་མཁས་པའི་གདམས་ངག་མང་འང་བའི་ཚུལ་ལོ། །གསུམ་པ་ལ་བཞི། བྱེད་ལས་ཐུབ་པའི་བསྟན་པ་རིན་ཆེན་གཞལ་མེད་ཁང་ཐུབ་བསྟན་རིན་ཆེན་གསལ་བར་བསྟན། །ཟབ་དོན་རྒྱལ་བ་ཀུན་གྱི་དགོངས་པ་འདི་ཡིན་ཞེས་དགོངས་པ་གཏིང་དཔག་དཀའ་བར་བསྟན། །འབྲས་བུ་ཕྱོགས་མེད་ཀུན་དགའི་ཉི་མས་སངས་རྒྱས་བསྟན་པ་ཡི་འགྲོ་བའི་དོན་དུ་བསྔོ། །བཀའ་དྲིན་དྲན་པས་གང་གི་ཐུགས་རྗེ་ཉེར་བཟུང་ནས་བླ་མ་སླར་ཡང་བསྟོད་པའོ། །

༄ ཨེ་མ་ཧོ། བསྟན་པའི་དག་བྱེད་སྡོམ་གསུམ་རབ་དབྱེ་འདི། །སྤྱི་སྡོམ་ཆེན་པོས་གཞུང་དོན་ཚོད་ཆེ་ཞིང་། །ནང་སེལ་སྡོམ་གྱིས་གཞུང་དོན་ལེགས་འཕྲོད་པའི། །ལེགས་བཤད་འདི་འདྲ་བདུད་རྩིའི་ཐིགས་པ་སྟེ། །གཟུ་བོར་གནས་པའི་བློ་ལྡན་ལྷོར་སོང་ན། །ཙུང་ཟད་ལམ་གྱིས་བློ་གྲོས་དབུལ་བ་སེལ། །རྣམ་དཔྱོད་གསལ་བའི་བློ་གྲོས་སྟོབས་རྒྱལ་གྱིས། །སྡོམ་གསུམ་གངས་རིའི་སྦྱོ་ལ་བགྲོད་དོ་ཨང་།། །།

༄༅། །སྡོམ་གསུམ་ཉི་མ་གསུམ་གྱི་སྤྱི་ལྷུང་ཡོད།

མང་ཐོས་ཀླུ་སྒྲུབ་རྒྱ་མཚོ།

སྡོམ་གསུམ་ཉི་མ་དང་པོའི་སྤྱི་ལྷུང་བ་ལ། མགོ་ནས་སེམས་བསྐྱེད་ཀྱི་བར་ཡོང་བས། བདེ་གཤེགས་བསྟན་པའི་གསུང་རབ་སེངྒེའི་སྒྲ་ཞེས་སོགས་ལ། ས་སྐྱ་པཎྜི་ཏ་སྡོམ་གསུམ་རབ་དབྱེ་རྩོམ་པའི་ཐོག་མར་རྗེ་བཙུན་གྲགས་པ་རྒྱལ་མཚན་ལ་ཕྱག་འཚལ་བ་ཆོས་ཅན་དགོས་པ་ཡོད་དེ། སྡོམ་གསུམ་རྩོམ་པའི་འགལ་རྐྱེན་ཞི་ཞིང་རྩོམ་མཐར་ཕྱིན་པའི་ཆེད་ཡིན་པའི་ཕྱིར། སོ་སོར་ཐར་པའི་སྡོམ་པ་དང་ཞེས་སོགས་ལ། སྡོམ་གསུམ་རབ་དབྱེའི་བརྗོད་བྱའི་གཙོ་བོ་ཆོས་ཅན། ཁྱོད་ལ་དབྱེ་ན་བཅུ་གཅིག་ཡོད་དེ། སོ་སོར་ཐར་པའི་སྡོམ་པ་སོགས་བཅུ་གཅིག་ཡོད་པའི་ཕྱིར། སོ་སོར་ཐར་པའི་སྡོམ་པ་ལ་ཞེས་སོགས་རྐང་པ་གཉིས་ལ། སོར་སྡོམ་ཆོས་ཅན། ཁྱོད་ལ་དབྱེ་ན་གཉིས་ཡོད་དེ། ཉན་ཐོས་ལུགས་དང་ཐེག་ཆེན་ལུགས་ཀྱི་སོར་སྡོམ་གཉིས་ཡོད་པའི་ཕྱིར། བྱང་ཆུབ་སེམས་དཔའི་སྡོམ་པ་ནི་ཞེས་སོགས་ཤོ་ལོ་ཀ་གཅིག་ལ་བྱང་སྡོམ་ཆོས་ཅན། ཁྱོད་ཤི་འཕོས་པའི་ཚེ་མི་སྟོང་སྟེ། ཁྱོད་བྱང་ཆུབ་སྙིང་པོའི་མཐའ་ཅན་ཡིན་པའི་ཕྱིར། །ཁ་ཅིག་ཇི་སྲིད་འཚོ་བའི་སྒྲ། །ཞེས་སོགས་ཤོ་ལོ་ཀ་གཅིག་ལ་ཇི་སྲིད་འཚོ་བ་གཉིས་སུ་འབྱེད་པ་ཆོས་ཅན། མི་འཐད་དེ། བཀའ་བསྟན་བཅོས་ཚད་ལྡན་ལས་མ་བཤད་པའི་ཕྱིར། དེ་ལྟ་ཡིན་ན་ཉན་ཐོས་དང་ཞེས་སོགས་ཤོ་ལོ་ཀ་གཅིག་ལ། སྐྱབས་འགྲོ་ཆོས་ཅན། ཁྱོད་ལ་དབྱེ་ན་གཉིས་ཡོད་དེ། ཐུན་མོང་དང་ཐུན་མོང་མིན་པའི་སྐྱབས་འགྲོ་གཉིས་ཡོད་པའི་ཕྱིར། ལྷ་དང་བྲིས་པའི་དགེ་སློང་ནི་ཞེས་སོགས་རྐང་པ་གཉིས་ལ། ལྷ་དང་བྲིས་པའི་དགེ་སློང་ཆོས་ཅན། ཁྱོད་ཐུན་མོང་ཐེག་པའི་སྐབས་འདིར་མེད་དེ། འདུལ་བའི་སྡེ་སྣོད་ལས་བཀག་པའི་ཕྱིར། དེས་ན་སོ་སོར་ཐར་པ་ཡི་ཞེས་སོགས་རྐང་པ་བཞི་ལ༑ འབྲི་ཁུང་པ་ཆོས་ཅན། ཁྱོད་ལ་སྡེ་སྣོད་ཀྱི་རྣམ་དབྱེ་མེད་པར་ཟད་དེ། ཉན་ཐོས་དང་ཐུན་མོང་པའི་སོར་སྡོམ་བྱང་ཆུབ་སྙིང་པོའི་མཐའ་ཅན་དུ་ཡོད་པར་ཁས་བླངས་པའི་ཕྱིར། བྱེ་བྲག་སྨྲ་བའི་བསྙེན་གནས་ཀྱང་། །ཞེས་སོགས་རྐང་པ་བཞི་ལ། བྱེ་བྲག་སྨྲ་ལུགས་ཀྱི་བསྙེན་གནས་ཆོས་ཅན། ཁྱོད་བླང་བའི་ཡུལ་ཡོད་དེ། ཁྱོད་དགེ་སློང་ལས་བླང་དགོས་པའི་ཕྱིར། དེས་ན་ད་ལྟའི་ཆོ་ག་ནི་ཞེས་སོགས་རྐང་པ་ལྔ་ལ། ཉན་ཐོས་དང་ཐུན་མོང་པའི་ཐེག་ཆེན་སོར་སྡོམ་ཆོས་ཅན། ཁྱོད་འབོགས་པའི་ཚུལ་ཡོད་དེ། བསམ་པ་ཐེག་ཆེན་སེམས་བསྐྱེད་ཀྱིས

ཟིན་པའི་སྒོ་ནས་ཚོག་ཉན་ཐོས་ལུགས་བཞིན་བྱེད་པའི་ཕྱིར། དེ་ནས་བྱང་ཆུབ་སེམས་དཔའ་ཡི། །ཞེས་སོགས་རྐང་པ་བཞི་ལ། ཉན་ཐོས་དང་ཐུན་མོང་བའི་ཐེག་ཆེན་སོར་སྡོམ་ཆོས་ཅན། ཁྱོད་ཀྱི་བསླབ་བྱ་ཡོད་དེ། མི་དགེ་བ་རྣམས་ཉན་ཐོས་ལྟར་བསྲུང་། འདོད་ཡོན་རྣམས་ལ་ཐེག་ཆེན་ལྟར་སློབ་པའི་ཕྱིར། ཐེག་ཆེན་སོ་སོ་ཐར་ཡིན་ཡང་། །ཞེས་སོགས་ཤོ་ལོ་ག་ཅིག་ལ། ཉན་ཐོས་དང་ཐུན་མོང་བའི་ཐེག་ཆེན་དགེ་སློང་གི་སྡོམ་པ་ཆོས་ཅན། ཁྱོད་ཤི་འཕོས་པས་སྟོང་ཡང་ཕན་ཡོན་ཆེན་པོ་དང་ལྡན་ཏེ། ཁྱོད་ཀྱི་ཀུན་སློང་བྱང་སེམས་དང་། ཁྱོད་བསྲུངས་པའི་འབྲས་བུ་ཤི་འཕོས་ཀྱང་མི་སྟོང་བའི་ཕྱིར་རོ། །དེ་ནས་ལས་དང་རྣམ་སྨིན་ཀྱི། །ཞེས་སོགས་ལ། ལས་འབྲས་ཀྱི་རྣམ་གཞག་བཤད་པ་ཆོས་ཅན། དགོས་པ་ཡོད་དེ། གཞི་སྡོམ་པ་བླངས་ནས་ལས་འབྲས་ལ་སྤང་བླང་ཚུལ་བཞིན་བྱེད་དགོས་སོ་ཞེས་ཤེས་པའི་ཆེད་ཡིན་པའི་ཕྱིར། དགེ་བ་ལེགས་པར་སྤྱད་པ་སྟེ། །ཞེས་སོགས་ལ༔ ལས་ཆོས་ཅན། ཁྱོད་ལ་དབྱེ་ན་གསུམ་ཡོད་དེ། དགེ་སོགས་གསུམ་ཡོད་པའི་ཕྱིར། གཞན་ཡང་ལས་ལ་རྣམ་བཞི་གསུངས། །ཞེས་སོགས་ལ། ལས་ཆོས་ཅན། ཁྱོད་ལ་དབྱེ་ན་བཞི་ཡོད་དེ། ལས་དཀར་རྣམ་སྨིན་དཀར་བའི་ལས་སོགས་བཞི་ཡོད་པའི་ཕྱིར། འདི་འདྲའི་ལས་དང་རྣམ་སྨིན་གྱི། །དེ་ལྟར་བཤད་པའི་ལས་ཀྱི་རྣམ་གཞག་ཆོས་ཅན། ཁྱོད་ཤེས་དགོས་ཏེ། ཁྱོད་ཤེས་ན་ལས་འབྲས་ལ་ཤིན་ཏུ་མཁས་པར་འགྱུར་བའི་ཕྱིར་རོ༔ ༔ཉི་མ་དང་པོའི་སྦྱ་ལྷང་ངོ། །

ཉི་མ་བར་པའི་སྦྱ་ལྷང་བ་ལ། སེམས་བསྐྱེད་ལ་ནི་ཉན་ཐོས་དང་ཞེས་པ་ནས། དགེ་སྡིག་རྣམ་གཞག་དེ་ལྟར་གསུངས་ཀྱི་བར་ཡོང་བས། སེམས་བསྐྱེད་ལ་ནི་ཉན་ཐོས་དང་ཞེས་སོགས་རྐང་པ་གཉིས་ལ། སེམས་བསྐྱེད་ཆོས་ཅན། ཁྱོད་ལ་དབྱེ་ན་གཉིས་ཡོད་དེ། ཉན་ཐོས་ལུགས་དང་ཐེག་ཆེན་ལུགས་ཀྱི་སེམས་བསྐྱེད་གཉིས་ཡོད་པའི་ཕྱིར། ཐེག་པ་ཆེན་པོའི་སེམས་བསྐྱེད་ལ་ཞེས་སོགས་རྐང་པ་གཉིས་ལ། ཐེག་ཆེན་སེམས་བསྐྱེད་ཆོས་ཅན། ཁྱོད་ལ་དབྱེ་ན་གཉིས་ཡོད་དེ། དབུ་སེམས་ལུགས་ཀྱི་སེམས་བསྐྱེད་གཉིས་ཡོད་པའི་ཕྱིར། དེ་གཉིས་ལྟ་བ་ཐ་དད་པས། །ཞེས་སོགས་རྐང་པ་བཞི་ལ། དབུ་སེམས་ལུགས་ཀྱི་སེམས་བསྐྱེད་ཆོས་ཅན། ཁྱོད་ལ་མི་འདྲ་བའི་ཁྱད་པར་ཡོད་དེ། བསླབ་བྱ་དང་ཕྱིར་བཅོས་སོགས་མི་འདྲ་བའི་ཁྱད་པར་བཅུ་ཡོད་པའི་ཕྱིར། དབུ་མའི་ལུགས་ཀྱི་སེམས་བསྐྱེད་ནི། །ཞེས་སོགས་རྐང་པ་གཅིག་ལ་ རྫོགས་བྱང་དོན་གཉེར་གྱི་སྐྱེ་བོ་ཀུན་ཆོས་ཅན། ཁྱོད་ལ་དབུ་མའི་སེམས་བསྐྱེད་བྱར་རུང་སྟེ། དེ་ལྟར་མདོ་དང་བསྟན་བཅོས་ཚད་ལྡན་ལས་བཤད་པའི་ཕྱིར། ཇི་ལྟར་ནས་ཀྱི་ས་བོན་ནི། །ཞེས་སོགས་ལ། སྐྱེ་བོ་ཀུན་ལ་དབུ་མའི་སེམས་བསྐྱེད་སྐྱེར་རུང་བ་ཆོས་ཅན། ཁྱོད་ཀྱི་དཔེ་ཡོད་དེ། ནས་ཀྱི་ས་བོན་ཀུན་ཏུ་སྐྱེ་བ་དེ་ཁྱོད་ཀྱི་དཔེ་ཡིན་པའི་ཕྱིར། དེས་ན་སེམས་ཙམ་པ་ཡི་

ལུགས། །ཞེས་སོགས་ཀྱང་པ་དྲུག་པ་ལ། སེམས་ཙམ་ལུགས་ཀྱི་འཇུག་སྡོམ་ཆོས་ཅན། ཁྱོད་སྐྱེ་བའི་རྟེན་ཡོད་དེ༑ བྱང་ཆུབ་ཏུ་སྨོན་ལམ་གཏབ་ཅིང་སོ་ཐར་རིགས་བདུན་གང་རུང་དང་ལྡན་པ་ལ་ཁྱོད་སྐྱེ་བའི་ཕྱིར། དོན་དམ་སེམས་བསྐྱེད་ཞེས་བྱ་བ། །ཞེས་སོགས་ཀྱང་པ་ལྔ་ལ། དོན་དམ་སེམས་བསྐྱེད་ཆོས་ཅན། ཁྱོད་ཆོ་ག་ལས་མི་སྐྱེ་སྟེ། ཁྱོད་སྒོམ་པའི་སྟོབས་ཀྱིས་སྐྱེ་དགོས་པའི་ཕྱིར། དེ་ལྟར་སེམས་ཙམ་དབུ་མ་གཉིས། །ཞེས་སོགས་ཀྱང་པ་བཞི་ལ། བྱང་སེམས་ཀྱི་སྡོམ་པ་ཆོས་ཅན། ཁྱོད་ཀྱི་དགག་སྒྲུབ་ཀྱི་བསླབ་བྱ་ལ་མུ་བཞི་ཡོད་དེ། ལྟུང་བ་དང་ལྟུང་བ་མེད་པ་སོགས་མུ་བཞི་ཡོད་པའི་ཕྱིར། མདོར་ན་སེམས་ཀྱི་འཕེན་པ་ལས། །ཞེས་སོགས་ལ། དགེ་སྡིག་ཆོས་ཅན། ཁྱོད་འཇོག་ཚུལ་ཡོད་དེ། ཁྱོད་ཀུན་སློང་དགེ་མི་དགེའི་སེམས་ཀྱི་དབང་གི་འཇོག་པའི་ཕྱིར་རོ༑ ༑ཉི་མ་གཉིས་པའི་སྟ་ལྟང་ངོ༎ །

ཉི་མ་གསུམ་པའི་སྟ་ལྟང་ལ། དེས་ན་སྨིན་བྱེད་དབང་དང་ནི། །ཞེས་པ་ནས། ལྟ་བ་ཐ་དད་ཡོད་ཅེས་ཟེར། །ཞེས་པའི་བར་འབྱུང་བས། དེས་ན་སྨིན་བྱེད་དབང་དང་ནི། །ཞེས་སོགས་ཀྱང་པ་གཉིས་ལ། ཚེ་འདིར་སངས་རྒྱས་ཐོབ་འདོད་ཆོས་ཅན། དབང་དང་རིམ་གཉིས་ལ་འབད་དགོས་ཏེ། ཐབས་ཤེས་རེ་རེས་སངས་རྒྱ་མི་នུས་པའི་ཕྱིར་རོ། །སོ་ནམ་ཚུལ་བཞིན་བྱས་པ་ཡི། །ཞེས་སོགས་ཀྱང་པ་དྲུག་ལ། ཤེས་བྱ་ཆོས་ཅན། མདོ་སྔགས་གཉིས་ལ་སངས་རྒྱས་ཐོབ་པ་མྱུར་བུལ་གྱི་ཁྱད་པར་ཡོད་དེ། བསྐལ་པ་གྲངས་མེད་གསུམ་དང་ཚེ་གཅིག་ལ་སངས་རྒྱ་བའི་ཁྱད་པར་ཡོད་པའི་ཕྱིར། སྟོང་ཉིད་སྙིང་རྗེ་སོགས་སྒོམ་པ། །ཞེས་སོགས་ཀྱང་པ་བཞི་ལ། སྟོང་ཉིད་སྙིང་རྗེའི་སྙིང་པོ་ཅན་གྱི་བྱང་སེམས་ཆོས་ཅན། ཕར་ཕྱིན་ལམ་གྱི་གཙོ་བོ་ཡིན་ཏེ། དེའི་སྙིང་པོ་ཡིན་པའི་ཕྱིར། ས་བཅུ་ཐ་མར་བདུད་བཏུལ་ནས། །ཤེས་སོགས་ཀྱང་པ་གཉིས་ལ། སྟོན་པ་ཤཱཀྱ་ཐུབ་པ་ཆོས་ཅན། ས་བཅུའི་ཐ་མར་བདུད་བཞི་བཅོམ་པའི་གང་ཟག་ཡིན་ཏེ། ཐུན་མོང་མ་ཡིན་པའི་བདུད་བཞི་བཅོམ་པའི་སངས་འཕགས་ཡིན་པའི་ཕྱིར། ཕ་རོལ་ཕྱིན་གཞུང་མི་ནུས་པར། །ཞེས་པ་ནས། བཅུ་གསུམ་པ་ནི་ཐོབ་པར་འགྱུར་གྱི་བར་ལ། བླ་མེད་རྡོ་རྗེ་ཐེག་པའི་ལམ་དུ་ཞུགས་པའི་གང་ཟག་ཆོས་ཅན། ཁྱོད་ཀྱི་ས་ལམ་བགྲོད་ཚུལ་ཡོད་དེ། དབང་བཞི་དང་རིམ་གཉིས་བསྒོམས་པས་ཡེ་ཤེས་ཕྱག་ཆེན་རྒྱུད་ལ་སྐྱེས། སྤྱོད་པ་གསུམ་སྤྱད་པས། ས་ཕྱེད་དང་བཅུ་གསུམ་དང་ལམ་ལྔ་བགྲོད་ནས་ས་བཅུ་གསུམ་པའི་ཕྱེད་གོང་མ་ཐོབ་པར་འགྱུར་བའི་ཕྱིར། འདི་ནི་དུས་གསུམ་སངས་རྒྱས་ཐམས་ཅད་ཀྱི། །ཞེས་སོགས་ཤློ་ཀ་གཅིག་ལ། ཚེ་གཅིག་ལ་ས་བཅུ་གསུམ་པ་ཐོབ་བྱེད་ཀྱི་གདམས་ངག་འདི་ཆོས་ཅན། དམ་པའི་ཆོས་ཀྱི་སྙིང་པོ་ཡིན་ཏེ། རྒྱུད་སྡེའི་གསང་ཚིག་གི་བཅུད་ཡིན་པའི་ཕྱིར་རོ། །དབང་དང་རིམ་གཉིས་མི་ལྡན་པས། །ཞེས་སོགས་ཀྱང་པ་དྲུག་ལ། དེང་སང་བཀའ་ཕྱག་པར

ནློམ་པའི་སྐྱེས་བུ་འགའ་ཞིག་ཆོས་ཅན། སངས་རྒྱས་ཀྱི་བསྟན་འཛིན་མ་ཡིན་ཏེ། ཐེག་པ་གསུམ་གང་གི་ཡང་བསྟན་འཛིན་མ་ཡིན་པའི་ཕྱིར་རོ། །སྡོམ་པ་གསུམ་དང་ལྡན་པ་ཡིས། །ཞེས་སོགས་རྐང་པ་ལྔ་ལ། སྡོམ་པ་གསུམ་ལྡན་གྱི་སྐྱེས་བུ་ཆོས་ཅན། ཁྱོད་སངས་རྒྱ་བའི་དུས་ཡོད་དེ། ཚེ་འདིའམ་བར་དོའམ་སྐྱེ་བ་བཅུ་དྲུག་ཚུན་དུ་སངས་རྒྱ་ནུས་པའི་ཕྱིར་རོ། །ཕ་རོལ་ཕྱིན་པའི་གཞུང་ལུགས་ལས། །ཞེས་སོགས་ཤོ་ལོ་ཀ་གཅིག་ལ། ཕར་ཕྱིན་རང་རྐང་གི་རྣལ་འབྱོར་པ་ཆོས་ཅན། ཁྱོད་ཀྱི་བླ་མ་སངས་རྒྱས་དངོས་སུ་མི་སྒོམ་སྟེ། བླ་མ་སངས་རྒྱས་ལྟ་བུར་སྒོམ་པ་ཙམ་ཡིན་པའི་ཕྱིར་རོ། །

ངེད་ཀྱི་ཕྱག་རྒྱ་ཆེན་པོ་ནི། །ཞེས་སོགས་རྐང་པ་དྲུག་ལ་བླ་མེད་ཀྱི་དབང་དང་རིམ་གཉིས་གང་རུང་ལ་སྐྱེས་པའི་ཡེ་ཤེས་ཆོས་ཅན། ཕྱག་ཆེན་གྱི་གདམས་ངག་ཡིན་ཏེ། དེའི་འཛོག་བྱེད་ཡིན་པའི་ཕྱིར། ད་ལྟའི་ཕྱག་རྒྱ་ཆེན་པོ་དང་། །ཞེས་སོགས་རྐང་པ་དྲུག་ལ། རྒྱ་བུར་ཕྱིས་བྱུང་གི་ཕྱག་ཆེན་ཆོས་ཅན། ཕྱག་ཆེན་དངོས་མིན་ཏེ། རྒྱ་ནག་ལུགས་ཀྱི་རྫོགས་ཆེན་ཡིན་པའི་ཕྱིར། ནཱ་རོ་དང་ནི་མཻ་ཏྲི་པའི། །ཞེས་སོགས་རྐང་པ་བཞི་ལ། ནཱ་རོ་མཻ་ཏྲིའི་ཕྱག་ཆེན་ནོ། ཕྱག་ཆེན་དངོས་ཡིན་ཏེ། བླ་མེད་རྒྱུད་ལས་བཤད་པའི་ཕྱག་ཆེན་ཡིན་པའི་ཕྱིར་རོ། །དེས་ན་ངེད་ཀྱི་མཐོང་ལམ་ནི། །ཞེས་སོགས་རྐང་པ་གཉིས་ལ། མཐོང་ལམ་ཆོས་ཅན། སོ་སྐྱེའི་རྒྱུད་ལ་ཁྱོད་མི་སྐྱེ་སྟེ། ཁྱོད་འཕགས་རྒྱུད་ཁོ་ནས་བསྡུས་པའི་ཕྱིར། ཐེག་པ་གསུམ་གྱི་ལག་ལེན་ཡང་། །ཞེས་སོགས་རྐང་པ་བཞི་ལ། བསྟན་པ་ལ་ཞུགས་པའི་གདམས་ངག་ཆོས་ཅན། ཁྱོད་ཀྱི་ཐེག་པ་གསུམ་གྱི་ལག་ལེན་བྱ་ཚུལ་ཡོད་དེ། རང་རང་གི་གཞུང་ནས་བཤད་པ་ལྟར་བྱ་དགོས་པའི་ཕྱིར། ཉན་ཐོས་རྣམས་ཀྱི་བླ་མ་དེ། །ཞེས་སོགས་རྐང་པ་དྲུག་ལ། བསྟན་པ་ལ་ཞུགས་པའི་སྐྱེས་བུ་ཆོས་ཅན། ཁྱོད་ཀྱི་ཐེག་པ་གསུམ་གྱི་བླ་མ་སྒོམ་ཚུལ་གྱི་གནད་ཤེས་དགོས་ཏེ། རང་རང་གི་གཞུང་ནས་བཤད་པ་ལྟར་སྒོམ་དགོས་པའི་ཕྱིར། །དེ་ལྟའི་ཐེག་པ་གསུམ་པོ་ཡི། །སོ་སོའི་གཞུང་ནས་ཞེས་སོགས་རྐང་པ་བཞི་ལ། ཐེག་པ་གསུམ་གྱི་བླ་མ་ཆོས་ཅན། ཁྱོད་ལ་དམ་པ་དང་དམ་པ་མིན་པ་གཉིས་གཉིས་སུ་དབྱེ་དགོས་ཏེ། རང་རང་གི་གཞུང་ནས་བཤད་པའི་བླ་མའི་མཚན་ཉིད་ཕལ་ཆེར་ཚང་བ་དང་མ་ཚང་བ་གཉིས་གཉིས་ཡོད་པའི་ཕྱིར། མདོ་དང་སྔགས་ཀྱི་ཁྱད་པར་ནི། །ཞེས་སོགས་རྐང་པ་གཉིས་ལ༑ ཤེས་བྱ་ཆོས་ཅན། མདོ་སྔགས་མི་འདྲ་བའི་ཁྱད་པར་གཙོ་བོ་ཡིན། དབང་བསྐུར་བའི་ཆོག་ཡོད་མེད་ཀྱིས་འབྱེད་པའི་ཕྱིར། ཉན་ཐོས་དང་ནི་ཐེག་ཆེན་ལ། །ཞེས་སོགས་རྐང་པ་བཞི་ལ། ཤེས་བྱ་ཆོས་ཅན། ཉན་ཐོས་དང་ཐེག་ཆེན་གྱི་སྡེ་སྣོད་ལས་ལྟ་བ་མི་འདྲ་བར་བཤད་ཀྱང་། ཐེག་ཆེན་མདོ་སྔགས་ལས་ལྟ་བ་ཐ་དད་དུ་མ་བཤད་དེ། མཐའ་བཞིའི་སྤྲོས་བྲལ་གྱི་དབུ་མའི་ལྟ་བ་གཅིག་ཁོ་ནར་བཤད་པའི་ཕྱིར་རོ། །དེས་ན་བཤད་པས

གོ་བ་ཡི། །ཞེས་སོགས་རྐང་པ་བཞི་ལ། ཤེས་བྱ་ཆོས་ཅན། མདོ་སྔགས་གཉིས་ལ་རྟོགས་བྱ་ཡུལ་གྱི་ལྟ་བ་ལ་ཁྱད་པར་མེད་ཀྱང་། རྟོགས་བྱེད་ཡུལ་ཅན་གྱི་ལྟ་བ་ཉམས་མྱོང་ཁྱད་པར་ཡོད་དེ། ལྟ་བ་རྟོགས་བྱེད་ཀྱི་ཐབས་ལ་ཁྱད་པར་ཡོད་པའི་ཕྱིར་རོ། །ཉི་མ་རྩེང་མའི་སྨྲ་ལྟང་རྫོགས་སོ།། །།

༄༅། །ས་ལུགས་ཀྱི་བསྟན་བཅོས་རྣམ་གསུམ་རྗེས་འབྲང་དང་བཅས་པ་ལ་
རྩོད་པ་སྤོང་བ་འཇམ་པའི་རྡོ་རྗེའི་གཟི་འོད་
ཅེས་བྱ་བ་བཞུགས་སོ། །

ཀླུ་སྒྲུབ་ཆོས་ཀྱི་རྒྱལ་མཚན།

སྡོམ་པ་གསུམ་གྱི་རབ་ཏུ་དབྱེ་བའི་སྐབས་གསུམ་པ་དང་། ཐུབ་པའི་དགོངས་པ་གསལ་བ་དང་། ཕྱོགས་བཅུའི་སངས་རྒྱས་ཀྱི་ཞུ་འཕྲིན་རྗེས་འབྲང་གི་ཡིག་ཆ་དང་བཅས་པ་ལ་རྩོད་པ་སྤོང་བ། འཇམ་པའི་རྡོ་རྗེའི་གཟི་འོད་ཅེས་བྱ་བ། །ཁྱབ་བདག་རྡོ་རྗེ་འཛིན་པ་ལ་ཕྱག་འཚལ་ལོ། །

བདེ་ཆེན་རྣམ་པ་ཀུན་གྱི་མཆོག་ལྡན་ཡེ་ཤེས་རྡོ་རྗེའི་བདག །གཞོམ་མེད་ནཱ་དའི་ཧཱ་ཆེན་ཆོས་ཀུན་ཅིག་ཅར་མཚོན་ནུས་པ། །རྣམ་རོལ་ཅིར་ཡང་འཆར་བ་སྒྱུ་འཕྲུལ་དྲྭ་བའི་དཀྱིལ་འཁོར་གྱི། །རིགས་བདག་རྗེ་བཙུན་བླ་མས་བདག་གི་སྤྱི་བོར་ཅོད་པན་མཛོད། །རྣམ་དག་མཁྱེན་པའི་རྒྱུ་འཛིན་གར་གྱིས་ཤེས་བྱའི་མཁའ་དབྱིངས་ཁྱབ་པར་རྒྱུ། །རྣམ་དཀར་བློ་མཆོག་སྤྲིན་ལ་བར་རིངས་བཞིན་ལེགས་གསུང་ཆོས་ཀྱི་ཆར་ཆེན་འབེབས། །རྣམ་མང་ཐབས་ཚུལ་འདབ་བརྒྱའི་ཟེ་བར་ཟུང་འཇུག་གི་སར་སྨིན་མཛད་པ། །རྣམ་གྲོལ་རྒྱལ་བ་གཉིས་པ་རྗེ་བཙུན་ས་སྐྱ་པ་ཡིས་ལེགས་པར་སྐྱོངས། །མཁྱེན་པའི་མཚོ་ཆེན་གཏིང་དཔག་དཀའ་བའི་ཀློང་ཡངས་ནས། །མི་ཟད་ལེགས་པར་བཤད་པའི་ཆུ་བོ་བརྒྱ་ཕྲག་གིས། །བསྟན་འགྲོའི་དཔག་བསམ་སྐྱོང་ལ་གཞན་དྲིང་མི་འཇོག་པ། །ལྷ་རིག་འབུམ་ཕྲག་གསུམ་པས་དགེ་ལེགས་བདུད་རྩི་སྩོལ། །རྒྱལ་བསྟན་རིན་ཆེན་རི་བོར་བརྗིད་ཆགས་པའི། །གང་གསུང་འཆི་མེད་འགྱུར་པའི་གཞི་བྱིན་ནི། །མ་བཟོད་ཕས་རྒོལ་ལྷ་མིན་རྩོད་པའི་དཔུང་། །བྲེལ་ཡང་མདོ་རྒྱུད་བདུད་རྩིའི་བཅུད་མ་ཐོབ། །སྐབས་དེར་ཀླུ་དབང་ཡོངས་འདུའི་ལྗོན་པ་དང་། །དྲི་མེད་པད་དཀར་གཞོན་ནུའི་སྨན་ལྗོངས་ནི། །འགྲན་བཞིན་གསུང་རབ་དྲི་བསུང་མངར་བའི་སྐྱེས། །ཕྱོགས་བཅུར་འཕྱུལ་བས་བསྟན་ལ་གསོས་སུ་གྱུར། །དེང་འདིར་ཕྱོགས་ལྷུང་བག་ཆགས་སྨྱུབས་ཀྱི་ནང་། །སངས་རྒྱས་ཀུན་གྱི་གསང་གསུམ་རྡོ་རྗེའི་དབྱིངས། །རྟོག་པའི་དྲྭ་བས་གཡོགས་ཏེ་སྨྲ་མ་ཡི། །གཙུག་ལག་འཛིན་དེས་བརྩད་ཅིང་བརྒལ་ཞེས་ཐོས། །བདེན་གསུང་དྲང་སྲོང་ཆེ་ལས་ལོགས་ཤིག་ཏུ། །ལུགས་གཞན་ཆོམ་རྐུན་བདག་པོར་རྗེས

འགྲོ་བ། །གནས་མིན་གནས་སུ་རློམ་པ་འདི་འོ་ཞེས། །མཚོན་པའི་བརྡ་ཐབས་འདིར་ཕྱིད་འོངས་པ་བཞིན། ། ངན་རྟོག་སྐེམས་པས་དྲེགས་པའི་བརྟུལ་ཞུགས་ཅན། །གང་འདིས་གསུང་རབ་མང་དུ་ཐོས་པའི་སྟེ། །ལོག་པའི་ལམ་དུ་དྲངས་ཀྱང་སྟོབས་བཙུ་བའི། །བདེན་པས་ཕ་རོལ་གནོན་པར་ཅིས་མི་ནུས། །འཇམ་པའི་རྡོ་རྗེའི་ཞལ་ལུང་གསེར་གྱི་བློ། །རྩོད་པའི་དཔུང་དེས་བཅིངས་ཀྱང་རང་གྲོལ་ཏེ། །གཟུར་གནས་ཅོད་པན་གྱིས་བཏེག་རིན་ཆེན་ཁྲིར། །འགྲོ་ཀུན་ཆོས་བཞིན་སྐྱོང་བའི་དགའ་བ་ཐོབ། །མ་བརྟགས་རང་དགའི་མཛའ་བོར་ཡིད་རྟོན་པ། ། ཕྱོགས་འཛིན་འདོད་པས་གདུངས་པའི་བུ་མོ་ལ། །ཁྲེལ་བཞིན་རྒྱལ་བའི་རིང་ལུགས་ལྡོན་པའི་ཚལ། །ཁྱོད་བློའི་སྣང་ངོར་དབྱིངས་སུ་ཡལ་བ་སྐམ། །དེ་ལྟའི་མོད་ལ་བསྟན་ལ་དགའ་བ་ཡི། །སྐྱེ་དགུས་བསྔགས་ཏེ་ཆོས་ཀྱི་གཞལ་མེད་རྩེར། །ལོག་རྟོག་དགའ་མས་དབེན་ཡང་མདོ་རྒྱུད་ཀྱི། །རྒྱལ་སྲིད་བདེ་བར་སྐྱོང་བ་ཁོ་བོ་ཙམ། ། ཞལ་ལུང་གསང་བའི་སྨན་མཆོག་ལོག་ལྟ་ཡི། །ལྟོ་བར་མ་ཞུ་ཅི་བརྟོལ་སླ་བ་ལ། །སྙིང་རྗེས་ལུང་རིགས་བདེན་པའི་དབུགས་དབྱུང་ནི། །བྱེད་པོར་བདག་ཉིད་བསྒོས་པ་བཞིན་དུ་གྱུར། །གང་འདིར་ལུང་དང་རིགས་པའི་འོད་བརྒྱ་པ། ། སྤོབས་པ་མཐའ་ཡས་བྱེད་པོས་ཡོངས་བསྐྲུན་ཏེ། །ངན་རྟོག་མུན་རུམ་འཇོམས་ལ་དཔའ་བའི་འགྲོས། །བསྟན་པའི་ནོར་འཛིན་ཁྱབ་པར་གར་བསྒྱུར་ཏོ། །

མདོ་རྒྱུད་ཀུན་གྱི་ངེས་གནས་ཊཱི་སྙིང་པ། །ཟེར་བློས་རྟན་པོའི་གཏམ་གྱིས་མ་བསླད་པ། །འཇམ་པའི་རྡོ་རྗེ་སྙིང་ལ་འཕོས་པ་བཞིན། །རྒྱལ་བའི་གསང་མཛོད་འཛིན་པ་ངམ་མིན་སུ། །དེ་སླད་བསྟན་ལ་བྱི་དོར་བགྱི་བ་ཡི། ། སྤོབས་པའི་ཤིང་རྟ་ཆེ་ལས་ཡོངས་དྲངས་ཏེ། །ཆོས་དང་ཆོས་མིན་འབྱེད་པའི་སྣང་བྱེད་གར། །ཅིར་ཡང་བསྒྱུར་བའི་བགོ་སྐལ་བདག་གིས་ཐོབ། །རྣམ་དཔྱོད་དཔལ་གྱི་བེའུའི་རི་མོ་ཅན། །གང་འདིས་ཆོས་ཀུན་བདག་གིར་བགྱི་བའི་བློས། །ལེགས་བཤད་རྫ་འཕྲུལ་བསྒྱུར་བའི་གར་སྟབས་ལས། །སྟོབས་ལྡན་དྲེགས་པས་འགྲན་པར་ནུས་སམ་ཅི། །རྒྱལ་བ་ཀུན་གྱི་ཞལ་སྒོ་ལས་བརྒྱུད་ལེགས་གསུང་འོད་ཟེར་གྱི། །སྣང་བ་བརྒྱ་ཕྲག་དག་གིས་སྐལ་བཟང་གཙུག་ཏོར་ཟེ་བ་ནས། །དབང་བསྒྱུར་བྱང་ཆུབ་མཆོག་གི་གདན་ཁྲིར་ཐམས་ཅད་མཁྱེན་པ་ཡི། ། བརྟུལ་ཞུགས་ལ་དགའ་ཆོས་བཞིན་སླ་བར་བདག་ནི་རིངས་པར་གྱུར། །དེ་ཆེ་མངོན་རློམ་བདག་པོ་གོས་སེར་ཅན། །ངན་རྟོག་ཐྲག་ཁྲིམ་མུན་པར་གནས་འཆའ་བ། །འདི་ནི་འཇམ་པའི་རྡོ་རྗེའི་གཟི་འོད་ཀྱིས། །སྐྲག་སྟེ་གཏི་མུག་རི་བོར་བྲོས་པ་བཞིན། །དགག་སྒྲུབ་མཆེ་བ་རྣོན་པོའི་དྲག་ཤུལ་གྱིས། །ཕས་རྒོལ་གླང་ཆེན་རིང་དུ་བསྐྲད་ཀྱང་བླའི། །ནམ་ཞིག་བློ་གྲོས་བརྗིད་པའི་ཡན་ལག་ལ། །གཏུགས་ཏེ་བག་ཡོད་འགྱུར་ཕྱིར་ཉེས་པ་མེད། ། རྩོད་པའི་མེ་འོབས་འབར་བས་བདེན་གསུང་སྒྲོག །བཟའ་བར་བརྩམས་ཀྱང་ཟུང་འཇུག་རྒྱལ་བའི་མཐུ། །

གང་དེས་ཟབ་དོན་བད་ཚུལ་བཤད་པ་དང་། །ལྷན་ཅིག་འགྲོ་ལ་ཆོས་ཀྱི་མིག་ཡངས་ཐོབ། །དེ་ཚེ་ལོག་པར་རྟོགས་པའི་དུག་དབྱུང་སྟེ། །ཀླན་ཀས་ནམ་ཡང་གནོམ་བཤིག་མི་ནུས་པར། །ཡིད་ཆེས་སྐལ་བཟང་སྙིང་ལ་ཟུང་འཇུག་གི། །སྣང་བ་ཕྱོགས་བཅུར་གསལ་བ་གདོན་མི་ཟ། །དེ་ལྟ་མོད་ཀྱི་བསྟན་ལ་རྗེས་ཆགས་བློས། །མདོ་རྒྱུད་ཀུན་གྱི་ཤིང་རྟ་འདྲེན་པ་ལ། །བདག་གི་བློ་གྲོས་སྟོབས་བཀྱུས་ཕྱུག་པའི་གྱུད། །ནམ་ཡང་ལྷོད་པར་མ་གྱུར་འདིར་བརྩོན་བྱ། །གང་བློ་ཡངས་པའི་ཀློང་ནས་ལེགས་བཤད་ཀྱི། །ཆོས་སྤྲིན་མི་ཟད་ནམ་མཁའི་མཛོད་ལྟ་བུ། །འདིར་སྤྲིན་སྐལ་བཟང་དགའ་མགུར་རོལ་པ་ན། །སྤོབས་པ་འཇམ་པའི་དབྱངས་ཀྱི་རྗེས་འགྲོར་ངེས། །

༄ འདི་ལྟར་ཕྱོགས་བཅུའི་རྒྱལ་བ་ཐམས་ཅད་ཀྱི་ཡེ་ཤེས་སེམས་དཔའ་ཆེན་པོ། ངེས་པར་ན་དཀྱིལ་འཁོར་པ་ཐམས་ཅད་ཀྱི་རིགས་ཀྱི་བླ་མར་སོན་པ། བདག་ཅག་གི་འདྲེན་པ་རྗེ་བཙུན་ས་སྐྱ་པ་གོང་མ་ལྔས། ཆོས་དང་ཆོས་མ་ཡིན་པ་རྣམ་པར་ཕྱེ་ཞིང་། མདོ་རྒྱུད་ཀྱི་ངེས་གནས་གསང་བ་བསམ་གྱིས་མི་ཁྱབ་པའི་དགའ་སྟོན་མཐའ་ཡས་པས། སངས་རྒྱས་ཀྱིས་བསྟན་པ་ཆོས་དང་མཐུན་པར་སེམས་འདུན་པའི་སྐྱེ་རྒུ་མཐའ་དག་གི་ཡིད་ལ་བདེ་ལེགས་སུ་མཛད་པ་ནི། དུས་གསུམ་གྱི་རྒྱལ་བ་མ་ལུས་པ་གཅིག་ཏུ་བསྒྲིལ་ཏེ། གངས་རིའི་ལྗོངས་སུ་རྒྱུ་བའི་ལུས་ཅན་འདི་དག་ལ་ཐུགས་རྗེས་སུ་ཆགས་པས། བསྟན་པ་ཐམས་ཅད་ཀྱི་བདག་པོ་དང་། རྒྱལ་བ་ཐམས་ཅད་ཀྱི་ཕྲིན་ལས་པ་ཆེན་པོའི་འོས་སུ་སྣང་བ་ནི། ས་སྐྱ་པ་གོང་མ་ལྔ་པོ་འདི་དག་གོ། །ཞེས་དབྱངས་ཀྱི་རྔ་ཆེན་གཅིག་ཏུ་མཐུན་པར་བསྒྲགས་པ་ལས་བྱུང་ཞིང་། དེའི་ཕྱིར་རྗེ་བཙུན་འདི་དག་ནི། ཇི་ལྟ་བ་དང་ཇི་སྙེད་པའི་ཤེས་བྱ་ཐམས་ཅད་ལ་ཡང་དག་པའི་གཟུངས་དང་། སྤོབས་པ་མི་ཟད་པའི་བློ་གྲོས་ཇི་མི་སྙམ་པར་གྱུར་པས། རྒྱལ་བ་སྲས་དང་བཅས་པའི་སྤྱན་སྔར་ཡང་། ཆོས་ཀྱི་སྤོབས་པ་གཟིངས་མཐོ་བར་གྱུར་ན། སོ་སོ་སྐྱེ་བོའི་པཎྜི་ཏ་ཡུལ་དུ་སྦྱངས་པའི་སྙེམས་པ་ཅན་སུས་ཀྱང་འགྲན་པར་ཅི་ཞིག་ནུས། དེ་ལྟ་བས་ན་གོང་མ་ལྔ་པོ་འདི་དག །སྐྱེ་བོ་སྤྱི་མཐུན་གྱི་སྣང་ངོར་ཞབས་ཟུང་བརྟན་པའི་སྐབས་ན། མཉམ་མེད་དྭགས་པོ་པ་ཆེན་པོ་ཞེས་བྱ་བ་རྟོག་པ་ནམ་མཁའ་དང་མཉམ་པར་གྱུར་པ་དེ་ཉིད་དང་། ཕག་འབྲི་གླིང་ལ་སོགས་པ་དཀར་བརྒྱུད་ཀྱི་ཆེན་པོ། བརྒྱུད་པ་དེ་དག་གི་བསྟན་པ་ལ། སྟོན་པ་སངས་རྒྱས་དངོས་སུ་གྲགས་པ་སུ་ཞིག་གིས་ཀྱང་། མཉམ་གཞག་སྨྲ་བསམ་བརྗོད་མེད་ཀྱི་ཟོལ་འཛིན་པ་ཙམ་ལས། མདོ་རྒྱུད་ཀྱི་གསུང་རབ་རིན་པོ་ཆེ་ལས་བརྩམས་པའི་འཆད་རྩོད་རྩོམ་པའི་མཁྱེན་པ་འདེགས་པར་མ་ནུས་ལ། སླད་ཀྱི་འབྲུག་པ་པདྨ་དཀར་པོ་ཞེས་བྱ་བ། མཁྱེན་རབ་རྒྱ་ཆེན་པོ་དང་ལྡན་པ་དེ་ཉིད་དང་། ལུང་དང་རིགས་པར་ལྡན་པའི་མཁས་པ་ཆེན་པོ་ཀླུ་སྒྲུབ་རྒྱ་མཚོ་གཉིས་ཀྱིས། དགག་སྒྲུབ་ཀྱི་འཕེལ་གཏམ་སྣ་ཚོགས་པ་གླེང་བ་དེ་དག་ལས་འཕྲོས་ཏེ། ཐ་སྙད་ཀྱི་གཙུག་ལག་ལ། རྣམ་དཔྱོད

ཀྱི་སྣང་བ་བཞད་པ་ཆོས་ཀྱི་རྗེ་སངས་རྒྱས་རྡོ་རྗེས། སྲིད་གསུམ་རྣམ་པར་རྒྱལ་བའི་དགེ་མཚན་ཞེས་བྱ་བའི་བསྟན་བཅོས་བརྩམས་ནས། དངོས་སུ་རྗེ་ཀླུ་སྒྲུབ་རྒྱ་མཚོའི་གསུང་རྣམ་ལ་དགག་པའི་ཟློལ་གྱིས། སྙིང་པོའི་བསམ་དོན། རྗེ་བཙུན་ས་སྐྱ་པའི་གསུང་རབ་རིན་པོ་ཆེ་ལ་ཆེད་ཀྱི་དགག་པ་ལྷུར་བླངས་པ་ནི། འདི་ལྟར། སྙིང་ལ་འཁོན་དུ་དམ་བཟུང་ནས། །ཁ་ལ་ཚིག་འཇམ་སྨྲའོ་ཞེས། །དྲང་སྲོང་གདུག་པའི་གདམས་ངག་སྟེ། །དམ་པའི་ཚུལ་དང་འགལ་བ་ཡིན། །ཞེས་གསུངས་པ་དང་མཚུངས་པར་གྱུར་ལ། བསྟན་བཅོས་སྲིད་གསུམ་དུ། ས་པཎ་ལ་མཆོད་བརྗོད་དང་། བར་སྐབས་དག་ཏུ་རབ་དབྱེའི་བསྟན་བཅོས་ལ་བསྔགས་པའི་ཚིག་མང་དུ་བརྗོད་པ་ཡང་སྣང་མོད། གཡོ་ཅན་གྱུས་པར་སྟོན་པ་ནི། །དགོས་པའི་ཕྱིར་ཡིན་གུས་ཕྱིར་མིན། །ཞེས་གསུངས་པ་དེ་ཁྱིད་ཀྱི་ཐུགས་ལ་བཞག་ནས། ས་སྐྱ་པའི་རིང་ལུགས་ཁྱད་པར་ཅན་འདི་ཉིད་ཅི་ནས་ཀྱང་སུན་འབྱིན་པར་འདོད་བཞིན་དུ་གནས་སྐབས་སྐྱུ་ཐབས་ཀྱི་ཚིག་ཙམ་དུ་སྣང་སྟེ། དཔེར་མཚོན་པ་ནི། ལྷས་སྦྱིན་གྱིས། སྟོན་པ་བཅོམ་ལྡན་འདས་ལ་རེག་དུག་བསྐུ་བའི་བསམ་པས་ཕྱག་འཚལ་ཞིང་ཞབས་སྤྱི་བོར་བླངས་པ་བཞིན་ནོ། །

ཅི་སྟེ་རྗེ་བཙུན་ས་སྐྱ་པའི་རིང་ལུགས་འདིར་གྱུས་ན། སྲིད་གསུམ་རྒྱལ་བའི་དགེ་མཚན་ཞེས་བྱ་བའི་བསྟན་བཅོས་འདི་རྩོམ་པ་འབད་པ་མེད་པར་ཡང་འགྱུར་ཏེ། འདིར་ནི། སྡོམ་གསུམ་རབ་དབྱེའི་སྐབས་གསུམ་པར་ཇི་སྐད་བཤད་པ་ཕལ་ཆེ་བ་དགག་བྱར་བཟུང་ནས། བློའི་རྩལ་ཅི་ནུས་ནུས་སུ་དགག་པ་དང་། ཐུབ་པ་དགོངས་གསལ་དང་། སྡོམ་གསུམ་རབ་དབྱེའི་ནང་དུ། མ་དག་པ་དགུ་ཚར་ཞིག་གྲངས་སུ་བགྲངས་པ་དང་། ཆོས་རྗེ་ས་སྐྱ་པཎྜི་ཏའི། ཕྱོགས་བཅུའི་སངས་རྒྱས་ཀྱི་ཞུ་འཕྲིན་ལ་ཡང་དངོས་སུ་དགག་པ་གྲུས་ཚུགས་པར་བྱས་ཤིང་། ས་པཎ་གྱིས་ཕྱོགས་བཅུའི་སངས་རྒྱས་ལ་ཞུ་འཕྲིན་མ་ཕུལ་བར་ཞུ་ཡིག་ཕུལ་ཞེས་བྲིས་པ་སོགས། མདོར་ན་ས་སྐྱ་པའི་ལམ་སྲོལ་འདི་ཁོན་དགག་བྱར་བགྱིས་སྣང་ན། ཅི་བརྗོད་དུ་བསྟོད་བསྔགས་ཚུང་ཟད་རེས་གཙམ་བྱ་བགྱིས་པས། བློ་གྲོས་ཆེན་པོ་རྣམས་ཀྱི་ཡིད་དྲང་བར་ག་ལ་ནུས། དམ་པ་རྣམས་ཀྱི་ལུགས་ནི། ཇི་སྐད་དུ། སངས་རྒྱས་བྱང་ཆུབ་སེམས་དཔའ་དག །ཀུན་ཏུ་ཐོགས་མེད་གཟིགས་པར་ལྡན། །དེ་དག་ཐམས་ཅད་སྤྱན་སྔ་ན། །བདག་ནི་རྟག་པར་གནས་སོ་ཞེས། །དེ་ལྟར་བསམ་ནས་ངོ་ཚ་དང་། །གུས་དང་འཇིགས་ལྡན་དེ་བཞིན་མནོས། །ཞེས་དང་། རྣམ་པ་ཀུན་ཏུ་སྲུན་བཙུགས་ནས། །ཤྲོག་ལ་བབ་ཀྱང་ལུགས་བཞིན་བསྐྱངས། །ཞེས་དང་། གལ་ཏེ་དཀའ་བའི་ཁས་ལེན་བྱས་པ་ན། །རྡོ་ལ་རི་མོ་བཏབ་པ་ཇི་བཞིན་དུ། །ཤི་ཡང་གཞན་དུ་འདོར་བར་མི་བྱའོ། །ཞེས་པ་ལྟར། བསམ་སྦྱོར་མི་མཐུན་པ་མེད་ཅིང་མཐུན་པར་སྨྲ་བ། རང་རང་གྲུབ་པའི་མཐའ་གཞུང་དང་མི་འགལ་བར་སྟོན་ཞིང་ངོ་ལྐོག་མེད་པར་སྤྲོང་བ་ཞིག་ཡིན།

དེ་བས་ན་སྲིད་གསུམ་གྱི་བསྟན་བཅོས་རྩོམ་ལུགས་འདི་ནི། རང་ཉིད་གཡོ་ཐབས་ཀྱི་བསམ་སྦྱོར་ངན་པ་མཚོན་པ་ཙམ་མ་གཏོགས། དགོས་ནུས་གཞན་ཡོད་པར་མ་མཐོང་ཞིང་། ཁྱད་པར་ས་ཆེན་པོ་ལ་བཞུགས་པའི་འཕགས་པ་རྣམས་ཐུགས་ཁྲེལ་བར་ཅིས་མི་འགྱུར། དེའི་ཕྱིར་སྲིད་གསུམ་དུ། ས་སྐྱ་པ་ལ་བསྟོད་ཚིག་ཇི་ཙམ་བཀྱིས་ཀྱང་། དོན་གྱིས་རབ་དབྱེ་དང་། ཐུབ་པ་དགོངས་གསལ་དང་། ཕྱོགས་བཅུའི་སངས་རྒྱས་ཀྱི་ཞུ་འཕྲིན་རྣམས་འགོག་ཕྱིར་དུ་རྟོགས་པ་ནི། བསྟན་བཅོས་སྲིད་གསུམ་གྱི་མགོ་མཇུག་ཐམས་ཅད་ལ་ཞིབ་མོར་བརྟགས་པས་མཚོན་ཞིང་། ཚུལ་འདི་མུ་སྟེགས་བྱེ་བྲག་པའི་ཟོལ་སྦྱོར་གྱི་གྲུབ་མཐའ་ལ་དཔེ་བྱས་པར་སྣང་ཡང་། ཆོས་ཀྱི་གྲགས་པས། མ་བརྗོད་ན་ཡང་འདོད་པ་ནི། །སྐབས་ལས་རྟོགས་པར་འགྱུར་བ་ཡིན། །ཞེས་གསུངས་པའི་དོན། བློ་གྲོས་དང་ལྡན་པ་རྣམས་ཀྱིས་ངེས་པ་གཏིང་ཚུགས་པར་གོ་བས། བློ་ཆུང་མགོ་སྐོར་བཞིན་དུ༑ ཚིག་སྟན་པའི་མཁས་འཇུག་ཙམ་གྱིས། མ་བརྟགས་པར་མཁས་པའི་མགོ་བོ་འཁོར་བ་དང་། འགྲམ་ཆུ་ལྷུང་བར་ཅི་ཞིག་ནུས། དེ་ལྟ་ན། སྲིད་གསུམ་མཁན་པོས་ས་ལུགས་ཀྱི་བཀའ་སྲོལ་བཟང་པོ་འདི་ཉིད་ལ། དངོས་སམ་བརྒྱུད་པའི་ཀླན་ཀ་ཇི་ཙམ་ཞིག་བརྩམས་ཡོད་ཀྱང་། རྒྱལ་བ་སྲས་དང་བཅས་པའི་བཞེད་དགོངས་ཡང་དག་པའི་དོན་ནི། སོ་སོ་སྐྱེ་བོ་སྐལ་བ་དམན་པ་དག་གི་སྤྱོད་ཡུལ་དུ་མ་གྱུར་པས། ངེས་གསང་བླ་ན་མེད་པའི་སྒྲ་འདི་ཐོས་པ་ཙམ་གྱིས། དངངས་པར་གྱུར་ཅིང་རྩོད་པ་ལྟར་ལེན་གྱི་བསམ་སྦྱོར་རྩུབ་མོ་ཁོ་ན་ལ་གཞོལ་བས། བསོད་ནམས་མ་ཡིན་པའི་ཕུང་པོ་ཆེན་པོ་སྤྱངས་པར་གྱུར་ལ།

ངེས་པའི་དོན་གྱི་གནས་ལས་སྐབས་གཞན་དུ་ལྟུང་སྟེ། ཕྱོགས་འཛིན་གྱི་ཞེན་པས་བཅིངས་བཞིན་དུ་སྐྲག་པའི་གནས་མ་ཡིན་པ་ལ་སྐྲག་པར་བྱས་པས། འདི་ལྟར་བརྒལ་བའི་ཚིག་འབྲིན་པ་ནི། ཉན་ཐོས་དག །ཐེག་པ་ཆེན་པོའི་སྒྲ་ཙམ་ཐོས་པས་སྐྲག་སྟེ། ཐེག་ཆེན་གྱི་གང་ཟག་དང་། ཆོས་ལ་སྐུར་བ་འདེབས་པ་དང་རྣམ་པ་ཀུན་ཏུ་མཚུངས་པར་མངོན་ལ། ཇི་སྐད་དུ། འཕགས་པ་མདོ་སྡེ་རྒྱན་ལས། འགྲོ་བ་དེའི་གནས་མིན་ལ་སྐྲག་པ་གདུང་བྱེད་འགྱུར། །བསོད་ནམས་མ་ཡིན་ཕུང་ཆེན་བསགས་བྱས་ཡུན་རིང་དུ། །རིགས་མེད་གྲོགས་ངན་དགེ་སྦྱོན་མ་བསགས་བློ་མ་སྦྱངས། །ཆོས་འདིས་སྐྲག་འགྱུར་འདི་ན་དོན་ཆེན་འདི་ལས་ལྷུང་། །ཞེས་གསུངས་ཤིང་། ཟླ་བ་གྲགས་པས་ཀླུ་སྒྲུབ་བློ་མཚོ་ཤིན་ཏུ་རྒྱ་ཆེའི་ཁ་དོག་གིས་འཇིགས་པས། །སྐྱེ་བོས་ལུགས་བཟང་གང་དག་རྒྱང་རིངས་སྤངས་པས་དེ་ཡི་ཚིག །ཡིའུར་བྱས་པའི་ཁ་འབུས་ཀུ་མུ་ཏ་ཁ་ཕྱེ་བའི་ཆུས། །ད་ལྟ་ཟླ་བ་གྲགས་པ་རེ་རྣམས་རབ་ཏུ་བསྐོང་བར་བྱེད། །དེ་ཉིད་བཤད་ཟིན་ཟབ་མོ་འཇིགས་རུང་འདི་ནི་སྔོན་གོམས་ཉིད་ལས་སྐྱེ་བོ་ཡིས། །ངེས་པར་རྟོགས་འགྱུར་འདི་ནི་གསན་རྒྱ་ཆེ་ཡང་གཞན་གྱི་ཐུགས་སུ་ཚུད་མི་འགྱུར། །དེ་ཕྱིར་ཚུལ་ལུགས

རང་བློས་སྦྱར་བ་འདི་དག་མཐོང་ནས་བདག་ཏུ་བརྗོད་པ་ཡི། །གཞུང་ལུགས་རྣམས་ལ་ཕར་གཞན་ལུགས་བཞེད་གཞུང་འདི་ལས་གཞན་ལ་དགའ་བློ་དོར་བར་བྱ། །ཞེས་གསུངས་པ་ཡང་དོན་འདི་དང་མཚུངས་ཏེ། ཟབ་མོའི་དེ་ཁོ་ན་ཉིད་ཀྱི་ཚུལ་ལུགས་རྣམས། ཚེ་འདི་རྐྱང་པར་ཐོས་པ་རྒྱ་ཆེར་བཙལ་བ་ཙམ་གྱིས་གོ་བར་མི་ནུས་ཀྱི། ཚེ་རབས་སྔ་མ་རྣམས་སུ་དེ་ཁོ་ན་ཉིད་ལ་བག་ཆགས་བཞག་པ། ཚེ་འདིར་སད་པ་ཞིག་དགོས་པར་གསུངས་པ་བཞིན་དུ། རྗེ་བཙུན་ས་སྐྱ་པའི་རིང་ལུགས་འདི་དག་ཀྱང་། སྔོན་ནས་ངེས་པའི་དོན་ལ་ཤིན་ཏུ་སྦྱངས་པས་རྟོགས་པར་ནུས་ཀྱི། ཚེ་འདིར། དཔེ་རུལ་མང་པོ་གཅིག་ཏུ་བསགས་ནས། ཐུན་ཚོགས་བསྡུས་པ་རྣམས་ཀྱིས་དོན་གྱི་མཐར་ཐུག་རྟོགས་མི་ནུས་པ་དང་། འཕགས་པ་ཀླུ་སྒྲུབ་ཀྱིས། ཟུང་འཇུག་སྟོང་པ་ཉིད་ཀྱི་སྒྲ་སྒྲགས་པས། དངོས་པོར་སྨྲ་བ་རྣམས་སྐྲག་སྟེ་གླན་ཀ་རྡོམ་པ་བཞིན་དུ། རྗེ་བཙུན་གོང་མ་འདི་དག་གི་གསུང་རབ་རྡོ་རྗེའི་ཚིག་ལྟ་བུ་ཐོས་པས་ཀྱང་། ཕྱོགས་གཞན་གྱི་ཆེན་པོ་དག་ཤིན་ཏུ་སྐྲག་སྟེ། སྤང་ཚིག་གི་འོ་དོད་ཅིར་ཡང་འབོད་པར་སྣང་མོད། དམ་པ་ཡི་རངས་བའི་གནས་སུ་ཇི་ལྟར་བྱེད། དེ་བས་ན་ཕྱོགས་རེའི་མིག་ཅན་རྣམས་ཀྱིས། སྨད་པ་དང་དགག་པའི་ཚིག་སྨྲ་བ་ཉིད་ཀྱིས། ས་སྐྱ་པའི་ལམ་སྲོལ་འདི་ཉིད་ནི་ཆོས་ཤིན་ཏུ་ངོ་མཚར་རྨད་དུ་བྱུང་བ། རྒྱལ་བ་རྣམས་ཀྱི་དགོངས་པ་དཔྱིས་ཕྱིན་པར་ལྡན་གྱིས་གྲུབ་པ་སྟེ། དཔེར་ན། ཉན་ཐོས་སྡེ་པ་འགའ་ཞིག །ཐེག་པ་ཆེན་པོ་ལ་མི་མོས་པ་ཙམ་ཉིད་ཀྱིས། ཐེག་ཆེན་ནི་ཆོས་རྣམས་ཀྱི་མཆོག་ཏུ་རང་ཤུགས་ཀྱིས་གྲུབ་པ་བཞིན་ནོ། །

དེ་ལྟར་ཡང་། མདོ་སྡེ་རྒྱན་ལས། དམན་པར་མོས་ཤིང་ཁམས་ཀྱང་ཤིན་ཏུ་དམན། །གྲོགས་པོ་དམན་པ་དག་གིས་ཡོངས་བསྐོར་བ། །ཟབ་ཅིང་རྒྱ་ཆེ་ལེགས་པར་བཤད་པའི་ཆོས། །འདི་ལ་གལ་ཏེ་མོས་མེད་གྲུབ་པ་ཡིན། །ཞེས་དང་། དེའི་འགྲེལ་པ་འཕགས་པ་དབྱིག་གཉེན་གྱིས་མཛད་པ་ལས། གལ་ཏེ་ཐེག་པ་ཆེན་པོའི་ཆོས་ཟབ་ཅིང་རྒྱ་ཆེ་བའི་ལེགས་པར་བཤད་པ་འདི་ལ་མོས་པ་མེད་ན། དེ་ཉིད་ཀྱིས་ཐེག་པ་ཆེན་པོ་འདི་མཆོག་ཡིན་པར་གྲུབ་བོ། །ཞེས་གསུངས། ཁོ་བོ་ཅག་ནི་འདི་ལྟར། ཇི་ལྟར་པ་ནམ་རབ་དཀྱུ་ལ། །སྨྱངས་ན་ཞིམ་པའི་སྨན་བཞིན་དུ། །ཆོས་ཀྱང་དེ་བཞིན་གཉིས་སུ་གནས། །དོན་དང་ཡི་གེར་ཤེས་པར་བྱ། །ཆོས་དཀའ་རྒྱ་ཆེན་ཟབ་མོ་འདི། །རྒྱལ་པོ་བཞིན་དུ་མཉེས་པར་དཀའ། །མཉེས་པར་བྱས་ན་དེ་བཞིན་དུ། །ཡོན་ཏན་མཆོག་ནི་ནོར་སྦྱིན་བྱེད། །ཅེས་འབྱུང་བ་དང་མཐུན་པར། ཚིག་ཙམ་ལ་མ་ཞེན་པར། དངོས་ཤུགས་འབྲེལ་བ། སྐབས་ལས་ཐོབ་པའི་གསུང་རབ་ཀྱི་དོན་ཕྱིན་ཅི་མ་ལོག་པར་ཤེས་ཤིང་། རྒྱལ་བའི་བཀའ་ལ་རྣམ་དཔྱོད་ཀྱི་དབང་འབྱོར་བའི་ལེགས་བཤད་མི་བཟད་པའི་གཏེར་ཆེན་པོ། བློ་གྲོས་ཀྱི་གློང་ནས་རྩོལ་མེད་དུ་འབྱུང་བ་ཞིག་ཡིན་

པས། བོད་ཀྱི་མཁས་པ་ཆེ་བར་གྲགས་པ་མང་པོ་ཞིག་གི་ཟེར་ཟློས་ལ་སྐྱབས་མི་འཚོལ་བར། མདོ་རྒྱུད་ཀྱི་ངེས་གནས་དུ་མ་ལ། སྦྱོབས་པ་རང་བྱུང་གི་སོ་སོར་ཡང་དག་པར་རིག་པ་ཐོབ་ཅིང་། དེང་སང་གི་ཐོས་བསམ་པ་བཞིན་དུ། རང་རང་གི་བླ་མ་རྒན་པ་རྣམས་ཀྱི་རྟོག་པས་སྦྱར་བའི་ཡིག་ནག་ལ་སློན་དགོས་པ་ཞིག་མ་ཡིན་ལ། དེ་བས་ན་མདོ་རྒྱུད། ས་བཅུའི་སེམས་དཔའི་གཞུང་ལུགས་དང་བཅས་པ་རྣམས་ཁོ་ན་གཞུང་འཇུགས་ཀྱི། བོད་ཀྱི་བསྟན་བཅོས་སྣ་ཚོགས་ལ། ཁོ་བོ་ཅག་ཚད་མར་མི་བྱ་མོད། དེ་ལྟ་ན་ཡང་། རྗེ་བཙུན་ས་སྐྱ་པ་གོང་མ་ལྔའི་གསུང་རབས་རྣམས་ནི། མདོ་རྒྱུད་ཐམས་ཅད་ཀྱི་གསང་བ་མ་ལུས་པར་འདུས་པའི་གླེགས་བམ་ཆིག་གྲིལ་ལྟ་བུར་སྣང་བས། དེ་ལས་བྱུང་བའི་ངེས་དོན་རྣམས་ཕྱོགས་བཅུའི་འཕགས་པ་ས་ལ་གནས་པ་མཐའ་དག་གི་གཟིགས་པ་ཡང་དག་པ་དང་ཁྱད་པར་ཅི་ཞིག་ཡོད། རྒྱུ་མཚན་དེ་ཉིད་ཀྱིས་ན། ས་ལུགས་ཀྱི་གཞུང་བཟང་ཁྱད་པར་ཅན་ལ། རྩོད་པའི་སྒོ་འདོགས་པ་དག་སྐྱུར་བ་འདེབས་པ་ནི། དུས་གསུམ་གྱི་རྒྱལ་བ་རྣམས་ཀྱི་བསྟན་པ་ལ་བསྐྱོན་འདེབས་པ་ཡིན་པས། ངེས་པར་ལུང་དང་རིགས་པས། དགག་དགོས་ཀྱི་བཏང་སྙོམས་སུ་བཞག་པར་མི་རུང་སྟེ། འཕགས་པ་བྱམས་པས། སངས་རྒྱས་རྣམས་ནི་མངོན་སུམ་སྤྱན། །བསྟན་པ་དག་ཀྱང་བསྲུང་བར་མཛད། །དུས་ལའང་ཡེ་ཤེས་མ་བསྒྲིབས་པ། །དེ་ཕྱིར་བཏང་སྙོམས་མི་རུང་ངོ་། །ཞེས་དང་། དབྱིག་གཉེན་ཞབས་ཀྱིས་ཀྱང་མ་འོངས་པ་ན། བསྟན་པ་ལ་གནོད་པ་ཆེན་པོ་ལ་བཏང་སྙོམས་སུ་བཞག་པ་མི་རུང་བར་སྟོན་ཏོ། །ཞེས་གསུངས་པ་ལྟར་རོ། །

དེ་ལྟར་སྐབས་ཀྱི་གླེང་ཙམ་ཟད་བླང་ནས། འདིར་བཤད་པར་བྱ་བ་ནི། སྲིད་གསུམ་རྒྱལ་བའི་དགེ་མཚན་ཞེས་བྱ་བའི་བསྟན་བཅོས་སུ། དོན་ཆུང་དུ་ཙམ་ཟད་ལ། ཚིག་ཚོགས་ཆེན་པོ་ཡང་ཟློས་སུ་བགྱིས་ནས། ས་ལུགས་ཀྱི་བཞེད་ཚུལ་དྲི་མ་མེད་པ་རྣམས། ངན་རྟོག་གིས་དཀྲུགས་པར་བྱས་པ་དེ་དག་གི་ལན། ཚིག་ཉུང་ལ་དོན་རྒྱས་པའི་ངག་གིས་མདོར་བསྡུས་ཤིག་བསྟད་པར་འདོད་པས། གཟུ་བོར་གནས་པ་དག་དྲན་པ་དང་ཤེས་བཞིན་གྱི་བག་ཡོད་པར་གྱིས་ཤིག །ཅེས་མཚམས་སྦྱར་ཏེ། དེ་ཡང་རྗེ་ཀླུ་སྒྲུབ་ཀྱིས་ཕྱག་ཆེན་རྩོད་སྤོང་དུ། སེམས་འོད་གསལ་དག་པ་གདངས་ཀྱི་རིར། །ལམ་ཕྱག་ཆེན་འོད་བརྒྱའི་སྣང་བ་གསལ། །ཞེས་སོགས་གསུངས་པ་ལ། སྲིད་གསུམ་དུ། འདི་གཞི་ལམ་འབྲས་གསུམ་གྱི་ཕྱག་ཆེན་ལ་དགོངས་པར་སྣང་མོད། གཞི་ལ་གནས་པའི་ཕྱག་རྒྱ་ཆེན་པོ་དེའི་མདངས་ནི། སྒྱུ་མ་ལྟ་བུ་རྣམ་པར་འགྱུར་བ་དང་བཅས་པའི་ཕྱིར་ན། སེམས་ཞེས་བྱ་བར་མིང་བཏགས་ཀྱང་བརྟག་མི་བཟོད་ལ། གཤིས་རང་བཞིན་གྱི་འོད་གསལ་བ་ཀུན་གཞི་རྒྱུ་རྒྱུད་དེ་ཉིད་གོ་བའི་ཕྱིར། སེམས་ཉིད་ཅེས་དེ་ཕན་གྱི་རྐྱེན་སྦྱར་བའི། ཉིད་སྒྲ་མེད་དུ་མི་རུང་བ་ཞིག་ལགས་ཀྱང་། འདིར། སེམས་

འོད་གསལ་དག་པ་གནས་ཀྱི་རིར། །ཞེས་དྲང་པོར་སྨོས་པ་ནི། སྒྲ་རིག་པའི་ཕྱོགས་ལ་འགྲོན་མ་མྱོང་བའི་གཏམ་གསོང་པོར་སྨྲ་བཞེད་པར་འདུག ཅེས་སོགས་དྲིས་སོ། །དེའི་ལན་ནི། སྤྱིར་སེམས་དང་སེམས་ཉིད་སོ་སོར་འབྱེད་པ་ནི། སྒྲ་རིག་པ་ལས་ཀྱང་། ངེས་དོན་གྱི་སྐབས་སུ་དགོས་གལ་ཆེ་བ་སྟེ། སེམས་ནི་མ་དག་པ་རྟོག་པའི་སྦྱུན་པ་ཅན་དེ་ཡིན་ལ། སེམས་དེ་ཀའི་སྙིང་དུ་ཁ་ནང་ལོག་གི་རིག་པའི་བཞག་ཐབས་ལ་བརྟེན་ནས་སེམས་དྭངས་སྙིགས་ཕྱེ་སྟེ། ཤིན་ཏུ་དྭངས་པའི་ངོ་བོའི་དབྱིངས་སུ་གནས་པ་རང་བཞིན་འོད་གསལ་དེ་ལ་སེམས་ཉིད་ཅེས་བྱ། དེ་ལྟ་ན། ཡང་དག་འཇོག་གི་སྐབས་འདིར། མ་དག་པ་སྙིགས་མས་བསྡུས་པའི་སེམས་དོར་ནས་དག་པ་གཤིས་ཀྱི་སེམས་ཉིད་དྭངས་པའི་ངང་དུ་འཇོག་དགོས་པས། ངེས་དོན་གྱི་གནད་ལ་འདི་ལྟ་བུ་གཅེས་པར་སྣང་ཡང་། སྲིད་གསུམ་དུ། ངེས་དོན་ལས་སྐབས་གཞན་སྒྲ་རིག་གི་ཕྱོགས་ལ་འགྲོན་མ་མྱོང་བའི་གཏམ་ཞེས་འཕྱས་གདགས་པ་ནི། ཁྱོད་རང་ངེས་དོན་གྱི་ཕྱོགས་ལ་འགྲོན་མ་མྱོང་བའི་རང་རྟགས་མཚོན་པའོ། །

དེ་ལྟ་ནའང་རྗེ་གླུ་སྒྲུབ་ཀྱི་བཞེད་པ་ལ་གནོད་མི་ནུས་ཏེ། གཤིས་ལུགས་སེམས་ཉིད་དེ། ཀུན་རྫོབ་རྫས་ཀྱི་སེམས་མ་ཡིན་ཡང་། དོན་དམ་པའི་སེམས་སམ། ཆོས་ཉིད་ཀྱི་སེམས་ཡིན་པ་ལ་ལྟོས་ནས། སེམས་ཞེས་མིང་བཏགས་པ་ནི་མདོ་རྒྱུད་ཀུན་ན་སྣང་བའི་ཕྱིར། དེ་ཕྱོགས་ཙམ་མཚོན་ན། འཕགས་པ་བྱམས་པས། དེ་བཞིན་རང་སེམས་དག་ལ་རྩལ་དེ་ཉིད། །སེམས་ནི་རྟག་ཏུ་རང་བཞིན་འོད་གསལ་འདོད། །ཅེས་སེམས་ནི་རྟག་ཏུ་ཅེས་སྨོས་ཀྱི། སེམས་ཉིད་རྟག་ཏུ་ཞེས་མ་སྨོས་ལ། དྲི་མ་མེད་པའི་འོད་ལས། སེམས་ནི་མཚན་མེད་ཡེ་ཤེས་ཀྱིས། །ཡིགས་དག་གཉིས་མེད་ཆོས་བདག་ཉིད། ཅེས་སེམས་ཉིད་ཀྱི་བརྡ་དངོས་སུ་མ་སྦྱར་བར། སེམས་ཀྱི་མིང་བཏགས་པ་དང་། ས་ར་ཧས། འདོད་པའི་འབྲས་བུ་སྟེར་བར་བྱེད་པ་ཡི། །ཡིད་བཞིན་ནོར་འདྲའི་སེམས་ལ་ཕྱག་འཚལ་ལོ། །ཞེས་སེམས་ལ་ཕྱག་འཚལ་བའི་ཐ་སྙད་ཙམ་བཞག་ནས། སེམས་ཉིད་ལ་ཕྱག་འཚལ་བའི་དམིགས་བསལ་མ་བྱས། རྒྱུད་དུ་ཡང་། རིན་ཆེན་སེམས་ལས་ཕྱིར་གྱུར་པའི། །སངས་རྒྱས་མེད་ཅིང་སེམས་ཅན་མེད། །ཅེས་དང་། སེམས་ནི་རྫོགས་པའི་སངས་རྒྱས་ཉིད། །ཅེས་སེམས་ལ་དེ་ཕན་གྱི་རྐྱེན་ཉིད་སྒྲ་མ་སྨོས་པར་སེམས་ཞེས་དྲང་ཐད་དུ་གསུངས། དེ་ཐམས་ཅད་གཤིས་ལུགས་ཀྱི་སེམས་ཉིད་ཡིན་པར་གདོན་མི་ཟ་བས། གཤིས་རང་བཞིན་གྱི་འོད་གསལ་བའི་སེམས་ཉིད་ལ། སེམས་ཀྱི་མིང་འདོགས་མདོ་རྒྱུད་ཐམས་ཅད་ན་ཡོད་བཞིན་དུ། དགག་པ་བྱེད་པ་ནི། རང་ཉིད་ཐེག་པ་ཆེན་པོའི་གཞུང་ལུགས་ལ་རྣམ་དཔྱོད་དམུས་ལོང་དུ་སོང་བའི་རྣམ་འགྱུར་རོ། །

རྗེ་གླུ་སྒྲུབ་ཀྱིས། གནས་ལུའི་མཚོ་ཆེན་རུབ་གཅིག་གིས་ཟ་བའི་ཞེས་གསུངས་པ་ལ། སྲིད་གསུམ་དུ།

ཟ་བ་དང་འཕྲུང་བ་ནོར་བས་ནོངས་ཏེ། འཇིག་རྟེན་དང་། བསྟན་བཅོས་ཀྱི་སྒྲ་ལས། ཟན་ཟ་ཆུ་འཕྲུང་ཞེས་གྲགས་པ་དང་དངོས་སུ་འགལ་བའི་ཕྱིར་རོ། །ཞེས་དྲིས་པ་ནི། ཁྱེད་རང་གི་ཐུགས་རབ་ཀུ་དོག་ཅན་དེས་མ་དགོངས་པ་སྟེ། རྒྱུད་སྡེ་འོག་མར་བཟའ་བཤ་ཆང་ལ་ཞུག ཅེས་ཆང་ལ་འཕྲུང་བའི་བརྡ་མ་སྦྱར་བར། ཟ་བའི་ཐ་སྙད་བཏགས་པ་དང་། བདེ་མཆོག་གི་རྒྱུད་མངོན་བརྗོད་བླ་མ་ལས། དྲི་ཆེན་རྡོ་རྗེའི་ཆུ་བཟའ་ཞིང་། །ཆོས་ཀྱི་ཕྱུང་པོ་རྗོགས་གྱུར་ནས། །ཞེས་རྡོ་རྗེའི་ཆུ་བཟའ་བའི་ཐ་སྙད་བཏགས་ཀྱི། འཕྲུང་བའི་བརྡ་མ་སྦྱར་བ་དང་། བརྟག་གཉིས་སུ། ཀྱེ་རྡོ་རྗེ་དངོས་གྲུབ་ཕྱིར། །བདུད་རྩི་ལྔ་ཡང་དེ་བཞིན་བཟའ། །ཞེས་བདུད་རྩི་བྱང་སེམས། དྲི་ཆུ་སོགས་བཟའ་བར་གསུངས་ཀྱི། འཕྲུང་ཞེས་མ་གསུངས་ལ། དེ་བཞིན་དུ། ཇི་ལྟར་ཕ་ལས་བདེ་ཐོབ་པ། །དེ་ཡི་བདེ་བ་རང་གིས་བཟའ། །ཞེས་དང་། བདེ་བའི་ཡེ་ཤེས་ཟ་བ་ཉིད། །བདག་གིས་བདེ་བ་ཟོས་པ་ཡི། །ཞེས་པའི་སྐབས་ཀྱི་བཟའ་བ་ལ། བཟའ་བྱའི་ངོ་བོ་དང་། བཟའ་བྱའི་རྟེན་གཉིས་ཡོད་པའི། དང་པོ་ནི། ཐ་སྙད་ཀྱི་བཟའ་བཏུང་གང་ཡང་མ་ཡིན་ཡང་། སྐབས་འདིར་བཟའ་བའི་མིང་མཛད་པ་དང་། གཉིས་པ་ནི། ཀུནྡ་བྱང་སེམས་ཡིན་ཞིང་། དེ་བཏུང་བ་ཡིན་གྱི། བཟའ་བ་མ་ཡིན་ཡང་བཟའ་བའི་སྒྲ་བཤད་ནས། འཕྲུང་བའི་ཐ་སྙད་མ་བྱས། རྒྱུད་དུ་ཚུལ་དེ་ལྟ་བུ་གཞན་ཡང་མང་དུ་འབྱུང་མོད། ཁྱེད་ལྟར་ན། རྒྱུད་ཚིག་དེ་དག་ལ་བཟའ་བ་དང་འཕྲུང་བ་ནོར་བས་ནོངས་ཏེ། ཞེས་རྩོད་རིགས་ཀྱང་། ཁོ་བོ་ཅག་ནི་སངས་རྒྱས་ཀྱི་གསུང་ལ་དེ་ཙམ་དུ་རྐོལ་བར་ག་ལ་ནུས། དེས་ན་ཟ་བ་ཅེས་པ་ལོངས་སྤྱོད་པའི་དོན་ཡིན་པས། གནས་ལྔའི་མཚོ་ཆེན་རྒྱབ་གཅིག་གིས་ལོངས་སྤྱོད་པ་ལ། ཟ་ཞེས་བརྗོད་བཏགས་པ་ནི་སྐྱོན་མེད་དོ། །

ཕྱག་ཆེན་རྩོད་སྤོང་དུ། ལྷ་རྣམས་དགོད་པའི་དབྱངས་ཀྱིས་ཁྲོལ་ཞེས་ཐོས། ཞེས་བཤད་པ་ལ། སྲིད་གསུམ་དུ་ཁྲོལ་ནས་དགོད་པ་ཡིན་གྱི། དགོད་ནས་ཁྲོལ་བ་མ་ཡིན། ཞེས་དགག་པ་བྱས་པ་ཡང་བློ་གྲོས་སྦྱངས་འཕྲུམས་པའི་སྐྱོན་དུ་སྣང་སྟེ། སྤྱན་རས་གཟིགས་ཀྱིས་དོན་དམ་བསྟེན་པར། བདེན་པ་མ་ཡིན་སླ་ཞིང་བུ་རྣམས་བསླུ་འདོད་པ། །ཞེས་གསུངས་པ་ལྟ་བུ་གཞན་བསླུ་བར་འདོད་ནས། མི་བདེན་པའི་བསླུ་ཚིག་སླ་བ་ཡིན་ཡང་། ཚིག་གི་སྒྲུ་རིས་ཚིག་ཟིན་ཙམ་ལ། ཐོག་མར་མི་བདེན་པའི་ཚིག་བརྗོད་ནས། དེ་རྗེས་གཞན་བསླུ་འདོད་པའི་སྐབས་ཤར་བར་སོང་བས་མི་འཐད་དོ་ཞེས་སྐྱོན་གདགས་སུ་མི་རུང་བ་དང་འདྲ། ཁྱེད་ཀྱི་འདོད་པ་ལྟར་ན། སློབ་སྤྲིང་དུ། གང་ཞིག་ཐོབ་ན་སྐྱེ་བའི་རྒྱ་མཚོ་མཐར་བྱེད་ཅིང་། །བྱང་ཆུབ་མཆོག་གི་ས་བོན་དགེ་བའང་འདེབས་བྱེད་པ། །ཞེས་པ་ལའང་། བྱང་ཆུབ་ཀྱི་ས་བོན་གསོས་བཏབ་ནས། སྐྱེ་བའི་རྒྱ་མཚོ་ལས་མཐར་ཕྱིན་པ་ཡིན་གྱི། སྐྱེ་བའི་རྒྱ་མཚོ་ལས་མཐར་ཕྱིན་ནས་བྱང་ཆུབ་ཀྱི་ས་བོན་གསོས་འདེབས་པ་མ་ཡིན་པས།

དགག་པར་རིགས་མོད། མཁས་པ་རྣམས་ནི་དོན་གྱི་རྣམ་གཞག་ལྟར་ལེན་གྱི། ཚིག་ཙམ་ལ་ཨ་འཐས་ཀྱི་དགག་སྒྲུབ་དགོས་མེད་དུ་མི་མཛད་དོ། །ཐ་སྙད་ཀྱིས་དཔྱད་ན་འང་། མ་དགོད་པར་དུ་ཁྲིལ་བ་གཞན་གྱིས་མ་ཤེས་པ་ལ། དགོད་པའི་རྣམ་འགྱུར་གྱིས་རྐྱེན་སྦྱར་ཏེ། ཁྲིལ་བར་གཞན་གྱིས་ཀྱང་ཤེས་པ་ལྷ་བུ་ལ་དགོངས་ནས། ལྷ་རྣམས་དགོད་པའི་དབྱངས་ཀྱིས་ཁྲིལ་ཞེས་བོས། ཞེས་སློས་པས་ཚིག་སྐྱོན་ཅི་ཞིག་འབྱུང་། རྗེ་གླུ་སྒྲུབ་ཀྱིས། ཆོས་སྟོང་ཉིད་རང་གཟུགས་མ་མཐོང་ཡང་། །ཞེས་སོགས་པ་ལ། སྲིད་གསུམ་དུ། དགོས་མེད་ཀྱི་ཚིག་རྒྱབ་མང་པོ་སླས་པ་ནི། འཇིག་རྟེན་པའི་ངན་ཤགས་ཁོ་ནར་སྣང་གི། གསུང་རབ་དང་འབྲེལ་བ། མཁས་པའི་ཞལ་ལས་རྒྱུ་བའི་འོས་སུ་གཏོགས་པ་མི་སྣང་བས་ལན་མ་དགོས། ཕྱག་ཆེན་རྩོད་སྤོང་དུ། ཨེ་མ་ཧོ། ཞེས་གསུངས་པ་ལ། སྲིད་གསུམ་དུ། གྲོང་གསེབ་ཏུ་གུ་རུའི་ཆོས་བཅུ་འཛིན་པ་ཚོའི་དབྱངས་ཀྱི་འགོ་འདྲེན་དཔེར་མཛད། ཅེས་བྲིས་ཀྱང་། ཨེ་མ་ཧོ་ནི། རྙིང་མའི་ཆོས་བཅུ་པར་མ་ཟད། །བཅོམ་ལྡན་འདས་ཀྱིས་རྒྱུད་རང་དུ། ཨེ་མ་ཧོ་ངོ་མཚར་རྨད་ཀྱི་གསང་། །ཨེ་མ་ཧོ་བདེ་བ་ལས་བྱུང་བ། །ཞེས་སོགས་རྒྱ་ཆེར་འབྱུང་ལ། བླ་མེད་ཀྱི་རྒྱུད་ཐམས་ཅད་ན། ཨེ་མ་ཧོ། ཞེས་པའི་ཚིག་མེད་པ་ནི་མི་སྲིད་པ་ལྟར་སྣང་བ་དང་། འདུལ་བ་ལུང་དུ། ཨེ་མ་ཧོ། བདག་ཅག་གི་མཁན་པོ་དང་། །སློབ་དཔོན་ལྷུང་བཟེད་ཀྱི་ལས་བྱའོ་ཞེས་པ་ནས། ཨེ་མ་ཧོ། དགེ་འདུན་གྱིས་མཁན་པོ་དང་སློབ་དཔོན་མགུ་བར་བྱ་བ་དང་། ཞེས་པའི་བར་དུ། ཨེ་མ་ཧོའི་ཚིག་མང་དུ་གསུངས་ན། རྙིང་མའི་ཆོས་བཅུ་པ་དང་། རྗེ་གླུ་སྒྲུབ་ཀྱིས་ཨེ་མ་ཧོའི་ཚིག་སླ་བར་མི་རིགས་པའི་རྒྱུ་མཚན་ཅི་ཞིག་ཡོད། ཡང་ཕྱག་ཆེན་རྩོད་སྤོང་ལས། ཁོང་སྒྱུ་མའི་མཁན་པོ་སྒྱུ་མས་བསླུས། །ཆོས་ཕྱག་རྒྱ་ཆེན་པོའི་རང་ཚུགས་ཤིག །རི་མཐོན་པོའི་བུ་ཆུང་ཐང་ལ་འཁྱམས། །ཆོས་རྟོག་གེའི་གཞུང་ལ་སྐྱབས་གནས་འཚོལ། །ཞེས་གསུངས་པ་ལ། སྲིད་གསུམ་དུ། སྒྱུ་མའི་འཕྲུལ་གྱིས་སྐྱེ་བོ་གཞན་བསླུ་བ་ཡིན་གྱི་སྒྱུ་མ་མཁན་གྱི་ངོར་སྣང་ཡང་། བདེན་འཛིན་མེད་པས་བསླུ་མི་ཚུགས། ཕྱག་རྒྱ་ཆེན་པོ་འཁོར་གསུམ་ཡོངས་དག་གི་རང་ཚུགས་སུ་ཞིག་གིས་འཇིག་པར་སྤྱོབས། རི་མགོ་མཐུག་ལོག་ན་མ་གཏོགས། རིའི་བུ་ཆུང་ཐང་ལ་འཁྱམས་དོན་མེད། ཐེག་པ་མཆོག་གི་གཞུང་བཟང་ཡོད་བཞིན་དུ། །རྟོག་གེ་ཁ་སྐྱའི་གཞུང་ལ་སུ་ཞིག་སྐྱབས། ཞེས་རྒྱང་དོན་བཞི་བྲིས་སོ། །

དེ་ལ་སྒྱུ་མ་མཁན་པོ་སྒྱུ་མས་བསླུ་མི་ཚུགས་ཟེར་བ་ནི། གསུང་རབ་ལ་མ་སྦྱངས་པར། འཇིག་རྟེན་རིག་བཀྲའི་ཚོད་དཔགས་ཙམ་བྱས་པའི་སྐྱོན་ཏེ། འཕགས་པ་བྱམས་པས། མདོ་སྡེ་རྒྱན་དུ། སྒྱུ་མའི་རྒྱལ་པོ་སྒྱུ་མ་ཡི། །རྒྱལ་པོ་གཞན་གྱིས་ཕབ་པ་ལྟར། །གང་དག་གི་ནི་ཆོས་མཐོང་བའི། །རྒྱལ་སྲས་དེ་དག་ང་རྒྱལ་མེད། །ཅེས་སྒྱུ་མའི་རྒྱལ་པོ་ནང་ཕན་ཚུན་ལ། རྒྱལ་ཕམ་འབྱུང་བ་དཔེར་མཛད་པ་དང་། སྒྱུ་མ་མཁན་ནང་འཚོགས་པ་ན།

གཅིག་གིས་ཅིག་ཤོས་མགོ་བོ་འཁོར་དང་། ཕན་ཚུན་དབྱེ་བར་མ་ཕྱེད་པས་སྒྱུ་མ་བཞིག་མ་ཐུབ་པའི་ལོ་རྒྱུས་སྣང་བའི་ཕྱིར། ཁྱད་པར་ངེས་དོན་གྱི་ཆོ་སྒྱུ་མས་སྒྱུ་མ་མཁན་པོ་བསླུ་བར་མ་ཟད། དེ་ཁོན་ཉིད་ལ་བློ་མ་ཕྱོགས་པའི་འགྲོ་བ་ཐམས་ཅད་སྒྱུ་མས་བསླུ་བར་བཤད་པ་ནི། མཁའ་འགྲོ་རྒྱ་མཚོའི་རྒྱུད་ལས། སྒྱུ་མ་ཡིས་ནི་འགྲོ་ཀུན་རྨོངས། །མཁས་པ་སྒྱུ་མ་ཉིད་ཀྱིས་གྲོལ། །ཞེས་གསུངས་པ་ལྟར་རོ། །དེ་བཞིན་དུ་རང་གིས་རང་ཉིད་མཚོན་ཏེ་ཤེས་པར་གྱིས། ཞེས་པ་དང་། རང་རིག་བདག་ཉིད་དག་པ་ཉིད། །དག་པ་གཞན་གྱིས་རྣམ་གྲོལ་མིན། །ཞེས་སོགས་དང་། བདེ་བ་འདི་ཀུན་རང་གི་ཁྲིམ་ན་འདུག རང་གི་ནོར་ཆེན་རང་གིས་ཤེས་པར་གྱིས། །དེ་མ་ཤེས་པ་རང་གིས་རང་འདོར་བ། །ཐོས་པ་མང་པོས་ནམ་ཞིག་སྐྱོབ་པར་ནུས། །ཞེས་གྲོལ་ཡང་རང་གིས་རང་གྲོལ། འཆིང་ཡང་རང་གིས་རང་འཆིང་བར་བཤད་ན། རང་གིས་རང་འཆིང་བ་ལས་བསླུས་ཚབས་ཆེ་བ་ཅི་ཞིག་ཡོད། ཁོ་བོ་ནི། རང་གིས་རང་འཆིང་བ་འདི་ག །རང་གིས་རང་བསླུ་བར་ངོས་འཛིན་ལ། དེ་བས་ན། སྒྱུ་མའི་མཁན་པོ་སྒྱུ་མས་བསླུ་བ་ནི། ངེས་དོན་ཐུགས་སུ་ཆུད་པ་ཐམས་ཅད་ཀྱི་ཐུགས་ལ་ཤིན་ཏུ་གསལ་ཡང་། ཁྱེད་ཀྱིས་དེ་ལྟར་དུ་མི་དགོངས་པ་ནི། ཁ་ཕྱིར་ལྟས་པའི་ཐ་སྙད་ཀྱི་ལུགས་ལ་ཞེན་ནས། ངེས་པའི་དོན་ལ་ཞལ་ནང་དུ་གཟིགས་སྐབས་མ་བྱུང་བའི་ལན་པ་ཙམ་མོ། །

རྐང་དོན་གཉིས་པའི་ལན་ནི། གནས་ལུགས་ཕྱག་རྒྱ་ཆེན་པོའི་རང་ཚུགས་ཞིག་པ་གར་ཡང་མི་སྲིད་མོད། གནས་ལུགས་ཕྱག་ཆེན་སྒོམ་པ་པོ་གང་ཟག་ལ་བསམ་ནས། དེའི་རང་ཚུགས་ཞིག་ཅེས་སྨོས་པས། སྐྱོན་དུ་ག་ལ་འགྱུར། རྐང་དོན་གསུམ་པ་ཡང་། ཚིག་ལ་འཁྲིལ་བའི་གཡེར་འགྲོས་ཏེ། རེ་ཞིག་བཞག་ནས། རི་མཐོན་པོའི་བུ་ཆུང་ཞེས་པ་སུ་ལ་བསྙེག་རྒྱུ་ཡིན་སོམས་ཤིག དེས་ངེས་པར་འགྱུར་རོ། །ཚིག་རྐང་བཞི་པའི་ལན་ནི། སྤྱིར་ཐེག་པ་ཆེན་པོའི་གཞུང་བཟང་ཡོད་བཞིན་དུ། རྟོག་གེ་ཁ་སྐྱའི་གཞུང་ལ། སྐྱབས་འཚོལ་མི་དགོས་པ་བདེན་ཡང་། ཁྱེད་ཀྱི་བསྟན་བཅོས་སུ། ཚིག་ཙམ་ལ་འཁྲིལ་བའི་དགག་སྒྲུབ་ཀྱི་ཞེན་པ་ཆེ་ལུགས་འདི་ལ་བསམ་ན། རྟོག་གེ་ཁ་སྐྱའི་གཞུང་ལ་སྐྱབས་སུ་འཚོལ་བ་འདྲའོ། །རྗེ་ཀླུ་སྒྲུབ་ཀྱིས། ཨ་ལ་ལ་ཧོ། ཞེས་གསུངས་པ་ལ། སྲིད་གསུམ་དུ༑ འདི་གསང་སྔགས་སྙིང་མའི་ལས་བྱུང་འགའ་ཞིག་ཏུ། ཚོགས་ཆང་འཐུང་ཁར་བརྗོད་པ་ཞིག་སྣང་ཡང་། རང་རེ་བཙུན་པ་རྣམ་པོ་ཚོ་ལ་མི་མཁོ་བ་འདྲ། ཞེས་བྲིས་པ་ནི་རིགས་པ་མ་ཡིན་ཏེ། ཕ་རྒྱུད་དུ། ཨ་ལ་ལ་ཧོ། རོལ་ཏུ་གསོལ། གནས་པར་མཛོད། ཅེས་དང་། མ་རྒྱུད་དུ། ཨ་ལ་ལ་ཧོ། རྒྱལ་བ་བདེ་ཆེན་ཕྲེང་བའི་ཚོགས། ཞེས་པ་དང་། ཨ་ལ་ལ་ཧོ། བདེ་གཤེགས་བྲལ་བའི་བཞད་ལས་གྲོལ། །ཞེས་ཨ་ལ་ལ་ཧོའི་ཚིག་མང་པོ་རྒྱལ་བའི་གསུང་རབ་ལས་འབྱུང་བཞིན་དུ། བསྙས་འདོགས་པ་ནི་རུང་བ་མ་ཡིན་ནོ། །

ཕྲུག་ཆེན་རྫོང་སྦྱོང་དུ། ཆོས་ཚིག་གི་བདག་པོ་འདུལ་བ་ལས། །འཁོར་སྤྲང་བུས་བླ་བ་ཟློས་སོ་ལོ། །ས་ནགས་བཅས་མཁའ་ལ་འཕགས་སོ་ལོ། །གོང་རྒྱལ་བའི་གསུང་ཡིན་བདེན་ལས་ཆེ། །ཞེས་གསུངས་པ་ལ་སྲིད་གསུམ་དུ་དྲང་དོན་གཙོ་བོར་བྱེད་ཅེ། རྒྱལ་བས་གསུངས་ཚད་བདེན་ཧྲག་ཏུ་ཁས་ལོས་ཀྱང་ལེན། དགོངས་ཏེ་གསུངས་པ་དང་། སྒྲ་ཇི་བཞིན་མིན་པ་དང་། ངེས་དོན་སོགས་གཙོ་བོར་སྟོན་ཅེ། གཅིག་ཏུམ་ངེས་པའི་འཆད་ཚུལ་དགོས་པས། ལྷའི་བུ་བློ་གྲོས་རབ་གནས་ཀྱིས་ཞུས་པའི་མདོ་ལས། ལྷའི་བུ་ཆོས་ཐམས་ཅད་ནི་བརྫུན་པ་སྒྱུ་མ་ལྟ་བུ་སྟེ། དེའི་ཕྱིར་ང་ཡང་བརྫུན་དུ་སྨྲ་བའོ། །ཞེས་གསུངས་པ་ལ། བདེན་ལས་ཆེ་ཞེས་ཅི་སྟེ་གསུང་། ཞེས་དྲིས་མོད། ངེད་ཀྱི་ནི། དྲང་ངེས་བདེན་བརྫུན་གྱི་འཕྲོས་སླས་པ་མ་ཡིན་གྱི། དངོས་པོ་འགག་ལ་བསམ་བྱས་ནས། །དེ་དང་མཚུངས་པའི་དངོས་པོ་གཞན། །བསྟུས་པའི་ཚུལ་གྱིས་བརྗོད་བྱེད་པ། །ཞེས་པ་དང་མཐུན་པར་རྗེ་འབྲུག་པས། ས་པཎ་གྱི་གསུང་བཀག་ཅིང་ཟིལ་གྱིས་གནོན་ལོ་དང་། སྤྲང་བུའི་གཞོག་རླབས་ཀྱིས་ཉི་ཟླ་སྒྲིབ་བློ་བྱས་པ་དེ་གཉིས་སྦྱར། རྗེ་འབྲུག་པས་མདོ་རྒྱུད་ཐམས་ཅད་མཁྱེན་རྒྱུའི་བློ་དེ་དང་། ནགས་དང་བཅས་པའི་ས་ནམ་མཁའ་ལ་འཕགས་བློ་བྱེད་པ་གཉིས་གོ་བྱ་གོ་བྱེད་དུ་སྦྱར། དཔེ་དེ་རྣམས་རྒྱལ་བས་འདུལ་བ་ལུང་དུ། མི་སྲིད་པའི་དཔེ་ལྟ་བུ་ལ་དགོངས་ནས་གསུངས་ཀྱང་། དོན་ལ་མི་བདེན་པ་དེ་དང་། རྗེ་འབྲུག་པས་དགག་སྒྲུབ་ཀྱི་གསུང་མང་པོ་ཞིག་བྱོན་ཡང་། ཕལ་ཆེར་བདེན་པའི་ནུས་པ་མེད་པ་སྦྱར་ནས། གོང་རྒྱལ་བའི་གསུང་ཡིན་བདེན་ལས་ཆེའི་སྟེ་མི་བདེན་ཞེས་པའི་དོན་ཡིན། དེ་ལ་ཁྱེད་ཀྱིས་དྲང་ངེས་ཀྱི་ཤན་འབྱེད་དེས། ཕན་གནོད་གང་ཡང་མ་མཆིས་སོ། །

རྗེ་བླ་སྒྲུབ་ཀྱིས། སྟོན་རྒྱ་གར་འཕགས་ཡུལ་གྲུབ་ཐོབ་རྣམས། །སྔར་ཐོས་བསམ་སྦྱངས་ནས་བརྟུལ་ཞུགས་སྤྱོད། །ཅེས་པ་ལ། སྲིད་གསུམ་དུ། འཕགས་ཡུལ་བ་རྣམས་ཐོས་བསམ་སྦྱངས་རྗེས་བསྒོམ་སྒྲུབ་མཛད། དེ་ནས་བརྟུལ་ཞུགས་ཀྱི་སྤྱོད་པ་ལ་འཇུག་པ་ཡིན་གྱི། ཐོས་བསམ་འབྱོངས་འཕྲལ་བརྟུལ་ཞུགས་ཀྱི་སྤྱོད་པ་སྤྱོད་མི་ནུས་ཀྱང་། དེ་ལྟར་དུ་དགོངས་པ་ནི། ཨ་ཙ་ར་བརྫུན་ཅན་ཞིག་གི་ཞུས་སྐབས་སུ་སོང་བ་འདྲ། ཞེས་དྲིས་ལ། འདི་ནི་གསུང་རབ་རྣམས་ལས། བར་ཚིག་མི་མངོན་པའི་གཞུང་ཇི་སྙེད་གསུངས་པ་རྣམས་ལ་སྐྱོན་གཏོང་བ་སྟེ། ཁྱེད་ལྟར་ན། ཆོས་ཀྱི་གྲགས་པས། ཡང་དག་ངེས་ལྡན་བརྗོད་འདོད་པ། །བདག་གཞན་ཡིད་ཆེས། ཞེས་པ་ལ་ཡང་། ཚིག་རྣམ་དག་བརྗོད་འདོད་པ་ཙམ་གྱིས་གཞན་ཡིད་ཆེས་པ་མ་ཡིན་གྱི། བརྗོད་འདོད་ཀྱི་ཀུན་སློང་ཤར་བའི་རྗེས་སུ། ཚིག་དངོས་སུ་བརྗོད། དེ་ནས་ཡིད་ཆེས་པ་སོགས་འབྱུང་ཞེས་སྐྱོན་གཏོང་བར་རིགས་ནའང་། རྒྱ་བོད་ཀྱི་རྣམ་འགྲེལ་འཆད་པ་པོ་རྣམས་ནི། བརྗོད་འདོད་པ་ཅེས་པ་དང་། བདག་གཞན་ཡིད་ཆེས

ཞེས་པའི་བར་གྱི་བར་ཆོག་མི་མངོན་པར་བཞེད་པས། སྐྱོན་མེད་ཀྱི་གཞུང་དུ་གྲགས། སྔར་ཐོས་བསམ་སྦྱངས་ནས་བརྟུལ་ཞུགས་སྤྱོད། །ཅེས་པ་ཡང་། འདི་དང་ཁྱད་པར་ཅི་ཡོད། བསྒོམ་ཞེས་པའི་བར་ཆོག་མི་མངོན་པ་ཙམ་ཡིན། འཕགས་པ་ཀླུ་སྒྲུབ་ཀྱིས། མདོར་ན་སངས་རྒྱས་ཐམས་ཅད་ཀྱིས། །མ་གཟིགས་གཟིགས་པར་མི་འགྱུར་རོ། །ཞེས་པ་ཡང་། སེམས་ཀྱི་ངོ་བོ་ཞེས་པ་ཞིག །ཚིག་གཉིས་པོའི་བར་དུ་ཡོད་རྒྱུ་ལ། །དེ་མི་མངོན་པར་བྱས་པ་དང་། དུས་འཁོར་དུ། གང་ཞིག་ཟུར་ཆག་སྒྲ་དང་སྒྲར་གྱུར་པ། །ཞེས་པ་ལ། སྒྲ་དང་ཞེས་པ་དང་། སྒྲར་གྱུར་པ་ཞེས་པའི་བར་དུ། ལེགས་སྦྱར་ཞེས་པ་ཞིག་ཐོབ་ཀྱང་། མི་མངོན་པར་བསྒྲིབས་ཏེ་གསུངས། གཞན་ཡང་དེ་འདྲ་བ་མང་པོ་ཡོད་པས། ཕྱོགས་གཅིག་ཁོ་ན་ལ་ཨ་འཐས་མི་རུང་། ཡང་། དུས་དེང་གི་རྟོགས་ལྡན་རྒྱལ་པོ་རྣམས། །སྟོན་དཔེན་པ་བརྟེན་ནས་གྲོང་མཐར་འཁྱམས། །ཞེས་པ་ལ། སྲིད་གསུམ་དུ། གྲོང་མཐར་ཀུན་ཏུ་རྒྱུ་ཞིང་འཁྱམས་པ་དེ་ཚོ། རྟོགས་ལྡན་རྒྱལ་པོ་མ་ཡིན་གྱི། སྙིང་པོའི་དོན་གྱི་རྟོགས་ལྡན་རྒྱལ་པོ་རྣམས་ནི། ཆོས་བརྒྱད་ཀྱི་བསྙུ་ཚོམ་ཞིག །རིའི་བུ་བྱས། ན་བུན་གྱི་གོས་གྱོན། ལྷོ་གོས་གདམ་ངོར་ལ། རྩིག་རུམ་མི་བྱེད་པར། ཕྱི་དབེན་པ། ནང་མལ་སྟན། གསང་བ་ལུས་གནད། དེ་ཁོ་ན་ཉིད་དམིགས་པ་གར་གཏད་ཀྱི་སྟེང་དུ། སྤྲང་ལ་བེ་ཕུར་བཏབ་པ་ལྟར། སྒྲུབ་པའི་རྒྱལ་མཚན་འཛུགས་ཀྱིན་གདའ། ཞེས་དྲིས་མོད། འདི་ཁྱེད་རང་གི་ལུགས་ཀྱིས། རྟོགས་ལྡན་ལ་བསྟོད་ཕྱུལ་ཅི་ཆེར་བྱས་པར་སྣང་ཡང་ཞབས་འདྲེན་དུ་སོང་སྟེ། དམིགས་པ་གར་གཏད་ཀྱི་སྟེང་དུ། སྤྲང་ལ་བེ་ཕུར་བཏབ་པ་ལྟ་བུ་ཞིག་བྱུང་ན་དམིགས་པ་ལ། སེམས་ཁྲིང་ངེ་གདོད་པ་ཞིག་ལས་མ་བྱུང་། དེ་ནི་ཞི་གནས་རྐྱང་པར་ལུས་ཏེ། དེ་ཁོ་ན་ཉིད་ཀྱི་ལྷག་མཐོང་གི་རྣམ་པ་ཙུང་ཟད་ཀྱང་མཤར་བས། དེ་ཙམ་གྱིས། སྙིང་པོ་དོན་གྱི་སྒྲུབ་པའི་རྒྱལ་མཚན་ཇི་ལྟར་ཚུགས། རྒྱུད་ཀྱི་རྒྱལ་པོ་སམྦུ་ཊི་ལས། དམིགས་མེད་གནས་སུ་ཤེས་རབ་དང་། །དམིགས་མེད་སྙིང་རྗེ་ཆེན་པོ་ཉིད། །རིག་དང་ལྡན་ཅིག་ཏུ་ནི་གཅིག །ནམ་མཁར་ནམ་མཁའ་གྱུར་ཇི་ལྟར། །གང་ལ་བསྒོམ་པ་པོ་ཡང་མེད། །གང་ཡང་རྣམ་པར་སྒོམ་པ་མེད། །བསྒོམ་བྱ་ཉིད་ཀྱང་ཡོད་མིན་པ༔ །དེ་ཡིས་དེ་ཉིད་བསྒོམ་པར་བརྗོད། །ཅེས་གསུངས་པ་ལྟར། དེ་ཁོ་ན་ཉིད་ཀྱི་རྣལ་འབྱོར་པ་ནི། དམིགས་གཏད་ཐམས་ཅད་དང་བྲལ་བ་ལགས་ན། ཁྱེད་ཀྱིས་དམིགས་པ་གར་གཏད་དུ། ཞེས་པ་དེ་ཅི་ཞིག་རུང་། ངེས་པར་ན། གང་ལ་ཞེན་པ་བྱུང་ན་དེ་ཡང་ཐོང་། །རྟོགས་པར་གྱུར་ན་ཐམས་ཅད་དེ་ཡིན་ཏེ། །དེ་ལས་གཞན་ཞིག་སུས་ཀྱང་གཏན་དུ་མེད། །ཅེས་གསུངས་ན། ཁྱེད་ཀྱིས་སྤྲང་ལ་བེ་ཕུར་བཏབ་པའི་དཔེས་མཚོན་པའི་མཉམ་གཞག་དེ་ནི། ཞེན་པའི་གཏིང་ཚུགས་པ་ཞིག་ཏུ་སོང་བས། དུ་གྲགས་པའི་ངེས་དོན་པ་ཚོ། འདི་འདྲ་ཁོ་ནར་ཡོད་ན་ནི། སྒྲུབ་པའི་རྒྱལ་མཚན་འཛུགས་པར་མི་ནུས་སོ། །

ཡང་། ཆོས་ཐོས་པ་བྱེད་ཟེར་ཆལ་ཆོལ་སྨྲ། །ཞེས་སོགས་ལ། སྲིད་གསུམ་དུ། ངག་འཁྱལ་མང་པོ་ཁྲིས་སྣང་ཡང་། གསུང་རབ་དང་འབྲེལ་བའི་དགག་སྒྲུབ་མི་སྣང་བས་ལན་བྱ་མ་དགོས། སྤྱིར། ལྷའི་སྐད་དང་ཀླུ་དང་གནོད་སྦྱིན་སྐད། །གྲུལ་བུམ་སྐད་དང་མི་ཡི་སྐད་རྣམས་དང་། །འགྲོ་བ་ཀུན་གྱི་སྐད་རྣམས་ཇི་ཙམ་པར། །ཐམས་ཅད་སྐད་དུ་བདག་གིས་ཆོས་བསྟན་ཏོ། །ཞེས་གསུངས་པས། ཚིག་གི་སྦྱོར་བ་ཕྱོགས་གཅིག་ལ་ཞེན་ནས། གཞན་ལ་སྨོད་པར་མི་རུང་ལ། ཁྱད་པར་དུ་འཕགས་པ་ཀླུ་སྒྲུབ་ཀྱིས། བདེ་བའི་ངང་ཚུལ་རྙེད་དཀའ་བ། །ཚུལ་ལྡན་ཁྱད་དུ་གསོད་མི་འདོད། །རང་དབང་ལེགས་པར་སྨྲ་བར་མཛོད། ཅེས་གསུངས་ན། ཁྱེད་ཀྱིས་སྨྲ་བ་དེ་རྣམས་དམ་པའི་ལུགས་དང་ཇི་ལྟར་མཐུན་སོམས་ཤིག ཇེ་སྒྲུབ་ཀྱིས། ཡང་ལན་དུ། དྲང་དང་ཇི་བཞིན་དོན་མིན་ལྡེམ་པོའི་ངག འདོམས་མཛད་བཤེས་གཉེན་གཞན་ལས་ཆེས་ལྷག་པ། །ངེས་གསང་བདུད་རྩིའི་བཅུད་ཀྱིས་པད་དཀར་སྙིང་། །ཚིམས་མཛད་འདྲེན་པ་རྣམ་གསུམ་འདིར་ཕྱག་ཡིན། །ཞེས་གསུངས་པ་ལ། སྲིད་གསུམ་དུ། ཟབ་པ་དང་པོའི་མིན་ཞེས་པ། གསལ་བྱེད་དུ་བྱས་ན། དྲང་དོན་མིན་པ་དང་། སྒྲ་ཇི་བཞིན་མིན་ཅེས་པར་གྲུབ། ཅེས་སོགས་མང་པོ་ཞིག་ཁྲིས་ནའང་། མ་གོ་བ་ཡུས་ཆེ་བའི་རྣམ་ཐར་སྐྱོང་བ་ཙམ་སྟེ། ངེད་ཀྱིས་ནི་དྲང་དོན་དང་། སྒྲ་ཇི་བཞིན་མིན་པ་དང་། ལྡེམ་པོའི་ངག་གསུམ་ཙམ་གྱིས། གདུལ་བྱ་དཀྲི་བའི་བླ་མ་དེ་ལས་ཆེས་ལྷག་པ། ངེས་དོན་གསང་བ་བླ་ན་མེད་པའི་བདུད་རྩི་སྤྱེལ་བའི་རྒྱ་བའི་བླ་མ་ལ་བསྟོད་པ་ཡིན། སྲིད་གསུམ་མཁན་པོའི་བསམ་པ་ལ། མིན་ཞེས་པ་གསལ་བྱེད་དུ་བྱས་ནས། དྲང་དོན་མིན་པ་དང་། སྒྲ་ཇི་བཞིན་མིན་པ། ཞེས་པའི་དོན་དུ་གོ་ལོག་བྱུང་སྣང་ཡང་། དེ་ལྟར་ག་ལ་ཡིན། དཔེར་ན་དྲི་མེད་འོད་ལས། ལྷ་མི་ལྷ་མིན་ཀླུ་ཡི་བླ་མ་ཀུན་གྱི་སྟོན་པ་གཅིག་པུ་དེ་ལ་ཕྱག་འཚལ་ལོ། །ཞེས་པ་ལ། མིན་ཞེས་པ་གསལ་བྱེད་དུ་བྱས་ནས། ལྷ་མིན་པ། མི་མིན་པ། ཞེས་ཟེར་དུ་མི་རུང་བ་བཞིན་ནོ། །

ཅི་སྟེ། དྲང་དང་ཇི་བཞིན་མིན་དང་ལྡེམ་པོའི་ངག །ཅེས་དང་། སྒྲས་མཚམས་བཅད་དགོས་སོ་སྙམ་ན། དོན་ཐོབ་ནི་དེ་ལྟར་ཡིན་མོད། ཚིག་གི་བརྗོད་ཚུལ་ལ། མཐའ་གཅིག་ཏུ་དེ་ལྟ་བུའི་ངེས་པ་མེད་དེ། གོང་དུ་དྲངས་པའི་དྲི་མེད་འོད་ཀྱི་ཚིག་དེ་ལ་འང་། ལྷ་དང་། མི་དང་། ལྷ་མིན་དང་། ཞེས་དང་། སྒྲ་མ་སྨོས་པ་བཞིན་ནོ། །མདོར་ན་སྲིད་གསུམ་དུ། དགོས་དོན་མེད་པར་ཚིག་ལ་འཁྲིལ་བ་དང་། ཡི་གེའི་སྦྱུ་རིས་ལ་སྐྱོན་འདོགས་པ་དག་སྣང་བ་ནི། དུས་ཀྱི་འཁོར་ལོ་ལས། མ་འོངས་དུས་སུ་རྟོག་གེ་ལ་སོགས་བསྟན་བཅོས་ལ་གཏད་སྣ་ཚོགས་བློས། །སངས་རྒྱས་པ་ཡང་གཞན་གྱི་རྟོག་གེ་དང་ཁྲིད་དབང་གིས་ལོག་པ་འབྱུང་འགྱུར་ཏེ། །ཞེས་ལུང་བསྟན་པ་དེ་མཚོན་བྱེད་དུ་སྣང་ཡང་། ཡང་དག་པའི་དོན་ལ་ཞུགས་པའི་མཁས་པ་རྣམས་ནི། ཚུལ་དེ་ལྟ་བུ་ལ་སློན་པར

མི་མཛད་དོ། །བསྟན་བཅོས་རྣམས་ཀྱི་སྦྲས་ནི་ཅི་ཞིག་བྱ། །གང་ཞིག་ཟུར་ཆག་སྒྲ་དང་སྦྲར་གྱུར་པས། །བརྗོད་པ་དེ་ཉིད་ཡེ་ཤེས་མ་ཡིན་ཞིང་། །གང་ཞིག་འགྲོ་བ་དག་ལ་ཉེ་ཚེ་བ། །དེ་ནི་ཐམས་ཅད་མཁྱེན་པའི་གསུང་མ་ཡིན། །ཞེས་དང་། ཀུན་མཁྱེན་ལམ་དོན་གཉེར་བ་རྣམས་ལ་སྒྲ་དང་སྒྲ་མིན་རྣམ་དབྱེད་ཆེན་པོ་མེད། །སྣ་ཚོགས་ཡུལ་སྐད་ངན་པ་ཡིས་ཀྱང་ཆེན་པོ་རྣམས་ཀྱི་ལམ་ལ་རྟག་ཏུ་འཇུག །ཅེས་ཚིག་ཕལ་པ་ལ་བརྟེན་ནས་ཀྱང་ཟུང་འཇུག་གི་ལམ་སྟོན་ནུས་ཕྱིན། ཚིག་གི་གཙུག་ལག་ཁོ་ན་ལ་སྤྱོད་པ་ནི། ངལ་བ་ཙམ་དུ་ཟད་དོ། །ཁོ་བོ་ཅག་ནི། དོན་ལ་རྟོན་པར་བྱ་ཡི། ཚིག་ལ་རྟོན་པར་མི་བྱ་མོད། ཅི་སྟེ་ཚིག་ཙམ་ལ་རྩོད་ན། སྲིད་གསུམ་ལས་ལོག་སྨྲ་རྩོད་པའི་རིགས་ཚུལ་གནམ་ལྕགས་རྡུབ་མོའི་ཆར་གྱིས་ཕྱིར་རྒོལ་སྤོབས་པ་ཕྱེ་མར་འཐག ཅེས་བཤད་པ་ཡང་། རྗེ་འབྲུག་པའི་རྩོད་པའི་རིགས་པ་རྣམས་ལོག་སྨྲ་ཡིན་པའི་དོན་དུ་སོང་ལ། འོན་ཏེ་རྩོད་པའི་རིགས་ཚུལ་གྱིས། ལོག་སྨྲ་ཚར་གཅོད་པའི་དོན་ཡིན་སྙམ་ན། རྩོད་པའི་རིགས་ཚུལ་གནམ་ལྕགས་རྡུབ་མོའི་ཆར་གྱིས་ཕྱིར་རྒོལ་ལོག་སྨྲ་སྤོབས་པ་ཕྱེ་མར་འཐག །ཅེས་འདོན་རིགས་ཀྱི། ལོག་སྨྲ་ཞེས་པ་ཚིག་གི་དབུར་འདོན་པའི་རྩོམ་ཁྱེར་དེས་གོ་མི་ཚོད། གལ་ཏེ་ལོག་པར་སྨྲ་བ་རྣམས། རིགས་པས་ཚར་གཅོད་པའི་དོན་ཡིན་ན་ནི། རྣམས་ཞེས་པའི་བར་ཚིག་ཆད་པར་འགྱུར་ལ། ཁོ་བོ་ནི་བར་མི་མཐོང་བ་ཙམ་སྐྱོན་དུ་མི་ལྟ་ཡང་། ཁྱེད་ནི། རྗེ་བླ་སྤྲུལ་གྱིས། སྤར་ཐོས་བསམ་སྦྱངས་ནས་བརྟུལ་ཞུགས་སྤྱོད། །ཅེས་པ་ལ། སྒོམ་ཞེས་པའི་བར་ཚིག་མི་མཐོང་བ། །སྐྱོན་དུ་བཟུང་ནས་དགག་པ་མཛད་པ་དེ། །ད་ནི་ཁྱེད་རང་ལ་འཁོར་བར་འགྱུར་རོ། །འདི་ནི་མཚོན་པ་ཙམ་སྟེ།

གཞན་ཡང་ཚིག་ལ་སྒྲ་རྟོག་གི་དགག་སྒྲུབ་ལྟར་བླངས་ན། སྲིད་གསུམ་ལས་ཇི་སྐད་བཤད་པ་ཐམས་ཅད། རྟོལ་ཕྲན་བཞིན་དུ་སིལ་བུར་བཤིག་ནུས་པ་ལ་དཀའ་བ་ཅུང་ཟད་ཀྱང་མེད་མོད། དེ་ནི། རྩོད་པ་ལྟར་ལེན་པའི་བསྟན་བཅོས་ལྟར་སྣང་ལ་དགའ་བ་དག་གི་ལུགས་ཡིན་པས། ངེས་པའི་དོན་ལ་རྟོན་པའི་སྐབས་འདིར་མཛེས་པ་མ་ཡིན་ནོ། །ད་ནི་བསྟན་བཅོས་དངོས་ལ་འཇུག་པར་བྱ་སྟེ། དེ་ཡང་རང་གཞན་གྱི་འདོད་པ་རྣམས་རྒྱས་པར་བཀོད་ནས། ཚིག་ཚོགས་མང་པོས། ཀློག་པ་པོ་རྣམས་ཀྱང་དུབ་པར་འགྱུར་སྲིད་པས། འདིར་དོན་ཙ་སྙིང་པོར་དྲིལ་ཞིང་། མདོར་བསྡུས་པའི་ཚུལ་གྱིས་བརྗོད་པར་བྱ་སྟེ། དེ་ལ་ཐོག་མར། ཆོས་རྗེ་པཎྜི་ཏས། དེང་སང་རྡོ་རྗེ་ཕག་མོ་ཡི། །བྱིན་རླབས་དབང་བསྐུར་ཡིན་ཞེས་ཟེར། །ཞེས་སོགས་ལ་འཕྲོས་ནས། རྗེ་བླ་སྤྲུལ་གྱིས། བྱིན་རླབས་ཙམ་བསྐུར་ཡུལ་གྱི་སློབ་མ་དེ། ལས་དང་པོ་པ་མ་ཡིན་པར། སྔར་དབང་གིས་སྨིན་ཟིན། ཡང་དག་པའི་ཡེ་ཤེས་ཀྱང་སྐྱེས་ཟིན་པ་ཞིག་ཡིན་པའི་ཤེས་བྱེད། བྱིན་རླབས་ཀྱི་གསོལ་བཏབ་སྐབས་སུ། ཐུགས་རྗེའི་བདག་ཉིད་དྲིན་ཅན་གྱིས། །ཡང་དག་ཡེ་ཤེས་མཆོག་ཐོབ་སྟེ། །རང་གི་རིག་པའི་ངོ་བོ་ལ། །བདག་ནི་ཤིན་ཏུ

ངེས་པ་སྐྱེས། །ཞེས་པ་འདི་དྲངས་པ་ལ། སྲིད་གསུམ་དུ། བདག་ནི་ཞེས་པས་འབྲུལ་གཞི་བྱས་ནས། གོ་ལོག་རྒྱབ། ཅེས་དང་། ཡང་དག་ཡེ་ཤེས་མཆོག་ཐོབ་ཟིན་ནས། སླར་ཆོས་ཀྱི་བདུད་རྩིའི་ཕྱིར་དུ་གསོལ་བ་བཏབ་ནས་ཅི་ཞིག་དོན་དུ་གཉེར་ཞེས་དྲིས་སོ། །

འདིའི་ལན་ནི། སྤྱིར་རྒྱུད་ལས། བཅོམ་ལྡན་འདས་དེ་བཞིན་གཤེགས་པ་ཐམས་ཅད་ཀྱི་སྐུ་གསུང་ཐུགས་ཀྱི་སྙིང་པོ་རྡོ་རྗེ་བཙུན་མོའི་བྷ་ག་ལ་བཞུགས་སོ། །ཞེས་པའི་ཚིག་གཅིག་ཉིད་ལ། གཞི་ལམ་འབྲས་བུའི་རྣམ་གཞག་དུ་མ་ཞིག་འཆད་པ་ལྟར། ཐུགས་རྡོར་འི་བདག་ཉིད་དྲིན་ཅན་གྱིས། །ཞེས་སོགས་ལའང་། སློབ་དཔོན་དང་སློབ་མ་གང་ལ་སྦྱར་ཡང་གོ་དོན་འཆད་པ་ནི། རང་རང་གི་རྣམ་དཔྱོད་ཀྱི་རྩལ་ཡངས་པོ་མཆོན་ནུས་སུ་སྣང་། དེའི་ཕྱིར་རྗེ་ཀླུ་སྒྲུབ་ཀྱིས། སློབ་མ་ལ་སྦྱར་ནས། འདི་ལྟར་ཐུགས་རྗེའི་བདག་ཉིད་ཅན། རང་གིས་སྔར་སྨིན་དབང་ཐོབ་པའི་བླ་མ་དམ་པའི་བཀའ་དྲིན་གྱིས་ཡོངས་སུ་བསྐྱབ་པས། སློབ་མ་བདག་གིས་ཀྱང་། ཡང་དག་པའི་ཡེ་ཤེས་ཐོབ་སྟེ་རང་གིས་རིག་པའི་དེ་ཉིད་ལ། ངེས་པ་ཡང་དག་པ་སྐྱེས་ཞེས་པའི་དོན་དུ་དགོངས་སོ། །ཁྱོད་ཀྱི་བསམ་པ་ལ། ཚིག་དེའི་འཕྲོས་སུ། གཉིས་མེད་ཡེ་ཤེས་འདི་ཉིད་ནི། འགྲོ་བ་གཞན་ལ་ཡོད་མ་ཡིན། །ཆོས་ཀྱི་བདུད་རྩི་འདི་འཐུང་ཕྱིར། །བླ་མ་མཆོག་ལ་གསོལ་བ་འདེབས། །ཞེས་བཤད་པ་འདི་རྗེ་ཀླུ་སྒྲུབ་ཀྱི་བཞེད་པ་དང་མི་མཐུན་ཏེ། ཀླུ་སྒྲུབ་རྒྱ་མཚོ་ནི། སྐབས་འདིའི་སློབ་མ་དེ། ཡེ་ཤེས་སྐྱེས་ཟིན་ཞིག་ཏུ་འདོད་ལ། སླར་མཆོན་བྱ་དོན་གྱི་ཡེ་ཤེས་ཐོབ་ཕྱིར་དུ་གསོལ་བ་འདེབས་པ་ལ་དགོངས་པས་སྐྱོན་མེད་ཅིང་། སྤྱིར་དོན་གྱི་ཡེ་ཤེས་ཐོབ་ཟིན་ཡང་། ས་དང་པོ་དང་གཉིས་པ་ལ་སོགས་པས། ས་བཅུའི་སེམས་དཔའ་ཆེན་པོ་ལ་ཡེ་ཤེས་ཀྱི་དཀྱིལ་འཁོར་དུ་དབང་ཞུ་ཞིང་། གསོལ་བ་འདེབས་པ་དང་། སངས་རྒྱ་ཀ་མའི་བྱང་ཆུབ་སེམས་དཔས། དབང་ལྷ་དེ་བཞིན་གཤེགས་པ་དངོས་ལས། འབྲས་བུ་ལ་མཚམས་སྦྱོར་བ་ཉེ་རྒྱུའི་དབང་ལེན་ཞིང་། གསོལ་བ་འདེབས་པར་གྲུབ་པས། སྲིད་གསུམ་དུ་ཡང་དག་ཡེ་ཤེས་མཆོག་ཐོབ་ཟིན་ནས། སླར་ཆོས་ཀྱི་བདུད་རྩིའི་ཕྱིར་དུ་གསོལ་བ་བཏབ་ནས་ཅི་ཞིག་དོན་དུ་གཉེར། ཟེར་བ་དེ་བདེན་མེད་དུ་སོང་སྟེ། ཡང་དག་པའི་ཡེ་ཤེས་ཀྱི་མཆོག་ཐོབ་པའི་ས་དང་པོ་པ་རྣམས། ས་གཉིས་པ་ཡན་ཆད་དོན་དུ་གཉེར་བ་ནས་གཟུང་སྟེ། སངས་རྒྱས་ཀ་མ་ནི༑ རང་གི་སྐད་ཅིག་གཉིས་པར་སངས་རྒྱ་བ་དོན་དུ་གཉེར་བའི་བར་རིགས་འགྲེ་བས་རྟོགས་སོ། །སྲིད་གསུམ་དུ༑ ཡང་དག་ཡེ་ཤེས་ཀུན་དང་ལྡན་ཕྱིན། དབང་བསྐུར་བའི་ཚོགས་ཅི་ཞིག་མཛད། ཀུན་ཞེས་པའི་ཚིག་གི་རྣམ་དཔྱད་ལའང་ནུས་པ་མི་ཐོན་ནོ། །ཞེས་དྲིས་ཀྱང་། ཀུན་ཞེས་པ་མང་པོའི་ཚིག་ཙམ་སྟེ། ཡེ་ཤེས་ཀྱི་ཡོན་ཏན་མང་པོ་དང་ལྡན་པའི་སྦྱོར་ལམ་པ་དང་། ས་དང་པོ་པ་ཙམ་ལ་ཡང་། ཡེ་ཤེས་ཀུན་ལྡན་གྱི་མིང་སྦྱར་བས་སྐྱོན་

དུ་ཅི་ཞིག་འགྱུར། ཡར་གདུལ་བྱ་གཞན་གྱི་ཆེད་དུ། དགོས་པའི་ཁྱད་པར་གྱི་དབང་གིས་ཡེ་ཤེས་ཐམས་ཅད་དང་ལྡན་པའི་སངས་རྒྱས་ནང་ཕན་ཚུན་དུ་གསོལ་བ་འདེབས་པའང་བྱུང་སྟེ། རྡོ་རྗེ་བདག་མེད་མས་ཞུས་པའི་རྒྱུད་རྣམས་སུ། བདག་མེད་མས། སངས་རྒྱས་ལ་གསོལ་བ་བཏབ་པ་དང་། རྡོ་རྗེ་ཕག་མོས་ཞུས་པའི་རྒྱུད་རྣམས་སུ། ཕག་མོས་སངས་རྒྱས་ལ་གསོལ་བ་བཏབ་པ་བཞིན་ནོ། །

ཡང་སྲིད་གསུམ་དུ། དཔེའི་ཡེ་ཤེས་ཙམ་ལ་ཡང་དག་པ་དང་། མཆོག་གི་སྒྲ་མི་ཐོབ། ཅེས་བྲིས་པ་ནི་ཁྱེད་རང་གཟིགས་རྒྱ་ཆུང་བས་ལན་པ་སྟེ། འཕགས་པ་ལྷས་སྒྱུ་ལུས་ཀྱི་སྐབས་སུ། རང་གི་སེམས་ཡང་དག་པ་ཇི་ལྟ་བ་བཞིན་དུ་ཡོངས་སུ་ཤེས་པ་ཞེས་བྱ་བ། ཕུང་པོ་དང་། ཁམས་དང་། སྐྱེ་མཆེད་རྣམས་ལ་ཡང་མེད་པ། ཡེ་ཤེས་ཙམ་གྱིས་ཡོངས་སུ་སྣང་བ་ཙམ་གྱིས། མཚན་ཐམས་ཅད་དང་ལྡན་པའི་ལྷ་སྐུར་བཟུང་བ། དེ་ཡང་སྒྱུ་མ་དང་། རྨི་ལམ་ལ་སོགས་པའི་དཔེ་བཅུ་གཉིས་ཀྱིས་ཉེ་བར་མཚོན་པ། ཞེས་རིམ་པ་ལྔའི་ནང་ཚན་སྒྱུ་ལུས་ཐོབ་པ་ན། རླུང་སེམས་ཀྱི་སྐུ་གྲུབ་པས། ཕུང་ཁམས་སྐྱེ་མཆེད་རགས་པ་ལ་ལྟོས་པ་མེད་པའི་ཡིད་ལུས་ཙམ་གྱིས་འགྲོ་འོང་ནུས་པ་དང་། མཚན་དཔེས་བརྒྱན་པའི་ལྷ་སྐུ་སྒྱུ་མ་ལྟ་བུར་མཐོང་ཞིང་། མདོར་ན་ཡེ་ཤེས་རྡོ་རྗེ་ཀུན་ལས་བཏུས་སུ་བཤད་པའི་སྒྱུ་མ་ནས། མི་ལོང་ནང་གི་གཟུགས་བརྙན་གྱི་བར་གྱི་དཔེ་བཅུ་གཉིས་ཀྱི་ཆོས་ཉིད་སྟོང་པ་ཆེན་པོ་ཡོངས་སུ་ཤེས་ལ། དེ་ཤེས་པས། རང་གི་སེམས་ཡང་དག་པ་ཇི་ལྟ་བ་བཞིན་དུ་མཐོང་བའི་ཤེས་པའི་མིང་འདོགས་ཀྱང་མཛད། རིམ་ལྔའི་ནང་ཚན་སྒྱུ་ལུས་ནི། སོ་སོ་སྐྱེ་བོའི་ལམ་ཁོ་ན་ཡིན་པས། དཔེའི་ཡེ་ཤེས་ལས་མ་འདས་ཤིང་། དེའི་ཚེ་སྒྱུ་ལུས་ཐོབ་པ་ལ། ཡང་དག་པ་ཇི་ལྟ་བ་བཞིན་དུ་ཤེས་པའི་མིང་བཏགས་པ་ཉིད་ཀྱིས། དཔེའི་ཡེ་ཤེས་ལ། ཡང་དག་པའི་མིང་འདོགས་བསྐྱོན་མེད་དུ་གྲུབ་པ་དང་།སྲིད་དང་ཐར་པར་རྟོག་དང་ཡང་དག་ལྡན་པའི་རྣམ་པར་ཤེས། །ཞེས་པས་ཀྱང་། སྒྱུ་ལུས་བདག་བྱིན་བརླབས་ལ། ཡང་དག་གི་མིང་མཛད་པ་དང་། འཕགས་པ་ཀླུ་སྒྲུབ་ཀྱིས་རིམ་ལྔ་ཀུན་རྫོབ་བདེན་པ་སྒྱུ་མ་ཉིད། ལོངས་སྤྱོད་རྫོགས་པའི་སྐུ་ཡང་དེ། དེ་ཉིད་དྲི་ཟའི་སེམས་ཅན་འགྱུར། རྡོ་རྗེའི་སྐུ་ཡང་དེ་ཉིད་ཡིན། རྡོ་རྗེ་སེམས་དཔའ་བདག་ཉིད་དེ། ཞེས་སྒྱུ་ལུས་ལ་ལོངས་སྤྱོད་རྫོགས་སྐུ་དང་། རྡོ་རྗེའི་སྐུའི་མིང་འདོགས་མཛད་ཕྱིན། ཡང་དག་པའི་མིང་ཡང་ཇི་ལྟར་གདགས་སུ་མི་རུང་། མདོ་ལས་ཀྱང་། སྦྱོར་ལམ་གྱི་ཡེ་ཤེས་ལ་ཡང་དག་དང་། དོན་དམ་ལ་སོགས་པའི་མིང་མཛད་པ་ཇི་སྙེད་ཡོད་དེ། རྒྱས་པར་ཡི་གེ་མང་དུ་དོགས་པས་མ་བྲིས་ནའང་། གནད་ཀྱི་དོན་ནི། སྔར་སྨོས་པ་དེ་ཙམ་གྱིས་ཤེས་སོ། །

ཡང་སྲིད་གསུམ་དུ། འདི་ནི་དམ་ཚིག་ཉམས་པར་འགྱུར། །ཞེས་པའི་ཚིག་ལ་སྐབས་སུ་མཆེལ་ནས།

སྔར་ཡེ་ཤེས་སྐྱེས་ཟིན་དམ་ཚིག་ཅན་ལ་བསྟིགས་པ་འདི་ཡང་། རིགས་པ་སོང་སོང་མོར་བསྒོམ་འདུག་ཀྱང་། སྙིང་པོས་དབེན་ཏེ། འོན་དབང་མ་ཐོབ་པའི་གོང་དཀྱིལ་འཁོར་དུ་འཇུག་པའི་དམ་བཞག་གི་སྐབས་སུ། འདི་ནི་ཁྱོད་ཀྱི་དམྱལ་བའི་ཆུ། །དམ་ཚིག་འདས་ན་བསྲེག་པར་བྱེད། །ཅེས་སོགས་མང་དུ་འབྱུང་ལ། དེ་གོང་དུ་དམ་ཚིག་གང་ཐོབ་སེམས་དང་ཞེས་བྲིས་པ་ནི། རྣམ་དཔྱོད་ཅེར་རེ་ཡོང་དུ་སོང་བའི་རྟགས་མཚོན་ཏེ། དབང་གི་དམ་ཚིག་གི་སྐབས་སུ། ཁས་བླང་གིས་ཐོབ་པའི་དམ་ཚིག་དང་། ཆོ་གས་ཐོབ་པའི་དམ་ཚིག་གཉིས་ལས། ཕྱི་མ་དངོས་གཞིའི་སྐབས་སུ་ཐོབ་པར་འགྱུར་ལ། དང་པོ་ནི། སྟོན་འགྲོའི་ཚིག་རེ་རེ་ལ་ལྟོས་ནས། ཐད་སོ་ཐད་སོའི་དམ་ཚིག་རེ་ཡོད་པ་དེ་ལ་འཛོག །དེའི་ཚེ། སྙིང་གར་ཟླ་བ་རྡོ་རྗེ་སྒོམ་པའི་ཚིག་ལྟོས་པའི་དམ་ཚིག་གསང་བར་གདམས་པ་ལ་ལྟོས་པ། དམ་བཞག་བཞི་ལ་ལྟོས་པས། རྩོད་པ་ནུས་མེད་དུ་ཞིག་གོ། །ཕྱིར་ནི། དམ་ཚིག་འདས་ན་བསྲེག་པར་བྱེད། །ཅེས་པའི་དམ་ཚིག་ནི། མ་འོངས་པའི་སྡོམ་བསྲུས་པའི་ཚུལ་གྱིས། དངོས་གཞིའི་དམ་ཚིག་ལ་འཛོག་པ་གཙོ་ཆེ་བར་ནི་བྱེད་དགོས་སོ། །

ཡང་དུས་ཀྱི་འཁོར་ལོ་ལས། རྡོ་རྗེའི་ཐིག་རྣམས་གདབ་པ་དང་། །རྡུལ་ཚོན་དག་ཀྱང་བཀྱེ་བ་ནི། །ཕྱུགས་ཀྱི་སེམས་དཔས་མི་བྱ་སྟེ། །བྱས་ན་དངོས་གྲུབ་རྙེད་པར་དཀའ། །ཞེས་པའི་དོན་འཆད་པ་ན། རྗེ་ཀླུ་སྒྲུབ་ཀྱིས། ཕྱུགས་ཀྱི་སེམས་དཔའ་དེ་ནི། ལས་དང་པོ་པ་མ་ཡིན་པར། དབང་གི་ཡེ་ཤེས་སྐྱེས་ཟིན། དྲོད་འབྱིང་པོ་ཙམ་མ་མཐའ་ཡང་ཐོབ་པ་ཞིག་ལ་ངོས་འཛིན་མཛད་པ་ལ། སྲིད་གསུམ་དུ། འོན་དེའི་ཡ་མཐའ་ཇི་ཙམ་ལ་འཛོག་རྩིས་ཡོད། རྒྱུད་མ་སྨིན་པ་ཞིག་ལ། སྨིན་བྱེད་ཀྱི་དབང་མི་བསྐུར་ན། སྨིན་བྱེད་ཀྱི་སྒྲ་དོན་ག་ལ་འགྱུར་གཟིགས་ཤིག །ཅེས་ཟེར་བ་ནི། ཟེར་རྒྱུ་ཅི་ཡང་མ་འགྱུར་བར་འཁྲུག་པའི་ཚིག་སྟེ། ཕྱུགས་ཀྱི་སེམས་དཔའ་དེའི་ཡ་མཐའ་ནི། སངས་རྒྱ་ག་མའི་ཕྱུགས་ཀྱི་སེམས་དཔའ་ལ་འཛོག །རྒྱུད་མ་སྨིན་པ་ལ་སྨིན་དབང་བསྐུར་བ་ངེད་ཅེས་ཀྱང་འདོད་མོད། འདིར་སྐབས་ཀྱི་ཕྱུགས་ཀྱི་སེམས་དཔའ་དེ་རྒྱུད་སྨིན་ཟིན་ཞིག་ཡིན་པས། ཀླུ་སྒྲུབ་རྒྱ་མཚོ་བཞེད་པས། དེ་ལ་མ་སྨིན་པ་སྨིན་བྱེད་ཀྱི་དབང་བསྐུར་མི་དགོས་པར་གྲུབ་ན། ཁྱེད་ཀྱི་རྩོད་པ་དེ་དག་བྲག་ཆ་ཙམ་དུ་ཟད་དོ། །

སྲིད་གསུམ་དུ། རྒྱུད་སེམས་འགྲེལ་ལས། ཐེག་ཆེན་སྦྱོར་ལམ་པ་མཐའ་དག ལས་དང་པོ་པར་བསྡུས་ཕྱིན། ཁྱོད་ཀྱིས་མ་མཐར་བཞག་པའི་དྲོད་འབྱིང་པོ་བ་དེ། ལས་དང་པོ་པར་ཅིའི་ཕྱིར་མི་འགྲོ། གལ་ཏེ་འགྲོ་བ་ཞིག་ན། དེ་ལས་དང་པོ་པ་མིན་པར་ནན་གྱིས་བསྒྲུབས་པའི་ལུང་རིགས་ཐམས་ཅད་བདེན་མེད་དུ་ཐལ་བས་རྣམ་དཔྱོད་དྲོན་དུ་སོང་། ཞེས་བྲིས་པ་ནི། ཚིག་ཙམ་ལ་འཁྲུལ་པ་སྟེ། རྒྱལ་བའི་བཀའ་རྣམས་སུ། རྫོགས་པའི་

སངས་རྒྱས་ལ་ལྟོས་ཏེ། རྟོགས་པ་དམན་པ་དང་། ཤེས་བྱ་ཇི་སྙེད་པ་མི་ཤེས་པ་རྒྱུ་མཚན་དུ་བྱས་ནས། བྱང་ཆུབ་སེམས་དཔའི་འཕགས་པ་ལ་ཡང་སློབ་པའི་མིང་བཏགས་པ་དང་། གདུལ་བྱ་གཞན་ཁ་དྲང་བའི་དགོས་ཆེད་དུ་བསམ་ནས་རྒྱུད་ཀྱི་ཞུ་བ་པོ་ཕྱག་ན་རྡོ་རྗེ་དང་། རྡོ་རྗེའི་རྣལ་འབྱོར་མ་མཆོག་རྣམས་ལ། རྨོངས་པའི་མིང་བཏགས་པ་མང་དུ་ཡོད་ཀྱང་། དེ་རྣམས་རྨོངས་པ་མ་ཡིན་པ་དང་། མཁའ་འགྲོ་རྒྱ་མཚོའི་རྒྱུད་དུ། ཨ་རེ་རེ་རེ་གཏི་མུག་ཕྱུགས་ཀྱིས་མི་ཤེས་སོ། །ཞེས་དང་། ཉན་ཐོས་ལ་སོགས་མུ་སྟེགས་རྣམས། །མི་ཤེས་པ་ཡི་ཕྱུགས་ཐམས་ཅད། །ཅེས་ལྷན་ཅིག་སྐྱེད་པའི་དེ་ཁོ་ན་ཉིད་མི་ཤེས་པ་ཐམས་ཅད་ལ། ཕྱུགས་ཀྱི་མིང་བཏགས་ཀྱང་། དེ་རྣམས་ཕྱུགས་ཡིན་ཟེར་དུ་མི་རུང་བ་དང་། བརྟག་གཉིས་སུ། བཟློག་པའི་སྒོམ་པ་འདི་ཉིད་ནི། །སངས་རྒྱས་མུ་སྟེགས་ཀྱིས་མི་ཤེས། །ཞེས་ཉན་ཐོས་ལ་མུ་སྟེགས་པའི་མིང་བཏགས་ཀྱང་། མུ་སྟེགས་དངོས་མ་ཡིན་པ་བཞིན་དུ། སྦྱོར་ལམ་པ་ལ། ལས་དང་པོ་པའི་མིང་བཏགས་ཀྱང་རྒྱུད་མ་སྨིན་པའི་ལས་དང་པོ་པ་མཚན་ཉིད་པར་ཁས་ལེན་ཅི་ཞིག་དགོས་དེས་ན་གོ་བར་གྱིས་ཤིག །

ཡང་རྗེ་གླུ་སྒྲུབ་ཀྱིས། སྔགས་ཀྱི་སེམས་དཔས་མི་བྱ་སྟེ། །བྱས་ན་དངོས་གྲུབ་རྙེད་པར་དཀའ། །ཞེས་པ་ལས་འཕྲོས་ཏེ། སྔགས་ཀྱི་སེམས་དཔའ་མཐོང་ལམ་སྐྱེས་ཟིན་ལ་བསླེག་པ་རྩ་གཞུང་ན་མེད་ཅིང་། ཁོ་བོས་ཀྱང་སྨྲས་པ་མེད་ཅེས་དང་། ཅི་སྟེ་ཟེར་མཁན་ཞིག་ཡོད་ནའང་། བྱས་ན་དངོས་གྲུབ་རྙེད་པར་དཀའ་དང་ཅི་འགལ་ཏེ། ཁྲིས་སྒྲུབ་སོགས་ལས་དང་པོ་པའི་བྱ་བ་བྱས་ན། དེ་རྙེད་པར་དཀའ་ཞེས་བྱ་བའི་དོན་དུ་སྣང་བའི་ཕྱིར། ཞེས་གསུངས་པ་ལ། སྲིད་གསུམ་དུ་ཏིང་ངེ་འཛིན་གྱི་རང་མདངས་ལྷའི་འཁོར་ལོར་ཤར་བའི་ཁྲིས་སྒྲུབ་བྱས་ཀྱང་། དངོས་གྲུབ་འཕྲོག་པ་དེ་བདེན་ན། ཐེག་ཆེན་འཕགས་པ་སྐྱབས་འཕྲུམ་དུ་སོང་ཞེས་ཁྲིས་ཀྱང་། ཤིན་ཏུམ་འབྲེལ་བའི་གཏམ་སྟེ། རྗེ་གླུ་སྒྲུབ་ཀྱིས། སྔགས་ཀྱི་མཐོང་ལམ་པས་ཁྲིས་སྒྲུབ་ལས་དང་པོ་པའི་བྱ་བ་བྱས་ན་མཆོག་གི་དངོས་གྲུབ་གོང་མ་རྙེད་གསུངས་པའི་ལན་ལ་ཁྱེད་ཀྱིས་ཏིང་ངེ་འཛིན་གྱི་རང་མདངས་ལྷའི་འཁོར་ལོར་ཤར་བའི་ཁྲིས་སྒྲུབ་བྱས་པས་ཆོག་སྐྱོན་མེད་ཟེར་བར་སོང་བས། ལྟོ་ཁ་ན་སྡིག་ཡོད་ཀྱི་ལན་དུ། བྱང་ཁ་ན་འབྲོང་ཡོད་པར་སྨྲ་བ་དང་མཚུངས། རྒྱུ་མཚན་ཏིང་ངེ་འཛིན་གྱི་རང་མདངས་ལྷའི་འཁོར་ལོར་ཤར་བའི་ཁྲིས་སྒྲུབ་དེ་འདྲ། བརྒྱ་ལ་གལ་སྲིད་ཡོད་ན་ཡང་། དེ་འདྲ་ལས་དང་པོ་པའི་ཁྲིས་སྒྲུབ་མ་ཡིན་གྱི། ཏིང་ངེ་འཛིན་ཤིན་ཏུ་སྨིན་པ་ཞིག་གི་ཁྲིས་སྒྲུབ་ཏུ་འགྲོ་བས་གང་ཟག་གི་མཐོ་དམན་ཤན་ཕྱེད་པར་རིགས་སོ། །

དེར་མ་ཟད་དཔྱད་ན། ཏིང་ངེ་འཛིན་གྱི་རང་མདངས། ལྷའི་འཁོར་ལོར་ཤར་ནས་སྒྲུབ་པ་ནི། ཁྲིས་སྒྲུབ་མ་ཡིན་ཏེ། ཁྲིས་སྒྲུབ་ཀྱི་དོན་ནི། རྟུལ་ཞོན། རས་ཁྲིས་སོགས་ཕྱི་རྟུལ་བཅས་སུ་ཡོད་པའི་སྐྱུ་ཏེ། ཡེ་ཤེས་ཀྱི་ལྷར

སྒྲུབ་པ་ལ་ཟེར། ཉིད་དེ་འཛིན་གྱི་རང་མདངས། ལྷའི་འཁོར་ལོར་ཤར་བའི་སྒྲུབ་པ་ནི། ཕྱིའི་ལྷ་སྐུ་ཙམ་མ་ཡིན་པར། ནང་རྣལ་འབྱོར་པའི་ཉིད་དེ་འཛིན་གྱི་མདངས་ལྷར་དངོས་སུ་ཤར་ནས། རེག་མཐོང་ཡོད་པ་དེ་ལ། སེམས་འཛོག་པ་ལ་ཟེར་བས། ཁྱེད་ཀྱིས་ཉིད་དེ་འཛིན་གྱི་རང་མདངས་ལྷའི་འཁོར་ལོར་ཤར་བ། ཞེས་པ་དང་། བྲིས་སྒྲུབ་ཟེར་བ་དེ་གཉིས། ནང་འགལ་གྱི་ཚིག་ཏུ་སྣང་། འོན་ཏེ། སྔར་བྲིས་པའི་ལྷ་ཞིག་རྣལ་འབྱོར་པའི་ནུས་པས། ཉིད་དེ་འཛིན་གྱི་རང་མདངས་ཀྱི་ལྷར་སོང་བ་ཞིག་ལ་ཟེར་ན་ནི། རྣལ་འབྱོར་པ་དེ་རང་གི་ངོར། བྲིས་པའི་ལྷ་དང་། ཉིད་དེ་འཛིན་རང་མདངས་ཀྱི་ལྷ་གཉིས་སོ། །རྒྱུ་དུས་སུ་རང་འབྲས་མ་སྨིན་པ་དང་། འབྲས་དུས་ན་རང་རྒྱུ་འགགས་ཏེ། མིང་དོན་གཞན་དུ་འཕོས་ནས་ཡོད་ལ། གང་ཟག་ཕལ་པའི་ངོར་ནི། དེ་ལྟ་བུའི་དབྱེད་པ་གང་ཡང་མི་འཇུག་ན། ཀླན་ཀ་འདི་དག་ནི་ཉམས་མྱོང་མེད་པར། ཚིག་ལ་འཆེལ་བའི་རང་རྟགས་སོ། །

སྲིད་གསུམ་ལས་གོང་མ་གོང་མའི་ལན་རྒྱུད་ལ་སྐྱེས་ནས། འོག་མ་འོག་མ་སྤྱོང་རྒྱུ་ཡིན་ན། བསྐྱེད་རྫོགས་ཀྱི་ཉམས་མྱོང་སྐྱེས་ནས། སྐྱབས་འགྲོ་དང་སེམས་བསྐྱེད་སོགས་འོག་མ་རྣམས་སྤྱོང་ངམ། སྤྱོང་ན། བྱང་ཆུབ་སྙིང་པོར་མཆིས་ཀྱི་བར། །སངས་རྒྱས་རྣམས་ལ་སྐྱབས་སུ་མཆི། །ཞེས་སོགས་ལ་ཇི་ལྟར་གསུང་། ལྷག་པར། ས་ཐོབ་ནས་ལུང་སྤྱོང་ན། ཐོས་པས་མི་ངོམས་ཉིད་དང་ནི། །ཞེས་པ་ལ་ཇི་ལྟར་བྱེད། རྫོགས་རིམ་གྱི་ལམ་རྒྱུད་ལ་སྐྱེས་ནས། བསྐྱེད་རིམ་སྤྱོང་ན། ལམ་གོང་མར་བསྐྱེད་རྫོགས་ཟུང་འཇུག་ཇི་ལྟར་བསྒོམ། ཞེས་དྲིས་སོ། །འདི་ཉིད། རྗེ་ཀླུ་སྒྲུབ་ཀྱིས། སྙིང་འགྲེལ་ཚིག་དོན་མ་ཕྱེད་གསར་བུས་ཀྱང་། །བྲིས་སྒྲུབ་དབང་སོགས་གཅོད་ལ་སྙིང་རྗེ་ནས། །ཕྱི་མའི་ཡོན་ཏན་སྐྱེས་ཆེ་སྟ་མ་རྣམས། །སྤྱངས་ཚོག་ལུང་ཅེས་དྲང་པོ་ཁ་ནས་ཤོར། །ཞེས་གསུངས་པ་སོགས་ལ་དགག་པར་འདུག་ཀྱང་ནུས་པ་མེད་དེ། རྫོགས་རིམ་གྱི་ཉམས་མྱོང་ཤིན་ཏུ་མཐར་ཐུག་པ་སྐྱེས་པའི་ཚེ། སྐྱབས་འགྲོ་མི་དགོས་པ་ལ། སྤྱོང་བའི་མིང་བཏགས་ལ། དེའི་གནད་རྫོགས་རིམ་གྱི་ཉམས་མྱོང་ཤིན་ཏུ་མཐར་ཐུག་པ་ནི། རྫོགས་པའི་སངས་རྒྱས་ཁོན་ལ་ཡོད་ཀྱི། གཞན་སྔགས་ཀྱི་རྡོ་རྗེ་འཛིན་པ་ས་བཅུ་པ་ལ་ལྟ་བུ་ལ། རྫོགས་རིམ་གྱི་ཉམས་མྱོང་མང་པོ་ཞིག་སྐྱེས་ཤིང་ཡོད་ཀྱང་མཐར་ཕྱིན་པ་མ་ཡིན། དེའི་ཕྱིར་བྱང་ཆུབ་སེམས་དཔའ་ཐམས་ཅད་སློབ་པར་བཞག །ནམ་ཞིག་སངས་རྒྱས་པ་ན། མི་སློབ་པའི་འབྲས་བུ་མཐར་ཐུག་བརྙེས་པས། སྐྱབས་འགྲོ་སོགས་ལ་སློབ་པ་དང་། སྒོམ་པ་མེད་ཅིང་། དེ་ལ་སྤྱངས་པའི་མིང་ཡང་འདོགས་པ་ནི། དཔེར་ན། འཕགས་པ་བྱམས་པས། སྤང་ཕྱིར་བསླུ་བའི་ཆོས་ཅན་ཕྱིར། །ཞེས་གསུངས་པ་ལྟ་བུའོ། །

དེ་བཞིན་དུ་མདོ་སྡེ་རྒྱན་ལས། ལུང་དང་རྟོགས་དང་དབང་འབྱོར་ལས། །ཁ་དང་གཟུགས་ནི་ཐམས

ཅན་དང་། །ནམ་མཁའ་ལས་ཀྱང་འབྱུང་བ་ཡིན། །ཞེས་བྱང་ཆུབ་སེམས་དཔའ་མོས་སྤྱོད་པ་རྣམས། ཆོས་འཆད་པའི་ཚེ། རྒྱལ་བའི་ལུང་ལ་བརྟེན་ནས་ཆོས་འཆད་པ་དང་། ས་དང་པོ་ཐོབ་པ་ནས་བཟུང་སྟེ། རང་གི་རྟོགས་པའི་སྒོ་ནས་ཆོས་འཆད་ནུས་པས། མཐའ་གཅིག་ཏུ་ལུང་ལ་ལྟོས་དགོས་པའི་ངེས་པ་མེད་པ་དང་། དག་པ་ས་གསུམ་ནས་གཟུང་སྟེ། མི་རྟོག་ཡེ་ཤེས་ལ་དབང་འབྱོར་ཐོབ་པའི་སྟོབས་ཀྱིས། ཡན་ལག་བ་སྤུའི་ཁུང་བུ་ཐམས་ཅད་དང་། རྡོ་དང་ཤིང་དང་ནམ་མཁའ་ལས་དམ་པའི་ཆོས་ཀྱི་སྒྲ་ཅིག་ཅར་དུ་སྒྲོག་ནུས་པར་བཤད་ཅིང་། དེའི་ཚེ། ས་དང་པོ་ནས་ལུང་ལ་ལྟོས་མི་དགོས་པ་ཙམ་ལ། ལུང་སྤྱངས་པའི་མིང་འདོགས་བྱེད་ན། མིང་ཙམ་ལ་མི་རྩོད་ཀྱི། ལུང་སྤྱངས་པ་དངོས་ནི་མ་ཡིན་ཏེ། མདོ་ལས། ལུང་ལ་ཡིད་ཆེས་པ་དང་ཞེས་པ་ལ་སོགས་པའི་ཡིད་ཆེས་བཅུ་གསུམ་པོ་རྣམས། སྤྱིར་བཏང་བྱང་ཆུབ་སེམས་དཔའ་སྤྱིའི་ཡོན་ཏན་དང་བྱེ་བྲག་ཏུ། དག་ས་ལ་གནས་པའི་བྱང་ཆུབ་སེམས་དཔའི་ཡོན་ཏན་གྱི་གཙོ་བོ་ཡིན་པར་བཤད་དོ། །ནམ་ཞིག་སངས་རྒྱས་པ་ན། ཀུན་རྫོབ་ཀྱི་སྒྲ་རང་མཚན་པ་རྣམས། རང་སྣང་དུ་མེད་པའི་ཕྱིར། བརྗོད་པ་སྒྲའི་ལུང་ཚིག་སྐབས་དེར་སྤྱངས་ཞེས་བརྡ་སྦྱར་བས་རུང་ལ། གསང་ཆེན་ངེས་པའི་དོན་གྱི་སྐབས་སུ། བྱང་ཆུབ་སེམས་དཔའ་གཞོམ་མེད་ནཱ་དའི་སྒྲ་ལ་དབང་འབྱོར་བ་རྣམས་ལ། མཉམ་གཞག་རང་ངོར་ཚུལ་དེ་དང་ཕལ་ཆེར་མཚུངས་པས། རང་རྒྱུ་མིང་དོན་འཛིན་པའི་ཀུན་སློང་སྔོན་དུ་སོང་བ་ལས་བྱུང་བའི་ལུང་རྣམས། གཞོམ་མེད་ཀྱི་སྒྲ་རྣམ་པ་ཐམས་ཅད་ཀྱི་མཆོག་དང་ལྡན་པར་དབང་ཐོབ་པའི་འཕགས་པའི་ངོར་སྤང་བྱ་ལྟར། དོར་བར་བྱ་བ་ཡིན་པ་ནི་ངེས་པ་ཡང་དག་པ་ཡིན་ཡང་། འདི་འདྲའི་རྣམ་དབྱེ་ཁྱེད་གྲོལ་བ་སྨྲ་ཕྱི་རྣམས་ལ་གཏན་མཤར་བར་སྣང་ངོ། །

སྐབས་དོན། རྗེ་ཀླུ་སྒྲུབ་ཀྱིས། སྤྱངས་ཚིག་ལུགས་ཞེས། ཞེས་པ། རྫོགས་རིམ་ལ་བརྟན་པ་ཐོབ་པ་ཞིག་གིས། བཅོས་མའི་ཕྱི་དཀྱིལ་སོགས་ལ། ཆེད་གཉེར་སྤྱངས་ཚིག་པ་ལ་དགོངས་ནས། དུས་འཁོར་དུ་བསྐྱེད་རིམ་ལ་དམད་པའི་ལུང་མང་དུ་གསུངས་ཞེས་པའི་དོན་ཡིན། རེ་ལ་སྲིད་གསུམ་དུ། རྫོགས་རིམ་རྒྱུད་ལ་སྐྱེས་ནས་བསྐྱེད་རིམ་སྤྱོང་ན། ལམ་གོང་མར་བསྐྱེད་རྫོགས་ཟུང་འཇུག་ཇི་ལྟར་བསྒོམ་ཞེས་དྲིས་པ་ནི། ཕྱོགས་སྔ་མ་ལོངས་པའི་དགག་པ་སྟེ། ཕྱི་མའི་ཡོན་ཏན་སྐྱེས་ཚེ་སྔ་མ་རྣམས། སྤྱངས་ཚིག་ཅེས་པའི་དོན། མ་བཅོས་པའི་རྫོགས་རིམ་ལ་བརྟན་པ་ཐོབ་ནས། བཅོས་མའི་བསྐྱེད་རིམ་རང་རྐྱང་དེ་སྤྱངས་ཚིག་པར་དགོངས་པ་ཡིན། སྤྱིར་བསྐྱེད་རྫོགས་ཟུང་འཇུག་ཏུ་ཉམས་སུ་ལེན་པ་དེ་དཔལ་ལྡན་ས་སྐྱ་པའི་ལམ་རྐང་ཚུགས་སུ། ནན་གྱིས་བསྟུགས་པར་མཛད་ན། རྫོགས་རིམ་ཅུང་ཟད་རེ་སྐྱེས་ཙམ་གྱིས་བསྐྱེད་རིམ་སྤོང་བ། ས་ལུགས་པ་སུ་ཞིག་གིས་ཀྱང་མ་སྨྲས་སོ། །དེ་དག་གིས་རྗེ་ཀླུ་སྒྲུབ་ཀྱི་བཞེད་པ་ལ། སྲིད་གསུམ་མཁན་པོས་བཀྲལ་བའི་ལན་དཔྱིས

ཕྱིན་པར་བརྗོད་ནས། སླར་ཡང་འདི་སྐད་དཔྱད་པར་བྱ་སྟེ། འོན་ སྟར་བཤད་པ་དེ་དག་ རྣམ་པ་ཐམས་ཅད་དུ་ ངེས་བཟུང་གི་གྲུབ་མཐར་བྱེད་དམ་སྙམ་ན། བརྗོད་ཟིན་པ་དེ་དག་ཕལ་ཆེར་ནི། གསུང་རབ་རིན་པོ་ཆེ་རྣམས་ ཀྱི་བཅུད་བསྡུབས་པ་ལྟ་བུ་ཡིན་པས། ངེས་བཟུང་གི་གྲུབ་མཐའ་རྐང་ཚུགས་པར་འཛོག་ལ། འོན་ཀྱང་དམིགས་ བསལ་གྱི་དབྱེ་བ་གཉིས་ཡོད་པའི་དང་པོ་ནི། ཐུགས་རྗེའི་བདག་ཉིད་དྲིན་ཅན་གྱིས། །ཡང་དག་ཡེ་ཤེས་མཆོག་ ཐོབ་སྟེ། །རང་གི་རིགས་པའི་ངོ་བོ་ལ། །བདག་ནི་ཤིན་ཏུ་ངེས་པ་སྐྱེས། །ཞེས་པ་དེ། རྟེན་རྡོ་རྗེ་སློབ་མ་ལ་སྦྱོར་བ། བཤད་པའི་རྣམ་གྲངས་ཙམ་དུ་མི་འགལ་བ། སྟར་སློས་ཟིན་པ་ལྟར་ཡིན་ལ། བསྟན་བྱ་བརྗོད་བྱའི་གཙོ་བོ་ནི། རྟེན་རྡོ་རྗེ་སློབ་དཔོན་ཉིད་ལ་སྦྱོར་དགོས་པ། ཨིནྡྲ་བོ་དྷིའི་གཞུང་ལ་བརྟགས་པས་ཤེས། དམིགས་བསལ་ གཉིས་པ་ནི། དུས་འཁོར་དུ། སྔགས་ཀྱི་སེམས་དཔས་མི་བྱ་སྟེ། །བྱས་ན་དངོས་གྲུབ་རྙེད་པར་དཀའ། །ཞེས་ པའི་སྔགས་ཀྱི་སེམས་དཔའ་ཡང་མཆོག་གི་དངོས་གྲུབ་དོན་གཉེར་གྱི་སྔགས་ཀྱི་སེམས་དཔའ་སྤྱི་ལ་ཟེར་བ་ ཡིན་གྱི། སློབ་དཔོན་དང་སློབ་མའི་ངེས་བཟུང་ཕྱོགས་སུ་བཟུང་བར་མི་རུང་ལ། འདི་ལ་བཤད་པར་བྱ་བའི་ གནད་མང་དུ་ཡོད་ཀྱང་འདིར་བཏང་སྙོམས་སུ་བཞག་གོ། །

དེ་ལས་འཕྲོས་པ་རྡོ་རྗེ་སྙིང་འགྲེལ་དུ། ཟབ་ཅིང་རྒྱ་ཆེའི་ཆོས་རྣམས་ལ། །སྐལ་བ་བྲལ་བའི་བདག་ཉིད་ ལ;། ;ཕྱག་རྒྱ་དཀྱིལ་འཁོར་སྔགས་སོགས་གང་། །ཡིད་འོང་བདག་གིས་བསྟན་པ་ཡིན། །ཞེས་པའི་དོན། སྲིད་ གསུམ་དུ་མང་པོ་ཞིག་བྲིས་པའི་སྙིང་པོ་ནི། བསྐྱེད་རིམ་ཐམས་ཅད། བཅོས་མའི་བྱ་བར་བཞག་སྟེ། དེ་མ་ བཅོས་པའི་རྡོ་རྗེ་སེམས་དཔའི་མིང་ཅན། མཆོག་གི་དངོས་གྲུབ་ཀྱི་རྒྱུ་མ་ཡིན་པར་བཤད་དོ། །དེ་ལ་སྤྱིར་རྒྱུད་ སྡེ་རྣམས་སུ། རྡོ་རྗེའི་ཚིག་ཕྱིངས་ཆེ་བས་ཚིག་གཅིག་གི་སྟེང་དུ། རྣམ་གཞག་མི་འདྲ་བ་གང་ལྟར་བྱས་ཀྱང་། མཁས་པའི་རྣམ་དཔྱོད་ཀྱི་འཕྲེར་ཚུགས་བཟང་དོད་པ་རེ་གར་ཡང་འབྱུང་། དེའི་ཕྱིར་རྒྱ་བོད་ཀྱི་མཁས་པ་འགའ་ ཞིག །བསྐྱེད་རིམ་མཆོག་གི་དངོས་གྲུབ་ཀྱི་རྒྱུ་མ་ཡིན་པར་འདོད་པ་དང་། འགའ་ཞིག་བསྐྱེད་རིམ་མཆོག་གི་ དངོས་གྲུབ་ཀྱི་དངོས་རྒྱུར་འདོད་པའི་ལུགས་གཉིས་བྱུང་ལ། དེ་གཉིས་ཀ་ལ་ཡང་། ཕྱོགས་འཛིན་གྱི་བག་ ཆགས་རྒྱང་དུ་བསྲིངས་ཏེ། ངེས་གསང་གི་མིག་རྒྱ་བསྐྱེད་ནས་ཞིབ་མོར་གཞལ་ན། བསྐྱེད་རིམ་མཆོག་གི་ དངོས་གྲུབ་ཀྱི་དངོས་རྒྱུ་མ་ཡིན་པར་འདོད་པ་རྣམས་ཀྱི་ཞེ་ཕུགས་ནི། བཅོས་མ་ལྷའི་རྣལ་འབྱོར་གྱི་རིམ་པ་དེ་ བསྐྱེད་རིམ་ཡིན་ལ། མ་བཅོས་པའི་ཡེ་ཤེས་ལས་སྣང་སྟོང་ཟུང་འཇུག་ཏུ་ཤར་བའི་ལྷ་སྐུ་དེ། རྫོགས་རིམ་གྱི་ལྷ་ སྐུ་ཡིན་གྱི་བསྐྱེད་རིམ་གྱི་སྐུ་མ་ཡིན་སྙམ་པའོ། །ཡང་བསྐྱེད་རིམ་མཆོག་གི་དངོས་གྲུབ་ཀྱི་དངོས་རྒྱུར་འདོད་པ་ རྣམས་ཀྱི་བསམ་པ་ནི། ལམ་དང་འབྲས་བུ་གཉིས་ཀྱི་ཟླས་དྲངས་པའི་ལམ་གྱི་ལྷ་སྐུའི་རྣལ་འབྱོར་ཐམས་ཅད

བསྐྱེད་རིམ་དུ་བཞེད་པའོ། །འདི་གཉིས་གནས་སྐབས་མི་མཐུན་པ་ཆེན་པོ་ལྟར་སྣང་བས་སྔོན་གྱི་ཆེན་པོ་རྣམས་རང་རང་ཕྱོགས་འཛིན་གྱིས་སྤྲུས་པ་མང་དུ་བྱུང་ཡང་། ཁོ་བོ་ཅག་ནི་ཕྱོགས་གཉིས་ཀ་ལ། འགལ་འདུས་སྐྱོན་མེད་ཀྱི་ངེས་པ་ཐོབ་པས། འདི་ནི་ཡིན་གྱི། གཞན་ནི་མ་ཡིན་ནོ། །ཞེས་སྨྲ་བར་མི་བྱ་ཞིང་། ཟུང་འཇུག་དེ་ཁོ་ན་ཉིད་ཀྱི་ལམ་དུ་ལམ་གྱི་རྣམ་པ་ཐམས་ཅད་སྙིང་པོ་གཅིག་ཏུ་འདོམས་པར་ནུས་ལ། དེ་ལྟ་ན་ཡང་གདུལ་བྱ་ཐུན་མོང་བ་བློའི་ནུས་པ་ཆུང་བ་དག་གི་ངོར། རེ་ཞིག་འདི་ཙམ་ཞིག་བརྗོད་པར་བྱ་སྟེ། བསྐྱེད་རིམ་གྱི་སྒྲ་ཙམ་ལ་སྦྱར་ན། བཅོས་མའི་རིམ་པ་ཁོ་ནར་སྣང་ཡང་། དོན་ལ་རྟེན་པ་གཙོ་བོར་གྱུར་པའི་ཚེ། བཅོས་མའི་བསྐྱེད་རིམ་དང་མ་བཅོས་པའི་བསྐྱེད་རིམ་གཉིས་སུ་ཕྱེ་ནས། དང་པོ་ནི། རྣམ་པར་རྟོག་པ་ཁོ་ནས་བསྡུས་པའི་ཕྱིར། འཇིག་རྟེན་པའི་དངོས་གྲུབ་དང་ཚོགས་སྦྱོར་གཉིས་ཁོ་ན་ལས། ས་དང་པོ་ཡན་ཆད་དུ་མི་འགྱུར་ལ། ཆོས་མཆོག་སྐད་ཅིག་ཐ་མར་ཡང་མངོན་དུ་གྱུར་པའི་ཚུལ་གྱིས་མེད་པས། མཆོག་གི་དངོས་གྲུབ་ཀྱི་དངོས་རྒྱུར་མི་འགྲོ་བ་ལ་དགོངས་ནས། དུས་ཀྱི་འཁོར་ལོ་ལས། གཟུགས་ལ་སོགས་པ་རྟོག་པ་དཀྱིལ་འཁོར་གྱི། །འཁོར་ལོ་ལ་སོགས་སྒོམ་པ་གོམས་གྱུར་པས། །གྲུབ་པ་འཇིག་རྟེན་པ་རྣམས་གྲུབ་འགྱུར་གྱི། །འདོད་པའི་དངོས་གྲུབ་ཆེན་པོ་ག་ལ་ཞིག །ཅེས་དང་། འཇིག་རྟེན་པའི་བདེན་པ་ནི། དཀྱིལ་འཁོར་གྱི་འཁོར་ལོ། རྣམ་པར་རྟོག་པའི་སྒོམ་པ། བསྐྱེད་པའི་རིམ་པས། འཇིག་རྟེན་པའི་དངོས་གྲུབ་སྒྲུབ་པར་བྱེད་པའོ། །ཞེས་སོགས་མང་དུ་གསུངས་ཤིང་།

མཁའ་འགྲོ་རྒྱ་མཚོ་དང་། རྡོ་རྗེ་མཁའ་འགྲོ། ཕ་རྒྱུད་སོགས་རྒྱུད་གཞན་ལས་ཀྱང་ཚུལ་དེ་འདྲ་བ་རྒྱ་ཆེར་གསུངས། གཉིས་པ་ནི། རང་རྒྱུ་མ་བཅོས་པའི་ཡེ་ཤེས་ཀྱི་བསྐྱེད་འབྲས་སམ། གདངས་སུ་ཤར་བའི་ལྷའི་རྣལ་འབྱོར་གྱི་རིམ་པ་ལ། མ་བཅོས་པའི་བསྐྱེད་རིམ་ཞེས་བཞག་ནས། འདི་ཕྱག་རྒྱ་ཆེན་པོ་མཆོག་གི་དངོས་གྲུབ་ཀྱི་རྒྱུར་ཡང་འགྲོ་ཞིང་། ས་བཅུའི་གནས་སྐབས་ན་ཡང་ཡོད་པར་འདོག་ལ། གཟུགས་སྐུ་མཚན་དཔེ་འགྲུབ་པའི་རྒྱུ་ཡང་འདི་ཡིན་ནོ། །ཞེས་སྟོན་པ་ལ། བཤད་རྒྱུད་རྡོ་རྗེ་གུར་ལས། སངས་རྒྱས་ང་རྒྱལ་རྣལ་འབྱོར་གྱིས། །སངས་རྒྱས་ཉིད་ནི་མྱུར་བར་འགྲུབ། །སྟོན་པ་སུམ་ཅུ་རྩ་གཉིས་མཚན། །གཙོ་བོ་དཔེ་བྱད་བརྒྱད་ཅུར་ལྡན། །ཞེས་གསུངས། བརྟག་གཉིས་སུ། རྫོགས་པའི་རིམ་པའི་རྣལ་འབྱོར་འདི། །དེ་ཡི་བདེ་བ་བདེ་ཆེན་བརྗོད། །རྫོགས་པ་སྒོམ་པ་མེད་པ་སྟེ། བསྐྱེད་པ་ཡིས་ནི་ཅི་ཞིག་འཚལ། །ཞེས་རྫོགས་རིམ་བདེ་ཆེན་ཡེ་ཤེས་ཡོད་བཞིན་དུ། བསྐྱེད་རིམ་གསུངས་ནས་ཅི་ཞིག་བྱེད་ཅེས་བཅོམ་ལྡན་འདས་ལ་དྲིས་པའི་ལན་དུ། བཅོམ་ལྡན་འདས་ཀྱིས་བཀའ་སྩལ་པ། ཨེ་མ་བྱང་ཆུབ་སེམས་དཔའ་ཆེ། །དད་པའི་ཤུགས་ཀྱིས་རབ་ཏུ་ཉམས། །ལུས་ཀྱི་དངོས་མེད་གང་ལས་བདེ། །བདེ་བ་སྨྲ་བར་མི་ནུས་སོ། །ཁྱབ་དང་ཁྱབ་བྱེད་ཚུལ་གྱིས་ནི། །བདེ་བས

འགྲོ་བ་ཁྱབ་པ་ཉིད། །ཇི་ལྟར་མེ་ཏོག་ལ་གནས་དྲི། །མེ་ཏོག་དངོས་མེད་ཤེས་མི་འགྱུར། །དེ་བཞིན་གཟུགས་སོགས་དངོས་མེད་པར། །བདེ་བ་ཉིད་ཀྱང་དམིགས་མི་འགྱུར། །ཞེས་ལུས་མེད་ན། ལུས་ལ་བརྟེན་པའི་ཁམས་ཀྱི་བདེ་བ་མི་འབྱུང་བ་བཞིན་དུ། བསྐྱེད་རིམ་མེད་ན་རྫོགས་རིམ་བདེ་ཆེན་ཡེ་ཤེས་མི་འབྱུང་བ་དང་། མེ་ཏོག་གི་དངོས་པོ་མེད་ན། མེ་ཏོག་གི་དྲི་མི་འབྱུང་བ་ལྟར། བསྐྱེད་རིམ་མེད་ན། རྫོགས་རིམ་གྱི་མཆོག་མི་འབྱུང་བར་བཤད་པས། བསྐྱེད་རིམ་ལ་སྤང་དུ་འཛུགས་པ་མི་རིགས་སོ། །ཞེས་པ་ནི། ས་ལུགས་ཀྱི་གྲུབ་མཐའི་ངེས་པའོ། །

དེའི་ཕྱིར་རྡོ་རྗེ་མཁའ་འགྲོར། དཀྱིལ་འཁོར་ལ་སོགས་ལས་གང་ཡིན། །ཞེས་སོགས་ཀྱི་མཐར། དང་པོའི་ལས་ཅན་རྣམས་ལ་བསྟགས། །ཞེས་པ་དང་། སྡོམ་པ་འབྱུང་བའི་རྒྱུད་དུ། དབང་པོ་དམན་པས་བསྐྱེད་རིམ་གྱི། །དཀྱིལ་འཁོར་བསྒོམ་ཞིང་བསམ་པར་བྱ། ཞེས་སོགས་ཀྱི་དོན་ནི། བཅོས་མའི་བསྐྱེད་རིམ་ཙམ་ལ་དགོངས་ནས། ལམ་དེ་དམད་པ་ཡིན་གྱི། མ་བཅོས་པའི་བསྐྱེད་རིམ་ནི་དགག་པ་མ་ཡིན་ནོ། །ཡང་། བླ་མ་ས་སྐྱ་པ་ཆེན་པོས། བླ་མས་ཚིག་གཅིག་ཀྱང་མ་བསྟན། སློབ་མས་ཐུན་གཅིག་ཀྱང་མ་བསྒོམ་པར། མོས་གུས་ཀྱི་སྟོབས་ཀྱིས་གྲོལ་བ། ཞེས་གསུངས་པའི་དོན་འཆད་པ་ན། རྗེ་ཀླུ་སྒྲུབ་ཀྱིས། ལམ་ཟབ་མོ་བླ་མའི་ཆེ་བརྗོད་དང་། །གསང་སྔགས་ཟབ་མོའི་ཆེ་བརྗོད་བྱས། །ཆོས་ཉན་གྱི་འབད་རྩོལ་ཆེར་མ་དགོས་པ་ལ། དམན་པ་ལ་དགག་སྒྲ་སྒྲུར་བ་ཞེས། མཁས་པ་ལ་གྲགས་པ་དེར་སྣང་དེ་ལྟར་མིན་ན། ཆོས་གང་འཆད་ལ་ཆེ་བརྗོད་དེ་འདྲ་རེ་སྣང་བས། རོང་སྟོན་ལྷ་དགའ་དང་། རྗེ་མི་ལའི་དཔེའོ། །ཞེས་བཤད་པ་ལ། སྲིད་གསུམ་དུ། འཕྲུལ་པའི་དྲི་བྲལ་བླ་མ་ས་སྐྱ་པ་ཆེན་པོ་དེ་ཉིད་ཀྱིས་གསུངས་པའི་ཆོས། དོན་བཟང་པོ། ཚིག་འབྲུ་བཟང་པོ་ལགས་ཀྱང་། ཕྱུ་རུ་བརྫུས་ནས་རབས་གཅོད་པའི་དཔེ་ལྟར། དེང་དུས་ཀྱི་ལུགས་འཛིན་ཁ་ཅིག་གིས། ཟོང་མར་བཏང་ཟེན་གྲུབ་འདུག་པ་འདི་འདྲ་ཡ་ཀ། རོང་སྟོན་ལྷ་དགས། རྫོགས་ཆེན་གྱི་ཆེ་བརྗོད་བྱས་པ་རྣམས་མི་བདེན་པ་ཅི་ལ་ཡིན། མི་ལས། སྐལ་ལྡན་དུ་རློམས་ནས་མ་བསྒོམ་པར་ཉལ་ནས་བསྡད་པས་ལན་པར་གདའ་བ་དོན་དུ་ཆོས་དེ་ཟབ་ཀྱང་ལས་འབྲེལ་མེད་པའི་ཞད་དུ་སྣང་མོད། ལམ་འབྲས་ལྟ་བུའི་ཟབ་ཆོས་ཁྱད་པར་ཅན་ཡང་། ཚིག་ཙམ་དུ་བཞག་ནས་མ་བསྒོམ་ཙ་ན། དེ་ནས་བཤད་པའི་ལམ་དང་། ཆེ་བརྗོད་རྣམས་ལ། འདི་ནི་ཆེ་བརྗོད་ཡིན། དོན་ལ་མི་བདེན། འདི་ཡང་ཆེ་བརྗོད་ཡིན་ཞེས། རེ་རེ་ནས་ལོག་ལྟ་འབབ་ཞིག་སྐྱེ་བ་ལས་འོས་ཅི་ཡོད། ཅེས་པ་ནས། དེས་ན་ལམ་འབྲས་ཀྱི་ཆེ་བརྗོད་ལ་སྐུར་བ་མ་འདེབས་པར་ཉམས་སུ་ལོང་དང་། བཤད་ཚོད་བཞིན་འབྱུང་ངེས་ལགས་ཞེས་སོགས་ཀྱི་བར་མང་དུ་བྲིས་སོ། །

འདི་ནི་ཁྱེད་རང་ལ་ཁས་བླངས་ནང་འགལ་གྱི་ཚིག་སྟེ། རྫོགས་ཆེན་ལས་ནི་སྐལ་ལྡན་ལས་འཕྲོ་ཅན་ལ་བསྒོམ་མི་དགོས། ཞེས་བཤད་ལ། དེ་ཆེ་བརྗོད་ཙམ་མ་ཡིན་པར། དངོས་གནས་སུ་ཁྱེད་ཀྱིས་ཁས་བླངས་པ་དང་། མི་ལས། མ་བསྒོམས་པར་ཉལ་ནས་བསྡད་པས་ལན་ཟེར་བ་ནང་འགལ་བ་དང་། ལམ་འབྲས་ལྷ་བུའི་ཟབ་ཆོས་ཁྱད་པར་ཅན་ཡང་མ་སྒོམ་ཙ་ན། དེ་ནས་བཤད་པའི་ལམ་དང་། ཆེ་བརྗོད་ལ་ཆེ་བརྗོད་ཙམ་ཡིན། ཞེས་ལོག་ལྟ་འབའ་ཞིག་སྐྱེ་བ་ལས་འོས་ཅི་ཡོད། ཅེས་སླུས་པ་དང་། བླ་མས་ཚིག་གཅིག་ཀྱང་མ་བསྟན། སློབ་མས་ཐུན་གཅིག་ཀྱང་མ་བསྒོམ་པར། མོས་གུས་ཀྱིས་གྲོལ་བ། ཞེས་པའི་ཚིག་འདི། སྔ་ཊི་བཞིན་པར་ཁས་བླངས་འགལ་ལོ། །འགལ་བ་དང་པོའི་ཤེས་བྱེད་ནི། བསྒོམ་མི་དགོས་པ་བདེན་ན། མི་ལས། མ་བསྒོམ་པར་ཉལ་ཡང་ཅི་ཞིག་སྐྱོན། ནང་འགལ་གཉིས་པའི་ཤེས་བྱེད་ཀྱང་། ས་ཆེན་གྱིས་སློབ་མས་ཐུན་གཅིག་ཀྱང་མ་བསྒོམ་པར་གྲོལ་བ། ཅེས་པ་འདི་དངོས་བསྟན་དུ་བདེན་ན། ལམ་འབྲས་བསྒོམ་ག་ལ་དགོས། རིག་པ་ཤེས་པ་ལ་གྲགས་པའི་འཁོར་གསུམ་ཟེར་བ་དེ། འདི་འདྲ་བ་ཐལ་ངག་ཏུ་འཕངས་པས་འབྱུང་བ་ཡིན། དེར་མ་ཟད་ཁྱེད་ཀྱིས། ཆོས་ཟབ་མོ་ཁྱད་པར་ཅན་གང་ལ་ཡང་བསྒོམ་ན་ཡོན་ཏན་སྐྱེ་ལ། མ་བསྒོམ་ན་མི་སྐྱེ་བར་སླུས་པ་དང་། འོག་ཏུ། དུས་འཁོར་གྱི་དབང་ལེའི་ལུང་ཤེས་བྱེད་དུ་དྲངས་ནས། དབང་གི་དངོས་གཞི་མ་ཐོབ་ཀྱང་། ཡེ་ཤེས་དབབ་པ་རང་གི་དུས་སུ་གྲོལ་བར་བཤད་པའང་ནང་འགལ་ཅིས་མ་ཡིན། ལར་རྟོགས་ལྡན་གྱི་ཁ་ནས། ལུང་རིགས་རྣམ་དག་ཡོང་བའི་རེ་སྒོ་མེད་པས། འགོག་བྱེད་ཀྱང་རྒྱས་པར་བརྗོད་མ་དགོས། སྤྱིར་ས་སྐྱ་པ་ཆེན་པོའི་གསུང་གི་དོན་ནི། ཁམས་འདུ་ལུགས་གསུམ་གྱི་ནང་ཚན། མོས་གུས་ཅན་བྱིན་རླབས་ཀྱིས་ཁམས་འདུ་བ་ཅེས་པ་དེ་ཡིན་ཞིང་།

དེ་ཡང་སྤྱིར་བཏང་ནས་སྒོམ་ཐུན་གཅིག་མ་བྱས་པར། བླ་མའི་མོས་གུས་རྐྱང་པས་གྲོལ་བ་ཡོད་པའི་དོན་མ་ཡིན་གྱི། གྲོལ་བ་ཐམས་ཅད། ཟུང་འཇུག་གི་ལམ་སྒོམ་པས་གྲོལ་བ་ཡིན་ཀྱང་། གྲོལ་ཀའི་ལམ་གྱི་སྣ་འདྲེན། འགའ་ཞིག་ལ་བསྐྱེད་རིམ་གྱིས་བྱེད་པ་དང་། འགའ་ཞིག་ལ་གཏུམ་མོས་བྱེད་པ་དང་། འགའ་ཞིག་ལ་ལྟ་བས་བྱེད་པ་དང་། འགའ་ཞིག་ལ་དབང་དུས་ཀྱི་ཚོགས་བྱེད་པ་དང་། འགའ་ཞིག་ལ་བླ་མའི་མོས་གུས་ཀྱིས་བྱེད་པ་སོགས་མང་དུ་ཡོད་པའི་ནང་ནས། སྐབས་འདིར་མོས་གུས་ཀྱིས་བྱེད་པ་ངོས་བཟུང་བ་ཡིན་ལ། དེ་ལའང་། ལམ་བསྒོམ་པ་སྔོན་དུ་འགྲོ་དགོས་མོད། དེ་ལྟ་ན་ཡང་། ཚེ་འདི་རང་དུ་ལམ་བསྒོམ་པ་སྔོན་དུ་འགྲོ་དགོས་པའི་ངེས་པ་མེད་པས། ཚེ་སྔ་མ་ལ་དབང་ཐོབ་ཅིང་ལམ་བསྒོམ་པ་སྔོན་དུ་སོང་ནས་ཡེ་ཤེས་ཀྱི་རྒྱུན་མ་ཉམས་པ་ཞིག ཚེ་འདིར་སྒོམ་པའི་འབད་རྩོལ་སྔོན་དུ་མ་སོང་ཡང་། བླ་མའི་མོས་གུས་ཀྱི་སྟོབས་ཀྱིས་སྣ་

འདྲེན་ནམ། སད་བྱེད་ཀྱི་རྐྱེན་ཉེ་བར་བྱས་ཏེ་གྲོལ་བ་ཡོད་པ་ལ་དགོངས་ནས། རབ་དབྱེར། དེས་ན་རྒྱུ་རྐྱེན་མ་ཚོགས་པར། །སངས་རྒྱས་འབྲས་བུ་མི་འབྱུང་མོད། །སྔ་མའི་ལས་འཕྲོའི་བྱེ་བྲག་དང་། །ནང་གི་རྟེན་འབྲེལ་ཕྲད་པར་གྱིས། །ཡེ་ཤེས་སྐྱེ་བའི་སྣ་འདྲེན་ནི། །ཐབས་ཀྱི་དབྱེ་བས་བྱེད་པར་གསུངས། །དཔེར་ན་ནད་པའི་ལུས་བརྟས་པ། བཟའ་དང་བཏུང་བས་བྱེད་མོད་ཀྱི། །དེ་ཡིས་ཡི་ཁ་འབྱེད་པ་ནི། །ཟས་ཀྱི་ཕྲད་པར་ཡིན་པ་བཞིན། །དེ་བཞིན་ཐབས་ཀྱི་ཕྲད་པར་ལ། །སྐུར་བ་འདེབས་ན་བླུན་པོ་ཡིན། །འོན་ཀྱང་རེ་རེས་འཚང་རྒྱ་བར། །འདོད་ན་ཤིན་ཏུ་འཁྲུལ་པ་ཡིན། །ཞེས་གསུངས། སྲིད་གསུམ་དུ། ལས་དང་པོ་པ་བསོད་ནམས་ཀྱི་མཐུ་ཆེ་བའི་དབང་རྣོན་གཅིག་ལ་རྡོ་རྗེ་ཡེ་ཤེས་ཀྱི་དབང་འདི་སྨིན་བྱེད་དུ་བསྐུར་ན། རྒྱུད་ལས། གཏོར་དང་བླུགས་པ་ཞེས་བྱ་འདིས། །དེས་ན་དབང་ཞེས་བརྗོད་པར་བྱ། །ཞེས་གསུངས་པའི་དོན་ཡོངས་རྫོགས་དེ་ལ་ཚང་སྟེ། ཨ་ཧྲི་ཙིཏྟ་ཡ་ཏིའི་སྒྲས་དྲི་མ་བཞི་གཏོར་བའམ་སྦྱངས་པ་དང་། ཨ་ཧྲི་ཙིཏྟའི་སྒྲས་སྐུ་བཞིའི་ནུས་པ་བླུགས་པའམ་བཞག་པར་གྲུབ་པས་སོ། །ཞེས་བྲིས་ཤིང་། དེ་ས་སྐྱ་པའི་དགོངས་པ་འང་ཡིན་པའི་ཁུངས་སུ་བྱས་ནས། ཕུང་པོ་ཁམས་དང་སྐྱེ་མཆེད་ལ། །ཞེས་སོགས་རབ་དབྱེའི་ལུང་ཡང་དྲངས་མོད། རྡོ་རྗེ་ཡེ་ཤེས་ཀྱི་དབང་བསྐུར་བ། ཞེས་པ། ཨིནྡྲ་བོ་དྷིས་གསུངས་པ་ནི། བྱིན་རླབས་ཙམ་ཡིན་གྱི་སྨིན་དབང་མ་ཡིན་ལ། ཁྱེད་ཀྱི་བསམ་དོན་ལ། སློབ་མའི་དྲི་མ་བཞི་སྦྱངས་པ་དང་སློབ་མ་ལ་སྐུ་བཞིའི་ནུས་པ་བླུགས་པའི་སྒྲ་བཤད་དུ་ཡོད་ཙམ་དེ་ཀས་སྨིན་དབང་དུ་འགྲོའོ་སྙམ་པ་སྣང་ཡང་དེ་ལྟར་ག་ལ་ཡིན། རང་གི་ཐུགས་དམ་རྒྱུན་ཁྱེར་ལ། བླ་མེད་ཀྱི་ལྷའི་མངོན་རྟོགས་བསྒོམ་ཞིང་། དབང་ལྷ་སྤྱན་དྲངས་ཏེ། ཨ་ཧྲི་ཧི་ཀ་སོགས་བརྗོད་ཅིང་ཏིང་ངེ་འཛིན་གྱི་ཆུས། འཁོར་ལོ་བཞི་གང་། དྲི་མ་བཞི་དག དབང་བཞི་ཐོབ། ཆུ་རྒྱུན་གྱེན་དུ་འཁྱིལ་བ། རིགས་བདག་གིས་རྒྱས་འདེབས་པ་ལྟ་བུ་ལའང་དྲི་མ་བཞི་སྦྱངས་པ་དང་། སྐུ་བཞིའི་ནུས་པ་བླུགས་པའི་སྒྲ་བཤད་དུ་ཡོད་ཀྱང་དེས་སྨིན་དབང་གི་གོ་མི་ཆོད་པ་དང་། རྗེས་གནང་དབང་བཞིའི་བརྡ་སྤྲོད་ཡོད་པ་རྣམས་ལ། སྒྲ་བཤད་དེ་ཙམ་ཞིག་རུང་བ་ཡིན་ཡང་། སྨིན་དབང་གི་དོན་མི་རུང་བ་ལྟར་རོ། །

སྲིད་གསུམ་དུ། དུས་ཀྱི་དབང་གིས་གང་ཟག་དབང་པོ་མ་སྨིན་པ་དེང་སང་མང་ཞིང་། དེ་ལ་འཁྲིད་ཚུལ་རྒྱས་པ་དགོས་རྒྱུ་ལ། ཕྱག་ལེན་སླ་ཆོས་ཟོར་ཡང་དུ་སོང་དོགས། རབ་དབྱེར། བྱིན་རླབས་ཙམ་གྱིས་སྨིན་བྱེད་ཀྱི་གོ་མི་ཆོད་པའི་གསུང་བགྲོས་བྱུང་བ་རྣམས། སྐབས་ཐོབ་ཀྱིས་འགྲེལ་མ་ཤེས་པར། རྣམ་པ་ཀུན་ཏུ་དེ་ཁོ་ནའོ་སྙམ་ཞེ་ལ་བཞག་ནས། ཆོས་ཀྱི་གཏམ་སླ་བར་བྱེད་པ་ནི། ཕྱོགས་གཅིག་པའི་བློ་རོ་ཡིན་ལ། དོན་ལ་སློབ་མའི་རྒྱུད་ཚོད་དང་བསྟུན་ནས། སྨིན་བྱེད་དབང་གི་གོ་རིམ་རྒྱས་བསྡུས་མཛད་པ་ནི། འཕགས་ཡུལ་གྱི་པཎ

གྲུབ་ལ་སོགས་དུ་མའི་གཞུང་ལས་བྱུང་བ་བཞིན་དུ་བྱ། ཞེས་དང་། ཕུང་པོ་ཁམས་དང་སྐྱེ་མཆེད་ལ། །ཞེས་སོགས་ཀྱང་། ཁྱེད་རང་གི་འདོད་ཐོག་ཏུ་ཅི་ནུས་སུ་དྲངས་ཏེ། དོན་གྱི་སྙིང་པོ་ས་སྐྱ་པའི་རྗེས་འཇུག་རྣམས་ཀྱིས་ས་པཎ་གྱི་གསུང་འགྲེལ་མ་ཤེས་པ་མ་གཏོགས། ས་པཎ་རང་གི་དགོངས་པ། བྱིན་རླབས་སྨིན་བྱེད་ཡིན་པར་བཞེད་རྒྱུའི་རྩུལ་དུ་སྨྲ་བ་ནི། བོན་པོས་བོན་ཆོས་དབྱེར་མེད་དུ་འདྲེན་པ་དང་ཁྱད་པར་ཅི་ཞིག་ཡོད། དེང་སང་རང་གཞན་མང་པོ་དག་ བྱིན་རླབས་སྨིན་བྱེད་ཡིན་པ་ས་པཎ་གྱིས་བཀག་སྙམ་པ་སྣང་ཡང་། ས་ལུགས་ལ། ཐོག་མར། སློབ་དཔོན་བདག་ཉིད་ཆེན་པོ་རྩེ་མོས། བོད་འདི་ན། ཕྱབ་ཕྲ་མོའི་སྟེང་དུ། ནས་འདྲུའི་གཡུང་དྲུང་རིས་བྱེད་པ་ལ་དཀྱིལ་འཁོར་དུ་བྱེད་པ་དང་། གཏོར་མའི་དཀྱིལ་འཁོར་ལ་སོགས་པ་དང་། ཚོག་སྒྲོར་དངོས་རྗེས་གསུམ་མ་ཚང་བའི་རང་བཟོ་དང་། དབང་ཡང་། བྱིན་རླབས་ལ་དབང་དུ་བརྩི་བ་དང་། སློབ་མའང་བརྒྱ་སྟོང་གྲངས་མེད་ལ། དུས་གཅིག་ཏུ་བསྐུར་བ་དང་། ལུས་འཕར་གཡོ་དང་། ཤེས་པ་ཡུད་ཙམ་རེ་འགྱུར་བ་ལ། བྱིན་རླབས་ཞུགས་པར་འདོད་པ་དང་། རྟོག་པ་ཕྱོགས་རེ་འགགས་པ་ལ་ལྷན་ཅིག་སྐྱེས་པར་ངོ་སྤྲོད་པ་དང་། སྤྱོད་པ་རྩིང་བ་གྲུབ་ཐོབ་ཏུ་བྱེད་པ་སོགས། ཆོས་ལུགས་ངོ་མཚར་ཅན་དུ་མ་ཞིག་འདུག་པ་འདི་ཞེས། རྣལ་སྟོན་སེང་གེའི་གདམས་ཡིག་ཏུ་གསུངས། བླ་མ་རྗེ་བཙུན་གྲགས་པས། དེ་ལ་བྱང་ཕྱོགས་ཀྱི་རྒྱུད་འདི་ན་རྡོ་རྗེ་རྣལ་འབྱོར་མའི་བྱིན་རླབས་ཙམ་ལ་བརྟེན་ནས། གསང་བ་སྔོན་པ་ཡོད་པ་དེ་ནི་ནོར་བ་སྟེ། བྱིན་རླབས་འདི་ལ་དབང་དང་དམ་ཚིག་གང་ཡང་མེད་པའི་ཕྱིར་རོ། །

ཡང་རྗེ་བཙུན་མ་འདི་བས་ལྷག་པའི་སངས་རྒྱས་གཞན་མེད་ཅིང་། འདིའི་བྱིན་རླབས་ཀྱང་། ཏིང་ངེ་འཛིན་སྐྱེ་བའི་རྟེན་འབྲེལ་ཡིན་པའི་ཕྱིར། དབང་གོང་མ་བཞིན་དུ་བུམ་དབང་གི་རྗེས་ལ་བསྐུར་བ་ཡིན་པ་ལས། བུམ་དབང་མ་ཐོབ་པ་ལ་འདིའི་བྱིན་རླབས་བྱེད་པའང་། རྩ་བའི་ལྟུང་བར་འགྱུར་བ་ཡིན་ནོ། །ཞེས་གསུངས་པ་སོགས་ཀྱི་རྗེས་སུ་འབྲངས་ནས། ས་པཎ་གྱིས་སྡོམ་གསུམ་དང་། ཞུ་འཕྲིན་སོགས་སུ་ཟློས་སྐྱོར་ཙམ་མཛད་པ་ཡིན་པས། ཁྱོད་ཀྱིས་བྱིན་རླབས་སྨིན་བྱེད་ཡིན་པ་ས་པཎ་གྱི་དགོངས་པར་ཇི་ཙམ་བསྒྲུབས་ཀྱང་། ངལ་བ་ཙམ་དུ་བས་སོ། །ཡང་དུས་འཁོར་གྱི་དབང་དང་། གྲངས་ངེས་ལ་འཁྲུལ་པའི་དཔྱད་པ་ཙུང་ཟད། རྗེ་ཀླུ་སྒྲུབ་དང་། སྲིད་གསུམ་མཁན་པོ་གཉིས་ཀས་མཛད་སྣང་མོད། རྗེ་ཀླུ་སྒྲུབ་རྒྱ་མཚོས། དུས་འཁོར་གྱི་དབང་ལ་གྲངས་ངེས་མཛད་པ་དང་། བྱིས་དབང་སྔོན་དུ་མ་སོང་བའི། མཆོག་དབང་ཚད་ལྡན་མི་བཞེད་པ་རྣམས་ནི། རྒྱུད་སྡེ་གཞན་རྣམས་དང་དུས་འཁོར་གྱི་ཆོས་སྐད་ཅིག་ཏུ་སྒྲུབ་པའི་སྐབས་ཏེ། དཔེར་ན། སློབ་དཔོན་སངས་རྒྱས་གསང་བས། སྤྱོད་རྒྱུད་བྱ་རྒྱུད་དུ་སྒྲུབས་པ་དང་། གཞན་ཡང་རྒྱུད་སྡེ་འོག་མའི་དཀྱིལ་

འཁོར་ལ། གོང་མའི་རྒྱས་བཀབ་མཛད་པ་བཞིན་ནོ། །ཚུལ་དེ་ལ། མཐའ་གཅིག་ཏུ་དགག་པ་ཇི་ལྟར་རུང་སྟེ། མཚན་བརྗོད་ཀྱི་རྒྱུད། ཕ་རྒྱུད་དུ་འདོད་པ་དང་། དུས་འཁོར་གྱི་རྒྱུད་དུ་འགྲེལ་བ་དང་། རྒྱུད་སྡེ་འོག་མར་འཆད་པའི་ལུགས་སྲོལ་སོ་སོ་བ་རྣམས་ལ། འདི་ནི་ཡིན་གྱི་གཞན་ནི་མ་ཡིན་ནོ། །ཞེས་བསྐྱད་པར་མི་རུང་བ་ལྟར་རོ། །འོན་ཀྱང་བྱིས་དབང་སྔོན་དུ་མ་སོང་ཡང་། མཆོག་དབང་བཞི་པོ་ཉིད་སྐལ་བ་མཆོག་ལ་སྨིན་དབང་དུ་འགྱུར་བ། དུས་ཀྱི་འཁོར་ལོའི་ཆོས་སྐད་དགོས་ཙམ་པ་ཞིག་ཏུ་དུས་འཁོར་བ་སྔ་མ་རྣམས་ནི་བཞེད་ཅིང་། ལུགས་འདི་རྒྱུད་སྡེ་གཞན་གྱི་འཇོག་མཚམས་དང་བསྟུན་དགོས་པའང་མ་ཡིན་ལ། དེས་མཚོན་ཏེ། ཇོ་བོ་མི་འཇིགས་པའི་ལུགས་ཀྱང་། འཕགས་ཡུལ་གྱི་བཀའ་སྲོལ་ལོགས་པ་ཞིག་ཡིན་པས། དེ་དག་རབ་དབྱེའི་གྲུབ་མཐའ་དང་བསྟུན་དགོས་པའི་ངེས་པ་མི་སྣང་བ་ནི། རྒྱུད་སྡེ་གོང་འོག་དང་། ཐབས་ཤེས་ཀྱི་རྒྱུད་སོ་སོ་བ། གཅིག་ཏུ་བསྒྲུབ་མི་དགོས་པ་དང་མཚུངས་སོ། །

འདི་དག་ལ་བཤད་པར་བྱ་བ་མང་དུ་ཡོད་ཀྱང་། ལོགས་སུ་འཆད་པར་སྤྲོའོ། །དེ་ལས་འཕྲོས་པའི་ཚུལ་དུ༑ ཐབས་དང་ཤེས་རབ་གཏན་ལ་དབབ་པར་ཤེར་དབང་ཚིག་ཟིན་ལ་གསལ་པོ་མ་བྱུང་བ་ཙམ་ལ་འཁྲིལ་ནས་འབྲུག་པ་དང་སྲིད་གསུམ་མཁན་པོ་གཉིས་ཀས་ཤེར་དབང་མ་བསྐུར་བར། དབང་བཞི་བསྐུར་དུ་རུང་ཞེས་དང་། དེའི་ཤེས་བྱེད་དུ། གཞུང་སོ་སོ་ཐ་དད་ཀྱི་འཇོག་འཚམས་མི་གཅིག་པ་ཤིན་ཏུ་མང་བའི་ཕྱིར། ཞེས་བཀོད་པ་ནི་དབང་བཞིའི་མིང་དང་གོ་རིམ་ཙམ་ལའང་སྨོངས་པ་སྟེ། དང་པོའི་དབང་ནི་གཙོ་བོ་སྟེ། གཉིས་པ་གསང་བའི་དབང་ཡིན་ནོ། །གསུམ་པ་ཤེས་རབ་ཡེ་ཤེས་དབང་། བཞི་པ་དེ་ཡང་དེ་བཞིན་ཉིད། ཅེས་དབང་བཞི་ལ། །དང་པོ། གཉིས་པ། གསུམ་པ། བཞི་པ་རྣམས་ཀྱི་མིང་མཛད་ལ། ཤེར་དབང་མ་བསྐུར་བར་བཞི་པ་བསྐུར་ན་ཤེར་དབང་ལ་གསུམ་པ་དང་། དབང་བཞི་པ་ལ་བཞི་པའི་མིང་ཇི་ལྟར་ཐོབ། དང་པོ་མེད་ན། གཉིས་པའི་མིང་འདོགས་མི་རུང་། གཉིས་པ་མེད་ན། གསུམ་པའི་མིང་འདོགས་མི་རུང་བ། དཔེ་འཇིག་རྟེན་ན། སྐྱེས་འོག་མ་འོག་མ་ནས། གོང་མ་གོང་མར་འཛེག་པ་དང་འདྲ། དོན་ལ་དཔྱད་ན། དབང་བཞི་ནི། དགའ་བ་བཞི་དང་། རྡོ་རྗེ་བཞི་ལ་བལྟོས་ནས་བཞག་ན། ཤེར་དབང་མ་བསྐུར་བར་བཞི་པ་བསྐུར་ན། དགའ་བ་གསུམ་པ་མེད་པར་བཞི་པ་སྐྱེ་བ་དང་། ཐུགས་རྡོ་རྗེ་དོར་བའི་སྐུ་དང་གསུང་དང་། ཡེ་ཤེས་ཀྱི་རྡོ་རྗེ་ལ་སློབ་པར་འགྱུར་བས་ལམ་ཤིན་ཏུ་འཁྲུགས་པར་གདོན་མི་ཟ་ལ། བྱིས་པ་དར་མ་དེ་ནས་རྒན། །གནས་བརྟན་རྒན་པོ་སྐྱེ་དགུའི་བདག །ཅེས་དབང་བཞི་པོའི་གནད་སྐབས་བཞི་དང་སྦྱོར་བ་ལྟ་བུ་ལའང་། རིམ་པ་མེད་པར། རྒན་པོ་མཐར་ཐུག་འབྱུང་བ་ཞིག་ཁྱེད་ཀྱིས་འདོད་དགོས་ཏེ། དོན་ཤེར་དབང་མ་བསྐུར་བར་དབང་བཞི་པ་བསྐུར་བ་ཁས

བླངས་པས་སོ། །

སྤྱིར་ཙན་དན་ལྷ་བུ་ལ་སོགས་པའི་སློབ་མ་གསུམ་ནི། བུམ་དབང་མན་ཆད་ཀྱི་སྣོད་དང་། པདྨ་དམར་པོ་ལྷ་བུའི་སློབ་མ། གསང་ཤེར་གཉིས་ཀྱི་སྣོད་དང་། རིན་ཆེན་ལྷ་བུའི་སློབ་མ། བཞི་པའི་སྣོད་དུ་བཤད་ཅིང་། བུམ་དབང་བསྐུར་ན་དབང་གོང་མ་མི་བསྐུར་བའི་ལུགས་སོགས་ཡོད་ཀྱང་། དེ་ནི་དབང་གོང་མ་གོང་མ་མི་བསྐུར་བར་འོག་མ་འོག་མ་བསྐུར་ཞིང་། དེ་དང་དེའི་ལམ་ལ་བློ་སྦྱོང་དུ་འཇུག་པ་ཡིན་གྱི་དབང་བཞི་འོག་མ་འོག་མ་མ་བསྐུར་བར། གོང་མ་གོང་མ་བསྐུར་བ་མ་ཡིན། ཁྱད་པར་དུ་ཁྱེད་ན་རོ་པའི་བརྒྱུད་འཛིན་གཙང་མར་བཞེད་ན། རྣལ་འབྱོར་པ་དབང་རྟོན་ལ། ཤེར་དབང་མ་བསྐུར་བར། བཞི་པ་བསྐུར་ཟེར་བའི་གྲུབ་མཐའ་འདི་ནི། ན་རོ་པའི་གསུང་དང་ངེས་པར་འགལ་བ་སྟེ། ན་རོ་འགྲེལ་ཆེན་དུ། མཆོག་གི་དངོས་གྲུབ་འདོད་པ་ལ། སྟོང་པ་ཉིད་ཀྱི་ལམ་བསྒོམ་པའི་དོན་དུ་དབང་བཞི་ཀ་སྦྱིན་ལ། ཞེས་རྣལ་འབྱོར་པ་དབང་རྟོན་མཆོག་དོན་གཉེར་ལ། དབང་བཞི་ཀར་བསྐུར་བར་གསུངས་ཀྱི། འགའ་ཞིག་བསྐུར་ཞིང་། འགའ་ཞིག་མི་བསྐུར་བར་མ་བཤད། དཔལ་གསང་བ་གྲུབ་པ་དང་། ཐབས་ཤེས་རྣམ་པར་ངེས་པ་གྲུབ་པ་ལས། དབང་གོང་མ་ཅུང་ཟད་བཤད་པ་རྣམས་རང་རྐང་ཚུགས་པ་མ་ཡིན་པས། ཆོ་གའི་ཡན་ལག་གཞན་ལ་ཁ་འཕང་བར་མཛད་ཅིང་ལ་ལ་ཁ་ཅིག་ནི། སྨིན་ཐིན་ཡེ་ཤེས་ཁྱད་པར་དུ་འགྱུར་བའི་ཕྱིར། བརྟུལ་ཞུགས་སྤྱོད་པ་ལ་ཞུགས་པ་ཞིག་ལ། རྟོགས་པ་ཁྱད་པར་བ་བསྐྱེད་པའི་དགོས་ནུས་མཐོང་ནས། གསང་དབང་ངམ་ཤེར་དབང་ངམ་བཞི་པ་ལྷ་བུ་དམིགས་སུ་བཀར་ནས་བསྐུར་ལེན་བྱས། དེ་མ་ཐག་སྤྱོད་པ་སྤྱད་པ་ལ་དགོངས་ལ་སྤྱིར་བླ་མེད་ཀྱི་རྒྱུད་སྡེ་རྣམས་ན་དབང་ཆོག་མང་དུ་གསུངས་ཀྱང་། རྒྱུད་གཅིག་གི་ནང་དུ་དབང་གི་སྦྱོར་དངོས་རྗེས་གསུམ། ཆོ་ག་ཡན་ལག་ཀུན་ཚང་བར་གསུངས་པ་དཀོན་པའི་ཕྱིར། རིགས་མཐུན་པའི་རྒྱུད་གཞན་གྱིས་ཁ་བསྐང་ནས། ཆོ་གའི་ཡན་ལག་ཚང་བར་བྱེད་དགོས་པ་ལ་དགོངས་ནས། སློབ་དཔོན་མི་འཇིགས་པའི་དཀྱིལ་ཆོག་ཕྲེང་བ་དང་། འཕགས་པ་ཀླུའི་བྱང་ཆུབ་ཀྱིས། དཀྱིལ་ཆོག་ཉི་ཤུ་པ་དང་། གཞན་ཡང་། དཀྱིལ་འཁོར་གྱི་ཆོ་ག་བཞི་བརྒྱ་ལྔ་བཅུ་པ་སོགས་སུ་རྒྱུད་མང་པོའི་ཆོ་ག་གཅིག་ཏུ་བསྡུས་ཏེ་མཛད་པ་བཞིན་ནོ། །སློབ་དཔོན་གོ་ཏྲ་ནས། སློབ་མར་དབང་བསྐུར་ཆོ་ག་ནི། །གང་ནའང་གཅིག་ན་རྫོགས་པ་མེད། །ཅེས་གསུངས་པའི་དོན་ཡང་དེ་ཡིན་ཞིང་། རྒྱུད་ལས། གང་དུ་ལས་ནི་ཡོད་གྱུར་ལ། །ལས་ཀྱི་ཆོ་ག་རྣམས་མེད་པ། །དེར་ནི་སྤྱི་ཡི་རྒྱུད་དག་ལས། །གསུངས་པའི་ཆོ་ག་མཁས་པས་བསྟེན། །ཞེས་དང་། ཕྱག་རྡོར་བསྟོད་འགྲེལ་དུ། འདིར་ནི་མདོར་བསྟན་པ་ཙམ་གྱིས་གསུངས་སོ། །

དེ་ཡང་རྒྱུད་གཞན་དུ་གསུངས་པའི་དགོངས་པས། འདིར་རྟོགས་པར་བྱ་སྟེ། རྒྱུད་ནི། རྒྱུད་གཞན་གྱིས

རྟོགས་པར་བྱའོ། །ཞེས་དེ་བཞིན་གཤེགས་པའི་གསུངས་ལས་སོ། །ཞེས་དང་། བྱང་ཆུབ་སེམས་དཔའ་རྡོ་རྗེ་སྙིང་པོས། དགེས་པའི་རྡོ་རྗེ་བདེ་མཆོག་འཁོར་ལོ་ཡིས་ནི་རྡོ་རྗེ་གདན་བཞིའི་ཚིག་ཤེས་འགྱུར། །དེ་བཞིན་བདེ་མཆོག་ཉུང་ངུའི་ཚིག་གིས་རྡོ་རྗེའི་གདན་བཞི་དང་ནི་དགེས་པའི་རྡོ་རྗེའོ། །ཞེས་གསུངས་པ་རྣམས། དོན་སྟ་མ་ཁོ་ནར་དགོངས་སོ། །དེ་དག་གི་འགྲེལ་ལས། སྲིད་གསུམ་དུ། རྣལ་འབྱོར་པ་དྲོད་ཐོབ་པ་ལ་དབང་བཞི་བསྐུར་མཁན་གྱི་སློབ་དཔོན་དེ་བློ་དང་མི་ལྡན་གསུང་རྒྱུ་ཨེ་ཡིན། ཞེས་བྲིས་པ་ནི་འབྲེལ་མེད་དེ། དྲོད་ཐོབ་པའི་སློབ་མ་ལ་དབང་བཞི་བསྐུར་བ་པོ་དེ་བློ་དང་མི་ལྡན་པར་སུ་ཞིག་གིས་སྨྲ། མཁས་པས་བརྟགས་ན་ཤེར་དབང་མ་བསྐུར་བར། བཞི་པ་བསྐུར་མཁན་དེ་བློ་དང་མི་ལྡན་པར་སོང་བ་ནི། རྡོ་རྗེ་སྙིང་འགྲེལ་དུ་རྡོ་རྗེ་སློབ་དཔོན་བློ་དང་ལྡན་པས་དབང་ལ་འཚོལ་པའི་སྐྱོན་སྤྲངས་ལ། དབང་རྣམས་གོ་རིམ་བཞིན་དུ་བསྐུར་ཞེས་གསུང་པས་ཤེས་ལ། དེའི་ཕྱིར། ལས་དང་པོ་པ་དང་རྣལ་འབྱོར་པ་གང་ཡིན་ཡང་རུང་སྟེ། དབང་བཞི་འཚོལ་པར་བསྐུར་ཆོག་པའི་ལུང་རིགས་རྣམ་དག་གར་ཡང་མི་སྲིད་དོ། །

སྲིད་གསུམ་དུ། རྒྱུ་དབང་གི་བསྐུར་ཚུལ་དེ་ཙམ་ལ་ཧ་ཅེ་མི་དགོས། འཇུག་པའི་བྱིན་དབབ་ཏུ། སྐུ་གསུང་ཐུགས་དང་། ཡེ་ཤེས་རྡོ་རྗེ་ཕེབས་པར་བཤད་པའི་ཡེ་ཤེས་རྡོ་རྗེ་དངོས་སུ་ཕེབས་པའི་ཚེ། དེ་ཉིད་དུ་འཚང་རྒྱ་བར་བཤད་པ་ལྟར་ན། དབང་མ་བསྐུར་བར་མཆོག་ཐོབ་པར་སོང་ཞེས་བྲིས་མོད། སྤྱིར་བསྟུས་པའི་རྒྱུད་དུ། ཡེ་ཤེས་ཕེབས་པས་སངས་རྒྱས་བླ་མ་ཡི་ཡང་བླ་མ་ཛྫུ་འཕྲུལ་ལྡན་པའི་སྟོན་པ་གཅིག་པུར་འགྱུར་ཞེས་དང་། དགོངས་པ་ལུང་སྟོན་གྱི་རྒྱུད་དུ། གསེར་འགྱུར་རྩི་ཡི་རྣམ་པ་ཡིས། །ལྕགས་ནི་གསེར་དུ་བྱེད་པ་ལྟར། །དེ་བཞིན་ཡེ་ཤེས་བཙུག་པ་ཡིས། །མི་ལས་སངས་རྒྱས་ཉིད་དུ་བྱེད། ཅེས་འབྱུང་བ་ལྟར། གསེར་འགྱུར་གྱི་རྩིས་རེག་པས། ལྕགས་གསེར་དུ་འགྱུར་བ་བཞིན། ཡེ་ཤེས་དབབ་པའི་སྟོབས་ཀྱིས། སློབ་མ་དེ་ཉིད་དུ་གྲོལ་བ་ཞིག་ཡོད་པ། ཁོ་བོ་ཅག་ཀུང་འདོད་མོད། དེའི་ཚེ། དབང་མ་བསྐུར་བར་གྲོལ་བར་མི་འགྲོ་སྟེ། ཚེ་སྟ་མ་སོགས་ལ། དབང་བཞི་དང་རིམ་གཉིས་ཀྱི་སྦྱངས་པ་སྔོན་དུ་སོང་ནས། ཉམས་མྱོང་གི་རྒྱུན་མ་ཉམས་པའི་ལས་འཕྲོ་ཅན་ཞིག་ལ། ཚེ་འདིར་དངོས་གཞིའི་དབང་མ་བསྐུར་ཡང་། ཡེ་ཤེས་ཕབ་པས་སད་བྱེད་ཀྱི་རྐྱེན་བྱས་ཏེ་གྲོལ་བ་ལྟ་བུ་ཡིན་གྱི། དབང་ལམ་གང་ཡང་མ་ཐོབ་པ་ལ། དེ་ལྟར་ཅི་ཞིག་སྲིད། དེ་བས་ན་གོང་དུ། མོས་གུས་ཅན་བྱིན་རླབས་ཀྱིས་ཁམས་འདུ་བའི་གོ་དོན་ཇི་ལྟར་བཤད་པ་དེ་རྣམས། སྐབས་འདིར་ཡང་དྲན་དགོས་ཏེ། རིགས་འདྲ་བའི་ཕྱིར། དཔེར་ན། མདོ་ལུགས་སུ། ཆོས་རྣམས་ཐམས་ཅད་རྒྱུས་འབྱུང་དེ་འདྲ་སྟེ། །དེ་ཡི་རྒྱུ་དང་དེ་འགོག་གང་ཡིན་པ། །དེ་བཞིན་གཤེགས་པ་ཉིད་ཀྱིས་བཀའ་སྩལ་ཏེ། །དེ་སྐད་གསུངས་པའི་ཚུལ་ཅན་དགེ་

སྤྱོད་ཆེ། །ཞེས་པའི་ཚིག་ཐོས་པའི་མོད་ལ། བདེན་པ་མཐོང་བར་བཤད་པ་ཞིག་ཡོད་ཀྱང་། ཚོགས་སྦྱོར་སྔོན་དུ་མ་སོང་བར། ཚིག་དེ་རྐྱང་པ་ཐོས་པས་བདེན་པ་མཐོང་བ་མ་ཡིན་གྱི། སྐྱེ་བ་སྔ་མ་རྣམས་སུ་ཚོགས་སྦྱོར་སྔོན་དུ་བྱས་པ་ཞིག །ཤི་འཕོས་ཏེ་སྐྱེ་བ་འདི་ལ་སྔར་གྱི་ཚིག་དེ་ཐོས་པས་རྐྱེན་བྱས་ནས། བདེན་པའི་དོན་མཐོང་བ་དང་འདྲའོ། །ཁྱད་པར་ཁྱེད་ཀྱིས། དབང་མ་བསྐུར་བར་མཆོག་ཐོབ་པ་ཞེས་པ་འདི་མདོ་ལུགས་ལ་རུང་ཡང་། དེ་ནི་སྐབས་ཀྱི་དོན་མ་ཡིན་ལ། སྐབས་དོན་དངོས་སུ་གྱུར་པ། བླ་མེད་ཀྱི་ལམ་འདིར། ཚུལ་དེ་ནམ་ཡང་རིགས་པ་མ་ཡིན་ཏེ། བཤད་རྒྱུད་རྡོ་རྗེ་ཕྲེང་བར། ཡང་དག་དབང་བསྐུར་གྱིས་དབེན་ན། །སློབ་པོས་རྒྱུད་ཀྱི་དོན་ཤེས་ཀྱང་། །སློབ་དཔོན་སློབ་མ་མཚུངས་པར་ནི། །མི་ཟད་དམྱལ་བ་ཆེན་པོར་འགྲོ། ཞེས་དང་། རྣལ་འབྱོར་མ་སངས་རྒྱས་ཐོད་པའི་རྒྱུད་དུ། དཔེར་ན་བུ་ཚ་མེད་པའི་ཁྱིམ། །ཤི་བ་ཙམ་གྱིས་སྟོང་པ་ཉིད། །དེ་བཞིན་དབང་དང་བྲལ་ན་ནི། །ཡེ་ཤེས་ཀུན་གྱིས་སྟོང་པ་ཉིད། །དཔེར་ན་པི་ཝང་སྦྱོར་ཀུན་ཚོགས། །རྒྱུད་དང་བྲལ་ན་བརྡུང་མི་རུང་། །དེ་བཞིན་དབང་དང་བྲལ་ན་ནི། །སྔགས་དང་བསམ་གཏན་འགྲུབ་མི་འགྱུར། །ཞེས་བླ་མེད་ཀྱི་ལུགས་གཞིར་བཞག་ལ། དབང་བསྐུར་མ་ཐོབ་ན་མཆོག་གི་དངོས་གྲུབ་ག་ལ་ཞིག །དབང་མེད་པར་གསང་སྔགས་བསྒྲུབས་ན། དམྱལ་བར་འགྲོ་བ་གསུངས་སོ། །

སྲིད་གསུམ་དུ། དབང་གོང་མ་རེ་ཞིག་བསྐུར་མི་འོས་པའི་སློབ་མ་ལ་འང་། ཁྱེས་དབང་བདུན་གྱི་མཐར་རྩ་ལྟུང་བཅུ་བཞི་སྒྲགས་པ་ཨེ་གཟིགས། གཟིགས་ལམ་བབ་ཆེ། བུམ་དབང་གིས་མ་སྨིན་པ་ལ། གོང་མ་བསྟན་པ་རྩ་ལྟུང་དང་། གོང་མའང་སྔ་མ་སྔ་མས་མ་སྨིན་པ་ལ། ཕྱི་མ་ཕྱི་མ་བསྟན་པ། ཡན་ལག་གི་ལྟུང་བར་འགྱུར་བའི་རྒྱུ་མཚན་ཁྱེད་རང་གིས་བཀོད་པ་ཐམས་ཅད། བདེན་མེད་དུ་སོང་བ་ལ་གཟིགས་ཤིག །ཅེས་སོགས་བྲིས་མོད། འདིའི་ལན་ས་ལུགས་པ་སྤྱིའི་དགོངས་པ་ནི་འདི་ཡིན་ཏེ། བུམ་དབང་གིས་མ་སྨིན་པ་ལ། གོང་མ་བསྟན་པ་རྩ་ལྟུང་དུ་འགྱུར་བ་སོགས་ནི། བླ་མ་རྗེ་བཙུན་གྲགས་པས། འབྲུལ་སྤོང་དུ་བཤད་པ་བཞིན། ས་སྐྱ་པ་ཐམས་ཅད་ཀྱིས་སླ་རྡེ་བཞིན་པར་ཁས་ལེན་ལ། དེ་ལ། དུས་འཁོར་དང་སྦྲུར་བའི་སྐྱོན་དེས་མི་གནོད་དེ། དུས་འཁོར་དུ་ནི། རྩ་ལྟུང་བཅུ་བཞི་པོ་དེ། དབང་བཞི་ཀར་གྱི་ཐུན་མོང་བའི་རྩ་ལྟུང་དུ་བཞག་ཅིང་། བུམ་དབང་ཡང་། དབང་འོག་མ་བསྐྱེད་རིམ་དང་འབྲེལ་བ་ཙམ་མ་ཡིན་པར། དབང་གོང་མ་རྫོགས་རིམ་དང་འབྲེལ་བའི་དབང་དུ་མཛད་ལ། རྗེ་བཙུན་གྱི་འབྲུལ་སྤོང་ནི། རྩ་ལྟུང་བཅུ་བཞི་པོ་བུམ་དབང་གི་རྩ་ལྟུང་དང་། བུམ་དབང་ཡང་དབང་གོང་མ་མ་ཡིན་པར། དབང་འོག་མ་ཁོ་ནའི་དབང་དུ་མཛད་དེ། གྲུབ་མཐའི་འཇོག་མཚམས་སོ་སོར་ཡོད་པས། ཕན་ཚུན་ཕན་གནོད་གང་དུ་ཡང་འགྲོ་བ་མེད། དཔེར་མཚོན་ན། འབྲུལ་སྤོང་དུ། རྩ་ལྟུང་ལྔ་

པའི་ངོས་འཛིན། དུས་འཁོར་གྱི་ལུགས་ལས་ལོགས་སུ་བཀའ་སྩོལ་ཟུར་པ་མཛད་པ་བཞིན་ནོ། །འདི་ནི་བླ་མ་སྔ་མའི་གསུང་སྒྲོས་ལྟར་བཀོད་པ་སྟེ། ལེགས་པར་སྦྱ་བའི་གཏམ་གཞན་ནི། ཁོ་བོའི་ཡི་གེ་གཞན་ལས་རྟོགས་སོ།། །།

རབ་དབྱེར། ནཱ་རོ་ཆོས་དྲུག་ཅེས་བྱའི་ཁྲིད། །མི་ལ་ཡན་ཆད་དེ་ལས་མེད། །ཆོས་དྲུག་དོར་ནས་ལམ་འབྲས་དང་། །ཕྱག་རྒྱ་ཆེན་པོ་ལ་སོགས་པ། །གཞན་གྱི་གདམས་ངག་བསྒོམ་བཞིན་དུ། །ནཱ་རོའི་བརྒྱུད་པ་འདོད་བྱེད་པ། །གཞན་དང་འགལ་བ་ལྟ་ཅི་སྨོས། །རང་ལུགས་དང་ཡང་འགལ་བ་ཡིན། །ཞེས་གསུངས་པ་ལ། རྗེ་འབྲུག་པས། ཕྱག་རྒྱ་ཆེན་པོ་གཞན་གྱི་གདམས་ངག་ཡིན་པ་དང་། ལམ་འབྲས་བསྒོམ་བཞིན་པ་གཉིས་ཀ་མ་གྲུབ་པས། དགག་པ་འདི། ཕྱོགས་ཆོས་མ་གྲུབ་པའི་གཏན་ཚིགས་སུ་སོང་། དེས་ན། རྩོལ་བ་ཉིད་ཚར་བཅད་ཀྱི་གནས་སུ་ལྷུང་ངོ་། །ཞེས་གན་མཛོད་དུ་བྲིས་པ་ལ། རྗེ་ཀླུ་སྒྲུབ་ཀྱིས། ཚར་བཅད་ལ་བརྩད་པའི་ལན་རྒྱ་ཆེར་མཛད་པ་རྣམས། སྡེ་བདུན་གྱི་དགོངས་པ་བླ་ན་མེད་པ་ཡིན་ལ། དེ་ལ་ཕ་རོལ་པོའི་ལན་གྱིས་ཅི་ཡང་བཟློག་མ་ནུས་མོད། སྨྲ་བའི་ལྐྱེ་ཚད་ཟེར་བའི་གཏམ་གྱི་སྒྲིབ་གཡོགས་ཙམ་དུ།

སྡིད་གསུམ་ལས། མདོ་དྲན་པ་ཉེར་བཞག་གི་ལོ་རྒྱུས་ཙམ་ཞིག་བྲིས་འདུག་ཀྱང་། ནུས་པ་ཅི་ཡང་མ་བྱུང་སྟེ། ཤཱ་རིའི་བུ་དང་མུ་སྟེགས་ཀུན་དུ་རྒྱུ་མ་འཕྲད་ཀྱང་། ཀུན་ཏུ་རྒྱུ་དེ་ཚར་བཅད་ཀྱི་གནས་སུ་ལྷུང་ངོ་། ། ཟེར་བའི་ལོ་རྒྱུས་ཡོད་ན། ཕྱོགས་འགྲོ་ཙམ་སྲིད་མོད། ཤཱ་རིའི་བུས་ནི། ང་དང་དེ་དག་འཕྲད་ན། ཚར་བཅད་ཟིན་པ་ཞིག་ན། བདག་གིས་མ་ཚོར་ཞེས། དེ་གཉིས་འཕྲད་ན་ཀུན་ཏུ་རྒྱུ་དེ་ཚར་བཅད་ཀྱི་གནས་སུ་ལྷུང་ངེས་ཀྱང་། མ་འཕྲད་པའི་སྟོབས་ཀྱིས། དེ་ལྟར་མ་བྱུང་ཞེས་པའི་དོན་ཡིན། ཚར་བཅད་མ་ཟིན་པ་ལ། ཚར་བཅད་ཀྱི་གནས་སུ་ལྷུང་ངོ་། །ཞེས་བརྗོད་ན། བརྫུན་དུ་ཡང་ཅིས་མི་འགྱུར། སྡེ་བདུན་ལས་ནི། རྩོལ་བ་གང་། སྨྲ་བའི་སྤོབས་པ་བཟློག་པའི་དུས་དེར། ཚར་བཅད་ཀྱི་གནས་སུ་ལྷུང་བར་བཤད་དེ། གལ་ཏེ་རྩོད་པ་མི་བཟློག་ན། ཚར་བཅད་པ་ཡི་གནས་སུ་གྱུར། ཞེས་སོགས་རྒྱ་ཆེར་འབྱུང་ཡང་། ཀླུ་སྒྲུབ་རྒྱ་མཚོས། རྒྱས་པར་གསུངས་པ་དེ་གས་དཔྱོད་ལྡན་ལ། ངེས་པ་རྙེད་པར་འགྱུར་བའི་ཕྱིར། འདིར་ཆེད་ཀྱིས་སྨོས་མ་དགོས། ཅི་སྟེ་སྨོས་ཀྱང་བོད་སྐད་མི་ཤེས་པའི་ཨ་ཙ་ར་ལ། བོད་ཚིག་གི་གཏམ་གླེང་བ་དང་མཚུངས་པས་དགོས་པ་མེད་ལ། འདིར་བློ་རབ་འབྱིང་ཀུན་གྱི་གོ་བྱེད་དུ་འདི་ཙམ་ཞིག་བརྗོད་དེ། སྟོན་བྲམ་ཟེ་སྐར་རྒྱལ་དང་། བྲམ་ཟེ་གནས་ལེན་གྱི་བུ་གཉིས་རྩོད་པས། གནས་ལེན་གྱི་བུ་མི་སྨྲ་བའི་བརྟུལ་ཞུགས་ལ་བཀོད་པས། དེ་ཚར་བཅད་ཀྱི་གནས་སུ་ལྷུང་བར་བཤད་དེ། འདུལ་བ་ལུང་ལས། ཤེས་ལྡན་དག་རྩོལ་བའི་དཀྱིལ་འཁོར་ཤོམས་ཤིག །ཅེས་པ་ནས། བྲམ་ཟེ་

གནས་ལེན་གྱི་བྱ། ཅང་མི་སྨྲ་བར་འདུག་གོ། །ཚར་བཅད་པའི་གནས་རྣམས་ཀྱི་ནང་ན་འདི་ལྟ་སྟེ། ལན་ལ་སྤོབས་པ་མེད་པ་འདི་ནི་ཐ་ཆད་ཡིན་ནོ། །ཞེས་པའི་བར་གསུངས། དཔེ་འདིས་མཚོན་ཏེ། རྒོལ་ཕྱིར་རྒོལ་འདུས་ཤིང་རྩོད་ནས། གང་རྩོད་པ་ཕམ་པ་དེ། ཚར་བཅད་ཀྱི་གནས་སུ་ལྟུང་བར་བྱེད་ཀྱི། རྒོལ་ཕྱིར་རྒོལ་གཉིས་མ་ཚང་བ་ལ། ཚར་བཅད་མ་བཅད་ཀྱི་ཐ་སྙད་ཅི་ཞིག་རུང་མི་རུང་བ་ནི། རིགས་པ་མཁྱེན་པ་དག་གི་ལུགས་སོ། །ཕྱག་རྒྱ་ཆེན་པོ་གཞན་གྱི་གདམས་ངག་ཡིན་པ་མ་གྲུབ། ཅེས་པ་ལས་འཕྲོས་ནས། སྲིད་གསུམ་དུ། གཞན་ཞེས་པ་བཀའ་གདམས་ལ་ཟེར་བར་གྲགས་ཀྱང་། ཞེས་སོགས་བྲིས་མོད། འདིར་སྐབས་ཀྱི་གཞན་ཞེས་པ། ཆོས་དྲུག་ལ་བསྲེ་བསྲེད་བཅུག་པའི་ཆོས་ལུགས་ཐམས་ཅད་ལ་ཟེར་ཞིང་། ཁྱད་པར་དུ། རྒྱ་ནག་གི་གདམས་ངག་ལ་ཟེར་བར་དགོངས་ནས། རབ་དབྱེར། ད་ལྟའི་ཕྱག་རྒྱ་ཆེན་པོ་ནི། །ཕལ་ཆེར་རྒྱ་ནག་ཆོས་ལུགས་ཡིན། །ཞེས་བཤད་པས། གཞན་ཞེས་པ། བཀའ་གདམས་ལ་ཟེར་བར་གྲགས་པ་ནི། བསྟན་བྱའི་གཙོ་བོ་མ་ཡིན་ལ། སྔོན་ཆད་ས་ལུགས་ཀྱི་བླ་མ་མང་པོས། སྡོམ་གསུམ་གྱི་ཡིག་ཆ་རྡེ་སྙེད་ཅིག་བརྩམས་འདུག་པ་རྣམས་ལ། འབྲེལ་ཡོད་མེད་སྣ་ཚོགས་སྣང་བས། དེ་དག་ཏུ་བཤད་པ་ཙམ་གྱིས་གོ་ཆོད་པ་མ་ཡིན་གྱི། གོང་མ་ལྔ་པོ་རང་གི་དགོངས་པ་གཞུང་འཛུགས་པར་རིགས་སོ། །

འབྲུག་པ་དཔོན་སློབ་གཉིས་ཀས། ལམ་འབྲས་སློམ་བཞིན་པ་མ་གྲུབ་ཅེས་སྨྲ་བའང་རྫོ་བོ་ངན་པ་ཙམ་སྟེ། ཕག་གྲུས། ལམ་འབྲས་ཉན་སློམ་བྱས་ནས། གཞུང་དང་མན་ངག་ཅིག་ཏུ་བསྒྲིགས་པའི་ཡི་གེ་མངོན་སུམ་ན་སྣང་བ་དང་། དཀར་བརྒྱུད་རི་ཆོས་སྐོར་གསུམ་ན་ལམ་འབྲས་ཀྱི་བཤད་པ་དང་། གདམས་ངག་གཉིས་ཀ་མང་དུ་བྲིས་པ་དང་། ལམ་འབྲས་ཀྱི་གེགས་སེལ་ཕལ་ཆེར་ཞིག །དཀར་བརྒྱུད་ཀྱི་ཡི་གེ་མངོན་སུམ་ན་སྣང་བ་དང་། དཀར་བརྒྱུད་ཀྱི་ཡི་གེ་མང་པོ་དག་ཏུ་ལེན་པར་མཛད་འདུག་པས་སོ། །དེ་ལྟ་ན་ནཱ་རོ་ཆོས་དྲུག་ཞེས་བྱའི་འཁྲིད། །མི་ལ་ཡན་ཆད་དེ་ལས་མེད། །ཅེས་པའི་དོན་ལ། སསྐྱ་པ་ཕལ་མོ་ཆེ་ཞིག །མི་ལ་ཡན་ཆད་དུ། ཆོས་དྲུག་གཙང་མ་དེ་ཡོད། དྭགས་པོ་མན་ཆད་ལ་ཆོས་དྲུག་བསྲེ་བསྲེད་ཅན་ཞིག་མ་གཏོགས། གཙང་མ་མེད། ཅེས་འཆད་པ་བདེན་ཞིང་། ཡང་ན། འདི་ལྟར། མི་ལ་ཡན་ཆད་ལ་ཆོས་དྲུག་ཚིག་བརྒྱུད་དང་། དོན་བརྒྱུད་གཉིས་ཀ་བསྲེ་བསྲེད་མེད་པར་ཡོད། དྭགས་པོའི་རྗེས་ཞབས་ཙམ་ནས་བཟུང་སྟེ། ཆོས་དྲུག་གི་ཚིག་བརྒྱུད་བསྲེ་བསྲེད་མེད་པར་ཡོད་པ་འགའ་ལ་དོན་བརྒྱུད་མ་བྱུང་། དོན་བརྒྱུད་ཡོད་པ་རྣམས་ལ། ཚིག་བརྒྱུད་བསྲེ་བསྲེད་མེད་པ་དེ་མ་བྱུང་བར། སྲས་བསྲེས་མང་པོར་སོང་། ཞེས་པའི་དོན་ལ། ནཱ་རོ་ཆོས་དྲུག་ཅེས་བྱའི་ཁྲིད། །མི་ལ་ཡན་ཆད་དེ་ལས་མེད། །ཅེས་འབྱུང་། དེ་ལ་ཚིག་བརྒྱུད་བསྲེ་བསྲེད་མེད་པའི་ཆོས་དྲུག་ནི། གཙང་གཞེར། རྨོག་ཅོག་པ།

མེས་ཆེན་པོའི་ཆོས་དྲུག་རྣམས་ཡིན། དེ་དག་གི་ཆོས་རྒྱུད། ཆོས་རྗེ་པཎྜི་ཏས་ཀྱང་གསན་མོད། ཉམས་ལེན་མ་མཛད་པས། རང་འབྲས་ཐུན་མོང་མ་ཡིན་པའི་ཉམས་མྱོང་མ་སྐྱེས་པ་ལ་དགོངས་ནས། ཚིག་བརྒྱུད་གཙང་མར་ཡོད་ཀྱང་། དོན་བརྒྱུད་མེད་པར་བཞེད། ཕག་གྲུ། གླིང་པ་སོགས་ལ། ཆོས་དྲུག་སྒོམ་པའི་ཉམས་རྟོགས་མང་དུ་འཁྲུངས་པས། དོན་བརྒྱུད་ཡོད་ནའང་། གདམས་ངག་འཆད་ཉན་གྱི་ཚེ། རྒྱ་གར་ཕྱག་ན་ལས་བརྒྱུད་པའི་ཕྱག་ཆེན་དང་། ལམ་འབྲས། ཞི་བྱེད་ལ་སོགས་པའི་གདམས་པ་མཁོ་བསྡུས་སུ་བཤད་རེས་འགའ་རང་རང་གི་རྟོགས་པ་ལས་གསར་འཁྲུངས་སུ་བྱུང་བའི་ཉམས་མྱོང་། མྱོང་བའི་ཚུལ་དུ་གསུངས་པས། ཚིག་བརྒྱུད་བསྲེ་བསླད་མེད་པ་དེ་མ་བྱུང་། ཞེས་བྱའོ། །ཞིབ་པར་ན། དྭགས་པོ་རང་ལ། ཆོས་དྲུག་བསྲེ་བསླད་མེད་པའི་ཚིག་དོན་བརྒྱུད་པ་གཉིས་ལྡན་དུ་བྱུང་བ་གཞིར་བཞག་མོད། སློབ་མ་ལ་འཆད་ཚེ་བཀའ་གདམ་གྱི་གདམས་ངག་འགའ་དང་། ཏི་ཕུ་པའི་མན་ངག་དང་རང་གི་མྱོང་བ་དང་ཇི་ལྟར་མཐུན་པ་སོགས། འཆད་སྒོ་སྣ་ཚོགས་པའི་བཀྲི་ཚུལ་མཛད་ནས། གསུང་རེས་མེད་དུ་བྱོན་པས། མི་ལ་ཡན་ཆད་དེ་ལས་མེད། ཅེས་གསུངས་ལ། རྨོག་ཅོག་པ་སོགས་ལའང་བླ་མ་རང་ཐོག་ཏུ་ཆོས་དྲུག་བསྲེ་བསླད་མེད་པའི་དོན་བརྒྱུད་ཡོད་སྲིད་མོད། སློབ་མ་ལ་རྒྱུན་ཆགས་སུ་དེ་ལྟར་མ་བྱུང་བས། རྒྱུན་མེད་དུ་བཞག་སྟེ། དབང་མདོན་ཆུ་བོའི་རྒྱུན་དང་འདྲ། །ཡིད་མདོན་ཆུ་ཡི་ཟེགས་མ་འདྲ། །ཞེས་བཤད་པ་ལྟར་རོ། །

སྲིད་གསུམ་དུ། མངའ་བདག་མཻ་ཏྲི་པ་ལས་བརྒྱུད་པའི་ཕྱག་རྒྱ་ཆེན་པོ་བདྱ་རྩད་དང་། བསམ་གཏན་ཐུན་འཇུག་སོགས། ཡིག་སྐོར་ཤིན་ཏུ་མང་པོ་ཡོད་ཀྱང་། དེའི་བཤད་ལུང་འདོམས་པའི་ཚེ། ཤ་ཝ་རི། མཻ་ཏྲི་པ། ཏི་ཕུ་པ། རས་ཆུང་པ་སོགས་བརྒྱུད་པ་འདེད་ཀྱི། ནཱ་རོ་བརྒྱུད་པར་མི་འདྲེན་པས་ན། གཞན་གྱི་གདམས་ངག་བསྒོམ་བཞིན་དུ། ནཱ་རོའི་བརྒྱུད་པ་འདེད་བྱེད་པ། །གཞན་དང་འགལ་བ་ལྟ་ཅི་སྨོས། །རང་ལུགས་དང་ཡང་འགལ་བ་ཡིན། །ཞེས་པ་འདི། འཇམ་དབྱངས་ཀྱི་གསུང་དུ་སྣང་ཡང་། ཀླན་ཀ་དེའི་འགྲོ་དམིགས་འདི་ན་མི་གདའ། ཞེས་སོགས་བྲིས་པ་ནི་ཕྱོགས་སྔ་མ་རྟོགས་པའི་དགག་པ་སྟེ། རབ་དབྱེར། མཻ་ཏྲི་པའི་ཕྱག་ཆེན་ལ། བརྒྱུད་པ་ནཱ་རོ་པ་འདེད་པ་དགག་པ་མ་ཡིན་གྱི། ནཱ་རོ་པའི་བསྲེ་འཕོའི་ཆ་ཤས་སུ་གྲགས་པ། ཕྱག་ཆེན་ལྷན་ཅིག་སྐྱེས་སྦྱོར་ཞེས་བྱ་བ་དང་། གཞན་ཡང་ཕྱག་ཆེན་གྱི་མན་ངག་མང་པོ་གཅིག་ཏུ་སྲེས་པའི། དྭགས་པོ་ཕྱག་ཆེན་ལ་སོགས་པའི་རྒྱུད་པ། ནཱ་རོ་ལ་འདེད་པ་མི་འོས་ཞེས་བྱ་ལ། དེ་ཡང་སྙིང་པོ་ནི། དབང་བཞིས་རྒྱུད་སྨིན་པའི་རྟོགས་རིམ་ཕྱག་ཆེན་གྱི་མན་ངག་ཞིག་ཡིན་ན། དེའི་རྒྱུད་པ་ནཱ་རོ་ལ་འདེད་ཀྱང་འོས་སུ་འགྲོ་བ་སྲིད་མོད། ཁྱེད་ཅག་གི་གནས་ལུགས་སྟོང་པ་ཉིད་ཀྱི་ཕྱག་ཆེན་བྱ་བ། དབང་དང་གཏུམ་མོ་བདེ་ཆེན་སོགས་གང་དང་ཡང་

མ་འབྲེལ་བའི། སེམས་ཁྲིད་ལྟ་བ་རང་རྐྱང་གི་མན་ངག་དེའི་རྒྱུད་པ། ནཱ་རོ་ལ་འདེད་པ་འདི་ངེས་པར་འགོག་པ་ཡིན། དེ་འགོག་པའི་རྒྱུ་མཚན་ཡང་། ཕྱག་ཆེན་ལྷན་ཅིག་སྐྱེས་སྦྱོར་གྱི་ལྟ་བ་སྟོང་སྐྱད་ཙུར་ཙུར་ལ་ཞེན་ནས། དགེ་མེད་སྡིག་མེད་ཀྱི་སྤྱོད་པ་ཧམ་པོ་ཆེར་བྱེད་པ་ནི་རྒྱ་ནག་གི་ལུགས་ཡིན་ལ། ཅི་སྟེ་ཕྱག་ཆེན་ལྷན་ཅིག་སྐྱེས་སྦྱོར་གྱི་ལྟ་བ། ཟུང་འཇུག་གི་ལམ་དུ་འཁྱེར་ཐུབ་པ་ཞིག་བྱུང་ཡང་མདོ་ལུགས་དབུ་མའི་ལྟ་བ་ཡིན་གྱི། སྔགས་ལུགས་ཕྱག་རྒྱ་ཆེན་པོ་མ་ཡིན་པས། དེ་ལ་ནཱ་རོ་པའི་ཕྱག་ཆེན་དུ་བསྒྲུབ་པ་དང་། བརྒྱུད་པ་ནཱ་རོ་པར་འདེད་པ་ནི། ནཱ་རོ་པ་རང་གི་ལུགས་དང་འགལ་བ་ཡིན་ཏེ། ནཱ་རོ་པ་ནི། ལྟ་བ་སྤྲོས་བྲལ་གྱི་ཡེ་ཤེས་ཙམ་ཕྱག་ཆེན་དུ་མི་བཞེད་ཀྱི༑ རྒྱུད་སྡེ་ལས་བྱུང་བའི། ལས། ཆོས། དམ་ཚིག །ཕྱག་རྒྱ་ཆེན་པོ་རྣམས་ལ། ཕྱག་ཆེན་དུ་བཞེད་པས་སོ། །

ཞེས་སྨོན་པ་ལ་རབ་དབྱེར། ད་ལྟའི་ཕྱག་རྒྱ་ཆེན་པོ་ནི། །ཕལ་ཆེར་རྒྱ་ནག་ཆོས་ལུགས་ཡིན། །ནཱ་རོ་དང་ནི་མཻ་ཏྲི་པའི། །ཕྱག་རྒྱ་ཆེན་པོ་གང་ཡིན་པ། །དེ་ནི་ལས་དང་ཆོས་དང་ནི། །དམ་ཚིག་དང་ནི་ཕྱག་རྒྱ་ཆེ། །གསང་སྔགས་རྒྱུད་ལས་ཇི་སྐད་དུ། །གསུངས་པ་དེ་ཉིད་ཁོང་བཞེད་དོ། །ཞེས་གསུངས། སྲིད་གསུམ་དུ། ཆོས་དྲུག་མ་བོར་བ་ལ་བོར་ཞེས་དང་། ལམ་འབྲས་མ་བསྒོམ་པ་ལ་བསྒོམ་ཞེས་བསྐྱོན་འདིང་བ་འདི་ནི། མཆིལ་མའི་ཐལ་བ་ལས་ཀྱང་ཆེས་མོད་དོ། །ཞེས་སྨྲས་པའི་ལན་ནི། ཆོས་དྲུག་ཚིག་བརྒྱུད་དང་། དོན་བརྒྱུད་ཀྱི་རྣམ་གཞག་སོགས་བརྗོད་ཟིན་པ་དེ་དག་གི་ཁོང་ནས་ཤེས་ནུས་པས། ཕྱིས་བྱུང་བ་རང་རང་ཐད་སོའི་བློ་མས། བསྐྱར་ཟློས་སུ་མི་དགོས་ལ། སྤྱིར་དེང་སང་། སངས་རྒྱས་ཀྱི་བསྟན་པ་སྤྱི་ཁྱབ་ན་ཡང་། རྒྱལ་བ་སྲས་བཅས་ཀྱི་གཞུང་ལུགས་རྒྱ་གར་ནས་འབྱོན་པ་དང་། བོད་ཀྱི་ལོ་པཎ་ཆེན་པོ་རྣམས་ཀྱི་གསུང་རབ་ལ་མི་ལྟ་བར། ཕྱིས་བྱུང་བ་རང་རང་ཐད་སོའི་བློ་མས། དཔེ་ཧྲུལ་མང་པོའི་ཚིག་སྣ་བསྡུས་ནས། རང་འདོད་འཕྱོར་ངོམས་སུ་བགྱིས་པའི་ཡིག་ཆ་རེ་ལ་ཡིད་རྟོན་པར་བྱེད་པ་ནི། སངས་རྒྱས་ཀྱི་བསྟན་པའི་བཤད་ཉན་རྣལ་མ་རྣམས་ཉམས་དམའ་བའི་རྟགས་སུ་མཐོང་ལ། ཁྱད་པར་དཀར་བརྒྱུད་དུ་གྲགས་པ་འདི་ལ། ཆེན་པོར་རློམ་པ་ཇི་སྙེད་ཞིག་བྱོན་ཡང་། ཆོས་ཀྱི་རྒྱལ་པོ་མར་པ་ལོ་ཙཱ་བའི་ཆོས་ལུགས་ཡིན་ངེས་པ་ཁྱད་པར་ཅན་རྣམས་ལ་རྩོལ་བ་དོར་ཏེ། སྒོམ་ཆེན་ཕྱོགས་རེ་བའི་གླུ་དང་། མགུར་མ་ལ་སྐྱབས་སུ་བཅོལ་ནས་སྟུག་སྒོམ་བྱེད་པ་ནི། བུ་རྡུ་བརྫུས་ནས་ཕའི་རབས་གཅོད་པ་དངོས་གནས་ཏེ། མཚོན་ཙམ་སྨོས་ན། རྗེ་བཙུན་མར་པའི་ཆོས་ལུགས་ཡིན་ངེས་པ། མ་ཧཱ་མ་ཡ་དང་། རྡོ་རྗེ་གདན་བཞི་དང་། གསང་བ་འདུས་པ་ལ་སོགས་པའི་རྒྱུད་བཤད། དབང་འཕྲིད། ཤོག་རིལ་ཁྱད་པར་ཅན་སོགས་རྩོད་པ་མེད་ཅིང་། རྒྱལ་བའི་ལམ་ཕྱིན་ཅི་མ་ལོག་པ། ཆེས་ཤིན་དུ་མཆོག་ཏུ་གྱུར་པ་དེ་དག །ཕྱིས་ཀྱི་བཀའ་བརྒྱུད་པ་རྣམས་ཀྱིས། བཞི་མདོའི་རྩྭ་བཞིན་རྒྱང་དུ་བསྲིངས་ནས། མར་པས་སིནྡྷ་ལར་བྱོན་པའི་

གཏམ་རྒྱུད་དང་། ཡང་སྙིང་འཁོར་ལོ་སྡོམ་པ་ཞུས། ཞེས་པའི་ཚིག་གཅིག་ལ། བདེ་མཆོག་སྙན་བརྒྱུད་ཞུས་དང་། ལྷན་ཅིག་སྐྱེས་མ་ཞུས། ཞེས་སོགས་རང་འདོད་ཀྱི་ཆོས་དང་བསྟུན་པའི་ལོ་རྒྱུས་གསར་རྩོམ་བྱེད་པ་དང་ཆོས་ཀྱང་མར་པ་དང་ནཱ་རོ་པའི་གསུང་ངག་ཡིན་མིན་ཐེ་ཚོམ་ཟ་བའི་མན་ངག་སྣ་ཚོགས་ལ་དོན་གཉེར་བྱེད་པ་ནི། མར་པ་ལོ་ཙྪ་བའི་བསྟན་པ་ལ་ཞབས་འདེགས་སུ་མཛེས་པ་མ་ཡིན། འདིར་གཏམ་དུ་གླེང་བ་གཞན་ཡང་ཡོད་མོད། ཆགས་སྡང་གི་ཀུན་སློང་རྩུབ་མོར་འགྲོ་དོགས་པས་རེ་ཞིག་བཏང་སྙོམས་སུ་བཞག་སོ། །

སྲིད་གསུམ་དུ། རྗེ་མི་ལ་ཡན་ཆད་དུ་ཆོས་དྲུག་མ་གཏོགས། ཆོས་གཞན་མེད་གསུང་པ་འདྲ་ན། ཞེས་དང་། ནཱ་རོས་གསུངས་ཚད་ཆོས་དྲུག་ཡིན་གསུངས་རྒྱུ་ཡིན་ཚེ། ཞེས་བྲིས་པ་ནི། ཕྱོགས་སྔ་ཅི་ཡང་མེད་པའི་དགག་པ་སྟེ། ཁྱེད་ཀྱིས་ཕྱོགས་སྔར་བཀོད་པའི་ལུགས་དེ་གཉིས་པོ་གང་ཡང་ཁས་ལེན་པའི་ས་ལུགས་ཀྱི་མཁས་པ་སུ་ཡང་མི་སྣང་བས་སོ། །གན་མཛོད་དུ། དབང་ལས་བྱུང་བ་དང་། རྫོགས་པའི་རིམ་པ་ལས་བྱུང་བ་གཉིས་ཀ །དཔེའི་ཡེ་ཤེས་སུ་འདོད་པར་སྣང་སྟེ། ཞེས་བྲིས་པ་ལ། རྗེ་ཀླུ་སྒྲུབ་ཀྱིས། དབང་ལས་བྱུང་བའི་ཡེ་ཤེས་ཡིན་ན། དཔེའི་ཡེ་ཤེས་ཡིན་པས་ཁྱབ་པ་ཁས་ལེན་པའི་དོན་མ་ཡིན། ཞེས་དང་། རྫོགས་རིམ་གྱི་ཡེ་ཤེས་ལ༑ དཔེའི་ཡེ་ཤེས་ཡིན་པས་ཁྱབ་པ་བསྟན་པ་མ་ཡིན། ཞེས་ལན་རྣལ་མར་བཏབ་པ་ལ། སྲིད་གསུམ་དུ། དབང་དུས་ཀྱི་ཡེ་ཤེས་ལ། དཔེའི་ཡེ་ཤེས་ཡིན་མིན་གྱི་ཁྱབ་མཐའ་རབ་དབྱེའི་གཞུང་ལ་མེད་ཀྱང་ཐོལ་གྱིས་སྨྲ་བའི་གཡོགས་སོ། །ཞེས་བྲིས་མོད། ཤེས་རབ་ཤིན་ཏུ་གུ་དོག་པའི་རྣམ་འགྱུར་ཏེ། མདོ་ལུགས་ཀྱི་གཞུང་སྡེ་བདུན། བྱམས་ཆོས་ལྔ། རིགས་བསྡོད་གཏམ་གསུམ་ལ་སོགས་པའི་གཞུང་རྣམས་ན། ཁྱབ་མཐའི་ཚིག་ཟིན་གཅིག་ཀྱང་མི་སྣང་མོད། དེའི་དོན་མཐའ་དཔྱོད་དུ་གཏན་ལ་འབེབས་པ་ན། ཡིན་མིན་གྱི་ཁྱབ་མཐའ་ལ་སོགས་པའི་སྒོ་ནས་འཆད་པ་བོད་ཀྱི་མཁས་པ་སྤྱིའི་ལུགས་ཡིན་ལ། གཞུང་ལུགས་གཞན་ལའང་དེས་མཚོན་པ་ནི། དཔེར་ན། སེམས་ཅན་རྣམས་ནི་སངས་རྒྱས་ཉིད། ཅེས་པའི་དོན། མཐའ་དཔྱོད་དུ་འབེབས་པ་ན། སེམས་ཅན་དང་། སངས་རྒྱས་གཉིས་ཀྱི་ངོ་བོ་ཆོས་ཉིད་དབྱེར་མེད། ཅེས་པའི་དོན་ཡིན་གྱི། སེམས་ཅན་ཡིན་ན། སངས་རྒྱས་ཡིན་པས་ཁྱབ་ཅེས། ཁྱབ་མཐའ་སྟོན་པ་མ་ཡིན། ཞེས་འཆད་དགོས་པ་བཞིན་ནོ། །

འདིར་གན་མཛོད་དང་། སྲིད་གསུམ་གཉིས་ཀ་ན། ས་སྐྱ་པས། དབང་དུས་ཀྱི་ཡེ་ཤེས་དང་། རྫོགས་རིམ་གྱི་ཡེ་ཤེས་ལ། དཔེའི་ཡེ་ཤེས་ཡིན་པས་ཁྱབ་པ་ཁས་བླངས། ཞེས་ཡང་ཡང་བྲིས་པ་འདི་ཤེས་བཞིན་དུ། མི་དཀར་ལ་ཞྭ་ནག་བཀོན་པའི་བསམ་སྦྱོར་འཆང་བའི་རྟགས་མཚོན་དུ་སྣང་ཡང་། དེ་ཙམ་གྱིས་མཁས་པའི་མགོ་བོ་འཁོར་བར་མི་ནུས་ཏེ། མཆོན་བྱ་དོན་གྱི་ཕྱག་ཆེན་རྣམས་རྫོགས་རིམ་གྱི་ཡེ་ཤེས་སུ་ཁས་ལེན་བཞིན་དུ།

རྫོགས་རིམ་ཡེ་ཤེས་ཡིན་ན། དཔེའི་ཡེ་ཤེས་ཡིན་པས་ཁྱབ་པར། ས་སྐྱ་པའི་ཚད་ལྡན་སུ་ཞིག་གིས་ཁས་ལེན། དེས་ན་གང་ཟག་དབང་པོ་རབ། །དབང་བསྐུར་ཉིད་ཀྱིས་གྲོལ་བར་གསུངས། །ཞེས་དབང་དུས་སུ། དོན་གྱི་ཡེ་ཤེས་གྲོལ་བ་ཐོབ་པ་ཡོད་པར་བཤད་པ། དཔྱོད་ལྡན་གྱི་བློ་ལ། ཉམས་པ་མེད་པར་གསལ་ཡེ་རེ་སྣང་བས་སོ། །སྲིད་གསུམ་དུ་དཔེའི་ཡེ་ཤེས་ལ། མཐོང་ལམ་གྱི་མིང་བཏགས་པ་ལ་དགོས་པ་མེད་བཞིན་དུ་བཏགས་ནས་ཅི་བྱ། ཞེས་བྲིས་པ་ནི། རང་ཉིད་གཟིགས་རྒྱ་ཆུང་བའི་མཚོན་བྱེད་དེ། ཐེག་ཆེན་སྦྱོར་ལམ་པ་ལ་ཆོས་ཉིད་སྣང་མཆེད་ཐོབ་གསུམ་གྱི་རྟོགས་པ་ནམ་སྐྱེས་པ་ན། ཆོས་ཉིད་མཐོང་བའི་མིང་འདོགས་དང་། སོ་སོ་སྐྱེ་བོའི་ལམ་དུ། སྒོམ་སྟོབས་ཀྱིས། དེ་ཁོ་ན་ཉིད་ལ། རྣམ་པ་རྗེས་མཐུན་གྱི། མ་བཅོས་པའི་ཡེ་ཤེས་ཅུང་ཟད་ཤར་བ་དེ། དོན་དམ་ཆོས་ཉིད་དོན་གྱི་ཡེ་ཤེས་དངོས་ནི་མ་ཡིན་ཡང་། རྣམ་ཆ་ཤིན་ཏུ་འདྲ་བས་མཚོན་ནུས་པ་རྒྱུ་མཚན་དུ་བྱས་ནས། དེ་ལ་དོན་དམ་བྱང་སེམས་ལ་སོགས་པའི་མིང་འདོགས་མཛད་པ་ཐེག་པ་ཆེན་པོའི་སྤྱི་ལུགས་ཡིན་པའི་ཕྱིར། དཔེའི་ཡེ་ཤེས་ལ། མཐོང་ལམ་གྱི་མིང་བཏགས་པ་དེ་ལ།

སྲིད་གསུམ་དུ་ཧ་ལས་ལས་སུ་མཛད་པ་ནི། རུས་སྦལ་དང་ཉ་ཆུང་གི་རྣམ་ཐར་སྐྱོང་བ་སྟེ། ཇི་སྐད་དུ། གསང་འདུས་རིམ་ལྔར། དང་པོའི་ལས་ཀྱི་སྦྱོར་བ་ཡིས། །ས་བརྒྱད་པ་ནི་ཐོབ་པར་འགྱུར། །སྣང་བ་གསུམ་པོ་ཐོབ་པ་དང་། །ས་བཅུ་ལ་ནི་རབ་ཏུ་གནས། །ཞེས་དང་པོའི་ལས་ཀྱི་སྦྱོར་བ་ལུས་དབེན་སྐྱེས་པ་ནས། ངག་དབེན་མཐར་ཕྱིན་གྱི་བར་དུ། ས་བརྒྱད་པ་ཐོབ་པར་འགྱུར་བའི་མིང་བཏགས་ཙམ་བཤད་པ་དང་། སེམས་དབེན་སྣང་གསུམ་མཐར་ཕྱིན་པ་ལ། ས་བཅུ་པའི་ཐ་སྙད་ཙམ་བཞག་པས། དཔེའི་ཡེ་ཤེས་ལ་མཐོང་ལམ་དུ་མ་ཟད། སྒོམ་ལམ་ས་བཅུ་པའི་མིང་འདོགས་པ་ཡང་། འཕགས་པ་ཀླུ་སྒྲུབ་ཡབ་སྲས་ཀྱིས་མཛད་སྣང་བས་སོ། །འདིས་ནི་རང་གཞན་མང་པོ་དག་ས་བཅུའི་མིང་བཏགས་པ་ཐམས་ཅད། འཕགས་པའི་ས་བཅུ་ཁོ་ནར་འདོད་པའི་བློ་གྲོས་ཕྱོགས་རེ་བ་རྣམས་བདེན་མེད་དུ་བཏང་ངོ་། །རབ་དབྱེར། འཕགས་པ་ལྷ་ཡི་སྤྱོད་བསྡུས་སུ། །བདེན་པ་མཐོང་ཡང་ལས་མཐའ་ལ། །ཆགས་པར་གསུངས་པ་རྫོགས་རིམ་གྱི། །རང་བྱུང་ཡེ་ཤེས་རྟོགས་པ་ནི། །དཔེ་ཡི་ཡེ་ཤེས་ཉིད་ལ་དགོངས། །ཞེས་དཔེའི་ཡེ་ཤེས་ལ། བདེན་མཐོང་གི་མིང་བཏགས་པ་ལ། སྲིད་གསུམ་དུ། དཔེའི་ཡེ་ཤེས་ཙམ་རྟོགས་པ་དེ་ནི། གཉིས་ཆོས་ལས་མ་གྲོལ་བས། ཡང་དག་པའི་དོན་མཐོང་བའི་ཐ་སྙད་ཅི་ལ་ཐོབ། དེ་བཞིན་དུ་རྟག་ཆད་དང་། འཕོ་བ་ལ་སོགས་པའི་ལྟ་ངན་འགག་པར་ཅི་སྟེ་གསུང་། ཐུགས་གཏད་ཀྱི་དྲག་ཤོས། ལས་མཐའ་ལ་ཆགས་པར་བཤད་པ་དེར་སྣང་ཡང་། མི་འགལ་ཏེ། དོན་དམ་ཆོས་ཉིད་དེ་ཉིད་མཐོང་མ་ཐག །བག་ཆགས་ཐམས་ཅད་འགག་པར་མ་བཤད་པས། བག་ཆགས་དེ་སྦྱོང་བའི་ཕྱིར། སྒོམ་ལམ

དུ་མངོན་བྱང་ལས། ཟུང་འཇུག་ཏུ་ལྡང་འཇུག་ཡང་ཡང་བྱེད་དགོས། ཞེས་བྲིས་སོ། །

འདིའི་ལན་ནི་བཤད་པར་བྱ་སྟེ། འཕགས་པ་ལྷས་སྤྱོད་བསྡུས་སྒྲོན་མར། གལ་ཏེ་སློབ་པ་པོ་བདེན་པ་མཐོང་ཡང་། སྔོན་གྱི་བག་ཆགས་ལ་གོམས་པའི་སྟོབས་ཀྱིས། ཞིང་ལས་དང་། ཚོང་དང་། རྙེད་བཀུར་ལ་སོགས་པས་གཡེངས་ཏེ། སྤྱོད་པ་རྣམ་པ་གསུམ་སྤྱོད་པར་མི་བྱེད་པ་དང་། སློབ་པ་པོ་གཞན་དག །འཁོར་པ་མ་ཚང་བས། རྒྱུད་ལས་ཇི་སྐད་གསུངས་པའི་ཆོ་ག་རྫོགས་པར་བྱེད་མི་ནུས་པའི་ཕྱིར། མི་སྤྱོད་པ་དེ་དག་ནི་འཆི་བའི་དུས་བྱུས་ན་ཡང་། སྲིད་པ་གཞན་དུ་འགྲོ་བར་འགྱུར་རམ། ཞེས་གསུངས་པ་ནི། དགོས་པ་བསྡུས་པའི་དྲི་བ་སྟེ། དྲི་བའི་དོན་གྱི་གཙོ་བོ་ཡང་། སེམས་དབེན་མཐར་ཐུག་དཔེའི་འོད་གསལ་ཐོབ་པ་དང་། སྒྱུ་ལུས་ཐོབ་པ་ལ། བདེན་པ་མཐོང་བ་ཅེས་པའི་མིང་བཏགས་ནས། བདེན་མཐོང་གི་མིང་ཅན་དཔེའི་འོད་གསལ་ཐོབ་པ་དེས། ལེ་ལོའམ། གཡེངས་རྐྱེན་འཁོར་པ་སོགས་ཀྱི་དབང་དུ་སོང་ནས། སྤྲོས་བཅས། སྤྲོས་མེད། ཤིན་ཏུ་སྤྲོས་པ་མེད་པའི་སྤྱོད་པ་རྣམ་པ་གསུམ་མ་སྤྱད་པར། ཚེ་འཕོས་ན། སླར་སྐྱེ་བ་གཞན་ལེན་པར་འགྱུར་རམ་མི་འགྱུར། འཆི་བའི་ཚེ། འཆི་སྲིད་ཀྱི་ཟུག་རྡུ་འབྱུང་ངམ་མི་འབྱུང་། ཞེས་བྲིས་ནས། དེའི་ལན་འཆད་པ་ན་འདི་སྐད་ཅེས། རྫོགས་པའི་རིམ་པ་རྟོགས་པར་གྱུར་པས་ཀྱང་། ཐམས་ཅད་བྱས་ནས་འཇིག་རྟེན་དུ། མྱ་ངན་ལས་འདའ་བར་འགྱུར་བ་ནི་སོམ་ཉི་མི་བྱའོ། །

དེ་བས་ན། དེ་ཁོན་ཉིད་ཤེས་པ་ནི། རྐྱེན་མ་ཚང་བས། ཇི་སྐད་དུ་བཤད་པའི་སྤྱོད་པ་སྟེ། གལ་ཏེ་མ་སྤྱད་དུ་ཟིན་ཡང་། ལྷ་བ་ཐམས་ཅད་རྣམ་པར་སྤངས་ནས་འཆི་བར་འགྱུར་བ་ནི། དོན་དམ་པའི་བདེན་པ་བྱ་བ་ཡིན་ནོ༑ ༑སྐྱེ་བ་ནི། ཀུན་རྫོབ་ཀྱི་བདེན་པའོ་ཞེས། ཡང་དག་པར་རྟོགས་ནས། བརྒྱ་ལམ་ན་འོད་གསལ་བར་ཞུགས་ནས། ཐ་མལ་པའི་ཕུང་པོ་བོར་ཏེ། བདག་ལ་བྱིན་གྱིས་བརླབས་པའི་རིམ་གྱིས་ལྡང་བར་བྱའོ། །ཞེས་བརྟན་པའི་སེམས་བསྐྱེད་དེ། དེ་ཡིད་ལ་བྱེད་པས། གནས་པར་གྱུར་ན། དེ་སྐྱེ་བ་གཞན་དུའང་ཡིད་ལ་བྱེད་པ་དེ་འདོར་བར་མི་འགྱུར་ཏེ། ཞེས་གསུངས། དེའི་དོན། སེམས་དབེན་དཔེའི་འོད་གསལ་དང་། རིམ་པ་གསུམ་པ་སྒྱུ་ལུས་ཐོབ་པ་དེས། སྐྱིགས་མའི་ལུས། དྭངས་མར་མ་ཐིམ་པས། འཆི་བ་ནི་འབྱུང་ཡང་། འདི་ལ་གང་ཡང་རྐྱེན་རྣམས་ཀྱིས། །སྐྱེ་བ་མེད་ཅིང་འགག་པ་མེད། །བརྟགས་པའི་རྐྱེན་རྣམས་ཁོ་ན་ནི། སྐྱེ་ཞིང་འགག་པར་འགྱུར་བ་ཡིན། །ཞེས་གསུངས་པ་ལྟར། སྐྱེ་འགག་གནས་གསུམ་ཐམས་ཅད་རང་བཞིན་མེད་པ། དཔེ་བཅུ་གཉིས་ཀྱི་བདག་ཉིད་དུ་མཐོང་ཞིང་། ཇི་སྐད་དུ། སྟོང་ཉིད་ཤིན་ཏུ་སྟོང་པ་དང་། །གསུམ་པ་སྟོང་པ་ཆེན་པོ་དང་། །ཞེས་པའི་འོད་གསལ་སྣང་མཆེད་ཐོབ་གསུམ་ཀྱང་མཐར་ཕྱིན་པས། འཆི་ཁར་རྒྱུ་ཚོགས་ཁྱད་པར་ཅན་གྱི་

དབང་ལས། དོན་གྱི་འོད་གསལ་ངེས་པར་བྱ་བ་སྟེ། འཆི་སྲིད་ཀྱི་ཟུག་རྡུ་མི་འབྱུང་བའི་སྟེང་དུ། འཆི་ཁའི་སྣང་བས་བསྡུས་པའི་དངོས་པོ་རྣམས་ལ་ཞེན་པའི་སྤང་བྱ་སྤོང་བའི་བྱ་བ་བྱས་ནས། འཆི་སེམས་ཀྱི་དོད་དུ། སྒྱུ་ངན་ལས་འདས་པ། དོན་དམ་པའི་འོད་གསལ་མངོན་དུ་བྱེད་པ་ཐེ་ཚོམ་མི་ཟའོ། །ཞེས་པའི་དོན་དུ་དགོངས་ནས། རྫོགས་པའི་རིམ་པ་རྟོགས་པར་གྱུར་པས་ཀྱང་། ཐམས་ཅད་བྱས་ནས། འཇིག་རྟེན་དུ་སྒྱུ་ངན་ལས་འདའ་བར་འགྱུར་བ་ནི་སོམ་ཉི་མི་བྱའོ། །ཞེས་དང་། ལྟ་བ་ཐམས་ཅད་རྣམ་པར་སྤངས་ནས་འཆི་བར་གྱུར་པ་ནི། དོན་དམ་པའི་བདེན་པ་བྱ་བ་ཡིན་ནོ། །ཞེས་གསུངས་ཤིང་། འགྱུར་འགའ་ཞིག་ཏུ། དོན་དམ་པའི་བདེན་པ་ཡིན་ལ་ཞེས་འབྱུང་། འདིར་སྐབས་ཀྱི་རྫོགས་པའི་རིམ་པ་ཞེས་པ། རིམ་པ་གསུམ་པ་སྒྱུ་ལུས་རྫོགས་རིམ་ལ་ཟེར། སྒྱུ་ངན་ལས་འདས་པ་ཞེས་པ་དོན་གྱི་འོད་གསལ་ལ་འཇོག་ཅིང་། དེ་དང་དོན་དམ་པའི་བདེན་པ་ཡིན་ལ། ཞེས་པ་རྣམས་དོན་གཅིག །བདེན་མཐོང་ཞེས་པའི་མཐོང་རྒྱུའི་བདེན་པའང་འདི་ཡིན། དེའི་ཚེ་བདེན་མཐོང་མ་ཡིན་བཞིན་དུ། བདེན་མཐོང་གི་མིང་བཏགས་པའི་སྒྱུ་ལུས་རྫོགས་རིམ་ཐོབ་པ་དེ། ཚོང་དང་། ཞིང་ལས། རྙེད་བཀུར་གྱིས་གཡེངས་ཏེ། སྤྱོད་པ་གསུམ་མ་གྲུབ་པར་འཆི་བའི་དུས་བྱས་ན། འཆི་ཀར་དོན་གྱི་འོད་གསལ་བདེན་པ་མཐོང་བར་འགྱུར་བའི་དོན་དུ་སྣང་བས། རྗེ་བཙུན་ས་སྐྱ་པས། འཕགས་པ་ལྷ་ཡི་སྤྱོད་བསྡུས་སུ༎ །བདེན་པ་མཐོང་ཡང་ལས་མཐའ་ལ། །ཆགས་པར་གསུངས་པ་རྫོགས་རིམ་གྱི། །རང་བྱུང་ཡེ་ཤེས་རྟོགས་པ་ནི། དཔེ་ཡི་ཡེ་ཤེས་ཉིད་ལ་དགོངས། །ཞེས་བཤད་པ་ནི། ལེགས་པར་བཤད་པ་ཤིན་ཏུ་ཆེན་པོ་ཡིན་ནོ། །

སྲིད་གསུམ་དུ། དཔེའི་ཡེ་ཤེས་ཙམ་རྟོགས་པ་ནི། གཉིས་ཚོས་ལས་མ་གྲོལ་བས། ཡང་དག་པའི་དོན་མཐོང་བའི་ཐ་སྙད་ཅི་ལ་ཐོབ། ཞེས་བྲིས་ཀྱང་། དཔེའི་ཡེ་ཤེས་སྒྱུ་ལུས་ཐོབ་པ་ལ་ཡང་དག་པའི་དོན་མཐོང་བའི་མིང་འདོགས་པ་ནི། སྤྱོད་བསྡུས་སྒྲོན་མ་རང་དུ་གསུངས་ཏེ། དེ་ལྟར་ཡང་། རང་གི་སེམས་ཡང་དག་པ་ཇི་ལྟ་བ་བཞིན་དུ་ཤེས་པ། ཞེས་སོགས་གསུངས་པའི་ཚིག་དོན་གོང་དུ་བརྗོད་ཟིན་པ་དང་། དཔེའི་ཡེ་ཤེས། སྣང་མཆེད་ཐོབ་གསུམ་གྱི་སྐབས་སུ་སྤྱོད་བསྡུས་ལས་འདི་སྐད་ཅེས། དེ་ལ་སྣང་བའི་མཚན་ཉིད་གང་ཞེ་ན། རྣམ་པ་མེད་པའི་རང་བཞིན་ལུས་དང་ངག་མེད་པ་སྟེ། ཇི་ལྟར་སྟོན་ཀའི་དུས་སུ་ནམ་མཁའ་དྲི་མ་མེད་པ་ལ། ཟླ་བའི་དཀྱིལ་འཁོར་གྱི་འོད་ཟེར་སྣང་བར་བྱེད་པས་ཁྱབ་པ་བཞིན་དུ། རང་བཞིན་གྱི་གསལ་བའི་རྣམ་པར། དངོས་པོ་མ་ལུས་པ་ཐམས་ཅད་ལ་དམིགས་པས་ན་སྣང་བ་སྟེ། འདི་ནི་དོན་དམ་བྱང་ཆུབ་ཀྱི་སེམས་ཤེས་པའི་སྣང་བ་སྟོང་པ་དང་པོ་སྟེ། ཞེས་དཔེའི་འོད་གསལ་སྣང་བ་ཐོབ་པ་ལ། དོན་དམ་བྱང་ཆུབ་ཀྱི་སེམས་མཐོང་བའམ། ཤེས་པའི་མིང་བཏགས་པ་དང་། སྣང་བ་མཆེད་པའི་མཚན་ཉིད་གང་ཞེ་ན། ཞེས་པ་ནས། བྱང་ཆུབ་ཀྱི་སེམས་

ཀུན་ཏུ་བཟང་པོ་གཉིས་པ་སྟེ། རིམ་པ་གཉིས་པ། ཤིན་ཏུ་སྟོང་པའི་མཚན་ཉིད་ཅན། །ཞེས་པའི་བར་གྱིས། དཔེའི་འོད་གསལ་མཆེད་པ་ལ། ཀུན་ཏུ་བཟང་པོའི་མིང་འདོགས་མཛད་ལ། སྐབས་འདིར། ལྟར་སྣང་དང་། བརྫུན་པ། མི་བདེན་པ། ཀུན་རྫོབ། འདུས་བྱས་རྣམས། རྣམ་གྲངས་ཕྱོགས་གཅིག་པ་དང་། ཡང་དག་པ་དང་། བདེན་པ། དོན་དམ། ཆོས་ཉིད་ཀུན་དུ་བཟང་པོ། དོན་དམ་པའི་བྱང་ཆུབ་ཀྱི་སེམས། དཔལ་མཆོག་དང་པོ་རྣམས། རྣམ་གྲངས་ཕྱོགས་གཅིག་ཏུ་འཇོག་པ་ནི་ངེས་དོན་གྱི་རྣམ་གཞག་འཆད་པ་ཀུན་གྱི་སྤྱི་ལུགས་ཡིན་ཞིང་། མདོ་རྒྱུད་གཉིས་ཀ་ལ། ལུང་གི་ཟིན་སོ་ཤིན་ཏུ་མང་པོར་སྣང་ལ། དེའི་ཕྱིར། གང་དོན་དམ་བྱང་སེམས་ཤེས་པའི་མིང་འདོགས་ཡོད་པ་དེ་ལ། བདེན་མཐོང་གི་མིང་དང་། ཡང་དག་པར་མཐོང་བ། ཆོས་སྐུ་མཐོང་བ། ཆོས་ཉིད་མཐོང་བ། སྟོང་པ་ཉིད་ཤེས་པ་ལ་སོགས་པའི་མིང་ཙམ་འདོགས་པ་ཤུགས་འབྱུང་དུ་གྲུབ་བོ། །རིགས་པས་བརྟགས་ནའང་། ཉན་ཐོས་དགྲ་བཅོམ་པ་དང་། རང་སངས་རྒྱས་ལ། སངས་རྒྱས་ཀྱི་མིང་འདོགས་ཙམ་མདོ་རྒྱུད་གཉིས་ཀར་དུ་བྱུང་ན། དོན་གྱི་ཡེ་ཤེས་འདྲེན་ནུས་པ་འམ། མཚོན་ནུས་པའི་དཔེའི་ཡེ་ཤེས་ཐོབ་པ་ལ་དོན་དམ་མཐོང་བ་དང་། ཡང་དག་མཐོང་བའི་མིང་ཙི་ཞིག་འདོགས་སུ་མི་རུང་། དྲང་པོར་སོམས་ཤིག །

ཁོ་བོ་ཅག་རྣམས་ཀྱི་སྟོན་པ་སངས་རྒྱས་དངོས་སུ་གྱུར་པ་བོད་ཀྱི་མཁས་པར་གྲགས་པ་གཞན་སུས་ཀྱང་། ཆོས་བཞིན་འགྲན་ཟླ་མི་ནུས་པའི། པཎ་ཆེན་ཐམས་ཅད་གཟིགས་པ་ཆེན་པོ་འབུམ་ཕྲག་གསུམ་པའི་ཞལ་ནས། དོན་དམ་ཆོས་ཉིད་ལ་མཐོང་བས་རྟོགས་པ་དང་། ཐོབ་པས་རྟོགས་པ་གཉིས་ཀྱི། དང་པོ་ལ། ཙམ་ཁྱད་གཉིས་ལས། ཙམ་པོ་ཐེག་ཆེན་སྦྱོར་ལམ་དང་། ཁྱད་པར་ཅན་ཐེག་ཆེན་འཕགས་ལམ་དུ་བཞག་པ་དང་། ཕྱི་མ་ལ་ཡང་། གནས་སྐབས་ཀྱི་ཐོབ་པས་རྟོགས་པ་དང་། མཐར་ཐུག་གི་ཐོབ་པས་རྟོགས་པ་གཉིས་ཀྱི། དང་པོ་ས་བཅུ་དང་། གཉིས་པ་སངས་རྒྱས་པ་ཁོ་ནར་མཛད་ལ། འདི་ནི་ཕྱོགས་བཅུའི་རྒྱལ་བ་སྲས་བཅས་ཐམས་ཅད་ཀྱི་བཞེད་པའི་གཏིང་མཐའ། ཤིན་ཏུ་མཐར་ཕྱིན་པར་དགོངས་པ་ཡིན་པས། གནད་འདི་ལྟ་བུ་གོ་ན་དཔེའི་ཡེ་ཤེས་ལ། བདེན་མཐོང་གི་མིང་འདོགས་པ་ལ། དགག་སྒྲུབ་ཀྱི་ངལ་བ་བརྟེན་མི་དགོས་པ་ནི། དམ་པའི་མགོན་གྱིས་ཟིན་པའི། སྐལ་བ་ཆེས་བཟང་བ་རྣམས་ཀྱི་རྣམ་པར་དཔྱོད་པའི་སྤྱོད་ཡུལ་ལོ། །སྲིད་གསུམ་དུ། རྟག་ཆད། འཕོ་བ་ལ་སོགས་པའི་ལྟ་ངན་འགག་པར་ཙི་སྟེ་གསུང་། ཞེས་དྲིས་པའང་ནུས་མེད་དེ། སྒྱུ་ལུས་བདག་བྱིན་རླབས་ཐོབ་པའང་། རྟག་ཆད་ཀྱི་མཐའ་ལ་མི་དམིགས་ཤིང་། མི་གནས་པར་བཤད། དེ་ཡང་འཕགས་པ་ཀླུ་སྒྲུབ་ཀྱིས་རིམ་ལྔར། སྒྱུ་ལུས་བདག་བྱིན་རླབས་མ་བསྒོམ་པའི་ཉེས་དམིགས་འཆད་པ་ན། བདག་བྱིན་བརླབས་པའི་མན་ངག་དག །གང་གིས་བླ་མ་ལས་མ་སྐྱབས། །རྟག་དང་ཆད་པ་ལ་དམིགས་པས། །

མི་དེ་ཕྱིར་བཟློག་གྱུར་པ་ཡིན། །ཞེས་རིམ་པ་གསུམ་པ་སྒྱུ་ལུས་བདག་བྱིན་བརླབས་མ་ཐོབ་ན། རྟག་ཆད་ཀྱི་དམིགས་རྣམ་འཕྲུལ་པས་འཛིན་པ་སྐྱེས་ཏེ། ཉམས་མྱོང་སྣང་རྩུང་ཟད་སྐྱེས་པའང་ཉམས་ནས། ཕྱིར་བཟློག་པར་གསུངས། ཉེས་དམིགས་དེའི་ལྡོག་ཕྱོགས་ཕན་ཡོན་ལ་སྦྱར་ན། བདག་བྱིན་བརླབས་པའི་མན་ངག་དག །གང་གིས་བླ་མ་ལས་བསླབས་ན། །རྟག་དང་ཆད་ལ་མི་དམིགས་པས། །མི་དེ་ཕྱིར་མི་བཟློག་པ་ཡིན། །ཞེས་པ་ཞིག་ཐོབ་པས། སྒྱུ་ལུས་བདག་བྱིན་བརླབས་ཐོབ་པ་ལ། རྟག་ཆད་འགགས་པའི་མིང་འདོགསམཛད། བཤད་སྦྱོལ་རྣམ་པ་གཅིག་ཏུ་ན། སྒྱུ་ལུས་ཐོབ་པ་དེ་ནམ་འཆི་བའི་ཚེ། དོན་གྱི་འོད་གསལ་མངོན་དུ་བྱས་ཏེ། རྟག་ཆད་འཕོ་བའི་མཐའ་འགགས་པར་འགྱུར་བ་ལ་དགོངས་ནས། སྤྱོད་བསྡུས་སྒྲོན་མར། ཡང་དག་པ་མཐོང་བས། རྟག་པ་དང་། ཆད་པ་དང་། འཕོ་བ་ལ་སོགས་པའི་ལྟ་བ་ངན་པ་འགགས་པར་འགྱུར་རོ། །ཞེས་མ་འོངས་པའི་ཚིག་གསུངས་པསཤེས་སོ། །དེ་བཞིན་དུ་སྲིད་གསུམ་ལས། དཔེའི་ཡེ་ཤེས་ཙམ་རྟོགས་པ་ནི། གཉིས་ཆོས་ལས་མ་གྲོལ་བས། ཞེས་སོགས་བྲིས་པ་ཡང་། འདི་ལྟར་དཔེའི་ཡེ་ཤེས་རྣམས། གཉིས་ཆོས་སྤངས་པ་མ་ཡིན་ཡང་། འོད་གསལ་སྣང་མཆེད་ཐོབ་གསུམ་གྱི་རྟོགས་པ་གློང་དུ་གྱུར་པའི་མཉམ་གཞག་ན། གཟུང་འཛིན་གྱི་གཉིས་སྣང་ལ། ཞེན་པ་མངོན་གྱུར་བ་རགས་པ་ཅན་མེད་པས། གཟུང་འཛིན་གཉིས་ཆོས་ལས་གྲོལ་བའི་མིང་འདོགས་ཙམ། དཔེའི་ཡེ་ཤེས་མཆེད་པ་ལ་ཡང་བཏགས་པ་སྟེ།

ཇི་སྐད་དུ། སྤྱོད་བསྡུས་སྒྲོན་མར། སྣང་བ་མཆེད་པའི་མཚན་ཉིད་གང་ཞེ་ན། གཟུང་བ་དང་འཛིན་པ་དང་བྲལ་བའི་གཟུགས་ཅན། ཞེས་སོགས་གསུངས་ལ། ཁྱོད་ཀྱི་བསམ་པ་ལ། གཉིས་ཆོས་ལས་གྲོལ་བ། ཞེས་པ་རྩ་བ་ནས་སྤངས་པའི་གྲོལ་བ་མཐའ་གཅིག་པར། བློ་གཏད་འཆོལ་བ་ནི། སྤང་བྱ་གྲོལ་སྤངས་ཀྱི་རིམ་པ་ལ། མངོན་འགྱུར་བ་མགོ་ནོན་གྱི་གྲོལ་སྤངས་དང་། ས་བོན་དྲུང་ནས་འབྱིན་པའི་གྲོལ་སྤངས་གཉིས་ཀྱི་དབྱེ་བ་སོ་སོ་དང་། སྤང་བྱ་སྤངས་འགོག་གཉིས་ལ་ཁྱད་པར་ཡོད་པ་རྣམས་ཞིབ་མོ་ནས་མ་ཕྱེད་པར། གཞུང་ལུགས་ཀྱི་རྣམ་གཞག་ལ། བློ་གྲོས་རྩིང་རྩལ་དུ་སོང་བའི་རྣམ་འགྱུར་དུ་སྣང་བས། མཁས་པ་མགུ་བར་ནུས་པ་མ་ཡིན་ནོ། །དེ་ལྟར་ན། རིམ་པ་གསུམ་པ། སྒྱུ་ལུས་ཐོབ་པ་དེས། འཆི་ཁར་འཆི་སེམས་ཀྱི་དོད་དུ། དོན་དམ་པའི་བདེན་པ་མངོན་སུམ་དུ་མཐོང་ལ་དེའི་ཕྱིར་སྐྱེ་བའི་དོད་དུ། སྒྱུ་ལུས་ཀུན་རྫོབ་བདེན་པའི་གཟུགས་ཅན་དུ་འགྱུར་བ་ལ་དགོངས་ནས་འཆི་བར་གྱུར་པ་ནི། དོན་དམ་པའི་བདེན་པ་ཡིན་ལ། སྐྱེ་བ་ནི་ཀུན་རྫོབ་ཀྱི་བདེན་པའོ། །ཞེས་གསུངས་ཤིང་། གང་ཞིག་སྐྱེ་བ་ཀུན་རྫོབ་བདེན་པ་སྟེ། །འཆི་བའི་མིང་ཡང་དོན་དམ་བདེན་པ་ཡིན། །རིམ་གཉིས་དེ་དག་བླ་མའི་དྲིན་གྱིས་ནི། །རྙེད་པ་འདི་ཡང་མ་འོངས་སངས་རྒྱས་ཡིན། །ཞེས་པའི་དོན་

ཡང་འདི་ཁོ་ནའོ། །ཀུན་རྫོབ་སྒྱུ་ལུས་ཀྱི་གཟུགས་ཅན་དེ་ཡང་། །མ་དག་པའི་སྒྱུ་ལུས་ནི་མ་ཡིན་ཏེ། སྐྱེས་བུ་དེས་འཆི་ར་དོན་གྱི་འོད་གསལ་ཐོབ་ཕྱིན་མ་དག་པའི་སྒྱུ་ལུས་སྤྱངས་པས་སོ། །དེ་སྐད་དུ། ཐ་མལ་པའི་ཕུང་པོ་པོར་ནས། ཞེས་གསུངས། དེའི་ཚེ། དག་པའི་སྒྱུ་ལུས་བདག་བྱིན་རླབས་ཀྱི་སྐྱུར་ལྡང་བར་འདོད་པའི་སེམས་བསྐྱེད་པའམ་འདུན་པ་གཏད་ཅིང་། ཇི་ལྟར་འདུན་པ་གཏད་པ་བཞིན། དག་པའི་སྒྱུ་ལུས་ཀྱི་གཟུགས་སུ་སྐྱེ་བའང་ཡིན་པ་ལ་དགོངས་ནས། བདག་ལ་བྱིན་གྱིས་བརླབས་པའི་རིམ་གྱིས་ལྡང་བར་བྱའོ། །ཞེས་བརྟན་པའི་སེམས་བསྐྱེད་དེ་ཞེས་གསུངས་ལ། བསམ་པ་གང་དང་གང་གིས་ནི། །མི་རྣམས་དེ་ནི་ཡང་དག་སྦྱོར། །དེས་ན་དེ་ཡི་རང་བཞིན་གྱུར། །སྣ་ཚོགས་ནོར་བུ་ཇི་བཞིན་ནོ། །ཞེས་པའང་འདི་ལ་དགོངས། གནད་དེ་དག་གིས་ན། སྤྱོད་བསྡུས་སུ། གལ་ཏེ་སྒྲུབ་པ་པོ་བདེན་པ་མཐོང་ཡང་། སྔོན་གྱི་བག་ཆགས་ལ་གོམས་པའི་སྟོབས་ཀྱིས། ཞིང་ལས་དང་། ཚོང་དང་། རྙེད་བཀུར་ལ་སོགས་པས་གཡེངས་ནས། ཞེས་པའི་བདེན་མཐོང་འདི། དཔེའི་འོད་གསལ་ལ་བདེན་མཐོང་གི་མིང་བཏགས། ཞེས་སློབ་དཔོན་བདག་ཉིད་ཆེན་པོ་བསོད་ནམས་རྩེ་མོས་གསུངས་པ་དེ། སླར་ཡང་ཟློས་སྐྱོར་གྱི་ཚུལ་དུ། ཆོས་རྗེ་པཎྜི་ཏས་རབ་དབྱེར། འཕགས་པ་ལྷ་ཡི་སྤྱོད་བསྡུས་སུ། །ཞེས་སོགས་བཤད་པ་ནི། འཕགས་པ་ཀླུ་སྒྲུབ་ཡབ་སྲས་ཀྱི་གསང་བ་འདུས་པའི་གཞུང་རྣམས་ཀྱི་དགོངས་པ་དཔྱིས་ཕྱིན་པ་ཉིད་དུ་ཤེས་པར་བྱའོ། །

སྲིད་གསུམ་དུ་ཐུགས་གཏད་ཀྱི་དྲག་ཤོས། ལས་མཐའ་ལ་ཆགས་པར་བཤད་པ་དེར་སྣང་ཡང་། ཞེས་བྲིས་ཀྱང་། ཁོ་བོ་ནི་ལས་མཐའ་ལ་ཆགས་པ་ཞེས་པའི་ཚིག་ཙམ་ལ་ཐུགས་གཏད་ཅི་ཞིག་བྱེད། འཆི་བ་དོན་གྱི་འོད་གསལ་གྱི་ལམ་རིམ་ལ་ཐུགས་གཏད་བྱེད་པ་ཡིན། དེས་སྐྱོན་ཐམས་ཅད་ནད་གྲོལ་དང་གདོན་གྲོལ་དུ་སོང་ངོ་། །འདིར་སྤྱོད་བསྡུས་ཀྱི་དགོངས་དོན་མཐར་ཐུག་པ། སྔོན་གྱི་འདུས་པ་འཕགས་ལུགས་ཀྱི་སྲོལ་འཛིན་ཆེན་པོ་འགས་ཀྱང་། ཇི་བཞིན་དུ་རྟོགས་པ་ཉུང་ཞིང་། ཁྱད་པར། ས་ལུགས་ཀྱི་མཁས་པ་ཆེན་པོ་གོ་ཤཱཀ་ལ་སོགས་པ། ཤིན་ཏུ་གྲགས་པ་དང་ལྡན་པ་དེ་དག་གིས་ཀྱང་དོན་འདི་དག་ཕུལ་དུ་ཕྱིན་པ་མ་དགོངས་པས། སྔོན་ཆད་བྱོན་ཟིན་པའི་སྡོམ་གསུམ་གྱི་ཡིག་ཆ་ཕལ་ཆེར་ཞིག་ལ་ངེས་པ་ཨོཾ་ཏིག་པོ་མི་སྣང་། རྗེ་ཀླུ་སྒྲུབ་ཀྱིས་ཀྱང་། རྒྱན་པོའི་ཟེར་ཟློས་ཡང་བསྐྱར་ཙམ་མ་གཏོགས། འཕགས་པ་ཀླུ་སྒྲུབ་ཡབ་སྲས་ཀྱི་དགོངས་པ་གཏིང་ཚུགས་པར་མཁྱེན་པའི་གསུང་རིམས་མ་མཆིས་ལ། སྲིད་གསུམ་མཁན་པོ་དང་། རྗེ་འབྲུག་པ་པདྨ་དཀར་པོ་སོགས་ཀྱི་ཡིག་ཆ་ན་ཡང་། དཔེ་རྒྱལ་སྣ་ཚོགས་ཀྱི་ཚིག་རྣམས་ལ་བློ་ཤུགས་བཙོལ་ཏེ་ཚོད་དཔགས་ཀྱིས། མི་འདྲ་འདྲ་བསྒྲིགས་མཛད་པ་མ་གཏོགས། གསང་བ་འདུས་པའི་རྒྱུད་མན་ངག །འཕགས་པ་ཀླུ་སྒྲུབ་ཀྱི་གཞུང་ལུགས

དང་བཅས་པ་ལ། རྣམ་དཔྱོད་ཀྱི་ངེས་པ་རྙེད་ནས་སྨྲས་པའི་གཏམ་མི་སྣང་ངོ་། །ཁོ་བོས་ནི། འཕགས་པ་ཀླུ་སྒྲུབ་ཡབ་སྲས་ལས་བྱུང་བའི་གསང་བ་འདུས་པའི་གཞུང་ལུགས་ལ་ཤིན་ཏུ་འདྲིས་པར་བྱས་ཏེ། བོད་ཀྱི་བླ་མ་རྣམས་ཀྱི་ཡིག་ཆ་ངེས་མེད་རྣམས་ལ་སྐྱབས་མ་བཅོལ་བར། འཕགས་པ་ཡབ་སྲས་ཀྱི་དགོངས་པའི་དཔྱིད་དང་། ལམ་གྱི་ཞེ་ཕྱུགས་གང་ཡིན་པ་རྟོགས་པར་བགྱིས་ནས། གོང་དུ་མཚོན་པ་ཙམ་སྨོས་པ་སྟེ། གཞན་ཡང་བཤད་པར་བྱ་བ་མང་དུ་ཡོད་མོད་ཀྱི། ཡི་གེས་འཇིགས་ཏེ་རེ་ཞིག་དེ་ཙམ་མོ། །

༄ ངན་རྟོག་ཚ་གདུང་གིས་ནོན་གཉིས་འཐུང་ལ། །སྙིང་རྗེས་ཟབ་དོན་བདུད་རྩིའི་རོལ་མཚོ་ནི། །དྲན་ཉམས་གཏི་མུག་བཀྲུ་བའི་མཛའ་བཤེས་སུ། །དེང་འདིར་སྤེལ་ལ་བློ་ལྡན་དགའ་བར་གྱིས། །ཞེས་ཀྱང་སྨྲས་སོ༑ ༑རབ་དབྱེར། རྡོ་བོ་ནཱ་རོ་ཏ་པ་ནི། །དབང་བསྐུར་དུས་སུ་མཐོང་ལམ་སྐྱེ། །དེ་ནི་སྐད་ཅིག་དེ་ལ་འགག །ཆོས་མཆོག་རྗེས་ཀྱི་མཐོང་ལམ་ནི། །འགག་པ་མེད་ཅེས་གསུངས་པར་གྲག །ཅེས་གསུངས་པའི་དོན་ལ། འབྲུག་པ་དཔོན་སློབ་གཉིས་ཀས། ནཱ་རོ་པ་དབང་དུས་སུ་མཐོང་ལམ་སྐྱེ་ཞིང་། དེ་མི་བརྟན་པར་འགག་པ་ཞིག་བཞེད་པར་ས་པཎ་གྱི་གསུངས་སོ་སྙམ་ནས། སྨྲ་བ་མང་དུ་བྲིས་ཤིང་། ས་ལུགས་པ་ཕལ་མོ་ཆེ་ཡང་རབ་དབྱེའི་དགོངས་དོན་དེ་ཀ་ཡིན་པར་སྨྲ་ལ་ཁོ་བོ་ནི་གསུངས་པར་གྲག །ཅེས་པ། གྲག་ལོ་ཟེར་གསུམ་གྱི་ནང་ཚན་མ་རངས་པའི་ཚིག་སྟེ། ནཱ་རོ་པ་དབང་དུས་སུ་མཐོང་ལམ་ཡུད་ཙམ་སྐྱེས་ནས། སླར་རྒྱུན་འགག་ཅིང་མི་བརྟན་པ་བཞེད་ཅེས། བོད་ཀྱི་བླ་མ་གཞན་དག་ཟེར་བར་གྲག་གོ། །ཅེས་མ་རངས་པའི་ཚུལ་དུ་སྟོན་པ་ལ། རྡོ་བོ་ཅེས་སོགས་བྱུང་། མ་རངས་པ་མཛད་པའི་རྒྱུ་མཚན་ཡང་། ནཱ་རོ་འགྲེལ་ཆེན་གྱི་ནང་ན། དཔེ་ཡིན་གྱི་དོན་དམ་པ་ནི་མ་ཡིན་ཏེ། དེའི་ཕྱིར་དབང་པོ་རྣོན་པོས། ཞེས་སོགས་དང་། ལོ་ཀ་བའི་དཔེ་ཡིས། ཀུན་རྫོབ་བདེན་པ་ཡིན་གྱི། མེ་ལོང་ལྟ་བུ་དོན་དམ་པ་མ་ཡིན་ཏེ། ཞེས་འབྱུང་བས། བླ་མ་གཞན་གྱིས། ནཱ་རོ་པའི་བཞེད་ཚུལ་སྨྲས་པ་དེ་དག །ཕལ་ཆེར་ནཱ་རོ་པ་མི་བཞེད་མོད། ཅི་སྟེ་ནཱ་རོ་པ་བཞེད་ངེས་ཤིང་། གསུང་ཡིན་ངེས་ཀྱི་ཟིན་སོ་ཡོད་ན། དེ་ནི་མཐོང་ལམ་མཚན་ཉིད་པ་མ་ཡིན་གྱི། དཔེའི་ཡེ་ཤེས་ལ་མཐོང་ལམ་གྱི་མིང་བཏགས་པར་ཟད་དོ། །ཞེས་སྟོན་པ་ལ། འདི་ནི་དཔེའི་ཡེ་ཤེས་ལ། །མཐོང་བའི་ལམ་དུ་བཏགས་པར་ཟད། །ཅེས་སོ། །དེ་བས་ན། ཕྱོགས་གཞན་གྱི་དགག་པ་ཐམས་ཅད་ནུས་མེད་དུ་ཟད་དོ། །

སྲིད་གསུམ་དུ། དབང་དུས་ཀྱི་མཐོང་ལམ་དེ་ཡང་། མཐོང་ལམ་མ་ཡིན་པར་བསྒྲུབས། བདེན་མཐོང་དེ་ཡང་། བདེན་མཐོང་མཚན་ཉིད་པ་མ་ཡིན་པར་བསྒྲུབས་པ་བཞིན་དུ། གྲུབ་ཐོབ་དེ་ཡང་གྲུབ་ཐོབ་མཚན་ཉིད་པ་མ་ཡིན་པ་དང་། འཕགས་པ་དེ་ཡང་འཕགས་པ་མཚན་ཉིད་པ་མ་ཡིན་པར་སྒྲུབས་ཤིག །ཅེས་ཞེ་སྨུན་གྱི་ཚུལ

དུ་བྲིས་ཀྱང་། ཕྱོགས་སྔ་འི་ནམ་མ་ལངས་པར། དགག་པའི་ཉི་མ་ཤར་བ་སྟེ། དབང་དུས་སུ་སྐྱེས་པའི་དཔེའི་ཡེ་ཤེས་ལ་མཐོང་ལམ་དང་། བདེན་མཐོང་གི་མིང་བཏགས་པ་རྣམས། མཐོང་ལམ་མཚན་ཉིད་པ་མ་ཡིན་པ་དང་། བདེན་མཐོང་མཚན་ཉིད་པ་མ་ཡིན་པ་ནི་ཅེས་ཀྱང་། འདོད་ལ། སྤྱི་ལྡོག་ནས་དབང་དུས་ཀྱི་མཐོང་ལམ། མཐོང་ལམ་མ་ཡིན་པ་དང་། བདེན་མཐོང་བདེན་མཐོང་མ་ཡིན་པར་སུ་ཞིག་གིས་སྨྲ་བར་སྤོབས། གྲུབ་ཐོབ་ཀྱང་། འཇིག་རྟེན་པའི་དངོས་གྲུབ་ཐོབ་པ་ལ་གྲུབ་ཐོབ་ཏུ་མིང་བཏགས་པ་རྣམས། སྐབས་ཐོབ་དགོས་ཙམ་པའི་དམིགས་བསལ་ལ། གྲུབ་ཐོབ་ཏུ་རུང་ཡང་། སྤྱི་ལྡོག་ནས། གྲུབ་ཐོབ་མ་ཡིན་པ་ལ་དགོངས་ནས། གྲུབ་པ་ཆུང་ངུ་མཐོང་ལམ་ཡིན། །གྲུབ་པ་འབྲིང་པོ་ས་བརྒྱད་པ། །གྲུབ་པ་ཆེན་པོ་སངས་རྒྱས་པ། །འཕགས་པ་ཡིན་ལ་གྲུབ་ཐོབ་མེད། །ཅེས་གསུངས་པས། སོ་སོ་སྐྱེ་བོ་གྲུབ་ཐོབ་ཀྱི་མིང་ཅན་རྣམས། གྲུབ་ཐོབ་མ་ཡིན་པ་ངེས་པར་འདོད་དེ། སྦྱོར་ལམ་ལ། སྒོམ་ལམ་གྱི་མིང་འདོགས། གསུང་རབ་ལས་འབྱུང་ཡང་། དེ་སྒོམ་ལམ་མ་ཡིན་པར་མཁས་པ་སྤྱི་ལ་ཡོངས་སུ་གྲགས་པ་བཞིན་ནོ། །

སྲིད་གསུམ་དུ། དབང་ལས་བྱུང་བའི་ཡེ་ཤེས་དེ། རང་བྱུང་མ་ཡིན་ཏེ། ལམ་རིམ་རྒྱས་པའི་སྒོ་ནས། ཐུལ་ཆེན་གྱི་དཀྱིལ་འཁོར་དུ་དབང་བསྐུར་བའི་སྦྱོར་བ་ལ་ལྟོས་པས་སོ། །ཞེས་དང་། རིམ་གཉིས་ཀྱི་ཏིང་འཛིན་ལས་བྱུང་བའི་ཡེ་ཤེས་དེ་ཡང་། རང་འབྱུང་མ་ཡིན་ཏེ། རིམ་གཉིས་སྒོམ་པའི་འབད་རྩོལ་ལ་ལྟོས་པའི་ཕྱིར་རོ། །ཞེས་བྲིས་པ་ནི། རྟེན་གཞི་རྡོ་རྗེ་འགྱུར་མེད་ཀྱིས། འཆལ་གཏམ་ངོམ་འཚོར་དུ་བྱས་པ་ལ་སྐྱབས་སུ་བཅོལ་ནས། སྲིད་གསུམ་དུ་བྲིས་བཤུས་བྱས་པར་སྣང་ཡང་། མདོ་རྒྱུད་ཀྱི་གསང་བ་ཟབ་མོ་ལ། ངེས་ཤེས་བརྟན་པོར་མ་སྐྱེས་ན། རི་བོང་ཅལ་འདྲོགས་སུ་འགྲོ་བ་ལས་འོས་ཅི་ཡོད། དོན་གྱི་ལན་རྣལ་མ་ནི། སྡོམ་འབྱུང་གི་རྒྱུད་དུ། འདི་ནི་རང་བྱུང་འཆར་བའོ། །ཞེས་རང་བཞིན་ལྷན་སྐྱེས་ལ། རང་བྱུང་གི་མིང་བཏགས་ཀྱང་། དེ་ཐོབ་པ། སྣང་བ་མེད་ཅིང་ཐོགས་པ་མེད། །ཅེས་སོགས་ལས་འབྱུང་བའི་བདེ་སྟོང་གི་ལམ་སྒོམ་པ་ལ་ལྟོས་པར་བཤད་ཅིང་། འཕགས་པ་ཀླུ་སྒྲུབ་ཀྱིས། འདི་ནི་རང་བྱུང་བཅོམ་ལྡན་འདས། །གཅིག་ཏུ་བདག་ཉིད་ཆེ་བའི་ལྷ། །ཞེས་དང་། རྡོ་རྗེ་རྩེ་མོའི་རྒྱུད་དུ། འཁོར་བ་དག་པའི་བདག་ཉིད་དེ། །རང་བྱུང་ང་ཉིད་ཁོ་ན་ཡིན། །ཞེས་ཆོས་སྐུ་ཐམས་ཅད་རང་བྱུང་དུ་བཤད་ཀྱང་། དེ་ཐོབ་པ། ལམ་ཕར་ཕྱིན་བཅུ་དང་། རིམ་གཉིས་བསྒོམ་པ་སོགས་ལ་ལྟོས་དགོས་པར་བཤད་པ་ལྟར། བཞི་པ་ཕྱག་རྒྱ་ཆེན་པོའི་ཡེ་ཤེས་སོགས། རྫོགས་རིམ་རང་བྱུང་གི་ཡེ་ཤེས་རྣམས། རང་བྱུང་ཡིན་ཡང་དེ་ཐོབ་པ་དབང་དང་། ལམ་སྒོམ་པ་ལ་ལྟོས་པ་ནི་འགལ་བ་མེད་ལ། མདོར་ན། ཆོས་སྐུ་ཐམས་ཅད་རང་བྱུང་ཡིན་ཡང་། དེ་ཐོབ་པ་ལམ་སྒོམ་པ་ལ་ལྟོས་དགོས་པས་ན། སངས་རྒྱས་ཀྱི་བཀའ་མདོ་རྒྱུད་ཐམས

ཅན་དུ། ཆོས་སྐུ་ཐོབ་པའི་ཐབས་ཀྱི་རིམ་པ་ཉིད་གཙོ་བོར་གསུངས་པ་བཞིན་ནོ། །

སྲིད་གསུམ་དུ། མཐོང་ལམ་སྐྱེ་བའི་རྟེན་དུ་འཕགས་པ་ངེས་པར་དགོས། ཞེས་གསུང་བ་འདྲ་ན། དེ་ཡང་སློང་དཔོན་དབེན་ཞེས་བྲིས་མོད། འདི་རབ་དབྱེར། དེས་ན་ངེད་ཀྱི་མཐོང་ལམ་ནི། །འཕགས་པ་མིན་ལ་འབྱུང་མི་སྲིད། །ཅེས་པ་ལ་ནུར་ཟ་བར་སྣང་ཡང་། ཕྱོགས་འགྲོ་ཙམ་དུའང་མ་ཕྱིན་པ་སྟེ། གཞུང་དེའི་དོན། མཐོང་ལམ་སྐྱེ་བའི་རྟེན་དུ། འཕགས་པ་ངེས་པར་དགོས་ཟེར་བ་མ་ཡིན་གྱི། མཐོང་ལམ་འཕགས་པ་ཁོ་ནའི་རྒྱུད་ལ་ཡོད། སོ་སོ་སྐྱེ་བོའི་རྒྱུད་ལ་མེད་ཅེས་པའི་དོན་ཡིན། རྒྱུ་མཚན། མཐོང་ལམ་བརྒྱུད་ནས་སྐྱེ་བའི་རྟེན་ནི། མ་འོངས་པ་ན། མཐོང་ལམ་ཐོབ་འགྱུར་གྱི་སེམས་ཅན་ཀུན་ཀྱང་ཡིན་ལ། མཐོང་ལམ་དངོས་སུ་སྐྱེ་བའི་རྟེན་ནི་ཆོས་མཆོག་པ་ཁོ་ན་ཡིན། འཕགས་པ་ནི་མཐོང་ལམ་གནས་པའི་རྟེན་ཡིན་གྱི། སྐྱེ་བའི་རྟེན་དུ་སྤྱི་ལྡོག་ནས་མི་རུང་། འོན་ཀྱང་དགོས་ཙམ་པ་ལ་ཐེག་དམན་འཕགས་པ་རྣམས། ཐེག་ཆེན་གྱི་མཐོང་ལམ་སྐྱེ་བའི་རྟེན་དུ་བྱེད་པ་སོགས་ཡོད་ཀྱང་། དེས་སྤྱི་ལྡོག་གི་རྣམ་གཞག་ལ་ཕན་གནོད་གང་དུའང་མི་འགྱུར་བས་སོ། །

འབྲུག་པས་གན་མཛོད་དུ། རྔང་པ་ཕྱི་མ་དེས་ནི། དེས་ན་གང་ཟག་དབང་པོ་རབ། །དབང་བསྐུར་ཉིད་ཀྱིས་གྲོལ་བར་གསུངས། ཞེས་པའང་བདེན་མེད་དུ་བཏང་ལ། ཞེས་དང་། དེའི་བརྟན་རྒྱབ་བརྟན་གྱིས་གནོན་པའི་ཐབས་སུ། སྲིད་གསུམ་ལས། དབང་དུས་སུ་གྲོལ་བ་ཞིག་ཡོད་ན། ངེད་ཀྱི་ཕྱག་རྒྱ་ཆེན་པོ་ནི། །དབང་ལས་བྱུང་བའི་ཡེ་ཤེས་ཡིན། །གསུངས་པས་ཆོག་པ་ལ། དེས་མ་གྲོལ་བས་ཀ རིམ་པ་གཉིས་ཀྱི་ཏིང་འཛིན་ལས། །བྱུང་བའི་ཞེས་སྨོས་འདུག་པས། དབང་དུས་སུ་གྲོལ་བ་མེད་པར་བསྒྲུབས་ཟིན་ནས། ཞེས་བྲིས་པ་ལ། ལན་འདི་འདྲ་སྐབས་སུ་བབ་པས་ཉོན་ཞིག །འོན། དུས་འཁོར་དུ། ཡེ་ཤེས་ཕེབས་པས་སངས་རྒྱས་བླ་མ་ཡིས། ཀྱང་བླ་མ་ཛ་འཕྲུལ་ལྡན་པའི་སྟོན་པ་གཅིག་པུར་འགྱུར། ཞེས་ཡེ་ཤེས་དབབ་པའི་དུས་སུ་གྲོལ་བར་བཤད་པ་མི་བདེན་ཏེ། ཡེ་ཤེས་དབབ་པའི་དུས་སུ་གྲོལ་བ་ཞིག་ཡོད་ན། དངོས་གཞི་དབང་བཞིའི་ཚིག་གསུངས་ནས་ཅི་ཞིག་བྱེད། ཡེ་ཤེས་དབབ་པའི་དུས་སུ་མ་གྲོལ་བས་ཀ །དངོས་གཞིའི་དབང་བསྐུར་བ་དང་། ལམ་སྟོན་པ་སོགས་དགོས་པ་བྱུང་བ་ཡིན། དེས་ན་རྒྱུད་སྡེ་རྣམས་སུ། རིམ་གཉིས་སྒོམ་པའི་མན་ངག་དང་། དབང་བཞི་དངོས་གཞིའི་ཚིག་བཤད་པས། ཡེ་ཤེས་དབབ་པའི་དུས་སུ་གྲོལ་བའང་བདེན་མེད་དུ་བཏང་ངོ་། །ཞེས་རྣམ་པ་ཀུན་ཏུ་ཁྱེད་ལ་མཚུངས་སོ། །འདི་ནི་འབྲུག་པ་པདྨ་དཀར་པོ་དང་། སྲིད་གསུམ་དགེ་མཚན་རྩོམ་པ་པོ་གཉིས་ལ་མགོ་བོར་ཐོག་བབས་པ་ལྟར་གྱུར་རོ། །

ངེད་ཀྱི་ལུགས་ལ་ནི། གང་ཟག་དགོས་ཙམ་པ་ལ། ཡེ་ཤེས་དབབ་པའི་དུས་སུ་གྲོལ་བ་ཡོད་ཀྱང་། གང

ཟག་སྐྱི་ཁྱབ་ཏུ་དེ་ལྟར་གྲོལ་བ་དཀའ་བས། དངོས་གཞིའི་དབང་སོགས་བཤད་པ་དང་། ཨིནྡྲ་བོ་དྷི་ལྟ་བུ། དབང་བཞི་པ་དངོས་གཞིའི་དུས་སུ་གྲོལ་བའི་ལས་འཕྲོ་ཅན་ཡིན་ཡང་། ལས་འཕྲོ་ནུས་པ་ཆུང་བའི་གང་ཟག་གཞན། དབང་དུས་སུ་མ་གྲོལ་ན། ཕྱིས་རིམ་གཉིས་བསྒོམ་པས་གྲོལ་བར་འགྱུར་བ་ལ་དགོངས་ནས། དེས་ན་གང་ཟག་དབང་པོ་རབ། །དབང་བསྐུར་ཉིད་ཀྱིས་གྲོལ་བར་གསུངས། །དབང་གིས་གྲོལ་བར་མ་ནུས་པའི། །གང་ཟག་གཞན་ལ་བསྒོམ་དགོས་སོ། །ཞེས་གསུངས། འོན་དབང་བསྐུར་གྱི་དུས་སུ་གྲོལ་བ་ཡོད་ན། ཕྱོགས་རེའི་ཐབས་ཀྱིས་གྲོལ་བ་མིན། ཞེས་པ་དང་འགལ་ལོ་སྙམ་ན། དབང་ནི་ལམ་ཕྱོགས་རེ་བ་མ་ཡིན་གྱི། སྔགས་ལམ་ཡེ་ཤེས་ཀྱི་ཆུ་བོ་ཐམས་ཅད་གཅིག་ཏུ་འདུས་པ་ཡིན་པ་ལ་དགོངས་ནས། ཆོས་རྗེ་པཎྜི་ཏས། རྡོ་རྗེ་ཐེག་པའི་སྒོར་ཞུགས་ནས། །དབང་བསྐུར་ལས་གཞན་ཆོས་མེད་དོ། །ཞེས་དང་། མཁས་རྣམས་ཅི་ནས་དབང་བསྐུར་ལ། །གྲུབ་པའི་རྒྱུ་མཚན་དེ་ལྟར་ཡིན། །ཞེས་སོགས་མང་དུ་བཤད་ཅིང་། བླ་མ་རྗེ་བཙུན་གྱིས་ཀྱང་། ཕྱིན་རླབས་ཕྲ་མོ་ཙམ་ཞིག་མ་ཡིན་ཏེ། །སྔགས་ཀྱི་རྩ་བ་དབང་བསྐུར་ཡིན་པས་སོ། །ཞེས་བཤད་པས། བསྐྱེད་རིམ་ཙམ་དང་། གཏུམ་མོ་ཙམ་སོགས་ཆ་ཤས་སུ་ཕྱེ་བའི་ལམ་དང་། བསྐྱེད་རྫོགས་ཀྱི་ལམ་ཐམས་ཅད་ཀྱི་སྙིང་པོ་གཅིག་ཏུ་འདུས་པའི་དབང་གཉིས་དོ་ཟླ་མ་ཡིན་ལ། དེའི་ཕྱིར་འབྲུག་པས། ཕྱོགས་རེའི་ཐབས་ཀྱིས་གྲོལ་བ་མིན། །ཞེས་པའང་ཚད་མས་བསལ་བར་བྱས་སོ། །ཞེས་དང་།

སྲིད་གསུམ་དུ། ཕྱོགས་རེ་ཞེས་པ་ཆ་ཤས་ཀྱི་དོན་དུ། ཐ་སྙད་ལ་གྲགས་པ་ལྟར། དབང་། བསྐྱེད་རིམ། རྫོགས་རིམ་སོགས་ཆ་ཤས་རེ་རེ་ལ་འདོད་དགོས་ཟེར་བའི་ངན་རྟོག་སྙིང་པོ་མེད་པར་རྟོགས་སོ། །དེ་ལས་འཕྲོས་ཏེ་སྲིད་གསུམ་དུ། ཡེ་ཤེས་སྐྱེ་བའི་སྣ་འདྲེན་ཐམས་ཅད་སྨིན་བྱེད་དབང་གིས་བྱེད་དགོས། དེས་མི་བྱེད་ན་དབང་མ་ཐོབ་པར། བསྐྱེད་རྫོགས་བསྒོམ་དུ་མི་རུང་ལ། དབང་གིས་སྣ་འདྲེན་བྱས་ཟིན་ནས། དགཞོད་གཏུམ་མོ་ལྟ་བུས། ཡེ་ཤེས་སྐྱེ་བའི་སྣ་འདྲེན་བྱེད་རྒྱུ་གར་ཡོད། ཅེས་བྲིས་པ་ནི། འཇིག་རྟེན་གྱི་མགྲོན་པོའི་སྣ་འདྲེན་དང་། གསུང་རབ་ཀྱི་ཆོས་སྒོར་ཞུགས་ཙམ་གྱི། ཆོས་ཐོག་མའི་སྣ་འདྲེན་ལ་བསམ་པར་སྣང་ཡང་། དེ་འདྲ་མ་ཡིན་གྱི། འདིར་སྐབས་ཀྱི་སྣ་འདྲེན་ཞེས་པ། རང་འབྲས་དེའི་དངོས་རྐྱེན་དེ་མ་ཐག་པ་ལ་ཟེར་བས། རིམ་གཉིས་སྒོམ་པས་སྣ་འདྲེན་བྱས་པའི་ཡེ་ཤེས་ལ། རིམ་གཉིས་ཀྱི་སྒོམ་པ་དང་། དེ་ལས་བྱུང་བའི་ཡེ་ཤེས་གཉིས་ཀྱི་བར་དུ། དངོས་པོ་གཞན་གྱིས་བར་མ་ཆོད་པ་དང་། དབང་ཆོག་གིས་སྣ་འདྲེན་བྱས་པའི་ཡེ་ཤེས་ལ། དབང་ཆོག་ལ་ཞུགས་པའི་སྐབས་དེ་དང་། དེ་ལས་བྱུང་བའི་ཡེ་ཤེས་ཀྱི་བར་དུ། གཞན་གྱི་བར་མ་ཆོད་པ་དགོས་ལ༑ རིམ་གཉིས་སྒོམ་པའི་གོང་དུ། དབང་བསྐུར་སྔོན་དུ་སོང་བ་ཙམ་ནི་རིང་རྒྱུ་ཡིན་གྱི། སྐབས་འདིའི་སྣ་

འདྲེན་མ་ཡིན་ནོ། །སྲིད་གསུམ་དུ། རྡོ་རྗེ་ཐེག་པའི་སྒོར་ཞུགས་ནས། །དབང་བསྐུར་ལས་གཞན་ཆོས་མེད་དོ། ། ཞེས་གསུངས་པ་བཞིན་དུ། དེ་ཁྱད་དུ་བསད་ནས། འདི་དབང་དུས་སུ་གྲོལ་བ་དང་མི་མཚུངས་ཏེ། ཞེས་བསྐྱེད་རྫོགས་ཀྱི་ཆ་རེ་རེ་བཞིན། དབང་ལས་ལོགས་སུ་བཀར་བ་ནི། རང་ལ་གནོད་པའི་ཐབས་ཤོམ་པའོ། །ཞེས་ཟེར་བ་ནི། སྲིད་གསུམ་མཁན་པོས། སྟ་ཕྱི་དུས་མཉམ་སོགས་ཀྱི་རྣམ་གཞག་མི་ཤེས་པའི་རྫོབ་རྟགས་ཆེན་པོར་སྣང་སྟེ། བསྐྱེད་རྫོགས་རྣམས། དབང་ལམ་ལས་ལོགས་སུ་བཀར་བ་མ་ཡིན་གྱི། བསྐྱེད་རྫོགས་ཀྱི་ལམ་བསྒོམ་པ་ལས་བྱུང་བའི་ཡེ་ཤེས་རྣམས། དབང་གི་རྗེས་སུ་བྱུང་བའམ། རྗེས་སུ་ཐོབ་པའི་ཡེ་ཤེས་ཡིན་ཞེས་བྱ་ལ། རྒྱུ་མཚན། དབང་དུས་སུ་ཞེས་པའི་དོན། དབང་གི་དུས་དེ་ཉིད་རང་དུ་ཟེར་བའི་དོན་ཡིན། དེས་ན། དབང་དུས་སུ་གྲོལ་བ་དང་། དབང་གི་རྗེས་སུ་རིམ་གཉིས་བསྒོམ་པས་གྲོལ་བ། སྔ་ཕྱིའི་ཁྱད་པར་ཆེ་བས། དཔྱར་བ་དང་། མ་འོངས་པ་གཅིག་ཏུ་བསྒྲུབ་པ་ནི། ཤིན་ཏུ་བཞད་གད་ཆེ་བའི་གནས་ཏེ་རང་ལ་གནོད་པའི་ཐབས་རང་གིས་ཤོམ་མཁན་ནི་ཁྱེད་རང་ཡིན་པར་སྣང་ངོ། །

ཆོས་རྗེ་པཎྜི་ཏས། ནཱ་རོ་དང་ནི་མཻ་ཏྲི་པའི། །ཕྱག་རྒྱ་ཆེན་པོ་གང་ཡིན་པ། །ཞེས་སོགས་ལ། འབྲུག་པས་གན་མཛོད་དང་། སྲིད་གསུམ་མཁན་པོའི་བསྟན་བཅོས་སུ། དོན་རྩ་གཅིག་ལ། ཚིག་ཡང་སྐྱོར་ཞེ་སྐྱོར་གྱི་དགག་པ་མང་དུ་བྲིས་པ་རྣམས་ཀྱི་སྙིང་པོ་ནི། འདི་སྐད་ཅེས། རབ་དབྱེར། དམ་རྒྱ་གསུམ་པ་དང་། ཕྱག་ཆེན་བཞི་པར་བྱས། རྡོ་བོ་གཉིས་པོའི་གཞུང་དུ། ཕྱག་ཆེན་གསུམ་པ་དང་། དམ་རྒྱ་བཞི་པར་བྱས་འདུག་པ། མངོན་སུམ་ལ་བསྙོན་པ་ནི། མིག་ལྡན་ཇི་ལྟར་ལམ་ནོར་ཡང་། །གཡང་སར་གོམ་པ་འཛོག་མི་སྲིད། །ཅེས་པ་བདེན་མེད་དུ་བཏང་སྟེ། མིག་གདངས་བཞིན་དུ། གཡང་སར་གོམ་པ་འཛོག་ལུགས་ལ་གཟིགས་ཤིག །ཅེས་སྲིད་གསུམ་དུ་བྲིས་སོ། །འདིར། ནཱ་རོ་དང་ནི་མཻ་ཏྲི་པའི། །ཕྱག་རྒྱ་ཆེན་པོ་གང་ཡིན་པ། །དེ་ནི་ལས་དང་ཆོས་དང་ནི། །དམ་ཚིག་དང་ནི་ཕྱག་རྒྱ་ཆེ། །ཞེས་པ་ལ་རྩོད་པར་འདུག་མོད། །ཆོས་རྗེ་པཎྜི་ཏ་ནི། ནཱ་རོ་མཻ་ཏྲི་གཉིས། ཕྱག་རྒྱ་ཆེན་པོའི་རྣམ་གཞག་རྒྱུད་སྡེ་ལས་འབྱུང་བ་བཞིན། ལས་རྒྱ་ལ་སོགས་པ་ཕྱག་རྒྱ་བཞི་པོ་དང་འབྲེལ་བ་ལ་བཞེད་ཀྱི། ལྷ་བ་གསལ་སྟོང་ཟུང་འཇུག་གི་ཡེ་ཤེས་ཙམ་ལ། ཕྱག་རྒྱ་ཆེན་པོར་བཞེད་པ་མ་ཡིན་ཡང་། པ་རྣམས་ཀྱིས། ཕྱག་ཆེན་ལྔན་ཅིག་སྐྱེས་སྦྱོར་དང་ལྔ་ལྡན་དྭགས་པོ་ཕྱག་ཆེན་སོགས་སུ། ལྟ་བ་གནས་ལུགས་ཀྱི་ཡེ་ཤེས་ཙམ་ལ་ཕྱག་ཆེན་དུ་བཞག་པ་ནི། རྒྱ་ནག་ལ་སོགས་པའི་ལུགས་གཞན་འདྲེས་ཀྱི། ནཱ་རོ་མཻ་ཏྲིའི་བཞེད་པ་མ་ཡིན། ཞེས་སྟོན་པ་ལ། ད་ལྟའི་ཕྱག་རྒྱ་ཆེན་པོ་ནི། །ཕལ་ཆེར་རྒྱ་ནག་ཆོས་ལུགས་ཡིན། །ནཱ་རོ་དང་ནི་མཻ་ཏྲི་པའི། །ཕྱག་རྒྱ་ཆེན་པོ་གང་ཡིན་པ། །དེ་ནི་ལས་དང་ཆོས་དང་ནི། །དམ་ཚིག་དང་ནི་ཕྱག་རྒྱ་ཆེ། །གསང

སྡུགས་རྒྱུད་ལས་ཇི་སྐད་དུ། །གསུངས་པ་དེ་ཉིད་ཁོང་བཞེད་དོ། །ཞེས་སོ། །དེའི་ཚེ་མཻ་ཏྲི་པ་སོགས་དམ་རྒྱ་བཞི་པ་དང་། ཕྱག་ཆེན་གསུམ་པར་བཞེད་ལ། རབ་དབྱེར། དམ་རྒྱ་གསུམ་པ་དང་། ཕྱག་ཆེན་བཞི་པར་བྱས་པ། གནས་སྐབས་མ་མཐུན་ཡང་། དོན་ལ་སྐྱོན་མེད་པའི་རྒྱུ་མཚན་ནི། ཇི་སྐད་དུ་རྒྱུད་ཀྱི་རྒྱལ་པོ་སམ་བུ་ཊི་ལས། ཨེ་ནི་ས་རུ་ཤེས་པར་བྱ། །ལས་ཀྱི་ཕྱག་རྒྱ་སྤྱན་མ་ཉིད། །སྙིང་རྗེ་ཆེན་མོ་ཐབས་ཆེན་མོ། །རང་བཞིན་སྣ་ཚོགས་སྤྱོད་ཡུལ་མ། །ལྟེ་བར་སྣ་ཚོགས་འདམ་སྐྱེས་ལ། །སྤྲུལ་པའི་འཁོར་ལོ་རྣམ་པར་གནས། །ཝཾ་ནི་ཆུ་རུ་ཤེས་པས་བྱ། །ཆོས་ཀྱི་ཕྱག་རྒྱ་མ་མ་ཀཱི། །བྱམས་པ་དང་ནི་སློན་ལམ་ཚུལ། །ལྷ་མོ་རྡོ་རྗེའི་རིགས་གཙོ་མོ། །སྙིང་གར་ཆུ་སྐྱེས་འདབ་བརྒྱད་ལ། །ཆོས་ཀྱི་འཁོར་ལོ་ཡང་དག་གནས། །མ་ནི་མེ་རུ་བརྗོད་པ་སྟེ། །ཕྱག་རྒྱ་ཆེན་པོ་གོས་དཀར་མོ། །དགའ་དང་སྟོབས་ཀྱི་རྣལ་འབྱོར་གྱིས། །ལྷ་མོ་པདྨའི་རིགས་འབྱུང་མ། །མགྲིན་པར་ཆུ་སྐྱེས་འདབ་བརྒྱད་གཉིས། །ལོངས་སྤྱོད་འཁོར་ལོར་ཡང་དག་གནས། །ཡ་ནི་རླུང་གི་རང་བཞིན་ཏེ། །ཉོན་མོངས་ཐམས་ཅད་རབ་འཇོམས་བྱེད། །དམ་ཚིག་ཕྱག་རྒྱ་ཆེན་པོར་ངེས། །ཞེས་དམ་རྒྱ་བཞི་པར་བཞག་པ་དང་། དཔལ་མཁའ་འགྲོ་རྒྱ་མཚོའི་རྒྱུད་དུ། ལས་དང་ཆོས་དང་དམ་ཚིག་དང་། །ཕྱག་རྒྱ་ཆེན་པོ་བཞི་པ་ཡིན། །ཞེས་དམ་རྒྱ་གསུམ་པ་དང་། ཕྱག་རྒྱ་ཆེན་པོ་བཞི་པར་མཛད་པས། དམ་རྒྱ་བཞི་པ་དང་གསུམ་པའི་ངོས་འཛིན་མི་མཐུན་ཡང་། སྤྱིར་དེ་གཉིས་ཀ་རྒྱུད་ཀྱི་དགོངས་པར་ཆབས་གཅིག་ཏུ་འགྲོ་བའི་ཕྱིར། ཕྱག་རྒྱ་ཆེན་པོ་གསུམ་པའམ། བཞི་པ་གར་བཞག་ཀྱང་རུང་། ཕྱག་རྒྱ་བཞི་དང་འབྲེལ་བའི་ཡེ་ཤེས་ཞིག་ཕྱག་ཆེན་དུ་བཞག་ན། ནཱ་རོ་མཻ་ཏྲིའི་དགོངས་པ་དང་། དོན་གྱི་ཁོངས་ཕལ་ཆེར་གཅིག་པ་ལ་དགོངས་ཤིང་། དམ་རྒྱ་གསུམ་པ་དང་། བཞི་པའི་ལུགས་གཉིས་པོ་གཅིག་བདེན། གཞན་མི་བདེན་ནོ་ཞེས་མཐའ་གཅིག་པའི་ཕྱོགས་ཞེན་མི་མཛད་པར། ངེས་པར་ན་གཉིས་ཀ་བདེན་པ་ལ་བསམ་ནས། ནཱ་རོ་དང་ནི་མཻ་ཏྲི་པའི། །ཞེས་སོགས་བཤད་པ་ཡིན།

དེ་ཡང་དམ་རྒྱ་བཞི་པར་བྱེད་པའི་ཚེ་ཕྱག་རྒྱ་སྡུ་མ་གསུམ་རྒྱུ་དང་། དམ་རྒྱ་འབྲས་བུར་བྱེད་ཅིང་། བཞི་པ་མཐར་ཐུག་གི་ཕྱག་ཆེན་དམ་རྒྱ་ལ་ངོས་འཛིན། ཡང་ཕྱག་ཆེན་བཞི་པར་བྱེད་པའི་ཚེ། དམ་རྒྱ་ཆད་རྒྱུ་དང་། ཕྱག་ཆེན་འབྲས་བུ་ཡིན་ལ། དེའི་ཚེ་བཞི་པ་མཐར་ཐུག་གི་ཕྱག་ཆེན་ཞེས་པ། ཕྱག་རྒྱ་བཞིའི་ནླས་ཕྱེ་བའི་ཕྱག་ཆེན་ཁོ་ན་ལ་འཇོག །རབ་དབྱེའི་བསྟན་བྱའི་གཙོ་བོ་ཡང་། འདི་ཁོ་ན་ཡིན། སྤྱིར་ཆོས་རྒྱ་དམ་རྒྱ་རྣམས་ཀྱང་། ཕྱག་ཆེན་ཙམ་ཡིན་མོད། དེ་དག་ཕྱག་རྒྱ་བཞིའི་ནླས་ཕྱེ་བའི་ཕྱག་ཆེན་མ་ཡིན། རབ་དབྱེར། སའི་ཕྱག་ཆེན་ལ། དགག་པ་མང་དུ་མཛད་པའི་གྲུབ་དོན་ནི། ད་ལྟའི་ས་རྣམས། གནས་ལུགས་ཕྱག་ཆེན་ཙམ་ལ་ཕྱག་ཆེན་དངོས་དང་། ཕྱག་རྒྱ་བཞིའི་ནང་གི་བཞི་པ་མཐར་ཐུག་གི་ཕྱག་ཆེན་དུ་འདོད་ཅིང་། དེ་ཐོབ་པ་ལས་གོང་མ་ཉིད་ཀྱི་བཞེད་དགོངས

ལ༔ སྤྱི་ལྡོག་ནས་ཕྱག་ཆེན་སྐྱེ་བ། ལས་རྒྱ་ལ་ལྟོས་མི་དགོས་ཀྱང་ཕྱག་རྒྱ་བཞིའི་སྐབས་ཀྱི། བཞི་པ་མཐར་ཐུག་གི་ཕྱག་ཆེན་སྐྱེ་བ་དེ། ལས་རྒྱ་ལ་ངེས་པར་ལྟོས་དགོས་ཤིང་། དེ་ལ་མ་ལྟོས་པར། གནས་ལུགས་ལྟ་བའི་གདམས་ངག་བསྒོམ་པ་ཙམ་གྱིས་དེ་མི་སྐྱེའོ། །ཞེས་པ་ནི་ཡོངས་སྤྱོད་ཀྱི་གྲུབ་དོན་ནོ། །དེ་ལྟར་ཡང་རབ་དབྱེར། འཕགས་པ་ཀླུ་སྒྲུབ་ཉིད་ཀྱིས་ཀྱང་། །ཕྱག་རྒྱ་བཞི་པར་འདི་སྐད་གསུངས། །ལས་ཀྱི་ཕྱག་རྒྱ་མི་ཤེས་པར། །ཆོས་ཀྱི་ཕྱག་རྒྱའང་མི་ཤེས་ན། །ཕྱག་རྒྱ་ཆེན་པོའི་མིང་ཙམ་ཡང་། །རྟོགས་པ་ཉིད་ནི་མི་སྲིད་གསུངས། །ཞེས་བཤད། སྐབས་འདིའི་བཞི་པ་མཐར་ཐུག་པའི་ཕྱག་ཆེན་ཞེས་པའི་དོན། མཐར་ཐུག་གྲུབ་པ་འབྲས་བུའི་ཕྱག་ཆེན་ལ་ཟེར་བ་མ་ཡིན་པར། ཕྱག་རྒྱ་བཞིའི་ནང་ནས་རྩེ་མོར་ཕྱིན་པ་འམ། མཆོག་ཏུ་གྱུར་པ་ལ་བཞི་པ་མཐར་ཐུག་གི་ཕྱག་ཆེན་ཞེས་འཛོག་པ་ནི་གནད་དུ་གཅེས་སོ། །འདི་དག་ལ་ཕྱག་རྒྱ་བཞིའི་ངོས་འཛིན། ས་མཚམས་སོགས་དགོས་གལ་ཆེན་པོ་དང་ལྡན་ཡང་། ཁོ་བོས་ཟབ་ལམ་གཏེར་མཛོད་སོགས་སུ་བཤད་ཟིན་པས་འདིར་མ་སྤྲོས་སོ། །སྲིད་གསུམ་དུ། དུས་འཁོར་གྱི་ལུང་། ལས་ཀྱི་ཕྱག་རྒྱ་ཡོངས་དོར་ཞིང་། །ཡེ་ཤེས་ཕྱག་རྒྱ་རྣམ་པར་སྤངས། །ཕྱག་རྒྱ་ཆེ་ལས་ཡང་དག་སྐྱེས། །ལྷན་སྐྱེས་གཞན་དང་འགྲོགས་པས་མིན། ཞེས་པ་དྲངས་ནས་འདི་སྐད་ཅེས། ཕྱག་རྒྱ་དང་པོ་གཉིས་ལ་མ་བརྟེན་པར་སེམས་རྣམ་པར་དབེན་པ་ལས་བྱུང་བའི་ཕྱག་ཆེན་ཏེ། སྟོང་ཉིད་ཀྱི་གཟུགས་བརྙན་བསྒྲུབས། དེ་འོད་གསལ་དུ་ཞུགས་པའི་ཟུང་འཇུག་བརྟན་པ་ཉིད་ཀྱིས་དོན་གཉིས་འགྲུབ་བོ། །ཞེས་དང་དེའི་འོག་ཙམ་དུ་ལམ་འབྲས་བཀག་པ་ཡིན་ཏེ། འཚང་རྒྱ་བའི་ཉེ་རྒྱུ། རང་དང་སྤྱངས་རྟོགས་མཚུངས་པའི་ལས་ཀྱི་ཕྱག་རྒྱ་ངེས་པར་དགོས། ཞེས་པ་ལ། འདིར་ལས་ཀྱི་ཕྱག་རྒྱ་བཅོས་མ་འབའ་ཞིག་ལས། མ་བཅོས་པའི་ལྷན་ཅིག་སྐྱེས་པ་མི་འབྱུང་བར་བཤད་པའི་ཕྱིར་རོ། །ཞེས་བྲིས་སོ། །

སྲིད་གསུམ་ན། ས་ལུགས་ལ་དགག་པ་མང་དུ་བྲིས་འདུག་པ་གཞན་རྣམས་ནི་བྲིས་པའི་ཚིག་ཙམ་ལས། མཁས་པའི་ཞལ་ནས་རྒྱུ་བའི་འོས་སུ་མི་སྣང་མོད། སྐབས་འདིའི་རྩོད་པ་འདི་གཉིས་རྩོད་ཁྲེར་ཤིན་ཏུ་ལེགས་ཤིང་། རྒྱུད་སྡེ་ལ་སྦྱངས་པ་བྱས་པའི་རྣམ་དཔྱོད་ཅན་ནང་ཕན་ཚུན་ལྷན་ཅིག་འཛོམ་པ་ན། མཁས་པས་དཔྱད་པ་བྱ་བའི་དཀའ་གནས་སུ་གཏོགས་པ་ཞིག་སྣང་ལ། འོན་ཀྱང་། དེས་རྗེ་བཙུན་ས་སྐྱ་པས། ལམ་འབྲས་སུ་སངས་རྒྱ་བ་ལས་ཀྱི་ཕྱག་རྒྱ་ལ་ངེས་པར་ལྟོས་དགོས་པར་བཞེད་པ་འདི། རྒྱུད་སྡེ་ཐམས་ཅད་ཀྱི་དགོངས་པ་ཡིན་པར་བསྒྲུབ་པ་དང་། དེ་ལ་དུས་ཀྱི་འཁོར་ལོའི་ལུང་གིས་གནོད་པ་མེད་པའི་ཚུལ་གྱིས། སྲིད་གསུམ་གྱི་རྩོད་པ་སྤང་བ་གཉིས་སོ། །དང་པོ་ནི། སྦྱིར་མཆོན་བྱེད་དཔེའི་ཕྱག་ཆེན་ཙམ་ཞིག །ལས་རྒྱ་ལ་མ་ལྟོས་པར་རྫོགས་རིམ་སོ་སོར་སྣང་པའི་ལམ་དང་། འོད་གསལ་སྣང་མཆེད་ཐོབ་གསུམ་བསྒོམ་པ་ལས་སྐྱེ་བའང་ཡོད་མོད། ཕྱག

རྒྱ་གཞིའི་ནང་ཚན། བཞི་པ་མཐར་ཐུག་གི་ཕྱག་རྒྱ་ཆེན་པོའམ། མཚོན་བྱ་དོན་གྱི་ཕྱག་ཆེན་ནི། ངེས་པར་ལས་ཀྱི་ཕྱག་རྒྱ་ལ་ལྟོས་དགོས་ཀྱི་མ་ལྟོས་པར་མི་སྐྱེའོ། །ཞེས་སྟོན་པ་ལ། འཕགས་པ་ཀླུ་སྒྲུབ་ཀྱི་གཞུང་ཚིག་བཏུས་ཀྱི་ཚུལ་དུ། རབ་དབྱེར་འདི་སྐད་ཅེས། ལས་ཀྱི་ཕྱག་རྒྱ་མི་ཤེས་པར། །ཆོས་ཀྱི་ཕྱག་རྒྱའང་མི་ཤེས་ན། །ཕྱག་རྒྱ་ཆེན་པོའི་མིང་ཙམ་ཡང་། །རྟོགས་པ་ཉིད་ནི་མི་སྲིད་གསུངས། །ཞེས་བཤད། དེ་དག་རྒྱུད་སྡེའི་དགོངས་པ་ཡིན་པའི་ཚུལ་ཡང་། སམ་པུ་ཊི་ལས། དེའི་ཕྱིར་ཤེས་རབ་མ་དངོས་སུ་ཡང་དག་པའི་བྱང་ཆུབ་སྦྱིན་པར་བྱེད་པ་བཟང་མོ་སྤྱོང་བར་མི་བྱ་སྟེ། ཕྱག་རྒྱ་རེ་རེ་དང་ལྡན་པ་འདི་མ་གཏོགས་པར་དངོས་གྲུབ་སྟེར་བར་མི་འགྱུར་རོ༑ །དེ་ཕྱིར་ཡེ་ཤེས་བསྐྱེད་པ་ཡི། །ཕྱག་རྒྱ་བཞི་ནི་སྦྲར་བར་བྱ། ཞེས་གསུངས་པ་ལ། འདིའི་བཟང་མོ་སྤང་བར་མི་བྱ། ཅེས་པ་ལས་རྒྱ་ལ་བཟང་མོའི་མིང་བཏགས་པ་ཡིན། ཕྱག་རྒྱ་རེ་རེ་དང་། ཞེས་སོགས་ནི། རྣམ་སྣང་གི་རིགས་དང་རྡོ་རྗེ་དང་། པདྨའི་རིགས་སོགས་གང་རུང་གཅིག་དང་མི་ལྡན་པར། བཞི་པ་ཕྱག་རྒྱ་ཆེན་པོ་ཞེས་བྱ་བ༑ མཆོག་གི་དངོས་གྲུབ། བླ་མེད་ཀྱི་ས་དང་པོ་ཡན་གྱི་གོ་འཕང་སྟེར་བར་མི་འགྱུར་བ་འམ། མི་འགྲུབ་ཅེས་པའི་དོན་ཡིན། འགྱུར་འགའ་ཞིག་ཏུ། ཕྱག་རྒྱ་དང་ལྡན་པ་འདི་མ་གཏོགས་པ། རེ་རེས་དངོས་གྲུབ་སྟེར་བར་མི་འགྱུར་རོ། །ཞེས་འབྱུང་བ་ལྟར་ན། ཕྱག་རྒྱའི་ལམ་དང་མི་ལྡན་པར་ལྟ་བའི་གདམས་ངག་ཙམ་དང་། གཏུམ་མོ་ཐལ་པ་ཕྱོགས་རེ་དང་། དེ་ཁོ་ན་ཉིད་ཀྱིས་མ་ཟིན་པའི་ལས་རྒྱ་ཕྱོགས་རེས། ཕྱག་རྒྱ་ཆེན་པོ་མཆོག་གི་དངོས་གྲུབ་མི་ཐོབ་པའི་དོན་ནོ། །བཤད་རྒྱུད་རྡོ་རྗེ་ཕྲེང་བར་ཕྱག་རྒྱའི་དབྱེ་བ་བླ་ན་མེད། །ཆོས་དང་ལས་དང་དམ་ཚིག་དང་། །ཕྱག་རྒྱ་ཆེན་པོ་མངོན་པར་བརྗོད། །ལས་ཀྱི་རྣམ་སྨིན་ངེས་པ་ཡིས། །ཀུན་ནས་རྒྱས་བཏབ་ལྟ་བུར་གནས། །གང་ཡང་ལས་ཀྱི་ཕྱག་རྒྱ་ཡི། །དེ་འབྲས་འདི་ནི་ཇི་བཞིན་གྱུར། །ཞེས་དང་། དེ་ཡི་རང་བཞིན་རང་བཞིན་མེད། །ཕྱག་རྒྱ་ཆེན་པོ་ཞེས་ནི་བརྗོད། །ལས་ཀྱི་ཕྱག་རྒྱ་ཡོངས་ཤེས་ན། །ཐུགས་པ་ལས་ནི་ཐོབ་པར་སྐྱེ། །ཞེས་དང་། བུད་མེད་རིགས་དྲུག་ལ་སོགས་པའི་ངོས་འཛིན་གསུངས་པའི་རྗེས་སུ། ལས་ཀྱི་ཕྱག་རྒྱའི་དབྱེ་བ་འདི། །དེ་ཡི་ཡོན་ཏན་བརྟེན་པའི་མཆོག །དམ་ཚིག་དེ་དང་སེམས་འཇུག་པ། །ཕྱག་རྒྱ་ཆེན་པོའི་བདེ་བ་ཆེ། །རྡོ་རྗེ་སེམས་དཔའི་གོ་འཕང་གང་། །ཡེ་ཤེས་མཆོག་ནི་བླ་མེད་པ། །དེ་ལྟར་ཕྱག་རྒྱའི་གོ་འཕང་གསལ། །ཞེས་ལས་རྒྱ་རྒྱུ་དང་། དེ་འབྲས་ནི། བཞི་པ་ཕྱག་རྒྱ་ཆེན་པོའི་མཆོག་གི་དངོས་གྲུབ་ཡིན་པར་བཤད། འདིར་དྲངས་པའི་རྡོ་རྗེ་འཕྲེང་བའི་ལུང་ཚོ་དང་པོ་གཉིས་ཀྱིས། འབྲུག་ཕྱོགས་ཀྱི་གྲུབ་མཐའ་ལ། བླ་མེད་ཀྱི་ཕྱག་རྒྱ་ཆེན་པོ་མཆོག་གི་དངོས་གྲུབ། ལས་རྒྱ་ལ་ལྟོས་མི་དགོས་པ་དེ་སུན་ཕྱུང་ནས། རྗེ་བཙུན་ས་སྐྱ་པས། མཚོན་བྱ་དོན་གྱི་ཕྱག་ཆེན་ཐོབ་པ། ལས་རྒྱ་ལ་ལྟོས་པར་བཤད་པ་རྣམས། རྒྱུད་ཀྱི་གོ་འཕང་འགྲུབ་པར་

བཤད་པའི་དཔྱད་གཉེན་མཆོག་ཏུ་གསལ་ལོ། །

ས་བཅད་གཉིས་པ་ནི། དུས་འཁོར་དུ། ལས་ཀྱི་ཕྱག་རྒྱ་ཡོངས་དོར་ཞིང་། །ཡེ་ཤེས་ཕྱག་རྒྱ་རྣམ་པར་སྤངས། །ཕྱག་རྒྱ་ཆེ་ལས་ཡང་དག་སྐྱེས། །ཞེས་བཤད་པ་ནི། སྦྱོར་བ་ཡན་ལག་དྲུག་གི་ནང་ཚན་རྗེས་དྲན་ལ་གོམས་པའི་རྗེས་སུ། ཉིང་ངེ་འཛིན་གྱི་དུས་ན་བཅོས་མའི་ལས་རྒྱ་དང་། རྟོག་པས་བརྟགས་པའི་ཡེ་རྒྱ་སྤངས་ཤིང་། སྟོང་གཟུགས་ཕྱག་རྒྱ་ཆེན་མོ་ལ་མཉམ་པར་སྦྱར་བས་དོན་གྱི་ལྷན་སྐྱེས་ཐོབ་པ་ལ་དགོངས་པ་ཙམ་ཡིན་གྱི༑ ལས་རྒྱའི་ལམ་གཅིག་ཀྱང་སྔོན་དུ་མ་སོང་བར། སྟོང་གཟུགས་ཁོ་ནས་བཞིས་ཕྱག་རྒྱ་ཆེན་པོ་མཆོག་གི་དངོས་གྲུབ་ཐོབ་པའི་དོན་མ་ཡིན་ཏེ། ཇི་སྐད་དུ། བསྡུས་པའི་རྒྱུད་ལས། རྒྱལ་བའི་ལྷན་སྐྱེས་བདེ་བ་འདི་ནི་འཕེལ་བའི་དོན་སླད་དང་པོར་ལས་ཀྱི་ཕྱག་རྒྱ་བརྟེན་པར་བྱ། །དེ་ནས་ཉི་མའི་གཟུགས་ནི་ལུས་དང་གདོང་དང་རྐང་པ་གཙུག་ཏོར་ཡན་ལག་ཐམས་ཅད་རྫོགས་པ་སྟེ། །གློག་གི་དབྱུག་པའི་རྗེས་མཐུན་འཕོ་མེད་བདེ་བ་སྐྱེད་པར་བྱེད་མ་མཚན་ཉིད་ཡན་ལག་རབ་ཏུ་རྫོགས། །རྡོ་རྗེ་རྣམས་ཀྱིས་རབ་ཏུ་སྣང་བར་བྱེད་མ་སྲིད་གསུམ་ཆོས་ཀྱི་དབྱིངས་ནི་དེ་ལས་འགྱུར། །ཞེས་གསུངས་ལ། གཞན་དུ་ན། དང་པོར་ཞེས་པ་དང་། དེ་ནས་ཞེས་པའི་ སྔ་ཕྱིའི་འབྲེལ་པ་ཇི་ལྟར་སྦྲེལ་ནུས། ཁྱད་པར་དུ་ཡང་། མེས་དངུལ་ཆུ་མ་བཅིངས་ན། དངུལ་ཆུས་ཟངས་ལྕགས་གསེར་དུ་བསྒྱུར་མི་ནུས་པ་ལྟར། ལས་རྒྱས་ཁམས་འཕོ་མེད་དུ་མ་བཅིངས་ན། ལྷན་སྐྱེས་ཕྱག་རྒྱ་ཆེན་པོ་མཐར་མི་ཕྱིན་པ་ལ་དགོངས་ནས། བཞི་པ་ཕྱག་ཆེན་གྱི་རྟེན་དུ་ལས་རྒྱ་དགོས་པ་ནི། དུས་འཁོར་གྱི་དགོངས་པ་སྟེ། དེ་ལྟར་ཡང་། མེ་ནི་དངུལ་ཆུའི་དགྲ་ཉིད་ཡིན་ཏེ་མེ་དང་རྣམ་པར་བྲལ་ན་ནམ་ཡང་དངུལ་ཆུ་འཆིང་བ་མེད། །མ་བཅིངས་ན་ནི་གསེར་བྱེད་མེད་དེ་གསེར་དང་བྲལ་ན་སྐལ་པོ་རྣམས་ལ་ལོངས་སྤྱོད་མེད་པ་ཉིད། །དེ་བཞིན་བུད་མེད་སྦྱོར་བ་བྲལ་ན་རྟག་ཏུ་རྣལ་འབྱོར་པ་རྣམས་དག་གི་སེམས་ནི་འཆིང་མི་འགྱུར། །བཅིངས་པ་མེད་ན་ལུས་འབིགས་མེད་དེ་མ་ཞུག་ལུས་ཀྱིས་འདིར་ནི་ལྷན་སྐྱེས་བདེ་བ་སྟེར་བ་མིན། །ཞེས་མེ་མེད་ན། དངུལ་ཆུ་མི་འཆིང་བ་སོགས་དང་ལས་རྒྱ་མེད་ན། ལྷན་སྐྱེས་ཕྱག་རྒྱ་ཆེན་པོ་མཆོག་གི་དངོས་གྲུབ་མི་འགྲུབ་པ་དཔེ་དོན་དུ་སྦྱར་ནས་གསུངས་སོ། །

གལ་ཏེ་འདིར་སྐབས་ཀྱི་བུད་མེད་ཅེས་པ། སྟོང་གཟུགས་སུ་ཤར་བའི་བུད་མེད་ཡིན་གྱི། ལས་རྒྱའི་བུད་མེད་མ་ཡིན་ནོ་སྙམ་ན། འདི་ནི་ལས་རྒྱ་ཡིན་པར་དྲི་མེད་འོད་ལས་གསུངས་ཏེ། དེ་སྐད་དུ། བྱང་ཆུབ་ཀྱི་སེམས་བརྟན་པར་བྱེད་པའི་དོན་དུ། ལས་ཀྱི་ཕྱག་རྒྱའི་སྦྱོར་བ་ལ་ཡང་། ལྷའི་དམིགས་པ་རབ་ཏུ་གསུངས་པ་ནི། དངུལ་ཆུའི་གདུག་པ་དང་། སྐོལ་བ་ལ་སོགས་པ་ལྟ་བུ་སྟེ། ཞེས་སོགས་འབྱུང་། དེ་ལྟར་ལས་རྒྱ་དགོས་པའི་རྒྱུ

མཚན་ཡང་། རྣལ་འབྱོར་པ་རང་ཉིད་ཀྱི་ཀུནྡ་བདེ་ཆེན་དུ་བསྒྱུར་བར་མ་ཟད། གཞན་ཁམས་ཉི་མའི་བརྟས་མཚོན་པ་དེ་ཡང་། བདེ་ཆེན་དུ་བསྒྱུར་བའི་དགོས་པ་ཁྱད་པར་བ་ལ་དགོངས་ནས། རྒྱལ་པོ་རི་བོང་མཚན་མ་ཞེས་སོགས་བསྡུས་པའི་རྒྱུད་ལས་བཤད་དོ། །འོན་ཀྱང་། བསྡུས་པའི་རྒྱུད་དུ། ཕྱག་རྒྱ་གསུམ་དང་གནས་སྐབས་གསུམ་ནི་རྣམ་གསུམ་བགྲོད་པའི་དབང་གིས་ལས་དང་ཀུན་རྟོག་མཆོག་རྣམས་སོ། །ཞེས་འབྱུང་བ་ནི་ལས་རྒྱ་དང་། ཕྱག་རྒྱ་ཆེན་པོ་སོགས་ཕྱི་མ་ཕྱི་མ་མ་ཐོབ་པའི། སྔ་མ་སྔ་མའི་ལམ་རང་རྐྱང་གི་འབྲས་བུ་ངོས་འཛིན་ཡིན་གྱི། སྔ་མ་སྔ་མ་མ་ཐོབ་པར་ཕྱི་མ་ཕྱི་མའི་ལམ་རྐྱང་པས་འབྲས་བུ་ཐོབ་པའི་དོན་མ་ཡིན་པས། ས་ལུགས་ཀྱི་བཞེད་པ་ལ་གནོད་ནུས་པ་མི་སྲིད་ལ། མེ་ནི་དཧུལ་ཀུ་ཞེས་སོགས་གོང་དུ་དྲངས་པའི་ལུང་དེ་དག་གིས་སྲིད་གསུམ་དུ། ཕྱག་རྒྱ་དང་པོ་གཉིས་ལ་མ་བརྟེན་པར། སེམས་རྣམ་པར་དབེན་པ་ལས་བྱུང་བའི་ཕྱག་ཆེན། ཞེས་སོགས་བྲིས་པ་ལ་ཤིན་ཏུ་གནོད་པར་ནུས། དེས་ན་དུས་འཁོར་ལ་སོགས་པའི་རྒྱུད་མང་པོར་ལས་རྒྱ་བཀག་པ་ནི། མུ་སྟེགས་བྱེད་འགའ་ཞིག །ཞི་དང་ནུས་པ་མཉམ་སྦྱོར་བའི། །དམ་པའི་བདེ་བ་མཆོག་གཉིས་མེད། །ཞི་མིན་ནུས་པ་མ་ཡིན་པས། །ནོར་བུའི་དཀྱིལ་དུ་གནས་པའོ། །ཞེས་ལས་རྒྱའི་སྟོབས་ཀྱིས་རྡོ་རྗེ་ནོར་བུར་བྱང་སེམས་གནས་པ་ཙམ་ཞིག་ལྷན་སྐྱེས་སུ་འདོད་པ་འགོག་པའི་ཕྱིར་གསུངས་པ་སྟེ།

ཇི་སྐད་དུ། ཨིནྡྲ་བོ་དྷིས། དབང་པོ་གཉིས་འབྱུང་བདེ་བ་ནི། །དེ་ཉིད་ཡིན་ཞེས་སྐྱེ་ངན་སླུའི། །དེ་ནི་བདེ་བ་ཆེ་ཡིན་ཞེས། །རྒྱལ་བ་མཆོག་གིས་མ་གསུངས་སོ། །ཞེས་དང་། རྒྱུད་ལས། གང་ཕྱིར་འབྱུང་བ་ཆེ་བདེ་བ། ། དེ་ཕྱིར་བདེ་བ་དེ་ཉིད་མིན། །ཞེས་གསུངས་པ་ལྟ་བུའོ། །ཁྱད་པར་དུས་འཁོར་གྱི་དགོངས་པ། སྦྱོར་དྲུག་པ་ཏིང་ངེ་འཛིན་ཐོབ་པ་ནས། ཕྱིའི་ཕྱག་རྒྱ་གཟུགས་ཅན་ལ་ལྟོས་མི་དགོས་པས་ཆེད་གཉེར་མི་བྱ་བ་ཙམ་ཡིན་གྱི། ནམ་ཞིག་སྟོང་གཟུགས་ཕྱག་ཆེན་གྲུབ་པ་ན། ལས་རྒྱ་རྩ་བ་ནས་སྤངས་པ་ལྟ་བུ་ནི་མ་ཡིན་ཏེ། ཕྱག་རྒྱ་ཆེན་པོ་གཅིག་ཉིད་ཀྱི་སྟེང་ན། ཕྱག་རྒྱ་གསུམ་སྦྱོར་གྱི་མན་ངག་ལོ་ཙཱ་བ་རྭ་འབྲོ་གཉིས་ཀ་ལས་འབྱུང་བ་དང་། ཁམས་སྙིགས་མ། བར་མ། ཤིན་ཏུ་དྭངས་མ་གསུམ་ལ། བཞུ་བཅུལ་དཀའ་སླའི་ཁྱད་པར་གྱིས། རྟེན་ཕྱག་རྒྱའི་དུས་འཚམ་གསུམ་བཞག་པས་སོ། །དུས་འཁོར་གྱི་མན་ངག་ལས་འབྱུང་བའི་དུས་འཚམ་གསུམ་པ་དང་། དོན་གྱི་གྲོག་ཕལ་ཆེར་མཐུན་པའི་ཚུལ་དུ། རྗེ་བཙུན་ས་སྐྱ་པས་ཀྱང་། སངས་རྒྱ་བའི་ཚེ། མེད་ན་མི་འབྱུང་བའི་རྒྱུའི་ཡན་ལག་ཏུ། སྦྱོར་ལས་རྒྱ་དང་། ཐེ་བྲག་མིའི་ཕྱག་རྒྱ་ལ་བསྟགས་པར་མཛད་པ་ནི། རྡོ་རྗེ་གུར་གྱི་རྒྱུད་དུ། པདྨར་རྡོ་རྗེ་བཙུག་ནས་ནི། །རང་གི་རིག་མ་བདག་མར་བྱ། །དེ་དང་ལྷན་ཅིག་འགྲུབ་པར་འགྱུར། །འདི་ནི་ཕྱག་རྒྱ་ཆེན་པོར་བརྗོད། །མི་ཡི་ཕྱག་རྒྱ་བླངས་ནས་ནི། །ཞེས་སོགས་ཀྱི་དོན་ཡིན་པས། བླ་མ་རྗེ་བཙུན་

གྲགས་པས་བཤད་ལ། འདི་ལ་རྣམ་པར་དཔྱད་ན། ལས་རྒྱ་ནི་གཉིས་ཏེ། བཅོས་མའི་ལས་རྒྱ་དང་། བཅོས་མ་མ་ཡིན་པའི་ལས་རྒྱ་གཉིས། དང་པོ་ནི། འཇིག་རྟེན་ན་ཡོངས་སུ་གྲགས་པ། རིགས་སོ་སོ་དང་བཅས་པ་དང་། གཉིས་པ་ནི་ས་ཐོབ་པའི་བུད་མེད་རྣམས་ཏེ། ཀྱེ་རྡོ་རྗེའི་རྒྱུད་དུ། མཆོག་ཐོབ་པ་ཡི་བུད་མེད་གང་། །རྟོག་པ་ཐམས་ཅད་ཡང་དག་སྤངས། །ཞེས་བཤད་པ་ལྟ་བུའོ། །སངས་རྒྱ་ཀའི། རང་དང་སྤངས་རྟོག །ས་མཚུངས་པའི་ལས་རྒྱ་ནི། ས་བཅུ་པ་ཐོབ་པ་ཞིག་ཡིན་པས། དེ་བཅོས་མའི་ཕྱག་རྒྱ་ག་ལ་ཡིན། དུས་འཁོར་སོགས་སུ་འང་། རྣོག་པ་དང་བཅས་པའི་ལས་རྒྱ། ཞེས་པ། བཅོས་མའི་ཕྱག་རྒྱ་དེ་ས་ཐོབ་པ་ནས་སླད་ཀྱི་བཅོས་མ་མ་ཡིན་པའི་ཕྱག་རྒྱ་ཞེས་པ། ས་ཐོབ་པ་ལ་སུ་ཞིག་སྤང་བར་བྱེད། དེའི་ཚེ་སྐབས་ཐོབ་ཐད་སོ་ལ་ལྟོས་ཏེ། སངས་རྒྱས་ཁ་སྦྱོར་གྱི་རྣམ་པ་ཅན་ཐམས་ཅད་ལ་སྤྱན་མ་དང་། ལྔ་མ་ཀི་སོགས་རྣམ་པར་སྣང་མཛད་དང་། མི་བསྐྱོད་པ་སོགས་ལ་ལྟོས་ནས། ལྷ་དེ་དང་དེའི་ལས་རྒྱར་འཇོག་དགོས་ན། སངས་རྒྱ་ཀའི་རང་དང་སྤང་རྟོགས་མཚུངས་པའི་ལས་རྒྱ་ལ་དགག་པ་བྱེད་པ་ནི། ཤེས་རབ་ཀྱི་ནུས་པ་ཆུང་བ་མཚོན་བྱེད་ཙམ་མོ། །

གྲུབ་དོན་ནི། མདོ་ལམ་དང་། རྒྱུད་སྡེ་འོག་མའི་ལམ་སོགས་ཁོ་ནས། ས་ལམ་བགྲོད་པའི་ཚེ། མཆོག་གི་དངོས་གྲུབ་འགྲུབ་པ་ལས་རྒྱ་ལ་མི་ལྟོས་པ་ནི་སློས་མ་དགོས་མོད། སྐབས་འདིར། ཕྱག་རྒྱ་ཆེན་པོ་མཆོག་གི་དངོས་གྲུབ་འགྲུབ་པ། ལས་རྒྱ་ལ་ལྟོས་དགོས་པ་ལ་དགོངས་ནས། རབ་དབྱེར། ལས་ཀྱི་ཕྱག་རྒྱ་མི་ཤེས་པར། །ཞེས་སོགས་དང་། རྗེ་བཙུན་གྲགས་པས། ཕྱག་རྒྱ་ཆེན་པོ་བསྒྲུབ་པ་ལ་རྟེན་ཕྱག་རྒྱ་ལ་མ་བརྟེན་པར་འགྲུབ་པར་མི་འགྱུར་ཏེ། ཞེས་སོགས་གསུངས་པ་ནི། བླ་མེད་ཀྱི་ལམ་ཁོ་ནའི་དབང་དུ་བྱས་ལ། དེ་ལ་དབང་དུས་སུ་ཕྱག་རྒྱ་ཆེན་པོ་སྐྱེ་བ་སོགས་ཡོད་ཀྱང་། དབང་བཞི་པའི་དུས་སུ་སྐྱེས་ན་ནི། དབང་གསུམ་པའི་ཚེ། དངོས་ཡིད་གང་རུང་གི་ལས་རྒྱའི་ལམ་སྔོན་སོང་ཡིན་ཞིང་། ཡེ་ཤེས་དབབ་པ་སོགས་ཀྱི་ཚེ་གྲོལ་ན། གང་ཟག་དེ་ནི་ཚེ་སྔ་མ་ལ་དབང་བཞི་ཐོབ་ཅིང་། ལས་རྒྱའི་སྦྱངས་པ་སྔོན་དུ་སོང་ནས། ཉམས་རྟོགས་ཀྱི་རྒྱུན་མ་ཉམས་པའི་རིགས་སུ་ངེས་པས། ས་སྐྱ་པའི། ཕྱག་རྒྱ་ཆེན་པོའི་མངོན་རྟོགས་ཀྱི་གྲུབ་མཐའ་རྣམས་ནི། རྒྱུད་སྡེ་དབང་པོར་བཞག་ན། ཤིན་ཏུ་ཡིད་ཆེས་ཤིང་། ཀླན་ཀ་ཇི་ཙམ་ཞིག་སྤྱངས་ཀྱང་ཕམ་པར་མི་ནུས་སོ། །ཕྱག་ཆེན་གྱི་རྣམ་གཞག་རྣམས། བླ་མེད་ཀྱི་རྒྱུད་སྡེ་ཀུན་གྱི་སྙིང་པོ་ལྟ་བུ་ཡིན་པས། འདི་རྟོགས་པར་བྱེད་པ་ཡང་། རྡོ་རྗེ་ཐེག་པའི་རྒྱུད་མན་ངག་ལ་ཤིན་དུ་སྦྱངས་པ་དང་། སྔོན་གྱི་ལས་འཕྲོ་འཛོམས་པ་དག་གིས་རྟོགས་ནུས་ཀྱི། ཐན་པོའི་ངག་རྒྱུན་དང་། ཚིག་རྒྱུམ་སྣ་ཚོགས་བསྡུས་པའི་མཁས་འདོད་འཆོར་ངོམ་བྱེད་པ་རྣམས་ཀྱིས་བསླལ་པར་བསམ་ཡང་མི་རྟོགས། དེའི་ཕྱིར། ཕྱིས་ཀྱི་ས་ལུགས་ཀྱི་གྲུབ་མཐའ་རྣམས་ལ། ཕྱག་ཆེན་གྱི་སྐབས་རྣམས། རྒྱུད་དང་། རྗེ་བཙུན་གོང་

མའི་གསུང་དང་མི་མཐུན་པ་མང་པོ་ཞིག་འདུག་པ་ནི་གསང་སྔགས་ཀྱི་སྙིང་པོ་མཆོག་རྣམས་ལ་རྨོངས་ཤིང་། རྟོག་གེའི་ང་རྒྱལ་གྱིས་སྨྲེམས་ཏེ། རང་གི་རྣམ་རྟོག་ངན་པའི་རླབས་མ་བྲི་བའི་གྲུབ་མཐའ་རང་དགར་སྣང་གི། སངས་རྒྱས་ཀྱི་དགོངས་པ་ག་ལ་ཡིན། དེ་བཞིན་དུ། ཕྱིས་ཀྱི་ས་ལུགས་པ་འཕྲམ་པོ་ཁ་ཅིག །བླ་མེད་ཀྱི་སྐབས་སུའང་། རབ་བྱུང་གི་རྟེན་ཅན་གྱི་སྔགས་པ་སངས་རྒྱ་བའི་ཚེ། ལས་རྒྱ་ལ་མི་ལྟོས་ཟེར་བ་སོགས། རང་གི་རྟོག་པས་སྒྲོ་བཏགས་ཁོ་ན་ངོ་སོར་འཕྲེར་བ་ལས་གཞན་རྗེ་བཙུན་གོང་མའི་གྲུབ་མཐའི་ཆ་རྒྱུས་ཅི་ཡང་མེད་པར། ས་སྐྱ་པ་ཡིན་ནོ་ཞེས་ཁས་མཆེ་བ་མང་དུ་མཐོང་བས་ཤིན་ཏུ་སྙིང་རྗེར་གྱུར་མོད་ཀྱི། དེ་ལྟ་ནའང་ཡི་གེ་མངས་སུ་དོགས་པས་རྒྱས་པར་ཡོགས་སུ་བཤད་པར་བྱའོ། །

རབ་དབྱེར། འཕགས་པ་ཀླུ་སྒྲུབ་ཉིད་ཀྱིས་ཀྱང་། །ཕྱག་རྒྱ་བཞི་པར་འདི་སྐད་གསུངས། །ཞེས་སོགས་གསུངས་པ་ལ། སྲིད་གསུམ་དུ། བཀའ་བརྗེས་ལྡན་ཐབས་ཀྱིས་བརྒྱན་པའི་བསྟན་བཅོས་དེ། དང་པོར་སུ་ཞིག་གིས་བརྩམས་སྨམ་དུ་བསམ། དེ་ནི་འཕགས་པ་ཀླུ་སྒྲུབ་ཀྱིས་སོ་ཞེ་ན། དེ་དེས་མ་མཛད་པར་ཨ་ཝ་དྷཱུ་ཏཱི་ཀ་རས་མན་ངག་སྙེ་མར་བཤད་དོ། །ཞེས་བྲིས་པ་ནི་ནུས་མེད་དེ། ཨ་ཝ་དྷཱུ་ཏཱི་ཀ་རས་བཤད་པ་ཙམ། སྒྲུབ་བྱེད་ཚད་མར་ཅི་ཞིག་རུང་། ཨ་ཝ་དྷཱུ་ཏཱིས། ལས་མཐའ་རྣམ་འབྱེད་འཕགས་པ་ཀླུའི་བྱང་ཆུབ་ཀྱིས་མ་མཛད་པར་བཤད་ཀྱང་། དོན་ལ་མཛད་པ་ཉིད་དག་པ་དང་། ཨ་ཝ་དྷཱུ་ཏཱིའི་སེམས་བསྐྱེད་དཀྱིལ་ཆོག་ལག་ལེན་དང་བཅས་པ་མང་པོ་ཞིག་དགག་བྱ་ཡིན་གྱི། བསྒྲུབ་བྱ་སྒྲུབ་བྱེད་གང་ཡང་མ་ཡིན་ལ། ཁྱད་པར། སློབ་དཔོན་བདག་ཉིད་ཆེན་པོ་བསོད་ནམས་རྩེ་མོའི་རྣམ་བཤད་གནད་ཀྱི་གསལ་བྱེད་དུ། དགག་པ་ཇི་ལྟར་མཛད་པའི་ཕྱོགས་སྔ་རྣམས། མན་ངག་སྙེ་མའི་ནང་ན་འདུག་པས་སོ། །སྤྱིར་ཕྱག་རྒྱ་བཞི་པའི་གཞུང་། ཀླུ་སྒྲུབ་ཀྱིས་མཛད་ངེས་ཞིག་དང་། མ་མཛད་བཞིན་དུ་ཁ་འཕངས་པ་ཞིག་སྟེ་གཉིས་ཡོད་པ་བདེན་ཡང་། དེ་ལ་འབྲུག་ཕྱོགས་པ་རྣམས། ལས་ཀྱི་ཕྱག་རྒྱ་བཙོས་མ་འབབ་ཞིག་ལས། མ་བཙོས་པའི་ལྷན་ཅིག་སྐྱེས་པའི་རང་བཞིན། ཞེས་སོགས་ཀྱི་ཚིག་འདི་རིགས་ཡོད་པ་དེ། འཕགས་པ་ཀླུ་སྒྲུབ་ཀྱི་གཞུང་དངོས་སུ་ཁས་ལེན་པར་སྣང་ལ། ཁོ་བོ་ནི། ཚིག་རིགས་དེ་ལྟར་ཡོད་པ་དེ། ཀླུ་སྒྲུབ་ཀྱི་བསྟན་བཅོས་མ་ཡིན་ཏེ། བསྟན་བཅོས་དེའི་ནང་ན། ལྷན་སྐྱེས་གསུམ་པ་དང་། དགའ་བྲལ་གྱི་དགའ་བ་བཞི་པར་བྱས་པ་དང་། རྗེ་བཙུན་གོང་མའི་རྒྱུད་འགྲེལ་རྣམས་ན་དགག་པ་མཛད་པའི་ཕྱོགས་སྔ་འགའ་ཞིག །བསྟན་བཅོས་དེའི་ནང་ན་སྣང་བས། འཕགས་པ་ཀླུ་སྒྲུབ་ཀྱིས་མ་མཛད་བཞིན་དུ། མཛད་པའི་ཁ་འཕངས་བྱས་ན་ནི། ཁྱེད་རྣམས་འདོད་པའི་ཕྱག་རྒྱ་བཞི་པའི་བསྟན་བཅོས་དེ་ཉིད་དོ། །འོན་ཀྱང་བསྟན་བཅོས་དེའི་ནང་ན་ཆོས་ཀྱི་ཕྱག་རྒྱ་ནི། ཆོས་ཀྱི་དབྱིངས་ཀྱི་རང་བཞིན་ཞེས་པ་ནས། ཆོས་ཀྱི་དབྱིངས་

ཤིན་ཏུ་རྣམ་པར་དག་པའོ། །ཞེས་པའི་བར་རྣམས་ཕྱག་ཆེན་རྒྱུ་དང་། དམ་རྒྱ་འབྲས་བུར་བཞག་པའི་རྒྱུད་སྡེ་རྣམས་ཀྱི་དགོངས་པར་སྣང་བས་ཚིག་དོན་གྱི་སྐབས་དེ་རྣམས་ཚད་མར་རུང་ལ།

དེ་བས་ན། ལྷན་ཅིག་སྐྱེས་པ་གྲུབ་པའི་རོས་རྗེས་སུ་ཕྱུག་ནས། ཞེས་སོགས་ཀྱང་ཕལ་ཆེར་འཐད་ཅིང་། ལྷག་མ་གཞུང་འགའ་ཡར་ལ་དཔྱད་པ་བྱར་ཡོད་མོད་སྤྱིར་གཞུང་འདི་དང་། གྲུབ་མཐའི་རྐང་མཐུན་པའི་རྒྱ་གར་གྱི་གཞུང་གཞན་ཡང་མང་དུ་མཐོང་ལ། ཁྱད་པར། སློབ་དཔོན་མཻ་ཏྲི་པའི་གཞུང་རྣམས་དང་། གྲུབ་མཐའ་གཅིག་པོ་ནར་སྣང་བས། ཁྱེད་རྣམས་ཚད་མར་བཟུ་བའི་ཕྱག་རྒྱ་བཞི་པའི་གཞུང་འདི། མཻ་ཏྲི་པའི་ཕྱོགས་མཐུན་ཞིག་གིས་བརྩམས་པར་ངེས་ཀྱི། འཕགས་པ་ཀླུ་སྒྲུབ་ཀྱིས་མཛད་པ་མ་ཡིན་ནོ། །སྲིད་གསུམ་ལས། དཔལ་ལྡན་ས་སྐྱ་པའི་བླ་ཆེན་གོང་མའི་གསུང་ལས། བརྗོད་པ་ཚིག་གི་ཕྱག་རྒྱ་ཆེན་པོ་སྤྲོས་བྲལ་དང་། སྒོམ་པ་དམིགས་པའི་ཕྱག་རྒྱ་ཆེན་པོ་མི་རྟོག་པའི་ཏིང་ངེ་འཛིན་སོགས་དང་། ཉམས་མྱོང་ཕྱག་རྒྱ་ཆེན་པོ། ཏིང་ངེ་འཛིན་གྱི་དམིགས་པ་དེ་གོམས་པའི་ཉམས་མྱོང་སྟེ། དེ་གསུམ་མཚན་ཉིད་ཐེག་པར་ཡང་བསྟན་ཞེས་བཀའ་འབུམ་ན་སྣང་མོད་ཀྱང་། ཉན་མཁན་མེད་པ་ནི། དུས་ཀྱི་དབང་གིས་ཡིན་ནོ། །ཞེས་བྲིས་ཏེ། གནས་ལུགས་རྣམ་པར་མི་རྟོག་པའི་ཡེ་ཤེས་ཀྱང་། ཕྱག་ཆེན་མཚན་ཉིད་པ་ཡིན་པ། ས་སྐྱ་པའི་རྗེ་བཙུན་གོང་མའི་དགོངས་པ་ཡིན་རྒྱུའི་ཁུངས་སུ་བྱས། དེ་ད་ལྟའི་ས་ལུགས་པ་རྣམས་ཀྱིས་མ་གོ་བའམ། གོ་ཡང་རྩི་དོན་མེད་པའི་གཡོ་གཏམ་དུ་སླུས་པར་སྣང་ཡང་། ལྐུགས་པའི་སྨྱུང་བཅོས་ཁོ་ན་སྟེ། སྤྱིར་ཕྱག་ཆེན་ལ་སྒྲའི་བརྗོད་རིགས་དང་། མིང་གི་དབྱེ་བས། བརྗོད་པ་ཚིག་གི་ཕྱག་ཆེན། སྒོམ་པ་དམིགས་པའི་ཕྱག་ཆེན། མྱོང་བ་ཉམས་མྱོང་གི་ཕྱག་ཆེན། རྟོགས་པ་དཔེའི་ཕྱག་ཆེན། མཐོང་བ་དོན་གྱི་ཕྱག་ཆེན། གྲུབ་པ་འབྲས་བུའི་ཕྱག་ཆེན་དང་དྲུག་ཏུ་ཕྱེ་ཡང་། ཕྱི་མ་གསུམ་ཕྱག་ཆེན་མཚན་ཉིད་པ་དང་། དང་པོ་གསུམ་ཕྱག་ཆེན་བཏགས་པ་བ་ཙམ་ཡིན་གྱི། མཚན་ཉིད་པ་མ་ཡིན་པར་བཞེད། དེ་ལ་དགོངས་ནས། ས་སྐྱ་པཎྜི་ཏས། ཕྱག་ཆེན་དབྱེ་བ་ལས། དེ་ལ་དང་པོ་བརྗོད་པ་ཚིག་གིས་ཕྱག་རྒྱ་ཆེན་པོ་ནི། དམིགས་པ་དང་། མཚན་མ་ལས་གྲོལ་ཏེ་སྤྲོས་པ་ཐམས་ཅད་ཉེ་བར་ཞི་བའི་བཤད་པ་མཛད་པ་དེ་ཡིན། གཉིས་པ་སྒོམ་པ་དམིགས་པའི་ཕྱག་རྒྱ་ཆེན་པོ་ལ་གཉིས་ཏེ། རྣམ་པར་མི་རྟོག་པའི་ཏིང་ངེ་འཛིན་ལ་བློ་འཇོག་པ་དང་། ལྷ་སྣང་ལ་རང་བཞིན་མེད་པ་ལ་རྩེ་གཅིག་ཏུ་འཇོག་པ་སྟེ། འདི་ལ། རྡོ་རྗེ་འཆང་ཆེན་པོའི་ལྷ་སྐུ་ཕྱག་རྒྱ་ཆེན་པོར་བསྒོམ་པ། ཕྱག་རྒྱའི་དམ་ཚིག་ཅེས་བྱ་བ་དེ་ཡིན། གསུམ་པ་མྱོང་བ་ཉམས་མྱོང་གི་ཕྱག་རྒྱ་ཆེན་པོ་ནི། དེ་ལྟར་དམིགས་པའི་ཕྱག་རྒྱ་ཆེན་པོ་བསྒོམ་པས། གཉིས་མེད་ཀྱི་ཉམས་སུ་མྱོང་བ། མོས་པ་གཞན་གྱིས་འཕྲོག་པར་མི་ནུས་པ་ནང་ནས་སྐྱེས་པ་དེ་ཡིན། འོན་ཀྱང་དེ་དག་ཕྱག་ཆེན་བཏགས་པ་བ

ཡིན་གྱི། དངོས་མ་ཡིན་ནོ། །ཞེས་གསུངས་པས། སྲིད་གསུམ་པས་མི་རྟོག་པའི་ཡེ་ཤེས་ཙམ་ཞིག་ཕྱག་ཆེན་ཡིན་པ། ས་སྐྱ་བཀའ་འབུམ་ན་འདུག་གོ། །ཞེས་ཇི་ཙམ་སྨྲས་ཀྱང་། བཙུན་པོ་ཆེའི་ནང་རྟགས་སྟོན་པ་ཙམ་མ་གཏོགས་དགོས་དོན་གཅིག་ཀྱང་མི་སྣང་ངོ་། །

སྲིད་གསུམ་དུ། མདོ་དང་རྒྱུད་སྡེ་འོག་མ་ལས་གསུངས་པའི་ཕྱག་ཆེན་གྱི་མིང་ཅན་ཐམས་ཅད། ཕྱག་ཆེན་དངོས་ཡིན་པའི་ཤེས་བྱེད་ལ། མུ་དྲ་ཞེས་པ་ལ། ཕྱག་དང་རྒྱ་སོ་སོར་ཕྲལ་བའི་བཤད་པ་དང་། གཅིག་ཏུ་བསྡོམས་ནས་འཆད་པ་སོགས་བྱུང་མོད། གང་ལྟར་ཡང་འདྲ། ཊོ་རྗེ་འདིས་ནི་གདབ་པ་ཉིད། །དེས་ན་ཕྱག་རྒྱར་བརྗོད་པར་བྱ། །ཞེས་ཕྱག་རྒྱའི་དོན་མི་འདའ་བར་རྒྱས་བཏབ་པ་ཞིག་ལ་ཟེར་ལ། དེས་ན་མི་འདའ་བ་ཞིག་ལ་ཕྱག་རྒྱའི་སྒྲ་བཏགས་ན། དངོས་པོར་གནས་པ་སྟེ། ཞེས་བྲིས་པ་ནི་ནུས་པས་དཔེན་ཏེ། མི་འདའ་བ་ཞིག་གིས་ཕྱག་རྒྱར་འགྱུར་ན། འདུལ་བའི་དགེ་ཚུལ། དགེ་སློང་གི་སྡོམ་པ་རྣམས་ཀྱང་རང་རང་གི་བསླབ་པ་ལས་མི་འདའ་བས། དེ་དག་ཕྱག་རྒྱར་འགྲོ་བ་སོགས་ཧ་ཅང་ཐལ་ཆེས་པས་སོ། །

སྲིད་གསུམ་དུ། དཔེའི་ཡེ་ཤེས་བཏགས་པ་བར་འཛོག་དགོས་པ་ལ། ད་ལམ་ཕྱག་ཆེན་དཔེའི་ཡེ་ཤེས་ཟེར་བ་བྱུས་ནས། དཔེའི་ཡེ་ཤེས་དེ་ཡང་། ཕྱག་ཆེན་མཚན་ཉིད་པ་ཡིན་རྒྱུའི་ཁུལ་གྱིས་སྐབས་འདྲེན་མཛད་ནས། གཞན་ལ་གཤེ་བ་ཡང་མི་འོས་སོ། །ཞེས་བྲིས་ལ། དེ་དང་མཚུངས་པར། ཕྱིས་བྱུང་བའི་ས་ལུགས་པ་མདོན་ནློམ་ཅན་ཁ་ཅིག་ཀྱང་། མཚོན་བྱེད་དཔེའི་ཕྱག་ཆེན་དེ། ཕྱག་ཆེན་མཚན་ཉིད་པ་མ་ཡིན་ཟེར་མོད། འདི་བསྲེ་བསླད་ཅན་གྱི་གྲུབ་མཐའ་རང་དགར་སྨྲས་པ་མ་གཏོགས། རྗེ་བཙུན་གོང་མའི་དགོངས་པ་གཏན་མ་ཡིན་ཏེ་ས་སྐྱ་པཎྜི་ཏས། ཕྱག་ཆེན་དབྱེ་བ་ལས། རྟོགས་པ་དཔེའི་ཕྱག་རྒྱ་ཆེན་པོ་ནི། དབང་གི་དུས་སུ་སྐྱེས་པའི་ཡེ་ཤེས། སྦྱར་བཤད་པའི་བསྐྱེད་པའི་རིམ་པ། ལྷའི་སྐུ་ཕྱག་རྒྱ་ཆེན་པོ་དང་། རྫོགས་པའི་རིམ་པ་རང་བྱུང་གི་ཡེ་ཤེས་གཉིས་ཟུང་དུ་འབྲེལ་བ་ལས་བྱུང་བའི་དཔེའི་ཡེ་ཤེས་སམ། ཡང་ན། དབང་བསྐུར་བའི་རྗེས་ལ། ལམ་ཟབ་མོ་བླ་མའི་ལམ་ལ་བརྟེན་ནས། བྱིན་རླབས་ཀྱི་སྟོབས་ཀྱིས། རིམ་པ་གཉིས་ཀྱི་ཡེ་ཤེས་ཇི་ལྟ་བ་བཞིན་དུ་སྐྱེས་ཏེ། མཚན་མ་དང་། རྣམ་པར་རྟོག་པ་རང་གྲོལ་དུ་འགྲོ་བའི་ཡེ་ཤེས་དེ་ཡིན་ནོ། །འདི་མཐོང་སྣང་གི་དྲི་མ་མ་སྤྱངས་པས། མཐོང་ལམ་དངོས་མ་ཡིན་ཡང་། དེ་དང་ཆ་འདྲ་བས་དཔེའི་ཡེ་ཤེས་ཞེས་བྱ་བ་ཡིན་ནོ། །དེ་ལ་བརྟེན་ནས་ཚེ་འདི་འམ། འཆི་ཁའམ། བར་དོ་ཚུན་ཆད་ལ་མཐོང་ལམ་སྐྱེ་བས། རྒྱུད་སྡེ་ལས་གསུངས་པའི་ཕྱག་རྒྱ་ཆེན་པོ་མཚན་ཉིད་པ་དེ་ཡིན་ནོ། །ཞེས་གསུངས་པས། མཚོན་བྱེད་དཔེའི་ཕྱག་ཆེན་དེ་ཕྱག་ཆེན་མཚན་ཉིད་པ་ཡིན་པ་ནི། རྗེ་བཙུན་ས་སྐྱ་པ་གོང་མའི་དགོངས་པ་ཡིན་པ་ལ་ཐེ་ཚོམ་ནམ་ཡང་མི་ཟའོ། །རྒྱུད་སྡེ་རིན་པོ་ཆེའི་

གཞུང་བསྒྲངས་པ་ནའང་། རྒ་རྒྱུད་དམ་པ་དང་པོར། སོ་སོར་བརྟུད་པ་ཕྱག་རྒྱ་ཆེ། །ཞེས་རྫོགས་རིམ་སོར་བརྟུད་ཀྱི་ཡེ་ཤེས་དེ། ཕྱག་ཆེན་ཡིན་པར་བཤད་པས་དཔེའི་ཕྱག་ཆེན། ཕྱག་ཆེན་མཚན་ཉིད་པར་གདོན་མི་ཟ་ལ༑ འཕགས་པ་ཀླུ་སྒྲུབ་ཀྱིས་རིམ་ལྔར། སྒྱུ་ལུས་སེམས་དབེན་སོགས་ཕྱག་ཆེན་དུ་བཤད་པའང་། མཚོན་བྱེད་དཔེའི་ཕྱག་ཆེན། ཕྱག་ཆེན་མཚན་ཉིད་པ་ཡིན་པའི་ཤེས་བྱེད་དུ་སོང་བ་ལ། གསང་འདུས་ལ་སྦྱངས་པ་སུ་ཞིག་གིས་ཀྱང་རྩོད་པ་མི་འབྱུང་ངོ་། །

འབྲུག་པ་རྣམས་ལ། ཁས་བླངས་ནང་འགལ་གྱི་ཉེས་པའང་བྱུང་སྟེ། འབྲུག་པས། སྒྱུ་ལུས་གཏུམ་མོ་སོགས་ཕྱག་ཆེན་དུ་བཞག་ནས། ཡང་སྲིད་གསུམ་དུ། དཔེའི་ཡེ་ཤེས་ཕྱག་ཆེན་རྣམས། ཕྱག་ཆེན་མཚན་ཉིད་པ་མ་ཡིན་པར། བཏགས་པ་བ་ཡིན་པར་བྱས་པ་ནི་ཤིན་ཏུ་འགལ། རྒྱུ་མཚན། སྒྱུ་ལུས་ཀྱི་ཡེ་ཤེས་ནི། སྦྱོར་ལམ་གྱི་ཡེ་ཤེས་ཡིན་པར་གསང་འདུས་པ་ཐམས་ཅད་ལ་གྲགས་ཤིང་གྲུབ། སོར་སྡུད་ཀྱང་། ཚོགས་ལམ་ཆེན་པོ་ནས་བརྩམས་ཏེ་ཡོད་པར་བཤད་སྣང་བས་སོ། །དེ་དག་ལས་འཕྲོས་ཏེ་ཤེར་ཕྱིན་ཕྱག་ཆེན་སོགས་ཀྱི་རྣམ་གཞག་འགའ་ཤས་བྲིས་པ་ནི། དགོས་དོན་མི་སྣང་བས་ལན་ཞར་བྱུང་དུ་བཏབ་ཚོག་པའི་ཕྱིར་འོག་ཏུ་འབྱུང་། རབ་དབྱེར། དབང་བསྐུར་དག་དང་མ་འབྲེལ་བ། །དེ་ལ་ཕྱག་རྒྱ་ཆེན་པོ་བཀག །ཅེས་བཤད་པ་ལ། འབྲུག་པའི་གན་མཛོད་དང་། སྲིད་གསུམ་དུ་ཡང་། ཀློས་སྐྱོར་གྱི་ཚིག་མང་པོ་བྲིས་ཀྱང་། ཡིག་ཚོགས་ཆེ་ལ་དོན་ཆུང་ངུར་སྣང་། སྙིང་པོ་ནི། འདི་ལྟར་སྲིད་གསུམ་དུ། དེ་བཀག་པའི་གཞུང་ཚད་རྙེད་ན་བལྟ། རྩོད་པ་ཁོ་ནད་གྲོལ་གདོན་གྲོལ་དུ་འགྲོ་བ་འདུག་སྟེ། དེ་མ་བྱུང་ཞེས་དང་། དགག་བྱེད་ཀྱི་ལུང་གིས་ཤིན་ཏུ་དབུལ་བར་གྱུར་ནས། དེ་ལ་དབང་དགོས་པའི་སྐབ་བྱེད་ཧ་ཙམ་བརྗོད་ཀྱང་རྒ་བའི་གནོད་བྱེད་དུ་མ་སོང་བས། ཤ་གོ་མར་གྱིས་མ་ཚོད། ཅེས་དང་། རྒྱུད་ཀྱི་རྒྱལ་པོ་གཞན་དང་ནི། །བསྟན་བཅོས་ཆེན་པོ་གཞན་ལས་ཀྱང་། །དབང་བསྐུར་དག་དང་མ་འབྲེལ་བ། །དེ་ལ་ཕྱག་རྒྱ་ཆེན་པོ་བཀག །ཅེས་ལུང་མང་པོ་ཡོད་རྒྱུའི་ཤོགས་རལ་གཞི་བརྟེད་ཅན་མཛད་པ་ལ། དབུ་འཕོར་ནས་མང་དུ་གླེངས་ཀྱང་། ལག་ཡོད་དུ་ཕྱོགས་སྔའི་རྒ་བར་གནོད་ངེས་ཀྱི་ལུང་ཚིག་རྐང་གཅིག་ཀྱང་མ་འབྱོར། ཞེས་བྲིས་སོ། །དེ་ལ་པ་རྣམས། གནས་ལུགས་ཟུང་འཇུག་གི་ཡེ་ཤེས་ལ། ཕྱག་རྒྱ་ཆེན་པོ་མཆོག་ཏུ་ངོས་འཛིན་པ་དེ་འགོག་པའི་ཕྱིར་དུ། ཆོས་རྗེ་པཎྜི་ཏས། རབ་དབྱེར། དབང་བསྐུར་དག་དང་མ་འབྲེལ་བ། །དེ་ལ་ཕྱག་རྒྱ་ཆེན་པོ་བཀག །ཅེས་སྦྱོར་བསྟན་ནས། དམིགས་བསལ། ཕྱག་རྒྱ་བཞིའི་ནང་ཚན་གྱི༑ མཆོག་ཏུ་གྱུར་པའི་བཞི་པ་ཕྱག་རྒྱ་ཆེན་པོ་དེ། དབང་བཞི་པ་དང་འབྲེལ་བར་སྐྱེ་ཡི། དབང་བཞི་པ་མ་ཐོབ་པར། དབང་གསུམ་པ་མན་ཆད་ཙམ་ཐོབ་ཀྱང་། དེ་མི་སྐྱེ་ཞིང་། སྒོམ་དུའང་མི་རུང་ངོ་། །ཞེས་སྟོན་པ་ལ།

དབང་བསྐུར་བཞི་པ་མ་ཐོབ་པར། །ཕྱག་རྒྱ་ཆེན་པོ་སོགས་བསྒོམ་དང་། །ཞེས་པ་ནས། རང་གཞན་བརླག་པའི་རྒྱུ་རུ་བས། །ཞེས་པའི་བར་གསུངས། འདིར་སྐབས་ཀྱི། དེ་ལ་ཕྱག་རྒྱ་ཆེན་པོ་བཀག །ཅེས་པའི་བཀག་པའི་ལུང་ཁུངས་དུས་འཁོར་ཡིན་པར། རང་ཆན་དང་། དམར་ཆེན་གཉིས་ཀར་དུ་གསུངས་པ་ལྟར། འགྲེལ་ཆེན་དྲི་མེད་འོད་དུ་ཕྱག་རྒྱ་ཆེན་པོ་དབང་དང་འབྲེལ་བ་ཞིག་དགོས་པའི་ལུང་དངོས་ཤུགས་ཤིན་ཏུ་མང་ཞིང་། ཁྱད་པར་དབང་བཞི་པ་མ་ཐོབ་པར། ཕྱག་རྒྱ་ཆེན་པོ་མཆོག་མི་ཐོབ་པར་མགོ་མཇུག་ཀུན་ཏུ་གསུངས་ལ། འདིར་མཚོན་པ་ནི། དྲི་མེད་འོད་ལས། ཕྱག་རྒྱ་ཆེན་པོའི་ཡེ་ཤེས་ཉམས་པ་རྣམས། ཕྱུགས་ཉིད་དུ་བྱེད་ཅིང་། སངས་རྒྱས་ཉིད་མེད་དེ། ཕྱག་རྒྱ་ཆེན་པོའི་ཡེ་ཤེས་མེད་པའི་ཕྱིར་རོ། །ཕྱག་རྒྱ་ཆེན་པོའི་ཡེ་ཤེས་རབ་ཏུ་མི་གནས་པ་ནི། རྣལ་འབྱོར་པ་རྣམས་ལ་བླ་མ་དམ་པ་མ་ཡིན་པ། ལམ་དང་བྲལ་བས་རབ་ཏུ་རྟོགས་པར་བྱ་བ་མི་ནུས་སོ། །ལམ་ཡང་བཞི་པ་དེ་ཡང་དེ་བཞིན་ནོ། །ཞེས་པ་སྟེ། དེ་ལྟར་དབང་བཞི་པ་མ་གཏོགས་པའི་ཕྱིར། དབང་གཞན་ཐམས་ཅད་དོན་མེད་པར་འགྱུར་རོ། །ཞེས་གསུངས།

བླ་འགྱུར་ཕྱི་མ་དགེ་བློས་ཞུས་འགྱུར་དུ། ཕྱག་རྒྱ་ཆེན་པོའི་ཡེ་ཤེས་རབ་ཏུ་མི་གནས་པ། ཞེས་པ་ལ། མི་གནས་པའི་མྱ་ངན་ལས་འདས་པའི་ཕྱག་རྒྱ་ཆེན་པོའི་ཡེ་ཤེས་ནི། ཞེས་དང་། དབང་བཞི་པ་མ་གཏོགས་པའི་ཕྱིར། ཞེས་པ་ལ། དབང་བཞི་པ་རབ་ཏུ་རྟོགས་པ་མེད་པར། དབང་གཞན་ཐམས་ཅད་དོན་མེད། ཅེས་བཤད། དེས་ན་ལུང་འདི་གཅིག་པུས། སྲིད་གསུམ་པའི་རྩོད་པ་ཐམས་ཅད་བཟློག་སྟེ། ཆགས་པ་དང་། ཆགས་བྲལ་གྱི་མཐའ་གཉིས་ལ་རབ་ཏུ་མི་གནས་པའི་ཕྱག་ཆེན་ཡེ་ཤེས་མཆོག་སྟེ། རྡོ་རྗེ་ཐེག་པའི་ལམ་དང་བྲལ་བ། མདོ་ལམ་རྐྱང་པས་རྟོགས་མི་ནུས། བྱེ་བྲག་ཏུ་དབང་བཞི་མ་ཐོབ་ན། གསུམ་པ་མན་ཆད་ཐོབ་ཀྱང་། རྟོགས་མི་ནུས་པའམ་ཐོབ་པར་མི་འགྱུར་བ་ལུང་དེས་གསལ་པོར་བསྟན་ཞིང་། དེ་དག་གིས། རབ་དབྱེར་དབང་བསྐུར་བཞི་པ་མ་ཐོབ་པར། །ཕྱག་རྒྱ་ཆེན་པོ་སོགས་བསྒོམ་དང་། །ཞེས་དང་། དབང་བསྐུར་དག་དང་མ་འབྲེལ་བ། །དེ་ལ་ཕྱག་རྒྱ་ཆེན་པོ་བཀག །ཅེས་པའི་ཚིག་བདེན་པ་མི་བསླུ་བའི་གསུང་དུ་ཡིད་ཆེས་ཤིང་། འབྲུག་ཕྱོགས་པའི་རྩོད་པ་རྣམས། རང་ཡལ་དུ་སོང་བའོ། །གན་མཛོད་དུ། མདོ་ལུགས་ཀྱིས་འཚང་རྒྱ་བར་ཁས་བླངས་པ་དང་ནང་འགལ། ཞེས་དང་། དེའི་བརྡུན་རྒྱབ་ཏུ་སྲིད་གསུམ་ལས། ཕ་རོལ་ཕྱིན་པའི་ལམ་ཞུགས་ནས། །གྲངས་མེད་གསུམ་གྱི་རྫོགས་སངས་རྒྱ། །ཞེས་སོགས་ཀྱི་གཞུང་ཞལ་གསལ་ཅན་བཞུགས་ཤིང་། དེའི་ལུགས་འཛིན་དུའང་ཁས་བླངས་ནས། སླར་མདོ་རང་རྐང་གིས་སངས་རྒྱ་བ་ཁས་མི་ལེན་ཟེར་བ་དེ་ནི། འགྲོ་བའི་བླ་མའི་གསུང་ལས། བརྒལ་བ་སྟེ། ཞེས་པ་དེར་སྣང་བས། གང་ཡང་མི་བཏུབ་ལ། རབ་དབྱེ་ལ་མི་རྩེ་ན་ནི། འདོད་ན་དེ་ལ་ངས་ཅི་བྱ།

ཟེར་བ་དེར་གདའ་འོ། །ཞེས་བྲིས་སོ། །རྩོད་ཚིག་འདི་དག་གི་ནུས་པ་ནི། རབ་དབྱེར། ཕྱག་རྒྱ་ཆེན་པོ་དབང་ལ་ལྟོས་པར་བཤད་པ་ལ། དེ་ལྟོས་མི་དགོས་ཏེ། མདོ་ལམ་ལ་བརྟེན་ནས། ཕྱག་རྒྱ་ཆེན་པོ་མཆོག་གི་དངོས་གྲུབ་ས་དང་པོ་ཐོབ་པ་ཡོད་པས་སོ། །ཟེར་རྒྱུར་སྣང་མོད། ཕྱོགས་སྔ་འི་སྐྱ་རིས་ཙམ་ཡང་མཤར་བའི་དགག་པ་སྟེ། ངེད་རྣམས། །མདོ་ལམ་ལས་ས་དང་པོ་ཐོབ་པ་ཞིག་འདོད་ཀྱང་། དེར་སྐབས་ཀྱི་ས་དང་པོ་དེ་ཕྱག་ཆེན་མ་ཡིན་ཞིང་། ཕྱག་རྒྱ་ཆེན་པོ་མཆོག་གི་དངོས་གྲུབ་ཀྱི་ཐ་སྙད་ཀྱང་མི་མཛད། ཤེས་བྱེད། བླ་མེད་ཀྱི་ལམ་དང་མ་འབྲེལ་བའི། མདོ་རང་རྐྱང་ཡིན་པས་སོ། །

འདིར་ས་སྐྱ་རྫོང་ཕྱོགས་རྣམས་མདོ་ལམ་གྱིས། ས་དང་པོ་ཙམ་ཡང་མི་ཐོབ་པར་འདོད་པ་དང་། ངོར་ཕྱོགས་པ་རྣམས། མདོ་ལམ་གྱིས་འཕགས་པའི་ས་བཅུ་ཐོབ་པར་འདོད་པའི་གྲུབ་མཐའ་སོ་སོར་ཡོད་མོད། མཐར་ཐུག་གི་ཚེ། ས་སྐྱ་པའི་ཆོས་ལ་སྦྱངས་པའི་ངོར་རྫོང་གཉིས་ཀ་མཐུན་པར། མདོ་རང་རྐང་གི་ལམ་ལ་བརྟེན་ནས་སངས་རྒྱས་མི་ཐོབ་པ་ནི་གྲུབ་མཐའི་རྐང་དོན་གཙོ་བོ་ཡིན་ལ། འོན་ཀྱང་། རབ་དབྱེར། སོ་ནམས་ཚུལ་བཞིན་བྱས་པ་ཡིས། །ལོ་ཐོག་རིམ་གྱིས་སྨིན་པ་ལྟར། །ཕ་རོལ་ཕྱིན་པའི་ལམ་ཞུགས་ན། །གྲངས་མེད་གསུམ་གྱི་རྫོགས་སངས་རྒྱ། །ཞེས་སོགས་ཀྱི་ཚིག་ཟིན་ཁ་འཕྱན་ཙམ་ལ་སྐྱབས་བཅོལ་ནས། །ས་སྐྱ་པའི་ཆོས་རྒྱུས་མེད་པའི་བླ་མ་འགའ་ཞིག་གི་ཡིག་ཆར། མདོ་སྔགས་གཉིས་འབྲས་བུ་མྱུར་བུལ་གྱི་ཁྱད་མ་གཏོགས། མཐར་ཐུག་མདོ་ལམ་ཁོ་ནས་ཀྱང་། སངས་རྒྱས་ཐོབ་པར་བཤད་པ་ནི། སྡོམ་གསུམ་རབ་དབྱེའི་གཞུང་ཙམ་ཞིག་མཐོང་ལ། གཞན་ས་སྐྱ་གོང་མའི་ཡིག་ཆ་ཁྱད་པར་ཅན་རྣམས་མཐོང་བའི་རང་རྟགས་སྟོན་བྱེད་དུ་སྣང་སྟེ། བདག་ཉིད་ཆེན་པོ་བསོད་ནམས་རྩེ་མོའི་གསུང་ལས། རྫོགས་པའི་སངས་རྒྱས་ནི། ཁ་སྦྱོར་བདུན་ལྡན་མཐར་ཕྱིན་པའི་སྐུ་ཡིན་པས་དེ་སྒྲུབ་པ་ཡང་། ཁ་སྦྱོར་གྱི་ལམ་གྱིས་བསྒྲུབ་དགོས། དེ་ལ་ཕྱག་རྒྱའི་ལམ་སྤྱོད་པ་དང་བཅས་པ། རྒྱུད་སྡེ་ནས་འབྱུང་བ་ལྟར་བྱ་ཡི། ཕ་རོལ་ཏུ་ཕྱིན་པའི་སྡེ་སྣོད་ལས་བྱུང་བའི་སྟོང་པ་ཉིད་དང་། །སྙིང་རྗེ་ཟུང་དུ་ཆུག་པའི་ཡོན་ཏན་ཆེན་པོ་དང་ལྡན་ཡང་། ཁ་སྦྱོར་གྱི་བདེ་བ་ཆེན་པོ་ལྡན་ཅིག་སྐྱེས་པ་ལས། རང་བཞིན་ཆོས་ཀྱི་སྐུར་མི་ཤེས་པས། རྫོགས་པའི་སངས་རྒྱས་ཐོབ་པ་མེད་དེ། རྒྱུ་ཁྱད་པར་ཅན་དང་ལྡན་པ་དང་མི་ལྡན་པའི་དབྱེ་བས། འབྲས་བུ་སངས་རྒྱས་དང་། སངས་རྒྱས་མ་ཡིན་པའི་ས་གཉིས་སོ། །ཞེས་དང་། ཆོས་རྗེ་ས་སྐྱ་པཎྜི་ཏས་བདག་མེད་བསྟོད་འགྲེལ་དུ། ཕ་རོལ་ཏུ་ཕྱིན་པ་ལས་བཤད་པའི་བདེ་བར་གཤེགས་པ་སྟེ། སངས་རྒྱས་བཏགས་པ་བ་ཡིན་ལ། ཞེས་སོགས་གསུངས།

མདོར་ན། སློབ་དཔོན་བདག་ཉིད་ཆེན་པོ་རྩེ་མོའི་ཞབས་ཀྱིས། སྤྱི་རྣམ། ཉི་འོད། གནད་ཀྱི་གསལ་བྱེད།

ཐབས་ཤེས་གཏན་ལ་དབབ་པའི་འགྲེལ་པ། བདེ་མཆོག་རྩ་རྒྱུད་ཀྱི་མཆན་བུ་རྣམས་དང་། བླ་མ་རྗེ་བཙུན་གྱིས། དག་ལྡན། གུར་རྒྱན། མངོན་རྟོགས་ལྗོན་ཤིང་ལམ་འབྲས་ཀྱི་ཡི་གེ་སོ་སོ་རྣམས་དང་། ཆོས་རྗེ་ས་པཎ་གྱིས། སམྦུ་ཊིའི་ཆན་བུ་སོགས་ཐམས་ཅད་ཀུང་མཐུན་པར། མདོ་ལམ་རང་རྐྱང་གིས་སངས་རྒྱས་མི་ཐོབ་པ་ཁོ་ནར་བཤད་པས། ཕྱིས་བྱུང་བའི་ས་ལུགས་ཀྱི་བླ་མ་འགའ་ཞིག་གི་གྲུབ་མཐའ་ནི། རྒྱལ་ཁམས་ཀྱི་སྤྲང་པོའི་རྒྱགས་ཕྱེ་བཞིན་དུ། དཔེ་མཐོང་ཚད་ཀྱི་ཚིག་རྐྱམ་བསྡུས་ནས། རྟོག་པས་སྒྲོ་བཏགས་པ་ཙམ་ལས། ས་སྐྱ་པ་གོང་མ་ལྔའི་གསུང་དང་མཐུན་པ་ཉིན་མོའི་སྐར་མ་ཙམ་དུ་ཟད་དོ། །

སྡོམ་གསུམ་དུ། ཡང་ན་ཕ་རོལ་ཕྱིན་པ་ཡི། །མདོ་ལས་ཇི་ལྟར་འབྱུང་བཞིན་གྱིས། །ཞེས་བཤད་པ་ནི། སྔགས་ལམ་ལ་མ་ཞུགས་པའི། མདོ་ལམ་ཁོ་ནས། ས་བཅུ་མན་ཆད་ཐོབ་པའི་དགོས་པ་ཁྱད་པར་ཅན་ཡོད་པ་ལ་དགོངས་ཤིང་། གྲངས་མེད་གསུམ་གྱིས་རྫོགས་སངས་རྒྱ། །ཞེས་པའི་དོན། ཕ་རོལ་ཏུ་ཕྱིན་པའི་འདོད་པ་བརྗོད་པའི་ཚིག་སྟེ། མདོ་ལུགས་ཀྱི་གཞུང་ལས། ཐེག་པ་ཆེན་པོའི་མདོ་ལམ་གྱིས། གྲངས་མེད་གསུམ་ན་སངས་རྒྱས་ཐོབ། ཅེས་བཤད། ཞེས་པའི་དོན་ཡིན། སྙིང་པོའི་གྲུབ་དོན་ན། དཔལ་ལྡན་ས་སྐྱ་པ་རྣམས་རྒྱུད་ཀྱི་ས་ལམ་འཆད་པའི་ཚེ། བཤད་པ་དང་། བསྒྲོད་པ་གཉིས་སུ་ཕྱེ་ནས། དང་པོ་ནི། ཕ་རོལ་ཏུ་ཕྱིན་པའི་ལམ་རིམ་རྣམས། བཤད་པའི་རྣམ་གྲངས་ཙམ་དུ་འཆད་པ་ལ་ཟེར། དེས་ཚིག་བཤད་ཙམ་མ་གཏོགས། དོན་ལ་རྫོགས་པའི་སངས་རྒྱས་དངོས་སུ་ཐོབ་མི་ནུས་པས། བཤད་པ་ཞེས་མིང་འདོགས་པའི་རྒྱུ་མཚན་དེ་ལྟར་ཡིན། གཉིས་པ་ནི། བླ་མེད་རྡོ་རྗེ་ཐེག་པའི་ལམ་རིམ་ལ་ཟེར་ཞིང་། དེས་རྫོགས་པའི་སངས་རྒྱས་ཀྱི་སར་དངོས་སུ་བསྒྲོད་ནུས་པས་ན། བསྒྲོད་པ་ཞེས་མིང་འདོགས། དེ་ལྟ་ན། སྲིད་གསུམ་དུ། མདོ་ལམ་གྱིས་སངས་རྒྱས་ཐོབ་པ། ས་པཎ་གྱི་དགོངས་པ་ཡིན་པར་ཇི་ཙམ་ཞིག་བསླུབས་ཀྱང་། དགོས་པ་གཞན་མ་མཐོང་བས། ཁྱེད་རང་འོ་བརྒྱལ་བ་ཙམ་མོ། །མདོ་ལམ་རྐྱང་པས་སངས་རྒྱས་མི་ཐོབ་པའི་ཤེས་བྱེད་རྒྱུད་མང་པོ་དང་། འཕགས་པ་ཀླུ་སྒྲུབ་ཀྱི་རྒྱ་གཞུང་མང་པོ་ཡོད་ཀྱང་། ཡི་གེས་འཇིགས་ཏེ་མ་བྲིས། འབྲུག་ཕྱོགས་པས། མདོ་སྔགས་ཁྱད་མེད་པ་དང་། མདོར་བསྟན། རྒྱས་བཤད་ཡིན་ཟེར་བ་དེ་ཡང་། རྟལ་ཕྲན་བཞིན་དུ་ཕྱེ་མར་སྲུན་དབྱུང་བའི་ལུང་རིགས་ཀྱི་ཕུང་པོ་བགྲང་ལས་འདས་པ། ཁོ་བོའི་སློབས་པ་སོ་སོར་ཡང་དག་པར་རིགས་པའི་སྤྲོ་རྩལ་ལས། རྩོལ་མེད་དུ་འཆར་མོད་ཀྱི། ཆོས་རྗེ་འབྲུག་པ་རིན་པོ་ཆེ། དེང་སང་མཁས་པའི་ཆེར་མི་སྟོན་པར། ཟབ་བཞེས་ལ་ཐུགས་གཞོལ་བར་མཛད་གནང་བ་ལ། ཐུགས་དམ་གྱི་སད་དུ་སོང་དོགས་པས་རེ་ཞིག་བཏང་སྙོམས་སུ་བཞག་ཅིང་། དེ་ལས་འཕྲོས་ཏེ།

སྲིད་གསུམ་དུ། མདོ་སྔགས་ལྟ་འབྲས་གཉིས་ཀ་གཅིག་པར་བཤད་པ་ཡང་། སྤྲུལ་པའི་སྐུ་པདྨ་དཀར་པོས། རྒྱུད་སྡེ་སྤྱི་རྣམ་སོགས་སུ། དུས་འཁོར་གྱི་དགོངས་པ། རང་འདོད་ཨར་རྩལ་དུ་ནན་གྱིས་སྐྱོགས་པའི། བག་ཆགས་ཀྱི་ནད་རོ་མ་ཐོན་པས་ལན་པར་སྣང་མོད། །དེ་དུས་འཁོར་གྱི་དགོངས་པ་མ་ཡིན་པ། །འགྲེལ་ཆེན་གྱི་མགོ་མཇུག་ལ་དོན་གྱི་སྲོག་ཞིབ་པར་བལྟས་པས་ཤེས་ནུས་པ་དང་། དོན་གཅིག་ན་ཡང་། ཞེས་པ་ཡང་། ཡུལ་སྦྱོར་བྲལ་གྱི་ལྟ་བ་ཙམ་གཅིག་པ་དང་། མཐར་ཐུག་གི་ཐོབ་འབྲས། སངས་རྒྱས་སུ་དམིགས་པར་དོན་གཅིག་པ་ཙམ་མ་གཏོགས། ཐོབ་པར་དོན་གཅིག་པའི་གོ་དོན་མ་ཡིན། ཞེས་ས་ལུགས་ཀྱི་ཆོས་རྒྱུས་ཆེ་བ་ཀུན། མཁྱེན་གཅིག་ཏུ་མཐུན་པར་གསུངས་པ་ལྟར་ཡིན་ཞིང་། མདོར་ན་མདོ་སྔགས་ལྟ་འབྲས་གཅིག་ཚུལ་ཁྱོད་ཀྱིས་བཤད་པ་དེ། རྒྱུད་མན་ངག་དང་བཅས་པའི་རྡོ་རྗེའི་ཚིག་གིས་གཞལ་ན། རྟུལ་པོར་འཇིག་ནུས་ཀྱང་། སྐབས་འདིར། རབ་དབྱེ། གན་མཛོད། རྩོད་སྤོང་། སྲིད་གསུམ་རྣམས་ལས་འཕྲོས་པའི་དངོས་ལན་དྲང་ཐད་ཁོ་ན་བརྗོད་ནས། འཕྲོས་དོན་རྒྱ་ཆེན་པོའི་སྤྲོས་པ་བསྐྱུངས་པའི་སྐབས་ཡིན་པའི་ཕྱིར། རེ་ཞིག་ངལ་གསོ་བྱས་སོ། །

གན་མཛོད་དུ། གཞི་ཕྱག་རྒྱ་ཆེན་པོ། ཡུལ་ཅི་ནས་མ་ཐོན་ཞེས་གསུངས་པ་དེ་ཀ སྲིད་གསུམ་དུ་བློས་སྐྱོར་མཛད་པ་ནི། ཕྱོགས་སྔ་ཐུགས་སུ་མ་ཆུད་པས་ལན་པར་འདུག་པ། འདིར་སྙིང་པོའི་ངག་དོན་བསྡུས་པ་འདི་ཙམ་ཞིག་ཞུ་སྟེ། གཞི་ཕྱག་རྒྱ་ཆེན་པོ་ཁས་ལེན་ཡང་། དེ་ཕྱག་ཆེན་མཚན་ཉིད་པ་མ་ཡིན་པ་དང་། གཞི་དུས་ཀྱི་སྟོམ་པ་ཁས་ལེན་ཡང་། དེ་སྡོམ་པ་མཚན་ཉིད་པ་མ་ཡིན་པ་དང་།གཞིའི་སངས་རྒྱས་ཁས་ལེན་ཡང་། དེ་སངས་རྒྱས་མ་ཡིན་ཞེས་པ་གསུམ་ནི། རྣམ་པ་ཀུན་ཏུ་མཚུངས་པ་གཅིག་པའི་རྣམ་གཞག་གོ། །

དང་པོའི་རྒྱུ་མཚན།གཞི་ཕྱག་རྒྱ་ཆེན་པོ་སེམས་ཅན་ཐམས་ཅད་ཡོད་ཀྱང་། སེམས་ཅན་ཐམས་ཅད་ཕྱག་ཆེན་དང་ལྡན་པར་མ་ངེས་པ་དེ་ཡིན། གཉིས་པའི་ཤེས་བྱེད། སེམས་ཅན་ཐམས་ཅད་ལ་གཞིའི་སྡོམ་པ་ཡོད་ཀྱང་། སེམས་ཅན་ཐམས་ཅད་ལ་སྡོམ་པ་ཡོད་པར་མ་ངེས་པ་དེ་ཡིན། གསུམ་པའི་ཤེས་བྱེད་ཀྱང་དེས་མཚོན། གནད་དེ་ཉིད་རྒྱུ་མཚན་དུ་བྱས་ནས། རྗེ་ཀླུ་སྒྲུབ་ཀྱིས་ཀྱང་། སེམས་ཅན་གྱི་རྒྱུད་ཀྱི་གཞི་དུས་ཀྱི་ཕྱག་ཆེན་དེ། བདེ་མཆོག་ཀྱེ་རྡོར་སོགས་སུ་ཐལ་བ་དང་། ཞེས་སོགས་འཕང་བར་མཛད་པ་ལ། ལྷམ་དཔེ་ཞྭ་ལ་འགེབས་ཞུལ་ཆེས་པའི་སྐྱོན་ཅི་ཞིག་ཡོད། ཡང་རྗེ་ཀླུ་སྒྲུབ་པས། ཐར་ལམ་གྱི་སྣེ་ཁ་མ་ཟིན་པའི་འགྲོ་བ་སེམས་ཅན། ཞེས་གསུངས་པ་ལ། སྲིད་གསུམ་དུ། ཆོས་སྐད་འདི་ཙམ་གྱི་སྐབས་སུ། སེམས་ཅན་གོ་འཕངས་དམའ་ཤོས་སམ། ཞེས་བྲིས་ཀྱང་། ཀླུ་སྒྲུབ་རྒྱ་མཚོས་ངོ་བོ་ཆོས་ཉིད་དོན་དམ་པའི་ཕྱོགས་ནས། རྣམ་གཞག་མཛད་པ་མ་ཡིན་གྱི། རྟེན་གང་ཟག་ཀུན་རྫོབ་ཀྱི་ཕྱོགས་ནས་འགྲོ་བ་སེམས་ཅན། ཞེས་གསུངས་པས་སྐྱོན་དུ་མི་འགྱུར

རོ༑ །ཧེ་ཝུ་ཤྲུབ་ཀྱིས་རྩོད་སྤོང་དུ། ཤེས་རབ་ཕ་རོལ་ཕྱིན་གཉིས་མེད། ཅེས་སོགས་དང་སྦྱར་བའི་བཤད་པ་ཅུང་ཟད་མཛད་པ་ལ། སྲིད་གསུམ་དུ། གཞི་ཕྱག་རྒྱ་ཆེན་པོ་ཁོ་ན་རེ། དེ་ལ་ང་ལ་ནི་ཁྱད་པར་མེད་ཟེར་གྱིན་གདའོ། །ཞེས་བྲིས་པ་ནི། ཕྱོགས་སྔ་མ་ལོངས་པ་སྟེ། སྤྱིར་ཤེར་ཕྱིན་ལ་རྣམ་གྲངས་ཀྱི་ཚུལ་དུ། གཞུང་ཤེར་ཕྱིན། སྙིང་པོ་ཤེར་ཕྱིན། ལམ་ཤེར་ཕྱིན། ཡུམ་ཤེར་ཕྱིན། འབྲས་བུ་ཤེར་ཕྱིན་སོགས་སུ་ཡོད་པའི། སྙིང་པོ་དོན་གྱི་ཤེར་ཕྱིན་ཞེས་པ། གནས་ལུགས་ལྟ་བའི་དེ་ཁོ་ན་ཉིད་ལ་ཟེར་ཞིང་། འདི་ལ་གནས་ལུགས་ཤེར་ཕྱིན་གྱི་མིང་ཡང་བཏགས། དེ་སེམས་ཅན་ནས་སངས་རྒྱས་ཀྱི་བར་ཐམས་ཅད་ལ་རིས་མེད་དུ་ཡོད་པ་ལས། ལམ་ལ་མ་ཞུགས་པའི་སེམས་ཅན་གྱི་དུས་ན་ཡོད་པ་དེ་ལ། གཞི་ཤེར་ཕྱིན་ནམ། རྒྱུ་དུས་ཀྱི་ཤེར་ཕྱིན་ཞེས་བྱ། དེ་དང་གསང་སྔགས་སུ་གཞི་ཕྱག་རྒྱ་ཆེན་པོ་ཞེས་གསུངས་པ་གཉིས། མདོ་སྔགས་ཀྱི་དབྱེ་བས། མིང་གི་ཁྱད་ཙམ་མ་གཏོགས། དོན་གནས་ལུགས་སམ། གཤིས་ལུགས་རང་བཞིན་རྣམ་དག་གཅིག་ཉིད་དུ་མཐུན་ཞིང་ཁྱད་པར་མེད། དེའི་ཕྱིར། སྔགས་ལུགས་ལ་གཞི་ཕྱག་རྒྱ་ཆེན་པོ། ཕྱག་ཆེན་མཚན་ཉིད་པ་མ་ཡིན་པའི་མཚུངས་འདྲར། མདོ་ལུགས་ཀྱི་གཞི་ཤེར་ཕྱིན། ཤེར་ཕྱིན་མ་ཡིན་པ་དེ་བརྗོད་པས། དོན་གྱི་གོ་བས་ཅིག་ཤོས་ལ། །དྲན་པ་ཡང་དག་སྐྱེ་བར་འགྱུར། །ཞེས་ཆོས་ཀྱི་གྲགས་པས་གསུངས་པ་དང་ཚུལ་མཐུན་པའོ། །

འདིར། ཀུན་མཁྱེན་དོལ་བུ་པ་དང་། པཎ་ཆེན་ཤཱཀྱ་མཆོག་ལྡན་སོགས། སྙིང་པོ་ཤེར་ཕྱིན། ཤེར་ཕྱིན་མཚན་ཉིད་པར་མཛད་པ་ནི། གཞན་སྟོང་གི་སྐབས་ཡིན་ལ། གཞན་ཡང་། བློ་མ་སོ་སོ་ལ། གྲུབ་མཐའ་སྣ་ཚོགས་པ་སྣང་ཡང་། སྐབས་འདིར་པཎ་ཆེན་ཐམས་ཅད་མཁྱེན་པ་འབུམ་ཕྲག་གསུམ་པའི་བཀའ་སྒྲོལ་གྱི་རྗེས་སུ་ཞུགས་ཏེ། སྙིང་པོ་ཤེར་ཕྱིན་ནི་ཆོས་ཉིད་ཁོ་ནས་བསྡུས་པ། འཁོར་འདས་ཡོངས་ལ་ཁྱབ་པའི་ངོ་བོ་ཉིད་ཡིན་པ་དང་། ཤེར་ཕྱིན་ནི། ཤེར་ཕྱིན་རྒྱས་འབྲིང་བསྡུས་གསུམ་གྱི་ཉིང་དགོས། ཐོབ་འབྲས་མཐར་ཐུག་ཏུ་བཞག་པ་དེ་ཡིན་པས། སྙིང་པོ་དོན་གྱི་ཤེར་ཕྱིན། ཤེར་ཕྱིན་མ་ཡིན་ཞེས་བྱའོ། །དེས་ན། སྙིང་པོ་ཤེར་ཕྱིན་དང་མཚུངས་པའི་གཞི་ཕྱག་ཆེན་དེ། ཕྱག་ཆེན་མ་ཡིན་པར་མ་ཟད། མཉམ་གཞག་གིས་བསྡུས་པའི་ཟུང་འཇུག་མི་རྟོག་པའི་ཤེར་ཕྱིན་ཡང་། ཕྱག་ཆེན་མ་ཡིན་ཏེ། ཕྱག་ཆེན་ནི་སྔགས་ཀྱི་ཁྱད་ཆོས་ཡིན་ལ། རྣམ་པར་མི་རྟོག་པའི་ཤེར་ཕྱིན་ནི། མདོ་ལམ་གྱི་གཙོ་བོ་ཡིན་པས་སོ། །གཏན་མཛོད་དུ། དྲང་དོན། ངེས་དོན། ངེས་དོན་མཐར་ཐུག་གསུམ་དུ་ཕྱེ་བ་ལ། ཧེ་ཝུ་ཤྲུབ་ཀྱིས་དགག་པ་མཛད་པ་ཡང་། སྤྱི་ལྡོག་ནས། དྲང་ངེས་གཉིས་སུ་འདུས་པའི་ངེས་དོན་མཐར་ཐུག་འགོག་པ་ཡིན་ཀྱི། རིམ་པ་དེ་གསུམ་རྩ་བ་ནས་འགོག་པ་མིན་ཏེ། དྲང་བའི་དོན། གནས་སྐབས་ངེས་དོན། མཐར་ཐུག་ངེས་དོན། ཞེས་ས་ལུགས་ཀྱི་མན་ངག་འགར་ཡང་སྣང་བའི་ཕྱིར་རོ། །

རབ་དབྱེར། རྟོག་པ་ཁ་ཆོམ་ཉིད་སློམ་གྱི། ཞེས་གསུངས་པ་ལ། སྲིད་གསུམ་དུ། རྟོག་པ་ཁ་ཆོམ་ཞེས་པ། རྣམ་རྟོག་ལམ་ཁྱེར་ལ་ཟེར་ན་ནི། ཞེས་བརྟག་དཔྱད་དང་པོ་དང་། ཡང་རྟོག་པ་ཁ་ཆོམ་ནི་རྣམ་རྟོག་འགོག་པ་ཡིན་ལ། དེ་སྔགས་ཀྱི་ཕྱག་ཆེན་མིན་ཟེར་ན་ནི། ཞེས་བརྟག་དཔྱད་གཉིས་པ་ཞིག་བྱས་ནས། དེའི་འཕྲོས་སུ་བརྟག་པའི་མཐའ་དེ་གཉིས་མ་ཡིན་པའི། གཞན་ཞིག་སྐྱོན་རྒྱུ་ཡོད་ན་ལེགས་ཀྱང་། དེ་མེད་པའི་ཆ་རྒྱུས་ང་ལ་ཡོད་དོ། །ཞེས་བྲིས་སོ། །དེ་ལ་རྟོག་པ་ཁ་ཆོམ་གྱི་དོན། ས་ལུགས་པའི་ནང་དུའང་། ངོས་འཛིན་མི་གཅིག་པ་ཅི་རིགས་སྣང་ཡང་། ཁོ་བོ་ནི། དྲན་འགྱུའི་རྟོག་པ་མངོན་འགྱུར་བ་འགགས་པ་ཙམ་ལ། རིག་པའི་དྭངས་ཆ་ཤར་བ། དཔེ་གཉིད་འཐུག་པོ་དང་མཚུངས་པའི་མི་རྟོག་པ་འཐུག་པ་ཞིག་ལ་ཟེར། སྲིད་གསུམ་པའི་བསམ་པ་ལ༑ རྣམ་རྟོག་འགོག་པ་ཙམ་ཞིག །གནས་ལུགས་ཕྱག་ཆེན་ཡིན་སྙམ་པ་དང་། བཀའ་བརྒྱུད་པའི་ཕྱག་ཆེན་དང་། ས་ལུགས་པའི་ཕྱག་ཆེན་ཡི་གེ་མེད་པ་སོགས་ལ། ཁྱད་པར་མེད་སྙམ་པ་སྣང་ཡང་། ཐུགས་རྣལ་དུ་མ་ཕབ་པའི་རང་སྐྱོན་ཏེ། རྣམ་རྟོག་འགོག་པ་ཙམ་ནི། མེད་དགག་གིས་བསྡུས་པ་སྟེ། ཕུང་པོ་རྣམ་པར་བཅད་ཙམ་དུ་ཟད་ལ། དེས་གནས་ལུགས་ཀྱི་གོ་མི་ཆོད་པ་ལ་དགོངས་ནས། ཕུང་པོ་རྣམ་བཅད་སྟོང་པ་ཉིད། །ཆུ་ཤིང་བཞིན་དུ་སྙིང་པོ་མེད། །རྣམ་པ་ཀུན་གྱི་མཆོག་ལྡན་པའི། །སྟོང་ཉིད་དེ་འདྲར་འདོད་མ་ཡིན། །ཞེས་གསུངས། མཆོད་རྟེན་དྲུང་ཐོབ་སོགས་སུ། དུས་གསུམ་གྱི་རྟོག་པ་བཀག་པའི་གདམས་ངག་དང་། ཡི་གེ་མེད་པར་ཡི་གེ་ནི༑ རྣམ་རྟོག་དང་བརྗོད་པ་ཡིན་ལ། །རྟོག་པ་མེད་ཅིང་བརྗོད་པ་དང་བྲལ་བ་ནི། ཕྱག་རྒྱ་ཆེན་པོ་ཡི་གེ་མེད་པའོ། །

ཞེས་བཤད་ཀྱང་རྟོག་པའི་སྤྲུན་པ་ཟད་པའི། ནང་རིག་གི་ཆོས་ཉིད་ཤིན་ཏུ་རྣམ་པར་དག་པ་དེ། གནས་ལུགས་སུ་དགོངས་ཀྱི། རྟོག་པའི་འགྱུ་བ་བཀག་ཙམ་གྱི། རྣམ་བཅད་དགག་ཕྱང་དེ་གནས་ལུགས་སུ་ཁོ་བོ་ཅག་མི་འདོད། ཇི་སྐད་དུ། ས་ར་ཧས། གདོད་ནས་སྐྱེ་མེད་རང་བཞིན་ཡིན་པ་ལ། །དེ་རིང་དཔལ་ལྡན་མགོན་པོས་བསྟན་པ་རྟོགས། །ཞེས་དང་། ཁ་ཏོན་ཡོན་ཏན་ཡི་གེ་དཔེ་བྲལ་བ། །སླུ་རྡུ་མི་བཏུབ་བདག་གི་གྱི་ན་མཆོན། །གཞོན་ནུ་མ་ཡི་བདེ་བ་སྙིང་ལ་ཞེན་པ་བཞིན། །དབང་ཕྱུག་དམ་པ་དེ་ནི་སུ་ལའང་བསྟན་ནུས་སམ། །ཞེས་གསུངས་ལ། འཕགས་པ་ཀླུ་སྒྲུབ་ཞབས་ཀྱིས། བྱང་ཆུབ་སེམས་འགྲེལ་དུ། སྐྱེ་མེད་ཅེས་དང་སྟོང་ཞེས་དང་། །བདག་མེད་ཅེས་པའི་སྟོང་པ་ཉིད། །དམན་པའི་བདག་ཉིད་གང་སྒོམ་པ། །དེ་ནི་འདི་ན་བདག་སྒོམ་པའོ། །ཞེས་དགག་སྟོང་། །གནས་ལུགས་སུ་འགྲོ་བ་བཀག་གོ། །དེ་ལས་འཕྲོས་པ། འབྲུལ་ལུགས་ཕྱག་ཆེན་གྱི་རྣམ་གཞག་ཙུང་ཟད། སྲིད་གསུམ་ན་བྲིས་འདུག་པའི་ལན། འོག་ཏུ། རྣམ་རྟོག་ཆོས་སྐུའི་རྣམ་གཞག་གི་ཞར་

ལས་བྱུང་བའི་ཚུལ་གྱིས་རྟོགས་ནུས་སོ། །རབ་དབྱེར། བླུན་པོས་ཕྱག་རྒྱ་ཆེ་བསྒོམ་པ། །ཞེས་སོགས་ལ། གན་མཛོད་པས་དགག་པ་བྱས་པའི་ལན། གོ་སླ་བའི་ཚུལ་དུ། རྗེ་ཀླུ་སྒྲུབ་པས་གསུངས་པ་ལ། སྲིད་གསུམ་དུ་དགག་པ་མང་དུ་བྱས་པ་རྣམས། ཚིག་རོ་མང་ལ་དོན་ཞུང་བར་སྣང་མོད། འདིར་སྙིང་པོའི་ཚིག་ཙམ་བསྡུས་ནས། དེ་ལ་ལན་འཚམས་པར་བརྗོད་དེ།

དེ་ཡང་སྲིད་གསུམ་དུ། བླུན་པོས་ཕྱག་ཆེན་བསྒོམ་པའི་རྒྱུ་གཅིག་པུ་ལས། འབྲས་བུ་དུད་འགྲོའམ། གཟུགས་མེད་དམ། འགོག་པ་འམ། དབུ་མའི་སྒོམ་གང་རུང་འབྱུང་བ་སྟེ། རྒྱུ་གཅིག་ལས་འབྲས་བུ་རིགས་མི་འདྲ་བ་བཞི་འབྱུང་བར་བཤད་ལ། ཁྱེད་ཀྱིས་དཔེར་བཀོད་པ་དེ་ལ་སྟོང་པ་ཉིད་ལ་བལྟ་མ་ཤེས་ན། ཤེས་རབ་ཆུང་བ་རྣམས་ཕུང་། ཞེས་པ་ཙམ་ལས་མ་བྱུང་བས། རྒྱུ་གཅིག་ལས། འབྲས་བུ་རིགས་གཅིག་བྱུང་། ཞེས་སོགས་བྲིས་ཀྱང་། མ་དགོངས་པ་སྟེ། འབྲས་བུ་གཅིག་ཁོ་ན་ཡིན་ན། ཤེས་རབ་ཆུང་རྣམས་ཞེས། རྣམས་ཀྱི་མང་ཚིག་སྦྱོས་པ་དགོས་མེད་དུ་ཅིས་མ་སོང་། དོན་གྱི་སྙིང་པོ་ནི། བླུན་པོས་གནས་ལུགས་ཕྱག་རྒྱ་ཆེན་པོའི་མིང་ཅན། སྟོང་ཉིད་བསྒོམས་ཀྱང་བསྒོམ་མ་ཤེས་ན། རྐྱེན་གྱི་བྱེ་བྲག་གིས་འབྲས་བུ་ངན་པ་ཅི་རིགས་སུ་འགྱུར་ཏེ༑ བྱིངས་རྨུགས་ཀྱི་དབང་དུ་སོང་ན་དུད་འགྲོ། སོ་སོར་རང་གིས་རིགས་པའི་ཤེས་རབ་དང་བྲལ་བཞིན་དུ། སྟོང་པ་ནམ་མཁའ་ལྟར་བཟུང་བ་དང་། ཅི་མེད་ཅང་མེད་དུ་བཟུང་ན་ནམ་མཁའ་མཐའ་ཡས་དང་། ཅི་ཡང་མེད་སོགས་སུ་གོལ་བ་དང་སྟོང་བ་གསལ་ཙམ་དུ་བཟུང་ན། རྣམ་ཤེས་མཐའ་ཡས་དང་། དེ་བདེ་བས་བརྒྱན་པའི་གསལ་སྟོང་དུ་བཟུང་ན། །འདོད་ཁམས་ཀྱི་ལྷ་དང་། ཐབས་མཁས་ཁྱད་པར་ཅན་དང་མ་འབྲེལ་བའི་ཤེས་རབ་སྟོང་རྐྱང་གཙོ་ཆེ་བའི་ལམ་གྱིས་ནི། ཉན་ཐོས་འགོག་པར་ལྟུང་། ཞེས་པའི་དོན་དུ་དགོངས་ནས། བླུན་པོས་ཕྱག་རྒྱ་ཆེ་སྒོམ་པ། །ཕལ་ཆེར་དུད་འགྲོའི་རྒྱུ་རུ་གསུངས། །མིན་ན་གཟུགས་མེད་ཁམས་སུ་སྐྱེ། །ཡང་ན་ཉན་ཐོས་འགོག་པར་ལྟུང་། །ཞེས་གསུངས། ཅི་སྟེ་ཐབས་ཤེས་རབ་གཉིས་སུ་མེད་པའི་སྟོང་ཉིད་སྒོམ་ཞིང་། སྒོམ་དེ་ཕྱིན་ཅི་མ་ལོག་པར་སྒོམ་ཤེས་ན་ཡང་། མདོ་ལུགས་དབུ་མའི་སྒོམ་ཙམ་ཡིན་གྱི། གསང་སྔགས་ཕྱག་རྒྱ་ཆེན་པོའི་ལམ་མ་ཡིན།

ཞེས་སྨྲོན་པ་ལ། གལ་ཏེ་དེ་ནི་སྒོམ་ལེགས་ཀྱང་། །དབུ་མའི་སྒོམ་ལས་ལྷག་པ་མེད། །ཅེས་པ་ནས། དེས་ན་ཕྱག་རྒྱ་ཆེན་པོ་ལ། །མོས་ན་གསང་སྔགས་གཞུང་བཞིན་བསླབས། །ཞེས་པའི་བར་དུ་གསུངས། གྲུབ་དོན་ནི། དུད་འགྲོ་དང་། གཟུགས་མེད་སོགས་ལ། རྐྱེན་གྱི་བྱེད་པ་སོ་སོར་ཡོད་ཀྱང་རྩ་བའི་གཞི། སྒོམ་ལོག་པའི་ཉེས་པས། དུད་འགྲོ་སོགས་སུ་འགྱུར་སྲིད་པ་དེ་ཡིན་ལ། དཔེར་ན། འཕགས་པ་ཀླུ་སྒྲུབ་ཀྱིས། བྱང་ཆུབ་

སེམས་འགྲེལ་དུ། གང་གིས་སྟོང་ཉིད་མི་ཤེས་པ། །དེ་ལ་ཐར་བའི་སྐལ་པ་མེད། །འགྲོ་དྲུག་སྲིད་པའི་བཙོན་ར་རུ། །རྨོངས་པ་དེ་དག་འཁོར་བར་འགྱུར། །ཞེས། རྩ་བ་ཟུང་འཇུག་གི་སྟོང་ཉིད་མ་ཤེས་ཤིང་། མ་རྟོགས་པ་གཅིག་པུ་ལས། རྐྱེན་གྱི་བསྒྱུར་ཁ་སྣ་ཚོགས་པའི་བྱེད་པས། འགྲོ་བ་རིགས་དྲུག་གི་སྡུག་བསྔལ་འབྱུང་བར་བཤད་པ་དང་འདྲ། འདིས་ནི་སྲིད་གསུམ་དུ། དུད་འགྲོའི་རྒྱུ་དང་འགོག་པའི་རྒྱུ་དང་། གཟུགས་མེད་ཁམས་ཀྱི་རྒྱུ་རྣམས། སྐྱིད་སྡུག་གཅིག་ཏུ་བཏང་། ཞེས་པའི་ལོག་རྟོག་ཀྱང་ཁེགས་ཏེ། ཁྱེད་ལྟར་ན་འཕགས་པ་ཀླུ་སྒྲུབ་ཀྱི་གཞུང་འདི་ལའང་། འགྲོ་བ་རིགས་དྲུག་གི་རྒྱུ་རྣམས་སྐྱིད་སྡུག་གཅིག་ཏུ་བཏང་། ཞེས་བསྒོན་དགོས་པས། ཆོས་སྤོང་གི་ཉེས་པ་ཆེན་པོར་འགྱུར་བའི་ཕྱིར་རོ། །སྲིད་གསུམ་དུ། སྟབས་ལེགས་ན་དབུ་མའི་སྒོམ་དུ་འགྲོ་ཟེར་བར་སོང་། ཞེས་པ་ནི་མ་འབྲེལ་བའི་གཏམ་སྟེ། ལྟ་བ་ཆོས་ཉིད་ཀྱི་རྣལ་འབྱོར་སྒོམ་ལེགས་པར་ཤེས་ན། དབུ་མའི་སྒོམ་དུ་འགྲོ་ཞེས་པའི་དོན་ཡིན་གྱི། སྒོམ་མ་ཤེས་པ་དེ་ནམ་ཞིག་སྟབས་ལེགས་པས། དབུ་མའི་སྒོམ་དུ་འགྲོ་བར་སུ་ཞིག་གིས་ཁས་ལེན། དེ་ལྟ་ན་ཕྱོགས་སྔ་མེད་པའི་དགག་པ་འདི་ནི་ཡ་མཚན་ཆེའོ། །

སྲིད་གསུམ་དུ་བླུན་པོས་ཕྱག་ཆེན་བསྒོམ་པས། དུད་འགྲོ་སོགས་ཀྱི་རྒྱུར་འགྲོ་བ་དེ། བསྒོམ་བྱ་ཆོས་ཀྱི་སྐྱོན་ཡིན་ནམ། བསྒོམ་མཁན་གང་ཟག་གི་སྐྱོན་ཡིན། ཞེས་བརྟག་པ་གཉིས་སུ་བྱས་ནས། གཉིས་པའི་སྐབས་སུ༔ དེ་ལྟར་ན། བླུན་པོས་ཕྱག་ཆེན་མིན་བསྒོམ་པ། །ཞེས་བཅོས་དགོས་ཞེས་བྲིས་ཀྱང་། གསུང་རབ་ལས། བར་ཆིག་མི་མཛོན་པའི་གཞུང་རྣམས་ལ་རྨོངས་པའི་སྐྱོན་ཏེ། ཁྱེད་ལྟར་ན། འཕགས་པ་ཏིང་ངེ་འཛིན་རྒྱལ་པོའི་མདོ་ལས། མི་ཤེས་པ་དག་སྟོང་ཉིད་བསྒོམ་ན་ཡང་། །དེ་ཡིས་དངོས་པོར་འཛིན་པ་བཟློག་མི་ནུས། །དེ་ཡིས་ཉོན་མོངས་ཕྱིར་ཡང་རབ་ཏུ་ལྡང་། །ལྷག་ཆོད་ཀྱིས་ནི་ཏིང་འཛིན་འདིར་སྒོམ་བཞིན། །ཞེས་པ་ལ་ཡང་། སྟོང་ཉིད་མིན་སྒོམ་དང་། ཞེས་དང་། ཏིང་འཛིན་མིན་བསྒོམ་བཞིན། ཞེས་འགྱུར་བཅོས་དགོས་པར་འགྱུར་བས། ད་ནི་ས་པཎ་འགོག་པའི་ཟོལ་གྱིས། རྒྱལ་བའི་བཀའ་ལ་འགོང་བའི་ཉེས་པར་སོང་སྲིད་པས། བག་ཡོད་དུ་བྱས་ན་ལེགས་སོ། །འབྲུག་ཕྱོགས་པས། ཐེག་ཆེན་སོ་སྐྱེའི་སྐབས། བདེན་གཉིས་སོ་སོར་བཞག་པ་དང་། རྗེ་ཀླུ་སྒྲུབ་ཀྱིས། ཐེག་ཆེན་སྐབས་སུ། བདེན་གཉིས་ཁས་ལེན་པ་དེ་སྲིད་དུ། དབྱེར་མེད་དུ་ཁས་ལེན་གསུངས་ཏེ༔ ཕྱོགས་གཉིས་དགག་སྒྲུབ་མཛད་པ་ནི། དང་པོར་སྨྲས་ན། འབྲུག་པས། ཐེག་ཆེན་སོ་སོ་སྐྱེ་བོའི་རྒྱུད་ཚོད་ནམ། སོང་ཚོད་ཀྱི་གྲུབ་མཐའ་བཞག །ཀླུ་སྒྲུབ་རྒྱ་མཚོས། བློ་རྟོག་རློམ་ཚོད་ཀྱི་གྲུབ་མཐའ་བཞག་པས། ཕྱོགས་གཉིས་ཀ་ལ་ཕན་གནོད་མི་སྣང་ངོ་། འོན་ཀྱང་། སོ་སོ་སྐྱེ་བོ་གཞན་ལ་བརྡ་སྤྲོད་པའི་འཐེལ་གཏམ་གྱི་སྐབས་ཡིན་པའི་ཕྱིར། དམིགས་བསལ། སོང་ཚོད་ཀྱིས་འཛལ་ཡང་། སྤྱིར་བཏང་། རློམ་ཚོད་ཀྱི་གྲུབ་མཐའ

འཆད་དགོས་ཏེ། གཞན་དུ་ན། ངེས་དོན་གྱི་གྲུབ་མཐའི་བླང་དོར་རྒྱུན་ཆད་པར་འགྱུར་བའི་སྐྱོན་མཐོང་བའི་ཕྱིར་རོ། །

རྗེ་ཀླུ་སྒྲུབ་ཀྱིས། སྒོམ་མཉམ་འཇོག་པ་དག །དེ་ལྟར་གསུང་བ་ལ་འཁྲུལ་གཞི་སྣང་ཡང་། མཁས་པའི་གཏམ་མ་ཡིན་ཏེ། ཞེས་གསུངས་པ་ལ། སྲིད་གསུམ་དུ། ཡང་དག་པའི་མཁས་པ་ནི། ཞེས་སོགས་ཀྱི་དགག་པ་བརྗོད་ཀྱང་སྐྱོན་མེད་དེ། ཀླུ་སྒྲུབ་རྒྱ་མཚོ་ནི། རྣམ་རྟོག་ཆོས་སྐུར་སྨྲ་བའི་གླེན་སྒོམ་འདི་དག །ཡང་དག་པའི་དོན་ལ་མི་མཁས་ཤིང་། མདོ་རྒྱུད་དང་མི་མཐུན་པར་བཞེད་ཀྱི་སྤྱི་ལྡོག་ནས། མཁས་པ་དང་། སྒོམ་པ་པོ་འགལ་བར་ཞལ་གྱིས་མི་བཞེད་པས། རྩོད་པ་ནུས་མེད་དུ་ཞིག་གོ། །སྲིད་གསུམ་དུ། རྣམ་རྟོག་ཆོས་སྐུ་ཡིན་པའི་ལུང་རིགས་ཇི་སྙེད་ཞིག་སྤྲུངས་ཀྱང་ཚིག་མང་ལ་དོན་ཉུང་བར་སྣང་བས། ལན་འདི་ཙམ་གྱིས་ཆོག་སྟེ། རྣམ་རྟོག་ནི་བསླུ་བ་དང་། འཁྲུལ་པ། བརྫུན་པ། ཀུན་རྫོབ། མི་བདེན་པ། དྲི་བཅས། དངོས་པོ་རྣམས་ཡིན་ལ། ཆོས་སྐུ་ནི། མི་བསླུ་བ། བདེན་པ། དོན་དམ། དྲི་བྲལ། དངོས་པོ་མེད་པའི་ངོ་བོ་ཉིད་ཡིན་པས། རྣམ་རྟོག་ཆོས་སྐུ་ཡིན་པ་ཅི་ཞིག་འཐད། གལ་ཏེ་འཐད་ན། བསླུ་བ་ཡང་། མི་བསླུ་བ་ཡིན་པ་དང་། འཁྲུལ་བ། མ་འཁྲུལ་བ་ཡིན་པ་དང་། ཀུན་རྫོབ་དེ། དོན་དམ་ཡིན་པ་དང་། མི་བདེན་པ། བདེན་པ་ཡིན་པ་དང་། དྲི་བཅས། དྲི་བྲལ་ཡིན་པ་དང་། དངོས་པོ། དངོས་མེད་ཡིན་པར་ཅིས་མི་འགྱུར། འདི་ཐལ་ངག་ཏུ་འཕངས་ན། རིགས་པ་ཤིན་ཏུ་བཟང་སྟེ། རྣམ་རྟོག་ཆོས་སྐུར་འདོད་པ་རྣམས་ལ། ཁོ་བོའི་རིགས་པ་འདི་ནི་གནམ་ལྕགས་ཀྱི་ཐོག་ལྟ་བུ་ཅིས་མ་ཡིན། དོན་གྱིས་གཞལ་ནའང་། མདོ་ལས་བདེན་པ་དམ་པ་ནི་གཅིག་སྟེ། འདི་ལྟ་སྟེ། མི་བསླུ་བའི་ཆོས་ཅན་མྱ་ངན་ལས་འདས་པའོ། །ཞེས་དང་། སམྦུ་ཊིར། འདི་ནི་གཉིས་སུ་མེད་པར་བརྗོད། ཅེས་སོགས་དང་། ཆོས་སྐུ་རང་བྱུང་དོན་དམ་པ། །རབ་དགའ་མཁའ་དང་མཉམ་པའོ། །ཞེས། ཆོས་སྐུ་ནི་བདེན་པ། རང་བྱུང་། གཉིས་མེད། མི་བསླུ་བ་སོགས་ཡིན་པར་བཤད་ལ། འདུ་བྱེད་ཐམས་ཅད་བསླུ་བའི་ཆོས། །དེས་ན་དེ་དག་བརྫུན་པ་ཡིན། །ཞེས་འདུས་བྱས་རྣམ་རྟོག་ནི་བསླུ་བའི་ཆོས་སུ་གསུངས། ཡང་རྣམ་རྟོག་ནི་གཉིས་འཛིན་ཡིན་ལ། ཆོས་སྐུ་ནི། གཉིས་འཛིན་དང་བྲལ་བ་གཉིས་མེད་ཅེས་བྱ་སྟེ། གཉིས་མེད་གཉིས་ནི་སྤྲངས་པ་ཡི། །དེ་ཉིད་ལ་ནི་ཇི་བཞིན་སྟོན། །ཞེས་སཾ་པུ་ཊིར་གསུངས། བཤད་རྒྱུད་དགོངས་པ་ལུང་སྟོན་དུ། ཉིན་དང་མཚན་མོའི་ཆ་ཡིས་ཀྱང་། །རང་གི་རྣམ་པར་རྟོག་པར་ལྡང་། །དེ་ཡིས་འཁོར་བར་སྒྲག་བཞིན་དུ། །འགྲོ་བ་སྣ་ཚོགས་པར་འགྲོའོ། །ཞེས་རྣམ་རྟོག་ནི་འགྲོ་བ་དྲུག་གི་འདྲེན་བྱེད། འཁོར་བའི་གཙོ་བོ་ཡིན་ལ། ཆོས་སྐུ་ནི་མྱ་ངན་ལས་འདས་པ་སྟེ། དེ་ཉིད་གཉིས་མེད་ཡེ་ཤེས་ཏེ། །མི་གནས་མྱ་ངན་འདས་པའང་ཡིན། །ཞེས་གསུངས།

མདོར་ན། ཆོས་སྐུ་ནི་རྣམ་རྟོག་མེད་པའམ། སྤངས་པའམ། སྤྲངས་ནས་རྣམ་པར་དག་པའི་རང་བཞིན་ལ་ཟེར་གྱི་རྣམ་རྟོག་ཆོས་སྐུར་ག་ལ་རུང་། འབྲུལ་པ་དང་། མ་འབྲུལ་བ་འགལ་བ་དང་། བསླུ་མི་བསླུ་གཉིས་འགལ་བ་དང་། བདེན་བརྫུན་འགལ་བ་ལྟར། རྣམ་རྟོག་དང་ཆོས་སྐུ་འགལ་བ་ཡིན་གྱི། རྣམ་རྟོག་ཆོས་སྐུ་ཡིན་པ་མི་བདེན་ནོ། །རྣམ་སྣང་མངོན་བྱང་ལས། བྱང་ཆུབ་ནམ་མཁའི་མཚན་ཉིད་དེ། །རྣམ་པར་རྟོག་པ་ཐམས་ཅད་སྤངས། །ཞེས་དང་། འཕགས་པ་ཀླུ་སྒྲུབ་ཀྱིས། གང་ཞིག་འཁོར་བའི་རྒྱུར་གྱུར་པ། །དེ་ཉིད་སྦྱང་བ་བྱས་པ་ལས། །དག་པ་དེ་ཉིད་མྱ་ངན་འདས། །ཆོས་ཀྱི་སྐུ་ཡང་དེ་ཉིད་དོ། །ཞེས་རྣམ་རྟོག་དག་པའི་ངོ་བོ་ཉིད། དོན་དམ་ཆོས་སྐུར་གསུངས་ཀྱི། རྣམ་རྟོག་ཆོས་སྐུར་མ་གསུངས། དེ་བཞིན་དུ། སྲིད་གསུམ་པས། འབྲུལ་ལུགས་ཕྱག་ཆེན་གྱི་སྒྲུབ་བྱེད་མང་དུ་བརྗོད་པའང་། ལན་སྔ་མ་དེ་ཀས་ནོན་ཏེ། ཆགས་སྡང་གཏི་མུག་ལ་སོགས་པ་ཉོན་མོངས་རྣམས་ནི། མ་རིག་པ་ཡིན་ལ། ཆོས་སྐུ་དང་ཡེ་ཤེས་སོགས་ནི། མ་རིག་པ་ལས་ཤིན་ཏུ་འདས་པའི་ཕྱིར། ཉོན་མོངས་ཡེ་ཤེས་ཡིན་པ་ཅི་ཞིག་རུང་། དེས་ན་ཉོན་མོངས་ཡེ་ཤེས་ཡིན་པ་དེ། འབྲུལ་ལུགས་ཕྱག་ཆེན་ཡིན་ཟེར་བ་ནམ་ཡང་མི་འཐད། ཡང་འབྲིས་ནད་ཅན་གྱིས་དུང་སེར་པོར་མཐོང་བ་དཔེར་བྱས་པའི། རྣམ་རྟོག་ཆོས་སྐུའི་དགག་སྒྲུབ་འགའ་ཡར། འབྲུག་པ་དཔོན་སློབ་དང་། རྗེ་ཀླུ་སྒྲུབ་ཀྱིས་མཛད་པ་རྣམས་ཀྱང་། སྙིང་པོར་དྲིལ་ན། འབྲུག་པ་རྣམས། རྣམ་རྟོག་གི་སྟེང་ན་འབྲུལ་པ་རང་མཚན་པ་མེད་པ་ཞིག་བློ་ཕྱོགས་སུ་བཅངས་རྗེ་ཀླུ་སྒྲུབ་ཀྱིས། རྣམ་རྟོག་གི་སྟེང་ན། འབྲུལ་པ་རང་མཚན་པ་ཡོད་པར་ཐུགས་ལ་བཞག་པས། ཕྱོགས་གཉིས་དགག་སྒྲུབ་ཏུ་གྱུར་མོད། རྒྱུད་དུ། རྣམ་རྟོག་མ་རིག་ཆེན་པོ་སྟེ། །འཁོར་བའི་རྒྱ་མཚོར་ལྟུང་བྱེད་ཡིན། ཞེས་གསུངས་པ་འདི་གཅིག་པུས་ཆོག་སྟེ། རྣམ་རྟོག་གི་སྟེང་ན། འབྲུལ་པ་རང་མཚན་པ་མེད་ན། དེ་འཁོར་བའི་རྒྱ་མཚོར་ལྟུང་བྱེད་དུ་ག་ལ་འགྱུར།

ཞིབ་མོར་དཔྱད་ན། འབྲུལ་པ་རང་མཚན་པ་མེད་ན། རྣམ་རྟོག་གི་མིང་གདགས་སུ་མི་བཏུབ། དཔེ་ཡུལ་མེད་པའི་ཡུལ་ཅན་དང་འདྲ། གང་རྣམ་རྟོག་གི་མིང་འདོགས་པའི་ཚེ། གདགས་གཞི་འབྲུལ་པ་རང་མཚན་པ་ལ་ལྟོས་ནས་འདོགས་པ་ཡིན། གནད་འདི་གོ་ན། རྩོད་པ་རང་སར་གྲོལ། སྐྱེར་ས་ཆེན་ཀུན་དགའ་སྙིང་པོས། རྣམ་པར་རྟོག་པ་ཡེ་ཤེས་ཀྱི། །དབང་དུ་གྱུར་ན་འཁོར་བ་མེད། །ཡེ་ཤེས་རྣམ་པར་རྟོག་པ་ཡི། །དབང་དུ་གྱུར་ན་གྲོལ་བ་མེད། །འབྲུལ་པ་ཆོས་ཀྱི་དབྱིངས་ཉིད་དུ། །གང་གིས་གོ་ལ་རྣམ་རྟོག་ཀུན། །ཆེད་དུ་བསྒོམ་ཀྱང་རྟོག་མེད་ཡིན། །བཙལ་ཡང་འབྲུལ་པ་ག་ལ་རྙེད། །ཅེས་གསུངས་ཀྱང་། རྣམ་རྟོག་ཆོས་སྐུ་ཡིན་པའི་དོན་མ་ཡིན་གྱི། རྣམ་རྟོག་གི་རང་བཞིན་དག་པའི་ངོ་བོ་ཉིད། དོན་དམ་ཆོས་སྐུ་དང་། ཆོས་དབྱིངས་ཡིན་པར་དགོངས་ལ། དེས

མཆོན་ཧེ་རྒྱུད་དུ། འདི་ཉིད་འཁོར་བ་ཞེས་བྱ་སྟེ། །འདི་ཉིད་མྱ་ངན་འདས་པ་ཉིད། །ཅེས་དང་། སེམས་ཅན་རྣམས་ནི་སངས་རྒྱས་ཉིད། །ཅེས་བཤད་པ་རྣམས་ཀྱང་འཁོར་བ་མྱང་འདས་དང་། སེམས་ཅན་སངས་རྒྱས་ཡིན་པའི་དོན་མ་ཡིན་གྱི། འཁོར་བ་ཤིན་ཏུ་དག་པའི་ངོ་བོ་ཉིད་མྱང་འདས་ཡིན་པ་དང་། སེམས་ཅན་གྱི་ངོ་བོ་ཉིད་དག་པ༑ དོན་དམ་གྱི་སངས་རྒྱས་ཡིན་པར་དགོངས་པ་སྟེ། རྗེ་བཙུན་ས་སྐྱ་པའི་ལམ་སྒྲོལ་འདི་ལ། སློབ་དཔོན་བིར་ཝ་པའི་དགོངས་པས། ཆོས་ཐམས་ཅད་ཀྱི་ཆོས་ཉིད་མཐར་ཐུག །ཤིན་ཏུ་རྣམ་པར་དག་པའི་དེ་ཁོ་ན་ཉིད། ཅེས་གསུངས་པའི་དགོངས་པའང་འདི་ཡིན། འཕགས་པ་ཀླུ་སྒྲུབ་ཀྱིས། འཁོར་བ་སྤངས་པར་གྱུར་པ་ཡི། །མྱ་ངན་འདས་ཁྱོད་མི་བཞེད་ཀྱི། །འཁོར་བ་མི་དམིགས་པ་ཡི་ནི། །ཞི་ཁྱོད་མགོན་པོ་ཁྱོད་ཀྱིས་བརྙེས། །ཞེས་འཁོར་བ་མི་དམིགས་པ་ཤིན་ཏུ་དག་པའི་ངོ་བོ་ཉིད། མྱང་འདས་སུ་གསུངས་ནས། འཁོར་བ་མྱང་འདས་སུ་མ་གསུངས་པའི་གནད་ཀྱང་དེ་ཡིན།

བཀའ་བརྒྱུད་པ་རྣམས་རྣམ་རྟོག་ཆོས་སྐུར་འབྱེད་པ་དང་། ལོ་ཆེན་བྱང་རྩེ་དང་། ལོ་ཙྪ་བ་གྲགས་པ་དང་། རྒྱལ་སྲས་དངུལ་ཆུ་ཆོས་རྫོང་པ་སོགས། འཁོར་བ་མྱང་འདས་ཡིན། སེམས་ཅན་སངས་རྒྱས་ཡིན་ཟེར་བ་ནི། ལོ་ཙྪ་བ་དེ་ཚོ་དོན་ལ་འཕགས་པའི་སྐྱེས་བུ་ཆེན་པོ་ཡིན་པས། དེ་རྣམས་རང་རང་གི་ཐུགས་ངོར། འཁོར་འདས་གཅིག་ཏུ་འདྲེས་པ་དང་། སེམས་ཅན་སངས་རྒྱས་གཅིག་ཏུ་འདྲེས་པ་ནི་ཡིན་སྲིད་ཀྱང་། གྲུབ་མཐའི་འཇོག་མཚམས་ལ་དེ་ལྟར་ཟེར་བ་ནི། དངོས་པོ་གང་དང་གང་གིས། ངོ་བོ་དབྱིངས་དང་། ལྡོག་པ་རྫས་ཀྱི་རྣམ་དབྱེ་མ་ཕྱེད་པས། ཤིན་ཏུ་འཁྲུགས་པའི་ཉེས་པ་ཆེ་བའི་ཕྱིར། ལོ་ཙྪ་བ་བྱང་གྲགས། ཆོས་རྫོང་པ་དང་བཅས་པའི་གསུང་དེ་དག་ཀྱང་རེ་ཞིག་མི་རིགས་སོ། །རབ་དབྱེར། ཁ་ཅིག་དཀར་པོ་ཆིག་ཐུབ་ལས། །འབྲས་བུ་སྐུ་གསུམ་འབྱུང་ཞེས་ཟེར། །ཞེས་སོགས་ལ། འབྱུག་པས་དགག་པ་བྱས་པའི་ལན། གོ་སྦྲེའི་ཚུལ་གྱིས། རྗེ་ཀླུ་སྒྲུབ་ཀྱིས་གསུངས་པ་ལ། སྲིད་གསུམ་དུ། གང་དུ་ཡང་ནི་མི་རྙེད་དེ། །ཞེས་པའི་དུ་ཡིག་ནི། རྣམ་དབྱེ་བདུན་པ་གནས་གཞིའི་དོན་ཏེ། ཞེས་སོགས་བྲིས་པ་ནི། འབེན་ངོས་མ་ཟིན་པའི་མདའ་སྟེ། ཀླུ་སྒྲུབ་མི་འགལ་ཡང་། །ཚིག་འགལ་བ། སྙན་ངག་པའི་འགལ་རྒྱན་ལྟ་བུ་དེ་ལ། གོ་སྦྲེ་བར་མཛད་པ་ཡིན་གྱི། དུ་ཡིག་རྣམ་དབྱེ་བདུན་པ་དང་། ལས་ཡིག་རྣམ་དབྱེ་ལྔ་པ་ལ་དཔྱད་པ་མ་ཡིན་པས། རྩོད་པའི་མདའ་ཤུགས་བསྐྱེད་ཀྱང་། འབེན་ལ་འཕོག་པའི་རིགས་ཅན་མ་ཡིན་པར་གོ། དེའི་འཕྲོས་གོང་མར། མདོའི་གླེང་གཞིའི་འགྱུར་ལ། འགྱུར་ཉེས་སོ་ཞེས་བྲིས་པ་ནི། རྒྱ་གཞུང་རྣམས་ལ་སྦྱོར་བཏང་དང་། དམིགས་བསལ་གྱི་དབང་གིས། གོང་འོག་མི་མཐུན་པ་ལྟ་བུ་དང་། ཚིག་གི་གོ་རིམ་དང་། འབྲུ་དོན་གྱི་གོ་རིམ། གོ་ས་སྤོ་དགོས་པ་ཤིན་ཏུ་མང་བར་ཡོད་པ་རྣམས་མ་གོ

བར་ཚིག་ཙམ་ལ། ཨ་འཐས་སུ་ཡོད་པའི་རྣམ་དབྱོད་ཤིན་ཏུ་གྲུ་དོག་པོ་དེས་ལན་ཏེ། ལོ་ཙཱ་བ་ཀ་ཅོག་ལ་སོགས་པ་གངས་རིའི་ཞིང་འདིར། སྟོན་པ་སངས་རྒྱས་དངོས་དང་ཁྱད་མེད་པ་དེ་དག་ལ། འགྱུར་ཉེས་སོ། །

ཞེས་འཕྱས་འདོགས་པར་སྣང་བས། ཁོ་བོ་ནི་ཅང་མི་སྨྲ་སྟེ། སློབ་དཔོན་ཟླ་བ་གྲགས་པས། ཚིག་གསལ་དུ༑ ཁོ་བོ་ཅག་ནི་སྨྲོན་པ་དང་ལྷན་ཅིག་ཏུ་རྩོད་པ་ཡང་མ་ཡིན་ནོ། །ཞེས་བཤད་པ་བཞིན་ནོ། །དེ་ནི་རབ་དབྱེ་ལ། རྩོད་པའི་ལན་དངོས་བསྟན་པར་བྱ་སྟེ། རྗེ་འབྲུག་པ་དང་། སྲིད་གསུམ་མཁན་པོ་གཉིས་ཀྱིས། དཔྱད་པ་མང་དུ་བྲིས་ཀྱང་། སྡོམ་གསུམ་གྱི་དགོངས་པ་གང་ཡིན་མ་ཤེས་པར། དགག་པ་ཅི་བརྩོལ་དུ་བྱས་ཤིང་། རྗེ་གླུ་སྒྲུབ་ཀྱིས་ཀྱང་། འདི་སྐབས་ན། རབ་དབྱེའི་དགོངས་དོན་སྨྲ་ཧི་བཞིན་མ་མཁྱེན་པར་ཟུང་ཟད་འཁྲུགས་པ་ཞིག་སྣང་། འདིར་སྙིང་པོ། ཆོས་རྗེ་པཎྜི་ཏའི་དགོངས་པ་གཞུང་བསྲངས་ན། འདི་སྐད་ཅེས། ཁ་ཅིག་དཀར་པོ་ཆིག་ཐུབ་ལས། །འབྲས་བུ་སྐུ་གསུམ་འབྱུང་ཞེས་ཟེར། །ཞེས་ཕྱོགས་སྔ་བརྗོད་ནས། དེ་འགོག་པ་ནི། དཀར་པོ་ཆིག་ཐུབ། ཅེས་བྱ་བ། ཐབས་ཤེས་ཡན་གར་བའི་རྒྱུ་གཅིག་ལས། འབྲས་བུ་ཡོན་ཏན་གྱི་ཚོགས་གང་ཡང་འབྱུང་བ་མི་སྲིད། ཅེས་སྤྱིར་བཏང་གི་ཚུལ་དུ་སྟོན་པ་ལ། གཅིག་ལས་འབྲས་བུ་འབྱུང་མི་སྲིད། །ཅེས་སོ། །གལ་ཏེ་འམ། ཅི་སྟེ། དེ་ལས་འབྲས་བུ་ཞིག་བྱུང་ཡང་། ཉན་ཐོས་འགོག་པ་བཞིན་དུ་ཤེས་རབ་ཀྱི་ཕྱོགས་སུ་ལྷུང་བའི་འབྲས་བུའི་ཡོན་ཏན་ཉི་ཚེ་བའམ། ཡན་གར་བ་གཅིག་འབྱུང་གི། འབྲས་བུ་སྐུ་གསུམ་མི་འབྱུང་ངོ་། །ཞེས་སྟོན་པ་ལ། གལ་ཏེ་གཅིག་ལས་འབྲས་བུ་ཞིག །བྱུང་ཡང་ཉན་ཐོས་འགོག་པ་བཞིན། །འབྲས་བུ་དེ་ཡང་གཅིག་ཏུ་འགྱུར། །ཞེས་བཤད་པ་ནི་དམིགས་བསལ་ལོ། །སྡོམ་གསུམ་གྱི་ཊཱིཀྐ་མང་པོར་ཡང་། གཞུང་འདི་དག་གི་གོ་རྒྱུ་མཐིལ་ཕྱིན་མ་ཤེས་པར། འཕྱང་མོ་ལྕུག་མང་དུ་སྣང་ལ། སྙིང་པོ་ནི། འདིར་སྐབས་ཀྱི་རྒྱུ་འབྲས་རྣམས་ཐོབ་བྱ། ཐོབ་བྱེད་ཀྱི་རྒྱུ་འབྲས་ཙམ་ཡིན་གྱི། བསྐྱེད་བྱ་སྐྱེད་བྱེད་ཀྱི་རྒྱུ་འབྲས་མ་ཡིན། གནད་དེ་གོ་ན། རྩོད་པའི་ངལ་བ་ཐམས་ཅད་ཅི་བདེར་བཞག་ཆོག་གོ། །

སྲིད་གསུམ་ལས། ཉན་ཐོས་འགོག་པའི་ངོས་འཛིན་ཡང་། སོ་སོར་བརྟགས་མིན་གྱི་འགོག་པ་ལ་བཞེད་ན་ནི། འབྲས་བུ་གཅིག་ཀྱང་མི་འབྱིན་པས་མཚུངས་པ་བརྗོད་དུ་མེད་ལ། ཉན་ཐོས་སློབ་མི་སློབ་ཀྱི་འགོག་པ་ལ་སྦྱོར་ན། དེ་དག་སྟོང་ཉིད་བསྒོམ་པ་ལས་འབྱུང་བར་བཤད་པའི་ལུང་གང་ན་གདའ། །ཅེས་པ་ནས། རྗེས་འཇུག་རྣམས་ཀྱི་མགོ་བོ་འཁོར་ལོ་ལྟར་བསྐོར་བའི་སྒྲུ་ཐབས་སུ་སྣང་བས། འཇམ་པའི་དབྱངས་དེ་ཡང་སྐྱ་རེངས་ལ་དགྲེས་པ་ཞིག་གོ། །ཞེས་པའི་བར་བྲིས་ལ། འདིའི་ལན་ནི། ཕྱིས་ཀྱི་སྨྲ་བ་རྣམས། ཡང་ན་ཉན་ཐོས་འགོག་པར་ལྟུང་། །ཞེས་པ་དེ། ཉན་ཐོས་སློབ་མི་སློབ་ཀྱི་འགོག་པ་གང་ཡང་མ་ཡིན་པར། ཆད་པའི་སྟོང་པ་རྒྱ་ཡན

ཞིག་ལ། ཉན་ཐོས་འགོག་པའི་མིང་འདོགས་པར་བཞེད་པ་མང་དུ་བྱུང་མོད། རྗེ་བཙུན་གོང་མའི་དགོངས་པ་དེ་ལྟར་མ་ཡིན་ཏེ། སློབ་དཔོན་རིན་པོ་ཆེ་བསོད་ནམས་རྩེ་མོས་རྣལ་སྦྱོར་གདམས་ཡིག་ཏུ། བྱང་ཆུབ་སེམས་དཔའི་ཐབས་མཁས་ཀྱི་ཁྱད་པར་དང་མི་ལྡན་པའི་སྟོང་པ་སྒོམས་ཀྱང་། ཉན་ཐོས་དགྲ་བཅོམ་པ། འགོག་པའི་ཞི་བདེ་ལ་ཆགས་པར་འགྱུར་གྱི། དམིགས་པ་མེད་པའི་སྟོང་ཉིད་སྙིང་རྗེའི་སྙིང་པོ་ཅན། ཡང་དག་པའི་ཡེ་ཤེས་ཐོབ་པར་མི་འགྱུར། ཞེས་གསུངས་པའི་ཚིག་སྣ་བཀུས་ནས། རབ་དབྱེར། ཡང་ན་ཉན་ཐོས་འགོག་པར་ལྟུང་། །ཞེས་བཤད་པས། སྐབས་འདིའི། ཉན་ཐོས་འགོག་པ་ཅེས་པ་ཉན་ཐོས་དགྲ་བཅོམ་པའི་འགོག་པ་ཡིན་པ་ནི། རྗེ་བཙུན་གོང་མའི་དགོངས་པའོ། །

སྲིད་གསུམ་དུ། ཉན་ཐོས་སློབ་མི་སློབ་ཀྱི་འགོག་པ་ལ་སྦྱོར་ན། དེ་སྟོང་རྐྱང་བསྒོམ་པ་ལས་འབྱུང་བར་བཤད་པའི་ཁུངས་གང་ན་གདའ། ཅེས་བྲིས་མོད། དེའི་ཁུངས་ནི། རྣམ་པར་སྣང་མཛད་མངོན་པར་བྱང་ཆུབ་པའི་རྒྱུད་ལས། ཐབས་དང་མི་ལྡན་ཤེས་རབ་དང་། །བསླབ་པ་དག་ཀྱང་གསུངས་པ་ནི། །དཔའ་བོ་ཆེན་པོས་ཉན་ཐོས་རྣམས། །དེ་ལ་གཞུག་པའི་ཕྱིར་བཤད་དོ། །ཞེས་པ་འདི་ཡིན། ཐེག་པ་ཆེན་པོའི་མདོ་རྒྱུད་ཐམས་ཅད་དུ། ཉན་ཐོས་ལ་དགག་ཅིང་། དམད་པའི་ཚིག་ཁོ་ན་གསུངས་པ་ཐམས་ཅད། འདིའི་དཔུང་གཉེན་ནོ། །སྲིད་གསུམ་དུ། སྟོབས་དབང་གིས་དམྱལ་བར་སྐྱེ་ཡང་སྲིད་ན། འགོག་པ་ཁོ་ནས་ཅི་ཉེས། ཞེས་སོགས་བྲིས་པ་ནི། རང་ཉིད་ཐེག་པ་དམན་པ་ལ་ཞེན་ནས། ཐེག་པ་ཆེན་པོའི་གདམ་ཁོང་དུ་མ་ཤོང་བའི་རྣམ་འགྱུར་ཏེ། ཐེག་པ་ཆེན་པོ་མཆོག་གི་སྐབས་འདིར། ཉན་ཐོས་དང་། དམྱལ་བ་གཉིས་ལ་ལྟོས་ཏེ། དམྱལ་བའི་ལུས་རྟེན་ལ་བསྟགས་ཤིང་། ཉན་ཐོས་ལ་ཤིན་ཏུ་དམད་པའི་ཚིག་ཉིད་གསུངས། རྒྱུ་མཚན། དམྱལ་བ་པ་ནི་ཐེག་ཆེན་གྱི་ལམ་གྱི་གེགས་མ་ཡིན་ལ། ཉན་ཐོས་དགྲ་བཅོམ་པ་ནི། ཐེག་ཆེན་གྱི་གེགས་ཆེན་པོ་ཡིན་པར་བཤད། ཇི་སྐད་དུ། དམྱལ་བར་འགྲོ་བ་བྱང་ཆུབ་ཀྱི། །གཏན་གྱི་གེགས་བྱེད་མ་ཡིན་ཏེ། ཉན་ཐོས་དང་ནི་རང་སངས་རྒྱས། བྱང་ཆུབ་ཀྱི་ནི་གཏན་གྱི་གེགས། །ཞེས་གསུངས། འཕགས་པ་བྱམས་པས་མདོ་སྡེ་རྒྱན་དུ། སེམས་ཅན་ཆེད་དུ་དམྱལ་བའི་སྲིད་པར་གནས་པ་ཡི། །སྡུག་བསྔལ་མི་ཟད་ཅེས་ཀྱང་རྒྱལ་སྲས་གནོད་བྱེད་མིན། །ཞེས་དང་། བློ་དང་ལྡན་པ་དམྱལ་བར་གནས་པ་དུས་ཀུན་ཏུ། །བྱང་ཆུབ་དྲི་མེད་སྤྱངས་པའི་བར་དུ་གཅོད་བྱེད་མིན། །ཞེས་དམྱལ་བ་བྱང་ཆུབ་ཀྱི་གེགས་མ་ཡིན་པའི་སྐད་དུ། བྱང་ཆུབ་སེམས་དཔའ་ལྷག་བསམ་གྱི་རྩལ་སྦྱོང་བའི་ཡན་ལག་ཏུ། དམྱལ་བར་ཆེད་དུ་སྐྱེ་བ་ལེན་པར་བཤད་ནས། ཚིག་དེ་དག་གི་འཕྲོས་སུ། སྲིད་པ་ལ་སྐྱོན་དང་། ཞི་བ་མྱང་འདས་ལ་ཡོན་ཏན་དུ་བལྟ་བའི་ཐེག་པ་གཞན་ཉན་ཐོས་དང་རང་སངས་རྒྱས་ཀྱི་ལམ་ལ་ཞུགས་ན། རང་

ཉིད་ཀྱི་འཁོར་བའི་སྡུག་བསྔལ་བསིལ་བའམ་སྤངས་པས་བདེ་བར་གནས་ཀྱང་། ཐེག་ཆེན་གྱི་བྱང་ཆུབ་ཀྱི་བར་ཆད་དང་། གནོད་བྱེད་ཆེན་པོ་ཡིན་ནོ། །ཞེས་སྟོན་པ་ལ། ཞི་སྲིད་ཡོན་ཏན་སྐྱོན་གྱིས་ཐེག་པ་དམན་ཞུགས་པའི། །རྣམ་རྟོག་དགེ་བ་སྣ་ཚོགས་བློ་ལྡན་གནོད་བྱེད་ཡིན། །ཞེས་དང་། ཐེག་པ་གཞན་ལ་རབ་བསིལ་རྣམ་རྟོག་བདག་ཕན་པ། །རབ་ཏུ་བདེ་བར་གནས་ཀྱང་བར་དུ་གཅོད་པར་བྱེད། །ཅེས་གསུངས། ཚིགས་བཅད་དེ་དག་གི་འཚམས་སྦྱོར་ཚུལ་ལའང་། སློབ་དཔོན་དབྱིག་གཉེན་གྱི་དག་ལྡན་དུ། ཉན་ཐོས་དང་རང་སངས་རྒྱས་ཀྱི་ཡིད་ལ་བྱེད་པ་ཡོངས་སུ་སྤངས་པའི་ཚིགས་སུ་བཅད་པ་གཉིས་ཏེ། ཞེས་འཚམས་སྦྱར་ནས། སེམས་ཅན་ཆེད་དུ། ཞེས་སོགས། མདོ་སྡེ་རྒྱན་གྱི་རྩ་གཞུང་འདྲེན་པར་མཛད། མ་འོངས་པ་ན། ཉན་ཐོས་ཀྱི་རྟོགས་པ་སྔོན་དུ་མ་སོང་བའི་འཇིག་རྟེན་རང་རྒྱུད་པ་ཞིག་ཐེག་ཆེན་ལམ་དུ་ཞུགས་ན་དེ་ལ་ས་བཅུའི་རྟོགས་པ་སོགས་སྐྱེ་བ་མྱུར་བ་ཡིན་ནོ། །

ཞེས་སྟོན་པ་ལ། མདོ་སྡེ་རྒྱན་དུ། དེ་གཉིས་ཡང་དང་ཡང་དུ་ནི། །རང་སེམས་ཀུན་ཏུ་འབྱུང་ལྡན་པས། །མྱུ་ངན་འདས་ལ་མངོན་དགའི་ཕྱིར། །རྟོགས་པ་བུལ་བ་ཡིན་པར་འདོད། །ཅེས་གསུངས། འཕགས་པ་དཀོན་མཆོག་བརྩེགས་པའི་མདོར། ཤ་རིའི་བུས་ཆོས་བཤད་ན། དགེ་སློང་ལྔ་བརྒྱ་དགྲ་བཅོམ་པར་འགྱུར་བ་མཐོང་ནས། དེའི་ཉེས་པ་ཞི་བའི་ཕྱིར། འཕགས་པ་འཇམ་དཔལ་གྱིས། དེའི་སྔོན་ལ་ཆོས་བཤད་པས། །དགེ་སློང་ལྔ་བརྒྱ་མ་མོས་ནས། །དམྱལ་བར་སྐྱེས། ཞེས་དང་། དེ་ལ་བཅོམ་ལྡན་འདས་ཀྱིས། ཤ་རིའི་བུ། ཁྱོད་ཀྱིས་ཆོས་བཤད་ན། དེ་དགྲ་བཅོམ་པར་འགྱུར་མོད། གཏན་སངས་རྒྱ་བའི་སྐལ་བ་མེད་དོ། །འཇམ་དཔལ་གྱིས་ཆོས་བཤད་པས། རེ་ཞིག་དམྱལ་བར་གྱུར་ཀྱང་། དེ་ནས་ཐར་ཏེ། མྱུར་དུ་མངོན་པར་རྫོགས་པར་འཚང་རྒྱ་བས། འཇམ་དཔལ་ཉིད་ཐམས་མཁས་པ་ཡིན་ནོ། །ཞེས་གསུངས་པའང་། དོན་སྡུ་མ་རྣམས་ལ་དགོངས། དེ་དག་གི་འཕྲོས་དོན་གྱི་ཚུལ་དུ། ས་ར་ཧས། སེམས་ཉིད་གཅིག་པུ་ཀུན་གྱི་ས་བོན་ཏེ། །ཞེས་པ་དང་། རྒྱུད་དུ། གཅིག་པུའི་ཉམས་ཀྱིས་དུ་མའི་གར་མཛད་དོ། །ཞེས་པའི་གཅིག་པུ་ཞེས་པ། གཙོ་ཆེ་བའི་དོན་ཡིན། ཞེས་རྗེ་ གླུ་སྒྲུབ་པས་གསུངས་པ་རྣམས། འཁོར་འདས་ཀྱི་གནས་སོ་སོར་འགྲོ་བ་ལ། གྲོགས་ཀྱི་རྐྱེན་ཅི་ཡང་མི་དགོས་པར། སེམས་གཅིག་པུས་འཁོར་འདས་སུ་འགྲོའམ་སྙམ་པའི་ལོག་རྟོག་སྐྱེ་བའི་སྐབས་སྲིད་པས། དེ་བཟློག་པའི་ཕྱིར། མཐའ་གཞན་བཀག་པའི་རིགས་པ་དང་མཐུན་པར་གསུངས་པས་སྐྱོན་དུ་མི་འགྱུར་ལ། དོན་ལ་བརྟེན་པའི་ཚེ། གཞི་གཤིས་ཀྱི་སེམས་ཉིད་གཅིག་པུ་འདི་ཉིད། འཁོར་འདས་ཐམས་ཅད་ཀྱི་ས་བོན་ཡིན་པར་ཁོ་བོ་ཅག་འདོད་དེ། ཇི་སྐད་དུ། བརྟག་གཉིས་སུ། སངས་རྒྱས་མ་ཡིན་སེམས་ཅན་ནི། །གཅིག་ཀྱང་ཡོད་པ་མ་ཡིན་

ནོ། །དམྱལ་བ་ཡི་དྭགས་བྱོལ་སོང་དང་། །ལྷ་དང་ལྷ་མིན་མི་རྣམས་དང་། །བཤང་བའི་སྲིན་འབུ་ལ་སོགས་པ། །ལྷ་དང་ལྷ་མ་ཡིན་གྱི་ཡང་། །བདེ་བ་གང་ཕྱིར་མི་ཤེས་པས། །རྟག་ཏུ་རང་བཞིན་བདེ་བ་ཅན། །ཞེས། དོན་དམ་བདེ་བའི་མིང་ཅན། །རང་བཞིན་དག་པའི་སེམས་ཉིད་ཀྱི་དབྱིངས་དེ། དམྱལ་བ་ནས། སངས་རྒྱས་ཀྱི་བར་ཐམས་ཅད་ཀྱི་གཞིར་བྱས་ནས། དེའི་རང་བཞིན་ཡོངས་སུ་ཤེས་པ་དང་མ་ཤེས་པའི་དབྱེ་བས། འཁོར་འདས་སོ་སོར་ཕྱེས་པ་ཞིག་བཤད་པ་དང་། རྡོ་རྗེ་གུར་གྱི་རྒྱུད་དུ། མ་བཅོས་མཆོག་གི་ས་བོན་ནི། །བདེ་དང་སྡུག་བསྔལ་རང་བཞིན་ཅན། །བདེ་བ་ཆེན་པོ་མཆོག་ཏུ་ཞི། །སེམས་ཅན་ཐམས་ཅད་དགའ་བར་བྱེད། །འདི་ནི་སྲོག་ནི་ཆེན་པོ་སྟེ། །ཞེས་དང་། སེམས་ནི་ཆེན་པོ་གཅིག་ཉིད་ལ། །ལྷ་ཡི་གཟུགས་ཀྱིས་རྣམ་པར་མཆོན། །ཞེས་གསུངས་པ་རྣམས་དགོངས་པ་གཅིག་གོ། །

སྲིད་གསུམ་དུ། སེམས་ཉིད་གཅིག་པུ་གང་ལས་མ་ཤེས་ན། །སྲིད་པའི་སྡུག་བསྔལ་མཐའ་དག་འགྲོ་བར་འགྱུར་ལ། ཞེས་བྲིས་པ་ནི། དཔྱད་ན་མི་བདེན་ཏེ། སེམས་ཉིད་ཀྱི་རང་བཞིན་ཡོངས་སུ་མ་ཤེས་པ་ལས། སྲིད་པའི་སྡུག་བསྔལ་འགྲོ་བར་འགྱུར་གྱི། མི་ཤེས་པའི་གྲོགས་མེད་པར། སེམས་ཉིད་གཅིག་པུ་ཁོ་རང་ལས། སྲིད་པའི་སྡུག་བསྔལ་མི་འབྱུང་། གལ་ཏེ་མ་ཤེས་ན་ཞེས་སྨྲས་སོ་སྙམ་ན། དེ་ཙམ་གྱིས་གོ་མི་ཆོད་དེ། གང་ལས་ཞེས་པའི་སྟོན་དུ། མ་ཤེས་པའི་ཚིག་བཏོན་ན་རུང་མོད་ཀྱི། དེ་ལྟར་མ་བྱུང་བས་གོ་དོན་ནུས་མེད་དུ་སོང་ངོ་། །སྲིད་གསུམ་དུ། དེ་ཕན་གྱི་རྐྱེན་ཉིད་སྣྲ་སྒྲུར་ན་གཞི་ལ་འགྱུར་གྱི། ཁྱེད་ཀྱི་ཚིག་ལས་སེམས་ཞེས་པ་ཙམ་དང་། སེམས་ཉིད་ཅེས་པ་སྐྱིད་སྡུག་གཅིག་ཏུ་བཏང་འདུག་པ། མཁས་པ་ལ་མི་འོས་པའི་ཚིག་ནི་དེ་ལྟ་བུ་ལ་ཟེར། ཞེས་བྲིས་པ་དང་། དེའི་འཕྲོས་སུ། འཆིང་གྲོལ་ཀུན་གྱི་རྩ་བ་སེམས་གཅིག་པུར་བཞག་པ་འདི་ལ་མ་བསྒོན་ཅིག །ཅེས་དང་། སེམས་དེ་ཀ་ཐར་བ་སྟེར་བའི་སངས་རྒྱས་ཞེས་དང་། སེམས་ལས་གཞན་པའི་ཡེ་ཤེས་འདོད་པ་ལོག་རྟོག་ཏུ་བྱས་ནས་དགག་པ་རྣམས་ནི། ཁྱེད་ལ་ཁས་བླངས་ནང་འགལ་ཏེ། གཞི་གཤིས་ཀྱི་སྐབས་སུ། སེམས་ལ་དེ་ཕན་གྱི་རྐྱེན་ཉིད་སྣྲ་མེད་དུ་མི་རུང་བར། ཁྱེད་རང་གིས་ཁས་བླངས་ནས། དེ་མ་ཐག་ཏུ། འཆིང་གྲོལ་ཀུན་གྱི་རྩ་བ་སེམས་ཉིད་གཅིག་པུ་མི་ཟེར་བར། སེམས་གཅིག་པུ་ཟེར་བ་དང་། སེམས་ཉིད་དེ་ཀ་ཐར་པ་སྟེར་བ་མི་ཟེར་བར། སེམས་དེ་ཀ་ཞེས་སྨོས་པ་སོགས་ཤིན་ཏུ་འགལ་བའི་ཕྱིར། ཁོ་བོ་ནི། འདི་ལྟར་སེམས་དང་སེམས་ཉིད་འབྱེད་པ། ངེས་དོན་གྱི་སྐབས་སུ་གནད་ཆེན་པོ་དང་ལྡན་པ་ཡིན་ཡང་། སྐྱོ་ལྡོག་ནས། སེམས་ཉིད་ལ་སེམས་ཞེས་འདོགས་སུ་མི་རུང་བ་མ་ཡིན་ཏེ། རྒྱུད་དུ། གང་དུ་སེམས་ནི་རབ་བསྒོམ་པ། །འདི་ནི་སངས་རྒྱས་ཆོས་དང་ནི། །དགེ་འདུན་གྱི་ཡང་བསྟན་པའོ། །ཞེས་དང་། སེམས་ནི་རྫོགས་པའི་སངས་རྒྱས་ཉིད། །

ཅེས་པ་རྣམས། དོན་ལ་སེམས་ཉིད་ཡིན་ཡང་། སེམས་ཀྱི་མིང་འདོགས་མཛད་པ་བཞིན་ནོ། །

ངེས་དོན་མཉམ་གཞག་གི་སྐབས། སེམས་དང་སེམས་ཉིད་འབྱེད་དགོས་པའི་རྒྱུ་མཚན་ཡང་སེམས་ལ་དྭངས་སྙིགས་གཉིས་སུ་ཕྱེ་བའི། ཤིན་ཏུ་དྭངས་པའི་ངང་མདངས་མ་ཉམས་པ་དེར། བཅོས་མིན་དུ་འཇོག་དགོས་པ་དང་། སེམས་དག་མ་དག་རྣམ་པར་ཕྱེ་སྟེ། རང་བཞིན་ཤིན་ཏུ་དག་པའི་ངོ་བོ་ཉིད། དབྱིངས་ཀྱི་ཆོས་སྐུར་ཤེས་དགོས་པའི་གནད་དེ། རྒྱས་པར་གཞན་དུ་འཆད་དོ། །

གན་མཛོད་དུ། མདོ་ལུགས་ལ་ཡང་མི་འཐད་དེ། ཞེས་སོགས་བྲིས་པའི་ལན། རྗེ་གླུ་སྒྲུབ་ཀྱིས་མཛད་པ་ལ། སྲིད་གསུམ་དུ། གཞུང་དོན་ཐེག་པ་གསུམ་ལ་དབྱེར་མ་མཆིས་ཏེ། ཆོས་ཀྱི་དབྱིངས་ལ་དབྱེར་མ་མཆིས་པའི་ཕྱིར། ཞེས་དང་། ཐ་དད་དུ་སྣང་བ་མ་ཡིན་པའི་ཕྱིར་ཞེས་པར་སྣང་། ཞེས་བྲིས་པ་ནི། མངོན་རྟོགས་རྒྱན་གྱི་གཞུང་དོན། སྐྱ་རེངས་ཙམ་ཡང་མ་ཤར་བར། ཚོད་དཔགས་ཀྱིས་གོ་དོན་དབང་ཆེ་དཔྱོད་དུ་སླུས་པ་སྟེ། སྲིད་གསུམ་མཁན་པོའི་དེ་ཉིད་ཐམས་ཅད་འདིར་བསྟན་ནོ། །དེ་ལ་ཤིན་ཏུ་སྙིང་རྗེར་གྱུར་པས་སྙིང་པོ་གསལ་པོར་ཁོ་བོས་བཤད་པར་བྱ་སྟེ། རྟོགས་པ་ཡི་ནི་ཆོས་དྲུག་དང་། །ཞེས་པ་ནས། འཇུག་པའི་རྟེན་ལ་རིགས་ཞེས་བྱ། །ཞེས་པའི་བར་གྱིས། རིགས་བཅུ་གསུམ་བཤད་ནས། དེ་ལ་རིགས་ཀྱི་དབྱེ་བ་བཅུ་གསུམ་མི་རིགས་ཏེ། ངོ་བོ་ཆོས་དབྱིངས་ལ་དབྱེ་བ་མེད་པའི་ཕྱིར། ཞེས་དགོས་པ་གླེང་བའི་རྩོད་པ་འཆད་པ་ལ། ཆོས་ཀྱི་དབྱིངས་ལ་དབྱེར་མེད་ཕྱིར། །རིགས་ནི་ཐ་དད་རུང་མ་ཡིན། །ཞེས་གསུངས། རྩོད་པ་འདི་ནི། རྩ་བ་རྒྱལ་བའི་མདོར་གསུངས་ཏེ། འཇམ་དཔལ། གལ་ཏེ། ཆོས་ཀྱི་དབྱིངས་དང་། དེ་བཞིན་ཉིད་དང་། ཡང་དག་པའི་མཐའ་གཅིག་ཡིན་ན། དེ་ལ་སྣོད་དང་སྣོད་མ་ཡིན་པར་བརྟག །ཅེས་སོགས་གསུངས། དེའི་ལན་ནི། རྟེན་ཆོས་དབྱིངས་ལ་དབྱེ་བ་མེད་ཀྱང་། བརྟེན་པ་རྟོགས་པ་ཆོས་དྲུག་ལ་སོགས་པ། སྒྲུབ་པའི་ལམ་མངོན་རྟོགས་ཀྱི་ཆོས་ཀྱི་དབྱེ་བའི། བྱེ་བྲག་ཐ་དད་པ་ལ་བརྟེན་ནས། རིགས་ཀྱི་དབྱེ་བ་བཅུ་གསུམ་བརྗོད་དོ། །ཅེས་སྟོན་པ་ལ། བརྟེན་པའི་ཆོས་ཀྱི་བྱེ་བྲག་གིས། །དེ་ཡི་དབྱེ་བ་ཡོངས་སུ་བརྗོད། །ཅེས་གསུངས། འདིའི་བཤད་གཞི། རྒྱལ་བའི་མདོར་ནམ་མཁའ་ལ་དབྱེ་བ་མེད་ཀྱང་། ཉི་ཟླ་དང་།འདབ་བྱ་ལ་སོགས་པའི་ལམ་ཐ་དད་པར་གསུངས་པ་དང་། དཀོན་མཆོག་ཟ་མ་ཏོག་གི་མདོར། སྣོད་ཐ་དད་པ། ལི་ཁ་ར་ལ་སོགས་པའི་དཔེས། རིགས་ཀྱི་དབྱེ་བ་མང་དུ་བཤད་པ་རྣམས་ཀྱང་། དགོངས་པ་འདི་ཁོ་ནའོ། །དེའི་ཕྱིར། སྲིད་གསུམ་དུ། ཐེག་པ་གསུམ་ལ་དབྱེར་མ་མཆིས་ཏེ་ཞེས་སྨྲ་བ་ནི། འབྲེལ་མེད་འཆལ་པའི་གཏམ་ཙམ་མོ། །

༄ འདིར་སྨྲས་པ། འཇམ་པའི་རྡོ་རྗེ་རབ་དབྱེར་དགག་སྒྲུབ་ཀྱིས། །བསྟན་པའི་བྱེ་དོར་བགྱིས་དེ་རང་ངོ་

མཚར་ཅི། །གཞུང་ལུགས་ཕྱོགས་རེའི་སྙིང་པོའང་མ་ཕྱིན་པར། །འཆད་རྩོད་རྩོམ་ལ་སྙེམས་པས་དྲེགས་ཁྱོད་མཚར། །རབ་དབྱེར། ཁ་ཅིག་ཚིག་ཐུབ་བསྒོམ་པ་ཡིས། །རྗེས་ལ་བསྔོ་བ་བྱ་དགོས་ཟེར། །འོན་ཚིག་ཐུབ་གཉིས་སུ་འགྱུར། །དེ་ལའང་སྐྱབས་འགྲོ་སེམས་བསྐྱེད་དང་། །ཡི་དམ་བསྒོམ་པ་ལ་སོགས་པ། །དགོས་ན་ཚིག་ཐུབ་ཧ་མར་འགྱུར། །དེས་ན་ཚིག་ཐུབ་འདི་འདྲའི་ལུགས། །རྫོགས་སངས་རྒྱས་ཀྱིས་གསུངས་པ་མེད། །ཅེས་པ་ལ། སྲིད་གསུམ་དུ་ཚིག་མང་པོ་བྲིས་ཀྱང་། སྙིང་པོ་ནི་འདི་སྐད་ཅེས། ཚིག་ཐུབ་ཀྱི་སྔོན་ལ་བྱེད་པའི་སྐྱབས་སེམས། ལྷ་སྒོམ་སོགས་ཀྱང་ཚིག་ཐུབ་ཡིན་པ་དང་། ཚིག་ཐུབ་ཀྱི་རྗེས་ལ་བསྔོ་བ་བྱེད་པའི་བསྔོ་བ་ཡང་། ཚིག་ཐུབ་ཡིན་པས། ཚིག་ཐུབ་དུ་མར་འགྱུར་བའི་སྐྱོན་མེད་ཅེས། དཔེ་བཀུང་བ་རིམ་ཅན་པ་དང་སྦྱར་ནས་བྲིས་སོ། །

འདི་དཔྱད་ན་མི་འཐད་དེ། དངོས་གཞི་ཡང་ཚིག་ཐུབ། སྔོན་འགྲོ་སྐྱབས་སེམས། རྗེས་བསྔོ་བ་ཡང་ཚིག་ཐུབ་ཡིན་ན། སྔོན་འགྲོ་ལས་ལོགས་སུ་དངོས་གཞི་དང་། དེ་ལས་ལོགས་སུ་རྗེས་ཞེས་བཤད་པ་དགོས་མེད་དུ་སོང་། རྒྱུ་མཚན། སྔོན་འགྲོ། དངོས་གཞི། རྗེས་ཐམས་ཅད། ཚིག་ཐུབ་གཅིག་ཁོ་ན་ཡིན་པར་ཁྱེད་ཀྱིས་སྨྲས་པས་སོ། །འགོག་བྱེད་རིགས་པའི་སྙིང་པོ་ནི་ཚིག་ཐུབ་ལ། སྔོན་འགྲོ། དངོས་གཞི། རྗེས་སོགས་འབྱེད་པ་མི་འཐད་དེ། ཚིག་ཐུབ་ནི་འདུས་མ་བྱས་ཡིན་ལ། འདུས་མ་བྱས་པ་ལ། སྔོན་འགྲོ། དངོས་གཞིའི་ཐ་སྙད་ནམ་ཡང་བྱར་མི་རུང་བའི་ཕྱིར། ཅི་སྟེ་ཚིག་ཐུབ་རང་འདུས་མ་བྱས་ཡིན་པས། སྔོན་འགྲོ་དངོས་གཞི་དབྱེར་མེད་ཀྱང་། དེའི་ཐབས་ལ། སྔོན་འགྲོ་སྐྱབས་སེམས། རྗེས་བསྔོ་བ་སོགས་བཞག་གོ་སྙམ་ན། ཁྱེད་ལ་ཁས་བླང་འགལ་བས་གནོད་དེ། སྔོན་འགྲོ་སྐྱབས་སེམས། རྗེས་བསྔོ་བ་སོགས་ཚིག་ཐུབ་ཏུ་ཁྱོད་ཀྱིས་ཁས་བླངས་ཟིན་པས། དེ་དག་འདུས་མ་བྱས་ལས་འདས་ན། འདུས་མ་བྱས་ལ། སྔོན་འགྲོ་དངོས་གཞིའི་དབྱེ་བ་བྱེད་པཤིན་ཏུ་བློན་ཞིང་འགལ་བའི་ཕྱིར། སྲིད་གསུམ་དུ། སྟོང་ཉིད་མེད་དགག་ཞིག་ལ་ཐུགས་གཏད་ཡོད་པ་འདྲ་ཡང་ཞེས། ས་སྐྱ་པས། སྟོང་ཉིད་མེད་དགག་ཏུ་ཁས་བླངས་སྙམ་པ་སྣང་མོད། ས་ཕྱོགས་པ་གཞན་མང་པོ་དང་། ཐལ་འགྱུར་བ་ཕྱོགས་གཞན་འགའ་ཞིག །སྟོང་ཉིད་མེད་དགག་གི་གྲུབ་མཐའ་འཛིན་ཡང་། ཁོ་བོ་ནི་དོན་དམ་ཤིན་ཏུ་མཉམ་པར་འཛོག་པ་ན། སྟོང་པ་ཉིད་དགག་སྒྲུབ་གཉིས་ཀ་ལས་འདས་ཤིང་། ཡེ་ཤེས་ཀྱི་གཟིགས་ངོ་། །བརྡ་སྤྲོད་པའི་རིམ་པ་ན། སྟོང་ཉིད་དོན་དམ་ཡོན་ཏན་གྱི་རྣམ་པ་ཐམས་ཅད་དང་ལྡན་པའི། ངོ་བོ་ཤིན་ཏུ་རྣམ་དག་ལྷུན་གྲུབ་ཡིན་པས། མེད་དགག་ཏུ་ག་ལ་རུང་། འདིའི་སྐབས་ན། ས་ཕྱོགས་པ་ནང་དུ་ཕྱི་དོར་བཀྲི་འོས་མང་དུ་ཡོད་ཀྱང་། ཁོ་བོས་བྱས་པའི་རྡོ་རྗེ་སེམས་དཔའི་གསང་མཛོད་སོགས་ལས་རྟོགས་པའི་ཕྱིར། འདིར་སྤྲོས་པ་མ་བྱས

སོ༔ ༔

རྗེ་ཀླུ་སྒྲུབ་ཀྱིས། སྟོང་ཉིད་དོན་དམ་སེམས་བསྐྱེད་མ་ཡིན། ཞེས་དང་། འབྲུག་པས། དེ་དེ་ཡིན་པར་སྨྲས་པས་མ་མཐུན་མོད། འབྲུག་པ་ནི། སེམས་བསྐྱེད་ཅེས་པའི་མིང་ཙམ་ལའང་རྨོངས་པ་སྟེ། སེམས་བསྐྱེད་ཅེས་པ་སློབ་དཔོན་དབྱིག་གཉེན་གྱི་བཞེད་པས་སེམས་བྱུང་དང་། སེང་གེ་བཟང་པོའི་བཞེད་པས་སེམས་ཡིན་ལ། སྟོང་ཉིད་ནི། སེམས་སེམས་བྱུང་གང་ཡང་མ་ཡིན་པའི་ཕྱིར།

འཕགས་པ་ཀླུ་སྒྲུབ་ཀྱིས། བྱང་ཆུབ་སེམས་འགྲེལ་དུ། བྱང་ཆུབ་སེམས་ཀྱི་མཚན་ཉིད་ནི། བདག་དང་ཕུང་སོགས་རྣམ་རིག་གི། །རྟོག་པ་རྣམས་ཀྱིས་མ་བསྒྲིབས་ཤིང་། །རྟག་ཏུ་སྟོང་ཉིད་མཚན་ཉིད་བཞེད། །ཅེས་དང་། བྱང་ཆུབ་སེམས་མཆོག་དེ་ཉིད་ནི། །དེ་བཞིན་ཉིད་དང་ཡང་དག་མཐའ། །མཚན་མ་མེད་དང་དོན་དམ་དང་། །སྟོང་པ་ཉིད་ཅེས་བཤད་པ་ཡིན། །ཞེས་སྟོང་ཉིད་དོན་དམ་བྱང་སེམས་སུ་བཤད་པས། དོན་དམ་སེམས་བསྐྱེད་དུ་འགྲོའོ་སྙམ་ན། སློབ་དཔོན་སེང་གེ་བཟང་པོས་དོན་དམ་བྱང་སེམས་དང་། དོན་དམ་སེམས་བསྐྱེད་དོན་གཅིག་པར་འདོད་པའི་རྗེས་སུ་འབྲང་ན་དེ་ལྟར་ཡིན་མོད། དེ་རྣམས་པ་ཀུན་ཏུ་ཁས་ལེན་དགོས་པའི་ངེས་པ་མེད་ལ། འཕགས་པ་ཀླུ་སྒྲུབ་ཀྱི་གཞུང་ལུགས་དྲང་པོར་སྤྱོང་བའི་ཚེ། ལུགས་གཉིས་ལས། དེ་ཡང་ཁ་ཅིག །དོན་དམ་བྱང་སེམས་དང་དོན་དམ་སེམས་བསྐྱེད་སོ་སོར་བཞེད་པ་ལྟར་ན། འབྲུག་པ་དཔོན་སློབ་ཀྱི་རྩེད་ཚིག་རྣམས་རྗེས་མེད་དུ་སོང་ལ། དེའི་ཚེ་བོད་ཀྱི་མཁས་པ་མང་པོ་ཞིག་དང་། རང་ལུགས་ཀྱིའང་། འཇམ་དབྱངས་དགའ་བ་ལ་སོགས་པའི་དབུ་མའི་ཡིག་ཆར་ཇི་སྐད་བཤད་པ་མང་པོ་ཞིག་གིས་ཀྱང་། འཕགས་པ་ཀླུ་སྒྲུབ་ཀྱི། བསྟོད་ཚོགས་ཀྱི་གཞུང་རྣམས་དང་། བྱང་ཆུབ་སེམས་འགྲེལ། གསང་འདུས་རིམ་ལྔ་དང་། སློབ་དཔོན་འཕགས་པ་ལྟར། སྤྱོད་བསྡུས་སྒྲོན་མེ་དང་། གཞན་ཡང་། བདག་བྱིན་བརླབས་དང་། སེམས་ཀྱི་སྒྲིབ་སྦྱོངས་སོགས་ཀྱི་རང་རྐང་མ་ཚུགས་པར་གྲུབ་མཐའ་སྣ་ཚོགས་སུ་འཆོལ་བར་སྣང་མོད། རྒྱས་པར་གཞན་དུ་འཆད་ལ། ཡང་མང་པོ་དག་ནི། དོན་དམ་བྱང་སེམས་དང་། དོན་དམ་སེམས་བསྐྱེད་གཅིག་ཏུ་བྱེད་པ། ཀླུ་སྒྲུབ་རང་གཞུང་གི་གྲུབ་མཐར་ཡང་མཛད་ལ། དེའི་ཚེ་ཡང་། སྟོང་ཉིད་རྟོགས་པའི་ཡེ་ཤེས་ལ། དོན་དམ་སེམས་བསྐྱེད་དང་། དོན་དམ་བྱང་སེམས་སུ་མཛད་ཀྱི། སྟོང་ཉིད་ལ་དེར་མི་བཞེད་པས། འབྲུག་པ་རིན་པོ་ཆེའི་ལུགས་དེ་ནི། སྒྲོ་བཏགས་བློ་བུར་བ་ཙམ་མོ། །རྗེ་ཀླུ་སྒྲུབ་ཀྱིས་ཀུན་རྫོབ་ཀུནྡ་ལྟ་བུ་སྟེ། །ཞེས་སོགས་ལ་འཕྲོས་པའི་དཔྱད་པ་ཅུང་ཟད་མཛད་པ་ནི། རྒྱུད་ཀྱི་ཚིག་ཙམ་ལ་འཁྲུལ་ནས། ཀུནྡ་ཀུན་རྫོབ་སེམས་བསྐྱེད། ཀུནྡའི་བདེ་བ་དོན་དམ་བྱང་སེམས་སུ་འཁྲུལ་བར་དོགས་པའི་ཉེས་པ་བསྲུང་བྱེད་དུ། མཐའ་གཞན་བཀག

པའི་གསུང་ཙམ་ཡིན་གྱི། ཁམས་དྲུག་ལྡན་གྱི་གང་ཟག་རྣམས། ཀུན་རྫོབ་ལམ་དཀྱིལ་འཁོར་འཁོར་ལོ་སོགས་དང་ལྡན་པར་ཅི་ཞིག་སྨྲ། དེས་ན་གཞི་མེད་ཀྱི་དགག་པས་དོན་མེད་དོ། །

གན་མཛོད་དུ། གཤིས་ལུགས་ཀྱི་དགེ་བ་བཤད་པ་མི་འཐད་ན། ཆོས་མངོན་པའི་གླེགས་བམ་རྒྱབ་ཏུ་བསྐྱུར་རིགས། ཞེས་བྲིས་པའི་ངན་རྒྱུབ། སྲིད་གསུམ་དུ། དོན་ལྷག་པོ་མེད་པར་ཚིག་རྩུབ་ཙུང་ཟད་བྲིས་མོད། འདིའི་ལན་ནི། ཁོ་བོས་ཚིག་གསར་བརྗོད་མི་དགོས་ཀྱི། ཆོས་རྗེ་ས་པཎ་རང་གིས། ཆག་ལོའི་དྲིས་ལན་དུ་གསུངས་པ་དེ་ཀས་མཐུས་ཏེ། དེ་སྐད་དུ། ཆག་ལོའི་དྲི་བ་བཅོ་ལྔའི་ནང་ཚན། དྲི་བ་གཉིས་པའི་ལན་དུ། ས་པཎ་གྱིས་དེ་བཞིན་ཉིད་ལ་དགེ་བར་འདོགས་པའི་དགོངས་གཞི་ནི། སྡིག་པ་མེད་པ་ཙམ་ལ་དགོངས། དགོས་པ་ནི། ཞུམ་པ་གཟེངས་བསྟོད་པ། དངོས་ཀྱི་དོན་ལ། གནོད་བྱེད་ཀྱི་ཚད་མ་ནི། དེ་བཞིན་ཉིད་དགེ་བ་མཚན་ཉིད་པ་ཡིན་ན། འབྲས་བུ་བདེ་བ་འབྱིན་པར་ཐལ། འདོད་ན་ངན་འགྲོ་མི་སྲིད་པར་འགྱུར་ཏེ། ཆོས་ཀྱི་དབྱིངས་ལས་མ་གཏོགས་པའི། །གང་ཕྱིར་ཆོས་མེད་དེ་ཡི་ཕྱིར། །ཞེས་གསུངས་པ་ལྟར་རོ། །འབྲས་བུ་བདེ་བ་མི་བསྐྱེད་ཀྱང་། དགེ་བ་ཡིན་པ་ཅིས་ཏེ་སྙམ་ན། དེ་ལྟར་ན། དགེ་བ་མཚན་ཉིད་པ་མ་ཡིན་པར། བཏགས་པ་བ་ཡིན་ཏེ། བཅོ་བརྒྱད་ཀྱི་ཀྱང་། མཚན་ཉིད་པ་མ་ཡིན་པ་ལ། མིང་དེར་བཏགས་པ་ཉིད་ཀྱིས་བཏགས་པ་བར་འགྱུར་ཞེས་བཤད། མངོན་པའི་གཞུང་འོག་མ་རྣམས། ཐེག་པ་མཐོ་དམན་གྱི་དབྱེ་བས་སྐབས་འདིར་ཚད་མར་ཡང་མི་རུང་སྟེ། ཉན་ཐོས་དང་ཐེག་ཆེན་གཉིས་གཞི་བསམ་སྦྱོར་བའི་རྣམ་གཞག་ཕལ་ཆེར་མི་མཐུན་ཞིང་འགལ་བར། ཉེ་བ་འཁོར་གྱིས་ཞུས་པའི་མདོར་གསུངས་པ་བཞིན། རྒྱལ་བ་བྱམས་པ་དང་། འཕགས་པ་ཀླུ་སྒྲུབ། ཐོགས་མེད། དབྱིག་གཉེན་སོགས་ཀྱིས་ཀྱང་། མངོན་པ་འོག་མ་དང་། ཐེག་ཆེན་གྱི་རྣམ་གཞག །མི་མཐུན་པ་དང་། འགལ་བར་གསུངས་སོ། །ཞེས་སྨོན་པ་ལ།

ས་པཎ་གྱིས། དྲིས་ལན་བཅོ་ལྔ་པའི་དོན་བསྡུས་སུ། ཉན་ཐོས་དང་ནི་ཐེག་ཆེན་གཉིས། །དངོས་པོའི་དོན་ལ་མཐུན་མི་སྲིད། །དགེ་སྡིག་ལ་སོགས་ཐམས་ཅད་ལའང་། །བཏགས་པ་བ་དང་མཚན་ཉིད་པ། །རྣམ་པ་གཉིས་སུ་ཕྱེ་བས་གསུངས། །ཞེས་པ་ནས། མཛོད་ལས་དོན་དམ་དགེ་བ་སོགས། །བཤད་པ་མཚན་ཉིད་པར་འདོད་ལོ། །ཀུན་ལས་བཏུས་ལས་དེ་འདྲ་བ། །གསུངས་པ་བཏགས་པ་བ་ལ་དགོངས། །དེ་ལྟ་མིན་ན་གནོད་བྱེད་ཡོད། །ཉེ་བ་འཁོར་གྱིས་ཞུས་པའི་མདོར།། ཉན་ཐོས་དང་ནི་ཐེག་ཆེན་གཉིས། །གཞི་དང་བསམ་སྦྱོར་འགལ་བར་གསུངས། །བྱམས་པ་ཀླུ་སྒྲུབ་དབྱིག་གཉེན་གྱིས། །ཐེག་པ་ཆེན་པོ་བཀར་སྒྲུབ་ཏུ། །དེ་དག

མཆོག་དམན་ཁྱད་པར་ཆེ། །འགལ་བའི་རྣམ་གཞག་ལེགས་པར་གསུངས། །ཁྲི་བྲག་སྨྲ་བས་དོན་དམ་པའི། །དགེ་བ་ལ་སོགས་བཤད་པ་དང་། །རྟུལ་དང་སྐད་ཅིག་བདེན་དངོས་དང་། །དུས་གསུམ་རྫས་སུ་གྲུབ་པ་སོགས། །དེ་དག་ཐམས་ཅད་ཐེག་ཆེན་འགོག །ཅེས་པའི་བར་གསུངས་པས། དོན་དམ་པའི་དགེ་བའི་མིང་ཅན་རྣམས། དགེ་བ་མཚན་ཉིད་པ་མ་ཡིན་པ་ནི། ཐེག་ཆེན་གྱི་གྲུབ་མཐའི་ངེས་པའོ། །འོན་ཀྱང་སློབ་དཔོན་ཤཱནྟི་པ་སོགས། ཐེག་ཆེན་སྐབས་སུའང་དོན་དམ་གྱི་དགེ་བ། དགེ་བ་མཚན་ཉིད་པར་འདོད་པ་ཞིག་ཡོད་མོད། དེ་ནི་གཞན་སྟོང་གི་གྲུབ་མཐའ་འཆད་པའི་ལུགས་ཡིན་པས། ཁས་བླང་དུ་མི་རུང་སྟེ། གཞན་སྟོང་ཡང་ས་ལུགས་གཙང་མར་སྐྱོང་བའི་ཆེ། སྐྱོན་དང་བཅས་པའི་ཕྱིར་རོ། །

ས་པཎ་གྱིས། ཐུབ་པ་དགོངས་གསལ་དུ་ཧྭ་ཤང་གི་ལོ་རྒྱུས་ཟུར་ཙམ་གསུངས་པ་ལ། འབྲུག་པས་ལོ་རྒྱུས་དེ་མ་དག་གོ་ཞེས་དང་། ཁྱད་པར་སྲིད་གསུམ་དུ། འདི་སྐད་ཅེས། ལོ་རྒྱུས་དེ་ལ། མ་དག་པ་ཅི་དང་ཅི་སྣང་བ་སྐྱོས་ཤིག་ཅེ་ན་དེ་བཞིན་དུ་བྱ་སྟེ། ཐོག་མར་ཐ་དང་། དབའ་ཞེས་པ། དོན་གཅིག་པ་ལ། བརྡ་གསར་རྙིང་གིས་བཏགས་པ་མ་གོ་བར། ཐ་དད་དུ་ཕྱེ་བ་འདི་མ་དག །རབ་དབྱེར། ཞི་འཚོས། རྒྱལ་པོ་ལ་དངོས་སུ་ལུང་བསྟན་པ་དང་། ཐུབ་དགོངས་སུ། ཡེ་ཤེས་དབང་པོ་ལ་དྲིས་པར་བཤད་པ་གཉིས་མ་མཐུན་པས། གང་རུང་ཅིག་མ་དག །ཆོས་འབྱུང་རྙིང་མ་དང་། སྡོམ་རིམ་དུ། དཀར་པོ་ཆིག་ཐུབ་ཀྱི་འཕྲོས་ཙམ་ཡང་མེད་པ་ལ། ཐུབ་དགོངས་སུ། རྒྱ་ནག་དགེ་སློང་ན་རེ། སེམས་དཀར་པོ་ཆིག་ཐུབ་ཡིན་པར་སྨྲས། ཞེས་སྒྲོ་བཏགས་པས་མ་དག །ལོ་རྒྱུས་ཧྭ་ཤང་གི་བསྟན་བཅོས་མཐོང་ནས་བྲིས་སོ་ཞེ་ན། དེ་བསྟན་རྒྱུ་མེད་པས་མ་དག །ཐ་བཞེད་གཙང་མ་དང་། ཐུབ་དགོངས་སུ། རྒྱ་ནག་རྩོད་པ་ཕམ་ཕྲལ། ཡི་གེ་རྣམས་གཏེར་དུ་སྦས་པར་བཤད་པ་དང་། རབ་དབྱེར། ཕྱིས་རྒྱ་ནག་གི་ཡི་གེ་ཙམ་ལ་བརྟེན་ནས་བྱུས་པར་བཤད་པ་འགལ་བས། གང་རུང་ཅིག་མ་དག །རྒྱ་ནག་ལུགས་ཀྱི་རྫོགས་ཆེན་ཟེར་བ། ཚད་ལྡན་ལས་མ་བཤད། ཅེས་གཟུར་གནས་དག་གསུངས་ན། མིང་གསར་འདོགས་སྒྲོ་བཏགས་ཡིན་པས་མ་དག །སྡོམ་རིམ་དུ། བཅོམ་ལྡན་འདས་ཀྱིས། འཕགས་པ་འོད་སྲུངས་ལ་གདམས་ངག་གཏད་པ་ནས་བཟུང་། བརྒྱུད་པ་ཉེར་གཅིག་པ་ཧྭ་ཤང་མ་ཧཱ་ཡ་ན་ཡིན་པར་བཤད་པ་ལ། ཧྭ་ཤང་གི་ཆོས་ལུགས་མུ་སྟེགས་ལས་ཀྱང་ལོག་པར་བསྒྲེ་བ། སྐུར་འདེབས་ཡིན་པས་མ་དག །རབ་དབྱེར། ཕྱག་རྒྱ་བའི་ཆོས་འདི། རྒྱ་ནག་ལུགས་སུ་ཐག་བཅད་ནས། ཐུབ་དགོངས་སུ། ཕྱག་རྒྱ་པའི་ནང་ཚན། ཧྭ་ཤང་གི་རྗེས་འབྲང་དང་། སེམས་ཙམ་རྣམ་མེད་པའི་སྒོམ་དང་། ཤེར་ཕྱིན་ལྟར་སྣང་ཕྱག་ཆེན་དུ་བཤད་པའི་ལུགས་གསུམ་བཤད་པ་གང་རུང་གཅིག་མ་དག །ཐུབ་དགོངས་སུ། ཐེག་པ་ཆེ་ཆུང་གང་ཡང་མ་ཡིན་པ་འགོག་པ་ལ

གཞིར་བྱས་པའི་སེམས་ཙམ་རྣམ་མེད་པ་དང་ཤེར་ཕྱིན་ལྟར་སྣང་། ཕྱག་ཆེན་མིན། ཞེས་གསུངས་པ་མཁས་པ་སྤྱི་དང་མ་མཐུན་པས་མ་དག །ཅེས་ཐུབ་པ་དགོངས་གསལ་དང་། རབ་དབྱེ་གཉིས་ཀྱི་ནང་དུ་མ་དག་པ་དགུ་ཚར་གཅིག་བྲིས་སོ། །

དེ་ལ་མ་དག་ཟེར་བ་དང་པོའི་ལན་ནི། ས་ལུགས་པ་ཕལ་ཆེར་ནི། ཐ་བཞེད། དབའ་བཞེད་སོ་སོར་ཡོད་དམ་སྙམ་པའི་ཚོད་འཛོགས་ཙམ་ཞིག །གྲུབ་མཐའ་དབྱེ་ཚུལ་གས་སུ་སྐྱོང་མོད། ཁོ་བོ་ནི། ཐ་དང་། དབའ་བཞེ་གསར་རྙིང་ཡིན་པ་བདེན་ཞིང་། ཐུབ་པ་དགོངས་གསལ་ན། པར་ཡིག་མ་དག་པ་གཞན་ཡང་སྣང་བ་དང་། ཁྱད་པར་འདིའི་སྐབས་ན། ཐ་ཟེར་རྒྱུ་ལ། འབའ་ཟེར་བའི་ཡི་གེ་མ་དག་པ་སྣང་བས། དེ་ལྟ་ན། དབའ་བཞེད་དམ། ཐ་བཞེད་གསུང་རྒྱུ་ལ། དམ་ཞེས་པ་འདམ་ཀ་སྟོན་པའི་ཚིག་སྟེ། པར་ཡིག་པས་ཆད་པར་མངོན་ཏེ་དཔེར་ན། རྗེ་བཙུན་གོང་མའི་ཡིག་ཆ། བདེ་མཆོག་རྩ་རྒྱུད་ཀྱི་ཊཱི་ཀཱ་མུ་ཏིག་ཕྲེང་བ་དང་། མངོན་རྟོགས་ལྗོན་ཤིང་སོགས་ལ། ཡི་གེ་མ་དག་པ་ཕྲན་བུ་ཡོད་པ། ས་ལུགས་ཀྱི་ཆོས་རྒྱུས་ཆེ་བ་དུ་མས་གསུངས་པ་བཞིན་ནོ། །རྣམ་པ་གཅིག་ཏུ་ན། ཐ་བཞེད། རྩ་བ་གཅིག་ལ། མང་ཉུང་གི་ཁྱད་ཡོད་པ་ཞིག་སྣང་བ་འདི་ཤེས་པའི་ཕྱིར། གཅིག་ལ་ཐ་བཞེད་དང་། གཅིག་ཤོས་ལ་དབའ་བཞེད་དུ་བཏགས་སམ་སྙམ་མོ། །མ་དག་ཟེར་བ་གཉིས་པའི་ལན་ནི། དང་པོར། ཞི་འཚོས། རྒྱལ་པོ་ལ་ལུང་བསྟན་པ་བདེན་ཡང་། ཧྭ་ཤང་གིས་ཆོས་འཆད་པའི་དབུ་ལ། ལུང་བསྟན་པའི་ཧྭ་ཤང་ཡིན་པ་མ་ཤེས། བར་སྐབས་ན་སྦྱིན་པ་ལ་སོགས་པ་སྤྱོད་པའི་དགེ་ཚོགས་འགའ་ཞིག་བཀག་པས། རྒྱལ་པོ་ཐེ་ཚོམ་དུ་གྱུར་ནས། ཡེ་ཤེས་དབང་པོ་ལྷོ་བྲག་ན་བཞུགས་པའི་སྤྱན་སྔར་ཕོ་ཉ་བཏང་བ་ལ༑ འདི་ནི་སྔོན་ཞི་འཚོས་ལུང་བསྟན་པ་དེ་ཡིན་ཏེ། དེ་ནི་ཀཱ་མ་ལ་ཤཱི་ལ་སྤྱན་འདྲེན་པ་རིགས་སོ་ཞེས་རྒྱལ་པོ་ལ་ཡེ་ཤེས་དབང་པོས་བརྡ་སྤྲད་པའི་ལོ་རྒྱུས་འདི་གས། ཁྱེད་ཀྱི་རྩོད་པ་ནུས་མེད་དུ་སོང་། གསུམ་པའི་ལན་ནི། བཀའ་ཆེམས་ཀྱི་ཡི་གེ་བསྲེ་བསླད་ཡོད་མེད་སྣ་ཚོགས་ཡོད་པས། དཔེ་ཁ་ཅིག་ཏུ། དཀར་པོ་ཆིག་ཐུབ་ཀྱི་མིང་མ་སྨོས་པ་ཙམ་ཤེས་བྱེད་དུ་ག་ལ་རུང་། ཆོས་འབྱུང་འགའ་ཞིག་ན། ལྷ་སའི་དགོན་གཉེར། ཧྭ་ཤང་ཐན་པོ་རྒྱ་ཡུལ་དུ་བསྐྲད། དེས་ལྷམ་ཡ་གཅིག་བོད་ཡུལ་དུ་ལུས་པས། དེ་ན་རེ། ད་དུང་ངའི་ཆོས་ལུགས་གཅིག་མྱུར་པོ་འོང་མཆིས་ཟེར་བ་དང་། ཧྭ་ཤང་མཁན་པོས་གཙུག་ལག་ཁང་གཅིག་བཞེངས་ནས། སླར་རྒྱ་ཡུལ་དུ་བཞུད་དོ། །ཞེས་པའི་ལོ་རྒྱུས་ཡོད་པ་རྣམས་མ་དག་པས། ཡིད་གཏན་མི་བྱའོ། །

སྒོམ་རིམ་གཙང་མ་ལས། དཀར་པོ་ཆིག་ཐུབ་ཀྱི་མིང་འདོགས་དངོས་སུ་མ་མཛད་ཀྱང་། ཧྭ་ཤང་གི་ཕྱོགས་སྔ་བརྗོད་པའི་སྐབས་སུ་འདི་ལྟར། གང་དག་ཅི་ཡང་མི་སེམས་ཤིང་། ཅི་ཡང་མི་བྱེད་པ་དེ་དག་ནི། འཁོར་

བ་ལས་ཡོངས་སུ་ཐར་བར་འགྱུར་ཏེ། དེ་བས་ཡིད་ལ་ཅི་ཡང་མི་བསམ་མོ། །སྦྱིན་པ་ལ་སོགས་པའི་དགེ་བ་གང་ཡང་སྤྱད་པར་མི་བྱའོ། །སྦྱིན་པ་ལ་སོགས་པ་སྤྱོད་པ་ནི། སྐྱེ་བོ་བླུན་པོ་ཁོ་ནའི་ལས་སུ་བསྟན་པ་ཡིན་ནོ། །ཞེས་སྒོམ་རིམ་དུ་གསུངས་པ་འདི་གས། དོན་གྱིས་དཀར་པོ་ཆིག་ཐུབ་ཀྱི་མིང་གོ་ནུས་ཏེ། སྦྱིན་སོགས་དགེ་བ་གང་ཡང་མི་དགོས་པའི། ཡིད་ལ་མི་བསམ་པ་གཅིག་པུས་ཆོག་པར་བཤད་པ་དེ་ག །དཀར་པོ་ཆིག་ཐུབ་ཏུ་གྲགས་པའི་ཕྱིར། སྒོམ་རིམ་དུ། ཧྭ་ཤང་དང་། ཀ་མ་ལ་གཉིས་ཀྱི། དགག་སྒྲུབ་དོན་ལ་བརྟེན་པ་ཡིན་གྱི། སྟོན་རྩོད་པ་བྱུང་བའི་རྩོད་ཡིག་ཐམས་ཅད། ཚིག་ཟིན་ཞིབ་མོར་བྲིས་པ་མ་ཡིན་པས། སྐྱོན་ལས་གྲོལ་ཞིང་། སྲིད་གསུམ་དུ་སྒོམ་རིམ་གྱི་གཞུང་རྣམས་སུ། ཧྭ་ཤང་དང་། ཀ་མ་ལའི་རྩོད་ངག་ཐམས་ཅད་ཚང་བར་བཤད་པའང་འདིས་ཁེགས་ཏེ། དཔེར་མཚོན་ན། ཛ་ཡ་ཨ་ནནྡ་དང་། ཕྱ་པ་ཆོས་སེང་གིས། དབུ་མ་ཐལ་རང་གི་རྩོད་པ་བྱས་པའི་རྗེས་སུ། ཛ་ཡའི་འགྲེལ་བཤད་ཆེན་མོ་བྱས་ཀྱང་། བསྟན་བཅོས་དེར། ཕན་ཚུན་གྱི་རྩོད་ཚིག་རྒྱས་པར་མ་བྲིས་པ་དང་། ཕྱོགས་སྐྱང་། ཆོས་གྲགས་ཀྱིས། མདོ་དང་། སྡེ་བདུན་གྱི་རྩོམ་ཁྱེར་བཞིན་ནོ། །

བཞི་པའི་ལན་ནི། ཆོས་རྗེ་པནྡི་ཏས། ཧྭ་ཤང་གི་ལོ་རྒྱུས་དང་། ཀ་མ་ལའི་རྩོད་ཡིག་སོགས། གཟིགས་ངེས་ནས་གསུངས་ཀྱི། མ་གཟིགས་པའི་མི་ཆོས་བླ་མའི་རྫུན་ནི། དུས་ནམ་ཡང་མི་མཛད་དོ། །སྤྱིར་བསྟན་པའི་འཕེལ་འགྲིབ་ཀྱི་དབང་གིས། སྟོན་གྱི་དཔེ་རྒྱུན་ཁྱད་པར་ཅན་འགའ་ཞིག །ད་ལྟ་མཐོང་ཡུལ་ན་དཀོན་ཏེ། འཕགས་ཡུལ་གྱི་དཔེ་རྣམས་ཀྱི་ལོ་རྒྱུས་དང་མཚུངས། དེས་ན་རང་གིས་མ་མཐོང་བ་ཡུས་སུ་བདར་ནས། གཞན་ལ་གཤེ་བ་ཀྱི་དམ་པའི་ལུགས་མ་ཡིན་ནོ། །ཁྱེད་ཀྱིས། ཧྭ་ཤང་གི་བསྟན་བཅོས་བསྟན་རྒྱུ་མེད་པས་མ་དག་ཟེར་བ་ནི། མ་མཐོང་ཕྱིར་ན་མེད་པ་མིན། ཞེས་པ་དེར་སྣང་སྟེ། ཧྭ་ཤང་གི་བསྟན་བཅོས། མདོ་སྡེ་བརྒྱད་ཅུ་པ་ཞེས་པ་དེ། ད་ལྟ་མིག་མཐོང་གཅེར་རེ་དངོས་སུ་སྣང་བས་སོ། །འདིས་ནི། འབྲུག་པས། རྒྱ་ནག་མཁན་པོའི་ཆོས་ལུགས། ཕྱིས་འཕེལ་བའི་གཞུང་ལུགས་ཡིན་ན། དེའི་གཞུང་ལུགས་གར་འཕེལ་སྟོན་དགོས་སོ། །ཞེས་སོགས་དང་། སྲིད་གསུམ་དུ། ཧྭ་ཤང་གི་བསྟན་བཅོས་རྣམས། གཏེར་བཏོན་སྐྱུག་རྫུན་གླིང་པས་བཏོན་ན་མ་གཏོགས། གཞན་མེད་ཟེར་བ་རྣམས་ཀྱང་། ཁྱེད་རང་དཔོན་སློབ་གཟིགས་རྒྱ་ཆུང་བ་ཙམ་དུ་རྟོགས་ནུས་ཏེ། ཧྭ་ཤང་གི་བསྟན་བཅོས། ལུང་བརྒྱད་ཅུ་པ་འདི་ཀ་མདོ་སྡེ་བརྒྱད་ཅུ་པ་ཡིན་པས་སོ། །ལྔ་པའི་ལན་ནི། ཧྭ་ཤང་གི་བསྟན་བཅོས་རྣམས། དང་པོ་གཏེར་དུ་སྦས་པ་བདེན་ཡང་། ཕྱིས་གཏེར་ནས་ཐོན་ནས་ཡི་གེ་འཕེལ་བར་བཤད་ཀྱི། གཏེར་དུ་མ་སྦས་པར། བསྟན་པ་སྔ་དར་ནས་ད་ལྟའི་བར་དུ། ཧྭ་ཤང་གི་དཔེ་རྒྱུན་ཆགས་སུ་བྱུང་བར་ཁས་མ་བླངས་པས་ཉེས་པ་མེད། དཔེར་ན་རྡོ་རྗེ་གདན་དུ་སྦས་པའི་གཏེར་མང་པོ་ད་ལྟ་ཐོན་ནས་ཡོད་པ

དང་འདྲ།

དྲུག་པའི་ལན་ནི། རྒྱ་ནག་གི་རྫོགས་ཆེན་ཡོད་པ། བོན་ལུགས་ཀྱི་རྫོགས་ཆེན། སྐན་བརྒྱུད་ཚིག་ཚོད་ཆེན་མོ་ལ་བལྟས་པས་ཤེས་ཏེ། དེ་རྣམས་བརྒྱད་པ་ཏྲ་ཤང་ལ་དེད། མིང་རྫོགས་ཆེན་དུ་བཏགས། ངོ་བོ་བོན་ཡོངས་རྫོགས་ཚིག་ཐུབ་ཅེས་བཤད་པས་སོ། །དེ་ལྟར་རྒྱ་ནག་གི་རྫོགས་ཆེན་ཡོད་ཀྱང་། དེ་རྫོགས་ཆེན་རྣམ་དག་དང་། ཆོས་ཚད་ལྡན་དུ་མི་རུང་སྟེ། བོན་གྱི་རྫོགས་ཆེན་སྤྱི་རྣམ། ཆོས་རྣམ་དག་མ་ཡིན་པ་བཞིན་ནོ། །

བདུན་པའི་ལན་ནི། འཕགས་པ་འོད་སྲུངས་ནས་གཟུང་བའི་བརྒྱུད་པ་ཉེར་གཅིག་པ། ཏྲ་ཤང་ཡིན་དུ་ཆུག་ཀྱང་། ཕྱིས་ཏྲ་ཤང་ཉིད་ལྟ་བ་ལོག་པས། སངས་རྒྱས་ཀྱི་བཀའ་དང་མི་མཐུན་པ་མང་དུ་སྨྲས་པས། ཀ་མ་ལ་ཤི་ལས་དགག་ཅིང་། ས་སྐྱ་པས་ཀྱང་། ཤིན་ཏུ་དམད་པར་མཛད་པ་སྟེ། འཇིག་རྟེན་ན་འབངས་སུ་བཙུས་ནས། རྐང་ནས་འདྲེན་པའི་དཔེ་བཞིན་ནོ། །

སྤྱིར་ཏྲ་ཤང་འདི། འཇུག་སྒོ་སངས་རྒྱས་པའི་གྲུབ་མཐར་ཞུགས་ཤིང་། ཁྱད་པར་དབུ་མ་ཐལ་འགྱུར་བའི་གྲུབ་མཐའ་འཛིན་པ་ཞིག་ཡིན་ལ། བོད་དུའང་ཐལ་འགྱུར་བའི་གྲུབ་མཐའ་བཟུང་། ཁོ་རང་གི་བསྟན་བཅོས་ལུང་བརྒྱད་ཅུ་པའི་ནང་དུ། བཀའ་མཐའ་མ་ལེགས་པར་ཕྱེ་བའི་མདོ་མང་པོ་ཡང་ཐལ་འགྱུར་དུ་བཀྲལ་སྣང་མོད། འོན་ཀྱང་། ཐལ་འགྱུར་བའི་ལྟ་བ་རྣམ་དག་མ་རྟོགས་པས། ཕྱིན་ཅི་ལོག་ཏུ་བཤད་པ་དང་། ཁྱད་པར་སྦྱིན་སོགས་དགེ་བ་འགའ་ཞིག་བཀག་པས་སངས་རྒྱས་ཀྱི་བཀའ་དང་། ཐལ་འགྱུར་བ་རང་ལུགས་གོང་མ་རྣམས་དང་ཡང་འགལ་བའི་ཕྱིར། ངེས་པར་དགག་བྱ་ཉིད་དུ་གྲུབ་བོ། །བརྒྱད་པའི་ལན་ནི། བཀའ་བརྒྱུད་པའི་ཕྱག་ཆེན་གྱི་གདམས་ངག་རྣམས། འགའ་ཞིག་རྒྱ་ནག་ལུགས་དང་། འགའ་ཞིག་སེམས་ཙམ་རྣམ་མེད་པའི་ལུགས་སོགས། བསྲེས་འདྲེས་སུ་ཡོད་པ་ལས། ཕལ་ཆེར་རྒྱ་ནག་ལུགས་གཙོ་ཆེའོ། །ཞེས་སྟོན་པ་ལ། ད་ལྟའི་ཕྱག་རྒྱ་ཆེན་པོ་ནི། །ཕལ་ཆེར་རྒྱ་ནག་ཆོས་ལུགས་ཡིན། ཞེས། ཕལ་ཆེར་གྱི་ཚིག་ནུས་ལ་བརྟགས་པས་ཤེས། དགུ་པའི་ལན་ནི། ཐུབ་པ་དགོངས་གསལ་དུ། ཉན་ཐོས་དང་། ཐེག་ཆེན་གཉིས་ཀ་མ་ཡིན་པའི། སངས་རྒྱས་ཀྱི་བསྟན་པ་འདོད་པ་དགག་པའི་སྐབས་སུ། སེམས་ཙམ་རྣམ་མེད་པའི་སྒོམ་ལ། ཕྱག་ཆེན་དུ་འདོད་པའི་ལུགས་དང་། ཤར་ཕྱིན་ལྟར་སྣང་ཕྱག་ཆེན་དུ་འདོད་པ་དགག་པའི་ལུགས་གཉིས་གསུངས་མོད། འདིའི་དོན། སེམས་ཙམ་རྣམ་མེད་པའི་ལུགས་སོགས། ཐེག་ཆེན་གྱི་ལུགས་མ་ཡིན་ཟེར་བ་གཏན་མ་ཡིན་ལ། སེམས་ཙམ་རྣམ་མེད་པའི་ལྟ་བ་དང་། ཤར་ཕྱིན་ལྟར་སྣང་ཕྱག་ཆེན་མ་ཡིན་པའི་དོན་ནོ། །

དེ་སྐད་དུ། ཐུབ་པ་དགོངས་གསལ་དུ། ཕྱག་རྒྱ་ཆེན་པོ་ཡིན་ན། གསང་སྔགས་ཉམས་སུ་བླངས་པ

ལས་བྱུང་དགོས། དཔེར་ན། ལྐོ་བུར་བ་ལ་སོགས་པ་དུ་བར་མིང་བཏགས་ཀྱང་། མེ་ལས་མི་སྐྱེ་བའི་ཕྱིར། དུ་བ་མཚན་ཉིད་པ་མ་ཡིན་པའམ། བྱའི་སྐད་མིས་འདོན་ཟེར་ཡང་། བྱ་སྐད་བྱ་ཉིད་ཀྱི་ཁ་ནས་འབྱུང་གི། མིའི་ཁོང་ནས་འབྱུང་མི་སྲིད། ཅེས་གསུངས། འབྲུག་པས། གན་མཛོད་དུ། རྒྱ་ནག་ལུགས་ཀྱི་རྫོགས་ཆེན་ཞེས་སྨྲ་བ་འདི་མ་གཟིགས་པར་ཟད་དེ། འདི་མདོ་སྡེའི་སྒོམ་རིམ་དུ་བཤད་ལ། རྫོགས་ཆེན་ནི་ཨ་ཏི་ཡོ་ག་ཡིན་པ་ཤན་མ་ཕྱེད། ཅེས་བྲིས་པ་ནི། འབྲུག་པ་རང་ལ་ནང་འགལ་ཏེ། མདོ་སྔགས་ཁྱད་པར་མེད་པ། ཁྱེད་ཀྱིས་ཁས་བླངས་ནས། འདིར་མདོ་སྡེའི་སྒོམ་རིམ་དང་། ཨ་ཏི་ཡོ་གའི་སྒོམ་རིམ་ལ་ཁྱད་པར་ཡོད་པ་སྐད་སླབ། དངོས་སུ་འགལ་བའི་ཕྱིར། དོན་རྣལ་མའི་ལན་ནི། ཧྭ་ཤང་གི་ལུང་བརྒྱད་ཅུ་པའི་ནང་ན། རྒྱུད་ཀྱི་ལུང་འགའ་ཤས་ཀྱང་དྲངས་ཏེ། མདོ་སྔགས་ལྟ་འབྲས་དང་བསྒྲོད་པ་ཐམས་ཅད་གཅིག་པ། གཞི་ལམ་འབྲས་གསུམ་གཅིག་ཆར་བའི་རྣམ་གཞག་ཁོ་ན་བཤད་པས། རྒྱ་ནག་ཁོ་རང་། མདོ་སྡེའི་སྒོམ་རིམ་དང་། རྫོགས་ཆེན་གྱི་ལམ་གཅིག་ཏུ་འདོད་པར་སེམས་སོ། །ཡང་ཀ་མ་ལ་ཤཱི་ལས། སོ་སོར་རྟོག་པའི་ཤེས་རབ་སྔོན་དུ་བཏང་ནས། གནས་ལུགས་ལ་མཉམ་པར་འཇོག་པར་གསུངས་པའི་དོན་འཆད་པ་ན། ལུགས་གཉིས་སྣང་སྟེ། ཐོས་བསམ་གྱི་སོར་རྟོག་སྔོན་དུ་བཏང་ནས་འཇོག་པའི་ལུགས་དང་། འཇོག་སྒོམ་གྱི་སོར་རྟོག་ལ་བརྟེན་ནས། གནས་ལུགས་མངོན་དུ་གྱུར་བའི་ལུགས་གཉིས་སོ། །

དེ་ལ་ས་སྐྱ་པའི་རྗེས་འཇུག་སྔོན་བྱོན་མང་པོ་ཞིག་ནི། ལུགས་སྔ་མ་ཁོ་ན་ཡིན་པར་བྱེད་ལ། ཁོ་བོ་ནི། ལུགས་གཉིས་ཀ་བདེན་ཞིང་། དེ་ཡང་ལུགས་དང་པོ་ནི། གསུང་རབ་ལས། ཤེས་རབ་ལ་བརྟེན་ནས་ཏིང་འཛིན་བསྒྲུབ་པར་གསུངས་པ་དེ་ཡིན། སྒོམ་ཆེན་ཕལ་པ་རྣམས་ལྟ་ཐོག་ནས་སྒོམ་པ་འཚོལ་ཟེར་བ་དང་མཐུན་རྟུང་ཙམ་མོ། །མངོན་པ་ཀུན་ལས་བཏུས་སུ། ལྷག་མཐོང་ལ་བརྟེན་ནས། ཞི་གནས་བསྒྲུབ་པར་གསུངས་པ་ཡང་འདི་དང་མཚུངས། ལུགས་ཕྱི་མ་ནི། ས་ར་ཧའི་དོ་ཧ་ལས་གསུངས་པ་བཞིན། ལམ་སྔོར་ཕྱི་མའི་སེམས་འཁྲིད་རྣམས་ཡིན་ཞིང་། ས་སྐྱ་པ་ཕྱི་མ་དག་ལུགས་ཕྱི་མ་ལ་གདེང་དུ་འཛུགས་པ་ནི། རང་གིས་རང་ལ་དམའ་འབེབས་པ་ཙམ་མོ། །ཆོས་རྗེ་ས་པཎ་གྱིས་ལུགས་དང་པོ་རྩལ་དུ་བཏོན་པ་ནི། རྒྱལ་བའི་བཀའ་ལས། འགྲོ་མང་ཕུང་པོ་སྟོང་པར་སྟོན་བྱེད་ཀྱང་། །ཇི་ལྟར་བདག་མེད་དེ་དག་མི་ཤེས་ཏེ། མི་ཤེས་དེ་དག་གཞན་གྱིས་བཀྲལ་བ་ན། །ཁྲོ་བས་ཟིལ་གྱིས་གནོན་ཅིང་ཚིག་རྩུབ་སྨྲ། །ཞེས་སོགས་དང་། ཆོས་ཀྱི་གྲགས་པས། དེ་ཡུལ་སུན་དབྱུང་མེད་པར་ནི། །དེ་སྤོང་བར་ནི་ནུས་མ་ཡིན། །ཞེས་སོགས་ཀྱི་དོན་བླ་ན་མེད་པ་སྟེ། གཏི་མུག་བདག་འཛིན་སུན་དབྱུང་བ་ལ། མན་ངག་གཞན་པས་ཆེས་ཟབ་ཞིང་། །སྟོབས་འཆུན་ཆེ་བའི་ཕྱིར། ཚུལ་འདི་ནི་ཁྱད་

པར་འཕགས་པ་ཞིག་ཡིན་ལ། ཐོས་པ་ཆེ་ན་གོ་ལ་ས་ཆུང་། ཞེས་བསྔགས་པའི་གདམས་ངག་ནི་འདི་ཉིད་དོ། ། ལུགས་ཕྱི་མ་ནི། ལམ་སྐོར་ཕྱི་མ། ས་ར་ཧ་དང་། འཕགས་པ་ཀླུ་སྒྲུབ་ཐུན་མོང་བའི་མན་ངག །མཆོད་རྟེན་དྲུང་ཐོབ་དང་། །སློབ་དཔོན་ཏོག་རྩེ་པའི་བསམ་མི་ཁྱབ་དང་། ངག་གི་དབང་ཕྱུག་གི་ཡི་གེ་མེད་པ་རྣམས་དང་། ལམ་སྐོར་དུ་མ་བགྲངས་པ་གཞན་ཡང་ས་ལུགས་ཉིད་ལ། ཨིནྡྲ་བོ་དྷིའི་ཕྱག་ཆེན་ཡི་གེ་ཕྱེད་པ་དང་། ཕྱག་རྒྱ་ཆེན་པོ་དབུ་མའི་ཁྲིམ་འཛུག་དང་། ཊོམ་བྷི་ཧེ་རུ་ཀའི་ཕྱག་རྒྱ་ཆེན་པོ་བཞི་པ་དང་རྣལ་འབྱོར་པ་པི་ཐཏྟ་ལས་བྱུང་བའི་ཕྱག་རྒྱ་ཆེན་པོ་སྒོམ་མེད་དང་། རྡོ་རྗེ་གདན་པའི་ཕྱག་ཆེན་གཅེས་བསྡུས་འོད་གསལ་དང་། གཞན་ཡང་ཕྱག་ཆེན་གོ་བ་བདུན་པ་དང་། གོ་བ་གཅིག་པ་དང་། ཕྱག་ཆེན་བརྡའི་མན་ངག །ཅེས་པ་རྣམས་ན་དོ་སྐྱོད་གཉིས་ལུགས་ཀྱི་ལམ་མང་དུ་གསུངས་པ་རྣམས་ཡིན་ལ། དེ་རྣམས་ལ་རྗེ་བཙུན་གྲགས་པ་དང་། ས་པཎ་གཉིས་ཀས་མན་ངག་གི་ཡིག་ཆ་སྙིང་པོ་རེ་མཛད། འདི་དག་སྔགས་ལུགས་ཉིད་ཡིན་པས། དབང་སྔོན་དུ་འགྲོ་ཞིང་། དབང་གི་ཡེ་ཤེས་ཀྱི་སྟོབས་ལས། ཐོབ་བསམ་ལ་མ་བལྟོས་པར། དཔེའི་ཡེ་ཤེས་རྩོལ་མེད་དུ་འཆར་ཞིང་། དེ་ལྟར་ཤར་བ་དེ། བརྗོད་པའི་གཞིར་བཞག་ནས། ཡང་དག་འཛོག་གི་དྲན་ཤེས་ཀྱི་ངར་འདོན་ཞེས་བྱ་བ། ནང་རིག་སོ་སོར་རྟོག་པའི་ཤེས་རབ་ཁྱད་པར་ཅན་གྱི་རྩལ་སྦྱངས་པས། ནམ་ཞིག་ན་གནས་ལུགས་དོན་གྱི་རྟོགས་པ་མངོན་བྱེད་ནུས་པ་དེ་ཡིན།

དེའི་ཕྱིར་ལུགས་ཕྱི་མ་འདི་ལ། ཐོས་བསམ་གྱི་སོར་རྟོག་ཁོ་ན། མཐའ་གཅིག་ཏུ་སྔོན་དུ་འགྲོ་དགོས་པའི་ངེས་པ་མེད་ཅིང་། སྐབས་ཀྱི་གཙོ་བོ་འཇོག་སྒོམ་གྱི་སོར་རྟོག་གིས་དོན་ཚང་བ་ཡིན་ལ། ལུགས་འདི་དབང་པོ་ཐོད་རྒལ་བའི་ལམ་ཞེས་བྱ་བ། རྩལ་ཆེ་བ་ཞིག་ཡིན་ཞིང་རྒྱུད་ཀྱི་ངེས་དོན་ཕལ་ཆེར། འདི་ཀ་གཙོ་ཆེ་མོད། ས་སྐྱ་པའི་རྗེས་འཇུག་ཆེན་པོ་གྲགས་པ་ཅན་མང་པོ་ཞིག་ཀྱང་། ཆོས་འདིའི་སྐྱ་རིས་ཙམ་ཡང་མ་ཤར་བར་འཁྲུམས་ཤིང་། དེང་སང་གི་ས་ལུགས་པ་རྣམས། བསྐྱེད་རིམ་རེ་ལ་ཨ་འཁྲུལ་རྣག་འཁྲུལ་སུ་འཁོར་ནས། ངེས་དོན་གྱི་མཆོག་འདི་རྣམས། རྣ་ཡུལ་དུ་ཡང་མ་སོན་པ་ནི། ཡོད་ཡོད་ཀྱི་སྣོ་བོར་མེད་མེད་ཀྱི་སྲང་འཁྲུམས་པ་སྟེ། སངས་རྒྱས་ཀྱི་བསྟན་པའི་སྙིང་པོ་མཆོག་རྣམས་ཉམས་པའི་ལྟས་སུ་འདུག་གོ། །

སྲིད་གསུམ་དུ། རྟ་ཤང་ལྷ་ལོག་འགོགས་པའི་ཐོལ་ཅན་དེས། །ལམ་སྐོར་རྒྱ་ནག་ལུགས་སུ་ཡུད་ཀྱིས་དྲངས། །གཞན་སྡེ་གཞོམས་པའི་སྤྱོབས་པས་ཆེར་འཁྲིངས་ཀྱང་། །གོ་མེད་གཡུལ་དུ་ཞུགས་པའི་རྣམ་ཐར་བསྟན། །ཞེས་དང་། ས་དཀར་གཉིས་པོ་རྟ་ཤང་དང་། །དོན་ལ་ཁྱད་མེད་ན་མེད་མཉམ་དང་། ཡོད་ན་ཡོད་མཉམ་དུ་འདུག་པས། །བློ་ཆོད་ཟིན་པར་བྱའོ། །ཞེས་སོགས་མང་དུ་བྲིས་པའི་སྙིང་པོ། དཀར་བརྒྱུད་པའི་ཕྱག

ཆེན་དང་། ས་སྐྱ་པའི་ལམ་སྒོར་ཕྱི་མའི་སེམས་འཁྲིད་རྣམས་ལ་ཁྱད་མེད་ཅིང་། དཀར་བརྒྱུད་པའི་ཕྱག་ཆེན་རྣམས། རྙིང་གི་ལུགས་ཡིན་ན། ས་སྐྱ་པའི་སེམས་འཁྲིད་རྣམས་ཀྱང་རྙིང་གི་ལུགས་སུ་སོང་ངོ་། །ཞེས་སྨྲ་བར་སྣང་མོད། རྙིང་ནི་བསོད་ནམས་ཀྱི་ཚོགས། སྦྱིན་སོགས་ཀྱི་དགེ་བ་བཀག་ནས། ཅི་ཡང་མི་བསམ་པར་འདོད་ལ། ས་སྐྱ་པའི་ལམ་སྒོར་སོགས་སུ་སྦྱིན་སོགས་བསོད་ནམས་ཀྱི་ཚོགས་གསོག་མེད་མི་རུང་དུ་བཤད་པ་གཉིས། ཕྱོགས་འདྲ་ཙམ་ཡང་ག་ལ་ཡིན། ལྟ་སྒོམ་དངོས་གཞིའི་ཚེ། ས་སྐྱ་པ་ནི། སེམས་སྣ་ཚོགས་སུ་འཕོ་བ་ཅིས་དང་། བཞག་སར་དལ་དུ་མི་གཞུག་ཅེས། དམིགས་པ་ཡུལ་གྱི་གནད་སྣ་ཚོགས་པ་ལ། ཡུལ་ཅན་བསམ་མེད་རྟོག་མེད་དུ་སྐྱོང་བ་དེ་དང་། རྙིང་དྲན་རྟོག་ཐམས་ཅད་ལ་སོ་སོ་རང་རིག་གི་རྒྱལ་སྤྱོད་འགོགས་པ་གཉིས་རྣམ་པ་ཀུན་ཏུ་མི་མཚུངས། ས་སྐྱ་པ་རྣམས། ཡུལ་གྱི་རྣམ་པ་ཁ་ནང་ལོག་གི་གསལ་བ་ངོས་བཟུང་ནས། མཐའ་བྲལ་དང་བརྗོད་བྲལ་དུ་འཆར་བ་དང་། རྙིང་ཡུལ་རྣམ་སོ་སོ་རང་རིག་གི་གསལ་བ་འགོགས་པ་གཉིས་མཚུངས་པའི་གོ་སྐབས་གང་ན་ཡོད། དཔལ་ལྡན་ས་སྐྱ་པ་རྣམས་སོང་སར་བཟུང་། བཞག་སར་བསྐྱངས། གྲོལ་སར་རྗེས་བཅད། རྗེས་དྲན་ཤེས་བཞིན་མ་ཉམས་པའི་བཙོས་མིན་སེམས་ཀྱི་ངོ་བོ་ཤེན་ཏུ་དག་པ་སོ་སོ་རང་གིས་རིག་པས་དམིགས་མེད་དུ་སྐྱོང་བ་དང་། རྙིང་སོ་སོ་རང་གིས་རིག་པའི་དྲན་ཤེས་ཀྱི་རྒྱལ་སྤྱོད་ཅི་ཡང་མེད་པའི་མི་རྟོག་པར་འཛོག་པ་གཉིས། གཅིག་ཏུ་ཇི་ལྟར་བསྒྲུབ།

དེས་ན། ལམ་སྒོར་རྒྱ་ནག་ལུགས་སུ་ཡུད་ཀྱིས་དྲངས། ཟེར་བ་ཁྱོད་ནི་དྲན་ཤེས་བཞིན་ཉམས་པའི་སྨྱོན་པ་ཞིག་གམ། འོན་ཏེ། རྙིང་གི་བསྟན་པ་ལ་ཆེས་གུས་པས། ཆོས་ཐམས་ཅད་རྙིང་ལུགས་སུ་འདྲེན་པར་བྱེད་པོ་ཞིག །རྙིང་གིས་བྱིན་གྱིས་བརླབས་པའི་སྤྲུལ་པའི་ཚུལ་དུ། གསར་དུ་བྱོན་པ་གང་ཡིན་སྙམ་པས། བདག་ཅག་ཡིད་ཐེ་ཚོམ་དུ་གྱུར་མོད། །གང་ལྟར་ཡང་། སངས་རྒྱས་ཀྱི་བསྟན་པའི་ངེས་དོན་མཐར་ཐུག་རྣམས་ལ། སྙིག་ཅིང་སྨོངས་པ། རྨོངས་པའི་ང་རྒྱལ་ཅན་ཞིག་ཡིན་ཡང་ཐེ་མི་ཚོམ་མོ། །རྙིང་གི་ལྟ་སྤྱོད་ཀྱི་སྐབས་འདིར་སྔ་དར་གྱི་ལོ་ཙཱ་བ་བསྒྲུབས་ཆེན་སངས་རྒྱས་ཡེ་ཤེས་ཀྱི་གསུང་རབ་དཔང་པོར་གསོལ་ན་སླར་ཡང་དཔྱད་པ་བྱར་ཡོད་ལ། རྙིང་གི་སྒོམ་རིམ་གྱི་དཔེ་དང་ལྟ་དངོས་སུ་ཡོད་པ་དང་བསྟུན་ན། རྙིང་གིས་ཐབས་ཀྱི་ཆ་རྒྱུལ་ཁྲིམས་དང་བཟོད་པའི་ལམ་ཇི་ལྟར་འགོག་དཔྱད་དུ་ཡོད་ཅིང་། ཤེས་རབ་ཀྱི་ཕྱོགས་ལ་སྣང་ཕྱོགས་མི་འགོགས་པར་སྣང་སྟོང་ཟུང་འཇུག་དང་། སོ་སོ་རང་རིག་གི་གསལ་ཆ་དང་། ཤར་གྲོལ་ངོ་ཤེས་ཀྱི་ཁྱད་པར་འདོན་པའང་ཡོད་དོ་ཅེས་རྗེ་བཙུན་གཞན་གྱིས་མི་ཐུབ་པས་གསུངས་པའང་མཐོང་བས་དཔྱད་དགོས་མོད། དེ་ལྟ་ནའང་ས་སྐྱ་པའི་ཕྱག་ཆེན་དང་པོ་སྣང་བ་སྟོང་པར་ཤར་བའི་སྟོང་པ་ཁོ་བདེ་ཆེན་དུ་ཐིམ་ནས་ཡེ་

ཤེས་ཀྱི་འཁོར་ལོ་ཕྱོགས་མེད་དུ་ཤར་བའི་ཡེ་ཤེས་ལ་ནི་སུས་ཀྱང་དོ་ཟླ་ག་ལ་ཡོད། དེ་བས་ན་དཀར་བརྒྱུད་པའི་ཕྱག་ཆེན་དང་། ས་སྐྱ་པའི་ཕྱག་ཆེན་ཡི་གེ་མེད་པ་སོགས་གཅིག་པར་བྲིས་པའང་མི་བདེན་ཏེ། དཀར་བརྒྱུད་པ་རྣམས། དབང་མ་བསྐུར་བ་ལ་ཕྱག་ཆེན་འཆད། ངེད་རྣམས་དབང་བཞི་བསྐུར་ནས་ཕྱག་ཆེན་སྟོན་པས་སོ། །

དེའི་ཕྱིར་ས་སྐྱ་པའི་ཕྱག་ཆེན་ནི་དབང་ལས་བྱུང་བ་དང་། གཏུམ་མོ། ཕོ་ཉ། ཐ་ཏླབས། རེངས་བྱེད་ལ་སོགས་པའི་རྫོགས་རིམ་གང་རུང་རེ་དང་འབྲེལ་བས་བདེ་སྟོང་དུ་ཐིམ་པའི་ཕྱག་ཆེན་དངོས་སུ་གྱུར་ལ། དཀར་བརྒྱུད་པའི་ཕྱག་ཆེན་རྣམས་ནི། ལྷ་བའི་ཡེ་ཤེས་མདོ་ལས་འབྱུང་བ་དེ་ཙམ་ལས་བོགས་སུ་མ་གྱུར་པས། སྔགས་ཀྱི་ཕྱག་ཆེན་དྲི་ཙམ་ཡང་མི་བྲོའོ། །ཕྲིད་གསུམ་དུ། གནས་ལུགས་ཡོངས་སུ་ཤེས་པ་དེ། རྫོགས་པ་དོན་གྱི་དབང་ཡིན་པས། ངོ་སྤྲོད་ཀྱིས་དབང་གི་གོ་ཆོད་ཀྱི། ངོ་སྤྲོད་ལས་ལོགས་སུ་ཆོགས་དབང་བསྐུར་བ་མི་དགོས་པ། ཡང་ཡང་བྲིས་མོད། དེ་ལ་འདི་སྐད་བརྗོད་དེ། ནམ་ཞིག་ངོ་འཕྲོད་པ་ན། དབང་ཐོབ་པ་ཉིད་ལ་ཡིན་དུ་ཆུག་ཀྱང་། སེམས་ངོ་མ་འཕྲོད་པ་འཕྲོད་པའི་རྒྱུ་ཚོགས་སུ། གསང་སྔགས་ངེས་དོན་གྱི་གདམས་ངག་བསྟན། ཉན་སྒོམ་གསུམ་བྱས་པ་རྣམས་ལ། དབང་མ་བསྐུར་བའི་གསང་སྒྲོགས་དང་། སྒོམ་པ་རང་དགར་བྱས་པའི་ཉེས་པ་ཅིས་མི་འབྱུང་། དམ་པ་དད་པོའི་རྒྱུད་དུ། དབང་བསྐུར་མེད་པར་སྔགས་འཆང་དང་། །ཟབ་མོའི་དེ་ཉིད་སྒོམ་བྱེད་པ། །དེ་དོན་ལེགས་པར་ཤེས་ན་ཡང་། །དམྱལ་བར་འགྱུར་གྱི་གྲོལ་བ་མེད། ཅེས་པའི་ཉེས་པ་དེ་ཡང་འབྱུང་བ་མ་ཡིན་ནམ། ཡང་རབ་དབྱེར། ཡས་བབས་དང་ནི་མས་འཛེག་གཉིས། །ཞེས་སོགས་ལ༑ ཕྲིད་གསུམ་དུ། ཡས་བབས་དང་མས་འཛེག་གི་བཙུན་པ་བྱས་པའི་ཆོས་མིང་ལ། གཅིག་ཆར་བ་དང་། རིམ་གྱིས་སར་བཏགས་པའི་བཟོ་འདྲ་ཞིག་ཏུ་སློ་བར་སྣང་བའོ། །ཞེས་སོགས་བྲིས་པ་ནི་ཕྱོགས་སྔ་མ་རྫོགས་པའི་དགག་པ་སྟེ། རྒྱ་ནག་གི་ལམ་ལ་སྟོན་ནས་གཅིག་ཆར་བའི་མིང་འདོགས། ཧྭ་ཤང་རང་གི་དུས་སུ་བྱུང་ཞིང་། དེའི་ཚེ་ཡས་བབས་ཀྱང་ཟེར། ཕྱིས་དཀར་བརྒྱུད་འགས། ཡས་བབས་ཀྱི་མིང་གསང་ནས། ཅིག་ཅར་བའི་མིང་ཁོ་ནར་བསྒྱུར་བ་དང་། མས་འཛེག་གི་མིང་གསང་ནས་རིམ་གྱིས་པའི་མིང་ཁོ་ནར་འབོད་དོ། །ཞེས་སྟོན་པ་ལ། རབ་དབྱེར། ཡས་བབས་དང་ནི་མས་འཛེག་གཉིས། །རིམ་གྱིས་པ་དང་ཅིག་ཅར་བར། །མིང་འདོགས་བསྒྱུར་བ་མ་གཏོགས་པ། ཞེས་སོགས་གསུངས། རབ་དབྱེར། ལྟ་བ་དེ་ཡི་ཡན་ལག་ཡིན། །ཞེས་གསུངས་པ་ལ། གན་མཛོད་དུ། འདི་ནི་མི་རིགས་ཏེ། དུས་ཀྱི་འཁོར་ལོའི་ལྟ་བའི་མདོར་བསྟུས་སུ། གྲུབ་པའི་མཐའ་ཁོ་ན་ལྟ་བར་བཞག་པས་སོ། །ཞེས་བཤད་པ་དེ་ཀ་ཕྲིད་གསུམ་དུ་ཡང་བསྐྱར་མཛད་པ་ནི་རྨོངས་པ་སྟེ།

ལམ་འབྲས་སུ་ལྷ་གྲུབ་སོ་སོར་བཤད་པའི་གྲུབ་མཐའ་ནི་གྲུབ་འབྲས་ལ། གྲུབ་མཐའི་མིང་བཏགས་པ་ཡིན། གྲུབ་འབྲས་དེ་ཡང་། མཐར་ཐུག་གི་གྲུབ་འབྲས་ལ་མི་ཟེར་བར། གནས་སྐབས་ཐད་སོ་ཐད་སོའི་གྲུབ་འབྲས་ལ་ཟེར། དཔེར་ན་བུམ་དབང་གི་ལམ་གྱི་གྲུབ་འབྲས། ས་དྲུག་པ་ཞེས་པ་ལྷ་བུ་ཡིན། སྤྱིར་བཏང་གི་ལྷ་གྲུབ་སོ་སོའི་དོན། ལྟ་བ་ཁས་ལེན་དང་བྲལ་བ་གྲུབ་མཐའ་ཁས་ལེན་དང་བཅས་པ་ཞེས་བྱ། ལྟ་གྲུབ་གཅིག་ཏུ་བཤད་པའི་སེམས་འགྲེལ་གྱི་དགོངས་པ་ནི། ལྟ་བ་དེ། དོན་དམ་པའི་གྲུབ་མཐའ་ཡིན་པ་ལ་དགོངས་སོ། །

སྲིད་གསུམ་དུ། ཐེག་ཆེན་གཉིས་ལ། ལྟ་བའི་ཁྱད་མེད་པར་ཞལ་གྱིས་མཆེས་ནས། གསང་སྔགས་བླ་མེད་ཀྱི་དབང་རེ་རེ་ལ། ལྟ་བ་མི་འདྲ་བ་རེ་རེ་བཟོས་པ་དེ་རྣམས། སྨྲོས་པ་ཅན་འབའ་ཞིག་ལགས་གྲང་། ཞེས་བྲིས་མོད། ས་སྐྱ་པ་མང་པོ་དག །རབ་དབྱེར། ཕ་རོལ་ཕྱིན་དང་གསང་སྔགས་ལ། །ལྟ་བའི་དབྱེ་བ་བཤད་པ་མེད། །ཅེས་པའི་ཚིག་ཙམ་ལ་འཁྲུལ་ནས། ཡུལ་ཡུལ་ཅན་གྱི་ཤན་གང་ཡང་མི་འབྱེད་པར། མདོ་སྔགས་ལྟ་བ་གཅིག་ཁོ་ན་ཡིན་ཟེར་བ་ཏེ་ལ་རྩོད་པ་དེ་སོང་མོད། ཁོ་བོ་ནི་རབ་དབྱེའི་དོན་འཆད་པ་ན། མདོ་སྔགས་གཉིས་ཡུལ་སྤྲོས་བྲལ་གྱི་ལྟ་བ་ཁྱད་པར་མེད་པའི་དོན་དུ་བཤད་ནས། ཡུལ་ཅན་ཡེ་ཤེས་ཀྱི་ལྟ་བ་ལ། མདོ་སྔགས་ཟབ་ཁྱད་ཡོད་པ་དང་། དབང་བཞི་པོ་ལའང་ཡུལ་ཅན་ཡེ་ཤེས་ཀྱི་ལྟ་བ། གོང་ནས་གོང་དུ་ཟབ་པ་རེ་ཡོད། ཅེས་འཛོག་ཅིང་། དེ་ལ་དགོངས་ནས། ལམ་འབྲས་སུ། རྟོགས་པའི་ལྟ་བ་དང་། ཉམས་མྱོང་གི་ལྟ་བ་གཉིས་བཤད་པ་དང་། ཕྱི་མ་ལའང་དབང་བཞི་ལ་ལྟ་བ་རེ་རེ་བཤད། ཅེས་འཆད་པས། ཁོ་བོ་ལ་ནི། རྩོད་པ་དེའི་འགྲོ་དམིགས་མི་གདའ་འོ། །རབ་དབྱེར། སྟོང་ཉིད་སྙིང་རྗེ་སོགས་སྒོམ་པ། །ཕ་རོལ་ཕྱིན་པའི་གཞུང་ལུགས་ཡིན། །ཞེས་པ་ལ། འབྲུག་པ་དང་། སྲིད་གསུམ་པས་དགག་པ་བྱས་པའི་སྙིང་པོ། སྟོང་ཉིད་སྙིང་རྗེ་སྒོམ་པ། ཕར་ཕྱིན་གྱི་སྙིང་པོ་ཡིན་ན། སྔགས་ལས་མ་བཤད་པར་འགྱུར་རོ། །ཟེར་རྒྱུར་སྣང་ཡང་འབྲེལ་མེད་དེ། རབ་དབྱེར། སྟོང་ཉིད་སྙིང་རྗེའི་སྙིང་པོ་ཅན། །ཐབས་དང་ཤེས་རབ་ཟུང་འཇུག་ཏུ། །མདོ་རྒྱུད་ཀུན་ལས་རྒྱལ་བས་གསུངས། ཞེས་སྟོང་ཉིད་སྙིང་རྗེ་དབྱེར་མེད་དུ། མདོ་རྒྱུད་ཀུན་ལས་གསུངས་པར་བཤད་བཞིན་དུ། དེ་འདྲའི་རྩོད་པ་ཡོང་དོན་མ་མཆིས། ཅི་སྟེ། ཚིག་ཙམ་ལ་རྩོད་པ་གཏོང་ན། འོན་ཀྱང་དུ། གང་གིས་མི་ཤེས་ཀྱི་རྡོ་རྗེ། །དེ་ཡིས་ངལ་བ་དོན་མེད་ཡིན། ཟེར་བའང་མི་བདེན་ཏེ། ཀྱེ་རྡོར་གྱི་ཆོས་སྐོར་མ་ཞུགས་ཀྱང་། བདེ་གསང་སོགས་ཀྱི་ལམ་ལས། འབྲས་བུ་ཐོབ་པ་ཡོད་པའི་ཕྱིར། ཞེས་སྐྱོན་གཏོང་རིགས་མོད། དེ་ལྟ་བུའི་ལས་ངན་བློ་ལྡན་སུ་ཞིག་བྱེད། སྐབས་ཀྱི་དོན་ནི། ཕར་ཕྱིན་ཐེག་པར། སྟོང་ཉིད་སྙིང་རྗེ་ཟུང་འཇུག་ཙམ་ཞིག་ལས་མ་གསུངས། རྡོ་རྗེ་ཐེག་པར་སྟོང་ཉིད་སྙིང་རྗེ་དང་། རྫོགས་རིམ་སོགས་རོ་གཅིག་ཏུ་འདྲེས་པའི་ཟུང་འཇུག་ཁྱད་

པར་ཅན་གསུངས། ཞེས་ཟུར་ཁྲིད་དུ་བསྟན་པའོ། །

རབ་དབྱེར། རྩོད་པ་ཀུན་ལས་གྲོལ་བའི་ཆོས། ཞེས་པ་ལ། འབྲུག་པ་དང་། ཀློ་སློབ་རྒྱ་མཚོ་སྡེ་གསུམ་མཁན་པོ་གསུམ་ཀས། དགག་སྒྲུབ་དུ་མ་ཞིག་བྱེས་ཀྱང་། རྩོད་པ་ཞེས་པའི་སྐབས་དོན་མ་གོ་བར། དགག་སྒྲུབ་བྱས་པས། བློ་མ་གསུམ་གར་ཡང་ངལ་ཞིང་དུབ་པ་ཙམ་མོ། །

དོན་ནི། རྫོགས་པའི་སངས་རྒྱས་ལམ་པོ་ཆེ། །རྩོད་པ་ཀུན་ལས་གྲོལ་བའི་ཆོས། །ཞེས་པ་ནི། གསུང་རབ་ལས། དགོངས་པ་བཞི་གསུངས་པའི་ནང་ཚན། དོན་གཞན་ལ་དགོངས་པའི། གཞུང་གི་རིགས་ཡིན་པས་སྐབས་ཐོབ་ཀྱི་དབང་གིས། རྩོད་པ་ཀུན་ལས་གྲོལ་བ་ཅེས་པ། དགག་སྒྲུབ་ཀྱི་རྩོད་པ་བྱུང་མ་བྱུང་དང་། དེ་ལས་གྲོལ་མ་གྲོལ་གྱི་དོན་མ་ཡིན་གྱི། ཐེ་ཚོམ་སོམ་ཉི་ལས་གྲོལ་བ་ལ། རྩོད་པ་ལས་གྲོལ་བའི་མིང་བཏགས་པ་ཡིན། ངག་འདོམས་བསྡུས་ན། ཐར་འདོད་ཀྱི་གདུལ་བྱ་རྣམས། སངས་རྒྱ་བའི་ལམ་རིམ་ནི། ཐེ་ཚོམ་སོམ་ཉིའི་རྩོད་པ་ཀུན་ལས་གྲོལ་བ་སྟེ། འབྲས་བུ་འགྲུབ་པ་ལ་ཐེ་ཚོམ་ཙུང་ཟད་ཀྱང་མི་དགོས་པའི་མདོ་རྒྱུད་ཀྱི་ལམ་ཡིན་ངེས་རྣམས་ལ་འཛུག་རིགས་ཀྱི། ཐུན་ཚོགས་བསྡུས་པའི་ཆོས།སྲས་སྲེས་ཅན། སངས་རྒྱས་ཀྱི་ལམ་ཡིན་མི་ཐེ་ཚོམ་ཟ་བ་རྣམས་ལ་ཞུགས་ཀྱང་དགོས་པ་མེད་དོ། །ཞེས་སྟོན་པ་ལ་རྫོགས་པའི་སངས་རྒྱས་ལམ་པོ་ཆེ༑ །རྩོད་པ་ཀུན་ལས་གྲོལ་བའི་ཆོས། །མཁས་པ་རྣམས་ཀྱིས་གྲུས་པས་བརྟེན། །ཞེས་པ་ནས། ཕ་མེད་པ་ཡི་བུ་མང་ཡང་། །རིགས་ཀྱི་ནང་དུ་ཆུད་མི་འགྱུར། དེ་བཞིན་ཁུངས་ནས་མ་བྱུང་བའི། །ཆོས་པ་བསྟན་པའི་ནང་དུ་མིན། །དག་དུག་བསྡུས་པའི་གོ་ལག་ལ། །ཆེན་པོ་རྣམས་ཀྱིས་ཆས་མི་རུང་། །དེ་བཞིན་མཐུན་ཚོགས་བསྡུས་པ་ཡི། །ཆོས་ཀྱིས་དད་ཅན་སངས་མི་རྒྱ། །ཞེས་པའི་བར་གསུངས།

སྡེ་གསུམ་དུ། རྡོ་རྗེ་ཐེག་ས་སྐྱ་ལ་ཕུད་གྲུབ་ཅེས་སྨྲས་པ་ནི། སྨོན་པའི་གཏམ་དང་མཚུངས་ཏེ། ཡང་ན་རྡོ་རྗེ་ཐེག་པ་ཡི། །རྒྱུད་སྡེ་བཞིན་དུ་ཉམས་སུ་ལོངས། །ཞེས་གསུངས་བཞིན་དུ། རྩོད་པ་དེ་སྐད་སྨྲ་བ་འབྲེལ་གང་ཡང་མེད་པས་སོ། །དེའི་ཕྱིར། རབ་དབྱེར། འདི་གཉིས་མིན་པའི་ཐེག་ཆེན་ནི། །སངས་རྒྱས་རྣམས་ཀྱིས་གསུངས་པ་མེད། །ཅེས་པའི་ཐེག་ཆེན་གཉིས་ནི། དབུ་སེམས་གཉིས་ལ་མི་ཟེར་གྱི། མདོ་རྒྱུད་གཉིས་ལ་ཟེར་བ་ཡིན། སྡེ་གསུམ་དུ། ཉན་རང་གི་ཐེག་པ་དང་། ཐེག་པ་ཐུན་མོང་བ་ཚོ། རང་བཟོའི་ཆོས་ཞེས་དམའ་དབབ་ཅེས་བྲིས་ཀྱང་། ཉན་རང་ཐེག་པ་ཐུན་མོང་བ་ལ་སློབ་ཚུལ། སྐབས་དང་པོ་གཉིས་སུ་བཤད་ཟིན་པས། སྐབས་གསུམ་པ་འདིར་ནི། ཉན་རང་ལ་སློབ་པར་མི་བཞེད་དེ། འདིར་གསང་སྔགས་ཐེག་པ་ཆེན་པོ་ཉིད་ལ་སློབ་པ། དགོས་པའི་གཙོ་བོ་ཡིན་པས་སོ། །རྟོགས་ལྡན་མཚན་ཉིད་འདི་ཡིན་ཞེས། །མདོ་རྒྱུད་ཀུན་ལས་གསུངས་པ་

མེད། །དེས་ན་རྟོགས་ལྡན་བླུན་པོ་ལ། །གྲགས་ཀྱི་མཁས་པ་རྣམས་ལ་མིན། །ཞེས་གསུངས་པ་ལ། སྲིད་གསུམ་དུ། ཏིང་ངེ་འཛིན་རྒྱལ་པོའི་མདོར། རྟོགས་ལྡན་ཡེ་ཤེས་འཕགས་པ་ཐོབ་པ་འཛིན། །ཞེས་དང་། བྱ་རྒྱུད་དུ༑ དྲན་དང་བློ་གྲོས་རྟོགས་ལྡན་འགྱུར། །ཞེས་པས། རྟོགས་ལྡན་བསྟན། ཞེས་བྲིས་མོད། འོན་བོན་ཡང་། རྒྱལ་བའི་བཀའ་ལས་གསུངས་པར་ཐལ་ཏེ། མདོ་སྡེ་ཟླ་མ་ཏོག་བཀོད་པ་ལས། ཡི་གེ་དྲུག་པའི་རིགས་སྔགས་ཀྱི་རྒྱལ་མོ་འདི་བོན་ནོ། །ཞེས་དང་། གང་གི་ཚེ། འདི་བོན་པ་དེའི་ཚེ། ནག་པོ་ཆེན་པོ་དང་། མཁའ་འགྲོ་དང་། ཤ་ཟ་ལ་སོགས་པ་ཐམས་ཅད་བྲེར་བར་འགྱུར་རོ། །ཞེས་བོན། ཞེས་པའི་མིང་དངོས་སུ་བསྟན་པའི་ཕྱིར། ཞེས་རྣམ་པ་ཀུན་ཏུ་མཚུངས་སོ། །སྤྱིར་འཕགས་པ་རྣམས། རྟོགས་པ་ཁྱད་པར་ཅན་དང་ལྡན་ཡང་རྟོགས་ལྡན་ཡིན་པར། སངས་རྒྱས་ཀྱིས་མ་གསུངས་ཏེ། མི་རྣམས་ལག་པ་དང་ལྡན་ཡང་། ལག་ལྡན་མ་ཡིན་པ་བཞིན་ནོ། །

སྲིད་གསུམ་དུ། སངས་རྒྱས་དང་། རྟོགས་ལྡན་ལ་སྒྲ་བཤད་དུ་ཡོད་ཀྱང་། མི་འཇུག་པའི་རྒྱུ་མཚན་ཚད་ལྡན་མེད། ཅེས་བྲིས་ཀྱང་། ཡོད་དེ། ཉན་ཐོས་དང་རང་སངས་རྒྱས་ལ། སངས་རྒྱས་ཀྱི་སྒྲ་མདོ་རྒྱུད་གཉིས་ཀ་ལས་གསུངས་པས། བཤད་དུ་ཡོད་ཀྱང་། ཉན་རང་རྣམས་སངས་རྒྱས་མ་ཡིན་པའི་ཕྱིར། སངས་རྒྱས་ཀྱི་སྒྲ་འཇུག་ཏུ་མེད་ལ། འཕགས་པ་ཀླུ་སྒྲུབ་ཀྱིས་རིམ་ལྔར། སྟོང་ཉིད་རྟོགས་པ་ཐམས་ཅད་ལ། སངས་རྒྱས་ཀྱི་མིང་བཏགས་ཀྱང་། སྟོང་ཉིད་རྟོགས་པའི་མཐོང་ལམ་པ་དང་། སློམ་ལམ་པ་གཉིས་ཀ་སངས་རྒྱས་པ་མ་ཡིན། མཐོ་རིས་བདེ་འགྲོ་ཐོབ་པ་ཙམ་ལ། སངས་རྒྱས་ཀྱི་མིང་འདོགས་གསུང་རབ་ལས་བཤད་ཀྱང་། བདེ་འགྲོ་པ་རྣམས་སངས་རྒྱས་མ་ཡིན་པས། སངས་རྒྱས་ཀྱི་སྒྲ་བཤད་དུ་ཡོད་ཀྱང་། འཇུག་ཏུ་མེད་པ་དེ་དག་ལ་ཟེར། རྟོགས་ལྡན་ཡང་དེས་མཚོན་ནོ། །རབ་དབྱེར། ལ་ལ་གྲུབ་ཐོབ་ངན་ཞེས་ཟེར། །རྟོགས་ལྡན་བཟང་བ་ཡིན་ནོ་ལོ། །ཞེས་སོགས་ལ། འབྲུག་པ་དཔོན་སློབ་ཀྱིས་དགག་པ་བྱས་པའི་སྙིང་པོ། ཐུན་མོང་པའི་དངོས་གྲུབ་གྲུབ་པ་ལ་གྲུབ་ཐོབ་ཏུ་བཞག །འཕགས་པའི་རྟོགས་པ་ཐོབ་པ་ལ། རྟོགས་ལྡན་དུ་བཞག་པར་སྣང་མོད། རྒྱུད་སྡེའི་ནང་ནས། རལ་གྲི། མིག་སྨན་ལ་སོགས་པའི་ཐུན་མོང་གི་དངོས་གྲུབ་སྣ་རེ་གྲུབ་པ་ལ། གྲུབ་ཐོབ་ཀྱི་མིང་བཏགས་པ་ནི། བདེ་འགྲོ་པ་ལ་སངས་རྒྱས་ཀྱི་མིང་བཏགས་པ་དང་། གསུང་རབ་ལས་ཟས་ཀྱིས་འགྲངས་པ་ལ༑ འདོད་ཆགས་དང་བྲལ་བའི་མིང་བཏགས་ཀྱང་། འདོད་ཆགས་དང་བྲལ་བ་དངོས་གནས་མ་ཡིན་པ་དང་མཚུངས་པས། ཐུན་མོང་གི་དངོས་གྲུབ་བམ་འདོད་པ་སྣ་རེ་གྲུབ་པ་དེ། སྐབས་འདིར་གྲུབ་ཐོབ་ཏུ་ཁས་མི་ལེན། འཕགས་པ་ཡན་ཆད་ནི་གྲུབ་ཐོབ་དངོས་ཏེ། དེ་མཆོག་ཐུན་མོང་གི་དངོས་གྲུབ་གཉིས་ཀ་གྲུབ་པ་ཡིན་པས་སོ། །མདོ་སྡེ་རྒྱན་དུ། ས་རྣམས་ཐམས་ཅད་མ་གྲུབ་དང་། གྲུབ་པ་དག་ཏུ་ཤེས་པར་བྱ། ཞེས་ས་དང་པོ་ནས། རྣམ་པར་མི་

རྟོག་པའི་ཡེ་ཤེས་མངོན་སུམ་དུ་གྲུབ་པས། གྲུབ་ཐོབ་ཏུ་གསུངས་ཤིང་། དེའི་རྗེས་སུ་འབྲངས་ནས། རབ་དབྱེར། གྲུབ་པ་ཆུང་དུས་དང་པོ། གྲུབ་པ་འབྲིང་པོས་བརྒྱད་པ། །ཞེས་སོགས་གསུངས། སྡིད་གསུམ་དུ། མདོ་སྡེ་རྒྱན་དུ། རྣམ་པར་མི་རྟོག་པའི་ཡེ་ཤེས་གྲུབ་པའི་རྣམ་གཞག་ཙམ་ཡིན། དངོས་གྲུབ་ཐོབ་པའི་གྲུབ་ཐོབ་འཆད་པའི་སྐབས་མིན། ཞེས་ཟེར་བ་ནི། བློན་རྟགས་ཤིན་ཏུ་ཆེ་བ་སྟེ། རྣམ་པར་མི་རྟོག་པའི་ཡེ་ཤེས་གྲུབ་པ་དེ། དངོས་གྲུབ་མ་ཡིན་ན། མཆོག་གི་དངོས་གྲུབ་མེད་པའམ། ཡོད་ཀྱང་དེས་དངོས་གྲུབ་ཀྱི་གོ་མི་ཆོད་པར་སོང་། ཁྱེད་ཀྱི་བཞེད་དོན། ཐུན་མོང་གི་དངོས་གྲུབ་ཐོབ་པ་དེ་གྲུབ་ཐོབ་ཡིན། ཐུན་མོང་གི་དངོས་གྲུབ་ཀྱིས། དངོས་གྲུབ་ཀྱི་གོ་ཆོད། རྣམ་པར་མི་རྟོག་པའི་ཡེ་ཤེས་གྲུབ་པ་དེ། དངོས་གྲུབ་མ་ཡིན་ན། མཆོག་གི་དངོས་གྲུབ་མེད་པའམ། ཡོད་ཀྱང་དེས་དངོས་གྲུབ་ཀྱི་གོ་མི་ཆོད་པར་སོང་། ཁྱེད་ཀྱི་བཞེད་དོན། ཐུན་མོང་གི་དངོས་གྲུབ་ཐོབ་པ་དེ་གྲུབ་ཐོབ་ཡིན། ཐུན་མོང་གི་དངོས་གྲུབ་ཀྱིས། དངོས་གྲུབ་ཀྱི་གོ་ཆོད། རྣམ་པར་མི་རྟོག་པའི་ཡེ་ཤེས་མཆོག་གི་དངོས་གྲུབ་རྣམས། དངོས་གྲུབ་ཀྱང་མ་ཡིན་པ་དང་། དེ་ཐོབ་པ་དེ་གྲུབ་ཐོབ་མ་ཡིན་ཟེར་བར་འདུག་པས། ཆོས་པའི་གསུང་ཤིན་ཏུ་ངོ་མཚར་ཆེ། མཆོག་གི་དངོས་གྲུབ་ཐོབ་པ་ལ་གྲུབ་ཐོབ་ཟེར་དུ་མི་རུང་ན། ད་ཕྱིན་ཐུན་མོང་ནོར་དང་ལོངས་སྤྱོད་ཆེ་བ་རྣམས་ལ། གྲུབ་ཐོབ་ཏུ་མཚན་གསོལ་བ་ཞིག །ཁྱེད་ཀྱི་དགོངས་པར་འདུག་པས་ཤིན་ཏུ་ཐ་ཆད་པའོ། །

ཡང་འཕགས་པ་རྟོགས་ལྡན་དུ་འཛོག་ཟེར་བ་དེ་ལ། བསླབ་བྱའི་ཚིག་ཙམ་མ་གཏོགས། སླབ་བྱེད་ལུང་རིགས་གང་ཡང་མི་འདུག་པས། སླར་སླབ་བྱེད་ཀྱི་ལུང་རིགས་སྨོས་ཤིག །དེ་ནས་བརྟུད་པར་བྱའོ། །སྲིད་གསུམ་པས། སྟོང་ཉིད་སྙིང་རྗེ་སོགས་བསྒོམ་པ། །ཞེས་པ་ལ་རྟོད་པ་ནས་གཟུང་སྟེ། གྲུབ་ཐོབ་དང་རྟོགས་ལྡན་གྱི་བར་གྱི་རྟོད་ཚིག་འདི་རྣམས་བྱིས་པ་བཙུན་ཆུང་གི་རྟོད་པ། ཨོ་ཐོས་ཐོས་ལྟར་སྣང་བས། མཁས་པ་བཞད་གད་ཀྱི་གནས་སུ་གྱུར་ལ། ལན་བྱེད་རིན་ཆོག་པ་མི་སྣང་ཡང་། བློ་ཆུང་སེམས་ཀྱི་འཁྲིད་ཕྱོགས་སུ་ལན་ཙུང་ཟད་སྨྲས་པ་དེ་ཙམ་མོ། །རབ་དབྱེར། རྣལ་འབྱོར་དབང་ཕྱུག་ཆེན་པོ་ཡི། །ལམ་འབྲས་ལས་ཀྱང་འདི་སྐད་གསུངས། །ཅེས་པ་ལས་འཕྲོས་ནས། སྲིད་གསུམ་དུ། བསྐྱེད་རིམ་གྱིས། ས་དྲུག་བགྲོད་པ་ཅིག་བྱུང་། དེ་འཕགས་པའི་ས་ལ་བྱེད་ན། བསྐྱེད་རིམ་ཙམ་གྱིས་འཕགས་པ་ས་དྲུག་བགྲོད་པ་རྒྱུད་སྡེ་དང་མི་མཐུན། ཞེས་བྲིས་པ་ནི་ཕྱོགས་སྔ་མ་དགོངས་པ་སྟེ། ལམ་འབྲས་སུ། བུམ་དབང་ས་དྲུག་དང་། བསྐྱེད་རིམ་ས་དྲུག་བཤད་པའི་དོན། བུམ་དབང་གི་ལམ་བསྐྱེད་རིམ་རྐྱང་པས། ས་དྲུག་ཐོབ་པའི་དོན་མ་ཡིན། ས་དྲུག །རང་རྒྱུ་བསྐྱེད་རྫོགས་ཟུང་འཇུག་བསྒོམ་པའི་ཐོབ་འབྲས་ཡིན་ཡང་། ས་དྲུག་པར་སླེབས་པ་ན་བུམ་དབང་གི་ལམ། བསྐྱེད་རིམ་

 གྱི་རྒྱལ་དང་། གྲུབ་འབྲས་རྫོགས་ཤིང་། ས་བདུན་པ་ཡན་ཆད་དུ། རྫོགས་རིམ་གྱི་ཐོབ་འབྲས་གོང་འཕེལ་ཉིད་ལས། བསྐྱེད་རིམ་གྱི་རྟོགས་པ་གསར་པའི་འཕེལ་འགྲིབ་གཉིས་ཀ་མེད་པར་ཚད་དུ་ཕྱིན་པའི་དོན་ཡིན་པས་སོ༔ ༔རབ་དབྱེར། ལ་ལ་ཉམས་དང་གོ་བ་དང་། །རྟོགས་པ་ཞེས་བྱ་རྣམ་པ་གསུམ། །ཞེས་པ་ལ། འབྲུག་པས། ཉམས་ལས་རྟོགས་པ་བཟང་། ཞེས་སྨྲས་པའི་རྒྱབ་རྟེན་དུ། སྲིད་གསུམ་ལས། ཉམས་ཡུལ། སྒྲོང་བ་ཡུལ་ཅན། རྟོགས་པ་མངོན་སུམ་དུ་ཤར་བ། རྟོགས་པ་ཞེས་བཞག་མོད། །དེ་ཙམ་གྱིས། རབ་དབྱེ་ལ། ཕན་གནོད་གང་ཡང་མ་བྱུང་ཞིང་། ཁྱེད་རང་ལ་དཔྱད་ན། ཉམས་ལས་རྟོགས་པ་ལྷག་པ་བདེན་མེད་དུ་འགྲོ་སྟེ། ཉམས་ནི་སྒོམ་ཉམས་ཡིན་ལ། དེ་ལ་སྐྱོན་ཅན། སྐྱོན་མེད་གཉིས་ཀྱི། སྐྱོན་མེད་ས་བཅུའི་འཕགས་པ་རྣམས་ཀྱི་གཟིགས་ངོར་ཡོད། དེ་ཡང་ཕྱི་རོལ་རྒྱང་ཆད་མ་ཡིན་པར་གཉིས་མེད་ཟུང་འཇུག་ཏུ་འདྲེས་པའང་འབྱུང་བས། ཉམས་རྟོགས་གཅིག་ཏུ་སོང་། རྟོགས་པ་ནང་ཕན་ཚུན་དུ་བཟང་ངན་ཡོད་པ་བཞིན། ཉམས་ལའང་བཟང་ངན་དང་ཟུང་འཇུག་ཏུ་འདྲེས་མ་འདྲེས་གཉིས་བྱུང་བའི། འདྲེས་པ་དེ་ནི་ཁྱེད་ཀྱི་རྟོགས་པ་ལས། ཚུང་ཟད་ཀྱང་དམན་པ་མ་ཡིན་པའི་ཕྱིར། ཉམས་ལས་རྟོགས་པ་ལྷག་པ་མི་རིགས་སོ། །

རབ་དབྱེར། གོ་བ་དང་ནི་རྟོགས་པ་གཉིས། རྣམ་གྲངས་སྒྲ་ཡིན་ངོ་བོ་གཅིག །རྒྱ་སྐད་གཅིག་ལ་ལོ་ཙྪ་བའི། །འགྱུར་གྱི་དབྱེ་བ་ཁོ་ནར་ཟད། །ཅེས་གསུངས་པ་ལ། སྲིད་གསུམ་དུ། དགག་པ་མང་དུ་བྱས་པའི་གྲུབ་དོན་འདི་སྐད་ཅེས། བསྟན་བཅོས་པའི་བརྡ་ལ། ཚད་མས་རྟོགས། ཚད་མས་གཞལ། ཞེས་གྲགས་ཀྱི། ཚད་མས་གོ་ཟེར་བ་མེད། ཆོས་ཉིད་མངོན་སུམ་དུ་རྟོགས་ཟེར་གྱི། གོ་ཟེར་མཁན་མ་མཆིས། ཞེས་བྲིས་པ་ནི། གཟིགས་རྒྱ་ཆུང་བས་ལན་པ་སྟེ། རྣམ་འགྲེལ་དུ། བསྒྲུབ་བརྗོད་རྟོགས་པའི་དོན་ཅན་ཉིད། །ཡིན་ཡང་རྨོངས་མེད་ཕྱིར་མཚན་ཉིད། ཅེས་པ་ལ། རྒྱལ་འགྲུར་དུ། བསྒྲུབ་བརྗོད་གོ་བའི་དོན་ཉིད་ནའང་། །ཀུན་ཏུ་རྨོངས་མེད་ཕྱིར་མཚན་ཉིད། །ཅེས་གོ་རྟོགས་གཅིག་ཏུ་བཤད། རང་ཉིད་མངོན་སུམ་ལས་རྟོགས་པས། །རང་ཉིད་ཙམ་གྱི་འཇུག་པ་ཅན། །དེ་མེད་རྣམ་གཞན་གོ་བྱེད་ཡིན། །ཞེས་མངོན་སུམ་གོ་བྱེད་དུ་བཞག་པས། མངོན་སུམ་གྱིས། གོ་བའི་ཐ་སྙད་འདིར་བྱུང་། དེ་ཚེ་གོ་བྱེད་རྗེས་འགྲོ་བ། །སྤྱི་ཡི་ངོ་བོ་ཁོ་ན་རྟོགས། །ཞེས་དྲན་ཤེས་ཚད་མ་རྣམས་གོ་བྱེད་དུ་བཤད་པས། ཚད་མས་གོ་ཟེར་བའི་ཐ་སྙད་འདི་ཁར་སྣང་། དོན་གྱིས་དོན་རྟོགས་ཕྱིར་དོན་ལ། །ཞེས་པའི་འགྲེལ་པར། དོན་ཉིད་ཀྱིས་གོ་བར་བྱེད་པ་སྟེ། ཞེས་གོ་རྟོགས་གཅིག་ཏུ་བྱས་པ་དང་། ཚད་མའི་འབྲས་བུ་གང་ཞིག་ཡིན། གཞལ་བྱ་རྟོགས་པའོ། །ཞེས་པའི་འགྲེལ་པར། གཞལ་བྱ་རྟོགས་པ་ནི། རྣམ་པ་ཉེ་བ་ཉིད་དུ་གོ་བར་བྱེད་པའོ། །

ཞེས་གསུངས་པས། ཚད་མས་གཞལ་བྱ་གོ། ཟེར་བའི་མིང་འདོགས་བྱུང་བ་འདི་ཁར་གསལ། དེས་ན། ཆོས་རྗེ་པཎྜི་ཏས་རབ་དབྱེར། གོ་རྟོགས་གཅིག་ཏུ་བཤད་པ་ནི། བདེན་པའི་ཚིག་གོ། །འོན་ཀྱང་བསྒོམ་པའི་ཉམས་བརྡ་སྤྲོད་ལ། མྱོང་བའི་ཁྱད་པར་འདོན་བྱེད་དུ། གོ་རྟོགས་བརྡ་སོ་སོར་སྦྱོད་པ་བཞིན་ངེས་དོན་གྱི་མན་ངག་ལ་ཡོད་མོད། དེའི་ཆེ་གོ་བ་ལས། རྟོགས་པ་མཐའ་གཅིག་ཏུ་བཟང་བར་བརྡ་སྤྱོད་པའི་ངེས་པ་ནི་མེད་དེ། སློབ་དཔོན་ངག་གི་དབང་ཕྱུག་གིས། ཕྱག་རྒྱ་ཆེན་པོའི་མན་ངག་ཏུ་སོང་སར་བཟུང་བ་རྟོགས་པའི་དུས། བཞག་པར་སྐྱོང་བ་གོ་བའི་དུས། ཞེས་དྲན་པའི་བྱ་རས་ཟིན་པ་ལ་རྟོགས་པའི་བརྡ་དང་། མ་བཅོས་རང་གནས་ལ་གོ་བར་བཞག་པས་རྟོགས་པ་ལས་གོ་བ་ལྷག་པའི་བརྡ་སྦྱོད་མཛད་པ་བཞིན་ནོ། །

གང་ལྟར་ཡང་རུང་གོ་རྟོགས་སོ་སོར་བརྡ་སྦྱོད་པ་ནི། མྱོང་བ་ཕྱོགས་རེ་བ་ལ་བསམ་ནས། མན་ངག་གི་སྟ་འཕྲིད་པ་ཙམ་སྟེ། དཔེ་ལག་ཐབས་ཀྱི་མན་ངག་ཕྱོགས་རེ་དང་འདྲ། དེ་རིགས་པ་གྲུབ་མཐའི་ཚིགས་སུ་མི་བྱ་སྟེ། གཞུང་ལས། གོ་རྟོགས་གཅིག་ཏུ་བཤད་པ། སྟར་སློས་པ་ལ་བརྟགས་པས་ཤེས་ནུས་པའི་ཕྱིར། སྲིད་གསུམ་དུ། རྩེ་གཅིག་སྤྲོས་བྲལ་གྱི་རྣམ་གཞག་ཅུང་ཟད། །རྒྱུའི་བདེན་དོན་བཅུ་གཉིས། སྦྱོར་ལམ་དང་འབྲེལ་བ། རྩེ་གཅིག་ཁོ་ན་ལ། རྣལ་འབྱོར་བཞིར་ཕྱེ་བ་ཡིན། ཞེས་པ་སོགས་ནི། སྐྱབ་བྱེད་ལུང་རིག་ནུས་པ་ཅན་ཚིག་གཅིག་ཀྱང་མེད་པས། རང་འདོད་ཀྱི་བསྒྲུབ་བྱ་ཙམ་ཞིག་བརྗོད་པ་སྟེ། འདི་ལྟར། མུ་སྟེགས་པས་འཛིམ་དུས་ཀྱི་བུམ་པ་འཛིམ་པ་ལས་སྐྱེ་བའི་སྒྲུབ་བྱེད་དུ། འོ་དུས་ཀྱི་ཞོ་འོ་མ་ལས་སྐྱེ་བ་བཀོད་པ་ལ། ཟླ་བ་གྲགས་པས། ཁྱེད་ཀྱི་སྒྲུབ་བྱེད་དེ་ནི། བསྒྲུབ་བྱ་དང་མཚུངས་སོ། །ཞེས་བརྗོད་པ་ཉིད་ཀྱིས། མུ་སྟེགས་ཀྱི་སྨྲོབས་པ་བཟློག་པ་དང་ཁྱད་པར་མེད་པས། ཁྱེད་ཀྱིས། རྩེ་གཅིག་སྤྲོས་བྲལ་གྱི་རྣམ་གཞག་ཐམས་ཅད། ཤེས་བྱེད་གང་ཡང་མེད་པར། རང་གི་འདོད་པ་ཙམ་བརྗོད་པས་ནི་ཕན་གནོད་གཉིས་ཀ་མེད། དེའི་ཕྱིར། སྐབས་འདིར་ནི་ལན་གྱི་སྤྲོས་པ་གཞན་བྱ་མ་དགོས་ལ། སྤྱིར་དུ་དུང་གྲུབ་མཐའ་དེ་སྐྱོང་བར་འདོད་ན། སྒྲུབ་བྱེད་ལུང་རིགས་ཇི་ལྟར་ནུས་པ་རྣམས་བརྗོད་ཅིག་དང་། དེ་ནས་ཁོ་བོས་བརྟད་ཅིང་། བརྒལ་བརྟག་བྱའོ། །སྲིད་གསུམ་དུ། དེ་ཡི་འཁོར་ལོ་ཞེས་བརྗོད། ཅེས་པ་སློབ་པའི་ཟུང་འཇུག་དང་། སྒོམ་མེད་སྒོམ་པ་པོ་ཡང་མེད། །ཅེས་པ་མི་སློབ་པའི་ཟུང་འཇུག་ལ་སྦྱར་བ་ནི་བཞད་གད་ཙམ་སྟེ། བསྒོམ་བྱ་སྒོམ་བྱེད་ཀྱི་གཉིས་སྣང་ལས་གྲོལ་ཞིང་། བདེ་སྟོང་རོ་གཅིག་ཏུ་འདྲེས་པའི་རང་བཞིན་ལྷན་སྐྱེས་མངོན་སུམ་དུ་མཐོང་བ། སྒོམ་མེད་ཅེས་སོགས་ཀྱི་དོན་ཡིན། འདི་བླ་མེད་ཀྱི་འཕགས་པ་ཀུན་གྱི་མཉམ་གཞག་ན་ཡོད་པས།སྒོམ་མེད་སྒོམ་པ་པོ་ཡང་མེད། ཅེས་པ། མི་སློབ་པའི་ཟུང་འཇུག་ལ་སྦྱོར་བ། རྟོག་བཏགས་གློ་བུར་བ་ཙམ་མོ། །དེ་ཡི་འཁོར་ལོ་རོ་ཞེས་བརྗོད། སྒོམ་པ་རོ་

གཅིག་མཉམ་པ་ཉིད། །ཅེས་པའང་། ཞུ་བདེའི་ཕྱོགས་ལ་འཇོག་གམ། རང་བཞིན་ལྷན་སྐྱེས་ཀྱི་ཕྱོགས་ལ་འཇོག །དང་པོ་ལྟར་ན། རྒྱུད་ཚིག་དེའི་འཕྲོས་སུ། འདིས་ནི་དོན་གྱིས་བརྗོད་པར་བྱ། ཞེས་པ་དང་སྦྲེལ་དགོས་པའི་ཕྱིར། རང་བཞིན་ལྷན་ཅིག་སྐྱེས་པའི་དོན་གྱི་ཡེ་ཤེས་འདྲེན་བྱེད་ཀྱི་རྒྱུར་བྱེད་དགོས་པས། ཁྱོད་ཀྱིས་སློབ་པའི་ཟུང་འཇུག་ལ་སྦྱོར་བ་ཉམས་ཏེ། སློབ་པའི་ཟུང་འཇུག་ནི། དོན་གྱི་ཡེ་ཤེས་སྐྱེས་ཟིན་ཡིན་ལ། དེ་ཡི་འཁོར་ལོ་རི་ཞེས་བརྗོད། ཅེས་སོགས་ནི། དོན་གྱི་ཡེ་ཤེས་མ་སྐྱེས་པ་སླར་འདྲེན་བྱེད་ཀྱི་རྒྱུར་སོང་བས་སོ། །

གཉིས་པ་ལྟར་ན། མཐོང་ལམ་འོད་གསལ་གྱི་ས་པས་ཀྱང་། རང་བཞིན་ལྷན་སྐྱེས་དེ་ཐོབ་པས། སློབ་པའི་ཟུང་འཇུག་ལ་སྦྱོར་བའི་ངེས་གཟུང་ཅི་ཞིག་འཐད། རྒྱུད་ཀྱི་རྒྱལ་པོའི་དོན། རྟོག་པ་གློ་བུར་བའི་དྲི་མས་སྒྲིབས་པ་ནི། རང་ཉིད་ཉེས་པའི་ཕུང་པོ་སྤྱང་བ་ལས། དོན་གཞན་མེད་དོ། །རབ་དབྱེར། དཔེར་ན་སྨི་ལམ་ངེས་བསྟན་ལས། །ཞེས་སོགས་ལ། སྲིད་གསུམ་དུ། ས་བཅུའི་རྨི་ལྟས་གསུངས་པའི་རྒྱུ་མཚན་གྱིས། འཇིག་རྟེན་པའི་ས་བཅུ་ཡིན་གསུངས་པ་འདྲན་ངེས་པ་མེད་དེ། ས་བཅུ་པ་ལ་གནས་པའི་བྱང་སེམས་དོན་ཐམས་ཅད་གྲུབ་པ་ལྷ་བུའི་སྲིད་པ་མཐའ་མ་པ་ལའང་། རྨི་ལམ་བྱུང་བ། འདུལ་ལུང་རྒྱ་རོལ་སོགས་ལས་གསུངས་པའི་ཕྱིར། ཞེས་བྲིས་མོད། ས་བཅུའི་སེམས་དཔའ་རྣམས་ཀྱི་སྤྲུལ་པའི་རྣམ་རོལ་ལ་ནི་ངེས་པ་མེད་ཅིང་། དེའི་ཕྱིར། བྱང་ཆུབ་སེམས་དཔའ་དོན་ཐམས་ཅད་གྲུབ་པའི་རྨི་ལམ་རྣམས་ནི། སྤྲུལ་པ་ཚུལ་སྟོན་གྱི་རྨི་ལམ་ཙམ་ཡིན་གྱི། ལས་སྣང་རང་རྒྱུད་པའི་རྨི་ལམ་མ་ཡིན། ཐབ་པས་མཆོད་རྟེན་འཛིམ་པ་ལས། །བྱས་པ་མཐོང་ན་ས་དང་པོ། །ཞེས་སོགས་ནི། ལས་སྣང་རང་རྒྱུད་པའི་རྨི་ལམ་སྟེ། སྤྲུལ་པའི་རྨི་ལམ་ལ། འཕགས་པའི་ས་བཅུའི་རྟེན་བཏབ་བྱས་ཀྱང་ངལ་བ་ཙམ་ལས་དགོས་པ་མེད། རྒྱུ་མཚན། རྟོགས་པ་མཐོ་དམན་ས་ཚོད། རྨི་ལམ་གྱིས་འཇལ་བ་འདི། སོ་སོ་སྐྱེ་བོ་ལ་ རུང་གི། འཕགས་པ་རྣམས་ནི་གསུངས།ཞེས་ཟུང་འཇུག་གི་ལུས་ཐོབ་རྣམས། གཉིད་ལོག་སད་གཉིས་ཀ་སྤྲངས་པར་གསུངས་པས། ས་བཅུ་པ་བ་ལ་རྨི་ལམ་ཡོང་བ་ཅི་ཞིག་སྲིད། འོན་ཏེ་གསང་འདུས་སུ། བདེ་ཆེན་གྱི་གཉིད་ལ་འཇུག་པ་ཞེས་པ་ཞིག །ཟུང་འཇུག་གི་ཚེ་བཤད་དོ་སྙམ་ན། དེ་ནི་བདེ་ཆེན་ཡེ་ཤེས་ཀྱི་མཉམ་གཞག་ལ་འཇུག་པ་ལ། བདེ་ཆེན་གྱི་གཉིད་ལ་འཇུག་པའི་མིང་བཏགས་པར། གསང་འདུས་པ་གོང་མ་རྣམས་བཞེད་ཅིང་། འདི་ལ་གནད་ཆེན་པོ་ཞིག་ཀྱང་ཡོད་མོད། གསང་ཆེན་ཡིན་པས་སྐབས་འདིར་མ་བྲིས་སོ། །

མདོ་ལུགས་ཉིད་ལའང་བློ་གྲོས་མི་ཟད་པའི་མདོར། ས་དང་པོ་ལ། སྟོང་གསུམ་གྱི་སྟོང་ཆེན་པོའི་འཇིག་རྟེན་གྱི་ཁམས། གཏེར་བྱེ་བ་ཁྲག་ཁྲིག་བརྒྱ་སྟོང་གིས་གང་བར་མཐོང་བ་དང་། ས་གཉིས་པ་ལ། སྟོང་གསུམ་ལག་མཐིལ་ལྟར་མཉམ་པ་ལ། རིན་པོ་ཆེའི་གཏེར་གྱིས་བརྒྱན་པ། ས་གསུམ་པ་ལ། རང་ཉིད་གོ་

མཆོན་ཐོགས་ནས། ཕས་རྒོལ་འདུལ་བ་ནས། ས་བཅུ་པ་ལ། དེ་བཞིན་གཤེགས་པའི་སྐུ་མཐོང་བའི་བར་བཤད་པ་རྣམས་ཀྱང་། སྦྱོར་ལམ་གྱི་ས་བཅུ་ཡིན་གྱི། འཕགས་པའི་ས་བཅུའི་རྣལ་ལམ་མ་ཡིན་པ་མངོན་སུམ་དུ་གྲུབ་སྟེ། སྦྱོར་ལམ་སྐབས་ན། དེ་བཞིན་གཤེགས་པའི་སྐུ། འཁོར་བསམ་གྱིས་མི་ཁྱབ་པས་བསྐོར་བ་དང་། དེས་ཆོས་འཆད་པ་མཐོང་ཞིང་ཐོས་པ་ཡོང་ངེས་པའི་ཕྱིར། དེ་ལ་དགོངས་ནས། རབ་དབྱེར། འདི་ནི་མོས་པས་སྤྱོད་པ་ཡི། །ས་བཅུ་ཡིན་གྱི་འཕགས་པས་མིན། །ཞེས་བཤད། སྤྱིར་རྒྱ་གར་ན་ཡང་། སློབ་དཔོན་ཆོས་ཀྱི་བཤེས་གཉེན་སོགས། འཕགས་པའི་ས་བཅུན་གཉིད་ཡོད་པར་འཆད་ཀྱང་། བྱང་ཆུབ་སེམས་དཔའ་གཞན་དོན་གྱི་དགོས་ཆེད། བྱིན་གྱིས་རློབ་པའི་གཉིད་ཡིན་ན། དོན་གྱིས་སྤྲུལ་པའི་གཉིད་དང་ཁྱད་མེད་པའི་ཕྱིར་སྣང་མོད། རང་དོན་རྟོགས་པའི་ས་ཚོད་འཛལ་བའི་གཉིད་ཡིན་ན། དེ་འདྲ་བའི་བྱིན་གྱིས་རློབ་པའི་གཉིད་ས་བཅུར་ཡོད་པ་མི་མཛེས་ལ། སྤྱི་ལྡོག་ནས། གཉིད་ལ་རང་དབང་མེད་པའི་གཉིད་དང་། བྱིན་གྱིས་བརློབ་པའི་གཉིད་གཉིས་ལས། དང་པོ་ཐ་མལ་པའི་གཉིད་ལ་ཟེར། ཕྱི་མ་སྒོམ་པ་ལས་བྱུང་བ་ཆོས་དང་འབྲེལ་བའི་གཉིད་ལ་ཟེར། མཚན་གཞིར་མཆོན་ན་འོད་གསལ་གྱི་གཉིད་ལྟ་བུའོ། །

དེ་ལའང་རང་དོན་རྟོགས་པའི་ས་ཚོད་འཛལ་བ་བྱིན་གྱིས་བརློབ་པའི་གཉིད་དང་། གཞན་དོན་སྤྲུལ་པའི་ཚུལ་དུ་བྱིན་གྱིས་བརློབ་པའི་གཉིད་གཉིས་ལས། དང་པོ། སྦྱོར་ལམ་ས་བཅུའི་རྣལ་ལམ་དང་འབྲེལ་བའི་གཉིད་དང་། ཕྱི་མ་ལ་འཕགས་པ་ས་བཅུའི་སྤྲུལ་པ་ཚུལ་སྟོན་གྱི་གཉིད་ལ་བྱེད། དང་པོའི་ཚེ། ཡེ་ཤེས་ཡོངས་སུ་དག་པའི་སྤྱན་དང་མི་ལྡན་པས། རྟོགས་པའི་ཚད་རྣལ་ལམ་ལ་རེ་དགོས། ཕྱི་མའི་ཚེ་ཡེ་ཤེས་ཡོངས་སུ་དག་པའི་སྤྱན་དང་ལྡན་པས། རང་གི་རྟོགས་པའི་ཚད། རྣལ་ལམ་ལ་རེ་མི་དགོས་པར་མངོན་སུམ་དུ་ཤེས་མོད། གཞན་དོན་དུ་རྣམ་པ་བསྒྱུར་བའི་ཚུལ་སྟོན་ལ་ངེས་པ་མེད། དེའི་ཕྱིར། སློབ་དཔོན་ཆོས་ཀྱི་བཤེས་གཉེན་གྱི་ལུགས་ཀྱང་བརྟག་དཔྱད་ཀྱི་གནས་ཙམ་མོ། །རྒྱ་གར་གྱི་སློབ་དཔོན་ཆེན་པོ་རྣམས་ནི། ས་བཅུའི་བྱང་སེམས་ལ། གློ་བུར་བའི་ཤེས་པའི་རྣམ་པ་དང་། སྣང་བ། རྣལ་ལམ་ལྟ་བུ་འབྱུང་བ་ལ། ས་བཅུའི་རྣལ་ལམ་གྱི་སྒྲ་ཙམ་བཏགས་ཀྱི། གཉིད་རང་དགའ་མའི་རྣལ་ལམ་མ་ཡིན། ཞེས་གསུངས་ཏེ་ལེགས་པར་བཤད་པ་ཤིན་ཏུ་ཆེན་པོའོ། །རབ་དབྱེར། དེང་སང་འགའ་ཞིག་བླ་མ་ཡི། །མོས་གུས་ཙམ་གྱིས་སེམས་བསྒྱུར་ནས། །རྟོག་པ་ཅུང་ཟད་འགགས་པ་ལ། །ཕྱག་རྒྱ་ཆེན་པོར་ངོ་སྤྲོད་བྱེད། །ཅེས་སོགས་ལ།

སྲིད་གསུམ་དུ། ལམ་འབྲས་ལས། ཁམས་འདུས་པ་གསུམ། ཞེས་འབྱུང་བ་དེ། དོན་གྱིས་འགོགས་པར་བཞེད་པ་སྟེ། ཞེས་བྲིས་པ་ནི་མི་རིགས་ཏེ། སྔོན་ནས་སྦྱངས་པའི་ལམ་གྱིས་རྟོགས་པ་ཅན་ཞིག །ཚེ་འདིར

སད་བྱེད་ཀྱི་རྐྱེན་མོས་གུས་ཀྱིས་བྱས་ནས་གྲོལ་བ་ལ། མོས་གུས་ཅན་བྱིན་རླབས་ཀྱིས་ཁམས་འདུ་བ་ཞེས། ལམ་འབྲས་སུ་གསུངས། དེ་ནི་ས་ལུགས་ཀྱི་ཁམས་འདུས་པ་གསུམ་གྱི་གྲུབ་མཐའི་གཙོ་བོ་ཡིན་པས་ག་ལ་འགོག །རབ་དབྱེའི་དགག་བྱ་ནི། མོས་གུས་ཀྱི་སྟོབས་ཀྱིས། རྟོག་པ་མངོན་གྱུར་བའི་སྐད་ཅིག་གཅིག་འགག་པ་ལ། ཕྱག་ཆེན་དུ་ངོ་སྤྲོད་པ་འགོག་པ་ཡིན། གཉིད་ཀྱི་ཚེ། རྟོག་པ་མངོན་གྱུར་བའི་སྐད་ཅིག་འགགས་ཀྱང་། དེ་ཕྱག་ཆེན་དུ་ངོ་སྤྲོད་པར་མི་རུང་བ་དང་འདྲ། །དེས་ན་རབ་དབྱེར། རྟོག་པ་ཙུང་ཟད་འགགས་པ་ལ། ཞེས་ཙུང་ཟད་ཀྱི་ནུས་པ་ལ་བརྟགས་པས། རྩོད་པ་རང་གྲོལ་ཡིན། རབ་དབྱེར། དབང་མ་བསྐུར་ལ་བླ་མ་མེད། །ཅེས་པ་ལ།

སྲིད་གསུམ་དུ་བླ་མ་གཅིག་ལས་དབང་ཐོབ། གཞན་ལས་རྒྱུད་མན་ངག་ཐོབ་པའི་བླ་མ་དེ། གསང་སྔགས་ཀྱི་བླ་མ་མིན་པར་བསྒྲུབ་ཨེ་སྤོབས། ཞེས་སོགས་བྲིས་ཀྱང་། སྔར་སྨིན་དབང་གཅིག་ཀྱང་མ་ཐོབ་པ་ལ། བླ་མས་དབང་མ་བསྐུར་བར་རྒྱུད་མན་ངག་བཤད་ན། དེ་བླ་མར་མི་འགྱུར་བ་ལ་དགོངས་ནས། དབང་མ་བསྐུར་ལ་བླ་མ་མེད། །ཅེས་བཤད། སྔར་བླ་མ་གཞན་ལ་དབང་ཐོབ་པ་ཞིག་ལ། བླ་མས་དབང་མ་བསྐུར་བར་རྒྱུད་སོགས་བཤད་ཀྱང་། བླ་མའི་གོ་ཆོད་པ། སློབ་མ་དེ་རང་ངོར་ནི་བྱེད་དགོས་ཏེ། དབང་འབྲིད་བརྒྱུད་པ་སོ་སོ་བའི་ཆོས་མང་དུ་སྣང་བ་བཞིན་ནོ། །ཞིབ་པར་ན། རྒྱུད་སྡེ་འོག་མའི་དབང་ཐོབ་ཀྱང་། གོང་མའི་དབང་མ་ཐོབ་པ་ལ། རྒྱུད་སྡེ་གོང་མ། མན་ངག་དང་བཅས་པ་ཙམ་བཤད་པས་མི་ཆོག་པར། རྒྱུད་སྡེ་གོང་མའི་དབང་གཅིག་ངེས་པར་བསྐུར་དགོས། བླ་མ་གང་ཡང་རུང་བ་གཅིག་ལས་གཉིས་མེད་ཀྱི་དབང་གཅིག་ཐོབ་པ་ལ། སོ་སོའི་སྒོས་དབང་མ་བསྐུར་ཡང་། རྒྱུད་སོགས་བསྟན་པས་ཆོག་པར་ངེས་ལ། རྒྱུད་དུ། དཀྱིལ་འཁོར་དུ་ནི་མ་ཞུགས་ལ༑ །འདི་ཡི་མིང་ཡང་བསྟན་མི་བྱ། དཀྱིལ་འཁོར་གཞན་དུ་ཞུགས་པ་ལ། །འདི་ཡི་གསང་བ་བསྟན་མི་བྱ། །ཞེས་པའི་རྗེས་སུ་ཞུགས་ནས་ས་ལུགས་པ་ཁ་ཅིག །ཕྱག་ལེན་གཙང་ཞིབ་ཅན་དུ་མཛད་པའང་སྣང་སྟེ། ཕྱོགས་གཅིག་ནས་ལེགས་པར་སྣང་ཡང་། རྗེ་བཙུན་གོང་མ་རྣམས་ལ། དབང་རྒྱུན་མེད་པར། རྒྱུད་ཀྱི་ལུང་རྒྱུན་ཡོད་པ་འགའ་རེ་སྣང་ཞིང་། དེང་སང་ཡང་ལུང་རྒྱུན་ཙམ་ཡོད་ལ། དབང་རྒྱུན་མེད་པའི་ཆོས་དུ་མ་ཞིག་སྣང་བ་རྣམས་སྤོང་དགོས་པའི་ཉེས་པར་འགྱུར་བས། ལུགས་དེ་ལེགས་པ་མ་ཡིན་ནོ། །སྲིད་གསུམ་དུ། ཆོས་རྗེ་ས་སྐྱ་པཎྜི་ཏས། སྡོ་མོ་སྒོམ་ཆེན་གྱི་དྲིས་ལན་དུ། ཁོ་བོའི་ལུགས་ཀྱི་སེམས་ལ་ངོ་བོ་མེད་པས་སྦྱད་རྒྱུ་མི་གདོག་གསུངས་པ་དང་། ས་པཎ་གྱིས། སེམས་ཟུང་འཇུག་གི་ངོ་བོ་ཉིད་ལ། དཀོན་མཆོག་གསུམ། སྡེ་སྣོད་རྒྱུད་སྡེ་དང་བཅས་པ་ཚང་བར་བཤད་པ་འགལ་བ་དང་། རྗེ་བཙུན་གྲགས་པས་ངོ་སྤྲོད་མང་དུ་གསུངས་པ་དང་། ས་

པཎ་གྱི་གསུང་འགལ་ཞེས་བྲིས་སོ། །

དེའི་ལན་ནི། ངེས་དོན་གྱི་སྐབས་འདིར། གནས་སྐབས་གཉིས་ཏེ། མཉམ་གཞག་གི་ངོ་བོ་ལ་བལྟོ་བའི་སྐབས་དང་། ངེས་དོན་གྱི་ལམ་འབྲས་གསུམ་གཞན་ལ་བཏང་སྙོད་པའི་སྐབས་གཉིས་སོ། །དང་པོའི་ཚེ། སེམས་བཞག་བྱ། འཛོག་བྱེད། བསྒོམ་བྱ། སྒོམ་བྱེད། སྐྱོང་བྱ། སྐྱོང་བྱེད། ཐོབ་བྱ། ཐོབ་བྱེད། ངོ་སྤྲོད་བྱ། སྤྲོད་བྱེད་བྲལ་བ་ཡིན་ལ། ས་པཎ་གྱིས། སེམས་ལ་ངོ་བོ་མེད་པས་སྤྲད་རྒྱུ་མི་གདོག་ཅེས་པའང་། དེ་ལ་དགོངས། ཡང་དག་པར་ན། སེམས་ལ་ངོ་བོ་ཡོད་མེད་གཉིས་ཀ་ལས་ལ་བླས་ཤིང་ངོ་སྤྲོད་རྒྱུ་ཡོད་མེད་ཀུན་ལས་ལ་བླས་པ་ཞིག་ཡིན་ཡང་། དེ་གོ་བར་བྱེད་པའི་བརྡར། སེམས་ལ་ངོ་བོ་མེད་པས། སྤྲད་རྒྱུ་མེད་ཅེས་གསུངས་པ་ནི། དཔེར་ན༑ སློབ་དཔོན་ཧོག་རྩེ་པས། གཉིས་སུ་མེད་པ་མིང་ཙམ་སྟེ། །དེ་ལ་མིང་ཡང་ཡོད་མ་ཡིན། །གཉིས་མེད་མིང་ནི་བཟུང་བ་ལ། །དེ་ལ་རྣལ་འབྱོར་པས་བཟོད་མཛོད། །ཅེས་གསུངས་པ་ལྟ་བུའོ། །སྙིང་པོ་གསལ་པོར་བརྗོད་ན། གལ་ཏེ་ངོ་སྤྲོད་རྒྱུ་ཡོད་ན། འདི་ནི་འདིའོ། །ཞེས་མཚོན་པའི་ཚུལ་གྱིས། ངོ་སྤྲོད་དགོས་སོད། དོན་དམ་པའི་གཤིས་ལུགས་ནི། གང་གིས་ཀྱང་མཚོན་དུ་མེད་པ། བརྗོད་དུ་མེད་པ། བློའི་ཡུལ་ལས་འདས་པའི་ཕྱིར། ངོ་སྤྲོད་རྒྱུ་མེད་དོ། །ཅེས་སྟོན་པ་ལ།

དོན་དམ་བློ་ཡི་སྤྱོད་ཡུལ་མིན། །ཞེས་དང་། ས་ར་ཧས། བསམ་གཏན་བྲལ་བ་ཅི་ཞིག་བསམ་བྱར་ཡོད། །བརྗོད་དུ་མེད་གང་ཇི་ལྟར་བཤད་དུ་ཡོད། །སྲིད་པའི་ཕྱག་རྒྱས་འགྲོ་བ་མ་ལུས་བསླུས། །རྒྱུད་མེད་སྟགས་མེད་བསམ་བྱ་བསམ་གཏན་མེད། །དེ་ཀུན་རང་ཉིད་འཁྲུལ་པར་བྱེད་པ་ཡིན། །རང་བཞིན་དག་པའི་སེམས་ལ་བསམ་གཏན་དག་གིས་མི་བསླད་དེ། །བདག་ཉིད་བདེ་ལ་གནས་བཞིན་གདུང་བར་མ་བྱེད་ཅིག །ཅེས་དང་། མཐའ་ཡིས་མ་གོས་དྲི་མ་མེད་པའི་ཡེ་ཤེས་ནི། །བྱས་པ་རྣམས་དང་བྲལ་ཞིང་བསགས་པའི་ལས་མ་ཡིན། །ཞེས་གསུངས། གནས་སྐབས་གཉིས་པའི་ཚེ། གཞི་གཤིས་རྣམ་དག །ལམ་བཏང་སྙོད་པ། འབྲས་བུ་ཡོངས་ཤེས་སུ་བྱེད་པའི་སྐབས་ཡིན་པས། སེམས་ཉིད་ཅེས་པ། ཤིན་ཏུ་རྣམ་པར་དག་པའི་ངོ་བོ་ཉིད། ཆོས་དབྱིངས་དོན་དམ་དང་། རང་བཞིན་ཆོས་ཀྱི་སྐུར་ངོ་སྤྲོད་པ་ལ་དགོངས་ནས། ས་པཎ་གྱིས། སེམས་ཟུང་འཇུག་གི་ངོ་བོ་ཉིད་ལ། དཀོན་མཆོག་གསུམ་ཚང་བར་བཤད་ཅིང་། རྗེ་བཙུན་གྲགས་པའི་ངོ་སྤྲོད་མགུར་མ་རྣམས་དང་། ལམ་སྐོར་གྱི་སེམས་ལ་བློ་བཞག་པ་དང་དེ་ཁོ་ན་ཉིད་ལ་བློ་བཞག་པ་སོགས་ཕལ་ཆེར་གནས་སྐབས་གཉིས་པ་འདི་ལ་དགོངས།

ཇི་སྐད་དུ། འཕགས་པ་དཀོན་མཆོག་འབྱུང་གནས་ཀྱི་མདོར། ཆོས་གང་སྐྱེ་བ་མེད་ཅིང་འབྱུང་བ་མེད། །

འཆི་འཕོ་མེད་ཅིང་རྒས་པར་མི་འགྱུར་བ། །མི་ཡི་སེང་གེ་ཡིས་ནི་དེར་བརྟེན་ཞིང་། །སེམས་ཅན་བརྒྱ་ཕྲག་དག་ནི་དེ་ལ་བཀོད། །ཅེས་དང་། དཀོན་མཆོག་བརྩེགས་པར། ཇི་ལྟར་ཁྲི་ནི་རྡོ་བས་སྒྲག་གྱུར་ཀྱང་། །རྡོ་རྗེས་འཚོལ་བས་གང་གིས་འཕངས་མི་བསྙེག །བྲམ་ཟེ་དགེ་སྦྱོང་ལ་ལ་དེ་བཞིན་དུ། །གཟུགས་ལ་སོགས་པས་སྒྲག་སྟེ་དགོན་པར་གནས། །དེ་ཚེ་དགོན་པའི་ནང་ཞུགས་གྱུར་ནས་ཀྱང་། །གཟུགས་སོགས་ཡུལ་རྣམས་ནམ་ཞིག་མཐོང་གྱུར་ན། །ནང་གི་ཚུལ་མི་ཤེས་པས་བདད་སྨོམས་འདུག །དེ་དག་གང་ལས་ཉེས་པ་འཕེལ་བ་སྟེ། །མི་ཤེས་འདི་དག་སླར་ཡང་གྲོང་དུ་གནས། །ཞེས་དང་། འོད་སྲུང་འཇིག་རྟེན་ལས་འདས་པའི་ཡེ་ཤེས་ཀྱི་སྨན་གང་ཡིན་ཞེ་ན། སེམས་ཡོངས་སུ་འཚོལ་བའི་བརྩོན་འགྲུས་སོ། །ཞེས་གསུངས་ཏེ། སེམས་ཉིད་ལ་གནད་དུ་བསྣུན་པའི་ཚུལ་གྱིས། ངོ་བོ་ཤེས་པར་གསུངས་པ་རྣམས་དོན་དེ་ཡིན་ནོ། །

ས་པཎ་གྱིས། ཕྱོགས་བཅུའི་སངས་རྒྱས་ཀྱི་ཞུ་འཕྲིན་དུ། སོ་མར་བྱས་ན་བལ་ཉིད་ཡིན། །སྐྱིད་པར་བྱས་ན་བཅོས་པར་འགྱུར། ཞེས་སོགས་ཀྱི་དཔེ་ལ། སྲིད་གསུམ་དུ། འདི་ཕྱོགས་བཅུའི་སངས་རྒྱས་ལ་ཞུ་ལོག་ཕུལ་བར་འདུག་ནའང་། ཞེས་སོགས་དགག་པ་བྱས་པ་ནི། ཕྱོགས་སྡེ་མ་གོ་བའི་སྐྱོན་ཏེ། སྐྱིད་པ་བསྒྲིམས་པ་ནི་བཅོས་མའི་ལམ་ཤིན་ཏུ་རགས་པ་ཡིན་པས། མ་བཅོས་པ་སེམས་རྣལ་དུ་བཞག་པའི་དཔེར་མི་རུང་བ་ལ་དགོངས་ནས། སྐྱིད་པར་བྱས་ན་བཅོས་པར་འགྱུར། །དེས་ན་འདི་ལ་དཔེ་སྐྱོན་ཡོད། །ཅེས་བཤད་དོན་གྱི་ཚེ། ཕྱོགས་བཅུའི་སངས་རྒྱས་ཀྱི་ཞུ་འཕྲིན་དུ། སོ་མ་མ་བཅོས་ལྷུག་པར་བཞག །དེ་ལ་ཕྱག་རྒྱ་ཆེན་པོ་ཟེར། །ཞེས་དགག་པ་མཛད་པ་ལ། སྲིད་གསུམ་དུ། སོ་མ་སོགས་ལ་བཀའ་བཀྲོན་མཛད་ན། རང་དམའ་དབབ་པའི་སྒྲུ་ཐབས་སུ་སོང་། །ཞེས་བྲིས་ཀྱང་། མ་དགོངས་པ་སྟེ། ངེད་ཀྱི་ལམ་སྐོར་དགུའི་སེམས་འཁྲིད་རྣམས་སུ། སོ་མ། ལྷུག་པ། རང་ཐད། མ་བཅོས་པར་བཞག་ཅེས་ཅིས་ཀྱང་བཤད་མོད། དེ་དག་གནས་ལུགས་རྟོགས་པའི་ཐབས་སམ་རྒྱུ་ཡིན་གྱི། སོ་མ་མ་བཅོས་པར་བཞག་པ་དེ་ཙམ་ཞིག །གནས་ལུགས་མ་ཡིན། འབྲུག་པ་རྣམས། སོ་མ་མ་བཅོས་ལྷུག་པར་གནས་པ་དེ། །གནས་ལུགས་ཕྱག་ཆེན་རང་དུ་བྱེད་པ་ནི། ལྟ་སྒོམ་ཤན་མ་ཕྱེད་པའི་ནོར་རྟགས་ཤིན་ཏུ་ཆེ་བར་སྣང་། རྒྱུ་མཚན། སེམས་ཁོངས་གློད་པའི་སོ་མ་མ་བཅོས་ལྷུག་པར་གནས་པ་དེ། མར་མེ་ལྟར་རང་གནས་ཀྱི་ཞི་གནས་ཞེས་བྱ་བ་ཡིན། །འདི་དུས་སྒོམ་གྱི་རྩ་བ་ཚུགས་པ་ལགས་པས། གནས་ལུགས་ལྷག་མཐོང་སྨྲར་དུ་འཆར་བའི་སྟ་ལྟས་སོ། །རྒྱུ་དེ་ལས། ནམ་ཞིག་ཡུལ་དང་ཡུལ་ཅན་གཅིག་ཏུ་འདྲེས་ཏེ། སྣང་སེམས་ཐམས་ཅད་མི་རྟོག་ཡེ་ཤེས་གཅིག་གི་ངོ་བོར་སོང་བ་ན། གནས་ལུགས་མངོན་སུམ་དུ་མཐོང་བའི་ལྷག་མཐོང་ཤར་བའི་སྐབས་ཡིན། དེ་བས་ན་ས་པཎ་གྱིས་དགག་པ་མཛད་པའི་རྒྱུ་མཚན། སེམས་ཁོངས་གློད་པའི་

སོ་མ་ཞི་གནས་ལ། གནས་ལུགས་ཕྱག་ཆེན་དུ་འཁྲུལ་པ་དེ་འགོག་པའོ། །

སྐབས་དྲུག་པ། ཨོ་རྒྱན་པ་དང་མཐུན་པར་ཤར་བའི་སྐྱོན་ཡོད་པ་ལ་མཆོག་རྣམས་ཀྱིས་བཀག་པ་ལ་འགོག་པ།

སྐྱིང་པོ་ནི། དཀར་བརྒྱུད་ཀྱི་ངེས་དོན་པ་སྒྲ་བོ་ཆེ་རྣམས་ཀྱི་ནང་རྟགས། སྒྲ་ཆེ་ལ། གྲོག་ཆུང་བ་ཞིག་ཡིན་འདུག་སྟེ། ཞི་ལྷག་ཤན་མ་ཕྱེད་པས། སོ་མ་མ་བཅོས་ལྷུག་པའི་ཞི་གནས་ལ། གནས་ལུགས་ལྷག་མཐོང་དུ་འཁྲུལ་འདུག་པའི་ཕྱིར། ཞེས་པ་ནི་གྲུབ་དོན་སྟེ། གནད་འདི་ལྟ་བུ། ས་ཕྱོགས་ཀྱི་བླ་མ་ཆེན་པོར་གྲགས་པ་ཕལ་ཆེར་ཞིག་གིས་ཀྱང་མ་དགོངས་པར་གསུང་གྲུལ་མ་བཏུབ་མང་དུ་བྱོན་སྣང་ངོ་། །རེ་ཞིག་བཏང་སྙོམས་སུ་བཞག་ནས།

འདིར་སྐྱིང་པོ་ཙུང་ཟད་བརྗོད་པ་འདི་ནི། ངེས་དོན་གྱི་མདོ་རྒྱུད་མ་លུས་པའི་སྐྱིང་པོ། གསོང་པོར་སླས་པ་ཡིན་ལ། ངེས་དོན་ལ། སྔར་སྨྲོང་བའི་བསྙན་ཙུང་ཟད་ཡོད་པ་ཞིག་གིས། ཁོ་བོས་ཧི་སྐད་བཤད་པ་དེ་ལ་མྱུངས་ན༔ ཞི་གནས་ཀྱི་མཐར་མི་ལྷུང་བའི་སྒོང་བ་ཁྱད་པར་ཅན་ནང་ནས་སྐྱེ་བར་འགྱུར་ཏེ། མདོར་ན། དེང་སང་གི་སྒོམ་ཆེན་བླུན་པོའི་བླ་མ་གྲགས་པ་ཅན་ལ། གདམས་ངག་ལོ་བརྒྱར་སྟུག་ཉན་བྱེད་པ་ལས། ཁོ་བོས་སྐྱིང་པོར་སླས་པའི་ངེས་དོན་གྱི་གནད་དེ་ཙམ་ཞིག་ལ་ལན་གསུམ་ཙམ་བཀླགས་ཤིང་། སྒོང་གཞིག་འཇུག་པ་ཡང་། ངེས་དོན་གྱི་རྟོགས་པ་ལ་སོགས་ཐོན་པར་ཡོད་ངེས་པ་ནི་བདེན་པ་སྟེ། འདིས་ནི་ངེས་དོན་གྱི་བསྟན་པ་ལ་བྱ་བ་ཆེན་པོ་བགྱིས་པའོ། །ཕྱོགས་བཅུའི་སངས་རྒྱས་ཀྱི་ཞུ་འཕྲིན་དུ། །གོལ་ས་གསུམ་པོ་བཅད་ཙམ་གྱིས། །ཕྱག་རྒྱ་ཆེན་པོར་འགྱུར་ན་ནི། །ཉན་ཐོས་འགོག་པའང་དེར་འགྱུར་རོ། །ཞེས་གསུངས་པའི་དོན་ནི། འཇོག་སྒོམ་རྐྱང་པས། ཤོར་གོལ་གསུངས་པ་ཙམ་གྱིས་གནས་ལུགས་མངོན་སུམ་དུ་མཐོང་མི་នུས་ཀྱི། དེའི་གྲོགས་སུ་བསོད་ནམས་ཀྱི་ཚོགས་རྒྱ་ཆེན་པོ་བསགས་དགོས་མ་བསགས་ན། ཉན་ཐོས་འགོག་པ་དང་ཁྱད་མེད་དུ་འགྱུར་བའི་དོན་ཡིན་ཞིང་། མདོ་སྡུད་པར། ཇི་སྲིད་ཚོགས་གཉིས་ཡོངས་སུ་རྫོགས་པར་མ་གྱུར་པ། །དེ་སྲིད་སྟོང་ཉིད་དམ་པ་འདི་ནི་མཐར་མི་ཕྱིན། །ཞེས་གསུངས་པ་དང་ཕྱོགས་མཚུངས། འདིས་ནི་སྲིད་གསུམ་མཁན་པོ་ཉིད་གོལ་ས་གསུམ་པོ་བཅད་ཙམ་གྱིས། ཞེས་སོགས་ཀྱི་དོན་ལ་དམུས་ལོང་དུ་སོང་ནས། ཅལ་ཅོལ་དུ་སྨྲ་བའི་ནད་རྣམས་རང་སར་གྲོལ་བའོ། །ས་པཎ་གྱིས། རྣམ་རྟོག་ཕྱག་རྒྱ་ཆེན་པོ་མིན། ཞེས་གསུངས་པ་ལ། སྲིད་གསུམ་དུ། རྣམ་རྟོག་ཕྱག་ཆེན་ཡིན་མིན། སྒོམ་པ་པོའི་ཉམས་ལེན་གྱི་འཁོར་ཁ་ལ་རག་ལས། ཞེས་བྲིས་པ་ནི། ཁྱེད་རང་ལ་རྣམ་རྟོག་ཆོས་སྐུར་ཁས་བླངས་པ་དང་འགལ། རྒྱུ་མཚན་སྐབས་འདིར། སྒོམ་པ་པོ་བཟང་ངན་ལ་ལྟོས་ཏེ། རྣམ་རྟོག་ཕྱག་ཆེན་ཡིན་མིན་གཉིས་བྱུང་བའི་རྣམ་རྟོག །ཕྱག་ཆེན་མ་ཡིན་པ་དེ་མི་སྲིད་དེ། ཁྱེད་ཀྱི་ལུགས་ལ་ཕྱག་ཆེན་དང་། ཆོས་སྐུ་ནི་གཅིག་ལ། དེ་བས་ན། རྣམ་རྟོག་ཆོས་སྐུ་མ་ཡིན་པ་མི་སྲིད་པ་བཞིན་དུ། རྣམ་རྟོག

ཕྱག་ཆེན་མ་ཡིན་པའང་ཁྱེད་ལ་མི་སྲིད་པས་སོ། །

ས་པཎ་གྱིས། རྟོག་པ་མེད་ན་སྤོང་མི་ནུས། །ཅེས་གསུངས་པའི་དགོངས་པ་ནི། དོན་གཞན་ལ་དགོངས་པའི་ཚིག་ཡིན་པས། མི་མཐུན་ཕྱོགས་རྟོག་པ་འཕྲོར་མི་འཇུག་པའི་གཉེན་པོ། དྲན་ཤེས་བཞིན་ལ་རྟོག་པའི་མིང་བཏགས་པའམ། ཡང་ན། སོ་སོར་རྟོགས་པའི་ཤེས་རབ་ལ། རྟོག་པའི་མིང་བཏགས་ཀྱི། སྒྲ་དོན་འདྲེས་འཛིན་གྱི་རྟོག་པ་ལ་མི་ཟེར། དཔེ། འཕགས་ལམ་ཡན་ལག་བརྒྱད་ཀྱི་ནང་ཚན། ཡང་དག་པའི་རྟོག་པ་དང་འདྲ། ཁྱེད་ཕྱོགས་སྔ་མ་ངེས་པའི་དགག་པ་ལ་བརྩོན་བརྩོན་འདྲ་ཡང་། འཁེན་ལ་མི་འཕོག་པའི་མདའ་དེས་དོན་མི་སྣང་ངོ་། །ཡང་རབ་དབྱེར། ཡེ་ཤེས་ཅུང་ཟད་སྐྱེས་ན་ཡང་། ཞེས་པའི་ཡེ་ཤེས། ཕྱག་ཆེན་ཡིན་པ་གཞིར་བྱས་སྲིད་གསུམ་པས་མཛད་པ་ཡང་། མ་དགོངས་པ་སྟེ། དེད་རྣམས་གསང་སྔགས་བླ་མེད་ཀྱི་དཔེའི་ཡེ་ཤེས་ལ། ཕྱག་ཆེན་ཡིན་མིན་གཉིས་སུ་ཡོད། མཚན་གཞི་བསྐྱེད་རིམ་དཔེའི་ཡེ་ཤེས་རྣམས། ཕྱག་ཆེན་མ་ཡིན་ཞེས་བྱ། དེས་ན། དཔེའི་ཡེ་ཤེས་དང་། དཔེའི་ཕྱག་ཆེན་ལ་ནོར་སོ་ཡོད་པས་ཤན་ཕྱེད་དགོས།

སྲིད་གསུམ་དུ། ཕྱག་ཆེན་ལ་ཤོར་གོལ་མེད་ན། དེ་མཚུངས་ལྡན་གྱི་རིགས་པས། ས་ལམ་གྱི་རིམ་པ་ཀུན་ལའང་། གོལ་འཁྲུགས་འོང་རྒྱུ་མི་འདུག་པ། ཞེས་བྲིས་པ་ནི། །ཁས་བླངས་འགལ་བ་སྟེ། དེའི་གོང་དུ། དེས་ན་ཕྱག་རྒྱ་ཆེན་པོ་ཉིད། །ཡིན་ན་ཤོར་ས་གོལ་ས་མེད། །ཅེས་པ་དེ། ཁྱེད་རང་གི་བློ་ལ་འཐད་པར་ཁས་བླངས་ནས། སྐབས་འདིར། ཕྱག་ཆེན་ཤོར་གོལ་ཡོད་པར་སྨྲས་པ་ཤིན་ཏུ་འགལ་བས་སོ། །ཁོ་བོ་ཅག་ནི། གཤིས་ཀྱི་གནས་ལུགས་ཕྱག་ཆེན་སྒོམ་པ་པོའི་རྣལ་འབྱོར་པ་ལ། གོལ་གེགས་ཡོད་པ་དེའི་གཉེན་པོར། གོལ་ས་གཅོད་པའི་ཐབས་ཇི་སྙེད་གསུངས། དེ་ལྟ་ན་ཡང་། གཤིས་གནས་ལུགས་ཀྱི་ངོ་བོ་ལ་གོལ་ས་ཅི་ཡང་མེད་དེ། རྐྱེན་གང་གིས་ཀྱང་གནས་ལུགས་ཀྱི་ངོ་བོ་སྒྲིབ་པར་མི་ནུས་པ། དཔེ་ནམ་མཁའི་ངོ་བོ་འགྱུར་བ་མེད་པ་དང་འདྲ། མཚན་རྟོག་དངོས་པོའི་སྣང་བ་མེད་ཅིང་། སྲིད་པའི་ཉོན་མོངས་ལས་རང་གྲོལ་བ། གཞོམ་གཞིག་འཕོ་བ་དང་བྲལ་བའི་འགྱུར་མེད་རྡོ་རྗེའི་ངོ་བོ་ཡིན་ནོ། །ཞེས་སྟོན་པ་ལ། འཕགས་པ་མདོ་སྡེ་རྒྱན་དུ། ཇི་ལྟར་ནམ་མཁའ་རྟག་ཏུ་ཀུན་སོང་འདོད། །དེ་བཞིན་དེ་ཡང་རྟག་ཏུ་ཀུན་སོང་འདོད། ཅེས་དང་། རྒྱུད་བླ་མར། སེམས་ཀྱི་རང་བཞིན་འོད་གསལ་གང་ཡིན་པ། །དེ་ནི་ནམ་མཁའ་བཞིན་དུ་འགྱུར་མེད་དེ། ཡང་དག་མི་རྟོག་ལས་བྱུང་འདོད་ཆགས་སོགས། །གློ་བུར་དྲི་མས་དེ་ཉོན་མོངས་མི་འགྱུར། །ཞེས་དང་། དཔལ་བདེ་མཆོག་སྡོམ་པ་འབྱུང་བའི་རྒྱུད་དུ། དངོས་གྲུབ་རྣམས་ཀྱི་རྒྱུ་ཡི་མཆོག །ཕྱི་དང་ནང་དུ་བཅས་པའི་ལུས། །ནམ་མཁའ་ལྟ་བུར་དྲི་མ་མེད། །འདི་ལྟར་བདག་ཉིད་མཁའ་མཚུངས་པར། །རྟག་ཏུ་གྲོལ་བའི་བདག་ཉིད་མཐོང་། །ཞེས་དང་། གཉིས་ལས

རྣམ་གྲོལ་ཉོན་མོངས་མེད། །དོན་དམ་གྲོལ་བར་རབ་གསོལ་བ། །འཕོ་མེད་དེ་ཉིད་ལ་ཕྱག་འཚལ། ཞེས་དང་། འགྱུར་བ་མེད་ཅིང་བརྟན་པའོ། །ཞེས་གསུངས།

༄ སྨྲས་པ། དགག་སྒྲུབ་ཤིང་རྟའི་ཁྲི་ལ་ཟབ་དོན་གྱི། །སྣང་བ་བརྙེད་ཆགས་ལྷམ་མེར་གང་བའི་ཚེ། ། ཉམ་ཆུང་ཟླ་བ་འདར་བཞིན་རྨོངས་པའི་མཚོར། །གཉིད་ཀྱི་མལ་དུ་རིང་ཞིག་ཟློལ་གྱིས་ཐིམ། །རབ་དབྱེར། ལུས་རྒྱ་ཞིག་པའི་ཤི་མ་ཐག་ཡོན་ཏན་ནང་པར་འབྱུང་ཞེས་ཟེར། ཞེས་སོགས་ལ། སྲིད་གསུམ་དུ་དགག་པ་མང་དུ་བྲིས་པའི་གཏད་སོ་དྲག་ཤོས། ལྷ་མོ་བཞིས་ཞུས་ཀྱི་རྒྱུད་ལས། གང་ཚེ་ལས་ཀྱི་ལུས་ཞིག་ན། །དེ་ཚེ་དེ་ཡི་རང་མཐུ་ཡིས། དེ་འདྲའི་ལུས་སུ་དེ་གྱུར་ཏེ། །ཞེས་པ་དང་། གང་ཚེ་ལས་ཀྱི་ལུས་བཅོམ་པ། །དེ་འདྲ་ལྷ་རུ་འགྱུར་བ་ཡིན། །ཞེས་པ་རྣམས་དྲངས་པ་ནི། ནུས་པ་གཅིག་ཀྱང་མ་བྱུང་སྟེ། རྒྱུད་ཚིག་དེ་དག་གི་དོན་ནི། ཐ་མལ་ལུས་ཀྱི་ཕུང་པོ་རྣམ་པར་དག་ནས། ཡེ་ཤེས་ཀྱི་ལྷ་སྐུར་འགྱུར་བ་ཙམ་གྱི་དོན་ཡིན་གྱི། ཁྱེད་ཀྱི་གྲུབ་མཐའི་དྲག་ཤོས། ཚེ་འདིར་མཐོང་ལམ་སྐྱེ། མཐོང་ལམ་གྱི་ཡོན་ཏན་ཤི་ནས་སྐྱེ། ཟེར་བ་དེ་ལ་ཟུར་ཆ་ཙམ་ཡང་མ་ཕན་ཞིང་། ས་པཎ་གྱིས། ཉི་མ་དེ་རིང་ཤར་བ་ཡི། །འོད་ཟེར་ནང་པར་འབྱུང་བ་མཚར། །ཞེས་དགག་པ་མཛད་པ་ལ། གནོད་བྱེད་ཕྱོགས་འདྲ་ཙམ་ཡང་མ་བྱུང་བས། ལན་བྱེད་དགོས་ནི་མི་སྣང་། འོན་ཀྱང་། འཕགས་པ་བྱམས་པས། འཕགས་པས་ན་དང་འཆི་བ་དང་། །རྒས་པའི་སྡུག་བསྔལ་རྩད་ནས་སྤངས། ཞེས་དང་། སློབ་དཔོན་འཕགས་པ་ལྷས། བཅད་དུ་མེད་པ་དང་། གཞིག་ཏུ་མེད་པའི་རྡོ་རྗེའི་སྐུའི་ངོ་བོ་ཉིད་འཕོ་བ་མེད་ཅིང་། ཟག་པ་མེད་པ། ཞེས་ཟུང་འཇུག་གི་སྐུའི་ཡོན་ཏན་དུ་བཤད་ལ། བྱང་ཆུབ་སེམས་དཔའ་སྒོམ་ལམ་པ་ཐམས་ཅད། ཟུང་འཇུག་གི་ལུས་གྲུབ་པ་ཡིན་པར། གསང་འདུས་པ་རྒྱ་བོད་ཐམས་ཅད་ལ་གྲགས་པས། དེ་དག་ལ་འཆི་བ་མེད་ཅིང་། མཐོང་ལམ་པས། ཟུང་འཇུག་གི་ལུས་མ་གྲུབ་ཀྱང་། འཆི་བ་ནི་ནམ་ཡང་མེད་དེ། །དྲངས་མ་ཐག་པ། འཕགས་པས་ན་དང་འཆི་བ་དང་། །རྒས་པའི་སྡུག་བསྔལ་རྩད་ནས་སྤངས། ཞེས་པ་དེ། ཐེག་ཆེན་འཕགས་པ་སྤྱིའི་ཡོན་ཏན་ཡིན་པར། ཐོགས་མེད་ཞབས་ཀྱིས་བཤད་པས་སོ། །

གསང་འདུས་སུ། འཆི་བ་དོན་གྱི་འོད་གསལ་བཤད་པའི་ཚེའང་། འཆི་ཁར་མཐོང་ལམ་ཐོབ་པ་མ་གཏོགས། མཐོང་ལམ་ཐོབ་ནས་ཤི་བ་མ་ཡིན། འཕགས་པ་ཀླུ་སྒྲུབ་ཀྱིས་རིམ་ལྔར། འོད་གསལ་གྱི་ཡོན་ཏན་འཆད་པའི་ཚེ། མི་ཟད་ལུས་ཐོབ་མ་ལུས་འགྲོ་བའི་རྒྱུ། །ཞེས་པའི་ནི་ཟད་པའི་ལུས་ཀྱི་དོན། མི་འཇིག་པའི་ལུས་ཡིན་པར། གསང་འདུས་པ་རྣམས་འཆད་པ་ཡང་། མཐོང་ལམ་པ་འཆི་བ་མེད་པའི་དོན་དུ་སོང་། དེའི་ཕྱིར། གཞན་དོན་དུ་བསམ་བཞིན་པའི་མཛད་པ་ལ་ནི། ཚད་བྲར་མེད་ལ། རང་ལྡོག་ཏུ། ཐེག་ཆེན་མཐོང་ལམ་པ་འཆི་

བ་མི་སྲིད་པའི་ཕྱིར། ཚེ་འདིར་མཐོང་ལམ་སྐྱེས་ནས། ཡོན་ཏན་ཤི་ནས་འབྱུང་ཟེར་བ་གར་ཡང་མི་འཐད། སྤྱིར་རྒྱ་གར་གྱི་མཁས་པ་ནང་དུ་འང་། མཐོང་ལམ་རྗེས་ཐོབ་ཡོད་མེད་ཀྱི་ལུགས་གཉིས་དང་མཐོང་ལམ་མཉམ་གཞག་རང་ལ་འང་། གསེར་གླིང་པ་ཆོས་གྲགས། ཁ་ཆེ་ཤེར་འབྱུང་། འཕགས་པ་རྣམ་གྲོལ་སྡེ་སོགས། མཉམ་གཞག་སྐད་ཅིག་གཅིག་དང་། བཅུ་དྲུག་འགལ་མེད་དུ་འདོད་པ་དང་། ཤཱནྟི་པ་དང་། རཏྣ་ཀཱིརྟི་སོགས་མཐོང་ལམ་སྐད་ཅིག་གཅིག་ཁོ་ནར་འདོད་པ་དང་། ཆོས་ཀྱི་བཤེས་མཐོང་ལམ་ཇུས་བཅོ་བརྒྱད་དུ་བཞེད་པ་དང་། གཞན་དག་མཐོང་ལམ་བཅུ་དྲུག་ཏུ་འདོད་པ་སོགས་ངེས་མེད་དུ་ཡོད་ལ། རྗེས་ཐོབ་འདོད་པའི་ནང་དུ་འང་གྲུབ་མཐའ་སྣ་ཚོགས་སྣང་བ་དང་། ཁྱད་པར་ས་དང་པོ་ཅེས་པ་མཐོང་ལམ་རྐྱང་པ་ལ་མི་ཟེར་བར། སྒོམ་ལམ་ས་དང་པོའང་བཤད་པ་དང་། འདུས་པ་འཕགས་ལུགས་ཀྱི་ཟུང་འཇུག་གི་ས་མཚམས། ས་དང་པོའི་སྐད་ཅིག་ཕྱི་མ་ནས་བྱེད་པ་དང་། མང་པོ་དག་པ་གཉིས་པ་ནས་ཟུང་འཇུག་གི་ས་མཚམས་འཛིན་པ་སོགས་རྣམ་གྲངས་མང་པོར་གྱུར། དེ་རྣམས་ཀྱི་གཏད་སོའི་དོན་ཙ་ཞིབ་མོར་བརྟགས་ནས། ས་དང་པོའི་ཡོན་ཏན་བརྒྱ་ཕྲག་བཅུ་གསུམ་པོ་འཆར་བའི་རྟེན་གང་ཡིན་པ་དང་། དེ་དག་རིམ་ཅན་དང་། གཅིག་ཅར་དུ་འབྱུང་བ་ཅི་ཞིག་ཡིན་པ་སོགས་རྣམ་པར་དཔྱད་པ་གལ་ཆེ་མོད་ཀྱི། འདིར་སྤྲོས་པ་བཏང་སྙོམས་སུ་ངལ་གསོས་ཏེ། སླར་གཞན་དུ་རྒྱས་པར་སྤྲོའོ། །གང་ལྟར་ཡང་རུང་། ཐེག་ཆེན་འཕགས་པ་ཐམས་ཅད་རང་ཉིད་ཡེ་ཤེས་ཡང་དག་པའི་སེམས་ཉིད་ལ་ལོངས་སྤྱོད་ཀྱང་། གཞན་དོན་དུ། ལྷག་བསམ་དང་། ཡེ་ཤེས་ལས་བྱུང་བའི་ལུས་སྣ་ཚོགས་པའི་སྒོ་ནས། སེམས་ཅན་གྱི་དོན་རྒྱ་ཆེར་མཛད་པ་ནི། དཔེ་ལུས་སེམས་ཚོགས་པ་གཅིག་པའི་གཙོ་བོ། མིའི་ཞིང་ན་གནས་བཞིན་དུ། སེམས་ཀྱི་བྱེད་པས། གཟུགས་ཁམས་དང་། བདེ་བ་ཅན་ལ་སོགས་པའི་ཞིང་ཁམས་གཞན་ཡང་ཁྱབ་པ་ལྟ་བུ་ལ། ཁྱད་པར་ནི། ལུས་ཀྱི་བྱ་བྱེད་ཇི་ལྟར་ནུས་པ་བཞིན། རླུང་སེམས་ཙམ་ལ་རག་མ་ལུས་པའི་ཡེ་ཤེས་ཀྱི་སེམས་ཀྱིས་དེ་བས་ཀྱང་ལྷག་པར་དོན་བྱེད་ནུས་པ་སྟེ།

ཇི་སྐད་དུ། འཕགས་པ་ཀླུ་སྒྲུབ་ཀྱིས། རྒྱུ་དང་མི་རྒྱུའི་བདག་ཉིད་འགྲོ་གཉེན་གཅིག །ཡེ་ཤེས་རང་བཞིན་མི་ཡི་སེང་གེ་གང་། །མི་ཟད་ལུས་ཐོབ་མ་ལུས་འགྲོ་བའི་རྒྱུ། །དེ་ནི་ཡོན་པོའི་ལུས་ཀྱང་དྲང་པོ་ཡིན། །གདན་ལ་གནས་མེད་གྱུར་ཀྱང་གནས་པ་ཡིན། །ཞེས་འོད་གསལ་གྱི་རིམ་པའི་གཞུང་དུ་གསུངས། ཡོན་ཏན་བརྒྱ་དང་ཉེར་ལྡན་པས། །སེམས་ཅན་ཐམས་ཅད་རིག་འགྱུར་ཞིང་། །འཇིག་རྟེན་ཁམས་ནི་མ་ལུས་པར། །བདག་ཉིད་ཡེ་ཤེས་ལུས་ཀྱིས་སྤྱོད། །གཙོ་བོ་གང་དུ་སྤྱོད་པ་ཉིད། །ནམ་མཁའི་ཁྱིམ་ནི་དེ་ཡིན་ནོ། །བདེ་བ་ཆེན་པོའི་ཏིང་འཛིན་གྱིས། །དེ་ཉིད་དུ་ནི་རྟག་ཏུ་གནས། ཞེས་བཤད་པའང་། རྣམ་པ་དེ་དང་རྗེས་མཚུངས་སོ། །

མདོར་ན། བྱང་ཆུབ་སེམས་དཔའི་འཕགས་པ་ཐམས་ཅད་ནི། ཇི་སྐད་དུ། སེམས་ཅན་དོན་སྒྲུབ་མཐོང་བ་ལ། །རབ་ཏུ་དགའ་བ་སྐྱེ་འགྱུར་ཏེ། །ཞེས་བཤད་པ་ལྟར་ཡིན་པས། རྣམ་པ་ཐམས་ཅད་དུ། གཞན་ལ་ཕན་པའི་དོན་ཐུགས་ལ་བཞག་ནས། སྐྱུ་དང་མཛད་པ་སྣ་ཚོགས་པས་འདོད་པ་ཐམས་ཅད་སྐྱེར་ཞིང་། སངས་རྒྱས་ཀྱི་ཆོས་ཕུན་སུམ་ཚོགས་པ་ཐམས་ཅད་ལ་ལོངས་སྤྱོད་པར་མཛད་པ་སྟེ། དེ་ལྟར་ཡང་། ཐུགས་ལ་འཇིག་རྟེན་པ་རྣམས་ཀྱི། །དོན་སྤྱོད་བཞག་ནས་དེ་བཞིན་གཤེགས། །ཀུན་རྫོབ་ཏུ་ནི་སྐུར་སྤྲུལ་ནས། ཇི་ལྟ་ཇི་ལྟར་འདོད་ལ་སྤྱོད། །ཡིད་བཞིན་ནོར་བུ་མཆོག་བཞིན་དུ། །འདོད་པ་ཐམས་ཅད་སྐྱེར་བར་འགྱུར། །སངས་རྒྱས་རྣམས་ཀྱི་ཕུན་ཚོགས་ཀྱང་། །སྟོབས་ཀྱིས་བླངས་ནས་སྤྱོད་པར་འགྱུར། །ཞེས་གསུངས།

དེ་དག་གིས་ནི། སྲིད་གསུམ་གྱི་འབེལ་གཏམ་རྣམས་ལ། ལན་བཀྱི་བར་འོས་པ་རགས་ཙམ་སློས་ཟིན་ལ། དགོས་མེད་ཀྱི་ཚིག་རོ་མང་པོ་རྣམས་ལ་ནི། ལན་བྱས་ཀྱང་དོན་མི་སྣང་། ཆོས་དང་འབྲེལ་ངེས་པའི་ལན་ནི། ཚིག་ཉུང་ལ་དོན་རྒྱས་པའི་སྒོ་ནས། དཔྱིས་ཕྱིན་པར་སླུས་པ་སྟེ། དེ་ཡང་བདག་ཅག་སོ་སོ་སྐྱེ་བོ་ཐམལ་པའི་བློ་ཕྱོགས་རེ་བས། ཆོས་ཀྱི་དོན་ཟབ་མོ་ཇི་བཞིན་དུ་མ་ངེས་པས། བླུན་པོ་བདག་ལྟ་བུའི་ཚིག་ལ་བདེན་པ་ཅི་ཡོད། འོན་ཀྱང་བླ་མ་དམ་པའི་བཀའ་དྲིན་ལས། དམ་པའི་ཆོས་ཅུང་ཟད་མྱོང་བའི་ཕྱིར། སྨར་ཇི་སྐད་བརྗོད་པ་དེ་དག་ལ་ཉེས་པ་མེད་ཅིང་། ངེས་པ་བརྟན་པའི་བདེན་ཚིག་ཏུ་གྲུབ་པའོ། །སྤྱིར་འཕགས་པ་རྣམ་པར་འཐག་པ་བསྟུས་པའི་མདོ་ལས། ལ་ལ་ནི་ངན་པར་འདུ་ཤེས། ལ་ལ་བཟང་བར་འདུ་ཤེས་པ་དེ་ནི། ཆོས་སྤོང་བ་ཡིན་ནོ། །ཞེས་དང་། འདི་ནི་བྱང་ཆུབ་སེམས་དཔའ་རྣམས་ཀྱི་ཆེད་དུ་གསུངས་པས་སོ། །འདི་ནི་ཉན་ཐོས་དང་། འདི་ནི་རང་སངས་རྒྱས་ཀྱི་ཆེད་དུ་གསུངས་པས་སོ། །ཟེར་ན། དེས་ཆོས་སྤངས་པ་ཡིན་ནོ། །ཞེས་དང་། མདོ་སྡེ་དང་། མདོ་སྡེ་དག་འགལ་བར་བྱས་སོ་ཟེར་ན། ཆོས་སྤོང་བ་ཡིན་ནོ། །ཚིགས་སུ་བཅད་པ་དང་། ཚིགས་སུ་བཅད་པ་དག་འགལ་བར་བྱས་སོ། །ཟེར་ན་ཆོས་སྤོང་བ་ཡིན་ནོ། །དོན་ལ་ལ་ལ་མོས་ཤིང་། དོན་ལ་ལ་ལ་མི་མོས་ན། ཆོས་སྤོང་བ་ཡིན་ནོ། །ཞེས་པ་ནས། འདི་ནི་རིགས། འདི་ནི་མི་རིགས་ཅེས་ཟེར་ན། ཆོས་སྤོང་བ་ཡིན་ནོ། །ཞེས་སོགས་ཀྱི་བར་དུ་གསུངས་པས། དམ་པའི་ཆོས་ལ། ཕྱོགས་དང་རིས་སུ་ཕྱེ་བའི་དགག་སྒྲུབ་དང་། འདི་ནི་ཡིན་གྱི། གཞན་ནི་གཏི་མུག་གོ། །ཞེས་སྟང་ཤུགས་ཀྱིས་དམོད་པ་རྣམས་ནི། དམ་པའི་ལས་ནམ་ཡང་མ་ཡིན་མོད།

དེ་ལྟ་ན་ཡང་། སྡོམ་པ་ཉི་ཤུ་པ་ལས། ཐེག་པ་ཆེན་པོ་སྤོང་བྱེད་ཅིང་། །དམ་ཆོས་འདྲར་སྣང་སྟོན་པའོ། །ཞེས་ཟབ་མོའི་ཆོས་སྤོང་ཞིང་། དམ་པའི་ཆོས་ཀྱི་དོན་མ་ཡིན་པ་ལ། ཡིན་པ་ལྟར་བཅོས་ནས་འཆད་པ་ནི། བྱང་

ཆུབ་སེམས་པའི་རྒྱ་ལྟུང་ཉིད་དུ་བཤད་པ་དང་། ཚངས་པ་དྲུ་བའི་མདོ་དང་། རྟོག་དཔྱོད་པའི་བསྡུ་བ་རྟོག་གེ་འབར་བ་སོགས་སུ། རང་དང་། སྤྱིའི་གྲུབ་པའི་མཐའ་ལ་མ་བྱུང་བ་དང་། བྱུང་ཡང་ངེས་པ་མེད་པ་སོགས། སྔོན་གྱི་མཐའ་མ་རྟོགས་པའི་ལྟ་བ་ངན་པ་བཅོ་བརྒྱད་ཀྱི་ནང་དུ་འདྲེན་པར་མཛད་པས། འདི་ལྟར། རྒྱལ་བ་སྲས་དང་བཅས་པའི་བཀའ་བསྟན་བཅོས་དང་མི་མཐུན་པའི། རྣམ་གཞག་ལོག་པར་འཆད་པ་རྣམས་ནི། ངེས་པར་འགོག་རིགས་པ་སྟེ། བླང་དོར་གྱི་སྤྱོད་པ་ཕྱིན་ཅི་མ་ལོགས་པའི་རྣམ་གཞག །ཕུན་སུམ་ཚོགས་པ་རྣམས་ལ། བསྔགས་བསྟོད་དང་། དེ་ལས་ཉམས་ཤིང་། ལོག་པར་དཔྱོད་པ་དང་། ཆོས་མ་ཡིན་པ་ལ་དམོད་པ་ནི། བྱང་ཆུབ་སེམས་དཔའ་རྣམས་ཀྱི་བྱ་བའི་ལས་ཡིན་པའི་ཕྱིར།

དེ་སྐད་དུ། མདོ་སྡེ་རྒྱན་ལས། བསླབ་ལས་ཉམས་ལ་དམོད་པ་དང་། །ཕུན་སུམ་ཚོགས་ལ་བསྔགས་པ་ཉིད། །ཅེས་སོགས་དང་། ཆོས་ལ་དམོད་ཅིང་ཆོས་ལ་མངོན་པར་བརྟོན། །ཆོས་ལ་དབང་བ་ཆོས་ལ་འདུན་པ་མེད། །ཆོས་གཙོར་བྱེད་པ་བྱང་ཆུབ་སེམས་དཔའ་ཡིན། །ཞེས་གསུངས། ཁྱད་པར་དུ། ཐར་འདོད་ཀྱི་སྐྱེས་བུ་རྣམས་ཀྱིས། ཇི་ལྟ་ཇི་སྙེད་པའི་ཆོས་རྣམས་ལ། ལོག་པར་སྒྲོ་འདོགས་པ་སོགས། ནོར་འཁྲུལ་གྱི་ཚོགས་ཐམས་ཅད་མེད་པར་བགྱིས་ཏེ། ཆོས་ལ། མ་ནོར་བ་ཡང་དག་པའི་ངེས་པ་གཏིང་ཚུགས་པར་བྱ་དགོས་ཏེ། ཐར་པ་དང་། ཐམས་ཅད་མཁྱེན་པ་ཅེས་པའི་དོན་ཡང་། ཆོས་རྣམས་ལ། འཁྲུལ་བ་དང་ནོར་བ་ཟད་པའི་ཡོན་ཏན་ལ་ཟེར་གྱི། ནོར་བ་ཟད་པ་ལས་གཞན་པའི། འབྲས་བུ་ཐར་པ་དང་། ཐམས་ཅད་མཁྱེན་པའི་དོན་བཞག་ཏུ་མེད་པ་ལ་དགོངས་ནས། མདོ་སྡེ་རྒྱན་དུ། བདག་ཏུ་བལྟ་བ་བདག་ཉིད་མཚན་ཉིད་མིན། །ངན་པར་གནས་མིན་མཚན་ཉིད་མི་འདྲའི་ཕྱིར། །གཉིས་ལས་གཞན་མེད་དེ་ནི་ནོར་པ་སྐྱེས། །དེ་ཕྱིར་ཐར་པ་ནོར་ཙམ་ཟད་པ་ཡིན། །ཞེས་དང་། ཆོས་ཀྱི་གྲགས་པས། གྲོལ་བ་པོ་ནི་མེད་ན་ཡང་། །ལོག་པར་སྒྲོ་འདོགས་གཞོམ་ཕྱིར་བརྟོན། །ཞེས། གྲོལ་བའི་བདག་རང་དབང་ཅན་མེད་ཀྱང་། ནོར་བ་ཟད་པ་ལ་གྲོལ་བ་དང་། དེ་མ་ཟད་པ་ལ། མ་གྲོལ་བར་འཇོག་པའི་རྒྱུ་མཚན་གྱིས། ནོར་བ་ཐམས་ཅད་དག་པར་བྱ་དགོས་པར་གསུངས། དམ་པའི་ཆོས་ཀྱི་བསྟན་པ། ཡུན་རིང་དུ་གནས་པ་ཡང་ཆོས་ལ་དག་མ་དག་དང་། ནོར་བ་དང་། མ་ནོར་བའི་ཤན་ལེགས་པར་ཕྱེ་ནས། ནོར་བ་མེད་པའི་ཆོས་ལ་སྦྱངས་པའི་འབྲས་བུ་སྟེ། འཕགས་པ་བྱམས་པས། དམ་ཆོས་ཡུན་རིང་གནས་པ་དང་། །ཁྲེ་བྲག་ཤེས་གཙོད་ལོངས་སྤྱོད་ཉིད། །དེ་ལ་ཞུགས་པ་བློ་ལྡན་གྱི། བཤད་པའི་འབྲས་བུ་ཡིན་ཞེས་བྱ༎ །ཞེས་གསུངས།

དེ་ལྟར། དཔྱད་པ་གསུམ་རྣམ་པར་དག་པའི་ཚུལ་གྱིས། རྟག་ཏུ་དམ་པའི་ཆོས་སྤྱོད་པ་ནི་སངས་རྒྱས་ཀྱི་

མཛད་པ་དང་ངེས་པར་མཐུན་པ་སྟེ། ལོངས་སྤྱོད་རྫོགས་སྐུ་རྣམས་ཀྱང་། རྟག་ཏུ་དམ་པའི་ཆོས་ཀྱི་གཏམ་འདི་སྒྲོག་པར་མཛད་པ་དང་། སྤྲུལ་པའི་སྐུས་མཛད་པ་སྣ་ཚོགས་པས། སེམས་ཅན་གྱི་དོན་མཛད་ཀྱང་། གཙོ་བོ་ནི༑ ཆོས་ཀྱི་འཁོར་ལོ་བསྐོར་བའི་སྒོ་ནས་གཞན་གྱི་དོན་ཆེན་པོ་མཛད་པས་སོ། །ཇི་སྐད་དུ། འཕགས་པ་ཀླུ་སྒྲུབ་ཀྱིས། རང་གིས་འགྱུར་པ་འཇིག་རྟེན་ལས་འདས་བསམ་གྱིས་མི་ཁྱབ་ལེགས་པར་མཛད་པ་བརྒྱ་ཡི་འབྲས། །བློ་ཅན་རྣམས་ཀྱིས་དགའ་བ་བསྐྱེད་ཕྱིར་འཁོར་གྱི་ནང་དུ་སྣ་ཚོགས་རྒྱས་པར་སྟོན་མཛད་པ། །རྟག་ཏུ་དམ་པའི་ཆོས་ཀྱི་སྒྲ་སྐད་རྒྱ་ཆེན་འཇིག་རྟེན་ཀུན་ཏུ་འཕྲོ་བར་མཛད་པ་པོ། །སངས་རྒྱས་ལོངས་སྤྱོད་རྫོགས་སྐུ་ཆོས་ཀྱི་རྒྱལ་སྲིད་གནས་པ་གང་ཡིན་དེ་ལ་ཕྱག་འཚལ་ལོ། །ཞེས་དང་། ལ་ལར་ཡང་ནི་རྫོགས་པའི་བྱང་ཆུབ་ཆོས་ཀྱི་འཁོར་ལོ་རབ་ཏུ་ཞི་བར་གང་སྟོན་ལ། །སྣ་ཚོགས་ཐབས་ཚུལ་རྣམས་ཀྱིས་རྣམ་པ་དུ་མར་འཇུག་ཅིང་སྲིད་པ་གསུམ་གྱི་འཇིགས་སེལ་བ། །ཕྱོགས་བཅུར་ཆུབ་མཛད་ཐུབ་པ་རྣམས་ཀྱི་སྤྲུལ་སྐུ་དོན་ཆེན་གང་ཡིན་དེ་ལ་བདག་ཕྱག་འཚལ། །ཞེས་ལེགས་པར་གསུངས་པའོ། །

དེ་ཡང་དགག་སྒྲུབ་ཀྱི་འཕེལ་གཏམ་རྒྱ་ཆེན་པོའི་སྒོ་ནས། བསྟན་པའི་ཕྱི་དོར་བགྱི་བ་ནི། ཆོས་ཀྱི་བྱ་བའི་གཙོ་བོ་ཡིན་ཡང་། དེང་སང་ནི་དགག་སྒྲུབ་ཙུང་ཟད་རེ་བྱས་ན། དེ་བསྟན་པའི་དག་བྱེད་དུ་མི་བསམ་པར། ཆགས་སྡང་གི་ཀུན་སློང་ཁོ་ནར་མཐོང་བས། ཤིན་ཏུ་སྤྱོད་ཚུལ་དཀའ་བར་གྱུར་མོད། དེ་ལྟ་ན་ཡང་། ཆོས་ཀྱི་རྗེ་རྣམ་དཔྱོད་ཅན་སངས་རྒྱས་རྡོ་རྗེ་བས། སྲིད་གསུམ་རྣམ་པར་རྒྱལ་བའི་དགེ་མཚན་ཞེས་བྱ་བ་བརྩམས་ནས། བདག་གི་མིག་ལམ་དུ་སླེབ་པ་འདི་ནི། བདག་ཅག་དགའ་ཞིང་མགུ་ལ། ཡི་རང་བའི་རྒྱུར་སོན་ཏེ། ཚུལ་འདི་ལྟ་བུ་མཐོང་བ་ན། བསྟན་པ་འདི་ལ་ཆོས་ཀྱི་རྟོག་དཔྱོད། བླང་དོར་ཤེས་པ་ཙུང་ཟད་དག་དེང་དུས་ཀྱང་ཡོད་འདུག །སྙམ་ནས་དགའ་བར་གྱུར་པ་དང་། ཁྱད་པར་ཆོས་རྗེ་སངས་རྒྱས་རྡོ་རྗེ་བས། ཆོས་ལ་སྦྱངས་པ་ནན་ཏན་མཛད་པའི་གྲུབ་འབྲས་སུ་གསལ་བས། ཤིན་ཏུ་ངོ་མཚར་སྐྱེས་ལ། སྲིད་གསུམ་དགེ་མཚན་ན། འགལ་རེ་འབྲེལ་མེད་ཀྱི་ཚིག་ཀྱང་སྣང་མོད། བསྟན་བཅོས་ཀྱི་བཤད་འགྲོས་སྤྱི་རྣམས། རྣམ་དཔྱོད་ཡོད་པ་མཆོན་བྱེད་དུ་སྣང་བའི་ཕྱིར། བདག་ནི་ཤིན་ཏུ་ཡི་རང་བར་གྱུར་ན། ད་དུང་འཕེལ་གཏམ་རྒྱ་ཆེན་པོ་ལ། བརྩོན་པ་མ་འདོར་ཞིག་ཅེས། ཁྱེད་ལ་ཆེད་དུ་གསོལ་ཏེ། ཁོ་བོས་ལེགས་པར་བཤད་པའི་སྣང་བ་ཡང་ཅི་སྤྱོབས་པར་དགའ་སྟོན་དུ་སྩོལ་བ་ལ་སྤྲོ་བས་སོ། །དེ་ལྟར་སྒྲུབ་དང་སུན་འབྱིན་གྱི། །རིགས་པའི་གཞུང་ལུགས་གང་གིས་ཤེས། ། མཁས་པ་དེ་ནི་རྫོགས་པ་ཡི། །སངས་རྒྱས་རྣམས་ཀྱི་བསྟན་པ་འཛིན། །ཞེས་དང་འཕགས་པ་བྱམས་པས། ཉེས་བྱས་ལས་ནི་ཡོངས་བསྲུང་དང་། །ཐོས་པ་བྱང་བར་བྱེད་པ་ནི། །ལས་ལྷ་དག་གིས་རྒྱལ་སྲས་རྣམས། །སེམས་ཅན་

མ་དང་འདྲ་བ་ཡིན། ཞེས་པའང་དོན་དེ་ཡིན། ཚུལ་དེ་ལྟ་བུ་ལས། འབྲས་བུ་རྟེན་དང་བརྟེན་པ་བཤད་བྱ་དང་། །གསུང་དང་མཁྱེན་པའང་འཆད་བྱེད་ལ། །བློ་གྲོས་རྟག་ཐོགས་མི་མངའ་བ། །ལེགས་སྟོན་ཁྱོད་ལ་ཕྱག་འཚལ་ལོ༔ ༔ཞེས་པའི་ཡོན་ཏན་རྣམས་འབྱུང་བ་ནི་ངེས་པ་ཡང་དག་པའོ། །

༄ འདིར་སྨྲས་པ། ཆོས་ཀུན་དེ་ཉིད་མ་ལུས་གང་གི་སྤོབས་པའི་ལམ་དུ་ཆུད་གྱུར་ཏེ། །བསྟན་ལ་རྒྱལ་བའི་གསུང་བཞིན་བྱེད་པོར་བདག་ཉིད་བསྐོས་པ་ལྟར་གྱུར་ནས། །ལུང་རིགས་སྒྱུ་རྩལ་སྟོབས་བརྒྱའི་གར་གྱིས་ཟབ་དོན་སྙིང་པོ་སྤྲེལ་བ་ལ། །སྡང་བའི་སྒྲ་ལྡེ་བསྒྱོད་ཀྱང་ཡིད་ཆེས་བདེན་སྟོབས་གང་གིས་ཕམ་པར་ནུས། །ཕས་རྒོལ་ལྟ་བ་ངན་པའི་སྙེམས་པ་འཕྲོག་བྱེད་དོན་དམ་སེང་གེའི་སྒྲ། །མ་ནོར་ཐབས་ཚུལ་བརྒྱ་ཕྲག་གིས་མཛེས་ལེགས་པར་བཤད་པ་གླང་པོའི་དབྱངས། །མ་ལུས་ཧེ་ལྷ་ཧེ་སྙེད་གདེངས་ཅན་སྒྲ་སྒྲོགས་ཀུན་ནས་རབ་བྲེལ་བ། །རྒྱལ་བའི་བཀའ་བཞིན་བཟུང་བར་འོས་པའི་ཀླུ་དབང་མགྲིན་སྙེས་གསེང་པོར་སྒྲོགས། །བློ་ལྡན་ཡི་གར་འབབ་པ་དྲི་ཟའི་གླུ་དབྱངས་སྙན་པ་གཞན་ན་ཅི། །ཆོས་ཀུན་ཡུད་ཀྱིས་མཚོན་པ་ཀ་ལ་པིངྐའི་དབྱངས་སྙན་འདི་མིན་ནམ། །བསྟན་པ་རྒྱ་མཚོའི་མཐའ་ཀླས་ཁྱབ་པར་སྒྲོག་པའི་ཚངས་དབྱངས་གང་གིས་འགོག །དཔག་ཡས་ཡོན་ཏན་བྱེ་བའི་གཞིར་གྱུར་བཀྲ་ཤིས་དབྱངས་ལ་འགྲན་པ་ཅི། །འཆི་མེད་དབང་པོའི་སྒྲ་བཞིན་ཡང་དག་དོན་ལྡན་འདི་ན་གཞན་ཡོད་དམ། །རྩོད་པའི་གཡུལ་ལས་རྒྱལ་བ་ལུང་དང་རིགས་པའི་རྔ་ཆེན་འདི་བརྡུངས་པས། །རྫོགས་སངས་རྒྱས་ཀྱི་དབྱངས་བཅུ་དྲུག་ཀྱང་གང་འདིར་འཕོས་བཞིན་གྱུར་པའི་མོད། །རྒྱལ་བའི་ལམ་དོན་གཉེར་རྣམས་འདིར་ཞུགས་ལུགས་གཞན་སྙེམས་པས་སུ་ཞིག་གྲོལ། །ཕྲག་དོག་འགྲན་སེམས་ཆེར་མས་མ་དཀྲུགས་ཤིང་། །ཟེར་ཟློས་སྒྱུ་མའི་འཁོར་ལོས་མ་བཅིངས་པར། །མདོ་རྒྱུད་གསང་བའི་རྒྱལ་སྲིད་གཞུང་བསྲངས་ཏེ། །ཟུང་འཇུག་བདེ་བས་འཚོ་བ་ཁོ་བོ་ཙམ། །ངེས་གསང་སྙིང་པོའི་དེ་ཉིད་མི་དཔོགས་པར། །ཚིག་མང་སྒྲ་ལྡེ་བྲེལ་བའི་ངལ་བས་ཅི། །རབ་འབྱམས་ཤེས་བྱའི་དེ་ཉིད་འདི་འོ་ཅེས། །ཉུང་ངུའི་ཚིག་གིས་མཚོན་པ་འདི་མིན་ནམ། །སྤོབས་པའི་རི་དབང་རྩེར་འཛེགས་བློ་ལྡན་དས། །འཆད་རྩོད་རྩོམ་པའི་ཞལ་སྒོ་ལེགས་ཕྱེ་བའི། །འདུན་པ་འདིར་ནི་བོད་ཀྱི་ཆེན་པོ་གཞན། །བློ་གྲོས་བྱིས་པའི་ངང་ཚུལ་འཛིན་པར་གྱུར། །མ་བརྟགས་འཇིག་རྟེན་གྲགས་པའི་ཅལ་སྒྲོགས་དང་། །ཡོངས་སྤྱོད་མཐུན་འཇུག་རྨི་ལམ་དགའ་སྟོན་ལ༔ ༔མ་ཆགས་རྒྱལ་བ་སྲས་བཅས་ལམ་བཟང་རྗེར། །ཕྱིན་པར་འདོད་རྣམས་ཁོ་བོའི་རྗེས་ཞུགས་ཤིག །བློ་གྲོས་མི་ཟད་ཆོས་ཀྱི་གསང་མཛོད་ལས། །འགྲོ་བློའི་དབུལ་བ་འདོར་བའི་མཛའ་བཤེས་སུ། །ལེགས་བཤད་རིན་ཆེན་འགྱུར་བ་སྤུངས་ཟིན་གྱི། །བསྟན་པའི་རྒྱལ་མཚན་རྩེར་གསོལ་དགའ་བར་གྱིས། །གང་འདིས་ངན་

རྟོག་ཀླན་ཀ་མུན་པའི་དཔུང་། །རང་གྲོལ་འཇམ་པའི་རྡོ་རྗེའི་གཟི་འོད་ལ། །ཡིད་འདུན་བསྟན་ལ་ཆགས་པའི་ཤིང་རྟ་ཡིས། །གྲེན་དུ་འདེགས་བཞིན་ཅིར་ཡང་ངོམས་པར་བགྱིས། །སྒྱུ་འཕྲུལ་མཐའ་ཡས་གྲུར་ཡང་མངོན་རློམ་ཁེངས་པའི་བྱེད་པོས་མ་རེག་པ། །ནང་རིག་གདོང་མའི་འཁོར་ལོར་ཟུང་འཇུག་སྣང་བ་བརྒྱ་ཕྲག་སྟོན་ལ་མི་ངལ་འདིའང་། །སྒྲོལ་བའི་མགོན་པོའི་དྲིན་ལས་ལྷན་ཅིག་སྐྱེས་དགས་རྟག་པར་འཚོ་བའི་རྫུ་འཕྲུལ་སྟོབས། །མི་ཤིགས་དབང་སྒྱུར་བྱིན་བརླབས་མཆོག་འདིས་ཀུན་ཀྱང་བདེ་ཆེན་འོད་བརྒྱུས་རྫིམ་པར་ཤོག །ཡེ་ཤེས་དཀྱིལ་འཁོར་ཀུན་གྱི་བདག་ཉིད་ལྷན་ཅིག་སྐྱེས་དགའི་སྙིང་པོ་ཡིས། །བྱིན་བརླབས་བདེ་ཆེན་སྟོབས་སུ་གྱུར་ཏེ་ཆོས་དང་ཆོས་མིན་འབྱེད་པ་ལ། །མཆོག་ཏུ་དཔའ་བས་འབེལ་གཏམ་དགའ་སྟོན་འདི་བགྱིས་ཟུང་འཇུག་རྡོ་རྗེ་ཡི། །ཆོས་བཞིན་སྤྱོད་པར་བདག་ནི་སླར་ཡང་ཁྱབ་བདག་ཁྱོད་ཀྱིས་རྗེས་བཟུང་མཛོད། །འདིར་འབད་དགེ་ཚོགས་བགྲང་ཡས་མཁའ་ཁྱབ་འགྲོ་བློའི་ལྷག་བསམ་གསོས་འདེབས་སུ། །འཕོས་བཞིན་དང་བའི་སྤྱི་བོར་རྒྱལ་བ་སྲས་བཅས་ལྷམ་མེར་རྟག་བཞུགས་ཏེ། །ཟུང་འཇུག་སྣང་བ་བཞད་པའི་སྒྱུ་འཕྲུལ་མི་ཟད་ཅིར་ཡང་འཆར་བ་ཡིས། །བསྟན་ལ་བྱ་བ་ཀུན་གྱི་མཆོག་གྱུར་རྒྱལ་བ་སྲས་བཅས་མཉེས་གྱུར་ཅིག །

དེ་ཡང་ཆོས་ཀྱི་རྗེ་སངས་རྒྱས་རྡོ་རྗེ་བས། ས་འབྲུག་གི་ཤན་ཕྱེ་བའི་བསྟན་བཅོས་བགྱིད་དོ། །ཅེས་སྨྲ་མོ་ནས་ཐོས་ཀྱང་། རེ་ཞིག་ཕྱོགས་འདིར་མ་སོན། ཕྱིས་གདན་ས་ན་དཔེ་དེ་སྣང་ཞེས་ཐོས་པས་རྐྱེན་བྱས་ཏེ། ཞུ་མཆིད་ཕུལ་བས་མཚམས་སྦྱར་ཞིང་། མི་སྟག་ཟླ་བ་གཉིས་པའི་ཚེས་ཉེར་བཞི་ལ། དཔལ་ལྡན་ས་སྐྱ་བརྒྱུད་ནས། སྲིད་གསུམ་རྣམ་པར་རྒྱལ་བའི་དགེ་མཚན་ཞེས་བྱ་བ། སྡོམ་གསུམ་རབ་དབྱེའི་སྐབས་གསུམ་པ་དང་། ཐུབ་པ་དགོངས་གསལ་དང་། ཕྱོགས་བཅུའི་སངས་རྒྱས་ཀྱི་ཞུ་འཕྲིན། རྗེས་འབྲང་གི་ཡིག་ཆ་དང་བཅས་པ་ལ། རྩོད་ཅིང་རྒོལ་བའི་ཡི་གེ་འདི། བདག་ཅག་གི་སུག་པར་སླེབ། དེའི་ཚེ་སྐྱེ་དགུ་ཐམས་ཅད་ཀྱི་ཅོད་པན་དང་། བསྟན་པ་རིན་པོ་ཆེའི་བསྟི་གནས་སུ་མངོན་པར་མཐོ་བ། འཇམ་པའི་དབྱངས་ཀུན་དགའ་བསོད་ནམས་ཀྱིས་ཀྱང་། བདག་ལ་ལན་བྱ་བར་རིགས་སོ་ཞེས་བཀའི་གནང་བ་སྤྱི་བོར་ཕེབས་ལ། འདི་ཙམ་གྱི་ལན་ཅི་དགར་སྤྲོབས་པས་རྩོད་ལན་སྨྲར་བར་བྲིས་ཏེ། བསྲིང་བ་ཉིད་ཤ་ཆགས་ཀྱང་རྣམ་གཡེང་གིས། རྟ་ཅང་མགྱོགས་པར་ནི་མ་གྱུར་མོད། དེ་ལྟ་ན་ཡང་། རྩོད་ཡིག་འདི་བདག་གི་གམ་དུ་སོན་ནས། ཟླ་བ་གཅིག་ལྷག་ཙམ་བཀྲལ་བ། མེ་སྟག་ཟླ་བ་བཞི་པའི་ཚེས་བཅུ། ལྷན་སྐྱེས་བདེ་བ་ཆེན་པོ་མཆོག་ཏུ་གང་བའི་དུས་བཟང་པོ་ལ་གྲུབ་པར་བགྱིས་པའི་བསྟན་བཅོས་འདིའི་མིང་ཆེད་དུ་བརྗོད་པ་ནི། རྩོད་སྤོང་འཇམ་པའི་རྡོ་རྗེའི་གཟི་འོད་ཅེས་བྱ་བ་སྟེ། བྱང་ཕྱོགས་ཀྱི་སྨྲོན་པ་ཀླུ་སྒྲུབ་ཆོས་ཀྱི་རྒྱལ་མཚན་གྱིས་ཡང་དག་པར་སྦྱར་བ་དགེ་ཞིང་། བཀྲ་ཤིས་པར་གྱུར

ཅིག །སྲིད་གསུམ་དགེ་མཚན་གྱི་རྩོད་ངག་ཚོགས་ཆེས་པས། ཐམས་ཅད་ཡི་གེར་འབྲི་བ་ནི་མ་ཁོམས་ཏེ། སྙིང་པོའི་ཚིག་རྩ་བསྡུས་ནས་ལན་བརྗོད་པ་ཡིན་ལ། ཞིབ་པར་སྲིད་གསུམ་དགེ་མཚན་གྱི་དཔེ་དང་། ཁོ་བོའི་རྩོད་ལན་འདི་གཉིས་ཀ་མདུན་དུ་འཇོམས་པར་བྱས་ཏེ། རྣམ་དཔྱོད་ཀྱི་བྱ་ར་བགྱིས་པས་དོན་ཚང་བར་རྟོགས་ནུས་སོ༔ ༔

འདིས་བསྟན་པ་རིན་པོ་ཆེ་དར་ཞིང་རྒྱས་ལ་ཡུན་རིང་དུ་གནས་པའི་རྒྱུར་གྱུར་ཅིག །ཅེས་པའི་ཡི་གེ་པ་ནི། སློན་འགྲོ་པ་ངག་དབང་ཆོས་འཕེལ་གྱིས་མགྱོགས་པར་བགྱིས་པ་འདིས། དཔལ་ལྡན་བླ་མ་དམ་པའི་རྗེས་སུ་འཛིན་པའི་རྒྱུར་གྱུར་ཅིག །སརྦ་མངྒ་ལཾ། ཡེ་ཤེས་དཀྱིལ་འཁོར་ཀུན་ནས་རྒྱས་པས་ཕྱོགས་བཅུར་ཁྱབ་པའི་གར་མཛད་པ། །རྗེས་ཆགས་སྙིང་རྗེ་ཆེན་པོས་འགྲོ་ཀུན་རྣམ་གྲོལ་བདུད་རྩིར་འཚོ་བ་ཅན། །བདུད་ལས་རྒྱལ་བའི་བརྟུལ་ཞུགས་རྡོ་རྗེས་མི་གཡོའི་ཕང་རི་ན་མཁས་པ། །ཀླུ་སྒྲུབ་ཞབས་ཀྱིས་བདག་ཡིད་བདེ་བ་ཆེན་པོའི་ཅོད་པན་མཛད་དུ་གསོལ། །བཀྲ་ཤིས། །

༄༅། །ཡང་ལན་ཆོས་ཀྱི་ཐ་ཆེན་ཞེས་བྱ་བ་བཞུགས་སོ། །

ཀླུ་སྒྲུབ་ཆོས་ཀྱི་རྒྱལ་མཚན།

ཡང་ལན་ཆོས་ཀྱི་ཐ་ཆེན་ཞེས་བྱ་བ། བླ་མ་དང་ལྷག་པའི་ལྷ་གཉིས་སུ་མེད་པ་ལ་ཕྱག་འཚལ་ལོ། །དགེ་ལེགས་གསེར་གྱི་མཆོད་སྡོང་རྒྱས་པའི་རྩེར། །ཟབ་གསལ་རྒྱལ་བ་སྟོང་གི་རྣམ་རོལ་གྱིས། །མཁའ་ཁྱབ་བདེ་བ་ཆེན་པོའི་སྒྲོ་གཟུགས་སུ། །དབང་བསྒྱུར་ལྷ་ཡི་བླ་མས་བདག་སྐྱོངས་ཤིག །རི་ལྟ་རི་སྙེད་ཆོས་ཀྱི་ཐ་བོ་ཆེ༑ །ལྟ་བ་ངན་པའི་གཉིད་མུན་འཕྲོག་པ་ལ། །མ་ལུས་རྒྱལ་བས་ཅིག་ཅར་བསྐུལ་བ་བཞིན། །སླུ་བ་མཚུངས་མེད་དབྱངས་འདི་ཅིར་ཡང་བྲེལ། །བག་ཆགས་རྨུབ་མོས་བསྐུལ་བའི་དྲག་ཤུལ་མེ། །རིང་དུ་བསྐྱོད་ཀྱང་ཟབ་དང་རྒྱ་ཆེ་བའི། །རང་བཞིན་ཀུན་ནས་བརྗོད་ཕྱིར་མ་ཕམ་པ། །རྒྱལ་བས་དབུགས་དབྱུང་བདེན་པ་སུ་ཡིས་འགོག །

དེ་ཡང་ཆོས་རྗེ་སངས་རྒྱས་རྡོ་རྗེ་པས། ས་འབྲུག་གི་ཕྱོགས་འཛིན་རྟོག་པས་མཚམས་སྦྱར་ཏེ། སྟོན་གྱི་གསུང་རབ་ཁྱད་པར་ཅན་རྣམས། སྒྲོ་སྐུར་གྱི་མཐས་བཅིངས་པའི་བསྟན་བཅོས་ཤིག་བརྩམས་འདུག་པར། ཁོ་བོས་མདོ་རྒྱུད་རིན་པོ་ཆེའི་གསང་བ་བསམ་གྱིས་མི་ཁྱབ་པ། གངས་རིའི་ལྗོངས་ཀྱི་སྟོན་པ་སངས་རྒྱས་དངོས་སུ་སོན་པ་འཇམ་པའི་དབྱངས་ས་སྐྱ་གོང་མ་ལྔས་ཇི་ལྟར་བཀྲལ་བའི་དགོངས་པ་བཞིན་གཞུང་བསྲངས་ཏེ་ལེགས་པར་བཤད་པའི་བསྟན་བཅོས་འཇམ་པའི་རྡོ་རྗེའི་གཟི་འོད་ཅེས་བྱ་བ་བགྱིས་པའི་མོད་ལ། རྩོལ་བ་ཕ་རོལ་གྱི་བསྟན་བཅོས་ནུས་པས་དབུལ་བ་ནི། ཇི་སྐད་དུ། བཀའ་ལས། སེང་གེ་གཅིག་གིས་གཅན་གཟན་ཚོགས་ནི་དུ་མ་འཇོམས། །རྡོ་རྗེ་གཅིག་གིས་བྲག་རི་དུ་མ་རྣམ་པར་འཇིག །བརྒྱ་བྱིན་གཅིག་གིས་ལྷ་མིན་དཔང་པོ་དུ་མ་འཇོམས། །ཉི་མ་གཅིག་གིས་མུན་པ་དུ་མ་རྣམ་པར་སེལ། །ཞེས་དང་། ཀླུ་སྒྲུབ་ཞབས་ཀྱིས། ཤེས་རབ་ཀྱི་ཡོལ་ཏུ་ཕྱིན་མའི་བསྟོད་པར། ཟིལ་པའི་ཆུ་ཡི་ཐིགས་པ་རྣམས། །ཉི་མའི་འོད་དང་མཇལ་བ་བཞིན། །རྟོལ་བ་རྣམས་ཀྱི་རྩོད་དང་སྤྲོན། །ཁྱོད་དང་མཇལ་ན་འཇིག་པར་འགྱུར། །ཞེས་གསུངས་པའི་ཆོས་ཉིད་དུ་གདོན་མི་ཟ་མོད། དེ་ལྟ་ན་ཡང་། འཕགས་པ་ཀླུ་སྒྲུབ་ཀྱིས། ངེས་པར་ལེགས་པའི་ཆོས་དག་ཀྱང་། །ཕྲ་ཞིང་ཟབ་པར་སྣང་བ

དང་། །ཁྲིམས་པ་ཐོས་དང་མི་ལྡན་པ། །སྐྲག་པ་བྱེད་པར་རྒྱལ་བས་གསུངས། ཞེས་བཤད་པ་ལྟར། ཟབ་པ་དང་རྒྱ་ཆེ་བའི་རིང་ལུགས་ཧ་སྐད་སྒྲས་པ་ཉིད་ཀྱིས། ཐེག་པ་ཆེན་པོའི་ཆོས་ལ་སྐལ་བ་བྲལ་བའི་ཕྱིར་སྐྲག་ཅིང་ལོག་པར་ལྟ་བ་ནི་ང་ཐོ་ཞེས་མཚོན་པའི་བརྡར། རྒྱལ་ལན་གསང་གསུམ་རྡོ་རྗེའི་སྙིང་པོ་མཆོག་ཏུ་གྲུབ་པའི་གཏམ་ཞེས་བྱ་བ་རྩོད་པ་ལྟར་ལེན་གྱི་བསྟན་བཅོས་ཤིག་ཕྱོགས་འདིར་སོན་ལ། ཁོ་བོའི་བསྟན་བཅོས་སུ་དོན་གྱི་ན། མདོ་རྒྱུད་རིན་པོ་ཆེ་འཕགས་པ་རྣམས་ཀྱི་གཞུང་འགྲེལ་དང་བཅས་པ་འཕགས་པའི་ཡུལ་ནས་བྱོན་པ་དང་། བོད་ཀྱི་རྗེ་བཙུན་ས་སྐྱ་པ་ལ་སོགས་པ་མཚུངས་པ་མ་མཆིས་པ་རྣམས་ཀྱི་གསུང་རབ་ལས་སྙིང་པོ་གཅིག་ཏུ་བཏུས་པའི་ཕྱིར། མཁས་པ་རྣམས་ཀྱི་ཞལ་ལས་རྒྱུ་བར་འོས་པ་འབའ་ཞིག་ཏུ་བཞུགས་པ་ནི། གཟུ་བོར་གནས་པའི་བློ་ལྡན་རྣམས་ཀྱིས་དགོངས་ཀྱི། དེ་ལ་ལུང་རིགས་ཀྱི་དཔྱད་དོན་ཡལ་བར་དོར་ནས། གཞན་དམོད་སྡང་ཤུགས་ཀྱིས་འཆལ་བར་གླེང་བ། བརྒལ་ལན་གྱི་མིང་ཙམ་ལ་དགའ་བ་ནི། ཀླུ་སྒྲུབ་ཞབས་ཀྱིས། ཕྱུག་པོ་ཀླུ་ཀློ་ལ་ཡང་ཡོད། །དཔའ་བོ་དུད་འགྲོ་ལ་ཡང་ཡོད། །དོན་དང་མཐུན་པའི་གཏམ་སྨྲ་བ། །འཇིག་རྟེན་འདི་ན་ཤིན་ཏུ་དཀོན། །ཞེས་གསུངས་པའི་མཚན་གཞིར་ཅིས་མི་མངོན། རྣམ་པ་གཅིག་ཏུ་ན། སློབ་དཔོན་བཻ་རོ་ཙ་ནས་ཀྱི་ཏས། གཞན་དག་རྣམས་ལ་གླགས་འཚོལ་ཕྱིར། །མདངས་འཕྲོག་གནོད་སྦྱིན་དང་ཡང་མཚུངས། །དགེ་བའི་ནོར་རྣམས་འཕྲོག་པའི་ཕྱིར། །དེ་ནི་ཆོམ་རྐུན་དང་ཡང་མཚུངས། །ཞེས་པ་ལྟར། དམ་པའི་ཆོས་ཀྱི་བདེན་སྟོབས་གང་ན་ཆེ་བ་དེ་དག་གི་ཆོམ་རྐུན་དུ་ཁྱེད་ཉིད་སྨོན་ལམ་གྱིས་གྲུབ་པའང་མ་ཡིན་ནམ། ངེས་པར་ན་སངས་རྒྱས་ཉིད་དངོས་སུ་བྱོན་ནས། ཆོས་ཀྱི་ཕུང་པོ་ཧ་སྙེད་དུ་བཤད་ཀྱང་། བླུན་པོ་མཁས་པའི་ང་རྒྱལ་ཅན་ཁྱེད་ནི་ལོག་པར་འདུ་ཤེས་པས། གནས་མ་ཡིན་པ་བགོ་སྐལ་དུ་བྱེད་ཀྱི། གཞན་དུ་ལྟ་ག་ལ་ཞིག་འགྲོ་བ་སྐྱི་མཐུན་གྱི་སྣང་ངོར། སངས་རྒྱས་ཀྱི་ཆོས་འཁོར་དངོས་སུ་མི་བསྐོར་བའང་སྐལ་བ་ཆད་པ་ཁྱེད་འདྲ་བ་ལ་དགོངས་པ་སྟེ།

དེ་སྐད་དུ་འཕགས་པ་ཀླུ་སྒྲུབ་ཀྱིས། ཆོས་འདི་ཟབ་ཕྱིར་སྐྱེ་བོ་ཡིས། །ཤེས་པར་དཀའ་བ་ཐུགས་ཆུད་དེ། །དེས་ན་ཐུབ་པ་སངས་རྒྱས་ནས། །ཆོས་བསྟན་པ་ལས་ལོག་པར་གྱུར། །ཆོས་འདི་ལོག་པར་ཤེས་གྱུར་ན། །མི་མཁས་པ་ནི་ཆུད་ཀྱང་ཟ། །ཞེས་སོགས་རྣམས། རྐོལ་བ་ཁྱེད་ཀྱི་ལྟོས་ངོར་ཅིས་མ་གསུངས། ཅི་སྟེ་ཁོ་བོས་འཇམ་པའི་རྡོ་རྗེའི་གཟི་འོད་དུ་ཧ་སྐད་སྒྲས་པ་དེ་ལ། ཆོས་དང་མཐུན་པའི་ལན་ཁྱེད་ཅག་གིས་སྨྲ་བར་ནུས་ན་ལེགས་མོད་ཀྱི། ལེགས་པར་སྨྲ་བའི་གཏམ་གྱིས་ཤིན་ཏུ་དབུལ་བས། ཅི་བྱ་གཏོལ་མེད་དུ་གྱུར་པ་ན། ད་ནི་འཇིག་རྟེན་གྱི་ངོར་གཞན་ལ་འཕྱས་འདོགས་ཀྱི་འཕྱར་ཀ་བསྐྱེད་དེ། རང་གི་གྲགས་པ་སྒྲུབ་པོ་སྙམ་ནས་གནས་སྐབས་ལུང་རིགས་ཀྱི་བརྒལ་ལན་ཡིན་རྒྱུའི་གཞི་བརྗོད་བསྐྱེད་ནས། སྡང་ཤུགས་ཀྱིས་བསྒྲོད་པའི་ཚིག་རྩུབ་ཞེ

ཕྱོགས་སུ་བགྱིས་ཀྱང༌། ཕྱོགས་འདི་འདྲ་བ་ལ་དགོངས་ནས་ས་སྐྱ་པཎྜི་ཏས། ཕྱིར་རྒོལ་བ་ཚར་གཅོད་ཀྱི་རྩོད་པའི་སྐབས་འཚོལ་བར་བྱ་བའི་དོན་དུ། གར་དང་ཅ་ཅོ་དང་ཟུར་སྟོན་པ་དང༌། རྣ་བ་གཏོད་པ་དང༌། རྒྱབ་ཀྱིས་ཕྱོགས་པ་དང༌། ཕུས་མོས་འགྲོ་བ་དང༌། སྤྲེའུ་ལྟར་མགོ་དང་ཁ་བཞིན་བསྒྱུར་བ་དང༌། སྨྱོན་པ་ལྟར་རྒྱུན་མི་འཆད་པར་སྨྲ་བ་དང༌། གོ་ཡི་དོགས་པ་ལྟར་མྱུར་བ་མྱུར་བར་བཤུབ་པ་དང༌། ས་འཐོར་བ་དང༌། སྨྲས་ནས་འབྲོས་པ་དང༌། བརྗོད་པ་མ་རྫོགས་པར་རྒྱལ་བའི་སྒྲ་སྒྲོག་པ་དང༌། དཔང་པོ་ལ་ངོར་བསྟོད་དེ་ཕྱོགས་སུ་སྡུད་པ་དང༌། གསུག་སྤྲིན་ཏེ་སྒྲོགས་སུ་འཇུག་པ་དང༌། ཡི་གེ་དང་འཕྲིན་དང་པོ་ཉའི་སྒོ་ནས། ཕ་རོལ་སྨྲ་གཅིག་ཕེབས་སུ་གཏོང་བ་དང༌། རང་ལ་རྒྱལ་བའི་སྒྲ་ཐོབ་པར་བྱ་བའི་ཕྱིར། ངན་གཡོའི་སྦྱོར་བ་སྣ་ཚོགས་ཀྱི་སྒོ་ནས། ཕ་རོལ་གྱི་མགོ་དམོད་པ་ནི། བླུན་པོ་འགའ་ཞིག་དགའ་བར་ནུས་ཀྱང༌། མཁས་པ་རྣམས་ཀྱིས་ཁྲེལ་ཞིང༌། རང་ཉིད་ངོ་ཚ་བའི་གནས་ཡིན་ནོ། །ཞེས་གསུངས་པས།

སྨྲ་ཚོད་རན་པ་བྱ་དགོས་མོད། བཀྲལ་ལན་གྱི་དབུ་ཞབས་ཐམས་ཅད་ལ་ཞིབ་མོར་བརྟགས་ན། སྨྱོན་པ་ལྟར་རྒྱུན་མི་འཆད་པར་སྨྲ་བ་ནས། ངོར་བསྟོད་པའི་བར་གཡེར་ངོམས་སུ་བགྱིས་ལ། གསུག་སྤྲིན་ཏེ་སྒྲོགས་སུ་འཇུག་པ་དང༌། འཕྲིན་དང་པོ་ཉ་ངན་གཡོ་ལ་སོགས་པས་ཕ་རོལ་དམོད་པ་ཡང༌། དུ་བ་ལས་ནི་མེར་ཤེས་ཞེས་དང༌། །གང་ལ་ཁོང་ཁྲོ་ཆགས་ཡོད་པ། །དེ་ལ་གཞན་ལ་དམོད་པ་དང༌། །སེར་སྣ་སྐྱམ་ཆགས་ང་རྒྱལ་སོགས། །ཐམས་ཅད་འབད་མེད་འབྱུང་མི་ཁེགས། །ཞེས་གསུངས་པ་ལྟར། མ་རུངས་པའི་བློ་ཅན་དག་གི་ཆོས་ཉིད་ཡིན་མོད། གལ་ཏེ་དེ་ལྟར་མ་ཡིན་ན། ཆོས་དང་མཐུན་པས་མཛེས་པ་ཞིག་གོ། །ཁྱེ་བྲག་ཏུ་ཁྱོད་ནི། ཆོས་བརྒྱད་ལས་སྐྱུག་ལོག་པར་ཁས་བླངས་ཟིན་པ་ཞིག་ན། སྲིད་གསུམ་བཀྲལ་ལན་དང་བཅས་པའི་བསྟན་བཅོས་བརྩམས་པའང་འབད་པ་མེད་པར་གྱུར་པ་སྟེ། བསྟན་བཅོས་དེ་དག་གིས་བསྟན་པ་ལ་ལེགས་པར་བཤད་པ་མཁས་པའི་སྐྱོན་ཡུལ་དུ་འཆར་བའི་སྐབས་མེད་ཀྱི་ཞེ་སྡང་གི་རླབས་བསྐྱོད་པ་ལས། དགོས་ནུས་གཞན་གང་ཞིག་མཐོང༌། དེ་བས་བསྒོམ་པ་མི་སྨྲ་བའི་ཟློལ་ལ་བརྟེན་ན། ལུས་སེམས་ཐང་མི་ཆད་པ་ཙམ་སྟེ། མི་ཤེས་བཞིན་དུ་སྨྲ་བ་མང་ཡང༌། ལྐུགས་པའི་གཏམ་ལ་རིངས་པའི་རྩུབ་རྩོབ་ཀྱིས་ཅི་ཞིག་བྱ། ཁྱད་པར་དུ་འཇམ་པའི་རྡོ་རྗེའི་གཟི་འོད་ལས་ཇི་སྐད་བཤད་པ་དེས། ཕས་རྒོལ་གྱི་བློ་གྲོས་རྨུལ་པོར་སོང་ཟིན་པ་ནི།

ཇི་སྐད་དུ། ཇི་སྲིད་ཉི་མ་མ་ཤར་བ། །དེ་སྲིད་སྲིན་བུ་མེ་ཁྱེར་གསལ། །མཁའ་ལ་ཉི་མ་ཤར་བ་ན། ། མོག་མོག་པོར་གྱུར་གསལ་མི་འགྱུར། །ཞེས་གསུངས་པའི་བདེན་འབྲས་བསླུ་བ་མེད་པ་ཡིན་ལ། མང་པོ་དག་ལ་ལན་གྱི་སྤོབས་པས་དབུལ་བ་ཁྱེད་རང་གིས་ཀྱང་ཤེས་བཞིན་དུ། ལན་སྨྲ་བར་ཡོད་རྒྱུའི་ཟློལ་གྱིས་གཏམ

འཁྱོག་པོ་གཡེར་འགྲོས་ཅན། སྔང་དམོད་ཀྱིས་ང་རོས་དྲངས་པ་ནི། ཆོས་བརྒྱུད་ཀྱི་ཡོ་ལང་ཅེས་མ་ཡིན། དེ་བཞིན་དུ་ཆོས་ལ་བློ་ནང་དུ་ཕྱོགས་པ་དང་། གཟུ་བོར་གནས་པའོ་ཞེས་སྨྲ་མོད། བློ་ནང་དུ་གཞོལ་བའི་ཞེ་སྡང་གི་རྩུབ་འགྱུར་འདི་འདྲ་ན། ཆོས་ཀྱི་བློ་ཁ་མ་བསྒྱུར་བའི་ཞེ་ངན་གཏུམ་པོ་དག་གི་རྣམ་འགྱུར་སུ་ཞིག་གིས་མཚོན། གཟུ་བོར་གནས་པའི་ཇོ་ངན་འདི་ལྟ་ན། ཇོ་བོ་ངན་པ་དག་ཕྱོགས་གང་དུ་བཙལ། དེའི་ཕྱིར་དང་ཚུལ་ཇི་ཙམ་བཟང་བར་རློམ་ཡང་། ཇི་ལྟར་འོ་མ་ཡིས་ནི་བཀྲུས་གྱུར་ཀྱང་། །སོལ་བ་ནམ་ཡང་དཀར་པོར་འགྱུར་མ་ཡིན། །ཞེས་གསུངས་པ་ལྟར་མ་ཡིན་ནམ། བརྒལ་ལན་གྱི་འཕྱོར་ངོམས་ཇི་ལྟར་བསྐྱེད་ཀྱང་། རང་རྒྱུད་ཆོས་ཀྱིས་མ་དུལ་བ་མཚོན་པ་ཙམ་ལས་སྙིང་པོ་ཅི་ཞིག་ཡོད། ཉོན་མོངས་པའི་དྲི་ང་བ་འཐུལ་བའི་བསྟན་བཅོས་དེ་ལ་མིང་དྲི་ངན་མཛོད་དུ་གསོལ་ན། དོན་དང་མཐུན་པ་སྟེ། སླར་ཡང་ཁྱོད་རང་གི་སྙོ་དགུ་ནས་དྲངས་ཤིང་། ངན་གཡོའི་བྲང་ཁོག་ཏུ་བཟུང་བའི་རིགས་སོ། །ཁོ་བོས་ཀྱང་རྣམ་པ་ང་རྒྱལ་གྱི་ཚིག་ལྟ་བུ་སྨྲས་པ་ལ། ཁྱེད་ཅག་དག །མངོན་པའི་ང་རྒྱལ་གྱི་སྟོང་སྒྲ་ལུང་སྟོང་གི་སྤྱང་ཀི་བཞིན་དུ་བུག་དགུ་ནས་སྒྲོགས་སོ་ཞེས་སྨྲ་མོད། འབྲུལ་བའི་རྟོག་ངོ་ཟད་མི་ཤེས་པ་ཁྱོད་ཀྱི་ངོར། སྣང་བ་ཐམས་ཅད་མཚན་མ་རྩུབ་མོའི་ཡོ་ལངས་སུ་འཆར་ན། སྤྱང་མོའི་དགུ་རྩེར་ཞེས་བྱ་བའི་ལྟས་ངན་པ་འཆར་བ་ལྟ་ཅི་སྨོས།

སྤྱིར་ནི། སྙེམས་པས་དྲེགས་ལ་ལྷག་པར་ཡང་། །བདག་ཉིད་ཆེ་ཞེས་མངོན་འདུ་ཤེས། །སྒྲོལ་བའི་ཕྱིར་ཡིན་ཉེས་པ་མེད། །ཅེས་མངོན་པའི་ང་རྒྱལ་ཅན་ཁྱེད་འདྲ་བའི་གཉེན་པོར། དེ་བས་ཀྱང་ལྷག་པའི་ང་རྒྱལ་སྐད་དུ་སྨྲ་བ་ལ་ཉེས་པ་མེད་ཅིང་། དམ་པ་གཞན་ལས་འཕགས་པའི་སེམས། །འཇིག་རྟེན་པ་ཡི་འཁོར་པ་དང་། །མཁས་པའི་ཡོན་ཏན་ཕུན་ཚོགས་པས། །ཕ་རོལ་ཟིལ་གྱིས་གནོན་པའོ། །ཞེས་ཟིལ་གྱིས་གནོན་པའི་གཞི་བརྗོད་དུ། ང་རྒྱལ་ལྷ་བུ་བསྐྱེད་པ་ལ་ནོངས་པ་ཇི་ལྟར་མཆིས། བཅོམ་ལྡན་འདས་ཀྱིས། ལྷ་སྦྱིན་འཇམ་པོས་འདུལ་བའི་སྐབས་མ་ཡིན་པར་གཟིགས་ནས། གཏི་མུག་ཅན་རོ་དང་འདྲ་བ་མཆིལ་མ་ཟ་བ་ཁྱོད་ཅེས་མ་གསུངས་སམ། རྐྱེན་དང་མཚམས་པར་ཚར་མི་གཅོད། །རྫུ་འཕྲུལ་སྟེགས་ལ་སོགས་མི་བྱེད། །ཅེས་བྱང་ཆུབ་སེམས་དཔའི་ལྟུང་བར་ཡང་བཤད་པས། རེ་ཤིག་ཀྱོལ་བའི་ལྟོས་ངོར་མི་རུང་བ་ནམ་ཞིག་སྲིད། ཡང་དག་པར་ན། ཡོན་ཏན་མཐའ་ཡས་པར་བསྟོད་པ་ལས། དེ་སྐད་ཁྱོད་ཀྱི་སྡིག་པའང་ཡོན་ཏན་གྱུར་པས་དགེ་བ་ཉིད་དང་མཚུངས། །ཞེས་དང་། གང་སྐད་མཁས་པ་རྣམས་ཀྱི་མི་དགེའི་ལས་ཀྱང་ཞི་བའི་དགེ་བར་འགྱུར་མོད་ཀྱི། །ཞེས་གསུངས་པའི་ཕྱིར། གང་ལ་རློམ་པ་མེད་ཅིང་། ཞེན་པས་མ་བཅིངས་པ་དེ་དག །སྤྱིར་ཡང་སྤྱོད་པས་བློ་སྦྱོང་བ་ནི་ལེགས་པ་ཉིད་ཡིན་ལ། ཚུལ་བཅོས་མ་ཡིན་པས། བདག་ཀྱང་དེ་ལ་འདུན་པ་ནི། འཕགས་པ་རྣམས

ཀྱི་སྨྱུན་སྤར་འཚོ་བའི་ཕྱིར། ཚུ་རོལ་འདི་པ་དག་ཇི་ལྟར་སླ་ཡང་རུང་སྟེ། ཇི་སྐད་དུ། མ་འཇིགས་ཁྱོད་ལ་སྡིག་པ་མེད། །ཅེས་དབུགས་དབྱུང་བའི་ཕྱིར་ཇི་ལྟར་ན་ཞུམ་པར་བགྱིད། འོན་ཀྱང་བདག་ཉིད་ཐབས་ལ་མི་མཁས་པས་ནོངས་པ་འདི་ཡོད་དེ་ཐེག་པ་ཐུན་མོང་བའི་ཐེག་པ་ལས། གདུལ་བྱ་དགེ་བའི་རྩ་བ་མ་ཆད་པ་ལ། སངས་རྒྱས་ཀྱིས་ཆོས་སྟོན་ཀྱི། དགེ་བའི་རྩ་བ་ཆད་པ་ལ་དེ་ལྟ་མ་ཡིན་པས། བཅོམ་ལྡན་འདས་ཀྱིས་ཀྱང་ལྷ་སྦྱིན་ལ་རྫུ་འཕྲུལ་གྱིས་ལུང་མ་བྱིན་པ་ལྟར། ཁྱོད་ཀྱང་ཇི་སྐད་དུ། ལ་ལ་དཀར་པོ་ཆ་མཐུན་དགེ་བ་མེད། །ལ་ལ་གཅིག་ཏུ་ཉེས་པར་སྤྱོད་རྗེས་འབྲངས། །ལ་ལ་དཀར་པོའི་ཆོས་ཀུན་རྣམ་པར་བཅོམ། །དཀར་པོ་དམན་པ་ཡོད་པ་རྒྱུ་དང་བྲལ། །ཞེས་གསུངས་པ་ལྟར། རེ་ཞིག་དགེ་བའི་རིགས་ཆད་དེ། ཆོས་ཀྱི་གདམ་གླེང་བའི་སྣོད་དུ་མ་གྱུར་པ་ཞིག་ཡིན་འདུག་པ་ལ། དེ་ལྟར་མ་ཤེས་པས། ཁོ་བོས་འབེལ་གཏམ་ཅུང་ཟད་བགྱིས་པ་དེ། ཐབས་ལ་མི་མཁས་པའི་སྒྲིབ་པར་གྱུར་པས་སོ། །

འཕགས་པ་ཀླུ་སྒྲུབ་ཞབས་ཀྱིས། ཇི་ལྟར་ཡི་དྭགས་རྣམས་ཀྱིས་ནི། །རྒྱ་མཚོ་སྐམས་པར་མཐོང་བ་ལྟར། །དེ་བཞིན་མི་ཤེས་པས་བསྒྲིབས་པས། །སངས་རྒྱས་རྣམས་ནི་མེད་པར་བརྟགས། །དམན་དང་བསོད་ནམས་དམན་པ་ལ། །བཅོམ་ལྡན་འདས་ཀྱིས་ཅི་བགྱིར་མཆིས། །ཞེས་གསུངས་པས་རེ་ཞིག་དགེ་བའི་སྐལ་བ་ཆད་པ་ཁྱོད་ལ། ཁོ་བོ་ཙམ་དུ་མ་ཟད་ཀྱི། སངས་རྒྱས་དངོས་ཀྱིས་ཆོས་གསུངས་ཀྱང་། ཡང་དག་པར་ངེས་པའི་སྐལ་བ་བཟང་པོ་ཅི་སྟེ་མཐོང་། གང་ཁྱོད་ཀྱི་བསམ་པ་རྩུབ་མོར་གྱུར་པ་དེ་སྲིད་དུ། དམ་པའི་ཆོས་དང་འཕྲད་པ་དང་། རྒྱུད་དུལ་བར་འགྱུར་ངེས་པ་ག་ལ་ཞིག །དེ་ལ་དགོངས་ནས་སློབ་དཔོན་བཻ་རོ་ཙ་ན་རཀྵི་ཏས། བུད་ཤིང་མེད་པར་གྱུར་ན་ཡང་། །མེ་ཡི་འབར་བ་མེད་པ་ལྟར། །དེ་བཞིན་བསམ་པ་མེད་ན་ཡང་། །སངས་རྒྱས་ཆོས་དང་འཕྲད་པ་མེད། །ཅེས་གསུངས། དེ་ལྟ་ན་བསླབ་པའི་སྐེ་མ་ལས། གལ་ཏེ་དེར་བརྟེན་དུལ་བ་དང་། །དབང་པོ་ཀུན་ནི་ཞི་གྱུར་ན། །ལས་དང་རྗེས་སུ་མཐུན་འབྱུང་བ། །རྣམ་སྨིན་བཅས་པའི་གཏམ་བྱའོ། །ཞེས་དབང་པོ་དུལ་ཞིང་རྣལ་མར་གནས་པ་ལ། འབེལ་བའི་གཏམ་གསུངས་ན། སེམས་རྒྱུད་རྣམ་པར་འགྲུབ་པ་ལ། ཁོ་བོས་ལན་དུ་བྱ་བ་འབེལ་བའི་གཏམ་སླ་བར་ག་ལ་འོས། ཁྱད་པར་བརྒལ་ལན་དུ་གཏིང་ནས་ཞེ་ངན་པ་ཙམ་དཔྱང་དུ་བགྱིས་ནས། དེ་ལ་ལན་བྱ་བ་ནི། ཁྱེད་རང་བཞིན་གང་དུ་གནས་པར། བསམ་སྦྱོར་རྩུབ་མོ་ལ་གཞོལ་བ་དག་གི་ལུགས་ཡིན་གྱི། དཔྱོད་ལྡན་གྱི་དང་ཚུལ་ནམ་ཡང་མ་ཡིན་ལ། ཅི་སྟེ་དེ་ལ་ཐད་སོ་ཐད་སོའི་ལན་ཞིག ཁོ་བོས་སྨྲས་ན། ཇི་སྐད་དུ། བསམ་པ་ནང་ན་ཡོད་པ་ཀུན། །ཕྱི་རོལ་ནས་ནི་ཉེ་བར་དམིགས། །ཞེས་བཤད་པ་ལྟར། ཁྱེད་ཅག་དག་ཤིན་ཏུ་རྩུབ་མོའི་སྒྱུ་འཕྲུལ་བྲེལ་བཞིན་པས། བླང་དོར་ཡལ་བར་འདོར་བ་གདོན་མི་ཟན།

ཁོ་བོ་ནི་གཞན་གྱི་སྤྱོད་པ་ངན་པའི་བྱེད་རྐྱེན་སླུབ་པས་ཅི་ཞིག་བྱ། ཁྱད་པར་ཡང་། བཅོམ་ལྡན་འདས་དང་ཁྱེའུ་མ་སྡུག་གཉིས། མིག་མི་འཛུམ་གྱི་རིགས་ལས་བྱུང་བའི་གཏམ་མཛད་པ་ན། ཇོ་བོ་ངན་པ་ཙམ་དཔུང་དུ་སྦྲན་ཏེ། སྟོན་པའི་གསུང་བཞིན་ཁས་མ་བླངས་སོ་ཞེས་གྲགས་ན། སྙིགས་མའི་དུས་འདིར། ཕྱོགས་འཛིན་རང་དབང་ཅན་དུ་རློམ་པ་དག་ལ་འཕེལ་བའི་གཏམ་གྱིས་ཅི་བྱར་ཡོད། དེ་བས་ན་བརྒྱལ་ལན་དུ་ཇི་སྐད་བཤད་པ་ཕལ་ཆེར་ཞིག །ཆོས་བཞིན་དཔྱོད་པའི་གཏམ་དུ་མི་སྣང་གི། ལོག་པར་ལྟ་བའི་གདོན་ཤུགས་དྲག་པོས་བསྣུན་པ་ལྟར། ཅི་བརྗོལ་དུ་ཡུད་ཀྱིས་སླ་བར་རྟོགས་པའི་ཕྱིར། ད་ནི་སློབ་དཔོན་ཚད་མར་གྱུར་པ་ཞིག་ལ་གཏུགས་ཏེ། ཕྱིན་ཅི་ལོག་གིས་བསླད་པ་ཕྱིར་དབྱུང་བར་གྱིསཤིག་དང་། གང་ཆེ་རྣལ་མར་གྱུར་པ་ན། སྔོན་ཆད་ཐོས་པ་དང་བསམ་པ་ཇི་ལྟར་བགྱིསཤིང་། སླན་ཆད་ཀྱང་ཤེས་པར་རུང་བ་ནམ་ཡང་མ་བཀག་པས། ཁྱོད་ཉིད་དྲན་པ་དང་ཤེས་བཞིན་ནམ་རྙེད་པར་གྱུར་པའི་ཚེ། ཁོ་བོས་ཀྱང་འཕེལ་བའི་གཏམ་རྣལ་མ་ཁོ་ནར་ཅི་མི་སྨྲ། སྔོན་ཆད་སྨྲ་བར་མི་འོས་པ་ཅུང་ཟད་ཅིག་སྨྲས་ཟིན་པ་ནི། ཚུལ་དེ་ལྟ་བུ་ལ་དགའ་བ་ཁྱེད་ཅག་གི་འདོད་ངོར་བསྟད་ཀྱི། བདག་ཉིད་ཀྱི་རྣམ་པར་འགྱུར་བ་ག་ལ་ཡིན། གལ་ཏེ་ཁྱེད་ཀྱང་ཆོས་ཀྱི་ངང་ཚུལ་ལ་འདུན་པ་ཞིག་ན། ཁོ་བོའི་སྨྲ་བ་དེ་ཡང་སྦྱང་བར་རིགས་སོ། །

དེའི་ཕྱིར་བརྒྱལ་ལན་དུ་ཐལ་བ་འགོམས་ཀྱི་ལན་དུ་ཕྱི་མར་མཆོད་ཟེར་མི་ནུས་ཞེས་མཚམས་སྦྱར་ཏེ། སྨྲ་བ་ངན་པའི་དཔུང་ཚོགས་ཕྱོགས་བཅུར་བྲེལ་ཡང་། ཁོ་བོ་ཅག་ནི་ཐལ་བའི་ལན་དུ་ཕྱི་མར་སྦྱིན་ནུས་པའང་སོམ་ཉིར་མི་བྱ་མོད། དེ་ཙམ་གྱིས་ངོ་མཚར་དུ་རློམ་པ་ནི་ག་ལ་ཞིག །དེ་ལྟ་ན་ཡང་མཁས་པ་རྣམས་ཀྱིས་བྱིས་པ་རྣམས་ནི་འཐབ་མོས་བསྐྲད་པ་མ་ཡིན་ཏེ། ཞེས་དང་། སྡུག་བསྔལ་ལ་ཡང་མཚུངས་མེད་བདེ་བར་འདུ་ཤེས་འབྱུང་བ་ཉིད། །ཅེས་འབྱུང་ལ། མི་ཟད་སྡིག་པ་བྱེད་པ་ཡི། །ལུས་ཅན་དག་ནི་ཐམས་ཅད་ལའང་། །རྒྱལ་པོ་ཁྱོད་ཀྱིས་རྟག་པར་ཡང་། །སྙིང་རྗེས་ཕན་སེམས་ཁོ་ན་བསྐྱེད། །ཅེས་དང་། བདག་ནི་གང་ཡིན་འགྲོ་བ་ཁྱེད་རྣམས་དེ་ཡིན་ཏེ། །རང་གཞན་འབྱེད་པའི་ནང་གི་གནོད་པ་མ་བྱེད་ཅིག །རྣམ་རྟོག་ནང་གི་གནོད་པ་འདི་ནི་གཞོམ་བྱ་སྟེ། །སྤྲུལ་གདུག་ལྟ་བུ་དེ་ནི་བདུད་རྩིའི་རོས་ཞི་བྱ། །ཞེས་གསུངས་པའི་ཕྱིར། སྙན་པ་དང་རྩུབ་པར་སྨྲ་བ་ལ་བཟང་ངན་དབྱེར་མེད་ཀྱང་། གཞན་ལ་ཟུག་རྔུར་དོགས་པ་སྤང་བའི་ཕྱིར། ངན་ཤགས་ཀྱི་ལན་ཐམས་ཅད་ཅི་དགའ་བར་དོར་ཏེ། གང་ཆོས་དང་འབྲེལ་བ་དེ་དག་གི་ལན་ཅུང་ཟད་བརྗོད་པར་བྱའོ། །

དེ་ཡང་རྩོད་སྤོང་འཛམ་པའི་རྡོ་རྗེའི་གཟི་འོད་དུ། མདོ་རྒྱུད་ཀུན་གྱི་ངེས་གནས་ཇི་སྙེད་པ། །ཟེར་བློས་ཀྲན་པོའི་གཏམ་གྱིས་མ་བསླད་པར། །འཛམ་པའི་རྡོ་རྗེ་སྙིང་ལ་འཕོས་པ་བཞིན། །རྒྱལ་བའི་གསང་མཛོད

འཛིན་པ་ང་མིན་སུ། །ཞེས་སྨྲས་པ་ལ། བརྒྱལ་ལན་གསང་གསུམ་རྡོ་རྗེའི་སྙིང་པོ་མཆོག་ཏུ་གྲུབ་པའི་གཏམ་ལས། བོད་ཀྱི་མཁས་པ་ཐམས་ཅད་ལས་རང་ཉིད་ལྷག་པའི་ང་རྒྱལ་བྱས་སོ། །ཞེས་བྲིས་སོ། །ཁོ་བོས་ནི་སྲིད་གསུམ་ལས། སྡོམ་པ་གསུམ་གྱི་རབ་ཏུ་དབྱེ་བའི་ནོར། །རྒྱལ་བའི་གན་མཛོད་ཆེན་པོར་རྒྱས་བཏབ་པ། །རང་གིར་སྤྱོད་པའི་མཐུ་ལྡན་ངལ་གསོས་བུའི། །རྣམ་ཐར་འཁྱོང་པ་མི་མང་ཁོ་བོ་ཙམ། །ཞེས་སྨྲས་པའི་གཉེན་པོར། ཟིལ་གྱིས་གནོན་པའི་གཟི་བརྗིད་ལྷ་བུ་བསྐྱེད་པ་སྟེ། སློབ་དཔོན་ཤེས་རབ་འབྱུང་གནས་སྦས་པས། རིག་པའི་འོད་ཟེར་སྟོང་གིས་བརྒྱན་པ་ཡི། །ཤེས་རབ་འབྱུང་གནས་བློ་ཡི་ཉི་མ་ཤར། །མུ་སྟེགས་བློ་ངན་མཚན་མོ་རྒྱུ་བ་ཡི། །རྒྱུ་སྐར་མེ་ཁྱེར་ཚོགས་རྣམས་མྱུར་དུ་བྲོས། །ཞེས་དང་། ཤེས་རབ་འབྱུང་གནས་སྐྱེས་པ་ན། །ཤེས་བྱའི་ཚོགས་རྣམས་མི་འདར་ན། །དེ་ནི་སེམས་མེད་ལྐུགས་སམ་ཅི། །ཡང་ན་བ་ལང་མདོན་སུམ་ཡིན། །ཞེས་དང་། ཆོས་ཀྱི་གྲགས་པས། གལ་ཏེ་ཆོས་ཀྱི་གྲགས་པ་ཡིས། །སྨྲ་བའི་ཉི་མ་ནུབ་པ་ན། །ཆོས་རྣམས་གཉིད་ལོག་ཡང་ན་ཤི། །ཆོས་མ་ཡིན་རྣམས་ཡིན་རྣམས་ད་བཟོད་ལོངས། །ཞེས་དང་། སྨྲ་བའི་སེང་གེས། ཡང་ནས་ཡང་དུ་ལག་གཉིས་བརྐྱངས་ནས་རབ་སྨྲས་ན། །ཇི་ལྟར་རིངས་པར་རིངས་རིངས་ལྟར་དེ་བརྗོད་པའི་ཚེ། །སྨྲ་བའི་སེང་གེ་གྲོལ་བ་ཁོ་བོ་འཁོད་གྱུར་ན། །དབང་ཕྱུག་ཆེན་པོའང་ཡི་གེ་ཙམ་ཡང་ཤེས་མ་ཡིན། །ཞེས་གསུངས་པ་ལྟར་རོ། །

བོད་ཀྱི་མཁས་པ་ཐམས་ཅད་ལས་བདག་ཉིད་ལྷག་པར་རློམ་པ་ནམ་ཡང་མེད་ཅིང་ཁྱད་པར་བསྟན་པ་སྤྱིའི་མཁས་པ་ལོ་ཆེན་བྱང་གྲགས་ལ་སོགས་པ་དང་། ས་ལུགས་ཀྱི་མཁས་པ་གོ་ཤཱཀ་ལ་སོགས་པ་དེ་ཀུན་ལ་ཤིན་ཏུ་གུས་པས། དམ་པ་དེ་དག་གི་གསུང་རབ་ཚིག་དོན་བཟང་པོ་རྣམས་ཀྱང་། ཆེད་གཉེར་བགྱིས་ཏེ། འདི་ནི་འདི་འོ་ཞེས་མེད་པར་སྨྲ་བ་ཞིག་ཡིན་ལ། འོན་ཏེ་སྐབས་འགར་བཤད་པ་མི་བདེ་བ་ཉི་ཚེ་ཙམ་དུ་སྣང་བ་ལ། བསྲེགས་བཅད་བརྡར་བའི་གསེར་བཞིན་དུ། །ཞེས་སོགས་དང་མཐུན་པར། བླང་དོར་ཅུང་ཟད་བགྱིས་མོད། དེ་ཙམ་གྱིས་ལོག་པར་ལྟ་བ་ག་ལ་ཞིག་སྟེ། ཤེས་བྱ་ཇི་སྙེད་པ་ཕྲ་མོ་རྩུན་ཚད་ནས། མཐར་ཕྱིན་པར་ཡོངས་སུ་མངའ་བ་ནི་རྒྱལ་བ་ཉིད་ཡིན་པའི་ཕྱིར། ཚིགས་སུ་བཅད་པ་རེ་རེ་བའི་དོན་ཤེས་པ་ལའང་གུས་པར་བྱ་དགོས་ན། མང་དུ་གསན་པ་རྒྱ་མཚོ་ལྟ་བུ་ཐུགས་སུ་ཆུད་པ་དེ་དག་ལ་སུ་ཞིག་གུས་པར་མི་བྱེད། དུས་ཕྱིས་གྲགས་པ་ཆེ་ལ། དོན་དང་མི་མཐུན་པའི་མཁས་པའོ་ཟེར་ཞིང་། དེའི་ཡིག་ཆ་ལ་གཏན་ཚིགས་སུ་བྱེད་པ་སོགས། མདོར་ན་གསུང་རབ་གོང་མའི་རྗེས་དཔྱོད་རྣམས་ཡལ་བར་དོར། རང་རང་གི་བླ་མ་ཉི་ཚེ་བའི་ཕྱོགས་འཛིན་འཇིག་རྟེན་པ་རབས་ཀྱི་ཁྲིམ་འཛིན་ལྟར་བཟུང་། ཆོས་བཞིན་སྤྱོད་པ་དག་ཁྱི་འཁྲུམས་བཞིན་སྤོང་བ་མང་དུ་མཐོང་ལ། དེ་

རྣམས་བསྟན་པ་རིན་པོ་ཆེའི་བཀའ་ཁྲིམས་མ་ཡིན་པར་མཐོང་ནས། ཁོ་བོའི་རྩོད་སྤོང་དུ། ཕྲག་དོག་འཁྲུན་སེམས་ཆེར་མས་མ་དཀྲུགས་ཤིང་། །ཟེར་ཟློས་རྒྱ་མའི་འཁོར་ལོས་མ་བཅིངས་པར། །མདོ་རྒྱུད་གསང་བའི་རྒྱལ་སྲིད་གཞུང་བསྲངས་ཏེ། །ཐུང་འཐུག་བདེ་བས་འཚོ་བ་ཁོ་བོ་ཙམ། །ཞེས་དང་། བར་སྐབས་དག་ཏུ་བོད་ཀྱི་མཁས་པ་ཆེ་བར་གྲགས་པ་དག་གི་ཟེར་ཟློས་ལ་སྐྱབས་མི་འཚོལ། རང་རང་གི་བླ་མ་རྒན་པོ་རྣམས་ཀྱི་རྟོག་པས་སྤྲུར་བའི་ཡིག་ནག་ལ་མི་སློན་ཞེས་སྨྲས་ཀྱང་སྐྱོན་དུ་ཇི་ལྟར་འགྱུར། དེ་བས་ཁྱེད་རང་གིས། ས་དཀར་ཕྱོགས་རེ་ལ་མཁས་པ་མང་ཡང་། གཉིས་ཀ་ལ་གཞན་དྲིང་མི་འཇོག་པ་ང་འོ་ཞེས་སྨྲས་པས། ས་དཀར་གྱི་བརྒྱུད་འཛིན་གོང་མ་ཐམས་ཅད་ལ། ཅིག་ཆར་འཕྱས་གདགས་པ་མ་ཡིན་ནམ་སྙམས་ཤིག །

བརྒལ་ལན་ལས། ས་སྐྱ་པའི་གོང་མ་རྣམས་ཚད་ལྡན་ཡིན་པ་ཡང་དག་པའི་རིས་པས་གྲུབ་ཟིན་ནས་ལོ་མང་པོ་སོང་ཞེས་དང་། ས་པཎ་འཇམ་དབྱངས་ཀྱི་ངོ་བོར་ཤེས་ནས་མཆོད་བརྗོད་བྱས་ཞེས་སོགས་བྲིས་མོད། དེ་ལྟར་ན་འཇམ་དབྱངས་ཀྱི་ངོ་བོར་ཤེས་བཞིན་དུ། དེའི་གསུང་དང་མི་མཐུན་པའི་གྲུབ་མཐའ་སྒྲོ་བཏགས་ཅན་ལ་རྗེས་སུ་བྱེད་པ་ག་ལ་འོས། འཇམ་དབྱངས་ཀྱི་གསུང་ལ་མ་དག་པ་དགུ་ཚར་དང་། ཤོགས་རལ་གཟི་བརྗིད་ཙམ་ལས་དོན་མེད་པ་དང་། མཐོ་དམན་སྣ་ཚོགས་ཀྱིས་གདུལ་བྱའི་མགོ་བོ་འཁོར་ལོ་ལྟར་བསྐོར་ཞེས་སྨྲ་བ་རྣམས། མུ་སྟེགས་པ་འགའ་ཞིག །བཅོམ་ལྡན་འདས་ལ་ཤེས་རབ་དང་མཐུ་ཆེ་ཡི། ཆགས་སྡང་འཁྲུགས་པས་སྨྲ་བ་ནི་མི་བདེན་པའོ་ཞེས་ཟེར་བ་ལྟར་མ་གྱུར་ཏམ། མཉམ་མེད་སྨམ་བུ་པ། ཕག་འབྲི་གླིང་སོགས། རབ་དབྱེ་མཛད་པ་པོའི་སྔོན་དུ་འདས་ཟིན་ན། ས་པཎ་ལ་རྩོད་པའི་མགྲིན་པ་ཇི་ལྟར་འདེགས། ཞེས་སྨྲ་བའང་། ཚིག་རྩ་མ་ཟིན་པའི་ཉེས་པ་སྟེ། རྗེ་བཙུན་དཀར་པོ་རྣམ་གསུམ་གྱི་ཡིག་ཆར། དཀར་རྒྱུད་ལ་དགག་པ་ཐོར་ཐབས་སུ་བཞུགས་པ་རྣམས། རབ་དབྱེར་གཅིག་ཏུ་བཏུས་པའི་ཕྱིར། ས་པཎ་གྱི་སྔོན་དུ་དགག་སྒྲུབ་འདི་དག་གི་གསུང་སྒྲོ་དབྱེ་ཟིན་ན། དཀར་རྒྱུད་འཛིན་པ་དེ་རྣམས་ཀྱིས་ལན་འོང་ཐང་བ་ལ། མ་བྱུང་བ་རྒྱུ་མཚན་དུ་བྱས་ནས། ཁོ་བོའི་རྩོད་སྤོང་དུ་གོང་མ་ལྷ་ཞབས་ཟུང་བརྟན་པའི་སྐབས་ན། གཞན་གྱིས་མགྲིན་པ་འདེགས་པར་མ་ནུས་ཞེས་བརྗོད་པས་སོ། །

ས་ལུགས་གཙང་མ་དོར་ནས། རྙིང་མ་དང་ས་ལུགས་མི་མཐུན་ཕྱོགས་ན་གནས་པའི་ཚིག་དོན་མང་པོ་གཡར་གྱིན་ངོམས། ཞེས་བྲིས་པ་ནི། བསྲེ་བསླད་འདི་འོ་ཞེས་རྒྱུ་མཚན་དང་བཅས་ནས་སློས་ཤིག་དང་། བདག་ཀྱང་སྨྲ་བའི་ལྕེ་བདེ་བར་སྦྱོང་བ་ཞིག་གོ། །ཏྭགས་པོའི་རིང་ལུགས་ལ་མི་མོས་པ་ཉིད་ཀྱིས། ཏྭགས་པོའི་གྲུབ་མཐའ་མཆོག་ཡིན་པར་གྲུབ་ཅེས་སྨྲ་བ་ནི། ཁོ་བོ་ཅག་ཏྭགས་པོ་ལ་ལོག་པར་ལྟ་ན་བདེན་མོད། གཞན་དུ་བར

སྣང་སྟོང་པ་ལ་བརྟེན་ཅིང་བསྟན་པ་མ་ཡིན་ནམ། རྣམ་པ་གཅིག་ཏུ་ན། ཕོ་བོའི་བསྟན་བཅོས་སུ་ངེས་པའི་དོན་གྱི་གསང་བ་ཆེན་པོ་ཧེ་སྐད་བརྗོད་པ་དེ་དག་ལ་མ་གྲུས་པ་ཉིད་ཀྱིས། ངེད་ཀྱི་ལུགས་འདི་མཆོག་མིན་པར་གྲུབ་ཅེས་སོགས་མང་པོར་ཡང་འགྱུར་བས། ཁྱེད་ཀྱི་མཚུངས་འདྲ་དེ་ཡང་གླེན་པའི་རིགས་འགྲེ་ལྟར་ཧ་ཅང་ཐལ་བ་ཅེས་མ་ཡིན། ཡང་གོང་མ་ལྷའི་བཀའ་འབུམ་ལ་ཕྱུཀྟི་ཀ་བཅུ་བཞི་མངོན་སུམ་དུ་སྣང་བས། གླེགས་བམ་ཆིག་དྲིལ་གྱི་གླེགས་བམ་བཅུ་བཞི་དགོད་བྲོ་ཟེར་བའི་ཚིག་ལས་ཨ་འཐས་ཀྱི་དངོས་རྟོག་ཅེས་པ་རང་གི་གཤིས་མཚོན་པ་ཙམ་དུ་ཟད་ཀྱི་མཛེས་པ་ནི་མ་ཡིན་ཏེ་ཆིག་དྲིལ་ལྟ་བུ་ཞེས། ཐམས་ཅད་འདུས་པ་ལྟར་ཡོད་པའི་དོན་ཡིན་གྱི། པོ་ཏི་ཆིག་དྲིལ་སྒྲོར་ལ་ཟེར་བ་ཅི་ཡིན། ལར་རྒྱུས་མེད་ཀྱི་རྒྱུས་གཏམ་མཛད་པ་ལས། རང་རྩུགས་དྲང་པོར་བསྲངས་ན་མཛེས་པ་མ་ལགས་སམ།

རྩོད་སྤོང་དུ། ས་སྐྱ་པའི་རིང་ལུགས་འདི་དག །སྔོན་ནས་སྦྱངས་ཤིང་བསགས་པ་རྒྱ་ཆེ་བས་རྟོགས་ཀྱི། ཐུན་ཚགས་བསྡུས་པས་མ་ཡིན་ནོ་ཞེས་སྨྲས་པ་ལ། བརྒལ་ལན་དུ་ངེད་ཀྱི་ཐོས་པ་རྒྱ་ཆེར་བཙལ་བར་བྱའོ། །ཞེས་པ་ལ་སྨྲ་བར་འདུག་ཅེས་བྲིས་པ་ནི་མ་ངེས་པ་སྟེ། ངེད་ཀྱིས་ས་ལུགས་ཀྱི་གསང་བ་ཆེན་པོ་འདི་དག །བརྒྱུད་པའི་ཞལ་ལུང་ཁྱད་པར་ཅན་དང་། རང་གི་བསགས་རྒྱ་ཤེས་རབ་ཕྱིན་ཅི་མ་ལོག་པས་བརྒྱན་པའི་རྒྱུ་རྐྱེན་ཚོགས་པ་ལས་རྟོགས་ཀྱི། དཔེ་སྣ་མང་པོའི་ཐུན་ཚགས་བསྡུས་ནས་འདྲ་བསྒྲིགས་པའི་རྟོག་པ་ཧེ་ལྟར་རྣོ་ཡང་རྟོགས་མི་ནུས་ཞེས་སྨྲས་ཀྱི། ཐོས་པ་དང་བསམ་པ་ནམ་ཡང་མ་བཀག་པས། །ཕྱོགས་སུ་མ་ཕྱིན་པའི་དགག་པས་ཅི་ཞིག་བྱ། སེམས་འོད་གསལ་དག་པ་གདངས་ཀྱི་རིར། །ཞེས་པའི་དགག་སྒྲུབ་ཀྱི་སྐབས་སུ། བརྒལ་ལན་ལས། གཉིས་སྣང་ཟིང་ངེ་བའི་ངེས་དོན་དེ་འདྲའི་ཕྱོགས་ལ་སྤུར་ཡང་མ་ཕྱིན། ད་དུང་མི་འགྲོ་ཞེས་དང་། སེམས་དང་སེམས་ཉིད། སེམས་ཅན་སངས་རྒྱས་སོགས་གཉིས་ཆོས་ཐམས་ཅད་སྤྱང་བླང་མེད་པར་རོ་མཉམ་ཞེས་བྲིས་སོ། །སྲིད་གསུམ་དུ་སེམས་ཞེས་མིང་བཏགས་ཀྱང་བརྟག་མི་བཟོད། ཉིད་སྒྲ་མེད་དུ་མི་རུང་ཞེས་སེམས་དང་སེམས་ཉིད་སོ་སོ་བའི་སྐད་དུ་སྨྲས་ནས། བརྒལ་ལན་དུ། སེམས་དང་སེམས་ཉིད་གཉིས་སུ་མེད་དོ་ཟེར་བ་དེ། འགལ་བའི་ཕུང་པོ་ཅེས་མ་ཡིན། གཉིས་སུ་མེད་ཕྱིན་སེམས་ཞེས་བརྗོད་པས་ཀྱང་། སེམས་ཉིད་གོ་བའི་ཕྱིར། ཉིད་སྒྲ་སྨོས་མ་སྨོས་ལ་ཁྱད་པར་གང་ཞིག་ཡོད། སྤྱིར་གཉིས་མེད་མངོན་དུ་གྱུར་པའི་རང་དུས་ན། སེམས་དང་སེམས་ཉིད་དབྱེར་མེད་དུ་ཁོ་བོའང་འདོད་མོད། རེ་ཞིག་ངེས་པའི་དོན་གྱི་སྒྲོར་བ་གཉེན་པོའམ། རྒྱུ་ཚོགས་སུ་སེམས་དང་སེམས་ཉིད་སོ་སོར་ཕྱེ་ནས་གཤིས་ལུགས་བརྡ་སྤྲོད་པ་ནི་མཆོག་སྟེ། དཔེར་ན། ནོར་བུ་རིན་པོ་ཆེའི་དྲི་མ་སྦྱངས་ནས། རང་ངོ་གསལ་བར་བྱེད་པ་ལྟར། འདིར་ཡང་དྲི་བཅས་ཀྱི་སེམས་སྦྱངས

ནས། དྲི་མེད་སེམས་ཀྱི་ཆོས་ཉིད་མཚོན་པའི་ཕྱིར། སེམས་དང་སེམས་ཉིད་ཅེས་དྭངས་སྙིགས་སུ་ཕྱེ་བ་ལ་སྐྱོན་ཇི་ལྟར་མཆིས། ཁོ་བོ་ནི་འཕགས་པ་བྱམས་པས། ཆོས་དང་ཆོས་ཉིད་རྣམ་པར་འབྱེད་པ་ཞེས་གསུངས་པ་དེ། སྤྱི་གཞིར་བྱས་ནས། སློབ་མིང་མང་པོ་ཞིག་ལ་མཚོན་པར་སེམས་མོད། ཁྱེད་ལྟར་ན། ཆོས་དང་ཆོས་ཉིད་རྣམ་པར་འབྱེད་པ་ཞེས་པའང་མི་རིགས་ཏེ། ཆོས་དང་ཆོས་ཉིད་དབྱེར་མེད་པའི་ཕྱིར། ཞེས་རྒྱལ་བ་བྱམས་པ་ལ་སྐྱོན་འཕེན་པ་ལྟར་མི་འགྱུར་རམ། འདིའི་ཐད་ཀྱི་རྩོད་སྤོང་དུ། བྱམས་ཆོས་དང་དྲི་མེད་འོད་ཀྱི་ལུང་དྲངས་པ་ལ། བརྒལ་ལན་དུ།

དེ་དག་མདོ་ཡིན་ནམ་རྒྱུད་ཡིན་ཞེས་དྲིས་ཀྱང་། སོ་སོའི་འདོད་པ་སྣ་ཚོགས་པས་བྱམས་པ་བྱང་སེམས་རང་རྒྱུད་པར་སྨྲ་བ་ལྟར་ན། བྱམས་ཆོས་ནི། མདོ་རྒྱུད་གང་ཡང་མ་ཡིན་མོད། ཁོ་བོ་ཅག་རྣམས་བྱམས་པ་སངས་རྒྱས་དངོས་སུ་བྱེད་པའི་གཏན་ཚིགས་དུ་མས་འཚོ་བའི་ཕྱིར། བྱམས་པའི་ཆོས་ལྔ་ཀ་བཀའ་སྟེ་མདོ་ཡིན་ཞེས་འདོད་ལ། ཤམྦྷ་ལའི་ཆོས་རྒྱལ་རིགས་ལྡན་རྣམས་ཀྱང་དེ་དང་མཚུངས་པས། དྲི་མེད་འོད་རྒྱུད་ཡིན་པར་ངེད་ཀྱིས་བསྒྲུབས་ཀྱི། གནོད་པར་ནུས་ན་སློས་ཤིག །ཡང་ཉིད་སྒྲ་སློས་མ་སློས་ཀྱི་དཔྱད་པ་འདི། ཐ་སྙད་ཀྱི་ཕྱོགས་ལ་ཡིན་ནོ་ཟེར་བ་ནི། ཉིད་སྒྲའི་རྒྱུ་མཚན་འཆད་པ་ན། ཁྱེད་རང་གིས། གཤིས་འོད་གསལ་ཀུན་གཞི་རྒྱུ་རྒྱུད་གོ་བའི་ཕྱིར་ཞེས་ངེས་དོན་དུ་བཤད་པ་དང་སྐབས་མ་འབྲེལ་བས། རྒྱའི་མགོ་དང་ཧོར་གྱི་གཞུག་ལྟ་བུ་མ་ཡིན་នམ། ཀུན་གཞི་གཤིས་ལུགས་ཀྱི་རྣམ་གཞག་བྱས་ཕྱིན། ནང་རིག་དང་བསྟུན་དགོས་ཀྱི། ཐ་སྙད་དང་སྦྱར་ན་མི་མཛེས་ཏེ། ཕྱི་པ་ཁ་ཅིག་ཁྲུས་ཀྱིས་སྡིག་པ་འདག་པར་འདོད་པ་ལ། ནང་པས་སྡིག་པ་སེམས་ཀྱི་ཆོས་ཡིན་པས། གཉེན་པོར་སེམས་འབྱུང་པ་རིགས་ཀྱི། ལུས་འབྱུད་པ་མི་རིགས་སོ་ཞེས་འགོག་པ་ལྟར་རོ། །གནས་ལྔའི་མཚོ་ཆེན་རྦབ་གཅིག་གིས་ཟབ། ཅེས་པའི་ཟབ་བ་ནི། ཡོངས་སྤྱོད་པ་ཞེས་བསྟད་པ་ལ། བརྒལ་ལན་དུ།

གོས་ལ་ལོངས་སྤྱོད་པའང་། གོས་ཟབ་ཡིན་ནམ་ཞེས་སོགས་ཅི་བརྗོལ་དུ་སྨྲ་མོད། མར་པ་ལོ་ཙྪ་བ་རང་གིས་ཀྱང་། བདེ་བ་ཆེན་པོ་ལ་བརྟེན་པའི་བདེ་བའི་ཉམས་མྱོང་དེ་སོ་སོའི་དགོན་པར་རང་གིས་ཟ་ཞིང་བསྒོམ། ཞེས་བསྒོམ་པས་ལོངས་སྤྱོད་པ་ལ་ཟ་བའི་མིང་མཛད་ཀྱང་། ཡུལ་མ་ཡིན་པའི་ཕྱིར། སྐབས་འདིར་གསང་ཆེན་གྱི་ཕྱོགས་རྣམས་བཏང་སྙོམས་སུ་བཀྱིས་ཏེ། རྐོལ་བའི་འདོད་ངོ་དང་བསྟུན་ནས་འདི་སྐད་སྨྲའོ། །དེ་ཡང་བརྒལ་ལན་དུ། རྒྱུད་ཀྱི་ལུང་དེ་པ་འཇིག་རྟེན་དང་བསྟན་བཅོས་ལ་གྲགས་པའི་བརྡ་མ་ཡིན་ལ། བསྟན་བཅོས་སོགས་ཀྱི་ཐ་སྙད་མཐུན་པ་ཞིག་དགོས་ཟེར་མོད། སྨྲ་བ་འདིས་ཞེ་ཕུགས་ཀྱང་། བསྟན་བཅོས་ལ་བཏུང་བའི་

རིགས་ལ་འཕྱང་ཟེར་བ་ལས། ཟ་ཟེར་བ་མེད་དོ་སྙམ་ནས་སླ་བར་འདུག་ཀྱང་། གསུང་རབ་རྒྱ་མཚོ་ལྟ་བུ་བྲིས་པའི་ཕོ་ཆོད་ཀྱིས་འཇལ་བར་ཅི་ལ་ནུས། ཇི་སྐད་དུ་བསླབ་པའི་སྐེ་མར། ཚུལ་ཁྲིམས་ཀྱི་ཕ་རོལ་ཏུ་ཕྱིན་པའི་གཉེན་པོ་ཀུན་ཏུ་སྤྱོད་པའི་སྐབས་སུ། ཞོ་དང་འོ་མ་ཟ་བ་དང་། །ཞེས་འོ་མ་ཟ་བའི་ཐ་སྙད་གསུངས་ཀྱིས། འཕྱང་བའི་ཐ་སྙད་མ་གསུངས། འདི་མར་པ་ལོ་ཙྪ་བ་ཆོས་ཀྱི་དབང་ཕྱུག་གི་འགྱུར་ཡིན། གོ་རུབ་ལོ་ཙྪ་བའི་འགྱུར་དུ། འོ་མའམ་ཆུ་ནི་ཟ་བ་དང་། །ཞེས་འབྱུང་བས་ཁ་ཕྱིར་བལྟས་ཀྱི་ཕྱོགས་ཞེན་ལ་སྐབས་སུ་བྱེད་པ་ག་ལ་རིགས། ལྟ་རྣམས་དགོད་པའི་དབྱངས་ཀྱིས་ཁྲེལ་ཞེས་ཐོས། ཞེས་པ་ལ་འཕྲོས་པའི་བརྒལ་ལན་དུ།

ཚིག་སྤྱི་ཕྱི་ལོག་པ་ཙམ་ལ་རྩོད་པ་མ་ཡིན། བྱེད་ཚིག་ལ་རྩོད་ཟེར་ཡང་། སྲིད་གསུམ་དུ་བྱེད་ཚིག་གི་རྟོག་དཔྱོད་མ་བྱས་པར། ཁྲེལ་ནས་དགོད་པ་ཡིན་གྱི། དགོད་ནས་ཁྲེལ་བ་མ་ཡིན་ཞེས་ཚིག་སྤྱི་ལ་རྩོད་པ་དང་འགྲེལ་བ་མ་ཚང་བས། ཁྱོད་ལ་སྨྲོན་དུ་མ་གྱུར་རམ། ཁོ་བོ་ལ་ནི་བྱེད་ཚིག་ལ་བརྩད་ཀྱང་གནོད་པར་མི་ནུས་ཏེ། མ་དགོད་བར་དུ་ཁྲེལ་བའི་རྣམ་འགྱུར་མཤེས་ཀྱང་། དགོད་པའི་ང་རོ་ཐོས་པའི་རྐྱེན་གྱིས། ཁྲེལ་བར་ཤེས་ཞེས་བྱེད་ཚིག་ནུས་པ་དང་ལྡན་པས་སོ། །འཕྲོས་དོན་བདེན་པ་མ་ཡིན་སླ་ཞིང་བུ་རྣམས་བསླུ་འདོད་པ། ཞེས་པའི་དོན་ཡང་ཧྲུན་ཚིག་གི་བློ་བྲུད་ནས། གཞན་དུ་འགྱུར་བ་ན། སླུ་བའི་ལས་ལ་སྦྱོར་བ་ཡིན་ཡང་། བློ་གཞན་དུ་མ་གྱུར་བར་དུ། སླུ་བྱེད་མཁན་པོ་ལ་བསླུ་བའི་བསམ་པ་མེད་པ་མ་ཡིན་ཏེ། གང་ཧྲུན་དུ་སླ་བ་དེ་ག །ཕ་རོལ་སླུ་བར་འདོད་པའི་ཀུན་སློང་སྔོན་སོང་ཡིན་པའི་ཕྱིར། ཨེ་མ་ཧོ་དང་། ཨ་ལ་ལ་ཧོའི་དགག་སྒྲུབ་ཀྱི་སྐབས་སུ།

བརྒལ་ལན་ལས། སྐྱུ་མས་བསླུས་པ་སོགས་དང་སྤྲེལ་རྒྱུ་ཡིན་ཚེ། ཀྱི་ཧུད་སོགས་སྐྱོ་བ་སྐྱེས་པའི་ཚིག་རིགས་ཀྱིས། ཨེ་མ་ཧོ་ཞེས་ངོ་མཚར་གྱི་ཚིག་མི་འོས། ཞེས་བྲིས་པ་འདི་སྤྱིར་ནི་བདེན་མོད། འོན་ཀྱང་སྐྱོན་ལ་སྐྱོན་མ་ཡིན་པ་དང་། སྐྱོན་མ་ཡིན་པ་ལ་སྐྱོན་དུ་ལྟ་བའི་རྒོལ་བ་གཞན་ལ་ངེས་པར་འབྱུང་བས་མཚམས་སྦྲར་ཏེ། ས་ལུགས་ཀྱི་བཀའ་སྲོལ་བཟང་པོ་ལ་ངོ་མཚར་སྟོབས་སུ་གྱུར་པ་ཅིས་མི་འཆར། རྣམ་པ་གཅིག་ཏུ་ན་འཕགས་པ་ཀླུ་སྒྲུབ་ཀྱིས། གང་དག་མི་གཙང་ལུས་འདི་ལ། །བརྟེག་འཆོས་སྣན་དངགས་བྱེད་པ་ནི། །ཨེ་མ་ཧོ་གཟུ་ལུམ་ཨེ་མ་ཧོ་བླུན། །ཨེ་མ་ཧོ་སྐྱེ་བོས་ཁྲེལ་དུ་རུང་། །ཞེས་གསུངས་པའི་ཨེ་མ་ཧོའི་སྐབས་ཐོབ་གང་ཡིན་སོམས་ཤིག་དང་། མཚུངས་པར་ཅིས་མི་འགྱུར། དེ་ལྟར་ངེས་པ་ན། ཨ་ལ་ལ་ཧོའི་སྐབས་དོན་རྟོགས་པ་ཡང་། དོན་གྱིས་གོ་བས་ཅིག་ཤོས་ལ། །དྲན་པ་ཡང་དག་སྐྱེ་བར་འགྱུར། །ཞེས་པ་ལྟར་མ་ཡིན་ནམ། ཁོང་སྐྱུ་མའི་མཁན་པོ་སྐྱུ་མས་བསླུས། །ཞེས་པའི་སྐབས་སུ། བརྒལ་ལན་ལས།

ལུང་དོན་སྒྱུ་མས་སྒྱུ་མ་བསླུས་ཟེར་བ་ལས་གཞན། སྒྱུ་མ་མཁན་བསླུས་ཞེས་པ་མི་སྣང་ཟེར་མོད། སྒྱུ་མ་ནི་སྒྱུ་མ་མཁན་གྱི་བྱ་བ་ཡིན་ཞིང་། གང་བྱ་བ་བསླུས་པས། བྱེད་པ་པོ་ཡང་བསླུས་པར་སོང་བའི་ཕྱིར། སྒྱུ་མས་སྒྱུ་མ་བསླུས་པ་ཉིད་ཀྱིས། དེས་སྒྱུ་མ་མཁན་ཡང་བསླུས་པར་ཅིས་མི་འགྱུར། དེ་སྐད་དུ། གང་ཚེ་བྱ་བ་མི་བདེན་པ། །དེ་ཚེ་བྱེད་པོ་བདེན་མ་ཡིན། །བྱ་བ་ལ་གནོད་བྱེད་པ་པོ། །ཉམས་པས་གནོད་པར་གྱུར་པ་ཡིན། ། ཞེས་གསུངས། ཡང་དག་པར་ན། གང་འདིར་ཕུང་པོ་ལྔ་དག་སྒྱུ་མ་འདྲར་ཤེས་ཤིང་། །སྒྱུ་མ་གཞན་དང་ཕུང་པོ་གཞན་དུ་མི་བྱེད་པ། །ཞེས་སྒྱུ་མ་མཁན་ཙམ་དུ་མ་ཟད་ཀྱི། ལམ་ལ་མ་སྦྱངས་པའི་འགྲོ་བ་ཐམས་ཅད། སྒྱུ་མ་དངོས་གནས་སུ་བཤད་ནས། དེ་དང་སྒྱུ་མ་གཞན་མ་ཡིན་པར་གསུངས་ན། སྒྱུ་མས་སྒྱུ་མ་བསླུས་པ་དང་དེས་སྒྱུ་མ་མཁན་བསླུས་པ་ལ་ཁྱད་པར་ཅི་ཞིག་ཡོད། དེ་བཞིན་དུ་རྒྱུད་དོན་རྟོག་པས་བཏགས་པ་དེ་ཡང་སྙིང་པོ་མེད་མོད། སྐབས་མ་ཡིན་པས་ཅི་དགར་བཞག །ཐ་སྙད་ཀྱི་ཕྱོགས་ནས་འདི་ལྟར་བརྗོད་དེ། སྒྱུ་མ་མཁན་ལ་སྣང་ཡང་བདེན་འཛིན་མེད་ཅེས་ཡང་ཡང་སྨྲ་མོད། སྔོན་སྒྱུ་མ་མཁན་ཞིག་གིས། སྒྱུ་མའི་བུ་མོ་ཞིག་སྤྲུལ། སླར་རང་ཉིད་དེ་ལ་ཆགས་པས་འཁྲིག་པ་ལྟར་བྱས་སོ། །ཞེས་འབྱུང་བ་མ་གོའམ། བདེན་འཛིན་མེད་ན། རང་གིས་སྤྲུལ་པའི་བུ་མོ་ལ་ཆགས་པ་ཇི་ལྟར་སྲིད། དེས་ན་སོམས་ཤིག །རང་གཞུང་མ་ཚུགས་པའི་གྲུབ་མཐའ་ཟིང་ཟིང་པོ་ཞེས་སྨྲ་བ་ཡང་། འདི་འོ་ཞེས་སྨོན་ཅིག་དང་། ལུམ་པ་ཇི་ལྟར་སྣང་སྲིད་གསུམ་ལས། དེ་ཁོ་ན་ཉིད་དམིགས་པ་གར་གཏད་ཀྱི་སྟེང་དུ་སྤྱང་ལ་བེ་ཕུར་བཏབ་པ་ལྟར། ཞེས་པ་ལ།

རྩོད་སྤོང་དུ། དེ་ཁོ་ན་ཉིད་ཀྱི་རྣལ་འབྱོར་པ་ནི་དམིགས་གཏད་ཐམས་ཅད་དང་བྲལ་བ་ཞིག་ཡིན་ན། དམིགས་པ་གར་གཏད་ཅེས་པ་མི་རུང་། སྤྱང་ལ་བེ་ཕུར་གྱི་དཔེ་དེ། ཞི་གནས་ཕྱོགས་གཅིག་ཨ་འཐས་པའི་དཔེར་སོང་། ཞེས་བརྗོད་པའི་བརྒྱལ་ལན་དུ།

དཔེ་དེའི་གནས་སྐབས། ཉིང་འཛིན་ཡོངས་རྫོགས་ལ་མེད་ཀྱང་། མཉམ་གཞག་ལས་མི་གཡོ་བའི་དཔེ་ཡིན་ཟེར་བ་ནི། ཤིན་ཏུ་བླུན་པའི་རང་རྟགས་ཆེས་གསལ་བ་སྟེ། མཉམ་གཞག་ལས་མི་གཡོ་བའི་དཔེ་ཡིན་ན། གང་མཉམ་པར་བཞག་པའི་ཏིང་འཛིན་མ་ཞིག་པའི་གནས་སྐབས་ཡོངས་རྫོགས་སུ། དཔེ་དེ་ཡང་ཚང་བར་སོང་བས། དཔེ་འདི་ཏིང་འཛིན་ཡོངས་རྫོགས་ལ་མེད་ཟེར་བ་དང་། མཉམ་གཞག་ལས་མི་གཡོ་བའི་དཔེ་ཡིན་ཟེར་བ་གཉིས་ཤིན་ཏུ་ནང་འགལ་ཆེས་ཆེ་བའོ། །ཡང་དམིགས་གཏད་ངན་པ་དང་། དམིགས་མེད་བཟང་བར་བྱས་པ་ཕྱོགས་གཅིག་པའི་ཨ་འཐས་ཞེས་བྲིས་མོད། དམིགས་གཏད་དམིགས་མེད་རོ་མཉམ་དུ་གྱུར་པའི་སྐབས་སུ་ནི། ཐ་ཞིང་ཟབ་པའི་ཡེ་ཤེས་ནི། སངས་རྒྱས་རྣམས་ཀྱང་གསུང་བར་དཀའ། ཞེས་དང་འདིར་ཁྱོད་

བསྒོད་པར་ སྲུས་རྫོ་ཐོགས། ཞེས་སོགས་ལྟར། དམིགས་པ་དང་དམིགས་མེད་གང་གི་ཡང་མིང་དོན་བསྟད་པར་དཀའ་ལ། རྒྱ་མཚན་དམིགས་མེད་ཀྱི་མིང་། དམིགས་པ་ལ་ལྟོས་ནས་བཏགས་པ་སྟེ། དཔེ་རིང་པོ་ལ་ལྟོས་ནས་ཐུང་ངུ་དང་། རང་དང་ཕ་རོལ་ལ་ལྟོས་ནས། གཞན་དང་ཚུ་རོལ་ཞེས་བཞག་པ་དང་འདྲ། ཇི་སྲིད་དམིགས་གཏད་དང་། དམིགས་མེད་ཀྱི་མིང་བཏགས་དེ་སྲིད་དུ་དམིགས་པ་ངན་པ་དང་། དམིགས་མེད་བཟང་བར་ནི། མདོ་ལས། དམིགས་པ་དང་བཅས་པ་དུག་དང་། དམིགས་པ་མེད་པ་སྨན་གྱི་དཔེས་གསུངས་པ་ལས་ཀྱང་ཅིས་མི་རྟོགས། འོན་ཀྱང་ངེས་དོན་གྱི་སྐལ་བས་ཕོངས་པ་ལ་ཅི་བྱར་ཡོད། དེའི་ཕྱིར་རྒྱུས་པར་མ་སྦྲོས་སོ། །ལྷའི་སྐད་ཀླུ་དང་གནོད་སྦྱིན་སྐད། །ཅེས་སོགས་ལས་འཕྲོས་ཏེ། སྐད་རིགས་མི་འདྲ་བ་སྣ་ཚོགས་ཀྱིས་ཆོས་སྟོན་པ་ལ་དགོངས་ཀྱི། ཚིག་སྦྱོར་སྣ་ཚོགས་ལ་དགོངས་པ་མ་ཡིན་ཟེར་བའང་། འདི་ལྟར་གདུལ་བྱའི་དབྱེ་བས། རང་རང་གི་སྐད་ཀྱིས་ཆོས་སྟོན་པ་དེ་ཀ །ཡུལ་ཆོས་སྐབས་ཐོབ་ཀྱི་སྦྱོར་བ་ཅན་དུ་ཡོད་པའི་ཕྱིར། ཡོངས་སུ་གྲགས་པའི་ཚིགས་སྦྱོར་གཅིག་ཉིད་ལ་ཞེན་པ་ཅི་སྐྱེ་རུང་། གང་ཞིག་འགྲོ་བ་དག་ལ་ཉེ་ཚེ་བ། །དེ་ནི་ཐམས་ཅད་མཁྱེན་པའི་གསུང་མ་ཡིན། ཞེས་མ་གསུངས་སམ།

ཡང་དུས་འཁོར་ལས་ཚིག་གི་སྦྱོར་བ་ཕྱོགས་གཅིག་པ་བཀག་པའི་སྐབས་སུ་རྟོག་གེ་སྨྲ་ལ་གནོད་དོ། །ཅེས་རྒྱལ་ལན་ལས་འབྱུང་མོད། །ཁོ་བོ་ནི་རྟོག་གེ་འཆད་ཚེ། ནང་རིག་གིས་མི་སྲི། ནང་དོན་ལ་ཞུགས་པ་ན། རྟོག་གེས་བསླད་པ་མ་ཞུགས་པར་སྒྲོང་བས་ནོངས་པ་མེད་ཀྱི། དེ་བས་ཐེག་པ་ཆེན་པོའི་ངེས་གསང་རྟོག་གེ་ཚིག་རྩེག་གིས་དཀྲུགས་ཤིང་གཡེར་རྫོམ་འཕྱོར་ཆས་སུ་བྱེད་པ་དག་བསམ་ཚོད་འཛིན་པ་ཅིས་མི་རིགས། རྗེ་ཀླུ་སྒྲུབ་པས། དྲང་དང་ཇི་བཞིན་སོགས་ལ་འཕྲོས་ཏེ། བརྒལ་ལན་དུ།

རང་རང་གི་སྐལ་བ་དང་མཐུན་པར་བཀྲི་བ་དེ་ཐབས་མཁས་ཡིན་གྱི། མཆོག་དམན་ཐམས་ཅད་ལ་ངེས་དོན་འཆད་པ་ཐབས་མཁས་མ་ཡིན་ཟེར་རོ། །རྗེ་ཀླུ་སྒྲུབ་པས་ནི། ཆོས་ཀྱི་ཕུང་པོ་བརྒྱད་ཁྲི་དང་། །ཞེས་སོགས་ལྟར་མཐར་ཐུག་ངེས་དོན་དུ་བཀྲི་བ་ལ་དགོངས་ཀྱི། མཆོག་དམན་ཐམས་ཅད་ལ་དང་པོ་ནས་ངེས་དོན་སྟོན་པ། ངེད་ཀྱི་གྲུབ་མཐའ་ལ་གཏན་མེད་ན། སྐྱོན་བརྗོད་བྱེད་པ་དག་ངལ་བ་མ་ཡིན་ནམ། དེ་བས་ཚིག་ཐུབ་འདོད་པ་པོ་རང་ལ་སྐྱོན་དེས་ཇི་ལྟར་མི་གནོད་སྙམས་ཤིག །རྫོད་སྤོང་དུ་ཇི་བཞིན་དོན་མིན་ལྐེམ་པོ་ཞེས་གསུངས་པ་འདི། དང་སྲ་མི་མངོན་པར་བྱས་པ་ཙམ་མོ། །ཞེས་སྨྲས་པ་ལ། སླར་ཡང་བརྒལ་ལན་དུ།

དང་སྲ་བྱས་པས་ཆོག་པ་ལ། བར་དེར་དོན་ཟེར་བ་ཞིག་བཙུག །དེར་ཕྱུག་འཚལ་བྱས་པས་ཆོག་པ་ལ། འདིར་ཕྱུག་ཡིན་ཞེས་སློས་ཞེས་དང་། སྔར་ཐོས་བསམ་སྦྱངས་ནས་བརྟུལ་ཞུགས་སྤྱོད། ཅེས་པ་ལ་སྒོམ་ཞེས

པའི་བར་ཚིག་མི་མངོན་ཞེས་དཔེ་དང་སྦྱར་ནས་བཤད་པ་ལ། བརྒྱལ་ལན་དུ་ཚིག་འདི་འདྲ་ལ། དཔེ་བཟང་པོ་དེ་ཚོ་བཀབ་ནས་ཅི་མཛད། ཡིག་མཁན་ཁྱུད་ཀྱིས་བད་པའི་ལག་ནོར་ཡིན་ཟེར་བ་བཟང་ཞེས་བྲིས་པ་རྣམས་ནི། གཡས་ཆུང་ལ་ཡང་སྐྱོར་གྱི་བརྩོན་འགྲུས་ཆེ་བ་ཙམ་དུ་ཟད་དོ། །ལོག་སྨྲར་རྩོད་པའི་རིགས་ཚུལ། ཞེས་སོགས་ལ་དཔྱད་པའི་བརྒྱལ་ལན་དུ། ལ་ཡིག་བསྡུས་པའི་ར་ཡིག་བྲིས་སོ། །ཞེས་བྲིས་པ་ལྟན་འདེབས་ཙམ་དུ་རུང་མོད། འོན་ཀྱང་ཁྱེད་བཞིན་ཚིག་བརྩེག་གི་ན་བུན་ལ་དགའ་བའི་ངོར་འདི་ལྟར། ལོག་སྨྲས་ཀྱི་སྤོབས་པ་ཐམས་ཅད། འབྲུག་པས་ཕྱེ་མར་བྱས་ཟིན་པ་དེ་བདེན་ན། འབྲུག་པ་འདས་རྗེས་ནས། ད་ལྟ་དང་མ་འོངས་ཀུན་ཏུ་ལོག་པར་སྨྲ་བ་གཏན་མེད་པ་དང་། ལེགས་པར་སྨོན་པ་ཤ་སྟག་པས་གང་བ་ཅིས་མི་མཐོང་། ཞེས་རྩོད་པར་འོས་མོད། འོན་ཀྱང་མཁས་པ་རྣམས་ནི། ཚིག་ཙམ་གྱི་རྩོད་པ་དེ་འདྲ་བ་ལ་ཇི་ལྟར་སྨོན། དེ་ལྟ་ན་ཡང་འདི་སྐད་བརྗོད་དེ། ཁྱོད་ཕྱོགས་ཀྱི་རྩོད་པ་དེ། གྲུབ་མཐའི་བླང་དོར་ནུས་པའམ། མི་ནུས་པ་གང་ཡིན།

དང་པོ་ལྟར་ན་བྱེད་འབྲས་འདིའོ་ཞེས་སྨོན་དགོས་ན། དེ་ནི་རི་བོང་གི་རྭ་དང་མི་མཚུངས་སམ། ཕྱི་མ་ལྟར་ན་རྩོད་པ་དགོས་མེད་དུ་ཐལ་ཞིང་། རྣམ་པ་གཅིག་ཏུན་ཚུལ་དེ་འདྲ་བ་ལ། སློབ་དཔོན་རྣམས་ཀྱིས་འཆད་པའི་སྐབས་ཀྱི་རྩོད་པ་ཞེས་འཆད་པའི་ནང་དུ་བསྡུས་ཀྱི། རྩོད་པ་ཚུགས་ཐུབ་ཏུ་མ་བཤད་ན། ཁྱེད་ཀྱིས་འཆད་པ་ལས་ལོགས་སུ་སྨོས་པ་དེ་ལ། རྩོད་པ་རང་རྐང་གི་དོན་ཇི་ལྟར་ཚང་། ཡང་དག་པར་ན་རྩོད་པ་རྣམ་དག་ནི། སྐྱོན་དང་སྐྱོན་མ་ཡིན་པ་ལ། དེ་དང་དེར་དྲང་པོར་བཞག་ནས། དགག་སྒྲུབ་བགྱི་བ་ཞིག་ཡིན་པ་ལས། ཁྱེད་རྣམས་རེས་འགའ་སྐྱོན་ལ་སྐྱོན་མ་ཡིན་པར་ཞེན། ལ་ལར་སྐྱོན་མ་ཡིན་པ་ལ་སྐྱོན་དུ་འདོགས་པའི་ཕྱིར། རྩོད་པ་རྣམ་པར་དག་པའི་དྲི་ཙམ་ཡང་ཇི་ལྟར་མཆིས། སྒྲ་རྟོག་གི་རིགས་པས་རྟོག་གེ་བཞིན་རྣམ་པར་དཔྱད་ན། མང་པོ་ཞིག་ཅིག་ཆར་འཇིག་མོད། ཕྱོགས་འཛིན་མཁན་ཇི་སྙེད་པའི་ཟུག་རྔུར་དོགས་པ་དང་། དགོས་པའང་ཆུང་བའི་ཕྱིར་སྤྲོས་པས་ཅི་ཞིག་བྱ། ཐུགས་རྗེའི་བདག་ཉིད་དྲིན་ཅན་གྱི་ཞེས་སོགས་ཀྱི་སྐབས་སུ། སློབ་དཔོན་སློབ་མ་གཉིས་ཀ་ལ་སྦྱོར་བ་རྣམ་གྲངས་ཀྱི་བཤད་པ་དང་། སློབ་དཔོན་ཉིད་ལ་སྦྱོར་བ་སྐབས་དོན་གཙོ་བོའི་བཤད་པ་ཞེས་སྤྱར་རྩོད་སྤོང་དུ་སྨྲས་ཟིན་ན་སླར་ཡང་བརྗོད་པས་ཅི་བྱ་སྟེ། གྲུབ་པ་སྒྲུབ་པ་ཉིད་མ་ཡིན། །ཞེས་འབྱུང་བའི་ཕྱིར་དང་། ཐུན་མོང་མ་ཡིན་པའི་བཤད་ཚུལ་མཐའ་ཡས་པར་གསུང་པ་ནི། སྐབས་ཀྱང་མ་ཡིན་པའི་ཕྱིར་རོ། །

འཕྲོས་དོན་བརྒྱལ་ལན་དུ། དགོས་དབང་གིས། སངས་རྒྱས་ནང་ཕན་ཚུན་དུ་གསོལ་བ་འདེབས་པར་ཡོད་པར་ཁས་བླངས་ནས། དེ་མ་ཐག་ཏུ། ཡེ་ཤེས་ཀུན་ལྡན་གྱི་སློབ་མས། སློབ་དཔོན་སུ་ཞིག་ལ་གསོལ་བ

བཏབ། ཅེས་བྲིས་པ་ནི་ནང་འགལ་ཏེ། ཡེ་ཤེས་ཀུན་ལྡན་གྱི་རྣལ་འབྱོར་མས། ཡེ་ཤེས་ཀུན་ལྡན་གྱི་རྡོ་རྗེ་སེམས་དཔའ་ལ་རྒྱུད་ཞུ་བའི་ཕྱིར་གསོལ་བ་ཅེས་མ་བཏབ། རྡོ་རྗེ་འཆང་གིས་སངས་རྒྱས་ལ། །དབང་བསྐུར་བཞིན་དུ་འགྲོ་བ་རྣམས། །བསྒྲལ་ཕྱིར་ཡོན་ཏན་འབྱུང་བའི་གནས། །དེ་བཞིན་བདག་ལ་གནང་བར་ཞུ། །ཞེས་རྡ་འགྲུར་ལས་གསུངས་པའང་མ་ཐོས་སམ། རྣམ་པ་གཅིག་ཏུ་ན། རྩོད་སྤོང་དུ་ཀུན་ཞེས་པ་མང་པོའི་དོན་ཏེ། ཡེ་ཤེས་ཀྱི་ཡོན་ཏན་མང་པོ་དང་ལྡན་པའི་ས་བཅུ་ཀ་ལ་སྦྱར་རོ། །ཞེས་བཤད་བཞིན་དུ། དམ་བཅའ་ནུས་མེད་ཀྱི་ཚིག་ཙམ་ཡང་བློས་སུ་བྱེད་པ་ནི། རྩོད་ཡིག་སྔ་ཕྱི་རྣམས་ལའང་ཧོབ་སྤྱོད་མི་བྱེད་ཅིང་། ཞིབ་མོར་དཔྱོད་པའོ། །ཞེས་ཁས་བླངས་པ་སྟོང་ཡལ་དུ་མཆོན་པ་ཅེས་མ་ཡིན། སྲིད་གསུམ་དུ་དཔེའི་ཡེ་ཤེས་ལ་ཡང་དག་པའི་སྒྲ་མི་ཐོབ་ཟེར་བའི་ལན་ལ། རྩོད་སྤོང་དུ། སྒྱུ་ལུས་དཔེའི་འོད་གསལ་ཡང་དག་པའི་སྒྲ་མཛད་ཚུལ་སྤྱོད་བསྡུས་དང་སྦྱར་ནས་བཤད་པ་ལ།

བརྒལ་ལན་དུ། དེ་སྒྱུ་ལུས་གཅིག་པུའི་སྟེང་དུ་རིམ་ལྔ་རྫོགས་པའི་ལུགས་ཟེར་བ་ནི། ལྔ་བདུད་དུ་བབ་པ་དེར་སྣང་བས། མང་དུ་སླ་བ་ཅི་ཞིག་དགོས། གསང་བ་འདུས་པའི་གྲུབ་མཐའ་ལ། རིམ་ལྔ་ཚང་རྒྱ་བ་ཞེས་སྒྱུ་ལུས་གཅིག་པུའི་སྟེང་དུ་རིམ་ལྔའི་དོད་སྦྱོར་བ། འོད་གསལ་གཅིག་པུའི་སྟེང་དུ་རིམ་ལྔ། ཟུང་འཇུག་གཅིག་པུའི་སྟེང་དུ་རིམ་ལྔ་སྦྱོར་བ་སོགས་ཡོད་ཅིང་། དེའི་ཚེ་སྒྱུ་ལུས་ཀྱི་འོད་གསལ་དང་། དེའི་ཟུང་འཇུག་རྣམས་སྒྱུ་ལུས་ཡིན་གྱི། རིམ་ལྔའི་ཟླས་ཕྱེ་བའི་འོད་གསལ་དང་ཟུང་འཇུག་མ་ཡིན། འོད་གསལ་གྱི་སྒྱུ་ལུས་དང་། ཟུང་འཇུག་གི་སྒྱུ་ལུས་སོགས། རིམ་བཞིན་འོད་གསལ་དང་ཟུང་འཇུག་ཡིན་གྱི། སྒྱུ་ལུས་མ་ཡིན་ཞེས་གྲགས་ན། སྒྱུ་ལུས་ཀྱི་སྟེང་དུ་རིམ་ལྔ་བརྩིས་པའི་ཡང་དག་གི་མིང་ཅན་དེ། རིམ་ལྔའི་འོད་གསལ་དང་། ཡང་དག་མཚན་ཉིད་པ་ཇི་ལྟར་ཡིན་སོམས་ཤིག །ཀུན་རྫོབ་བདེན་པ་སྒྱུ་མ་ཉིད། །ལོངས་སྤྱོད་རྫོགས་པའི་སྐུ་ཡང་དེས། །དེ་ཉིད་དྲི་ཟའི་སེམས་ཅན་གྱུར། །རྡོ་རྗེའི་སྐུ་ཡང་དེ་ཉིད་ཡིན། །ཞེས་པ་ལ་འཕྲོས་ནས། འདི་གཞིའི་སྐབས་ཡིན་པས་མ་འབྲེལ། ཞེས་བརྒལ་ལན་དུ་བྲིས་སོ། །

སྤྱིར་གཞུང་འདི་སྐྱེ་འཆི་བར་དོ་གསུམ་ལ་སྦྱོར་ཡང་། གཞིའི་གནས་སྐབས་ཀྱི་དེ་གསུམ་ལ་སྦྱོར་བ་སྐབས་མ་ཡིན་ཏེ། དེ་ཉིད་དྲི་ཟའི་སེམས་ཅན་གྱུར་ཞེས་བར་དོ་སྒྱུ་མའི་གདམས་ངག་དང་། རྡོ་རྗེའི་སྐུ་ཡང་དེ་ཉིད་ཡིན། ཞེས་མཉམ་གཞག་སྒྱུ་མའི་གདམས་པ་བསྟན་ཞེས་འཆད་པ་དང་འགལ་བའི་ཕྱིར་དང་། གལ་ཏེ་གཞི་དང་རྣམ་པ་མཐུན་པ་ཙམ་ལ་བསམ་ན་ནི། བརྗོད་དོན་གྱི་གཙོ་བོ་ངོས་མི་ཟིན་ལ། དེ་མ་ཐག་ཏུ་སྒྱུ་ལུས་ཀྱི་སྤྱོད་པ་གསུངས་པ་དང་ཡང་ཇི་ལྟར་སྦྲེལ། གསང་འདུས་མཁྱེན་པ་གོང་མ་རྣམས། གཞུང་འདི་སྒྱུ་ལུས་སྐབ་

བྱེད་ཀྱི་ཐབས་སུ་འཆད་ན། གཞི་ལ་འཆད་པ་དེ། སྒྲོ་བཏགས་གློ་བུར་བ་ཙམ་མ་ཡིན་ནམ། དེ་ཡང་རྨི་ལམ་དང་། སྒྱུ་ལུས་དཔེ་དོན་དུ་སྦྱར་ནས། དྲི་བ་དྲུག་ལན་དང་བཅས་ཏེ་གསུངས་ན། གཞི་ལ་དཔེ་དོན་དྲུག་པོ་ཇི་ལྟར་སྦྱོར། གཞུང་འདིའི་སྐྱ་རིས་ཙམ་ཡང་མ་ཤར་བར། ཧམ་པ་བསྐྱེད་ནས་སྨྲ་བ་དེ་བླུན་པོའི་ངོར་མཛེས་ཀྱི། མཁས་པ་རྣམས་ཀྱི་སྤྱན་སྔར་ག་ལ་ཞིག །ངེས་པར་ན་གཞུང་འདི་བདེ་བ་དག་སྣང་དབྱེར་མེད་ཀྱིས་བསྡུས་པའི་སྒྱུ་ལུས་ལ་སྦྱོར་བ་གསོན་པོའི་གནས་སྐབས་དང་། སེམས་དབྱེན་མཐར་ཐུག་གི་འོད་གསལ། རླུང་སེམས་ཀྱི་སྐྱ་བྱེད་ལས་གསུམ་ལ་སྦྱོར་བ། འཆི་བར་སྐྱེ་གསུམ་གྱི་ལམ་བྱེད་སོགས། གནད་ཟབ་མོ་མང་དུ་ཡོད་མོད། གཡུལ་མ་ཡིན་པའི་ཕྱིར། སྦྲོས་པར་ཅི་སྟེ་རིགས། འདི་ནི་ཁྱོད་ཀྱི་དམྱལ་བའི་རྒྱུ། །ཞེས་པ་ལ་འཕྲོས་ནས།

བརྒྱལ་ལན་དུ། འདི་ནི་དམ་ཚིག་རྡོ་རྗེ་སྟེ། །རྡོ་རྗེ་སེམས་དཔའ་ཡིན་པར་གྲགས། །རྡོ་རྗེ་ཡེ་ཤེས་བླ་ན་མེད། །ཅེས་པའི་ཡེ་ཤེས་ལ་ཟེར་རྒྱུ་ཡིན་ཞིང་། དམ་གཞག་གི་སྟོན་དུ་ཡེ་ཤེས་དབབ་པ་མེད། ཅེས་བྲིས་མོད། སྔར་རྩོད་སྤོང་དུ། དམ་ཚིག་འདས་ན་བསྒྲེག་པར་བྱེད། །ཅེས་པའི་དམ་ཚིག་ནི་མ་འོངས་པ་སྟུན་བསྒུས་པའི་ཚུལ་གྱིས་དངོས་གཞིའི་དམ་ཚིག་གཙོ་ཆེ་ཞེས་སྨོས་ཟེར་ན། སྨྲ་བ་དེས་དགོས་ནུས་ཅི་ཞིག་མཐོང་། ཡང་བླ་བ་རྡོ་རྗེའི་དམ་ཚིག་སོགས་ཁྱུ་ནས་ཕུད་དེ། འདིར་དངོས་གཞིའི་དམ་ཚིག་ལ་འཛོག་པ་གང་ཞིག །དེ་གཉིས་ལ་གཙོ་ཕལ་གྱི་ཁྱད་མི་རིགས་པའི་ཕྱིར་ཟེར་བ་ནི། རྟགས་ཟུར་ཕྱི་མ་སུས་ཀྱང་སྒྲུབ་པར་མི་ནུས་པའི་རིགས་པ་ལྟར་སྣང་སྟེ། དངོས་གཞིའི་དམ་ཚིག་དང་སྦྱོར་བའི་དམ་ཚིག་ལ་གཙོ་ཕལ་གྱི་ཁྱད་ཡོད་པ་གསང་སྔགས་མཁྱེན་པ་ཀུན་གྱི་སྤྱི་ལུགས་ཡིན་པས་སོ། །སྤྱིར་ནི་འདི་ནི་ཁྱོད་ཀྱི་ཞེས་པའི་ཉེ་ཚིག་གི་དོན། གང་དུ་དབང་བསྐུར་བའི་གནས་སྐབས་འདི་ལས་བྱུང་བའི་དམ་ཚིག་འདི་ནི། ཞེས་སྤྱི་ལྡོག་ནས་འཛོག་ཅིང་། དེ་ལ་ནང་གསེས་ཀྱིས་ཕྱེ་ནས། སྦྱོར་དངོས་རྗེས་ཀྱི་དམ་ཚིག་གསུམ། རེ་རེའང་དབྱེ་བ་དུ་མར་འགྱུར་བ་སྟེ། གནད་འདི་གོ་ན་ཉེ་ཚིག་གི་ཚད་རྩོད་སྤྲུབས་དོག་ལ་ཨོ་ཐོས་པ་དེ་ཀུན་རང་གྲོལ་ཅེས་མ་ཡིན། རྟུལ་ཚོན་དག་ཀྱང་བཀྱེ་བ་ནི། །སྔགས་ཀྱི་སེམས་དཔས་མི་བྱ་སྟེ། །ཞེས་པ་ལ་འཕྲོས་ནས། སྦྱོར་ལམ་དྲོད་ཀྱིས་ཁོ་རའི་རང་ས་ནས། རྒྱུན་མཐའི་བར་དུ་ཁྱབ་པའི་སྟོན་མེད་གཏམ་གསར། ཞེས་བརྒྱལ་ལན་དུ་བྲིས་པ་ནི། ཧལ་ལེ་ཧོལ་ལེའི་རྣམ་ཐར་ཟངས་མ་སྟེ། སྔགས་ཀྱི་སེམས་དཔས་མི་བྱ་ཞེས་པའི་རྗེན་ངོས་འཛིན། དྲོད་ནས་རྒྱུན་མཐའི་བར་ལ། རྗེ་བླུ་སྒྲུབ་པ་བཞེད་ཅེས་སྨོས་ཀྱི། དྲོད་ཀྱི་རྒྱུན་མཐར་ཁྱབ་པ་སུ་ཞིག་གིས་སྨྲས་སྟོན་དགོས་སོ། །རྡོ་རྗེའི་ཐེག་རྣམས་ཞེས་སོགས་ཡེ་གྲུབ་ཀྱི་ཚིག་ཡིན་པས། ལུང་ཁུངས་ནོར་ཞེས་བྲིས་པ་ཕྲོགས་རེའི་གཏམ་སྟེ། ཡེ་གྲུབ་ཏུའང་། རྒྱུད་ཀྱི་ལུང་དྲངས་པ་ཙམ་ལས་གསར་རྩོམ་མ་ཡིན། ཚིག་རིགས་ཐུན་བུ་མི་གཅིག་པ་ནི་འགྱུར་ཁྱད་ཙམ་དུ་སྣང་།

དཔེར་ན་དུས་འཁོར་རང་དུའང་། རྡོ་རྗེའི་ཐེག་རྣམས་གདབ་པ་དང་། །ཚོན་རིས་བཀྱེ་བ་མི་བྱ་སྟེ། །བྱས་ན་སྔགས་ཀྱི་སེམས་དཔའ་ཡིས། །དེ་ཉིད་བྱང་ཆུབ་རྙེད་པར་དཀའ། །ཞེས་དང་། རྡུལ་ཚོན་དག་ཀྱང་གདབ་པ་ནི། །སྔགས་ཀྱི་དེ་ཉིད་ཀྱིས་མི་བྱ། །བྱས་ན་བྱང་ཆུབ་ཐོབ་པར་དཀའ། །ཞེས་སོགས་འགྱུར་ཁྱད་མང་དུ་ཡོད་པ་དང་འདྲ། དེ་ལྟར་འགྱུར་བྱེད་ལོ་ཙཱ་བའི་བཞེད་པས་ཚིག་རིས་ཇི་ལྟར་ཡང་རུང་། རྩ་བ་ཚིག་འདི་རྒྱུད་ཚིག་ཡིན་པས། ལུང་ཁུངས་དེ་བཞིན་དུ་སློས་པ་ཅིས་མི་རིགས། སྔགས་ཀྱི་སེམས་དཔའི་དོན་ལ།

ཇོ་ཀླུ་སྒྲུབ་པས། ཡེ་གྲུབ་ཀྱི་ལུང་། ཡེ་ཤེས་མཐོང་བ་ཞེས་བྱ་བའི་དོན་ནོ། །ཞེས་འདྲེན་པར་མཛད་པ་ལ། བཀྲལ་ལན་མཁན་པོས། འདི་གཞུང་བཅོས་པར་འདུག་སྟེ། ཡེ་ཤེས་མཐོང་བར་བྱ་བའི་དོན་ནོ། །ཟེར་བ་ཡིན་ཞེས་བྲིས་མོད། །ཁོ་བོས་ཡེ་གྲུབ་ཀྱི་གཞུང་མཐོང་བ་གང་ནའང་། ཀླུ་སྒྲུབ་རྒྱ་མཚོ་དང་། སངས་རྒྱས་རྡོ་རྗེ་བས་དྲངས་པའི་ལུང་ཚིག་ཟིན་གཉིས་ཀར་མི་འདུག །དེ་ཡང་ཁྱེད་རྣམས་ཡིད་སྐྱོབ་པར་གྱུར་པའི་ཕྱིར་སྔགས་ཀྱི་ཡེ་ཤེས་ཏེ་ཟེར་ཡང་གཞུང་དུ། སྟེ་ཚན་སོ་སོར་བཅད་ནས། སྔགས་ཀྱི་སེམས་དཔའ་ཞེས་བྱ་བ་ནི། ཡིད་སྐྱོབ་པར་བྱ་བའི་ཕྱིར་རོ། །སྔགས་ནི་ཡེ་ཤེས་ཏེ་ཞེས་འབྱུང་། དེའི་འཕྲོས་དེ་མ་ཐག་ཏུ་ཡང་དག་པའི་ཡེ་ཤེས་ཞེས་བྱ་བའི་དོན་ཏོ། །ཞེས་འབྱུང་གི་མཐོང་བར་བྱ་བའི་དོན་ཏོ། །ཞེས་པ་དང་། མཐོང་བའི་དོན་ཏོ། །ཞེས་པའི་ཚིག་གང་ཡང་མི་སྣང་། ཁྱེད་ལྟར་ན་གཞུང་སྟེ་ཚན་གཅིག་དང་། ངེད་ཀྱི་མཐོང་བར་སྟེ་ཚན་གཉིས་སུ་བཅད་པས། ཚིག་རིས་ཙམ་དུ་མ་ཟད། དོན་གྱི་ས་གཙོད་ཚུལ་ཡང་ཅུང་ཟད་མི་འདྲ། ལར་རང་གིས་མ་མཐོང་བ་ཙམ་མེད་པའི་སྒྲུབ་བྱེད་དུ་མི་རུང་ཡང་ཀླུ་སྒྲུབ་རྒྱ་མཚོས། ཡེ་གྲུབ་ཀྱི་གཞུང་དངོས་ལ་མ་གཟིགས་པར་ལུང་འདྲེན་ཡ་འཕྱར་ཞིག་ལ་ཐུགས་གཏད་བཅོལ་བ་ཡིན་སྲིད་ལ། ཁྱེད་ནི་རྟོག་བཟོ་ལ་ངེས་པར་རིངས་པ་ཞིག་སྣང་བས། མ་བརྟགས་པར་ཐོས་ཚོད་ཀྱི་ཡིད་ཆེས་སུ་ཇི་ལྟར་རུང་། བཀྲལ་ལན་དུ་བྲིས་སྒྲུབ་ཅེས་པ་ཏིང་ངེ་འཛིན་གྱིས་བྲིས། །ཏིང་ངེ་འཛིན་གྱིས་སྒྲུབས། ཞེས་ཟེར་བ་ནི། གང་དྲག་གི་ལུས་ལ་ཅི་དྲག་གིས་བརྒྱན་པར་སྣང་མོད། རྣམ་པར་བརྟགས་ན་ཤིན་ཏུ་འཁྲུམས་ཏེ། སྐབས་འདི་ནི། རྡོ་རྗེའི་ཐེག་རྣམས་གདབ་པ་དང་། །རྡུལ་ཚོན་དག་ཀྱང་བཀྱེ་བ་ནི། །སྔགས་ཀྱི་སེམས་དཔས་མི་བྱ་སྟེ། །བྱས་ན་དངོས་གྲུབ་རྙེད་པར་དཀའ། །ཞེས་པའི་དོན་འཆད་པའི་སྐབས་ཡིན་ན། བྲིས་སྒྲུབ་ཅེས་པ་ཏིང་ངེ་འཛིན་གྱིས་བྲིས་པ་སོགས་ལ་སྦྱོར་བ་ཇི་ལྟར་རུང་། རྡུལ་ཚོན་ཞེས་གསུངས་པ་དང་མི་འགལ་ལམ། གལ་ཏེ་ཏིང་ངེ་འཛིན་གྱིས་བྲིས་ཤིང་སྒྲུབ་པ་ལ་ཟེར་ན། དེ་ནི་དངོས་གྲུབ་ཀྱི་ནུས་པ་མཆོག་ལྡན་ཡིན་པའི་ཕྱིར། བྱས་ན་དངོས་གྲུབ་རྙེད་པར་དཀའ། །ཞེས་པ་དང་ཅིའི་ཕྱིར་མི་འགལ། སྐབས་འདིའི་ལེའུ་དང་པོར། ཡང་དག་ཡེ་ཤེས་ཀུན་ལྡན་པས། །བྲིས་པའི་དཀྱིལ་འཁོར་སོགས་གཞན་དུ། །

དབང་བསྐུར་བ་ནི་ལེན་ཞེ་ན། །འདི་ནི་དམ་ཚིག་ཉམས་པར་འགྱུར། །ཞེས་གསུངས་ན། ཧིང་ངེ་འཛིན་གྱི་བྲིས་སྐྱབ་ཟེར་བ་ཅི་ལ་རུང་། རུང་བ་ཞིག་ན་ཧིང་ངེ་འཛིན་གྱི་དཀྱིལ་འཁོར་དུ་དབང་བླངས་ན་དམ་ཚིག་ཉམས་པ་ཁས་ལེན་དགོས་པས་བཤད་གད་ཀྱི་གནས་སུ་མི་འགྱུར་རམ། ཟ་འི་ཁྱུར་པོ་ཁྱུར་ནས་ཇོ་འཐབ་བྱེད་པ་ཁྱེད་ནི་གླེན་པ་ཞིག་གོ། །

རྩོད་སྤོང་དུ། བསྐྱེད་རིམ་མཆོག་གི་དངོས་གྲུབ་ཀྱི་དངོས་རྒྱུ་ཐུན་མོང་མ་ཡིན་པ་ཡིན་མིན་གྱི་དཔྱད་པ་ཅུང་ཟད་བགྱིས་པ་ལ། བརྒལ་ལན་དུ་བཤད་ཡམ་མཁོ་མེད་མང་དུ་བྲིས་ཀྱང་། ངེད་ལ་མ་གནོད་ཅེས་བྲིས་མོད། དེ་དག་ཁོ་བོས་ཁྱེད་ལ་གནོད་པ་དང་། རྩོད་པའི་ཡན་ལག་ཏུ་བྲིས་པ་མ་ཡིན་པས་སྨྲག་པར་བྱ་མི་དགོས་ཀྱི༑ ཅི་སྟེ་དགག་སྒྲུབ་ཀྱི་རིགས་པས་ཆེད་དུ་སྨྲས་པ་ཞིག་ན། དེ་ལ་ཁྱེད་ཀྱི་སྤོབས་པས་ལན་ལོན་པ་ག་ལ་ཞིག །བཤད་ཡམ་དགོས་མེད་དུ་བྲིས་པའང་མ་ཡིན་ཏེ། སྲིད་གསུམ་དུ་སྙིང་འགྲེལ་མཁའ་འགྲོ་སོགས་དང་སྦྱར་བའི་བཤད་པ་ཅུང་ཟད་གླེང་བ་དེ། ས་སྐྱ་པ་མང་པོ་དག་བཙོས་མ་དང་བཙོས་མ་མ་ཡིན་པའི་དབྱེ་བ་མེད་པར་བསྐྱེད་རིམ་ས་བཅུར་འགྲོ་བའི་གྲུབ་མཐའ་འཛིན་པ་ལ་ཐུར་ཟས་པར་མཐོང་ལ། དེ་ལ་ཁོ་བོའི་རིང་ལུགས་ནི་འདི་འོ་ཞེས་མཚོན་པའི་ཕྱིར། ཅུང་ཟད་སྨྲས་པ་ལ། མ་འབྲེལ་བའི་སྐབས་ཅི་ཞིག་སྲིད། བརྒལ་ལན་དུ་ལས་འབྲེལ་ཡོད་ན་མ་བསྒོམ་ཡང་གྲོལ་རྒྱུ་ལ། མི་ལ་ལ་རྫོགས་ཆེན་གྱི་ལས་འབྲེལ་མེད་པས་ལན། ཞེས་བྲིས་པ་ནི། ཁོ་བོས་ལས་འབྲེལ་ལ་རྩད་པ་མ་ཡིན་གྱི། ཆེ་བརྗོད་ཚིག་ཟིན་ལྟར་བདེན་པ་དང་། ངེས་པར་བསྒོམ་དགོས་རྒྱུ་བའི་ཚིག་དེ་གཉིས་ནང་འགལ་དུ་བརྗོད་པ་ཡིན། ཅི་སྟེ་ལས་འབྲེལ་ལ་བསམ་ན་ཡང་། རྫོགས་ཆེན་དུ། རིགས་དང་དབང་པོའི་ཁྱད་པར་མེད། །རྒྱན་གཞོན་ཕོ་མོ་དགེ་སྡིག་མེད། །ཐོག་མ་མེད་པའི་བག་ཆགས་ཅན། །མཚམས་མེད་འབའ་ཞིག་བྱས་པ་ཡང་། །ཆོས་འདི་ཐོས་པས་གྲོལ་བ་ཡིན། །ཞེས་དགེ་སྡིག་ལས་འབྲེལ་ལ་མ་ལྟོས་པའི་ཐོས་གྲོལ་ཞིག་བཤད་ན། འདིའི་རིགས་ཆེ་བརྗོད་ཙམ་མ་ཡིན་པར་དངོས་གནས་སུ་བདེན་པར་ཁྱེད་རྣམས་སྨྲ་བ་དང་། ལས་འབྲེལ་ཡོད་མེད་ཀྱི་དབྱེ་བ་བྱེད་པ་གཉིས་འགལ་བས་གནོད་ལ། རྣམ་པ་གཅིག་ཏུ་ན། ཆོས་གཅིག་ཉམས་སུ་བླངས་པས། ཐམས་ཅད་ཉམས་སུ་བླངས་པར་འགྲོ་བ་དང་། ལམ་འབྲས་ཉམས་མྱོང་ལས་ལོགས་པའི་ཆོས་དྲུག་གི་རང་འབྲས་མི་དགོས་ཞེས་ཁྱེད་རང་གིས་ཁས་བླངས་ཟིན་ན། སྐབས་འདིར་ཡང་། མི་ལ་ལ་ཆོས་དྲུག་གི་ལས་འབྲེལ་ཡོད་པ་དེ་ག །རྫོགས་ཆེན་ལ་སོགས་པ་ཆོས་ཐམས་ཅད་ཀྱི་ལས་འབྲེལ་ཡོད་པ་རུ་ཅིས་མ་སོང་། རྩོད་སྤོང་དུ་སློབ་མས་ཐུན་གཅིག་ཀྱང་མ་བསྒོམས་པར་གྲོལ་བ་ཞེས་བཤད་པ་དངོས་བསྟན་དུ་བདེན་ན། ལམ་འབྲས་བསྒོམ་པ་ག་ལ་དགོས་ཞེས་སྨྲས་པ་ལ།

བརྒལ་ལན་དུ། འོ་ན་ས་ཆེན་རྗེ་བཙུན་གསུང་བ་པོར་འགྱུར་ཏེ། ཐུན་གཅིག་ཀྱང་མ་བསྒོམས་ན་མི་གྲོལ་བཞིན་དུ་གྲོལ་བར་གསུངས་པའི་ཕྱིར་ཟེར་རོ། །དེ་ཡང་ཁོ་བོས་ནང་འགལ་གྱི་རིགས་པ་བརྗོད་པ་དེ། རྟགས་གསལ་དུ་བླངས་ན། ལམ་འབྲས་དོན་གཉེར་གྱི་སྐྱེས་བུས། ལམ་འབྲས་བསྒོམ་མི་དགོས་ཏེ། མ་བསྒོམས་ཀྱང་གྲོལ་བ་ཁྱེད་ཀྱི་ངོར་གྲུབ་པའི་ཕྱིར། ཞེས་པར་སོང་། །དེ་ལ་བརྒལ་ལན་དུ་སྨྲས་པའི་ལན་དེ། རྟགས་ཁྱབ་གསལ་བ་གསུམ་པོ་གང་གི་ལན་དུ་འགྱུར་སོམས་ཤིག །གལ་ཏེ་མཚུངས་པ་འདྲ་བའི་རིགས་པའོ་སྙམ་ན། ཁོ་བོའི་རིགས་པ་ལན་སྙོ་བཞིས་དབྱུལ་བ་དང་། ཁྱེད་ཀྱི་རིགས་པ་རྟགས་བསྙལ་པའི་བར་དུ་མི་འགྲུབ་པ་གཉིས་ནམ་ཞིག་མཚུངས། གཏོར་དང་བླུགས་པ་ཞེས་སོགས་ལ་འཕྲོས་ནས་ལས་དང་པོ་པ་བསོད་ནམས་ཀྱི་མཐུ་ཆེ་བ་ཞེས་གཞི་ལ་སྦྱར། ཞེས་བརྒལ་ལན་དུ་བྲིས་ཀྱང་ལས་དང་པོ་པ་སྟུགས་ལམ་ལ་འཇུག་མ་མྱོང་བ་ཞིག་ལ། གྲུབ་སྟེ་དངོས་བསྟན་གྱི་རྡོ་རྗེ་ཡེ་ཤེས་ཀྱི་དབང་སྐྱིན་བྱེད་དུ་བསྐུར་ཕྱིན། གཞི་ལ་སྦྱར་བ་དང་མ་སྦྱར་བ་གང་ཡིན་ཡང་ཕན་གནོད་ཧེ་ལྟར་ནུས། ཁོ་བོ་ཅག་ནི་བདག་ཉིད་ཆེན་པོ་བསོད་ནམས་རྩེ་མོའི་བཞེད་པས། གྲུབ་སྟེའི་དབང་རྣམས་དངོས་བསྟན་དོན་གྱི་གཙོ་བོ་སྨྱིད་པའི་དབང་དང་། རྗེས་མཐུན་སྒྲུབ་པ་པོ་སྤྱི་ལ་བྱིན་རླབས་སུ་བསྐུར་ཞིང་། དེའི་ཚེ་བླ་མའི་མན་ངག་གིས་འཇུག་པ་ལ་སོགས་པ་ཁ་སྐོང་བར་གསུངས་ཏེ། ཡེ་གྲུབ་ལེའུ་ཉི་ཤུ་པར། དབང་པོ་ཐ་མ་ཁ་འཕངས་ཀྱི་རྣམ་གཞག་བཤད་པའི་འཕྲོས་ལས་ཀྱང་དོན་གྱིས་རྟོགས་ལ། ཡིད་ཆེས་ཚད་མར་གྱུར་པ་དེ་ལྟ་བུ་གཞིར་བྱས་ནས། ངེས་པའི་གཏིང་ཚུགས་པ་ན། ཁྲུངས་མེད་མུ་ཅོར་གྱི་གཏམ་ལྟར་སྨྲ་བ་དག་གིས་འགྲམ་ཆུ་ཅི་ལ་ལྷུང་། ལྷ་དབང་བསྐུར་བ་དང་སློབ་མ་དབང་བསྐུར་གཉིས་རྒྱུད་ན་སོ་སོར་ཡོད་པས་མ་ནོར་བ་དགོས་ཞེས་བརྒལ་ལན་དུ་བྲིས་པ་ནི། ཞི་ཕྱུགས་བསམ་པ་ན། ལྷ་ལ་སློབ་མ་དབང་བསྐུར་གྱི་ཆོ་གས་དབང་བསྐུར་དུ་མི་རུང་བ་ཞིག་བསམ་ཚོད་ལ་ཡོད་འདྲ་ཡང་། རབ་གནས་ཀྱི་དབང་བསྐུར་རྒྱས་པ་དང་། བདག་འཇུག་གི་དབང་རྒྱས་པ་རྣམས་མ་ཐོས་སམ།

བརྟག་གཉིས་ན། དབང་བསྐུར་དེ་གཉིས་ལེའུ་སོ་སོར་གསུངས་པ་ནི་བདེན་ཞིང་། དེའི་གནད་དོན་བསམ་གྱིས་མི་ཁྱབ་པའང་ངེས་མོད། བཤད་པའི་སྐབས་མ་ཡིན་ལ། དེ་ལྟ་ན་ཡང་ལྷ་དང་སློབ་མའི་དབང་ལེ་སོ་སོ་བ་ཙམ་རྒྱུ་མཚན་དུ་བྱས་ནས། ལྷ་དབང་སློབ་མ་ལ་བསྐུར་དུ་མི་རུང་བ་དང་། སློབ་མ་དབང་བསྐུར་གྱི་ཆོ་གས། ལྷ་ལ་བསྐུར་དུ་མི་རུང་བར་འདོད་ན་ནི་ཤིན་ཏུ་རྨ་པར་འཕྲུམས་སོ། །ཕྱུང་པོ་ཁམས་དང་ཞེས་སོགས་ཀྱི་སྐབས་སུ་རྒྱུད་ལ་མཐའ་དྲུག་གི་བཤད་པ་དུམ་ཡོད་པ་ལྟར། ས་པཎ་གྱི་གསུང་ལའང་འདྲའོ། །ཞེས་བརྒལ་ལན་དུ་བྲིས་ནས། བྱིན་རླབས་སྨིན་བྱེད་ཡིན་པ། ས་པཎ་གྱི་དགོངས་པར་བསྒྲུབ་འདོད་པ་ནི། འདི་ལྟར་གཞུང་

གང་དང་གང་གི་ཟུར་ཕྱད་འདོན་ཚུལ་ཅུང་ཟད་ཅུང་ཟད་ལ་བརྟེན་ནས་རྣམ་དཔྱོད་དང་ལྡན་པས་ཅིར་ཡང་བཤད་ནུས་པ་བདེན་ཡང་། རྗེ་བཙུན་སྐུ་མཆེད་ཀྱིས་བྱིན་རླབས་སྨིན་བྱེད་དུ་བྱེད་པ་གསལ་པོར་བཀག་ཟིན་པ་དེ། རབ་དབྱེར་ཐློས་སྐྱོར་མཛད་པའི་ཕྱིར། གཞུང་འདིའི་བཤད་པ་གཞན་དུ་བསྒྱུར་ན། གོང་མ་ལྔའི་གསུང་ནང་འགལ་ཅན་དུ་འགྱུར་བས། འདིར་ནི་ངེས་བཟུང་གི་འཆད་ཚུལ་འདི་ཁོ་ན་ལེགས་ཀྱི། གཞན་དུ་མཛེས་པར་ག་ལ་འགྱུར།

བརྒལ་ལན་དུ། དེང་སང་རྡོ་རྗེ་ཕག་མོ་ཡི། །ཞེས་སོགས། རྡོ་རྗེ་ཡེ་ཤེས་ཀྱི་དབང་བསྐུར་སྐབས་སུ་འདྲེན་དགོས་མེད་དེ། དབང་དེ་ཕག་མོའི་བྱིན་རླབས་མ་ཡིན་པའི་ཕྱིར་ཞེས་བྲིས་མོད། དེང་སང་རྡོ་རྗེ་ཕག་མོ་ཡི། །ཞེས་སོགས་ནི། ཕག་མོའི་བྱིན་རླབས་མཚན་གཞིར་སློས་པ་ཙམ་མ་གཏོགས། དོན་ལ་དབང་དང་བྱིན་རླབས་གཉིས་ཀྱིས་ཟླས་ཕྱེ་བའི་བྱིན་རླབས་ཐམས་ཅད་སྨིན་བྱེད་ཡིན་པ་འགོག་ཅིང་། གྲུབ་སྡེའི་རྡོ་རྗེ་ཡེ་ཤེས་ཀྱི་དབང་བསྐུར་རྣམས། ཕག་མོའི་བྱིན་རླབས་མ་ཡིན་ཡང་། སྨིན་བྱེད་དུ་མི་རུང་བ་བྱིན་རླབས་ཀྱི་སྡེ་ཚན་ཡིན་པས། དེང་སང་རྡོ་རྗེ་ཕག་མོ་ཡི། །ཞེས་སོགས་དང་སྦྲེལ་ནས་འཆད་པ་ཅིས་མི་འཐད། རྩོད་སྤོང་དུ། དུས་འཁོར་གྱི་དབང་བསྐུར་གྲངས་མེད་དང་། མི་འཇིགས་པའི་ཕྲེང་བའི་ལུགས་རྣམས་རྣམ་གཞག་གཞན་ཡིན་པས། རབ་དབྱེ་དང་བསྟུན་མི་དགོས་ཞེས་སྨྲས་པ་ལ།

བརྒལ་ལན་དུ། བསྟུན་མི་དགོས་ན་གཅིག་ཏུ་བསྒྲུབས་ནས་ཅི་མཛད་ཅེས་བྲིས་མོད། །འོ་ན་སློབ་དཔོན་ཕྱོགས་ཀྱི་གླང་པོ་དང་ཆོས་ཀྱི་གྲགས་པ་གཉིས་སྦྱོར་བའི་ངག་རྣམས་དག་ལ། ཡན་ལག་གཉིས་པ་དང་། གསུམ་པའི་དབྱེ་བ་མི་མཐུན་བཞིན་དུ་ས་པཎ་གྱིས་མཐུན་པར་བསྒྲུབས་པས་ཅི་ཞིག་མཛད། རྣམ་པ་ཀུན་ཏུ་མི་མཚུངས་སམ། བརྒལ་ལན་ལས། ཐབས་ཤེས་གཏན་དབབ་ཏུ་དབང་གཉིས་པ་བསྐུར། གསུམ་པ་མ་བསྐུར་བར་བཞི་པ་བསྐུར་བ་འདི། བཀའ་སྲོལ་ལོགས་པ་ཡིན་ཞེས་བྲིས་པ་ནི། མི་འཇིགས་པའི་ལུགས་སྲོལ་ལ་དཔེ་འདྲ་བྱས་པར་སྣང་ཡང་མཚུངས་པ་མ་ཡིན་ཏེ། མི་འཇིགས་པའི་ལུགས་འགའ་ཞིག །ས་སྐྱ་པས་དགག་བྱ་ཡིན་གྱི། བསྒྲུབ་བྱ་སྒྲུབ་བྱེད་གང་ཡང་མ་ཡིན་པས། བཀའ་སྲོལ་ལོགས་པར་སོང་ལ། གྲུབ་སྡེའི་གཞུང་ཐམས་ཅད་དབང་པོར་གསོལ་བ་ལས། དགག་ཡུལ་དུ་མི་རུང་བའི་ཕྱིར། བཀའ་སྲོལ་ལོགས་པ་ཅི་ལ་ཡིན། ཐབས་ཤེས་གཏན་དབབ་ལས་འཕྲོས་ཏེ་གསུམ་པ་དང་གཉིས་པ་ནོར་ཞེས་བྲིས་པ་ནི། ཡི་གེ་ཙམ་ལ་ཇི་ལྟར་རྩོད། འོན་ཀྱང་བརྒལ་ལན་དུ་མི་གསལ་བ་ཙམ་མ་གཏོགས་དབང་བཞི་ཀ་སྨྲིར་བཏང་ནས་ཡོད་རྒྱུའི་ཁུངས་བྱས་འདུག་ཅེས་བྲིས་པ་འདི་ཙམ། རྩོད་པ་ལེགས་པོ་ཡིན་པས་རྗེས་སུ་ཡི་རང་། དེ་ལྟར་ན་ཡང་ཁོ་བོ་ནི། སྤོབས

པས་དབྱེ་བ་མ་ཡིན་ཏེ། སྤྱིར་ཐབས་ཤེས་གཏན་དབབ་ཏུ་དབང་གཉིས་པ་དང་བཞི་པ་གསུངས་ནས་གསུམ་པ་གསལ་པོར་མི་སྣང་མོད། ཤེར་དབང་གཏན་མེད་པ་མ་ཡིན་པའི་རྒྱུ་མཚན། གཞུང་དེར་དམ་ཚིག་གི་སྐབས་སུ༑ སྲོག་ཆགས་བསད་པར་མི་བྱ་ཞིང་། །བུད་མེད་རིན་ཆེན་སྤང་མི་བྱ། །ཁྱོད་ནི་སློབ་དཔོན་ཡོངས་མི་སྤང་ས། ། སྡོམ་པ་ཤིན་ཏུ་འདའ་དཀའ་འོ། །ཞེས་གསུངས་པའི་དམ་ཚིག་འདི། དཀྱིལ་ཆོག་མང་པོར་ཤེར་དབང་གི་དམ་ཚིག་ཏུ་གསུངས། དེ་ལྟར་དབང་གསུམ་པའི་དམ་ཚིག་སློས་ཕྱིན། དབང་གསུམ་པའང་དོན་གྱིས་གོ་བར་ཅིས་མི་ནུས། མདུག་ཏུ། ལོངས་སྤྱོད་རྫོགས་པ་དང་ནི་དཔལ་གྱི་གཞིར་གྱུར་པ། །ཞེས་དབང་གཉིས་པའི་ཐོབ་འབྲས་ལོངས་སྐུ་དང་། བཞི་པའི་ཐོབ་འབྲས་དཔལ་གྱི་སྐུའམ། དོན་དམ་པའི་སྐུར་བཤད་པའི། དོན་དམ་གྱི་སྐུ་ལ། ཡེ་ཤེས་ཆོས་ཀྱི་སྐུ་དང་། སྤྲོས་མེད་ངོ་བོ་ཉིད་ཀྱི་སྐུ་གཉིས་སུ་ཕྱེ་སྟེ། དང་པོ་ཤེར་དབང་དང་ཕྱི་མ་བཞི་པའི་ཐོབ་འབྲས་སུ་སྦྱོར་བ་སྤྱི་ལུགས་ཡིན་ན། དེའི་རིགས་པས་དཔལ་གྱི་གཞིར་གྱུར་པ་ཞེས་པས་ཤེར་བཞི་ཐུན་མོང་དུ་བསྟན་པ་ཞིག་གྲུབ།

གཞུང་དུ། བྱང་ཆུབ་སེམས་ཆེན་དབང་བསྐུར་བླང་བར་བྱ། །ཞེས་པ་ཡང་། ཀུན་རྫོབ་ཀུནྡ་བྱང་སེམས་ལ་བརྟེན་པ་དང་། དོན་དམ་ལྷན་ཅིག་སྐྱེས་པའི་བྱང་སེམས་ལ་བརྟེན་པའི་དབང་གཉིས་ཡིན་ལ། དང་པོ་ལ་དཀར་པོ་རྐྱང་པའི་ལམ་བྱེད་དང་། དཀར་དམར་གཉིས་མེད་ཀྱི་ལམ་བྱེད་གཉིས་ཡོད་པའི། དང་པོའི་དབང་གསང་དབང་དང་། ཕྱི་མའི་དབང་ཤེར་དབང་ཡིན་པའི་ཕྱིར། བྱང་ཆུབ་སེམས་ཀྱི་དབང་བསྐུར་ཞེས་པས། དབང་གོང་མ་གསུམ་ཀ་བསྡུས་ཏེ་བསྟན། དེ་བཞིན་དུ་ལོངས་སྐུ་དང་། དོན་དམ་པའི་སྐུའི་ཞར་ལས། སྤྲུལ་སྐུ་ཤུགས་ཀྱིས་གོ་ལ། དེ་བུམ་དབང་གི་ཐོབ་འབྲས་ཡིན་པའི་ཕྱིར། བུམ་དབང་ཡང་མཚོན་པར་ནུས། ཁྱད་པར་དོན་གྱི་གཙོ་བོ་དབང་འདི་སྤྱོད་པའི་དབང་ཡིན་པར་གསུངས་ན། བུམ་དབང་སྔོན་དུ་མ་སོང་བར་བརྟུལ་ཞུགས་པ་སྤྱོད་པ་ཇི་ལྟར་སྲིད། འོན་ཀྱང་བླ་མ་ལ་མ་ལྟོས་པར་རང་དགར་འཇུག་པ་སྤང་བའི་ཕྱིར། བུམ་ཤེར་གསལ་པོ་མི་གསུང་བའི་གནད་དེ་ཡིན། ཡེ་གྲུབ་ལས། བཞི་པའི་སྔོན་དུ། ཤེས་རབ་ཐབས་ཀྱི་རང་བཞིན་བདག །ཡིད་བཞིན་ནོར་ལྟར་རྒྱ་ཆེ་བའི། །ཆགས་དང་བྲལ་ཞིང་མི་སྐྱོ་བས། །ད་ནི་སེམས་ཅན་དོན་རྣམས་ཀྱིས། །ཞེས་པ་དང་། དེ་རིང་བདག་གསོན་འབྲས་བུ་ཡོད། །དེ་རིང་སྐྱེ་བ་འབྲས་བུ་ཡོད། །ཅེས་སོགས་གསུངས་པ་རྣམས། རྒྱུད་དང་ཆོག་གཞན་ལས། བཞི་པའི་མཐར་གསུངས་པ་མང་བའི་ཕྱིར། སྐབས་འདིར་ཡང་བཞི་པའི་རྗེས་ཀྱི་བྱ་བར་བསྒྲུར་བ་ནི་རུང་བས། འཁྲུགས་སྟེབས་མི་དགོས་སོ་ཟེར་བ་ཡང་ཅི་ལ་བདེན། ཡང་ནཱ་རོ་འགྲེལ་ཆེན་དུ། མཆོག་གི་དངོས་གྲུབ་འདོད་པ་ལ་དབང་བཞི་ཀ་སྦྱིན་པར་གསུངས་པ་ཙམ་ལས། དབང་

རྟུལ་ལ་བཞི་ཀ་དང་། དབང་རྫོན་ལ་འཚོལ་བར་སྨིན་པ་དངོས་ཤུགས་གང་ལས་ཀྱང་མ་གསུངས་ཤིང་། སྨོད་པའི་སྐབས་སུ་བཞི་པ་རྟེན་ཅན་བསྐུར་ནས་བསྐུར་བའི་ལུགས་ལའང་། བུམ་དབང་སྨོན་སོང་ཡིན་པའི་ཕྱིར། བུམ་དབང་མ་བསྐུར་བར་བཞི་པ་བསྐུར་བའི་ཀླན་ཀ་ཇི་ལྟར་འཇུག །ཁྱེད་ཀྱི་བསམ་པ་ལ་དབང་རྣམས་གོ་རིམ་བཞིན་ཞེས་པའི་དོན། ཉིན་གཅིག་ལ་དབང་བཞི་མ་འཚོལ་བར་བསྐུར་བའི་དོན་དུ་ཤར་འདྲ་ཡང་། དེ་ཙམ་གྱི་ངེས་པ་ཅི་ཡོད། དབང་བསྐུར་ནུབ་བདུན་མ་དང་། དེ་བས་ཀྱང་བརྒྱལ་བ། དབང་པོ་རིམ་ཅན་པ་ཞིག་ལ་ལོ་དང་པོ་ལ་བུམ་དབང་བསྐུར་ཞིང་། དེའི་ཁྲིད་ཉམས་སུ་བསྐྱངས། གཉིས་པ་ལ་གསང་དབང་དང་དེའི་ལམ། གསུམ་པར་ཤེར་དབང་ལམ་བཅས། བཞི་པར་དབང་བཞི་པ་བསྐུར་ཞིང་བདེ་སྟོང་ཕྱག་རྒྱ་ཆེན་པོ་སྐྱོང་། དེ་དག་གི་ཚེ་ཉམས་སྔ་མ་སྔ་མ་མ་སྐྱེས་པར་ཕྱི་མ་ཕྱི་མའི་ལམ་མི་སྟོན་པ་སོགས་ཉམས་ཁྲིད་ཚད་ལྡན་ཞེས་པ་དེ་ལ་ཟེར་ཞིང་། ཁྲིད་གྲོལ་བ་དང་སློབ་མ་ཕྱིར་མི་ལྡོག་པའི་གདེང་ཐོབ་པ་དུས་མཉམ་དུ་འབྱུང་ངོ་། །ཞེས་གསུངས་པ་མི་བདེན་ནམ།

རྒྱུད་དུ། ཕྱིས་པ་དར་མ་དེ་ནས་རྒན། །ཞེས་གསུངས་པའི་ཕྱིས་དབང་དེ། ཚུ་ནས་རྗེས་གནང་གི་བར་བདུན་ཡིན་ནོ། །ཞེས་བརྒྱལ་ལན་དུ་བྲིས་པ་ནི། རྫོབ་རྟགས་ཤིན་ཏུ་ཆེ་སྟེ། དུས་འཁོར་ཤེས་པའི་ངང་ཚུལ་ནི་འདིར་ཟད་དོ། །རྒྱ་མཚན་ཕྱིས་དབང་བདུན་དང་། ཕྱིས་པ་དར་མ་དེ་ནས་རྒན་ཞེས་པའི་ཕྱིས་དབང་གཉིས་མིང་འདྲ་ཡང་དོན་མི་འདྲ་སྟེ། མཆོག་དབང་བཞིའི་ནང་ཚན་བུམ་དབང་ལ། ཕྱིས་པ་དར་མ་ཞེས་པའི་ཕྱིས་དབང་དུ་འཇོག་གི། ཕྱིས་དབང་བདུན་ལ་ཟེར་བ་ག་ལ་ཡིན། གལ་ཏེ་དེ་ལྟར་ཡིན་ན་དེའི་འཕྲོས་གོང་མར། འགྱུར་དང་འགྱུར་དང་དེ་ནས་འཇུག །དེ་ནས་གཞན་ནི་མི་འཇུག་པའོ། །ལུས་ངག་སེམས་ནི་ལེགས་དག་པས། །དབང་བསྐུར་གསུམ་པོ་རིམ་པ་ཡིས། །བཞི་པ་ཡེ་ཤེས་ཡང་དག་དག །ཅེས་པའི་ནང་དུའང་། ཕྱིས་དབང་བདུན་འདྲེན་དགོས་ལ། དེ་ལྟར་ན་ཤེར་དབང་ལ་དབང་བཞི་པར་བྱེད་དགོས་ཀྱི་ཤེས་རབ་ཡེ་ཤེས་ཆེན་པོའི་དབང་ངམ། དབང་བཞི་པ་ཁྲུ་ནས་ཅིས་མི་འབུད། བུམ་གསང་ཤེར་གསུམ་ལུས་ངག་སེམས་གསུམ་སོ་སོའི་དག་བྱེད་དུའང་ཇི་ལྟར་སྦྱོར་ཏེ། ཁྱེད་ལྟར་ན། ཕྱིས་དབང་བདུན་ལུས། བུམ་དབང་ངག །ཅེས་སྦྱོར་དགོས་པར་མི་འགྱུར་རམ། ཕྱིས་པ་དར་མ་དེ་ནས་རྒན་ཞེས་པའི་རྒྱས་བཤད་དུ། ཤེས་རབ་ནུ་མར་ཡན་ལག་ནི། །རེག་པས་བྱང་ཆུབ་སེམས་འཕོའི་བདེ། །འོ་མ་འཛིན་པས་དབང་བསྐུར་བ། །གང་ལས་བདེ་ཐོབ་དེ་ཕྱིས་པ། །ཞེས་བུམ་དབང་དང་། དར་མའི་རྒྱས་བཤད་དུ། ཡུན་རིང་གསང་བར་སྦྱོར་ལས་སྐྱེས། །བྱང་ཆུབ་སེམས་ནི་འཕོ་བའི་འོད། །གསང་བའི་དབང་བསྐུར་གསང་བ་ནི། །གང་ལས་བདེ་ཐོབ་དེ་དར་མ། །ཞེས་གསང་དབང་

དང་། རྒྱན་པོའི་རྒྱས་བཤད་དུ། རྡོ་རྗེ་རྩེ་མོར་གསོ་བའི་བདེ། །ཤེས་རབ་ཡེ་ཤེས་དབང་བསྐུར་བ། །གང་ལས་གསོ་བར་བགྱིད་དེ་རྒྱན། །ཞེས་ཤེར་དབང་དང་། བཞི་པ་སྐྱེ་དགུའི་བདག་པོའི་རྒྱས་བཤད་དུ། ཕྱག་རྒྱ་ཆེན་པོ་རྗེས་ཆགས་ལས། །ཞེས་སོགས་དབང་བཞི་པ་དང་སྦྱར་ནས་གསུངས་ན། ཁྱེད་ཀྱིས་བྱིས་པ་ཞེས། བྱིས་དབང་བདུན་ལ་སྦྱོར་བ་ཇི་ལྟར་རིགས། རིགས་ན་དར་མ་བུམ་དབང་། རྒྱན་པོ་གསང་དབང་། སྐྱེ་དགུའི་བདག་པོ་ཤེར་དབང་དུ་བྱེད་དགོས་པས་ཤིན་ཏུ་འབྲུགས་པ་མ་ཡིན་ནམ། བྱིས་པ་དར་མ་ཞེས་སོགས་རྣམས། །དགོད་པ་དག་པ་སློབ་དཔོན་ཉིད། །བལྟ་བ་གསང་བ་དེ་བཞིན་ནོ། །ལག་བཅངས་ལ་ནི་ཤེས་རབ་ཉིད། །ཞེས་སོགས་དང་སྦྱོར་དགོས་ན། ཁྱེད་ཅག་གི་ལུགས་ཀྱི་བྱིས་དབང་བདུན་པོ་དེ། སློབ་དཔོན་གྱི་དབང་དུ་ཇི་ལྟར་སྦྱོར། དཔལ་ལྡན་ཤེས་རབ་ནུམ་སོགས་དང་། འགྲེལ་ཆེན་དུ། ནུམ་ལ་རེག་པར་བྱེད་དུ་གཞུག་སྟེ། དེས་ན་བུམ་པའི་དབང་ནི་དེ་ཉིད་དོ། །ཞེས་རྒྱས་པར་གསུངས་ན།

བྱིས་དབང་བདུན་པོ། ཤེས་རབ་ཀྱི་ནུམ་ལ་རེག་པའི་བདེ་བ་ལམ་བྱེད་ཀྱི་དབང་དུ་ཇི་ལྟར་འབྲེལ། བསྡུས་པའི་རྒྱུད་དུ་བྱིས་དབང་བདུན་དང་། དཔལ་ལྡན་ཤེས་རབ་ནུམ་སོགས་སོ་སོར་མ་གསུངས་སམ། དེའི་ཕྱིར་ཁྱེད་རྣམས་དུས་འཁོར་ཤེས་སོ་ཟེར་བ་དེ། མི་ཆོས་ཀྱི་ཀུན་ནས་བསླད་པའི་བརྫུན་པོ་ཆེའམ་ངོ་ཚ་མེད་པ་རྒྱ་མཚན་དུ་བྱས་པར་སྣང་ལ། རྣམ་པ་གཞན་དུ་ན། གྲུབ་མཐའ་མི་ཟད་གདོན་འདི་ནི། །ཀྱེ་མ་སུ་ཡིས་བགོས་པ་ཡིན། །ཞེས་པ་ལྟར། སེམས་རྒྱུད་གདོན་གྱིས་དཀྲུགས་པའི་བབ་ཅོལ་ཡང་མ་ལགས་སམ། ཡང་ཉམས་མྱོང་གི་རྒྱུན་ཅུང་ཟད་ཉམས་པས་སམ། བརྗེད་པས་ཀ་ཞེས་བྲིས་པའང་། མྱོང་བའི་རྒྱུན་གསལ་པོར་མངོན་དུ་མ་གྱུར་པ་ལ་བསམ་ན་ནི་རུང་མོད། གཞན་དུ་བརྟག་བཟོད་པ་ག་ལ་ཞིག །འཕྲོས་དོན། དབང་བསྐུར་མུ་བཞིའི་གྲུབ་མཐའ་ནི། རྙིང་མ་དང་། བཀའ་རྒྱུད་ཐུན་མོང་བའི་གྲུབ་མཐར་སྣང་མོད། རྗེ་བཙུན་གོང་མ་རྣམས་ཀྱིས་འདི་བཀག་ཟིན་ན། ཁོ་བོ་ཅག་དབང་བསྐུར་མུ་བཞིའི་གྲུབ་མཐའ་ལ་ཡིད་བརྟོན་དུ་བྱེད་པ་ཅི་སྟེ་སྲིད། ཡེ་ཤེས་དབབ་པའི་དུས་ན་གྲོལ་བ་ཞིག་ཡོད་ཀྱང་། ཚེ་སྔ་མ་ལ་དབང་བཞི་དང་རིམ་གཉིས་ཀྱི་སྦྱངས་པ་སྟོན་སོང་ཅན། ཚེ་འདིར་སད་བྱེད་ཀྱི་རྐྱེན་ཡེ་ཤེས་ཕབ་པས་བྱས་པ་ཙམ་ཡིན་པའི་ཕྱིར། སྤྱི་ལྡོག་ནས། དབང་མ་བསྐུར་བར་གྲོལ་བ་ནི་མ་ཡིན་པས། དབང་བསྐུར་མུ་བཞི་དང་མཚུངས་པ་ག་ལ་ཞིག །དེ་བས་ན་སྔར་ཐེག་པ་གསུམ་གྱི་ལམ་ལ་མ་ཞུགས་ཀྱང་། བསོད་ནམས་ཀྱི་མཐུ་ཅན་ཞིག །དབང་བསྐུར་བའི་བྱ་བ་ལ་མ་ལྟོས་པར། དབང་རང་བཞིན་གྱིས་ཐོབ་པ། ཞེས་ཁྱེད་ཀྱིས་སྨྲས་པ་དེ་ཡང་། རི་བོང་གི་རྭ་དང་ཅིས་མི་མཚུངས།

བརྒལ་ལན་དུ། དུས་འཁོར་དང་རྒྱུད་སྡེ་གཞན་སྣང་མུན་ལྟར་འགལ་བར་སྨྲ་བ་མི་ལེགས་ཞེས་བྲིས་པ་

ཡང་མ་ངེས་པ་སྟེ། རྣམ་པ་ཀུན་ཏུ་དུས་འཁོར་དང་རྒྱུད་གཞན་འགལ་བར་མི་སེམས་ཀྱི། ཐུན་མོང་བ་ཕན་ཚུན་ཕན་འདོགས། ཐུན་མོང་མ་ཡིན་པ་རྣམས་མ་འདྲེས་པ་སོ་སོར་འཆད། དཔེ་མདོ་སྔགས་དང་། རྒྱུད་སྡེ་གོང་འོག་གི་ཁྱད་པར་དང་འདྲ། རྩ་ལྟུང་འབྲུལ་སྤོང་དུ། ལྟུང་བ་ལྔ་པའི་སྐབས་ན། དུས་འཁོར་གྱི་ལུང་འདྲེན་མི་མཛད་ཅིང་། གཞན་རྣམས་ལ་དུས་འཁོར་གྱི་ལུང་འདྲེན་མཛད་པའི་རྒྱུ་མཚན་ཡང་དེ་ཡིན། རྩ་ལྟུང་ལྔ་པ་ལྟ་བུའི་དམིགས་བསལ་གྱི་ཚེ་ཡང་དུས་འཁོར་དང་རྗེ་བཙུན་གྲགས་པའི་བཞེད་པ་འགལ་མེད་དུ་བཤད་པ་ནི་ནུས་པ་ལྟར། ཁོ་བོས་ཟབ་ལམ་གཏེར་མཛོད་དུ་བརྗོད་ཟིན་མོད། འོན་ཀྱང་ཡི་གེའི་དོན་གྱི་བཤད་པ་ཙམ་གྱི་དབང་དུ་བྱས་ན། ལྟུང་བ་ལྔ་པའི་སྐབས་ན། འབྲུལ་སྤོང་དང་དུས་འཁོར་མི་མཐུན་ཙམ་དངོས་བསྟན་ཚིག་ཟིན་ལ་སྣང་ངོ་། །ཚར་བཅད་ཀྱི་སྐབས་ལས་འཕྲོས་ཏེ། བཀྲལ་ལན་དུ་ཚར་བཅད་ཟིན་ན། ཚར་བཅད་ཀྱི་གནས་སུ་ལྟུང་བའི་ཐ་སྙད་མི་ཐོབ། ཚར་བཅད་མ་ཟིན་པ་སླར་གསོད་པའི་འོས་སུ་ཡོད་པ་ཞིག་ལ། ཚར་བཅད་ཀྱི་གནས་སུ་ལྟུང་ཞེས་འཇོགས་པ་ཡིན་ཟེར་བ་ནི་ཚར་བཅད་པ་སྟེ། ཐལ་བ་དང་སྐྱབ་པས་དམ་བཅའ་བ་ནུས་པ་མེད་པར་གྱུར་པ་དེར་ལྟུང་ངོ་། །ཞེས་གསུངས་པ་འདི་གཅིག་ཕྱུས་བདེན་མེད་དུ་བཏང་ལ། ལྟུང་ཞེས་པའི་མི་ལ་རྩིག་གོ་ཟེར་བ་ཡང་དགོས་མེད་དུ་ཅིས་མ་སོང་།

འཕྲོས་དོན་སྟེ་བདུན་ནི། རང་གཞན་གྱི་ལྷ་གྲུབ་ངན་པ་མང་དུ་སྨུན་དབྱུང་སྟེ། ཤེས་བྱ་ཐམས་ཅད་ཀྱི་སྒྲོན་མེ་མཚུངས་པ་མ་མཆིས་པར་གྱུར་ན་མུ་སྟེགས་འགོག་བྱེད་ཀྱི་བསྟན་བཅོས་ཉི་ཚེ་བ་ཙམ་དུ་རློམ་པ་དག །ཆོས་འདི་ལ་ཆ་རྒྱུས་ཀྱིས་དབྱུལ་བ་ཙམ་མོ། །ཁོ་བོས་རྩོད་སྤོང་དུ། རྐོལ་བ་གང་སླ་བའི་སྤོབས་པ་ལོག་པས་ཚར་བཅད་ཅེས་སླུས་པ་ལ། བཀྲལ་ལན་མཁན་པོས། མཁས་འཇུག་ཏུ། མི་སླ་བར་གྱུར་པ་ཙམ་གྱིས་སྐབས་དོན་གྲུབ་ན། མཆོན་དང་མེ་ལ་སོགས་པས་སྡིག་པས་མི་སླ་བ་ཡང་དེར་གྱུར་པས་ཧ་ཅང་ཐལ་ལོ། །ཞེས་བྲིས་ནས། རིགས་པ་སོང་སོང་མང་པོར་ངོམས་པ་ནི། སྐབས་མ་ཕྱེད་པ་སྟེ། མཁས་འཇུག་ཏུ། གཡོ་སྒྱུའི་བསྟན་པ་འཛིན་མི་ནུས། །དེ་འདྲ་རྩོད་པར་རིགས་པར་དཀའ། །ཞེས་མདོར་བསྟན་ནས། རྒྱས་བཤད་དུ། མུ་སྟེགས་པ་འགའ་ཞིག་བསྟན་པ་བསྲུང་བའི་ཕྱིར། གཡོ་སྒྱུའི་སྒོ་ནས་ཀྱང་། སྐབས་དེར་ཕ་རོལ་མི་སླ་བར་འདུག་ན་བདག་རྒྱལ་བ་ཡིན་ཞེས་ཟེར་བ་ནི། གཡོ་སྒྱུས་བསྟན་པ་བསྲུང་དགོས་ན། བསྟན་པ་ཉིད་མ་དག་པར་འགྱུར་ལ། མི་སླ་བར་གྱུར་པ་ཙམ་གྱིས་སྐབས་དོན་གྲུབ་ན། མཆོན་དང་མེ་ལ་སོགས་པས་སྡིགས་པས། མི་སླ་བ་ཡང་དེར་གྱུར་པས་ཧ་ཅང་ཐལ་ལོ། །ཞེས་གསུངས་པ་ནི། གཡོ་སྒྱུའི་ཐབས་ཀྱིས་མི་སླ་བའི་དོན་འགྲུབ་པ་བཀག་པ་ཡིན་གྱི། ལུང་རིགས་ཀྱིས་རྩོད་པའི་མི་སླ་བ་ལ་དགོངས་པ་གཏན་མ་ཡིན་ན། ཁྱེད་ཀྱི་སླ་བ་དེ་ཇི་ལྟར་འབྲེལ་སོམས་ཤིག །

ཆོས་དྲུག་གི་སྐབས་སུ་བརྒྱལ་ལན་ལས་ཆོས་དྲུག་གཙང་མ་བོར་ནས། བསྲེ་བསླད་བཙུག་པ་ས་པཎ་གྱི་དགོངས་པ་མ་ཡིན་ཏེ། ཡིན་ན་ནཱ་རོ་ཆོས་དྲུག་དག་པའི་ཁྲིད། མི་ལ་ཡན་ཆད་ཅེས་གསུང་རིགས་ཞེས་དང་གཞན་དང་བསྲེས་པ་ལ་བོར་བའི་ཐ་སྙད་མི་ཐོབ་ཅེས་བྲིས་མོད། །བོར་ཞེས་པ་གཙང་མ་བོར་ཞེས་བསྙད་ནས། བསྲེ་བསླད་བྱས་སོ་ཞེས་རང་མཆན་དང་དམར་མཆན་གཉིས་ཀ་མཐུན་པར་གསུངས་ན། རྟོགས་པས་སྒྲོ་འདོགས་པ་ལ་ཅི་བྱར་ཡོད།

འཕགས་པ་རིན་པོ་ཆེས། སྐྱེར་རིན་རྒྱལ་གྱི་དྲིས་ལན་དུ། གཙང་གཞིར་བའི་ཆོས་དྲུག་སོགས། ས་པཎ་གྱིས་གསན་པར་གསུངས་ན། ཚིག་རྒྱུད་ཡོད་ངེས་སུ་སོང་ལ། ཆེད་གཉེར་གྱི་སྒོམ་སྐོབས་རྩལ་བཏོན་པ་མ་ཡིན་པས་དོན་རྒྱུད་ཇི་ལྟར་འགྲུབ། ཀ་དཔེ་ཆེ་ཆུང་དང་། རྡོ་རྗེའི་གུར་སོགས་མར་པའི་དུས་ཀྱི་གཞུང་ཁུངས་མ་རང་ཡིན་པར། ས་སྐྱ་པ་ཡབ་སྲས་ཀྱིས་བཞེད་པ་ནི་དཀའ་ལ། དེར་མ་ཟད་ཆོས་དྲུག་རང་ལའང་། བསྲེ་བསླད་ཙམ་དུ་རག་མ་ལས་པའི་རབ་དབྱེ་ཚིག་ཟིན་གྱི་བཤད་སྒྲོས་ལྟར་རྒྱུ་མཚན་དང་བཅས་པ་གཞན་ཡང་ཐོས་མོད། མང་པོ་དག་གིས་ཟུག་དུར་དོགས་ཤིང་། ཆགས་སྡང་གི་བྱེད་པར་ཉེ་བས་ཀྱང་འཛངས་ལ། རྣམ་པ་གཅིག་ཏུན་བདག་ལྟ་སོ་སོའི་སྐྱེ་བོས་ཆོས་དང་ཆོས་མ་ཡིན་པ་སོ་སོར་རིག་པ་དཀའ་བའི་ཕྱིར་བཏང་སྙོམས་སུ་བཀྱིས་པ་ཅི་མི་ལེགས་སྙམ་མོ། །ནད་གདོན་གེགས་སེལ་ལ་སོགས་པ་ཐུན་མོང་མ་ཡིན་པའི་སྐད་དུ་སྨྲ་བའང་མིང་ཙམ་ལས་དཔྱད་ན་དཀའ་མོད། མན་ངག་སྦྱོང་བའི་ཉེས་པར་གྱུར་དོགས་པས། སླ་བ་སྨྲུངས་སོ། །

བརྒྱལ་ལན་ལས། ཆོས་དྲུག་དང་བསྲེས་པ་ལ་ཕྱག་རྒྱ་ཆེན་པོ་ཟེར་བ་མི་སྣང་བས་ད་ལྟའི་ཕྱག་རྒྱ་ཆེན་པོ་ནི། ཕལ་ཆེར་རྒྱ་ནག་ཆོས་ལུགས་ཡིན། ཞེས་པའི་ལུང་ཡང་སྐབས་འདིར་མི་འབྲེལ་ཞེས་བྲིས་པ་ནི། སྤྱིར་ཆོས་དྲུག་བསྲེ་བསླད་ཅན་ཡོངས་རྫོགས་ལ་ཕྱག་ཆེན་གྱི་མིང་འདོགས་མི་སྲྀ་མོད། ནང་སེལ་ཕྱག་རྒྱ་ཆེན་པོའི་གདམས་ངག་ལ། རྒྱ་ནག་གི་སྒོམ་རིམ་ལ་སོགས་པའི་བསྲེ་བསླད་ཡོད། ཅེས་མཚོན་པའི་ཕྱིར། ད་ལྟའི་ཞེས་སོགས་དྲངས་པ་ཡིན། དགག་བྱའི་ཕྱག་ཆེན་ཡང་། ཕྱོགས་སྔའི་ཕྱོགས་གཅིག་དྭགས་པོའི་ཕྱག་ཆེན་དགག་གཞིར་གསུངས་པ་ཅེས་ཀྱང་ཡིན་མོད། ཕྱོགས་སྔ་མ་གཞན་ཡང་མེད་པ་ནི་མ་ཡིན་ཏེ། ས་པཎ་གྱི་དྲིས་ལན་སོ་སོ་བ་སོགས་གསུང་ཐོར་བུ་བ་རྣམས་སུ། འབྲི་སྟག་ཕྱག་རྒྱ་པ་ལ་སོགས་པའི་གདམས་ངག་རྣམས། སྟེ་སྟོད་རྒྱུད་སྟེ་གང་དང་ཡང་མི་མཐུན། ཡང་དག་པའི་ལམ་མ་ལགས་པར་སེམས། ཞེས་དང་། སེམས་ངོ་འཕྲོད་པ་གཅིག་པུས་སངས་རྒྱ་བར་འདོད་པ་ཕྱག་རྒྱ་ཆེན་པོ་བར་གྲགས་པའི་གདམས་ངག་འདི་རྣམས། སྟོན་རྒྱ་ནག་གི་བསྟན་པའི་ཐ་མ་ལ། ངའི་ཆོས་ལྟག་མ་ཙམ་ཡོང་ཞེས་ལུང་བསྟན་པ་དེར་འདུག །ཅེས་འབྱུང་ལ། འཕགས་པའི་གསུང་

རྒྱུན་ཟིན་བྲིས་འདུལ་སེང་མར་ཡང་སྔ་མ་བཞིན་འབྱུང་། ཁྱད་པར་ཕྱག་རྒྱ་བ་ལ་དགག་པ་ཇི་ལྟར་མཛད་པའི། དགག་གཞི་དང་རྣམ་གཞག་མཐུན་པ་འགའ་རེ། ལྟན་ཅིག་སྐྱེས་སྦྱོར་གྱི་ཡི་གེ་འགར་ཡང་སྣང་ན། ཤུགས་འབྱུང་དུ་བཀག་པ་ཅིས་མ་ཡིན། དེ་ལྟར་ན་ཡང་བརྒྱུད་པ་དེ་དག་གི་གདམས་ངག་རྣམས། ཟུང་འཇུག་གི་ཡེ་ཤེས་སུ་འདྲེན་ནུས་པ་ཞིག་བྱུང་ན། དགག་པར་མི་སྤོབས་ཀྱི། སྟོང་སྐད་ཀྱི་ལུར་བསྐྱེད་དེ་བླང་དོར་ཡལ་བར་འདོར་བ་དང་། ཟུང་འཇུག་གནས་ལུགས་ཀྱི་ཡེ་ཤེས་ཡིན་ཡང་། བླ་མེད་ཐུན་མོང་མ་ཡིན་པའི་ལམ་དང་མ་འབྲེལ་བ། ཕྱག་ཆེན་དུ་འདོད་པ་ནི་ངེས་པར་འགོག་ཅིང་། ཁུངས་དང་མ་འབྲེལ་བ་དེ་དག་གི་རྒྱུད་པ་ནཱ་རོ་ལ་འདེད་པ་མི་འོས། ཞེས་དགོངས་སོ། །དེའི་ཕྱིར་རྩོད་སྤོང་དུ། ནཱ་རོ་པ་ནི་ལྟ་བ་སྦྱོར་བྲལ་གྱི་ཡེ་ཤེས་ཙམ་ཕྱག་ཆེན་དུ་མི་བཞེད། ཅེས་སོགས་བྲིས་པ་ལ་བརྒལ་ལན་དུ།

དེ་འདྲ་ངེད་ཀྱང་མི་ཟེར་ཞེས་བྲིས་པ་ནི། ཁོ་བོའི་འདོད་པ་གྲུབ་པ་སྟེ། འདོད་ན་དེ་ལ་ངས་ཅི་བྱ། །ཞེས་གསུངས་པས། ད་ནི་དགག་སྒྲུབ་ཀྱི་ངལ་བས་ཅི་ཞིག་བྱ། འོན་ཀྱང་སེམས་ཀྱི་གནས་ལུགས་མཐོང་བའི་ཡེ་ཤེས་ཙམ་ཕྱག་ཆེན་དུ་བྱེད་པ། སྔོན་ཆད་ཀྱི་བཀའ་བརྒྱུད་པ་མང་པོ་ལ་བྱུང་སྣང་ཡང་། དེ་ཀུན་བཀའ་དང་མི་མཐུན་པར་དགོངས་ནས། དེ་སྐད་མི་སླུའོ་ཞེས་བཀའ་བརྒྱུད་འཛིན་པ་ཁྱེད་རང་གིས་གསུངས་པ་ལྟར། རྒྱུད་པ་དེ་ལ་ཞུགས་པ་གཞན་གྱིས་ཀྱང་གོ་བར་གྱིས་ཤིག །ཞེས་རྒྱལ་ཁམས་ཀུན་ཏུ་དྲིལ་སྒྲོགས་པར་འོས་སོ། ། འཕྲོས་པའི་ཚུལ་དུ་དགེ་མེད་སྡིག་མེད་ཀྱི་སྟོང་སྐད་རྫོགས་ཆེན་པའི་ཁྲིད་ན་མང་སྟེ། ར་རོག་དང་ཕད་ནག་ཏུ་ལག་པ་བཙུགས་ཀྱང་མེད་ཟེར་རོ་ཞེས་བྲིས་མོད། ར་རོག་དང་ཕད་ནག་ཏུ་ལག་པ་བཙུག་པ་ཁྱད་མེད་ཟེར་བའི་རྫོགས་ཆེན་རྣམས། རྫོགས་ཆེན་ཧེའུ་མར་གྲགས་པའི་ལུགས་ཡིན་ཞིང་། དེ་ལ་སྙིང་མ་ཤེས་པ་ཆེ་བ་ཚོ་རང་ཡང་ཚད་མར་མི་བྱེད། ལྟེ་སློམ་ཞིག་པོའི་རྫོགས་ཆེན་དང་། ཕྱིས་ཀྱི་གཏེར་མ་མང་པོ་ན། ཚུལ་དེ་འདྲར་བཤད་པ་མང་དུ་མཆིས་ཀྱང་། ལྟེ་སློམ་དང་། དབུས་རོང་ལྷོ་ཤངས་ཀྱི་གཏེར་བཏོན་མང་དག་ཅིག །རྩ་བ་བཀའ་བརྒྱུད་ལ་ཞུགས་པ་ཤས་ཆེ་བས། དགེ་མེད་སྡིག་མེད་ཀྱི་མན་ངག་དེ་ཡང་ཁུངས་ཅི་ལས་བྱུང་བརྟགས་དགོས་ལ། རྣམ་པ་གཅིག་ཏུ་ན་ལྟ་བའི་ངོ་བོ་བཟང་ངན་མེད་པའི་སྐད་དུ། དེ་ལྟར་སྨོས་པ་མ་གཏོགས་སྤྱོད་པའི་སྐབས་མ་ཡིན། ཞེས་བརྗོད་ཀྱང་རུང་ཙམ་ཡིན་མོད། ཁོ་བོ་ནི་ཐུབ་དགོངས་སུ། སྐབས་འདི་ཕྱོགས་སྔར་བྱས་ནས་དགག་པའི་ཕྱིར། ལན་གྱི་རྩོལ་བས་ཅི་ཞིག་བྱ། འོན་ཏེ་ཁྱེད་རང་རྣམས་བཀའ་རྒྱུད་བསྒྲུབས་ཕྱིན་སྙིང་མ་འགོག་པ་ག་ལ་རིགས་ཏེ། སྙིང་མ་སེམས་ཀློང་གི་མན་ངག་རྣམས་དང་། བཀའ་བརྒྱུད་གཅིག་པོ་ན་དང་། རྩེ་གཅིག་སྤྲོས་བྲལ་རོ་གཅིག་སློམ་མེད་ཁྱུང་གི་སློང་རྒྱལ་སོགས་པ་རྣམས་བཀའ་སྙིང་ཁྱད་མེད་ཡིན་ན། གཅིག

བསྒྲུབས་ནས་ཅིག་ཤོས་འགོག་པ་ཅི་སྟེ་རིགས།

བརྒྱལ་ལན་དུ། ཕག་གྲུས་ལམ་འབྲས་ཉམས་སུ་བཞེས་ཀྱང་། དེས་མ་ཆིམ་པར་ལམ་འབྲས་སྒོམ་བཞིན་པ་མ་ཡིན་ཅེས་བྲིས་པ་ཡང་། ཁྱེད་རང་ལ་ནང་འགལ་ཏེ། ཆོས་ཐམས་ཅད་འདུག་པ་གཅིག་པ་དང་། འབྲས་བུ་རྟོགས་པ་གཅིག་པར་ཁས་བླངས་པ་གང་ཞིག །དེ་ལྟ་ན་བཀའ་བརྒྱུད་ཀྱི་ལམ་སྒོམ་བཞིན་པ་དེ་ཀ །ལམ་འབྲས་སྒོམ་བཞིན་པར་སོང་བའི་ཕྱིར་དང་། བཀའ་བརྒྱུད་ཀྱི་རྟོགས་པས་ཆིམ་པ་དེ་ཀ་ལམ་འབྲས་ཀྱི་རྟོགས་པས་ཀྱང་ཆིམ་པར་སོང་བ། ཁྱེད་ཀྱི་ངོར་གྲུབ་པས་སོ། །ལས་ཆོས་ཕྱག་ཆེན་མ་ཡིན་ལ་ཁྱེད་རང་ཡང་འདོད་དགོས་ཟེར་བ། བརྒྱལ་ལན་དུ་བྲིས་པ་ནི་མ་གོ་བ་སྟེ། དཔེའི་ཕྱག་ཆེན་གྱི་མཚན་གཞི་ཆོས་ཀྱི་ཕྱག་རྒྱ་ལ་བཞག་ནས། དེ་དག་ཕྱག་ཆེན་མཚན་ཉིད་པར། རྗེ་བཙུན་གོང་མ་རྣམས་མགྲིན་གཅིག་ཏུ་གསུངས་ན། ཆོས་རྒྱ་ཕྱག་ཆེན་མ་ཡིན་པ་ཇི་ལྟར་འདོད། ལས་རྒྱ་ཡང་རྟེན་གྱི་ཕྱོགས་ནས་བཞག་པ་དང་། དེ་ལས་བྱུང་བའི་ཡེ་ཤེས་ཀྱི་ཕྱོགས་ནས་བཞག་པ་གཉིས་ལས། དང་པོའི་ཚེ་ཕྱག་ཆེན་མ་ཡིན་མོད། ཕྱི་མའི་ཚེ་ཕྱག་ཆེན་དངོས་སུ་སོང་བ་ཡོད་པས། ཕྱོགས་གཅིག་པའི་ཨ་འཐས་ཅི་སྟེ་རུང་། མར་རྫོག་གི་དགེས་རྫོར་གདན་བཞི་འདུས་པ་ལ་སོགས་པའི་གཞུང་མན་ངག་ཐོས་ཤིང་རྟོགས་སོ་ཞེས་སྨྲ་བ་ནི། ཚིག་ཕྲུང་ཙམ་དུ་ལེགས་མོད། དེ་དག་གི་གསུང་མ་བཅོས་པ་ཀུན་གྱིས་ཚད་མར་འཛིན་པའི་རྣམ་གཞག་ཚིག་དོན་བཟང་པོར་བཞུགས་པ་དང་མི་བསྟུན་པར། གློ་བུར་བའི་གདམ་བརྫུན་པ་ལ་སྐྱབས་སུ་རེ་བ་ཇི་ལྟར་རིགས། མར་པ་སེང་ག་ལར་བྱོན་པའི་གཏམ་རྫུས་མ་མེད་དོ་ཟེར་བ་ཡང་། ཁྱེད་རང་གིས་མ་མཐོང་བ་ཙམ་དུ་ཟད་མོད། འོན་ཀྱང་ལོ་རྒྱུས་དེ་བདེན་པར་མི་བཟུང་ན་ལེགས་སོ། །དེ་ཙམ་དུ་མ་ཟད་ཀྱི། མར་པའི་རྣམ་ཐར་ཡོངས་སུ་གྲགས་པ་ཅན་འདི་ལའང་། མི་བདེན་པ་མང་དུ་ཡོད་དོ་ཞེས་ཐོས་མོད། བསྟན་པའི་དཔེན་དུ་དོགས་ཤིང་།

ཆོས་ཀྱི་རྒྱལ་པོ་མར་པ་ལོ་ཙྪ་བ་ནི། སྤྲུལ་བསྒྱུར་དུ་མ་ལ་མངའ་བརྙེས་པའི་ཕྱིར། སྤྲུལ་པ་ལྷ་བུའི་རྣམ་ཐར་ཡུལ་དུས་རྣམ་པས་མ་ངེས་པ་འོང་སྲིད་དོ་སྙམ་པས། ཅི་ཐོས་ལེགས་པར་སྒོམ་པ་ལས་འོས་ཅི་ཡོད། དེའི་ཕྱིར་བཏང་སྙོམས་སུ་བཞག་སོ། །རྫོད་སྡོང་དུ་སྒོམ་ཆེན་ཕྱོགས་རེ་བའི་གླུ་ཞེས་སྨྲས་པ་ལ། བརྒྱལ་ལན་དུས་རཏྣ་ལ་སོགས་པའི་གླུ་རྣམས་བརྟེས་པར་ག་ལ་རིགས། ཞེས་བྲིས་ཀྱང་། ས་རཏྣ་ནི་དགོངས་པ་སངས་རྒྱས་དང་མཉམ་པ་ལྟར་བཞུགས་པས། ཕྱོགས་རེ་བའི་གྲངས་སུ་ཇི་ལྟར་གཏོགས། ཕྱོགས་སུ་མ་ཕྱིན་པའི་དགག་པ་དེ་འདྲ་བ་སྤྱངས་ན་མི་མཛེས་སམ། དབང་དང་རྫོགས་རིམ་གྱི་སྐབས་སུ། བརྒྱལ་ལན་ལས། གེགས་མ་སེལ་བོགས་མ་ཐོན་ཞེས་བྲིས་མོད། འབྲུག་པས་དབང་དང་རྫོགས་རིམ་གྱི་ཡེ་ཤེས་ཐམས་ཅད་དཔེའི་ཡེ་ཤེས་སུ་ས

སྐྱེ་བ་འདོད་པས། དོན་གྱི་ཡེ་ཤེས་གཏན་མེད་དུ་སོང་ཞེས་སྨྲས་པ་ལ། ཁོ་བོས་ཕྱོགས་སྔ་མ་ངེས་པའི་གཏམ་སྟེ། དབང་རྫོགས་ཀྱི་ཡེ་ཤེས་ཐམས་ཅད་དཔེ་ཁོ་ནར་ས་སྐྱེ་བ་སུས་ཀྱང་མི་འདོད་དོ། །ཞེས་སྨྲས་པས། སྐྱོན་གེགས་རང་བཞིན་གྱིས་སེལ་ལ། དེ་བས་ཁྱེད་རང་ལ་ལན་སྨྲ་རྒྱུ་ཅང་ཡོད་དམ་ཏེ་ཏེ། དབང་གི་ཡེ་ཤེས་ཐམས་ཅད་དཔེའི་ཡེ་ཤེས་ཁོ་ན་ཡིན་པར་ས་སྐྱེ་བ་མི་འདོད་བཞིན་དུ་འདོད་དོ་ཞེས་ངེས་བཟུང་གི་སྒྲ་སྒྲོ་ཐོག་མ་འབྱེད་མཁན་འབྲུག་པ་ཡིན་པས། ཁྱབ་མཐའི་དོན་རྩ་ཐོག་མར་སུ་ཞིག་གིས་སྨྲས་དྲང་པོར་བསམ་ན་མི་རུང་ངམ། ཐེག་ཆེན་སྦྱོར་ལམ་པས་ཐོབ་པའི་སྣང་མཆེད་ཐོབ་གསུམ་ལ། ཆོས་ཅན་ཟེར་གྱི་ཆོས་ཉིད་མི་ཟེར་ཞེས་བཀལ་ལན་དུ་བྲིས་པ་ནི། གསང་འདུས་ཀྱི་དཔེའི་འོད་གསལ་སྐབས་སུ། སྟོང་ཉིད་ཤིན་ཏུ་སྟོང་པ་དང་། །ཞེས་གསུངས་པ་ཙམ་ཡང་མ་གོ་བ་སྟེ། གོ་ན་སྟོང་ཉིད་ཀྱི་མིང་གསུངས་ཕྱིན། ཆོས་ཉིད་ཀྱི་མིང་ཇི་ལྟར་མི་ཐོབ། སྟོང་ཉིད་ཆོས་ཉིད་གཉིས་གཅིག་པའང་མ་ཐོས་སམ། དེ་སོགས་མང་དུ་ཡོད་ཀྱང་སྤྲོས་པས་ཅི་ཞིག་བྱ། འཕགས་པ་ལྷ་ཡི་སྤྱོད་བསྡུས་སུ། བདེན་པ་མཐོང་ཡང་ཞེས་སོགས་ཀྱི་དོན་མཐིལ་ཕྱིན་པ་རྩོད་སྤོང་དུ་བརྗོད་པ་ལ།

བཀལ་ལན་དུ། གཞུང་གི་རྣམ་བཅད་དྲི་བ་དྲིས་ལན་གྱི་སྦྱོར་ཚུལ་སོགས་ཁོ་བོས་ཇི་སྐད་སྨྲས་པ་བྲིས་བཤུས་སུ་བླངས་ཀྱང་། རང་གི་གྲུབ་མཐའ་ངན་པའི་བག་ཆགས་མ་འཕོངས་པའི་རྗེས་སྙོན་དུ་དཔེའི་འོད་གསལ་དང་། སྒྱུ་ལུས་ཀྱི་མིང་ཅན་རྣམས་བདེན་མཐོང་དུ་བསྒྱུར་བ་ཙམ་ཞིག་བྲིས་མོད། ཐེག་ཆེན་འཕགས་པ་འཆི་བ་མེད་པ་དང་། གཏན་ཕྱིར་མི་བཟློག་པ་ལ་བསྐོན་དུ་མེད་ན། བདེན་མཐོང་མཚན་ཉིད་པ་མངོན་དུ་བྱས་ཟིན་པའི་ཐེག་ཆེན་འཕགས་པ། ཤི་ནས་གར་སྐྱེ་བ་དང་། འཁོར་བར་སྐྱེའམ་མི་སྐྱེ་ཞེས་འདྲི་བ་ལས་བླུན་རྟགས་ཆེ་བ་ཅི་ཡོད། འཕགས་པ་ལྷ་ནི་ཁྱེད་བཞིན་དགོས་མེད་ཀྱི་དཔྱད་པ་ཅི་མཛད། སྤྱོད་བསྡུས་སུ། ཡང་དག་མཐོང་ན་རྣམ་པར་གྲོལ། །ཞེས་ལུང་དྲངས་པའི་དོན་ཡང་དག་པའི་དོན་བདེན་པ་ནམ་མཐོང་བ་ན་གྲོལ་ཞེས་པ་ཡིན་པས། སྔར་བདེན་པ་མ་མཐོང་ཞིང་མ་གྲོལ་བར་གོ། ལྟ་བ་ངན་པ་འགགས་པར་འགྱུར་རོ། །ཞེས་པ་འོངས་པའི་ཚིག་ཏུ་ཡང་མ་གསུངས་སམ། སློབ་དཔོན་བསོད་ནམས་རྩེ་མོས། དཔེའི་འོད་གསལ་ལ་བདེན་མཐོང་གི་མིང་བཏགས་པར་གསུངས་ན། མིང་གསར་འདོགས་ཡིན་པ་གང་གིས་སྒྲུབ། ཞིབ་པར་ན་སྤྲོས་པས་ཆོག་མོད། གནས་མ་ཡིན་པ་ལ་མང་དུ་སྨྲོས་པས་ཅི་ཞིག་བྱ། ཡང་དཔེའི་ཡེ་ཤེས་ལ་ཡང་དག་པའི་མིང་འདོགས་པའི་སྒྲུབ་བྱེད་དུ། དཔེའི་སྣང་མཆེད་ཐོབ་གསུམ་ཀ་ལ། དོན་དམ་བྱང་ཆུབ་ཀྱི་སེམས་ཤེས་པ་དང་མཐོང་བའི་མིང་བཏགས་སོ། །ཞེས་སྨྲས་པ་ལ།

བཀལ་ལན་དུ། བལ་པོར་འབྲས་སྨིན་པའི་སྒྲུབ་བྱེད་དུ། ཀོང་པོར་ནས་སྐྱེ་ཟེར་བ་དང་འདྲ། ཞེས་བྲིས་པ་

ནི་བརྟག་དགོས་ཏེ། ཕོ་བོས་ནི་དཔེའི་སྣང་མཆེད་ཐོབ་གསུམ་ཀ །དཔེའི་ཡེ་ཤེས་ཡིན་པ་རྒྱུ་མཚན་དུ་བྱས་ནས། དེ་གསུམ་ལ་ཡང་དག་པའི་མིང་ཐོབ་ཕྱིན། དཔེའི་ཡེ་ཤེས་ལ་ཡང་དག་པའི་མིང་ཐོབ་པར་སོང་ཞེས་བརྗོད་ཀྱི། དེ་ལ་སྐྱོན་ཞིག་ཡོད་ན་འདིའོ་ཞེས་སྟོན་ཅིག །ཁྱེད་ཀྱི་བསམ་དོན་ལྟར་ན། དཔེའི་སྣང་མཆེད་ཐོབ་གསུམ། དཔེའི་ཡེ་ཤེས་མ་ཡིན་སྙམ་པ་ཞིག་ཡོད་འདྲ་ཡང་། འདི་དག་དོན་གྱི་ཡེ་ཤེས་ནི་ནམ་ཡང་མ་ཡིན་པས། དཔེ་ལས་གཞན་ཇི་ལྟར་རིགས། ཡང་བརྫུན་པ་ཡིན་བཞིན་དུ། བདེན་པའི་མིང་འདོགས་མི་རིགས་ཞེས་བྲིས་མོད། འོན་ཀྱང་རང་དགྲ་བཅོམ། ས་དང་པོ་པ། བཅུ་པ་བ་སོགས་སེམས་ཅན་ཡིན་བཞིན་དུ། སངས་རྒྱས་ཀྱི་མིང་བཏགས་ནས་ཅི་བྱེད། རྣམ་ཀུན་ཏུ་མི་མཚུངས་སམ། ཁྱེད་ཀྱིས་ཤེས་མཐོང་སོ་སོ་བ་ཞེས་སྨྲ་བའང་། སྤྱིར་གྱི་ཤེས་མཐོང་གཅིག་པར་ཁོ་བོ་མི་སྨྲ་མོད། ཁྱེད་དག་སྐབས་འདིའི་སྣང་མཆེད་ཐོབ་གསུམ་གྱི་ཤེས་མཐོང་སོ་སོར་སྨྲ་བ་ནི། སྟོན་བྱུང་བ་བླ་མ་མངོན་ཤེས་པའི་སྒྲ་བཤད་ལྟར་ཡ་རི་མ་རིའི་རྣམ་ཐར་ལས་གཞན་དུ་ག་ལ་ཞིག །

བརྒལ་ལན་དུ། བརྫུན་བདེན་ལ་སོགས་པ་གཉིས་ཆོས་མ་ཡིན་ཞེས་བྲིས་པའང་དཔྱད་ན་འཇིག་སྟེ། བདེན་བརྫུན་སོ་སོར་མེད་ན། འདུ་བྱེད་ཐམས་ཅད་བསླུ་བའི་ཆོས། །དེས་ན་དེ་དག་བརྫུན་པ་ཡིན། །ཞེས་དང་། མྱ་ངན་འདས་པ་བདེན་གཅིག་པུ། །ཞེས་སོ་སོར་བཤད་པ་དགོས་མེད་དུ་མི་ཐལ་ལམ། རྣམ་རྟོག་མ་རིག་ཆེན་པོ་སྟེ། །ཞེས་སོགས་ཀྱིས་རྣམ་རྟོག་དྲི་བཅས་དང་། རྟོག་མེད་དྲི་བྲལ་དུ་དབྱེ་བ་ཡང་འཐད་པ་ཅི། གལ་ཏེ་ཆོས་ཐམས་ཅད་མཉམ་པ་ཉིད་རོ་གཅིག་ཏུ་སོང་བའི་ངོར་བསམ་ན་ནི། བདེན་བརྫུན་གྱི་མིང་ཙམ་ཡང་ཇི་ལྟར་བསྙད། ཇི་སྐད་དུ། རང་ཉིད་ཡོད་ན་གཞན་ཡོད་འགྱུར། །གཞན་ཉིད་ཡོད་ན་རང་ཉིད་ཡོད། །དེ་དག་ལྡོས་པ་ཅན་དུ་གྲུབ། །ཕ་རོལ་ཚུ་རོལ་བཞིན་དུ་གསུངས། །གང་ཚེ་ཅི་ལའང་མི་ལྟོས་པ། །དེ་ཚེ་གང་ལ་གང་ཞིག་འབྱུང་། །གང་ཚེ་རིང་ལ་མི་ལྟོས་པ། །དེ་ཚེ་ཐུང་སོགས་ག་ལ་མཆིས། །ཞེས་གསུངས་པས། རིང་པོ་མེད་ན་ཐུང་ངུའི་ཐ་སྙད་བྱར་མེད་པ་བཞིན་བརྫུན་པ་མེད་ན་བདེན་པའི་ཐ་སྙད་ཅི་རུང་། ཡང་དག་པར་ན་གཉིས་མེད་རོ་གཅིག་ཅེས་པ་ཡང་གདགས་སུ་དཀའ་བ་སྟེ། ཐ་དད་མེད་པའི་ཕྱིར་གཅིག་ཅེས་གང་ལས་བསྙད། གཅིག་ཡོད་ན་ལྟོས་ཟློ་ཐ་དད་ཀྱང་ཅེས་མི་འགྲུབ། དེ་ལྟར་ན་སྐབས་ཕྱེད་པར་གྱིས་ཤིག །ཕྱོགས་གཉིས་ཐ་དད་ཡིན་ན་ཁྱེད་རང་ལ་གནོད། ཞེས་ཁྱེད་ཀྱིས་བྲིས་པའང་ཇི་ལྟར་གནོད་དེ། ངེད་རྣམས་སྐྱུ་ལུས་མན་ཆད་ཀྱི་ཡེ་ཤེས་རྣམས་ལ། སྐབས་ཐོབ་ཐད་སོ་དང་འབྲེལ་བའི་དོན་དམ་ཡེ་ཤེས་སུ་འཆད་ཀྱི། འཕགས་པ་ལམ་གྱི་དོན་དམ་པའི་ཡེ་ཤེས་ཁྱད་པར་ཅན་དུ་མི་འཆད་པས་སྐྱོན་ཅི་ཞིག་ཡོད། ཡང་བདག་བྱིན་བརླབས་པའི་མན་ངག་དག་ཅེས་སོགས་ཀྱི་དོན། སྒྱུ་ལུས་གྲུབ་པའི་རྣལ་འབྱོར་པ། རྟག་ཆད་ལ་མི་ཞེན་པ་ཉིད་ཀྱིས། མི་གནས་པ་དང་ཕྱིར

མི་བཟློག །ཅེས་པ་ལ། མ་འབྲེལ་བ་གང་ཞིག་མཆིས། མཐོང་ལམ་མཚན་ཉིད་པ་མ་ཡིན་པ་ལ། མཐོང་ལམ་གྱི་མིང་མི་འདོགས། ཞེས་ཟེར་བའང་། གོ་རྟོགས་ཡོད་ན་གསུང་རབ་ན་དེ་འདྲ་བ་མང་དུ་ཡོད་པས། སླབ་འདི་རང་འགགས་སུ་འགྱུར་མོད། གཏི་ཐུག་པ་ལ་ཅི་བྱར་ཡོད། སྦྱོར་ལམ་ལ་མཐོང་སྒོམ་ས་བཅུ་ཀར་གྱི་མིང་བཏགས་དང་། ས་བཅུ་པ་བ་ལ་སངས་རྒྱས་ཀྱི་མིང་སོགས་བསམ་གྱིས་མི་ཁྱབ། དེ་ཀུན་སྐབས་ཐོབ་ཀྱི་མཐོང་སྒོམ་སངས་རྒྱས་སུ་འདོད་པ་ལས། མཐོང་ལམ་གྱི་མིང་བཏགས་ཚད། མཐོང་ལམ་ཡིན་པ་དང་། སངས་རྒྱས་ཀྱི་མིང་ཡོད་ཚད་སངས་རྒྱས་སུ་ཁས་ལེན་པའི་ངེས་བཟུང་མི་འོས་ཤིང་། དེ་བཞིན་དུ་འཇིག་རྟེན་པའི་དངོས་གྲུབ་བརྒྱད་གྲུབ་པ་རྣམས། སྐབས་དེའི་གྲུབ་ཐོབ་ལས། སྤྱི་ལྡོག་གི་གྲུབ་ཐོབ་མཚན་ཉིད་པར་ཁས་མི་ལེན་པའི་ཕྱིར། འཕགས་པ་མིན་ལ་གྲུབ་ཐོབ་མེད། །ཅེས་པ་དང་ཇི་ལྟར་འགལ། དགོས་ནུས་ཀྱིས་དབྱུལ་བའི་ཚིག་གི་ན་བུན་ལ་རྩོད་པ་འདི་འདྲ་བ་དག་ནི་རྩོད་པ་པོ་ངལ་བ་ཙམ་མོད། བྱུང་བའི་རང་བྱུང་ཡེ་ཤེས་ཡིན། །ཞེས་པའི་བརྒལ་ལན་དུ། དབང་ལས་བྱུང་། རིམ་གཉིས་ཀྱི་ཏིང་ངེ་འཛིན་ལས་བྱུང་། ཞེས་འབྱུང་ཁུངས་ཀྱི་སྒྲ་ལ་རྩོད་པ་ཡིན་ཞེས་དང་། ཆོས་སྐུ་ཐོབ་པའི་ཕྱིར་དུ་ལམ་བསྒོམ་དགོས་ཀྱང་། དེ་ལམ་བསྒོམས་པ་ལས་བྱུང་བ་མ་ཡིན་ཞེས་བྲིས་སོ། །

སྒྲོན་གསལ་ལས། དེ་ལས་བྱུང་བ་ནི་སྐྱེས་པའོ། །མི་ཕྱེད་པས་ན་རྡོ་རྗེ་སྟེ། །ཞེས་དང་། གསང་བ་ལས་བྱུང་བ་དེ་ཉིད་ཀྱི་ཁྱད་པར་ཏེ། གསང་བ་ནི་འོད་གསལ་བའོ། །དེ་ལས་བྱུང་བ་ནི་གཉིས་སུ་མེད་པའི་ཡེ་ཤེས་ཀྱི་བདག་ཉིད་ཅན་རྡོ་རྗེ་འཆང་ཆེན་པོ་ཞེས་བྱ་བའི་བར་དུ་སྟེ། མཐར་ཐུག་པའོ། །ཞེས་དང་། རྒྱུད་དུ། ཆོས་འབྱུང་ལས་སྐྱེས་ཡེ་ཤེས་ཏེ། །མཁའ་མཉམ་ཞེས་འབྱུང་ཁུངས་ཀྱི་ཚིག་མང་དུ་གསུངས་ཤིང་། དེ་ཀུན་སྐབས་དོན་གཅིག་པའི་ཕྱིར། རབ་དབྱེའི་འབྱུང་ཁུངས་ཀྱི་སྒྲ་དོན་ལ་ཤེས་བྱེད་མེད་ན། རྒྱུད་ཚིག་དེ་དག་གི་འབྱུང་ཁུངས་ཀྱི་སྒྲ་ཡང་དོན་མེད་དུ་ཐལ་ལོ། །འཕྲོས་པ། ཡེ་ཤེས་ཆོས་སྐུ་དེ། ལམ་བསྒོམས་པ་ལས་བྱུང་བ་མ་ཡིན་ན། དེ་ཐོབ་བྱེད་དུ་ལམ་བསྒོམ་པ་དགོས་མེད་དུ་མི་ཐལ་ལམ། བསྒོམས་ཀྱང་སྒོམ་འབྲས་མེད་པའི་གྲུབ་མཐའ་ལས་བཞད་གད་ཆེ་བ་གང་ཞིག་ཡོད། ངེད་ཀྱི་ཕྱག་རྒྱ་ཆེན་པོ་སོགས་དང་། དེས་ན་གང་ཟག་དབང་པོ་རབ་སོགས་འགལ་བའི་དྲི་ཙམ་ཡང་མི་སྣང་བཞིན་དུ་འགལ་བ་ལྟར་སེམས་པ་ནི་སྨྲོན་མ་ཡིན་པ་ལ་སྨྲོན་དུ་སེམས་པ་ཞེས་བློ་ནུས་ཞན་པ་ཙམ་དུ་མཚོན་གྱི། ངེད་རྣམས་འཛམ་པའི་དབྱངས་ཀྱི་གསུང་སོ་མ་ཉིད། ཚིག་དོན་བཟང་པོར་ཡིད་ཆེས་ན། བཅས་བཅོས་འཁྲུག་པའི་ངལ་བ་ཇི་ལྟར་འོས།

བརྒལ་ལན་དུ། ཡེ་ཤེས་དབབ་པའི་དུས་སུ་གྲོལ་བ་མི་བདེན་ཏེ། དབང་མ་བསྐུར་བར་གྲོལ་བ་མི་བདེན་

པ་གང་ཞིག །ཕྱིན་རླབས་ཀྱི་དུས་སུ་གྲོལ་བ་དེ། དབང་མ་བསྐུར་བའི་གང་ཟག་ཡིན་པའི་ཕྱིར། ཞེས་དང་། བུམ་དབང་ཙམ་གྱིས་གྲོལ་ནས། ལམ་བསྒོམ་དགོས་པའི་གང་ཟག་སྲིད་དམ་མི་སྲིད། ཅེས་སོགས་དཀའ་གནས་ཀྱི་དཔྱད་པ་བཟང་པོར་རློམ་པའི་རིག་པ་འགའ་ཞིག་བྲིས་པ་ནི། ལས་གྲོན་ཆེ་ལ་འབྲས་བུ་ཆུང་བའི་རྣམ་ཐར་ཏེ། ཡོ་བོ་ཅག་ཆོ་སྔ་མར་དབང་བཞི་ཐོབ་ཅིང་ལམ་ཚོགས་སྦྱོར་གྱིས་རྒྱུད་སྦྱངས་པ་ཅན་ཞིག །ཚེ་འདིར་གྲོལ་བའི་སྣ་འདྲེན་ཡེ་ཤེས་དབབ་པས་བྱས་ཏེ། བྱིན་དབབ་པའི་དུས་དེ་ཉིད་དུ་གྲོལ་བ་དང་། ཡང་གང་ཟག་དེ་འདྲ་བ་ལ་སད་བྱེད་ཀྱི་རྐྱེན་བུམ་དབང་གིས་བྱས་ནས་གྲོལ་བ་ཞིག་ཁས་ལེན་མོད། དེ་དག་སྤྱིར་དབང་བཞི་སྦྱིན་སོང་དང་དབང་གི་ཡེ་ཤེས་ཀྱི་རྒྱུན་མ་ཉམས་པ་ཞིག་ཡིན་པས། དབང་བཞི་མ་བསྐུར་བར་གྲོལ་བ་བླ་མེད་རང་རྐང་ལ་ཇི་ལྟར་སྲིད། བུམ་དབང་ཙམ་གྱིས་གྲོལ་བ་དང་། བྱིན་དབབ་ཙམ་གྱིས་གྲོལ་བ་ནི། རི་བོང་གི་རྭ་དང་མཚུངས་པས། ནུས་པ་མེད་ལ་ཨོ་ཐོས་པའི་རྩོད་པ་ནི་ངལ་བ་ཙམ་མོ། །བརྒལ་ལན་དུ་དབང་བསྐུར་ཕྱོགས་རེ་བ་མ་ཡིན་ན། རིམ་གཉིས་ཀྱང་ཕྱོགས་རེ་བ་མ་ཡིན་ཏེ། དགོས་ནུས་མཚུངས་པའི་ཕྱིར་ཞེས་སྨྲ་བ་ནི་སྙིང་པོས་དབེན་ཏེ། དབང་ནི་གསང་སྔགས་པ་ཐམས་ཅད་ཀྱི་སྤྱི་དང་མ་ལྟར་ཐམས་ཅད་འདུས་པ་གཙོ་བོ་ལུས་ཀྱི་བདག་ཉིད་ཡིན་ན། ཕྱོགས་རེ་བ་ག་ལ་ཡིན། རིམ་གཉིས་ནི་དེའི་ཡན་ལག་ཡིན་པའི་ཕྱིར། ཕྱོགས་རེ་བ་ཞེས་གྲགས་པས་དགོས་ནུས་མཚུངས་པ་གང་གིས་སྨྲ།

བརྒལ་ལན་དུ། མི་ཏྲི་པ་དམ་རྒྱ་བཞི་པར་མཛད་ཀྱང་། ས་པཎ་གྱིས་གསུམ་པར་སློས་སོ། །ཞེས་སྲིད་གསུམ་གྱི་གཏམ་སྙིང་ཡང་ཟློས་སུ་བགྱིས་ཀྱང་། སྤར་རྩོད་སྤོང་དུ་དམ་རྒྱ་གསུམ་པ་དང་བཞི་པ་གར་བཞག་ཀྱང་རྒྱུད་དང་མི་འགལ་བས་གྲངས་ཀྱི་གོ་རིམ་ཅི་བདེར་སློས་ཆོག་པར་བཤད་ཟིན་ན། སླབ་གཞན་ལ་ནུས་པ་ཅི་ཙམ་སྣང་། ལར་རབ་དབྱེའི་ཕྱག་ཆེན་གྱི་དགག་པ་འདི་དག །སེམས་རང་ངོ་ཤེས་པའི་ཡེ་ཤེས་ཙམ་ཕྱག་ཆེན་དུ་བྱེད་པ་ལ་ཟུར་བཟས་ཏེ་གསུངས་མོད། ཁྱེད་ཀྱི་ཐབས་ལམ་ལས་རྒྱ་སོགས་སམ། གྲོལ་ལམ་སྟོང་གཟུགས་ཕྱག་རྒྱ་ཆེན་མོ་ལས་མངོན་དུ་བྱས་པ་ཞེས་སློས་ནས། གནས་ལུགས་ཡེ་ཤེས་ཙམ་ཕྱག་ཆེན་དུ་མི་འདོད་ཟེར་བ་ལྟར་ན། ད་ནི་མི་མཐུན་པ་མེད་པས། སླར་དགག་སྒྲུབ་མི་དགོས་ཀྱི། འོན་ཀྱང་བཀའ་བརྒྱུད་པ་གཞན་ལ་ཁྲིམས་སུ་བཅའ་བ་ལྟ་བུའི་ལམ་གསར་པ་སྟོན་དགོས་པ་ནི་སྲིད་དོ། །

བརྒལ་ལན་དུ། རྒྱུད་སྡེ་ཕྱི་མ་གཉིས་ནས་མ་བཤད་པས། ལས་རྒྱ་ཉེ་རྒྱུར་དགོས་པ་རྒྱུད་སྡེ་ཐམས་ཅད་ཀྱི་དགོངས་པ་མ་ཡིན་ཞེས་དང་། ཉན་རང་དགྲ་བཅོམ་ལྷག་མེད་པ། སྔགས་ལམ་དུ་འཇུག་ཚེ། ཡིད་ལུས་ཀྱིས་འཇུག་དགོས་པས། ལས་རྒྱ་ལ་ཇི་ལྟར་སྤྱོད་ཅེས་དང་། སྟོང་གཟུགས་ཕྱག་ཆེན་མངོན་དུ་གྱུར་པས། ལས་རྒྱ

སྤྱངས་ཞེས་ཊཱིཀ་དོན་གསུམ་བྲིས་པ་ལས། དང་པོའི་ལན་ནི། ངེད་ཀྱི་སྐབས་འདི་དག་བླ་མེད་ཁོ་ནའི་དབང་བྱས་ན། རྒྱུད་སྡེ་ཕྱི་མ་གཉིས་ནས་མ་བཤད་པ་དེ་ཕན་གནོད་གང་དུ་འགྱུར་སོམས་ཤིག །གཉིས་པའི་ལན་ནི། ཡིད་ལུས་ཀྱི་རྟེན་ཅན་རྣམས་ཀྱིས། ཡིད་ཀྱི་ཕྱག་རྒྱས་ལམ་སྤྱོད་ཞིང་། འདིར་གནད་ཐུན་མོང་མ་ཡིན་པ་གཞན་ཞིག་ཀྱང་ཡོད་མོད། ཡུལ་མ་ཡིན་པའི་ཕྱིར་གསང་ལ། ཐུན་མོང་དུ་གྲགས་པ་ལས་ཀྱི་ཕྱག་རྒྱ་དངོས་དང་ཡེ་ཤེས་གཉིས། ཞེས་གསུངས་པས། ཡེ་རྒྱ་ལས་རྒྱ་ཡིན་པ་ནི། རྗེ་བཙུན་ས་སྐྱ་པའི་སྤྱི་ལུགས་ཡིན་པའི་ཕྱིར། སྐྱོན་རང་གྲོལ་ཏེ། འདིས་ནི་ཁྲིད་ཚུལ་གཞན་བྱེད་པ་མེད་པའི་མཐའ་མ་བཀག་ཅེས་སྨྲ་བའི་ཞེ་ཕུགས་ཀྱང་བདེན་མེད་དུ་ཅིས་མི་གོ།

གསུམ་པའི་ལན་ནི། བྱང་སེམས་ནོར་བུར་གནས་པ་ལྷན་སྐྱེས་སུ་འདོད་པ་དགག་པ་དང་། སྟོང་གཟུགས་ལས་སུ་རུང་བ་ན། ཕྱིའི་ཕྱག་རྒྱ་སྤྲོས་བཅས་ལ་མི་ལྟོས་པ་ཤེས་བྱེད་དང་བྱས་ནས། ལས་རྒྱ་བཀག་གོ་ཞེས་རྩོད་སྤོང་དུ་བཤད་ཟིན་ན། གོ་རྟོགས་ཅན་ལ་དེ་ཉིད་ཀྱིས། ངེས་པ་སྐྱེར་བར་ནུས། ཁྱད་པར་རྗེ་བཙུན་ས་སྐྱ་པ་རྣམས། མཆོག་ཐོབ་པ་ཡི་བུད་མེད་གང་། །རྟོགས་པ་ཐམས་ཅད་ཡང་དག་སྤྱངས། །ཞེས་པ་ཤེས་བྱེད་དུ་མཛད་ནས། ས་བཅུའི་བུད་མེད་རྣམས། རྣལ་འབྱོར་པ་མཆོག་གི་ལས་རྒྱ་དང་། ཡུམ་བཞི་སོགས་རིགས་བདག་སོ་སོའི་ལས་རྒྱར་བཞེད་ན། སྟོང་གཟུགས་ཀྱི་ཕྱག་རྒྱ་དང་ལས་རྒྱ་འགལ་བར་སེམས་པ་དག་བརྗོད་སྟོང་དུ་མ་ལུས་སམ། དེར་མ་ཟད། སློབ་དཔོན་བསོད་ནམས་རྩེ་མོའི་ཞབས་ཀྱིས། བདེ་མཆོག་རྩ་རྒྱུད་ཀྱི་མཚན་བྱུ་ན། དེང་སང་གི་སློབ་དཔོན་རྣམས་ལ་གཏན་མ་གྲགས་པའི་བཤད་སྒྲོས་ཆེས་བཟང་བ་དུ་མ་སྣང་མོད། ཙཱ་ཏའི་ཡུལ་དུ་ཕྱིན་པ་ན། །ཊཱང་གཉིས་པ་ལ་མིར་མི་རྩི། །ཞེས་པ་ལྟར་གྱུར་དོགས་པས་རེ་ཤིག་སྦ་བར་འདུན་ནོ། །འཕྲོས་དོན། ཕྱག་རྒྱ་བཞི་པའི་བསྟན་བཅོས་ཡིད་ལ་མི་བྱེད་པའི་ཆོས་སྐོར་གྱི་རྒྱབ་ཆོས་སུ་སྒྲིག་པ་འདི་དང་། དེའང་གུང་མཐུན་པ་མཻ་ཏྲི་པའི་གཞུང་རྣམས་སུ། མཆོག་མཐའ་དགའ་བྲལ་དང་པོར་ནི། སོགས་ཀྱི་དོན་ཇི་སྐད་བཤད་པ་ལ། རྗེ་བཙུན་གོང་མས་དགག་པ་མཛད་པའི་ཕྱིར། ཡོངས་སུ་གྲགས་ཆེ་བའི་བསྟན་བཅོས་ཕྱག་རྒྱ་བཞི་པ་དེ། ཀླུ་སྒྲུབ་ཀྱིས་མ་མཛད་དོ། །ཞེས་ཁོ་བོ་སྨྲ་བ་ནི། ཤེས་བྱེད་མང་དུ་ཡོད་ནས་སྨྲ་བ་ཡིན་ལ། ཁྱེད་ལ་རང་འདོད་ཀྱི་དམ་བཅའ་ཙམ་ལས། སྒྲུབ་བྱེད་ཚད་མར་གྱུར་པ་ཅི་ཞིག་ཡོད་སྟོན་ཅིག །

བརྒྱལ་ལན་དུ། ས་སྐྱ་བཀའ་འབུམ་ན་ཡོད་པ་ལ། ཡོད་ཟེར་དབང་འོང་ཐང་ཞེས་བྲིས་མོད། ཡོད་པ་ལ་ཡོད་ཟེར་བ་ནི་བསྒོན་མེད་ཀྱི། མི་རྟོག་ཡེ་ཤེས་ཙམ་ཕྱག་ཆེན་ཡིན་ཟེར་བའི་ཚིག །ས་སྐྱ་བཀའ་འབུམ་གང་ཞིག་ན་འདུག་སྨྲོས་དང་། ཡང་མི་འདའ་བའི་སྒྲ་དོན་གྱི་ཚེ་འདུལ་བའི་དཔེར་བརྗོད་སྐབས་སུ་མ་བབ་ཅེས་བྲིས་སོ། །

འོན་ཡེ་ཤེས་ཀྱི་དཔེར། ཞལ་དང་མི་ལོང་ལ་སོགས་པེམ་པོ་འགོད་པ་ཅི་སྟེ་རིགས། དེ་ལ་རྒྱུ་མཚན་ཡོད་པས་སོ་སྙམ་ན། འདིར་ཤེས་བྱེད་ཀྱིས་ཇི་ལྟར་འཕོངས། མི་འདད་འབ་ཙམ་གྱིས་ཕྱག་རྒྱར་གྲུབ་ན་པེམ་པོ་རྫུལ་ལས་མི་འདད་འབའི་ཕྱིར། པེམ་པོ་ཕྱག་རྒྱ་དང་། ངན་འགྲོ་དུ་ཁ་ལས་མི་འདད་འབའི་ཕྱིར། ངན་སོང་ཕྱག་རྒྱ་ཅེས་མི་འགྲུབ། དེ་ལས་འཕྲོས་ཏེ། སྒྲུ་ལུས་ཕྱག་ཆེན་རྣམས། ཕྱག་ཆེན་བཏགས་པ་བར་འཛོག་པས་འགལ་བ་མེད་ཅེས་བྲིས་པ་ཡང་། འབྲུག་པ་ནང་གི་ཁས་བླངས་འགལ་མ་འགལ་ཇི་ལྟར་ཡང་རུང་། མཆོན་བྱེད་དཔེའི་ཕྱག་ཆེན་རྣམས། ཕྱག་ཆེན་གྱི་གནས་ནས་དབྱུང་བ་ཉིད་ཀྱིས། ཕྱོགས་དེའི་སྨྲ་བ་ལ་བདེན་པའི་ངག་སུ་ཞིག་གིས་རེ། ཇི་ལྟར་སྨྲས་ཀྱང་དེར་ཟད་དོ། །དབང་བསྐུར་དག་དང་མ་འབྲེལ་བ། །དེ་ལ་ཕྱག་རྒྱ་ཆེན་པོ་བཀག །ཅེས་པའི་བཀག་པའི་ལུང་ཚིག་རྐང་གཅིག་ཀྱང་འདྲེན་རྒྱུ་མེད་དོ། །ཞེས་སྲིད་གསུམ་དུ་བྲིས་པའི་ལན། རྩོད་སྤོང་དུ་བཀག་པའི་ལུང་འདི་འོ་ཞེས་སྨོས་པས། སྲིད་གསུམ་མཁན་པོ་མི་སྨྲ་བའི་གམ་དུ་མཆིས་ཀྱང་། ཐོལ་འགྲོས་ཙམ་དུ་དུས་འཁོར་འདི། ཆོས་སྐད་གཞན་དང་བསྟུན་མི་དགོས་པར་ཁྱེད་རང་གིས་ཁས་བླངས་ཞེས་བྲིས་པ་ནི། འཕྲུག་པའི་གཏམ་སྟེ། དེ་རྣམས་རྒྱུད་སྡེ་རྣམས་ཀྱི་ཐུན་མོང་བའི་བཤད་པ་རྣམས། ཕན་ཚུན་གཅིག་ནས་གཅིག་ཏུ་ཁ་བསྐང་། ཐུན་མོང་མ་ཡིན་པ་རྣམས་མ་འདྲེས་པ་སོ་སོར་འཆད་ལ། སྐབས་འདི་ཡང་བླ་མེད་ཐུན་མོང་གི་སྡེ་ཚན་ཡིན་པས། བཀག་པའི་ལུང་ཁུངས། དུས་འཁོར་ཡིན་པ་རང་མཚན་དང་། དམར་མཚན་མཐུན་པར་གསུངས། དེའི་ཕྱིར་ཁོ་བོས་ཀྱང་བཀོད་པ་ཡིན་ན་ཉེས་པ་ཅི་ཞིག་གིས་བསྒྲིབས། ཡང་དུས་འཁོར་གྱི་ལུང་ཇི་བཞིན་དུ་ཁས་ལེན་ན། ཐམ་གསང་ཤེར་གསུམ་དོན་མེད་དུ་སོང་ཞེས་སྨྲ་བ་ནི། ལན་གཞན་མི་དགོས་ཀྱི། དུས་འཁོར་མཁྱེན་པ་རྣམས་ཀྱིས། རྩོད་པ་ཁོ་རང་གི་རང་མདོག་ལ་གཟིགས་ཤིག །རབ་དབྱེའི་གཞུང་དོན་འཆད་པ་ན། ཕྱག་རྒྱ་བཞིའི་རྩེ་མོར་སོན་པའི་ཕྱག་ཆེན་ཞེས་ཁོ་བོས་སྨྲས་པ་ལ།

བརྒལ་ལན་དུ། དེ་འདྲ་བའི་འཕྲོས་མེད་དོ་ཐེར་བ་ནི། རྒྱུས་མེད་ལ་དེ་ཀ་ལས་འོས་ཅི་ཡོད། དབང་བཞི་པ་མ་ཐོབ་ཀྱང་གསང་ཤེར་ལ་བརྟེན་ནས། དཔེའི་ཕྱག་ཆེན་ཐོབ་པ་དང་། དེ་ཕྱག་ཆེན་མཚན་ཉིད་པ་ཡིན་པ་སོགས་གོང་མའི་གསུང་ན་གསལ་བ་ཉིད་ཀྱིས། རབ་དབྱེའི། དབང་བསྐུར་བཞི་པ་མ་ཐོབ་པར། །ཕྱག་རྒྱ་ཆེན་པོ་ཞེས་པ་འདི། །ཕྱག་རྒྱ་བཞིའི་མཆོག་ཏུ་སོན་པའི་ཕྱག་ཆེན་ལ་རང་ཤུགས་ཀྱིས་གྲུབ། དེའི་ཕྱིར་བརྒལ་ལན་དུ༑ དབང་བཞི་པ་མ་ཐོབ་པར་ཕྱག་ཆེན་བསྒོམ་དུ་རུང་སྟེ། ཞེས་སོགས་ཀྱི་རིགས་པ་སྨྲས་པ་དེ། གང་ལ་གནོད་པར་ནུས་སོམས་ཤིག །སྲིད་གསུམ་དུ་མདོ་རང་རྐང་གི་སངས་རྒྱས་ཐོབ་པ་ས་སྐྱ་པའི་དགོངས་པར་བཤད་པ་ལ། ཁོ་བོའི་རྩོད་སྤོང་དུ་རབ་དབྱེ་གཞུང་རྐང་ལ་བཤད་པ་གར་ཡང་རུང་མོད། ས་པཎ་གྱི་བསྟོད་འགྲེལ། ཁ་སྦྱོར་གྱི་

མཆན་སོགས་དང་། བདེ་མཆོག་གི་ཟིན་བྲིས་སུ་ཏིག་ཕྲེང་བ་མ་གཏོགས་པའི་རྗེ་བཙུན་གོང་མའི་གསུང་རབ་གཞན་ནས། མདོ་རང་རྐང་གིས་སངས་མི་རྒྱ་བར་བཤད་པས། རབ་དབྱེའི་དགོངས་པའང་དེ་དང་མཐུན་པར་བཤད་དགོས་ཏེ། གཞན་དུ་ན་འགལ་བའི་ཕྱིར་ཞེས་བརྗོད་པ་ལ།

བརྒལ་ལན་དུ། རབ་དབྱེ་དང་བདག་མེད་བསྟོད་འགྲེལ་མི་མཐུན། བསོད་ནམས་རྩེ་མོ་ལ། གང་ཡང་ཞུས་པ་མེད། ཅེས་སོགས་བྲིས་པ་ནི་རྟོགས་ལྡན་གྱི་སྨྲོན་སྦྱོད་ཐལ་པོ་ཅན་རང་རྟགས་སུ་ངོམས་པ་ཙམ་ལས། དགོས་ནུས་སམ་འབྲེལ་ཡོད་པ་ཅི་འདུག་མཁས་པ་རྣམས་ཀྱིས་དཔྱོད་ཅིག །གཞི་ཕྱག་ཆེན་དང་གཞི་དུས་ཀྱི་སྟོམ་པ་སོགས་ཕྱག་ཆེན་དང་སྟོམ་པ་དངོས་གནས་མ་ཡིན་པར་བཤད་པ་ལ། བརྒལ་ལན་དུ། གཞི་ལམ་དབྱེར་མེད་དང་། ལམ་འབྲས་དབྱེར་མེད་ཡིན་པ་ལ། ཐ་དད་དེར་འཛིན་གྱི་རྟོགས་པ་རྒྱས་བཀབ། ཅེས་བྲིས་པ་ནི༑ འདི་ལྟར་ཁོ་བོ་ཅག་ངོ་བོ་དང་། ལྡོག་པ་སོ་སོར་ཕྱེ་ནས། གཞི་ལམ་འབྲས་གསུམ་ངོ་བོ་དབྱེར་མེད། གཞི་ལམ་འབྲས་གསུམ་ལྡོག་པ་ཐ་དད་ཅེས་འཆད་ལ། སྟོམ་པ་སོགས་ལྡོག་པའི་ཕྱོགས་མ་ཡིན་ནམ། ཤེས་རབ་ཕ་རོལ་ཕྱིན་གཉིས་མེད། །ཅེས་སོགས་ཀྱི་དོན་ལ། བོད་ན་བླ་མ་རེ་ལ་གྲུབ་མཐའ་རེའི་རྣམ་པ་ཡོད་ཀྱང་། ས་ལུགས་ལ་གཞུང་འདིའི་ནང་དུ། གཞི་ཤེར་ཕྱིན་ཡང་བསྟན་པར་བྱེད་དགོས་ཏེ། དེ་ལྟར་མ་ཡིན་ན། རྩེ་མོའི་ཞབས་ཀྱི་སྒྲི་རྣམ་དུ། རྒྱུ་རྒྱུད་ཐབས་རྒྱུད་འབྲས་རྒྱུད་གསུམ་ཀ་ལ་ཀྱེ་རྡོ་རྗེའི་སྒྲ་བཤད་མཛད་པའི་རྒྱུ་མཚན་དུ། ཤེས་རབ་ཕ་རོལ་ཕྱིན་གཉིས་མེད། །ཅེས་སོགས་འདྲེན་པར་མཛད་པ་འབྲེལ་མེད་དུ་ཐལ་བའི་ཕྱིར། འདིར་གཞིའི་སྟོམ་པ་སྟོམ་པ་མ་ཡིན་པ་དང་། གཞི་ཤེར་ཕྱིན་ཤེར་ཕྱིན་མ་ཡིན་པ་རང་སྟོང་སྨྲ་བ་དང་མཐུན་པའི་དབང་དུ་བྱས་པ་སྟེ། གཞན་སྟོང་འཆད་པ་པོ་རྣམས་དང་མི་མཐུན་ཡང་། རེ་ཞིག་ཉེས་པ་མེད་དོ། །རྟོག་པ་ཁ་ཆེམ་གྱི་སྐབས་སུ། རྣམ་རྟོག་མངོན་འགྱུར་བ་འགགས་པ་ཙམ་ཕྱག་ཆེན་དུ་ངོ་སྤྲོད་མཁན་མེད་དོ་ཞེས་བརྒལ་ལན་དུ་བྲིས་མོད་ལན་གྱི་དབུལ་ཕྱིན། གདོང་འདྲེ་བསྐྱེད་པ་ལས་དེ་སྐད་མཛེས་མོད་ཀྱི། སྤྱིར་ནི་སྤྲོས་པས་ཆོག་མོད། ཡི་གེས་སྲུན་པའི་ཕྱིར་ཅི་དགར་བཞག་གོ། །

ཞར་ལས་བྱུང་བ། ངེད་ཀྱི་ལམ་སྐོར་སེམས་འཁྲིད་རྣམས། དབང་གིས་རྒྱུད་སྨིན་ཟིན་ལ། གྲོལ་ལམ་ལྷན་ཅིག་སྐྱེས་པའི་ངོ་བོར་སྟོན་པ་དང་། ཁྱེད་ཅག་གི་ཕྱག་ཆེན། ལུམ་དབང་ཙམ་ཡང་རྣ་བར་མ་སོན་པ་ལ་གཤེས་ལུགས་ངོ་སྤྲོད་པ་གཉིས་མཚུངས་པའི་གོ་སྐབས་ག་ལ་སྲིད། དེ་ཙམ་དུ་མ་ཟད་ཀྱི། ཁྱེད་རང་གི་ཕྱག་ཆེན་འཆད་ཚུལ་དེ། ཆོས་ཀྱི་རྒྱལ་པོ་མར་པ་ལོ་ཙྪ་བའི་བཀའ་ཡང་དག་པའི་ཚད་མ་ཇི་ལྟར་མཐུན་དཔྱད་ན་བརྟག་མི་བཟོད་པའི་ཕྱིར། རེ་ཞིག་མི་སྨྲ་བའི་ཟློལ་གྱི་ཁ་ཚུམས་ཤིག །སྨྲ་བ་མང་པོ་ཟེམ་དུ་སྐྱུར། ཞེས་པ་ཡང་། འདིའོ་ཞེས་སྟོན

ཅིག་དང་། སྤྲོས་པས་ཆོག་མོད། ཡང་ཤེས་རབ་ཆུང་རྣམས་ཞེས་པའི་མང་ཚིགས་ལ་འཕྲོས་ནས། དབུ་མའི་སྒོམ་དུ་ལྷུང་བ་དེ་ཡང་ཕུང་དམ་ཞེས་བྲིས་པ་ནི་བརྟག་དགོས་ཏེ། དབུ་མའི་སྒོམ་ཕྱོགས་གཅིག་པའི་མཐར་ལྷུང་བ་ལ་ཟེར་ན། ཕུང་བའི་རིགས་སུ་མི་འགལ་ལ། དབུ་མའི་སྒོམ་སྐྱོང་བ་ཙམ་ལ་ཟེར་ན། དེ་སྒོམ་རྣམ་དག་ཏུ་སོང་བ་ཡོད་པའི་ཕྱིར། ཤེས་རབ་ཆུང་རྣམས་ཞེས་པའི་གྲངས་སུ་མི་རིགས་པས། ཕུང་བ་ག་ལ་ཡིན། སྒོམ་མ་ཤེས་ན། རྐྱེན་གྱིས་དུད་འགྲོ་སོགས་སུ་འགྱུར། །ཞེས་བརྗོད་པ་ལ།

བརྒལ་ལན་དུ། ནས་ཀྱི་ས་བོན་དེ། ཆུ་ལུད་སོ་སོའི་བྱེ་བྲག་གིས། བྲ་བོ་སྲན་མ་སྣ་ཚོགས་སུ་འགྱུར་ཞེས་བྲིས་པ་ནི། བྲ་བོ་ནས་སྲན་སོགས་རྒྱུ་གཅིག་ཏུ་སོང་བས། སྔར་སྲིད་གསུམ་དུ། དུད་འགྲོ་གཟུགས་མེད་སོགས་རྒྱུ་གཅིག་པས་སྐྱིད་སྡུག་གཅིག་ཏུ་ཐལ། ཞེས་སྨྲས་པ་དང་མི་འགལ་ལམ། ལུང་དོན་ཇི་ལྟར་བཤད་ཀྱང་ཕན་གནོད་གང་ཞིག་ནུས། འཇིག་རྟེན་དག་ན་སྟོང་ཉིད་བསྒོམ་ན་ཡང་། །ཞེས་སོགས་ལ། འགྱུར་གྱི་དབྱེ་བས། ཚིག་ཟིན་གཅིག་ཁོ་ནའི་ངེས་པ་མེད་ལ། ཐམས་ཅད་བདེན་པའང་རུང་མོད། ཇི་བཙུན་གོང་མ་ལྔའི་ཡིག་ཆར། མི་ཤེས་པ་དག་སྟོང་ཉིད་བསྒོམས་ན་ཡང་། །ཞེས་སོགས་ལྟར་གསུངས་པས། ཕྱོགས་གཅིག་ལ་ཞེན་པ་ནི་དགོས་པ་ཆུང་ལ། ཁོ་བོ་ཅག་སླ་བ་དྲང་པོས་རྟག་པར་འཚོ་ཡི། ཁྱེད་དག་དྲང་པོ་མི་སླ་བ་ནི་སྤྱིར་ཡང་བདེན་ལ། ཁྱད་པར་རྒོལ་བ་ཁྱེད་ཀྱི་ཞལ་ལས། དྲང་པོར་སླ་སླམ་པ་སུ་ཞིག་གི་ཡིད་ལ་སེམས། དེས་ན་རྒལ་ལན་དུ་དྲང་གཏམ་མི་ཞུ་ཟེར་བ་ནི་ཅིས་ཀྱང་བདེན་པ་ཞིག་གོ། །རྣམ་རྟོག་ཆོས་སྐུ་དང་། འཁོར་འདས་སྲིད་ཞི་སོགས་ཀྱི་རྣམ་གཞག་ལ་སྟོང་ཐད་ཀྱི་འོ་དོད་འབོད་པ་ཙམ་ལས། ལུང་རིགས་གང་ཡང་མི་སྣང་བའི་ཕྱིར་མ་སྤྲོས་ལ། གཏད་སོ་གཉིས་མེད་ལ་རེ་ཡང་། གཉིས་མེད་ཀྱི་མིང་ཙམ་ཐོས་པ་ནི་ལེགས་ཀྱི། གཞན་དུ་ན་ཁྱེད་དག་ལ་ཆ་རྒྱུས་གར་ཡོད། ཚུལ་དེ་ཡང་གོང་དུ་བདེན་བརྫུན་དང་། སེམས་དང་སེམས་ཉིད་ལ་སོགས་པའི་སྐབས་སུ་མདོ་ཙམ་བཤད་ཟིན་ཞིང་། རྒྱས་པར་ནི་སྐབས་ཀྱང་མ་ཡིན་ནོ། །གང་དུ་ཡང་ནི་མི་རྟེན་དེ། །ཅེས་པའི་སྐབས་སུ། བརྒལ་ལན་ལས། མི་ཤེས་པ་དང་ཤེས་པ་གཅིག་པར་ཁས་བླངས་སོ་ཟེར་བ་ནི་མ་ངེས་པ་སྟེ། སྤྱིར་བཏང་ནས་དེ་གཉིས་གཅིག་པར་མི་སེམས་ཀྱི། རྒྱུད་དེའི་ཤེས་པའི་མིང་ཅན་དང་། མི་རྟེན་པའམ་མི་ཤེས་པའི་མིང་ཅན་དེ་དོན་མི་འགལ་ཞེས་བརྗོད་པ་ཡིན། གཞུང་དེ་ལ་རྣམ་དབྱེའི་བརྗོད་ཕུལ་ཆེ་ཡང་། དེས་དེད་ལ་གནོད་པ་ག་ལ་ཞིག །བརྩད་རྩོད་འདི་ལར་འབྲེལ་ཆུང་ཡང་། ཅི་སྐྱེ་བྱེད་པར་སྨྲོན། མི་རྟེན་པའི་དོན་གང་ཡིན་སོམས་ལ་དེ་ནས་སྨྲོས་ཤིག །ཞར་ལས་བསྐྱད་པ་ལོ་ཙྪ་བ་སོ་སོའི་འགྱུར་ཁྱད་མང་པོ་ཡང་། བརྡ་གསར་རྙིང་དང་ཡུལ་སྐད་ཀྱི་དབྱེ་བས་སྣ་མ་ལས། ཕྱི་མ་གོ་བདེ་བར་དགོངས་པའི་ཕྱིར། འགྱུར་བཅོས་ཡང་ཡང་མཛད་པ་ནི་ཡིན་མོད། ག

ཅིག་ལ་སོགས་པའི་འགྱུར། ཉིས་ནས་སླར་བཅོས་པ་ག་ལ་ཡིན། ཆོས་ཀྱི་མེས་པོ་བི་རོ་ཀ་ཅིག་ལ་སོགས་པ་དང་མཉམ་ཤིང་དོ་ཟླར་འོས་པ་ཡང་བོད་ན་སུ་ཞིག་ཡོད། དེའི་ཕྱིར་བི་རོ་ཀ་ཅིག་ཡེ་ཤེས་སྡེའི་ཡིག་ཆ་རྣམས་རྒྱ་གཞུང་ཁུངས་མ་དང་ཡིད་ཆེས་མཚུངས་པས། བསྟན་འགྱུར་གྱི་ཞབས་ན་བཞུགས་པ་ཤིན་ཏུ་མང་ལ། ལོ་ཆེན་རིན་ཆེན་བཟང་པོ་མན་ཆད་ཀྱི་ལོ་ཙཱ་བ་རྣམས། སྤྱིར་ནི་བསམ་གྱིས་མི་ཁྱབ་པའི་མཁྱེན་རྟོགས་མངའ་བས། བོད་ལ་སངས་རྒྱས་དངོས་དང་མཚུངས་མོད། །འོན་ཏེ་ཀ་ཅིག་སོགས་དང་མཉམ་པ་ག་ལ་ཡིན། ཕྱིས་དར་ལོ་ཙཱ་བའི་ཡིག་ཆ་རྣམས་བསྟན་འགྱུར་གྱི་ཞབས་སུ་མི་འཇུག་པའང་གནད་དེ་བཞིན་ནོ་སྙམ་པ་ལགས། གལ་ཏེ་གཅིག་ལས་འབྲས་བུ་ཞིག་ཅེས་སོགས་སྐབས་སུ། བརྒལ་ལན་ལས། བཀའ་བརྒྱུད་པས་ཟུང་འཇུག་ལ་ཚིག་ཐུབ་ཟེར་གྱི་རྒྱུ་ཡན་གར་བ་མ་ཡིན་ཟེར་བ་ནི། ཟུང་འཇུག་གི་མིང་དོན་མཚུངས་པར་སོང་ན་རུང་མོད། རློམ་སོང་ཕྱོགས་འགལ་ན་ཁ་བཤད་བདེ་བས་ཅི་ལ་ཕན། ཐུབ་པའི་ཆོས་ཀྱིས་སངས་མི་རྒྱ། །སེམས་རང་ངོ་ཤེས་པ་གཅིག་པུས་ཆོག །ཅེས་སྨྲ་བ་རྣམས་ཡ་བྲལ་ཡན་གར་དུ་དོགས་ནས། རབ་དབྱེ་སོགས་སུ་དགག་པ་མཛད་པ་ནི། ཐར་པ་དོན་དུ་གཉེར་ན་བསླབ་བྱ་ཉིད་དུ་བཟུང་རིགས་ཀྱི། སྙིང་ནད་ཀྱི་གཏམ་ལྟར་འཁོན་འཛིན་ཇི་ལྟར་འོས། ཡང་ཁྱེད་ཀྱིས་སྤྱིར་བཏང་དམིགས་བསལ་ཡིན་མིན་གྱི་གླེང་སློང་བ་ནི་སླ་ཡི། ཐོག་མར་སྤྱིར་བཏང་ངོ་ཤེས་པར་གྱིས་ཤིག །ཐབས་དང་མི་ལྡན་ཤེས་རབ་དང་། །ཞེས་སོགས་ཀྱི་ཚིག་རིགས་ལ་གཅིག་ཏུ་མ་ངེས་ཀྱང་། ཁོ་བོས་ཇི་སྐད་སྨྲས་པ་དེ་ས་སྐྱ་བཀའ་འབུམ་ན་ཡོད་པས། བརྫུན་ཚིག་ལྟར་བཅོས་པ་ཅི་ལ་ཡིན། ཁྱེད་ཀྱི་བསམ་ངོ་ལ་ཉན་ཐོས་ལ་ཐབས་གཏན་མེད་ཀྱི་ཤེར་རྐྱང་གི་ལམ་ཞིག་ཡོད་རྣམས་འདོད་དོ་སྙམ་ཡང་། ཕྱོགས་འདི་ན་ལོག་རྟོག་གིས་དབེན་པས། རེ་ཞིག་སེམས་གློད་ན་མི་ལེགས་སམ།

བརྒལ་ལན་དུ། ཉན་ཐོས་འགོག་པ་བཟང་། དམྱལ་བ་ངན་ཟེར་བ་མ་སྨྲས་སོ་ཟེར་མོད། སྲིད་གསུམ་དུ། ཅི་སྟེ་སྟེས་དབང་གིས་དམྱལ་བར་ཡང་སྐྱེ་སྲིད་ན། ཉན་ཐོས་འགོག་པས་ཅི་ཉེས་ཞེས་སྨྲས་པའི་ཚིག་ནུས་ལ་བརྟགས་ན་ཉན་འགོག་བཟང་ལ། དམྱལ་བ་ངན་པ་གདོན་མི་ཟ་ཡང་། ད་ཙམ་ན་སྣ་ཚོགས་སུ་བསྒྱུར་བ་ནི། ཡ་རི་མ་རིའི་ངང་ཚུལ་ལོ། །བརྒལ་ལན་ལས། རྣལ་འབྱོར་སྤྱོད་པའི་གཞུང་དུ། འཁོར་འདས་ཐམས་ཅད་སེམས་ཡིན་པར་བཤད་ཅེས་བྲིས་པ་ནི། སེམས་ཀྱི་བདག་ཉིད་དང་། སེམས་རང་མཚན་པ་ནོར་བར་སྣང་ཡང་དེ་ལས་འོས་ཅི་ཡོད། སེམས་ཉིད་གཅིག་པུ་ཀུན་གྱི་ས་བོན་ཞེས་པའི་སྐབས་སུ། སེམས་ཉིད་ལས་ཐ་དད་པའི་ཆོས་མེད་དོ་ཟེར་བ་ནི། ཀུན་གཞིའི་སྐབས་སུ་སེམས་ལ་ཉིད་སྒྲ་སྦྱོར་དགོས་པར་བཤད་པ་དང་འགལ་ཏེ། ཐམས་ཅད་སེམས་ཉིད་ལས་ཐ་དད་མེད་ན། སེམས་དང་སེམས་ཉིད་ཁྱད་པར་མེད་པའི་ཕྱིར། སེམས་ལ་ཉིད་སྒྲ་མ་སྦྱོར

ཀྱང་སེམས་ཉིད་ལས་མི་འདའ་བས་སོ། །དེར་མ་ཟད་འཁོར་འདས་ཀྱི་རྩ་བ་མ་རིག་པ་དང་། རིག་པ་ཞེས་སྨྲ་བ་དང་། སེམས་ཉིད་གཅིག་པུ་ས་བོན་དུ་བཤད་ནས། དེ་ལས་ཐ་དད་ཀྱི་ཆོས་གང་ཡང་མེད་པར་བཤད་པ་དག་འགལ་བ་ཟིང་ཟིང་པོར་ཅིས་མ་སོང་། འཕྲོས་དོན། ཆོས་ཀྱི་དབྱིངས་ལ་དབྱེར་མེད་ཕྱིར། །ཞེས་སོགས་ཀྱི་དོན་ལ།

སྲིད་གསུམ་དུ་རྫ་བཅག་ཤིན་ཏུ་ཆེ་བ་བྲིས་འདུག་པའི་ངོ་སྤྲོད་བསྟུས་ཙམ་རྩོད་སྤོང་དུ་བཀོད་པ་ལ། ལན་གྱིས་འཕོངས་པའི་ཟློལ་དུ། བརྒལ་ལན་ལས། ལན་ཞུང་དུས་མི་ཆོག་པས། སླར་རྒྱས་པ་འབྲིའོ་ཟེར་ཡང་ཁྱེད་ཀྱི་སྐྱེ་བ་བརྒྱར་ཡང་འདི་ལ་ལན་ཆོས་བཞིན་ཡོན་པ་ཆེས་དཀའ་ན། ཚེ་འདིར་ལན་ཡོན་པའི་ངལ་བས་ཅི་ཞིག་བྱ། ཚིག་ཐུབ་ཀྱི་སྐབས་སུ། དམ་པའི་ཆོས་ནི་ཐོག་མར་དགེ་བ། བར་དུ་དགེ་བ་ཅེས་སོགས་ཀྱི་དགེ་མཚུངས་བརྗོད་པ་ནི་མ་འབྲེལ་ཏེ། འདིའི་ཐོག་མཐའ་བར་གསུམ་ལ་ཁྱད་ཡོད་ནས་རྣམ་བཅད་སོ་སོར་སློས་ལ། ཚིག་ཐུབ་ལ་དབྱེ་བ་མེད་པའི་ཕྱིར་སོ་སོར་ག་ལ་རིགས། ཁྱད་པར་འདུས་མ་བྱས་ལ་སྟོན་འགྲོ་དངོས་གཞིའི་ཐ་སྙད་ཅི་ལ་ཐོབ། སྟོན་འགྲོ་དངོས་གཞི་རྗེས་ཞེས་སོ་སོ་བའི་མིང་དང་། ཚིག་ཐུབ་ཅེས་སོ་སོ་མ་ཡིན་པའི་མིང་ཚོགས་པ་གཅིག་ཏུ་སྨྲ་བ་དེ། སྔྲ་ཧྲག་པ་ཞེས་བརྗོད་པའི་ཚིག་དང་མི་མཚུངས་སམ། སེམས་བསྐྱེད་དོན་དམ་བྱང་སེམས་ལ་སོགས་པའི་མིང་ཟློས་པ་སྐལ་བ་བཟང་གི། སློབ་དཔོན་སོ་སོའི་བཞེད་པའི་ཆ་རྒྱུས་ཁྱེད་ལ་མི་རེ་བས་མི་སྨྲ་བར་འཛུམ་ཞིང་འཁོད་ན་རང་བཞིན་བཟང་མདོག་རྣམ་པ་ཙམ་མོ། །དོན་དམ་པའི་དགེ་བ་ལ་འཕྲོས་ནས་ཆོས་མངོན་པའི་གླེགས་བམ་རྒྱབ་ཏུ་བསྐྱུར་མི་རིགས་ཞེས། སླར་ཡང་ཐློས་སྐྱོར་དུ་ཁྱེད་ཀྱིས་སྨྲ་བ་ནི་ཐེག་པ་ཆེ་ཆུང་གི་རྣམ་དབྱེ་ལ་མ་བྱང་བའི་རྣམ་འགྱུར་ཏེ། ངེད་ལ་དེ་ཙམ་དུ་མ་ཟད་ཀྱི། དུས་གསུམ་རྫས་གྲུབ། རིག་བྱེད་མ་ཡིན་པའི་གཟུགས། སེམས་མེད་ཀྱི་སེམས་ཅན། ཤཱཀྱ་ཐུབ་ཟག་བཅས། ངོ་བོ་ཉིད་སྐུ་དང་ཡེ་ཤེས་ཀྱི་སྐུ་གང་ཡང་མ་ཡིན་པའི་ཆོས་སྐུ། ལོངས་སྤྱོལ་གང་ཡང་མ་ཡིན་པའི་གཟུགས་སྐུ། ཐེག་ཆེན་གྱི་ས་ལམ་མི་འདོད་པ། བྱེད་རྒྱུ་ནུས་མེད་སོགས་མངོན་པ་རང་རྐང་གི་ཆོས་སྐད་བསམ་གྱིས་མི་ཁྱབ། དེ་ཀུན་ཐེག་ཆེན་གྱི་དགག་བྱ་ཁོ་ན་ཡིན་པས། མངོན་པ་འོག་མའི་གླེགས་བམ་ལ་ཐེག་ཆེན་པས་ཡིད་བརྟན་ཇི་ལྟར་རུང་། ཡང་ཏྲ་ཤང་གི་སྐབས་སུ། བཀའ་ཆེམས་ཀྱི་ཡི་གེ་རྙིང་པར་ཚིག་ཐུབ་ཀྱི་གླེང་སློང་ཡོད་པ་ས་པཎ་གྱིས་གསུངས་ཕྱིན། དེ་ཀ་ཡིད་ཆེས་སུ་རིགས་ཏེ། གཞན་དུ་ན་ས་པཎ་འཛམ་དབྱངས་ཀྱི་ངོ་བོར་ཤེས་པ་ག་ལ་བདེན།

ས་པཎ་གྱི་གསུང་གིས། ཡིད་ཆེས་དཔང་པོ་མི་རུང་བར། ཁྱེད་ཅག་གི་གཏམ་ལ་ཡིད་བརྟན་འཆའ་བ་མུན་བསྐལ་ལ་ཡོད་སྲིད་ཀྱི། སྒྲོན་བསྐལ་ལ་ཅི་སྟེ་སྲིད། སྟོན་ཏྲ་ཤང་གིས་ལས་དགེ་མི་དགེ་ཅི་སྤྱད་ཀྱང་སངས་རྒྱས་ལ་སྒྲིབ་སྟེ། དཔེ་སྤྲིན་དཀར་ནག་གཉིས་ཀས་ནམ་མཁའ་སྒྲིབ་པ་དང་འདྲ། ཞེས་སྨྲས་ཅེས་དང་། ཡེ་ཤེས

དབང་པོས་ཧྭ་ཤང་འགོག་པ་ན། ཁྱོད་ཀྱི་ཆོས་ཅིག་ཅར་བ་ཡིན་ན། ད་རུང་སངས་མ་རྒྱས་པ་ཅིས་ཉེས། ཞེས་གསུངས་པར་གྲགས་ན། ཧྭ་ཤང་གི་གྲུབ་མཐའ་ལ། ཅིག་ཐུབ་ཀྱི་མིང་དོན་ཅིས་མ་ཚང་། སྒོམ་རིམ་གྱི་ཕྱོགས་སྔའི་སྐབས་ལས་ཅིག་ཐུབ་དོན་གྱིས་བསྟན་ནས་ཚིག་ཟིན་ལ་མ་བཤད། ཅེས་ཁོ་བོས་སྨྲས་ཀྱི། མ་བཤད་ཀྱང་བཤད་ཟེར་བ་གང་ན་འདུག །ཧྭ་ཤང་དང་ཀ་ཤཱིའི་རྩོད་པ་དོན་ཐང་གཉིས་ལས་མེད་པ་བག་ཆགས་ཀྱིས་བསླད་པའི་རྨི་ལམ་མམ། འདྲེ་ངན་གྱི་ལུང་བསྟན་བཞིན་མ་གྱུར་རམ། གཞན་དུ་དེ་འདྲའི་ཐག་ཆོད་ཧམ་པོ་ཆེ་མངོན་ཤེས་དང་མི་ལྡན་པ་སུ་ཞིག་གིས་ནུས། སྒོམ་རིམ་གསུམ་དུ་ཕན་ཚུན་གྱི་རྩོད་ངག་ཐམས་ཅད་ཚང་བར་གླེང་བ། སློབ་དཔོན་ཆེན་པོ་རྣམས་ཀྱིས་མ་བཤད་པའི་ཕྱིར། བློ་བུར་བའི་གཏམ་ལ་གཏན་ཚིགས་སུ་ག་ལ་རུང་། ཧྭ་ཤང་དང་ཀ་ཤཱིའི་རྩོད་ཡིག་རྣམས་ད་ལྟ་མཐོང་ཡུལ་ན་མི་སྣང་བ་དེ། འཕགས་ཡུལ་གྱི་དཔེ་རྒྱུན་ཁྲིད་པར་ཅན་ཆེས་དཀོན་པ་དང་འདྲ་བར་བརྗོད་ཀྱི། ཧྭ་ཤང་གི་དཔེ་ཙམ་ལ་དེ་ལྟར་སུ་ཞིག་གིས་སྨྲ། སྲིད་གསུམ་པས་ཐུབ་དགོངས་སུ་གཏེར་དུ་སྦས་པར་བཤད་ནས། རབ་དབྱེར་ཕྱིས་རྒྱ་ནག་གི་ཡི་གེ་ལ་བརྟེན་ནས་བྱས་པར་སྨྲ་བ་གང་རུང་ཞིག་མ་དག་ཟེར་བའི་ལན་དུ། ཧྭ་ཤང་གི་བསྟན་བཅོས་རྣམས་དང་པོར་གཏེར་དུ་སྦས་པ། ཕྱིས་གཏེར་ནས་ཐོན་ཞེས་སྨྲས་པ་ཡིན་ཡང་།

བརྒལ་ལན་དུ། མིང་གསར་འདོགས་སྒྲོ་བཏགས་ཀྱི་ལན་དུ་དེ་ལྟར་སྨྲ་བ་མ་འབྲེལ་ཞེས་བྲིས་པ་ནི། ཁྱེད་རང་གི་བློ་འཁྲུགས་པ་བཞིན་མིག་ཀྱང་འཁྲུགས་ཏེ་ཡི་གེའི་འབྲུ་ཕྲེང་ཐམས་ཅད་འཛིངས་པ་ཡིན་ཐང་། རྩོད་སྤྱོད་དུ་འཇིག་རྟེན་གྱི་འབབས་དང་ཐང་གི་དཔེ་འདི། ཧྭ་ཤང་སངས་རྒྱས་པའི་གྲུབ་མཐར་ཞུགས་ཀྱང་། བཀའ་ལས་འགོངས་པའི་དཔེར་བྱས་ཀྱང་། གཞན་དུ་སྒྲོ་འདོགས་པ་ནི། ཅོལ་དང་ཕྲ་མ་ལ་རྟ་ལ་སྦྱོངས་བྱས་པ་དག་གི་ཆོ་འཕྲུལ་དུ་བས་ལ། དོན་དུ་ནི་ཧྭ་ཤང་ཐོག་མར་ཐལ་འགྱུར་བའི་རྗེས་སུ་ཞུགས་ཀྱང་། མཐར་ལྟ་བ་ལོག་པས། མདོ་སྡེ་མང་པོ་རྫོག་པས་སྒྲིལ་ལོ་ཞེས་གྲགས་ན། ཕྱིས་ཤཱཀྱ་ཐུབ་པའི་རྒྱུད་འཛིན་གཙང་མར་ངེས་པ་ཅི་ཡོད། དཔེ་ཤམ་སྟོན་པ་ཧྭ་ཀ་དང་མི་འདྲ་འམ། འབྲུག་པ་རྣམས་ཧྭ་ཤང་གི་བསྟན་བཅོས་ད་ལྟ་མེད་དོ་ཟེར་བ་ལ། ཁོ་བོས་འདི་འོ་ཞེས་སྨྲས་པའི་བརྒལ་ལན་དུ། གང་ཞིག་ཡོད་པ་མི་མཐོང་མེད་མཐོང་བ། །ཅེས་དྲངས་པ་ནི་མི་མཚུངས་ཏེ། ངེད་ཀྱིས་ཡོད་པ་མཐོང་གི། མེད་པ་མ་མཐོང་བས་སོ། །དེ་བས་ཡོད་ཀྱང་མེད་ཅེས་མངོན་སུམ་ལ་བསྐྱོན་པ་ཁྱེད་རང་ཅིར་འགྱུར་སེམས་ཤིག །བོན་ལུགས་ཀྱི་རྫོགས་ཆེན་བརྒྱུད་པ་ཧྭ་ཤང་ལ་འདེག་པ་ངོ་མཚར་ཞེས་བརྒལ་ལན་དུ་བྲིས་པ་འདི་སྤྱིར་ནི་འབྲུག་པས་རྒྱ་ནག་གི་རྫོགས་ཆེན་མེད་པར་ཐག་བཅད་པ་ལ། ཁོ་བོས་འདི་དང་འདི་འདྲ་བ་ཡོད་དོ་ཞེས་སྨྲས་པས་སྐྱེངས་པ་ལྟར་གྱུར་པའི་ཟོལ་དུ་སྣང་མོད། དེ་

ལྟ་ན་ཡང་། བོན་གྱི་རྫོགས་ཆེན་གཡུང་དྲུང་ཆིག་ཐུབ་དཀར་པོ་དང་། ཆིག་ཆོད་ཆེན་མོ་ལ་སོགས་པ། བོན་ལུགས་རང་གི་གྲུབ་མཐོབ་བརྒྱད་ཅུའི་ནང་ཚན་རྒྱ་ནག་གི་སྟོན་པ་ཧྭ་ཤང་ཨུ་ཙྪས་ནས་བཟུང་སྟེ། ཧྭ་ཤང་གི་སློབ་དཔོན་དགུ་བརྒྱད་དུ་བཤད་ཉན་བྱས་པར་གྲགས་པའི་ཕྱིར། ལོ་རྒྱུས་དེ་སྟོན་ཆད་མེད་པ་ག་ལ་ཡིན། རྩོད་སྤོང་དུ༑ ཕྱག་ཆེན་སྟོང་རྐྱང་གི་ཐད་ཁམས་བསྐྱེད་པ་ཕལ་ཆེར་རྒྱ་ནག་གི་ལུགས་གཙོ་ཆེ་བར་སྨྲས་པ་ལ།

བརྒལ་ལན་དུ། རྣན་པོའི་ཁ་སྐྱུགས་བཟུང་བའི་གཏམ་ཞེས་སླ་བ་ནི་བདེན་ཏེ། ཁོ་བོ་ཅག་ས་སྐྱ་པ་བགྲེས་པོའི་ཞལ་རྒྱུན་འཛིན་པ་དང་། ཕྱོགས་དེའི་གྲུབ་མཐའ་བཟུང་བ་ཅི་ནས་ཀྱང་འདོད་པའི་ཕྱིར་རོ། །ཐུབ་དགོངས་ལས་འཕྲོས་ཏེ། ཉན་ཐོས་ཐེག་ཆེན་གཉིས་ཀ་མ་ཡིན་པའི་སངས་རྒྱས་ཀྱི་བསྟན་པ་འདོད་པ་དགག་རྒྱུ་ལ། སེམས་ཙམ་རྣམ་མེད་པའི་ལུགས་དང་། ཤེར་ཕྱིན་ལྟར་སྣང་ཕྱག་ཆེན་མ་ཡིན་བྱས་པས་ཕན་རྒྱུ་གར་ཡོད་ཅེས་བརྒལ་ལན་དུ་བྲིས་མོད། ངེད་རྣམས་འདི་ལྟར། རྣམ་མེད་པའི་ལྟ་བ་དང་ཤེར་ཕྱིན་ལྟར་སྣང་གཉིས་ཕྱག་ཆེན་མ་ཡིན་བཞིན་དུ། ཕྱག་ཆེན་དུ་ཕྱེད་པ་རྣམས། སངས་རྒྱས་ཀྱི་བསྟན་པ་རྣམ་དག་མ་ཡིན་ཏེ། ཡིན་ན་ཉན་ཐོས་ཐེག་ཆེན་གང་རུང་དང་མཐུན་དགོས་པ་ལས། ལུགས་དེ་གང་དང་ཡང་མི་མཐུན་པའི་ཕྱིར་ཞེས་སླ་བ་ནི། ས་པཎྜི་ཏའི་དགོངས་པ་དངོས་གནས་ཡིན་ལ། ཁྱེད་ཀྱི་སླ་བ་དེ་ནི་མ་གོ་བ་ཙམ་རྒྱུ་མཚན་དུ་བྱས་པར་སྣང་ངོ་། །མདོ་སྔགས་གཉིས་ལ་ཁྱད་ཆོས་ཀྱིས་ཁྱད་པར་དུ་ཆེ་བ་མང་དུ་ཡོད་དོ་ཟེར་བ་ནི། གཞན་དུ་མ་གྱུར་ན་ལེགས་ཀྱི། འོན་ཀྱང་མདོ་མདོར་བསྟན་སྔགས་རྒྱས་བཤད་ཅེས་སླ་བའི་ཁོངས་ན། རྣམ་རྟོག་ངན་པའི་རང་མལ་བཅས་པ་ལྟར་ཡོད་འདྲ་བས། བརྟག་མི་བཟོད་ཀྱང་རེ་ཞིག་བཞག །རྩོད་སྤོང་དུ། ཕྱིས་ཀྱི་བཀའ་བརྒྱུད་པ་རྣམས། སྟོང་སྐད་ཀྱི་འུར་ལ་སྐྱབས་སུ་བཙོལ་ཏེ། བསགས་སྦྱངས་ལྟའི་རྣལ་འབྱོར་སོགས། ཤ་ཆང་ལས་ལོད་པར་རྩི་བ་ཞིག་འདུག་པའི་གཉེན་པོར་ས་སྐྱ་པའི་ལམ་བསྐོར་རྣམས། ཚོགས་བསགས་གི་གཞི་བརྟེན་ནས། དངོས་གཞི་སྐྱོང་བ་སོགས་བཤད་པ་ལ་འཕྲོས་ནས།

བརྒལ་ལན་དུ། བཀའ་བརྒྱུད་ལའང་དེ་དག་ཡོད་ཚུལ་སླ་བ་དེ་མིང་ཙམ་དུ་མ་ལུས་ན་ལེགས་མོད། འོན་ཀྱང་བཀའ་བརྒྱུད་ཀྱི་ཕྱག་ཆེན་དང་། ས་ལུགས་ལམ་བསྐོར་གྱི་ཕྱག་ཆེན་གཅིག་པར་རློམ་པ་གཏན་མི་རིགས་ཏེ། ངེད་ཀྱི་ལམ་སྐོར་རྣམས་སུ། དབང་གིས་རྒྱུད་སྨིན་ཞིང་གཏུམ་མོ་ཐབས་ལྡན་སོགས་ཀྱི་རྒྱུ་ལས། རང་བཞིན་ལྷན་ཅིག་སྐྱེས་པ་ནམ་མངོན་དུ་གྱུར་པ་ན། ཕྱག་རྒྱ་ཆེན་པོར་ངོ་སྤྲོད་མཛད། དོན་དུ་ན་རླུང་སེམས་དབུ་མར་བཀག་པ་ལས། དང་པོ་བདེ་གསལ་སྟོང་ཉིད་ཀྱི་ངོ་བོར་འདྲེས་པ་དང་། ཕྱིས་སྟོང་ཉིད་བདེ་གསལ་དུ་ལངས་པ་ཞིག་འབྱུང་སྟེ། ཁོ་བོ་ཅག་རྣམས་ཀྱི་རང་བཞིན་ལྷན་ཅིག་སྐྱེས་པ་ཕྱག་རྒྱ་ཆེན་པོའི་ཡེ་ཤེས་དེ་འདྲ་བ་

ལ་ཟེར་བས། ཁྱེད་ཅག་གི་ཕྱག་ཆེན་ལྟན་ཅིག་སྐྱེས་སྦྱོར་དང་ཇི་ལྟར་མཉམ། གཞན་འདི་ཞིབ་མོར་ངེས་པ། ཕྱིས་ཀྱི་ས་ལུགས་པ་རང་གི་ཚོགས་ནའང་། ཉིན་མོའི་སྐར་མ་ལྟར་གྱུར་ན། བརྒྱུད་པ་གཞན་ལ་ལྟ་ཅི་སློས། རྒྱས་པར་ན་སྤྲོས་པས་ཆོག་མོད། ཡུལ་མ་ཡིན་པ་ལ་བཤད་པ་སྐབས་མ་ཡིན་སྙམ་མོ། །བརྒལ་ལན་དུ་དབང་བསྐུར་བ་དང་། ངོ་སྤྲོད་ལ་གསང་སྔགས་ཀྱི་ས་མཚམས་ཁྱད་པར་མེད་ཅེས་བྲིས་མོད། གསང་སྔགས་ཀྱི་ས་མཚམས། རྒྱུད་སྡེ་དེ་དང་དེའི་སྡུགས་སྡོམ་དང་ལྡན་མི་ལྡན་གྱི་ཁྱད་པར་ཡིན་ལ། སྡུགས་སྡོམ་དེ་ཡང་འབོགས་བྱེད་ཆོག་ལ་ལྟོས་པའི་ཕྱིར་དབང་བསྐུར་ལས་ཐོབ་ཀྱི། ངོ་སྤྲོད་ནི། གྲོལ་བྱེད་ལས། སྡོམ་པ་གསར་འབོགས་མ་ཡིན་པའི་ཕྱིར། དབང་དང་ངོ་སྤྲོད་ལ་གསང་སྔགས་ཀྱི་ས་མཚམས་མི་མཚུངས་པས་སྨྲ་ཚོད་ཟུངས་ཤིག །དབང་སྡོམ་གྱིས་རྒྱུད་མ་སྨྱུངས་པའི་སློབ་མ་ལ་ངོ་སྤྲོད་ཇི་ལྟར་བཟང་ཡང་། ཕར་ཕྱིན་ལྟ་བའི་ངོ་སྤྲོད་ལས། གསང་སྔགས་ནང་གི་ལམ་དུ་མི་རུང་བར། ས་པཎྜི་ཏས་གསུངས་པའི་སྐྱོན་སྤྱོད་དུ་རེ་ནས། ཁྱེད་དག་དབང་པོ་ཆེས་རྣོ་བ་ལ། དོན་དབང་སེམས་ཐོག་ཏུ་བསྐུར་ཟེར་ཡང་། དེ་ཙམ་གྱིས་དབང་གི་གོ་མི་ཆོད་དེ། ཆོད་ན་མདོ་ལུགས་ཀྱི་ས་བཅུའི་སེམས་དཔའ་རྣམས་ལ་ཧ་ཅང་ཐལ་བའི་ཕྱིར་རོ། །ལྟ་གྲུབ་གཅིག་དང་སོ་སོ་བའི་སྐབས་སུ།

བརྒལ་ལན་དུ། ལམ་འབྲས་པའི་ལུགས་དེ་ལྟར་ཡིན་ཤས་ཆེ་ཡང་། དུས་འཁོར་གྱི་ལུགས་ཚད་མར་རིགས་སོ་ཟེར་བ་ནི་འུ་ཐུག་པའི་ཚིག་སྟེ། ལམ་འབྲས་བདེན་ལ། དུས་འཁོར་མི་བདེན་ནོ་ཞེས་སྨྲ་མཁན་ཞིག་ཡོད་ན་དེ་ལྟར་སྨྲ་བར་རུང་མོད། ཁོ་བོས་གཉིས་ཀ་འགལ་མེད་དུ་བཤད་ན་དགག་སྒྲུབ་ཅི་བྱར་ཡོད། སྟོང་ཉིད་སྙིང་རྗེ་སོགས་བསྒོམ་པ། །ཞེས་སོགས་ཀྱི་སྐབས་སུ། བརྒལ་ལན་ལས་ལྟ་མ་ལ་སོགས་སྒྲ། ཕྱི་མ་ལ་ཟུང་འཇུག་གི་སྒྲ་སྦྱར་ཡང་། མ་གོ་བར་འདུག་ཅེས་བྲིས་སོ། །འདིའི་ཞེ་ཕྱུགས། མདོ་ལས་སྟོང་ཉིད་སྙིང་རྗེ་ཟུང་འཇུག་མ་བཤད། སྡུགས་ལས་དེ་བཤད་ཅེས་སེམས་པར་སྣང་ཡང་། ཐེག་པ་ཆེན་པོའི་མདོ་དང་བསྟན་བཅོས་རྣམས་ལས། ཟུང་འཇུག་མང་དུ་བཤད་པ་རྣམས་མ་མཐོང་བ་ལྟ་ཞོག །རབ་དབྱེར། སྟོང་ཉིད་སྙིང་རྗེའི་སྙིང་པོ་ཅན། །ཐབས་དང་ཤེས་རབ་ཟུང་འཇུག་ཏུ། །མདོ་རྒྱུད་ཀུན་ལས་རྒྱལ་བས་གསུངས། །ཞེས་པ་ཙམ་ཡང་མ་ངེས་པར་ཟད་ལ། ཁྱེད་རང་གི་མདོ་རང་རྐང་ལས་སངས་རྒྱས་ཐོབ་པར་བཤད་པ་དང་ཡང་ཁས་བླངས་འགལ་བ་མ་ཡིན་ནམ་སོམས་ཤིག །གང་གིས་མི་ཤེས་ཀྱི་རྡོ་རྗེ། །ཞེས་སོགས་ལ་ཡི་གེའི་དོན་གྱི་བཤད་པ་མི་རུང་བ་ལྟར་སྨྲ་བ་ནི། ཕྱོགས་གཅིག་པའི་བློ་ངོར་ཡིན་ལ། རྟོད་པ་ཀུན་ལས་གྲོལ་བའི་ཆོས། །སོགས་ལ་རྟོད་པ་ཞེས་པ་གོ་མཆོན་ཐོགས་པའམ། རྒོལ་ཕྱིར་རྒོལ་སོགས་འཛོམས་པའི་རྟོད་པ་ཁོ་ནའོ་ཟེར་བ་ཡང་། རྒྱལ་བ་ཁྱོད་ལ་རྟོད་པ་མ་མཆིས་ཏེ། །བདུད་རྩི་བརྙེས་ལ་སོམ་ཉིར་འགྱུར་མ་ཡིན། །ཞེས་པ་ཙམ་ཡང་མ་ཐོས་པར་ཟད།

བརྒྱལ་ལན་དུ། ཡང་ན་ཕ་རོལ་ཕྱིན་པ་ཡི། །ཞེས་སོགས་ལ་འཕྲོས་ཏེ། ཐེག་དམན་ཁྱུ་ནས་ཕུད། ཅེས་བྲིས་པ་ནི་བདེན་ཏེ། སྐབས་འདི་ཐེག་ཆེན་ཁོ་ན་གཞུང་འཛུགས་པའི་སྐབས་ཡིན་པའི་ཕྱིར། ཐེག་དམན་སྒྲུབ་བྱར་འོས་པ་ག་ལ་ཞིག །འོན་ཀྱང་སྐྱི་ལྡོག་ནས། ཐེག་དམན་རང་བཟོའི་ཆོས་སུ་མི་འདོད་པས། སྐབས་ཕྱེད་པ་ཅེས་མི་རིགས། བརྒྱལ་ལན་ལས། ཟ་མ་ཏོག་ཏུ་གང་གི་ཚེ་འདི་བོན་པ་དེའི་ཚེ། ཞེས་གསུངས་པ་མེད་དོ་ཟེར་བ་ནི། དཔེ་སྙིང་པ་རྣམས་མ་མཐོང་བར་མ་ཟད། བཅོམ་ལྡན་རལ་གྲིའི་གྲུབ་མཐའ་རྒྱན་གྱི་མེ་ཏོག་ཙམ་ཡང་མ་མཐོང་བར་བས་སོ། །རྟོགས་ལྡན་ནི་གྲུབ་ཐོབ་ལས་ལྷག་གོ་ཞེས་བཀའ་བརྒྱུད་པས་མ་སླུས་ཟེར་བ་དེ། རབ་དབྱེར་གྲུབ་ཐོབ་བརྒྱད་ཅུའི་ནང་ན་ཡང་། རྟོགས་ལྡན་མེད་ཅེས་ཟེར་བ་ཐོས་ཞེས་སོགས་རྣམས་ས་པཎ་གྱིས་བརྟན་གཏམ་སླུས་པ་ཡིན་ནོ་ཞེས་སློ་འདོགས་པའི་རྒྱུ་ཐབས་སུ་སྣང་ཡང་། ས་པཎ་ནི། འབྲེལ་མེད་ཕྱིར་ན་བརྟན་མི་གསུངས། ཞེས་པའི་ཡོན་ཏན་དེ་ཉིད་རྟག་པར་མངའ་བ་ཁོ་ན་ལགས། མདོ་སྡེ་རྒྱན་གྱི་གཞུང་ལས་འཕྲོས་ཏེ།

བརྒྱལ་ལན་དུ། རྣམ་པར་མི་རྟོག་པའི་ཡེ་ཤེས་མ་གྲུབ་པ་དང་། ལྟུན་གྱིས་མ་གྲུབ་པ་གཉིས་པོ་གྲུབ་པ་ཡིན་ནམ། དེ་བཞིན་དུ་མ་གྲུབ་པ་ཐོབ་པ་གྲུབ་ཐོབ་ཡིན་ནམ་ཞེས་བྲིས་པ་ནི་ཏ་ཏ་ཏེ་ཏེ་དགོད་བྲོ། མདོ་རྒྱན་དུ། ས་རྣམས་ཐམས་ཅད་མ་གྲུབ་དང་། །གྲུབ་པ་དག་ཏུ་ཤེས་པར་བྱ། །ཞེས་རྣམ་པར་མི་རྟོག་པའི་ཡེ་ཤེས་མ་གྲུབ་པ་དང་། གྲུབ་པ་གཉིས་སུ་བཅད་པའི་དང་པོར་མོས་སྤྱོད་ཀྱི་ས་ཡིན་པས་དེ་ལ་གྲུབ་པར་འཇོག་མཁན་སུ་ཡང་མེད་ལ། ཕྱི་མ་ས་དང་པོ་ཡན་ཆད་ལ་བཞག་གོ། །དེ་ལྟར་གྲུབ་པའི་ས་ལ་ཡང་ནང་སེལ་ཕྱེ་ན། རྩོལ་བཅས་རྩོལ་མེད་ཀྱི་དབྱེ་བས་གྲུབ་ཀྱང་ལྟུན་གྱིས་མ་གྲུབ་པ་མ་དག་ས་བདུན་དང་། རྩོལ་མེད་ལྟུན་གྱིས་ཀྱང་གྲུབ་པ་དག་པ་ས་གསུམ་སོགས་རྣམ་བཅད་སོ་སོར་སྟོན་པ་ལ། གྲུབ་པ་དག་ཀྱང་མ་གྲུབ་དང་། །གྲུབ་པ་དག་ཀྱང་ཡོངས་འདོད་དོ། །ཞེས་གསུངས་པས། སྐབས་འདིའི་ལྟུན་གྱིས་མ་གྲུབ་པའི་ས་བདུན་པོ་ཡང་། སྤྱི་ལྡོག་ནས་གྲུབ་པའི་ས་ཡིན་པ་དང་། དེའི་རྗེན་གང་ཟག་རྣམས་གྲུབ་ཐོབ་ཡིན་པ་རང་ཤུགས་ཀྱིས་གྲུབ། དབྱིག་གཉེན་ཞབས་ཀྱིས། གྲུབ་པ་དག་ལ་ཡང་བདུན་ནི་མ་གྲུབ་པ་ཡིན་ནོ། །ཞེས་གསལ་བར་གསུངས་པས་བསྙོན་དུ་ག་ལ་ཡོད། འདིས་ནི་མི་རྟོག་ཡེ་ཤེས་མ་གྲུབ་པ་ཡང་གྲུབ་པ་ཡིན་ནམ་ཟེར་བའི་རྩོད་པ་བདེན་མེད་དུ་རྟོགས་སོ། །

རབ་དབྱེར། ཉམས་ནི་ངན་ལ་གོ་བ་འབྲིང་། །སོགས་ཀྱི་ཚེ་བརྒྱལ་ལན་དུ་དེ་ལྟར་སླུ་བ་བཀའ་བརྒྱུད་ཀྱི་ཁྲིད་ན་མེད་ཅེས་དང་། རྣལ་འབྱོར་བཞི་ཡང་ཆོས་མཐུན་བཀྱེ་བ་ཙམ་ལས། བཀའི་བརྗོད་དོན་གསལ་པོ་རང་ཚུགས་ཅན་མིན་པ་དང་། འོག་ཏུ་རྟོག་པ་ཅུང་ཟད་འགགས་པ་ལ་ཕྱག་ཆེན་དུ་ངོ་སྤྲོད་མཁན་དེང་གི་ནང་ན་མེད་ཅེས་སླུ

བ་རྣམས་ནི། བཀའ་བརྒྱུད་གཞན་གྱི་ངན་འཚང་རིགས་པའི་གཏམ་དུ་སྣང་བས་ལེགས་ཏེ། སླར་དཔྱད་མ་དགོས། ས་ཐོབ་ནས་ཉམས་མྱོང་མེད་པར་མི་སླ་ནའང་དེ་བཞིན་ཏེ། གྲུབ་པ་སྒྲུབ་པ་ཉིད་མ་ཡིན། །ཞེས་པ་ལྟར་གྲུབ་ཟིན་པའི་ཕྱིར་རོ། །སྒོམ་མེད་སྒོམ་པ་པོ་ཡང་མེད། །སོགས་ཀྱི་དོན། སྤར་སྲིད་གསུམ་དུ་སླས་པ་བཞིན་བརྒྱལ་ལན་ལས་ཡང་ཟློས་སུ་བྲིས་ཀྱང་། སྒྲུབ་བྱེད་བསྒྲུབ་བྱ་དང་མཚུངས་པའི་མ་གྲུབ་པ་བརྗོད་པའི་རིགས་པ་ལས་མ་བརྒྱལ་ལ། ཐེག་ཆེན་ཐུན་མོང་མ་ཡིན་པའི་སྐབས་འདིར། བྱང་སེམས་དོན་གྲུབ་ཀྱི་རྨི་ལམ་དུ་མ་ཟད། ལོ་དྲུག་གི་དཀའ་སྤྱད་མྱང་འདས་སོགས་སྤྲུལ་པ་ཙམ་ལས་དངོས་གནས་མ་ཡིན་པས། ཁྱེད་ཀྱི་རྨི་ལམ་ལས་འཕྲོས་པའི་རྩོད་པ་ཐམས་ཅད། ཆུ་བུར་བཞིན་གྱུར། སྦྱོར་ལམ་ས་བཅུར་མངོན་སུམ་གྱི་དབང་མ་ཐོབ་པས། རྨི་ལམ་གྱིས་ས་མཚོད་འཇལ་དགོས་ཤིང་། འཕགས་པའི་ས་བཅུར་མངོན་སུམ་ཡེ་ཤེས་ཀྱིས་རྟོགས་པའི་ས་མཚོད་མཁྱེན་ཕྱིན། རྨི་ལམ་ལ་མི་རེ་ཞེས་ཤེས་བྱེད་ནུས་པ་ཅན་སྤར་རྩོད་སྤོང་དུ་བཀོད་ཟིན་ན། རབ་དབྱེའི་གཞུང་དོན་རྒྱ་མཚན་འབྲེལ་མེད་དུ་སོང་བ་ཅི་སྙེ་སྲིད། སྤྱིར་གཉིད་མེད་པ་ཙམ་གྱིས་བཟང་པོར་མི་སེམས་ཀྱང་རྒྱུ་བ་མ་རིག་པ་མེད་པས་དེའི་ན་བུན་ལྟར་གྱུར་པ་གཉིད་ཀྱང་མེད་དོ། །

ཞེས་ཡོན་ཏན་དུ་སྦྱོར་བ་ནི་འོས་པ་ཁོ་ན་ཡིན་པའི་ཕྱིར། གཉིད་ལོག་སད་དང་རྣམ་བྲལ་བ། །ཅེས་སོགས་ལ་བཤད་ས་ཕྱོགས་གཅིག་གི་ངེས་བཟུང་བྱེད་པ་ཁྱེད་དག །རྣམ་དཔྱོད་སྤུབས་ཐུམས་ཞེས་པ་དེར་སྣང་། ཁྱད་པར་རྡོ་རྗེའི་སྐུ་གྲུབ་པ་ལ། རགས་ལུས་མེད་པའི་ཕྱིར་གཉིད་མི་འབྱུང་བས། ས་བཅུ་པའི་རྨི་ལམ་རི་བོང་གི་རྭ་ལྟར་མ་གྱུར་རམ། དེ་ཚེ་འདི་ཡིས་སངས་རྒྱས་བརྒྱ་མཐོང་ཞིང་། །ཞེས་པ་ལ་སོགས་པ་དངོས་སྣང་ཡིན་གྱི། རྨི་ལམ་ག་ལ་ཡིན། འཕྲོས་དོན་སྒོམ་འཁོར་ཡུག་ཏུ་འགྲོ་བ་ལ་གཉིད་སྒོམ་དུ་ཤར་བ་ངེས་པར་དགོས་མོད། དེ་ལ་གཉིད་འཐུག་གི་རྟོག་པའི་རླབས་ཞི་བ། ཡང་དག་གི་དྲན་པས་སྐྱོང་བ་ཙམ་གྱིས། གཉིད་དུས་ཀྱི་འོད་གསལ་མ་བུ་ངོ་འཕྲོད་པ་ཅི་ལ་ཡིན། སྦྱོར་བ་ལ་དངོས་གནས་སུ་འཁྲུལ་པ་འདི་འདྲ་ཤིན་ཏུ་མང་ཡང་། སྐལ་བ་བཟང་པོས་དབུལ་བའི་རྟགས་མཚོན་ཏེ། ཁྱེད་ལ་འོད་གསལ་མ་བུ་ཞལ་མཇལ་བའི་ཡིན་ལུགས་ཤེས་པའི་རེ་སྐོན་སུ་ཞིག་བྱེད། བླ་མའི་རྣམ་གཞག་ལས་འཕྲོས་པ། མི་གཡོ་བ་བླ་མེད་ཀྱི་རྒྱུད་དོན། རིང་མོ་ཞིག་ནས་རྟོགས་ཟིན་ཏེ། ས་ལུགས་ཕྱི་མ་འགགས་ལག་ལེན་ཞིབ་མོ་འགའ་ལའང་། རེས་འགའ་སྙིང་པོ་མེད་དོ་ཞེས་རྩོད་སྤོང་དུ་སླས་ཟིན་ན༏ རློམ་པ་ཅན་དག་གི་དགོས་ཆོས་ག་ལ་ཡིན།

བརྒྱལ་ལན་དུ། མཉམ་བཞག་ལ་ཟློ་བ་དེ་ཀ་གཞན་ལ་བརྡ་སྤྲོད། རང་སེམས་ལ་ངོ་སྤྲད་རྒྱུ་མེད་ན་གཞན་ལ་ཇི་ལྟར་སྤྲོད། ཅེས་སོགས་བྲིས་མོད། ཚུལ་དེ་གཞི་ལམ་འབྲས་གསུམ་བརྡ་སྤྲོད་པའི་སྐབས་སུ་ཁོ

བོའང་ཁས་ལེན་ལ། ས་པཎ་གྱིས་སེམས་ཟུང་འཇུག་གི་སྙིང་ན་དཀོན་མཆོག་གསུམ། སྡེ་སྣོད་གསུམ་སོགས་བཤད་པའང་འདི་ལ་དགོངས། འོན་ཀྱང་དེ་ལ་བློའི་སྐབས་མ་ཡིན་ཏེ། ལ་བློ་རང་གི་དུས་ན། བརྗོད་བྱ་བརྗོད་བྱེད་བྲལ། ངོ་སྤྲོད་ཡོད་མེད་ཐམས་ཅད་ལས་འདས། མཚོན་བྱ་མཚོན་བྱེད་ཀྱི་རྣམ་གཞག་བྱར་མེད། གཞི་ལམ་འབྲས་གསུམ་གྱི་རྩིས་བཏབ་ལས་རྒྱལ་བ་ཡིན། དེའི་ཕྱིར་རབ་དབྱེར། རྫོགས་པའི་སངས་རྒྱས་ཐོབ་པ་ཡང་། །ཀུན་རྫོབ་ཡིན་གྱི་དོན་དམ་མིན། །ཞེས་པའི་བར་དུ་རྒྱ་ཆེར་གསུངས་ལ། ངོ་སྤྲོད་རྒྱུ་མེད་ཅེས་དྲིས་ལན་ལས་འབྱུང་བའི་གནད་ཀྱང་འདི་ཡིན།

དེ་ཡང་ལ་བློ་གོ་བའི་བརྡར། བྲལ་འདས་བྱར་མེད་ཀྱི་མིང་ཙམ་བཏགས་ཀྱི། དོན་དུ་ན་འཕགས་པ་རྣམས་ཀྱི་དོན་དམ་པ་ནི། ཅི་ཡང་མི་གསུང་བ་ཞེས་དང་། ཐམས་ཅད་མཁྱེན་པའང་ཚིག་གིས་དབུལ་འགྱུར་ཞེས་པ་ལྟར། མིང་དུ་བཏགས་པ་གང་གིས་ཀྱང་དུབ་པ་ཞིག་སྟེ། སློབ་དཔོན་སློབ་མའི་ནང་རྒྱུད་འཕོ་ཞིང་ཕན་ཚུན་ཡེ་ཤེས་དབྱེར་མེད་དུ་འདྲེས་པའི་རང་ངོ་མ་གཏོགས་པ། གཞན་དུ་ཇི་ལྟར་སྨྲས་ཀྱང་ལ་བློར་བློམ་པ་ཙམ་མ་གཏོགས། དོན་བརྗོད་སྤྲོད་དུ་སོང་བས་བློམ་སོང་ཐ་དད་དུ་ལུས་པའི་ཕྱིར། ལ་བློ་དངོས་གནས་པ། སྒྲ་རང་མཚན་པའི་ཚིག་ལམ་དུ་ཤུས་ཀྱང་འདྲེན་མི་ནུས། ཚུལ་འདི་ཕྱིས་ཀྱི་ཆེན་པོར་གྲགས་པ་མང་པོས་ཀྱང་ཐུགས་སུ་འཛེམ་པ་དཀའ་ན། ཁྱེད་དང་ཁྱེད་འདྲ་བས་རེས་པ་ག་ལ་ཞིག །འོན་ཀྱང་འཕགས་པ་རྣམས་ཀྱིས་གཞོམ་དུ་མེད་པའི་ནཱ་དའི་ཡན་ལག་ཏུ་མཚོན་པའི་དབྱངས་ལྟར་མཚོན་ཙམ་བསྟན་པ་ནི། དགོས་པ་དང་ལྡན་པའོ། །བརྒྱལ་ལན་དུ་ལ་བློ་ཚུལ་དེ་བདུད་ཀྱི་གསང་ཚིག་ཡིན་ནམ་ཟེར་བ་ནི་ཕྱོགས་སུ་མ་ཕྱིན་པའི་གཏམ་སྟེ། ཚོགས་མ་བསགས་པར་སེམས་ངོ་ཤེས་གཅིག་པུས་ཆོག་པར་འདོད་པ། བདུད་ཀྱི་གསང་ཚིག་ཏུ་ས་པཎ་གྱིས་གསུངས་ཀྱི། གཞན་དུ་དེ་འདྲའི་ཕྱོགས་སྔ་གར་སྣང་། ཡང་སོ་མ་ལྷུག་པ་ལ་ཕྱག་ཆེན་དུ་བྱེད་པ། རྗེ་བཙུན་གྲགས་པ་དང་ས་པཎ་གཉིས་ཀས་བཀག་པའི་ཕྱིར། ཕྱོགས་སྔ་ཡོད་མེད་ལ་སུ་ཞིག་ཐེ་ཚོམ་ཟ། བརྟག་གཉིས་ཀྱི་ཆུ་བོའི་རྒྱུན་ནི་རབ་འབབ་དང་། མར་མེའི་རྩེ་མོ་རབ་བཅིངས་སོགས་ཀྱི་དོན་མདོ་སྔགས་ཐུན་མོང་གི་མ་བཅོས་ལྷུག་པ་ཙམ་མ་ཡིན་པར། ཁྱད་པར་གྱི་ཆོས་བརྒྱད་ཀྱི་སྒོ་ནས། རྣམ་པ་ཐམས་ཅད་པའི་ལྷན་སྐྱེས་ཕྱག་རྒྱ་ཆེན་པོ་ལ་མཉམ་པར་འཇོག་པའི་སྐབས་ཡིན་ལ། དེ་ཁྱེད་ཀྱི་ཐུགས་སུ་ལྷ་ཞོག །རྣ་བར་ཡང་མ་ལྷོན་པར་ལུང་འདྲེན་པ་ནི་སྙིང་པོ་ག་རེ། ཁོ་བོ་ཅག་ནི་རྗེ་བཙུན་ས་སྐྱ་པ་ཡབ་སྲས་ལས་བརྒྱུད་པའི་ལུང་རིགས་མང་པོས་འཚོ་བའི་ཕྱིར། རིགས་པ་མ་འགག་པ་དང་། ལུང་མ་དག་ཞེས་སྨྲ་བ་སྒྲུབ་བྱེད་བསྒྲུབ་བྱ་དང་མཚུངས་པ་མ་ཡིན་ནམ། ལན་རྣལ་མར་སྣང་བའི་རྒྱུ་མཚང་བའི་ཕྱིར་ཁྱེད་ཀྱིས་འབྲས་བུ་སྟོན་པ་ཡང་ནམ་ཞིག་སྲིད། དྲན་ཤེས་ལ་རྟོག་པའི་མིང་བཏགས་ན། མ

ཡིན་པ་ལ་ཡིན་པའི་མིང་བཏགས་པར་སོང་། ཞེས་བརྒལ་ལན་དུ་བྲིས་པ་ནི། དྲན་ཤེས་བཞིན་དང་། དྲན་ཤེས་ནོར་བའི་གླེན་རྟགས་ཤིན་ཏུ་ཆེ་ཡང་། གཏི་ཐུག་གི་རང་རྟགས་ཡིན། ཞེ་ཕྱུགས་དྲན་ཤེས་བཞིན་ལ། རྟོག་པའི་མིང་མ་འདོགས་ཟེར་རྒྱུར་སྣང་ཡང་། མདོ་རྒྱུད་གཉིས་ཀར་དུ། ཚུལ་ཁྲིམས། ཏིང་འཛིན། ཡེ་ཤེས་རྣམ་གྲོལ་གྱི་ཕུང་པོ་བཞིའི་ཀུན་སློང་དྲན་ཤེས་བཞིན་ལ། ཡང་དག་པའི་རྟོག་པ་ཞེས་མང་དུ་གསུངས་པ་རྣམས་མ་མཐོང་བའི་རྣམ་འགྱུར་དུ་གསལ་མོད། བ་ལང་ལ་གཏམ་གླེང་བ་དང་ཁྱད་མ་མཆིས་པས་ཕཏ།

བརྒལ་ལན་དུ། ཕྱག་ཆེན་ལ་ཤོར་གོལ་ཡོད་པ་ཁས་མ་བླངས་ཟེར་བ་ནི། སྲིད་གསུམ་དུ། ཕྱག་ཆེན་ལ་ཤོར་གོལ་མེད་ན་དེའི་མཚུངས་ལྡན་གྱི་རིགས་པས། ས་ལམ་གྱི་རིམ་པ་ཀུན་ལའང་གོལ་འཆུགས་མེད་པར་འགྱུར་ཞེས་པ་དང་། རང་ཚིག་སྤྲ་ཕྱི་འགལ། ཁྱུང་གི་སྒོང་བརྒྱའི་སྐབས་སུ། གང་ཆེ་ལས་ཀྱི་ལུས་ཞིག་ན། །ཞེས་སོགས་དྲངས་ཀྱང་སྙིང་པོས་དབེན་ཏེ། རྒྱུད་འདི་བཞིས་ཞུས་སུམ་ཟད་ཁ་སྦྱོར་ནའང་ཡོད། དེའི་མཚན་བུ་ས་པཎ་གྱིས་མཛད་པར། དག་པ་གཉིས་ལྡན་གྱི་ཆོས་ཉིད་རྟོགས་པ་གང་གི་ཚེ་ཞེས་དང་། དེ་འདྲའི་ལུས་སུ་དེ་ཀྱུར་ཏེ། །ཞེས་པ་ལ་ཁ་སྦྱོར་འབྲོག་འགྱུར་དུ། དེ་འདྲ་ལྷ་རུ་གྱུར་པ་ཡིན། །ཞེས་འབྱུང་བའི་མཚན་དུ་གཟུགས་སྐུ་ཞེས་གཞུང་འདི་མི་སློབ་པའི་ཟུང་འཇུག་ལ་སྦྱར་ནས་གསུངས། མཚུངས་པ་མེད་པའི་སློབ་དཔོན་རྩེ་མོའི་ཞབས་ཀྱིས། དབང་པོ་གསུམ་དང་སྦྱར་ནས་བཤད་པའི་ཕྱིར། སློབ་པའི་ཟུང་འཇུག་ལའང་ཐོབ་མོད། གང་ལྟར་ཡང་རུང་། ལས་ཀྱི་ལུས་བཅོམ་ཞིག་གི་དོན། རྣམ་སྨིན་གྱི་ལུས་སྤངས་པ་ལ་ཟེར་གྱི། ཤི་བ་ལ་མི་ཟེར་བས་ཁྱུང་གི་སྒོང་རྒྱ་དང་རྣམ་པ་ཀུན་དུ་མི་མཚུངས། དེ་ལས་འཕྲོས་ཏེ་བརྒལ་ལན་དུ། ཇི་སྙེད་ལུས་ལ་གནས་ཀྱི་བར། །དེ་ཡི་ལས་དང་ལས་མིན་བྱེད། །ཅེས་སོགས་འོད་གསལ་གྱི་ས་པའི་ཐ་མལ་གྱི་སྤྱོད་པ་ལ་སྦྱར་བ་ནི། བྱུར་ལ་ངོ་སོའི་རྣམ་ཐར་ངོམས་པ་སྟེ། གཞུང་འདི་ནི། མ་རིག་བག་ཆགས་སྲིད་པ་ཡིས། །ཞེས་ལས་ཉོན་གྱི་གཞི་དྲིས་པའི་ལན་སྟོན་པའི་སྐབས་ཡིན་ཞིང་། བྱ་བའི་ལས་ཀུན་བྱེད་པ་ཡིན། །ཞེས་པ་འཁོར་བའི་བྱ་བའི་ལས་ལ་འཇོག་པར་གསང་འདུས་པ་སྟ་མ་ཐམས་ཅད་གསུངས་ན། འོད་གསལ་གྱི་ས་པ་ལ་དེ་འདྲ་ཇི་ལྟར་སྦྱོར། བཅུ་གཉིས་མཐའ་ཡི་ཚིག་གི་དོན། །ཞེས་སོགས་ཀྱང་མི་ཤེགས་པའི་ཐིག་ལེ་བསྒོམ་པའི་ཕན་ཡོན་གྱི་སྐབས་ཡིན་མོད། ཁྱེད་ལ་སྐྱ་རིས་ཙམ་ཡང་མ་ཤར་བ་འདྲ་བས། ངོ་ཚ་མེད་པ་དཔྱང་དུ་མ་ངོམས་པར། བག་ཡོད་པར་གྱིས་ཤིག །

བརྒལ་ལན་དུ། ཉི་མ་དེ་རིང་ཤར་ནས། འོད་ཟེར་ནང་པར་མི་ཡོང་ན། ནང་པར་གྱི་ཉི་མ་དེ་མུན་པ་ལགས་སམ་བྲིས་པ་ནི། ལན་གཞན་མི་དགོས་ཀྱི། ཚིག་ཁོ་རང་གི་རང་མདོག་ལ་གཟིགས་འཚལ། བརྒལ་ལན་དུ།

འཕགས་པས་སྐྱེ་རྒ་ན་འཆིའི་སྡུག་བསྔལ་སྤངས་ཀྱི། སྐྱེ་རྒ་ན་འཆི་མ་སྤངས་ཞེས་བྲིས་ཀྱང་། ཁོ་བོ་ནི་ཐེག་དམན་མ་གཏོགས་ཐེག་ཆེན་འཕགས་པ་ཐམས་ཅད་ཀྱིས་སྐྱེ་རྒ་ན་འཆི་སྤངས་ལ། ཐེ་བྲག་ཏུ་བླ་མེད་ཀྱི་སྐབས་འདིར། སེམས་དབེན་དཔེའི་འོད་གསལ་མཐར་ཕྱིན་ཅིང་། དཔེ་བཅུ་གཉིས་ཀྱིས་མཚོན་པའི་སྒྱུ་ལུས་རྫོགས་རིམ་མངོན་དུ་གྱུར་པས་སྐྱེ་འཆི་མ་སྤངས་ཀྱང་། སྐྱེ་འཆིའི་སྡུག་བསྔལ་སྤངས་ཏེ། དེའི་ཕྱིར་རྣལ་འབྱོར་པ་དེ་ལ། འཆི་བའི་ཚེ་ཐུག་དུ་མི་འབྱུང་བར་འཆི་བ་དོན་གྱི་འོད་གསལ་འཆར་བ་ཡིན།

དེས་ན་འཆི་བའི་སྡུག་བསྔལ་མི་འབྱུང་བ་ཙམ་ནི། སྦྱོར་ལམ་པ་ལའང་ཡོད་ན། འཕགས་པའི་དགོས་ཆོས་ག་ལ་ཡིན། འོད་གསལ་གྱི་ས་པ་ཡན་ཆད་དུ། འཆི་བ་ཙམ་ཡང་མེད་ན། སྡུག་བསྔལ་ལྟ་ཅི་སྨོས། རྒྱས་པར་ན། ལུང་དང་རིགས་པས་མང་དུ་འགྲུབ་མོད། ཡི་གེས་སྲུན་ནོ། །འཕྲོས་དོན་བཅད་དུ་མེད་པའི་དོན། ལུས་ལ་མི་ཟེར་ཞེས་བྲིས་པ་ནི། མར་པ་ལོ་ཙྪ་བའི་གསུང་འཛིན་པ་ཁམས་པ་རོ་མཉམ་གྱི་ལམ་ལྡོན་ཤིང་ཙམ་ཡང་མ་མཐོང་བར་མཚོན་ལ། མར་པའི་གསུང་དང་མི་མཐུན་བཞིན། དེའི་བརྒྱུད་འཛིན་དུ་རློམ་པ་དེ་ཡང་ཡ་མཚན་ཆེ་བར་འདུག །ལར་དུས་དེང་སང་ཆོས་བཞིན་བགྱིས་ན་དུག་བཞིན་ཕོག་པ་དང་། དྲང་པོར་སླས་ན་མདའ་ལྟར་འཛུག་པ་ཞིག་མང་པོ་དག་གི་སྤྱི་ལུགས་ན་སྣང་བས་བླ་ཆེན་སྐུ་བསོད་པོ་དང་། ཕྱོགས་འཛིན་དྲག་ཤུལ་ཅན་སུས་ཀྱང་སྤྱན་སྔར། བདག་གི་སྨྲ་བ་འདི་འདྲ་མཛེས་པ་ག་ལ་ཞིག །འོན་ཏེ་རྒྱལ་བ་སྲས་བཅས་ཀྱི་གསུང་ལ་དབང་པོར་གསོལ་བ་ན། བདག་ཀྱང་དམ་པའི་ལམ་ལ་བདེ་བར་རྒྱུ་བ་ནི། འཕགས་པ་རྣམས་ཀྱི་སྤྱན་སྔར་འཚོ་བའོ། །

དྲག་ཤུལ་རྣོན་པོའི་མཚོན་ཆེན་ཐོགས་ཀྱང་གཏི་མུག་རི་བོ་བརྗིད་པས་ནོན། །སྒྲ་རྟོག་ལྟ་བའི་མེ་ལ་ཚེ་བྲེལ་ཡང་འཁྲུལ་པ་རབ་ལས་མ་རྒལ། །རང་བཞིན་དག་པའི་ཟོལ་གྱིས་རློམ་ཡང་དྲང་སྲོང་རྣམས་ཀྱིས་བསྟགས་སམ་ཅི། །འཁོར་འདས་སྒྱུ་འཕྲུལ་བསམ་མི་ཁྱབ་ཀྱང་མཐོང་ཆོས་གདུང་བ་གཞན་ཡོད་དམ། །བདག་ལྟའི་རྗེ་བུར་ཞུགས་ཁྲོད་མངོན་རློམ་གྱི། །བུམ་པ་མགུལ་པར་བཅིངས་ཡང་རིང་མོ་ནས། །ངེས་གསང་བདུད་རྩིར་རོལ་བས་ཕོངས་བཞིན་དུ། །བདེ་ཆེན་དབུགས་ལས་ཡོལ་བ་མིན་ནམ་ཅི། །བག་ཆགས་འཁྲུལ་པའི་རི་མོར་མི་ཞེན་པས། །བསྟན་ལ་ཆོས་བཞིན་སྤྱོད་རྣམས་ཁོ་བོ་ཡིས། །སྲས་བཅས་རྒྱལ་བའི་གསང་མཛོད་ཞལ་ཕྱེ་བའི། །མི་ཤིགས་བཀའ་ཡི་ཐིག་ལེ་འདི་ཟུངས་ཤིག །མ་ནོར་བདེན་གསུངས་ལམ་ལས་ཉེར་འོངས་མི་ཟད་སྒྲ་དབྱངས་རྒྱ་མཚོའི་སྐད་པ་ཅན། །འཕགས་རྣམས་དགེས་བྱེད་མཆོད་པར་གསོལ་གྱི་གཞན་དུ་ལྟ་བ་ངན་པས་དཀྲུགས་ཀྱང་ཅི། །གཟུ་བོར་སྤྱོད་པའི་དགའ་སྟོན་འདི་ཀོ་གང་ཡང་འགྲོ་ལ་ཟུག་ངུར་གྱུར་སྲིད་ན། །བདག་གིས་བསོད

ནམས་ཐོབ་པས་ཅི་བྱ་གཞན་གྱི་སྒྲིབ་པར་ནམ་ཡང་མ་གྱུར་ཅིག །

ཡང་ལན་ཆོས་ཀྱི་རྫ་ཆེན་ཞེས་བྱ་བ། བྱང་ཕྱོགས་ཀྱི་སྨྱོན་པ་ཀླུ་སྒྲུབ་ཆོས་ཀྱི་རྒྱལ་མཚན་གྱིས་སྦྱར་བའོ། །

དགེ་ལེགས་སུ་གྱུར་ཅིག །མངྒ་ལཾ།

༄༅། །རྗེ་བཙུན་ལོ་ཙྪ་བ་ཆེན་པོ་འགྱུར་མེད་བདེ་ཆེན་གྱི་དྲིས་ལན་འཕྲིན་ལས་རྣམ་དཀར་ཞེས་བྱ་བ་བཞུགས་སོ། །

འཇམ་དབྱངས་དགའ་བའི་བཤེས་གཉེན།

ན་མཿཤྲཱིཀཱུ་སུ་ན་ཡེ། ཧེ་ལྷ་ཧེ་སྙེད་གཟིགས་པའི་ཉི་གཞོན་ཕྲེང་། །ཐུབ་བསྟན་ཤར་རིའི་སྤྱི་ལ་བཀོད་མ་ཐག །སྲིད་གསུམ་རྨོངས་མུན་དྲུངས་ནས་འབྱིན་པ་ལ། །གཉིས་བྲལ་འཇམ་དབྱངས་བླ་མས་དགེ་ལེགས་སྩོལ། །མང་ཐོས་མཁྱེན་རབ་དཀར་བའི་འོད་སྣང་གིས། །ཀླུ་སྒྲུབ་ཐོགས་མེད་བཞེད་གཞུང་ཀུན་དའི་ཚལ། །བཞད་མཁས་ལེགས་བཤད་རྒྱ་མཚོའི་གཉེན་གྱུར་པའི། །མཁས་དབང་སྨྲ་བའི་ཟླ་བ་དེར་བཏུད་ནས། །དོན་དམ་འགྱུར་མེད་བདེ་ཆེན་ཡེ་ཤེས་ཆེ། །བསྙེས་གང་འཛིག་རྟེན་ཀུན་གྱི་མིག་གྱུར་དེས། །དཀའ་བའི་གནས་འགར་རྩད་ཅིང་དྲིས་པའི་ལན། །ཡོངས་འཛིན་དམ་པས་གསལ་བར་ཕྱེ་ཟིན་ཀྱང་། །སླར་ཡང་དེ་དག་ལས་སྤྲོས་དོགས་པའི་གནས། །དྲི་ཚིག་དབྱར་རྔའི་སྒྲ་དབྱངས་རོལ་པ་དེར། །གསུང་འཛིན་བློ་གསལ་མཆིས་ན་ལན་གྱིས་ཅིས། །བཀའ་གནང་ཐོབ་པས་བདག་བློ་སྤྲོ་བ་སྐྱེས། །ཨེ་མ་མཐོན་པོའི་གོ་འཕང་ནི། །ཐུབ་གསུང་ཚིག་དོན་ལ་འབབ་པ། །ཁྱེད་གཅིག་གཞན་ནི་དག་ག་རེ། །དེ་སྐད་སྙིང་ནས་དང་བ་སྐྱེས། །ཞེས་བརྗོད་ནས།

དེ་ཡང་ཐོག་མར་རྗེ་བཙུན་ལོ་ཙྪ་བ་ཆེན་པོའི་དྲི་བ་འགོད་ཁྱེར་དང་། དེའི་ལན་བདག་གི་ཡོངས་འཛིན་དམ་པས་ལེགས་པར་བཏབ་ཚུལ་ངེས་པར་བྱས་ནས། སླར་དྲི་བ་མཁན་པོས་ཡང་ལན་གྱི་ཚུལ་དུ་དྲི་བ་བྱ་རྒྱུད་གོང་མར་སྦྱོར་བའི་རྒྱུ་མཚན་ནི། རྩ་བའི་རྒྱུད་ལས་དེ་ཉིད་བསྡུས་པ་དང་། །དེ་ལས་བྱ་རྒྱུད་ཀུན་ལ་སྦྱོར་ཞེས་པ། །ཚད་མར་གྱུར་པའི་དབང་ལས་ཡིན་གྲང་ན། །དེ་ཉིད་བསྡུས་པའི་དཀྱིལ་འཁོར་ཆོ་ག་བཞིན། །བྱ་ཞེས་གསུངས་པའི་དེ་ཉིད་བསྡུས་པ་ནི། །སྔོན་གྱི་གོང་མས་རྡོ་རྗེ་གུར་ལ་མཛད། །དེས་ན་ཁ་འཕངས་འགྲེལ་ཊཱི་ཀ་དཔྱད་མི་བཟོད། །ཅེས་གསུངས་སོ། །ཡང་ལན་དེའི་ལན་ནི། བྱ་བ་རྣལ་འབྱོར་རྣལ་འབྱོར་བླ་མེད་གསུམ། །འགྲེལ་ཊཱི་ཀ་བྱེད་པ་གོང་མའི་གསུང་གིས་ཟིན། །དེ་ཉིད་རྒྱུད་དོན་ཡིན་པར་དེ་དེས་གསལ། །སེམས་འགྲེལ་སྐོར་གསུམ་དག་ནའང་འདི་ཀ་བཞུགས། །རྒྱུད་ནི་རྒྱུད་གཞན་གྱིས་གསལ་བར་བྱེད་དགོས་སོ། །སཾ་ཊི་ར་སྤྱི་ཡི་ཆོ་གས་ཐམས་ཅད་བྱ། །ཞེས་གསུངས་པ་ཡང་གསང་བ་སྤྱི་རྒྱུད་ལ། །དེ་ཕྱིར་བསྡུས་པ་རྡོ་རྗེ་གུར་ཉིད་ལས། །གོང་

མས་བཤད་པ་འགའ་ཡང་ཡོད་མ་མཐོང་། །རྩ་རྒྱུད་བརྟག་གཉིས་ལས། མང་དུ་རབ་ཏུ་བརྗོད་པས་ཅི། །ཇི་ལྟར་དེ་ཉིད་བསྡུས་པ་ཡི། །དཀྱིལ་འཁོར་ཆོ་ག་དེ་བཞིན་བྱ། །ཞེས་གསུངས་ཤིང་། བཤད་རྒྱུད་སཾ་བྷུ་ཊར། སྔ་གོན་ནས་དབང་གོང་མའི་བར་བསྐུར་ཚུལ་བཤད་པའི་འཕྲོས་ལས། སྤྱིའི་ཆོ་གས་ཐམས་ཅད་བྱའོ། །ཞེས་གསུངས་ལ། ཡོ་ག་དེ་ཉིད་འདུས་པ་ལས། དད་དང་སྙིང་རྗེ་སེམས་རབ་དུལ། །རྣམ་རྟོག་ཆུང་ཞིང་བློ་དང་ལྡན། །སྔགས་ཀྱི་ལམ་མཆོག་དོན་གཉེར་བར། །མཐུན་ཞིང་གྲངས་དང་ལྡན་པ་བཟུང་། །ང་དང་གསང་བ་སྤྱི་རྒྱུད་དང་། །ཞེས་སོགས་གསུངས་ཤིང་། གསང་བ་སྤྱི་རྒྱུད་ལས། མཁས་པས་སློབ་མ་གཅིག་གམ་གསུམ། །ཞེས་སོགས་དང་། དེ་ནས་གཞན་ཡང་རྒྱུད་ཀུན་ལས། །དཀྱིལ་འཁོར་ཇི་སྐད་རྒྱས་བཤད་པའི། །ཆོ་ག་ལྷག་མ་ལུས་པ་དག །འདིར་ནི་ལྷག་པར་རབ་ཏུ་བཤད། །གསང་སྔགས་ཀུན་གྱི་འདུལ་བ་ལ། །ཆོ་གའི་རིམ་པ་ཅི་བཤད་པ། །དཀྱིལ་འཁོར་གྱི་ནི་ཆོ་ག་ལ། །མཁས་པས་ཆོ་ག་དེ་བཞིན་སྦྱར། །ཞེས་དང་། ཆོ་གར་བྱས་པ་གཞན་དག་ལ། །ཆོ་ག་འདི་ནི་ཅི་རིགས་སྦྱར། །ཞེས་སོགས་གསུངས་པ་རྣམས་ཀྱང་བསྒྲིགས་ཏེ།

འཆད་པ་ནི། སྤྱིར་རྒྱུད་དེ་དང་དེའི་དགོངས་པ། དེ་ལྟར་རྒྱུད་ནི་རྒྱུད་གཞན་གྱིས་གསལ་བར་བྱེད་པ་ཡང་ཕྱག་རྡོར་བསྟོད་འགྲེལ་ལས། འདིར་ནི་མདོར་བསྟན་པ་ཙམ་གྱིས་གསུངས་སོ། །དེ་ཡང་རྒྱུད་གཞན་དུ་གསུངས་པའི་དགོངས་པས་འདིར་རྟོགས་པར་བྱ་སྟེ། རྒྱུད་ནི་རྒྱུད་གཞན་གྱིས་རྟོགས་པར་བྱའོ་ཞེས་དེ་བཞིན་གཤེགས་པའི་གསུངས་ལས་སོ། །ཞེས་དང་། རྡོ་རྗེ་སྙིང་འགྲེལ་ལས། དགྱེས་པའི་རྡོ་རྗེ་བདེ་མཆོག་འཁོར་ལོ་ཡིས་ནི་རྡོ་རྗེ་གདན་བཞིའི་ཚིག་ཤེས་འགྱུར། །དེ་བཞིན་བདེ་མཆོག་ཆུང་ངུའི་ཚིག་གིས་རྡོ་རྗེ་གདན་བཞི་དང་ནི་དགེས་པའི་རྡོ་རྗེའོ། །ཞེས་གསུངས་ཤིང་། སློབ་དཔོན་གྷཎྚ་ནས་ཀྱང་དེ་བཞིན་དུ་བཤད་དོ། །དཔལ་ཀྱེ་རྡོ་རྗེའི་རྒྱུད་གསུམ་ལས། དེ་ཉིད་བསྡུས་པ་དང་། གསང་བ་སྤྱི་རྒྱུད་དུ་ཞལ་འཕངས་པར་མ་ཟད། བདེ་མཆོག་ཨ་བྷི་དྷཱ་ན་ལས་ཀྱང་། དེ་ཉིད་བསྡུས་པ་དང་། གསང་བ་སྤྱི་རྒྱུད་དུ་ཞལ་འཕངས་ཡོད་པ་ལྟར། རྗེ་བཙུན་ས་སྐྱ་པ་རྣམས་དངོས་བསྟན་སྒྲ་དྲང་ཟིན་དུ་སྐྱོང་ཞིང་། སློབ་དཔོན་རིན་པོ་ཆེ་བསོད་ནམས་རྩེ་མོའི་གསུང་ལས། བདེ་བར་གཤེགས་གསུང་ཐེག་མཆོག་རྩེར་གྱུར་པ། །བླ་མེད་རྒྱུད་ཀུན་གླིང་གཞི་རྣམ་འབྱེད་ཅིང་། །འབུམ་ཕྲག་སུམ་ཅུ་རྩ་དྲུག་བཅུ་དྲུག་གི། །ཟབ་དོན་གཅེས་པ་བསྡུས་པའི་རྒྱུད་ཅེས་བྱ། ཞེས་པ་ལྟར། སཾ་པུ་ཊ་འདི། སྤྱིར་བླ་མེད་ཀྱི་རྒྱུད་འབུམ་ཕྲག་སུམ་ཅུ་རྩ་དྲུག་གི་བཤད་རྒྱུད། ཁྱད་པར་སྙིང་པོར་གྱུར་པ་བླ་མེད་ཀྱི་རྒྱུད་བཅུ་དྲུག་ཙམ་གྱིས་བཤད་རྒྱུད་དུ་འགྱུར་ལ། དེའི་གནད་ཀྱིས་སྤྱིའི་ཆོ་གས་ཐམས་ཅད་བྱའོ། །ཞེས་གསུངས་པ་ཡང་།

སཾ་པུ་ཊས་གསལ་བར་བྱེད་པའི་རྒྱུད་ཐམས་ཅད་ལ། གསང་བ་སྤྱི་རྒྱུད་ཀྱི་འགྲོས་དེ་སྦྱོར་ཞེས་དོན་དུ

འཆད་ཅིང་། གལ་ཏེ་འདི་ལྟར་དུ་འབྲེལ་མི་སྒྲིག་ན། རྒྱུད་ལུང་དེ་དག་ལ་དོན་དང་མཐུན་པའི་འགྲུ་གནོན་རྙེད་དཀའ་བར་འགྱུར་རོ། །འོན་ཏེ། འགྲེལ་ཊཱིཀ་འདི་ཕྱིས་ཀྱི་ས་སྐྱ་པ་རྣམས་ཀྱིས་བྱས་ཀྱི། རྗེ་བཙུན་གོང་མའི་དུས་ན་མེད་དོ་སྙམ་དུ་དགོངས་ན། དེ་ཡང་མ་ཡིན་ཏེ། བརྟག་གཉིས་ཀྱི་འགྲེལ་པ་དག་ལྡན་དུ། རྗེ་བཙུན་རིན་པོ་ཆེས། འདི་སྐད་གསུངས་ཏེ། དེའང་རྒྱུད་འདི་ན་མེད་པ་རྣམས་ནི་རྡོ་རྗེ་གུར་དུ་བཙལ་བར་བྱ་ལ། དེ་ནའང་མི་སྣང་བ་རྣམས་འདི་ཉིད་ཀྱིས་ཁ་འཕངས་པས་ན། དེ་ཉིད་བསྡུས་པར་བལྟ། དེར་ཡང་མི་གསལ་བ་གསང་བ་སྤྱི་རྒྱུད་ལས། གང་དུ་ལས་ནི་ཡོད་གྱུར་ལ། །ལས་ཀྱི་ཆོག་རྣམས་མེད་པ། །དེ་ནི་སྤྱི་ཡི་རྒྱུད་དག་ལས། །གསུངས་པའི་ཆོ་ག་མཁས་པས་བསྟེན། །ཞེས་གསུངས་པས་དེར་བལྟའོ། །ཞེས་བཤད་ཅིང་། མངོན་རྟོགས་ལྗོན་ཤིང་ལས་ཀྱང་། དེ་ལྟར་ཆོག་རྒྱུད་གསུམ་དུ་མི་གསལ་བ་རྣམས། ཇི་ལྟར་དེ་ཉིད་བསྡུས་པ་ཡི། །དཀྱིལ་འཁོར་ཆོ་ག་དེ་བཞིན་བྱ། །ཞེས་བཤད་པས། དེ་ཉིད་བསྡུས་པ་དང་། གསང་བ་སྤྱི་རྒྱུད་ལས་རྟོགས་པར་བྱའོ། །ཞེས་གསུངས་པ་ཡིན་ལགས་ཏེ།

རྗེ་བཙུན་རྩེ་མོ་ཞབས་ཀྱིས། །རྣམ་བཤད་ཉི་མའི་འོད་ཟེར་དུ། ཇི་ལྟར་དེ་ཉིད་བསྡུས་པ་ཡི། །ཞེས་པའི་འགྲེལ་པར། དེ་ཉིད་བསྡུས་པ་དང་རྡོ་རྗེ་གུར་དུ་གསུངས་པ་བཞིན། ཞེས་འབྱུང་ཡང་། རྡོ་རྗེ་གུར་འདི་སྐབས་ཀྱི་དེ་ཉིད་བསྡུས་པར་ངོས་བཟུང་བ་ནི་མ་ཡིན་ཏེ། དེ་ཉིད་བསྡུས་པ་ཞེས་པའི་རྒྱུད་ལེགས་པ་ཡོད་བཞིན་དུ། དེ་རྡོ་རྗེ་གུར་ལ་ངོས་འཛིན་དོན་མི་འདུག་ཅིང་། སློབ་དཔོན་རིན་པོ་ཆེའི་གསུངས་དེའི་དོན་ནི། བརྟག་གཉིས་སུ་དབང་བསྐུར་ཚུལ་མདོར་བསྡུས་ཙམ་བཤད་ནས། རྒྱས་པར་མ་གསུངས་པ་ལ་དེའི་ཁ་སྐོང་། ཡོ་ག་དེ་ཉིད་འདུས་པ་དང་། བཤད་རྒྱུད་རྡོ་རྗེ་གུར་སོགས་ནས་བཤད་པ་བཞིན་བྱེད། ཅེས་པའི་དོན་ཡིན་ཏེ། བུམ་དབང་གི་མཐའ་རྟེན་རྣམ་པ་གསུམ་དང་། དབང་གོང་མ་བསྐུར་ཚུལ་སོགས་གུར་ལེའུ་བཞི་པ་དང་། བདུན་པ་དང་། བཅོ་ལྔ་པ་རྣམས་ལས་གསུངས་ཀྱི། དེ་ཕྱིར་འདུས་པ་ལས། དེ་འདྲའི་ཐ་སྙད་མ་བཤད་བཞིན་དུ། དེ་དག་དེ་ཉིད་འདུས་པ་ལྟར་བྱེད་ཅེས་གསུང་ཐབས་མི་སྣང་བས་སོ། མཚན་མོ་སྐྱེ་བོ་མེད་ཁྱིམ་དུས། །སློབ་དཔོན་ལ་སོགས་རབ་ཕྱེ་ནས། །དབང་ནི་ཇི་ལྟར་གསུངས་པ་ཉིད། །ཞེས་པའི་མཆན་བུར། རྗེ་བཙུན་རིན་པོ་ཆེས། རྒྱུད་རྒྱས་པ་ན་ཡོད་དམ། འདི་ན་རྒྱས་པར་མེད་དོ། །དེའི་དོན་བསྡུས་པ་རྡོ་རྗེ་གུར་དུ་བལྟའོ། །

ཞེས་གསུངས་པའང་དོན་དེ་དེ་ཉིད་ཡིན་པར་སྨྲོན་མེད་དུ་གྲུབ་པ་ལགས། སྤྱིར་ཡང་བདག་ཅག་ཀུན་མཁྱེན་ཀུན་དགའ་བཟང་པོའི་བཀའ་སྲོལ་བ་རྣམས། བཤེད་སྲོལ་རྒྱ་མཚོའི་རྣམ་གྲངས་འགོད་པའི་ཚེ། རྒྱ་གར་མཁས་པའི་ལུགས། བོད་སྔ་རབས་པའི་ལུགས། རྗེ་བཙུན་གོང་མའི་ལུགས། འཕགས་པའི་ལུགས། དེ་

དག་སོ་སོའི་རྗེས་འབྲང་གི་ལུགས། ཞེས་རྣམ་དབྱེ་ཕྱེ་ནས་འཆད་ཅིང་། དེའི་ཚེ། རྒྱ་གར་ན་ཡང་། ཆལ་ཆོལ་སྣ་ཚོགས་སུ་སྨྲ་མཁན་མང་བ་དང་། ཡོངས་སུ་གྲགས་པ། ཨ་ནྡྷ་ཡ་ཀཱ་ར་དང་། ཤཱནྟི་པ་དང་། ནཱ་རོ་པ་ལྷ་བུ་ལའང་། གནད་ཆེ་ས་ཁ་རེ་ན་འཁྲུལ་བ་ཡོད་པར་འཇམ་དབྱངས་ས་ལོ་སོགས་བཞེད། དེའི་ཕྱིར་རྒྱ་འགྲེལ་རེ་རེ་གཅིག་གཉིས་ལས་བཤད་པ་ཙམ་གྱིས་བཤད་ཁུངས་དོན་མཐུན་དུ་མི་འགྲོ་ལ། རྗེ་བཙུན་གོང་མ་རྣམ་པ་བཞིའི་གསུང་རབ་ནི། ལུང་རིགས་མན་ངག་གསུམ་དང་ལྡན་ཞིང་། རང་གི་སྣང་ངོ་ཙམ་བྲིས་པའམ། ཧབ་འགྲོས་མི་མངའ་བས། དེ་དག་གི་གསུང་གིས་ཟིན་སོ་ཡོད་པ་རྣམས་ཆོས་དང་ཆོས་མིན་འབྱེད་པའི་དཔང་པོ་ཚད་ལྡན་དུ་བཞག་ནས། འཕགས་པ་རིན་པོ་ཆེའི་གསུང་ལ། གོང་མའི་གསུང་དང་མི་མཐུན་པ་ཁ་ཡར་བྱུང་བས་གྲངས་ངེས་སྣ་ཚོགས་སུ་འགྲེལ་དགོས་པ་ལགས་ཏེ།

དཔེར་མཚོན་ན། དབང་བསྐུར་ཡུལ་གྱི་སློབ་མ་ལ་གྲངས་ངེས་བྱེད་མི་བྱེད་ཀྱི་སྐབས་སུ་ཡང་། འཕགས་པས་སྒྲུབ་ཐབས་རིན་ཆེན་འབར་བའི་དཀྱིལ་ཆོག་ཏུ། མཁས་པས་སློབ་མ་གཅིག་གམ་གསུམ། །ཞེས་སོགས་དྲངས་པའི་མཇུག་ཏུ། ཞེས་པ་ཉི་ཤུ་རྩ་ལྔ་མན་ཆད་གྲངས་ཁ་ཡར་བཟུང་ལ། སྤྱིར་འདི་རིགས་གསུམ་སྤྱིའི་རྒྱུད་ཁོན་ལ་དགོངས་པར་ཡང་གསལ་བས། བླ་མ་གོང་མའི་སྲོལ་གང་འདུག་བཞིན་བྱས་པས་རང་ལ་ཉེས་པ་མེད་དོ༑ །ཞེས་ལུང་དེ་བྱ་རྒྱུད་ཁོན་ལ་སྦྱར་བ་ལྟ་བུར་བཤད་པ་ཡང་། འཇམ་དབྱངས་ས་ལོའི་དགོངས་པར་མ་སོང་བ་བཞིན་ཡིན་པས། དཔྱོད་ལྡན་རྣམས་རྣམ་དབྱེ་སོ་སོར་འབྱེད་པ་ལ་བརྩོན་འཚལ་ལོ། །གལ་ཏེ་རྫོགས་ལུགས་པས་དེ་ཉིད་བསྟུས་པ། རྡོ་རྗེ་གུར་ལ་བཤད་པ་ཡོད་སྲིད་ནའང་། ལུགས་དེ་ནི། རྒྱུད་དོན་གྱི་ཁོན་ཉིད་གཏིང་དཔག་པར་དཀའ་བ་རྣམས་ལ། ཕྲང་མོ་ཡུག་གི་རྣམ་ཐར་ལྟར་ལེན་པ་འབའ་ཞིག་ཏུ་གནང་བས། མཁས་པའི་མདུན་སར་ངོམ་ཐུབ་པ་མ་ཡིན་ཏེ། དཔེར་ན། བརྟག་པ་དང་པོའི་ལེའུ་བདུན་པ་ནས་བྱུང་བའི་ཕྱིའི་ཡུལ་ཆེན་སོ་གཉིས་པོ་འདི་དག །རྒྱུད་ཀྱི་དངོས་བསྟན་ཤིན་ཏུ་འཁྲུགས་པའི་ཚུལ་གྱིས་བཞུགས་པ་ལ། ལུང་རིགས་མན་ངག་གསུམ་གྱིས། སྔགས་ལམ་ས་དང་པོ་ཡན་ཆད་དུ་ཕྱིའི་ཡུལ་གང་དང་གང་བགྲོད་པའི་ཚུལ། ནང་གི་ཡུལ་གང་དང་གང་གི་རླུང་སེམས་དབུ་མར་ཐིམ་ཚུལ་སོགས་སྦྱར་ཏེ། ལམ་རིམ་སྙིང་པོའི་དོན་དུ་འཆད་དགོས་རྒྱུ་ཡིན་པ་ལ། དེ་འདྲ་མི་སྣང་བར་རྒྱུད་ཀྱི་སྒྲ་ཟིན་ཙམ་ལ་འབྲུ་ཐེར་རེ་བ་ཞིག་ལས་མེད་ཅིང་། དེ་དག་ཀྱང་རྒྱུད་པའི་མན་ངག་མེད་པའི་སྐྱོན་དུ་སྣང་བས་སོ། །དེས་ན་རྒྱུད་དོན་གྱི་དབྱིངས་སུ་ཞུགས་དགོངས་པ་རིན་པོ་ཆེ་ནས་དཔྱོད་པར་ཞུ།

ཡང་གསུང་ལས། མཆོག་དབང་དཀྱིལ་འཁོར་ལུས་དབང་ལ་སོགས་ལ། །རྟེན་དང་བརྟེན་པའི་དཀྱིལ་

འཁོར་མེད་གསུངས་པ། །ཀུན་རྫོབ་ཀུནྡ་ལྟ་བུ་རྟེན་ཉིད་དང་། །དོན་དམ་བདེན་པ་བརྟེན་པར་གསུངས་འདི་ཙི། ། མཆོག་དབང་ཐོབ་པའི་སློབ་བུ་དེ་ཉིད་ནི། །ལུས་ཀྱི་དབང་པོ་ཧྲ་ག་བྱང་ཆུབ་སེམས། །མཆོག་གི་དཀྱིལ་འཁོར་རྣམ་པ་གསུམ་དུ་སྨིན། །རྟུལ་ཆེན་དཀྱིལ་འཁོར་མཆོག་དབང་འདི་ལ་བཀག །དཀྱིལ་འཁོར་ཆེན་པོ་རྟུལ་ཆེན་རས་བྲིས་སོགས། །ཕྱི་དཀྱིལ་ལ་བཞེད་སྨིན་བྱེད་བྱིས་དབང་བདུན། །ཡིན་ན་མཆྪ་ལ་ཞེས་བྱ་བའི་སྒྲ། །བདེ་ཆེན་སྙིང་པོ་ལེན་ལ་གསུངས་འདི་ཙི། །ཞེས་གསུངས་སོ། །དེའི་ལན་ནི། རྟེན་དང་བརྟེན་པའི་དཀྱིལ་འཁོར་ཞེས་བྱ་བའི། །བརྟེན་པ་ལྷ་དང་རྟེན་ནི་གཞལ་ཡས་ཁང་། །ལུས་དབང་ཧྲ་ག་ཀུནྡ་བྱང་སེམས་ལ། །དཀྱིལ་འཁོར་མིང་ཙམ་བཏགས་ཀྱང་དེ་དངོས་མིན། །མཆོག་དབང་ཙམ་ཐོབ་སློབ་བུ་ལུས་དཀྱིལ་དུ། །སྨིན་ཞེས་གསུངས་པ་ཧ་ཅང་ཐལ་ཆེས་ཏེ། །ལུས་དཀྱིལ་དག་ཏུ་དབང་བསྐུར་ལེན་པོ་ནི། །སྨིན་ཟིན་ཡང་དག་དོན་མཐོང་ཡིན་ཕྱིར་རོ། །དེ་ཡང་བརྟག་པ་གཉིས་པ་ལས། དཀྱིལ་འཁོར་འཁོར་ལོའི་ཐབས་ཀྱིས་ནི། །རྟག་ཏུ་ངེས་པར་འགྲོ་བར་འགྱུར། །ཞེས་བཞི་པ་རྟེན་ཅན་གྱི་ལམ་ལ་དཀྱིལ་འཁོར་འཁོར་ལོ་ཞེས་མིང་བཏགས་ནས་གསུངས་པ་ལ། རྡོ་རྗེ་སྙིང་པོས་གསོལ་པ། དཀྱིལ་འཁོར་འཁོར་ལོ་ཅི་ཞེས་བརྗོད། །སངས་རྒྱས་ཀུན་བདག་གྲོང་ཁྱེར་ལ། །བཅོམ་ལྡན་བདག་ནི་འཕྲུལ་གྱུར་པས། །རིམ་པ་ཇི་ལྟར་བཤད་དུ་གསོལ། །ཞེས་སངས་རྒྱས་སྲས་དང་བཅས་པ་བཞུགས་པའི་ཐར་པ་ཆེན་པོའི་གྲོང་ཁྱེར་ལ་ནི། དཀྱིལ་འཁོར་ཞེས་གསུངས་པས། དཀྱིལ་འཁོར་འཁོར་ལོ་ཞེས་པ་ཡང་དེ་ལྟ་བུ་ལགས་སམ་ཞེས་ཞུས་པའོ། །

དེའི་ལན་དུ། བཅོམ་ལྡན་འདས་ཀྱིས་བཀའ་བསྩལ་པ། དཀྱིལ་ནི་སྙིང་པོ་ཞེས་བརྗོད་དེ། །བྱང་ཆུབ་སེམས་ནི་བདེ་ཆེན་པོ། །ལེན་པར་བྱེད་པས་དཀྱིལ་འཁོར་ཉིད། །འདུས་པས་དཀྱིལ་འཁོར་ཉིད་དུ་བརྗོད། ། ཞེས་དཀྱིལ་འཁོར་དངོས་ནི། ཕྱར་རྡོ་རྗེ་སྙིང་པོ་རང་གིས་རྟོགས་པ་ལྟར་ཡིན་མོད། འོན་ཀྱང་། རྟེན་ཀུནྡ་བྱང་སེམས། བརྟེན་པ་བདེ་ཆེན་ཡེ་ཤེས། མངོན་དུ་བྱེད་ཐབས་འཕོ་མེད་ཀྱི་སྙོམ་པར་འཇུག་པ་རྣམས་འདུས་པ་ལ་ཡང་། དཀྱིལ་འཁོར་གྱི་སྒྲ་འདི་ལྟར་དུ་བཤད་དུ་ཡོད་ཅེས་སྒྲ་བཤད་སྦྱར་བའི་སྒོ་ནས་གསུངས་པ་ཡིན་ཅིང་། དེའི་ཚེ། དཀྱིལ་འཁོར་འཁོར་ལོའི་ལམ་ལ། དཀྱིལ་འཁོར་གྱི་སྒྲ་བཤད་དུ་ཡོད་ཀྱང་འཇུག་ཏུ་མེད། གཞལ་ཡས་ཁང་མེད་པར་ལྷ་གཙོ་འཁོར་དུ་བྱས་པ་ལ། དཀྱིལ་འཁོར་གྱི་སྒྲ་འཇུག་ཏུ་ཡོད་དམ། སྒྲ་བཤད་ཁུངས་མ་རྣམས་ལས་མ་བཤད། ལྷ་གཞལ་ཡས་ཁང་དང་བཅས་པ་ལ་དཀྱིལ་འཁོར་གྱི་སྒྲ་བཤད་འཇུག་གཉིས་ཀ་ཡོད་ཅེས་འཆད་པ་ལ། རྒྱུད་དང་རྒྱུད་འགྲེལ་སྒྲུབ་ཐབས་དབང་ཆོག་སོ་སོ་ལས་ཀྱང་། དཀྱིལ་འཁོར་དངོས་ནི་ལྷ་གཞལ་ཡས་ཁང་དང་བཅས་པ་ཁོ་ན་ལ་བཤད་ཅིང་། དེའི་གནད་ཀྱིས་དཀྱིལ་འཁོར་ཆེན་པོ་མ་མཐོང་བ

རྣམས་ཀྱི་མདུན་དུ་སླ་བར་མི་བྱ་སྟེ། ཞེས་སོགས་ཀྱང་། རྟུལ་ཚོན་ནམ་རས་བྲིས་ཀྱི་དཀྱིལ་འཁོར་དུ་དབང་མ་ཐོབ་པ་ལ་མི་སླ། ཞེས་པའི་དོན་དུ་སྣང་གི་ལུས་དབང་གི་ཕྱ་ག་བྱང་སེམས་ཀླུང་རྣམས་མ་མཐོང་བའམ། དེར་དབང་མ་ཐོབ་པ་ལ་མི་སླ་ཞེས་པའི་དོན་ཙུང་ཟད་ཀྱང་མ་ཡིན་པའི་ཕྱིར་རོ། །བྲིས་དབང་མ་ཐོབ་པར་མཆོག་དབང་ཙམ་ཐོབ་པའི་སློབ་བུ་དེས་སློན་བྱེད་ཀྱི་དབང་ལུས་དཀྱིལ་དུ་ཐོབ་གསུངས་པ་ཡང་། ཐལ་ཆེས་ཏེ། ལུས་དཀྱིལ་དུ་དབང་བསྐུར་ཡུལ་ནི། སློབ་དཔོན་རྡོ་རྗེ་དྲིལ་བུ་ཞབས་ཀྱིས། བཅོས་མ་གཉིས་ཀྱི་ངོ་བོ་གང་། །དེ་ནི་གདུལ་བྱའི་དབང་ལས་འདོད། །སློན་ཟིན་སླབ་བྱ་དེ་མིན་ཏེ། ཡང་དག་དོན་མཐོང་གྲོལ་ཕྱིར་རོ། །ཞེས་སྟར་དབང་གིས་སློན་ཟིན་པ། ཡང་དག་པ་གནས་ལུགས་ཀྱི་དོན་མཐོང་ཟིན་པ་གཅིག་ཡིན་པར་བཤད་འདུག་པའི་ཕྱིར་རོ། །དེའི་གནད་ཀྱིས། བདེ་མཆོག་དྲིལ་བུ་པའི་དབང་བསྐུར་བའི་སློབ་མ་ལ། སྔོན་དུ་འཁོར་ལོ་སྡོམ་པའི་སློན་བྱེད་ཀྱི་དབང་ཐོབ་དགོས་པ་དང་། ལུས་དཀྱིལ་དུ་ལམ་དབང་བསྐུར་བ་ལ། སྔོན་དུ་ཀྱེ་རྡོ་རྗེའི་སློན་བྱེད་ཀྱི་དབང་ཐོབ་དགོས་པ་སོགས་རྒྱུད་དོན་འཁྲུལ་མེད་དུ་གཞུང་འཛུགས་པ་རྣམས་ཀྱི་བཀའ་སྲོལ་ལས་འབྱུང་བ་ལགས།

ཡང་གསུངས་ལས། བླ་མ་ཐུགས་རྗེའི་བདག་ཉིད་དྲིན་ཅན་གྱིས། །ཡང་དག་ཡེ་ཤེས་མཆོག་ཐོབ་ལ་སོགས་པ། །ཡོན་ཏན་བརྗོད་ནས་ཆོས་ཀྱི་བདུད་རྩི་ཉིད། །འབྱུང་ཕྱིར་སློབ་མས་བླ་མར་གསོལ་བ་འདེབས། །ཡང་དག་ཡེ་ཤེས་མཆོག་ཐོབ་ལ་སོགས་པ། །སློབ་མར་སྦྱོར་ན་ཆོས་ཀྱི་བདུད་རྩི་ཉིད། །འབྱུང་ཕྱིར་གསོལ་བ་འདེབས་པ་མི་རིགས་ཞེས། །ལུང་དོན་རིགས་པས་བྲངས་ནས་འཕངས་པ་ལ། །དབང་བསྐུར་ཞུ་ཆེ་སློབ་མས་བླ་མ་ལ། །གསོལ་བ་འདེབས་མོད་ཀློག་ནས་སློབ་མ་ལ། །གསོལ་འདེབས་ཆོས་པའི་ལུགས་ལ་མེད་ཅེས་པ། །ཕྱོགས་སྔ་མ་དམིགས་དགག་པ་ཡ་མཚན་གནས། །དྲོད་འབྲིང་ཡང་དག་ཡེ་ཤེས་མཆོག་ཐོབ་ནས། །དྲོད་ཆེན་ཆོས་ཀྱི་བདུད་རྩི་འབྱུང་བའི་ཕྱིར། །གསོལ་བ་འདེབས་པ་སློབ་མ་མཆོག་དེའི་ལུགས། །ཞེས་པ་རྣམ་དབྱེ་ཙམ་ལའང་མ་དཔྱད་གཏམ། །ཐུགས་རྗེའི་བདག་ཉིད་དྲིན་ཅན་གྱིས་ཞེས་པ། །བྱེད་ཚིག་ནུས་པ་ཡང་དག་ཡེ་ཤེས་མཆོག །ཐོབ་མཁན་རྡོ་རྗེའི་སློབ་དཔོན་ཉིད་ཡིན་གྱི། །སློབ་མར་སྦྱོར་བ་ཤིན་ཏུ་མ་འབྲེལ་གཏམ། །ཞེས་གསུངས་སོ། །དེའི་ལན་ནི། གྲུབ་པ་སྡེ་བདུན་ལས་བཤད་དབང་འདི་དག །བྱིན་རླབས་ཙམ་ཡིན་རང་རང་གཞུང་ན་གསལ། །ཁྱད་པར་ཡེ་ཤེས་ཐུབ་པའི་སྔ་ཕྱིའི་འབྲེལ། །དྲིས་ལན་གང་གི་ཀུ་རྒྱུན་ཚད་མའི་གཏམ། །བླ་མར་ཐུགས་རྗེའི་བདག་ཉིད་ཅེས་བོས་ཏེ། །ཁྱེད་ཀྱི་ཚད་མེད་ཐུགས་རྗེའི་བཀའ་དྲིན་གྱིས། །བདག་གིས་ཡང་དག་ཡེ་ཤེས་མཆོག་ཐོབ་ཅེས། །བྱེད་ཚིག་ནུས་པ་འདོན་ཁྱེར་འདི་ལྟར་ཡིན། །ཤེས་བྱེད་ཡོན་ཏན་རྒྱུ

མཆོའི་བཀའ་དྲིན་གྱིས། །ཡེ་ཤེས་བླ་མེད་ཤེས་པར་འཚལ་ལོ་ཞེས། །དེ་མ་ཐག་ཏུ་གསུངས་ཤིང་ཡེ་ཤེས་མཆོག །ཐོབ་ཀྱང་རྟོགས་བསྐྱེད་དབང་ཞུ་འགལ་བ་མེད། །ཡེ་ཤེས་གྲུབ་པ་ལས། ཐུགས་རྗེའི་བདག་ཉིད་དྲིན་ཅན་གྱིས། །ཡང་དག་ཡེ་ཤེས་མཆོག་ཐོབ་སྟེ། །ཞེས་སོགས་ཀྱི་དོན་ནི། ཐུགས་རྗེའི་བདག་ཉིད་ཅན་ཞེས་བླ་མ་ལ་བོས་ཏེ། ཁྱེད་ཀྱི་བརྩེ་བ་ཆེན་པོའི་བཀའ་དྲིན་ལ་བརྟེན་ནས། བདག་གིས་ཀྱང་དྲོད་འབྲིང་ཡང་དག་པའི་ཡེ་ཤེས་མཚོན་བྱེད་དཔེའི་ཕྱག་ཆེན་ཐོབ་སྟེ། སླར་དྲོད་ཆེན་མཚོན་བྱ་དོན་གྱི་ཡེ་ཤེས་ཐོབ་པར་བྱ་བའི་སླད་དུ། ཆོས་ཀྱི་བདུད་རྩི་སྩལ་ཏུ་གསོལ། །ཞེས་གསོལ་བ་འདེབས་པ་ཡིན་ཏེ། ཚིག་དེའི་འགྲེལ་ལས། ཡོན་ཏན་རྒྱ་མཚོའི་བཀའ་དྲིན་གྱིས། །ཡེ་ཤེས་བླ་མེད་ཤེས་པར་འཚལ། །ཀུན་བཟང་རྡོ་རྗེ་དབང་བསྐུར་བས། །མགོན་པོ་བདག་ལ་དབང་བསྐུར་མཛོད། །ཞེས་པའི་སྐབས་ཀྱི་ཡེ་ཤེས་བླ་མེད་ཤེས་མཁན་དང་། གོང་གི་ཡང་དག་ཡེ་ཤེས་མཆོག་ཐོབ་མཁན་གཉིས་དོན་གཅིག་མིང་གི་རྣམ་གྲངས་ཡིན་པའི་ཕྱིར་རོ། །

ཡང་འདི་སྐད་ཅེས་བྱ་སྟེ། རི་མོར་གནས་པའི་བྲིས་བསྒྲུབ་ལ་སོགས་པ། ། སྔགས་ཀྱི་སེམས་པས་མི་བྱ་ཞེས་གསུངས་པའང་། །དངོས་བསྟན་སློབ་མ་ཉིད་ཡིན་སློབ་དཔོན་ལ། །སྦྱར་ནས་གསུངས་པ་དྲང་དོན་ཉིད་དུ་འགྲེལ། །ཡེ་ཤེས་མཆོག་ཐོབ་སློབ་མས་བཅོས་མ་ཡི། །དཀྱིལ་འཁོར་གཉིས་སུ་དབང་བསྐུར་ལེན་པ་དང་། །དཀྱིལ་འཁོར་དེ་ཉིད་བསྒྲུབ་ཅིང་མཆོད་པ་སོགས། །བྱས་ན་དངོས་གྲུབ་རྙེད་པར་དཀའ་ཞེས་གསུངས། །མཐོང་ལམ་ཐོབ་པའི་རྡོ་རྗེ་སློབ་དཔོན་གྱིའང་། །གདུལ་བྱ་རབ་འབྲིང་རྗེས་སུ་བཟུང་བའི་ཕྱིར། །བཅོས་མའི་དཀྱིལ་འཁོར་གཉིས་སུ་དབང་བསྐུར་ན། །འགལ་བ་ཅི་ཡོད་རྒྱུད་ལས་དེ་ཀ་བཤད། །དེ་ལྟའི་བླ་མས་རང་གི་ཆེད་ཉིད་དུ། །བཅོས་མའི་དཀྱིལ་འཁོར་བཞེངས་དང་བསྒྲུབ་པ་སོགས། །བྱེད་ན་དགོས་པ་མེད་པ་ཡིན་ནོ་ཞེས། །དུས་ཀྱི་འཁོར་ལོའི་དགོངས་གཞི་འདི་ཙམ་ལགས། །རྡོ་རྗེ་གུར་ལས། བརྟན་པ་ཆེར་ཐོབ་པའི་དམ་ཚིག་གི་སྐབས་སུ། དཀྱིལ་འཁོར་ལ་སོགས་ལུས་ཀྱི་ལས། །ཕྱི་ལམ་དུ་ཡང་མི་བྱའོ། །ཞེས་གསུངས་ཤིང་། རྡོ་རྗེ་སྙིང་འགྲེལ་ལས་ཀྱང་། ཐབས་དམ་པའི་ཚུལ་དུ་ཐོག་མར་རེ་ཞིག །རྟུལ་ཚོན་གྱི་གཞལ་ཡས་ཁང་དང་། །ལག་པའི་ཕྱག་རྒྱ་བཅིང་བ་དང་། སྡོམ་པ་བཟུང་བ་ལ་སོགས་པ་སྔོན་དུ་འགྲོ་བར་བྱ་ཞིང་། བརྟགས་པའི་རྣལ་འབྱོར་གོམས་པ་དང་། དུས་ཇི་ཙམ་ལོན་པ་ན་ལུས་ཀྱི་དཀྱིལ་འཁོར་ཡོངས་སུ་ཤེས་པར་བྱས་ནས། སྙིང་པོའི་རོ་མྱངས་ཏེ་ཚུལ་དེས་དེ་ལྟར་བསྟེན་ན་གྲོལ་བར་འགྱུར་རོ། །ཞེས་གསལ་བར་གསུངས་པ་ལགས། གནད་དེའི་ཕྱིར། སྔགས་ཀྱི་སེམས་པ་སློབ་མ་དང་སློབ་དཔོན་གང་ལ་འཆད་ཀྱང་། གཞུང་དོན་གྱི་སྦྱོར་ཚུལ་སྔར་བཤད་པ་ལྟར་དོན་ལ་གནས་པར་མཐོང་།

ཡང་གསུངས་ལས། ཕུང་པོ་ལྔ་དང་ཉོན་མོངས་ལྔ་ལ་སོགས། །སྦྱོང་བྱེད་བྱིས་པའི་དབང་བདུན་ལ་བཤད་ཀྱི། །བུམ་དབང་ལ་སོགས་དེ་དག་སྦྱོང་བ་ཡི། །བཙོལ་གཉེར་ཅུང་ཟད་ཀྱང་ནི་མེད་ཅེས་གསུངས། ། བཙོལ་གཉེར་ཅུང་ཟད་མེད་པའི་དགོངས་པ་ཅི། །བྱིས་དབང་བདུན་གྱིས་སྨྲུངས་ཟིན་ལ་བཞེད་ལ། །མཆོག་དབང་བསྐུར་ཡུལ་འཕགས་པ་ཡིན་པར་འགྱུར། །མཆོག་དབང་ཉོན་མོངས་ལམ་བྱེད་ཉུར་བའི་ལམ། །ཞེས་གསུངས། དེའི་ལན་ནི། ཕུང་པོ་ལྔ་སོགས་སྦྱོང་བྱེད་མཆོག་དབང་ལ། །བཙོལ་གཉེར་མེད་ཅེས་གསུངས་པའི་དགོངས་པ་ནི། །དེ་དག་སྦྱོང་བྱེད་མཆོག་དབང་ཡིན་གསུངས་པ། །རྒྱུད་དང་རྒྱུད་འགྲེལ་གང་ནའང་མེད་པའི་དོན། །སྨྲུང་གཞིའམ་སྨྲུང་བྱ་ཕུང་ལྔ་ཉོན་མོངས་ལྔ། །སྦྱོང་བྱེད་བྱིས་པའི་དབང་བདུན་སྨྲུང་འབྲས་ནི། །རིགས་ལྔ་ཡེ་ཤེས་ལྔ་སོགས་ཡིན་ནོ་ཞེས། །ནླ་མེད་རྒྱུད་སྡེ་ཀུན་ལས་གསལ་བར་གསུངས། །བྱིས་དབང་སྔོན་དུ་མ་སོང་མཆོག་དབང་ནི། །བསྐུར་བར་བཞེད་པའི་གྲུབ་མཐའི་རང་སྐྱོན་ལས། །ཡིན་པ་མིན་དང་མིན་པ་ཡིན་གསུངས་ན། །དཔྱོད་ལྡན་མཁས་པའི་གསུང་དུ་འགྲོ་བ་དཀའ། །

དེ་ཡང་དུས་འཁོར་འགྲེལ་ཆེན་ལས། མཆོག་དབང་བསྐུར་ཡུལ་ངོས་འཛིན་པའི་ཚེ། བླ་མའི་ངེས་པ་ལ་དགའ་ཞེས་པ་ནི། རྩ་བའི་ལྟུང་བ་བཅུ་བཞི་དང་བྲལ་ཞིང་། ཞེས་བཤད་པ་སོགས་ཁུངས་སུ་བྱས་ཏེ། རྩོད་སྤོང་ཉི་མའི་འོད་ཟེར་དང་། དྲིས་ལན་གང་གཱའི་ཆུ་རྒྱུན་སོགས་ལས་བཤད་པ་ལྟར། རྗེ་ནང་པ་ཕྱོགས་ལས་རྣམ་རྒྱལ་དང་། རྗེ་ནང་ལོ་ཙྪ་བ་བློ་གྲོས་དཔལ་བཟང་སོགས་ཀྱིས་ཀྱང་། དབང་གོང་མའི་ཚིག་ར་བཤད་འདུག་པ་ལྟར་དོན་ལ་གནས་པ་འདྲ་ཞིང་། གལ་ཏེ་བྱིས་དབང་ལ་བརྟེན་ནས་མཆོག་མི་འགྲུབ་པ་དང་། རྫོགས་རིམ་སྦྱོར་བ་ཡན་ལག་དྲུག་གི་ཁྲིད་སྔོན་པའི་སྔོན་དུ་བྱིས་འཇུག་དབང་བདུན་ངེས་པར་བསྐུར་དགོས་པའི་ངེས་པ་མེད་ན། དབང་མདོར་བསྟན་ལས། སྔོན་པས་དབང་བསྐུར་རྣམ་བདུན་དང་། །རྣམ་གསུམ་དེ་བཞིན་བླ་ན་མེད། ། འཇིག་རྟེན་འདས་པའི་དངོས་གྲུབ་ཕྱིར། །མདོར་བསྡུས་པ་ཡི་བདག་ལ་གསུངས། །ཞེས་དང་། དུས་ཞབས་སྐྱབས་རྒྱུད་ལས་ཀྱང་། བྱིས་པ་འཇུག་དང་བུམ་པ་དང་། །གསང་བ་ཤེས་རབ་ཡེ་ཤེས་དང་། །བཞི་པ་ཡི་ནི་དབང་བྱས་ཏེ༑ ༑རྩ་བ་ཡན་ལག་དམ་ཚིག་བཅས། །འདི་རྣམས་རྐྱེན་གྱིས་དབྱེན་པ་ལ། །སོ་སོར་བསྡུས་པ་དང་པོ་བསྟན། ། ཞེས་ཅི་ལ་གསུངས། དེས་ན་མཁས་པའི་དབང་པོས་བཟུར་གནས་རང་ཞུ།

ཡང་གསུང་ལས། རྩ་ལྟུང་ལྔ་པ་ཀུནྡ་སྤྱངས་པ་ལ། །འཆད་པ་ཐལ་ཆེས་སམ་ཞེས་གསུངས་པ་འདིའི། དངོས་དང་ཤུགས་ལས་པད་དཀར་གྲགས་པ་ཡི། །གསུང་དག་ཐེ་ཚོམ་གནས་སུ་མཛད་འདི་མཚར། །ཅེས་གསུངས། དེའི་ལན་ནི། རྗེ་བཙུན་གོང་མའི་རྗེས་འབྲང་དོན་མཐུན་རྣམས། །དུས་འཁོར་ཚད་མར་མི་བཞེད་སུ

ཡང་མེད། །ཐལ་ཆེས་སམ་ཞེས་གསུངས་པས་དེ་དག་ཉིད། །ཐེ་ཚོམ་གནས་སུ་མཛད་པ་ཅི་ལ་ཡིན། །རྒྱ་ལྟར་ལྟ་བའི་ངོས་འཛིན་རྒྱུད་སོ་སོའི། །དགོངས་དོན་འཆད་ཚུལ་ཐ་སྙད་མི་མཐུན་པའང་། །དོན་ལ་འགལ་མེད་འཆད་པའི་གནད་ཤེས་ན། །ཡོངས་རྫོགས་རྒྱུད་སྡེ་འཛིན་པར་གདོན་མི་ཟ། །དེ་ཡང་རྗེ་བཙུན་འཁྲུལ་པའི་དྲི་མ་ཐམས་ཅད་དང་བྲལ་བ་གྲགས་པ་རྒྱལ་མཚན་གྱིས། རྒྱུད་སྡེའི་དཀར་ཆག་ལས། གཉིས་སུ་མེད་པའི་རྒྱུད་ལ། ཟབ་པ་གཉིས་སུ་མེད་པའི་རྒྱུད་དང་། རྒྱ་ཆེ་བ་གཉིས་སུ་མེད་པའི་རྒྱུད་གཉིས་སུ་ཕྱེ་ནས། དེ་དག་སོ་སོའི་ངོས་འཛིན་གྱི་ཚེ། རྒྱ་ཆེ་བ་གཉིས་སུ་མེད་པའི་རྒྱུད་ནི། དཔལ་དུས་ཀྱི་འཁོར་ལོ་ཡན་ལག་དང་བཅས་པའོ། །ཞེས་གསུངས་ཤིང་།

རྗེ་ས་པཎ་གྱིས་ཐུབ་པ་དགོངས་གསལ་དུ། ཁུངས་ཐུབ་ཀྱི་བཀའ་དང་བསྟན་བཅོས་ངོས་འཛིན་པའི་ཚེ། བྱང་ཆུབ་སེམས་པའི་འགྲེལ་པ་སྐོར་གསུམ་དང་། ཞེས་གསུངས་པ་དང་། གཞུང་ལུགས་ལེགས་བཤད་ལས་ཀྱང་དེ་བཞིན་བཤད་ཅིང་། སྡོམ་གསུམ་ལས་ཀྱང་དཔལ་ལྡན་དུས་ཀྱི་འཁོར་ལོ་བཤད་ཁུངས་ཚད་ལྡན་དུ་བཞག་པ་ཁོ་ན་ཡོད་པ་བཞིན་ཡོངས་འཛིན་དམ་པ་དཔལ་ནཱ་གརྫུ་ན་ཡང་དེ་ལྟར་དུ་བཞེད་པས། དུས་འཁོར་ཚད་མར་མ་བྱས་ཀྱི་དོགས་པ་ཡེ་མི་དགོས་ལགས། རྗེ་བཙུན་རེ་འདའ་བ་ཆེན་པོས། རྡོ་རྗེ་འཛིན་པ་ཆེན་པོ་གྲགས་པ་རྒྱལ་མཚན་གྱིས་ཀྱང་། རྒྱ་ལྟར་འཁྲུལ་སྤྱོད་དུ་བཀག་གསུངས་པ་འདུག་སྟེ། བཀག་པའི་གཞུང་ག་རེ། གལ་ཏེ་རྒྱ་ལྟར་ལྟ་བའི་སྐབས་སུ་དཔྱད་པ་ཙུང་ཟད་བྱས་འདུག་པས་སོ་སྙམ་ན་དེའི་དོན་ནི། དུས་ཀྱི་འཁོར་ལོའི་བརྗོད་དོན་བཀག་པ་མ་ཡིན་ཏེ། རྗེ་བཙུན་རིན་པོ་ཆེས། དུས་འཁོར་རྒྱུད་སངས་རྒྱས་ཀྱི་བཀའ་ཚད་ལྡན་དུ་བཤད་འདུག་པས་སོ། །འོ་ན་རྒྱ་ལྟར་ལྟ་བའི་ཐད་དུ་དཔྱད་པ་གསུངས་པ་དེའི་དོན་ཅི་ཡིན་ཞེ་ན། དེའི་དགོངས་པ་ནི་དཔྱིས་ཕྱིན་པར་བཤད་པར་བྱ་སྟེ། རྒྱུད་ལས། བྱང་ཆུབ་སེམས་ནི་རབ་ཏུ་ཉམས་པ་ལས་ཀྱང་མདའ་རྣ་འགྱུར། །ཞེས་པའི་དགོངས་པར་བསམ་ནས། དུས་འཁོར་བ་འགའ་ཞིག་ཀུན་ཉམས་ཙམ་ཉིད་རྒྱ་ལྟར་ལྟ་བར་འཆད་པ་བྱུང་བས། དེ་དག་སྤྱིར་རྒྱུད་སྡེའི་དགོངས་པ་དང་། ཁྱད་པར་དུས་ཀྱི་འཁོར་ལོའི་དགོངས་པ་མ་ཡིན་ནོ། །ཞེས་དགོངས་པ་ཙམ་སྟེ། བཤད་བྱའི་གཞི་དེ་སངས་རྒྱས་ཀྱི་བཀའ་ཁས་བླངས་ཕྱིན། དེའི་བརྗོད་དོན་གྱི་ཆ་ཕྲ་མོ་ཡན་ཆད་མི་འགོག་པ་ནི། མཁས་གྲུབ་ཚད་ལྡན་རྣམས་ཀྱི་བཀའ་སྲོལ་རྨ་མེད་པ་ཡིན་པའི་ཕྱིར་རོ། །དེ་བཞིན་དུ་བདག་གི་ཡོངས་འཛིན་དམ་པའི་གསུང་ལས། ཐལ་ཆེས་སམ་གསུངས་པའི་དགོངས་པ་ཡང་། དུས་འཁོར་རྒྱུད་ཀྱི་དགོངས་པ་བསམ་ནས། ཀུན་བྱང་སེམས་ཉམས་པ་རྒྱ་ལྟར་དུ་བཞག་ན་ཧ་ཅང་ཐལ་ཆེས་སམ་སྙམ་དུ་དགོངས་པ་ཡིན་པས། དེས་དུས་འཁོར་ཚད་ལྡན་མིན་ཟེར་བར་གནས་འགྲོ། དེས་ན་རང་གི་

བསམ་ཚོད་རྩ་ལྟུང་ལྟ་བ་འདི་གཙོ་བོར་སྨོན་སེམས་བཏང་བ་ལ་ངོས་འཛིན་པར་འཐད་ཀྱང་། དུས་ཀྱི་འཁོར་ལོ། སངས་རྒྱས་ཀྱི་ལམ་དུ་དམིགས་ནས། ཀུན་བྱང་སེམས་འདོར་བ་རྩ་ལྟུང་དུ་བཤད་པ་ནི། སྔགས་ཀྱི་སྐོར་ཞུགས་ཀྱང་། ཐ་མལ་གྱི་འདོད་ཆགས་ཤས་ཆེ་བའི་གདུལ་བྱ་རྣམས་འཛག་མེད་ཀྱི་འདོད་ཆགས་ལ་བཀྲི་བར་བྱ་བའི་ཕྱིར་དུ་གསུངས་པའི་དྲང་དོན་དགོངས་པ་ཅན་དུ་ལུང་དང་རིགས་པས་བཀྲལ་ཏེ་འཆད་པ་ལེགས་སོ། །

ཡང་གསུང་ལས། ཕྱག་ཆེན་གསུམ་དང་བཞི་པར་འགལ་མེད་ན། །རབ་དབྱེར་ཕྱག་ཆེན་བཞི་པར་ཅི་སྟེ་མཛད། །ཕྱག་ཆེན་རྒྱུ་དང་དམ་རྒྱ་འབྲས་ཡིན་ཕྱིར། །དམ་རྒྱ་བཞི་པ་ཁོ་ནར་ཅིས་ཀྱང་དགོས། །ཆོས་ཀྱི་ཕྱག་རྒྱ་དེ་ཡི་ཡེ་ཤེས་ལ། །མཛད་པའི་བཤད་ལུགས་རྒྱུད་སྡེ་གང་ན་མཆིས། །ཆོས་ཀྱི་ཕྱག་རྒྱ་སྒོམ་བྱར་བཤད་པས་ན༑ ༑ཡེ་ཤེས་ལྷ་མོའི་རྣམ་པ་མ་ཡིན་ནམ། །ཞེས་གསུངས། དེའི་ལན་ནི། ཕྱག་རྒྱ་རྣམ་གཞི་གོ་རིམ་ངེས་ཅན་དུ། །སྒྲིག་ལའང་ཕྱག་ཆེན་གསུམ་པར་བྱས་པ་དང་། །བཞི་པར་སྦྱར་བའི་བཤད་ལུགས་གཉིས་ཀ་ཡོད། །དེས་ན་གསུམ་དང་བཞི་པར་འགལ་བ་ཅི། །ཆོས་ཀྱི་ཕྱག་རྒྱ་དཔེ་ཡེ་ཤེས་ལ། །ཀླུ་སྒྲུབ་ཞབས་ཀྱིས་ཕྱག་རྒྱ་བཞི་པར་བཤད། །ཡིད་ཀྱི་རིག་མ་ལས་ཀྱི་ཕྱག་རྒྱ་སྟེ། །ཕྱག་རྒྱ་ཆེ་ལ་ངོས་འཛིན་རྣམ་པ་གཉིས། །དེའང་བཤད་རྒྱུད་སཾ་བྷུ་ཊ་ལས། ཨེ་ནི་ས་རུ་ཤེས་པར་བྱ། །ལས་ཀྱི་ཕྱག་རྒྱ་སྤྱན་མ་ཉིད། །ཝཾ་ནི་ཆུ་རུ་ཤེས་པར་བྱ། ཆོས་ཀྱི་ཕྱག་རྒྱ་མཱ་མ་ཀཱི། །མ་ནི་མེ་རུ་བརྗོད་པ་སྟེ། །ཕྱག་རྒྱ་ཆེན་པོ་གོས་དཀར་མོ། །ཡ་ནི་རླུང་གི་རང་བཞིན་ཏེ། །དམ་ཚིག་ཕྱག་རྒྱ་ཆེན་པོར་ངེས། །ཞེས་བཤད་པ་འདི་ཡང་གོ་རིམ་ངེས་བཟུང་ཅན་ཞིག་ཡིན་པར་རྡོ་བཙུན་རིན་པོ་ཆེས་དགག་ལྡོན་གཉིས་སུ་བཤད། དེའི་ཚེ་མཚོན་བྱ་དོན་གྱི་ཡེ་ཤེས་ལ་ཕྱག་རྒྱ་ཆེན་པོར་འཆད། ཡང་གསང་བ་གྲུབ་པ་ལས། གོང་མ་གོང་མའི་ལམ་ཉིད་ཀྱིས། །སྒོམ་པར་བྱ་བ་བཞི་པོ་ཉིད། །ཞེས་མདོར་བསྟན་པ་དེའི་རྒྱས་བཤད་དུ། བཞི་པ་གོང་མར་གང་གསུངས་པ། །ཕྱག་རྒྱ་ཆེན་པོ་རྣམ་པར་སྒོམས། །ཞེས་ཕྱག་རྒྱ་ཆེན་པོ་བཞི་པར་བཞག་སྟེ། འདི་ཡང་གོ་རིམ་ངེས་བཟུང་ཅན་ཞིག་ཡིན་པར་གསང་བ་གྲུབ་པ་ལས་བཤད། དེའི་ཚེ་ཕྱག་རྒྱ་ཆེན་པོ་མཆོག་གི་དངོས་གྲུབ་ཀྱི་མིང་ཅན་བཅུ་གསུམ་རྡོ་རྗེ་འཛིན་པའི་ས་ལ། ཕྱག་ཆེན་དུ་འཆད་པས། དེའི་གོང་དུ་དེ་ལས་ལྷག་པའི་དམ་རྒྱ་ཇི་ལྟར་འཇོག །

རབ་དབྱེར། ནཱ་རོ་པ་དང་མཻ་ཏྲི་པའི། །ཕྱག་རྒྱ་ཆེན་པོ་གང་ཡིན་པ། །དེ་ནི་ལས་དང་ཆོས་དང་ནི། །དམ་ཚིག་དང་ནི་ཕྱག་རྒྱ་ཆེ། །གསང་སྔགས་རྒྱུད་ལས་ཇི་སྐད་དུ། །གསུངས་པ་དེ་ཉིད་བོད་བཞེད་དོ། །ཞེས་པ་ཡང་། ནཱ་རོ་མཻ་ཏྲི་གཉིས་ནི་ཕྱག་རྒྱ་བཞིའི་རྣམ་གཞག་རྒྱུད་སྡེ་ནས་གསུངས་པ་བཞིན་བཞེད། ཁྱེད་དེང་སང་གི་བཀའ་རྒྱུད་པ་རྣམས་ནཱ་རོ་མཻ་ཏྲིའི་རྗེས་འབྲང་དུ་ཁས་བླངས་ནས་ཕྱག་རྒྱ་བཞིའི་རྣམ་གཞག་ལ། རྒྱུད་དོན་གྱི་དྲི་རོ

གང་ཡང་མི་སྣང་ཞེས་པའི་དོན་ཡིན་གྱི་པཎ་ཆེན་དེ་གཉིས་གོ་རིམ་ངེས་པར་འདི་ལྟར་དུ་བཞེད་ཅེས་པའི་དོན་མ་ཡིན་ཏེ། དེ་ལྟར་དུ་འཆད་དགོས་པའི་གཞུང་སྡེ་ཕྱིའི་འཕྲོས་མི་འདུག་པའི་ཕྱིར་རོ། །ཡིད་ཀྱི་རིག་མ་ལས་ཀྱི་ཕྱག་རྒྱའི་དབྱེ་ངོ་ཡིན་པ་ཡང་། རྗེ་བཙུན་རིན་པོ་ཆེས་གསུང་ངག་ཁྲིད་ཡིག་ཆོགས་བཅད་མར། ལས་ཀྱི་ཕྱག་རྒྱ་དངོས་དང་ཡེ་ཤེས་གཉིས། །ཞེས་གསུངས་ཤིང་། ཆོས་ཀྱི་ཕྱག་རྒྱ་མཚོན་བྱ་དཔེའི་ཡེ་ཤེས་ལ་བཤད་པའི་ལུང་ཡང་། མགོན་པོ་ཀླུ་སྒྲུབ་ཀྱིས་ཕྱག་རྒྱ་བཞི་པ་ལས། ཆོས་ཀྱི་ཕྱག་རྒྱ་ངོས་འཛིན་པའི་ཚེ། ལས་ཀྱི་ཕྱག་རྒྱ་ལ་བརྟེན་ནས་རྒྱུ་མཐུན་པའི་འབྲས་བུ་སྐྱེ་བར་བྱེད་དོ། །འདྲ་བར་འབྱུང་བས་རྒྱུ་མཐུན་པའོ། །ཇི་ལྟར་མེ་ལོང་ལ་བརྟེན་ནས་བཞིན་གྱི་གཟུགས་བརྙན་འབྱུང་བ་དེ་ནི། དེ་བཞིན་དུ་མི་འབྱུང་བར་མི་འགྱུར་རོ། །སྔོན་དུ་ཡང་མ་གྲུབ་ལ་ད་ལྟར་ཡང་མ་གྲུབ་པའི་ཕྱིར་དེ་ལྟར་བཞིན་གྱི་གཟུགས་བརྙན་ནི་འདྲ་བ་ཙམ་དུ་ཟད་དོ། །ཞེས་གསུངས་པ་འདིས། མཚོན་བྱེད་དཔེའི་ཡེ་ཤེས་ཆོས་ཀྱི་ཕྱག་རྒྱར་བསྟན་པ་ཡིན་ནོ། །འོ་ན་བསྟན་ཚུལ་ཇི་ལྟར་སྙམ་ན། བཤད་པར་བྱ་སྟེ། ལས་ཀྱི་ཕྱག་རྒྱ་ལ་བརྟེན་ནས་རྒྱུ་མཐུན་གྱི་འབྲས་བུ་ཆོས་ཀྱི་ཕྱག་རྒྱ་སྐྱེ་ཚུལ་ནི། རྒྱུད་ལས། འདི་ནི་བྱིན་རླབས་རིམ་པའི་ཕྱིར། །ཀུན་མཁྱེན་ཡེ་ཤེས་དེ་ལྟ་བུ། །ཞེས་གསུངས་པ་ལྟར། བཞིན་གྱི་དཀྱིལ་འཁོར་བལྟ་བར་འདོད་པ་ལ། མེ་ལོང་ནང་གི་བྱད་བཞིན་ནམ། བདུད་རྩི་དོན་དུ་གཉེར་བ་ལ་སྦྲང་རྩི་ལྷི་ལ་བཞག་པ་ལྟ་བུའམ། ཟླ་བའི་དཀྱིལ་འཁོར་ལྟ་བར་འདོད་པ་ལ། ཆུ་ནང་གི་ཟླ་བའི་གཟུགས་བརྙན་བསྟན་པ་ལྟར། སངས་རྒྱས་ཀྱི་ཡེ་ཤེས་སམ་མཐོང་ལམ་གྱི་ཡེ་ཤེས་དངོས་ནི་མ་ཡིན་ཀྱང་། དེ་མཚོན་ནུས་པ་རང་རིག་ཡེ་ཤེས་ལ་ངེས་པ་ནང་ནས་རྙེད་པའི་སྒོ་ནས། དེ་ལ་གསལ་སྣང་ཐོབ་པའི་ཆོས་ཀྱི་ཕྱག་རྒྱ་སྐྱེའོ། །ཞེས་བསྟན་པ་ཡིན་ནོ། །

ཡང་གསུང་ལས། ཕྱག་ཆེན་བསྐྱེད་འབྲས་ཡིན་ན་སྐུ་བཞི་ཡི། །ས་བོན་སྔར་མེད་གསར་བཏབ་ཡིན་ནམ་ཅི། །ཡིན་ན་རང་བཞིན་རྒྱུ་ལ་ལྷུན་གྲུབ་ཅེས། །དད་བསྒྲོལ་གྲགས་པའི་གསུང་འདི་ཅི་ཞིག་ཡིན། །ཞེས་གསུངས། དེའི་ལན་ནི། ཕྱག་ཆེན་བསྐྱེད་འབྲས་ཡིན་ཀྱང་སྐུ་བཞི་ཡི། །ས་བོན་གསར་བཏབ་དགོས་པའི་ངེས་པ་ཅི། །སྐུ་བཞིའི་ས་བོན་ཕྱག་རྒྱ་ཆེན་པོ་མིན། །ཕྱག་རྒྱ་ཆེན་པོའང་ཡེ་ནས་རྒྱུ་རྒྱུད་མིན། །ས་བོན་བཏབ་ཅེས་གསུངས་པའི་དགོངས་པ་ཡང་། །གཞིར་གནས་ས་བོན་དབང་གིས་བརླན་པའི་དོན། །རྒྱུ་ལ་གནས་དང་དབང་ལས་ཐོབ་པ་དང་། །འབྲས་ལ་མངོན་གྱུར་གྲུབ་ཆེན་པི་རྺུའི་གསུང་། །

ཡང་གསུང་ལས། ཐར་པ་སྨིན་དང་མཐར་ཕྱིན་འགྱུར་ཁྱད་ཙམ། །ཡིན་ན་མོཀྵ་དམ་ཞེས་བྱ་བའི་སྒྲ། །མཐར་ཕྱིན་ཞེས་པར་ལོ་པཎ་སུ་ཡིས་བསྒྱུར། །ཚད་ལྡན་ཉིས་པིཊ་སྦྱར་ནས་གསུང་དགོས་སོ། །ཞེས་གསུངས།

དེའི་ལན་ནི། ལོ་ཆེན་འབྲོག་མིས་ཐར་བྱིན་ཞེས་པར་བསྒྱུར། །གོང་མའི་གསུང་འགར་མཐར་ཕྱིན་ཞེས་པའང་སྣང་། །གཉིས་ཀ་འགལ་མེད་ངེད་ཀྱི་ལུགས་བཟང་སྟེ། །ངེས་པར་ཐར་ཕྱིན་བསྒྲུབ་མཛད་ངལ་བའི་གནས། །

ཡང་གསུང་ལས། རྒྱུད་སྡེ་སོ་སོར་བཤད་ཚུལ་མི་འདྲ་བ། །ལུས་ཀྱི་གནས་ལུགས་ཐ་དད་ལ་དགོངས་ན༑ ༑གཤང་བ་གཅི་བ་འགགས་ཚེ་གེགས་སེལ་གྱི། །རིམ་པ་གཅིག་ལས་མི་མཛད་ཅི་ཞིག་ཡིན། །ཞེས་གསུངས། དེའི་ལན་ནི། རྒྱུད་གསུང་སྟོན་པས་གདུལ་བྱའི་རྩ་ཡིག་དང་། །ཁམས་དང་བསམ་པ་ཐ་དད་ལ་དགོངས་ནས། །རྒྱུད་སྡེ་དྲང་དོན་བཤད་པ་མཐའ་ཡས་ཏེ། །རྒྱུད་ཀུན་མཐས་དྲུག་ཚུལ་བཞིས་འཆད་ཕྱིར་རོ། །རྒྱུད་སྡེར་ལུས་ཀྱི་གནས་ཚུལ་མི་འདྲ་བར། །བཤད་པའི་ཕྱོགས་རེ་སྲིད་པ་ཙམ་ཡིན་ཅིང་། །གེགས་སེལ་རྣམས་ནི་ཁམས་དྲུག་ལྡན་པ་ཡི། །སྐྱེས་བུ་སྤྱི་ཡི་ལུས་དང་སྒོ་བསྟུན་ཡིན། །རྒྱུད་གཉིས་དགོངས་དོན་གཅིག་ཏུ་བསྒྲུབ་པའི་ཚུལ། །གསུང་ལས་ཐོས་དེའང་ལེགས་པའི་ཆར་སྣང་མོད། །འོན་ཀྱང་ཉི་མས་གཅི་བ་འབབ་ཅེས་པའི། །བྱེད་ཚིག་ནུས་པ་སླང་ཡང་བཙལ་དགོས་སོ། །དེའང་དཔེར་མཚོན་ན། གསང་བ་འདུས་པའི་རྒྱུད་དགོངས་པ་ལུང་སྟོན་དང་། ཀྱཻ་རྡོ་རྗེའི་རྒྱུད་ཕྱག་ཆེན་ཐིག་ལེ་དང་། བཤད་རྒྱུད་སཾ་བུ་ཊ་དང་། མཁའ་ཕྲེང་གཉིས་ལ་སོགས་པའི་རྒྱུད་སྡེ་རྣམས་ལས། སྐྱེས་བུ་གཅིག་ཉིད་ལ་ཉིན་ཞག་གཅིག་གི་ཁོངས་སུ། འབྱུང་བ་བཞིའི་རླུང་རྒྱུ་བ་རྣམས་གྲངས་སུ་སྡོམ་པས། ལས་རླུང་ནི་ཁྲི་ཚིག་སྟོང་དྲུག་བརྒྱ་ཞེས་པའི་ཐ་སྙད་འཇོག་པར་དངོས་སུ་བཤད་ལ། དབང་མདོར་བསྟན་ལས། དུས་སྦྱོར་འཆར་བའི་སྔོན་མཚམས་སུ། །དབུ་མ་ནས་ནི་མཉམ་པ་འབབ། །ཆང་པ་དང་བཅས་ལྔ་བཅུ་དྲུག །འབྱུང་དང་འཇུག་པའོ་མི་ཡི་བདག །བདུན་ཅུ་རྩ་ལྔས་ལྷག་པ་ཡི། །དྲུག་བརྒྱ་ཉིན་དང་མཚན་ལའོ། །དྲུག་བརྒྱ་རྣམས་ཀྱིས་ལྷག་པ་ཡི། །སྟོང་ཕྲག་ཉི་ཤུ་རྩ་གཅིག་པོ། །འདི་ཡིས་དམན་པ་གང་དེ་རྣམས། །གཡོན་དང་གཡས་པའི་རྩར་འབབ་པོ། །ཞེས་ཞག་རེ་ལ་རླུང་སྣ་བུག་གཡས་གཡོན་དུ་ལན་བཅུ་གཉིས་རེ་འཕོ་ལ། འཕོ་མཚམས་རེ་རེ་ཡེ་ཤེས་ཀྱི་རླུང་ལྔ་བཅུ་རྩ་དྲུག་དང་བཞི་ཆ་རེ་རྒྱུ། དེ་རྣམས་སྡོམ་པས། ཉིན་ཞག་གཅིག་ལ་རླུང་ནི་ཁྲི་ཚིག་སྟོང་དྲུག་བརྒྱ་རྒྱུ་བའི་ནང་ཚན་དུ། ཡེ་ཤེས་ཀྱི་རླུང་དྲུག་བརྒྱ་བདུན་བཅུ་རྩ་ལྔ་རེ་རྒྱུ་བར་བཤད་ཅིང་། དེ་དག་ཀྱང་རྒྱུད་སྡེ་སོ་སོའི་བཤད་ཚུལ་ཐ་དད་ཙམ་ཡིན་པར་རྗེ་བཙུན་གོང་མའི་གསུང་ལས་འབྱུང་བ་ཡིན། དེའི་ཚེ་དབང་མདོར་བསྟན་ལས་གསུངས་པ་དེ་ནི། གང་ཟག་འགག་གི་ལ་རླུང་ཉིས་ཁྲི་ཚིག་སྟོང་དྲུག་བརྒྱའི་ནང་ཚན་དུ་ཡེ་ཤེས་ཀྱི་རླུང་རྒྱུ་བ་སྲིད་པ་ཙམ་ལ་དགོངས་ཞེས་འཆད་ཅིང་། གཞན་ཡང་དུས་ཀྱི་འཁོར་ལོ་རྒྱུད་སྡེ་གཞན་དང་བཤད་སྒྲོས་མི་འདྲ་བ་སྣ་ཚོགས་བཤད་པ་འདི་དག་ཕལ་ཆེར་དྲང་དོན་དགོངས་པ་ཅན་དུ་འདོད་པ་ལེགས་སོ། །

ཡང་གསུང་ལས། ལམ་ལ་སློབ་ཚེ་བུད་མེད་སྐྱེས་པ་རུ། །བསྒྱུར་ནས་ཕྱག་རྒྱ་བསྟེན་ན་བཟང་བ་ཅི། ། བུད་མེད་ལུས་རྟེན་སྐྱེས་པར་བསྒྱུར་བ་ནི། །རྒྱུད་ཀྱི་དགོངས་པ་ཡིན་པ་དཔྱད་པའི་གནས། །བདག་མེད་རྣལ་འབྱོར་ལྡན་པ་ཞེས་པའི་དོན། །འཕགས་མཆན་ཉིད་དུ་བུད་མེད་བདག་མེད་མའི། །ཞེས་འབྱུང་བུད་མེད་སྐྱེས་པར་བསྒྱུར་བར་བཤད། །རྫོག་པས་སྒྲུབ་པ་པོ་ཞེས་སྦྱོར་བར་སྣང་། །བདག་མེད་མ་ཡི་བསྐྱེད་རིམ་གསལ་སྣང་ཅན། །ཕྱག་རྒྱ་བརྟེན་ཚེ་བསྐྱེད་རིམ་བསྒྱུར་བ་སྟེ། །གསལ་བར་ནུས་པའི་རྣལ་འབྱོར་ཅེས་པ་ཡི། །རྒྱུད་ཀྱི་ཚིག་དོན་ཉིད་ལས་རྟོགས་པར་མཆིས། །ཞེས་གསུངས། དེའི་ལན་ནི། འཚང་རྒྱར་ཉེ་བའི་བུད་མེད་རང་དང་རྟོག་པ་མཉམ་པའི་ཐབས་བྲལ་ཚེ། །སྐྱེས་པར་བསྒྱུར་ནས་ཤེས་རབ་བསྟེན་པ་སྟེ། །ཤེས་རབ་རྐྱེན་གྱིས་ཐབས་ནི་གྲོལ་མིན་ལ། །ཐབས་ཀྱི་རྐྱེན་གྱིས་ཤེས་རབ་གྲོལ་ཕྱིར་རོ། །ཤེས་རབ་འཚང་རྒྱར་ཉེ་ཡང་ཐབས་དེ་ཉིད། །རྟོགས་པ་དམན་ན་ཐབས་དེའང་གྲོལ་མི་ནུས། །ཐབས་ཉིད་འཚང་རྒྱར་ཉེ་ན་ཤེས་རབ་མ། །ཚོགས་སྦྱོར་གནས་པའང་མྱུར་དུ་འཚང་རྒྱའི་དོན། །འདི་འདྲའི་ལེགས་བཤད་བདག་མེད་མཁའ་འགྲོ་ཡི། །ཞལ་ལུང་ལས་འོངས་མཐུ་སྟོབས་མགོན་པོ་ཡི། །ས་སྐྱའི་བླ་ཆེན་མཆོག་ལ་གདམས་པ་སྟེ། །ཚིག་དོན་བརྒྱུད་པར་ལྡན་རྣམས་དགེས་བསྐྱེད་འཚལ། །དེ་ཡང་། བུད་མེད་གཟུགས་ནི་སྤྲངས་ནས་གཞན། །བཅོམ་ལྡན་འདས་ཀྱི་གཟུགས་སུ་བྱ། ། ཞེས་སོགས་ཀྱི་འགྲེལ་པར་རྗེ་བཙུན་རིན་པོ་ཆེས། སྤྱིར་ཤེས་རབ་ཀྱི་རྐྱེན་གྱིས་ཐབས་གྲོལ་བར་མི་འགྱུར་ཏེ། ཤེས་རབ་སྟོང་པ་ཉིད་ཀྱི་ཆ་ཡིན་པས་བྱ་བྱེད་ཀྱི་སྤྲོས་པ་དང་བྲལ་བའི་ཕྱིར་རོ། །ཐབས་ཀྱི་རྐྱེན་གྱིས་ཤེས་རབ་གྲོལ་བར་འགྱུར་ཏེ། ཐབས་གསལ་བས་ཤེས་རབ་རྟོགས་པའི་ཕྱིར་རོ། །དེས་ན་བདག་དང་རྟོགས་པ་མཉམ་པའི་ཐབས་རྙེད་ན་ནི་རྒྱུད་གཉིས་ཅིག་ཆར་གྲོལ་བར་འགྱུར་ལ། གལ་ཏེ་མ་རྙེད་ན་ནི་དེའི་ཚེ་རང་གི་ལུས་ཐབས་སུ་བསྒྱུར་ལ་བྱའོ་ཞེས་སྟོན་པ་ནི། བུད་མེད་གཟུགས་ནི་སྤྲངས་ནས་གཞན། །ཞེས་བྱ་བ་ལ་སོགས་པའོ། ། འབད་པ་མེད་པ་ནི་དཀའ་བ་མེད་པའོ། །དེའི་འཐད་པ་གསལ་བར་ནུས་པའི་ཞེས་པ་སྟེ་རང་གི་སེམས་ལ་དབང་ཐོབ་པའི་ཕྱིར་ཞེས་དགོངས་སོ། །ཞེས་གསུངས་པ་ལྟར། བུད་མེད་བདག་མེད་མའི་རྣལ་འབྱོར་དང་ལྡན་པ་འཚང་རྒྱ་བའི་ཚེ། རང་དང་རྟོགས་པ་མཉམ་པའི་ཐབས་རྙེད་ན་ནི། དེ་དང་དུས་གཅིག་འཚང་རྒྱ་བས། ལུས་རྟེན་བསྒྱུར་མི་དགོས་ལ། དེ་ལྟ་བུ་མ་རྙེད་ན། རང་སྐྱེས་པར་བསྒྱུར་ཏེ་སླར་ཕྱག་རྒྱ་བསྟེན་པས་འཚང་རྒྱ་བ་ཡིན་ནོ། །

འཕགས་མཆན་དུ་བུད་མེད་བདག་མེད་མའི་རྣལ་འབྱོར་དང་ལྡན་པ་ཞེས་གསུངས་པའི་རྣམ་བཅད་ཀྱང་། འཚང་རྒྱ་བ་ལ་ཤིན་ཏུ་ཉེ་བའི་ཚེ་ཏིང་ངེ་འཛིན་ལ་བརྟན་པ་ཆེས་ཆེར་ཐོབ་པའི་དབང་གིས། ཧེ་རུ་ཀའི་རྣལ་འབྱོར་

དང་ལྡན་ཚད་སྐྱེས་པའི་ལུས་དབྱིབས་སུ་ཡོད་ལ། ཚོགས་སྦྱོར་སོགས་ལ་གནས་པའི་བུད་མེད་རྣམས་ནི་ཏིང་ངེ་འཛིན་རྩལ་ཆུང་བའི་དབང་གིས། ཧེ་རུ་ཀའི་རྣལ་འབྱོར་དང་ལྡན་ཀྱང་། བུད་མེད་ཀྱི་ལུས་དབྱིབས་སུ་ཡོད་ཞེས་པའི་དོན་དུ་སྣང་ངོ་། །ཡང་གསུངས་ལས། རྒོད་པ་དག་པ་སློབ་དཔོན་སོགས་ཀྱི་དོན། །རྒྱུད་ཚིག་དཀྲུགས་མིན་རྒོད་པ་བུམ་དབང་སྟེ། །ལྟ་བ་གསང་དབང་ཕྱག་རྒྱའི་ཧྣ་ག་ལ། །ལྟ་བ་ཡིན་ཕྱིར་གོ་རིམ་ཇི་བཞིན་འཆད། །ཅེས་གསུངས། དེའི་ལན་ནི། གང་འདིར་ཕ་རོལ་ཕྱིན་དང་སྔོ་བསྟུན་ནས། །རྒྱུད་ཚིག་འཁྲུགས་པར་གསུངས་དང་སྦྱགས་ཁོ་ནའི། །དབང་བྱས་གོ་རིམ་ཇི་བཞིན་འཆད་པ་ཡི། །ཡུགས་གཉིས་རྒྱུད་དོན་འགྲེལ་མཁས་གོང་མའི་གསུང་། །ཕྱོགས་རེ་རར་མ་ཞེན་རྣམ་དཔྱོད་གཤོག་རླབས་ཟུང་། །བསྒྲོད་པས་རྒྱུད་དོན་ནམ་མཁའི་མཐའ་ཀླས་ཏེ། །བཞིར་བཤད་ཅེས་གྲགས་རྒྱུད་ཚིག་རེ་རེ་ཡང་། །མང་པོའི་དོན་དུ་འཆད་པ་ལེགས་དགོངས་འཚལ། །

དེ་ཡང་བརྟག་གཉིས་ལས། རྒོད་པ་དག་པ་སློབ་དཔོན་ཉིད། །ལྟ་བ་གསང་བ་དེ་བཞིན་ནོ། །ལག་བཅངས་ལ་ནི་ཤེས་རབ་ཉིད། །ཅེས་དང་། རྒོད་དང་ལྟ་བ་དག་གིས་དང་། །འཁྱུད་དང་དེ་བཞིན་གཉིས་གཉིས་ཀྱི༔ །རྒྱུད་ཀྱང་རྣམ་པ་བཞི་རྣམས་ཀྱིས། །དགོངས་པའི་སྐད་ནི་མ་གྲགས་པ། །ཞེས་དང་། སཾ་པུ་ཊ་ལས། རྒོད་དང་ལྟ་བ་དག་དང་ནི། །འཁྱུད་དང་གཉིས་གཉིས་སྦྱོར་བ་ཡིས། །སྲིན་བུའི་ཚུལ་གྱིས་རྒྱུད་བཞིར་གནས། །ཞེས་གསུངས་པ་རྣམས་ཀྱི་དོན་འགྲེལ་བའི་ཚེ། ཕ་རོལ་ཏུ་ཕྱིན་པ་དང་ལུང་སྔོ་བསྟུན་གྱི་དབང་དུ་བྱས་ནས་རྒྱུད་ཚིག་འཁྲུགས་པ་གོ་རིམ་སྡེབ་སྟེ་འཆད་པར། རྒྱུད་སྡེ་སྤྱི་རྣམ་དང་། འགྲེལ་པ་དག་ལྡན་དང་། བརྟག་གཉིས་འཕགས་ཆེན་རྣམས་ལས་བཤད་པ་ལྟར། ཡོངས་འཛིན་གླུ་སྒྲུབ་ཞབས་ཀྱིས་ཀྱང་དྲིས་ལན་དུ་གསལ་བར་བཀོད་པ་དེ་ལགས་ཤིང་། དེ་ལྟར་གོ་རིམ་སྡེབ་དགོས་པ་ཡང་། རྡོ་རྗེ་སྙིང་པོ་རྒྱན་གྱི་རྒྱུད་དུ། བླ་མེད་རྒྱུད་སྡེའི་དབྱེ་བ་མཐའ་ཡས་པ་གསུངས་པའི་འཕྲོས་ལས། འདི་ནི་གཉིས་པོ་འཁྱུད་པ་ཡི། །རྒྱུད་ཀྱི་དབྱེ་བ་བསྟན་པའོ། །དེ་བཞིན་དུ་ནི་ལག་རྣལ་འབྱོར་རྒྱུད་བཅངས་དང་། །དགོད་སྤྱོད་རྒྱུད་དང་བལྟ་ཝ་རྒྱུད་བའི་ཤེས་པར་བྱ། །ཞེས་འབྱུང་བས་མངོན་པ་མཛོད་སོགས་ལས་བཤད་པ་དང་གོ་རིམ་མཐུན་པར་རྒྱུད་སྡེར་ཡང་བཤད་པའི་གནད་ཀྱིས་སོ། །

ཡང་བླ་མེད་ཐུན་མོང་མ་ཡིན་པའི་དབང་དུ་བྱས་ནས། གཉིས་གཉིས་འཁྱུད་པ་དང་། ལག་བཅངས་དང་། ལྟ་བ་དང་། དགོད་པ་ཞེས་གོ་རིམ་རྒྱུད་ཀྱི་དངོས་བསྟན་བཞིན་སྦྱར་ཀྱང་བཏུབ་སྟེ། དེའི་ཐད་ཀྱི་འགྲེལ་པ་དག་ལྡན་ལས། ཡང་ན་དགོད་པ་དག་པ་ནི་སློབ་དཔོན་གྱི་དབང་ཡིན་ལ། དགའ་བས་ཀྱང་དེ་དག་པ་བྱེད་དོ། །ལྟ་བ་དག་པ་ནི་གསང་དབང་གིས་བྱང་སེམས་ལྟེ་ལ་ལྟ་བ་ཡིན་ལ། མཆོག་དགས་ལྟ་བ་སྟེ། རྡོ་རྗེ་པདྨ་ལྟ་བ་དེས་དེ

དག་པར་བྱེད་དོ། །ལག་བཅངས་དག་པ་ནི་ཤེས་རབ་ཡེ་ཤེས་ཡིན་ལ། ལག་པ་ཉིད་པས་རྣམ་པར་ཉིད་པ་ནི་དགའ་བྲལ་སྟེ། དེས་ཀྱང་དེ་དག་པར་བྱེད་དོ། །གཉིས་ཀྱི་འཁྱུད་པ་དག་པ་ནི་དབང་བཞི་པ་ཡིན་ལ། མཚན་ཉིད་བྲལ་བའི་དུས་སུ་བྱང་ཆུབ་ཀྱི་སེམས་གཉིས་འཁྱུད་པས་ལྷན་སྐྱེས་ཏེ་འདིས་དག་པར་བྱེད་དོ། །

ཞེས་གསང་དབང་དང་ལྟ་བ་སྦྱར་ཏེ་ལྟ་བའི་དོན་ཡང་ཐབས་ཤེས་རབ་ཀྱི་གསང་གནས་ལ་ལྟ་བ་ཡིན་པར་བཤད་ཅིང་། འདི་དང་མཐུན་པར་དུས་ཀྱི་འཁོར་ལོའི་འགྲེལ་ཆེན་ལས་ཀྱང་གསལ་བར་བཤད་དོ། །དེ་དག་གིས་ནི་དྲི་བའི་ལན་རྣམས་ལུང་དང་རིགས་པས་བརྒྱན་ཏེ་ལེགས་པར་སྤྲོས་ཟིན་ཏོ། །འདིར་སྨྲས་པ། མང་ཐོས་འགྱུར་བ་མེད་པའི་གླུ་དབང་ཆེ། །ངེས་དོན་བདེ་ཆེན་ནོར་བུས་ལེགས་སྤྲས་ཏེ། །བཤད་སྒྲུབ་བསྟན་པའི་རྒྱ་མཚོ་སྲིད་མཐའི་བར། །གནས་མཛད་འཕྲིན་ལས་བཟང་པོས་འགྲོ་འདི་སྐྱོངས། །དྲི་དང་དྲི་ལན་ཡང་ལན་དེ་ལན་བཅས། །མཐོང་བའི་མོད་ལ་མཁས་རྣམས་མགུ་བ་བསྐྱེད། །མི་མཁས་འགའ་ལ་ཕྲག་དོག་ས་བོན་སྟེར། །ཡན་ལག་བརྒྱད་ལྡན་ཐ་དད་སྟོད་ལྟུང་བཞིན། །དེང་སང་བདེ་བར་གཤེགས་པའི་བསྟན་པ་ནི། །སྙིགས་མར་དབུགས་འབྱིན་འདྲ་བའི་དུས་གྱུར་ཅིང་། །འགྲོ་འདི་ཆོས་ལྡན་རྗེ་བོ་དང་བྲལ་བས། །ཚད་ལྡན་མཁས་པའི་བློ་གྲོས་བྲག་དབར་རྩ། །དེ་ལྟ་ན་ཡང་མདོ་རྒྱུད་ངེས་གསང་གི། །དཀའ་གནས་རྟོགས་པའང་ཙུང་ཟད་ཡོད་སྲིད་སྙམ། །ཡོངས་འཛིན་དམ་པའི་གསུང་གི་གསལ་བྱེད་དུ། །དྲིས་ལན་འཕྲིན་ལས་རྣམ་དཀར་དེང་སྤྲོས་སོ། །རྒྱུད་དང་རྒྱུད་འགྲེལ་རྒྱ་གཏེར་ལས་འོངས་པའི། །ལེགས་བཤད་ཨུཏྤལ་གསར་པའི་མཆོད་སྡོང་འདྲེན། །མཁས་དབང་ལྷ་མའི་སྐྱབས་གནས་དྲུང་སོང་ལ། །རབ་དགེས་དངོས་གྲུབ་འདོད་དགུ་ཞུ་བར་མཛོད། །ཅེས་རྗེ་བཙུན་ལོ་ཙྪ་བ་ཆེན་པོ་འགྱུར་མེད་བདེ་ཆེན་གྱིས་དྲི་བ་བཀའ་འཕྲིན་དུ་བསྐུལ་བ་ལ་ལན་དུ་ཕུལ་བ་འདི་ཡང་། པཎྜིཏ་ཆེན་པོ་དཔལ་མང་ཐོས་ཀླུ་སྒྲུབ་རྒྱ་མཚོའི་གསུངས་ལས་སྐྱེས་པ། ཤཱཀྱའི་དགེ་སློང་རྒྱུད་སྡེ་འཛིན་པ་མང་ཐོས་འཇམ་དབྱངས་དགའ་བའི་བཤེས་གཉེན་ཅེས་བྱ་བས། གྲུབ་པའི་དབང་ཕྱུག་ཚོགས་སྒོམ་ཆེན་པོའི་གདན་ས་དགེར་བུ་ཤར་ཆེན་གྱི་ཆོས་གྲྭར་སྦྱར་བའོ། །མངྒ་ལཾ། །

༄༅། །མདོ་སྔགས་ཀྱི་ཁྱད་པར་ལ་ལོག་རྟོག་བསལ་བ་བཞུགས་སོ། །

འཇམ་དབྱངས་དགའ་བའི་བཤེས་གཉེན།

སྟོན་པ་བླ་མེད་ཟབ་གསང་ཐུགས། །དེ་ཡི་བསྟན་པ་བསྟན་འཛིན་བཅས། །ཁྱད་པར་ས་སྐྱའི་འཇམ་མགོན་དང་། །དབྱེར་མེད་རྩ་བའི་བླ་མ་རྒྱལ། །འདྲ་མིན་འཆད་རྩོམ་ལྷ་སྐྱེས་སྲས། །ལུང་རིགས་གདོང་ལྔའི་སྐད་མཐོན་པོར། །འདྲེན་ལ་རྗེས་ཡི་མ་རང་ནས། །རྟོག་དཔྱོད་བདེན་པའི་ལུང་འདི་བསྒྲགས། །ཞེས་བརྗོད་ནས།

མདོ་སྔགས་ཀྱི་ཁྱད་པར་འབྱེད་པའི་སྐབས་འདིར། སྔོན་བྱོན་པའི་པཎ་གྲུབ་ཚད་ལྡན་ཐམས་ཅད། མདོ་སྔགས་གཉིས་ལ་མི་འདྲ་བའི་ཁྱད་པར་དུ་མ་ཡོད་པར་མགྲིན་གཅིག་ཏུ་གསུངས་ཀྱང་། ཕྱིས་འགྲོན་པ་འགའ་དག །ཕ་རོལ་ཏུ་ཕྱིན་པའི་ཐེག་པ་ལ་ངོ་མ་ཕྱོགས་ཀྱི་ཕྲོག་ཞུའམ། གསང་སྔགས་ཀྱི་ཐེག་པ་ལ་ཕུང་ཟད་བསྙིངས་པའི་རྣམ་པས། ལ་ལ་དག་ཕར་ཕྱིན་ཐེག་པ་ལས། གསང་སྔགས་ཟབ་རྒྱ་མེད་དོ་ཞེས་སྨྲ་བ་དང་། ཁ་ཅིག་མདོ་མདོར་བསྟན་དང་། སྔགས་རྒྱས་བཤད་ཡིན་པས། སྔགས་སུ་བདར་བཤད་པ་དེ། མདོ་ལས་ཀྱང་མདོར་བསྡུས་པའི་ཚུལ་དུ་བཤད་དོ། །ཞེས་སྨྲ་བ་དང་། གཞན་དག་ཕ་རོལ་ཏུ་ཕྱིན་པའི་ཐེག་པ་ནི། གསང་སྔགས་རྡོ་རྗེ་ཐེག་པའི་ནང་ཚན་ཡིན་ནོ་ཅེས་གླེང་བ་སོགས། གསུང་རབ་ཟབ་མོའི་དགོངས་ལས་རིང་དུ་ཕྱུང་པའི་སྨྲ་བ་པོ་དག་ལ་གོ་བར་བྱེད་པའི་གདམ་དུ་སྦྲིངས་པ། གལ་ཏེ་ཁྱེད་རྣམས་ཀྱིས་སྨྲ་བ་དེ་ལྟར་བདེན་ན། དཔལ་བརྟག་པ་གཉིས་པ་ལས། ཐམས་ཅད་རིག་བྱེད་གྲུབ་མཐའ་དང་། །དེ་བཞིན་ལས་རྒྱས་ལ་སོགས་པས། །སྲིད་པ་དབང་འགྱུར་དངོས་གྲུབ་མིན། །ཡང་ཤི་སྲིད་པ་མཐར་སྐྱེ་འགྱུར། །ཞེས་ཕྱི་རོལ་པ་དང་། ནང་པའི་རྒྱུ་མཚན་ཉིད་ཀྱི་ཐེག་པའི་གྲུབ་མཐའ་སྨྲ་བ་བཞི་ལ་སོགས་པའི་ལམ་རྣམས་ཀྱིས། སྲིད་པ་འཁོར་བ་རྩ་བ་ནས་དག་པར་བྱེད་མི་ནུས་སོ། །ཞེས་བཤད་པ་དང་། བཤད་རྒྱུད་སཾ་པུ་ཊི་ར། ཆོས་ཀྱི་ཕུང་པོ་བརྒྱད་ཁྲི་དང་། །བཞི་སྟོང་གི་ནི་ཆོས་ཀྱིས་ཀྱང་། །ལུས་ཀྱི་དེ་ཉིད་མ་བསྟན་པས། །དེ་དག་ཐམས་ཅད་འབྲས་བུ་མེད། །ཅེས། མདོ་ལུགས་ལ་གྲགས་པའི་ཆོས་ཀྱི་ཕུང་པོ་བརྒྱད་ཁྲི་བཞི་སྟོང་གིས། ནང་ལུས་ལ་གནད་དུ་བསྣུན་པའི་ཐབས་མ་མབསྟན་པས་ན། མདོ་ལམ་ལས། འབྲས་བུ་སངས་རྒྱས་ཐོབ་པ་མེད་དོ། །ཞེས་གསལ་བར་གསུངས་པ་དང་། དེ་དག་གི་དོན་བཀྲལ་བ་རེ། སྔགས་ཀྱི་བསྟན་བཅོས་རྣམས་ལས་ཀྱང་། །དོན་གཅིག་ན་ཡང་མ་རྨོངས་དང་། །ཐབས་མང

དཀའ་བ་མེད་པ་དང་། །དབང་པོ་རྣོན་པའི་དབང་བྱས་ཏེ། །སྔགས་ཀྱི་ཐེག་པ་ཁྱད་པར་འཕགས། །ཞེས་སོགས་གྲུབ་པའི་སློབ་དཔོན་རྣམས་ཀྱི་ལན་གཅིག་མ་ཡིན་པར་གསུངས་པ་འདི་དག་དགོས་པ་ཅི་ཡང་མེད་པ་ཉིད་དུ་འགྱུར་བས། དེང་ཕྱིན་ཆད་རྒྱལ་བའི་བཀའ་དགོངས་འགྲེལ་དང་བཅས་པར་འཆད་པ་པོར་ཁས་མ་ལེན་པར་སྐྱེས་བུ་རང་དགའི་ཚིག་སྒྲ་བ་ལ་སྤྱོགས་པ་བླ་མེད་པར་ཁས་ལོངས་ཤིག །

ཡང་གལ་ཏེ་ལུང་འདི་དག་ཚད་མར་ཁས་ལེན་ན་ནི། སྔར་གྱི་གྲུབ་པའི་མཐའ་གང་ཁས་བླངས་པ་དེ་འདོར་བ་རིགས་པས་དེང་ཕྱིན་ཆད་ཐེག་པ་ཆེན་པོ་ལ། རྒྱུ་ཕ་རོལ་ཏུ་ཕྱིན་པའི་ཐེག་པ་དང་། འབྲས་བུ་སྔགས་ཀྱི་ཐེག་པ་གཉིས་སུ་འབྱེད་རིགས་པ་དང་། དེ་གཉིས་ཀྱི་བརྗོད་བྱ་སྟོན་ཚུལ་ལ་ཟབ་ཁྱད་འབྱེད་པ། དཔེར་ན་སྙིང་པོ་དང་ཡང་སྙིང་གི་མཚོན་དོན་དུ་བཤད་པ་རྣམས་གློ་བ་ལ་ལྡེན་པར་གྱིས་ཤིག །གལ་ཏེ་མདོས་མདོར་བསྟན་པ་དང་། སྔགས་རྒྱས་བཤད་ཡིན་ནོ་ཞེས་མགྲིན་པ་འདེགས་པར་མཚོན་པ་དེ་དག་ལ་ཡང་གཏམ་འདི་སྒྲོགས་པར་བྱ་སྟེ། སྤྱིར་ན་མདོར་བསྟན་པ་ཞེས་བྱ་བ་ནི། དབང་པོ་རྣོན་པོ་རྣམས་ཀྱི་གོ་བར་བྱ་བ་སྟེ། གདུལ་བྱ་དེའི་རིགས་ལ་མདོར་བསྡུས་པ་ཙམ་བཤད་པས་ཀུན་དོན་རྟོགས་པར་ཕྱིར་རོ། །རྒྱས་པར་བཤད་པ་ཞེས་བྱ་བ་ནི། དབང་པོ་རྟུལ་པོ་རྣམས་ལ་ཆེད་དུ་གཉེར་ནས་གསུངས་པ་སྟེ། གདུལ་བྱ་འདིའི་རིགས་ཀྱི་བརྗོད་བྱའི་དོན་གོ་བ་ལ། དེ་དང་དེའི་ཚིགས་དོན་རྒྱས་པར་བཤད་དགོས་པའི་ཕྱིར་རོ། །གཞན་དེའི་ཕྱིར། གསུང་རབ་སྤྱིའི་སྒྲོས་ལས། མདོར་བསྟན་པ་ནི། དབང་པོ་རྣོན་པོའི་དོན་དུ་དང་། རྒྱས་པར་བཤད་པ་ནི་དབང་པོ་རྟུལ་པོའི་དོན་དུ་ཡིན་ནོ་ཞེས་ལུང་མཐུན་པར་བཤད་བཞིན་དུ། དེ་ལས་གོ་ཟློག་སྟེ། གདུལ་བྱ་དབང་རྟུལ་ལ་གསུངས་པའི་ཕར་ཕྱིན་ཐེག་པ་མདོར་བསྟན་དང་། གདུལ་བྱ་དབང་རྣོན་ལ་གསུངས་པའི་སྔགས་ཀྱི་ཐེག་པ་རྒྱས་བཤད་ཡིན་ནོ་ཞེས་སྨྲ་བ་ནི། ཆེས་མི་རིགས་པའི་གནམ་དུ་སྣང་བས། དེང་ཕྱིན་ཆད་མདོ་མདོར་བསྟན། སྔགས་རྒྱས་བཤད་ཡིན་ནོ་ཞེས་བྱ་བའི་ཟོལ་སྦྱོར་གྱི་གྲུབ་པའི་མཐའ་བཞག་པ་རྣམས་རིང་དུ་འདོར་བ་བྱ་དགོས་སོ། །

གཞན་ཡང་ཁྱེད་ཀྱི་འདོད་པ་ལྟར་ན། སྐལ་བཟང་གི་སངས་རྒྱས་ཐམས་ཅད་ཀྱི་ཐུན་མོང་བའི་གདུལ་བྱ་ལ་གསང་སྔགས་གསུངས་པར་ཁས་ལེན་དགོས་པར་འགྱུར་ཏེ། དེ་ཐམས་ཅད་ཀྱི་ཐུན་མོང་བའི་གདུལ་བྱ་ལ་ཕ་རོལ་ཏུ་ཕྱིན་པའི་ཐེག་པ་གསུངས་པ་གང་ཞིག །གསང་སྔགས་ཀྱི་རྒྱུད་སྡེའི་བརྗོད་དོན་རྣམས་ཕ་རོལ་ཏུ་ཕྱིན་པའི་ཐེག་པར་མདོར་བསྡུས་པའི་ཚུལ་གྱིས་བསྟན་པའི་ཕྱིར་རོ། །ཞེས་འཕངས་ན་རིགས་པ་དེའི་འཁོར་གསུམ་པོ་གང་ལའང་ལན་གྱི་འདེབས་པར་བྱེད་ལེགས་པར་བསམ་དགོས་སོ། །དེ་བས་ན་དེང་ཕྱིན་ཆད་དཔལ་གསང་བ་འདུས་ལ་སོགས་པའི་དགོངས་པས། རང་ཅག་གི་སྟོན་པ་བཀའ་དྲིན་ཅན་འདི་ཁོ་ནས་སོར་སྐྱེའི་འཁོར་ཡན་

ཚད་ལ་གསང་སྔགས་ཀྱི་ཐེག་པ་གསུངས་ཀྱི། བསྐལ་བཟང་གི་སངས་རྒྱས་གཞན་རྣམས་ཀྱི་ནི། འཕགས་པ་འཚང་རྒྱ་བ་ལ་ཉེ་བར་བསྙེན་པར་རྣམས་ལ་མ་གཏོགས་པ། ཐུན་མོང་བའི་འཁོར་བ་ལ་གསང་སྔགས་ཀྱི་ཐེག་པ་མ་གསུངས་སོ་ཞེས་བྱ་བ་འདི་ཡིད་ལ་ངེས་པར་བྱོས་ལ། དུས་གསུམ་གྱི་སངས་རྒྱས་ཐམས་ཅད་ཀྱི་སྔགས་ཀྱི་མདོར་བསྟན་གྱི་ཚུ་རོལ་དུ་ཕ་རོལ་ཏུ་ཕྱིན་པའི་ཐེག་པ་གསུངས་སོ་ཞེས་བྱ་བའི་གཏམ་འདི་ནི་རིང་དུ་འདོར་བ་བྱའོ་ཞེས་ཁྲིམས་སུ་བཅས་པ་ངེས་པར་གྱིས་ཤིག །

ཡང་གཞན་དག །ཕ་རོལ་ཏུ་ཕྱིན་པའི་ཐེག་པ་དེ་གསང་སྔགས་ཀྱི་ཐེག་པའི་ནང་ཚན་ཡིན་ནོ་ཞེས་སྨྲ་བ་དེ་དག་གིས་ཀྱང་རྣམ་པར་དཔྱད་པ་འདི་ལ་ལེགས་པར་སྒྲིམ་མཚལ་ཏེ། གལ་ཏེ་ཁྱེད་ཅག་གི་འདོད་པ་དེ་ལྟར་ན། ཕར་ཕྱིན་ཐེག་པའི་ཆོས་ཀྱི་འཁོར་ལོ་རྣམ་པ་གསུམ་ཡན་ཆད། སྔགས་ཀྱི་རྒྱུད་སྡེར་ཁས་ལེན་དགོས་པར་འགྱུར་ཏེ༑ ཕར་ཕྱིན་ཐེག་པ་གསང་སྔགས་ཀྱི་ཐེག་པའི་ནང་ཚན་དུ་ཁས་བླངས་སོ། །གལ་ཏེ་འདོད་དོ་ཞེས་སྨྲ་ན།སྔར་དྲངས་པའི་སཾ་པུ་ཊའི་ལུང་དང་འགལ་ཞིང་། གཞན་ཡང་དུས་འཁོར་རྩ་རྒྱུད་ལས། སྟོན་པས་བྱ་རྒོད་ཕུང་པོ་རུ། །ཤེས་རབ་ཕ་རོལ་ཕྱིན་ཚུལ་བཞིན། །མཆོད་རྟེན་དཔལ་ལྡན་འབྲས་སྤུངས་སུ། །དེ་བཞིན་གསང་སྔགས་ཚུལ་རབ་གསུམ། །ཞེས་ཤེར་ཕྱིན་ལས་ཡོགས་སུ་བཀར་ནས་སྔགས་ཀྱི་ཐེག་པ་གསུངས་ཚུལ་བཤད་མི་དགོས་པར་ཐལ་ཏེ། ཤེར་ཕྱིན་མདོར་གསུངས་པས་ན། སྔགས་ཀྱི་ཐེག་པ་གསུངས་པར་འགྱུར་བས་སོ། །རྟགས་དངོས། དེ་བས་ན་ཕར་ཕྱིན་ཐེག་པ་གསང་སྔགས་ཀྱི་ཐེག་པའི་ནང་ཚན་ཡིན་ནོ། །ཞེས་བྱ་བའི་གཏམ་འདི་དོར་བར་བྱོས་ལ། མདོ་སྔགས་ཀྱི་ཐེག་པ་གཉིས་རིགས་ལམ་དང་ཉེ་ལམ་ཞེས་བྱ་བར་དྲི་མ་མེད་པའི་ལུང་ཚད་ལྡན་རྣམས་ལས་ལན་གཅིག་མ་ཡིན་པར་བཤད་པའི་དོན་ལ་ངེས་པ་སྐྱེས་པ་རིགས་སོ་ཞེས་གདམས་པ་འདི་སྙིང་གི་ཟེ་འབྲུར་བཅངས་པར་གྱིས་ཤིག །སྔོན་བྱོན་མཁས་དང་གྲུབ་པ་གང་དེ་དག །མདོ་སྔགས་ཐུན་མོང་མིན་པའི་གསང་བ་རྣམས། །མ་འདྲེས་སོ་སོར་འཆད་འདི་ཚད་མའི་གཏམ། དེ་ཆེ་ཆོད་དཔག་སླ་ལ་འབྲེལ་བ་ཅི། །དེ་ལྟར་གཏམ་དུ་སྒྲིངས་འདིས་རྒྱལ་བའི་བསྟན། རྣམ་གསུམ་མཁས་པའི་བྱ་བ་མཛེས་གྱུར་ཏེ། །བློ་གསལ་བློ་ཡི་སྣང་བ་ཆེར་རྒྱས་ནས། །འགྲོ་འདི་ཕན་དང་བདེ་བས་འཚོ་གྱུར་ཅིག །ཅེས་མཁས་རློམ་འགའ་དག་ལ་གཏམ་དུ་སྒྲིངས་པ་འདི་ནི། གཞུང་ལུགས་རབ་འབྱམས་ཀྱི་དཀའ་བའི་གནད་རྣམས་ཕྱིན་ཅི་མ་ལོག་པར་འབྱེད་པ་ལ་མི་འཛིགས་པའི་སྤོབས་པ་ཅན། དགེ་སློང་འཇམ་དབྱངས་དགའ་བས། མདོ་སྔགས་ཀྱི་ཁང་བཟང་ཆེན་པོ་ནས་བདེན་པའི་དྲིལ་བསྒྲགས་པའོ། །དགེའོ། །

༄༅། །རབ་དབྱེའི་ཟུར་བཀོལ་ལེགས་བཤད་མཁས་པའི་མགུལ་རྒྱན་བཞུགས་སོ། །

ས་ལོ་འཇམ་པའི་རྡོ་རྗེ།

ཧེ་ཧེ། ནམོ་གུ་རུ་ཝེ། འཛམ་གླིང་ཡངས་འདིར་རྒྱལ་བས་གསུངས་པའི་ཆོས། །འགྲོ་ལ་འཆད་མཁས་རྗེ་བཙུན་ས་སྐྱ་པ། །གང་དེའི་བསྟན་དང་བསྟན་འཛིན་ཚོགས་རྣམས་ལ། །ཤེས་ནས་ཐོབ་པའི་དད་པས་ཕྱག་བགྱིའོ། །མཐའ་བཞི་བྲལ་བའི་ཟུང་འཇུག་དུས་འཁོར་ལོ། །རིགས་ཀུན་གཅིག་ཏུ་བསྡུས་མཛད་གྲགས་པའི་ཞབས། །གངས་ཅན་བསྟན་པའི་མངའ་བདག་པཎྜི་ཏ། །བརྒྱུད་ལྡན་བླ་མར་སྙིང་ནས་ཕྱག་བགྱིའོ། །ཆོས་ཀུན་ངག་གི་དབང་ཕྱུག་ལས་ཐོབ་ཅིང་། །འགྲོ་ལ་དམ་ཆོས་སྒྲ་དབྱངས་སྟོལ་མཁས་པ། །གྲགས་དཀར་སྲིད་གསུམ་ཁྱབ་པའི་དགེ་མཚན་ཅན། །ཐམས་ཅད་མཁྱེན་ངེས་དེ་ལ་གུས་པས་འདུད། །བདག་ནི་རྣམ་དག་བསྟན་པ་ལ། །མི་ཕྱེད་དད་པ་རབ་ཡོད་ཀྱང་། །ལོག་པར་སྨྲ་བའི་སྐྱེས་བུ་ནི། །ཆེན་པོས་བསྟན་ཡང་དད་མ་འགྱུར། །ཕ་དག་ཡོངས་སུ་གསོ་བའི་ཕྱིར། །མ་ནི་བཀུམ་པ་མི་སྲིད་ལྟར། །རང་གི་བསྟན་པ་སྤེལ་ཕྱིར་དུ། །གཞན་གྱི་བསྟན་པ་ག་ལ་བསྣུབས། །དེས་ན་ས་སྐྱའི་ཡོངས་འཛིན་འགས། །རྣམ་པར་བྱིན་གྱིས་བརླབས་པའི་མཐུས། །ལོག་པའི་ལམ་ལས་ཕྱིར་བཟློག་ནས། །ལེགས་བཤད་དགའ་སྟོན་སྤེལ་ལ་སྤྲོ། །

དེ་ཡང་ཁམས་གསུམ་འགྲོ་བའི་བླ་མ་དཔལ་ས་སྐྱ་པཎྜི་ཏས་མཛད་པའི་ཆོས་དང་ཆོས་མ་ཡིན་པ་རྣམ་པར་འབྱེད་པའི་བསྟན་བཅོས། སྡོམ་པ་གསུམ་གྱི་རབ་ཏུ་དབྱེ་བའི་རིག་པ་འཛིན་པ་སྔགས་ཀྱི་སྡོམ་པའི་སྐབས་ལས། དཔལ་ལྡན་དུས་ཀྱི་འཁོར་ལོ་ལས། །ཞེས་སོགས་ཚིགས་བཅད་ལྔ་གསུངས་པ་འདིའི་དོན་ཆོས་རྒྱལ་རིགས་ལྡན་རྣམས་དང་། གངས་རིའི་ཁྲོད་ཀྱི་དུས་འཁོར་བྱང་ལུགས་པ་དང་། ལོ་ཀ་ཙནྡྲ་ཀུན་དགའ་རྒྱལ་མཚན་རྣམས་དགོངས་པ་གཅིག་པའི་དབང་ལས་འདིར་བཤད་པར་བྱའོ། །འདི་ལ་ལྔ་སྟེ། དུས་འཁོར་རྒྱུད་འགྲེལ་ཚད་མར་སྒྲུབ། གངས་ཅན་མཚན་ཉིད་བསྡུས་ཏེ་བསྟན། ཤམྦྷ་ལའི་མཚན་ཉིད་རྒྱས་པར་བཤད། ལུགས་མིན་ཀླ་ཀློའི་དར་ཚུལ་བསྟན། གཉེན་པོ་ཕྱག་རྡོར་སྤྲུལ་པར་བཤད་པ་དང་ལྔའོ། །དང་པོ་ལ་ཕྱོགས་སྔ་བཀོད་པ་དང་། དེ་བཀག་པའོ། །དང་པོ་ནི་མཁས་མཆོག་གཞོན་ནུ་བློ་གྲོས་ཀྱིས་དུས་འཁོར་སྒྲ་བ་རྣམས་ཉམས

སད་པའི་ཕྱིར། འཕྲིན་གསོལ་ནོར་བུའི་ཕྲེང་བ་ཞེས་བྱ་བ་བརྩམ་པར་རྗེས་འཛུག་མ་སྤྱངས་པའི་སྐྱེ་བོ་འགས་དེའི་ཚིག་རྣམས་བདེན་པར་བཟུང་ནས་འདི་ལྟར་དུ་འཛེར་ཏེ། དུས་ཀྱི་འཁོར་ལོ་ལ་སོགས་ས་བཅུ་ཡི། །དབང་ཕྱུག་རྣམས་ཀྱིས་མཛད་པར་གྲགས་ན་ཡང་། །རིགས་དང་མི་རིགས་རྣམ་དབྱེ་བློ་ལྡན་གྱིས། །རྣམ་པར་དཔྱད་ན་རིགས་པའི་ཕྱོགས་མ་མཐོང་། །རྩ་བའི་རྒྱུད་ལ་ཨེ་ཝཾ་ཡིག་གཉིས་མེད། །བསྡུས་པའི་རྒྱུད་ལ་འགལ་བ་དུ་མ་མཐོང་། །གང་ནས་བླངས་པའི་ཁུངས་ནི་མི་སྣང་ཡང་། །འཕྱོན་མོའི་བུ་བཞིན་འདི་ལ་སུ་ཡིད་བརྟེན། །ཞེས་སོགས་དང་། རྒྱུད་ཀྱི་ཐོག་མར་ཟླ་བ་བཟང་པོ་ཡིས། །སྐྱེས་བུ་ཉི་ཤུ་རྩ་ལྔའི་བདག་ཉིད་དྲིས། །ཞེས་དང་། འདི་དོན་ཉམས་སུ་བླངས་པས་སུ་ཞིག་གྲོལ། །ཆེན་པོ་རྣམས་ལ་ཚད་མར་མ་གྲགས་ཕྱིར། །དུས་ཞབས་པ་སོགས་ཚད་མའི་སྐྱེས་བུ་མིན། །ཞེས་སོགས་ངག་ནས་ཟློས་སྐྱོར་བྱེད་ཅིང་འདི་ནི་མཁས་མཆོག་གི་བཞེད་པའི་སྙིང་པོ་ཡིན་ནོ་ཞེས་ཆོས་དང་གང་ཟག་ལ་སྐུར་བ་འདེབས་མོད།

དེ་ནི་མི་འཐད་དེ། སྤྱིར་འདི་ནི་དང་པོ་བཀོད་ཙམ་མ་གཏོགས་རྩོམ་པ་པོའི་སྙིང་ནས་དུས་འཁོར་བཀག་པ་ནི་མ་ཡིན་ཏེ། ནོར་འཕྲེང་ལས། འོན་ཀྱང་འཕགས་པས་མཛད་དམ་མིན་ཀྱང་རུང་། །ལེགས་པར་བཤད་པའང་མང་དུ་མཐོང་བས་ན། །ཐར་འདོད་རྣམས་ཀྱི་འཇུག་ངོགས་མ་ཡིན་ཞེས། །ཁོ་བོས་འདི་ལ་གཅིག་ཏུ་སྐུར་མི་འདེབས། །ཞེས་བཤད་པའི་ཕྱིར་རོ། །འོན་ཀྱང་རྗེས་འཇུག་རྣམས་ཀྱིས་མ་བསམ་པར་བརྗོད་པའི་དབང་ལས། འགའ་ཞིག་ཆོས་འདི་ལ་རྒྱལ་བའི་བཀའ་མིན་ནམ་སྙམ་ཐེ་ཚོམ་བྱེད་པར་འདུག་པས། དེ་བཟློག་ཕྱིར་བཀར་བསྒྲུབ་པ་ཙུང་ཟད་བཤད་པར་བྱ་སྟེ། རྒྱུད་འགྲེལ་འདི་ནི་སངས་རྒྱས་དང་ས་བཅུའི་དབང་ཕྱུག་རྣམས་ཀྱིས་མཛད་པར་གྲགས་པ་ཙམ་ལ་མ་ལྟོས་པར་མཛད་ངེས་པར་སྣང་སྟེ། རྩ་རྒྱུད་ལས། དོན་མ་བསྡུས་ཤིང་ཚིག་བསྡུས་པའི་རྒྱུད་འདི་ནི་འཇམ་དབྱངས་རྣམ་འཕྲུལ་གྲགས་པའི་མཐའ་དང་། དེའི་འགྲེལ་ཆེན་དྲི་མེད་འོད་འདི་འཇིག་རྟེན་མགོན་པོའི་རྣམ་འཕྲུལ་པདྨ་དཀར་པོས་གསུངས་ལ། དེ་གཉིས་ཀྱི་རྩ་བར་གྱུར་པ་རྒྱུད་སྟོང་ཕྲག་བཅུ་གཉིས་པ་སངས་རྒྱས་ཀྱི་བཀའ་དང་། འགྲེལ་བཤད་སྟོང་ཕྲག་དྲུག་ཅུ་པ་ཆོས་རྒྱལ་ཟླ་བཟང་གིས་མཛད་པར་སྣང་སྟེ། ཤིང་རྟ་ཆེན་པོ་རྣམས་ལ་གྲགས་པའི་ཕྱིར་རོ། །རྣམ་པར་དཔྱད་ཀྱང་ཁྱོད་རང་གིས་འཐད་པའི་ཕྱོགས་མ་མཐོང་བ་ནི། ཆོས་དབྱིངས་བསྟོད་པ་ལས། དམན་དང་བསོད་ནམས་དམན་པ་ལ། །བཅོམ་ལྡན་འདས་ཀྱིས་ཅི་བགྱིར་མཆིས། །ཇི་ལྟར་དམུས་ལོང་ལག་པ་རུ། །རིན་ཆེན་མཆོག་ནི་བཞག་པ་འདྲ། །ཞེས་བཤད་པ་དེ་བྱུང་བར་སྣང་ལ། རྩ་བའི་རྒྱུད་ལས་ཨེ་ཝཾ་ཡིག་གཉིས་གསལ་བར་གསུངས་ཏེ། ཨེ་གསང་མཁའ་ཁམས་ཟླ་གའམ། །ཆོས་འབྱུང་ཆུས་སྐྱེས་སེང་གེའི་ཁྲིར། །བཞུགས་པ་རྡོ་རྗེ་ཅན་ཝཾ་དང་། །རྡོ་རྗེ་ཅན་དང་རྡོ་རྗེ་

སེམས། །ཞེས་གསུངས་པ་ཡིན། བསྡུས་པའི་རྒྱུད་ལ་འགལ་བ་དུ་མ་ཡོད་ཅེས་པ་ནི། དྲི་བའི་སྐབས་སྐྱེས་བུ་ཉེར་ལྔའི་བདག་ཉིད་བྲིས་ཤིང་། ནང་ལེར་ལན་རྣམས་གསུངས་པ་དང་། ཡེ་ལེ་ལས། གྲུབ་མཐའ་བཞི་རྣལ་འབྱོར་བཞི་སོགས་དུས་འཁོར་ཉིད་ཀྱི་ཞལ་བཞི་ནས་གསུངས་པའི་སྦྱོར་བར་བཤད་པ་དང་། བསྙེན་པའི་སྐབས་ཏང་པ་བདུན་བཅུ་རྩ་གཉིས་པ་དང་། རྣམ་བཅུ་དབང་ལྡན་རྣམས་བྱེ་བ་རེ་བཟླས་ཤིང་། བཅུ་ཆའི་སྦྱིན་སྲེག་བྱ་བར་གསུངས་པ་རྣམས་ཚེ་གང་ལ་མི་འགྲུབ་སྙམ་ནས་སྨྲ་ན་ནི། དྲི་བ་དྲི་ལན་དང་། ཞལ་(ཀ)ཐམས(ཁ)ཅད་ནས་སྦྱོར་བ་རྣམས་ནི་དེ་དང་དེ་ལ་དགའ་ཞིང་མོས་པ་རྣམས་རྗེས་སུ་བཟུང་བའི་ཕྱིར་དུ་བཤད་ཀྱི། རིག་བྱེད་རྣམས་དྲང་སྲོང་རྒྱས་པ་དང་། དབྱིག་གི་སྙིང་པོས་བྱས་པར་བཤད་པ་དང་འགལ་དོགས་མི་དགོས་ཏེ། དེ་དང་དེའི་ལམ་ལས་དྲང་སྟེ་ཟབ་ལམ་མཆོག་ལ་སྦྱོར་བའི་ཐབས་བླ་ན་མེད་པ་ཡིན་པའི་ཕྱིར་རོ། །

བཟླས་པ་ལ་ནི་དུས་འཁོར་རྩ་བའི་ལྷ་སྟོང་དང་དྲུག་བརྒྱ་ཉི་ཤུ་ཡོད་ཀྱང་། ཐམས་ཅད་ལ་བཟླས་པ་བྱེད་པར་མ་གསུངས་ཀྱི། ཐུགས་དཀྱིལ་གྱི་ལྷ་རྣམས་དང་། གསུང་དཀྱིལ། སྐུ་དཀྱིལ་གྱི་གཙོ་བོ་ཉི་ཤུ། སྐུའི་ཁྲོ་བོ་ཡབ་ཡུམ་ཀླུ་དང་རབ་གཏུམ་མོ་རྣམས་ལ་བཟླ་བར་གསུངས་པ་ནི། རྣམ་བཅུ་དབང་ལྡན་ཁོ་ནས་ཆོག་སྟེ། འདི་ལ་བརྟན་གཡོ་ཐམས་ཅད་ཀྱི་སྔགས་ཀྱི་ས་བོན་ཚང་བས་འདི་ཁོ་ན་བྱེ་བ་བཟླས་པས་འགྲུབ་པ་དང་། ཏང་པ་དོན་གཉིས་པ་ནི་དེ་བས་ཀྱང་འགྲུབ་སླ་སྟེ། འདི་ངག་བཟླས་མ་ཡིན་ཞིང་། རླུང་བཟླས་ཡིན་པས་ཞག་རེ་ལ་ཉི་ཁྲི་ཆིག་སྟོང་དྲུག་བརྒྱ་རེ་བཟླས་པར་འགྲོ་བའི་ཕྱིར་གང་གི་ཡང་ཀླན་ཀ་མེད་དོ། །གང་ནས་བླངས་པའི་ཁུངས་ཡང་ཡིད་ཆེས་པར་ཡོད་དེ། རིགས་ལྡན་ཉི་མས་ཆོས་སྟོན་པའི་དུས་སུ། དུས་ཞབས་པ་ཆེན་པོས་ཤམྦྷ་ལར་རྒྱུད་འགྲེལ་རྣམས་གསན་དུ་བྱོན་པས། མྱུ་ངམ་གྱི་ཐང་ལ་འགྲོ་དགོས་པས་སྲོག་གི་བར་ཆད་དུ་ཐུར་དོགས། རིགས་ལྡན་གྱི་ཚུ་རོལ་དུ་བྱོན་ནས་བླ་མེད་ཀྱི་རྒྱུད་མཐའ་དག་དང་། ཁྱད་པར་བསྡུས་རྒྱུད་རྩ་འགྲེལ། རྡོ་རྗེ་སྙིང་འགྲེལ་སྟོད་འགྲེལ་རྣམས་ཟབ་ལམ་རྡོ་རྗེའི་རྣལ་འབྱོར་ཡན་ལག་དྲུག་པའི་ཉེ་ལམ་ཁྱད་པར་ཅན་གསན་ཅིང་བསྒོམས། དེ་ནས་སློབ་དཔོན་གྲུབ་པ་ཐོབ་སྟེ་ཤམ་བྷ་ལར་བྱོན། དེ་དག་གི་གླེགས་བམ་རྣམས་གཟིགས། དེ་དག་དང་བཅས་འཕགས་ཡུལ་དུ་ཕེབས་ནས་དུས་ཞབས་པ་ཆུང་བ་ལ་གནང་། དེ་ནས་རྒྱལ་སྲས་ན་ལེནྡྲ་པ་ལ་གནང་། དེས་པཎྜི་ཏ་ཆེན་པོ་ཟླ་བ་མགོན་པོ་ལ་གནང་། དེ་ནས་རྩ་བའི་བླ་མའི་བར་དུ་བརྒྱུད་པ་བར་ཆད་པ་མེད་པ་ལགས་སོ། །

དེ་རྣམས་ལོ་རྒྱུས་ཡིན་གྱིས་སྒྲུབ་བྱེད་ཚད་མའི་ལུང་རིགས་མེད་པས་མི་བདེན་པར་སྨྲོ་ཞེ་ན། འོན་ཁྱེད་རང་གིས། དེ་འོག་ཐུབ་པས་ལུང་བསྟན་ཐོགས་མེད་ཀྱིས། །མི་ཕམ་མགོན་ལ་བཀའ་དྲིན་རྗེས་ནོས་ནས། །རྣམ་

རིག་སྔ་བའི་གྲུབ་མཐའ་གསལ་བྱས་ཞེས། །རྒྱ་བོད་ཤིང་རྟ་ཆེན་པོ་རྣམས་ལ་གྲགས། །ཞེས་པ་ལ་ཡང་ལུང་དང་རིགས་པའི་སྒྲུབ་བྱེད་ཡོད་ན་སྟོན་ཅིག །དེ་མིན་མཚུངས་པའི་ཕྱིར་རོ། །འདི་དོན་ཉམས་སུ་བླངས་པས་གྲུབ་ཆེན་ཤཱ་བ་རིའི་དབང་ཕྱུག །མཁས་པ་དཔེ་མེད་འཚོ། གྲུབ་ཆེན་ཉི་མ་དཔལ་ལ་སོགས་པ་གོང་མ་མཐའ་ཡས་པ་ཞིག་གྲུབ་མཐའི་ས་ལམ་འདི་ལ་བརྟེན་ནས་བརྙེས་པ་དང་། དུས་ཞབས་པ་ལ་སོགས་པ་ཚད་ལྡན་གྱི་སྐྱེས་བུ་མིན་པས་གཞན་ཐམས་ཅད་ཀྱིས་ཚད་མར་ཁས་མི་ལེན་པས་སོ་སྙམ་ན། སློབ་དཔོན་ཀླུ་སྒྲུབ་དང་ཐོགས་མེད་ཀྱང་ཚད་ལྡན་མ་ཡིན་པར་འགྱུར་ཏེ། སེམས་ཙམ་པ་དང་། དབུ་མ་སྨྲ་བ་རྣམས་ཀྱིས་དེ་དང་དེའི་སློབ་དཔོན་ལས། ཅིག་ཤོས་མ་གྲགས་པས་ཁས་མི་ལེན་པའི་ཕྱིར་རོ། །དེ་དག་ནི་མདོར་བསྡུས་པ་ཡིན། རྒྱས་པར་ནི་རིགས་ལྡན་སྤྲུལ་པ་རྣམ་རྒྱལ་གྲགས་པ་བཟང་པོའི་ནོར་འཕྲེང་དགག་ལན་རྒྱུད་ཀྱི་མཛེས་རྒྱན་དུ་བལྟ་བར་བྱའོ། །ཁ་ཅིག་མངོན་པའི་ང་རྒྱལ་ཆེས་མཐོ་བས། །རྒྱུད་འགྲེལ་ཆེ་ལ་སྟང་སྨྲས་བྱེད་པར་སྣང་། །དེ་དག་ཚར་བཅད་རྗེས་སུ་བཟུང་བའི་ཕྱིར། །རྒྱུད་འགྲེལ་ཚད་མར་སྒྲུབ་བྱེད་འདི་བྱས་སོ། །དེ་དག་གིས་ནི་རྒྱུད་འགྲེལ་ཚད་མར་བསྒྲུབ་པ་བསྟན་ཟིན་ཏོ། །སྣ་ཚོགས་འཕྲུལ་གྱི་ཟློས་གར་ལས། །དངོས་ཀུན་ནུས་མཐུ་རྣམ་པར་བཀྲ། །དེས་ན་སྲིད་གསུམ་མགོན་གྱུར་པ། །ས་སྐྱ་པ་དེ་རྒྱལ་གྱུར་ཅིག །

རྟ་བའི་གཉིས་པ་གངས་ཅན་མཚན་ཉིད་བསྡུས་ཏེ་བསྟན་པ་ནི། དེ་ལྟར་གཞན་གྱི་ཀླན་ཀ་དང་བྲལ་བའི་དཔལ་དུས་ཀྱི་འཁོར་ལོའི་རྒྱུད་འགྲེལ་ལས། རི་བོ་གངས་ཅན་ཞེས་བྱ་བ་ནི། ཤམྦྷ་ལའི་ཡུལ་གྱི་མཐའ་བསྐོར་མ་ལུས་པ་ཁྱབ་པའི་གངས་རི་དེ་ཡིན་ལ། དེ་རྒྱ་བོ་སི་ཏཱའི་བྱང་ཕྱོགས་ན་ཡོད་པར་གསུངས་པ་ཡིན་ཏེ། རྒྱུད་ལས། དུམ་བུ་གཅིག་ལ་དཔག་ཚད་སྟོང་ཕྲག་ཉི་ཤུ་ལྔ་སྟེ་གཡས་ཀྱི་ཕྱེད་ལ་ཤམྦྷ་ལར་གྲགས་པ། ཐུབ་མཆོག་གི་གནས་གྲོང་ནི་བྱེ་བ་ལྷག་པར་གནས་ཏེ་ནོར་གྱི་འདབ་མ་རྣམས་དང་བཅས་པ་ཡི། །ཕྱོགས་རྣམས་ཀུན་ཏུ་མཆོག་གི་གངས་རི་ཡིས་ནི་རྣམ་པར་བསྐོར་ཏེ་དེ་ཡི་དབུས་ན་ཀ་ལ་ཤ །ཞེས་དང་། འགྲེལ་ཆེན་ལས། དེ་ནས་ཉི་མའི་ཤིང་རྟས་ཞུས་པའི་ལན། རྒྱལ་པོ་གྲགས་པས་བཀའ་སྩལ་པ། ཁྱེད་རྣམས་ཤམྦྷ་ལའི་ཡུལ་ནས་མྱུར་དུ་ཕྱུང་ལ་སོང་ཞིག །གང་གི་ཕྱོགས་སི་ཏཱའི་བྱང་ཕྱོགས་གྲོང་བྱེ་བ་ཕྲག་དགུ་བཅུ་རྩ་དྲུག་ན་གནས་པའི་སེམས་ཅན་ཐམས་ཅད་སྲོག་གཅོད་པ་ལ་སོགས་པ་མི་དགེ་བའི་ལས་ལམ་ཡོངས་སུ་སྤངས་ནས། བཅོམ་ལྡན་འདས་དུས་ཀྱི་འཁོར་ལོའི་བྱིན་རླབས་ཀྱིས་ཡང་དག་པའི་ཡེ་ཤེས་ཀྱི་ལམ་ཐོབ་པར་འགྱུར་རོ། །ཞེས་གསུངས་པས་ད་ལྟའི་ཏི་སེ་འདི་གངས་ཅན་མ་ཡིན་པར་ཆེས་སོ། །དུས་དེང་གི་རྟོགས་ལྡན་རྒྱལ་པོ་རྣམས། །ཕྱོགས་ཀུན་ལས་རྣམ་རྒྱལ་སྤྱོད་མཛད་ན། །དཔལ་གངས་ཅན་རི་བོའི་ངོས་ལ་གཤེགས། །གནས་ཏེ་སེར་བྱོན་ཡང་ཞབས་སོར

གྲང་། །གངས་ཅན་མཚན་ཉིད་པའི་རྣམ་གཞག་བསྡུས་ཏེ་བསྟན་ཟིན་ཏོ། །ངེས་དོན་ཕྱིར་མི་ལྡོག་པ་སེངྒེའི་སྒྲ། །དེང་སང་དུས་འཁོར་རྣམ་པ་ཐམས་ཅད་པ། །ངེས་པའི་ཡིད་ཆེས་གཏིང་ཚུགས་འགྲོ་ལ་སྟོན། །གང་དེ་རྣམ་རྒྱལ་གྲགས་བཟང་སྐྱེ་བོས་མཆོད། །

༈ གསུམ་པ་ཤམྦྷ་ལའི་མཚན་ཉིད་རྒྱས་པར་བཤད་པ་ལ་གཉིས་ཏེ། ཤམྦྷ་ལའི་མཚན་ཉིད་དངོས་བཤད་པ་དང་། ཆོས་རྒྱལ་རིགས་ལྡན་གྱི་ཁྱད་པར་བཤད་པའོ། །དང་པོ་ལ་གཉིས། གཞན་ལུགས་ལ་དཔྱད་པ་དང་། རང་ལུགས་བསྒྲུབ་པའོ། །དང་པོ་ལ་གཉིས། བཤད་པ་འགོད་པ་དང་། ལན་འདེབས་པའོ། །དང་པོ་ནི་དུས་ཀྱི་འཁོར་ལོའི་རྣལ་འབྱོར་པ་དགེ་སློང་ཆོས་ཀྱི་རྒྱལ་པོའི་ཤམྦྷ་ལའི་རྒྱན་ལས། ཤིང་འགྱུར་ལ་རྩིས་སུ་མཛད་ནས། གཡས་ཀྱི་ཕྱེད་ན་ཤམྦྷ་ལར་གྲགས་ཐུབ་མཆོག་གི་གནས་གྲོང་ནི་བྱེ་བ་ལྷག་པར་གནས། །ཞེས་པ་ལ། གཡས་ཀྱི་ཕྱེད་ཅེས་པ་དབུས་ཀྱི་ལྟེ་བའི་སྟེང་གི་ཕྱེད་རྒྱལ་པོའི་བཞུགས་གནས་ཀ་ལ་པ་ལ་ངོས་བཟུང་། ལྷག་པར་གནས་ཞེས་པ་གྲོང་བྱེ་བ་ཕྲག་དགུ་བཅུ་རྩ་དྲུག་སྟེ་སྟེང་དུ་ལྷག་པར་ཞེས་པའི་ཚིག་ནུས་ལས། གྲོང་བྱེ་བ་ཕྲག་དགུ་བཅུ་རྩ་བདུན་ཡོད་ཅེས་དང་། ཤམྦྷ་ལ་དང་ཀ་ལ་པ་གཅིག་ཡིན་པར་བཤད་འདུག་གོ། །

གཉིས་པ་ནི་ཁྱེད་དུས་འཁོར་གྱི་རྣལ་འབྱོར་པ་ཡིན་ཡང་། རྒྱུད་འགྲེལ་ལ་དགོངས་དཔྱོད་མ་བྱུང་ཞིང་ཉིད་ཀྱི་གཟིགས་པ་རྣམས་གཅེར་ལོང་དུ་སོང་བར་སྣང་སྟེ། གཡས་ཀྱི་ཕྱེད་དབུས་ཀྱི་ལྟེ་བའི་ཕྱེད་ལ་དགོངས་ན། མཚོ་བདུན་གྱི་ཆང་དང་ལན་ཚྭའི་མཚོའི་བར་ན་གླིང་བདུན་པ་འཛམ་གླིང་ཆེན་པོ་ལས་ཀྱི་ས་པ་ལ་དུམ་བུ་བཅུ་གཉིས་ཡོད་པས། དེའི་ལྷོ་ཕྱོགས་ཀྱི་དུམ་བུ་འཛམ་གླིང་ཆུང་དུ་འདིའི་ཕྱེད་གཡས་ཕྱོགས་ལ་ཤམྦྷ་ལ་དང་། གཡོན་ཕྱོགས་ལ་རྒྱ་བོད་ལི་གསུམ་ཡོད་པར་གསུངས་པ་ཡིན་ཏེ། རྒྱུད་རྣམ་གཉིས་འགྱུར་ལས། ཆང་དང་ལན་ཚྭའི་ཆུ་གཏེར་དབུས་སུ་ཐུབ་པ་ས་ཡི་དཀྱིལ་འཁོར་ལ་ནི་ལས་ས་ཡང་དག་གནས། །དཔག་ཚད་འབུམ་ཕྲག་གསུམ་ལ་ཉི་མའི་དུམ་བུ་རྣམས་སུ་མིའི་བདག་པོ་རིམ་པས་འཁོར་བར་འགྱུར། །དུམ་བུ་གཅིག་ལ་དཔག་ཚད་སྟོང་ཕྲག་ཉི་ཤུ་ལྔ་སྟེ་གཡས་ཀྱི་ཕྱེད་ལ་ཤམྦྷ་ལར་གྲགས་པ། །ཞེས་གསུངས་པ་དོན་མེད་དུ་མ་གྱུར་ཏམ། ཡང་དེ་ནི་འགྱུར་གྱི་ཁྱད་ཡིན་པས་ལུང་དེའི་དགག་ཏུ་མི་རུང་ངོ་གསུངས་ན། རྭ་གྱི་ཇོ་སྐྱ་འགྲོ་སོགས་ཀྱིས་འགྱུར་རྙིང་པ་རྣམས་དང་། རྣམ་གཉིས་འགྱུར་འདི་མཐུན་ཞིང་། ཤིང་འགྱུར་ལ་ཡང་ཚིག་མི་གཅིག་པ་ཙམ་གཏོགས་ཞིབ་ཏུ་དཔྱད་ན་ཁྱེད་ཀྱི་བཞེད་པ་དེ་དང་མི་མཐུན་པ་ཡོད་ལ། དེས་ན་གཡས་ཀྱི་ཕྱེད་འཛམ་གླིང་ཆུང་དུ་འདིའི་གཡས་ལ་ཤམྦྷ་ལ་ཁོ་ན་དང་། གཡོན་ལ་རྒྱ་བོད་ལི་སོགས་ཡོད་པ་ནི་ཚིག་ཤུགས་ལས་ཤེས་ཤིང་། གཡས་ཞེས་བྱ་བ་བྱང་ལ་བཞག་པར་མངོན་ནོ། །ལྷག་པར་ཞེས་པས་གྲོང་བྱེ་བ་ཕྲག་དགུ་བཅུ་རྩ་བདུན་བསྟན་ན། སྟོན་

མེད་པའི་ལེགས་བཤད་རིགས་ལྡན་པདྨ་དཀར་པོ། དུས་ཞབས་པ་ཆེ་ཆུང་། བུ་དོན་ལ་བུ་གསུམ་སོགས་ཀྱིས་མ་རྙེད་པའི་ལེགས་བཤད་ཡིན་འདུག་ཅིང་། འགྲེལ་ཆེན་ལས། རྒྱལ་པོ་ཟླ་བ་བཟང་པོས་གྲོང་བྱེ་བ་ཕྲག་དགུ་བཅུ་རྩ་དྲུག་ན་གནས་པ་རྣམས་ལ་རབ་ཏུ་བསྟན་ཏོ། །ཞེས་དང་། མ་འོངས་པའི་དུས་སུ་ཚངས་པའི་དྲང་སྲོང་བྱེ་བ་ཕྲག་ཕྱེད་དང་བཞི་དང་། གྲོང་བྱེ་བ་ཕྲག་དགུ་བཅུ་རྩ་དྲུག་ན་གནས་པ་རྣམས་ཡོངས་སུ་སྨིན་པར་གཟིགས་ནས་ཞེས་སོགས་གསུངས་པ་རྣམས་བཏང་སྙོམས་སུ་འཛོག་པར་མཛད་ལགས་སམ།

ཤམྦྷ་ལ་དང་ཀ་ལ་པ་ནི་མི་གཅིག་སྟེ། ཤམྦྷ་ལ་ཡུལ་སྤྱིའི་མིང་དང་། ཀ་ལ་པ་ཕོ་བྲང་གི་མིང་ཡིན་ནོ། །དེ་སྐད་དུ་རྒྱུད་ལས། ཤམྦྷ་ལ་ཞེས་རབ་ཏུ་གྲགས་པའི་ཀ་ལ་པ་ནི་དཔལ་ལྡན་རྒྱལ་པོ་ཉི་མ་འགའ་ཞིག་གི། །ཞེས་དང་། འགྲེལ་ཆེན་ལས། ཤམྦྷ་ལའི་ཡུལ་གྱི་ཀ་ལ་པའི་གྲོང་གི་བདག་པོ་ཉི་མའི་འོད་ཀྱི་ལྷོ་རྣམ་པར་རྒྱལ་མའི་མངལ་ནས་བྱུང་བ་རྒྱལ་པོ་ཟླ་བ་བཟང་པོར་གསོལ་བ་འདེབས་པ་པོར་གྱུར་ལ། ཞེས་གསུངས་པ་ཡིན་ནོ། །ཡེ་གསང་རྩེ་པ་སོགས་འགའ་ཞིག་ལ་ཡང་བཞེད་པ་སྣ་ཚོགས་སྣང་མོད། བཤད་སྲོལ་འདིའི་རྗེས་འཇུག་ཏུ་མི་སྣང་བས་འདིར་མ་བཀོད་དོ། །དཔལ་ལྡན་དུས་འཁོར་རྒྱུད་ཀྱི་རྣལ་འབྱོར་ཞེས། །གསལ་བར་ཞལ་བཞེས་དབྱངས་ཀྱིས་ཁྱབ་ན་ཡང་། །རྒྱུད་འགྲེལ་དགོངས་པ་ཁྱད་པར་རང་ཕྱོགས་ཀྱི། །བླ་མའི་གསུང་དང་མི་མཐུན་འགལ་བརྗོད་འཕྲེང་། །བསྐར་ལ་བླུན་པོའི་ཚོགས་ཀྱང་སེམས་ཉི་ལྟང་། །ཕྱོགས་ལས་རྣམ་རྒྱལ་སྒྲ་དབྱངས་ལ། །འཆེལ་པའི་བློ་དང་མཐུན་སླུས་ན། །འཇམ་དབྱངས་པད་དཀར་བདག་ལ་ཁྲེལ། །བླུན་དད་ཅན་ཀུན་དགོངས་ཡངས་ཞུ། །གཞན་ལུགས་དགག་པ་བསྟན་ཟིན་ཏོ། །རྣམ་པ་ཀུན་ལྡན་རྣམ་པ་མེད། །དཔལ་ལྡན་དུས་འཁོར་ལྷ་ཚོགས་དང་། །ཁམས་དྲུག་སྲུང་སྐྱོབས་མཛད་པའི་ལྷ། །རང་ཕྱོགས་དྲང་ལྡན་སྲུང་མར་འདུད། །

གཉིས་པ་རང་ཕྱོགས་བཞག་པ་ནི། གངས་ཅན་རི་བོ་དེའི་འགྲམ་མམ་ནང་ན་ཤམྦྷ་ལ་ཞེས་བྱ་བའི་ཡུལ་པདྨ་འདབ་བརྒྱད་ཀྱི་རྣམ་པ་ཅན། གྲོང་བྱེ་བ་ཕྲག་དགུ་བཅུ་རྩ་དྲུག་ཡོད་པ། གྲོང་བྱེ་བ་བྱེ་བ་ལ་ཡུལ་འཁོར་དུ་བཞག་པའི། ཡུལ་འཁོར་ལ་གླིང་གི་ཡུལ་རེ་རེ་ལ་མི་བདག་རེ་རེ་ཅོད་པན་འཛིན་ཅིང་གནས་པས། མི་བདག་དགུ་བཅུ་རྩ་དྲུག་མངོན་པར་འཁོད་ཅིང་། དེའི་དབུས་ན་ཀེ་ལ་ཤ་ཞེས་བྱ་བའི་རི་བོ། དེའི་སྟེང་ན་དབུས་སུ་ཕོ་བྲང་མཆོག་ཏུ་གྱུར་པ་ཀ་ལ་པ་ཞེས་བྱ་བ་ཡོད། དེའི་གཡས་ན་མ་ལ་ཡའི་སྐྱེད་མོས་ཚལ། དེའི་ཤར་ཕྱོགས་ན་ཉི་བའི་ཡིད་ཀྱི་མཚོ། མ་ལ་ཡའི་སྐྱེད་ཚལ་གྱི་ནུབ་ན་པདྨ་དཀར་པོའི་མཚོ། དེ་བཞི་ཀ་ཚད་མཉམ་པར་དཔག་ཚད་བཅུ་གཉིས་བཅུ་གཉིས་ཡོད་པ། སྐྱེད་ཚལ་གྱི་དབུས་ན་ཆོས་རྒྱལ་ཟླ་བཟང་གིས་མཛད་པའི་དུས་འཁོར་གྱི་བློས་བསླངས་རྒྱ་ཚད་ཁྲུ་བརྒྱད་བརྒྱ་ཡོད་པ་མཚན་ཉིད་རྫོགས་པ། རྒྱུ་རིན་པོ་ཆེ་ལྔའི་རང་བཞིན་ཅན་བཀོད་པ་

ཕུན་སུམ་ཚོགས་པ་ཡོད་དེ། རྒྱུད་ལས། ཆང་དང་ལན་ཚྭའི་ཆུ་གཏེར་དབུས་སུ་ཐུབ་པ་ས་ཡི་དཀྱིལ་འཁོར་ལ་ནི་ལས་ལ་ཡང་དག་གནས། །དཔག་ཚད་འབུམ་ཕྲག་གསུམ་པ་ཉི་མའི་དུམ་བུ་རྣམས་སུ་མིའི་བདག་པོ་རིམ་པས་འཁོར་བར་འགྱུར། །དུམ་བུ་གཅིག་ལ་དཔག་ཚད་སྟོང་ཕྲག་ཉི་ཤུ་ལྔ་སྟེ་གཡས་ཀྱི་ཕྱེད་ལ་ཤཱམྦྷ་ལར་གྲགས་པ། །ཐུབ་མཆོག་གི་གནས་གྲོང་ནི་བྱེ་བ་ལྷག་པར་གནས་ཏེ་ནོར་གྱི་འདབ་མ་དག་དང་བཅས་པ་ཡི། །ཕྱོགས་རྣམས་ཀུན་ཏུ་མཆོག་གི་གངས་རི་ཡིས་ནི་རྣམ་པར་བསྐོར་ཏེ་དེའི་དབུས་ན་ཀཻ་ལཱ་ཤ །ས་ལ་ཀཻ་ལཱ་ཤ་ཡི་དུམ་བུ་དེ་ནི་གངས་ཀྱི་རི་དང་བཅས་པའི་ཀུན་ནས་སུམ་ཆ་སྟེ། །ཕྱི་རོལ་དུ་ནི་འདབ་མ་རེ་རེ་དག་ཀྱང་ཉིན་བྱེད་ཡུལ་དང་གླིང་གི་ཡུལ་རྣམས་དག་གིས་བརྒྱན། །བྱེ་བའི་གྲོང་གི་ངེས་པར་བཅིངས་ཏེ་ཡུལ་དུ་འགྱུར་ཏེ་འབུམ་ཕྲག་གྲོང་རྣམས་ཀྱི་ནི་ཡུལ་འཁོར་རོ། །ཞེས་གསུངས་པ་ཡིན།

ལུང་དེ་དག་གི་དོན་ཙམ་ཟད་བཤད་པར་བྱ་བ་སྐབས་སུ་བབ་པས་དེ་འཆད་པར་བྱེད་པ་ལ། འདིའི་སྐབས་འགྲེལ་ཆེན་དུ་གོ་སླའོ་ཞེས་བཞག་ནས་འགྲེལ་པ་མི་སྣང་ཡང་། བླ་མ་དམ་པ་བསོད་ནམས་རྒྱལ་མཚན་གྱི་དུས་འཁོར་ཊཱི་ཀ་ཆེན་དང་། བྱང་ཕྱོགས་ཆོས་ཀྱི་རྒྱལ་པོ་རིགས་ལྡན་པདྨ་དཀར་པོའི་རྣམ་འཕྲུལ་གདོང་མི་ཟ་བ་རྣམ་རྒྱལ་གྲགས་པ་བཟང་པོའི་རྒྱུད་མཆན་དང་། གཞན་ཡང་ཆོས་ཀྱི་རྗེ་དོལ་པོ་པ་དང་། བུ་སྟོན་ཐམས་ཅད་མཁྱེན་པ་རྣམས་ཀྱི་རྒྱུད་མཆན་སོ་སོ་ནས་ཀྱང་ལེགས་པའི་ཆ་བླངས་ཏེ་རྒྱུད་ཚིག་འདིའི་དོན་ཙམ་ཟད་བཀྲོལ་ན། ཆང་དང་ལན་ཚྭའི་ཆུ་གཏེར་དབུས་སུ་ཞེས་པ་ནི། སྤྱིར་འཇིག་རྟེན་གྱི་ཁམས་ཀྱི་རྣམ་བཞག་ལ་ནམ་མཁའ་རླུང་མེ་ཆུ་སའི་དཀྱིལ་འཁོར་ལྷ་རིམ་བརྩེགས་ཀྱི་སྟེང་ན་རི་རབ་ལྷུན་པོ་རིན་པོ་ཆེ་སྣ་ལྔ་ལས་གྲུབ་པ་ཞིག་ཡོད་དེ། རྒྱུད་ལས། མཐའ་དག་རི་ཡི་བདག་པོའི་ཤར་ནི་དག་པའི་ཨིནྡྲ་ནཱི་ལ་ལྗོ་ནི་པདྨ་རཱ་ག་སྟེ། །ནུབ་ནི་ཀརྐེ་ཏ་ན་སེར་པོ་རི་བོང་འཛིན་པ་ལྟར་དཀར་བྱང་ནི་ཟླ་བ་ཆུ་ཤེལ་ལོ། །དབུས་ནི་ལྷང་ཁུ་མརྐ་ཏ་ཞེས་གསུངས་པ་ཡིན། །རི་རབ་དེའི་དབྱིབས་རྩ་བ་ཕྲ་ཞིང་དཔག་ཚད་ཀྱང་སྟོང་ཕྲག་བཅུ་དྲུག་གི་ཚད་ལས་མེད་ལ། རྩེ་ནི་ཤིན་ཏུ་མཐོ་ཞིང་རྒྱ་ལ་ཡང་དཔག་ཚད་སྟོང་ཕྲག་ལྔ་བཅུ་ཡོད་པ། རྩེ་ན་རྡོ་རྗེའི་ར་ལྟ་བུའི་ལྟོག་ལྔ་དང་ལྡན་པ་ཡོད་དེ། ཁམས་ལེ་ལས། ལྷུན་པོ་ཡི་ནི་སྟེང་གི་རྒྱ་དང་ས་གཞི་དག་གི་གནས་ལ་དཔག་ཚད་རྣམས་ནི་སྟོང་ཕྲག་ནི། །ལྔ་བཅུ་བཅུ་དྲུག་དག་གོ་གཅིག་ནི་རབ་མཆོག་ས་ཡི་གཞི་ལ་འཁོར་ཡུག་དག་གིས་ཡང་དག་སྟེ། །སྟེང་གི་རྩེ་མོ་ལྔ་པོ་རྣམས་ནི་ས་ཡི་གཞི་རྣམས་ལ་ཏེ། །ཞེས་གསུངས་པ་ཡིན། རི་རབ་དེའི་མཐའ་སྐོར་དུ། གླིང་བདུན་རི་བདུན་མཚོ་བདུན་རྣམས་ཀྱིས་བསྐོར་ཞིང་ཡོད་ལ། དེའི་ཚུལ་ཡང་གླིང་རེ། མཚོ་རེ། རི་རེ་རྣམས་སྤེལ་མར་གནས་པ་ཡིན་ཏེ། ཁམས་ལེའི་བུ་སྐོར་བཅུ་དྲུག་པར། ལན་ཚྭ་ཆང་དང་ཆུ་དང་འོ་མ་ཞོ་དང་མར་དང་སྦྲང་རྩིའི་རྒྱ་མཚོ་བདུན་ཏེ་རི་

པོ་ནི། །འོད་སྡོན་མཉ་ད་ར་ནི་ནི་ཀྵ་ཏ་དང་ནོར་བུ་འོད་དང་དྲོན་བསིལ་རི་རྡོ་རྗེ་པོ། །གླིང་ནི་ཟླ་བ་འོད་དཀར་དག་དང་རབ་མཆོག་ཀུ་ཤ་དང་ནི་མི་འམ་ཅི་དང་ཁྲུང་ཁྲུང་དང་། །དྲག་པོ་ཡང་ནི་ལོངས་སྤྱོད་ས་ཏེ་བདུན་པ་འཛམ་བུ་མི་རྣམས་གནས་པ་དག་ནི་ལས་ཀྱི་ས། །ཞེས་དང་། འགྲེལ་ཆེན་ལས། ལན་ཚྭ་ནི་སའི་དཀྱིལ་འཁོར་གྱི་ཕྱི་རོལ་ནའོ། །ཆང་ལ་སོགས་པ་ནི་སའི་སྟེང་ནའོ། །ཞེས་དང་། རྡོ་རྗེ་ནི་ལན་ཚྭའི་རྒྱ་མཚོའི་ཕྱི་རོལ་ནའོ། །ཞེས་སོགས་གསུངས་པ་ཡིན། དེ་ལྟར་ཡོད་པའི་ལན་ཚྭའི་མཚོ་ཕྱི་རོལ་དང་། ཆང་གི་མཚོ་ནང་ན་ཡོད་པའི་བར་ན་གླིང་བདུན་པ་འཛམ་གླིང་ཆེན་པོ་ལས་ཀྱི་ས་པ་ཡང་དག་པར་གནས་ཤིང་ཡོད་དོ་ཞེས་སྟོན་པ་ལ། ཆང་དང་ལན་ཚྭའི་ཆུ་གཉེར་དབུས་སུ་ཐུབ་པ་ས་ཡི་དཀྱིལ་འཁོར་ལ་ནི་ལས་ས་ཡང་དག་གནས། །ཞེས་བཤད་པ་ཡིན་ལ།

དཔག་ཚད་འབུམ་ཕྲག་གསུམ་ལ། ཞེས་པ་ནི། འཛམ་གླིང་ཆེན་པོ་དེའི་མཐའ་སྐོར་གྱི་ཚད་བསྟན་པ་ཡིན་ཞིང་། ཉི་མའི་དུས་བུ་རྣམས་སུ་མིའི་བདག་པོ་རིམ་པས་འཁོར་བར་འགྱུར། །ཞེས་པ་ནི་གླིང་དེ་ལ་དུས་བུ་བཅུ་གཉིས་སུ་ཡོད་དེ། ཉི་མ་བརྡ་ཚིག་ཡིན་པས་དུས་བུ་དེ་དག་ལ་མིའི་བདག་དྲག་པོ་འཁོར་ལོ་ཅན་རིམ་པས་འཁོར་བའམ་འགྲོན་པར་འགྱུར་ཞེས་པ་ཡིན་ནོ། །དུམ་བུ་གཅིག་ལ་དཔག་ཚད་ཞེས་སོགས་ཀྱི་དོན་ནི་དུམ་བུ་ཉི་མའམ་བཅུ་གཉིས་པོ་དེའི་ནང་ལྷོ་འཛམ་གླིང་ཆུང་ངུའི་དུམ་བུ་གཅིག་པོ་འདི་ལ་ལྷོ་བྱང་དུ་དཔག་ཚད་སྟོང་ཕྲག་ཉི་ཤུ་རྩ་ལྔ་སྟེ། ཁྲི་ཕྲག་ཕྱེད་དང་གསུམ་ཡོད་པའི་ཕྱེད་གཡས་སམ་བྱང་གི་ཕྱོགས་ལ་ཤམྦྷ་ལ་ཡོད་ཅེས་པའོ། །ཐུབ་མཆོག་གི་གནས་ཞེས་སོགས་ནི་ཐུབ་པ་མཆོག་སྟེ། རྫོགས་པའི་སངས་རྒྱས་ཀྱི་རིགས་མ་འཆོལ་བར་བཞུགས་པའི་ཆོས་རྒྱལ་རིགས་ལྡན་རྣམས་ཀྱི་གནས་ཡིན་ལ། དེ་ལ་གྲོང་ཁྱེར་བྱེ་བ་ལྷག་པར་ངེས་པར་གནས་ཏེ་ཞེས་སམ། ཡང་ན་ལྷག་པར་ཏེ་བྱེ་བ་ཕྲག་གཅིག་པོ་དེ་བྱེ་བ་ཕྲག་དགུ་བཅུ་རྩ་དྲུག་ལ་མི་གཏོགས་ཤིང་། རྩ་བདུན་ཞེས་གསུང་མི་འདྲེན་པས་སོ། །དེ་སྐད་དུ་ཡང་རྒྱུད་ལས། བདག་ནི་ཤཱཀྱའི་རིགས་རྒྱུད་ལས། །བྱུང་བ་ཟླ་བཟང་ཁྱོད་རིགས་ལའོ། །

རྡོ་རྗེའི་མདུད་འགྲོལ་ལས། ཀ་ལ་ཤའི་རི་བོའི་སྟེང་ན་ཤམྦྷ་ལའི་གྲོང་བྱེ་བ་ཕྲག་གཅིག་ཡོད་པའི་གཙོ་བོ་རྒྱལ་པོའི་ཕོ་བྲང་ཀཱ་ལ་པ་དཔག་ཚད་བཅུ་གཉིས་པ་དང་། ཞེས་གསུངས་པ་ཡིན་ལ། ནོར་གྱི་འདབ་མ་སྟེ་ས་པདྨ་འདབ་བརྒྱད་ཀྱི་དབྱིབས་ལག་མཐིལ་ལྟར་སྙོམས་ཤིང་། རྒྱ་ཚད་ཤམ་ཐྭ་ལ་ཡོངས་རྫོགས་ལ་དཔག་ཚད་སྟོང་ཕྲག་ཕྱེད་དང་བཅུ་གསུམ་ལས། དཔག་ཚད་བརྒྱ་ལ་མདའ་ཡིས་སྐྱུར་བའི་ཚད་དང་ལྡན་པའི་རི་ཡི་ཕྱོགས་བཞི་བསྐོར་བ་ཡི། །ཞེས་བཤད་པ་ལྟར་གངས་རིས་བསྐོར་བའི་ཞིང་ལ་དཔག་ཚད་ལྔ་བརྒྱ་ལྔ་བརྒྱ་ཡོད་པ་ལྷོ་བྱང་ན་སྟོང་ཕྲག་གཅིག་དོར་བས་ནང་སྐོར་ལ་དཔག་ཚད་སྟོང་ཕྲག་ཕྱེད་དང་བཅུ་གཉིས་ཡོད་པ་ཡིན་ཏེ། དེ་ལྟ་

བུའི་གངས་རི་མཆོག་གིས་ཕྱོགས་ཀུན་ཏུ་བསྐོར་ཞིང་། དེའི་དབུས་ནས་སུམ་ཅ་ཙོན་པའི་ཀ་ལ་པ་ཞེས་བྱ་བའི་རི་ཟླུམ་ཞིང་མཐོ་བ་དེ་ཡོད་དོ་ཞེས་སྟོན་པ་ལ། ཕྱོགས་རྣམས་ཀུན་ཏུ་མཆོག་གི་གངས་རི་ཡིས་ནི་རྣམ་པར་བསྐོར་ཏེ་དེ་ཡི་དབུས་ན་ཀཻ་ལ་ཤ །ཞེས་གསུངས་སོ། །ས་ལ་ཀཻ་ལ་ཤ་ཞེས་སོགས་ནི། ས་པདྨ་འདབ་མ་བརྒྱད་པའི་རྣམ་པ་ཅན་དེ་ལ་ཀཻ་ལ་ཤའི་རི་བོའི་དུམ་བུ་སྟེ། འཛམ་གླིང་ཆུང་ངུའི་དུམ་བུ་དེ་ལ་དུམ་བུ་ཆུང་བ་དྲུག་ཡོད་པས། ཤམྦྷ་ལའི་དུམ་བུ་དེའི་དབུས་ན་ཡོད་པ་ཡིན་ཞེས་སྟོན་པ་ལ། ཀཻ་ལ་ཤའི་དུམ་བུ་ཞེས་གསུང་གི། ཁོ་རང་ལ་དུམ་བུ་གསུམ་ཡོད་ཞེས་པ་ནི་མིན་ནོ། །

དེས་ན་ཀཻ་ལ་ཤ་དེ་ཉིད་གངས་རིས་བསྐོར་བའི་ནང་གི་སུམ་ཆ་ལ་དབང་ཞེས་པ་ཡིན་ལ། དེའི་ཕྱི་རོལ་ཏུ་ས་པདྨ་འདབ་བརྒྱད་ཀྱི་དབྱིབས་སུ་ཡོད་པའམ། འདབ་མ་རེ་རེ་དག་ཀྱང་ཉིན་བྱེད་ཡུལ་ཏེ། གྲོང་བྱེ་བ་ཕྲག་བཅུ་གཉིས་བཅུ་གཉིས་དང་ལྡན་ཞིང་། དེ་འདྲ་རེ་རེ་ལ་ཡུལ་འཁོར་རམ་གླིང་གི་ཡུལ་དུ་འགྱུར་ལ། དེས་མཛེས་ཤིང་བརྒྱན་པར་བྱས་པ་ཡིན་ཞེས་པའི་དོན་ནོ། །ཚིག་ རྐང་ཕྱི་མ་འདིས་ཡུལ་འཁོར་གྱི་རྣམ་གཞག་ཞིབ་ཏུ་སྟོན་པ་སྟེ། བྱེ་བ་ཕྲག་གི་གྲོང་གིས་ངེས་པར་བཅིངས་པ་སྟེ་ཡོད་པ་དེ་ལ་ནི་ཡུལ་ཆེན་པོ་ཞེས་གྲགས་པ་དེ་འགྱུར་ལ། འབུམ་ཕྲག་རེ་ཡོད་པ་ལ་ཡུལ་འཁོར་དུ་འགྱུར་ཞིང་། ཡུལ་འཁོར་དང་གླིང་གི་ཡུལ་དོན་གཅིག་ཡིན་པའི་ཕྱིར་རིགས་ལྡན་ཆེན་པོའི་མཆན་ལས་བཤད་པ་ཡིན་ནོ། །ཆོས་རྒྱལ་ཐེག་ཆེན་ཆོས་སྟོན་པ། །བསླུ་མེད་སྐྱབས་དེར་ཕྱག་འཚལ་ནས། །རྒྱུད་འགྲེལ་བདུད་རྩིའི་རྒྱ་མཚོ་ལས། །ལེགས་བཤད་ཟེར་མ་འདི་སྤྲོས་སོ། །ཡུལ་ཤམྦྷ་ལ་རུམ་ཕྱིན་ཡང་། །དབྱིབས་མ་འདྲེས་གསལ་པོར་རྟོགས་པ་འདི། །ཁོང་རྒྱལ་བའི་བྱིན་རླབས་མ་ཡིན་ནམ། །ཁོང་གཟུར་གནས་ཀྱི་མཁས་པ་མཉེས་ཕྱིར་འབུལ། །

གཉིས་པ་ལ་ཡང་གསུམ། ཆོས་རྒྱལ་རིགས་ལྡན་ཁྱད་པར་བཤད། དེ་དག་གིས་ཆོས་འཁོར་བསྐོར་ཚུལ་བསྟན་པའོ། །དང་པོ་ནི་དེ་ལྟ་བུའི་ཡུལ་དམ་པ་དེར་སྤྲུལ་པའི་རྒྱལ་པོ་རྣམས་བཞུགས་ཞེས་སྟོན་པ་ལ། དེས་ན་སྤྲུལ་པའི་རྒྱལ་པོ་རྣམས། །ཞེས་གསུངས་པ་ཡིན་ལ། དེ་ལ་ཆོས་རྒྱལ་རིགས་ལྡན་གྱི་ཁྱད་པར་ནི། ཆོས་རྒྱལ་བརྒྱད། རིགས་ལྡན་ཉེར་ལྔ་ཞེས་གསུངས་པ་ཡིན་པས། ཁྲི་བོ་བགེགས་མཐར་བྱེད་ཀྱི་སྤྲུལ་པ་ཆོས་རྒྱལ་ཉི་མའི་འོད་ནས། བྱང་སེམས་ནམ་མཁའི་སྙིང་པོའི་སྤྲུལ་པ་ལྷའི་དབང་ལྡན་གྱི་བར་བརྒྱད་ནི་ཆོས་རྒྱལ་ཡིན་ལ། དེ་དག་སོ་སོར་ངོས་བཟུང་ན་ཁྲོ་བོ་བགེགས་མཐར་བྱེད། ཕྱག་རྡོར། བྱང་ཆུབ་སེམས་དཔའ་སའི་སྙིང་པོ། གཤིན་རྗེ་མཐར་བྱེད། སྒྲིབ་པ་རྣམ་སེལ། སྨུགས་བྱེད། ཁེངས་བྱེད། ནམ་མཁའི་སྙིང་པོ་རྣམས་ཀྱི་སྤྲུལ་པ། ཉི་མའི་འོད་དང་། ཟླ་བ་བཟང་པོ་དང་། ལྷ་དབང་དང་། གཟི་བརྗིད་ཅན་དང་། ཟླ་བས་བྱིན་དང་། ལྷའི་དབང་

ཕྱུག་དང་། སྣ་ཚོགས་གཟུགས་དང་། ལྷའི་དབང་ལྡན་རྣམས་ཡིན་ཏེ། རྒྱུད་ལས། ཟླ་བ་ལྷ་དབང་གཞི་བརྗོད་ཅན། །ཟླ་བས་བྱིན་དང་ལྷའི་དབང་ཕྱུག །སྣ་ཚོགས་གཟུགས་དང་ལྷའི་དབང་ལྡན། །ཞེས་དང་། འདས་པའི་རྒྱལ་པོ་ཉི་མའི་འོད་དེ་ནི་བགེགས་མཐར་བྱེད་ཀྱི་སྤྲུལ་པ་སྟེ། ཕྱག་ན་རྡོ་རྗེ་ཟླ་བཟང་ཁྱོད། །ས་སྙིང་གཤིན་རྗེ་མཐར་བྱེད་དང་། །སྒྲིབ་པ་ཐམས་ཅད་རྣམ་སེལ་དང་། །རྨུགས་བྱེད་ཁེངས་བྱེད་རིམ་པས་ཏེ། །ནམ་མཁའི་སྙིང་པོ་ཞེས་གསུང་ཞིང་། །

ཡང་བསྡུས་རྒྱུད་ལས། དཔལ་ལྡན་ཤཱཀྱའི་རིགས་ལ་རབ་གསལ་མིའི་བདག་པོ་བདུན་ཏེ་བརྒྱད་པ་དཔལ་ལྡན་གྲགས་པ། །ཞེས་གསུངས་པས་ཆོས་རྒྱལ་བདུན་དང་། བརྒྱད་པར་འཇམ་དཔལ་གྲགས་པ་བཤད་པས་རྩ་རྒྱུད་བསྡུས་རྒྱུད་གཉིས་ཅུང་མི་མཐུན་པ་ཅི་ཞེ་ན། ཟླ་བཟང་གི་ཡབ་ཉི་མའི་འོད་དུས་འཁོར་གྱི་ཆོས་བརྒྱུད་ལ་མི་བཞུགས་པས་བསྡུས་རྒྱུད་དུ་འདྲེན་པར་མ་མཛད་པས། བརྒྱད་པར་དཔལ་ལྡན་གྲགས་པ་བྱུང་བ་ཡིན་ལ། རྩ་རྒྱུད་ལས་ཉི་མའི་འོད་ཆོས་རྒྱུད་ལ་མི་བཞུགས་ཀྱང་། ཁྲོ་བོ་བགེགས་མཐར་བྱེད་ཀྱི་སྤྲུལ་པ་ཡིན་པས་བྱིན་རླབས་ཀྱི་བཀའ་བབས་ལ་དགོངས་པ་ཡིན་པས། རྒྱུད་གཉིས་འགལ་བར་མི་སེམས་པ་གལ་ཆེའོ། །དེའི་རྗེས་སུ་རིགས་ལྡན་རྣམས་བྱོན་པ་ཡིན་པས་དེ་ལ་རིགས་ལྡན་ཞེས་པའི་མཚན་འདི་འཇམ་དཔལ་གྲགས་པ་མན་ཆོད་ལ་བྱུང་བ་ཡིན་ལ། དེའི་རྒྱུ་མཚན་འཇམ་དབྱངས་ཀྱི་སྤྲུལ་པ་འཇམ་དཔལ་གྲགས་པས། ཤམྦྷ་ལ་ན་ཡོད་པའི་དྲང་སྲོང་ཚངས་པ་ལ་སོགས་པའི་རིགས་ཐ་དད་དུ་སྣ་བ་རྣམས་ལ། ཁྱེད་རྣམས་རྡོ་རྗེ་ཐེག་པའི་རིགས་ལ་ཞུགས་པར་གྱིས་ཤིག །རྣམ་པ་གཞན་དུ་ན་ཁྱེད་ཀྱི་བུ་དང་ཚ་བོ་ལ་སོགས་པས་ཀླ་ཀློའི་ཆོས་དར་བར་བྱས་ནས་ཤམྦྷ་ལའི་ཡུལ་འདིར་ཆོས་ལོག་ཀླ་ཀློ་དར་བར་འགྱུར་བས། ཁྱེད་རྣམས་ངེས་པར་རྡོ་རྗེ་ཐེག་པའི་རིགས་ལ་ཞུགས་ཤིག་ཅེས་པ་ལ་སོགས་བཀའ་བསྩལ་པས། དྲང་སྲོང་ཉི་མའི་ཤིང་རྟ་ལ་སོགས་པས་རིགས་ལྡན་གྱི་བཀའ་བཞིན་དཔལ་དུས་ཀྱི་འཁོར་ལོའི་དཀྱིལ་འཁོར་ཆེན་པོར་ཞུགས། གདམས་པ་དང་རྗེས་སུ་གདམས་པ་རྣམས་ཐོབ་པར་མཛད་ཅིང་། རིགས་ཐ་དད་པ་རྣམས་རྡོ་རྗེ་ཐེག་པའི་རིགས་གཅིག་ཏུ་མཛད་པས་རིགས་ལྡན་ཞེས་པའི་མཚན་དེ་མན་ཆད་དུ་གྲགས་ཤིང་། རྫོགས་པའི་སངས་རྒྱས་ཀྱི་ལུང་ཡང་བསྟན་པ་ཡིན་ཏེ། རྩ་རྒྱུད་ལས། སྒྲ་མཁས་རྡོ་རྗེའི་རིགས་དང་ལྡན། །གྲགས་པ་རྡོ་རྗེའི་རིགས་ལ་ནི། །རིགས་བཞི་རིགས་གཅིག་བྱས་གང་དེས། །རིགས་ལྡན་ཚངས་པའི་རིགས་ཀྱི་ཡིན། །

རྒྱུད་ལས། བརྒྱད་པ་དཔལ་ལྡན་གྲགས་པ་ཡང་། འདི་ནི་དཔལ་ལྡན་འཇམ་པའི་རྡོ་རྗེ་ལྷ་ཡི་མཆོག་གི་རྒྱུད་པ་རྡོ་རྗེའི་རིགས་ཀྱི་རིགས་ལྡན་ཏེ། །རྡོ་རྗེའི་དབང་བསྐུར་བྱིན་ནས་མཐའ་དག་ཐུབ་པའི་རིགས་རྣམས

དག་ནི་རིགས་གཅིག་དག་ཏུ་བྱེད་པར་འགྱུར། །ཞེས་གསུངས་པ་ཡིན་ནོ། །དེ་ལྟ་བུའི་རིགས་ལྡན་དང་པོར་གྱུར་པ་དེ་ནི་རྩ་རྒྱུད་ལས་དོན་བསྡུས་ཤིང་ཚིག་བསྡུས་པ་དཔལ་བསྡུས་པའི་རྒྱུད་ཀྱི་རྒྱལ་པོ་འདི་མཛད་པར་སངས་རྒྱས་ཀྱི་ལུང་བསྟན་ཞིང་། ཁྱིར་འཁོད་ནས་ལོ་བརྒྱ་ལོན་པ་ན་འཕྲེང་འཛིན་གྱི་སྡེབ་སྦྱོར་དུ་མཛད་པར་གྲགས་ཏེ། རྩ་རྒྱུད་ལས། འཕྲེང་འཛིན་གྱི་ཚིགས་བཅད་སུམ་ཅུ་ནི། །ལྷག་པའི་ཕྱོགས་བརྒྱ་ལེའུ་ལྡས། །དཔལ་ལྡན་རྒྱུད་དག་རྫོགས་པར་ནི། །སླ་བའི་རྒྱལ་པོས་སྟོན་གྱུར་ཏེ། །ཞེས་གསུངས་ལ། འོན་འདིར་ཕྱོགས་བཅུ་ལ་འཇུག་པས། བརྒྱ་ཕྲག་གཅིག་བཅུ་བསྒྱུར་བས་སྟོང་འགྱུར་ཞིང་། སུམ་ཅུ་ལྷག་པས་སྟོང་སུམ་ཅུ་འགྱུར་བ་ལ་འདི་ན་ད་ལྟ་སྟོང་ཕྲག་གཅིག་དང་བཞི་བཅུ་ཞེ་གཉིས་འགྱུར་བ་ཅི་ཞེ་ན། སྟོང་སུམ་ཅུ་ནི་རྒྱུད་ཚིག་དངོས་ཡིན་ལ། ལྷག་མ་བཅུ་གཉིས་པོ་འདི་རྒྱལ་པོས་དྲང་སོང་ལ་གདམས་པ་དང་། དྲང་སོང་གི་རྒྱལ་པོ་ལ་ཆེད་བརྗོད་བྱས་པ་རྣམས་ཡིན་ནོ། །རིགས་ལྡན་འདི་དང་འདིའི་སྲས་པདྨ་དཀར་པོ་སོགས་རིགས་ལྡན་ཉེར་ལྔ་པོ་རྣམས་ཀྱང་། གཤིན་རྗེ་ལ་སོགས་པའི་ཁྲོ་བོ་བཅུ་དང་། འཇིག་རྟེན་དབང་ཕྱུག་ལ་སོགས་པ་བྱང་སེམས་བཅུ་གསུམ་རྣམས་ཀྱི་སྤྲུལ་པ་སྤྲེལ་མར་འབྱུང་བ་ཡིན་ཏེ།

རྩ་རྒྱུད་ལས། གཤིན་རྗེ་གཤེད་སོགས་ཁྲོ་བོ་བཅུ། །དེ་བར་བྱང་ཆུབ་སེམས་དཔའ་གཞན། །བཅུ་གསུམ་དེ་དག་རེ་རེ་ནི། །རིགས་ལྡན་རིགས་ལ་འབྱུང་བར་འགྱུར། །གྲགས་པ་རིགས་གསུང་རིགས་ཀུང་སྟེ། ། དེ་ནི་རིགས་ལྡན་པདྨ་དཀར། །བཟང་པོ་རིགས་ལྡན་གསུམ་པ་སྟེ། །དེ་ནི་བཞི་པ་རྣམ་རྒྱལ་ལོ། །ཞེས་སོགས་གསུངས་པ་ཡིན་ལ། གཉིས་པ་དེ་དག་གི་ཆོས་འཁོར་བསྐོར་ཚུལ་བཤད་པ་ལ། རྩ་རྒྱུད་དང་བསྡུས་རྒྱུད་གཉིས་ལས། ཐོག་མ་འདི་ཆོས་རྒྱལ་ཟླ་བ་བཟང་པོས་རྩ་རྒྱུད་རྗེས་སྟགས་ཀྱི་སྡེབ་སྦྱོར་ཅན་སྟོང་ཕྲག་བཅུ་གཉིས་པ་ལ་འགྲེལ་བཤད་སྟོང་ཕྲག་དྲུག་ཅུ་པ་བརྩམས། དེ་ཉིད་ལྷ་དབང་ལ་སོགས་པ་ཆོས་རྒྱལ་དྲུག་པོས་རྩ་འགྲེལ་དེ་གཉིས་མན་ངག་དང་བཅས་པ་ལོ་བརྒྱ་བརྒྱར་བསྐོར་བར་མཛད་པ་ཡིན་ཏེ། འགྲེལ་ཆེན་ལས། རྒྱལ་པོ་ཟླ་བ་བཟང་པོས་དྲང་སྲོང་བྱེ་བ་ཕྲག་དགུ་བཅུ་རྩ་དྲུག་ཏུ་གནས་པ་རྣམས་ལ་རབ་ཏུ་བསྟན་ཏོ། །ཞེས་དང་། དེ་ནས་ལྷ་དབང་གི་ལོ་བརྒྱའི་བར་དུ་རྒྱུད་སྟོན་པར་མཛད་དེ། དེ་ཤིན་ཏུ་གཟི་བརྗིད་ཅན་དང་། ཟླ་བས་བྱིན་དང་། ལྷའི་དབང་ཕྱུག་དང་། སྣ་ཚོགས་གཟུགས་དང་། ལྷའི་དབང་ལྡན་རྣམས་ཀྱིས་ཀྱང་ངོ་། །ཞེས་དང་། འཇམ་དཔལ་རྒྱལ་པོ་གྲགས་པར་གྱུར་ཏེ་བྱང་ཆུབ་སེམས་དཔའ་སེང་གེའི་ཁྲི་དེ་ལས་ལོ་བརྒྱའི་བར་དུ་ཆོས་སྟོན་ཏོ། ། ཞེས་གསུངས་པ་ཡིན།

གཉིས་པ་བསྡུས་རྒྱུད་རྩ་འགྲེལ་གྱི་ཆོས་འཁོར་བསྐོར་ཚུལ་ནི། དེ་ལྟར་ཆོས་རྒྱལ་བརྒྱད་པོས་སེམས་

ཅན་གྱི་དོན་མཛད་ཅིང་རྩ་རྒྱུད་གསུངས་ནས་ལོ་དྲུག་བརྒྱ་འདས་པ་ན། འཇམ་དཔལ་གྲགས་པ་ཤམྦྷ་ལར་བྱོན་ནས་བསྡུས་པའི་རྒྱུད་འཕྲེང་འཛིན་གྱི་སྡེབ་སྦྱོར་གྱིས་བཅིངས་ནས་སྟོན་པར་མཛད་པ་ཡིན་ཏེ། རྩ་རྒྱུད་ལས། ལོ་འདི་ནས་ནི་དྲུག་བརྒྱའི་ལོ། །དྲང་སྲོང་རྣམས་ནི་སྨིན་དོན་དུ། །འཇམ་དཔལ་མི་བདག་གྲགས་པ་ནི། །ཤམྦྷ་ལ་ཞེས་བྱ་བར་འབྱུང་། །ཞེས་དང་། རྒྱུད་ལས། ལོ་འདི་ནས་ནི་དྲུག་བརྒྱའི་ལོ་ཡི་གསལ་བར་མི་བདག་གྲགས་པ་ཤམྦྷ་ལ་ཞེས་བྱ་བར་འབྱུང་། །ཞེས་དང་། འཕྲེང་འཛིན་ཚིགས་ཅན་སུམ་ཅུ་ནི། །ཞེས་སོགས་གསུངས་པ་ཡིན་ཏེ། དེའི་སྲས་འཇིག་རྟེན་མགོན་པོའི་རྣམ་སྤྲུལ་རིགས་ལྡན་པདྨ་དཀར་པོས་རྒྱུད་འདི་ལ་འགྲེལ་བཤད་བྱེད་པར་རྩ་རྒྱུད་ལས་ལུང་བསྟན་པ་ཡིན་ཏེ། རྒྱས་འགྲེལ་བྱེད་པ་པད་དཀར་འཛིན། །ཞེས་བཤད་ལ། འདི་ནི་རྩ་རྒྱུད་དང་གཞུང་ཚད་མཉམ་པ་སྟོང་ཕྲག་བཅུ་གཉིས་པ་ཡིན་ཏེ། རྫོགས་པར་དམ་བཅའ་བའི་སྐབས་སུ། པདྨ་དཀར་པོ་བདག་གིས་ནི། །རྩ་བའི་རྒྱུད་ཀྱི་རྗེས་འཇུག་པའི། །གཞུང་ནི་སྟོང་ཕྲག་བཅུ་གཉིས་ཀྱི། །རྡོ་རྗེའི་ཚིགས་བཅད་འབྱེད་པ་ནི། །བསྡུས་པའི་རྒྱུད་ལ་བྲི་བར་བྱ། །ཞེས་གསུངས་ལ།

རིགས་ལྡན་ཕྱི་མ་རྣམས་ཀྱིས་རྩ་རྒྱུད་བསྡུས་རྒྱུད་རྩ་འགྲེལ་མན་ངག་དང་བཅས་པ་ལོ་བརྒྱ་བརྒྱར་ཆོས་གསུངས་པ་ཡིན་ནོ་ཞེས་སྟོན་པ་ལ། ལོ་གྲངས་བརྒྱ་བརྒྱར་ཆོས་གསུང་ངོ་། །ཞེས་བཤད་ལ། དེའི་མཐུ་ལས་ཤམྦྷ་ལའི་གནས་དེ་ན་མ་ལ་ཡའི་སྐྱེད་མོས་ཚལ་ལ་སོགས་པ་ནགས་ཚལ་སྣ་ཚོགས་དང་། འབྲས་བུ་བཟའ་ཉན་པའི་ལྗོན་ཤིང་གི་རྣ་བ་དུ་མས་ཀྱང་གང་ཞིང་། ཉམས་དགའ་ལ་ཆོས་འཕེལ་བར་ཡོད་ཅེས་སྟོན་པ་ལ། དེ་ན་ནགས་ཚལ་སྣ་ཚོགས་དང་། །ཞེས་སོགས་གསུངས་སོ། །རྣམ་རྒྱལ་སྤྲུལ་པའི་བློས་གར་སྒྱུར། །ཆོས་རྒྱལ་རིགས་ལྡན་སྲིད་གསུམ་མགོན། །དེའི་ཁྲུད་འབྱེད་མཁས་མང་ཡང་། །དྲི་མེད་ལེགས་བཤད་འདི་ན་གསལ། །ཤམྦྷ་ལའི་མཚན་ཉིད་རྒྱས་པར་བཤད་པ་བསྟན་ཟིན་ཏོ། །རྒྱལ་བའི་ལེགས་གསུངས་ནམ་མཁའི་ནོར་བུ་དེ། །རང་བཞིན་དག་པའི་མཁའ་ལ་རབ་འཕྱོ་ཡང་། །མི་ཟད་ཀླ་ཀློའི་ཞུ་འཛིན་འཁྲིགས་པའི་སྒོ། །སྐད་ཅིག་གིས་འཇོམས་དྲག་པོའི་དཔུང་དེར་འདུད། །

རྩ་བའི་བཞི་པ་ལུགས་མིན་ཀླ་ཀློ་དར་ཚུལ་བཤད་པ་ལ་གསུམ། ཀླ་ཀློའི་སྟོན་པ་བྱུང་ཚུལ། དེས་སྤྱོད་པ་ཇི་ལྟར་བྱས་ཚུལ། དེའི་བསྟན་པའི་གནས་ཚད་བསྟན་པའོ། །དང་པོ་ནི་འཇམ་དཔལ་གྲགས་པས་ཆོས་བསྟན་ནས་ལོ་བརྒྱད་བརྒྱ་སོང་བ་ན། ངེས་པར་ཆུ་བོ་སི་ཏའི་ལྷོ་ཕྱོགས་མ་ག་དྷའི་ཡུལ་དུ་ཀླ་ཀློའི་ཆོས་ཐོག་མར་དར་བར་འགྱུར་ཏེ། རྒྱུད་ལས། དེ་ནས་ཀླུའི་ལོ་བརྒྱ་རྣམས་ཀྱིས་ངེས་པར་མ་ཁའི་ཡུལ་དུ་ཀླ་ཀློའི་ཆོས་དག་རབ་ཏུ་འཇུག །ཅེས་གསུངས་པ་ཡིན་ལ། དེས་ན་འཇམ་དཔལ་གྱིས་ཆོས་བསྟན་ནས་མ་ཁའི་ཡུལ་དུ་ཀླ་ཀློ་མ་ཞུགས

བར་ལ། པདྨ་དཀར་པོ་དང་། བཟང་པོ་དང་། རྣམ་རྒྱལ་དང་། བཤེས་གཉེན་བཟང་པོ་དང་། རིན་ཆེན་ཕྱུག་དང་། ཁྱབ་འཇུག་སྲས་པ་དང་། ཉི་མ་གྲགས་དང་། ཤིན་ཏུ་བཟང་པོ་སྟེ་གྲགས་པའི་བུ་དང་ཚ་བོ་བརྒྱུད་འདས་ཤིང་། དེ་རེ་རེས་ལོ་བརྒྱ་བརྒྱ་ཆོས་སྟོན་ལ། རྒྱ་མཚོ་རྣམ་རྒྱལ་གྱི་དུས་མ་ཁའི་ཡུལ་དུ་ཀླུ་ཀློ་འཇུག་སྟེ། རྒྱུད་ལས། རིགས་ལྡན་གྱི་ནང་ནས་ནི་ལག་པས་བསྒྱུར་བས་དུས་ཀྱི་བུ་དང་ཚ་བོ་དག་ནི་འདས་གྱུར་པ། །དེ་ཡི་དུས་སུ་ངེས་པར་མ་ཁའི་ཡུལ་དུ་ཀླ་ཀློའི་ཆོས་ནི་རབ་ཏུ་འཇུག་པ་དག་ཏུ་འགྱུར། །ཞེས་གསུངས་ལ།

དེ་ལ་སྟོན་པ་བརྒྱད་འབྱུང་བ་ཡིན་ཏེ། རྒྱུད་ལས། ཨཱ་དམ་ཨ་ནོ་ཝཱ་དང་ཡབ་ལྡན་ལྷ་མིན་ལག་འགྲོའི་རིགས་ལ་མུན་པ་ཅན་ཏེ་གཞན་ཡང་ལྷ། །ཁྱི་བ་དབང་པོ་གོས་དཀར་ཅན་དང་སྤྲང་རྩི་ལྡན་པ་འཛོམས་བྱེད་བརྒྱད་པ་གང་དེ་ལོང་བ་ཡང་། །བདུན་པའི་མ་ཁའི་ཡུལ་གྱི་བློ་ག་ད་ལ་སོགས་པ་གྲོང་ཁྱེར་དུ་ནི་གསལ་བར་ཡང་དག་འབྱུང་། །ཞེས་བཤད་ལ། ཀླ་ཀློའི་ཆོས་གང་དུ་དར་བ་དེར་སྟོན་པ་སོ་སོ་འཁོར་དང་བཅས་པ་སྟོབས་རྩལ་དང་ལྡན་ཞིང་། བརྩེ་བ་མེད་ཅིང་། ཀླ་ཀློའི་རང་བཞིན་ཁྱད་ཆོས་རྣམས་དང་ལྡན་པ་ཡིན་ཏེ། རྒྱུད་ལས། གང་དུ་འཇིག་རྟེན་ལྷ་མིན་ཡན་ལག་སྟོབས་དང་ལྡན་ཅིང་བརྩེ་བ་མེད་པ་ཀླ་ཀློའི་གཟུགས། །ཞེས་གསུངས་པ་ཡིན། གཉིས་ཡན་གོང་དུ་བཤད་པ་ལྟར། བརྩེ་བ་མེད་ཅིང་། རྟ་མོ་དང་། རྟ་དང་། བ་གླང་རྣམས་བསད་ཅིང་ཁྲག་དང་ཤ་བསྲེས། དེ་ལ་ནགས་ཀྱི་འབྲས་བུ་སྟེ་སྨན་སྣ་ཚོགས་བཏབ་སྟེ་ནང་པ་སངས་རྒྱས་པའི་ཟས་སྤྱོད་ལས་ཕྱི་རོལ་དུ་གྱུར་པའི་སྡིག་དང་འདྲེས་པའི་ཁ་ཟས་འབའ་ཞིག་དང་། དེ་བཞིན་དུ་བཙུང་བ་ཡང་བྱ་སྣ་ཚོགས་ཀྱི་སྒོ་ངའི་ནང་ལས་བཙོས་པའི་ཆང་མ། དེའི་ནང་ལས་བྱུང་བ་རྣམས་བཏུང་བར་བྱེད་དེ། རྒྱུད་ལས། རྟ་མོང་རྟ་དང་བ་གླང་བསད་ནས་ཁྲག་དང་བཅས་པའི་ཤ་ནི་ཐུང་ཟད་བཙོས་པ་འབའ་ཞིག་དང་། །བ་གླང་ཤ་དང་དཔུལ་ཆུ་ཆུ་དང་མར་དང་ཞོ་དང་མཉམ་པ་འབྲས་དང་ལོ་མ་བསྲེས་པ་ནི། །གཅིག་ཏུ་མེ་ལ་བཙོས་པ་ནགས་ཀྱི་འབྲས་བུ་དང་བཅས་གང་དུ་མི་རྣམས་དག་གིས་ཟས། །བཙུང་བ་བྱ་རྣམས་དག་གིས་སྒོ་ངར་འགྱུར་རོ་མི་ཡི་བདག་པོ་འདི་ནི་ལྷ་མིན་རྣམས་ཀྱི་གནས། །ཞེས་གསུངས་པ་ཡིན།

གསུམ་པ་ནི་ཀླ་ཀློའི་བསྟན་པ་དེ་ཇི་ཙམ་གནས་ཞེ་ན་རྒྱུད་ལས། ལོ་ནི་བརྒྱད་དང་གཅིག་གི་བརྒྱར་ནི་ངེས་པར་གནས་ཏེ་དེ་ནས་ཀླ་ཀློའི་ཆོས་ནི་ཉམས་པའོ། །ཞེས་གསུངས་པས་ལོ་སྟོང་ཕྲག་གཅིག་དང་བརྒྱད་བརྒྱར་གནས་པ་ཡིན་ལ། དེས་ན་དུས་བཞི་ཆེན་པོའི་སྙིགས་མ་ལྔ་མཐར་ཐུག་པའི་དུས་སུ་ཀླ་ཀློ་དེས་ཕྱི་རོལ་མུ་སྟེགས་བྱེད་དང་བོན་པོ་ལ་སོགས་པའི་བསྟན་པ་ཡང་བསྣུབས་ཤིང་། དེ་འཛིན་གྱི་གང་ཟག་རྣམས་ཀུང་ཕམ་པར་བྱེད་པས་ན། སྙིགས་མའི་དུས་སུ་འཕགས་པའི་ཡུལ། །ཀླ་ཀློའི་ཆོས་ཀྱིས་གང་བར་འགྱུར། །ཞེས་གསུངས།

དེ་ནས་ཀླུ་ཀློའི་སྟོན་པ་འཁོར་དང་བཅས་པ་རྣམས་ཀྱིས་བསམ་པ་ལ་ཡང་དེ་ཆུ་བོ་སི་ཏཱའི་བྱང་ཕྱོགས་ན་གནས་པའི་གྲོང་བྱེ་བ་ཕྲག་དགུ་བཅུ་རྩ་དྲུག་ཡོད་པ་ཤམྦྷ་ལ་ཞེས་བྱ་བ་དེར་ཡང་དམག་དྲངས་ཏེ། རང་རེའི་བསྟན་པ་དར་བར་བྱ་སྙམ་པའི་བློ་སྟོབས་འབྱུང་བ་ཡིན་པས་ན། དེ་ནས་ཀླ་ཀློ་ལ་རྫུ་འཕྲུལ་གྱིས། །ཤམྦྷ་ལ་རུ་དམག་འདྲེན་འགྱུར། །ཞེས་གསུངས་པ་ནི། དཔལ་དུས་ཀྱི་འཁོར་ལོའི་རྒྱུད་འགྲེལ་གྱི་དགོངས་པ་ཕྱིན་ཅི་མ་ལོག་ཅིང་། མ་འོངས་མངོན་སུམ་དུ་མཁྱེན་པའི་གསུང་ཚད་མ་ཡིན་པས་པཎ་ཆེན་རིན་པོ་ཆེ་ཤཱཀྱའི་མཚན་ཅན་གྱིས་ཀྱང་། དེ་ནས་ཀླ་ཀློའི་རྫུ་འཕྲུལ་གྱིས། །ཤམྦྷ་ལ་རུ་དམག་དྲངས་པའི། །བཤད་པ་གསལ་པོ་གང་ན་བཞུགས། །ཞེས་ཉམས་ལྡན་གྱི་ཚུལ་དུ་ཕྱིས་ཀྱི་དུས་འཁོར་དང་སྔོམ་གསུམ་སྨྲ་བ་རྣམས་ཉམས་སད་པའི་ཆེད་དུ་དྲི་བ་གསུངས་པའི་དགོངས་པ་ཡང་། དངོས་སུ་དམག་དྲངས་པའི་ནུས་པ་མེད་ཅིང་ཡི་གེ་སྣ་ཕྱིར་ཡང་མ་འཁོད་ནས། དངོས་སུ་དམག་དྲངས་པའི་ལོ་རྒྱུས་རྩོལ་སྒྲོད་བྱེད་པའི་མཁས་པ་སྟོང་སྒྲོས་ཅན་རྣམས་ཀྱི་འཇུ་སྐྱན་དུ་གསུངས་པ་ཡིན་ནོ། །

རྩ་བའི་ལྷ་པ་གཉེན་པོ་ཕྲག་རྡོར་སྤྲུལ་པ་བཤད་པ་ལ་བཞི། རྒྱལ་པོའི་སྤྲུལ་གཞི་གང་ཡིན་ངོས་བཟུང་བ། སྤྲུལ་པའི་རྒྱལ་པོའི་དཔུང་བཤམས་ཚུལ། དེས་ཀླ་ཀློ་ཇི་ལྟར་བཏུལ་ཚུལ། ཞར་བྱུང་དུས་བཞིའི་རྣམ་གཞག་བཤད་པའོ། །དང་པོ་ནི་ཀླ་ཀློའི་དཔུང་ཚོགས་རྣམས་གང་གིས་བཏུལ་ན་རྩ་རྒྱུད་ལས། མཐའ་ཡས་རྣམ་རྒྱལ་རིགས་ལྡན་དང་། །གྲགས་པ་རིགས་ལྡན་དེ་ན་སྣར། །དེ་སྲས་འཁོར་ལོ་ཆེན་པོ་ཅན། །རིགས་ལྡན་དྲག་པོ་འབྱུང་འགྱུར་ཏེ། །ཞེས་གསུངས་པ་ལྟར་རིགས་ལྡན་ཉེར་བཞི་པ་མཐའ་ཡས་རྣམ་རྒྱལ་གྱི་དངོས་པོའི་སྲས་རིགས་ལྡན་འཁོར་ལོ་ཅན་གྱིས་འདུལ་བར་བྱེད་ལ། དེ་ཡང་མཁས་པ་ཁ་ཅིག་གྲགས་པ་རིགས་ལྡན་ཞེས་པ་ཉེར་བཞི་པ་ཡིན་ནོ་གསུངས་ཀྱང་། མཁས་པའི་ཞལ་ནས་འབྱུང་བའི་འོས་མིན་ཏེ། རིགས་ལྡན་འཇམ་དཔལ་གྲགས་པ་སྣར་འཁོར་ལོ་ཅན་སྤྲུལ་ཞེས་པའི་དོན་ཡིན་པ་ལ་སྔོན་གྱི་དུས་འཁོར་བ་ཆེན་པོ་ཡིན་ངེས་ཚོས་བཤད་པའི་ཕྱིར་རོ། །དེས་ན་རིག་ལྡན་དྲག་པོ་ནི་འཇམ་དཔལ་གྱི་སྤྲུལ་པར་བཤད་པ་དང་། ཕྱག་རྡོར་གྱི་སྤྲུལ་པར་བཤད་པ་གཉིས་ཡོད་པ་ལས། དང་པོ་ནི་རྩ་རྒྱུད་ལས། སྐྱ་མཁས་རྡོ་རྗེའི་རིགས་དང་ལྡན། །ཞེས་སོགས་དང་། བསྡུས་རྒྱུད་ལས། འདི་ནི་དཔལ་ལྡན་འཇམ་པའི་རྡོ་རྗེ་ལྷ་ཡི་མཆོག་གི་བརྒྱུད་པ་རིགས་ཀྱི་རིགས་ལྡན་ཏེ༑ ༑ཞེས་དང་། ཚངས་པའི་རིགས་འདི་ལ་ནི་མི་བདག་གྲགས་པ་བདག་ནི་འཇམ་དབྱངས་ཡིན་ནོ་སྙེ། །བདག་གི་དགའ་མ་ནི། ཞེས་དང་། འགྲེལ་ཆེན་ལས། དེ་ནི་འཇམ་དཔལ་གྱི་སྤྲུལ་པ་མིའི་བདག་པོ་གྲགས་པ་དང་། ཉི་མའི་ཤིང་རྟ་སྟོན་པ་པོ་དང་གསོལ་བ་འདེབས་པ་པོ་ལ་སོགས་པས་བསྡུས་པའི་རྒྱུད་ཀྱི་རྒྱལ་པོ་རྣམ་

པར་རྒྱས་པར་བྱ་སྟེ་ཞེས་སོགས་གསུངས་པས། འཇམ་དཔལ་གྱི་སྤྲུལ་པར་འཇམ་དཔལ་གྲགས་པ་བཤད་པ་ཡིན་ཞིང་། དེའི་སྤྲུལ་པ་དྲག་པོ་འཁོར་ལོ་ཅན་ཡིན་པར། རྩ་རྒྱུད་ལས། གྲགས་པ་རིགས་ལྡན་དེ་ནས་སླར། །དེ་སྲས་འཁོར་ལོ་ཆེན་པོ་ཅན། །ཞེས་གསུངས་པས་དངོས་སུ་གྲུབ་ཅིང་དུས་འཁོར་སླ་བ་སྤྱི་ལ་གྲགས་པའོ། །

གཉིས་པ་ཕྱག་རྡོར་གྱི་སྤྲུལ་པར་བཤད་པ་ནི། རྩ་རྒྱུད་བསྡུས་རྒྱུད་གཉིས་ཀར་གྱི་སྲས་དོན་ནང་རྡོ་རྗེའི་ལུས་ལ་སྒྱུར་བའི་ཟབ་བཤད་བླ་ན་མེད་པ་ཡིན་ཏེ། རྒྱུད་གཉིས་ལས་རིམ་བཞིན་དུ། ཟླ་བཟང་ཕྱོད་ནི་རྩ་བའི་རྒྱུད། །དེ་ནི་བསྡུད་པར་བྱེད་པོའང་སྟེ། །ཞེས་དང་། འཁོར་ལོ་ཅན་ནི་རང་གི་ལུས་ལ་རྡོ་རྗེ་ཅན་ཏེ་ལྷ་མཆོག་བདག་རྣམས་ཡན་ལག་བཅུ་གཉིས་འགོག །ཞེས་དང་། འགྲེལ་ཆེན་ལས་ཀྱང་། ཕྱི་རོལ་དུ་ལེའུ་དང་པོ་ལས་གསུངས་པའི་འཁོར་ལོ་ཅན་གང་ཡིན་པ་དེ་ནི་ལུས་ལ་རྡོ་རྗེ་ཅན་ཏེ་ཐུགས་རྡོ་རྗེའོ། །ཞེས་གསུངས་པ་ཡིན་ནོ། །དེའི་དོན་བསྡུ་བར་བྱ་ཞིང་ཟབ་བཤད་ཀྱི་སྲོལ་བླ་ན་མེད་པ་འདི་ནུབ་དོགས་ནས་གཞུང་འདིར། དེ་ཚེ་ཕྱག་ན་རྡོ་རྗེ་ཡི། །སྤྲུལ་པར་དྲག་པོ་ཞེས་བྱ་བས། །ཞེས་འགོད་པར་མཛད་པའོ། །དེས་ན་ཕྱི་ལྟར་དུ་འཇམ་དབྱངས་སྤྲུལ་པ་གྲགས་པ་དང་། དེའི་སྤྲུལ་པ་དྲག་པོར་བཤད་ལ། ནང་སྲས་དོན་གྱི་སྒོ་ནས་ཕྱག་རྡོར་གྱི་སྤྲུལ་པ་ཟླ་བཟང་། དེས་སྤྲུལ་པ་གྲགས་པ། དེའི་སྤྲུལ་པ་དྲག་པོར་བཤད་པ་ཡིན་ཞིང་། སྲས་བཤད་མཐར་ཐུག་པ་ནི་རྒྱུད་བཤད་སྟོད་ལྡན་གྱི་གདུལ་བྱ་ལ་གཏོང་བའི་སྐབས་སུ་འཆད་པ་མ་གཏོགས་འདིར་བྲི་བར་མི་བྱའོ། །

གཉིས་པ་ནི། རིགས་ལྡན་དྲག་པོས་དཔུང་ཚོགས་ཡན་ལག་བཞི་ལྡན་རྣམས་ཀླ་ཀློ་འདུལ་བའི་སླད་དུས་བཞི་ཆེན་པོ་འདིའི་མཐའ་མ་རྩོད་དུས་ཀྱི་ཡང་མཐར། ཀེ་ལ་ཤ་ཡི་རི་བོའི་སྟེང་གི་ཕོ་བྲང་ཀ་ལ་པ་ནས་འབྱེད་པར་མཛད་པ་ཡིན་ཏེ། རྒྱུད་ལས། གཡུལ་དུ་ཀླ་ཀློ་དག་ལ་མཐའ་དག་ས་ཡི་སྟེང་དུ་བསྟན་བྱེད་འཁོར་ལོས་བསྒྱུར་བ་རང་གི་དཔུང་། །ཡན་ལག་བཞི་ལྡན་ཀེ་ལ་ཤ་ཡི་རི་བོ་ལྷ་ཡི་བཀོད་པའི་གྲོང་ནས་དུས་མཐར་འབྱུང་བར་འགྱུར། །ཞེས་གསུངས་སོ། །འོན་རིགས་ལྡན་དྲག་པོ་དེ་རྣམས་སྤྲུལ་པའི་རྡོ་རྗེ་སྟོན་པོ་ལ་ཆིབས་ཤིང་ཕྱག་ན་མདུང་ཐུང་དང་། སྐུ་ལ་རིན་པོ་ཆེའི་ཁྲབ་དང་ཡ་ལད་གསོལ་ཏེ། སེམས་ཅན་དགེ་བར་སྤྱོད་པ་རྣམས་ལ་ཞི་བའི་གཟུགས་དང་། མི་དགེ་བ་སྤྱོད་པ་རྣམས་ལ་ཤིན་ཏུ་དྲག་པོའི་གཟུགས་ཀྱིས་སེམས་ཅན་གྱི་དོན་མཛད་པ་ཡིན་ཏེ། རྒྱུད་ལས། དམ་པ་རྣམས་ལ་ཞི་བའི་གཟུགས་ཀྱིས་བདེ་བ་སྟེར་ཞིང་དེ་ནི་ཀླ་ཀློའི་རིགས་ལ་མཐར་བྱེད་ཉིད། །རྡོ་ཡི་རྟ་ཆིབས་འཁོར་ལོ་ཅན་ནི་ཕྱག་ན་མདུང་ཐུང་མཐའ་དག་དགྲ་ལ་བསྟན་བྱེད་ཉི་མའི་གཟི། །ཞེས་གསུངས་པ་ཡིན། དེ་ལ་འཁོར་དཔུང་ཚོགས་ཡན་ལག་བཞི་གཙོ་བོར་གྱུར་པའི་མི་དང་ལྷའི་དཔུང་བསམ་གྱིས་མི་ཁྱབ་པ་ཡོད་ལ། དེ་ཡང་དཔུང་ཚོགས་ཡན་ལག་བཞི་གང་ཞེ་ན། རྡོ་རྟ་པའི་ཚོགས་ནི་རླུང་

དྲག་པོའི་ཤུགས་དང་ལྡན་ཞིང་གྲངས་བྱེ་བ་ཕྲག་ཡོན་ཏན་གྱིས་བསྐྱར་བ་ཡོན་ཏན་ཏེ། གསུམ་གྱིས་བསྐྱར་བ་གསུམ་ཡིན་པས་བྱེ་བ་དགུར་ཡོད་ལ། གླང་པོ་ཆེའི་ཚོགས་ནི་གྲངས་འབུམ་ཕྲག་རིག་བྱེད་དེ་བཞི་དང་ལྡན་པ་དང་། ཤིང་རྟ་པའི་ཚོགས་ནི་འབུམ་ཕྲག་འབྱུང་བ་སྟེ་ལྔའི་ཚོགས་དང་། དཔུང་བུ་ཆུང་གི་ཚོགས་ནི་མིའི་བདག་པོ་དགུ་བཅུ་རྩ་དྲུག་ལ། འཁོར་ཨ་ཀྲྀ་ཏི་ནི་སྟེ་ཁང་ཐང་པ་ཅིག་འབུམ་དགུ་སྟོང་སུམ་བརྒྱ་ལྔ་བཅུ་ཡིན་ལ། དེ་དྲུག་འགྱུར་དུ་ཡོད་པས་ཀུན་དྲིལ་དྲུག་འབུམ་ལྔ་ཁྲི་དྲུག་སྟོང་ཅིག་བརྒྱ་ཡོད་པ་དང་། དྲག་པོ་དང་། གདོང་དྲུག་དང་། ཚོགས་བདག་དང་། ཁྱབ་འཇུག་ལ་སོགས་ཏེ་འཇིག་རྟེན་གྱི་ལྷ་ཆེན་པོ་རྣམས་ཀྱི་དཔུང་གི་གྲོགས་བྱེད་པ་ཡིན་ཏེ། རྒྱུད་ལས། རྡོའི་རྟ་ནི་རླུང་གི་ཤུགས་ཅན་ཡོན་ཏན་གྱིས་བསྐྱར་ཡོན་ཏན་བྱེ་བ་ལ་སོགས་སྣ་ཚོགས་པ༑ ༑ཆང་གིས་དྲེགས་པའི་གླང་ཆེན་རིག་བྱེད་བཅས་པ་འབུམ་ཕྲག་གྲངས་དང་ཤིང་རྟ་འབུམ་ཕྲག་འབྱུང་བར་འགྱུར། ༑ཨཀྲྀ་ཏི་ནི་དྲུག་དང་མིའི་དབང་པོ་ཙོད་པན་བཅིངས་པའི་རིགས་ནི་རོ་འང་དགུ་བཅུ་སྟེ། ༑རིགས་ལྡན་ཁྱབ་འཇུག་དྲག་པོ་དག་དང་བཅས་པའི་སྡེ་འདི་དག་གིས་ཀླ་ཀློ་བརླག་པར་བྱེད་པར་འགྱུར། ༑ཞེས་དང་། དྲག་པོ་གདོང་དྲུག་ཚོགས་ཀྱི་དབང་པོ་འཕྲོག་བྱེད་རྣམས་ཀྱང་རིགས་ལྡན་ལ་ནི་གྲོགས་དག་སྦྱིན་འགྱུར་ཏེ། ༑ཞེས་གསུངས་པ་ཡིན།

གསུམ་པ་ནི་དེ་ལྟར་དཔུང་ཚོགས་ཡན་ལག་བཞི་ལྡན་དེས་ཀླ་ཀློའི་དཔུང་ཚོགས་ཡན་ལག་བཞི་ཕམ་པར་བྱེད་པ་ལ། ས་སྟེང་དུ་འཁྲུག་པ་དྲག་པོ་འབྱུང་བ་ཡིན་ཏེ། རྒྱུད་ལས། ཀླ་ཀློའི་དབང་པོ་གདུག་པ་ཧ་ནུ་མནྟ་ཏེ་སྙིང་པ་དག་ཧི་སྙིང་ལྷ་མཆོག་གིས་བཏུད་དྲག་པོའི་རིགས་ལྡན་ཡང་། ༑དེའི་དུས་སུ་གཉིས་པོ་དག་ཀྱང་ས་ཡི་སྟེང་གི་གནས་སུ་འཁྲུག་པ་དྲག་པོ་འབྱུང་བར་འགྱུར། ༑ཞེས་གསུངས་ལ། དེ་ཡང་ཀླ་ཀློའི་རྡོ་རྟ་པ། གླང་པོ་པ། ཤིང་རྟ་པ། དཔུང་བུ་ཆུང་རྣམས་ནི། རིགས་ལྡན་གྱི་དཔུང་ཚོགས་བཞི་པོ་དེས་གཞོམ་ཞིང་། ཀླ་ཀློའི་དམག་དཔོན་ཟླ་བ་ཆེན་པོའི་བུ་ལ། རིགས་ལྡན་གྱི་དམག་དཔོན་ཧ་ནུ་མན་གྱིས་མཚོན་ཆ་བསྣུན་ལ། དྲག་པོ་སྟེ་དབང་ཕྱུག་གིས་ཀླ་ཀློའི་དམག་དཔོན་དབང་མགོན་ཞེས་པ་གསོད་པར་བྱེད་པ་དང་། ཀླ་ཀློའི་གཙོ་བོ་ལ་རིགས་ལྡན་དྲག་པོ་འཁོར་ལོ་ཅན་གྱིས་མདུང་ཐུང་བསྣུན་ནས་བསྒྲལ་ཞིང་གནས་སྤྱར་བར་བྱེད་པ་ཡིན་ཏེ། རྒྱུད་ལས། མཆོག་ཏུ་ཚ་བའི་དཔའ་བོ་རྣམས་ཀྱིས་ཀླ་ཀློའི་ཚོགས་ལ་བསྣུན་ཅིང་གླང་པོའི་དབང་པོས་གླང་པོ་ལ། ༑རྡོ་ཡི་རྟ་ཡིས་རྟ་རྣམས་ལ་སྟེ་མཉམ་དང་མི་མཉམ་གཡུལ་དུ་ས་སྐྱོང་རྣམས་ཀྱིས་ས་སྐྱོང་ལ། ༑རྟ་ལ་གནས་པ་ཟླ་བ་ཆེན་པོའི་བུ་ལ་ཧ་ནུ་མན་གྱིས་མཚོན་ཆ་རྡོན་པོ་བསྣུན་པར་འགྱུར། ༑དྲག་པོའི་ཀླ་ཀློའི་དབང་མགོན་ལ་སྟེ་ལྷ་མིན་ཀུན་བདག་བྱེད་པའི་བློ་ལ་རིགས་ལྡན་དྲག་པོ་ཡིས། ༑དཔུང་ནི་ཐམས་ཅད་དག་གིས་གཡུལ་དུ་ཀླ་ཀློ་བཅོམ་ནས། ༑ཞེ

གསུངས་པ་ཡིན་ལ། དེ་ལྟར་སྣར་རང་གི་ཕོ་བྲང་ག་ལ་བ་དེར་འཇུག་པ་ཡིན་ཏེ། དེ་ཉིད་ལས། ཁྱབ་འཇུག་དྲག་པོ་དང་བཅས་རིགས་ལྡན་ནི། །ཀཱ་ལཱ་པ་ཡི་རི་བོ་ལྷ་ཡི་བཀོད་པའི་གྲོང་ཁྱེར་གང་དུ་འཁོར་ལོ་ཅན་དག་གནས་པར་འགྱུར། །ཞེས་གསུངས་སོ། །གང་གིས་དཔུང་ཚོགས་སྦྱོར་བ་ཡི། །གང་དག་མིང་གི་ལྷག་མར་བྱས། །གང་དེའི་རྣམ་བཤད་མི་ལོང་ལ། །སླ་མཁས་རྣམ་དབྱོད་བཞིན་རས་གསལ། །ཀླ་ཀློའི་དཔུང་ཚོགས་གཞོམ་ཚུལ་བསྟན་ཟིན་ཏོ། །མདོ་དང་རྒྱུད་སྡེའི་མཁའ་གོས་འཁྲིགས་པ་ལས། །དུས་བཞི་ཆེན་པོའི་ལེགས་བཤད་སྤྲང་ཆར་འབབ། །དུས་འཁོར་རྒྱུད་ཀྱི་སྤྲིན་ལས་དུས་བཞིའི་ཆར། །སྡོད་ལྡན་སྙིང་ལ་ཟིམ་ཆར་བཞིན་དུ་འབབ། །

བཞི་པ་ཞར་བྱུང་དུས་བཞིའི་བཤད་པ་ལ། རིགས་ལྡན་དྲག་པོ་དཔུང་ཚོགས་ཡན་ལག་བཞི་དང་བཅས་གླིང་དུམ་བུ་བཅུ་གཉིས་སུ་བགྲོད་པ་ལས། རྒྱལ་པོ་རང་གང་ན་གནས་པ་དེར་དུས་བཞི་ཆུང་ངུའི་རྫོགས་ལྡན་དང་ལྡན་ཞིང་། དེའི་རྒྱུ་མཚན་གྱིས་སྐྱེ་བོ་དེར་གནས་རྣམས་ལ་སངས་རྒྱས་ཀྱི་ཆོས་དང་འདོད་ཡོན་བླ་ན་མེད་པ་དང་། རིན་པོ་ཆེ་ལ་སོགས་པའི་ནོར་དང་ལྡན་ཞིང་། རྨོས་བཏབ་ལ་སོགས་པ་བྱས་ན་ལྟ་སྨོས་ཀྱང་ཅི་དགོས། འབྲོག་དགོན་པ་སོགས་སུ་ཡང་འབྲུ་སྣའི་རིགས་མཐའ་ཡས་པ་སྐྱེ་བ་ཡིན་ཏེ། རྒྱུད་ལས། དེ་ཡི་དུས་སུ་འཛིན་མ་དག་ལ་མཐའ་དག་སྐྱེ་བོའི་རིགས་ནི་ཆོས་དང་འདོད་པ་ནོར་རྣམས་རྫོགས། །འབྲུ་རྣམས་དགོན་པར་སྐྱེ་བ་དང་ནི་ཤིང་རྣམས་འབྲས་བུ་བརྟན་པོས་དུད་པ་དེ་རྣམས་འབྱུང་བར་འགྱུར། །ཞེས་བཤད་ལ། དེས་ན་རྒྱལ་པོ་འཁོར་བཅས་གང་ན་བཞུགས་པའི་ས་དེར་རྫོགས་ལྡན་དང་། རྒྱལ་པོའི་རྒྱབ་ཏུ་སུམ་ལྡན་དང་། དུས་བཞི་ཆེན་པོའི་རྩོད་དུས་རྒྱལ་པོའི་མདུན་དུ་གནས་ཤིང་། རྩོད་དུས་དང་སུམ་ལྡན་གྱི་བར་དུ་གཉིས་ལྡན་གནས་ལ། དེའི་རྒྱབ་ཏུ་དུས་བཞི་ཆུང་ངུའི་རྩོད་ལྡན་འབྱུང་བ་ཡིན་ཏེ། རྒྱུད་ལས། དུམ་བུ་གང་དུ་སྟོབས་ལྡན་འཁོར་ལོ་ཅན་དག་རབ་ཏུ་བཞུགས་པ་དེར་ནི་རྫོགས་ལྡན་དུས་བགྲོད་དེ། །རྒྱལ་པོའི་རྒྱབ་ཏུ་སུམ་ལྡན་རྩོད་པའི་དུས་ཀྱང་མདུན་དག་ཏུ་སྟེ་གཉིས་ཀྱི་བར་དུ་གཉིས་ལྡན་ནོ། །ཞེས་གསུང་སོ། །དེས་ན་གླིང་དུམ་བུ་བཅུ་གཉིས་སུ་རིགས་ལྡན་འཁོར་བཅས་བགྲོད་པ་ལ་སྟོན་གྱི་དུས་འཁོར་སླ་བར་ཞལ་འཆེས་པ་འགའ་ཞིག །འཛམ་གླིང་ཆུང་ངུ་འདིར་རིགས་ལྡན་དངོས་དང་། གླིང་དུམ་བུ་གཞན་དུ་རྒྱལ་པོ་སོ་སོར་སྐྱེ་བའི་ཕྲེང་བ་སྤྲུལ་ཚུལ་གྱི་ཀླ་ཀློ་འཇོམས་ཤིང་རྒྱལ་བའི་བསྟན་པ་སྤེལ་ཏེ། དུས་བཞི་ཆུང་ངུ་རིམ་ཅན་དུ་བགྲོད་ཅེས་འགྲེལ་ཆེན་གྱི་མཆན་བུར་འགོད་པར་མཛད་པར་གནང་སྟེ། དྲག་པོ་འཁོར་ལོ་ཅན་དཔུང་བཅས་དངོས་ཀྱི་གླིང་དུམ་བུ་བཅུ་གཉིས་སུ་མ་བགྲོད་ན། དེ་དང་དེའི་རྒྱལ་པོའི་རིགས་རྣམས་རིགས་ལྡན་དུ་མ་སོང་བས་རིགས་ལྡན་དྲག་པོའི་འཁོར་ཚུལ་གྱི་བཤད་པར་ཨེ་འགྲོ་ཤེས་པར་བཀའ་བས་དཔྱད་པར་བྱའོ། །

འོ་ན་དུས་བཞི་པོ་དེ་ཚད་ཇི་ཙམ་གནས་ཞེ་ན། སོ་སོའི་ཚད་དང་། གཅིག་ཏུ་སྡོམ་པའི་ཚད་གཉིས་སུ་བཤད་དེ། དང་པོ་ལྟར་ན་དུས་བཞི་པོ་རེ་རེ་ལོ་བཞི་བརྒྱ་ལྷག་པའི་སྟོང་ཕྲག་ལྔ་རེ་གནས་པར་གསུངས་ཤིང་། དུས་བཞི་སྡོམ་པའི་ཚད་ལ་དྲུག་བརྒྱ་ལྷག་པའི་སྟོང་ཕྲག་ཉི་ཤུ་རྩ་གཅིག་ཏུ་གནས་པར་རྒྱུད་འགྲེལ་གཉིས་ཆར་ནས་གསུངས་ལ། འདི་ར་མ་སྦྱོར་སོ། །རིགས་ལྡན་དྲག་པོ་རང་གི་སྤྲུལ་གཞིའི་གནས་སུ་བསྡུས་རྗེས། དེའི་སྲས་ཚངས་པ་དང་། ལྷ་དབང་གཉིས་པོས་ཤམྦྷ་ལའི་ཡུལ་རིམ་པ་བཞིན་དུ་རྒྱབ་ཀྱི་ཕྱོགས་དང་། མདུན་ཕྱོགས་སོ་སོར་སྐྱོང་བས་དུམ་བུ་གཉིས་སུ་འགྲོ་བ་སོགས་གཞན་དུ་ལྟ་བར་བྱའོ། །རབ་དྲག་གཡུལ་གྱི་གདུག་པ་ཅན། །མིང་གི་ལྷག་མར་བཞག་ཀྱཻ་ཡེ། །རང་སྲས་གཉིས་ཀྱི་བདེ་འབྱུང་གམ། །རྒྱལ་པོའི་ཕོ་བྲང་སྐྱོང་བར་བཤད། །གཉེན་པོ་ཕྲག་རྡོར་སྤྲུལ་པ་བྱུང་ཚུལ་སོགས་བསྟན་ཟིན་ཏོ། །

འཇམ་དབྱངས་རྣམ་སྤྲུལ་འཇམ་པའི་དབྱངས་གང་གིས། །སྐྱེ་ནས་སྐྱེ་བ་ཉི་ཤུ་རྩ་ལྔའི་བར། །རྗེས་བཟུང་རྗེས་དཔག་ཚད་མའི་བློ་གྲོས་ཅན། །ས་འཛིན་སྐྱ་བའི་ས་སྐྱ་པཎ་ཆེན་རྒྱལ། །རྒྱ་གར་ཡུལ་དབུས་དྲེགས་ལྡན་རབ་བཀྲམ་གྱི། །གང་གི་བློ་གྲོས་གཞལ་བའི་ཡུལ་མིན་ཞིང་། །མ་སྦྱངས་ཡུས་ཀྱི་རྒྱལ་བའི་བོད་ཡུལ་འདིར། །རྒྱ་སྐར་དབྱུས་ཀྱི་ཟླ་འོད་གཙུག་ན་རྒྱལ། །དེ་ལྟར་འཇམ་དབྱངས་བླ་མའི་དགོངས་པ་གང་། །མཐའ་དག་རྒྱལ་སྲས་རྣམས་ཀྱིའང་རྟོགས་མིན་ལ། །གཞུང་དོན་ཟུར་བཀོལ་མདོ་ཙམ་བཤད་པ་འདིར། །ཉེས་པ་མཆིས་ན་མཁས་རྣམས་བཟོད་པར་རིགས། །ཐོག་མར་ཤེས་བྱ་ཀུན་ལ་མཁས་པར་བྱ། །བར་དུ་མཁས་པའི་དབུས་སུ་ལེགས་པར་བཤད། །ཕྱིས་ནས་འདྲིས་པའི་དོན་ལ་བརྩོན་པར་བསྒོམ། །དུས་གསུམ་རྒྱལ་བའི་མཛད་པ་ཉིད་ལ་བསླབས། །གངས་རིའི་ཁྲོད་ཀྱི་བློ་གསལ་ཀུན་འདུས་ཀྱང་། །རྒྱུད་འགྲེལ་གཞུང་འདིར་བཤད་སྦྱར་བློས་མི་ལོོགས། །མཁའ་ལ་སྒྲ་སྐར་བྱེ་བའི་འོད་འཕྲོ་ཡང་། །ཚ་ཟེར་བྱེད་པའི་ཕྲིན་ལས་སྒྲུབ་པར་དཀའ། །བདག་ཀྱང་ སྤྱ་མའི་ལས་འཕྲོ་མི་བཟང་བས། །སྙིགས་དུས་འདིར་སྐྱེས་ཕྱུགས་ཀྱི་རྡི་བོ་བཞིན། །འོན་ཀྱང་རྗེ་བཙུན་བླ་མའི་ཐུགས་རྗེ་ལས། །རབ་དབྱེའི་གཞུང་སོགས་ཐེག་མཆོག་ལམ་ལ་སྦྱངས། །དེ་ལྟ་མོད་ཀྱི་སྤྱིལ་གདུག་གནས་པའི་སར། །སྒྲོན་མེ་སྤར་ཡང་འོད་ཟེར་མི་འབྱུང་ལྟར། །བླུན་པོ་ལོ་བརྒྱར་ཙུང་ཟད་ཤེས་རློམ་གྱི། །དབུས་སུ་བདག་གི་བློ་གྲོས་གསལ་མ་ནུས། །སྐྱེ་བོ་ཤེས་རབ་རྩལ་གྱིས་དབེན་པ་རྣམས། །ལེགས་བཤད་བཞི་མདོའི་རྩ་བཞིན་སླད་ཅིང་དོར། །བྱེད་པོར་ཕྲག་དོག་དབང་གིས་སློད་བྱེད་ན། །བདག་གིས་འདི་ནི་གཞལ་ལ་ཕན་སྙམ་མེད། །འོན་ཀྱང་བསྟན་ལ་རབ་ཏུ་གུས་པའི་བློས། །བསྟན་པ་མཐའ་དག་བསྲུང་ཞིང་འཛིན་འདོད་ནས། །ཤཱཀྱའི་དགེ་སློང་ཀུན་ནས་དགའ་བ་ཡིས། །བསོད་ནམས་གྲགས་པས་བསྟན་པ་སྤེལ་ཕྱིར་སྦྱར། །འཆད་རྩོད་

རྩོམ་པའི་ལམ་ལ་མ་སྦྱངས་ན། །མཁས་པའི་གྲགས་དཀར་གོ་འཕང་གང་ལ་ཐོབ། །མཐའ་ཚོད་གྲུབ་མཐའི་སྒྲོ་ཆེན་མ་ཕྱེ་ན། །རྒྱུད་གཞུང་རིན་ཆེན་གཞལ་ཡས་ཇི་ལྟར་བལྟ། །གཞན་གྱིས་མ་ཤེས་ཚིག་དོན་འདི་མེད་ན། །སྨྲ་པོར་རློམ་པའི་ཁེངས་པ་གང་གིས་བཟློག །ཁྲེངས་མེད་གཏམ་རླུང་དྲག་པོས་མཐོར་བཏེགས་པའི། །མདོན་རློམ་ཉེས་བཤད་ལྦུ་བའི་ཕུང་པོ་ལའང་། །ལེགས་བཤད་རི་བོར་འཁྲུལ་རྣམས་འདིར་གསོན་དང་། །གཞན་གཞུང་ཆུ་ལྦུར་ལྟ་བུའི་རྣམ་ཐར་མཐོང་། །བློ་གྲོས་གདོང་བཞི་འཛུམ་པའི་པད་མཚོ་ལས། །རྒྱུད་གཞུང་བཅུད་བསྡུས་རོ་ལྡན་ལྷ་ཡུལ་གྱི། །ཚིག་དོན་ལང་ཚོ་གཡོ་བའི་སྨིག་འཆང་མ། །སྐལ་ལྡན་ཤིང་རྟའི་ཁྲི་ལ་འདི་སྤྲིན་གྱིས། །གཞན་ཟེར་རལ་དམར་ཁྲུར་གྱིས་ནོན་པ་དག །ང་རྒྱལ་དྲེགས་པའི་དྲི་མ་ཀུན་སྦྱོངས་ལ། །འཕྲོག་བྱེད་རྐང་པའི་དུག་འཇོམས་བདུད་རྩི་འདི། །འགྱོད་པར་ལོངས་ལ་བློ་ཡིས་འཕོངས་པ་སོལ། །དེ་སྐད་སྨྲ་ལ་ང་རྒྱལ་མཁའ་གོས་ཀྱི། །བླ་ཤེལ་ལྷག་བསམ་སྒྲིབ་པའི་དབང་ལས་མིན། །མང་དུ་ཐོས་པ་ནམ་མཁའི་ནོར་བུ་དེ། །མན་ངག་ཚ་ཟེར་རབ་ཏུ་འཕྲོ་བ་གང་། །བློ་གྲོས་ལྷ་ལམ་ལས་འོངས་ཤར་རིའི་རྩེར། །འཆར་བྱེད་སྐྱ་རེངས་དང་པོ་ཙམ་ཡིན། །

ཅེས་རབ་དབྱེའི་ཟུར་བཀོལ་ལེགས་བཤད་མཁས་པའི་མགུལ་བརྒྱན་འདི་ནི། རབ་འབྱམས་སྨྲ་བ་ཆོས་ཀྱི་ཉི་མ་མཆེད་ཀྱི་གསུང་པས་བསྐུལ་ཞིང་། ལྷག་པར་རིན་པོ་ཆེ་ངག་དབང་དོན་གྲུབ་ཀྱིས་བཀས་བསྐུལ་བ་ལ་བརྟེན། ཡོངས་འཛིན་མང་པོས་ཐུགས་རྗེས་བསྐྱངས་ཤིང་། ཁྱད་པར་དཔལ་ས་སྐྱ་པའི་བསྟན་འཛིན་གྱི་གཙུག་རྒྱན་ས་སྐྱ་པཎྜི་ཏ་གཉིས་པ་ལྟ་བུ་དཀྱིལ་འཁོར་རྒྱ་མཚོའི་རིགས་ཀྱི་ཅོད་པན་ངག་དབང་ཆོས་ཀྱི་གྲགས་པའི་ཞབས་རྡུལ་སྤྱི་བོས་ལེན་པ། རིག་སྔགས་འཛིན་པ་ཀུན་དགའ་བསོད་ནམས་གྲགས་པས་ཀུན་འཛིན་ཞེས་པ་ས་ཕོ་བྱི་བའི་ལོ་དཔལ་བཟང་ལྡན་གྱི་ཆོས་གྲྭ་ཆེན་པོར་སྦྱར་བའོ། །སརྦ་མངྒ་ལཾ་བྷ་ཝནྟུ། །

༄༅། །སྡོམ་པ་གསུམ་གྱི་རབ་ཏུ་དབྱེ་བ་ལ་བརྟག་པའི་དྲི་ལན་གསང་ཆེན་སྣང་བ་ཞེས་བྱ་བ་བཞུགས་སོ། །

རྫོང་པ་ཆོས་དབང་ཀུན་མཁྱེན།

ཟབ་མོ་རྡོ་རྗེ་ཐེག་པ་ལས་དོགས་པའི་གནས་འགའ་ཞིག་གི་དྲིས་ལན་གསང་ཆེན་སྣང་བ་ཞེས་བྱ་བ། དཔལ་ས་སྐྱའི་རྗེ་བཙུན་ཡབ་སྲས་བརྒྱུད་པ་དང་བཅས་པ་ལ་ཕྱག་འཚལ་ཞིང་སྐྱབས་སུ་མཆིའོ། །ཟབ་གསལ་ཡེ་ཤེས་མཆོག་གི་ཐུགས་གང་ཞིང་། །བདེ་སྟོང་སྒྱུ་མའི་གར་གྱིས་འདོད་དགུར་རོལ། །བདུད་བཞིའི་སྡེ་བོ་འགེམས་པའི་བཞད་གྲུངས་ཅན། །ཁྱབ་བདག་ཀྱེ་ཡི་རྡོ་རྗེར་ཕྱག་འཚལ་ལོ། །འཇིགས་མེད་བརྟུལ་ཞུགས་སྤྱོད་པའི་བི་རྺ་པ། །གཟུང་འཛིན་ལས་སུ་རུང་བ་ཌོཾ་བྷིའི་ཞབས། །ལྷ་རིག་གྲུབ་པའི་དབང་པོ་སྦྱིན་དཀའ་ཟླ། །འཕགས་ཡུལ་བསྟན་པའི་ཉི་མ་རྣམས་ལ་བསྟོད། །མཐའ་དག་རྒྱུད་སྡེར་མཁས་པ་སྙིང་པོའི་མཚན། །ཤེས་བྱ་ཀུན་ལ་མངའ་བརྙེས་བསོད་ནམས་རྩེ། །འཇམ་པའི་དབྱངས་དང་མི་གཉིས་རྗེ་བཙུན་གྲགས། །གངས་ཅན་འགྲོ་བའི་མུན་སེལ་རྣམས་ལ་བསྟོད། །འཇམ་མགྲིན་མཁས་པའི་དེད་དཔོན་ས་པཎ་རྗེ། །བསམ་ཡས་སྐྱེ་དགུའི་གཉེན་གཅིག་ཆོས་རྒྱལ་འཕགས། །ཀུན་མཁྱེན་གཉིས་པ་བླ་མ་དམ་པ་དང་། །གྲུབ་མཆོག་ཐེག་ཆེན་ཆོས་རྗེ་རྣམས་ལ་འདུད། །དཔལ་ལྡན་དགྱེས་མཛད་རྡོ་རྗེའི་ཡེ་ཤེས་འཕྲུལ། །ཞིང་འདིར་ཐུ་སྟོན་འཇིགས་མེད་དཔའ་བོ་ཞེས། །མཁས་དང་གྲུབ་པ་བྱེ་བའི་གཙུག་གི་དཔལ། །རྡོ་རྗེ་གདན་པ་དེ་ལ་སྙིང་ནས་འདུད། །མཁྱེན་པས་གཞུང་ཀུན་འབྱེད་ལ་མི་འཇིགས་ཤིང་། །བརྩེ་བས་གདུལ་བྱའི་ཉོན་མོངས་གདུང་བ་བསིལ། །མཛད་བཟང་འཆད་རྩོད་རྩོམ་པས་ཐུབ་བསྟན་གསལ། །འཇམ་དབྱངས་བྱང་ཆུབ་དབང་རྒྱལ་སྙིང་ལ་དྲན། །

ཞེས་མཆོད་པར་བརྗོད་ནས། དེང་སང་ཁ་བ་ཅན་གྱི་ལྗོངས་ན་སྙན་པའི་བ་དན་ཆེར་གཡོ་ཞིང་། གྲུབ་ཆེན་ན་རོ་ཏ་པའི་སྐུའི་སྤྲུལ་པར་ཡོངས་ལ་གྲགས་པ། མཁས་པ་དང་གྲུབ་པ་དང་ཆེ་བ་རབ་ཏུ་མང་པོའི་གཙུག་གི་རྒྱན་དག་གིས། རྒྱུད་ཀྱི་རྒྱལ་པོ་དཔལ་བརྟག་པ་གཉིས་པ་ལ་བརྟེན་པའི་དྲི་བའི་ཚུལ་ནས། རྗེ་བཙུན་ས་སྐྱ་པཎྜི་ཏ་ཆེན་པོའི་བསྟན་བཅོས་སྡོམ་པ་གསུམ་གྱི་རབ་ཏུ་དབྱེ་བ་ལ་དོགས་གཅོད་དུ་འབབ་པ་ཞིག་མཛད་པ་ལ། ཆོས་གྲྭ་ཆེན་པོ་ན་ལེནྡྲའི་ཁྲི་ཐོག་ཏུ་བཞུགས་པ་སྐྱེ་དགུ་མཐའ་ཡས་པའི་ཅོད་པན། མཁྱེན་པའི་དབང་ཕྱུག་ཆེན་

པོ་འཇམ་དབྱངས་ཀུན་དགའ་བ་ལེགས་གྲུབ་ཀྱི་ཞལ་སྔ་ནས་ཀྱི་དྲིས་ལན་སྙིང་པོར་འདྲིལ་བ་ཞིག་མཛད་མོད། ཕྱི་ལྟར་ལྡོན་པའི་ཕྲེང་བ་དུ་མས་མཛེས་པའི་ནགས་ཚལ་ཉམས་དགའ་བར། འཕྲོག་བྱེད་ཀྱི་བུ་རི་དྭགས་ཐམས་ཅད་ཞིལ་གྱིས་གནོན་བཞིན་དུ་རྩེ་དགར་རོལ་བའི་ཚེ། རི་བོང་གི་ཕྲུ་གུ་ན་ཚོད་ལེགས་པར་མ་སྨིན་པ་རྣམས་ཀྱང་། མིག་ལ་ཤིན་ཏུ་འབབ་པའི་བློས་གར་ཆེས་བསྒྱུར་བ་ལྟར། རྡོ་རྗེའི་ཐེག་པའི་ལེགས་བཤད་ཀྱི་དར་དིར་ཆེར་སྒྲོག་པའི་འདུན་ས་དཔལ་རྡོ་རྗེའི་གདན་གྱི་ཆོས་གྲྭ་ནས། ཐུབ་བསྟན་གསལ་བར་མཛད་པའི་མཁས་པ་ཆེན་པོར་ཟུང་དག་གིས་དྲི་བ་དང་དྲིས་ལན་གྱི་གནས་ལ་ཅུང་ཟད་རྟོག་ཅིང་དཔྱོད་པ་དང་བཅས་ཏེ། བདག་ཉིད་ཆེན་པོ་ས་སྐྱ་པཎྜི་ཏའི་བཞེད་པ་དྲི་མ་མེད་པ་འདི་འོ་ཞེས་འབེལ་བའི་གཏམ་ལ་ལྷག་པར་དགའ་ཆེས་པས་གསོལ་བར་བྱ་སྟེ།

དེ་ལ་དྲི་བའི་དངོས་གཞི་ལ་ཚིགས་སུ་བཅད་པ་བཅུ་གཉིས་ཀྱི་དང་པོ། རྒྱུད་དང་མི་མཐུན་དོར་བའི་གཏམ་སྣན་ཀྱང་། །ཀུན་ལ་དབང་བསྐུར་སྟོན་པས་དོན་ལ་མིན། །གསང་སྒྲོགས་ཉེས་པར་བཤད་པས་མི་གནོད་དམ། །དབང་ལ་མིན་ན་རིམ་འཇུག་གང་ཟག་ཅི། །ཞེས་པ་ཆོས་ཀྱི་རྗེ་ས་སྐྱ་པཎྜི་ཏས། རྡོ་རྗེའི་ཐེག་པའི་བསྟན་པ་ལ། །གཟུགས་བརྙན་ཙམ་ཡང་མི་གནང་ངོ་། །ཞེས་གསུང་པ་ལྟར་དིང་སང་བླ་མ་ཁ་ཅིག་རང་གི་བསྙེན་སྒྲུབ་སྟོན་དུ་སོང་ངམ་མ་སོང་ཡང་རུང་། སློབ་མ་སྣོད་དང་ལྡན་ནམ་མི་ལྡན་ཡང་རུང་། སྡིག་རྒྱལ་དང་དམག་དཔོན་དང་འཐབ་ཀྲོལ་ཅན་སོགས་བྱམས་སྙིང་རྗེ་རང་གི་མཛའ་བཤེས་ལ་ཡང་མེད་ན། ཐེག་པ་ཆེན་པོའི་སྨོན་སེམས་རྒྱུད་ལ་ལྡན་པ་ལྟ་ཅི་སྨོས་པ་དག་ལ་དབང་བསྐུར་བ་ནི། ཆེས་མི་རུང་བ་ཙམ་དུ་མ་ཟད་རང་གཞན་ལ་དམྱལ་བའི་དངོས་རྒྱུ་བསྒྲུབས་ཤིང་། ཟབ་མོ་རྡོ་རྗེ་ཐེག་པའི་བསྟན་པའི་གནད་རྩ་བ་ནས་བཤིག་པས་དེ་འདྲའི་རིགས་ཅན་གྱིས་ནི་རྒྱུད་དང་མི་མཐུན་ན་དོར་དགོས་སོ་ཞེས་ངག་དུ་སྨྲ་ཡང་ཆེས་མི་རུང་བ་ཡིན་པས། ཟུར་གྱིས་བཀོན་པ་ཤིན་ཏུ་ཐུགས་བདེན་ལགས་ཤིང་། ཡང་བླ་མ་ཁ་ཅིག་རང་ལ་རྙེད་བཀུར་གྲགས་གསུམ་ཐོབ་པའི་རེ་བ་མེད་བཞིན་དུ་ཕན་སེམས་དང་དམ་པའི་ཆོས་ནུབ་ཏུ་འཕངས་པའི་བསམ་པས། སློབ་མ་མཚན་ཉིད་མཐའ་དག་དང་མི་ལྡན་ཀྱང་རྡོ་རྗེའི་ཐེག་པ་ལ་མོས་པ་ལྷག་པར་ཐོབ་ཅིང་། སྨོན་པ་སེམས་བསྐྱེད་ནས་བཟུམ་སྟེ་ཐེག་པ་ཆེན་པོའི་བསླབ་བྱ་རིམ་གྱིས་སློབ་རུང་གི་རིགས་ཅན་ལ། དབང་བསྐུར་ནས་བཟུམ་སྟེ་གསང་སྔགས་ཀྱི་ཆོས་ཕར་བཤད་གང་ཐུབ་མཛད་པ་ལྟ་བུ་ནི་ཆོས་དང་ཤིན་ཏུ་མ་འགལ་བ་ཙམ་དུ་མ་ཟད་ལེགས་པར་བསྔགས་པའི་གནས་ཡིན་ལ། སློབ་མའི་བསམ་སྦྱོད་ཕྱོགས་ཙམ་ཡང་མ་རྟོགས་པར་ཁྲི་དང་གླེ་བ་འཕྲད་པ་ལྟ་བུར་ཆོས་སྟོན་པ་དང་། ཁྲིམ་དབང་ཁྲིམ་ཁྲིད་ལ་སོགས་པ་མཛད་པ་ལ་ནི་རྒྱུད་འགྲེལ་རྣམས་དང་འགལ་

ཞེས་རིག་པ་འཛིན་པའི་ཐ་ཤལ་བདག་ཅག་ཀུང་སླ་ཞིང་། མཁས་པ་ཆེན་པོ་རྣམས་ཀྱིས་སླར་ཡང་སྨྲུན་འབྱིན་པར་མཛོད་ཅིག །དབང་མ་བསྐུར་བའི་གང་ཟག་ལ་གསང་སྔགས་ཀྱི་ལྟ་བ་དང་བསྐྱེད་རྫོགས་སོགས་ལས་བརྒྱམས་པའི་ཆོས་སྟོན་ན་ཡན་ལག་ཚང་བ་དང་མ་ཚང་བའི་བྱེ་བྲག་གི་གསང་བ་སྒྲོག་པའི་རྩ་བའི་ལྟུང་བ་དངོས་དང་ཕྱོགས་སུ་གཏོགས་པ་གང་རུང་དུ་འགྱུར་མོད། སྣོད་མིན་གྱི་གང་ཟག་ལ་མ་སྨིན་པ་སྨིན་པར་བྱེད་པའི་ཕྱིར་དུ་དབང་བསྐུར་བ་ལ་གསང་སྒྲོག་གི་ཉེས་པ་དང་། ཁྱད་པར་རྩ་ལྟུང་དུ་མི་འགྱུར་ཏེ་གསང་སྒྲོག་འབྱུང་ཡུལ་ནི་དུས་འཁོར་བསྡུས་རྒྱུད་ལས། རི་བོ་དག་ཀུང་མ་སྨིན་མི་ལ་གསང་བ་སྦྱིན་ལ་སོང་ཞེས་དང་།

དམ་ཚིག་གི་གཞུང་ཉིད་ནས་ཀུང་། ཡོངས་སུ་མ་སྨིན་སེམས་ཅན་ལ། །གསང་བ་སྒྲོགས་པ་བདུན་པ་ཡིན། །ཞེས་དབང་མ་བསྐུར་བ་ལ་གསང་བ་སྟེར་བ་གསང་སྒྲོགས་སུ་བཤད་ཀྱི་སྣོད་དང་མི་ལྡན་པ་ལ་དབང་བསྐུར་བ་ལ་གསང་སྒྲོགས་སུ་མ་བཤད་པའི་ཕྱིར་དང་། སྣོད་མིན་ལ་སྨིན་བྱེད་ཀྱི་དབང་བསྐུར་བ་ལ་གསང་སྒྲོག་གི་ཉེས་པ་དང་རྩ་ལྟུང་དུ་འཆད་པའི་ལུང་རྣམ་དག་ཀུང་མེད་པའི་ཕྱིར་དང་། གསང་བ་སྟོན་ཡུལ་མ་སྨིན་པ་ཡིན་པ་དང་། དབང་བསྐུར་གསང་བའི་ཆོས་ཡིན་པའི་རྒྱུ་མཚན་གྱིས་གསང་སྒྲོགས་སུ་འགྱུར་ན་ཧ་ཅང་ཐལ་ཆེས་པའི་ཕྱིར། སྣོད་མིན་ལ་དབང་བསྐུར་བ་ལ་ཉེས་དམིགས་ཆེར་འབྱུང་བར་ནི་གོང་དུ་བརྗོད་ཟིན་ཅིང་། རྒྱུད་འགྲེལ་རྣམས་ལས་གསང་སྒྲོག་ཞེས་འབྱུང་བ་ནི་རྩ་ལྟུང་བདུན་པ་དང་འགྲེལ་བ་ལ་བཤད་པ་ཡིན་ལ། སྤྱིར་གྱིས་ནི་བློ་སྦྱངས་མ་བྱས་སེམས་ཅན་ལ། །སྟོང་པ་ཉིད་ནི་བརྗོད་པ་དང་། །ཞེས་པ་ལྟ་བུར་སྣོད་མིན་ལ་སྟོང་ཉིད་བསྟན་པ་ལ་ཡང་གསང་བ་བསྟན་པའི་ཐ་སྙད་བྱས་པའི་སྐབས་ནི་ཡོད་སྲིད། དབང་ལ་མིན་ན་རིམ་འཛུག་གང་ཟག་ཅི། །ཞེས་པའི་ཤུགས་ལ་སྣོད་མིན་ལ་དབང་བསྐུར་བ་ལ་གསང་སྒྲོགས་སུ་ཞལ་གྱིས་བཞེས་པ་ལྟ་བུར་སོང་བ་དེ་ལྟ་ན། གསང་སྒྲོགས་ཡིན་མིན་གྱི་ཁྱད་པར་གསང་བ་སྟོན་ཡུལ་དེ་སྣོད་ལྡན་ཡིན་མ་ཡིན་གྱི་འབྱེད་པ་ཡིན་ནམ་མིན། དང་པོ་ལྟར་ན་རྒྱུད་འགྲེལ་དབང་གིས་སྨིན་མ་སྨིན་གྱི་འབྱེད་པར་བཤད་པ་དང་འགལ། གལ་ཏེ་དེ་གཉིས་མི་འགལ་ཏེ་དབང་གི་སྨིན་མ་སྨིན་གཉིས་ཀ་སྣོད་དང་ལྡན་མི་ལྡན་ཡིན་ནོ་ཞེ་ན། དབང་མ་བསྐུར་བ་ལ་སྣོད་ལྡན་མི་སྲིད་པ་དང་། མ་སྨིན་པ་སྨིན་པར་བྱེད་པའི་དབང་ཐམས་ཅད་སྣོད་དང་མི་ལྡན་པ་ལ་བསྐུར་བར་འགྱུར་རོ། །

གཉིས་པ་ལྟར་ན་སྣོད་མིན་ལ་དབང་བསྐུར་བ་གསང་སྒྲོགས་སུ་འགྱུར་ཞེས་བཤད་པ་ལ་འབྲེལ་ཅི་འདྲ་ཞིག་ཡོད། ཁོ་བོ་ཅག་ལྟར་ན་སྣོད་མིན་ལ་མ་སྨིན་པ་སྨིན་པར་བྱེད་པའི་དབང་བསྐུར་བ་ལ་རྒྱུད་འགྲེལ་བཤད་པའི་གསང་སྒྲོགས་ཤེས་པའི་སྐབས་ཀྱི་ཉེས་པ་མི་འབྱུང་ཡང་། སྣོད་མིན་ལ་དབང་བསྐུར་བའི་ཉེས་པ་ཆེས་ལྷི་

བ་ནི་འབྱུང་ལ། སྐལ་དམན་རིམ་འཇུག་བྱེད་པའི་དགོས་པ་ནི། གསང་སྔགས་རྡོ་རྗེ་ཐེག་པའི་སྣོད་དུ་མ་གྱུར་པ་རེ་ཞིག་གང་ལ་གང་འཚམ་གྱི་ཆོས་ལ་འགོད་པའི་ཆེད་ཡིན་ནོ། །སྤྲུལ་པའི་སྐུ་ཉིད་ཀྱི་དགོངས་པ་ལ་རིམ་འཇུག་བྱས་པ་དེ་གསང་སྒྲོགས་ཀྱི་ཉེས་པ་མི་འབྱུང་བའི་ཆེད་ཡིན་ན། འདི་ལ་རྒྱུད་འགྲེལ་ལུང་རིགས་དང་བཅས་པའི་སྒྲུབ་བྱེད་ཀྱང་བསྟན་དུ་གསོལ་ཞིང་གནོད་བྱེད་ནི་འདི་ལྟར། གསང་སྒྲོག་གི་ཉེས་པ་ནི་གསང་བ་སྟོན་པ་པོ་ལ་འབྱུང་ལ།

དེ་ཡང་སློབ་མས་རིམ་འཇུག་བྱས་པ་དེ་སློབ་དཔོན་ལ་བསམ་པ་ཡུལ་ངོ་བོ་སོགས་གང་གི་སྒོ་ནས་མི་འབྱུང་བར་བྱས་པ་ཡིན། ཡུལ་གྱི་སྒོ་ནས་མི་འབྱུང་བར་བྱས་ཞེས་པ་ལས་འོས་མེད་པས། གསང་སྒྲོགས་མི་འབྱུང་བའི་ཡུལ་ནི་གོང་དུ་སྨོས་པ་ལྟར་དབང་གིས་སྨིན་པ་ལ་བྱེད་པའི་ལུང་གསལ་བར་དྲངས་པ་དང་འགལ་བའི་ཕྱིར་རོ། །རིགས་པས་ཀྱང་གནོད་དེ་དབང་བསྐུར་བ་ལ་གསང་སྒྲོགས་མི་འབྱུང་བའི་ཕྱིར་དུ་རིམ་འཇུག་གི་ལམ་ཉམས་སུ་ལེན་དགོས་པ་ཡིན་ན། མཚམས་མེད་ལྔ་ནི་བྱེད་པ་དང་། །ཞེས་སོགས་དང་། གདོལ་པ་སྨིག་མ་མཁན་ལ་སོགས། །ཞེས་སོགས་ཀྱིས་བསྟན་པའི་སྔགས་ཀྱི་གདུལ་བྱ་སྐལ་ལྡན་དེས་དབང་བསྐུར་བ་པོ་དེ་ལ་ཡུལ་གྱི་སྒོ་ནས་འབྱུང་སྟེ། དེ་དག་ཆོས་འདུལ་བ་འཇུག་ཏུ་མི་རུང་བ་རིམ་འཇུག་གི་ཉམས་ལེན་མ་བྱས་ལ། དབང་ནི་བསྐུར་རུང་བའི་ཕྱིར་རོ། །གལ་ཏེ་དབང་བསྐུར་བའི་གང་ཟག་ཐམས་ཅད་ལ་རིམ་འཇུག་དགོས་པ་མ་ཡིན་གྱི། སྣོད་དང་མི་ལྡན་པ་རྣམས་ལ་རིམ་འཇུག་དགོས་སོ་ཞེ་ན། དགོས་མོད་གསང་སྒྲོགས་ཀྱི་ཉེས་པ་མི་འབྱུང་བའི་ཕྱིར་དུ་བྱེད་པ་མ་ཡིན་ལ། གལ་ཏེ་ཡིན་ན་རིམ་འཇུག་བྱས་པ་ཙམ་གྱིས་དབང་བསྐུར་བའི་སྣོད་ལྡན་དུ་བསྐུར་བ་ཡིན་ནམ་མ་ཡིན། ཡིན་ན་རིམ་འཇུག་གི་བྱ་བ་ཡོངས་སུ་རྫོགས་ཀྱང་བླ་མེད་ལ་མོས་པ་མ་ཐོབ་པའི་གང་ཟག་སྲིད་པ་དེ་ལ་བླ་མེད་ཀྱི་དབང་བསྐུར་རུང་བར་འགྱུར། སྣོད་ལྡན་དུ་འགྱུར་བ་མ་ཡིན་ན་རིམ་འཇུག་བྱས་པས་གསང་སྒྲོགས་ཀྱི་ཉེས་པ་མི་འབྱུང་བའི་དགོས་པ་ཡོད་པར་ཞལ་གྱིས་བཞེས་པ་ལ་འབྲེལ་མེད་དེ། ད་དུང་དབང་བསྐུར་བའི་སྣོད་དུ་ནི་མ་གྱུར་པའི་ཕྱིར་རོ། །སྐབས་འདིར་དྲིས་ལན་མཛད་པའི། ཐུན་མོང་གི་ཐེག་པས་རྒྱུད་མ་སྦྱངས་པའི་གང་ཟག་ལ་དབང་བསྐུར་ཆོག་པའི་ལུང་དུ། བླ་མ་ལ་གུས་དབང་པོ་དུལ། །ཞེས་འདྲེན་པར་མཛད་པ་ནི་ཅུང་ཟད་དགོངས་པ་གཞན་དུ་གཡེངས་པ་ཏེ། གང་ཟག་ལ་ཐུལ་དུ་ཕྱིན་པའི་ཐེག་པས་རྒྱུད་སྦྱངས་པ་དང་མ་སྦྱངས་པ་གཉིས་ལས། ལུང་འདི་ནི་རྒྱུད་སྦྱངས་པའི་གང་ཟག་ལ་དགོངས་པ་ཡིན་ཏེ།

རྒྱུད་འདིའི་འགྲེལ་པ་དག་ལྡན་ལས། དགེ་བ་བཅུ་ལ་ཞེས་བྱ་བ་ལ་སོགས་པ་གསུངས་ཏེ། ཐུལ་དུ་ཕྱིན་

པས་རྒྱུད་སྦྱངས་པ་བྱས་པ་རྣམས་ནི་ངེས་པར་འགྲུབ་པར་འགྱུར་རོ། །ཞེས་གསུངས་པ་དང་། དེ་བཞིན་དུ་འགྲོ་མགོན་འཕགས་པ། དཔལ་ལྡན་བླ་མ་དམ་པ། ཐེག་ཆེན་ཆོས་ཀྱི་རྒྱལ་པོ་སོགས་ལུགས་འདིའི་རྗེས་འབྲང་གི་མཁས་པ་ཐམས་ཅད་མཐུན་པར། སྨྱོད་པའི་ཕན་ཡོན་ལ་སྒྲིབ་པ་ཤས་ཆེ་བ་འགྲུབ་པ་དང་། སྦྱངས་པས་མྱུར་དུ་འགྲུབ་པ་ཞེས་གཉིས་སུ་ཕྱེ་ནས། དང་པོ། མཚམས་མེད་ལྔ་ནི་བྱེད་པ་དང་། ཞེས་སོགས་དང་། ཕྱི་མ། དགེ་བ་བཅུ་ལ་གོམས་པ་དང་། །བླ་མ་ལ་གུས་དབང་པོ་དུལ། །ཞེས་སོགས་ཀྱིས་བསྟན་པར་བཞེད་དོ། །དེས་ན་ཕ་རོལ་དུ་ཕྱིན་པའི་ཐེག་པས་རྒྱུད་མ་སྦྱངས་པའི་གང་ཟག་ལ་དབང་བསྐུར་ཆོག་པ་ཡོད་པའི་ལུང་དུ། མཚམས་མེད་ལྔ་ནི་ཞེས་སོགས་དང་། གདོལ་པ་སྨྲིག་མ་ཞེས་སོགས་ཀྱི་ལུང་འདྲེན་པར་རིགས་པ་ཡིན་ནོ། །

ཚིགས་སུ་བཅད་པ་གཉིས་པ། སྣོད་ལྡན་གང་ཟག་ཉེར་ལྔ་ལས་ལྷག་པ། །འདུག་པ་བླ་མེད་རྒྱུད་སྡེ་གང་དུ་བཀག །བྱ་བའི་རྒྱུད་ལས་སྐབས་འདིར་བཙན་པའི་ལུང་། །དཔལ་ལྡན་དུས་ཀྱི་འཁོར་ལོར་གནང་མིན་ནམ། །ཞེས་པ་བླ་མེད་རྒྱུད་ཀྱི་ཚིག་ཟིན་ལ་ཉེར་ལྔ་ལས་ལྷག་པ་བཀག་པ་མ་མཐོང་མོད། བླ་མེད་ཀྱི་རྒྱུད་ཀྱི་ཚིག་ཟིན་ལ་མ་བཀག་ཀྱང་། རྒྱུད་སྡེ་གཞན་དང་འགྲེལ་མཛད་པཎ་གྲུབ་རྣམས་ཀྱི་དགོངས་པས་བྱར་མི་རུང་བ་ནི་ཆེས་མང་བས་བླ་མེད་ཀྱི་སྐབས་འདིར་རང་གི་ཐུན་མོང་མ་ཡིན་པའི་ཆོས་སྐད་མ་གཏོགས་ཐུན་མོང་བ་ལ་རྒྱུད་སྡེ་གཞན་ལ་བསྟུན་དགོས་པར་རྩ་རྒྱུད་འདི་ཉིད་ཀྱི་ལུང་གིས་གྲུབ་སྟེ། ཇི་སྐད་དེ་ཉིད་བསྡུས་པ་ཡི། །དཀྱིལ་འཁོར་ཆོ་ག་དེ་བཞིན་སྐད། །ཞེས་རྣལ་འབྱོར་རྒྱུད་ལ་ཞལ་འཕངས་པ་དང་། སློབ་དཔོན་ཀུནྡ་ནས། སློབ་མ་དབང་བསྐུར་ཆོག་ནི། །གང་ནའང་གཅིག་གིས་རྫོགས་པ་མེད། །དེ་ཕྱིར་མཁས་པས་ཆོ་ག་ནི། །རྒྱུད་ཀུན་ལས་ནི་བསྡུ་བར་བྱ། །ཞེས་གསུངས་པ་ལྟར་བླ་མེད་ལས་སློབ་མའི་གྲངས་ངེས་གསལ་བར་མ་གསུངས་པ། གྲུབ་ཆེན་ད྄་རི་ཀ་པ་ལ་སོགས་པའི་དགོངས་པ་བཞིན་གསང་བ་སྤྱིར་རྒྱུད་ནས་གྲངས་ངེས་གསུངས་པ། དམིགས་བསལ་མ་གཏོགས་རྒྱུད་སྡེ་སྤྱིའི་ཁྱབ་བྱེད་དུ་ཁས་ལེན་དགོས་པ་ལ་དགོངས་ནས་གྲངས་ངེས་སུ་མཛད་པ་ཡིན། དུས་ཀྱི་འཁོར་ལོ་ལས་སོ་སྐྱེའི་རྡོ་རྗེ་སློབ་དཔོན་གྱིས་ཉེར་ལྔ་ལས་ལྷག་པ་ལ་དབང་བསྐུར་རུང་བར་གསུངས་པའི་ལུང་ཀྱང་གང་ཡིན་ནམ། ཉི་མའི་ཤིང་རྟ་ལ་སོགས་དུང་སྲོང་བྱེ་བ་ཕྲག་ཕྱེད་དང་བཞི་ལ་དབང་བསྐུར་བར་གསུངས་པ་ནི། འཕགས་པའི་མཛད་པ་ལ་ཚད་བཟུང་དཀའ་བ་དང་། རྒྱུད་སྡེ་ཕལ་དང་མི་མཐུན་པའི་ཆོས་སྐད་དུས་འཁོར་ལ་མང་བ་དང་། དེང་སང་དབང་ཚར་མང་པོ་བསྐུར་བ་ལྟར་ཉེར་ལྔར་བཅད་ནས་བསྐུར་བ་ཡིན་ཞེས་བཤད་ཀྱང་རུང་བས།

ལུང་དེས་ནི་རྒྱུད་སྡེ་སྤྱི་འགྲོས་ལ་སོ་སྐྱེའི་རྡོ་རྗེ་སློབ་དཔོན་གྱིས་དབང་བསྐུར་བའི་སློབ་མ་ལ་གྲངས་ངེས་

མི་དགོས་པ་ལ་ཕན་པར་དཀའ་བ་ལགས། འདིར་དྲི་ལན་སྤྲུལ་བས། བླ་མེད་ལས་སློབ་མ་ཉེར་ལྔ་ལས་ལྷག་པ་རྣམས་ཀུན་ཏུ་རང་བཀག་པ་མེད་གསུངས་པ། འཕགས་པའི་མཛད་པ་ལ་དགོངས་ནས་གསུངས་པ་ནི་རིགས་མོད། སོ་སྐྱེའི་སློབ་དཔོན་གྱི་དུས་འཁོར་དང་ཕྲེང་བའི་དབང་བསྐུར་བ་ལ་སློབ་མ་གྲངས་ངེས་མི་དགོས་པར་བཞེད་ནས་དེ་སྐད་སྤྲུལ་བ་ཡིན་པ་དེ་ལྟ་ན། དྲི་བ་པོས་དུས་འཁོར་དང་ཕྲེང་བའི་དབང་ལ་གྲངས་ངེས་མི་དགོས། བདེ་དགྱེས་ལ་དགོས་པ་གང་ཡིན་ཞེས་དོགས་པ་བཀོད་པའི་ལན་དུ། བདེ་དགྱེས་ལ་གྲངས་ངེས་དགོས་པ་གསང་བ་སྤྱི་རྒྱུད་ཀྱི་ལུང་གིས་གྲུབ། དུས་འཁོར་ལ་མི་དགོས་པ་བླ་མ་བརྒྱུད་པའི་ཕྱག་ལེན་གྱིས་གྲུབ། ཕྲེང་བར་མི་དགོས་པ་རྒྱུད་སྡེ་གཞན་དང་མི་འདྲ་བའི་སྒོ་ནས་གྲུབ་ཅེས་པ་ལས་དོན་གཞན་མ་མཆིས་པས།

ཡང་གཞན་གྱིས་འདི་སྐད་དུ། གསང་བ་སྤྱི་རྒྱུད་ཀྱི་ལུང་བདེ་དགྱེས་སོགས་ལ་སྦྱོར་རུང་། དུས་འཁོར་ཕྲེང་བ་གཉིས་ལ་སྦྱོར་མི་རུང་བའི་ཁྱད་པར་གང་། དུས་འཁོར་ལ་གྲངས་ངེས་མི་དགོས་པར་ར་འབྲོ་ས་སོགས་ཀྱི་ཕྱག་ལེན་གྱིས་གྲུབ་པ་ཚད་མ་ཡིན་ན། སྤྱོད་རྒྱུད་ལ་དམིགས་ཀྱིས་བསལ་བ་མ་གཏོགས་ལྷག་མ་རྒྱུད་སྡེ་གསུམ་གྱི་ཁྱབ་བྱེད་དུ་གསང་བ་སྤྱི་རྒྱུད་ཀྱི་ལུང་འདི་ས་པཎ་ཉིད་ཀྱི་གསལ་བར་བཤད་པ་ཅི། ཕྲེང་བར་རྒྱུད་སྡེ་གསུམ་གྱི་དབང་ལ་སློབ་མ་གྲངས་ངེས་མི་དགོས་པའི་རྒྱུད་ཀྱི་ལུང་ཚད་མ་ཡོད་ན་ས་པཎ་གྱི་གྲུབ་པའི་མཐའ་ལ་ཅིའི་ཕྱིར་མི་གནོད། མེད་ན་ཕྲེང་བའི་སྐབས་སུ་གྲངས་ངེས་མི་བྱེད་པ་ཡང་འགལ་ཞེས་སླར་རྒོལ་བའི་ལན་ལྡོན་མི་នུས་པར་འགྱུར་རོ། །དེ་ཁྱོད་ཉིད་ལ་ཡང་མཚུངས་སོ་ཞེ་ན། དུས་འཁོར་ལ་ཡང་དེ་ལྟར་གྱི་ཚིག་ལ་ལུང་འདི་སྦྱོར་བར་ས་པཎ་ཉིད་ཀྱི་དགོངས་པ་ཡིན་ཏེ། སྤྱོད་རྒྱུད་ཀྱི་དམིགས་བསལ་མ་གཏོགས་རྒྱུད་སྡེ་གསུམ་གྱི་ཁྱབ་བྱེད་དུ་ལུང་འདི་བཤད་པའི་ཕྱིར། ཕྲེང་བའི་དབང་ལ་གྲངས་ངེས་མི་མཛད་པ་ཨ་བྷྱ་ཡའི་དགོངས་པ་ཡིན་དུ་ཆུག་ན་ཡང་། ས་པཎ་ལ་མི་གནོད་དེ། ཨ་བྷྱ་ཉིད་ལ་རྟོག་དཔྱོད་མཛད་པའི་སྐབས་མང་བའི་ཕྱིར། རྭ་འགྲོའི་ཕྱག་ལེན་ལ་གྲངས་ངེས་མི་མཛད་པའི་ཁུངས་ཚད་གྲུབ་ཀྱང་དཀོན་ཞིང་། གལ་ཏེ་ཡོད་ནའང་། བདག་ཉིད་ཆེན་པོ་འདིས་ནི་རྒྱུད་འགྲེལ་རྣམ་པར་དག་པ་མ་གཏོགས་རྒྱ་བོད་ཀྱི་བླ་མ་ཆེས་ཆེ་བ་མང་པོ་ལ་དཔྱད་པ་མཛད་པ་ཡིན། ས་སྐྱ་པའི་ཕྱག་ལེན་ལ་དུས་འཁོར་གྱི་དབང་ལ་གྲངས་ངེས་མི་དགོས་པ་ས་པཎ་གྱི་ཕྱིས་ནས་བྱུང་བ་ནི་ཁུངས་སུ་མི་རུང་། དེ་ཡན་ཆད་ལ་ཡོད་པར་གང་གིས་ཤེས། ཕྲེང་བའི་དབང་ལ་གྲངས་ངེས་མི་དགོས་པའི་རྒྱུད་འགྲེལ་ཚད་ལྡན་གྱི་ལུང་གང་དང་ཨ་བྷྱ་ཡའི་དགོངས་པ་ཡིན་པའི་ཤེས་བྱེད་ཀྱང་གང་ཡིན། སློབ་མ་གཅིག་གམ་གཉིས་སམ་མང་པོ་མཉམ་ཐོགས་ནས་ཤེས་པ་ནི། མཉམ་སློབ་མ་མཐའ་དག་གི་འཛིན་པའམ་ཡང་ན་གང་འབྱོར་གྱིས་འཛིན་པའི་དགོངས་པར་བཤད་དུ་རུང་བ་དང་། སྐལ་བ་དང་ལྡན་ན་སྟོང་གི

བར་དུ་ཡང་བཟུང་བར་བྱའོ་ཞེས་གསུངས་པ་ནི། དབང་ཚར་གཅིག་ལ་སློབ་མ་དེ་ཙམ་འཛིན་པའི་དོན་མ་ཡིན། སྤྱིར་གསང་སྔགས་ཀྱི་བླ་མས་སློབ་མ་མང་པོ་སྟོན་པ་མེད་དེ། སྐལ་བ་དང་ལྡན་པའི་སློབ་མ་དཀོན་པའི་ཕྱིར་གལ་ཏེ་སྐལ་བ་དང་ལྡན་ན་ཤིན་ཏུ་མང་བ་ཡང་སྟོན་ཞེས་པའི་དོན། གཞན་ཡང་སྐབས་འདིར་དྲིས་ལན་མཛད་པའི་ཞལ་ནས། སོ་སྐྱེའི་དབང་ཆོག་ལ་སྤྱིར་བཏང་དང་དམིགས་བསལ་གཉིས་མཛད་ནས། དམིགས་བསལ་ཤཱཀྱ་ལར་ཆོས་རྒྱལ་འཇམ་དཔལ་གྲགས་པས་དབང་བསྐུར་བ་སློབ་དཔོན་སར་གནས་ཡིན་པའི་ཁོངས་སུ་འདུ་བ་ལ་དགོངས་གསུངས་པས། སོ་སྐྱེའི་དམིགས་བསལ་ལ་འཕགས་པའི་མཛད་པ་འཆད་པ་མཁས་པའི་རྩོམ་པར་མ་སོང་ཞིང་། འདུལ་བ་ལ་དགོངས་ཞེས་པ་དགོངས་པ་པོ་དེ་ས་པཎ་ལས་འོས་མེད་པས། གྲངས་ངེས་མི་དགོས་པ་དེ་སར་གནས་ཀྱི་མཛད་པར་བསྟུས་པས་སོ་སྐྱེ་ལ་དུས་འཁོར་དུ་ཡང་གྲངས་ཅན་དགོས་པར་ཉིད་ཀྱི་གསུང་འདིས་ནི་བསྟན་ན། གྲངས་ཅན་མི་དགོས་པར་བཞེད་པ་དང་ནང་མ་འགལ་ལམ།

ཡང་སློབ་དཔོན་སོ་སྐྱེ་གྲངས་ཅན་ཉི་ཤུ་རྩ་ལྔ་ལས་མང་བར་མི་རུང་བར་རྒྱུད་སྡེ་གཞི་གར་ཀྱི་འགྲེལ་པར་བཤད་གསུངས་པའང་དུས་འཁོར་ལ་གྲངས་ངེས་མི་དགོས་པར་བཞེད་པ་དང་ནང་འགལ་ཞིང་། ཉེར་ལྔ་ལས་ལྷག་པ་ལ་མི་རུང་བ་སྤྱོད་རྒྱུད་གང་ནས་བཤད། རྣམ་སྣང་མངོན་བྱང་ལས་ཞེ་ན། དེ་ལས། བཅུ་འམ་བརྒྱད་དམ་བདུན་ནམ་ལྔ། །གཅིག་གཉིས་བཞི་ལས་ལྷག་ཀྱང་རུང་། །ཞེས་སྐལ་བ་དང་ལྡན་པ་ཉུང་བས་བཅུ་ཚུན་གྱི་གྲངས་བཟུང་བ་དང་། སྤྱིར་གྱིས་ནི། དཔྱད་མི་དགོས་པར་བཟུང་བར་བྱ་ཞེས་བཅུ་མན་གྱི་གྲངས་སུ་དཔྱད་མི་དགོས་པར་གསུངས་པས་ཉི་ཤུ་རྩ་ལྔ་ལས་མང་མི་མང་གི་ངེས་བཟུང་རྒྱུད་སྡེ་འདིར་ག་ལ་རིགས། ཡང་གསང་བ་སྤྱི་རྒྱུད་ཀྱི་ལུང་གསལ་ཀྱང་རྒྱུད་སྡེ་བཞི་ག་ལ་སྦྱོར་བར་རྒྱ་བོད་ཀྱི་མཁས་པ་རྣམས་ཀྱི་སྲོལ་དུ་སྣང་ཞེས་པ། ཨ་རྣྐ་ཡ་དང་། ར་འབྲོ་ཤོང་གསུམ་ས་ཛ་བུ་གསུམ་རྣམས་རྒྱ་བོད་ཀྱི་མཁས་པའི་ཁོངས་སུ་མི་གཏོགས་པ་ཡིན་ནམ། གལ་ཏེ་གཏོགས་ན་ནི་སོ་སྐྱེའི་སློབ་དཔོན་གྱི་སློབ་མ་ལ་དབང་བསྐུར་ལ་གྲངས་ངེས་མི་མཛད་པར་བཤད་པ་དང་འདིར་ཡང་ནང་འགལ། ཡང་ཉི་མའི་ཤིང་རྟ་སོགས་དྲང་སྲོང་བྱེ་བ་ཕྲག་རྒྱ་ལ་དབང་བསྐུར་ཞེས་པ་ཡང་མཉམ་པར་ཤིན་ཏུ་མ་བཞག་པའི་གསུང་སྟེ། དྲང་སྲོང་བྱེ་བ་ཕྲག་ཕྱེད་དང་བཞིར་བཤད་པས་སོ། །

ཚིགས་བཅད་གསུམ་པ། བྱ་བའི་རྒྱུད་ལས་བཀག་ན་དེ་ཉིད་ཀྱིས། །རིག་གཏད་རྗེས་གནང་ཁྲིམ་ལ་བྱེད་པའང་འགལ། །སྐབས་འདིའི་རྗེས་གནང་དབང་ལ་དགོས་པའི་ཁྱད། །ཅི་ཡང་མ་མཐོང་ཚིག་ལ་རྩོད་པས་ཅི༑ །ཞེས་པ་གསང་བ་སྤྱི་རྒྱུད་ནས་ཉེར་ལྔ་ལས་ལྷག་པ་བཀག་པ་དབང་བསྐུར་གྱི་སློབ་མ་ལ་དགོངས་པ་ཡིན་

པས། རིག་གཏད་རྗེས་གནང་དེ་བས་ལྷག་པའི་སློབ་མ་ལ་བྱེད་པ་ལ་ཅི་གནོད། རིག་གཏད་རྗེས་གནང་དེ་དག་ཀྱང་དེ་དང་དེའི་སྣོད་ལྡན་གྱི་རིགས་ཡིན་ན་སློབ་མ་ཁྲི་འབུམ་ཚོགས་ཀྱང་འགལ་བ་ཅི་ཡོད། སྣོད་དང་མི་ལྡན་ན་ནི་གཅིག་ལའང་སྐྱེར་དུ་ག་ལ་རུང་། རྗེས་གནང་དང་དབང་ལ་དགོས་པའི་ཁྱད་པར་མ་གཟིགས་ཞེས་སྨྲ་བ། སློབ་མའི་གྲངས་ངེས་དགོས་མི་དགོས་ཀྱི་ཁྱད་པར་ཤིན་ཏུ་ཆེ་སྟེ། ཚིག་རྫོགས་མ་རྫོགས་ཀྱི་དགག་བྱ་ཡོད་མེད་ཀྱི་ཁྱད་པར་ཡོད་པས་སོ། །སྤྱིར་ཡང་དེ་གཉིས་ལ་དགོས་པའི་ཁྱད་པར་ཤིན་ཏུ་ཆེ་སྟེ། དམིགས་ཀྱི་བསལ་བ་འགའ་ཞིག་མ་གཏོགས་བྱ་བའི་རྒྱུད་ལ་ཡང་དབང་མ་ཐོབ་པར་ལམ་ཉམས་སུ་ལེན་མི་རུང་བས། དབང་བསྐུར་ནི་ལམ་ཉམས་ལེན་སྐབས་དང་པོ་གཉིས་སུ། སོ་ཐར་དང་། བྱང་སྡོམ་གྱི་སྔུང་པ་སྔོན་དུ་སོང་ནས། སྐབས་འདིར་དབང་བཞི་བླངས་ན། སྡོམ་པ་གསུམ་ལྡན་འགྱུར་ཞེས་སྒྲོར་བ་ཡིན་གྱི། སྡོམ་པ་དབང་བཞི་བླངས་ན། སྡོམ་པ་གསུམ་ལྡན་འགྱུར་ཞེས་སྒྲོར་བ་ཡིན་གྱི། སྡོམ་པ་གོང་མ་གཉིས་ཀྱི་སྔུང་པ་སྔོན་དུ་མ་སོང་བར། ལས་དང་པོ་པ་ཞིག་གིས་དབང་བཞི་བླངས་པས་སྡོམ་པ་གསུམ་ལྡན་དུ་མི་འགྱུར་ཏེ། སྔགས་ཀྱི་དབང་ཚིག་ལ་བརྟེན་ནས་སོར་ཐར་སྡོམ་པ་ཐོབ་པ་མི་སྲིད་པའི་ཕྱིར་ཞེས་སྨྲ་བ་ནི། མཁས་པའི་གསུང་ཡིན་ཡང་། རྣ་བའི་བདུད་རྩི་མ་ཡིན་ཏེ། སྨིན་བྱེད་དབང་གི་སྦྱོར་དངོས་ཅི་རིགས་པར་སྡོམ་པ་གསུམ་འཐོབ་པའི་ཚིག་མ་ཚང་ན། སྨིན་བྱེད་དབང་མཚན་ཉིད་པར་མི་འགྱུར་བའི་ཕྱིར་ཏེ། འདི་ཉིད་ལས། རྡོ་རྗེ་ཕག་མོའི་བྱིན་རླབས་ལ། །སྡོམ་པ་གསུམ་ལྡན་བྱར་མི་རུང་། །ཞེས་སོགས་བཤད་པའི་ནུས་པ་ལས་ཤེས་པའི་ཕྱིར་རོ། །

ཡང་མཁས་པ་གྲུང་རུ་ཤེར་བཟང་སོགས། སྨིན་བྱེད་ཀྱི་དབང་ནི། བུམ་དབང་ཁོ་ན་ཡིན་གྱི། གོང་མ་གསུམ་སྨིན་བྱེད་ཀྱི་དབང་མ་ཡིན་པར་སྨྲ་བ་ཡང་། ཕྱོགས་རེའི་མིག་ཅན་ཁོ་ན་ཡིན་ཏེ། དབང་བཞིས་སྨིན་མཛད་ལམ་བཞིའི་གྲོལ་སྟོན་པ། །ཞེས་པ་ལྟར། རྟེན་དཀྱིལ་འཁོར་བཞི་སྨིན་པ་དེ། དབང་བཞི་སོ་སོའི། གཙོ་བོའི་བྱེད་ལས་ཡིན་པའི་ཕྱིར་དང་། བླ་མེད་བུམ་དབང་དེ། བསྐྱེད་རིམ་སྒོམ་པའི་སྨིན་བྱེད་ཀྱི་དབང་ཡིན་པ་ལྟར། གོང་མ་གསུམ་པོ་དེ། རྫོགས་རིམ་སྒོམ་པའི་སྨིན་བྱེད་ཀྱི་དབང་དུ་ཁས་ལེན་དགོས་པའི་ཕྱིར་རོ། །འོ་ན། བླ་མེད་བུམ་དབང་ལ་བརྟེན་ནས་བསྐྱེད་རིམ་ཀྱི་སྡོམ་པ་ཐོབ་པ་ལྟར། དབང་གོང་མ་གསུམ་ལ་བརྟེན་ནས་རྫོགས་རིམ་གྱི་སྡོམ་པ་ཐོབ་པར་ཁས་ལེན་དགོས་པའི་ཕྱིར་རོ། །

དེ་ལྟར་ན་བླ་མེད་བུམ་དབང་ལ་བརྟེན་ནས་སྔགས་སྡོམ་རྫོགས་པར་ཐོབ་ཅེས་ཁས་ལེན་པའི་ཁས་བླངས་དེ་འཇིག་པ་མ་ཡིན་ནམ་སྙམ་ན། དེ་ལྟར་སེམས་པའི་མཁས་པ་ཤིན་ཏུ་མང་ན་ཡང་། སྡོམ་པ་རྫོགས་པར་ཐོབ་པའི་སྐབས་ཀྱི་གོ་བ་མ་ལོངས་པ་སྟེ། བུམ་དབང་གི་བསྲུང་བའི་དམ་ཚིག །རྩ་ལྟུང་བཅུ་བཞི་གང་རུང་བྱུང་ན།

བླ་མེད་ཀྱི་སྔགས་སྡོམ་གཏོང་བ་དང་། དབང་གོང་མ་གསུམ་གྱི། བསྒྲུབ་པའི་དམ་ཚིག་ལས་འདས་ཀྱང་། སྔགས་སྡོམ་རྩ་བ་ནས་མི་གཏོང་བའི་གནད་ཐུགས་ཡུལ་དུ་མཐོང་བའི་སྐད་ཆ་ཡིན་པའི་ཕྱིར་རོ། །དེས་ན་བླ་མེད་བུམ་དབང་གི་ཚེ་སྔགས་སྡོམ་རྫོགས་པར་ཐོབ་པའི་གནད་ནི། དེའི་ཚེ་རྩ་ལྟུང་བཅུ་བཞི་བསྲུང་བ་ལ་དབང་བའི་སྔགས་སྡོམ་རྫོགས་པར་ཐོབ་པའི་གནད་ཡིན་པའི་ཕྱིར་ཏེ། དེའི་ཚེ་རྩ་ལྟུང་བཅུ་བཞི་ལྟར། རྒྱུད་རྣམས་གདུལ་བྱའི་རིགས་ལ་ལྟོས་པ་མ་ཡིན། གང་ཟག་གཅིག་གི་ཐམས་ཅད་གཞི་གཅིག་ཏུ་འགལ་མེད་དུ་ཁས་ལེན་དགོས་ན་ཧ་ཅང་ཐལ་ཆེས་སོ། །

དེས་ན་སྐབས་དོན་ནི་རྩ་རྒྱུད་བརྟག་པ་གཉིས་པ་ནས་སློབ་དཔོན་གྱི་དབང་བུམ་དབང་གི་གཙོ་བོར་གསུངས་མོད། སྤྱིར་དངོས་རྗེས་གསུམ་གྱི་ནང་ཚན་དུ་གྱུར་པའི་དངོས་གཞིར་གསུངས་པ་ནི་མ་ཡིན་ལ། དུས་ཀྱི་འཁོར་ལོ་ཡང་བུམ་དབང་གི་གཙོ་བོར་སློབ་དཔོན་གྱི་དབང་གསུངས་པ་ཡིན་ཏེ། བརྟག་གཉིས་ལས། ཤེས་རབ་བཅུ་དྲུག་ལོན་པ་ལ། །ལག་པ་དག་གིས་ཡང་དག་འཁྱུད། །རྡོ་རྗེ་དྲིལ་བུ་མཉམ་སྦྱོར་བ། །སློབ་དཔོན་དབང་དུ་རབ་ཏུ་བཤད། །ཅེས་པ་ལྟར་ཤེས་རབ་མ་གཏད་པ་ཞིག་བུམ་དབང་གི་གཙོ་བོར་བཤད་པའི་ཕྱིར། འོན་ཀྱང་དབང་གཞི་ཀ་རྫོགས་ནས་རྡོ་རྗེ་སློབ་དཔོན་བདག་པོ་ཆེན་པོའི་དབང་བཤད་པ་ནི། རྒྱུད་འདིའི་ཁྱད་པར་གྱི་ཆོས་གཅིག་ཏུ་གནང་བས། རྩ་རྒྱུད་བརྟག་པ་གཉིས་པའི་རྗེས་སུ་འབྲང་བའི་བཤད་སྲོལ་དང་མ་མཐུན་ཡང་། དགོངས་གཞི་ནི་སློབ་དཔོན་དུ་དངོས་སུ་རུང་བ་ཞིག་ལ་བསྐུར་བའི་དོན་ཡིན་ལ། ཀྱེ་རྡོར་བ་རྣམས་ཀྱི་དགོངས་གཞི་ནི་སློབ་དཔོན་དུ་དངོས་སུ་རུང་བ་མ་ཡིན་ཡང་། སློབ་དཔོན་དུ་རུང་བའི་རིགས་ཅན་ལ་བསྐུར་བ་ཡིན་ནོ། །ཀྱེ་རྡོ་རྗེ་ལ་ཡང་བུམ་དབང་ཁོ་ནའི་སྐབས་སུ་རྡོ་རྗེ་སློབ་དཔོན་གྱི་དབང་རྫོགས་པར་བསྐུར་བ་མཐའ་གཅིག་ཏུ་མ་ངེས་ཏེ། དབང་རིམ་ཅན་དུ་བསྐུར་བ་དང་ཅིག་ཅར་དུ་བསྐུར་བ་གཉིས་ལས་དང་པོའི་སྐབས་སུ་རྫོགས་པར་བསྐུར། གཉིས་པའི་སྐབས་སུ་ལུང་བསྟན་དབུགས་དབྱུང་གཟེངས་སྟོད་ལ་སོགས་པ་དབང་གོང་མ་རྣམས་ཀྱི་མཐར་མཛད་པ་ཡིན། དེ་དག་གི་རྒྱུ་མཚན་ཡང་དབང་བཞིའི་རིམ་ཅན་དུ་བསྐུར་བའི་དོན་ནི། རེ་ཞིག་དབང་གོང་མ་མི་བསྐུར་བ་ཡིན་པས།

དེས་ན་སློབ་མ་དེ་རྡོ་རྗེ་སློབ་དཔོན་གྱི་ལས་ལ་དབང་བར་བྱའི་ཆེད་དུ་བུམ་དབང་གི་སྐབས་ཉིད་དུ་ཡོངས་སུ་རྫོགས་པར་བསྐུར་བ་ཡིན། ཅིག་ཅར་དུ་བསྐུར་བའི་ཚེ་ནི་དེ་མ་ཐག་ཏུ་དབང་གོང་མ་བསྐུར་བས་འདི་ཁོ་ནར་མེད་ཀྱང་སྐྱོན་མེད་ཅིང་། གོང་མའི་མཐར་བྱེད་པ་ཤིན་ཏུ་འབྲེལ་བས་མཛད་པ་ཡིན། དེས་ན་ཀྱེ་རྡོར་དུས་འཁོར་གཉིས་ཀ་ལ་བུམ་དབང་གི་གཙོ་བོ་དངོས་གཞི་སློབ་དཔོན་གྱི་དབང་ཡིན་སྙམ་པ་དང་། ཀྱེ་རྡོར་ལ་ཡང་

དབང་བཞིའི་ཅིག་ཅར་དུ་བསྐུར་བའི་ཚེ་བུམ་དབང་དུ་མ་འདུས་པའི་རྡོ་རྗེ་སློབ་དཔོན་གྱི་དབང་གི་ཡན་ལག་ཙམ་ཡོད་པ་ཡིན། འདིར་དྲིས་ལན་མཛད་པའི་ཞལ་ནས། ཀྱི་རྡོར་བའི་ལུགས་ཀྱི་བུམ་དབང་གི་སྐབས་སུ་རྡོ་རྗེ་སློབ་དཔོན་གྱི་དབང་སྟོན་དགོས་ཏེ། གཙོ་བོར་རྡོ་རྗེ་གསུམ་གྱི་དབྱེད་པ་སྟོན་པ་ནི་བུམ་དབང་ལ་དགོས་ཤིང་། དེ་ཉིད་རྡོ་རྗེ་སློབ་དཔོན་གྱི་དབང་དང་འབྲེལ་དགོས་པ་ཞེས་གསུངས་པ་ཤུགས་བསྟན་ལ་དུས་འཁོར་ལ་བུམ་དབང་གི་སྐབས་སུ་རྡོ་རྗེ་སློབ་དཔོན་གྱི་དབང་མི་བསྐུར་བ་ཞིག་ཞལ་གྱིས་བཞེས་མོད། དེ་ལྟ་ན་སྒྲུབ་བྱེད་དེ་ཉིད་དུས་ཀྱི་འཁོར་ལོར་ཡང་མཚུངས་ཏེ། རྡོ་རྗེ་གསུམ་གྱི་སྦྱོད་པ་སྟོན་པ་ནི་བུམ་དབང་ལས་གཞན་གསུམ་ལ་མ་འགྲེལ་བའི་ཕྱིར་དེ་ཉིད་རྡོ་རྗེ་སློབ་དཔོན་གྱི་དབང་དང་འབྲེལ་བ་དུས་ཀྱི་འཁོར་ལོའི་སྐབས་སུ་ཡང་ཡིན་ཏེ། ཤེས་རབ་བཅུ་དྲུག་ལོན་པ་ལ། །ལག་པ་དག་གིས་ཡང་དག་འཁྱུད། །རྡོ་རྗེ་དྲིལ་བུའི་མཉམ་སྦྱོར་བ། །སློབ་དཔོན་དབང་དུ་རབ་ཏུ་བཤད། །ཅེས་པའི་ལུང་འདི་བུམ་དབང་གི་སྐབས་སུ་བུ་སྟོན་ཐམས་ཅད་མཁྱེན་པས་དྲངས་པ་ལ་འབྲེལ་ཡོད་པའི་ཕྱིར། ཡང་ཟ་ཧོར་པཎྜི་ཏའི་ལུགས་དང་། འཕགས་ཡུལ་པཎྜི་ཏའི་ལུགས་ཞེས་སོ་སོར་གསུངས་པ། ཟ་ཧོར་གྱི་ཡུལ་རྒྱ་གར་འཕགས་པའི་ཡུལ་དུ་མི་གཏོགས་པ་ཡིན་ནམ། ཡིན་ན་དེ་རྒྱ་གར་ལས་གཞན་པའི་ཕྱོགས་གང་ན་ཡོད་ངེས་འཛིན་པར་ཞིག་ཞུའོ། །

ཚིགས་བཅད་དྲུག་པ། མཆོག་དབང་གསུམ་ལ་དཀྱིལ་འཁོར་བསྒོམས་པས་རུང་། །བུམ་པའི་དབང་ལ་དེ་ལྟ་མ་ཡིན་པའི། །རྒྱུད་ལུང་ཅི་ཡོད་མེད་ན་སྨིན་བྱེད་དབང་། །རྟུལ་ཚོན་ཉིད་དུ་བསྐུར་ཞེས་སྨྲས་ཀྱང་ཅི། །ཞེས་པ་བུམ་པའི་དབང་གི་རྟུལ་ཚོན་དང་ལུས་རས་ཀྱི་དཀྱིལ་འཁོར་དུ་བསྐུར། གསང་དབང་ནི་ཡིད་ཀྱི། ཤེས་རབ་ཡེ་ཤེས་ནི་ཁམས་བདུད་རྩི། དབང་བཞི་པ་ནི་སྙིང་པོ་ཡེ་ཤེས་རླུང་ལ་བསྐུར་བ་ཡིན་པས་ཡི་གེའི་དཀྱིལ་འཁོར་སོགས་སློབ་མའི་ལུས་ལ་གཏན་མེད་པར་བསྒོམས་པ་ཙམ་གྱིས་རུང་བ་ནི་སྨིན་བྱེད་ཀྱི་སྐབས་འདིར་མེད་ཅིང་། བུམ་པའི་དབང་ལ་ཡང་རྟུལ་ཚོན་གྱི་དཀྱིལ་འཁོར་དེ་ཉིད་ཡེ་ཤེས་ཀྱི་དཀྱིལ་འཁོར་དུ་བསྒོམས་དགོས་པ་ཁོན་ལས། རྟུལ་ཚོན་བྲིས་ནས་བཞག་པ་ཙམ་གྱི་རུང་བ་ནི་ག་ལ་ཡིན་པས། དབང་གོང་མ་གསུམ་ལ་དཀྱིལ་འཁོར་མེད་ལ་བུམ་དབང་ཁོན་ལ་དཀྱིལ་འཁོར་ཡོད་པའི་རྒྱུད་ལུང་ནི་འདྲེན་པར་མ་ནུས། བུམ་དབང་ལ་རྟུལ་ཚོན་གྱི་དཀྱིལ་འཁོར་དགོས་ལ་དབང་གོང་མ་གསུམ་ལ་མི་དགོས་པའི་ལུང་ནི། རྒྱུད་དང་འགྲེལ་པ་དཀྱིལ་ཆོག་ཐམས་ཅད་དུ་བུམ་དབང་ལ་རྟུལ་མཚོན་གྱི་དཀྱིལ་འཁོར་བཤད་ལ་དབང་གོང་མ་གསུམ་ལ་མ་བཤད་པས་འགྲུབ། དེ་ཡང་དབང་གོང་མ་གསུམ་ལ་རྟུལ་ཚོན་གྱི་དཀྱིལ་འཁོར་མ་བཤད་པ་འདི་སྒྲུབ་ག་ལ་དགོས། སྨིན་པར་བྱེད་དུས་ཀྱི་དབང་རྟུལ་ཚོན་ཉིད་དུ་བསྐུར་བ་ནི། རྩ་རྒྱུད་འདི་ཉིད་ནས་ཀྱང་སློབ་མ་དབང་

བསྒྱུར་བའི་ལེའུ་རྡུལ་ཚོན་དང་འབྲེལ་བར་གསུངས་པ་དང་། དུས་ཀྱི་འཁོར་ལོ་ཡང་དབང་གི་ལེའུ་ནི་རྡུལ་ཚོན་དང་འབྲེལ་བ་རྒྱས་པར་གསུངས་པ་དང་། དེ་བཞིན་དུ་འཁོར་ལོ་སྡོམ་པ་སོགས་རྒྱུད་སྡེ་མང་པོ་ནས་རྡུལ་ཚོན་དང་འབྲེལ་བར་གསུངས་པའི་དབང་ལས་སོ། །

འོན་རས་བྲིས་ཀྱི་དཀྱིལ་འཁོར་དུ་སྨིན་བྱེད་ཀྱི་དབང་བསྐུར་མི་རུང་བ་ཡིན་ནམ་ཞེ་ན། མངོན་བརྗོད་བླ་མའི་དགོངས་པ་དང་། གྲུབ་ཐོབ་གོང་མའི་ཕྱག་ལེན་ལ་ཡང་སྐབས་རེ་ན་ཡོད་འདུག་པས་མཐའ་གཅིག་ཏུ་མི་རུང་བ་མ་ཡིན་མོད། རྒྱུད་ཀྱི་དངོས་བསྟན་གྱི་བཤད་ལུགས་རྡུལ་ཚོན་གྱི་དཀྱིལ་འཁོར་ཉིད་མང་བས། དེང་སང་སོ་སྐྱེའི་བླ་མས་སློབ་མ་ལ་དབང་བསྐུར་བ་ནི་གཙོ་བོར་རྡུལ་ཚོན་གྱི་དཀྱིལ་འཁོར་ལ་མཛད་པ་ཡིན་ནོ། །འདིར་དྲིས་ལན་མཛད་པས། དབང་བཞི་ག་ལ་དཀྱིལ་འཁོར་བསྒོམ་དགོས་པར་ཐལ། མ་བསྒོམས་པའི་དཀྱིལ་འཁོར་དུ་དབང་བསྐུར་བ་མི་སྲིད་པའི་ཕྱིར། ཞེས་པ་གཞན་ལ་སྐྱོན་དུ་འཕངས་པས་རང་རྒྱུད་ཀྱི་སྒྲུབ་བྱེད་ནི་ག་ལ་ཡིན་པས། འོན་དེར་ཐལ་དེའི་ཕྱིར། ཅི་གསུང་བ་ལགས། ཁྱབ་པ་ནི་ཉིད་ཀྱིས་བཅས། རྟགས་མ་གྲུབ་ན་མ་བསྒོམས་པའི་དཀྱིལ་འཁོར་དུ་དབང་བསྐུར་བའི་མཚན་གཞི་འཛིན་པ་ཞུ་དང་། ཚད་བསལ་ལ་འདོད་ལན་ནི་མི་གནང་ལས་ཆེ་བས། དབང་གཞི་ག་ལ་དཀྱིལ་འཁོར་སྒོམ་མི་དགོས་ན། རྩ་ཡི་གེ་ལོངས་སྤྱོད་རྫོགས་པ་དང་། ཁམས་བདུད་རྩི་ཆོས་ཀྱི་སྐུ་དང་། སྙིང་པོ་ཡེ་ཤེས་རླུང་ངོ་བོ་ཉིད་ཀྱི་སྐུར་བསྒོམས་པ་སོགས་གསུང་རབ་རྣམས་དང་འགལ་བ་ལྟ་ཅི་སྨོས། རང་ཚིག་ནང་འགལ་བ་འདི་ལྟར། གོང་གི་ཐལ་འགྱུར་གྱི་རྗེས་ཐོགས་ནས། གསང་དབང་ཀུན་རྫོབ་བྱང་སེམས། གསུམ་པ་ལ་ཟླ་གའི། བཞི་པ་ལ་དོན་དམ་བྱང་སེམས་ཀྱི་དཀྱིལ་འཁོར་རྣམས་ཏིང་ངེ་འཛིན་དང་ལྡན་ཞིང་བསྒོམ་དགོས་ཏེ། ཞེས་གསུངས་པ་དང་དངོས་སུ་འགལ་བ་ཉིད་དོ། །གལ་ཏེ་རང་རྒྱུད་དུ་འཕངས་ན་འདི་འདྲ་བསླབས་པ་སྐབས་སུམ་བབ་སྟེ། ཕྱོགས་སྔ་མས་ནི་དབང་བཞི་ག་ལ་དཀྱིལ་འཁོར་བསྒོམས་མི་དགོས་པར་མ་གསུངས་ཀྱི། བུམ་དབང་ལ་རྡུལ་ཚོན་ཁོ་ན་དགོས་དབང་གོང་མ་གསུམ་ལ་རྡུལ་ཚོན་མེད་པར་ཏིང་ངེ་འཛིན་གྱི་བསྒོམས་པས་རུང་བ་ཇི་ལྟར་ཡིན་ཞེས་དྲིས་པས། དེའི་སྟེང་དུ་འབབས་པའི་ལན་ཞིག་འཛལ་དགོས་པའི་ཕྱིར་རོ། །

ཚིགས་བཅད་བདུན་པ། སྡོམ་བཟུང་དུས་དང་འགལ་ཞིག་བུམ་དབང་དུས། །སྔགས་སྡོམ་རྫོགས་ཟེར་འདི་དང་རྣལ་འབྱོར་རྒྱུད། །སྡོམ་པའི་དབྱེ་བ་གང་གིས་ཕྱེད་པར་འགྱུར། །སྔགས་ཀྱི་དགེ་ཚུལ་དགེ་སློང་གསུངས་པའང་འདེག །ཅེས་སྡོམ་བཟུང་གི་སྐབས་སུ་སྔགས་སྡོམ་རྫོགས་པར་ཐོབ་པ་ནི་རྗེ་བཙུན་ཙོང་ཁ་པ་དང་། བུམ་དབང་གི་སྐབས་སུ་སྔགས་སྡོམ་རྫོགས་པར་ཐོབ་པ་ནི་རྡོ་རྗེ་ཀུན་དགའ་བཟང་པོ་ཡིན་པས། དེ་དག་གི་ཕྱོགས

འཛིན་པ་རྣམས་ཀྱིས་ལན་སྐྱལ་བར་རིགས་ཀྱི། བདག་ཅག་ནི་རྗེ་བཙུན་ཐམས་ཅད་མཁྱེན་པ་ཀུན་དགའ་རྣམ་རྒྱལ་དཔལ་བཟང་པོའི་ཞལ་སྔ་ནས། དབང་བཞི་ཡོངས་སུ་རྫོགས་པའི་ཚེ་སྔགས་སྡོམ་རྫོགས་པར་ཐོབ་གསུངས་པ་འདི་ཉིད། ལུང་རིགས་དང་མཐུན་པར་མཐོང་ནས་འདིའི་རྗེས་སུ་འབྲང་བ་ལས་གཞལ་བར་ཅི་འོས། འོན་ཀྱང་བླ་མེད་དང་རྣལ་འབྱོར་རྒྱུད་ཀྱི་སྡོམ་པའི་དབྱེ་བ་མེད་པར་འགྱུར་ཞེས་ཕྱོགས་སྔ་མ་གཉིས་ལ་འཕངས་པ། ཕྱོགས་དང་པོ་ལ་ནི་ངེས་པར་གནོད་པ་མ་ཡིན་ཏེ། ལུགས་དེས་ནི་རྒྱུད་སྡེ་དེ་གཉིས་ཀྱི་སྡོམ་པའི་རྣམ་གཞག་རྩ་ལྟུང་དང་བཅས་པ་ཁྱད་མེད་དུ། དངོས་གྲུབ་སྙེ་མ་ཞེས་བྱ་བའི་བསྟན་བཅོས་སོགས་ལས་བཤད་པའི་ཕྱིར་རོ། །

ལུགས་ཕྱི་མས་ཀྱང་བུམ་དབང་གི་སྡོམ་པ་དང་། རྣལ་འབྱོར་རྒྱུད་ཀྱི་སྡོམ་པ་ཁྱད་མེད་དུ་ཁས་བླངས་ན་ཐལ་འགྱུར་འདིས་གནོད་མོད། དེ་ལྟར་ཁས་མི་ལེན་པར་རྩ་ལྟུང་གི་རྣམ་གཞག་ལ་སོགས་པ་རྒྱུད་སྡེ་གཉིས་ལ་ཐ་དད་དུ་འདོད་པས། མདོར་ན་ཕྱོགས་གཉིས་ཀ་ལ་གནོད་བྱེད་དུ་འཇུག་པ་དཀའ་ཞིང་། སྤྲུལ་པའི་སྐུ་ཉིད་ཀྱི་དགོངས་པ་ལ་བླ་མེད་ཀྱི་བུམ་དབང་གི་སྡོམ་པ་དང་། རྣལ་འབྱོར་རྒྱུད་ཀྱི་སྡོམ་པ་ཁྱད་མེད་དུ་ཞལ་གྱིས་བཞེས་པ་ཡིན་ནམ། མིན་ན་ནི་འདི་འདྲའི་ཐལ་འགྱུར་འགྲེལ་མེད་དུ་སོང་ལ། ཞལ་གྱིས་བཞེས་ན་ནི་རྩ་བའི་ལྟུང་བ་བཅུ་བཞི་ཡན་ལག་གི་ལྟུང་བ་བརྒྱད་དང་བཅས་པ་རྣལ་འབྱོར་རྒྱུད་ཙམ་ལ་ཞུགས་པའི་རིག་པ་འཛིན་པའི་རྩ་ལྟུང་སོགས་སུ་འགྱུར་ལ། དེ་ལྟ་ན་ནི་ཚོགས་ཀྱི་འཁོར་ལོའི་དུས་སུ་དམ་རྫས་ཤ་ཆང་སོགས་མ་བསྟེན་པའི་རྩ་བའི་ལྟུང་བ་བཅུ་བཞི་པ་དང་། ཚོགས་ཀྱི་འཁོར་ལོ་སྤྱོད་པའི་ཡན་ལག་གི་ལྟུང་བ་གཉིས་པ་སོགས་རྣལ་འབྱོར་རྒྱུད་ཀྱི་རིག་པ་འཛིན་པས་བསྲུང་དགོས་པས་འདི་འདྲ་ནི་རྣལ་འབྱོར་རྒྱུད་ལ་མཁས་ཤིང་གྲུབ་པ་སློབ་དཔོན་ཀུན་དགའ་སྙིང་པོ་ནས་བུ་སྟོན་ཐམས་ཅད་མཁྱེན་པ་ཡན་སུས་ཀྱང་མ་བཤད། རྩ་བའི་ལྟུང་བ་འདི་དག་སྟོན་པའི་ཁུངས་ཀྱང་རྣལ་འབྱོར་བླ་མེད་ཀྱི་རྒྱུད་སྡེ་འབའ་ཞིག་ཡིན་ནོ། །འོན་ཡོ་གའི་རྩ་བའི་ལྟུང་བ་གང་ཞེ་ན། རྡོ་རྗེ་རྩེ་མོ་ལས། གཞན་པ་བཅུ་བཞི་ནི། ཕས་ཕམ་པར་ནི་རབ་ཏུ་བཤད། ཅེས་པས་བསྟན་པ་ཡིན་ཞིང་དེའི་དགོངས་པ་འཆད་པ་ལ་ལུགས་མང་བར་སྣང་སྟེ་རྒྱས་པར་མ་སྤྲོས་སོ། །

སྔགས་ཀྱི་དགེ་ཚུལ་དང་དགེ་སློང་ལ་སོགས་པའི་ཐ་སྙད་རྩ་རྒྱུད་འདི་ནས་མ་བཤད་པས་ཤིན་ཏུ་ཡང་མི་གནོད་པར་སྣང་། འདིར་དྲིས་ལན་མཛད་པས་བརྟག་གཉིས་ནས་བཤད་པའི་སྔགས་སྡོམ་དབང་བཞི་པའི་སྐབས་སུ་རྫོགས་པར་ཐོབ་གསུངས་པ་ལ་དགོངས་ཏེ། གསུངས་པའི་དམ་ཚིག་རྣམས་དེ་ཐོབ་པ་ལ་དགོངས་པ་ཡིན་ནམ། དེ་ལྟ་ན་སམྦུ་ཊ་ནས་བཤད་པའི་སྔགས་སྡོམ་བུམ་དབང་གི་སྐབས་སུ་རྫོགས་པར་ཐོབ་གསུངས་པ་

མ་ངེས་པར་འགྱུར་ཏེ། སམྤུ་ཊར་ཡང་དགོངས་ཏེ་གསུངས་པའི་དམ་ཚིག་བཤད་པས་དབང་བཞི་པའི་སྐབས་སུ་རྫོགས་པར་ཐོབ་དགོས་པའི་ཕྱིར། ཡང་ཀྱེ་རྡོར། སམྤུ་ཊ། དུས་འཁོར་སོགས་ཀྱི་སྔགས་སྡོམ་ཐོབ་ཚུལ་བཤད་རྗེས། རང་ལུགས་ནི་ལུང་རིགས་མན་ངག་རྒྱུད་དོན་མཁས་གྲུབ་བཟང་རིམ་པར་བྱོན་པ་རྣམས་ཀྱི་ཕྱག་བཞེས་ཡོད་པ་ངག་ལས་དྲིས་ཤིག་གསུངས། ཀྱེ་རྡོར་སོགས་ལས་གཞན་པའི་རང་ལུགས་དེ་བསྟགས་པ་ཆེ་ཡང་ཅི་འདྲ་བ་ཞིག །

ཚིགས་བཅད་བརྒྱད་པ། གསུམ་པའི་དབང་དུ་ཡས་བབས་དགའ་བ་བཞི། །རྫོགས་པར་གྱུར་ན་བཞི་པའི་ལྷན་སྐྱེས་ཤིང་། །འཛག་བདེ་ཤེས་རབ་དབང་དང་བཞི་པ་ལ། །འགྱུར་མེད་བདེ་བར་བཤད་འདིས་མི་གནོད་དམ། །ཞེས་སྨྲས་བ་ཡས་བབས་ཀྱི་དགའ་བ་བཞི་རྫོགས་པའི་དོན། དོན་གྱི་ཡེ་ཤེས་སྐྱེས་པ་ལ་ཟེར་བ་ཡིན་ནམ། དེ་ལྟར་ན་དབང་གསུམ་པའི་དུས་སུ་དངོས་ཀྱི་རིག་མ་ལ་བརྟེན་ནས་རིམ་གྱིས་ཡས་བབས་ཀྱི་དགའ་བ་བཞིའི་ཡེ་ཤེས་རྫོགས་ཏེ། མཚན་ཉིད་དང་བྲལ་བའི་སྐད་ཅིག་ལ་དོན་གྱི་ཡེ་ཤེས་སྐྱེད་ན་གང་ཟག་དེ་ནི་དབང་གསུམ་པའི་དུས་དེ་ཉིད་དུ་གྲོལ་བ་ཡིན་པས་དེ་ལྟ་བུ་ལ་དབང་བཞི་པ་བསྐུར་བ་ལ་ལྟོས་པའི་ལྷན་སྐྱེས་ཀྱི་ཡེ་ཤེས་བསྐྱེད་ཐབས་བྱ་དགོས་པ་མ་ཡིན། གལ་ཏེ་དབང་གསུམ་པའི་དུས་སུ་རིག་མ་དང་དངོས་སུ་སྙོམས་འཇུག་བྱས་ནས་དགའ་བ་བཞིའི་ཉམས་ལེན་རྫོགས་པར་བྱས་ཀྱང་། དོན་གྱི་ཡེ་ཤེས་དངོས་སུ་མ་སྐྱེས་པར་ཉམས་སུ་མྱོང་བའི་ཆ་ནས་སྤྲོས་པ་དང་བྲལ་བའི་ཡེ་ཤེས་ཀྱི་དོན་ཅི་ཙམ་ཤར་ན། དེ་ལ་དཔེའི་ཡེ་ཤེས་ཞེས་བྱ་བ་ཡིན་པས་དེ་ངོ་སྤྲོད་པར་བྱེད་པ་ལ་ཚིག་གི་བཞི་པ་བསྐུར་བ་ཡིན་ལ། དིང་སང་ཕྱིན་ལ་མི་གནང་ཀྱང་རྒྱུད་འགྲེལ་མན་ངག་གི་བཤད་སྲོལ་ལྟར་ན་བཞི་པ་རྟེན་ཅན་ཞེས་བྱ་བ་བཤད་པས། ཕྱག་རྒྱ་པད་མ་ཅན་ལ་བརྟེན་ནས་དགའ་བ་བཞིའི་ཉམས་ལེན་དངོས་སུ་བྱེད་པ་ཡོད་པ་ཡིན་པས། དེས་ན་ཚིག་གི་བཞི་པ་དང་བཞི་པ་རྟེན་ཅན་གང་བསྐུར་ཀྱང་དཔེའི་ཡེ་ཤེས་ཙམ་སྐྱེད་པའི་སློབ་མ་དེས། ཕྱག་རྒྱ་ལ་བརྟེན་ནས་དགའ་བ་བཞིའི་ལམ་ཉམས་སུ་ལེན་པའི་ཚེ་དབང་གསུམ་པའི་བཞི་པ་གང་རུང་གི་ལམ་ལ་བརྟེན་དགོས་པས། བཞི་པའི་ལྷན་སྐྱེས་ཀྱི་ཉམས་ལེན་དགོས་པ་མེད་སྣམ་པའི་དོགས་པ་ལས་གྲོལ་བ་ཡིན་ཏེ། ལྷན་སྐྱེས་དེ་ནི་དབང་གསུམ་པའི་དུས་སུ་དོན་གྱི་ཡེ་ཤེས་མ་སྐྱེས་པས་ཉམས་སུ་ལེན་པ་ཡིན་པའི་ཕྱིར། གལ་ཏེ་དོན་གྱི་ཡེ་ཤེས་དངོས་སྐྱེད་ན་ནི་དབང་གསུམ་པའི་དུས་སུ་སྐྱེས་པ་དང་། བཞི་པའི་དུས་སུ་སྐྱེས་པ་གཉིས་ལ་ཁྱད་པར་ཡོད་པ་མ་ཡིན་ཏེ། གཉིས་ཀ་ཆོས་ཉིད་མངོན་སུམ་དུ་མཐོང་བའི་དོན་གྱི་ཡེ་ཤེས་ཡིན་པའི་ཕྱིར་རོ། །

གལ་ཏེ་ཡས་བབས་ཀྱི་དགའ་བ་བཞིའི་རྫོགས་པའི་དོན་དགའ་བ་བཞིའི་ཉམས་ལེན་རྫོགས་པར་བྱས་

པ་ཙམ་ལ་ཟེར་ན། དེ་ལ་ནི་བཞི་པའི་ལྷན་སྐྱེས་ཀྱི་ཉམས་ལེན་མི་དགོས་པའི་དོགས་པ་ལས་ཤིན་ཏུ་འཁྲུལ་ཏེ། དོན་གྱི་ཡེ་ཤེས་མ་སྐྱེས་ཀྱི་བར་དུ་དབང་གསུམ་པ་དང་བཞི་པ་སོ་སོའི་དགའ་བ་བཞིའི་ཉམས་ལེན་གྲངས་ཀྱིས་མི་ཚོད་པར་བྱེད་དགོས་པའི་ཕྱིར་རོ། །དབང་གསུམ་པ་དང་། བཞི་པ་གཉིས་ཀའི་ལྷན་སྐྱེས་ཀྱི་ཡེ་ཤེས་ལ་དོན་དང་དཔེའི་ཡེ་ཤེས་གཉིས་གཉིས་ནི་ཡོད་ཅིང་། དིང་སང་གི་དབང་བསྐུར་བ་ཕལ་མོ་ཆེ་ནི་ཡེ་ཤེས་ཀྱི་རིག་མ་ལ་བརྟེན་པའི་དགའ་བ་བཞིའི་ཉམས་ལེན་མོས་པ་གོ་ཡུལ་དུ་བྱས་པ་ཙམ་མ་གཏོགས་མི་གནང་བས། དཔེའི་ཡེ་ཤེས་ཀྱང་མཚན་ཉིད་པ་སྐྱེ་བར་དཀའོ། །

དབང་གསུམ་ལ་འཛག་བདེ་དང་བཞི་པ་ལ་འགྱུར་མེད་དུ་བཤད་པ་ནི་དུས་ཀྱི་འཁོར་ལོའི་སྐབས་སུ་ཡོད་པ་ཡིན་གྱི་ཀྱེ་རྡོར་གྱི་སྐབས་སུ་མེད་ཅིང་། ལུགས་འདིར་དབང་གསུམ་པའི་དུས་སུ་བྱང་སེམས་ནོར་བུའི་རྩེ་ལས་ཕྱིར་ཉམས་པ་ལ་དགའ་བྲལ་ཞེས་དགའ་བ་བཞིའི་གང་ཡང་མ་ཡིན་པར་བཤད་པས། བྱང་སེམས་ནོར་བུའི་རྩེ་ལས་ཕྱིར་མ་འཛག་པ་ཉིད་ལ་བསྟགས་པའི་རྣམ་པར་བཤད་པ་རྒྱ་ཆེར་དགག་སྒྲུབ་དང་བཅས་པ་རྗེ་བཙུན་རིན་པོ་ཆེ་གྲགས་པའི་མཚན་ཅན་གྱི་མཛད་ཟིན་ཅིང་། དེས་ན་དབང་གསུམ་པ་ནི་འཛག་བདེ་ཙམ་དང་། བཞི་པ་ཁོན་ན་མི་འགྱུར་བའི་བདེ་བ་ཡིན་པ་ལྟ་བུར་གཞན་ནས་བཤད་པས། ལུགས་འདིར་དབང་གསུམ་པའི་དུས་སུ་ལྷན་སྐྱེས་ཀྱི་ཡེ་ཤེས་སྐྱེ་སྲིད་པ་ལ་མི་གནོད་དེ། ལུགས་སོ་སོའི་གནས་སྐབས་སུ་མ་འདྲེས་པར་ཁས་ལེན་པའི་ཕྱིར་རོ། །

ཚིགས་བཅད་དགུ་པ། བཞི་པའི་དུས་སུ་མཆོག་གི་ཟེར་བ་ན། །སེམས་ལྷུང་ལྷན་ཅིག་སྐྱེས་དགའ་དེ་ཉིད་ཀྱང་། །དབང་པོ་གཉིས་སྦྱོར་བདེ་བ་ཉིད་ཡིན་པས། །དབང་ལས་བྱུང་བའི་རང་བྱུང་ཡེ་ཤེས་གང་། །ཞེས་པ་དབང་གསུམ་པ་དང་བཞི་པ་གང་ཡིན་ཡང་བྱང་སེམས་ནོར་བུའི་རྩེ་ལས་ཕྱིར་ལྷུང་བ་ནི་ལྷན་ཅིག་སྐྱེས་པའི་དགའ་བ་མ་ཡིན་ཏེ། དེ་ནི་དགའ་བ་དང་བྲལ་བ་ཡིན་པའི་ཕྱིར། དེས་ན་བྱང་སེམས་ནོར་བུའི་རྩེ་ལས་ཕྱིར་མ་འཕོས་པའི་དུས་དེ་ལྷན་ཅིག་སྐྱེས་པའི་ཡེ་ཤེས་སྐྱེ་ལ། དེ་ནི་དབང་པོ་གཉིས་སྦྱོར་ལས་བྱུང་བ་ཡིན་ཀྱང་ཐབས་ཁྱད་པར་ཅན་གྱིས་ཟིན་པས། དེའི་དུས་སུ་སྐྱེས་པའི་ཡེ་ཤེས་ནི་རང་བྱུང་གི་ཡེ་ཤེས་ཞེས་བྱ་སྟེ། རྣམ་པར་རྟོགས་པའི་སྦྱོར་བ་ཐམས་ཅད་དག་པའི་དབྱིངས་ལས་བདེ་སྟོང་གསལ་རིགས་ཀྱི་ངོ་བོ་རང་གི་ངང་གིས་ཤར་བའི་ཡེ་ཤེས་ཡིན་པའི་ཕྱིར། དཔེར་ན་ཐེག་པ་སྤྱི་ལ་གྲགས་པའི་རང་རིག་གི་གོ་དོན་དང་འདྲ་སྟེ། རིག་བྱ་རིག་བྱེད་རྫས་ཐ་དད་མེད་ཀྱང་རང་ཉིད་གསལ་རིག་གི་ངོ་བོར་སྐྱེས་པ་ལ་རང་རིག་པར་འདོད་པ་བཞིན་නོ། །དེས་ན་རང་བྱུང་གི་ཡེ་ཤེས་ཀྱི་མཚན་གཞི་དང་སྒྲ་དོན་དེ་ལྟ་བུ་ཡིན་ལ། རང་བྱུང་གི་ཡེ་ཤེས་ཡིན་ན་དབང་པོ་གཉིས་སྦྱོར

ལ་བརྟེན་དགོས་པ་ནི་མ་ཁྱབ་སྟེ། རླུང་གཏུམ་མོ་ཙམ་བསྒོམས་པས་རང་བྱུང་གི་ཡེ་ཤེས་སྐྱེད་པ་ཡོད་པས་སོ། ། དུས་ཀྱི་འཁོར་ལོ་དབང་པོ་གཉིས་སྦྱོར་ལ་བརྟེན་པའི་ཡེ་ཤེས་དེ། མི་འགྱུར་བའི་བདེ་བ་དང་། རང་བྱུང་གི་ཡེ་ཤེས་དང་ཕྱག་རྒྱ་ཆེན་པོ་སོགས་མ་ཡིན་པར་བཤད་ཀྱང་རྒྱུད་སྡེ་འདི་དང་བཤད་སྲོལ་གྱི་བབས་མི་གཅིག་པས་གནས་སྐབས་ཐ་དད་དུ་ཁས་ལེན་པ་ཡིན་ནོ། །

ཚིགས་བཅད་བཅུ་པ། དབང་དུས་ཁོ་ནར་ཐོབ་པའི་སོར་སྡོམ་ལ། །བྱང་ཆུབ་སྙིང་པོའི་བར་དུ་ཅེས་མི་འཐྲང་། །ཐེག་ཆེན་སྐྱབས་འགྲོ་དེ་སྲིད་བྱེད་པའི་ཕྱིར། །སྐྱབས་འགྲོའི་དབང་གི་སྡོམས་འདི་ཟློས་མིན་ནམ། ། ཞེས་པ་འདིར་མཁས་པ་འགའ་ཞིག་དབང་དུས་ཁོ་ན་ལས་ཐོབ་པའི་སོར་སྡོམ་མི་བཞེད་མོད། དེ་ལྟ་ན་སྐལ་ལྡན་ཅིག་ཅར་བའི་ལམ་རིམ་གྱི་ཞུགས་པའི་རྡོ་རྗེ་འཛིན་པའི་རྒྱུད་ལ་སྡོམ་པ་གསུམ་ལྡན་མེད་པར་འགྱུར་བས། དེས་ན་སོ་སོ་ཐར་པ་རང་གི་ཆོ་གས་མ་བླངས་པར་དབང་བསྐུར་གྱི་ཆོ་གའི་ཞར་ལས་ཐོབ་པའི་སོ་སོ་ཐར་པའི་སྡོམ་པའི་ངོ་བོ་ནི། གཞན་ལ་གནོད་པ་གཞི་དང་བཅས་པ་སྤོང་བ་དེ་ཡིན་ལ། འདི་འདྲ་ནི་ཚེ་རྗེས་སུ་ཟིན་ཀྱང་སྔགས་སྡོམ་ནམ་གནས་ཀྱི་བར་དུ་གནས་པ་ཡིན་ནོ། །དེ་འདྲའི་སོ་ཐར་དེ་སོ་ཐར་རིགས་བདུན་གང་ཡིན་ཞེ་ན། བསླབ་པའི་གཞི་ལྟ་འཛིན་དགོས་པས་དོན་གྱི་ཡོངས་རྫོགས་ཀྱི་དགེ་བསྙེན་ཡིན་མོད། དེ་འདྲའི་ཐ་སྙད་དངོས་སུ་སྦྱར་བ་མེད་ཅིང་ཐེག་ཆེན་སྐྱབས་འགྲོའི་སྒོ་ནས་སྐབས་འདིའི་སོར་སྡོམ་འཛོག་པའི་ལུང་མ་འཚལ།

ཚིགས་བཅད་བཅུ་གཅིག་པ། དབང་མ་བསྐུར་བར་དངོས་གྲུབ་མི་འབྱུང་ན། །ལྷན་ཅིག་སྐྱེས་བླུའི་འགྲེལ་པར་འབྱུང་བའི་གཏམ། །རོལ་པ་མོ་དང་གཞན་ཡང་གོ་རཱུ། །དབང་བསྐུར་སུ་ལ་ཞུས་དེ་གསལ་བར་སྨྲོས། ། ཞེས་པ་དབང་མ་བསྐུར་བར་ལམ་བསྒོམས་པས་མཆོག་གི་དངོས་གྲུབ་ནི་འབྱུང་ལ། ཐུན་མོང་གི་དངོས་གྲུབ་ནི་འབྱུང་བ་ཡོད་ཅིང་། སྐབས་དོན་འགྲེལ་པ་དེ་མ་མཐོང་ཀྱང་རླུང་གི་སྟོབས་ཀྱི་གོ་རཱུ། ཞེས་པ་ལྟར་བླ་མ་དེ་གཉིས་རླུང་གི་རྣལ་འབྱོར་དང་ལྟ་བ་བསྒོམས་པ་སོགས་ཀྱི་གཙོ་བོར་གྲོལ་བ་ཞིག་ཡིན་མོད། དེ་ལྟ་ནའང་རྣམ་ཐར་དུ་རླུང་གི་རྣལ་འབྱོར་སོགས་བསྒོམས་པའི་སྔོན་དུ་དབང་ཞུས་པའི་གསལ་ཁ་མི་འབྱུང་བ་ནི། རང་ཉིད་གང་ལས་གྲོལ་བའི་ལམ་གྱི་གཙོ་བོ་ཙམ་མ་གཏོགས་རྣམ་ཐར་རྒྱས་པར་མ་བཤད་པ་ཡིན་མོད། དབང་མ་ཞུས་པར་རླུང་བསྒོམས་པ་ཁོ་ནས་གྲོལ་བ་ཡིན་ན། དེ་འདྲའི་རླུང་གི་རྣལ་འབྱོར་དེ་རྫོགས་རིམ་གྱི་ལམ་ཡིན་ནམ་མིན། ཡིན་ན་རྡོ་རྗེ་མཁའ་འགྲོ་མས། །དབང་བསྐུར་ནས་ནི་དེ་ཉིད་བསྟན། །གཞན་དུ་ན་ནི་དངོས་གྲུབ་དག །ཤིན་ཏུ་རིང་བར་འགྱུར་རོ་ཞེས། །རྡོ་རྗེ་འཛིན་པ་ཉིད་ཀྱི་གསུངས། །ཞེས་དང་། ཕྱག་ཐིག་ལས། གང་ཞིག་རྒྱུད་ལུང་ང་རྒྱལ་གྱིས། །དབང་བསྐུར་མེད་པར་འཆད་བྱེད་པ། །སློབ་དཔོན་སློབ་མ་ཤི་མ་ཐག །དངོས་གྲུབ་ཐོབ་

ཀྱང་དམྱལ་བར་སྐྱེ། །ཞེས་དང་། དམ་ཚིག་གི་གཞུང་ནས། ཡོངས་སུ་མ་སྨིན་སེམས་ཅན་ལ། །གསང་བ་སྒྲོགས་པ་བདུན་པ་ཡིན། །ཞེས་སོགས་རྡོ་རྗེ་ཐེག་པའི་རྒྱུད་དང་བསྟན་བཅོས་ཐམས་ཅད་ཤིན་ཏུ་འགལ་ལོ། །རྫོགས་རིམ་མ་ཡིན་ན་སྐྱེར་རིམ་མམ། ཡང་ན་ཕྱལ་དུ་ཕྱིན་པའི་ལམ་དང་མུ་སྟེགས་ཀྱི་ལམ་ཞེས་སོགས་བརྟགས་ན་གནོད་པ་མི་ཟད་པ་འབྱུང་བ་དང་། ཉིད་ཀྱི་ལུགས་ལ་ཡང་སྐབས་རེ་ན་སྨིན་པར་བྱ་བའི་ཕྱིར་དུ་དབང་བསྐུར་བས་གསང་སྒྲོགས་སུ་འགྱུར་ལ། རེས་འགའ་རྫོགས་རིམ་ཟབ་མོ་བསྟན་པ་ལ་ཡང་གསང་སྒྲོགས་མེད་པ་ནི་དབང་བཙན་པར་གྱུར་པ་མ་ལགས་སམ།

འདིར་དྲིས་ལན་མཛད་པས། དབང་ལས་བྱུང་བའི་དངོས་གྲུབ་ནི་གཙོ་བོར་སྔགས་སྡོམ་ཡིད་བཞིན་ནོར་བུ་ཡིན་ཞེས་གསུངས། རྡོ་རྗེ་ཐེག་པའི་དངོས་གྲུབ་ལ་རབ་ཕྱུག་རྒྱ་ཆེན་པོ། འབྲིང་གྲུབ་ཆེན་བརྒྱད། ཐ་མ་ཞི་སོགས་ལས་རབ་འབྱམས་དུ་གསུངས་པ་ནི་ཇི་སྐྲེད་ཅིག་གནང་གི། སྔགས་སྡོམ་ལ་དངོས་གྲུབ་དུ་བཤད་པའི་རྒྱུད་འགྲེལ་དཀྱིལ་ཚིག་གི་ལུང་མེད་ཅིང་། རིགས་པ་ཡང་མཆོག་གི་དངོས་གྲུབ་ཐུན་མོང་གི་དངོས་གྲུབ་གང་ཡིན་ཀྱང་། འདི་ནི་དངོས་གྲུབ་དེ་གཉིས་དངོས་མ་ཡིན་ཏེ། དེ་གཉིས་ཀ་འགྲུབ་པར་བྱེད་པའི་མངོན་པར་རྟོགས་པ་གཉིས་ཀ་ལ་དགོས་པ་གྲོགས་དམ་ཚིག་དང་སྡོམ་པ་བྱ་བ་སྟེ་ཡིན་པས། གཞན་སྔགས་སྡོམ་རྒྱུད་ལྡན་གྱི་ཚོགས་ལམ་པ་དེས་དབང་ལས་བྱུང་བའི་དངོས་གྲུབ་རབ་དེ་ཐོབ་པར་ཐལ། དེ་ལས་བྱུང་བའི་དངོས་གྲུབ་ཀྱི་གཙོ་བོ་དེ་ཐོབ་པའི་ཕྱིར། འདོད་ན། མཆོག་གི་དངོས་གྲུབ་ཐོབ་པར་ཐལ། རྟགས་ནི་དོན་གྱི་དངོས་འགལ་ཡིན་ཏེ༑ སྔགས་སྡོམ་དེ་དབང་ལས་བྱུང་བའི་དངོས་གྲུབ་ཀྱི་གཙོར་བོར་ཁས་བླངས་པའི་ཕྱིར་རོ། །

ཚིགས་བཅད་བཅུ་གཉིས་པ། ཚེ་འདིར་དབང་མ་བསྐུར་ཀྱང་ཐོབ་པ་ཞིག །མེད་ན་སྔགས་སྡོམ་སེམས་རྗེས་འབྲང་བ་ཅི། །ཡོད་ན་ཁས་བླངས་མཐུན་ཕྱིར་དགག་བཞག་གིས། །གཏན་ཚིགས་རང་མགོར་ཟློག་པ་མ་ཡིན་ནམ། །ཞེས་པ་ཚེ་འདིར་དབང་མ་བསྐུར་ཀྱང་ཚེ་རབས་སྔ་མ་ནས་དབང་ཐོབ་ཟིན་པ་ཞིག་ནི་ཡོད་ལ། ཚེ་རབས་སྔ་མ་ཡང་མ་ཐོབ་ཚེ་འདིར་ཡང་དབང་མ་བསྐུར་བར་རང་བཞིན་གྱིས་དབང་ཐོབ་པ་ནི་ག་ལ་སྲིད། ཚེ་འདིར་དབང་མ་བསྐུར་ཚེ་རབས་སྔ་མ་ནས་ཐོབ་པ་དེ་དབང་ཐོབ་པ་ཡིན་ཀྱང་། ཚེ་འདིར་དབང་ཐོབ་པ་མ་ཡིན་ཏེ༑ ཚེ་རབས་སྔ་མ་ནས་དབང་ཐོབ་ཟིན་པའི་ཕྱིར། དཔེར་ན་གཞལ་བྱ་རྟོགས་ཟིན་ཡུལ་དུ་བྱེད་པའི་དཔྱད་ཤེས་དེ་ལ་མ་རྟོགས་པའི་བློ་ཞེས་པ་ལྟ་བུའོ། །དེས་ན་ཚེ་འདིར་དབང་མ་བསྐུར་ཀྱང་ཚེ་རབས་སྔ་མ་ནས་དབང་ཐོབ་ཟིན་པ་ཞིག་འགལ་རྐྱེན་གྱིས་མ་ཉམས་ན་སྔགས་སྡོམ་རྒྱུད་ལྡན་དུ་ཡོད་པས། སྔགས་སྡོམ་སེམས་ཀྱི་རྗེས་སུ་འབྲང་བ་དང་ཅི་འགལ། ཡང་འདི་སྐབས་དུ་ཚེ་འདིར་དབང་མ་བསྐུར་ཀྱང་ཚེ་རབས་སྔ་མ་ནས་དབང་ཐོབ་

ཟིན་མ་ཉམས་པ་ཡང་ཡོད་ན། གང་ཟག་ཐམས་ཅད་ལ་ངེས་པར་དབང་བསྐུར་དགོས་པའི་དམ་བཅས་ཅི་བྱེད་ཅེ་ན། དེ་ནི་ཆེ་རབས་སྔ་མ་ནས་དབང་ཐོབ་ཟིན་མ་ཉམས་པ་ཞིག་ཡོད་ཀྱང་། ཡོད་པ་ལྟར་དུ་ཤེས་པའི་མངོན་ཤེས་མེད་པས་དབང་ཐོབ་ཟིན་ཡིན་ཀྱང་སླར་དབང་བསྐུར་བ་ཆེས་མཆོག་ཅིང་། དབང་མ་ཐོབ་ན་མི་དགོས་དཀའ་མེད་ཀྱི་ཆོས་ཡིན་པས་ལམ་རིམ་པ་གཉིས་སྟོན་དུ་གང་ཟག་ཐམས་ཅད་ལ་དབང་ངེས་པར་བསྐུར་བའི་གནད་དེ་ཡིན་ནོ། །སྐབས་འདིར་ཁས་བླངས་མཐུན་པ་མ་ཡིན་པ་དེས་ན་དགག་བཞག་གི་གཏན་ཚིགས་ནི་བསྐལ་པའི་བར་དུ་ཡང་བདག་ཅག་ལ་ཟུར་ཟློག་པའི་གོ་སྐབས་ཅི་ཡོད་ཅེས། ཁ་བ་ཅན་གྱི་སྒྲོན་མི་རྣམ་པ་གཉིས་དམ་པའི་ཆོས་ཀྱི་བགྲོ་བ་རྣམ་པར་གླེང་བ་ལ་ཡིད་རབ་ཏུ་དྭངས་པ་དང་གསོལ་བའོ། །

རྒྱལ་སྲས་འཇམ་པའི་དཔལ་གྱི་མཁྱེན་པའི་གཟུགས། །གངས་ཅན་ལྗོངས་ནས་ས་སྐྱའི་པཎྜི་ཏར། །གང་འཁྲུངས་དེ་ཡི་ལེགས་བཤད་མཁས་པའི་རྒྱན། །སྡོམ་པ་གསུམ་གྱི་རབ་དབྱེར་ཕྱག་འཚལ་ལོ། །དེ་ལས་དཀའ་བའི་གནས་ཚུལ་ཕྲ་མོ་འགའ། །བརྟག་པ་གཉིས་པར་བརྟེན་པའི་དྲི་བ་ཞེས། །རང་མིང་ལང་ཚོ་གསལ་བར་ངོམས་ན་ཡང་། །བརྗོད་བྱ་ཕལ་ཆེར་རྒྱུད་སྡེའི་དགོངས་བསྟན་མིན། །འཕགས་ཡུལ་མཁས་པ་ཀུན་གྱི་ཞལ་གྱི་སྒོར། །གང་གི་སྙན་གྲགས་དྲི་བསུང་རབ་ལྡང་བ། །གྲུབ་མཆོག་ནཱ་རོ་ཏ་པ་ཉིད་ལས་སུ། །དེ་ཉིད་སླར་ཡང་སྤྲུལ་དེས་འདི་དྲིས་ཆེ། །བདག་བློ་སྲིན་བུ་མེ་ཁྱེར་ལྟར་དམན་ཡང་། །རིགས་དང་རིགས་མིན་དབྱར་པོར་དཔྱོད་པ་ལ། །སྤྲོ་བ་ཚ་ཟེར་བྱེད་པ་ལྟར་རྒྱས་ནས། །དྲིས་ལན་རྩོམ་འདོད་སྙོམ་ལས་ལུས་པ་ན། །མང་ཐོས་གདོང་ལྔའི་ཁྲི་ལ་རྣམ་པར་འགྱིང་། །འཆད་པ་གང་གི་རླུང་ཆེན་བཞིན་དུ་འབེབས། །ཐུབ་བསྟན་ཆེས་ཆེར་འདེགས་པ་ནཱ་ལེནྡྲའི། །གདན་ས་ཆེན་པོས་མཛད་པ་མཐོང་བ་ཡི། །སླར་ཡང་རྩོལ་བ་སྙོམ་པས་བཏུང་ཆུ་བཞིན། །ཤུགས་བརྟག་འདོད་པས་དྲང་དང་ལྡན་ཅིག་ཏུ། །མཁྱེན་ལྡན་ལེགས་བཤད་གཏམ་ལ་དགྱེས་པ་ཡི། །ཆེ་མཉན་འགའ་ཡི་གསུང་གི་བསྐུལ་ནས་བྲིས། །ནོར་བུ་བླང་འདོད་བཅུ་གཉིས་དེད་དཔོན་གྱི། །ཆུ་སྲིན་འཁྲུང་གནས་ཞུགས་ཀྱང་མཆིང་བུ་གོ། །འདོད་པ་མིན་བཞིན་ཐོབ་པས་ངལ་བ་ལ། །མཚོའུ་ཞིག་ནས་རིན་ཆེན་འདི་སྤྲིན་སོགས། །ཐོས་དམན་བློ་གྲོས་རྟུལ་བ་ང་འདྲ་ཡིས། །བརྩམས་ལ་ལེགས་ཉེས་སྤྱོད་པ་སུ་ཡིས་འཚལ། །དེ་ཕྱིར་ནོངས་པ་ཁ་བའི་རྡུལ་ཕྲན་ལས། །མང་དེ་མཁས་པ་ཀུན་ལ་སྙིང་ནས་བཤགས། །ཀུན་མཁྱེན་གསུང་གི་འབེལ་གཏམ་བསྙད་པ་ལ༔ ༔གཅིག་ཏུ་དངོས་པོའི་ལས་དཀར་འདི་བྱིན་པའི། །ལེགས་སྤྱད་ཁྱོད་ཀྱི་དེང་དུས་སྐྱེ་དགུའི་ཚོགས། །སྟུག་ཅིང་བསྡུལ་དགུའི་མནར་བ་འདི་སོལ་ཞིག །ཀྱེ་མ་ཡུལ་ན་དབུས་ཀྱི་གསེར་ལྡན་མའི། །ས་སྐྱོང་ཀུན་གྱི་སྙིང་ལ་མེ་ཏོག་མདའ། །ཟུག་པའི་རྣམ་འགྱུར་གར་མཁན་ཚུལ་ལྟར་མང་། །རྒྱལ་སྲས་སྙིང་རྗེའི་གཏེར་རྣམས་དང་གཟིགས

ཤིག །འབྲུ་བཅུད་སྨན་ལྗོངས་ཉམས་དགའ་དར་བའི་ཡུལ། །དགེ་བཅུའི་ཁྲིམས་ལྡན་རྒྱལ་འབངས་བྱམས་པས་བཅིངས། །བཤད་སྒྲུབ་དགའ་སྟོན་དར་དིར་སྒྲོག་པས་ཁྱེལ། །འཐབ་རྩོད་དབེན་པའི་ཡུལ་གྲུ་གང་ན་ཞིག །རྒྱལ་རྣམས་རང་སྲིད་དག་ལས་ཕྱོགས་ཤེས་ཤིང་། །ཐུབ་བསྟན་རིན་ཆེན་མཆོད་པའི་ཁུར་གྱི་ཉིང་། །རབ་བྱུང་ཀུན་ཀྱང་ཚུལ་གནས་ཐོས་པ་དང་། །བསམ་བསྒོམས་ཁོ་ནས་འགྲོ་འདི་བདེ་གྱུར་ཅིག །ཅེས་གཡོན་རུ་ཁོང་དཀར་གྱི་ལྗོངས་སུ་སྐྱེས་པའི་གློག་པ་བ་ཚེ་དབང་ཀུན་མཁྱེན་ཞེས། འཇམ་དབྱངས་མཁྱེན་བརྩེའི་མཚན་གྱིས་བྱིན་གྱིས་བརླབས་པའི་ལུང་གིས། ཨུ་རྒྱན་རྡོ་རྗེ་འཆང་གི་ཕོ་བྲང་གངས་ཅན་དུ་འོངས་པ་ལྷ་བུ་ཆོས་གྲྭ་ཆེན་པོ་དཔལ་རྡོ་རྗེ་གདན་གི་གྲྭ་ཁང་ཉམས་དགའ་བར། མཁྱེན་པའི་དབང་ཕྱུག་བརྒྱ་སྟོན་ཐམས་ཅད་མཁྱེན་པ་བྱང་ཆུབ་དབང་རྒྱལ་གྱི་ཞལ་སྔ་ནས་ཀྱི། ཐུགས་རྗེའི་འོད་ཟེར་ཉག་མ་རེས་ཀྱང་རྨོངས་པའི་སྨག་རུམ་ཆེས་སྟུག་པ་འཇོམས་པའི་བཀའ་དྲིན་སྙིང་ལ་དྲན་བཞིན་པར། ལུགས་མོ་བྱ་ལོ་སྦྲུའི་ཟླ་བ་ལ་བགྱིས་པ་དགེ་ལེགས་སུ་གྱུར་ཅིག །མངྒ་ལཾ།

༄༅། །དྲིས་ལན་མཁས་པའི་མཛེས་རྒྱན་མུ་ཏིག་གི་ཕྲེང་བ་ཞེས་བྱ་བ་བཞུགས་སོ། །

མི་ཉག་ཆོས་གྲགས་དཔལ་བཟང་།

ན་མཿསརྦ་ཛྙཱ་མི་ཏྲ་ཡ། ཚོགས་གཉིས་འཛིན་མར་ཐུགས་རྗེ་ཆུ་ཡིས་ངེས་པར་སིམ་བྱེད་མཛད་པའི་ཐ་རླབས་ཅལ་ཅིལ་གཡོ། །བྱམས་པའི་པད་མ་དཀར་པོས་རྣམ་གྲོལ་འཛོ་སྐྱིག་སྐལ་བཟང་ངང་པའི་ཚོགས་རྣམས་ཀྱིས། །དགའ་སྟོན་དཔལ་འཛིན་ཆོས་ཀུན་ཚར་དུ་དངར་བ་བདེན་པ་གཉིས་ཀྱི་འདབ་ཕྲེང་རོལ་པ་ཡིས། །སྐབས་གསུམ་རལ་པའི་བདེ་བྱེད་དཔལ་མོ་ཀུན་དགར་འོས་པ་བུ་རམ་ཤིང་པ་རྒྱལ་གྱུར་ཅིག །ཀུན་ལ་བྱམས་པའི་ཐུགས་རྗེའི་ཆུ་འཛིན་འཁྲིགས་པའི་དགའ་བའི་སྤྲིན་གྱི་སྒྲ་ལྡན་གང་ཡིད་ལྷ་ལམ་གཉིས་སྐྱེས་རྒྱལ་པོ་ལྟར་དཀར་བས། །གཟུང་འཛིན་བུད་ཤིང་བསྲེག་པའི་དག་བྱེད་གཟིགས་ལ་སྲིད་པའི་ཚ་གདུང་བསིལ་བར་བྱེད་ཅིང་ཆུ་སྦྲིན་རྒྱལ་མཚན་དཔྱུང་ལ་རྣམ་པར་རྒྱལ། །ས་གསུམ་སྟོན་མི་འཛམ་པའི་དཔལ་གྱིས་དམིགས་མེད་སྙིང་རྗེའི་གོམས་པ་སྐལ་པ་བཟང་པོའི་སྙིང་ལ་འགོད་ཅིང་གཉིས་མེད་རྒྱལ་བ་ཡིས། །སྲས་ཀྱི་ཕུ་བོ་སྟོབས་བཅུ་མངའ་བའི་ཞལ་གྱི་པད་མོར་རེ་བས་བསྟེན་པའི་གསུང་གི་བུང་བ་སྒྲོགས་ལྡན་ས་སྐྱ་པཎ་ཆེན་རྒྱལ། །སྤྲིན་པའི་ཆུ་ཡིས་མ་གོས་ཀུ་སྐྱེས་དང་། །ཆོས་ཉིད་འོད་གསལ་ཉིན་བྱེད་དཀྱིལ་འཁོར་ཅན། །བྱང་སེམས་རི་བོང་འཛིན་པའི་གདན་ལ་འཁྱིལ། །བཅོམ་ལྡན་གསུང་གི་དབང་པོ་ལ་ཕྱག་འཚལ། །རྒྱ་ཆེན་སྡེ་སྣོད་གསུམ་གྱི་སྙིང་མོས་ཚལ་གྱི་ཆུ་གཏེར་འགྲམ་ངོགས་དྲི་མེད་རིན་ཆེན་ལུང་གི་དཔག་བསམ་ཇ་ང་འཕྲུང་གཡུར་ཟ་ལྗེམ། །བསོད་ནམས་གསེར་གྱི་ནོར་འཛིན་བུ་མོར་དམན་པ་མིན་པའི་རྣམ་དཔྱོད་དག་བྱེད་ཀྱིས་སྐྱུན་རིགས་པའི་མེ་ཏོག་སྟོང་ཕྲག་མཛེས་པར་རོལ། །ཐ་སྙད་གཙུག་ལག་ཤེས་པའི་ཏ་རི་ཅན་དན་ལྡོན་པའི་གྲིབ་བསིལ་སྟེབས་ལེགས་རི་དྭགས་མིག་ཅན་རྩེད་འཛོ་གླུ་གར་ལེན། །ལེགས་བཤད་དྲི་ཟའི་རྒྱུད་མངས་བསྒྲེང་བ་ལ་མཁས་དབྱངས་ཅན་ངང་ཡི་རྣམ་མང་མཁས་པ་རྣམས་ལ་ཚིག་ལེགས་བྱས་པའི་ངག་གི་ཞུ། །

བྱང་ཆུབ་སེམས་ཀྱི་རི་བོང་ཅན། །མཁྱེན་བརྩེའི་དཀྱིལ་འཁོར་རབ་རྒྱས་པ། །རྣམ་དཀར་མཛད་པས་འོད་ཀྱིས་མཛེས། །ཡོངས་འཛིན་དམ་པའང་རྒྱལ་གྱུར་ཅིག །གཟུར་གནས་དེད་དཔོན་མཁས་པ་ཡི། །ནོར་བུ་

འཆིང་བུ་སོ་སོར་ཤེས། །ལེགས་དང་ཉེས་བཤད་མ་འདྲེས་པར། །མཁས་པས་རྟོགས་ཀྱིས་གཞན་གྱི་མིན། །སྐྱེ་བོ་བསྟན་བཅོས་མི་ཤེས་པས། །ཡོན་ཏན་སྐྱོན་དག་ཇི་ལྟར་དབྱེ། །གཟུགས་ཀྱི་དབྱེ་བ་དམིགས་པའི་སྐབས། །ལོང་བ་དག་ལ་ཡོད་དམ་ཅི། །ལེགས་བཤད་ཚོན་གྱི་རི་མོ་གང་། །ཕྲག་དོག་མུན་པས་སྒྲིབ་འགྱུར་ཞིང་། །ཉེས་བཤད་རི་བོང་རྭ་ཡི་རྩེ། །བློ་ངན་མིག་གིས་མཐོང་འགྱུར་བས། །མཁས་ལ་མཁས་པ་མིན་པ་དང་། །མི་མཁས་མཁས་པར་སྣང་བ་ནི། །སྣ་པོ་ཉིད་ཀྱི་སྐྱོན་ཡིན་པས། །མཁས་པ་སུ་ཞིག་ཞུམ་པར་འགྱུར། །དེ་ཕྱིར་མཁས་པའི་དྲི་བ་ལ། །ཞུས་ལན་མུ་ཏིག་ཕྲེང་བ་འདི། །རི་མོ་སྲད་བུ་ལ་བརྒྱུས་ཏེ། །མཁས་རྣམས་མཛེས་པར་བྱ་ཕྱིར་འབུལ། །

སྒྲིབ་གཉིས་བག་ཆགས་གཏན་སྤངས་པའི། །རྫོགས་སངས་རྒྱས་ཀྱི་གསུང་ལ་ཡང་། །བསྲེག་བཅད་བརྡར་བའི་གསེར་བཞིན་དུ། །བླང་བར་གསུང་ན་གཞན་ཅི་སྨོས། །བསྟན་བཅོས་རྒྱན་སྟུག་པོ་བཀོད་པའི་མདོ་ལས། བསྲེག་བཅད་བརྡར་བའི་གསེར་བཞིན་དུ། །མཁས་པ་རྣམས་ཀྱིས་ཡོངས་བརྟགས་ནས། །བདག་གསུང་བླང་བྱ་དགེ་སློང་དག །གུས་པའི་ཕྱིར་ནི་མ་ཡིན་ནོ། །ཞེས་དྲི་མེད་འོད་དུ་དྲངས་སོ། །ནོར་བུའི་ཕྲེང་བ་གང་། །ཡིད་ཆེས་ལུང་དང་རིག་པ་ཡིས། །བྱི་དོར་བྱས་པས་ཕན་བདེ་ཡི། །དཔལ་འབྱོར་འགྲུབ་པའི་སྐལ་བར་འགྱུར། །དེས་ན་ཤེས་འདོད་ཞུགས་པའི་ཚེ། །འདྲི་དང་རྒོལ་འདོད་སུན་འབྱིན་གཉིས། །རྣམ་དབྱེ་སུ་ཡིས་མ་ཕྱེད་གང་། །མཁས་པ་རྣམས་ཀྱི་བཞད་གད་གནས། །ལན་གྱི་ཚིག་ལེགས་བྱས་འདི་ལའང་། །རྣ་བར་སྙན་དང་མི་སྙན་སོགས། །ཅི་རིགས་སྣ་ཚོགས་འབྱུང་བར་ངེས། །དེ་ཡང་འདྲི་བ་པོ་ཉིད་ལས། །སླུས་པའི་ཀུན་སློང་ཡོད་རེ་ཀན། །དེ་ཕྱིར་ཕྲག་དོག་ཚེར་མ་ཡི། །བློ་མིག་དཀྲུགས་པའི་སྐྱེ་བོ་རྣམས། །རང་གི་རྩ་བའི་བླ་མ་ལ། །སྐུར་བ་འདེབས་སོ་ཅེས་སྨྲ་ན། །རང་གི་སྐྱོན་དུ་གོ་བར་གྱིས། །ཉན་ཐོས་ལུགས་ཀྱི་སོ་ཐར་གྱི། །སྡོམ་པ་རིག་བྱེད་མིན་པ་ཡི། །གཟུགས་ཞེས་རིག་བྱེད་དོར་བའི་ཚིག །མཁས་པའི་གཞུང་ལས་བཤད་པ་མེད། །དེ་ལ་ཁ་ཅིག་འདི་སྐད་དུ། །ཉན་ཐོས་སྡོམ་པ་རྣམ་རིག་མིན། །ཞེས་པས་དེ་ལྟར་བསྟན་ནོ་ལོ། །འོན་ཆོས་མངོན་མཛོད་ལས་ཀྱང་། །མི་དགེ་དྲུག་ལ་རྣམ་རིག་མིན། །གཟུགས་སུ་ངེས་པར་བསྟན་འགྱུར་ཏེ། །མི་དགེ་དྲུག་ནི་རྣམ་རིག་མིན། །ཞེས་གསུངས་རྒྱ་མཚན་མཚུངས་པས་སོ། །

གལ་ཏེ་དེ་དོན་འདི་སྐད་དུ། །མི་དགེ་དྲུག་པོ་བཅོལ་བས་ཀྱང་། །མི་དགེ་དྲུག་ལ་རྣམ་རིག་མིན། །རྫོགས་ཕྱིར་རིག་བྱེད་མིན་པར་ཡོད། །ལོག་གཡེམ་ལས་ལམ་དངོས་གཞི་ནི། །གཞན་ལ་བཅོལ་བས་མི་རྫོགས་པས། །རང་གིས་ངེས་པར་བྱེད་པའི་ཕྱིར། །རིག་བྱེད་ཡིན་མིན་གཉིས་ཀ་ཡོད། །སྲོག་གཅོད་ལ་སོགས་དེ་ཉིད་དུ། །མཐར་ཐུག་རྫོགས་པར་གྲུབ་པ་དང་། །རང་གིས་བྱེད་ན་རིགས་བྱེད་ཀྱི། །གཟུགས་ཀྱང་སྲིད་ཕྱིར་མི་དགེ་དྲུག །རིག་བྱེད་ཡིན་མིན་གཉིས་ཀ་འབྱུང་། །གལ་ཏེ་དུས་གཞན་མཐར་ཕྱིན་ན། །རིག་བྱེད་མིན་པ་ཁོ་ནར་ངེས། །དེ་

ལྟར་ཆོས་མངོན་མཛོད་ཉིད་ལས། །གཅིག་རྣམས་གཉིས་པོ་དེ་དག་ཀྱང་། །བྱེད་ནའོ་དགེ་བ་བདུན་རྣམ་གཉིས། །ཞེས་གསུངས་པ་ལྟར་འདོད་དགོས་སོ། །ཞེ་ན་འདིར་ཡང་གཞུང་དེའི་དོན། །འབྲི་ཁུང་པ་ཡི་དགོངས་གཅིག་ལས། །སོ་སོར་ཐར་པའི་སྡོམ་པ་ལས། །བསླབ་པ་ཕུལ་བ་ལ་སོགས་པ། །གཏོང་བའི་རྒྱུ་ནི་དགུར་འདོད་ཅིང་། །ངོ་བོ་རིག་བྱེད་ཡིན་མིན་གྱི། །གཟུགས་སུ་བཤད་པ་ཉན་ཐོས་ལུགས། །དེ་ལ་ངོ་བོའི་གནས་ཚུལ་ནི། །ཉན་ཐོས་ལུགས་བཞིན་ཁོ་བོས་འདོད། །གཏོང་བའི་རྒྱུ་ནི་འབྲུལ་པ་སྟེ། །རིག་བྱེད་སྡོམ་པ་གཏོང་མོད་ཀྱི། །རིག་བྱེད་མིན་པའི་སྡོམ་པ་ནི། །ཤི་འཕོས་པས་ཀྱང་གཏོང་བ་མེད། །ཅེས་པ་གཞུང་འདིའི་ཕྱོགས་སྔ་ལ། །ལུས་དང་ངག་གི་རྗེས་འབྲང་བའི། །གཟུགས་ཅན་ཡིན་ཕྱིར་ཤི་བའི་ཚེ། །རིག་བྱེད་མིན་པའི་སོ་ཐར་གྱི། །སྡོམ་པ་གཏོང་སྟེ་རིག་བྱེད་བཞིན། །ཆོས་མངོན་མཛོད་ལས་གསུངས་པ་ཡི། །བསླབ་པ་ཕུལ་བ་ལ་སོགས་པ། །གཏོང་རྒྱུ་འདི་ལ་ཚད་མ་ཡིན། །ངོ་བོའི་གནས་ཚུལ་ཉན་ཐོས་བཞིན། །འཐད་ན་གཏོང་རྒྱུའང་དེར་འདོད་དགོས། །ཞེས་པའི་དོན་དུ་བཟུང་བར་བྱ། །

ཉན་ཐོས་བྱེ་སྨྲའི་ལུགས་ལ་ཡང་། །ཡིད་དང་དབང་པོའི་སྡོམ་པ་སོགས། །རྣམ་པ་ལྔ་ལས་དང་པོ་གཉིས། །གཟུགས་ཅན་ཡིན་པར་དེས་མི་འདོད། །དེ་ཕྱིར་ཉན་ཐོས་སྡོམ་པ་གང་། །གཟུགས་ཅན་ཁོ་ནར་བཤད་པ་ནི། །མུན་སྤྲུལ་ཡིན་པས་མཁས་པས་དོར། །གཟུགས་ཅན་སྡོམ་ལ་རྣམ་གཉིས་ཏེ། །ཏིང་ངེ་འཛིན་གྱི་རྗེས་འབྲང་དང་། །ལུས་ངག་རྗེས་སུ་འབྲང་བའོ། །དང་པོ་ལ་ཡང་རྣམ་གཉིས་ཏེ། །བསམ་གཏན་ཟག་མེད་སྡོམ་པའོ། །དེ་ནི་ལུས་ངག་རྗེས་འབྲང་མིན། །གལ་ཏེ་དེ་ལ་འདི་སྙམ་དུ། །འབྱུང་འགྱུར་རྣམ་གསུམ་ཕན་ཚུན་དུ། །ཞེས་པའི་འགྲེལ་པར་བསམ་གཏན་དང་། །ལྷན་ཅིག་འབྱུང་བ་དང་། སྐལ་བ་མཉམ་པ་དང་། རྣམ་པར་སྨིན་པའི་རྒྱུ་དག་གིས་སོ། ། ཞེས་དང་། དེ་ལ་ལྷན་ཅིག་འབྱུང་བའི་རྒྱུ་ནི། ལུས་དང་ངག་གི་ལས་སེམས་ཀྱི་རྗེས་སུ་འཇུག་པ་ཕན་ཚུན་དུ་ཡིན་གྱི། རྒྱུར་བྱས་པའི་གཟུགས་གཞན་ནི་མ་ཡིན་ནོ། །ཞེས་སོ། །ཟག་མེད་གཉིས་པོ་ཁོ་ན་ཡིས། །ལུས་ངག་སྤོང་བ་བདུན་པོ་རྣམས། །ལྷན་ཅིག་འབྱུང་བའི་རྒྱུ་འབྲས་སུ། །བཤད་པ་དེ་དང་འགལ་ཞེ་ན། །དེ་དང་འདི་གཉིས་ཚུལ་མིན་གཅིག །རྒྱས་པར་ཁོ་བོས་གཞན་དུ་འཆད། །མང་པས་འཇིགས་ཕྱིར་འདིར་མི་སྤྲོ། །ཉན་ཐོས་ལུགས་ཀྱི་སོ་ཐར་ནི། །བྱེད་དུ་ནུས་བཅས་སྐལ་མཉམ་ལའང་། ། བྱེད་རྒྱུ་རིག་བྱེད་འབྱུང་སེམས་གསུམ། །དང་པོ་རང་དང་གཞན་དག་གི། །ལུས་དང་ངག་གི་རིག་བྱེད་ཡིན། །གཉིས་པ་གཞི་དང་རྟེན་ཡིན་ཞིང་། །གསུམ་པ་ལ་གཉིས་རྒྱུ་དང་ནི། །དེ་དུས་ཀུན་སློང་སེམས་དཔའོ། །འདིར་ནི་རང་གི་ལུས་ངག་གི། །སྤོང་བ་བདུན་ལ་དགོངས་པ་ཡིན། །དེ་ལྟ་མིན་པར་མཁན་སློབ་ཀྱི། །ངག་ལས་སྐྱེ་བ་འདིར་བཟུང་ན། །ཚོགས་བླངས་པའི་སེམས་བསྐྱེད་ཀྱི། །སྡོམ་པ་རྣམས་ལ་ཏ་ཅང་

ཐལ། །དེ་ལྟར་མཁས་པའི་དྲི་བ་ལས། །ཉན་ཐོས་ལུགས་ལ་སོ་ཐར་གྱི། །སྡོམ་པ་རིག་བྱེད་མིན་པའི་གཟུགས། །ཁོ་ནར་བཤད་པ་གང་ན་ཡོད། །རིག་བྱེད་གཟུགས་ཀྱང་མ་བཤད་དམ། །ཞེས་པའི་ལན་ནི་བཤད་ཟིན་ཏོ། །

ཉན་ཐོས་སོ་ཐར་མཁན་སློབ་ཀྱི། །ལུས་ངག་ལས་ནི་སྐྱེས་ཞེས་པ། །གཞུང་གི་དགོངས་པ་ཡིན་ན་ནི། །སྡོམ་པའི་ཐོབ་རྒྱུ་བཅུ་མེད་དམ། །ཞེས་པའི་ལན་ནི་བཤད་པར་བྱ། །འདུལ་བའི་ལུགས་ཀྱི་སོ་ཐར་ལ། །མཁན་སློབ་གཉིས་ཀྱི་ལུས་ངག་ལས། །མི་སྐྱེ་བ་དང་སྐྱེ་བ་གཉིས། །དང་པོ་བསྙེན་པར་རྫོགས་པ་ཡི། །ཚུལ་བཅུ་གསུངས་པ་ཕལ་ཆེ་ཡིན། །དེ་ལ་བཤད་ཚུལ་གསུམ་འབྱུང་སྟེ། །རང་བྱུང་གིས་ནི་སངས་རྒྱས་གཉིས། །ལྔ་སྡེ་བཟང་པོ་ངེས་འཇུག་དང་། །ཤ་རིའི་བུ་སོགས་ཚུར་ཤོག་དང་། །འོད་སྲུང་སྟོན་པར་ཁས་བླངས་དང་། །ལེགས་བྱིན་དྲི་བས་མཉེས་པ་དང་། །ལྔི་བའི་ཆོས་བརྒྱད་ཁས་བླངས་དང་། །ཆོས་བྱིན་པོ་ཉས་བཟང་སྡེའི་ཚོགས། །དྲུག་ཅུ་སྐྱབས་གསུམ་ཁས་ལེན་དང་། །ཡུལ་དབུས་བཅུ་ཚོགས་མཐའ་ཁོབ་ཏུ། །ལྔ་ཡི་ཚོགས་ཀྱིས་བསྙེན་རྫོགས་ཚུལ། །བཅུ་པོ་འདི་ནི་མཛོད་འགྲེལ་ལུགས། །དེ་ལ་ཕོ་ཉས་བསྙེན་རྫོགས་པ། །ད་ལྟར་བྱ་རུང་ཡིན་པས་ན༔ །ཁྲིན་གྱིས་བསྒྲུབ་པ་མ་གཏོགས་པ། །ད་ལྟར་ཆོག་ཉིད་དང་ཡང་། །ཁྱད་པར་མེད་པས་མཁན་སློབ་ཀྱི། །ལུས་ངག་ལས་ནི་སྐྱེ་བར་འདོད། །གཞན་རྣམས་མཁན་པོ་སློབ་དཔོན་གྱི། །ལུས་ངག་ལས་ནི་སྐྱེ་བ་མིན། །འདུལ་བ་ལུང་ལས་བཅུ་གསུངས་ཏེ། །སངས་རྒྱས་རྣམ་གཉིས་གཅིག་བསྡུས་ཏེ། །མཁན་སློབ་མེད་པས་བསྙེན་རྫོགས་པའོ། །

ཆོས་བྱིན་ལྔི་ཆོས་གཉིས་ཀ་ཡང་། །ཕྲིན་དུ་གཅིག་པས་གཅིག་ཏུ་བསྡུ། །གསོལ་བཞིའི་ལས་ཀྱིས་བསྙེན་རྫོགས་ལ། །ཡུལ་དབུས་མཐའ་འཁོབ་བྱེ་བྲག་དང་། །གཉིས་ཀའི་དགེ་འདུན་ཚོགས་པ་ལས། །གཅིག་ཅར་རབ་བྱུང་བསྙེན་རྫོགས་གསུམ། །སོ་སོར་ཕྱེ་ནས་བཅུར་མཛད་དོ། །དེ་ལ་ཐ་མ་སྟོན་ཆོག་ཡིན། །མཁན་སློབ་ལ་ནི་ལྟོས་པ་མེད། །སྟོན་གྱི་འདུལ་འཛིན་གྱིས་གསུངས་པའི། །སྙེན་པར་རྫོགས་པའི་ཚུལ་བཅུ་ནི། །གསོལ་བཞིའི་ལས་ཀྱིས་ཅིག་ཅར་དུ། །རབ་བྱུང་བསྙེན་རྫོགས་བྱས་པས་ན། །ཡུལ་དབུས་ལ་སོགས་གསུམ་ཀ་ཡང་། །གཅིག་ཏུ་བསྡུས་ཤིང་སངས་རྒྱས་གཉིས། །ཐ་དད་ཕྱེ་ནས་བཅུར་མཛད་དོ། །མཁན་སློབ་ལུས་ངག་ལས་སྐྱེས་པའི། །སོ་སོར་ཐར་པ་རྣམ་པ་བརྒྱད། །དེ་ཡང་རྫས་སུ་བཞི་ཡིན་པས། །དགེ་བསྙེན་སློབ་དཔོན་ཁོ་ན་དང་། །བསྙེན་གནས་སྡོམ་ཀྱང་དེ་བཞིན་ནོ། །དགེ་ཚུལ་མཁན་སློབ་གཉིས་ཀ་སྲིད། །བསྙེན་རྫོགས་མཛོད་དུ་གྱུར་པ་བཅུས། །རྫོགས་པར་འགྱུར་བར་ལུང་ལས་གསུངས། །གཅིག་ལས་འཕྲོས་པའི་བཅུ་པ་ལས། །སངས་རྒྱས་ཆོས་དང་དགེ་འདུན་དང་། །མཁན་པོ་སློབ་དཔོན་བསྙེན་རྫོགས་འདོད། །ཡོ་བྱད་ཡོངས་སུ་དག་པ་དང་། །

གསོལ་དང་ལས་ནི་མངོན་སུམ་མོ། །ཞེས་གསུངས་པ་ལྟར་དགེ་སློབ་མའི། །སྡོམ་པ་ལ་ཡང་མངོན་གྱུར་བཅུ། །ཆ་མཐུན་བསྐྱེ་བར་འདུལ་བའི་ལུགས། །དེ་ཕྱིར་དགེ་འདུན་ལ་ལྟོས་ཤིང་། །བསྙེན་པར་རྫོགས་ནས་བཅུ་གཉིས་དང་། །ལྟ་དྲུག་གང་རུང་ཉེར་གཅིག་དང་། །འཁོར་དང་འཁོར་མ་ཉེར་འཇོག་པའི། །གནང་བ་ཐོབ་པའི་མཁན་མོ་སོགས། །མངོན་གྱུར་བཅུ་ལ་ལྟོས་པ་ཡིན། །དེས་ན་སོ་ཐར་སྡོམ་པ་ནི། །ཕལ་ཆེར་ལུས་ངག་རིག་བྱེད་ལས། །སྐྱེ་བ་ཡིན་པར་ཤེས་པར་བྱ། །དེ་ལྟར་ནའང་མཁན་སློབ་ཀྱི། །ལུས་ངག་གཉིས་ལས་མི་སྐྱེ་བའི། །ཁྱད་པར་ཡོད་ཚུལ་སྔར་བཤད་ཟིན། །ལུས་དང་ངག་གི་རིག་བྱེད་ལས། །མི་སྐྱེ་བ་ཡི་སོ་ཐར་ནི། །ཡེ་ཤེས་ཁོང་དུ་ཆུད་པ་སོགས། །འགའ་ཞིག་ཁོ་ན་ཡིན་པར་ཟད། །དེ་ཕྱིར་སོ་ཐར་སྡོམ་པ་ཡི། །ཐོབ་རྒྱུ་བཅུ་ཞེས་དྲི་བ་སྨྲངས། །སྡོམ་པ་སྤྱིའི་ཐོབ་རྒྱུ་མིན། །དགེ་འདུན་ཁོ་ན་དང་འབྲེལ་བའི། །སོ་ཐར་སྡོམ་པའི་ཐོབ་རྒྱུ་དང་། །ཁྱད་པར་དགེ་སློང་ཕ་མ་ཡིས། །ཐོབ་རྒྱུ་ཡིན་པར་ལུང་ལས་བཤད། །མཁན་པོ་མངོན་སུམ་དུ་གྱུར་པ་ལ་སོགས་པ་གཟུགས་ཅན་ཡིན་པའི་རྒྱུ་མཚན་གྱིས། །ཤི་བས་གཏོང་ན་བསམ་གཏན་དང་། །ཟག་མེད་གཉིས་ལའང་མི་ཐལ་ཏེ། །ཞེས་པའི་ལན་ཀྱང་བཤད་ཟིན་ཏོ། །

འདི་ལ་བློན་པོ་ཁ་ཅིག་ནི། །འདོད་པ་མིན་ཏེ་མཛོད་འགྲེལ་ལས། །རིགས་འཐུན་བཏང་བ་ཉིད་ལས་ཀྱང་། །ཅུང་ཟད་གཏོང་བར་འགྱུར་རོ་ཞེས། །གསུངས་ཤིང་གཟུགས་མེད་རྟེན་ལ་ཡང་། །ཟག་མེད་སྡོམ་པ་གསར་དུ་ནི། །ཐོབ་པ་ཡོད་ཅེས་སྨྲ་བ་ཐོས། །འདི་ཡང་བརྟག་པར་བྱ་བས་ཉོན། །བསམ་གཏན་ཟག་མེད་སྡོམ་པ་ནི། །དངོས་དང་དུས་ནི་ཐམས་ཅད་ལས། །ཞེས་གསུངས་ཕྱིར་ན་ཟག་མེད་ནི། །ལུས་ངག་ལས་ལམ་དངོས་གཞི་ལས། །འཐོབ་པས་ལས་ལམ་བདུན་པོ་ཡང་། །ཡོད་པར་ཐལ་བར་འགྱུར་བ་དང་། །གཟུགས་མེད་རྟེན་ལ་འབྱུང་བ་བཞིན། །གསར་དུ་གྲུབ་པའང་ཡོད་པར་འགྱུར། །བསམ་གཏན་ཟག་མེད་སྡོམ་པ་ཡི། །སྤོང་བར་བདུན་པོ་རེ་རེ་ཡང་། །འབྱུང་བ་བཞི་ཚན་ལས་སྐྱེས་ཕྱིར། །གཟུགས་མེད་ཁམས་ན་བསམ་གཏན་གྱི། །ས་དྲུག་གང་རུང་གསར་སྐྱེ་ཡང་། །ཡོད་པར་འདོད་དགོས་ཟག་མེད་སྡོམ། །ཟག་མེད་བསམ་གཏན་ས་དྲུག་གི། །ཐོབ་པ་ཆོས་མངོན་མཛོད་ལས་གསུངས། །བསམ་གཏན་ལས་སྐྱེས་བསམ་གཏན་གྱི། །ས་ཉིད་ཀྱིས་ཐོབ་ཟག་མེད་ནི། །འཕགས་དེས་ཅི་གསུངས་ཚད་མ་ཡིན། །གལ་ཏེ་འདོད་ན་མངོན་པ་ལས། །ཁམས་གཉིས་དག་ཏུ་གཟུགས་མེད་པ༑ ༑རྒྱུ་དང་ལས་ཀྱི་སྟོབས་ཀྱིས་བསྐྱེད། །གཟུགས་ཀྱི་ཁམས་སུ་སེམས་ཅན་རྣམས། །དེ་དག་དང་ཆོས་ཉིད་ཀྱིས་ཀྱང་། །ཞེས་གསུངས་པ་ཡང་ཇི་ལྟར་ཡིན། །དེ་ནས་ཟག་མེད་སྡོམ་པ་ཡིས། །གཏོང་རྒྱུར་རིགས་མཐུན་བོར་བ་ནི། །མངོན་པའི་ལུང་ལས་གསུངས་པ་མེད། །བསམ་གཏན་སྡོམ་པའི་གཏོང་རྒྱུ་ལ། །གཉིས་སུ་ངེས

པར་འབྲེལ་པས་བཤད། །གོང་དམ་འོག་ཏུ་སྐྱེ་བ་ཡི། །ས་འཕོས་པ་ལས་གཏོང་བ་དང་། །བསམ་གཏན་སྙོམས་འཇུག་ལས་ཉམས་པས། །གཏོང་ཞིང་ཤི་བས་གཏོང་བ་ཡང་། །སོ་སྐྱེ་ལ་ཡིན་འཕགས་པ་མིན། །འཕགས་པས་དེ་དག་ས་བོར་བས། །གཏོང་ངོ་འཕགས་མིན་འཆི་བས་སོ། །ཞེས་གསུངས་འདི་ལ་ཚད་མ་ཡིན། །དེ་འདྲའི་རྣམ་དབྱེ་ཤེས་བྱས་ནས། །སླ་འདོད་ད་གཞོད་སླ་བར་གྱིས། །ཐེག་ཆེན་ལུགས་ལ་སྦྱོང་བའི་སེམས། །ཇི་སྲིད་མ་ཉམས་དེ་སྲིད་དུ། །དེ་ཡི་སྡོམ་པ་དེ་ཡོད་ན། །ཐེག་ཆེན་ལུགས་ཀྱི་བསྙེན་གནས་ཀྱང་། །ནང་པར་ཕན་ཆད་བསྲུང་དགོས་པ། །ཞེས་པའི་ལན་ནི་འདི་ཡིན་ཏེ། །སོ་སོར་ཐར་པའི་སྡོམ་པ་ལ། །ཉན་ཐོས་ཐེག་ཆེན་ལུགས་གཉིས་ཡོད། །ཉན་ཐོས་ལུགས་ལ་ཉན་ཐོས་དང་། །རང་རྒྱལ་བྱང་སེམས་སོ་ཐར་གསུམ། །ཐེག་ཆེན་ལུགས་ཀྱི་སོ་ཐར་ལ། །དགེ་བསྙེན་ལ་སོགས་དྲུག་མ་ཡོད། །དེ་ནི་གཙོ་ཆེར་མདོ་སྡེའི་ལུགས། །དཔེར་ན་ལྷ་ཡི་དགེ་བསྙེན་དང་། །རི་བོ་ལ་སོགས་དུད་འགྲོ་ལའང་། །བསྙེན་གནས་སྐྱེ་བར་གསུངས་པ་དང་། །དཔལ་ལྡན་དུས་ཀྱི་འཁོར་ལོ་ལས། །དགེ་ཚུལ་དགེ་སློང་གསུངས་པ་སོགས། །དབང་ལེའི་ཚིགས་བཅད་བརྒྱད་དང་ལྔ་པར། རྒྱུད་ལས། དང་པོར་ཆུ་དག་ལ་ནི་དགེ་བསྙེན་ཉིད་དུ་འགྱུར་ཏེ། བུམ་པ་ལ་ཡང་། དགེ་ཚུལ་དག་ཏུ་འགྱུར། གསང་བའི་དབང་ལ་དགེ་སློང་དང་ནི་གོང་མའི་བྱེད་པ་ལ་ཡང་གནས་བརྟན་ཞེས་པར་འགྱུར་བ་སྟེ། ཞེས་ཆུའི་མིང་ཅན་སོགས་ལ་དབང་བསྐུར་བ་ནི་ས་བདུན་པར་ལུང་བསྟན་པས་དགེ་བསྙེན་དང་། བུམ་པ་ལ། མི་གཡོ་བ་དང་། གསང་བ་ལ་ལེགས་པའི་བློ་གྲོས་དང་། ཤེས་རབ་ཡེ་ཤེས་ལ་གསང་དབང་བསྐུར་བ་ནི། ཆོས་ཀྱི་སྤྲིན་ལ་ལུང་བསྟན་པས་རིམ་པ་ལྟར། དགེ་ཚུལ་དང་། དགེ་སློང་གནས་བརྟན་དུ་འགྱུར་བར་གསུངས་ཤིང་། དེ་ཡང་སྔགས་ཀྱི་ཚུལ་ལོ། །ཐེག་ཆེན་ལུགས་ཀྱི་སོ་ཐར་དང་། །འདིར་ནི་སོ་ཐར་བཏགས་པ་ཡིན། །ཐེག་ཆེན་སོ་སོར་ཐར་པ་དང་། །ཐེག་ཆེན་ལུགས་ཀྱི་སོ་ཐར་གཉིས། །རྣམ་དབྱེ་ལེགས་པར་ཕྱེད་དགོས་སོ། །

དེས་ན་བྱང་སེམས་སོ་ཐར་ལ། །འདུལ་བའི་ལུགས་དང་མདོ་སྡེའི་ལུགས། །བྱང་ཆུབ་སེམས་དཔའི་སྡོམ་པ་རྣམས། །ཤི་འཕོས་ནས་ཀྱང་རྗེས་སུ་འབྲང་། །ཞེས་དང་བྱང་སེམས་སྡོམ་པ་ནི། །སེམས་ལས་སྐྱེས་ཕྱིར་གཟུགས་ཅན་མིན། །དེས་ན་ཇི་སྲིད་སེམས་མ་ཉམས། །དེ་ཡི་བར་དུ་སྡོམ་པ་ཡོད། །ཅེས་གསུངས་པ་ཡང་མདོ་སྡེ་ཡི། །སོ་ཐར་ཉིད་ལ་དགོངས་པ་ཡིན། །ཐེག་ཆེན་སོ་སོར་ཐར་ཡིན་ཡང་། །དགེ་སློང་ལ་སོགས་སྡོམ་པ་ཡི༑ །ལྡོག་པ་ཤི་བའི་ཚེ་ན་གཏོང་། །ཞེས་དང་གཞན་ཡང་བསྟན་བཅོས་ལས། །དེས་ན་སོ་སོར་ཐར་པ་ཡི། །སྡོམ་པ་ཤི་ཡང་ཡོད་དོ་ཞེས། །སླ་བའི་སྐྱེས་བུ་དེ་ལ་ནི། །སྡེ་སྣོད་རྣམ་དབྱེ་མེད་པར་ཟད། །ཅེས་གསུངས་གཞན་ཡང་དེ་ཉིད་ལས། །དེས་ན་སོ་སོར་ཐར་པ་ཡིས། །འོན་སེམས་བསྐྱེད་ཀྱིས་ཟིན་པའི། །དགེ་སློང་ལ་སོགས་སྡོམ་པ་རྣམས། །བསླབ་པ་ཕུལ་དང་ཤི་འཕོས་དང་། །རྩ་བ་ཆད་པ་ལ་སོགས་པ། །གཏོང་རྒྱུ་ཀུན་གྱིས་མི་གཏོང་

འགྱུར། །ཅེས་དང་གཞན་ཡང་དེ་ཉིད་ལས། །སོ་སོར་ཐར་པའི་སྡོམ་པ་ནི། །བྱང་ཆུབ་བར་དུ་བླངས་གྱུར་ན། །འདི་ཡིས་ཆོ་ག་ངེས་པར་འཛིག །འདི་ཡང་གནད་རྣམས་བཙོས་པར་དོགས། །ཞེས་གསུངས་པ་རྣམས་འདུལ་བ་ཡིས། །སོ་ཐར་ཉིད་ལ་དགོངས་པར་ངེས། །འདིར་ནི་དེ་ཉིད་གཙོ་བོ་ཡིན། །དེ་ཡང་སྔ་ཕྱིའི་འབྲེལ་ལས་ཤེས། །བསྟན་བཅོས་འདི་ཡིས་བསྡུས་དོན་དུ། །སོ་སོར་ཐར་པའི་སྡོམ་པ་དང་། །བྱང་ཆུབ་སེམས་དཔའི་སེམས་བསྐྱེད་དང་། །ཞེས་སྨོས་དེ་ཡི་རྒྱས་བཤད་དུ། །སོ་སོར་ཐར་པའི་སྡོམ་པ་དང་། །ཉན་ཐོས་ཐེག་ཆེན་ལུགས་གཉིས་ཡོད། །ཅེས་གསུངས་དེ་ཡི་ཁྱད་པར་ཡང་། །ཉན་ཐོས་རྣམས་ཀྱི་སྐྱབས་འགྲོ་ནས། །ཞེས་སོགས་རྐང་པ་དྲུག་པོ་ཡིས། །སྔ་མའི་དམ་བཅའ་ཙམ་ཞིག་བཞག །ལུགས་གཉིས་ཕྱེ་བའི་སོ་ཐར་གྱི། །གཉིས་པ་འཆད་ཕྱིར་ཇི་སྐད་དུ། །བྱང་ཆུབ་སེམས་དཔའི་སྡོམ་པ་རྣམས། །ཤི་འཕོས་ནས་ཀྱང་རྗེས་སུ་འབྲང་། །ཞེས་པ་ཕྱི་མའི་དམ་བཅའ་ཡིན། །སོ་སོའི་སྐྱབས་བྱེད་བཤད་པ་ནི། །ཉན་ཐོས་སྡོམ་པ་རྣམ་རིག་མིན། །ཞེས་སོགས་སྔ་མའི་སྐྱབས་བྱེད་དང་། །བྱང་ཆུབ་སེམས་དཔའི་སྡོམ་པ་ནི། །ཞེས་སོགས་ཕྱི་མའི་སྐྱབས་བྱེད་ཡིན། །དེས་ན་དེ་འདྲའི་སོ་ཐར་དེ། །སེམས་བསྐྱེད་སྡོམ་པའི་ཉེས་སྤྱོད་དང་། །དགེ་བ་ཆོས་སྡུད་དོན་བྱེད་པའི། །ཚུལ་ཁྲིམས་གསུམ་ལས་དང་པོ་ཡིན། །དེ་ཕྱིར་བཤད་པའི་སྡོམ་པ་དེ། །སྨོན་པ་སེམས་བསྐྱེད་མ་བཏང་ན། །རྩ་ལྟུང་བྱུང་དང་ཤི་བ་སོགས། །འགལ་རྐྱེན་གཞན་རྣམས་ཅི་བྱུང་ཡང་། །སྔར་ཡོད་ཉམས་པར་འགྱུར་བ་མེད། །གལ་ཏེ་བྱུང་ས་ཉི་ཤུ་པར། །རྙེད་དང་བཀུར་བསྟི་ཆགས་པ་ཡིས། །བདག་བསྟོད་གཞན་ལ་སྨོད་པ་སོགས། །རྩ་བའི་ལྟུང་བ་བཞི་པོ་ཡི། །སྡོམ་པ་གཏོང་བར་གསུངས་པ་དང་། །འགལ་བར་འགྱུར་ཏེ་དེ་ཉིད་ལས། །ཉོན་མོངས་དྲག་ལས་བྱུང་བ་ཡིས། །སྡོམ་པ་ཡིན་པར་གང་གྱུར་པ། །དེ་ཡི་ཉེས་པ་བཞི་པོ་ནི། །ཕས་ཕམ་འདྲ་བར་དགོངས་པ་ཡིན། །སྡོམ་པ་སླར་ཡང་བླང་བར་བྱ། །ཞེས་སོགས་གསལ་བར་གསུངས་ཕྱིར་རོ། །

ཞི་ན་འདི་ལྟར་ཤེས་པར་བྱ། །བྱང་ཆུབ་སེམས་དཔའི་སེམས་བསྐྱེད་ལ། །དབུ་ནས་སེམས་ཙམ་རྣམ་གཉིས་ཏེ། །སེམས་ཙམ་ལུགས་ཀྱི་སེམས་བསྐྱེད་ལ། །རྩ་ལྟུང་བྱུང་ཡང་སྡོམ་པ་གཏོང་། །སློབ་དཔོན་ཞི་འཚོ་ལ་སོགས་བཞེད། །དབུ་མའི་ལུགས་ཀྱི་སེམས་བསྐྱེད་ལ། །རྩ་ལྟུང་སྡོམ་པ་གཏོང་མི་གཏོང་། །ལུགས་གཉིས་ཡོད་མོད་སྨོན་པ་ཡི། །བྱང་ཆུབ་སེམས་ནི་མ་བཏང་ན། །བྱང་སེམས་སྡོམ་ལ་མི་གཏོང་བར། །བསྟན་བཅོས་མཛད་པའི་བཞེད་པ་ཡིན། །བྱང་ཆུབ་སེམས་དཔའི་སོ་ཐར་ལ། །འདུལ་བའི་ལུགས་ནི་གཞུང་ཉིད་ལས། །དེས་ན་ད་ལྟའི་ཆོ་ག་ནི། །བསམ་པ་སེམས་བསྐྱེད་ཀྱིས་ཟིན་པའི། །ཆོ་ག་ཉན་ཐོས་ལུགས་བཞིན་གྱི། །སོ་སོར་ཐར་པ་རིས་བརྒྱད་པོ། །བྱང་སེམས་སོ་སོར་ཐར་པར་འགྱུར། །ཞེས་གསུངས་པ་ལ་སོགས་པས་བསྟན། །ཐེག

པ་ཆེ་དང་ཉན་ཐོས་པ། །གཉིས་ཀའི་ལུགས་ལ་བསླབ་གནས་ནི། །ཉིན་ཞག་པ་ཡི་སྡོམ་པར་ངེས། །དེ་དང་སེམས་བསྐྱེད་སྡོམ་པ་ལ། །གཞི་མཐུན་པ་ནི་ག་ལ་སྲིད། །ངེས་ན་ཐེག་ཆེན་ལུགས་ལ་ནི། །སྒྲོང་བའི་སེམས་དཔའ་ཇི་སྲིད་དུ། །མ་ཉམས་པ་ཡི་བར་དེ་སྲིད། །དེ་ཡིས་སྡོམ་པ་ཡོད་དོ་ཞེས། །མཁས་པའི་གཞུང་ལས་བཤད་པ་མེད། །དེ་ལྟར་ཤེས་ན་དྲི་བ་ལས། །ངེས་ན་ཇི་སྲིད་སེམས་མ་ཉམས། །ཞེས་དང་སེམས་བསྐྱེད་ཀྱིས་ཟིན་པའི། །དགེ་སློང་ལ་སོགས་སྡོམ་པ་རྣམས། །ཞེས་སོགས་མི་འགལ་ཚུལ་དེ་ཅི། །ཞེས་གསུངས་པ་ཡི་ལན་ཡང་གྲུབ། །དེ་འདྲའི་རྣམ་དབྱེ་མི་ཤེས་པར། །བླུན་པོ་ལོ་བརྒྱར་འབད་རྣམས་ཀྱིས། །འདི་དོན་རྟོགས་པར་འགྱུར་རེ་སྐན། །གཞན་ཡང་དྲི་བའི་གཞུང་ཉིད་ལས། །སོ་སོར་ཐར་པ་ཤེ་ནས་ཀྱང་། ཡོད་ཅེས་སྨྲ་བའི་འབྲི་ཁུང་པས། །ཐེག་པ་ཆེན་པོའི་སོ་ཐར་གྱི། །དབང་དུ་བྱས་པར་མ་བཤད་དམ། །ཞེས་པའི་ལན་ཡང་བརྗོད་ཟིན་ཏོ། །

སླར་ཡང་ཅུང་ཟད་བཤད་པར་བྱ། །བསམ་པ་སེམས་བསྐྱེད་ཀྱིས་ཟིན་པའི། །ཚིག་འདུལ་བའི་ལུགས་བཞིན་གྱིས། །དགེ་སློང་ལ་སོགས་རིས་བརྒྱད་པོ། །ཐེག་ཆེན་སོ་སོར་ཐར་ཡིན་གྱི། དེ་ལྟ་མིན་པའི་སོ་ཐར་ནི། །འདུལ་བའི་ལུགས་དང་མི་མཐུན་པས། །སོ་སོར་ཐར་པར་མི་བཞེད་དོ། །མདོ་སྡེ་ལུགས་ཀྱི་སོ་ཐར་དང་། །གསང་སྔགས་ལུགས་ཀྱི་སོ་ཐར་གཉིས། །སོ་སོར་ཐར་པ་བཏགས་པ་ཡིན། །ཞེས་ཀྱང་སྔར་ནི་བཤད་ཟིན་ཏོ། །དེ་གཉིས་ལེའུ་གཉིས་པས་སྟོན། །སོ་ཐར་མཚན་ཉིད་ལྡན་པ་ནི། །ལེའུ་དང་པོས་གཙོ་བོར་སྟོན། །དེ་ཕྱིར་ཐེག་ཆེན་སོ་ཐར་ཡང་། །ཤི་བའི་ཚེ་ན་གཏོང་བ་ནི། །དམ་ཆོས་འདུལ་བའི་ཆོས་ལུགས་ཡིན། །གཞན་དུ་སོ་ཐར་སྡོམ་པར་འགལ། །དོ་ཀོར་བ་ཡི་དྲིས་ལན་ལས། །སོ་སོར་ཐར་པ་འདུལ་བ་བཞིན། །བྱང་ཆུབ་སེམས་དཔའ་མདོ་སྡེའི་ལུགས། །གསང་སྔགས་རྒྱུད་སྡེ་བཞིན་སྟོན་པའི། །འཇམ་དབྱངས་བླ་མ་རྒྱལ་གྱུར་ཅིག །ཞེས་གསུངས་པ་དང་མཐུན་པར་འགྱུར། །ཁྲི་སྐྱའི་བསླབ་གནས་དགེ་སློང་ལས། །ལེན་པའི་དམིགས་བསལ་གང་ན་ཡོད། །ཅེས་པའི་ལན་ནི་འདུལ་བ་ལས། །ཚངས་སྤྱོད་ཉེར་གནས་ལ་སོགས་པའི། །སྡོམ་པ་དགུ་བཤད་དེ་རྣམས་ཀྱང་། །དགེ་འདུན་ཁོ་ན་ལས་སྐྱེས་དང་། །གང་ཟག་དགེ་སློང་ལས་སྐྱེས་པ། །གཉིས་སུ་མེད་པར་གཞུང་ལས་གསལ། །རབ་བྱུང་གཞི་དང་ཆོས་སྟོན་པའི། །ལྟུང་བྱེད་བཤད་པའི་སྐབས་གཉིས་སུ། །གསོ་སྦྱོང་ཞེས་དང་དུས་ཁྲིམས་ཞེས། །གཉིས་ཀྱིས་བསླབ་གནས་བསྟན་པར་ནི། །ཚད་ལྡན་འགྲེལ་ལས་གསལ་བར་གསུངས། །དོན་འདི་མཛོད་ཀྱི་འགྲེལ་པ་དང་། །འགྲེལ་བཤད་གཉིས་སུའང་གསལ་བར་འབྱུང་། །འདུལ་བའི་ལུགས་ཀྱི་བསླབ་གནས་ཀྱི། །ཚིག་གསལ་པོ་གང་ན་ཡོད། །ཅེས་གསུངས་པ་ཡི་དྲི་བའི་ལན། །བསླབ་གནས་འབོགས་པའི་ཚིག་ནི། །གཞི་ཀུན་ཡོད་པར་སྨྲ་བ་ཡི། །འདུལ་བ་ལུང་ལས་མ་གསུངས་ཤིང་། །འདུལ་

བའི་ཕྱོགས་ཀྱི་འགྲེལ་པ་རྣམས། །གང་དུའང་མ་བཤད་གནས་འཛོག་གི། །མདོ་ལས་གསུངས་པ་དེ་ཉིད་ཡིན། །ལུང་ལས་མགོན་མེད་ཟས་སྦྱིན་གྱིས། །བསྙེན་གནས་འབོགས་པར་གསུངས་པ་ནི། །སྟོན་ཆོག་ཡིན་ཞེས་ལ་ལ་བཞེད། །དུད་འགྲོ་སོ་སོར་ཐར་པ་ཡིས། །སྡོམ་པའི་རྟེན་དུ་ཁས་ལེན་པའི། །ཉན་ཐོས་སྡེ་པ་ཡོད་དམ་ཅི། །མདོ་སྡེ་པ་རྣམས་བསྙེན་གནས་ཀྱི། །ཇི་ལྟར་འདོད་ཚེ་ལེན་ཞེས་པ། །དུས་གཅིག་སྐབས་སུ་ལེན་ནམ་ཅི། །ཟས་ཟོས་ནས་ཀྱང་ལེན་ཞེས་པ། །དེ་ཡི་དོན་དུ་ཁས་ལེན་ན། །དེ་འདྲ་བྱེ་བྲག་སྨྲ་བ་ཡིས། །ནངས་པར་གཞན་ལ་ནོད་ཅེས་པའི། །དམིགས་བསལ་ཡིན་ཕྱིར་སྐབས་ཀྱིས་ནི། །ཚོད་པའི་ལན་དུ་འགྱུར་བ་མེད། །བསྙེན་གནས་དུས་གཅིག་ལེན་པ་དེ། །མདོ་སྡེའི་གཞུང་ལུགས་གང་ན་ཡོད། །

ཅེས་པའི་ལན་ཡང་བཤད་པར་བྱ། །བཅོམ་ལྡན་འདས་ཀྱི་ཀླུ་ལ་སོགས། །དུད་འགྲོ་རྣམས་ལ་བསྙེན་གནས་ཀྱི། །སྡོམ་པ་འབོགས་པར་གསུངས་པ་དང་། །རི་བོང་སྐྱེས་པའི་རབས་ལས་ཀྱང་། །དཀྱིལ་འཁོར་ཡོངས་སུ་མ་རྫོགས་པར། །བཟང་པོ་འདི་ནི་ཚོད་པ་བཞིན། །དགེ་བ་རྣམས་ལ་གསོ་སྦྱོང་ནི། །སྤྲོ་བའི་བླ་བ་འདི་སྟོན་ཏོ༔ ༔ཞེས་པར་བྱུང་སྲས་རི་བོང་གི། །སྲམ་དང་སྤྲེའུ་དང་ལྕེ་སྤྱང་གི། །འཁོར་གྱི་དུད་འགྲོ་རྣམས་ལ་ཡང་། །བསྙེན་གནས་འབོགས་པར་གསུངས་པ་ལྟར། །མདོ་སྡེའི་རྗེས་སུ་འབྲང་བ་ལྟར། །མདོ་སྡེ་པ་ཞེས་བཤད་ན་ཡང་། །ལུང་དེའི་དགོངས་པར་འགལ་བ་མེད། །འོན་ཀྱང་ཤེས་བྱེད་འདི་ཡིན་ཏེ། །བསྙེན་གནས་སྡོམ་པ་གཏོང་བའི་རྒྱུ། །ཉི་མ་ཤར་དང་བསམ་པ་ཉམས། །མ་ཤར་གོང་དུ་ཤི་བ་གསུམ། །ཡོག་ལྟ་སྐྱེས་དང་ཕུལ་བ་གཉིས། །བསམ་པ་ཉམས་པས་བསྡུ་བ་དང་། །ཟ་མ་མ་ནིང་འགྲོ་བ་གཞན། །བསྙེན་གནས་སྐྱེ་བའི་རྟེན་དུ་རུང་། །ཞེས་པ་བསྡུ་༼དཔྱད༽བའི་གཞུང་ལས་འབྱུང་། །ཉན་ཐོས་སྡེ་པ་རྣམ་གཉིས་ལའང་། །ལེན་པའི་དུས་ལ་ཁྱད་པར་ཆེ། །བྱེ་སྨྲའི་ལུགས་ཀྱི་རྟེན་ལ་ནི། །བསྙེན་གནས་ཡན་ལག་བརྒྱད་པོ་དེ། །རྟག་ཏུ་བསྲུང་བར་ཁས་བླངས་དང་། །ཁས་མ་བླངས་པ་རྣམ་པ་གཉིས། །གཉིས་ལས་ཉི་མ་མ་ཤར་གོང་། །ལེན་གྱི་དེ་ལས་གཞན་དུ་ན། །བསྙེན་གནས་སྐྱེ་བོ་ག་ལ་ཡོད། །རྟེན་གྱི་གང་ཟག་དང་པོས་ནི། །ཟས་ཟོས་ནས་ཀྱང་ནོད་པར་བཤད། །སྐྱེ་དང་མི་སྐྱེའི་རྒྱུ་མཚན་ཡང་། །བསྙེན་གནས་རང་འགྲེལ་དུ། གང་གིས་ཚེས་བརྒྱད་ལ་རྟག་ཏུའང་བསྙེན་གནས་ལ་གནས་པར་བྱའོ། །ཞེས་སྔོན་ཡང་དག་པར་བླངས་པ་བྱས་པ་དེས་ནི་ཟས་ཟོས་ཀྱང་ནོད་པར་བྱའོ། །གཞན་ལས་ནོད་པར་བྱ་ཡི་བདག་ཉིད་ལས་ནི་མ་ཡིན་ཏེ། གཞན་ལ་ལྟོས་པས་ནི་རྐྱེན་ཡོད་ཀྱང་མི་འདའ་བར་བྱ་བའི་ཕྱིར་རོ། །ཞེས་པས་རྟག་ཏུ་བསྲུང་བར་ཁས་མ་བླངས་པར་མི་སྐྱེ་བར་བསྟན་ཏོ། །སྐྱེ་བར་ག་ལ་ཡོད། །རྟེན་གྱི་གང་ཟག་དང་པོས་ནི། །ཟས་ཟོས་ནས་ཀྱང་ནོད་པར་བྱ། །སྐྱེ་དང་མི་སྐྱེའི་རྒྱུ་མཚན་ཡང་། །བསྙེན་གནས་ཡན་ལག་ཚང་བར་ནི། ནང་པར་གཞན་ལས་ནོད་པར་བྱ། །ཞེས་པའི་རྩ་འགྲེལ

དག་ལས་སོ། །དེ་ལྟར་སྤྱིར་བཏང་དམིགས་བསལ་གཉིས། །རྒྱ་འགྲེལ་དེ་ཡི་དགོངས་པར་གསལ། །མདོ་སྡེ་པ་ཡི་བསྙེན་གནས་ཀྱི། །དུས་ལ་ངེས་བཟུང་བཤད་པ་མེད། །དེ་ཕྱིར་མཚན་མོ་སོགས་ལའང་རུང་། །དགེ་བསྙེན་སྡོམ་པའི་བཤད་པ་ཡི། །གཞུང་ལས་བསྙེན་གནས་སྡོམ་པ་ནི། །ཉིན་མོ་ཙམ་ནི་བླང་འདོད་ན། །དུས་འདི་ནས་ནི་བཟུང་ནས་སུ། །ཉི་མ་ནུབ་པའི་བར་དག་ཏུ། །ཞེས་པས་དུས་ཚོད་བཅད་བྱའོ། །ཞེས་བཅད་པ་བཞིན་མཚན་མོའི་དུས། །བསྙེན་གནས་སྡོམ་པ་ལེན་ན་ཡང་། །དུས་འདི་ནས་ནི་བཟུང་ནས་སུ། །ཇི་སྲིད་ནམ་ནི་མ་ལངས་བར། །ཞེས་གསུངས་པ་ནི་འཐད་པ་ཡི། །དེས་ཙམ་ཡིན་པར་ཤེས་དགོས་སོ། །འཕགས་པ་ཀ་ཏྱ་ཡ་ནས་ཀྱང་། །ཤན་པ་ལ་སོགས་རྗེན་དམན་ལ། །ཉིན་མཚན་བསྙེན་གནས་ཕོག་པར་བཤད། །དེ་ཡང་མདོ་སྡེ་པ་དང་མཐུན། །སེན་རིངས་ཀྱིས་ཞུ་མདོ་སྡེ་ལས། །གོ་མིའི་དགེ་བསྙེན་གསལ་བར་གསུངས། །བསྙེན་གནས་ཡན་ལག་བརྒྱད་གང་ཡིན། །ཇི་སྲིད་འཚོ་བར་བླངས་གྱུར་པ། །གོ་མིའི་དགེ་བསྙེན་ཞེས་པ་ཡང་། །ས་སྐྱོན་སྡེ་པས་འདོད་པ་ནི། །མཁས་པ་རྣམས་ལ་རབ་ཏུ་གྲགས། །ས་སྐྱོན་སྡེ་དང་དཔེ་སྐྱོན་དང་། །མདོ་སྡེ་པ་གསུམ་དོན་གཅིག་ཚུལ། །འཐད་པར་འགྱུར་པ་ལས་ཤེས་སོ། །ཐམས་ཅད་ཡོད་སྨྲའི་སྡེ་པ་རྣམས། །ཡོན་ཏན་འོད་དང་མཐུན་པ་ཡི། ངེས་པ་མཁས་རྣམས་མི་བཞེད་དེ། །གོ་མིའི་དགེ་བསྙེན་ཚིག་བཅས། །ས་སྐྱོན་སྡེ་པས་འདོད་པ་དང་། །དགེ་བསྙེན་སྡོམ་པ་སྦྱིན་པ་ལ། །སྐྱབས་འགྲོ་ཉིད་ཀྱིས་དགེ་བསྙེན་དུ། །འགྱུར་ཞེས་ཉི་འོག་པ་རྣམས་འདོད། །

ཁ་ཆེ་བ་རྣམས་དགེ་བསྙེན་གྱི། །སྡོམ་པ་མ་མནོས་དེ་སྲིད་དུ། །དགེ་བསྙེན་དུ་ནི་འགྱུར་མི་སྲིད། །དགེ་སློང་སྡོམ་པ་མ་མནོས་པར། །དགེ་སློང་འགྱུར་བ་མ་ཡིན་བཞིན། །དེ་ལ་ས་སྐྱོན་སྡེ་པས་ནི། །དཔེ་དོན་མི་མཚུངས་དགེ་བསྙེན་ནི། །སྡོམ་པ་མེད་ཀྱང་དགེ་བསྙེན་འགྱུར། །སྐྱབས་གསུམ་འཛིན་པའི་དགེ་བསྙེན་བཞིན། །དེ་ལྟར་སྐྱབས་གསུམ་འཛིན་པ་ཡིས། །དགེ་བསྙེན་འདོད་དང་མི་འདོད་པ། །རྣམ་དབྱེ་སོ་སོར་ཤེས་དགོས་སོ། །གྲུབ་མཐའི་འདོད་ཚུལ་མདོ་ཙམ་ཞིག །བརྗོད་པར་བྱ་སྟེ་ཤེས་ལྡན་དག །ཉོན་པར་བྱའོ་ཁྱད་པར་གཞི། །གང་གང་ཟག་གིས་དུས་ཇི་སྲིད་རྟེན་གང་ཡུལ་གང་གི། །ཡུལ་གང་ལས་འདོད་དང་སྤྲ་རིམ་བཞིན། །སྤྱོད་ལམ་མ་གུས་པ་རྣམས་ལ། །སྡོམ་པ་སྐྱེ་བ་མི་སྲིད་པས། །ནད་པ་མ་གཏོགས་སྨན་དམའ་བར། །ཙོག་ཙོག་པོའམ་པུས་བཙུགས་ཏེ། །འདུག་ནས་ལག་པ་ཐལ་མོ་སྦྱར། །ནད་པས་ཚར་གཅིག་རྒྱུགས་མི་སྐྱེད། །ནད་པ་མ་གཏོགས་རྒྱུན་སར་པས། །མི་བརྒྱུན་ངག་གི་སྤྱོད་ལམ་ནི། །སློབ་དཔོན་སྨྲ་བའི་རྗེས་སུ་བཟླས། །སྔར་དང་ཁ་མཉམ་སྨྲས་པས་ནི། །འབོགས་དང་ནོད་པའི་དོན་མེད་པས། །གཞན་ལས་ནོད་པར་མི་འགྱུར་རོ། །དུས་གང་གི་ཚེ་ནི་ནང་པར་ནམ་ལངས་ནས། །ཉི་མ་མ་ཤར་བར་དུ་ཡིན། །ངོ་བོ་ཡན་ལག་མ་ཚང་ན། །བར་མར་འགྱུར་བས་བསྙེན་གནས་ཀྱི། །སྡོམ་པ་སྲོག་

གཙོད་སྤྱོང་བ་སོགས། །ཡན་ལག་བརྒྱད་པོ་ཚང་ནོད་པར་བྱ། །སྤྱོང་རྣམས་ཕན་ཚུན་རག་ལས་ཕྱིར། །ཞེས་ནི་གང་བ་སྤེལ་གྱིས་བཤད། །དེ་ཡང་ཉི་མ་མ་ཤར་ཞིང་། །ཟས་ཀྱང་མ་ཟོས་གོང་དུ་ནི། །ཡུལ་གཞན་ལས་ནི་ནོད་པར་བྱ། །གཞན་ཡང་དགེ་སློང་ལས་ལེན་པར། །དམ་ཆོས་འདུལ་བའི་ལུགས་ཡིན་ནོ། །དུས་ཀྱི་མཐའ་ནི་རྣམ་གཉིས་ཏེ། །ཞག་དང་ཉིན་ཞག་ཕྱེ་མ་དང་། །ཕྱི་མ་རིམ་བཞིན་ཡང་དག་བླངས། །གལ་ཏེ་ཤི་བའི་འོག་རོལ་ཏུ། །ལུས་སྐལ་མི་འདྲ་ཉིད་ཕྱིར་དང་། །དེས་ཀྱང་སྦྱོར་བ་མ་བྱས་དང་། །བླངས་པ་མི་དྲན་ཕྱིར་ན་སྡོམ་མི་སྐྱེ། །རིགས་ནི་ཉིན་ཞག་ཐོག་ཏུ་ནི། །བསྙེན་གནས་མི་སྐྱེ་རྒྱུ་མཚན་ཅི་ཡོད། །ཞེ་ན་མདོ་ལས་ཉིན་ཞག་པ། །ཁོ་ནར་བསྟན་པས་ཉིན་ཞག་གི། །ཚེ་ཕྱི་མ་འོག་ཏུ་སྐྱེ་ལ་གེགས་བྱེད་ནི། །ཡོད་པར་ཐེ་ཚོམ་ག་ལ་ཡོད། །འོན་རྫོགས་པའི་སངས་རྒྱས་ཀྱིས། །ཉིན་ཞག་འོག་ཏུ་བསྙེན་གནས་ཀྱི། །སྡོམ་པ་མི་སྐྱེ་གཟིགས་པས་ན། །ཉིན་ཞག་པ་ཡིས་བསྙེན་གནས་བསྟན། །འོན་ཏེ་དབང་པོ་གདུལ་དཀའ་བ། །ཞག་གྲངས་བསྟུང་བར་མི་ནུས་པ། །རྣམས་ཀྱི་ཆེད་དུ་བསྟན་པ་གང་། །ཞེ་ན་སློབ་དཔོན་འདུས་བཟང་གིས། །དེ་ཡི་རྒྱུ་མཚན་བརྟག་མི་ནུས། །འདུལ་བའི་དོན་རྣམས་ཀུན་མཁྱེན་གྱིས། །མཁྱེན་གྱི་རྟོགས་གེས་ག་ལ་ནུས། །བཤད་པའི་སྡོམ་པ་དེ་དག་ལས། །ཁ་ཅིག་ཚོགས་ཀྱི་ནང་དུ་ཡང་། །གསོལ་བཞིའི་ལས་ཀྱིས་ཐོབ་པ་དང་། །ཁ་ཅིག་གང་ཟག་རེ་རེ་ལ། །གསོལ་བ་ཙམ་གྱིས་ཐོབ་པ་འདི། །རྒྱུ་མཚན་བཙལ་བར་ག་ལ་ནུས། །དབང་པོ་གདུལ་དཀའ་བ་རྣམས་ལ། །ལྷོས་པའི་རིགས་པའང་མ་ཡིན་ཏེ། །ཆོས་འདུལ་དཀའ་ལ་ཡུད་ཙམ་དང་། །གཞན་དུ་དོན་ཞགས་རྒྱས་པའི་རྒྱུད་ཀྱི་གླིང་བཞིའི་གླིང་བཞིའི་གནས་སྐབས་སུ། །དགེ་སློང་དགེ་འདུན་བརྒྱད་སྟོང་ནི། །སར་བགྱིད་བཤད་པའང་དགེ་སློང་མིན་པར་འགྱུར། །

དེ་ཡང་རྒྱུད་ལས་འདི་སྐད་དུ། །བཅོམ་ལྡན་འདས་གལ་ཏེ་འཁོར་བཞི་འམ། །རིགས་བཞི་དག་ལས་གང་དག་སྒྲུ་དང་གཡོས། །བདག་གི་དོན་ཡོད་པའི་ཞགས་པ་ཡི། །སྙིང་པོ་འདི་ནི་མཉན་པར་བགྱིད། །འཛིན་པར་བགྱི་དང་འཆང་བར་བགྱི་དང་ཀློག་པར་བགྱི་དང་། །འདྲི་དང་བར་བགྱི་འདྲིར་འཇུག་ཀུན་ཆུབ་པར་བགྱིད། །སེམས་ཅན་དན་ལའང་སྒྲོགས་པར་བགྱིད། །ཐ་ན་དུད་འགྲོ་སྐྱེ་གནས་སུ། །རྟོགས་པ་རྣམ་ཀྱི་རྣ་ཁུང་དུ། །གདད་དེ་རྣ་བར་བཟླས་བརྗོད་བགྱིད་ལ། །རྡོ་རྗེའི་ཚིག་རྣམས་སེམས་པར་བགྱིད་དེ། །སྐྱུར་བ་མ་མཆིས་པ་དང་གཟུགས་མ་མཆིས་པ་དང་། །རྣམ་པར་མི་རྟོག་པ་དང་ཀུན་མ་འབྱུང་བ་མ་མཆིས་པ་དང་། །རིང་དུ་འགྲོ་བ་མ་མཆིས་པ་དང་། །བགྱིད་པ་མ་མཆིས་པ་དང་གསོབ་མ་མཆིས་པ་དང་། །སེམས་མཉམ་པ་ཉིད་དང་མ་བྲལ་དང་། །ཕུང་པོ་ལྔ་དང་བྲལ་བ་སྟེ། །རྣལ་འབྱོར་འདི་ཡིས་སངས་རྒྱས་རྗེས་སུ་དྲན། །བས་པར་བགྱིད་ན་དེ་ལ་ནི། །ཕྱོགས་བཅུ་ནས་སངས་རྒྱས་སྟོང་ཞལ་སྟོན་པར་མཛད་པར་འགྱུར་ཞིང་། །ནོངས་པ་ཆགས་པ་འགྱུར་བ་ལ་སོགས་པས། །རྒྱས་པར་སྨྲ་རོ་གླེགས་བམ་དུ། །བགྱིས་

ཧེ་ཁྲིམ་དུ་འཆང་བར་བགྱིད་དམ། །ཧྲེ་དཔོན་གྱིས་སྒྲག་པས་སམ་བཞིན་རོར་རམ། །བཞད་གད་ཙམ་གྱིས་རྒྱུ་ཡིས་ནི༑ །ཉན་པར་བགྱིད་ན་བཅོམ་ལྡན་འདས། །མཁས་པས་འཕགས་པ་སྤྱན་རས་གཟིགས། །དབང་ཕྱུག་གིས་མཐུས་དེ་དག་གི། །རྣ་ཁུང་དེ་སྒྲ་དེ་གྲགས་པ། །ལགས་པར་འཚལ་བ་བགྱིས་ལ་སོགས། །རྒྱ་ཆེར་འབྱུང་ཞིང་བཅོམ་ལྡན་འདས། །གང་ཡང་རིགས་ཀྱི་བུ་འམ་རིགས་ཀྱི་བུ་མོ། །དགེ་སློང་ཕའམ་དགེ་སློང་མའམ། །དགེ་བསྙེན་ཕའམ་དགེ་བསྙེན་མ། །དེ་ལས་གཞན་པའི་སེམས་ཅན་སུ་ཡང་རུང་བས། དོན་ཡོད་ཞགས་པའི་སྙིང་པོའི་ཆེད་དུ་ནི། །ཡར་གྱི་ངོ་ཡི་ཚེས་བརྒྱད་ལ། །བསྙུང་བར་བགྱིས་ཏེ་གཞན་མི་སྨྲ་བར། །དོན་ཡོད་ཞགས་པའི་སྙིང་པོ་ལན་བདུན་བཟླས་བརྗོད་བགྱི་ན། །བཅོམ་ལྡན་འདས་དེས་ཚེ་འདི་ཉིད་ལ། །ཕན་ཡོན་ཉི་ཤུ་རྩ་གཅིག་ཐོབ་པར་འགྱུར་ཏེ་ཉི་ཤུ་རྩ་གཅིག་གང་ཞེ་ན་འདི་ལྟ་སྟེ། །ལུས་ལ་ནད་རྣམས་མི་འབྱུང་ཞིང་། །ལས་ཀྱི་དབང་གིས་ནད་བྱུང་ཡང་། །མྱུར་དུ་ཞི་ཞིང་ལུས་མདངས་ལྡན། །སྐྱེ་བོ་མང་པོའི་སྙིང་སྡུག་ཅིང་། །དབང་པོ་སྲུས་པར་འགྱུར་བ་དང་། །དེ་ཡི་དོན་རྣམས་འགྲུབ་པར་འགྱུར། །དེ་ཡི་དོན་གྲུབ་པ་ཡང་ཚོམ་རྐུན་གྱིས་མི་ཁྱེར། །ཞུགས་ཀྱིས་མི་ཚིག་ཆབ་ཀྱིས་མི་འཚལ། །རྒྱལ་པོའི་མཐུ་ཡིས་དབྲོག་པར་ཡང་། །རྫོ་མི་ཐོགས་པར་འགྱུར་བ་དང་། །དེའི་ལས་ལས་ཀྱིས་མཐའ་རྣམས་རྒྱས་པ་དང་བར་འགྱུར། །སེར་བ་མ་ལགས་འབྱུང་མི་འགྱུར། །དུག་གིས་འགུམ་པར་མི་འགྱུར་དང་། །དེ་ལ་ལྷ་རྣམས་བསྲུང་བ་དང་། །སྐྱོབ་དང་སྲིད་ཕྱིར་གནས་པར་འགྱུར། །གང་དང་གང་དུ་སྐྱེ་བར་འགྱུར་རམ། །བྱམས་པའི་སྙིང་རྗེ་དགའ་བ་དང་། །བཏང་སྙོམས་རྣམས་དང་བྲལ་མི་འགྱུར། །ཞེས་སོགས་ཕན་ཡོན་ཉེར་གཅིག་པོ། །གཞན་ཡང་ཚེས་བརྒྱད་༼དཔྱད།༽འགུམ་པའི་དུས་སུ་འཕགས་པ་སྤྱན་རས་གཟིགས་དབང་ཕྱུག་དགེ་སློང་གི་གཟུགས་སུ་མངོན་སུམ་དུ་ཞལ་སྟོན་པར་འགྱུར་རོ། །འདི་བར་འཆི་བའི་དུས་བགྱིད་པར་མི་འགྱུར་རོ། །ལྟ་བ་འཁྲུག་པར་མི་བགྱིད་དོ། །ལག་པ་མི་གཡོབ་པ་དང་། རྐང་པ་མི་གཡོབ་པ་དང་། བཤང་ཅི་མ་མཆིས་པ་དང་། ཁྲིའི་སྟེང་དུ་འཆི་བའི་དུས་བགྱིད་པར་འགྱུར་རོ། །བསྟན་པ་ཤིན་ཏུ་ཉེ་བར་གནས་པར་འགྱུར་རོ། །ཁ་བུབ་ཏུ་འཆི་བའི་དུས་བགྱིད་པར་མི་འགྱུར་རོ། །འགུམ་པའི་དུས་ན་ཡང་འོས་པ་མི་འོས་པར་འགྱུར་རོ། །དེ་ཡང་སངས་རྒྱས་ཀྱི་ཞིང་གང་དུ་སྨོན་པ་དེར་སྐྱེ་བར་འགྱུར་ཞིང་དགེ་བའི་བཤེས་གཉེན་དང་འབྲལ་བར་མི་འགྱུར་རོ། །ཞེས་སོ། །ཐོབ་པ་གསུངས། །

གཞན་ཡང་དོན་ཞགས་རྟོགས་པ་ལས། །ཆོས་གྲངས་རྒྱ་སྐར་བཟང་པོ་དང་། །ཤིན་ཏུ་བཀྲ་ཤིས་མཆོག་དགེ་ལ། །ལེགས་པར་ཁྲུས་བགྱིས་གོང་གཙང་བགོ། །བྱམས་པའི་སེམས་ལ་མཉམ་པར་བཞག །སེམས་ཅན་ཀུན་ལ་བརྩེ་བ་དང་། །སྙིང་རྗེས་དམ་པས་བརྒྱན་པ་དང་། །དོན་ཡོད་ཞགས་པ་རིགས་སྔགས་ཆེ། །གྲུབ་པ་བླ་མེད་ཚོགས་འི་རྒྱལ། །བཀླགས་པས་ལས་རྣམས་ཐམས་ཅད་དག །འགྲུབ་པར་བྱེད་དེ་སོམ་ཉི་མེད། །འཇིག་རྟེན་བླ་མའི་སྙིང་པོ་དག །དེ་བཞིན་གང་དག་རྟག་བརྗོད་ན། །ལུས་ཅན་རྟག་ཏུ་མཆོག་སྦྱིན་གྱིས། །ཕྱུག་ན་པད་མ

ཏག་ཏུ་འགྱུར། །ཇི་ལྟར་གང་གའི་བྱེ་སྙེད་ཀྱི། །སངས་རྒྱས་བྱེ་བ་ཕྲག་སྟོང་ལ། །བསོད་ནམས་ཕུང་པོ་ཁྲི་ཕྲག་བསྐྱེད། །དགེ་བའི་རྩ་བ་བསོགས་པ་དང་། །སངས་རྒྱས་བྱེ་བ་བགྱིད་པར་འགྱུར། །བསྟུང་བ་བགྱིས་ནས་བཟླས་བརྗོད་བགྱིས། །མཁས་པའི་མིང་གི་བརྗོད་བགྱིས་ན། །དགེ་སློང་ཕ་དང་དགེ་སློང་མ། །དགེ་བསྙེན་ཕོ་མོ་དེ་བཞིན་དུ། །བདེ་བ་ཅན་ལ་མྱུར་དུ་མཆིས། །སྡུག་བསྔལ་མི་ཟད་མྱོང་གྱུར་བའི། །ཉོན་མོངས་པ་ལས་ཐར་བར་འགྱུར། །རྟག་ཏུ་སངས་རྒྱས་བྱང་ཆུབ་དག །མཐོང་བར་འགྱུར་ཏེ་སོམ་ཉི་མེད། །བཅོམ་ལྡན་འདས་འདོར་ན་ལུས་ཀྱི་གདུང་བའམ། སེམས་ཀྱི་གདུང་བའམ། རྨི་ལམ་གྱི་ན་བའི་ལས་དེ་ཡོངས་སུ་བཏུགས་པར་འགྱུར་ན་སེམས་ཅན་དག་ལྷག་པར་དད་པ་རྣམས་ཀྱི་ཡོངས་སུ་བྱུང་བར་འགྱུར་བ་ལྟ་སྨོས་ཀྱི་ཅི་དགོས་འཚལ། ཞེས་པ་དང་། དེ་ནས་དོན་ཡོད་པས་ཞགས་པའི་སྙིང་པོའི་ཚིག་ཇི་ལྟ་བ་བཞིན་དུ་བཟླས་བརྗོད་ཀྱི་ཚིག་བརྗོད་པར་བགྱི། །ཀྱཻ་མཛུབ་མོ་དང་ནི་མཐེ་བོང་དག །རྐྱང་ནས་ཞི་ཞིང་དུལ་བ་ཡི། །ཡིད་ཀྱི་བྱང་སེམས་མཉམ་པར་བཞག །ཏིང་འཛིན་བརྟན་པས་ལུས་མཉམ་པར། །ལེགས་པར་བཞག་སྟེ་ཞི་བ་ལྟས། །ཚིག་གཞན་མི་སླ་བཟླས་བརྗོད་བགྱི། །བཟླས་བརྗོད་ཀྱི་ནི་ལས་བགྱིས་ན། །རིགས་སྔགས་འཆང་བ་དེ་ཉིད་འགྲུབ། །དོན་ཡོད་ཞགས་པའི་གཟུགས་བརྙན་འགྲུབ། །མདུན་དུ་ལྷུ་བའི་དཀྱིལ་འཁོར་བགྱིས། །གྲུ་བཞི་ཁོ་ར་ཁོར་ཡུག་ཏུ། །ཚོན་རྩི་དཀར་པོ་ཞིབ་མོ་ཡིས། །གྲུ་བཞི་ལྷག་མ་ཐིག་གདབ་བོ། །ངོས་བཞི་རྣམས་སུ་སྒོ་བཞི་དག །དབུས་ནས་དངོས་བཞིར་བཤིས་སུ་དབབ། །ཙན་དན་དཀར་པོས་བྲི་བ་ནི། །དཀྱིལ་འཁོར་མཆོག་ལ་པད་མ་དག །འདབ་བརྒྱས་གུར་གུམ་གྱིས་གཏོར་ཅིང་། །པད་མའི་ཟེ་བའི་དཀྱིལ་དག་ཏུ། །མ་ཞོམ་པ་ཡི་བུམ་པ་ནི། །སྤོས་ཆབ་ཀྱིས་ནི་བཀང་བ་ཡི། །ཡུངས་ཀར་ལྷན་པ་བཞག་བར་བགྱི། །ཨ་ག་རུ་ཡི་བདུག་པ་དབུལ། །བུམ་པ་གང་བའང་དགོད་པར་བགྱི། །མེ་ཏོག་སྣ་ཚོགས་བརྒྱན་པར་བགྱི། །མཆོད་ཡོན་སྣོད་དང་བཞི་བཞག་གོ། །

རིགས་སྔགས་འཆང་བ་གཙང་གྱུར་པས། །གཙང་མའི་གོས་ནི་བགོ་བར་བགྱིས། །ལེགས་བཀྲུས་རྣམ་པར་དག་པ་དང་། །གསོ་སྦྱོང་དག་ནི་བླངས་པ་དང་། །དཀར་གསུམ་ཟས་ནི་འཚལ་ནས་སུ། །དུས་གསུམ་དུ་ནི་ཁྲུས་བགྱིའོ། །དུས་གསུམ་བཟླས་བརྗོད་བགྱི་བ་ནི། །དོན་ཡོད་ཞགས་པའི་སྙིང་པོ་དག །དུས་གསུམ་དུ་ཡང་བརྒྱ་རྩ་བརྒྱད། །འཕགས་པའི་འཇིག་རྟེན་དབང་ཕྱུག་གིས། །མངོན་སུམ་དཀྱིལ་མོ་དཀྲུང་བཅས་ཏེ། །བཟླས་བརྗོད་ཕྲག་བརྒྱ་བཅིང་ནས་སུ། །དགེ་བསྙེན་ཕོ་མོ་དེ་བཞིན་དུ། །བགྲང་ཕྲེང་དག་ནི་བླང་བར་བགྱི། །ཞེས་པས་ཆོ་ག་བསྒྲུབ་ཚུལ་བཅས། །གསུངས་ཤིང་དགེ་སློང་ཕ་མ་ཡི། །འདི་ཡིས་གསོ་སྦྱོང་བྱེད་མི་དགོས། །གཞན་ཡང་འདི་ཡི་གསོ་སྦྱོང་ནི། །འདུལ་བའི་ལུགས་ཀྱི་གསོ་སྦྱོང་འགྱུར། །ཉིན་མོ་ཙམ་དང་མཚན་མོ་ཙམ། །སྟོན་པར་ཐལ་བར་འགྱུར་ཕྱིར་དང་། །ཁྱིམ་པ་ཐམས་ཅད་དབང་པོ་ནི། །གདུལ་དཀའ་བར་ཡང་ག་ལ་ངེས། །ཞེས་ཟེར་སློབ

དཔོན་དབྱིག་གཉེན་ནི། །མདོ་ལས་དེ་ལྟར་གསུངས་མོད་ཀྱི། །མདོ་སྡེ་པས་ཀྱང་། བསྙེན་གནས་ལན་གཅིག་བླངས་པས་ཚེས་བརྒྱད་ལ་སོགས་པར་བསྲུང་བའི་ཚེ་སླར་ཡང་ལེན་མི་དགོས་པར་འདོད་པ་མ་ཡིན་གྱི། སངས་རྒྱས་ཀྱི་ཉིན་ཞག་གཅིག་པའི་སྡོམ་པ་ཁོ་ནར་བསྟན་པས། ཉིན་ཞག་ལྔ་པའམ། བཅུ་པའི་བསྙེན་གནས་ཀྱི་སྡོམ་པ་ཡང་དག་པར་བླངས་པའི་ཚེ་ག་མ་གསུངས་པ་དེ་གང་ལ་དགོངས། དེ་འདྲ་མི་སྐྱེ་བ་ཡིན་ནམ་སྙམ་པའི་རིགས་པ་བཀོད་ནས་སྐྱེ་བ་ལ་ཡང་རིགས་པས་མི་གནོད་ལ། འོན་ཀྱང་སངས་རྒྱས་ཀྱིས་མ་གསུངས་པས་བྱེ་སྨྲ་འདོད་པ་ལྟར་འཐད་དོ། །ཞེས་སྟོན་པ་ནི་ཕྱིན་ཆད་པོ་འདི་ལྟ་བུ་ལ་ཡང་མ་བསྟན་པས་བྱེ་བྲག་ཏུ་སྨྲ་བ་རྣམས་ནི་མི་འདོད་དོ། །ཞེས་སོ། །འོན་ཀྱང་ཇི་སྲིད་འཚོ་བ་ལྟར། །ཉིན་ཞག་འོག་ཏུ་བསྙེན་གནས་ཀྱི། །སྡོམ་པ་སྐྱེ་བ་རིགས་པ་དང་། །འགལ་བ་མེད་དོ་ཞེས་གསུངས་སོ། །སོ་ཐར་སྡོམ་པའི་གཏོང་རྒྱུ་ལའང་། །མདོ་སྡེ་པ་དང་ཉི་འོག་པས། །རྩ་ལྟུང་བྱུང་བས་གཏོང་བ་དང་། །གོས་དམར་སྡེ་པས་ཆོས་ནུབ་ན། །བསླབ་པའི་མཚམས་དང་ལས་ཀྱི་མཐའ། །མེད་པར་འགྱུར་བས་དམ་པའི་ཆོས། །ནུབ་ན་གཏོང་བར་འདོད་པ་དང་། །གཞི་ཀུན་ཡོད་པར་སྨྲ་བ་ཡི། །ཁ་ཆེ་བྱེ་བྲག་སྨྲ་བ་ནི། །རྩ་ལྟུང་སོ་ཐར་གཏོང་མི་འདོད། །ས་སྟོན་སྡེ་པ་ཞེས་པ་དང་། །དཔེ་སྟོན་པ་དང་མདོ་སྡེ་པ། །དོན་གཅིག་འོད་སྲུང་སྡེ་བ་དང་། །ཆར་བཟང་འཕེབས་པ་རྣམ་གྲངས་ཡིན། །ཆོས་སྲུང་ཆོས་སྦས་དོན་གཅིག་ཅིང་། །མང་ཐོས་མ་སྟོན་ཞེས་པ་དང་། །གོས་དམར་འཕོ་བར་སྨྲ་བའམ། །བླ་མ་པ་ཡི་སྡེ་པ་གསུམ། །རྣམ་གྲངས་སྔ་མ་གཉིས་ཀྱང་ངོ་། །

རྒྱུར་སྨྲ་མོ་རྒྱུན་ཏ་པ་དང་། །རྣམ་པར་ཕྱེ་སྟེ་སྨྲ་བ་གསུམ། །རྣམ་གྲངས་མང་པོ་བཀུར་བ་དང་། །ཨ་བནྟ་ཀ་ས་ཡི་སྡེ། །ཀུ་རུ་ཀུ་ལླེའི་རི་པ་གསུམ། །རྣམ་གྲངས་ཡིན་པར་རིགས་པར་བྱ། །ས་སྟོན་སྡེ་སོགས་ཡོད་སྨྲ་སྡེ། །དེ་ལྟར་ལུང་ལས་ཇི་སྐད་དུ། །འོད་སྲུང་ས་སྟོན་ཆོས་སྲུང་སྡེ། །མང་ཐོས་གོས་དམར་སློབ་མ་དང་། །རྣམ་པར་ཕྱེ་དང་གཞི་ཀུན་པ། །ཐམས་ཅད་ཡོད་པར་སྨྲ་བ་བདུན། །ཤར་དང་ནུབ་དང་གངས་རིར་གནས། །འདུས་བྱས་རྟག་པར་སྨྲ་བ་དང་། །འཇིག་རྟེན་འདས་སྨྲ་ཕལ་ཆེན་ལྔ། །རྒྱལ་བྱེད་ཚལ་གནས་འཇིགས་མེད་གནས། །གཙུག་ལག་ཁང་ཆེན་གནས་བརྟན་གསུམ། །ས་སྒྲོས་རིས་དང་བསྲུང་བ་པ། གནས་མ་བུ་ཡི་སྡེ་པ་ནི། །ཀུན་གྱིས་བཀུར་བ་རྣམ་པ་གསུམ། །ཞེས་གསུངས་འདི་ལ་ཚད་མ་ཡིན། །སློབ་དཔོན་བྱང་ཆུབ་བཟང་པོ་ཡིས། །ཉིན་དང་མཚན་དུ་བསྙེན་གནས་ཀྱི། །སྡོམ་པ་བརྒྱད་ནི་བླང་འདོད་ན། །ཉི་མ་འཆར་བའི་སྔ་རོལ་ཏུ། །བདག་མིང་འདི་ཞེས་བགྱི་བ་ཡི། །དུས་འདི་ནས་བཟུང་ཇི་སྲིད་དུ། །ཉི་མ་མ་ཤར་དེ་ཡི་བར། །སྲོག་གཅོད་སྤངས་ཏེ་སྲོག་གཅོད་ལས། །སླར་ལྡོག་བགྱི་སོགས་ལན་གསུམ་དུ། །གསུམ་ལ་སྐྱབས་སུ་འགྲོ་བ་ནི་སྔ་མ་བཞིན་ནོ། །ཞེས་པས་སྐྱབས་འགྲོ་གསུམ་གྱི་རྗེས་སུ་བསླབ་པ་ལན་གསུམ་ཁས་བླངས་པའི་རྗེས་ལ་གསོ་སྦྱོང་ཅན་དུ་བདག་སློབ་དཔོན་གྱིས་བཟུང་དུ་གསོལ། ཞེས་བརྗོད

པར་བཤད་དོ། །བརྗོད་དགོས་བཤད་ཅིང་དགེ་བསྙེན་གྱི། །སྡོམ་པ་བརྒྱད་པར་དེ་ཉིད་དང་། །ཆ་འདྲར་བཤད་ལ་ཐེ་བྲག་ཏུ། །གསུམ་ལ་སྐྱབས་འགྲོ་དགེ་བསྙེན་གྱི། །སྡོམ་པ་འབོགས་པའི་སྐབས་བཞིན་བཤད། །དེ་ཡང་རྩ་བའི་སྡེ་པ་ལ། །གསུམ་དུ་ཕྱེ་བའི་ཕལ་ཆེན་གྱི། །ཚིག་ཡིན་པར་མཁས་རྣམས་བཞེད། །ལུགས་དེ་འདུལ་བའི་ཚིག་ཡིན། །ཇི་སྲིད་འཚོ་དང་ཉིན་ཞག་ཏུ། །སྡོམ་པ་ཡང་དག་བླང་བར་བྱ། །ཞེས་པ་སོ་ཐར་རིས་བདུན་པོ། །ཇི་སྲིད་འཚོ་དང་བསྙེན་གནས་ནི། །ཉིན་ཞག་རེ་བར་ངེས་པས་ན། །དེ་རིང་ཟས་མ་ཟོས་པའི་གོང་། །ཉི་མ་ཤར་ནས་བཟུང་སྟེ། །སང་གི་ཉི་མ་མ་ཤར་བར། །ལེན་པར་བྱ་ཡི་གཞན་དུ་མིན། །ཆོ་འཕྲུལ་ཆེན་པོའི་ཟླ་བ་ལ། །རིལ་པོ་བསྙེན་གནས་བསྲུང་འདོད་ཀྱང་། །ནང་རེ་བཞིན་དུ་བླངས་དགོས་ཀྱི། ཟླ་བ་གཅིག་ཏུ་བླང་མི་བཏུབ། །དེས་ན་ཆོ་འཕྲུལ་ཆེན་པོ་ལ། །བསྲུངས་ན་ཆོ་འཕྲུལ་ཆེན་པོ་ཡི། །ཟླ་བའི་ཚེས་རེ་རེ་བཞིན་དུ། །བརྗོད་པར་བྱ་དགོས་གཞན་དུ་ན། །བསྙེན་གནས་སྡོམ་པ་སྐྱེ་བ་མེད། །དེ་ཕྱིར་ད་ལྟའི་ཚིག་ལས། །བདག་ནི་ཇི་སྲིད་འཚོ་བར་དུ། །ཟླ་བ་ཟུང་ངོ་ཅོག་དག་གི། །གཉིས་དང་གནམ་སྟོང་ཚེས་བརྒྱད་ལ། །བསྙེན་གནས་ཡན་ལག་བརྒྱད་པར་ནི། །བཙུན་པས་བཟུང་དུ་གསོལ་ཞེས་པ། །ཡུན་རིང་བར་གྱི་བསྙེན་གནས་རྣམས། །དུས་གཅིག་ལེན་པའི་ལག་ལེན་ནི། །འཁྲུལ་པར་ཟད་ཅིང་མར་མེ་མཛད། །གསུངས་པ་གལ་ཏེ་བདེན་ན་ཡང་། །བསྙེན་གནས་སྡོམ་པ་མི་སྐྱེ་ཡང་། །བསྲུངས་ན་བར་མའི་དགེ་བ་མཆོག །ལེགས་སྤྱད་ཙམ་དུ་འགྱུར་བ་ལས། །དགོངས་ནས་དེ་ལྟར་གསུངས་པར་ངེས། །

དེས་ན་འཕགས་པ་ཐོགས་མེད་ཀྱི། །མ་ནིང་ལ་ནི་དགེ་བསྙེན་གྱི། །སྡོམ་པ་སྐྱེ་བ་མི་སྲིད་ཀྱང་། །བླངས་ནས་བསྲུང་ན་བསོད་ནམས་ནི། །མཉམ་པོར་ཐོབ་པར་བཤད་པ་དང་། །བཅོམ་ལྡན་འདས་ཀྱི་ཀླུ་དང་ནི། །གནོད་སྦྱིན་སོགས་ལ་བསླབ་པ་ཡི། །གཞི་ལྔ་ལེན་དུ་གཞུག་པ་དང་། །སྔོང་ལས་སྐྱེས་ཀླུ་རྣམས་ནི། །ཟླ་བ་ཕྱེད་ཀྱི་ཚེས་བརྒྱད་ནས། །གནས་ནས་བྱུང་ནས་ཡན་ལག་བརྒྱད། །ལྡན་པའི་བསྙེན་གནས་ལ་གནས་སོ། །ཞེས་པ་ལྷ་བུའི་ལེགས་སྤྱད་དང་། །འཕགས་པ་ཀཱ་ཏྱཱ་ཡ་ན་ཡི། །ཤན་པ་བྱེ་བྱེད་པ་རྣམས་ལ། །ཉིན་མཚན་བསྙེན་གནས་ཐོག་པ་ཡང་། །ལེགས་སྤྱད་ཙམ་དུ་འགྱུར་བས་ན། །དོན་དང་ལྡན་པར་བཤད་པས་ན། །མཛོད་འགྲེལ་ལས། དེ་ལས་གཞན་དུ་མནོས་པས་ནི་ལེགས་པར་སྤྱད་པ་ཙམ་དུ་འགྱུར་གྱི་བསྙེན་གནས་ཀྱི་སྡོམ་པ་ནི་མ་ཡིན་ནོ། །དེ་ལྟར་བྱས་ན་ཤན་པ་དང་བྱེ་བྱེད་པ་དག་གི་མཚན་མོ་དང་ཉིན་མོའི་བསྙེན་གནས་དག་ཀྱང་འབྲས་བུ་ཡོད་པར་རུང་ངོ་། །འདིས་དགྲ་བཅོམ་པ་དག་དང་ཉེ་བར་གནས་པར་བྱེད་པས་ན་བསྙེན་གནས་ཏེ། ཞེས་སོ། །འདྲ་བར་དགོངས་ནས་མཛད་པ་ཡིན། ཇོ་བོ་ལ་ནི་འཁྲུལ་པ་མེད། །དེས་ན་བསྙེན་གནས་དུས་གཅིག་ཏུ། །ལེན་པའི་ཚིག་ལུང་ན་མེད། །དེ་ཕྱིར་ནོར་བ་བཅལ་བའི་སྐད། །མཁས་པ་སུ་

ཞིག་ངལ་བར་བྱེད། །དེ་ལྟར་བྱེ་སྨྲའི་བསྙེན་གནས་ནི། །ཉི་མ་མ་ཤར་གོང་ཉིད་དུ། །ཉི་མ་ཤར་དང་སྲོད་ལ་ཡང་། །ལེན་གྱི་གཞན་དུ་མིན་པའི་ཚུལ། །ལན་གཅིག་མིན་པར་བཤད་ཟིན་ཏོ། །

དེས་ཀྱང་གོ་བར་མི་ནུས་ན། །དཔེན་པ་བསྙེན་ལ་སྨྲ་བ་སྤྱོངས། །མདོ་སྡེ་པ་ཡི་བསྙེན་གནས་ནི། །ཉི་མ་ཤར་གོང་དང་ནི། །ཉི་མ་ཤར་དང་སྲོད་ལ་ཡང་། །ལེན་དུ་རུང་བར་སྔར་བཤད་ཟིན། །དེ་ཡང་ཞག་གི་མཐའ་ཅན་གྱི༑ ༑སྡོམ་པ་ཡིན་ཕྱིར་ནངས་པར་གཏོང་། །དེ་ཕྱིར་མདོ་སྡེ་པ་རྣམས་ཀྱིས། །བསྙེན་གནས་ལེན་དུས་ངེས་པ་མེད། །བྱེ་བྲག་སྨྲ་བའི་བསྙེན་གནས་ནི། །ལེན་པའི་དུས་ལ་ངེས་པ་ཅན། །ཤེས་ན་མཁས་པའི་གཞུང་ཉིད་ལས། །མདོ་སྡེ་པ་ཡི་ལུགས་བཞིན་དུ། །ཇི་ལྟར་འདོད་ཚེ་ལེན་ན་ཡང་། །ནངས་པར་ཕན་ཆད་བསྲུང་བ་ཡི། །བསམ་པ་མེད་ཕྱིར་སྡོམ་པ་གཏོང་། །བསྡུས་རྒྱུད་ལས། ཕྱང་པོ་ཉོན་མོངས་པ་ལ་གླུ་རུ་འགྱུར་ཞེས་རྒྱ་ལྟུང་བརྒྱད་པ་འབྱུང་བར་གསུངས་པས་སོ། །དེ་ཡི་ཕྱིར་ན་འབུལ་མི་དགོས། །ཞེས་པའི་དོན་ཡང་གོ་བར་འགྱུར། །དེས་ན་བསྙེན་གནས་དུས་གཅིག་ཏུ། །ལེན་པ་མདོ་སྡེ་ལུགས་ལ་མེད། །མཁས་པ་སུས་ཀྱང་འདི་མི་བཞེད། །ཕྱིས་ཀྱི་མཁས་རློམ་འགའ་ཞིག་གིས། །མཛོད་འགྲེལ་དྲངས་ནས་འདི་བསྒྲུབ་མོད། །དེ་དེ་ལྟར་བརྟག་ག་ལ་ནུས། ཕྱིན་ཆད་སྡོམ་པ་སྐྱེ་བ་ལ་ཡང་རིག་པ་དང་འགལ་ན་མེད་པའི་ཕྱིར་རོ། །འགྲེལ་པའི་དོན་ཡང་བཤད་ཟིན་ལ། །སྤྲོས་པ་གཞན་རྣམས་རེ་ཞིག་བཞག །གསང་སྔགས་ལུགས་ཀྱི་བསྙེན་གནས་ལ། །ཡི་དམ་བསྒོམ་པ་མཆོག་ཡིན་ན། །ལྷ་དེ་བདག་མདུན་གང་ཡིན་བརྟག །བདག་བསྐྱེད་ཡིན་ན་བྱ་རྒྱུད་ཀྱི། །རང་རྐང་བདག་བསྐྱེད་མེད་པ་ཅི། །མདུན་བསྐྱེད་ཡིན་ན་རྣམ་རྒྱལ་སོགས། །མ་བསྐྱེད་གོང་དུ་གསོ་སྦྱོང་གི། །སྡོམ་པ་ལེན་པར་མཛད་དེ་ཅི། །ཞེས་པའི་ལན་ནི་འདི་ལྟར་ལགས། །གསང་སྔགས་པ་ཡི་བསྙེན་གནས་ལ། །ལྷ་སྒོམ་པ་དང་འབྲེལ་བ་དང་། །མ་འབྲེལ་བ་དང་རྣམ་པ་གཉིས། །དང་པོ་མདུན་བསྐྱེད་དང་འབྲེལ་བའི། །གསོ་སྦྱོང་བྱེད་པ་བྱ་རྒྱུད་ལུགས། །དེ་ཡི་ཆོ་ག་ཡང་གསོ་སྦྱོང་ནི། །དངོས་གཞི་ལྷ་ཡི་རྣལ་འབྱོར་གྱི། །སྔོན་འགྲོ་ཡིན་པས་དེ་དང་འབྲེལ། །སྔ་གོན་དངོས་གཞི་འབྲེལ་བ་ཡང་། །རྡོ་རྗེ་ཐེག་པའི་ཁྱད་ཆོས་ཡིན། །རང་ཉིད་བསྒྱུར་བར་གནས་པ་ལ། །བདག་བསྐྱེད་བྱས་ན་རྒྱ་ལྟུང་འབྱུང་། །ཞེས་པ་བླ་མེད་རྒྱུད་ཀྱི་ལུགས། །དགེ་བའི་བཤེས་གཉེན་བྱ་ཡུལ་པས། །ཉི་མ་སྣང་བ་མཐའ་ཡས་དང་། །གནམ་སྟོང་ལ་ནི་སྨན་གྱི་བླ། །ཆོས་བརྒྱད་ཤཱཀྱ་ཐུབ་པ་ཡི། །ལྷ་སྒོམ་ཐ་དད་མ་བྱས་པར། །བསྙེན་གནས་བསྲུང་དུ་མི་འདོད་ཟེར། །དེ་ཉིད་འགོག་ན་གཞུང་ཉིད་ལས། །འདི་ཡང་རེ་ཞིག་བརྟག་པར་བྱ། །བསྙེན་གནས་སོ་སོར་ཐར་པའི་ལུགས། །གཙོ་ཆེར་ཉན་ཐོས་གཞུང་ལུགས་ཡིན། །ཡི་དམ་ལྷ་ཡི་སྒོམ་བཟླས་ནི། །གསང་སྔགས་པ་ཡི་གདམས་ངག་ཡིན། །ཉན་ཐོས་གཞུང་ལས་བཤད་པ་མེད། །དེས་ན་ལྷ་སྒོམ་མ་བྱས་ཀྱང་། །

བསྙེན་གནས་ཉམས་པར་འགྱུར་བ་མེད། །ཅེས་པ་ཉིད་ཀྱི་ཁོངས་པས་ན། །མང་དུ་སྤྲོས་པས་ཅི་ཞིག་བྱ། །
བསྙེན་གནས་སྡོམ་ལ་ལུགས་གཉིས་ཏེ། །ཉན་ཐོས་ལུགས་དང་ཐེག་ཆེན་ལུགས། །དང་པོ་གོང་དུ་བཤད་ཟིན་
ལ༑ ༑ཕྱི་མ་ལ་ཡང་རྣམ་གཉིས་ཏེ། །མདོ་སྡེའི་ལུགས་དང་གསང་སྔགས་ལུགས། །དང་པོ་བསྡུ་བར་བཤད་པ་
སོགས། །སྔར་ནི་ལེགས་པར་བརྗོད་ཟིན་ཏོ། །ཕྱི་མ་དོན་ཞགས་རྒྱུད་ལས་འབྱུང་། །ཁྲིམ་པའི་དགེ་རྩ་སོགས་
པའི་ཐབས། །མཆོག་དང་སྙིབ་པ་སྦྱོང་བའི་ཕྱིར། །གསོ་སྦྱོང་ཡིན་གྱི་བསྙེན་གནས་མིན། །རང་གིས་བླང་བར་
གསུངས་པའི་ཕྱིར། །བསྡུ་བའི་གཞུང་ལས་བསྙེན་གནས་ནི། །རང་གིས་བླང་བར་གསུངས་པས་ན། །མདོ་
སྡེའི་ལུགས་ཀྱི་བསྙེན་གནས་ཀྱང་། །བསྙེན་གནས་ཡིན་པར་འགྱུར་ཞེ་ན། །མདོ་སྡེའི་ལུགས་དང་གསང་
སྔགས་ལུགས། །བསྙེན་གནས་ལ་སོགས་སོ་ཐར་རྣམས། །བཏགས་པ་བ་ཡིན་རྒྱུ་མཚན་བཅས། །ལན་གཅིག་
མིན་པར་བཤད་ཟིན་ཏོ། །

གསང་སྔགས་ལུགས་ཀྱི་དགེ་སློང་དང་། །གསང་སྔགས་པ་ཡི་དགེ་སློང་སོགས། །རྣམ་དབྱེ་ཕྱེད་པ་གལ་
ཆེའོ། །རྣམ་རྒྱལ་དོན་ཞགས་ལ་སོགས་པའི། །ཆོ་ག་བྱེད་པའི་དགེ་ཚུལ་དང་། །དགེ་སློང་དག་གིས་གསོ་སྦྱོང་ནི། །
རང་གི་བླངས་པའི་དགོས་པ་ཅི། །ཞེས་པའི་དྲི་བ་སུ་ལ་འདྲི། །བསྟན་བཅོས་ལས་ནི་འདི་སྐད་དུ། །གསོ་སྦྱོང་
རང་གིས་བླང་བ་སོགས། །ཆོ་ག་སེམས་བསྐྱེད་འདྲ་བར་གསུངས། །ཞེས་པ་ཙམ་ཞིག་བཤད་མོད་ཀྱི། །དགེ་
ཚུལ་ལ་སོགས་གསུངས་པ་མེད། །འོན་ཀྱང་དེ་དོན་བཤད་བྱ་སྟེ། །སྔར་བཤད་པ་བཞིན་བསྙེན་གནས་ལ། །
གཉིས་སུ་ཕྱེ་བའི་དང་པོ་ལ། ཉན་ཐོས་སྡེ་གཉིས་འདོད་ཚུལ་ནི། །བྱེ་བྲག་སྨྲ་བའི་བསྙེན་གནས་ཀྱང་། །དགེ་
སློང་ལས་ལེན་གང་ཟག་ནི། །གླིང་གསུམ་སྐྱེས་པ་བུད་མེད་ལས། །འགྲོ་བ་གཞན་ལ་སྡོམ་པ་བཀག །ཅེས
པས་བྱེ་སྨྲའི་འདོད་ཚུལ་དང་། །མདོ་སྡེ་པ་རྣམས་དུད་འགྲོ་སོགས། །འགྲོ་བ་གཞན་ལའང་སྐྱེ་བར་བཤད། །
བླང་བའི་ཡུལ་ཡང་དགེ་བསྙེན་སོགས། །གང་ཡང་རུང་ལས་བླང་བར་གསུངས། །ཉན་ཐོས་རྣམས་ཀྱི་ཆོ་ག་
ཡང་། །སྐྱབས་སུ་འགྲོ་བའི་ཚུལ་གྱིས་འབོགས། །ཞེས་པས་ཡུལ་དང་རྟེན་གཉིས་ཀ །ཁྱད་པར་སྨོས་ཤིང་ལེན་
ཚུལ་ནི། །སྔ་ཕྱི་གཉིས་ཀ་འང་འདྲ་བར་བསྟན། །འདི་ལ་ལེན་པའི་ཁུངས་ཉིད་ནི། །གནས་འཛོག་གིས་ནི་ཞུས
པའི་མདོ། །ཡིན་གྱི་གཞན་དུ་བསལ་མི་བྱ། །ཐེག་ཆེན་ལུགས་ཀྱི་བསྙེན་གནས་ནི། །སྔ་མ་ཉིད་དང་མི་འདྲ
བར། །ཡུལ་དང་རྟེན་དང་ལེན་ཚུལ་དང་། །དགོས་པའི་ཁྱད་པར་བཞི་གསུངས་ཏེ། །དོན་ཡོད་ཞགས་པའི་རྟོགས
པ་ལས། །བསྙེན་གནས་རང་གི་ལེན་པ་ཡིས། །ཆོ་ག་སེམས་བསྐྱེད་འདྲ་བར་གསུངས། །དེས་ན་ཆོ་ག་ཁྱད་པར
ཡོད། །དེ་ཡང་ཡུལ་ནི་སྐུ་གཟུགས་སོགས། །རྟེན་ནི་དགེ་བསྙེན་ལ་སོགས་དང་། །ལེན་ཚུལ་སྦྱོད་ལམ་ལ་སོགས

པ༑ ༑རྒྱུད་ལས་རྒྱས་པར་འབྱུང་བ་བཞིན། ༑དགོས་པའི་ཕན་ཡོན་རྒྱུད་ཉིད་ལས། ༑བསྐལ་པ་བཞི་ཁྲིའི་བར་དག་ཏུ། ༑འཁོར་བ་ཕྱིར་བསྐྱིལ་ལ་སོགས་པ། ༑ཕན་ཡོན་རྣམ་པ་མང་འབྱུང་ངོ་། ༑འདི་ཡི་དགེ་སློང་ཕ་མ་ཡང་། ། འདུལ་བའི་ལུགས་ཀྱི་དགེ་སློང་ཡིན། ༑འོན་ཀྱང་འདི་ཡི་གསོ་སྦྱོང་ནི། ༑འདུལ་བའི་གསོ་སྦྱོང་མ་ཡིན་ཏེ། ༑སོ་སོར་ཐར་པའི་མདོ་འདོན་པ། ༑རྣམ་པ་ལྔ་པོ་མ་ཡིན་པའི། ༑འདུལ་བའི་ལུགས་ཀྱི་གསོ་སྦྱོང་གི། ༑ཆོ་ག་རྒྱལ་བས་གསུངས་པ་མེད། ༑དེས་ན་གསོ་སྦྱོང་མདོ་སྡེའི་ལུགས། ༑དགེ་སློང་ཕ་མས་བསྒྲུབ་རུང་བའི། ༑དོན་ཞགས་ཆོག་ཡན་ལག་བཅས། ༑བསྙུང་གནས་ཡིན་གྱི་གསོ་སྦྱོང་མིན། ༑གལ་ཏེ་དེ་ལ་འདི་སྐད་དུ། ༑བསྙུང་གནས་བྱས་པ་དེ་ཉིད་ཀྱིས། ༑གསོ་སྦྱོ་བྱ་བར་རྒྱུད་ལས་གསུངས། ༑ཐུགས་རྗེ་ཆེན་པོ་བཅུ་གཅིག་པའི། ༑གཟུངས་ལས་གསོ་སྦྱོང་ཡན་ལག་ཏུ། ༑སྙུང་གནས་བྱེད་པར་གསལ་བར་འབྱུང་། ༑གསོ་སྦྱོང་དང་ནི་མ་འབྲེལ་བའི། ༑བསྙུང་གནས་བྱེད་པའང་མ་གསུངས་སོ། ༑ཞེ་ན་དོན་ཞགས་ཞིབ་མོ་ལས། ༑དགེ་སློང་ཕ་མ་གཉིས་ཀ་ཡི། ༑བསྙུང་གནས་བྱེད་པར་གསུངས་མོད་ཀྱི། ༑གསོ་སྦྱོང་བྱེད་པར་བཤད་པ་མེད། ༑དེ་ཡི་དགེ་སློང་ཕ་མ་ཡང་། ༑མཚན་ཉིད་ལྡན་པར་རྒྱུད་ཀྱི་དགོངས། ༑མདོར་བསྟན་རྩེ་འདུལ་ཆེན་པོ་དང་། ༑རྒྱལ་སྲས་ཐོགས་མེད་ལ་སོགས་པ། ། དམ་པ་རྣམས་ལ་རིམ་པར་བརྒྱུད། ༑ཆོ་ག་དག་དང་མ་དག་པའི། ༑རྣམ་པར་དབྱེ་བ་ལེགས་བརྟགས་པས། ། ལུགས་འདི་མཁས་པས་བླང་བར་བགྱི། ༑དེས་ན་དགེ་བསྙེན་མན་ཆད་ཀྱི། ༑འདི་ཡི་གསོ་སྦྱོང་སྒྲུབ་རུང་ཡང་། ། རབ་བྱུང་རྣམས་ཀྱིས་མ་ཡིན་ནོ། །

རྒྱུད་ལས་གསོ་སྦྱོང་དང་འབྲེལ་བའི། ༑བསྙུང་གནས་བྱེད་པར་གསུངས་པ་ཡང་། ༑དོན་འདི་ཉིད་ལ་དགོངས་པར་གསལ། ༑དགེ་བསྙེན་བཟང་པོས་བསྙེན་གནས་ནི། ༑ཡན་ལག་ཚང་བར་མནོས་པའི་ཚེ། ༑གནང་བཅོས་པ་ཡི་ཚིག་དེ་ཡིས། ༑སྔར་གྱི་སྡོམ་པ་མི་འཇིག་གམ། ༑འདི་ཡང་གཞུང་ལས་བཤད་པ་མེད། ༑འོན་ཀྱང་དེ་ལན་འདི་ལགས་ཏེ། ༑གསུང་རབ་རྣམས་སུ་དགེ་བསྙེན་ནི། ༑རྣམ་པ་བདུན་ཞིག་བཤད་པ་སྟང་། ༑སྐྱབས་གསུམ་འཛིན་པའི་དགེ་བསྙེན་ནི། ༑ཉི་འོག་པ་དང་མདོ་སྡེ་པས། ༑འདོད་ཚུལ་སྟར་བཤད་བླ་གྲགས་ཀྱི། ༑གསུམ་ལ་སྐྱབས་འགྲོའི་དགེ་བསྙེན་ནི། ༑དེ་ནི་སྡོམ་བརྒྱད་རྩ་བ་ཡིན། ༑ཞེས་དང་མིང་ཆེན་གྱིས་ཞུས་པར། ༑གཅིག་བསྲུངས་པས་ན་སྣ་གཅིག་དང་། ༑གཅིག་བསྲུངས་པས་ན་ཕྱོགས་གཅིག་དང་། ༑གསུམ་མམ་བཞི་བསྲུངས་ཕལ་ཆེ་དང་། ༑ལྔ་བསྲུངས་ཡོངས་རྫོགས་སྤྱོད་པ་ཡི། ༑དགེ་བསྙེན་བཞི་དང་རྒྱུན་སྟང་ལས། ༑སྐྱབས་གསུམ་འཛིན་པའི་དགེ་བསྙེན་དང་། ༑བསླབ་པའི་གཞི་ལྔ་ཡོངས་འཛིན་པའི། ༑དགེ་བསྙེན་གཉིས་བཤད་འདུལ་བ་ལས། ། འདུལ་བའི་མདོ་ཡོངས་རྫོགས་དགེ་བསྙེན་གཅིག་ཉིད་གསུངས། ༑འདུལ་བ་ལུང་རྣམ་འབྱེད་ལས་ལྔ་པ་ཚངས་པར་སྤྱོད་པའི་

བསླབ་པའི་གཞི་དག་ལོངས་ཤིག་ཅེས་སོ་དྲུ་ཚངས་སྤྱོད་ཀྱི། །དགེ་བསྙེན་གསུངས་ཤིང་སེན་རིངས་ཀྱིས། །ཞུས་པར་གོ་མིའི་དགེ་བསྙེན་བཤད། །དགེ་བསྙེན་སྡོམ་བརྒྱད་རྒྱ་འགྲེལ་ཏུ། །གོ་མིའི་དགེ་བསྙེན་ཚིག་བཅས། །བཤད་ཅིང་མདོ་སྡེ་པ་རྣམས་ཀྱི། །འདོད་པའི་ཚུལ་ཡང་སྔར་བཤད་ཟིན། །ཡོངས་རྫོགས་ཚངས་སྤྱོད་དགེ་བསྙེན་གྱི། །ཁྱད་པར་ལོག་གཡེམ་སྤོང་བ་དང་། །མི་ཚངས་སྤྱོད་པ་རིལ་པོ་སྤོངས། །ཡན་ལག་གཞན་རྣམས་ཐུན་མོང་ཡིན། །དེས་ན་བསྙེན་གནས་སྡོམ་པ་ནི། །ཇི་སྐད་བཤད་པའི་དགེ་བསྙེན་གྱི། །གསོ་སྦྱོང་ཡིན་ཏེ་དེ་རྣམས་ཀྱི། །དགེ་རྒྱ་གསོ་ཞིང་སྡིག་པ་སྤོངས། །དེ་ཕྱིར་དགེ་བསྙེན་རྣམས་ཀྱིས་ཀྱང་། །ཆོས་བརྒྱད་སོགས་ལ་རྟག་ཏུ་ནི། །བསྲུང་དགོས་དགེ་བསྙེན་གྱི་གསོ་སྦྱོང་། །ཡིན་ཕྱིར་གསོ་སྦྱོང་ཅེས་གསུངས་སོ། །

དགེ་བསྙེན་མིན་ལ་མི་སྐྱེ་འམ། །ཞེ་ན་མཛོད་ལས་འདི་སྐད་འབྱུང་། །གཞན་ལའང་བསྙེན་གནས་ཡོད་མོད་ཀྱི། །སྐྱབས་སུ་མ་སོང་བ་ལ་མེད། །དགེ་བསྙེན་མིན་པ་གཞན་གྱིས་ཀྱང་། །དཀོན་མཆོག་གསུམ་ལ་སྐྱབས་སོང་ནས། །བསྙེན་གནས་སྡོམ་པ་འདོད་ན་སྐྱེ། །གལ་ཏེ་སྐྱབས་སུ་མ་སོང་ན། །བསྙེན་གནས་སྡོམ་པ་སྐྱེ་བ་མེད། །ཅེས་པ་ལུང་དེའི་དོན་ཡིན་ནོ། །མཛོད་ཀྱི་འགྲེལ་པར་འདི་སྐད་དུ། །མི་ཤེས་པ་ན་མ་གཏོགས་སོ། །ཞེས་གསུངས་པ་ལ་འདོད་ཚུལ་མང་། །དེས་ན་དགེ་ཚུལ་ལ་སོགས་ཀྱིས། །བསྙེན་གནས་སྡོམ་པ་བླངས་ནའང་། །མི་སྐྱེ་བ་དང་སྔར་ཡོད་ཀྱི། །སྡོམ་པ་གཏོང་བར་མི་འགྱུར་ཏེ། །དེ་གཉིས་འགལ་བ་མིན་ཕྱིར་རོ་རིག་པ་འདི་ཡང་མཛོད་འགྲེལ་ལུགས། །དེ་ལྟ་མིན་ན་འདུལ་བ་ལས། །བསླབ་པ་ཉམས་པ་ལ་སོགས་པ། །གཏོང་རྒྱུ་མང་དུ་གསུངས་པ་ཡི། །གང་དུ་འདུ་བར་སྨྲ་དགོས་སོ། །བསླབ་པ་ཕུལ་བས་བསྡུས་ཞེ་ན། །འབུལ་འདོད་མེད་ཕྱིར་དེ་ཡང་མིན། །འབུལ་འདོད་མེད་པས་དཀོན་མཆོག་གསུམ། །བསམ་པ་ཐག་པས་ཕུལ་ན་ཡང་། །བསླབ་པ་ཕུལ་བར་མི་འགྱུར་ཏེ། །དགེ་འདུན་ལྷག་མར་གསུངས་ཕྱིར་རོ། །དེ་ཕྱིར་མ་ངེས་པ་ཡང་མིན། །དེས་ན་བསྙེན་གནས་བླངས་པ་ཡི། །དགེ་བསྙེན་དགེ་ཚུལ་ལ་སོགས་པ། །གཏོང་བར་ཚད་ལྡན་གཞུང་འགྲེལ་གྱིས། །བཤད་པ་མེད་ཅིང་རིགས་པས་གནོད། །ཁ་ཆེ་བྱེ་སྨྲའི་ལུགས་ལ་ཡང་། །བསྙེན་གནས་སྡོམ་པ་ལྡན་པ་ཡི། །དགེ་བསྙེན་མོ་གཤམ་བུ་བཞིན་དུ། །མེད་པར་འགྱུར་ཏེ་སྲོག་གཅོད་སོགས། །བཞི་པོ་སྤོང་བའི་དགེ་བསྙེན་གྱི། །སྡོམ་པ་མེད་པའི་དགེ་བསྙེན་ཡང་། །རི་བོང་རྭ་དང་མཚུངས་ཕྱིར་རོ། །དེ་ཡང་མཛོད་ལས་ཇི་སྐད་དུ། །དགེ་བསྙེན་ཉིད་དུ་ཁས་བླངས་པས། །སྡོམ་པ་བསྟན་པ་དགེ་སློང་བཞིན། །སྣ་གཅིག་སྤྱོད་སོགས་ཇི་ལྟ་བུ། །དེ་བསྲུངས་པ་ལ་གསུངས་ཞེས་གྲགས། །ཞེས་བཤད་པ་ལས་གྲུབ་པ་ཡིན། །འདོད་ན་སྔར་གྱི་ལུང་དང་འགལ། །ཐུན་མོང་མིན་པའི་སྐྱབས་འགྲོ་བ། །ལྡན་པས་དགེ་བསྙེན་དགེ་ཚུལ་གྱིས། །སྡོམ་པ་ལེན་པས་སྔར་ཡོད་ཀྱི། །

ཐུན་མོང་མིན་པའི་སྐྱབས་འགྲོ་ཡང་། །གཏོང་བར་འགྱུར་ཏེ་དགེ་ཚུལ་གྱི། །ཆོ་གའི་སྐབས་སུ་སྐྱབས་འགྲོ་ནི། །ཇི་སྲིད་འཚོའི་བར་དུ་ཡིན་ཕྱིར་རོ། །

སྡོམ་པ་གསུམ་གྱི་རབ་དབྱེ་ལས། །འདས་པའི་དུས་ན་སྔོན་འབྱུང་བ། །ལང་ཀ་མགྲིན་བཅུ་ཞེས་བྱ་བས། །འབད་པས་དབང་ཕྱུག་ཆེན་པོ་བསྒྲུབས། །ལོ་གྲངས་ས་ཡ་བཅུ་གཉིས་དང་། །ཕྱེད་ཀྱི་ལྷག་པའི་དངོས་གྲུབ་བྱིན། །ཁྲབ་འཇུག་ཕྲག་དོག་གིས་གཟིར་ནས། །མགྲིན་བཅུ་ལ་ནི་འདི་སྐད་སྨྲས། །ཁྱོད་ཀྱིས་འབད་པ་ཆེ་མོད་ཀྱི། །དབང་ཕྱུག་གིས་ནི་དངོས་གྲུབ་ཆུང་། །ད་དུང་སྔར་གྱི་མ་ཡིན་པའི། །ས་ཡ་ཕྲག་ཕྱེད་ཐུབ་པ་སློང་། །མགྲིན་བཅུས་བདེན་པར་བསམ་ནས་ནི། །དབང་ཕྱུག་ལ་ནི་དོན་དེ་ཞུས། །དབང་ཕྱུག་ཆེན་པོས་དེ་བྱིན་པས། །གནད་བཅོས་པ་ཡི་ཚིག་འདི་ཡི། །སྔར་གྱི་དངོས་གྲུབ་ཐམས་ཅད་ཡལ། །གསེར་ཅན་གྱི་ནི་དངོས་གྲུབ་ཀྱང་། །དེ་འདྲའི་ཚུལ་གྱིས་ཉམས་ཞེས་ཐོས། །ཞེས་གསུངས་པ་དང་མི་འདྲ་སྟེ། །དེ་ལ་སྔར་གྱི་མ་ཡིན་པའི། །གཞན་ལྡན་རྣམ་གཅོད་ཚིག་ཡོད་ཅིང་། །འདི་ནི་སང་གི་ཉི་ཤར་བར། །ཞེས་པའི་མི་ལྡན་རྣམ་གཅོད་ཀྱི། །ཚིག་ཙམ་ཡོད་ཀྱི་དེ་ཕན་ཆད། །མི་བསྲུང་ཞེས་དང་བསམ་པ་ཡང་། །མེད་ཕྱིར་དེ་གཉིས་ག་ལ་མཚུངས། །དངོས་སུ་སྨྲས་དང་མ་སྨྲས་ལས། །ཁྱད་པར་ཡོད་པ་འདི་ལྟ་སྟེ། །འདུལ་བའི་ལུང་ལས་གཞི་དེ་ལས་གསོད་པ་ལ་འཇུག་པ་དང་དུ་ལེན་ནའོ། །ཁྱོད་ཀྱི་མིང་གིས་འཆི་བའི་ཡོ་བྱད་སྦྱིན་ནོ་ཞེས་ཟེར་བ་ཡང་ངོ་། །ཞེས་སོ། །ཁྱོད་ཀྱི་མིང་གིས་འཆི་བ་ཡི། །ཡོ་བྱད་སྦྱིན་ནོ་ཞེས་ཟེར་བ། །ལུས་ཀྱི་དང་དུ་ལེན་པ་ལ། །ཕན་པར་གཏོགས་པའི་སྦོམ་པོ་དང་། །ངག་གིས་སྨྲ་ན་དངོས་གཞི་དང་། །དངོས་སུ་སྨྲས་པས་ཕ་རོལ་གཞན། །མི་ལ་རེག་ཏུ་བཅུག་པ་ལ། །ལྟུང་བ་དངོས་གཞི་ཐབས་གཞན་གྱིས ། །སྨྲས་ན་ལྟུང་བ་མེད་པ་སོགས། །མང་ཡང་བརྗོད་པས་ག་ལ་ལངས། །དེ་ཕྱིར་འདུལ་བའི་དོན་རྣམས་ནི། །རྟོག་གེས་བསམ་པའི་ཡུལ་ལས་འདས། །བསྙེན་གནས་ལ་སོགས་སྡོམ་པ་བཞི། །རྫས་གཞན་ཡིན་ཕྱིར་འཇིག་པའི་ཚེ། །མཉམ་དུ་འཇིག་པ་མ་ཡིན་ཞིང་། །ལྷན་ཅིག་ཏུ་ནི་མི་གནས་པའི། །འགལ་བ་མིན་ཕྱིར་གང་ཡང་རུང་། །བླངས་པས་ཅིག་ཤོས་གཏོང་བ་ནི། །མཁས་པ་རྣམས་ཀྱིས་བཞེད་པ་མིན། །ཆོས་མངོན་མཛོད་ལས་འདི་སྐད་དུ། །ཐ་དད་དེ་དག་འགལ་བ་མེད། །ཅེས་པའི་དོན་ཡང་འདི་ཉིད་དོ། །འོན་ཀྱང་དགེ་ཚུལ་ལ་སོགས་པས། །བསྙེན་གནས་སྡོམ་པ་ལེན་པ་ནི། །རུང་བ་མིན་ཏེ་བསྙེན་གནས་ནི། །ཁྱིམ་པའི་སྡོམ་པ་ཡིན་ཕྱིར་དང་། །དགོས་པ་མེད་པ་ཉིད་ཕྱིར་རོ། །དགེ་བསྙེན་ལ་ནི་གར་སོགས་དང་། །ཕྲེང་སོགས་སྤོང་བ་ལ་སོགས་པ། །ཡན་ལག་གཞན་རྣམས་འཕེལ་བའི་ཕྱིར། །ལེན་དུ་རུང་བར་སྔར་བཤད་ཅིང་། །དགེ་བ་གང་ཡིན་ཐམས་ཅད་ཀྱི། །རྣམ་སྨིན་བདེ་བ་བསྐྱེད་ན་ནི། །ཟག་མེད་དགེ་བའི་རྣམ་སྨིན་ཅི། །བཏང་སྙོམས་གཉིས་ཀ་མ་ཡིན་ན། །བསམ་གཏན་བཞི་པ

ཡན་ཆད་ཀྱི། །ཟག་བཅས་དགེ་བའི་རྣམ་སྨིན་གང་། །བཏང་སྙོམས་ཞེས་པ་ལུང་མ་བསྟན། །ཡིན་ན་ཀུན་གཞིའི་ས་བོན་ལས། །རྣམ་སྨིན་འབྱུང་བ་དེ་ཅི་ཞིག །ལས་དཀར་ཞེས་པ་དགེ་བ་ལ། །འཆད་ན་རྣམ་སྨིན་གནག་པ་ཅི། །ལས་གནག་ཅེས་པ་སྡིག་པ་ལ། །ཟེར་ན་རྣམ་སྨིན་དཀར་བ་ཅི། །རྒྱུ་ཡི་ཀུན་སློང་སྡིག་མིན་ན། །དུས་ཀྱི་ཀུན་སློང་དགེ་ཡིན་ཀྱང་། །ལས་དེ་དཀར་པོར་མི་འགྱུར་ཞེས། །མངོན་པ་གོང་མར་མ་བཤད་དམ། །དུས་ཀྱི་ཀུན་སློང་མི་དགེ་བ། །ལས་དང་མཚུངས་ལྡན་དགེ་བ་ནི། །མོ་གཤམ་བུ་དང་འདྲའོ་ཞེས། །མངོན་པ་གོང་མར་མི་འབྱུང་ངམ། །རྒྱུ་ཡི་ཀུན་སློང་འཕེན་བྱེད་ཀྱི། །གཙོ་བོ་ཡིན་ཕྱིར་འཕེན་བྱེད་རྒྱུ། །དུས་ཀྱི་ཀུན་སློང་འགྲུབ་བྱེད་ཀྱི། །གཙོ་བོ་ཡིན་ཕྱིར་རྒྱུ་མཐུན་རྒྱུར། །གོང་འོག་མཐུན་པར་གསུང་མིན་ནམ། །འདོད་པའི་རྟེན་ལ་དཀར་ནག་གི། །ལས་གཉིས་འདྲེས་པར་འཇོག་པ་བཞིན། །རྣམ་པར་སྨིན་པའང་འདྲེས་སམ་ཅི། །དེ་ལྟ་ན་ནི་ངན་སོང་དང་། །མཐོ་རིས་རྣམ་སྨིན་རྒྱུད་གཅིག་ལ། །སྲིད་པར་ཁས་ལེན་མི་དགོས་སམ། །

ཞེས་གསུངས་པ་ཡི་དྲི་བ་ལ། །ལན་རྣམས་ཐམས་ཅད་ཆུ་ཤིང་བཞིན། །ཀུན་ཀྱང་མི་སྙིའི་བརྟུལ་ཞུགས་ཐོབ། །བདག་གིས་འཆད་པར་འགྱུར་བ་ལ། །གཟུ་བོར་གནས་པའི་བློ་ཡིས་དཔྱོད། །མངོན་པའི་གཞུང་ལས་ཟག་མེད་ཀྱིས། །ལས་ཀྱི་རྣམ་སྨིན་མི་འབྱིན་པར། །ལན་གཅིག་ཡིན་པར་གསུངས་མོད་ཀྱི། །གཞན་དུ་དེ་ལྟར་ངེས་པ་མེད། །མ་རིག་བག་ཆགས་སད་པ་ཡི། །རྐྱེན་ཅན་ཟག་མེད་ལས་ཀྱིས་ནི། །རྣམ་སྨིན་ཡིད་ལུས་འབྱིན་པར་གསུངས། །མདོ་སྡེ་རྒྱན་དང་དེ་འགྲེལ་དུ། །ཟག་མེད་ལས་ཀྱི་རྒྱུ་མཐུན་དང་། །བདག་པོ་རྣམ་སྨིན་བསྐྱེད་པའི་ཚུལ། །གསལ་བར་བཤད་པ་ཡོད་ཕྱིར་རོ། །དེ་ལྟ་མིན་ན་མ་རིག་པའི། །རྐྱེན་ཅན་འདུ་བྱེད་རྟེན་འབྲེལ་གྱིས། །རྣམ་སྨིན་སྲིད་པ་གསུམ་པོ་ཡི། །ཕུང་པོ་འབྱིན་པའི་ཚུལ་དེ་དང་། །མཚན་ཉིད་བཞི་ཡི་ཆོས་མཐུན་པར། །སྨྲ་བའི་ཚད་ཀུན་མཁྱེན་གཉིས་པ་མདོ་སྡེའི་རྒྱན་གྱི་འགྲེལ་པ་པར་ལྡན་གཞུང་དང་འགལ། །སྨྲ་བ་བཞི་པོ་རྒྱུད་དང་ནི། །ཆོས་སྐུ་རྣམ་སྨིན་འབྲས་བུ་རུ། །འཕགས་སེང་གཉིས་ཀྱིས་བཤད་པ་ནི། །བསྐྱེད་འབྲས་ཙམ་ལ་རྣམ་སྨིན་དུ། །བཏགས་པ་ཡིན་པས་འདིར་མི་བཟུང་། །དེ་ཡང་འཆད་འགྱུར་ལས་ཤེས་སོ། །དགེ་བ་ལེགས་པར་སྤྱད་པ་སྟེ། །རྣམ་སྨིན་བདེ་བ་བསྐྱེད་པ་ཡིན། །སྡིག་པ་ཉེས་པར་སྤྱད་པ་སྟེ། །རྣམ་སྨིན་སྡུག་བསྔལ་བསྐྱེད་པར་བྱེད། །བཏང་སྙོམས་གཉིས་ཀ་མ་ཡིན་པས། །རྣམ་པར་སྨིན་པའང་གཉིས་ཀ་མིན། །འདི་དག་བྱས་པའི་ལས་ཡིན་པས། །འདུས་བྱས་ཡིན་པར་ཤེས་པར་བྱ། །ཆོས་ཀྱི་དབྱིངས་ནི་འདུས་མ་བྱས། །དེས་ནི་དགེ་དང་སྡིག་མ་ཡིན། །ཞེས་གསུངས་པ་ཡི་དགེ་བ་ནི། །ཟག་མེད་དགེ་ལ་དགོངས་པ་ཡིན། །དེ་ནས་ལས་དང་རྣམ་སྨིན་གྱི། །རྣམ་པར་དབྱེ་བ་བཤད་ཀྱིས་ཉོན། །ཞེས་པ་ལས་ཀྱང་རྟོགས་ཕྱིར་རོ། །གཞན་དུ་ཆོས་མངོན་མཛོད་ལས་ཀྱང་། །

བདེ་བ་ལ་སོགས་མྱོང་འགྱུར་གསུམ། །ཞེས་དང་དེ་ཉིད་འཆད་པ་ན། །བསམ་གཏན་གསུམ་པའི་བར་དགེ་བ། །བདེ་བ་མྱོང་འགྱུར་དེ་ཡན་ཆད། །ཅེས་པས་གསུམ་པ་མན་ཆད་ཀྱི། །དགེ་བ་གང་ཡིན་ཐམས་ཅད་ཀྱིས། །རྣམ་སྨིན་བདེ་བ་བསྐྱེད་པར་འགྱུར། །མིན་ན་ཅིག་ཤོས་ལ་ཡང་མཚུངས། །བདེ་བ་མྱོང་འགྱུར་ཞེས་པ་ནི། །རྣམ་སྨིན་ཉིད་ལ་མི་འདོད་ན། །རྣམ་པར་རྟོག་པ་མེད་པ་ཡིས། །དགེ་བའི་ལས་ཀྱི་རྣམ་སྨིན་ནི། །སེམས་ཀྱི་ཚོར་བ་ཁོ་ན་འདོད། །མི་དགེ་བ་ཡི་ལུས་ཀྱི་ཡིན། །ཞེས་བཤད་པ་ཡང་ཇི་ལྟར་འཆད། །

གཞན་ཡང་མཛོད་ལས་འདི་སྐད་དུ། །ལེགས་སྤྱོད་གསུམ་པོ་ཐམས་ཅད་ནི། །གཙང་བྱེད་རྣམ་པ་གསུམ་ཡིན་ནོ། །ལུས་ཀྱི་ལས་སོགས་མི་དགེ་བ། །ཉེས་པར་སྤྱོད་པ་གསུམ་དུ་འདོད། །བརྣབ་སེམས་ལ་སོགས་ལས་མིན་ཡང་། །ཡིད་ཀྱིས་ཉེས་བྱས་རྣམ་གསུམ་མོ། །བཟློག་པ་ལེགས་པར་སྤྱོད་པ་ཡིན། །དེ་ལས་ཆེ་ལོང་བསྡུས་ནས་ནི། །དགེ་དང་མི་དགེ་ཅི་རིགས་པར། །ལས་ཀྱི་ལམ་ནི་བཅུར་གསུངས་སོ། །ཞེས་དང་ལས་ཀྱི་འབྲས་བུ་ཡང་། །ཐམས་ཅད་བདག་པོ་རྒྱུ་མཐུན་དང་། །རྣམ་སྨིན་འབྲས་བུ་འབྱིན་པར་འདོད། །ཞེས་པའི་ཚུལ་དང་མཐུན་པ་ཡིན། །ཆེད་དུ་བསམ་པར་བྱ་བ་ཡི། །མདོའི་རྗེས་སུ་འབྲང་ནས་ནི། །དཔེ་སྟོན་པ་རྣམས་བརྣབ་སེམས་སོགས། །གསུམ་ཡང་ལས་ཡིན་ཞེས་འདོད་ལ། །བརྣབ་སེམས་གནོད་སེམས་ལོག་ལྟ་གསུམ། །ལས་ཀྱི་ལམ་ཡིན་ལས་མིན་ཏེ། །ཉོན་མོངས་ཡིན་ཕྱིར་གཞན་དུ་ན། །སེམས་པ་ཉོན་མོངས་པ་གཉིས་ཀྱང་། །གཅིག་ཏུ་ཐལ་བ་ཟློག་པ་མེད། །ཅེས་ནི་བྱེ་བྲག་སྨྲ་བས་བཞེད། །དེས་ན་གཞུང་གི་དགོངས་པ་ནི། །འདི་ལྟར་བཤད་ན་ལེགས་པར་སྣང་། །དགེ་བ་ཟག་བཅས་ཁོ་ན་སྟེ། །སྒོ་གསུམ་གྱི་དགེ་བ་དང་མི་དགེ་བའི་ལས་ཀྱི་འབྲས་བུ་རྣམ་པར་སྨིན་པ་འབྱིན་ཚུལ་འཆད་པའི་སྐབས་ཡིན་ཏེ་བསྟན་བཅོས་ཉིད་ལས། དེ་ནས་ལས་དང་རྣམ་སྨིན་གྱིས། །ཞེས་སོགས་དང་། ལས་ལ་དགེ་སྡིག་ལུང་མ་བསྟན། །ཡིན་ཞེས་རྒྱལ་བས་མདོ་ལས་གསུངས། །ཞེས་དང་། དགེ་བ་ལེགས་པར་སྤྱོད་པ་སྟེ། །ཞེས་སོགས་དང་། མཇུག་བསྡུད་ལས། འདི་འདྲའི་ལས་དང་རྣམ་སྨིན་གྱིས། །རྣམ་པར་དབྱེ་བཤེས་གྱུར་ན། །ད་གཟོད་ལས་ཀྱི་རྒྱུ་འབྲས་ལ། །ཤིན་ཏུ་མཁས་པ་ཉིད་དུ་འགྱུར། །ཞེས་གསལ་བར་གསུངས་པས་སོ། །དེ་ཕྱིར་ཟག་མེད་དགེ་བ་ལ། །དོགས་པ་སྐྱེ་བ་ག་ལ་རིགས། །ལས་འབྲས་འཆད་པའི་སྐབས་ཡིན་ཕྱིར། །ཟག་དང་བཅས་པའི་ལེགས་སྤྱོད་དང་། །ཉེས་སྤྱོད་རིམ་བཞིན་འབྲས་བུ་ནི། །བདེ་འགྲོའི་བདེ་བ་བསྐྱེད་པ་དང་། །ངན་སོང་གསུམ་གྱི་སྡུག་བསྔལ་བསྐྱེད། །ལུང་དུ་མ་བསྟན་པ་ཡི་ལས། །མཐུ་ཆུང་བས་ན་རྣམ་སྨིན་གྱི། །འབྲས་བུ་འབྱིན་པར་མི་ནུས་པས། །རྣམ་སྨིན་ཚོར་བ་བདེ་སྡུག་གི། །འབྲས་བུ་གཉིས་ཀ་ག་ལ་འབྱིན། །བཏང་སྙོམས་ཞེས་པ་ལུང་མ་བསྟན། །བརྒྱད་སྟོང་འགྲེལ་པར་སློབ་དཔོན་གྱིས། །གསལ་བར་གསུངས་པ་པའང་འདིར་བཟུང་ངོ་། །སྲོག་གཅོད་ལ་སོགས་ལས་ལམ་བཅུས། །རེ་རེ་ནས་ཀྱང

འབྲས་བུ་གསུམ། །སྲོག་གཅོད་པས་མི་ར་སྐྱེས་ན་ཡང་ཚེ་ཐུང་བ་དང་། མ་བྱིན་ལེན་ནི་ལོངས་སྤྱོད་ཀྱིས་ཕོངས་པ་དང་། ལོག་གཡེམ་དགྲ་དང་བཅས་པའི་ཆུང་མ་ཅན་དང་། རྫུན་གྱིས་སྐུར་བ་མང་བ་དང་། ཕྲ་མས་མཛའ་བོ་དབྱེ་བ་དང་། ཚིག་རྩུབ་ཀྱིས་ཡིད་དུ་མི་འོང་བའི་སྒྲ་ཐོས་པ་དང་། ཚིག་ཀྱལ་པས་ཚིག་བཙུན་བར་འོས་པ་དང་། བརྣབ་སེམས་ཀྱིས་འདོད་ཆགས་ཤས་ཆེ་བ་དང་། །གནོད་སེམས་ཀྱིས་ཞེ་སྡང་ཤས་ཆེ་བ་དང་། ལོག་ལྟས་གཏི་མུག་ཤས་ཆེ་བར། མཛོད་འགྲེལ་དང་། དབུ་མ་རིན་ཆེན་ཕྲེང་བ་ལས་བཤད་ལ། འདི་རྣམས་རྒྱུ་མཐུན་པའི་འབྲས་བུ་ཡིན། འབྱིན་པར་གསུང་རབ་སྤྱི་ཡི་ལུགས། །དགེ་བའི་ལས་ལམ་བཅུ་པོ་ཡང་། །རྣམ་སྨིན་ལ་སོགས་གསུམ་པོ་ནི། །འབྱིན་པའི་ཚུལ་ཡང་ཤེས་དགོས་སོ། །དེ་ལ་མི་དགེའི་རྣམ་སྨིན་ནི། །ངན་སོང་གསུམ་གྱི་ཕུང་པོ་ལྔ། །བདག་པོའི་འབྲས་བུ་ངན་སོང་གི། །སྣོད་ཀྱི་འཇིག་རྟེན་རྒྱུ་མཐུན་གྱི། །འབྲས་བུ་ངན་སོང་གི་སྡུག་བསྔལ། །ལྷག་པར་ཆེ་བ་ལ་སོགས་ཡིན། །སྲོག་གཅོད་པ་ལྟ་བུ་ཞིག་ལ་མཚོན་ན་ཕ་རོལ་པོ་སྡུག་བསྔལ་བར་བྱས་པས་རྣམ་སྨིན་དམྱལ་བ་དག་ཏུ་སྡུག་བསྔལ་མྱོང་བ་དང་། བསགས་པར་བྱས་པས་རྒྱུ་མཐུན་པའི་འབྲས་བུ་ཚེ་ཐུང་བར་འགྱུར་བ་དང་། གཟི་བྱིན་མེད་པར་བྱས་པས་བདག་པོའི་འབྲས་བུ་ཕྱིའི་སྨན་རྣམས་གཟི་མཐུ་ཆུང་བར་འགྱུར་རོ། །མི་དགེ་བཅུ་ཡི་རྒྱུ་མཐུན་གྱི། །འབྲས་བུ་མཐོ་རིས་སུ་ཡང་འབྱུང་། །བདག་པོའི་འབྲས་བུའང་དེ་བཞིན་ནོ། །

སྡུག་བསྔལ་ཕྱིར་དང་བསད་ཕྱིར་དང་། ། གཟི་བྱིན་མེད་ཕྱིར་འབྲས་རྣམ་གསུམ། །ཞེས་བཤད་པ་བཞིན་བཟུང་བར་བྱ། །དེས་ན་ལས་ཀྱི་རྣམ་སྨིན་ལ། །ཕུང་པོ་ལྔ་ཆར་བཟུང་བ་ན། །མངོན་པ་འོག་མའི་ལུགས་ཡིན་ལ། །མངོན་པ་གོང་མར་ཀུན་གཞི་ཡི། །རྣམ་ཤེས་འཁོར་བཅས་རྣམ་སྨིན་གྱི། །འབྲས་བུ་ཡིན་པར་བཤད་པ་ལ། །རྒྱལ་བའི་སྲས་ཀྱིས་འདི་སྐད་གསུངས། །ཀུན་གཞི་འཁོར་གྱི་ཚོར་བ་ནི། །བཏང་སྙོམས་ཁོ་ན་རྣམ་སྨིན་ཡིན། །ཕྱིས་ནི་ཀུན་གཞི་ལ་གནས་པའི། །ཚོར་བ་བདེ་སྡུག་ས་བོན་ལས། །བདེ་སྡུག་གཉིས་པོ་འབྱུང་བ་ལས། །རྣམ་སྨིན་འབྲས་བུར་བཏགས་པ་ཡིན། །ཞེས་པ་ལྟར་དུ་ཁས་བླངས་ནའང་། །གསུང་རབ་སྤྱི་ཡི་འགྲེལ་པ་དང་། །ཁྱད་པར་རྣལ་འབྱོར་སྤྱོད་པ་ཡིས། །གཞུང་ལུགས་འཆད་ལ་མེད་མི་རུང་། །ཡན་ལག་ཡིན་པར་ཤེས་པར་བྱ། །ཟག་བཅས་ཟག་པ་མེད་པ་ཡི། །ལས་རྣམས་ཀྱིས་ནི་ཅི་རིགས་པར། །འབྲས་བུ་ལྔ་ཡང་འབྱིན་པའི་ཚུལ། །དྲི་བཅས་སྦྱོང་བའི་ལམ་དག་ནི། །ལས་ནི་ལྔ་ཡི་འབྲས་བུར་བཅས། །དྲི་མེད་བཞི་ཡིས་ཟག་བཅས་གཞན། །དགེ་དང་མི་དགེ་གང་ཡིན་པའང་། །ཟག་པ་མེད་པ་ལྷག་མ་དང་། །ལུང་བསྟན་མིན་གང་གསུམ་གྱིས་སོ། ། །སྲོག་གཅོད་པས་ཕྱིའི་དངོས་པོ་རྣམས་གཟི་མཐུ་ཆུང་བ་དང་། མ་བྱིན་ལེན་པས་སེར་བ་དང་ཆར་པ་མང་བ་དང་། ལོག་གཡེམ་གྱི་རྡུལ་གྱིས་འཁྲིགས་པ་དང་། རྫུན་གྱིས་ངལ་བ་དང་། ཕྲ་མས་མཐོ་དམན་ཅན་དང་། ཚིག་རྩུབ་ཀྱིས་ས་ཚོ་ཀྲོད་ཅན་དང་། དགོན་དུང་དང་ཐ་ཆད་དང་སྡིག་པ་ཅན་གྱི་སར་འགྱུར་རོ། །བརྣབ་སེམས་ཀྱིས་འབྲས་བུ་ཕྲ་བ་དང་། གནོད་སེམས་ཀྱིས་འབྲས་བུ་ཁ་བ་དང་། ལོག་ལྟས་

འབྲས་བུ་ཆུང་བའམ། མེད་པར་འགྱུར་བ་ནི་བདག་འབྲས་ཡིན་པར་མཛོད་འགྲེལ་ལས་བཤད་དོ། །རྣམ་སྨིན་འབྲས་བུ་ནི་ངན་སོང་ཁོ་ནའོ། །

དགེ་བའི་དགེ་ལ་སོགས་པ་ནི། །བཞི་དང་གཉིས་དང་དེ་བཞིན་གསུམ། །མི་དགེའི་དགེ་སོགས་གཉིས་དང་ནི། །གསུམ་དང་བཞི་སྟེ་རིམ་པ་བཞིན། །ལུང་བསྟན་མིན་གྱི་དགེ་ལ་སོགས། །དེ་དག་གཉིས་དང་གསུམ་དང་གསུམ། །འདས་པའི་ཐམས་ཅད་བཞི་ཡིན་ནོ། །བར་མ་ཡིས་ནི་མ་འོངས་པའང་། །བར་མ་གཉིས་པོ་མ་སྐྱེས་པའི། །འབྲས་བུ་མ་འོངས་གསུམ་ཡིན་ནོ། །རང་གི་ས་པའི་བཞི་ཡིན་ནོ། །གཞན་གྱི་ས་པའི་གསུམ་དང་གཉིས། །སློབ་པའི་སློབ་ལ་སོགས་པ་གསུམ། །མི་སློབ་ལས་ཀྱི་འབྲས་བུ་ནི། །སློབ་པ་ཡིས་ནི་ཆོས་ལ་སོགས། །གཅིག་དང་གསུམ་དང་གཉིས་ཡིན་ནོ། །དེ་ལས་གཞན་པའི་འབྲས་བུ་ནི། །སློབ་སོགས་གཅིག་དང་གཉིས་དང་ལྔ། །མཐོང་བས་སྤང་བྱའི་དེ་ལ་སོགས། །གསུམ་དང་བཞི་དང་གཅིག་ཡིན་ནོ། །སྒོམ་པས་སྤང་བར་བྱ་ལས་ཀྱི། །དེ་དག་གཉིས་དང་བཞི་དང་གསུམ། །སྤང་བྱ་ཡིན་པས་དེ་དག་གཅིག །གཉིས་དང་བཞི་སྟེ་གོ་རིམ་བཞིན། །ཞེས་གསུངས་པའང་མངོན་པའི་ལུགས། །དེ་ཕྱིར་ཁྱེད་ཀྱི་དྲི་བ་ལས། །བཏང་སྙོམས་གཉིས་ཀ་མ་ཡིན་ན། །བསམ་གཏན་བཞི་པ་ཡན་ཆད་ཀྱི། །ཟག་བཅས་དགེ་བའི་རྣམ་སྨིན་གང་། །ཞེས་པ་མཁས་པའི་དྲི་བ་མིན། །དོགས་པའི་གནས་མ་ཡིན་པ་ལ། །དོགས་པའི་གནས་སུ་མཛད་ཕྱིར་རོ། །

འདི་པོས་ཚོར་བ་བཏང་སྙོམས་ཡིན་པ་ལ་དགེ་བའི་རྣམ་སྨིན་མ་ཡིན་ཞིང་མི་དགེའི་རྣམ་སྨིན་ཡང་མིན་པས་ཁྱབ་པར་བཟུང་ནས་རྣམ་པར་རྟོགས་པ་མེད་པ་ཡི། དགེ་བའི་ལས་ཀྱི་རྣམ་སྨིན་ནི། །སེམས་ཀྱི་ཚོར་བ་ཁོ་ནར་འདོད། །ཅེས་པ་ལྟར་དོགས་པ་མཐའ་ཡང་། གནས་མ་ཡིན་པའི་དོགས་པ་ཡིན་པས། ལན་འདེབས་པར་བྱ་བ་མ་ཡིན་མོད། འོན་ཀྱང་བླ་མའི་གསུང་ཡིན་པས་ལན་འབད་ནས་ཞུས་སོ། །

དེས་ན་ཇི་སྐད་བཤད་པ་བཞིན། །དགོངས་པ་ཡིན་གྱི་གཞན་དུ་མིན། །འདི་ཡི་ལུང་གི་སྒྲུབ་བྱེད་ཀྱང་། །མདོ་ལས་གསལ་བར་གསུང་མོད་ཀྱི། །མང་བས་འཇིགས་ནས་མ་སྤྲོས་སོ། །ཀུན་གཞི་ལ་ནི་རྣམ་པ་གཉིས། །ས་བོན་ཆ་དང་རྣམ་སྨིན་ཆ། །ཞེས་པ་ཚད་ལྡན་གཞུང་ལས་བཤད། །ས་བོན་ཆ་ལའང་རྣམ་གཉིས་ཏེ། །ཟག་མེད་ལམ་གྱི་ས་བོན་དང་། །འཁོར་བའི་ཆོས་ཀྱི་ས་བོན་ནོ། །གཉིས་ཀའང་རྒྱུ་ཡི་རྐྱེན་ཡིན་པར། །མངོན་པ་ཀུན་ལས་བཏུས་པ་དང་། །ཐེག་པ་ཆེན་པོ་བསྡུས་པར་བཤད། །དེ་ལ་རང་བཞིན་གནས་རིགས་དང་། །ཐོགས་མེད་རྒྱུད་དེ་འོངས་པ་དང་། །སྐྱེ་མཆེད་དྲུག་གི་ཁྱད་པར་དང་། །ཀུན་གཞིའི་གཉེན་པོ་ཞེས་བྱ་བར། །བྱང་ཆུབ་སེམས་དཔའི་ས་དང་ནི། །ཕྱི་མ་གཉིས་ལས་གསལ་བར་འབྱུང་། །དེ་ཡང་དགེ་བ་མ་ཡིན་ཏེ། །འཇིག་རྟེན་འདས་དང་འཇིག་རྟེན་པའི། །དགེ་བ་གང་ཡང་མིན་ཕྱིར་རོ། །གཞན་དུ་རིགས་དང་ལྡན་པ་ཡིས། །སོ་སྐྱེ་ཐམས་ཅད་མཐོང་ལམ་སོགས། །འདས་ལམ་ཐོབ་པར་ཐལ་བ་ཡང་། །བཟློག་པ་མེད་ལ་འཇིག་རྟེན་པའི། །དགེ་བ

ཡིན་ན་རྣམ་སྨིན་དུ། །ཡིན་པར་འགྱུར་ཞིང་རྒྱས་འགྱུར་གྱི། །རིགས་དང་ཁྱད་པར་མེད་པར་འགྱུར། །དེ་ཕྱིར་ཀུན་གཞི་ལ་གནས་པའི། །འཇིག་རྟེན་འདས་པའི་ཆོས་རྣམས་ཀྱི། །ས་བོན་རང་བཞིན་གནས་རིགས་ལས། །རྣམ་སྨིན་འབྱུང་བར་བཤད་པ་མེད། །དེ་ནི་ཀུན་གཞིའི་རྣམ་ཤེས་མིན། །འཁོར་བའི་ཆོས་ཀྱི་ས་བོན་ལ། །ཉོན་སྒྲིབ་ཤེས་སྒྲིབ་སྙོམས་འཇུག་གི། །སྒྲིབ་པ་གསུམ་གྱི་བསྡུས་པ་ཡོད། །ཉོན་སྒྲིབ་ལ་ཡང་མཐོང་སྤང་དང་། །སྒོམ་སྤང་གཉིས་སུ་ངེས་པ་ཡིན། །མཐོང་སྤང་བརྒྱ་རྩ་བཅུ་གཉིས་དང་། །དགུ་བཅུ་གོ་བཞིར་རིམ་པ་ལྟར། །ཀུན་ལས་བཏུས་དང་བསྡུ་བར་བཤད། །དེ་ལ་འདོད་པའི་མཐོང་སྤངས་ལ། །མི་དགེ་ཡིན་པར་ངེས་པ་ནི། །ཀུན་ལས་བཏུས་པའི་ལུགས་ཡིན་པས། །ངན་འགྲོའི་ཕུང་པོ་འཕེན་བྱེད་དང་། །འགྲུབ་བྱེད་གཉིས་ཀྱིས་བསྡུས་པ་ཡིན། །འཕེན་བྱེད་རྒྱུ་ལ་ཉོན་མོངས་དང་། །དེ་ཡི་འབྲས་བུ་ལས་གཉིས་པོ། །དང་པོ་མ་རིག་པ་ཡིན་ལ། །གཉིས་པ་བསོད་ནམས་མིན་པའི་ལས། །མ་རིག་དེ་ཡང་ལས་འབྲས་ལ་གས། །རྨོངས་པའི་མ་རིག་ཡིན་པར་ངེས། །དེའི་ཕྱིར་བསོད་ནམས་མི་གཡོ་བའི། །འདུ་བྱེད་གཉིས་ཀྱི་ཀུན་སློང་མིན། །འགྲུབ་བྱེད་རྒྱུ་ལ་ཉོན་མོངས་ནི༑ ༑ངོ་བོ་ཉིད་ཀྱི་མི་དགེ་བ་གང་ཞེ་ན། ཡིད་དང་མཚུངས་པར་ལྡན་པ་དང་། གཟུགས་དང་གཟུགས་མེད་ན་སྤྱོད་པའི་ཉོན་མོངས་པ་མ་གཏོགས་པར། དེ་ལས་གཞན་པའི་ཉོན་མོངས་པ་དང་། ཉེ་བའི་ཉོན་མོངས་པ་དང་ཉེས་པར་སྤྱོད་པ་ཀུན་ནས་སློང་བའོ། །ཞེས་ཉོན་ཡིད་དང་མཚུངས་ལྡན་དང་། གཟུགས་དང་གཟུགས་ཀྱི་ཉོན་མོངས་པ་དང་མཚུངས་པར་ལྡན་པའི་ཆོས་ནི་ལུང་མ་བསྟན་དང་། དེ་ལས་གཞན་པའི་འདོད་པའི་མཐོང་སྤང་གི་ཉོན་མོངས་པ་དང་ཉེ་བའི་ཉོན་མོངས་པ་དང་མཚུངས་ལྡན་ཐམས་ཅད་དང་། ཉེས་པར་སྤྱོད་པ་ལུས་དང་ངག་གི་ལས་མི་དགེ་བ་ཀུན་ནས་སློང་བའི་སྒོམ་སྤང་གི་ཉོན་མོངས་པ་ཐམས་ཅད་ངོ་བོ་ཉིད་མི་དགེ་བར་གསུངས་སོ། །སྲིད་ལེན་གཉིས་ཡིན་སྲེད་པ་ནི། །ལས་ཡིན་དེ་ཡང་མི་དགེར་ངེས། །གོང་མའི་ཉོན་མོངས་ཐམས་ཅད་ནི། །ལུང་བསྟན་མིན་པས་འདིར་མི་བཟུང་། །མཐོང་སྤང་ཤེས་བྱའི་སྒྲིབ་པ་ལ། །མི་དགེ་བ་དང་ལུང་མ་བསྟན། །གཉིས་སུ་ཡོད་ཅིང་མི་དགེ་ནི། །འདོད་པའི་མཐོང་སྤང་ཤེས་སྒྲིབ་རྣམས། །ཕལ་ཆེ་བ་ཡིན་ཁམས་གཉིས་ཀྱི། །སས་བསྡུས་ཐམས་ཅད་ལུང་མ་བསྟན། །སྒོམ་པས་སྤང་བྱའི་ཉོན་མོངས་ལ། །ངོ་བོའི་སྒོ་ནས་བཅུ་དྲུག་སྟེ། །འདོད་ན་དྲུག་དང་ཁམས་གཉིས་ན། །ལྔ་ལྔ་ཡོད་ལ་ཁམས་དང་སས། །ཕྱེ་ན་བཞི་བརྒྱ་བཅུ་བཞི་བཤད། །དེ་ཡིས་ཀུན་ནས་བསླངས་པ་ཡིས། །ལས་ཀྱང་དེ་སྐད་གྲངས་ཉིད་དོ། །

ལས་ལ་འཕེན་བྱེད་འགྲུབ་བྱེད་གཉིས། །འཕེན་བྱེད་ལས་ལ་འགྲུབ་བྱེད་དང་། །བསོད་ནམས་མིན་དང་མི་གཡོའི་ལས། །འགྲུབ་བྱེད་ལས་ལའང་གཉིས་སུ་ངེས། །མ་རིག་པ་ནི་འཕེན་བྱེད་ཀྱི། །ལས་ཀྱི་ཀུན་སློང་ཡིན་པས་ན། །འཕེན་བྱེད་རྒྱུ་རུ་བསྡུས་པ་དང་། །སྲིད་ལེན་གཉིས་ཀྱང་འགྲུབ་བྱེད་ཀྱི། །ལས་ཀྱི་ཀུན་སློང་ཡིན་པའི་

ཕྱིར། །འགྲུབ་བྱེད་རྒྱུད་ཅེས་བཏགས་པ་ཡིན། །ཀུན་སློང་མ་རིག་ལས་བྱུང་བའི། །བཟང་ངན་འཕེན་བྱེད་ལས་གཉིས་ཀྱིས། །བདེ་འགྲོ་ངན་འགྲོ་ཀུན་གཞི་ཡི། །རྣམ་ཤེས་འབྱུང་དུ་རུང་བ་ཡི། །ནུས་པ་ས་བོན་ཚུལ་གྱིས་བསྒོམ། །འགྲུབ་བྱེད་སྲིད་པའི་ལས་ཀྱིས་ནི། །ནུས་པ་དེ་ཉིད་ཚེ་གཞན་གྱིས། །བར་མ་ཆོད་པར་འགྲུབ་ངེས་སུ། །བྱས་པས་སྐྱེ་བ་འགྲུབ་པར་འགྱུར། །མདོར་ན་ཀུན་གཞིའི་རྣམ་ཤེས་ལ། །འགྱུར་བྱེད་ལས་ཀྱིས་བག་ཆགས་བསྒོས། །དེ་ཡང་མིང་གཟུགས་ལ་སོགས་པ། །ཆོར་བའི་བར་གྱི་རྟེན་འབྲེལ་རྣམས། །འབྱུང་རུང་ཚུལ་གྱིས་འཕེན་པ་དང་། །སྲིད་པའི་ལས་ཀྱིས་རྣམ་ཤེས་ལ། །དགེ་བ་དང་ནི་མི་དགེ་བའི། །ལས་ཀྱི་བག་ཆགས་ཡོད་པ་རྣམས། །སྲིད་པར་བྱས་པའི་ཚུལ་གྱིས་སོ། །

འདིར་ནི་ཀུན་གཞི་ལ་ཡོད་པའི། །དགེ་དང་མི་དགེའི་ལས་རྣམས་ཀྱིས། །ས་བོན་མངོན་དུ་གྱུར་པ་ཡིན། །དེ་ལས་རྣམ་སྨིན་འབྱུང་བའི་ཕྱིར། །ས་བོན་ལས་ནི་རྣམ་སྨིན་མིན། །དེ་ཡང་རྟེན་འབྲེལ་མདོ་འགྲེལ་ལས། །གང་གིས་འཕེན་དང་ཇི་ལྟར་གང་། །དེ་སྒྲུབ་བྱེད་དང་དེ་ལ་ཡང་། །ཉེས་པ་གང་ཡིན་དེ་དག་རྣམས། །ཡན་ལག་བཅུ་གཉིས་རྣམས་ཀྱིས་བསྟན། །གཉིས་ཀྱིས་ཡན་ལག་གཅིག་གིས་དང་། །རྣམ་པ་བཞི་དང་གཉིས་ཀྱི་དང་། །གཅིག་གིས་གཅིག་གིས་གཅིག་གིས་ནི། །དོན་བདུན་དག་ཏུ་རབ་ཏུ་བསྟན། །བདེན་པ་ཇི་བཞིན་མི་ཤེས་ཕྱིར། །ལས་ཀྱིས་སེམས་ལ་བསྒོས་ཕྱིར་དང་། །ཡན་ལག་བཞི་ནི་རིམ་གྱིས་འཕེན། །དེ་ཡིས་ས་བོན་ཡོངས་བཏུས་ཕྱིར། །འཕངས་པ་བཞིན་དུ་སྐྱེས་པ་ཡི། །ཆོར་བས་བསྐྱེད་པས་སྲིད་པ་ལས། །ལེན་པ་འབྱུང་བས་དེ་ཡི་ལས། །བསྒོས་པ་མངོན་དུ་གྱུར་པ་ཡིན། །གྲུབ་པ་སྐྱེ་ཡིན་དེ་ལ་ཡང་། །རྒ་སོགས་ཉེས་དམིགས་གང་གི་ཕྱིར། །བདེན་པ་མཐོང་ལ་འཕེན་པ་མེད། །སྲིད་དང་བྲལ་ན་འབྱུང་བ་མེད། །ཞེས་གསུངས་འདི་ལ་ཚད་མ་ཡིན། །དེ་ལྟ་མིན་ན་གནོད་བྱེད་ཀྱི། །རིག་པ་འདི་དག་བསམ་དགོས་ཏེ། །དགེ་དང་མི་དགེ་ས་བོན་རྣམས། །ཀུན་གཞི་ལ་ཡོད་རྣམ་སྨིན་རྒྱུ། །ཡིན་ན་དགེ་བའམ་མི་དགེར་འགྱུར། །འདི་གཉིས་མིན་པའི་རྣམ་སྨིན་རྒྱུ། །མངོན་པའི་ལུང་ལས་གསུངས་པ་མེད། །འདོད་ན་རྗེས་འབྲང་དགེ་བ་དང་། །མི་དགེ་རྣམས་ཀྱང་དེར་འགྱུར་དང་། །ཁས་བླངས་པ་དང་འགལ་བ་དང་། །རྣམ་སྨིན་འབྱིན་པའི་ལུང་མ་བསྟན། །འདོད་པ་སྟོན་མེད་ཤིང་རྟའི་སྲོལ། །དེས་ན་ཀུན་གཞི་ལ་གནས་པའི། །འཕེན་བྱེད་ལས་ཀྱི་ས་བོན་དེ། །ཡོངས་སུ་སྨིན་པའམ་བརྟས་པ་ལས། །རྣམ་སྨིན་འབྱུང་བ་ཙམ་ལ་བཏགས། །དངོས་པོ་གང་ལས་རྣམ་སྨིན་གྱི། །འབྲས་བུ་འབྱུང་བའི་དངོས་པོ་དེ། །དེ་ཡི་རྣམ་སྨིན་རྒྱུ་ཡིན་པར། །ངེས་པའང་མཁས་རྣམས་མིན་བཞེད་དེ། །ཀུན་ལས་བཏུས་སུ་ཡན་ལག་ནི། །བཅུ་གཉིས་སྔ་མ་སྔ་མ་རྣམས། །ཕྱི་མ་ཕྱི་མའི་རྐྱེན་བཞི་ག །ཅི་རིགས་པར་ནི་བྱེད་པར་གསུངས། །ཐེག་པ་ཆེན་པོ་བསྡུས་པ་ལས། །

བདག་རྐྱེན་གཅིག་པོ་བྱེད་པར་བཤད། །ཉི་ཤུ་པ་ཡི་རབ་བྱེད་ལས། རང་གི་ས་བོན་གང་ལས་སུ། །རྣམ་རིག་སྣང་བ་གང་འབྱུང་བ། །དེ་དག་དེ་ཡི་སྐྱེ་མཆེད་ནི། །རྣམ་པ་གཉིས་སུ་ཐུབ་པས་གསུངས། །ཞེས་པ་མང་དུ་འབྱུང་ཕྱིར་རོ། །འོན་དེ་གཉིས་འགལ་ཞེ་ན། །མིན་ཏེ་ཐེག་བསྡུས་ལས་འབྱུང་བ། །ངེས་པའི་དབང་དུ་བྱས་པ་དང་། །ཀུན་བཏུས་ལས་འབྱུང་སྲིད་པ་ལ། །དགོངས་ནས་དེ་སྐད་གསུངས་པ་ཡིན། །དེ་ཡང་རིག་པས་རིག་པ་ལ། །རྐྱེན་བྱེད་ཚོན་བཞི་ག་དང་། །ཞིམ་པོའི་བྱེད་ན་བདག་རྐྱེན་ཉིད། །ཞིམ་པོས་རིག་པའི་རྐྱེན་བྱེད་ཚེ། །དམིགས་པ་དང་ནི་བདག་པོ་ཡི། །རྐྱེན་གཉིས་ཁོན་ངེས་པ་དང་། །ཞིམ་པོ་རང་ལ་རྒྱུ་རྐྱེན་དང་། །བདག་རྐྱེན་གཉིས་སུ་བྱེད་པར་ངེས། །ཞིམ་པོ་ཡིན་ཕྱིར་དམིགས་རྐྱེན་དང་། །བདག་རྐྱེན་གཉིས་སུ་བྱེད་པར་ངེས། །དེ་མ་ཐག་རྐྱེན་གཉིས་ཀས་སྟོང་། །དེ་ལྟ་མིན་ན་སྙོམ་འཇུག་གཉིས། །ཞིམ་པོ་མིན་ན་མི་ལྡན་པའི། །འདུ་བྱེད་ཡིན་པར་འགལ་བ་དང་། །མིན་ན་དམིགས་རྐྱེན་མིན་པར་འགྱུར། །འདོད་ན་འང་རིག་པ་མ་ཡིན་ཏེ། །གསུམ་གྱིས་སྙོམས་པར་འཇུག་པ་གཉིས། །ཞེས་བཤད་པ་དང་འགལ་ཞེ་ན། །དེ་ནི་བྱེ་སྨྲ་ཁོན་ཡི། །འདོད་པ་ཡིན་པས་འདིར་མི་བཟུང་། །འོན་ས་ལས་མ་རིགས་སོགས། །སྔ་མ་སྔ་མས་ཕྱི་མ་སོགས། །རྒྱུ་རྐྱེན་མ་གཏོགས་རྐྱེན་གསུམ་ཀ །བྱེད་པར་གསུངས་པ་ཇི་ལྟར་དྲངས། །ཞེན་དོན་དམ་རྒྱུ་རྐྱེན་ནི། །ཀུན་གཞི་ཉིད་ལ་དགོངས་པ་དང་། །འདིར་ནི་ཐ་སྙད་རྐྱེན་བཞི་ཀའི། །དབང་དུ་མཛད་ནས་གསུངས་པ་ཡིན། །ལས་དཀར་རྣམ་སྨིན་གནག་པ་ཡིས། །བཤད་ཚུལ་གཞུང་ལས་གཉིས་འབྱུང་སྟེ། །ཆོས་མངོན་མཛོད་ལས་འདི་སྐད་དུ། །དཀར་ནག་ལ་སོགས་བྱེ་བྲག་གིས། །ལས་ནི་རྣམ་པ་བཞི་ཡིན་ནོ། །མི་དགེ་གཟུགས་དང་འདོད་གཏོགས་པའི། །དགེ་བ་ཉིད་ནི་རིམ་བཞིན་དུ། །གནག་དང་དཀར་དང་གཉིས་ཀའི་ལས། །དེ་ཟད་བྱེད་པ་ཟག་མེད་ཡིན། །ཞེས་གསུངས་དོན་ནི་འདི་ཡིན་ཏེ། །ལས་དཀར་རྣམ་སྨིན་དཀར་བ་ནི། །གཟུགས་ཁམས་གཏོགས་པའི་དགེ་བ་ཡིན། །དེ་ཡང་ཉོན་མོངས་ཅན་མིན་དང་། །རྣམ་སྨིན་འདོད་པ་འབྲིན་པའི་ཕྱིར། །ལས་དཀར་རྣམ་སྨིན་དཀར་ཞེས་བྱ། །འདྲེས་མའི་ལས་ནི་འདོད་གཏོགས་པའི། །དགེ་བའི་ལས་ལ་བྱ་བར་གསུངས། །ལས་གཅིག་དགེ་དང་མི་དགེ་བ། །གཉིས་ཆར་ཡོད་པ་ག་ལ་ཡིན། །རྣམ་པ་ཀུན་ཏུ་འགལ་ཕྱིར་རོ། །

དེས་ན་དཀར་གནག་འདྲེས་མའི་དོན། །རྒྱུ་གཅིག་དགེ་དང་མི་དགེ་བ། །གཉིས་དང་འདྲེས་པ་ལ་བཤད་དོ༔ །དེ་ལྟ་ཡིན་ནའང་མི་དགེ་བ། །འདྲེས་མའི་ལས་སུ་ཐལ་འགྱུར་རོ། །དགེ་བ་དང་ཡང་འདྲེས་ཕྱིར་ཏེ། །དགེ་བས་དབེན་པའི་རྒྱུད་ལ་ནི། །མི་དགེ་བ་ཡང་མི་ལྡན་ནོ། །ཞེ་ན་དེ་ཡང་མ་ཡིན་ཏེ། །འདོད་པའི་དགེ་བ་སྟོབས་ཆུང་བས། །དེ་ཡིས་མི་དགེ་འཇོམས་མི་ནུས། །མི་དགེའི་ལས་རྣམས་སྟོབས་ཆེ་བས། །ལོག་ལྟ་སྐྱེས་པའི་གང་

ཟག་ལ། །དགེ་བ་ལྡན་པ་མི་སྲིད་ཕྱིར། །དེ་གཉིས་མཚུངས་པའི་གོ་སྐབས་མེད། །དགེ་བའི་ལས་ཀྱི་རྣམ་སྨིན་གང་། །མཐོ་རིས་ཁོ་ནར་མི་དགེ་བའི། །ལས་ཀྱི་རྣམ་སྨིན་ངན་འགྲོར་ངེས། །གཉིས་ཀའི་རྒྱུ་མཐུན་འབྲས་བུ་ནི༑ །གཉིས་ཀའི་རྟེན་ལ་འདྲེས་མར་འབྱུང་། །དེ་ཕྱིར་རྣམ་སྨིན་འདྲེས་མར་གསུངས། །འདི་ལ་རྣམ་སྨིན་བཤད་པ་ཡང་། །རྣམ་སྨིན་དངོས་ཀྱི་ཁྱད་པར་ཙམ། །ཡིན་པར་དགོངས་ནས་བཏགས་པ་ཡིན། །དེ་ལྟ་མིན་ན་རིག་པ་དང་། །འགལ་བ་ལ་སོགས་གནོད་བྱེད་སོམས། །དེ་ཡང་མདོ་ཙམ་བརྗོད་པར་བྱ། །རྣམ་སྨིན་ཞེས་པ་སྒྲ་ཇི་བཞིན། །བཟུང་ན་རྣམ་སྨིན་མི་གཡོ་བས། །མི་གཡོ་བ་ཡི་ལས་ཡིན་པར། །དེ་ཡང་འདོད་པར་བྱ་བ་སྟེ། །གང་ཕྱིར་ས་ནི་དེ་དག་ཏུ། །ལས་རྣམས་སྨིན་ཕྱིར་མི་གཡོའི་ཕྱིར། །འགྲེལ་པར། འདོད་པ་ན་སྤྱོད་པའི་ལས་ནི་རྣམ་པར་སྨིན་པའི་ཕྱིར་གཡོ་བ་ཡིན་ནོ། །ཇི་ལྟར་གཡོ་ཞེ་ན། རྣམ་པར་མི་གནས་པའི་ཕྱིར། འགྲོ་བ་གཞན་པ་ཡང་འགྲོ་བ་གཞན་དུ་རྣམ་པར་སྨིན་པར་འགྱུར་བ་ལ་ལྷའི་རིས་གཞན་པ་ཡང་ལྷའི་རིས་གཞན་དུ་རྣམ་པར་སྨིན་པར་འགྱུར་ཏེ། བོང་ཚོད་དང་སྟོབས་དང་ཁ་དོག་དང་བདེ་བ་དང་། ལོངས་སྤྱོད་ལ་སོགས་པར་འགྱུར་བའི་ལས་ལྷ་དག་གི་ནང་དུ་རྣམ་པར་སྨིན་པར་འགྱུར་པ་གང་ཡིན་པ་དེ་ཉིད། རེས་འགའ་རྐྱེན་གཞན་གྱི་དབང་གིས་མི་དང་དུད་འགྲོ་དང་ཡི་དྭགས་དག་གི་ནང་དུ་རྣམ་པར་སྨིན་པར་འགྱུར་རོ། །ཞེས་རྒྱུ་མཐུན་གྱི་འབྲས་བུ་ལ་བཤད་པ་ལྟར་རོ། །ཅེས་སོགས་རྒྱ་ཆེར་བཤད་ཕྱིར་རོ། །

གལ་ཏེ་འདོད་ན་ཁྱེད་ཅག་ནི། །རྫོགས་སངས་རྒྱས་ལས་མཁས་པ་ཞིག །གོར་མ་ཆག་གོ་སངས་རྒྱས་ཀྱིས། །དྲན་པ་ཉེར་གཞག་མདོ་སྡེ་ལས། །འདོད་པའི་དགེ་བའི་ལས་གང་གིའང་། །རྣམ་སྨིན་གཞན་དུ་གཡོ་མི་སྲིད། །ཅེས་ནི་གསལ་བར་བཤད་པ་དང་། །འདོད་ཁམས་དགེ་བའི་ལས་ཐམས་ཅད། །བསོད་ནམས་ལས་ཡིན་མི་གཡོ་བའི། །ལས་མིན་ཞེས་ཀྱང་གསུངས་པའི་ཕྱིར། །འགལ་བ་ཞལ་བཞེས་ཁྱེད་ཅག་ལ། །འགལ་དང་འབྲེལ་པ་གང་ལ་མངའ། །གཟུགས་མེད་དགེ་རྣམས་འདིར་བཤད་པའི། །ལས་སུ་མི་བསྡུས་པ་ཡི་དོན། །སྐྱེ་སྲིད་བར་སྲིད་གཉིས་ལྡན་པའི། །རྣམ་སྨིན་བསྐྱེད་པའི་དབང་བྱས་ཤིང་། །གང་དུ་སྒོ་གསུམ་ལས་ཡོད་པར། །དབང་དུ་མཛད་པར་འགྲེལ་པར་འབྱུང་། །མངོན་པ་ཀུན་ལས་བཏུས་པ་ལས། །མི་དགེ་བ་དང་ཁམས་གསུམ་པའི། །དགེ་བ་གཉིས་ལ་རིམ་བཞིན་དུ། །ལས་གནག་རྣམ་སྨིན་གནག་པ་དང་། །ལས་དཀར་རྣམ་སྨིན་དཀར་བ་དང་། །ལས་ཀྱང་འདྲེས་མ་རྣམ་པར་སྨིན། །འདྲེས་མ་མི་གནག་དཀར་བའི་ལས། །ཟག་མེད་ལས་དེ་གཉིས་རིམ་བཞིན། །བསམ་པ་གནག་ལ་སྦྱོར་བ་དཀར། །སྦྱོར་བས་གནག་ལ་བསམ་པ་དཀར། །སྦྱོར་དང་བར་ཆད་མེད་པ་ཡིས། །ལམ་གྱིས་བསྡུས་པའི་ཟག་མེད་ལས། །དེ་ལྟར་གཉིས་དཀར་རྣམ་བཞི་བཤད། །གསུམ་པ་ལ་ཡང་གཉིས་ཕྱེ་ནས། །གཞུང་འདིར་བཞི་རུ་མཛད་པར་མངོན། །ལས་འབྲས་འཆད་པའི་སྐབས་ཡིན་པས། །

ཟག་མེད་ལས་རྣམས་མ་བསྡུས་སོ། །ཇི་ལྟར་བཤད་པའི་དོན་རྣམས་ཀྱང་། །ཞིབ་མོའི་བློ་ཡི་རྣམ་པར་དབྱེ། །ཆོས་མངོན་མཛོད་ཀྱི་ལུགས་ལྟར་ན། །དུས་ཀྱི་ཀུན་སློང་དགེ་བ་དང་། །མི་དགེ་བ་དང་ལྡན་ཅིག་པའི། །རིམ་བཞིན་ལུས་ངག་མི་དགེ་དང་། །དགེ་བ་གཉིས་ཀ་འབྱུང་བ་ལ། །འགལ་བ་ཡོད་པ་མ་ཡིན་ཏེ། །ལུས་དང་ངག་གི་ལས་ཐམས་ཅད། །གཟུགས་ཅན་ཁོ་ན་ཡིན་ཕྱིར་རོ། །དེ་ཡང་རིག་བྱེད་ཡིན་མིན་གཉིས། །ངེས་ཤིང་རིག་བྱེད་གཟུགས་རྣམས་ཀྱང་། །དབྱིབས་དང་བརྡག་བྱ་རང་མཚན་ཡིན། །རིག་བྱེད་མིན་པའི་གཟུགས་རྣམས་ནི། །བསྟན་མེད་ཐོགས་པ་མེད་པ་དང་། །དགེ་དང་མི་དགེ་གཉིས་སུ་ངེས། །རྒྱུ་ཡི་ཀུན་སློང་དགེ་བ་ལས། །དུས་ཀྱི་ཀུན་སློང་དགེ་མི་དགེ། །ལུང་བསྟན་མིན་པ་གསུམ་ཀ་ཡོད། །གཞན་གཉིས་ལ་ཡང་དེ་བཞིན་ནོ། །འདིར་ནི་གོང་མའི་གཞུང་བཞིན་འདོད། །ལས་དཀར་ཞེས་པ་དགེ་བ་དང་། །ལས་གནག་ཅེས་པའང་མི་དགེ་བར། །འཆད་པ་གཞུང་དེའི་དགོངས་པ་མིན། །གཅིག་ཏུ་ཉོན་མོངས་རྣམ་བྱང་དང་། །རྣམ་སྨིན་འདོད་དང་མི་འདོད་པ༑ ༑ཡིན་ཕྱིར་མ་འདྲེས་ལས་སུ་གསུངས། །

ཟག་པ་མེད་པའི་ལས་ནི་ལས་གསུམ་པོ་དེ་དག་ཟད་པར་བྱེད་ཅིང་སྤོང་བ་ཡིན་ནོ། །དེ་ནི་ཉོན་མོངས་པ་ཅན་མ་ཡིན་པའི་ཕྱིར་མི་གནག་པའོ། །རྣམ་པར་སྨིན་པ་དཀར་པོ་ཉིད་མེད་པའི་ཕྱིར་མི་དཀར་བའོ། །མི་དཀར་ཞེས་བྱ་བའི་སྒྲ་ཉིད་ནི་དགོངས་པ་ཅན་ཡིན་ཏེ། བཅོམ་ལྡན་འདས་ཀྱིས་སྟོང་པ་ཆེན་པོའི་མདོ་ལས། མི་སློབ་པའི་ཆོས་ལས་བརྩམས་ཏེ་ཀུན་དགའ་བོ་ཆོས་འདི་དག་ནི་གཅིག་ཏུ་དཀར་བ་གཅིག་ཏུ་དགེ་བ། གཅིག་ཏུ་ཁ་ན་མ་ཐོ་བ་མེད་པ་ཡིན་ནོ། །ཞེས་གསུངས་སོ། །བསྟན་བཅོས་ལས་ཀྱང་། ཆོས་དཀར་པོ་རྣམས་གང་ཞེ་ན། དགེ་བའི་ཆོས་རྣམས་དང་མ་སྒྲིབ་ལ་ལུང་དུ་མ་བསྟན་པ་རྣམས་ཡིན་ནོ་ཞེས་འབྱུང་ངོ་། །ཞེས་མཛོད་འགྲེལ་ལས་བཤད་པ་ལྟར་ལས་ཀྱང་། དཀར་བའི་ལས་ལ་དགེ་བ་ཡིན་མི་དགོས་པར་གསལ་ལོ། །

།གསོད་ཕྱིར་སྦྱིན་པ་གཏོང་བ་སོགས། །རྒྱུ་ཡི་ཀུན་སློང་མི་དགེ་ཕྱིར། །དགེ་བ་ཡིན་པ་ག་ལ་རིགས། །དགེ་བ་སྦྱོར་དང་འཇུག་བཅས་རྣམས། །ཆགས་སྡང་གཏི་མུག་མེད་ལས་བསྐྱེད། །ཞེས་གསུངས་འདི་ལ་ཚད་མ་ཡིན། །དགེ་བ་ཡིན་ན་སྦྱིན་པ་ཡིས། །དགེ་བའི་ལས་སུ་ཅིས་མ་འཐད། །དེ་ལྟ་མིན་ན་ཆོས་བཞི་དང་། །ལྡན་པར་འདོད་དགོས་དེ་འདོད་ན། །རྒྱུ་ཡི་ཀུན་སློང་དགེ་བར་འགྱུར། །དགེ་རྩའི་གཞི་ལས་བྱུང་ཕྱིར་རོ། །

ཆོས་བཞི་པོ་ནི་འདི་ཡིན་ཏེ། །དགེ་རྩ་གསུམ་ནི་འདི་ཡིན་ནོ། །དེ་དང་མཚུངས་ལྡན་སེམས་པ་དང་། །ནོར་སོགས་སྦྱིན་བྱའི་དངོས་པོ་དང་། །གཏོང་ཆེ་ལུས་ངག་ངོ་བོ་ཉིད། །གཞི་ནི་རྒྱུ་ཡི་ཀུན་སློང་དང་། །སེམས་པ་དེ་དུས་ཀུན་སློང་འདོད། །རྒྱུ་ཡི་ཀུན་སློང་མི་དགེ་བའི། །ཚནས་འབྲས་བུ་མི་འདོད་དང་། །དེ་ཡི་དུས་ཀྱི་ཀུན་སློང་དང་། །མཚུངས་ལྡན་ལུས་ངག་གཉིས་ཀའི་ལས། །ཉོན་མོངས་ཅན་ནི་མ་ཡིན་པའི། །ཆནས་ལས་དཀར་ཞེས་ཀྱང་བཤད། །མང་པོ་སྐྱབས་ཕྱིར་གསོད་པ་སོགས། །རྒྱུ་ཡི་ཀུན་སློང་དགེ་ཡིན་ཕྱིར། །མི་དགེ་བར་ནི་ག་ལ་

འགྱུར། །དེ་ཡི་འཐད་པའང་འདི་ལྟར་ཡིན། །ལས་ལ་རྣམ་གཉིས་སེམས་པ་དང་། །བསམ་པའི་ལས་དེ་སེམས་པ་ནི། །ལུས་ངག་དགེ་དང་མི་དགེ་བའི། །ལས་ཀྱི་རྒྱུ་ཡི་ཀུན་སློང་དང་། །སེམས་ནི་མངོན་པར་འདུ་བྱེད་པ། །ཡིད་ཀྱི་ལས་ཡིན་བསམ་པ་ནི། །སྒོ་གསུམ་ལས་ཀྱི་དེ་དུས་ཀྱི། །ཀུན་སློང་སེམས་བྱུང་སེམས་པའོ། །

སེམས་པ་ལ་གསུམ་བསམ་པ་ལའང་། །ལུས་དང་ངག་དང་ཡིད་གསུམ་མོ། །དེ་ཡང་དགེ་དང་མི་དགེ་གཉིས། །མི་དགེ་བ་ལ་ལས་ལམ་བཅུ། །སྲོག་གཅོད་པ་ལ་སོགས་པ་རྣམས་ཀྱི་མཚན་ཉིད་ནི། གཞི་དང་། བསམ་པ་དང་། སྦྱོར་བ་དང་། ཉོན་མོངས་པ་དང་། ཟིན་པར་བྱས་ཀྱང་རིག་པར་བྱའོ། །ཞེས་གསུངས་སོ། །དེ་ཡང་ཡན་ལག་ལྔ་ལྔ་ཡི། །མཚན་ཉིད་རྫོགས་པར་བཤད་པས་ན། །དེ་ལ་གཞི་ནི་སེམས་ཅན་དང་། །སེམས་ཅན་མིན་པ་ལ་སོགས་ཡིན། །བསམ་པ་ལ་གཉིས་འདུ་ཤེས་ལ། །དེ་ལ་དེར་ཤེས་ལ་སོགས་བཞི། །བྱེད་པར་འདོད་པའི་བསམ་པ་ལ། །འདུ་ཤེས་ཕྱིན་ཅི་ལོག་མ་ལོག །སྒོ་གསུམ་སྦྱོར་བའི་རྩོམ་པ་ནི། །སྦྱོར་བ་ཉོན་མོངས་དུག་གསུམ་མོ། །ཟིན་པར་བྱས་པ་མཐར་ཐུག་སྟེ། །མངོན་པར་འདོད་པའི་ལས་དེ་ཉིད། །དེ་འབྲེལ་སྦྱོར་བས་དེ་ཚེའམ། །དེ་ཡི་འོག་ཏུ་རྫོགས་ཀྱང་རུང་། །དེ་ལྟར་ལས་ལམ་བཅུ་པོ་ཡི། །མཚན་ཉིད་རྣམ་པར་བཞག་པ་ཡིན། །དེ་ལ་སྲོག་གཅོད་པ་ཡི་གཞི། །སྲོག་དང་ལྡན་པའི་སེམས་ཅན་ཏེ། །འདུ་ཤེས་པ་ཡི་བསམ་པ་ལ། །སྲོག་ཆགས་དེ་ལ་དེར་འདུ་ཤེས། །གསོད་འདོད་འདུ་ཤེས་མ་འཁྲུལ་བ། །འདུ་ཤེས་ཕྱིན་ཅི་མ་ལོག་པ། །དེ་ལ་བརྟེན་ནས་འདི་བསད་བྱ། །སྙམ་དུ་སེམས་ལ་བྱེད་འདོད་སེམས། །ཉོན་མོངས་པ་ནི་དུག་གསུམ་སྟེ། །སྦྱོར་དང་མཐར་ཕྱིན་ཀུན་སློང་གཉིས། །རིམ་བཞིན་བཤད་པ་རིག་པར་བྱ། །བསམ་པ་དེ་དང་ཉོན་མོངས་ཅན། །སེམས་ཀྱིས་སྦྱོར་ཞིང་མཚོན་འདེབས་ཚེ། །དེ་རྐྱེན་པོ་ནས་དེ་ཉིད་དམ། །གཞན་དུ་ཤི་ཚེ་དེ་ཉིད་འགྲུབ། །སྲོག་གཅོད་ལ་སོགས་ལུས་ངག་གི། །རིག་བྱེད་སྲོག་གཅོད་སོགས་ཡིན་ཡང་། །ལས་ཀྱི་ལམ་ནི་བཏགས་པ་བ། །དེ་རྣམས་དང་ནི་ལྷན་ཅིག་ཏུ། །འཇུག་པའི་སེམས་བྱུང་སེམས་པ་ནི། །སྲོག་གཅོད་ལ་སོགས་ལུས་ངག་གི། །བྱ་བ་དེ་དང་དེ་ལ་སྦྱོར། །དེ་ཕྱིར་སྲོག་གཅོད་ལ་སོགས་པའི། །ལས་ཀྱི་ལམ་ནི་དངོས་ཡིན་ཏེ། །སྲོག་གཅོད་སོགས་སུ་ཉེ་བར་བཏགས། །སྲོག་གཅོད་སྤོང་བ་ལ་སོགས་པའི། །དགེ་བ་བཅུ་ལའང་དེ་བཞིན་སྦྱར། །ཡན་ལག་ལྔ་ལས་གཅིག་མེད་ན། །བཅུ་ཡི་མཚན་ཉིད་རྫོགས་མི་སྲིད། །དེ་ཡང་བཤད་པར་བྱ་ཡི་ཉོན། །ཉོན་མོངས་ཅན་གྱི་སེམས་ཡོད་ལ། །གཞི་ལ་དེར་ནི་འདུ་ཤེས་པའི། །བསམ་པ་ཀུན་ཏུ་མ་སྤྱད་ན། །བསམ་སྦྱོར་ཡན་ལག་མ་ཚང་ཕྱིར། །མཐར་ཐུག་གྲུར་ཀྱང་ལམ་མི་རྫོགས། །ཉོན་མོངས་ཅན་གྱི་སེམས་ཡོད་ཅིང་། །དེ་ཡིས་བསམ་པ་ཡོད་གྱུར་ཀྱང་། །ལས་ནི་ཀུན་ཏུ་མ་སྤྱད་པས། །མཐར་ཐུག་གྲུབ་པར་མ་བྱས་ན། །ཀུན་སློང་ཙམ་ལས་སྦྱོར་བ་དང་། །དངོས་གཞིའི་ལས་ནི་མ་ཚང་བས། །

ལས་ལམ་དངོས་ནི་ག་ལ་འབྱུང་། །ཡན་ལག་གཞན་རྣམས་ཚང་ན་ཡང་། །འོན་ཏེ་ཟིན་པར་མ་བྱས་ན། །དངོས་གཞི་མེད་ཕྱིར་རྫོགས་པ་མེད། །ཉོན་མོངས་ཅན་གྱི་སེམས་དང་ལྡན། །དེ་ལ་དེར་ནི་འདུ་ཤེས་པའི། །བསམ་པས་གལ་ཏེ་གཞན་བསད་ན། །ལས་ལམ་དངོས་གཞི་མི་འབྱུང་སྟེ། བསམ་སྦྱོར་གཉིས་པོ་འཛོལ་ཕྱིར་རོ། །ལྷག་མ་དགུ་ལའང་སྔ་མ་བཞིན། །རྒྱུ་ཡི་ཀུན་སློང་དགེ་བ་ཡི། །ཆ་ནས་འབྲས་བུ་འདོད་པ་དང་། །དེ་ཡི་དུས་ཀྱི་ཀུན་སློང་གིས་ཤེས་པ་ཉོན་མོངས་པ་ཅན་དང་། །མཚུངས་པར་ལྡན་པའི་ལུས་ངག་གཉིས་ཀྱི་ལས། །ཉོན་མོངས་ཅན་ཡིན་དེ་ཆ་ནས། །ལས་ནག་རྣམ་སྨིན་དཀར་བར་གསུངས། །དེས་ན་ལས་དཀར་རྣམ་སྨིན་ནག །ལས་ནག་རྣམ་སྨིན་དཀར་ཞེས་པ། །རིམ་བཞིན་ཉོན་མོངས་ཅན་མིན་དང་། །དེ་ལས་བཟློག་པ་ཙམ་ལ་དགོངས། །དགེ་བའི་ལས་རྣམས་ཐམས་ཅད་ལ། །དུས་ཀྱི་ཀུན་སློང་དགེ་བར་ངེས། །རྒྱུ་ཡི་ཀུན་སློང་དགེ་བ་དང་། །ཉོན་མོངས་པ་ཅན་གཉིས་ཀ་སྲིད། །དེ་ཡང་ལུང་མ་བསྟན་ཡིན་གྱི། །མི་དགེ་མེད་པར་ངེས་པ་ཡི། །འཐད་པའང་གོང་དུ་བཤད་ཟིན་ཏོ། །

མི་དགེ་ལས་རྣམས་གང་ཡིན་ལ། །དེ་དུས་ཀུན་སློང་མི་དགེར་ངེས། །རྒྱུ་ཡི་ཀུན་སློང་ཆགས་པ་དང་། །ཞེ་སྡང་གཏི་མུག་གསུམ་དུ་ངེས། །སྲོག་གཅོད་མི་དགེའི་ལས་རྣམས་དང་། །ཚིག་རྩུབ་གནོད་སེམས་གསུམ་པོ་ནི༑ །རྒྱུ་ཡི་ཀུན་སློང་གསུམ་པོ་ལས། །གང་རུང་དེ་དུས་ཀུན་སློང་ནི། །ཞེ་སྡང་ཁོ་ན་ཡིན་པ་ངེས། །མ་བྱིན་ལེན་དང་ལོག་གཡེམ་དང་། །བརྣབ་སེམས་མི་དགེའི་ལས་ལམ་གང་། །རྒྱུ་ཡི་ཀུན་སློང་སྔ་མ་བཞིན། །དུས་ཀྱི་ཀུན་སློང་གཏི་མུག་ཡིན། །དེ་དུས་ཀུན་སློང་ཆགས་པར་ངེས། །རྫུན་གྱི་ངག་ཀྱལ་ཕྲ་མ་ཡིས། །ལས་ལ་གསུམ་གྱི་ཀུན་སློང་ནི། །དང་པོ་སྟར་བཞིན་ཀུན་སློང་གཉིས་པ་དེ་དང་པོ་ཀུན་སློང་ལ། །གཉིས་པོ་གང་རུང་ཡིན་པར་ངེས། །ལོག་ལྟའི་རྒྱུ་ནི་སྔ་མ་བཞིན། །དུས་ཀྱི་ཀུན་སློང་གཏི་མུག་ཡིན། །དེ་ལའང་གལ་ཏེ་འདི་སྐད་དུ། །ཀུན་སློང་གཉིས་ལས་རྒྱུ་གཙོ་འམ། །འོན་ཏེ་གཉིས་པ་གཙོ་བོ་བཟུང་། །དང་པོ་ལྟར་ན་ལས་དཀར་དང་། །རྣམ་སྨིན་གནག་པའི་ལས་གང་དེ། །མི་དགེ་འགྱུར་ཏེ་རྒྱུ་དུས་ཀྱི། །ཀུན་སློང་མི་དགེ་ལས་སྐྱེས་ཕྱིར། །གཉིས་པ་ལྟར་ན་ལས་གནག་དང་། །རྣམ་སྨིན་དཀར་བ་གང་མི་དགེར་འགྱུར། །དེ་དུས་ཀུན་སློང་སྡིག་ཡིན་ཕྱིར། །ཞེ་ན་ཆོས་མངོན་མཛོད་ལས་ནི། །འདི་དོན་ལེགས་པར་སྤྱོད་པ་དང་། །ལན་གྱིས་སྒྲོན་ནས་གཏན་ལ་དབབ། །འདིར་ནི་སྟར་བཞིན་བཟུང་བར་བྱ། །རིན་ཆེན་ཕྲེང་བའི་ལུང་དེ་ནི། །མཚན་གཞི་འཆད་པའི་གཞུང་དུ་གསལ། །དེ་ཕྱིར་དགེ་རྩ་གསུམ་པོ་ཡིས། །བསྐྱེད་པའི་ལས་རྣམས་དགེ་བ་དང་། །ཀུན་སློང་གཉིས་ཀ་མི་དགེ་བའི། །རྩ་བ་གསུམ་གྱིས་བསླངས་པ་ཡིས། །ལས་རྣམས་ཐམས་ཅད་མི་དགེ་བ། །ཡིན་ཞེས་འཆད་ནའང་དགོངས་པར་རུང་། །རྒྱུ་ཡིས་ཀུན་སློང་སྡིག་པ་ལ། །དུས་ཀྱི་ཀུན་སློང་དགེ་བ་ནི། །མངོན་པའི་གཞུང་ནས་བཤད་པ་མེད། །དུས་ཀྱི་ཀུན་སློང་

གང་ཡིན་པ། །ལས་དེ་ཉིད་དང་ལྡན་ཅིག་ཏུ། །འབྱུང་བ་མངོན་པ་སྤྱི་ཡི་ལུགས། །འབྲེལ་པས་དགེ་བ་དང་། འབྲེལ་བས་མི་དགེ་བ་ཞེས་བཤད་པ་ལྟར་རོ། །ཇི་སྐད་དུ། འབྲེལ་པས་དགེ་བ་གང་ཞེ་ན། དེ་དང་མཚུངས་པར་ལྡན་པ་རྣམས་སོ། །ཞེས་དགེ་བའི་ལས་ལ་བཅུ་དང་མཚུངས་ལྡན་གྱི་རྣམ་ཤེས་དྲུག་དང་སེམས་བྱུང་ཀུན་འགྲོ་ལྔ་དང་ཡུལ་ངེས་ལྔ་ཡིན་ལ་ཀུན་སློང་ནི་སེམས་པ་ཉིད་དང་། འབྲེལ་བས་མི་དགེ་བ་གང་ཞེ་ན། ཉོན་མོངས་པ་དང་ཉེ་བའི་ཉོན་མོངས་པ་དེ་ཉིད་དང་མཚུངས་པར་ལྡན་པའི་ཆོས་རྣམས་སོ། །ཞེས་འདོད་ཁམས་ཀྱི་མཐོང་སྤང་གི་ཉོན་མོངས་རིལ་པོ་དང་། སྒོམ་སྤང་གི་ཉོན་མོངས་པ་ལ་ལུས་ངག་གི་ཉེས་སྤྱོད་ཀུན་ནས་བསླང་བའི་ཉོན་མོངས་དང་ཉེ་ཉོན་རྣམས་དང་མཚུངས་པར་ལྡན་པའི་རྣམ་ཤེས་ཚོགས་དྲུག་དང་སེམས་བྱུང་ཀུན་འགྲོ་ལྔ་དང་ཡུལ་ངེས་ལྔ་ལ་རིམ་པ་ལྟར་མཚུངས་ལྡན་གྱི་དགེ་བ་དང་མི་དགེ་བར་བཤད་ཅིང་ཀུན་སློང་ནི་སེམས་པའོ། །ཚད་པ་དང་མ་ཚད་པའི་དོན་ཡང་། ངག་གི་རིག་བྱེད་དང་དེའི་རྒྱུའི་ཀུན་སློང་གཉིས་ཀྱི་བར་དུ་ཡིན་ལ། ཀུན་སློང་གཉིས་ཀ་མཐོང་སྤང་ཡིན་པའམ། གཉིས་ཀ་སྒོམ་སྤང་ཡིན་ན་མ་ཚད་པ་དང་། དང་པོ༑ མཐོང་སྤང་དུས་ཀྱི་ཀུན་སློང་སྒོམ་སྤང་ཡིན་ན་ཚད་པ་ཞེས་བྱའོ། །ཁྱད་པར་མཚུངས་པར་ལྡན་པ་ནི། །མངོན་པ་གོང་མའི་གཞུང་ལས་བཤད། །སློང་བའི་དགེ་བ་ཞེས་པ་ཡང་། །དགེ་བའི་སེམས་པ་དེས་ཀུན་ནས་བསླང་བའི་ལུས་ངག་གི་ལས་ལ༑ སློང་བའི་དགེ་བ་ཞེས་བཤད་དེ། ཇི་སྐད་དུ། སློང་བས་དགེ་བ་གང་ཞེ་ན་དེ་ཀུན་ནས་བསླང་བའི་ལུས་ངག་གི་ལས་སོ། །ཞེས་སོ། །

འདི་ལས་གཞན་དུ་བཟུང་མི་བྱ། །དེ་ཡི་འཐད་པ་སྔར་བཤད་ཟིན། །

དེ་ལྟར་བྱས་ན་བསོད་ནམས་དང་། །མི་གཡོ་འདུ་བྱེད་ལས་དག་ནི། །རྒྱུ་ཡི་ཀུན་སློང་མ་རིག་པའང་། །དེ་ཉིད་དོན་ལ་རྨོངས་པར་ངེས། །བསོད་ནམས་མིན་པའི་འདུ་བྱེད་ཀྱི། །ཀུན་སློང་མ་རིག་གཉིས་པར་འདོད། །མི་དགེ་ལས་རྣམས་རྒྱུ་དུས་ཀྱི། །ཀུན་སློང་ཆགས་སྡང་གཏི་མུག་གསུམ། །མི་དགེ་ཡིན་ཕྱིར་དང་པོ་མེད། །འདོད་ན་འདོད་ཆགས་ཁོང་ཁྲོ་དང་། །རྨོངས་རྣམས་མི་དགེའི་རྩ་བ་ཡིན། །ཞེས་གསུངས་པ་ཡང་འདི་ལ་དགོངས། །འཕེན་བྱེད་རྒྱུ་ཡི་ཀུན་སློང་དང་། །འགྲུབ་བྱེད་དེ་དུས་ཀུན་སློང་དུ། །དོན་གྱིས་གསུངས་པ་ཡོད་ན་ཡང་། །རྒྱུ་དང་དུས་ཀྱི་ཀུན་སློང་ནི། །འཕེན་འགྲུབ་རྒྱུ་ཡི་གཙོ་བོ་ཞེས། །མངོན་པའི་གཞུང་ལས་བཤད་པ་མེད། །རྒྱུ་དང་དུས་ཀྱི་ཀུན་སློང་ལ། །མུ་བཞི་བརྩི་བ་འོག་མའི་ལུགས། །འཕེན་འགྲུབ་གཉིས་ལ་དེ་ལྟར་མེད། །རྒྱུ་དང་དེ་དུས་ཀུན་སློང་གཉིས། །རེ་རེ་ལ་ཡང་འཕེན་བྱེད་དང་། །འགྲུབ་བྱེད་ཡོད་པར་མངོན་པ་ལས། །ཤིན་ཏུ་གསལ་བར་འབྱུང་བའི་ཕྱིར། །འཕེན་བྱེད་རྒྱུ་དང་འགྲུབ་བྱེད་རྒྱུ། །ཡིན་པར་འགྱུར་ཏེ་འཕེན་འགྲུབ་ཀྱི། །རྒྱུ་ཡི་གཙོ་བོ་ཡིན་ཕྱིར་རོ། །འདི་ལ་རྣལ་མའི་ལན་མེད་དོ། །ཇི་ལྟར་བཤད་པའི་ཚུལ་གོ་ན། །རིགས་པའི་གནས་རྣམས་རང་གྲོལ་འགྱུར། །དྲི་བའི་གཞུང་ལས་རྒྱུ་མཐུན་རྒྱུར། །ཞེས་པའི་ཐ་སྙད་འཁྲུལ་པ་སྟེ། །མངོན་པ་གོང་འོག་གང་དུ་ཡང་། །བྱེད་རྒྱུ་ལ་སོགས་རྒྱུ་དྲུག་གི། །ཐ་སྙད་འབྱུང་གི་རྒྱུ་མཐུན་རྒྱུ། །ཞེས་པ་མངོན་པའི་ལུང་ནས

མེད། །བྱེད་རྒྱུ་ལྷན་ཅིག་འབྱུང་བ་དང་། །སྐལ་མཉམ་མཚུངས་པར་ལྡན་པ་དང་། །ཀུན་ཏུ་འགྲོ་དང་རྣམ་སྨིན་ནི། །རྒྱུ་ནི་རྣམ་པ་དྲུག་ཏུ་འདོད། །ཅེས་དང་རྐྱེན་བཞི་འཆད་པ་ན། །རྐྱེན་ནི་བཞི་པོ་དག་ཏུ་གསུངས། །ཞེས་དང་རྒྱུ་མཐུན་འབྲས་བུ་དང་། །སྐྱེས་བུ་བྱེད་པའི་འབྲས་ལ་སོགས། ལྷ་དང་འདུས་མ་བྱས་ལ་སོགས། ཆོས་རྣམས་ཐམས་ཅད་བྱེད་རྒྱུ་ཞེས། །མངོན་པ་འོག་མའི་ལུགས་ཡིན་ནོ། །ཀུན་ལས་བཏུས་ལས་རྐྱེན་བཞི་ཡི། །བཤད་པ་ཡོད་ཀྱང་འབྲས་བུ་ལྔའི། །བཤད་པ་གསལ་པོ་མི་འབྱུང་ལ། །དེ་ལྟར་བཞི་ཡི་རྒྱུ་རྐྱེན་ལ། །རྒྱུ་དྲུག་རྣམ་པར་བཞག་པ་མཛད། །དེ་ཡང་ངོ་བོ་ཉིད་གྲོགས་དང་། །མཐུན་པར་རྟོགས་དང་རྒྱས་པ་དང་། །བར་དུ་གཅོད་དང་ཡོངས་སུ་འཛིན། །བྱེད་རྒྱུ་ལ་ཡང་ཉི་ཤུ་སྟེ། །འབྱུང་བའི་བྱེད་རྒྱུ་དང་གནས་པའི་བྱེད་རྒྱུ་དང་། །ཀ་ལ་ཏེ་

ལུས་ངག་གི་ལས་དགེ་བ་ལ་སོགས་པར་འཇོག་པ་ཀུན་སློང་གང་གི་དབང་གིས་ཡིན། དང་པོར་ལྟར་ན། འདོད་པར་སྒྲིབས་པའི་རིག་བྱེད་ཡོད་པར་ཐལ། འཇིག་མཐར་དང་མཚུངས་ལྡན་གྱི་རྒྱུའི་ཀུན་སློང་བྱས་པའི་རིག་བྱེད་ཡོད་པའི་ཕྱིར་ཏེ། མཐོང་བས་སྤང་བྱའི་རྣམ་ཤེས་ནི། །རབ་ཏུ་འཇུག་བྱེད་ཡིན་ཞེས་སོ། །གཉིས་པ་ལྟར་ན། མི་དགེ་བ་ཡིན་པའི་སོ་ཐར་སྡོམ་པ་ཡོད་པར་ཐལ། །དུས་ཀྱི་ཀུན་སློང་མི་དགེ་བ་ཡིན་པའི་སོ་ཐར་སྡོམ་པ་ཡོད་པའི་ཕྱིར་ཞེ་ན། ཉེས་པ་མེད་དེ། སྤང་བྱ་རིས་འགྲེ་བ་གཞན་གྱིས་མ་ཆོད་ན་དང་པོ་གཙོ་ལ་མཆོད་ན་གཉིས་པ་གཙོ་བས་སོ། །དེས་ན་གཞན་ལ་བདག་ཡོད་དེ་ཞེས་བསྟན་པར་བྱའོ། །ལྟམ་པ་མཐོང་སྤང་གི་སེམས་སྔོན་དུ་སོང་ཡང་། དེའི་རྗེས་སུ་བསྒོམ་སྤང་གི་སེམས་ཁ་ཕྱིར་ལྟས་པ་རྟོག་དཔྱོད་དང་བཅས་པས་ངག་སྨྲ་བར་བྱེད་པའི་ཕྱིར། འདོད་པར། སྒྲིབ་ལ་ལུང་མ་བསྟན་པའི་རིག་བྱེད་

མེད་དོ། །རྟེན་པའི་བྱེད་རྒྱུ་དང་གསལ་བའི་བྱེད་རྒྱུ་འགྱུར་བའི་བྱེད་རྒྱུ་འབྲལ་བའི་བྱེད་རྒྱུ་དང་། །བསྒྱུར་བའི་བྱེད་རྒྱུ་དང་ཡིད་ཆེས་པ་དག་དང་། །ཡིད་ཆེས་པར་བྱེད་པའི་བྱེད་རྒྱུ་ཐོབ་པའི་བྱེད་རྒྱུ་དང་། །ཐ་སྙད་ཀྱི་བྱེད་རྒྱུ་དང་ལྟོས་པ་དང་། །འཕེན་པའི་བྱེད་རྒྱུ་དང་མངོན་པར་འགྲུབ་པ་བྱེད་རྒྱུ་དང་། །ཡོངས་སུ་འཛིན་པའི་བྱེད་རྒྱུ་དང་ཆུད་པར་བྱེད་པའི་བྱེད་རྒྱུ། །སོ་སོར་ངེས་པའི་བྱེད་རྒྱུ་དང་ལྷན་ཅིག་བྱེད་པའི་རྒྱུ། །མི་མཐུན་པའི་བྱེད་རྒྱུ་དང་དེ་མིན་ནོ། །དེ་ལྟར་བྱེད་རྒྱུ་ཉི་ཤུ་པོ། །འདུས་བྱས་ཁོ་ན་ཡིན་པ་དང་། །རྒྱུ་དྲུག་རྒྱུ་ཡི་རྐྱེན་ཡིན་པ། །མངོན་པ་གོང་མའི་ལུགས་ལ་སྣང་། །བྱེད་རྒྱུ་བདག་རྐྱེན་ཉིད་དང་ནི། །རྒྱུ་ལྷ་རྒྱུ་ཡི་རྐྱེན་ཡིན་པ། །མངོན་པ་འོག་མའི་ལུགས་ཡིན་ནོ། །འདྲི་བ་པོ་ལ་འཁྲུལ་པ་མེད། །འོན་ཀྱང་འཁོར་མང་ལྡན་པ་ཡི། །བླུན་པོ་མཁས་པར་འཚོས་པ་དག །ཕྱིན་ཅི་ལོག་གི་ལན་བྱས་ཞེས། །ཐོས་པས་བསྐུལ་ཕྱིར་མདོ་ཙམ་བཤད། །

ཆོས་དབྱིངས་དགེ་བ་མ་ཡིན་ན། །མངོན་རྟོགས་རྒྱན་དང་རྒྱུད་བླ་དང་། །དབུས་རྣམས་འབྱེད་པར་གསུངས་དེ་ཅི། །སྡིག་པ་མེད་ཙམ་ལ་དགོངས་ན། །མ་སྒྲིབ་ལུང་མ་བསྟན་ཀུན་ཅི། །ཞེས་པའི་དྲིས་ལན་བཤད་པར་བྱ། །དམིགས་པ་ཆོས་རྣམས་ཐམས་ཅད་དེ། །དེ་ཡང་དགེ་ལ་སོགས་པ་ཡིན། །འཇིག་རྟེན་པ་ཡི་རྟོགས་པ་

དང༌། །གང་དག་འཇིག་རྟེན་འདས་འདོད་དང༌། །འདི་མ་གཏོགས་ཆོས་དབྱིངས་དགེ་བ་ཡིན་པར་སྟོན་པའི་འཁྲུལ་གཞི་མེད་ལ༑ འདིའི་དོན་དེ་ལྟར་མ་ཡིན་ཏེ་རབ་དབྱེ་དང་ཇི་ལྟར་དམིགས་པའི་ཚུལ་ལོ། །དང་པོ་ལ་མདོར་བསྟན་རྒྱས་བཤད་དོ། །དང་པོ་ནི།ཟག་བཅས་ཟག་པ་མེད་ཆོས་དང༌། །གང་དག་འདུས་བྱས་འདུས་མ་བྱས། །སློབ་མ་ཐུན་མོང་ཆོས་རྣམས་དང༌། །གང་ཟག་ཐུབ་པའི་ཐུན་མོང་མིན། །ཞེས་གསུངས་པ་ནི་བསྡུ་བ་པ་ཡི། །དམིགས་པ་འཆད་པའི་སྐབས་ཡིན་ལ། །མདོ་ལས་རིགས་ཀྱི་དོན་བསྡུར། བྱང་ཆུབ་སེམས་དཔས་ཆོས་ཐམས་ཅད་རྟོགས་པར་བྱའོ། །ཞེས་གསུངས་པ་ལ། རབ་འབྱོར་གྱིས་ཆོས་ཐམས་ཅད་ནི་གང་ལགས་ཞེས་པའི་ལན་དུ། ཆོས་ཐམས་ཅད་ཅེས་བྱ་བ་ནི་དགེ་བ་དང་ཞེས་པ་ནས་ཐུན་མོང་མ་ཡིན་པ་དག་སྟེ་འདི་དག་ནི་ཆོས་ཐམས་ཅད་ཅེས་བྱའོ། །ཞེས་བྱ་བས་དམིགས་པ་རང་གི་ངོ་བོ་དང༌། དེ་དག་གང་ཡིན་དྲིས་པས་དེའི་ལན་དུ་སོ་སོར་གསུངས་སོ། །དག་ལྡན་ལས། དགེ་བ་ལ་སོགས་པ་ཞེས་བྱ་བ་ནི་དགེ་བ་དང་མི་དགེ་བ་དང་ལུང་དུ་མ་བསྟན་པའོ། །རྟོགས་པར་བྱ་བས་ན་རྟོགས་པ་སྟེ་དགེ་བ་ཞེས་བྱ་བའི་དོན་ནོ། །འཇིག་རྟེན་པ་དང་ཞེས་སོགས་དང༌། དེ་དག་གི་ཕུང་པོ་གཉིས་ཏེ་ལྟག་མ་ནི། རྟོགས་པར་སླའོ། །ཞེས་མདོ་ཉིད་ལ་བཤད་པ་མཛད་ལ། བྱང་ཕྱོགས་སོ་བདུན་ཞེས་བྱ་བ་ལ། འདིར་བྱང་ཆུབ་ནི་ཡང་དག་པར་རྫོགས་པའི་བྱང་ཆུབ་སྟེ། དེས་ན་ཐུན་མོང་མ་ཡིན་པ་ཉིད་དོ་ཞེས་བཤད་དོ། །དེ་ཡང་དང་པོས་མདོར་བསྟན་དང༌། །གཉིས་པས་ཅུང་ཟད་བཤད་པ་དང༌། །གསུམ་པོ་ཁོ་ནར་ངེས་སམ་ཅི། །ཞེས་པའི་ལན་དུ་ལྷག་མ་རྣམས། །འབྱུང་བར་ཉེ་ཁྲི་སྣང་བར་གསུངས། །

དེ་དམིགས་པ་རྣམས་ཀྱི་རེ་ཞིག་དང་པོར་ལ་དགེ་དང་མི་དགེ་དང༌། །ལུང་བསྟན་མིན་པ་རྣམ་གསུམ་གྱིས། །དམིགས་པ་ཀུན་ལ་ཁྱབ་པའི་ཕྱིར། །རྟོགས་དཀའ་བའི་སྣང་བ་ཉོན་ཐོས་སོགས་དང་ཐུན་མོང་སྤྱི་ཞེས་འགྲེལ་པ་གཉིས་སུ་སྦྱི་ཞེས་བྱ་བར་བརྗོད་པ་ཡིན། །དགེ་སོགས་གསུམ་ནི་མཚོན་བྱ་དང༌། །མཚན་གཞི་རིམ་བཞིན་དགེ་སྦྱོང་ཚུལ། །ཟག་མེད་བར་ཆད་མེད་དང་ཚུལ་ཁྲིམས་སོ། །ཉོན་མོངས་ཀུན་ནས་སློང་བ་ཡིས། །སྲོག་གཅོད་ལ་སོགས་ལས་ལམ་བཅུ། །ལུང་མ་བསྟན་གྱི་ལུས་ངག་དང༌། །ཡིད་ཀྱི་ལས་གསུམ་འགྲེལ་པས་བཤད། །དགེ་སོགས་གསུམ་པོ་དེ་དག་ཉིད་ལ། །འདི་གཉིས་གང་རུང་ཡིན་པ་ལ་དགེ་བས་ཁྱབ་པར་དག་ལྡན་ལས་བཤད་དོ། །འཇིག་རྟེན་འཇིག་རྟེན་འདས་པའི་ལམ། །འདི་ལ་སྒྲིབ་ལ་ལུང་མ་བསྟན་དང་མ་སྒྲིབ་ལུང་མ་བསྟན་དང༌། ཟག་བཅས་ཀྱི་དགེ་བ་དང་མི་དགེ་བ་བཞི་གང་ཡོད་པ་འདུས་བྱས་ཁོ་ནའོ། །འདུས་བྱས་པ་ནི་ཟག་མེད་ལམ་གྱི་དམིགས་པ་ཡིན་ལ། དེ་ཡང་དགེ་བ་དང་མི་དགེ་བ་མ་ཡིན་པར་ཙམ་ལ་ལུང་མ་བསྟན་ཞེས་ཉེ་བར་བཏགས་པའོ། །ཟག་བཅས་ཟག་པ་མེད་པ་དང༌། །དེ་ཡང་དགེ་བ་དང་མི་དགེ་བ་མ་ཡིན་པར་ཙམ་ལ་ལུང་མ་བསྟན་ཞེས་ཉེ་བར་བཏགས་པའོ། །འདུས་བྱས་འདུས་མ་བྱས་པ་དང༌། འབྲས་བུ་ཐུན་མོང་ཐུན་མོང་མིན། །འཇིག་རྟེན་པ་དང་སོགས་པས་འཇིག་རྟེན་ལས་འདས་པ་སོགས་ཀྱི་རྣམ་པ་གཉིས་པོའི་དབྱེ་བ་སྟེ་ཉུང་བཞིར་ཕྱེ་བ་ཉིད་ཀྱིས་སོ། །གཉིས་གཉིས་དབྱེ་བས་ཉུང་བཞི་ཡི། །བརྒྱད་དུ་འགྱུར་བས་བཅུ་གཅིག་གོ། །དེ་ཡང་བྱང་ཆུབ་སེམས་དཔའ་ལ། །བདག་གི་

དང་པོར་བླང་བྱ་དང་། །དོར་བྱ་བཏང་སྙོམས་གང་ཡིན་ནམ། །སྒོམ་པའི་བློ་གྲོས་སྐྱེ་བ་ལ། །ལྟོས་ནས་དགེ་སོགས་ཐོག་མ་དང་། །དེ་ནས་བླང་བྱ་ཉེར་བཟུང་ནས། །དང་པོར་བླང་བྱ་ཕྱིས་བླང་བྱ། །གང་ཡིན་སེམས་པ་ལ་ལྟོས་ནས། །འཇིག་རྟེན་པ་ལ་སོགས་པ་གཉིས། །འཇིག་རྟེན་འདས་པའི་ལམ་གང་གི། །སྤང་བྱ་གང་དང་ངོ་བོ་གང་། །སྒོམ་པའི་སེམས་པ་ལ་ལྟོས་ཏེ། །ཟག་བཅས་ལ་སོགས་རྣམ་པ་གཉིས། །ཟག་མེད་ལམ་གྱི་དམིགས་པ་གང་། །སྒོམ་པ་ལ་སེམས་ལྟོས་ནས་ནི། །འདུས་བྱས་ཀུན་རྫོབ་བདེན་པ་དང་། །འདུས་མ་བྱས་པ་དོན་དམ་གཉིས། །འདུས་མ་བྱས་ལ་དམིགས་པ་ཡི། །འབྲས་བུ་གང་ཡིན་སེམས་པ་ལ། །འབྲས་བུ་སོ་སོ་སྐྱེ་བོ་དང་། །ཐུན་མོང་པ་ཞེས་ལེ་བརྒྱད་མར། །བཤད་ཅིང་རྗེ་བཙུན་བྱམས་པ་ཡི། །སློབ་མ་ཐུན་མོང་ཆོས་རྣམས་དང་། །ཐུབ་པ་ཁོ་ནའི་ཐུན་མོང་མིན། །ཞེས་གསུངས་པས་ན་སྟུ་མ་དེ། །ཞར་བྱུང་ཙམ་ཡིན་གོ་བར་བྱ། །འཇིག་རྟེན་ལམ་གྱིས་བསྡུས་པ་ཡིས། །བྱིས་པའི་སྐྱེ་བོ་ཐམས་ཅད་ཀྱི། །རྒྱུད་དང་འགྲེལ་བའི་ཕུང་པོ་ལྔ། །ཁམས་དང་སྐྱེ་མཆེད་དགེ་བཅུ་དང་། །བསམ་གཏན་ཚད་མེད་གཟུགས་མེད་དང་། །མངོན་ཤེས་ལྔ་རྣམས་འཇིག་རྟེན་ལ། །འཕགས་པའི་སྐྱེ་བོ་ཐམས་ཅད་ཀྱིས། །རྒྱུད་ཀྱིས་བསྡུས་པའི་བསམ་གཏན་བཞི། །བྱང་ཕྱོགས་སོ་བདུན་རྣམ་ཐར་གྱི། །སྒོ་གསུམ་དབང་པོ་གསུམ་དག་དང་། །ཏིང་འཛིན་གསུམ་དང་རྣམ་ཐར་བརྒྱད། །མཐར་གནས་དགུ་ལ་སོགས་པ་ནི། །འཇིག་རྟེན་འདས་པའི་ལམ་ཡིན་ནོ། །

གང་ཟག་བདག་ཏུ་ལྟ་བ་ཡིས། །གཉེན་པོ་བྱེད་པོ་ནུས་པ་དང་། །མ་འོངས་པའི་ཕུང་པོ་འདུན་པ་དང་། ད་ལྟར་བའི་ཕུང་པོ་ལ་ལྷག་པར་ཆགས་པའི་སྲིད་པ་ནི་འཕྲལ་ཕྱིར་ཉེ་བར་ལེན་པ་དང་། །ལྡན་པའི་ཕུང་པོ་ཁམས་སྐྱེ་མཆེད། །བསམ་གཏན་ཚད་མེད་གཟུགས་མེད་རྣམས། །ཟག་བཅས་ཟག་མེད་ལ་མངོན་པ་གོང་འོག་གཉིས་ཀར་ཚུལ་རེ་རེ་འབྱུང་ཡང་། །འདིར་ནི་ཟག་པའི་གཉེན་པོ་བྱེད་པ་ལ་ཟག་མེད་དང་། མི་བྱེད་པ་ལ་ཟག་བཅས་སུ་བཤད་པ་སྟུ་མ་དང་མི་མཐུན་ནོ། །ཟག་བཅས་ཟག་པ་མེད་པ་ནི། །གང་ཟག་བདག་ཏུ་ལྟ་བ་ཡི། །གཉེན་པོ་དྲན་པ་ཉེར་གཞག་ལ། །ཡང་དག་སྤོང་བ་ལ་སོགས་པའི། །འཇིག་རྟེན་འདས་པའི་ལམ་རྣམས་སོ། །འདུས་བྱས་རྒྱུ་རྐྱེན་རག་ལས་པ། །འདོད་པའི་ཁམས་དང་ལྷག་མ་གཉིས། །བྱང་ཕྱོགས་སོ་བདུན་ནས་བཟུང་སྟེ། །མ་འདྲེས་པ་ཡི་བར་དུ་ཡིན། །འདུས་མ་བྱས་ནི་རྒྱུ་དག་ལ། །ལྟོས་པ་མེད་པས་དེ་བཞིན་ཉིད། །འགོག་པ་གཉིས་དང་ནམ་མཁའ་རྣམས། །ཡིན་པས་ལུང་མ་བསྟན་ཉིད་དེ། །ཚུལ་འདུས་བྱས་བཞག་ནས་འདུས་མ་བྱས་ལ་དམིགས་པའི་འབྲས་བུ་ཐུན་མོང་བ་དང་ཐུན་མོང་མིན་པ་གཉིས་སུ་གསུངས་ལ། འདི་ཡང་འདུས་བྱས་ཡིན་ཏེ། མདོ་ལས། ཆོས་སོ་བདུན་སྟོབས་མི་འཇིགས་པ་སོ་སོ་ཡང་དག་པར་རིག་པ། མ་འདྲེས་པ་རྣམས་ལ་ཐུན་མོང་མ་ཡིན་པར་བཤད་པས་སོ། །ཐུན་མོང་མ་ཡིན་པ་འདི་ཡང་ཆོས་དང་རྒྱུད་ཀྱི་དབང་དུ་བྱས་པ་གཉིས་ལས། ཉི་སྣང་ལས། ཕྱིར་མར་བཤད་པས་དེ་

ལྟར་ཁས་བླངས་ཏེ། སངས་རྒྱས་ཀྱི་རྒྱུད་ཀྱི་དེ་རྣམས་སྒྲིབ་པ་མ་ལུས་པ་དག་པ་ཁོ་ནའི་རྒྱུད་ལ་སྐྱེ་བའི་ཕྱིར་རོ། །དེ་ལས་བཟློག་པ་ནི་སྒྲིབ་པ་དང་བཅས་པའི་རྒྱུད་ལ་སྐྱེ་བས་འབྲས་བུ་ཐུན་མོང་པ་ཡིན་ལ། དེ་ཡང་རྒྱུ་འདུས་བྱས་ཁོ་ནའོ། །དེས་ན་འབྲས་བུ་གཉིས་གང་ཡིན་ཡང་ཆོས་དབྱིངས་ཡིན་པར་འགལ་ལོ། །འདུས་བྱས་ཀུན་རྫོབ་ཀྱི་བདེན་པ་ལ་དམིགས་པ་ཡང་འབྲས་བུ་ཡོད་མོད་ཀྱི། འཕགས་པའི་གང་ཟག་རྣམས་ནི་འདུས་མ་བྱས་ཀྱི་རབ་ཏུ་ཕྱེ་བས། དེའི་འབྲས་བུ་མ་བསྟན་ཏོ། །དེ་ཡང་འདུས་མ་བྱས་སྟོང་པ་ཉིད་ལ་བརྟེན་ནས་འཕགས་པ་གསུམ་འབྱུང་བས་སོ། །ཤན་ཏི་པས། སྟོང་ཉིད་ཀྱི་ཕྱོགས་རེ་དང་ཕལ་ཆེར་དང་མཐའ་དག་རྟོགས་པས་རིམ་པ་ལྟར་འཕགས་པ་གསུམ་དུ་འཇོག་པས་སོ། །ཞེས་གསུངས་སོ། །འོན་ཀྱང་ཤེར་ཕྱིན་རྡོ་རྗེ་གཅོད་པའི་ལུང་འདི་ཉི་སྣང་དུ་དྲངས་པའི་དགོངས་པ་སྨྲ་མ་ཉིད་དོ། །དེ་ལྟར་ན་ཆོས་དབྱིངས་དགེ་བ་ཡིན་པར་སྟོན་པའི་མངོན་རྟོགས་རྒྱན་གྱི་ལུང་མེད་དོ། །འདི་བརྒྱད་སྟོང་འགྲེལ་ཆེན་གྱི། །དགོངས་པ་སྟོན་གྱི་མཁས་རྣམས་ཀྱིས། །བླངས་པ་ཁོ་བོས་འདིར་བཀོད་དོ། །གསེར་གླིང་རྟོགས་དཀའི་སྣང་བ་ལས། །ས་བོན་རུལ་བ་དང་འདྲ་བས། །ལུང་མ་བསྟན་པ་དོར་བ་ཡིས། །ལྷག་མ་དགེ་དང་མི་དགེ་གཉིས། །རེ་རེ་ལ་ཡང་འཇིག་རྟེན་ལས། །འདས་དང་མ་འདས་ཟག་པ་དང་། །བཅས་དང་མ་བཅས་ཕུང་པོ་བཞི། །ཉིད་ཅེས་བཤད་པ་འདིར་མི་བཟུང་། །རྒྱན་(དཔྱད།)སྣང་གཞུང་དང་འགལ་ཕྱིར་རོ། །ཤེས་རབ་ཕ་རོལ་ཕྱིན་པ་ཡིས། །མདོ་ལས་དགེ་དང་མི་དགེ་རྣམས། །སྒོ་གསུམ་གྱིས་ནི་བསྐྱེད་པར་གསུངས། །དེ་ཕྱིར་མདོ་འགྲེལ་མཁས་རྣམས་ཀྱིས། །བསྟན་བཅོས་དོན་ཡང་དེ་ལྟར་བཀྲལ། །དེས་ན་ཆོས་དབྱིངས་དགེ་བ་མིན། །འདུས་མ་བྱས་སུ་གསུངས་ཕྱིར་རོ། །རྩ་འགྲེལ་དེ་ལྟར་འཆད་ཤེས་ན། །ཆོས་དབྱིངས་དགེ་བ་ཡིན་པ་ཡི། །དོགས་པ་འབྱུང་བའི་གནས་མེད་དོ། །

རྒྱུད་བླ་མ་ལ་ཇི་སྐད་དུ། །དཀོན་མཆོག་དགེ་བ་གསུམ་འབྱུང་བ། །ཞེས་དང་གཞན་ཡང་དེ་ཉིད་ལས། །དགེ་དང་རྣམ་པར་དག་པའི་ཕྱིར། །ཞེས་དང་གཞན་ཡང་དེ་ཉིད་ལས། །ལྷ་བཟུང་མེད་དགེ་དྲི་མ་མེད། །དགེ་བ་རང་བཞིན་དག་པའི་ཕྱིར། །ཞེས་པ་གསུམ་པོ་གང་གིས་སྟོན། །དང་པོ་ལྟར་ན་འཕགས་པ་རྣམས། །དགེ་བར་ཐལ་ཞིང་གཉིས་པ་ལྟར། །ཡིན་ནོ་ཞེན་ལུང་མ་བསྟན། །མི་དགེ་བ་ལ་སོགས་པ་ཡི། །དེ་བཞིན་ཉིད་ཀྱང་དགེ་བར་འགྱུར། །དེ་ལྟ་ཡིན་ན་དགེ་སྡིག་ཀྱང་། །ངོ་བོ་གཅིག་ཏུ་ཐལ་འགྱུར་ཏེ། །བདེན་གཉིས་ངོ་བོ་གཅིག་ཡིན་ཕྱིར། །གསུམ་པ་ལྟར་ན་ཆོས་སྐུ་ཡི། །ཡོན་ཏན་འཆད་པའི་སྐབས་ཡིན་པས། །དེ་དང་དེ་བཞིན་ཉིད་ཙམ་དེ༑ ༑དགེ་བ་ཡིན་པའི་ཚུལ་དེ་གཉིས། །འབྲེལ་བ་ཅི་ཡོད་བསམ་པར་རིགས། །སེའུ་བཅུའི་རྭ་བཞིན་མི་འགྱུར་རམ། །གལ་ཏེ་དེ་ཉིད་དགེ་འདོད་ན། །དོན་དམ་པ་ཡི་དགེ་བ་ཞེས། །ཊཱི་ཀ་བྱེད་པ་དག་གིས་བཤད། །དེ་ཕྱིར་དོན་དམ་དགེ་བ་དང་། །དོན་དམ་མི་དགེ་བ་དག་ནི། །དགེ་དང་མི་དགེ་མཚན་ཉིད་པར། །མཁས་པ་རྣམས

ཀྱི་བཞེད་པ་མིན། །དེ་ལྟར་དགོངས་པ་མི་ཤེས་པར། །སྒྲ་ཙམ་ལ་ནི་མངོན་ཞེན་ན། །དགོངས་དང་ལྡེམ་དགོངས་མདོ་རྣམས་ཀྱི། །དོན་ཡང་རྟོགས་པར་ག་ལ་འགྱུར། །འདི་ལ་བླུན་པོ་ཁ་ཅིག་ནི། །ངེས་པའི་དོན་གྱི་ལུང་རྣམས་ནི༔ །སྒྲ་ཇི་བཞིན་པར་ཁས་ལེན་དགོས། །གཞན་དུ་ངེས་དོན་མིན་པར་འགྱུར། །ཞེས་སྨྲ་དེ་ལའང་བརྗོད་པར་བྱ༔ །སེམས་ཅན་ཀུན་ལ་སངས་རྒྱས་ཀྱིས། །ཁྱབ་བམ་མ་ཁྱབ་དྲི་བར་བྱ། །ཁྱབ་ན་དྲི་མེད་འོད་ལས་ནི། །དགག་པ་མཛད་པའང་ཇི་ལྟར་རིགས། །མ་ཁྱབ་ན་ནི་མདོ་སྡེ་རྒྱན། །དེ་ཡི་འགྲེལ་པར་དབྱིག་གཉེན་གྱིས། །ཁྱབ་པར་གསུངས་པ་ཇི་ལྟར་དྲངས། །དེ་བཞིན་ཉིད་ཙམ་སངས་རྒྱས་སུ། །ཐལ་བར་འགྱུར་ཏེ་རྒྱུན་ཉིད་ལས། །དེ་བཞིན་ཉིད་ནི་སངས་རྒྱས་འདོད། །ཞེས་སོགས་རྒྱ་ཆེར་གསུངས་ཕྱིར་རོ། །

སྒྲིབ་པ་ཐམས་ཅད་སྒྲིབ་གཉིས་སུ། །འདུས་སམ་མ་འདུས་བརྟག་པར་བྱ། །འདུས་ན་སྙོམས་འཇུག་སྒྲིབ་པ་གང་། །ཉོན་སྒྲིབ་ཡིན་ནམ་ཤེས་སྒྲིབ་འདོད། །དང་པོ་ལྟར་ན་ཤེས་རབ་ཀྱི། །རྣམ་གྲོལ་ཉན་ཐོས་དགྲ་བཅོམ་དེས། །སྙོམས་འཇུག་དགུ་པོ་མ་ཐོབ་པའི། །འཐད་པ་གང་ལགས་སྨྲ་བར་གྱིས། །མཐུན་རྐྱེན་ཚང་ཞིང་འགལ་རྐྱེན་མེད། །རྒྱུ་ལས་འབྲས་བུ་མི་སྐྱེ་བ། །རིགས་པ་མཁྱེན་པའི་ལུགས་མ་ཡིན། །ཤེས་སྒྲིབ་ཡིན་ན་གཉིས་ཆར་གྱི༔ །དགྲ་བཅོམ་དེས་ཀྱང་ཆ་ཤས་འགལ། །སྤྱངས་པར་འགྱུར་ཞིང་དེ་འདོད་ན། །ཤེས་སྒྲིབ་སྤྱངས་པའི་ཉན་ཐོས་པ། །འདོད་པ་ནང་པ་སངས་རྒྱས་པའི། །གྲུབ་མཐའ་སྨྲ་བ་བཞི་ལ་མེད། །སྙོམས་འཇུག་སྒྲིབ་པ་མེད་འདོད་ན། །རྒྱུད་བླ་མ་ལས་འདི་སྐད་དུ། །ཉོན་མོངས་ཤེས་བྱ་སྙོམས་འཇུག་གི། །སྒྲིབ་གསུམ་ལས་ནི་ངེས་གྲོལ་ཏེ། །ཞེས་གསུངས་པ་དང་མི་འགལ་བའི། །ཚུལ་ཡང་སྟོན་དགོས་དེ་སྟོན་ན། །རང་གི་ཁས་བླངས་ཉིད་དང་འགལ། །གལ་ཏེ་གཉིས་སུ་མ་འདུས་ན། །དབུས་རྣམས་འབྱེད་པར་འདི་སྐད་དུ། །ཉོན་མོངས་པ་ཡི་སྒྲིབ་པ་དང་། །ཤེས་བྱའི་སྒྲིབ་པ་ཉིད་དུ་བསྟན། །དེ་ནི་སྒྲིབ་པ་ཐམས་ཅད་དེ། །དེ་ཟད་ནས་ནི་གྲོལ་བར་འདོད། །ཅེས་གསུངས་པ་དང་འགལ་འགྱུར་ཏེ། །ཆོས་དབྱིངས་དགེ་བ་མ་ཡིན་ན། །དགེ་གཉིས་ཐོབ་པར་བྱ་བའི་ཕྱིར། །ཞེས་བཤད་པ་དང་འགལ་བར་ཡང་། །སྔ་ཕྱི་ཁས་བླངས་དྲན་པར་གྱིས། །ཅི་ནས་ཆོས་དབྱིངས་དགེ་ཡིན་ན། །རྣམ་དག་ལུང་རིགས་དང་འགལ་བའི། །སྐྱོན་དེ་སུས་ཀྱང་བཟློག་པར་དཀའ། །དེ་ཡི་རྒྱུ་མཚན་འདི་ར་ལྟར་ཡིན། །མངོན་པའི་གཞུང་ལས་གཟུགས་སྒྲ་སོགས། །དགེ་བར་བཤད་པ་ཇི་ལྟར་འཐད། །དེ་ནི་བྱེ་སྨྲའི་ལུགས་ཡིན་པས། །སྒྲ་བཏགས་ཡིན་པར་འདོད་ཅེ་ན། །དགེ་དང་མི་དགེ་ཡིན་པར་གསུངས། །ཀུན་ལས་བཏུས་དང་ས་སྡེ་ལས། །བཤད་པའང་བྱེ་སྨྲའི་ལུགས་ཡིན་ནམ། །གལ་ཏེ་གཟུགས་ཀྱང་དགེ་ཡིན་ན། །སློབ་དཔོན་སངས་རྒྱས་གཉིས་པ་ཡིན། །བཀག་པ་རྣམས་ཀྱང་རང་ལུགས་འགྱུར། །ལས་གྲུབ་རབ་ཏུ་བྱེད་པ་དང་། །མཛོད་འགྲེལ་སོགས

ལས་གཟུགས་སྒྲ་གཉིས། །དགེ་བ་ཡིན་པ་བཀག་ཕྱིར་རོ། །ཀུན་ལས་བཏུས་ལས་དགེ་བ་དང་། །མི་དགེ་གཉིས་ལ་རིམ་བཞིན་དུ། །བཅུ་གསུམ་བཅུ་བཞི་བཤད་པ་གང་། །དགེ་དང་མི་དགེ་ཡིན་པར་འགྱུར། །ལུང་མ་བསྟན་པ་བཅུ་བཞི་ཡང་། །སྒྲ་ཇི་བཞིན་པ་ཉིད་འགྱུར་ཏེ། །རྒྱུ་མཚན་ཁྱད་པར་མེད་ཕྱིར་རོ། །འདོད་ན་གོང་མའི་སས་བསྡུས་ཀྱི། །མི་དགེ་ཡོད་པར་ཐལ་བ་སྟེ། །འཁོར་བ་ཐམས་ཅད་དོན་དམ་པའི། །མི་དགེ་ཡིན་པར་གསུངས་ཕྱིར་དང་། །འབྲེལ་བའི་དགེ་བའི་བག་ཆགས་ཀྱང་། །དགེ་བར་འགྱུར་ཞིང་མྱང་འདས་སོགས། །དགེ་འགྱུར་དགེ་རྩ་ཆད་པ་ཡང་། །མེད་པར་འགྱུར་ཏེ་དེ་བཞིན་ཉིད། །དེ་བཞིན་གཤེགས་ཉིད་དེ་ཡི་ཕྱིར། །འགྲོ་ཀུན་དེ་ཡིས་སྙིང་པོ་ཅན། །ཞེས་གསུངས་ཕྱིར་ན་ཆོས་ཀྱི་དབྱིངས། །མི་ལྡན་པ་ཡི་སེམས་ཅན་ནི། །འགའ་ཡང་ཡོད་པ་མ་ཡིན་ནོ། །མི་མཐུན་ཕྱོགས་ཀྱི་མི་དགེ་བ། །མི་དགེར་འདོད་ན་ཁམས་གོང་གི། །ཉོན་མོངས་ཐམས་ཅད་མི་དགེ་དང་། །ཉོན་ཡིད་འཁོར་དང་བཅས་པ་དང་། །ཡིད་ཀྱི་རྣམ་པར་ཤེས་པ་ཡི། །འཁོར་དུ་འབྱུང་བའི་འཇིག་མཐར་ཡང་། །མི་དགེར་ཐལ་ཏེ་འཇིག་རྟེན་དང་། །འཇིག་རྟེན་འདས་པའི་གཉེན་པོ་རྣམས། །སྐྱེ་བ་ལ་ནི་གེགས་བྱེད་ཕྱིར། །འདོད་ནའང་ཀུན་ལས་བཏུས་པ་ལས། །ལུང་མ་བསྟན་དུ་གསུངས་པ་དང་། །འགལ་ཕྱིར་མྱ་ངན་འདས་པ་སོགས། །དགེ་བ་ལ་སོགས་ཐ་སྙད་ཀྱི། །ཡུལ་ནས་འདས་པར་བཤད་ཕྱིར་རོ། །དེས་ན་ངོ་བོ་འགྲེལ་པ་དང་། །སློང་བ་གསུམ་པོས་ཆོས་གསུམ་གྱིས། །དོན་གྱི་དངོས་པོ་བསྟན་པ་དང་། །ལྷག་མ་རྣམས་ལ་མཚན་ཉིད་པ། །བཏགས་པ་ལ་སོགས་ཅི་རིགས་ཡོད། །དེ་ལྟར་འདོགས་པའི་རྒྱུ་མཚན་ནི། །དགེ་བ་དངོས་དང་སྡིག་མེད་ནི། །མཚུངས་པ་ཙམ་ལ་དགོངས་པ་ཡིན། །དགོས་པ་གདུལ་བྱའི་བློ་གྲོས་ནི། །བསྐྱེད་ཕྱིར་དངོས་བཏགས་ཐུན་མོང་གི། །རྣམ་པའི་རབ་དབྱེ་ཙམ་དུ་ཟད། །དངོས་ལ་གནོད་བྱེད་ཚད་མ་ནི། །རྣམ་བཤད་རིག་པ་ལ་སོགས་དང་། །གོང་དུ་བཤད་པ་དེ་རྣམས་སོ། །

མ་སྒྲིབས་ལུང་མ་བསྟན་ལ་ཡང་། །དགེ་བར་འདོགས་དགོས་སྡིག་མེད་ཕྱིར། །ཞེ་ན་དགོས་པ་དང་ལྡན་ན༑ ༑དགེ་བར་བཏགས་ཀྱང་འགལ་བ་མེད། །དཔེར་ན་ཀུན་གཞི་ལ་ཡོད་པའི། །ཟག་པ་མེད་པའི་ས་བོན་བཞིན། །ལ་ལར་དེ་བཞིན་ཉིད་ལ་ཡང་། །སྡིག་པར་བཏགས་པའི་ལུང་ཡང་འབྱུང་། །དེས་ན་གསུང་རབ་འཆད་པ་ན། །དགོངས་གཞི་དགོས་པ་གནོད་བྱེད་ཀྱི། །ཚད་མ་གསུམ་ཀ་ཚང་བ་ལ། །བཏགས་པ་བ་ཞེས་འཆད་པ་ནི། །རྒྱ་བོད་མཁས་པའི་ལུགས་ཡིན་གྱི། །རེ་རེ་ཙམ་ཞིག་ཚང་བ་ལ། །བཏགས་པ་བ་ཞེས་ག་ལ་འདོད། །དེ་ཕྱིར་དེ་ཉིད་ཕ་རོལ་ལ། །ཕོ་འཚམས་པ་ཡི་དྲི་བ་ཡིན། །མངོན་པའི་གཞུང་ལས་ཉན་ཐོས་རྣམས། ། དོན་དམ་པ་དང་ངོ་བོ་ཉིད། །མཚུངས་ལྡན་ཀུན་སློང་དགེ་བ་དང་། །བཞི་ལས་དང་པོ་རྣམ་གསུམ་དང་། །ངོ་ཚ་

ཤེས་དང་ཁྲེལ་ཡོད་དེ། །མཚུངས་ལྡན་ཀུན་སློང་གཉིས་ཀ་ལ། །ལྟོས་པ་མེད་པས་འཕྲོད་པ་ཡི། །སླན་བཞིན་ངོ་བོ་ཉིད་ཀྱིས་དགེ། །དགེ་རྩ་གསུམ་དང་ངོ་ཚ་ཤེས། །ཁྲེལ་ཡོད་དག་དང་མཚུངས་ལྡན་པའི། །ཆོས་རྣམས་གྲོགས་ཀྱི་དགེ་བར་ངེས། །དེ་ཕྱིར་མཚུངས་ལྡན་དགེ་བ་སྟེ། །ཀུན་ནས་བསླང་བའི་ལུས་ངག་དང་། །མཚན་ཉིད་བཞི་དང་ཐོབ་པ་དང་། །སེམས་མེད་སྙོམས་འཇུག་གཉིས་པོ་དག །སླན་དང་སྦྱར་བའི་བཏུང་བ་ལས། །འོ་མ་ཇི་བཞིན་རྒྱུའི་ཀུན་སློང་། །དགེ་བ་ཡིན་ཕྱིར་ཀུན་སློང་དགེ། །བཟློག་པ་མི་དགེ་བཞི་ཡིན་ནོ། །དེ་ལ་དང་པོ་འཁོར་བ་ནི། །སྡུག་བསྔལ་ཀུན་ལ་འཇུག་པ་ཡིན། །ངོ་བོ་ཉིད་དེ་བདག་ཉིད་ཀྱིས་མཆོག་ཏུ་ནི། །མི་དགེ་བ་ཡི་རྒྱུ་ལས་སོ། །མཚན་(དཔྱད།)གཉིས་པ་མི་དགེའི་རྩ་བ་གསུམ། །ངོ་ཚ་(དཔྱད།)ཤེས་དང་ཁྲེལ་མེད་དོ། །དེ་དག་ཉིད་དང་མཚུངས་ལྡན་པའི། །ཆོས་རྣམས་ཀུན་སློང་མི་དགེ་ཡིན། །དེ་ཡི་ཀུན་ནས་བསླང་བ་ཡིས། །ལུས་ངག་ལས་དང་སྐྱེ་བ་སོགས། །ཐོབ་པ་རྣམས་ནི་བཞི་པ་ཡིན། །དེ་ཡང་འགྲེལ་པར་ནད་དང་མི་འཕྲོད་པའི་སླན་ལ་སོགས་པས་དཔེར་བྱའོ། །ཞེས་གསུངས་སོ། །ནད་དང་མི་འཕྲོད་པའི། །སླན་ལ་སོགས་པའི་དཔེ་བཞི་པོ། །རིམ་བཞིན་སྦྱོར་ཚུལ་སྔ་མ་བཞིན། །ལུང་མ་བསྟན་ལའང་དེ་བཞིན་དུ། །རྣམ་པར་བཞི་སྟེ་དང་པོ་ནི། །ནམ་མཁའ་དང་སོ་སོར་བརྟགས་མི་དགོས་པས།འདུས་མ་བྱས་གཉིས་ལྷག་མ་གཉིས། །གོ་བར་སླ་ཕྱིར་རྩ་འགྲེལ་རྣམས་སུ་མ་གསུངས་སོ། །དེ་ལྟར་བཤད་པའི་དགོངས་པ་ཡང་། །དཔེར་ན་ནད་དང་བྲལ་བ་ནི། །ལུས་བདེ་མྱ་ངན་མེད་པ་ལ། །སེམས་བདེ་ཞེས་ནི་འཇིག་རྟེན་ཟེར། །འདི་དག་སྡུག་བསྔལ་མེད་པ་ལ། །གཞན་པའི་བདེ་བ་མེད་མོད་ཀྱི། །འོན་ཀྱང་སྡུག་བསྔལ་མེད་ཙམ་ལ༑ །བདེ་བ་ཡིན་ཞེས་ཀུན་ལ་གྲགས། །དེ་བཞིན་མྱ་ངན་འདས་ལ་ཡང་། །སྡིག་པ་མེད་པ་ཙམ་ཞིག་ལས། །ལྷག་པའི་དགེ་བ་མེད་མོད་ཀྱི། །དགེ་བ་ཡིན་ཞེས་བཏགས་པར་ཟད། །

གཞན་ཡང་ཀུན་ལས་བཏུས་པ་ལས། །ཕྱོགས་གཅིག་ལས་དང་མཐའ་དག་ལས། །འཇིག་ཚོགས་ལས་དང་རྟོགས་པས་དང་། །གནོན་པའི་འདོད་ཆགས་བྲལ་བ་དང་། །ལེགས་པར་བཏོན་པའི་འདོད་ཆགས་བྲལ། །དྲུག་དང་སླར་ཡང་རང་བཞིན་གྱིས། །འདོད་ཆགས་བྲལ་དང་གནོད་པས་དང་། །ཉེ་བར་བསྟན་པས་འདོད་ཆགས་བྲལ། །ཞུལ་དུ་བྱུང་བས་འདོད་ཆགས་བྲལ། །ཚིམས་པས་འདོད་ཆགས་བྲལ་བ་དང་། །གཉེན་པོས་འདོད་ཆགས་བྲལ་དང་ཡོངས་ཤེས་པས་འདོད་ཆགས་བྲལ་ལ་དང་། །སྤོང་བས་འདོད་ཆགས་བྲལ་བ་དང་། །གོང་མ་དང་བཅས་གོང་ན་མེད། །འདོད་ཆགས་བྲལ་ལ་བཅུར་གསུངས་སོ། །དེ་ཡང་འཁྲིགས་པ་ལ་ཞུགས་པ། །གདུང་བ་བྲལ་བས་མི་འཕྲོད་འཛིན། །གནོད་པས་འདོད་ཆགས་བྲལ་བ་དང་། །འགྲུངས་པར་ཟློས་པ་ཞིམ་པོ་ལའང་། །མི་འཕྲོད་པར་འཛིན་ཉེ་བར་བསྟན། །འདོད་ཆགས་བྲལ་བར་གསུངས་མོད་ཀྱི། །འོན་ཀྱང་གཏན་ནས་སྤངས

པ་ཡི། །འདོད་ཆགས་བྲལ་བ་མ་ཡིན་ནོ། །དེ་བཞིན་ཆོས་དབྱིངས་དང་མྱང་འདས་གཉིས་ཀ་ལའང་ལའང་། །དགེ་བ་ཡིན་ཞེས་གསུངས་གྱུར་ཀྱང་། །འབྲས་བུ་བདེ་བ་བསྐྱེད་པ་ཡི། །དགེ་བ་དངོས་ནི་མ་ཡིན་ནོ། །ཟག་མེད་དགེ་རྣམས་ཐམས་ཅད་ཀྱི། །འབྲས་བུ་གཏན་གྱི་བདེ་བ་ནི། །རྐྱེན་པར་ཀུན་མཁྱེན་གཉིས་པས་གསུངས། །དེ་ལྟར་ཤེས་ན་དབུས་མཐའ་ལས། །དགེ་བ་གཉིས་ལས་འདུས་བྱས་ནི། །ལམ་དང་འདུས་མ་བྱས་པ་ཡི། །དགེ་བ་མྱང་དན་འདས་པ་ལ། །མཁས་པ་བློ་གྲོས་བརྟན་པས་བཤད་པའི། །དོན་ཡང་ཁོང་དུ་ཆུད་པར་འགྱུར། །དབུས་མཐའི་གཞུང་གི་སྟ་ཕྱིའི་འབྲེལ། །ཅུང་ཟད་བཤད་ན་འདི་ཡིན་ཏེ། །མཚན་ཉིད་སྒྲིབ་པ་དེ་ཁོ་ན། །གཉེན་པོ་དག་ནི་བསྒོམ་པ་དང་། །དེ་ཡི་གནས་དང་འབྲས་བུ་འཐོབ། །ཐེག་པ་བླ་ན་མེད་པའོ། །ཞེས་གསུངས་པ་ལྟར་དོན་བདུན་ནི། །མཚོན་པར་བྱེད་པས་མཚན་ཉིད་དང་། །དགེ་བའི་ཆོས་ལ་སྒྲིབ་པའམ། །སྐྱེ་ལ་གེགས་བྱེད་སྒྲིབ་པ་དང་། །ཕྱིན་ཅི་མ་ལོག་དེ་ཁོ་ན། །མི་མཐུན་ཕྱོགས་སྤོང་གཉེན་པོ་དང་། །ལས་ལམ་གསུམ་གོམས་པ་བསྒོམས་པ་དང་། །དེ་ཉིད་རྒྱུན་གྱི་སྐྱེ་བ་ཡི། །ཁྱད་པར་གནས་ཡིན་འབྲས་བུ་ཐོབ། །འབྲས་བུ་རྐྱེན་པ་ཉིད་ལ་བཤད། །འདིས་འགྲོ་བས་ན་ཐེག་པ་སྟེ། །དེ་ཡང་ཐེག་པ་ཡིན་པ་དང་། །བླ་ན་མེད་པ་ཡིན་པའི་ཕྱིར། །ཐེག་པ་བླ་ན་མེད་པའོ། །

དེ་ལ་མཚན་ཉིད་རྣམ་གཉིས་ཏེ། །ཀུན་ནས་ཉོན་མོངས་རྣམ་བྱང་ངོ་། །ཀུན་ནས་ཉོན་མོངས་མཚན་ཉིད་ལ༑ །རྣམ་པ་དགུ་ཡིན་ལྷག་མ་ལྔ། །རྣམ་པར་བྱང་བའི་མཚན་ཉིད་དོ། །དེ་ལ་དགུ་ནི་ཇི་སྐད་དུ། །ཡང་དག་མ་ཡིན་ཀུན་རྟོག་ཡོད། །དེ་ལ་གཉིས་པོ་ཡོད་མ་ཡིན། །ཞེས་པ་ནས་བཟུང་འགྲོ་ཉོན་མོངས། །རྣམ་གསུམ་རྣམ་གཉིས་ཀྱང་ཉོན་མོངས། །རྣམ་བདུན་ཡང་དག་མིན་རྟོག་ལས། །ཞེས་པའི་བར་གྱིས་བཤད་པར་བཟུང་། །སྒྲིབ་པ་ལྔ་བཅུ་རྩ་གསུམ་དང་། །དེ་ཉིད་བཅུ་དང་གཉེན་པོ་ལ། །ལམ་གསུམ་སྡོམ་པའང་དེ་བཞིན་ནོ། །གནས་ལ་བཅུ་དགུ་དེ་ཡང་ནི། །རིགས་ཀྱི་གནས་ལ་སོགས་པའོ། །རྣམ་པར་སྨིན་པ་ལ་སོགས་པའི། །འབྲས་བུ་རྣམ་པ་བཅོ་ལྔ་དང་། །སྒྲུབ་པ་བླ་ན་མེད་པ་སོགས། །ཐེག་པ་བླ་ན་མེད་པ་གསུམ། །རྣམ་པར་བྱང་བའི་མཚན་ཉིད་ནི། །སྟོང་པ་ཉིད་ནི་མདོར་བསྡུས་ན། །མཚན་ཉིད་དང་ནི་རྣམ་གྲངས་དང་། །དེ་ཡི་དོན་དང་དབྱེ་བ་དང་། །སྒྲུབ་པ་དག་སྟེ་ཤེས་པར་བྱ། །ཞེས་གསུངས་ལྔ་ལས་དང་པོ་ནི། །གཉིས་དངོས་མེད་པའི་དངོས་མེད་པའི། །དངོས་པོ་སྟོང་པའི་མཚན་ཉིད་དོ། །ཡོད་པ་མ་ཡིན་མེད་པའང་མིན། །ཐ་དད་གཅིག་པའི་མཚན་ཉིད་མིན། །ཞེས་པས་མཚན་ཉིད་རྣམ་གྲངས་ནི། །སྟོང་པ་ཉིད་ནི་མདོར་བསྡུས་ན། །དེ་བཞིན་ཉིད་དང་ཡང་དག་མཐའ། །མཚན་མ་མེད་དང་དོན་དམ་དང་། །ཆོས་ཀྱི་དབྱིངས་ནི་རྣམ་གྲངས་སོ། །ཞེས་པས་བསྟན་ཅིང་སྟོང་པ་ཉིད། །རྣམ་གྲངས

མཐུན་པ་རྣམས་གྲངས་སུ། །སྒྲ་འཇུག་པ་ཡི་རྒྱུ་དག་ནི། །རྣམ་གྲངས་དོན་དེ་དེ་ཉིད་ཀྱང་། །གཞན་མིན་ཕྱིན་ཅི་ལོག་མ་ཡིན། །དེ་འགག་འཕགས་པའི་སྤྱོད་ཡུལ་དང་། །འཕགས་པའི་ཆོས་ཀྱི་རྒྱུ་ཡི་ཕྱིར། །རྣམ་གྲངས་དོན་དེ་གོ་རིམ་བཞིན། །ཞེས་པས་བཤད་ཅིང་དབྱེ་བ་ནི། །ཀུན་ནས་ཉོན་མོངས་རྣམ་པར་དག །དེ་ནི་དྲི་བཅས་དྲི་མ་མེད། །ཆུ་ཁམས་གསེར་དང་ནམ་མཁའ་དང་། །དག་པ་བཞིན་དུ་དག་པར་འདོད། །ཞེས་པས་གཟུང་དང་འཛིན་པ་གཉིས། །གནས་གྱུར་པ་དང་མ་གྱུར་པ། གཉིས་ལ་ལྟོས་པས་དྲི་བཅས་དང་། །དྲི་མ་སྤྲངས་པས་རྣམ་པར་བཞག །དེ་ཡང་མ་རྟོགས་ལོག་རྟོག་གི། །ཉེས་པས་བྱིས་པའི་སྐྱེ་བོ་རྣམས། །གཟུང་དང་འཛིན་པར་མངོན་ཞེན་ཅིང་། །འདོད་ཆགས་ལ་སོགས་ཉོན་མོངས་ཀྱིས། །སེམས་རྒྱུད་དྲི་མ་ཅན་དུ་འགྱུར། །སྟོང་ཉིད་མ་མཐོང་བ་དག་ལ། །ལྟོས་ནས་དྲི་བཅས་རྣམ་པར་དག །དེ་ཉིད་མཐོང་བའི་འཕགས་པ་རྣམས། །ཕྱིན་ཅི་ལོག་གི་སེམས་སྤྲངས་པས། །སྟོང་ཉིད་མཁའ་ལྟར་རྟུལ་མེད་པ། །རྒྱུན་མི་འཆད་པར་སྣང་བའི་ཕྱིར། །དྲི་མ་སྤྲངས་པ་ཞེས་བྱའོ། །དེ་ཡང་སྐྱེ་འཇིག་ལ་སོགས་པའི། །འགྱུར་བར་མེད་ཕྱིར་མ་དག་དང་། །ཅུང་ཟད་དག་དང་ཤིན་ཏུ་ཡང་། །རྣམ་པར་དག་པའི་གནས་སྐབས་ཀྱི། །དེ་བཞིན་ཉིད་ལ་ཁྱད་པར་མེད། །འོན་ཀྱང་དྲི་མ་བཅས་པ་དང་། །གློ་བུར་དྲི་མ་དང་བྲལ་བས། །དྲི་བཅས་དྲི་མེད་ཆོས་ཉིད་དེ། །དཔེར་ན་ཆུ་ཁམས་ལ་སོགས་བཞིན། །གཞན་ཡང་རབ་ཏུ་དབྱེ་བ་ལ། །སྟོང་ཉིད་རྣམ་པ་བཅུ་དྲུག་སྟེ། །ནང་དང་ཕྱི་དང་ཕྱི་ནང་གཉིས། །སྟོང་པ་ཉིད་དང་ཆེན་པོ་དང་། །སྟོང་པ་སྟོང་པ་ཉིད་དག་དང་། །དོན་དམ་པ་དང་འདུས་བྱས་དང་། །འདུས་མ་བྱས་དང་མཐའ་འདས་དང་། །ཐོག་མ་ཐ་མ་མེད་པ་དང་། །དོར་བ་མེད་དང་རང་བཞིན་དང་། །རང་གི་མཚན་ཉིད་ཆོས་ཐམས་ཅད། །སྟོང་པ་ཉིད་དང་དངོས་པོ་མེད། །དངོས་པོ་མེད་པའི་ངོ་བོ་ཉིད། །སྟོང་ཉིད་དེ་ཡང་མདོར་བསྡུས་ཡིན། །བཟའ་བ་ཟ་དང་དེ་ཡི་ལུས། །གནས་ཀྱི་གཞི་ཡི་སྟོང་པ་ཉིད། །དེ་ཡང་གང་གིས་ཇི་ལྟར་མཐོང་། །གང་ཕྱིར་དེ་ཡང་སྟོང་པ་ཉིད། །ཞེས་པས་རིམ་པར་བཤད་པ་སྟེ། །ཟ་བ་མིག་ལ་སོགས་པ་དྲུག །བཟའ་བ་གཟུགས་སོགས་ཡུལ་དྲུག་དང་། །དེ་ཡི་ལུས་ནི་ཁོག་པ་དང་། །གནས་ཀྱི་གཞི་སྣོད་ཀྱི་འཇིག་རྟེན་ཏེ། །གཞི་ནི་ནང་སྟོང་ཉིད་ལ་སོགས། །དང་པོ་གཞི་ཡི་ཆོས་ཅན་ཡིན། །དེ་ལ་གཞི་ཡི་ས་དེ་ནི། །བཞི་པོ་རེ་རེའི་མཇུག་ཏུ་ཡང་། །སྦྱར་བར་ཏེ་རམ་ཏེས་བཤད། །གང་གིས་སྟོང་པར་མཐོང་ཞེ་ན། །ཡུལ་ཅན་སྟོང་ཉིད་ཤེས་པས་སོ། །

དེ་ཡང་སྟོང་པ་ཉིད་གང་ཡིན་པ། །སྟོང་པ་ཉིད་སྟོང་པ་ཉིད་ཅེས་བྱའོ། །ཇི་ལྟར་དོན་དམ་པ་རྣམ་པར་ཐམས་ཅད་མཐོང་བ། །དེ་ཡི་སྟོང་ཉིད་དོན་དམ་པ། །སྟོང་ཉིད་ཡིན་པར་མཁས་རྣམས་བཞེད། །གང་ཕྱིར་བྱང་ཆུབ་སེམས་དཔའ་ཡི། །སྒྲུབ་བྱེད་དེ་ཡང་སྟོང་ཉིད་དོ། །དངོས་པོའི་ངོ་བོར་སྒྲོ་བཏགས་ཏེ། །དེ་བཞིག་ཕྱིར་ན་འདུས

བྱས་ནས། །ཀུན་བྱང་ཆོས་ཀུན་སྟོང་ཉིད་བར་དག་ཏུ། །སྟོང་ཉིད་བརྒྱད་ནི་བཤད་པ་ཡིན། །ཞེས་ཀྱང་ཏེ་རམ་ཏེས་གསུངས། །ཅིའི་ཕྱིར་བསྒྲུབ་པར་བྱེད་ཅེ་ན་ལན་དུ། །དགེ་གཉིས་ཐོབ་པར་བྱ་བའི་ཕྱིར། །རྟག་ཏུ་སེམས་ཅན་ཕན་བྱའི་ཕྱིར། །འཁོར་བ་བཏང་བར་མི་བྱའི་ཕྱིར། །དགེ་བ་མི་ཟད་བྱ་བའི་ཕྱིར། །མཚན་དང་དཔེ་བྱད་ཐོབ་བྱའི་ཕྱིར། །སངས་རྒྱས་ཆོས་རྣམས་དག་བྱའི་ཕྱིར། །བྱང་ཆུབ་སེམས་དཔའ་བསྒྲུབ་པར་བྱེད། །དགེ་བ་གཉིས་ནི་དབུས་མཐའི་འགྲེལ་པར་དགེ་བ་གཉིས་ནི་འདུས་བྱས་དང་འདུས་མ་བྱས་སོ། །ཞེས་སོ། །བློ་བརྟན་གྱིས་འགྲེལ་བཤད་དུ། ལམ་དང་མྱ་ངན་ལས་འདས་པའོ། །ཞེས་སོ། །འདུས་བྱས་དང་། །འདུས་མ་བྱས་སོ་ཞེས་བྱ་བ་དང་། །ཀུན་མཁྱེན་གཉིས་པས་འགྲེལ་པར་གསུངས། །དེ་ཡང་ལམ་དང་མྱང་འདས་སོ། །ཞེས་ནི་འགྲེལ་བཤད་མཁན་པོས་བཤད། །དེ་གཉིས་རིམ་བཞིན་འདུས་བྱས་དང་། །འདུས་མ་བྱས་པའི་སྟོང་ཉིད་ཀྱི། །ཆོས་ཡིན་ཞེས་ནི་ཊཱི་ཀ་ཀར་བཤད། །དེ་ནས་རྐང་པ་དང་པོ་ཡི། །མཐའ་ལས་འདས་དང་གཉིས་པ་ནི། །ཐོག་མ་དང་ཐ་མ་མེད་པ་དང་། །གསུམ་པས་དོར་བ་མེད་པ་དང་། །བཞི་པས་རང་བཞིན་ལྔ་པ་ཡི། །རང་གི་མཚན་ཉིད་དྲུག་པ་ཡི། །ཆོས་ཀུན་ཐམས་ཅད་སྟོང་པ་ཉིད་གང་གི། །སྟོང་གཞིའི་དངོས་པོ་བསྟན་པ་ཡིན། །དགེ་གཉིས་ཐོབ་པར་བྱ་བའི་ཕྱིར། །བྱང་ཆུབ་སེམས་དཔའ་སྒྲུབ་པར་སྒོམ་པར་བྱེད། །ཞེས་སོགས་ཀུན་རྐང་པ་བདུན་སོགས་ལའང་སྦྱར་བར་བྱ། །མཐའ་ཡི་གསལ་བྱེད་ཡིན་ནོ་ཞེས། །འགྲེལ་སྒྲུབ་པར་བྱེད་པ་ཐམས་ཅད་བརྗོད་པས་བཤད་ཉིད་ལས་གསལ་བར་འགྱུར། །རྣམ་པར་བསྒོམ་པ་ཞེས་བྱ་བ། །དེ་ཡང་ཞི་ལྷ་བུ་ཞེ་ན། །ནང་སྟོང་ཉིད་ནས་ཆོས་ཐམས་ཅད། །སྟོང་པ་ཉིད་ཀྱི་བར་བཅུ་བཞི། །རྣམ་པར་བཞག་པར་ཤེས་པར་བྱ། །ཟབ་པ་ལ་སོགས་སྟོང་ཉིད་གང་། །ངོ་བོ་ཉིད་ནི་ཇི་ལྟ་བུ། །ཞེ་ན་དེ་ཕྱིར་འདི་སྐད་གསུངས། །གང་ཟག་དང་ནི་ཆོས་རྣམས་ཀྱི། །དངོས་པོ་མེད་འདིར་སྟོང་པ་ཉིད། །དེ་དངོས་མེད་པའི་དངོས་ཡོད་པ། །དེ་ནི་དེ་ལས་སྟོང་ཉིད་གཞན། །ཞེས་པས་སྤྱར་བཤད་ཟབ་པོ། །ལ་སོགས་སྟོང་གཞིའི་དངོས་པོ་ལ། ། བདག་གཉིས་མེད་པ་གང་ཡིན་པ། །སྟོང་པ་ཉིད་དུ་བསྟན་པ་ཡིན། །དངོས་པོ་མེད་པ་དེ་ཡིས་ནི། །དངོས་པོ་ཡོད་པའང་སྟོང་པ་ཉིད། །དེ་ལ་གང་ཟག་ཆོས་བདག་གཉིས། །མེད་པས་དངོས་པོ་མེད་པ་སྟོང་པ་ཉིད་ཡིན། ། དངོས་པོ་མེད་པ་དེ་ཡི་དངོས་པོ་ཡོད་པ་ནི། །དངོས་པོ་མེད་པའི་ངོ་བོ་ཉིད། །སྟོང་ཉིད་ཡིན་པར་གཉིས་ཀས་འགྲེལ་པ་དང་འགྲེལ་བཤད་བཤད། །བཅུ་དྲུག་ནང་ནས་སྟོང་པ་ཉིད། །རྣམ་གཉིས་ཅི་ཕྱིར་ཐ་མར་རྣམ་པར་གཞག །ཅེ་ན་སྟོང་ཉིད་མཚན་ཉིད་གང་། །བསྟན་པའི་ཕྱིར་ཞེས་འགྲེལ་པར་གསུངས། །

དེ་ཡང་ཅིའི་ཕྱིར་ཞེས་བྱའི་ལན། །གང་ཟག་ཆོས་སུ་སྒྲོ་འདོགས་དང་། །སྟོང་པ་ཉིད་ལ་སྐུར་འདེབས་པ། ། བསལ་ཕྱིར་སྟོང་ཉིད་ཐ་མ་གཉིས། །བསྟན་ཞེས་འདི་ཡང་སྟ་མ་འགྲེལ་པ་ལས་སོ་ལས། །འདིར་ནི་མདོ་ལས་སྟོང་

ཉིད་ཀྱི། །ཚུལ་དང་སྟོང་ཉིད་རང་བཞིན་དང་། །སྟོང་ཉིད་བསྒོམ་པའི་དགོས་པ་ཡང་། །རབ་ཏུ་བསྟན་པར་རིག་པར་བྱ། །དེ་ལ་སྟོང་པ་ཉིད་ཀྱི་ཡུལ། །ཟབ་པོ་ལ་སོགས་པ་ཡི། །དོན་ནས་རྫོགས་པའི་སངས་རྒྱས་ཀྱི། །ཆོས་ལ་ཐུག་པའི་བར་དུའོ། །དེ་ལྟར་བསྟན་པའི་དགོས་པ་ཡང་། །སྟོང་པ་ཉིད་ཀྱི་ཆོས་ཀུན་ལ། །ཁྱབ་པར་ཤེས་པར་བྱེད་ཕྱིར་རོ། །སྟོང་པ་ཉིད་ཀྱི་རང་བཞིན་དངོས་མེད་པའི་ངོ་བོ་ཉིད་དང་། །དངོས་པོ་མེད་པའི་དངོས་པོ་ཡི། །ངོ་བོ་ཉིད་རབ་ཏུ་བསྟན་པའི་དོ་དགོས་པ་ཡང་། །སྒྲོ་འདོགས་པ་དང་སྐུར་འདེབས་པའི། །དངོས་པོར་ལྟ་བ་ཐམས་ཅད་ལས། །ངེས་པར་འབྱུང་བའི་བདག་ཉིད་དུ། །ཤེས་པར་བྱེད་པའི་ཕྱིར་ཡིན་ནོ། །སྟོང་ཉིད་བསྒོམ་པའི་དགོས་པ་ནི། །དགེ་གཉིས་ཐོབ་པར་བྱ་བའི་ཕྱིར། །ཞེས་པ་ནས་བཅུམས་ཐོབ་བྱའི་ཕྱིར། །སངས་རྒྱས་ཆོས་རྣམས་དག་བྱའི་ཕྱིར། །ཞེས་པའི་བར་གྱིས་བསྟན་པར་བཟུང་། །དེ་བསྟན་པ་ཡི་དགོས་པ་ཡང་། །རང་དོན་ཆོས་སྐུ་ཕུན་ཚོགས་དང་། །གཞན་དོན་གཟུགས་སྐུ་ཕུན་ཚོགས་གཉིས། །སྟོང་ཉིད་བསྒོམས་པ་ལས་འཐོབ་བོ། །ཞེས་པའི་དོན་ནི་རྟོགས་པར་ངེས། །མདོར་ན་སྟོང་ཉིད་ནམ་མཁའ་བཞིན། །དེ་ལ་ངོ་བོའི་དབྱེ་བ་མེད། ། གློ་བུར་དྲི་མ་དང་བཅས་ཀྱེ། །ཀུན་ནས་ཉོན་མོངས་ཆོས་ཉིད་དང་། །དྲི་མ་མེད་པའི་དུས་ཉིད་ན། །རྣམ་པར་དག་པའི་དེ་བཞིན་ཉིད། །ཅེས་དང་རྣམ་པ་བཅུ་དྲུག་ཀྱང་། །བཤད་མ་ཐག་པའི་སྟོང་ཉིད་ཀྱི། །རྣམ་པའི་རབ་དབྱེ་ཡིན་པ་ཡང་། །ཊཱི་ཀ་ཀ་བྱེད་པས་གསལ་བར་གསུངས། །

ལྔ་པ་བསྒྲུབ་པ་བཤད་པ་ནི། །གལ་ཏེ་ཉོན་མོངས་དེ་མ་གྱུར། །ལུས་ཅན་ཐམས་ཅད་གྲོལ་བར་འགྱུར། །གལ་ཏེ་རྣམ་དག་དེ་མ་འགྱུར། །འབད་པ་འབྲས་བུ་མེད་པར་འགྱུར། །ཞེས་གསུངས་དེ་ཡང་བསྒྲུབ་པ་ནི། གློ་བུར་དྲི་མ་བཅས་པ་དང་། །རང་བཞིན་རྣམ་པར་དག་པ་ཉིད། །ཡིན་པར་རིགས་པས་བསྒྲུབ་པའོ། །དེ་ཕྱིར་དབྱེ་བ་སློས་པའི་འོག །དབྱེ་བ་བསྒྲུབ་པའི་རིགས་པ་གསུངས། །དེ་ཡང་ཀུན་ནས་ཉོན་མོངས་པའི། །སྟོང་ཉིད་བཅུ་དྲུག་བསྒྲུབ་པ་ནི། །གལ་ཏེ་ཞེས་སོགས་ཚང་པ་གཉིས། །རྣམ་པར་དག་པ་སྟོང་པ་ཉིད། །བཅུ་དྲུག་བསྒྲུབ་ཕྱིར་ཕྱི་མ་གཉིས། །སློས་པར་མཁས་པས་ཤེས་པར་བྱ། །དེ་ལྟ་བས་ན་ཆོས་ཀྱི་དབྱིངས། །སོ་སྐྱེའི་དུས་ན་ཉོན་མོངས་ལ། །འཕགས་པའི་དུས་ན་དག་པར་གྲུབ། །དེ་ཕྱིར་མཛུག་བསྡུད་གནས་སྐབས་སུ། །ཉོན་མོངས་མ་ཡིན་མི་མོངས་མིན། །དེ་ནི་དག་དང་མ་དག་མིན། །འགྲེལ་པར། ཇི་ལྟར་ཉོན་མོངས་པར་གྱུར་པ་མ་ཡིན་ལ། མ་དག་པ་ཡང་མ་ཡིན་ཞེ་ན། སེམས་རང་བཞིན་གྱིས་འོད་གསལ་བའི་ཕྱིར་རོ། །ཇི་ལྟར་ཉོན་མོངས་པར་གྱུར་པ་མ་ཡིན་པའང་མ་ཡིན་ལ། དག་པ་ཡང་མ་ཡིན་ཞེ་ན། གློ་བུར་གྱིས་ཉོན་མོངས་པའི་ཕྱིར་རོ། །ཞེས་གསུངས་སོ། །འདིས་ཀུན་ནས་ཉོན་མོངས་པ་དང་། དེ་མ་ཡིན་པ་དང་། དག་པ་དང་། དེ་མ་ཡིན་པའི་སྟོང་པ་ཉིད་དང་བཞི་བསྟན་ཏོ། །ཞེས་གསུངས་པ་ཡང་འགྲུབ་པར་འགྱུར། །དེ་འདྲའི་གཞུང་ལུགས་མི་ཤེས

པར། །གཞན་ནས་གཡར་བའི་ལྷོ་ལྷན་གྱིས། །རྒྱལ་པོས་བཅས་ཁྲིམས་ཕབ་པ་བཞིན། །དྲི་ལན་རྩོམ་པ་ལྷུར་ལེན་པའི། །བླུན་པོ་འཁོར་མང་ལྡན་པ་དག །སླབ་ཚུང་ན་རང་གཞན་ལ། །གནོད་པ་ཆུང་བར་འགྱུར་བར་ངེས། ། དེ་ཕྱིར་བདང་སློམས་བཞུགས་པར་འཚལ། །ཐལ་མོ་སྦྱོར་ཏེ་གསོལ་བ་འདེབས། །ཆོས་དབྱིངས་དགེ་བ་ལུང་མ་བསྟན། །གསུམ་ཀ་མིན་པའི་སྤྲོས་བྲལ་དུ། །ཆོས་ཉིད་སྟར་ལུང་བསྟན་དུ་བཤད་པ་ནི་དགེ་བ་དང་སྡིག་པ་གཉིས་ཀ་མ་ཡིན་པ་ཙམ་ལ་བཏགས་པ་ཡིན་ནོ་ཞེས་ཀྱང་བཤད་ཟིན་ཏོ། །ཁས་ལེན་པ་ལ་སྟར་བཤད་པའི། །ཀུན་ཀྱང་ཡོད་པ་མ་ཡིན་ནོ། ། འདི་ལ་ལུང་གི་སྒྲུབ་བྱེད་ནི། །མདོ་རྒྱུད་བསྟན་བཅོས་སཾ་པུ་ཊི་ལས་འདི་སྐད་དུ། །སྟོང་དང་སྟོང་མིན་གཟུང་བ་ལས། །རྟོགས་པ་ཉུང་མིན་སྐྱེ་བར་འགྱུར། །ཡོངས་སུ་སྤངས་པས་ཀུན་རྫོགས་ཏེ། །དེ་ཕྱིར་གཉིས་པོ་འདི་དག་སྤང་། །ཞེས་གསུངས་འདུས་པ་ལ་སོགས་པ། ། གསང་འདུས་རྩ་རྒྱུད་ལས། ཆོས་ཐམས་ཅད་ནམ་མཁའི་རྡོ་རྗེ་ཡི་དམ་ཚིག་ཏུ་མཚུངས་པ་ཡིན་པའི་ཕྱིར་གཟུགས་ཀྱི་ཕུང་པོ་མ་ཡིན་ཞེས་པ་ནས། འདོད་ཆགས་ཞེ་སྡང་གཏི་མུག་མ་ཡིན། ཆོས་མ་ཡིན་ཆོས་མ་ཡིན་པ་ཡང་མ་ཡིན། ཞེས་དང་། བརྟག་གཉིས་ལས། བསྒོམ་མེད་སྒོམ་པ་པོའང་མེད། །ལྷ་མེད་སྔགས་ཀྱང་ཡོད་མ་ཡིན། །ཞེས་སོགས་དང་། ཕྱག་ན་རྡོ་རྗེ་དབང་བསྐུར་བའི་རྒྱུད་ལས། ཆོས་ཉིད་གང་ཡིན་པ་དེ་ལ་ནི་གདགས་པའམ་རྣམ་པར་རིག་པ་མེད་ཅིང་མི་དམིགས་ཏེ་ཞེས་པ་ནས་ཡོད་ཅེས་བྱ་བའམ་མེད་ཅེས་བྱ་བའམ་བསོད་ནམས་ཞེས་བྱ་བའམ། བསོད་ནམས་མ་ཡིན་ཞེས་བྱ་བའམ། །མྱ་ངན་འདས་པ་ཞེས་བྱའམ། །ཐར་པ་ཞེས་བྱ་བ་མེད་དེ་ཞེས་སོ། །ཐམས་ཅད་ལས། ། རྒྱ་ཆེར་གསུངས་མོད་འདིར་མ་བཀོད། །དེས་ན་ཆོས་དབྱིངས་དགེ་བར་བཏགས། །བཏགས་པའི་དགོངས་པ་གདུལ་བྱ་འགའ། །ཞུམ་པ་སྤང་ཕྱིར་གསུངས་པ་ཡིན། །དངོས་ལ་གནོད་བྱེད་ཇི་སྐད་དུ། །ཅི་ནས་ཆོས་དབྱིངས་དགེ་བ་ཉིད། །ཡིན་ན་ཧ་ཅང་ཐལ་བར་འགྱུར། །འདོགས་པའི་རྒྱུ་མཚན་གོང་བཞིན་ནོ། །དེ་ལྟར་ཆོས་ཉིད་དགེ་བ་ཞེས། །བཤད་པ་དགོངས་པ་ཅན་དུ་བཀྲལ། །དེ་ཕྱིར་དགེ་བར་བཏགས་པ་ཙམ། །ལན་གཅིག་མ་ཡིན་གསུང་བཞིན་དུ། །སྡིག་པ་ཙམ་ལ་དགོངས་ནས་ནི། །མ་སྒྲིབ་ལུང་མ་བསྟན་ཀུན་ཅི། །ཞེས་པའི་དྲི་བ་འདི་ལ་གཟིགས། །

ཡོད་པ་ཉིད་ལ་མི་རྟག་པས། །ཁྱབ་པར་ཆོས་ཀྱི་གྲགས་པས་གསུངས། །ཡོད་པ་ཙམ་ལ་དེས་ཁྱབ་པར། ། རིགས་པའི་གཞུང་ལུགས་གང་གིས་སྟོན། །ཞེས་པའི་དྲི་བ་འདི་ལ་ཡང་། །ལན་བྱེད་གཞན་རྣམས་ངལ་གསོས་ཤིག །དེ་ལ་ཡོད་པ་དངོས་པོ་གཉིས། །སྐད་དོད་ཐྲ་བ་ཞེས་བྱ་བ། །ཡོད་པས་ལ་ལར་དངོས་པོ་དང་། །རང་བཞིན་ཡོད་པ་རྣམས་སུ་བསྒྱུར། །དེ་ཕྱིར་ཡོད་དང་དངོས་པོའི་སྒྲ། །འཇུག་པའི་གནས་སྐབས་གཉིས་འབྱུང་སྟེ། །ལ་ལར་དངོས་དང་དངོས་མེད་པ། །གཉིས་ཀ་ལ་ཡང་ཡོད་པར་གསུངས། །འདི་ནི་སེལ་བའི་ཡོད་པ་ལ། །དགོངས་ཏེ་གསུངས་པས་འདི་སྐད་དུ། །ཡོད་པའི་ཁྱད་པར་ཙམ་དུ་ནི། །བསྒྲུབ་བྱ་སྤྱི་ཡི་ཆོས་ཅན་ལ། །དོན་འགའ་ཞིག

ཀྱང་འགྲུབ་མ་འགྱུར། །དེ་འདྲ་བ་ཡང་བཀག་པ་མེད། །ཅེས་པ་ལྟ་བུའི་རྣམ་གཞག་མང་། །འདུས་བྱས་འདུས་མ་བྱས་པ་ལའང་། །དངོས་པོའི་སྒྲ་ནི་འཇུག་པའི་ཚུལ། །དཔེར་ན་འཕགས་པ་ཐོགས་མེད་ཀྱིས། །འདུས་མ་བྱས་ཀྱི་དངོས་པོ་བརྒྱད། །ཅེས་དང་དབུས་རྣམ་འབྱེད་པ་ལས། །གཉིས་དངོས་མེད་པའི་དངོས་མེད་པའི། །དངོས་པོ་སྟོང་པའི་མཚན་ཉིད་དོ། །ཞེས་དང་ཟླ་བ་གྲགས་པས་ཀྱང་། །དངོས་ཀུན་ཡང་དག་བརྟེན་ཞེས་དང་། །དངོས་རྣྗེད་ངོ་བོ་ཞེས་པ་སོགས། །ཤིན་ཏུ་མང་ཡང་བརྗོད་མི་ལང་། །སྣང་བའི་ཡོད་པ་ལ་དགོངས་ནས། །ཡོད་པ་ཙམ་ལ་མི་རྟག་པས། །ཁྱབ་པར་གཏན་ཚིགས་ཐིག་པ་དང་། །རྩོད་རིགས་རྣམ་ངེས་ལ་སོགས་དང་། །སྔག་ཤག་གཉིས་དང་རྒྱན་ཆོས་མཆོག ཧོག་ལོ་ཕྱུ་པ་ལ་སོགས་པའི། །རྟོག་གེ་མཁས་པའི་གཞུང་ལས་འབྱུང་། །དེ་ལ་རྩོད་པའི་རིགས་པར་ནི། །དོན་བྱེད་ནུས་པ་ཡོད་ཙམ་གྱི། །མཚན་ཉིད་ཡིན་པར་གསལ་བར་གསུངས། །

རྣམ་པར་འགྲེལ་ངེས་གཉིས་ཀར་ཡང་། །གཙོ་བོའི་སྒྲ་དོན་ཆོས་ཅན་ལ། །ཡོད་པ་ཁྱད་པར་བཟུང་བའི་ཚེ༑ །གཏན་ཚིགས་གང་བཀོད་ཐམས་ཅད་ཀྱང་། །འགལ་དང་མ་ངེས་མ་གྲུབ་པའི། །རྟགས་སྐྱོན་གསུམ་ལས་འདའ་བ་མེད། །དེ་ཡི་རྒྱུ་མཚན་འདི་ལྟར་ཡིན། །ཡོད་ཆོས་དོན་བྱེད་ནུས་པ་དང་། །མེད་ཆོས་དེ་ལས་ལྡོག་པ་དང་། །གཉིས་ཀ་ལ་བརྟེན་ཤེས་བྱ་ཙམ། །འགོད་ན་མ་གྲུབ་འགལ་བ་དང་། །མ་ངེས་གསུམ་དུ་འགྱུར་བར་བཤད། །དངོས་པོ་ཙམ་དང་ཡོད་ཙམ་གཉིས། །དོན་གཅིག་ཡིན་པར་རྣམ་ངེས་ལས། །དེ་ཡི་ཁྱད་པར་གཟུང་མེད་པར། །དངོས་པོ་ཙམ་ཞིག་སྒྲུབ་བྱེད་ལ། །དེ་ཙམ་ཁྱབ་བྱེད་སྒྲུབ་བྱ་ཡི། །རྗེས་སུ་འགྲོ་བ་ཉམས་པ་མེད། །ཅེས་པའི་འགྲེལ་པར་འདི་སྐད་དུ། །རང་བཞིན་གྱི་ཁྱད་པར་ཡོངས་སུ་མ་བཟུང་བར། དངོས་པོ་ཙམ་ཁྱབ་པ་བསྒྲུབ་པར་བྱ་བའི་ཆོས་ལ་ཡོད་པ་བསྒྲུབ་པར་བྱེད་པ་ཉིད་ལ་ནི་རྗེས་སུ་འགྲོ་བ་མཉམ་པ་མེད་དོ། །དེ་ལ་གདོན་མི་ཟ་བར་ཁྱབ་པར་ཡོངས་སུ་བཟུང་བར་བྱ་བ་ནི་མ་ཡིན་ཏེ། ཡོད་པ་ཙམ་ལ་བརྟེན་ན་ཡང་སྒྲུབ་པར་བྱེད་པའི་ནུས་པ་ཡོད་པའི་ཕྱིར་རོ། །བསྒྲུབ་པར་བྱ་བ་ཉིད་ནི་མ་ཡིན་ཏེ། འབྲས་བུ་མེད་པའི་ཕྱིར་རོ། །ཞེས་དངོས་པོ་ཙམ་ཡོད་ཙམ་དོན་གཅིག་པར་གསུངས་སོ། །དེ་ལ་གདོན་མི་ཟ་བར་ནི། །ཁྱད་པར་ཡོངས་སུ་བཟུང་བྱ་མིན། །ཡོད་པ་ཙམ་ལ་བརྟེན་ན་ཡང་། །སྒྲུབ་བྱེད་ནུས་པ་ཡོད་ཕྱིར་རོ། །ཞེས་གསུངས་གཏན་ཚིག་ཐིག་པ་ལས། །དེ་བཞིན་གསལ་བར་གསུངས་པ་ནི། །དཔེར་ན་གང་ཡོད་པ་དེ་ཐམས་ཅད་ནི་སྐད་ཅིག་མ་སྟེ། དཔེར་ན་བུམ་པ་ལ་སོགས་པ་ལྟ་བུའོ། །སྒྲ་ཡང་ཡོད་པ་ཡིན་པས་ཞེས་བྱ་བ་དང་། དེ་བཞིན་དུ་སྐད་ཅིག་མ་ཉིད་མེད་ན་ཡོད་ལ་ཡང་མེད་པ་ཡིན་ན། སྒྲ་ནི་ཡོད་པས་ཞེས་བྱ་བ་ལྟ་བུའོ། །ཞེས་ཆོས་མཐུན་པ་དང་མི་མཐུན་པ་གཉིས་སུ་གསུངས་སོ། །མང་བས་འཇིགས་ཕྱིར་མ་བྲིས་སོ། །

དངོས་རྣམས་འཇིག་པར་བསྒྲུབ་པ་ལ། །བྱས་དང་ཡོད་པ་གང་བཀོད་ཀྱང་། །རུང་མོད་འོན་ཀྱང་རིག་བྱེད་པས། །རྩལ་ཕྲན་བདག་དང་དབང་ཕྱུག་དང་། །རིག་བྱེད་སྒྲ་ལ་སོགས་པ་དག །བྱས་པ་ཡིན་པར་དེས་མི་

འདོད། །དེ་ཕྱིར་ཕྱོགས་ཆོས་མ་གྲུབ་པའི། །དོགས་པ་འབྱུང་ཕྱིར་ཡོད་ཙམ་བཀོད། །དེ་ལ་ཁ་ཅིག་འདི་སྐད་དྲྭ། །དེ་འདྲ་བ་ཡང་བཀག་པ་མེད། །ཅེས་པས་གཙོ་བོའི་སྒྲ་དོན་དེ། །རང་ལུགས་ལ་ཡང་ཡོད་ཙམ་དུ། །བཀག་པ་མེད་པར་གསུངས་པའི་ཕྱིར། །ཡོད་པ་ཙམ་ལ་འཇིག་པ་ཡིས། །ཁྱབ་པ་མ་ཡིན་ཡོད་ཉིད་ལ། །འཇིག་པས་ཁྱབ་པ་དགོངས་པ་སྟེ། །འཇིག་ལ་འབྲས་དང་ཡོད་ཉིད་བཞིན། །ཞེས་པ་དངོས་པོའི་རྒྱུན་ཚིག་འབྱུང་། །བསམ་ན་གཙོ་བོའི་སྒྲ་དོན་དེ། །དངོས་པོ་ཙམ་ཡང་ཡིན་པར་འགྱུར། །དངོས་པོའི་ཁྱད་པར་ཙམ་ཞིག་ནི། །ཕྱི་ཡི་ཆོས་ཅན་ལ་བསྒྲུབ་ན། །དོན་འགའ་ཞིག་ཀྱང་འགྲུབ་པར་འགྱུར། །དེ་འདྲ་བ་ཡང་བཀག་པ་མེད། །ཅེས་ཀྱང་རྣམ་ངེས་ལས་གསུངས་ཕྱིར། །དེས་ན་སྒྲ་དོན་ཡོད་ཙམ་དང་། །དངོས་པོ་ཙམ་ཡིན་གསུངས་པའི་དོན། །གཅིག་པུ་རྟག་པ་བདེ་བ་སོགས། །ཆོས་ཀྱི་ཁྱད་པར་མ་བྱས་པའི། །སེལ་ངོའི་ཡོད་པ་ཙམ་ལ་དགོངས། །སྒྲ་དོན་མེད་པར་བཤད་པའི་དོན། །སྣང་བའི་ཡོད་པ་ཉིད་ལ་དགོངས། །འོན་ཀྱང་གཏན་ཚིག་འགོད་པ་ན། །ཡོད་པ་ཙམ་དང་དངོས་པོ་ཙམ། །འགོད་ཀྱི་ཁྱད་པར་མི་འགོད་པར། །རིག་པ་མཁྱེན་པའི་བཞེད་པ་སྟེ། །དེ་ཡི་ཁྱད་པར་བཟུང་མེད་པར། །དངོས་པོ་ཙམ་ནི་བསྒྲུབ་པ་སྟེ། །དེ་ཙམ་ཁྱབ་བྱེད་བསྒྲུབ་བྱ་ཡི། །རྗེས་སུ་འགྲོ་བ་ཉམས་པ་མེད། །ཅེས་གསུངས་རྣམ་པར་ངེས་པ་ལས། །ཤེས་བྱ་ཡོད་པ་མིན་པར་བཤད། །དེ་ལྟར་ཤེས་ན་ཇི་སྐད་དྲྭ། །གལ་ཏེ་གཏན་ཚིགས་ཡོད་གཞན་ན། །ཡོད་པ་ཇི་ལྟར་བསྒྲུབ་བྱ་མིན། །ཁྱད་པར་གཙོ་བོ་ལ་སོགས་སྒྲས་བརྗོད་པར་བྱ་བའི་དོན་ཉིད་འགའ་ཡང་མེད་པའི་ཕྱིར་དེ་ནི་ཁྱད་པར་མེད་པ་ཁོ་ན་ཡིན་ནོ། །ཇི་ལྟར་མེད་དེ། དེ་ཡང་ཤེས་བྱ་དང་གཞལ་བྱ་དང་བརྗོད་བྱ་ཉིད་དུ་གྲུབ་པ་ཁོ་ན་ཡིན་ནོ་ཞེ་ན། ཅི་དེ་ནི་ཤེས་བྱ་ཡོད་དོ། །ཞེས་དེ་འགྲུབ་པར་འགྱུར་རམ། དེ་ལྟ་ན་ཡང་ཅི་ཞིག་འགྲུབ་པར་འགྱུར། །ཞེས་སོ། །རྗེས་འགྲོ་མིན་པ་ནི། །གཏན་ཚིག་བསྒྲུབ་བྱ་དག་ལས་ཉམས། །ཡོད་པའི་ཁྱད་པར་ཙམ་དུ་ནི། །བསྒྲུབ་བྱ་སྤྱི་ཡི་ཆོས་ཅན་ལ། །དོན་འགའ་ཞིག་ཀྱང་འགྲུབ་མི་འགྱུར། །དེ་འདྲ་བ་ཡང་བཀག་པ་མེད། །ཁྱད་པར་བསྒྲུབ་བྱར་བཟུང་ན་འདིར། །གཏན་ཚིགས་རྗེས་འགྲོ་མེད་ཅན་འགྱུར། །ཡོད་པ་བསྒྲུབ་བྱ་ཡིན་ན་དེ། །ཁྱད་པར་དག་ནི་བསྒྲུབ་བྱར་འགྱུར། །ཞེས་པའི་དོན་ཡང་རྟོགས་པར་འགྱུར། །ཉིད་ལ་དངོས་པོའི་རྒྱུན་དང་ནི། །ངེས་བཟུང་གཉིས་ཀ་གཞུང་ལས་འབྱུང་། །དང་པོ་ཆོས་ཉིད་ཅེས་པ་དང་། །རྟག་ཉིད་ཅེས་པ་ལ་སོགས་པ། །དངོས་པོའི་རྒྱུན་གྱི་ཉིད་སྒྲ་གང་། །ཡོད་ན་འདུས་མ་བྱས་པ་དང་། །དངོས་པོ་ཁོ་ན་ཡིན་པ་དང་། །མེད་ན་རྣམ་བཤད་རིག་པ་ལས། །ཆོས་ནི་ཤེས་བྱ་ལམ་དང་ནི། །མྱ་ངན་འདས་དང་ཡིད་ཀྱི་ཡུལ། །བསོད་ནམས་ཚེ་དང་གསུང་རབ་དང་། །འབྱུང་འགྱུར་ངེས་དང་ཆོས་ལུགས་ལའོ། །ཞེས་གསུངས་པ་ལྟར་དོན་བཅུ་དང་། །གང་གི་རང་བཞིན་འཇིག་མེད་པ། །དེ་ལ་མཁས་རྣམས་རྟག་ཅེས་བརྗོད། །ཞེས་པ་ལྟ་བུ་འཇིག་པའི་དངོས། །བཀག་པ་ཙམ་ལ་རྟག

པ་ཞེས། །བཏགས་པ་ལ་སོགས་ཁྱད་པར་ནི། །མང་མོད་འདིར་ནི་དེ་འདྲ་མིན། །ཇི་སྲིད་ཡོད་ཙམ་ཡོད་ཉིད་ལས། །ཁྱད་པར་ཡོད་པ་དེ་སྲིད་དུ། །དངོས་པོ་ཙམ་དང་དངོས་ཉིད་ལ། །ཁྱད་པར་འདོད་དགོས་རྣམ་ངེས་ལས། །དེ་གཉིས་གཅིག་ཏུ་གསུངས་ཕྱིར་རོ། །མདོར་ན་ཡོད་དང་དངོས་པོ་དང་། །རང་བཞིན་གསུམ་ལ་ཁྱད་པར་མེད། །དེ་ཕྱིར་དངོས་པོ་དང་རང་བཞིན་ཡོད་པ་སོགས་ཀྱི་སྒྲ་ཡང་པར་ཕྱེར་ན། །ཀུན་ལ་འཇུག་ན་འཇུག་མཉམ་དང་། །ཡོད་པ་སོགས་ཀྱི་སྒྲ་དོག་པར་ཕྱེར་ན། འཇུག་པ་མེད་པའང་ཁྱད་མེད་པར། །ཤེས་པར་བྱ་སྟེ་ཇི་སྐད་དུ། །མ་གྲུབ་པ་ལ་ཡོད་ཆོས་མེད། །གཉིས་ཀ་ལ་རྟེན་འབྲེལ་པ་ཅན། །མེད་པའི་ཆོས་ནི་འགལ་ཡིན་ན། །ཡོད་དེ་ཇི་ལྟར་བསྒྲུབ་བྱར་འགྱུར། །རང་གཞན་གྲུབ་པ་གོ་བྱེད་ཡིན། །དེ་ལ་ཁྱབ་བྱེད་ངེས་པ་ཡིས། །རང་བཞིན་ངེས་པ་གོ་བྱ་ཡིན། །འདི་ལོག་པ་ན་དེ་ལྡོག་བྱེད། །དཔེར་ན་མི་རྟག་ཉིད་བྱས་པའམ། །མ་བྱས་པས་ན་མི་འཇིག་བཞིན། །ཞེས་གསུངས་འདི་ལ་ཚད་མ་ཡིན། །དེ་ལྟར་མཁས་པའི་གཞུང་ལུགས་ལས། །ཆོས་དབྱིངས་ཡོད་པའང་མ་ཡིན་ཏེ། །ཡོད་ཙམ་མི་རྟག་གིས་ཁྱབ་པར། །ཆོས་ཀྱི་གྲགས་པས་ལེགས་པར་གསུངས། །ཞེས་པའི་དགོངས་པའང་འདི་ཉིད་དོ། །བློ་གྲོས་མིག་དང་བྲལ་བ་དང་། །ཕྲག་དོག་དུག་ཆུས་རང་བཞིན་ནི། །གཞན་དུ་གྱུར་པའི་སྨོངས་པ་གང་། །འདི་ལ་དགའ་བ་ག་ལ་སྐྱེ། །རྣམ་དཔྱོད་ལུས་མདངས་མ་ཉམས་ཤིང་། །ངོ་ཚ་ཁྲེལ་ཡོད་གོས་ཀྱིས་མཛེས། །ཟུར་གནས་མཁས་པའི་སྐྱེ་བོ་རྣམས། །དྲིས་ལན་བསྟན་བཅོས་འདི་གཟིགས་ཤོག །བཞིན་རས་འཛུམ་གྱི་ཕྲེང་བ་ནི། །ཟླ་བ་ཤར་ཚེ་ཀུ་མུད་དའི། །མེ་ཏོག་བཞིན་དུ་གསལ་བར་ངེས། །

ཀླུ་སྒྲུབ་ཀྱིས་ནི་དབུ་མ་ལས། །དངོས་མེད་ལ་ཡང་འདུས་བྱས་ཀྱི། །ཁྱབ་པར་གསུངས་པ་མ་ཡིན་ནམ། །དེ་ལྟ་ཡིན་ན་ཆོས་ཀྱི་དབྱིངས། །འདུས་བྱས་ཡིན་པར་མི་ཐལ་ལམ། །ཞེས་གསུངས་ལན་ཡང་བརྗོད་པར་བྱ། །རྒྱུ་དང་རྐྱེན་ལས་སྐྱེས་པ་གང་། །འདུས་བྱས་ཡིན་པར་སངས་རྒྱས་པའི། །གྲུབ་མཐའ་བཞི་པོས་མཐུན་པར་སྨྲ། །བྱས་དང་འདུས་བྱས་དངོས་པོ་རྣམས། །རྣམ་གྲངས་ཡིན་པར་འདོད་པ་དང་། །ཞིག་པ་དངོས་མེད་ཡིན་པ་དང་། །བདག་མེད་གཉིས་ཀ་རང་མཚན་དང་། །དོན་དམ་བདེན་པ་རྫས་གྲུབ་སོགས། །སྡེ་བདུན་གཞུང་གི་དགོངས་པར་ངེས། །མགོན་པོ་ཀླུ་སྒྲུབ་གཞུང་ལུགས་ལས། །དངོས་པོ་ཞིག་པ་གང་ཡིན་ལ། །འདུས་བྱས་ཁོ་ནས་ཁྱབ་པར་གསུངས། །དེ་ཡང་རྩ་བ་ཤེས་རབ་ལས། །དངོས་དང་དངོས་མེད་འདུས་བྱས་ཡིན། །ཞེས་དང་མཚན་ཡང་དེ་ཉིད་ལས། །དངོས་པོ་གཞན་དུ་གྱུར་པ་ནི། །དངོས་མེད་ཡིན་པར་སྐྱེ་བོ་སྨྲ། །ཞེས་དང་དེ་འགྲེལ་ཚིག་གསལ་ལས། །ཟླ་བའི་ཞབས་ཀྱིས་གསལ་བར་བཤད། །དེ་ཙམ་མ་གཏོགས་དངོས་མེད་ལ། །འདུས་བྱས་ཁྱབ་པར་སྟོན་པ་ཡི། །ཀླུ་སྒྲུབ་ཞབས་ཀྱི་གཞུང་ལུགས་ནི། །མོ་གཤམ་བུ་དང་འདྲ་བར་མཐོང་། །གལ་ཏེ་དེ་ལྟ་མིན་པ་

དང་། །ཆོས་དབྱིངས་དངོས་མེད་ཡིན་པ་དེ། །ཀླུ་སྒྲུབ་ཞབས་ཀྱི་ལུགས་ཡིན་ན། །འདུས་བྱས་ཡིན་ཕྱིར་ཆོས་ཀྱི་དབྱིངས། །རྒྱུ་དང་རྐྱེན་ལས་སྐྱེས་པར་འགྱུར། །འདུས་བྱས་མིན་ན་དངོས་མེད་འགལ། །འདོད་ན་ཆོས་ཉིད་མིན་པར་འགྱུར། །དེ་ཕྱིར་ཆོས་དབྱིངས་དངོས་པོ་དང་། །དངོས་མེད་ཡིན་པ་ལྟ་ཞོག་གི། །དེ་དག་ཡིན་པར་ལྟ་བ་ཙམ། །དེ་ཉིད་མཐོང་བ་མེད་པར་གསུངས། །གཞན་དུ་མྱ་ངན་འདས་པ་ཡང་། །དངོས་མེད་ཡིན་པར་འགྱུར་བ་སྟེ༔ །ཆོས་དབྱིང་དངོས་མེད་ཡིན་པས་སོ། །

དེ་ལྟ་ཡིན་ན་རྩ་ཤེས་ལས། །རང་བཞིན་རྒྱུ་དང་རྐྱེན་ལས་ནི། །འབྱུང་བར་རིགས་པ་མ་ཡིན་ནོ། །རྒྱུ་དང་རྐྱེན་ལས་བྱུང་བ་ཡིས། །རང་བཞིན་བྱས་པ་ཅན་དུ་འགྱུར། །རང་བཞིན་བྱས་པ་ཅན་ཞེས་བྱར། །ཇི་ལྟ་བུར་ན་རུང་བར་འགྱུར། །རང་བཞིན་དག་ནི་བཅོས་མིན་དང་། །གཞན་ལ་ལྟོས་པ་མེད་པ་ཡིན། །རང་བཞིན་ཡོད་པ་མ་ཡིན་ན། །གཞན་གྱི་དངོས་པོ་ག་ལ་ཡོད། །གཞན་གྱི་དངོས་པོའི་རང་བཞིན་ནི། །གཞན་གྱི་དངོས་པོ་ཡིན་ཞེས་བརྗོད། །རང་བཞིན་དང་ནི་གཞན་དངོས་དག །མ་གཏོགས་དངོས་པོ་ག་ལ་ཡོད། །རང་བཞིན་དང་ནི་དངོས་པོ་དག །ཡོད་ན་དངོས་པོ་གྲུབ་པར་འགྱུར། །གལ་ཏེ་དངོས་པོ་མ་གྲུབ་ན། །དངོས་མེད་གྲུབ་པར་མི་འགྱུར་རོ། །ཞེས་གསུངས་གཞན་ཡང་དེ་ཉིད་ལས། །གང་དག་རང་བཞིན་གཞན་དངོས་དང་། །དངོས་དང་དངོས་མེད་ཉིད་ལྟ་བ། །དེ་དག་སངས་རྒྱས་བསྟན་པ་ལ། །དེ་ཉིད་མཐོང་བ་མ་ཡིན་ནོ། །བཅོམ་ལྡན་དངོས་དང་དངོས་མེད་པ། །མཁྱེན་པས་ཀ་ཏྱ་ཡ་ན་ཡི། །གདམས་ངག་ལ་ནི་ཡོད་པ་དང་། །མེད་པ་གཉིས་ཀའང་དགག་པར་མཛད། །ཅེས་དང་མྱང་འདས་རྟག་པར་ཡང་། །རེ་ཞིག་མྱ་ངན་འདས་དངོས་མིན། །རྒ་ཤིའི་མཚན་ཉིད་ཐལ་བར་འགྱུར། །རྒ་དང་འཆི་བ་མེད་པ་ཡི། །དངོས་པོ་ཡོད་པ་མ་ཡིན་ནོ། །གལ་ཏེ་མྱ་ངན་འདས་དངོས་ན༔ །མྱ་ངན་འདས་པ་འདུས་བྱས་འགྱུར། །དངོས་པོ་འདུས་བྱས་མ་ཡིན་པ། །འགའ་ཡང་གང་ན་ཡོད་མ་ཡིན། །ཞེས་དང་གཞན་ཡང་དེ་ཉིད་ལས། །གལ་ཏེ་མྱ་ངན་འདས་པ་ནི། །དངོས་དང་དངོས་མེད་གཉིས་ཡིན་ན། །དངོས་དང་དངོས་པོ་མེད་པ་དག །ཐར་བར་འགྱུར་ན་དེ་མི་རིགས། །གལ་ཏེ་མྱ་ངན་འདས་པ་ནི། །དངོས་དང་དངོས་མེད་གཉིས་ཡིན་ན། །མྱ་ངན་འདས་པ་མ་རྟེན་མིན། །དེ་གཉིས་བརྟེན་གནས་ཡིན་ཕྱིར་ཏེ། །ཇི་ལྟར་མྱ་ངན་འདས་པ་ནི། །དངོས་དང་དངོས་མེད་གཉིས་ཡིན་ཏེ། །མྱ་ངན་འདས་པ་འདུས་མ་བྱས། །དངོས་དང་དངོས་མེད་འདུས་བྱས་ཡིན། །ཇི་ལྟར་མྱ་ངན་འདས་པ་ལ། །དངོས་དང་དངོས་མེད་གཉིས་ཡོད་དེ། །དེ་གཉིས་གཅིག་ལ་ཡོད་མིན་ཏེ། །སྣང་བ་དང་ནི་མུན་པ་བཞིན། །དངོས་མིན་དངོས་པོ་མེད་མིན་པ། །མྱ་ངན་འདས་པར་གང་སྟོན་པ། །དངོས་པོ་མེད་དང་དངོས་པོ་དག །གྲུབ་ན་དེ་ནི་གྲུབ་པར་འགྱུར། །གལ་ཏེ་མྱ་ངན་འདས་པ་ནི། །

དངོས་མིན་དངོས་པོ་མེད་མིན་ན། །དངོས་མིན་དངོས་པོ་མེད་མིན་ཞེས། །གང་ཞིག་གིས་ནི་དེ་མཚོན་བྱེད། །བཅོམ་ལྡན་སྨྲ་ངན་འདས་གྱུར་ནས། །ཡོད་པར་མི་མཚོན་དེ་བཞིན་དུ། །མདོ་སྡེ་ཞེའམ་གཉིས་ཀ་དང་། །གཉིས་མིན་ཞེས་ཀྱང་མི་མཚོན་ནོ། །ཞེས་གསུངས་པ་དང་འགལ་བར་འགྱུར། །གལ་ཏེ་དོན་དམ་སྤྱོད་པ་ཡི། །རིགས་པས་དཔྱད་ན་དངོས་པོ་དང་། །དངོས་མེད་གཉིས་ཀ་མེད་མོད་ཀྱི། །ཐ་སྙད་བདེན་པའི་དབང་བྱས་པས། །མྱ་ངན་འདས་པ་དངོས་མེད་སོགས། །ཡིན་པར་འདོད་པས་རྩ་ཤེས་ཀྱི། །ལུང་དང་འགལ་བ་ག་ལ་ཡོད། །ཅི་ན་མཁས་པའི་གཞུང་ལས་ཀྱང་། །འཕགས་པའི་ཀུན་རྫོབ་ཁས་བླངས་ཏེ། །ཆོས་ཀྱི་གྲགས་པའི་ལུང་དྲངས་ནས། །ཆོས་དབྱིངས་ཡོད་པ་མིན་པར་གསུངས། །དེ་ལ་དོན་དམ་དཔྱོད་པ་ཡིས། །རིགས་པ་སྟོན་པའི་གཞུང་ལུགས་དང་། །འགལ་བར་དོགས་པའི་དྲི་བ་ལ། །འབྲེལ་པ་ཅི་ཡོད་བསམ་པར་རིགས། །

དེས་ན་ཆོས་དབྱིངས་ཡོད་མེད་སོགས། །སྤྲོས་པ་ཀུན་དང་བྲལ་བར་གསུངས། །དུས་ཀྱི་འཁོར་ལོའི་རྩ་རྒྱུད་དང་། །འཕགས་པ་ལྷ་ཡི་འདི་སྐད་དུ། །ཡོད་མིན་མེད་མིན་གཉིས་ཀ་མིན། །གཉིས་ཀའི་བདག་ཉིད་མིན་པ་མིན། །མཐའ་བཞི་ལས་ནི་རྣམ་གྲོལ་བ། །དེ་ནི་དབུ་མ་པ་ཡི་རིགས། །ཞེས་དང་མདོ་གཞན་ལས་ཀྱང་ངོ་། །དེ་ལྟར་ཐུན་མོང་ཐུན་མོང་མིན། །འདྲ་དང་མ་འདྲའི་ཤེས་པ་ཡིས། །མཁས་པ་གང་དེ་རྟོགས་པར་འོས། །ལུང་རྣམས་དགོངས་པ་ཐ་དད་ཅིང་། །བསྟན་བཅོས་རྣམས་ཀྱང་མི་འདྲ་མང་། །དེ་ལྟར་འབྱུང་བའི་རྒྱུ་མཚན་ཡང་། །སེམས་ཅན་ཁམས་ལ་མཐའ་མེད་པས། །ཁམས་དང་བསམ་པ་བག་ལ་ཉལ། །ཐ་དད་པ་ལྟར་འདོད་ཆགས་སོགས། །ཆེ་ཆུང་བྱེ་བྲག་སྣ་ཚོགས་ཀྱི། །གཉེན་པོ་སྟོན་པའི་སངས་རྒྱས་གསུངས། །དྲང་དོན་ངེས་དོན་སྣ་ཚོགས་ཡོད། །དེ་ཕྱིར་དགོངས་འགྲེལ་མཁས་རྣམས་ཀྱི། །བསྟན་བཅོས་སུ་ཡང་དེ་ལྟར་བཀྲལ། །ཐ་དད་པ་ལྟར་འདོད་ཆགས་སོགས། །ཆེ་ཆུང་བྱེ་བྲག་སྣ་ཚོགས་ཀྱི། །དེ་ཡང་ལ་ལར་ཇི་བཞིན་བཀྲལ། །ལ་ལར་ཇི་བཞིན་མིན་པར་བཀྲལ། །དེ་ལྟར་ཀླུ་སྒྲུབ་གཞུང་ལུགས་དང་། །ཆོས་ཀྱི་གྲགས་པའི་གཞུང་རྣམས་སུ། །ཞིག་པ་འདུས་བྱས་འདུས་མ་བྱས། །བདེན་པ་གཉིས་ཀྱི་འཛོག་ཚུལ་དང་། །སྤྱི་དོན་འགོག་དང་མི་འགོག་དང་། །གཞི་ལམ་འབྲས་བུའི་རྣམ་གཞག་དང་། །ཐ་སྙད་སྒྲ་ཚུལ་ལ་སོགས་པ། །མི་འདྲ་བ་ཡི་རྣམ་དབྱེ་མང་། །དེ་ཕྱིར་གྲོལ་འབྱེད་སོ་སོར་ཡིན། །འོན་མཁས་པའི་བསྟན་བཅོས་ལས། །ཆོས་དབྱིངས་ཡོད་པ་མིན་པའི་ལུང་། །སྡེ་བདུན་མཛད་པའི་གཞུང་ཁོ་ན། །ཤེས་བྱེད་དྲངས་པའི་རྒྱུ་མཚན་ཅི། །སླ་བར་རིགས་སོ་ཞེ་ན་སྨྲང་། །སྡིག་དང་བསོད་ནམས་བྱ་བ་འདས། །ཟབ་མོ་བཀོལ་བའི་དོན་དང་ལྡན། །ཞེས་སོགས་དྲངས་ཕྱིར་ཆོས་ཀྱི་གྲགས་པའི་གཞུང་ཉི་ཚེ་རངས་པ་ཙམ་མིན། །ཐེག་པ་ཆེ་ཆུང་གྲུབ་མཐའ་ཡི། །གཞུང་ལུགས་གང་དང་གང་འཆད་ཚེ། །ཐུན་མོང་བ

རྣམས་འདྲ་བ་དང་། །རང་རང་སོ་སོའི་ཆོས་སྐད་རྣམས། །མ་འདྲེས་སོ་སོར་བཤད་པ་ནི། །རྒྱ་བོད་མཁས་པའི་བཞེད་གཞུང་ཡིན། །ཚད་མ་ཀུན་བཏུས་ལ་སོགས་དང་། །སྡེ་བདུན་མཛད་པའི་གཞུང་ལུགས་རྣམས། །དངོས་པོར་སྨྲ་བའི་ལུགས་ཡིན་པས། །དེ་ཕྱིར་དེ་ནས་བཤད་པ་ཡིས། །བདེན་པ་གཉིས་ཀྱི་འཇོག་ཚུལ་ཡང་། །རང་གི་རིགས་པས་དཔྱད་པ་ཡི། །སྒོ་ནས་འཇོག་ཕྱིར་བདེན་མེད་དང་། །བདེན་གྲུབ་གཉིས་ལ་རིམ་བཞིན་འདོད། །སློབ་དཔོན་ཟླ་བ་གྲགས་པ་སོགས། །ཞིག་པ་འདུས་བྱས་ལ་སོགས་པ། །ཀུན་རྫོབ་བདེན་པའི་འཇོག་ཚུལ་རྣམས། །འཇིག་རྟེན་གྲགས་པའི་རྗེས་འབྲང་ནས། །ཡིན་གྱིས་རང་ལུགས་བཞེད་མ་ཡིན། །གཞན་དུ་དབུ་མའི་རིག་པ་ཡིས། །གྲུབ་པར་འགྱུར་ན་རྟེན་འབྲེལ་གྱི། །དངོས་པོ་ཡིན་ཕྱིར་དེ་མི་རིགས། །བརྗོད་པར་བྱ་བ་མང་ན་ཡང་། །ཧ་ཅང་ཐལ་ཕྱིར་རེ་ཞིག་བཞག །

རིན་ཆེན་ཕྲེང་བར་གསུངས་པ་ཡི། །ཟབ་མོ་བཀོལ་བ་ཅི་ལ་ཟེར། །ཞེས་གསུངས་ལན་ནི་འདི་ཡིན་ཏེ། །བཀོལ་བ་ཞེས་དང་བཀར་བ་དང་། །ཐུན་མོང་མིན་པའི་དོན་རྣམས་ནི། །དོན་གཅིག་ཡིན་པས་ཆོས་ཀྱི་དབྱིངས། །སྤང་བར་བྱ་ཕྱིར་སྡིག་པ་དང་། །བླང་བྱ་བསོད་ནམས་ལ་སོགས་པའི། །སྤྲོས་པ་ཀུན་ལས་རྣམ་པར་གྲོལ། །དེ་ཕྱིར་སོ་སོ་སྐྱེ་བོ་ཡི། །ཤེས་མཐོང་ཡུལ་ལས་འདས་པ་དང་། །ཉན་ཐོས་རང་རྒྱལ་རྣམས་ལའང་། །མ་གསུངས་པས་ན་ཆོས་ཉིད་དེ། །ཟབ་མོ་བཀྲོལ་བའི་དོན་དང་ལྡན། །དོན་འདི་ཤེར་ཕྱིན་མདོ་ལས་ཀྱང་། །གཟུངས་སྤོབས་ལྡན་པའི་སེམས་བསྐྱེད་ཀྱི། །དབྱེ་བ་འཆད་པའི་སྐབས་ཉིད་ལས། །ཕྱོགས་བཅུའི་རྫོགས་སངས་རྒྱས་རྣམས་ཀྱི། །གསུངས་དང་གསུང་བ་གསུང་འགྱུར་བ། །མདོ་དང་དབྱངས་ཀྱིས་བསྙད་པ་དང་། །ལུང་བསྟན་པ་ལ་སོགས་པ་ཡི། །གསུང་རབ་ཡན་ལག་བཅུ་གཉིས་པོ། །ཉན་ཐོས་རང་སངས་རྒྱས་རྣམས་ཀྱི། །མ་ཐོས་པ་ནི་གང་ཡིན་པ། །དེ་དག་ཐམས་ཅད་བཟུང་བ་དང་། །གཞན་ལ་རྒྱ་ཆེར་བསྟན་འདོད་པས། །ཡུལ་ལ་བསླབ་པར་བྱའོ་ཞེས། །དེ་སྐད་གསུངས་པ་བཟུང་བར་བྱ། །མགོན་པོ་བྱམས་པས་རྒྱུད་བླ་མར། །བསམ་མེད་བརྗོད་དུ་མེད་ཕྱིར་རོ། །དོན་དམ་བརྟག་བྱ་མིན་ཕྱིར་ཏེ། །བརྟག་མིན་རྗེས་དཔག་བྱ་མིན་ཕྱིར། །དཔག་མིན་བླ་ན་མེད་པའི་ཕྱིར། །བླ་ན་མེད་པ་མ་བསྡུས་ཕྱིར། །མ་བསྡུས་གནས་པ་མེད་ཕྱིར་ཏེ། །ཡོན་ཏན་སྐྱོན་རྟོགས་མེད་ཕྱིར་རོ། །ཞེས་དང་གཞན་ཡང་དེ་ཉིད་ལས། །ཕྲ་ཕྱིར་ཐོས་པའི་ཡུལ་མིན་ཏེ། །དོན་དམ་ཡིན་ཕྱིར་བསམ་པའི་མིན། །ཆོས་ཉིད་ཟབ་ཕྱིར་འཇིག་རྟེན་པའི། །སྒོམ་པ་ལ་སོགས་ཡུལ་མ་ཡིན། །གང་ཕྱིར་གཟུགས་ལ་དམུས་ལོང་བཞིན། །བྱིས་པས་དེ་སྔོན་མཐོང་མ་མྱོང་། །ཞེས་གསུངས་པའང་འདི་དང་མཐུན། །

དེ་ལྟར་ཤེས་ན་བསྟན་བཅོས་ལས། །འཕགས་པ་ཀླུ་སྒྲུབ་ཉིད་ཀྱིས་ཀྱང་། །གཏམ་བྱ་རིན་ཆེན་ཕྲེང་བ

ལས། །སྡིག་དང་བསོད་ནམས་བྱ་བ་འདས། །ཟབ་མོ་བགོལ་བའི་དོན་དང་ལྡན། །ཞེས་པའི་ཚིག་དོན་རྟོགས་པར་འགྱུར། །ད་ལྟའི་དཔེ་འགའ་ཞིག་ལས་ནི། །བགྱོལ་བ་ཞེས་པ་འབྱུང་མོད་ཀྱི། །དེ་ནི་དག་པར་བཟུང་མི་བྱ། །འདྲི་བ་པོ་ལ་དེ་འདྲ་བའི། །དོགས་པ་འབྱུང་བ་ག་ལ་སྲིད། །གནས་གྱུར་གཅིག་དང་ཐ་དད་ཀྱི། །སྡོམ་པ་གསུམ་གྱི་བསྟན་བཅོས་ཀྱི། །ཚིག་སྣད་ཐམས་ཅད་ཡོངས་སུ་རྫོགས། །དེ་ཡང་ལོག་པར་འགའ་ཞིག་སྨྲ། །མཁས་པའི་གཞུང་ལུགས་ཆུད་གསན་པ། །མཁས་པ་མིན་པའི་བཤེས་གཉེན་གཟུགས། །ཀུན་གྱིས་དོན་འདི་ཤེས་པར་གྱིས། །དཔེ་ཡང་དག་དང་མི་དག་པའི། །རྣམ་དབྱེ་ཙམ་ཡང་མི་ཤེས་པར། །ཏེ་ཀྲ་རྩོམ་པ་ལྟར་ལེན་པ། །རྒྱུ་རྐྱེན་གང་གིས་བསྐུལ་བ་ནི། །འཁོར་དང་གྲགས་པ་འདོད་ཕྱིར་ཡིན། །ཞེས་ཀུང་བློ་གྲོས་ལྡན་པས་ཤེས། །

སྟོང་ཉིད་སྙིང་རྗེའི་སྙིང་པོ་ཅན། །བདེ་གཤེགས་སྙིང་པོ་མ་ཡིན་ན། །རྒྱུས་འགྱུར་རིགས་ལ་སངས་རྒྱས་ཀྱི༑ ༑སྙིང་པོར་གསུངས་པ་དེ་ཅི་ཞིག །ཞེས་གསུངས་ལན་ཡང་མདོ་ཙམ་ཞུ། །ཐེག་པ་ཆེན་པོའི་རྒྱུད་བླ་མར། །བདེ་གཤེགས་སྙིང་པོ་ངོ་བོ་སོགས། །རྣམ་གཞག་རྣམ་པ་བཅུ་ཡིས་གསུངས། །དེ་ལ་གནས་སྐབས་བཤད་པ་ན། །མ་དག་མ་དག་དག་པ་དང་། །ཤིན་ཏུ་རྣམ་དག་གོ་རིམ་བཞིན། །སེམས་ཅན་བྱང་ཆུབ་སེམས་དཔའ་དང་། །དེ་བཞིན་གཤེགས་པ་ཞེས་བརྗོད་དོ། །ཞེས་པས་བདེ་གཤེགས་སྙིང་པོ་དེ། །གནས་སྐབས་གསུམ་དུ་འགྱུར་མེད་དང་། །རྒྱུས་འགྱུར་རིགས་ཀུང་བདེ་གཤེགས་ཀྱི། །སྙིང་པོར་བཞེད་ན་སྨྲ་བ་པོ། །ཀུན་མཁྱེན་མིན་པར་ཐལ་འགྱུར་ཏེ། །རྒྱུས་འགྱུར་རིགས་ལ་འདུས་བྱས་ཀྱིས། །ཁྱབ་པར་ཤིང་རྟ་ཆེ་རྣམས་མཐུན། །གཏེར་དང་འབྲས་བུའི་ཤིང་བཞིན་དུ། །རིགས་དེ་རྣམ་གཉིས་ཤེས་བྱ་སྟེ། །ཐོག་མེད་རང་བཞིན་གནས་པ་དང་། །ཡང་དག་བླངས་པ་མཆོག་ཉིད་དོ། །རིགས་འདི་གཉིས་ལས་སངས་རྒྱས་ཀྱི། །སྐུ་གསུམ་ཐོབ་པར་འདོད་པ་ཡིན། །དང་པོས་སྐུ་ནི་དང་པོ་སྟེ། །གཉིས་པ་ཡིས་ནི་ཕྱི་མ་གཉིས། །ཞེས་གསུངས་པ་ལྟར་གཟུགས་སྐུ་གཉིས། །བསྐྱེད་པའི་རྒྱུ་དང་གསར་དུ་ནི། །ཡང་དག་བླངས་པའི་དགེ་རྩར་གསུངས། །

སྙིང་པོའི་མདོ་བཅུ་ལ་སོགས་པར། །ལུས་ཅན་ཐམས་ཅད་བདེ་གཤེགས་ཀྱི། །སྙིང་པོ་ཅན་དུ་གསུངས་པ་དེ༑ ༑དགོངས་པ་ཅན་དུ་བསྟན་བཞེད་ནས། །རྫོགས་སངས་སྐུ་ནི་འཕྲོས་ཕྱིར་དང་། །ཞེས་པས་དོན་དམ་རང་བཞིན་གསུམ། །སྒོ་ནས་རྒྱུ་མཚན་བཤད་པ་དང་། །རང་བཞིན་ལ་ནི་རྣམ་གསུམ་སྟེ། །འཕྲོ་བའི་དོན་དང་ཆོས་ཀྱི་སྐུ། དང་དེ་བཞིན་ཉིད་ལ་དབྱེ་བ་མེད་པའི་དོན་དང་། །རིགས་དོན་ཆོས་ཀྱི་སྐུ་ལ་ཡང་། །སྤྱངས་པ་དང་ནི་བསྟན་པ་གཉིས། །བསྟན་པ་ལ་ཡང་ཇི་ལྟ་དང་། །ཇི་སྙེད་སྟོན་པའི་བྱེ་བྲག་གིས། །ཟབ་དང་རྒྱ་ཆེའི་སྐུ་གཉིས་པོ། །རང་བཞིན་རྣམ་པར་དག་པ་ཡི། །དེ་བཞིན་ཉིད་ཀྱིས་བརྟན་གཡོ་སོགས། །ཤེས་བྱ་ཀུན་ལ་ཁྱབ་པའི་ཕྱིར། །འདི་ལ

དབྱེ་བ་མ་མཛད་དོ། །འོད་གསལ་ཞུགས་པའི་མདོ་ཉིད་དང་། །དཔལ་ལྡན་དུས་ཀྱི་འཁོར་ལོ་དང་། །སེམས་འགྲེལ་སྐོར་གསུམ་རྣམས་སུ་ཡང་། །བདེ་གཤེགས་སྙིང་པོས་སྟོང་བཅུད་ཀྱི། །འཇིག་རྟེན་ཀུན་ལ་ཁྱབ་པར་གསུངས་པའི། །དགོངས་པའང་འདི་ལས་གཞན་མ་ཡིན། །རིགས་དོན་དབྱེ་བ་རྣམས་ལྟ་སྟེ། །རང་བཞིན་དང་ནི་རྒྱས་འགྱུར་དང་། །རང་བཞིན་གནས་པའི་རིགས་དོན་ལ། །ཆོས་སྐུ་འབྱུང་བའི་ནུས་པ་དང་། །གཉིས་ཏེ་རྒྱས་འགྱུར་རིགས་ལ་ཡང་། །ལོངས་སྐུ་བསྐྱེད་པའི་ནུས་པ་དང་། །སྤྲུལ་སྐུ་བསྐྱེད་པའི་ནུས་པ་སྟེ། །རྣམ་པ་གསུམ་དུ་རྣམ་པར་བཞག །དེ་ལྟར་དོན་ནི་རྣམ་དགུ་འགྱུར། །དེ་ཉིད་དཔེ་ཡི་སྐབས་སུ་ཡང་། །གསུམ་དང་གཅིག་དང་ལྔ་རྣམས་ཀྱིས། །བསྟན་པར་རྗེ་བཙུན་བྱམས་པས་གསུངས། །

དེ་ཡང་རྒྱུད་བླ་མ་ཉིད་ལས། །འདི་ཡི་རང་བཞིན་ཆོས་སྐུ་དང་། །དེ་བཞིན་ཉིད་དང་རིགས་ཀྱང་སྟེ། །དེ་ཡི་དཔེ་གསུམ་གཅིག་དང་ནི། །ལྔ་རྣམས་ཀྱིས་ནི་ཤེས་པར་བྱ། །ཆོས་སྐུ་རྣམ་གཉིས་ཤེས་བྱ་སྟེ། །ཆོས་དབྱིངས་ཤིན་ཏུ་དྲི་མེད་དང་། །དེ་ཡི་རྒྱུ་མཐུན་ཟབ་པ་དང་། །སྣ་ཚོགས་ཚུལ་ནི་སྟོན་པའོ། །འཇིག་རྟེན་འདས་ཕྱིར་འཇིག་རྟེན་ན། །འདི་ལ་དཔེ་ནི་མི་དམིགས་པས། །དེ་བཞིན་གཤེགས་པ་ཉིད་དང་ཁམས། །འདྲ་བ་ཉིད་དུ་བསྟན་པ་ཡིན། །ཕྲ་མོ་ཟབ་མོའི་ཚུལ་བསྟན་ནི། །སྦྲང་རྩི་རོ་གཅིག་པ་བཞིན་ཏེ། །རྣམ་པ་སྣ་ཚོགས་ཚུལ་བསྟན་ནི། །སྣ་ཚོགས་སྦུབས་སྙིང་བཞིན་ཤེས་བྱ། །རང་བཞིན་འགྱུར་བ་མེད་པ་དང་། །དགེ་དང་རྣམ་པར་དག་པའི་ཕྱིར། །དེ་བཞིན་ཉིད་འདིར་གསེར་གྱི་ནི། །གཟུགས་དང་མཚུངས་པར་བརྗོད་པ་ཡིན། །ཞེས་གསུངས་གཞན་ཡང་འདི་སྐད་དུ། །ངོ་བོ་ཉིད་སྐུ་མཛེས་པ་ནི། །རིན་ཆེན་སྐུ་འདྲར་ཤེས་བྱ་སྟེ། །རང་བཞིན་གྱིས་ནི་བྱས་མིན་དང་། །ཡོན་ཏན་རིན་ཆེན་གཏེར་ཡིན་ཕྱིར། །ཆོས་ཆེན་རྒྱལ་སྲིད་ཆེ་ལྡན་ཕྱིར། །རྫོགས་ལོངས་འཁོར་ལོས་བསྒྱུར་བཞིན་ནོ༑ ༑གཟུགས་བརྙན་གྱི་ནི་རང་བཞིན་ཕྱིར། །སྤྲུལ་པ་གསེར་གྱི་གཟུགས་ལྟ་བུ། །ཞེས་གསུངས་དཔེ་དགུ་དང་བཅས་པས། །སྙིང་པོའི་དགོངས་གཞི་བསྟན་པར་བཟུང་། །དངོས་ལ་གནོད་བྱེད་ཚད་མ་ནི། །ཤིན་ཏུ་རྣམ་པར་དག་པ་ནི། །དེ་བཞིན་གཤེགས་པའི་ཁམས་སོགས་དང་། །ཆོས་སྐུ་རང་འབྱུང་དོན་དམ་དང་། །འཕགས་པའི་བདེན་པ་དོན་དམ་པ། །མི་གནས་མྱ་ངན་འདས་པ་སོགས། །མིན་པར་འགྱུར་ཏེ་དགོས་པ་ན། །ཉེས་པ་ལྔ་དག་སྤང་བའི་ཕྱིར། །ཁམས་ཡོད་ཉིད་ཅེས་བསྟན་པ་ཡིན། །ཞེས་གསུངས་པ་ལྟར་བཟུང་བར་བྱ། །འོན་ཀྱང་སེམས་ཅན་ཐམས་ཅད་ལ། །སྙིང་པོ་ཡོད་པར་གསུངས་པ་ཡི། །དགོངས་གཞི་དྲི་བཅས་ཆོས་དབྱིངས་ཡིན། །དེ་ཉིད་དྲི་མས་དག་པ་ན། །དེ་བཞིན་གཤེགས་པའི་སྙིང་པོ་དངོས། །རང་འབྱུང་རྣམས་ཀྱི་དོན་དམ་འདི། །དད་པ་ཉིད་ཀྱི་རྟོགས་བྱ་ཡིན། །ཉི་མའི་དཀྱིལ་འཁོར་འོད་འབར་བ། །མིག་མེད་པས་ནི་མཐོང་བ་མེད། །ཅེས་གསུངས

པའང་འདི་ཉིད་ཡིན། །དྲི་མ་བློ་བུར་བ་ཉིད་ཕྱིར། །སེམས་ཀྱི་རྒྱུད་ལས་འབྲལ་རུང་བར། །རྣལ་འབྱོར་བཅས་པའི་མཚན་ཉིད་ཅན། །བློ་བུར་དག་གིས་ཁམས་སྟོང་གི། །ཞེས་པས་བསྟན་ཅིང་སྟོབས་ལ་སོགས། །ཡོན་ཏན་ཐམས་ཅད་འབྲེལ་མེད་གནས། །ཞེས་སྟོན་པ་ནི་འདི་སྐད་དུ། །རྣལ་འབྱོར་མེད་པའི་མཚན་ཉིད་ཅན། །བླ་མེད་ཆོས་ཀྱིས་སྟོང་པ་ཡིན། །ཞེས་འབྱུང་དེ་འདྲའི་ཁམས་དེ་ཡང་། །གསལ་བ་བོར་ནས་སྟོང་པ་དེ། །ལོགས་སུ་འཚོལ་བ་མ་ཡིན་ཏེ། །གསལ་བ་ཉིད་སེམས་ཀྱི་མཚན་གསལ་བ་ཉིད་ཡིན་པའི་ཕྱིར། །སྟོང་པ་བོར་ནས་གསལ་བ་དེ། །ལོགས་ནས་འཚོལ་བའང་མ་ཡིན་ཏེ། །སྟོང་པ་དེ་ཉིད་སེམས་ཀྱི་རང་བཞིན་ཡིན་པའི་ཕྱིར། །དེས་ན་གསལ་བའི་དུས་ཉིད་ན། །སྟོང་ལ་སྟོང་པའི་དུས་ཉིད་ན། །གསལ་བས་གསལ་སྟོང་ཟུང་འཇུག་སྟེ། །མེ་དང་ཚ་བ་ཇི་བཞིན་དུ། །གཉིས་སུ་མེད་པའི་བརྗོད་བྲལ་དེ་ཉིད་ལ། །སྤྲོས་པ་མེད་པའི་ཡེ་ཤེས་དང་། །ལྷན་ཅིག་སྐྱེས་པའི་ཡེ་ཤེས་བརྗོད། །དེ་ཡང་ལྷན་ཅིག་སྐྱེས་གྲུབ་ལས། །བརྗོད་བྲལ་ལྷན་ཅིག་སྐྱེས་པར་ཤེས། །ཞེས་དང་རྣམ་གྲངས་གཞན་ཡང་ནི། །གཉིས་མེད་ཞེས་པ་ལ་སོགས་པའི། །མིང་གི་རྣམ་གྲངས་བཅུ་བཞི་ནི། །ཡང་དག་སྦྱོར་བའི་རྒྱུད་ལས་གསུངས། །

དེ་ཡང་སཾ་པུ་ཊ་འདི་བརྟག་པ་གཉིས་པའི་རབ་བྱེད་གཉིས་པ་ལས་ཉིད་ལས། །འདིར་ནི་གཉིས་སུ་མེད་པ་དང་པར་བརྗོད། །འདི་ནི་བྱང་ཆུབ་སེམས་མཆོག་ཉིད། །རྡོ་རྗེ་རྡོ་རྗེ་སེམས་དཔའི་དཔལ། །རྫོགས་པའི་སངས་རྒྱས་བྱང་ཆུབ་ཉིད། །འདི་ཉིད་ཤེས་རབ་ཕ་རོལ་ཕྱིན། །ཕ་རོལ་ཕྱིན་པ་ཀུན་གྱི་དངོས། །མཉམ་ཉིད་བསམ་བྱ་ཉིད་དུ་གསུངས། །སངས་རྒྱས་ཀུན་མཆོག་བསྒོམ་པ་ཉིད། །ཞེས་འབྱུང་དེ་ཡི་གཉིས་མེད་ནི། །ཡང་དྲི་བཅས་ཀྱི་སེམས་གསལ་བ་དང་སྟོང་པ་ཟུང་དུ་འཇུག་པའི་དབྱིངས་དེ་ཉིད་ལ་གཉིས་མེད་ཀྱི་ཡེ་ཤེས་བྱ་སྟེ་དག་སྦྱོར་བའི་རྒྱུད་ཉིད་ལས། །གཉིས་མེད་གཉིས་ནི་རྣམ་སྤྱངས་པའི་བྱང་ཆུབ་ཀྱི་སེམས་ཞེས་བྱ་སྟེ། །དེ་ཉིད་ལ་ནི་ཇི་བཞིན་ཉོན། །ཞེས་དང་རིམ་པ་ལྔ་པ་ལས། །དེ་ལྟར་གང་གནས་རྣལ་འབྱོར་པ། །ཟུང་འཇུག་རིམ་ལ་གནས་པ་སྟེ། །དེ་ཉིད་གཉིས་མེད་ཡེ་ཤེས་ཏེ། །མི་གནས་མྱ་ངན་འདས་པའང་ཡིན། །ཞེས་གསུངས་བརྟགས་པ་གཉིས་པར་ནི། །སྟོང་ཉིད་སྙིང་རྗེ་དབྱེར་མེད་པ༔ །ཞེས་དང་རྡོ་རྗེ་རྩེ་མོ་ལས། །སྲ་ཞིང་སྙིང་པོ་ཁོང་སྟོང་མེད། །བཅད་དང་བཞིག་པར་བྱ་བ་མེད། །བསྲེག་པར་བྱ་མེད་འཇིག་མེད་པས། །སྟོང་པ་ཉིད་ནི་རྡོ་རྗེ་བཤད། །

ཅེས་དང་རྡོ་རྗེ་སེམས་དཔའ་ཞེས་བྱ་སྟེ་བརྟག་པ་གཉིས་པར་ཡང་། །རྡོ་རྗེ་མི་ཕྱེད་ཞེས་བྱར་བརྗོད། །ཤྲཱི་ནི་གཉིས་མེད་ཡེ་ཤེས་ཏེ། །ཞེས་དང་རྣམ་སྣང་མངོན་བྱང་ལས། །ཐེག་པ་ཆེན་པོར་འབྱུང་བ་ཡི། །ལམ་མཆོག་འདི་ནི་དཔལ་དང་ལྡན། །ཞེས་དང་རྩེ་མོའི་རྒྱུད་ལས་ཀྱང་། །དེ་བཞིན་ཉིད་བདེན་ཤིན་ཏུ་བརྟན། །དེ་ཁོ་ན་ཉིད་གང

རྟོགས་ནས། །ཆོས་ཀུན་རྟོག་པ་ཞེས་བྱ་གང་། །དེ་ཉིད་རྟོག་པ་སངས་རྒྱས་བརྗོད། །ཅེས་དང་རྣམ་སྣང་མངོན་བྱང་ལས། །བྱང་ཆུབ་ནམ་མཁའི་མཚན་ཉིད་དེ། །རྣམ་པར་རྟོག་པ་ཐམས་ཅད་སྤངས། །ཞེས་དང་རྡོ་རྗེ་རྩེ་མོ་ལས། །ཉན་ཐོས་རང་རྒྱལ་ཕྱི་རོལ་གྱི། །ཤེས་རབ་ལ་ནི་བླ་མར་བརྗོད། །དེ་བཞིན་ཉིད་ཞི་ཕ་རོལ་ཕྱིན། །ཤེས་རབ་ཕ་རོལ་ཕྱིན་ཅེས་བཤད། །རྫོགས་པའི་སངས་རྒྱས་ཞེས་བྱ་སྟེ། ཅེས་དང་མདོ་སྡེའི་མ་ཆགས་པས་སྦྱིན་པ་དང་།ཉེས་པ་མེད་པས་ཚུལ་ཁྲིམས་དང་། མི་འཁྲུག་པས་བཟོད་པ་དང་། མི་གནས་པས་བརྩོན་འགྲུས་དང་། མི་གཡེངས་པས་བསམ་གཏན་དང་། མ་བསྒོམས་པས་ཤེས་རབ་ཀྱི་ཕ་རོལ་ཏུ་ཕྱིན་པ་ཞེས་བྱ་སྟེ་རྒྱན་ལས་ཀྱང་། །འཛིན་པ་མི་མངའ་ཉེས་མི་མངའ། །རྟོག་པ་མེད་ཅིང་མི་གནས་པ། །མི་གཡོ་ཆོས་རྣམས་ཐམས་ཅད་ལ། །སྤྲོས་བྲལ་ཁྱོད་ལ་ཕྱག་འཚལ་ལོ། །ཞེས་དང་བརྒྱད་སྟོང་པ་དེ་ཉིད་ལས་མཉམ་པ་ཉིད་ཅེས་བྱ་སྟེ་ལས་ནི། །ཆོས་ཐམས་ཅད་ནི་མཉམ་པ་ཉིད་ཡིན་པས། །ཤེས་རབ་ཀྱི་ཕ་རོལ་མཉམ་པ་ཉིད། །དེ་ཉིད་ལ་བསམ་པར་བྱ་བ་ཞེས་བྱ་སྟེ། ཞེས་དང་མངོན་བརྗོད་བླ་མ་ལས། །བསམ་གྱིས་མི་ཁྱབ་དེ་བསམ་ནས། །དངོས་དང་དངོས་མེད་རྣམ་པར་སྤངས། །ཞེས་དང་སངས་རྒྱས་མཉམ་སྦྱོར་ལས། །ཡེ་ཤེས་སངས་རྒྱས་ཀུན་གྱི་དངོས། །རྡོ་རྗེ་སེམས་དཔའ་བདེ་བའི་མཆོག །ཅེས་དང་དེ་ཉིད་ཡེ་ཤེས་མཆོག་ཅེས་བྱ་སྟེ་རྣམ་སྣང་མངོན་བྱང་ལས། །གསང་སྔགས་ཡེ་ཤེས་ལས་བྱུང་བ། །འདི་ནི་དེ་ཉིད་ཡེ་ཤེས་མཆོག །ཅེས་དང་རྒྱལ་སྒོམ་པར་བྱ་བ་ཞེས་བྱ་སྟེ་རྒྱལ་བའི་ཡུམ་དག་ལས། །སྒོམ་པར་བྱ་བ་ཞེས་གསུངས་སོ། །

གཞན་ཡང་ཀྱཻ་རྡོ་རྗེ་དང་། །གསང་བ་འདུས་པ་བདེ་མཆོག་དང་། །དུས་ཀྱི་འཁོར་ལོ་ལ་སོགས་པའི། །མཚན་གྱི་རྣམ་གྲངས་མང་དུ་འབྱུང་། །ཀུན་རྫོབ་གསལ་ཞིང་རིག་པ་དེ། །འཁོར་འདས་ཆོས་ཀྱི་རྟེན་དང་ནི། །ལམ་དང་སྤང་བྱའི་རྟེན་ཡིན་པས། །རྣལ་འབྱོར་སྤྱོད་པའི་གཞུང་དག་ཏུ། །ཀུན་གཞི་ཞེས་དང་སངས་རྒྱས་ཀྱི། །སྙིང་པོ་ཞེས་ཀྱང་འདི་ཉིད་ཡིན། །ཆོས་ཀྱི་གྲགས་པའི་གཞུང་ལུགས་ལས། །དོན་དམ་རང་རིག་ཅེས་བཤད་པ། །འདི་ལས་གཞན་དུ་བཟུང་མི་བྱ། །དེ་ཡང་མིག་ལ་སོགས་པ་ཡི། །དབང་པོ་དྲུག་ལ་བརྟེན་པའི་ཚེ། །མིག་གི་རྣམ་ཤེས་ལ་སོགས་འགྱུར། །དེ་ཕྱིར་ཀུན་གཞིའི་རྣམ་ཤེས་དེ། །འཇུག་ཤེས་རྣམས་ཀྱི་རྒྱུན་དུ་གསུངས། །རིག་ཅིང་གསལ་བ་ཙམ་དེ་ཡང་། །དོན་དམ་པར་ནི་ཁ་དོག་དང་། །དབྱིབས་ལ་སོགས་དང་ཡོད་མེད་སོགས། །གང་དུའང་མ་གྲུབ་ནམ་མཁའ་བཞིན། །གཉིས་སུ་ཕྱེ་བའི་སྟོང་པ་དེ། །གཟུགས་ནས་རྣམ་མཁྱེན་ཡེ་ཤེས་བར། །ཆོས་རྣམས་ཀུན་ལ་ཁྱབ་པའི་ཕྱིར། །ཐམས་ཅད་མཁྱེན་པའི་ཆོས་ཉིད་དང་། །སེམས་ཅན་ཀུན་གྱི་ཆོས་ཀྱིས་དབྱིངས། །ཐ་དད་མེད་པར་གསུངས་པ་ཡང་། །དོན་འདི་ཡིན་པར་ཤེས་པར་བྱ། །དེ་འདྲའི་གསལ་སྟོང་ཟུང་འཇུག་གི། །ཆོས་དབྱིངས་དེ་ཡང་དངོས་པོ་དང་། །དངོས་པོ་མེད་དང་ཡོད་མེད་སོགས། །སྤྲོས་པ་ཀུན་དང་བྲལ་

བ་སྟེ། །ཀླུ་སྒྲུབ་ཞབས་ཀྱི་དབུ་མ་ལས། །ཡོད་ཅེས་བྱ་བ་རྟག་པར་འཛིན། །མེད་ཅེས་བྱ་བ་ཆད་པར་ལྟ། །དེ་ཕྱིར་ཡོད་དང་མེད་པ་ལ། །མཁས་པས་གནས་པར་མི་བྱའོ། །ཞེས་དང་འཕགས་པ་ལྷ་ཡིས་ཀྱང་། །ཡོད་ཅེས་རྟོག་པ་ཇི་སྲིད་པ། །དེ་ནི་རྟག་པའི་ལྟ་བ་སྟེ། །རྟག་པ་མངོན་པར་ཞེན་པས་ན། །དེ་ནི་སྒྱུ་མའི་མཚན་ཉིད་མིན། །མེད་ཅིང་རྟོག་པ་ཇི་སྲིད་པ། །དེ་སྲིད་ཆད་པའི་ལྟ་བ་སྟེ། །ཆད་པར་མངོན་པར་ཞེན་པས་ན། །འདི་ཡང་སྒྱུ་མའི་མཚན་ཉིད་མིན། །ཡོད་ཅེས་པ་དང་མེད་ཅེས་པའི། །དབུས་སུ་གང་ཞིག་རྟོག་པ་ནི། །དབུས་སུ་མངོན་པར་ཞེན་པས་ན། །དེ་ཡང་སྒྱུ་མའི་མཚན་ཉིད་མིན། །ཞེས་གསུངས་གཞན་ཡང་དེ་ཉིད་ལ། །བདེ་བར་གཤེགས་པའི་ཁམས་དང་ནི། །རང་བཞིན་གནས་རིགས་སངས་རྒྱས་སོགས། །བཤད་དེ་རྒྱན་ལས་འདི་སྐད་དུ། །དེར་གནས་གཟུགས་ལ་སོགས་པ་ལ། །སངས་རྒྱས་ཉིད་དུ་ངེས་འཛིན་དང་། །ཞེས་དང་གཞན་ཡང་དེ་ཉིད་ལས། །བྱང་ཆུབ་ཇི་ལྟ་དེ་བཞིན་དུ། །འདི་ནི་འདོད་པའི་དོན་བསྒྲུབ་བྱེད། །བྱང་ཆུབ་དེ་བཞིན་ཉིད་མཚན་ཉིད། །དེ་ཡང་དེ་ཡི་མཚན་ཉིད་བཞེད། །ཅེས་པས་བྱ་བྱེད་དང་བྲལ་བའི། །སེམས་ཀྱི་ཆོས་དབྱིངས་སྤྲོས་བྲལ་ལ། །བླ་ན་མེད་པ་བྱང་ཆུབ་གསུངས། །དེ་ཡིས་མདོ་དང་འགྲེལ་པ་ལས། །ཇི་ལྟར་བཤད་པ་བཞིན་དུ་གསུངས། །དོན་འདི་ཁོ་ན་ཀླུ་སྒྲུབ་ཀྱི། །ཆོས་དབྱིངས་བསྟོད་པར་ཇི་སྐད་དུ། །གང་ཞིག་ཀུན་ཏུ་མ་ཤེས་པས། །སྲིད་པ་གསུམ་དུ་རྣམ་འཁོར་ཅིང་། །སེམས་ཅན་རྣམས་ལ་རྣམ་ངེས་པའི། །ཆོས་ཀྱི་དབྱིངས་ལ་ཕྱག་འཚལ་ལོ། །དེ་ཉིད་སྦྱང་བ་བྱས་པ་ན། །དག་པ་དེ་ཉིད་མྱ་ངན་འདས། །ཆོས་ཀྱི་སྐུ་ཡང་དེ་ཉིད་ཡིན། །ཇི་ལྟར་འོ་མ་དང་འདྲེས་པས། །མར་གྱི་སྙིང་པོ་མི་སྣང་བ། །དེ་བཞིན་ཉོན་མོངས་དང་འདྲེས་པས། །ཆོས་ཀྱི་དབྱིངས་ཀྱང་མི་མཐོང་ངོ་། །ཇི་ལྟར་འོ་མ་རྣམས་སྦྱངས་པ། །མར་གྱི་སྙིང་པོ་དྲི་མེད་འགྱུར། །དེ་བཞིན་ཉོན་མོངས་རྣམས་སྦྱངས་པས། །ཆོས་དབྱིངས་ཤིན་ཏུ་དྲི་མེད་འགྱུར། །ཇི་ལྟར་མར་མེ་བུམ་ནང་གནས། །ཅུང་ཞིག་སྣང་བར་མི་འགྱུར་བ། །དེ་བཞིན་ཉོན་མོངས་བུམ་ནང་གནས། །ཆོས་ཀྱི་དབྱིངས་ཀྱང་མི་མཐོང་ངོ་། །ཕྱོགས་ནི་གང་དང་གང་དག་ནས། །བུམ་པ་བུ་ག་གཏོད་གྱུར་པའི། །དེ་དང་དེ་ཡི་ཕྱོགས་ཉིད་ནས། །འོད་ཀྱང་རང་བཞིན་འབྱུང་བར་འགྱུར། །གང་ཚེ་ཏིང་འཛིན་རྡོ་རྗེ་ཡི༑ ༑བུམ་པ་དེ་ནི་བཅག་གྱུར་པ། །དེ་ཚེ་དེ་ནི་ནམ་མཁའ་ཡི། །མཐར་ཐུག་པ་ནི་སྣང་བར་བྱེད། །

ཞེས་གསུངས་གཞན་ཡང་དེ་ཉིད་ལས། །ས་ཡི་དཀྱིལ་ན་ཡོད་པའི་ཆུ། །དྲི་མ་མེད་པར་གནས་པ་ལྟར། །ཉོན་མོངས་ནང་ན་ཡེ་ཤེས་ཀྱང་། །དེ་བཞིན་དྲི་མ་མེད་པར་གནས། །ཞེས་པས་དེ་འདྲའི་ཁམས་དེ་ལ། །ཡེ་ཤེས་ཞེས་པའི་མིང་བཏགས་ཤིང་། །གཞི་དུས་ཡེ་ཤེས་ཞེས་པ་ཡང་། །འདི་ལས་གཞན་དུ་ཡོངས་མི་བཟུང་། །དེས་ན་གསལ་སྟོང་ཟུང་འཇུག་གི། །ཆོས་ཀྱི་དབྱིངས་ལ་བདེ་གཤེགས་ཀྱི། །སྙིང་པོ་ཞེས་དང་སངས་རྒྱས་ཀྱི། །ཆོས་

ཉིད་ཅེས་ནི་ཉེ་བར་བཏགས། །དེ་ཉིད་དྲི་མ་དང་བཅས་ཚེ། །རང་བཞིན་གནས་པའི་རིགས་དང་ནི། །དེ་བཞིན་གཤེགས་པའི་ཁམས་ཡིན་ལ། །སེམས་ཅན་ཞེས་པའི་གནས་སྐབས་བརྗོད། །དྲི་མ་ཅུང་ཟད་དག་པའི་ཚེ། །བྱང་ཆུབ་སེམས་དཔའི་གནས་སྐབས་དང་། །ཆོས་དཀོན་མཆོག་དང་ཆོས་སྐུ་སོགས། །མིང་གིས་བཏགས་ཤིང་ཁམས་དེ་ཡང་། །ཉན་རང་སོ་སོ་སྐྱེ་བོ་དང་། །ཐེག་པ་གསར་ཞུགས་བྱང་སེམས་ཏེ། །གང་ཟག་བཞི་ཡི་མི་མཐོང་བ། །དཔལ་འཕྲེང་མདོ་དང་ཐོགས་མེད་ཀྱི། །འགྲེལ་པར་འབྱུང་བ་བཞིན་དུ་བཟུང་། །དེ་ཉིད་ཤིན་ཏུ་རྣམ་དག་ཚང་། །བདེ་བར་གཤེགས་པའི་སྙིང་པོ་ཡིན། །དེ་ཕྱིར་དེ་བཞིན་གཤེགས་པ་དང་། །བླ་ན་མེད་པའི་བྱང་ཆུབ་དང་། །སངས་རྒྱས་ཡོན་ཏན་ཞེས་པ་དང་། །རྒྱལ་བའི་མཛད་པ་ལ་སོགས་གསུངས། །དོན་དམ་པ་ཡི་དཀོན་མཆོག་གསུམ། །ཞེས་གསུངས་པའང་འདི་ཉིད་ཡིན། །ཤིན་ཏུ་རྣམ་པར་དག་པ་ཡི། །དེ་བཞིན་གཤེགས་པའི་ཁམས་ཉིད་ལ། །དགོངས་ནས་བདེ་གཤེགས་སྙིང་པོ་ལ། །ཁམས་ཞེས་བྱ་བར་བསྟན་པ་ཡིན། །དཔེར་ན་ཁམས་དང་བྱང་ཆུབ་དང་། །ཡོན་ཏན་ཕྲིན་ལས་བཞི་ཀ་ལ། །རིགས་སུ་བཤད་པ་ཇི་བཞིན་ཏེ། །

དེ་ཡང་གཞུང་ལས་ཇི་སྐད་དུ། །དཀོན་མཆོག་གསུམ་པོ་འདི་ཡི་རིགས། །ཐམས་ཅད་གཟིགས་པ་རྣམས་ཀྱི་ཡུལ། །དེ་ཡང་རྣམ་བཞི་གོ་རིམ་བཞིན། །རྒྱུ་བཞི་ཡིས་ནི་བསམ་མི་ཁྱབ། །ཅེས་དང་གཞན་ཡང་འདི་སྐད་དུ། །ངོ་བོ་ཉིད་ལ་སོགས་པའི་དོན། །འདི་དྲུག་གིས་ནི་བསྡུས་པ་ཡི། །ཁམས་ན་གནས་སྐབས་གསུམ་དག་ཏུ། །མིང་གསུམ་གྱིས་ནི་བསྟན་པ་ཡིན་ཞེས་སོ། །དེ་ཕྱིར་ཇི་སྲིད་བདེ་གཤེགས་ཀྱི། །སྙིང་པོ་ཡིན་པར་ཁས་ལེན་པ། །དེ་སྲིད་དུ་ནི་ཆོས་སྐུ་སོགས། །སྤྱིར་བཤད་པ་ཡི་རྣམ་གྲངས་ཀྱི། །དོན་བཞི་པོ་ཡང་འདོད་དགོས་ཏེ། །མདོར་ན་ཟག་མེད་དབྱིངས་ལ་ནི། །དོན་གྱི་རབ་ཏུ་དབྱེ་བ་བཞིས། །ཆོས་ཀྱི་སྐུ་ལ་སོགས་པ་ཡི། །རྣམ་གྲངས་བཞིར་ནི་རིག་པར་བྱ། །ཞེས་གསུངས་དོན་ཡང་གོ་བར་གྱིས། །མར་གྱི་སྙིང་པོ་མར་ཉིད་དང་། །རྡོ་ཡི་སྙིང་པོ་རྡོ་ཡིན་པ། །དེ་ཡང་སངས་རྒྱས་སྙིང་པོ་ཡང་། །སངས་རྒྱས་ཉིད་ལས་གཞན་མིན་ཞེས། །མཁས་པ་ཡོངས་ཀྱི་བཞེད་གཞུང་ཡིན། །སྒྲིབ་པ་དག་པའི་རིམ་པ་ཡི། །ས་རྣམས་སུ་ནི་གསལ་སྣང་གི། །རིམ་པ་འབྱུང་བའི་ཚུལ་དེ་ཡང་། །རྒྱུད་བླའི་འགྲེལ་པར་སྤྲིན་མཐོང་མཁའ། །ཞེས་སོགས་མདོ་དྲངས་ཀླུ་སྒྲུབ་ཀྱི། །ཆོས་དབྱིངས་བསྟོད་པར་ཇི་སྐད་དུ། །ཇི་ལྟར་མར་ངོའི་བཅུ་བཞི་ན། །ཟླ་བ་ཅུང་ཟད་གསལ་བ་ལྟར། །དེ་བཞིན་ཐེག་མཆོག་མོས་རྣམས་ལ། །ཆོས་ཀྱི་སྐུ་ཡང་ཅུང་ཟད་སྣང་། །ཇི་ལྟར་ཚེས་པའི་ཟླ་བ་ལ། །སྐད་ཅིག་སྐད་ཅིག་འཕེལ་བར་མཐོང་། །དེ་བཞིན་ས་ལ་ཞུགས་རྣམས་ཀྱི། །རིམ་གྱི་རིམ་གྱིས་འཕེལ་བར་མཐོང་། །

ཇི་ལྟར་ཡར་ངོའི་བཅོ་ལྔ་ན། །ཟླ་བའི་དཀྱིལ་འཁོར་རྫོགས་པ་གསལ། །དེ་བཞིན་ས་ཡི་མཐར་ཐུག་ན། །

ཆོས་ཀྱི་སྐུ་ཡང་རྫོགས་པར་གསལ། །ཞེས་གསུངས་པ་ཡང་བདེ་གཤེགས་ཀྱི། །སྙིང་པོ་སེམས་ཅན་ཐམས་ཅད་ལ༔ །མེད་པའི་ལུང་ཡིན་དེ་ཉིད་ཀྱང་། །ཆོས་སྐུ་ཡིན་པའི་བསྒྲུབ་བྱེད་དོ། །གལ་ཏེ་རྒྱུད་བླ་མ་ཉིད་ལས། །ཤེས་བྱ་མཐར་ཐུག་རྟོགས་པའི་བློས། །ཐམས་ཅད་མཁྱེན་པའི་ཆོས་ཉིད་ནི། །སེམས་ཅན་ཐམས་ཅད་ལ་ཡོད་པར། །མཐོང་ཕྱིར་ཇི་སྙེད་ཡོད་པ་ཉིད། །ཞེས་པས་བདེ་གཤེགས་སྙིང་པོ་དེ། །སེམས་ཅན་ཀུན་ལ་ཡོད་པར་གསུངས། །དེ་དང་མི་འགལ་ཚུལ་སྟོན་དགོས། །ཞེ་ན་ལན་ཡང་བཤད་ཟིན་ཏོ། །

དཔལ་ལྡན་དུས་ཀྱི་འཁོར་ལོ་ལས། །ཨེ་ཝཾ་ཡེ་ཤེས་ཞེས་པ་དང་། །རྡོ་རྗེ་སེམས་དཔའི་བྱང་ཆུབ་སེམས། །སྟོང་ཉིད་སྙིང་རྗེ་དབྱེར་མེད་དང་། །རྣམ་ཀུན་མཆོག་ལྡན་སྟོང་ཉིད་དང་། །ཐབས་དང་ཤེས་རབ་གཉིས་མེད་དང་། །ཤེས་དང་ཤེས་བྱ་གཉིས་མེད་དང་། །གཉིས་སུ་མེད་པའི་རྣལ་འབྱོར་དང་། །དུས་ཀྱི་འཁོར་ལོ་ཞེས་པ་དང་། །དང་པོའི་སངས་རྒྱས་ཞེས་བྱ་དང་། །ཐོག་མཐའ་མེད་པའི་སངས་རྒྱས་དང་། །ཞི་བའི་སྐུ་དང་གསང་འདུས་དང་། །འཁོར་ལོ་བདེ་མཆོག་ཕྱག་རྒྱ་ཆེ། །ལྷན་ཅིག་སྐྱེས་པའི་དགའ་བ་དང་། །འགྱུར་བ་མེད་པའི་བདེ་བ་དང་། །བདེ་བ་ཆེན་པོའི་ཡེ་ཤེས་དང་། །ཆགས་པ་ཆེན་པོ་ཞེས་བྱ་དང་། །ལྷན་ཅིག་སྐྱེས་པའི་ཡེ་ཤེས་དང་། །དེ་ཁོ་ན་དང་ཡེ་ཤེས་དང་། །རྣམ་པར་དག་པའི་སེམས་ཞེས་དང་། །རྡོ་རྗེ་འཇིགས་བྱེད་ཧེ་རུ་ཀ །ཞེས་གསུངས་པའང་སྔར་བཤད་པའི། །ཆོས་ཉིད་འོད་གསལ་དེ་ཡི་མིང་། །དེ་ཡང་རྩ་བའི་རྒྱུད་ཉིད་ལས། །ཨེ་གསང་མཁའ་ཁམས་ཟླ་གའམ། །ཆོས་འབྱུང་ཆུ་སྐྱེས་སེང་གེའི་ཁྲིར། །བཞུགས་པའི་རྡོ་རྗེ་ཅན་ཝཾ་དང་། །རྡོ་རྗེ་ཅན་དང་རྡོ་རྗེ་སེམས། །རྡོ་རྗེ་འཇིགས་བྱེད་དབང་ཕྱུག་དང་། །ཧེ་རུ་ཀ་དང་དུས་འཁོར་དང་། །དང་པོའི་སངས་རྒྱས་ལ་སོགས་མིང་། །སྣ་ཚོགས་ཡུལ་གྱི་ཐ་སྙད་ཀྱིས། །རྒྱུད་གཞན་དག་ཏུ་བདག་གིས་བརྗོད། །སྣ་ཚོགས་སེམས་ཅན་བསམ་པས་ཀྱང་། །རྟེན་གྱི་མཚན་ཉིད་གནས་དང་ནི། །རྟེན་པ་དག་ཀྱང་བདག་གིས་བརྗོད། །ཀུན་མཁྱེན་སྟོན་པ་རྡོ་རྗེ་འཛིན། །སངས་རྒྱས་སེང་གེའི་ཁྲི་ལ་བཞུགས། །དུས་ཀྱི་འཁོར་ལོའི་སྟོན་པ་པོ། །ཟླ་བཟང་ཁྱོད་ཀྱིས་གསོལ་བཏབ་པ། །

ཞེས་གསུངས་དེ་བཞིན་མཚན་བརྗོད་ལས། །རྡོ་རྗེ་དབྱིངས་ཀྱི་དཀྱིལ་འཁོར་གྱི། །བསྟོད་པར་ཚིགས་སུ་བཅད་པ་ནི། །བཅུ་བཞི་འབྱུང་བར་འདི་སྐད་དུ། །འདི་ལྟར་སངས་རྒྱས་བཅོམ་ལྡན་འདས། །རྫོགས་པའི་སངས་རྒྱས་ཨ་ལས་བྱུང་། །ཨ་ནི་ཡིག་འབྲུ་ཀུན་གྱི་མཆོག །དོན་ཆེན་འགྱུར་མེད་དམ་པ་ཡིན། །སྲོག་ཆེན་པོ་སྟེ་སྐྱེ་བ་མེད། །ཚིག་ཏུ་བརྗོད་པ་སྤངས་པ་སྟེ། །བརྗོད་པ་ཀུན་གྱི་རྒྱུ་ཡི་མཆོག །ཚིག་ཀུན་རབ་ཏུ་གསལ་བར་བྱེད། །ཞེས་བྱ་བ་ནས་ཇི་སྐད་དུ། །མགོན་པོ་རིགས་མཆོག་ཆེན་པོ་སྟེ། །བླ་མ་གསང་སྔགས་ཆེ་བའི་མཆོག །

ཐེག་པ་ཆེན་པོའི་ཚུལ་ལ་གནས། །ཐེག་པ་ཆེན་པོའི་ཚུལ་གྱི་མཆོག །ཞེས་གསུངས་སྒྲོག་ཆེན་ཞེས་བྱ་བ། །དྲི་མེད་འོད་ལས་སེམས་ཅན་ཐམས་ཅད་ཀྱི་སྙིང་ལ་གནས་པ་སྟེ། ཞེས་འོད་གསལ་གྱི་སེམས་ཀྱི་ཆོས་དབྱིངས་ལ་གསུངས་པ་དང་། སེམས་ཅན་ཀུན་གྱི་སྙིང་ལ་གནས། །

ཞེས་པ་དེ་དང་རྒྱུད་བླ་མར། །རྒྱུད་བླ་ལས། ཇི་ལྟར་དབུལ་པའི་ཁྱིམ་ནང་ས་འོག་ན། །མི་ཟད་པ་ཡི་གཏེར་ནི་ཡོད་གྱུར་ལ། །མི་དེས་དེ་མ་ཤེས་ཤིང་གཏེར་དེ་ཡང་། །དེ་ལ་ང་འདིར་ཡོད་ཅེས་མི་སྨྲ་ལྟར། །དེ་བཞིན་ཡིད་ཀྱི་ནང་ཆུད་རིན་ཆེན་གཏེར། །དྲི་མེད་བཞག་དང་བསལ་མེད་ཆོས་ཉིད་ཀྱང་། །མ་རྟོགས་པས་ན་དབུལ་བའི་སྡུག་བསྔལ་ནི། །རྣམ་མང་རྒྱུན་དུ་སྐྱེ་རྒུ་འདི་ས་མྱོང་ངོ་། །ཞེས་ས་འོག་གི་གཏེར་དང་འདྲ་བའི་ཉོན་མོངས་པའི་སྦུབས་ན་གནས་པའི་ཆོས་ཉིད་འོད་གསལ་དེ། མ་རྟོགས་པས་སྡུག་བསྔལ་སྣ་ཚོགས་རྒྱུན་མི་ཆད་པར་མྱོང་ཞིང་རྟོགས་པ་མཐར་ཐུག་པ་ན། སངས་རྒྱས་མཚན་ཉིད་པ་དང་། དྲི་མ་དང་བཅས་པའི་ཚེ་སངས་རྒྱས་ཀྱི་བྱ་བ་བྱེད་མི་ནུས་པས་དེ་མཚོན་ནོ་ཞེས་སོ། །ཡིད་ཀྱི་ནང་ཆུད་རིན་ཆེན་གཏེར། །ཞེས་གསུང་པ་ལ་ཁྱད་པར་མེད། །དེ་ཕྱིར་དྲི་མེད་འོད་ལས་ཀྱང་། །ཞུ་བདེ་ལྷན་སྐྱེས་ཞེས་བྱའམ། །དེ་འདྲའི་བདེ་ཆེན་ཡེ་ཤེས་དེས། །སེམས་ཅན་ཀུན་གྱི་རྒྱུད་ལ་ནི། །གནས་པར་ལན་ཅིག་མིན་པར་གསུངས། །དེ་བཞིན་འགྲེལ་པའི་མཆོད་བརྗོད་དུ། །སྟོང་ཉིད་སྙིང་རྗེའི་བདག་ཉིད་ཅན། །སྲིད་གསུམ་སྐྱེ་འཇིག་མེད་པའི་དངོས། །ཤེས་དང་ཤེས་བྱ་གཅིག་པའི་སྐུ། །དཔལ་ལྡན་དུས་འཁོར་ལ་ཕྱག་འཚལ། །ཞེས་དང་གཞན་ཡང་དེ་ཉིད་དུ། །ལས་ཀྱི་ཕྱག་རྒྱ་ཡོངས་དད་ཅིང་། །ཡེ་ཤེས་ཕྱག་རྒྱ་རྣམ་པར་སྤངས། །ཕྱག་རྒྱ་ཆེ་ལས་ཡང་དག་སྐྱེ། །ལྷན་སྐྱེས་གཞན་དང་འགྲོགས་པ་མིན། །རྣམ་རྟོག་བསྒོམ་པ་ལས་འདས་པ། །ཕྱག་རྒྱ་ཆེན་པོ་མི་འགྱུར་བདེ། །གཟུང་དང་འཛིན་པ་དབྱིབས་དག་དང་། །རྟོག་དང་བརྗོད་པ་རྣམ་པར་སྤངས། །དྲི་ཟའི་གྲོང་ཁྱེར་རྣམ་པ་དང་། །བྲ་ཕབ་པ་ཡི་རང་བཞིན་ཅན། །ཤེས་རབ་ཐབས་ཀྱི་བདག་ཉིད་སྦྱོར། །ཨེ་ཝཾ་ཡི་གེ་དེ་ལ་འདུད། །ཕྲ་རབ་རྡུལ་གྱི་ཆོས་ཉིད་འདས། །བྲ་ཕབ་པ་ཡི་རང་བཞིན་ཅན། །རྣམ་པ་ཀུན་གྱི་མཆོག་ལྡན་ལ། །ཕྱག་རྒྱ་ཆེན་མོ་དེ་ལ་འདུད། །ཞེས་གསུངས་འདི་ལ་དགོངས་པ་ཡིན། །སེམས་ཀྱི་རང་བཞིན་འོད་གསལ་དེ། །ཆགས་སོགས་དྲི་མ་དང་བཅས་དང་། །དེ་ཉིད་རྫོགས་རིམ་སྦྱོར་བ་ཡིས། །དྲི་མ་ཕྲ་ཟད་དག་པ་དང་། །རྣལ་འབྱོར་བསྒོམས་པ་མཐར་ཕྱིན་པས། །ཤིན་ཏུ་རྣམ་པར་དག་པའི་ཚེ། །རིམ་བཞིན་རྒྱུ་ཡི་རྒྱུད་ཐོས་དང་། །ཐབས་རྒྱུད་འབྲས་བུའམ་མི་འཕྲོག་པའི། །རྒྱུད་དང་ཆོས་དབྱིངས་ཡེ་ཤེས་དང་། །དུས་ཀྱི་འཁོར་ལོ་ལ་སོགས་པ། །མཚན་ཉིད་ལྡན་པར་གྲུབ་པ་ན། །བདེ་གཤེགས་སྙིང་པོའང་མཚན་ཉིད་ལྡན། །

དེས་ན་ཇི་སྐད་བཤད་པ་ལས། །མ་གཏོགས་རྒྱས་འགྱུར་རིགས་དེ་ལ། །དེ་བཞིན་གཤེགས་པའི་སྙིང་པོ་ཞེས། །གཞུང་ལུགས་གང་དུའང་གསུངས་པ་མེད། །སྟོང་ཉིད་སྙིང་རྗེའི་སྙིང་པོ་ཅན། །རྒྱས་འགྱུར་རིགས་སུ

འདོད་པ་གང་། །སློབ་ལམ་ཐམས་ཅད་རྒྱས་འགྱུར་གྱི། །རིགས་སུ་བཞེད་པ་དག་གི་ལུགས། །དེ་ཡང་རྣལ་འབྱོར་སྤྱོད་པའི་གཞུང་གི་དགོངས་པ་མིན། །སེམས་བསྐྱེད་པ་གཞན་ཡིན་པར་རིག་པར་བྱ་སྟེ། རིགས་དེ་ཉིད་གནས་སྐབས་ཀྱི་ཁྱད་པར་གཞན་དུ་གྱུར་པ་ལ་མིང་གཞན་གྱིས་བསྟན་པ་ནི་ཡང་དག་པར་བསྒྲུབ་པ་ཞེས་བྱའོ། །ཞེས་སོ། །རྒྱ་མཚོ་སྤྲིན་ལས་ཇི་སྐད་དུ། །རང་བཞིན་དུ་གནས་པའི་རིགས་དེ་ཉིད། །ཐོས་དང་བསམ་པ་བསྒོམ་པ་ཡི། །བརྟས་པར་བྱས་ཏེ་མིང་གཞན་ནི། །རྒྱས་པར་འགྱུར་བའི་རིགས་ཞེས་པ། །བཏགས་པ་ཙམ་དུ་བཤད་པས་སོ། །དེ་ལ་ཐེག་བསྡུས་བཤད་སྦྱར་དང་། །དོན་གསང་རྣམ་པར་བཤད་པ་ལས། །ཡོངས་སུ་གྲུབ་པ་རྣམ་པ་གཉིས། །རྟག་པ་དང་ནི་མི་རྟག་པའོ། །མི་རྟག་ལ་ཡང་རྣམ་གཉིས་ཏེ། །ཡང་དག་ཡེ་ཤེས་བདག་ཉིད་དང་། །ཟག་མེད་ས་བོན་བདག་ཉིད་དོ། །ས་བོན་ལ་ནི་རྣམ་གཉིས་ཏེ། །རང་བཞིན་དང་ནི་རྒྱས་འགྱུར་རིགས། །ཞེས་བཤད་པ་ཡང་རང་བཞིན་དང་། །རྒྱས་པ་གཉིས་ཀ་རྫས་གཞན་པ། །མིན་པར་སྟོན་པའི་ལུང་ཡིན་ནོ། །

ཐེག་པ་ཆེན་པོ་བསྡུས་པ་ལས། །ཀུན་གཞི་རྣམ་ཤེས་ལ་གནས་པའི། །ཐོས་པའི་ས་བོན་ཆུང་དུ་དང་། །འབྲིང་དང་ཆེན་པོ་གསུམ་ཀ་ཡང་། །ཆོས་ཀྱི་སྐུ་ཡི་ས་བོན་དང་། །ཀུན་གཞི་རྣམ་པར་ཤེས་པ་ཡི། །གཉེན་པོ་ཡིན་པས་ཀུན་གཞི་ཡི། །ངོ་བོ་ཉིད་ནི་མ་ཡིན་නོ། །ཞེས་དང་མདོ་སྡེའི་རྒྱན་ལས་ཀྱང་། །ཁམས་རྣམས་དང་ནི་མོས་པ་དང་། །སྒྲུབ་པ་ཐ་དད་དབྱེ་བ་དང་། །འབྲས་བུ་ཐ་དད་དམིགས་པའི་ཕྱིར། །རིགས་ཡོད་ཉིད་དུ་ངེས་པར་བརྗོད། །ཅེས་དང་རང་བཞིན་གནས་རིགས་དེ། །འདུས་བྱས་ཁོ་ནར་གསུངས་པ་དང་། །མི་ཟད་པ་ཡི་རྒྱུ་མཚན་ཕྱིར། །ཞེས་པས་ཐེག་པ་དམན་པ་ཡི། །རིགས་དེ་ཉན་རང་ལྷག་མེད་ཕྱིར། །ཡོངས་སུ་གཏུགས་ཤིང་ཐེག་ཆེན་གྱི། །ཕུང་པོ་ལྷག་མེད་མྱང་འདས་ཆེ། །མི་ཟད་པ་ཡི་རྒྱུ་མཚན་གྱིས། །རིགས་མཆོག་བསྒྲུབ་ཕྱིར་འདུས་བྱས་ཏེ། །འདུས་མ་བྱས་པ་རྒྱུན་ཆད་པ། །སྲིད་པ་རིགས་པ་ཀུན་དང་འགལ། །བསྡུ་བ་ལས་ཀྱང་གཉིས་ཀ་དང་། །ཉོན་སྒྲིབ་ཙམ་ཞིག་སྤང་རུང་དང་། །སྤང་རུང་མིན་པའི་ཤེས་རྒྱུད་ལ། །རིམ་བཞིན་ཐེག་ཆེན་རིགས་ཅན་དང་། །ཐེག་དམན་རིགས་ཅན་རིགས་ཆད་ཀྱི། །སེམས་ཅན་ཡིན་པར་གསུངས་པ་དང་། །ཀུན་གཞིའི་སྙིང་གི་ས་བོན་ལ། །དགོངས་སོ་སྙམ་དུ་བཟུང་བར་བྱ། །ཀུན་གཞི་རྣམ་པར་མ་བཞག་པའི། །རིགས་ལའང་རྣམ་གཉིས་བྱང་ས་ལས། །དེ་ལ་རིགས་གང་ཞེ་ན། མདོར་བསྡུ་ན་རྣམ་པ་གཉིས་ཏེ། རང་བཞིན་གྱིས་གནས་པ་དང་། ཡང་དག་པར་བསྒྲུབ་པའོ། །དེ་ལ་རང་བཞིན་གྱིས་གནས་པའི་རིགས་ནི། བྱང་ཆུབ་སེམས་དཔའ་རྣམས་ཀྱི་སྐྱེ་མཆེད་དྲུག་གི་ཁྱད་པར་གང་ཡིན་པ་སྟེ། དེ་ནི་གཅིག་ནས་གཅིག་ཏུ་བརྒྱུད་དེ་འོངས་ལ། ཐོག་མ་མེད་པའི་དུས་ཅན་ཆོས་ཉིད་ཀྱིས་ཐོབ་པ་དེ་ལྟ་བུ་ཡིན་ནོ། །དེ་ལ་ཡང་དག་པར་བསྒྲུབ་པའི་རིགས་ནི། སྔོན་དགེ་བའི་རྩ་བ་གོམས་པར་བྱས་པ་ལས་ཐོབ་པ་གང་ཡིན་པ་སྟེ། ཞེས་དང་། ཉན་ས་ལས། འོན་རིགས་དེའི་རང་

བཞིན་ཇི་ལྟ་བུ་ཞེ་ན་དེ་ནི་ལུས་ལས་ཁྱད་པར་ཕྱུར་པ་དང་། སྐྱེ་མཆེད་དྲུག་གིས་ཟིན་པ་དང་། ཆོས་ཉིད་ཀྱིས་ཐོབ་པ་དང་། ཐོག་མ་མེད་པའི་དུས་ནས་བརྒྱུད་དེ་འོངས་པ་དེ་ལྟ་བུ་ཡིན་ཏེ་ཞེས་སོ། །རིན་ཆེན་བློ་བཟང་གྲགས་པས། ནང་གི་སྐྱེ་མཆེད་ཡིན་ཏེ། ཉན་ས་ལས། ས་བོན་དེ་ནི་སྐྱེ་མཆེད་དྲུག་པོ་དེ་དག་ལས་ལོགས་ཤིག་ན་ཐ་དད་པའི་མཚན་ཉིད་མེད་དེ། ཐོག་མ་མེད་པའི་དུས་ནས་བརྒྱུད་དེ་འོངས་པ་དང་། ཆོས་ཉིད་ཀྱིས་ཐོབ་པའི་སྐྱེ་མཆེད་དྲུག་པོ་དེ་དེ་ལྟར་ཐོབ་པའི་གནས་སྐབས་དེ་ལ་རིགས་དང་ས་བོན་དང་ཁམས་དང་རང་བཞིན་ཞེས་བྱ་བའི་མིང་དང་ཐ་སྙད་དེ་དག་བསགས་པར་ཟད་པས་དེ་དག་གི་ཕྱིར་དེ་ནི་རྒྱུད་གཅིག་པ་ཞེས་བྱའོ། །ཞེས་རིགས་ཏེ། རྒྱུད་གཅིག་གམ་ཐ་དད་གང་ཡིན་སྨྲ་པའི་སྐབས་སུ་སྐྱེ་མཆེད་དྲུག་གི་གནས་སྐབས་ལ་བཏགས་པར་བཤད་པས་ཕྱིའི་སྐྱེ་མཆེད་གདགས་གཞིར་མི་རུང་བས་སོ། །

དེ་ལ་རིགས་ནི་གང་ཞེ་ན། །མདོར་བསྡུ་བརྗོད་ན་རྣམ་གཉིས་ཏེ། །དེ་ལ་རང་བཞིན་གནས་རིགས་ནི། །བྱང་ཆུབ་སེམས་དཔའ་རྣམས་ཀྱི་ནི། །སྐྱེ་མཆེད་དྲུག་གི་ཁྱད་པར་གང་། །གཅིག་ནས་གཅིག་ཏུ་བརྒྱུད་དེ་འོངས། །ཐོག་མ་མེད་པའི་དུས་ཅན་དང་། །ཆོས་ཉིད་ཀྱིས་ནི་ཐོབ་པར་གསུངས། །ཡང་དག་པར་ནི་བསྒྲུབ་པའི་རིགས། །སྔོན་དུས་དགེ་རྩ་གོམས་པ་ལས། །ཐོབ་པ་གང་ཡིན་པ་དེ་ཉིད། །ཞེས་གསུངས་ཉན་ཐོས་ས་ལས་ཀྱང་། །རིགས་དེའི་རང་བཞིན་ཇི་ལྟ་བུ། །ཞེ་ན་དེ་ནི་ལུས་ངག་ལས། །ཁྱད་པར་དུ་ནི་ཕྱུར་པ་དང་། །སྐྱེ་མཆེད་དྲུག་གིས་ཟིན་པ་དང་། །ཆོས་ཉིད་ཀྱིས་ནི་ཐོབ་པ་དང་། །ཐོག་མ་མེད་པའི་དུས་ཉིད་ནས། །བརྒྱུད་དེ་འོངས་པ་ལ་སོགས་པ། །སྔ་མ་བཞིན་དུ་གསལ་བར་གསུངས། །

སྐྱེ་མཆེད་དྲུག་གིས་ཁྱད་པར་ལ། །སྔོན་གྱི་མཁས་པ་འདྲེ་ཆེན་པོས། །དབང་པོ་ལྔ་ཡང་སེམས་ཙམ་གྱི། །སྣང་བ་ཡིན་པས་སྒྲ་ཇི་བཞིན། །ཁས་ལེན་ཁུ་སྟོན་ཤེར་བརྩོན་ནི། །དབང་པོ་ལྔ་པོ་རིགས་ཡིན་པར། །རིག་པས་མི་འགྲུབ་དེ་ཡི་ཕྱིར། །དྲུག་པ་ཡིད་ཀྱི་སྐྱེ་མཆེད་ཉིད། །རིགས་ཡིན་ཞེས་སྨྲ་གཞན་དག་ནི། །དྲུག་པ་ཆོས་ཀྱི་སྐྱེ་མཆེད་ཀྱི། །ཁྱད་པར་ནང་ཚན་དེ་བཞིན་ཉིད། །རིགས་ཡིན་དེ་ཡི་ཤེས་བྱེད་ཀྱང་། །ཆོས་ཉིད་ཀྱིས་ནི་ཐོབ་པ་ཞེས། །གསུངས་ཕྱིར་དེ་ཉིད་ཚད་མར་འདོད། །ཉན་ཐོས་པ་དང་རྒྱ་མཚོ་སྤྲིན། །གཉིས་ལས་འབྱུང་བའི་ལུང་དོན་ལ། །རྣམ་པར་བརྟགས་ན་དོན་འདི་འབྱུང་། །སྐྱེ་མཆེད་དྲུག་ཀ་ཡོད་པ་ཡང་། །གཞུང་གི་དགོངས་པ་མ་ཡིན་ཏེ། །མིང་གཟུགས་གནས་སྐབས་ཙམ་ཉིད་དང་། །གཟུགས་མེད་སེམས་ཅན་རྣམས་ལ་ཡང་། །རིགས་དེ་མེད་པར་འགྱུར་བ་ལགས། །སེམས་ཅན་གྱི་ཤེས་རྒྱུད་ཁམས་གསུམ་དང་སྐྱེ་གནས་བཞི་གང་དུ་ཡང་བར་མ་ཆད་པར་འཇུག་པ་རིག་ཅིང་གསལ་ཙམ་གྱི་སྙིང་གི་བྱང་ཆུབ་ཐོབ་པའི་ནུས་པའོ། ། ཉོན་མོངས་བློ་བུར་བ་ཉིད་དང་། །སེམས་ཀྱིས་རང་བཞིན་འོད་གསལ་བ། །ཡིན་ཕྱིར་སྒྲིབ་པ་སྤང་རུང་དང་། །ཡང་དག་ཡེ་ཤེས་མི་སྐྱེ་བའི། །སེམས་ཅན་མེད་ཕྱིར་རིགས་ཆད་ཀྱི། །རྣམ་པར་བཞག་པའང་དགོངས་པ་ཅན། །དེས་ན་ཡིད་ཀྱི་སྐྱེ་མཆེད་ཀྱི། །སྙིང་གི་བྱང་ཆུབ་ཐོབ་པ་ཡི། །

ནུས་པ་གང་དེ་རིགས་ཡིན་ནོ། །དེ་ཉིད་ཡིད་ཀྱི་སྐྱེ་མཆེད་དང་། །ལྡོག་པ་གཅིག་པ་མ་ཡིན་ཏེ། །རྣམ་པར་དག་པའི་དམིགས་པ་དང་། །ཡོངས་སུ་གྲུབ་པ་ངོ་བོ་ཉིད། །ཡིན་ཕྱིར་ཅིག་ཤོས་དེ་ལས་ལྡོག །ནུས་པ་ནུས་པ་ཅན་ཡིན་པས། །རྫས་གཞན་པ་ཡང་མ་ཡིན་ཏེ། །ཆང་དང་ཆང་གིས་མྱོས་པ་བཞིན། །དེ་ཡང་དབུས་མཐའ་རྣམ་འབྱེད་ལས། །ཐ་དད་གཅིག་པའི་མཚན་ཉིད་མིན། །ཞེས་གསུངས་པའང་འདི་དང་མཐུན། །དེ་ལ་རང་བཞིན་གནས་རིགས་དང་། །ས་བོན་ཞེས་དང་ཆོས་ཁམས་དང་། །ཆོས་ཀྱི་དབྱིངས་དང་རང་བཞིན་ཞེས། །མིང་དང་ཐ་སྙད་བཏགས་པ་ཡིན། །དེ་ལྟ་མིན་པར་བཏགས་ཡོད་ཙམ། །ཡིན་ན་རྫས་སུ་གྲུབ་པར་འགལ། །རྣམ་ཤེས་ཕུང་པོར་ཁས་ལེན་ན། །ཡིད་ཀྱི་སྐྱེ་མཆེད་ཡིན་པར་འགྱུར། །ཡིད་ཀྱི་ཕུང་པོར་འདོད་ན་དེ། །གཟུགས་ཅན་སྐྱེ་མཆེད་བཅུ་པོ་དང་། །ཆོས་ཀྱི་སྐྱེ་མཆེད་ཡིན་པར་འགྱུར། །འདོད་ན་གནོད་བྱེད་བརྗོད་པ་རྣམས། །ཁྱེད་རང་ཉིད་ལ་འབྱུང་བར་འགྱུར། །ཚོར་བ་ལ་སོགས་ཕུང་པོ་གསུམ། །ཡིན་པར་འདོད་ནའང་ཆོས་ཀྱི་ཁམས། །མི་འདོད་བཞིན་དུ་ཁས་ལེན་དགོས། །ཕུང་པོ་ལྔ་ག་མ་ཡིན་ན། །འདུས་བྱས་མིན་པར་འགྱུར་བ་འམ། །ཕུང་པོ་དྲུག་པ་ཡོད་པར་འགྱུར། །གལ་ཏེ་ཡིད་ཀྱི་སྐྱེ་མཆེད་ལ། །རྫས་གཞན་ཡིན་པར་ཐལ་བ་སྟེ། །ཆོས་ཀྱི་སྐྱེ་མཆེད་ཡིན་པས་སོ། །

ཞེ་ན་དེ་ཡང་མ་ངེས་ཏེ། །མངོན་པ་ཀུན་ཐོབ་པ་དང་ཞེས་པ་ནས་ཚོགས་པའི་ཞེས་པའི་བར་ཉེར་བཞིའོ། །ལས་བཏུས་པ་ལས། །ཡིད་ཀྱི་སྐྱེ་མཆེད་ལ་སོགས་པའི། །འདུ་བྱེད་རྣམས་ཀྱི་སྐྱེ་བ་དང་། །རྒ་བ་གནས་པ་མི་རྟག་ཉིད། །ཐོབ་པ་སྐྱེད་པ་ལྡན་པ་རྣམས། །ལྡན་མིན་འདུ་བྱེད་ཡིན་པར་བཤད། །དེ་ཕྱིར་ཆོས་ཀྱི་སྐྱེ་མཆེད་ཡིན། །འདུས་བྱས་གང་དང་གང་གི། །སྐྱེ་སོགས་མཚན་ཉིད་བཞི་པོ་ཡང་། །འདུས་བྱས་དེ་ལས་རྫས་གཞན་མིན། །གཞན་དུ་སྐྱེ་བ་མེད་པ་དང་། །གཞན་དུ་འགྱུར་བ་ལ་སོགས་པ། །མེད་པར་འགྱུར་ཞེས་དབྱིག་གཉེན་གསུངས། །དེ་ལྟར་རྣལ་འབྱོར་སྤྱོད་པ་ཡི། །གཞུང་ལུགས་རྣམས་སུ་འཕགས་པའི་རིགས། །འཇོག་ཚུལ་གཉིས་ཏེ་རྒྱུའི་རྐྱེན་དང་། །དམིགས་པའི་རྐྱེན་གྱི་སྒོ་ནས་སོ། །དང་པོ་བཤད་མ་ཐག་པ་སྟེ། །ཡང་དག་ལྟ་བ་ལ་སོགས་དང་། །ཡང་དག་རྣམ་གྲོལ་ལ་སོགས་པ། །ཡེ་ཤེས་ཉིད་ལ་ཐུག་པའི་བར། །འཕགས་པའི་ཆོས་རྣམས་བསྐྱེད་པའི་ཕྱིར། །རིགས་ཞེས་བརྗོད་ཅིང་གཉིས་པ་ནི། །གཉིས་མེད་ངོ་བོ་ཉིད་སྟོང་པའི། །སྟོང་ཉིད་བཅུ་དྲུག་རིགས་ཡིན་པས། །ཆོས་ཉིད་ཁོ་ན་རིགས་སུ་བཤད། །དེ་ལ་དམིགས་པས་ཉན་ཐོས་དང་། །རང་སངས་རྒྱས་དང་སངས་རྒྱས་ཀྱི། །ཆོས་རྣམས་འབྱུང་བས་རིགས་ཞེས་པར། །དབུ་མཐའི་འགྲེལ་དང་འགྲེལ་བཤད་དང་། །མངོན་པ་ཀུན་ལས་བཏུས་པར་གསུངས། །མངོན་པར་རྟོགས་པའི་རྒྱན་ལས་ཀྱང་། །སྒྲུབ་པ་ཡི་ནི་རྟེན་གྱུར་པ། །ཆོས་ཀྱི་དབྱིངས

ཀྱི་རང་བཞིན་དང་། །གསུངས་ཏེ་དེ་བཞིན་ཉན་ཐོས་ཀྱི་ཆོས་རྣམས་ཀྱི་རྟེན་ཆོས་ཀྱི་དབྱིངས་གང་ཡིན་པ་དེ་དེའི་རིགས་སོ། །གང་རང་སངས་རྒྱས་ཀྱི་རང་གང་ཡིན་པ་དང་། གང་དག་ཡང་དག་པར་རྫོགས་པའི་སངས་རྒྱས་ཀྱི་གང་ཡིན་པ་དེ་བཞིན་ནོ། །དཔེར་ན་བུམ་པ་ཁྱད་མེད་ཀྱང་ཁ་ཅིག་གི་ཏིལ་མར་གྱི་བུམ་པ་ཞེས་སོགས་དག་ལྡན་ལས་སོ། །ཤན་ཏི་པས། །ཆོས་དབྱིངས་ཁོ་ན་རིགས་སུ་བཤད། །དེ་དངོས་མེད་པའི་དངོས་མེད་པའི། །དངོས་པོ་སྟོང་པའི་མཚན་ཉིད་དོ། །ཞེས་པས་ཆོས་དབྱིངས་གང་ཡིན་ཏེ། །དངོས་པོ་ཁོ་ན་ཡིན་པར་གསུངས། །

འོན་ཀྱང་འཕགས་པའི་ཆོས་རྣམས་ཀྱི། །བསྐྱེད་བྱེད་རྒྱུར་ནི་མི་བཞེད་པས། །དམིགས་པའི་རྐྱེན་གྱི་རིགས་སུ་བཞག །འཕགས་པའི་ཆོས་ཀྱི་རྒྱུ་ཡི་ཕྱིར། །ཞེས་པའི་འགྲེལ་པར། འཕགས་པའི་ཆོས་ཀྱི་རྒྱུ་ཡིན་པས་ཆོས་ཀྱི་དབྱིངས་ཏེ། འཕགས་པའི་ཆོས་རྣམས་ནི་དེ་ལ་དམིགས་པས་འབྱུར་བའི་ཕྱིར་རོ། །འདིར་དབྱིངས་ཀྱི་དོན་ནི་རྒྱུའི་དོན་ནོ། །ཞེས་དང་། དེའི་འགྲེལ་བཤད་དུ་བློ་བརྟན་གྱིས། །ཆོས་ཀྱི་སྒྲ་ནི་འཕགས་པའི་ཆོས་རྣམས་ཏེ། །ཡང་དག་པར་ལྟ་བ་ལ་སོགས་པ་དང་། །ཡང་དག་པར་རྣམ་པར་གྲོལ་བ་དང་། །ཡེ་ཤེས་ལ་ཐུགས་པ་རྣམས་ལ་བྱ་སྟེ། དེ་དག་གི་རྒྱུ་ཡིན་པས་དབྱིངས་སོ། །དེ་ཉིད་བསྟན་པའི་ཕྱིར་འཕགས་པའི་ཆོས་རྣམས་ནི་དེ་ལ་དམིགས་པས་འབྱུང་བའི་ཕྱིར་རོ། །ཞེས་བྱ་བ་སྨོས་སོ། །རང་གི་མཚན་ཉིད་དང་། རྒྱུར་བྱས་པའི་གཟུགས་འཛིན་པ་ལ་ཡང་།དབྱིངས་ཀྱི་སྒྲ་འཇུག་པས། དེའི་ཕྱིར་འདིར་དབྱིངས་ཀྱི་དོན་ནོ་ཞེས་བྱ་བ་སྨོས་ཏེ། དཔེར་ན་གསེར་ཁུངས་དང་ཟངས་ཁུང་བཞིན་ནོ་ཞེས་བཤད་པ་ནི། ཁམས་དང་། དབྱིངས་ཀྱི་སྐད་དོད་དུ་རྡྷ་ཏུ་ཞེས་བྱ་བ་ཡོད་པས་དེ་གཉིས་གཅིག་པའི་དབང་དུ་བྱས་སོ། །རྣལ་འབྱོར་སྤྱོད་པའི་རིགས་གཉིས་ཀྱི། །རྣམ་གཞག་མདོ་ཙམ་བཤད་བྱས་ནས། །དབུ་མའི་གཞུང་ལ་ཞུགས་པའི་ཚེ། །ཆོས་བཅུ་པ་ཡི་མདོ་ཉིད་ལས། །དུ་བ་ལས་ནི་མེར་ཤེས་དང་། །ཆུ་སྐྱར་ལས་ནི་ཆུར་ཤེས་དང་། །བྱང་ཆུབ་སེམས་དཔའ་བློ་ལྡན་གྱི། །རིགས་ནི་མཚན་མ་དག་ལས་ཤེས། །ཞེས་གསུངས་པ་དང་ཆ་མཐུན་པར། །སློབ་དཔོན་ཟླ་བ་གྲགས་པ་ཡིས། །སོ་སྐྱེ་དུས་ན་སྟོང་ཉིད་ཐོས། །ནང་དུ་དགའ་བ་ཡང་ཡང་འབྱུང་། །དགའ་བ་ལས་བྱུང་མཆི་མས་རླན། །ལུས་ཀྱི་བ་སྤུ་ལྡང་འགྱུར་བ། །དེ་ལ་སངས་རྒྱས་ས་བོན་ཡོད། །ཞེས་པས་བ་སྤུ་ལྡང་བས་སོ། །ལུས་ཀྱི་མཚན་མ་དེ་དང་དེའི། །དངོས་རྒྱུ་ཉིད་ལ་བཤད་པ་དང་། །

གཞན་ཡང་དཀོན་མཆོག་བརྩེགས་པ་ལས། །ཆོས་དབྱིངས་ཁོ་ན་རིགས་ཡིན་པའི། །ཚུལ་དེ་ནམ་མཁའི་དཔེ་ཡི་གསུངས། །ཕལ་པོ་ཆེ་ཡི་མདོ་ལས་ཀྱང་། །བྱང་ཆུབ་སེམས་དཔའི་རིགས་ཞེས་པ། །ཆོས་ཀྱི་དབྱིངས་ནི་ལྟར་ལེན་པ། །མཁའ་ལྟར་ཡངས་པ་རང་བཞིན་གྱི། །འོད་གསལ་བསྟེ་དེ་ལྟར་དུ། །གནས་པའི་བྱང་སེམས་གང་ཡིན་ཏེ། །འདས་དང་མ་བྱོན་ད་ལྟར་བྱུང་། །སངས་རྒྱས་རྣམས་ཀྱི་རིགས་སུ་སྐྱེས། །ཞེས་པས་ཆོས་ཉིད་རིགས་སུ་གསུངས། །དེ་བཞིན་མངོན་རྟོགས་རྒྱན་ལས་ཀྱང་། །ཆོས་དབྱིངས་ཁོ་ན་རིགས་སུ་བཤད། །དེ་ཡི་

དགོངས་པ་འཆད་པ་ན། །ཉི་ཁྲི་སྣང་བར་སྟོར་བཤད་པའི། །སྙིང་མཆེད་དྲུག་གི་ཁྱད་པར་འདི། །རིགས་གཉིས་སུ་ནི་འདོད་པ་དེ། །བཀག་ནས་ཆོས་ཉིད་རིགས་སུ་གསུངས། །དེ་དག་གིས་ནི་རང་བཞིན་དུ་གནས་པའི་རིགས་ལ་རང་བཞིན་དུ་བརྗོད་པའི་དོན་བརྗོད་དགོས་སོ། །རྒྱུའི་རྣམ་གྲངས་ཡིན་ནོ་ཞེ་ན། རྒྱན་གྱིས་ཡང་དག་པར་བྱས་པ་ཡང་དེ་ཡིན་པ་དེས་ན་དོན་གྱི་ཁྱད་པར་ཅི་ཡོད། ཆོས་ཉིད་ཀྱི་རྣམ་གྲངས་ཡིན་པ་ལ་ནི་ཉེས་པ་འདི་མེད་དོ། །ཡང་ན་དེ་དག་གི་རིགས་ནི་བཏགས་པ་བ་ཡིན་ལ་འདི་ནི་མཚན་ཉིད་པ་ཡིན་ཏེ། །དེས་ན་དེ་དང་འདི་འགྲིག་པ་མ་ཡིན་ནོ། །ཞེས་རང་བཞིན་དུ་གནས་པའི་དོན་ཆོས་ཉིད་ལ་འདོད་ན་ཉེས་པ་མེད་ལ། བྱང་ཆུབ་ཀྱི་རྒྱུ་ཡིན་པ་ཙམ་དུ་འདོད་ན་རྒྱས་འགྱུར་རིགས་ཀྱང་དེར་ཐལ་བས་དེ་གཉིས་ཁྱད་མེད་དུ་འགྱུར་བར་གསུངས་སོ། །རྣལ་འབྱོར་སྤྱོད་པའི་རིགས་འཆད་ཚུལ་དེ་ལྟར་ཤེས་ན། །ཉི་སྣང་ལས། །གཞན་དག་ནི་རིགས་ནི་སྐྱེ་མཆེད་དྲུག་གི་ཁྱད་པར་ཡིན་ནོ། །དེ་ཡང་རྣམ་པ་གཉིས་ཏེ། །རྒྱན་གྱི་ཡང་དག་པར་བླངས་པ་དང་རང་བཞིན་དུ་གནས་པའོ་ཞེས་ཟེར་རོ། །ཞེས་སེམས་ཙམ་པའི་རིགས་ཀྱི་ཕྱོགས་སྔ་མ་བླངས་པ་ཡང་ལེགས་པར་དྲངས་པར་འགྱུར་རོ། །བདག་ཉིད་ཆེན་པོའི་འགྲེལ་པར་ཡང་། །ཆོས་དབྱིངས་ཁོ་ན་རིགས་སུ་བཤད། །དེ་ཕྱིར་ཆོས་ཅན་རང་བཞིན་དང་། །ཆོས་ཉིད་རང་བཞིན་རིགས་ཞེས་པའང་། །ཁྲིས་པ་འགྱུ་བ་སྲིད་མོད་ཀྱི། །མཁས་རྣམས་དགའ་བའི་གཏམ་མ་ཡིན། །ཆོས་ཉིད་ཇི་ལྟར་ཡིན་པ་ཡང་། །གསལ་སྟོང་ཟུང་དུ་འཇུག་པ་ཡི། །སེམས་ཀྱི་རང་བཞིན་ཡིན་པའི་ཚུལ། །མདོ་རྒྱུད་བསྟན་བཅོས་ལ་བརྟེན་ནས། །སྟར་ནི་རྒྱ་ཆེར་བཤད་ཟིན་ཏོ། །

དེས་ན་དེ་བཞིན་གཤེགས་པའི་ཁམས། །སྤྲོས་པ་ཀུན་དང་བྲལ་བའི་ཕྱིར། །སེམས་ཅན་རྣམས་ལ་ཐར་པ་དང་། །འཁོར་བ་གཉིས་ཀའང་འབྱུང་བ་འཐད། །དེ་ཡང་རྩ་བཤེས་རབ་ལས། །གང་ལ་སྟོང་པ་ཉིད་རུང་བ། །དེ་ལ་ཐམས་ཅད་རུང་བར་འགྱུར། །གང་ལ་སྟོང་པ་ཉིད་མི་རུང་། །དེ་ལ་ཐམས་ཅད་རུང་མི་འགྱུར། །ཞེས་པས་སྟོང་པ་ཉིད་དེ་ལ། །བྱ་བྱེད་ཐམས་ཅད་རུང་བར་ནི། །གསུངས་པའང་དགོངས་པ་འདི་ཉིད་ཡིན། །དེ་ཕྱིར་དེ་འདྲའི་ཁམས་དེ་ཡང་། །འགྲོ་བ་ཀུན་གྱི་རྟེན་ཡིན་ཞིང་། །ཁྱད་པར་ཐེག་པ་གསུམ་ཀ་ཡི། །གང་ཟག་གསུམ་པོ་རང་རང་གི། །སྐྱེ་མཆེད་དྲུག་ལ་གདགས་པ་དང་། །དེ་ཡང་ཡིད་ཀྱི་སྐྱེ་མཆེད་ལ། །རྟེན་ཅིང་ཡིད་ཀྱི་སྐྱེ་མཆེད་ན༑ ༑ཆོས་ཀྱི་དབྱིངས་ཀྱི་རྩ་བ་ཅན། །ཡིན་ཕྱིར་རྒྱུ་དང་རིགས་ལ་སོགས། །ཀུན་རྫོབ་ངོས་ནས་སྒྲོ་བཏགས་པས། །ཡིན་གྱི་དྲི་བཅས་ཆོས་ཉིད་དེ། །རང་གི་ངོ་བོ་སྤྲོས་པ་བྲལ། །ཡོད་མེད་ལ་སོགས་མཐའ་ལས་འདས། །དོན་འདི་རྒྱུད་བླ་མ་ལས་ཀྱང་། །ས་ནི་ཆུ་ལ་ཆུ་རླུང་ལ། །རླུང་ནི་མཁའ་ལ་རབ་ཏུ་གནས། །མཁའ་ནི་རླུང་དང་ཆུ་དག་དང་། །ས་ཡི་ཁམས་ལ་གནས་མ་ཡིན། །དེ་བཞིན་ཕུང་པོ་ཁམས་དབང་རྣམས། །ལས་དང་ཉོན་མོངས་དག་ལ་གནས། །ལས་དང་ཉོན་མོངས་ཚུལ་བཞིན་ཡིན། །ཡིད་ལ་བྱེད་པ་རྟག་ཏུ་གནས། །ཚུལ་བཞིན་མ་ཡིན་

ཡིད་བྱེད་ནི། །སེམས་ཀྱི་དག་པ་ལ་རབ་གནས། །སེམས་ཀྱི་རང་བཞིན་ཆོས་རྣམས་ནི། །ཐམས་ཅད་ལ་ཡང་གནས་པ་མེད། །ས་དང་འདྲ་བར་ཕུང་པོ་དང་། །སྐྱེ་མཆེད་ཁམས་རྣམས་ཤེས་པར་བྱ། །ཆུ་ཁམས་དང་འདྲ་ལུས་ཅན་གྱི། །ལས་དང་ཉོན་མོངས་ཤེས་བྱ་སྟེ། །ཚུལ་བཞིན་མ་ཡིན་ཡིད་བྱེད་ནི། །རླུང་གི་ཁམས་དང་འདྲ་བར་ལྟ། །རང་བཞིན་ནམ་མཁའི་ཁམས་བཞིན་དུ། །དེ་གཞི་ཅན་མིན་གནས་པ་མེད། །ཚུལ་བཞིན་མ་ཡིན་ཡིད་བྱེད་ནི། །སེམས་ཀྱི་རང་བཞིན་ལ་གནས་ཏེ། །ཚུལ་བཞིན་མ་ཡིན་ཡིད་བྱེད་ཀྱི། །ལས་དང་ཉོན་མོངས་རབ་ཏུ་ཕྱེ། །ལས་དང་ཉོན་མོངས་ཆུ་ལས་ནི། །ཕུང་པོ་སྐྱེ་མཆེད་ཁམས་རྣམས་འབྱུང་། །དེ་འཇིག་པ་དང་ཆགས་པ་ལྟར། །སྐྱེ་དང་འཇིག་པར་འགྱུར་བ་ཡིན། །སེམས་ཀྱི་རང་བཞིན་ནམ་མཁའ་ཡིས། །ཁམས་ལྟར་རྒྱུ་མེད་རྐྱེན་མེད་དེ། །ཚོགས་པ་མེད་ཅིང་སྐྱེ་བ་དང་། །འཇིག་དང་གནས་པའང་ཡོད་མ་ཡིན། །ཞེས་གསུངས་པ་ཡང་འདི་ཉིད་དོ། །

དེ་བཞིན་བརྟག་པ་གཉིས་པ་ལས། །ང་ལས་འགྲོ་བ་ཐམས་ཅད་བྱུང་། །ང་ལས་གནས་གསུམ་པོ་ཡང་བྱུང་། །ང་ཡིས་འདི་ཀུན་ཁྱབ་པ་སྟེ། །འགྲོ་བའི་རང་བཞིན་གཞན་མ་མཐོང་། །ཞེས་གསུངས་དུས་ཀྱི་འཁོར་ལོ་ལས། །མི་རིགས་བཞི་པོ་དུས་འཁོར་ལས། །བྱུང་བར་གསུངས་པའི་དགོངས་པ་ཡང་། །འདི་ལས་གཞན་དུ་བཟུང་མི་བྱ། །ཚུལ་འདི་ཤེས་ན་རྒྱུད་བླ་མར། །མདོ་ལས་འགྲོ་བ་མ་ལུས་པ། །དེ་བཞིན་གཤེགས་པའི་སྙིང་པོ་ཅན། །གསུངས་པའི་དགོངས་པ་འཆད་པ་ན། །དྲི་བཅས་དེ་བཞིན་ཉིད་ཀྱིས་ནི། །དབང་དུ་མཛད་ནས་གསུངས་པ་དང་། །རིགས་ཡོད་ཕྱིར་གྱི་དོན་དེ་ཡང་། །བདེ་བླག་ཏུ་ནི་རྟོགས་པར་འགྱུར། །དེ་ལ་དྲི་མ་དང་བཅས་པའི་དེ་བཞིན་ཉིད་ཀྱི་དབང་དུ་མཛད་ནས་སེམས་ཅན་ཐམས་ཅད་ནི་དེ་བཞིན་གཤེགས་པའི་སྙིང་པོ་ཅན་ནོ་ཞེས་གསུངས་པ་གང་ཡིན་པ་དེ་ནི་དོན་གང་གིས་ཡིན་ཞེ་ན། ཞེས་མཚམས་སྦྱར་ནས། རྫོགས་སངས་ཞེས་སོགས་དང་། མདོར་བསྟན་དོན་རྣམ་པ་གསུམ་གྱིས་སེམས་ཅན་ཐམས་ཅད་ནི་རྟག་ཏུ་སངས་རྒྱས། དེ་བཞིན་གཤེགས་པའི་སྙིང་པོ་ཅན་ནོ། །ཞེས་གསུངས་པ་གང་ཡིན་པ་འདིའི་དོན་གང་ཡིན་ཞེ་ན། འདི་ལྟ་སྟེ། སེམས་ཅན་ཐམས་ཅད་ལ་དེ་བཞིན་གཤེགས་པའི་ཆོས་སྐུ་འཕྲོ་བའི་དོན། དེ་བཞིན་གཤེགས་པའི་དེ་བཞིན་ཉིད་རྣམ་པར་དབྱེ་བ་མེད་པའི་དོན་དང་དེ་བཞིན་གཤེགས་པའི་རིགས་ཡོད་པའི་དོན་གྱིས་སོ། །ཞེས་སོ། །

འཇིག་རྟེན་འདས་པའི་ཆོས་རྣམས་ཀྱིས། །ས་བོན་ཡིན་པར་གསུངས་པ་ཡང་། །དྲི་བཅས་དེ་བཞིན་ཉིད་གང་དེ། །ཆུ་ཁམས་གསེར་དང་ནམ་མཁའ་རྣམས། །སྤྲིན་སོགས་བྲལ་བ་ཇི་བཞིན་དུ། །གློ་བུར་དྲི་མས་དག་པ་ནི། ། ཆོས་སྐུ་དངོས་ཡིན་དེ་ཡི་ཕྱིར། །རྒྱུ་ཡི་གཙོ་བོ་ཞེས་པའི་དོན། །དོན་འདི་མདོ་ལས་ཇི་སྐད་དུ། །ཐོག་མ་མེད་པའི་དུས་ཅན་ཁམས། །ཆོས་རྣམས་ཀུན་གྱི་གནས་ཡིན་ཏེ། །དེ་ཡོད་པས་ན་འགྲོ་ཀུན་དང་། །མྱ་ངན་དེ་ལ་གནས་བཞི་པོ་འདི་དག་ལས་དང་པོ་ནི་འཇིག་རྟེན་ལས་འདས་པའི་ཆོས་ཀྱི་ས་བོན་ཡིན་པའི་ཕྱིར་རོ། །ཞེས་སོ། །འདས་པའང་ཐོབ་

པར་འགྱུར། །ཞེས་པས་འཁོར་འདས་ཐམས་ཅད་དང་། །བཅིངས་གྲོལ་ཀུན་གྱི་གཞི་ཡིན་པར། །གསུངས་པའང་དགོངས་པ་འདི་ཉིད་དོ། །རྣལ་འབྱོར་སྤྱོད་པའི་གཞུང་དག་ལས། །ཀུན་གཞི་ཡོད་པའི་སྒྲུབ་བྱེད་དུ། །ལུང་འདི་འདྲེན་ཅིང་དེ་དག་གིས། །རིག་ཅིང་གསལ་བ་ཙམ་དེ་ལ། །ཀུན་གཞི་ཞེས་དང་བདེ་གཤེགས་ཀྱི། །སྙིང་པོ་ཞེས་བྱར་འདོད་པ་ཡིན། །དེ་ཡང་ལང་ཀར་གཤེགས་པའི་མདོ། །རྒྱ་འགྲེལ་གཉིས་དང་མདོ་གཞན་ལས། །གསུངས་པའང་དགོངས་པ་ཡིན་པར་བཞེད།།འདིར་ནི་གསལ་ཆ་ཉི་ཚེ་མིན། །གསལ་སྟོང་ཟུང་འཇུག་དབྱིངས་དེ་ལས། །ཕལ་པོ་ཆེའི་མདོ་ལས། གང་གི་ཕྱིར་གང་ལ་དེ་བཞིན་གཤེགས་པའི་ཡེ་ཤེས་མཐའ་དག་རྗེས་སུ་མ་ཞུགས་པའི་ཡེ་ཤེས་ཅན་དེ་ནི་སེམས་ཅན་གྱི་རིགས་ན་འགའ་ཡང་མེད་དོ། །ཞེས་སོ། །སངས་རྒྱས་སྙིང་པོ་ཞེས་པ་དང་། །དེ་བཞིན་གཤེགས་པའི་ཡེ་ཤེས་སོགས། །མིང་གིས་བཏགས་པ་ཡིན་ནོ་ཞེས། །ལན་གཅིག་མིན་པར་བཤད་ཟིན་ཏོ། །

འགྲེལ་པར་བྱང་ཆུབ་སེམས་དཔའ་ཡི། །སྙིང་རྗེ་བཅུ་དྲུག་སྣང་བ་བརྒྱད། །ཕྲིན་ལས་སུམ་ཅུ་རྩ་གཉིས་སོགས། །དེ་བཞིན་བདེ་གཤེགས་སྙིང་པོ་ཡི། །སྦྱོང་བྱེད་ཡིན་གྱི་བདེ་གཤེགས་ཀྱི། །སྙིང་པོ་དངོས་མིན་གསུངས་པ་དང་། །བདེ་གཤེགས་སྙིང་པོ་འདུས་མ་བྱས། །ཡིན་པའི་ཚུལ་ཡང་མདོ་དྲངས་ཤིང་ལ་ལས། །བདེ་གཤེགས་ཁམས་ཀྱི་སྦྱོང་བྱེད་ནི། །དྲུག་ཅུ་བསྟན་པས་སྙིང་པོ་བཤད། །སྙིང་པོ་མེད་ན་སྦྱོང་བྱེད་མེད། །ཅེས་བཤད་པ་ཡིས་རིག་པ་ཡང་། །སྦྱོང་བྱེད་སྙིང་པོ་ཡིན་པའི་ཁུངས། །གཟུངས་ཀྱི་རྒྱལ་པོས་ཞུས་པའི་མདོར། །འཁོར་ལོ་གསུམ་གྱི་བདེ་གཤེགས་ཀྱི། །སྙིང་པོ་དྲི་མ་སྦྱོང་བའི་ཚུལ། །སྦྲ་ཡི་ལ་བ་ལ་སོགས་པའི། །དཔེ་ཡི་བསྟན་པ་དེ་ཉིད་ཀྱང་། །སྦྱོང་བྱེད་ཁམས་དངོས་མིན་པའི་ལུང་། །སེམས་ཅན་ཀུན་གྱི་ཆོས་དབྱིངས་དང་། །དེ་བཞིན་གཤེགས་པའི་ཆོས་དབྱིངས་གཉིས། །རྣམ་དབྱེར་མེད་ཅིང་ཆོས་དབྱིངས་དེས། །ཤེས་བྱ་ཀུན་ལ་ཁྱབ་པའི་ཕྱིར། །མངོན་པར་རྟོགས་པའི་རྒྱན་ལས་ནི། །ཆོས་ཀྱི་དབྱིངས་ལ་དབྱེར་མེད་ཕྱིར། །ཞེས་དང་དེ་བཞིན་རྣམ་གྲོལ་སྡེས། །ཉི་ཁྲི་སྣང་བར་མདོ་དྲངས་ཤིང་། །མགོན་པོ་ཀླུ་སྒྲུབ་སྐྱབས་ཉིད་ཀྱིས། །དེ་བཞིན་གཤེགས་པའི་རང་བཞིན་གང་། །དེ་ནི་འགྲོ་འདིའི་རང་བཞིན་ཡིན། །དེ་བཞིན་གཤེགས་པ་རང་བཞིན་མེད། །འགྲོ་བ་འདི་ཡིས་རང་བཞིན་མེད། །ཞེས་གསུངས་གཞན་ཡང་དེ་ཉིད་ཀྱི། །ཆོས་ཀྱི་དབྱིངས་ལ་དབྱེར་མེད་ཕྱིར། །ཞེས་དང་མདོ་སྡེའི་རྒྱན་ཉིད་ལས། །ཇི་ལྟར་ནམ་མཁའ་ལ་སོགས་དང་། །འཇིག་རྟེན་འདས་པར་བསྟོད་པ་ལས། །གཙོ་བོའི་ཐེག་པ་དབྱེར་མ་མཆིས། །

ཞེས་དང་རྒྱུད་བླ་མ་ལས་ཀྱང་། །དེ་བཞིན་ཉིད་དབྱེར་མེད་ཕྱིར་དང་། །ཞེས་དང་མདོ་སྡེའི་རྒྱན་ཉིད་ལས། །ཇི་ལྟར་ནམ་མཁའ་ལ་སོགས་དང་། །འཇིག་རྟེན་འདས་པར་བསྟོད་པ་ལས། །ཁྱོད་ཀྱི་ཡེ་ཤེས་སྤྱན་གྱིས་ནི། །

འགྲོ་བ་འདི་དག་ཞི་བར་མཐོང་། །འགྲོ་བ་ཞི་བའི་ཆོས་ཉིད་དུ། །རྟོགས་ཕྱིར་ཞེས་སོགས་གསུངས་པ་དང་། ། ཐམས་ཅད་མཁྱེན་པའི་ཆོས་ཉིད་ནི། །སེམས་ཅན་ཐམས་ཅད་ལ་ཡོད་པར། །མཐོང་ཕྱིར་ཞེས་སོགས་དྲངས་ཟིན་ཏོ། །

དེ་ཕྱིར་ཆོས་དབྱིངས་ངོ་བོ་དེ། །རྟོགས་བྱང་དུ་ནི་བསྒྱུར་དུ་མེད། །ཐམས་ཅད་མཁྱེན་པའི་ཆོས་ཉིད་དང་། །ཆོས་དབྱིངས་དབྱེར་མེད་ཡིན་ཕྱིར་རོ། །ཆོས་དབྱིངས་བསྔོ་བྱར་བྱས་པ་དེས། །དེ་ཉིད་སྨྲོས་དང་བཅས་པར་བཟུང་། །དེ་ཕྱིར་བསྔོ་བ་དུག་བཅས་འགྱུར། །དུག་དང་བཅས་པའི་བསྔོ་བ་ཡི། །བླ་མེད་བྱང་ཆུབ་མི་ཐོབ་བོ། ། མཚན་མ་དང་བཅས་བསྔོ་བ་ནི། །ཡུམ་གྱི་མདོ་དང་རྒྱན་ལས་བཀག །དེ་ལྟར་དོན་གཉིས་བཤད་ཟིན་ལ། ། ཆོས་སྐུ་འཕྲོ་བར་གསུངས་པའི་དོན། །ཆོས་སྐུའི་བདག་རྐྱེན་མཛད་པ་ལས། །འགྲོ་བའི་རྒྱུད་ལ་སངས་རྒྱས་འབྱུང་། །ཞེས་པ་འདི་ཡང་སློབ་དཔོན་གྱིས། །བྱང་ཆུབ་ཇི་ལྟ་དེ་བཞིན་དུ། །ཞེས་པའི་འགྲེལ་པར་བཤད་པ་བཞིན། །བཟུང་བར་བྱ་ཡི་བོད་དག་གི། །བཤད་པ་གང་ལའང་སྙིང་པོ་མེད། །དེ་འདྲའི་དྲི་བཅས་སྟོང་ཉིད་ལ། ། འཁོར་ལོ་བར་པར་རང་མིང་གིས། །སྨོས་ཤིང་བདེ་གཤེགས་སྙིང་པོ་ཡི། །མིང་གིས་མ་བཟུང་དེ་ཉིད་ཀྱང་། །སྐུ་མའི་དཔེ་བརྒྱད་དག་གིས་བསྟན། །འཁོར་ལོ་ཐ་མར་བདེ་གཤེགས་ཀྱི། །སྙིང་པོའི་མིང་གིས་བསྟན་པ་དང་། ། སྟོང་ཉིད་རང་གི་མིང་གིས་ནི། །མ་གསུངས་པ་ལ་རྒྱུད་བླ་མར། །སྤྲིན་དང་རྨི་ལམ་སྒྱུ་བཞིན་སོགས། །ཚིགས་བཅད་གཅིག་གིས་བསྟན་པ་ཡི། །དགོས་པ་དྲི་ཞིང་སེམས་ཞུམ་སོགས། །ཚིགས་བཅད་གཅིག་གིས་ལན་བསྟན་ནོ༑ ༑ཚིགས་བཅད་གཉིས་པོའི་དོན་དེ་ཡང་། །ཡང་དག་མཐའ་ནི་འདུས་བྱས་ཀྱི། །ཞེས་པ་ནས་བཟུང་མཚུངས་བྲལ་ལས། །སངས་རྒྱས་ཉིད་ནི་མྱུར་དུ་འཐོབ། །ཞེས་པའི་བར་གྱི་ཚིགས་བཅད་བཅུས། །བསྟན་པར་མཁས་པ་གོ་བར་བྱ། །སེམས་ཅན་ཀུན་ལ་སངས་རྒྱས་ཀྱི། །སྙིང་པོ་ཡོད་པ་གསུངས་པ་དེ། །མྱ་ངན་འདས་མདོ་ལ་སོགས་པར། །དགོངས་པ་ཅན་དུ་བཤད་པའི་ཚུལ། །འོ་མ་ལ་ནི་ཞོ་ཡོད་དང་། །ཨ་མྲའི་ས་བོན་ལ་སོགས་ཀྱི། །དཔེ་ཡི་རྒྱས་པར་རབ་ཏུ་གསུངས། །ཇི་སྲིད་དེ་བཞིན་གཤེགས་པ་ཡི། །སྙིང་པོ་ཡོད་པའི་ས་དེ་ན། ། ཕ་རོལ་ཕྱིན་པ་བཞི་པོ་ཡང་། །ཡོད་པར་དཔལ་ཕྲེང་མདོ་ལས་གསུངས། །

དེ་ཉིད་རྒྱུད་བླ་མ་ལས་ཀྱང་། །འདི་དག་འབྲས་ནི་མདོར་བསྡུ་ན། །ཆོས་ཀྱི་སྐུ་ལ་ཕྱིན་ཅི་ལོག །རྣམ་པ་བཞི་ལས་བཟློག་པ་ཡི། །གཉེན་པོས་རབ་ཏུ་ཕྱེ་བ་ཉིད། །དེ་ནི་རང་བཞིན་དག་ཕྱིར་དང་། །བག་ཆགས་སྤངས་ཕྱིར་གཙང་བ་ཡིན། །བདག་དང་བདག་མེད་སྤྲོས་པ་དག །ཉེ་བར་ཞི་བས་དམ་པའི་བདག །ཡིད་ཀྱི་རང་བཞིན་ཕུང་པོ་དང་། །དེ་རྒྱུ་ལོག་ཕྱིར་བདེ་བ་ཉིད། །འཁོར་བ་དང་ནི་མྱ་ངན་འདས། །མཉམ་པ་ཉིད་དུ་རྟོགས་ཕྱིར་རྟག །

ཞེས་གསུངས་འཕགས་པ་ཐོགས་མེད་ཀྱིས། །སངས་རྒྱས་ཡེ་ཤེས་སེམས་ཅན་ཚོགས། །ཞེས་པའང་དྲི་བཅས་ཆོས་ཉིད་དེ། །སྙིང་པོ་བདགས་པ་བ་ཡི་ལུང་། །དེ་ཡང་བསྟན་བཅོས་རྩ་བ་ལས། །རྫོགས་སངས་སྐུ་ནི་འཕྲོ་ཕྱིར་དང་། །ཞེས་པའི་དོན་དུ་གསུངས་པར་མངོན། །འདི་ལ་བླུན་པོ་རྨོངས་པ་རྣམས། །མགྲིན་པ་བསལ་ནས་འདི་སྐད་དུ། །འབྲས་བུ་བདེ་གཤེགས་སྙིང་པོ་ཡི། །མིང་གིས་བདགས་ཞེས་སྨྲ་བ་ཐོས། །འབྲས་བུ་རྒྱུ་ཡི་བདེ་གཤེགས་ཀྱི། །སྙིང་པོ་ཞེས་པའང་མདོ་ལས་མེད། །དེ་ཕྱིར་དེ་ཉིད་སེམས་ཅན་ལ། །ཡོད་པར་གསུངས་པའི་དགོངས་པ་དེ། །འཆད་པ་སུ་ཞིག་ངལ་བར་བྱེད། །ཁྱད་གཞི་མེད་པའི་ཁྱད་ཆོས་ལ། །སྤྱོད་པ་བླུན་པོའི་རྣམ་ཐར་ཡིན། །དེ་ལྟར་ཤེས་ན་དྲི་བ་ལས། །ཆོས་དབྱིངས་རྫོགས་པའི་བྱང་ཆུབ་རྒྱུར། །འགྱུར་བ་མེད་ན་ཆོས་ཀྱི་དབྱིངས། །རྒྱུ་ཡི་རིགས་སུ་འཇོག་དེ་ཅི། །འཕགས་པའི་ཆོས་ཀྱི་རྒྱུ་ཡི་ཕྱིར། །ཆོས་ཀྱི་དབྱིངས་སུ་འཇོག་གོ་ཞེས། །ཚད་ལྡན་གཞུང་ལས་བྱུང་དེ་ཅི། །ཞེས་པའི་ལན་ཡང་གྲུབ་པར་འགྱུར། །ཆོས་དབྱིངས་དམ་པའི་ཆོས་དང་ནི། །དམ་པ་ཞེས་པ་དགེ་བ་ལ། །ཚད་ལྡན་གཞུང་ལས་མ་གསུངས་སམ། །

ཞེས་པའི་ལན་ནི་བསྟན་པར་བྱ། །སྟོན་པའི་དམ་ཆོས་རྣམ་གཉིས་ཏེ། །ལུང་དང་རྟོགས་པའི་བདག་ཉིད་དོ། །ཞེས་པས་བློ་བུར་དྲི་བྲལ་གྱི། །ཆོས་ཉིད་འགོག་པའི་བདེན་པ་དེ། །དམ་ཆོས་ཡིན་པར་བཤད་མོད་ཀྱི ། །རང་བཞིན་རྣམ་དག་ཆོས་ཉིད་གང་། །དེ་ཆོས་ཡིན་པར་དེས་མི་སྟོན། །སྡུག་བསྔལ་དག་ནི་ཐམས་ཅད་དང་། །སྒྲིབ་ཀུན་སེལ་བྱེད་དམ་པའི་ཆོས། །ཞེས་གསུངས་པ་ལྟར་དམ་ཆོས་ཀྱི། །མཚན་ཉིད་མེད་ཕྱིར་དམ་ཆོས་མིན། །འགོག་བདེན་ལ་ཡང་མཚུངས་ཤེ་ན། །སྒྲིབ་པ་ཟད་བྱེད་དངོས་མིན་ཡང་། །དེ་ཡི་ཐབས་ལས་འཐོབ་པའི་ཕྱིར། །སྒྲིབ་པ་ཟད་པའི་ཐབས་སུ་བསྡུས། །དཔེར་ན་ལམ་གྱི་བདེན་པ་ནི། །ཆགས་བྲལ་ངོ་བོ་མ་ཡིན་ཡང་། །ཆོས་དཀོན་མཆོག་ཏུ་གསུངས་པ་བཞིན། །དམ་པའི་སྒྲ་ཡང་དགེ་བ་ལ། །འཇུག་པ་ངེས་པ་ག་ལ་ཡོད། །ཕལ་ཆེར་གང་ཟག་ཉིད་ལ་འཇུག །

དེ་ཡང་སློབ་དཔོན་དཔའ་བོ་ཡི། །དམ་པ་རྣམས་ནི་སུས་ཀྱང་ཞེས། ། གང་ཟག་ཉིད་ལ་བཤད་པ་དང་། ། དམ་པ་དག་དང་ཉེ་ན་སོགས། །ཞེས་པས་སྐྱེས་བུ་དམ་པ་དང་། །སོ་སོར་ཐར་པའི་མདོ་ལས་ཀྱང་། །འཕགས་པ་རྣམ་ནི་མཐོང་བ་བདེ། །དམ་པ་དག་དང་འགྲོགས་པ་བདེ། །ཞེས་དང་མདོ་སྡེའི་རྒྱན་ཉིད་ལས། །སྐྱོན་མེད་སྐྱེས་བུ་དམ་པ་ནི། །ཆེན་པོ་ཡིན་པར་ཤེས་པར་བྱ། །ཞེས་པས་བྱང་ཆུབ་སེམས་དཔའ་ལ། །དམ་པ་ཡིན་པར་བཤད་པ་དང་། །ཀུན་མཁྱེན་གཉིས་པ་དབྱིག་གཉེན་གྱིས། །གོང་དུ་འཕོ་བ་མ་ཕྱེ་བར། །དམ་པའི་འགྲོ་བ་བདུན་དུ་འདོད། །དམ་པ་དམ་མིན་འདུག་མི་འདུག །སོན་པ་ཕྱིར་མི་འོང་ཕྱིར་ཏེ། །ཞེས་པས་བར་དོར་འདའ

བ་གསུམ། །སྐྱེས་ནས་ཡོངས་སུ་མྱ་ངན་འདས། །འདའ་བ་གསུམ་དང་དྲུག་པོ་ལ། །འཕར་བ་ལ་སོགས་གོང་སོ་གསུམ། །གཅིག་ཏུ་བགྲངས་པ་བསྟན་པ་ནི། །སྐྱེས་བུ་དམ་པའི་འགྲོ་བ་བདུན། །མདོ་ལས་གསུངས་པའི་དགོངས་པར་བཞེད། །དེ་ནི་གང་ཟག་ལ་ཡང་གསུངས། །གལ་ཏེ༼དཔྱད༽འདི་ཡི་ནི། དགེ་བ་ཕོན་ཡིན་པ་སྟེ། །སློབ་པའི་འགྲོ་བ་གཞན་རྣམས་ནི། །དམ་པ་མིན་པའི་རྒྱུ་མཚན་ཡང་། །ལས་ནི་དམ་པ་དགེ་བ་དང་། །དམ་པ་མིན་པ་མི་དགེ་ལ། །འཇུག་དང་མི་འཇུག་པ་གཉིས་དང་། །འགྲོ་བ་བདུན་པོ་འདི་དག་ཏུ། །སོན་པ་རྣམས་ལ་ཕྱིར་འོང་མེད། །རྒྱུ་གསུམ་པོ་དེ་གཞན་ལ་མེད། །དེ་ཕྱིར་དམ་པའི་འགྲོ་བ་མིན། །ཞེས་པས་དགེ་བ་དམ་པར་བཤད། །ཅི་ན་དགེ་བ་དམ་པ་མིན། །ཞེས་ནི་སླུས་པ་མེད་པས་ན། །ཀླན་ཀ་འཇུག་པའི་སྐབས་མེད་དོ། །དམ་པའི་དོན་དུ་འགྲོ་བ་ཡི། །སྐབས་ནི་སངས་རྒྱས་ཉག་གཅིག་ཡིན། །ཞེས་གསུངས་པ་ལྟར་དམ་པའི་སྒྲ། །ངེས་པའི་དོན་ལ་འཇུག་པའང་ཡོད། །སྡོམ་པ་མིན་དང་ཉེས་སྤྱོད་དང་། །ཞེས་པར་དམ་པས་སྨད་རང་འགྲེལ་ལས། དེ་ལ་ལུས་དང་ངག་མི་སྡོམ་པའི་ཕྱིར་སྡོམ་པ་མ་ཡིན་པའོ། །དེ་པ་རྣམས་ཀྱི་སྨད་པའི་ཕྱིར་དང་། །ཞེས་དེ་གསུམ་རྣམ་གྲངས་སུ་བཤད་དོ། །པའི་ཕྱིར། །ཉེས་སྤྱོད་ཅེས་གསུངས་དམ་པའི་སྒྲ། །དེ་ཡང་མཁས་པ་རྣམས་ལ་བཤད། །དེས་ན་དམ་ཆོས་ཞེས་བྱ་བ༑ །སྐྱེས་བུ་དམ་པའི་སྤྱོད་བྱའམ། །རྫོགས་སངས་རྒྱས་ཀྱིས་བསྟན་པས་ན། །དམ་པ་ཞེས་པའི་ཐ་སྙད་དང་། །རང་གི་མཚན་ཉིད་འཛིན་པ་དང་། །ངན་འགྲོར་ལྟུང་བ་ལས་འཛིན་དང་། །འཁོར་བར་ལྟུང་བ་ལ་འཛིན་པས། །ཆོས་ཞེས་ཟླ་བ་གྲགས་པས་གསུངས། །

དེ་ཡང་རྩ་བ་ཤེས་རབ་ལས། །བདག་ཉིད་ལེགས་པར་སྡོམ་པ་དང་། །གཞན་ལ་ཕན་འདོགས་བྱམས་པ་སེམས་གང་། །དེ་ཆོས་དེ་ནི་འདི་གཞན་དུ། །འབྲས་བུ་དག་གི་ས་བོན་ཡིན། །ཞེས་པའི་འགྲེལ་པར་ཚིག་གསལ་ལས། །ཆོས་ལ་རྣམ་གསུམ་བར་པ་ནི། །དགེ་བ་བཅུ་ལ་བཤད་པ་དང་། །ཐ་མ་ཐར་པ་ཙམ་ལ་གསུངས། །ཆེད་དུ་བརྗོད་པ་ཚོམས་ལས་ཀྱང་། །འཇིག་རྟེན་འདི་དང་ཕ་རོལ་ཏུ། །ཆོས་སྤྱོད་པ་ནི་བདེ་བར་ཉལ། །ཞེས་གསུངས་པ་ནི་བར་མ་ལ། །དགོངས་པ་ཡིན་པར་ཤེས་པར་བྱ། །སྤྱང་ན་དམ་པ་འཕགས་པ་སྟེ། །དེ་ཡི་ཆོས་ནི་དམ་པའི་ཆོས། །འཁོར་བ་དང་ནི་མྱ་ངན་འདས་པའི། །གཡང་ས་ལས་ནི་འཛིན་ཕྱིར་དང་། །དམ་པ་རྣམས་ཀྱིས་བསྔགས་ཕྱིར་རོ༑ །དེ་ལྟར་རྩ་བ་ཤེས་རབ་ལས། །གང་གིས་ཐུགས་རྗེས་ཉེར་བཟུང་ནས། །ལྟ་བ་ཐམས་ཅད་སྤང་བའི་ཕྱིར། །དམ་པའི་ཆོས་ནི་སྟོན་མཛད་པ། །གོ་ཏམ་དེ་ལ་ཕྱག་འཚལ་ལོ། །ཞེས་གསུངས་དོན་ཡང་འདི་ཡིན་ནོ། །དེས་ན་རང་བཞིན་རྣམ་དག་གི། །ཆོས་དབྱིངས་ཙམ་དེ་དམ་ཆོས་སུ། །བཤད་པ་འཕགས་པའི་ཡུལ་ན་མེད། །རིགས་པས་ཀྱང་ནི་འདི་འགྲུབ་སྟེ། །ཆོས་ཀྱི་དབྱིངས་ལས་མ་གཏོགས་པའི། །ཆོས་གཞན་མེད་པ་ཉིད་ཕྱིར་རོ། །

མཁས་པའི་བཞེད་པའང་འདི་ཉིད་དོ། །དོན་ལ་སྟོན་པའི་མཁས་པ་ལ། །ཆོས་དབྱིངས་དགེ་དང་དམ་ཆོས་སུ། །དགོངས་པའི་གནས་ཀྱང་ག་ལ་ཡོད། །དེ་ཕྱིར་དྲི་བ་པོ་ཉིད་ལས། །ཐེ་ཚོམ་འཕྲུལ་བ་མི་མངའ་མོད། །ཐོས་ཆུང་བློ་མིག་དང་བྲལ་ཞིང་། །ཚུལ་བཞིན་སྨྲ་ལ་ཐོས་འགྱུར་ཀྱང་། །རང་རྒྱུད་དྲིགས་པས་ཆེར་ནོན་པའི། །མཁས་རློམ་ནེ་ཙོ་འདྲ་བ་རྣམས། །རང་གི་རང་བཞིན་བསྟན་པའི་ཕྱིར། །དྲི་བ་མཛད་པ་ཁོ་བོས་འཚམས། །

ཆོས་དབྱིངས་ངོ་བོ་བདག་མེད་མ། །བདེ་ཆེན་སྒྱུ་མའི་སྐུ་དེ་ཡང་། །དགེ་བ་མིན་པར་བཞེད་ལགས་སམ། །དེ་ལྟ་ན་ནི་བསྟོད་པ་ལས། །དགེ་མ་ཞེས་ཀྱང་མ་གསུངས་སམ། །ཞེས་པའི་དྲིས་ལན་བཤད་པར་བྱ། །དགེ་མ་ཞེས་པ་ཡུམ་གྱི་དོན། །དེ་ལ་བདེ་མ་ཞེས་པ་དང་། །ཞི་མ་ཞེས་ཀྱང་གཞུང་ལས་འབྱུང་། །ཚད་ལྡན་མཁས་པའི་འགྲེལ་པ་ལས། །མངོན་རྟོགས་བརྒྱད་ཀྱི་རང་བཞིན་ཅན། །རང་བཞིན་མེད་ཅིང་རྟོག་ལས་འདས། །དཔག་བསམ་ཤིང་བཞིན་འབྲས་བཟང་ནི། །སྟོལ་མཛད་རྒྱལ་ཡུམ་དགེ་མ་རྒྱལ། །ཞེས་གསུངས་པ་དང་ཚུལ་མཚུངས་སོ། །ཟག་མེད་བདེ་བ་བསྐྱེད་པ་ཡི། །ཤེས་རབ་འཁོར་དང་བཅས་པ་ནི། །ཡུམ་དངོས་ཡིན་ཕྱིར་དགེ་མ་དང་། །བདེ་མ་ཞི་མ་ལ་སོགས་དངོས། །དེ་ཡི་ཡུལ་ཡང་ཡུམ་ཞེས་བཏགས། །ངོ་བོ་ཉིད་ཀྱི་ཤེར་ཕྱིན་དང་། །དེ་ལ་བརྟེན་པའི་ཤེར་ཕྱིན་གཉིས། །དང་པོ་སྟོང་པ་ཉིད་ཡིན་ཏེ། །མདོ་ལས་ཤེས་ཕྱིར་ཡི་གེ་མེད། །དེ་ལ་སུ་ཡང་སྟོན་པ་དང་། །ཉན་དང་ཤེས་པར་བྱེད་པ་མེད། །ཅེས་གསུངས་པ་ཡང་དེ་ཉིད་ཡིན། །གཉིས་པ་གཞུང་དང་ལམ་གཉིས་དང་། །འབྲས་བུ་དང་ནི་གསུམ་ཡིན་ནོ། །ཞེས་ཀྱང་རྣམ་མི་ཏྲཿགསུངས། །དུས་གསུམ་རྒྱལ་བ་ཐམས་ཅད་ནི། །སྟོང་ཉིད་བསྒོམ་པ་ལས་སྐྱེས་པས། །དེ་ཕྱིར་སྟོང་པ་ཉིད་ལ་ཡང་། །ཡུམ་དང་ཤེས་རབ་ཉི་མ་དང་། །སྣ་ཚོགས་ཡུམ་ལ་སོགས་པར་གསུངས། །དེ་འདྲའི་ཡུམ་གྱིས་འབྱུང་པ་ཡིས། །སྙིང་རྗེ་ལ་ནི་ཡབ་ཅེས་དང་། །བླ་བ་དུས་འཁོར་ལ་སོགས་བརྗོད། །དེ་ཡང་དྲི་མེད་འོད་ལས་ཀྱང་། །སངས་རྒྱས་ཀུན་གྱི་བསྐྱེད་མཛད་མ། །སྐྱེ་བ་དང་ནི་འཇིགས་པ་སྤངས། །ཀུན་ཏུ་བཟང་པོའི་སྤྱོད་པ་ཅན། །སྣ་ཚོགས་ཡུམ་དེ་ལ་ཕྱག་འཚལ། །ཨ་ལི་ཀཱ་ལི་སྐྱོམས་འཇུག་དང་། །ཧཱུྃ་ཕཊ་ཡི་གེ་སོགས་སྤངས་ཀྱང་། །འགྱུར་བ་མེད་ལས་འབྱུངས་པའི་སྐུ། །དུས་ཀྱི་འཁོར་ལོ་དེ་ལ་འདུད། །ཞེས་གསུངས་པའང་དོན་འདི་ཡིན། །

དེ་ལྟ་མིན་པར་དགེ་མའི་སྒྲ། ། དགེ་བ་ཉིད་ལ་གཟུང་གྱུར་ན། །སྒྲོལ་མ་ཉེར་གཅིག་བསྟོད་པ་ལས། ། བདེ་མ་དགེ་མ་ཞེས་གསུངས་པའང་། ། དགེ་བར་འགྱུར་བས་སྒྲོལ་མ་དང་། །གོས་དཀར་མོ་དང་སྤྱན་མ་སོགས། ། དགེ་བ་ཡིན་པའང་བསམ་པར་གྱིས། ། དེས་ན་ཆོས་དབྱིངས་བདག་མེད་མ། །དགེ་བ་ཡིན་པ་ལྟ་ཞོག་གི། །དེ་ལ་དགེ་མ་ཞེས་བྱ་བ། །བདག་མེད་མ་ཡི་བསྟོད་པ་ལས། །གསུངས་པ་བསྟོད་པ་ཚར་གསུམ་མེད་པས་ཐེ་ཚོམ་བདག

མེད་མའི་བསྟོད་པ་དྲི་མ་མེད་པ་ལས། ཀུན་ཀྱང་ཆོས་དབྱིངས་ངོ་བོ་ནག་མོར་བཞུགས། །མི་གནས་མྱ་ངན་འདས་ཚུལ་ཕྱིན་དགྲུངས་ཏེ། །སྐྱོན་དྲུག་གྲི་གུག་གིས་བཅད་བདག་མེད་མགོ། །གཟུང་འཛིན་སྤངས་དང་རྒྱལ་བ་ལྔ་ཡིས་བརྒྱན། །གདུག་གཞན་བདུད་བཞི་འཇོམས་དང་ཡོན་ཏན་རྒྱས། །ཡེ་ཤེས་མེ་ཡི་དབུས་ན་བདེ་བར་བཞུགས། །དཔལ་ལྡན་ཡེ་ཤེས་མཁའ་འགྲོ་བཅོ་ལྔ་ཡིས། །ཞབས་ལ་ཕྱག་འཚལ་རྟག་ཏུ་སྐྱབས་སུ་མཆི། །ཞེས་སོགས་བསྟོད་པ་ཚར་གསུམ་ལས་གསུངས་པ་དང་། ཡབ་ཀྱི་བསྟོད་པ་དཀྲ་ཀ་དང་བཞི་ལས་དགེ་མར་གསུངས་ཡབ་ཀྱི་བསྟོད་པ་དཀྲ་ཀའི་ཡི་གེ་གྲངས་བདུན་བརྒྱ་དང་བདུན་ཙུ་རྩ་བདུན། ཀྲ་ཀྲ་ཀྲ། ཤྲོངས། །ཆོས་དབྱིངས་ལུང་མ་བསྟན་ཡིན་ན། །ཆོས་ཀྱི་དབྱིངས་ལས་མ་གཏོགས་པའི། །ཆོས་གཞན་མེད་ཕྱིར་དགེ་བ་དང་། །སྡིག་པའང་ལུང་མ་བསྟན་དུ་འགྱུར། །ཞེས་པའི་ལན་ཡང་བཤད་ཟིན་ཏོ། །

གཞན་ཡང་དྲི་བའི་གཞུང་ལས་ནི། །ཆོས་དབྱིངས་གསུམ་ཀར་མི་རུང་ན། །དེ་མཚུངས་དོགས་པའང་ཅིས་མི་འབྱུང་། །ཆོས་དབྱིངས་ཡོད་པར་མི་བཞེད་ན། །ཆོས་ཀྱི་དབྱིངས་ལས་མ་གཏོགས་པའི། །དངོས་པོ་མེད་ཕྱིར་དངོས་ཀུན་ཀྱང་། །ཡོད་པར་མི་བཞེད་དེ་ཅི་ཞིག །ཞེས་གསུངས་འདི་ཡང་ཚིག་ཙམ་ལ། །སྟོན་པའི་དྲི་བ་ཡིན་པར་སྣང་། །དྲི་བའི་ཚིག་ལའང་སྐྱོན་ཆགས་ཏེ། །དངོས་ཀུན་ཡོད་པ་མིན་ཞེས་པ། །མཁས་པའི་གཞུང་ལས་བཤད་པ་མེད། །དེས་ན་ཡོད་མིན་མི་བཞེད་ཅིང་། །ཞེས་བྱའི་ཚུལ་གྱིས་དྲི་བྱེད་ན། །སྔ་ཕྱི་འབྲེལ་བར་འགྱུར་བ་ཡིན། །འོན་ཀྱང་དཔེ་མ་དག་པར་གསལ། །དགག་ཕྱོགས་སྒྲུར་བས་སྐྱོན་ཅན་ཡིན། །དེས་ན་རིགས་པ་སྨྲ་བ་ཡི། །ཆོས་ཅན་ཟློལ་འཛོག་ཕྱུས་བཙུགས་མ། །གཞི་ལ་དགག་དང་ལྡན་པ་དང་། །དགག་ཕྱོགས་ཁྱབ་པ་ཚིག་ཙམ་འདྲ། །མ་ཁྱབ་མི་དགོས་པ་ལ་དང་། །ས་ན་ཆེན་དུས་ན་དང་། །ཐུར་ཁྱབ་རྟག་པ་མཐར་བཟུང་དང་། །ཕྱིད་ཁྱབ་ཆོས་ཅན་རྟགས་འགོད་དང་། །སྐྱོན་ཅན་རིག་པ་ཉེར་གསུམ་བཤད། །ཆོས་རྣམས་ཐམས་ཅད་མངོན་སུམ་དུ། །མཐོང་ན་ས་དང་ཆུ་ལ་སོགས། །མཐོང་བར་འགྱུར་ཞེས་སྨྲས་པ་ལ། །འོན་ཤེས་བྱ་མ་ལུས་པ། །མ་མཐོང་བས་ན་ས་མི་སོགས། །རེ་རེ་བ་ཡང་མ་མཐོང་བར། །ཐལ་བ་འཕེན་པའི་རིག་པ་དང་། །ཆོས་དབྱིངས་ཡོད་པར་འདོད་པ་ལ། །ཆོས་ཀྱི་དབྱིངས་ལས་མ་གཏོགས་པའི། །ཆོས་གཞན་མེད་ཕྱིར་དངོས་མེད་རྣམས། །ཡོད་པར་འགྱུར་ཞེས་སྨྲས་པ་ལ། །དེ་ཉིད་ཕྱིར་ན་དངོས་པོ་ཡང་། །ཡོད་པ་མིན་པར་ཐལ་ཞེས་པའི། །རིགས་པ་གཉིས་ལ་ཁྱད་པར་ནི། །ཚངས་པས་ཀྱང་ནི་འབྱེད་མི་ནུས། །དྲི་མ་ཟད་དང་མི་སྐྱེ་བའི། །ཞེས་པའི་འགྲེལ་པར་སློབ་དཔོན་གྱིས། །ཆགས་སོགས་ཉོན་མོངས་སྒྲིབ་པ་དང་། །གཟུང་འཛིན་ལ་སོགས་ཤེས་སྒྲིབ་རྣམས། །སྔར་སྐྱེ་ཟིན་དགག་པ་མེད་པ་དང་། །མ་སྐྱེས་སྐྱེ་བ་མེད་པ་སྟེ། །ཆོས་དབྱིངས་སྦྱོར་བྲལ་ཡིན་ཕྱིར་རོ། །

དེ་ཡི་གཏན་ཚིག་བསྒྲུབ་པ་ན་དབུས་མཐའ། །ཆོས་ཀྱི་དབྱིངས་ལས་མ་གཏོགས་པར། །འདི་ལྟར་ཆོས་ཡོད་

མ་ཡིན་ཏེ། །ཞེས་དྲངས་པ་ལ་ཐལ་བ་དེ། །འཇུག་པའི་དོགས་པ་མི་སྐྱེ་ཏེ། །དེ་གཉིས་མཚུངས་པ་མ་ཡིན་ཏེ། །དོན་དམ་པར་ནི་སྐྱེ་འགག་མེད། །ཞེས་པའི་དོན་དུ་འདོད་ཅན། །ཆོས་དབྱིངས་ཡོད་མེད་གཉིས་ཀ་དང་། །གཉིས་མིན་ལ་སོགས་སྤྲོས་པ་བྲལ། །དེ་ཡང་མགོན་པོ་ཀླུ་སྒྲུབ་ཀྱིས། །སྟོང་ངོ་ཞེས་ཀྱང་མི་བརྗོད་དེ། །མི་སྟོང་ཞེས་ཀྱང་མི་བྱ་ཞིང་། །གཉིས་དང་གཉིས་མིན་མི་བྱ་སྟེ། །གདགས་པའི་དོན་དུ་བརྗོད་པར་བྱ། །ཞེས་གསུངས་གཞན་ཡང་དེ་ཉིད་ཀྱིས། །བཅོམ་ལྡན་མྱ་ངན་འདས་གྱུར་ན། །ཡོད་པར་མི་མངོན་དེ་བཞིན་དུ། །མེད་དོ་ཞེ་ན་གཉིས་ཀ་དང་། །གཉིས་མིན་ཞེས་ཀྱང་མི་མངོན་ནོ། །

བཅོམ་ལྡན་བཞུགས་པར་གྱུར་ན་ཡང་། །ཡོད་པར་མི་མངོན་དེ་བཞིན་དུ། །མེད་དོ་ཞེའམ་གཉིས་ཀ་དང་། །གཉིས་མིན་ཞེས་ཀྱང་མི་མངོན་ནོ། །ཞེས་གསུངས་པའང་ཆོས་ཀྱི་དབྱིངས། །ཡོད་མེད་ལ་སོགས་མིན་པའི་ལུང་། །དེས་ན་དེ་འདྲའི་དྲི་བ་ནི། །ཤེས་བྱ་མི་རྟག་ཡིན་པ་ལ། །རྟག་པ་ཤེས་བྱ་ལ་མེད་འགྱུར། །ཞེས་སྨྲས་པ་ལ་འདི་སྐད་དུ། །ཤེས་བྱ་རྟག་པ་མིན་པའི་ཕྱིར། །མི་རྟག་ཤེས་བྱ་ལ་མེད་འགྱུར། །ཞེས་སྨྲས་པ་དང་ཚུལ་མཚུངས་སོ། །འདི་འདྲའི་གནས་སྐབས་ཐམས་ཅད་དུ། །བསྒྲུབ་ཕྱོགས་དབང་བཙན་པ་ཡིན་ནོ། །ཞེས་པ་འདི་ཡང་རིགས་པའི་གཞུང་། །དེ་ལྟ་ཡིན་ན་རྟག་པ་ཡང་། །དགག་པར་ཐལ་བར་འགྱུར་ཞེ་ན། །འདོད་དེ་གཞན་སེལ་ཐམས་ཅད་ཀྱང་། །དགག་པ་ཡིན་པར་རྣམ་ངེས་ལས། །ཤིན་ཏུ་གསལ་བར་བཤད་ཕྱིར་དང་། །མི་རྟག་པ་ཉིད་བཀག་ཙམ་ལ། །རྟག་པ་ཞེས་ནི་བཏགས་པའི་ཕྱིར། །མེད་པར་དགག་པའང་ཡིན་ཞེས་བྱ། །དཔེར་ན་ཐོགས་བཅས་གཟུགས་གང་དེ། །བཀག་པ་ཙམ་ལ་ནམ་མཁའ་ཞེས། །བཏགས་པ་ཇི་བཞིན་རིགས་པར་བྱ། །དེ་ཕྱིར་སློབ་དཔོན་འཕགས་པ་ཡི། །དཔེ་སྟོན་པ་ཡི་གྲུབ་པའི་མཐའ། །འཆད་པའི་ཚེ་ན་ཀུན་བཏུས་ཡེ་ཤེས་སྙིང་པོ་ལས། །ནམ་མཁའ་མོ་གཤམ་བུ་དང་མཚུངས། །ཞེས་གསུངས་དོགས་པའང་འདི་ཉིད་དོ། །ཡོད་པ་སྒྲུབ་པར་གསུངས་པ་ཡི། །ཆོས་དབྱིངས་དོན་ལ་ཇི་ལྟར་གནོད། །ཞེས་པའི་ལན་ནི་འདི་ཡིན་ཏེ། །འགྲོ་ཀུན་དགེ་བ་ཇི་སྙེད་ཡོད། །ཞེས་གསུངས་ཡོད་པའི་དགེ་བ་དེ། །གསར་དུ་བསྒྲུབ་པར་བྱ་བ་དང་། །ཡུལ་ཡང་ཕྱོགས་བཅུ་དང་འབྲེལ་བར། །རྒྱལ་སྲས་རྡོ་རྗེ་རྒྱལ་མཚན་གྱིས། །ཞུས་པའི་མདོ་ཉིད་ཕྱོགས་བཅུ་བཞིའི་འཇིག་རྟེན་ཁམས་ན་གང་ཡོད་པའི། །དགེ་བ་དེ་དག་ཡང་དག་བསྒྲུབ་པས་ན། །འགྲོ་བ་ཀུན་ལ་ཕན་དང་བདེ་སེམས་ཀྱི། །ཡེ་ཤེས་མཁས་པ་དེ་དག་ཡོངས་སུ་བསྔོ། །ཞེས་སོ། །ལས་གསུངས་པས། །ཆོས་དབྱིངས་ཡོད་པའི་དགེ་བ་མིན། །བསྒྲུབ་པར་བྱ་དང་ཤར་ལ་སོགས། །ཡུལ་གྱི་སྤྲོས་པ་བྲལ་ཕྱིར་རོ། །

ཚུལ་འདི་ཤེས་ན་བསྟན་བཅོས་ལས། །རྡོ་རྗེ་རྒྱལ་མཚན་ཉིད་ལས་ཀྱང་། །ཡོད་པ་ཞེས་བྱ་བསྒྲུབ་པར

གསུངས། །ཞེས་གསུངས་དོན་ཡང་རྟོགས་པར་འགྱུར། །མི་འགྱུར་བསྔོ་བ་དོན་མེད་ན། །ཚོང་དཔོན་མཛའ་བོའི་བུ་མོའི་བུས། །སྨོན་ལམ་བཏབ་པ་དེ་ཅི་ཞིག །ཅེས་པ་འདི་ནི་འགྲེ་བ་ཡི། །རྐང་གྲངས་འདྲེན་ཕྱིར་བཀོད་པར་སྣང་། །འོན་ཀྱང་ལན་ནི་མདོར་བསྡུས་བྱ། །སེམས་ཅན་རྣམས་ཀྱི་ཀླད་ནད་ཙམ། །བསལ་ལོ་སྙམ་དུ་བསམ་ན་ཡང་། །ཕན་འདོགས་བསམ་པ་དང་ལྡན་ཏེ། །བསོད་ནམས་དཔག་མེད་ལྡན་གྱུར་ན། །སེམས་ཅན་རེ་རེའི་མི་བདེ་བ། །དཔག་ཏུ་མེད་པ་བསལ་འདོད་ཅིང་། །རེ་རེའང་ཡོན་ཏན་དཔག་མེད་དུ། །བསྒྲུབ་པར་འདོད་པ་སྨོས་ཅི་དགོས། །ཞེས་པ་ཙམ་ཞིག་གསུངས་མོད་ཀྱི། །དེ་ཡི་དུས་ཀྱི་སྨོན་ལམ་དེ། །འགྲུབ་པར་གསུངས་པའི་ལུང་མི་སྣང་། །སྨོན་ལམ་ན་ནི་རྣམ་གཉིས་ཏེ། །གནས་དང་གནས་མ་ཡིན་པའོ། །གནས་མ་ཡིན་པ་འགྲུབ་མི་སྲིད། །གནས་ཀྱི་སྨོན་ལམ་འགྲུབ་པར་གསུངས། །བྱང་ཆུབ་སེམས་དཔའ་བློ་སྦྱོང་ལ། །མཉན་པ་ལྷ་བུའི་སེམས་བསྐྱེད་དང་། །ཕྱུགས་རྫི་ལྟ་བུའི་སེམས་བསྐྱེད་སོགས། །མི་འགྲུབ་པ་ཡང་དུ་མ་འབྱུང་། །སྨོན་ལམ་དངོས་ནི་སེམས་པ་ཡིན། །སྤྲོས་བྲལ་ཆོས་ཀྱི་དབྱིངས་དེ་ནི། །བྱང་ཆུབ་བསྔོ་བ་ལ་སོགས་པའི། །བློ་སྦྱོང་དུ་ཡང་མི་འགྱུར་ཏེ། །མཚན་མེད་མཚན་མར་བཟུང་ཕྱིར་དང་། །བྱང་ཆུབ་སེམས་དཔའི་སྨོན་ལམ་ནི། །དམིགས་མེད་ཡིན་པར་བཤད་ཕྱིར་རོ། །

དོན་འདི་མདོ་ལས་ཇི་སྐད་དུ། །དེ་བཞིན་གཤེགས་པ་འཇིག་རྟེན་དུ། །བྱོན་དང་མ་བྱོན་གང་ཡང་རུང་། །ཆོས་ཉིད་འདི་ནི་གནས་པ་ཡིན། །ཞེས་སོགས་གསུངས་ཤིང་ཤེར་ཕྱིན་ལས། །དམ་པ་གསུམ་གྱིས་བསོད་ནམས་བསགས། །རྒྱ་ཆེན་ཐབས་ཀྱིས་ཡང་དག་སྤེལ། །ཤེས་རབ་ཟབ་མོས་རྣམ་དག་བྱ། །ཟུང་འཇུག་བསྔོ་བས་རྒྱས་གདབ་བོ། །ཞེས་པས་ཞིང་དམ་པ་དང་བསམ་པ་དམ་པ་དང་། །དངོས་པོ་དམ་པས་བསྒྲུབ་པ་ཡི། །དགེ་བ་སྙིང་རྗེ་སེམས་བསྐྱེད་ཐབས་ཤེས་ཟུང་འཇུག་གིས་སྟོང་ཉིད་རྟོགས་པའི། །བསྔོས་པས་ཇི་ལྟར་སྨོན་པ་བཞིན། །འབྲས་བུ་འགྲུབ་པར་བཤད་པ་དང་། །དེ་བཞིན་མགོན་པོ་བྱམས་པ་ཡིས། །དམིགས་པ་བཟང་དང་སྟོན་པ་བཟང་། །ཐབས་མཆོག་བཟང་བ་དང་ངེས་འབྱུང་དང་། །སྦྱོར་བ་བཟང་པོའི་བདག་ཉིད་ཀྱིས། །ཡང་དག་སྨོན་ལམ་ཡིན་པར་བཤད། །ཞེས་གསུངས་དེ་བཞིན་རྒྱུད་ལས་ཀྱང་། །རྣམ་རྟོག་མ་རིག་ཆེན་པོ་སྟེ། །འཁོར་བའི་རྒྱ་མཚོར་ལྟུང་བར་བྱེད། །མི་རྟོག་ཏིང་འཛིན་ལ་གནས་ན། །མཁའ་བཞིན་དྲི་མ་མེད་པར་འགྱུར། །ཞེས་དང་འཕགས་པ་སྡུད་པ་ལས། །གལ་ཏེ་མཚན་མར་བྱེད་ན་སོགས། །གལ་ཏེ་མཚན་མར་བྱེད་ན་དེ་ནི་བསྔོ་མ་ཡིན། །ཅི་སྟེ་མཚན་མ་མེད་ན་བྱང་ཆུབ་བསྔོ་བ་ཡིན། །ཇི་ལྟར་དུག་དང་འདྲེས་པའི་ཁ་ཟས་བཟང་ཟ་བ། །དཀར་པོའི་ཆོས་ལ་དམིགས་པའང་དེ་འདྲར་རྒྱལ་བས་གསུངས། །ཞེས་རྒྱན་ལས། དེ་ནི་དམིགས་མེད་རྣམས་པ་ཅན། །ཞེས་པའི་མདོ་ཡིན་ནོ། །བརྒྱད་སྟོང་པར། དམིགས་པའི་འདུ

ཤེས་ཅན་ལ་ཡོངས་སུ་བསྔོ་བ་མེད་དོ། །དེ་ཅིའི་ཕྱིར་ཞེ་ན། དམིགས་པ་ནི་དུག་དང་བཅས་པའོ། །ཞེས་སོ། །རྒྱས་པར་འབྱུང་ཞིང་བརྒྱད་སྟོང་པར། །དམིགས་པའི་འདུ་ཤེས་ཅན་ལ་སོགས། །ཞེས་གསུངས་མདོ་རྒྱུད་ཐམས་ཅད་མཐུན། །དེ་ཕྱིར་ཆོས་དབྱིངས་བྱང་ཆུབ་ཏུ། །བསྔོ་བ་བློ་སྦྱོང་མ་ཡིན་ཞིང་། །བསྔོས་པས་འགྱུར་ན་འདུས་བྱས་ཡིན། །མི་འགྱུར་བསྔོ་བ་དོན་མེད་པས། །ཆོས་དབྱིངས་བསྔོ་བ་དོན་མེད་ཡིན། །ཞེས་པ་མཁས་པའི་བཞེད་པ་ཡིན། །བསྔོས་པས་མི་འགྱུར་བ་ཙམ་ལ། །བསྔོ་བ་དོན་མེད་ཡིན་ནོ་ཞེས། །སྨྲ་མ་དུ་བཟུང་བར་མི་བྱའོ། །དེ་ཡང་སྔ་(དཔྱད)ཕྱིའི་ལྟོས། །དེ་ལྟར་ཤེས་ན་མཛའ་བོའི་བུས། །སྨོན་ལམ་བཏབ་པ་དོན་མེད་དོ། །སྨྲ་མ་པའི་དོགས་པ་ག་ལ་སྐྱེ། །བུ་མོ་ཞེས་པའང་བུ་ཡིན་པར། །མཁས་པའི་ངག་ལས་རྟོགས་པར་བྱ། །ཆོས་ཉིད་བསྔོ་རྒྱུ་བྱེད་པ་ནི། །བློ་སྦྱོང་དུ་ཡང་མི་རུང་ན། །གནས་མིན་བསྔོ་བར་གསུངས་དེ་ཅི། །ཞེས་གསུངས་འདི་ནི་དོགས་པའི་གནས། །ལན་ཡང་ཁོ་བོ་ཉིད་ཀྱིས་སྨྲད་ཡུལ། །ལན་བྱེད་གཞན་རྣམས་རེ་ཞིག་གཞིས་པ་བཙ་ཀྲིང་སྟེ་འཐོན། །བསྔོ་བ་དེ་ཡང་མདོར་བསྡུས་ན། །གནས་དང་གནས་མ་ཡིན་པ་གཉིས། །གནས་ཀྱི་བསྔོ་བ་འགྲུབ་པར་གསུངས། །

གནས་མིན་བསྔོས་ཀྱང་འགྲུབ་མི་འགྱུར། །འདི་དག་གཉིས་ཀ་མདོ་ལས་གསུངས། །གནས་ཀྱི་བསྔོ་བ་འཇམ་དཔལ་གྱིས། །ཞིང་གི་བཀོད་པའི་མདོ་ལས་ནི། །ཆོས་རྣམས་ཐམས་ཅད་རྐྱེན་གཞན་ཏེ། །འདུན་པའི་རྩེ་ལ་རབ་ཏུ་གནས། །གང་གིས་སྨོན་ལམ་ཅི་བཏབ་པ། །དེ་ཡི་འབྲས་བུ་ཐོབ་པར་འགྱུར། །ཞེས་གསུངས་དེ་ཡང་སྨོན་ལམ་ནི། །བདག་ནི་བྱང་ཆུབ་རིང་ཚུལ་དུ། །འཚང་རྒྱར་མོས་ཤིང་སྤྲོ་བ་མེད། །ཕྱི་མཐར་ཐུག་གི་བར་དུ་ཡང་། །སེམས་ཅན་གཅིག་ཕྱིར་སྤྱད་པར་བགྱི། །ཞེས་གསུངས་གནས་མིན་བསྔོ་བ་ནི། །བུ་མོ་དྲི་མ་མེད་བྱིན་གྱིས། །ཞུས་པའི་མདོ་ལས་འདི་སྐད་གསུངས། །རིགས་ཀྱི་བུ་ཆོས་རྣམས་ཀྱི་ཆོས་ཉིད་ནི། །སྨོན་ལམ་གྱི་དབང་གིས་བསྒྱུར་བར་མི་ནུས་སོ། །གལ་ཏེ་ནུས་པར་གྱུར་ན། དེ་བཞིན་གཤེགས་པ་རེ་རེའི་དགོངས་པ་དེ་སྨོན་ལམ་གྱི་དབང་གིས་ཇི་ལྟར་མི་འགྲུབ་སྟེ། རྣམ་གྲངས་འདིས་ནི་སྨོན་ལམ་གྱི་དབང་གིས་བསྒྱུར་བར་མི་ནུས་པ་ཡིན་པར་རིགས་པར་བགྱིའོ། །ཞེས་སོ། །

ཆོས་རྣམས་ཆོས་ཉིད་བསྔོས་པ་ཡིས། །མི་འགྱུར་གལ་ཏེ་འགྱུར་ན་ནི། །དང་པོའི་སངས་རྒྱས་གཅིག་ཉིད་ཀྱིས། །བསྔོས་པ་དེ་ཡང་ཅིས་མི་འགྱུར། །ཞེས་པའི་ཆོས་ཉིད་སྤྲོས་བྲལ་གྱི། །ཆོས་ཉིད་ལ་ནི་བཟུང་མི་བྱ། །དཔེར་ན་མེ་སོགས་ཆོས་ཉིད་ནི། །ཚ་བ་ལ་སོགས་ཡིན་པ་དང་། །མངར་བ་བུ་རམ་རང་བཞིན་ལྟར། །འཁོར་བ་སྟོང་པ་མི་སྲིད་དང་། །འབད་མེད་བྱང་ཆུབ་མི་ཐོབ་དང་། །དགེ་ལས་འབྲས་བུ་བདེ་འབྱུང་དང་། །སྡིག་ལས་སྡུག་བསྔལ་འབྱུང་བ་དང་། །སེམས་ཅན་ལས་ལ་སྤྱོད་པ་སོགས། །རྟེན་ཅིང་འབྲེལ་པར་འབྱུང་བ་ཡི། །ཆོས་ཉིད་ལ་ནི་རྐྱེན་གཞན་གྱིས། །གང་ཡང་བསྒྱུར་དུ་ག་ལ་ཡོད། །གལ་ཏེ་ཡོད་ན་དང་པོ་ཡི། །སངས་རྒྱས་ཉིད་ཀྱིས

སེམས་ཅན་རྣམས། །མ་ལུས་ཐམས་ཅད་སངས་རྒྱས་ཤོག །ཅེས་པའི་སྨོན་ལམ་བཏབ་པར་ངེས། །དེ་ཕྱིར་འཁོར་བ་སྟོང་པ་དང་། །འབད་མེད་བྱང་ཆུབ་འགྲུབ་པ་དང་། །རྒྱུ་མེད་འབྲས་བུ་འབྱུང་བ་སོགས། །རྟེན་ཅིང་འབྲེལ་བར་འབྱུང་བ་ཡི། །ཆོས་ཉིད་ལས་ཀྱང་འདས་པར་འགྱུར། །ཞེས་པའི་དོན་དུ་རིག་པར་བྱ། །དང་པོའི་སངས་རྒྱས་ཞེས་བྱ་བ། །ཐོག་མ་མེད་པའི་དོན་ཡིན་ཏེ། །དེ་ཡང་སྒྱུ་འཕྲུལ་དྲ་བ་ལས། །དང་པོའི་སངས་རྒྱས་རྒྱུ་མེད་པ། །ཞེས་གསུངས་ཤིང་གི་འགྲུར་ལས་ནི། །དང་པོའི་སངས་རྒྱས་རིས་མེད་པ། །ཞེས་གསུངས་པའང་འདི་ལ་དགོངས། །བསྔོ་བ་དང་ནི་སྨོན་ལམ་གཉིས། །དོན་གཅིག་ཡིན་པར་དབུས་མཐའ་ཡི། །འགྲེལ་བཤད་ཉིད་ལས་བློ་བརྟན་གྱིས། །གསུངས་ཤིང་འོན་ཀྱང་ཁྱད་པར་ནི། །སྨོན་ལམ་སྤྱི་དང་བསྔོ་བ་ནི། །བྱེ་བྲག་ཡིན་པས་བསྔོ་བ་ལ། །སྨོན་ལམ་ཡིན་པས་ཁྱབ་པ་དང་། །བསྔོ་བའི་ཡུལ་དང་བསྔོ་བྱ་གཉིས། །ཡོད་པར་ངེས་ཤིང་སྨོན་ལམ་ལ། །བསྔོ་རྒྱུའི་དགེ་བ་མེད་པ་དང་། །ཡོད་པ་གཉིས་ཀ་གཞུང་ལས་བཤད། །མཁས་པ་མང་པོས་འདི་བཞེད་དོ། །དེས་ན་ཆོས་དབྱིངས་བསྔོ་བྱ་མིན། །ཆོས་ཉིད་སྒྲིབ་བྲལ་དང་ནས་ནི། །དགེ་བ་ཇི་སྙེད་བྱས་པས་རྣམས། །འགྲུབ་པ་གལ་ཏེ་མི་འགྲུབ་ཀྱང་། །འགྲོ་བའི་དོན་དུ་བསྔོ་བྱེད་ན། །བྱང་ཆུབ་སེམས་དཔའི་བློ་སྦྱོང་ཡིན། །བརྗོད་པར་བྱ་བ་མང་ན་ཡང་། །མང་བས་འཇིགས་ནས་མ་བྲིས་སོ། །མ་བྱས་པ་ཡི་དགེ་མེད་ན། ། ཐེག་པ་ཆེན་པོ་བསྡུས་པ་ལས། །ཐོག་མེད་དུས་ནས་མ་བྱས་པའི། །ཀུན་གཞི་སྙིང་གི་ཟག་མེད་ཀྱི། །ས་བོན་དགེ་བར་བཤད་དེ་ཅི། །དེ་འདྲ་མེད་ན་ཀུན་གཞི་ཡི། །གཉེན་པོར་བཤད་པ་དེ་གང་ཡིན། །ཞེས་པའི་ལན་ཡང་བཤད་ཟིན་ཏོ། །

འོན་ཀྱང་ཀུན་མཁྱེན་གཉིས་པ་ཡིས། །ངོ་མཚར་བ་དང་ངེས་བཟུང་དང་། །དད་དང་དགའ་བ་ཉིད་དང་ནི༑ ༑ཁྲོ་དང་ཞུམ་དང་སྨད་པ་ལ། །ཚིག་གཅིག་ལན་གཉིས་བཟླས་པ་ཡིན། །ཞེས་གསུངས་པ་ལྟར་ངེས་བཟུང་དང་། །ངོ་མཚར་ལ་སོགས་དོན་བདུན་ལ། །བརྩམས་ནས་སྤར་ཡང་བཤད་པར་བྱ། །དེ་ལ་ཉན་ཐོས་ས་དང་ནི༑ ༑བྱང་ཆུབ་སེམས་དཔའི་ས་གཉིས་ལས། །ཐོག་མེད་དུས་ནས་བརྒྱུད་དེ་འོངས། །ཆོས་ཉིད་ཀྱིས་ནི་ཐོབ་པ་ཞེས། །གསུངས་པ་ཡོད་ཀྱི་མ་བྱས་དང་། །དགེ་བ་ཡིན་པར་བཤད་པ་མེད། །དེ་བཞིན་ཐེག་ཆེན་བསྡུས་པ་ལས། །ཀུན་གཞིའི་གཉེན་པོ་ལ་སོགས་སུ། །གསུངས་པ་ཡོད་མེད་མ་བྱས་དང་། །དགེ་བ་ཡིན་པར་གསུངས་པ་མེད། །ཀུན་ལས་བཏུས་པར་རྟེན་འབྲེལ་གྱི། །དགེ་བ་ཡིན་པར་གསུངས་པའི་དོན། །ལེགས་པར་བཤད་ཟིན་འདིར་མ་བྲིས། །རྒྱ་མཚོ་སྤྲིན་ལས་འདི་སྐད་འབྱུང་། །ཆོས་ཉིད་ཀྱིས་ཐོབ་པ་སྟེ། ལུས་ཀྱང་མངོན་པར་འདུས་མ་བྱས་པའི་ཕྱིར་དང་ཞེས་སོ། །ཆོས་ཉིད་ཀྱིས་ནི་ཐོབ་པ་སྟེ། །ལུས་ཀྱང་མངོན་པར་འདུས་མ་བྱས། །ཞེས་གསུངས་པ་ནི

ཐོས་བསམ་དང་། །སྒོམ་པ་གསུམ་གྱིས་གསར་དུ་ནི། །བསྐྱེད་པ་མིན་གྱི་གདོད་མ་ནས། །རྒྱུན་གནས་པ་ཡི་དོན་ཡིན་པར། །འགྲེལ་པ་བྱང་སའི་འགྲེལ་པ་རྒྱ་མཚོ་སྤྲིན་ལས། རང་བཞིན་གྱིས་གནས་པ་ནི་སེམས་མ་བསྐྱེད་པ་རིགས་ལ་གནས་པར་རིགས་པར་བྱའོ། །ཤིན་ཏུ་རྣམ་པར་དག་པའི་ཆོས་ཀྱི་དབྱིངས་ཀྱི་ཡེ་ཤེས་ཀྱི་རྒྱུ་མཐུན་པ་ལས་སྐྱེས་པའི་དགེ་བའི་རྩ་བ་འདུས་མ་བྱས་པའི་ཕྱིར་རོ། །ཞེས་སོ། །དེ་ཉིད་ལས་གསུངས་ཤིང་། །དེ་ཡང་རང་བཞིན་གནས་པའི་དོན། །དེ་ཉིད་ཐོས་བསམ་ལ་སོགས་ཀྱིས། །རྟས་པར་བྱས་ཚེས་མིང་གཞན་ནི། །རྒྱས་འགྱུར་རིགས་ཞེས་བཏགས་པ་སྟེ། །དེ་ཉིད་མདོ་སྡེའི་རྒྱན་ལས་ཀྱང་། །རང་བཞིན་དང་ནི་རྒྱས་པ་དང་། །དེ་ནི་རྟེན་དང་བརྟེན་པ་དང་། །ཡོད་མེད་ཉིད་དང་ཡོན་ཏན་ནི། །སྒྲོལ་བའི་དོན་དུ་རིག་པར་བྱ། །ཞེས་གསུངས་པ་ཡི་དོན་ཡིན་པར། །རྒྱ་མཚོ་སྤྲིན་ལས་གསལ་བར་འབྱུང་། །དེ་ལྟ་མིན་པར་མ་བྱས་དང་། །ཆོས་ཉིད་ཀྱིས་ནི་ཐོབ་པ་ཞེས། །བཤད་པས་འདུས་བྱས་མིན་གྱུར་ན། ། ཉན་ཐོས་ས་ལས་མིག་ལ་སོགས། །སྐྱེ་མཆེད་དྲུག་ལ་དེ་ལྟར་བཤད། །དེ་དང་མདོ་སྡེའི་རྒྱན་ལས་ཀྱང་། ། སྐབས་སུ་འགྲོ་དང་སྨོན་པ་ལའང་། །དེ་ལྟར་བཤད་པས་འདུས་མ་བྱས། །ཡིན་པར་ཁས་ལེན་དགོས་པ་ལས། ། ཉི་ཁྲི་སྣང་བར་སེམས་ཙམ་པའི། །རིགས་དེ་ཕྱོགས་སྔར་བླངས་པ་ན། །འདུས་བྱས་ཡིན་པར་གསུངས་པ་དང་། ། བཤད་སྦྱར་དོན་གསང་གཉིས་ལས་ཀྱང་། །རྟག་པ་དང་ནི་མི་རྟག་པ། །ཡོངས་སུ་གྲུབ་པ་གཉིས་བཤད་པའི། ། ཕྱི་མ་རིགས་གཉིས་ལ་གསུངས་པས། །འདུས་མ་བྱས་སུ་ག་ལ་འགྱུར། །

དབུས་མཐའ་རྣམ་པར་འབྱེད་པ་ལས། ། འགྱུར་མེད་ཕྱིན་ཅི་མ་ལོག་པ། །ཡོངས་སུ་གྲུབ་པ་རྣམ་པ་གཉིས། །འདུས་མ་བྱས་ནི་འགྱུར་བ་མེད་པར་ཡོངས་སུ་གྲུབ་པས་ཡོངས་སུ་གྲུབ་པའོ། །འདུས་བྱས་ནི་ལམ་གྱིས་བསྡུས་པ་སྟེ་ཕྱིན་ཅི་མ་ལོག་པར་ཡོངས་སུ་གྲུབ་པ་སྟེ། ཤེས་བྱའི་དངོས་པོ་ཕྱིན་ཅི་ལོག་མེད་པའི་ཕྱིར་རོ། །ཞེས་གསུངས་པ་ཡི་འགྱུར་མེད་ཀྱང་། ། གཟུང་དང་འཛིན་པ་གཉིས་སྤངས་པའི། །རང་རིག་དངོས་ལ་བཟུང་དགོས་སོ། །འདི་ལས་ཕྱི་རོལ་གྱུར་པ་ཡིས། །དངོས་པོ་འགའ་ཡང་ཡོད་མིན་པས། །ཆོས་ཀྱི་དབྱིངས་ལས་མ་གཏོགས་པར། །གང་ཕྱིར་ཆོས་མེད་དེ་ཡི་ཕྱིར། །ཞེས་གསུངས་པའང་འདི་ཉིད་ཡིན། །དེ་ལ་འཁོར་བའི་གནས་སྐབས་ན། །ཀུན་གཞིའི་རྣམ་ཤེས་ལ་སོགས་དང་། །དེ་ཡི་སྙིང་གི་ཟག་མེད་ཀྱི། །ས་བོན་ལ་ནི་མི་རྟག་པའི། །ཡོངས་སུ་གྲུབ་པ་ཞེས་པ་དང་། །གཞི་དང་སྟོན་པ་ཞེས་པ་དང་། །རྒྱུ་དང་རྐྱེན་དང་ཉེར་གནས་དང་། །སྔོན་དུ་འགྲོ་དང་གནས་ཞེས་དང་། །བྱང་ཆུབ་སེམས་དཔའི་ས་ལས་བཤད། །དབུས་མཐའི་འགྲེལ་པར་ཡོངས་གྲུབ་ལ། །འདི་མ་ཟད། སྟོང་པ་ཉིད་ནི་འདི་ལ་ཡོད། ཅེས་པའི་འགྲེལ་བཤད་དུ། སྟོང་པ་ཉིད་ཀྱི་རབ་ཏུ་དབྱེ་བས་ལམ་དང་འགོག་པ་དག་ཀྱང་འདིར་བསྡུ་བར་རིག་པར་བྱའོ། །ཞེས་འགོག་ལམ་སྟོང་ཉིད་དུ་གསུངས་པས་འདིའི་ལུགས་ཀྱི་སྟོང་ཉིད་ཡིན་པ་ལ་འདུས་མ་བྱས་པས་ཁྱབ་པ་མ་ཡིན་ནོ། །འདུས་བྱས་འདུས་མ་

བྱས་པ་གཉིས། །དང་པོ་ལམ་བདེན་གྱིས་བསྡུས་པ། །གཉིས་པ་དེ་བཞིན་ཉིད་དག་དང་། །མྱ་ངན་འདས་པ་གཉིས་ཀ་ལ། །འགྲེལ་བཤད་ལས་ནི་གསལ་བར་གསུངས། །དེ་འདྲའི་རང་བཞིན་གནས་ནས་ཀྱང་། །ཕྱིན་ཅི་མ་ལོག་ཡོངས་གྲུབ་ཏུ། །ཁས་ལེན་དགོས་ཏེ་གཞན་དུ་ན། །རང་བཞིན་གསུམ་གྱིས་མ་བསྡུས་ཕྱིར། །ཤེས་བྱ་མིན་པར་ཐལ་འགྱུར་ཏེ། །ངོ་བོ་ཉིད་གསུམ་དག་གིས་ནི། །ཤེས་བྱ་ཐམས་ཅད་བསྡུས་པར་ནི། །དབུས་མཐའི་འགྲེལ་པ་ལ་སོགས་དང་། །མཁས་པ་བློ་གྲོས་བརྟན་པས་བཤད། །

ཀུན་མཁྱེན་གཉིས་པས་སུམ་ཅུ་པར། །ངོ་བོ་ཉིད་ནི་རྣམ་གསུམ་གྱི། །ངོ་བོ་ཉིད་མེད་རྣམ་གསུམ་ལ། །དགོངས་ནས་ཆོས་རྣམས་ཐམས་ཅད་ནི། །ངོ་བོ་ཉིད་མེད་བསྟན་པ་ཡིན། །ཞེས་གསུངས་པའང་ཆོས་ཐམས་ཅད། །ངོ་བོ་ཉིད་གསུམ་འདུས་པའི་ལུང་། །དོན་དང་ཐོབ་དང་བསྒྲུབ་པ་ཡི། །དོན་དམ་གསུམ་དུ་གསུངས་པ་ཡང་། །དོན་ནི་དེ་བཞིན་ཉིད་ལ་བྱ། །ཐོབ་པར་བྱ་བའི་དོན་རྣམས་ནི། །མྱ་ངན་འདས་པ་བསྒྲུབ་པ་ཡི། །དོན་དམ་ལམ་གྱི་བདེན་པ་ཡིན། །ཞེས་དང་དབུས་མཐའི་འགྲེལ་པར་གསུངས། །དེ་ཕྱིར་མངོན་པར་འདུས་མ་བྱས། །ཞེས་སོགས་བཤད་པ་འགྱུར་མེད་ལ། །དགོངས་པ་ལ་སོགས་བཟུང་བར་བྱ། །སྔ་མ་བྱིས་པའི་གནས་སྐབས་དང་། །ཕྱི་མ་འཕགས་པའི་གནས་སྐབས་སུ། །རིག་ཅིང་གསལ་ཙམ་དངོས་པོ་དེ། །འགྱུར་བ་མེད་ཕྱིར་དེ་སྐད་གསུངས། །དེ་ལྟ་མིན་པར་འགྱུར་མེད་དོན། །སྐྱེ་འཇིག་སྤངས་པ་ལ་འདོད་ན། །ཆུ་ཁམས་གསེར་དང་ནམ་མཁའ་རྣམས། །སྐྱེ་འཇིག་མེད་པའི་རྟག་པར་འགྱུར། །དྲི་བཅས་དྲི་མ་མེད་པ་ཡི། །དེ་བཞིན་ཉིད་ལ་སྔ་མ་དང་། །ཕྱི་མའི་དུས་ན་འགྱུར་མེད་ཀྱི། །མཐུན་པའི་དཔེར་ནི་བཤད་ཕྱིར་ཏེ། །དེ་ནི་དྲི་བཅས་དྲི་མ་མེད། །ཆུ་ཁམས་གསེར་དང་ནམ་མཁའ་རྣམས། །དག་པ་བཞིན་དུ་དག་པར་འདོད། །ཞེས་ཀྱང་དབུས་མཐའ་ལས་གསུངས་སོ། །དེ་ལ་དཔེ་ཡི་ནམ་མཁའ་ཡང་། །ཀྲུན་ནམ་མཁའ་ཉིད་ཡིན་པར་ནི། །འགྲེལ་བཤད་ལས་འབྱུང་མཁས་པས་བཟུང་། །དེ་ལྟར་རང་རིག་གཉིས་མེད་དེ། །མི་གནས་མྱང་འདས་གནས་སྐབས་ན། །མེ་ལོང་ལྟ་བུའི་ཡེ་ཤེས་དང་། །ཀུན་གཞི་ཡེ་ཤེས་ཞེས་ཀྱང་བཤད། །མཉམ་ཉིད་ཡེ་ཤེས་ལ་སོགས་ཀྱི། །རྟེན་དང་མི་གཡོ་བ་ཞེས་གསུངས། །འགོག་བདེན་རྣམས་ཀྱང་རྫས་གྲུབ་ཅེས། །ཤེས་རབ་སྒྲོན་མེའི་འགྲེལ་བཤད་ལས། །འབྱུང་བ་སྡུད་རས་གཟིགས་བརྟུལ་ཞུགས་ཀྱི་བཞིན་དུ་འཐད་པར་བཟུང་། །གཞན་དུ་ཀུན་བཏགས་ཡིན་པ་དང་། །མྱ་ངན་འདས་ལ་མཚུངས་ཕྱིར་རོ། །

དེ་ལྟ་ན་ནི་ཤེས་བྱ་ཙམ། །ཡིན་གྱི་ཐོབ་བྱ་མིན་པ་དང་། །ཡེ་ཤེས་དམ་པའི་སྤྱོད་ཡུལ་སོགས། །མ་ཡིན་པར་ཡང་འདོད་དགོས་སོ། །ཐེག་པ་ཆེན་པོ་བསྡུས་པ་ལས། །ཤེས་བྱའི་གནས་དང་དེའི་མཚན་ཉིད། །ཞེས་པས

ཀུན་གཞིའི་རྣམ་ཤེས་དེ། །མཚན་ཉིད་གསུམ་ལས་ཐ་དད་པར། །གསུངས་པས་ཀུན་གཞིའི་རྣམ་ཤེས་གང་། །གཞན་དབང་མིན་པར་འགྲུབ་མི་བྱ། །དེ་ཡང་དབུས་མཐའ་རྣམ་འབྱེད་ལས། །དོན་དང་སེམས་ཅན་བདག་རྣམ་རིག །སྣང་བའི་རྣམ་པར་ཤེས་པ་ནི། །རབ་ཏུ་སྐྱེའོ་དེ་དོན་མེད། །དེ་མེད་པས་ན་དེ་ཡང་མེད། །ཞེས་གསུང་རྣམ་རིག་བཞི་པོ་ཡང་། །ཡང་དག་མ་ཡིན་ཀུན་རྟོག་ཡིན། །དེ་ལ་དོན་དང་སེམས་ཅན་དུ། །སྣང་བའི་རྣམ་རིག་གཉིས་པོ་ནི། །ཀུན་གཞིའི་རྣམ་ཤེས་མཚུངས་ལྡན་བཅས། །དེ་ཡང་རྣམ་པར་སྨིན་པའི་ཕྱིར། །མ་སྒྲིབ་ལུང་མ་བསྟན་ཉིད་དོ། །བདག་ཏུ་སྣང་བའི་རྣམ་སྨིན་ནི། །ཉོན་ཡིད་མཚུངས་ལྡན་དང་བཅས་སོ། །

ལུང་མ་བསྟན་གྱི་ཉོན་མོངས་དང་། །མཚུངས་པར་ལྡན་ཕྱིར་སྒྲིབ་པ་དང་། །ལུང་དུ་མ་བསྟན་པ་ཉིད་ཡིན། །རྣམ་རིག་ཏུ་སྣང་རྣམ་རིག་ནི། །མིག་གི་རྣམ་ཤེས་ལ་སོགས་པ། །ཚོགས་དྲུག་མཚུངས་ལྡན་བཅས་པ་སྟེ། །དགེ་དང་མི་དགེ་ལུང་མ་བསྟན། །གསུམ་ཀ་ཡོད་པ་རྣམ་རིག་བཞིས། །རྣམ་པར་ཤེས་པ་ཚོགས་བརྒྱད་པོ། །འཁོར་དང་བཅས་པ་བསྡུས་པ་དང་། །འོན་ཀྱང་དེ་དང་དེ་དག་ཏུ། །རྣམ་པར་ཤེས་པ་གཙོ་བོ་ཡིན། །དེ་དག་ཀུན་འབྱུང་བདེན་པ་དང་། །རྒྱུ་རྐྱེན་ཀུན་གཞིའི་རྣམ་ཤེས་ལས། །ཇི་ལྟར་མཐུན་མཐུན་རྣམ་ཤེས་བདུན། །འགྲོ་བ་ལྔ་དཀར་རབ་ཏུ་འབྱུང་། །ཀུན་གཞི་རྣམ་པར་ཤེས་པ་ལ། །དགེ་དང་མི་དགེ་ལུང་མ་བསྟན། །བག་ཆགས་འགྱུར་བའི་ཁྱད་པར་ལས། །ཕན་ཚུན་ཐ་དད་སྣང་བ་ཡི། །རྣམ་པར་ཤེས་པ་རབ་ཏུ་སྐྱེ། །ཞེས་ཀྱང་བློ་གྲོས་བརྟན་པས་བཤད། །ཀུན་ལས་བཏུས་པར་ཀུན་གཞི་དེ། །ཡང་དག་མིན་རྟོགས་ཡིན་པར་བཤད། །མངོན་པ་ཀུན་ལས་བཏུས་དང་། ཐེག་བསྡུས་གཉིས་ལས།ཡང་དག་པ་མ་ཡིན་པའི་ཀུན་ཏུ་རྟོག་པ་བཅུ་གསུངས་པ་ལས། རྩ་བའི་རྣམ་པར་རྟོག་པ་ནི། ཀུན་གཞི་གཉིས་ནས་ཡིན་པར། ཐེག་བསྡུས་དང་། ཀུན་ལས་བཏུས་ཀྱི་འགྲེལ་པར་བཤད་ཅིང་། ཐེག་བསྡུས་ཀྱི་བཤད་སྦྱར་ལས། རྣམ་པར་རྟོག་པ་དེ་ལས་གཞན་པ་དག་གི་རྩ་བ་ཡང་ཡིན་ལ། རང་ཡང་རྣམ་པར་རྟོག་པས་ན་རྩ་བའི་རྣམ་པར་རྟོག་པ་སྟེ། །ཀུན་གཞི་རྣམ་པར་ཤེས་པའོ། །ཞེས་གསུངས་པ་དང་། །ཀུན་རྟོག་མ་ཡིན་རྣམ་རྟོག་པ། །དེ་ནི་དེ་ཕྱིར་གྲུབ་པ་ཡིན། །ཞེས་དང་། དེའི་འགྲེལ་བཤད་ལས། རྣམ་པར་ཤེས་པ་རྣམ་པ་བཞི་པོ་དེ་ཡང་ཡང་དག་པ་མ་ཡིན་པའི་ཀུན་རྟོག་པར་གྲུབ་པ་ཡིན་ནོ། །ཞེས་དང་། མཁས་པར་བྱ་བའི་ཡུལ་བཅུ་ལས། །འདུས་བྱས་དང་འདུས་མ་བྱས་པ་འཆད་པའི་སྐབས་སུ། བཏགས་པ་དང་བཅས་ཤིང་། རྒྱུ་དང་བཅས་པའི་རྒྱུ་མཚན་དེ་ནི། ཀུན་གཞི་དང་འཇུག་པའི་རྣམ་པར་ཤེས་པ་མཚུངས་པར་ལྡན་པ་དང་བཅས་པ་གཞན་གྱི་དབང་གིས་ངོ་བོར་བསྡུས་པའི་ཕྱིར་འདུས་བྱས་སུ་རིག་པར་བྱའོ། །ཞེས་བཤད་དོ། །དེ་བཞིན་ཐེག་བསྡུས་ལ་སོགས་ལས། །ཡང་དག་མིན་རྟོག་ཡིན་པར་གསུངས། །དེ་ཡང་གཞན་དབང་ཡིན་པ་ལ། །ཡང་དག་མ་ཡིན་ཀུན་རྟོག་གིས། །ཁྱབ་པར་གསུངས་ཤིང་འགྲུབ་པ་ཡིས། །རྒྱུ་དང་རྐྱེན་ལས་སྐྱེས་པ་ཡིན། །

མདོ་སྡེའི་རྒྱན་ལས་འདི་སྐད་དུ། །ཡང་དག་མ་ཡིན་ཀུན་རྟོག་ནི། །གཞན་གྱི་དབང་གིས་མཚན་ཉིད་དོ། །ཞེས་གསུངས་དེ་བཞིན་དབྱིག་གཉེན་གྱིས། །དབུས་མཐའི་འགྲེལ་པ་ལས་ཀྱང་ངོ་། །ཀུན་གཞིའི་རྣམ་ཤེས་རྣམ་སྨིན་གྱིས། །འབྲས་བུ་ཡིན་པར་འདོད་པ་དང་། །གཟུགས་དང་གཟུགས་མེད་གང་རུང་གིས། །བསྡུས་པའི་སེམས་ཡིན་དེ་ཡི་ཕྱིར། །ཡང་དག་མ་ཡིན་ཀུན་རྟོག་གོ། །གཞན་དུ་ཡོངས་སུ་གྲུབ་པར་འགྱུར། །དངོས་པོ་ཡིན་ཕྱིར་ཀུན་བཏགས་མིན། །འདོད་ན་སྟོང་བྱ་མིན་པར་འགྱུར། །མངོན་དུ་བྱ་བ་ཡིན་པ་སོགས། །ཁས་ལེན་དགོས་ན་དེ་མི་རིགས། །གཞན་དབང་བདེན་དངོས་འདོད་པ་དང་། །བདེན་མེད་འདོད་པ་རྣམ་བདེན་དང་། །རྣམ་རྫུན་གཉིས་ཀྱི་ཁྱད་པར་ཞེས། །ཕྱུ་པ་ཆོས་ཀྱི་སེང་གེས་གསུངས། །དེ་ཉིད་གཞུང་གི་དགོངས་པར་གསལ། །མདོ་སྡེའི་རྒྱན་ལས་ཇི་སྐད་དུ། །ཡོད་དང་མེད་དང་ཞེས་སོགས་ཀྱི། །འགྲེལ་པར་ཀུན་མཁྱེན་གཉིས་པ་ཡིས། །ཀུན་བཏགས་གཞན་དབང་གཉིས་པོ་དེ། །བདེན་མེད་ཡོངས་སུ་གྲུབ་པ་ནི། །བདེན་པར་གྲུབ་པར་བཤད་པ་དང་། །དབུས་མཐའ་རྣམ་པར་འབྱེད་པ་ལས། །ཡང་དག་མ་ཡིན་ཀུན་རྟོག་ཡོད། །དེ་ལ་གཉིས་པོ་ཡོད་མ་ཡིན། །སྟོང་པ་ཉིད་ནི་འདི་ལ་ཡོད། །དེ་ལ་ཡང་ནི་དེ་ཡོད་དོ། །

ཞེས་པས་ཡང་དག་མིན་རྟོག་སྟེ། །ཐམས་ཅད་ལས་སྐུར་བ་དགག་པའི་དོན་དུ། ཡང་དག་མ་ཡིན་ཀུན་རྟོག་ཡོད། །ཅེས་བྱ་བ་གསུངས་ཏེ། རང་བཞིན་གྱིས་ཞེས་བྱ་བ་ཚིག་གི་ལྷག་མའོ། །དེ་ལྟ་ན་མདོ་ལས་ཆོས་ཐམས་ཅད་སྟོང་པའོ། །ཞེས་བཤད་པས་མདོ་དང་མི་འགལ་ལམ་ཞེ་ན། མི་འགལ་ཏེ་འདི་ལྟར་དེ་ལ་གཉིས་པོ་ཡོད་མ་ཡིན། ཡང་དག་པ་མ་ཡིན་པའི་ཀུན་ཏུ་རྟོག་པ་དང་གཟུང་བ་དང་འཛིན་པའི་ངོ་བོ་དང་བྲལ་བས་སྟོང་པ་ཞེས་བྱའི། །རང་བཞིན་ཡེ་མེད་པ་མ་ཡིན་ཏེ། དེའི་ཕྱིར་མདོ་དང་མི་འགལ་ལོ་ཞེས་དང་། ཡང་དག་པ་མ་ཡིན་པའི་ཀུན་ཏུ་རྟོག་པ་ནི། དོན་དམ་པར་རང་བཞིན་གྱིས་ཡོད་ཅེས་དང་། ཡང་ན་སེམས་དང་སེམས་ལས་བྱུང་བ་རྣམས་དང་གཟུགས་ཀྱང་རྫས་ཉིད་དུ་ཡོད་པར་གང་དག་ལྟ་བ་དེ་དགག་པའི་ཕྱིར། ཡང་དག་མ་ཡིན་ཀུན་རྟོག་ཡོད། །ཅེས་གསུངས་ཏེ། རྫས་སུ་ཡོད་དོ་ཞེས་གཞན་དབང་བདེན་གྲུབ་དང་། དེ་ལ་བཀའ་བར་པ་དང་འགལ་བའི་རྩོད་སྤོང་དང་བཅས་པ་གསུངས་ཤིང་། བཤད་ཡེ་ཕྱི་མས་ནི་ལོག་རྟོག་སེལ་བ་ལྡོས་ནས་དེ་སྐད་གསུངས་ཏེ། སེམས་དང་སེམས་ལས་བྱུང་བ་རྫས་སུ་ཡོད་པ་བཞིན་དུ་གཟུགས་ཀྱང་རྫས་སུ་ཡོད་དོ་ཞེས་དོན་སླ་གཉིས་ཀྱིས་འདོད་པའོ། །རྫས་སུ་ཡོད་དང་གཟུང་བ་དང་། །འཛིན་པར་རྣམ་རྟོག་ཡིན་པར་གསུངས། །དེ་ཉིད་གཟུང་འཛིན་གཉིས་བྲལ་བའི། །ཡོངས་གྲུབ་རྫས་སུ་ཡོད་པ་དང་། །སྟོང་ཉིད་དེ་ཡང་གཞན་དབང་ལ། །ཆོས་ཉིད་ཚུལ་དུ་ཡོད་པ་ཡིན། །དེ་ཕྱིར་མྱ་ངན་འདས་པ་འཐད། །གཞན་དབང་དེ་ཡང་ཡོངས་གྲུབ་ལ། །ཆོས་ཅན་ཚུལ་གྱིས་ཡོད་པའི་ཕྱིར། །འཁོར་བ་འབྱུང་བའང་འཐད་པ་ཡིན། །དེ་ལ་གཉིས་པོ་ཞེས་བྱ་བ། །གཟུང་བ་དང་ནི་འཛིན་པའོ། །དང་པོ་གཟུགས་སོགས་ཡུལ་དྲུག་དང་། །གཉིས་པ་གོ་བར་ཟད་པས་སོ། །དང་པོ་ཐ་སྙད་དུ

ཡང་མེད། །གཉིས་པ་ཀུན་བཏགས་ཡིན་པར་གསུངས། །གཟུང་བར་རྣམ་པར་རྟོག་པ་ནི། །དོན་དུ་སྣང་བའི་རྣམ་ཤེས་དང་། །སེམས་དུ་སྣང་བའི་རྣམས་ཤེས་སོ། །འཛིན་པར་རྣམ་པར་རྟོག་པ་ནི། །བདག་ཏུ་སྣང་བའི་རྣམ་ཤེས་དང་། །རྣམ་རིག་ཏུ་སྣང་རྣམ་ཤེས་སོ། །

དེ་ལ་དོན་དུ་སྣང་བ་ནི། །གཟུགས་ནས་ཆོས་ཀྱི་སྐྱེ་མཆེད་བར། །ཡུལ་དྲུག་སྣང་བ་ཉིད་ལ་བློ་བསྟན་གྱིས་བཤད། །སེམས་ཅན་དུ་སྣང་རྣམ་རིག་ནི། །རང་གཞན་རྒྱུད་ཀྱིས་བསྡུས་པ་ཡིས། །དབང་པོ་ལྔ་པོ་སྣང་བ་ལ། །འགྲེལ་པར་ཀུན་མཁྱེན་གཉིས་པས་བཤད། །དེ་ལྟར་ཀུན་བཏགས་བདེན་མེད་དང་། །དེ་ཡི་ལྷག་མ་གཉིས་པོ་ནི། །བདེན་པར་ཡོད་ཅེས་འགྲེལ་པ་དང་། །འགྲེལ་བཤད་གཉིས་ལས་གསལ་བར་འབྱུང་། །དེས་ན་གཞུང་ལས་འདི་སྐད་དུ། །སྟོང་པ་མ་ཡིན་མི་སྟོང་མིན། །དེ་ལྟ་བས་ན་ཐམས་ཅད་བཤད། །དེ་ནི་དབུ་མའི་ལམ་ཡིན་ནོ། །ཞེས་པས་སྟོང་པ་མ་ཡིན་པ། །ཡོངས་གྲུབ་གཞན་དབང་གཉིས་ལ་གསུངས། །མི་སྟོང་མིན་པ་གཟུང་བ་དང་། །འཛིན་པ་གཉིས་ལ་གསུངས་པས་ན། །དེ་གཉིས་དངོས་པོར་མེད་པའོ། །གཞན་དབང་འདུས་ནས་ཀུན་རྫོབ་དང་། །ཡོངས་གྲུབ་འདུས་མ་བྱས་པ་གཉིས། །བཤད་པས་རྫས་ཡོད་ཐམས་ཅད་བསྟན། །ཡོད་པ་དང་པོའི་ཚིག་གིས་ནི། །གཞན་དབང་ཡོད་དང་མེད་པས་ནི། །གཟུང་འཛིན་གཉིས་པོ་མེད་པ་དང་། །ཡོད་པ་གཉིས་པས་གཞན་དབང་ལ། །ཡོངས་གྲུབ་ཡོད་དང་སྟོང་ཉིད་ལའང་། །གཞན་དབང་ཡོད་པར་བསྟན་ནི། །འགྲེལ་པ་ཉིད་ལས་གསལ་བར་གསུངས། །མཐའ་གཅིག་ཡོད་པར་འཛིན་པ་ནི། །རྟག་པའི་མཐའ་དང་མཐའ་གཅིག་ཏུ། །མེད་པར་འཛིན་པ་ཆད་པའི་མཐའ། །དེ་གཉིས་སྤངས་པ་དབུ་མའི་ལམ། །དེ་ཡང་དཀོན་མཆོག་བརྩེགས་པ་དང་། །ཤེས་རབ་ཕ་རོལ་ཕྱིན་པ་ལའང་། །འདི་ཐམས་ཅད་ནི་སྟོང་པ་མིན། །མི་སྟོང་པ་ཡང་མ་ཡིན་ནོ། །ཞེས་སོགས་གསུངས་པའི་དོན་ཡིན་པར། །འགྲེལ་དང་འགྲེལ་བཤད་གཉིས་ལས་སོ། །

འདི་ཡི་ཡོད་དང་མེད་པ་ཡང་། །རྫས་སུ་ཡོད་དང་མེད་པ་ལ། །བྱ་ཡི་ཡེ་མེད་ག་ལ་ཡིན། །གཞན་དུ་ཆོས་དང་གང་ཟག་ཏུ། །བཏགས་པའི་ཆ་ཡང་མེད་པར་འགྱུར། །དེ་ལྟ་ཡིན་ན་བདག་གཉིས་སུ། །བཏགས་པའང་མེད་པར་ཐལ་འགྱུར་བས། །སྒྲོ་འདོགས་མཁན་གྱི་བདག་འཛིན་གཉིས། །མེད་པར་ཐལ་ཏེ་ཐག་ཁྲ་ལ། །སྦྲུལ་དུ་བཏགས་པ་མི་སྲིད་ན། །སྦྲུལ་འཛིན་འཁྲུལ་པ་མེད་པ་བཞིན། །འདོད་ན་འབད་མེད་གྲོལ་བའམ། །ལུས་ཅན་བཅིངས་པ་མེད་པར་འགྱུར། །ཀུན་བཏགས་རྫས་སུ་ཡོད་གྱུར་ནའང་། །ཡང་དག་མ་ཡིན་ཀུན་རྟོག་པ༑ །ཇི་ལྟར་སྣང་བ་བཞིན་དུ་ནི། །ཡོད་པར་འགྱུར་བས་དེ་ལྟ་ན། །ལུས་ཅན་གྲོལ་བ་མེད་པར་འགྱུར། །དེས་ན་ཡང་དག་མིན་རྟོག་སྟེ། ། རང་གི་ངོ་བོ་བདེན་པར་གྲུབ། །སྤངས་པ་མེད་ཅིང་ཐོབ་པ་མེད། །འགག་པ་མེད་པ་སྐྱེ་མེད་པ། །

ཆད་པ་མེད་པ་རྟག་མེད་པ། །དེ་ནི་མྱ་ངན་འདས་པར་བརྗོད། །ཅེས་པའི་འགྲེལ་པར། མྱ་ངན་འདས་ལ་ཆོས་རྣམས་ཡོད་ཉིད་མེད། །ཆོས་གང་དེར་མེད་དེ་དག་གཞར་ཡང་མེད། །ཡོད་དང་མེད་ཅེས་རྟོག་པ་དང་ལྡན་ཞིང་། དེ་ལྟར་སྤྱོད་རྣམས་སྡུག་བསྔལ་ཉེར་མི་ཞི། །ཞེས་མདོ་དྲངས་ནས། རྐང་པ་ཕྱི་མ་གཉིས་འཆད་པ་ན། ཡོད་དོ་ཞེས་དངོས་པོ་ཡོད་པར་རྟོག་པ་དང་ལྡན་པ་རྒྱལ་དཔོག་པ་དང་། གཟེགས་ཟན་པ་དང་། སེར་སྐྱ་ལ་སོགས་པ་བྱེ་བྲག་ཏུ་སྨྲ་བ་ལ་ཐུག་པ་རྣམས་དང་། མེད་ཅེས་རྟོག་པ་དང་ལྡན་པ་མེད་པ་བ་རྣམས་དང་། དེ་དག་ལས་གཞན་དུ་འདུ་བྱེད་འདས་པ་དང་མ་འོངས་པ་དང་། རྣམ་པར་རིག་བྱེད་མ་ཡིན་པ་དང་། མི་ལྡན་པའི་འདུ་བྱེད་མེད་པར་སྨྲ་ཞིང་། དེ་ལས་གཞན་ཡོད་པར་སྨྲ་བ་རྣམས་དང་། ཀུན་ཏུ་བཏགས་པའི་ངོ་བོ་མེད་པར་སྨྲ་ཞིང་། གཞན་གྱི་དབང་དང་ཡོངས་སུ་གྲུབ་པའི་ངོ་བོ་གཉིས་ཡོད་པར་སྨྲ་བ་རྣམས་ཏེ། ཞེས་སེམས་ཙམ་པས་གཞན་ཡང་ངོ་བོ་ཉིད་ཀྱིས་གྲུབ་པར་འདོད་པ་བཤད་པ་དང་ཡང་མཐུན་ནོ། །ཇི་ལྟར་སྣང་བཞིན་མེད་པའི་ཕྱིར། །བཅིངས་དང་ཐར་པ་གཉིས་ཀ་འཐད། །དེ་ཡང་གཞུང་ལས་ཇི་སྐད་དུ། །ཡང་དག་མ་ཡིན་ཀུན་རྟོག་པ། །དེ་ནི་དེ་ཕྱིར་གྲུབ་པ་ཡིན། །དེ་བཞིན་མ་ཡིན་ཡེ་མེད་མིན། །དེ་ཟད་ནས་ནི་གྲོལ་བར་འདོད། །ཞེས་གསུངས་དོན་ཡང་འདི་ཉིད་དོ། །ཇི་ལྟར་བཤད་པའི་དོན་དེ་ཉིད། །ངོ་བོ་ཉིད་གསུམ་ཡིན་པར་ཡང་། །བཏགས་པ་བ་ནི་གཞན་དབང་དང་། །ཡོངས་སུ་གྲུབ་པ་ཉིད་ཀྱང་ངོ་། །དོན་ཕྱིར་ཡང་དག་མིན་ཕྱིར་རོ། །གཉིས་པོ་མེད་པའི་ཕྱིར་བཤད་དོ། །ཞེས་གསུངས་པ་ལས་རྟོགས་པར་འགྱུར། །

དེ་ཡང་ཀུན་བཏགས་རྫས་སུ་མེད། །ཐ་སྙད་དུ་ནི་ཡོད་པ་དང་། །གཞན་དབང་རྒྱུ་དང་རྐྱེན་ལས་སྐྱེས། །གཟུང་དང་འཛིན་པ་ལས་གྲོལ་བའི། །ཤེས་པ་ཡོངས་སུ་གྲུབ་པའོ། །འགྲེལ་བཤད་ལས། འཛིན་པ་རང་བཞིན་གྱིས་སྟོང་པ་ལས་ཡང་དག་པ་མ་ཡིན་པར་ཡང་ཡོད་པར་ཡོངས་སུ་རྟོག་པས་ཀུན་བཏགས་པ་ཞེས་བྱའོ། །དེ་ནི་རྫས་སུ་མེད་ཀྱང་ཐ་སྙད་དུ་ཡོད་པས་ངོ་བོ་ཉིད་ཅེས་བྱའོ། །གཞན་གྱི་དབང་གིས་རྒྱུ་དང་རྐྱེན་ལས་རག་ལས་ཏེ་སྐྱེ་བས་གཞན་གྱི་ཞེས་སོགས་སོ། །དེ་ཉིད་འདུས་མ་བྱས་པ་དང་། །མི་འགྱུར་བར་ནི་ཡོངས་སུ་གྲུབ། །ཅེས་ནི་བློ་གྲོས་བརྟན་པས་བཤད། །དེ་ཡང་མཁས་པའི་ཏཱི་ཀ་ལས། །རྟག་མིན་རྐྱེན་ལས་སྐྱེས་པ་དང་། །རྣམ་པ་ཀུན་ཏུ་བརྗོད་མེད་པ། །གཞན་གྱི་དབང་གིས་ངོ་བོ་ཉིད། །འཇིག་རྟེན་དག་པའི་སྤྱོད་ཡུལ་ལོ། །བཏགས་(དཔྱད)པའི་ངོ་བོ་ཉིད་ཀྱིས་དེ། །ཤིན་ཏུ་སྟོང་ཉིད་གང་ཡིན་པ། །ཡོངས་སུ་གྲུབ་པའི་ངོ་བོ་སྟེ། །མི་རྟོག་ཡེ་ཤེས་སྤྱོད་ཡུལ་ལོ། །ཞེས་གསུངས་དོན་ཞེས་བྱ་བ་ཡང་། །ཀུན་བཏགས་ཉིད་ལ་བཤད་པ་ཡིན། །གཞན་དབང་བདེན་ན་སྒྱུ་མ་ཡི། །དཔེ་ཡི་བསྟན་པ་མི་རིགས་སོ། །ཞེས་ན་རྟ་དང་གླང་པོ་སོགས། །ཇི་ལྟར་སྣང་བ་བཞིན་དུ་ནི། །མི་བདེན་པ་ཡང་གཟུགས་སོགས་སུ། །སྣང་ཡང་གཟུགས་དང་སྒྲ་སོགས་མིན། །སྣང་བ་ཙམ་དེ་རྫས་སུ་ཡོད། །དེ་ཡང་འཁྲུལ་པའི་རྐྱེན་ལས་སྐྱེས། །ལུང་མ་བསྟན་ལའང་དེ་བཞིན་དུ། །རྣམ་པ་བཞི་སྟེ་དང་པོ་ནི། །འདུས་མ་བྱས་གཉིས་ལྟག་མ་གསུམ། །གོ་བར་སླ་ཕྱིར་མ་གསུངས་སོ། །

དེ་ལྟར་བཤད་པའི་དགོས་པ་ཡང་། །དཔེར་ན་ནད་དང་བྲལ་བ་ནི། །ལུས་བདེ་སྨུ་ངན་མེད་པ་ལ། །སེམས་བདེ་ཞེས་ནི་འཇིག་རྟེན་ཟེར། །འདི་དག་སྡུག་བསྔལ་མེད་པ་ལ། །གཞན་པའི་བདེ་བ་མེད་མོད་ཀྱི། །འོན་ཀྱང་སྡུག་བསྔལ་(དཔྱད) གཟུང་བ་ནི་གཟུགས་ལ་སོགས་པའོ། །འཛིན་པ་ནི་མིག་གི་རྣམ་པར་ཤེས་པ་ལ་སོགས་པའོ། །ཞེས་སོ། །དེ་ཡང་རྣམ་ཤེས་ཚོགས་དྲུག་ལ་སྣང་བའི་གཟུང་རྣམ་ལ་བྱའོ། །རྣམ་ཤེས་ཚོགས་དྲུག་པོ་ནི་རྣམ་རིག་ཏུ་སྣང་བའི་རིགས་ཡིན་པའི་ཕྱིར་ན་ཡང་། དག་པ་མ་ཡིན་པའི་རྟོག་པ་ཡིན་པས་བདེན་པར་མ་གྲུབ་ལ། གཟུང་འཛིན་ནོ། །གཉིས་པ་བདེན་པར་མེད་ལ། ཁྱད་པར་གཟུང་བ་ནི་ཐ་སྙད་དུ་ཡང་མེད་པས་སོ། །འོན་ཀྱང་ཆོས་ཀྱི་སྐྱེ་མཆེད་ལ་གཟུགས་མེད་ཀྱང་། སེམས་བྱུང་དང་འདུས་མ་བྱས་རྣམས་ལ་ཞིབ་བྱ་འདོན་དགོས་སོ། །དེས་ན་གཟུགས་རྣམས་ལ་འཛིན་པ་དང་། རིག་པ་ཞེས་པ་དང་། དྲུག་པ་ཉིད་ལ། མ་རིག་ཏུ་སྣང་བ་ཞེས་སོ། །གཟུགས་སོགས་ཡུལ་དྲུག་གཟུང་བ་དང་། །མིག་གི་རྣམ་ཤེས་ལ་སོགས་པའི། །རྣམ་ཤེས་དྲུག་ལ་སྣང་བ་ཡི། །གཟུགས་རྣམ་ལ་ནི་འཛིན་པར་གསུངས། །དེ་བཞིན་གཟུང་དང་འཛིན་པ་ཡིས། །ཀླལ་པར་རྟོག་པ་རྣམ་པ་གཉིས། །དེ་ཡང་སེམས་དང་རྣམ་བྱུང་གཉིས། །གང་རུང་ཡིན་པར་ངེས་པ་དང་། །དེ་ཉིད་འདས་པ་ལ་སོགས་གསུམ། །རྒྱུ་དང་འབྲས་བུའི་དབྱེ་བ་དང་། །ཁམས་གསུམ་པ་ཡི་དབྱེ་བ་དང་། །ཐོག་མ་མེད་པའི་དུས་ཅན་དང་། །སྨུ་ངན་ལས་འདས་པའི་མཐར་ཐུག་དང་། །འཁོར་བའི་རྗེས་སུ་མཐུན་པ་རྣམས། །ཡང་ན་དོན་མ་ཡིན་ཀུན་རྫོབ། །དེ་འདྲའི་གཟུགས་འཛིན་སྣང་བ་ཡི། །ས་བོན་ཀུན་གཞི་ལ་གནས་པ། །ཡོངས་སུ་སྨིན་པ་ལ་ལྟོས་པས། །རྒྱུ་དང་རྐྱེན་ལས་སྐྱེས་པར་གསུངས། །དེ་ལྟར་མིན་པར་རྒྱུ་རྐྱེན་ལྟ། །སྐྱེས་པ་ཙམ་ལ་དེ་འདོད་ན། །འགྱུར་མེད་ཕྱིན་ཅི་མ་ལོག་པ། །ཡོངས་སུ་གྲུབ་པ་རྣམ་པ་གཉིས། །རྐྱེན་ལས་སྐྱེས་ཕྱིར་གཞན་དབང་འགྱུར། །གཞན་དུ་དངོས་པོ་ཡིན་པར་འགལ། །འདོད་ན་གཟུང་འཛིན་གཉིས་སྣང་ནི། །རྒྱུ་རྐྱེན་ཡོད་ན་འབྱུང་བ་དང་། །མེད་ན་མི་འབྱུང་ཤེས་པ་གང་། །ཡང་དག་མ་ཡིན་ཀུན་རྟོག་དང་། །གཞན་དབང་ཡིན་པར་ཤེས་པར་བྱ། །

ཚུལ་འདི་ཤེས་ན་སུམ་ཅུ་པར། །གཞན་གྱི་དབང་གི་ངོ་བོ་ཉིད། །རྣམ་རྟོག་ཡིན་ཏེ་རྐྱེན་ལས་སྐྱེས། །ཞེས་དང་མདོ་སྡེ་དགོངས་འགྲེལ་ལས། །ཀུན་བརྟགས་མཚན་ཉིད་ངོ་བོ་ཉིད་མེད་པ་དང་། །གཞན་དབང་སྐྱེ་བ་ངོ་བོ་ཉིད་མེད་པ་དང་། །ཡོངས་གྲུབ་དོན་དམ་ངོ་བོ་ཉིད། །མེད་པར་གསུངས་པ་རྟོགས་པར་འགྱུར། །འོ་ན་ཀུན་གཞིའི་རྣམ་ཤེས་ཀྱང་། །གཟུང་འཛིན་གཉིས་སྣང་རྟོག་པར་འགྱུར། །འདོད་ན་དམིགས་རྣམ་འཛིན་པ་དང་། །རང་རིག་མིན་པར་ཐལ་འགྱུར་ཏེ། །རྣམ་པར་རིག་པ་མི་རིག་པ། །ཞེས་སོགས་མང་དུ་བཤད་ཕྱིར་རོ། །ཞེ་ན། དེ་ནི་ཀུན་གཞི་ཡི། །གསལ་རིག་ཙམ་ལ་དགོངས་པ་ཡིན། །དེ་ནི་རྣམ་པར་ངེས་པ་མིན། །གཞི་ཡི་དུས་ཀྱི་ཡེ་ཤེས་དང་། །དེ་བཞིན་གཤེགས་པའི་སྙིང་པོ་ཞེས། །བཤད་པ་འདི་ཡང་འདི་ཉིད་ཡིན། །འོ་ན་མཁས་པའི་

བསྟན་བཅོས་ལས། །རིག་པ་ཡིན་ན་རྣམས་ཤེས་ཀྱི། །ཚོགས་བརྒྱད་ཉིད་ལས་འདའ་བ་མེད། །ཅེས་དང་གཞན་ཡང་དེ་ཉིད་ལས། །འགའ་ལས་ཟག་མེད་སེམས་རྒྱུད་ཅེས། །གསུངས་པ་ཀུན་གཞི་རྣམ་ཤེས་ཀྱི། །གསལ་ཆ་ཉིད་ལ་དགོངས་པ་ཡིན། །དེ་ནི་མ་སྒྲིབ་ལུང་མ་བསྟན། །ཡིན་ཕྱིར་དགེ་བའི་ཕ་སྐད་མེད། །འོན་ཀྱང་ཟག་མེད་སེམས་རྒྱུད་ཅེས། །ཚོགས་བརྒྱད་ལས་གཞན་ཡོད་ན་ནི། །དེ་ཚེ་རྣམ་ཤེས་ཚོགས་དགུར་འགྱུར། །དེས་ན་ཚོགས་བརྒྱད་ལས་གཞན་པའི། །ཟག་མེད་སེམས་རྒྱུད་མི་སྲིད་དོ། །ཞེས་གསུངས་པ་དང་འགལ་བར་འགྱུར། །ཞེ་ན་དེ་ཡང་འདི་ལྟར་ཤེས། །རྣམ་ཤེས་བརྒྱད་ལས་རྫས་གཞན་པའི། །ཟག་མེད་སེམས་རྒྱུད་མི་སྲིད་དོ༔ ༔ཞེས་གསུངས་པ་དང་འགལ་བར་འགྱུར། །ཞེ་ན་དེ་ཡང་འདི་ལྟར་ཤེས། །རྣམ་ཤེས་བརྒྱད་ལས་རྫས་གཞན་པའི། །རྣམ་པར་ཤེས་པ་བཀག་པ་དང་། །འདི་ནི་ཀུན་གཞི་གསལ་ཆ་དེ། །སྟོང་ཉིད་ཀུན་གཞི་རྣམ་ཤེས་ནི༔ ༔ཆོས་ཅན་ཡིན་པས་དེ་གཉིས་ཀ །རྫས་གཞན་ཡིན་པར་མི་འདོད་པས། །དེ་དང་འགལ་བའི་གོ་སྐབས་མེད། །དེ་ལྟར་གོན་ལུགས་འདི་ལ། །སེམས་ཙམ་པ་ལ་རྣམ་བཅས་དང་། །རྣམ་མེད་གཉིས་ཀའང་དབུ་མ་པ། །དེ་ཡི་ལྟ་བ་བསྒོམས་པ་ལས། །བྱུང་བ་དབུ་མའི་ལམ་ཡིན་ནོ། །

དེ་ཕྱིར་གང་དག་བོད་རྣམས་ལ། །གྲགས་པའི་སེམས་ཙམ་རྣམ་བདེན་པ། །དབུ་མ་པ་ནི་མ་ཡིན་པ། །རྣམ་རྫུན་པ་ཞེས་གྲགས་པ་གང་། །དབུ་མ་པ་ཡིན་དེ་བས་ན། །རྣལ་འབྱོར་སྤྱོད་པའི་དབུ་མ་དང་། །ངོ་བོ་ཉིད་མེད་སྨྲ་བ་ཡི། །དབུ་མ་པ་ཞེས་གཉིས་སུ་འགྱུར། །དེ་ཡང་དབུ་མའི་ལམ་ཡིན་ནོ། །ཞེས་པའི་དོན་དུ་སྨྲ་བ་ཐོས། །འདི་ལ་བླུན་པོ་ཕལ་ཆེར་ཡང་། །མགུ་བ་སྐྱེ་བར་འགྱུར་སྲིད་ཀྱི། །རྣལ་འབྱོར་སྤྱོད་པའི་གཞུང་ལུགས་ཀྱི། །རྒྱ་མཚོ་ཕ་རོལ་མཐར་སོན་པའི། །མཁས་རྣམས་དགའ་བ་བསྐྱེད་མི་ནུས། །མཁས་པ་ཤན་ཏི་པས་མཛད་པའི། །དབུ་མའི་རྒྱན་ལ་སེམས་ཙམ་རྒྱན། །ཞེས་ཀྱང་བོད་ཀྱི་རྗེས་སུ་འབྲངས། །ཤན་ཏི་པ་སོགས་དབུ་མ་དང་། །སྨྲ་བ་དེ་ཡང་འགལ་བ་ཡིན། །དེས་ན་ལེགས་པར་སོམས་ལ་སློས། །བདག་གི་ཕྱོགས་ལྷུང་སྒྲོ་ནས་ཀྱང་། །དགག་བསྒྲུབ་བགྱིས་པ་མ་ཡིན་པར། །མཁས་པ་ཡོད་ན་གོ་བར་གྱིས། །རྨོངས་པ་རྣམས་ཀྱིས་དམོད་སྲིད་ཀྱང་། །ཁྲི་ཕག་མི་གཙང་ཟ་བ་ཡང་། །སུ་ཞིག་གིས་ནི་བཟློག་པར་ནུས། །འདི་ཡང་ལྷ་ལས་ཕུལ་བྱུང་གི། །བསྟོད་པ་ལས་ནི་འདི་སྐད་དུ། །བདག་ནི་སངས་རྒྱས་ཕྱོགས་མི་འཛིན། །སེར་སྐྱ་སོགས་ལ་མི་སྡང་ཡང་། །གང་ཞིག་རིགས་པར་ལྡན་པའི་ཚིག །དེ་ཉིད་སྟོན་པར་ཡོངས་སུ་འཛིན། །ཞེས་གསུངས་པ་བཞིན་རིགས་པར་བྱ། །

རྣམ་པར་སྦྲོས་པ་ཆེ་མོད་ཀྱི། །རྣལ་འབྱོར་སྤྱོད་པ་གྲུབ་པའི་མཐའ། །ཇི་བཞིན་ཤེས་པ་དེང་སང་ཉུང་། །དེ་ཕྱིར་མདོ་ཙམ་བཤད་པ་ནི། །དྲི་བའི་གཞུང་ལས་འཕྲོས་པ་ཡིན། །བདེ་གཤེགས་སྙིང་པོ་གང་ཡིན་པ། །དེ་དག

འདུས་མ་བྱས་ཡིན་ན། །ཐེག་པ་ཆེན་པོ་རྒྱུད་བླ་མར། །སྙིང་པོ་དགུར་གསུངས་པ་དེ་ཅི། །སེམས་ཅན་མ་གཏོགས་བེམ་པོ་ཡི། །ཆོས་དབྱིངས་སྙིང་པོ་མ་ཡིན་ན། །རྒྱུད་དང་སེམས་འགྲེལ་སྐོར་གསུམ་ལས། །བརྟན་གཡོ་ཀུན་ལ་སངས་རྒྱས་ཀྱི། །སྙིང་པོ་ཡོད་པར་གསུངས་དེ་ཅི། །ཞེས་གསུངས་ལན་ཡང་བཤད་ཟིན་ལ། །ཁྱད་པར་སེམས་ཅན་ཆོས་དབྱིངས་ནི། །བདེ་གཤེགས་སྙིང་པོ་ཡིན་པ་དེ། །བསྟན་བཅོས་ཉིད་ཀྱི་ཕྱོགས་སྔ་མ། །ཡིན་པས་མ་གཏོགས་ཞེས་པ་ལ། །རྣམ་གཅད་དགོས་པ་མི་ལྡན་པའི། །དྲི་བ་དེ་ཡང་གྲི་ན་ཡིན། །མདོ་རྒྱུད་བསྟན་བཅོས་རྣམ་དག་དང་། །དེ་ལ་བརྟེན་པའི་རྟོགས་པ་ཡིས། །རྒྱས་པར་སྨྲད་ཀྱང་མི་གོ་ན། །དབྱངས་ཅན་ཉིད་ཀྱང་ངལ་འགྱུར་བས། །སྙིང་ལས་ཆུང་ངུ་གནས་པར་བྱ། །

གོས་རྫུལ་ནང་ན་རིན་ཆེན་གྱི། །དཔེ་སྨྲད་དགོངས་པ་ཅན་ཡིན་ན། །སེམས་ཅན་རྣམས་ལ་རང་བཞིན་གྱི༔ །གནས་རིགས་མེད་པར་མི་འགྱུར་རམ། །ཞེས་གསུངས་ལན་ནི་བརྗོད་པར་བྱ། །པད་རྡན་ལ་ནི་སངས་རྒྱས་ལྟར། །སེམས་ཅན་རྣམས་ལ་ཁམས་གནས་ཚུལ། །སྦྲང་མ་དག་ལ་སྦྲང་རྩི་དང་། །སྦུན་པ་ལ་ནི་སྙིང་པོ་དང་། །མི་གཙང་བ་ལ་གསེར་སྲམ་དང་། །ས་གཞི་དག་ལ་གཏེར་ཆེན་དང་། །ཤུན་པ་ལ་ནི་མྱུ་གུ་དང་། །གོས་རྡན་རྫུལ་ལ་སྐུ་གཟུགས་དང་། །བུད་མེད་ངན་ལ་རྒྱལ་པོ་དང་། །ས་འདམ་ལ་ནི་གསེར་གཟུགས་ལྟར། །སེམས་ཅན་རྣམས་ལ་ཁམས་གནས་ཚུལ། །དཔེ་དགུས་མཚོན་པའི་དོན་དགུ་ཡང་། །ཆོས་སྐུའི་དོན་ལ་རྣམ་པ་གསུམ། །དེ་བཞིན་ཉིད་དོན་གཅིག་ཁོ་ན། །རིགས་ཀྱི་དོན་ལ་རྣམ་ལྔ་སྟེ། །རང་བཞིན་དང་ནི་རྒྱས་པ་དང་། །དེ་ལས་སྐུ་གསུམ་ཐོབ་པ་ཡི། །ནུས་པ་གསུམ་པོ་དག་ཡིན་នོ། །དེ་ལ་རང་བཞིན་གནས་རིགས་ནི། །གཏེར་གྱི་དཔེ་ཡིས་མཚོན་པ་དང་། །རྒྱས་འགྱུར་ཤིང་དམ་ཤུན་པ་ལ། །མྱུ་གུ་གནས་པའི་དཔེ་ཡིས་མཚོན། །རང་བཞིན་གནས་པའི་རིགས་དེ་ལས། །ངོ་བོ་ཉིད་སྐུ་ཐོབ་པ་ཡི། །ནུས་པ་གང་དེ་གོས་རྫུལ་གྱི། །སྐུ་གཟུགས་གནས་པའི་དཔེ་ཡིས་མཚོན། །རྒྱས་འགྱུར་རིགས་ལས་ལོངས་སྐུ་དང་། །སྤྲུལ་སྐུ་བསྐྱེད་པའི་ནུས་པ་གཉིས། །རིམ་བཞིན་བུད་མེད་ངན་མ་ཡིས། །མངལ་གྱི་འཁོར་ལོ་བསྒྱུར་རྒྱལ་དང་། །ས་འདམ་ལ་ནི་གསེར་གཟུགས་ཀྱི། །དཔེ་ཡིས་མཚོན་པར་བཤད་པའི་ཕྱིར། །རང་བཞིན་གནས་རིགས་ཙམ་པོ་དེ། །གོས་རྫུལ་ནང་གི་སྐུ་གཟུགས་ཀྱིས། །མཚོན་པའི་དོན་དང་དཔེ་མ་ཡིན། །གཞན་དུ་དཔེ་དགུ་དོན་དགུ་པོ། །སོ་སོར་ངེས་པ་མེད་པར་འགྱུར། །གལ་ཏེ་མ་ངེས་པ་འདོད་དེ། །དེ་ནི་དཔེ་གསུམ་གཅིག་དང་ནི། །ལྔ་རྣམས་ཀྱིས་ནི་ཤེས་པར་གྱིས། །ཞེས་པ་དོན་དགུ་ཐམས་ཅད་པོ། །དོན་གསུམ་ཉིད་དུ་འདུས་པ་དང་། །དཔེ་ཡང་དེ་དག་གསུངས་པས་སོ། །

ཞེ་ན་ཁྱད་པར་ཡོད་ཚུལ་ནི། །ཆོས་སྐུ་འཕྲོ་བའི་དོན་ཞེས་དང་། །དེ་བཞིན་ཉིད་དབྱེར་མེད་དོན་དང་། །

རིགས་ཡོད་པ་ཡི་དོན་ཞེས་པར། །འཕགས་པ་ཐོགས་མེད་ཉིད་ཀྱིས་གསུངས། །འོན་ཀྱང་དངོས་ལན་འདི་ལགས་ཏེ། །དེ་བཞིན་གཤེགས་པའི་སྙིང་པོའི་མདོར། །རིན་ཆེན་ལས་བྱས་རྒྱལ་བའི་སྐུ། །གོས་རུལ་དྲི་ངན་བཏུམས་གྱུར་པ། །དེ་བཞིན་གོས་རུལ་དང་འདྲ་བའི། །ཉོན་མོངས་གིས་བཏུམས་བདེ་གཤེགས་དངོས། །དུད་འགྲོ་ལ་ཡང་ཡོད་པར་གཟིགས། །དེ་ཉིད་མཐོང་བར་བྱ་བའི་ཕྱིར། །དེ་བཞིན་གཤེགས་པས་ཐབས་སྟོན་མཛད། །ཞེས་གསུངས་དེ་ཉིད་རྒྱུད་བླ་མར། །ཇི་ལྟར་རིན་ཆེན་ལས་བྱས་ནས། །བྱ་བའི་དོན་དུ་ཐབས་སྟོན་མཛད། །ཞེས་པའི་བར་གྱི་ཚིགས་བཅད་གཉིས། །དེ་ཡང་ཚིགས་སུ་བཅད་པ་དང་། །རྒྱུད་པ་ཙམ་གྱི་ཁྱད་པར་ན༑ ༑མ་གཏོགས་མདོ་ཉིད་བཀོད་པ་ཡིན། །དེ་ཉིད་དགོངས་པ་ཅན་ཡིན་པས། །དགོངས་གཞིའམ་ཡང་ན་རྒྱུ་མཚན་ནི། །རྒྱལ་བའི་གཟུགས་ཀྱིས་མཚོན་པ་ཡི། །དོན་དེ་ཡིན་ཞིང་ཐམས་ཅད་ཀྱི། །རྩ་བ་དྲི་བཅས་ཆོས་དབྱིངས་ཡིན། །དགོས་པ་དངོས་ལ་གནོད་བྱེད་ནི། །ལན་གཅིག་མིན་པ་བཤད་ཟིན་ཏོ། །

དེ་ལྟར་བཤད་བྱའི་མདོ་ཡི་ངག །བཀོད་པ་དེ་ནི་མདོར་བསྟན་དང་། །རྗེ་བཙུན་བྱམས་པ་རང་ཉིད་ཀྱིས། །དེ་དོན་བཤད་པ་རྒྱས་བཤད་དེ། །དེ་ཡང་ཇི་ལྟར་ཞེས་པ་ནས། །བྱ་ཕྱིར་རྒྱལ་བས་ཆོས་སྟོན་ཏོ། །ཞེས་པའི་བར་གྱི་ཚིགས་བཅད་གཅིག །སྦྱོང་བྱ་དྲི་མའི་དཔེ་དགུ་ཡི། །དོན་བསྡུ་བ་ནི་ཇི་སྐད་དུ། །པད་མ་སྲོག་ཆགས་བུང་བ་དང་། །སྦུན་པ་དང་ནི་མི་གཙང་བ། །འབྲས་ཤུན་གོས་རུལ་བུད་མེད་ཀྱི། །མངལ་དང་ས་ཡི་སྦུབས་ན་ཡང་། །སྦྱངས་གཞི་ཁམས་ཀྱི་དཔེ་དགུ་ལ། །སངས་རྒྱས་སྦྲང་རྩི་སྙིང་པོ་བཞིན། །གསེར་བཞིན་གཏེར་བཞིན་ལྗོན་པ་བཞིན། །རིན་ཆེན་སྐུ་དང་འཁོར་ལོ་ཡིས། །བསྒྱུར་བ་བཞིན་དང་གསེར་གཟུགས་བཞིན། །ཞེས་གསུངས་པ་ནི་དོན་བསྡུས་ཡིན། །སྦྱོང་བྱ་དྲི་མ་རང་གི་ནི། །དོན་བསྡུ་ན་ཡང་འདི་སྐད་དུ། །སེམས་ཅན་ཁམས་ཀྱི་ཉོན་མོངས་སྦུབས། །མ་འབྲེལ་ཐོག་མ་མེད་པ་ནི། །ཞེས་གསུངས་སྦྱོང་ཉིད་ཁམས་ཉིད་ཀྱི། །དོན་བསྡུ་བ་ནི་རྒྱུད་བླ་ལས། །སེམས་ཀྱི་རང་བཞིན་དྲི་མེད་ནི། །ཐོག་མ་མེད་པ་ཡིན་པར་བརྗོད། །ཞེས་གསུངས་པ་ལྟར་ཤེས་པར་བྱ། །བརྗོད་པར་བྱ་བ་མང་མོད་ཀྱིས། །དུས་ལ་བརྗོད་པ་མེད་ཕྱིར་དང་། །མང་བས་འཇིགས་ཕྱིར་རེ་ཞིག་བཞག །

བསྡོ་བའི་ཚེ་ན་ཆུ་སྦྲིང་བ། །རང་ལུགས་མིན་ན་འདུལ་བ་ལས། །ལག་ཆུ་གཟེད་པར་གསུངས་དེ་ཅི། །ཞེས་པའི་བྲིས་ལན་བཤད་པར་བྱ། །ལག་ཆུ་ལ་ནི་རྣམ་གཉིས་ཏེ། །སངས་རྒྱས་པ་དང་རིག་བྱེད་པའོ། །དང་པོ་འདུལ་བའི་མདོ་ལས་ཀྱང་། །ཟས་ཀྱི་ཕྱིར་སོན་པ་ཉིད་ལ་ལག་ཆུ་དྲངས་པའི་ཚེ་གལ་ཏེ་དུས་ཡོད་ན་ཡང་ཞེས་སྐྱེ་བོ་ཁྱིམ་པའི་ནང་དུ་སྟེ། དེང་སང་སྟ་ཆབ་ཅེས་གྲགས་པ་དེ་ཉིད་ཡིན་ལ་འདི་ནི་བསྒྲུབ་པའི་བསླབ་བྱའོ། །རབ་བྱུང་བཞི་ལས་གནས་བརྟན་གྱི། །ཕྱི་བཞིན་འབྲང་བའི་དགེ་སྦྱོང་གི། །བསླབ་བྱ་ཡིན་པས་འདི་སྐད་དུ། །གལ་ཏེ་སྦྲན་པ་འོངས་ན་ཡང་། །དེ་ལ་

གནས་བརྟན་དེ་ནས་དེས་ནི་ལག་གཡོན་པས་སྟེ་བཟུང་། གཡས་པའི་ལག་པས་རིལ་བ་བཟུང་ནས་ནི། དེ་ཡི་ལག་པའི་རྩེ་ལ་ཆུ་སྦྲེང་ན། འདོད་ལྷའི་སེམས་ནི་མྱ་ངན་མེ་ཡིས་ཚིག །འོངས་ཀྱི་བར། །གལ་ཏེ་འཇུག་པ་ན་ཕྱི་བཞིན་འོངས་ན་ཡང་ངོ་། །གལ་ཏེ་སྔུན་པ་འོངས་ན་ཡང་དེ་ལ་གནས་བརྟན་འོངས་ཀྱི་བར་དུ་སྡོད་ཅིག་ཅེས་བསྒོ་བར་བར་བྱའོ། །སྡོད་ཅིག་ཅེས་ནི་བསྒོ་བར་བྱ། །ཟས་ཀྱི་དོན་དུ་འཇུག་པ་ན། །ལག་ཆུ་དྲང་བའི་ཚེ་ན་ཡང་། །མི་ཡོལ་བ་ཡི་དུས་ཡོད་ན། །སྔ་མ་བཞིན་དུ་གོ་བར་གསུངས། །དེ་ནས་བསྔོ་བའི་ཚེ་མ་ཡིན། །སྔ་དྲོ་ཉིན་གུང་གཉིས་ཀ་ལས། །ཟས་ཀྱི་སྔོན་དུ་བྱ་བར་བཤད། །བསོག་འཇོག་དང་འདྲེས་བཟའ་བ་སོགས། །སྤངས་ཕྱིར་དེ་སྐད་གསུངས་པ་ཡིན། །ཕྱི་མ་སྐྱེས་རབས་སོ་བཞི་པར། །ཐམས་ཅད་སྒྲོལ་གྱིས་བྲམ་ཟེ་ལ། །དྲ་བ་ཅན་དང་གྲི་༈འཛིན། །སྦྱིན་པའི་ཚེ་ན་བྲམ་ཟེ་ཡི། །ལག་པ་བརྐྱང་ལ་རིལ་བ་སྤྱི་བླུགས་ཀྱིས། །བཅུད་དེ་ལྷ་དབང་བརྒྱ་བྱིན་ལ། །མ་དྲིས་སྦྱིན་ཚེ་དེ་ལྟར་མཛད། །

དེ་ཡང་སློབ་དཔོན་དཔའ་བོ་ཡིས། །དེ་ཡིས་སྦྲིམ་པའི་མཐུ་དག་གི། །རིལ་བ་ལ་ནི་ཆུ་བྱུང་ནས། །མིག་ནི་པད་མ་དམར་འདྲ་ལས། །མ་སྦྲིམ་པར་ཡང་འཆི་མ་བྱུང་། །ཞེས་དང་དེ་ནི་དེ་ལ་སོགས། །ཞེས་གསུངས་པ་ནི་བྲམ་ཟེ་དང་། །རིག་བྱེད་པ་དག་ཁྲུས་དང་ནི། །གཙང་སྦྲ་དག་ལ་མཆོག་འཛིན་པའི། །ལུགས་ཡིན་སངས་རྒྱས་པ་ལ་མེད། །དེ་ཡང་བསམ་པ་དག་པས་ནི། །སྦྱིན་པ་མཆོན་བྱེད་ཡིན་ཞེས་ཟེར། །དེ་བཞིན་འདུལ་བ་ལུང་ལས་ཀྱང་། །གསུངས་པ་དེ་ནི་རང་ལུགས་མིན། །འཇིག་རྟེན་མ་དད་སྤངས་ཕྱིར་གསུངས། །དེ་ལྟར་ལུང་ལས་འདི་སྐད་དུ། །དགེ་འདུན་འདུ་བའི་ཕྱིར་ཉིད་དང་། །དགེ་འདུན་ལེགས་པར་བྱ་ཕྱིར་དང་། །དགེ་འདུན་བདེ་བར་གནས་པར་བྱ་བའི་ཕྱིར་དང་། །གནོང་མི་འགྱུར་བའི་གང་ཟག་ཚར་བཅད་པའི་ཕྱིར་དང་། །ངོ་ཚ་ཤེས་པ་རྣམས་བདེར་བར་གནས་པར་བྱ་བའི་ཕྱིར་དང་། །མདོན་པར་མ་དད་པ་རྣམས་མདོན་པར་དད་པ་པར་བྱ་བའི་ཕྱིར་དང་། །མདོན་པར་དད་པར་རྣམས་ཕྱིར་ཞིང་འབྱུང་བའི་ཕྱིར་དང་། །ཚེ་འདིའི་ཟག་པ་རྣམས་བསྡམས་པར་བྱ་བའི་ཕྱིར་དང་། །ཚེ་རབས་ཕྱི་མའི་ཟག་པ་རྣམས་བཟློག་པར་བྱ་ཕྱིར་དང་། །ང་ཡི་ཚངས་པར་སྤྱོད་པ་རྣམས། །སྐྱེ་བོ་མང་པོ་ལ་ཕན་པར་བྱ་བའི་ཕྱིར་སྤངས་པར་འགྱུར། །ལྷ་དང་མི་ཡི་བར་དག་ལ། །ཡང་དག་པར་ནི་རབ་ཏུ་བསྟན་ན། །ཡུན་རིང་དུ་གནས་པར་འགྱུར་བའོ། །ཞེས་པས་བསླབ་པ་བཅའ་བ་ཡི། །ཕན་ན་བཅུ་གསུངས་དང་པོ་ནི། །རྒྱལ་རིགས་བྲམ་ཟེ་རྗེའུ་རིགས། །དམངས་རིགས་བཞི་པོ་བསྡུ་བ་ལ། །ཚད་ལྡན་མཁས་པས་འབྲེལ་བ་འབྱུང་། །དེ་དང་རྩུལ་འདི་མཐུན་པར་ཏེ། །ཐར་པ་ལ་ནི་ཕན་གནོད་མེད། །འཇིག་རྟེན་པ་དང་མཐུན་པ་རྣམས། །ཅི་དགར་འཇུག་པར་བྱ་བར་སྣང་། །དཔེར་ན་སངས་རྒྱས་བཀའ་ཉིད་ལའང་། །བརྩོན་པ་མི་འདོར་གཞན་དག་ལ། །ལེགས་པར་གོ་བར་བྱེད་ནུས་ན། །མུ་སྟེགས་བྱེད་ཀྱི་བསྟན་བཅོས་དག །བཟུང་བར་གསུངས་མོད་གནས་མལ་གྱི་གཞིར། གཞན་ལ

ལེགས་པར་གོ་བར་བྱེད་ནུས་ཤིང་སངས་རྒྱས་ཀྱི་བཀའ་ལ་བརྩོན་པ་ཉིད་མི་གཏོང་ན་ཕྱི་རོལ་པའི་བསྟན་བཅོས་དག་བཟུང་བར་བྱའོ། །ཞེས་སོ༑ །ཆོས་ལུགས་དེ། །སངས་རྒྱས་པ་ཡི་རང་ལུགས་མིན། །རྒྱས་པར་ཀྱིང་ཞིང་ལྟ་བར་བྱ། །ལུང་འདི་འབྲུལ་གཞི་བྱས་པ་ལ། །བོད་ཀྱི་སྟོད་འདུལ་བ་འགའ་ཞིག །ཡོན་བཤད་བསྒོ་བ་བྱེད་པའི་ཚེ། །ཡོན་བདག་མཆོད་གནས་གཉིས་ཀས་ཀྱང་། །ཕན་ཚུན་རོལ་བ་སྐྱི་བླུགས་ཀྱིས། །ལག་པར་ཆུ་ནི་སྦྲིང་བ་ཡིས། །ཕྱག་ལེན་མཛད་པ་གང་ཡིན་ཏེ། །འབྲུལ་པ་མིན་པར་གོ་ཕྱིར་དུ། །འགའ་ཞིག་བསྒོ་བའི་ཚེ་ན་ཆུ། །སྦྲིང་བའི་ལག་ལེན་བྱེད་ཅེས་གྲགས། །འདི་ནི་མུ་སྟེགས་རིག་བྱེད་པའི། །ལུགས་ཡིན་སངས་རྒྱས་པ་ལ་མེད། །ཞེས་གསུངས་པའང་ཤེས་པར་གྱིས། །

ཆགས་སྡང་རྨོངས་གསུམ་གྱིས་བསྐྱེད་པའི། །ལས་ཀུན་མི་དགེ་བ་ཡིན་ན། །ཟག་བཅས་དགེ་བ་གཏི་མུག་གིས། །ཀུན་སློང་དག་ལས་འབྱུང་དེ་ཅི། །ཞེས་པའི་ལན་ནི་འདི་ལྟར་ཡིན། །ཁོང་ཁྲོ་མི་དགེའི་རྩ་བར་ངེས། །འདོད་ཆགས་གཏི་མུག་གཉིས་ཀ་ལས། །མི་དགེ་སྒྲིབ་ལ་ལུང་མ་བསྟན། །གཉིས་གཉིས་ཡོད་པར་མངོན་པའི་གཞུང་། །དེ་ལ་ཆོས་མངོན་མཛོད་ལས་ནི། །གོང་མ་གཉིས་ཀྱི་ཕྲ་རྒྱས་རྣམས། །ཐམས་ཅད་སྒྲིབ་ལ་ལུང་མ་བསྟན། །འདོད་ན་འདོད་ཆགས་ཁོང་ཁྲོ་དང་། །རྨོངས་རྣམས་མི་དགེའི་རྩ་བར་གསུངས། །དེ་ལ་འདོད་པའི་སྒོམ་སྤངས་པ་ལས། །རྨུགས་དང་རྒོད་དང་གཉིད་གསུམ་ནི། །མི་དགེ་བ་དང་ལུང་མ་བསྟན། །གཉིས་གཉིས་ཡོད་དང་ལྷག་མ་ཉེ་བའི་ཉོན་མོངས་རྣམས། །མི་དགེ་ཁོ་ན་ཡིན་པ་དང་། །མཐོང་བས་སྤང་བྱའི་ཉོན་མོངས་ལས། །
འཇིག་མཐར་གཉིས་དང་དེ་དག་དང་། །མཚུངས་ལྡན་མ་རིགས་གང་ཡིན་པ། །ལུང་དུ་མ་བསྟན་ལྷག་མ་རྣམས། །མི་དགེ་ཁོ་ན་ཡིན་པར་བཤད། །དེས་ན་དེ་ཡིས་ལུགས་ལ་ཡང་། །འདོད་ཆགས་རིམ་གྱིས་མི་དགེ་དང་། །ཁོང་ཁྲོ་རིམ་གྱིས་མི་དགེ་དང་། །འཇིག་མཐར་གཉིས་དང་མཚུངས་ལྡན་པའི། །གཏི་མུག་མ་གཏོགས་འདོད་པ་ཡིས། །མ་རིག་ཐམས་ཅད་མི་དགེ་བའི། །རྩ་བ་ཡིན་པས་དེ་གསུམ་གྱིས། །ཀུན་ནས་བསློང་བའི་ལས་ཐམས་ཅད། །མི་དགེ་ཡིན་ཕྱིར་དགེ་བ་མེད། །འདོད་པའི་འཇིག་མཐར་གཉིས་པོ་དང་། །མཚུངས་པར་ལྡན་པའི་མ་རིག་པ། །ལུང་མ་བསྟན་པ་དེ་ཉིད་ཀྱིས། །ཀུན་ནས་བསློང་བའི་སྦྱིན་པ་དང་། །ཚུལ་ཁྲིམས་ཡང་དག་ལྡན་པ་དང་། །བསམ་གཏན་བསྒོམས་པ་ལ་སོགས་པ། །ཟག་བཅས་དགེ་བ་ཡིན་པར་གསུངས། །འདོད་པའི་ཁམས་ན་ནི་འཇིག་ཚོགས་ལ་ལྟ་བ་དང་། །མཐར་འཛིན་པར་ལྟ་བ་དང་། །དེ་དག་དང་མཚུངས་པར་ལྡན་པའི་མ་རིག་པ་ལུང་དུ་མ་བསྟན་པ་དག་ཡིན་ནོ༑ །ཅིའི་ཕྱིར་ཞེ་ན། སྦྱིན་པ་ལ་སོགས་པ་དང་མི་འགལ་བའི་ཕྱིར་ཏེ། བདག་འཇིག་རྟེན་ཕ་རོལ་པོའི་བདེ་བར་འགྱུར་བར་བྱའོ། །ཞེས་སྦྱིན་པ་སྦྱིན་པར་བྱེད། ཚུལ་ཁྲིམས་བསྲུང་བར་བྱེད་དོ། །ཞེས་པ་ནས། གཞན་ཡང་བླ་མ་འདི་ཉིད་ནི་རང་གི་རྫས་ལ་ཀུན་ཏུ་རྨོངས་པའི་

ཕྱིར་དང་། ཕ་རོལ་པོ་ལ་གནོད་པའི་རྣམ་པར་ཞུགས་པ་མ་ཡིན་པའི་ཕྱིར་རོ། །ཞེས་པའི་བར་གྱི་འཇིག་མཐར་གཉིས་མཚུངས་ལྡན་དང་བཅས་པ་ལུང་མ་བསྟན་ཡིན་པའི་རྒྱུ་མཚན་དང་བཅས་པ་བཤད་དོ། །

ཡང་ན་མ་རིག་པ་ལ་གཉིས། །ཀུན་བཏགས་ལྷན་སྐྱེས་མ་རིག་པ། །དང་པོ་མི་དགེའི་རྩ་བ་དང་། །གཉིས་པ་ཟག་བཅས་དགེ་བ་ཡི། །ཀུན་སློང་ཡིན་པར་སྟོན་གྱི་སློབ་དཔོན་གྱིས། །འདོད་ཅེས་ཀུན་མཁྱེན་གཉིས་པས་གསུངས། །མངོན་པ་གོང་མའི་ལུགས་ལྟར་ན། །འདོད་པའི་མཐོང་སྤང་ཉོན་མོངས་ལ། །མི་དགེ་ཡིན་པས་ཁྱབ་པའི་ཕྱིར། །དེ་ཡི་འདོད་ཆགས་གཏི་མུག་གཉིས། །ཐམས་ཅད་མི་དགེའི་རྩ་བ་ཡིན། །དེ་ཕྱིར་བསོད་ནམས་མི་གཡོ་བའི། །དགེ་བ་རྣམས་ཀྱི་ཀུན་སློང་མིན། །སྒོམ་པས་སྤང་བྱའི་ཉོན་མོངས་ལ། །མི་དགེ་བ་དང་ལུང་མ་བསྟན། །རྣམ་པ་གཉིས་ཏེ་དང་པོ་ནི། །ཉོན་ཡིད་འཁོར་གྱིས་ཉོན་མོངས་དང་། །ཡིད་ཀྱི་རྣམ་ཤེས་འཁོར་ལའང་། །བསོད་ནམས་ལས་དང་མི་གཡོ་བའི། །ལས་ཀྱི་ཀུན་སློང་མ་རིག་དང་། །དེ་དང་མཚུངས་ལྡན་ཉོན་མོངས་སོ། །ཕྱི་མ་ཡིད་ཀྱིས་རྣམ་ཤེས་ཀྱི། །འཁོར་གྱུར་པ་ཡི་མ་རིག་ལ། །ལས་འབྲས་ལ་རྨོངས་མ་རིག་དང་། །དེ་ཁོ་ན་ལ་རྨོངས་པ་ཡིན། །མ་རིག་གཉིས་ལས་དང་པོ་ཡིན། །དེ་ལའང་མཐོང་སྤང་སྒོམ་སྤང་གཉིས། །དང་པོ་འདོད་པའི་མཐོང་སྤང་ཡིན། །གོང་མ་གཉིས་ཀྱི་མ་རིག་གང་། །བསོད་ནམས་མིན་པའི་ལས་རྣམས་ཀྱི། །ཀུན་སློང་དུ་ནི་འགྱུར་བ་མེད། །སྒོམ་པས་སྤང་བྱའི་མ་རིག་ལ། །ལུང་བསྟན་དང་ནི་མི་དགེ་གཉིས། །དང་པོ་ཉོན་ཡིད་འཁོར་བྱུང་བའི། །མ་རིག་ཡིན་ཞིང་དེ་ཉིད་ལ། །མ་འདྲེས་པ་ཡི་མ་རིག་དང་། །བརྟན་པའི་མ་རིག་ཞེས་བྱ་བ། །དོན་གསང་རྣམ་བཤད་ལ་སོགས་འབྱུང་། །མ་འདྲེས་དེ་ནི་དེ་ཁོ་ན་ཉིད་ལས། །རྨོངས་པའི་མ་རིག་ཁོ་ནར་ངེས། །

དེས་ན་མི་དགེ་རྩ་བ་ཡིས། །འདོད་ཆགས་ཞེ་སྡང་གཏི་མུག་གསུམ། །རྒྱུ་ཡིས་ཀུན་སློང་བྱས་པ་ལས། །བྱུང་བའི་བྱ་བ་ཐམས་ཅད་ཀྱང་། །མི་དགེ་ཁོ་ནར་ངེས་པ་ཡིན། །རིན་ཆེན་ཕྲེང་བར་དེ་སྐད་གསུངས། །འདི་ལ་མངོན་པ་གོང་འོག་མཐུན། །དེ་ཁོ་ན་ལ་རྨོངས་པ་ཡིས། །མ་རིག་རྒྱུ་ཡི་ཀུན་སློང་ལས། །ཟག་བཅས་དགེ་བས་བསྡུས་པ་ཡིས། །མཐོ་རིས་འཕེན་འགྲུབ་ལས་རྣམས་འབྱུང་། །དེ་ལ་འཕགས་པ་ཐམས་ཅད་ཀྱི། །འཕེན་བྱེད་གསེར་དུ་བསགས་པ་ནི། །མེད་པ་མངོན་པ་གོང་མའི་ལུགས། །གང་ལ་འདོད་ཆགས་བྲལ་བརྟན་པའི། །བྱིས་པ་དེར་སྐྱེས་སྐྱོང་མི་བྱེད། །འཕགས་པ་གཞན་དུ་སྐྱོང་མི་བྱེད། །འདོད་རྩེའི་མི་བརྟེན་པའང་མིན། །ཞེས་པའི་རྩ་འགྲེལ་དག་གིས་ནི། །ཡོད་པར་གསུངས་པ་གོང་འོག་གི། །ཁྱད་པར་ཡིན་པས་འགལ་བ་མིན། །ཕྱིར་མི་འོང་སོགས་སློབ་པ་རྣམས། །འགྲུབ་བྱེད་གསར་དུ་བསགས་པ་ནི། །ཡོད་པར་མངོན་པ་སྤྱི་ཡི་ལུགས། །དགྲ་

བཅོམ་འབྲས་བུ་ཐོབ་པ་ནི། །ཉོན་མོངས་ཟད་ཕྱིར་འཕེན་བྱེད་དང་། །འགྲུབ་བྱེད་གཉིས་ཀ་བསགས་པ་ནི། །མེད་པ་མདོན་པའི་གཞུང་ལུགས་དང་། །རྣམ་འགྲེལ་མཛད་ལས་འདི་སྐད་དུ། །འདོད་ཆགས་བྲལ་བའི་གནས་པ་ནི། །བཅྩེ་བའམ་ཡང་ན་ལས་ཀྱིས་ཡིན། །འཕངས་ལ་ལོག་མེད་འདོད་ཕྱིར་རོ། །

སྲིད་པའི་སྲིད་ལས་རྣམ་བསླུལ་བའི། །ལས་གཞན་འཕེན་ནུས་མ་ཡིན་ཏེ། །ལྷན་ཅིག་བྱེད་པ་ཟད་ཕྱིར་རོ། །ཞེས་གསུངས་པ་ནི་འདི་དང་མཐུན། །དེ་ལ་དགྲ་བཅོམ་པ་རྣམས་ལ། །སོ་སྐྱེས་གནས་སྐབས་བྱས་པ་ཡི། །ཡང་སྲིད་དགེ་དང་མི་དགེ་བའི། །འཕེན་བྱེད་མ་ངེས་མེད་པ་མིན། །འོན་ཀྱང་ཕྲ་རྒྱས་ཟད་པའི་ཕྱིར། །ལས་དེ་དག་གི་སྲིད་པ་ནི། །མངོན་པར་འགྲུབ་པར་མི་ནུས་སོ། །ཞེས་ཀྱང་རྒྱལ་པོ་སྲས་ཀྱིས་བཤད། །ཚུལ་འདི་ཤེས་ན་བསྟན་བཅོས་ལས། །དེ་ཡི་རྣམ་གཞག་བཤད་ཀྱིས་ཉོན། །འདོད་ཆགས་ཞེ་སྡང་གཏི་མུག་གསུམ། །དེས་བསྐྱེད་ལས་ནི་མི་དགེ་བ། །མ་ཆགས་ཞེ་སྡང་གཏི་མུག་མེད། །དེས་བསྐྱེད་ལས་ནི་དགེ་བ་ཞེས། །གསུངས་པའི་དགོངས་པ་ཤེས་ནས་ནི། །མཁས་པ་རྣམས་ཀྱིས་དཔྱད་པར་བྱ། །ཞེས་གསུངས་ལེགས་པར་གསུངས་པར་འགྱུར། །དགེ་རྩ་གསུམ་གྱིས་བསླངས་བ་ཡི། །ལས་ཀུན་དགེ་བ་ཡིན་ན་ནི། །རྒྱུ་ཡིས་ཀུན་སློང་དགེ་བ་ཡིས། །བསླངས་ཀྱང་དུས་ཀྱི་ཀུན་སློང་ནི། །མི་དགེ་བ་དང་མཚུངས་ལྡན་པའི། །མི་དགེ་བ་དེ་ཅི་ཞིག་ཡིན། །དེ་འདྲ་མེད་ན་དེད་དཔོན་གྱི། །ཚོང་པ་གཡོ་ཅན་བསད་དེ་ཅི། །ཞེས་པའི་ལན་ནི་བཤད་ཟིན་ཏོ། །

གལ་ཆེ་བས་ནི་ངེས་བཟུང་དོན། །འདིར་ཡང་ཅུང་ཟད་སྨྲ་བར་བྱ། །རྒྱུ་ཡི་ཀུན་སློང་དགེ་ཡིན་ཕྱིར། །མི་དགེ་ཡིན་པར་མི་རིགས་སོ། །དེ་ཕྱིར་གཞན་དོན་བསམ་པ་ཡིས། །སྲོག་གཅོད་ལ་སོགས་བདུན་པོ་དེ། །བྱས་ནའང་མི་དགེ་ག་ལ་ཡིན། །གལ་ཏེ་དེ་ལ་འདི་སྐམ་དུ། །བྱང་ཆུབ་སེམས་དཔའི་སོ་སྡོམ་ལས། །གསུངས་པའི་སྡིག་པ་མ་ཡིན་མོད། །མདོན་པའི་གཞུང་བཞིན་བྱས་ན་དེ། །མི་དགེ་ཡིན་པར་འདོད་དགོས་ཏེ། །སྦྱོར་དངོས་ཚང་བའི་སྲོག་བཅོད་ཀྱི། །ལས་ཡིན་ཕྱིར་ན་དགེ་བ་དང་། །ལུང་མ་བསྟན་དུ་མི་རིགས་སོ། །ཞེ་ན་དེ་ཡང་འདི་ཡིན་ཏེ། །རང་བཞིན་བསྟམས་དང་སེམས་འཁྲུག་སོགས། །མི་ཚངས་སྤྱོད་པས་ལས་ལམ་དང་། །ལྷུང་བ་མེད་མོད་མི་ཚངས་སྤྱོད། །ལས་ཡིན་པ་ནི་དེ་བཞིན་དུ། །གཞན་དོན་འབའ་ཞིག་ལ་བསམ་པ། །དེད་དཔོན་ཐབས་ལ་མཁས་པ་ཡིས། །ཚོང་པ་གཡོ་ཅན་བསད་པའི་ལས། །ལུས་ལ་བརྟེན་པའི་དབུགས་ཀྱི་རྒྱུན། །མེད་པར་བྱས་པའི་རིག་བྱེད་ཡིན། །དེ་ཕྱིར་སྲོག་གཅོད་ལས་ཡིན་ཀྱང་། །སྲོག་གཅོད་ལས་ལམ་དངོས་གཞི་མིན། །གཞན་དུ་མཚན་ཉིད་ལྔ་ལྡན་འགྱུར། །འདོད་ན་ཉོན་མོངས་དུག་གསུམ་པོ། །གང་ཡང་རུང་བས་སྦྱོར་བ་དང་། །ཞེ་སྡང་གིས་ནི་མཐར་ཕྱིན་འགྱུར། །འདོད་ནའང་རྒྱུ་ཡི་ཀུན་སློང་དེ། །འདོད་ཆགས་ལ་སོགས་གསུམ་པོ་ནི། །

གང་རུང་ཡིན་པར་ཐལ་བས་ན། །རྒྱུ་ཡི་ཀུན་སློང་དགེ་བར་འགལ། །དེ་ལ་སྦྱོར་བ་ཞེས་པ་ནི། །རྒྱུ་ཡི་ཀུན་སློང་མཐར་ཕྱིན་ཞེས། །དེ་དུས་ཀུན་སློང་ཡིན་པའི་ཚུལ། །སྔར་ཡང་ལེགས་པར་བཤད་ཟིན་པས། །འདིར་མང་སྤྲོས་པས་ཅི་ཞིག་བྱ། །དེས་ན་རྒྱུ་ཡི་ཀུན་སློང་དེ། །དགེ་དང་མི་དགེ་གཉིས་ཡིན་ན། །རིམ་བཞིན་མི་དགེ་དགེ་བ་ཡང་། །མ་ཡིན་པར་ནི་ངེས་པའི་ཚུལ། །མངོན་པ་གོང་འོག་གཉིས་ལས་འབྱུང་། །རྒྱུ་ཡི་ཀུན་སློང་དགེ་ཡིན་ཡང་། །དུས་ཀྱི་ཀུན་སློང་མི་དགེ་བ། །ཡོད་མེད་སོ་ཐར་སྡོམ་པ་བཞིན། །ལས་རྣམས་ཐམས་ཅད་གཟུགས་ཅན་ཡིན། །དེ་ཕྱིར་དེ་དུས་ཀུན་སློང་དང་། །མཚུངས་ལྡན་མིན་པས་ཚུལ་འདི་འཐད། །ལས་ལ་རིག་བྱེད་ཡིན་མིན་གཉིས། །རིག་བྱེད་རྣམས་ལ་དེ་དུས་ཀྱི། །ཀུན་སློང་སྒོམ་སྤང་ཡིན་པར་ངེས། །འོ་ན་མདོ་ལས་བཅོམ་ལྡན་གྱིས། །ལོག་པར་ལྟ་ལས་ལོག་པ་ཡི། །རྟོག་དང་ལོག་པའི་ངག་དང་ལོག་པའི་ལས་ཀྱི་མཐའ། །འབྱུང་བར་གསུངས་པས་འགལ་ཞེ་ན། །ཀུན་སློང་གཉིས་ལས་དང་པོ་ནི། །འཕེན་པར་བྱེད་པས་རབ་འཇུག་བྱེད། །གཉིས་པ་བྱ་བའི་དུས་སུ་ནི། །མཐུན་པར་འཇུག་ཕྱིར་རྗེས་འཇུག་བྱེད། །དེ་ལ་མཐོང་སྤང་རྣམ་པར་ཤེས། །མཚུངས་ལྡན་དང་བཅས་རབ་འཇུག་བྱེད། །སྒོམ་སྤང་ཡིད་ཀྱི་རྣམ་ཤེས་ལ། །ཀུན་སློང་རྣམ་པ་གཉིས་ཀ་ཡོད། །སྒོ་ལྔའི་རྣམ་ཤེས་མཚུངས་ལྡན་བཅས། །ཁ་ནི་ཕྱི་རོལ་བལྟ་བའི་ཕྱིར། །རྗེས་སུ་འཇུག་བྱེད་ཁོ་ན་ཡིན། །ཁ་ནང་ཁོ་ནར་བལྟས་པས་ནི། །མཐོང་སྤང་རྣམ་ཤེས་མཚུངས་ལྡན་བཅས། །རབ་ཏུ་འཇུག་བྱེད་ཁོ་ནའོ། །སྒོམ་སྤང་ཡིད་ཀྱི་རྣམ་པར་ཤེས། །འཁོར་དང་བཅས་ལ་ནང་ལྟས་དང་། །ཕྱིར་ལྟས་ཡོད་ཕྱིར་གཉིས་ཀ་ཡིན། །ཟག་པ་མེད་པའི་ཤེས་པ་དང་། །རྣམ་སྨིན་ལས་སྐྱེས་གཉིས་ཀ་མིན། །དེ་ཕྱིར་མདོ་ལས་གསུངས་པ་ནི། །རྒྱུ་ཡི་ཀུན་སློང་ལ་དགོངས་སོ། །དེ་ལ་རྒྱུ་ཡི་ཀུན་སློང་ནི། །འཕེན་བྱེད་རྒྱུ་ཡི་གཙོ་བོ་དང་། །དེ་ཡི་དུས་ཀྱི་ཀུན་སློང་ནི། །འགྲུབ་བྱེད་རྒྱུ་ཡི་གཙོ་བོ་ཡིན། །དེ་གཉིས་འགལ་བའང་མ་ཡིན་ཏེ། །མུ་བཞི་ཡོད་པར་གསུངས་ཕྱིར་རོ། །

འདི་ནི་མངོན་པ་འོག་མའི་ལུགས། །གོང་མའི་གཞུང་ལས་དེ་དུས་ཀྱི། །ཀུན་སློང་མི་དགེ་བ་གང་ལ། །ལས་རྣམས་ཐམས་ཅད་མི་དགེ་ཡིན། །དེ་ཡང་ཀུན་སློང་གང་དང་གང་། །དེ་དང་ལྷན་ཅིག་འབྱུང་བ་ལ། །དེ་དུས་ཀུན་སློང་ཞེས་བྱ་བ། །མངོན་པ་གོང་འོག་གཉིས་ཀ་མཐུན། །ཁྱད་པར་ཀུན་སློང་ལས་གཉིས་སོ། །མཚུངས་པར་ལྡན་པ་གོང་མའི་ལུགས། །ལས་རྣམས་སེམས་པར་འདོད་ཕྱིར་རོ། །དགེ་བ་སྦྱོར་དང་འཇུག་བཅས་རྣམས། །ཆགས་སྡང་གཏི་མུག་མེད་ལས་སྐྱེས། །ཞེས་གསུངས་པ་དང་ཚུལ་འདི་མཚུངས། །དེས་ན་དེ་དུས་ཀུན་སློང་ནི། །ལུང་མ་བསྟན་པ་སྒྲིབ་མེད་ཀྱི། །མི་དགེ་བ་དང་མཚུངས་ལྡན་པའི། །དགེ་བ་ཡོད་པ་མ་ཡིན་ལ། །དེ་བཞིན་དགེ་དང་མཚུངས་ལྡན་པ། །མི་དགེ་བ་ཡང་ཡོད་པ་མིན། །དོན་འདི་ལ་དགོངས་མངོན་པ་ལས། །ཀུན་སློང་

དགེ་དང་མི་དགེ་ཞེས། །བཤད་པ་དེ་ཡང་རྒྱུ་ཡིས་ཀུན་སློང་། །དབང་གི་རྣམ་པར་བཞག་པ་ཡིན། །དེ་གཉིས་དགེ་དང་མི་དགེ་བའང་། །མཚན་ཉིད་ལྡན་པར་སྣང་བཤད་ཟིན། །དེད་དཔོན་ཐབས་ལ་མཁས་པ་ཡིས། ། ཚོང་པ་གཡོན་ཅན་བསད་པ་དེས། །ལས་ཀྱི་རྣམ་སྨིན་འབྱིན་པའི་སྐབས། །སྲོག་གཅོད་ལས་ཀྱི་དཔེ་བརྗོད་དུ། ། སྣང་བ་མིན་དེ་དེ་ཉིད་དུ། །དྲང་དོན་གྱི་ཡང་དྲང་དོན་ཏེ། །དེ་ཡང་མདོ་དང་བསྟན་བཅོས་ལས། །གསལ་བར་གསུངས་ཕྱིར་སྲོག་གཅོད་ཀྱི། །ལས་ལམ་དངོས་ནི་ག་ལ་ཡིན། །གཞན་དུ་དེ་ཡི་རྣམ་སྨིན་ཀྱང་། །སྲོག་གཅོད་ལས་ཀྱི་རྣམ་སྨིན་གྱི། །འདོད་ན་རྫོགས་པའི་སངས་རྒྱས་ལ། །སེང་ལྡེང་ཚལ་པ་ཟུག་པ་ཡང་། །དྲང་དོན་མིན་པ་ཐལ་བ་སོགས། །ལུང་གི་གནོད་བྱེད་མཐའ་ཡས་སོ། །

དེ་ཡིས་རྣམ་སྨིན་མེད་ན་ནི། །དེ་ཉིད་མི་དགེ་ཡིན་པ་དང་། །མདོ་ལས་རྣམ་སྨིན་གསུངས་པ་འགལ། །མདོ་དེ་དྲང་དོན་ཡིན་ཞེ་ན། །ཚོང་པ་གཡོན་ཅན་བསད་པ་གང་། །དྲང་དོན་ཡིན་པས་མི་དགེ་མིན། །དེད་དཔོན་དེ་ཡང་སོ་སྐྱེ་མིན། །དེ་ཕྱིར་སྲོག་དང་ལས་ལམ་ནི། །མི་བྱེད་པ་ཡང་མངོན་པའི་གཞུང་། །དེ་ལྟར་མཛོད་ལས་འདི་སྐད་དུ། །སྒོམ་པས་སྤང་བར་བྱ་བ་ནི། །གསོད་སོགས་ཀུན་ནས་དེ་གཉིས་ནི་སྲོག་གཅོད་པ་ལ་སོགས་པ་མི་བྱེད་པའི་ཕྱིར། མི་ཚངས་པར་སྤྱོད་པ་ལ་སོགས་པ་བྱེད་པའི་ཕྱིར་ལས་དགེ་བ་དང་། མི་དགེ་བ་ལ་འཇུག་པ་ཞེས། གཉིས་ཀྱི་སྲོག་གཅོད་ཀྱི་མི་དགེ་བ་སོགས་མི་བྱེད་པར་བཤད་དོ། །དཀྲིས་པའོ། །དེ་བཞིན་འཇིག་རྟེན་འཕགས་པ་ལ། །རྣམ་སོགས་ངའོ་སྙམ་མི་འབྱུང་། །ཞེས་པས་འཕགས་པ་རྣམས་ཀྱིས་ནི། །སྲོག་གཅོད་ལ་སོགས་མི་བྱེད་པར། །གསུང་བཞིན་དམ་པ་མ་ཡིན་གྱི། །འགྲེལ་བཤད་ལས་ཀྱང་འདི་སྐད་དུ། །རྒྱུན་ཞུགས་ཕྱིར་འོང་གཉིས་ཀྱིས་ནི། །སྲོག་གཅོད་ལ་སོགས་མི་བྱེད་དང་། །མི་ཚངས་སྤྱོད་སོགས་བྱེད་པར་བཤད། །དེ་དག་གིས་ནི་རྒྱ་མཚན་ཡང་། །ང་རྒྱལ་དགུ་དང་ངའོ་ཞེས། །སྙམ་པའི་ང་རྒྱལ་གང་ཡིན་ཏེ། །འཇིག་ལས་རྒྱས་པར་འགྱུར་བ་ཡིན། །དེ་ཕྱིར་སྐྱིད་〔དོགས〕པ་བཅག་པའི་ཕྱིར། །ལྡང་བར་ནུས་པ་མ་ཡིན་ནོ། །གསོད་པ་ལ་སོགས་ཀུན་དཀྲིས་རྣམས། །ལོག་ལྟས་རྒྱས་པར་འགྱུར་ཕྱིར་དང་། །འཇིག་སྲེད་ཆད་པར་ལྟ་བ་དང་། །སྐྱིད་སྲེད་〔དོགས〕རྟག་པར་ལྟ་བ་དང་། །རྒྱས་པར་འགྱུར་ཕྱིར་བསོད་པ་སོགས། །མི་འབྱུང་བར་ནི་ཇི་སྐད་དུ། །ལྟ་བས་རྒྱས་པར་འགྱུར་ཕྱིར་རོ། །

ཞེས་པའི་འགྲེལ་པར་གསལ་བར་འབྱུང་། །དེ་བཞིན་དབུས་མཐའི་འགྲེལ་བཤད་ལས། །དབུས་མཐའི་འགྲེལ་པར་དབྱིག་གཉེན་གྱིས། བདེན་པ་མཐོང་བས་སྲོག་གཅོད་ལ་སོགས་པའི་ལས་ལ་བྱེད་པ་མི་སྲིད་པར་བཤད། མཁས་པ་བློ་གྲོས་བརྟན་པས་གསུངས། །འོན་ཀྱང་བྱང་སེམས་དགེ་སློང་གི། །གཞན་དོན་བསམ་པ་བརྟན་པོ་ཡིས། །མི་ཚངས་སྤྱོད་སོགས་བྱས་པ་ནི། །འདུལ་བའི་ལུགས་ཀྱི་ཕས་ཕམ་པའི། །ལྟུང་བ་ལ་སོགས་དངོས་གཞི་འགྱུར། །

བྱང་ཆུབ་སེམས་དཔའི་སྡེ་སྣོད་ལས། །ལྟུང་བའི་གཟུགས་བརྙན་ཡིན་པར་གསུངས། །དེ་ཡང་སློབ་དཔོན་ཞི་བ་ལྷས། །བསླབ་པ་ཀུན་ལས་བཏུས་པར་ནི། །ཡིད་ཀྱི་གནས་གསུམ་མ་གཏོགས་པ། །ལུས་ངག་བདུན་པོ་གཞན་དོན་དུ། །སྤྱོད་ཀྱང་ལྟུང་བའི་གཟུགས་བརྙན་ཞེས། །ཉེ་བར་འཁོར་གྱིས་མདོ་དྲངས་ནས། །ལེགས་པར་བསྒྲུབ་ཕྱིར་ཁྱད་པར་ཆེ། །

མི་མཁས་པ་ཡི་བྱམས་སྙིང་རྗེ། །ཉོན་སོང་རྒྱུ་རུ་བཞེད་གྱུར་ན། །འཕེན་བྱེད་རྒྱུའམ་འགྲུབ་བྱེད་ཀྱི། །རྒྱུ་ཞེས་བརྟགས་ན་ཇི་ལྟར་འགྱུར། །ཞེས་པའི་ལན་ནི་འདི་ཡིན་ཏེ། །དེ་ལ་ངན་སོང་གསུམ་ཡིན་པས། །འཕེན་འགྲུབ་གཉིས་སུ་ག་ལ་འགྱུར། །མྱང་བར་ངེས་པའི་ལས་གསུམ་ལས། །མཐོང་ཆོས་མྱོང་འགྱུར་ལས་གང་ཡིན། །འཕེན་འགྲུབ་གཉིས་ཀ་མ་ཡིན་ཞིང་། །རྒྱུན་ཞུགས་ཕྱིར་འོང་ལ་སོགས་པ། །ཉན་རང་སློབ་པ་ཆགས་བཅས་རྣམས། །མི་ཚངས་སྤྱོད་སོགས་ལས་ལམ་དངོས། །བྱེད་པ་སྲིད་ཀྱང་མི་དགེ་དེ། །འཕེན་བྱེད་རྒྱུ་དང་འགྲུབ་བྱེད་རྒྱུ། །གཉིས་ཀ་ཡིན་པ་མི་རིགས་སོ། །དང་པོ་མི་འཐད་པ་ཡི་ཚུལ། །བདེན་པ་མཐོང་ལ་འཕེན་པ་མེད། །ཞེས་གསུངས་པ་ལ་གྲུབ་པས་སོ། །གཉིས་པའི་སྒྲུབ་བྱེད་འདི་ལྟར་ཡིན། །སྦྱོར་ལམ་བཟོད་པ་ཐོབ་ནས་ཀྱང་། །ངན་འགྲོར་སྐྱེ་བའི་ལས་རྣམས་ཀྱང་། །དེ་ཡི་ཀུན་སློང་ཉོན་མོངས་གང་། །ཐག་རིང་བ་དང་ངན་སོང་དུ། །མི་སྐྱེ་བ་ཡི་ཆོས་ཉིད་ཐོབ། །ཞེས་ནི་ཐེག་པ་ཆེ་ཆུང་མཐུན། །བཟོད་ཆེན་ཐོབ་ཆེན་སྔ་ང་དང་། །དྲོད་གཤེར་གཉིས་ཀྱི་སྐྱེ་གནས་ཀྱང་། །འདུ་ཤེས་མེད་པ་སེམས་ཅན་དང་། །སྒྲ་མི་སྙན་དང་ཚངས་ཆེན་དང་། །ཟ་མ་མ་ནིང་མཚན་གཉིས་དང་། །སྲིད་པ་བརྒྱད་པ་ལ་སོགས་པར། །མི་སྐྱེ་བ་དང་མཐོང་སྤང་གི། །ཉོན་མོངས་རྣམས་ཀྱི་མ་སྐྱེས་པའི། །ཆོས་ཉིད་ཐོབ་པ་ཚད་ལྡན་གྱིས། །མཁས་པའི་གཞུང་ལས་གསལ་བར་གསུངས། །དེ་ཕྱིར་མི་མཁས་བྱམས་སྙིང་རྗེ། །མི་དགེ་ཡིན་པ་དེ་ཡི་ཚེ། །འཕེན་འགྲུབ་གཉིས་ཀ་ཡོད་པར་ངེས། །རྒྱུན་ཞུགས་སོགས་ཀྱིས་མྱོང་ངེས་པའི། །མི་དགེ་བྱེད་པ་སྲིད་མོད་ཀྱི། །རྣམ་སྨིན་འབྲས་བུ་མྱོང་བ་མེད། །དེ་ཕྱིར་འཕེན་འགྲུབ་གཉིས་ཀ་མིན། །འཕེན་འགྲུབ་གཉིས་ཀྱི་ལས་ཐམས་ཅད། །རྣམ་སྨིན་རྒྱུ་རུ་གསུངས་ཕྱིར་རོ། །

དེ་ན་གང་ཟག་དེ་དག་གིས། །རྒྱུ་མཐུན་འབྲས་བུ་མྱང་བ་དང་། །བདག་འབྲས་མྱོང་བ་ཙམ་ཞིག་སྲིད། །འཕགས་པ་ཕྱིར་མི་འོང་བ་དག །འདོད་པ་རྣམས་ལས་ཆགས་བྲལ་ཕྱིར། །མི་དགེ་བཅུ་པོ་ཐམས་ཅད་ཀྱང་། །ཙུང་ཟད་བྱེད་པ་སྲིད་པ་མ་ཡིན། །མི་དགེ་འབྲས་བུ་མྱོང་བ་དང་། །ཚེ་འདི་ཉིད་ལ་མྱོང་བར་ངེས། །ཡུལ་འཕོས་པ་ན་བུ་ལོན་པ། །ལྟར་བའི་དཔེ་ཡིས་ཚུལ་གྱིས་གསུངས། །གཞན་ཡང་དུས་ཀྱི་འཁོར་ལས། །དབང་བསྐུར་མེད་པར་སྔགས་འཆད་དང་། །ཟབ་མོའི་དེ་ཉིད་བསྒོམ་བྱེད་པ། །དེ་དོན་ལེགས་པར་ཤེས་ན་ཡང་། །དམྱལ་བར

འགྱུར་གྱིས་གྲོལ་བ་མེད། །ཅེས་དང་རྡོ་རྗེ་འཕྲེང་བ་ལས། །དབང་བསྐུར་མེད་པར་རྒྱུད་འཆད་པ། །སློབ་པོ་སྟགས་ཀྱི་དོན་ཤེས་ཀྱང་། །སློབ་དཔོན་སློབ་མ་མཚུངས་པར་ནི། །ཤི་ནས་དུ་འབོད་ཆེན་པོར་ལྟུང་། །ཞེས་དང་ཕྱག་ཆེན་ཐིག་ལེ་ལས། །དབང་མེད་ན་ནི་དངོས་གྲུབ་མེད། །བྱེ་མ་བཙིར་ཀྱང་མར་མེད་ལྟར། །གང་ཞིག་རྒྱུད་ལུང་ང་རྒྱལ་གྱིས། །དབང་བསྐུར་མེད་པར་འཆད་བྱེད་པ། །སློབ་དཔོན་སློབ་མ་ཤི་མ་ཐག །དངོས་གྲུབ་ཐོབ་ཀྱང་དམྱལ་བར་སྐྱེ། །ཞེས་གསུངས་པ་ལའང་དབང་མེད་པར། །རྒྱུ་ཡིན་པར་ནི་བཞེད་གྱུར་ན། །འཕེན་བྱེད་རྒྱུ་དང་འགྲུབ་བྱེད་ཀྱང་། །རྒྱུ་ཞེས་བཏགས་ན་ཇི་ལྟར་འགྱུར། །ཞེས་པའི་ཚུལ་གྱིས་དྲི་བར་གྱིས། །

དེས་ན་དམིགས་ཡུལ་སེམས་ཅན་ལ། །ཕན་དང་བདེ་བར་འདོད་པ་དང་། །སྡུག་བསྔལ་བྲལ་བར་འདོད་པ་ནི། །རིམ་བཞིན་བྱམས་དང་སྙིང་རྗེ་ཡིན། །དེ་གཉིས་གང་ལ་སྐྱེས་གྱུར་ཀྱང་། །གཤིས་ཀྱི་དགེ་བ་ཡིན་ཞེས་པ༑ །ཕྱོགས་སྔ་མ་ཡི་འདོད་པའོ། །དེ་ཡང་མཐའ་གཅིག་མ་ངེས་ཏེ། །མདོ་སྡེ་འཛངས་བླུན་ཆེན་པོ་ལས། །ཞལ་ལྟ་བ་ཡིས་དབྱར་གནས་པའི། །དགེ་འདུན་རྣམས་ཀྱི་མཐུན་རྐྱེན་ནི། །རིན་ཆེན་མང་པོ་སྦྱིན་བདག་གིས། །ཕུལ་བ་དགེ་སློང་རང་ཉིད་ཀྱིས། །ཉེ་དུ་རྣམས་ལ་ཕན་པའི་བློས། །བྱིན་པ་དེ་ཡིས་རྣམ་སྨིན་གྱི། །སེམས་ཅན་ལྡོན་ཤིང་ལྟ་བུ་ཡི། །དམྱལ་བ་དག་ཏུ་སྐྱེ་བར་གསུངས། །ཞེས་པ་མཁས་པའི་བཞེད་པ་སྟེ། །ལ་ལ་བྱམས་དང་སྙིང་རྗེ་སོགས། །ཞེས་པ་ནས་བཟུང་ཐུབ་པས་གསུངས། །ཐབས་ལ་མཁས་པས་སྙིང་རྗེ་ལ། །དགོངས་ནས་དགེ་བར་གསུངས་པ་ཡིན། །ཞེས་གསུངས་ཁོ་ནས་དེ་ཁོ་ནའོ། །དགེ་བསྙེན་དགེ་ཚུལ་སྡོམ་ཅན་ལའང་། །བཅས་པའི་ལྟུང་བ་ཐམས་ཅད་ལ། །སྡིག་པས་ཁྱབ་པར་གསུངས་པ་དང་། །རྗེ་བཙུན་ཆེན་པོས་བཅས་ལྟུང་དག །ལུང་མ་བསྟན་དུ་བཤད་པ་ཅི། །

ཞེས་གསུངས་ལན་ཡང་བརྗོད་པར་བྱ། །རྩ་ལྟུང་འབྲུལ་སྤྱོད་དགོངས་པ་ནི། །འདི་ལྟར་ཡིན་པ་གདོན་མི་ཟ། །བླུན་པོ་ལན་བྱེད་དག་གིས་ཀྱང་། །དོན་འདི་བཟུང་ནས་སྨྲ་བར་བགྱིས། །དེ་ནི་རྗེ་བཙུན་ཆེན་པོ་ནས། །ཁ་ན་མ་ཐོ་བཅས་གྱུར་ཏེ། །ཞེས་པའི་དོན་ལ་འདི་སྐད་དུ། །རང་བཞིན་ཁ་ན་མ་ཐོ་དང་། །བཅས་པའི་ཁ་ན་མ་ཐོ་བ། །རྣམ་པ་གཉིས་སུ་བསྡུས་ཏེ་གསུངས། །དེ་གཉིས་ཁྱད་པར་གསུམ་འབྱུང་སྟེ། །རང་བཞིན་ཡིད་ཀྱིས་ཉེས་པ་དང་། །བཅས་པར་ལུས་ངག་ཉེས་པར་སྨྲ། །རང་བཞིན་ཕལ་པ་ལ་ཡང་སྡིག །བཅས་པ་སྡོམ་པ་ལྡན་པ་ལ༑ །ཉེས་པར་འགྱུར་བ་སྨྲ་བ་དང་། །རང་བཞིན་རྩ་བའི་ལྟུང་བ་དང་། །བཅས་པ་ཡན་ལག་ལྟུང་བར་སྨྲ། །དེ་ལྟར་ཕྱོགས་གསུམ་པོ་གང་ལ་ཡང་། །འགལ་བ་ཡོད་པར་མ་མཐོང་སྟེ། །ཉེས་པ་ཐམས་ཅད་ཡིད་ལས་འབྱུང་། །དེ་ཕྱིར་ཡིད་ནི་མི་དགེ་ན། །ཕལ་པ་ལ་ཡང་ལྟུང་ཉེས་སོགས་བར་འགྱུར། །ཡིད་ནི་དགེ་དང་མི་ལྡན་པའི། །ལུས

ངག་ཕལ་ཆེར་ལུང་མ་བསྟན། །ཞེས་གསུངས་འདི་ནི་རྩ་བ་དང་། །ཡན་ལག་ལྟུང་བ་བརྒྱད་པོ་གང་། །སྡིག་པ་ཡིན་པའི་ལུང་ཡིན་ནོ། །

རྩ་བའི་ལྟུང་བ་བཅུ་བཞི་ནི། །སྡིག་པ་ཤིན་ཏུ་ལྕི་བ་སྟེ། །རྣམ་པར་སྨིན་པའང་དམྱལ་བར་ལྟུང་། །དེ་ཡང་གཞུང་ལས་ཇི་སྐད་དུ། །གཞན་དུ་དམ་ཚིག་ལས་ཉམས་ན། །ཉམས་པ་བདུད་ཀྱིས་བཟུང་བར་འགྱུར། །དེ་ནས་སྡུག་བསྔལ་མྱོང་འགྱུར་ཏེ། །ཐུར་དུ་བལྟས་ཏེ་དམྱལ་བར་འགྲོ། །ཞེས་གསུངས་པ་དང་སྔགས་ལུགས་ཀྱི༔ ༔ལྟུང་བ་སོར་ཆུད་གྱུར་པས་ན། །དེ་ཡང་རྣམ་སྣང་མངོན་བྱང་ལས། །བསྐལ་པ་བྱེ་བ་དུ་མ་རུ། །སྔོན་དུ་སྡིག་པ་བྱས་པ་ནི། །དཀྱིལ་འཁོར་འདི་འདྲ་མཐོང་མ་ཐག །དེ་དག་ཟད་པར་འགྱུར་ཡིན་ན། །ཞེས་གསུངས་དོན་ནི་དབང་བསྐུར་གྱིས། །རྣམ་སྨིན་ཆུང་དུ་འབྲིང་པོ་གཉིས། །གཏན་ནས་བཅོམ་གྱིས་ཆེན་པོ་ནི། །ཟིལ་གྱིས་གནོན་པ་ཙམ་ཡིན་ནོ། །ཞེས་ཀྱང་དཔེ་དང་བཅས་ཏེ་གསུངས། །རྩ་བའི་ལྟུང་བ་བཅུ་བཞི་ཡང་། །སྡོམ་སྡོམ་ལྕི་བ་དང་། །རྟེན་དང་ཡུལ་དང་ངོ་བོ་ཉིད། །རྒྱུ་དང་དུས་སྐབས་ཡན་ལག་སྟེ། །ཡན་ལག་ལྔ་ཡི་རྫོགས་པར་གསུངས། །དེ་ཡང་ལྕི་དང་ཡན་ལག་ལྔ། །མ་ཚང་བ་ཡི་ལྟུང་བ་རྣམས། །ཡང་བ་ཡིན་ཕྱིར་ཕྱིར་བཅོས་ཆེ། །ལྟུང་ལས་ལྡང་བའི་ཕྱིར་བཅོས་དང་། །དམ་ཚིག་སྡོམ་པ་ཡང་དག་བླངས། །ཕྱིར་བཅོས་རྣམ་པ་གཉིས་སུ་གསུངས། །དངོས་པོ་ལ་ཡང་རྣམ་གསུམ་སྟེ། །སྟོབས་བཞིའི་སྒོ་ནས་སྡིག་བཤགས་དང་། །བསྙེན་སྒྲུབ་ཡན་ལག་བཞི་བསྒོམས་ནས། །སྡིག་པ་བཤགས་དང་ཚུལ་གཞན་གྱི། །སྒོ་ནས་སྡིག་པ་བཤགས་པའོ། །ཡན་ལག་ཚང་ན་རྩ་ལྟུང་ཡིན། །དེ་ཡི་སྡོམ་པ་རྩད་ནས་ཞིག །སོ་སོར་ཐར་པའི་སྡོམ་པ་ལྟར། །སླར་ཡང་བླང་དུ་མི་རུང་ངམ། །

ཞེ་ན་དེ་ཡང་མ་ཡིན་ཏེ། །དུས་ཀྱི་འཁོར་ལོའི་འགྱུར་གཞན་ལས། །རྩ་བའི་ལྟུང་བ་བྱུང་གྱུར་ན། །སླར་ཡང་དཀྱིལ་འཁོར་འདི་རུ་ནི། །དགེ་བའི་རྒྱུ་རུ་འཇུག་པར་འགྱུར། །ཞེས་གསུངས་དེ་བཞིན་སཾ་པུ་ཊས། །བརྟག་གཉིས་པ་ཡི་རབ་ཏུ་བྱེད། །གཉིས་པ་ལས་ཀྱང་དམ་ཚིག་སོགས། །ཞེས་གསུངས་པས་ན་ཚུལ་འདི་ཡིན། །དེ་ལ་བརྟེན་པའི་དམ་ཚིག་དང་། །སྡོམ་ལྡན་ཤེས་རབ་རང་བཞིན་གནས། །དེ་དག་མེད་ན་ལྟུང་མི་འགྱུར། །ཡུལ་ནི་ལྟུང་བ་བཅུ་བཞི་པོ། །སོ་སོ་འབྱུང་བའི་ཡུལ་ཡིན་ནོ། །དཔེར་ན་དང་པོའི་ཡུལ་ཉིད་ནི། །བླ་མ་རྡོ་རྗེ་སློབ་དཔོན་ཏེ༔ ༔དམ་ཚིག་གློག་པ་སྨིན་པ་དང་། །འཆད་བྱེད་མན་ངག་བསྟན་པ་དང་། །དབང་བསྐུར་བ་དང་ལས་བྱེད་དང་། །དེ་རྣམས་སློབ་དཔོན་ཞེས་བཤད་དོ། །ཞེས་གསུངས་དང་པོ་བསླབ་བྱ་སྟོན། །གཉིས་པ་རྗེས་སུ་བཟླས་པ་ཡི། །ལུང་འགོག་པ་དང་གསུམ་པ་ནི། །གཞུང་འཆད་པ་དང་བཞི་པ་ནི། །མན་ངག་སྟོན་པ་ལྔ་པ་ནི། །

དབང་བསྐུར་བ་དང་དུག་པ་ནི། །རབ་གནས་བྱེད་དང་དབང་ལས་ནི། །སློབ་དཔོན་དེ་ཡང་བཟུང་བར་གསུངས། །ངོ་བོ་ཉིད་ནི་ལུས་ངག་ཡིད། །གསུམ་པ་ཡིན་མོད་གཙོ་བོ་ནི། །ཡིད་སྟེ་ལུས་ངག་གྲོགས་ཡིན་ནོ། །རྒྱུ་ནི་ཀུན་སློང་བསམ་པ་ཡིན། །དེ་ལ་རྣམ་བཞི་བྱ་བ་དང་། །བྱ་བ་མིན་པའི་ཆ་མི་ཤེས་པས། །ལྟུང་བ་འབྱུང་བའི་རྒྱུད་སྟེ་ཉིད་དང་། །ཤེས་ཀྱང་ཡུལ་ཡང་ལྟུང་བ་ལ། །མ་གུས་པ་ནི་ལྟུང་བའི་འབྱུང་བ་རྒྱུ། །ཀུན་ཀྱང་དྲན་དང་ཤེས་བཞིན་གྱིས། །མ་ཟིན་བག་མེད་ལྟུང་བའི་རྒྱུ། །བསྲུང་བར་འདོད་ཀྱང་ཉོན་མོངས་པས། །རང་དབང་མེད་པ་ཉོན་མོངས་མང་། །རྒྱུ་ཡི་ཡན་ལག་བཞི་པོ་དེ། །སྟོན་དུ་སོང་བའི་རང་རང་གིས། །ངོ་བོ་འབྱུང་བའི་བསམ་པའོ། །དུས་སྐབས་ཐམས་ཅད་ཟིན་པ་ཉིད། །དེ་ལ་རྒྱུ་ཡིས་ཡན་ལག་བཞི། །འཕགས་པ་ཐོགས་མེད་ཞབས་ཉིད་ཀྱི། །འདུལ་བསྡུ་བ་ཡི་ལུང་དྲངས་པས། །དེ་ཕྱིར་ཁྱད་པར་བཤེས་གཉེན་གྱི། །འདུལ་བ་བསྡུས་པ་དེ་དང་ཡང་། །མ་ནོར་སོ་སོར་རིག་པར་བྱ། །

དེ་ཡང་སོ་ཐར་སྡོམ་པ་ཡི། །ཕམ་པ་བཞི་དང་བྱང་སེམས་ཀྱི། །ཕམ་པ་འདྲ་བའི་ཆོས་བཞི་པོ། །ཁྱད་གསོད་བསམ་པ་མེད་པ་ཡང་། །བདེ་གཤེགས་བཀའ་ལས་འདས་པ་ཡི། །རྩ་བའི་ལྟུང་བ་གཉིས་པར་གསུངས། །འོན་ཀྱང་དམིགས་བསལ་ནི། དགོས་པ་མེད་པར་འདའ་བ་ལ་རྩ་ལྟུང་དུ་འགྱུར་གྱི། དགོས་པ་དང་བཅས་པས་སོ་ཐར་གྱི་རྩ་ལྟུང་བཞི་གང་བྱུང་ཡང་། བདེ་གཤེགས་བཀའ་འདས་ཀྱི་རྩ་ལྟུང་དུ་མི་འཇོག་གོ། །དེ་ཡང་། སྡོམ་པ་གཉིས་ཀྱི་བཅས་པ་ལས། །དགོས་པ་མེད་པར་འདའ་བ་དང་། །ཞེས་གསུངས་སོ། །དེའི་ཕྱིར་ཕྱི་རབས་གང་དག །གང་དུ་རྩ་ལྟུང་དུ་བཞག་པ་དེ།དེ་དང་དེར་གནང་བའི་གོ་སྐབས་མེད་ཅེས་སྨྲ་བ་ནི། ཕྱོགས་སྔ་མའི་རྣམ་ལངས་པ་ལ། དགག་པའི་ཉི་མ་ཤར་བའོ། །དེ་དག་གི་ནི་རྒྱུ་མཚན་ཡང་། །སྔ་གོན་དང་ནི་དངོས་གཞིའི་དུས། །བྱང་སེམས་སྡོམ་པ་ཐོབ་པ་དང་། །རྡོ་རྗེ་ཐེག་པ་ཐེག་ཆེན་ཉིད། །ཡིན་ཕྱིར་ཕམ་པ་འདྲ་བ་ཡི། །ཆོས་བཞི་པོ་ཡང་བསྲུང་དགོས་སོ། །སོ་ཐར་སྡོམ་དང་ཐུན་མོང་བའི། །ཕམ་པ་བཞི་ཡང་བསྲུང་དགོས་སོ། །དེ་བཞི་སྤྱོད་པའི་སྡོམ་པ་ཡང་། །དབང་གི་སྐབས་སུ་ཐོབ་པ་དང་། །འཕགས་པ་རྡོ་རྗེ་རྩེ་མོ་ལས། །སྲོག་གཅོད་རྐུ་དང་འཁྲིག་པ་དང་། །རྫུན་དང་སྨྱོས་བྱེད་རྣམ་སྤངས་ཏེ། །ཁྲིམ་པའི་སྡོམ་པ་ལ་གནས་ནས། །གསང་སྔགས་རྒྱལ་པོ་བསྒྲུབ་པར་བྱ། །གལ་ཏེ་དེ་ནི་རབ་བྱུང་གྱུར། །སྡོམ་པ་གསུམ་ལ་ཡང་དག་གནས། །སོ་སོར་ཐར་དང་བྱང་ཆུབ་སེམས། །རིག་འཛིན་ནང་གི་སྡོམ་པའོ། །

ཞེས་གསུངས་འདི་ལ་ཚད་མ་ཡིན། །ཁྱད་གསོད་བསམ་པ་དང་ལྡན་པས། །དགེ་བསྙེན་ཆང་ཉུང་དགེ་ཚུལ་སོགས། །དུས་མིན་དུས་རུང་བཟའ་བ་སོགས། །བྱས་ནའང་རྩ་ལྟུང་གཉིས་པར་འགྱུར། །ཁྱད་གསོད་མེད་ན་ཡན་ལག་གི། །ལྟུང་བ་ཡིན་པར་རྒྱལ་བས་གསུངས། །དེས་ན་རྗེ་བཙུན་ཆེན་པོ་ཡིས། །རྩ་བའི་ལྟུང་བ་

ཞེས་པ་དང་། །ཕམ་པ་འདྲ་བའི་ལྟུང་བ་དང་། །ཕམ་པའི་ལྟུང་བ་ཞེས་བྱ་བ། །དོན་གཅིག་དེ་དག་ཐམས་ཅད་ནི། །སྡིག་པ་ཡིན་པར་གསུངས་པ་དང་། །ཡན་ལག་ལྟུང་བ་བརྒྱད་པོ་ཡང་། །སྡིག་པ་ཡིན་པར་གསུངས་པ་དང་། །དེ་ཕྱིར་བཅས་ལྟུང་གཉིས་སུ་བསྡུས། །རྩ་བའི་ལྟུང་བ་ཞེས་བྱ་དང་། །ཡན་ལག་ལྟུང་བ་ཞེས་པའོ། །གལ་ཏེ་རྩ་ལྟུང་རང་བཞིན་དང་། །ཡན་ལག་བཅས་པའི་སྡིག་པར་ནི། །གསུངས་པ་དེ་ཡང་སྨྲ་དགོས་སོ། །ཞེན་དེ་དོན་འདི་ཡིན་ཏེ། །

བླ་མ་དེ་ཡང་མདོར་བསྡུས་ན། །རྒྱུ་དང་འབྲས་བུའི་སློབ་དཔོན་ནོ། །དང་པོ་ལུས་ངག་བླ་མ་དང་། །གཉིས་པ་སེམས་ཀྱི་བླ་མའོ། །དབང་ཐོབ་པ་དང་རྒྱུད་ཐོས་དང་། །མན་ངག་ཐོབ་པ་གསུམ་ལྡན་རྣམས། །གཉིས་ལྡན་གཅིག་ལྡན་བླ་མ་དེ། །ཡུལ་འཛིན་དེ་ཉིད་ལ་བརྟེན་ཏེ། །བརྟེན་པའི་ཚུལ་ཡང་རིགས་དང་ནི། །ཚུལ་ཁྲིམས་ཐོས་པ་ལ་སོགས་ཀྱི། །བདག་ལ་མཆོག་འཛིན་བླ་མ་ལ། །དམན་པར་འཛིན་ཅིང་བརྟེན་པའམ། །བླ་མ་འདི་ནི་ཚུལ་ཁྲིམས་འཆལ། །བྱས་པ་མི་གཟོ་རང་བཞིན་ངན། །འཇིག་རྟེན་པ་ཡི་སྤྱོད་ཚུལ་ནི། །ལེགས་པ་དག་ཀྱང་མི་ལྡན་ནོ། །ཞེས་པས་ཀུན་ནས་མནར་སེམས་ཀྱིས། །བརྟེན་པས་རྩ་ལྟུང་བསྐྱེད་པར་ངེས། །དེ་ལ་ལུས་དང་ངག་དག་གིས། །གྲོགས་ནི་བྱས་དང་མ་བྱས་ཀྱང་། །སྡོམ་པ་ཡོད་མེད་ཀུན་ལ་ཡང་། །སྡོམ་པར་འགྱུར་ཞིང་སྡོམ་ལྡན་ལ། །རྩ་ལྟུང་འབྱུང་བས་བཅས་པ་ཡིན། །དེ་ཕྱིར་རང་བཞིན་སྡིག་པར་གསུངས། །ཡན་ལག་ལྟུང་བའི་རིགས་བརྒྱད་པོ། །བྱས་པ་ཙམ་ལ་སྡིག་པ་མེད། །དེས་ནི་སྡོམ་ལྡན་ཁོ་ན་ལ། །སྡིག་པར་འགྱུར་བས་བཅས་པར་གསུངས། །འགྲེལ་སྦྱོང་ལས། ཡན་ལག་ནི་ལྟ་ལས་རྟེན་ནི་འདྲ་ལ། ཡུལ་ནི་སྡོམ་པ་གཉིས་ཀྱིས་བཅས་པའོ། །ཞེས་སོ༔ །སྡོམ་པ་ནི།ཉོན་ཐོས་བྱང་སེམས་ཀྱི་བཅས་པ་ཕྲ་མོ་སྟེ། རྩ་བ་ནི་གོང་དུ་བཤད་ཟིན་གསུངས། འདིའི་སྐབས་མ་ཡིན་པའི་ཕྱིར་རོ། །

རྩ་བའི་ལྟུང་བ་གཞན་རྣམས་ལ། །དང་པོའི་རིགས་པས་ཤེས་པར་བྱ། །དེས་ན་རྗེ་བཙུན་ས་སྐྱ་པས། །ལུས་ངག་བཅས་ལྟུང་ཐམས་ཅད་དེ། །ལུང་མ་བསྟན་དུ་གསུངས་པ་མེད། །གལ་ཏེ་རྩ་ལྟུང་འགྲེལ་སྦྱོང་ལས། །ལས་རྣམས་ཐམས་ཅད་སེམས་ལས་བྱུང་། །སེམས་ཀྱིས་སོག་གིས་ལུས་ངག་གི། །ལས་ནི་ལུང་མ་བསྟན་ཡིན་ནོ། །

ཞེས་གསུངས་དེ་ཡིས་བསྟན་འདོད་ན། །དེ་ཡང་དེ་ལྟ་མ་ཡིན་ཏེ། །འདུལ་བའི་ལུགས་ཀྱི་སྡོམ་པ་ཡིན། །ལུས་ངག་གཉིས་ཀྱིས་ལས་སུ་ངེས། །དེ་བཞིན་ལྟུང་བ་རྣམས་ལ་ཡང་། །ལུས་ངག་ལས་ཀྱིས་ཁྱད་པར་ནི། །གདམ་གྱི་༼དོགས༽གཞི་པ་འོད་ལྡན་དང་། །སློབ་དཔོན་དྲི་མེད་བཤེས་གཉེན་གྱིས། །སོ་ཐར་འགྲེལ་པར་བསལ་བར་གསུངས། །ཁྱད་པར་ལུང་དང་འོད་ལྡན་དུ། །ལྟུང་བ་ཐམས་ཅད་གཟུགས་ཅན་དུ། །བཤད་ཅིང་ཡིད་ཀྱིས་ཉེས་པ་རྣམས། །བསྡམས་བྱ་ཉེས་བྱས་ཙམ་ཞིག་དང་། །ལྟུང་བ་མིན་པའི་ཚུལ་དེ་ནི། །རྒྱས་པར་གསུངས

ཤིང་གཞན་དུ་འང་འགྱུར། །དེ་ཕྱིར་ཡིད་ཀྱི་རྣམ་ཤེས་ནི། །དགེ་བ་ཕོན་ལ་གནས་པས། །སྲོག་གཅོད་ལ་སོགས་སྤྱོད་པ་ན། །ལྟུང་བ་དངོས་གཞི་འགྱུར་བར་འདོད། །ཐེག་ཆེན་པ་རྣམས་ཐམས་ཅད་ཀྱིས། །བྱང་སེམས་སྡོམ་པ་ལ་སོགས་པ། །ཡིད་ཀྱིས་ལས་ཡིན་ལུས་ངག་ཙམ། །སྡོམ་པ་ཡིན་པར་མི་བཞེད་ཅིང་། །དེ་ཕྱིར་ལྡོག་ཕྱོགས་ལྟུང་བ་ཡང་། །ཡིད་ཀྱིས་ལས་ལ་གཙོ་བོར་འཛོག །དེ་ལ་ལུས་ངག་གཉིས་པོ་དེ། །གྲོགས་སུ་དགོས་དང་མི་དགོས་པ། །ཅི་རིགས་ཡོད་ཚུལ་སྔར་བཤད་ཟིན། །རྒྱས་པར་ཐེག་བསྡུས་སོགས་ལ་ལྟོས། །ཐེག་བསྡུས་ལས། མདོར་བསྟན་དུ། མདོར་བསྡུ་ན་ཁྱད་པར་བཞིས་ཁྱད་པར་དུ་བལྟ་བས། རབ་ཏུ་དབྱེ་བའི་ཁྱད་པར་དང་། བསླབ་པ་ཐུན་མོང་མ་ཡིན་པའི་ཁྱད་པར་དང་། རྒྱ་ཆེ་བ་ཉིད་ཀྱིས་ཁྱད་པར་དང་། ཟབ་པ་ཉིད་ཀྱི་ཁྱད་པར་དུ་བལྟའོ། །ཞེས་དང་། དེའི་རྒྱས་བཤད་དུ། བྱང་ཆུབ་སེམས་པ་རྣམས་ཀྱི་བསླབ་པ་ཉན་ཐོས་རྣམས་དང་ཐུན་མོང་མ་ཡིན་པའི་རང་བཞིན་གྱིས། ཁ་ན་མ་ཐོ་བ་དང་བཅས་པ་ཀུན་ཏུ་མི་སྤྱོད་པའི་ཕྱིར་རོ། །བསླབ་པ་ཐུན་མོང་མ་ཡིན་པའི་ཁ་ན་མ་ཐོ་བ་དང་བཅས་པ་ཀུན་ཀུན་ཏུ་སྤྱོད་པའི་ཕྱིར་ཏེ། བསླབ་པ་དེ་ལ་ནི་གང་དུ་ཉན་ཐོས་ཀྱི་ལྟུང་བར་གྱུར་པ་དེ་ལ་ནི། བྱང་ཆུབ་སེམས་དཔའི་ལྟུང་བ་མེད་དོ། །གང་དུ་བྱང་ཆུབ་སེམས་དཔའི་ལྟུང་བར་འགྱུར་བ་དེ་ལ་ཉན་ཐོས་ཀྱི་ལྟུང་བ་མེད་དོ༑ ༑བྱང་ཆུབ་སེམས་དཔའ་རྣམས་ཀྱི་ཚུལ་ཁྲིམས་ནི་ལུས་ངག་དང་སེམས་ཀྱིའོ། །ཉན་ཐོས་རྣམས་ཀྱི་ནི་ལུས་དང་ངག་གི་ཉིད་དོ། །དེ་ཉིད་ཀྱི་ཕྱིར་བྱང་ཆུབ་སེམས་དཔའ་རྣམས་ཀྱིས་ལྟུང་བར་ཡང་འགྱུར་གྱི་ཉན་ཐོས་རྣམས་ཀྱི་ནི་མ་ཡིན་ནོ། །ཞེས་གསུངས་པ་ལྟར། དེ་ནས་གཞན་དོན་བསམ་པ་ཡིས། །ཕམ་པ་བཞི་པོ་སྤྱད་ན་ཡང་། །ལྟུང་མེད་ལྟུང་བའི་གཟུགས་བརྙན་དང་། །ཕན་པའི་ནུས་པ་ཡོད་བཞིན་དུ། །ལྟུང་བ་འཇིགས་པས་སྲོག་གཅོད་སོགས། །མི་སྤྱོད་པ་ན་ལྟུང་བ་དང་། །ལྟུང་བ་མེད་པའི་གཟུགས་བརྙན་ཡིན། །དེ་ཕྱིར་ཡིད་ནི་དགེ་བ་ནི། །ལུས་ངག་ལ་ནི་ལྟུང་བ་མེད། །ཞེས་པའི་དོན་ཏེ་དེ་ཉིད་ལས། །དགེ་བའམ་ཡང་ན་མི་དགེ་བ། །ལས་ནི་སེམས་ཀྱི་སྤྲུལ་པ་ཡིན། །

ཞེས་དང་གཞན་ཡང་འདི་སྐད་དུ། །དགེ་སློང་དང་ནི་ཕ་རྒན་ལ། །མྱུར་གྱིས་ཞེས་ནི་བསྐུལ་བྱས་ལ། །འགྲེལ་ནས་ཤི་དེར་ཉེས་པ་མེད། །ཞེས་དང་གཞན་ཡང་དེ་ཉིད་དུ། །སྡོམ་པ་ཉི་ཤུ་པ་ལས་ཀྱང་། །སྙིང་རྗེ་ལྡན་ཞིང་བྱམས་པའི་ཕྱིར། །སེམས་དགེ་བ་ལ་ཉེས་པ་མེད། །ཅེས་པའི་ལུང་འདི་ཤེས་བྱེད་དྲངས། །དེ་ལ་སོགས་པའི་ལུང་རྣམས་ལ། །རྗེས་སུ་བརྟགས་ཏེ་ལྟུང་བར་ནི། མི་འགྱུར་བ་དེ་མཁས་པ་དག །ཤེས་པར་བྱ་བ་ཡིན་ནོ་ཞེས། །གསུངས་པ་འཁྲུལ་སྤོང་ལས། སྤྱིར་ཐེག་པ་ཆེན་པོ་མཐའ་དག་གི་ལུགས་ཀྱི། ལས་ཐམས་ཅད་སེམས་ལས་བྱུང་ཞིང་སེམས་ཀྱིས་སོགས་པ་ཡིན་ཏེ། ལུས་ངག་གི་ལས་ནི་ལུང་དུ་མ་བསྟན་པ་ཡིན་ནོ། །དེ་སྐད་དུ་སློབ་དཔོན་ཨཱརྱ་དེ་ཝའི་སེམས་ཀྱི་སྒྲིབ་སྦྱོང་ལ། །དགེ་བའམ་ཡང་ན་མི་དགེ་བ་ཞེས་སོགས། ཅེས་གསུངས་ཏེ་དེ་ལ་སོགས་པའི་ལུང་དུ་མ་ལ་རྗེས་སུ་བརྟགས་ཏེ། ལྟུང་བར་མི་འགྱུར་བ་མཁས་པ་དག་གིས་ཤེས་པར་བྱ་བ་ཡིན་ནོ་ཞེས་གསུངས་སོ། །ལས་ཀྱང་རྟོགས་པར་ནུས། །སྡོམ་པ་གསུམ་གྱི་བསྟན་བཅོས་ལས། །

གསུངས་པའི་དགོངས་པ་ཤེས་པ་ན། །ལྟུང་བ་ཐམས་ཅད་སྡིག་པ་ཡིན། །སྙམ་པའི་དགོངས་པ་ག་ལ་སྐྱེ། །འོན་ཀྱང་དྲི་བ་པོ་ཉིད་ལས། །དེ་འདྲ་ཡོད་མོད་དེ་ངང་འདིར། །རྗེས་འཇུག་མང་ཞིང་རིགས་མཐུན་གྱི། །ལས་ཀྱིས་བསྐྱུས་པའི་འཁོར་གྱིས་བརྒྱན། །བློན་པོ་མཁས་པར་བཅོས་པ་འགའ། །མཁས་པ་རིགས་པར་བགྲང་བ་ཡིན། །ཤེས་བྱ་ཤེས་པའི་མིག་དང་བྲལ། །མང་དུ་ཐོས་པའི་འཁར་གཞོང་སོགས། །སྨྲོས་ཆུས་རང་བཞིན་གཞན་གྱུར་པ། །བསྟན་བཅོས་འདི་དོན་མཁས་སོ་ཞེས། །ཕྱོགས་བཅུར་སྒྲོགས་ཤིང་རང་ཉིད་དང་། །རིགས་མཐུན་རྨོངས་པའི་སྐྱེ་བོ་ཀུན། །ཚིག་དེ་ལ་ནི་བདེན་པར་འཛིན། །དེ་ཡིས་ཁ་ཟག་བསྐྱུས་པ་ཡིན། །ཅལ་ཅོལ་ཚིག་གི་ཕྲེང་བ་རྣམས། །རི་མོར་བྲིས་པའི་འགྲེལ་མེད་ཀྱི། །ཀྱལ་པའི་པོ་ཏི་ཆེན་པོ་ལ། །ཏི་ཀ་ཞེས་པའི་མིང་བཏགས་ཤིང་། །བློན་པོ་འཁོར་ལྡན་ཐམས་ཅད་ཀྱིས། །ངག་ཀྱལ་བྲིས་ཤིང་ཉེ་བར་སྤེལ། །དེ་ཚེ་བསྟན་བཅོས་ངག་ཀྱལ་དེས། །བྱ་བ་གསུམ་པོ་ཅིག་ཆར་བྱེད། །སྐྱེ་བོ་རྨོངས་པའི་ནོར་རྫས་དང་། །མཁས་པའི་བསྟན་བཅོས་ཆུད་གསོན་ཅིང་། །མཁས་པ་རྣམས་ལ་ཁོ་བོ་ཡི། །ངང་ཚུལ་འདི་ཡིན་ཞེས་ཀྱང་སྨྲས། །དེ་ཚེ་མཁས་པས་འཕྲེལ་གྱུར་ནས། །དྲི་བ་འདི་ནི་མཛད་པར་ངེས། །

དེ་ལན་བདག་གིས་ཡུལ་ཡིན་པས། །ལན་བྱེད་དག་ཀྱང་ཉན་པར་གྱིས། །བོད་ཀྱི་ཕྱུག་རྒྱ་བ་འགའ་ཞིག །རྫོགས་སངས་རྒྱས་ཀྱིས་རང་བྱུང་དང་། །དགེ་བསྙེན་སྡོམ་ལྡན་ལ་སོགས་པ། །གང་ལ་བཀག་པ་དེ་ཉིད་ནི། །གཤེགས་པའི་བཀག་པ་ཡིན་པའི་ཕྱིར། །ཁྱིམ་པ་ལ་ཡང་བཀག་པས་ན། །དེ་དང་འགལ་བའི་སྤྱོད་པ་ནི། །སུ་ཡིས་བྱས་ཀྱང་སྡིག་པར་འགྱུར། །གཞན་དུ་རྫོགས་སངས་རྒྱས་ཀྱིས་ནི། །རབ་བྱུང་ལ་སོགས་རྣམས་ལ་ཡང་། །སྙིང་ནད་བྱས་པར་གྱུར་ཅེས་སྨྲས། །དེ་འགོག་པ་ནི་བསྟན་བཅོས་ལས། །ཡི་བཀག་ཡི་གནང་ཞེས་བྱ་བའང་། །སངས་རྒྱས་བསྟན་དང་མཐུན་པ་མིན། །ཞེས་པ་ནས་བཟུང་འདི་སྐད་དུ། །བྱེད་པོ་སངས་རྒྱས་ཡིན་པར་གསུངས། །ཞེས་པའི་བར་གྱིས་བསྟན་པ་སྟེ། །དེ་ལ་ལྟུང་བ་སྡིག་པ་གཉིས། །སོ་སོར་གསུངས་ཏེ་བསྟན་བཅོས་ལས། །གཤིས་ཀྱི་མི་དགེ་མཛད་ཕྱིར་དང་། །ལྟུང་བ་ཐམས་ཅད་སྤྱོད་ཕྱིར་རོ། །ཞེས་པའི་རྣམ་བཅད་ཐ་དད་འབྱུང་། །དེ་གཉིས་གཅིག་ཏུ་བཞེད་གྱུར་ན། །མི་དགེ་བ་དང་ལྟུང་བ་གཉིས། །ཅིའི་ཕྱིར་ན་སོ་སོར་སྨོས། །དགེ་བསྙེན་ལ་ནི་ལྟུང་བ་ཞེས། །མཁས་པའི་གཞུང་ལས་བཤད་པ་མེད། །འདི་འདྲ་གང་དག་སུ་ཟེར་བ། །དེ་ཡིས་རང་གི་རྩ་བ་དང་། །བརྒྱུད་པའི་བླ་མར་གང་གྱུར་པ། །ཁྱིམ་པ་འམ་ནི་དགེ་བསྙེན་ནམ། །རྣལ་འབྱོར་པ་ལ་གང་ཞུགས་པ། །དེ་དག་ཐམས་ཅད་སྨད་པ་སྟེ། །གཤིས་ཀྱི་མི་དགེ་མཛད་ཕྱིར་དང་། །ལྟུང་བ་ཐམས་ཅད་སྤྱོད་ཕྱིར་རོ། །ཞེས་གསུང་དེ་ཡིས་བསྟན་འདོད་ན། །སྡོམ་པ་མེད་པའི་ཁྱིམ་པ་ལའང་། །ལྟུང་བ་འབྱུང་བར་བཞེད་པ

ཡང་། །ཧ་ཅང་ཐལ་བས་ལུང་དེའི་དོན། །རབ་བྱུང་རྣམས་ལ་བཅས་པ་ཡིས། །སྡིག་དང་ལྟུང་བ་གང་འབྱུང་བ། །ཁྱིམ་པ་སོགས་ལའང་འབྱུང་སྙམ་ན། །སུ་ལ་ཡོད་ཀྱང་རང་གི་ནི། །བླ་མ་རྣམས་ལ་སྨད་པར་འགྱུར། །ཞེས་པ་གཞན་གྱིས་ཁས་བླངས་པ། །རྟགས་སུ་བཀོད་པའི་ཐལ་བ་སྟེ། །འཁོར་གསུམ་ཚང་བའི་དག་གང་དེ། །ཐལ་འགྱུར་ཡང་དག་ཡིན་པ་ཡང་། །རིགས་པ་མཁྱེན་པས་བཞེད་པ་ཡིན། །རབ་ཏུ་བྱུང་བའི་གང་ཟག་གིས། །རྫོགས་སངས་རྒྱས་ཀྱིས་བཅས་པ་ལས། །འདས་པར་གྱུར་པའི་འཆལ་ཚུལ་གྱིས། །ལྟུང་བ་སྤྱིའི་མཚན་ཉིད་ཡིན། །དགེ་བསྙེན་ཕ་མས་བཅས་པ་དང་། །འགལ་བར་སྤྱོད་པའི་ཉེས་པ་རྣམས། །བསོད་ནམས་མིན་པ་ཞེས་བྱ་ཡི། །ལྟུང་བའི་ཐ་སྙད་བཤད་པ་མེད། །

བསྟན་ལ་ཕམ་པ་བསྡུ་བ་ལས། །དགེ་བསྙེན་ལྟུང་བ་ཞེས་པ་དང་། །དགེ་བསྙེན་མ་ཡི་ལྟུང་བ་ཞེས། །བཤད་པ་རྣལ་འབྱོར་སྤྱོད་པ་ཡིས། །གྲུབ་མཐའ་ཡིན་པ་འདི་ར་མི་བཟུང་། །དེ་ལ་ལྟུང་བ་སྡེ་ལྔ་ནི། །སློབ་དཔོན་ཡོན་ཏན་འོད་ཀྱིས་གསུངས། །སོ་ཐར་མདོ་ལས་ཕམ་པ་དང་། །ལྷག་མ་མ་ངེས་པ་དག་དང་། །ལྟུང་བྱེད་སོར་བཤགས་ཉེས་བྱས་ཏེ། །དྲུག་ཏུ་གསུངས་ཤིང་བཞི་པ་ལ། །རིག་ན་རིམ་གྱིས་གདོན་པ་ཡང་། །འདི་ཉིད་ཁོ་ནའི་དབང་བྱས་ཤིང་། །གདོན་པ་རྣམས་པ་ལྔ་པོ་དང་། །ལྟུང་བ་སྡེ་ལྔ་གཉིས་ཀའི་མིན། །ཞེས་ནི་ལུང་གིས་ལྔ་ཚན་དང་། །ཚད་ལྡན་མཁས་པས་འགྲེལ་པར་འབྱུང་། །འདུལ་བ་མ་མོའི་ལུང་ལས་ནི། །ལྷག་མ་མེད་པའི་ཉེས་པ་གང་ཞེ་ན། ཉེས་པའི་རིགས་དང་པོ་ལྟུང་བ་བཞི་པའོ། །ལྷག་མ་མེད་པའི་ལྟུང་བ་དང་། །ལྷག་མའི་ལྟུང་བ་གཉིས་སུ་གསུངས། །དང་པོ་ཕམ་པ་བཞི་པོ་དང་། །གཉིས་པ་ལ་ནི་རྣམ་གཉིས་ཏེ། །དགེ་འདུན་ལྷག་མའི་ལྟུང་བ་དང་། །གང་ཟག་ལྷག་མའི་ལྟུང་བའོ། །དང་པོ་བཅུ་གསུམ་གཉིས་པ་ནི། །སྤང་ལྟུང་མན་ཆད་ཐམས་ཅད་ཡིན། །དེ་བཞིན་མེ་ཏོག་ཕྲེང་རྒྱུད་ལས། །ཕམ་པ་ལྷག་མ་མེད་གཅོད་དང་། །དགེ་འདུན་ལྷག་མས་དེ་ལྟར་དང་། །དེ་བཞིན་ལྷག་མ་གང་ཟག་ཅན། །ལྟུང་བ་རྣམ་པ་གསུམ་དུ་གྲགས། །ཞེས་གསུངས་པ་ཡང་དགེ་བསྙེན་ལ། །ལྟུང་བ་མེད་པའི་ལུང་ཡིན་ནོ། །

བསྙེན་རྫོགས་རྟེན་ལ་ཁྱད་མེད་པར། །ལྷག་མ་མེད་པའི་ལྟུང་བར་འགྱུར། །བཅས་པ་རྫོགས་པའི་འཆལ་ཚུལ་ནི། །ཕམ་པ་སྤྱི་ཡི་མཚན་ཉིད་དང་། །དགེ་སློང་མ་ཡི་རྟེན་ཉིད་ལ། །ལྷག་མེད་ལྟུང་བར་བཅས་པ་ནི། །རྫོགས་ཤིང་དགེ་སློང་རྟེན་དག་ལ། །ལྷག་མེད་ལྟུང་བར་མ་བཅས་པ། །ཕམ་པ་ཐུན་མོང་མ་ཡིན་པ། །མཚན་ཉིད་དགེ་ཚུལ་ཕམ་དང་། །དགེ་སློང་མ་གསུམ་བཅས་པ་དང་། །འགལ་བར་བྱས་ནས་ཕམ་འདྲ་དང་། །བཤགས་བྱ་བསྡམ་བྱའི་ཉེས་བྱས་ནི། །གསུམ་དུ་ངེས་ཤིང་དང་པོ་ནི། །བསྙེན་པར་མ་རྫོགས་ཉིད་ལ། །ལྷག་མེད

ལྟུང་བར་བཅས་པ་དེ། །རྫོགས་པ་དགེ་འདུན་ལྷག་མ་ནི། །བསྙེན་རྫོགས་རྟེན་ལ་ཁྱད་མེད་པར། །ངོ་བོ་ཉིད་ཀྱིས་ཉེས་པ་ནི། །སྡོམ་པའི་ལྟུང་བར་བཅས་པ་དེ། །རྫོགས་ཤིང་ལྷག་མ་མེད་པ་ཡི། །ལྟུང་བ་མིན་པར་མཚན་ཉིད་དོ༔ །དགེ་སློང་རྟེན་ལ་རང་བཞིན་གྱིས། །ཉེས་པ་སྡོམ་པོའི་ལྟུང་བ་ནི། །བཅས་པ་རྫོགས་ཤིང་ལྷག་མེད་ཀྱི། །ལྟུང་བ་མིན་བཞིན་དགེ་སློང་མའི། །དགེ་འདུན་ལྷག་མར་མ་བཅས་པ། །དགེ་སློང་དགེ་འདུན་ལྷག་མ་ཡི། །ཐུན་མོང་མིན་པའི་མཚན་ཉིད་དང་། །དགེ་སློང་མ་ལའང་དེ་བཞིན་ནོ། །ཕམ་ལྷག་གཉིས་ཀ་རང་བཞིན་གྱི། །ཉེས་པ་སྡོམ་པོར་རང་བཞིན་ཡང་། །མ་མོ་གཞུང་ལས་གསལ་བར་གསུངས། །སྡོམ་པོར་ཉེས་པ་གང་ཞེ་ན་ཕས་ཕམ་པ་དང་དགེ་འདུན་ལྷག་མའོ། །དེ་ཕྱིར་ཁ་ན་མ་ཐོ་བ། །ཡིན་པས་བཅས་རྐྱང་ཡོད་པ་མིན། །སྤང་ལྟུང་མཚན་ཉིད་བསྙེན་པར་རྫོགས། །རྟེན་ལ་ཁྱད་པར་མེད་པར་ནི། །གང་ཟག་ལྷག་མའི་ལྟུང་བ་རུ། །བཅས་པ་རྫོགས་ཤིང་ཕྱིར་བཅོས་ཆེ། །སྤང་བྲལ་སྔོན་དུ་འགྲོ་དགོས་པར། །བཅས་པ་སྤྱི་ཡི་མཚན་ཉིད་དང་། །དགེ་སློང་རྟེན་ལ་གང་ཟག་ལྷག་མའི་ལྟུང་བ་བཅས་པར་རྫོགས་ཤིང་ཕྱིར་བཅོས་པའི་ཚེ་སྤང་བྲལ་སྔོན་དུ། འགྲོ་དགོས་པར་བཅས་པའང་དགེ་སློང་མའི་རྟེན་ལ་དེ་ལྟར་མ་བཅས་པའོ། །ཐུན་མོང་མིན་པ་སྤྲུགས་མས་ཤེས། །འོག་མ་ཀུན་ལའང་དེ་བཞིན་ནོ། །ལྟུང་བྱེད་འབའ་ཞིག་མཚན་ཉིད་ནི། །བསྙེན་པར་རྫོགས་པའི་རྟེན་བར་ཁྱད་པར་མེད་པར་གང་ཟག་ལྷག་མའི་ལྟུང་བར་ནི། །བཅས་པ་རྫོགས་ཤིང་ཕྱིར་བཅོས་ལ། །སྤང་བྲལ་སྔོན་དུ་འགྲོ་མི་དགོས། །རིགས་ནི་གསུམ་པར་བཅས་པའོ། །

དེ་བཞིན་སོར་བཤགས་བསླབ་བྱ་ཡི། །ཉེས་བྱས་གཉིས་ལ་ཞི་བ་དང་། །ལྔ་པར་བཅས་པ་ལ་སོགས་སྦྱོར། །དེས་ན་སྡོམ་ལྡན་གང་ཟག་ལ། །ལྟུང་བ་འབྱུང་བར་གསུངས་པ་ནི། །རབ་བྱུང་སྡེ་ལྔ་ཁོ་ནར་ངེས། །དེ་བྱར་ཁྲིམ་པ་ལ་སོགས་ལ། །ལྟུང་བ་མེད་ཅེས་སོ་ཐར་གྱིས། །འགྲེལ་པ་བམ་པོ་ལྔ་བཅུ་པ། །ལ་སོགས་ཚད་ལྡན་གཞུང་ལུགས་སོགས། །ལུང་ལས་ལྟུང་བ་ཇི་ལྟར་བྱུང་ཚུལ་དང་། །ལྟུང་བ་ཤེས་པར་བྱ་བ་དང་། །ལྟུང་བའི་རིགས་ནི་བསྡུ་བ་སྟེ། །གསུམ་འབྱུང་དང་པོ་འདི་སྐད་དུ། །བྱ་བ་མི་བྱེད་པ་དག་དང་། །མི་བྱ་བ་ནི་བྱེད་པའི་ཕྱིར། །མི་སྦྱོར་བ་ནི་སྦྱོར་བཅས་ལས། །ལྟུང་བའི་ཉེས་པ་འབྱུང་བར་འགྱུར། །དེ་ཡི་རྒྱུ་ཡང་རྣམ་བཞི་སྟེ། །མི་ཤེས་པ་དང་བག་མེད་དང་། །ཉོན་མོངས་པ་དང་མ་གུས་པའོ། །ཞེས་གསུངས་མི་ཤེས་བག་མེད་གཉིས། །ཉོན་མོངས་ཅན་མིན་ཉོན་མོངས་མང་། །མ་གུས་པ་གཉིས་ཉོན་མོངས་ཅན། །སེམས་ཀྱིས་སྤང་བའི་ལྟུང་བ་ཡིན། །དེ་ན་རང་བཞིན་གྱི་ཁ་ན་མ་ཐོ་བ་དང་འབྲེལ་བའི་བཅས་པའི་ཁ་ན་མ་ཐོ་ཡིན། །གཉིས་པ་ལུང་ལས་འདི་སྐད་དུ། །ལྟུང་བ་རྣམ་པ་ལྔ་ཡོད་དེ། །གཞི་དང་ཀུན་ནས་བསླང་བ་དང་། །སྦྱོར་དང་དངོས་དང་མཐའ་ལས་སོ། །ལྟུང་བ་ལྷག་བཅས་ལ་སོགས་པ། །རྣམ་པ་བཅུ་གཉིས་ཤེས་པར་བྱ། །ཞེས་གསུངས་གཞི་ནི་དུག་གསུམ་ལས། །ཀུན་སློང་ལུས་ངག་

རེ་རེ་འམ། །གཉིས་སམ་ཡང་ན་གསུམ་ལས་སོ། །དངོས་པོ་བཞི་སྟེ་སེམས་ཅན་དང་། །སེམས་ཅན་མིན་པ་རྣམ་གཉིས་སོ། །སྦྱོར་བ་བྱ་བ་མ་ཡིན་པ། །བྱེད་དང་བྱ་བ་མི་ཡིན་པ། །མཐའ་ན་བསམ་པ་མཐར་ཐུག་སྟེ། །ལྟ་ཡིས་རྫོགས་པར་འགྱུར་བར་བཤད། །རིགས་བསྡུ་བ་ནི་བཤད་ཟིན་ཏོ། །

མི་དགེ་བ་ཡང་མདོར་བསྡུས་ན། །རང་བཞིན་ཁ་ན་མ་ཐོ་དང་། །བཅས་པའི་ཁ་ན་མ་ཐོ་གཉིས། །མདོ་དང་བསྟན་བཅོས་རྣམས་ལས་གསུངས། །དང་པོ་ལས་ལམ་བཅུ་ལ་སོགས། །བཅས་པར་ལ་ནི་མ་ལྟོས་པར། །བྱས་ཙམ་ཉིད་ནས་སྡིག་ཏུ་འགྱུར། །མཐོ་རིས་ལ་ནི་གེགས་བྱེད་དང་། །ངན་སོང་གསུམ་གྱི་རྒྱུ་ཡིན་ནོ། །གཉིས་པ་བཅས་པ་ལ་ལྟོས་ནས། །སྡིག་པར་འགྱུར་བས་དགེ་སློན་སོགས། །སྡོམ་ལྡན་ཕལ་ཆེ་བ་ལ་འབྱུང་། །ཡན་ལག་ལྔ་ཡིས་རྫོགས་པ་ཡང་། །འདི་ཉིད་ལ་ནི་དགོངས་པ་ཡིན། །དམ་པ་རྣམས་ཀྱིས་སྨད་པའི་ཕྱིར། །ཁ་ན་མ་ཐོ་ཞེས་བྱ་དང་། །སྡིག་པ་ཞེས་བྱ་ལ་སོགས་སོ། །དེ་ལ་བཅས་པའི་སྡིག་པ་ལ། །འདུལ་བ་ཉིད་དང་འགལ་བ་དང་། །འཇིག་རྟེན་དག་དང་འགལ་བ་གཅིག །འཇིག་རྟེན་དག་དང་འགལ་བ་ཞེས། །ཚད་ལྡན་མཁས་པའི་འགྲེལ་པར་བཤད། །ཁམ་པོ་ལྔ་བཅུ་པར་ཁ་ན་མ་ཐོ་བ་ཞེས་བྱ་བ་ནི་སྡིག་པ་སྟེ། དམ་པ་རྣམས་ཀྱིས་སྨད་པའི་ཕྱིར་རོ། །ཕྲ་རྣམས་ལ་ཞེས་བྱ་བ་ནི་བཅས་པའི་ཁ་ན་མ་ཐོ་བ་དང་བཅས་པ་ཕྲ་མོ་རྣམས་ལའོ། །ཞེས། བྱེ་བྲག་སྨྲ་བའི་འདུལ་འཛིན་རྣམས། །གང་ཞིག་རྒྱུན་དབང་གིས་བྱས་ཀྱང་། །གནང་བ་མེད་དང་ཡོད་པ་ནི། །རིམ་བཞིན་ཁ་ན་མ་ཐོ་གཉིས། །ཆང་འཐུང་བ་ཡང་རང་བཞིན་ཏེ། །ལུང་ལས་ཇི་ལྟར་བྲོ་གཡོག་བགྱི། །ཅེས་ཞུས་ལན་དུ་ཉེ་བར་འཁོར། །རང་བཞིན་ཁ་ན་མ་ཐོ་བ། །མ་གཏོགས་པའོ་ཞེས་གསུངས་དང་། །ནད་པས་ཆང་ནི་ཆས་རྩེ་ཡི། །འཐུང་བར་གནང་བ་མེད་པས་སོ༑ ༑དེ་ཡང་སྲོག་གཅོད་ལ་སོགས་བཞིན། །འཕགས་པ་རྣམས་ནི་ཚེ་འཕོས་ཀྱང་། །མི་སྤྱོད་ཕྱིར་དང་ལུས་ཀྱི་ལས། །ཉེས་སྤྱོད་ཡིན་པར་གསུངས་ཕྱིར་རོ། །ཞེས་ཟེར་བྱེ་བྲག་སྨྲ་བ་ཡི། །མདོན་པ་བ་རྣམས་འདི་སྐད་དུ། །བཅས་པ་ལ་ནི་མ་ལྟོས་པར། །ངོ་བོ་ཉིད་ཀྱི་སྡིག་ཏུ་འགྱུར། །བཅས་པ་ཉིད་དང་འགལ་བ་ནི། །རང་བཞིན་བཅས་པའི་ཁྱད་པར་ཡིན། །བཅས་པའི་ཁ་ན་མ་ཐོ་བ། །ནད་པ་རྣམས་ནི་ཕྱིར་སླང་མེད། །སྨྱོས་པར་འགྱུར་བ་འཐུང་བ་ཡིས། །ཚོད་ལ་ངེས་པས་ཐལ་འགྱུར་བ། །ཡོངས་སུ་སྲུང་ཕྱིར་དམིགས་བསལ་ཏེ། །རྩ་རྩེ་ཡིས་ཀྱང་འཐུང་བར་བཀག །འཕགས་པ་རྣམས་ཀྱིས་མི་སྤྱོད་པའང་། །ངོ་ཚ་བ་དང་ལྡན་པ་དང་། །བརྟན་པ་གཉིས་པར་བྱེད་པའི་ཕྱིར། །ཙུང་ཟད་ཙམ་ཡང་མི་གསོལ་ཏེ། །དུག་བཞིན་མ་ངེས་པ་ཡི་ཕྱིར། །ཉེས་པར་སྤྱོད་པ་ཞེས་གསུངས་སོ། །རང་བཞིན་དུ་ནི་མ་ཡིན་ཏེ། །བག་མེད་པ་ཡི་གནས་ཡིན་པས། །དེ་ཉིད་ཕྱིར་ན་ཆང་འདི་ལ། །བག་མེད་པ་ཡི་ནི་ཞེས་སྨོས། །

གཞན་ཡང་མཛོད་ཀྱི་འགྲེལ་པ་ལས། །ཉོན་མོངས་ཅན་གྱི་སེམས་ཁོ་ནས། །སྤྱོད་པ་རང་བཞིན་སྡིག་པ་དང་། །ཉོན་མོངས་ཅན་ཡིན་སེམས་ཀྱིས་ཀྱང་། །སྤྱོད་པ་བཅས་པའི་སྡིག་པ་དང་། །ཚང་ནི་ཇི་སྲིད་མ་སྨྱོས་པར། །གཉེན་པོའི་བློ་ཡིས་བཏུང་བར་ནུས། །གང་ཚེ་སྨྱོས་པ་ཡིན་པར་ནི། །ཤེས་ནས་འབྱུང་བའི་སེམས་དེ་ཉིད། །ཉོན་མོངས་ཅན་ཡིན་སྨྱོས་པར་ནི། །མི་འགྱུར་བ་ཡི་ཚོད་རིགས་ནས། །འཐུངས་པ་ཉོན་མོངས་ཅན་ཡིན་ནོ༔ །ཞེས་སོགས་འདིས་ནི་མི་དགེ་སེམས། །ཡན་ལག་ཏུ་ནི་དགོས་པ་དང་། །མི་དགོས་པ་ཡི་སྡིག་པ་གཉིས། །རང་བཞིན་བཅས་པའི་ཁྱད་པར་འདོད། །དེ་ལ་དགྲ་བཅོམ་མ་གཏོགས་པའི། །བཅས་ལྡང་ཐམས་ཅད་སྡིག་པར་ནི། །དགེ་ལེགས་བཤེས་གཉེན་གྱིས་གསུངས་ཤིང་། །བཅས་པའི་ཁ་ན་མ་ཐོ་བ་ནི་བཀག་པའི་ཁ་ན་མ་ཐོ་བ་སྟེ། བཀག་པའི་སྡིག་ཏུ་འགྱུར་བའོ་ཞེས་སོ། །སྤྱོད་འཇུག་ལས་ཀྱང་འདི་སྐད་དུ། །བདག་ནི་མི་ཤེས་གཏི་མུག་པས། །རང་བཞིན་ཁ་ན་མ་ཐོ་དང་། །བཅས་པའི་སྡིག་པ་གང་ཡིན་ལས། །གང་ཡང་རུང་བར་བགྱིས་པ་རྣམས། །མགོན་པོའི་སྤྱན་སྔར་མངོན་སུམ་དུ། །ཐལ་སྦྱོར་སྡུག་བསྔལ་འཇིགས་སེམས་ཀྱིས། །ཡང་དང་ཡང་དུ་ཕྱག་འཚལ་ཏེ། །དེ་དག་ཐམས་ཅད་བཤགས་པར་བགྱིས། །ཞེས་གསུངས་གཞན་ཡང་དེ་ཉིད་ལས། །དེ་ལ་སློན་པ་ཐམས་ཅད་མཁྱེན། །ཐུགས་རྗེ་ཐམས་ཅད་འཁྱེན་པ་ཡི། །བཀའ་ལྟར་མི་བྱེད་སེམས་དཔའ་ནི། །ཤིན་ཏུ་གཏི་མུག་སྨད་པའི་གནས། །ཞེས་གསུངས་པ་ཡང་བཅས་འགལ་རྣམས། །བཅས་པའི་ཁ་ན་མ་ཐོ་བ། །ཡིན་པའི་ལུང་ཡིན་བོད་ཀྱིས་ཀྱང་། །བྱ་འདུལ་ཆེན་པོ་ལ་སོགས་པ། །མཁས་པ་དུ་མས་འདི་བཞེད་དོ། །གཞན་དུ་དུས་མིན་ཟ་བ་སོགས། །ལྟུང་བ་རྣམས་ལ་རྣམ་སྨིན་གྱི། །ཡོད་པར་གསུངས་པ་མི་རིགས་པ། །འགྱུར་ཏེ་ལུང་མ་བསྟན་པ་ཡིས། །ལས་ཀྱི་རྣམ་སྨིན་འབྱིན་པ་ནི། །རི་བོང་རྭ་དང་མཚུངས་ཕྱིར་རོ། །

འཆལ་ཚུལ་ལ་ཡང་རྣམ་གཉིས་པ། །རང་བཞིན་འཆལ་བའི་ཚུལ་ཁྲིམས་དང་། །བཅས་པའི་འཆལ་བའི་ཚུལ་ཁྲིམས་སོ། །དང་པོར་རང་བཞིན་མི་དགེ་བའི། །གཟུགས་ཡིན་གཉིས་པོ་སངས་རྒྱས་ཀྱིས། །བཅས་པ་དང་འགལ་དུས་མིན་གྱི། །ཟས་ལ་སོགས་པ་སྤྱོད་པ་དེ། །བསླབ་པ་མནོས་པས་དེ་དག་དང་། །འགལ་བར་སྤྱོད་ན་འཆལ་བ་ཡི། །ཚུལ་ཁྲིམས་མིན་པའི་ཚུལ་དེ་ཡང་། །འཆལ་བའི་ཚུལ་ཁྲིམས་མི་དགེའི་གཟུགས། །དེ་སྟོང་ཚུལ་ཁྲིམས་རྣམ་གཉིས་སོ། །སངས་རྒྱས་ཀྱིས་ནི་བཅས་པ་ཡང་། །ཞེས་གསུངས་རྩ་འགྲེལ་དག་ལས་སོགས། །དེས་ན་ཁ་ན་མ་ཐོ་བ། །དང་པོ་རང་བཞིན་མི་དགེ་བ། །ངན་འགྲོའི་རྒྱུ་ཞེས་སྟོར་བཤད་ཟིན། །བཅས་པའི་ཁ་ན་མ་ཐོ་བ། །གཞན་རྣམས་མ་དད་སྐྱེ་བ་དང་། །དགེ་སྦྱོང་ཚུལ་གྱིས་བར་ཆད་དུ། །འགྲོ་བ་ལ་སོགས་དགོངས་ནས་ནི༔ །སྟོན་པ་ཉིད་ཀྱིས་བཀག་པ་ཡིན། །དེས་ན་སྤང་ལུང་ལ་སོགས་པ། །ཀུན་ཀྱང་བཅས་པའི་སྡིག་པར

འགྱུར། །འོན་ཀྱང་ཕམ་པ་བཞི་པོ་དེ། །གང་ལ་བྱུང་བའི་གང་ཟག་ལ། །རང་བཞིན་ཁ་ན་མ་ཐོ་བ། །འབྱུང་བར་ངེས་ཤིང་ལྷག་མ་ལ། །ཁང་པ་ཁང་ཆེན་གཉིས་དག་དང་། །སླན་བྱེད་ལྷག་མ་གཉིས་པོ་ནི། །མ་གཏོགས་གཞན་རྣམས་ལ་ཡང་ངེས། །སྤང་ལྟུང་ལ་སོགས་གཞན་རྣམས་ལ། །ཆགས་སོགས་གསུམ་པོ་གང་གསུང་གིས། །རྒྱུ་ཡི་ཀུན་སློང་ལས་སྐྱེས་པ། །ལྟུང་བ་ཐམས་ཅད་རང་བཞིན་གྱིས། །ཁ་ན་མ་ཐོ་བ་དང་ཡང་། །ལྷན་ཅིག་འབྱུང་བར་ངེས་པ་ཡིན། །འདི་ལ་བླ་མ་ཁ་ཅིག་ནི། །རང་བཞིན་སྔར་སྐྱེས་བཅས་པ་ཡིས། །སྡིག་པ་ཕྱིས་སུ་སྐྱེ་བར་བཞེད། །འོན་ཀྱང་ཤེས་བྱེད་མ་མཐོང་ངོ་། །འདོད་པར་གཏོགས་པའི་ཉོན་མོངས་ལ། །འཇིག་ཚོགས་ལྟ་དང་མཐར་འཛིན་དང་། །དེ་དང་མཚུངས་པར་ལྡན་པ་ཡིས། །མ་རིག་མ་རྟོགས་ཉོན་མོངས་ཀྱི། །རྒྱུ་ཡི་ཀུན་སློང་ལས་སྐྱེས་པའི། །ལུས་ངག་བདུན་པོ་རྫོགས་པ་ནི། །ལས་དང་ལས་ལམ་དངོས་ཡིན་པས། །རང་བཞིན་ཁ་ན་མ་ཐོ་མིན། །དེ་ཉིད་སྟོན་པས་བཀག་པ་ཡིས། །ཆ་ནས་བཅས་པའི་ལྟུང་བ་དང་། །བཅས་པའི་ཁ་ན་མ་ཐོ་འགྱུར། །དེས་ན་ལྟུང་བ་ཐམས་ཅད་ནི། །བཅས་པའི་ལྟུང་བ་ཡིན་པར་ངེས། །རང་བཞིན་ཁ་ན་མ་ཐོ་བ། །ཡིན་པར་འགལ་ཞིང་ཕམ་པ་སོགས། །སྔ་མ་བཅས་ལྟུང་ཡིན་པར་ཁྱབ། །ཉེས་བྱས་ལ་ནི་རྣམ་གཉིས་ཏེ། །ལྟུང་བ་དང་ནི་དེ་ཡིན་ནོ། །ལྟུང་བ་ཐམས་ཅད་རིག་བྱེད་ཡིན། །ཞེས་ནི་ལུང་དང་འོད་ལྡན་དང་། །སོ་ཐར་འགྲེལ་པར་རྩོད་སྤོང་བཅས། །ལེགས་པར་གསུངས་ཕྱིར་དེ་བཞིན་བཟུང་། །མདོ་སྡེ་པ་རྣམས་ཉེས་བྱས་ནི། །ཐམས་ཅད་ལ་ཡང་ལྟུང་བར་འདོད། །

དེ་ཡང་གཞུང་ལས་ཇི་སྐད་དུ། །གསོ་སྦྱོང་དུས་ཚེས་དྲིས་ན་ཡང་། །སྐྱོན་ཡོད་སྨྲ་བར་མི་བྱེད་ན། །དེ་ལ་ཡིད་ཀྱི་ལྟུང་བ་ནི། །ཉེས་བྱས་ཉིད་དུ་མཁས་པས་རྟོགས། །ཞེས་གསུངས་རྣལ་འབྱོར་སྤྱོད་པ་ཡང་། །དེ་དང་མཐུན་ཞིང་ཉེས་བྱས་ཏེ། །བཤགས་བྱའི་ལྟུང་བ་མིན་པར་གསུངས། །འོ་ན་ལུང་ལས་ཇི་སྐད་དུ། །བསླབ་པ་བསམ་བཞིན་འདས་པ་ནི། །ཉོན་མོངས་ཅན་དང་རྣམ་པར་སྨིན། །ངན་སོང་སྐྱེ་བའི་རྣམ་སྨིན་བཅས། །མི་དགེ་བ་དང་མ་བསམ་པར། །བསླབ་པ་འདས་ན་ཉོན་མོངས་ཅན། །མིན་དང་ལུང་མ་བསྟན་པ་དང་། །རྣམ་སྨིན་མེད་པར་གསུངས་པ་དང་། །འགལ་ལོ་ཞེ་ན་དེ་ལན་ནི། །ལྟུང་བ་ཕྱིར་ཞིང་བཅོས་པ་འམ། །དམའ་བཅོས་ལྟུང་བའི་དབང་དུ་བྱས། །ཞེས་ནི་བྱ་འདུལ་ཆེན་པོས་གསུངས། །དགྲ་བཅོམ་རྒྱུ་ཡིས་ལྟུང་བ་རྣམས། །ཤེས་བཞིན་མིན་པའི་ལྟུང་བ་ཡིན། །དེ་ཕྱིར་ཉོན་མོངས་ཅན་མིན་ཞེས། །བཀའ་ལུང་གཏམ་གྱི་གཞི་ལས་གསུངས། །

འོན་ཀྱང་ཁོ་བོས་འདི་ལྟར་བསམ། །རང་བཞིན་ཁ་ན་མ་ཐོ་དང་། །འབྲེལ་པ་མེད་པའི་ལྟུང་བ་རྣམས། །ཉོན་མོངས་ཅན་མིན་མ་རིག་པས། །ཀུན་ནས་བསླངས་ཕྱིར་བཅས་ཀྱང་ཡིན། །དེ་ལས་དགོངས་ནས་ལུང་མ་

བསྟན། །ཞེས་ཀྱང་གསུངས་པ་ཡིན་པར་མངོན། །དེ་ལྟ་མིན་པར་ལུང་མ་བསྟན། །སྨྲ་ཧི་བཞིན་ན་མེ་རེག་དང་། །ཆུ་ལ་བརྩེ་བ་ལ་སོགས་པའི། །བཅས་ལྟུང་རྣམས་ལ་སྤྱོད་པ་དང་། །མི་སྤྱོད་པ་ཡང་ཁྱད་མེད་འགྱུར། །དེ་གཉིས་ལ་དགེ་སྡིག་གཉིས་ཀ་མེད་ཕྱིར་རོ། །དགྲ་བཅོམ་པ་ལ་མི་མཚུངས་ཏེ། །ཉོན་མོངས་རྩད་ནས་སྤངས་ཕྱིར་རོ། །དེས་ན་འདུལ་བའི་བརྗོད་བྱ་ནི། །ལྷར་འདུས་གཞུང་ལས་འདི་སྐད་དུ། །འདུལ་བ་སྡུད་པར་བྱེད་པ་ཡི། །མདོར་ན་ཆོས་ནི་རྣམ་ལྔ་སྟེ། །རང་བཞིན་ཁ་ན་མ་ཐོ་དང་། །བཅས་པའི་ཁ་ན་མ་ཐོ་བཅས། །དགག་པ་དང་ནི་གནང་བ་དང་། །སྒྲུབ་པ་ཡིན་ཏེ་ཞེས་གསུངས་སོ། །འདུལ་བའི་ལུགས་ཀྱི་ལྟུང་བ་ཡིས། །དངོས་གཞི་སྐྱེད་ལ་རང་དོན་གྱི། །བསམ་པ་ཡན་ལག་མ་ཡིན་ཏེ། །འཁྲིག་ཚིག་བསྙེན་བཀུར་བསྔགས་པ་དང་། །སྤྲངས་པ་སློང་དང་བསྔོས་བསྒྱུར་དང་། །སྲིན་བལ་འབའ་ཞིག་ཆ་གཉིས་དང་། །ལྟུང་བཟེད་ཚལ་དང་ཐ་ག་གཉིས། །ཁབ་བྲལ་འཚོས་དང་བདལ་བ་དང་། །སོར་བཤགས་དང་པོ་གཉིས་དག་སྟེ། །བཅུ་བཞི་པ་ལ་རང་དོན་གྱི། །བསམ་པ་དགོས་པར་འགྲེལ་པར་གསུངས། །དེས་ན་སྲོག་གཅོད་མི་ཚངས་སྤྱོད། །སོགས་ལ་གཞན་དོན་ཁོ་ན་ཡིས། །སྤྱད་ན་ལྟུང་བ་དངོས་གཞིར་འགྱུར། །དེ་ལྟར་ཐེག་པ་ཆེ་ཆུང་གིས། །འདུལ་བའང་སོ་སོར་ཤེས་པར་གྱིས། །

སྔགས་སྡོམ་བྱང་སེམས་སྡོམ་པ་རྣམས། །སོ་ཐར་སྡོམ་པ་ཡིན་ནོ་ཞེས། །གླུན་པོ་ངོ་མཚར་བྱེད་མོད་ཀྱི། །མཁས་པ་རྣམས་ཀྱིས་འཁྲུལ་པའི་གནས། །རྗེ་བཙུན་གོང་མའི་གསུང་རབ་རྣམས། །ཚམ་ཚོམ་མེད་པར་རྒྱུད་གསོན་པའི། །གླུན་པོ་སླུ་བ་ཉུང་ན་མཛེས། །གསུང་རབ་མཁྱེན་པའི་མཁས་པ་དང་། །ཁྱད་པར་རྗེ་བཙུན་ས་སྐྱ་པས། །སྡོམ་པ་གཉིས་དང་ལྡན་པ་ཡི། །དགེ་སློང་རྒྱུད་ཀྱི་སྔགས་སྡོམ་ནི། །སྤྱི་དང་བྱང་སེམས་སོ་ཐར་གཉིས། །བྱེ་བྲག་ཡིན་པས་སྡོམ་པ་གསུམ། །གོང་མ་གོང་མ་རྒྱ་ཆེ་བས། །འོག་མ་འོག་མར་འདུ་བ་དང་། །དེ་བཞིན་སོ་ཐར་ཕམ་པ་བཞི། །རྩ་ལྟུང་གཉིས་པར་འདུ་བ་དང་། །སོ་ཐར་བཅས་པ་ཕྲ་མོ་རྣམས། །ཡན་ལག་ལྟུང་བར་འདུས་པ་རྣམས། །བྱང་སར་བཤད་པའི་ཕས་ཕམ་པ། །འདྲ་བའི་ཆོས་བཞི་གཉིས་པ་དང་། །བསླབ་བཏུས་ལས་གསུངས་ཉི་ཤུ་པོ། །རྩ་ལྟུང་བཅུ་བཞིར་འདུ་བར་གསུངས། །བརྗོད་པར་བྱ་བ་མང་ན་ཡང་། །སྐབས་མིན་ཕྱིར་ན་རེ་ཤིག་བཞག །འོན་ཀྱང་འདི་ཙམ་ལ་བཤད་ན། །དེས་ན་མདོ་དང་བསྟན་བཅོས་ལས། །རང་བཞིན་ཁ་ན་མ་ཐོ་དང་། །བཅས་པའི་ཁ་ན་མ་ཐོ་བ། །རྣམ་པ་གཉིས་སུ་བསྟུས་ཏེ་གསུངས། །ཞེས་གསུངས་དོན་ནི་མི་རྟོགས་ཤིང་། །བསྟན་བཅོས་འདི་ལ་དད་པ་དང་། །དེ་དོན་ལེགས་པར་མི་ཤེས་པའི། །གླུན་པོ་རྣམས་ཀྱི་དགེ་བསྙེན་ལའང་། །ལྟུང་བ་འབྱུང་ཞེས་སྨྲ་བ་ཐོས། །དེ་ཕྱིར་མདོ་ཙམ་བཤད་པ་ཡིན། །ཉན་ཐོས་གྱེས་པ་བཅོ་བརྒྱད་ལ༔ ༔འདུལ་བ་བཅོ་བརྒྱད་ཡོད་ཅེས་པའི། །ལུང་ཁུངས་གསལ་པོ་གང་ན་ཡོད། །

ཞེས་པའི་ལན་ནི་འོད་ལྡན་ལས། །རྒྱལ་པོ་ཏྲཱ་ཀྵ་ཨ་ཤོ་ཀ །ཤི་བའི་རྗེས་སུ་དགྲ་བཅོམ་རྣམས། །སྐད་ནི་སོ་སོར་བཏོན་པ་ལས། །གཞུང་ཡང་གཞན་དང་གཞན་དུ་མར། །སྤྱར་ཏེ་སྡེ་པ་བཅོ་བརྒྱད་ཀྱི། །བར་དུ་གྱུར་པ་ཡིན་ཞེས་གསུངས། །རྒྱལ་པོ་ཏྲཱ་ཀྵ་ཨ་ཤོ་ཀ་ཤི་བའི་རྗེས་སུ་དགྲ་བཅོམ་པ་རྣམས་ཀྱིས་སྐད་སོ་སོར་བཏོན་པས་གཞུང་གཞན་དང་གཞན་དུ་མ་སྤྱར་ཏེ། སྡེ་པ་བཅོ་བརྒྱད་ཀྱི་བར་དུ་གྱུར་པ་ཡིན་ནོ། །ཞེས་སོ། །ཏྲཱ་ཀྵ་ཨ་ཤོ་ཀའི་ཞེས་པ་ཆོས་རྒྱལ་མྱ་ངན་མེད་པའོ། །དེ་གཞུང་⸢དོགས⸣ཞེས་སློས་པ་ནི། །བརྗོད་བྱེད་ཚིག་གི་འདུལ་བ་བསྟན། །དེ་ལ་གཞི་ཐམས་ཅད་ཡོད་སྨྲའི་སྡེ་པ་ལྟར། །རྩ་བའི་ལུང་ལས་བམ་པོ་གཉིས། །ཤློ་ཀ་བདུན་བརྒྱད་ཡོད་པ་དང་། །བཤད་པའི་ལུང་ལས་ཚིགས་བཅད་ནི། །འབུམ་ཕྲག་གཅིག་ལ་སུམ་བརྒྱ་ཡི། །དམན་པའི་གཞུང་ཚད་ཡོད་པ་དང་། །གཞི་ལས་བམ་པོ་བརྒྱ་དང་དགུ། །རྣལ་འབྱོར་གྱ་གསུམ་ཕྲན་ཚེགས་ལ། །ང་དགུ་གཞུང་དམ་ལྔ་བཅུ་ལྔ། །ཞེས་པ་ལྟར་དུ་ག་ལ་ངེས། །ལ་ལའི་སོ་སོར་ཐར་པ་ལ། །གླེང་གཞིའི་ཚིགས་བཅད་གཅིག་ལས་མེད། །ལ་ལའི་རིང་ཐུང་གཞན་དུ་ཡོད། །དེ་བཞིན་བཤད་པའི་ལུང་གཞི་ལའང་། །མང་ཉུང་སྣ་ཚོགས་ཡོད་པ་དང་། །ཕམ་པ་གཅིག་ནས་བསླབ་པར་བྱ། །ཉེས་བྱས་བར་གྱི་བཅས་པ་ཀུན། །སྡེ་པ་ཐམས་ཅད་མི་མཐུན་པས། །སངས་རྒྱས་བསྟན་པ་མིན་པར་འགྱུར། །

མདོ་སྡེ་ལ་ནི་མི་འཇུག་དང་། །འདུལ་བ་ལ་ཡང་མི་སྣང་ཞིང་། །ཆོས་ཉིད་དང་ནི་འགལ་ཕྱིར་རོ། །སྐམ་པའི་དོགས་པ་དབྱུང་བ་ལ། །ཐོག་མ་བར་དང་མཐར་དགེ་བ། །བསླབ་པ་གསུམ་ནི་རབ་སྟོན་ཞིང་། །ཕྱག་རྒྱ་གསུམ་དང་ཡང་དག་ལྡན། །སངས་རྒྱས་གསུང་དུ་མཁས་པས་རྟོགས། །ཞེས་པས་⸢དོགས⸣བསླབ་པ་གསུམ། །སྟོན་པས་རིམ་བཞིན་མདོ་སྡེ་དང་། །འདུལ་བ་ཆོས་ཉིད་ལ་འཇུག་དང་། །སྣང་དང་མི་འགལ་ཉིད་ཕྱིར་དང་། །ཀྲི་ཀའི་རྨི་ལམ་མདོ་གྲངས་ནས། །མཛོད་འགྲེལ་དུ་ཚིག་ལྷུག་པར་ཡོད་ལ་ཚིགས་བཅད་དུ་བསྡུས་ན། གླང་ཆེན་ཁྲིན་པ་ཆེ་དང་ཅན་དན་ཚལ། །གླང་ཆེན་ཕྲུ་གུ་དང་ནི་སྤྲེའུ་དབང་བསྐུར། །མི་གཙང་སྡེ་དང་རས་ཡུག་འཐབ་མོ་ཞེས། །རྨི་ལམ་བཅུ་ནི་ཀྲི་ཀྲིས་མཐོང་བ་ཡིན། །ཞེས་སོགས་ཀྲི་ཀྲི་ཞེས་པ་མ་དག་པའོ། །ཀ་ཕྱི་མ་ལ་ར་རྟགས་ལྷག་པས་སོ། །བསྟན་པ་སྟ་དར་གྱི་དུས་སུ་པཎྜི་ཏའི་གསུངས་ཟིན་བྲིས་བྱས་པའི་ཆོས་ཀྱི་བརྗེད་བྱང་ལས། མི་རྟག་རྗེ་བཙུན་ཐན་པོ་སྟེ། །ཁྲི་དང་བ་དང་ལ་དང་ནི། །སེང་གེའི་རི་དང་བརྒྱད་པ་ཡིན་ཞེས་གསུངས་སོ། །སྡེ་པ་བཅོ་བརྒྱད་ཐམས་ཅད་ཀྱང་། །སངས་རྒྱས་བསྟན་པ་འདུས་སོ་ཞེས། །འདུལ་བ་འོད་ལྡན་ལང་གཤེགས་དང་། །རྟོག་གེ་ལ་འབར་ལང་གཤེགས་ཀྱི། །འགྲེལ་པར་རྒྱ་ནག་སློབ་དཔོན་དང་། །སྡེ་བ་ཐ་དད་བཀླགས་པ་ཡི། །འཁོར་ལོ་མདོ་སྡེ་དགོངས་འགྲེལ་དང་། །རྒྱ་ནག་གི་སློབ་དཔོན་རྗོགས་གསལ་གྱིས་མཛད་པར། མཛོད་འགྲེལ་ལ་སོགས་རྣམས་སུ་བཤད། །འདི་ནི་སྡེ་པ་བཅོ་བརྒྱད་ལ། །བརྗོད་བྱ་དོན་གྱི་འདུལ་བ་ཡང་། །འགྲེལ་པར་རྒྱ་ནག་སློབ་དཔོན་དང་། །སྡེ་པ་ཐ་དད་བཀླགས་པ་ཡི། །འཁོར་ལོ་མདོ་སྡེ་དགོངས་འགྲེལ་དང་། །མཛོད་

འགྲེལ་ལ་སོགས་རྣམས་སུ་བཤད། །འདི་ནི་སྡེ་པ་བཅོ་བརྒྱད་ལ། །བརྗོད་བྱ་དོན་གྱི་འདུལ་བ་ཡང་། །བཅོ་བརྒྱད་ཡོད་པར་བསྟན་པ་སྟེ། །ལྟག་པ་ཚུལ་ཁྲིམས་བསླབ་པ་ལས། །གཞན་གྱི་འདུལ་བ་མེད་ཕྱིར་རོ། །

དེ་ལྟ་མིན་ན་སྡེ་པ་རྣམས། །སངས་རྒྱས་བསྟན་པ་མིན་པར་འགྱུར། །ལྟ་བས་སངས་རྒྱས་རྗེས་འབྲང་དང་། །སྤྱོད་པས་ཀྱང་ནི་སངས་རྒྱས་ཀྱི། །རྗེས་སུ་འབྲང་བ་མིན་ཕྱིར་རོ། །ལྟ་བས་རྗེས་འབྲང་མ་ཡིན་ཏེ། །སྡེ་བ་ལ་ལས་བརྗོད་མེད་ཀྱི། །གང་ཟག་བདག་ནི་ཁས་ལེན་ནོ། །དོན་འདི་དགོངས་ཏེ་ལེགས་ལྡན་གྱི། །བཟང་པོ་ལམ་བ་ལ་སོགས་པ། །ནང་གི་མུ་སྟེགས་ལྟ་གསུངས་སོ། །

དེས་ན་སངས་རྒྱས་བསྟན་པ་ལ། །ལྟ་བ་རྣམ་པར་དག་པ་དང་། །སྤྱོད་པ་རྣམ་པར་དག་པ་ཡི། །རབ་ཏུ་ཕྱེ་བས་རྣམ་པ་གཉིས། །དང་པོ་བདག་མེད་ཁས་ལེན་པའི། །མདོ་སྡེ་པ་སོགས་བཞི་པོ་ཡིན། །གཉིས་པ་ཇི་སྐད་བཤད་པའོ། །དེ་ལྟར་སྡེ་པ་བཅོ་བརྒྱད་པོ། །སངས་རྒྱས་བསྟན་པར་འདུས་པ་ལ། །བཀའ་བསྡུ་གསུམ་པའི་དོན་དུ་ནི། །འོད་ལྡན་རྟོག་གེ་འབར་བར་གསུངས། །འདུལ་བ་ཡི་གེར་བྲིས་པ་ནི། །བཀའ་བསྡུ་གསུམ་པ་ཡིན་ཞེས་གྲགས། །དུས་དེར་འདུལ་བ་བཅོ་བརྒྱད་པོ། །ཐམས་ཅད་ཡི་གེར་བྲིས་སམ་ཅི། །ཞེས་གསུངས་ལན་ཡང་བརྗོད་བྱ་སྟེ། །ཁྱེད་ཀྱི་དྲི་བའི་ཚིག་ལ་ནི། །གང་བྱུང་ཙམ་གྱིས་སྒྲིག་པར་སྣང་། །སྔ་ཕྱིའི་གོ་རིམ་མི་སྣང་ངོ་། །འབྲེལ་དང་མཚམས་སྦྱོར་འདི་སྐད་སོགས། །བཙུག་ནས་སྡེ་སྣོད་རྣམ་པ་གསུམ། །འོད་སྲུང་ཉེ་བར་འཁོར་སོགས་ཀྱིས། །ཚར་རེ་བཏོན་པ་དེ་ཉིད་ལ། །རྒྱ་བའི་བཀའ་བསྡུ་དང་པོར་གྲགས། །ཡངས་པ་ཅན་གྱི་གྲོང་ཁྱེར་དུ༔ ༔རྒྱ་ཆེར་འགྲེལ་ལས་བྱེ་བའི་གཞིའི་སྐབས་ལས། སྡོམ་ལས། ཧུ་ལུ་ཧུ་ལུ་ཡི་རངས་དང་། །ཀུན་སྤྱོད་སྣོད་དང་ལན་ཚ་དང་། །ལམ་དང་སོར་གཉིས་དགུག་དང་གདིངས། །གསེར་ལ་རུང་བ་བྱ་བ་སྟེ། །རུང་བ་མིན་པའི་གཞི་བཅུ་པོ། །དགྲ་བཅོམ་བདུན་བརྒྱ་སྲུན་ཕྱུང་ནས། །བཀྲ་ཤིས་གསོ་སྦྱོང་མཛད་པ་ལ། །བསྡུ་བ་གཉིས་པར་གྲགས་པ་ཡིན། །སྡེ་པ་བཅོ་བརྒྱད་ཡན་ཆད་དུ། །རྩོད་པའི་ཆེན་ཀྲི་ཀ་ཡི། །རྨི་ལམ་ལུང་བསྟན་མདོར་བསྟན་ནས། །ཀུན་ཀྱང་བསྟན་པར་བསྡུས་པ་ལ། །བསྡུ་བ་གསུམ་པ་བྱས་ཞེས་གྲགས། །གསུང་རབ་གླེགས་བམ་ལ་འགོད་པ། །བསྡུ་བའི་དོན་དུ་བཞེད་པ་ཡིས། །མཁས་པ་སྔོན་ཆད་མ་བྱུང་ངོ་། །

དྲི་མ་མེད་པའི་འོད་ལས་ནི། །བཅོམ་ལྡན་མྱ་ངན་འདས་གྱུར་ནས། །སྡུད་པར་བྱེད་པ་པོ་དག་གིས། །ཐེག་པ་གསུམ་པོ་གླེགས་བམ་བྲིས། །ཞེས་པ་ཙམ་གྱིས་གསུངས་མོད་ཀྱི། །དེ་ཡང་བཀའ་བསྡུའི་དོན་མིན་པས། །དེ་ལ་འཁྲུལ་པར་མི་བྱའོ། །བསྡུ་བ་གསུམ་པ་བྱས་པའི་རྗེས། །སོ་སོ་སྐྱེ་བོ་མི་བཟེད་པའི། །གཟུངས་མ་ཐོབ་པ་རྣམས་ཀྱིས་ནི། །བཀའ་ལ་ལྟག་ཆད་འདོན་པ་ལས། །ཐུབ་པའི་གསུང་རབ་མི་ཉམས་པར། །གླེགས་

བམ་དག་ལ་བཀོད་དོ་ཞེས། །སྟོན་རབས་མཁས་པའི་གསུངས་ལས་བྱུང་། །བྱིན་ལེན་མ་བྱས་ཟ་བ་ཡི། །ལྟུང་བ་དགེ་སློང་བསླབ་བྱིན་ལ། །འབྱུང་ཞིང་དེས་ཀྱང་དགེ་སློང་ལ། །བྱིན་ལེན་རུང་བར་བཤད་དེ་ཅི། །ཞེས་པའི་ལན་ནི་འདི་ལྟར་ཡིན། །དམ་ཆོས་འདུལ་བའི་སྡེ་སྣོད་ལས། །འབྱུང་བའི་རྣམ་དབྱེ་མདོ་ཙམ་ཞུ། །སྡོམ་པ་ལྡན་པའི་གང་ཟག་ནི། །ཁྱིམ་པ་རབ་བྱུང་གཉིས་སུ་ངེས། །ཁྱིམ་པ་དགེ་བསྙེན་ཕ་མ་དང་། །བསྙེན་གནས་སྡོམ་པ་ལྡན་པ་ལ། །བསླབ་པའི་གཞི་དང་འགལ་བ་ཡི། །ཉེས་པ་ཅི་བྱུང་ཐམས་ཅད་ལ། །བསོད་ནམས་མིན་པ་ཞེས་བྱ་ཡི། །ལྟུང་བའི་ཐ་སྙད་མ་གསུངས་སོ། །རབ་བྱུང་ཕྱོགས་ཀྱི་སྡོམ་པ་ལ། །རྟེན་གྱི་གང་ཟག་སྡེ་པ་ལྔ། །ཁོ་ནར་གསུངས་པས་དགེ་ཚུལ་ལ། །ལྟུང་བ་ཐམས་ཅད་ཉེས་བྱས་ཡིན། །དེ་ལ་ཕམ་འདྲ་བཤགས་བྱ་དང་། །བསྡམ་བྱའི་ཉེས་བྱས་གསུམ་དུ་ངེས། །དགེ་སློང་ཕ་མ་གཉིས་ཀ་ལ། །རིམ་བཞིན་ཉིས་བརྒྱ་ང་གསུམ་དང་། སུམ་བརྒྱ་རེ་བཞི་ཡོད་པར་གསུངས། །དེ་ལ་དགེ་སློང་ཆོག་ཉམས། །མ་ཉམས་རང་བཞིན་གནས་པ་གཉིས། །དང་པོ་ཕམ་པ་འཆབ་བཅས་ནས། །འཆབ་མེད་བསླབ་བྱིན་རྣམ་པ་གཉིས། །དང་པོ་ས་ལུ་ཆོག་པ་བཞིན། །རྒྱུད་ནི་གསོར་མི་རུང་བར་གསུངས། །ཕྱི་མ་དགྲ་བཅོམ་མ་ཐོབ་ན། །རང་བཞིན་གནས་པ་མི་སྲིད་དོ། །

དེ་ལྟ་ཡིན་མོད་ཁྱད་པར་ཆེ། །བསླབ་པ་བྱིན་པ་ཐམས་ཅད་དུ། །ལྟུང་བ་ལ་སྦྱོར་དགེ་སློང་དང་། །འདྲ་ཞིང་དགེ་སློང་མི་ཚངས་སྤྱོད། །ཕམ་པ་སོགས་ལ་སྦྱོར་བ་དང་། །དགེ་སློང་གིས་ནི་དགེ་སློང་ལ། །བརྡེག་དང་གཟས་དང་གནས་ངན་ལེན། །འཆབ་དང་འགྱོད་པ་བསྐྱེད་པ་དང་། །འཕྲོག་དང་སྐྲོད་པ་ལ་སོགས་པ། །བྱས་ནས་དངོས་གཞིའི་ལྟུང་བར་འགྱུར། །དེ་བཞིན་བསླབ་བྱིན་རང་གི་གྲོགས། །བསླབ་པ་བྱིན་ལ་བརྡེགས་ལ་སོགས། །བྱས་ན་ལྟུང་བ་དངོས་གཞི་འབྱུང་། །དགེ་སློང་ཡུལ་ལ་ལྟོས་ནས་ནི། །བསྙེན་པར་མ་རྫོགས་པ་དང་འདྲ། །བསླབ་བྱིན་དེས་ནི་དགེ་སློང་ལ། །བྱིན་ལེན་སྟོབས་ན་ཐོབ་པ་དང་། །རེག་ན་བྱིན་ལེན་འཇིག་པ་དང་། །དེ་དང་ལྷན་ཅིག་ཉལ་བ་དང་། །དེ་ལ་གནས་ངན་ལེན་བརྗོད་དང་། །མི་ཆོས་བླ་མ་བརྗོད་པ་དང་། །དེ་དང་ལྷན་ཅིག་འདོན་པ་སོགས། །བྱས་ན་ལྟུང་བྱེད་དངོས་གཞི་འགྱུར། །དེ་ལ་ཕྲ་མ་བྱས་པ་ལས། །ཉེས་བྱས་ཡིན་པར་ཞུ་བ་ལས། །རྒྱ་ཆེར་གསུངས་པས་དེ་བཞིན་གཟུགས། །རྒྱ་ཆེར་འགྲེལ་ལས་དགེ་སློང་གིས། །བསླབ་པ་བྱིན་པའི་དགེ་སློང་ལ། །བརྡེགས་པ་ལ་སོགས་བྱས་པ་ཡང་། །ལྟུང་བ་དངོས་གཞི་བསྐྱེད་པ་ཡི། །ལུང་འདྲ་བ་ཞིག་ཡོད་པ་དེས། །འཁྲུལ་གཞི་བྱས་ནས་མཁས་པ་དང་། །མི་མཁས་ཀུན་ཀྱང་འཁྲུལ་པར་སྣང་། །རྒྱས་པར་ཞུ་བ་ལྟ་བར་བྱ། །མང་བས་འཇིགས་ནས་མ་བྲིས་སོ། །བསླབ་བྱིན་ཕན་ཚུན་རང་བཞིན་འདྲ། །དེ་ཕྱིར་བསྙེན་པར་མ་རྫོགས་མིན། །དགེ་སློང་ལ་ནི་བསོག་འཇོག་རྒྱུ། །གསུམ་གྱི་བདག་ཉིད་དགེ་སློང་དང་། །དགེ་འདུན་བསོག

འཇོག་བྱས་པའོ། །དེ་བཞིན་དགེ་སློང་མ་ལས་གསུམ། །བསླབ་བྱིན་རྒྱུ་བཞིས་བསོག་འཇོག་འགྱུར། །བདག་ཉིད་བསླབ་བྱིན་དགེ་སློང་དང་། །དགེ་འདུན་བསོག་འཇོག་བྱས་པའོ། །

དེ་བཞིན་མ་བསླབ་བྱིན་ལ་སོགས། །དགེ་སློབ་མ་ཡི་ཡུལ་ལ་ནི། །བསླབ་བྱིན་མོ་ཡང་བསྙེན་རྫོགས་དང་། །ལྡན་པ་ཁོ་ན་ཡིན་པའི་ཕྱིར། །སྔ་མ་བཞི་དང་དགེ་སློབ་མ། །རྒྱུ་ལྔས་བསོག་འཇོག་རྣམ་པར་བཤད། །དེ་ལྟར་རྣམ་དབྱེ་བཤད་བྱས་ནས། །གཞུང་གི་སྐབས་དང་སྦྱོར་བ་ནི། །ཕྱོགས་སྔའི་འདོད་པ་བརྗོད་པ་ནི། །རྫོགས་སངས་རྒྱས་ཀྱིས་སེམས་ཅན་ལ། །དམིགས་མེད་ཐུགས་རྗེས་ཁྱབ་པའི་ཕྱིར། །སྡུག་བསྔལ་རྒྱུ་དང་དེ་འབྲས་དང་། །བདེ་བ་རྒྱུ་དང་དེ་འབྲས་རྣམས། །བཀག་ནས་ཡེ་བཀག་གནང་ན་ཡང་། །རྣམ་པ་ཀུན་ཏུ་གནང་ཞེས་ཟེར། །ཚོགས་མ་ཉམས་དགེ་སློང་ལ། །བྱིན་ལེན་མ་བྱས་ཟ་བ་ཡིས། །ལྟུང་བ་འབྱུང་ཚེ་ཁྲིམས་པ་ལས། །ལྟུང་བ་དེ་ནི་འབྱུང་བར་འགྱུར། །དེ་ལྟ་ཡིན་ན་ཁྲིམས་པ་ཡང་། །དགེ་སློང་ཡུལ་ལ་ལྟོས་ནས་ནི། །དགེ་སློང་དང་ཡང་འདྲ་བར་འགྱུར། །ཚོགས་ཉམས་པ་ལ་སོགས་པའི། །སྐྱོན་ནི་ཅུང་ཟད་མེད་པ་དང་། །བྱིན་ལེན་མ་བྱས་ཟ་བ་དང་། །བསོག་འཇོག་ལྟུང་བྱེད་ལ་སོགས་པ། །ཐམས་ཅད་འབྱུང་བར་ངེས་ཕྱིར་རོ། །

དེ་ཡང་འདོད་ན་ཁྲིམས་པ་ཡིས། །དགེ་སློང་རྣམས་ལ་བྱིན་ལེན་ཡང་། །མི་རུང་བ་ནི་ཐལ་བ་སྟེ། །དགེ་སློང་གི་ནི་དགེ་སློང་ལ། །བྱིན་ལེན་མི་རུང་སྔར་བཤད་ཟིན། །ཚུལ་འདི་ཤེས་ན་བསྟན་བཅོས་ལས། །བྱིན་ལེན་མ་བྱས་ཟ་བ་ཡི། །ལྟུང་བ་མི་སྐྱ་ལ་འབྱུང་ནི། །མི་སྐྱའང་དགེ་སློང་ཉིད་འགྱུར་བས། །མི་སྐྱས་བྱིན་ལེན་བྱས་ན་ཡང་། །དགེ་སློང་གི་ནི་དགེ་སློང་ལ། །བྱིན་ལེན་བྱས་པ་ཇི་བཞིན་དུ། །བཟའ་བར་རུང་བར་མི་འགྱུར་རོ། །ཞེས་གསུངས་དོན་ནི་གོ་བར་འགྱུར། །སྡུག་བསྔལ་ཀུན་གྱི་བྱེད་པ་པོ། །རྫོགས་པའི་སངས་རྒྱས་མ་ཡིན་ཡང་། །བདེ་བའི་བྱེད་པོ་རྫོགས་སངས་རྒྱས། །ཡིན་པར་བཤད་ན་སྐྱོན་ཅི་ཡོད། །ཅེས་པའི་དྲི་བ་སྙིང་པོ་མེད། །དེ་ཕྱིར་བླུན་པོ་གཞན་ཞིག་གིས། །དྲི་བའི་གཞུང་དུ་བཙུག་པར་གསལ། །དེ་ལ་འདི་སྐད་སྨྲ་བར་བྱ། །སེམས་ཅན་བདེ་བ་དང་ལྡན་པའི། །བདེ་བའི་བྱེད་པོ་སངས་རྒྱས་སམ། །སྡུག་བསྔལ་འབའ་ཞིག་ལྡན་པ་ཡི། །བདེ་བའི་བྱེད་པོ་སངས་རྒྱས་ཡིན། །ཕྱི་མ་ལྟར་ན་ཁྱད་པར་གཞི། །མེད་པར་ཁྱད་ཆོས་ལ་དམིགས་པ། །བླུན་པོའི་རྣམ་པར་ཐར་པ་ཡིན། །དང་པོ་ལྟར་ན་རང་ཉིད་ཀྱི། །ལས་ལ་གྲུབ་ཕྱིར་སངས་རྒྱས་ཀྱི། །བྱེད་པ་ཉིད་ལ་ཅི་ཞིག་ལྟོས། །གཞན་དུ་དམྱལ་བའི་སེམས་ཅན་གྱི། །བདེ་བ་དེ་ཡང་སངས་རྒྱས་ཀྱིས། །མ་བྱས་པ་ཡི་རྒྱུ་སྒྱི་ཡིན། །རྫོགས་སངས་རྒྱས་ལ་ཉེ་རིང་དམ། །མཐུ་མོད་ཕྱིར་ན་མ་བྱས་སམ། །དམྱལ་བ་པ་ལ་སྐལ་བ་མེད། །ཡོད་ཀྱང་བདེ་བ་མི་མྱོང་གང་། །དང་པོ་ལྟར་ན་སངས་རྒྱས་མིན། །གཉིས་པ་ལྟར་ན་འོད་སྲུངས་པའི། །ཉི་མའི་དཀྱིལ་འཁོར་འདོད་པར་གྱིས། །

འདུལ་བ་ལྟར་ན་རང་ཉིད་ཀྱི། །ལས་ལ་བྲུབ་ཕྱིར་དམ་བཅའ་ཉམས། །གལ་ཏེ་རྫོགས་པའི་སངས་རྒྱས་ནི། །བདེ་བའི་འབྱུང་གནས་ཡིན་པའི་ཕྱིར། །བདེ་བའི་བྱེད་པོར་འདོད་ཅེས་ན། །བྱང་ཆུབ་སེམས་དཔའ་དེ་ལྟར་འགྱུར། །གཞན་ཡང་དམྱལ་བའི་སྲུང་མ་རྣམས། །སྡུག་བསྔལ་བྱེད་པོར་ཁས་ལོངས་ཤིག །དེ་ཡང་དེ་ལྟ་ཡིན་ཞེ་ན། །འདི་ལ་བྱེ་སྨྲ་སེམས་ཅན་དང་། །མདོ་སྡེ་པ་རྣམས་འབྱུང་བ་དང་། །སེམས་ཅན་སེམས་སུ་འདོད་པས་ན༑ ༑ཕྱི་དོར་མེད་པའི་སྐྲུབ་བྱེད་དུ། །ཉི་ཤུ་པ་ཡི་འགྲེལ་པར་བཤད། །དབུ་མ་པ་རྣམས་སྡིག་སེམས་ཀྱིས། །འབྲས་བུ་ཡིན་པར་བཞེད་པ་སྟེ། །རྒྱས་པར་སྤྱོད་འཇུག་སོགས་ལས་ཤེས། །གཞན་ཡང་ལས་ནི་མ་བྱས་པ། །འབྲས་བུ་ཉམས་སུ་མྱོང་བ་དང་། །གཞན་གྱིས་བསགས་པ་གཞན་ཟ་སོགས། །ཟླ་བའི་ཞབས་ཀྱིས་བཀག་པ་རྣམས། །ཁས་ལེན་སུ་ཡིས་ནུས་པ་དེ། །སྲིད་པ་གསུམ་གྱི་བླ་མར་འོས། །དེས་ན་ཡན་ལག་བཅུ་གཉིས་ཀྱི། །སྐྱེ་བ་ལེན་པ་དེ་སྐད་དུ། །བདེ་དང་སྡུག་བསྔལ་ལས་ཀྱིས་བྱས། །ལས་ཀྱི་བྱེད་པོ་སེམས་ཉིད་ཡིན། །སེམས་ཀྱང་དགེ་དང་མི་དགེའི་སྟོབས། །ལས་ལ་བཟང་ངན་གཉིས་སུ་འགྱུར། །དེ་ལས་འབྲས་བུ་བདེ་སྡུག་འབྱུང་། །དགེ་སྡིག་བླང་དོར་བྱེད་པའི་ཐབས། །སྡོམ་པའི་ཚུལ་ཁྲིམས་ལ་སོགས་ཡིན། །བརྟུལ་ཞུགས་ཚུལ་ཁྲིམས་བསྲུང་བའི་ཐབས། །དེ་ལ་གང་དང་གང་དགོས་པའི། །བསླབ་པ་འཆང་བའི་བྱེད་པ་པོ། །རྫོགས་པའི་སངས་རྒྱས་ཉག་ཅིག་ཡིན། །དེ་ཡང་དུས་འཁོར་རྩ་རྒྱུད་ལས། །སྒྱུ་འཕྲུལ་ཆེན་མོ་དྲག་ཆེན་མོ། །ཇི་ལྟར་འབྱུང་དང་སྡུད་བྱེད་པས། །རང་ཉིད་བྱེད་པོ་འཕྲུག་པོ་ལྟར། །རྡོ་རྗེ་འཆང་དང་སངས་རྒྱས་དང་། །ཤེས་རབ་ཕ་རོལ་ཕྱིན་མ་རྣམས། །ལུས་ཅན་རྣམས་ཀྱི་བྱེད་པོ་མིན། །སངས་རྒྱས་པ་ལ་བདེན་གསུང་གི། །བྱེད་པོ་འཕྲོག་པོ་བསྟན་པ་མེད། །ལུས་དང་ངག་དང་ཡིད་ཀྱི་ལས། །དགེ་དང་མི་དགེ་གང་བྱེད་པ། །དེ་ཡི་འབྲས་བུ་སེམས་ཅན་སྤྱོད། །བྱེད་པོ་གཞན་ནི་འགའ་ཡང་མེད། །ཅེས་གསུངས་དགོངས་པའང་དེ་ཉིད་དོ། །ཁྲིས་ལན་མཁས་པའི་མཛེས་རྒྱན་ཞེས་བྱ་བ་ལས་སོ་ཐར་སྡོམ་པ་ལ་བརྩམས་པའི་དྲི་བའི་ལན་གྱི་སྐབས་ཏེ་དང་པོའོ། །

སྡེ་སྣོད་གསུམ་གྱི་གྲུ་གཟིངས་སུ། །སྐལ་བཟང་དོན་མཐུན་འགོད་བྱེད་ཅིང་། །རྣམ་གྲོལ་བ་དན་འཛིན་མཁས་པ། །དེད་དཔོན་གང་དེ་རྒྱལ་གྱུར་ཅིག །ཐེག་པ་ཆེན་པོའི་སེམས་བསྐྱེད་ལ། །དབུ་མ་སེམས་ཙམ་ལུགས་གཉིས་སུ། །ངེས་ཤིང་ལེན་པའི་ཆོ་ག་དང་། །ལྟུང་བ་ཕྱིར་བཅོས་ལ་སོགས་པ། །སོ་སོར་ངེས་ན་རྒྱུད་སྡེ་ལས། །གསུངས་པའི་སེམས་བསྐྱེད་ཆོ་ག་དེ། །གཉིས་པོ་གང་གི་ལུགས་དང་མཐུན། །ལྟ་བས་ཆོ་ག་འབྱེད་ན་ནི༑ ༑དབུ་མའི་ལྟ་བ་དང་ལྡན་པ། །དེ་ལ་བྱང་སའི་ཆོ་ག་ཡི། །སེམས་བསྐྱེད་སྡོམ་པ་མི་སྐྱེ་འམ། །བསླབ་བཏུས་ལས་གསུངས་རྩ་བ་ཡི། །ལྟུང་བར་བྱང་ས་ལས་བཤད་པའི། །རྩ་བའི་ལྟུང་བ་ལུས་སོ་ཞེས། །བསླབ་བཏུས་ཉིད་

ལས་གསུངས་དེ་ཏི། །ཞེས་པའི་ལན་ཡང་གཞན་དག་གིས། །འཆད་པར་ནུས་པ་ག་ལ་སྲིད། །གཞན་དུ་ཕྱི་རབས་པ་དག་གིས། །འདི་དང་མཐུན་པའི་དགག་པ་ནི། །མཁས་པའི་གཞུང་ལ་སླུ་བྱེད་པ། །དེ་ལ་ལན་མེད་ཅི་ཞིག་ཡིན། །དེས་ན་དྲི་མ་མེད་པའི་ལན། །མདོ་སྡེ་རྒྱན་ལས་གསལ་ཞིང་སྣ་ཚོགས་རིགས་པ་དང་། །ཞེས་གསུངས་པ་ལྟར་ཚད་མ་དང་། །འགལ་མེད་ཚུལ་གྱིས་བཤད་པར་བགྱིད། །ཕ་རོལ་ཕྱིན་པའི་སེམས་བསྐྱེད་ལ། །དབུ་མའི་ལུགས་དང་སེམས་ཙམ་ལུགས། །གཉིས་སུ་ངེས་ཀྱི་སེམས་ཙམ་ལུགས། །སྐབས་འདིར་བཤད་པ་དགོངས་པ་མིན། །

འོན་ཀྱང་སོ་ཐར་རིས་བདུན་པོ། །གང་ཡང་མེད་པའི་སྡིག་ཅན་དང་། །མཚམས་མེད་བྱེད་པ་རྣམས་ལ་ཡང་། །རྫོགས་སངས་རྒྱས་ཀྱི་དངོས་པོ་དེ། །ཚེ་འདི་ཉིད་ལ་འགྲུབ་གྱུར་ན། །སེམས་བསྐྱེད་སྐྱེ་བ་ལྟ་ཅི་སྨོས། །དེ་ཡང་དུས་འཁོར་རྩ་རྒྱུད་ལས། །གདོལ་པ་མཁན་དང་མྱིག་མ་མཁན། །མཚམས་མེད་ལྔ་ནི་བྱེད་པ་རྣམས། །སྔགས་ཀྱི་སྒྲུབ་པ་རྗེས་འབྲང་ན། །སྐྱེ་འདི་ཉིད་ལ་སངས་རྒྱས་འགྲུབ། །ཞེས་པ་ལ་སོགས་གསུངས་པས་ན། །དབུ་མའི་ལུགས་དང་མཐུན་ནོ་ཞེས། །བཤད་ནའང་བླ་མེད་རྒྱུད་དང་མཐུན། །དབུ་སེམས་གཉིས་ཀ་ལྟ་བས་འབྱེད། །དེ་བཞིན་སེམས་བསྐྱེད་སྡོམ་པའི་རྟེན། །སོ་ཐར་རིགས་བདུན་གང་ཡང་རུང་། །དགོས་དང་མི་དགོས་ལ་སོགས་པ། །རྣམ་དབྱེ་ཤིན་ཏུ་མང་བ་ནི། །ལྟ་བ་བཟང་ངན་བྱེ་བྲག་གིས། །ཡིན་གྱི་དཔེར་ན་ཐེག་ཆེན་གྱི། །ལུགས་ཀྱི་སོ་སོར་ཐར་པ་ནི། །འགྲོ་ལྡ་ལ་ཡང་སྐྱེ་བ་དང་། །ཉན་ཐོས་ལུགས་ཀྱི་སོ་ཐར་ནི། །གླིང་གསུམ་སྐྱེས་པ་བུད་མེད་ཀྱི། །རྟེན་ལ་སྐྱེ་ཞིང་འགྲོ་གཞན་ལ། །སྐྱེ་བ་བཀག་ཅིང་མི་ལ་ཡང་། །མཚམས་མེད་ལྔ་ནི་བྱས་པ་དང་། །ཟ་མ་མ་ནིང་མཚན་གཉིས་དང་། །སྨྲིན་མོ་མཚན་དུག་མ་དག་དང་། །རྐུ་ཐབས་གནས་དང་ལུས་སེམས་ཅན། །ཞུགས་པ་ལ་སོགས་ཐམས་ཅད་ལ། །སྐྱེ་བའི་ཆོས་ཉིད་མེད་མོད་ཀྱི། །ཐེག་ཆེན་དེ་ལས་བཟློག་པར་སྨྲ། །དེ་བཞིན་དབུ་མ་སེམས་ཙམ་གྱི། །ལུགས་ལའང་རྟེན་གྱི་གང་ཟག་དེ། །བྱང་ཆུབ་སེམས་དཔའི་སྡེ་སྣོད་ཤེས། །མི་དགོས་པ་དང་དེ་བཟློག་དང་། །ཡུལ་དང་རྟེན་དང་བསྲུང་ཚུལ་དང་། །ཆོ་ག་ཕྱིར་བཅོས་ལ་སོགས་པ། །མི་འདྲ་བ་ཡི་རྣམ་དབྱེ་མང་། །

དེས་ན་དབུ་མ་པ་གང་ཞིག །བྱང་སའི་ཆོ་ག་སེམས་བསྐྱེད་ཀྱིས། །སྡོམ་པ་སྐྱེས་པ་དེ་ཡི་ཚེ། །སེམས་ཙམ་ལུགས་ཀྱི་སྡོམ་པར་འགྱུར། །དེ་ནི་སེམས་ཙམ་སྡོམ་པ་མིན། །སེམས་ཙམ་པས་ཀྱང་སྤྱོད་འཇུག་ལ། །སོགས་པའི་ཆོ་ག་ལ་བརྟེན་ནས། །སེམས་བསྐྱེད་སྡོམ་པ་ཐོབ་པ་དང་། །དབུ་མའི་ལུགས་ཀྱི་སེམས་བསྐྱེད་འགྱུར། །དེ་ཡང་དབུ་མའི་སྡོམ་པ་མིན། །དེ་ཕྱིར་དབུ་མ་པ་ཞེས་དང་། །དབུ་མའི་ལུགས་ཀྱི་སྡོམ་པ་དང་། །

སེམས་ཙམ་པ་ཡི་སེམས་བསྐྱེད་དང་། །སེམས་ཙམ་ལུགས་ཀྱི་སྡོམ་པ་དང་། །སེམས་ཙམ་པ་ཡི་སེམས་བསྐྱེད་དང་། །སེམས་ཙམ་ལུགས་ཀྱི་སེམས་བསྐྱེད་གཉིས། །རྣམ་དབྱེ་འབྱེད་པ་མཁས་པའི་ལུགས། །དཔེར་ན་བྱང་ཆུབ་སེམས་དཔའ་ཡི། །འདུལ་བར་གསུངས་པའི་ཚིག་ལ། །བརྟེན་ནས་སོ་ཐར་སྐྱེས་པའི་ཚེ། །ཉན་ཐོས་ལུགས་ཀྱི་སོ་ཐར་དང་། །ཐེག་ཆེན་སོ་སོར་ཐར་པའང་ཡིན། །སྔར་བཤད་པ་ཡི་འཐད་པ་ཡང་། །རྣམ་གཞག་འདི་ལྟར་ཤེས་པར་བྱ། །ལེན་པའི་ཡུལ་གྱི་བླ་མ་དེ། །སྡོམ་ལ་གནས་ཤིང་བྱང་སེམས་ཀྱི། །སྡེ་སྣོད་དག་ལ་མཁས་པ་སོགས། །དགོས་དང་མི་དགོས་ཁྱད་པར་ནི། །བྱང་ས་སྡོམ་པ་ཉི་ཤུ་པས། །ཞི་བ་འཚོ་ཡི་འགྲེལ་པ་དང་། །སྤྱོད་འཇུག་བསླབ་བཏུས་རྣམས་ལས་ཤེས། །རྟེན་གྱི་གང་ཟག་སོ་ཐར་གྱི། །རིས་བདུན་གང་རུང་ལྡན་པ་དང་། །བྱང་ཆུབ་སེམས་དཔའ་སྡེ་སྣོད་ཤེས། །དད་ཅིང་བསླབས་པར་ནུས་གྱུར་ན། །སེམས་ཙམ་ལུགས་ཀྱི་སྡོམ་པ་ཡི། །རྟེན་དུ་རུང་བ་བྱང་ས་དང་། །ལམ་གྱི་སྒྲོན་མར་འདི་སྐད་དུ། །སོ་སོར་ཐར་པ་རིས་བདུན་གྱི། །རྟག་ཏུ་སྡོམ་གཞན་ལྡན་པ་ལ། །བྱང་ཆུབ་སེམས་དཔའི་སྡོམ་པ་ཡི། །སྐལ་པ་ཡོད་ཀྱི་གཞན་དུ་མིན། །ཞེས་གསུངས་འགྲེལ་པ་ལས་ཀྱང་ངོ་། །འགྲོ་བ་རིགས་ལྔའམ་རིགས་དྲུག་ལ། །སེམས་བསྐྱེད་སྡོམ་པ་སྐྱེ་བར་ནི། །དབུ་མའི་གཞུང་ལུགས་རྣམས་སུ་འབྱུང་། །ཀླུ་ཡི་རྒྱལ་པོ་རྒྱ་མཚོ་ཡིས། །ཞུས་པའི་མདོ་ལས་དུད་འགྲོ་ཀླུ། །ཉི་ཁྲི་ཆིག་སྟོང་སེམས་བསྐྱེད་པར། །གསུངས་ཤིང་དཀོན་མཆོག་སྒྲིན་མེ་ལས། །དད་དང་སྙིང་རྗེ་བྱང་སེམས་ཀྱི། །ཕན་ཡོན་ཐོས་པ་གསུམ་པོ་ནི། །སྡོམ་པའི་སེམས་ཀྱི་རྟེན་དུ་གསུངས། །རྒྱལ་དང་རྒྱལ་བའི་ཆོས་ལ་དད་གྱུར་ཅིང་། །རྒྱལ་སྲས་རྣམས་ཀྱི་སྤྱོད་ལ་དད་གྱུར་པ། །བྱང་ཆུབ་བླ་ན་མེད་ལ་དད་གྱུར་ནས། །སྐྱེས་བུ་ཆེན་པོ་རྣམས་ཀྱིས་སེམས་སྐྱེས་སོ། །ཞེས་སོ། །

དེ་བཞིན་མདོ་སྡེ་ཀུན་ལས་བཏུས། །སོགས་པའི་བསྟན་བཅོས་རྣམས་ལས་གསུངས། །ཚིག་འཇུག་ཚུལ་ལ་སེམས་ཙམ་པ། །སློན་འཇུག་རིམ་གྱིས་ལེན་པ་དང་། །བར་ཆད་དྲི་བ་ལ་སོགས་པ། །ཆོ་གའི་སྦྱོར་བ་ཤིན་ཏུ་མང་། །

དབུ་མའི་ལུགས་ལ་དེ་འདྲ་མེད། །སྐྱབས་འགྲོ་བསམ་པ་སྦྱོང་བ་གཉིས། །སྦྱོར་བའི་ཆོས་ཏེ་དང་པོ་ནི། །བྱང་ཆུབ་སྙིང་པོ་མཆིས་ཀྱི་བར། །ཞེས་པ་ལ་སོགས་གཉིས་པ་ནི། །སེམས་ཅན་ཀུན་གྱི་ངན་སོང་གི། །སྡུག་བསྔལ་ངལ་གསོའི་དགེ་བ་དང་། །ཞེས་པ་སོགས་ཡིན་དངོས་གཞི་ནི། །ཇི་ལྟར་སྔོན་གྱི་བདེ་གཤེགས་ཀྱི། །ཞེས་སོགས་ཚིགས་བཅད་གཉིས་པ་དང་། །མཇུག་ལ་རང་དང་གཞན་དགའ་བ། །སྒོམ་པའི་ཚུལ་ཡང་ཇི་སྐད་དུ། །དེ་ལྟར་བློ་དང་ལྡན་པ་ཡི། །བྱང་ཆུབ་སེམས་ནི་རབ་བཟུང་ནས། །མཇུག་ཀྱང་རྒྱལ་བས་བྱ་བའི་ཕྱིར། །སེམས་ནི་འདི་ལྟར་གཟེངས་བསྟོད་དོ། །ཞེས་སོགས་ཚིགས་བཅད་བརྒྱད་པོ་དང་། །བདག་གིས་དེ་རིང་སྐྱབ་པ་སོགས། །ཚིགས་བཅད་གཅིག་གིས་རིམ་པར་གསུངས། །དེ་ལ་སེམས་བསྐྱེད་ཆོ་ག་ནི། །མགོན་པོ་ཀླུ་སྒྲུབ་

སྐྱོབ་པ་དང་། །རྡོ་རྗེ་རི་དང་བྱང་བཟང་དང་། །ཨ་ཏི་ཤ་དང་འཇིགས་མེད་སྦས། །ལྔ་ཡིས་མཛད་པ་དེ་དག་གིས། །དང་པོ་གཉིས་ནི་དབུ་དང་བཅས། །ཕྱི་མ་གཉིས་ནི་སེམས་ཙམ་གྱི། །ཚིག་ཡིན་པས་གཞུང་༼དཔྱད༽། །འཇིགས་མེད་སྦས་པས་མཛད་པ་ཡང་། །དབུ་མའི་ལུགས་ལ་ཉེ་བ་གནང་། །སྤྱོད་འཇུག་ལས་གསུངས་བཤད་ཟིན་ཏོ། །

དབུ་མའི་ལུགས་ལ་སྨོན་འཇུག་གཉིས། །སྐབས་ཅིག་ལེན་ཅིང་སོ་སོར་ནི། །ལེན་པ་སེམས་ཙམ་གཞུང་ལུགས་ཡིན། །བྱང་ཆུབ་སེམས་དཔའི་ས་ཉིད་ལས། །སྨོན་པའི་ཚིག་གསལ་བར་ནི། །གསུངས་པ་མེད་ཅིང་འཇུག་པ་ཡི། །སེམས་བསྐྱེད་ཚིག་གསལ་བར་འབྱུང་། །གསང་ཆེན་ཐབས་ལ་མཁས་པ་ཡིས། །མདོ་སྡེའི་རྗེས་འབྲངས་རྩ་ལྟུང་དམ། །ཕམ་པ་ལྟ་བུའི་ཆོས་བཞི་དང་། །སྦྱིན་དང་འགལ་བ་ཉེས་བྱས་བདུན། །ཚུལ་ཁྲིམས་དང་འགལ་ཉེས་བྱས་བརྒྱད། །བཟོད་དང་བརྩོན་འགྲུས་བསམ་གཏན་ལ། །བཞི་དང་གསུམ་གསུམ་གོ་རིམ་བཞིན། །ཤེས་རབ་ལ་བརྒྱད་སེམས་ཅན་གྱི། །དོན་བྱེད་པ་ཡི་ཚུལ་ཁྲིམས་དང་། །འགལ་བའི་ཉེས་བྱས་བཅུ་གཉིས་ཏེ། །དེ་ལྟར་ཉེས་བྱས་བཞི་བཅུ་ལྔ། །གསུངས་པ་དེ་ཡང་འཇུག་པ་ཡི། །སེམས་བསྐྱེད་སྡོམ་པའི་རྩ་ལྟུང་དང་། །ཉེས་བྱས་ཉིད་དུ་རྣམ་པར་བཞག །དེ་བཞིན་ཙན་དྲ་གོ་མིས་ཀྱང་། །ཚིགས་སུ་བཅད་པ་ཉི་ཤུ་ལས། །ཡུལ་དང་ཕན་ཡོན་བསླབ་བྱ་དང་། །ལྟུང་བ་མེད་པ་བཞི་རུ་བསྡུས། །དེ་ལ་དང་པོ་ཇི་སྐད་དུ། །བླ་མ་སྡོམ་པ་གནས་ཤིང་མཁས། །ནུས་དང་ལྡན་ལ་བླང་བར་བྱ། །ཞེས་དང་གཉིས་པ་དེ་ཉིད་ལས། །དེ་ཚེ་དེ་ལ་དགེ་བའི་ཕྱིར། །རྒྱལ་བ་སྲས་དང་བཅས་པ་རྣམས། །དགེ་བའི་ཐུགས་ཀྱིས་རྟག་པར་ཡང་། །བུ་སྡུག་འདྲ་བར་དགོངས་པར་འགྱུར། །ཞེས་པས་བསྟན་ཅིང་གསུམ་པ་ཡང་། །གཞན་རྣམས་དང་ནི་བདག་ལའང་རུང་། །ཕན་དང་བདེ་བ་རྣམས་བྱ་སྟེ། །བདེ་ཡང་མི་ཕན་མི་བྱའོ། །སྡུག་བསྔལ་ཡིན་ཡང་གང་ཕན་བྱ། །ཞེས་པས་བསྒྲུབ་པའི་བསླབ་བྱ་དང་། །དགག་པའི་བསླབ་བྱ་ཟུར་བཤད་པའི། །རྩ་ལྟུང་དང་ནི་ཉེས་བྱས་སོ། །སྙིང་བརྗེ་ལྡན་ཞིང་བྱམས་ཕྱིར་དང་། །སེམས་དགེ་བ་ལ་ཉེས་པ་མེད། །ཙེས་པས་བཞི་པ་བསྟན་པར་བཟུང་། །ཞི་བ་འཚོ་ཡི་འགྲེལ་པར་ནི། །རེ་རེ་ལའང་ལྟུང་མེད་དང་། །ཉོན་མོངས་ཅན་གྱི་ལྟུང་བ་དང་། །ཉོན་མོངས་ཅན་མིན་ལྟུང་བ་སྟེ། །རྣམ་པ་གསུམ་གསུམ་ཕལ་ཆེ་ལ། །བྱང་ཆུབ་སེམས་དཔའི་ས་བཞིན་བཤད། །

བསྡུ་བར་འཇུག་པ་སེམས་བསྐྱེད་ཀྱི། །སྡོམ་པ་གཏོང་བའི་རྒྱུ་དེ་ཡང་། །སྡོམ་མིན་སྐྱེས་དང་བསླབ་པ་ཕུལ། །ཕམ་ཕམ་ལྟ་བུའི་ཆོས་བཞི་པོ། །བྱུང་བ་ལ་སོགས་རྒྱུ་བཞི་གསུངས། །དེ་ཕྱིར་རྩ་ལྟུང་བྱུང་བ་ཡིས། །སྡོམ་པ་ཞིག་པར་འགྱུར་བ་སྟེ། །སྡོམ་པ་སླར་ཡང་བླང་བར་བྱ། །ཟག་པ་འབྲིང་ནི་གསུམ་ལ་བཤགས། །གཉིས

ཀྱི་མདུན་དུ་ལྷག་མ་རྣམས། །ཉོན་མོངས་མི་མོངས་བདག་སེམས་བཞིན། །ཞེས་གསུངས་པ་ཡང་རྩ་ལྟུང་གིས། །སྡོམ་པ་གཏོང་བའི་ལུང་ཡིན་ནོ། །དེས་ན་ཚུལ་ཁྲིམས་ལེའུ་དང་། །སློབ་དཔོན་བྱང་ཆུབ་བཟང་པོ་དང་། །ཞི་བ་འཚོ་དང་དགེ་བསྙེན་གྱིས། །མཛད་པའི་གཞུང་ལས་སྡོམ་པ་ཡི། །ཙ་ལྟུང་བཤད་པ་གང་ཡིན་པ། །འཇུག་པའི་རྩ་ལྟུང་ཡིན་པར་བསལ། །

བཞི་པོ་དེ་ཡང་བསླབ་བཏུས་ལས། །དཀོན་མཆོག་གསུམ་གྱི་དཀོར་འཕྲོག་པ། །ཕམ་ཕམ་པ་ཡི་ལྟུང་བར་འདོད། །དམ་པའི་ཆོས་ནི་སྤོང་བྱེད་པ། །གཉིས་པ་ཐུབ་པས་གསུངས་པ་ཡིན། །ཚུལ་ཁྲིམས་འཆལ་བའི་དགེ་སློང་ལ། །ངུར་སྨྲིག་འཕྲོག་དང་འཕྲལ་བ་དང་། །བཙོན་རར་འཇུག་པར་བྱེད་པ་དང་། །རབ་ཏུ་བྱུང་ལ་འབེབས་པ་དང་། །སྲོག་དང་བྲལ་བྱེད་གསུམ་པ་ཡིན། །མཚམས་མེད་ལྔ་པོ་བྱེད་པ་དང་། །ལོག་པར་ལྟ་བ་ཟིན་པ་དང་། །གྲོང་ལ་སོགས་པ་འཇིག་པ་ཡང་། །རྩ་བའི་ལྟུང་བར་རྒྱལ་བས་གསུངས། །བློ་སྦྱོང་མ་བྱས་སེམས་ཅན་ལ། །སྟོང་པ་ཉིད་ནི་བརྗོད་པ་དང་། །སངས་རྒྱས་ཉིད་ལ་ཞུགས་པ་དག །སོགས་པའི་བྱང་ཆུབ་བཟློག་པ་དང་། །སོ་སོར་ཐར་པ་ཡོངས་སྤངས་ཏེ། །ཐེག་པ་ཆེ་ལ་སྦྱོར་བ་དང་། །སློབ་མའི་ཐེག་པས་ཆགས་ལ་སོགས། །སྤོང་བར་འགྱུར་བ་མིན་ཞེས་འཛིན། །ཕ་རོལ་དག་ཀྱང་འཛིན་འཇུག་དང་། །རང་གིས་ཡོན་ཏན་བརྗོད་པ་དང་། །རྙེད་པ་དང་ནི་བཀུར་བསྟི་དང་། །ཚིགས་བཅད་རྒྱུ་ཡིས་གཞན་དམོད་དང་། །བདག་ནི་ཟབ་མོ་བཟོད་པ་ཞེས། །ལོག་པར་ཉིད་ནི་སྨྲ་བ་དང་། །དགེ་སྦྱོང་ཆད་པས་གཅོད་འཇུག་དང་། །དཀོན་མཆོག་གསུམ་གྱི་སྦྱིན་བྱེད་དང་། །སྦྱིན་པ་ལེན་པར་བྱེད་པ་དང་། །ཞི་གནས་འདོར་བ་བྱེད་པ་དང་། །ཡང་དག་འཇོག་གི་ལོངས་སྤྱོད་རྣམས། །ཁ་བཏོན་བྱེད་ལ་སྦྱིན་པ་རྣམས། །དེ་དག་རྩ་བའི་ལྟུང་བ་སྟེ། །སེམས་ཅན་དམྱལ་བ་ཆེན་པོའི་རྒྱུ། །མྱི་ལམ་འཕགས་པ་མཁའ་སྙིང་པོའི། །མདུན་དུ་འདུག་སྟེ་བཤགས་པར་བྱ། །བྱང་ཆུབ་སེམས་ནི་ཡོངས་འདོར་སྣང་། །ཆགས་དང་སེར་སྣ་མི་བཟོད་པས། །སློང་ལ་སྦྱིན་པར་མི་བྱེད་དང་། །ཁྲོས་ནས་སེམས་ཅན་བརྡེག་པ་དང་། །སྒྲིམས་ཏེ་དགའ་བར་བྱེད་པ་ན། །སེམས་ཅན་ལ་ནི་མི་བཟོད་དང་། །ཉོན་མོངས་པ་དང་གཞི་མཐུན་པས། །ཆོས་ལྟར་བཅོས་པ་བརྗོད་པའོ། །

ཞེས་གསུངས་པ་ཡི་རྩ་ལྟུང་གི། །ཐ་མ་བཞིར་ནི་འདུས་པ་ཡིན། །དེ་ནི་ཐབས་ལ་མཁས་པ་ཡི། །མདོ་ཡི་རྗེས་འབྲང་སྔ་མ་རྣམས། །འཕགས་པ་ནམ་མཁའི་སྙིང་པོ་ཡི། །རྗེས་སུ་འབྲང་བར་གཞུང་ལས་གསུངས། །བྱང་ཆུབ་སེམས་དཔའ་རྒྱལ་པོ་ལ། །འབྱུང་བའི་རྩ་ལྟུང་ལྔ་ཉིད་དང་། །བློན་པོ་ལ་ཡང་དེ་བཞིན་ལྔ། །ཁྱད་པར་ལོག་ལྟ་འཛིན་པ་དང་། །གྲོང་དང་ཡུལ་འཁོར་འཇིག་པ་ཡིས། །རྩ་ལྟུང་གཉིས་ཀ་རིམ་བཞིན་དུ། །ཐུན་མོང་

མིན་པར་ཤེས་པར་བྱ། །ལས་ནི་དང་པ་པོ་དག་གིས། །བྱང་སེམས་རྣམས་ལ་རྩ་ལྟུང་བརྒྱད། །རྒྱས་པར་ཕྱེ་ན་ཉི་ཤུ་བརྒྱད། །ཤིན་ཏུ་བསྡུས་ན་བཅུ་བཞིར་འདུས། །དེ་ལྟར་བཅོ་བརྒྱད་པོ་དེ་ཡང་། །ཕལ་ཆེར་སྨོན་པ་སེམས་བསྐྱེད་ཀྱི། །སྨོན་པ་ལ་ལྟོས་རྩ་ལྟུང་བརྒྱད། །རྒྱས་པར་ཕྱེ་ན་ཉི་ཤུ་དང་། །འབྲིང་དུ་བསྡུས་ན་བཅོ་བརྒྱད་དང་། ། ཤིན་ཏུ་བསྡུས་ན་བཅུ་བཞིར་འདུས། །དེ་ལྟར་བཅོ་བརྒྱད་པོ་དེ་ཡང་། །ཕལ་ཆེར་སྨོན་པ་སེམས་བསྐྱེད་ཀྱི། ། སྨོན་པ་ལ་ལྟོས་རྩ་ལྟུང་ཡིན། །རྙེད་བཀུར་ལ་ཆགས་ཉོན་མོངས་པས། །ཀུན་ནས་བསླངས་པའི་བདག་བསྟོད་དང་། །གཞན་ལ་སྨོད་པའི་རྩ་ལྟུང་དང་། །སེམས་ཅན་མགོན་མེད་སྡུག་བསྔལ་ལ། །སེར་སྣས་ཆོས་དང་ནོར་བདག་གི། །སྦྱིན་པ་མི་བྱེད་རྩ་ལྟུང་དང་། །ཉེས་ལྡན་སྐྱེ་བོས་བཤད་པ་ན། །དང་དུ་མི་ལེན་ཁྲོས་པ་ཡིས། ། གཞན་ལ་བརྡེག་པའི་རྩ་ལྟུང་དང་། །ཉོན་མོངས་ཅན་གྱིས་མ་རིག་པས། །ཆོས་ལྟར་བཅོས་པའི་རྩ་ལྟུང་སྟེ། ། བཞི་ནི་འཇུག་པ་སེམས་བསྐྱེད་ཀྱི། །སྨོན་པ་ལ་ལྟོས་རྩ་ལྟུང་ཡིན། །

དེ་ཕྱིར་བྱང་ས་ལས་གསུངས་པའི། །རྩ་ལྟུང་གང་ཡིན་ཐམས་ཅད་ཀྱང་། །བསླབ་བཏུས་ལས་གསུངས་རྩ་བ་ཡི། །ལྟུང་བར་འདུས་ཤིང་བསླབ་བཏུས་ལས། །བཤད་པའི་རྩ་ལྟུང་བཅོ་བརྒྱད་པོ། །ཅིག་ཤོས་ཉིད་དུ་ག་ལ་འདུས། །ཉེས་བྱས་བཞི་བཅུ་ཞེ་ལྔ་ཡང་། །བསླབ་བཏུས་ལས་གསུངས་ཉེས་བྱས་སུ། །འདུ་བའི་ཚུལ་ཡང་སྔ་མ་བཞིན། །དཔེར་ན་རྡོ་རྗེ་ཐེག་པ་ཡི། །རྩ་ལྟུང་གཉིས་པར་འདུལ་བ་དང་། །བྱང་སེམས་སྡོམ་པའི་ཕམ་པའམ། ། རྩ་ལྟུང་ཐམས་ཅད་འདུ་བ་དང་། །སོ་སོར་ཐར་པའི་ལྟུང་བ་ནི། །ཕྲ་མོ་གང་ཡིན་ཐམས་ཅད་དང་། །བྱང་སེམས་སྡོམ་པའི་ཉེས་བྱས་རྣམས། །ཁྱད་དུ་གསོད་པའི་བསམ་པ་ཡིས། །དབྱེད་ན་རྩ་ལྟུང་གཉིས་པ་དང་། །མེད་ན་ཡན་ལག་ལྟུང་བར་འདུས། །འོན་ཀྱང་གསང་སྔགས་ལུགས་ཀྱི་ནི། །སྡོམ་པ་རེ་དང་སེམས་ཙམ་གྱི། །སྡོམ་པ་གཉིས་པོ་མི་འདྲ་བའང་། །ལྷ་བའི་དབང་གིས་ཡིན་པ་བཞིན། །གཞན་ཡང་དཔེ་ནི་འདི་ལྟ་སྟེ། །སྐྱེས་པ་དང་ནི་བུད་མེད་གཉིས། །ལུས་རྟེན་ཐ་དད་དེ་ཡི་ཕྱིར། །བསྙེན་རྫོགས་སྡོམ་པའི་ཚིག་དང་། །ལྟུང་བའི་རྐང་གྲངས་ལ་སོགས་པ། །མི་འདྲའི་རྣམ་དབྱེ་མང་མོད་ཀྱི། །ཕ་ཡིས་ཚིག་ལ་བརྟེན་ནས། །བུད་མེད་བསྙེན་པར་རྫོགས་པར་འགྱུར། །མ་ཡི་ཚིག་ལ་བརྟེན་ནས། །སྐྱེས་པ་བསྙེན་པར་རྫོགས་པར་འགྱུར། །

དེ་ལྟར་སླས་ལའང་འདི་སྐད་དུ། །རྟེན་གྱིས་ཚིག་འབྱེད་ན་ནི། །སྐྱེས་པའི་ལུས་རྟེན་ཅན་གང་ནི། ། འདུལ་བར་གསུངས་པའི་མཆོག་གི། །བསྙེན་རྫོགས་སྡོམ་པ་མི་སྐྱེ་འམ། །བུད་མེད་ཡོངས་སུ་དག་པས་ཀྱང་། ། ཕ་ཡིས་ཚོགས་བསྙེན་རྫོགས་ཀྱི། །སྡོམ་པའི་དངོས་པོ་མི་སྐྱེ་འམ། །ཞེས་པའི་ཚུལ་གྱིས་དྲི་བ་དང་། །སྔར་བཤད་དྲི་བ་མཚུངས་པར་སྣང་། །འདི་ལའང་བླུན་པོ་ཁ་ཅིག་ནི། །སྐྱེས་པའི་ཚིག་ལ་བརྟེན་ནས། །བུད་མེད་བསྙེན་

པར་རྫོགས་མི་འགྱུར། །ཚངས་སྤྱོད་ཉེར་གནས་ལ་སོགས་པའི། །ཡན་ལག་ཚང་བ་མེད་ཕྱིར་རོ། །ཞེས་པའི་རིགས་པ་ལྟར་སྣང་ལ། །བླུན་པོ་གཞན་དག་ངོ་མཚར་འཛིན། །དེ་ལྟ་ཡིན་ན་འདུལ་བ་ལུང་། །གཞུང་དམ་ལེའུ་བཅུ་གཅིག་གི །ཞུ་བའི་སྐབས་དང་ཡོན་ཏན་འོད། །མཛད་པའི་ལས་བཞི་གཉིས་སུ་ནི། །སྐྱེ་བར་གསུངས་པ་ཇི་ལྟར་ཡིན། །གཞུང་དེ་པར། ཡང་ཞུས་པ་བཙུན་པ་དགེ་སློང་རྣམས་ཀྱིས་དགེ་སློང་མ་ཡི་ལས་ཀྱིས་བསྙེན་པར་རྫོགས་པར་བགྱིས་ན་བསྙེན་པར་རྫོགས་ཞེས་བགྱི་འམ། བསྙེན་པར་མ་རྫོགས་པ་ཞེས་བགྱི། ཨུ་པ་ལི་བསྙེན་པར་རྫོགས་པ་ཞེས་བྱ་སྟེ། བསྙེན་པར་རྫོགས་པར་བྱེད་པ་རྣམས་ནི་འདས་པ་དང་བཅས་པར་འགྱུར་རོ། །དགེ་སློང་མ་རྣམས་ཀྱིས་དགེ་སློང་གི་ལས་ཀྱིས་བསྙེན་པར་རྫོགས་པར་བགྱིས་ན༑ བསྙེན་པར་རྫོགས་ཞེས་བགྱི་འམ། བསྙེན་པར་མ་རྫོགས་པ་ཞེས་བགྱི། ཨུ་པ་ལི་བསྙེན་པར་རྫོགས་པ་ཞེས་བྱ་སྟེ། དགེ་འདུན་གཉིས་ཀ་ཡང་འདས་པ་དང་བཅས་པར་འགྱུར་རོ། །ཞེས་སྐྱེ་ལ་ཉེས་བྱས་སུ་གསུངས་པ་དང་། འདུལ་བའི་མདོར་ལས་ཀྱི་གཞི་ཞུ་བ་ལ་སོགས་པའི་སྐབས་ནས་འབྱུང་བ་ལས་དགེ་སློང་དགེ་སློ་ལ་(དོགས)ཉིད་དག་གིས་ལས་གཞན་བྱེད་པས་མ་ཡིན་ནོ། །ཞེས་ལས་འཆད་ལ་བྱེད་པ་པོ་དགེ་འདུན་རྣམས་ལ་བསླབ་པ་བཙན་པོ་ཁྱད་དུ་གསོད་པའི། ངེས་ན་དེ་འདྲའི་འཆལ་གཏམ་ནི། །འདུལ་བ་ཤེས་པའི་མཁས་རྣམས་ཀྱིས། །བཅོ་དང་འབྲེལ་བའི་གནས་ཉིད་དང་། །ཕྱུགས་བདག་འདོད་པའི་ལམ་ཉིད་དུ། །དགྲི་བའི་ཐབས་ནི་དབྱུག་པ་ལས། །གཞན་མེད་ཕྱིར་ནས་མ་སླུས་སོ། །དབུ་མ་ལུགས་ཀྱི་སེམས་བསྐྱེད་ཀྱི། །རྟེན་དུ་སོ་ཐར་མི་དགོས་ན། །ཡན་ལག་བདུན་པ་སྔོན་འགྲོ་བར། །གསུངས་པའི་དགོངས་པ་གང་ཞིག་ཡིན། །ཞེས་པའི་ལན་ཡང་བཤད་ཟིན་ཏོ། །འོན་ཀྱང་མདོར་བསྡུས་བརྗོད་བྱེད་ན། །སེམས་བསྐྱེད་སྡོམ་པ་ལེན་པ་ལ། །སྡིག་པ་བཤགས་པ་ལ་སོགས་ཀྱི། །ཡན་ལག་བདུན་པར་སྔོན་འགྲོ་བར། །དུས་ཀྱི་འཁོར་ལོའི་བསྡུས་བརྒྱུད་དང་། །སྤྱོད་འཇུག་སོགས་ལས་རྒྱས་པར་གསུངས། །དེ་ལ་སོ་སོར་ཐར་པ་ཡི། །སྡོམ་པའི་མིང་ནི་གསུངས་པ་མེད། །

འོན་ཀྱང་དེ་འདྲའི་སྐབས་འགྲོ་དང་། །སོ་སོར་ཐར་པའི་མི་མཐུན་ཕྱོགས། །རང་བཞིན་ཁ་ན་མ་ཐོ་བ། །སྤོང་བའི་སེམས་པ་གང་ཡིན་ལ། །སོ་སོར་ཐར་པ་ཞེས་བྱ་བར། །རྗེ་བཙུན་གྲགས་པས་གསུངས་པ་ནི། །མདོ་སྡེ་ལུགས་དང་གསང་སྔགས་ལུགས། །ཞེས་ཀྱང་ལན་གཅིག་མ་ཡིན་པར། །བཤད་ཟིན་དེས་ཀྱང་མ་གོ་ན། །རང་གི་གནས་ལུགས་བསམ་པར་གྱིས། །རྒྱ་ལྟུང་འཁྲུལ་པ་སྤོང་བ་ལས། །སོ་སོར་ཐར་པའི་སྡོམ་པ་ནི། །བྱང་སེམས་སྡོམ་པའི་རྟེན་ཉིད་དུ། །མི་རིགས་དེ་ཡང་དང་པོ་ཡི། །ཐོབ་པའི་རྟེན་ནི་མ་ཡིན་ཏེ། །སོ་ཐར་གླིང་གསུམ་མི་དག་ལ། །སྐྱེ་ཡི་གཅིག་ཤོས་ཐམས་ཅད་ལ། །སྐྱེ་བར་གསུངས་པ་ཉིད་ཕྱིར་རོ། །གནས་པའི་རྟེན་ཡང་མི་རུང་སྟེ། །སོ་ཐར་ཤི་ནས་གཏོང་བ་དང་། །ཅིག་ཤོས་བྱང་ཆུབ་མ་ཐོབ་པར། །ཡོད་ཕྱིར་དུས་དང་ཐ་དད་

དོ༑ ༑ཞེས་དང་ཐུན་མོང་སོ་ཐར་ལ། །འདོད་ན་རྒྱ་མཚན་བཀོད་པ་གང་། །ཁོ་བོ་ཅག་གིས་ཁས་ལེན་ན། །འོན་ཀྱེད་ཀྱི་ལུགས་ལ་ཡང་། །སོ་སོར་ཐར་པ་སྟོན་སོང་བའི། །སྡོམ་པ་གསུམ་པོ་གང་ཞེ་ན། །སྔགས་ཀྱི་ལུགས་འདིར་སོ་ཐར་གྱི། །ངོ་བོ་གཞན་ལ་གནོད་བྱེད་པ། །གཞི་དང་བཅས་པ་ལས་ལོག་པ། །ཡིན་ཞིང་སྡོམ་པ་སེམས་བསྐྱེད་ནི། །དེ་ཡི་སྟེང་དུ་གཞན་དག་ལ། །ཕན་འདོགས་པར་ནི་ཞུགས་པ་ཡིན། །རིག་འཛིན་སྔགས་ཀྱི་སྡོམ་པ་ནི། །སྡོམ་པ་གཉིས་པོ་དེ་དག་ཀྱང་། །ལྷ་ཡི་རྣམ་པ་ཡེ་ཤེས་ཀྱི། །ལྷ་ཡི་རྣམ་པའམ་ཞེས་བྱ་བ་ནི། གཙོ་བོར་བསྐྱེད་རིམ་དང་ཡེ་ཤེས་ཞེས་པ་ནི་རྫོགས་རིམ་སྟེ། དེ་ཡང་གཙོ་ཆེ་བའི་དབང་དུ་བྱས་ཏེ། བསྐྱེད་རིམ་ལ་ཡེ་ཤེས་སྐྱེ་བ་ཡིན་པས་སོ། །འོན་ཀྱང་བསྐྱེད་རིམ་ལ་ཡེ་ཤེས་སྐྱེ་བ་བཀའ་ཡིན་ནོ། །བྱིན་གྱིས་བརླབས་ནས་ལོངས་སྤྱོད་པས། འགལ་བ་ཡོད་པ་མ་ཡིན་ནོ། །

ཞེས་གསུངས་འདི་ནི་མདོ་སྡེ་དང་། །གསང་སྔགས་ལུགས་ཀྱི་སོ་ཐར་དང་། །ཐུན་མོང་མིན་པའི་སོ་ཐར་ཡིན། །ཐུན་མོང་བ་ཡི་སོ་ཐར་དང་། །འདུལ་བའི་ལུགས་ཀྱི་སོ་ཐར་ནི། །རྣམ་བཤད་ཉིད་ལས་འདི་སྐད་དུ། །འོན་སོ་སོར་ཐར་པ་ནི། །དགེ་སློང་གིས་ནི་སྡོམ་པའི་བར། །ཐོབ་པ་ཞིག་གི་དུས་ཕྱིས་སུ། །སེམས་བསྐྱེད་པ་དང་དེ་ཉིད་ཀྱི། །སྔར་གྱི་དཀྱིལ་འཁོར་དབང་མནོས་ཚེ། །སྡོམ་གསུམ་ཇི་ལྟར་ལྡན་ཞེ་ན། །དགེ་སློང་གིས་ནི་སེམས་བསྐྱེད་ཚེ། །སོ་ཐར་ཐམས་ཅད་བྱང་སེམས་ཀྱིས། །སྡོམ་པ་གནས་གྱུར་དཀྱིལ་འཁོར་དུ། །ཞུགས་པའི་ཚེ་ན་ཐམས་ཅད་ཀྱང་། །རིག་པ་འཛིན་པའི་སྡོམ་པ་ཞེས། །དཔེ་དང་བཅས་ཏེ་གསུངས་པ་ཡང་། །མཁས་པས་གཞན་དུ་བཟུང་མི་བྱ། །སྤྱོད་འཇུག་ཚུལ་ཁྲིམས་ལེའུ་ཊཱི་ཀ་ལས། མདོ་སྡེ་དཀོན་མཆོག་སྤྲིན་དྲངས་ནས་འགལ་སྤོང་དང་། རིམ་གྱིས་སློབ་པ་དང་། སྡོམ་པ་གསུམ་ལྡན་དང་། ཉན་ཐོས་ཀྱི་སོ་ཐར་བྱང་སེམས་ཀྱི་སོ་ཐར་དུ་གནས་གྱུར་པ་སོགས་དོན་གྱི་གསུངས་སོ། །རྗེ་བཙུན་རྩེ་མོའི་སྤྱོད་འཇུག་གི། །རྣམ་བཤད་ལས་ཀྱང་འདི་སྐད་དུ། །སྐལ་ལྡན་ཅིག་ཅར་བ་ཞེས་དང་། །སྐལ་མེད་རིམ་གྱིས་པ་ཞེས་པ། །རྣམ་པ་གཉིས་ལས་དང་པོ་ནི། །འདུལ་བའི་ལུགས་ཀྱི་སོ་ཐར་ནི། །གང་ཡང་མེད་པས་དབང་མནོས་ཚེ། །སྡོམ་པ་གསུམ་དང་ལྡན་པར་འགྱུར། །འདི་ཡི་སོ་སོར་ཐར་པ་ཡང་། །གསང་སྔགས་ལུགས་ཀྱི་སོ་ཐར་དང་། །སོ་ཐར་སྡོམ་པ་བཏགས་པ་ཡིན། །ཕྱི་མ་འདུལ་བ་ལས་གསུངས་པའི། །ཚིག་ལས་ཐོབ་བསྙེན་རྫོགས་ཀྱིས། །སྡོམ་ལྡན་དགེ་སློང་དབང་མནོས་ཚེ། །སྡོམ་པ་གསུམ་དང་ལྡན་པར་འགྱུར། །འདི་ཡིས་སོ་སོར་ཐར་པ་ནི། །འདུལ་བའི་ལུགས་ཀྱི་སོ་ཐར་དང་། །ཐུན་མོང་བ་ཡི་སོ་ཐར་དང་། །སོ་ཐར་སྡོམ་པ་མཚན་ཉིད་པ། །ཡིན་ཞེས་གསུངས་པའང་འདི་དང་མཐུན། །དེ་ན་སྔར་བཤད་སོ་ཐར་དེ། །བྱང་སེམས་སྡོམ་པའི་ཉེས་སྤྱོད་ཀྱི། །སྡོམ་པའི་ཚུལ་ཁྲིམས་ཞེས་བྱའོ། །

དེ་བཞིན་རྗེ་བཙུན་ཆེན་པོས་ཀྱང་། །ཐུན་མོང་མིན་པའི་སྐྱབས་འགྲོ་དང་། །སྨོན་འཇུག་སེམས་བསྐྱེད་སྡོམ་

པ་ནི། །གུད་དུ་བླངས་པ་རུང་མོད་ཀྱི། །དབང་གི་སྔ་གོན་གནས་སྐབས་སུ། །ངེས་པར་སྐྱེ་བས་བྱང་སེམས་འགྱུར། །ཞེས་གསུངས་དགོངས་པའང་འདི་ཉིད་ཡིན། །བརྗོད་པར་བྱ་བ་མང་མོད་ཀྱི། །ཏ་ཙང་མང་ཕྱིར་རེ་ཞིག་བཞག །དེ་ལྟར་བཤད་པའི་ཚུལ་གོ་ན། །རྗེ་བཙུན་རྩེ་མོས་རྒྱུན་བཤགས་ཀྱི། །དུས་སུ་ཉེས་སྤྱོད་སྡོམ་པ་ཡིས། །ཚུལ་ཁྲིམས་སྐྱེ་ཞིང་དེ་ཉིད་ཀྱང་། །སོ་སོར་ཐར་པ་བཤད་དེ་ཉི། །ཞེས་པའི་ལན་ཡང་དེ་ཉིད་ཡིན། །སོ་སོར་ཐར་པ་རིས་བདུན་པོ། །སེམས་བསྐྱེད་ལ་ནི་ལུགས་གཉིས་བཞེད། །ཕྱག་ལེན་དབུ་མའི་ལུགས་བཞིན་མཛད། །

དེས་ན་སེམས་བསྐྱེད་སྡོམ་པའི་རྟེན། །སོ་ཐར་རིས་བདུན་གང་ཡང་རུང་། །མི་དགོས་ཞེས་ནི་འཁྲུལ་སྤྱོང་དང་། །ཉི་ཤུ་པ་ཡི་རྣམ་བཤད་ལས། །གསུངས་མོད་སེམས་ཙམ་པ་ཡི་ལུགས། །སེམས་བསྐྱེད་སྡོམ་པའི་རྟེན་དུ་ཡང་། །སོ་ཐར་རིས་བདུན་མི་དགོས་པའི། །ལུང་ཚིག་གཅིག་ཀྱང་གསུངས་པ་མེད། །དོན་དམ་སེམས་བསྐྱེད་བྱ་བ་ཡི། །ཆོ་ག་རྒྱལ་བས་མ་གསུངས་ན། །འཕགས་པ་ཀླུ་སྒྲུབ་སློབ་ཉིད་ཀྱིས། །བྱང་ཆུབ་སེམས་འགྲེལ་ཞེས་བྱ་བའི། །བསྟན་བཅོས་དག་ལས་གསུངས་དེ་ཉི། །ཞེས་གསུངས་ལན་ནི་བཤད་པར་བྱ། །འདུས་པའི་རྒྱུད་ལས་འདི་སྐད་དུ། །ཕུང་པོ་ཁམས་དང་སྐྱེ་མཆེད་རྣམས། །ཆོས་བདག་མེད་པར་མཉམ་པ་ཉིད། །རང་སེམས་གདོད་ནས་མ་སྐྱེས་པ། །སྟོང་པ་ཉིད་ཀྱི་རང་བཞིན་ཡིན། །ཞེས་པའི་འགྲེལ་པར་ཀླུ་སྒྲུབ་ཀྱིས། །དོན་དམ་བྱང་ཆུབ་སེམས་བསྐྱེད་པའི། །དོན་དམ་པའི་སེམས་བསྐྱེད་ལ། །ཆོ་ག་མེད་ཅེས་བཤད་པ་ནི། །ཕ་རོལ་ཕྱིན་པའི་ཐེག་པ་ཡི། །དབང་དུ་བྱས་པར་ཐུབ་པ་ཡི། །དགོངས་པ་གསལ་ལས་གསུངས་བཞིན་དུ། །ཁྲི་བ་འདི་ལ་རྒྱུ་གང་ལགས། །རྣམ་སྣང་མངོན་པར་ལས་གསུངས་པ། །སེམས་བསྐྱེད་དེ་ནི་བརྟགས་པ་ཡིན། །དེ་ལ་ཕྱག་ཆེན་བསྒོམ་པ་མེད། །དོན་དམ་སེམས་བསྐྱེད་ཆོ་ག་ཡིས། །བསྐྱེད་པར་འདོད་པ་ཕྱོགས་སྔ་མ། །དེ་ལ་མགོ་བསྒྲེའི་ལན་དང་ནི། །རྣལ་མའི་ལན་གཉིས་རྗེ་ཉིད་ཀྱིས། །གསུངས་པ་བཞིན་དུ་ཤེས་པར་གྱིས། །ཐབས་ཙམ་བཤད་ཀྱི་སྦྱོར་བ་དང་། །དངོས་གཞི་མཇུག་གི་ཆོ་ག་ནི། །གསུངས་པ་མེད་ཅིང་གཞན་དུ་ན། །ཟག་མེད་སེམས་དང་བསམ་གཏན་སོགས། །བསྐྱེད་པར་བྱའོ་ཞེས་གསུངས་ཕྱིར། །བསམ་གཏན་ཟག་མེད་སྡོམ་པ་ཡང་། །ཆོགས་ཐོབ་པར་ཏ་ཙང་ཐལ། །བརྩམས་པར་བྱ་ཞིང་འབྱུང་བར་བྱ། །སངས་རྒྱས་བསྟན་ལ་འཇུག་པར་བྱ། །འདམ་བུའི་ཁྱིམ་ལ་གླང་ཆེན་བཞིན། །འཆི་བདག་སྡེ་ནི་གཞོམ་པར་བྱ། །ཞེས་སོགས་རྣམས་ཀྱང་ཆོ་གར་འགྱུར། །དེ་ནས་དོན་དམ་བྱང་ཆུབ་སེམས། །བསྐྱེད་པའི་ཐབས་ལ་གསུངས་པར་ཟད། །

དེ་བཞིན་སཾ་པུ་ཊི་ལས་ཀྱང་། །སྟོང་པ་བསྒོམ་པར་མི་བྱ་སྟེ། །སྟོང་མིན་བསྒོམ་པར་མི་བྱའོ། །སྟོང་པ་མི་སྤོང་རྣལ་འབྱོར་པས། །སྟོང་མིན་ཡོངས་སུ་མི་སྤོང་ངོ་། །སྟོང་དང་སྟོང་མིན་བཟུང་བ་ལས། །རྟོག་པ་ཉུང་མིན་སྐྱེ

བར་འགྱུར། །ཡོང་སུ་སྤྱངས་པ་ཀུན་སྟོན་ཏེ། །དེ་ཕྱིར་དེ་གཉིས་ཡོངས་སུ་སྤྱངས། །ཞེས་གསུངས་དོན་ཡང་ཚུལ་འདི་ཡིན། །དེ་ཕྱིར་དོན་དམ་སེམས་བསྐྱེད་ནི། །གོམས་པའི་སྟོབས་ཀྱིས་སྐྱེ་བས་ན། །ས་མ་ཐོབ་ལ་འབྱུང་བ་མེད། །དེ་ཡང་རྒྱན་ལས་འདི་སྐད་དུ། །རྫོགས་པའི་སངས་རྒྱས་རབ་བསྙེན་བྱས། །བསོད་ནམས་ཡེ་ཤེས་ཚོགས་རབ་བསགས། །ཆོས་ལ་མི་རྟོག་ཡེ་ཤེས་ནི། །སྐྱེས་ཕྱིར་དེ་ནི་དམ་པར་འདོད། །ཆོས་དང་སེམས་ཅན་རྣམས་དང་ནི། །དེ་ཡིས་བྱ་བས་སངས་རྒྱས་ཉིད། །མཆོག་ལ་སེམས་མཉམ་རྙེད་པའི་ཕྱིར། །དེ་ཡིས་རབ་དགའ་ཁྱད་པར་འཕགས། །ཞེས་གསུངས་རྐང་པ་དང་པོ་ནི། །ལུང་དམ་པ་མནོས་གཉིས་པས་རྒྱུ་དམ་པ་བསྒྲུབས་དང་། གསུམ་པས་ཁོང་དུ་ཆུད་པ་དམ་པ་ཡི། །རྟོགས་པའི་ཁྱད་པར་བསྟན་པ་ཡིན། །ཁྱད་པར་གསུམ་གྱིས་བསྐྱེད་པ་ཡི། །སེམས་བསྐྱེད་གང་ཡིན་དོན་དམ་གྱི། །སེམས་བསྐྱེད་ཡིན་པར་གསུངས་པ་དང་། །གྲོགས་སྟོབས་རྒྱུ་སྟོབས་རྩ་བའི་སྟོབས། །ཐོས་སྟོབས་དགེ་བ་གོམས་པ་ལས། །མི་བརྟན་པ་དང་བརྟན་འབྱུང་བ། །གཞན་གྱིས་བསྟན་པའི་སེམས་བསྐྱེད་བཤད། །ཞེས་པས་གཞན་གྱི་ངག་གི་རིག་བྱེད་ལས། །སེམས་བསྐྱེད་གང་ཡིན་བླངས་པ་ཡིས། །བརྡ་ལས་བྱུང་བའི་སེམས་བསྐྱེད་གསུངས། །དེ་བཞིན་གོ་རིམ་བརར་པ་ལས། །བྱང་ཆུབ་སེམས་དེ་རྣམས་གཉིས་ཏེ། །ཀུན་རྫོབ་དང་ནི་དོན་དམ་པའོ། །

དེ་ལ་ཀུན་རྫོབ་སྙིང་རྗེ་ཡིས། །སེམས་ཅན་མཐའ་དག་གདོན་པར་ནི། །དམ་བཅས་ནས་ནི་འགྲོ་བ་ལ། །ཕན་ཕྱིར་རྫོགས་པའི་སངས་རྒྱས་དང་། །གྱུར་ཅིག་མཉམ་དུ་བླ་ན་མེད། །ཡང་དག་རྫོགས་པའི་བྱང་ཆུབ་གང་། །འདོད་པའི་རྣམ་པའི་སེམས་དང་པའོ། །དེ་ཡང་ཚུལ་ཁྲིམས་ལེའུ་ལས། །བསྟན་པའི་ཆོ་ག་ཇི་བཞིན་དུ། །བྱང་སེམས་སྡོམ་པ་ལ་གནས་པ། །མཁས་པ་ཕ་རོལ་པོ་དག་ལས། །བསྐྱེད་པར་བྱ་ཞིང་དེ་ནས་ནི། །དོན་དམ་བྱང་ཆུབ་སེམས་བསྐྱེད་ཕྱིར། །འབད་པར་བྱ་བའི་སེམས་དེ་ནི། །འཇིག་རྟེན་ལས་འདས་སྤྲོས་པ་ནི། །ཀུན་དང་བྲལ་བ་ཤིན་ཏུ་གསལ། །དམ་པའི་སྤྱོད་ཡུལ་དྲི་མ་མེད། །མི་གཡོ་བ་དང་རླུང་མེད་པའི། །མར་མེའི་རྒྱུ་བཞིན་ཁྱད་པར་བདུན། །སེམས་༼དཔྱད༽དེ་གྲུབ་པའི་རྒྱུ་ཡིན། །རྟག་ཏུ་གུས་པར་យུན་རིང་དུ། །ཞི་གནས་ལྷག་མཐོང་རྣལ་འབྱོར་ནི། །གོམས་པར་བྱས་པ་ལས་གྱུར་ཏེ། །ཞེས་གསུངས་པི་མ་ལ་མི་ཏྲའི། །སྒོམ་རིམ་ལས་ཀྱང་དེ་བཞིན་འབྱུང་། །གདན་ལ་དབབ་པ་བསྡུ་བ་ལས། །སེམས་བསྐྱེད་པ་ནི་རྣམ་བཅུ་སྟེ། །ཡང་དག་བླངས་པ་བརྡ་ལས་བྱུང་། །ཆོས་ཉིད་ཀྱིས་ནི་ཐོབ་པ་དང་། །མ་ངེས་པ་དང་ངེས་པ་དང་། །ཡོངས་སུ་མ་དག་ཡོངས་སུ་དག་པ་དང་། སྟོབས་ཆུང་བ་དང་སྟོབས་དང་ལྡན་པ་དང་། །འབྲས་བུ་ཡོངས་སུ་མ་གྲུབ་དང་། །འབྲས་བུ་ཡོངས་སུ་གྲུབ་པའོ། །དེ་ལ་སེམས་བསྐྱེད་དང་པོ་ནི། །བྱང་སེམས་ཡང་དག་པ་ཉིད་དུ། །སྐྱོན་མེད་པ་ལ་མ་ཞུགས་པ། །རྣམས

ཀྱི་ཡིན་ཞིང་གཉིས་པ་ནི། །བྱང་སེམས་ཡང་དག་པ་ཉིད་དུ། །སྐྱོན་མེད་པ་ལ་ཞུགས་པ་དང་། །ཉན་ཐོས་བྱང་ཆུབ་ཏུ་ཡོངས་བསྔོས་པའོ། །གསུམ་པ་ཉན་ཐོས་རིགས་ཅན་ནི། །མིན་པ་རྣམས་དང་དེའི་རིགས་ཅན། །སེམས་བསྐྱེད་པ་ལས་ཕྱིར་བཟློག་པའི། །ཆོས་ཅན་རྣམས་ཀྱི་གང་ཡིན་དང་། །བཞི་པ་དེ་ལས་བཟློག་པ་ཡིན། །ལྔ་པ་དེ་ནས་མི་ལ་ལས། གཞན་གྱི་རྗེས་སུ་ཞུགས་པའམ། །རྒྱལ་པོ་འཇིགས་པའམ་རྐུན་པོ་འཇིགས་པའམ། །འཇིན་[དཔྱད]ཕྲིས་འཇིགས་པའམ་ཆུ་ཀླུང་གི་འཇིགས་པའམ། །འཚོ་བའི་ཕྱིར་རམ་སྐྱེ་དགུའི་ཕྱིར་རམ། །ཁ་གསག་དང་ནི་གཞོགས་སློང་ཕྱིར། །ངེས་པར་མ་བརྟགས་ཡོངས་སུ་མ་བརྟག །གཟུ་ལུམ་སེམས་བསྐྱེད་གང་ཡིན་པའོ། །
དེ་ལྟ་བུ་དང་མཐུན་པར་སེམས་བསྐྱེད་པ་གང་ཡིན་པ་དེ་ནི་ཡོངས་སུ་དག་པ་ཡིན་པར་རིགས་པར་བྱའོ། །ཞེས་སོ། །

དྲུག་པ་དེ་ལས་བཟློག་པ་ཡིན། །བདུན་པ་འདི་ནི་བྱང་སེམས་དགའ། །སེམས་བསྐྱེད་པ་ལ་འདོད་ཆགས་དང་། །ཞེ་སྡང་གཏི་མུག་ཀུན་དཀྲིས་ཀྱི། །ཟིལ་གྱིས་གནོན་ཅིང་ཡང་དག་པའོ། །སྒྲུབ་པ་ལས་ནི་ཡོངས་ཉམས་ཤིང་། །ལོག་པ་སྒྲུབ་ལ་ཀུན་ཏུ་སྦྱོར། །བརྒྱད་པ་དེ་ལས་བཟློག་པའོ། །དགུ་པ་མོས་པ་སྤྱོད་པ་ཡི། །ས་ནས་བཟུང་སྟེ་བཅུ་པའི་བར། །བཅུ་པ་དེ་བཞིན་གཤེགས་པའི་ས། །སྨོན་ལམ་བྱང་ཆུབ་དམ་པ་ཡིན། །ཞེས་གསུངས་པ་ཡང་དོན་དམ་པའི། །སེམས་བསྐྱེད་ལ་སྦྱོར་དངོས་རྗེས་གསུམ་གྱི་ཆོག་མེད་པའི་ལུང་། །ག་ཡ་གོ་རི་མདོ་ལས་ནི། །ཤེས་རབ་ཀྱི་ནི་སྟོང་ཉིད་ལས། །དམིགས་ཤིང་རྟོགས་དང་ཐབས་སྙིང་རྗེས། །སེམས་ཅན་རྣམས་ཀྱི་དོན་བྱེད་པས། །སྟོང་ཉིད་སྙིང་རྗེའི་སྙིང་པོ་ཅན། །ཞེས་གསུངས་དེ་བཞིན་གསང་སྔགས་ཀྱི། །དབང་གི་ཆོ་གའི་གནས་སྐབས་སུ། །སྟོང་ཉིད་སྙིང་རྗེའི་སྙིང་པོ་ཅན། །སེམས་བསྐྱེད་པ་ཡི་ཚིག་དེ་ན། །སནྡྷ་ཡོ་ག་ཙིཏྟ་ཨུཏྤ་ཏ་ཡ་མི་སོགས། །ཡིན་ཞིང་དེ་འདྲའི་སེམས་བསྐྱེད་ཀྱི། །དོན་དམ་སེམས་བསྐྱེད་མ་ཡིན་ནོ། །སྟོང་ཉིད་སྙིང་རྗེ་དབྱེར་མེད་པའི། །སེམས་བསྐྱེད་ཡིན་པར་ཤེས་དོན་དུ། །ངོ་སྤྲོད་སྐབས་སུ་སྙིང་ཁར་ནི། །ཀུན་རྫོབ་བྱང་ཆུབ་སེམས་ངོ་བོ། །ཟླ་བའི་དཀྱིལ་འཁོར་གནས་པ་ལ། །དོན་དམ་བྱང་ཆུབ་སེམས་ངོ་བོ། །རྡོ་རྗེ་དཀར་པོ་བསྒོམ་པ་ནི། །རིམ་བཞིན་སྙིང་རྗེ་ཤེས་རབ་གཉིས། །མཚོན་བྱེད་ཡིན་པར་ཤེས་དགོས་སོ། །

དེ་ལྟ་མིན་པར་སྒྲ་ཇི་བཞིན། །འཛིན་པར་རིགས་ན་དུས་འཁོར་ལས། །སློབ་མ་བྱང་སྔོར་ཕྲིད་ནས་ནི། །ཨོཾ་ཨཱ་ཨི་རི་ཨུ་ལི་སོགས། །ཞེས་པས་སྔགས་ཀྱི་ཆུ་དབང་དང་། །ཨོ་ཨ་ཨི་རི་སོགས་སྔགས་ཀྱིས་ནི། །ཅོད་པན་དབང་བསྐུར་ཐོབ་པ་དང་། །ཨོ་ཨ་ཨཱ་ཨཾ་ཨཿལ་སོགས། །ཞེས་པས་དར་དཔྱངས་དབང་བསྐུར་དང་། །ཨོཾ་ཧཱུྃ་ཧོཿསུ་ཏྲ་སོགས། །ཞེས་པས་རྡོ་རྗེ་དྲིལ་བུའི་དབང་། །ཨོཾ་ཨ་ཨཱ་ཨེ་ཨཻ་ཨར་སོགས། །ཞེས་པས་རྡོ་རྗེ་བརྟུལ་ཞུགས་ཀྱིས། །དབང་དང་ཨོཾ་ཏ་ཏ་ཡ་ཡཱ། ཞེས་སོགས་སྔགས་ཀྱི་མིང་གི་དབང་། །ཨོཾ་ཏཱ་ཀྲཱཿལ་སོགས་པ་ཡི། །

སྔགས་ཀྱིས་རྗེས་སུ་གནང་བའི་དབང་། །ཐོབ་ཀྱི་དང་པོ་གཉིས་ཀྱིས་ནི། །སྐུ་ནི་རྣམ་པར་དག་པ་དང་། ། གཉིས་པ་གཟུང་གི་གསུང་རྡོ་རྗེ། །གསུམ་པ་གཟུང་གིས་ཐུགས་རྡོ་རྗེ། །བདུན་པ་རྗེས་སུ་གནང་བ་ཡིས། །ཡེ་ཤེས་རྡོ་རྗེ་རྣམ་དག་འགྱུར། །ས་བདུན་ཐོབ་པར་གསུངས་པ་དང་། །ཨོ་ཨོ་(དོགས)བཛྲ་སུཏྭ་ན་བཛྲ་ཀ །ཞེས་པའི་བུམ་དབང་ཐོབ་པ་དང་། །ཨོཾ་ཨཿབཛྲ་སཏྭ་སོགས། །སྔགས་ཀྱིས་གསང་བའི་དབང་ཉིད་དང་། །ཨོཾ་ཧཱུཾ་བཛྲ་སཏྭེ་ན་སོགས། །ཞེས་པའི་སྔགས་ཀྱིས་ཤེས་རབ་དབང་། །ས་བརྒྱད་པ་དང་དགུ་པ་དང་། །བཅུ་པ་གསུམ་པོ་རིམ་གྱིས་ཐོབ། །དེ་ཚེ་གཞོན་ནུའི་ས་ཞེས་དང་། །རྡོ་རྗེ་འཆང་གིས་རྒྱལ་ཚབ་དང་། །སངས་རྒྱས་གཉིས་པ་ཡིན་ཞེས་གསུངས། །དེ་ཕྱིར་རབ་དགའ་ལ་སོགས་ཀྱང་། །ཚིག་ཉིད་ལས་ཐོབ་པར་གསུངས། །བཛྲ་སཏྭེ་ན་སོགས། །དེ་ཡིས་ཚིག་མིན་སྙམ་ན། །ང་རྒྱལ་བྱས་ཏེ་དབང་གོང་མའི། །ཚིག་ཡིན་པར་འཕགས་པས་གསུངས། ། གལ་ཏེ་དབང་བདུན་བསྐུར་བ་ལས། །ས་བདུན་པར་ནི་ལུང་བསྟན་པས། །དབང་དོན་ཉམས་སུ་བླངས་པ་ཡིས། །ས་བདུན་ཐོབ་ཚེ་དོན་དམ་པའི། །དགེ་སློང་ཉིད་དུ་འགྱུར་བ་དང་། །བུམ་དབང་བསྐུར་བས་མི་གཡོ་བའི། །སར་ནི་ལུང་བསྟན་ཐོབ་པ་ན། །དེ་དོན་ཉམས་སུ་བླངས་པ་ལས། །མི་གཡོ་ཐོབ་པས་དོན་དམ་པའི། ། དགེ་ཚུལ་གྱུར་དང་གསང་དབང་བསྐུར། །ལེགས་པའི་བློ་གྲོས་ས་ཉིད་དུ། །ལུང་བསྟན་ཕྱིར་ན་དེ་ལས་ཀྱང་། ། ལེགས་པའི་བློ་གྲོས་ས་ཐོབ་ཚེ། །དོན་དམ་དགེ་སློང་ཉིད་གྱུར་དང་། །ཤེས་རབ་ཡེ་ཤེས་དབང་བསྐུར་བས། ། ཆོས་ཀྱི་སྤྲིན་ལས་ལུང་བསྟན་པས། །དེ་ལས་ཆོས་ཀྱི་སྤྲིན་གྱི་ས། །ཐོབ་པས་དོན་དམ་གནས་བརྟན་གྱུར། ། བཞི་པའི་དབང་བསྐུར་ཐོབ་པ་ལས། །མན་ངག་སྒོམ་པ་ལས་སྐྱེས་པའི། །དྲི་མེད་འོད་ལས། དབང་བཞི་པ་ནི་མན་ངག་ལས་ཏེ་སྔགས་འདིས་གསོལ་བ་གདབ་པར་བྱའོ། །ཨོཾ་ཧོ་པྲཛྙཱ(དོགས)པ་ཡང་མ་ཀཾ་བཛྲ་སཏྭ། ཅེས་སོགས་སོ། །སངས་རྒྱས་པ་ནི་བརྙེས་པའི་ཚེ། །རྡོ་རྗེ་སེམས་དཔའ་ཞེས་བྱར་འགྱུར། །

ཙ་རྒྱུད་འབུམ་ཕྲག་ལྔ་པ་ལས། །བྱིས་པ་སྐྱེས་པ་མ་ཡིས་ནི། །འཁྲུད་བྱེད་ཆུ་ཡི་དབང་བསྐུར་རོ། །དེའི་སྤྱི་གཙུག་རབ་བཞག་པས། །དབུ་རྒྱན་དུ་ནི་ཡོངས་སུ་བཏགས། །དེ་ཡིས་རྣ་བ་འབུགས་ལ་སོགས། །དར་དཔྱངས་དབང་དུ་ཤེས་པར་བྱ། །བྱིས་པ་རྒོད་དང་སླབ་ཉིད། །རྡོ་རྗེ་དྲིལ་བུའི་དབང་ཉིད་དོ། །ལྔ་པ་ལོངས་སྤྱོད་བརྟུལ་ཞུགས་སོ། །མིང་ནི་མིང་གི་དབང་བསྐུར་ཉིད། །ཕ་ཡིས་རྟག་ཏུ་གློག་ལ་སོགས། །སྟེར་བར་བྱེད་པ་རྗེས་གནང་ཡིན། །རྣམ་པ་བདུན་པོ་འདི་ཉིད་ནི། །དབང་བདུན་དུ་ནི་རབ་ཏུ་བཤད། །ཞེས་གསུངས་སྣང་གཞི་སྦྱོང་བྱེད་ནི། ། ངོ་སྤྲོད་པ་ཡང་འདི་ལ་དགོངས། །ཞེན་སརྦ་ཡོ་ག་སོགས། །དོན་ཡང་བཤད་པ་དེ་ཉིད་ཡིན། །ཚུལ་འདི་རེས་ན་དྲ་བ་ལས། །སརྦ་ཡོ་ག་ཨུ་ཏི་ཏྲ་སོགས། །སློབ་མས་བཟླས་པས་ཀུན་རྫོབ་དང་། །དོན་དམ་སེམས་བསྐྱེད་འཛིན

བཅུག་ནས། །སུ་ར་ཏེ་ས་མ་ཞེས་སོགས། །ཡན་ཡང་གྲུབ་པར་གྱུར་པའོ། །ཉན་ཐོས་རྣམས་ཀྱི་རྫོགས་བྱང་དང་། །བསྔོ་བ་བྱེད་ན་འཕགས་པ་ཡིས། །ཉན་ཐོས་ཐེག་པ་དེ་ལ་ནི། །སྤྱོད་པ་ཡོངས་བསྔོ་མ་བཤད་དོ། །ཞེས་གསུངས་པ་དེ་གང་ལ་དགོངས། །ཞེས་པའི་ལན་ནི་འདི་ལྟར་བཟུང་། །ཕ་རོལ་ཕྱིན་པ་དྲུག་པོ་ཡི། །ཐེག་ཆེན་མཐའ་དག་བསྡུས་པ་དང་། །སངས་རྒྱས་ཆོས་རྣམས་རྫོགས་པར་བྱེད། །དེས་ན་སྦྱིན་དང་ཚུལ་ཁྲིམས་སོགས། །དྲུག་ལ་སྦྱོར་དངོས་མཇུག་གསུམ་དུ། །སེམས་བསྐྱེད་མི་རྟོག་ཡེ་ཤེས་དང་། །གཞན་གྱི་དོན་དུ་བྱང་ཆུབ་ཆེ། །བསྔོ་བས་ཟིན་ན་ཕ་རོལ་ཏུ། །ཕྱིན་པར་འགྱུར་གྱི་གཞན་དུ་མིན། །དེ་ཕྱིར་ཐབས་ལ་མཁས་པ་ཡིས། །བསྔོ་བ་གང་དེ་ཉན་རང་ལ། །མེད་པས་དེ་སྐད་གསུངས་པ་ཡིན། །

མངོན་པར་རྟོགས་པའི་རྒྱན་ལས་ཀྱང་། །ཡོངས་སུ་བསྔོ་བ་ཁྱད་པར་ཅན། །དེ་ཡི་བྱེད་པ་མཆོག་ཡིན་ནོ། །དེ་ནི་དམིགས་མེད་རྣམ་པ་ཅན། །ཕྱིན་ཅི་མ་ལོག་མཚན་ཉིད་དོ། །ཞེས་གསུངས་པ་ཡང་ཐབས་མཁས་དང་། །ཤེས་རབ་གཉིས་ཀྱི་ཟིན་པ་ཡིན། །བསྔོ་བ་ཉིད་ལ་དགོངས་པ་ཡིན། །དེ་བཞིན་ཐེག་བསྡུས་འགྲེལ་པ་ལས། །བསེ་རུ་ལྟ་བུ་རྣམ་པ་ནི། །ཕ་རོལ་ཕྱིན་དྲུག་མིང་ཡང་མེད། །བཅོམ་ལྡན་ཉག་ཅིག་ཕ་རོལ་ཕྱིན། །དྲུག་གི་སྒྲི་ལ་བཞུགས་པ་ལགས། །ཞེས་དང་དཔའ་བོས་སངས་རྒྱས་ལ། །བསྟོད་པའི་ཚིགས་སུ་བཅད་པ་ལས། །བསོད་ནམས་བྱས་པའི་ཚོགས་དག་ནི། །སེམས་ཅན་རྣམས་ལ་ཡོངས་བསྔོ་བར། །བཅོམ་ལྡན་ཁྱོད་ཀྱིས་གང་གསུངས་པ༑ ༑དེ་བཞིན་བསྟན་བཅོས་ལས་མ་བཤད། །ཞེས་གསུངས་གཞན་དུའང་དེ་བཞིན་དུ། །ལོངས་སྤྱོད་མངོན་པར་མི་དགའ་དང་། །རབ་གྲུས་གཉིས་ལ་མི་སྐྱོ་དང་། །རྣལ་འབྱོར་རྣམ་པར་མི་རྟོག་པ། །ཐེག་ཆེན་མཐའ་དག་འདིར་ཟད་དོ། །ཞེས་གསུངས་པ་ཡི་ཕྱིན་དྲུག་གི། །ཐེག་ཆེན་མཐའ་དག་བསྡུས་པའི་ལུང་། །དེས་ན་ཉན་རང་རྣམས་ལ་ཡང་། །སྦྱིན་དང་ཚུལ་ཁྲིམས་བཟོད་པ་དང་། །བརྩོན་འགྲུས་བསམ་གཏན་བདག་མེད་ལ། །རྟོགས་པའི་ཤེས་རབ་ཡོད་མོད་ཀྱི། །འོན་ཀྱང་རྣམ་མཁྱེན་ཡིད་བྱེད་ཀྱི། །བསྔོ་བ་དང་ནི་སེམས་བསྐྱེད་སོགས། །ཐབས་ལ་མཁས་པའི་ཁྱད་པར་ནི། །འགའ་ཞིག་མེད་པའི་བསོད་ནམས་དང་། །ཡེ་ཤེས་ཚོགས་གཉིས་རྫོགས་པ་ལས། །འབྲུངས་པའི་སངས་རྒྱས་སྒྲུབ་མི་དགོས། །

དོན་འདི་སློབ་དཔོན་ཟླ་གྲགས་ཀྱི། །འཇུག་པའི་འགྲེལ་པར་ཉན་རང་ལས། །ཆོས་བདག་མེད་པ་རྟོགས་པ་ཡི། །ཚུལ་དེ་ལུང་བདུན་རིགས་པ་གསུམ། །བཀོད་ནས་སྒྲུབ་ཅིང་དེ་ལྟ་ནའང་། །ཉན་ཐོས་ཐེག་ཆེན་ཁྱད་པར་ནི༑ ༑སློན་ལམ་སེམས་བསྐྱེད་བསྔོ་བ་སོགས། །ཐབས་ལ་མཁས་པའི་སྤྱོད་པ་གང་། །ཡོད་དང་མེད་ལ་གསུངས་པ་དང་། །དེ་ཡང་རིན་ཆེན་ཕྲེང་བ་ལས། །ཉན་ཐོས་ཐེག་པ་དེ་ལ་ནི། །བྱང་ཆུབ་སེམས་དཔའི་སྨོན་ལམ་དང་། །

སྤྱོད་པ་ཡོངས་བསྔོ་མ་བཤད་དེ། །བྱང་ཆུབ་སེམས་དཔར་ག་ལ་འགྱུར། །ཞེས་པ་ཁུངས་སུ་དྲངས་པ་ནི། །དགོངས་པ་སྟ་མ་ཡིན་པར་བཟུང་། །དེ་བཞིན་མདོ་སྡེ་རྒྱན་ལས་ཀྱང་། །མ་ཚང་བ་དང་འགལ་བ་དང་། །ཐབས་མིན་དེ་ལྟར་མ་བསྟན་ཕྱིར། །ཉན་ཐོས་ཀྱི་ནི་ཐེག་པ་འདི། །ཐེག་ཆེན་ཆོས་ཞེས་བྱ་བ་ཡིན། །ཞེས་གསུངས་པའང་ཉན་རང་ལ། །སྤྱོད་པ་ཡོངས་བསྔོ་མེད་པའི་ལུང་། །སོ་ཐར་མདོ་ལ་འདི་སྐད་དུ། །སོ་སོར་ཐར་པ་སྟོན་པ་ཡི། །བསོད་ནམས་གྲུབ་པ་གང་ཡོད་ན། །དེས་ནི་འཇིག་རྟེན་མ་ལུས་པ། །ཐུབ་དབང་གོ་འཕང་ཐོབ་པར་ཤོག །སྐབས་དོན་ནི། ཉན་ཐོས་རྣམས་ལ་སོ་སོར་ཐར་པའི་མདོ་བཏོན་པའི་དགེ་བ་འདིས་སེམས་ཅན་ཐམས་ཅད་རྫོགས་པའི་སངས་རྒྱས་ཐོབ་པར་གྱུར་ཅིག་ཅེས་པའི་བསྔོ་བ་ཙམ་ཡོད་ཀྱི་དགེ་བ་འདི་ལ་བརྟེན་ནས་རང་ཉིད་སེམས་ཅན་ཐམས་ཅད་ཀྱི་དོན་དུ་སངས་རྒྱས་ཐོབ་པར་གྱུར་ཅིག་ཅེས་བསྔོ་བ་མེད་དོ། །

ཞེས་གསུངས་དོན་ནི་འགྲེལ་པ་ལས། །སོ་སོར་ཐར་པ་འདི་སྟོན་པས། །བསོད་ནམས་བསྒྲུབ་པ་གང་ཡོད་དེས། །འཇིག་རྟེན་ཐམས་ཅད་སངས་རྒྱས་ཀྱི། །གོ་འཕང་ཐོབ་པར་ཤོག་ཅིག་ཅེས། །བྱ་བའི་ཐ་སྙད་ཚིག་ཡིན་ཞིང་། །ཐུབ་པ་ཞེས་བྱ་ཉན་ཐོས་དང་། །རང་རྒྱལ་གཉིས་ཡིན་དེས་དབང་པོ། །དེ་བཞིན་གཤེགས་པ་བཅོམ་ལྡན་འདས། །དེ་ཡང་བསྡུས་པ་པོ་ཡི་ཚིག །ཡིན་པས་ཉན་ཐོས་བསྔོ་བ་སྟེ། །སྡུད་པོ་ཉན་ཐོས་དགྲ་བཅོམ་ཡིན། །སྡུད་པ་པོ་དག་སོ་ཐར་གྱི། །མདོ་འདི་བསྡུ་བའི་ཚུལ་དེ་ཡང་། །རྒྱུན་ཆགས་གསུམ་པའི་ཚུལ་དུ་བརྩམས། །དེ་ལ་སྟོན་པའི་བདན་ནས། །གཙོ་ལ་ཕྱི་བོས་ཕྱག་འཚལ་ཏེ། །ཞེས་པའི་བར་གྱིས་ཚིགས་བཅད་ནི། །ཕྱེད་དང་གཉིས་ཀྱིས་ཕྱག་འཚལ་དང་། །ཐམས་ཅད་མཁྱེན་པའི་བསླབ་བཞི་ནས། །ཚུལ་ཁྲིམས་དེ་ནི་བསྲུང་བྱ་སྟེ། །གཡག་རྔའི་རྩེ་མོ་ཇི་བཞིན་ནོ། །ཞེས་པའི་བར་གྱི་གཞུང་རྣམས་ཀྱིས། །མདོ་འདོན་པ་དང་ཐ་མ་ཡི། །ཚིགས་བཅད་བཤད་མ་ཐག་པ་དེ། །བསྔོ་བའི་རྒྱུད་ནི་བསྟན་ཞེས་གསུངས། །དེ་ལ་སྡེ་སྣོད་གསུམ་པོ་ནི། །འདུལ་བར་བཏགས་པ་ཐམས་ཅད་ནི། །འཕགས་པ་ཉེ་བར་འཁོར་གྱིས་བསྡུས། །མདོ་སྡེར་གཏོགས་པ་ཐམས་ཅད་ནི། །འཕགས་པ་ཀུན་དགའ་བོ་ཡིས་བསྡུས། །མངོན་པའི་སྡེ་སྣོད་དུ་གཏོགས་པ། །ཀུན་ཀྱང་འོད་སྲུང་ཆེན་པོས་བསྡུས། །ཞེས་ཀྱང་འགྲེལ་པ་དེ་ཉིད་དུ། །ཕྲན་ཚེགས་ལུང་ལས་འབྱུང་བ་བཞིན། །ཚད་ལྡན་མཁས་པས་གསལ་བར་བཀོད། །

དེས་ན་ཉན་ཐོས་གཞུང་ལུགས་ལས། །སངས་རྒྱས་བསྒྲུབ་པའི་ཐབས་འགའ་ཙམ། །ཡོད་མོད་རྒྱ་ཆོགས་མ་ལུས་པ། །གསུངས་པ་མེད་ཅིང་ཁྱད་པར་དུ། །བདག་གཞན་རྫོགས་པའི་བྱང་ཆུབ་སེམས། །ཉན་ཐོས་ལུང་ལས་གསུངས་པ་མེད། །དེ་ཕྱིར་སྤྱོད་འཇུག་ལ་སོགས་པ། །བྱང་སེམས་ཐབས་ལ་མཁས་པ་ཡིན། ། བསླབ་བྱ

སྟོན་པའི་བསྟན་བཅོས་གང་། །ཐེག་ཆེན་སྤྱོད་པ་སྟོན་པའི་གཞུང་། །ཐེག་ཆེན་གྲུབ་མཐའ་སྨྲ་བ་རྣམས། །མཐུན་པར་ཐེག་པར་ཆེ་ཆུང་ཡང་། །སྤྱོད་པས་འབྱེད་པར་བཞེད་པར་གསལ། །བྱམས་ཆོས་རྗེས་འབྲང་ལ་སོགས་པ། །ཕལ་ཆེར་ལྟ་བས་ཀྱང་ནི་འབྱེད། །ལི་ཙ་བྱི་ཡིས་ཞུས་པའི་མདོར། །བྱང་ཆུབ་སེམས་དཔའ་རྣམ་དག་གིས། །ཡབ་ནི་ཐབས་ལ་མཁས་པ་སྟེ། །ཡུམ་ནི་ཤེས་རབ་ཕ་རོལ་ཕྱིན། །འདྲེན་པ་རྣམས་ནི་དེ་ལས་སྐྱེས། །ཅེས་དང་སྟུག་པོ་བཀོད་པ་ལས། །ཕུང་པོ་གང་ཟག་བདག་མེད་པར། །རབ་ཏུ་རྣམ་ཕྱེད་མཐོང་གྱུར་ཅིང་། །ཆོས་ཀྱི་དངོས་ཡོད་མ་བཞིག་པ། །ཉན་ཐོས་དེ་དག་མངོན་རྟོགས་འགྱུར། །བདག་མེད་གཉིས་ལ་མཁས་པ་ནི། །རྒྱལ་སྲས་རྣམས་ཀྱིས་བསྒོམ་པར་བྱེད། །ཞེས་པ་ལ་སོགས་མདོ་རྒྱུད་དང་། །བསྟན་བཅོས་ཕལ་ཆེ་ལས་གསུངས་པ། །ལྟ་ལས་འབྱེད་པའི་ལུང་ཡིན་ནོ། །

དེ་བཞིན་ཉན་ཐོས་གཞུང་ལུགས་ལས། །སེམས་བསྐྱེད་ཚུལ་ལ་རྣམ་གསུམ་དང་། །བསྔོ་བའི་ཡུལ་ཡང་རྣམ་གསུམ་སྟེ། །འདུལ་བ་ལུང་ལས་ཁ་ཅིག་ནི། །ཉན་ཐོས་བྱང་ཆུབ་སེམས་བསྐྱེད་དོ། །ཞེས་པ་སོགས་དང་དེ་ཉིད་ལས། །བྱང་ཆུབ་གསུམ་དུ་གསུངས་པས་སོ། །འོན་ཀྱང་དེ་འདྲའི་བསྔོ་བ་དང་། །སྨོན་ལམ་གང་ཡིན་ཐམས་ཅད་ཀྱང་། །བསྔོ་བྱ་བསྔོ་ཡུལ་བསྔོ་བ་པོ། །མི་དམིགས་པ་ཡི་ཤེས་རབ་ཀྱིས། །ཟིན་པ་མེད་ཕྱིར་ཐེག་ཆེན་གྱི། །བསྔོ་བ་ཁྱད་པར་ཅན་མ་ཡིན། །ཐམས་ཅད་སྒྲོལ་གྱི་སྐྱེས་རབས་ལས། །བྲམ་ཟེ་གཅིག་ལ་ཤིང་རྟ་ནི། །བྱིན་པའི་ཚུལ་དེ་འདི་སྐད་དུ། །དེ་ལྟར་ཕན་ཚུན་རྗེས་མཐུན་པས། །གཅིག་ལ་གཅིག་ནི་སྣན་པར་སྨྲ། །ལམ་དུ་ཞུགས་ཏེ་དོང་པོ་བ་ལས། །རིང་ནས་འོངས་པའི་བྲམ་ཟེ་གཅིག །ཐམས་ཅད་སྒྲོལ་བ་ཤིང་རྟ་བསྟགས། །སྒྲོང་ལ་དགའ་བའི་གཉེན་གྱུར་པ། །བདག་གི་བདེ་ལ་མ་ཆགས་ཏེ། །ཤིང་རྟ་བྱིན་པའི་བྲམ་ཟེ་དེའི། །རེ་བ་ཡོངས་སུ་རྫོགས་པར་བྱས། །དེ་ནས་བྱང་ཆུབ་སེམས་དཔའ་ནི། །ཡིད་དགའ་བཞིན་དུ་བདག་ཉིད་ཀྱི། །བུ་སྨད་ཤིང་རྟ་ལ་བབ་ནས། །ཤིང་རྟའི་མཆོག་སྟེ་བྲམ་ཟེ་ལ། །བྱིན་ནས་གཞོན་ནུ་དྲུ་བ་ཅན། །པང་དུ་ཐོགས་ཏེ་རྐང་པ་ཡིས། །ལམ་དུ་ཞུགས་སོ་ཞེས་བྱ་བ། །སློབ་དཔོན་དཔའ་བོས་གསུངས་མོད་ཀྱི། །བསྔོ་བའི་ཚིག་འབྲུ་གཅིག་ཀྱང་མེད། །

འོན་ཀྱང་དེ་ནི་ཐུན་མོང་གི། །མདོ་ལས་འབྱུང་བས་དེ་སྐད་གསུངས། །མདོ་དེ་ཐེག་པ་ཐུན་མོང་གི། །གཞུང་ལུགས་ཡིན་པས་ཉན་ཐོས་ཀྱི། །ལུང་ཞེས་བཏགས་པའང་འགལ་བ་མེད། །དཔེར་ན་འདུལ་བ་ལུང་གཅིག་ལ། །ཉན་ཐོས་གཞུང་ཞེས་ཐ་སྙད་ནི། །ཚད་ལྡན་མཁས་པས་གཞུང་ལས་གསུངས། །དེ་ཕྱིར་མཁས་པའི་བསྟན་བཅོས་ལས། །བདག་གི་བྲམ་ཟེ་འདོད་པ་ལས། །དགའ་བསཤིང་རྟ་འདི་བཏང་བས། །དངོས་པོ་ཐམས་ཅད་བཏང་ནས་ནི། །རྫོགས་པའི་བྱང་ཆུབ་ཐོབ་པར་ཤོག །དེ་སོགས་བསྔོ་བ་མང་དུ་གསུངས། །ཞེས་པས་

ཏེ་ཀྲ་ཕྱེད་ཀ་ཞིག །སློབ་དཔོན་དཔའ་བོས་མཛད་པ་ཡི། །སྐྱེས་རབས་སོ་བཞི་པ་ཉིད་ལ། །འཆད་པའང་ཤེར་ཏུ་འབྲུལ་པ་སྟེ། །དེར་ནི་ཐབས་ལ་མཁས་པ་ཡི། །ཁྱད་པར་ཐམས་ཅད་གསུངས་ཕྱིར་དང་། །འོན་བསྟན་བཅོས་ལས་ཀྱང་ཐབས་ལ་མཁས་པ་ཡི། །ཁྱད་པར་འབའ་ཞིག་མ་གསུངས་པས། །རྫོགས་པའི་སངས་རྒྱས་བསྒྲུབ་མི་ནུས། །དེ་ཕྱིར་ཐབས་མཁས་ཤེས་རབ་ཉིད། །སངས་རྒྱས་རྒྱུ་ཡི་གཙོ་བོ་ཡིན། །ཞེས་གསུངས་པ་དང་འགལ་ཕྱིར་རོ། །

མདོར་ན་ཐེག་པ་ཆེ་ཆུང་ལ། །བགྲོད་པར་བྱ་བའི་བྱང་ཆུབ་གསུམ། །བགྲོད་བྱེད་ལམ་གྱི་ཐེག་པ་གསུམ། །བགྲོད་པ་པོ་ཡི་རིགས་ཅན་གསུམ། །ལམ་ལ་ཐབས་དང་ཤེས་རབ་གཉིས། །ཤེས་རབ་ལ་ནི་མི་རྟག་སོགས། །བཅུ་དྲུག་རྟོགས་པའི་ལྟ་བ་ཡོད། །བཅུ་དྲུག་པོ་ཡང་སྟོང་པ་དང་། །མཚན་མ་སྨོན་པ་མེད་པ་སྟེ། །གསུམ་དུ་འདུ་བར་ལུང་དང་ནི། །མངོན་པ་ལས་ཀྱང་འདི་སྐད་དུ། །མཚན་མེད་བཞི་ཡི་རྣམ་པ་དང་། །སྟོང་ཉིད་བདག་མེད་སྟོང་ཉིད་དུ། །འདུག་པའི་སྨོན་པ་མེད་པ་ནི། །དེ་ལས་གཞན་བདེན་རྣམ་པ་དང་། །དག་དང་དྲི་མ་མེད་དེ་དག །ཞེས་པས་འགག་པའི་རྣམ་པ་ནི། །བཞི་དང་མཚུངས་པར་ལྡན་པ་ཡི། །ཏིང་འཛིན་གང་དེ་མཚན་མེད་དང་། །དེ་ལ་མྱ་ངན་འདས་པ་ནི། །མཚན་མ་བཅུ་དང་བྲལ་བས་ན། །རྣམ་མཁྱེན་པས་སྦྲུས་(དོགས)མ་ཟིན་དོན་ལྟ་དང་། ཕོ་མོ་གཉིས་དང་། འདུས་བྱས་ཀྱི་མཚན་ཉིད་གསུམ་སྟེ་མཚན་མ་བཅུ་བཞི་པས་མཚན་མ་མེད་པ་དང་དེ་མ་དམིགས་པའི་ཏིང་ངེ་འཛིན་མཚན་མེད་དུ་བཤད་དོ། །འགོག་པའམ་མྱ་ངན་ལས་འདས་པ་འདི་ར་གཅིག །མཚན་མ་མེད་པ་ཞེས་པ་དང་། །བདག་མེད་མ་དང་སྟོང་ཉིད་ཀྱི། །རྣམ་པ་གཉིས་དང་མཚུངས་ལྡན་པའི། །ཏིང་ངེ་འཛིན་ནི་སྟོང་ཉིད་ནི། །ཀུན་འབྱུང་ལ་བཞི་ལམ་ལ་བཞི། །སྡུག་བསྔལ་བདེན་པའི་རྣམ་པ་གཉིས། །བཅུ་དང་མཚུངས་ལྡན་ཏིང་འཛིན་ནི། །སྨོན་པ་མེད་པའི་ཏིང་འཛིན་ཡིན། །གསུམ་པོ་དེ་ཡང་དག་པ་པའི། །ཏིང་ངེ་འཛིན་དང་ཟག་མེད་ཀྱི། །ཏིང་འཛིན་གཉིས་སུ་འདུས་པ་སྟེ། །དང་པོ་ས་བཅུ་ལ་བརྟེན་དང་། །གཉིས་པ་ཟག་མེད་ལམ་དང་མཚུངས། །དེ་ལ་དྲི་མེད་གསུམ་པོ་ནི། །ཟག་མེད་རྣམ་ཐར་སྒོ་གསུམ་མོ། །

ཀུན་ལས་བཏུས་པར་སྡུག་བདེན་གྱི། །སྟོང་དང་བདག་མེད་རྣམ་གཉིས་ནི། །སྟོང་པ་ཉིད་དང་འགོག་ལམ་གྱི། །ཤེས་རྣམ་བརྒྱད་པོ་མཚན་མེད་དང་། །སྡུག་བསྔལ་བདེན་པའི་མི་རྟག་དང་། །སྡུག་བསྔལ་རྣམ་གཉིས་ཀུན་འབྱུང་གི། །ཤེས་རྣམ་བཞི་སྟེ་དྲུག་པོ་ནི། །རྣམ་པར་ཐར་པའི་སྒོ་གསུམ་པ། །སྨོན་པ་མེད་པའི་ཏིང་འཛིན་ཡིན། །ཞེས་གསུངས་དེ་བཞིན་འཕགས་པ་དང་། །སློབ་དཔོན་གཉིས་ཀྱི་གསལ་བར་གསུངས། །དེ་བཞིན་འདུལ་བ་ལུང་དག་དང་། །སྒྱུ་མའི་དྲ་བ་ལ་སོགས་པར། །རྣམ་ཐར་སྒོ་གསུམ་སྐྱེ་མེད་དང་། །འགག་པ

མེད་པ་ལ་སོགས་དང་། །བདེན་པ་མཐོང་བའི་དགྲ་བཅོམ་ལས། །འཇིག་ལྟའི་རི་བོ་ཉི་ཤུ་ནི། །ཡེ་ཤེས་རྡོ་རྗེས་ཀྱིས་བཅོམ་སྟེ། །ཆོས་རྣམས་ལ་ནི་ཐེ་ཚོམ་དང་། །སོམ་ཉི་ལས་རྣམ་དྲིང་མི་འཛོག །ཞེས་སོགས་གསུངས་པའང་ཉན་ཐོས་ཀྱིས། །ལྟ་བ་མཐར་ཐུག་སྟོན་པའི་ལུང་། །ཐེག་ཆེན་ལུགས་ལ་དེ་འདྲ་དེ། །སྤྲོས་བྲལ་སྟོང་ཉིད་མ་ཡིན་ནོ། །

དེ་ཕྱིར་དེ་རྟོགས་ཡེ་ཤེས་ཀྱི། །དབུ་མའི་ལྟ་བ་ག་ལ་ཡིན། །དེ་བཞིན་འདུལ་བ་ལུང་ཉིད་ལས། །སྐྱེས་རབས་ལྔ་བརྒྱ་འབྱུང་བ་དང་། །བྱང་ཆུབ་མཆོག་ཏུ་སེམས་བསྐྱེད་ཚུལ། །མ་བསྒྲགས་པར་སྟོན་པའི་ལྟུང་བྱེད་ཀྱི་སྐབས་ལས། ཚེ་དང་ལྡན་པ་ལམ་པས། ཅི་ཙམ་གྱིས་ཕྱོགས་སུ་བཅད་པ་ཕྱེད་ཀྱིས་དོན་ཀུན་རྣམ་པར་མ་ཕྱེ་བ་དེར་ཙ་ལུང་གི་སྲོག་ཆགས་ཁྲི་ཉིས་སྟོང་གིས་བདེན་པ་དག་མཐོང་སྟེ། ཁ་ཅིག་ནི་རྒྱུན་དུ་ཞུགས་པའི་འབྲས་བུ་མངོན་དུ་བྱས། ཁ་ཅིག་ནི་ལན་གཅིག་ཕྱིར་འོང་བའི་འབྲས་བུ་མངོན་དུ་བྱས། ཁ་ཅིག་ནི་ཕྱིར་མི་འོང་བའི་འབྲས་བུ་མངོན་དུ་བྱས། ཁ་ཅིག་ནི་རབ་ཏུ་བྱུང་སྟེ་ཉོན་མོངས་པ་ཐམས་ཅད་སྤངས་པས་དགྲ་བཅོམ་པ་ཉིད་མངོན་དུ་བྱས་སོ། །ཁ་ཅིག་ནི་ཉན་ཐོས་ཀྱི་བྱང་ཆུབ་ཏུ་སེམས་བསྐྱེད་དོ། །ཁ་ཅིག་གིས་ནི་རང་བྱང་ཆུབ་ཏུ་སེམས་བསྐྱེད་དོ། །ཁ་ཅིག་གིས་ནི་བླ་ན་མེད་པའི་བྱང་ཆུབ་ཏུ་སེམས་བསྐྱེད་དོ། །འཁོར་བར་ནི་སངས་རྒྱས་ལ་གཞོལ་བ་དང་། ཆོས་ལ་འབབ་པ་དང་། དགེ་འདུན་ལ་འབབ་པར་བཀོད་དོ། །ཞེས་སོ། །ལམ་ཆེན་པས་སྨྲས་པ། ལུས་ངག་ཡིད་ཀྱི་སྡིག་པ་མི་བྱ་ཞིང་། །འཇིག་རྟེན་ཀུན་ལ་ཡོངས་འཛིན་འདོད་པ་བྲལ། །དྲན་དང་ལྡན་ཞིང་ཤེས་བཞིན་ཅན་གྱིས་ན། །གནོད་ལྡན་སྡུག་བསྔལ་གང་ཡིན་བསྟེན་མི་བྱ། །ཞེས་ལམ་ཆུང་པས་བླ་བ་གསུམ་མ་ཟིན་ཏེ། མིང་ཙམ་གསུངས་པ་ལ་སོགས་པ། །བྱང་ཆུབ་སེམས་དཔའི་སྤྱོད་པ་འགའ། །གསུངས་པས་ཡོད་ཀྱང་དེ་ཙམ་གྱིས། །བྱང་སེམས་སྤྱོད་པར་(ཚིག་རྐང་འདི་མ་དཔེ་ལས་ཆད)། དེས་ན་རྫོགས་པའི་སངས་རྒྱུ། །བདག་གཞན་བརྗེ་བའི་བྱང་སེམས་ལས། །སྤྲོས་བྲལ་རྟོགས་པའི་ཤེས་རབ་ཡིན། །བྱང་ཆུབ་སེམས་དཔའ་སྙིང་རྗེ་དང་། །སྟོང་ཉིད་རྟོགས་པའི་ཤེས་རབ་ཀྱིས། །གྲོགས་མེད་ན་ནི་རྣལ་མ་མིན། །དེ་ལྟར་མཁས་པའི་བསྟན་བཅོས་ལས། །བྱང་ཆུབ་སེམས་དཔའི་གནད་འཆུགས་ན། །ཆོས་གཞན་གྱིས་ནི་འཚང་མི་རྒྱ། །སྟོང་ཉིད་ཉན་ཐོས་རྣམས་ཀྱང་བསྒོམ། །དེ་ཡིས་འབྲས་བུ་འགོག་པ་ཐོབ། །སོ་སོར་ཐར་པའི་མདོ་བཞིན་དུ། །བསྔོ་བ་ཉན་ཐོས་རྣམས་ཀྱང་བྱེད། །འདུལ་བ་ལུང་ལ་སོགས་པ་རུ། །སྟོང་པ་ཉིད་དང་སྐྱེ་མེད་དང་། །མཁའ་དང་ལག་མཐིལ་མཉམ་པ་སོགས། །ཆོས་ཀུན་མཉམ་ཉིད་རྟོགས་པའང་གསུངས། །ཞེས་གསུངས་པ་ཡི་དགོངས་པ་གྲུབ། །སྟོང་ཉིད་ཞེས་པའང་སྤྲོས་བྲལ་མིན། །ཚུལ་དེ་ལེགས་པར་བཤད་ཟིན་ལ། །སྟོང་ཉིད་ལྟ་བས་གྲོལ་བར་འགྱུར། །སྒོམ་པ་ལྷག་མ་དེ་དོན་ཡིན། །ཞེས་བཤད་པ་ལྟར་བཟུང་བར་བྱ། །དེས་ན་བླ་མའི་དྲི་བ་ལས། །ཐམས་ཅད་སྒྲོལ་གྱི་སྐྱེས་རབས་ལས། །བསྔོ་བ་བཤད་དེ་ཉན་ཐོས་ཀྱི། །བསྔོ་བ་ཡིན་པར་བཞེད་དམ་ཅི། །

ཞེས་པའི་ལན་ཡང་གྲུབ་པར་འགྱུར། །བསྟན་བཅོས་མཛད་པའི་བཞེད་པ་ལས། །ཉན་རང་གཉིས་ལ་ཆོས་ཀྱི་དབྱིངས། །རྟོགས་པ་ཡོད་ཅེས་སྨྲ་བ་ཐོས། །དེ་ཕྱིར་སྦྱོས་ནས་བཤད་པ་ཡིན། །མདོར་ན་སངས་རྒྱས་གསུང་རབ་དང་། །མཐུན་པའི་ཐོས་བསམ་སྒོམ་པ་གསུམ། །བསམ་པ་དག་པས་བསྒྲུབས་བྱེད་ན། །སངས་རྒྱས་བསྟན་པ་ཤེས་པར་བྱང་། །དྲིས་ལན་མཁས་པའི་མཛེས་རྒྱན་མུ་ཏིག་གི་ཕྲེང་བ་ཞེས་བྱ་བ་ལས། བྱང་ཆུབ་སེམས་ཀྱི་སྡོམ་པའི་སྐབས་ལ་དྲི་བ་བརྒྱམས་ཏེ་དྲི་བའི་ལན་ཏེ་གཉིས་པའོ།། །།

རིམ་གཉིས་རྣམ་པར་རྒྱལ་བའི་རྩེར། །གྲགས་པའི་བ་དན་རྣམ་པར་རོལ། །རྣམ་གྲོང་བཟང་པོའི་བདུད་རྩི་ནི། །སྙིང་མཁས་རིགས་དང་རྒྱལ་གྱུར་ཅིག །དབང་བཞི་བླངས་པས་སྡོམ་པ་གསུམ། །ཐོབ་པར་གྱུར་དབང་གོང་མ་ལས། །ཐོབ་པའི་གསང་སྔགས་སྡོམ་པ་དང་། །དབང་ལས་ཐོབ་པའི་སོ་ཐར་དང་། །སེམས་བསྐྱེད་སྡོམ་པ་ཅི་མི་བཞེད། །ཞེས་པའི་ལན་ནི་སྟར་བཤད་ཟིན། །འདིར་ཡང་ཙུང་ཟད་བརྗོད་པར་བྱ། །དབང་བཞི་བླངས་པས་སྡོམ་པ་གསུམ། །མཚན་ཉིད་ལྡན་པར་འགྱུར་བ་ནི། །མཁས་པ་རྣམས་ཀྱིས་བཞེད་གད་གནས། །གཞན་དུ་སོ་ཐར་རིས་བརྒྱད་ལས། །གཞན་པའི་སོ་ཐར་ཡོད་པར་འགྱུར། །སྡོམ་པ་གསུམ་ལ་རིམ་ཅན་དུ། །སློབ་པ་འབྲས་བུ་མེད་པར་འགྱུར། །འདུལ་བར་མ་གསུངས་སོ་ཐར་ནི། །བཏགས་པ་ཙམ་ཡིན་མཚན་ཉིད་པ། །མིན་པའང་མཁས་པས་བཞེད་པ་ཡིན། །འོན་ཀྱང་གོང་དུ་བཤད་པ་ལྟར། །སྨོན་འཇུག་སེམས་བསྐྱེད་གཉིས་ཀ་ཡང་། །ཀུན་དུ་བླངས་ཀྱང་རུང་མོད་ཀྱི། །དབང་གི་སྟ་གོན་གནས་སྐབས་སུ། །ངེས་པར་ཐོབ་དགོས་གཞན་དུ་ན༑ ༑དབང་གི་དངོས་གཞིའི་ཆོག་ལས། །སྔགས་སྡོམ་སྐྱེ་བ་ག་ལ་སྲིད། །དེ་འདྲའི་འཇུག་པ་སེམས་བསྐྱེད་ཀྱི། །སྡོམ་པ་དེ་ལ་ཉེས་སྤྱོད་སྡོམ། །དགེ་བའི་ཆོས་བསྡུད་ལ་སོགས་པ། །གསུམ་ལས་དང་པོའི་སྡོམ་པ་ལ། །སོ་སོར་ཐར་པ་ཞེས་གསུངས་པ། །བཏགས་པ་ཡིན་པའི་ཚུལ་དེ་ཡང་། །ལན་གཅིག་མིན་པར་བཤད་ཟིན་ཏོ། །

དེས་ན་སོ་ཐར་འཇུག་པ་སོགས། །གཞི་མཐུན་པ་ནི་ག་ལ་སྲིད། །གཞན་དུ་བྱང་ཆུབ་མ་ཐོབ་པར། །བླངས་པའི་སོ་ཐར་ཡོད་པར་འགྱུར། །དེ་ལྟར་ཡིན་ན་བསྟན་བཅོས་ལས། །སོ་སོར་ཐར་པའི་སྡོམ་པ་ནི། །བྱང་ཆུབ་བར་དུ་བླངས་གྱུར་ན། །འདི་ཡི་ཆོ་ག་ངེས་པར་འཛིག །འདི་ཡང་གནད་རྣམས་བཅོས་པར་དགོས། །ཞེས་གསུངས་པའང་དོར་བར་གྱིས། །གསུམ་ལ་སྐྱབས་འགྲོ་ནས་བརྩམས་ཏེ། །བྱང་ཆུབ་སེམས་སོགས་སྡོམ་པ་ནི། །གལ་ཏེ་བདག་ལ་ཕན་འདོད་ནས། །སྔགས་པས་འབད་དེ་བཟུང་བར་བྱ། །ཞེས་པའི་འགྲེལ་པ་རྗེ་བཙུན་གྱིས། །སྡོམ་གསུམ་ལྡན་པའི་དགེ་སློང་གིས། །རྩ་ལྟུང་བྱུང་ན་སྔགས་སྡོམ་ནི། །གཏོང་བ་སླར་ཡང་བསྐྱེད་པའི་ཚུལ། །ཐུན་མོང་སྐྱབས་འགྲོ་ནས་བརྩམས་ཏེ། །རང་སོ་ཐར་རིས་བདུན་གང་ལ་གནས་པ་ཞེས་པའི་དོན་ནོ། །རང་གི་གང་ལ་གནས

པ་ཡིས། །སོ་སོར་ཐར་པ་བླང་བར་བྱ། །དེ་ཡི་རྗེས་ལ་བྱང་སེམས་ཀྱི། །ཐུན་མོང་མིན་པའི་སྐྱབས་འགྲོ་དང་། ། སྨོན་འཇུག་སེམས་བསྐྱེད་བླང་བར་བྱ། །དེ་ཡང་གུད་དུ་བླངས་ཀྱང་རུང་། །མ་བླངས་ཀྱང་ནི་དབང་མཆོག་གི། ། སྔོན་དུ་སྔ་གོན་གནས་སྐབས་སུ། །འབྱུང་བཞི་དེ་ནས་དཀྱིལ་འཁོར་དུ། །འཇུག་པ་སྔོན་དུ་འགྲོ་བ་ཡི། །དབང་རྣམས་ཡོངས་སུ་རྫོགས་པར་བླངས། །དེ་ཡིས་སྡོམ་པ་སུམ་ལྡན་འགྱུར། །ཞེས་སོགས་རྒྱ་ཆེར་གསུངས་པ་དང་། ། དེ་བཞིན་མཁས་པའི་གཞུང་ལུགས་ལས། །ལེའུ་དང་པོ་སོ་ཐར་ནི། །འདུལ་བའི་སྡེ་སྣོད་ཇི་བཞིན་དུ། །ཚིག་ལས་ལེན་བསྲུང་ཚུལ་སོགས། །ལྡན་པའི་དགེ་སློང་གང་ཡིན་དེས། །ལེའུ་གཉིས་པར་དབུ་སེམས་ཀྱི། །ཚིག་གང་རུང་ལ་བརྟེན་ནས། །སྨོན་འཇུག་སེམས་བསྐྱེད་ཐོབ་པར་བྱས། །དེ་འདྲའི་སྡོམ་པ་གཉིས་ལྡན་གྱི། །བྱང་ཆུབ་སེམས་དཔའི་དགེ་སློང་དེས། །མྱུར་དུ་སངས་རྒྱས་ཐོབ་འདོད་ན། །སྨིན་གྲོལ་གཉིས་ལ་འབད་དགོས་ཤིང་། ། དེ་ཡང་དབང་བསྐུར་སྔོན་འགྲོ་བས། །མཚན་ཉིད་ལྡན་པའི་བླ་མ་ལ། །དབང་བཞི་རྫོགས་པར་མནོས་པ་ཡིས། ། སྡོམ་པ་གསུམ་དང་ལྡན་པར་འགྱུར། །

དེས་ན་བཤད་རྒྱུད་རྡོ་རྗེ་མོ་ལས། །བསྐལ་པ་བརྒྱ་ཕྲག་དག་ཏུ་ནི། །ཅིས་སྡེ་མདོན་པར་བརྩོན་བྱས་ཀྱང་། ། གང་ཟག་བཞི་ནི་འཇིག་རྟེན་དུ། །བསྒྲུབས་ཀྱང་འགྲུབ་པ་ཉིད་མི་འགྱུར། ། བྱང་ཆུབ་སེམས་ནི་མ་སྐྱེས་པ། ། ཐེ་ཚོམ་ལྡན་པ་ཉིད་དང་ནི། །བཀའ་བཞིན་དུ་ནི་མི་བྱེད་པ། །དད་པ་མེད་ཉིད་འགྲུབ་མི་འགྱུར། །ཇི་ལྟར་དུས་གསུམ་གཤེགས་དེ་བཞིན། །བྱང་ཆུབ་ཏུ་ནི་སེམས་བསྐྱེད་ནས། །དཀོན་མཆོག་གསུམ་ལ་དད་བྱས་ནས། །ཐེག་ཆེན་མེད་པར་བྱེད་པའི་མཆོག །ཁྲིམ་པ་དང་ནི་རབ་ཏུ་བྱུང་། །ཕྱོགས་ནི་གཉིས་པོ་འདི་བསྒྲུབ་བྱ། །ཇི་ལྟར་འོས་ཤིང་འཚམས་པ་རུང་། །གོ་རིམ་བཞིན་དུ་རབ་བཤད་བྱ། །བྱང་ཆུབ་སེམས་ནི་ལྷུར་བླངས་ནས། །ལྷ་གཞན་འདོད་པ་བསྟེན་མི་བྱ། །དཀོན་མཆོག་གསུམ་ལ་དད་བྱ་སྟེ། །དེ་གསོལ་བ་ལ་བརྟེན་པར་བྱ། །སྲོག་གཅོད་རྐུ་དང་འཁྲིག་པ་དང་། །རྫུན་དང་མྱོས་བྱེད་རྣམ་པར་སྤངས། །ཁྲིམ་པའི་སྡོམ་པ་ལ་གནས་ནས། །དེ་ཚེ་རིག་པའི་རྒྱལ་པོ་བསྒྲུབ། །གལ་ཏེ་དེ་ནི་རབ་བྱུང་གྱུར། །སྡོམ་པ་གསུམ་ལ་ཡང་དག་གནས། །སོ་སོར་ཐར་དང་བྱང་ཆུབ་སེམས། །རིག་འཛིན་སྡོམ་པ་མཆོག་ཡིན་ནོ། །ཞེས་པས་རབ་བྱུང་མིན་པ་ལས། །སྡོམ་པ་གསུམ་ལྡན་བཀག་པ་ཡང་། །དབང་བསྐུར་ཉིད་ཀྱིས་སུམ་ལྡན་དུ། །འགྱུར་བ་མིན་པའི་ལུང་ཡིན་ནོ། །དོན་འདི་ཁོང་དུ་མ་ཆུད་པར། །བླུན་པོ་ཐམས་ཅད་མགྲིན་གཅིག་ཏུ། །དབང་བསྐུར་ཉིད་ཀྱིས་སུམ་ལྡན་འགྱུར། །ཞེས་པའི་འཆལ་གཏམ་སྨྲས་པ་སོགས། །མཁས་པའི་བསྟན་བཅོས་ཆུད་གསོན་པས། །དམ་ཆོས་སྤྱོང་བར་འགྱུར་བའི་ཕྱིར། ། ཕྱིན་ཆད་སྨྲ་བ་ཞུང་བར་གྱིས། །ཞེས་ནི་ཐལ་སྦྱར་གསོལ་བ་འདེབས། །རྡོ་རྗེ་ཕག་མོ་འགའ་ཞིག་གིས། །དབང་

བཞི་ཚད་ལྡན་གཞུང་ལས་བཤད། །དེ་དག་སློབ་བྱེད་དབང་བསྐུར་དུ། །རུང་ངམ་མི་རུང་གང་ཡིན་དྲིས། །ཞེས་པའི་ལན་ནི་འདི་ལགས་ཏེ། །རྡོ་རྗེ་ཕག་མོའི་དབང་བསྐུར་གྱིས། །སློབ་བྱེད་ཡིན་པར་མི་འགྱུར་རོ། །

ཞེས་ནི་གཞུང་ལས་གསུངས་པ་མེད། །དེས་ན་འདི་འདྲའི་དྲི་བ་ནི། །བརྒྱ་དང་བརྒྱད་ཀྱི་ཀ་ཤང་གྲངས་ཙམ། །ཁ་འགེངས་པ་ལས་འབྲས་བུ་གཞན། །ཤེས་ལྡན་སུ་ཡིས་མཐོང་བར་འགྱུར། །འོན་ཀྱང་རྒྱུད་སྡེ་མི་ཤེས་པའི། །བླུན་པོ་ཁ་ཅིག་འདི་སྐད་དུ། །རྡོ་རྗེ་ཕག་མོའི་བྱིན་བརླབས་ཀྱི། །ཚིག་ལ་ཡང་ཕག་མོ་ཡིས། །བཙ་བཞིའི་དབང་བསྐུར་མིང་བཏགས་ཤིང་། །ཁྲི་གུག་ཐོད་པ་མེ་ལོང་དང་། །ཕག་མགོ་བཞི་པོ་སློབ་མ་ལ། །བསྟན་ཅིང་ངེས་པའི་དོན་འདི་ལྟར། །ཡོད་པ་དཔེ་འདིས་མཚོན་པ་ཡིན། །ཞེས་ཟེར་དེ་ཡང་གསང་སྔགས་ཀྱི། །ལམ་སྒོམ་པ་ལ་དགོས་པ་ཡི། །ཆོས་སྒོ་འབྱེད་པའི་བྱིན་བྱེད་ཀྱི། །དབང་བསྐུར་ཡིན་པར་འདོད་པ་ལ། །འདི་འདྲ་རྒྱུད་སྡེ་ལས་མ་གསུངས། །བསྟན་བཅོས་རྣམས་ལས་བཤད་པ་མེད། །རྡོ་རྗེ་ཕག་མོ་ཉིད་ལས་ཀྱང་། །དེ་ལ་བྱིན་བརླབས་བྱ་ཞེས་གསུངས། །དབང་བསྐུར་མེད་ལ་བྱིན་བརླབས་བཀག །དཔེར་ན་མུ་ཟིའི་བཅུད་ལེན་འཇུག །དེ་ནས་དངུལ་ཆུ་ཟ་བར་གསུངས། །མུ་ཟི་ཐོག་མར་མ་བཏེན་པར། །དངུལ་ཆུ་ཟོས་ན་འཆི་བ་བཞིན། །དེ་བཞིན་ཐོག་མར་དབང་བསྐུར་བླངས། །དེ་ནས་རྡོ་རྗེ་ཕག་མོ་སྒྲིན། །ཞེས་སོགས་དཔེ་དང་བཅས་པ་གསུངས། །

རིན་ཆེན་རྒྱན་གྱི་སྒྲུབ་ཐབས་དང་། །ཕག་མོ་གཞུང་དྲུག་ལ་སོགས་པའི། །རྒྱ་གཞུང་ཚད་ལྡན་ལས་གསུངས་པས། །རྡོ་རྗེ་ཕག་མོའི་དབང་བསྐུར་ལ། །སློབ་བྱེད་དབང་དུ་རུང་བར་སྨྲ། །དེ་ནས་དབང་བསྐུར་བྱིན་བརླབས་གཉིས། །རྣམ་དབྱེ་སུ་ལ་མེད་པ་དེ། །མཁས་པ་རྣམས་ཀྱིས་བརྩེ་བའི་གནས། །རྡོ་རྗེ་ཕག་མོའི་བྱིན་བརླབས་ལ། །སྨིན་པ་འབོགས་པའི་ཚིག་དང་། །དཀྱིལ་འཁོར་དང་ནི་དབང་བསྐུར་བ། །རང་ལུགས་ལ་ཡང་མི་བཞེད་དམ། །ཞེས་པའི་ལན་ཡང་འདི་ཡིན་ཏེ། །འཁོར་ལོ་སྡོམ་པའི་དཀྱིལ་འཁོར་དུ། །དབང་བཞི་ཡོངས་སུ་མ་རྫོགས་པར། །རྡོ་རྗེ་ཕག་མོའི་བྱིན་བརླབས་ཀྱི། །ཚིག་བྱུས་ན་གསང་སྔགས་ཀྱི། །གསང་བ་བསྒྲོགས་པའི་ལྟུང་བར་འགྱུར། །དེ་ཕྱིར་ཕག་མོའི་བྱིན་བརླབས་ཉིད། །སློབ་བྱེད་དབང་དུ་བཞེད་རེ་བསྙན། །དེས་ན་འདི་ཡིས་གསང་སྔགས་ཀྱི། །ཆོས་ཀྱི་སྒོ་ནི་རབ་དབྱེ་ནས། །གཏུམ་མོ་ལ་སོགས་བསྒོམ་པ་དེ། །བཀག་པ་ཡིན་གྱི་རྫོགས་རིམ་འགའ། །ཉན་པའི་ང་རོལ་(དོགས)བྱིན་བརླབས་ནི། །འགོག་པ་མཁས་པའི་བཞེད་པ་མིན། །དེ་ལྟར་ཤེས་ནས་དྲི་བ་ལས། །བྱིན་བརླབ་ཆོས་སྒོར་མི་བཞེད་ན། །རྫོགས་རིམ་འགའ་ཞིག་ཉན་པའི་ཕྱིར། །བྱིན་བརླབས་ངེས་པར་མཛད་དེ་ཅི། །ཞེས་པའི་ལན་ཡང་ངེས་པར་འགྱུར། །རང་འབྱུང་ནས་ནི་ཚུར་ཤོག་བར། །

སྔོན་ཆོག་ཡིན་པར་གང་དུ་བཤད། །ཅེས་པའི་ལན་ནི་བཤད་པར་བྱ། །གཅིག་ལས་འགྲོས་པའི་བཅུ་པ་ལས། །རྫོགས་པའི་སངས་རྒྱས་རང་འབྱུང་དང་། །རང་རྒྱལ་མཁན་སློབ་མེད་པ་གཉིས། །གཅིག་ཏུ་བསྡུས་ཤིང་མཁན་སློབ་དང་། །ལྔི་ཆོས་གཉིས་ཀས་ཕྱིན་ཉིད་དུ། །གཅིག་པས་དེ་གཉིས་གཅིག་ཏུ་བསྡུས། །གསོལ་དང་བཞི་ཡི་ལས་ཀྱིས་ནི། །ཅིག་ཆར་རབ་བྱུང་བསྙེན་རྫོགས་ལ། །གསུམ་དེ་དབུས་དང་མཐའ་འཁོབ་ཀྱི། །བཅུ་དང་ལྔ་ཚོགས་སྡེ་གཉིས་ལས། །བསྙེན་པར་རྫོགས་པར་འགྱུར་བའོ། །གཞན་རྣམས་མཛོད་འགྲེལ་བཞིན་དུ་འབྱུང་། །འོན་ཀྱང་སྔོན་གྱི་ཆོག་ཞེས། །གསལ་བར་སྟོན་པའི་ཚད་ལྡན་གྱི། །ལུང་ནི་གཅིག་ཀྱང་མི་སྣང་ངོ་། །རིགས་པས་ཀྱང་ནི་མི་འཐད་དེ། །ལ་ལ་ད་ལྔ་བྱུར་རྫུང་བས། །སྔོན་ཆོག་མིན་པར་ག་ལ་འགྱུར། །འོན་ཀྱང་མཁས་པའི་བཞེད་པ་ནི། །འདི་ལྟར་བཤད་ན་ལེགས་པར་མཐོན། །རྡོ་རྗེ་ཕག་མོའི་བྱིན་བརླབས་ལ། །གསང་སྔགས་ཆོས་སྒོར་འབྱེད་པ་ནི། །རྒྱུད་སྡེ་གང་ནའང་བཤད་པ་མེད། །མཁས་པ་སུས་ཀྱང་འདི་མི་བཞེད། །དེ་བས་དགེ་སློང་བསྒྲུབ་པ་ལ། །རང་འབྱུང་གིས་ནི་བསྙེན་རྫོགས་སོ། །

བསྙེན་པར་རྫོགས་པའི་ཚུལ་བཅུ་པོ། །སྔོན་མཆོག་ཡིན་པར་བོད་ཀྱིས་ནི། །སྔོན་གྱི་འདུལ་འཛིན་དག་གིས་བཤད། །ཡང་ན་འདི་ལྟར་བཤད་ན་རུང་། །རང་འབྱུང་གིས་ནི་བསྙེན་རྫོགས་དང་། །ཡེ་ཤེས་ཁོང་སུ་ཆུད་པ་དང་། །འཕྲིན་གྱིས་བསྙེན་པར་རྫོགས་པ་དང་། །དེ་བཞིན་སྟོན་པར་ཁས་བླངས་ནས། །ཚུར་ཤོག་གིས་ནི་བསྙེན་རྫོགས་དང་། །ལྔི་ཆོས་ཁས་བླངས་བསྙེན་རྫོགས་སོགས། །བསྙེན་པར་རྫོགས་པའི་ཚུལ་ཡིན་པར། །འདུལ་བ་ལུང་ལས་གསལ་བར་གསུངས། །དེ་བས་ཐབས་དེ་ད་ལྟ་ཡང་། །དགེ་སློང་ཉིད་དུ་བྱེད་ནའང་བླ། །སྔ་མ་དེ་ལས་འཁྲུལ་ཚབས་ཆུང་། །ངེས་ན་འདི་ཡི་ཆོ་ག་ནི། །ཐབས་ཙམ་ལ་ནི་བཏགས་པ་ཡིན། །ཚུར་ཤོག་ལ་སོགས་བསྙེན་རྫོགས་བླ། །ཞེས་པའི་ཚུལ་དུ་གདོན་པར་བྱ། །དཔེ་ཙམ་དག་དང་མི་དག་པའི། །རྣམ་དབྱེ་ལ་ཡང་ཆ་མེད་པར། །ཤཱཀྱ་རྗོམ་ལ་ལྷུར་ལེན་པ། །བཅས་ཁྲིམས་དབང་གིས་ཡིན་པར་ངེས། །དེ་ཕྱིར་མཁས་པས་བཞེད་པ་ལ། །ཚུར་ཤོག་ལ་སོགས་བཅུ་པོ་ནི། །སྔོན་ཆོག་ཡིན་པར་འཆད་པ་ནི། །གཞུང་དང་འགལ་ཏེ་དོན་ཉིད་ལས། །ཚུར་ཤོག་ལ་སོགས་བསྙེན་རྫོགས་བླ། །འཁྲུལ་པ་ཡིན་པ་མཉམ་པོ་ལ། །ཞེས་པའི་ཚིག་དང་འགལ་ཕྱིར་རོ། །

གསང་བ་སྤྱི་རྒྱུད་དག་ལས་ནི། །དཀྱིལ་འཁོར་དག་ཏུ་འཇུག་པ་ཡིས། །སློབ་མ་གཉིས་དང་བཞི་ལ་སོགས། །ཟུང་དུ་བཤད་པ་འགའ་ཞིག་ཡོད། །ལྔ་ཡང་དྲི་(དཔྱད)མ་ཤར་བ་ན། །ངེས་པར་མཆོད་ནས་གཤེགས་དགོས་ན། །སྔ་གོན་དངོས་གཞིའི་བར་དུ་ཡང་། །མཆོད་ནས་གཤེགས་གསོལ་བྱེད་དགོས་པས། །ཞེས་པའི་

ལན་ནི་བཤད་པར་བྱ། །དབང་བསྐུར་ཆོ་ག་ཐམས་ཅད་དུ། །སྔ་གོན་དང་ནི་དངོས་གཞིའི་བར། །མཆོད་ནས་གཤེགས་སུ་གསོལ་བ་དགོས། །གཞན་དུ་རྟུལ་ཆོན་ལ་སོགས་པ། །དཀྱིལ་འཁོར་ཆོ་ག་ཇི་ལྟར་བསྒྲུབ །སློབ་མ་ཟུང་དུ་འཇུག་པའི་དོན། །སྤྱི་རྒྱུད་ཉིད་ལས་འདི་སྐད་དུ། །གཉིས་སམ་གསུམ་མམ་བཞི་ཡང་རུང་། །བླ་མས་དབང་བསྐུར་བྱ་བ་ནི། །ཡོ་བྱད་གསར་པ་གཞན་རྣམས་ཀྱིས། །ཐམས་ཅད་སོ་སོ་སོ་སོར་བཟུང་། །ཞེས་གསུངས་དེ་དོན་འདི་ལྟར་ཡིན། །མིའི་གཟུགས་བརྙན་དང་བཅས་ཡིས། །གཉིས་དང་བཞི་ལ་དབང་བསྐུར་བར། །བྱ་ཞིང་ཐུམ་པ་ལ་སོགས་པའི། །དབང་རྫས་གསར་པ་རྣམས་ཀྱིས་ནི། །གཅིག་དང་གསུམ་སོགས་སློབ་མ་ཡང་། །རེ་རེ་བཞིན་དུ་བྱ་དགོས་སོ། །འོན་ཀྱང་གཟུགས་བརྙན་ལ་མི་དགོས། །དེ་ཡང་འདི་ལྟར་ཤེས་པར་བྱ༔ །མཚན་ཉིད་ལྡན་པའི་སློབ་དཔོན་གྱིས། །དཀྱིལ་འཁོར་དུ་ནི་དབང་བསྐུར་བའི། །གནས་སྐབས་གསུམ་སྟེ་སློབ་མ་ནི། །ཡོངས་སུ་བཟུང་ཚེ་སྔ་གོན་དུ། །གནས་པའི་ཚེ་དང་དཀྱིལ་འཁོར་གྱིས། །དབང་གི་དངོས་གཞིའི་གནས་སྐབས་སོ། །

དེ་ལ་དང་པོ་སློབ་མ་ནི། །གཅིག་དང་གསུམ་དང་ལྔ་དག་དང་། །བདུན་དང་ཉི་ཤུ་རྩ་ལྔ་བར། །ཟུང་དུ་མ་གྱུར་ཁོ་ན་བཟུང་དགོས་ཤིང་། །དེ་བཞིན་བཟུང་བས་སྔ་གོན་དུ། །གནས་པའི་ཚེ་ན་མ་ཚང་བས། །གཉིས་ལ་སོགས་པ་ཟུང་འཇུག་ན། །དང་པོ་ཡོངས་སུ་བཟུང་བའི་དུས། །མ་གཟུང་བ་དག་དེ་ཡིས་ནི། །སྐྱིན་པོར་གཞུགས་པ་དེ་དག་གིས། །གཟུགས་བརྙན་བྱས་ནས་སྔ་གོན་དུ། །གནས་པ་བྱ་དགོས་རྒྱུད་ཉིད་ལས། །སའི་བདག་པོས་གནང་ནས་ནི། །སློབ་དཔོན་གྱིས་ནི་དཀྱིལ་འཁོར་བྲི། །ཞེས་པ་ལ་སོགས་གསུངས་སོ་དང་། །སློབ་མ་ཡོངས་སུ་བཟུང་བ་གང་། །སྔ་གོན་གནས་ཚེ་མེད་ན་ནི། །དེ་ཡིས་གཟུགས་བརྙན་ནང་ནས་སུ། །ཇི་སྐད་བཤད་པའི་ལས་རྣམས་བྱ། །སློབ་མ་ཡོངས་སུ་བཟུང་བ་གང་། །གལ་ཏེ་རྐྱེན་འགའ་ཞིག་གིས་ནི། །དེར་ནི་འོངས་པར་མ་གྱུར་ན༔ །གཞན་དག་དེ་ཡིས་སྐྱིན་པར་གཞུག །ཞེས་གསུངས་འདི་ལ་ཚད་མ་ཡིན། །དེ་བཞིན་སྔ་གོན་དུས་སུ་ནི། །སློབ་མ་གསུམ་དང་ལྔ་ལ་སོགས། །ཡོད་ཀྱང་དངོས་གཞིའི་གནས་སྐབས་སུ། །གྲངས་མ་ཚང་བས་གཉིས་དང་ནི༔ །བཞི་ལ་སོགས་པ་ཟུང་གྱུར་ན། །དེ་ཚེ་སློབ་མ་གཞན་མི་བཟུང་། །འོན་ཀྱང་གཟུགས་བརྙན་བྱས་ནས་ནི། །དེ་ལ་དབང་བསྐུར་སྦྱིན་པར་བྱ། །གཞན་དུ་སོང་བའི་སློབ་མ་ཡང་། །སློབ་དཔོན་དབང་བསྐུར་སྟེར་འོས་ན། །སྔ་གོན་ནས་ནི་དངོས་གཞིའི་བར། །བསྐུར་ནས་བསྒྲུབ་པར་བྱ་བར་གསུངས། །དེ་ནས་སློབ་མ་སློབ་དཔོན་གྱི། །དབང་གི་བར་དུ་ཞག་གིས་ནི། །ཚོད་པའི་དབང་མཆོག་རྣམ་དག་ནི། །མོ་གཤམ་བུ་དང་མཚུངས་པ་ཡིན། །གལ་ཏེ་རྐྱེན་གཞན་ཞིག་གིས་ནི། །ཉིན་གཅིག་དབང་བསྐུར་མ་གྲུབ་ན། །དེ་ཡིས་ཉིན་པར་ཞི་བའམ། །སྦྱིན་སྲེག་བྱས་ནས་སྔ་གོན་ནི། །སླར་ཡང་བསྐུར་ནས

དབང་བསྐུར་བྱ། །གདོན་གྱིས་བཏབ་ན་འཆི་བར་གསུངས། །

དེ་ཡང་རྒྱུད་ལས་འདི་སྐད་དུ། །སྔ་གོན་གནས་པ་བྱས་པ་ལས། །གལ་ཏེ་རྐྱེན་གྱིས་མ་འོངས་ན། །བླ་མ་སློབ་དཔོན་མཁས་པ་ཡིས། །དེ་ར་ནི་སློབ་མ་གནས་མི་བཟུང་། །སྔ་གོན་གནས་པ་བྱས་པ་ལས། །བླ་མ་གལ་ཏེ་དཀྱིལ་འཁོར་དུ། །གང་ཞིག་འོངས་པར་མ་གྱུར་ན། །གདོན་གྱིས་བཏབ་ནས་ངེས་པར་འཆི། །རྐྱེན་འགའ་ཞིག་གིས་བསྐལ་ནས་གསུངས། །གལ་ཏེ་ཉིན་གཅིག་བར་ཆད་ན། །དེ་ཡིས་ཉིན་པར་ཞི་བྱས་ནས། །སླར་ཡང་སྔ་གོན་གནས་པར་བྱ། །ཡོ་བྱད་གཙོས་པ་མ་འགྱོར་ཡང་། །བཞོལ་བ་དག་ནི་ཡོངས་མི་བྱ། །གལ་ཏེ་བཞོལ་ན་བླ་མ་ལ། །གནོད་པ་མང་པོ་འབྱུང་བར་འགྱུར། །དེས་ན་ཇི་སྐད་བཤད་པ་ཡིན། །དགོངས་པར་ངེས་ཀྱི་གཞན་དུ་མིན། །གསང་བ་སྤྱི་རྒྱུད་ཉིད་ལས་ཀྱང་། །མཁས་པས་སློབ་མ་གཅིག་གམ་གསུམ། །ལྔ་འམ་ཡང་ན་བདུན་དག་གམ། །ཉི་ཤུ་རྩ་ནི་ལྔ་ཡི་བར། །ཟུང་དུ་མ་གྱུར་སློབ་མ་བཟུང་། །དེ་བས་ལྷག་པའི་སློབ་མ་དག །ཡོངས་སུ་བཟུང་བར་མི་ཤེས་སོ། །ཞེས་གསུངས་པ་དང་དེ་བཞིན་དུ། །བླ་མས་སློབ་མ་གཅིག་པུ་ནི། །དཀྱིལ་འཁོར་དག་ཏུ་དབང་བསྐུར་བྱ། །མཁས་པས་ཅིག་ཅར་སློབ་མ་གཉིས། །དབང་བསྐུར་བར་ནི་ཡོངས་མི་བྱ། ། ཞེས་སོགས་གསལ་བར་གསུངས་ཕྱིར་རོ། །

དེ་ལྟ་མིན་ན་རྒྱུད་ཉིད་ལ། །ནང་འགལ་ཡོད་པར་འགྱུར་བ་ལས། །སངས་རྒྱས་ལ་ནི་འཁྲུལ་པ་མེད། ། མདོར་ན་གཟུགས་བརྙན་གཞུག་པ་ནི། །ཟུང་དུ་འཛུག་པ་སྤྱང་བའི་དོན། །ཡིན་ཞེས་མཁས་པས་བཟུང་བར་བྱ༑ ༑དུས་ཀྱི་འཁོར་ལོའི་རྒྱུད་ལས་ནི། །རིགས་ལྡན་འཇམ་དཔལ་གྲགས་པ་ཡིས། །ཚངས་པའི་རིགས་ཀྱི་དྲང་སྲོང་ནི། །བྱེ་བ་ཕྱེད་དང་བཞི་པོ་ལ། །ནག་པས་ཟླ་བའི་མཚན་མོའི་དུས། །མཆོག་གི་དང་པོ་སངས་རྒྱས་ཀྱིས། ། དཀྱིལ་འཁོར་དག་ཏུ་དབང་བཅུ་གཅིག །རྫོགས་པར་བསྐུར་བར་གསུངས་པ་ནི། །སྟོན་ཆོག་ཡིན་པས་བྱར་མི་རུང་། །རྗེ་བཙུན་འཇམ་པའི་དབྱངས་ཉིད་ཀྱིས། །སྲིད་པ་ཐམ་པ་དག་ལ། །དབང་བསྐུར་བར་ནི་རྩ་རྒྱུད་དང་། ། པད་མ་དཀར་པོས་གསལ་བར་གསུངས། །དེ་འདྲའི་སློབ་དཔོན་སློབ་མ་དག །ཡོད་ན་ད་ལྟ་ཡིན་ཡང་རུང་། ། དེ་བས་ལྷག་པའི་སློབ་མ་ལ། །ཆོག་ཡོངས་སུ་རྫོགས་པ་ནི། །མཚན་མོ་གཅིག་ལ་ཚར་མི་གནས། །དེ་ཡི་མཚན་མོ་མ་ཚར་ན། །ཆོག་ཉམས་པར་འགྱུར་བར་གསུངས། །ཞེས་གསུངས་དོན་ནི་དབང་བསྐུར་གྱི། །དངོས་གཞི་པོ་ན་ལ་དགོངས་ཏེ། །སྤྱི་རྒྱུད་ཆེན་པོ་བཞིའི་ནང་ནས་དཀྱིལ་འཁོར་དུ་དབང་བསྐུར་བ་དང་གཏོར་མའི་ཆོག་ལ་སོགས་པ་གཙོ་བོར་སྟོན་པའི་རྒྱུད་དག་ལའང་། །གསང་སྔགས་ཉམས་སུ་ལེན་པ་ཡིས། །རྣལ་འབྱོར་པ་ལ་བསྲུང་བ་དང་། །སྐྱོབ་དང་སྤྲེད་དང་རྣལ་འབྱོར་རྒྱུད། །བྱིན་གྱིས་བརླབ་པར་བྱེད་པ་ཡི། །ཕྱི་ནང་མཁའ་འགྲོ་ལྷ་ལ་སོགས། །ཉི་མ་ནུབ་

ནས་རང་བཞིན་གྱིས། །འདུ་ཤིང་དངོས་གྲུབ་སྟེར་བར་གསུངས། །དེ་ནས་མཚན་མོའི་དུས་སུ་ནི། །དབང་བསྐུར་བ་དང་གཏོར་མ་ཡང་། །སྦྱིན་པ་ལ་སོགས་བྱ་བར་གསུངས། །དེ་ཡང་ནམ་ནི་ལངས་པའི་ཚེ། །དཀྱིལ་འཁོར་ལྷ་ལས་བཏང་རག་གི། །མཆོད་བསྟོད་བཟོད་པར་གསོལ་བ་དང་། །བསྡོ་བ་གཤེགས་སུ་གསོལ་བ་དང་། །ལས་ཀྱི་རྗེས་རྣམས་མི་མངོན་བྱ། །ཞེས་སོགས་རྒྱ་ཆེར་གསུངས་པས་སོ། །དེ་ནས་རྒྱུད་ལས་འདི་སྐད་དུ། །དཀྱིལ་འཁོར་དག་ནི་མ་ལུས་པ། །ཉི་མ་ཟེར་གྱིས་ནུབ་ནས་བཙམས། །ཉི་མ་ཤར་བར་མ་གྱུར་བར། །མཆོད་ནས་གཤེགས་སུ་གསོལ་བཤིས། །ཞེས་གསུངས་པའང་འདི་སྐད་ཡིན། །

མདོར་ན་རྒྱུད་སྡེ་རྣམ་བཞི་ལ། །སྤྱི་དང་ཁྱད་པར་ཚིག་གཉིས། །དང་པོ་གསང་བ་སྤྱི་རྒྱུད་ལས། །དཀྱིལ་འཁོར་དག་ནི་མ་ལུས་པ། །ཉི་མ་ཟེར་གྱིས་ནུབ་ནས་བཙམས། །ཉི་མ་ཤར་བར་མ་གྱུར་བར། །མཆོད་ནས་གཤེགས་སུ་གསོལ་བཤིས། །ནམ་ཡང་ཉིན་པར་མི་བྲིའོ། །ཉིན་པར་བྲིས་ན་དེ་དག་ཏུ། །སྡུག་བསྔལ་ཉམས་སུ་མྱོང་བར་འགྱུར། །དགོང་མགོ་བཙུགས་ནས་ནམ་ཕྱེད་ན། །དྲག་ཤུལ་སྤྱོད་པར་གྱུར་པ་ཡིན། །མཚན་མོ་དུས་ལས་འདས་པ་ན། །ཉེས་པ་མང་པོ་འབྱུང་བར་འགྱུར། །མཚན་མོ་རབ་ཏུ་ཞི་བའི་ཕྱིར། །སྤྱིར་ནི་འདོད་པར་བྱ་བ་ཡིན། །དམ་ཚིག་དག་ལ་སོགས་པའི་ལས། །དེ་ལྟ་བས་ན་མཚན་མོ་ཙམ། །ཉི་མ་ནུབ་ན་ལྷ་རྣམས་ནི༑ ༑ངེས་པར་བྱིན་གྱི་བརླབས་ཀྱིས་འདུ། །གཞན་དག་ཀྱང་ནི་ཁྱད་པར་དུ། །བྱིན་གྱིས་བརླབ་པར་བྱེད་པར་འགྱུར། །ཚོགས་སྤྱན་དྲངས་གསང་སྔགས་དང་། །ལྷ་ཡང་ཉི་མ་ནུབ་པ་ན། །ཕན་པར་བཞེད་པས་དཀྱིལ་འཁོར་དུ། །ངེས་པར་བྱིན་གྱིས་བརླབ་པར་མཛད། །ཞེས་སོགས་སྤྱིར་བཏང་ཚིག་ཡིན། །ཁྱད་པར་ཅན་གྱི་ཚིག་ནི། །སྟ་དྲེ་རྒྱས་པ་བསྐྱེད་པས་ཏེ། །ཉི་མ་གུང་ལ་དྲག་ཤུལ་སྤྱད། །དགོངས་ཁར་ཞི་བ་བློ་ཅན་གྱིས། །ཚིག་བཞིན་དུ་དཀྱིལ་འཁོར་བྲི། །ཞེས་སོགས་གསུངས་པ་དམིགས་བསལ་ཡིན། །སློབ་མས་དབང་བསྐུར་སྦྱིན་བྱས་ནས། །སློབ་དཔོན་དབང་བསྐུར་རེ་ཞིག་ནི། །མི་སྟེར་བ་ལ་གཤེགས་གསོལ་སོགས། །ངེས་པར་དགོངས་ཤིང་དཀྱིལ་འཁོར་གཙང་། །བསྡུས་ནས་རྗེས་སྐྱོང་མི་མངོན་པར། །བྱ་བཞིན་མ་འོངས་པ་ཉིད་ན། །ཞི་བ་རྒྱས་པ་ལ་སོགས་པའི། །ཁྱད་པར་ཅན་གྱི་ཚིག་རྣམས། །ལྟ་འདུས་བྱ་བ་ལ་སོགས་པ། །ཇི་ལྟར་བཤད་པ་བཞིན་གྱིས་འགྲུབ། །གཞན་དུ་ཚིག་བསྡུས་པར་འགྱུར། །ཁྱད་པར་བྱ་བའི་རྒྱུད་ཀྱིས་ནི། །དེ་བཞིན་གཤེགས་དང་པད་མ་དང་། །རྡོ་རྗེའི་རིགས་དེ་རིགས་གཙོ་བོ། །གསུམ་གྱིས་མཆོན་དེ་ཐམས་ཅད་དུ། །ལྷ་དང་དུས་དང་ལས་རྣམས་ནི༑ ༑རང་གི་གཞུང་བཞིན་བྱེད་དགོས་ཀྱི། །གཞན་དུ་ཚིག་ཉམས་པས་ནི། །འབྲས་བུ་དངོས་གྲུབ་མེད་པར་གསུངས། །དེ་ཡང་གསང་བ་སྤྱི་རྒྱུད་ལས། །ཁྱད་པར་ཅན་གྱི་ཚིག་ནི། །བལྟ་དུས་བྱ་བའི་ཚུལ་བཞིན་བཤད། །

གཞན་དུ་ཆོ་ག་ཉམས་པའི་ཕྱིར། །དངོས་གྲུབ་འབྱུང་བར་མི་འགྱུར་རོ། །ཞེས་དང་དུས་འཁོར་ལས་ཀྱང་ངོ་། །

དེས་ན་ཉི་མ་ནུབ་པ་ནས། །དབང་གི་དངོས་གཞི་རབ་བརྩམས་ཏེ། །སང་གི་ཉི་མ་མ་ཤར་བར། །དབང་བསྐུར་དངོས་གཞི་རྫོགས་དགོས་པར། །གསུངས་པ་དེ་ལ་སྔ་གོན་དང་། །དངོས་གཞིའི་བར་དུ་དེ་མཚུངས་སོ། །སྐམ་པའི་དོགས་པ་ཁྱེད་ཉིད་ལ། །སྐྱེ་བ་མེད་པ་མཐོང་བའི་ཚེ། །དྲི་བ་འདི་ནི་མཛད་པར་རིས། །དེ་ལྟར་ཤེས་ཚེ་དྲ་བ་ལས། །སློབ་མའི་དབང་དང་སློབ་དཔོན་གྱི། །དབང་གིས་བར་དུ་ཞག་གིས་ནི། །ཆོད་པ་དག་ལ་དེ་བཞེད་དམ། །ཞེས་གསུངས་ལན་ཡང་ཤེས་པར་གསུངས། །དཀྱིལ་འཁོར་གཞན་དུ་མ་ཞུགས་པར། །སློབ་དཔོན་རྡོ་རྗེ་དྲིལ་བུ་པས། །དབང་གི་ཆོགས་གསང་སྔགས་ཀྱི། །སྡོམ་པ་ཐོབ་བམ་མི་ཐོབ་དྲི། །རྟུལ་ཆོན་མིན་པར་སྨིན་བྱེད་ཀྱི། །དབང་བསྐུར་དེང་སང་མི་རུང་ན། །འཁོར་ལོ་སྡོམ་པའི་རས་བྲིས་ཀྱི། །དཀྱིལ་འཁོར་དག་ཏུ་དབང་བསྐུར་ནས། །ཕག་མོའི་བྱིན་བརླབས་མཛད་དེ་ཅི། །ཞེས་གསུངས་ལན་ནི་འདི་ལགས་ཏེ། །དྲིལ་བུ་སྐོར་ལས་གསུངས་པ་ཡི། །དཀྱིལ་འཁོར་བསྒྲུབ་ཚུལ་རྣམ་པ་གསུམ། །གཉིས་ལ་སྨིན་བྱེད་དབང་བསྐུར་དང་། །སྔགས་ཀྱི་སྡོམ་པ་ཐོབ་པའང་ཡོད། །གསུམ་པ་ལམ་དུས་དབང་ཡིན་ཕྱིར། །སྡོམ་པ་སྐྱེ་བ་ཡོད་མ་ཡིན། །དེ་ཡང་བྱས་པར་བཤད་པར་བྱ། །དེ་ཡིས་མཛད་པའི་དབང་ཆོག་ལས། །གདུལ་བྱ་དབང་པོའི་རིམ་པ་ཡིས། །རས་བྲིས་རྟུལ་ཆོན་ལམ་དུས་ཀྱི། །དཀྱིལ་འཁོར་དག་ཏུ་དབང་བསྐུར་བ། །གསུམ་ལས་དང་པོ་གཉིས་ལ་ནི། །སྨིན་བྱེད་དབང་བསྐུར་ཡོད་པས་ན། །སྡོམ་པ་སྔར་མེད་སྐྱེས་པ་ཡོད། །གསུམ་པ་ལམ་དུས་དབང་ཡིན་པས། །སྔགས་སྡོམ་གསར་དུ་སྐྱེ་བ་མེད། །དེ་ལྟར་གཞུང་ལས་འདི་སྐད་དུ། །དབང་བསྐུར་དཀྱིལ་འཁོར་སྟོན་འགྲོ་བར། །རྡོ་རྗེ་འཆང་གིས་གསུངས་པ་ཡིན། །འོན་ཀྱང་དཀྱིལ་འཁོར་དེ་རང་བཞིན། །གང་ཡིན་དེ་ནི་འདིར་བཤད་བྱ། །རི་མོ་བྲིས་པའི་ལས་དང་ནི། །ཐིག་ལ་ཆོན་གྱི་རིམ་པ་བསྟན། །འགྲོ་བ་འདི་དག་རང་བཞིན་གྱིས། །དེང་སང་ལས་འབྲས་

བཤད་པ་ཡིན་ཟེར་ནས་བཞི་བརྒྱ་དང་ལྔ་བརྒྱད་ལ་ཡང་། བསྙེན་པ་ཁ་སྐོང་ཕྱི་མི་རིང་ལ་བྱས་ནས་ཉི་ཤུ་རྩ་ལྔ་བྱས་ནས་རྟུལ་ཆོན་གྱི་དཀྱིལ་འཁོར་དུ་དབང་བསྐུར་བྱེད་པ་ནི་བཞད་གད་ཀྱི་གནས་ཡིན་ཏེ། དཀྱིལ་འཁོར་གཅིག་ཉིད་ལ་སྔ་མ་ཟིན་ནས་གཤེགས་གསོལ་སོགས་མི་བྱེད་པར་ཕྱི་མ་ལ་དབང་བསྐུར་བ་དེ་ལ། སྔ་གོན་དགོས་སམ་མི་དགོས། དང་པོ་ལྟར་ན་སའི་ལྷ་མོ་དང་། ལྷ་མོ་དང་། བུམ་པ་དང་། ལྷ་དང་། སློབ་མ་སྔ་གོན་རྫོགས་པར་དགོས་སམ། མི་དགོས་པར་སློབ་མ་སྔ་གོན་བསྐྱངས་（དོགས）པས་ཆོག་པ་ཡིན། གཉིས་པ་ལྟར་ལུང་ཁུངས་སྟོན་ཅིག །དང་པོ་ལྟར་ན་རྟུལ་ཆོན་བཤིག་དགོས་སོ། །

གྲུབ་པའི་དཀྱིལ་འཁོར་གཉིས་མེད་པའོ། །ཞེས་གསུངས་དགོངས་པ་འདི་ཉིད་ཡིན། །དེ་ལྟར་ནའང་བསྟན་བཅོས་ལས། །འཕགས་པ་རྣམས་ཀྱི་གང་ཟག་རབ། །སྤྲུལ་པ་ཡི་ནི་དཀྱིལ་འཁོར་དུ། །དབང་བསྐུར་

མཛད་ཅེས་གསུངས་པ་ནི། །ཞེས་གསུངས་དགོངས་པ་འདི་ཉིད་ཡིན། །དེ་ལྟ་ནའང་བསྟན་བཅོས་ལས། །འཕགས་པ་རྣམས་ཀྱི་གང་ཟག་རབ། །སྔོན་གྱི་ཚོག་འཕགས་པའི་ཡིན། །དེང་སང་གང་ཟག་རབ་འབྲིང་ཀུན། །རྡུལ་ཚོན་གྱི་ནི་དཀྱིལ་འཁོར་དུ། །དབང་བསྐུར་བྱ་བར་གསུངས་མོད་ཀྱི། །གཞན་གྱི་སྨིན་བྱེད་རྒྱུད་ལས་བཀག །ཅེས་གསུངས་པ་དང་མི་འགལ་ཏེ། །གང་ཟག་གཉིས་ཀྱི་བྱེ་བྲག་གིས། །སྨིན་བྱེད་དབང་ལ་རྣམ་གཉིས་ཏེ། །རས་བྲིས་རྡུལ་ཚོན་དཀྱིལ་འཁོར་རོ། །རྡོ་རྗེ་ཐེག་པའི་ལམ་གྱིས་སྐྱོད། །གང་ཟག་ལ་ནི་རྣམ་གཉིས་ཏེ། །དང་པོ་སྐལ་མེད་རིམ་གྱིས་པ། །ཕྱི་མ་སྐལ་ལྡན་ཅིག་ཆར་བ། །དེ་ལ་ཐུན་མོང་རིམ་ཅན་དང་། །ཐུན་མོང་མིན་པ་རིམ་ཅན་སློབ། །དང་པོ་ལ་ཡང་རྣམ་གཉིས་ཏེ། །སྤྱོད་པ་རིམ་ཅན་ལ་སློབ་དང་། །ལྟ་བ་རིམ་ཅན་ལ་སློབ་པའོ། །

དེ་ཡང་བརྟག་པ་གཉིས་པ་ལས། །སྐལ་དམན་རྣམས་ནི་བཏུལ་དཀའ་བ། །གང་གིས་འདུལ་བར་འགྱུར་པ་ལགས། །བཅོམ་ལྡན་འདས་ཀྱི་བཀའ་བསྩལ་པ། །དང་པོར་གསོ་སྦྱོང་སྦྱིན་པར་བྱ། །དེ་རྗེས་བསླབ་པའི་གནས་བཅུ་སྦྱིན། །དེ་ལ་བྱེ་བྲག་སྨྲ་བ་བསྟན། །མདོ་སྡེ་པ་ཡང་དེ་བཞིན་ནོ། །དེ་ནས་རྣལ་འབྱོར་སྤྱོད་པ་ཉིད། །དེ་ཡི་རྗེས་སུ་དབུ་མ་བསྟན། །སྔགས་ཀྱི་རིམ་པ་ཀུན་ཤེས་ནས། །དེ་རྗེས་ཀྱེ་ཡི་རྡོ་རྗེ་བསྟན། །ཞེས་གསུངས་པ་ཡང་ཐ་མ་གཉིས། །ཐུན་མོང་མིན་པ་རིམ་ཅན་ལ། །སློབ་པ་བསྟན་ཞེས་མཁས་པས་བཞེད། །དེ་ལྟར་བཤད་པའི་སྐལ་མེད་ལ། །རས་བྲིས་ཀྱིས་ནི་དཀྱིལ་འཁོར་དུ། །དབང་བསྐུར་གྱིས་ནི་སྨིན་བྱེད་དུ། །འགྱུར་བ་ཡོད་དེ་དཔེ་འདི་ལྟར། །བྱ་བའི་རྒྱུད་ཀྱི་དཀྱིལ་འཁོར་དུ། །དབང་བསྐུར་ཐོབ་ཅིང་སྡོམ་པ་དང་། །དམ་ཚིག་ལ་གནས་རྣལ་འབྱོར་པས། །སྤྱོད་པའི་རྒྱུད་ལ་འཇུག་པའི་ཚེ། །དང་པོ་ཁོ་ནར་རས་བྲིས་ཀྱི། །དཀྱིལ་འཁོར་དག་ཏུ་དབང་མནོས་པས། །སྨིན་བྱེད་དབང་དུ་འགྱུར་བ་བཞིན། །དེ་བཞིན་གོང་མ་ལ་ཡང་ངོ་། །

གཞན་ཡང་འཁོར་ལོ་བདེ་མཆོག་གི། །དབང་བསྐུར་ཐོབ་ཅིང་དམ་ཚིག་དང་། །སྡོམ་པ་ལ་གནས་གང་ཡིན་དེས། །དགྱེས་པ་ཀྱེ་རྡོ་རྗེའི་དཀྱིལ་འཁོར་དུ། །འཇུག་པའི་དང་པོར་རས་བྲིས་ཀྱི། །དཀྱིལ་འཁོར་དུ་ནི་དབང་བསྐུར་བས། །སྨིན་བྱེད་དབང་དུ་འགྱུར་བ་སོགས། །ཡང་ཡང་བརྗོད་པས་ག་ལ་ལང་། །གལ་ཏེ་རྣལ་འབྱོར་ཆེན་པོ་ཡིས། །སྔགས་སྡོམ་དམ་ཚིག་ལ་གནས་པའི། །གང་ཟག་ལ་ནི་དབང་བསྐུར་བས། །སྨིན་བྱེད་དབང་དུ་མི་འགྱུར་ཏེ། །སྤྱོད་པའི་རྒྱུད་དུ་དབང་ཐོབ་པས། །བྱ་བའི་རྒྱུད་ཀྱི་བཤད་པ་དང་། །ཉན་དང་དེ་ཡི་ལམ་བསྒྲུབ་པ། །དབང་བཞི་རྣལ་འབྱོར་རྒྱུད་དག་ཏུ། །དབང་བསྐུར་ཐོབ་པས་སྤྱོད་རྒྱུད་ཀྱི། །བཤད་པ་སོགས་ལ་དབང་བ་དང་། །འགྲེལ་ཆེན་དྲི་མེད་འོད་དུ་ཡང་། །དབང་ལེའི་ཚིག་བཅད་ཉིས་བརྒྱ་ཉེར་གསུམ་པའི་འགྲེལ་པར།

དེ་ལྟར་དུས་ཀྱི་འཁོར་ལོའི་དཀྱིལ་འཁོར་དབང་བསྐུར་བ་ནི། རྣལ་འབྱོར་པ་དང་རྣལ་འབྱོར་པའི་རྒྱུད་ཐམས་ཅད་དུ་དབང་བསྐུར་བར་འགྱུར་ (དོགས) བར་འགྱུར་ཞིང་། རྒྱུད་ཐམས་ཅད་ཀྱི་སློབ་དཔོན་དང་། སྔགས་ཐམས་ཅད་ཀྱི་རྗེས་སུ་གནང་བ་སྦྱིན་པ་པོ་དང་། ཞེས་གསུངས་སོ། །དུས་ཀྱི་འཁོར་ལོའི་དཀྱིལ་འཁོར་དུ། །དབང་བསྐུར་ཐོབ་པས་མུ་སྟེགས་ཀྱི། །རྒྱུད་ཡན་ཆད་ནི་འཆད་པ་ལ། །དབང་བར་གསུངས་པ་ལ་སོགས་པ། །བཤད་པས་མ་ངེས་པ་ཡང་མིན། །ཞེ་ན་ལུང་དོན་འདི་ཡིན་ཏེ། །རྒྱུད་སྡེ་བཞི་དང་བླ་མེད་ཀྱིས། །ཕན་ཚུན་ཐུན་མོང་ཆོས་རྣམས་ནི། །འཆད་པ་སོགས་ལ་དབང་བ་ཙམ། །ཐུན་མོང་མིན་པའི་ཆོས་དེ་དག །འཆད་པ་དང་ནི་ཉན་པ་དང་། །དེ་དང་དེ་ཡི་ལམ་རྣམས་ནི། །སྒྲུབ་ལ་རང་རང་དཀྱིལ་འཁོར་དུ། །དབང་བསྐུར་ངེས་པར་ཐོབ་དགོས་ཏེ། །བུ་སྟོན་ཆོས་རྗེས་བསྒྱུར་བ་ཡིས། །གཤེད་དམར་རྒྱུད་ལས་ལེའུ་ཉི་ཤུ་རྩ་གཉིས་འདི་སྐད་དུ། །དཀྱིལ་འཁོར་དུ་ནི་མ་ཞུགས་ལ། །མིང་ཙམ་སྦྱིན་པར་མི་བྱའོ། །དཀྱིལ་འཁོར་འདིར་ནི་མ་ཞུགས་ལ། །འདི་ཡི་གསང་བ་སྦྱིན་མི་བྱ། །ཞེས་གསུངས་མངོན་མཆོད་བླ་མ་ལས། །སྔ་མ་བཞིན་དུ་གསལ་བར་གསུངས། །

གཉིས་པ་སྐལ་ལྡན་ཅིག་ཆར་བ། །དེས་ནི་སྔ་མ་ལས་བཟློག་པ། །རྒྱུད་སྡེ་བཞི་པོ་གང་དུ་ཡང་། །ཐོག་མར་འཇུག་ཚེ་རྟུལ་ཆོན་གྱིས། །དཀྱིལ་འཁོར་དག་ཏུ་དབང་བསྐུར་བ། །སློབ་བྱེད་ཡིན་གྱི་རས་བྲིས་ཀྱི། །དཀྱིལ་འཁོར་སོགས་སུ་དབང་བསྐུར་བ། །སློབ་བྱེད་ཡིན་པར་རྒྱུད་ལས་བཀག །དོན་འདི་ལ་དགོངས་དུས་འཁོར་དང་། །རྒྱུད་གསུམ་དག་ཏུ་རྟུལ་ཚོན་གྱིས། །དཀྱིལ་འཁོར་བཞེངས་ནས་དབང་བསྐུར་བར། །ཡོད་ན་དེ་ཡང་སློབ་བྱེད་དུ། །ཐལ་བར་འགྱུར་བ་མ་ཡིན་ནོ། །དེས་ན་སློབ་བྱེད་མ་ཡིན་པའི། །དབང་བསྐུར་བཞེད་དམ་མི་བཞེད་དྲིས། །ཞེས་པའི་ལན་ཡང་གྲུབ་པར་ངེས། །འདི་དང་དྲི་བ་གོང་མ་ལ། །བརྗོད་བྱ་ཐ་དད་མི་སྣང་ངོ་། །གཞན་ཡང་འདི་སྐད་སྨྲ་བར་བྱ། །འཁོར་ལོ་སྡོམ་པའི་དབང་བསྐུར་བ། །ཡོངས་སུ་རྫོགས་པར་མནོས་པ་ཡིས། །སྡོམ་པ་ཐོབ་ཅིང་དམ་ཚིག་ནི། །མ་ཉམས་པ་ཡི་རྣལ་འབྱོར་པས། །སླར་ཡང་འཁོར་ལོ་བདེ་མཆོག་གི། །དཀྱིལ་འཁོར་དག་ཏུ་དབང་མནོས་པས། །སྡོམ་གསུམ་ཐོབ་པ་ཡོད་དམ་མེད། །མེད་ན་དེ་ལས་གང་ཞིག་ཐོབ། །ཡོད་ན་དེ་ཡང་སློབ་བྱེད་འགྱུར། །འདོད་ན་གང་ཞིག་དེ་འདྲ་ལ། །རྒྱུད་བཤད་མན་ངག་སྟོན་པའི་ཚེ། །ཡོངས་སུ་སློབ་སེམས་ཅན་ལ། །གསང་བ་སྒྲོགས་པའི་རྒྱ་ལྟར་འགྱུར། །རྣལ་མའི་ལན་ནི་བཤད་ཟིན་ཏོ། །

རྒྱུད་སྡེ་འོག་མ་གསུམ་པོ་ལ། །དབང་བཞི་རིམ་གཉིས་མི་རུང་ན། །རྒྱུད་སྡེ་གོང་མའི་རྒྱ་བཀབ་ནས། །རུང་བར་བཤད་པ་འདི་ཅི་ཞིག །ཅེས་པའི་ལན་ནི་འདི་ཡིན་ཏེ། །རྒྱུད་སྡེ་གསུམ་གྱི་རང་རྐང་ལ། །དབང་གཅིག་རིམ་གཉིས་མེད་པ་དང་། །རྣལ་འབྱོར་ཆེན་པོ་རྒྱུད་དག་ལ། །གསུངས་པའི་ཚོགས་རྒྱ་བཀབ་སྟེ། །དབང་བཞི

བསྐུར་བ་ལ་སོགས་པ། །ཚད་ལྡན་གཞུང་མང་རྣམས་སུ་འབྱུང་། །བྱ་བའི་རྒྱུད་སྡེ་ཐམས་ཅད་ཀྱི་གཞི་མ་ཡིན་པས། རྒྱུད་སྡེ་གོང་མར་བྱས་པའི་སྐབས་ཐབས། བྱ་རྒྱུད་རང་གི་ལུགས་ལྟར་བཀྲལ་བར་སོགས་ལ་འཕགས་ཡུལ་གྱི་སློབ་དཔོན་རྣམས་ཀྱི་ལུགས་ཀྱིས་འདྲ་བ་དུ་མ་གནང་ཡང་། ལུགས་འདྲེས་པའི་སྐབས་ཐབས་བཞག་ཏུ་མི་རུང་གི། སོ་སོའི་ལུགས་བཞིན་བཤད་པར་བྱ་བ་ལ་བཞི་སྟེ། བྱ་རྒྱུད་བླ་མེད་ལྟར་བཤད་པ། རྣལ་འབྱོར་རྒྱུད་ལྟར་བཤད་པ། སྤྱོད་རྒྱུད་ལྟར་བཤད་པ། བྱ་རྒྱུད་རང་ལུགས་ལྟར་བཤད་པའོ། །དང་པོ་ནི་ཀླུ་སྒྲུབ་ཀྱིས། སྤྱན་རས་གཟིགས་ཕྱག་སྟོང་པའི་སྒྲུབ་ཐབས་ལས། ཚིག་གསུམ་གྱི་བདག་ཉིད་འཁོར་བའདང་ཡོངས་སུ་བསྐྱེད། དེ་ལ་ཡེ་ཤེས་པ་སྤྱན་དྲངས་ཤིང་གཞུག །དབང་བསྐུར་ཞིང་རིགས་བདག་གིས་རྒྱས་གདབ་པ་རྣམས་བཤད་པ་ལྟར་རོ། །དེ་ཉིད་ལས་དེ་ནས་རྫོགས་པའི་རིམ་པ་བསྒོམ་པར་བྱ་སྟེ། ཟབ་པ་དང་ཕྲ་བའི་རྫོགས་རིམ་བླ་མའི་མན་ངག་ལས་ཤེས་པར་བྱའོ། །ཞེས་གསུངས་པས་རྣལ་འབྱོར་ཆེན་པོའི་ལུགས་ཡིན་ཏེ། བྱ་རྒྱུད་རང་ལུགས་ཡིན་ན་བསྐྱེད་རྫོགས་ཀྱི་ཐ་སྙད་བསྟན་མེད་པས་སོ། །དེ་བཞིན་དུ་ཨ་བྷ་ཡས་རྡོ་རྗེ་ཕྲེང་བར། གྲྭ་ལྦ་དང་འོད་ཟེར་ཅན་ལ་སོགས་པ་བཤད་པ་རྣམས་ཀྱང་རྣལ་འབྱོར་ཆེན་པོའི་ལུགས་ཡིན་ཏེ། དཀྱིལ་འཁོར་དེ་རྣམས་ལ་ལྷ་བསྐྱེད་ཚུལ་པའི་རྣལ་འབྱོར་དུ་བཤད་ལ། བྱ་རྒྱུད་དུ་དེའི་ཐ་སྙད་ཟུར་ཙམ་ཡང་མ་གསུངས་པས་སོ། །སྒྲུབ་ཐབས་རྒྱ་མཚོ་དང་། ཕྱེད་ཉིས་བརྒྱ་པ་དང་བརྒྱ་རྩ་རྣམས་སུ་བཤད་པའི་བྱ་རྒྱུད་ཀྱི་ལྷ་ཡི་སྒྲུབ་ཐབས་དང་། ཛོ་ཏཱ་རིའི་ལྷ་ལྔའི་སྒྲུབ་ཐབས་དང་། གཞུང་ཆུང་ཕལ་ཆེ་བ་རྣམས་རྣལ་འབྱོར་ཆེན་པོའི་ལུགས་ལྟར་བཀྲལ་བ་ཡིན་ནོ། །གཉིས་པ་ནི། དེ་ཉིད་བསྡུས་པའི་འགྲེལ་པར་ཀུན་སྙིང་གིས། བྱ་བ་དང་། སྤྱོད་པ་དང་། གཉིས་ཀའི་རྒྱུད་ལ་སོགས་པའི་ཚིག་མངོན་པར་ཞེན་པ་རྣམས་ཀྱིས་ཀྱང་། ཚིག་དེས། འདི་ལས་བཤད་པའི་ཕྱག་རྒྱ་ཆེན་པོ་ལ་སོགས་པ་བསྒྲུབ་པར་བྱའོ། །ཞེས་དོན་དེ་བཤད་པར་བྱ་བའི་ཕྱིར། སྙིང་པོ་ཕྱག་རྒྱ་སྔགས་རིག་རྣམས། །ཇི་ལྟར་འདོད་པའི་ཚུལ་གྱིས་ནི། །ཞེས་བྱ་བ་ལ་སོགས་པའི་ཚུལ་གྱིས་སྟོན་ཏེ། ཞེས་གསུངས་སོ། །རྒྱུད་ཐམས་ཅད་ཀྱིས་སྟོན་པ་པོ་དང་། སྔགས་ཐམས་ཅད་ཀྱི་རྗེས་སུ་གནང་བ་སྦྱིན་པ་པོ་དང་། ཞེས་གསུངས་སོ།

།བྱ་བའི་རྒྱུད་ཀྱི་རང་རྐང་ལ། །བདག་བསྐྱེད་མེད་དང་གོང་མ་ཡིས། །རྒྱ་བཀབ་ཆེན་བདག་བསྐྱེད་ནི། །ཡོད་པ་མི་འགལ་ཚུལ་དེ་བཞིན། །རྡོ་རྗེ་ཐེག་པའི་ལམ་ཞུགས་ནས། །སྨིན་གྲོལ་གཉིས་ལ་འབད་དགོས་ཤིང་། །སྨིན་གྲོལ་རིམ་གཉིས་ལ་བཞེད་ན། །རྒྱུད་སྡེ་འོག་མའི་རང་རྐང་ལས། །གསང་སྒྲུབ་པ་ནི་ཇི་ལྟར་བྱ༑ ༑དེ་ལའང་སྨིན་གྲོལ་མི་བཞེད་དེ། །ཞེས་པའི་ལན་ནི་བཤད་པར་བྱ། །སྡོམ་པ་གསུམ་དང་ལྡན་པ་ཡི། །རིམ་གཉིས་ཟབ་མོའི་གནད་ཤེས་ན། །དེ་ནི་ཚེ་འདི་འམ་བར་དོ་འམ། །སྐྱེ་བ་བཅུ་དྲུག་ཚུན་ཆད་དུ། །འགྲུབ་པར་རྫོགས་པའི་སངས་རྒྱས་གསུངས། །དེས་ན་རྫོགས་པའི་སངས་རྒྱས་ནི། །སྒྲུབ་པར་ནུས་པའི་སྨིན་གྲོལ་གཉིས། །གསང་སྔགས་བླ་མེད་ཁྱད་ཆོས་ཡིན། །བྱ་སྤྱོད་གཉིས་སུ་རྡོ་རྗེ་ཡི། །སློབ་དཔོན་གྱིས་ནི་དབང་བསྐུར་དང་། །རྣལ་འབྱོར་རྒྱུད་དུ་དབང་གོང་མ། །མེད་པས་དབང་བཞི་ལས་བྱུང་བའི། །རིམ་པ་གཉིས་པོ་ཡོད་མ་ཡིན། །རིམ་གཉིས་མེད་ན་དེ་བསྒོམས་ལས། །བྱུང་བའི་ཡེ་ཤེས་ཕྱག་རྒྱ་ཆེ། །ཡོད་པ་ཉིད་དུ་ག་ལ་འགྱུར། །

ཕྱག་རྒྱ་ཆེན་པོའི་ཡེ་ཤེས་ནི། །སྨིན་དུ་མ་སོང་བ་ལ་ཡང་། །རྫོགས་པའི་སངས་རྒྱས་འབྱུང་བ་མེད། །དེ་ཕྱིར་རྒྱུད་སྡེ་འོག་མ་ལས། །གསུངས་པའི་དབང་དུ་ལམ་གྱིས་ནི། །བཅུ་གསུམ་ས་ལ་བཞུགས་པ་ཡི། །རྡོ་རྗེ་འཛིན་པ་བསྒྲུབ་མི་ནུས། །

དེ་ཡང་རྗེ་བཙུན་ས་སྐྱ་པའི། །ལས་རྒྱ་ལ་ནི་མ་བརྟེན་པར། །མ་རིག་པ་ལས་བྱུང་བ་ཡི། ། སྲིད་པ་སྤོང་བར་ཡོངས་མི་ནུས། །དེ་ཕྱིར་ནང་དུ་ས་ལམ་དང་། །ཕྱི་རོལ་ཡུལ་ཆེན་བགྲོད་པ་དང་། །རིག་པ་བརྟུལ་ཞུགས་སྤྱོད་པ་སོགས། །བཅུ་གསུམ་རྡོ་རྗེ་འཛིན་པའི་ས། །གང་དེའི་མེད་དུ་མི་རུང་བའི། །རྒྱུ་ཡིན་པར་ནི་གསུངས་པ་དང་། །དེ་ཕྱིར་ནང་དུ་ས་ལམ་དང་། །ཚད་ལྡན་གཞུང་གཞན་དག་ཏུ་ཡང་། །བླུན་པོ་གང་ཞིག་འདི་སྤོང་བ། །དེ་ལ་མཆོག་གི་དངོས་གྲུབ་མེད། །ཅེས་དང་སེམས་ཀྱི་སྒྲིབ་སྦྱོང་དུ། །བྱིས་པ་རྣམས་ནི་གཟུགས་ལ་ཆགས། ། འཁྲིང་པོ་རྣམས་ནི་ཆགས་བྲལ་འགྱུར། །གཟུགས་སོགས་ངོ་བོ་ཉིད་ཤེས་ནས། །བློ་མཆོག་རྣམས་ནི་གྲོལ་བར་འགྱུར། །དམ་ཚིག་ཐམས་ཅད་རྣམ་བསལ་ལ། །ལྷ་ལ་མཆོད་པའི་ཚོ་ག་ཡིས། །ཐེ་ཚོམ་མེད་པར་བཟང་པོར་བལྟ། །སྔགས་ཀྱིས་བསྒྲུ་ལ་ལོངས་སྤྱོད་བྱ། །ཞེས་དང་གཞན་ཡང་དེ་ཉིད་ལས། །རང་གིས་ལྷ་ཡི་སྦྱོར་བ་ཡིས། ། སེམས་ཀྱི་དྲི་མ་མེད་བྱའི་ཕྱིར། །རྣལ་འབྱོར་དགེ་བའི་སེམས་ཀྱིས་ནི། །ཆགས་མེད་དུག་གི་སྦྱོངས་པ་ཡིས། ། འདོད་ཅན་མ་ལ་འདོད་སྤྱད་པས། །འདོད་པས་ཐར་པ་ཐོབ་པར་འགྱུར། །ཞེས་གསུངས་རྒྱུད་སྡེ་འོག་མ་ལས། ། ལས་ཀྱི་ཕྱག་རྒྱ་བསྟེན་པ་སོགས། །ཉེ་ལམ་བསྒྲུབ་པའི་ཐབས་རྣམས་ནི། །གསུངས་པ་མེད་ཕྱིར་རང་རྐང་ལ། ། ཚེ་འདི་འམ་ཡང་ན་བར་དོ་འམ། །སྐྱེ་བ་བཅུ་དྲུག་ཚུན་ཆད་དུ། །རྫོགས་པའི་སངས་རྒྱས་བསྒྲུབ་མི་ནུས། །དེ་ཕྱིར་མཁས་པའི་བསྟན་བཅོས་ལས། །རིམ་པ་གཉིས་པོ་མི་ལྡན་པའི། །བྱ་རྒྱུད་ཕ་རོལ་ཏུ་ཕྱིན་པའི་སྡེ་སྣོད་ལས་ཁྱད་པར་འཕགས་ཏེ། འཇམ་དཔལ་རྩ་རྒྱུད་ལས། ཀྱེ་རྒྱལ་བའི་སྲས་པོ་འདི་ལྟ་སྟེ་ཞེས་པ་ནས། མཐུན་མི་མཉམ་པ་ལ་བརྟེན་པའི་ཕྱིར་ཞེས་པའི་བར་གསུངས་པའི་དོན། སྟོན་ཨ་ཀ་རས། དཔེར་ན་སྐྱེས་བུ་སྟོབས་ཆུང་བའམ། དབུགས་ཀྱི་ཤེད་(དོགས)སྟེ་དུས་རིང་གི། །བགྲོད་པར་བྱ་བ་དམ་དེར་ནི། །རྐང་མགྱོགས་གྲུབ་པའམ་ཉི་ཟླས་ནི། །མྱུར་བ་ཉིད་དུ་འགྲོ་བར་འགྱུར། །དེ་བཞིན་ཕ་རོལ་ཕྱིན་པའམ། །ལམ་གཞན་དག་ལ་བརྟེན་ནས་ནི། །ཡུན་རིང་འཇུག་པར་འགྱུར་བ་དེར། །སྔགས་པས་ཚེ་འདི་འཇུག་པ་ནི། །མཉམ་མེད་མཐུ་ལ་བརྟེན་ཕྱིར་རོ། །ཞེས་བཤད་པས་ཕར་ཕྱིན་ཐེག་པར་བསྐལ་པ་དང་དེ་ར་ནི། རྐང་མགྱོགས་གྲུབ་པའམ་ཉི་ཟླ་ནི། །མྱུར་བ་ཉིད་དུ་འགྲོ་བར་འགྱུར། །དེ་བཞིན་ཕ་རོལ་ཕྱིན་པའམ། །ལམ་གཞན་དག་ལ་བརྟེན་ནས་ནི། །ཡུན་རིང་འཇུག་པར་གྱུར་པ་དེར། །སྔགས་པས་ཚེ་འདི་འཇུག་པ་ནི། །མཉམ་མེད་མཐུ་ལ་བརྟེན་ཕྱིར་རོ། །ཞེས་བཤད་པས་ཕར་ཕྱིན་ཐེག་པར་བསྐལ་པ་གྲངས་མེད་གསུམ་དང་། བཅུ་དང་། སུམ་ཅུ་རྩ་གསུམ་ལ་སོགས་པས་འཚང་རྒྱ་བར་ལུང་ལས། འདིར་རྒྱུ་རྐྱེན་ཚོགས་ནས་སྐྱེ་བ་གཅིག་དང་། རྐྱེན་འགའ་ཞིག་མ་ཚོགས་ན་ཡང་ཚེས་གསུམ་གྱིས་འགྲུབ་

པར་གསུངས་པས་དུས་མྱུར་བུལ་གྱི་ཁྱད་པར་ཡོད་དོ། །སྐྱེ་བ་འདི་ཉིད་ལ་འགྲུབ་པར་བྱེད་པའི་ལམ་དེ་ཡང་། འཇུག་པའི་སྤྱོད་པ་དང་། སྤྲོར་བའི་སྤྱོད་པ་དང་། གྲུབ་པའི་སྤྱོད་པ་གསུམ་ཡིན་ནོ། །བླ་མེད་ཀྱིས་སངས་རྒྱས་ཚེ་འདི་ཉིད་ལ་འགྲུབ་པ་ནི་མ་ཡིན་གྱི། གཞན་དུ་ན། བླ་མེད་དང་ཁྱད་མེད་དུ་འགྱུར་ལ། འདོད་ན། རྒྱུད་སྡེ་གོང་མ་རྣམས་ལམ་ཟབ་མི་ཟབ་ཀྱི་ཁྱད་པར་མེད་པར་ཐལ་ལོ། །འདིར་ལམ་གསུམ་ལ་བརྟེན་ནས་ས་བཅུ་པ་སྐྱེ་བ་འདི་ལ་མངོན་དུ་བྱེད་ཅིང་། རྗེན་དེས་སངས་རྒྱས་ཉིད་འགྲུབ་པ་ཡིན་ཏེ། འཇམ་དཔལ་རྩ་རྒྱུད་ལས། གལ་ཏེ་ཐམས་ཅད་ཞེས་སོགས་པས་སོ། །སྔོམ་ཆེན་བཟང་ཡང་ཕ་རོལ་ཏུ། །ཕྱིན་པའི་སྔོམ་ཆེན་ལས་མ་འདས། །ཞེས་གསུངས་དོན་ཡང་འདི་ཡིན་གྱིས། །ཡི་དམ་ལྷ་ཡི་སྒྲུབ་ཐབས་དང་། །སྔགས་པས་བཟླས་པའི་ཚིག་དང་། །མཆོག་དང་ཐུན་མོང་དངོས་གྲུབ་དང་། །བསྒྲུབ་པའི་ཚིག་ཡོད་མེད་ཀྱི། །ཁྱད་པར་མེད་པ་ག་ལ་ཡིན། །གལ་ཏེ་དེ་ལ་འདི་སྐད་དུ། །རྒྱུད་སྡེ་བཞི་ག་གསུངས་པ་ཡང་། །དོན་མེད་འགྱུར་གྱིས་བླ་མེད་ཀྱི། །རྒྱུད་ལས་གསུངས་པ་མ་རྟོགས་པས། །རྫོགས་པའི་སངས་རྒྱས་བསྒྲུབ་མི་ནུས། །ཞེས་ནས་ཕར་ཕྱིན་ཐེག་པ་ལའང་། །ཐེག་གསུམ་གསུངས་པ་དོན་མེད་དུ། །ཐལ་བར་འགྱུར་གྱིས་ཐེག་ཆེན་གྱི། །གཞུང་ནས་བཤད་པ་མ་རྟོགས་པས། །རྫོགས་པའི་སངས་རྒྱས་བསྒྲུབ་མི་ནུས། །གལ་ཏེ་དེ་ལའང་འདི་སྐད་དུ། །ཐེག་པ་གསུམ་ལས་རིམ་གྱིས་ནི། །དགྲི་དགོས་པ་ཡི་གདུལ་བྱ་ལ། །དགོངས་ནས་གསུངས་པ་དོན་མེད་མིན། །ཞེན་རྒྱུད་སྡེ་བཞི་ག་ལ། །རིམ་གྱིས་ཞུགས་པའི་གང་ཟག་ལ། །དགོངས་པ་འདིར་ཡང་དོན་མེད་མིན། །མདོར་ན་ཕར་ཕྱིན་ཐེག་པ་ཡིས། །སངས་རྒྱས་སྤྱངས་རྟོགས་མཐར་ཕྱིན་པ། །མིན་པ་དེ་སྲིད་བྱ་སྤྱོད་སོགས། །གསུམ་གྱིས་སངས་རྒྱས་དེ་བཞིན་ནོ༑ ༑

དྲི་མ་མེད་པའི་འོད་ལས་ཀྱང་། །ཐབས་དང་ཤེས་རབ་གཉིས་མེད་པས། །རྣལ་འབྱོར་མེད་ན་ཡེ་ཤེས་མེད། །དེ་མེད་པས་ན་སངས་རྒྱས་མེད། །སངས་རྒྱས་མེད་ན་འཁོར་བར་འགྱུར། །ཞེས་གསུངས་རྩ་བའི་རྒྱུད་ཉིད་ལས། །རྣལ་འབྱོར་ཐབས་ཀྱི་ལུས་དང་ནི། །ཤེས་རབ་གཅིག་ཏུ་བདག་གིས་མིན། །ཐབས་དང་ཤེས་རབ་སྙོམས་འཇུག་པ། །རྣལ་འབྱོར་དེ་བཞིན་གཤེགས་པས་གསུངས། །ཞེས་དང་གཞན་ཡང་འགྲེལ་པ་ལས། །མཁས་པའི་མདོར་བསྡུས་དྲུག་པ་རྫོགས་ཁར། དེས་ན་སྔགས་ཀྱི་ཚུལ་ཐམས་ཅད་ཀྱི་ངེས་པའི་དོན་མཚན་ཡང་དག་པར་བརྗོད་པར་བཅོམ་ལྡན་འདས་ཀྱིས་ཕྱག་ན་རྡོ་རྗེ་ལ་སྔགས་ཀྱི་ཐེག་པ་ཡང་དག་པར་བསྟན་ཏོ། །དེའི་ཕྱིར་གང་གིས་མཆོག་གི་དང་། སྟོམ་དང་ཐུན་མོང་དངོས་གྲུབ་དང་པོར་མི་ཤེས་པ་སོགས་དང་། དེ་ལྟ་བ་ནི་མཆོག་གི་དང་པོ་སངས་རྒྱས་བླ་མེད་དམ་པ་རྣམས་ཀྱིས་བསྟན་པར་བྱ་ཞིང་ཐར་པ་དོན་དུ་གཉེར་བའི་སློབ་མ་དམ་པ་རྣམས་ཀྱི་ཉན་པར་བྱའོ། །ཞེས་སོ། །གང་གིས་མཆོག་གི་དང་པོ་ཡི། །སངས་རྒྱས་མི་ཤེས་པ་དེ་ཡི། །མཚན་བརྗོད་མི་ཤེས་དེ་ཡི་ན། །རྡོ་རྗེ་འཛིན་པའི་ཡེ་ཤེས་སྐྱུ། །མི་ཤེས་གང་གིས་མི་ཤེས་དེས། །

སྔགས་ཀྱི་ཐེག་པ་མི་ཤེས་སོ། །གང་གིས་སྔགས་ཀྱིས་ཐེག་པ་ནི། །མི་ཤེས་པ་དེ་འཁོར་བ་ན། །བཅོམ་ལྡན་རྡོ་རྗེ་འཛིན་པ་ཡིས། །ལམ་དང་འགྲེལ་པ་ཡིན་པར་གསུངས། །འདི་ཡི་དགོངས་པའང་འདི་ཉིད་ཡིན། །རང་རང་གཞུང་བཞིན་བྱས་ཆོག་ན། །དབང་དང་རིམ་གཉིས་མི་ལྡན་པས། །རྡོ་རྗེ་ཐེག་པའི་བསྟན་པ་མིན། །ཞེས་སོགས་གསུངས་པ་ཅི་ལ་དགོངས། །ཞེས་པའི་ལན་ནི་དེས་པ་འདི་ར། །བསླབ་པ་གསུམ་པོ་གང་ཡང་མེད། །འདུལ་བར་བཤད་ཀྱིས་སོ་ཐར་གྱི། །སྡོམ་པ་ལེན་དང་བསྲུང་ཚུལ་དང་། །ཉམས་ནས་ཕྱིར་བཅོས་ལ་སོགས་པ། །འདུལ་བ་བཞིན་དུ་མི་ཤེས་ཤིང་། །ཤེས་ཀྱང་ཉམས་སུ་མི་ལེན་དང་། །དབང་བཞི་དང་ནི་རིམ་གཉིས་ཀྱི། །མཚོན་ནས་རྒྱུད་སྡེ་ལས་གསུངས་པའི། །དབང་དང་ལམ་དང་གདམས་པ་རྣམས། །ཇི་བཞིན་བསྒྲུབས་པ་ལྟ་ཞོག་གིས། །ཆ་ཤས་ཙམ་ཡང་མེད་པ་དང་། །སངས་རྒྱས་བསྟན་པར་ག་ལ་འགྱུར། །

དེ་ཡི་རྒྱུ་མཚན་འདི་ལྟར་ཡིན། །ཕ་རོལ་ཕྱིན་པའི་ཆོས་ལུགས་ལ། །རྡོ་རྗེ་ཐེག་པའི་བསྟན་པ་དང་། །ཉན་ཐོས་ཀྱི་ཡང་ཆོས་ལུགས་མིན། །དེ་ལྟར་ཤེས་ན་བསྟན་བཅོས་ལས། །ད་ལྟའི་ཆོས་པ་ཕལ་ཆེ་བས། །བསླབ་པ་གསུམ་པོ་མི་སྲུང་བས། །ཕ་རོལ་ཕྱིན་པའི་ཆོས་ལུགས་མིན། །དབང་དང་རིམ་གཉིས་མི་ལྡན་པས། །རྡོ་རྗེ་ཐེག་པའི་བསྟན་པ་མིན། །འདུལ་བའི་སྡེ་སྣོད་མི་ཤེས་པས། །ཉན་ཐོས་ཀྱི་ཡང་ཆོས་ལུགས་མིན། །འོན་ཀྱང་ཆོས་པར་ཁས་འཆེ་བ། །ཀྱེ་མ་གང་གིས་བསྟན་པར་འགྱུར། །ཅེས་དང་གཞན་ཡང་བསྟན་བཅོས་ལས། །དེས་ན་རྒྱུད་སྡེ་བཞི་པོ་ཡི། །དབང་དང་ལམ་གྱིས་དབྱེ་བ་ལས། །མི་འདྲའི་དབྱེ་བ་རྣམ་དབྱེ་ཡོད། །རང་རང་ཆོག་བཞིན་བྱས་ན། །དེ་ནས་གསུངས་པའི་དངོས་གྲུབ་འབྱུང་། །ཞེས་གསུངས་དོན་ཡང་རྟོགས་པར་འགྱུར། །དབང་བསྐུར་སེམས་བསྐྱེད་མ་ཐོབ་ཀྱང་། །དོན་ཞགས་ལ་སོགས་བསྒྲུབ་རུང་ན། །དོ་ཀོར་བ་ཡི་དྲིས་ལན་ལས། །རྣམ་རྒྱལ་དོན་ཞགས་ལ་སོགས་ལ། །སེམས་བསྐྱེད་ཆོག་པར་བྱས་ཆོག་པར། །གསུངས་པའི་དགོངས་པ་གང་དུ་བཙལ། །ཞེས་པའི་ལན་ཡང་འདི་ཡིན་ཏེ། །ཐེག་ཆེན་སེམས་བསྐྱེད་གསང་སྔགས་ཀྱི། །རྟེན་དུ་འདོད་པ་དེ་ལ་ཡང་། །རྒྱུད་སྡེ་སོ་སོར་ཕྱེ་ནས་ནི། །བྱེད་ཚུལ་འདི་ལྟར་ཤེས་དགོས་ཏེ། །བྱ་བའི་རྒྱུད་ལ་ཉམས་ལེན་ནི། །བྱེད་པའི་ཚུལ་ལ་རྣམ་གསུམ་སྟེ། །དང་པོ་སྤྱུན་རས་གཟིགས་ཀྱི་ནི། །ཆོ་ག་ཞིབ་མོ་ནས་གསུངས་པ། །དབང་བསྐུར་སེམས་བསྐྱེད་སྔོན་དུ་ནི། །མ་སོང་བ་ཡང་གསོ་སྦྱོང་སྲུངས། །བསྙུང་གནས་ཙམ་ལ་བརྟེན་པ་ཡང་། །བསྒྲུབ་ཏུ་རུང་བར་འདི་སྐད་དུ། །སེམས་ཅན་རྣམས་ནུས་སམ་མི་ནུས་ལ་དྲིས་ཏེ་སྦྱིན་པར་བྱའོ། །ཞེས་དང་གཞན་དང་འགྲན་པ་དང་། །གཞན་དག་ཁྱད་དུ་བསད་པའི་ཕྱིར། །འཇིག་ནའང་འཕགས་པ་སྤྱན་རས་གཟིགས་དེ་ཉིད་ཀྱི། །ཕྱིན་གྱིས་བརླབས་སུ་མཁས་པར་ཤེས་པར་བྱའོ། །ཅིའི་ཕྱིར་ཞེ་ན་དེ་དག་གི་ནི་རྣལ་ལམ་དུ། །གྲག་པར

འགྱུར་བ་དེ་ཕྱིར་རོ། །དམ་ཚིག་གསུམ་བཀོད་ལ་སོགས་པར། །འཇུག་པ་སེམས་བསྐྱེད་སྨོམ་པ་རྒྱུད་ལྡན་དེས། ། སྡིག་པ་སྦྱོང་དང་ཞི་རྒྱས་ཀྱི། །ཕྲིན་ལས་འགའ་ཞིག་བསྒྲུབ་པའི་ཕྱིར། །གཙོ་དཔལ་རྡོ་རྗེ་གདན་བཞི་འཁོར་གསུམ་ནི་བསྒྲུབས་པ་དང་། །ཐུབ་དབང་མདུན་དུ་བསམ་ནས་ཀྱང་། །ཡི་གེ་བརྒྱ་པ་སྟོང་ཕྲ་བརྒྱད། །བཟླས་ན་ཞལ་ནས་མངོན་སུམ་དུ། །མཐོང་བར་འགྱུར་བ་ལ་སོགས་གསུངས། །ལེགས་པར་གྲུབ་པ་ཡན་ཆད་དུ། །དབང་བསྐུར་མེད་ན་ཚིག་ནི། །དོན་ཡོད་ཞགས་པའི་ཆོ་ག་ཞིབ་མོའི་རྒྱལ་པོ་ལས། རིགས་ཀྱི་བུ་ཕོའམ། རིགས་ཀྱི་བུ་མོའམ། དགེ་སློང་ངམ། དགེ་སློང་མའམ། དགེ་བསྙེན་ནམ། དགེ་བསྙེན་མའམ། སེམས་ཅན་གཞན་གང་ཡང་རུང་བ་དགེ་སྦྱོང་ངམ། བྲམ་ཟེའི་རྒྱལ་རིགས་སམ། རྗེའུ་རིགས་སམ། དམངས་རིགས་སམ། འགའ་ཞིག་གིས་རྣམ་པར་གྲོལ་བའི་དཀྱིལ་འཁོར་གྱི་ཆོ་ག་འདི་འཁོར་མང་པོའི་ནང་དུ་ཀློག་པ་དང་། སེམས་ཅན་གང་གིས་སྒྲ་དེ་ཐོས་ནས་སྒྲ་དབྱངས་དེ་དང་མིང་ཐོས་པས་རྣ་བའི་བུ་གར་སོང་བར་གྱུར་པ་དེ་དག་ཐམས་ཅད་སྒྲིབ་པ་དང་སྡིག་པ་དང་མི་ཟད་པ་ལས་བྲལ་བར་འགྱུར་རོ། །ཞེས་སོགས་བཅོ་བརྒྱད་བཤད་དོ། །ཤེས་པས་གསང་སྔགས་བསྒྲུབ་པ་དང་། །གཞན་ལ་སྤྲིན་པའང་ལེགས་པར་བཀག ནུབ་བཟང་ལས་ཀྱང་གང་དག་དབང་བསྐུར་ཚིག་མེད། །གང་དག་དཀྱིལ་འཁོར་དུ་ནི་མ་ཞུགས་དང་། །གང་དག་བྱང་ཆུབ་སེམས་ནི་མ་བསྐྱེད་པ། །ང་ཡི་གསང་སྔགས་བཟླས་ན་ཕུང་བར་འགྱུར། །འདི་སྐད་དུ། །གང་དག་རིགས་དང་དབང་བསྐུར་སོགས། །གསུངས་པའང་དགོངས་པ་སྟ་མ་ཡིན། །

དེས་ན་དོགས་གཀོར་དྲིས་ལན་ལས། །ལྟོས་པ་ཅི་དགོས་གཞུང་ཉིད་ལས། །ལ་ལ་སེམས་བསྐྱེད་བྱས་པ་ལ༑ ༑གསང་སྔགས་བསྒོམ་དུ་འདོད་ཅེས་ཟེར། །འདི་ནི་སྔགས་ཀྱི་འཕྲུལ་ཡིན་ལོ། །འདི་ཡང་ཕྱེ་སྟེ་བཤད་ཀྱིས་ཉོན། །བྱ་བའི་རྒྱུད་ལ་རྣམ་གསུམ་ཡོད། །དོན་ཡོད་ཞགས་སོགས་འགའ་ཞིག་ལ། །དབང་བསྐུར་སེམས་བསྐྱེད་མ་ཐོབ་ཀྱང་། ། བསྙུང་གནས་ལ་སོགས་བྱེད་ནུས་ན། །གང་ཟག་ཀུན་གྱིས་བསྒྲུབས་པར་གསུངས། ། དམ་ཚིག་གསུམ་བཀོད་ལ་སོགས་པ། །འཇུག་པ་སེམས་བསྐྱེད་ཐོབ་ནས་ནི། །ཕྲིན་ལས་འགའ་ཞིག་བསྒྲུབ་པའི་ཕྱིར། །ཚིག་ཤེས་ན་བསྒྲུབ་པར་གནང་། །ལེགས་པར་གྲུབ་པ་ཡན་ཆད་དུ། །རང་གི་དབང་བསྐུར་མ་ཐོབ་ན། ། སེམས་བསྐྱེད་ཐོབ་ཀྱང་གསང་སྔགས་བཀག །དེ་ཡང་ལེགས་པར་གྲུབ་པ་ལས། །དབང་བསྐུར་མ་བྱས་པ་དག་ལ། །ཚིག་ཤེས་པས་སྔགས་མི་སྦྱིན། །ཞེས་སོགས་རྒྱས་པར་གསུངས་ལ་ལྟོས། །ལྷག་མ་རྒྱུད་སྡེ་གསུམ་པོ་ལ། །དབང་བསྐུར་ཐོབ་པ་མ་གཏོགས་པ། །སེམས་བསྐྱེད་ཙམ་ལ་བརྟེན་པ་ཡི། །ཡི་དམ་སྒོམ་པ་གསུངས་པ་མེད། །དབང་བསྐུར་ནང་གིས་རྟེན་འབྲེལ་ཡིན། །སེམས་བསྐྱེད་ལ་ནི་རྟེན་འབྲེལ་མེད། །དེས་ན་སེམས་བསྐྱེད་བྱས་ན་ཡང་། །གསང་སྔགས་ཟབ་མོ་སྒོམ་པ་ལ། །ལྟུང་བ་ཡོད་པར་རྒྱལ་བས་གསུངས། །དེ་ཕྱིར་རྣམ་དབྱེ་ཤེས་དགོས་སོ། །ཞེས་པས་འཇམ་དབྱངས་ཉིད་ཀྱིས་ནི། །རྣམ་པར་ཕྱེད་ནས་གསུངས་བཞིན་དུ། །དྲི་བ་འདི་ལ་རྒྱུ

གང་ལགས། །འོན་ཀྱང་རྡོ་རྗེ་སེང་གེ་ཡིས། །སྔགས་ཀྱི་དབང་བསྐུར་མ་ཐོབ་པར། །བྱང་ཆུབ་མཆོག་ཏུ་སེམས་བསྐྱེད་ནས། །བླ་མས་གནང་བ་སྦྱིན་པ་དེས། །གསང་སྔགས་ཉམས་སུ་བླང་རུང་ངམ། །ཞེས་པའི་ལན་དུ་འདི་སྐད་དུ། །དང་པོ་དབང་གིས་མ་སྨིན་པར། །སེམས་བསྐྱེད་ཡང་དག་ཐོབ་པ་དེས། །བྱང་སེམས་རྣལ་མ་འབྱོངས་གྱུར་ན། །རྣམ་རྒྱལ་དོན་ཡོད་ཞགས་པ་སོགས། །བྱ་བའི་རྒྱུད་ནི་འགའ་ཞིག་བཏུབ། །ཞེས་གསུངས་པ་ནི་ཤེས་འདོད་དང་། །འབྲེལ་བའི་ལན་ཡིན་དོན་ཞགས་སོགས། །བསྒྲུབ་པ་དེ་ལ་སེམས་བསྐྱེད་ནི། །ཐོབ་པར་བསྟན་པ་མ་ཡིན་ནོ། །བྱ་སྤྱོད་རྣལ་འབྱོར་རྒྱུད་གསུམ་གྱི། །སྒོམ་ཆེན་གང་དེ་ཕ་རོལ་ཏུ། །ཕྱིན་པའི་སྒོམ་ཆེན་དུ་བཞེད་དམ། །ཞེས་པའི་ལན་ནི་བརྗོད་ཟིན་ཏོ། །

ཕར་ཕྱིན་ཐེག་པས་འཚང་རྒྱ་བ། །སྔགས་ཀྱི་ཐེག་པའི་ཉེ་ལམ་ལ། །ལྟོས་པར་བཤད་ན་འདི་ཉིད་ལས། །གལ་ཏེ་འདི་བཞིན་བསྒྲུབ་འདོད་ན། །རྡོ་རྗེ་ཕག་མོའི་བྱིན་བརླབས་མེད། །ལྷན་སྐྱེས་ལ་སོགས་འདིར་མི་སྒོམ། །གཏུམ་མོ་ལ་སོགས་ཐབས་ལམ་བྲལ། །ཕྱག་རྒྱ་ཆེན་པོའི་ཐ་སྙད་མེད། །ཅེས་སོགས་གསུངས་པ་ཅི་ལ་དགོངས། །ཞེས་པ་འདི་ནི་དོགས་པའི་གནས། །ཐེག་ཆེན་ལུགས་ཀྱི་གསང་སྔགས་ལ། །སྐུ་གསུང་ཐུགས་ཀྱི་རིགས་གསུམ་སྤྱི་ཡི་རིགས་པ་གཏད་པའི་ཚོ་ག་ཐོབ་པས་རང་གི་ལྷ་རིགས་གང་ཡིན་གྱི་རྗེས་གནང་ཞུས་ནས་བསྙེན་སྒྲུབ་བྱེད་པར་རུང་ཞིང་རཏྣ་ཀིརྟིས་གཟུངས་ཐམས་ཅད་ཀྱི་མཆོག་ཏུ་གསལ་བར། ལྷ་དུ་མའི་རིགས་གཏད་པ་ཕྱོགས་གཅིག་ལ་བཀོད་པ་ལྟར་རོ། །རྣམ་པ་གཉིས་ཏེ་སྔགས་ལུགས་ནི། །སྤྲངས་པ་དང་ནི་རྟོགས་པ་གཉིས། །ཡོངས་སུ་རྫོགས་པའི་ཡང་དག་པར། །རྫོགས་པའི་སངས་རྒྱས་ཡིན་ཞེས་གསུངས། །ཕར་ཕྱིན་ལུགས་ཀྱི་སངས་རྒྱས་ནི། །ཡང་དག་རྫོགས་པའི་སངས་རྒྱས་སུ། །བཞེད་པ་ཚད་ལྡན་གཞུང་མེད་པས། །གསང་སྔགས་ཐེག་པ་ལ་གནས་ཚེ། །ཕར་ཕྱིན་ཐེག་པར་ཞུགས་པ་ཡི། །སངས་རྒྱས་དེ་ཡང་གསང་སྔགས་ཀྱི། །ཉེ་ལམ་ལ་ལྟོས་འོག་མིན་དུ། །ཉེ་རྒྱུའི་སྤྱོད་པ་མཛད་ནས་ནི། །བཅུ་གསུམ་པ་ནི་བགྲོད་པར་གསུངས། །དེས་ན་སངས་རྒྱས་སྒྲུབ་འདོད་ན། །ཕ་རོལ་ཕྱིན་པའི་སངས་རྒྱས་དང་། །སྔགས་ཀྱི་སངས་རྒྱས་གཉིས་པོ་ལས། །གང་ཡང་རུང་བར་བསྒྲུབ་པར་བྱ། །འདི་གཉིས་མིན་པའི་སངས་རྒྱས་ནི། །ཐེག་པ་ཆེན་པོའི་ལུགས་ལ་མེད། །དེ་ལ་དང་པོ་བསྒྲུབ་འདོད་ནས། །སྟོང་ཉིད་རྟོགས་པའི་ཤེས་རབ་དང་། །དམིགས་པ་མེད་པའི་སྙིང་རྗེ་དང་། །ཀུན་རྫོབ་བྱང་ཆུབ་སེམས་གསུམ་པོ། །སངས་རྒྱས་རྒྱུ་ཡི་གཙོ་བོ་ཡིན། །དེ་ལས་གཏུམ་མོ་ལ་སོགས་དང་། །ཕྱག་རྒྱ་ཆེན་པོའི་བཤད་པ་མེད། །ཕར་ཕྱིན་ཐེག་པ་ལ་གནས་ཚེ། །བཅུ་གཅིག་ཀུན་ཏུ་འོད་ཀྱི་ས། །ས་ཡི་མཐར་ཐུག་ཡིན་པ་དང་། །དེ་ལ་གནས་པའི་ཡང་དག་པར། །རྫོགས་པའི་སངས་རྒྱས་ཡིན་པར་འདོད། །ས་དང་པོ་ལ་རབ་དགའ་དང་། །ས་གཉིས་པ་ལ་དྲི་མེད་དང་། །ས་གསུམ་པ་ལ་འོད་བྱེད་དང་། །ས་བཞི་པ་ལ་འོད་འཕྲོ་དང་། །ས་ལྔ་སྦྱང་དཀའ་ལ་སོགས་དང་། །ས་བཅུ་པ་ལ་ཆོས་ཀྱི་སྤྲིན། །བཅུ་ཡི་ཐ

སྣང་ཕར་ཕྱིན་དང་། །གསང་སྔགས་གཉིས་ལས་འདྲ་བར་འབྱུང་། །ཁྱད་པར་བཅུ་གཅིག་པ་དེ་ལ། །ཀུན་ཏུ་འོད་ཅེས་འཇུག་འགྲེལ་དང་། །རྒྱན་གནང་གནད་ཀྱི་ཟླ་ཟེར་དང་། །ཚིག་གསལ་སོགས་ལས་གསལ་བར་བཤད། །གསང་སྔགས་གཞུང་འགའ་ཞིག་ལས་ནི། །ས་དང་པོ་ལ་ཀུན་ཏུ་འོད། །ཞེས་པའི་ཐ་སྙད་པ་ཡང་ཡོད། །

དེ་ཡང་ས་སྐྱ་པཎ་ཆེན་གྱིས། །བསྒྱུར་བའི་རྡོ་རྗེ་སྙིང་པོ་ཡི། །རྒྱན་གྱི་རྒྱུད་ལས་འདི་སྐད་དུ། །ཀུན་ཏུ་འོད་ཀྱི་ས་ཆེན་པོ། །དེ་ཉིད་ཉི་མའི་དཀྱིལ་འཁོར་འདྲ། །བདུད་རྩིའི་འོད་ནི་གཉིས་པ་སྟེ། །ཤིན་ཏུ་འོད་གསལ་ཟླ་བ་འདྲ། །ནམ་མཁའི་འོད་ནི་གསུམ་པ་སྟེ། །ནམ་མཁའ་ཇི་བཞིན་རབ་ཏུ་གནས། །རྡོ་རྗེའི་འོད་ནི་བཞི་པ་སྟེ། །ས་དེའི་འོད་ནི་ཡིད་དགའ་བའོ། །ལྷག་པའི་བསམ་པ་བརྟན་སྦྱོར་བས། །རྡོ་རྗེ་ཞེས་ནི་ཡོངས་སུ་ལགས། །ལྔ་པ་རིན་ཆེན་འོད་ཅེས་བྱ། །དབང་བསྒྱུར་བ་ལ་རབ་ཏུ་གནས། །པད་མའི་འོད་ནི་དྲུག་པ་སྟེ། །པད་མ་བཞིན་དུ་རབ་ཏུ་སྐྱེ། །རང་བཞིན་དག་པའི་སེམས་ཉིད་ཀྱིས། །དྲི་མ་མེད་པ་ཡོངས་སུ་འཛིན། །བདུན་པ་ལས་ཀྱི་འོད་ཅེས་བྱ༑ །སངས་རྒྱས་ཕྲིན་ལས་ཕྱེད་པར་འདོད། །བརྒྱད་པ་དཔེ་མེད་ཅེས་པ་སྟེ། །དེ་ལས་དཔེ་ནི་ཡོད་མ་ཡིན། །དཔེ་ལྡན་ཞེས་པ་དགུ་པ་སྟེ། །ཐམས་ཅད་དཔེ་ནི་རྟོགས་པར་བྱེད། །བཅུ་པ་ཤེས་རབ་འོད་ཅེས་པ། །སངས་རྒྱས་པ་ནི་བླ་ན་མེད། །བཅུ་གཅིག་ཐམས་ཅད་མཁྱེན་པ་ཉིད། །ས་ཆེན་རབ་ཏུ་འོད་གསལ་བ། །བཅུ་གཉིས་སོ་སོའི་བདག་ཉིད་རིགས། །རྣལ་འབྱོར་ཡེ་ཤེས་རབ་ཏུ་རྫོགས། །ཞེས་གསུངས་དུས་ཀྱི་འཁོར་ལོ་ལས། ། བཅུ་གཉིས་པ་ལ་འབྲས་བུའི་ས། །གསུངས་པ་འདི་དང་རྩུལ་མཚུངས་སོ། །

དེས་ན་སྔགས་ཀྱི་ལུགས་ལ་ཡང་། །ཕ་རོལ་ཕྱིན་པའི་སངས་རྒྱས་དང་། །འབྲས་བུ་སྔགས་ཀྱི་སངས་རྒྱས་གཉིས། །བཞེད་མོད་དེ་གཉིས་མཚུངས་པར་ནི། །སློབ་པར་བཞེད་ནས་བསྟན་བཅོས་ལས། །ཕ་རོལ་ཕྱིན་པའི་ལམ་ཞུགས་ན། །གྲངས་མེད་གསུམ་གྱིས་རྫོགས་འཚང་རྒྱ། །སྔགས་ཀྱིས་བཏབ་པའི་ས་བོན་ནི། །ཉི་མ་གཅིག་ལ་ལོ་ཏོག་སྨིན། །རྡོ་རྗེ་ཐེག་པའི་ཐབས་ཤེས་ན། །ཚེ་འདི་ཉིད་ལ་སངས་རྒྱས་འགྲུབ། །སྟོང་ཉིད་སྙིང་རྗེ་སོགས་སྒོམ་པ། །ཕ་རོལ་ཕྱིན་པའི་གཞུང་ལུགས་ཡིན། །དེ་ཡིས་ཇི་ལྟར་མྱུར་ན་ཡང་། །གྲངས་མེད་གསུམ་གྱིས་དཀའ་སྤྱད་དགོས། །རྫོགས་པའི་སངས་རྒྱས་ལམ་པོ་ཆེ། །སྤྱོད་པ་ཀུན་ལས་གྲོལ་བའི་ཆོས། །མཁས་པ་ཀུན་གྱི་གུས་པས་བསྟེན། །གལ་ཏེ་འདི་བཞིན་བསྒྲུབ་འདོད་ན། །རྡོ་རྗེ་ཕག་མོའི་བྱིན་བརླབས་མེད། །ལྷན་སྐྱེས་ལ་སོགས་འདིར་མི་བསྒོམ། །གཏུམ་མོ་ལ་སོགས་ཐབས་ལ་བྲལ། །ཕྱག་རྒྱ་ཆེན་པོའི་ཐ་སྙད་མེད། །ཚེ་འདི་དང་ནི་བར་དོ་དང་། །ཕྱི་མར་འཚང་རྒྱ་ཁོང་མི་བཞེད། །འོན་ཀྱང་ཐེག་པ་ཆེན་པོ་ཡིས། །སྨོན་སྨོན་རྣམས་ལས་འབྱུང་བ་བཞིན། །ཞེས་སོགས་གསུངས་པ་ག་ལ་ཡིན། །དཔེར་ན་ཕ་རོལ་ཕྱིན་གཞུང་ལས། །ཐེག་པ་གསུམ་དང་

མྱ་ངན་འདས། །གསུམ་ལ་སོགས་པ་གསུངས་མོད་ཀྱི། །མཐར་ཐུག་ཐེག་པ་གཅིག་པ་དང་། །མྱ་ངན་འདས་པ་གཅིག་ཏུ་གསུངས། །དེ་ཡང་ཐེག་ཆེན་རྒྱུད་བླ་མར། །ཇི་སྲིད་སངས་རྒྱས་མ་ཐོབ་བར། །མྱ་ངན་འདས་པ་མི་འཐོབ་སྟེ། །འོད་དང་འོད་ཟེར་སྤངས་ནས་ནི། །ཉི་མ་ལྟ་བར་མི་ནུས་བཞིན། །ཞེས་སོགས་རྒྱ་ཆེན་གསུངས་ཕྱིར་རོ། །སངས་རྒྱས་ཞེས་པའི་མིང་ཙམ་ལ། །འཁྲུལ་པར་མི་བྱ་དབྱེ་གཉེན་གྱིས། །དགྲ་བཅོམ་དགུ་ཡི་དབྱེ་བ་ལ། །སངས་རྒྱས་གཉིས་དང་ཉན་ཐོས་བདུན། །དེ་དགུ་དབང་པོ་རྣམ་དགུ་ཅན། །ཞེས་དང་བླ་བ་གྲགས་པས་ཀྱང་། །ཉན་ཐོས་སངས་རྒྱས་ཞེས་སོགས་བཤད། །དེ་ལྟར་ཤེས་ན་དྲི་བ་ལས། །མི་ལྟོས་ན་ནི་བདག་མེད་མའི། །བསྟོད་པའི་འགྲེལ་པར་གསུངས་དེ་ཅི། །བཅུ་གཅིག་ཀུན་ཏུ་འོད་ཀྱི་ས། །དེ་ལ་མི་ལྟོས་བཅུ་གསུམ་པ། ། སྔགས་ལ་ལྟོས་པར་བཞེད་ཅེ་ན། །ཀུན་ཏུ་འོད་ས་བཅུ་གཅིག་པ། །ཡིན་པར་སྔགས་གཞུང་གང་ལས་གསུངས། ། ཞེས་པའི་ལན་ཡང་ངེས་པར་འགྱུར། །

ཁྱད་པར་འཕགས་པའི་ས་བཅུ་གཅིག །ཀུན་ཏུ་འོད་ཀྱི་ས་ཡིན་པར། །རྗེ་བཙུན་གོང་མ་སངས་རྒྱས་དངོས། །དེ་དག་གིས་ནི་གཞུང་ལས་འབྱུང་། །དེ་ཕྱིར་ཤེས་བྱེད་བཙལ་མི་དགོས། །འོན་ཀྱང་ཡེ་ཤེས་ཐིག་ལེ་ལས། །མོས་པ་སྤྱོད་པ་ས་དང་པོ། །ཞེས་པ་ལ་སོགས་ཆོས་ཀྱི་སྤྲིན། །སངས་རྒྱས་པ་དང་ཀུན་ཏུ་འོད། །ཡང་དག་རྫོགས་པའི་སངས་རྒྱས་པ། །ཀུན་ཏུ་སྣང་བ་མཆེད་པའི་འོད། །བཅོམ་ལྡན་སྤྲུལ་པ་སྐུ་ཡི་ས། །ཀུན་ཏུ་སྣང་བ་ཐོབ་པའི་འོད། །ལོངས་སྤྱོད་རྫོགས་པའི་ས་ཉིད་དང་། །ཡང་དག་འོད་རབ་ཆོས་སྐུ་པ། །བརྗོད་དུ་མེད་པ་ཚད་མེད་ནི། །བདེ་བ་ཆེན་པོའི་ས་ཞེས་གསུངས། །མཉམ་སྦྱོར་གྱི་ས་ལས་ཀྱང་། རྒྱུའི་ས་བཅུ་དང་། འབྲས་བུའི་ས་ལ། བཅུ་གཅིག་པ་ཀུན་ཏུ་འོད་ཀྱི་ས། བཅུ་གཉིས་པ་མ་ཆགས་པད་མའི་ས། བཅུ་གསུམ་པ་རྡོ་རྗེ་འཛིན་པའི་ས། བཅུ་བཞི་པ་བདེ་བ་ཆེན་པོའི་ས། བཅོ་ལྔ་པ་ཡེ་ཤེས་བླ་མའི་ས། བཅུ་དྲུག་པ་དཔེ་ལྡན་གྱི་ས་སྟེ་བཅུ་དྲུག་བཤད་དོ། །ས་བཅུའི་ཐ་མར་བདུད་བཏུལ་བའི། ། བཤད་པ་གཞུང་ལུགས་གང་ན་ཡོད། །ཅེས་པའི་དྲི་བ་ཚིག་ཙམ་ལ། །བརྟེན་པའི་དྲི་བ་ཁོ་ནར་སྣང་། །

དེ་ལ་འདི་སྐད་སྨྲ་བར་བྱ། །ཐེག་པ་ཐུན་མོང་ཐུན་མོང་མིན། །ཕ་རོལ་ཕྱིན་པའི་གཞུང་ལུགས་ཡིན། ། དང་པོ་ཀུན་ལས་བཏུས་པ་ལས། །དེ་བཞིན་གཤེགས་པའི་སྐུ་གསུང་ཐུགས། །གསང་བ་བསམ་གྱིས་མི་ཁྱབ་པ༑ །སྟོན་པའི་སྐབས་སུ་དགའ་ལྡན་ནས། །བདུད་ལས་རྒྱལ་བའི་བར་དག་ཏུ། །བྱང་ཆུབ་སེམས་དཔའི་སྤྱོད་པ་དང་། །མངོན་པར་རྫོགས་པའི་བྱང་ཆུབ་ནས། །ཡོངས་སུ་མྱ་ངན་འདས་པའི་བར། །རྫོགས་སངས་རྒྱས་ཀྱི་སྤྱོད་པ་ཞེས། །རྒྱལ་བའི་སྲས་པོས་འགྲེལ་པར་བཤད། །ཆོས་ཀུན་མངོན་པར་བྱང་ཆུབ་ནི། །མངོན་དུ་མ་བྱས་དེ་ཡི་ཕྱིར། །དེ་ཡིས་ས་བཅུའི་ཐ་མར་གྲུབ། །གཞུང་དུ་ས་བཅུ་གསུངས་པ་དང་། །བདུད་ལས་རྒྱལ་བ་ཐོབ་པས་སོ། །

ཐེག་ཆེན་ལུགས་ལ་དྲང་དོན་དང་། །ངེས་པའི་དོན་གྱིས་བཤད་ཚུལ་གཉིས། །དང་པོ་རྒྱུད་བླ་མ་ཉིད་ལས། ། བདུད་སྡེ་བཅོམ་དང་རྫོགས་པར་ནི། །བྱང་ཆུབ་ཞེས་ནི་གསལ་བར་གསུངས། །གཉིས་པ་རྒྱན་ལས་འདི་སྐད་དུ།། །སྒྲིབ་པ་ལ་སོགས་རེ་རེས་ཀྱང་། །ཟག་མེད་ཆོས་ཀུན་བསྡུས་པའི་ཕྱིར། །ཐུབ་པས་སྐད་ཅིག་གཅིག་པ་ཡིས། །རྫོགས་པ་འདི་ནི་ཤེས་པར་བྱ། །ཞེས་གསུངས་ཐུབ་པ་བྱང་སེམས་དང་། །དེ་ཡང་བདུད་བཞི་ཐུབ་པ་ལ། ། ཚད་ལྡན་མཁས་པའི་འགྲེལ་པར་གསུངས། །གལ་ཏེ་དེ་ལ་འདི་སྐམ་དུ། །ཆོས་ཀྱི་སྐུ་ལས་མ་གཡོས་པར། ། ཞེས་པའི་མཛད་པ་བཅུ་གཉིས་པོ། །སངས་རྒྱས་ཁོ་ནའི་མཛད་པར་གསུངས། །བསྟན་བཅོས་ལས་ནི་འདི་སྐད་དུ།། །སྡེ་སྣོད་རྣམས་ལས་འབྱུང་བ་བཞིན། །བྱང་ཆུབ་མཆོག་ཏུ་སེམས་བསྐྱེད་པ། །གྲངས་མེད་གསུམ་དུ་ཚོགས་གཉིས་བསགས། །སེམས་ཅན་ཡོངས་སུ་སྨིན་པ་དང་། །སངས་རྒྱས་ཞིང་རྣམས་ལེགས་པར་སྦྱོངས། ། ས་བཅུའི་ཐ་མར་བདུད་བཏུལ་ནས། །རྫོགས་པའི་སངས་རྒྱས་ཐོབ་པར་གསུངས། །

ཞེས་པས་ཐོག་མར་སངས་རྒྱས་པའི། །ཚུལ་གསུངས་པ་དང་འགལ་ཅེ་ན། །ཐེག་པ་ཆེན་པོའི་གཞུང་ལུགས་ལས། །ལོངས་སྐུའི་ཚུལ་གྱིས་བྱང་ཆུབ་དང་། །སྤྲུལ་སྐུའི་ཚུལ་གྱིས་འཚང་རྒྱ་ཚུལ། །རྣམ་པ་གཉིས་སུ་ལེགས་པར་གསུངས། །ལང་ཀར་གཤེགས་པའི་མདོ་ལས་ནི། །གཙང་མའི་གནས་རྣམས་སྤངས་པ་ཡི། །འོག་མིན་གནས་ནི་ཉམས་དགའ་བར། །ཡང་དག་སངས་རྒྱས་དེར་སངས་རྒྱས། །སྤྲུལ་པ་པོ་ཞིག་འདིར་སངས་རྒྱས། །ཞེས་དང་སྟུག་པོ་བཀོད་པའི་མདོར། །འདོད་པའི་རྟེན་ལ་འཚང་མི་རྒྱ། །ཞེས་གསུངས་འཕགས་པ་ཐོགས་མེད་ཀྱིས། །གཟུགས་ཀྱི་རྟེན་ལ་འཚང་མི་རྒྱ། །ཞེས་བཤད་པའང་ལོངས་སྐུ་དང་། །སྤྲུལ་པའི་ཚུལ་གྱིས་མི་འབྱུང་བར། །དགོངས་འགྲེལ་ཁས་བླངས་ཀུན་གྱིས་བཞེད། །མངོན་རྟོགས་རྒྱན་དང་རྒྱུད་བླ་མར། །མངོན་པར་རྫོགས་པར་བྱང་ཆུབ་པའི། །ཚུལ་གཉིས་གསུངས་པ་རིམ་བཞིན་དུ། །ལོངས་དང་སྤྲུལ་སྐུ་གཉིས་ལ་མཛོན། །མདོར་ན་སྤྲུལ་པའི་སྐུ་གང་དེ། །སངས་རྒྱས་ཡིན་པ་དེ་སྲིད་དུ། །རྣམ་གཞག་དེ་ཡང་འདོད་དགོས་སོ། ། མིན་ན་སངས་རྒྱས་ཡིན་ཡང་དོར། །

དེས་ན་དྲིས་ལན་བཤད་པ་དེ། །ལེགས་པར་བཟུང་ལ་སླ་བར་གྱིས། །མུ་སྟེགས་བྱེད་ལ་སྟོམ་པ་ལས། ། བྱུང་བའི་དགེ་བ་ཡོད་མིན་ན། །མངོན་པའི་གཞུང་དུ་མུ་སྟེགས་ལ། །བསམ་གཏན་སྟོམ་པ་བཤད་དེ་ཅི། །ཞེས་པའི་ལན་ནི་འདི་ཡིན་ཏེ། །རྣམ་གྲོལ་སངས་རྒྱས་ཐོབ་པའི་ལམ། །ཕ་རོལ་ཕྱིན་དང་གསང་སྔགས་ལས། ། ལུགས་གཉིས་པ་ལས་འདའ་བ་མེད། །འདི་གཉིས་མིན་པའི་སངས་རྒྱས་ལམ། །བཅོམ་ལྡན་འདས་ཀྱིས་གསུངས་པ་མེད། །དེ་ལྟའི་ཆོས་པ་འཚང་རྒྱ་བར། །འདོད་པ་ཕལ་ཆེའི་ལོག་པར་སྤྱོད། །དེ་ཡིས་རྒྱུ་མཚན་འདི་

ལྟར་ཡིན། །བསླབ་པ་མིན་པའི་སངས་རྒྱས་ལམ། །བཅོམ་ལྡན་འདས་ཀྱིས་གསུངས་པ་མེད། །ད་ལྟའི་ཆོས་པ་འཚང་རྒྱ་བར། །འདོད་པ་ཕལ་ཆེར་ལོག་པར་སྤྱོད། །བསླབ་པ་གསུམ་པོ་མི་སྲུང་བས། །ཕ་རོལ་ཕྱིན་པའི་ཆོས་ལུགས་མིན། །དབང་བསྐུར་ཙམ་ཡང་མ་ཐོབ་དང་། །ཐོབ་ཀྱང་དམ་ཚིག་བྲལ་བ་དང་། །དབང་ལ་བརྟེན་པའི་རྣལ་འབྱོར་ལ། །མཚན་བཅས་མཚན་མ་མེད་པ་གཉིས། །བསྒོམ་པ་མེད་པས་གསང་སྔགས་ཀྱི། །བསྟན་པ་འཛིན་པར་ག་ལ་འགྱུར། །འདུལ་བར་གསུངས་པའི་སོ་ཐར་གྱི། །ལེན་དང་བསྲུང་ཚུལ་ཕྱིར་བཅོས་སོགས། །མི་ཤེས་སྤྱོད་པ་ཅ་རྒྱལ་ཅན། །ཉན་ཐོས་རྣམས་ཀྱི་ཆོས་ལུགས་མིན། །དེ་ཕྱིར་སངས་རྒྱས་བསྟན་པ་མིན། །སངས་རྒྱས་བསྟན་པ་མ་ཡིན་ན། །སངས་རྒྱས་བསྟན་པའི་ལམ་དུ་འགལ། །སྡེ་སྣོད་གསུམ་དང་རྒྱུད་སྡེ་བཞི། །གང་དང་འབྲེལ་བ་མེད་པའི་ཆོས། །ཉམས་སུ་བླངས་ཀྱང་འཚང་མི་རྒྱ། །མུ་སྟེགས་བྱེད་པ་ཁ་ཅིག་ཀྱང་། །སངས་རྒྱས་པ་ལ་འདི་སྐད་དུ། །སྡིག་པ་སྤོང་ཞིང་དགེ་བྱེད་ན། །མུ་སྟེགས་ཡིན་ཡང་ཐར་པ་ཐོབ། །དགེ་བ་སྤོང་ཞིང་སྡིག་བྱེད་ན། །ཆོས་པ་ཡིན་ཡང་ཐར་ལམ་མེད། །ཞེས་སྨྲ་དེ་བཞིན་འདི་ན་ཡང་། །མདོ་རྒྱུད་གནད་རྣམས་མི་ཤེས་པའི། །བླུན་པོ་ཁ་ཅིག་འདི་སྐད་ལོ། །

དད་དང་ལྡན་ཞིང་སྙིང་རྗེ་སོགས། །བསྒོམ་ན་སངས་རྒྱས་ཀྱིས་གསུངས་པའི། །མདོ་རྒྱུད་རྣམས་དང་མི་མཐུན་ཡང་། །སངས་རྒྱས་ལམ་འགྱུར་དེ་མེད་ན། །མདོ་རྒྱུད་ཀུན་དང་མཐུན་གྱུར་ཀྱང་། །སངས་རྒྱས་ལམ་དུ་མི་འགྱུར་ཞེས། །ལུགས་གཉིས་རིམ་བཞིན་དགག་པ་ནི། །མུ་སྟེགས་བྱེད་ལ་ཐར་ལམ་གྱིས། །བསྡུས་པའི་སྡོམ་པ་མི་སྲིད་དོ། །དེ་ཕྱིར་ཐར་འདོད་བསམ་པ་ཡིས། །དགེ་བ་བྱས་ཀྱང་བར་མ་ཡི། །དགེ་བ་ཙམ་ཡིན་ཐར་ལམ་གྱི། །བསྡུས་པའི་སྡོམ་པ་ལས་བྱུང་བའི། །དགེ་བ་ཡོད་པ་མ་ཡིན་ནོ། །དེས་ན་དེ་ལ་ཐར་པ་མེད། །དེ་བཞིན་དབང་བསྐུར་མ་ཐོབ་པ། །དེ་ལ་རིག་འཛིན་སྔགས་སྡོམ་མེད། །སྡོམ་མེད་དེ་ཡིས་དད་པ་སོགས། །དགེ་བ་ལེགས་པར་སྤྱད་གྱུར་ཀྱང་། །སྡོམ་པ་ལས་བྱུང་དགེ་བ་མིན། །དེ་ཕྱིར་རྡོ་རྗེ་ཐེག་པ་ཡི། །སངས་རྒྱས་བྱེད་པ་མི་སྲིད་དོ། །མདོར་ན་རྒྱུ་ཡིས་ཐེག་པ་ལ། །ཐེག་པ་ཆེ་ཆུང་རྣམ་གཉིས་ཡོད། །དེ་བཞིན་རྣམ་པར་གྲོལ་བ་གཉིས། །སོ་ཐར་སྡོམ་པ་མ་ཐོབ་ན། །ཉན་རང་གྲོལ་བ་ཐོབ་པ་མེད། །འདི་ལའང་མཁས་སློམ་ཁ་ཅིག་གིས། །སོ་སོར་ཐར་པ་སྟོན་འགྲོ་བར། །མི་དགོས་ཞེས་ཀྱང་སྨྲ་མོད་ཀྱི། །ལུང་རིགས་ཀུན་དང་འགལ་བས་ན། །ལུགས་དེའང་གྱི་ན་ཙམ་ཡིན་ནོ། །བྱ་རྒྱུད་ཀྱི་དབང་ཐོབ་པའི་གང་ཟག་གིས་ངེས་པར་བསྲུང་དགོས་ཀྱི་སྡོམ་པ་གང་ཡིན་ཞེ་ན་བུ་སྟོན་ཐམས་ཅད་མཁྱེན་པས། རྡོ་རྗེ་རྩེ་མོ་སྨྲས་མཛད་པའི་དམ་ཚིག་བཅུ་པ་ལས། ཀྱཻ་ཡི་རྒྱུད་ཀྱི་རྩ་ལྟུང་སུམ་ཅུ་པར་ཞེས་གསུངས་པ་ལ་སུམ་ཅུའི་ཆད་གྲངས་གཞན་ནས་བཤད་པ་མ་མཐོང་བས་ལེགས་གྲུབ་ཏུ། རིག་སྔགས་ཀྱི་འདུལ་བ་སྔགས་ཀྱི་འདུལ་བ་སྤྱི་ནང་གཉིས་སུ་གསུངས་

པ་རྣམས་ཡིན་ནོ། ཞེས་གསུངས་པ་ལ། རྗེ་རིན་པོ་ཆེས། དེ་མི་རིགས་ཏེ། རིག་སྔགས་ཀྱི་འདུལ་བ་ཐམས་ཅད་ཇ་ལྷུང་དུ་མི་རིགས་པའི་ཕྱིར་དང་། ཕྱི་ནང་གཉིས་ཀ་ལ་གྲངས་བརྒྱད་བཅུ་ཙམ་སྣང་བའི་ཕྱིར་རོ། །གལ་ཏེ་ཛི་ཙམ་འདོད་པ་ཟས་ནས་སུ། །མཁས་པས་ལྷ་ཡི་གནས་སུ་འགྲོ། །ཞེས་པ་མན་ཆད་ལ་སུམ་ཅུ་ཡོད་པ་དེ་རྣམས་ཡིན་ནོ་སྙམ་ན་དེ་ཡང་མི་རིགས་ཏེ་འདི་རྣམས་ཇ་ལྷུང་ཡིན་ན་རིག་སྔགས་ཀྱི་འདུལ་བ་གཞན་རྣམས་ཇ་ལྷུང་ཡིན་པའི་ཤེས་བྱེད་མེད་པས་སོ། །ཞེས་གསུངས། རྗེ་རིན་པོ་ཆེ་བློ་བཟང་གྲགས་པས། ཕར་ཕྱིན་ཐེག་པའི་སྨོན་འཇུག་གི་བསླབ་བྱ་རྣམས་འདིའི་ཚིག་མིན་གྱི་དེ་ལས་གཞན་པའི་དམ་ཚིག་བཟུང་རྒྱུ་མེད་དེ་དབང་བསྐུར་གྱི་དུས་སུ་སྨོན་འཇུག་སེམས་བསྐྱེད་ལས་གཞན་མ་གསུངས་པའི་ཕྱིར་རོ། །ཞེས་གསུངས་པ་ལ་འོན་རྣལ་འབྱོར་ཆེན་པོས་རྒྱུད་ཁ་ཅིག་ཏུ་སློབ་དཔོན་སློང་པ་ལ་སོགས་པའི། ཇ་ལྷུང་བཅུ་བཞི་བཟུང་མི་དགོས་པར་ཐལ། དབང་བསྐུར་གྱི་དུས་སུ་རིགས་ལྔའི་སྡོམ་པ་འཛིན་པ་ལས་གཞན་མ་བཤད་པའི་ཕྱིར། གལ་ཏེ་རིགས་ལྔའི་དམ་ཚིག་ནི་ཁས་བླངས་པའི་སྡོམ་པ་ཡིན་ལ། ཇ་ལྷུང་བཅུ་བཞི་ནི་དབང་གིས་ཐོབ་པའི་སྡོམ་པ་ཡིན་པས་གཉིས་ཀ་བཟུང་དགོས་སོ། །ཞེ་ན། སྨོན་འཇུག་སྡོམ་པ་ནི་ཁས་བླངས་ནས། གཞན་རྣམས་ནི་དབང་གི་ཐོབ་པའི་དམ་ཚིག་ཡིན་པས་གཉིས་ཀ་བསྲུང་དགོས་པས་སོ་ཞེས་བརྗོད་ན་མཚུངས་སོ། །ཞེས་གསུངས་སོ། །ཐེག་པ་ཆེ་ལ་བསླབ་པ་གསུམ། །མི་སྨིན་ཕ་རོལ་ཕྱིན་པ་ཡི། །སངས་རྒྱས་འབྱུང་བར་ག་ལ་ཡོད། །སྔགས་ཀྱི་སྡོམ་པ་ཡོད་མོད་ཀྱིས། །བཅུ་གསུམ་རྡོ་རྗེ་འཛིན་པའི་ས༔ །ནམ་ཡང་ཐོབ་པ་མི་སྲིད་དེ། །རྒྱུ་མེད་འབྲས་བུ་འགལ་ཕྱིར་རོ། །

དེས་ན་མུ་སྟེགས་བྱེད་དག་ལ། །བསམ་གཏན་སྡོམ་པ་ཡོད་མེད་ཀྱི། །ཐར་པའི་ལམ་གྱིས་བསྡུས་པ་ཡི། །སྡོམ་པར་བཤད་པའི་ལུང་མེད་དོ། །བརྗོད་པར་བྱ་བ་མང་མོད་ཀྱང་། །ཧ་ཅང་མང་བས་རེ་ཞིག་བཞག །དེ་ལྟར་བཤད་ན་གཞུང་དེ་ཡི། །གོང་འོག་ལེགས་པར་འགྲིག་པར་འགྱུར། །རྒྱུད་སྡེ་འོག་མའི་དབང་བསྐུར་ལས། །སྔགས་ཀྱི་སྡོམ་པ་ཐོབ་བམ་ཅི། །ཐོབ་ན་དབང་བཞི་སྔགས་སྡོམ་གྱིས། །ཐོབ་རྒྱུ་བཤད་པ་ཇི་ལྟར་ཡིན། །ཞེས་པའི་དྲི་བ་དཔེར་མཚོན་ན། །དགེ་བསྙེན་དགེ་ཚུལ་འབོགས་པ་ཡི། །ཆོ་ག་ལས་ནི་སོ་ཐར་གྱི། །སྡོམ་པ་ཐོབ་པར་ཁས་ལེན་ནམ། །ཐོབ་ན་གསོལ་བ་བཞི་ཡི་ལས། །སོ་སོ་ཐར་པའི་སྡོམ་པ་ཡི། །ཐོབ་རྒྱུར་བཤད་པ་མ་ཡིན་ནམ། །ཞེས་སྨྲ་བ་དང་ཚུལ་མཚུངས་སོ། །རྫོགས་རིམ་སྡོམ་པ་ཞེས་པ་ཡང་། །བསྒོམས་པའི་སྟོབས་ཀྱིས་བསྐྱེད་མོད་ཀྱིས། །དབང་མཆོག་ལས་ཐོབ་གསུངས་པ་ལེགས། །རྒྱུད་སྡེ་འོག་མའི་སྔགས་སྡོམ་ནི། །མེད་པར་བཞེད་ན་འདི་ཉིད་ལས། །དབང་བསྐུར་སྡོམ་པས་མ་སྨིན་ན། །བཟང་ཡང་ཕ་རོལ་ཕྱིན་པ་ཡིན། །ཞེས་གསུངས་པ་དེ་གང་ལ་དགོངས། །ཞེས་པའི་ལན་ཡང་བཤད་པར་བྱ། །

བྱ་སྤྱོད་རྣལ་འབྱོར་རྒྱུད་གསུམ་ཀར། །སྨིན་བྱེད་དབང་དང་ལམ་གཉིས་ཀ །མི་འདྲ་བ་ཡི་རྣམ་དབྱེ་ཡོད། །དེ་ཕྱིར་སྔགས་སྡོམ་ཡོད་པ་ཡང་། །ས་སྐྱ་པ་ཡི་བཞེད་པ་ཡིན། །དམ་ཚིག་བསྡུས་པར་བྱ་སྤྱོད་ལ། །ཇ་ལྷུང་རྣམ

གཞག་ལ་སོགས་འབྱུང་། །སྡོམ་པ་མེད་ན་རྒྱ་ལྟུང་ནི། །འབྱུང་བ་གསུང་རབ་སྤྱི་དང་འགལ། །འོན་ཏེ་དེ་འདྲའི་རྒྱ་ལྟུང་སྟེ། །སེམས་བསྐྱེད་སྡོམ་པའི་རྒྱ་ལྟུང་དམ། །སོ་སོར་ཐར་པའི་རྒྱ་ལྟུང་ཡིན། །དེས་ན་བཅས་པའི་དབང་གིས་ནི། །སྡོམ་པ་གསུམ་དུ་ངེས་པ་བཞིན། །རྒྱ་བའི་ལྟུང་བའང་གསུམ་དུ་ངེས། །ཀུན་མཁྱེན་གཉིས་པ་དབྱིག་གཉེན་གྱིས། །སོ་སོ་ཐར་པའི་སྡོམ་པ་ནི། །བཅས་པའི་དབང་གིས་གཉིས་ཀ་སྤྱོང་། །བསམ་གཏན་ཟག་མེད་སྡོམ་པ་གཉིས། །རང་བཞིན་ཁ་ན་མ་ཐོ་ཡང་། །བཅས་པ་སྤྱོང་བ་མིན་པར་གསུངས། །རྫོགས་རིམ་སྡོམ་པ་དབང་མཆོག་གིས། །ཐོབ་པ་ཡོད་མེད་གང་ཡང་བླ། །མཁས་པའི་གཞུང་ལས་འབྱུང་བ་མེད། །རེས་འགའ་དོན་དམ་སེམས་བསྐྱེད་ཀྱང་། །དབང་ཆོག་ལས་ནི་ཐོབ་པ་དང་། །རེས་ནི་རྫོགས་རིམ་སྡོམ་པ་ཙམ། །གོམས་པའི་སྟོབས་ཀྱིས་སྐྱེ་མོད་ཀྱི། །དབང་མཆོག་དག་ལས་ཐོབ་པ་མེད། །བསམ་པའི་བློ་གྲོས་སྐྱེ་བ་མཚར། །སྡོམ་པ་མེད་ལ་དགེ་བའི་རྒྱུན། །མེད་ན་སེམས་བསྐྱེད་ཆོག་ལས། །དེ་ལ་དེ་ཡོད་གསུངས་དེ་ཅི། །ཞེས་པ་འདི་ལ་སྨྲ་བར་བྱ། །སེམས་བསྐྱེད་པ་ལ་སྨོན་པ་དང་། །འཇུག་པ་སེམས་བསྐྱེད་རྣམ་པ་གཉིས། །སྨོན་པ་ཙམ་དང་དེ་བསྐྱེད་དང་། །དེ་ཉིད་མི་ཉམས་བསྲུང་བ་དང་། །འཇུག་པ་ཙམ་དང་དེ་བསྐྱེད་དང་། །དེ་ཉིད་མི་ཉམས་བསྲུང་བ་སྟེ། །སོ་སོར་དབྱེ་ན་གསུམ་གསུམ་མོ། །དང་པོ་སྨོན་པ་སེམས་བསྐྱེད་ཡིན། །དེ་ནི་ཆོ་གའི་སྟོབས་ཀྱིས་མིན། །

དོན་འདི་ལ་དགོངས་སྤྱོད་འཇུག་ལས། །བྱང་ཆུབ་སེམས་དེ་མདོར་བསྡུས་ན། །རྣམ་པ་གཉིས་སུ་ཤེས་བྱ་སྟེ། །བྱང་ཆུབ་སྨོན་པའི་སེམས་དང་ནི། །བྱང་ཆུབ་འཇུག་པ་ཉིད་ཡིན་ནོ། །འགྲོ་བར་འདོད་དང་འགྲོ་བ་ཡི། །བྱེ་བྲག་ཇི་ལྟར་ཤེས་པ་ལྟར། །དེ་བཞིན་མཁས་པས་འདི་གཉིས་ཀྱི། །བྱེ་བྲག་རིམ་བཞིན་ཤེས་པར་བྱ། །རྩ་ལྟུང་བཅུ་བཞི་བཟུང་མི་དགོས་པར་ཐལ། དབང་བསྐུར་གྱི་དུས་སུ་རིགས་ལྔའི་སྡོམ་པ་འཛིན་པ་ལས་གཞན་མ་བཤད་པའི་ཕྱིར། གལ་ཏེ་རིགས་ལྔའི་དམ་ཚིག་ནི་ཁས་བླངས་པའི་སྡོམ་པ་ཡིན་ལ། རྩ་ལྟུང་བཅུ་བཞི་ནི་དབང་གིས་ཐོབ་པའི་སྡོམ་པ་ཡིན་པས་གཉིས་ཀ་བཟུང་དགོས་སོ་ཞེ་ན། སྨོན་འཇུག་གི་སྡོམ་པ་ནི་ཁས་བླངས་དང་། གཞན་རྣམས་ནི་དབང་གིས་ཐོབ་པའི་དམ་ཚིག་ཡིན་པས། གཉིས་ཀ་བསྲུང་དགོས་པས་སོ་ཞེས་བརྗོད་ན་མཚུངས་སོ། །ཞེས་གསུངས་སོ། །བྱང་ཆུབ་སྨོན་པའི་སེམས་ལས་ནི། །འཁོར་ཚེ་འབྲས་བུ་ཆེར་འབྱུང་ཡང་། །ཇི་ལྟར་འཇུག་པའི་སེམས་བཞིན་དུ། །བསོད་ནམས་རྒྱུན་ཆགས་འབྱུང་བ་མིན། །ཞེས་གསུངས་པ་ཡང་ཤེས་དགོས་སོ། །དེ་ཉིད་ཆོགས་བསྐྱེད་པ་ནི། །སྨོན་པ་སེམས་བསྐྱེད་ཅེས་བྱའོ། །སེམས་དེའི་འཁོར་གྱི་སེམས་པ་ནི། །སེམས་བསྐྱེད་སྡོམ་པ་ཡིན་པར་བཟུང་། །དེ་ཡིས་བསླབ་བྱ་ལ་སློབ་པ། །མི་ཉམས་བསྲུང་བའི་ཐབས་ཞེས་བྱ། །འཇུག་སྡོམ་མ་སྐྱེས་གོང་དག་ཏུ། །འཇུག་པ་ཙམ་ཞེས་བྱ་བ་དང་། །སྡོམ་པ་སྐྱེས་པ་དེ་ཕན་ཆད། །སེམས་བསྐྱེད་གང་དེ་འཇུག་པ་ཡི། །སེམས་བསྐྱེད་ཡིན་པར་ཤེས་པར་བྱ། །དེ་ཡིས་བསླབ་བྱ

ལ་སློབ་པ། །མི་ཉམས་བསྲུང་བའི་ཐབས་ཞེས་བྱ། །དེས་ན་ཚིག་ལས་སྐྱེས་པའི། །འཇུག་སེམས་གང་དེ་སེམས་བསྐྱེད་དང་། །དེ་ཡིས་འཁོར་དུ་བྱུང་བ་ཡི། །སེམས་སྲུང་སེམས་པ་གང་ཡིན་ཏེ། །འཇུག་པའི་སྡོམ་པ་ཞེས་བྱའོ། །དོན་དེ་ཁོ་ན་ལ་དགོངས་ཏེ། །གང་ནས་བཟུང་སྟེ་སེམས་ཅན་ཁམས། །མཐའ་ཡས་རབ་ཏུ་དགྲོལ་བའི་ཕྱིར། །མི་ལྡོག་པ་ཡི་སེམས་ཀྱིས་སུ། །སེམས་དེ་ཡང་དག་བླངས་གྱུར་པ། །དེ་ནས་བཟུང་སྟེ་གཉིད་ལོག་གམ། །བག་མེད་གྱུར་ཀྱང་བསོད་ནམས་ཤུགས། །རྒྱུན་མི་ཆད་པར་དུ་མ་ཞིག །ནམ་མཁའ་མཉམ་པར་རབ་ཏུ་འབྱུང་། །ཞེས་གསུངས་པ་ཡང་དེ་ཉིད་ཡིན། །མདོར་ན་སྡོམ་པ་མེད་པ་ལ། །དགེ་རྒྱུན་མེད་པར་གསུངས་པའི་དོན། །སྡོམ་པ་ལས་བྱུང་དགེ་མེད་ཙམ། །ཡིན་གྱི་བར་མ་གང་ཡིན་ལ། །རྒྱུན་མེད་མཁས་པའི་བཞེད་པ་མིན། །

དེ་ཡང་ཆོས་མངོན་མཛོད་ལས་ནི། །བར་མ་ཤུགས་བླངས་བྱ་བ་དང་། །དོན་ཆེ་རྩ་བ་ཆད་པ་ལས། །ཞེས་པ་བར་མའི་དགེ་བ་དང་། །མི་དགེ་གང་རུང་ཐོབ་པ་ནས། །གཏོང་རྒྱུ་དྲུག་པོ་གང་ཡང་རུང་། །མ་བྱུང་བར་དུ་ལྡན་པར་གསུངས། །ཇི་ལྟར་འཇུག་པའི་སེམས་བཞིན་དུ། །ཞེས་ཀྱང་འཇུག་སྡོམ་ལ་ལྟོས་ནས། །བསོད་ནམས་དམན་པར་གསུངས་པ་དང་། །འཁོར་ཆེ་འབྲས་བུ་ཆེར་འབྱུང་ཡང་། །ཞེས་པས་བསོད་ནམས་རྒྱུན་ཆགས་ཀྱང་། །འབྱུང་བར་བསྟན་པས་དེ་ལྟར་བཟུང་། །འདི་ལ་འང་བརྗོད་པར་བྱ་བ་ནི། །མང་མོད་རེ་ཞིག་བཞག་པར་བྱེད། །ཕྱག་རྒྱ་བཞི་པ་ཞེས་བྱ་བའི། །བསྟན་བཅོས་བོད་ན་བཞུགས་པ་འདི། །ཀླུ་སྒྲུབ་ཀྱིས་ནི་མ་མཛད་པར། །ལོ་ཆེན་མགོས་ཀྱིས་བཤད་དེ་ཅི། །ཞེས་པའི་ལན་ནི་འདི་ལྟར་བཟུང་། །མགོས་ཀྱིས་སྤྱགས་ལོག་སྲུན་འབྱིན་ནས། །ཕྱག་རྒྱ་བཞི་པ་དག་པ་དང་། །མ་དག་པ་ཡི་རྣམ་དབྱེ་དང་། །ཀླུ་སྒྲུབ་མཛད་དང་མ་མཛད་པའི། །རྣམ་དབྱེ་ཚིག་འབྲུ་གཅིག་ཀྱང་མེད། །ཐེ་ཚོམ་ཕྱག་རྒྱ་བཞི་པར་ལས་ཀྱི་ཕྱག་རྒྱའི་ཉམས་ལེན་མི་ཤེས་པས་ཆོས་ཀྱི་ཕྱག་རྒྱ་རྒྱུད་ལ་བསྐྱེད་ཚུལ་མི་ཤེས་ལ། དེ་མ་ཤེས་ན་དམ་ཚིག་ཕྱག་རྒྱའི་དོན་མི་གོ་ཞིང་། ཕྱག་རྒྱ་ཆེན་པོའི་སྒྲ་དོན་ཙམ་ཡང་ལེགས་པར་མི་ཤེས་པར་གསུངས་ཏེ། ཕྱི་རོལ་གྱི་བུད་མེད་ནུ་མ་དང་སྐྲར་ལྡན་པ་ནི་ལས་རྒྱ་དང་། དེས་ལས་རྒྱ་ལས་བྱུང་བའི་ཡེ་ཤེས་ལ་རྒྱས་འདེབས་པ་དང་། རྡོ་རྗེ་ལུས་ཀྱི་རྩ་འཁོར་བཞི་རྟེན་དང་བཅས་པ་ཆོས་ཀྱི་ཕྱག་རྒྱ་དང་། དེས་ཆོས་ཀྱི་ཕྱག་རྒྱ་ལ་བརྟེན་པའི་ ཡེ་ཤེས་ལ་རྒྱ་འདེབས་པ་དང་། ཁམས་བྱང་ཆུབ་ཀྱི་སེམས་མི་ཉམས་པ། དམ་ཚིག་གི་ཕྱག་རྒྱ་དང་། དེས་ཆོས་ཀྱི་ཕྱག་རྒྱ་ལ་བརྟེན་པའི་ཡེ་ཤེས་ལ་རྒྱས་འདེབས་པ་དང་། འབྲས་བུ་ཕྱག་རྒྱ་ཆེན་པོས་ཆོས་ཐམས་ཅད་ལ་རྒྱས་འདེབས་སོ། །ཡང་ན་འཇིག་རྟེན་པའི་ལམ་གྱི་ཡེ་ཤེས་ཆོས་ཀྱི་དང་། ཆོས་ཀྱི་ཕྱག་རྒྱ་དང་། གཟུགས་ཀྱི་སྐུ་གཉིས་དམ་ཚིག་གི་ཕྱག་རྒྱའོ། དུས་འཁོར་བསྡུད་རྒྱུད། ཟ་ན་བལྟ་བར་གྱིས། །ད་གཟོད་ཡིད་ཆེས་སྐྱེད་པར་འགྱུར། །ཕྱག་རྒྱ་ཆེན་པོའི་དོན་སྟོན་པའི། །གྲུབ་པ་སྡེ་བདུན་སྙིང་པོའི་སྐོར། །དྲུག་ཏུ་བཤད་པ་གང་ཡིན་དེ། །རྒྱ་བོད་མཁས་པ་ཚད་མར་གྲགས། །ཕྱག་རྒྱ་ཆེན་པོ་སྟོན་པའི་གཞུང་། ཨིནྡྲ་བྷུ་ཏིས་མཛད་པའི་ཡེ་ཤེས་གྲུབ་པ། ཡན་

ལག་མེད་པའི་རྡོ་རྗེས་ཐབས་ཤེས་རབ་གྲུབ་པ། པདྨ་བཛྲས་གསང་བ་གྲུབ་པ། ཊོཾ་བི་པས། ལྷན་ཅིག་སྐྱེས་པ་གྲུབ་པ། ཌཱ་རི་ཀ་པས་གསང་བའི་དེ་ཁོ་ན་ཉིད། རྣལ་འབྱོར་མ་ཙི་ཏིས་མཛད་པའི་དངོས་པོ་གསལ་བའི་དེ་ཉིད་གྲུབ་པ་སྟེ་གྲུབ་པ་སྡེ་བདུན་ནོ། །ས་ར་ཧས། དོ་ཧ་མཛོད་ཀྱི་གླུ། ཏོག་ཙེ་པས་བསམ་མི་ཁྱབ། ལྷན་སྐྱེས་རྡོ་རྗེས་གནས་པ་བསྡུས་ལ། ཨིནྡྲ་བྷུ་ཏིས་སེམས་ཀྱི་སྒྲིབ་སྦྱོང་། དེ་ཝ་ཙནྡྲས་ཤེས་རབ་ཡེ་ཤེས་གསལ་བ། ཀླུ་སྒྲུབ་ཀྱིས་མཛད་འཛུག་པའི་ཕྱག་རྒྱ་བཞི་པ་སྟེ་དྲུག་ལ་སྙིང་པོ་སྐོར་དྲུག་ཏུ་གྲགས་སོ། །ཕྱག་རྒྱ་བཞི་པ་ཀླུ་སྒྲུབ་ཀྱིས། །མཛད་པ་མིན་ཅེས་ཨ་བྷྱས། །མན་ངག་སྙེ་མར་བཤད་པ་ནི། །ཡིད་ཆེས་གནས་སུ་བཟུང་མི་བྱ། །

ལུས་རྒྱ་ཞིག་པའི་ཤི་མ་ཐག །ཡོན་ཏན་འབྱུང་བ་འགོག་མཛད་ན། །འཆི་བ་འོད་གསལ་ཆོས་སྐུ་ལས། །བར་དོར་ལོངས་སྐུ་འབྱུང་དེ་ཅི། །ཞེས་པའི་ལན་ཡང་འདི་ལགས་ཏེ། །ས་དང་ལམ་གྱི་ཡོན་ཏན་དང་། །སྤྲངས་རྟོགས་གཉིས་ཀྱི་ས་མཚམས་ནི། །ཚུལ་ཤེས་ཙམ་ཡང་མི་ཤེས་པར། །རང་གི་རྣམ་པར་རྟོག་པ་ལ། །གང་ཤར་བྱུང་རྒྱལ་སྒྲ་བ་འགགས། །ཞི་གནས་ལྷག་མཐོང་མི་ཤེས་པར། །སེམས་ནི་ཙུང་ཟད་མི་འཕྲོ་བར། །གནས་པ་ཙམ་ལ་ཞི་གནས་དང་། །སྒོ་ལྔའི་རྣམ་པར་ཤེས་པ་ཡིས། །སྣང་བ་འགག་པའི་སྟོང་པ་ཙམ། །རྟོགས་པའི་ཉམས་སྣང་ཕྲ་མོ་ལ། །མཐོང་ལམ་ཐོབ་ཅེས་ང་སྒྲོད་བྱེད། །འོན་ཀྱང་ཐ་མལ་རྣམ་རྟོག་དང་། །ཉོན་མོངས་མངོན་གྱུར་མ་སྤྲངས་པ༑ ༑ལུས་ཀྱི་རྒྱ་ཡིས་བཅིངས་པ་སྟེ། །དཔེར་ན་ཁྱུང་གི་ཕྲུ་གུ་ནི། །སྒོང་རྒྱ་ཡིས་བཅིངས་རྣམས་ལ། །ཁྱུང་གི་བྱ་བ་བྱེད་མི་ནུས། །དེ་བཞིན་ཐ་མལ་ལུས་ཞིག་ཚེ། །ཡོན་ཏན་མངོན་དུ་འགྱུར་ཅེས་ཟེར། །དེ་ལ་ལུང་དང་རིགས་པས་གནོད། །དང་པོ་མདོ་ལས་ཆོས་རྣམས་ལ། །ཆོས་ཀྱི་མིག་རྡུལ་དྲི་མེད་ཅིང་། །དྲི་མ་དང་བྲལ་སྐྱེས་པ་དང་། །ཐེ་ཚོམ་སོམ་ཉི་ལས་བརྒལ་ཏོ། །ཅེས་དང་མགོན་པོ་ཀླུ་སྒྲུབ་ཀྱིས། །གང་གིས་རྟེན་ཅིང་འབྲེལ་བར་འབྱུང་། །མཐོང་བ་དེ་ཡིས་སྡུག་བསྔལ་དང་། །ཀུན་འབྱུང་དང་ནི་འགོག་པ་དང་། །ལམ་གྱི་དེ་ཉིད་མཐོང་བ་ཡིན། །ཞེས་པ་རིགས་པ་དྲུག་ཅུ་པར། །གལ་ཏེ་ཆོས་ཤེས་འཛུག་ཐོགས་སུ། །འདི་ལ་བྱེ་བྲག་ཡོད་ན་ནི། །དངོས་པོ་ཤིན་ཏུ་ཕྲ་བ་ལ། །གང་གིས་སྐྱེ་བར་རྣམ་བརྟག་པ། །རྣམ་པར་མི་མཁས་དེ་ཡིས་ནི། །རྐྱེན་ལས་བྱུང་བའི་དོན་མ་མཐོང་། །ཞེས་དང་དེ་ཡིས་འགྲེལ་པར་ཡང་། །དེ་ལྟར་རྟེན་ཅིང་འབྲེལ་བར་འབྱུང་། །སྐྱེ་འགག་མེད་ལ་དམིགས་པ་ཡི། །ཆོས་ཤེས་པས་ནི་བདེན་པ་གསུམ། །ཞེས་སོགས་རྒྱ་ཆེར་བཤད་པ་དང་། །གཞན་ཡང་སློབ་དཔོན་ཟླ་གྲགས་ཀྱིས། །གང་གིས་རྟེན་ཅིང་འབྲེལ་འབྱུང་བ། །སྐྱེ་བ་མེད་པར་ཤེས་པ་དང་། །འགག་པ་མེད་པར་མཐོང་བ་ཡིས། སྐད་ཅིག་མ་ལ་ཆོས་ཐམས་ཅད། །རང་བཞིན་སྐྱེ་དང་འགག་མེད་པར། །མངོན་སུམ་གྱིས་མཐོང་སྟེར་མ་མཐོང་། །ལྷ་བར་བྱ་བ་གཞན་མེད་དོ། །

ཞེས་དང་འཕགས་པ་ཐོགས་མེད་ཀྱིས། །བསྒོམ་བར་མཐོང་ལམ་ཚུལ་གཉིས་སྐྱེ་ཚུལ་གསུངས་པ་ནི། །བསྟན་པ་

གནས་པ་རྒྱས་པ་རྣམ་པར་གཞག་པ། །སྒྲིབ་པ་དང་བཅས་པ་དང་དོན་དམ་པ། །རྣམ་པར་གཞག་པ་སོ་སོ་རང་རིག་པ༔ །སྒྲིབ་པ་མེད་པ་དེ་གཉིས་ཡོད་པ་ལ་ཡང་། །རྣམ་པར་བཞག་པ་དང་པོའི་དབང་དུ་བྱས་ནས་ནི། །ཆོས་ཤེས་པའི་ཕྱོགས་དང་མཐུན་པའི་སེམས་ཞི་དང་། །རྗེས་སུ་རྟོགས་པའི་ཤེས་པ་ཡི། །ཕྱོགས་དང་མཐུན་པའི་སེམས་ཞི་དང་། །དུས་ནི་ཇི་སྲིད་སེམས་བརྒྱད་པོ། །དེ་དག་འབྱུང་བར་འགྱུར་བ་ཡི། །དུས་དེ་སྲིད་དུ་དེའི་མཇུག་ཐོགས་སུ། །ཡོངས་སུ་བསྒོམ་པའི་སེམས་ཞི་གནས། །འབའ་ཞིག་ལ་ཞུགས་པ་གཅིག་ཀྱང་པ་འབྱུང་བར་འགྱུར་རོ། །དེ་དག་བསྡུས་ན་སེམས་དགུར་འགྱུར། །དེ་དག་མཐོང་བའི་ལམ་དེ་ནི། །ཡོངས་སུ་རྫོགས་པར་འགྱུར་ཞེས་གསུངས། །ཆོས་ཤེས་རྟོགས་མཐུན་ཆོས་བཟོད་བཞི་སྟེ་བརྒྱད། །ཞི་གནས་ཀྱི་སེམས་དང་དགུ་ཞེས་པ། །འབྱུང་ཡང་ཤེས་པ་བརྒྱད་ཡོད་པས། །བཅུ་དྲུག་གི་ནི་རྣམ་གཞག་ཡིན། །ཡང་བསྡུ་བར་རྣམ་པར་བཞག་པ་གཉིས་པ་ཡིས། །དབང་དུ་བྱས་ན་དེ་བཞིན་ཉིད། །ཤེས་པ་དང་མཚུངས་ལྡན་པ་གཅིག །ཕོ་ནས་སེམས་ཀྱི་རང་བཞིན་ལས། །བརྩམས་ཏེ་མཐོང་བའི་ལམ་ཡོངས་སུ་རྫོགས་པར་འགྱུར་རོ། །ཞེས་པ་དེ་བཞིན་ཉིད་ཀྱི་ཡུལ་ཅན་གྱི་སེམས་གཅིག་གིས་ནི༔ །ཡོངས་སུ་རྫོགས་ནས་བཤད་པའོ། །དེ་ཡང་བསྟན་པ་གནས་ཕྱིར་དུ། །གདུལ་བྱའི་ངོར་བཤད་སྒྲིབ་བཅས་དང་། །གཉིས་པ་རྣལ་འབྱོར་རྒྱུད་ལ་སྐྱེས་པའི་ཚུལ། །ངེས་དོན་སྒྲིབ་མེད་རྣམ་གཞག་གོ། །

ཀུན་བཏུས་འགྲེལ་པར་བཅུ་དྲུག་ཏུ། །བཤད་པ་རྣམ་གཞག་ཙམ་དུ་གསུངས། །བསྡུ་བར་གསུངས་པའི་
ཕྱི་མ་དང་། །སློབ་དཔོན་བདག་ཉིད་ཆེན་པོ་ཡི། །དགོངས་པ་གང་དེ་གཅིག་ཡིན་ནོ། །གསང་སྔགས་གཞུང་
གཞན་དག་ལས་ནི། །མཆོག་གི་དངོས་གྲུབ་དང་པོ་དང་། །མཐོང་ལམ་གཉིས་ཀ་གཅིག་པར་གསུངས། །
དཔལ་ལྡན་དུས་ཀྱི་འཁོར་ལོ་ཡི། །ཡེ་ཤེས་ལེའུ་མཆོག་མི་འགྱུར་གྱི་གནས་སྐབས་ལས། ས་ནི་རྣམ་པ་བཅུ་གཉིས་
ཏེ༔ །འདོད་ཆགས་བྲལ་བའི་ས་ཉིད་དང་། །ཡང་དག་པར་ནི་རྫོགས་པ་ཡིས། །སངས་རྒྱས་ས་ཡི་དང་པོ་ལ། །
བཅུ་གཅིག་ཡོད་པ་བྱང་སེམས་ས། །དེ་ཡང་མཐོང་སྒོམ་གཉིས་སུ་འདུས། །ལས་རླུང་རྒྱ་ཕྲག་བཅོ་བརྒྱད་ནི། །
འགགས་ཤིང་མི་འགྱུར་བདེ་བ་ཆེ། །སྟོང་དང་བརྒྱད་བརྒྱ་རྫོགས་པར་ཐོབ། །དེ་ཚེ་མཐོང་ལམ་ཡིན་པ་དང་། །
ཕྱོགས་བཅུའི་འཇིག་རྟེན་ཁམས་གཅིག་གི། །མཐར་ཐུག་པ་ནི་མ་མཐོང་བའི། །དོན་ནི་ཡང་དག་མཐོང་བ་དང་། །
འདོད་ཆགས་བྲལ་བའི་ས་དང་ནི། །སངས་རྒྱས་ས་ལ་རིམ་བཞིན་དུ། །རྣམ་པ་གཅིག་པའི་རྫུ་འཕྲུལ་དང་། །
ཐམས་ཅད་པ་ཡི་རྫུ་འཕྲུལ་ལོ། །དེ་བཞིན་འདོད་ཆགས་བྲལ་བའི་ས་ལ་མངོན་ཤེས་ལྔ་དང་སངས་རྒྱས་པ་ལ་དྲུག །དོན་
གྱིས་ཆགས་བྲལ་ས་ལ་གྲངས་ནི་མཐོང་བ་དང་། །དོན་ཐམས་ཅད་ཀྱི་གྲངས་མཐོང་བའོ། །སེམས་ཅན་གྲངས་ཀྱི་
བདག་ཉིད་དང་། །སེམས་ཅན་ཐམས་ཅད་གྲངས་བདག་ཉིད། །དེ་བཞིན་དམ་ཆོས་སྟོན་པ་ནི། །སེམས་ཅན་

གྲངས་ཀྱི་མཚན་ཉིད་དང་། །སེམས་ཅན་ཀུན་གྱི་གྲངས་མཚན་ཉིད། །དེ་བཞིན་ཕུང་པོ་ལྷག་མ་བཅས། །ཕུང་པོ་ལྷག་མ་མེད་པའོ། །

དེ་བཞིན་གང་ཟག་ལ་བདག་མེད། །ཆོས་ལ་བདག་གང་མེད་པའོ། །དེ་བཞིན་བདེན་བཞི་བསྒོམ་པ་དང་། །ཆོས་རྣམས་ཐམས་ཅད་རང་བཞིན་མེད། །སྟོང་པ་ཉིད་ཀྱི་ཏིང་འཛིན་ནོ། །དེ་ལྟར་རྒྱུ་དང་འབྲས་བུ་ཡི། །ས་ཡི་ཁྱད་པར་དོན་ཉིད་ཀྱིས། །བྱང་སེམས་སངས་རྒྱས་གཉིས་ཀྱི་ནི། །སེམས་ཅན་དོན་བྱེད་ཚུལ་གཉིས་འགྱུར། །ཞེས་སོགས་རྒྱ་ཆེར་གསུངས་པ་ལ། །ལྷག་བཅས་ལྷག་མ་མེད་པའི་དོན། །ཤེས་སྒྲིབ་ཡོད་དང་མེད་པའོ། །ཞེས་ནི་རིགས་ལྡན་ཆེན་པོས་གསུངས། །ཆོས་ཀྱི་སྐུ་ནི་ལྷག་མེད་དང་། །གཟུགས་སྐུ་ཐམས་ཅད་ལྷག་བཅས་སུ། །བཤད་ནའང་འཕགས་པ་གསེར་འོད་དང་། །སྐུ་དེ་གཉིས་ལ་དགོངས་ཏེ་སངས་རྒྱས་བཅོམ་ལྡན་འདས་རྣམས་ཕུང་པོ་ལྷག་མ་དང་བཅས་པའི་མྱ་ངན་ལས་འདས་པ་སྟེ་ཞེས་བྱའོ། །ཆོས་ཀྱི་སྐུ་ལ་དགོངས་ཏེ་ཕུང་པོ་ལྷག་མ་མེད་པའི་མྱ་ངན་ལས་འདས་པ་ཞེས་གསུངས་སོ། །ཅེས་སོ། །སྐུ་གསུམ་ལ་འཇུག་པ་ཡི་སྒོར། །ཕུང་པོར་བཅས་པའི་མྱ་ངན་འདས། །ཐུབ་སྐུ་གཉིས་ལ་བཞག་པ་ཡིན། །ཕུང་པོ་ཀུན་དང་བྲལ་བའི་ཕྱིར། །ཆོས་ཀྱི་སྐུ་ལ་ཕུང་པོ་མེད། །ཞེས་གསུངས་པ་དང་མཐུན་པར་འགྱུར། །དེ་ལ་འདོད་ཆགས་བྲལ་བའི་ས། །མཐོང་ལམ་ལྷག་མ་བཅུ་པོ་ནི། །སྒོམ་ལམ་ཡིན་པར་གསུངས་པ་ནི། །གསུང་རབ་ཕལ་ཆེ་བ་དང་མཐུན། །མདོ་སྡེ་ས་བཅུ་པ་ལས་ནི། །མཐོང་ལམ་སྐྱེས་པའི་ལུས་རྟེན་ཉིད། །སྐད་ཅིག་ཡུད་ཙམ་ཐང་གཅིག་ལ། །འཇིག་རྟེན་ཁམས་བརྒྱ་གཡོ་བ་སོགས། །ཡོན་ཏན་བརྒྱ་ཕྲག་བཅུ་གཉིས་འབྱུང་། །ཞེས་གསུངས་དེ་བཞིན་འཇུག་པ་སོགས། །བཀའ་དང་བསྟན་བཅོས་རྣམས་ལས་འབྱུང་། །འདི་ནི་རེ་ཞིག་ལུང་ཡིན་ནོ། །

ཉི་མ་དང་ནི་འོད་ཟེར་གཉིས། །འབྲལ་མེད་ཚུལ་གྱིས་དབྱེར་མེད་པ། །དེ་བཞིན་རྟེན་པ་མཐོང་ལམ་དང་། །དེ་ལ་བརྟེན་པའི་མཉམ་གཞག་གི། །ཡོན་ཏན་རྣམས་ཀྱང་དབྱེར་མེད་དང་། །དེ་ཡིས་དྲངས་པའི་རྗེས་ཐོབ་ཀྱི། །ཡོན་ཏན་རྣམས་ཀྱང་འབྲེལ་མེད་པར། །ཡན་འགར་སྐྱེ་བ་ཕྱི་མ་ལ། །འབྱུང་བ་ཡོད་པ་ག་ལ་ཡིན། །དེས་ན་ཚེ་འདིར་མཐོང་ལམ་ཐོབ། །དེ་ཡིས་ཡོན་ཏན་ཚེ་ཕྱི་མར། །འབྱུང་བར་འདོད་པ་གང་ཡིན་དེས། །ཉི་མའི་དཀྱིལ་འཁོར་དེ་རིང་ཤར། །གླིང་བཞི་གསལ་བར་བྱེད་པ་ཡི། །འོད་ཟེར་ནངས་པར་རིམ་གྱིས་ནི། །ཤར་ནས་མུན་པ་སེལ་བ་དང་། །པད་མོ་རྒྱས་པར་བྱེད་པ་ཡིན། །ཞེས་སྨྲ་བ་དང་ཁྱད་པར་མེད། །འདི་དང་སྔར་བཤད་གསུམ་ལྡན་གྱིས། །གང་ཟག་རྡོ་རྗེ་ཐེག་པ་ཡིས། །ལམ་གྱི་གནད་རྣམས་མ་ནོར་བར། །ཤེས་ནས་ཉམས་སུ་བླངས་པ་ཡི། །བརྩོན་པ་རབ་ཀྱིས་སྐྱེ་འདི་དང་། །འོད་གསལ་བ་ཡི་ལམ་རྒྱུད་ལ། །སྐྱེས་པའི་འཆི་བའི་འོད་

གསལ་ལའང་། །བརྟན་པ་ཐོབ་ནས་དེ་ལས་ནི། །ལངས་པའི་བར་དོ་འཚང་རྒྱ་དང་། །བརྩོན་པ་ཐ་མས་ཚིག་པ་དང་། །སྡོམ་པ་མ་ཉམས་བསྲུང་གྱུར་ན། །སྐྱེ་བ་བདུན་ནམ་ཡུན་རིང་ཡང་། །སྐྱེ་བ་བཅུ་དྲུག་ཚུན་ཆད་དུ། །རྡོ་རྗེ་འཛིན་པའི་ས་བརྙེས་འགྱུར། །དེ་ཡང་ཡང་དག་སྦྱོར་བ་ལས། །གཞན་དུ་བསྐལ་པ་བྱེ་བར་ནི། །གྲངས་མེད་པས་འདི་གང་ཐོབ་པ། །གང་དུ་དམ་པའི་བདེ་བས་ཁྱོད། །སྐྱེ་བ་འདི་ར་ནི་འགྲུབ་པར་འགྱུར། །ཞེས་དང་གསང་བ་འདུས་པ་ལས། །འདི་ཡིས་ཆོས་ཀྱི་བདག་ཉིད་ཆེ། །སྐུ་གསུམ་མི་ཕྱེད་ལས་བྱུང་བའི། །ཡེ་ཤེས་རྒྱ་མཚོ་རྣམ་བརྒྱན་པ། །ཚེ་འདི་ཉིད་ལ་འགྲུབ་པར་འགྱུར། །ཞེས་དང་ཡེ་ཤེས་ཐིག་ལེ་ལས། །ཡང་ན་ལུས་ནི་སྤྱངས་མ་ཐག །བརྩོན་པ་མི་ལྡན་པས་ཀྱང་འགྲུབ། །ཅེས་དང་གསང་བ་མཛོད་ལས་ཀྱང་། །དབང་བསྐུར་ཡང་དག་སྦྱིན་ལྡན་ན། །སྐྱེ་ཞིང་སྐྱེ་བར་དབང་བསྐུར་འགྱུར། །དེ་ཡིས་སྐྱེ་བ་བདུན་ལ་ནི། །མ་སྒོམ་པར་ཡང་དངོས་གྲུབ་ཐོབ། །ཅེས་དང་རྡོ་རྗེ་རྩེ་མོ་ལས། །ཕ་རོལ་ཕྱིན་པའི་འབྱུང་བས་ནི། །བསྐལ་པ་གྲངས་མེད་མི་ཐོབ་པ། ། གལ་ཏེ་རྣལ་འབྱོར་པ་དེ་བརྩོན། །ཚེ་འདི་ཉིད་ལ་མྱ་ངན་འདའ། །ཡང་ན་མཐོང་བ་ཙམ་གྱིས་ནི། །སྐྱེ་བ་གཅིག་ན་མྱ་ངན་འདའ། །སོ་སོའི་སྐྱེ་བོས་སངས་རྒྱས་ཉིད། །འགྲུབ་པར་འགྱུར་ཏེ་གཞན་དུ་མིན། །ཞེས་གསུངས་རྒྱུད་སྡེ་ཐམས་ཅད་མཐུན། །དེ་ཡི་ཡོན་ཏན་ཆེ་ཕྱི་མར། །འདོད་པ་འགོག་པའི་སྐབས་ཡིན་གྱི། །ལུས་རྒྱ་ཞིག་ནས་ཤི་མ་ཐག །ཡོན་ཏན་འབྱུང་བ་སྲིད་པ་འགོག་པ་ནི། །མཁས་པའི་བཞེད་པར་ག་ལ་རུང་། །ཞྭ་དཔེ་ལྷམ་ལ་མ་བཀབ་ཅིག །དེ་ལྟར་ཤེས་ན་བསྟན་བཅོས་ལས། །ལ་ལ་ཞི་གནས་ཙམ་ཟད་དང་། །སྣང་སྟོང་རྟོགས་པ་ཕྲ་མོ་ལ། །མཐོང་ལམ་ཡིན་ཞེས་ངོ་སྤྲོད་བྱེད། །ཁྱུང་གི་སྒོང་རྒྱ་ཧི་བཞིན་དུ། །ལུས་ཀྱི་རྒྱ་ཡིས་བཅིངས་པས་ན། །ད་ལྟ་ཡོན་ཏན་མི་འབྱུང་བས། །ལུས་རྒྱ་ཞིག་པའི་ཤི་མ་ཐག །ཡོན་ཏན་ཕྱི་ནས་འབྱུང་ཞེས་ཟེར། །ཐེག་པ་ཆེན་པོའི་མདོ་རྒྱུད་ལས། །འདི་འདྲའི་ཆོས་ལུགས་བཤད་པ་མེད། །ཉི་མ་དེ་རིང་ཤར་བ་ཡི། །འོད་ཟེར་ནངས་པར་འབྱུང་བ་མཚར། །ཞེས་གསུངས་དོན་ནི་རྟོགས་པར་འགྱུར། །

སྔགས་དང་ཕ་རོལ་ཕྱིན་པ་ཡིས། །སངས་རྒྱས་རྒྱན་ཅན་རྒྱན་མེད་དུ། །ཐལ་ལ་འདོད་པ་མ་ཡིན་ནམ། ། ཞེས་པའི་ལན་ནི་འདི་ལྟར་ལགས། །རྒྱུ་ཡི་ཕར་ཕྱིན་ཐེག་པ་དང་། །འབྲས་བུ་སྔགས་ཀྱི་ཐེག་པ་གཉིས། །བཟང་ངན་ཡོད་ཕྱིར་སངས་རྒྱས་ལ། །ཁྱད་པར་ཡོད་ཚུལ་ཀོ་ཊ་ཙ། །ས་ལུ་གཉིས་ཀྱི་དཔེ་ཡིས་གསུངས། །བཟང་ངན་ཡོད་པ་ཙམ་གྱིས་ནི། །རྒྱན་བཅས་རྒྱན་མེད་འཇོག་པ་དེ། །མངོན་པའི་གཞུང་ལུགས་མ་ཡིན་ཏེ། །གཞན་དུ་རྒྱུན་ཞུགས་མཐོང་ཆོས་ཞི། །རྒྱན་བཅས་དེ་ལས་གཞན་པ་ཡི། །རྒྱུན་ཞུགས་རྣམས་ནི་རྒྱན་མེད་དང་། །ཕྱིར་འོང་ཚེ་གཅིག་བར་ཆད་ནི། །རྒྱན་བཅས་དེ་ལས་གཞན་རྣམས་ནི། །རྒྱན་མེད་ཡིན་པར་འགྱུར་བ་དང་། །རྣམ་པར

བརྒྱུད་ཀ་ཐོབ་པ་ཡི། །ཕྱིར་མི་འོང་ནི་རྒྱུན་བཅས་དང་། །དེ་མ་གཏོགས་པའི་ཕྱིར་མི་འོང་། །ཀུན་ཀྱང་རྒྱུན་མེད་ཡིན་པ་དང་། །བྱང་སེམས་མཐོང་ལམ་རྒྱུན་བཅས་དང་། །ཉན་རང་མཐོང་ལམ་རྒྱུན་མེད་དུ། །ཐལ་བར་འགྱུར་ན་དེ་མི་རིགས། །རྒྱུན་ཞུགས་རྒྱུན་བཅས་རྒྱུན་མེད་དང་། །ཕྱིར་འོང་རྒྱུན་བཅས་རྒྱུན་མེད་སོགས། །གཞུང་ལུགས་གང་ནའང་བཤད་པ་མེད། །གལ་ཏེ་ཡོད་ན་སྟོན་པར་གྱིས། །མངོན་པ་ཀུན་ལས་བཏུས་པ་ལས། །བརྡ་དང་དོན་དམ་རྣམ་པ་གཉིས། །འགོག་པ་གཞན་རྣམས་ཐམས་ཅད་བསྡུས། །ཡོངས་སུ་མ་རྫོགས་རྫོགས་པ་དང་། །རྒྱུན་མེད་རྒྱུན་བཅས་འགོག་པ་དང་། །ལྷག་བཅས་ལྷག་མེད་འགོག་པ་དང་། །ཁྱད་པར་འཕགས་པའི་འགོག་པ་སྟེ། །རྣམ་པ་དགུ་ཞིག་གསུངས་པ་ལས། །རྒྱུན་མེད་པ་ཡི་འགོག་པ་ནི། །ཤེས་རབ་ཀྱིས་ནི་རྣམ་གྲོལ་བའི། །དགྲ་བཅོམ་རྣམས་ཀྱི་འགོག་པ་གང་། །རྒྱུན་དང་བཅས་པའི་འགོག་པ་ནི། །གཉིས་ཀའི་ཆ་ལས་རྣམ་གྲོལ་བ། །རིག་པ་གསུམ་དང་མངོན་ཤེས་དྲུག །ལྡན་པའི་དགྲ་བཅོམ་པ་རྣམས་ཀྱིས། །འགོག་པ་གང་ཡིན་དེ་ལ་གསུངས། །དགྲ་བཅོམ་དེ་ཡང་ཉན་རང་གི། །དགྲ་བཅོམ་ཡིན་པར་ཕན་འཛོག་གིས། །འགྲེལ་པ་ཉིད་ལས་གསལ་བར་བཤད། །གལ་ཏེ་ཀུན་བཏུས་ལས་གསུངས་པ། །མཚན་གཞི་སྟོན་པའི་གཞུང་ཡིན་ནོ། །ཞེས་པ་བརྡ་ཡི་འགོག་པ་དང་། །དོན་དམ་པ་ཡི་འགོག་པ་སོགས། །མཚན་གཞི་སྟོན་པའི་གཞུང་དུ་འགྱུར། །

འདོད་ན་གཞུང་དང་འགྲེལ་པ་ལས། །མཚན་ཉིད་སྟོན་པའི་གཞུང་ཡིན་པར། །ཤིན་ཏུ་གསལ་བར་བཤད་པ་དེ། །ཇི་ལྟར་ཡིན་པར་སྨྲ་བར་གྱིས། །མངོན་པ་མཛོད་དང་དེ་འགྲེལ་ལས། །འགོག་ཐོབ་གཉིས་ཀས་ལས་རྣམས་གྲོལ། །ཤེས་པར་གྱི་ནི་ཅིག་ཤོས་སོ། །ཞེས་དང་དད་པས་རྗེས་འབྲང་ལ། །དབང་པོའི་སྒོ་ནས་གསུམ་དག་དང་། །རིགས་ཀྱི་ལྔ་དང་ལམ་གྱི་ནི། །བཅོ་ལྔ་ཆགས་བྲལ་སྒོ་ནས་ནི། །འཆིང་བ་མཐའ་དག་ལྡན་པ་དང་། །འདོད་པའི་ཉོན་མོངས་དང་པོ་ནས། །ཅི་ཡང་མེད་ལ་ཆགས་བྲལ་བར། །བདུན་ཅུ་རྩ་གསུམ་རྟེན་གྱིས་ནི༑ ༑གླིང་གསུམ་འདོད་ལྷ་རིགས་དྲུག་སྟེ། །དེ་ལྟར་དབང་པོ་རིགས་དང་ལམ། །འདོད་ཆགས་བྲལ་དང་རྟེན་སྒོ་ནས། །བསྒོམས་ཏེ་འབུམ་དང་བཞི་ཁྲི་དང་། །བདུན་སྟོང་བརྒྱད་བརྒྱ་ཉི་ཤུ་ལྔ། །ཡོད་དང་འཕགས་པ་ཐམས་ཅད་ཀྱང་། །བསྡུས་ནི་རྫས་ནི་དྲུག་ཏུ་འདུས། །དེ་ཡང་དད་པས་རྗེས་འབྲང་དང་། །ཆོས་ཀྱི་རྗེས་འབྲང་རྣམ་པ་གཉིས། །མཐོང་ལམ་ལ་གནས་དད་མོས་དང་། །མཐོང་ཐོབ་གཉིས་ཀ་སྒོམ་ལམ་དང་། །དུས་སྦྱོར་དུས་དང་མི་སྦྱོར་བའི། །དགྲ་བཅོམ་གཉིས་ཀ་མི་སློབ་པའི། །ལམ་ལ་གནས་པར་གསུངས་མོད་ཀྱི། །རྒྱུན་བཅས་མེད་པ་དགྲ་བཅོམ་གྱིས། །ཐ་སྙད་གསུངས་པ་ག་ལ་ཡོད། །དེས་ན་བྱང་ཆུབ་སེམས་དཔའ་དང་། །རྫོགས་པའི་སངས་རྒྱས་གཉིས་ཀ་ཡང་། །རྒྱུན་བཅས་དགྲ་བཅོམ་མིན་པར་མཚུངས། །དེ་ཕྱིར་མཁས་པས་བསྟན་བཅོས་

ལ༔ །ཤཻ་ཀྵ་བྱེད་པ་ཁ་ཅིག་གིས། །མཛོད་ལས་རྒྱན་བཅས་གསུངས་ཞེས་དང་། །རྫོགས་པའི་སངས་རྒྱས་བྱང་སེམས་གཉིས། །རྒྱན་བཅས་ཡིན་ཞེས་བྲིས་པས་འཁྲུལ། །མངོན་ཤེས་དྲུག་དང་ལྡན་པ་ཙམ། །རྒྱན་བཅས་ཡིན་པར་འཛོག་མི་ནུས། །དེ་འདྲ་ཕྱིར་མི་འོང་བ་ལ། །ཡོད་པ་སྲིད་པ་མངོན་པའི་ལུགས། །དེ་ལ་ཁ་ཅིག་བསེ་རུ་དང་། །བྱང་སེམས་སངས་རྒྱས་གསུམ་ཀ་ཡང་། །རྒྱན་བཅས་ཁོ་ན་ཡིན་པའི་ལུང་། །སྟོན་དང་བསེ་རུ་བྱང་ཆུབ་པར། །བསམ་གཏན་མཐའ་རྟེན་གཅིག་ལ་ཀུན། །ཞེས་པ་ཁུངས་སུ་དྲངས་པ་ཡིས། །མངོན་ཤེས་ལྡན་པའི་སླུབ་བྱེད་ཡིན། །ཞེས་པས་ཡི་གེར་བྲིས་པ་སྣང་། །མངོན་ཤེས་ལྔ་པོ་གང་ཡང་རུང་། །ཐོབ་པ་དེ་ལ་བསམ་གཏན་གྱིས། །དངོས་གཞི་ཐོབ་པས་ཁྱབ་པ་ནི། །མངོན་པ་གོང་འོག་མཐུན་པར་སྨྲ། །བསམ་གཏན་དངོས་གཞི་ཐོབ་པ་ལ། །མངོན་ཤེས་ཐོབ་པར་ག་ལ་ངེས། །མངོན་ཤེས་དང་པོ་ལྔ་པོ་དང་། །ཚེ་རབས་སྔ་མར་འདྲིས་བྱས་ན། །ཚེ་འདིར་བསམ་གཏན་དངོས་གཞི་ནི། །ཐོབ་ཚེ་མངོན་པར་ཤེས་པའང་ཐོབ། །དེ་ལྟ་མིན་ན་དངོས་གཞི་ཙམ། །ཐོབ་ཀྱང་དེ་དུས་མངོན་ཤེས་ནི། །འབད་པས་བསྒྲུབ་པར་བྱ་བར་གསུངས། །

དེ་ཡང་མཛོད་ལས་འདི་སྐད་དུ། །ཐོབ་བྱ་འདྲིས་པ་ཆགས་བྲལ་བས། །ཞེས་པའང་དགོངས་པ་འདི་ཉིད་དོ། །དེ་ལྟར་བཤད་པའི་ཚུལ་གོ་ན། །ཁ་ཅིག་ཕ་རོལ་ཕྱིན་པ་དང་། །གསང་སྔགས་གཉིས་ཀྱི་མཐོང་ལམ་ལ༔ །རྒྱན་ཅན་རྒྱན་མེད་ཡིན་ཞེས་ཟེར། །དེ་ལྟ་ཡིན་ན་སངས་རྒྱས་ཀྱི། །རྒྱན་ཅན་རྒྱན་མེད་གཉིས་སུ་འགྱུར། །ཉན་ཐོས་རྣམས་ཀྱི་དགྲ་བཅོམ་ལ། །རྒྱན་ཅན་རྒྱན་མེད་གཉིས་འཐད་ཀྱི། །ཐེག་པ་ཆེན་པོའི་འཕགས་པ་ལ། །རྒྱན་ཅན་རྒྱན་མེད་གཉིས་མི་སྲིད། །ཞེས་གསུངས་དགོངས་པར་རྟོགས་པར་འགྱུར། །དགེ་སློང་སྡོམ་པ་མ་ཐོབ་པར། །མཁན་པོ་བྱས་པ་ཆོག་ཞིག །འདུལ་བའི་མདོ་དང་ལུང་དག་ཏུ། །གསལ་བར་བཤད་པ་མ་ཡིན་ནམ། །ཞེས་པའི་དྲི་བ་དག་ལ་ནི། །སྔ་ཕྱིའི་གོ་རིམ་མི་སྣང་ངོ་། །

འདུལ་བའི་མདོ་དང་ལུང་གཉིས་ཀར། །བརྟེན་མཁས་གཉིས་ཀ་མི་ལྡན་པར། །མཁན་པོ་གནས་དང་མི་གནས་པར། །འདུག་པ་གསུམ་ཀ་ལེགས་པར་བཀག །བརྟན་པ་དེ་ཡང་ལྟུང་ཤེས་ཀྱིས། །ལྟུང་པ་མ་གཏོགས་བསྙེན་རྫོགས་ཀྱི། །སྡོམ་པ་ཐོབ་ནས་བསླབ་པའི་རྒྱུན། །གཞན་གྱིས་བར་མ་ཆོད་པར་ནི། །ལོ་བཅུ་ངེས་པར་ལོན་དགོས་པར། །འདུལ་བའི་སྡེ་སྣོད་དག་ལས་གསུངས། །འོན་ཀྱང་ལུང་ལས་ཇི་སྐད་དུ། །སྨྲོན་པ་སེམས་འཁྲུགས་ན་བ་དང་། །འོན་པ་གླེལ་པ་གཉིད་ལོག་དང་། །ར་རོ་བ་དང་མྱོས་པ་དང་། །སྙོམས་པར་ཞུགས་དང་འགྲོ་བ་མཚན། །ཁྲིམ་པ་དག་ལ་སོགས་པ་རྣམས། །བསླབ་པ་སྦྱིན་པ་ཐ་མའོ། །ཞེས་པས་སྨྲོན་པས་མཁན་པོ་བྱས། །བསྙེན་པར་རྫོགས་ནས་སྐྱེ་བཞིན་དུ། །ཉེས་བྱས་འབྱུང་ཞེས་གསུངས་པ་དང་། །དེ་བཞིན་དུ་ནི་སེམས

འབྲུགས་དང་། །ནད་ཀྱིས་གཟིར་དང་སྨོམས་པར་ཞུགས། །འགྲོ་བ་གཞན་དུ་གནས་པ་དང་། །དགེ་ཚུལ་
བསྙེན་རྫོགས་བྱེད་པ་ན། །མཁན་པོ་གལ་ཏེ་མཚན་འཕོས་ནས། །དེ་ཡང་བསྙེན་རྫོགས་འགྱུར་བ་དང་། །
མཁན་པོ་ཁྱིམ་པ་བསྙེན་རྫོགས་དང་། །དེ་བཞིན་མཁན་པོ་ཟ་མ་དང་། །མ་ནིང་ནས་བཟུང་བསླབ་བྱིན་པར། །
བསྙེན་རྫོགས་སྐྱེ་ལ་ཉེས་བྱས་སུ། །གསུངས་ཤིང་དེ་བཞིན་འདུལ་བའི་མདོར། །བསྒྲུབ་བྱ་མཁན་པོ་ལྡན་པ་
ལ༔ ༔སྡོམ་པ་སྐྱེ་བ་དེ་བཞིན་དུ། །མཁན་པོ་མེད་པ་ལ་ཡང་སྐྱེ། །མཁན་པོ་བསྙེན་པར་མ་རྫོགས་པས། །སྐྱེ་
བའི་མདོ་གཉིས་གསུངས་པ་ནི། །ལུང་གི་ཡི་གེ་དེ་ཉིད་བསྡུས། །མཁན་པོ་མེད་ན་བསྙེན་རྫོགས་ནི། །གཞུང་དེ་པར་
བཙུན་པ་ལས་བགྱིད་པ་ཁྱིམ་པས་བསྙེན་པར་རྫོགས་པར་བགྱིས་ན་བསྙེན་པར་རྫོགས་པ་ཞེས་བགྱི་འམ། །ཨུ་པ་ལི་བསྙེན་པར་མ་རྫོགས་
པ་ཞེས་བྱ་སྟེ། བསྙེན་པར་རྫོགས་པར་བྱེད་པ་རྣམས་ཀྱང་འདས་པ་དང་བཅས་པ། །དེ་བཞིན་དུ་མ་ནིང་དང་། དགེ་སློང་མ་སུན་ཕྱུང་བ།
མཚམས་མེད་པ་ལྔ་བྱས་པ། མུ་སྟེགས་ཅན་གཉིས། སྐྱ་ཐབས་སུ་གནས་པ། ཐ་དད་དུ་གནས་པ། གནས་པར་མི་བྱ་བ། སྟར་འབྲུགས་པ།
སྡོན་ལྟུང་བ་བྱུང་བ། སོ་སོར་གནས་པས་ལས་བགྱིས་ཏེ། བསྙེན་པར་རྫོགས་པར་བགྱིས་ན། ཞེས་སོགས་སྔར་བཞིན་གསུངས་སོ། །མི་
སྐྱེ་བ་ཡང་ལུང་ལས་གསུངས། །དེ་བཞིན་འདུལ་བའི་མདོ་དང་ནི། །འདུལ་བ་འོད་ལྡན་ལས་ཀྱང་གསུངས། །
འོན་དགོངས་པ་གང་ཞེ་ན། །བཤད་པར་བྱ་ཡི་མཉན་པར་གྱིས། །དོན་གྱི་སྙིང་ན་ཞེས་བྱའམ། །སྤྱོད་པ་དོན་
དམ་དབང་བྱས་ན། །མཁན་པོ་མེད་ཀྱང་སྐྱེ་བ་དང་། །དཔྱད་པ་ཐ་སྙད་དབང་བྱས་སམ། །བསྒྲུབ་བྱ་རང་གིས་
བློ་ངོར་ན། །མཁན་པོ་མེད་ན་མི་སྐྱེ་བས། །དེ་ཕྱིར་མི་སྐྱེ་བར་ཡང་གསུངས། །

དེ་ཡང་འདུལ་བ་འོད་ལྡན་ལས། །ཁ་ཅིག་ན་ནི་འོད་ལྡན་ནི། །གལ་ཏེ་འདུལ་བ་ཐམས་ཅད་ལས། །
འབྱུང་བའི་དཔྱད་པ་ཐ་སྙད་པ། །ཡིན་ན་ཞུ་བའི་གཞུང་དང་འགལ་བར་འགྱུར་རོ། །དེ་ཡང་གཞུང་ནི་ཉེ་བར་
འཁོར། །མཁན་པོ་ཚུལ་ཁྲིམས་འཆལ་པ་ཡིས། །བསྙེན་པར་རྫོགས་པར་བྱེད་པ་ནི། །གལ་ཏེ་གང་ཟག་གི་སྟེ་
བསྒྲུབ་བྱ་དེས། །མི་ཤེས་པས་ན་བསྙེན་པར་རྫོགས། །ཡིན་ནོ་ཞེས་ནི་རྒྱ་ཆེར་གསུངས་ནས་འདི་སྐད་དུ་ཉེ་བར་
འཁོར། །སློབ་དཔོན་དག་ལས་ལས་བྱེད་པ། །ཚུལ་ཁྲིམས་འཆལ་བས་བསྙེན་པར་ནི། །རྫོགས་པར་བྱེད་ན་
བསྙེན་པར་མ་རྫོགས་ཡིན་ནོ། །ཞེས་གསུངས་པ་དེ་ཡིན་པ་ལ། །གལ་ཏེ་འདིར་ནི་ལས་བྱེད་པའི། །དཔྱད་པ་ཐ་
སྙད་མ་ཡིན་པར། །བཞེད་ན་ནི་དེ་ཡི་ཚེ་ན་ཡང་། །གལ་ཏེ་བསྒྲུབ་བྱ་གང་ཟག་གི་སྟེ་དེ། །མི་ཤེས་ན་འོ་ཞེས་བྱའི་
ཚིག །འཇོད་པར་འགྱུར་བ་ཞིག་ན་སྟེ་རིག་པ་པས་ལས། །འཇོད་པ་ཡང་མེད་པས་དེ་ལྟ་བས་ན། །ཞེས་བྱ་བ་ལ་སོགས་པ་
ནི་ཕྱི་མ་དག་པའི་རྗེས་སུ་འཇུག་པ་མཐོང་བའི་ཕྱིར་རོ། །ཡང་གལ་ཏེ་དཔྱད་པ་དངོས་སུ་ཡིན་པར་འགྱུར་ན་ཅིར་འགྱུར་ཞེ་ན། བསྒྲུབ་པར་
མི་ནུས་པ་ཉིད་ཀྱི་ཕྱིར་བཅོམ་ལྡན་འདས་ཀྱིས་བསྟན་པ་དོན་མེད་པར་འགྱུར་རོ། །འདི་ལྟར་ལྷའི་མིག་དང་རྣ་བ་དཔྱད་པ་ནི་མིན་ཏེ་བཀག

པའི་ཕྱིར། ཐ་སྙད་པ་ནི་གཞན་གྱི་སེམས་ཀྱིས་སེམས་འཇུག་པའི་སྤྱོད་ཡུལ་མིན་པའི་ཕྱིར་རོ། །མདོ་ལས་ཆེ་ལ་དབང་བ་བཅོམ་ལྡན་འདས་ཀྱིས་ཆོས་བསྟན་པས་ནི་ངེས་པར་འབྱུང་བ་དང་བཅས་པ་དང་། སྒྲུབ་པར་ནུས་པ་ཡིན་ནོ་ཞེས་བྱ་བ་ལ་སོགས་པ་དང་། འགལ་བར་འགྱུར་ཏེ། གལ་ཏེ་སྨྲུད་པ་ཐ་སྙད་པ་མ་ཡིན་ན་བསྙེན་པ་བསྒྲུབས་པར་ནུས་པར་མི་འགྱུར་བའི་ཕྱིར་རོ། །ཅེས་མཁན་པོ་ལ་མཚན་ཉིད་མ་ཚང་བ་གཏན་མེད་ཀྱང་། བསྒྲུབ་བྱ་རང་གིས་མཁན་པོ་མཚན་ཉིད་དང་ལྡན་པར་འདུ་ཤེས་པ་དང་། ཡོད་པར་འདུ་ཤེས་ན་བསྙེན་རྫོགས་སྐྱེ་བར་ལུང་ལས་གསུངས་ཤིང་ལས་མཁན་ལ་ཡང་གསུངས་པ་ལ། འོད་ལྡན་དུ། ལས་མཁན་ལ་ཡང་མཁན་པོ་ཇི་ལྟ་བ་བཞིན་དུ་སྦྱར་རོ། །དངོས་པོ་ཉིད་དུ་བཞེད་པ་ཡིན་ནོ། །ཞེ་ན་འདི་ཡན་ཆད་རྩོད་པའོ་དེ་ནི་མ་ཡིན་ནོ། །མཁན་པོ་དང་འབྲེལ་བ་སྟེ་མཁན་པོ་ཚུལ་ཁྲིམས་འཆལ་བས་ཞེས་སོགས་འདིར་ཡང་ཚིག་ལ་ཡང་། །གལ་ཏེ་གང་ཟག་གི་མི་ཤེས་ན། །ཞེས་བྱའི་ཁྱད་པར་འདི་ཙམ་ཞིག །ལས་བྱེད་པ་ཡི་ཚིག་ལ་ཡང་། །རྗེས་སུ་སྦྱར་བར་བྱ་བ་ཡིན། །དཔྱད་པ་ཐ་སྙད་དབང་བྱས་པའི། །རྗེས་སུ་འཇུག་པ་ནི་བཞེད་པ་ཉིད་ཡིན་ཏེ། །དགེ་སློང་རྣམས་དང་བསླབ་པ་མཐུན་པར་འགྱུར་ཞེས་སོགས། །ཕྱི་མ་དག་པའི་རྗེས་འཇུག་པ། །མཐོང་བའི་རྒྱུ་མཚན་ཉིད་ཕྱིར་རོ། །

གལ་ཏེ་དཔྱད་པ་དངོས་ཡིན་ན། །ཉེས་པ་ཅི་འགྱུར་ཞེ་ན་ནི། །བསྒྲུབ་པར་མི་ནུས་པ་ཉིད་ཕྱིར། །བཅོམ་ལྡན་བསྟན་པ་དོན་མེད་འགྱུར། །འདི་ལྟར་ལྷ་མིག་རྣ་བ་ཡིས། །དཔྱད་པ་མིན་ཏེ་བཀག་ཕྱིར་རོ། །ཐ་སྙད་པ་ནི་གཞན་སེམས་ཀྱི། །འཇུག་པ་སྤྱོད་ཡུལ་མིན་ཕྱིར་རོ། །ཞེས་པ་ལ་སོགས་རྒྱ་ཆེར་གསུངས། །དེས་ན་མཁན་པོ་གཏན་མེད་དམ། །མཁན་པོ་ཁྲིམ་པ་ལ་སོགས་པ། །ཡིན་ཡང་བསྒྲུབ་བྱ་རང་ཉིད་ཀྱིས། །མཁན་པོ་ཡོད་པར་འདུ་ཤེས་དང་། །མཁན་པོ་མཚན་ཉིད་དང་ལྡན་པར། །འདུ་ཤེས་ཡོད་ན་སྡོམ་པ་སྐྱེ། །དེ་ལྟར་མིན་པར་མཁན་པོ་ནི། །དགྲ་བཅོམ་ཡིན་ཀྱང་སྡོམ་པ་གང་། །སྐྱེ་བ་ཡོད་པ་མ་ཡིན་ཏེ། །བསྒྲུབ་བྱས་མཁན་པོའི་འདུ་ཤེས་དག །བྲལ་ཕྱིར་དེ་ཡང་ལུང་ལས་ནི། །བཙུན་པ་ལས་བགྱིད་པ་དེ་ཡིས། །བསྒྲུབ་བྱའི་མིང་ནས་མ་བརྗོད་ལ། །མཁན་པོའི་མིང་ནས་བརྗོད་པ་དང་། །དགེ་འདུན་གྱི་ཡང་མིང་ནས་བརྗོད། །གསོལ་བ་བགྱིས་ན་ལས་མ་ཉམས། །བསྙེན་རྫོགས་བགྱིས་ན་ཇི་ལྟར་འགྱུར། །ཞེས་པའི་ལན་དུ་སངས་རྒྱས་ཀྱིས། །བསྙེན་པར་མ་རྫོགས་ཞེས་བྱ་སྟེ། །བྱེད་པ་པོ་ལའང་ཉེས་བྱས་འབྱུང་། །དེ་བཞིན་བསྙེན་རྫོགས་འཚལ་བ་ཡི། །མིང་ནས་བརྗོད་ཅིང་དགེ་འདུན་གྱིས། །མིང་ནས་བརྗོད་ལ་མཁན་པོ་ཡི། །མིང་ནི་མ་བརྗོད་པ་དེ་ལ། །བསྙེན་རྫོགས་ཇི་ལྟར་སྐྱེ་བ་ལགས། །ཞེས་པའི་ལན་དུ་ཨུ་པ་ལི། །བསྙེན་པར་མ་རྫོགས་ཞེས་བྱ་སྟེ། །བྱེད་པ་པོ་ཡི་དགེ་འདུན་རྣམས། །འདས་པ་དང་ནི་བཅས་པར་གསུངས། །གཞུང་དམ་པའི་ཞུ་བ་ལས། བཙུན་པ་ལས་བགྱིད་པས་བསྙེན་པར་རྫོགས་པར་འཚལ་བའི་མིང་ནས་མ་བརྗོད་ལ། མཁན་པོའི་མིང་ནས་བརྗོད། དགེ་འདུན་གྱི་མིང་ནས་བརྗོད། གསོལ་བ་ཡང་བགྱིས། ལས་ཀྱང་མ་ཉམས་ན

བསྙེན་པར་རྫོགས་པ་ཞེས་བགྱི་འམ། ཨུ་པ་ལི་བསྙེན་པར་མ་རྫོགས་པ་ཞེས་བྱ་སྟེ། བསྙེན་པར་རྫོགས་པར་བྱེད་པ་རྣམས་ཀྱང་འདས་པ་དང་བཅས་པའོ། །བསྙེན་པར་རྫོགས་པར་འཚལ་བའི་མིང་ནས་བརྗོད། དགེ་འདུན་གྱི་མིང་ནས་བརྗོད་ལ། མཁན་པོའི་མིང་ནས་མ་བརྗོད། གསོལ་བ་ཡང་བགྱིས། ལས་ཀྱང་མ་ཉམས་ན་བསྙེན་པར་རྫོགས་པ་ཞེས་བགྱི་འམ། ཨུ་པ་ལི་བསྙེན་པར་མ་རྫོགས་པ་ཞེས་བྱ་སྟེ། ཞེས་དང་། བསྙེན་པར་རྫོགས་པར་འཚལ་བའི་མིང་ནས་བརྗོད་མཁན་པོའི་མིང་ནས་ཀྱང་བརྗོད་ལ། དགེ་འདུན་གྱི་མིང་ནས་མ་བརྗོད། གསོལ་བ་བགྱིས། ལས་ཀྱང་མ་ཉམས་ན་བསྙེན་པར་རྫོགས་པ་ཞེས་བགྱི་འམ་ཞེས་སོགས་དང་། བསྙེན་པར་རྫོགས་པར་འཚལ་བའི་མིང་ནས་བརྗོད། མཁན་པོའི་མིང་ནས་བརྗོད། དགེ་འདུན་གྱི་མིང་ནས་ཀྱང་བརྗོད། གསོལ་བ་ནི་མ་བགྱིས། ལས་མ་ཉམས་ན་བསྙེན་པར་རྫོགས་པ་ཞེས་བགྱིའམ་ཞེས་སོགས་དང་། བསྙེན་པར་རྫོགས་པར་འཚལ་བའི་མིང་ནས་བརྗོད་ལ། མཁན་པོའི་མིང་ནས་བརྗོད། དགེ་འདུན་གྱི་མིང་ནས་བརྗོད། གསོལ་བ་ཡང་བགྱིས་ལ། ལས་ནི་ཉམས་ན་བསྙེན་པར་རྫོགས་པ་ཞེས་བགྱི་འམ། ཨུ་པ་ལི་བསྙེན་པར་མ་རྫོགས་པ་ཞེས་བྱ་སྟེ། བསྙེན་པར་རྫོགས་པར་བྱེད་པ་རྣམས་ཀྱང་འདས་པ་དང་བཅས་པའོ་ཞེས་གང་ཟག་ལྔ་ལ་མི་སྐྱེ་བར་གསུངས་ལ་འཚལ། བརྗོད། གསོལ་བ་ཡང་བགྱིས་ལ། ལས་ནི་ཉམས་ན་བསྙེན་པར་རྫོགས་པ་ཞེས་བགྱི་འམ། ཨུ་པ་ལི་བསྙེན་པར་མ་རྫོགས་པ་ཞེས་བྱ་སྟེ། བསྙེན་པར་རྫོགས་པར་བྱེད་པ་རྣམས་ཀྱང་འདས་དང་བཅས་པའོ་ཞེས་གང་ཟག་ལྔ་ལ་མི་སྐྱེ་བར་གསུངས་ལ་འཚལ་བ་ཞེས་པ་དོན་མང་པོ་ལ་འཇུག་ཀྱང་འདིར་འདོད་པའོ། །གཞན་གསུམ་ལ་ཡང་དེ་བཞིན་གསུངས། །

གཞན་ཡང་ལུང་ལས་འདི་སྐད་དུ། །གང་ཟག་ལྔ་པོ་བསྙེན་པར་ནི། །མ་རྫོགས་ཞེས་བྱ་དེ་ལྔ་ཡང་། །བདག་གི་མིང་མ་བརྗོད་པ་དང་། །མཁན་པོའི་མིང་མ་བརྗོད་པ་དང་། །གསོལ་བ་༼དོགས༽ཚོད་དང་བརྗོད་པ་ཚད། །བསྙེན་པར་རྫོགས་པར་མི་ཤེས་པའོ། །ཞེས་དང་གཞན་ཡང་དེ་ཉིད་ལས། །གང་ཟག་གསུམ་ཀ་བསྙེན་པར་ནི། །མ་རྫོགས་པ་ཞེས་བྱ་བ་སྟེ། །བདག་གིས་མིང་ནས་མ་བརྗོད་དང་། །མཁན་པོའི་མིང་མ་བརྗོད་པ་དང་། །བསྙེན་པར་རྫོགས་པར་མི་ཤེས་པའོ། །ཞེས་གསུངས་དེ་བཞིན་མདོ་ལས་ཀྱང་། །དེ་དག་དགེ་སློང་མ་ཡིན་པར། །ཞེས་སོགས་མདོ་བཞི་པོ་དེ་འབྱུང་། །མཁན་པོ་མེད་ན་མཁན་པོ་ཡི། །མིང་ཡང་ཇི་ལྟར་བརྗོད་པར་བྱེད། །དེ་ཕྱིར་མངོན་སུམ་གྱུར་པ་བཅུས། །མེད་ན་བསྙེན་རྫོགས་མི་འབྱུང་ངོ་། །ཞེས་ཀྱང་ཚམ་ཚོམ་མེད་པར་སྨྲ༏ ༏མཁན་པོ་མེད་པར་བསྙེན་རྫོགས་ན། །སྐྱེ་ཞེས་སྨྲ་བ་ནང་འགལ་ཡིན། །ལས་མཁན་ལ་ཡང་ཇི་སྐད་དུ། །སྨྲོན་པར་གྱུར་ཀྱང་སེམས་འཁྲུགས་དང་། །རྣ་བ་འོན་པ་གླེན་པ་དང་། །ཁྲིམ་པ་དག་ལ་སོགས་པ་རྣམས། །བསླབ་པ་བྱིན་དང་དེ་ལྟར་མཚན། །བཙུན་པ་ལས་བགྱིད་སྨྲོན་པ་ཡིས། །བསྙེན་རྫོགས་བྱེད་ན་བསྙེན་པར་ནི། །རྫོགས་ཞེས་བགྱི་འམ་ཨུ་པ་ལི། །གལ་ཏེ་ལས་བྱེད་དགེ་སློང་གིས། །དགེ་སློང་འདུ་ཤེས་ལྡན་པ་དང་། །གསོལ་བ་བྱས་ཤིང་ལས་མ་ཉམས། །ཡོད་ན་བསྙེན་པར་རྫོགས་ཞེས་བྱ། །བྱེད་པ་པོ་ལ་ཉེས་བྱས་གསུངས། །དེ་བཞིན་

སེམས་འཕྲུགས་ནད་ཀྱིས་གཟིར། །འོན་པ་ར་རོ་བ་དན་ལ། །སྐྱིད་ལ་ཉེས་བྱས་ཉིད་དུ་གསུངས། །ལྷག་མ་དག་ལ་འདི་སྐད་དུ། །བཙུན་པ་ལས་བྱེད་ཁྲིམ་པ་ཡིས། །བསྙེན་རྫོགས་བྱེད་ན་བསྙེན་པར་ནི། །རྫོགས་པ་ཞེས་བགྱིའམ་ཨུ་པ་ལི། །བསྙེན་པར་མ་རྫོགས་ཤེས་བྱ་སྟེ། །བསྙེན་པར་རྫོགས་པར་བྱེད་པ་རྣམས། །འདས་པ་དང་ཡང་བཅས་པར་འགྱུར། །དེ་བཞིན་མ་ནི་དགེ་སློང་མ། །སྲུན་ཕྱུང་བ་དང་མཚམས་མེད་དང་། །མུ་སྟེགས་ཅན་གཉིས་རྐུ་ཐབས་དང་། །ཐ་དད་གནས་དང་གནས་མི་བྱ། །སོ་སོར་གནས་དང་སྤྱར་ཉེས་བྱུང་། །སྤྱར་འཕྲུགས་པ་དག་ལས་བྱེད་ན། །བསྙེན་པར་རྫོགས་པ་ཞེས་བགྱི་འམ། ཁྲིམས་པའི་ལན་དུ་ཨུ་པ་ལི། །བསྙེན་པར་མ་རྫོགས་པ་ཞེས་བྱ། །བྱེད་པ་པོ་ཡང་འདས་པ་དང་། །བཅས་པ་ཞེས་ཀྱང་ལུང་ལས་འབྱུང་། །འོན་ཀྱང་ཁྲིམ་པ་མན་ཆད་ཀྱིས། །ལས་མཁན་བྱས་ན་བསྙེན་རྫོགས་ནི། །མི་སྐྱེ་བར་ནི་གསུངས་པའི་དོན། །དཔྱད་པ་ཐ་སྙད་པ་ཉིད་དང་། །སྒྲུབ་བྱས་དེ་ལ་དེར་ཤེས་པས། །དབང་དུ་བྱས་པ་ཡིན་པར་བཤད། །དཔྱད་པ་དོན་དམ་དབང་བྱས་ཚེ། །བསྙེན་རྫོགས་དངོས་པོ་སྐྱེ་བ་དང་། །མཁན་པོ་ཇི་ལྟ་བ་བཞིན་ནོ། །

ཞེས་ནི་འདུལ་བ་འོད་ལྡན་ལས། །རྩོད་པ་དང་ནི་རྩོད་ལན་གྱིས། །གཏན་ལ་ཕབ་ཚུལ་སྟར་བཤད་ཟིན། །སློབ་དཔོན་ཆོས་ཀྱི་བཤེས་གཉེན་གྱིས། །འགྲེལ་པར་མཁན་པོ་དང་བཅས་པའི། །སྡོམ་པ་མི་སྐྱེ་ཞེས་གསུངས་པས། །ཚིག་ལ་བརྗོད་ནས་མཁན་པོ་ནི། །མེད་པར་སྡོམ་པ་སྐྱེ་བ་ཡོད། །ཞེས་ནི་འདུལ་འཛིན་མི་མཁས་པས། །གང་དག་སླུ་བར་བྱེད་མོད་ཀྱི། །འཁྲུལ་པ་ཡིན་པར་རིག་པར་བྱ། །རང་གི་རྣམ་པར་བཤད་པ་ལས། །མཁན་པོ་ལྡན་ཀྱང་བསྙེན་རྫོགས་ཀྱི། །སྡོམ་པ་སྐྱེ་བ་མེད་ཅེས་གསུངས། །འདིར་ཡང་འདོན་ཚུལ་དེ་བཞིན་ནོ། །གཞན་ཡང་སློབ་དཔོན་ཆོས་ཤེས་ཀྱིས། །མཁན་པོ་ཚུལ་ཁྲིམས་འཆལ་པ་ཡི། །སྡོམ་བས་ཀྱིས་མ་སྐྱེས་ཞེས་གསུངས་པའང་། །མཁན་པོ་མེད་ན་མི་སྐྱེ་བའི། །ལུང་ཡིན་བྱ་འདུལ་ཆེན་བྱ་འདུལ་འཛིན་ན་རེ། གཞུང་གི་དོན་འདི་ལྟར་རྟོགས་ཏེ། མཁན་པོ་གཏན་མེད་པའམ། ཡོད་ཀྱང་རྐུ་ཐབས་སུ་གནས་པ་ལ་སོགས་པའི་དགེ་སློང་གི་སྡོམ་པ་དང་མི་ལྡན་པ་དང་བསླབ་པ་ཕྱིན་པ་ཐམས་ཅད་ལ་དེ་ལྟར་ཤེས་པའམ། ཡིད་གཉིས་སུ་གྱུར་ན་སྡོམ་པ་སྐྱེ་བར་མི་འགྱུར་ཏེ། དེ་དགེ་སློང་མ་ཡིན་པར་ཤེས་ན་ནི་མི་སྐྱེའོ་ཅེས་གསུངས་པ་དང་། འདི་བསྡུས་པའི་ལུང་ལས་ཀྱང་། མཁན་པོ་རྐུ་ཐབས་སུ་གནས་པ་ལ་སོགས་པར་ཤེས་ན། མི་སྐྱེ་བར་བསྟན་པའི་ཕྱིར་དང་། དེ་ཕྱིར་སྡོང་བ་ལས་ཀྱང་ཞེས་དང་། དེ་གཉིས་ཀྱི་མིང་མ་བརྗོད་ན་ཞེས་དང་། དེ་དག་བསྡུས་པའི་ལུང་དང་། མ་མོ་ལས་མི་སྐྱེ་བར་གསུངས་པའི་ཕྱིར་དང་། གཞན་ཡང་མཁན་པོ་གཏན་ནས་མེད་པའི་དགེ་སློང་གིས་སེམས་རྣམ་པར་མ་དག་པ་ལ་དེ་ལྟར་ཤེས་ན་ཁྲེལ་ཡོད་པ་བསྐྱེད་པར་བྱེད་པའི་རྟེན་མེད་པའི་ཕྱིར་རོ། །འོན་ཏེ་ཀ་ལས། དགེ་སློང་མ་ཡིན་པར་ཤེས་ན་ལྡན་པའི་མི་སྐྱེ་ཞེས་བསྟན་པས་མི་ལྡན་པའི་སྐྱེ་བར་བསྟན་པ་མ་ཡིན་ནམ་དེས་ན་སྒྲུབ་བྱེད་མ་ཡིན་ནོ་ཞེ་ན། ཏེ་ཀ་བྱེད་པའི་བསམ་པས་ཀྱང་། དགེ་སློང་མ

ཡིན་པར་ཤེས་པའམ། ཡིད་གཉིས་སུ་གྱུར་ན་སྡོམ་པ་མི་སྐྱེ་བར་འདོད་པ་ཡིན་ཏེ། རྒྱ་ཐབས་སུ་གནས་པའི་ཊཱི་ཀ་ལས། མཁན་པོ་ཚུལ་ཁྲིམས་འཆལ་བ་ལ་སོགས་པའི་སྟོབས་ཀྱིས་མ་སྐྱེས་ཞེས་བསྟན་པ་དང་འགལ་བར་འགྱུར་བའི་ཕྱིར་རོ། །དེ་ཕྱིར་སྤྲང་བ་ལ་དགེ་སློང་ལ་འདོད་པ་ཡོད་ན་སྐྱེ་བར་བསྟན་པའི་དོན་ནི། དགེ་སློང་དེ་ཉིད་ལ་དེ་བར་འཛིན་ལ་རིགས་ལ་སོགས་པ་དམན་པར་འཛིན་པ་ཙམ་གྱིས་ཕྱིར་སྤོང་བ་ལ་ནི་སྡོམ་པ་སྐྱེ་ལ། དགེ་སློང་ལ་འདོད་པ་མེད་པ་སྟེ། དགེ་སློང་མ་ཡིན་པར་ཤེས་ན་མི་སྐྱེ་བའི་དོན་དུ་གནས་སུ་ཤེས། མིང་མ་བརྗོད་ན་མི་སྐྱེ་བ་དང་། མ་མ་ནས་མི་སྐྱེ་བར་བསྟན་པའི་དོན། ཉེས་པའམ། མཁན་པོ་དང་ལྡན་པའི་དོན་ནི་མ་ཡིན་ཏེ། སྤྱིར་བཏང་བྱུང་ལ་དམིགས་བསལ་མ་བྱུང་བའི་ཕྱིར་དང་། བདག་ཉིད་ཀྱི་མིང་མ་བརྗོད་པ་དང་། མཚུངས་པར་བསྟན་པའི་ཕྱིར་རོ། །ཁྲིམས་ཡོད་བསྐྱེད་པའི་རྟེན་གཙོ་བོ་ཡིན་པས་མེད་ན་མི་འབྱུང་བའི་རྒྱུར་བསྟན་རིགས་ཏེ། ལས་བྱེད་པ་ཚུལ་ཁྲིམས་འཆལ་བས་བྱས་པ་ན་བྱ་བ་མ་ཡིན་པར་བསྟན་པ་དང་མཚན་ཉིད་མཚུངས་པའི་ཕྱིར་རོ། །དགེ་འདུན་གྲངས་དང་མཚན་ཉིད་མི་ལྡན་པར་ཤེས་ན་མི་སྐྱེ་བ་བཞིན་ཞུ་བ་དང་། གླིང་བཞི་དང་། མདོ་ཉིད་ནས་མཁན་པ་མེད་ཀྱང་སྐྱེ་བར་བསྟན་པ་ནི། གཏན་མེད་པའམ། ཉམས་པའམ། མ་སྐྱེས་པ་དང་དབང་དུ་བྱས་པ་ནི་མ་ཡིན་གྱི་དམན་པ་ལ་དགག་སྒྲ་སྒྲུར་རོ་ཞེས་གསུངས་སོ། །པོ་ཡང་། །སོག་འདུལ་གཉིས་ཀྱང་འདི་བཞེད་དོ། །ལུང་ལས་མཁན་པོ་མེད་པར་ཡང་། །བསྙེན་རྫོགས་སྐྱེ་བར་གསུངས་པ་དང་། །མེད་ན་མི་སྐྱེ་བར་ཡང་བཤད། །དགོངས་པ་ལེགས་པར་བཤད་ཟིན་ཏོ། །

དེ་བཞིན་མདོ་ལས་ཚུལ་གཉིས་འབྱུང་། །དེ་ལ་འགྲེལ་ཆུང་མཁན་པོས་ནི། །སྔར་གྱི་འགྲེལ་ཆུང་ཡོན་འོད་པས་འདིར་བསྟན་པ་ནི་དགེ་ཚུལ་དང་སྔར་བསྟན་པ་ནི་དགེ་སློང་གིས་དབང་དུ་བྱས་པའོ། །ཞེའོ། །དེ་མ་རིགས་ཏེ། སྔ་མ་ཡང་རབ་ཏུ་བྱུང་བ་དང་། བསྙེན་པར་རྫོགས་པ་དེའི་ཕྱིར་དགེ་སློང་འགའ་ཞིག་ལ་ཞེས་གཉིས་ཀའི་དབང་དུ་བྱས་པ་དང་།ཞུ་བ་ལས། བསྙེན་པར་རྫོགས་པའི་ཆོ་དང་པོ་ལ་མཁན་པོ་མེད་ཀྱང་སྐྱེ་བར་གསུངས་པའི་ཕྱིར་རོ། །ཡང་ཤེས་རབ་བྱེད་པས། དེ་ལས་བཟློག་སྟེ་སྒྲོ་འདོགས་མི་རིགས་ཏེ་སྔ་མ་ཡང་། བསྙེན་པར་རྫོགས་པ་དེའི་ཕྱིར་ཅེས་མདོ་ལས་མཛད་པའི་གཞུང་དང་འགལ་བའི་ཕྱིར་རོ། །སྔ་མ་བསྙེན་རྫོགས་ཕྱི་མ་ནི། །དགེ་ཚུལ་ཁོ་ནའི་དབང་བྱས་ཟེར། །འགྲེལ་པ་ཤེས་རབ་བྱེད་པ་ལས། །སྔ་མ་དགེ་ཚུལ་ཕྱི་མ་ནི། །བསྙེན་རྫོགས་ཉིད་ཀྱི་དབང་དུ་བྱས། །ཞེས་བཤད་གཉིས་ཀ་མི་རིགས་ཏེ། །ལུང་དང་སློབ་དཔོན་རང་ཉིད་ཀྱི། །གཞུང་གཉིས་པོ་དང་འགལ་ཕྱིར་རོ། །དེས་ན་ཇི་སྐད་བཤད་པ་བཞིན། །དགོངས་པར་ངེས་ཀྱི་འདི་ལས་གཞན། །སུ་ཡིས་བཤད་ཀྱང་བད་གི་བློ། །གཡོ་བ་མེད་དོ་གྲོགས་པོ་དག །འདུལ་བ་ཚིག་ལེར་བྱས་པ་ལས། །ཁྱིམ་པ་མ་ནིང་ལ་སོགས་པ། །མཁན་པོ་གཏན་མེད་ཉིད་དང་ནི། །མཁན་པོ་ཁྱིམ་པའི་རྟགས་སོགས་ཉིད། །དེ་ཡང་བསྙེན་པར་རྫོགས་གྱུར་མོད། །དགེ་སློང་འགལ་ཚབ་ཅན་དུ་འགྱུར། །ཞེས་པའང་ལུང་ཉིད་བསྡུས་པ་སྟེ། །དགོངས་པ་སྔར་བཤད་པ་ལས་གཞན་དུ་བཟུང་མི་བྱ། །དེ་ལྟ་ཤེས་ན་བསྟན་བཅོས་ལས། །ཁྱིམ་པས་གསོལ་བཞིའི་

ལས་བྱས་ཀྱང་། །དགེ་སློང་སྡོམ་པ་མི་ཆགས་ལྟར། །ཞེས་དང་གཞན་ཡང་བསྟན་བཅོས་ལས། །རབ་བྱུང་མིན་པར་མཁན་པོ་དེ། །དགེ་སློང་སྡོམ་པ་མ་ཐོབ་པར། །མཁན་པོ་ལ་སོགས་བྱེད་པ་ནི། །ཞེས་སོགས་གསུངས་པའང་རྟོགས་པར་འགྱུར། །ལུང་ལས་བླ་མའི་དབྱེ་བ་ནི། །བདུན་དུ་བཤད་དེ་མཁན་པོ་གཉིས། །སློབ་དཔོན་རྣམ་པ་ལྔ་གསུངས་སོ། །

དང་པོ་ལ་ནི་རབ་བྱུང་དང་། །བསྙེན་རྫོགས་མཁན་པོ་གཉིས་སུ་ངེས། །སློབ་དཔོན་ལྔ་ལས་དགེ་བསྙེན་ནི༑ །སློབ་དཔོན་ལོགས་སུ་བཤད་པ་ཙམ། །མ་གཏོགས་འདུལ་བའི་མདོ་བཞིན་འབྱུང་། །སྐྱེས་ཐོབ་ཤེས་རབ་མི་དམན་དང་། །སྦྱང་བྱུང་ནན་ཏན་རྩོལ་བ་ཡི། །ཡོངས་འཛིན་མཁས་པ་གཙུག་གིས་བསྙེན། །ལུང་དང་དེ་འགྲེལ་མདོ་འགྲེལ་སོགས། །ལེགས་པར་བལྟས་ཤིང་ཀུན་ལ་འདྲིས། །འདུལ་བའི་སྡེ་སྣོད་ཇི་བཞིན་དུ། །ཤེས་པ་དེང་སང་ཁོ་བོ་ཙམ། །ཁ་འབར་མ་ཡི་གཏོར་མ་ལས། །དེ་བཞིན་གཤེགས་པ་བཞི་ཡི་མཚན། །སྔོན་ལ་བརྗོད་པ་མི་འཐད་ན། །རྗེ་བཙུན་གྲགས་པས་མཛད་དེ་ཅི། །ན་མ་སརྦ་ཏ་ཐཱ་སོགས། །དེ་བཞིན་གཤེགས་པ་ཐམས་ཅད་ལ། །ཕྱག་འཚལ་བ་ཡི་ཚིག་མིན་ནམ། །ཞེས་པ་འདི་ཡང་དྲི་བ་ཡི། །རྐང་གྲངས་འདྲེན་ཕྱིར་བྲིས་པར་སྣང་། །རྣལ་འབྱོར་དབང་ཕྱུག་ས་སྐྱ་པས། །དེ་འདྲའི་ཚིག་གསུངས་པ་མེད། །ཁྱད་པར་དེ་ལ་དགག་པ་ནི༑ །བསྟན་བཅོས་བཞིན་དུ་གསལ་བར་འབྱུང་། །དེས་ན་རྗེ་བཙུན་གྱིས་གསུངས་པ། །འཇམ་དབྱངས་ཀྱིས་ནི་བཀོད་པར་ངེས། །ཕྱག་འཚལ་བ་ནི་བདེན་སྟོབས་བརྗོད་པའི་དོན་ཡིན་པ་མ་གོ་བར་ཟད་དོ། །གྲགས་པ་རྒྱལ་མཚན་ཞེས་བྱ་བའི། །སངས་རྒྱས་ལ་ནི་འཁྲུལ་པ་མེད། །དེས་ན་དེ་འདྲ་སུས་སྨྲས་ཀྱང་། །རང་བཟོ་མཁན་གྱི་རྫུན་རིབ་ཡིན། །ཡི་དྭགས་ཁ་ནས་མེ་འབར་ལ། །གཏོར་མ་སྦྱིན་པའི་མདོ་ལས་ནི། །ན་མཿསརྦ་ཏ་ཐཱ་ག་ཏཱ། །ཀ་ཏ་ཨ་ཝ་ལོ་ཀི་ཏེ། །ཨོཾ་གྱིས་མགོ་དྲངས་སམ་བྷ་ར། །གཉིས་བརྗོད་ཧཱུྃ་གིས་མཇུག་སྡུད་པ། །འཕགས་པ་མཆོད་ན་ལན་གྲངས་ནི། །ཉི་ཤུ་རྩ་གཅིག་བཟླས་པ་དང་། །ཡི་དྭགས་ལ་སྦྱིན་བདུན་བཟླས་ནས། །དེ་ཡི་རྗེས་སུ་མཚན་བཞི་པོ། །དེ་བཞིན་གཤེགས་པ་རིན་ཆེན་ལ་བོད་ཀྱི་བླ་མ་དག །དེ་བཞིན་གཤེགས་པ་བཞི་པོ། ཐུབ་པ་ཆེན་པོ་དང་། འཇམ་དབྱངས་དང་། སྤྱན་རས་གཟིགས་དང་། ཕྱག་ན་རྡོ་རྗེ་རྣམས་ཡིན་པར་གསུངས་སོ། །མང་། །གཟུགས་དམ་པ་དང་སྐུ་འཇམ་ཀླུས། །འཇིགས་པ་ཐམས་ཅད་བྲལ་བ་ལ། །ཕྱག་འཚལ་བ་ཡི་ཚིག་གཉིས། །མདོ་ལས་རིམ་པ་བཞིན་དུ་གསུངས། །དེ་ལ་མཁས་འདོད་ཁ་ཅིག་གི། །ཐོག་མར་རྫོགས་པའི་སངས་རྒྱས་ལ། །ཕྱག་འཚལ་རིགས་སོ་སྙམ་ནས་ནི། །སྔགས་དང་ཕྱག་གཉིས་བསྒྲོལ་བ་ཡོད། །ལས་དང་པོ་པས། ཉམས་སུ་བླང་བའི་རིམ་པ་རིན་ཆེན་ཕྲེང་བ་ལས། འདི་ལ་ཁ་ཅིག །སྔགས་ཀྱི་སྔོན་དུ་དེ་བཞིན་གཤེགས་པ་བཞིའི་མཚན་བརྗོད་པ་མཐོང་སྟེ། དེ་ནི་རྒྱུད་དང་བསྟན་བཅོས་ཐམས་ཅད་ནས་མི་སྣང་བས་རང་དགའ་བ

རྣམས་ཀྱིས་སྨྲར་བ་ཡིན་ནོ་ཞེས་གསུངས་སོ། །རྫོགས་སངས་རྒྱས་ལས་མཁས་པ་ཡི། །གང་ཟག་འཇིག་རྟེན་གསུམ་ན་མེད། །དེ་ཕྱིར་དྲང་སྲོང་རང་ཉིད་ཀྱིས། །བཞག་པའི་མདོ་སྡེ་གང་ཡིན་པ། །དཀྲུག་ན་དམ་ཆོས་སྤོང་འགྱུར་བར། །གསུངས་ཤིང་དམ་ཆོས་སྤོང་བ་ལ། །ཐར་པ་ནམ་ཡང་ཡོད་མིན་ཞེས། །མགོན་པོ་བྱམས་པས་རྒྱུད་བླར་གསུངས། །ན་མ་སནྟ་ལ་སོགས་པ། །ཕྱག་འཚལ་བ་ཡི་ཚིག་ཡིན་པས། །སྟོན་ལ་བརྗོད་པ་ཐམས་ཅད་ནི། །དེ་བཞིན་གཤེགས་པ་བཞི་ཡི་མཚན། །ཡོགས་སུ་བརྗོད་ཀྱང་ཅི་ཞིག་དགོས། །དུས་ཀྱི་འཁོར་ལོ་ལ་ཕྱག་འཚལ། །དགྱེས་པ་རྡོ་རྗེ་ལ་ཕྱག་འཚལ། །སྨན་གྱི་བླ་ལ་ཕྱག་འཚལ་ལོ། །ཞེས་པ་ལ་སོགས་བརྗོད་པ་ལ། །དེ་ཡང་ཚིག་མ་ཡིན་ཏེ། །མདོ་དང་འགལ་བ་ཉིད་ཕྱིར་རོ། །

ཞེས་སྨྲ་ནའང་འདི་སྐད་དུ། །ན་མཿསནྟ་ཏ་བུ་སོགས། །དེ་བཞིན་གཤེགས་པ་ཐམས་ཅད་ལ། །ཕྱག་འཚལ་བ་ཡི་ཚིག་མིན་ནམ། །ཞེས་བྱའི་ཚུལ་གྱིས་འདྲི་བྱེད་དམ། །ཡང་ན་དུས་འཁོར་ལ་སོགས་པ། །དེ་བཞིན་གཤེགས་པ་མིན་པར་སྨྲ། །སྨན་པའི་རྒྱལ་པོའི་མདོ་གང་དེ། །མདོ་རྒྱུད་གཉིས་ཀྱི་བཟླས་ཕྱེ་བའི། །མདོ་རུ་བཞེད་པ་རྒྱུད་ཡིན་གྲངས། །དང་པོ་ལྟར་ན་དེ་ལས་ནི། །སྔགས་ཀྱི་ཚིག་འབྱུང་བ་ནི། །གཉིས་པ་ལྟར་ན་སྐབས་ཀྱི་ནི། །རྩོད་པའི་ལན་དུ་ཇི་ལྟར་འགྱུར། །ཞེས་པའི་ལན་ནི་བཤད་པར་བྱེད། །དེ་བཞིན་གཤེགས་པ་བདུན་གྱི་ནི། །ཚིག་སྔགས་ལུགས་ཡིན་ཞེས་པ། །མདོ་ལས་གསུངས་པ་མེད་མོད་ཀྱི། །བྱང་ཆུབ་སེམས་དཔའ་ཞི་བ་འཚོས། །འདི་དང་གཙུག་ཏོར་དྲི་མེད་ཀྱི། །ཚིག་གཉིས་པོ་ཁྲི་སྲོང་གི། །ལྡེའུ་བཙན་དོན་དུ་མཛད་པ་ནི། །བྱ་བའི་རྒྱུད་ཀྱི་ཚིག་ཞེས། །རྒྱུད་སྡེའི་རྣམ་དབྱེ་ཤེས་པ་ཡི། །མཁས་པ་ཡོངས་ཀྱིས་བཞེད་པ་ཡིན། །བྱ་བའི་རྒྱུད་ལ་སྒོ་དྲུག་སྟེ། །པད་མ་དང་རྒྱས་པ་དང་རྡོ་རྗེ་དང་། །དེ་བཞིན་གཤེགས་པའི་དང་ནོར་བུ་དང་། །གླང་པོའི་རིགས་ཞེས་བྱ་བའོ། །དེ་ཡང་བྱ་རྒྱུད་སོ་སོ་དང་། །བྱ་རྒྱུད་སྤྱི་ཡི་རིགས་གཉིས་སུ། །འགྱུར་ཏེ་དང་པོ་ལ་ནི་དྲུག །དེ་བཞིན་གཤེགས་པའི་རིགས་ཀྱི་རྒྱུད། །པད་མ་དང་ནི་རྡོ་རྗེ་དང་། །ལྷ་རྟེན་ནོར་བུ་འཇིག་རྟེན་པའི། །རིགས་ཀྱི་རྒྱུད་དེ་དང་པོ་ལ། །རིགས་ཀྱི་གཙོ་བོའི་རྒྱུད་ཉིད་དང་། །རིགས་ཀྱི་བདག་པོ་རིགས་ཀྱི་ཡུམ། །རིགས་ཀྱི་གཙུག་ཏོར་རྒྱུད་དག་དང་། །རིགས་ཀྱི་ཁྲོ་བོ་ཁྲོ་མོ་དང་། །བདེ་གཤེགས་རིགས་ཀྱི་ཕོ་ཉ་མོ། །དེ་བཞིན་གཤེགས་པའི་རིགས་སུ་བསྡུ་བའི་བྱང་སེམས་ཀྱི། །གནས་གཙང་ལྷ་ལ་སོགས་པའི་རྒྱུད། །དང་པོ་དམ་ཚིག་གསུམ་བཀོད་པའི་རྒྱལ་པོ་དང་། །འོད་ཟེར་དྲི་མེད་རྣམ་དག་པའི། །འོད་ཅེས་བྱ་བའི་གཟུངས་ཉིད་དང་། །རྟེན་འབྲེལ་སྙིང་པོ་སྒོ་མཐའ་ཡས། །སྒྲུབ་པའི་གཟུངས་དང་བཅུ་གསུམ་གཟུངས། །མི་ཏོག་བརྩེགས་པའི་གཟུངས་དག་དང་། །གསེར་འོད་དམ་པ་མཆོག་ཏུ་རྣམ་པར་རྒྱལ་བའི་མདོ་སྡེ་ལེའུ་སོ་གཅིག་པ་དང་། གསེར་འོད་དམ་པ་མདོ་སྡེའི་དབང་པོའི་རྒྱལ་པོ་ལེའུ་ཉེར་དགུ་པ། གསེར་

འོད་དམ་པ་མདོ་སྡེའི་དབང་པོའི་རྒྱལ་པོ་ལེའུ་ཉེར་གཅིག་པ་དང་། གསུམ་པོ་ལ་དཀྱིལ་འཁོར་གྱི་ཆོག་དང་། བྲིས་སྐུའི་སྒྲུབ་ཐབས་དང་། སྦྱིན་བསྲེག་གི་ཆོག་དང་བཅས་པ་བསྟན་པས་སྔགས་སུ་བྱས་སོ་ཞེས་མཁས་པ་ཁ་ཅིག་གསུངས་ལ། བུ་སྟོན་ཐམས་ཅད་མཁྱེན་པས། འདི་རྣམས་རྒྱུད་མ་ཡིན་ཏེ། མདོ་རྒྱུད་མ་འདྲེས་པར་ཕྱེ་བའི་དཀར་ཆག་ཏུ་མདོ་ཡིན་པར་བཤད་པའི་ཕྱིར་རོ་ཞེས་སོ། །གསེར་འོད་དམ་པ་ཆེ་བ་བམ་པོ་བརྒྱད། རྣམ་པར་མི་རྟོག་པའི་འགྱུར། གསེར་འོད་དམ་པ་ཆུང་བ་བམ་པོ་ལྔ། མཆོག་ཏུ་རྣམ་པར་རྒྱལ་བའི་སྡེ་བམ་པོ་བཅུ། མགོས་ཆོས་གྲུབ་ཀྱི་འགྱུར། །དེ་བཞིན་གཤེགས་པ་བདུན་གྱི་ནི། །སྔོན་གྱི་སྨོན་ལམ་ཁྱད་པར་རྒྱས། །ཤློ་ཀ་བརྒྱད་བརྒྱ་པ་དེ་དང་། །དེ་བཞིན་གཤེགས་པ་སྨན་གྱི་བླ། །བཻ་ཌཱུརྱ་ཡི་འོད་ཀྱི་སྔོན། །སྨོན་ལམ་ཁྱད་པར་རྒྱས་པ་གཉིས་དང་། །སྒོ་དྲུག་པ་ཡི་གཟུངས་དག་དང་། །ཤེར་ཕྱིན་ཡི་གེ་ཉུང་ངུ་དང་། །ཤེས་རབ་སྙིང་པོ་ལ་སོགས་པ། །དེ་ལྟར་དེ་བཞིན་གཤེགས་པ་ཡི། །རིགས་ཀྱི་གཙོ་བའི་རྒྱུད་དེ་ལ། །བཞི་བཅུ་རྩ་གཉིས་མེད་ཅེས་ཟེར། །གཉིས་པ་འཇམ་དཔལ་གྱི་ཞལ་ནས་གསུངས་པ་དང་། །འཇམ་དཔལ་གྱིས་ནི་དམོད་བཙུགས་པ་དང་། །འཇམ་དཔལ་ཤེས་རབ་བློ་འཕེལ་དང་། །འཇམ་དཔལ་ཡིག་འབྲུ་གཅིག་པ་དང་། །འཇམ་དཔལ་གྱིས་ནི་དམ་བཅས་དང་། །འཇམ་དཔལ་རྟོན་པོ་ལ་སངས་རྒྱས་ཀྱིས་བསྟོད་པ། །དེ་ལྟར་དེ་བཞིན་གཤེགས་པ་ཡི། །རིགས་ཀྱི་བདག་པོའི་རྒྱུད་དྲུག་གོ། །

གསུངས་པ་ལ་ཡང་དབང་བསྐུར་གཟུངས། །གཟུངས་གྲྭ་ལྔ་ལ་སོགས་རིག་སྔགས་ཀྱི་སྟོང་ཆེན་རབ་འཇོམས། རྨ་བྱ་ཆེན་མོ། སོ་སོར་འབྲང་མ་ཆེན་མོ། བསིལ་བའི་ཚལ་ཆེན་མོ། གསང་སྔགས་ཆེན་མོ་རྗེས་སུ་འཛིན་པ་སྟེ་ལྔ་ལ་གཟུངས་གྲྭ་ལྔ་ཞེས་ཟེར་པ་ཡི། །རིགས་ཀྱི་ཡུམ་གྱི་རྒྱུད་དེ་ལ། །གདུགས་དཀར་གྱི་གཟུངས་འདི་ལ་འགྲེལ་པར་གསལ་བར་བཤད་དོ། །རྐང་གྲངས་བཅུ་བཞི་ཡོད་ཅེས་གསུངས། །བཞི་པ་དེ་བཞིན་གཤེགས་ཀུན་གྱི། །གཙུག་གཏོར་ནས་བྱུང་གདུགས་དཀར་མོ༑ །གཞན་གྱིས་མི་ཐུབ་ཕྱིར་བཟློག་པ། །ཆེན་མོ་ཞེས་བྱའི་གཟུངས་ལ་སོགས། །དེ་ལྟར་རིགས་ཀྱི་གཙུག་ཏོར་གྱི༑ །རྒྱུད་ལ་བཅུ་གཅིག་ཡོད་པར་བཤད། །ལྔ་པ་རྡོ་རྗེ་འཇིགས་བྱེད་ཀྱི།།གཟུངས་དང་བེ་ཅོན་ཆེན་པོའི་གཟུངས། །གཞན་གྱིས་མི་ཐུབ་རིན་ཆེན་འཕྲེང་། །བར་ཆད་ཐམས་ཅད་རྣམ་སྦྱོང་བའི། །གཟུངས་ལ་སོགས་པ་དེ་ལྟར་ན། །རིགས་ཀྱི་ཁྲོ་བོ་ཁྲོ་མོའི་རྒྱུད། །བརྒྱད་ཡོད་པར་ནི་ཤེས་པར་བྱ། །དྲུག་པ་སྒོ་བཟང་པོ་ཡི་གཟུངས། །བུ་མང་བཏོན་པའི་གཟུངས་དག་དང་། །རོ་ལངས་བདུན་པའི་གཟུངས་ལ་སོགས། །དེ་ལྟར་རིགས་ཀྱི་པོ་ཉ་མོའི། །རྒྱུད་ལ་བཅོ་ལྔ་ཡོད་ཅེས་གསུངས། །

བདུན་པ་སྤྱན་རས་གཟིགས་ལ་སོགས། །ཉེ་བའི་སྲས་བརྒྱད་རྣམས་ཀྱི་མཚན། །བརྒྱ་རྩ་བརྒྱད་པ་གཟུངས་སྔགས་བཅས། །ཡེ་ཤེས་སྣང་མདའི་སྙིང་པོ་སོགས། །དེ་ལྟར་དེ་བཞིན་གཤེགས་པ་ཡི། །རིགས་ཀྱི་

བྱམས་སེམས་རྒྱུད་དེ་ལ། །བཅོ་བརྒྱད་ཡོད་པ་རིགས་པར་བྱ། །བརྒྱད་པ་འདུས་པ་ཆེན་པོའི་མདོ། །ཆོས་ཀྱི་རྒྱ་མཚོའི་མདོ་དག་དང་། །བགེགས་སེལ་བ་ཡི་གཟུངས་ཉིད་དང་། །སྤྲིན་ཆེན་པོ་ཡི་མདོ་ལ་སོགས། །དེ་ལྟར་གནས་གཙང་ལྔ་ལ་སོགས་པའི། །རྒྱུད་ལ་བཅོ་ལྔ་ཡོད་ཅེས་ཟེར། །གཉིས་པ་པདྨའི་རིགས་ཀྱི་རྒྱུད་ལ་ལྔ། ། རིགས་ཀྱི་གཙོ་བོ་རིགས་བདག་པོ། །རིགས་ཀྱི་ཡུམ་དང་རིགས་ཀྱི་ནི། །ཁྲོ་བོ་ཁྲོ་མོ་རིགས་བཀའ་ཉན། །ཕོ་ཉ་མོ་ཡི་རྒྱུད་རྣམས་སོ། །དང་པོ་ཆོ་དཔག་མེད་མདོ་དང་། །ཇོ་ཏ་རིས་ལྷ་དགུའི་དཀྱིལ་དུ་བཀྲལ་ཞིང་། བུ་སྟོན་པས། འདི་སྤྱོད་རྒྱུད་དུ་མཛད་ཀྱང་། འདིར་བྱ་རྒྱུད་དོ། །ཡང་ཐལ་ཆེར་དེ་དང་འདྲ་བ་ལ་བཙར་ན་ཕྲུཾ་ཡོད་པའི་ཨོཾ་གསུམ་བྱས་པ་གཅིག་དང་། ཕྲུཾ་མེད་པའི་ཨོཾ་གཉིས་བྱས་པ་གཅིག་དང་གཉིས་ཡོད་ལ། གཉིས་ཀ་ཡང་རྣམ་དག་ཡིན་ནོ། །ཚེ་མདོ་ཕྱི་མ་གཉིས་ལ། ཁ་ཅིག །འོག་མིན་དང་། བདེ་བ་ཅན་གྱི་ཚེ་དཔག་མེད་ཟེར་བ་འཁྲུལ་ཏེ། གཉིས་ཀ་སྟེང་ཕྱོགས་ཀྱི་ཚེ་དཔག་མེད་དུ་གསུངས་པས་སོ། །དེ་ལྟར་དཔེ་གཉིས་སྣང་ཡང་། རང་གི་ངོ་བོ་གཅིག་ཡིན་ཏེ། ཕྲུཾ་མེད་པའི་ཨོཾ་གཉིས་མ་ནི། ལོ་ཙྪ་བ་ཡོན་གྱིས་མ་འགྱུ་བས་སྤྱགས་ལ་སེར་སྣ་བྱས་པས་མ་དག་པ་ཡིན་ཏེ། མཚན་བརྒྱ་རྩ་བརྒྱད་མ་ཚང་བས་སོ། །ཞེས་ཆོས་རྗེ་ཡེ་ཤེས་རྒྱལ་མཚན་གྱིས་གསུངས་སོ། །འཆི་མེད་རྔ་སྒྲའི་གཟུངས་གཉིས་དང་། །སྣང་བ་མཐའ་ཡས་རྗེས་དྲན་སོགས། །པདྨའི་རིགས་ཀྱི་གཙོ་བོ་ཡི། །རྒྱུད་ལ་བཅོ་ལྔ་ཡོད་པར་གསུངས། །གཉིས་པ་དོན་ཡོད་ཞགས་པ་ཡི། །ཆོ་ག་ཞིབ་མོ་ལ་སོགས་པ། །པདྨའི་རིགས་ཀྱི་བདག་པོ་ཡི། ། རྒྱུད་ལ་བཅུ་བདུན་ཡོད་པར་བཤད། །གསུམ་པ་རྗེ་བཙུན་སྒྲོལ་མ་ཡི། །མཚན་བརྒྱ་རྩ་བརྒྱད་པ་ལ་སོགས། ། པདྨའི་རིགས་ཀྱི་ཡུམ་གྱི་རྒྱུད། །ལྔ་ཡོད་པར་ནི་ཤེས་པར་བྱ། །བཞི་པ་ཧ་ཡ་གྲཱི་ཝ་རྒྱུད་ཆེན་པོ། །དཔལ་སྡོམ་ཞེས་དང་ཧ་ཡ་གྲཱི་ཝ་ཡི། །རྟོག་པ་བདུན་བརྒྱ་པ་གཉིས་པོ། །དེང་སང་བོད་ན་མི་བཞུགས་སོ། །

ཧ་ཡ་གྲཱི་ཝ་གཟུངས་ལ་སོགས། །ཁྲོ་བོ་ཁྲོ་མོའི་རིགས་ཀྱི་རྒྱུད། །དྲུག་ཡོད་བཞི་ནི་བོད་ནའང་བཞུགས། ། ལྔ་པ་ཕྱིར་བཟློག་སྟོབས་ཅན་དང་། །ལྷ་མོ་དཔལ་གཟུངས་བསྟན་པའི་གཟུངས། །དཔལ་ཆེན་མོ་ཡི་མདོ་ལ་སོགས། །བཀའ་ཉན་ཕོ་ཉ་མོ་ཡི་རྒྱུད། །ལྔ་ཡོད་པར་ནི་ཤེས་པར་བྱ། །གསུམ་པ་རྡོ་རྗེའི་རིགས་ཀྱི་རྒྱུད། ། རིགས་ཀྱི་གཙོ་བོ་ཉིད་དང་ནི། །རིགས་ཀྱི་བདག་པོ་རིགས་ཀྱི་ཡུམ། །རིགས་ཀྱི་ཁྲོ་བོ་ཁྲོ་མོ་དང་། །རིགས་ཀྱི་བཀའ་ཉན་ཕོ་མོའི་རྒྱུད། །རྣམ་པ་ལྔ་ལས་དང་པོ་ནི། །ལས་ཀྱི་སྒྲིབ་པ་ཐམས་ཅད་སྦྱོང་བ། །ཞེས་བྱ་བ་མི་འཁྲུགས་པ་ཡི་གཟུངས། །འདི་ལ་སློབ་དཔོན་ཛེ་ཏ་རིས། །ལྷ་དགུའི་དཀྱིལ་འཁོར་བཤད་པ་ཡོད། །གཉིས་པ་རིག་པ་མཆོག་གི་རྒྱུད། །ཆེན་པོ་རྡོ་རྗེ་ས་འོག་གི། །རྒྱུད་ལེའུ་ཉེར་བརྒྱད་པ་ས་པཎ་གྱི་འགྱུར་དང་ལག་ན་རྡོ་རྗེ་གཟུངས། །ཆོ་ག་དང་བཅས་འདི་ལ་ཡང་། །མགོན་པོ་ཀླུ་སྒྲུབ་ཀྱིས་མཛད་པའི། །འགྲེལ་པ་སྣང་ཞིང་བླ་མེད་དང་། །བྱ་སྤྱོད་གཞུང་དུ་འདོད་པ་ཡི། །ཕྱག་རྡོར་སྒོར་གྱི་རྗེས་མ་རྣམས། །འདི་ལ་བརྟེན་ཏེ་བརྩམས་པར་སྣང་། །ཞེས་ནི་མཁས་པ་དག

གིས་གསུངས། །ལག་ན་རྡོ་རྗེའི་སྐུའི་སྙིང་པོ། །རྡོ་རྗེ་རྣམ་པར་འཇོམས་པའི་གཟུངས། །རྡོ་རྗེ་རི་རབ་ཆེན་པོ་ཡི། །རྩེ་མོའི་ཁང་པ་བརྩེགས་པའི་གཟུངས། །རྡོ་རྗེ་རྡོ་རྗེ་རྣམ་འཇོམས་ཀྱི་སྐོར་ལ། །ཞི་བ་འཚོ་དང་། བི་མ་ལ་མི་ཏྲ་དང་། བདེ་བའི་སྨྱུ་གུ་གསུམ་གྱིས། ལྷ་བཅུ་གསུམ་གྱི་དཀྱིལ་འཁོར་དང་། པད་མ་འབྱུང་གནས་དང་། ཀུ་མ་ར་སེན་དང་། རྡོ་རྗེ་གོ་ཆ་དང་། སངས་རྒྱས་གསང་བ་དང་བཞིས་ལྷ་ལྔའི་དཀྱིལ་འཁོར་དང་། སབ་རི་པས་དཀར་པོ་ལྷ་བཅོ་ལྔ་མ་དང་། མ་ཏི་བཛྲས། སྔོན་པོ་ལྷ་བཅུ་དགུ་མ་དང་། ཤུ་རང་གཝཛྲས། ལྷ་ཉེར་གཅིག་མ་དང་། བཅུ་གསུམ་མ་དང་། ལྷ་ལྔ་དང་། འཁྲུལ་འཁོར་བཅུ་གསུམ་མ་དང་། ལྷ་བཅུ་གཅིག་མ་དང་། དྲུག་ཅུ་རྩ་ལྔ་མ་སྟེ། དྲུག་ཏུ་བཀྲལ་ལོ། །ཡང་མར་མེ་མཛད། ཡེ་ཤེས་སྡེའི་རྣམ་འཇོམས་ཀྱི་སྒྲུབ་ཐབས་བརྒྱ་རྩ་བརྒྱད་དུ་གྲགས་པར། འཇིག་རྟེན་ལས་འདས་པའི་དཀྱིལ་འཁོར་བརྒྱད། འཇིག་རྟེན་པའི་དཀྱིལ་འཁོར་དྲུག་རྣམས་བཤད་དོ། །ཕྲ་མོ་ཐོགས་མེད་པའི། །གཟུངས་ལ་སོགས་པ་རྡོ་རྗེ་ཡི། །རིགས་ཀྱི་བདག་པོའི་རྒྱུད་བརྒྱད་དོ། །གསུམ་པ་གཅིག་ཉིད་བཞི་པ་ནི། །གཉིས་སོ་ལྔ་པའི་རྒྱུད་དེ་ལ། །སྟོབས་པོ་ཆེའི་གཟུངས་ཉིད་དང་། །ཁྲོ་བོ་སྨྱོ་བརྩེགས་ལ་བསྟོད་པ། །སྔགས་དང་བཅས་པ་ཡོད་པ་སྟེ། །རིགས་ཀྱི་ཕོ་ཉ་མོ་ཡི་རྒྱུད། །གཉིས་པོ་གཅིག་པ་ལྔས་རྩེན་གྱི། །རིགས་ནི་མེ་ཁ་ལ་ཡི་གཟུངས། །ཁོ་ནའོ་ལྔ་པ་ནོར་བུའི་རིགས། །ནོར་བུ་བཟང་པོའི་གཟུངས་དང་ནི། །ནོར་བུ་བཟང་པོའི་རྟོག་པ་སོགས། །ནོར་བུའི་རིགས་ཀྱི་རྒྱུད་བདུན་ནོ། །དྲུག་པ་འཇིག་རྟེན་རིགས་ཀྱི་རྒྱུད། །རིགས་སྔགས་རྒྱལ་མོ་དབུགས་ཆེན་མོ། །ཁོ་ན་ཡིན་པས་དེ་ལྟར་ན། །འཕགས་པ་རིགས་ལྔ་འཇིག་རྟེན་པའི། །རིགས་དང་དྲུག་གི་རྒྱུད་དེ་ནི། །པོད་ན་བཞུགས་པ་སྤར་བཤད་དང་། །མཁས་པའི་ངག་ལས་རྟོགས་པར་བྱ། །

གཉིས་པ་སྤྱི་ཡི་རྒྱུད་དེ་ནི། །དཔུང་བཟང་གསང་བ་སྤྱི་རྒྱུད་དང་། །ལེགས་གྲུབ་བསམ་གཏན་ཕྱི་མའི་རྒྱུད། །བཞི་སྟེ་དེ་ཡང་སོ་སོའི་རྒྱུད། །རྣམས་ལས་ཆོག་མ་ཚང་དང་། །ལས་ཀྱི་ཡན་ལག་མ་ཚང་བ། །ཁ་སྐོང་བ་དང་མི་གསལ་བ། །གསལ་བར་བྱ་ཕྱིར་བྱ་བའི་རྒྱུད། །ཀུན་གྱི་བཤད་རྒྱུད་ལྟ་བུ་ནི། །བྱ་བ་སྤྱི་ཡི་རྒྱུད་བཞི་ཡིན། །དེ་ལ་དཔུང་བཟང་ཞུས་པའི་མདོ། །ལྷུངས་ལོ་ཞེས་པའམ་རོ་ལྷན་གྱི། །གནས་སུ་རིགས་སྔགས་བདག་པོ་ནི། །ཕྱག་ན་རྡོ་རྗེའི་སྲས་པོ་ཆེ། །སྐྱེ་བ་གཅིག་གིས་ཐོགས་པ་ཡི། །བྱང་ཆུབ་སེམས་དཔའ་དཔུང་བཟང་གིས། །མི་རྣམས་བཟླས་བརྗོད་དཀའ་ཐུབ་ཀྱང་། །ཡུན་རིང་བྱས་ཀྱང་སྔགས་མ་གྲུབ་ཅིང་། །ཉོན་མོངས་རྣམས་ལ་སྙིང་བརྩེ་སྟེ། །རིགས་ཐམས་ཅད་ནི་མཉེས་པ་ཡི། །ཐབས་སུ་གྱུར་པ་ལ་གསུམ་པོ། །རིགས་ཐམས་ཅད་དང་དེ་དག་གི་གསང་སྔགས་རིགས་སྔགས་དང་། ལས་ཀྱི་དབྱེ་བ་དང་། མཉེས་པར་བྱ་བའི་ཐབས་རྣམས་ཁ་ཅིག་ཏུ་རྒྱས་པར་བསྟན་ཡང་བསྡུར་མ་ཤེས་པ་དང་། ཁ་ཅིག་ཏུ་ཟུར་ཙམ་བསྟན་པ་ནི་མ་གོ་ཞིང་། ཁ་ཅིག་ཏུ་མ་གསུངས་པའི་རྒྱུ་མཚན་གྱིས་མ་གྲུབ་པར་དགོངས་ནས། རིགས་ཐམས་ཅད་མཉེས་པར་བྱ་བའི་ཐབས་སུ་གྱུར་པ། འཇུག་པའི་སྤྱོད་པ་དང་། སྦྱོར་བའི་སྤྱོད་པ་དང་། སྒྲུབ་པ་དང་། གྲུབ་པའི་སྤྱོད་པ་རྣམས། ཞུས

པས་དེ་རྣམས་ཀྱི་ནི་དོན། །འདུས་ཤིང་གསལ་ལ་མ་ནོར་བ། །ལེའུ་བཅུ་གཅིག་སྒོ་ནས་གསུངས། །དེ་ལྟར་དཔུང་བཟང་རྒྱུད་ཀྱི་ནི། །སྤྱོད་པའི་མཚན་ཉིད་རབ་བརྟན་ནས། །ཁྱད་པར་དུ་ནི་འཇུག་པ་ཡི། །སྤྱོད་པའི་སྐབས་ཀྱི་བྱ་རྒྱུད་ཀྱི། །དཀྱིལ་འཁོར་སུམ་སྟོང་ལྔ་བརྒྱ་ཡི། །སྤྱི་ཡི་ཆོ་ག་སྟོན་པ་ནི། །གསང་བ་སྤྱི་རྒྱུད་ཡིན་པ་སྟེ། །དེ་ཡང་སྤྱི་ཡི་རྒྱུད་ཉིད་ལས། །དེ་ནས་གཞན་ཡང་གསང་བའི་རྒྱུད། །དཀྱིལ་འཁོར་དག་ནི་ཐམས་ཅད་ཀྱི། །སྤྱི་ཡི་ཆོ་ག་རྒྱས་པ་དག །མདོར་བསྡུས་རབ་ཏུ་བཤད་པར་བྱ། །ཞེས་པ་སོགས་ཀྱི་དབང་བསྐུར་བའི། །ཆོ་ག་རབ་ཏུ་རྒྱས་པར་གསུངས། །དེ་ལྟར་དབང་གི་རྒྱུད་སྨིན་ནས། །ལྷ་ཡི་རྣལ་འབྱོར་བསྒོམ་དགོས་པས། །དེ་ཡི་ཆོ་ག་ཡན་ལག་དང་། །བཅས་པ་གསལ་བར་སྟོན་པ་ནི། །ལེགས་པར་གྲུབ་པའི་རྒྱུད་ཡིན་ནོ། །

དེ་ལྟར་ལྷ་ཡི་རྣལ་འབྱོར་དང་། །ལྡན་པས་བསམ་གཏན་བསྒོམ་དགོས་པས། །དེ་ཉིད་གསལ་བར་སྟོན་པ་ནི། །བསམ་གཏན་ཕྱི་མའི་རྒྱུད་ཉིད་དོ། །དེས་ན་འདི་བཞི་བྱ་བ་ཡི། །སྤྱི་ཡི་རྒྱུད་ཡིན་དེ་ཡི་ཕྱིར། །སོ་སོའི་རྒྱུད་ནི་གང་གང་དུ། །སྤྱི་དང་ཡན་ལག་ལམ་དེ་དག །མ་ཚང་བ་རྣམས་ཐམས་ཅད་ལ། །འདི་བཞིས་ཁ་སྐོང་བཤད་པ་ནི། །རྒྱ་བོད་མཁས་པའི་སྲོལ་ཆེན་ཡིན། །དེ་ལྟར་བཤད་པ་རྣམས་ལ་ནི། །ཐལ་ཆེར་བྱ་བའི་རྒྱུད་ཡིན་ལ། །ཤེས་རབ་སྙིང་པོ་ལ་བརྟེན་ནས། །འཕགས་པ་ཀླུ་སྒྲུབ་སློབ་ཉིད་ཀྱིས། །ཐུབ་པ་གཙོ་འཁོར་ལྔ་པ་དང་། །རྣ་རི་ཀ་པ་ཡུམ་གཙོ་འཁོར། །ལྔ་པའི་སྒྲུབ་ཐབས་མཛད་པས་ན། །སྔགས་ཕྱོགས་གཏོགས་ཅེས་ཁ་ཅིག་སྨྲ། །ལ་ལ་རྣམ་དག་མིན་པར་འདོད། །བར་པ་མཚན་ཉིད་མེད་པ་ཡི། །ཆོས་ཀྱི་འཁོར་ལོ་བསྐོར་བའི་བཀའ། །ཡུམ་དྲུག་ཤེས་རབ་སྙིང་པོ་དང་། །ཤེར་ཕྱིན་ཡི་གེ་ཉུང་ངུ་དང་། །ཤེར་ཕྱིན་ཡི་གེ་གཅིག་མ་སོགས། །སྲས་བཅུ་གཅིག་དང་དེ་ལྟར་ན། །སྲས་ཡུམ་བཅུ་བདུན་ཞེས་བྱ་བ། །སྟོན་གྱི་དཀར་ཆག་དག་ཏུ་འབྱུང་། །དེ་བཞིན་བུ་སྟོན་ཆེན་པོས་ཀྱང་། །ཤེར་སྙིང་ལ་སོགས་བཀའ་བར་པའི། །ཆོས་འཁོར་ནང་དུ་བྲིས་པར་སྣང་། །འོན་ཀྱང་དེ་ཡི་ལུགས་ལ་ནི། །ཤེར་སྙིང་སྔགས་ལུགས་བཀྲལ་བ་ཡི། །འགྲེལ་པ་གང་དེ་ཚད་མར་བཞེད། །བྱང་ཆུབ་ལྟུང་བཤགས་དཀོན་བརྩེགས་ཀྱི། །མདོ་ཡི་དུམ་བུ་ཡིན་པ་དང་། །བསླབ་པ་ཀུན་ལས་བཏུས་པར་དྲངས། །བུ་སྟོན་ཆེན་པོས་ལྟུང་བཤགས་འདི། །ཉི་བ་འཁོར་གྱིས་ཞུས་པ་ལས། །འབྱུང་བ་ཡིན་ཞེས་བཀའ་ཐ་མའི། །ཆོས་འཁོར་ནང་དུ་བྲིས་པ་ཡོད། །དཀར་ཆག་སྤྲ་མ་ལས་ཀྱང་ངོ་། །དེ་ཕྱིར་འདི་ནི་མདོ་ཡིན་ནོ། །འདི་ཡི་འགྲེལ་པར་རབ་བྱུང་གི། །ཆ་ལུགས་ཅན་ལ་ཕྱག་ཏུ་ནི། །མཆོད་ཆ་བསྣམས་པ་བྲིས་པར་སྣང་། །སློབ་དཔོན་དཔའ་བོས་འདི་སྐད་དུ། །ཁྱོད་ནི་འཁོར་ལོ་མདུང་མེད་པར། །བྱམས་པའི་མཆོན་གྱིས་འགྲོ་བ་འདུལ། །ཞེས་སོགས་ཚད་ལྡན་གཞུང་དག་དང་། །འགལ་ཕྱིར་དེ་འདྲའི་འགྲེལ་པ་དེ། །ཀླུ་སྒྲུབ་མཛད་པ་མ་ཡིན་ནོ། །ཞེས་ཀྱང་ཁོ་བོའི་བླ་མས

གསུངས། །

འཇམ་དབྱངས་པཎ་ཆེན་གྱིས་མཛད་པའི། །ལྟུང་བཤགས་འགྲེལ་པའི་གཞུང་ཉིད་ལས། །སངས་རྒྱས་སུམ་ཅུ་སོ་ལྔ་པོ། །ཆ་ལུགས་ཁ་དོག་རིགས་ལྔ་དང་། །མཐུན་པར་གསུངས་པ་ཡོད་མོད་ཀྱི། །རིགས་ལྔ་བསྡུས་པ་ག་ལ་ཡོད། །མི་བསྐྱོད་པ་ལ་སོགས་པ་དང་། །ཆ་ལུགས་ཁ་དོག་མཐུན་པ་ཙམ། །མི་བསྐྱོད་པ་ལ་སོགས་པ་ཡི༑ །རིགས་སུ་འགྱུར་ན་ཧ་ཅང་ཐལ། །འདུས་པ་ཆེན་པོ་རིན་པོ་ཆེ། །ཏོག་གི་གཟུངས་དང་རྡོ་སྙིང་གཟུངས། །སྒོ་མཐའ་ཡས་པ་སྒྲུབ་པའི་གཟུངས། །སྒོ་དྲུག་པ་ཡི་གཟུངས་དག་དང་། །རྣམ་པར་མི་རྟོག་ལ་འཇུག་པའི། །གཟུངས་ལ་སོགས་པ་དབྱིག་གཉེན་གྱིས། །སྒོ་དྲུག་པ་ནི་མདོ་རུ་བཀྲལ། །མཁས་པ་བདེ་མའི་རང་ཚུལ་གྱིས། །རྣམ་པར་མི་རྟོག་ལ་འཇུག་པ། །མདོ་ཡིན་པར་ནི་བཀྲལ་བར་སྣང་། །ཏོག་དང་རྡོ་རྗེ་སྙིང་པོ་སོགས། །དཀར་ཆག་ཆེན་མོ་དག་ལས་ཀྱང་། །མདོ་ཡིན་པར་ནི་བཤད་པ་ཡོད། །ཀུན་མཁྱེན་གཉིས་པ་བུ་སྟོན་གྱིས། །གསེར་འོད་དམ་པ་རིན་ཆེན་ཏོག །དཀོན་མཆོག་ཏ་ལ་ལ་དང་ནི། །མཚན་མོ་བཟང་པོ་འདུས་པ་ཆེ། །རྡོ་རྗེ་སྙིང་པོ་ཉི་སྙིང་པོ། །ཀུན་ཏུ་རྒྱུ་བ་གཉིས་ལ་སོགས། །རྒྱུད་ཡིན་པ་ནི་མི་རིགས་ཏེ། །མདོ་དང་རྒྱུད་གཉིས་མ་འདྲེས་པར། །ཕྱེ་བའི་དཀར་ཆག་དག་ཏུ་ནི། །འདིར་ཁ་ཅིག་གིས། གསེར་འོད་དམ་པ། རིན་པོ་ཆེ་ཏོག །དཀོན་མཆོག་ཏ་ལ་ལ། མཚན་མོ་བཟང་པོ། འདུས་པ་ཆེན་པོ། རྡོ་རྗེ་སྙིང་པོ། ཉི་མའི་སྙིང་པོ། ཀུན་ཏུ་རྒྱུ་བ་དང་། ཀུན་ཏུ་རྒྱུ་བ་མ་ཡིན་པ་དང་མཐུན་པ་ལ་སོགས་པ་བྲིས་པ་ནི་ནོར་བ་ཡིན་ཏེ།མདོ་དང་རྒྱུད་མ་འདྲེས་པར་ཕྱེ་བའི་དཀར་ཆག་དག་ཏུ་མདོར་བཤད་པའི་ཕྱིར་རོ། །ཤེར་སྙིང་དང་ཚུལ་བརྒྱ་ལྔ་བཅུ་པའང་ཡིན་མོད་ཀྱི། ཤེར་སྙིང་ལ་སྒྲུབ་ཐབས་ཀླུ་སྒྲུབ་ཀྱིས་མཛད་པ་སྣང་བའི་ཕྱིར་དང་། ཚུལ་བརྒྱ་ལྔ་བཅུ་པ་སྔགས་སུ་འཆད་པའི་འགྲེལ་པ་ཡོད་པས་སྔགས་སུའང་མི་འགལ་ལོ། །མདོ་ཡིན་པར་ཡང་བཤད་པས་སོ། །

ཞེས་གསུང་དེ་བཞིན་མདོ་དང་རྒྱུད། །འགལ་བའང་མིན་ཏེ་བྱ་རྒྱུད་དང་། །མདོ་སྡེ་གཞི་མཐུན་ཡོད་པའི་ཚུལ། །གསེར་འོད་དམ་པ་ལ་སོགས་པ། །བྱ་རྒྱུད་ཡིན་པའི་ཚུལ་ལས་ཤེས། །དེ་ལྟ་ནའང་བསྟན་བཅོས་ལས། །མདོ་དང་རྒྱུད་ཀྱི་ཁྱད་པར་ནི། །ཚིག་བྱ་བ་ཡོད་མེད་ཡིན། །ཞེས་གསུངས་པ་དང་མི་འགལ་ཏེ། །སོ་སོར་ཕྱེ་བའི་མདོ་རྒྱུད་གཉིས། །གཞི་མཐུན་མི་སྲིད་པ་ལ་དགོངས། །དེ་ཡང་བདག་གིས་འདི་ལྟར་སེམས། །ཤེས་རབ་སྙིང་པོ་ལ་སོགས་པ། །མདོ་ཡིན་དེ་ནས་གསུངས་པ་ཡི། །གཟུངས་རྣམས་བྱ་བའི་རྒྱུད་ཡིན་ཏེ། །དཔེར་ན་ཤེར་ཕྱིན་འབུམ་པ་དང་། །ཉི་ཁྲི་ལྔ་པ་ལ་སོགས་པར། །བཤད་པའི་གཟུངས་རྣམས་བཤད་རྒྱུད་དུ། །གསུངས་པ་བཞིན་དུ་ཡིན་པ་དང་། །མདོ་སྡེའི་ནང་ནས་གཟུངས་མང་པོ། །འབྱུང་བ་རྣམས་ཀྱང་བྱ་རྒྱུད་དུ། །མཁས་པ་དག་གིས་མཛད་པ་དང་། །བསྐལ་པ་ཀུན་ལས་བཏུས་པར་ཡང་། །འོད་ཟེར་ཅན་གྱི་གཟུངས་དང་ནི། །

ཡི་གེ་བརྒྱ་པ་ལ་སོགས་པ། །འབྱུང་ཡང་བསླབ་པ་ཀུན་ལས་བཏུས། །སྔགས་ལ་བརྟེན་པའི་བསྟན་བཅོས་མེད། །དེས་ན་ཤེར་སྙིང་གཟུངས་ལ་ནི། །བརྟེན་པའི་འགྲེལ་བྱེད་གཉིས་ཀས་ཀྱང་། །རྣལ་འབྱོར་ཆེན་པོར་བཀྲལ་བ་ཡང་། །ཤེས་རབ་སྙིང་པོ་སྔགས་ཀྱི་ལུགས། །ཡིན་པའི་དོན་ནི་ག་ལ་ཡིན། །དེ་བཞིན་རྣལ་འབྱོར་རྒྱུད་ལ་ཡང་། །རྩ་རྒྱུད་དེ་ཉིད་འདུས་པ་དང་། །བཤད་རྒྱུད་རྡོ་རྗེ་རྩེ་མོ་དང་། །འཇིག་རྟེན་གསུམ་ལས་རྣམ་རྒྱལ་དང་། །ངན་སོང་སྦྱོང་རྒྱུད་བམ་པོ་གཉིས། །དཔལ་མཆོག་དང་པོའི་རྒྱུད་ལ་ནི། །དུམ་བུ་བཞི་ཡོད་ཐམས་ཅད་ཀྱང་། །རྣལ་འབྱོར་རྒྱུད་དུ་མཁས་རྣམས་བཞེད། །དཔལ་མཆོག་ཤེར་དུམ་གང་ཡིན་ཏེ། །གཉིས་སུ་ཕྱེ་བའི་རྒྱུད་དང་ནི། །མདོ་སྡེ་ཡིན་པའང་འདོད་དགོས་སོ། །

འོན་དཔལ་མཆོག་ཤེར་ཕྱིན་གྱི། །དཀྱིལ་འཁོར་ཆོག་བཤད་པས་ན། །མདོ་སྡེ་མིན་པར་འགྱུར་ཞེ་ན། །ཤེར་ཕྱིན་མིང་ཅན་གང་ཡིན་ཏེ། །ཤེར་ཕྱིན་མཚན་ཉིད་ལྡན་པ་མིན། །ཀུར་གྱི་ལེའུ་བརྒྱད་པ་ལས། །ཤེར་ཕྱིན་དཀར་མོ་བསྒྲུབ་པའི་ཚུལ། །བསྙེན་སྒྲུབ་ཆོག་ཡན་ལག་བཞིས། །བསྒོམ་ཚུལ་རྒྱ་ཆེར་གསུངས་པ་དང་། །རྣམ་སྣང་མངོན་བྱང་རྒྱུད་ལས་ཀྱང་། །ལྷ་མོ་བཅུ་ལ་རིམ་བཞིན་དུ། །སྦྱིན་པ་ལ་སོགས་ཕར་ཕྱིན་བཅུ། །གསུངས་པ་བཞིན་དུ་ཤེས་པར་བྱ། །དེས་ན་སྔོན་མདོ་བརྒྱ་བརྒྱད་པ། །བྱ་རྒྱུད་ཡིན་པར་ཁས་བླངས་པས། །སྐབས་ཀྱིས་རྩོད་ལན་ཉམས་པ་མེད། །ཤེར་སྙིང་ལ་སོགས་བླ་མེད་ཀྱི། །རྒྱུད་ཡིན་པར་ནི་འདོད་པ་དང་། །བཀའ་གདམས་པ་རྣམས་མདོ་ལུགས་ཀྱི། །རབ་གནས་བྱེད་དང་སྒོམ་ཆེན་འགས། །ཏིང་ངེ་འཛིན་གྱི་རབ་གནས་དང་། །ཕྱག་ན་རྡོ་རྗེ་ཀླུ་སྒྲུབ་ནས། །རྒྱུད་པའི་མདོ་ལུགས་གོས་སྔོན་ཅན། །གྲགས་པ་དེ་ཡང་མདོ་ལུགས་ཡིན། །ཞེས་པ་འདི་ཡི་ཕྱོགས་སྔ་མ། །མདོ་ལས་སྦྱོར་དངོས་རྗེས་གསུམ་པོ། །ཚང་བའི་རབ་གནས་དམ་ཚིག་པ། །ཡེ་ཤེས་སེམས་དཔའ་བཅུག་ནས་ཀྱང་། །སྤྱན་དབྱེ་བ་ལ་སོགས་པ་ཡི། །ཚིག་བསྒྲུང་(དོགས)ཁ་མེད་པས་ན། །རབ་གནས་མདོ་ལུགས་ཇི་ལྟར་ཡིན། །འོན་ཀྱང་མདོ་ལས་གསུངས་པའི་མི་རྟོག་མི་རྟོག་ཕལ་ཆེར་མི་རྟོག་བླ་བྲིས་དང་། །ཞེས་སོགས་དང་། སོགས། །ཞེས་པས་མཆོད་འབུལ་རྣམ་དག་སྐུ། །རྣམ་དག་སྐུ་མངའ་མཆོག་ཏུ་གཟུགས་བཟང་བ། །ཞེས་སོགས་བསྟོད་པ་དང་། ཞེས་པ་ལ་སོགས་བསྟོད་པ་དང་། །ཕུན་སུམ་ཚོགས་པ་མངའ་བ་སོགས། །བཀྲ་ཤིས་ཚིགས་བཅད་བརྗོད་ནས་ནི། །ཕུན་ཚོགས་རྟེན་འབྲེལ་ལེགས་བསྒྲིགས་པ། །རྒྱལ་བུ་རྒྱལ་སར་བསྐོས་པ་ཡི། །མངའ་དབུལ་བྱེད་པ་ལྟ་བུ་ལ། །རབ་གནས་ཡིན་ཅེས་སྨྲ་ན་སྨྲོས། །རྒྱུད་ནས་གསུངས་པའི་རབ་གནས་ལ། །ཐོག་མར་རང་ཉིད་ལྷར་བསྒོམས་ནས། །སྔགས་བཟླས་པ་དང་རབ་ཏུ་གནས་བྱའི་རྟེན་གང་ལ། །དབང་བསྒྱུར་བྱ་ཕྱིར་བུམ་པ་སྔ་གོན་དང་། །ལྷ་ཡི་སྔ་གོན་དང་རབ་ཏུ་གནས་བྱའི་རྟེན་དེ་ལ། །བགེགས་སྦྱང་བ་དང་སྡིག་པ་རྣམས། །བཀྲུ་བ་ལ་སོགས་སྔ

གོན་དང་། །ལྷ་ལ་སྔོན་གསན་དབབ་པ་སོགས་པའི། །སྦྱོར་བའི་ཚིག་ཡིན་པ་དང་། །དངོས་གཞི་སློབ་དཔོན་རང་ཉིད་ནི། །ལྷ་སྒོམ་གསང་སྔགས་བཟླས་པ་དང་། །མདུན་གྱི་དཀྱིལ་འཁོར་བསྒྲུབ་ཅིང་མཆོད། །རྗེས་དེ་དམ་ཚིག་སེམས་དཔར་ནི། །བསྐྱེད་ནས་ཡེ་ཤེས་སེམས་དཔའ་བཅུག་པ་སྟེ། །སྐུ་གསུང་ཐུགས་ཀྱི་རྒྱས་གདབ་དང་། །རྒྱུད་གང་ལ་ནི་བརྟེན་པ་ཡི། །དཀྱིལ་འཁོར་ཆོ་གའི་ཚུལ་བཞིན་དུ། །དཀྱིལ་འཁོར་དག་ཏུ་དངོས་གཞི་དབང་བསྐུར་བ་དང་། །སྤྱན་དབྱེ་བ་དང་བརྟན་པར་ནི། །བཞུགས་པའི་གསོལ་བ་གདབ་པ་དང་། །སྤྱི་དང་ཁྱད་པར་མངའ་དབུལ་དང་། །སྔགས་ཀྱི་བྱིན་གྱིས་བརླབས་པ་ཡི། །མེ་ཏོག་དོར་ནས་རྒྱལ་བ་དང་། །སྲས་བཅས་ཀུན་གྱི་སྐུ་གསུང་ཐུགས། །ཡོན་ཏན་འཕྲིན་ལས་ཐམས་ཅད་ཀྱི། །ངོ་བོ་ཉིད་དུ་ལེགས་བསྒྲུབས་ཏེ། །བཀྲ་ཤིས་རྟེན་འབྲེལ་རྒྱས་བྱེད་པའི། །རབ་གནས་ཆོ་ག་རྒྱུད་སྡེ་དང་། །མཁས་པའི་གཞུང་ལུགས་རྣམས་ལས་གསུངས། །

དེ་ལྟར་མཁས་པའི་བསྟན་བཅོས་ལས། །དེ་བཞིན་རབ་གནས་མདོ་ལུགས་དང་། །ཕྱག་ན་རྡོ་རྗེ་མདོ་ལུགས་དང་། །ལྟུང་བཤགས་དང་ནི་ཤེར་སྙིང་སོགས། །སྔགས་ལུགས་ཡིན་ཞེས་འཆད་པ་ཐོས། །འདི་ཡང་བརྟག་པར་བྱ་བས་ཉོན། །མདོ་ནས་རབ་གནས་བཤད་པ་མེད། །འོན་ཀྱང་མཆོད་བསྟོད་བཀྲ་ཤིས་སོགས། །རྒྱལ་པོའི་མངའ་དབུལ་ལྟ་བུ་ལ། །རབ་གནས་ཡིན་ཞེས་སྣ་ན་སྨོས། །ལྷ་སྒོམ་པ་དང་སྔགས་བཟླས་དང་། །དངོས་གཞིའི་དམ་ཚིག་སེམས་དཔའ་དང་། །ཡེ་ཤེས་འཁོར་ལོ་དགུག་གཞུག་དང་། །སྤྱན་དབྱེ་བརྟན་པར་བཞུགས་པ་དང་། །སྔགས་ཀྱི་བྱིན་གྱིས་བརླབས་པ་ཡི། །མེ་ཏོག་དོར་ནས་ལེགས་མཆོད་དེ། །བཀྲ་ཤིས་རྒྱས་པར་བྱེད་པ་ཡི། །ཆོ་ག་གསང་སྔགས་རྒྱུད་སྡེ་ལས། །གསུངས་ཀྱང་ཕ་རོལ་ཕྱིན་ལས་མིན། །ལ་ལ་གདམས་ངག་ཡིན་ཞེས་སྨྲ། །འོན་མདོ་སྡེ་གང་དག་ལ། །བརྟེན་པ་ཡིན་པ་སྨྲ་དགོས་སོ། །རབ་གནས་གདམས་ངག་ལ་བྱ་བ་ཡིན་ཟེར་ཏེ། སངས་རྒྱས་ཀྱི་མདོ་སྡེ་དང་། གྲུབ་ཐོབ་རྣམས་ཀྱི་གདམས་ངག་གང་ལ་བརྟེན་པ་ཡིན། ཡིད་ཆེས་པའི་ལུང་ཁུངས་སྨྲ་དགོས་སོ། །རབ་གནས་མདོར་བསྡུས་པའི་རྒྱུད་ལས་འབྱུང་བ་བཞིན། ལོ་ཆེན་གྱི་སྒོམ་གྱི་ཚིགས་བཅད་ལྟར་བྱེད་པ་ནི་བསྟན་པའི་བྱ་བ་ཁྱད་པར་ཅན་ཡིན་ནོ༔ །དེང་སང་འདིར།སྔོན་གསན་འདེབས་པ་རྟེན་གྱི་ལྷ་དང་། དཀྱིལ་འཁོར་གྱི་ལྷ་གང་ལ་བྱེད། དབང་བསྐུར་བའི་ཚེ་རྟེན་དཀྱིལ་འཁོར་དུ་འཇུག་པ་དང་། དེ་ལ་དབང་བསྐུར་བའི་ཚུལ་ལ་སོགས་པ་ཤེས་པར་བྱེད་པ་ནི་ཤིན་ཏུ་ཉུང་ལ། རྟེན་གྱི་རབ་གནས་དང་། སྒྲུབ་པའི་དཀྱིལ་འཁོར་ལ་འབྲེལ་བ་མེད་པའི་ཆོ་ག་བྱེད་པ་ནི་ཤིན་ཏུ་མང་ངོ་། །ཞེས་གསུངས་དོན་ཡང་ལེགས་པར་བཤད། །གཟུངས་རྣམས་ཐམས་ཅད་རྒྱུད་ཡིན་ཀྱང་། །དེ་ནས་འབྱུང་བའི་གཞུང་ཐམས་ཅད། །རྒྱུད་ཡིན་པར་ནི་མ་ངེས་སོ། །གསེར་འོད་དམ་པའི་བཤགས་པ་ཡི། །ལེའུ་ལས་བྱུང་སྨོན་ལམ་དང་། །སྟོང་ཆེན་རབ་འཇོམས་ལས་བྱུང་བའི། །སྨོན་ལམ་རྨ་བྱ་ཆེན་མོ་ལས། །འབྱུང་བའི་སྨོན་ལམ་བདེན་ཚིག་སོགས། །ཐ་མའི་ཆོས་འཁོར་ཁོངས་སུ་ནི། །

གཏོགས་པར་བཤད་པ་ཇི་བཞིན་དུ། །རྣམ་དབྱེ་ཞིབ་ཏུ་ཕྱེད་དགོས་སོ། །

དེ་ལྟར་རྒྱུད་སྡེ་བཞི་ཀ་ལ། །གཞུང་ནི་བཞི་བརྒྱར་གཉིས་མ་ལོངས། །ཞེས་ཀྱང་མཁས་པ་དག་གིས་གསུངས། །མཁས་པ་ཁ་ཅིག་འདི་སྐད་གསུངས། །རྒྱུད་སྡེ་གོང་མར་བྱས་པ་ཡི། །རྒྱུད་ནི་སྟོང་ཕྲག་བཞི་ཡིན་ནོ༑ ༑ཞེས་གསུངས་པའང་གཞུང་དག་གི། །ཀང་གྲངས་ཡིན་གྱི་ཤོ་ལོ་ཀའི། །གྲངས་མིན་བྱ་རྒྱུད་པད་མའི་རིགས། །དོན་ཡོད་ཞགས་པའི་ཚིག་ནི། །ཞིབ་མོ་བོད་དུ་འགྱུར་ཚོད་ལ། །ཤོ་ལོ་སྟོང་ཕྲག་བརྒྱད་ཡོད་དོ། །ཞེས་གསུངས་པ་བཞིན་འདིར་ཁས་ལེན། །བསྟན་བཅོས་ལས་ཀྱང་འདི་སྐད་དུ། །ཕྱག་ན་རྡོ་རྗེའི་སྡོམ་བརྣས་ཀྱང་། །མདོ་སྡེ་རྣམས་ནས་བཤད་པ་མེད། །གཟུངས་ནས་བཤད་པ་དེ་དག་ནི། །བྱ་བའི་རྒྱུད་ཀྱི་ཚིག་ཡིན། །ལྟུང་བཤགས་སངས་རྒྱས་ཕྱག་མཚན་ལ། །ཞབ་དང་རལ་གྲི་སོགས་འཛིན་པའི། །སྒྲུབ་ཐབས་སངས་རྒྱས་ཀྱིས་མ་གསུངས། །མདོ་དང་རྒྱུད་ཀྱི་ཁྱད་པར་ནི། །ཚིག་གིའི་བྱ་བ་ཡོད་མེད་ཡིན། །དེ་ལྟར་ཤེས་ནས་མདོ་སྡེ་དང་། །སྔགས་ཀྱི་ལུགས་རྣམས་སྤྱོད་དེ་སློས། །ཞེས་གསུངས་དགོངས་པའང་སྔར་བཤད་པའི། །དོན་ལས་གཞན་ལ་བཟུང་མི་བྱ། །དེ་ལྟར་བཤད་པས་དྲི་བ་ལས། །ལྟུང་བཤགས་སྔགས་ལུགས་མི་བཞེད་ན། །བསྟན་བཅོས་མཛད་པ་འདི་ཉིད་ཀྱི། །སངས་རྒྱས་སུམ་ཅུ་སོ་ལྔ་པོ། །རིགས་ལྔར་བསྡུས་པ་ཇི་ལྟར་ཡིན། །ཤེར་སྙིང་སྔགས་ལས་བཀྲལ་བའི་ལུགས། །ཀླུ་སྒྲུབ་ཉིད་ཀྱིས་མ་མཛད་དམ། །ཤེས་རབ་ཕ་རོལ་ཕྱིན་པ་ཉིད། །སྔགས་ཀྱི་ལྷ་རུ་གསུངས་མིན་ནམ། །ཤེར་སྙིང་སྔགས་ལུགས་མི་བཞེད་ན། །ཤེར་ཕྱིན་སྔགས་ལུགས་སྲིད་པ་ཡི། །ཞེས་པའི་ལན་ཡང་གྲུབ་ཟིན་ཏོ། །

སླར་ཡང་མདོར་བསྡུས་བརྗོད་པར་བྱ། །སྔགས་ལུགས་བཀྲལ་བའི་འགྲེལ་པ་ནི། །ཡོད་པས་གསུང་རབ་གང་དང་གང་། །རྒྱུད་ཡིན་པར་ཡང་མ་ངེས་སོ། །གཞན་དུ་ཤེར་སྙིང་ལ་སོགས་པ། །བླ་མེད་རྒྱུད་དུ་ཐལ་འགྱུར་ཏེ། །བླ་མེད་ལུགས་སུ་བཀྲལ་བ་ཡི། །འགྲེལ་པ་ཚད་ལྡན་ཡོད་ཕྱིར་རོ། །ལྷ་སྒོམ་པ་དང་སྔགས་བཟླས་དང་། །དབང་བསྐུར་བ་ཡི་ཚིག་སོགས། །སྟོན་པ་གང་ཡིན་རྒྱུད་དང་ནི། །དེ་ལས་བཟློག་པ་མདོ་སྡེ་ཡིན། །གསང་བ་འདུས་པའི་ལྷ་ཚོགས་ལ། །མདོ་ལུགས་ཚིག་མི་རིགས་ན། །སྤྱན་རས་གཟིགས་དང་འཇམ་དབྱངས་དང་། །ཕྱག་ན་རྡོ་རྗེ་ལ་སོགས་ལ། །མདོ་ལས་བྱུང་བའི་ཚིག་ཞེས། །བྱ་བ་མཁན་ཆེན་ཞི་བ་འཚོས། །མཛད་པའི་དགོངས་པ་ཅི་ཡིན་གྲང་། །ཞེས་པའི་ལན་ནི་འདི་ལགས་ཏེ། །དེང་སང་གསང་བ་འདུས་པ་ལྷ། །བསྒོམས་ནས་མདོ་ལུགས་ཡིན་ཞེས་ཟེར། །གསང་འདུས་ལ་སོགས་ཚིག་ལ། །མདོ་ལུགས་ཚིག་འབྱུང་བ་མཚར། །སེང་གེའི་ཕྲུ་གུ་སྙང་ཆེན་ལས། །བྱུང་ན་སྟོན་མེད་སྒྲོག་ཆགས་ཡིན། །ཞེས་གསུངས་དགོངས་པ་ཤེས་གྱུར་ན། །

དོགས་པ་དེ་འདྲ་ག་ལ་འབྱུང་། །དེས་ན་གཞུང་དོན་འདི་ལྟར་ཡིན། །གསང་འདུས་འཇམ་པའི་རྡོ་རྗེ་ལ། །སངས་རྒྱས་ཡེ་ཤེས་ཞབས་ལུགས་ཀྱི། །མངོན་རྟོགས་བསྒོམ་ཞིང་རྡོ་རྗེ་ཡི། །ཆོ་ག་ཡན་ལག་བཞི་ཚང་བར། །བསྒྲུབ་ཚུལ་མ་ཤེས་དེ་ཡིས་ནི། །མདོ་ལུགས་ཡིན་ཞེས་སྨྲ་བ་དེ། །བསྟན་བཅོས་འདི་ཡི་ཕྱོགས་སྔ་མ། །གསང་སྔགས་བླ་ན་མེད་པ་ཡི། །ལྷ་སྒོམ་པ་ཡི་ཆོ་ག་གང་། །མདོ་སྡེའི་ལུགས་ལས་འབྱུང་བ་ནི། །བ་གླང་མོ་ཡི་མངལ་ནང་ནས། །སེང་གེའི་ཕྲུ་གུ་སྐྱེ་བ་བཞིན། །དེ་འདྲ་སྲིད་ན་སྐྱོན་མེད་ཀྱི། །སྲོག་ཆགས་ཡིན་པ་དེ་སྲིད་དུ། །འདི་ཡང་རྒྱལ་བ་གཞན་གྱི་ལུགས། །སྨན་བླ་ཆོ་ག་ལས་བཤད་པའི། །སྤྱན་རས་གཟིགས་ལ་སོགས་པ་ནི། །བསྒོམ་ཚུལ་ལ་སོགས་ཆོ་ག་གང་། །གསང་བ་འདུས་པ་ལྷ་ཞིག་གི། །བླ་མེད་རྒྱུད་ལས་གསུངས་པ་མེད། །ཕྱག་ན་རྡོ་རྗེ་ལ་སོགས་པ། །གསང་འདུས་སོགས་ལས་བཤད་མོད་ཀྱི། །དེ་དག་དེ་ཡི་ལྷ་ཡིན་པའི། །ངེས་པའང་མཁས་རྣམས་མི་བཞེད་དོ། །

དུས་ཀྱི་འཁོར་ལོའི་རྒྱུད་ལས་ཀྱང་། །ནག་པ་ལ་སོགས་ལྷ་ཆེན་པོ། །བཅུ་གཉིས་གསུངས་ཤིང་རེ་རེ་ལའང་། །འཁོར་གྱི་ལྷ་གྲངས་སུམ་ཅུ་དང་། །སྟོང་པས་སུམ་བརྒྱ་དྲུག་ཅུ་ནི། །སྐུ་ཡི་དཀྱིལ་འཁོར་ལྷ་དང་ནི། །ཉི་མ་ཟླ་བ་མིག་དམར་དང་། །འཇུག་རིངས་སྒྲ་གཅན་དུ་མེ་སོགས། །གཟའ་བཅུ་དེ་བཞིན་ཁྲི་གདོང་དང་། །ཁྱི་རོག་གདོང་མ་འུག་གདོང་མ། །རོ་ལངས་ལ་སོགས་འབྱུང་པོ་བཅུ། །སྲུང་མ་འཇིག་རྟེན་འདས་པ་དང་། །ཙ་ཙི་ཀ་སོགས་རྣལ་འབྱོར་མ། །གཙོ་མོ་བརྒྱད་དང་རེ་རེ་ལ། །ནག་མོ་འབར་མ་ལ་སོགས་པ། །བརྒྱད་བརྒྱད་བསྐོར་བས་དྲུག་བཅུ་བཞི། །སྟོང་པས་གསུང་གི་དཀྱིལ་འཁོར་གྱི། །ལྷ་ལ་བདུན་བཅུ་རྩ་གཉིས་དང་། །རྡོ་རྗེ་སེམས་དཔའ་ཤར་ཕྱིན་མ། །སྐུ་བཞི་རྡོ་རྗེ་བཞི་ལ་སོགས། །ཐུགས་དཀྱིལ་ལྷ་རུ་གསུངས་མོད་ཀྱང་། །དེ་དག་གང་ཡིན་ཐམས་ཅད་ལ། །དུས་འཁོར་ལྷ་ཡིས་ཁྱབ་པ་མིན། །མདོར་ན་གསང་འདུས་ལ་སོགས་ལས། །གསུངས་པའི་བསྐྱེད་རིམ་ཆོ་ག་ཡི། །བསྒྲུབ་དགོས་པ་ཡི་ལྷ་གང་ཡིན། །གསང་འདུས་སོགས་ཀྱི་ལྷ་ཡིན་གྱི། །གཞན་དུ་ཉན་ཐོས་བཅུ་དྲུག་དང་། །རང་རྒྱལ་བཅུ་གཉིས་པོ་དེ་དག །ཀུན་རིག་དཀྱིལ་འཁོར་ལྷ་རུ་འགྱུར། །མདོ་ཞེས་བཤད་པ་ཙམ་གྱིས་ཀྱང་། །མདོ་རྒྱུད་གཉིས་ཀྱི་མདོ་ཡིན་པའི། །ངེས་པ་མེད་དེ་གསང་བ་སྤྱི་རྒྱུད་ལས། །དེ་བཞིན་གཤེགས་པའི་དཀྱིལ་འཁོར་ནི། །གནས་ནི་བཟང་པོ་གཞན་དུ་ཡང་། །མཁས་པ་ཡིས་ནི་ཁྲུད་པར་དུ། །ཐམས་ཅད་བྲི་བར་བྱ་བ་ཡིན། །རབ་ཏུ་གནས་སོགས་དཀྱིལ་འཁོར་ཀུན། །མཁས་པ་ཡིས་ནི་ཁྲུད་པར་དུ། །པད་མོའི་མཚོ་ཡི་ཉེ་འཁོར་དུ། །ཆོ་ག་བཞིན་དུ་བྲི་བར་བྱ། །རི་ཡི་རྩེ་མོར་མཁས་པ་ཡིས། །མདོ་ལས་བྱུང་བའི་ཆོ་ག་བཞིན། །ཞེས་པ་ལ་སོགས་གསུངས་ཕྱིར་རོ། །

དེ་བཞིན་འཕགས་པ་ཀླུ་སྒྲུབ་ཀྱིས། །གསང་བ་འདུས་པ་མདོར་བྱས་དང་། །མདོ་སྡེ་ལ་སོགས་མཛད་པ་བཞིན། །རྡོ་རྗེ་སློབ་མའི་དབང་ཙམ་ཞིག །དེས་ན་མཁན་ཆེན་ཞི་བ་འཚོས། །སླན་བླའི་མདོ་སྡེ་ལས་འདུས་པ། །བྱ་བའི་རྒྱུད་ཀྱི་ཚིག་ཡིན། །དེས་ན་གསུངས་པའི་ཕྱག་རྫོར་སོགས། །གསང་བ་འདུས་པའི་ལྷ་ཚོགས་མིན། །རྡོ་རྗེ་སློབ་མའི་དབང་ཙམ་ཞིག །ཐོབ་པས་རབ་གནས་མི་རུང་ངོ་། །ལྷ་བསྒོམས་པ་ནས་བརྟན་བཞུགས་བར། །རབ་གནས་དངོས་གཞིར་བཤད་པ་དང་། །འགལ་བའི་དོགས་པ་མི་འབྱུང་ངམ། །རྡོ་རྗེ་སློབ་དཔོན་མ་ཡིན་པས། །དབང་བསྐུར་རབ་གནས་མི་རུང་ན། །བྱ་སྤྱོད་གཉིས་ཀྱི་དབང་བསྐུར་ཙམ། །ཐོབ་པས་དེ་དག་ཇི་ལྟར་རུང་། །རྒྱུད་སྡེ་དེ་དག་རང་རྐང་ལ། །རྡོ་རྗེ་སློབ་དཔོན་དབང་བཞེད་དམ། །བཞེད་ན་རྒྱུད་གཞུང་གང་ལས་གསུངས། །བྱ་སྤྱོད་གཉིས་ཀྱི་དབང་བསྐུར་ཙམ། །ཞེས་པའི་ལན་ནི་བཤད་པར་བྱ། །

དེ་ཡང་མཁས་པའི་བསྟན་བཅོས་ལས། །ལྷ་ལ་རབ་ཏུ་གནས་པ་དང་། །མི་ལ་དབང་བསྐུར་བྱ་བ་སོགས། །རྡོ་རྗེ་སློབ་མའི་དབང་བསྐུར་བ། །ཐོབ་ཀྱང་བྱ་བར་མ་གསུངས་ན། །དབང་བསྐུར་གཏན་ནས་མ་ཐོབ་པའི། །གང་ཟག་རྣམས་ཀྱིས་སྨོས་ཅི་དགོས། །རྡོ་རྗེ་སློབ་མའི་དབང་བསྐུར་ཙམ། །ཐོབ་ནས་ལྷ་སྒོམ་ཙམ་དེ་ནི། །བཟླས་བརྗོད་དང་ནི་སྦྱིན་བསྲེག་དང་། །ལས་ཚོགས་ལ་སོགས་སྒྲུབ་པ་ཡི། །རབ་ཏུ་གནས་པ་བྱེད་དུས་སུ། །ཆོས་སྐུ་རང་བཞིན་གཞིར་བཞག་ན། །གནས་ལུགས་སྦྱོར་པ་དང་བྲལ་བ། །དེ་ལ་རབ་གནས་བཤད་པ་མེད། །དམ་ཚིག་སེམས་དཔའ་བསྐྱེད་པ་ལ་རབ་ཏུ་གནས་པའི་རྟེན་དམ་ཚིག་པ་ལ་ཡེ་ཤེས་སེམས་དཔའ་སྤྱན་དྲངས་ནས་བརྟན་པར་བཞུགས་ཏེ་དབང་བསྐུར་ནས་སྤྱན་དབྱེ་བའི་ཚིག་མེད་ན་རབ་གནས་མ་ཡིན་ནོ། །ཡེ་ཤེས་སེམས་དཔའ་སྤྱན་དྲངས་ནས། །མཆོད་ཅིང་བསྟོད་ནས་བསྟིམ་པ་ལ། །རབ་གནས་དངོས་གཞིར་རྒྱུད་ལས་བཤད། །ལྷ་ལ་དབང་བསྐུར་ལས་གཞན་པའི། །རབ་གནས་ཚིག་སངས་རྒྱས་ཀྱིས། །རྒྱུད་སྡེ་ཀུན་ལས་གསུངས་པ་མེད། །དེ་ཡང་ལྷ་སྒོམ་བརྟན་བཞུགས་བར། །དབང་བསྐུར་བ་ཡི་ཡན་ལག་ཡིན། །རབ་ཏུ་གནས་བྱའི་རྟེན་དེ་ལ། །རྡོ་རྗེ་སློབ་དཔོན་དབང་བསྐུར་བ། །མ་བྱས་ན་ནི་རབ་གནས་མིན། །དེ་ཕྱིར་རྡོ་རྗེ་སློབ་མ་ཡི། །དབང་བསྐུར་ཙམ་ཞིག་ཐོབ་པ་དེས། །རྒྱུད་བཤད་པ་དང་དབང་བསྐུར་དང་། །རབ་གནས་ལ་སོགས་མི་རུང་བར། །གསུངས་པ་གང་དང་འགལ་བ་ཡི། །དོགས་པ་འབྱུང་བའི་གནས་མེད་དོ། །ཡེ་ཤེས་ཐིག་ལེའི་རྒྱུད་ལས་ནི། །བྱ་སྤྱོད་གཉིས་སུ་རྡོ་རྗེ་ཡི། །སློབ་དཔོན་དབང་བསྐུར་མེད་པ་དང་། །རྣལ་འབྱོར་རྒྱུད་ལ་རྡོ་རྗེ་ཡི། །སློབ་དཔོན་དབང་བསྐུར་ཡོད་པ་དང་། །དེ་ཡི་སྒོ་ནས་འོག་མ་ལ། །ཁྱད་པར་འཕགས་པར་གསུངས་པ་དང་། །རྣལ་འབྱོར་ཆེན་པོའི་རྒྱུད་སྡེ་ནི། །གསང་དབང་ཤེས་རབ་ཡེ་ཤེས་སོགས། །གསུམ་གྱིས་རྒྱུད་སྡེ་འོག་མ་ལ། །ཁྱད་པར་འཕགས་པའི་

བཤད་པ་ལེའུ་བཅུ་གསུམ་པ་ལས་སྟེ། །དབང་བསྐུར་ལ་སོགས་ངེས་བསྟན་ནི། །ལྷ་ཡི་དབང་ཕྱུག་ངས་འདིར་བཤད། །རྒྱུད་སྡེ་གསུམ་གྱི་རིམ་པ་ཡིས། །དབང་དྲུག་དབྱེ་བ་བསྟན་པའོ། །ཆུ་ཡི་དབང་བསྐུར་དབུ་རྒྱན་དག །བྱ་བའི་རྒྱུད་ལས་རབ་ཏུ་གྲགས། །རྡོ་རྗེ་དྲིལ་བུ་དེ་བཞིན་མིང་། །སྤྱོད་པའི་རྒྱུད་ལས་རབ་ཏུ་གསལ། །ཕྱིར་མི་ལྡོག་པ་ཡི་ནི་དབང་། །རྣལ་འབྱོར་རྒྱུད་དུ་གསལ་བར་བྱས། །དེ་ནི་དྲུག་གི་བྱེ་བྲག་དབང་། །དེ་ནི་སློབ་དཔོན་དབང་ཞེས་བྱ། །རྣལ་འབྱོར་བླ་མ་ཡི་ནི་མཚན། །གསང་བ་ཡི་ནི་དབང་རྒྱལ་བརྒྱད། །ཤེས་རབ་ཡེ་ཤེས་བླ་ན་མེད། །བཞི་པ་དེ་ལྟར་དེ་བཞིན་ནོ། །

དགུ་ཡི་བྱེ་བྲག་དབང་ལ་སོགས། །འབྲས་བུའི་ཕྱིར་ནི་བརྒྱད་དབྱེར་འགྱུར། །བཞི་པ་དེ་ལྟར་དེ་བཞི་བརྗོད། །ཤེས་རབ་ཡེ་ཤེས་དེ་ཡི་འབྲས། །དངོས་པོ་སོ་སོར་ཤེས་མི་བྱ། །དེ་ལྟར་ཞེས་ནི་ཚད་མེད་དོ། །ཞེས་དང་ལེའུ་དེ་ཉིད་ལས། །དེ་བཞིན་བཞི་པ་མཆོག་གི་དབང་། །བདུན་གཉིས་བྱེ་བྲག་ཏུ་ནི་ཡོད། །ཡན་ལག་རབ་ཀྱི་མདོར་བསྡུས་ལ། །ཆུ་ཡི་དབང་བསྐུར་དགའ་བའོ། །གསང་བའི་དབང་བསྐུར་མཆོག་པ་རུ །མཆོག་ཏུ་དགའ་བའི་བདག་ཉིད་མཆོག །ཤེས་རབ་ཡེ་ཤེས་ཀྱི་ནི་དབང་། །སྙིང་ཁ་རུ་ནི་དགའ་བྲལ་དགའ། །གསང་བ་པད་མའི་ལྟེ་བ་རུ །བཞི་པའི་རང་བཞིན་བདག་ཉིད་དོ། །དེ་ལྟར་དབང་ནི་བཞི་རུ་དབྱེ། །བསྐྱེད་པའི་རིམ་པའི་ཕྱོགས་ཡིན་ནོ། །ཞེས་དང་ལེའུ་གསུམ་པ་ལས། །དབང་བསྐུར་བཞི་རུ་ཕྱེ་བ་ནི། །སློབ་དཔོན་ལ་སོགས་དབྱེ་བ་ཡིན། །དང་པོར་སློབ་དཔོན་གྱི་ནི་དབང་། །གཉིས་པ་དེ་ནི་གསང་བའི་དབང་། །གསུམ་པ་ཤེས་རབ་ཡེ་ཤེས་དབང་། །དེ་ལྟར་དེ་བཞིན་བཞི་པའོ། །བཞི་གཉིས་རབ་ཏུ་དབྱེ་བ་ནི། །སློབ་དཔོན་དབང་ལ་སོགས་པར་བསྐུར། །རྡོ་རྗེ་སློབ་དཔོན་དབང་གསུམ་དུ། །ནམ་མཁའ་མཉམ་དུ་བདག་གིས་བཤད། །དེ་གཉིས་ལ་ནི་བཅུ་གཅིག་ཕྱེ། །རྡོ་རྗེ་སློབ་དཔོན་དབང་རྒྱལ་པོ། །དབང་བསྐུར་དེ་ནི་རིན་པོ་ཆེ། །ཁམས་གསུམ་གྱི་ནི་ཕྱག་བྱས་པ༑ ༑ཐར་པར་འགྲོ་བ་གྲུབ་དོན་དུ། །འདི་རུ་རིམ་པར་བདག་གིས་བཤད། །ཆུ་དང་དབུ་རྒྱན་རྡོ་རྗེ་དང་། །དྲིལ་བུ་མིང་དང་བརྟུལ་ཞུགས་དང་། །ལུང་བསྟན་པ་དང་སྐྱབས་སྦྱིན་དང་། །དབུགས་དབྱུང་། ཕྱག་རྒྱ་སྟགས་དང་ཡེ་ཤེས་སོ། །

ཞེས་པས་ཕྱག་རྒྱའི་དབང་བསྐུར་དང་། །རྣལ་འབྱོར་རྒྱུད་ལ་མོས་པ་ལ། །དབང་བརྒྱད་ཕྱེ་ལ་སྦྱིན་པར་བྱ༑ ༑རྣལ་འབྱོར་བླ་མ་ལ་མོས་ལ། །བཅུ་གཅིག་བདག་ཉིད་སྦྱིན་པར་བྱ། །རྣལ་འབྱོར་མ་ལ་མོས་པ་རྣམས། །གསང་བའི་དབང་ནི་སྦྱིན་པའོ། །གསང་བ་གཉིས་སུ་དབྱེ་བར་གསུངས། །དེ་ནི་ཕྱི་དང་ནང་གིས་སོ། །རྣལ་འབྱོར་རྣལ་འབྱོར་བླ་མའི་ཕྱི། །དབང་བསྐུར་ཤེས་པས་སྦྱིན་པར་བྱ། །ནང་གི་རྣལ་འབྱོར་མ་ཡི་རྒྱུད། །གསང་

བའི་དབང་ནི་རབ་ཏུ་སྦྱིན། །དེ་ནི་གསང་བའི་གསུམ་དུ་དབྱེ། །སྐྱེ་དང་འདུད་དང་དེ་བཞིན་པ། །ཤེས་རབ་རྣམ་པ་གཉིས་སུ་དབྱེ། །བསྐྱེད་དང་རྫོགས་པའི་རིམ་པའོ། །ཞེས་གསུངས་པ་ལ་བྱ་སྤྱོད་ལ། །རྡོ་རྗེ་སློབ་དཔོན་དབང་བསྐུར་བ། །མེད་པའི་ལུང་ཡིན་འོན་ཀྱང་དེ། །རྣལ་འབྱོར་རྒྱུད་དང་བླ་མེད་ཀྱི། །རྒྱུད་ལས་འབྱུང་བའི་བུམ་པའི་དབང་། །མེད་པའི་དོན་ཡིན་བྱ་སྤྱོད་ལ། །རྡོ་རྗེ་སློབ་དཔོན་དབང་བསྐུར་བ། །གཏན་ནས་མེད་པ་ག་ལ་ཡིན། །གཞན་དུ་ཆུ་དང་དབུ་རྒྱན་དང་། །དབང་བསྐུར་ཙམ་ཞིག་ཐོབ་པ་དེས། །བྱ་རྒྱུད་འཆད་པ་ལ་སོགས་ལ། ། དབང་བར་ཐལ་བས་དེ་མི་རིགས། །

དེས་ན་གསང་བ་སྤྱི་རྒྱུད་ལས། །མདོར་ན་དེ་ལ་སོགས་པ་ཡི། །ཆོ་ག་རྒྱས་པ་བྱས་ནས་སུ། །ཡིད་ཀྱི་དཀྱིལ་འཁོར་ལྷ་ཀུན་ལ། །མཁས་པས་གསོལ་བ་གདབ་ནས་ནི། །བུམ་པ་བཟླས་བརྗོད་བརྒྱད་བྱས་ལ། །དེ་ནི་ལེགས་པར་བླངས་ནས་སུ། །དཀྱིལ་འཁོར་དལ་བུས་ལན་གསུམ་བསྐོར། །རྩ་བའི་གསང་སྔགས་ཀུན་འདོན་ཅིང་། །བློ་དང་ལྡན་པས་དབང་བསྐུར་བྱ། །ཞེས་པས་ཆུ་ཡི་དབང་བསྐུར་དང་། ། དེ་ནས་ཕྱག་རྒྱ་བཅིངས་ནས་སུ། །གསང་སྔགས་བཟླས་ཤིང་སྤྱི་བོར་གཏུགས། །གསང་སྔགས་རྒྱུད་ནི་འཛིན་འགྱུར་བ། །བློ་དང་ལྡན་པས་དབང་བསྐུར་རོ། །ཅོད་པན་གྱི་དབང་ནི། དེ་ནས་ཕྱག་རྒྱ་བཅིངས་ནས་སུ། །ཞེས་པས་ཕྱག་རྒྱ་བཅིངས་ནས་སྤྱི་བོར་གཏུགས་པ་དེ་ཉིད་ཡིན་ཏེ། དེ་ཉིད་བསྡུས་པར། དེ་ནས་ཕྱག་རྒྱ་དང་ཕྲེང་བ་གང་རུང་གིས་བཅིངས་ལ་ཞེས་པའི་ཚིག་གི་རིགས་ཐམས་ཅད་ཀྱི་དབུ་རྒྱན་གྱི་དབང་བསྟན་པར་འགྲེལ་བར་བཤད་དོ་ཞེས། །སློབ་མ་ཡོན་ཏན་ཀུན་ལྡན་པས། །ནུབ་ཕྱོགས་ཁ་བལྟས་ཙོག་བྱ། ། བྱང་ཕྱོགས་ཁ་བལྟས་ཞི་བའི་ཕྱིར། །རྒྱས་པའི་ཆོ་ག་ཤར་དུ་བལྟས། །དྲག་ཤུལ་སྤྱོད་པ་དེ་བཞིན་དུ། །ལྷོ་ཕྱོགས་ཁ་བལྟས་བརྩོན་དེ་ལུགས། །དེ་ལྟར་དབང་བསྐུར་བྱས་ནས་ནི། །ཞེས་པ་ཡན་ཆད་སློབ་མའི་དབང་། ། རྡོ་རྗེ་སློབ་དཔོན་དབང་བསྐུར་ཚུལ། །དེ་ལ་གསར་པའི་གོས་རྣམས་བསྒོན། །མེ་ཏོག་དྲི་ལ་སོགས་པས་མཆོད། ། མཆོད་ཕྱིར་ཐོགས་དང་གདུབ་བུ་བཅས། །དེ་ནས་བླ་མ་བདག་ཉིད་ཀྱིས། །དེ་ཡི་སྤྱི་བོར་གདུགས་ཀྱང་བཟུང་། །ཐལ་མོ་སྦྱར་བ་བྱས་ནས་སུ། །དཀྱིལ་འཁོར་ལེགས་པར་བསྐོར་དུ་གཞུག །གདུགས་དང་བཅས་པས་སྒོ་ཕྱོགས་སུ། །སྤྱི་བོ་བཏུད་དེ་ཕྱག་འཚལ་གཞུག །གསང་སྔགས་རྒྱུད་ནི་འཛིན་འགྱུར་བའི། །སློབ་མ་འདི་ནི་ཕུལ་བ་ལགས། །མགོན་པོས་དེ་སྐད་སྨྲས་ནས་སུ། །གདུགས་བཞག་ནས་ནི་སློབ་མ་དེ། །ལག་པས་ལེགས་པར་བླངས་ནས་སུ། །དེ་ནས་འདི་སྐད་བསྒོ་བར་བྱ། །ད་ནི་དཀྱིལ་འཁོར་སློབ་དཔོན་འགྱུར། །གསང་སྔགས་རྒྱུད་ཀྱང་འཛིན་པར་འགྱུར། །སངས་རྒྱས་བྱང་ཆུབ་སེམས་དཔའ་དང་། །ལྷ་རྣམས་ཀུན་ནི་ཀུན་གྱིས་བསྐྱུར། ། སེམས་ཅན་རྣམས་ལ་སྙིང་བརྩེའི་ཕྱིར། །ཁྱོད་ཀྱིས་དཀྱིལ་འཁོར་ཆོ་ག་བཞིན། །ནན་ཏན་བསྐྱེད་དེ་བྲིས་པར

ཐོས། །སློབ་པ་པོ་ཡང་རྒྱུད་ལ་སྦྱོར། །དེ་སྐད་བསྒོ་ནས་དེ་འོག་ཏུ། །ཞེས་གསུངས་པ་ནི་བྱ་སྤྱོད་ལ། །རྡོ་རྗེ་སློབ་དཔོན་དབང་བསྐུར་བ། །ཡོད་པར་སྟོན་པའི་ལུགས་ཡིན་ནོ། །

གཞན་ཡང་གསང་བ་སྤྱི་རྒྱུད་ལས། །བླ་མ་ལས་ནི་ལུང་ཐོབ་པས། །དཀྱིལ་འཁོར་དག་ནི་བྲི་བར་བྱ། །ཡོན་ཏན་འདི་དང་མི་ལྡན་པར། །གང་ཞིག་དཀྱིལ་འཁོར་འབྲི་བྱེད་པ། །དེ་ནི་མི་བཟད་སེམས་དམྱལ་ལྟུང་། །སློབ་མ་རྣམས་ཀྱང་དོན་མེད་འགྱུར། །མུ་གེ་དང་ནི་ནད་མང་དང་། །ཐན་པ་དང་ནི་འཆི་བ་འབྱུང་། །རྒྱལ་པོ་རྣམས་ཀྱང་འཐབ་པ་དང་། །ཆོམ་རྐུན་ལ་སོགས་འཇིགས་པ་འབྱུང་། །དེ་དང་དེ་ཡི་རྒྱུ་རྣམས་ཀྱི། །སློབ་མ་རྣམས་ཀྱང་ཕུང་བར་འགྱུར། །དཀྱིལ་འཁོར་ཚོ་ག་མི་ལྡན་པར། །བྲིས་ན་བླ་མ་ངེས་པར་འཆི། །དེ་བཞིན་གཤེགས་རིགས་དཀྱིལ་འཁོར་དུ། །གང་ཞིག་ལེགས་པར་དབང་བསྐུར་བ། །དེ་ནི་རིགས་རྣམས་གསུམ་ཆར་གྱི༔ །དཀྱིལ་འཁོར་ལ་སོགས་སློབ་མ་འགྱུར། །འཕགས་པ་སྤྱན་རས་གཟིགས་དབང་གི། །དཀྱིལ་འཁོར་དུ་ནི་དབང་བསྐུར་བ། །འདི་ནི་རིགས་གཉིས་དཀྱིལ་འཁོར་གྱི། །སློབ་དཔོན་དུ་ནི་དབང་བསྐུར་འགྱུར། །ཕྱག་ན་རྡོ་རྗེ་གཟི་ཆེན་གྱི། །དེ་ནི་རྡོ་རྗེ་རིགས་གཅིག་ནི། །དཀྱིལ་འཁོར་གྱི་ནི་སློབ་དཔོན་འགྱུར། །ཞེས་དང་གཞན་ཡང་དེ་ཉིད་ལས། །སློབ་དཔོན་བློ་གྲོས་ཆེན་པོ་ཡིས། །གསང་སྔགས་རྒྱུད་ནི་འཛིན་པ་པོ། །སློབ་མ་༼དོགས༽བསྡམས་པ་སྙིང་རྗེ་ཅན། །གཅིག་ནི་ནན་ཏན་བསྙེད་དེ་བསྒྲུབ། །དཀྱིལ་འཁོར་རྣམས་ནི་ཐམས་ཅད་ཀྱི། །ཆོ་ག་འདི་ནི་དམ་པ་སྟེ། །བློ་དང་ལྡན་པས་ཆོ་ག་འདི། །དཀྱིལ་འཁོར་རྣམས་ནི་བྲི་བར་བྱ། །ཞེས་དང་གཞན་ཡང་སྤྱི་རྒྱུད་ལས། །གཞན་གྱིས་མི་ཐུབ་ལ་སོགས་གང་། །དེ་བཞིན་གཤེགས་པ་དཀྱིལ་འཁོར་དང་། །རབ་ཏུ་གནས་པ་ལ་སོགས་གང་། །པད་མའི་རིགས་ཀྱི་བཤད་པ་དང་། །འཇིག་རྟེན་དག་ལ་བརྩེ་ཕྱིར་དེས། །རྣམ་པར་གནོན་པ་ལ་སོགས་པ། །དཀྱིལ་འཁོར་སུམ་སྟོང་དག་དང་ནི། །ལྔ་བརྒྱར་བཤད་པ་གང་ཡིན་པ། །དཀྱིལ་འཁོར་དེ་དག་རྣམ་ཀྱི་སྤྱིའི། །ཆོ་ག་འདི་ནི་ངས་བཤད་དེ། །དེ་ལྟ་བས་ནི་ཆོ་ག་འདིས། །དཀྱིལ་འཁོར་ཐམས་ཅད་བྲི་བར་བྱ། །སློབ་དཔོན་བསྟན་བཅོས་ཀུན་ཤེས་པ[༡]། །ཚུལ་ཁྲིམས་ལྡན་[༢]ཞིང་སྙིང་རྗེ་བདག [༣]བྲངས་[༤]ཤིང་བཟོད་ལ་[༥]གཙང་སྦྲ་ཅན[༦]། །དད་དང་[༧]བྲན་ལྡན་[༨]སྙིང་སྟོབས་ལྡན[༩]། །སྨྲ[༡༠]མཁས་མི་འཛིགས་[༡༡]བྲན་ཐུབ་པ་[༡༢]། །སྒྱུ་རྩལ་དག་ལ་མཁས་[༡༣]ཤིང་གསལ[༡༤]། །མཛེས་དང་[༡༥]ལྡན་ཞིང་དེ་བཞིན་དུ། །གུས་ལྡན་[༡༦]དུལ་ལ་ཁོང་བཟོ་བ[༡༧]། །རྟག་ཏུ་དམ་པའི་ཆོས་ལ་དགའ[༡༨]། །ཐེག་པ་ཆེ་ལ་མོས་པ་ཅན[༡༩]། །གསང་སྔགས་སྤྱོད་པ་ལ་བསླབས་ཤིང་[༢༠]། །དཀྱིལ་འཁོར་དག་གི་བྱེ་བྲག་[༢༡]ཤེས། །སློབ་མ་དག་གི་ཚུལ་ཤེས་ཤིང་། །དེ་བཞིན་གསང་སྔགས་རྒྱུད་ཀུན་འཛིན། །རྗེས་སུ་གནང་ཞིང་དབང་བསྐུར་བ། །ཆོས་ཤེས་བཟླས་བརྗོད་ལྷུར་ལེན་པ། །སློབ་དཔོན

རིགས་ལ་བསྟེན་བཀུར་བྱས། །དཀྱིལ་འཁོར་ཐམས་ཅད་ཁོང་དུ་ཆུད། །གསང་སྔགས་ཀུན་དང་བླ་མ་ལ། །དེ་བཞིན་གློ་བུར་མགྲོན་མཆོད་བྱེད། །ཕྱག་རྒྱ་ལ་སོགས་བཅིང་བ་དང་། །དཀྱིལ་འཁོར་བྲི་བའི་ལས་རྣམས་དང་། །གསང་སྔགས་སྤྱོད་པའི་མཆོད་པ་ལ། །སློབ་དཔོན་གྱིས་ནི་མཁས་པར་བྱ། །ཞེས་པས་རྡོ་རྗེ་སློབ་དཔོན་གྱི། །མཚན་ཉིད་གསུངས་ཤིང་རབ་གནས་ཀྱང་། །མདོར་བསྡུས་བཤད་ཅིང་དེ་ཉིད་ལས། །རབ་ཏུ་གནས་སོགས་དཀྱིལ་འཁོར་ལ། །མཁས་པ་ཡིས་ནི་ཁྱད་པར་དུ། །པད་མའི་མཚོ་ཡི་ཉེ་འཁོར་དུ། །ཆོག་བཞིན་དུ་བྲི་བར་བྱ། །རི་ཡི་རྩེ་མོར་མཁས་པ་ཡིས། །མདོ་ལས་བྱུང་བའི་ཆོག་བཞིན། །རྣམ་པར་གནོན་སོགས་དཀྱིལ་འཁོར་ཀུན། །ཁྱད་པར་དུ་ནི་བྲི་བར་བྱ། །རྣམ་པར་ངེས་པའི་གནས་འདི་ནི། །ཁྱད་པར་དུ་ནི་བསྟན་པ་ཡིན། །རབ་ཏུ་བསྒྲིམས་ཏེ་ཐམས་ཅད་ལ། །ས་ནི་རྣམ་གསུམ་ཡོངས་སུ་བརྟག །ཁྱད་པར་ཕུན་སུམ་མི་ལྡན་ན། །སྤྱི་ཡི་ལས་ཀྱིས་བྲི་བར་བྱ། །ཞེས་པས་རབ་གནས་རྒྱས་པར་བཤད། །ལྷ་ཡི་རིགས་རྣམས་མཐོང་བ་ལས། །དབང་བསྐུར་བ་ནི་རྣམ་པ་བཞི། །བླ་མ་མཉམ་པར་བཞག་པ་ཡིས། །དེ་དག་ཤེས་ནས་ཅི་རིགས་བྱ། །སློབ་དཔོན་གོ་འཕང་ཐོབ་པའི་ཕྱིར། །དང་པོ་ཡོངས་སུ་བསྒྲགས་པ་ཡིན། །རིགས་གསུམ་དབང་བསྐུར་ཆོག་ཡང་། །མདོར་བསྡུས་ནས་ནི་འདི་བཤད་དོ། །

སྔགས་རྣམས་ནས་ནི་བསྒྲུབ་བྱའི་ཕྱིར། །གཉིས་པ་ལེགས་པར་བཤད་པ་ཡིན། །བགེགས་རྣམས་རབ་ཏུ་གཞོམ་པའི་ཕྱིར། །གསུམ་པ་རབ་ཏུ་བསྒྲགས་པ་ཡིན། །བཞི་པ་འགྲུབ་པ་ཐོབ་པའི་ཕྱིར། །ཆོག་རྒྱས་པ་དེ་བཤད་དོ། །དང་པོ་ཆོག་རྒྱས་པར་ནི། །བཞི་ཡིས་ཐོག་མར་བཤད་པ་ཡིན། །རིགས་གསུམ་དབང་བསྐུར་ཆོག་ཡང་། །མདོར་བསྡུས་ནས་ནི་འདིར་བཤད་དོ། །ཞེས་གསུངས་པ་ཡང་བྱ་སྤྱོད་ལ། །རྡོ་རྗེ་སློབ་དཔོན་དབང་བསྐུར་བ། །ཡོད་པའི་ལུང་ཡིན་རྗེ་བཙུན་གྱིས། །མཛད་པའི་རིགས་གསུམ་རིགས་གཏད་དུ། །རྡོ་རྗེ་སློབ་དཔོན་བྱེད་སྒྲོ་བར། །ཆུ་ཡི་དབང་བསྐུར་(དོགས)བལྟབས་ལ་བསྐུར། །ཞེས་པ་ནས་བཟུང་སློབ་དཔོན་གྱི། །དབང་གི་ཆོག་ཞེས་པའི་བར། །གསུངས་ཤིང་ལྷ་ཨ་ར་པ་ཙ་ན་ལྷ་ལྔའི་དབང་བསྐུར་ལྔའི་དབང་ཆོག་ལས། །གསུངས་ཤིང་སློབ་དཔོན་དབང་བསྐུར་བའོ། །ཆོག་རྒྱ་ཆེར་གསུངས་ལ་ལྟོས། །དེ་ལ་དང་པོ་བྱ་རྒྱུད་དང་། །གཉིས་པ་སྤྱོད་པའི་རྒྱུད་ཀྱི་ནི། །དབང་བསྐུར་ཆོག་ཡིན་པར་བཤད། །དེ་འདྲའི་རྣམ་པར་དབྱེ་བ་ནི། །ལེགས་པར་ཤེས་ན་དགོངས་པ་འགྲུབ། །དངོས་གྲུབ་དང་ནི་ཕྱག་རྒྱ་ཡི། །ཡེ་ཤེས་བསྒྲུབ་པའི་ཆོག་དང་། །གསང་སྔགས་འགའ་ཞིག་ཉན་པ་ལ། །དབང་བ་ཡིན་གྱི་རྒྱུད་འཆད་དང་། །དབང་བསྐུར་དང་ནི་རབ་གནས་སོགས། །སློབ་དཔོན་འཕྲིན་ལས་བྱར་མི་རུང་། །རྡོ་རྗེ་སློབ་དཔོན་དབང་ཐོབ་ནས། །འཁོར་ལོ་ལྷ་ཡི་དེ་ཉིད་སོགས། །རྣམ་དག

དཀྱིལ་འཁོར་བསྒོམ་པ་དང་། །དབང་བསྐུར་དང་ནི་རབ་གནས་སོགས། །སློབ་དཔོན་གྱི་ནི་འཕྲིན་ལས་དང་། །སངས་རྒྱས་ཀུན་གྱི་དམ་ཚིག་དང་། །བླ་ན་མེད་པའི་སྡོམ་པ་སོགས། །རྡོ་རྗེ་སློབ་དཔོན་ཁོ་ནའི་ལས། །ཉིད་ཡིན་གཞན་གྱིས་བྱར་མི་རུང་། །ཞེས་གསུངས་དགོངས་པའང་འདི་ཉིད་ཡིན། །དེ་ཕྱིར་བྱ་སྤྱོད་རང་ལུགས་ཀྱི། །དབང་བསྐུར་ཙམ་ཞིག་ཐོབ་པ་དེས། །རབ་གནས་དབང་བསྐུར་རུང་མོད་ཀྱི། །རྣལ་འབྱོར་རྒྱུད་ལས་གསུངས་པ་ཡི། །རབ་གནས་ལ་སོགས་མི་རུང་བ། །དབང་རྫོན་དག་ལ་བཤད་ཅི་དགོས། །བྱ་སྤྱོད་གཉིས་སུ་རྡོ་རྗེ་ཡི། །སློབ་དཔོན་དབང་བསྐུར་ཡོད་པར་སྤྱི་རྒྱུད་དང་། །ལེགས་གྲུབ་རྣམ་སྣང་མངོན་བྱང་ལས། །གསུངས་པ་བཞིན་དུ་ཤེས་པར་བྱ། །བྱ་བའི་རྒྱུད་དུ་རིགས་ལྔ་ཡི། །དོན་མ་གྲུབ་ན་རིགས་གསུམ་དང་། །ནོར་བུ་དང་ནི་རྒྱས་པའི་རིགས། །རྣམ་ལྔ་གསུངས་པ་གང་གི་དོན། །ཞེས་པའང་མཁས་པ་དགའ་བ་ཡི། །དྲི་བའི་ཚིག་ཏུ་མི་སྣང་ངོ་། །

བྱ་སྤྱོད་གཉིས་ཀྱི་རྒྱུད་ལས་ནི། །སངས་རྒྱས་རིགས་ལྔར་བསྡུས་པ་མེད། །བྱ་བའི་རྒྱུད་ལ་དེ་བཞི་ལེགས། །པད་མ་རྡོ་རྗེ་གླང་པོ་སོགས། །རིགས་དྲུག་གསུངས་པ་ཡོད་མོད་ཀྱི། །རྣམ་སྣང་ལ་སོགས་རིགས་ལྔ་ཡི༑ །དོན་དང་ཐ་སྙད་གཉིས་ཀ་མེད། །དེ་ལ་རྣམ་སྣང་དེ་བཞིན་ནོ། །མི་བསྐྱོད་པ་ནི་རྡོ་རྗེ་དང་། །འོད་དཔག་མེད་ནི་པད་མའི་རིགས། །དེ་ཕྱིར་རིགས་ལྔ་པོ་ཐམས་ཅད། །འཇིག་རྟེན་འདས་པའི་རིགས་ཡིན་པས། །བྱ་བའི་རྒྱུད་ལ་མི་བཞུགས་ཏེ། །བྱ་བའི་དཔུང་བཟང་སོགས་རྒྱུད་ལས་གསུངས་པ་ཡི། །རྒྱས་པ་ནོར་བུ་གླང་པོ་གསུམ། །འཇིག་རྟེན་པ་ཡི་རིགས་ཡིན་ནོ། །ཛེ་ཏ་རི་ཡིས་ཚེ་དཔག་མེད། །ལྷ་དགུ་རྒྱུད་སྡེ་གང་གི་ལུགས། །ཞེས་པའི་ལན་ནི་འདི་ལགས་ཏེ། །ཚེ་དང་ཡེ་ཤེས་དཔག་མེད་པའི། །མདོ་ལས་རྫོགས་སངས་རྒྱས་ཀྱི་གྲངས། །དགུ་གསུངས་པ་ལས་ཛེ་ཏ་རིས།།ལྷ་དགུ་མཛད་ཅིང་དེ་ཉིད་ཀྱང་། །རྣལ་འབྱོར་རྒྱུད་ཀྱི་ལུགས་ཀྱི་ནི། །སྒྲུབ་ཐབས་ཡིན་ཞེས་བླ་མ་གསུངས། །མཁས་མཆོག་བུ་སྟོན་ཁ་ཆེ་ཡིས། །མདོ་དེ་སྤྱོད་པའི་རྒྱུད་དུ་བཞེད། །མཁས་པ་ཁ་ཅིག་བྱ་རྒྱུད་ཡིན། །དེ་ལ་བརྟེན་པའི་སྒྲུབ་ཐབས་དང་། །བླ་མེད་ལུགས་ཀྱི་རྒྱས་བཏབ་ནས། །ལྷ་དགུའི་དཀྱིལ་འཁོར་མཛད་པ་སྟེ། །དེ་ལ་ལས་རྒྱས་པ་ཡི་དང་། །མཆོག་སྒྲུབ་པ་ཡི་དཀྱིལ་འཁོར་གཉིས། །དང་པོའི་དབང་དུ་མཛད་ཅེས་གསུངས། །འོན་མཁས་པའི་བསྟན་བཅོས་ལས། །རྣལ་འབྱོར་རྒྱུད་ལས་གསུངས་པ་ཡི། །རིགས་ལྔ་ཁ་དོག་ཐ་དད་ཅིང་། །ཕྱག་རྒྱ་ཡང་ནི་ཐ་དད་གསུངས། །ཞེས་གསུངས་པ་དང་འགལ་ཞེ་ན། །རྩ་རྒྱུད་དེ་ཉིད་བསྡུས་པ་དང་། །དུམ་བུ་བཞི་སྟེ་དུམ་བུ་དང་པོ་རྡོ་རྗེ་དབྱིངས་ཀྱི་དཀྱིལ་འཁོར། དུམ་བུ་གཉིས་པ་འཇིག་རྟེན་གསུམ་ལས་རྣམ་པར་རྒྱལ་བའི་དུམ་བུ། དུམ་བུ་གསུམ་པ་འགྲོ་འདུལ་གྱི་དུམ་བུ། དུམ་བུ་བཞི་པ་དོན་ཐམས་ཅད་གྲུབ་པའི་དུམ་བུའོ། །རེ་རེ་ལའང་སྙིང་པོ་དང་། ཕྱག་རྒྱ་དང་། གསང་སྔགས་དང་། རིག་སྔགས་ཏེ་བཞི་བཞི་ཡོད་པ་སྙིང་པོ་ནི་ཕྱག་རྒྱ་ཆེན་པོ་གཙོ་བོར་གྱུར་པའི་སྐུའི་དཀྱིལ་འཁོར་

དང་། ཕྱག་རྒྱ་ནི་དམ་ཚིག་གི་ཕྱག་རྒྱ་གཙོ་བོར་གྱུར་པའི་གཟུངས་ཀྱི་དཀྱིལ་འཁོར་དང་། གསང་སྔགས་ནི་ཆོས་ཀྱི་ཕྱག་རྒྱ་གཙོ་བོར་གྱུར་པའི་ཆོས་ཀྱི་དཀྱིལ་འཁོར་དང་། རིག་སྔགས་ནི་ལས་ཀྱི་ཕྱག་རྒྱ་གཙོ་བོར་གྱུར་པའི་ལས་ཀྱི་དཀྱིལ་འཁོར་རོ། །བཤད་རྒྱུད་རྡོ་རྗེ་ཕྲེང་བ་ལས། །གྲུ་བཞི་པ་ལ་སྒོ་བཞི་པ། །རྟ་བབས་བཞི་ཡིས་མཛེས་བྱས་པ། །ཐིག་བཞི་དང་ནི་ཡང་དག་ལྡན། །དར་དཔྱངས་ཕྲེང་བས་རྣམ་པར་བརྒྱན། །མཚམས་ཀྱི་ཆ་ནི་ཐམས་ཅད་དང་། །སྒོ་ཡི་སྒོ་ཁྱུད་མཚམས་སུ་ནི། །རྡོ་རྗེ་རིན་ཆེན་རྣམས་ཀྱིས་བརྒྱས། །ཕྱི་ཡི་དཀྱིལ་འཁོར་ཐིག་གདབ་བྱ། །དེ་ཡི་ནང་གི་རིམ་པ་ནི། །འཁོར་ལོ་ལྟ་བུས་བྲི་བར་བྱ། །རྡོ་རྗེ་ཕྲེང་བས་ཡོངས་སུ་བསྐོར། །ཀ་བ་བརྒྱད་ཀྱིས་ཉེ་བར་མཛེས། །རྡོ་རྗེ་ཀ་བའི་མདུན་གནས་པའི། །དཀྱིལ་འཁོར་ལྔ་ཡིས་རྣམ་པར་བརྒྱན། །ཇི་ལྟར་ཕྱི་དང་ནང་གནས་པའི། །དཀྱིལ་འཁོར་རེ་རེ་རྣམ་པར་དབྱེ། །དཀྱིལ་འཁོར་གྱི་ནི་དབུས་ཉིད་དུ། །དཀྱིལ་འཁོར་ལྔ་བྲིས་གང་ཡིན་དེ། །ཀ་བ་མཆོག་ནི་བརྒྱད་ཀྱིས་སྤྲས། །དཀྱིལ་འཁོར་བཞི་པ་ཡིན་པར་བཤད། །དབུས་ཀྱི་ཤིན་ཏུ་དབུས་སོང་ནས། །ཆོས་འཛིན་རྒྱལ་པོ་ཆེན་པོ་སྟེ། །རྣམ་པར་སྣང་མཛད་ཁྱབ་བདག་ཆེ། །སངས་རྒྱས་གཟུགས་ནི་དགོད་པར་བྱ། །སངས་རྒྱས་ཀྱི་ནི་ཕྱོགས་ཀུན་ཏུ། །དཀྱིལ་འཁོར་རྣམས་ཀྱི་དབུས་སུ་ནི། །དམ་ཚིག་མཆོག་རྣམས་བཞི་པོ་ཡང་། །གོ་རིམ་བཞིན་དུ་ཡང་དག་བྲི། །རྡོ་རྗེ་སེམས་དཔའ་རྒྱལ་པོ་ཆེ། །མདུན་རྒྱབ་ཏུ་ནི་གནས་པ་ཡིན། །རྡོ་རྗེ་ལྷུགས་ཀྱུ་གཡས་ཕྱོགས་སུ། །ནུབ་ཀྱི་ཕྱོགས་སུ་བདུད་འཇོམས་པ། །རྡོ་རྗེ་ལེགས་པ་རྒྱལ་པོ་ཆེ། །ཆོས་འཛིན་ཆེན་པོ་དབང་དང་ལྡན། །ཆོས་འཛིན་པ་ནི་བྱང་དུ་སྟེ། །མདུན་དུ་རྡོ་རྗེ་སྙེམས་ཚུལ་ལོ། །དེ་ལ་དེ་ཡི་སྙིང་པོ་གསང་། །ཤིན་ཏུ་རྟོགས་པར་བྱེད་པའི་མཆོག །སྡུག་བསྔལ་ཀུན་ལས་རབ་གྲོལ་བྱེད། །བྱང་ཆུབ་སེམས་ནི་རབ་བསྒྲུབ་པ། །ཧཱུྃ་ཛ་ཧོཿ ཤར་ཕྱོགས་ཆ་ཡི་དཀྱིལ་འཁོར་དུ། །རྡོ་རྗེ་ཞུགས་ཀྱིས་སོང་ནས་ནི། །དཀྱིལ་འཁོར་དེ་ཡི་དབུས་དེ་རུ། །མི་བསྐྱོད་པ་ནི་དགོད་པར་བྱ། །

ཞེས་སོགས་རྫོང་དབྱིངས་དཀྱིལ་འཁོར་ནི། །ལྷ་གསུངས་དེ་ཡི་ལྷ་རྣམས་ཀྱང་། །ཁ་དོག་ཕྱག་རྒྱ་ཐ་དད་གསུངས། །དེ་ལ་དགོངས་ཀྱི་གཞན་དུ་ན། །ངན་སོང་སྦྱོང་ཕྱག་ན་རྡོ་རྗེའི་འཆི་བདག་འཇོམས་པའི་དཀྱིལ་འཁོར་དུ་བའི་རྒྱལ་པོ་ལས། །གཙོ་བོ་དཀར་པོ་རྡོ་རྗེ་དང་། །དྲིལ་བུ་འཛིན་ཅིང་རིགས་གཞན་ནི། །སྐུ་མདོག་དཀར་པོ་གཡས་མཆོག་སྦྱིན། །གཡོན་གྱི་ཕྱག་གི་སྐྱབས་སྦྱིན་ཏེ། །དེ་ཡི་དབུས་སུ་གཙོ་བོ་ནི། །ཕྱག་ན་རྡོ་རྗེ་སྟོབས་ཆེན་ཏེ། །ཕྱག་ན་རྡོ་རྗེ་དྲིལ་བསྣམས་ཤིང་། །ཟླ་བ་རྒྱས་པའི་ཞལ་འཛུམ་བྲི། །ཤར་གྱི་ཕྱོགས་ཀྱི་རྩིབས་སྟེང་དུ། །མགོན་པོ་མི་བསྐྱོད་བྲི་བར་བྱ། །ལྷོ་ཕྱོགས་སུ་ནི་རིན་ཆེན་བྲི། །ནུབ་ཕྱོགས་ཚུ་སྐྱེས་པད་མ་བྲི། །བྱང་ཕྱོགས་སུ་ནི་གདོན་མི་ཟ། །དཔའ་བོ་སྟོབས་ཆེན་བྲི་བར་བྱ། །དེ་བཞིན་གཤེགས་པ་ཐམས་ཅད་ནི། །འཁོར་ལོས་བསྒྱུར་བའི་ཆ

བྱུང་དང་། །ཟླ་བའི་དཀྱིལ་འཁོར་མདོག་འདྲ་ཞིང་། །རྒྱན་རྣམས་ཀུན་གྱིས་བརྒྱན་པ་དང་། །ཕྱག་ནི་མཆོག་སྦྱིན་མི་འཇིགས་པ། །རྡོ་རྗེའི་དཀྱིལ་མོ་དཀྲུང་བཞུགས་བྲི། །ཞེས་པས་རིགས་ལྔ་དཀར་འབྱམས་ནི། །གསུངས་པའང་ཇི་ལྟར་ཡིན་པ་སྨྲོས། །དེ་བཞིན་སློབ་དཔོན་ཛེ་ཏ་རིས། །ཚེ་དང་ཡེ་ཤེས་དཔག་མེད་པ། །ལྔ་དགུའི་དཀྱིལ་འཁོར་ཁ་དོག་དམར། །མཉམ་གཞག་གི་ནི་ཕྱག་རྒྱ་ཡིས། །བུམ་པ་འཛིན་པར་གསུངས་པ་དང་། །རྣལ་འབྱོར་ཆེན་པོའི་རྒྱུད་ལས་ཀྱང་། །བདག་མེད་ལྷ་མོ་བཅོ་ལྔ་པོ། །སྐུ་མདོག་སྔོན་མོ་གྲི་གུག་དང་། །ཐོད་པ་འཛིན་པར་བརྟག་གཉིས་ལས། །ལྷ་མོ་ཐམས་ཅད་ཁ་དོག་གནག །དྲག་ཆེན་ཕྱག་རྒྱ་ལྔ་ཡིས་བརྒྱན། །ཞེས་གསུངས་དུས་འཁོར་སྒྲུབ་ལེ་ཡི། །ཚོགས་བཅད་བརྒྱ་དང་སོ་དགུ་པའི། །འགྲེལ་པར་རིགས་ལྔ་ཁ་དོག་ནི། །དཀར་འབྱམས་ཕྱག་རྒྱ་ཕྱག་མཚན་ཡང་། །གཅིག་པར་གསུངས་ཤིང་གཤེགས་མ་བཞི། །ཁ་དོག་ནག་འབྱམས་ཕྱག་རྒྱ་དང་། །ཕྱག་མཚན་གཅིག་པར་གསུངས་པ་ཡོད། །

གཞན་ཡང་དུས་ཀྱི་འཁོར་ལོ་ལས། །ཞི་རྒྱས་གཉིས་ལ་དཀར་པོ་དང་། །དབང་དགུག་དག་ལ་དམར་པོ་དང་། །གསོད་དང་བསྐྲད་ལ་ནག་པོ་དང་། །རྨོངས་རེངས་གཉིས་ལ་སེར་འབྱམས་དང་། །ཕྱག་རྒྱ་གཅིག་པར་གསུངས་པ་སོགས། །མང་ཡང་བརྗོད་པར་ག་ལ་ལངས། །དེ་ཕྱིར་མཁས་པའི་བསྟན་བཅོས་ལས། །རིགས་ལྔ་སེར་འབྱམས་བཀག་པ་མིན། །འོ་ན་ཇི་ལྟར་ཡིན་ཞེ་ན། །བཀའ་གདམས་པ་དག་འདི་སྐད་དུ། །བྱང་ཆུབ་མཆོག་གི་ཕྱག་རྒྱ་དང་། །ས་གནོན་མཆོག་སྦྱིན་མཉམ་གཞག་དང་། །སྐྱབས་སྦྱིན་ཕྱག་རྒྱ་དང་བཅས་ཏེ། །ཁ་དོག་སེར་འབྱམས་བྱེད་པ་དེ། །མདོ་ལུགས་ཡིན་ཞིང་དེ་ཡང་ནི། །ཇོ་བོ་རྗེ་ཡི་ཞལ་གཟིགས་ཡིན། །དེས་ན་ལུགས་འདི་རྣམ་དག་ཡིན། །ཞེས་ཟེར་དེ་ལ་བསྟན་བཅོས་སུ། །བྱང་ཆུབ་མཆོག་གི་ཕྱག་རྒྱ་སོགས། །མཛད་པའི་རིགས་ལྔ་སེར་འབྱམས་མཐོང་། །མདོ་ལུགས་ཡིན་ཞེས་ལ་ལ་སྨྲ། །མདོ་ནས་འདི་འདྲ་གསུངས་པ་མེད། །བྱ་སྤྱོད་གཉིས་ཀྱི་རྒྱུད་ལས་ཀྱང་། །སངས་རྒྱས་རིགས་ལྔར་བསྡུས་པ་མེད། །རྣལ་འབྱོར་རྒྱུད་ལས་གསུངས་པ་ཡི། །རིགས་ལྔ་ཁ་དོག་ཐ་དད་ཅིང་། །ཕྱག་རྒྱ་ཡང་ནི་ཐ་དད་གསུངས། །འདི་ཡི་སྐུ་མདོག་ཕྱག་རྒྱ་ནི། །རྟེན་ཅིང་འབྲེལ་འབྱུང་སྐུ་ཡིན་པས། །ཡེ་ཤེས་ལྔ་ལ་འཐད་པ་ཡིན། །ཞེས་སོགས་རྒྱ་ཆེར་གསུངས་པ་ནི། །ཕྱག་རྒྱ་ཐ་དད་སེར་འབྱམས་སོགས། །བྱེད་པ་མདོ་དང་རྒྱུད་སྡེ་བཞི། །གང་གི་ཡང་ནི་ལུགས་མིན་ནོ། །ཞེས་བྱའི་དོན་དུ་གོ་བར་གྱིས། །དེ་ལའང་དུས་འཁོར་བ་ཁ་ཅིག །ལུས་དང་བསམ་པའི་བྱེ་བྲག་དང་། །རྒྱུད་སྡེ་ཀུན་ལས་བཏུས་པ་ན། །རིགས་ལྔ་ཕྱག་རྒྱ་ཐ་དད་དང་། །ཁ་དོག་གཅིག་པར་ཡོད་ཅེས་ཟེར། །དེ་ཡང་མི་རིགས་པ་ཡི་ཚུལ། །རྒྱ་ཆེར་བརྗོད་ན་མང་བའི་ཕྱིར། །རེ་ཞིག་བཏང་སྙོམས་བཞག་པར་བྱ། །དེ་ལྟར་ཤེས་ན་དྲི་བ་ལས། །རིགས་ལྔ་

སེར་འབྲུམས་མི་འཐད་ན། །དམར་འབྲུམས་འཐད་པ་དཀའ་བའི་གནས། །ཞེས་པའི་ལན་ཡང་གྲུབ་པར་ངེས། །སྤྱོད་པའི་རྒྱུད་དུ་རིགས་ལྔ་ཡི། །དོན་གྲུབ་ན་ནི་པད་མའི་རིགས། །རྒྱུད་གཞུང་གང་གིས་སྟོན་ཞེས་དྲི། །ཞེས་པའི་དྲི་བ་བུ་སྟོན་པས། །རྒྱུ་སྡེ་སྤྱི་ཡི་རྣམ་གཞག་ཏུ། །སྤྱི་དང་བྱེ་བྲག་སྤྱོད་རྒྱུད་ཀྱི། །ཆོས་འཁོར་བསྐོར་ཚུལ་གཉིས་རྣམ་པ། །དང་པོ་འོག་མིན་དེ་ཉིད་དུ། །རྣམ་སྣང་ཆེན་པོའི་སྐུ་ཡིས་ནི། །ཐེག་ཆེན་ཆོས་རྣམས་གསུངས་པ་དང་། །རི་རབ་རྩེ་མོ་ལ་སོགས་པར། །རྣམ་སྣང་ལ་སོགས་གཟུགས་ཀྱིས་ནི། །གསང་སྔགས་གསུངས་ཤིང་བྱ་རྒོད་ཀྱི། །ཕུང་པོའི་རི་ལ་སོགས་པར་ནི། །ཤཱཀྱ་ཐུབ་གཟུགས་ཀྱི་མཚན་ཉིད་སོགས། །བསྟན་དེ་གསུང་རབ་སྤྱི་དང་འདྲ། །གཉིས་པ་ལ་ཡང་བྱ་རྒྱུད་བཞིན། །དེ་བཞིན་གཤེགས་དང་པད་མ་དང་། །རྡོ་རྗེའི་རིགས་ཏེ་གསུམ་དུ་བསྡུས། །དང་པོ་རྣམ་སྣང་མངོན་བྱང་དང་། །དེ་ཡི་རྒྱུད་ཕྱི་མ་གསང་བ་མཆོག་གི། །རིམ་པ་ཕྱེ་བ་གཉིས་པོ་དང་། །དེ་བཞིན་གཤེགས་པ་ཐམས་ཅད་ཀྱི། །ཁྲོ་བོའི་རྒྱལ་པོ་མི་གཡོ་བའི། །རྟོགས་པ་སོགས་ཡིན་གསུམ་པ་ནི༑ །ཕྱག་ན་རྡོ་རྗེ་དབང་བསྐུར་བའི། །རྒྱུད་དང་ཕྱག་རྡོར་གོས་སྔོན་ཅན། །རྒྱུད་སྡེ་ས་འོག་ཅེས་པ་དང་། །རྡོ་རྗེ་ས་འོག་གི་རྒྱུད་ལེའུ་བདུན། །ས་འོག་རིམ་པ་བདུན་གྱི་གནས་སུ་གསུངས་ཏེ། གླིང་གཞིའི་ལེའུ་དང་། ནོར་བསྒྲུབ་པ་དང་། སེར་བ་བསྲུང་བའི་ལེའུ་དང་། བཅོས་དཀའ་བའི་ནད་བཟློག་པའི་ལེའུ་དང་། དཀྱིལ་འཁོར་གྱི་ལེའུ་དང་། གནོད་སྦྱིན་སྒྲུབ་པའི་ལེའུ་དང་། ཀླུ་སྒྲུབ་པའི་ལེའུ་དང་། གཏམ་རྒྱུད་ཀྱི་ལེའུའོ། །ས་གསུམ་རྒྱ་བའི་རྟོགས་པ་དང་། །ལག་ན་རྡོ་རྗེ་གོས་སྔོན་ཅན། །ཞེས་བྱ་འཇིག་རྟེན་གསུམ་འདུལ་བའི། །རྒྱུད་དང་ལྷ་མོ་བརྒྱད་ཀྱི་གཟུངས། །ཞེས་པ་རྣམས་ཡིན་པད་མ་ཡི། །རིགས་ཀྱི་རྒྱུད་ནི་མ་རྙེད་དོ། །ཞེས་གསུངས་ཁུངས་སུ་བྱས་ནས་ནི། །དྲི་བ་འདི་ནི་མཛད་པར་མངོན། །སྤྱོད་པའི་རྒྱུད་ལས་པད་མའི་རིགས། །ཁ་ནར་མ་ཟད་རིན་པོ་ཆེའི། །རིགས་དང་ལས་ཀྱི་རིགས་གཉིས་ལས། །རྒྱུད་ནི་བོད་དུ་མ་འགྱུར་ཞེས། །རྒྱུད་སྡེ་མཁྱེན་པའི་མཁས་རྣམས་བཞེད། །འོན་ཀྱང་རྣམ་སྣང་མངོན་བྱང་སོགས། །དཀྱིལ་འཁོར་གང་ལ་འགོད་པའི་ལྷ། །དེ་ལ་མི་བསྐྱོད་པ་སོགས་ཀྱི། །རིགས་ལྔའི་དོན་རྣམས་ལེགས་པར་ཚང་། །

དེ་ཡང་རྣམ་སྣང་མངོན་བྱང་ལས། །དེ་ཡི་འོག་ཏུ་སྟུགས་པ་ནི། །ལངས་ནས་དེ་ཡི་དབུས་སུ་དང་། །པད་མ་དཀར་པོའི་གདན་ལ་བཞུགས། །ཐོར་ཚུགས་དང་ནི་དབུ་རྒྱན་འཆང་། །འོད་ཟེར་ཁ་དོག་སྣ་ཚོགས་པས། །ཀུན་ནས་ཡོངས་སུ་བསྐོར་བར་བསམ། །དེ་ནས་རྫོགས་པའི་སངས་རྒྱས་བཞི། །ཕྱོ་དང་ལྡན་པས་ཕྱོགས་སུ་བསམ། །དེ་བཞིན་གཤེགས་པ་རིན་ཆེན་ཏོག །ཉི་མ་འཆར་ཁ་ལྟ་བུར་བསམ། །ལྷོ་རུ་རྒྱལ་བ་དབང་པོ་ནི། །ནུབ་ཕྱོགས་འོད་དཔག་མེད་པ་སྟེ། །རྒྱལ་བ་ལྔ་པོ་འདི་རྣམས་ནི། །བསམ་སྟེ་དེ་ནས་སྟུགས་པ་ཡིས། །རྒྱལ་བའི་གནས་དབུས་འདུན་ནས་ནི། །ཞེས་གསུངས་དཀྱིལ་འཁོར་ལྷ་བུའོ། །མི་རྟོག་ཀུན་རྒྱན་ཞེས་བྱ་བ། །

གསེར་གྱི་ཁ་དོག་འབར་བར་བཅས། །ཞེས་པ་བཅོམ་པ་ཏིང་འཛིན་གནས། །བྱང་ཕྱོགས་སུ་ནི་མི་འཁྲུགས་པ། །ནད་དང་བྲལ་བའི་ཏིང་འཛིན་གནས། །རྡོ་རྗེའི་རིགས་ནི་མི་བསྐྱོད་པ། །དེ་བཞིན་གཤེགས་པ་རྣམ་སྣང་དང་། །རིན་ཆེན་རིན་ཆེན་འབྱུང་ལྡན་དང་། །པད་མ་འོད་དཔག་མེད་པ་དང་། །ལས་ཀྱི་རིགས་གང་དོན་གྲུབ་ཡིན། །ཞེས་ཀུང་རྡོ་རྗེ་རྩེ་མོ་དང་། །རྣལ་འབྱོར་ཆེན་པོའི་རྒྱུད་ལས་གསུངས། །ཚུལ་འདི་ཤེས་ན་བསྟན་བཅོས་ལས། །སྤྱོད་པའི་རྒྱུད་ལ་རིགས་ལྔ་ཡི། །དོན་གྲུབ་ན་ཡང་ཐ་སྙད་མེད། །ཕྱག་རྒྱ་སྐུ་མདོག་རྣམ་གཞག་ཀྱང་། །རྣལ་འབྱོར་རྒྱུད་བཞིན་དེ་ར་མ་གསུངས། །ཞེས་གསུངས་དགོངས་པའི་རྟོགས་པར་འགྱུར། །རྣལ་འབྱོར་རྒྱུད་ཀྱི་ཀུན་རྫོབ་ཀུན། །ལྷ་རུ་གསུངས་པ་མེད་གྱུར་ན། །རྣལ་འབྱོར་རྒྱུད་དང་སེམས་ཙམ་པའི། །གྲུབ་མཐའ་བསྟུན་པ་ཇི་ལྟར་ཡིན། །ཞེས་པ་ལའང་འདི་སྐད་སྨྲ། །རྗེ་བཙུན་རྩེ་མོས་འདི་སྐད་དུ། །རྒྱུད་སྡེ་བཞི་ཡི་གྲངས་ངེས་དང་། །གྲངས་དང་གོ་རིམ་ངེས་པ་དང་། །མིང་གི་དོན་དང་རྩོད་སྤོང་ངོ། །

དང་པོ་ལ་ཡང་རྣམ་གསུམ་སྟེ། །ཕྱི་རོལ་མུ་སྟེགས་བྱེད་རྣམས་ལ། །ལོག་པར་རྟོག་པའི་དབང་གིས་ནི། །ལོག་པའི་སྤྱོད་པ་བཞི་ཡོད་པས། །དེ་དག་རྗེས་སུ་བཟུང་བའི་ཕྱིར། །རྒྱུད་སྡེ་བཞིར་ནི་དབྱེ་བ་དང་། །སངས་རྒྱས་པ་རྣམས་ཉིད་ལ་ཡང་། །མཚན་ཉིད་ཀྱི་ནི་ཐེག་པ་ལ། །གྲུབ་མཐའ་མི་མཐུན་བཞི་ཡོད་པས། །དེ་དང་ལུང་སྒོ་བསྟུན་པ་ཡི། །དབང་དུ་བྱས་ཏེ་བསྐྱེད་ཆོག་མི་འདྲ་བ་བཞིས། །རྒྱུད་སྡེ་བཞིར་ནི་དབྱེ་བ་དང་། །གསང་སྔགས་འདོད་ཁམས་སེམས་ཅན་ལ། །གཙོ་བོར་གསུངས་པས་འདོད་ཁམས་ཀྱི། །སེམས་ཅན་དེ་ལ་ཆགས་པ་ནི། །ཆེ་འབྲིང་རྣམ་པ་བཞི་ཡོད་པས། །དེ་དག་མ་སྤངས་ཀྱང་བྱང་ཆུབ་ཀྱི། །ལམ་བཞིར་བསྟན་པའི་ཕྱིར་བཞིར་དབྱེ་བའོ། །དང་པོ་མུ་སྟེགས་རྩ་བ་ནི། །རིག་བྱེད་ཚད་མར་འདོད་པ་དག །ཡིན་ལ་གཞན་ནི་དེ་ལས་འཕྲོས། །རིགས་བྱེད་དག་ལ་དེ་ལ་འཇུག་པའི་ཚུལ་རྣམ་བཞི་ཡོད་དེ། །འདོད་ཆགས་ཅན་ལྷ་ཆེན་པའི་རྗེས་སུ་འབྲང་བ། །འདོད་ཆགས་ཆོས་སུ་སྨྲ་བ་དང་། །ཞེ་སྡང་ཅན་ཁྱབ་འཇུག་གི་རྗེས་འབྲང་བ། །འཆི་བ་ཆོས་སུ་སྨྲ་བ་དང་། །གཏི་མུག་ཅན་ཚངས་པའི་རྗེས་འབྲང་བ། །གཙང་སྦྲ་ཆོས་སུ་སྨྲ་བ་དང་།།ཕྱེན་མཉམ་སྐབས་ཀྱི་སྟོབས་ཀྱིས་ནི། །གསུམ་ཀའི་རྗེས་སུ་འབྲང་བ་གསུམ་ཀ་སྟེ། །ཆོས་སུ་སྨྲ་དང་རྣམ་པ་བཞི། །དེ་དག་ནི་སྐབས་གནས་གསུམ་གྱིས་མ་ཟིན་པའི། །བདག་མེད་གཉིས་ཀྱི་ལྟ་བ་དང་། །ཐབས་ལ་མཁས་པའི་ཁྱད་པར་གྱིས། །མ་ཟིན་པས་ན་ངན་སོང་གི་རྒྱུད་ཡིན། །དེ་དག་རྗེས་སུ་འཛིན་པ་ལ། །དེ་དང་རྗེས་མཐུན་སྤྱོད་པ་དགོས་པས། །དེ་བསྟན་པས་དེ་དག་འཇུག་འགྱུར་ལ། །ཞུགས་ཚེ་དེ་དག་ཐབས་མཁས་ཀྱི། །ཕྱིས་བསྒྱུར་བླ་མེད་བྱང་ཆུབ་ཏུ། །དྲང་ཕྱིར་རྒྱུད་སྡེ་བཞི་བཤད་དོ། །སངས་རྒྱས་པ་ཉིད་ལ་ཡང་མཚན་ཉིད་ཐེག་པ་ལ་གྲུབ་མཐའ་མི་མཐུན་པ་བཞི་ཡོད་པས་དེ་དང་ལུང་སྒོ་མཐུན་གྱི་དབང

དུ་བྱས་ཏེ། ལྷའི་བསྐྱེད་ཚོག་མི་འདྲ་བ་བཞི་རྒྱུད་སྡེ་བཞིར་དབྱེ་བ་ནི། གཉིས་པ་ཉན་ཐོས་དབང་པོ་ཐ་མ་གནས་མ་བུ། །འབྲིང་པོ་ཉི་འོག་བྱེ་བྲག་སྨྲ་བ་གཉིས། །བཅོམ་ལྡན་མདོ་ལས་དགེ་སློང་དག །ཁུར་ཡོད་ཁུར་ཁྱེར་བ་༼དོགས༽སོ་ཡང་། །ཡོད་དོ་ཞེས་བྱའི་རྗེས་འབྲང་ནས། །གང་ཟག་བདག་ཅེས་བྱ་བ་དེ། །ཡོད་པར་འདོད་ལ་བདག་དེ་ཡང་། །རྟག་དང་མི་རྟག་གཉིས་ཀ་མིན། །དེས་ན་བརྗོད་དུ་མེད་པ་ཡི། །གང་ཟག་ཡོད་པར་འདོད་པ་བཞིན། །བྱ་བའི་རྒྱུད་ཀྱི་བསྐྱེད་ཚོག་གསུངས་དེ། །མདུན་དུ་རས་བྲིས་བཀྲམ་པ་དང་། །མཆོད་པ་བཤམས་དང་ཁྲུས་ལ་སོགས། །བྱས་ནས་མདུན་དུ་ཡེ་ཤེས་སེམས་དཔའ་ནི། །སྤྱན་དྲངས་བ་ཡི་ཆོ་ག་བྱས་ཏེ། །དེ་ཡི་ཐུགས་ཀར་སྔགས་ཕྲེང་བཀོད། །དེ་ནས་བཟླས་པ་བྱས་ནས་ནི། །རྗེ་དཔོན་ལྷ་བུ་ལས་དངོས་གྲུབ་ལེན། །ཚུལ་དེ་གྲུབ་མཐའ་དང་བསྟུན་ན༑ ༑ཡེ་ཤེས་སེམས་དཔའ་ཞེས་བྱ་བ། །འདོད་ལ་དེ་ཡང་རས་བྲིས་མིན། །བདག་ཀྱང་མ་ཡིན་བདག་ཉིད་ནི། །ཐ་མལ་པ་ཡིན་དེ་ལྟར་ཡང་། །ཡེ་ཤེས་རྡོ་རྗེ་ཀུན་ལས་བཏུས། །རྒྱུད་སྡེ་གང་དེ་ཚད་མར་བྱ། །ཁ་ཆེ་བྱེ་བྲག་སྨྲ་བ་དང་། །མདོ་སྡེ་པ་གཉིས་བཅོམ་ལྡན་འདས་ཀྱིས། །ལས་ཡོད་རྣམ་པར་སྨིན་པ་ཡོད། །བྱེད་པ་པོ་ནི་མ་དམིགས་སོ༑ ༑ཞེས་གསུངས་ལུང་གི་རྗེས་འབྲངས་ནས། །གང་ཟག་བདག་ནི་མི་འདོད་ལ། །གཟུང་བར་བྱ་བའི་ཡུལ་རྡུལ་ཕྲན་དོན་དམ་བདེན་པ་དང་། །འཛིན་པའི་ཤེས་པ་སྐད་ཅིག་གིས། །ཆ་མེད་དོན་དམ་བདེན་པར་འདོད། །དེ་དང་འདྲ་བར་སྤྱོད་རྒྱུད་ཀྱི། །བསྐྱེད་ཚོག་གསུངས་ཏེ་རང་ཉིད་ནི། །དམ་ཚིག་པ་དང་མདུན་དུ་ཡང་། །ཡེ་ཤེས་སེམས་དཔའི་སྤྱན་དྲངས་ནས། །དེ་ཡི་ཐུགས་ཀར་སྔགས་ཕྲེང་བཀོད། །ཟླ་བོ་གྲོགས་པོ་ལྟ་བུ་ལས། །དངོས་གྲུབ་ལེན་པའི་ཚུལ་ཞེས་བྱ། །དེ་ཡང་ཉན་ཐོས་སྡེ་གཉིས་ཀྱི། །གཟུང་འཛིན་གཉིས་སོ་སོར་རྫས་ཐ་དད་འདོད་པ་ལྟར། །ལྷ་གཉིས་བསྐྱེད་ཚོག་ཐ་དད་དོ། །

ཡང་འཕགས་པ་རང་སངས་རྒྱས་དག་ནི། །བཟུང་ཡུལ་རྡུལ་ཕྲན་ཆ་དྲུག་ཏུ། །བགོས་ན་རང་བཞིན་མེད་པའི་ཕྱིར། །བཟུང་བར་བྱ་བའི་ཡུལ་མེད་ལ། །འཛིན་པའི་ཤེས་པ་སྐད་ཅིག་མ། །དོན་དམ་པར་ནི་ཡོད་པ་སྐད་ཅིག་ལ་ཆ་ཤས་མེད་པས་སོ་སྟེ། །གཟུང་དོན་རྟོགས་པ་སྤོང་ཕྱིར་དང་། །དེ་ལྟར་མངོན་རྟོགས་བརྒྱན་ལས་ཀྱང་། །འཛིན་པ་མི་སྤོང་ཕྱིར་དང་ནི། །རྟེན་གྱི་བསེ་རུ་ལྟ་བུའི་ལམ། །ཡང་དག་བསྡུས་པ་ཤེས་པར་བྱ། །ཞེས་གསུངས་ཇི་ལྟ་བ་བཞིན་ནོ། །དེ་དང་བསྟུན་པའི་བསྐྱེད་ཚོག་ནི། །རྣལ་འབྱོར་རྒྱུད་ཀྱི་ལུགས་ཡིན་ཏེ། །རང་ཉིད་དམ་ཚིག་པ་བསྐྱེད་ནས། །ཡེ་ཤེས་སེམས་དཔའ་རབ་བཅུག་སྟེ། །དེ་ནི་ཀུན་རྫོབ་གཟུང་འཛིན་གཉིས། །འདོད་པ་དང་ནི་འདྲ་བར་གསུངས། །གཟུང་བ་མེད་ན་དེར་འཛིན་མེད། །ཞེས་པ་ཕྱི་དོན་བདེན་མེད་ཀྱི། །རིགས་པས་གཟུང་རྣམ་བདེན་མེད་ཀྱི། །ཚུལ་དེ་སེམས་ཙམ་རྣམ་རྫུན་དང་། །རྣལ་འབྱོར་སྤྱོད་པའི་དབུ་མ་པ། །གཉིས་ཀས་མཐུན་པར

ཞལ་གྱིས་བཞེས། །འཇིག་རྟེན་གྲགས་པ་ཁས་བླངས་ནས། །གཟུང་འཛིན་གཉིས་ཀ་ཡོད་པར་འདོད། །དེ་དང་འདྲ་བར་བླ་མེད་ཀྱི། །བསྐྱེད་ཆོག་གསུངས་ཏེ་དང་པོར་ནི། །རང་ཉིད་དམ་ཚིག་པ་རུ་བསྐྱེད། །དེ་ནས་ཡེ་ཤེས་པ་བཅུག་སྟེ། །དེ་ཡང་ཀུན་རྫོབ་གཟུང་འཛིན་གཉིས། །འདོད་པའི་ཚུལ་དང་འདྲ་བ་ཡིན། །དོན་དམ་པར་ནི་གཟུང་འཛིན་གཉིས། །མི་འདོད་པ་ལྟར་ཡེ་ཤེས་པ། །གཤེགས་སུ་གསོལ་བ་མེད་པས་ན། །གཤེགས་གསོལ་བྱ་བ་མི་འདོད་པས། །ཡེ་ཤེས་སེམས་དཔའ་མི་གཤེགས་པའི། །བསྐྱེད་ཆོག་ཞེས་པའི་ཐ་སྙད་གསུངས། །དེ་ལྟར་བསྐྱེད་ཆོག་མི་འདྲ་བ། །བཞི་ཡིས་རྒྱུད་སྡེ་བཞིར་བཞག་པ། །ཡེ་ཤེས་རྡོ་རྗེ་ཀུན་བཏུས་ཀྱི། །རྗེས་སུ་འབྲང་ནས་ཀླུ་སྒྲུབ་སོགས། །བཞེད་དོ་ཞེས་ནི་གོང་མ་རྣམས། །གསུང་ངོ་ཞེས་སོགས་རྒྱ་ཆེར་གསུངས། །

༼འོག་གི་མཆན་འདི་བཅུག་ས་མི་གསལ་བས་དཔྱད༽ འདིར་རང་རྒྱལ་གྱི་ལྟ་བ་དང་། སེམས་ཀྱི་གྲུབ་མཐའ་མཚུངས་པས་དེ་སྐད་གསུངས་ཀྱི་རང་རྒྱལ་ལ་གྲུབ་མཐའ་སྨྲ་བ་ནི་ཡོད་པ་མིན་ལ། ས་སྐྱ་པཎ་ཆེན་གྱིས་ཀྱང་ཚུལ་འདི་བཞེད་པ་ལ། བུ་སྟོན་གྱིས། འཛིན་པ་བདེན་སྨྲ་རང་རྒྱལ་དང་། །གཟུང་འཛིན་གཉིས་མེད་དོན་དམ་དུ། །སྨྲ་བའི་རྣམ་རིག་གྲུབ་པའི་མཐའ། །མཚུངས་པའི་ཤེས་པ་མཁས་པ་མཆོར། །ཞེས་གསུངས་པ་ལ། རིན་པོ་ཆེ་བློ་བཟང་གྲགས་པས། དེ་ནི་གསལ་བྱེད་པའི་བཞད་གད་དེ་ཞེས་གསུངས་པ་ལྟར་རོ། །གཟུང་བ་ནི་ཕྱི་དོན་དང་། འཛིན་པ་ནི་དོན་དུ་སྣང་བ་གཟུང་རྣམ་ཉིད་ཡིན་པར་ཆོས་ཀྱི་གྲགས་པའི་གཞུང་དང་། ཐོགས་མེད་སྐུ་མཆེད་ཀྱི་གཞུང་། ཐེག་བསྡུས་དང་། ཀུན་བཏུས་དང་། དབུས་མཐའི་འགྲེལ་པ་དང་། སུམ་ཅུ་པའི་འགྲེལ་པ་དང་། ཉི་ཤུ་པའི་རབ་བྱེད་རྣམས་ལས་གསལ་བར་གསུངས་ཤིང་། འགྲེལ་བཤད་བློ་བརྟན་གྱིས་མཛད་པ་དང་།ཐེག་བསྡུས་ཀྱི་བཤད་སྦྱར་བཙུན་པ་ངོ་བོ་ཉིད་མེད་པས་མཛད་པ་རྣམས་སུ་གསུངས་སོ༑ ༑འདིར་ཀུན་རྫོབ་ཏུ་གཟུང་འཛིན་གཉིས་ཡོད་པར་གསུངས་པ་ཡང་འཁྲུལ་ངོར་ཡོད་པའམ། འཇིག་རྟེན་གྱི་གྲགས་པ་ཁས་བླངས་ནས་ཡོད་པར་འདོད་དགོས་ཀྱི། སེམས་ཙམ་པ་རང་གི་ལུགས་ལ། མཁས་པ་བརྟགས་པའི་བློ་ལས། འདི་ལ་སེམས་ཙམ་ཕྱི་རོལ་དོན། །རྟག་དངོས་བཞིན་དུ་དེ་མི་སྲིད། །ཅེས་དང་། རིགས་གཏེར་ལས། ཀུན་རྫོབ་འཇིག་རྟེན་གྲགས་པ་ལས། །བརྟེན་ན་ཚད་མའི་རྣམ་གཞག་འགལ། །ཞེས་སོགས་སོ། །

དེས་ན་རྣལ་འབྱོར་རྒྱུད་མན་ཆད། །ཀུན་རྫོབ་ལྷ་རུ་གསུངས་པ་མེད། །ཞེས་པ་དེ་དང་རྣལ་འབྱོར་རྒྱུད། །ལུགས་ཀྱི་བསྐྱེད་ཆོག་འདྲ་བར་ནི། །བཤད་པ་དེ་གཉིས་འགལ་བ་ཡི། །གོ་སྐབས་ཇི་ལྟར་ཡོད་པ་སོམ། །དམ་པ་རིགས་བརྒྱར་ཕྱེ་བའི་ཚེ། །ཀུན་རྫོབ་ལྷ་རུ་ཁས་ལེན་ན། །རྡོ་རྗེ་རྩེ་མོའི་རྒྱུད་ལས་ནི། །རིགས་ལྔ་རེ་རེའང་རིགས་ཚང་ལྔ། །དེ་རེ་རེ་ལའང་སྙིང་པོ་དང་། །ཕྱག་རྒྱ་ལ་སོགས་བཞིར་ཕྱེ་བས། །རིགས་བརྒྱ་ཡིན་ཞེས་གསུངས་པ་ཏེ། །རྒྱུད་སྡེ་བཞི་ཡི་སྒྲུབ་པ་ཡང་། །འཁྲུལ་པར་བྱས་པས་ཐག་རིང་ན། །བྱ་རྒྱུད་རྣལ་འབྱོར་རྒྱུད་བཞིན་དང་། །བླ་མེད་རྒྱུད་བཞིན་བསྒྲུབས་ན་ཡང་། །དངོས་གྲུབ་རིང་བར་འགྱུར་ལགས་སམ། །

དེ་ལྟ་ན་ནི་ཀླུ་སྒྲུབ་དང་། །འཕགས་མ་དཔལ་མོས་མཛད་དེ་ཅི། །ཐེག་པ་མཆོག་གི་རྣལ་འབྱོར་པས། །བྱ་རྒྱུད་ཅོག་ཇི་ལྟར་བྱ། །ཞེས་པའི་ལན་གཉིས་ཕྱོགས་གཅིག་ཏུ། །བཤད་པར་བྱ་ཡིས་མཉན་པར་གྱིས། །བྱ་བའི་རྒྱུད་ཀྱི་ལྟ་གང་དེ། །བསྒྲུབ་ཚུལ་རྣམ་པ་གཉིས་གསུངས་ཏེ། །རྟོགས་པ་ནས་འབྱུང་བསྒྲུབ་ཚུལ་དང་། །སྒྲུབ་ཐབས་ལུགས་ཀྱི་བསྒྲུབ་ཚུལ་ལོ། །གཉིས་པ་ལ་ཡང་རྣམ་གསུམ་སྟེ། །སྤྱོད་པའི་རྒྱུད་ཀྱི་སྒྲུབ་ཐབས་དང་། །རྣལ་འབྱོར་རྒྱུད་ཀྱི་སྒྲུབ་ཐབས་དང་། །རྣལ་འབྱོར་ཆེན་པོའི་སྒྲུབ་ཐབས་སོ། །

དེ་ཡང་ཚད་ལྡན་མཁས་གྲུབ་ཀྱིས། །སྒྲུབ་ཐབས་ལས་གསུངས་འཁྲུལ་པ་མིན། །དེ་ཕྱིར་ཁྱེད་ཀྱི་དྲི་བ་ལས། །རྒྱུད་སྡེ་བཞི་ཡི་བསྒྲུབ་པ་ཡང་། །འཁྲུལ་པར་བྱས་པས་ཐག་རིང་ན། །བྱ་རྒྱུད་ཞེས་སོགས་འབྲེལ་མེད་ཡིན། །ཡང་ན་ཀླུ་སྒྲུབ་ལ་སོགས་ཀྱི། །བསྒྲུབས་ནས་འཁྲུལ་པར་འགྱུར་བ་དང་། །དེ་ལྟ་མིན་ན་སྔ་ཕྱི་ཡི། །དྲི་བའི་ཚིག་ལ་འབྲེལ་པ་མེད། །འདུལ་བའི་ཚིག་ཉི་ཚེ་ལའང་། །འཁྲུལ་པར་བྱས་ན་ལས་མི་ཆགས། །གསང་སྔགས་རྒྱུད་སྡེ་བཞི་པོ་ཡི། །བསྒྲུབ་པ་འཁྲུགས་ན་ཐུན་མོང་དང་། །མཆོག་གི་དངོས་གྲུབ་རིང་བ་ནི། །སློས་ཀྱང་ཅི་དགོས་འོན་ཀྱང་དེ། །བླུན་པོའི་དྲེགས་པ་འཇོམས་ཕྱིར་དུ། །དྲི་བ་དེ་ཉིད་མཛད་པར་གསལ། །བཤད་རྒྱུད་རྡོ་རྗེ་རྩེ་མོ་ལས། །རིགས་ནི་རྣམ་པ་དྲུ་ཡིན་བརྗོད། །རིགས་ནི་རྣམ་པ་བརྒྱར་གསུངས་ཏེ། །མདོ་རུ་བསྡུ་ན་རྣམ་པ་ལྔ། །སངས་རྒྱས་རྡོ་རྗེ་རིན་ཆེན་དང་། །ཆོས་དང་ལས་དང་རྣམ་པ་ལྔ། །ཅི་ཡི་ཕྱིར་ན་རིགས་སུ་བརྗོད། །མཆོག་དང་དམན་པའི་བྱེ་བྲག་གིས། །རིགས་ཞེས་བྱ་བ་དེ་རྣམ་གཉིས། །སེམས་ཅན་ལམ་ངན་ཞུགས་པ་ཡི། །རིགས་ནི་དམན་པ་ཡིན་པར་བརྗོད། །ལམ་ངན་འགྲོ་བ་སྤྱངས་ནས་ནི། །བྱང་ཆུབ་སེམས་ལ་འཇུག་པ་ཆོས། །དེ་བས་རྡོ་རྗེ་རིགས་བརྗོད་པ། །རིགས་དེ་ཡང་ན་ལྔ་པ་ཡིན། །ཞེས་པ་ཙམ་ཞིག་གསུངས་མོད་ཀྱི། །རྣལ་འབྱོར་བླ་མེད་རྒྱུད་དག་ལས། །སྦྱོང་གཞི་སྦྱོང་བྱེད་ངོ་སྤྲོད་པའི། །རིགས་བརྒྱར་གསུངས་པ་ཇི་བཞིན་དུ། །རྣལ་འབྱོར་རྒྱུད་ལས་མི་སྣང་ངོ། །

དཔལ་ལྡན་དུས་ཀྱི་འཁོར་ལོ་ལས། །ཕུང་ཁམས་སོ་དྲུག་དག་པ་ཡིས། །རིགས་ནི་སུམ་ཅུ་སོ་དྲུག་དང་། །ཐོད་པ་དུམ་བུ་བཅུ་གཉིས་ཀྱི། །རིགས་ནི་བཅུ་གཉིས་དེ་ཉིད་ཀྱང་། །རྩ་བའི་རིགས་དྲུག་པོ་དེ་ལ། །ཐབས་ཤེས་གཉིས་སུ་ཕྱེ་བའམ། །སྐུ་གསུང་ཐུགས་ཀྱི་རིགས་གསུམ་ལ། །སྐུ་བཞིར་ཕྱེ་བས་བཅུ་གཉིས་ཡིན། །སོ་ནི་སུམ་ཅུ་རྩ་གཉིས་སོ། །ས་ཆུ་མེ་རླུང་བཞི་པོ་ལ། །སོ་ནི་བཞི་བཞི་ཕྱེ་བ་ཡིས། །བཅུ་དྲུག་འགྱུར་ཏེ་དེ་ལ་ཡང་། །ཐབས་དང་ཤེས་རབ་གཉིས་དག་གིས། །ཕྱེ་བའི་སོ་ནི་སུམ་ཅུ་གཉིས། །སེན་མོ་ཉི་ཤུ་པོ་དེ་ནི། །འབྱུང་བ་བཞི་ལས་མིང་མེད་སོགས། །སོར་མོ་ལྔ་ལྔ་ཕྱེ་བ་ཡིས། །ཉི་ཤུར་འགྱུར་བ་སྡོམ་པ་ན། །རིགས་བརྒྱ་ཡིན་ཞེས་བཞེད་

པ་ཡིན། །བརྟག་པ་གཉིས་པར་རྒྱུད་དང་ལམ། །འབྲས་བུའི་རིགས་བརྒྱ་གསུམ་གསུངས་ཏེ། །དང་པོ་འབྱུང་བ་ལྔ་པོ་ལ། །ཉོན་མོངས་པ་ནི་ལྔ་ལྔ་ཡི། །ཉི་ཤུ་རྩ་ལྔ་རེ་རེ་ལའང་། །བདུད་རྩི་བཞི་ཡིས་རིགས་བརྒྱ་དང་། །གཉིས་པ་ལམ་གྱི་རིགས་བརྒྱ་ལ། །བསྐྱེད་རིམ་རྫོགས་རིམ་གཉིས་ཀ་ལ། །རིགས་ནི་བརྒྱ་བརྒྱ་དང་པོ་ནི། །རིགས་ལྔ་མངོན་བྱང་ཡེ་ཤེས་ལྔ། །དེ་རེ་རེ་ལའང་ལྷ་མོ་བཞི། །ཕྱེ་བས་བརྒྱ་དང་རྫོགས་རིམ་ནི། །ཐིག་ལེ་ཕྲ་མོ་གཅིག་ལ་ཡང་། །འབྱུང་བ་བཞི་དང་རེ་རེ་ལའང་། །བདུད་རྩི་ལྔ་ཡིས་བརྒྱ་རུ་འགྱུར། །གསུམ་པ་འབྲས་བུའི་རིགས་བརྒྱ་ནི། །རིགས་ལྔ་པོ་ལ་ཡེ་ཤེས་ལྔ། །ཕྱེ་བས་ཉི་ཤུ་རྩ་ལྔ་དང་། །དེ་རེ་ལ་ཡང་ཚད་མེད་བཞི། །ཡང་ན་ལྷ་མོ་བཞི་ཕྱེ་བས། །རིགས་བརྒྱ་ཡིན་ཞེས་རྗེ་བཙུན་གསུངས། །

དེ་བཞིན་སཾ་པུ་ཊི་ལས་ཀྱང་། །སེམས་ནི་ཆེན་པོ་གཅིག་ཉིད་ལ། །ལྔ་ཡི་གཟུགས་ཀྱི་མཚོན་པ་ཉིད། །རིགས་ནི་ལྔ་པོ་སྐྱེས་པ་ལ། །དེ་ལ་སྟོང་ཕྲག་དྲུག་ཅུ་ཉིད། །དེ་ཕྱིར་འདི་དག་རང་བཞིན་གཅིག །བདེ་ཆེན་མཆོག་ཏུ་ཕན་པ་ཉིད། །འདོད་ཆགས་ལ་སོགས་སེམས་ལྔ་ཡིས། །དབྱེ་བས་ལྔ་རུ་འགྲོ་བར་འགྱུར། །ཞེས་པ་ལ་སོགས་གསུངས་པ་ཡང་། །དམ་པ་རིགས་བརྒྱ་ཕྱེ་བའི་ལུང་། །ཟླ་གསང་ཐིག་ལེའི་རྒྱུད་ལས་ནི། །རིགས་ནི་རྣམ་པ་བརྒྱར་གསུངས་ཏེ། །མདོ་རུ་བསྡུ་ན་རྣམ་པ་ལྔ། །ལུས་དང་ངག་ཡིད་སྦྱོར་བ་ཡིས། །གསུམ་དུ་ཡང་ནི་འགྱུར་བ་ཡིན། །ཞེས་པས་རིགས་ནི་གྲངས་མེད་ཞིག །ཡོད་ཀྱང་བསྡུས་ན་རིགས་བརྒྱར་འདུས། །

རིགས་བརྒྱ་ཕྱེ་ཚུལ་འཕགས་པ་ལྟར། །གཟུགས་ཕུང་རྣམ་པར་སྣང་མཛད་ལ། །ཕྱི་ནང་གཉིས་ཀྱི་གཟུགས་དག་དང་། །བདག་གཞན་རྣམ་པའི་གཟུགས་ཉིད་དང་། །ཁ་དོག་གཟུགས་དང་ཉི་ཟླ་སོགས། །སྣང་བའི་གཟུགས་དང་རང་རིག་ཙམ། །འབའ་ཞིག་གི་ནི་གཟུགས་དག་སྟེ། །ལྔ་ནི་རྣམ་སྣང་མི་བསྐྱོད་པར། །ལྔ་དང་ཚོར་ཕུང་རིན་འབྱུང་ལ། །འདུས་པ་མཁྲིས་པ་བད་ཀན་དང་། །རླུང་ལས་བྱུང་བའི་ཚོར་བ་བཞི། །བདེ་སྡུག་ཚོར་བ་བཏང་སྙོམས་གསུམ། །གཅིག་ཏུ་བྱས་པའི་ཚོར་བ་ལྔ། །མི་བསྐྱོད་པ་སོགས་རྣམ་སྣང་བར་ལྔ་ཡིན་ནོ། །འདུ་ཤེས་སྣང་བ་མཐའ་ཡས་པ། །རྐང་པ་གཉིས་ཀྱི་འདུ་ཤེས་དང་། །རྐང་པ་བཞི་ཡི་འདུ་ཤེས་དང་། །རྐང་མེད་རྐང་མང་གི་འདུ་ཤེས། །མི་གཡོ་མི་འགྱུར་འདུ་ཤེས་ལྔ། །མི་བསྐྱོད་པ་ནས་རྣམ་སྣང་བར། །འདུ་ཤེས་དོན་ཡོད་གྲུབ་པ་ལ། །ལུས་ངག་ཡིད་གསུམ་ཁམས་གསུམ་དང་། །ཐར་པའི་འདུ་བྱེད་ལྔ་པོ་ནི། །རིམ་བཞིན་རྣམ་སྣང་འོད་དཔག་མེད། །མི་བསྐྱོད་རིན་འབྱུང་དོན་གྲུབ་ལྔ། །རྣམ་སྣང་མི་བསྐྱོད་པ་དེ་ལ། །མིག་དང་རྣ་བ་སྣ་ལྕེ་དང་། ། ལུས་ཀྱི་རྣམ་སྣང་ལྔ་པོ་ནི། །རྣམ་སྣང་མི་བསྐྱོད་བར་ལྔ་ཡིན། །སངས་རྒྱས་སྤྱན་ལ་སྒྲ་དང་ནི། །རུས་པ་ཕྱི་ས་མཆིན་པ་དང་། །སྙིང་རྣམས་རྣམ་སྣང་སྤུ་སེན་དང་། །རྣག་དང་སྙིང་ནི་རིན་འབྱུང་ངོ་། །སོ་དང་ལྤགས་པ་ཤ་སྙིང་ནི། །

སྣང་བ་མཐའ་ཡས་ཀྲུཤ་དང་། །ཧྲིབ་ཡོགས་སྙིང་ནི་དོན་གྲུབ་པོ། །དྲི་ཆུ་མཁྲིས་སྙིང་མི་བསྐྱོད་པ། །ཆུ་སྣ་མ་ཀི་ལ་བད་ཀན་དང་། །འཆི་མ་རྣམ་སྣང་གཙེན་རྡུལ་དང་། །ཁྲག་དང་ཁ་ཆུ་མི་བསྐྱོད་ནས། །དོན་གྲུབ་བར་གྱི་ལྷ་ཡིན་ནོ། །མི་གོས་དཀར་མོ་ལ་སྙིང་ཁ་དང་། །མགོ་དང་ལྟེ་བ་ཡན་ལག་ཀུན། །ལྟ་བའི་དྲོད་ནི་མི་བསྐྱོད་པ། །ནས་བཟུང་དོན་གྲུབ་བར་ལྷ་དང་། །རླུང་སྒྲོལ་མ་ལ་ཡང་སྲོག་རླུང་དང་། །ཁྱབ་བྱེད་ཐུར་སེལ་གྱེན་རྒྱུ་དང་། །མཉམ་གནས་རླུང་ནི་མི་བསྐྱོད་ནས། །དོན་གྲུབ་བར་གྱི་རིགས་ལྔ་ཡིན། །ས་སྙིང་ལ་ནི་མིག་དབང་དང་། །མིག་འབྲས་དཀར་པོ་ཟུར་མིག་དང་། །མི་གཡོ་བ་དང་གཟུགས་གསུམ་འཛིན། །ལྔ་ནི་མི་བསྐྱོད་པ་ནས་རྣམ་སྣང་བར་ལྔ་ཡིན། །ཕྱག་ན་རྡོ་རྗེ་ལ་ཡང་རྣ་བའི་དབང་པོ་དང་། །སྒྲ་གསུམ་འཛིན་དང་རྣ་ཤུབ་དང་། །རྣ་བའི་རྩ་དང་རྣ་བའི་རང་བཞིན། །ལྔ་ནི་མི་བསྐྱོད་པ་ནས་རྣམ་སྣང་བར། །ལྔ་སྣ་དང་ནམ་མཁའི་སྙིང་པོ་ལ། །སྣ་དབང་ནང་གི་དབུགས་དག་དང་། །དྲི་གསུམ་འཛིན་པ་དང་ཤུབ་པ་དང་། །སྣ་ཡི་རང་བཞིན་ལྔ་པོ་ནི། །མི་བསྐྱོད་པ་ནས་རྣམ་སྣང་བར་ལྔ་ཡིན་ནོ། །ལྕེ་འཇིག་རྟེན་དབང་ཕྱུག་དེ་ལ་ཡང་། །ལྕེ་དབང་རྩ་བ་རྩེ་མོ་དང་། །རོ་གསུམ་ལྷན་པ་ལྕེའི་རང་བཞིན། །ལྔ་ནི་མི་བསྐྱོད་རྣམ་སྣང་བར། །ལྔ་དང་ལུས་སྒྲིབ་པ་རྣམ་སེལ་ལ། །ལུས་དབང་དང་རྩུས་པཤ་དང་ལྤགས་པ་དང་། །རེག་བྱ་གསུམ་འཛིན་ལྔ་པོ་ནི། །མི་བསྐྱོད་པ་སོགས་རྣམ་སྣང་བར་ལྔ་ཡིན་ནོ། །རྫུ་པ་རྡོ་རྗེ་མ་ལ་ནི༑ ༑གཟུགས་ཀྱི་ཡུལ་དང་འགྱིང་ཞིང་རོལ། །ཆགས་པའི་གཟུགས་དང་ཡིད་འོང་དང་། །བྱ་བ་གྲུབ་པའི་གཟུགས་རྣམས་ནི། །རྣམ་སྣང་དོན་གྲུབ་བར་ཡིན་ནོ། །སྒྲ་ཡི་རྡོ་རྗེ་མ་ལ་ནི། །རྣ་བའི་ནང་གི་སྒྲ་ཉིད་དང་། །མགོ་ཡི་སྒྲ་དང་སྐྲ་ཡི་སྒྲ། །རླུང་གི་རྒྱུད་ཀྱི་སྒྲ་དང་། ཀན་མཆུ་ངག་གི་སྒྲ་དང་། ནགས་ཚལ་དང་། ཆུ་སྒྲ་དང་། ལག་པ་དང་། ཛ་ཛ་སོགས་ཀྱི་སྒྲ་དང་། ཡི་གེ་དང་ཧཱུྃ་ཕཊ་ཀྱི་ཞེ། འདི་བཞི་ལ་ཕྱི་མ་སྦྱར་བ་རེ་རེའང་གསུངས་སོ་སྒྲ་ལ་སོགས་པ་ནི། །རྣམ་སྣང་མི་བསྐྱོད་པར་ཡིན་ནོ། །རེག་བྱ་རྡོ་རྗེ་མ་དེ་ལ། །སྟན་གཅིག་ལ་ནི་གནས་པའི་རེག །འཁྲུད་པའི་རེག་དང་འོ་བྱེད་པའི། །རེག་དང་སྦྲུབ་པའི་རེག་བྱ་དང་། །དབང་པོ་གཉིས་སྦྱོར་རེག་བྱ་རྣམས། །རྣམ་སྣང་མི་བསྐྱོད་བར་ལྔ་ཡིན། དྲི་རོ་རྡོ་རྗེ་མ་གཉིས་ལའང་། །ལྔ་ལྔ་དབྱེ་བས་བཅུ་ཡིན་ནོ། །(དོགས) །དེའི་སྟེང་དུ་ཡེ་ཤེས་ལྔ། །བཏང་བས་རིགས་བརྒྱ་ཡིན་ཅེས་གསུངས། །

དེ་ལྟར་རིགས་བརྒྱ་བསྡུས་གྱུར་ན། །དེ་བཞིན་གཤེགས་རིགས་ཉི་ཤུ་དང་། །རིན་ཆེན་ཆུ་དང་པད་མ་མེ། །ལས་ཀྱི་རླུང་དང་རྡོ་རྗེ་རྣམས། །རྣམ་པར་ཤེས་པར་འདུས་པ་དང་། །དེ་ཡང་ས་ཆུ་གཉིས་པོ་དེ། །སྐུ་ཡི་རིགས་དང་མེ་རླུང་གཉིས། །གསུང་གི་རིགས་དང་རྣམ་ཤེས་ཐུགས། །རིགས་སུ་འདུས་ཤིང་གསུམ་པོ་དེའང་། །བྱང་ཆུབ་སེམས་ཀྱི་རྡོ་རྗེར་འདུས། །ཞེས་ཀྱང་ཨཙ་དེ་བས་བཤད། །དུས་འཁོར་རྩ་བའི་རྒྱུད་ལས་ཀྱང་། །རིགས་

གསུམ་དང་ནི་རིགས་ལྔ་ཉིད། །རང་བཞིན་བཞི་དང་བརྒྱ་ཡི་རིགས། །ཞེས་གསུངས་པའང་སྣང་གཞི་དང་། །སྦྱོང་བྱེད་ལེགས་པར་ངོ་སྤྲོད་ནས། །ཀུན་རྫོབ་ཕུང་ཁམས་སྐྱེ་མཆེད་ཀུན། །རང་གིས་གང་དང་གང་སྒོམ་པའི། །ལྷ་ཚོགས་ཡིན་པར་བླ་མེད་ཀྱི། །ལུགས་ཡིན་དོན་དམ་ཁས་ལེན་ཚེ། །དམ་ཚིག་པ་དང་ཡེ་ཤེས་པ། །ཡོད་མིན་མེད་མིན་གཉིས་ཀ་མིན། །གཉིས་ཀའི་བདག་ཉིད་མིན་པ་མིན། །མཐའ་བཞི་ལས་ནི་གྲོལ་བར་གསུངས། །

དེས་ན་མཁས་པའི་བསྟན་བཅོས་ལས། །ཁ་ཅིག་དབུ་མའི་ལྟ་བ་ནི། །ཀུན་རྫོབ་ཇི་ལྟར་སྣང་བཞིན་ཡིན། །དོན་དམ་མཐའ་བཞི་སྤྲོས་པ་བྲལ། །བྱ་བའི་རྒྱུད་ཀྱི་ཀུན་རྫོབ་ནི། །རིགས་གསུམ་རྒྱལ་བའི་དཀྱིལ་འཁོར་ཡིན། །དོན་དམ་དབུ་མ་དང་མཚུངས་ཟེར། །སྤྱོད་པའི་རྒྱུད་ཀྱི་ཀུན་རྫོབ་དང་། །རྣལ་འབྱོར་རྒྱུད་ཀྱི་ཀུན་རྫོབ་ནི། །རིགས་ལྔའི་རྒྱལ་བར་སྣང་བ་ཡིན། །རྣལ་འབྱོར་ཆེན་པོའི་ཀུན་རྫོབ་ནི། །དམ་པ་རིགས་བརྒྱ་ཡིན་ཞེས་ཟེར། །ཞེས་པའི་ཕྱོགས་སྔ་བཀོད་ནས་ནི། །ལྟ་སྒོམ་རྣམ་དབྱེ་མ་ཕྱེད་ཅིང་། །ཐབས་དང་ཤེས་རབ་མ་ཤེས་པས། །འདི་འདྲའི་རྣམ་དབྱེ་འཁྲུལ་པ་ཡིན། །འདི་ཡི་འཐད་པ་བཤད་ཀྱིས་ཉོན། །རིག་གསུམ་ལ་སོགས་སངས་རྒྱས་སུ། །སྒོམ་པ་ཡིན་གྱི་ལྟ་བ་མིན། །བྱ་སྤྱོད་རྣལ་འབྱོར་རྒྱུད་གསུམ་ལས། །སྣང་བ་ལྷ་རུ་གསུངས་པ་མེད། །ཞེས་པ་ནས་བཟུང་རྒྱུད་དེ་ནས་རྣལ་འབྱོར་མན་ཆད། །ཀུན་རྫོབ་ལྷ་རུ་གསུངས་པ་མེད། །འོན་ཀྱང་ཀུན་རྫོབ་ཐམས་ཅད་ནི། །ཇི་ལྟར་སྣང་བ་བཞིན་དུ་བས། །ཁྲིས་སྐུ་ལ་སོགས་ལྟར་སྒོམ་པ། །དེ་ནི་ཐབས་ཀྱི་ཁྱད་པར་ཡིན། །རྣལ་འབྱོར་ཆེན་པོའི་རྒྱུད་སྡེ་ལས། །ཀུན་རྫོབ་ཇི་ལྟར་སྣང་བ་འདི། །ཐབས་ལ་མཁས་པའི་ཁྱད་པར་གྱིས། །སྣང་གཞི་སྦྱོང་བྱེད་ངོ་སྤྲོད་པ། །དེ་ཚེ་དམ་པ་རིགས་བརྒྱ་ལ། །སོགས་པའི་དབྱེ་བ་རྒྱལ་བས་གསུངས། །དེས་ན་ཀུན་རྫོབ་ལོག་པ་དང་། །ལྟ་ཡི་ལོག་པ་མ་ཕྱེད་པས། །གསང་སྔགས་སྙིང་མའི་ཀུན་རྫོབ་ཀུན། །ལྟ་བ་དང་འཁྲུལ་དེ་ལྟར་ཡིན། །ཞེས་པའི་བར་གྱི་ཚིགས་བཅད་ནི། །ཕྱེད་དང་དགུ་ཡིས་ལེགས་པར་བཀག །འོན་ཀྱང་ཁ་ཅིག་ཞེས་པ་སོགས། །ཚིག་རྐང་བདུན་ནི་ཞར་བྱུང་ཡིན། །ཕྱི་རོལ་ཡུལ་ཆེན་སོ་བདུན་ཞེས། །བྱ་བ་རྒྱུད་གཞུང་གང་ནས་བཤད། །འཛམ་གླིང་ཙམ་པོ་ཡུལ་ཆེན་དུ། །ཁས་ལེན་ནུས་ན་རང་ལ་ཡང་། །མི་འདོད་པ་དག་མི་འབྱུང་ངམ། །ཞེས་པའི་ལན་ནི་གཞན་དག་གི། །སྤྱོད་ཡུལ་མིན་པས་བཤད་པར་བྱ། །

ཡུལ་ཆེན་སུམ་ཅུ་རྩ་གཉིས་སུ། །འཛམ་གླིང་ལ་སོགས་ལྔ་བསྟན་པས། །སོ་བདུན་ཞེས་ནི་བླུན་པོ་རྣམས། །མགྲིན་གཅིག་ཏུ་ནི་ཟེར་བ་ཐོས། །དེ་ལ་འབྲེལ་པ་ཅུང་ཟད་མེད། །རྒྱས་པར་འོག་ནས་འཆད་པར་འགྱུར། །དབང་ལེའི་འགྲེལ་པར་ཚིགས་བཅད་ནི། །བརྒྱ་དང་དྲུག་ཅུ་རྩ་བཞི་པར། །ཡུལ་ཆེན་སྤྱི་ལ་སྦྱར་བ་དང་། །གྲོང་ཁྱེར་གཅིག་ལ་ཡོད་པའི་ཚུལ། །གཉིས་སུ་བཅད་དེ་དང་པོ་ནི། །གནས་དང་ཉེ་བའི་གནས་སོགས་ལ། །ཕྱེ་བས

སུམ་ཅུ་བདུན་དུ་གསུངས། །གནས་ལ་གཉིས་དང་ཉེ་གནས་ལ། །གཉིས་ཏེ་རྣམ་པ་བཞི་དག་དང་། །ཞིང་ལ་གསུམ་དང་ཉེ་ཞིང་ལ། །གསུམ་སྟེ་དྲུག་ཡིན་ཚན་དྷོ་ཧ། །བཞི་དང་ཉེ་བའི་ཚན་དྷོ་ཧ། །བཞི་སྟེ་བརྒྱད་དང་འདུས་པ་ལ། །ལྔ་དང་ཉེ་བའི་འདུས་པ་ལ། །ལྔ་སྟེ་བཅུ་ཡིན་དུར་ཁྲོད་ལ། །བཞི་དང་ཉེ་བའི་དུར་ཁྲོད་ལ། །བཞི་སྟེ་བརྒྱད་ལས་གནས་བཞི་ལ། །སྦྲོལ་མ་ལ་སོགས་བཞི་པོ་དང་། །ཞིང་དྲུག་ལ་ནི་དྲུག་པོ་དང་། །སྦྲ་རྡོ་རྗེ་མ་ལ་སོགས་པ། ཚན་དྷོ་ཧ་ལ་ཅར་ཅི་ཀ །ལ་སོགས་བརྒྱད་དང་འདུས་པ་བཅུ་ལ། སྨུགས་བྱེད་མ་ལ་སོགས་པ་བཅུ། །དུར་ཁྲོད་བརྒྱད་ལ་ཁྲི་གདོང་མ། །ལ་སོགས་བརྒྱད་ནི་གནས་པར་གསུངས། །རྡོ་རྗེ་དབྱིངས་ཀྱི་དབང་ཕྱུག་མའི། །གནས་ཏེ་སུམ་ཅུ་རྩ་བདུན་ནོ། །

གཉིས་པ་གྲོང་ཁྱེར་གཅིག་ལ་ཡང་། །སོ་བདུན་ཡོད་ཚུལ་འདི་སྐད་དུ། །གནས་ནི་དམངས་རིགས་རྒྱལ་རིགས་མོ་དང་། །བྲམ་ཟེ་མོ་དང་རྗེ་རིགས་མོ་ཡི་ཁྱིམ། །ཞིང་ནི་མགར་བ་མཁན་མོ་དང་། །ནོར་བུ་མཁན་མོ་ཐགས་མཁན་མ། །ཆང་འཚོང་མ་དང་གསེར་འཚོང་མ། །ཕྲེང་བ་མཁན་མའི་ཁྱིམ་ཡིན་ནོ། །ཚན་དྷོ་ཧ་ནི་ཤ་འཚོང་མ། །རྫ་མཁན་མ་དང་མཁུར་བ་མཁན་མོ་དང་མ། །སྨན་འཚོང་མ་དང་ཆེམ་བུ་མ། །ཉ་པ་མོ་དང་གར་མཁན་༡༠མ། །བཙོ་བླག་མཁན་མའི་ཁྱིམ་ཡིན་ནོ། །འདུས་པ་ལྷུགས་མཁན་མོའི་ཁྱིམ་༡༡དང་། །རྒྱ་སྐྱེགས་མཁན་༢མ་དང་སྦྲིན་བལ་མཁན་༣མ་དང་། །ཏིལ་མར་མཁན་༤དང་སྨྱུག་མ་༥མཁན། །ཤིང་མཁན་མ་༦དང་གོ་ལྷགས་མཁན་༧། །འབྲིག་༨མཁན་མ་དང་འོད་མ་ཡི། །གར་༡༠མཁན་མ་དང་ཁྲིན་པ་མཁན། །མོའི་ཁྱིམ་ཡིན་དུར་ཁྲོད་ནི། །ཀླུ་གློ་མ་༡༡དང་ཕྱུག་པ་མོ་༢། །གདུམ་མོ་༣དང་ནི་སྟག་གཟིགས་མཐར་སྐྱུས་མ་དང་སྐྱེས་མ་ཞེས་པ་རྩ་བའི་གཡུང་མོ་དང་གདུམ་མོའི་ཁྱིམ་སྟེ། དེ་ལྟར་དམངས་རིགས་ལ་སོགས་པའི་མིང་གིས་རྣལ་འབྱོར་པས་རིགས་པར་བྱའོ་ཞེས་པ་ནི་ཐམས་ཅད་དུ་ངེས་པའོ། །ཞེས་གསུངས་པ་ལ། གཡུང་མོ་ནི་རྡོ་རྗེ་དབྱིངས་ཀྱི་དབང་ཕྱུག་མ་དང་། གདུམ་མོ་ནི་ཤེས་རབ་ཀྱི་ཕ་རོལ་ཏུ་ཕྱིན་པ་ཡིན་ནོ། །མ་༤དང་། །སྨྱོན་ཐབས་༥མ་དང་རོ་བསྲེག་མ་༦། །མི་རྐོད་མ་༧དང་རི་ཁྲོད་མའི་༨། །ཁྱིམ་ཡིན་རྩ་བ་གཡུང་མོ་ཡི། །ཁྱིམ་དང་སུམ་ཅུ་རྩ་བདུན་གསུངས། །(འོག་གི་མཆན་འདི་བཅུག་ས་གསལ་པོ་མི་སྣང་།)རྡོ་རྗེ་ཨ་ར་ལི་ལེའུ་བཅུ། རི་གི་ཨ་ར་ལི་ལེའུ་ལྔ། འགྲོག་མི་ལོ་ཙྪ་བའི་འགྱུར།

གཞན་ཡང་དུས་ཀྱི་འཁོར་ལོ་ལས། །འཁོར་ལོ་སྡོམ་པའི་གནས་སྐབས་སུ། །ཡུལ་ཆེན་བཞི་བཅུ་ཞེ་བརྒྱད་བཤད། །དེ་ལའང་བཤད་ཚུལ་གཉིས་གསུངས་ཏེ། །དང་པོ་ཛ་ལནྡྷ་ར་སོགས། །ཞེ་བརྒྱད་ཕྱི་མ་འཛམ་གླིང་ན། །གནས་དེ་ས་ཡི་ཕྱི་མ་དང་། །ཆུ་དང་མེ་ཡི་དཀྱིལ་འཁོར་ལ། །ནང་དང་ཕྱི་ནི་གཉིས་གཉིས་དང་། །རླུང་གི་དཀྱིལ་འཁོར་ནང་མ་སྟེ། །དྲུག་ལ་ཕྱོགས་དང་མཚམས་དབྱེ་བས། །ཞེ་བརྒྱད་འགྱུར་བའི་ཚུལ་བཤད་

དོ༔ །ཚུལ་འདི་མི་ཤེས་བླུན་པོ་དག །འབྲེལ་མེད་སྣ་ཚོགས་སྨྲ་བ་ཐོས། །རི་གི་ཨ་ར་ལི་ལས་ནི། །གནས་ནི་རྣམ་པ་དྲུ་ཞིག་ལགས། །ཉེ་གནས་རྣམ་པ་དྲུ་རུ་འགྱུར། །དེ་ལ་ཞིང་གི་རྣམ་པ་དྲུ། །ཉེ་ཞིང་རྣམ་པ་དྲུ་རུ་གསུངས། །ཚན་དྷོ་རྣམ་པ་དྲུ་རུ་བརྗོད། །ཉེ་བའི་ཚན་དྷོ་རྣམ་པ་དྲུ། །དེ་ལ་འདུ་བ་གང་ཞིག་ལགས། །དེ་བཞིན་ཉེ་བའི་འདུ་བ་ཅི། །དེ་ལ་དུར་ཁྲོད་རྣམ་པ་དྲུ། །ཉེ་བའི་དུར་ཁྲོད་ཇི་ལྟར་ལགས། །དེ་ལ་ལྷ་མོ་རི་གི་ཆེ། །རྣལ་འབྱོར་རྣལ་འབྱོར་ཆེར་གནས་པ། །ཨ་ར་མི་དང་བདེ་གོ་བར། །ས་བཅུ་རྣམས་ནི་རབ་ཏུ་ཕྱེ། །གནས་ནི་ཤར་གྱི་ལུས་འཕགས་པོ། །དེ་བཞིན་དུ་ནི་བ་གླང་སྤྱོད། །གནས་ནི་བྱང་གི་སྒྲ་མི་སྙན། །གནས་ནི་དེ་བཞིན་འཛམ་བུ་གླིང་། །གླིང་བཞིར་ལྷ་སྙིང་པོའི་རྣལ་འབྱོར་མ་མོ་བཞི་དང་ནི། །རི་རབ་སྤྱི་བོར་རི་གིར་བཞུགས། །ཞེས་པའི་གནས་བཅུ་ས་བཅུ་པོ། །སྤྱིར་ནས་གསུངས་ཀྱི་ཡུལ་ཆེན་ནི། །སུམ་ཅུ་རྩ་བདུན་གྲངས་ཙམ་ཡང་། །བཤད་པ་མེད་ཅིང་འཛམ་གླིང་སོགས། །བཞི་ནི་གནས་ཀྱི་དབྱེ་བར་གསུངས། །དེ་ཕྱིར་ས་ནི་དང་པོ་ཡི། །ངོ་སྐལ་ཕྱི་རོལ་གནས་ཡིན་ནོ། ། དེས་ན་ཀྱེ་ཡི་རྡོ་རྗེ་ལ། །སསྐྱ་པའི་ལུགས་ཀྱི་གནས་ལ་སོགས་པ་བཅུ་གཉིས་ཀྱི། །དབྱེ་བས་ས་ནི་བཅུ་གཉིས་ཏེ། ། དེ་ལ་དང་པོ་གཉིས་ལ་བཞི། །གསུམ་པ་བཞི་པ་ལྔ་པ་སོགས། །བཅུ་པའི་བར་ལ་གཉིས་གཉིས་དང་། །བཅུ་གཅིག་བཅུ་གཉིས་པ་ལ་བཞི། །དེ་ལྟར་སྡོམ་པས་སུམ་ཅུ་གཉིས། །བཅུ་གསུམ་རྡོ་རྗེ་འཛིན་པའི་སའི། །ངོས་སྐལ་གནས་དང་ནང་གི་སྦྲས་པ་ཡི། །རྩ་ལྔ་པོ་ལའང་ཕྱི་རོལ་ཡུལ་ལྔ་གསུངས་པ་མེད། །དུས་འཁོར་ལ་ནི་མི་མཚུངས་ཏེ༔ །དེར་ནི་ས་ནི་བཅུ་གཉིས་གང་། །འབྲས་བུ་ས་ཡི་མཐར་ཐུག་གསུངས། །ས་དང་གནས་ཀྱི་རྣམ་གཞག་ལ། ། ཐུན་མོང་ཐུན་མོང་མ་ཡིན་པ། །བརྟག་པ་གཉིས་པ་ལ་སོགས་སུ། །གསུངས་པ་རྒྱས་པར་ལོགས་སུ་ནི། །བླ་མ་མཁས་པའི་གསུངས་བཞིན་དུ། །བདག་གིས་བཀོད་པ་དེར་ནི་བལྟ་བར་བྱ། །དེས་ན་འཛམ་གླིང་ཙམ་པོ་དེ། ། ཡུལ་ཆེན་དུ་ནི་མི་འདོད་དོ། །མ་ཕམ་མ་དྲིས་མིན་གྱུར་ན། །གང་གཱ་དེ་ཉིད་མིན་པར་འགྱུར། །ཞེས་པའི་ལན་ཀྱང་འདོན་དགོས་སོ། །

ཞེས་པའི་དྲི་ལན་བརྗོད་པར་བྱ། །དེང་སང་བོད་ལ་གྲགས་པ་ཡི། །གང་གཱ་གང་གཱ་མིན་པར་འགྱུར། ། ཟེར་རམ་གང་གཱ་དེ་ཉིད་མིན། །ཐལ་བ་འཕེན་པ་གང་ཡིན་སྨྲོས། །དང་པོ་ལྟར་ན་འདོད་པ་ཡིན། །གཉིས་པ་ལྟར་ན་མངོན་པ་ལས། །བཤད་པའི་མ་དྲོས་མིན་པའི་ཕྱིར། །མངོན་པ་ལས་གསུངས་གང་གཱ་ཡང་། །གང་གཱ་མིན་པར་ཐལ་བ་ནི། །ཚངས་པས་ཀྱང་ནི་མི་བཟློག་གོ། །རི་བོ་གངས་ཅན་ཏི་སེ་གཉིས། །མཚན་ཉིད་ཐ་དད་ཡིན་ཞེ་ན། །གཅིག་པའི་གོ་སྐབས་ག་ལ་ཡོད། །དེ་ལ་རེ་ཤིག་གངས་ཅན་ནི། །མངོན་པ་མཛོད་ལས་འདི་སྐད་དུ༔ །འདི་ནས་བྱང་དུ་རི་ནག་པོ། །དགུ་འདས་གངས་རི་དེ་ནས་ནི། །སྤོས་ངད་ལྡང་བའི་ཚུ་རོལ་ན། །ཆུ་ཞེང་ལྔ་

བཅུ་ཡོད་པའི་མཚོ། །ཞེས་པས་འཛམ་བུའི་གླིང་ཉིད་ནས། །བྱང་དུ་རི་བོ་ནག་པོ་གསུམ། །ཡོད་དོ་དེ་ནས་བྱང་དུ་ནི། །རི་བོ་ནག་པོ་གསུམ་ཡོད་ལ། །དེ་ནས་བྱང་ན་རི་ནག་པོ། །གསུམ་སྟེ་རི་བོ་དགུ་འདས་པའི། །ཕ་རོལ་གངས་རི་དཔལ་དང་ལྡན། །ཡོད་དེ་གངས་རི་དེ་ནས་ནི། །སྤོས་ཀྱི་ངད་ལྡང་རི་ཡོད་དོ། །གངས་རི་དེ་ཡི་ཕ་རོལ་དང་། །སྤོས་ངད་ལྡང་བའི་ཚུ་རོལ་གྱི། །དཔག་ཚད་བཅུན་ལྔའི་རྒྱལ་པོ། །མ་དྲོས་གནས་པའི་ཟབས་སུ་ནི༑ །དཔག་ཚད་ལྔ་བཅུ་ཆུ་ཞེང་དུའང་། །དེ་དང་འདྲ་བར་མ་དྲོས་མཚོ། །ཡོད་ལ་མཐའ་བསྐོར་དཔག་ཚད་ནི། །ཉིས་བརྒྱས་འཁོར་བའི་གྲུ་བཞི་པ། །དབྱིབས་ལེགས་ལྡན་སྡུག་པ་དང་། །ཡན་ལག་བརྒྱད་ལྡན་ཆུས་གང་བ། །མེ་ཏོག་ཨུཏྤལ་ཀུ་མུ་ད། །པད་མ་དཀར་པོས་ཁེབས་པ་ཡོད། །མཚོ་དེའི་ནང་ནས་གང་གཱ་སོགས། །ཆུ་བོ་ཆེན་པོ་བཞི་འབབ་ཅིང་། །རེ་རེ་ལ་ཡང་ཆུ་ཕྲན་ནི། །ལྔ་བརྒྱ་ལྔ་བརྒྱ་དང་བཅས་པས། །མ་དྲོས་མཚོ་ལ་གཡས་ཕྱོགས་སུ། །བསྐོར་ནས་ཤར་ལྷོ་ནུབ་བྱང་གི། །བྲག་ནི་གླང་ཆེན་ཁྱུ་མཆོག་དང་། །རྟ་དང་སེང་གེའི་ཁ་འདྲ་ལས། །བབས་ནས་རིམ་བཞིན་ཤར་ལྷོ་དང་། །ནུབ་དང་བྱང་གི་རྒྱ་མཚོར་འགྲོ། །དེ་ཡང་མདོ་སྡེ་གདགས་པ་ལས། །ཆུ་ཀླུ་གང་གཱ་སིན་དྷུ་སོགས། །ད་ལྟ་མ་ཕམ་མཚོན་པ་སོགས་ནས་བཤད་པའི་མ་དྲོས་པ་ཡིན་ནམ་མ་ཡིན། གཉིས་པ་ལྟར་ན་རྩ་བའི་དམ་བཅའ་ཉམས་ཤིང་། རྩོད་ལན་ཐམས་ཅད་འགྲེལ་མེད་དུ་འགྱུར་ཞིང་། མདོན་པ་ནས་བཤད་པའི་གང་གཱ་ཡང་གང་གཱ་མ་ཡིན་པར་ཐལ། དེ་ནས་བཤད་པའི་མ་ཕམ་མ་དྲོས་མ་ཡིན་པའི་ཕྱིར། རྟགས་ཁས་བླངས། འདོད་ན་ཁས་བླངས་འགལ་ལོ། །གཉིས་པ་ལྟར་ན་ད་ལྟའི་མ་ཕམ་འདི་ཆོས་ཅན། མདོན་པ་ནས་གསུངས་པའི་མ་དྲོས་པའི་མཚན་ཉིད་ཐམས་ཅད་ལྟ་ཞོག །ཆུ་ཞེང་དུ་དཔག་ཚད་ལྔ་བཅུ་ཡོད་པ་སོགས་འགའ་ཞིག་ཚང་བར་ཐལ་ཏེ། མདོན་པ་སོགས་ནས་བཤད་པའི་མཚོ་མ་དྲོས་པ་ཡིན་པའི་ཕྱིར། ཆུ་ཀླུང་གང་གཱ་སིནྡྷུ་པཀྴུ་དང་། །ཤི་ཏ་རྣམས་སྐྱུ་བའི་ཕྲེང་བ་ཅན། །འབབ་ཅིང་ཐམས་ཅད་བསིལ་བའི་ཆུ་ཡིན་ཏེ། །ཕྱོགས་བཞི་ཁོ་ར་ཁོར་ཡུག་དག་ནས་འབྱུང་། །གང་གཱ་ཤར་ཕྱོགས་རྒྱ་མཚོར་འགྲོ་བ་སྟེ། །སིནྡྷུ་ལྷོ་ཕྱོགས་རྒྱ་མཚོར་འགྲོ་བ་ཡིན། །པཀྴུ་ཡང་ནི་ནུབ་ཕྱོགས་རྒྱ་མཚོར་འགྲོ། །དེ་ཡི་བྱང་ཕྱོགས་རྒྱ་མཚོར་ཤི་ཏ་འགྲོ། །ཆུ་ཀླུང་རབ་མཆོག་བཞི་པོ་འདི་དག་ནི། །མཆོག་ཏུ་བཟང་ཞིང་སོ་སོར་འབབ་པ་སྟེ། །རེ་རེ་ཞིང་ནི་ལྔ་བརྒྱ་ཕྲེང་ནས་ནི། །ཆུ་ཡི་རྒྱུན་རྣམས་རྒྱ་མཚོ་ཆེན་པོར་འགྲོ། །ཞེས་སོ། །ཞེས་པ་མཛོད་ཀྱི་འགྲེལ་པ་ལས། །དེར་ནི་རྫུ་འཕྲུལ་མི་ལྡན་པའི། །མིས་ནི་བགྲོད་པར་དཀའ་བར་གསུངས། །འདུལ་བ་སྨན་གྱི་གཞི་ལས་འདུལ་བ་ལུང་སྨན་གཞི་ལས།གནོད་སྦྱིན་གཏུམ་པོ་མི་བཟད་གནས་པ་ཡིད་འོང་ཞིང་། །མེ་ཏོག་སྣ་ཚོགས་ཤིང་གིས་རྣམ་པར་མཛེས་བྱས་པ། །དེ་ལས་རྒྱ་མཚོ་དུག་ཅན་དག་ཏུ་འགྲོ་བ་ཡི། །ཆུ་བོ་ཆེན་པོ་བཞི་པོ་འདི་དག་ཕྱོགས་བཞིར་བབས། །གང་གཱ་སིནྡྷུ་དེ་བཞིན་པཀྴུ་དང་། །ཤི་ཏ་དེ་ལ་རྫུ་འཕྲུལ་སྟོབས་ཐོབ་པ། །མ་གཏོགས་མི་རྣམས་ཀྱིས་ནི་མི་བགྲོད་པ། །དེར་ནི་ཐུབ་པ་དགེ་འདུན་བཅས་པ་བཞུགས། །ཞེས་སོ། །ཀུང་། །གནོད་སྦྱིན་གཏུམ་པོ་མི་བཟད་གནས། །ཞེས་སོགས་གསུངས་ཤིང་ཕལ་ཆེན་ལས། །ཆུ་ཀླུང་བཞི་པོ་དེ་དག་ནི། །གོ་རིམ་བཞིན་དུ་ཕྱོགས་བཞི

ཡི༔ ༔དངུལ་དང་གསེར་དང་བཻཌཱུརྻ། །རྡོ་རྗེ་ཁ་དོག་ཅན་གྱི་བྲག །གླང་པོ་ཆེ་ལ་སོགས་པ་ཡི། །ཁ་སྐོ་དཔག་ཚད་ཙམ་ནས་བབས། །དངུལ་དང་གསེར་དང་བཻཌཱུརྻ། །རྡོ་རྗེའི་བྱེ་མ་འདྲེན་ཞིང་གནས། །མ་དྲོས་པ་ལ་ལན་བདུན་བདུན། །གཡས་ཕྱོགས་བསྐོར་ནས་ཕྱོགས་བཞི་ཡི། །རྒྱ་མཚོར་འགྲོ་ལ་གཡས་ཕྱོགས་སུ། །བསྐོར་བའི་བར་གྱི་གླིང་དག་ཀྱང་། །ལྷ་རྫས་མེ་ཏོག་སྣ་ཚོགས་ཀྱིས། །མཛེས་པར་བྱས་ཤིང་མ་དྲོས་པའི། །ས་གཞི་ཡང་ནི་རིན་པོ་ཆེའི། །གསེག་མ་བརྡལ་ཞིང་རིན་པོ་ཆེ། །སྣ་ཚོགས་པས་རྒྱན་ངོས་ཀྱང་ནི། །རིན་ཆེན་སྣ་ཚོགས་རྩིག་པ་ལྟར། །གནས་པར་གསུངས་པ་དེ་བས་ན། །མ་དྲོས་མཚོ་ནི་འཛམ་གླིང་གི། །ཆུ་ཀླུང་ཀུན་གྱི་འབྱུང་ཁུངས་དང་། །མེ་ཏོག་འབྲས་བུ་སྨན་དག་དང་། །ནགས་ཚལ་ལ་སོགས་རྒྱ་མཚོ་ཡི། །རིན་ཆེན་རྣམས་ཀྱང་དེ་ཡི་མཐུས། །འབྱུང་སྟེ་བསྟོད་པ་ཚིགས་བཅད་ལས། །འཛམ་བུའི་གླིང་འདིར་ཆུ་ཀླུང་སོགས། །རྒྱ་ཆེར་གསུངས་པ་མ་དྲོས་པའི། །འགྲམ་ན་འཛམ་བུ་ཞེས་བྱ་བ། །རྩ་བ་པད་མ་ར་ག་དང་། །སྡོང་པོ་གསེར་དང་ལོ་མ་ནི། །བཻཌཱུརྻ་ལས་གྲུབ་པ་དང་། །འབྲས་བུ་མངར་མོ་རྫ་མ་ཙམ། །ཡོད་ལ་ཆུ་ཡི་ནང་དུ་ལྟུང་། །འཛམ་བུ་ཞེས་བྱའི་སྒྲ་འབྱུང་ཞིང་། །དེ་ཉིད་ཀླུ་ཡིས་རྒྱལ་པོ་ཉེར་(དོགས)ཞུལ་ནས་ཟ་བར་བྱེད་ནས། །མ་ཟོས་ཆུ་ནང་ལྷུང་བ་རྣམས། །ཆུ་དང་འཕྲད་པས་འཛམ་བུ་ཡི། །གསེར་དུ་འགྱུར་ཞིང་ཤིང་དེ་ལས། །མཆོན་པའི་ཕྱིར་རམ་འབྲས་བུ་ཡི། །དབང་གི་གླིང་འདི་ཉིད་ལ་ཡང་། །འཛམ་བུའི་གླིང་ཞེས་བྱ་བར་བཤད། །རི་བོ་སྤོས་ཀྱི་ངད་ལྡང་བའི། །བྱང་དུ་དཔག་ཚད་ཉི་ཤུ་འདས་པ་ན། །བྲག་གསེར་གྱི་བྱ་སྐྱིབས་ལྷ་མིན་གྱི། །ངོས་ཞེས་བྱ་བ་ཡོད་པ་དང་། །ངོས་དེ་ལ་ཡང་དཔག་ཚད་ནི། །ལྔ་བཅུ་ལྔ་བཅུ་ཡོད་པར་གསུངས། །

མཐའ་བསྐོར་དཔག་ཚད་ཉིས་བརྒྱས་བསྐོར། །སྟེང་དུ་དཔག་ཚད་ཕྱེད་དང་བཞི། །བྲག་གཡོག་བརྒྱད་སྟོང་དང་བཅས་དང་། །བྲག་དེའི་བྱང་དུ་དཔག་ཚད་ནི། །ཉི་ཤུ་འདས་ནས་སྣ་ལ་ཡི། །རྒྱལ་པོ་རབ་བརྟན་ཞེས་བྱ་ལ། །སྣ་ལའི་ཕྲེང་བ་རིམ་བདུན་གྱི། །བསྐོར་ཅིང་ཤིང་གི་རྩ་བ་ནི། །འདོམ་པ་བཞི་བཅུ་ཐུར་དུ་ཟུག །ས་ལའི་སྡོང་བུའི་ཕྲེང་བ་ནི། །རིམ་པ་བདུན་གྱིས་བསྐོར་བ་ཡི། །རིམ་པ་དང་པོའི་རྩ་བ་དེ། །འདོམ་པ་བཅུ་གསུམ་ཐུར་དུ་ཟུག །བདུན་པའི་རྩ་བ་འདོམ་བདུན་ནི། །ཐུར་དུ་ཟུག་པའི་བར་ལ་སོགས། །མཚན་ཉིད་ཡོངས་རྫོགས་ཤིང་དེ་ཡི། །ཤར་དུ་དཔག་ཚད་ཉི་ཤུ་ན། །རྫིང་བུ་དལ་འབབ་ཅེས་བྱ་བ། །ཆུ་ཞེང་དཔག་ཚད་ལྔ་བཅུ་དག །ཡོད་ཅིང་མཐའ་བསྐོར་དཔག་ཚད་ནི། །ཉིས་བརྒྱ་ཉིས་བརྒྱ་འཁོར་བ་ལ། །རྫིང་གཡོག་བརྒྱད་སྟོང་དང་བཅས་པ། །དེ་ནས་གཡུལ་ངོར་སྤྱོད་པ་ཡི། །གླང་ཆེན་རབ་བརྟན་གླང་གཡོག་ནི། །བརྒྱད་སྟོང་དང་བཅས་དགུན་དང་དཔྱིད། །དབྱར་གྱི་ཟླ་བ་བཞི་བཞི་ལ་རིམ་པ་བཞིན། །བྲག་རི་གསེར་གྱི་བྱ་སྐྱིབས་དང་། །ཧྲང་འཕྲུང

ས་ལ་རབ་བརྟན་དང་། །རྫིང་བུ་དལ་གྱིས་འབབ་དག་ཏུ། །གནས་པར་བཤད་པས་གངས་ཅན་གྱི། །མཚན་ཉིད་དཔྱད་གསུམ་རྣམ་དག་གི། །ལུང་གིས་ལེགས་པར་གྲུབ་པ་ནི། །ཏི་སེ་དང་ནི་ཐ་དད་ཏེ། །ཏི་སེའི་མཚན་ཉིད་མངོན་སུམ་གྱིས། །གྲུབ་ཕྱིར་མ་ཕམ་མ་དྲོས་མིན། །ཐ་དད་ཡིན་པ་སློས་ཅི་དགོས། །ད་ལྟའི་མ་ཕམ་འདི་ལ་ནི། །དབྱིབས་ནི་ཟླུམ་པོ་ཡོད་པ་དང་། །དཔག་ཚད་ལྔ་བཅུ་ལྔ་ཞོག་གི། །ཉི་ཤུ་ཙམ་ཡང་མེད་པ་དང་། །གང་གཱ་གྲགས་པའི་ཆུ་དེ་ཡང་། །མ་ཕམ་མཚོ་ཡི་ལྷོ་རུ་ནི། །འབབ་ཅིང་མ་ཕམ་མཚོ་དེ་ནས། །ནུབ་ཏུ་འགྲོ་ཞིང་ཡང་མུ་ནི། །ཞེས་པར་སླེབ་ནས་ལྷོ་ཕྱོགས་སུ། །འགྲོ་ཞིང་པཱྀ་ཞེས་གྲགས་པའང་། །ཤར་དུ་འགྲོ་བ་ལ་སོགས་པ༑ ༑མཚན་མ་ཐམས་ཅད་མངོན་སུམ་དུ། །མཐོང་ཞིང་གྲུབ་པས་མ་དྲོས་མིན། །དེ་ལ་བཅོམ་ལྡན་རལ་གྲི་ཡིས། །བྲེ་རྒོད་ཕུང་པོའི་རི་ལ་ཡང་། །དཀོན་བརྩེགས་བཞིན་དུ་ད་ལྟ་མེད། །དུས་ཀྱི་སྟོབས་ཀྱིས་ཡུལ་ཀུན་ཡང་། །རྣམ་པར་འགྱུར་བར་སྣང་ཞེས་ཟེར། །

དེ་ཡི་ལན་ནི་བསྟན་བཅོས་ལས། །འདི་ཡང་ཕྱེ་སྟེ་བཤད་ཀྱིས་ཉོན། །དངོས་པོའི་གནས་ལུགས་འཆད་པ་དང་། །སྐྱོན་ཡོན་བསྡུགས་པ་རྣམ་གཉིས་ཡོད། །ཞེས་པ་ནས་བཟུང་གང་ལ་དགའ། །དེས་ན་བྲེ་རྒོད་ཕུང་པོ་སོགས། །བསྡུགས་པ་སྐན་དངགས་ལུགས་བཞིན་ཡིན། །གངས་ཅན་མ་དྲོས་ལ་སོགས་པ། །དངོས་པོའི་གནས་ལུགས་འཆད་པ་ན། །དེ་ལ་འཁྲུལ་པ་ཀུན་མཁྱེན་མིན། །ཞེས་སོགས་བར་གྱི་ཚིགས་བཅད་ནི། །ཕྱེད་དང་བཅུ་གཅིག་གསུངས་པ་ཡིན། །དེས་ན་སྙིགས་མའི་ཤུགས་བཏབ་པས། །ཚུང་ཟད་ངན་པར་འགྲོ་སྲིད་ཀྱི། །ཤར་ལྷོ་འཛོལ་བ་ལ་སོགས་པའི། །མཚན་ཉིད་ཐམས་ཅད་ག་ལ་འཁྲུལ། །དེ་ཕྱིར་རྒྱལ་བའི་མདོ་རྒྱུད་ལས། །སེམས་ཅན་བསམ་པའི་དབང་གིས་ནི། །འཇིག་རྟེན་ཆགས་ཚུལ་གཉིས་སུ་གསུངས། །དང་པོ་དུས་ཀྱི་འཁོར་ལོ་དང་། །གཉིས་པ་མངོན་པའི་གཞུང་ལུགས་ཡིན། །དེས་ན་གངས་ཅན་མཚན་ཉིད་པ། །ཡིན་ན་ལུགས་གཉིས་གང་རུང་གི། །གངས་ཅན་ཡིན་པར་འདོད་དགོས་ཏེ། །གླིང་བཞི་རི་རབ་མཚོ་བདུན་དང་། །རི་བདུན་ལ་སོགས་ཇི་བཞིན་ནོ། །

སཾ་པུ་ཊི་ལས་ཇི་སྐད་དུ། །རྒྱ་མཚོ་ཞེས་བྱ་བ་ནི་རོལ་མཚོ་ལས། །ཕྱི་རོལ་ཇི་ལྟར་ཆུ་བོ་ནི། ། སི་ཏ་སིན་དྷུ་གང་གཱ་སོགས། །ཆུ་རྒྱུན་འབབ་ཅིང་རབ་ཏུ་ནི། །འཁོར་བ་འདི་ནི་སིན་དྷུའི་ཆུ། །འདི་ནི་གང་གིའི་ཆུ་བོ་སོགས། ། གསུངས་པའང་མངོན་པའི་གཞུང་དང་མཐུན། །དུས་ཀྱི་འཁོར་ལོའི་རྒྱུད་ལས་ཀྱང་། །གངས་ཅན་ཞེས་པའི་སྒྲ་དེ་ནི། །དོན་མང་པོ་ལ་བཤད་པ་ཡོད། །རེས་འགའ་རི་བདུན་ནང་ཚན་གྱི། །བསིལ་རི་ལ་ནི་གངས་ཅན་དང་། ། རེས་ནི་ཤམ་བྷ་ལ་ཡ་ནི། །མཐའ་བསྐོར་གངས་རི་ལ་གསུངས་ཤིང་། །དབུས་ཀྱི་ལྟེ་བའི་གངས་རི་ལ། །གངས་

ཅན་ཞེས་དང་རེས་འགའ་ནི། །ཡུལ་དྲུག་པ་ལ་བཤད་པ་ཡོད། །དེ་བཞིན་མཁས་པ་ཁ་ཅིག་ཀྱང་། །ཤམ་བྷ་ལ་ཡི་མཐའ་བསྐོར་གྱི། །གངས་རི་དེ་ལ་གངས་ཅན་བཤད། །ཤམ་བྷ་ལ་ཡང་ཆེ་ཆུང་ནི། །འདོད་པ་ལ་སོགས་མང་ན་ཡང་། །རྒྱུད་ཀྱི་དགོངས་པ་འདི་ལྟར་ཡིན། །འཛམ་གླིང་ཆུང་ངུ་དུམ་བུ་དྲུག །དེ་ཡང་བྱང་ནས་རབ་བརྩམས་ཏེ༔ ༔གངས་ཅན་ཤམ་བྷ་ལ་གཉིས་དང་། །རྒྱ་ནག་ལི་དང་བོད་ཡུལ་དང་། །འཕགས་ཡུལ་ཞེས་བྱ་དྲུག་ཡིན་ནོ། །

དང་པོ་རི་བོ་གངས་ཅན་དང་། །དེ་ཡི་ལྷོ་ན་མ་དྲོས་ཡོད། །ཆུ་བོ་བཞི་ཡང་དེ་ནས་འབབས། །ཆུ་བོ་སི་ཏཱའི་བྱང་ཉིད་ན། །རི་བོ་གངས་ཅན་ཡོད་པར་ནི། །འགྲེལ་ཆེན་དྲི་མེད་འོད་ལས་གསུངས། །དེ་ཡི་ལྷོ་ཕྱོགས་འགྲམ་ཉིད་ན། །ཤམ་བྷ་ལ་ཞེས་བྱ་བ་ཡི། །དུམ་བུ་གཉིས་པ་ཡོད་པར་གསུངས། །དེ་ལ་འདབ་མ་བརྒྱད་ཡོད་པ༔ ༔རེ་རེ་ལ་ཡང་གྲོང་ཁྱེར་ནི། །ཁྲི་བ་བཅུ་གཉིས་ཡོད་པ་དང་། །དབུས་ཀྱི་ལྟེ་བའི་ཕྱེད་མ་ལ། །ཀ་ལཱ་པ་ཡི་གྲོང་ཁྱེར་མཆོག །དཔག་ཚད་བཅུ་གཉིས་ཚད་དང་ལྡན། །དེ་ཡི་ལྷོ་ཕྱོགས་ཕྱེད་མ་ལ། །མ་ལ་ཡ་ཡི་སྐྱེད་མོས་ཚལ། །རྒྱར་ནི་དཔག་ཚད་བཅུ་གཉིས་པ། །ཀ་ལཱ་པ་ཡི་གྲོང་དང་མཉམ། །དེ་ཡི་ཤར་ན་ཉེ་བ་ཡི། །ཡིད་ཀྱི་མཚོ་ནི་རྒྱ་ཡི་ཚད། །དཔག་ཚད་བཅུ་གཉིས་དེའི་ནུབ་ཕྱོགས་ན། །པད་མ་དཀར་པོའི་མཚོ་ཡོད་པ། །ཚད་ནི་སྔ་མ་འདྲ་བར་གསུངས། །མཚོ་གཉིས་དབུས་ན་ཟླ་བཟང་གིས། །མཛད་པའི་བཅོམ་ལྡན་དུས་འཁོར་གྱི། །དཀྱིལ་འཁོར་རིན་ཆེན་ལྔ་ལས་གྲུབ། །གྲུ་བཞི་རྒྱར་ནི་ཁྲུ་བཞི་བརྒྱ། །ཡོད་ལ་ཕྱི་རོལ་སྐུའི་དཀྱིལ་འཁོར། །གྲུ་བཞི་པ་དང་རྟ་བབས་བཞི། །དུར་ཁྲོད་བརྒྱད་ཀྱིས་བརྒྱན་པ་དང་། །ར་བ་ལྔ་ཡིས་བསྐོར་བ་ལ། །ཕྱི་རོལ་ས་སོགས་འཁོར་ཡུག་བཞི། །རྡོ་རྗེ་ཕྲེང་བས་བསྐོར་བ་སྟེ། །རྡོ་རྗེ་ཕྲེང་བའི་མཐར་ཐུག་པའི། །རྒྱར་ནི་ཁྲུ་ཡང་བརྒྱད་བརྒྱའོ། །སྐུ་དཀྱིལ་ཕྱེད་ཀྱི་ཚད་དབུས་སུ། །གྲུ་བཞི་ས་ནི་གསུང་དཀྱིལ་ཏེ། །གྲུ་བཞི་སྒོ་བཞི་རྟ་བབས་བཞིས། །བརྒྱན་པ་ར་བ་ལྔ་ཡིས་བསྐོར། །གསུང་གི་དཀྱིལ་འཁོར་ཕྱེད་ཀྱི་ཚད། །ཐུགས་དཀྱིལ་ཡིན་ཏེ་གྲུ་བཞི་དང་། །སྒོ་བཞི་རྟ་བབས་བཞི་ཡིས་བརྒྱན། །དེ་ནི་ར་བ་གསུམ་གྱིས་བསྐོར། །དེ་ཡི་ཕྱེད་ཀྱིས་ཡེ་ཤེས་སམ། །བདེ་བ་ཆེན་པོའི་འཁོར་ལོ་ནི། །ཀ་བ་བཅུ་དྲུག་ཉེ་བར་མཛེས། །དེ་ཡི་ཕྱེད་ཀྱི་པད་འདབ་བརྒྱད། །པད་མའི་སྲུམ་ཆ་ལྟེ་བའོ། །དེ་ལྟར་དཀྱིལ་འཁོར་གསུམ་པོ་དེ། །མཚན་ཉིད་ཐམས་ཅད་ཡོངས་རྫོགས་པ། །དོ་ཤལ་དོ་ཤལ་ཕྱེད་པ་དང་། །ལྡན་ཞིང་རིན་ཆེན་སྣམ་བུ་དང་། །སྐེགས་བུ་དང་ནི་བ་ཀུ་ལི། །མེ་ལོང་ཟླ་བ་ཕྱེད་པ་དང་། །དྲིལ་བུས་རྣམ་པར་མཛེས་པར་གནས། །དེ་ན་སྤྲུལ་པའི་རྒྱལ་པོ་རྣམས། །རྒྱ་མཚོ་རྣམ་རྒྱལ་རྒྱལ་དགའ་གཉིས། །མ་གཏོགས་ལོ་གྲངས་བརྒྱ་བརྒྱ་ནི། །ཆོས་སྟོན་པར་ཡང་གསལ་བར་གསུངས། །དེ་ཡང་རྩ་བའི་རྒྱུད་ཉིད་ལས། །རྒྱུད་འདི་དྲང་སྲོང་རིགས་སོགས་ལ། །སངས་རྒྱས་ལམ་ནི་གསལ་བྱེད་པ། །ཟླ་བ་བཟང་པོ་དང་ལྷ་བའི་དབང་པོ

དང་གཞི་བརྗིད་ཅན། །ཟླ་བས་བྱིན་དང་ལྷ་དབང་པོ་ཕྱུགས་དང་། །སྣ་ཚོགས་གཟུགས་དང་ལྷའི་དབང་ལྡན་དང་། །འཇམ་དཔལ་གྲགས་པ་པད་དཀར་པོ་དང་རིམ་པས་སོ། །ཟླ་བཟང་གི་ཡབ་འདས་པའི་རྒྱལ་པོ་ཉི་མའི་འོད། །དེ་ནི་ཁྲོ་བོ་བགེགས་དགྲའི་སྤྲུལ་པ་སྟེ། །ཕྱག་ན་རྡོ་རྗེའི་སྤྲུལ་པ་ནི་ཟླ་བཟང་ཁྱོད། །ཙ་དབང་སོགས་ས་སྙིང་ལྷ་ནི་གཤིན་རྗེ་མཐར་བྱེད་དང་། །སྒྲིབ་པ་ཐམས་ཅད་རྣམ་སེལ་དང་། །རྨུགས་བྱེད་ཁེངས་བྱེད་རིམ་པ་སྟེ། །ལྷ་ཡི་དབང་ལྡན་སོགས་གསུམ་ནི། །ནམ་མཁའི་སྙིང་པོ་འཇམ་དབྱངས་དང་། །འཇིག་རྟེན་མགོན་པོ་གསུམ་གྱི་སྤྲུལ་པའི་སྐུ་གོ་རིམ་བཞིན། །གཤིན་རྗེ་གཤེད་སོགས་ཁྲོ་བོ་བཅུ། །དེ་བར་བྱང་ཆུབ་སེམས་དཔའ་གཞན། །བཅུ་གསུམ་དེ་རྣམས་རིམ་པ་ཡིན། །རིགས་ལྡན་རིགས་ལས་འབྱུང་བར་འགྱུར། །རིགས་ལྡན་གྱི་མགོ་གང་ནས་རྩོམ་ན། གྲགས་པ་དབང་ལྡན་རིགས་ཀྱང་སྟེ། །དེ་ནས་རིགས་ལྡན་པད་མ་དཀར། །བཟང་པོ་རིགས་ལྡན་གསུམ་པ་སྟེ། །དེ་བཞིན་བཞི་པ་རྣམ་རྒྱལ་ལོ། །བཤེས་གཉེན་བཟང་པོ་རིན་ཆེན་ཕྱག །བདུན་པ་ཁྱབ་འཇུག་སྟོབས་པའོ། །ཉི་མ་གྲགས་དང་ཤིན་ཏུ་བཟང་། །རྒྱ་མཚོ་རྣམ་རྒྱལ་རྒྱལ་དཀའ་དང་། །རིགས་ལྡན་ཉི་མ་བཅུ་གཉིས་དང་། །སྣ་ཚོགས་གཟུགས་དང་ཟླ་བའི་འོད། །མཐའ་ཡས་དང་ནི་ས་སྐྱོང་དང་། །དཔལ་སྐྱོང་སེང་གེ་རྣམ་པར་གནོན། །སྟོབས་པོ་ཆེ་དང་མ་འགགས་པ། །མི་ཡི་སེང་གེ་དབང་ཕྱུག་ཆེ། །མཐའ་ཡས་རྣམ་རྒྱལ་རིགས་ལྡན་དང་། །སྔར་གྱི་འཇམ་དཔལ། གྲགས་པ་རིགས་ལྡན་ནི་དེ་ནས་སླར། །ཡང་མཐའ་ཡས་རྣམ་རྒྱལ་དེ་སྲས་འཁོར་ལོ་ཆེན་པོ་ཅན། །རིགས་ལྡན་དྲག་པོ་ཞེས་བྱ་བར་འབྱུང་འགྱུར་ཏེ། །སྒྲ་མཁས་རྟ་མཆོག་ཏིང་འཛིན་གྱིས། །སྤྲུལ་པའི་དམག་དཔུང་གིས། ཀླ་ཀློའི་ཆོས་ནི་མཐར་བྱེད་པའོ། །ཉི་མའི་ཤིང་རྟ་ལ་རྫོང་རྣམས་སོགས་ཀྱིས། །སྟོན་པ་སྒྲ་ནི་མཁས་འཇམ་དཔལ་གྲགས་པ་འབྱུང་འགྱུར་གང་ཡིན་པའོ། །ཟླ་བཟང་ཁྱོད་ནི་རྩ་བའི་རྒྱུད། །དེ་ནི་བསྡུད་པར་བྱེད་པ་སྟེ། །ཙ་རྒྱུད་ཀྱི་རྒྱས་འགྲེལ་བྱེད་པ་པོ་ཡང་ཁྱོད། །ཡིན་ཞིང་དེ་རྣམས་ཀྱིས་འདིར་ནི་སེམས་ཅན་ཡོངས་སྨིན་བྱེད། །འཇམ་པའི་རྡོ་རྗེའི་བསྡུས་རྒྱུད་ལ། །རྒྱས་འགྲེལ་བྱེད་པ་པད་འཛིན་རང་། །ཞེས་པས་ཉི་མའི་འོད་ལ་སོགས། །ཆོས་རྒྱལ་ཆེན་པོ་བརྒྱད་པོ་དང་། །འཇམ་དབྱངས་གྲགས་པ་ལ་སོགས་པ། །རིགས་ལྡན་ཉི་ཤུ་རྩ་ལྔ་གསུངས། །

འཇམ་པའི་དབྱངས་ཀྱི་སྤྲུལ་པ་ནི། །རྒྱལ་པོ་འཇམ་དཔལ་གྲགས་པ་ཡིན། །དེ་ཕྱིར་ཕྱག་རྡོར་སྤྲུལ་པ་མིན། །མི་འགལ་ན་ནི་སངས་རྒྱས་ཀྱིས། །ཆོས་རྒྱལ་སུམ་ཅུ་རྩ་གསུམ་ལ། །བགེགས་མཐར་བྱེད་པ་སོགས་པ་ཡི༑ ༑སྤྲུལ་པ་ཡིན་པར་སོ་སོར་གསུངས། །དེ་བཞིན་མཁས་པ་རྣམས་ཀྱིས་ཀྱང་། །འབད་པས་བཤད་པའང་དགོས་མེད་འགྱུར། །དེས་ན་མཁས་པའི་བསྟན་བཅོས་ལས། །དེ་ཚེ་འཇམ་དཔལ་གྲགས་པ་ཡི། །སྤྲུལ་པའི་དྲག་པོ་ཞེས་བྱ་བ། །ཞེས་གསུངས་པ་ལྟར་བཟུང་བར་བྱ། །ཚུལ་འདི་ཊཱི་ཀཱ་བྱེད་པ་ནི། །སྤྱོད་ལྡན་འགའ་ཡིས

བཤད་པ་ཡིན། །དེ་ལྟར་བཤད་པའི་ཚུལ་གོ་ན། །མངོན་པ་ནས་གསུངས་གངས་ཅན་དེ། །ཏི་སེ་ཡིན་པར་ཕྱོགས་སྔ་མས། །ཁས་བླངས་པ་ལྟར་ལ་ཡིས་ནི། །གངས་ཅན་ཏི་སེར་མ་སློས་པས། །རྩོད་ལན་འབྲེལ་པ་གང་ཡིན་བརྟག །རང་གི་ལུགས་ལ་མངོན་པ་ནས། །གསུངས་པའི་གངས་ཅན་རྒྱུད་སྡེ་ལས། །བཤད་པའི་གངས་ཅན་འདིར་བཞེད་དམ། །ཞེས་པའི་ལན་ཡང་གྲུབ་པ་ཡིན། །གཞན་ཡང་བདེ་མཆོག་གི་ཇོར་ལས། །གསུངས་པའི་གངས་ཅན་གང་ཡིན་པ། །ཤམ་ལྷ་ལ་ཡི་གངས་ཅན་དུ། །ངེས་པར་ཤལ་གྱིས་བཞེས་ནུས་སམ། །ཞེས་པའི་ལན་ནི་འདི་ལགས་ཏེ། །དཔལ་ལྡན་དུས་ཀྱི་འཁོར་ལོ་ལས། །ཆུ་བོ་སི་ཏའི་བྱང་ཕྱོགས་ན། །རི་བོ་གངས་ཅན་ཡོད་པར་གསུངས། །དེ་ནི་ཤམ་ལྷ་ལ་མ་ཡིན། །དེ་ཡང་གོང་དུ་བཤད་ཟིན་ཏོ། །

བརྟག་པར་གཉིས་པར་ཧི་མ་ལ་ཡ། །བོད་སྐད་ལ་བཤད་པ་གངས་ཅན་ཡིན་མོད་ཀྱི། །དེ་ནི་རི་བོ་གངས་ཅན་མིན། །བདེ་མཆོག་རྒྱུད་ལས་ཁ་བའི་རི། །བཤད་པའང་དུས་འཁོར་ལས་གསུངས་པའི། །རི་བོ་གངས་ཅན་མ་ཡིན་ནོ། །དེས་ན་བརྟག་གཉིས་དང་བདེ་མཆོག་གཉིས་ལས། །གསུངས་པའི་གངས་ཅན་བོད་ཡུལ་ཙམ་པོ་དེ་ཡིན། །མངོན་པ་དང་དུས་འཁོར་ནས་བཤད་པའི། །རི་བོ་གངས་ཅན་ནོ་ཞེས་འཕགས་པ་རིན་པོ་ཆེའི་བརྟག་གཉིས་ཀྱི་མཆན་དང་ལོ་ནི་པའི་མངོན་རྟོགས་སུ་གསུངས་སོ། །ཡུལ་ཉེར་བཞི། །སོ་གཉིས་སོ་བདུན་གང་ཡང་མིན། །ཏི་སེ་ཡུལ་མིན་ཉེར་བཞི་ལས། །གང་རུང་ཡིན་ཞིང་ཏི་སེ་དང་། །གངས་ཅན་གཉིས་པོ་ཐ་དད་པ། །ས་སྐྱ་པ་ཡི་ལུགས་ཡིན་ནོ། །དེས་ན་གངས་ཅན་ཞེས་པ་དང་། །ཀཻ་ལ་ཤ་ཞེས་བྱ་བ་རྣམས། །མངོན་པ་དུས་འཁོར་ལས་གསུངས་པའི། །རི་བོ་གངས་ཅན་དེ་ཉིད་དང་། །གཅིག་ཏུ་སུ་ཡིས་བཟུང་བ་དེ། །རྒྱུད་སྡེ་དག་ལ་མ་བསླབས་ཤིང་། །བླ་མ་མཁས་པའི་མན་ངག་མེད། །ཞེས་ཀྱང་ཐབས་ཀྱིས་སློས་པ་ཡིན། ། དེས་ན་ད་ལྟའི་ཏི་སེ་འདི། །རི་བོ་གངས་ཅན་མ་ཡིན་ཏེ། །དེ་ཡི་མཚན་ཉིད་མི་ལྡན་ཕྱིར། །མངོན་པའི་གཞུང་ལས་བཤད་པ་དང་། །དུས་ཀྱི་འཁོར་ལོ་ལས་གསུངས་པའི། །གངས་ཅན་མཚན་ཉིད་གཉིས་ཀ་མེད། །འདི་གཉིས་མིན་པའི་གངས་ཅན་ནི། །མེད་ཚུལ་ལེགས་པར་བཤད་ཟིན་ཏོ། །

དེས་ཀྱང་ཤེས་པར་མ་གྱུར་ན། །སློབ་སྤྱོད་ལ་བཞུགས་པར་འཚལ། །རང་གི་རང་བཞིན་བསམ་པར་གྱིས། །དེ་ནས་ཀླུ་ཀློའི་ཛྫ་འཕྲུལ་གྱིས། །ཤམ་ལྷ་ལ་རུ་དམག་འདྲེན་པའི། །བཤད་པ་གསལ་པོ་གང་ན་བཞུགས། །ཞེས་པའི་ལན་ནི་འདི་ལྟར་བཟུང་། །འཇིག་རྟེན་ཁམས་ལེའི་མདོར་བསྟུས་གསུམ་པར་འདི་སྐད་དུ། །ཀླ་ཀློའི་རྣམས་ཀྱི་གཟི་བྱིན་དང་། །གཡུལ་དུ་བདུད་ཀྱི་ལྷ་འཛུག་པ། །ཞེས་སོགས་རྒྱས་པར་གསུངས་ལས་ཤེས། །ཀླ་ཀློའི་ཆོས་དང་རིག་བྱེད་ཀྱི་ཆོས་དག་ལས་སྲོག་གཅོད་པ་ཉིད་དུ་ཁྱད་པར་མེད་དོ། །དེའི་ཕྱིར་ཁྱེད་ཀྱི་རིགས་ཀྱི་བུ་དང་ཚ་བོ་ལ

སོགས་པ་རྣམས་ཀྱིས་ཀླུ་ཀློ་དེ་རྣམས་ཀྱི་གཞི་བྱིན་དང་གཡུལ་དུ་བདུད་ཀྱི་ལྷ་འཇུག་པ་ཡང་མཐོང་ནས་མ་འོངས་པའི་དུས་ལོ་བརྒྱད་བརྒྱ་འདས་པ་ན་ཀླ་ཀློར་འགྱུར་རོ་དེ་རྣམས་ཀླ་ཀློར་གྱུར་པ་ན་གྲོང་བྱེ་བ་དགུ་བཅུ་རྩ་དྲུག་ན་གནས་པའི་རིགས་བཞི་ལ་སོགས་པ་ཐམས་ཅད་ཀྱང་ཀླ་ཀློར་འགྱུར་ཏེ། སྐྱེ་བ་ཆེན་པོ་གང་ནས་བགྲོད་པ་དེ་ན་ལམ་མོ་ཞེས་ཚངས་པའི་དྲང་སྲོང་གིས་སྨྲས་པའི་ཕྱིར་རོ་ཞེས། རིགས་ལྡན་དྲག་པོ་ཞེས་བྱ་བ། །ཕྱག་རྡོར་སྤྲུལ་པ་གང་དུ་བཤད། །ཞེས་པའི་ལན་ནི་བཤད་ཟིན་ཏོ། །

ཇི་ལྟར་མདུད་པའི་བྲི་བྲག་གིས། །ཞེས་སོགས་དགྲ་བཅོམ་རང་རྒྱལ་གྱི། །སྟོང་ཉིད་རྟོགས་པའི་སྒྲུབ་བྱེད་དུ། །དྲང་ན་མདོ་སྡེ་རྒྱན་གྱི་ལུང་། །སེམས་ཙམ་གཞུང་དུ་ཇི་ལྟར་འགྱུར། །ཞེས་པའི་ལན་ཡང་བཤད་ཟིན་ཏོ༔ །ཡི་དམ་སྒོམ་པ་དཀྱིལ་བསྐྱེད་ཀྱི། །སྣང་གཞི་སྦྱོང་བྱེད་མི་འཕྲོད་ན། །ཤིན་ཏུ་ཟབ་ས་བཅོས་མིན་གྱི། །བསྐྱེད་པའི་རིམ་པ་དེ་ཅི་ཞིག །ཞེས་པའི་དྲི་བ་འབྲེལ་མེད་དེ། །དཀྱིལ་བསྐྱེད་ཡིན་ན་བཅོས་མིན་གྱི། །བསྐྱེད་པའི་རིམ་པར་འགལ་ཕྱིར་རོ། །མངོན་པར་རྟོགས་པའི་ཚུལ་དེ་ལ། །བསྡུས་པ་འབྲིང་དང་རྒྱས་པ་གསུམ། །དང་པོ་ལ་ནི་དཀྱིལ་བསྐྱེད་དང་། །ས་བོན་ལས་བསྐྱེད་རྣམ་པ་གཉིས། །འབྲིང་ལ་དྲུག་དང་རྒྱས་པ་ལ། །དྲུག་སྡེ་མངོན་རྟོགས་ཚུལ་བཅུ་བཞི། །ཀུན་ཀྱང་བཅོས་མའི་བསྐྱེད་རིམ་གྱི། །མངོན་པར་རྟོགས་པའི་ཚུལ་ཡིན་ནོ། །དེ་ལ་རྒྱ་ཡི་རྡོ་རྗེ་འཆང་། །འབྲས་བུ་རྡོ་རྗེ་འཛིན་པ་གཉིས། །མངོན་བྱང་ལྔ་ལས་མ་བསྐྱེད་པའི། །བསྐྱེད་རིམ་གང་དེ་བསྡུས་པ་དང་། །རྒྱུ་དང་མངོན་བྱང་ལྔ་ལས་དང་། །འཁོར་གྱི་ལྷ་མོ་འབྲས་བུ་ནི། །མངོན་བྱང་ལྔ་ལས་མ་བསྐྱེད་ན། །མངོན་རྟོགས་འབྲིང་པོ་གསུམ་ག་ནི། །མངོན་བྱང་ལྔ་ལས་བསྐྱེད་པ་དང་། །མངོན་རྟོགས་རྒྱས་པ་ཞེས་བྱའོ། །དེ་ཡང་རྒྱུ་ཡི་རྡོ་རྗེ་འཆང་། །མངོན་བྱང་ལྔ་ལས་མ་བསྐྱེད་ན། །འཁོར་གྱི་ལྷ་མོ་བརྒྱད་ཀ་དང་། །འབྲས་བུ་རྡོ་རྗེ་འཛིན་པ་ཡང་། །མངོན་བྱང་ལྔ་ལས་བསྐྱེད་པ་མེད། །ལེའུ་བརྒྱད་པ་གཉིས་པ་ཡིད། །ལེའུ་ལྔ་པ་སྟེ་ས་ཡིན། །འདི་རྣམས་མཆོག་གི་བསྐྱེད་རིམ་མོ། །རིམ་པ་ལྔ་པར་འོད་གསལ་དང་། །ཟུང་འཇུག་ཅེས་བྱ་ཆོས་སྐུ་དང་། །སྒྱུ་མའི་སྐུ་ལ་བཤད་པས་ན། །འོད་གསལ་འབྲས་བུའི་མཐར་ཐུག་ཏུ། །ཁས་བླངས་པ་ལ་འགལ་ཅི་ཡོད། །

ཞེས་པའི་ལན་ནི་འདི་ལགས་ཏེ། །རིམ་ལྔའི་ལུགས་ཀྱི་རྡོ་རྗེ་འཆང་། །སྒྲུབ་པའི་ཐབས་ནི་གཉིས་སུ་ངེས། །དང་པོ་རྟེན་ནི་བསྐྱེད་རིམ་དང་། །གཉིས་པ་བརྟེན་(དོགས)པ་རྫོགས་རིམ་ཡིན། །དེ་ཡང་སྔགས་ཀྱི་རིམ་པ་ལྟར། །མེད་ན་མི་འབྱུང་རྒྱུ་འབྲས་མིན། །དཔལ་ལྡན་དུས་ཀྱི་འཁོར་ལོ་ལས། །བསྐྱེད་རིམ་མཆོག་གི་རྒྱུ་མིན་པར། །བཤད་ཀྱང་དགོངས་པ་ལེན་དགོངས་སོགས། །གཉིས་པ་རྫོགས་པའི་རིམ་པ་ལ། །ལུས་དབེན་སྐུ་ཡི་རྡོ་རྗེ་དང་། །ངག་དབེན་གསུང་གི་རྡོ་རྗེ་དང་། །སེམས་ནི་རྣམ་པར་དབེན་གྱུར་པ། །ཐུགས་རྡོ་རྗེ་ཡི་ཏིང་འཛིན་ནོ། །

འོད་གསལ་སྒྱུ་ལུས་ཟུང་འཇུག་དང་། །དྲུག་ལས་ལུས་དབེན་བསྐྱེད་རིམ་དང་། །རྫོགས་རིམ་གཉིས་ཀར་ཧོགས་པ་ཡིན། །དེ་ཕྱིར་རིམ་པ་ལྔ་ལ་གཏོགས་པ་མིན། །རིམ་པ་ལྔ་ཀ་རྫོགས་རིམ་ཡིན། །རིམ་ལྔར་འོད་གསལ་ཆོས་སྐུ་ཞེས། །བཤད་པའི་ཚིག་འབྲུ་གཅིག་མི་སྣང་། །ཆོས་སྐུ་ཞེས་བྱའི་སྒྲ་ཙམ་ནི། །ཡོད་པས་འབྲས་བུའི་ཆོས་ཀྱི་སྐུ། །ཡིན་པའི་ངེས་པ་ག་ལ་ཡོད། །རྒྱུད་སྡེ་ཀུན་ལས་སེམས་ཅན་གྱི། །རྒྱུད་ལ་ཆོས་སྐུ་ཡོད་པར་གསུངས། །རིམ་པ་དང་པོར་ཇི་སྐད་དུ། །རྣལ་འབྱོར་རྒྱུད་ཀྱི་རྗེས་འབྲངས་ནས། །རྡོ་རྗེ་བཟླས་པའི་རིམ་བཤད་བྱ༑ ༑བསྐྱེད་པའི་རིམ་ལ་ལེགས་གནས་ཤིང་། །རྫོགས་པའི་རིམ་པ་འདོད་རྣམས་ལ། །ཐབས་འདི་རྫོགས་པའི་སངས་རྒྱས་ཀྱིས། །སྔགས་ཀྱི་རིམ་པ་ལྟ་བུར་གསུངས། །སེམས་ཅན་རྣམས་ཀྱི་སྲོག་འགྱུར་བ། །རླུང་ཞེས་བྱ་བའི་ལས་ཀུན་བྱེད། །འདི་ནི་རྣམ་ཤེས་གཞོན་པ་སྟེ། །ལྔ་ཡི་བདག་ཉིད་བཅུ་ཡང་ཡིན། །རླུང་གི་དེ་ཉིད་རིམ་གྱིས་ནི། །སྔགས་ཀྱི་དེ་ཉིད་ཡང་དག་འཇུག །སྔགས་ཀྱི་བསྐྱེད་པ་ཧོགས་ནས་ནི། །རྡོ་རྗེ་བཟླས་པ་རྣམས་ལ་སློབ། །རྡོ་རྗེ་བཟླས་ནས་རྣལ་འབྱོར་པ། །སེམས་ལ་དམིགས་པ་འཐོབ་པར་འགྱུར། །སྒྱུ་མ་ལྟ་བུའི་ཏིང་འཛིན་གནས། །ཡང་དག་མཐའ་ནི་རྣམ་པར་སྦྱངས། །ཡང་དག་མཐའ་ལས་ལངས་ནས་ནི། །གཉིས་མེད་ཡེ་ཤེས་ཐོབ་པར་འགྱུར། །ཟུང་འཇུག་ཏིང་ངེ་འཛིན་ལ་གནས། །སླར་ཞིང་གང་ལའང་མི་སློབ་པོ། །འདི་ནི་རྫོགས་པའི་རྣལ་འབྱོར་པ། །རྡོ་རྗེ་འཛིན་པ་ཆེན་པོའང་དེ། །རྣམ་པ་ཀུན་གྱི་མཆོག་ལྡན་པའི། །ཐམས་ཅད་མཁྱེན་པར་དེ་ནས་འགྱུར། །ཞེས་པས་ཟུང་འཇུག་ཏིང་འཛིན་དེ། །འབྲས་བུའི་མཐར་ཐུག་ཡིན་པར་གསུངས། །

འོད་གསལ་བ་ཡི་ངོས་བཟུང་ནི། །འདས་པ་དང་ནི་མ་འོངས་དང་། །ད་ལྟར་འབྱུང་བ་སྲིད་གསུམ་ནི། །འོད་གསལ་བས་ནི་རྣམ་དག་པས། །སྐད་ཅིག་དེ་ལ་མ་ལུས་མཐོང་། །དཔལ་ལྡན་འདུས་པའི་རྒྱུད་དུ་ནི། །དེ་ཉིད་འདི་དག་རྒྱས་བཏབ་ནས། །བཤད་པའི་རྒྱུད་ཀྱི་རྗེས་འབྲངས་ནས། །བླ་མ་ཁ་ལས་ཧོགས་པར་བྱ། །ཞེས་པ་ལ་སོགས་རྒྱས་པར་གསུངས། །རིམ་པ་དང་པོ་བཞི་ལ་ནི། །མི་སློབ་པ་ཡི་ས་མེད་ལ། །ཟུང་འཇུག་ཏིང་འཛིན་རིམ་པ་ལ། །སློབ་དང་མི་སློབ་གཉིས་ཀ་བཤད། །དང་པོ་མཐོང་ལམ་མི་ཧོག་པའི། །ཡེ་ཤེས་སོགས་ཡིན་གཉིས་པ་ནི། །ཐམས་ཅད་མཁྱེན་པའི་ཏིང་འཛིན་ནོ། །འདི་ལའང་སྐྱེ་རྒྱུ་མང་ན་ཡང་། །ཧ་ཅང་མང་བས་རེ་ཤིག་བཞག །བྱང་ཆུབ་བར་དུ་བླངས་པ་ཡིས། །སོ་སོར་ཐར་པ་འཇོག་གྱུར་ན། །ཇི་སྲིད་བྱང་ཆུབ་སྙིང་པོའི་བར། །ཚུལ་ཁྲིམས་ཀྱི་ནི་བསླབ་པ་དང་། །ཅེས་སོགས་ཟེར་བ་ཇི་ལྟར་ཡིན། །ཞེས་པའི་དྲི་བ་འདི་ལ་ཡང་། །སོ་ཐར་མཚན་ཉིད་ལྡན་པ་ནི། །མིན་ཞེས་ཡང་ཡང་བཤད་ཟིན་ཏོ། །

ཐུན་མོང་བ་ཡི་སྐྱབས་འགྲོ་ལ། །བཏེན་ནས་སོ་ཐར་ཐོབ་པ་དང་། །ཐུན་མོང་མིན་པའི་སྐྱབས་འགྲོ་ལ། །

བརྟེན་ནས་སེམས་བསྐྱེད་སྡོམ་པ་ཐོབ། །བླ་ན་མེད་པའི་སྐྱབས་འགྲོ་ལ། །བརྟེན་ནས་སྔགས་སྡོམ་སྐྱེ་བར་གསུངས། །ཕག་མོའི་བྱིན་བརླབས་མང་བ་ལ། །མེད་པའི་རྒྱུ་མཚན་གསལ་པོ་ལ། །ཞེས་པའི་ལན་ཡང་འདི་ལྟར་བཟུང་། །སྨིན་བྱེད་དབང་ནི་མ་བསྐུར་བར། །ཕག་མོའི་བྱིན་བརླབས་ཙམ་ཉིད་ཀྱི། །གསང་སྔགས་ཆོས་སྒོར་འབྱེད་པ་དེ། །མར་པ་ལོ་ཙྪ་བ་ལ་མེད། །ཅེས་བྱའི་དོན་ཡིན་མར་པ་ལ། །ཕག་མོའི་བྱིན་བརླབས་མེད་པ་ནི༔ །མཁས་པའི་བཞེད་པར་ག་ལ་རུང་། །དེ་ཡང་བསྟན་བཅོས་འདི་ཉིད་ལས། །རྡོ་རྗེ་ཕག་མོའི་བྱིན་བརླབས་ནི༔ །མར་པ་ལྷོ་བྲག་པ་ལ་མེད། །མར་པའི་བརྒྱུད་པ་འཛིན་བཞིན་དུ། །མགོན་པོ་སངས་རྒྱས་ཀུན་བདག་ཉིད། །དཔལ་ལྡན་བདེ་ཆེན་ལ་བཏུད་དེ། །ཞེས་པ་ནས། བླ་མའི་དྲིན་གྱིས་ཕན་པའི་ལུང་ཐོབ་ན། །གྲོལ་བར་མི་འགྱུར་སྙམ་ཡང་གྲོལ་བར་འགྱུར། །ཞེས་པའི་བར་ནི་རྡོ་རྗེའི་བསྐུས་（དོགས）པའི་སྟེ་ཀླུ་སྒྲུབ་ཀྱིས་མཛད་པའི་རིམ་པ་དང་པོའོ། །ཕྱག་འཚལ་འདུད་ཅིང་ཕྱག་འཚལ་འདུད། །ཕྱག་འཚལ་ཕྱག་འཚལ་ཕྱག་འཚལ་འདུད། །ཇི་ལྟར་སོད་ཅིང་ཕྱག་འཚལ་བ། །གང་ལ་བསྟོད་ཅིང་གང་གིས་བསྟོད། །ཇི་ལྟར་ཆུ་ལ་ཆུ་བཞག་ཀྱང་། །ཇི་ལྟར་མར་ལ་མར་བཞིན་དུ། །རང་གི་རང་གྱ་ཡེ་ཤེས་ནི། །ལེགས་མཐོང་གང་ཡིན་འདིར་ཕྱག་མིན། །འོན་ཀྱང་ཀུན་མཁྱེན་མ་ཐོབ་པར། །དེ་ནི་ཉེ་བར་དམིགས་མི་འགྱུར། །ཞེས་པ་ནས་འཕགས་པ་རྡོ་རྗེ་རྟེན་འབྲེལ་གྱི་རྒྱུད་རྣམས་མང་པོ་ཐོས་སོ། །གསལ་བ་རྣམས་སྐྱའི་ཚིག་གིས་བྱང་ཆུབ་ལ་ནི་རྒྱུ་ཕྱེ་བས། །ཤཱཀྱ་བཤེས་གཉེན་གྱིས་ནི་དགེ་བ་གང་བསགས་དེས། །མཁས་ཤིང་གསལ་བའི་རྣམ་སྨིན་བྱང་ཆུབ་མཆོག་འགྱུར་ཤོག །ཞེས་པའི་བར་གྱིས་སེམས་ལ་དམིགས་པའི་རིམ་པ་ནི་ཤཱཀྱ་བཤེས་གཉེན་གྱིས་མཛད་པ་དང་། རྡོ་རྗེའི་བཟླས་པ་དང་། སྒྱུ་ལུས་དང་། འོད་གསལ་དང་། ཟུང་འཇུག་གི་རིམ་པ་བཞི། ཕག་མོའི་ཆོས་སྒོ་འབྱེད་པ་དེ། །རྒྱུད་དང་འགལ་བ་ལྟ་ཅི་སྨོས། །རང་ལུགས་དང་ནི་འགལ་བ་ཡིན། །ཞེས་གསུངས་དགོངས་པ་དེ་ཉིད་ཡིན། །མར་པའི་རིམ་ལྔ་གདན་རྫོགས་ཀྱི། །ཐོག་མར་ཕག་མོའི་བྱིན་བརླབས་ནི། །ངེས་པར་བྱེད་ཅེས་ཟེར་བ་ཐོས། །རྗེ་བཙུན་མི་ལ་མན་ཆད་ལ། །ཆོས་དྲུག་ཡོད་དམ་མེད་ན་ནི། །གཞུང་གི་དགོངས་པ་གང་ཡིན་དྲི། །ཡོད་ན་ནཱ་རོའི་རྒྱུད་པ་ནི། །འདོད་ལ་འགལ་བ་ཅི་ཞིག་ཡོད། །མེད་ན་ཆོས་དྲུག་ལུགས་གསུམ་པོ། །གསན་ཡུལ་ཇི་ལྟར་ཡིན་པ་དྲི། །བདེ་མཆོག་སྙན་རྒྱུད་ཞེས་བྱ་བ། །བརྗོད་མའི་ཆོས་སུ་མཁས་རྣམས་བཞེད། །ཞེས་པའི་ལན་ནི་འདི་ལྟར་ཡིན། །

རྗེ་བཙུན་མར་པ་ལོ་ཙྪ་བས། །ནཱ་རོ་པ་ཡི་ཞབས་དྲུང་དུ། །ལོ་དྲུག་ཟླ་བ་བདུན་བཞུགས་པས། །ཕ་རྒྱུད་གསང་འདུས་ལ་བརྟེན་པའི། །སྒྱུ་ལུས་དེ་ཡི་ཁྱད་པར་ནི། །རྨི་ལམ་འོད་གསལ་གཉིས་ཀ་དང་། །མ་རྒྱུད་རྡོ་རྗེ་གདན་བཞི་ལ། །བརྟེན་པའི་ཕོ་བ་གྲོང་འཇུག་དང་། །གཉིས་མེད་ཀྱེ་རྡོར་ལ་བརྟེན་པའི། །གཏུམ་མོའི་གདམས་པ་རྫོགས་པར་གསན། །དེ་རྣམས་ཡི་གེར་མི་འགོད་པར། །ཚིག་རྒྱུད་བྱེད་པར་བཀའ་རྒྱས་གདབ། །གཙང་གི་མེ་སྟོན་ཚོན་པོ་ལ། །འོད་གསལ་འདས་པའི་བཀའ་བབས་ཤིང་། །རྔོག་གཞུང་ཆོས་ཀྱི་རྡོ་རྗེ་ལ། །མ

རྒྱུད་ཀྱི་དབང་དང་རྒྱུད་ཀྱི་བཤད་ལྟ་བ་དང་གདམས་པ་རྫོགས་པར་གནང་། །ཚུར་སྟོན་དབང་ཕྱུག་རྡོ་རྗེ་ལ། །འདུས་པའི་དབང་དང་ནཱ་རོ་པ་ཡི། །མན་ངག་ལ་བརྟེན་བཤད་པ་དང་། །གདམས་པ་ཡོངས་སུ་རྫོགས་པར་གནང་། ། མི་ལ་རས་པས་མར་པ་ཡི། །ཞབས་དྲུང་ཁོ་ནར་དཀའ་སྤྱད་དང་། །མོས་གུས་ཡུན་རིང་བྱས་ཤིང་བསྟེན། །ཆོས་དྲུག་མེད་པ་དགོངས་པ་མིན། །འོན་ཀྱང་རྒྱལ་བ་ཡང་དགོན་སོགས། །རྗེ་བཙུན་ས་སྐྱ་པ་ཉིད་ལ། །ལམ་འབྲས་ཉན་ཅིང་རང་གིས་ཀྱང་། །ཉམས་སུ་བླངས་ཤིང་གཞན་དག་ལ། །འཁོར་ལོ་སྡོམ་པའི་དཀྱིལ་འཁོར་དུ། ། དབང་བཞི་རྫོགས་པར་བསྐུར་ནས་ཀྱང་། །ཆོས་དྲུག་གདམས་པ་རྫོགས་པར་གནང་། །དེ་ནས་རས་ཆུང་རྡོར་གྲགས་སོགས། །རིམ་པར་བརྒྱུད་དེ་འོངས་པ་ཡིན། །དེས་ན་མི་ལ་མན་ཆད་ལ། །ཆོས་དྲུག་མེད་པ་དགོངས་པ་མིན། །འོན་ཀྱང་རྒྱལ་བ་ཡང་དགོན་པས། །རྗེ་བཙུན་ས་སྐྱ་པཎྜི་ཏ་པ་ཉིད་ལ། །ལམ་འབྲས་ཉན་ཅིང་རང་གིས་ཀྱང་། །ཉམས་སུ་བླངས་ཤིང་གཞན་དག་ལ། །སྟོན་པར་མཛད་ཅིང་ཕྱག་རྒྱ་ཆེ། །ལྟ་ལྟན་ལ་སོགས་སྒོམ་བཞིན་དུ། །ནཱ་རོའི་བརྒྱུད་པ་འདོད་བྱེད་པ། །མི་རིགས་ཞེས་པའི་དོན་ཡིན་ནོ། །

དེ་ཡང་མི་ལ་ཡན་ཆད་ལ། །ཆོས་དྲུག་རིམ་བཞིན་བརྒྱུད་པ་ཡོད། །དེ་ལས་གཞན་པའི་ལམ་འབྲས་དང་། །ཕྱག་རྒྱ་ཆེན་པོར་མིང་བཏགས་པའི། །རྒྱ་ནག་ལུགས་ཀྱི་ཆོས་ལུགས་དང་། །འདྲ་བའི་གདམས་ངག་བསྒོམ་བཞིན་དུ། །ནཱ་རོའི་བརྒྱུད་པ་འདོད་བྱེད་པ། །གཞན་དང་འགལ་བ་ལྟ་ཅི་སྨོས། །རང་ལུགས་དང་ཡང་འགལ་བ་ཡིན། །དེ་སྐད་དུ་ཡང་བསྟན་བཅོས་ལས། །ནཱ་རོ་ཆོས་དྲུག་ཞེས་བྱའི་ཁྲིད། །མི་ལ་ཡན་ཆད་དེ་ལས་མེད། །ཆོས་དྲུག་བོར་ནས་ལམ་འབྲས་དང་། །ཕྱག་རྒྱ་ཆེན་པོ་ལ་སོགས་པ། །གཞན་གྱི་གདམས་ངག་སྒོམ་བཞིན་དུ། །ནཱ་རོའི་བརྒྱུད་པ་འདོད་བྱེད་པ། །ཞེས་སོགས་རྒྱ་ཆེར་གསུངས་པ་ཡིན། །ཆོས་དྲུག་ལུགས་གསུམ་གསན་པའི་ཚུལ། །ལྷོ་པ་རིན་ཆེན་དཔལ་དང་ནི། །བྱང་ཆུབ་སེམས་དཔའ་སྤྱི་བོ་ལྷས་པ་ལ། ཉི་ཁྲི་སྣང་བའི་ལུང་ཙམ་གསན་ཅིང་། མངོན་རྟོགས་རྒྱ་འགྲེལ་དང་། ཆོས་དྲུག་སོགས་མང་དུ་གསན་པར་རྣམ་ཐར་གཉིས་སུ་ཤེས་པར་བྱའོ། །འདིར་མང་བས་མ་བྲིས། ཆོས་རྗེ་བླ་མ་དམ་པ་ནི། །མཛད་པའི་རྣམ་ཐར་གཉིས་ལས་ཤེས། །ཧ་ཅང་མང་བས་འབྲིར་མ་ནུས། །སྙན་རྒྱུད་རྡོ་རྗེའི་ཚིག་རྐང་ལ། །ལམ་གྱི་སྔོན་འགྲོ་དངོས་གཞི་དང་། །འབྲས་བུ་གསུམ་ལས་དང་པོ་ནི། །བཅུད་ནས་ཡེ་ཤེས་མཁའ་འགྲོ་ཉིད། །ཞེས་པ་ཡན་ཆད་དངོས་གཞི་ལ། །དབང་དང་དམ་ཚིག་ལམ་དངོས་སོ། །དང་པོ་གཉིས་ནི་བསླབ་གསུམ་སོགས། །ཚིག་རྐང་གཅིག་དང་ལམ་དངོས་ལ། །བསྐྱེད་རིམ་ཐུན་མོང་སྔར་གསུམ་དང་། །གསང་དབང་ལམ་སྟེ་སྒོ་རྣམ་པར་གྲོལ་བའི་ཆོས་དྲུག་དང་། །གསུམ་པའི་ལམ་འོག་བདེ་ཆེན་དང་། །བཞི་པའི་ཕྱག་འཚལ་ཡེ་ཤེས་གསལ། །བར་དོ་གདམས་པ་ཕྱིའི་གེགས་སེལ། །བདུད་ངོས་འཛིན་དང་འཕྲུལ་

འཁོར་གྲངས། །བྱས་སྦྱོང་ཚོགས་བསྒྱུར་རྣམ་པ་བརྒྱད། །ཞེས་པ་ལ་སོགས་མང་དུ་འབྱུང་། །དེ་ལྟའི་སྐན་བརྒྱུད་མར་པས་བསྒྱུར། །དེ་དོན་ཉམས་སུ་བླངས་པ་ཡིས། །གྲུབ་པ་མང་པོ་བྱུང་བར་གྲགས། །བཅོམ་ལྡན་འདས་ཀྱིས་བཤད་པ་ལ། །བཞི་བཅོམ་དྲུག་ལྡན་མི་དགོས་ན། །གང་རུང་རེ་རེས་ཆོག་གམ་ཅི། །དེ་ལྟ་ན་ནི་དགྲ་བཅོམ་དང་། །ལེགས་ལྡན་སོགས་ལ་མི་ཐལ་ལམ། །ཞེས་པའི་ལན་ནི་བཤད་བྱ་སྟེ། །ལེགས་པར་སྦྱར་བའི་སྒྲ་དག་ལ། །བྷ་ག་ཞེས་པ་བོད་སྐད་དུ། །བཅོམ་མམ་ཡང་ན་སྐལ་བ་ལ། །འཇུག་གི་གཉིས་ཀ་སྟོན་པ་མིན། །ལེགས་སྦྱར་སྐད་ལ་ཕན་ཞེས་བྱ། །བོད་སྐད་བཅོམ་པའམ་ལྡན་པ་སྟེ། །བདུད་བཞི་བཅོམ་པ་དང་ལྡན་ལ༑ ༑བཅོམ་ལྡན་འདས་ཞེས་བྱ་བའམ། །ཡང་ན་སྐལ་བ་དྲུག་ལྡན་པས། །བཅོམ་ལྡན་འདས་ཞེས་བྱ་བ་སྟེ། །བརྟག་པ་དང་པོ་ལེའུ་ལྔ་པ་བརྟག་པ་གཉིས་པར་ཇི་སྐད་དུ། །སངས་རྒྱས་འདི་ལ་བྷ་ག་མངའ། །བཅོམ་ལྡན་འདས་ཞེས་བརྗོད་པ་བྱ། །བྷ་ག་རྣམ་པ་དྲུག་ཏུ་བརྗོད། །དབང་ཕྱུག་ལ་སོགས་ཡོན་ཏན་ཀུན། །ཡང་ན་ཉོན་མོངས་ལ་སོགས་བདུད། །འཇོམས་ཕྱིར་བཅོམ་ལྡན་ཞེས་བྱ་བ། །ཞེས་གསུངས་པ་བཞིན་བཅོམ་པ་དང་། །དུས་བཟུང་(དོགས)དགོས་ཀྱིས་ལྡན་པ་སོ་སོར་སྦྱར་བ་ནི། །ལེགས་སྦྱར་སྐད་དང་མི་མཐུན་ནོ། །

རྡོ་རྗེ་རྩེ་མོའི་རྒྱུད་ལས་ཀྱང་། །བཅོམ་ལྡན་འདས་ནི་ཅི་ཡིན་བརྗོད། །ལས་དང་ཉོན་མོངས་དེ་བཞིན་བསྐྱེད། །དེ་བཞིན་ཉོན་མོངས་ཤེས་བྱའི་སྒྲིབ། །མི་མཐུན་ཕྱོགས་ཀྱི་ཆོས་རྣམས་གང་། །དེ་བཅོམ་པས་ན་བཅོམ་ལྡན་བརྗོད། །དེ་མི་བཅོམ་པ་ཅི་ཡིན་བརྗོད། །བཅོམ་ལྡན་དེ་བཞིན་བཅོམ་ལྡན་བརྗོད། །འདོད་པའི་འདོད་ཆགས་གཅོད་བྱེད་ཅིང་། །ཉོན་མོངས་འཇོམས་ཤིང་ཕམ་བྱེད་པ། །དེ་ནི་དེ་ཡིས་བཅོམ་པར་བརྗོད། །ཅེས་གསུངས་པ་ཡང་བཅོམ་པ་དང་། །ལྡན་པ་སོ་སོར་མིན་པའི་ལུང་། །དེ་ཕྱིར་བཅོམ་ལྡན་བཤད་པ་ལ། །བཞི་བཅོམ་དྲུག་ལྡན་མི་དགོས་ཞེས། །མཁས་པའི་གཞུང་ལས་གསུངས་པ་མེད། །འོན་ཀྱང་བདུད་བཞི་བཅོམ་པས་ན། །བཅོམ་པ་ཞེས་པའི་སྒྲ་བཤད་དང་། །དབང་ཕྱུག་ལ་སོགས་ལེགས་པ་ཡི། །སྐལ་བ་དྲུག་དང་ལྡན་པས་ན། །ལྡན་པའི་སྒྲ་བཤད་བྱེད་པ་འཁྲུལ། །ཞེས་བྱའི་དོན་དུ་བཟུང་བར་གྱིས། །ཕྱག་རྒྱ་ཆེན་པོའི་སྒྲ་དོན་ལ༑ ༑ལག་པའི་སྒྲ་དོན་འཁྲུལ་འགྱུར་ན། །བརྟག་པ་གཉིས་པར་པདྨ་དང་ནི། །པདྨ་ཡི་ལན་ལ་ཕྱག་རྒྱ་ཞེས། །གསུངས་པའི་དགོངས་པ་གང་ཡིན་བཅས། །རྡོ་རྗེ་འབྱུང་བར་ལྷ་རྣམས་ཀྱི། །ལག་པའི་རྣམ་འགྱུར་མི་འདྲ་ལ། །ཕྱག་རྒྱ་ཆེན་པོར་བཤད་དེ་ཅི། །

ཞེས་གསུངས་ལན་ཡང་འདི་ལགས་ཏེ། །ཕྱག་རྒྱ་ལག་པར་འཆང་བ་སོགས། །ཕྱོགས་སྔ་མཁན་པོའི་འདོད་པ་སྟེ། །ལེགས་སྦྱར་སྐད་དང་འགལ་བའི་ཕྱིར། །མཁས་པ་རྣམས་ཀྱི་དོར་བྱ་ཡིན། །དེ་ལ་འདིར་ནི་ལག

པའི་སྐད་དོད་མེད། །མུ་འདྲ་ཞེས་བྱ་རྒྱ་ཡིན་ལ། །དེ་ནི་ལག་པའི་དོན་མ་ཡིན། །དེ་ཕྱིར་ལག་པ་ཙམ་ལ་ནི། །ཕྱག་རྒྱ་ཆེན་པོའི་སྒྲ་དོན་འབྲུལ། །འོན་ཀྱང་ལོ་པཎ་དག་གིས་ནི། །ཕྱག་ཞེས་ཅུང་ཟད་བསྣན་པ་ནི། །གང་གིས་གང་ལ་རྒྱས་གདབ་པས། །ཕྱག་རྒྱ་ཞེས་བྱ་བརྟག་གཉིས་ལས། །ཕྱག་རྒྱ་ཕྱག་རྒྱའི་ལན་གྱིས་ནི། །དམ་ཚིག་གིས་ནི་རྣམ་པར་དབྱེ། །ཞེས་གསུངས་པ་ལྟར་རང་རྒྱུད་ལ། །དམ་ཚིག་རྒྱ་ཡིས་བཏབ་པའམ། །འོན་ཏེ་མ་བཏབ་བརྟག་པའི་སྐབས། །བཪ་དང་ཕ་རོལ་བཪ་ཡི་ལན་སྟོན་པ། །དེ་ལ་ཕྱག་རྒྱ་ཕྱག་རྒྱ་ཡི། །ལན་ཞེས་བཤད་ལ་དེ་ཉིད་ནི། །ལག་པ་ཁོ་ན་ག་ལ་ཡིན། །ཕ་རོལ་སྒྲིན་ལག་སྟོན་པ་ན། །རང་གིས་མགྲིན་པ་བསྟན་པ་དང་། །ཕ་རོལ་དགོད་སྟོན་པ་ཉིད་ལ། །རང་གི་རྩེ་གསུམ་བསྟན་པ་དང་། །ནུ་མ་སྟོན་པ་ལ་དེའི་མཚམས་བསྟན། །སོ་སྟོན་པ་ལ་ཁ་བསྟན་དང་། །ཁྲོ་གཉེར་སྟོན་པ་ལ་གཙུག་ཕུད་གྲོལ་བར་བརྗོད་པ་དང་། །དཔྲལ་བ་སྟོན་པ་ལ་རྒྱབ་བསྟན་དང་། །རྐང་མཐིལ་སྟོན་ལ་ལྟོ་རྣམ་པ་ཡིས་རྩེ། །འདོར་ན་སྐབས་འདིར་ཕྱག་རྒྱ་ནི། །དམ་ཚིག་སྡོམ་པ་ཡིན་པར་བཟུང་། །དེ་དང་ལྡན་ནམ་མི་ལྡན་པ། །བརྟག་ཕྱིར་བཪ་དང་བཪ་ལན་ལ། །ཕྱག་རྒྱ་ཞེས་ནི་བཤད་པ་དེ། །མཚོན་བྱའི་མིང་གིས་མཚོན་བྱེད་པ། །བཏགས་པ་ཡིན་པར་བརྟག་གཉིས་ལས་ཤེས་དགོས་སོ། །

བཪ་དང་བཪ་ཡི་ལན་ལས་ནི། །ཕན་ཚུན་གཉིས་ཀ་དམ་ཚིག་དང་། །སྡོམ་པ་ལྡན་པར་སྐྱེས་ནང་གི་གོ་བ་པའམ། །བུད་མེད་ནང་གིས་གོ་བ་ན། །རྡོ་རྗེའི་སྤྱན་ཡིན་རྟེན་མི་མཐུན། །ཕན་ཚུན་གོ་ན་རྡོ་རྗེ་ཡི། །མིང་སྲིད་དུ་ཡང་འགྱུར་བ་སྟེ། །གང་གིས་སྤྱན་དང་སྲིང་མོར་ཡང་། །ཐེ་ཚོམ་མེད་པར་ཤེས་པར་བྱ། །ཞེས་གསུངས་པ་ལྟར་གོ་བར་གྱིས། །སློབ་དཔོན་ཀུན་དགའ་སྙིང་པོ་ཡིས། །མཛད་པའི་རྡོ་རྗེ་འབྱུང་བ་ལས། །ལག་པར་མ་ཟད་འདུག་སྟངས་སོགས། །ལུས་ཀྱི་རྣམ་འགྱུར་མི་འདྲ་བ། །དུ་མ་ཞིག་ལ་ལྷ་ཡི་སྐུ། །ཕྱག་རྒྱ་ཆེན་པོ་ཞེས་གསུངས་སོ༔ ༔དེ་བཞིན་དེ་ཉིད་བསྡུས་པ་དང་། །ངན་སོང་སྦྱོང་རྒྱུད་ལ་སོགས་སུ། །ཕྱག་རྒྱ་བཞི་པོ་ངེས་བཟུང་ནི། །མི་འདྲ་བ་ཡི་བཤད་ཚུལ་གཉིས། །འབྱུང་ཡང་ལག་པ་ཁོ་ན་ལ། །ཕྱག་རྒྱ་ཆེན་པོར་གསུངས་པ་མེད། །ཧཱུྃ་ལོ་ཏེ་ལོར་མི་རུང་ན། །ཨི་ཡི་ཡི་གེ་ཨེ་ཞེས་པ། །ཀ་ལྤ་པ་ལ་གསུངས་དེ་ཅི། །ཞེས་པ་འདི་ཡང་གཞན་དག་ལ། །ཇི་བཞིན་ཤེས་པ་ག་ལ་སྲིད། །དེ་ཕྱིར་ཁོ་བོས་བཤད་པར་བྱ། །ཨི་ཡིག་ཨེ་རུ་འགྱུར་བ་ནི། །ཡོད་པ་ཙམ་གྱིས་ཏེ་ལོར་རིགས། །སྒྲ་པ་དག་གིས་ལུགས་མ་ཡིན། །གཞན་དུ་ཏྲོ་ཅེས་པ་དང་། །བརྗོད་ནའང་སྐྱོན་གང་ཡོད་པ་སྨོས། །ཨི་ཡིག་ཡ་རུ་འགྱུར་བ་དེ། །ཡི་གེ་གཞན་ལ་ལྟོས་ནས་ནི། །ཡིན་ཏེ་འདྲ་བའི་ཡི་གེ་ནི། །མ་ཡིན་པ་ཡི་དབྱངས་ཡིག་དེ། །ཕ་རོལ་མཐོང་བ་ལས་འགྱུར་རོ། །ཞི་ན་ཅིག་ཤོས་ལ་ཡང་མཚུངས། །ཨི་ཡིག་ཨེ་རུ་འགྱུར་བ་ནི། །ཨ་ཡིག་དང་པོར་ཡོད་པ་ལས། །འགྱུར་དགོས་ཞེས་པ་མཁས་པའི་ལུགས། །སྐབས་འགར་རྣམ་དབྱེ

འབྲིན་པ་ལས། །ཏི་ལོ་ཧྭ་ཏིར་འགྱུར་བ་ཡོད། །འདིར་ནི་རྣམ་དབྱེ་སྟེར་མི་དགོས། །དེ་ཡང་དུས་ཀྱི་འཁོར་ལོ་ལས། །བྱེད་པ་བཅུ་གཅིག་གནས་སྐབས་སུ། །བྷ་ཥཾ་བྲིས་པ་ཀཱ་ལ་ཕ། །ཏིལ་ཧྲུང་ཁྲིམ་སྐྱེས་བྷ་ནི་ཧཾ། །བིཥྚི་བཀྲ་ཤིས་ཆད་བཞི་དང་། །ཀླུ་དང་མི་སྡུག་པ་དང་ནི། །བཅུ་གཅིག་འབྱུང་བའི་རྩིལ་ཧྲུང་གི། །སྐད་དོད་ཏི་ཏི་བཤད་པ་བཞིན། །དེས་ན་བླུན་པོ་ལན་བྱེད་དག །མཚམས་སྦྱོར་དྲུག་དང་མིང་ལེ་བརྒྱད། །ཀུན་བཤད་བརྒྱད་དང་ཊཱི་ཀ་ཆད་བདུན། །སྟོན་པའི་སློབ་མ་ལ་ཕན་པ། །ལོ་ཆེན་བྱང་རྩེས་བསྒྱུར་བ་དང་། །མ་ཏིས་མཛད་པའི་འགྲེལ་པ་དང་། །དེ་ལས་ཁྱད་པར་འཕགས་པ་ཡི། །ཙནྡྲ་པ་ལ་འདྲིས་པར་གྱིས། །ད་གཟོད་ལན་ཡང་ཤེས་པར་འགྱུར། །

ནཱ་རོ་ཞེས་བྱ་བྲམ་ཟེ་ཡི། །བྲེ་བྲག་ཡིན་མོད་ཏ་ཞེས་པ། །ཞེས་པའི་ཚིག་ཏུ་སྒྱུར་མིན་ནམ། །ཞེས་པའི་ལན་ཡང་འདི་ལྟར་གོ། །རྒྱ་སྐད་པ་ཏ་ལ་ཞེས་པ། །བོད་སྐད་ཆང་འཐིལ་ཞེས་པ་དང་། །པ་ཏ་ཞེས་པ་ཆང་པ་ཡིན། །འོན་ཀྱང་ཞེས་སྒྱུར་བ་ན། །ཀླུ་སྒྲུབ་པ་དང་ནཱ་རོ་ཞབས། །ཞེས་པ་ལ་སོགས་མང་དུ་བཤད། །དེ་ལ་ནཱ་རོའི་སྒྲ་བཤད་ཆེ། །དཀའ་བ་སྤྱད་པས་ཨ་ན་ན། །རོ་རུ་སོང་ཞེས་འཆད་པ་ལ། །འཁྲུལ་པ་ཡིན་པར་བསྟན་བཞེད་ནས། །རྒྱ་སྐད་ནཱ་རོ་ཏ་ཡི་སྒྲ། །བྲམ་ཟེའི་རིགས་ཀྱི་བྱེ་བྲག་ཡིན། །ཞེས་གསུངས་པ་ཡིན་ཏ་ཡིན་པ། །ཚིག་ཆང་ལོངས་ཕྱིར་ཞར་བྱུང་ཡིན། །ཀོའུ་ཤི་ཀའི་མདོ་དང་ནི། །སྟོང་པོ་བརྒྱན་པའི་མདོ་གཉིས་དང་། །གཙུག་ཏོར་ནག་མོ་ལ་སོགས་པ། །ཧེ་བཙུན་གྲགས་པ་རྒྱལ་མཚན་དང་། །མཁས་པ་ཀླུ་མེ་ལ་སོགས་པས། །མདོ་རྒྱུད་རྫུན་མ་ཡིན་པར་བཞེད། །ད་ལྟ་བཀའ་འགྱུར་ལ་བགྲང་བ། །ཚིགས་བཅད་སུམ་ཅུ་རྩ་གཅིག་པའི། །ཀོའུ་ཤི་ཀའི་མདོ་དེ་ནི། །རྫུན་མ་ཡིན་པར་ག་ལ་བཞེད། །སྟོན་གྱི་དཀར་ཆག་དག་ཏུ་བཤད། །བར་དུ་ཆོས་འཁོར་ནང་དུ་བྲིས། །སངས་རྒྱས་པ་དང་མུ་སྟེགས་ལའང་། །རིག་གནས་ཐུན་མོང་རྣམ་པ་བཞི། །དེ་ལ་སྨན་དང་སྒྲ་དག་ལ། །མུ་སྟེགས་བྱེད་ཀྱི་ལུང་ཡིན་ཀྱང་། །ལུང་དུ་བྱ་བར་རུང་བར་བཤད། །ཚད་མ་ལ་ནི་ཐུན་མོང་དང་། །ཐུན་མོང་མིན་པ་གཉིས་ཀ་ཡོད། །དང་པོའི་རྟོག་གེའི་ལུས་བརྒྱད་ཡིན། །གཉིས་པ་ཕྱོགས་གླང་ཆོས་གྲགས་ཀྱི། །གཞུང་ལུགས་རྣམས་ལས་འབྱུང་བ་བཞིན། །ལྷུ་པ་ནང་རིག་གནས་སྟོན་པའི། །ཆ་ལ་མུ་སྟེགས་ལུང་གང་དེ། །ཚད་མར་མི་རུང་ཞེས་བྱ་བ། །མགོན་པོ་བྱམས་པའི་དགོངས་པ་ཡིན། །དེ་ལྟར་ཤེས་ན་དྲི་བ་ལས། །ཀོའུ་ཤི་ཀའི་མདོ་ཞེས་པ། །རྫུན་མ་དེ་ཡི་མཚན་གཞི་དྲི། །མུ་སྟེགས་བྱེད་ཀྱི་རྒྱུད་ཡིན་པས། །ལུང་དུ་བྱ་བ་མི་རུང་ན། །དབྱངས་འཆར་རྒྱུད་དང་སྨན་དཔྱད་དང་། །ཀ་ལཱ་པ་དང་དཎྜི་ཡི། །ཚིག་བརྒྱན་གཞུང་དང་འཆི་མེད་ཀྱི། །བང་མཛོད་ལ་སོགས་མཁས་རྣམས་ལ། །གྲགས་པའི་ལུང་དག་འདོར་དགོས་སམ། །ཞེས་པའི་ལན་ཡང་ངེས་པར་

འགྱུར། །མ་རིག་ཅེས་སོགས་རྒྱུད་བླ་ཡི། །ལུང་དེ་གང་ན་ཡོད་པ་འདྲི། །བཤད་དང་གང་ཞིག་ཅེས་པའི་བར། །ཡོད་ན་རྗེ་བཙུན་ཉིད་ཀྱིས་ནི། །ཇི་ལྟར་ནོར་བུ་མན་ཆད་ཀྱི། །ཚིགས་བཅད་གྲངས་ངེས་མཛད་དེ་ཅི། །ཞེས་པའི་དྲི་བ་བརྗོད་པ་ནོར། །རྗེ་བཙུན་བྱམས་པ་རང་ཉིད་ཀྱི། །གང་ལ་རྒྱ་མཚན་གང་ཕྱིར་ནི། །ཇི་ལྟ་བུར་ནི་གང་བཤད་དང་། །རྒྱུ་མཚན་པ་ནི་གང་ཡིན་པ། །ཚིགས་སུ་བཅད་པ་བཞིས་བསྟན་ཏོ། །གཉིས་ཀྱི་བདག་ཉིད་དག་པའི་རྒྱུད། །ཐབས་དང་གཅིག་གིས་ཉེས་པའི་རྒྱུད། །དེ་ནས་ཚིགས་སུ་བཅད་པ་ནི། །གཉིས་ཀྱིས་འབྲས་བུ་བསྟན་པ་ཡིན། །འཁོར་གྱི་དཀྱིལ་འཁོར་བཟློད་པ་དང་། །བྱང་ཆུབ་ཐོབ་དང་ཆོས་བརྗོད་པའི། །མདོར་ན་འབྲས་བུ་རྣམ་གཉིས་ནི། །ཐ་མ་ཡིས་ནི་བསྟན་པ་ཡིན། །ཞེས་གསུངས་ཚིགས་བཅད་གྲངས་ངེས་ཀྱི། །མགོ་ནི་དེ་ལྟར་ལུང་དང་སོགས། །ཡིན་པར་ཊཱིཀྐ་བྱེད་རྣམས་མཐུན། །ད་ལྟའི་དཔེ་དག་ཕལ་ཆེ་ལ། །ཚིགས་བཅད་བཅུ་ཡིས་གྲངས་ངེས་འགྱུར། །མ་རིག་ལ་སོགས་ཚིགས་བཅད་དེ། །མེད་མོད་དཔལ་ལྡན་བྱ་བ་སོགས། །མཛད་པའི་རྒྱུད་བླའི་ཊཱིཀྐ་ལས། །མ་རིག་ཅེས་སོགས་དྲངས་པ་དང་། །ཚིགས་བཅད་བཅུ་གཅིག་གྲངས་འབྱུང་ངོ༑ །རྒྱུད་བླའི་འགྱུར་ཡང་གཉིས་སུ་ངེས། །རྔོག་འགྱུར་དང་། ནགས་ཚོད་ཚུལ་རྒྱལ་གྱི་འགྱུར་བྱང་གཉིས་སྣང་ལ། དེ་ཡང་འགྲེལ་པ་དང་སྦྲགས་གཅིག་ཏུ་འགྱུར་རོ། །བཀའ་བསྡུ་གསུམ་གྱི་ཐ་སྙད་ནི། །གཞུང་ལུགས་གང་ནས་འབྱུང་བ་འདྲི། །

ཞེས་པའི་ལན་ནི་འདི་ལྟར་བཟུང་། །བཀའ་བསྡུ་དང་པོ་གཉིས་པོ་ནི། །ལུང་བཞིན་འདུལ་བ་འོད་ལྡན་དང་། །རྟོག་གེ་འབར་བ་ལ་སོགས་སུ། །བཤད་པ་ཐམས་ཅད་མཐུན་པར་སྣང་། །བཀའ་བསྡུ་གསུམ་པ་བྱུང་བའི་ཚུལ། །རྟོག་གེ་འབར་བ་དང་།དབུ་མ་སྙིང་པོའི་རང་འགྲེལ་ཐ་དད་དུ་མི་བསམ་མོ། །དབུ་མ་སྙིང་པོའི་རང་འགྲེལ་དུ། །འདོད་ཚུལ་གསུམ་ལས་དང་པོ་ནི། །སྟོན་པ་འདས་ནས་ལོ་བརྒྱ་དང་། །སུམ་ཅུ་རྩ་བདུན་ལོན་པ་ན། །རྒྱལ་པོ་དགའ་བོ་ཞེས་བྱ་དང་། །རྒྱལ་པོ་པད་མ་ཆེན་པོ་ཞེས། །གཉིས་བྱུང་གྲོང་ཁྱེར་སྐྱ་བོའི་ཕུར། །གནས་བརྟན་འོད་སྲུང་ཆེན་པོ་དང་། །བླ་མ་ལ་སོགས་བཞུགས་པའི་དུས། །སྡིག་ཅན་བཟང་པོ་ཞེས་བྱ་བ། །དགེ་སློང་ཆ་བྱད་དུ་བྱས་ནས། །རྫུ་འཕྲུལ་སྣ་ཚོགས་སྟོན་པ་ཡིན། །དགེ་འདུན་ཕྱེ་ནས་བསྟན་པ་དཀྲུགས། །དེ་ཚེ་གནས་བརྟན་ཡིད་འོང་དང་། །ཀླུ་ཡི་སྡེ་གཉིས་དུས་སུ་ནི། །སྡེ་པ་སོ་སོར་གྱེས་པའི་འོག །ལོ་གྲངས་དྲུག་ཅུ་རྩ་གསུམ་ན། །གནས་བརྟན་གནས་མའི་བུ་དེ་ཡིན། །བསྟན་པ་བསྡུས་སོ་ཞེས་ནི་ཟེར། །འདོད་ཚུལ་གཉིས་པ་སྟོན་པ་འདས་པའི་འོག །ལོ་ནི་བརྒྱ་དང་དྲུག་ཅུ་ན། །གྲོང་ཁྱེར་མེ་ཏོག་གིས་རྒྱས་པ། །ཞེས་པར་རྒྱལ་པོ་མྱ་ངན་མེད། །བྱུང་བའི་ཚེ་ན་དགྲ་བཅོམ་རྣམས། །ལེགས་པར་སྦྱར་དང་ཐ་མལ་དང་། །ཟུར་ཆག་ཤ་ཟའི་སྐད་དག་གིས། །སྟོན་པའི་གསུང་རབ་འདོན་པ་ལས། །སློབ་མ་རྣམས་སོ་སོར་གྱེས་པ་ཡིས། །སྡེ་པ་བཅོ་བརྒྱད་དུ་གྱུར་ཏེ། །གྲུབ་མཐའ་མི་མཐུན་སྣ་

ཚོགས་ཀྱིས། །སངས་རྒྱས་བསྟན་པ་དགྲུགས་པ་ན། །དགྲ་བཅོམ་སོ་སྐྱེ་མཁས་པ་རྣམས། །ཛ་ལན་དྷ་རའི་དགོན་པར་ནི། །འདུས་ནས་བསྡུས་ཏེ་དེ་ཡི་ཚེ། །སྟོན་པ་འདས་ནས་ལོ་གྲངས་ནི། །སུམ་བརྒྱ་ལོན་ཞེས་ཁ་ཅིག་ཟེར། །གསུམ་པ་ཁ་ཅིག་དགོས་པ་ནི། །ཀྲིས་པ་བཅོ་བརྒྱད་དཀའ་མེད་པའི། །དོགས་པ་བསལ་ཕྱིར་རྫོགས་སངས་རྒྱས། །འདས་ནས་ལོ་གྲངས་སུམ་བརྒྱ་ན། །གནས་ནི་ཁ་ཆེའི་ཡུལ་ཉིད་དུ། །ཀུན་པ་ན་ཞེས་དགོན་པར་ནི། །སྦྱིན་བདག་ཛ་ལན་དྷ་ར་ཡི། །རྒྱལ་པོ་ཀ་ནིཥྐ་བྱས་ཏེ། །བསྡུད་པ་པོ་ནི་པུརྞི་ཀ །ལ་སོགས་དགྲ་བཅོམ་ལྔ་བརྒྱ་དང་། །བ་སུ་མི་ཏྲ་ལ་སོགས་པ། །བྱང་ཆུབ་སེམས་དཔའ་ལྔ་བརྒྱ་དང་། །སོ་སོ་སྐྱེ་བོའི་པཎྜི་ཏ༑ ༑ཉིས་བརྒྱ་ལྔ་བཅུ་འདུས་པའམ། །ཁྲི་དང་དྲུག་སྟོང་འདུས་ནས་ནི། །ཞལ་ཐོན་དུ་མཛད་བཅོ་བརྒྱད་པོ། །ཐམས་ཅད་སངས་རྒྱས་བཀའ་བསྒྲུབས་སོ། །ཞེས་ཀྱང་འདོད་ཚུལ་གསུམ་པ་ཡིན། །

བསྡུ་བ་གསུམ་པ་ལུང་ན་མེད། །དེ་ཕྱིར་འདི་ལ་སྣ་ཚོགས་སྨྲ། །ལྷ་ཆེན་བླུན་པོའི་ལེ་ལན་གྱིས། །བཅོ་བརྒྱད་པོ་ཡང་བསྟན་པ་མིན། །སྙམ་པའི་དོགས་པ་བསལ་ཕྱིར་དུ། །ལྷ་ཆེན་ཆོས་ལོག་སྤུན་འབྱིན་ནས། །ཀུན་ཀྱང་བསྟན་པར་བསྡུས་པ་ལ། །བསྡུ་བ་གསུམ་པ་བྱས་ཞེས་གྲགས། །དེ་ལྟར་གོ་ན་དྲི་བ་ལས། །ལྷ་ཆེན་ཆོས་ལོག་སྤུན་འབྱིན་པ། །བསྡུ་བ་གསུམ་པར་གང་ལས་བཤད། །ཞེས་པའི་ལན་ཡང་ངེས་པར་འགྱུར། །ཉི་མའི་དངོས་གྲུབ་ཅེས་པ་ཡི། །གཏམ་རྒྱུད་འདི་ཡང་གང་ནས་བྱུང་། །ཞེས་པའི་ལན་ནི་སྔོན་འབྱུང་གི། །དཀར་ཆག་དག་ཏུ་གསལ་བར་བྲིས། །ཕྱིས་ཀྱང་བུ་སྟོན་ཁ་ཆེ་སོགས། །ཆོས་ཀྱི་བྱུང་ཚུལ་རྣམས་སུ་འབྱུང་། །དར་མས་བསྟན་པ་བསྣུབས་པ་དང་། །མངའ་བདག་ཡེ་ཤེས་འོད་ཀྱི་བར། །ཆོས་ལོག་དུ་མ་འཕེལ་དེ་གང་། །ལྷ་ཡི་བླ་མ་ཡེ་ཤེས་འོད། །མཛད་པའི་སྔགས་ཡིག་དེ་ལས་ནི། །སྦྱོར་སྒྲོལ་ཆོས་སུ་སྨྲ་བ་དེ། །སྔུན་ཕྱུང་བ་ལ་སོགས་པ་འབྱུང་། །རྒྱས་པར་དེ་ཉིད་ལྷ་བར་གྱིས། །ལོ་ཆེན་རིན་ཆེན་བཟང་པོ་ཡི། །ཆོས་དང་ཆོས་མིན་རྣམ་འབྱེད་པ། །ཞེས་པའི་བསྟན་བཅོས་དེ་ན་ནི། །གསང་སྔགས་རྙིང་མ་ལ་སོགས་པ། །སྔགས་ལོག་མང་པོ་སུན་དབྱུང་བ། །སྣང་བས་མངོན་སུམ་ཚད་མ་ལ། །སློན་པ་མཁས་པའི་ལུགས་མ་ཡིན། །ཕོ་བྲང་ཞི་བ་འོད་སོགས་ཀྱི། །སྔགས་ལོག་སུན་འབྱིན་བསྟན་བཅོས་ལས། །རྗེ་བཙུན་ས་སྐྱ་པ་ཉིད་ལ། །གནོད་པ་གང་ཡང་མ་མཐོང་ངོ་། །ཕྱ་རངས་པ་ཞི་བ་འོད་

ཀྱིས། ཆུ་ཕོ་སྤྲེའུའི་ལོ་ལ། བཀའ་ཤོག་བཟྟངས་པ་ལས། ཡང་ཕྱིས་གསར་དུ་བྱུང་བའི་རྒྱུད་འགྲེལ་དང་། མན་ངག་དང་། སྒྲུབ་ཐབས་དང་། ཨ་ཙཱུ་དམར་པོས་བྱས་པའི་ཕྱག་ཆེན་ཐིག་ལེ་དང་། གསང་ཆེན་ཐིག་ལེ་དང་། ཡེ་ཤེས་ཐིག་ལེ་ལ་སོགས་པའི་རྒྱུད་དང་། དེ་དག་གི་འགྲེལ་པ་ཆར་བྱུང་རྣམ་གསུམ་དང་། རིན་ཆེན་སྐྱེ་མ་དང་། རིན་ཆེན་ཐིགས་པ་དང་། རིན་ཆེན་ཕྲེང་བ་དང་། དབང་གི་མན་ངག་དང་། སྒྲུབ་ཐབས་ལ་སོགས་པ་དང་། རིན་ཆེན་ལྷུའི་འགྲེལ་པ་གླུའི་བྱང་ཆུབ་ཀྱི་མཛད་ཟེར་བ་དང་། ནཱ་གཱརྫུ་ནས་མཛད་པའི་ཕྱག་ཆེན་བཞི་པ་རྣམས་རྣམ་

དག་མ་ཡིན་པར་བཤད་པས་མི་གནོད་དེ། ཕྱག་ཆེན་ཐིག་ལེ་དང་། ཡེ་ཤེས་ཐིག་ལེ་སོགས་གཞུང་ཚད་ལྡན་དག་ཏུ་གསུངས་ཤིང་། བོད་ཀྱི་མཁས་པ་ཐམས་ཅད་ཀྱིས་རྣམ་གཞག་ཏུ་མཛད་པས་སོ། །དེས་ན་སྔགས་ལོག་སུན་འབྱིན་དེ་ལ་ཡིད་བརྟན་མི་རུང་བར་སྣང་སྟེ། གསང་སྔགས་ལ་མོས་པ་རྣམས་ཀྱང་འདུལ་བ་ལ་བརྟེན་ནས། ཀྲི་ཡ་དང་། ཡོ་ག་དང་། གསང་འདུས་ཀྱི་བར་བསླབ་ཅིང་ཉམས་སུ་ལེན། ཤེས་རབ་རྒྱུད་ཀྱི་དགོངས་དོན་མི་ཤེས་པས། ཉམས་སུ་ལེན་མི་རུང་བར་བཤད་ཅིང་། དེ་ནི་གསང་བ་འདུས་པ་ལ་སོགས་པ་ལ་ཡང་མཚུངས་པས་སོ། །མགོས་ཁུ་པ་ལྷས་བཙས་ཀྱིས་མཛད་པའི་འཇམ་ཡིག་ལས། བསྐལ་པ་བཟང་པོ་འདི་ལ་དུས་བཞི་ལས་ཞེས་པ་ནས་ཕྱག་ན་རྡོ་རྗེ་དབང་བསྐུར་བ་ལ་སོགས་པ་ཕྱི་མ་དང་། ཞེས་པའི་བར་གསུངས་པ་ལས་ཕྱག་རྒྱ་བཞི་པའི་གླེང་མོ་ཙམ་ཡང་མེད་རང་ལ་གནོད་པ་ཅི་ཡང་མི་སྣང་ངོ་། །ཚུལ་འདི་ཤེས་ནས་དྲི་བ་ལས། །རིན་ཆེན་བཟང་པོའི་བསྟན་བཅོས་ན། །སྦྱོར་གྲོལ་བཀག་པ་ཙམ་ཞིག་ནི། །མ་གཏོགས་ཆོས་ལོག་ཐམས་ཅད་ནི། །ནུབ་པར་མཛད་པའི་གཞུང་མི་སྣང་། །ཕོ་བྲང་ཞི་བ་འོད་དང་ནི། །མགོས་ཀྱི་སྔགས་ལོག་སུན་འབྱིན་ན། །རང་ལ་གནོད་པ་འགའ་ཡང་སྣང་། །ཞེས་པའི་ལན་ཡང་ཤེས་པར་འགྱུར། །དཔའ་བོ་ཁྱོད་ཀྱི་བསྟན་པ་ནི། །ཞེས་སོགས་འདི་ནི་སུ་ལ་བསྟོད། །རང་རེའི་སྟོན་པ་ཐུགས་རྗེ་ཅན། །ཉིད་ཀྱི་བསྟོད་པ་ཡིན་ལགས་སམ། །

ཞེས་པའི་ལན་ནི་འདི་ཡིན་ཏེ། །རྒྱ་སྐད་བཱི་ར་ཅེས་བྱ་བ། །བོད་སྐད་དཔའ་བོ་ཞེས་པ་སྟེ། །སངས་རྒྱས་སྤྱི་ཡི་མཚན་ཡིན་ནོ། །འོན་ཀྱང་སྐབས་འདིར་དཔའ་བོ་དེ། །རང་རེའི་སྟོན་པ་ཤཱཀྱ་ཐུབ་ཀྱི། །མཚན་གྱི་རྣམ་གྲངས་ཡིན་པར་ནི། །བསྟོད་པ་བརྒྱ་དང་ལྔ་བཅུ་པར། །ལེགས་པར་གསུངས་པས་ཤེས་པར་གྱིས། །རིག་འཛིན་སྡོམ་པའི་སྐབས་ཞེས་པའི། །ལེའུའི་མཚན་ཡང་མི་འབྱུང་ཅི། །ཞེས་པའི་ལན་ཡང་འདི་ལྟར་ལགས། །ཐོག་མ་གཉིས་ལ་མ་སྨོས་ན། །གཞུང་མཚམས་རྟོགས་པར་མི་འགྱུར་བས། །དེ་ཕྱིར་གཉིས་ལ་སོ་སོར་སྨོས། །གསུམ་པའི་མཐར་ནི་མ་སྨོས་ཀྱང་། །ཐམས་ཅད་དེ་ཡི་གཞུང་དུ་གོ། །དེས་ན་ལོགས་སུ་མ་སྨོས་ཏེ། །བརྟག་པ་གཉིས་པའི་གཞུང་བཞིན་ནོ། །བརྟག་པ་དང་པོའི་ལེའུ་བཅུ་གཅིག་ཡོད་པ་ལས། དབང་གི་ལེའུ་ཞེས་བྱ་བ་སྟེ་ལེའུ་བཅུ་པའོ། །ཞེས་སྨོས་ཤིང་། མཇུག་ཏུ། མཉམ་པར་མ་རུང་དཔྲལ་བ་ཅན། །རྟག་ཏུ་ལྡང་བར་བྱེད་པར་བརྗོད། །ཞེས་པ་ནས། རྡོ་རྗེ་སྙིང་པོ་མངོན་པར་བྱང་ཆུབ་པ་ཞེས་བྱ་བ་བརྟག་པའི་རྒྱལ་པོ་རྫོགས་སོ་ཞེས་གསུངས་ཀྱི། ལྔ་སྟོངས་ཀྱི་ལེའུ་སྟེ་བཅུ་གཅིག་པའོ་ཞེས་མ་སྨོས་པ་དང་། བརྟག་པ་ཕྱི་མ་ལ་ལེའུ་བཅུ་གཉིས་ཡོད་པ་ལས། ཀྱེ་རྡོ་རྗེ་ལས་ལྷན་ཅིག་སྐྱེས་པའི་དོན་གྱི་ལེའུ་ཞེས་བྱ་བ་སྟེ་བཅུ་གཅིག་པའོ་ཞེས་གསུངས་ཤིང་། དེའི་འཇུག་ཏུ། དེ་ནས་རྡོ་རྗེ་ཅན་གྱི་དབང་། །བཞི་ཡི་དོན་དམ་བཀའ་བསྩལ་པ། །རྡོ་རྗེ་རབ་གནས་རྡོ་རྗེ་ཉིད། །ཆེ་དང་དྲིལ་བུ་ཆེན་པོ་བཟུང་། །དེ་རིང་རྡོ་རྗེ་སློབ་དཔོན་གྱུར། །སློབ་མ་བསྡུ་བ་ཉིད་དུ་གྱིས། །ཞེས་པ་ནས། བརྟག་པ་གཉིས་ཀྱི་བདག་ཉིད་ཀྱེ་རྡོ་རྗེ་མཁའ་འགྲོ་མའི་དྲ་བའི་སྡོམ་པའི་རྒྱུད་ཀྱི་རྒྱལ་པོ་ཆེན་པོ་རྫོགས་སོ་ཞེས་འབྱུང་གི། ལེའུ་བཅུ་གཉིས་པའི་ཞེས་མ་སྨོས་པ་བཞིན་ནོ། །གཞན་ཡང་མངོན་པ་

ཀུན་ལས་བཏུས་དང་། དབུ་མ་རིན་ཆེན་ཕྲེང་བ་གཉིས་ལ་ལེའུ་ལྔ་ལྔ་ཡོད་པ་ལས། ལེའུ་ལྔ་པའི་མིང་མ་སྨོས་པ་ཡང་ཅི་ཡིན་ཞེས་དྲི་བར་གྱིས་ཤིག །དྲིས་ལན་མཁས་པའི་མཛེས་རྒྱན་མུ་ཏིག་གི་ཕྲེང་བ་ཞེས་བྱ་བ་ལས། རིག་འཛིན་སྡོམ་པ་སྟེ་སྡོམ་པའི་སྐབས་ལས་བརྩམས་ཏེ་དྲི་བའི་ལན་ཏེ་གསུམ་པའོ།། །།

སྣང་བའི་ལང་ཚོ་རབ་རྒྱས་ཤིང་། །སྨིན་པ་ཏྲས་པའི་རིང་དུ་དོར། །ཤར་གྱི་ས་འཛིན་མཛེས་མ་ནི། །འཆར་ཁའི་གོས་དམར་འཛིན་པ་བཞིན། །ལེགས་བཤད་མུ་ཏིག་ཕྲེང་བ་ནི། །རི་མོ་སྲིད་བུ་ལ་རྒྱུས་ཏེ། །ཆུ་ཤེལ་ཟླ་བའི་འོད་ཆགས་པ། །རྨོངས་པའི་སྨག་རུམ་སེལ་བྱེད་ཅིང་། །མཁས་པ་མཐོ་རིས་བུ་མོ་ཡི། །མཛེས་བྱེད་རྒྱན་དུ་གྱུར་པ་དེ། །ཁྲིམས་ཀྱི་སྙེ་རགས་ལྷོད་མིན་པ། །རྣམ་དཔྱོད་ཟུར་མིག་གཡོ་བ་ཅན། །དྲི་མེད་རིགས་པའི་མགྲིན་པ་མཛེས། །སྐལ་དངགས་རྣ་བརྒྱན་འགྲམ་པར་འཆང་། །ཤེས་ལྡན་ཡིད་གང་འཛིན་མཁས་པ། །བློ་གསལ་ན་ཆུང་གང་དེ་ཡི། །ཀཱ་ལ་ཤ་ཡི་ས་འཛིན་གྱི། །ཁོར་ཡུག་ཀུན་ཏུ་ལེགས་འཕྲུད་ཅིང་། །རྒྱལ་བའི་སྨྱུ་གུ་འཕོད་པའི་གནས། །དེ་དབུས་གྲུབ་པའི་གནས་མཆོག་ནི། །དཔལ་ལྡན་ས་སྐྱའི་དགོན་པར་བཀོད། །

ཡོན་ཏན་གཉིས་འཕྱུར་འགྲམ་པའི་སློབས་ཀྱི་དྲི་བཟང་དགེ་བས་རིང་ནས་བཀུག་པ་ཡི། །སླུ་བ་རབ་གྱོས་སྙིང་རྗེ་འཛིན་པའི་ཕྲེང་བ་མྱུར་བ་ཉིད་དུ་འོངས་གྱུར་པ། །བདེ་གཤེགས་གསུང་རབ་སྙིང་རྗེའི་ལུས་སྟོབས་རྒྱས་ཤིང་ལུང་རིགས་སྒྲ་དབྱངས་དར་དིར་སྒྲོགས། །དྲི་མེད་རྒྱལ་བའི་རིང་ལུགས་གེ་སར་སྙིང་པོ་འདོར་བྱེད་ཟད་པའི་བར་དུ་འཛིན། །དབུ་མའི་གཞུང་གི་གདོང་ལྔ་རབ་གཡོ་འཛིགས་རུང་ལྟ་བའི་རལ་པ་དམར་སེར་ཅན། །ཆོས་མངོན་འདུལ་བའི་ཁ་དོག་གངས་རི་མཐོ་བའི་དུམ་བུ་ལྟར་དཀར་འཕྱིང་བག་ལུས། །རིགས་པའི་མཆེ་སྡེར་རྣོན་པོས་ལོག་རྟོག་ཆད་ལྡན་གཉིས་འཕྱུར་སློན་པའི་མགོ་བོ་འགེམས། །སྒྲུབ་དང་སྲུན་འབྱིན་ང་རོ་ལེགས་འབྱིན་རི་དྭགས་དབང་པོ་གང་ལ་ཕྱག་བགྱིད་དོ། །རིགས་དང་མི་རིགས་འབྱེད་ལ་རྨོངས་གྱུར་ཀྱང་། །རང་རྒྱུད་དྲེགས་པའི་ཁྱུར་གྱིས་ཆེས་ནོན་པའི། །བླུན་པོ་མཁས་པར་བརྩོས་པ་མང་ན་ཡང་། །ཤེས་ལྡན་གཟུ་བོར་གནས་པ་ཉིན་སྣར་བཞིན། །དེ་ཕྱིར་ཁོ་བོའི་ལེགས་བཤད་བུད་ཤིང་ལས། །བླུན་པོ་རྣམས་ཀྱི་ཁོང་ཁྲོའི་མེ་ལྕེ་ནི། །དྲག་ཏུ་འབར་བས་རང་རྒྱུད་བསྲེག་པར་འགྱུར། །མི་ཤེས་གཉིད་ཀྱིས་བསྒྲོད་པའི་ཚིག་ཕྲེང་ལ། །རིགས་མཐུན་ལས་ཀྱིས་བསྐུས་པའི་སྐྱེ་བོ་རྣམས། །ཡ་མཚན་དགའ་བའི་གནས་སུ་བྱེད་མོད་ཀྱི། །མཁས་པས་མཐོང་ན་ཁྲེལ་དང་བཞད་པའི་གནས། །གཅིག་ཏུ་བསྟན་ལ་བསམས་པའི་ལྷག་བསམ་དང་། །རབ་དཀར་རྣམ་དཔྱོད་མཐུ་ལས་རབ་བསྐྲུན་པའི། །ལེགས་པར་དྲི་བའི་ནོར་བུའི་ཕྲེང་བ་ནི། །མཁྱེན་ལྡན་མཁས་པའི་ལུགས་བཟང་མཛེས་བྱེད་པ། །མཚུངས་མེད་རྣམ་དཔྱོད་ལག་པའི་འདུ་བྱེད་ཀྱིས། །རྣམ་དཀར་ཞོག་བུའི་ངོས་ལ་ལེགས

བཀོད་དེ། །གངས་ཅན་མཁས་པ་རྣམས་ལ་འཕྲིན་དུ་གསོལ། །མང་དུ་ཐོས་པའི་འོད་ཟེར་སྟོང་ལྡན་ཞིང་། ། ཆགས་སྡང་ཆུ་འཛིན་དྲ་བ་མ་སྒྲིབས་ལ། །ཚུལ་ཁྲིམས་འཆལ་བའི་སྒྲ་ཅན་ལས་གྲོལ་བ། །བཤེས་གཉེན་གང་ དེས་ལན་བྱེད་རིགས་མོད་ཀྱི། །མི་གཙང་འདམ་ལ་སྦྲང་མའི་ཚོགས་བཞིན་དུ། །སྐལ་ངན་བྱིས་པ་མང་པོ་འདུ་ བའི་དབུས། །ཁྲེངས་མེད་ཚིག་གི་ལྷུ་བ་ཉེར་སྤེལ་བས། །ཡང་དག་དོན་གྱི་ཆུ་ཀླུང་རིང་དུ་སྤངས། །ཟས་དང་གོས་ ཀྱིས་འཁོར་རྣམས་དགའ་བྱེད་ཅིང་། །གཅམ་བུའི་ངག་གིས་བློ་ཆུང་མགུ་བར་བྱས། །རྙེད་བཀུར་ལ་ཆགས་ གཡོ་སྒྱུའི་བསམ་པ་ཡི། །མཁས་པ་ལ་སྐྱོན་ལོག་འཚོ་ཚོལ་བྱེད་ཅིང་། །དྲིས་ལན་བྱེད་པའི་ཚུལ་གྱིས་ས་སྐྱ་པའི། ། གསུང་རབ་རིང་ནས་ཀུན་ཏུ་རྒྱུད་གསོན་པས། །བཤེས་གཉེན་དེ་ལ་དམ་པ་རྣམས་ཀྱིས་ཁྲེལ། །བསྟན་པའི་མེ་ ཏོག་དུས་ཀྱི་སད་ཀྱིས་བཅོམ། །དམ་པ་ཉིན་བྱེད་ཞི་བའི་རི་ལ་ནུབ། །སྐྱེ་བོ་ཕལ་པ་འབྱུང་པོའི་འདབ་ཆགས་ རྣམས། །སྤོབས་དང་ལྡན་ཞིང་རྣམ་པར་རྒྱུ་བའི་ཚེ། །བདག་འདྲས་ལེགས་བཤད་སྨྲ་བ་སྤྲོ་ན་ཡང་། །འགྲན་ འདོད་ཕྲག་དོག་དུག་རྒྱས་ཡིད་གདུངས་པས། །གཟུར་གནས་ཡིད་ཆེས་གནས་སུ་སུ་ཞིག་ལེན། །འོན་ཀྱང་ བསྟན་བཅོས་འདི་ལ་དད་པ་དང་། །བསོད་ནམས་ལྡན་པོའི་བློ་ལ་གནས་བཅས་ཏེ། །འཁོར་འབངས་ལྷ་མོ་ འབུམ་ལ་མངའ་བསྒྱུར་བའི། །ས་སྐྱོང་སྤྲིན་ལ་ཞོན་པའི་བཀས་བསྐུལ་བས། །དྲིས་ལན་མུ་ཏིག་ཕྲེང་བ་བ་འདི་ བྱས་སོ། །འདིར་འབད་ལས་བྱུང་གངས་རིའི་བུ་མོ་ཡིས། །འགྲོ་བའི་སྒྲིབ་གཉིས་དྲི་མ་འཕྲུད་བྱེད་ཅིང་། ། མར་ གྱུར་ཆུ་བོ་རྣམས་དང་ལྡན་ཅིག་ཏུ། །ཀུན་མཁྱེན་རྒྱ་མཚོའི་དཔལ་དེར་སོན་པར་ཤོག ། ༎

དྲིས་ལན་མཁས་པའི་མཛེས་བརྒྱན་མུ་ཏིག་གི་ཕྲེང་བ་ཞེས་བྱ་བ་འདི་ནི།དུས་གསུམ་རྒྱལ་བ་ཀུན་གྱི་ མཁྱེན་རྩེ་གཅིག་ཏུ་བསྡུས་པ་འཇམ་དབྱངས་པཎྜི་ཏ་ལ་སྡོམ་པ་གསུམ་གྱི་རབ་ཏུ་དབྱེ་བའི་བསྟན་བཅོས་འདི་ རྫོགས་པར་ཐོབ་ཅིང་། དེང་སང་རྒྱ་བོད་གང་གྲུ་ཚུན་ཆད་དུ་གསང་སྔགས་དང་ཕ་རོལ་ཏུ་ཕྱིན་པའི་གཞུང་ལུགས་ སྨྲ་བ་ལ་འགྲན་པའི་ཟླ་དང་བྲལ་བ།དཔལ་ཤཱཀྱ་མཆོག་ལྡན་དྲི་མེད་ལེགས་པའི་བློ་གྲོས་ཞེས་བྱ་བ་ཉི་མ་དང་ ཟླ་བ་ལྟར་གྲགས་པ་དེ་ཉིད་ལ་བསྟན་བཅོས་ཀྱི་ལེའུ་དང་པོ་གཉིས་ཀྱི་དཀའ་བའི་གནས་རྣམས་ཐོས་པ་དང་། འཇིག་རྟེན་ཆོས་བརྒྱད་ཀྱི་དྲི་མས་མ་གོས་པ། ཆོས་ཤེས་ནས་ཐུགས་ཉམས་སུ་བཞེས་ཤིང་།མངོན་བརྗོད་དང་། ཚིགས་བརྒྱན་དང་། བརྡ་སྤྲོད་པའི་གཞུང་ལུགས་དང་། དབྱངས་འཆར་ལ་སོགས་པ་ཐ་སྙད་ཀྱི་གཙུག་ལག་ རྣམས་དང་། སྡེ་སྣོད་གསུམ་དང་། རྒྱུད་སྡེ་བཞིའི་བཤད་པ་དང་། མན་ངག་དང་ལག་ལེན་གྱི་རིམ་པ་རྣམས་ཇི་ ལྟ་བ་བཞིན་དུ་ཐུགས་སུ་ཆུད་ཅིང་། འཛམ་གླིང་འདིར་རིག་པ་འཛིན་པ་གཞན་གྱིས་འགྲན་པའི་ཟླ་ཐམས་ཅད་ དང་བྲལ་བ། བྱམས་པ་རྡོ་རྗེ་རྒྱལ་མཚན་ཞེས་བྱ་བའི་སྐྱེས་བུ་དམ་པ། གཙང་རེ་ཕ་ཨེ་ཝཾ་རཀྵི་ཏའི་རིགས་སུ་སྐྱུ

འབྲུངས་པ་དེ་ཉིད་ལ་དུས་ཀྱི་འཁོར་ལོའི་བཤད་པ་ཡོངས་སུ་རྫོགས་པ་དང་། གསང་བ་སྤྱི་རྒྱུད་དང་། འཇིགས་བྱེད་རྫོགས་པ་བདུན་པ་དང་། རབ་ཏུ་གནས་པའི་རྒྱུད་ལ་སོགས་པ་བསྟན་བཅོས་འདིའི་ལེའུ་གསུམ་པ་ལ་ཉེ་བར་འགོ་བའི་བཤད་པ་མང་དུ་ཐོས་པ་དང་། རིགས་ལྡན་སྤྲུལ་པའི་སྐུ་ཆོས་ཀྱི་རྒྱལ་པོའི་བཀའ་དྲིན་གྱིས་བྱེད་རྗེས་དང་། དག་པ་གྲུབ་མཐའི་རྗེས་དང་། རྒྱ་མཚན་རྗེས་དང་། རྣམ་དག་ཁ་སྐོང་གི་རྗེས་ལ་སོགས་པ་ཐ་སྙད་ཀྱི་གཙུག་ལག་རྣམས་ལེགས་པར་ཁོང་དུ་ཆུད་པས། བསྟན་བཅོས་འདིའི་ཚིག་ཞེས་ནས་སྨྲ་བ་ཤར་མི་ཉག་གི་སྡེ་སྣོད་གསུམ་པ་རྡྨ་ཀིརྟི་ཤྲཱི་བྷ་དྲས་ཁྲིམས་ཀྱི་རླབ་པའི་ཕྱོགས་གཉིས་པའི་དགའ་བ་དང་པོ།ཉི་མ་བུ་མོའི་ཁྱིམ་ན་གནས་པ་ལས། གཅིག་གིས་བུ་མོའི་ཁྱིམ་མ་རྫོགས་པ།དབྱངས་ལྡ་ཡིག་རིང་པོ་འཆར་བའི་ཆོས་གྲངས་ཀྱི་ཉི་མ་ལ་དཔལ་ས་སྐྱའི་གཙུག་ལག་ཁང་དུ་རྫོགས་པར་གྲུབ་པའོ།། །།མཾ་ག་ལཾ་བྷ་ཝནྟུ།གཅིག་ཞུས་དག །

༄༅། །སྡོམ་པ་གསུམ་གྱི་རབ་ཏུ་དབྱེ་བའི་བསྡུས་དོན་ཁོག་ཕུབ་བློ་གསལ་འཇུག་པ་བདེ་བྱེད་ཅེས་བྱ་བ་བཞུགས།

རག་དབང་ཀུན་དགའ་བསོད་ནམས།

ན་མོ་བུདྡྷ་བྷ་ཛ་ཡེ། ལུང་དུས་བསྟན་པའི་ཉི་མ་ཆོས་ཀྱི་རྗེ། །ས་སྐྱ་པཎ་ཆེན་ཞབས་ལ་གུས་བཏུད་ནས། །གང་གི་གསུང་རབ་མཆོག་གི་བསྡུས་པའི་དོན། །བློ་གསལ་འཇུག་པ་བདེ་བྱེད་འདིར་སྤེལ་ལོ། །དེ་ལ་འདིར་ཆོས་ཀྱི་རྗེ་ཉིད་ཀྱི་ཞལ་སྔ་ནས། སྐྱེ་བ་དུ་མ་སྦྱངས་པ་དང་། །མཁས་པ་དུ་མ་བསྟེན་པ་དང་། །རྣམ་པར་དཔྱོད་པའི་བློ་གྲོས་ཀྱིས། །ཤེས་བྱ་ཀུན་ལ་འཇིགས་མེད་ཐོབ། །ཅེས་གསུངས་པ་ལྟར་གྱི་དོན་དང་ལྡན་པའི་འཇམ་པའི་དབྱངས་ཀྱི་རྣམ་པར་སྤྲུལ་པ་ས་པཎྜི་ཏ་ཀུན་དགའ་རྒྱལ་མཚན་དཔལ་བཟང་པོ་པས་མཛད་པའི་བསྟན་བཅོས་ཆེན་པོ་སྡོམ་པ་གསུམ་གྱི་རབ་ཏུ་དབྱེ་བ་ཞེས་བྱ་བ་འདི་ནི་སངས་རྒྱས་ཀྱི་བསྟན་པའི་ལུས་ཡོངས་སུ་རྫོགས་པའི་བསྟན་བཅོས་ཡིན་ཏེ། སངས་རྒྱས་ཀྱི་བསྟན་པའི་ཉམས་ལེན་ཐམས་ཅད་སྡོམ་པ་གསུམ་གྱི་ཉམས་ལེན་དུ་འདུས་ཤིང་། སྡོམ་པ་གསུམ་ནི་བསྟན་བཅོས་འདིའི་བརྗོད་བྱའི་གཙོ་བོ་ཡིན་པའི་ཕྱིར། སྡོམ་པ་གསུམ་གྱི་ཐ་སྙད་ནི་རྒྱུད་རྡོ་རྗེ་རྩེ་མོ་ལས་བཤད་པ་ཡིན་ཏེ། རྒྱུད་དེ་ཉིད་ལས། སྡོམ་པ་གསུམ་དང་ཡང་དག་ལྡན། །སོ་སོ་ཐར་དང་བྱང་ཆུབ་སེམས། །རིག་འཛིན་རང་གི་ངོ་བོའོ། །ཞེས་གསུངས་པའི་ཕྱིར།

དེ་ལྟ་བུའི་བསྟན་བཅོས་ཆེན་པོ་འདིའི་བསྡུས་དོན་ཁོག་ཕུབ་འཆད་པ་ལ་དོན་ལྔ་སྟེ། མཚན་དོན་བསྟན་པ༑ མཆོད་པར་བརྗོད་པ། རྩོམ་པར་དམ་བཅའ་བ། གཞུང་དོན་བཤད་པ། མཇུག་བྱང་སྨོས་པའོ། །དང་པོ་ནི། སྡོམ་པ་གསུམ་གྱི་ཞེས་སོགས་ཀྱིས་བསྟན། གཉིས་པ་ནི། བླ་མ་དམ་པ་ཞེས་སོགས་དང་། བདེ་གཤེགས་བསྟན་པའི་གསུང་རབ་སེང་གེའི་སྒྲ་ཞེས་སོགས་ནས། འགྲོ་བའི་བླ་མའི་ཞབས་ལ་ཕྱག་འཚལ་ནས་ཞེས་པའི་བར་གྱིས་བསྟན། གསུམ་པ་ནི། དད་ལྡན་སངས་རྒྱས་གསུང་བཞིན་ཞེས་སོགས་ཀྱིས་བསྟན། བཞི་པ་གཞུང་དོན་བཤད་པ་ལ་བཞི་སྟེ། སོ་ཐར་དང་། བྱང་སེམས་དང་། གསང་སྔགས་དང་། གཞུང་སྤྱིའི་རྩོད་སྤོང་སོགས་ཀྱི་སྒོ་ནས་དོན་བསྡུ་བའོ། །དང་སོ་ཐར་ལ། ཉན་ཐོས་སོ་ཐར་དང་། ཐེག་ཆེན་སོ་ཐར་གཉིས་ལས། ཉན་ཐོས་སོ་ཐར་ལ་བསྟན་ཁྲིམས་བདུན་ནི་ཇི་སྲིད་འཚོའི་མཐའ་ཅན་ཡིན་པས་རྟེན་གྱི་གང་ཟག་ཤི་འཕོས་པའི་ཚེ་གཏོང་

བའི་སྒྲུབ་བྱེད་རྒྱས་པར་བཤད་ནས་འབྲི་ཁུང་པ་རྣམས་ཤི་འཕོས་ཀྱང་རྗེས་སུ་འབྲང་བར་འདོད་པའི་ལོག་རྟོག་དགག་པ་ནི། ཉན་ཐོས་ཐེག་ཆེན་ལུགས་གཉིས་ཡོད། །ཅེས་པ་ནས། སོ་སོར་རྣམ་དབྱེ་མེད་པར་ཟད། །ཅེས་པའི་བར་གྱིས་བསྟན། བསྙེན་གནས་སོ་ཐར་ལ་བླངས་པའི་ཡུལ་དང་ལེན་པའི་གང་ཟག་སོགས་ཉན་ཐོས་ནང་ཕན་ཚུན་དང་། ཐེག་པ་ཆེ་ཆུང་མ་འདྲེས་པར་བཤད་ནས། བཀའ་གདམས་པ་རྣམས་བསྙེན་གནས་འབུལ་བ་དང་། གཞན་ལ་འཚོལ་བ་དང་ལྷ་བསྒོམ་པ་ཐ་དད་པའི་ལོག་རྟོག་དགག་པ་ནི། བྱེ་བྲག་སྨྲ་བའི་བསྙེན་གནས་ཀྱང་། །ཞེས་པ་ནས། ཡི་དམ་བསྒོམ་པ་བསོད་ནམས་ཆེ། །ཞེས་པའི་བར་གྱིས་བསྟན། ཐེག་ཆེན་སོ་ཐར་ལ། ཆོ་ག་ནུབ་པ་དང་མ་ནུབ་པ་སོགས་དབྱེ་བ་སོ་སོར་ཕྱེ་ནས་དེང་སང་ལག་ལེན་དུ་འོས་པའི་ཆོ་ག་བྱེ་བྲག་ཏུ་འཆད་པ་ནི། ཐེག་པ་ཆེན་པོ་ལས་བྱུང་བའི། །ཞེས་པ་ནས། བྱང་སེམས་སོ་སོ་ཐར་པར་འགྱུར། །ཞེས་པའི་བར་གྱིས་བསྟན།

ཐེག་ཆེན་སོ་ཐར་ལེན་པའི་ཆོ་ག་ལ་འཕྲོས་ནས། ཐེག་ཆེན་སོ་ཐར་གྱི་བསླབ་བྱའི་ཁྱད་པར་བྱེ་བྲག་ཏུ་འཆད་པ་ནི། དེ་ནས་བྱང་ཆུབ་སེམས་དཔའ་ཡི། །ཞེས་པ་ནས། དེ་འདྲའི་རྣམ་དབྱེ་ཤེས་པར་བྱ། །ཞེས་པའི་བར་གྱིས་བསྟན། ཞར་ལ་དེའི་གཏོང་ཚུལ་ནི་ཐེག་ཆེན་སོ་སོར་ཐར་ཡིན་ཡང་། །ཞེས་པ་ནས། དེ་ཡི་འབྲས་བུ་ཤི་ཡང་འབྱུང་། །ཞེས་པའི་བར་གྱིས་བསྟན། ཐེག་པ་ཆེ་ཆུང་གཉིས་ཀ་མཐུན་པར་ལས་འབྲས་ལ་བླང་དོར་ཚུལ་བཞིན་དུ་བྱེད་པ་ནི་སོ་ཐར་གྱི་བསླབ་བྱའི་གཙོ་བོ་ཡིན་པས་འཆད་པ་ནི། དེ་ནས་ལས་དང་རྣམ་སྨིན་གྱི། །ཞེས་པ་ནས། དགེ་སྡིག་ལས་ཀྱི་རྒྱུ་འབྲས་ལ། །ཤིན་ཏུ་མཁས་པ་ཉིད་དུ་འགྱུར། །ཞེས་པའི་བར་གྱིས་བསྟན། །ལས་འབྲས་ལ་འཕྲོས་ནས་བོད་ཀྱི་ཞང་གཡུ་བྲག་པ་སོགས་གཤིས་ལ་དགེ་སྡིག་ཡོད་པར་འདོད་པའི་ལོག་རྟོག་དང་། འབྲི་ཁུང་པ་ཁ་ཅིག ལས་ཀྱི་འབྲས་བུ་དཀར་ནག་ཟངས་ཐལ་དུ་འདོད་པའི་ལོག་རྟོག་དགག་པ་ནི་རིམ་པ་བཞིན་དུ། མུ་སྟེགས་གྲངས་ཅན་པ་རྣམས་ནི། །ཞེས་པ་ནས། མཁས་པ་རྣམས་ཀྱིས་དཔྱད་པར་བྱ། །ཞེས་པའི་བར་དང་། ཉན་ཐོས་དགེ་བ་ཕལ་ཆེར་ཡང་། །ཞེས་པ་ནས། མཁས་པའི་གཞུང་བཞིན་ཤེས་པར་གྱིས། །ཞེས་པའི་བར་གྱིས་བསྟན། བསླབ་བྱའི་ཁྱད་པར་ལ་འཕྲོས་ནས། འབྲི་ཁུང་པ་ཁ་ཅིག ཐེག་པ་ཆེ་ཆུང་གི་བསླབ་བྱ་ལ་གཅིག་ལ་བཀག་པ་ཐམས་ཅད་ལ་ཡེ་ནས་བཀག་པ་དང་། གཅིག་ལ་གནང་བ་ཐམས་ཅད་ལ་ཡེ་ནས་གནང་བར་འདོད་པའི་ལོག་རྟོག་དགག་པ་ནི། ཡེ་བཀག་ཡེ་གནང་ཞེས་བྱ་བའང་། །སངས་རྒྱས་བསྟན་དང་མཐུན་མ་ཡིན། །ཞེས་པ་ནས། བསླབ་པ་འཆལ་དང་སྟུགས་སྦྱོར་བའི། །ཁྱེད་པོ་སངས་རྒྱས་ཡིན་པར་གསུངས། །ཞེས་པའི་བར་གྱིས་དགག་པའི་བསླབ་བྱ་སྦྱུ་གུ་ཅན་དང་། གོང་པ་ཅན་སོགས་འདུལ་བའི་སྤྱོད་པ

མ་ཡིན་པས་སྤྱང་དགོས་པ་དང་། བསླབ་པའི་བསླབ་བྱ་མདོ་བསྐུལ་སོགས་འདུལ་བའི་གཞུང་དང་མཐུན་པར་བྱ་དགོས་པར་འཆད་པ་ནི། སྤྱི་གྲུ་ཅན་དང་གོང་པ་ཅན། །ཞེས་སོགས་དང་། མདོ་བསྐུལ་ལ་སོགས་བྱ་བ་ཀུན། །འདུལ་བའི་གཞུང་དང་མཐུན་པར་གྱིས། །ཞེས་སོགས་ཀྱིས་བསྟན། བོད་དག་སངས་རྒྱས་ཀྱི་བཀའ་དང་དགོངས་འགྲེལ་གྱི་བསྟན་བཅོས་རྣམ་དག་ལ་ཉན་བཤད་མི་བྱེད་པར་བླུན་པོ་རྣམས་ཀྱིས་རང་དགར་སྦྱར་བའི་བསྟན་བཅོས་ལ་ཉན་བཤད་བྱེད་པ་ནི་ཆེར་བླུན་ཞིང་འཁྲུལ་པ་ཡིན་པས་དེ་བཀག་ནས་ཐོས་བསམ་སྒོམ་གསུམ་མ་ནོར་བར་བསྒྲུབ་ཚུལ་འཆད་པ་ནི་ལ་ལ་རྫོགས་པའི་སངས་རྒྱས་ཀྱི། །ཞེས་པ་ནས། འདི་ནི་སངས་རྒྱས་བསྟན་པ་ཡིན། །ཞེས་པའི་བར་གྱིས་བསྟན། དེ་རྣམས་ཀྱིས་སྐབས་དང་པོ་སོ་ཐར་སྡོམ་པའི་བསྡུས་དོན་ཁོག་ཕུབ་བཤད་ཟིན་ཏོ། །

འདིར་སྨྲས་པ། སྡུག་བསྔལ་མི་ཟད་འཁོར་བའི་བཙོན་ར་ཆེན་པོ་ནས། །གཏན་དུ་ཐར་པའི་རྣམ་པར་གྲོལ་བ་དོན་གཉེར་བློས། །གཞན་ལ་གནོད་པའི་བསམ་སྦྱོར་ངན་པ་ཀུན་སྤངས་ཏེ། །འདོད་ཆུང་ཚོག་ཤེས་ཡུན་དུ་བསྟེན་པ་སོ་ཐར་སྡོམ། །

གཉིས་པ་བྱང་སེམས་སྡོམ་པའི་ཉམས་ལེན་ནི། སྤྱིར་སེམས་བསྐྱེད་ལ། ཉན་ཐོས་ལུགས་དང་། ཐེག་ཆེན་ལུགས་གཉིས་ལས། དང་པོ་ལ་ཐེག་པ་གསུམ་གྱི་སེམས་བསྐྱེད་གསུམ་དང་། ཕྱི་མ་ལ་དབུ་སེམས་ཀྱི་ལུགས་གཉིས་ཡོད་ཅིང་། དེ་གཉིས་ལ་ཡང་དང་པོ་ལེན་པའི་ཆོ་ག་དང་བསླབ་བྱ་སོགས་ཐ་དད་དུ་ཡོད་ཅེས་སྤྱིར་བསྟན་པ་ནི། སེམས་བསྐྱེད་ལ་ནི་ཉན་ཐོས་དང་། །ཞེས་པ་ནས། བསླབ་པར་བྱ་བའང་སོ་སོར་ཡོད། །ཅེས་པའི་བར་གྱིས་བསྟན། ཚོགའི་སྐབས་སུ་བཀའ་གདམས་པ་ཁ་ཅིག སེམས་ཙམ་ལུགས་ཀྱི་སེམས་བསྐྱེད་སྐྱེ་བོ་ཀུན་ལ་བྱེད་པ་དང་། དོན་དམ་སེམས་བསྐྱེད་ཚོགས་ལེན་པའི་ལོག་རྟོག་དགག་པ་ནི་རིམ་པ་བཞིན་དུ། སེམས་ཙམ་པ་ཡི་སེམས་བསྐྱེད་ནི། །ཞེས་དང་། དོན་དམ་སེམས་བསྐྱེད་ཅེས་བྱ་བ། །ཞེས་སོགས་ཀྱིས་བསྟན། བསླབ་བྱའི་སྐབས་སུ་དབུ་སེམས་ཐུན་མོང་དུ་ལྟུང་བའི་རྣམ་གཞག་སྤྱིར་བསྟན་པ་དང་། འབྲི་ཁུང་པ་ཁ་ཅིག བདག་གཞན་བརྗེ་བའི་བྱང་ཆུབ་ཀྱི་སེམས་བསྒོམ་དུ་མི་རུང་བར་འདོད་པའི་ལོག་རྟོག་དགག་པ་ནི་རིམ་པ་བཞིན་དུ། དེ་ལྟར་སེམས་ཙམ་དབུ་མ་གཉིས། །ཞེས་སོགས་དང་། བྱང་ཆུབ་སེམས་ཀྱི་བསླབ་པ་ལ། །ཞེས་སོགས་ཀྱིས་བསྟན། དེ་ལྟར་སེམས་བསྐྱེད་ཀྱི་ཆོ་ག་དང་། བསླབ་བྱའི་འོག་ཏུ་སེམས་བསྐྱེད་ཀྱི་ཉམས་ལེན་གྱི་གནད་མ་འཆུགས་པ་དགོས་ཚུལ་བྱེ་བྲག་ཏུ་འཆད་པ་ནི། སེམས་བསྐྱེད་ཀྱི་ཉམས་ལེན་གྱི་གནད་འཆུགས་ན་སངས་མི་རྒྱ་བར་བསྟན་པ། གནད་འཆུགས་པ་མ་དག་པའི་སྦྱིན་སོགས་ངོས་བཟུང་བ། ལྷག་བསམ་དག་པས

ཐོས་བསམ་སྒོམ་མ་འཁྲུལ་བར་བྱེད་པར་གདམས་པ་གསུམ་རིམ་པ་བཞིན་དུ། བྱང་ཆུབ་སེམས་ཀྱི་གནད་འཆུགས་ན། །ཞེས་སོགས་དང་། སངས་རྒྱས་དགོངས་པ་མི་ཤེས་པར། །ཞེས་སོགས་དང་། མདོར་ན་སངས་རྒྱས་གསུང་རབ་དང་། །ཞེས་སོགས་ཀྱིས་བསྟན། དེ་རྣམས་ཀྱིས་སྐབས་གཉིས་པ་བྱང་སེམས་སྡོམ་པའི་བསྡུས་དོན་ཁོག་ཕུབ་བཤད་ཟིན་ཏོ། །

འདིར་སྨྲས་པ། མ་གྱུར་འགྲོ་བའི་སྡུག་བསྔལ་དངོས་རྒྱུ་བསལ་སླད་དུ། །དོན་གཉིས་མཐར་ཕྱིན་ཀུན་མཁྱེན་སངས་རྒྱས་ཡིད་བྱེད་བློས། །རང་ཉིད་རྟག་ཏུ་གཅེས་པར་འཛིན་པའི་སེམས་སྤངས་ཏེ། །གཞན་ཕན་བསམ་སྦྱོར་རྒྱུན་དུ་བརྟན་པ་བྱང་སེམས་སྡོམ། །

གསུམ་པ་གསང་སྔགས་ཀྱི་སྡོམ་པའི་ཉམས་ལེན་བསྟན་པ་ལ། སྨིན་བྱེད་ནོར་བ་མེད་པའི་དབང་བཞི། གྲོལ་བྱེད་འཁྲུལ་པ་མེད་པའི་རིམ་པ་གཉིས། དབང་དང་རིམ་གཉིས་ལས་བྱུང་བའི་ཡེ་ཤེས་ཕྱག་རྒྱ་ཆེན་པོ། ཕྱག་ཆེན་གོམས་པ་ལས་འཁོར་འདས་བསྲེ་བའི་སྤྱོད་པ་སྤྱད་པ་ལ། དེ་ལ་བརྟེན་ནས་ས་ལམ་བགྲོད་དེ་འབྲས་བུ་མངོན་དུ་བྱེད་པའི་ཚུལ་དང་ལྔ་ལས། དང་པོ་ནི། རྡོ་རྗེ་ཐེག་པའི་ཉམས་ལེན་ཐམས་ཅད་སྨིན་གྲོལ་གཉིས་སུ་འདུས་པ་ལས། སྨིན་བྱེད་ཀྱི་དབང་ནི། བླ་མ་མཚན་ཉིད་དང་ལྡན་པ་ཞིག་གིས་རྒྱུད་སྡེ་ལས་གསུངས་པའི་དཀྱིལ་འཁོར་དུ་ཆོག་འཁྲུལ་པ་མེད་པས་དབང་བསྐུར་བ་ལ་བརྟེན་སློབ་མས་སྔགས་སྡོམ་ཐོབ་པ་དེ་ལ་འཇོག་པ་ཡིན་ནོ་ཞེས་པ་ནི། རྡོ་རྗེ་ཐེག་པའི་ལམ་ཞུགས་ཏེ། །ཞེས་པ་ནས། དེ་ཡི་སྡོམ་པ་གསུམ་ལྡན་འགྱུར། །ཞེས་པའི་བར་གྱིས་བསྟན། དེང་སང་བོད་འདིར་ནི་ཕྱག་རྒྱ་པ་ཁ་ཅིག བྱིན་རླབས་ཙམ་སྨིན་བྱེད་ཀྱི་དབང་དུ་འདོད་པ། གྲངས་ངེས་མེད་པ་དབང་བསྐུར་བྱེད་པ། དཀྱིལ་འཁོར་མ་དག་པར་དབང་བསྐུར་བྱེད་པ། ཆོ་ག་མ་དག་པས་དབང་བསྐུར་བྱེད་པ། དབང་བསྐུར་མེད་ཀྱང་ཟབ་ལམ་བསྒོམ་པ། དབང་པོ་རབ་འབྲིང་ཕྱེ་ནས་སྐྱབ། སེམས་བསྐྱེད་ཙམ་གྱིས་གསང་སྔགས་བསྒོམ་པ། གཏོར་མ་དང་ཏིང་ངེ་འཛིན་གྱི་དབང་བསྐུར་སྨིན་བྱེད་དུ་འདོད་པ། དབང་བསྐུར་ཕྱེ་ནས་ཁས་ལེན་བྱེད་པ། སེམས་ཉིད་རྟོགས་ན་དབང་མི་དགོས་པར་འདོད་པ། ཆོ་ག་མེད་པ་བླ་མའི་ལུས་དཀྱིལ་ཙམ་ལས་སྨིན་བྱེད་ལེན་པ། བྱ་རྒྱུད་སོགས་ལའང་དབང་བཞི་དང་རིམ་གཉིས་ཡོད་པར་འདོད་པ། སྔགས་ལ་མོས་པ་ཆོས་སྒོར་ཞུགས་ནས་ཟབ་ལམ་བསྒོམ་རུང་དུ་འདོད་པ། དབང་བསྐུར་སུ་བཞིར་འདོད་པ་དང་བཅུ་བཞི་ཙམ་བྱུང་བ་རིམ་པ་བཞིན་དུ་དགག་པ་ནི། དེང་སང་རྡོ་རྗེ་ཕག་མོ་ཡིས། །ཞེས་སོགས་ཀྱིས་དང་པོ་དང་། དེས་ན་ཉན་ཐོས་ཐེག་པ་དང་། །ཞེས་སོགས་ཀྱིས་གཉིས་པ་དང་། དེང་སང་བྱིན་རླབས་མི་བྱེད་ཅིང་། །ཞེས་སོགས་ཀྱིས་གསུམ་པ་དང་། དབང་བསྐུར་བྱེད་པ་ཕལ་ཆེར་ཡང་། །ཞེས་སོགས་ཀྱིས་བཞི་པ་

དང་། དབང་བསྐུར་མེད་ཀྱང་ལམ་ཟབ་མོ། །ཞེས་སོགས་ཀྱིས་ལྔ་པ་དང་། ཁ་ཅིག་གང་ཟག་དབང་པོ་རབ། ། ཅེས་སོགས་ཀྱིས་དྲུག་པ་དང་། ལ་ལ་སེམས་བསྐྱེད་བྱས་པ་ལ། །ཞེས་སོགས་ཀྱིས་བདུན་པ་དང་། གཏོར་མའི་དབང་བསྐུར་ཞེས་བྱ་དང་། །ཞེས་སོགས་ཀྱིས་བརྒྱད་པ་དང་། འགའ་ཞིག་གསང་སྔགས་ད་ལྟ་སྤྱོད། །ཅེས་སོགས་ཀྱིས་དགུ་པ་དང་། ལ་ལ་སེམས་ཉིད་མ་རྟོགས་ན། །ཞེས་སོགས་ཀྱིས་བཅུ་པ་དང་། ཁ་ཅིག་ཚིག་མེད་བཞིན་དུ། །ཞེས་སོགས་ཀྱིས་བཅུ་གཅིག་པ་དང་། ཁ་ཅིག་བྱ་བའི་རྒྱུད་སོགས་ལའང་། །ཞེས་སོགས་ཀྱིས་བཅུ་གཉིས་པ་དང་། ལ་ལ་དབང་བསྐུར་མ་བྱས་ཀྱང་། །ཞེས་སོགས་ཀྱིས་བཅུ་གསུམ་པ་དང་། ལ་ལ་དབང་བསྐུར་མུ་བཞིར་འདོད། །ཅེས་སོགས་ཀྱིས་བཅུ་བཞི་པ་དབང་བསྐུར་མུ་བཞིར་འདོད་པ་དགག་པ་བསྟན། ཞར་ལ་ཁ་ཅིག་གསང་གྲོགས་ཀྱི་ལྟུང་བ་མེད་པར་འདོད་པ་དགག་པ་ནི། ཁ་ཅིག་གསང་སྔགས་གསང་བ་ལ། །ཞེས་སོགས་ཀྱིས་བསྟན། གྲོལ་བྱེད་རིམ་གཉིས་ལ་ཕྱག་རྒྱ་བ་ཁ་ཅིག སྔོན་གྱི་གྲུབ་ཐོབ་རྣམས་ཐབས་ལམ་རེ་རེ་བས་གྲོལ་བ་ཡིན་པས། རིམ་པ་གཉིས་ཆར་བསྒོམ་པ་ལ་དགོས་པ་མེད་དོ། །ཞེས་སྨྲ་བ་རྣམས་བཀག་ནས།

སསྐྱ་པ་རང་ལུགས་ལ་བླ་མེད་ཀྱི་ལམ་རིམ་པ་གཉིས་སུ་བསྒྲུབ་སྟེ་སངས་རྒྱ་བ་ལ་ཐབས་ཤེས་ཚང་བ་དགོས་སོ་ཞེས་པ་སྟོན་པ་ལ། ཁ་ཅིག་འབྲུལ་དང་མ་འབྲུལ་མེད། །ཅེས་པ་ནས། དེ་ཕྱིར་འདི་ལ་མཁས་རྣམས་ཀུན། །ཞེས་པའི་བར་གྱིས་བསྟན། དེ་ལས་འཕྲོས་ནས་བསྟན་པའི་ཕྲ་བ་སྡོམ་གསུམ་ལེན་ཚུལ། སྔགས་ཀྱི་ལམ་བསྐྱེད་རིམ་དང་གཏུམ་མོ་བསྒོམ་ཚུལ། མདོ་སྔགས་ཀྱི་བླ་མའི་ཁྱད་པར་རྣམས་ལ་འཁྲུལ་པ་འགོག་པ་དང་། གཞན་ཀྱི་དོན་སྡོམ་པ་དང་མི་ལྡན་ན་དགེ་སྦྱོང་དུ་མི་འགྱུར། སེམས་བསྐྱེད་མ་ཐོབ་ན་རྒྱལ་སྲས་སུ་མི་འགྱུར། དབང་བསྐུར་མ་ཐོབ་ན་གསང་སྔགས་པར་མི་འགྱུར་ཞེས་པ་ནི། གང་དག་རབ་ཏུ་བྱུང་འདོད་ན། ། ཞེས་པ་ནས། སྔགས་པ་དབང་བསྐུར་མེད་པ་གསུམ། །སངས་རྒྱས་བསྟན་པའི་ཆོམ་རྐུན་ཡིན། །ཞེས་པའི་བར་གྱིས་བསྟན། དབང་དང་རིམ་གཉིས་ལས་བྱུང་བའི་ཡེ་ཤེས་ཕྱག་ཆེན་ལ། མཚོན་བྱེད་དཔེ་དང་མཚོན་བྱ་དོན་གཉིས་ཏེ། དང་པོའི་སྐབས་སུ་ཚིག་འགའ་ཞིག་གི་བྱེད་པས་རྟོགས་པ་ནང་དུ་ཁ་ཚོམ་པ་ཙམ་ལ་ཕྱག་ཆེན་དུ་འདོད་པ་བཀག་ནས། རང་ལུགས་ཀྱི་ཕྱག་ཆེན་ངོས་བཟུང་བ་དང་། གཞན་ལུགས་ཀྱི་ཕྱག་ཆེན་རྒྱ་ནག་ལུགས་སུ་བསྟན་པ་སོགས་ནི། ཕྱག་རྒྱ་ཆེན་པོ་བསྒོམ་ན་ཡང་། །ཞེས་པ་ནས། བྱིན་རླབས་སངས་རྒྱས་རྣམས་ཀྱི་ཡིན། །ཞེས་པའི་བར་གྱིས་བསྟན།

དེ་ལས་འཕྲོས་ནས། ཁ་ཅིག་ད་ལྟ་གསང་སྔགས་ཀྱི་ཆོས་ལ་དད་པ་ཆེན་སྐྱེ་བ་སྔ་མ་དབང་བསྐུར་ཐོབ་པ་ཞིག་ཡིན་པས་ད་ལྟ་ཕྱག་ཆེན་གྱི་བསྒྲུར་དབང་བསྐུར་བ་མི་དགོས་ཟེར་བ་དགག་པ་ནི། ཁ་ཅིག་སྐྱེ་བ་སྔ་མ་ལ། །

ཞེས་པ་ནས། དེ་ལ་ཁོ་བོ་ངོ་མཚར་སྐྱེ། །ཞེས་པའི་བར་གྱིས་བསྟན། མཆོན་བྱ་དོན་ལ། ཁ་ཅིག་ཞི་གནས་ཙུང་ཟད་ཙམ་དང་། སྣང་སྟོང་ཟུང་འཇུག་གི་རྟོགས་པ་ཕྲ་མོ་སྐྱེས་པ་ལ་མཐོང་ལམ་དུ་ངོ་སྤྲོད་བྱེད་པ་དགག་པ་ནི། ལ་ལ་ཞི་གནས་ཙུང་ཟད་དང་། །ཞེས་པ་ནས། དེས་ན་དེད་ཀྱི་མཐོང་ལམ་ནི། །འཕགས་པ་མིན་ལ་འབྱུང་མི་སྲིད། །ཅེས་པའི་བར་གྱིས་བསྟན། ཞར་ལས་འཕྲོས་པ་ཐེག་པ་གསུམ་གྱི་ལག་ལེན་དང་། ཐེག་པ་ཆེ་ཆུང་གི་བླ་མའི་དབྱེ་བ་དང་། དབང་བསྐུར་དང་པོ་སོགས་མ་ཐོབ་པར་དེ་དང་དེའི་ལམ་བསྒོམ་པ་དགག་པ་དང་། གཏོར་མ་དང་ཕུད་མཆོད་ཀྱི་ལག་ལེན་ལ་འཁྲུལ་པ་འགོག་པ་དང་། ལྷའི་སྐུ་མདོག་དང་ཕྱག་མཚན་ལ་འཁྲུལ་པ་འགོག་པ་དང་། རབ་གནས་དང་སྦྱིན་སྲེག་གསང་འདུས་སོགས་མདོ་ལུགས་སུ་འདོད་པ་དགག་པ་ནི་རིམ་པ་བཞིན། ཐེག་པ་གསུམ་གྱི་ལག་ལེན་ཡང་། །ཞེས་སོགས་དང་། ཉན་ཐོས་རྣམས་ཀྱི་བླ་མ་ནི། །ཞེས་སོགས་དང་། དབང་བསྐུར་དང་པོ་མ་ཐོབ་པར། །ཞེས་སོགས་དང་། གཞན་ཡང་གངས་རིའི་ཁྲོད་འདི་ན། །ཞེས་སོགས་དང་། སངས་རྒྱས་རབ་ཏུ་བྱུང་བ་ཡིས། །ཞེས་སོགས་དང་། ཡི་དམ་ལྷ་ཡི་སྒྲུབ་ཐབས་དང་། །ཞེས་སོགས་ཀྱིས་བསྟན། རྟོགས་བྱ་སྦྱོར་བྲལ་གྱི་ལྟ་བ་ལ། ཐེག་པ་རིམ་པ་དགུ་ལ་ལྟ་བ་ཐ་དད་ཡོད་པར་འདོད་པ་དང་། དབུ་མ་ནས་བཟུང་སྟེ་གསང་སྔགས་རྒྱུད་སྡེ་བཞི་ལ་ལྟ་བ་ཐ་དད་ཡོད་པར་འདོད་པ་དང་། རྣལ་འབྱོར་བཞི་ལ་ལྟ་བ་ཐ་དད་ཡོད་པ་རྣམས་དགག་པ་ནི་རིམ་པ་བཞིན། ལ་ལ་ཐེག་པ་རིམ་དགུ་ལ། །ཞེས་སོགས་དང་། ཁ་ཅིག་དབུ་མའི་ལྟ་བ་ནི། །ཞེས་སོགས་དང་། གསང་སྔགས་སྤྱི་འགྱུར་བ་རྣམས་ནི། །ཞེས་སོགས་ཀྱིས་བསྟན། ཞར་ལ་རྒྱུད་སྡེ་བཞིའི་སྒྲུབ་ཐབས་ལ་འཁྲུལ་པ་དགག་པ་ནི། རྒྱུད་སྡེ་བཞི་ཡི་སྒྲུབ་པ་ཡང་། །ཞེས་པ་ནས། རང་བཟོའི་རྣམ་ཐར་སྨྲོད་པ་མཚར། །ཞེས་པའི་བར་གྱིས་བསྟན།

བཞི་པ་སྨྲོད་པ་ནི། བླང་དོར་གཉིས་སུ་དེར་རྟོགས་པའི་རྣལ་འབྱོར་པ་བརྟན་པ་ཆེན་པོ་ལ་གནས་པ་དེས། ནང་གི་གནས་སུམ་ཅུ་རྩ་བདུན་གྱི་རླུང་སེམས་དབུ་མར་ཐིམ་སྟེ་ས་བཅུ་གསུམ་པའི་རྟོགས་པ་རྣམས་བགྲོད་པར་བྱ་བ་དང་། ཕྱི་རོལ་འཛམ་བུའི་གླིང་གི་པུ་ལི་ར་མ་ལ་ཡ་ལ་སོགས་པའི་ཡུལ་རྣམས་དང་། དེར་གནས་པའི་མཁའ་འགྲོ་རྣམས་དབང་དུ་བསྡུ་བར་བྱ་བའི་ཕྱིར། ཕྱི་རོལ་གྱི་ཡུལ་ཅན་སོ་བདུན་དུ་བརྟུལ་ཞུགས་ཀྱི་སྤྱོད་པ་ལ་རྒྱུ་བ་ཡིན་པ་ལས། བོད་འདིར་ནི་དབང་བསྐུར་དང་རིམ་གཉིས་ཀྱི་རྟོགས་པ་ཅི་ཡང་མེད་པ་ལ་སྒོམ་ཆེན་དུ་ནོམ་པ་དག་སྤྱོད་པ་ལ་རྒྱུ་བ་དང་། གང་དུ་རྒྱུ་བའི་གནས་ཀྱང་ཏི་སེ་ལ་གངས་ཅན་དུ་འཁྲུལ་པ་དང་། ཙ་རི་ལ་རི་ཏྲ་ར་འཁྲུལ་པ་རྣམས་འགོག་པ་ནི། དབང་བཞི་ཡོངས་སུ་རྫོགས་པ་དང་། །ཞེས་པ་ནས། ཡུལ་དེར་འགྲོ་བ་རྒྱུད་ལས་བཀག །ཅེས་པའི་བར་གྱིས་བསྟན།

ལྔ་པ་འབྲས་བུ་མངོན་དུ་བྱེད་པའི་ཚུལ་ནི། མཐར་ཐུག་གི་འབྲས་བུ་དང་། གནས་སྐབས་ཀྱི་འབྲས་བུ་གཉིས་ལས། དང་པོ་ནི། ལམ་ཐབས་ཤེས་ཟུང་འཇུག་བསྒོམ་པ་ལས། འབྲས་བུ་སངས་རྒྱས་ཀྱི་ས་ཡང་ཟུང་འཇུག་ཡིན་པ་ཞིག་ཐོབ་པ་ཡིན་མོད་ཀྱང་། ཁ་ཅིག་དཀར་པོ་ཆིག་ཐུབ་ལས་འབྲས་བུ་སྐུ་གསུམ་འབྱུང་བ་འདོད་པ་དང་། ཟུང་འཇུག་བསྒོམ་པ་ལས་འབྲས་བུ་འོད་གསལ་གཅིག་ཏུ་འདོད་པ་དང་། ས་ལམ་མ་བགྲོད་པར་འཚང་རྒྱ་བར་འདོད་པ་དང་། དབང་བཞི་དང་ལམ་བཞི་མེད་པར་འབྲས་བུ་སྐུ་བཞི་འདོད་པ་དང་། འབྲས་བུའི་མཐར་ཐུག་འོད་གསལ་དུ་འདོད་པ་རྣམས་འགོག་པ་ནི། ཁ་ཅིག་དཀར་པོ་ཆིག་ཐུབ་ལས། །ཞེས་པ་ནས། ལྔ་བ་མཐར་ཐུག་ཡིན་པར་གསུངས། །ཞེས་པའི་བར་གྱིས་བསྟན། གཉིས་པ་གནས་སྐབས་ཀྱི་འབྲས་བུ་ནི། ས་དང་པོ་ཡན་ཆད་ཐོབ་པ་ལ་གྲུབ་ཐོབ་ཅེས་པའི་ཐ་སྙད་མདོ་སྔགས་གཉིས་ཀ་མཐུན་པར་གསུངས། དེ་ལས་གཞན་རྟོགས་ལྡན་ཉིད་ཆེད་དུ་བཟང་བར་མ་གསུངས་ཀྱང་། ཁ་ཅིག་གྲུབ་ཐོབ་ལས་རྟོགས་ལྡན་བཟང་ཞེས་པ་དང་། ཉམས་ངན་ལ་གོ་བ་འབྲིང་རྟོགས་པ་བཟང་བར་འདོད་པ་དང་། རྩེ་གཅིག་དང་སྤྲོས་བྲལ་སོགས་ཀྱི་རྣལ་འབྱོར་བཞི་པའི་རིམ་པ་དང་སྦྱོར་བ་དགག་པ་ནི་རིམ་པ་བཞིན། ལ་ལ་གྲུབ་ཐོབ་ངན་ཞེས་ཟེར། །ཞེས་སོགས་དང་། ལ་ལ་ཉམས་དང་གོ་བ་དང་། །ཞེས་སོགས་དང་། རྩེ་གཅིག་དང་ནི་སྤྲོས་བྲལ་དང་། །ཞེས་སོགས་ཀྱིས་བསྟན། དེ་ཡན་ཆད་ཀྱིས་སྡོམ་གསུམ་སོ་སོའི་སྐབས་བསྟན་ཟིན་ནས། ད་ནི་གཞུང་སྤྱི་ལ་རྩོད་པ་སྤངས་པ་སོགས་ཀྱི་སྒོ་ནས་དོན་བསྡུ་བ་སྟོན་ཏེ། དེ་ཡང་ཐེག་པ་རང་སྣ་བདེན་པས་དགག་བསྒྲུབ་ལ་ངེས་པ་མེད་དོ། །

ཞེས་སྨྲ་བ་འགོག་པ་དང་། ཆོས་ཀྱི་གནད་མ་འཁྲུགས་པ་གལ་ཆེ་བར་སྟོན་པ་དང་། གནད་བཅོས་པའི་བདུད་ཇི་ལྟར་བྱུང་བའི་ཚུལ་གླེང་གཞི་དང་བཅས་ཏེ་སྟོན་པ་དང་། འཁྲུལ་པའི་གྲུབ་མཐའ་ལུང་རིགས་ཀྱིས་སུན་འབྱིན་པའི་ཚུལ་གླེང་གཞི་དང་བཅས་ཏེ་སྟོན་པ་དང་། བྱེ་བྲག་ཏུ་ལུང་གིས་སུན་འབྱིན་པའི་ཚུལ། ལུང་སྦྱོར་ཇི་ལྟར་བྱེད་པའི་ཚུལ། ཁུངས་ནས་མ་བྱུང་བའི་གདམས་ངག་དང་། མདོ་རྒྱུད་དུ་གྲགས་པ་རྣམས་ཚད་མར་མི་རུང་བར་བསྟན་པ། སྐུ་གཟུགས་རིང་བསྲེལ་དང་། གློ་བུར་གྱི་ལྟས་རྣམས་མཁས་པ་ལ་དྲིས་ནས་རྟོག་དཔྱོད་བྱ་དགོས་པར་བསྟན་པ་དང་། ཚིག་ལ་འཁྲུལ་པ་དགག་པ་རྣམས་ནི་རིམ་པ་བཞིན། ཁ་ཅིག་ཐེག་པ་རང་སར་ནས། །ཞེས་སོགས་དང་། ཆོས་གཞན་ལེགས་པར་བསྟན་ན་ཡང་། །ཞེས་སོགས་དང་། དེ་ལ་གནད་རྣམས་བཅོས་པའི་བདུད། །ཅེས་སོགས་དང་། འཁྲུལ་པའི་གྲུབ་མཐའ་སུན་འབྱིན་པའི། །ཞེས་སོགས་དང་། གལ་ཏེ་ལུང་དང་འགལ་གྱུར་ན། །ཞེས་སོགས་དང་། བླུན་པོ་མཁས་པར་འཆོས་པ་འགའ། །ཞེས་སོགས་དང་། སྔན་བརྒྱུད་དང་ནི་ཚིག་བརྒྱུད་དུ། །ཞེས་སོགས་དང་། རིང་བསྲེལ་དང་ནི་ཐུགས་དང་ལྟགས། །ཞེས་སོགས་དང་། དེ་ནས

ཚིག་ལ་འཁྲུལ་པ་ཡི། །ཞེས་སོགས་ཀྱིས་བསྟན། སངས་རྒྱས་གསུང་རབ་དྲི་མ་མེད། །ཅེས་སོགས་ཀྱིས་སྔར་རྒྱ་བོད་དུ་ཆོས་ལོག་བྱུང་བ་རྣམས་སྐྱེས་ཆེན་གོང་མས་བཀག་ཚུལ་རྒྱས་པར་བཤད་ནས། དེང་སང་ཆོས་ལོག་འཕེལ་བ་རྣམས་ཀྱང་འགོག་རིགས་པར་བསྟན། བདག་ནི་སེམས་ཅན་ཀུན་ལ་བསམ། །ཞེས་སོགས་ཀྱིས་བསྟན་བཅོས་རྩོམ་པའི་ཀུན་སློང་ལྷག་བསམ་རྣམ་པར་དག་པ་བསྟན། བདག་གིས་སྒྲ་དང་ཚད་མ་བསླབས། །ཞེས་སོགས་ཀྱིས་ནི་བསྟན་བཅོས་རྩོམ་པའི་རྒྱུ་མཁས་པའི་ཤེས་རབ་བསྟན་པ་ཡིན་ནོ། །

སྤྱི་དོན་ལྔ་པ་མཛད་བྱང་སྨོས་པ་ནི། སྡོམ་པ་གསུམ་གྱི་རབ་ཏུ་དབྱེ་བ་ཞེས་སོགས་ཀྱིས་བསྟན། དེ་རྣམས་ཀྱིས་སྐབས་གསུམ་པ་རིག་པ་འཛིན་པའི་བསྡུས་དོན་ཁོག་ཕུབ་འཕྲོས་དོན་དང་བཅས་པ་མ་ཚང་བ་མེད་པ་བཤད་ཟིན་ཏོ། །འདིར་སྨྲས་པ། འཁྲུལ་ངོར་སྣང་བའི་ཐ་མལ་སྣོད་བཅུད་སྣང་བ་འདི། །སྣང་སྟོང་རང་བཞིན་ལྷ་སྐུ་བདེ་སྟོང་རོལ་བའི་ངང་། །རང་བཞིན་འོད་གསལ་འཁོར་འདས་མཉམ་ཉིད་རོ་གཅིག་ཏུ། །འཛིན་མེད་གོམས་འདྲིས་རྒྱུན་ཏུ་བརྟན་པ་གསང་སྔགས་སྡོམ། །

དེ་དག་གིས་ནི་སྤྱིར་གཞུང་དོན་འཆད་པའི་ཚུལ་ལ། དགོས་དོན། བསྡུས་དོན། ཚིག་དོན། མཚམས་སྦྱར། བརྒལ་ལན་དང་ལྔ་ཡོད་པའི་ནང་ནས། བསྡུས་དོན་གྱི་སྒོ་ནས་གཞུང་འཆད་ཚུལ་བསྟན་པ་ཡིན་ལ། དེ་ལ་ཡང་གཞུང་སྤྱིའི་བསྡུས་དོན་དང་། གཞུང་སོ་སོའི་བསྡུས་དོན་གཉིས་ལས། འདིར་བཤད་པ་ནི་ཕྱི་མ་ཡིན་ཏེ། གཞུང་གི་དབུ་ཞབས་མ་ལུས་པའི་དོན་བསྡུས་པའི་སྒོ་ནས་ཁོག་ཕུབ་པ་ནི་གཞུང་སོ་སོའི་བསྡུས་དོན་དང་། གཞུང་སྤྱིའི་ལུས་རྣམ་པར་གཞག་པ་ཙམ་ནི་གཞུང་སྤྱིའི་བསྡུས་དོན་ཡིན་པས་སོ། །

དེ་སྐད་དུ་མཁས་པ་འཇུག་པའི་སྒོ་ལས། བསྡུས་པའི་དོན་ལ་རྣམ་གཉིས་ཏེ། །ངག་དོན་བསྡུས་ཏེ་བསྟན་པ་དང་། །གཞུང་དོན་སོ་སོའི་བསྡུས་དོན་ནོ། །དོན་འདུས་ཚིག་གསལ་བརྗོད་པ་བདེ། །ངག་ཉུང་ཚིག་སྙོམས་བཟུང་བ་སླ། །བསྡུས་དོན་ཉིད་ཀྱིས་གཞུང་གོ་བ། །དེ་འདྲ་གང་གིས་ཤེས་དེ་མཁས། །ཞེས་སོགས་གསུངས་པས་སོ། །

ཐུབ་དབང་གཉིས་པ་ས་སྐྱ་པཎ་ཆེན་གྱི། །གསུང་རབ་མཆོག་གི་བསྡུས་དོན་ཁོག་ཕུབ་འདི། །ཚད་ལྡན་མཁས་པའི་ལེགས་བཤད་རྒྱ་མཚོ་ལ། །བློ་གསལ་འཇུག་པ་བདེ་ཕྱིར་ཁོ་བོས་སྤེལ། །ཀྱེ་མ་ཐམས་གཅད་མྱུར་ཀྱི་བསྟན་པའི་མཇུག །འཛིན་མའི་ཁྲོན་འདི་ངན་པས་ཁྱབ་པའི་དུས། །བླང་དོར་ཤེས་པའི་མཁས་པ་ཉིན་སྐར་ཙམ། །ཀྱི་ཧུད་འདི་ལ་བསམ་གྱིན་མཆི་མ་དཀྲུ། །འོན་ཀྱང་བདག་ནི་ལས་འཕྲོ་ཆེར་བཟང་བས། །སྐྱོན་མེད་བླ་མ་མཆོག་གིས་རྗེས་བཟུང་ཞིང་། །ཤེས་བྱ་ཀུན་ལ་འཛེགས་མེད་བློ་རྒྱས་པས། །དེང་སང་འདི་ན་དཔྱོད་ལྡན་

ཀུན་གྱིས་བསྔགས། །སྔོན་བྱོན་མཁས་པའི་ལེགས་བཤད་ཆུ་འཛིན་ལས། །བསྡུས་དོན་ངོ་མཚར་ཆར་འདི་ཁོ་བོས་ཕབ། །འདི་ལ་སྐལ་བཟང་བློ་གསལ་རྨ་བྱ་རྣམས། །དགའ་བས་ལེགས་བཤད་གར་གྱིས་ཀུན་དགྱེས་མཛོད། །

ཅེས་བསྟན་བཅོས་ཆེན་པོ་སྡོམ་པ་གསུམ་གྱི་རབ་ཏུ་དབྱེ་བའི་བསྡུས་དོན་ཁོག་ཕུབ་བློ་གསལ་འཇུག་པ་བདེ་བྱེད་ཅེས་བྱ་བ་འདི་ནི། རིགས་ཐམས་ཅད་དང་དཀྱིལ་འཁོར་ཐམས་ཅད་ཀྱི་ཁྱབ་བདག་དྲུག་པ་རྡོ་རྗེ་སེམས་དཔའི་ངོ་བོར་གྱུར་པ་རྗེ་བཙུན་མུས་པ་ཆེན་པོ་སངས་རྒྱས་རྒྱལ་མཚན་གྱི་ཞབས་རྡུལ་སྤྱི་བོས་ལེན་ཞིང་མི་ཕྱེད་པའི་དད་པ་ཐོབ་པ་ཤྲཱི་ས་སྐྱ་པ་ཤཱཀྱའི་དགེ་སློང་བྱམས་པ་ངག་དབང་ཀུན་དགའ་བསོད་ནམས་གྲགས་པ་རྒྱལ་མཚན་དཔལ་བཟང་པོས། ཀཱ་ལ་དྷུ་ཏིའི་ལོ། ཧེ་མནྟ་ཞེས་པའི་དུས་ཀྱི་ཆིམ་བྱེད་ཀྱི་ཟླ་བའི་རྫོགས་པ་ལྔ་པའི་ཉིན་དཔལ་ས་སྐྱའི་གནས་མཆོག་ཆུ་མིག་རྫིང་ཁའི་བླ་བྲང་བདེ་མཆོག་ཕོ་བྲང་གི་སྟུགས་འཆང་ཆོས་ཀྱི་རྒྱལ་པོ་ངག་གི་དབང་པོ་ཀུན་དགའ་རིན་ཆེན་གྱི་གཟིམ་ཆུང་བདེ་བ་ཅན་གྱི་ཉི་འོད་འཁྱིལ་པར་སྦྱར་བ་འདི་རེ་ཞིག་རྫོགས་སོ། །སརྦ་མངྒ་ལཾ།། །།

༄༅། །རྒྱུད་ནས་བཤད་པའི་ཡུལ་ཆེན་རྣམས་ཀྱི་བསྒྲིག་ཚུལ་ཐུན་མོང་བ་བླ་མའི་མན་ངག་གསལ་བར་བཤད་པ་དཔྱོད་ལྡན་དགྱེས་པའི་མེ་ཏོག་འཕྲེང་མཛེས་ཞེས་བྱ་བ་བཞུགས།

ངག་དབང་ཀུན་དགའ་བསོད་ནམས།

རྒྱ་གར་སྐད་དུ། ཤྲཱི་ཥཎ་སདྒུ་རུ་བཛྲ་རྣ་ར་ཧེ་བཛྲ་ཕུཥྤ་ཧྣ་རྗ་ཡེ་ན་མཿ བོད་སྐད་དུ། དཔལ་ལྡན་བླ་མ་དམ་པ་རྡོ་རྗེ་འཆང་ཀྱེ་རྡོ་རྗེ་སངས་རྒྱས་རྒྱལ་མཚན་ལ་ཕྱག་འཚལ་ལོ། །སོ་བདུན་ཡུལ་གྱི་རྩེར་སོན་ཧེ་རུ་ཀ །རྒྱུད་དོན་འཁོར་ལོ་བསྒྱུར་བ་འཕགས་པའི་ཞབས། །ཆོས་མིག་རྟུལ་བྲལ་སྤྱན་ལྡན་བླ་མ་རྗེ། །ནམ་ཡང་འབྲལ་མེད་ཕྱག་འཚལ་དུས་ཀུན་སྲུངས། །རྟོག་གེས་རང་དགར་འཇུག་པ་དགག་པ་དང་། །རྒྱུད་དོན་བླ་མའི་ཞལ་ལས་རྟོགས་དགོས་ཞེས། །ཆེད་དུ་ཤེས་ཕྱིར་སོ་བདུན་ཡུལ་གྱི་དོན། །དཀྲུགས་པ་དེང་འདིར་གསལ་བར་བདག་གིས་བཀོད། །གནས་ལ་ཨུ་རྒྱན་འཕུར་འགྲོ་སྟེ་རྒྱ་གར་གྱི་ནུབ་ན་ཡོད། སྤྱི་བོ་ཛ་ལན་དྷ་ར། །འབར་བ་འཛིན་པ་སྟེ་ཁ་མེད་རྒྱ་གར་གྱི་བར་ན་ཡོད། སྤྱི་གཙུག་ཡིན་ནོ་ཀོ་ལ་གི་རི་ནི། སྟེ་ལྷོ་ནུབ། མ་ཚོགས་མ་ཀཾ་རུས་ན་ཀོ་ལ་པུ་ཊི་གྲོང་ཁྱེར་ཡོངས་སུ་མི་ར་ལོ། འདོད་པའི་གཟུགས་ཏེ་རྒྱ་གར་ལྷོ་ཕྱོགས་ན་ཡོད། སྨིན་ཕྲག་བཞི་བགྲོད་པས། །རབ་དགའ་དང་པོའི་ས་དེར་མངའ་དབང་བསྒྱུར། །ཉེ་གནས་མཱ་ལ་ཝ་ནི་འཕྲེང་བ་ཅན་ཏེ་ལྷོའི་གླིང་ཕྲན། སྣ་རྩེ་སྟེ། །སིནྡྷུ་ནུབ་ཕྱོགས་ནས་འབབ་བཞིན་པའི་ཆུ་བོའི་འགྲམ། མིག་གཉིས་ནཱ་ག་ར་ནི་རྣ། །ལུགས་སིནྡྷ་གླིང་། པའི་བྲང་ནི་ཁ་སྟེ་བཞི་བགྲོད་པས། །ཞེས་པ་ཐམས་ཅད་འདི་འོ། །དྲི་མ་མེད་པ་གཉིས་པར་རྐང་པ་བཀོད། །ཞིང་ལ་མུམྨུ་ནི་ལྷོ་ཕྱོགས་རྒྱ་མཚོའི་འགྲམ་གྱི་རྒྱལ་ཁམས། སྟེ་ཨོ་ཀོ་དང་། །དེ་ཝཱི་ཀོ་ཊ་ལྷ་མོའི་མཁར་སྟེ་རྡོ་རྗེ་གདན་གྱི་ཤར་ན་ཡོད། མགྲིན་པ་གཉིས་བགྲོད་པས། །གསུམ་པ་འོད་བྱེད་སར་འགོད་ཉེ་བའི་ཞིང་། །ཀུ་ལུ་ཏ་རིགས་དང་ལྡན་པ་ལྷོ་ནུབ་ན་རྡོ་ཕུས་མོ་ལྟ་བུ་ཡོད་པ། སྟེ་རྒྱབ་ཚིགས་ཨརྦུ་ཏ། མཆོད་འོས་ཏེ་ལྷོ་ཕྱོགས་ཀྱི་རྒྱུད་ན་ཡོད་པ་རྡོ་མཆོག་གྲོང་ཁྱེར། །ནུ་མ་གཉིས་བགྲོད་བཞི་པ་འོད་འཕྲོ་ཐོབ། །ཚནྡྷོ་ཧ་རི་ཀེ་ལ་ནམ་མཁའི་ཤིང་སྟེ་ཤར་ལྷོ་ན་ཡོད་པ་ཆུ་ག་ཆུ་མའི་བྱེ་བྲག །སྙིང་ཁ་དང་། །གོ་ད་བ་རི་བའི་མཆོག་སྦྱིན་རི་ལྷོ་ཕྱོགས་དཔལ་གྱི་ངོས་ན་ཡོད། ལྟེ་བ་གཉིས་བགྲོད་པས། །ལྔ་པ་སྦྱངས་དཀའ་བ་ནི་ཐོབ་པར་འགྱུར། །ཉེ་ཚན

ལམ་པ་ཀ་འཕྲུངས་པ་ཅན་ཏེ་ཤར་ལྷོ་ན་ཡོད་པ། ནི་གསང་བའི་ནང་། གཙྭ་སྨུར་བག་ཅན་ཏེ་ལྷོ་ནུབ་ན་ཡོད་པ། རྟགས་ཀྱི་དབུས་ཏེ་གསེར་གླིང་ཆེ་བ་མིས་བཟུང་བ་དེ་ཡིན། གཉིས་བགྲོད་པས། །དྲུག་པ་མངོན་དུ་གྱུར་པའི་ས་ལ་དབང་། །འདུ་བ་བྱེད་པའི་གཉིས་ལྷོ་ཕྱོགས་རྒྱ་མཚོའི་གླིང་ཕྲན། ཏེ་རྟགས་ཀྱི་རྩེ། །གསེར་གླིང་ལྷོ་ཕྱོགས་མི་མེད་པའི་གསེར་གླིང་དང་ལྡན་པ་འདྲེས་བཟུང་བ། ཞང་ཁ་དེ་གཉིས་བགྲོད་པ་ལས། །བདུན་པ་རིང་དུ་སོང་བའི་ས་ལ་དབང་། །ཉེ་འདུ་གོདྨ་ལྷོ་ཕྱོགས་ན་མཆོག་དང་བྱོན་ཡོད་པ་མདྷུ་བི་སྨྲ་སྟེ་སྐུ་གཟུགས་ཆེན་པོ། ན་ནི་བདྷ་གཉིས་ཏེ། །བིཀྲ་སྟེ་སྒྲོལ་མ་བཞུགས་པའི་གནས་འབིགས་བྱེད། ཕུས་མོ་དེ་གཉིས་བགྲོད་པ་ལས། །བརྒྱད་པ་མི་གཡོའི་ས་དེ་ཐོབ་པར་འགྱུར། །དུར་ཁྲོད་རབ་སོང་འདུས་པ་བྱིན་པ་གཉིས། །ཕྲེ་ཏ་པདྨ་སྟེ་སྲོག་གསོད་པའི་རོ་མང་དུ་འདུས། དུར་ཁྲོད་རྒྱ་མཚོའི་འགྲམ་ན་ཡི་དྭགས་དངོས་སུ་རྒྱུ་བ། སྟེ་རཱ་ང་བོལ་གཉིས། །བགྲོད་པས་དགུ་པ་ལེགས་པའི་བློ་གྲོས་ཐོབ། །ཉེ་བའི་དུར་ཁྲོད་ཙ་རི་ཏྲ་སྟེ་རྒྱ་གར་ལྷོ་ཕྱོགས་བྱེ་བྲག ཞེས་པ། །སོར་མོ་རྒྱ་མཚོའི་གླིང་ཕྲན་བུ་མོ་ཁོ་ན་གནས་པ། རྣམས་དང་གཞོན་ནུའི་གྲོང་ཁྱེར་བཞིན། །མཐེ་བོང་གཉིས་ཡིན་འདི་གཉིས་བགྲོད་པ་ལས། །བཅུ་པ་ཆོས་ཀྱི་སྤྲིན་དེ་ཐོབ་པར་འགྱུར། །འཕྲུང་སྤྱོད་གྲོང་ཁྱེར་ཁ་ཆེའི་བྱེ་བྲག ཕྲག་པ་གྲོང་མཐར་མོན་ཡུལ་གྱི་བྱེ་བྲག །གནས། །རྐང་མཐིལ་རྒྱ་མཚོའི་ནང་སྐྱེས་སྐྱེང་ཁའི་ཕྱོགས། །སོ་རྩ་ཡུལ་ཕྱོགས་བཟང་པོ་སྟེ་ནུབ་ཕྱོགས་ས་བ་ན་ཐད་ཡོད་པ། ཉིད་སྙིང་ཁའི་ཕྱོགས་དེ་བཞི། །བགྲོད་པས་བཅུ་གཅིག་དཔེ་མེད་ས་དེ་ཐོབ། །ཉེ་བའི་འཕྲུང་སྤྱོད་གངས་རི་ཏི་སེ་ལ་ཡ་སྟེ་བལ་བོད་མཚམས། ལྷག་པ་སྟེ། །ཀོ་ས་ལ་ནི་མཛོད་ལེན་ཏེ་རྡོ་རྗེ་གདན་གྱི་ལྷོ་ནུབ་མཉན་ཡོད་ཀྱི་ཆ། རྣེད་པ་ཀ་ལིངྒ་སྨྲ་བའི་རྟགས་ཏེ་ལྷོ་ཕྱོགས་རྒྱ་མཚོའི་འགྲམ། །སྐྱེད་ཚལ་རྫིང་རྒྱལ་པོ་མ་སྐྱེས་དགྲའི་སྐྱེད་ཚལ་ཡིན། བུ་འདི་གཉིས་སྙིང་ཁ་ཕྱོགས། །བསྒྲོད་པས་བཅུ་གཉིས་ཡེ་ཤེས་ཆེན་པོ་ཐོབ། །སྦྲས་པའི་ཡུལ་ལྟ་དེས་མཆོན་ཕྱི་ཡི་ཡུལ། །བགྲོད་པས་བཅུ་གསུམ་རྡོ་རྗེ་འཛིན་པའི་སར། །རྟག་པར་བཞུགས་པས་སྦས་དོན་མཐར་ཐུག་པའི། །ཧེ་རུ་ཀ་ཡི་གོ་འཕང་ཐོབ་པར་འགྱུར། །དེ་དག་ཀུན་ཀྱང་ཕྱི་ནང་གོ་མཚུངས་ཤིང་། །ཕྱི་དང་སྦྲས་པའི་གཞུང་ལས་གྲགས་པའི་མིང་། །གསང་སྔགས་འཛིན་པ་སྤྱི་ལ་མ་གྲགས་པའི། །བརྒྱུད་སྒྲོལ་བཟང་པོའི་ཁྱད་ཆོས་ཁོ་ན་བས། །ནམ་ཡང་བླུན་རྨོངས་དབུས་སུ་འཆལ་གཏམ་གྱིས། །ཅ་ཅོར་མ་ཆགས་ལྷག་བསམ་དག་པའི་བློ། །མཁས་པའི་དབུས་གནས་ཟབ་དོན་འདི་འདྲ་བ། །གཞན་གྱིས་བརྗོད་མིན་བླ་མའི་དྲིན་ལས་ཐོབ། །

ཅེས་རྒྱུད་ནས་བཤད་པའི་ཡུལ་ཆེན་རྣམས་ཀྱི་སྒྲིག་ཚུལ་ཐུན་མོང་བ་བླ་མའི་མན་ངག་གསལ་བར་བཤད་པ་དཔྱོད་ལྡན་དགྱེས་པའི་མེ་ཏོག་ཕྲེང་མཛེས་ཞེས་བྱ་བ་འདི་ཡང་སྐབས་དུས་ཀྱི་བསྟན་པའི་གསལ་བྱེད་མཁས

པའི་དབང་པོ་ཀླུ་སྒྲུབ་རྒྱ་མཚོའི་གསུང་བཞིན། དེའི་དངོས་སློབ་མདར་སྟོད་ཀྱི་མི་དབང་ཁྲིམས་པ་པཎྜི་ཏ་དགྲ་འདུལ་དོན་འགྲུབ་རྡོ་རྗེས་ཟིན་བྲིས་ཀྱི་ཚུལ་དུ་བཀོད་པའི་ཡུལ་ཆེན་སྒྲིག་ཚུལ་གྱི་ཐོ་ཡིག་ངོ་མཚར་ཅན་ཞིག་མཛད་འདུག་པ་མཐོང་བའི་ཚེ། སྟོན་ཁྲོན་གྱི་མཁས་པ་དཔོན་སློབ་དག་ལ་དང་བའི་དད་པ་གོང་འཕེལ་གྱི་ངང་ནས། ས་སྐྱ་པ་ཐེག་པ་མཆོག་གི་རྣལ་འབྱོར་པ་སྤྱགས་འཆང་ངག་དབང་ཀུན་དགའ་བསོད་ནམས་ཀྱིས་ཡིག་ཆ་དེ་ཉིད་གཞིར་བཞག་སྟེ་རང་གི་དྲན་གསོ་བརྗེད་ཐོའི་ཚུལ་དུ་མགྱོགས་པར་སྦྱར་བའི་ཡི་གེ་པ་ནི་དཔྱོད་ལྡན་མི་དབང་བི་ཛ་བཛྲ་གྱི་ཕྱུག་སོར་འདུ་བྱེད་ལས་བསྒྲུན་པའོ། །འདི་སྦྱར་དགེ་བས་ཚེ་འདི་འཕོས་མ་ཐག །མཁའ་སྤྱོད་བདེ་ལྡན་མངོན་དགའ་སོགས་སྐྱེས་ནས། །སྤྲུལ་པས་ས་སྐྱའི་རྗེ་བཙུན་གསུང་རབ་དོན། །མུ་མཐའ་མེད་པར་སྤེལ་བའི་མཐུ་ལྡན་ཤོག །སརྦ་མངྒ་ལཾ།། ༀ །

༄༅། །རྒྱུད་སྡེ་ནས་བཤད་པའི་ཡུལ་ཆེན་བསྐྲིག་ཚུལ་ཐུན་མོང་མ་ཡིན་པ་ལེགས་པར་བཤད་པ་རྗེ་བཙུན་མཆོག་གི་དགོངས་རྒྱན་དཔྱོད་ལྡན་ཡོངས་ཀྱི་དགའ་སྟོན་ཞེས་བྱ་བ་བཞུགས།

ངག་དབང་ཀུན་དགའ་བསོད་ནམས།

རྒྱ་གར་སྐད་དུ། ཤྲཱི་ཙཀྲ་ནཱ་ཐ་ཧྲཏྟ་ར་ཀ་བཛྲ་ཧྨ་ཛ་ཙ་ཏེ་བཛྲ་ནཻ་རཱཏྨ་ཡ་ན་མཿ བོད་སྐད་དུ། དཔལ་འཁོར་ལོའི་མགོན་པོ་རྗེ་བཙུན་སངས་རྒྱས་རྒྱལ་མཚན་དང་ཀྱེ་རྡོ་རྗེ་བདག་མེད་མ་ལ་ཕྱག་འཚལ་ལོ། །དཔལ་ལྡན་ཡོན་ཏན་རལ་པའི་ནགས་ཀྱི་ཁྲོད། །ལེགས་བཤད་གཏམ་གྱི་བུ་མོའི་བསྟི་བའི་གནས། །མདོ་རྒྱུད་ཟབ་དོན་དབུ་བའི་དོ་ཤལ་ཅན། །དོན་གཉེར་གདུང་སེལ་འདྲེན་པར་སྙིང་ནས་བསྟུགས། །ཟབ་མོ་སྟུགས་ཀྱི་བསྟན་པ་དཔྱིད་ཀྱི་ནི། །ཕོ་ཉ་ལུང་དང་རིགས་པའི་བཀའ་བཏགས་ཀྱི། །འཁོར་ལོ་སྲིད་མཐར་བསྒྱུར་བའི་ཤིང་རྟ་ཆེར། །གྲགས་པའི་ཞབས་ཀྱི་རྒྱལ་མཚན་གཙུག་ན་རྒྱལ། །དེ་ཕྱིན་རླབས་ཆེན་སྙིང་ཞུགས་ལུང་རིགས་ཀྱི། །རྩ་བརྟན་ལེགས་བཤད་འབྲས་བུའི་ཁུར་གྱིས་དུད། །ཕན་བདེའི་གྲིབ་མ་སྟུམ་པོ་བདེར་འབབ་པའི། །རྣམ་འགྲེལ་ལྗོན་པའི་གྲིབ་བསིལ་འདིར་ཞུགས་ཤིག །རྒྱུད་སྡེའི་ཡང་སྙིང་བྱེ་བའི་ལམ་གྱི་སྒྲོག །འབྲུགས་ལྡན་ཨེ་རནྣ་ཡི་ནགས་གླང་དུ། །མ་ཆགས་ཟབ་དོན་དཔལ་གྱི་ལྟེང་ཁང་ནས། །ལེགས་བཤད་དབྱངས་འདི་གཞན་གསོས་བུའི་བགོ་སྐལ། །

ཞེས་མཆོད་བརྗོད་དང་དམ་བཅས་སྔོ་ཕྱེ་ནས། རྗེ་བཙུན་ལྷ་མོ་བཅོ་ལྔ་ཡབ་དགྱེས་མཛད་དང་བཅས་པའི་བསྐྱོད་པ་རིན་པོ་ཆེའི་འཕྲེང་བ་དྲི་མ་མེད་པའི་ཚིག་འབྲུ་རྣ་བར་འཇམ་ཞིང་ཡིད་ལ་འབབ་པ་རྒྱུད་དོན་གྱི་སྙིང་པོར་གྱུར་པ་ཞིག་བརྗོད་པར་བྱ་ཡི། སྐལ་བཟང་དཔྱོད་ལྡན་དག་རྣ་བ་བླགས་ཏེ་ཉོན་ཅིག །ས་དང་པོ་དེ་ཐོབ་པར་བྱེད་པ་ལ་ཕྱི་ནང་གི་ཡུལ་བཞི་བགྲོད་དགོས་ཏེ། སྤྱང་གཞི་གཟུགས་ཕུང་གཏི་མུག མིག་རྣམས་སྦྱོང་བྱེད་ས་བོན་ཨཱ་ལས་བྱུང་བ་དཀྱིལ་འཁོར་གྱི་ནང་གི་གནས་ཤར་དུ་བཀོད་པའི་ལྷ་མོ་རྡོ་རྗེ་མས་སྦྱངས་ཤིང་། རྩ་མི་ཕྱེད་མ་ཕྲ་གཟུགས་མ་གཉིས། རྩ་དེ་གཉིས་ཀྱི་མདུད་པ་ཕུ་དང་ཛའི་རྣམ་པས་སྤྱི་བོ་དང་སྤྱི་གཙུག་ཏུ་གནས་པའི་ཡི་གེ་གཉིས་དང་། དེ་དག་ནས་སོ་དང་སེན་མོའི་ཁམས་དང་། སྐྲ་དང་བ་སྤུའི་ཁམས་ཏེ་བདུད་རྩི་གཉིས་དང་། ནང་གི་ཡུལ་རེ་རེ་ནས་ལས་རླུང་དྲུག་བརྒྱ་བདུན་ཅུ་རྩ་ལྔ་པ་རེ་རེ་དབུ་མར་ཐིམས་པས། ཕྱིའི་ཡུལ་པུ་ལི་ར་མ་

དང་འབར་འཛིན་གཉིས་ཀྱི་མཁའ་འགྲོ་དབང་དུ་འདུ་ཞིང་ལུས་ཚོར་གྱི་དྲན་པ་ཉེར་བཞག་གཉིས་མངོན་དུ་གྱུར་པ་དང་། ཡང་སྙིང་གཞི་ཚོར་བ་སེར་སྣ་སྣ་རྣམས་སྦྱོང་བྱེད་ཕཻ་ལས་བྱུང་བ། དཀྱིལ་འཁོར་གྱི་ནང་གི་ལྷོ་ཕྱོགས་སུ་གནས་པའི་ལྷ་མོ་གསང་བའི་དཀར་མོས་སྦྱོང་ཞིང་། རྩ་རྩེ་བ་མ་དང་། གཡོན་པ་མ་གཉིས་རྩ་དེ་གཉིས་ཀྱི་མདུད་པ་ཨ་ཨའི་རྣམ་པས་རྣ་བ་གཡས་པ་དང་ལྟག་པར་གནས་པའི་ཡི་གེ་གཉིས་དང་། དེ་དག་ནས་པགས་པ་དང་དྲི་མའི་ཁམས་དང་ཤའི་ཁམས་གཉིས་དང་། ནང་གི་ཡུལ་གཉིས་ནས་ལས་རླུང་སྔར་བཞིན་དབུ་མར་ཐིམས་པས་ཕྱིའི་ཡུལ་ཨུ་རྒྱན་དང་ཨརྦུ་ཏ་གཉིས་ཀྱི་མཁའ་འགྲོ་དབང་དུ་འདུ་ཞིང་། སེམས་ཚོས་ཀྱི་དྲན་པ་ཉེར་བཞག་གཉིས་མངོན་དུ་བྱས་པ་ལས། རབ་དགའ་གནས་ཀྱི་ས་དེའི་རྟོགས་པ་སྐྱེ་བ་ཡིན་པའི་ཕྱིར་ཞེས་འཆད་པ་ལ། པུ་ལི་ར་མི་ཕྱེད་སོ་དང་སེན་མོའི་ཁམས། །འབར་འཛིན་སྒྲ་གཟུགས་སྒྲ་དང་སྲུ་འབབ་ཅིང་། །གཟུགས་ཕུང་གཏི་མུག་མིག་སྦྱོང་ཕཱུ་ལས་བྱུང་། །འཁོར་ལོའི་ཤར་ནས་རྡོ་རྗེ་མ་ཕྱག་འཚལ། །ཨུ་རྒྱན་རྩེ་མ་པགས་པ་དྲི་མ་བསྐྱེད། །ཨར་བུ་གཡོན་པ་མ་སྙེ་ཤ་འབབ་ཅིང་། །ཚོར་བ་སེར་སྣ་སྣ་སྦྱོང་ཕཻ་ལས་བྱུང་། །ལྷོ་ཕྱོགས་གསང་བའི་དཀར་མོར་བདག་ཕྱག་འཚལ། །སྤྱི་བོ་སྤྱི་གཙུག་རྣ་བ་ལྟག་པར་གཞུང་། །ལུས་དང་ཚོར་བ་ཚོས་དང་སེམས་ཀྱི་དངོས། །རླུང་དང་བྱང་ཆུབ་སེམས་རྣམས་དབུ་མར་ཐིམ། །གནས་དེ་རབ་དགའི་ས་ལ་བདག་ཕྱག་འཚལ། །ཞེས་པའི་གཞུང་འདི་བྱུང་།

དེ་བཞིན་དུ་ས་གཉིས་པ་ཐོབ་པ་ལ་ཕྱི་ནང་གི་ཡུལ་བཞི་བགྲོད་དགོས་ཏེ། སྙིང་གཞི་འདུ་ཤེས་འདོད་ཆགས་ལྤྱེ་རྣམས་སྦྱོང་བྱེད་ས་བོན་ཕྲེ་ལས་བྱུང་བ། དཀྱིལ་འཁོར་གྱི་ནང་གི་ནུབ་ཏུ་གནས་པའི་ལྷ་མོ་ཆུའི་རྣལ་འབྱོར་མས་སྦྱོང་ཞིང་། རྩ་ཐུང་དུམ་དང་རུས་སྦལ་སྐྱེས་མ་གཉིས། རྩ་དེ་གཉིས་ཀྱི་མདུད་པ་གཽ་རི་གཉིས་ཀྱི་རྣམ་པས་རྣ་བ་གཡོན་པ་དང་སྨིན་ཕྲག་ཏུ་གནས་པའི་ཡི་གེ་གཉིས་དང་། དེ་དག་ནས་ཞུ་རྒྱུས་དང་རུས་ཕྲེང་གི་ཁམས་གཉིས་དང་། ནང་གི་ཡུལ་དེ་གཉིས་ནས་ལས་རླུང་སྔར་བཞིན་རྒྱུ་བ་དབུ་མར་ཐིམ་པས། ཕྱིའི་གནས་གོཾ་ཏ་ཝ་རི་དང་། རམྨེ་ཤྭ་ར་གཉིས་ཀྱི་མཁའ་འགྲོ་དབང་དུ་འདུ་ཞིང་། སྡིག་པ་མ་སྐྱེས་པ་མི་སྐྱེད་པ་དང་། སྐྱེས་པ་སྤོང་བའི་ཡང་དག་སྤོང་བ་གཉིས་མངོན་དུ་གྱུར་པ་དང་། ཡང་སྙིང་གཞི་འདུད་བྱེད། ཕྲག་དོག ལུས་རྣམ་སྦྱོང་བྱེད་ས་བོན་ཨུ་ལས་བྱུང་བ། དཀྱིལ་འཁོར་གྱི་ནང་གི་བྱང་དུ་གནས་པའི་ལྷ་མོ་རྡོ་རྗེ་མཁའ་འགྲོ་མས་སྦྱོང་ཞིང་། རྩ་སྒོམ་མ་དང་། དབང་མ་གཉིས། རྩ་དེ་གཉིས་ཀྱི་མདུད་པ་དེ་མ་གཉིས་ཀྱི་རྣམ་པས་མིག་གཉིས་དང་། དེ་དག་ནས་མཁལ་མའི་ཁམས་དང་། སྙིང་གའི་ཁམས་གཉིས་དང་། ནང་གི་ཡུལ་དེ་གཉིས་ནས་ལས་རླུང་སྔར་བཞིན་དབུ་མར་ཐིམ་པས། ཕྱིའི་གནས་དེ་ཨོ་ཌི་ཀ་ཏ་དང་མ་ལ་ཝ་གཉིས་ཀྱི་མཁའ་འགྲོ་དབང་དུ་འདུ་ཞིང་། དགེ

བ་མ་སྐྱེས་པ་བསྐྱེད་པ་དང་སྐྱེས་པ་སྤེལ་བའི་ཡང་དག་སྤོང་བ་གཉིས་མངོན་དུ་གྱུར་པ་ལས་གཉིས་པ་དྲི་མེད་ཉེ་གནས་ཀྱི་སའི་རྟོགས་པ་སྐྱེ་བ་ཡིན་པའི་ཕྱིར་རོ་ཞེས་འཆད་པ་ལ། གོ་ད་ཝ་རི་ཐུང་དུ་ཆུ་རྒྱུས་འབབ། །རསྨི་རུ་སྦྲལ་སྐྱེས་མ་རུས་འཕྲེང་བསྐྱེད། །འདུ་ཤེས་འདོད་ཆགས་ལྕེ་སྦྱོང་ཨཱ་ལས་བྱུང་། །ཆུ་བདག་ཆུ་ཡི་རྣལ་འབྱོར་མ་ཕྱག་འཚལ། །དེ་ཡི་གོ་ཏ་ར་སྒོམ་མ་མཁལ་མ་བསྐྱེད། །མ་ལར་དབང་མ་སྙིང་འབབ་འདུད་བྱེད་དང་། །ཕྲག་དོག་ལུས་སྦྱོང་ཨུ་སྐྱེས་ཡང་དག་སྤོང་། །རྡོ་རྗེ་མཁའ་འགྲོ་གཉིས་པའི་ས་ལ་བསྟོད། །ཅེས་པའི་གཞུང་འདི་བྱུང་།

ཡང་ས་གསུམ་པ་འོད་བྱེད་ཞིང་གི་ས་དེ་ཐོབ་པར་བྱེད་པ་ལ་ཕྱི་ནང་གི་ཡུལ་ཆེན་གཉིས་བགྲོད་དགོས་ཏེ། སྤྱང་གཞི་སའི་ཁམས། སྦྱོང་བྱེད་ས་བོན་ཨཱུ་ལས་བྱུང་བ། དཀྱིལ་འཁོར་གྱི་འཕར་མའི་བྱང་ཤར་དུ་གནས་པའི་ལྷ་མོ་པུཀྐ་སིས་སྦྱོང་ཞིང་། རྩ་སྐྱོན་མ་དང་འཛུག་མ་གཉིས། རྩ་དེ་གཉིས་ཀྱི་མདུད་པ་ཀ་ཡའི་རྣམ་པས་མཆན་ཁུང་གཉིས་དང་། ནུ་མ་གཉིས་སུ་གནས་པའི་ཡི་གེ་གཉིས་དང་། དེ་དག་ནས་མིག་གི་ཁམས་དང་མཁྲིས་པའི་ཁམས་གཉིས་དང་། ནང་གི་ཡུལ་དེ་གཉིས་ནས་ལས་རླུང་སྔར་བཞིན་དབུ་མར་ཐིམ་པས། ཕྱིའི་གནས་ཀ་མ་རུ་པ་དང་ཨོཾ་ཏྲི་གཉིས་ཀྱི་མཁའ་འགྲོ་དབང་དུ་འདུས་ཤིང་འདུན་པའི་ཏིང་ངེ་འཛིན་སྤོང་བའི་འདུ་བྱེད་དང་ལྡན་པའི་རྫུ་འཕྲུལ་གྱི་རྐང་པ་དང་། སེམས་ཀྱི་རྫུ་འཕྲུལ་གྱི་རྐང་པ་གཉིས་མངོན་དུ་གྱུར་པ་ལས་གསུམ་པ་འོད་བྱེད་ཞིང་གི་ས་དེ་ཐོབ་པ་ཡིན་པའི་ཕྱིར་ཞེས་འཆད་པ་ལ། ཀ་མ་རུ་པར་སྐྱོན་མ་མིག་འབབ་ཅིང་། །ཨོ་ཏྲེར་མཛུག་མ་འཁྲིས་པ་འབབ་པའི་ཁམས། །ཨཱུ་སྐྱེས་པུཀྐ་སིས་སྦྱོང་རྫུ་འཕྲུལ་གཉིས། །ཤར་ཕྱོགས་འོད་བྱེད་ཞིང་ལ་ཕྱག་འཚལ་ལོ། །ཞེས་པའི་གཞུང་འདི་བྱུང་།

ཡང་ས་བཞི་པ་འཐོབ་པ་ལ་ཕྱི་ནང་གི་ཡུལ་གཉིས་བགྲོད་དགོས་ཏེ། སྦྱང་གཞི་ཆུའི་ཁམས་སྦྱོང་བྱེད་ས་བོན་རཱི་ལས་བྱུང་བའི་འཕར་མའི་ཤར་ལྷོར་གནས་པའི་ལྷ་མོ་ཤ་ཝ་རིས་སྦྱོང་ཞིང་། རྩ་མ་མོ་དང་མཚན་མོ་གཉིས། རྩ་དེ་གཉིས་ཀྱི་མདུད་པ་ཏྲི་ཀོའི་རྣམ་པས་ལྟེ་བ་དང་སྣ་རྩེར་གནས་པའི་ཡི་གེ་གཉིས་དང་། དེ་དག་ནས་གློ་བ་དང་རྒྱུ་མའི་ཁམས་གཉིས་དང་། ནང་གི་ཡུལ་གཉིས་ནས་ལས་རླུང་སྔར་བཞིན་དབུ་མར་ཐིམ་པས། ཕྱིའི་གནས་ཏྲི་ཤ་ཀོ་ནེ་དང་ཀོ་ས་ལ་གཉིས་ཀྱི་མཁའ་འགྲོ་དབང་དུ་འདུ་ཞིང་། བརྩོན་འགྲུས་ཀྱི་དང་སྤྱོད་པའི་རྫུ་འཕྲུལ་གྱི་རྐང་པ་གཉིས་མངོན་དུ་གྱུར་པ་ལས་བཞི་པ་འོད་འཕྲོ་ཞེ་ཞིང་གི་ས་དེའི་རྟོགས་པ་སྐྱེ་བ་ཡིན་པའི་ཕྱིར་ཞེས་འཆད་པ་ལ། ཏྲི་ཤ་ཀུ་ནེར་མ་མོ་གློ་བ་འབབ། །ཀོ་སར་མཚན་མོ་རྒྱུ་མ་ཆུ་ཡི་ཁམས། །རཱི་སྐྱེས་ཤ་ཝ་རིས་སྦྱོང་རྫུ་འཕྲུལ་གཉིས། །ཤར་ལྷོ་ཉེ་ཞིང་འོད་འཕྲོ་ཕྱག་འཚལ་ལོ། །ཞེས་པའི་གཞུང་འདི་བྱུང་།

ཡང་ས་ལྔ་པ་ཐོབ་པ་ལ་ཕྱི་ནང་གི་ཡུལ་ཆེན་གཉིས་བགྲོད་དགོས་ཏེ། སྦྱང་གཞི་མེའི་ཁམས། སྦྱོང་བྱེད

ས་བོན་ཧྲཱིཿལས་བྱུང་བ་འཕར་མའི་ལྟོ་ནུབ་ཏུ་གནས་པའི་ལྷ་མོ་ཙནྡྲ་ལིས་སྐྱོང་ཞིང་། རྩ་བསིལ་སྦྱིན་མ་དང་ཚ་བ་མ་གཉིས། རྩ་དེ་གཉིས་ཀྱི་མདུད་པ་ཀ་ལའི་རྣམ་པས་ཁ་དང་མགྲིན་པར་གནས་པའི་ཡི་གེ་གཉིས། དེ་དག་ནས་ཆུ་རྒྱུས་དང་ལྟོ་བའི་ཁམས་གཉིས་དང་། ནང་གི་ཡུལ་དེ་གཉིས་ནས་ལས་རླུང་སྔར་བཞིན་དབུ་མར་ཐིམ་པས། ཕྱིའི་གནས་ཀ་ལིངྒ་དང་ལམྤཱ་ཀའི་མཁའ་འགྲོ་དབང་དུ་འདུ་ཞིང་། དད་པའི་དབང་པོ་དང་བརྩོན་འགྲུས་ཀྱི་དབང་པོ་གཉིས་མངོན་དུ་གྱུར་པ་ལས་ལྔ་པ་སྦྱང་དཀའ་ཚཀྵའི་ས་དེའི་རྟོགས་པ་སྐྱེ་བ་ཡིན་པའི་ཕྱིར་རོ། །ཞེས་འཆད་པ་ལ། ཀ་ལིངྐིར་ནི་བསིལ་སྦྱིན་ཆུ་རྒྱུས་འབབ། །ལམྤཱར་ཚ་བ་ལྟོ་བ་འབབ་མ་མེ། །ཧྲཱིཿསྐྱེས་ཙནྡྲ་ལིས་སྐྱོང་དབང་པོ་གཉིས། །ལྔ་ནུབ་ཚཀྵ་སྦྱང་དཀར་བདག་ཕྱག་འཚལ། །ཞེས་པའི་གཞུང་འདི་བྱུང་།

ཡང་ས་དྲུག་པ་ཐོབ་པ་ལ་ཕྱི་ནང་གི་ཡུལ་ཆེན་གཉིས་བགྲོད་དགོས་ཏེ། སྙིང་གཞི་རླུང་གི་ཁམས། སྐྱོང་བྱེད་ས་བོན་ལི་ལས་བྱུང་བ་འཕར་མའི་ནུབ་བྱང་དུ་གནས་པའི་ལྷ་མོ་གཡུང་མོས་སྐྱོང་ཞིང་། རྩ་གཞོལ་མ་དང་རངས་མ་གཉིས། རྩ་དེ་གཉིས་ཀྱི་མདུད་པ་ཀ་ཧེའི་རྣམ་པས་སྙིང་ག་དང་འདོམ་བར་དུ་གནས་པའི་ཡི་གེ་གཉིས་དང་། དེ་དག་ནས་འབབ་པའི་བཤང་བའི་ཁམས་དང་རུས་པའི་ཁམས་གཉིས་དང་། ནང་གི་ཡུལ་དེ་གཉིས་ནས་ལས་རླུང་སྔར་བཞིན་དབུ་མར་ཐིམ་པས། ཕྱིའི་གནས་ཀཉྩི་དང་ཧི་མ་ལ་ཡའི་མཁའ་འགྲོ་དབང་དུ་འདུས་ཤིང་། དྲན་པའི་དབང་པོ་དང་ཏིང་ངེ་འཛིན་གྱི་དབང་པོ་མངོན་དུ་གྱུར་པ་ལས། དྲུག་པ་མངོན་གྱུར་ཉེ་བའི་ཚཀྵའི་ས་དེའི་རྟོགས་པ་སྐྱེ་བ་ཡིན་པའི་ཕྱིར་རོ། །ཞེས་འཆད་པ་ལ། ཀཉྩིར་གཞོལ་མ་བཤང་འབབ་ཁ་བའི་རིར། །རངས་མ་རུས་པའི་ཁམས་འབབ་རླུང་གི་དངོས། །ལི་སྐྱེས་གཡུང་མོས་སྐྱོང་ཞིང་དབང་པོ་གཉིས། །ནུབ་བྱང་མངོན་གྱུར་ཉེ་བའི་ཚཀྵར་བསྟོད། །ཅེས་པའི་གཞུང་འདི་བྱུང་།

ཡང་ས་བདུན་པ་ཐོབ་པ་ལ་ཕྱི་ནང་གི་ཡུལ་ཆེན་གཉིས་བགྲོད་དགོས་ཏེ། སྙིང་གཞི་གཟུགས་ཀྱི་ཁམས་སྐྱོང་བྱེད་ས་བོན་ལྀ་ལས་བྱུང་བ། འཕར་མའི་ཤར་དུ་གནས་པའི་ལྷ་མོ་གོ་རིས་སྐྱོང་ཞིང་། རྩ་ཤིན་ཏུ་གཟུགས་ཅན་མ་དང་སྤྱི་མ་གཉིས། རྩ་དེ་གཉིས་ཀྱི་མདུད་པ་པྲེ་ཤྲིའི་རྣམ་པས་མཚན་མ་དང་། བཤང་ལམ་དུ་གནས་པའི་ཡི་གེ་གཉིས་དང་། དེ་དག་ནས་འབབ་པའི་བད་ཀན་དང་རྣག་གི་ཁམས་གཉིས་དང་། ནང་གི་ཡུལ་དེ་གཉིས་ནས་ལས་རླུང་སྔར་བཞིན་དབུ་མར་ཐིམ་པས། ཕྱིའི་གནས་པྲེ་ཏ་པུ་རི་དང་གྲི་ཧ་དེ་ཝ་གཉིས་ཀྱི་མཁའ་འགྲོ་དབང་དུ་འདུ་ཞིང་། ཤེས་རབ་ཀྱི་དབང་པོ་དང་དད་པའི་སྟོབས་གཉིས་མངོན་དུ་གྱུར་པ་ལས་བདུན་པ་རིང་སོང་འདུ་བའི་ས་དེའི་རྟོགས་པ་སྐྱེ་བ་ཡིན་པའི་ཕྱིར་རོ་ཞེས་འཆད་པ་ལ། པྲེ་ཏར་ཤིན་ཏུ་གཟུགས་ཅན་བད་ཀན་འབབ། །ཁྱིམ་གྱི་ལྷ་ནི་སྤྱི་མ་རྣག་འབབ་གཟུགས། །ལྀ་སྐྱེས་གོ་རིའི་སྐྱོང་མཛད་དབང་པོ་སྟོབས། །ཤར་

ཕྱོགས་འདུ་བ་རིང་དུ་སོང་བར་བསྟོད། །ཅེས་པའི་གཞུང་འདི་བྱུང་།

ཡང་ས་བརྒྱད་པ་ཐོབ་པ་ལ་ཡུལ་ཆེན་གཉིས་བགྲོད་དགོས་ཏེ། སྦྱང་གཞི་སྦྲའི་ཁམས་སྦྱོང་བྱེད་ས་བོན་ཨེ་ལས་བྱུང་བའི་འཕར་མའི་ལྷོ་རུ་གནས་པའི་ལྷ་མོ་ཙཽ་རིའི་སྦྱོང་ཞིང་། རྩ་རྒྱུས་སྦྱིན་མ་དང་སྦྱོར་བྲལ་མ་གཉིས། རྩ་དེ་གཉིས་ཀྱི་མདུད་པ་སཽ་ཤུའི་རྣམ་པས་བཏྲ་གཉིས་དང་བྱིན་པ་གཉིས་སུ་གནས་པའི་ཡི་གེ་གཉིས་དང་། དེ་དག་ནས་འབབ་པའི་ཁྲག་དང་རྡུལ་གྱི་ཁམས་གཉིས་དང་། ནང་གི་ཡུལ་དེ་གཉིས་ནས་ལས་རླུང་སྟར་བཞིན་དབུ་མར་ཐིམ་པས། ཕྱིའི་གནས་སཽ་རཥྚ་དང་སུ་ཝརྞ་དྭི་པའི་མཁའ་འགྲོ་དབང་དུ་འདུ་ཞིང་། བརྩོན་འགྲུས་དང་ལྡན་པའི་སྟོབས་གཉིས་མངོན་དུ་བྱས་པ་ལས་བརྒྱད་པ་མི་གཡོ་ཉེ་འདུའི་ས་དེའི་རྟོགས་པ་སྐྱེ་བ་ཡིན་པའི་ཕྱིར། ཞེས་འཆད་པ་ལ། སཽ་རཥྚར་ནི་རྒྱུ་སྦྱིན་ཁྲག་འབབ་ཅིང་། །གསེར་གླིང་སྦྱོར་བྲལ་རྡུལ་འབབ་སྦྲ་ཡི་ཁམས། །ཨེ་སྐྱེས་ཙཽ་རིས་སྦྱོང་མཛད་སྟོབས་གཉིས་ལྡོར། །མི་གཡོ་ཉེ་བའི་འདུ་བར་བདག་ཕྱག་འཚལ། །ཞེས་པའི་གཞུང་འདི་བྱུང་།

ཡང་ས་དགུ་པ་ཐོབ་པ་ལ་ཕྱི་ནང་གི་ཡུལ་ཆེན་གཉིས་བགྲོད་དགོས་ཏེ། སྦྱང་གཞི་སྣའི་ཡུལ་དུ་གྱུར་པའི་དྲིའི་ཁམས། སྦྱོང་བྱེད་ས་བོན་ཨཻ་ལས་བྱུང་བ་འཕར་མའི་ནུབ་ཏུ་གནས་པའི་ལྷ་མོ་བཻ་ཏ་ལིས་སྦྱོང་ཞིང་། རྩ་སྟུག་གུ་མ་དང་གྲུབ་མ་གཉིས། རྩ་དེ་གཉིས་ཀྱི་མདུད་པ་ན་སིའི་རྣམ་པས་སོར་མོ་བཅུ་དྲུག་དང་བོལ་གོང་གཉིས་སུ་གནས་པའི་ཡི་གེ་གཉིས་དང་། དེ་དག་ནས་འབབ་པའི་ཆིལ་བུ་དང་མཆིན་པའི་ཁམས་གཉིས། ནང་གི་ཡུལ་དེ་གཉིས་ནས་ལས་རླུང་སྟར་བཞིན་དབུ་མར་ཐིམ་པས། ཕྱིའི་གནས་ན་ག་ར་དང་སིནྡྷུའི་མཁའ་འགྲོ་དབང་དུ་འདུས་ཤིང་ཏིང་ངེ་འཛིན་དང་ཤེས་རབ་ཀྱི་སྟོབས་གཉིས་མངོན་དུ་གྱུར་པ་ལས་དགུ་པ་ལེགས་པའི་བློ་གྲོས་ཀྱི་དུར་ཁྲོད་ཀྱི་ས་དེའི་རྟོགས་པ་སྐྱེ་བ་ཡིན་པའི་ཕྱིར་རོ་ཞེས་འཆད་པ་ལ། ན་ག་རར་ནི་སྟུག་གུ་ཆིལ་བུ་འབབ། །སིནྡྷུར་གྲུབ་མ་མཆིན་འབབ་སྣ་ཡི་ཡུལ། །ཨཻ་སྐྱེས་བཻ་ཏ་ལིས་སྦྱོང་སྟོབས་གཉིས་ཐུབ། །དུར་ཁྲོད་ལེགས་པའི་བློ་གྲོས་ལ་ཕྱག་འཚལ། །ཞེས་པའི་གཞུང་འདི་བྱུང་།

ཡང་ས་བཅུ་པ་ཐོབ་པ་ལ་ཕྱི་ནང་གི་ཡུལ་ཆེན་གཉིས་བགྲོད་དགོས་ཏེ། སྦྱང་གཞི་ལྕེ་ཡུལ་ཏེ་རོའི་ཁམས། སྦྱོང་བྱེད་ས་བོན་ཨོ་ལས་བྱུང་བའི་ལྷ་མོ་གྷསྨ་རིས་སྦྱངས་ཤིང་། རྩ་འཛིན་མ་དང་ཡིད་བཟང་མ་གཉིས། རྩ་དེ་གཉིས་ཀྱི་མདུད་པ་མ་ཀུའི་རྣམ་པས་མཐེ་བོང་བཞི་དང་པུས་མོ་གཉིས་སུ་གནས་པའི་ཡི་གེ་གཉིས་དང་། དེ་དག་ནས་འབབ་པའི་མཆིལ་མ་དང་སྣབས་ཀྱི་ཁམས་གཉིས་དང་། ནང་གི་གནས་དེ་གཉིས་ནས་ལས་རླུང་སྟར་བཞིན་དབུ་མར་ཐིམ་པས། ཕྱིའི་གནས་མ་རུ་དང་ཀུ་ལུ་ཏ་གཉིས་ཀྱི་མཁའ་འགྲོ་དབང་དུ་འདུས་ཤིང་། དྲན

པ་ཡང་དག་པ་དང་ཆོས་རབ་ཏུ་རྣམ་པར་འབྱེད་པ་བྱང་ཆུབ་ཀྱི་ཡན་ལག་གཉིས་མངོན་དུ་གྱུར་པ་ལས་བཅུ་པ་ཆོས་ཀྱི་སྤྲིན་ཉེ་བའི་དུར་ཁྲོད་ཀྱི་ས་དེའི་རྟོགས་པ་སྐྱེ་བ་ཡིན་པའི་ཕྱིར་རོ། །ཞེས་འཆད་པ་ལ། མ་རོར་མཆོད་མས་མཆིལ་མ་འབབ་པ་འཛིན། །ཀུ་ལུར་ཡིད་བཟང་སྣབས་འབབ་ལྕེ་ཡི་ཡུལ། །ཨོཾ་སྐྱེས་ཧྲཱུྃ་རིས་སྦྱོང་བྱང་ཆུབ་གཉིས། །ཉེ་བའི་དུར་ཁྲོད་ཆོས་ཀྱི་སྤྲིན་ལ་འདུད། །ཅེས་པའི་གཞུང་འདི་བྱུང་།

ཡང་ས་བཅུ་གཅིག་པ་ཐོབ་པ་ལ་ཕྱི་ནང་གི་ཡུལ་ཆེན་བཞི་བགྲོད་དགོས་ཏེ། སྣང་གཞི་རིག་བྱའི་ཁམས། སྦྱོང་བྱེད་ས་བོན་ཨོཾ་ལས་བྱུང་བ་དཀྱིལ་འཁོར་གྱི་ནང་གི་འོག་ཏུ་གནས་པའི་ལྷ་མོ་སྤྱོད་མས་སྦྱོང་ཞིང་། རྩ་གསུམ་བསྐོར་མ་དང་འདོད་མ་གཉིས། རྩ་དེ་གཉིས་ཀྱི་མདུད་པ་ཧཱུྃ་ཧཱུྃ་གི་རྣམ་པས་སྙིང་གི་རྒྱབ་ཀྱི་རྩ་འདབ་གཉིས་ལ་གནས་པའི་ཡི་གེ་གཉིས་དང་། ནང་གི་གནས་དེ་གཉིས་ནས་ལས་རླུང་སྐྱར་བཞིན་རྒྱུ་བ་དབུ་མར་ཐིམ་པས། ཕྱིའི་ཡུལ་ལྷུགས་གྲང་དང་ཧ་རི་ཀེ་ལའི་མཁའ་འགྲོ་དབང་དུ་འདུས་ཤིང་། བརྟན་འགྱུས་ཡང་དག་དང་། དགའ་བ་ཡང་དག་གཉིས་མངོན་དུ་བྱས་པར་གྱུར་པ་དང་། ཡང་སྣང་གཞི་ཆོས་ཀྱི་ཁམས་སྦྱོང་བྱེད་ས་བོན་ཨཾ་ལས་བྱུང་བ་དཀྱིལ་འཁོར་གྱི་ནང་གི་སྟེང་དུ་གནས་པའི་ལྷ་མོ་མཁའ་སྤྱོད་མས་སྦྱོང་ཞིང་། རྩ་ཁྲིམ་མ་དང་གཏུམ་མོ་གཉིས། རྩ་དེ་གཉིས་ཀྱི་མདུད་པ་ཧཱུྃ་ཧཱུྃ་གི་རྣམ་པ་སྙིང་གའི་མདུན་གྱི་མཚམས་ཀྱི་རྩ་འདབ་གཉིས་ལ་གནས་པའི་ཡི་གེ་གཉིས། དེ་དག་ནས་འབབ་པའི་རླུང་ལྔ་དང་བདུད་རྩི་གསུམ་འདྲེས་པ་ཁམས་གཉིས་དང་། ནང་གི་གནས་དེ་གཉིས་ནས་ལས་རླུང་སྐྱར་བཞིན་རྒྱུ་བ་དབུ་མར་ཐིམ་པས། ཕྱིའི་ཡུལ་ལན་ཚྭ་རྒྱ་མཚོའི་ནང་སོང་དང་བཞིན་དུ་གཉིས་ཀྱི་མཁའ་འགྲོ་དབང་དུ་འདུས་ཤིང་ཤིན་ཏུ་སྦྱངས་པ་ཡང་དག་དང་། ཏིང་ངེ་འཛིན་ཡང་དག་གཉིས་མངོན་དུ་བྱས་པར་གྱུར་པ་ལས་བཅུ་གཅིག་དཔེ་མེད་པ་འབྱུང་སྤྱོད་ཀྱི་སའི་རྟོགས་པ་སྐྱེ་བ་ཡིན་པའི་ཕྱིར་རོ། །ཞེས་འཆད་པ་ལ། གསུམ་བསྐོར་འདོད་མ་རིག་བྱ་ས་སྤྱོད་སྦྱོང་། །ཨོཾ་སྐྱེས་བྱང་ཆུབ་ལམ་གཉིས་ལ་བཏུད་ནས། །ཁྲིལ་མ་གཏུམ་མོ་ཆོས་དབྱིངས་མཁའ་སྤྱོད་སྦྱོང་། །ཨཾ་སྐྱེས་བྱང་ཆུབ་ལམ་གཉིས་ལ་ཕྱག་འཚལ། །འདི་བཞི་སྙིང་གི་འདབ་བརྒྱད་ལྟེ་བ་ཡི། །མཚམས་ནས་རླུང་དང་བདུད་རྩི་ལྔ་འདྲེས་འབབ། །འདི་རྣམས་དབུ་མར་ཐིམ་པ་འབྱུང་སྤྱོད་དེ། །དཔེ་མེད་ཡེ་ཤེས་བཅུ་གཅིག་སར་ཕྱག་འཚལ། ། ཞེས་པའི་གཞུང་འདི་བྱུང་།

ཡང་ས་བཅུ་གཉིས་པ་ཐོབ་པ་ལ་ཕྱི་ནང་གི་ཡུལ་ཆེན་བཞི་བགྲོད་དགོས་ཏེ། སྣང་གཞི་རྣ་བ་ཞེ་སྡང་རྣམ་ཤེས་ཀྱི་ཕུང་པོ་རྣམས་སྦྱོང་བྱེད་ས་བོན་ཨཱ་ལས་བྱུང་བ། དཀྱིལ་འཁོར་དབུས་ན་བཞུགས་པའི་ལྷ་མོ་བདག་མེད་མས་སྦྱོང་ཞིང་། རྩ་ཀུན་འདར་མ། རོ་མ། རྐྱང་མ། བདུད་བྲལ་མ་བཞི། རྩ་དེ་བཞིའི་མདུད་པ། ཧཱུྃ་ཧཱུྃ་ཧཱུྃ་ཧཱུྃ་

གི་རྣམ་པས་སྙིང་གའི་ཕྱི་སྐོར་གྱི་ཕྱོགས་བཞིར་གནས་པའི་ཡི་གེ་བཞི། དེ་དག་ནས་རླུང་དང་བདུད་རྩི་ལྟ་འཐྲིས་ནས་ཡོད་པའི་ཁམས་བཞི་དང་། ནང་གི་གནས་དེ་བཞི་ནས་ལས་རླུང་སྔར་བཞིན་དབུ་མར་ཐིམ་པས། ཕྱིའི་ཡུལ་གཞོན་ནུའི་གྲོང་ཁྱེར། རབ་སོང་འདུས། རྒྱ་མཚོའི་འགྲམ། སྐྱིད་ཚལ་རྫིང་བུའི་འགྲམ་བཞིའི་མཁའ་འགྲོ་དབང་དུ་འདུ་ཞིང་བདང་སྒོམས་ཡན་ལག་བྱང་ཆུབ་ཀྱི་ཡན་ལག་དང་། འཕགས་ལམ་བརྒྱད་ལས་ཡང་དག་པའི་ལྟ་བ། ཡང་དག་པའི་རྟོག་པ་ཡང་དག་པའི་ངག་གསུམ་སྟེ་བཞི་མངོན་དུ་གྱུར་པ་ལས་ས་བཅུ་གཉིས་པ་ཡེ་ཤེས་ལྡན་ཉེ་བའི་འཐུང་སྤྱོད་ཀྱི་ས་དེ་ཐོབ་པ་ཡིན་ནོ། །ཞེས་འཆད་པ་ལ། དབུས་གནས་གཡས་གཡོན་རྒྱབ་ཀྱི་ཆ་ལ་བཞུགས། །ཀུན་འདར་རོ་རྐྱང་བདུད་བྲལ་ཆ་དང་བཅས། །ཕྱུ་ཁྲག་དྲི་ཆེན་དྲི་ཆུ་མི་རྟོག་སྐྱེད། །འཕགས་པའི་ལམ་གསུམ་བྱང་ཆུབ་ལ་ཕྱག་འཚལ། །གནས་གཞི་དབུ་མར་སྟོང་ལས་བཅུ་གཉིས་པ། །ཉེ་བའི་འཐུང་སྤྱོད་ཡེ་ཤེས་ཆེན་པོ་སྟེ། །སྤྱང་བྱ་ཀུན་སྤངས་ཐོབ་བྱ་ཀུན་རྫོགས་པའི། །འཁོར་ལོའི་དབུས་ན་བཞུགས་ལ་ཕྱག་འཚལ་ལོ། །རྣ་བ་ཞེ་སྡང་རྣམ་ཤེས་ཕུང་པོ་སྦྱོང་། །སེམས་དག་ཆོས་དབྱིངས་ཡེ་ཤེས་ངོ་བོ་ཉིད། །སྤྲོས་བྲལ་ཨ་ལས་བྱུང་བའི་གཉིས་མེད་མཆོག །རྡོ་རྗེ་བདག་མེད་མ་དཔལ་ཕྱག་འཚལ་བསྟོད། །ཅེས་པའི་གཞུང་འདི་བྱུང་།

ཡང་ས་བཅུ་གསུམ་པ་ཐོབ་པ་ལ་ཕྱི་ནང་གི་ཡུལ་ལྟ་བགྲོད་དགོས་ཏེ། སྙིང་གཞི་ཤིན་ཏུ་ཕྲ་བའི་དྲི་མ། སྦྱོང་བྱེད་བཅོམ་ལྡན་འདས་ཀྱིས་སྦྱོང་ཞིང་། རྩ་སྙིང་གི་ནང་སྐོར་སྦྲས་པའི་རྩ་ལྔ། རྩ་དེ་དག་གི་མདུད་པ་ཧཱུྃ་ཨོཾ་ཧཱིཿཕཾ་ཧཱུྃ་གི་རྣམ་པས་སྙིང་གི་དབུས་དང་ཕྱོགས་བཞིར་གནས་པའི་ཡི་གེ་ལྔ། དེ་དག་ནས་ཤིན་ཏུ་དྭངས་པའི་བདུད་རྩི་གསུམ་དང་། ནམ་མཁའ། རླུ། ས་མེ། རླུང་གི་རླུང་སྟེ་དྭངས་མ་ལྔ་གཙུག་ཏོར་མཆོག་ཏུ་ཐིམ་པས། ཕྱིའི་སྦྲས་པའི་ཡུལ་ལྔ་ཞེས་པ་ཕྱི་རྡོ་རྗེ་གདན། ནང་འོག་མིན། གསང་བ་སྨྲུབ་པ་པོ་སངས་རྒྱས་པའི་དེ་ཉིད་ཀྱི་དབུས་དང་ཕྱོགས་བཞིའི་གནས་རྣམས་ཀྱི་མཁའ་འགྲོ་དབང་དུ་འདུས་ཤིང་། ཡང་དག་པའི་ལས་ཀྱི་མཐའ་འཚོ་བ། རྩོལ་བ། དྲན་པ། ཏིང་ངེ་འཛིན་ཏེ་ལྔ་དང་དྲུག་གི་ཆ་ཤས་གཅིག་མངོན་དུ་གྱུར་པ་ལ་ས་བཅུ་གསུམ་པ་རྡོ་རྗེ་འཛིན་པའི་ས་དེའི་རྟོགས་པ་སྐྱེ་བ་ཡིན་པའི་ཕྱིར་རོ། །ཞེས་འཆད་པ་ལ། སྦྲས་པའི་རྩ་ལྔ་བདུད་བྲལ་ཆ་དང་བཅས། །སྙིང་ཁའི་དབུས་གནས་གཙུག་ཏོར་མཆོག་ཏུ་ཐིམ། །འཕགས་པའི་ལམ་ལྔ་དྲུག་པའི་ཆ་ཡི་དངོས། །རྡོ་རྗེ་འཛིན་པ་བཅུ་གསུམ་པར་ཕྱག་འཚལ། །ཞེས་པའི་གཞུང་འདི་བྱུང་བ་ཡིན་ནོ། །

དེ་ལྟར་ས་དང་སྦྱར་ཏེ་སྙིང་པོར་དྲིལ་ནས་ཟབ་དོན་རྣམས་མ་སྦྲས་པར་བསྟན་པ་ཡིན་ལ། དེ་དག་རེ་རེ་བཞིན་རྒྱུད་དང་སྦྱར་བ་དང་མཐའ་ཆོད་ཀྱི་ལུང་རིགས་འཕོ་བ་དང་སྦྱོར་བ་སོགས་ནི་རེ་ཞིག་སྦྲ་བར་བྱ་བའི་གནས

སོ༔ །འོན་ཀྱང་དཔྱོད་ལྡན་དོན་གཉེར་བྱུང་ན་རིམ་པས་འཆད་པར་སྤྲོ་བ་ཡིན་ནོ། །

དེ་སྐད་རྒྱུད་སྡེའི་ཡང་སྙིང་དཔྱིད། །ས་ལམ་རྣམ་གཞག་འཁྲུལ་མེད་པ། །གོང་མའི་གསུང་གི་གསལ་བྱེད་མཆོག །འཆད་མཁས་དཔྱོད་ལྡན་ཆེས་དཀོན་ཡང་། །སྟོན་སྣང་དཀར་བའི་བག་ཆགས་སད། །རྒྱུད་སྡེ་གནད་ཀྱི་སྙིང་པོ་ལོངས། །གོང་མའི་བྱིན་རླབས་སྙིང་བཞུགས་པ། །ཇི་བཞིན་སྨྲ་མཁས་ཁོ་བོ་ཙམ། །ཞེས་པ་རྗེ་བཙུན་ཆེ་དང་བདག །རྟོལ་དང་རྟུལ་ཕྲན་བརྩེགས་མཚུངས་ཀྱང་། །རྩ་འགྲེལ་ལེགས་བཤད་ཀུན་མཁྱེན་གྱིས། །ཕྲང་ལ་བཅལ་ཀྱང་ལྷོ་ཡང་མེད། །དེ་སྐད་བརྗོད་པའི་མོད་ལ་ནི། །མཁས་རློམ་གདོང་གིས་ཡོངས་དུད་ཅིང་། །མགྲིན་པའི་ཕྱུག་ན་སྙིང་གི་རྩེ། །རོ་འཛིན་རྩེ་དང་ལྡན་ཅིག་འདར། །དེ་ཕྱིར་བློ་གསལ་དཔྱོད་ལྡན་རྣམས། །ལེགས་བཤད་ཕྲེང་བ་འདི་བཟུང་ལས། །གོང་མའི་གསུང་རབ་ལ་ཞུགས་དང་། །རྒྱུད་དོན་སྙིང་པོར་ལོན་ནོ་ཀྱི། །དགེ་དེས་བདག་སོགས་འགྲོ་བ་ཀུན། །ས་ལམ་འཁྲུལ་མེད་འདི་བགྲོད་ནས། །སྐལ་བ་དང་འཚམས་གདུལ་བྱ་ལ༔ །ཆོས་ཀྱི་འཁོར་ལོ་བསྐོར་བར་ཤོག །

ཅེས་རྒྱུད་སྡེ་ནས་བཤད་པའི་ཡུལ་ཆེན་སྒྲིག་ཚུལ་ཐུན་མོང་མ་ཡིན་པ་ལེགས་པར་བཤད་པ་རྗེ་བཙུན་མཆོག་གི་དགོངས་རྒྱན་དཔྱོད་ལྡན་ཡོངས་ཀྱི་དགའ་སྟོན་ཞེས་བྱ་བ་འདི་ཡང་། སྙིགས་དུས་ཀྱི་ས་སྐྱ་པའི་བསྟན་པའི་གསལ་བྱེད་ཆེན་པོ་མཁས་པའི་དབང་པོ་ཀླུ་སྒྲུབ་རྒྱ་མཚོའི་གསུང་བཞིན། དེའི་དངོས་ཀྱི་སློབ་མ་མདར་བསྟོད་མིའི་དབང་པོ་ཁྲིམ་པ་པཎྜི་ཏ་དཔྱོད་ལྡན་དགྲ་འདུལ་དོན་འགྲུབ་རྡོ་རྗེས་ཟིན་བྲིས་ཀྱི་ཚུལ་དུ་བཀོད་པའི་ཡུལ་ཆེན་སྒྲིག་ཚུལ་ཐུན་མོང་མ་ཡིན་པའི་ལེགས་བཤད་ཀྱི་ཡིག་ཆུང་ཞིག་འདུག་པ་མཐོང་བའི་མོད་ལ། སྟོན་བྱོན་པའི་བསྟན་འཛིན་གྱི་མཁས་པ་བསྟན་སྐྱོང་གི་སྦྱིན་བདག་དང་བཅས་པས་བསྟན་པའི་བྱ་བ་འབའ་ཞིག་གིས་དུས་འདའ་བར་མཛད་འདུག་པའི་ཕྱག་རྗེས་བཟང་པོ་འདི་འདྲ་བ་ངོ་མཚར་ཆེ་སྙམ་པའི་སྐྱེས་བུ་དམ་པ་དེ་དག་ལ་དང་འདོད་ཀྱི་དད་པ་ལྷག་པར་འཕེལ་ཞིང་མིག་ནས་མཆི་མ་འཁྲུག་བཞིན་པའི་ངང་ནས། ས་སྐྱ་པ་ཤཱཀྱའི་དགེ་བསྙེན་སྟགས་འཆང་ངག་དབང་ཀུན་དགའ་བསོད་ནམས་ཀྱིས་ཟིན་བྲིས་ཀྱི་ཡི་གེ་དེ་ཉིད་གཞིར་བཞག་སྟེ། རང་གི་དྲན་གསོ་གསལ་འདེབས་ཀྱི་ཚུལ་དུ་ལེགས་པར་སྦྱར་བའི་ཡི་གེ་པ་ནི་དཔྱོད་ལྡན་མིའི་དབང་པོ་ཤེས་བྱའི་གནས་མཐའ་དག་ལ་མཁྱེན་རབ་ཡངས་ཤིང་། ལྷག་པར་དུས་ཀྱི་འཁོར་ལོའི་རྩིས་གཞུང་རྒྱ་མཚོ་ལ་མཁས་པའི་ཕུལ་དུ་ཕྱིན་པ། བརྩེ་ཆེན་ས་སྐྱོང་པི་ཛ་རྣམ་རྒྱལ་རྡོ་རྗེ། བཟྲ་གྱིས་དང་གྲུས་ཀྱི་སྒོ་ནས་ཕྱག་སོར་གྱི་འདུ་བྱེད་ལས་བསྒྲུབ་པའོ། །

འདི་སྦྱར་དགེ་བས་ཆོ་འདི་འཕོས་མ་ཐག །མཁའ་སྤྱོད་བདེ་ལྡན་མདོན་དགའ་སོགས་སྐྱེས་ནས། །སྤྲུལ་

པས་རྗེ་བཙུན་གོང་མའི་གསུང་རབ་དོན། །མུ་མཐའ་མེད་པར་ཕྱོགས་ཀུན་རྒྱས་བྱེད་ཤོག །སརྦ་མངྒ་ལཾ། ཤུ་བྷཾ་མསྟུ་སརྦ་ཛ་ག་ཏྃ།། །།

༄༅། །ཡུལ་ཆེན་སུམ་ཅུ་རྩ་བདུན་གྱི་རྣམ་པར་བཤད་པ་དག་པ་བདུད་རྩིའི་བུམ་བཟང་ཞེས་བྱ་བ་བཞུགས་སོ། །

ཤཱཀྱ་དཔལ་བཟང་།

ཨོཾ་སྭ་སྟི། གང་ཞིག་ཐུན་མཚམས་ལི་ཁྲིས་བྲུགས་པ་ཉིན་བྱེད་གསར་པའི་རྡུལ་གྱིས་ནི། །ཉེ་བར་བགོས་པའི་དམར་འོད་ལྡན་པ་བློ་ཆེན་གང་གི་ཞབས་སེན་མདངས། །ལྷ་བརྒྱའི་ཅོད་པན་ནོར་བུའི་ཁྲི་ལ་དགོས་པའི་གར་གྱིས་རོལ་རྩེན་པ། །སྐྱབས་གནས་ཀུན་གྱི་ངོ་བོ་གཅིག་གྱུར་འདྲེན་པ་མཆོག་དེས་སྲིད་འདི་བསྲུངས། །རབ་འབྱམས་རྒྱལ་བའི་དགོངས་དོན་པདྨོའི་ཚལ། །ཕྲིན་ལས་འོད་སྣང་བཟང་པོས་རབ་ཕྱེ་བས། །སྐལ་ལྡན་བློ་གསལ་དོན་གཉེར་བུང་བའི་ཚོགས། །སྨིན་གྲོལ་བདུད་རྩིས་ཚིམས་མཛད་བླ་མར་འདུད། །གང་དེས་གསུངས་པའི་ལེགས་བཤད་སྙོ་མང་པོ། །རྨད་བྱུང་བློ་ཡི་ཤེལ་བུམ་གྱིས་བཟུང་བ། །རྗེད་ངས་དྲི་མས་འཇིགས་ནས་ཤོག་བུ་ཡི། །མི་ལོངས་ཡངས་པའི་ངོས་འདིར་གསལ་བར་བྱ། །

ཅེས་མཆོད་བརྗོད་སྔོན་དུ་སོང་ནས། འདིར་གང་བཤད་པར་བྱ་བའི་ཆོས་ནི་སྡོམ་པ་གསུམ་གྱི་རབ་ཏུ་དབྱེ་བ་ཞེས་བྱ་བའི་བསྟན་བཅོས་འདི་ཡིན་ལ། འདི་འཆད་པ་ལ་བསྡུས་དོན་གསེར་གྱི་སྙིང་པོ་འཛམ་པོ་ལ། ཚིག་དོན་ནོར་བུའི་ཕྲེང་བ་སྤེལ་ནས་འཆད་པའི་ཚུལ་ལ་གསུམ་སྟེ། བསྟན་བཅོས་ཀྱི་མཚན་ཐོག་མར་བཀོད་པས་བརྗོད་བྱའི་དོན་ལ་སྤྲོ་བ་བསྐྱེད། དོན་ལྡན་གྱི་བསྟན་བཅོས་དངོས་བཤད་པས་སྐབས་ཀྱི་དོན་ལ་ངེས་པར་བསྐྱབ། རྩོམ་པ་པོའི་མཚན་བསྟན་པས་འཇུག་ཤིས་པ་བརྗོད་པའོ། །གཉིས་པ་ལ་གསུམ་སྟེ། ཐོག་མར་དགེ་བ་གོང་མའི་ཡོན་ཏན་དྲན་པས་བར་ཆད་ཞི་བའི་སླད་དུ་ཕྱག་བྱ་བ། བར་དུ་དགེ་བ་བསྟན་བཅོས་རྩོམ་པའི་རྒྱུ་མཚན་བསྟན་པའི་སྒོ་ནས་བརྩམ་བྱ་གཞུང་གི་རང་བཞིན་བཤད། ཐ་མར་དགེ་བ་བཀའ་དྲིན་དྲན་པའི་སྒོ་ནས་ཕྱག་བྱ་བའི་རྗེས་དགའ་བ་བསྒོམ་པའོ། །གཉིས་པ་ལ་བཞི་སྟེ། རྩོམ་པར་དམ་འཆའ་བ། ཇི་ལྟར་བརྩམ་པའི་ཚུལ། རྩོམ་དགོས་པའི་རྒྱུ་མཚན། བརྩམ་བྱའི་བསྟན་བཅོས་དངོས་བཤད་པའོ། །བཞི་པ་ལ་གསུམ་སྟེ། ལུས་རྣམ་པར་བཞག་པས་བསྟན་བཅོས་ཀྱི་དོན་རགས་པ་ལ་ངེས་པ་བསྐྱབ། ཡན་ལག་རྒྱས་པར་བཤད་པས་ལུང་རིགས་ཀྱི་མཐའ་དཔྱད། བསྟན་བཅོས་བརྩམས་པའི་རྒྱུ་མི་ཤེས་པ་དང་ཕྲག་དོག་མེད་པར་བསྟན་པས་འཇུག་

བསྡུ་བའོ། །གཉིས་པ་ལ་གཉིས་ཏེ། བསྟན་པའི་ཚིག་དོན་ལ་འབྲེལ་པར་འགོག་བྱེད་ཀྱི་ལུང་རིགས་རྒྱས་པར་བཤད། བསྟན་པ་ལ་བྱེ་དོར་བྱེད་པ་བསྟན་འཛིན་གྱི་སྤྱི་ལུགས་ཡིན་པར་བསྟན་པས་འཇུག་བསྡུ་བའོ། །དང་པོ་ལ་གཉིས་ཏེ། བརྗོད་བྱའི་དོན་ལ་འབྲེལ་པ་དགག །བརྗོད་བྱེད་ཀྱི་ཚིག་ལ་འབྲེལ་པ་དགག་པའོ། །དང་པོ་ལ་གསུམ་སྟེ། རྟོགས་པའི་བསྟན་པ་ལ་འབྲེལ་པ་དགག །ལུང་གི་བསྟན་པ་ལ་འབྲེལ་པ་དགག །ལུང་རྟོགས་ལྟར་ཡང་དག་ཏུ་འབྲེལ་པའི་འབྲེལ་གཞི་དཔྱད་པའོ། །དང་པོ་ལ་བསྟན་པའི་གནད་ལ་འབྲེལ་པ་བྱུང་ཚུལ་བསྟན་པ་དང་། འབྲེལ་པའི་གྲུབ་མཐའ་སུན་འབྱིན་པའི་མན་ངག་གོ། །དང་པོ་ལ། བསྟན་པའི་གནད་ལ་འབྲེལ་པ་འགོག་བྱེད་ཀྱི་ལུང་རིགས་རྒྱས་པར་བཤད། ཐེག་པ་རང་ས་ནས་བདེན་པས་འབྲེལ་མ་འབྲེལ་གྱི་དབྱེ་བ་མི་འཐད་པའི་རྩོད་པ་སྤང་། གནད་ལ་འབྲེལ་ཚུལ་དཔེས་བསྟན་པས་འཇུག་བསྡུ་བའོ། །དང་པོ་ལ། སོ་ཐར་སྡོམ་པ་འདུལ་བ་བཞིན་བཤད། བྱང་སེམས་སྡོམ་པའི་རྣམ་པར་གཞག་པ་མདོ་སྡེ་བཞིན་བཤད། སྔགས་སྡོམ་བླ་མེད་ཀྱི་གཞུང་བཞིན་གཙོ་བོར་བཤད་པའོ། །

གསུམ་པ་ལ་གསུམ་སྟེ། སྨིན་གྲོལ་གཉིས་ལ་འབད་དགོས་པའི་སྒོ་ནས་མཚམས་སྦྱར། གཞི་ལམ་འབྲས་གསུམ་གྱི་རྣམ་གཞག་ལ་འབྲེལ་པ་འགོག་བྱེད་རྒྱས་པར་བཤད། ས་ལམ་གྱི་རྣམ་གཞག་ལ་འབྲེལ་པ་བཀག་པས་འཇུག་བསྡུ་བའོ། །གཉིས་པ་ལ་གསུམ་སྟེ། ལམ་དུས་སུ་སྨིན་བྱེད་ཀྱི་དབང་ལ་འབྲེལ་པ་དགག །ལམ་དུས་སུ་གྲོལ་བྱེད་ཀྱི་ལམ་ལ་འབྲེལ་པ་དགག །གྲུབ་པ་འབྲས་བུ་ལ་འབྲེལ་པ་དགག་པའོ། །གཉིས་པ་ལ་གཉིས་ཏེ། བརྟན་པ་མ་ཐོབ་པར་ཐོབ་ཕྱིར་དུ་སྒོམ་པའི་ལམ་ལ་འབྲེལ་པ་དགག །བརྟན་པ་ཐོབ་ནས་བརྟུལ་ཞུགས་སྤྱོད་པའི་ཡུལ་དུས་ལ་འབྲེལ་པ་དགག་པའོ། །གཉིས་པ་ལ་གསུམ་སྟེ། རང་ལུགས་བཞག་པས་དོན་གྱི་རྣམ་གཞག་ལ་གོ་བ་བསྐྱེད་བྱེད་མདོར་བསྟན། གཞན་ལུགས་དགག་པས་ཡིན་ལུགས་ཀྱི་རྣམ་གཞག་ལ་འབྲེལ་པ་བསལ་ཏེ་རྒྱས་པར་བཤད། གཞན་ལུགས་ཁས་བླངས་ཀྱང་རང་ལུགས་དང་འགྲེལ་དགོས་པས་འཇུག་བསྡུ་བའོ། །

དང་པོ་ལ་གསུམ་སྟེ། བརྟུལ་ཞུགས་ལ་སྤྱོད་པའི་ཡུལ་ཧེ་ནི་ཀས་བཟུང་ནས་བརྟུལ་ཞུགས་ལ་སྤྱོད་དགོས་པར་མདོར་བསྟན་གྱི་གང་ཟག་མིན་པས་ཡུལ་དང་གནས་དེར་ཕྱིན་ཀྱང་བར་ཆད་འབྱུང་ཚུལ་རྒྱས་པར་བཤད། བརྟུལ་ཞུགས་ལ་སྤྱོད་པ་སྐབས་སུ་བབ་པའི་གང་ཟག་གིས་ཡུལ་དང་གནས་དེར་ཕྱིན་ན་ཕན་ཡོན་བསྟན་པས་འཇུག་བསྡུ་བའོ། །

དང་པོ་དེ་བསྟན་པ་ལ། དབང་བཞི་ཡོངས་སུ་རྫོགས་པ་དང་། ཞེས་སོགས་ཀྱི་གཞུང་འདི་བྱུང་། འདིའི་སྐབས

སུ་དོན་ཉམས་སུ་ལེན་པའི་རྟེན་དེ་ལ། ལས་དང་པོ་པ་དང་། དྲོད་ཆུང་ངུ་ཐོབ་པ་དང་། དྲོད་འབྲིང་ཐོབ་པ་དང་། དྲོད་ཆེན་པོ་ཐོབ་པ་དང་བཞིའོ། །དང་པོ་ལས་དང་པོ་པའི་གང་ཟག་དེས་བརྟན་པ་མ་ཐོབ་བར་དུ་རང་གི་ཁྱིམ་དུ་བསྒོམ་པ་དང་།བརྟན་པ་ཐོབ་ནས་དུར་ཁྲོད་དུ་བསྒོམ་པ་དང་། བརྟན་པ་ཆེན་པོ་ཐོབ་ནས་ཡུལ་ཆེན་སོགས་སུ་བསྒོམ་དགོས་ཏེ། བརྟག་གཉིས་ལས། དང་པོ་བསྒོམ་པར་བྱེད་དུས་ཀྱི། །གནས་ནི་གང་དུ་བསྟུགས་པས་སེམས། །གཅིག་ཏུ་མཉམ་བཞག་འགྲུབ་འགྱུར་བ། །གནས་ནི་བཟང་པོ་རབ་ཏུ་བརྟག །རང་གི་ཁྱིམ་དུ་མཚན་དུས་སུ། །རྣལ་འབྱོར་མ་བསྒོམ་ཤེས་རབ་ཅན། །ཞེས་གསུངས་སོ། །དྲོད་ཆུང་ངུ་ཐོབ་པའི་གང་ཟག་བསྐྱེད་རྫོགས་ལ་བརྟན་པ་ཅུང་ཟད་ཐོབ་པ་དེས། མཚན་མོ་ཤིང་དྲུང་ངམ། དུར་ཁྲོད་ལ་སོགས་པ་འཇིགས་པའི་གནས་སུ་བསྒོམ་དགོས་ཏེ། ཡང་དེ་ཉིད་ལས། ཤིང་གཅིག་དྲུང་ངམ་དུར་ཁྲོད་དམ། །ཡང་ན་དབེན་པའི་བས་མཐའ་རུ༔ །བསྒོམ་པ་བཟང་པོ་བརྗོད་པར་བྱ། །ཞེས་གསུངས་སོ། །

ཡང་དྲོད་ཆུང་ངུ་ཐོབ་པའི་ཐབས་དང་། རྟགས་གཉིས། འབྲིང་ཐོབ་པར་བྱེད་པའི་ཐབས་དང་། རྟགས་གཉིས། ཆེན་པོ་ཐོབ་པར་བྱེད་པའི་ཐབས་དང་། རྟགས་གཉིས་སུ་ཡོད་པ་ལས། དང་པོ་ཐོབ་པར་བྱེད་པའི་ཐབས་ནི། ལམ་བསྐྱེད་རྫོགས་གཉིས་བསྒོམ་པ་ལ་བྱ་ཞིང་། རྟགས་ནི། མཉམ་བཞག་ཏུ་འཇིག་རྟེན་ཆོས་བརྒྱད་མགོ་སྙོམ་པ་སྙམ་བྱེད། ཉོན་མོངས་དྲག་པོ་བློ་བུར་དུ་བཟློག་སྙམ་བྱེད། དེར་བརྟན་མི་བརྟན་བརྟགས་ནས་མི་བརྟན་ན། སླར་བསམ་གཏན་ལ་འདུག་པར་བྱ་སྟེ། དེ་ཉིད་ལས། ཡང་ནི་བསྒོམ་པ་ནུབ་པ་ན། །བསྟུས་ནས་ཁྲིས་པས་བཅོ་བར་བྱ། །དེ་ནི་འཇིག་རྟེན་ཆོས་བརྒྱད་ཀྱང་། །ཐམས་ཅད་ཤིན་ཏུ་རིང་དུ་སྤངས། །ཞེས་གསུངས། གཉིས་པ་དྲོད་འབྲིང་ཐོབ་པའི་ཐབས་ནི། ཀུན་འདར་གྱི་སྤྱོད་པ་ལ་བྱ་ཞིང་། རྟགས་ནི་དྲག་ཤུལ་གྱི་སྤྱོད་པའམ། ཞི་བས་རྗེས་སུ་འཛིན་ནུས་པའི་ལས་གང་རུང་ལ་བྱ་ཞིང་། དེ་འདྲའི་རྣལ་འབྱོར་པ་དེས་དྲོད་འབྲིང་ཐོབ་པ་ནི་གང་ཞིག །དེ་རྣམ་ཤེས་དང་། ཡེ་ཤེས་ལས་ཆ་མི་མཉམ་པའི་ཕྱིར། གསུམ་པ་ཆེན་པོ་ཐོབ་པའི་ཐབས་ནི༔ དྲག་ཤུལ་གྱི་སྤྱོད་པ་ལ་བྱ་ཞིང་། རྟགས་ནི་ཞི་བས་ཚར་བཅད་རྗེས་འཛིན་གཉིས་ཀ་ནུས་པའི་ལས་ལ་བྱ་སྟེ། དེ་ལྟ་བུའི་རྣལ་འབྱོར་པ་དེས་དྲོད་ཆེན་པོ་ཐོབ་པ་ནི་གང་ཞིག་དེ་ལྟ་བུའི་རྣལ་འབྱོར་པ་དེས་རྣམ་ཤེས་དང་།ཡེ་ཤེས་ཆ་མཉམ་པའི་ཕྱིར། གཉིས་ཀ་སྒྲུབ་བྱེད་ཀྱི་རྟགས་ཀྱི་ལུང་ནི། ཀྱེ་རྡོ་རྗེ་ལས། ཕན་དང་གནོད་པས་འབྲེལ་འགྱུར་བ། །དེ་ལྟར་ངེས་པར་ཤེས་ནས་ནི། །ཇི་ལྟར་དེ་ནི་སྐད་ཅིག་ཀྱང་། །རྣལ་འབྱོར་དུ༼དཔྱད༽མོ་ག་ལ་འགྲོ། །ཞེས་གསུངས་སོ། །

ཡང་དྲོད་ཆུང་ངུ་ཐོབ་ནས་ཀུན་འདར་གྱི་སྤྱོད་པ་དང་། འབྲིང་ཐོབ་ནས་ཀུན་འདར་འཇིག་རྟེན་པའི་སྤྱོན

དུ་སྦྱོད་པ་དང་། ཆེན་པོ་ཐོབ་ནས་ཀུན་བཟང་ཕྱོགས་ལས་རྣམ་རྒྱལ་གྱི་སྤྱོད་པ་ལ་སྤྱོད་དགོས་སོ། །ཅིའི་ཕྱིར་དྲོད་ཅེས་བྱ་ཞེ་ན། ལུས་ངག་ཡིད་གསུམ་གྱི་མཐུའམ། །ནུས་པའི་ཁྱད་པར་ཐོབ་པས་ན་དྲོད་ཅེས་བྱའོ། །བརྟན་པ་ཆེན་པོ་ཐོབ་པའི་རྣལ་འབྱོར་པ་དེས། ལུས་དང་ངག་གི་བརྡ་རྣམས་ལ་ལེགས་པར་སྦྱང་དགོས་པ་ཡིན་ཏེ། ཀྱེ་རྡོ་རྗེ་ལས། གང་གིས་སོར་མོ་གཅིག་སྟོན་ན། །གཉིས་ཀྱིས་ལེགས་པར་འོང་བ་ཡིན། །ཞེས་སོགས་དང་། བརྡ་ཞེས་བྱ་བ་སྐྱེས་བུར་བཤད། །འབྲི་ཞེས་བྱ་བ་བུད་མེད་བཤད། །ཞེས་དང་། ལུས་དང་ངག་གི་བརྡ་རྣམས་ལ་ལེགས་པར་སྦྱངས་ཤིང་། དེ་ཁོ་ན་ཉིད་རྟོགས་ཀྱང་། དགོས་པ་ས་རྣམས་བགྲོད་པར་བྱ་བ་དང་། ཡུལ་དེར་གནས་པའི་དཔའ་བོ་དང་། རྣལ་འབྱོར་མ་རྣམས་དབང་དུ་བསྡུ་བའི་ཕྱིར། གནས་དང་ཉེ་བའི་གནས་ལ་སོགས་པའི་ཡུལ་ཆེན་སུམ་ཅུ་རྩ་བདུན་དུ་བརྟུལ་ཞུགས་ལ་རྒྱུ་དགོས་པའོ། །རིག་པ་མ་རིག་པའི་གཉེན་པོ་ཡིན་པས་ན། རིག་པ་དེ་མཚོན་བྱེད་དུ་རུས་བརྒྱན་སོགས་ཐོགས་ནས། བརྟུལ་ཞུགས་ལ་རྒྱུ་བར་བསྟན་པའོ། །

འཁོར་ལོ་སྡོམ་པ་ལས། ཡུལ་ཉེར་བཞིའི་སྟེང་དུ། དྲག་ཏུ་གཏུམ་པའི་དུར་ཁྲོད། ཚང་ཚིང་འཁྲིག་པའི་དུར་ཁྲོད། ཀི་ལི་ཀི་ལའི་སྒྲ་སྒྲོག་པའི་དུར་ཁྲོད། འཇིགས་བྱེད་ཆེན་པོའི་དུར་ཁྲོད། ནགས་ཚལ་ཕུན་སུམ་ཚོགས་པའི་དུར་ཁྲོད། མུན་པ་མུན་ནག་མི་བཟད་པའི་དུར་ཁྲོད། ཧ་ཧ་རྒོད་པའི་དུར་ཁྲོད། ཤུར་ཤུར་འབར་བའི་དུར་ཁྲོད་དང་བརྒྱད་དེ་སུམ་ཅུ་རྩ་གཉིས། དེའི་སྟེང་དུ། རྡོ་རྗེ་གདན་དང་། དེའི་ཕྱོགས་བཞི་མཐའ་པས། སུམ་ཅུ་རྩ་བདུན་དུ་ཡོད་པ་ཡིན་ཏེ། ཧེ་རུ་ཀ་དཔལ་ཕྱུལ་ཉིད་ཀྱིས། །འཁོར་ལོ་བྱས་གང་ཕྱི་ཡི་ཡུལ། །ཉེ་བཞིར་གྲགས་དང་དུར་ཁྲོད་བརྒྱད། །རྡོ་རྗེ་གདན་དང་དེ་ཕྱོགས་བཞི། །བགྲང་པས་སུམ་ཅུ་རྩ་བདུན་ནོ། །ཞེས་གསུངས། དེ་རྣམས་ནང་ལུས་ལ་སྦྱར་ན། སྤྱི་བོ། སྤྱི་གཙུག །ལྟག་པ། རྣ་བ་གཡོན་པ། མིག་མ་གཉིས་ཀྱི་དབུས། དཔུང་པ་གཉིས། འཆན་ཁུང་གཉིས། ནུ་མ་གཉིས། ལྟེ་བ། སྣ་རྩེ། སྙིང་ཁ། འདོམ་བར། ཁ་དང་། ལྐོག་མ། བཤང་ལམ། མཚན་བར། བརླ་གཉིས། བྱིན་པ་གཉིས། སོར་མོ་བཅུ་དྲུག །མཐེ་བོང་བཞི། རྣ་བ་གཡས་གཡོན། མིག་གཡས་གཡོན། ཁ། སྣ་བུག་གཡས་གཡོན། སྙིང་ཁར་པད་འདབ་རིམ་པ་གཉིས་ཡོད་པས། ནང་མའི་ཕྱོགས་བཞི་དབུས་དང་ལྔའོ། །རྩའི་དབང་དུ་བྱས་ན། མི་ཕྱེད་མ། ཕྲ་གཟུགས་མ། རྩེ་བ་མ། གཡོན་པ་མ། ཐུང་ངུ་མ། རུས་སྦལ་སྐྱེས་མ། དགོན་པ་མ། དབང་མ། སྦྱིན་མ། འཇུག་མ། མ་མོ་མ། མཚན་མོ། གཞོལ་མ། རེག་མ། ཤིན་དུ་གཟུགས་ཅན་མ། ཚ་བ་མ། བསིལ་སྦྱིན་མ། རྒྱུ་སྦྱིན་མ། བརྗོད་བྲལ་མ། གདུག་གུ་མ། གྲུབ་མ༑ ཆེད་མ། ཡིད་བཟང་མ། དེའི་སྟེང་དུ་ཧཱུྃ་རིང་པོའི་རྣམ་པ་ཅན་གྱི་རྩ་བརྒྱད་ལཾ་མཾ་པཾ་ཏཾ་ཧཱུྃ་གི་རྣམ་པ་ཅན་གྱི་རྩ་ལྔ་མཐའ་པས་སོ་བདུན་ནོ། །དེ་སྐད་དུ། སློབ་དཔོན་རྡོ་རྗེ་དྲིལ་བུ་པས། འདི་རྣམས་གནས་སུ་མཁའ་འགྲོ

མ༑ ༑རྩ་གཟུགས་མཛེས་པར་ཡང་དག་གནས། །དཔའ་བོ་ཉི་ཤུ་རྩ་བཞི་ནི། །ལུས་ཀྱི་ཁམས་སུ་རྣམ་པར་བརྟག ། ཅེས་སོ། །བྱང་ཆུབ་ཀྱི་ཆོས་ཀྱི་དབང་དུ་བྱས་པ་ལ། དྲན་པ་ཉེ་བར་བཞག་པ་བཞི། ཡང་དག་སྤོང་བ་ལྔ། རྫུ་འཕྲུལ་རྐང་པ་བཞི། དབང་པོ་ལྔ། སྟོབས་ལྔ། བྱང་ཆུབ་ཡན་ལག་བདུན། འཕགས་ལམ་ཡན་ལག་བརྒྱད་དེ་སོ་བདུན་ནོ། །

བསྐྱེད་རིམ་གྱི་དབང་དུ་བྱས་པ་དང་། རྫོགས་རིམ་གྱི་དབང་དུ་བྱས་པའོ། །གཉིས་པ་རྫོགས་རིམ་ལ། རྟེན་དཔལ་བཞིའི་དབང་དུ་བྱས་པ་དང་། བརྟེན་པ་ཡེ་ཤེས་ཀྱི་དབང་དུ་བྱས་པ་པའོ། །དང་པོ་ལ། རྩ། རླུང་། ཡི་གེ། དེ་དག་གི་ནང་ན་གནས་པའི་ཁམས། བདུད་རྩི་སུམ་ཅུ་རྩ་བདུན་རེ་རེ་ཡོད་ལ། གསུམ་པ་ནི། སོ་དང་སེན་མོའི་ཁམས། སྐྲ་དང་བ་སྤུ། ལྤགས་པ་དང་དྲི་མའི། ཤའི། ཆུ་རྒྱུས་ཀྱི། མཁལ་མའི། སྙིང་གི། མིག་གི། གློའི། མཁྲིས་པ་དང་སའི། ལྕེ་བ་དང་མེའི། རྐང་པ་དང་། བཤང་བ་དང་། ལྟེ་བའི། རྒྱུས་པའི། ཁྲག་གི། བརྣག་གི། རྡུལ་གྱི། མཆིལ་མའི། ཆིལ་བུའི། མཆི་མའི། སྣབ་ཀྱི་ཁམས་ཏེ་ཉི་ཤུ་རྩ་བཞི། དེའི་སྟེང་དུ། སློབ་དཔོན་ཨ་བྷ་ཡ་ཀ་རས། གསུམ་སྣོར་མ། འདོད་མ། ཁྲིམ་མ། གཏུམ་མོ། འདུད་བྲལ་མ་དང་ལྔ་བདུད་རྩི་ལྔ་འབབ་པར་བཤད་ཅིང་། སློབ་དཔོན་ནཱ་ཞབས། གཟུགས་སྒྲ་དྲི་རོ་ཆོས་དང་ལྔ་འབབ་པར་བཤད། འདི་རྣམས་གནས་སུ་མཁའ་འགྲོ་མ། ཞེས་སོགས་གསུངས་སོ། །བདེ་མཆོག་ལྟར་ན་མཁའ་འགྲོ་མ་སུམ་ཅུ་རྩ་བདུན་ལ་བྱ་སྟེ། ཡང་ན་འཁོར་ལོ་སྡོམ་པ་ལས། ཞེས་སོགས་གསུངས་སོ། །ཀྱེ་རྡོར་ལྟར་ན། བདག་མེད་མ་ལྷ་མོ་བཅོ་ལྔ། ཡབ་ཧེ་རུ་ཀ་དང་བཅུ་དྲུག་ལ་བྱ་སྟེ། ལྷ་མོ་དང་པོ་བཅུ་གསུམ་ལ་རྩ་གཉིས་གཉིས། བདག་མེད་མ་ལ་རོ་མ། རྐྱང་མ། ཀུན་འདར་མ། གསུམ་མོ༑ ༑འདུད་བྲལ་མ་ཡབ་ཧེ་རུ་ཀའི་སྐྱུངས་གཞིར་བཤད་པ་ཡིན་ཏེ། རྩ་ནི་གཉིས་གཉིས་མཁའ་འགྲོ་མ། །རེ་རེའང་རྣམ་པ་གསུམ་དུ་འདོད། །ཤེས་རབ་ཐབས་བདག་ཧེ་རུ་ཀའི། །དངོས། ཅེས་གསུངས་སོ། །དེ་དག་ལས་ཕྱི་རོལ་ཡུལ་གྱི་དབང་དུ་བྱས་པ་དེ་ཉིད་ལས། ཀྱེ་རྡོར་ནས་བཤད་པ་ལྟར་གཙོ་བོར་རྒྱས་པར་བཤད་ན་སུམ་ཅུ་རྩ་གཉིས་ཡོད་དེ། ཛཱ་ལན་དྷ་ར་ཞེས་པ་ཁ་ཆེ་དང་རྒྱ་གར་གྱི་བར། རྡོ་རྗེ་གདན་གྱི་ནུབ་བྱང་ན་རྡོ་ལ་མེ་འབར་བ་ཡོད་པར་གྲགས་པ་དེ་ཡིན་ལ། ཨོཾ་རྒྱན་ནི་རྒྱ་གར་གྱི་ནུབ་བྱང་ན། ཐ་མ་སོགས་ཡུལ་གྱི་འཁོར་བ་རྡོའི་ཆོས་འབྱུང་གིས་མཚན་པ། འཕུར་འགྲོའི། ཨོཾ་རྒྱན་དུ་གྲགས་པ་དེ་ཡིན། ཀོ་ལ་གི་རི་ནི། ཨོཾ་རྒྱན་གྱི་བྱང་ངམ་རྒྱ་གར་གྱི་ལྷོ་ནུབ་ན། ཀོལླ་པུ་རི་ཞེས་པའི་གྲོང་ཡོད་པ་དེ་ཡིན། ཀ་མ་རུ་པ་ནི། རྒྱ་གར་ཤར་ཕྱོགས་གྱད་ཡུལ་དང་། ལྷོ་བྱང་ཐད་ཀ་ཆུ་བོ་ལོ་ཧི་ཏ་དཀྱིལ་དུ་འབབ་པ་ཡོད་པ་དེ་ཡིན། མ་ལ་ཡ་ལྷོ་ཕྱོགས་རྒྱ་མཚོའི་གླིང་ཕྲན་ནམ། རྒྱ་གར་ནུབ་ཕྱོགས་ན་ཡོད་པ་དེ་ཡིན། སིཏྟཱ། ཆུ་བོ་སིཏྟཱ་འབབ་སའི་ཡུལ་རྒྱ་གར་ལྷོ་ཕྱོགས་ན་ཡོད་པར་གྲགས། ན་

ག་ར་ནི་ན་ག་རའི་ཡི་གེ་འབྱུང་བའི་ཡུལ་དབུས་ནས། ན་ག་རར་གྲགས་པ་ལྷོ་ཕྱོགས་ན་ཡོད་པར་བཤད་པ་དེ་ཡིན། མ་ལུ་ནི་ར་ནི། ལྷོ་ཕྱོགས་རྒྱ་མཚོའི་འགྲམ་ན་རྒྱལ་པོའི་ཁབ་ཅེས་བྱ་བ་ཡོད་པ་དེ་ཡིན། བྱེད་པའི་བྲང་གི་ལྷོ་ཕྱོགས་རྒྱ་མཚོའི་གླིང་ཕྲན་སླན་མང་པོ་སྐྱེ་བ་ཞིག་ཡོད་པ་དེ་ཡིན། འགའ་ཞིག་པ་ཊ་ཀཾ་ཞེས་གྲགས་པའི་རྒྱལ་པོའི་ཁབ་ནས་བྱང་དུ་སོང་བ། གང་གཱའི་ལྷོའི་འགྲམ་ཆོས་རྒྱལ་མྱ་ངན་མེད་པའི་ཡུལ། གྲོང་ཁྱེར་སྐྱ་བོའི་བུ་ཞེས་ཟེར་རོ། །དེ་ཝི་ཀོ་ཊ་ནི། རྡོ་རྗེ་གདན་གྱི་ཤར་ན་ལྷ་མོའི་འཁར་ཞེས་བྱ་བ། རྡོའི་ཆོས་འབྱུང་མིག་གཉིས་འདྲ་བས་མཚན་པ། གྲོང་ཁྱེར་གཟུགས་མཛེས་ཞེས་ཀྱང་གྲགས་པ། བེ་རིན་ཌུའི་ས་ཆ་སྟེ། གྲོ་མོའི་ལྷ་ཐང་ན་ཡོད་ཅེས་གྲགས་སོ། །ལྷགས་པའི་བྲང་ནི། སིནྡྷའི་གླིང་སྟེ། སྲིན་མོས་བཟུང་བ་དེད་དཔོན་སེང་གེས་བཏུལ་བའི་ཡུལ་ཡིན་པས་སེང་གེ་འཛིན་ཞེས་གྲགས་སོ། །ཀུ་ལུཏྟ་ནི་ལྷོ་ནུབ་ན། རྡོ་སྦྲུལ་མོ་འདྲ་བ་ཡོད་པ་ལ་བཞེད་དེ། འགའ་ཞིག་ནུབ་དང་ཉེ་བ་ན། རྡོ་རྗེ་གདན་ནས་ཟླ་བ་ཕྱེད་དང་གཉིས་ཕྱིན་པ་ན། གྲུབ་ཆུ་ཅན་གཅིག་ཡོད་ཟེར་ཞིང་། ལྷོ་ཕྱོགས་དཔལ་གྱི་རིའི་ངོས་གཅིག་ན་ཡོད་པར་བཞེད། ཏ་རི་ཀེ་ལ་ནི། ནམ་མཁའི་ཤིང་ལྡན་ཞེས་ཡོད་པ་ལ་བཞེད་ཅིང་།

ཞལ་ལུང་གི་འགྲེལ་པར། ཡུལ་དབུས་ནས་དཔག་ཚད་སུམ་བརྒྱ་ཡོད་པ་ནས། ཀོང་ཀ་ནར། རྩ་བ་མེད་པར་ཤིང་རྣམས་འཁྲིལ་ཞིང་སྟེང་དུ་ཁྲིས་པ་ལྟ་བུར་གནས་པའོ། །ཞེས་བཤད། ཤར་ཕྱོགས་ཧྣ་ག་ལའི་བྲག་ཡིན་ཞེས་ཀྱང་ཟེར་རོ། །ལན་ཚྭ་རྒྱ་མཚོའི་ནང་སྐྱེས་ནི། ཁྱབ་འཇུག་གི་བྱས་པའི་ཕྱིའི་རྒྱ་མཚོའི་འགྲམ་ན་རྣམ་པར་སྣང་མཛད་ཀྱི་སྐུ་ཡོད་པ་དང་ཉེ་བའི་གླིང་ཕྲན་ཡིན་པར་བཞེད་ཅིང་། འགའ་ཞིག་ཟླ་བའི་གླིང་ཞེས་གྲགས་པ་ཧྣ་ག་ལའི་མཚོ་གླིང་ལ་འདོད། ལམ་པ་ག་ནི་རྒྱ་གར་ནུབ་ཕྱོགས་ན་ཡོད་པར་བཞེད་ཅིང་། ཕ་ན་ཕམ་ཐིང་པས་ནི༔ ཨ་ཊ་ཡ་ན་ལས་ཤར་དུ་ཅུང་ཟད་ཕྱིན་པ་ན་ཡོད་གསུངས། ཀུན་དགའ་ཉིད་ནི་རྡོ་རྗེ་གདན་གྱི་ལྷོ་ནུབ་ན་ཡོད་ཅིང་། འགའ་ཞིག་ལྷོ་ཕྱོགས་ན་ཆོས་གྲགས་ཀྱི་ཡུལ་གྲོང་ཁྱེར་མཆོག་ཅེས་གྲགས་པ་ལ་འདོད། སཽ་རཥྚ་ནི། རྡོ་རྗེ་གདན་གྱི་ནུབ་ཕྱོགས་སུ་ཟླ་བ་ཕྱེད་དང་གསུམ་ཕྱིན་པ་ན། སོ་མ་ན་ཐ་ཞེས་ཕྱི་རོལ་པའི་རྟེན་ཡོད་པ། དུ་རུ་ཀའི་ས་ཆ་ན་ཡོད་པ་དེ་ལ་བཞེད། ག་ལིང་ག་ནི། ལྷོ་ཕྱོགས་རྒྱ་མཚོའི་འགྲམ། ག་ལིང་ག་དང་ཉེ་བའི་ཡུལ་འཁོར་ཡིན་པར་བཞེད་ཅིང་། འགའ་ཞིག་རྡོ་རྗེ་གདན་ནས་དཔག་ཚད་དྲུག་ཅུ་ལྷོ་ནུབ་དུ་ཕྱིན་པ་ན་ཡོད་པ་ཐམས་ཅད་སྒྲོལ་གྱི་ཡུལ་ཡིན་ཟེར། གསེར་དང་ལྡན་པའི་གླིང་ནི། རྒྱ་གར་ལྷོ་ཕྱོགས་མི་མེད་པའི་ཡུལ་གསེར་གླིང་ལ་བཞེད། འགའ་ཞིག་རྒྱ་གར་ཤར་ཕྱོགས་ན་སླན་རྩེ་དང་བཞིབས་ནས་ཡོད་ཟེར། ཀོ་ཀ་ན་ནི་ལྷོ་ནུབ་ན། མ་ཧཱ་སྭ་ཧྣ་ཕ་ཞེས་པ་རང་འབྱུང་གི་མཆོད་རྟེན་ཡོད་པ་ལ་བཞེད། འགའ་ཞིག་མཐའ་ཐམས་ཅད་ཤུས་བསྐོར་བ། སྐྱ་

གཟུགས་བཞིའི་ཡ་གྱལ། གྲིབ་མའི་སྐྱ་བཞུགས་པའི་གྲོང་ཁྱེར་གྱི་བྱེ་བྲག་བདུན་ཡོད་པ་ལ་ཟེར་རོ། །འཕྲུང་སྡོད་ཀྱི་བྱེ་བྲག་གྲོང་ཁྱེར་གྱི་ས་གཞི་ནི། ཁ་ཆེའི་བྱེ་བྲག་ཁྱི་བརྟན་ཞེས་པ་གྲོང་ཁྱེར་འབུམ་ཕྲག་སུམ་ཅུ་སོ་དྲུག་ཡོད་པར་གྲགས་པ་དང་། ཡང་ན་གྲོང་ཁྱེར་པ་ཊ་ལི་པུ་ཏྲ། ཤན་ཏི་པས། གྲོང་གི་མཐར་གནས་ནི། མུན་ཡུལ་གྱི་བྱེ་བྲག་ཡིན་པར་བཞེད། ཙ་རི་ཏྲ་ནི་རྒྱ་གར་ལྷོ་ཕྱོགས་ཀྱི་བྱེ་བྲག་འབྲས་ས་ལུ་བཟང་པོ་སྐྱེ་བ་ཞིག་ཡོད་པར་བཞེད། ཀོ་ས་ལ་ནི། རྒྱལ་པོ་གསལ་རྒྱལ་གྱི་ཡུལ། ཀུ་ཤ་ལ་ཞེས་པས་རྩིགས་པ་གཉན་ཡོད་ན་ཡོད་པ་དང་། བི་ཛ་ནི་རི་བོ་འཕགས་བྱེད་ཅེས་པ། སློབ་དཔོན་ཕྱོགས་གླང་གི་སྒྲུབ་གནས་ཡོད་པ། རྒྱ་གར་ལྷོ་ཕྱོགས་ཀྱི་བྱེ་བྲག་ཡིན་པ་དང་། གཞོན་ནུའི་གྲོང་ཁྱེར་ནི། བུད་མེད་གཟུགས་བཟང་པོ་འབའ་ཞིག་ཡོད་པའི། རྒྱ་མཚོའི་གླིང་ཕྲན་ན་ཡོད་པ་ལ་ཟེར། དུར་ཁྲོད་ནི་སྲོག་རབ་ཏུ་སོང་བ། རོའི་གནས་དགེ་འདུན་འདུས་པ་སྟེ། རོ་འདུས་པའི་ས་གཞི་དང་།རྒྱ་མཚོའི་འགྲམ་ནི་ཡི་དྭགས་དངོས་སུ་རྒྱུ་བའི་ས་ཕྱོགས་རྒྱ་མཚོའི་འགྲམ་ན་ཡོད་པ་དང་། འགའ་ཞིག་རསྨི་ཤྭ་ར་ནི། ལྷོ་བལ་གྱི་གླིང་ཕྲན་ན་ཡོད་པ་འདྲ་ཟེར་བ་དང་། སྐྱེས་ཚལ་ར་བ་ནི། རྒྱལ་པོ་མ་སྐྱེས་དགྲས་བྱས་པའི་རྫིང་བུ་གྲུ་བཞི་པའམ། ནར་མོའི་ནང་ན་བསྐྱེད་མོས་ཚལ་ཀ་ན་ཏ་ཞེས་པ་ཡོད་པའི་འགྲམ་གྱི་ཕྱོགས་ཡིན། དུར་ཁྲོད་དང་། ཉེ་བའི་དུར་ཁྲོད་འདི་དག་དུ་རྣལ་འབྱོར་མ་རྣམས་རེས་འགའ་འདུ་ཞིང་། གཙོ་ཆེར་ནི་གོང་གི་ཡུལ་ཉི་ཤུ་རྩ་བཞིར་གནས་ལགས། དེར་དཀྱིལ་འཁོར་གྱི་ལྷ་མོ་རྣམས། བྲམ་ཟེ་མོ་ལ་སོགས་པར་སྤྲུལ་ཏེ། མཚན་མོ་འདུ་ཞིང་། དེ་དང་ཕྲད་ན། དངོས་གྲུབ་སྟེར་བར་བྱེད་དོ། །འོན་ཏེ།

སཾ་བྷུ་ཊིར། ཀ་མ་རུ་པ་ཞིང་དུ་གསུངས་པ་དང་། ཕྱག་ཐིག་དུ། སིནྡྷ་གླིང་ཉེ་བའི་གནས་སུ་གསུངས་པ་དང་། རི་ཊི་ཨ་ལིའི་རྒྱུད་དུ། གླིང་བཞི་གནས་སུ་གསུངས་པ་ལ་སོགས་པ་ཕན་ཚུན་མི་མཐུན་པ་དུ་མ་བསྟན་པས། འགལ་བར་འགྱུར་རོ་སྙམ་ན། མི་འགལ་ཏེ། ཨབྷྱུ་ད་ལ་འདིར་ཞིང་དང་། སཾ་བྷུ་ཊིར་གསུངས་པ་དེ་དག་དོན་གཅིག་ལ། མིང་སྣ་ཚོགས་མི་འགལ་བས། གདུལ་བྱའི་ངོར་སྣ་ཚོགས་སུ་བསྟན་ཏོ། །གདུལ་བྱའང་དམན་པ༑ འབྲིང་། ཆེན་པོ། ཆུང་ངུ། རབ་ཀྱི་འབྲིང་། རབ་ཀྱི་རབ་དང་ལྔ་ལས། དང་པོའི་ངོར་བྱིས་པ་ཡུལ་གཞན་དུ་འཁྱམས་པའི་དོན་དུ། ཕྱིའི་ཡུལ་དང་། གཉིས་པའི་ངོར། དལ་གྱི་ནང་དུ་ལྷའི་གནས་བསྟན་པའི་དོན་དུ་དང་། གསུམ་པའི་ངོར། ས་བོན་གྱི་ཡི་གེ་ལས་གྱུར་པའི་ལུས་ཀྱི་གནས་དང་། དེར་གནས་པའི་རྩ་རྣམས་ལྷ་མོར་བསྟན་པའི་དོན་དང་། བཞི་པའི་ངོར། ས་བོན་མེད་པའི་གནས་དང་། རྩ་ལྷ་མོར་མོས་པའི་དོན་དང་། ལྔ་པའི་ངོར། རྫོགས་པའི་རིམ་པས་སྟོང་ཉིད་ཉིད་སྙིང་རྗེ་དབྱེར་མེད་ཀྱི་བྱང་སེམས། ལུས་མིག་ཡོར་གྱི་ངོ་བའི་གནས་ལོག་པ་དང་། ཕར་ཕྱིན་གྱི་བདག་ཉིད་ཀྱི་དལ་དུ་ཤེས་པའི་དོན་དུ་དེ་རྣམས་བསྟན་ཏོ། །

གཉིས་པ་བདེ་མཆོག་ནས་བཤད་པ་ནི། ཡང་ན་འཁོར་ལོ་སྡོམ་པའི་ཡི། །ཞེས་སོགས་ཀྱིས་དོན་མཚེད་དེ༑ དབྱེ་གཞི་གནས་དང་ཉེ་བའི་གནས་ལ་སོགས་པ་བཅུ་གཉིས་ཡོད་པ་ལས་ནང་ལུས་ཀྱི་དབང་དུ་བྱས་ན། སྤྱི་བོ་དང་། སྤྱི་གཙུག་གཉིས། རྣ་བ་གཡས་པ་དང་ལྟག་པ་གཉིས་ཏེ་བཞི། ཕྱི་ཡུལ་གྱི་དབང་དུ་བྱས་ན། ཕྱི་ཡུལ་གྱི་དབང་དུ་བྱས་ན། པུ་ལི་ར་མ་ལ་ཞེས་པ་རྒྱས་པའི་རིགས་དང་། ཛཱ་ལན་དྷ་ར་ཞེས་པ་ཛ་དང་ཛཱའི་འདོད་ཚུལ་གྱི༑ དྲྭ་བ་འཛིན་དང་། འབར་བ་འཛིན། ཨོཌྜི་ནི་ཞེས་པ། ཨུ་རྒྱན་ནམ། འཕུར་འགྲོ་དང་། ཨརྦུ་ཏ་ཞེས་པ་མཚོད་འོས་ཏེ། ཕྱིའི་ཡུལ་བཞི། རྩའི་དབང་དུ་བྱས་ན། མི་ཕྱེད་མ། ཕྲ་གཟུགས་མ། རྩེ་བ་མ། གཡོན་པ་མ་སྐྱེ་བཞི། བྱང་ཆུབ་ཀྱི་ཕྱོགས་ཀྱི་དབང་དུ་བྱས་ན། ལུས། ཚོར། སེམས། ཆོས་དྲན་པ་ཉེར་བཞག་བཞི་ཡོད་དེ། རྗེ་བཙུན་གྱིས་བདག་མེད་མའི་བསྟོད་པ་ལས།

པུ་ལིར་མི་ཕྱེད་སོ་དང་སེན་མོའི་ཁམས། །འབར་འཛིན་ཕྲ་གཟུགས་སྐྲ་དང་སྤུ་འབབ་ཅིང་། །གཟུགས་ཕུང་གཏི་མུག་གི་སྦྱོང་ཨ་ལས་བྱུང་། །འཁོར་ལོ་ཤར་གནས་རྡོ་རྗེ་ལ་ཕྱག་འཚལ། །ཨོཌྜར་རྩེ་ལྤགས་པ་དྲི་མ་བསྐྱེད། །ཨརྦུ་གཡོན་པ་མ་སྐྱེ་ཤ་འབབ་ཅིང་། །ཚོར་བ་སེར་སྣ་རྣ་སྦྱོང་ཨཱ་ལས་བྱུང་། །ལྷོ་ཕྱོགས་གསང་བའི་དཀར་མོ་ལ་ཕྱག་འཚལ། །ལུས་དང་ཚོར་བ་སེམས་དང་ཆོས་ཀྱི་དོར། །སྤྱི་བོ་སྤྱི་གཙུག་རྣ་བ་ལྟག་པར་བཞུགས། །ཀླུང་སེམས་བྱང་ཆུབ་སེམས་ཀྱི་དབུ་མར་ཐིམས། །གནས་དེ་རབ་དགའི་ས་ལ་ཕྱག་འཚལ་ལོ། །འདིར་ཕྱིན་ཐེག་པར་བཤད་པའི་ས་རྣམས་ལ། །སྔགས་ཀྱི་ཐེག་པར་གནས་ལ་སོགས་པའི་མིང་གིས་བཏགས་ནས་བཤད་པ་ཡིན་ཏེ། སམ་པུ་ཊར། ཕ་རོལ་ཕྱིན་བཅུའི་ས་རྣམས་ལ། །ཞེས་པ་ནས། ཕྱི་དང་ནང་དུ་ཡང་དག་བསམ། །ཞེས་པའི་བར་གྱིས་བསྟན། །ས་གང་དང་ཡུལ་གང་སྦྱོར་བ་ཡང་། ཀྱཻ་རྡོར་ལས། གནས་ནི་རབ་དགའ་བའི་ས། །ཞེས་པ་ནས། འདིར་ནི་གཞན་གྱིས་བརྗོད་མི་བྱ། །ཞེས་པའི་བར་གསུངས་སོ། །འཐུང་སྤྱོད་གཉིས་གང་དང་སྦྱོར་བ་ཡང་། རྒྱུད་རྒྱས་པའི་ལུང་ཀུ་སུ་ཏིར་དྲངས་པ་ལས། འཐུང་སྤྱོད་དཔེ་མེད་ཡེ་ཤེས་ཏེ། །ཉེ་བའི་འཐུང་སྤྱོད་ཡེ་ཤེས་ཆེ། །ཞེས་གསུངས་པའི་ཕྱིར་དང་། བདེ་མཆོག་ཨ་བྷི་དྷ་ན་ལས་ཀྱང་། རབ་ཏུ་དགའ་དང་དྲི་མ་མེད། །ཅེས་པ་ནས། དཔེ་མེད་པ་དང་ཡེ་ཤེས་ལྡན། །རྡོ་རྗེའི་ས་ནི་བཅུ་གསུམ་པ། །ཞེས་དང་། དགོངས་པ་ལུང་སྟོན་ལས། སངས་རྒྱས་རྣམས་ཀྱིས་གང་བསྟན་པ། །སར་གྱུར་དེ་ནི་བཅུ་གསུམ་པ། །ཞེས་གསུངས་པའི་ཕྱིར།

གཉིས་པ་ཉེ་བའི་གནས་ལ་ཡང་། ནང་ལུས་ཀྱི་དབང་དུ་བྱས་ན། རྣ་བ་གཡོན་པ་དང་སྨིན་མཚམས་གཉིས། མིག་གཉིས་དང་ཕྲག་པ་གཉིས་ཏེ་བཞི། ཕྱི་ཡུལ་གྱི་དབང་དུ་བྱས་ན། གོ་ད་ཝ་རི་ཞེས་པ་མཆོག་སྦྱིན

དང་། རྐྱི་ཤྭ་ར་ཞེས་པ་དགའ་བྱེད་དབང་ཕྱུག་དང་། དེ་ཝི་ཀོ་ཊ་ཞེས་པ་ལྷ་མོའི་ཁར་དང་། མ་ལ་ཝ་ཞེས་པ་ཕྲེང་བ་ཅན་ཏེ། ཕྱི་ཡུལ་བཞི། རྩའི་དབང་དུ་བྱས་ན། ཐུང་དུམ་དང་། རུས་སྦལ་སྐྱེས་མ། སྒོམ་མ་དང་། དབང་མ་སྟེ་བཞི། ཁམས་ཀྱི་དབང་དུ་བྱས་ན། ཆུ་རྒྱུས་དང་། རྒྱུས་ཕྲེང་དང་། མཁལ་མ་དང་། སྙིང་དང་བཞིའོ། །བྱང་ཆུབ་ཕྱོགས་ལ། མི་དགེ་བ་སྐྱེས་པ་སྤོང་བའི་ཡང་དག་སྤོང་བ། མི་དགེ་བ་མ་སྐྱེས་པ་མི་བསྐྱེད་པའི་ཡང་དག་སྤོང་བ། དགེ་བ་མ་སྐྱེས་པ་བསྐྱེད་པའི་ཡང་དག་སྤོང་བ། སྐྱེས་པ་སྤེལ་བའི་ཡང་དག་སྤོང་བ་སྟེ་བཞིའོ། །དེ་སྐད་དུ་ཡང་། རྗེ་བཙུན་གྱིས་དེ་ཉིད་ལས། གཱ་ཏ་ཝ་རི་ཐུང་དུ་ཆུས་རྒྱུས་བསྐྱེད། །རྐྱི་རུས་སྦལ་སྐྱེས་མར་རྒྱུས་ཕྲེང་འབབ། ། འདུ་ཤེས་འདོད་ཆགས་ལྔེ་སྦྱོངས་ཨཱ་ལས་བྱུང་། །ཆུ་བདག་ཆུ་ཡི་རྣལ་འབྱོར་བདག་ཕྱག་འཚལ། །དེ་ཝི་ཀོ་ཊར་སྒོམ་མ་མཁལ་བསྐྱེད་ཅིང་། །མ་ལར་དབང་མ་སྙིང་འབབ་འདུ་ཤེས་དང་། །ཁྲག་དོག་ལུས་སྦྱོང་ཨུ་སྐྱེས་ཡང་དག་སྤོང་། །རྡོ་རྗེ་མཁའ་ཉེ་བའི་ས་ལ་བསྟོད། །ཅེས་གསུངས།

གསུམ་པ་ཞིང་ལ་ནང་ལུས་ཀྱི་དབང་དུ་བྱས་ན། འཆན་ཁུང་གཉིས་དང་། ནུ་མ་གཉིས་ཏེ་ནང་གི་ཡུལ་གཉིས། ཕྱིའི་དབང་དུ་བྱས་ན། ཀཱ་མ་རུ་པ་ཞེས་པ་འདོད་པའི་གཟུགས་དང་། ཨོཾ་ཏྲེ་ཞེས་པ། རོལ་པ་ཅན་ཏེ་ཕྱིའི་ཡུལ་གཉིས། རྩའི་དབང་དུ་བྱས་ན། སྐྱོན་མ་དང་འཇུག་མ་གཉིས། ཁམས་ཀྱི་དབང་དུ་བྱས་ན། མིག་གི་ཁམས་དང་། མཁྲིས་པའི་ཁམས་གཉིས། བྱང་ཆུབ་ཀྱི་ཕྱོགས་ཀྱི་དབང་དུ་བྱས་ན། འདུན་པའི་རྫུ་འཕྲུལ་གྱི་རྐང་པ་དང་། བརྩོན་འགྲུས་ཀྱི་གཉིས། སའི་དབང་དུ་བྱས་ན་ས་གསུམ་པ་འོད་བྱེད་པ་ཅེས་བྱ་སྟེ། རྗེ་བཙུན་གྱིས། ཀཱ་མ་རུ་པར་སྐྱོན་མ་མིག་འབབ་ཅིང་། །ཨོཾ་ཏྲེར་འཇུག་མ་མཁྲིས་པ་འབབ་པའི་ཁམས། །ཨུ་སྐྱེས་ཕུ་ཀཱ་སི་སྦྱོངས་རྫུ་འཕྲུལ་གཉིས། །བྱང་ཤར་འོད་བྱེད་ཞིང་ལ་ཕྱག་འཚལ་ལོ། །ཞེས་གསུངས།

བཞི་པ་ཉེ་བའི་ཞིང་ལ། ནང་ལུས་ཀྱི་དབང་དུ་བྱས་ན། ལྟེ་བ་དང་སྣ་རྩེ་གཉིས། ཕྱིའི་ཡུལ་གྱི་དབང་དུ་བྱས་ན། ཏྲི་ཤ་ཀུ་ནེ་ཞེས་པ་དགེ་མཚན་གསུམ་པ་དང་། ཀོ་ས་ལ་ཞེས་པ། མཛོད་ལྡན་ནམ་དགེ་བ་ཅན་ཏེ་གཉིས། རྩ་བའི་དབང་དུ་བྱས་ན། མ་མོ་དང་། མཚན་མོ་གཉིས། ཁམས་ཀྱི་དབང་དུ་བྱས་ན། གློ་བ་དང་། རྒྱུ་མ་ཆུའི་ཁམས་གཉིས། བྱང་ཆུབ་ཕྱོགས་ཀྱི་དབང་དུ་བྱས་ན། སྤྱོད་པའི་རྫུ་འཕྲུལ་གྱི་དང་། སེམས་ཀྱི་དེའི་རྐང་པ་གཉིས། སའི་དབང་དུ་བྱས་ན་བཞི་པ་འོད་འཕྲོ་བ་ཅེས་བྱ་སྟེ། ཏྲི་ཤ་ཀུ་ནེར་མ་མོ་གློ་བ་འབབ། །ཀོ་སར་མཚན་མོ་འཁྲིས་འབབ་སའི་ཁམས། །རི་སྐྱེས་ཤ་བ་རིས་སྦྱོངས་རྫུ་འཕྲུལ་གཉིས། །ཤར་ལྷོ་ཉེ་ཞིང་འོད་འཕྲོ་ལ་ཕྱག་འཚལ། །

ལྔ་པ་མཚན་རྟོ་ལ། ནང་ལུས་ཀྱི་དབང་དུ་བྱས་ན། ཁ་དང་མགྲིན་པ་གཉིས། ཕྱིའི་ཡུལ་གྱི་དབང་དུ་བྱས

ན༔ ཀ་ལིང་ཀ་ཞེས་པ་སྣ་བའི་རྟགས་དང་། ལམ་པ་ཀ་ཞེས་པ་འཕྱང་བ་ཅན་ནམ། མགོར་ཐོགས་དང་ཕྱིའི་ཡུལ་གཉིས། རྩ་ལ་བསིལ་སྦྱིན་མ་དང་། ཚ་བ་མ་གཉིས། ཁམས་ཀྱི་དབང་དུ་བྱས་ན། རྒྱུས་པ་དང་། ལྤོ་བ་མེའི་ཁམས་གཉིས། བྱང་ཕྱོགས་ལ༔ དད་པའི་དབང་པོ་དང་དང་། བརྩོན་འགྲུས་ཀྱི་དབང་པོ་གཉིས། ས་ལ་ལྷུ་བ་སྦྱངས་དཀའ་བ་ཞེས་གསུངས་ཏེ། ཀ་ལིང་ཀ་ལ་བསིལ་སྦྱིན་རྒྱུས་འབབ་ཅིང་། །ལམ་ཁར་ཚ་བ་ལྤོ་འབབ་མེའི་ཁམས། ནྲི་སྐྱེས་ཙཀྲ་ལིས་སྦྱོངས་དབང་པོ་གཉིས། །ལྷོ་ནུབ་ཚན་ཧྣ་ཏ་ལ་ཕྱག་འཚལ་ལོ། །ཞེས་གསུངས་སོ། །

དྲུག་པ་ཉེ་བའི་ཚན་ཧྣ་ལ། ནང་གི་དབང་དུ་བྱས་ན། སྙིང་ཁ་དང་འདོམ་བར་གཉིས། ཕྱིའི་ཡུལ་གྱི་དབང་དུ་བྱས་ན། ཀཉྩི་ཀ་ཞེས་པ་ཀུར་བག་ཅན་དང་། ཧི་མ་ལ་ཡ་ཞེས་པ་གངས་ཅན་དང་གཉིས། རྩ་ལ་གཞོལ་མ་དང་། རེག་མ་གཉིས། ཁམས་ལ་བཤང་སའི་ལམ་དང་། རྒྱུངས་པའི་ཁམས་གཉིས། བྱང་ཕྱོགས་ལ་དྲན་པ་དང་། ཏིང་ངེ་འཛིན་གྱི་དབང་པོ་གཉིས། ས་ལ་དྲུག་པ་མངོན་དུ་གྱུར་པ་ཞེས་བྱ་སྟེ། ཀཉྩིར་གཞོལ་མ་བཤང་འབབ་ཁ་བའི་རི། །ཧི་མར་རེག་མ་རྒྱུངས་འབབ་རླུང་གི་ཁམས། །ཡི་སྐྱེས་དབྱུངས་མོས་སྦྱོངས་ཤིང་དབང་པོ་གཉིས། །ནུབ་བྱང་མངོན་གྱུར་ཉེ་བའི་མཚན་ཧྣར་བསྟོད། །ཅེས་གསུངས་སོ། །

བདུན་པ་འདུ་བ་ལ། ལུས་ཀྱི་དབང་དུ་བྱས་ན། མཚན་མ་དང་། འོག་སྒོ་གཉིས། ཕྱིའི་ཡུལ་གྱི་དབང་དུ་བྱས་ན། པྲེ་ཏ་པུ་རི་ཞེས་པ་ཡི་དྭགས་ཀྱི་གྲོང་ཁྱེར་དང་། གྲི་ཧ་དེ་ཝ་ཞེས་པ་ཁྱིམ་གྱི་ལྷ་སྟེ་གཉིས། རྩའི་དབང་དུ་བྱས་ན་ཤིན་ཏུ་གཟུགས་ཅན་མ་དང་། སྤྱི་མ་གཉིས། ཁམས་ལ་བད་ཀན་གྱི་དང་། རྣག་གི་ཁམས་གཉིས། བྱང་ཆུབ་ཀྱི་ཕྱོགས་ལ། ཤེས་རབ་ཀྱི་དབང་པོ་དང་། དད་པའི་སྟོབས་གཉིས། ས་བདུན་པ་ལ་རིང་དུ་སོང་བ་ཞེས་བྱ་སྟེ། པྲེ་ཏར་ཤིན་དུ་གཟུགས་ཅན་བད་ཀན་འབབ། །གྲི་ཧ་དེ་ཝར་སྤྱི་མ་རྣག་འབབ་གཟུགས། །ལྤྲི་སྐྱེས་གཽ་རིས་སྦྱོངས་མཛད་དབང་པོ་སྟོབས། །ཤར་ཕྱོགས་འདུ་བ་རིང་དུ་སོང་ལ་བསྟོད། །

བརྒྱད་པ་ཉེ་བའི་འདུ་བ་ལ། ནང་ལུས་ཀྱི་དབང་དུ་བྱས་ན། བརླ་དང་། བྱིན་པ་གཉིས། ཕྱིའི་ཡུལ་ལ། སཽ་རཥྚ་ཞེས་པ་ཡུལ་འཁོར་བཟང་པོའམ། གྲོང་ཆེན་ནོ། །སུ་ཝརྣ་དི་བ་ཞེས་པ་གསེར་གླིང་གཉིས། རྩ་ལ་རྒྱུ་སྦྱིན་མ་དང་། སྦྱོར་བྲལ་མ་གཉིས། ཁམས་ལ་ཁྲག་གི་དང་། རྡུལ་གྱི་ཁམས་གཉིས། བྱང་ཕྱོགས་ལ་དད་པའི་དང་། བརྩོན་འགྲུས་ཀྱི་སྟོབས་གཉིས། ས་ལ་བརྒྱད་པ་མི་གཡོ་བ་ཞེས་བྱ་སྟེ། སཽ་རཥྚར་རྒྱུ་སྦྱིན་ཁྲག་འབབ་ཅིང་། །སུཪྞར་སྦྱོལ་བྲལ་རྡུལ་འབབ་སྣའི་ཁམས། །ཤེ་སྐྱེས་ཙཀྲ་ལིས་སྦྱོངས་སྟོབས་གཉིས་ལྷོ། །མི་གཡོ་ཉེ་བའི་འདུ་བ་ལ་ཕྱག་འཚལ། །

དགུ་པ་དུར་ཁྲོད་ལ། ནང་གི་དབང་དུ་བྱས་ན། སོར་མོ་བཅུ་དྲུག་དང་། བོལ་གོང་གཉིས། ཕྱིའི་ཡུལ་ལ།

ན་ག་ར་ཞེས་པ་གྲོང་ཁྱེར་དང་། ཡང་ན། པ་ཏ་ལི་པུ་ཏ་དང་། ན་ག་ར་དོན་གཅིག་ཏུ་འཆད་པའི་ལུགས་ལྟར་ན་གྲོང་ཁྱེར་ཁྱེར་སྐྱ་བའི་བུ་ཅེས་པའི་དོན་ནོ། །སིནྡྷུ་ར་ཞེས་པ་ལེགས་སྦྱར་སོར་བཞག་པ་དང་གཉིས། རྩ་ལ་གདུག་གུ་མ་དང་། གྲུབ་མ་གཉིས། ཁམས་ལ་འཆི་མ་དང་། ཚིལ་བུའི་ཁམས་གཉིས། བྱང་ཕྱོགས་ལ། ཏིང་ངེ་འཛིན་གྱི་དང་། ཤེས་རབ་ཀྱི་སྟོབས་གཉིས། ས་ལ་དགུ་པ་ལེགས་པའི་བློ་གྲོས་ཞེས་བྱ་སྟེ། ན་ག་རར་ནི་གདུག་གུ་ཆིལ་བུ་འབབ། །སིནྡྷུར་གྲུབ་མ་མཆི་མ་སྣ་ཡི་ཁམས། །ཤི་སྐྱེས་བི་ཏ་ལིས་སྦྱོངས་སྟོབས་གཉིས་ནུབ། །དུར་ཁྲོད་ལེགས་པའི་བློ་གྲོས་ལ་ཕྱག་འཚལ། །ཞེས་གསུངས་སོ། །བཅུ་པ་ཉེ་བའི་དུར་ཁྲོད་ལ། ནང་ལུས་ལ། མཐེ་བོང་བཞི་དང་། པུས་མོ་གཉིས། ཕྱིའི་ཡུལ་ལ། མ་རུ་ཞེས་པ་མུ་ངམས་ཀྱི་ཐང་ངམ། ཆུ་མེད་པའི་ཡུལ་ལོ། །ཀུ་ལུ་ཏ་ཞེས་པ་རིགས་དང་ལྡན་པའོ། །རྩ་ལ་འཆེད་མ་དང་། བཞིན་བཟང་མ་གཉིས། ཁམས་ལ་མཆིལ་མ་དང་། སྣབ་ཀྱི་ཁམས། བྱང་ཕྱོགས་ལ། ཤིན་དུ་སྦྱངས་པ་ཡང་དག་དང་། དགའ་བ་ཡང་དག་གཉིས། ས་ལ་བཅུ་པ་ཆོས་ཀྱི་སྤྲིན་ཞེས་བྱ་བ་ཐོབ།

དེ་ནས་ས་བཅུ་གཅིག་པ་དང་། བཅུ་གཉིས་པའི་ཚུལ་ནི། གོང་གི་ཉེར་བཞིའི་སྟེང་དུ། འཐུང་སྤྱོད་དང་། ཉེ་བའི་འཐུང་སྤྱོད་གཉིས་ལ། ནང་དུ་ལུས་ལ། བདེ་མཆོག་ལྟར་ན། སྙིང་ཁར་རྩ་འདབ་མ་བརྒྱད་རིམ་པ་གཉིས་ཡོད་པ་ལས། ཕྱི་མའི་ཕྱོགས་བཞི་མཚམས་བཞི་སྟེ་བརྒྱད། ཧཱུྃ་རིང་པོ་བརྒྱད་ཀྱི་རྣམ་པ་ཅན་གྱི་རྩ་བརྒྱད་ལ་ཕྱིའི་ཡུལ་ལ་དྲག་ཏུ་གཏུམ་པ་ལ་སོགས་པའི་དུར་ཁྲོད་བརྒྱད།ལུས་ཀྱི་ཁ་དང་། སྣ་བུག་གཉིས་དང་། བཤང་ལམ་དང་། རྣ་བ་གཉིས་དང་། མིག་གཉིས་ཏེ་བརྒྱད། ཁམས་ལ་སློབ་དཔོན་ཛྙཱ་ནས་བདུད་རྩི་ལྔ་འབབ་པར་བཤད་ཅིང་། སློབ་དཔོན་ཨ་བྷ་ཡ་ཀ་རས་གཟུགས་སྒྲ་སོགས་དྲུག་འབབ་པར་བཤད་དོ། །བྱང་ཆུབ་ཀྱི་ཕྱོགས་ལ། བརྩོན་འགྲུས་ཡང་དག །དགའ་བ་ཡང་དག །སྦྱངས་པ་ཡང་དག །ཏིང་ངེ་འཛིན་ཡང་དག །བཏང་སྙོམས་ཡང་དག །བྱང་ཆུབ་ཀྱི་ཡན་ལག །ཡང་དག་པའི་ལྟ་བ། ཡང་དག་པའི་རྟོགས་པ་དང་། ཡང་དག་པའི་ངག་གི་ཕྱོགས་གཅིག་རྣམས་ལ་བྱེད་དོ། །

ས་ལ་བཅུ་གཅིག་ཀུན་ཏུ་འོད་དང་། བཅུ་གཉིས་པ་ཡེ་ཤེས་ཆེན་པོའི་ས་ཐོབ་པ་ཡིན་ནོ། །བཅུ་གསུམ་པ་རྡོ་རྗེ་འཛིན་པའི་ས་ལ། ནང་ལུས་ཀྱི་དབང་དུ་བྱས་ན། སྙིང་ཁར་རྩ་འདབ་བརྒྱད་པ་ནང་མའི་ཕྱོགས་བཞི་དབུས་ཀྱི་གནས་ཏེ་ལྔ། ཕྱིའི་ཡུལ་ལ་རྡོ་རྗེ་གདན་གྱི་ཕྱོགས་བཞི་དབུས་དང་ལྔ། རྩ་ལ། ལཾ་མཾ་པཾ་ཏཾ་ཧཱུྃ་གི་རྣམ་པ་ཅན་གྱི་རྩ་ལྔ། ཁམས་ལ། ཁུ་ཁྲག་དྲི་ཆེན་དྲི་ཆུ་དྭངས་མ་སྟེ་ལྔ། བྱང་ཕྱོགས་ལ། ཡང་དག་པའི་འཚོ་བ། རྩོལ་བ། ལས་ཀྱི་མཐའ་དྲན་པ། ཏིང་ངེ་འཛིན་རྣམས་ལ་བྱེད་དེ། གསེར་ཐུར་ལས། ཉེར་བཞིར་གྲགས་དང་དུར་ཁྲོད་

བརྒྱད། །རྡོ་རྗེ་གདན་དང་དེ་ཕྱོགས་བཞི། །བགྲང་པས་སུམ་ཅུ་རྩ་བདུན་ནོ། །ཞེས་གསུངས་པའི་ཕྱིར།

ཡང་ན་འཕྲུང་སྦྱོད་གཉིས་ལ། ནང་ལུས་ཀྱི་དབང་དུ་བྱས་ན། རྐང་འཐིལ་གཉིས་དང་། བྲག་པ་གཉིས། ཕྱིའི་ཡུལ་གྱི་དབང་དུ་བྱས་ན། གྲོང་ཞེས་པ་ཁ་ཆེ་དང་། གྲོང་མཐའ་ཞེས་པ་མོན་ཡུལ་ཏེ། ཕྱིའི་ཡུལ་གཉིས། རྩ་ལ་གསུམ་སྐོར་མ་དང་། འདོད་མ་གཉིས་སོ། །གཉིས་པ་ཉེ་བའི་འདུ་བ་ལ། ནང་ལུས་ཀྱི་དབང་དུ་བྱས་ན་ལྟག་པ་དང་སྙིད་པ་གཉིས། ཕྱིའི་ཡུལ་ཧི་མ་ལ་བཞི་དང་། ཀོ་ས་ལ་གཉིས། རྩ་ལ་ཁྲིམ་མ་དང་གཏུམ་མོ་གཉིས། དེ་དག་ལ་ཁམས་སློབ་དཔོན་ཟླ་ཞབས་བདུད་རྩི་ལྟ་འབབ་པར་བྱ་བཤད་ཅིང་། སློབ་དཔོན་ཨ་ཟླ་ཡས་གཟུགས་སྒྲ་སོགས་འབབ་པར་བཤད་དོ། །བྱང་ཕྱོགས་ལ། བརྩོན་འགྲུས་ཡང་དག་བྱང་ཆུབ་ཀྱི་ཡན་ལག །དགའ་བ་ཡང་དག །བཏང་སྙོམས་ཡང་དག །ཤིན་ཏུ་སྦྱངས་པ་ཡང་དག །ཏིང་ངེ་འཛིན་ཡང་དག་བྱང་ཆུབ་ཀྱི་ཡན་ལག་རྣམས་ལ་བྱ་སྟེ། སུམ་སྐོར་འདོད་མ་རེག་བྱ་ས་སྦྱོད་སྦྱོངས། །ཨུ་སྐྱེས་བྱང་ཆུབ་ལམ་གཉིས་ལ་བཏུད་ནས། །ཁྲིམ་མ་གཏུམ་མོ་ཆོས་དབྱིངས་མཁའ་སྤྱོད་མ། །ཨུ་སྐྱེས་བྱང་ཆུབ་ལམ་གཉིས་ལ་ཕྱག་འཚལ། །ཞེས་གསུངས་སོ། །

དེ་ལྟར་ཕྱི་ནང་གི་ཡུལ་ལ་སུམ་ཅུ་རྩ་བདུན་དུ་བྱེད་པའི་རྒྱུ་མཚན་ཡང་། སྦྱངས་གཞི་སུམ་ཅུ་རྩ་བདུན། སྦྱངས་བྱ་སུམ་ཅུ་རྩ་བདུན། སྦྱོངས་བྱེད་ཀྱི་ལམ་སུམ་ཅུ་རྩ་བདུན། སྦྱངས་པའི་འབྲས་བུ་སུམ་ཅུ་རྩ་བདུན་རྣམས་སུ་ཡོད་པ་ལས། དང་པོ་སྦྱང་གཞི་ལ་འཇུག་ཚེ་གཅིག་འགྲུབ་པའི་ཚེའམ། ཉམས་ལེན་འཇུག་པ་བདེ་བའི་དབང་དུ་བྱས་པའི་དང་། འཆད་ཚེ་རྣམ་པར་ཕྱེ་བའི་དབང་དུ་བྱས་པ་གཉིས་ལས། དང་པོ་ནི། ཕུང་པོ་ལྔ་འབྱུང་བ་ལྔ། ཕྱིའི་ཡུལ་དྲུག །ནང་གི་སྐྱེ་མཆེད་དྲུག །དཔུང་པ་གཉིས། ལག་ངར་གཉིས། ཁ་དང་བཤང་ལམ་གཉིས། ནུས་མོ་གཉིས། སྤྱི་བོ་དང་རྐང་འཐིལ་ཏེ་སུམ་ཅུ་རྩ་གཉིས། ཉོན་མོངས་པ་ལྔ་སྟེ། སུམ་ཅུ་རྩ་བདུན་ལ་བྱེད་པ་ཡིན་ཏེ། ཆོས་ཚན་བརྒྱ་རྩ་ལས། འོན་ཀྱང་དད་པའི་རྗེས་སུ་འབྲང་ནས། འཇུག་ཚེ་གཅིག་ཏུ་འགྲུབ་པའི་ཚེ། །མ་དག་ཕུང་པོ་ལྔ་པོ་ཉིད། །རྒྱལ་བ་རིགས་ལྔར་གདོད་མ་ནས། །གྲུབ་པ་ཉིད་དུ་ཐག་བཅད་དེ། །རང་གི་བསྒོམ་པའི་ཕུང་པོ་ལྔ། །རིམ་གྱིས་བྱིན་གྱིས་རློབས་པར་འགྱུར། །ཞེས་གསུངས་སོ། །གཉིས་པ་འཆད་ཚེ་རྣམ་པར་ཕྱེ་བའི་སྦྱངས་གཞི་སུམ་ཅུ་རྩ་བདུན་ནི་ཕུང་པོ་ལྔ་ལ་སོགས་པའི་ཆོས་ཉིད་སུམ་ཅུ་རྩ་བདུན་ལ་བྱ་དགོས་ཏེ། དེ་ཉིད་ལས། མཁས་པའི་འཆད་ཚེ་མ་དག་པའི། །ཕུང་པོ་ལྔ་དང་ཆགས་སོགས་ལྔ། །རྣམ་པར་རྟོག་པ་ཇི་སྙེད་པ། །སྤང་བྱ་ཉིད་ཕྱིར་སྤྲར་མི་འཐད། །ཅེས་གསུང་ཞིང་། དྲུག་པ་རྡོ་རྗེ་འཆང་གི་སྦྱངས་གཞི་ཡང་ཆོས་ཉིད་ལ་བཤད་པ་དང་། བདག་མེད་མའི་བསྟོད་པར། མཁའ་སྤྱོད་མའི་སྦྱངས་གཞི་ཡང་དེ་ཉིད་ལ་བཤད་པའི་ཕྱིར། སུམ་སྐོར་འདོད་

མ་རིག་བྱ་ས་སྦྱོད་སྦྱོངས། ཨོཾ་སྐྱེས་བྱང་ཆུབ་ལམ་གཉིས་ལ་བཏུད་ནས། །ཁྲིམ་མ་གཏུམ་མོ་ཆོས་དབྱིངས་མཁའ་སྤྱོད་མ། །ཨོཾ་སྐྱེས་བྱང་ཆུབ་ལམ་གཉིས་ལ་ཕྱག་འཚལ། །ཞེས་གསུང་ཞིང་། རྗེ་བཙུན་གོང་མ་རྣམས་ཀྱིས་ཀྱང་། ལུས་ལ་ཡེ་ཤེས་ཆེན་པོ་གནས་ཞེས་པའི་དོན་འཆད་པ་ན། ལུས་ལ་ཞེས་པ་སྦྱངས་གཞིའི་རྒྱུའི་རྒྱུད་ཅེས་གསུངས་པ་དང་། གཞི་མི་སྤྱོང་བར་ཡང་བཤད་པས། རྡོ་རྗེ་གུར་ལས་ཀྱང་། སེམས་ཀྱི་རྡོ་རྗེ་སྦྱང་གཞིར་བཤད་པ་ཡིན་ཏེ། དེ་ཉིད་ལས། སེམས་ཀྱི་རྡོ་རྗེ་ལས་བྱུང་བའི། །སེམས་ཅན་སྣ་ཚོགས་རང་བཞིན་ཅན། །སེམས་ནི་རང་གི་རྣམ་རྟོག་གི། ། བློ་བུ་དྲི་མས་ནག་པོར་བྱས། །དེ་ཕྱིར་ཀུན་ཏུ་རབ་འབད་པས། །སེམས་ཀྱི་རྡོ་རྗེ་སྦྱངས་བར་བྱ། །སེམས་དག་པ་ནི་བདེ་བ་ཉིད། །ཕུང་པོའི་དུག་ནི་འཕྲོག་པར་བྱེད། །ཅེས་གསུངས་སོ། །

མངོན་པར་རྟོགས་པའི་རྒྱན་ལས། སྒྲུབ་པ་ཡི་ནི་རྟེན་གྱུར་པ། །ཆོས་ཀྱི་དབྱིངས་ཀྱི་རང་བཞིན་དང་། །ཞེས་དང་། རྒྱུད་བླར། དྲི་བཅས་དེ་བཞིན་ཉིད་དང་དྲི་མ་མེད། །དྲི་མེད་སངས་རྒྱས་ཡོན་ཏན་རྒྱལ་བས་མཛད། །གང་ལས་དཀོན་མཆོག་དགེ་བ་གསུམ་འབྱུང་བ། །དོན་དམ་གཟིགས་པ་རྣམས་ཀྱི་ཡུལ་ཉིད་དོ། །ཅེས་དང་། མདོ་སྡེ་རྒྱན་ལས། དེ་བཞིན་ཉིད་ནི་ཐམས་ཅད་ལ། །ཁྱད་པར་མེད་དེ་དག་འགྱུར་བ། །དེ་བཞིན་གཤེགས་ཉིད་དེའི་ཕྱིར། །འགྲོ་ཀུན་དེའི་སྙིང་པོ་ཅན། །ཞེས་གསུངས་སོ། །

གཉིས་པ་སྦྱངས་བྱ་ནི། ཕུང་པོ་ལྔ་ལ་སོགས་པ་ལ་བདག་ཏུ་ལྟ་བ་ལ་སོགས་པ་ལ་བྱ་དགོས་ཏེ། ཀྱེ་རྡོར་ལས། ཀྱེ་བཅོམ་ལྡན་འདས། རྣམ་པར་མ་དག་པ་གང་ལགས། བཀའ་སྩལ་པ། གཟུགས་ལ་སོགས་པའོ། །ཅིའི་སླད་དུ་ཞེ་ན། བཟུང་བ་དང་། འཛིན་པའི་དངོས་པོའི་ཕྱིར་རོ། །ཞེས་གསུངས་པའི་ཕྱིར་རོ། །ཡང་དེ་ཉིད་ལས། ངེས་པར་དངོས་པོ་ཐམས་ཅད་ཀྱི། །ཞེས་པ་ནས། ཉོན་མོངས་ཤེས་བྱའི་སྒྲིབ་སྦྱངས་བྱ། །ཞེས་པའི་བར་གྱི་སྦྱངས་བྱ་དང་། རང་རིག་བདག་ཉིད་དག་པ་ཉིད། །དག་པ་གཞན་གྱིས་རྣམ་གྲོལ་མིན། །ཞེས་པས་སྦྱོངས་ནུས་པའི་རྒྱུ་མཚན་རྣམས་བསྟན་པ་དང་། ཐེག་པ་ཆེན་པོ་རྒྱུད་བླ་མ་ལས་ཀྱང་། ཆོས་ལ་ཁོང་ཁྲོ་བདག་ལྟ་དང་། །འཁོར་བའི་སྡུག་བསྔལ་གྱིས་འཇིགས་དང་། །འདོད་ཆེན་མུ་སྟེགས་ཉན་ཐོས་དང་། །རང་འབྱུང་རྣམས་ཀྱི་སྒྲིབ་རྣམས་བཞི། །ཞེས་གསུངས་པའི་ཕྱིར། དོན་དེ་དག་ལ་དགོངས་ནས། ཐེག་ཆེན་རྒྱུད་བླར་གཉིས་མེད་ཡེ་ཤེས་དེ། །སྦྱང་བཞིར་བཞག་ནས་དེ་སྦྱོངས་བྱེད་པ་ཡི། །སྒྲུབ་པའི་འཛིན་སྟང་སྤྲོས་དང་བྲལ་བ་ཉིད། །སྦྱངས་བྱའི་དྲི་མ་ཆོས་ལ་ཁོང་ཁྲོ་སོགས། །ཆོས་མོས་ལ་སོགས་རྣམ་བཞིས་སྦྱངས་པས་ན། །གཙང་བདག་བདེ་དང་རྟག་པའི་ཕ་རོལ་ཏུ། །ཉེ་བར་སོན་པ་ཆོས་ཀྱི་སྐུའོ་ཞེས། །ཞེས་སོགས་གསུངས་སོ། །གསུམ་པ་སྦྱོང་བྱེད་ཀྱི་ལམ་ལ། ཕར་ཕྱིན་ཐེག་པ་དང་ཐུན་མོང་བ་དང་། དེ་མིན་པ་རྡོ་རྗེ་ཐེག་པའི་ལུགས་གཉིས་ལས། དང་པོ་ནི། བྱང་ཕྱོགས་སོ་

བདུན་ལ་ཕྱེད་པར་མདོ་ལས་བཤད་དོ། །

གཉིས་པ་ལ། བསྐྱེད་རིམ་གྱི་དབང་དུ་བྱས་པ་དང་། རྫོགས་རིམ་གྱི་དབང་དུ་བྱས་པ་གཉིས་ལས། དང་པོ་ལའང་རྟེན་གཞལ་ཡས་ཁང་གི་དང་། བརྟེན་པ་ལྷའི་དབང་དུ་བྱས་པ་གཉིས་ལས། དང་པོ་ནི། ཐམས་ཅད་གསང་བ་ལས། དབང་པོ་ལྔའི་སེམས་གང་ཡིན། །ཞེས་པ་ནས། འཕགས་ལམ་ཡན་ལག་བརྒྱད་པོ་ནི། །ཀ་བ་བརྒྱད་དུ་བརྗོད་པར་བྱ། །ཞེས་སོགས་གཞལ་ཡས་ཁང་གི་ཆོས་དང་། བྱང་ཕྱོགས་སོ་བདུན་སྦྱོར་དགོས་པར་བཤད་དོ། །གཉིས་པ་ལ། རིགས་ལྔ། ཡུམ་ལྔ། གཏི་མུག་རྡོ་རྗེ་མ་སོགས་དྲུག་དང་། གཟུགས་རྡོ་རྗེ་མ་སོགས་དྲུག་ཚན་གཉིས། ཁྲོ་བོ་བཅུ། མངོན་བྱང་ལྔ་སྟེ་སོ་བདུན་ནོ། །མངོན་བྱང་ལྔ་ནི། ཟླ་བ་མེ་ལོང་ལྟ་བུའི་ཡེ་ཤེས། ཉི་མ་མཉམ་ཉིད་ཡེ་ཤེས། ཕྱག་མཚན་སོར་རྟོག་ཡེ་ཤེས། དེ་རྣམས་འདྲེས་པ་བྱ་གྲུབ་ཡེ་ཤེས། དེ་ལས་སྐུ་ཡོངས་སུ་རྫོགས་པ་ཆོས་དབྱིངས་ཡེ་ཤེས་ཏེ། ཀྱེ་རྡོ་རྗེ་ལས། ཟླ་བ་མེ་ལོང་ཡེ་ཤེས་ལྡན། །བདུན་གྱི་བདུན་པ་མཉམ་ཉིད་ལྡན། །རང་ལས་ས་བོན་ཕྱག་མཚན་ནི། །སོ་སོར་རྟོག་པར་བརྗོད་པར་བྱ། །ཐམས་ཅད་གཅིག་འགྱུར་ནན་ཏན་ཉིད། །རྫོགས་པ་ཆོས་དབྱིངས་དམ་པ་སྟེ། །མཁས་པས་ཆོ་ག་གསུངས་པ་ཡི། །རྣམ་པ་ལྔ་པོ་བསྒོམ་པར་བྱ། །ཞེས་གསུངས་སོ། །གཉིས་པ་ལ་གཉིས་ལས། རྟེན་དཀྱིལ་འཁོར་བཞིའི་དབང་དུ་བྱས་པ་དང་། རྟེན་པ་ལྷའི་དབང་དུ་བྱས་པའོ། །དང་པོ་ལ། མི་ཕྱེད་མ་དང་། ཕྲ་གཟུགས་མ་སོགས་རྩ་སུམ་ཅུ་རྩ་བདུན། དེ་དག་ལ་པུ་ཛ་ཨོ་ཨ་སོགས་ཡི་གེ་སུམ་ཅུ་རྩ་བདུན། དེ་དག་གི་ནང་ན་གནས་པའི་སོ་དང་སེན་མོའི་ཁམས་སོགས་ཁམས་བདུད་རྩི་སོ་བདུན། དེ་དག་ལ་དབང་བསྒྱུར་བའི་སྙིང་པོ་ཡེ་ཤེས་ཀྱི་རླུང་སོ་བདུན་རྣམས་སོ། །གཉིས་པ་རྟེན་པ་ལྷའི་དབང་དུ་བྱས་ན་ཁམས་དེ་རྣམས་ཐོད་པའི་དུམ་བུ་ལ་སོགས་པའི་དཔའ་བོ་དང་། གཏུམ་པའི་མིག་ཅན་མ་སོགས་རྩ་རྣམས་དཔའ་མོ་ཉེར་བཞི། དེའི་སྟེང་དུ། ཁྭ་གདོང་མ་སོགས་སྒོ་མཚམས་མ་བརྒྱད། དེའི་སྟེང་དུ་སྙིང་པོ་བདེ་ཆེན་གྱི་ལྷ་མོ་བཞི་དང་། བཅོམ་ལྡན་འདས་ཧེ་རུ་ཀ་སྟེ། སུམ་ཅུ་རྩ་བདུན་ནོ། །སྦྱངས་པའི་འབྲས་བུ་སུམ་ཅུ་རྩ་བདུན་ནི། ནང་གི་རྩ་སོ་བདུན་གྱི་འདུད་པ་རིམ་གྱིས་གྲོལ། ཁམས་སོ་བདུན་དང་། ཡི་གེ་སོ་བདུན་མི་ཤིག་པའི་ཡེ་གེར་སོང་། རླུང་སོ་བདུན་དབུ་མར་ཐིམ་པས། ཕྱི་རོལ་གྱི་ཡུལ་སོ་བདུན་དུ་བགྲོད། དེར་གནས་པའི་དཔའ་བོ་དང་། རྣལ་འབྱོར་མ་རྣམས་དབང་དུ་འདུས། ས་བཅུ་བགྲོད་ནས་ཉེ་རྒྱུ་པདྨ་ཅན་ལ་བརྟེན་ཏེ་ཕྱག་རྒྱ་ཆེན་པོ་མཆོག་གི་དངོས་གྲུབ་ཐོབ་པ་ནི་དགོས་པའོ། །

འདིར་སྨྲས་པ། ཇི་སྙེད་ཆོས་ཚུལ་གཟིགས་པའི་བློ་མིག་གིས། །ཇི་ལྟའི་དོན་ལ་སྦྱོབས་པ་མཆོག་བརྙེས་ནས། །ལྷུན་གྲུབ་ཕྲིན་ལས་བཟང་པོའི་སྟོབས་མངའ་བ། །རྗེ་བཙུན་མཆོག་དེར་གུས་པས་ཕྱག་འཚལ་ལོ། །

དཔལ་ལྡན་གང་གི་བཀའ་དྲིན་ཉི་གཞོན་གྱིས། །ལན་བརྒྱར་བསྐྱངས་པའི་བློ་གསལ་པད་དཀར་བདག །གཞུང་ཁྲིཁྲིད་ལེགས་པར་བཤད་པའི་བདུད་རྩི་ཡིས། །ཉེ་བར་སིམ་པའི་སྐལ་བ་མཆོག་ཏུ་གྱུར། །དེ་ལྟ་མོད་ཀྱང་བླ་མ་དམ་པའི་གསུངས། །མི་བརྗེད་དྲན་པའི་ཤེལ་བུམ་དུ་བཟུང་ནས། །བསྟན་འགྲོའི་དྲི་མ་སྦྱོངས་པའི་མཐུ་བྲལ་ཡང་། །རང་ཉིད་དད་པའི་རྗེས་དུ་ཉེ་བར་བསྒྲུབ། །བཀའ་དྲིན་མཉམ་མེད་དཔལ་ལྡན་མཁྱེན་བརྩེའི་གཏེར། །ཕྱོད་བཞེདབསྒྲུབ་པས་བཀའ་དྲིན་གསབ་མ་ནུས། །འོན་ཀྱང་འདུ་འཛིས་དབེན་པའི་ནགས་ཁྲོད་དུ། །གང་གསུང་གདམ་པར་བསྒོམས་པས་བཀའ་དྲིན་འཇལ། །

ཅེས་རྗེ་བཙུན་བླ་མ་མཁས་དབང་གྲུབ་པའི་ཁྲུ་མཆོག་དོན་གྱི་སླད་དུ་མཚན་ནས་སྨོས་པ་ཡོངས་འཛིན་ཀརྨ་བཟང་པོའི་གསུང་ལས་ཟིན་བྲིས་བགྱིས་པའི་ཡུལ་ཅན་གྱི་རྣམ་བཤད་དག་པ་བདུད་རྩིའི་བུམ་བཟང་ཞེས་བྱ་བ་འདི་ནི། རྗེ་དེ་ལ་མི་ཕྱེད་པའི་དད་པ་ཐོབ་ཅིང་། དེའི་སློབ་འབངས་ཀྱི་ཐ་ཆུང་ལས་ཆེས་ཐ་ཆུང་དུ་གྱུར་པ་ཆོས་མེད་ཤཱཀྱ་དཔལ་བཟང་གིས། རྗེ་དབོན་ཤཱཀྱ་དཔལ་བཟང་དགེས་ཕྱིར་ཐུབ་བསྟན་གསེར་མདོག་ཅན་དུ་ཡི་གེར་བཀོད་པ་ལགས་སོ། །མངྒ་ལཾ། ཤིན་ཏུ་ཞུས་དག་པ་རང་བྱུས་ཟིན། བཀྲ་ཤིས།

༄༅། །སྡོམ་གསུམ་གྱི་ལེགས་བཤད་བདུད་རྩིའི་སྙིང་པོ་བཞུགས་སོ། །

ཤཱཀྱའི་དགེ་སློང་ནུ་ཐ་པི་ཛ་ཡ།

ན་མོ་བཛྲ་ཛྙཱ་ནཱ་ཡ། འཕགས་པའི་ཡུལ་དང་ཁ་བ་ཅན་ལྗོངས་སུ། །འཇམ་དཔལ་དབྱངས་ཞེས་སྙན་པའི་སྒྲ་དབྱངས་ཀྱིས། །ཡོངས་ཁྱབ་མཁྱེན་རབ་དབང་ཕྱུག་ས་སྐྱ་པ། །ཀུན་དགའ་རྒྱལ་མཚན་གང་དེ་རྒྱལ་གྱུར་ཅིག །ཤཱཀྱའི་གསུང་རབ་ལེགས་བཤད་མཚོ་ཆེན་པོ། །འཕགས་ཡུལ་ཚངས་པའི་ཡུལ་ནས་གང་འདིར་དྲངས། །རྣམ་དཔྱོད་མཆོག་ལྡན་ཁྱོད་ཀྱི་མགྲིན་བཏུང་པ། །ཐུབ་བསྟན་གངས་རིའི་འགྲམ་དུ་སྐྱུགས་དེ་རྒྱལ། །མདོ་དང་རྒྱུད་སྡེའི་རྒྱ་མཚོ་ཆེན་པོ་ནི། །ལེགས་པར་བསྲུབ་ལས་བྱུང་བའི་འོད་རྒྱས་པ། །ཡོན་ཏན་བདུད་རྩིའི་ཆ་ཤས་ཡོངས་རྫོགས་པའི། །ཁྲིན་ལས་བཟང་པོ་དེ་ལ་ཕྱག་འཚལ་ལོ། །

ཞེས་མཆོད་པར་བརྗོད་ནས། སྡོམ་པ་གསུམ་གྱི་རབ་ཏུ་དབྱེ་བ་ཞེས་པའི་སྐབས་སུ། །བསྟན་བཅོས་ཀྱི་བརྗོད་བྱའི་དོན་ལ་སྦྱོ་བ་སྐྱེད་པའི་ཕྱིར་དུ། བསྟན་བཅོས་ཀྱི་མཚན་ཐོག་མར་སྨོས་དགོས་པ་དེ་བསྟན་ནས། བསྟན་བཅོས་རྩོམ་པའི་ཐོག་མར་བར་ཆད་ཞི་བའི་སླད་དུ་རྩ་བའི་བླ་མ་ལ་ཕྱག་འཚལ་བ་དང་། བརྒྱུད་པའི་བླ་མ་ལ་ཕྱག་འཚལ་བ་གཉིས་ཡོད་པ་ལས། རྩ་བའི་བླ་མ་རྗེ་བཙུན་འཇམ་པའི་དབྱངས་དང་དབྱེར་མ་མཆིས་པའི་གྲགས་པ་རྒྱལ་མཚན་དེ་ཉིད་ལ་ཕྱག་འཚལ་བ་དེ་སྟོན་པར་བྱེད་པ་ལ། བདེ་གཤེགས་སོགས་སུ་རྩ་བའི་བླ་མ་ལ་ཕྱག་འཚལ་བ་དེ་བསྟན་ནས། བརྒྱུད་པའི་བླ་མ་སྐྱོན་ཀུན་ཟད་ཡོན་ཏན་ཀུན་རྫོགས་ཀྱི་སྟོན་པ་སངས་རྒྱས་དེ་ལ་ཕྱག་འཚལ་བ་དེ་སྟོན་པ་ལ་སྐྱོན་མེད་སོགས་བྱུང་། གཞུང་འདི་གཉིས་ཀྱི་སྐབས་སུ་རྩ་བའི་བླ་མ་དང་། བརྒྱུད་པའི་བླ་མ་ལ་ཕྱག་འཚལ་བ་དེ་བསྟན་ནས། ཡིད་ཆེས་པའི་དད་པ་དང་། དང་བའི་དད་པ་དང་། འདོད་པའི་དད་པ་གསུམ་དང་ལྡན་ཞིང་། སངས་རྒྱས་ཀྱི་གསུང་ཇི་ལྟ་བ་བཞིན་བསྒྲུབ་པར་འདོད་པའི་གང་ཟག་རྣམས་ལ་བསྟན་བཅོས་འདི་རྩོམ་མོ་ཞེས་པའི་དམ་བཅའ་འདི་སྟོན་པ་ལ། དད་ལྡན་སོགས་སུ། བསྟན་བཅོས་སྡོམ་གསུམ་རབ་དབྱེ་ཇི་ལྟར་བརྩམས་པའི་དམ་བཅའ་དེ་བསྟན་ནས། བསྟན་བཅོས་བརྩམ་དགོས་པའི་ཤེས་བྱེད་སྟོན་པ་ལ༑ བདག་ནི་སངས་རྒྱས་བསྟན་པ་ལ་སོགས་སུ། བསྟན་བཅོས་རྩོམ་དགོས་པའི་ཤེས་བྱེད་དེ་བསྟན་ནས། བསྟན་བཅོས་འདིའི་ལུས་རྣམ་བཞག་དེ་སྟོན་པར་བྱེད་པ་ལ། སོ་སོ་ཐར་པའི་སྡོམ་པ་དང་། སོགས་སུ། སོ་ཐར་

སྡོམ་པ་དང་། བྱང་ཆུབ་སེམས་དཔའི་སྡོམ་པ་དང་། སྔགས་ཀྱི་སྡོམ་པ་གསུམ་གྱི་ལུས་རྣམ་བཞག་དེ་བསྟན་ནས། དེ་ལ་ཐེག་ཆེན་གྱིས་སྡེ་སྣོད་ནས་བཤད་པའི་སོ་ཐར་སྡོམ་པ་དང་། ཐེག་དམན་གྱི་སྡེ་སྣོད་ནས་བཤད་པའི། སོ་ཐར་སྡོམ་པ་གཉིས་སུ་ཡོད་དོ་ཞེས་སྟོན་པ་ལ་སོ་སོ་ཐར་པའི་སྡོམ་པ་ལ། སོགས་ཀྱི་སྐབས་སུ། སོ་ཐར་སྡོམ་པ་ལ་ཐེག་ཆེན་གྱི་དང་། ཐེག་དམན་གྱི་སོ་ཐར་སྡོམ་པ་གཉིས་སུ་ཡོད་པར་བསྟན་ནས། ཐེག་ཆེན་སོ་ཐར་སྡོམ་པ་དེ་ཡང་། ད་ལྟའི་དུས་སུ་ཆོ་ག་ཉན་ཐོས་ཀྱི་འདུལ་བ་བཞིན་བྱེད་པ་ལས་ཐོབ་དགོས་སོ་ཞེས་སྟོན་པ་ལ། དེས་ན་ད་ལྟའི་སོགས་སུ། ཐེག་ཆེན་སོ་ཐར་སྡོམ་པ་དེ་ཆོ་ག་ཉན་ཐོས་ཀྱི་འདུལ་བ་བཞིན་བྱས་པས་ཐོབ་དགོས་པ་དེ་བསྟན་ནས། བྱང་ཆུབ་སེམས་དཔའི་སྡོམ་པ་དེ་ཡང་དབུ་སེམས་གང་རུང་གི་ཆོ་གས་ཐོབ་དགོས་སོ་ཞེས་སྟོན་པ་ལ། དེ་ན་སེམས་ཙམ་སོགས་སུ་བྱང་སེམས་ཀྱི་སྡོམ་པ་དབུ་སེམས་གང་རུང་གི་ཆོ་གས་ཐོབ་དགོས་པ་དེ་བསྟན་ནས། །སྔགས་སྡོམ་དེ་ཡང་དབང་བསྐུར་ལས་ཐོབ་དགོས་ཤིང་། སྡོམ་པ་སྔ་མ་གཉིས་ཀྱི་སྟེང་དུ་སྔགས་ཀྱི་སྡོམ་པ་ཐོབ་པ་དེའི་ཚེ་དེ་འདྲའི་རྟེན་གྱི་གང་ཟག་དེ་ཡང་སྡོམ་པ་གསུམ་ལྡན་དུ་འགྱུར་བ་ཡིན་ནོ༔ ༔ཞེས་སྟོན་པ་ལ།

རྡོ་རྗེ་ཐེག་པའི་སོགས་སུ། རྡོ་རྗེ་ཐེགས་པའི་ལམ་ལ་བཞུགས་པའི་གང་ཟག་དེ་སྨིན་གྲོལ་གཉིས་ལ་འབད་དགོས་པ་དེ་བསྟན་ནས། གཞི་ལམ་འབྲས་གསུམ་གྱི་རྣམ་བཞག་ལ་འཁྲུལ་པ་འགོག་ཚུལ་རྒྱས་པར་བཤད་པ་ལ། གཞི་དུས་སུ་སྨིན་བྱེད་ཀྱི་དབང་ལ་འཁྲུལ་པ་འགོག་པའི་ཕྱོགས་སྔ་མའི་འདོད་པ་དེ་སྟོན་པ་ལ། དེ་ཡང་རྡོ་རྗེ་ཕག་མོ་སོགས་སུ་ཕྱོགས་སྔ་མ་དེ། རྡོ་རྗེ་ཕག་མོའི་དབང་དེ་སློབ་མ་མ་སྨིན་པ་སྨིན་པར་བྱེད་པའི་དབང་ཡིན་ཞེ་ན། དེ་མི་འཐད་ལ། སྡོམ་པ་གསུམ་ལྡན་དུ་བྱར་མི་རུང་ཞིང་། ཕྱི་ནང་གི་རྟེན་འབྲེལ་འགྲིག་པར་མི་འགྱུར་བ་དང་། སྐུ་བཞིའི་ས་བོན་ཐེབས་པར་མི་នུས་པའི་ཕྱིར། ཞེས་སྟོན་པ་ལ། རྡོ་རྗེ་ཕག་མོའི་བྱིན་རླབས་ལ༔ སོགས་སུ། སྨིན་བྱེད་ཀྱི་དབང་གི་ངོ་བོ་ལ་འཁྲུལ་པ་བཀག་ནས། དབང་གང་དུ་བསྐུར་བའི་དཀྱིལ་འཁོར་ལ་འཁྲུལ་པ་དགག་པའི་ཕྱོགས་སྔ་མ་དེ་སྟོན་པ་ལ། དེང་སང་བྱིན་རླབས། སོགས་སུ། རྫོགས་པའི་སངས་རྒྱས་ཀྱི་གསུངས་པའི་དཀྱིལ་འཁོར་དང་པོ་ས་ཆོག་ནས་བཟུང་སྟེ་དངོས་བཞི་མཐའ་རྟེན་དང་། འཇུག་ཆོག་སོགས་མི་བྱེད་པར་གཡུང་དྲུང་རིས་ཀྱི་དཀྱིལ་འཁོར་དང་། ནས་འདྲ་རིས་དང་། པདྨ་འདབ་བརྒྱད་དང་། མེ་ཏོག་ཚོམ་བུ་སོགས་སུ་དབང་བསྐུར་བར་འདོད་པའི་ཕྱོགས་སྔ་མ་དེ་བསྟན་ནས། དེ་མི་འཐད་པར་ཐལ། གཡུང་དྲུང་རིས་ལ་སོགས་པའི་དཀྱིལ་འཁོར་དེ་འདྲ་དག་ཏུ་དབང་བསྐུར་ཡང་སྡོམ་པ་ཐོབ་པར་མི་འགྱུར་བའི་ཕྱིར། ཞེས་སྟོན་པ་ལ། དེ་འདྲ། སོགས་སུ། གཡུང་དྲུང་རིས་ལ་སོགས་པའི་དཀྱིལ་འཁོར་དུ་དབང་བསྐུར་ཡང་སྡོམ་པ

ཐོབ་པར་མི་འགྱུར་བར་བསྟན་ནས། འོན་སྤྲུལ་པའི་དཀྱིལ་འཁོར་དུ་དབང་བསྐུར་ཡང་སྡོམ་པ་འཐོབ་པ་མི་འཐད་པར་འགྱུར་རོ་ཞེ་ན། དེ་སྐྱོན་མེད་དེ། སྤྲུལ་པའི་དཀྱིལ་འཁོར་དུ་དབང་བསྐུར་བ་དེ་ནི། སྡོན་གྱི་ཚོགའི་དབང་དུ་བྱེད་པའི་ཕྱིར། །ཞེས་སྨོན་པ་ལ།

འཕགས་པ་རྣམས་ཀྱི་སོགས་སུ། འཕགས་པ་རྣམས་ཀྱི་སྤྲུལ་པའི་དཀྱིལ་འཁོར་དང་། བློས་བསླངས་ཀྱི་དཀྱིལ་འཁོར་དུ་དབང་བསྐུར་བ་དེ་སྡོན་གྱི་ཚོགར་བསྟན་ནས། དེང་སང་གང་ཟག་རབ་འབྲིང་ཐ་མ་གསུམ་གའི་སྐྱིར་བཏང་ལ་རྡུལ་ཚོན་གྱི་དཀྱིལ་འཁོར་དུ་དབང་བསྐུར་དགོས་སོ་ཞེས་སྟོན་པ་ལ་དེང་སང་གང་ཟག་སོགས་སུ། གཞི་དུས་སུ་རྡུལ་ཚོན་གྱི་དཀྱིལ་འཁོར་དུ་དབང་བསྐུར་དགོས་པ་དེ་བསྟན་ནས། དབང་ཐོབ་ནས་གྲོལ་བྱེད་ཀྱི་ལམ་ལ་འབད་དགོས་པ་ལས། ཐབས་དང་ཤེས་རབ་ཕྱོགས་རེས་གྲོལ་བར་འདོད་པའི་ཕྱོགས་སྔ་མ་དེ་སྟོན་པ་ལ། ཁ་ཅིག་འབྲུལ་དང་སོགས་སུ། འཕགས་མཆོག་ཀླུ་སྒྲུབ་ལ་སོགས་པའི་གྲུབ་ཐོབ་དེ་དག་ལྷ་བ་རྒྱང་པ་སོགས་ཕྱོགས་རེའི་སྟོབས་ཀྱི་གྲོལ་བར་འདོད་པའི་ཕྱོགས་སྔ་མ་དེ་བསྟན་ནས། དེ་མི་འཐད་པར་ཐལ། གྲུབ་ཐོབ་དེ་དག་དབང་དང་རིམ་པ་གཉིས་ལས་བྱུང་བའི་ཡེ་ཤེས་ཕྱག་རྒྱ་ཆེན་པོ་བསྐྱེད་པའི་སྟོབས་ཀྱི་གྲོལ་བ་ཡིན་ནོ་ཞེས་སྟོན་པ་ལ། དབང་དང་། སོགས་སུ། གྲུབ་ཐོབ་དེ་དག་དབང་དང་རིམ་གཉིས་ལ་བརྟེན་ནས་ཡེ་ཤེས་བསྐྱེད་པའི་སྟོབས་ཀྱི་གྲོལ་བ་དེ་བསྟན་ནས། རིམ་པ་གཉིས་ཀྱིས་བོགས་འདོན་གྱིས་སྤྱོད་པ་དེ་ལ་སྤྲོས་བཅས་ཀྱིས་སྤྱོད་པ། སྤྲོས་མེད་ཀྱི་སྤྱོད་པ། ཤིན་ཏུ་སྤྲོས་མེད་ཀྱི་སྤྱོད་པ་དང་གསུམ་ཡོད། ཞེས་སྟོན་པ་ལ༑ དེ་ཡི་སྤྲོས་བཅས། སོགས་སུ། འདིའི་སྐབས་སུ་སྤྲོས་བཅས་ཀྱི་སྤྱོད་པ། སྤྲོས་མེད་ཀྱི་སྤྱོད་པ། ཤིན་ཏུ་སྤྲོས་མེད་ཀྱི་སྤྱོད་པ་དང་དེ་གསུམ་ཡོད་པ་དེ་བསྟན། རང་གི་རིམ་གཉིས་ཀྱི་རྟོགས་པ་བརྟན་པའི་ཕྱིར་དུ། ཀུན་བཟང་ཕྱོགས་ལས་རྣམ་རྒྱལ་གྱི་སྤྱོད་པ་དེ་སྟོན་པ་ལ། རིམ་གཉིས་སོགས་སུ། རང་གི་རིམ་གཉིས་ཀྱིས་རྟོགས་པ་བརྟན་པའི་ཕྱིར་དུ་ཀུན་བཟང་ཕྱོགས་ལས་རྣམ་རྒྱལ་དང་། ཆོས་ཀྱི་རྒྱལ་ཚབ་ལ་གནས་ནས། སེམས་ཅན་དཔག་ཏུ་མེད་པའི་དོན་བྱེད་པའི་རྒྱལ་ཚབ་ཆེན་པོའི་རྟུལ་ཞུགས་ཀྱི་སྤྱོད་པ་དེ་བསྟན་ནས། དེ་ན་ཕར་ཕྱིན་ཐེག་པ་དང་། སྔགས་ཀྱི་ཐེག་པ་ལ་མྱུར་བུལ་གྱི་ཁྱད་པར་ཡོད་དེ། སོ་ནམ་ཚུལ་བཞིན་བྱས་པས་ལོ་ཐོག་རིམ་བཞིན་སྨིན་པའི་དཔེས། ཕ་རོལ་ཏུ་ཕྱིན་པའི་ལམ་བགྲོད་ཚུལ་བསྐལ་པ་གྲངས་མེད་གསུམ་ལ་སངས་རྒྱ་བ་དང་། སྔགས་ཀྱི་བཏབ་སའི་ས་བོན་གྱིས་ཉི་མ་གཅིག་ལ་ལོ་ཐོག་སྨིན་ནུས་པའི་དཔེས། དབང་དང་རིམ་པ་གཉིས་ཀྱི་ཐབས་ཤེས་ན་ཚེ་འདི་ཉིད་ལ་སངས་རྒྱས་འགྲུབ་པ་ཡིན་ནོ། །ཞེས་སྟོན་པ་ལ།

སོ་ནམ་ཚུལ་བཞིན་སོགས་སུ། འདི་སྐབས་སུ་ཕ་རོལ་ཏུ་ཕྱིན་པའི་གཞུང་ལུགས་ནས་བཤད་པའི་འཚང

རྒྱུ་བ་ལ། དཀའ་སྤྱད་ལ་སོགས་པའི་སྒོ་ནས་བསྐལ་པ་གྲངས་མེད་གསུམ་དུ་ཚོགས་གསོག་དགོས་པ་དེ་བསྟན་ནས། དཀའ་སྤྱད་དེ་ལྟར་མི་ནུས་ཤིང་། གསང་སྔགས་ཉམས་སུ་ལེན་པར་འདོད་ན། ཚེ་གཅིག་ནོར་པ་མེད་པའི་དབང་བཞི་ལོང་།འཁྲུལ་པ་མེད་པའི་རིམ་གཉིས་ལ་གོམས་པར་བྱ་དགོས་སོ། །ཞེས་སྟོན་པ་ལ།

ཕ་རོལ་ཕྱིན་གཞུང་མི་ནུས་པར། སོགས་སུ། གསང་སྔགས་ཉམ་སུ་ལེན་པའི་གང་ཟག་དེ་རིམ་གཉིས་ལ་གོམས་འདྲིས་བྱ་དགོས་པ་དེ་བསྟན་ནས། གོམས་འདྲིས་དེ་ལྟར་བྱས་ནས་འཁོར་འདས་བསྲེ་བའི་ཕྱིར་དུ་རྣམ་པར་རྟོག་པའི་དྲི་མ་རྣམ་པར་དག་པའི་སྤྱོད་པ་རྒྱུད་སྡེ་ནས་གསུངས་པ་བཞིན་སྤྱོད་དགོས་ཤིང་། དེ་ལྟར་སྤྱད་ན་ནང་གི་རྟེན་འབྲེལ་གྱིས་བྱེད་པས་ས་ཕྱེད་དང་བཅུ་གསུམ་དང་། ལམ་བཞི་པོ་ཀུན་བགྲོད་ནས་རྡོ་རྗེ་འཛིན་པའི་ས་མཐར་ཐུག་བཅུ་གསུམ་པ་ཐོབ་པར་གྱུར་རོ། །ཞེས་སྟོན་པ་ལ།

དེས་ནས་འཁོར་སོགས་འབྱུང་། འདིའི་སྐབས་སུ་རིམ་གཉིས་ལ་གོམས་འདྲིས་ཡོད་པའི་རྣལ་འབྱོར་པ་དེ་རིམ་གཉིས་བརྟན་པའི་ཕྱིར་དུ་རྟུལ་ཞུགས་ཀྱི་སྤྱོད་པ་ལ་རྒྱུ་དགོས་པ་དེ་བསྟན་ནས། སྤྱོད་པ་དེ་ལ་ཀུན་ཏུ་བཟང་པོའི་སྤྱོད་པ། ཚོགས་ཀྱི་སྤྱོད་པ། ཕྱོགས་ལས་རྣམ་རྒྱལ་གྱི་སྤྱོད་པ་སོགས་ཡོད་པ་ལས། སྤྱོད་པ་དེ་དག་ལ་རྒྱུ་བའི་གནས་དེ་ངོས་འཛིན་པ་ལ། དབང་བཞི་ཡོངས་སུ་རྫོགས་པ་དང་། སོགས་འབྱུང་། གཞུང་འདིའི་སྐབས་སུ་བཤད་པར་བྱ་བའི་ཆོས་ནི། ཆོས་དང་ཆོས་མ་ཡིན་པར་རྣམ་པར་འབྱེད་པའི་བསྟན་བཅོས་སྡོམ་པ་གསུམ་རབ་ཏུ་དབྱེ་བ་ཞེས་ཉི་མ་ལྟར་གྲགས་པ་འདིའོ། །

འདི་འཆད་པ་ནི། བསྡུས་དོན་གསེར་གྱི་སྙད་པ་འཛམ་པོ་ལ་ཚིག་དོན་ནོར་བུའི་འཕྲེང་བ་སྦྱེལ་ནས་འཆད་པའི་ཚུལ་ལྟར་གསུམ་སྟེ། བསྟན་བཅོས་ཀྱི་མཚན་ཐོག་མར་བཀོད་པས་བརྗོད་བྱའི་དོན་ལ་སྤྲོ་བ་སྐྱེད། དོན་ལྡན་གྱི་བསྟན་བཅོས་དངོས་བཤད་པའི་སྐབས་ཀྱི་དོན་ལ་ངེས་པ་སྐྲུབ། རྩོམ་པ་པོའི་མཚན་བསྟན་པས་འཇུག་ཤེས་པ་བརྗོད་པའོ། །གཉིས་པ་ལ་གསུམ་སྟེ། ཐོག་མར་དགེ་བ་གོང་མས་ཡོན་ཏན་དྲན་པས་བར་ཆད་ཞི་བའི་སླད་དུ་ཕྱག་བྱ་བ། བར་དུ་དགེ་བ་བསྟན་བཅོས་རྩོམ་པའི་རྒྱུ་བསྟན་པའི་སྒོ་ནས་བརྩམས་བྱ་གཞུང་གི་རང་བཞིན་བཤད། ཐ་མར་དགེ་བ་བཀའ་དྲིན་དྲན་པའི་ཕྱག་བྱ་བས་རྗེས་དགའ་བ་བསྒོམ་པའོ། །གཉིས་པ་ལ། རྩོམ་པར་དམ་བཅའ་བ། ཇི་ལྟར་བརྩམ་པའི་ཚུལ། རྩོམ་དགོས་པའི་རྒྱུ་མཚན་དང་། བརྩམས་པའི་བསྟན་བཅོས་དངོས་བཤད་པའོ། །བཞི་པ་ལ། ལུས་རྣམ་པར་བཞག་པས་བསྟན་བཅོས་ཀྱི་དོན་རགས་པ་ངེས་པ་བསྐྲུབ། ཡན་ལག་རྒྱས་པར་བཤད་པས་ལུང་རིགས་ཀྱི་མཐའ་སྤྱད། བསྟན་བཅོས་རྩོམ་པའི་རྒྱུ་མི་ཤེས་པ་དང་། ཕྲག་དོག་མ་ཡིན་པས་མཇུག་བསྡུ་བའོ། །དང་པོ་ལ། བསྟན་པའི་གནད་ལ་འཁྲུལ་པ་འགོག་ཚུལ་གཙོ་བོར

བསྟན། འཁྲུལ་པའི་གྲུབ་མཐའ་སུན་འབྱིན་པའི་མན་ངག་གཉིས། དང་པོ་ལ། བསྟན་པའི་གནད་ལ་འཁྲུལ་པ་འགོག་བྱེད་ཀྱི་ལུང་རིགས་རྒྱས་པར་བཤད། ཐེག་པ་རང་ས་ནས་བདེན་པའི་རྒྱུ་མཚན་གྱི་འཁྲུལ་མ་འཁྲུལ་གྱི་དབྱེ་བ་མི་འཐད་པའི་རྩོད་པ་སྤང་། གནད་ལ་འཁྲུལ་ཚུལ་དཔེས་བསྟན་པས་མཇུག་བསྡུ་བའོ། །དང་པོ་ལ། སོ་ཐར་སྡོམ་པ་འདུལ་བ་བཞིན་བཤད། །བྱང་སེམས་ཀྱི་སྡོམ་པའི་རྣམ་བཞག་མདོ་སྡེ་བཞིན་བཤད། སྔགས་སྡོམ་བླ་མེད་ཀྱི་གཞུང་བཞིན་གཙོ་བོར་བཤད་པའོ། །གསུམ་པ་ལ་གསུམ་སྟེ། སྨིན་གྲོལ་གཉིས་ལ་འབད་དགོས་པར་བསྟན་པས་མཚམས་སྦྱར། གཞི་ལམ་འབྲས་གསུམ་གྱི་རྣམ་གཞག་ལ་འཁྲུལ་པ་འགོག་ཚུལ་རྒྱས་པར་བཤད། ས་ལམ་གྱི་རྣམ་གཞག་ལ་འཁྲུལ་པ་དགག་པས་མཇུག་བསྡུ་བའོ། །གཉིས་པ་ལ་གསུམ་སྟེ། གཞི་དུས་སུ་སྨིན་བྱེད་དབང་ལ་འཁྲུལ་པ་དགག །ལམ་དུས་སུ་གྲོལ་བྱེད་ཀྱི་ལམ་ལ་འཁྲུལ་པ་དགག ། གྲུབ་པ་འབྲས་བུའི་རྣམ་བཞག་ལ་འཁྲུལ་པ་དགག་པའོ། །གཉིས་པ་ལ་གཉིས་ཏེ། བསྟན་པ་མ་ཐོབ་པ་ཐོབ་པའི་ཕྱིར་དུ་སྒོམས་པའི་ལམ་ལ་འཁྲུལ་པ་དགག །བརྟན་པ་འཐོབ་ནས་རྟུལ་བཞུགས་སྤྱོད་པའི་ཡུལ་དུས་ལ་འཁྲུལ་པ་དགག་པའོ། ། གཉིས་པ་ལ་གསུམ་སྟེ། རང་ལུགས་བཞག་པས་དོན་གྱི་རྣམ་བཞག་ལ་གོ་བ་བསྐྱེད་དེ་མདོར་བསྟན་པ་དང་། གཞན་ལུགས་དགག་པས་ཡིན་ལུགས་ཀྱི་རྣམ་གཞག་ལ་འཁྲུལ་པ་བསལ་ཏེ་རྒྱས་པར་བཤད། །གཞན་ལུགས་ཁས་བླངས་ཀྱང་རང་ལུགས་ཀྱི་རྣམ་གཞག་དེ་དང་འབྲེལ་དགོས་པར་བསྟན་པས་མཇུག་བསྡུ་བའོ། །དང་པོ་ལ། རྟུལ་ཞུགས་སྤྱོད་པའི་ཡུལ་དུས་དང་བརྟེན་ངོས་བཟུང་སྟེ་རྟུལ་བཞུགས་སྤྱོད་དགོས་པར་བསྟན་པས་མདོར་བསྟན་པ་དང་། རྟེན་གྱི་གང་ཟག་མིན་པས་ནས་དེར་བགྲོད་པས་དགོས་པ་མེད་ཅིང་བར་ཆད་བྱུང་ཚུལ་རྒྱས་པར་བཤད། བརྟུལ་ཞུགས་ཀྱི་དུས་ལ་བབ་པའི་སྟགས་པས་ཡུལ་དེ་དང་གནས་དེར་ཕྱིན་པས་ཕན་ཡོན་བསྟན་པའི་མཇུག་བསྡུ་བའོ། །དང་པོ་ནི། དབང་བཞི་ཡོངས་སུ་རྫོགས་པ། ཞེས་སོགས་ཀྱི་བསྟན།

འདིའི་དོན་ཡང་། དབང་བཞི་ཡོངས་སུ་རྫོགས་པའི་གང་ཟག་དེས་ལམ་རིམ་པ་གཉིས་པོ། དང་པོར་རང་གི་ཁྱིམ་དུ་བསྒོམ་དགོས་པ་ཡིན་ཏེ། དཔལ་ཀྱེ་རྡོ་རྗེའི་རྩ་རྒྱུད་བརྟག་པ་གཉིས་པ་ལས། དང་པོར་བསྒོམ་པ་བྱེད་དུས་ཀྱིས། གནས་ནི་གང་དུ་བསྟགས་པའི་སེམས། །གཅིག་ཏུ་མཉམ་བཞག་འགྲུབ་འགྱུར་བའི། ། གནས་ནི་བཟང་པོར་ངེས་པར་བརྟག །རང་གི་ཁྱིམ་དུ་མཚན་དུས་སུ། །རྣལ་འབྱོར་མ་བསྒོམ་ཤེས་རབ་ཅན། ། ཞེས་གསུངས་པའི་ཕྱིར། །བསྐྱེད་རྫོགས་ལ་བསྟན་པ་ཙུང་ཟད་ཐོབ་ཅིང་དྲོད་ཆུང་དུ་སྐྱེས་ནས་མཚན་མོ་དུར་ཁྲོད་དམ། ཤིང་གཅིག་དྲུང་ལ་སོགས་པའི་འཇིགས་སུ་རུང་བའི་གནས་སུ་སྒོམ་དགོས་པ་ཡིན་ཏེ། བརྟག

གཉིས་ལས། ཤིང་གཅིག་དང་ནི་དུར་ཁྲོད་དམ། །ཡང་ན་དབེན་པའི་བས་མཐའ་རུ། །བསྒོམ་པ་བཟང་བར་བརྗོད་པར་བྱ། །ཞེས་གསུངས་སོ། །དེ་ལ་དྲོད་ཅེས་བྱ་བ་རང་གི་ངོ་བོ་ནི། ཧིང་ངེ་འཛིན་ལ་སྐྱེས་པའི་ལུས་ངག་ཡིད་གསུམ་གྱི་མཐུའམ། ནུས་པའི་ཁྱད་པར་ཞིག་ལ་དེ་སྐད་བྱ་ལ། དེ་ལ་ཡང་དྲོད་ཆུང་དུ་དང་འབྲིང་དང་ཆེན་པོ་གསུམ་ཡོད་པ་ལས། དང་པོ་ཆུང་དུམ་ཐོབ་པར་ཐོབ་པ་བྱེད་པའི་ཐབས་ནི། ལམ་རིམ་པ་གཉིས་བསྒོམ་པ་ལ༑ དེ་ཐོབ་པའི་རྟགས་ནི། མཉམ་བཞག་ལ་འཇིག་རྟེན་ཆོས་བརྒྱད་མགོ་སྙོམས་པ་མཉམ་བྱེད། ཉོན་མོངས་པ་གློ་བུར་དྲག་པོ་ལྡོག་པ་སླམ་བྱེད་ན་ཀུན་འདར་གྱི་སྤྱོད་པ་བྱ་བ་ཡིན་ལ། དེ་བརྟན་མི་བརྟན་རྟག་མི་རྟག་ན། སླར་ཡང་བསམ་གཏན་ལ་འཇུག་སྟེ། སཾ་པུ་ཊི་ལས། ཡང་ནི་སྒོམ་པ་ནུབ་པ་ན། །བསྟུས་ནས་བྱིས་པས་བརྩེ་བ་བྱ། །ཅེས་གསུངས་པའི་ཕྱིར། དེ་བརྟན་ན་དྲོད་ཆུང་དུ་ཐོབ་པའི་རྟགས་ཡིན་ཏེ། དེ་ཉིད་ལས། དེ་ནི་འཇིག་རྟེན་ཆོས་བརྒྱད་ནི། །ཐམས་ཅད་ཤིན་ཏུ་རིང་དུ་སྤངས། །ཞེས་དང་། བརྟག་གཉིས་ལས། འཇིག་སྒྲོ་དེ་ནི་སྡུག་བསྔལ་དང་། །མྱ་ངན་སྡུག་བསྔལ་འཚེ་བ་དང་། །འདོད་ཆགས་ཞེ་སྡང་གཏི་མུག་གིས། །བསླབ་པ་པོ་ཉིད་ཉོན་མི་མོངས། །ཞེས་གསུངས་པའི་ཕྱིར། །

དེ་ཡང་གསང་བའི་སྤྱོད་པའི་མིང་གི་རྣམ་གྲངས་ནི། །ཀུན་འདར་གྱི་སྤྱོད་པ་ཞེས་ཀྱང་བྱ། སྨྱོན་པ་རྟུལ་ཞུགས་ཀྱི་སྤྱོད་པ་ཞེས་ཀྱང་བྱ། རྒྱལ་པོ་གཞོན་ནུའི་སྤྱོད་པ་ཞེས་ཀྱང་བྱའོ། །དེ་ཡང་ཀུན་འདར་གྱི་སྤྱོད་པ་གསང་སྟེ་སྤྱོད་པ་ཞེས་བྱ་བ་ནི། མཚན་མོའི་དུས་སུ་གཟའ་བྱ་དང་གཟའ་བྱ་མིན་པ་གཉིས་སུ་མེད་པར་སྤྱད། བཏུང་བྱ་དང་བཏུང་བྱ་མ་ཡིན་པ་གཉིས་སུ་མེད་པར་སྤྱད། ཉིན་མོ་བྲམ་ཟེ་ཡིན་ན་བྲམ་ཟེ་རང་གི་བློ་པོ་དང་མཐུན་པར་སྤྱད་ཅིང་། དེ་བཞིན་དུ་རང་རང་གི་རིགས་དང་རྗེས་སུ་མཐུན་པར་སྤྱོད་ཅིང་སྤོད་དེ། ཅིའི་ཕྱིར་ཀུན་འདར་གྱི་སྤྱོད་པ་ཞེས་བྱ་ཞེ་ན། འཇིག་རྟེན་པ་ཀུན་འཇིགས་ཤིང་འདར་བས་ན་ཀུན་འདར་མའོ། །ཡང་ཀུན་འདར་མའི་སྐད་སོར་བཞག་ན་ཨ་ཝ་དྷཱུ་ཏི་ཞེས་བྱ་ལ། དེ་ནི་གཉིས་སྤངས་ལ་ཡང་འཇུག་པ་ཡིན་ཏེ། གཟའ་བྱ་དང་གཟའ་བྱ་མ་ཡིན་པ་གཉིས་སུ་མེད། བཏུང་བྱ་དང་བཏུང་བྱ་མ་ཡིན་པ་གཉིས་སུ་མེད། བགྲོད་བྱ་དང་བགྲོད་བྱ་མ་ཡིན་པ་གཉིས་སུ་མེད་པར་སྤྱོད་པའི་ཕྱིར་ཏེ། །

ཇི་སྐད་དུ། སཾ་པུ་ཊི་ལས། གཟའ་དང་གཟའ་མིན་སྤྱོད་པ་དང་། དེ་བཞིན་བཏུང་དང་བཏུང་མིན་ཉིད། བགྲོད་དང་བགྲོད་མིན་བསྟུགས་པ་ཡིས། རྣམ་རྟོག་ཉིད་དུ་མི་བྱའོ། །ཞེས་སོ། །ཅིའི་ཕྱིར་སྨྱོན་པ་རྟུལ་ཞུགས་ཀྱི་སྤྱོད་པ་ཞེས་བྱ་ཞེ་ན། སྨྱོན་པ་སྟེ་རིགས་ལ་སོགས་པ་གསང་སྟེ་སྤྱོད་པས་ན་སྨྱོན་པ་རྟུལ་ཞུགས་ཀྱི་སྤྱོད་པ་ཞེས་བྱ་བ་ཡིན་ཏེ། ཇི་སྐད་དུ། དེ་ཉིད་ལས། གཟའ་དང་གཟའ་མིན་ཇི་སྙེད་པ། །སྨྱོན་པས་སྤྱོར་བས་ཟ་བར་

བྱ༔ །ཅེས་གསུངས། ཅིའི་ཕྱིར། རྒྱལ་པོ་གཞོན་ནུའི་སྤྱོད་པ་ཞེས་བྱ་ཞེ་ན། དྲོད་ཆེན་པོ་རྒྱལ་ཚབ་ཆེན་པོ་མ་ཐོབ་པས་ན། རྒྱལ་པོ་གཞོན་ནུའི་སྤྱོད་པ་དང་། རྣལ་འབྱོར་པར་ཁས་མི་ལེན་པས་གསང་སྟེ་སྤྱོད་པས་ན་གསང་བའི་སྤྱོད་པ་ཞེས་བྱ་བ་ཡིན་ཏེ། ཇི་སྐད་དུ། དེ་ལྟར་མཆོག་ཏུ་བསམ་བྱས་ནས། ། ཤིན་ཏུ་གསང་བའི་ཡོ་གི་བསྒོམ། །ཞེས་གསུངས་སོ། །དྲོད་འབྲིང་པོ་མ་ཐོབ་པ་ཐོབ་པར་བྱེད་པའི་ཐབས་ནི་ཀུན་འདར་གྱི་སྤྱོད་པ་བྱ་བ་ཡིན་ལ། དེ་ཐོབ་པའི་རྟགས་ནི། ཚར་བཅད་དང་རྗེས་འཛིན་གྲུང་གཅིག་ནུས་པ་ཡིན་ལ།

དེ་ཡང་རྣམ་ཤེས་དང་ཡེ་ཤེས་ཀྱི་ལས་ཆ་མི་སྙོམས་པའི་རྒྱུ་མཚན་གྱི་དྲག་པོས་ཚར་བཅད་ནུས་ཀྱང་ཞི་བས་རྗེས་སུ་འཛིན་མི་ནུས། ཞི་བས་རྗེས་སུ་འཛིན་ནུས་ཀྱང་དྲག་པོས་ཚར་གཅོད་མི་ནུས་པ་ཡིན་ཏེ། ཇི་སྐད་དུ། ཕན་དང་གནོད་པས་འབྲེལ་འབྱུང་བ། །དེ་ལྟར་ངེས་པར་ཤེས་ན་ནི། །ཇི་ལྟར་དེ་ནི་སྐད་ཅིག་ཏུ། །རྣལ་འབྱོར་ཏུ་འབོད་ག་ལ་འགྲོ། །ཞེས་གསུངས་སོ། །དྲོད་ཆེན་པོ་མ་ཐོབ་པ་ཐོབ་པར་བྱེད་པའི་ཐབས་ནི། དྲག་ཤུལ་གྱི་སྤྱོད་པ་བྱ་བ་ཡིན་ལ། དེ་ཡང་ལམ་རིམ་པ་གཉིས་ལ་བརྟེན་ནས་དུ་བ་ལ་སོགས་པའི་རྟགས་ལྔ་ཡང་མཐོང་སྟེ་དྲོད་ཆུང་ངུ་དང་འབྲིང་པོ་ཐོབ་ཀྱང་། ཆེན་པོ་ཐོབ་ཏུ་མ་བཏུབ་ན། ལམ་རིམ་པ་གཉིས་ལ་བརྟེན་ནས་བརྩོན་འགྲུས་དང་འདུན་པ་དྲག་པོས་བསྒྲུབ་པ་ཟླ་བ་དྲུག་བྱ། དེས་ཀྱང་མ་གྲུབ་ན་ཟླ་བ་དྲུག་བྱ། དེས་ཀྱང་མ་གྲུབ་ན་ཟླ་བ་དྲུག་བྱ་དགོས་པ་ཡིན་ཏེ། སློབ་དཔོན་ཊཻ་ལོ་པ་ཆེན་པོས་དེ་ཉིད་བཅུ་པར། སྒྲུབ་པ་ཆེན་པོ་ཟླ་བ་བཅོ་བརྒྱད་ཀྱིས་ཀྱང་མ་གྲུབ་ན་དྲག་ཤུལ་གྱི་སྒྲུབ་པ་བྱའོ། །ཞེས་གསུངས། དེ་ལྟར་བཅོ་བརྒྱད་ཀྱིས་ཀྱང་མ་གྲུབ་ན་དངོས་པོ་ལ་མངོན་པར་ཞེན་པའི་རྟགས་ཡིན་པས་ལྷ་གནད་ལ་བོར་བའི་སྒྲུབ་པ་བྱ་དགོས་པ་ཡིན་ཏེ། ཇི་སྐད་དུ༔ མཁའ་འགྲོ་མ་རྡོ་རྗེ་གུར་ལས། ཆོས་འབྱུང་གྲོང་ཁྱེར་ཡིད་འོང་བ། །རྡོ་རྗེ་བཙུན་མོའི་སྦྱོར་བ་ཡིས། །གལ་ཏེ་དངོས་གྲུབ་མི་སྟེར་ན། །རྡོ་རྗེ་སེམས་དཔའ་བསད་པར་བྱ། །ཨོཾ་ཧུ་རུ་ཧུ་རུ་ ཚིནྡྷ་ཚིནྡྷ། ཧཱུྃ་ཧཱུྃ་ལ་སོགས་པས་སོ༔ ༔

དེ་ཡང་དྲོད་ཆེན་པོ་ཐོབ་ནས་ཟག་པ་མེད་པའི་ཡེ་ཤེས་འཇིག་རྟེན་ལས་འདས་པའི་གྲུབ་མཐའ་རྟོགས་པ་ཞེས་བྱའོ། །བསྟན་པ་ཆེན་པོ་ཐོབ་ཅིང་དྲོད་ཆེན་པོ་སྐྱེས་ནས། ཀྱེ་རྡོ་རྗེ་ལས། གང་གི་སོར་མོ་གཅིག་བསྟན་པས། །གཉིས་ཀྱི་ལེགས་པར་འོང་བ་ཡིན། །ཞེས་སོགས་ལུས་ཀྱི་བརྡ་དང་། ཧྣ་ཞེས་བྱ་བར་སྐྱེས་བུར་བཤད། ཊེ་ཞེས་བྱ་བ་བུད་མེད་ནི། ཞེས་པ་ལ་སོགས་པའི་ངག་གི་བརྡ་རྣམས་ལ་ལེགས་པར་སྦྱངས་ཤིང་། དེ་ཁོ་ན་ཉིད་ཀྱང་རྟོགས་པས་ན་དགོས་པ་ས་རྣམས་བགྲོད་པར་བྱ་བ་དང་། ཡུལ་དེ་དག་ལ་གནས་པའི་དཔའ་བོ་དང་མཁའ་འགྲོ་མ་རྣམས་དབང་དུ་བསྡུ་བའི་ཕྱིར་གནས་དང་ཉེ་བའི་གནས་ལ་སོགས་པ་ཡུལ་ཆེན་སུམ་ཅུ་སོ་བདུན་དུ།

བདེ་བ་ཆེན་པོའི་ཡེ་ཤེས་ནི་མ་རིག་པའི་གཉེན་པོ་ཡིན་པས་རིག་པ་སྟེ་དེ་ཐོབ་པ་མཚོན་བྱེད་དུ་རྒྱུས་བརྒྱན་འདོགས་པ་ལ་སོགས་པ་རྟུལ་ཞུགས་སྤྱོད་པའི་ཕྱིར་དུ་རྒྱུ་བར་བྱའོ། །ཀུན་འདར་གྱི་སྤྱོད་པས་མིང་གི་རྣམས་གྲངས་ནི། ཀུན་ཏུ་བཟང་པོའི་སྤྱོད་པ་ཞེས་ཀྱང་བྱ། ཕྱོགས་ལས་རྣམ་རྒྱལ་གྱི་སྤྱོད་པ་ཞེས་ཀྱང་བྱ། རྒྱལ་ཚབ་ཆེན་པོའི་ས་གནས་པའི་རྟུལ་ཞུགས་ཀྱི་སྤྱོད་པ་ཞེས་ཀྱང་བྱ། །འཇིག་རྟེན་པའི་སྟོན་དུ་སྤྱོད་པ་ཞེས་ཀྱང་བྱའོ། །ཅིའི་ཕྱིར་ཀུན་ཏུ་བཟང་པོའི་སྤྱོད་པ་བྱ་ཞེ་ན། རང་གི་ཡེ་ཤེས་ཀྱི་ངོ་བོ་ཀུན་ཏུ་བཟང་པོར་རྟོགས་པས་ན་དེ་སྐད་ཅེས་བྱ་བ་ཡིན་ནོ། །

ཇི་སྐད་དུ། ཀུན་བཟང་མཚུངས་པ་མེད་གྲུབ་པ། །སྤྱོད་པ་ངེས་རིགས་རྡོ་རྗེ་ཅན། །ཀུན་ཏུ་བཟང་པོའི་སྤྱོད་པ་བཤད། །ཅེས་གསུངས། ཅིའི་ཕྱིར། ཕྱོགས་ལས་རྣམ་རྒྱལ་གྱི་སྤྱོད་པ་ཞེས་བྱ་ཞེ་ན། མི་མཐུན་ཕྱོགས་གང་གིས་ཀྱང་བརྫི་མི་ནུས་ཤིང་། དེ་ལས་རྒྱལ་བས་ན་ཕྱོགས་ལས་རྣམ་རྒྱལ་ཞེས་བྱ་སྟེ། ཇི་སྐད་དུ། བྱང་ཆུབ་ལ་ནི་སེམས་བཞག་ནས་ཕྱོགས་ལས་རྒྱལ་བའི་སྤྱོད་པ་བརྩམ། ཞེས་སོ། །ཅིའི་ཕྱིར། རྒྱལ་ཚབ་ཆེན་པོའི་ས་ལ་གནས་པའི་རྟུལ་ཞུགས་ཀྱི་སྤྱོད་པ་ཞེ་བྱ་ཞེ་ན། དྲོད་ཆེན་པོས་རྒྱལ་ཚབ་ཆེན་པོ་ཐོབ་ཅིང་། ཟག་པ་མེད་པའི་ཡེ་ཤེས་རྣམས་མངོན་དུ་བྱེད། སེམས་ཅན་དཔག་ཏུ་མེད་པའི་དོན་ཐོགས་མེད་དུ་སྒྲུབ་ནུས་པ་དང་། འཇིག་རྟེན་ན་རྒྱལ་པོའི་རྒྱལ་ཚབ་ཆེན་པོ་དང་འདྲ་བས་ན་དེ་སྐད་ཅེས་བྱ་སྟེ། ཇི་སྐད་དུ། ཡང་ནི་དཔལ་ལྡན་རྒྱལ་ཚབ་ཆེ། །རྟུལ་ཞུགས་སྤྱོད་པའང་སྒྲགས་པ་ཉིད། །སེམས་ཅན་ཀུན་གྱི་དོན་གྱི་ཕྱིར། །གང་གི་དངོས་གྲུབ་མཐར་འགྱོ་བ། །ཞེས་གསུངས་སོ། །སྤྱོད་པ་རྒྱུ་བའི་རྟེན་གྱིས་གང་ཟག་གི་རྒྱན་གོས་སོགས་ནི། རྗེ་བཙུན་གྱི་ལུས་རྒྱན་བཀོད་པའི་གནོད་དང་བཟུང་བྱའི་རྫས་ལ་རོལ་མོའི་ཚིག་གདན་དང་དོམ་པའི་གོས། འདི་དག་ཧེ་རུ་ཀ་དཔལ་ཆས་དྲུག་སྟེ། །རྣམ་པར་ཕྱེ་ན་བཅུ་བཞིར་འགྱུར་བ་ཡིན། །ཞེས་སོགས་གསུངས་པ་ལྟར་རོ། །སྤྱོད་པ་རྒྱུ་བའི་འབྲས་བུ་ནི། །གནས་སྐབས་ཀྱི་འབྲས་བུ་ས་བཅུ་གཉིས་དང་། །མཐར་ཐུག་གི་འབྲས་བུ་སངས་རྒྱས་ཀྱི་ས་དང་གཉིས་ལ་བྱ་ཞིང་། སྤྱིར་ས་ལ་སའི་རྣམ་གྲངས་བཤད་པ་དང་།སའི་མངོན་རྟོགས་བཤད་པ་ལ་གཉིས། དང་པོ་ནི། མོས་པས་ཐོབ་པའི་ས་དང་། སྤྱོད་པས་ཐོབ་པའི་ས་དང་། རྟོགས་པ་ཐོབ་པའི་ས་དང་། བསྒྲུབ་པས་ཐོབ་པའི་ས་དང་བཞི་ལ་བྱ་བ་ཡིན་ཏེ། ཇི་སྐད་དུ་མདོ་སྡེ་རྒྱན་ལས། ས་ཐོབ་པ་ནི་མོས་པ་དང་། དེ་བཞིན་སྤྱོད་པ་འཇུག་པ་དང་། རྟོགས་པའི་ཕྱིན་ན་ས་རྣམས་ནི། སྒྲུབ་པས་རྣམ་པ་བཞི་ཡིན་ནོ། །ཞེས་གསུངས་སོ། །

དེ་ཡང་མོས་པ་ཐོབ་པའི་ས་ནི། ས་དངོས་ལ་མོས་པ་དང་། སྤྱོད་པས་ཐོབ་པའི་ས་ནི། ས་དང་པོ་ལ་མོས་ནས་ཆོས་སྤྱོད་ལ་འཇུག་པ་དང་། རྟོགས་པས་ཐོབ་པའི་ས་ནི། ས་དང་པོ་ཐོབ་པས་ན་ཆོས་ཉིད་མངོན་གསུམ

དུ་རྟོགས་པ་དང་། སྒྲུབ་པས་ཐོབ་པའི་ས་ནི་ཕྱིར་མི་ལྡོག་པ་ཐོབ་པའོ། །གཉིས་པ། སའི་མཚོན་རྟོགས་བཤད་པ་ལ། ས་གྲུབ་པའི་རྒྱུ། ས་རྟོགས་པའི་ཁྱད་པར། ས་ཐོབ་པའི་རྟགས། སའི་མིང་། སའི་ཐོབ་ཚུལ་བཤད་པ་དང་ལྔའོ། །དང་པོ་ལ། རྒྱུད་པའི་རྒྱུ་དང་། དངོས་ཀྱི་རྒྱུ་གཉིས། དང་པོ་ནི། སྦྱོད་པ་རྒྱུ་བ་དང་ཉེར་རྒྱུ་བསྟན་པ་རྣམས་ཡིན་ལ། གཉིས་པ་ལ། ལུས་རྩའི་དཀྱིལ་འཁོར། རྩ་ཡི་གེའི་དཀྱིལ་འཁོར། ཁམས་བདུད་རྩིའི་དཀྱིལ་འཁོར། སྙིང་པོ་ཡེ་ཤེས་རླུང་གི་དཀྱིལ་འཁོར་དང་བཞིའོ། །གཉིས་པ་ནི། ས་དང་པོ་ནས་ཆོས་ཉིད་མཚོན་གསུམ་དུ་རྟོགས་པ་དཔེ་ཚེས་གཅིག་གི་ཟླ་བ་དང་འདྲ། །ཆོས་དབྱིངས་དེ་ཡང་ས་དང་པོ་ནས་བཅུ་པའི་བར་ཇེ་གསལ་དུ་འགྲོ་ཞིང་། དཔེ་ཚེས་གཅིག་ནས་བཅོ་ལྔའི་བར་གྱི་ཟླ་བ་དང་འདྲ་བ་ཡིན་ནོ། །ཇི་སྐད་དུ། ཆོས་དབྱིངས་བསྟོད་པ་ལས། ཇི་ལྟར་ཡར་ངོའི་ཚེས་གཅིག་ལ། ཟླ་བ་ཅུང་ཟད་མཐོང་བ་ལྟར། དེ་ནི་ཐེག་མཆོག་མོས་རྣམས་ལ། །ཆོས་ཀྱི་སྐུ་ཡང་ཅུང་ཞིག་མཐོང་། །དེ་ནི་ས་ལ་བཞུགས་རྣམས་ཀྱང་། །རིམ་གྱི་རིམ་གྱི་འཕེལ་བར་མཐོང་། །དེ་ལྟར་ཡར་ངོའི་བཅོ་ལྔ་ལ། །ཟླ་བ་ཡོངས་སུ་རྫོགས་པ་ལྟར། །དེ་ནི་ས་ཡི་མཐར་ཐུག་ན། །ཆོས་ཀྱི་སྐུ་ཡང་རྫོགས་ཤིང་གསལ། །ཞེས་སོ། །གསུམ་པ་ནི། ས་དང་པོ་ཐོབ་པས་ན་ཡོན་ཏན་བརྒྱ་ཕྲག་བདུན་ལ་དབང་འབྱོར་པ་སོགས་ཡིན་ལ།

བཞི་པ་ལ། ཕ་རོལ་ཏུ་ཕྱིན་པའི་ཐེག་པ་དང་ཐུན་མོང་པའི་ས་བཤད་པ་དང་། སྔགས་ཀྱི་ཐེག་པའི་ཐུན་མོང་མ་ཡིན་པའི་ས་བཤད་པ་དང་། དེ་གཉིས་མི་འགལ་བར་བསྟན་པ་དང་གསུམ་མོ། །དང་པོ་ནི། བདེ་མཆོག་ཨ་བྷི་དྷ་ན་ལས། རབ་ཏུ་དགའ་དང་དྲི་མ་མེད། །འོད་བྱེད་པ་དང་འོད་འཕྲོ་ཅན། །སྦྱང་དཀའ་བ་དང་མངོན་གྱུར་པ༔ །རིང་དུ་སོང་དང་མི་གཡོ་བ། །ལེགས་པའི་བློ་གྲོས་ཆོས་ཀྱི་སྤྲིན། །དཔེ་མེད་ཡེ་ཤེས་ཆེན་པོ་སྟེ། །རྡོ་རྗེའི་ས་ནི་བཅུ་གསུམ་པའོ། །ཞེས་གསུངས་སོ། །གཉིས་པ་ནི། གནས་དང་ཉེ་བའི་གནས་དང་ནི། །ཞིང་དང་ཉེ་བའི་ཞིང་ཉིད་དང་། །ཚནྡྷོ་ཉེ་བའི་ཚནྡྷོ་དང་། དེ་ནི་འདུས་ཉེ་འདུ་བ། །འཐུང་སྐྱོད་ཉེ་བའི་འཐུང་སྐྱོད་བཞིན། །དུར་ཁྲོད་ཉེ་བའི་དུར་ཁྲོད་ཉིད། །འདི་རྣམས་ལ་ནི་བཅུ་གཉིས་ཏེ། །ས་བཅུའི་དབང་ཕྱུག་མགོན་པོ་ཉིད། །ཞེས་སོ། །གསུམ་པ་ནི། གནས་ནི་རབ་ཏུ་དགའ་བའི་ས། །དེ་ན་ཉེ་གནས་དྲི་མ་མེད། །ཞིང་ནི་འོད་བྱེད་ཅེས་བྱ་བ༔ །ཉེ་བའི་ཞིང་ནི་འོད་འཕྲོ་ཅན། །ཚནྡྷོ་ཧ་ནི་སྦྱང་དཀའ་བ། །ཉེ་བའི་ཚནྡྷོ་མངོན་གྱུར་པ། །འདུ་བ་རིང་དུ་སོང་བ་སྟེ། །ཉེ་བའི་འདུ་བ་མི་གཡོ་བ། །དུར་ཁྲོད་ལེགས་པའི་བློ་གྲོས་ཏེ། །ཉེ་བའི་དུར་ཁྲོད་ཆོས་ཀྱི་སྤྲིན། །འཐུང་སྐྱོད་དཔེ་མེད་ཡེ་ཤེས་ཏེ། །ཉེ་བའི་འཐུང་སྐྱོད་ཡེ་ཤེས་ཆེ། ། ཞེས་སོ། །ལྔ་པ་ས་ཡི་ཐོབ་ཚུལ་བཤད་པ་ལ༔ ས་དང་པོའི་ཐོབ་ཚུལ་ནི། ཕྱིའི་ཡུལ་པུ་ལླི་ར་མ་ལ་ཡ་ཞེས་གྲགས་པའི་རིགས་དང་། ཛ་ལནྡྷ་ར་རྡོ་རྗེ་གདན་གྱི་ནུབ

བྱང་ཁ་ཆེ་དང་ཉེ་བ་ན་ཛོ་ལ་མེ་འབར་བའི་གནས་ཡོད་དོ་ཛྭ་ར་ཞེས་པ་ཛ་དང་ཛའི་འདོད་ཚུལ་གྱི་དབྱེ་བས་གཉིས་ལས། ཛྭ་བ་འཛིན་པ་དང་། འབར་བ་འཛིན་པའོ། །ཨོ་ཌི་རྒྱ་གར་གྱི་ནུབ་བྱང་ན་ཕྱི་རོལ་སོགས་པོའི་ཡུལ་གྱི་སྐོར་བ་ཆོས་འབྱུང་གི་མཚན་པའི་འཕྲུར་འགྲོ་ཞེས་བྱ་བཡོད་དོ་ཡ་ན་ཞེས་པ་འཕྲུར་འགྲོ་འམ་ཟུར་ཆགས་པ་ལསཨུཌྜི་ཡན་དང་། ཨརྦུ་ཏ་ཞེས་པ་མཆོད་འོས་དང་། བགྲོད་པར་བྱེད། ནང་གི་གནད་སྤྱི་བོ་པུ་ལླི་ར་མ་ལ་ཡ་དང་། སྤྱི་གཙུག་ཛ་ལན་དྷ་ར་དང་། སྣ་བ་གཡས་པ་ཨོ་ཊི་ཡ་ན་དང་། ལྟག་པ་ཨརྦུ་ཏ་སྟེ་བཞིའི་གྲོང་སྟེ། ཡུལ་དེ་དག་ན་གནས་པའི་རྩ་མི་ཕྱེད་མ་དང་། ཕྲ་གཟུགས་མ་དང་། བརྩེ་བ་མ་དང་། གཡོན་པ་མ་སྟེ་བཞིའི་མདུད་པ་གྲོལ། རྩ་དེ་ནང་ན་གནས་པའི་ཐིག་ལེ་དང་རླུང་རྣམས་དབུ་མར་ཐིམ། ཁམས་ཀྱི་དབང་དུ་བྱས་ན། སོ་དང་སེན་མོའི་ཁམས་དང་། སྐྲ་དང་བ་སྤུའི་ཁམས་དང་། ལྤགས་པ་དང་དྲི་མའི་ཁམས་དང་། ཤའི་ཁམས་ཏེ་བཞི་དང་། ཡི་གེའི་དབང་དུ་བྱས་ན་པུ་ཛ་ཨུ་ཨ་བཞི་མི་ཤིགས་པའི་ཡི་གེར་གྱུར། བྱང་ཆུབ་ཀྱི་ཕྱོགས་ཀྱི་དབང་དུ་བྱས་ན། ལུས་དྲན་པ་ཉེ་བར་བཞག་པ་དང་། ཚོར་བ་དང་། སེམས་དང་། ཆོས་དྲན་པ་ཉེ་བར་བཞག་པ་སྟེ་དྲན་པ་ཉེར་བཞག་བཞི་ཐོབ། སའི་དབང་དུ་བྱས་ན། སྔགས་ཀྱི་ཐེག་པ་ལྟར་ན་གནས་ཤེས་བྱ། ཕ་རོལ་ཏུ་ཕྱིན་པ་ལྟར་ན། ས་དང་པོ་རབ་ཏུ་དགའ་བ་ཞེས་བྱ་བ་ཐོབ་སྟེ། དེའི་དུས་སུ་སངས་རྒྱས་བྱང་ཆུབ་སེམས་དཔའ་ཐམས་ཅད་ས་དང་པོ་ལ་གནས་པའི་བྱང་ཆུབ་སེམས་དཔའི་ཚུལ་དུ་དབང་དུ་བསྡུས། ཡོན་ཏན་བརྒྱ་ཕྲག་བདུན་ལ་དབང་འབྱོར་བ་ཡིན་ནོ། །སྡོམ་གསུམ་ལས། ཕྱི་ནང་ཡུལ་རྣམས་ནས། ས་ལམ་སྐབས་སུ་ལྡོས་ཀྱི་བར་རོ། །བདག་མེད་བསྟོད་པ་ལས།

པུ་ལིར་མི་ཕྱེད་སོ་དང་སེན་མོའི་ཁམས། །འབར་འཛིན་ཕྲ་གཟུགས་སྐྲ་དང་སྤུ་འབབ་ཅིང་། །གཟུགས་ཕུང་གཏི་མུག་མིག་སྒྲོང་ཨ་ལས་བྱུང་།འཁོར་ལོ་ཤར་ནས་རྡོ་རྗེ་ལ་ཕྱག་འཚལ། །ཨུཌྜི་ཡ་རྩ་བ་ལྤགས་པ་དྲི་མ་སྐྱེ། །ཨརྦུ་གཡོན་པ་མ་དེ་ཤ་འབབ་ཅིང་། །ཚོར་བ་སེར་སྣ་སྣ་སྒྲོང་ཨཱུ་ལས་བྱུང་། །ལྷོ་ཕྱོགས་གསང་བའི་དཀར་མོ་ལ་ཕྱག་འཚལ། །ལུས་དང་ཚོར་བ་སེམས་དང་ཆོས་ཀྱི་ངེས། །སྤྱི་བོ་སྤྱི་གཙུག་རྣ་བ་ལྟག་པར་བཞུགས། །རླུང་དང་བྱང་ཆུབ་སེམས་རྣམས་དབུ་མར་ཐིམ། །གནས་དེ་རབ་དགའི་ས་ལ་ཕྱག་འཚལ་ལོ། །ཞེས་དང་། དེའི་འགྲེལ་པར། ཕྱི་རོལ་ན་གནས་དང་ཉེ་བའི་གནས་ལ་སོགས་པ་ཉི་ཤུ་རྩ་བཞི་ཡོད་ལ། ངོ་བོ་སངས་རྒྱས་ཡིན་ཀྱང་རྣམ་པ་ས་དང་པོ་ལ་སོགས་པ་ཐོབ་པའི་བྱང་ཆུབ་སེམས་པའི་ཚུལ་དུ་བཞུགས། དཔའ་བོ་རྣལ་འབྱོར་མ་རྣམས་གནས། དེ་བཞིན་དུ་ཡུལ་ཉི་ཤུ་རྩ་བཞི་རང་གི་ལུས་ལ་གནས། དཔའ་བོ་དང་རྣལ་འབྱོར་མ་རྣམས་དང་། རྗེས་སུ་མཐུན་པའི་རླུང་དང་། བྱང་ཆུབ་ཀྱི་སེམས་གནས་པ་དེ་རྣམས་དབུ་མར་ཐིམ་པས་ས་རྣམས་ཀྱི་རྟོགས་པ་སྐྱེ་ཞིང་། ཕྱི་རོལ་གྱི་དཔའ་བོ་དང་རྣལ་འབྱོར་མ་རྣམས་ཀྱང་བདག་གི་གྲོགས་སུ་འགྲོ་བ་ཡིན། ཞེས

དང་། ཕ་རོལ་ཕྱིན་བཅུའི་ས་རྣམས་ལ། །རྣལ་འབྱོར་མའི་ཀླུ་ཀློའི་སྐད། ཕྱུ་ལ་སོགས་པ་ཅི་གསུངས་པ། །ཕྱི་དང་ནང་དུ་ཡང་དག་བསམ། །ཞེས་དང་། །སྡོམ་གསུམ་ལས། གསང་སྔགས་བསྒོམ་པའི་རྟོགས་པ་ཅན། །བཅད་དོན་འཕྲོད་པའི་སྐལ་བར་ལྡན། །དེ་ལ་ཡུལ་དེར་གནས་པ་ཡིན། །མཁའ་འགྲོ་རྣམས་ཀྱི་བྱིན་གྱིས་བརླབ། །འདི་དོན་རྣལ་འབྱོར་ཆེན་པོ་ཡིས། །རྒྱུད་སྡེ་རྣམས་སུ་ལེགས་པར་ལྟོས། །ཞེས་སོ། ། དེ་བཞིན་དུ་ས་གཉིས་པའི་ཐོབ་ཚུལ་ནི། ཕྱིའི་ཡུལ། གོ་ད་ལྦ་ཕྱོགས་དཔལ་གྱི་རིའི་ངོས་ལ་གྲུབ་ཆུ་ཡོད་པ་དེ་ཡིན་ནོ་ཨ་རི་ཞེས་པ་མཆོག་སྦྱིན་དང་། །རསྨི་ཤྭ་ར་ཞེས་པ་དགའ་བྱེད་དབང་ཕྱུག་དང་། དེ་ཡི་གོ་ཊ་རྡོ་རྗེ་གདན་གྱི་ཤར་ནུབ་རེན་ཁུའི་ས་ཆ་གྲོ་མོའི་ལྷོ་ཐད་ན་ཡོད་དོ་ཞེས་པ་ལྷ་མོའི་མཁར་དང་། མ་ལ་ཝ་ཞེས་པ་འཕྲེང་བ་ཅན་དང་བཞི་བགྲོད་པར་བྱེད། ནང་གི་གནས། རྣ་བ་གཡོན་པ་གོ་ད་ཨ་རི་དང་། སྙིན་མ་རསྨི་ཤྭ་རི་དང་། མིག་དེ་ཝི་ཀོ་ཊ་དང་། ཕྲག་པ་མ་ལ་ཝ་ཞེས་པ་བཞིའི་གྲོང་སྟོང་པ། ཡུལ་དེ་དག་ན་གནས་པའི་རྩ་ཐུང་དུམ་དང་། ཟུར་སྤྲུལ་སྐྱེ་མ་བསྒོམ་མ་དང་། དབང་མ་དང་བཞིའི་མདུད་པ་གྲོལ། དེ་ནང་ན་གནས་པའི་ཐིག་ལེ་དང་རླུང་དབུ་མར་ཐིམ། ཁམས་ཀྱི་དབང་དུ་བྱས་ན་རྒྱུས་པའི་ཁམས་དང་། ཟུས་པའི་ཁམས་དང་། མཁལ་མའི་ཁམས་དང་། སྙིང་གི་ཁམས་དང་བཞི །ཡི་གེའི་དབང་དུ་བྱས་ན་གོ་ར་དེ་མ་བཞི་མི་ཤིགས་པའི་ཡི་གེར་གྱུར། བྱང་ཆུབ་ཀྱི་ཕྱོགས་ཀྱི་དབང་དུ་བྱས་ན། དགེ་བ་མ་སྐྱེས་པ་བསྐྱེད་པའི་ཡང་དག་སྤོང་བ། སྐྱེས་པ་བསྲུང་བའི་ཡང་དག་སྤོང་བ། མི་དགེ་བ་མ་སྐྱེས་པ་མི་སྐྱེད་པའི་ཡང་དག་སྤོང་བ་དང་། སྐྱེས་པ་སྤོང་བའི་ཡང་དག་སྤོང་བ་སྟེ་བཞི་ཐོབ། ས་ཡི་དབང་དུ་བྱས་ན། སྔགས་ཀྱི་ཐེག་པ་ལྟར་ན་ཉེ་བའི་གནས་དང་། ཕ་རོལ་ཏུ་ཕྱིན་པའི་ཐེག་པ་ལྟར་ན་ས་གཉིས་པ་དྲི་མ་མེད་པ་ཐོབ། དེའི་དུས་སུ་སངས་རྒྱས་དང་བྱང་ཆུབ་སེམས་དཔའ་ཐམས་ཅད་ས་གཉིས་པ་ལ་གནས་པའི་དཔའ་བོ་དང་། རྣལ་འབྱོར་མའི་ཚུལ་དུ་དབང་དུ་བསྡུས། ཡོན་ཏན་སྟོང་ཕྲག་བདུན་ལ་དབང་འབྱོར་བ་ཡིན་ཏེ།

ཇི་སྐད་དུ། བདག་མེད་མའི་བསྟོད་པ་ལས། གོ་ད་ཨ་རི་ཐུང་དུ་ཆུ་རྒྱུས་འབབ། །རསྨི་ཟུས་སྤྲུལ་སྐྱེ་མ་ཟུས་འཕྲེང་སྐྱེ། །འདུ་བྱེད་འདོད་ཆགས་ལྟེ་སྦྱོང་ཤི་ལས་བྱུང་། །ཆུ་བདག་ཆུ་ཡི་རྣལ་འབྱོར་ལ་ཕྱག་འཚལ། །དེ་ཝི་ཀོ་ཊ་སྒོམ་མ་མཁལ་མ་སྐྱེད། །མ་ལ་དབང་མ་སྙིང་འབབ་འདུ་བྱེད་དང་། །ཕྲག་དོག་ལུས་སྦྱོང་ཞི་སྐྱེས་ཡང་དག་སྤོང་། །ཤར་ནས་རྡོ་རྗེ་མཁའ་འགྲོ་ལ་ཕྱག་འཚལ། །ཞེས་གསུངས་སོ། །དེ་བཞིན་དུ་ས་གསུམ་པའི་ཐོབ་ཚུལ་ནི། ཕྱིའི་ཡུལ་ཀ་མ་རུ་པ་རྒྱ་གར་ཤར་ཕྱོགས་གཉལ་གྱི་ལོན་ཆུ་བོ་ལོ་ཧི་ར་འབབ་པའི་ཡུལ་དེ་ཀ་མ་རུ་པ་ཡིན་ནོ་ཞེས་པ་འདོད་པའི་གཟུགས་དང་། ཨོ་ཏེ་ཞེས་པ་རོལ་པ་ཅན་གཉིས་བགྲོད་པར་བྱེད། ནང་གི་གནས་མཆན་ཁུང་གཉིས་ཀ་མ་རུ་པ་དང་། ནུ་མ་ཨོ་ཏྲི་གཉིས་ཀྱི་གྲོང་སྟོང་། ཡུལ་དེ་དག་ན་གནས་པའི་རྩ་སྐྱེན་མ་དང་། འཇིགས་མ

གཉིས་ཀྱི་མདུད་པ་གྲོལ། རྩ་དེ་ནང་ན་གནས་པའི་རླུང་དང་བྱང་ཆུབ་ཀྱི་སེམས་རྣམས་དབུ་མར་ཐིམ། ཁམས་ཀྱི་དབང་དུ་བྱས་ན། མིག་དང་འཁྲིག་པའི་ཁམས་གཉིས་དང་། ཡི་གེའི་དབང་དུ་བྱས་ན་ཀ་ཤོ་གཉིས་མི་ཤིགས་པའི་ཡི་གེར་གྱུར། བྱང་ཆུབ་ཀྱི་ཕྱོགས་ཀྱི་དབང་དུ་བྱས་ན། འདུན་པའི་རྫུ་འཕྲུལ་གྱི་རྐང་པ་དང་། བརྩོན་འགྲུས་ཀྱི་རྫུ་འཕྲུལ་གྱི་རྐང་པ་གཉིས་ཐོབ། སའི་དབང་དུ་བྱས་ན་སྟུགས་ཀྱི་ཐེག་པ་ལྟར་ན་ཞིང་ཞེས་བྱ། ཕ་རོལ་ཏུ་ཕྱིན་པའི་ཐེག་པ་ལྟར་ན། ས་གསུམ་པ་འོད་བྱེད་པ་ཐོབ། དེའི་དུས་སུ། སངས་རྒྱས་དང་བྱང་ཆུབ་སེམས་དཔའ་ཐམས་ཅད་ས་གསུམ་པ་ལ་གནས་པའི་དཔའ་བོ་དང་རྣལ་འབྱོར་མའི་ཚུལ་དུ་དབང་དུ་བསྡུས། ཡོན་ཏན་ཁྲི་ཕྲག་བདུན་ལ་དབང་འབྱོར་བ་ཡིན་ཏེ།

ཇི་སྐད་དུ། དེ་ཉིད་ལས།ཀ་མ་རུ་པ་སྐྱོན་མ་མིག་འབབ་ཅིང་། །ཨོ་ཌྱར་མཛུག་མ་འབབ་པ་ས་ཡི་ཁམས། ཤུ་སྐྱེས་པུཎྜ་སི་སྦྱོང་རྫུ་འཕྲུལ་གཉིས། །བྱང་ཤར་འོད་བྱེད་ཞིང་ལ་ཕྱག་འཚལ་ལོ། །ཞེས་སོ། །དེ་བཞིན་དུ་ས་བཞི་པའི་ཐོབ་ཚུལ་ནི། ཕྱིའི་ཡུལ་ཏྲི་ཤ་ཀུ་ན་ཞེས་པ་དགེ་མཚན་གསུམ་པ་དང་། ཀོ་ས་ལ་ཞེས་པ་ཛ་ལན་ནམ། དགེ་བ་ཅན་གཉིས་བགྲོད་པ་དང་། ནང་གི་གནས། ལྟེ་བ་ཏྲི་ཤ་ཀུན་དང་། སྣ་རྩེ་ཀོ་ས་ལ་གཉིས་ཀྱི་གྲོང་སྟོང་། ཡུལ་དེ་དག་ན་གནས་པའི་རྩ་མ་མོ་དང་། མཚན་མོ་གཉིས་ཀྱི་མདུད་པ་གྲོལ། རྩ་དེ་དག་ན་གནས་པའི་ཐིག་ལེ་དང་རླུང་རྣམས་དབུ་མར་ཐིམ། ཁམས་ཀྱི་དབང་དུ་བྱས་ན་གློ་བའི་ཁམས་དང་། རྒྱུ་མའི་ཁམས་གཉིས་དང་། ཡི་གེ་ཏྲི་ཀོ་གཉིས་མི་ཤིགས་པའི་ཡི་གེར་གྱུར། བྱང་ཆུབ་ཀྱི་ཕྱོགས་ཀྱི་དབང་དུ་བྱས་ན། སེམས་ཀྱི་རྫུ་འཕྲུལ་གྱི་རྐང་པ་དང་། སྤྱོད་པའི་རྫུ་འཕྲུལ་གྱི་རྐང་པ་གཉིས་ཐོབ། སའི་དབང་དུ་བྱས་ན། སྔགས་ཀྱི་ཐེག་པ་ལྟར་ན་ཉེ་བའི་ཞིང་ཞེས་བྱ། ཕ་རོལ་ཏུ་ཕྱིན་པའི་ཐེག་པ་ལྟར་ན། ས་བཞི་པ་འོད་འཕྲོ་བ་ཞེས་བྱ། དེའི་དུས་སུ་སངས་རྒྱས་དང་སོགས་སྔར་བཞིན་ཡོན་ཏན་འབུམ་ཕྲག་བདུན་ལ་དབང་འབྱོར་པ་ཡིན་ཏེ། ཇི་སྐད་དུ། ཏྲི་ཤ་ཀོ་ན་ས་མོ་གློ་བ་འབབ། ཀོ་ས་མཚན་མོ་རྒྱུ་མ་ཆུ་རྒྱུན་འབབ། ཤུ་སྐྱེས་ཤྭ་བ་རི་སྦྱོང་རྫུ་འཕྲུལ་གཉིས། །ཤར་ལྷོར་ཉེ་ཞིང་འོད་འཕྲོར་ཕྱག་འཚལ་ལོ། །ཞེས་གསུངས་སོ། །

དེབཞིན་དུ་ས་ལྔ་པའི་ཐོབ་ཚུལ་ནི། ཕྱིའི་ཡུལ་ཀ་ལིངྐ་རྡོ་རྗེ་གདན་གྱི་ལྷོ་ནུབ་ན་རྒྱལ་པོ་ཐམས་ཅད་སྒྲོལ་གྱི་ཡུལ་ཡིན་ཞེས་པ་སླ་བའི་སྡེགས་དང་། ལམ་པ་ཀ་ཞེས་པ་འཕྲུང་བ་ཅན་གཉིས་བགྲོད། ནང་གི་གནད་ཁ་ཅིག་ལིངྐ་དང་། འགྲིན་པ་ལམ་པ་ཀ་གཉིས་ཀྱི་གྲོང་སྟོང་། ཡུལ་དེ་དག་ན་གནས་པའི་རྩ་བསིལ་སྦྱིན་མ་དང་། ཚ་བ་མ་གཉིས་ཀྱི་མདུད་པ་གྲོལ། རྩ་དེ་ནང་ན་གནས་པའི་ཐིག་ལེ་དང་རླུང་རྣམས་དབུ་མར་ཐིམ། ཁམས་ཀྱི་དབང་དུ་བྱས་ན་ཚུ་རྒྱུས་ཀྱི་ཁམས་དང་། ལྟེ་བ་མེའི་ཁམས་གཉིས་དང་། ཡི་གེའི་དབང་དུ་བྱས་ན་ཀ་ལམ་གཉིས་མི་

ཤིགས་པའི་ཡི་གེར་གྱུར། བྱང་ཆུབ་ཀྱི་ཕྱོགས་ཀྱི་དབང་དུ་བྱས་ན། དད་པའི་དབང་པོ་དང་བརྩོན་འགྲུས་ཀྱི་དབང་པོ་གཉིས་ཐོབ། སའི་དབང་དུ་བྱས་ན་སྔགས་ཀྱི་ཐེག་པ་ལྟར་ན། ཚཀྲ་ཞེས་བྱ། ཕ་རོལ་ཏུ་ཕྱིན་པའི་ཐེག་པ་ལྟར་ན། ས་ལྔ་པ་སྦྱང་དཀའ་བ་ཞེས་བྱ་བ་ཐོབ། དེའི་དུས་སུ་སངས་རྒྱས་དང་བྱང་ཆུབ་སེམས་དཔའ་ཐམས་ཅད་ས་ལྔ་པ་ལ་གནས་པའི་དཔའ་བོ་དང་། རྣལ་འབྱོར་མའི་ཚུལ་དུ་དབང་དུ་བསྡུས། ཡོན་ཏན་ས་ཡ་བདུན་ལ་དབང་སྒྱུར་བ་སོགས་ཡིན་ཏེ།

ཇི་སྐད་དུ། ཀ་ལིང་ཀ་ནི་བསིལ་སྦྱིན་ཆུ་རྒྱུས་འབབ། ལམ་པར་ཚ་བ་ལྷོ་འབབ་མའི་ཁམས། །ལྷི་སྐྱེས་ཙནྡ་ལི་སྦྱོང་དབང་པོ་གཉིས། །ལྷོ་ནུབ་ཚཀྲ་སྦྱང་དཀའ་ལ་ཕྱག་འཚལ། །ཞེས་གསུངས་སོ། །དེ་བཞིན་དུ་ས་དྲུག་པའི་ཐོབ་ཚུལ་ནི། །ཕྱིའི་ཡུལ་ཀ་ཉཱི་ཞེས་པ་གྱུར་བག་ཅན་དང་། །ཧི་མ་ལ་ཡ་ཞེས་པ་གངས་ཅན་གཉིས་བགྲོད། ནང་གི་གནས་སྙིང་ཁ་ཀ་ཉི་དང་། འདོམ་བར་ཧི་མ་ལ་ཡ་གཉིས་ཀྱི་གྲོང་སྟོང་། ཡུལ་དེ་དག་ན་གནས་པའི་རྩ་གཞོལ་མ་དང་། ཧི་མ་གཉིས་ཀྱི་མདུད་པ་གྲོལ། རྩ་དེ་ནང་ན་གནས་པའི་ཐིག་ལེ་དང་རླུང་རྣམས་དབུ་མར་ཐིམ། ཁམས་ཀྱི་དབང་དུ་བྱས་ན་བཤང་བའི་ཁམས་དང་། རྒྱུང་པ་རླུང་གི་ཁམས་དང་། ཡི་གེའི་དབང་དུ་བྱས་ན་ཀ་ཧེ་གཉིས་མི་ཤིགས་པའི་ཡི་གེར་གྱུར། བྱང་ཆུབ་ཀྱི་ཕྱོགས་ཀྱི་དབང་དུ་བྱས་ན། ཏིང་ངེ་འཛིན་གྱི་དབང་པོ་དང་། དྲན་པའི་དབང་པོ་གཉིས་ཐོབ། སའི་དབང་དུ་བྱས་ན་སྔགས་ཀྱི་ཐེག་པ་ལྟར་ན་ཉེ་བའི་ཞིང་ཞེས་བྱ། ཕ་རོལ་ཏུ་ཕྱིན་པ་ལྟར་ན། ས་དྲུག་པ་མངོན་དུ་གྱུར་པ་ཞེས་བྱ་བ་དེ་ཐོབ། དེའི་དུས་སུ་སངས་རྒྱས་དང་བྱང་ཆུབ་སེམས་དཔའ་ཐམས་ཅད་ས་དྲུག་པ་ལ་གནས་པའི་དཔའ་བོ་དང་རྣལ་འབྱོར་མའི་ཚུལ་དུ་དབང་དུ་བསྡུས། ཡོན་ཏན་བྱེ་བ་བདུན་ལ་དབང་འབྱོར་བ་སོགས་ཡིན་ཏེ། ཀ་ཉཱི་ཞོལ་མ་གཤང་འབབ་ཁ་བའི་རི། །ཧི་མ་རྒྱུད་བ་ཁམས་དང་རླུང་གི་ཁམས། །རོ་སྐྱེས་གཡུང་མོ་སྦྱོང་བྱེད་དབང་པོ་གཉིས། །ལྷོ་ནུབ་སྦྱང་དཀའ་ཉེ་བའི་ཚཀྲ་བསྟོད། །ཅེས་སོ། དེ་བཞིན་དུ་ས་བདུན་པའི་ཐོབ་ཚུལ་ནི། ཕྱིའི་ཡུལ་ཏྲེ་ཏ་པུ་རི་ཞེས་པ་ཡི་དྭགས་ཀྱི་གྲོང་ཁྱེར་དང་། གྲི་བ་དེ་བ་ཞེས་པ་ཁྱིམ་གྱི་ལྷ་དང་གཉིས་བགྲོད་པར་བྱེད། ནང་གི་གནས་མཚན་མ་ཏྲེ་ཏ་པུ་རི་དང་། འོག་སྒོ་གྲི་བ་དེ་ཝ་གཉིས་ཀྱི་གྲོང་སྟོང་། ཡུལ་དེ་དག་ན་གནས་པའི་རྩ་ཤིན་ཏུ་གཟུགས་ཅན་མ་དང་། སྒྱི་མ་གཉིས་ཀྱི་མདུད་པ་གྲོལ། རྩ་དེ་ནང་ན་གནས་པའི་ཐིག་ལེ་དང་རླུང་རྣམས་དབུ་མར་ཐིམ། ཁམས་ཀྱི་དབང་དུ་བྱས་ན། བད་ཀན་གྱི་ཁམས་དང་། རྣག་གི་ཁམས་དང་། ཡི་གེའི་དབང་དུ་བྱས་ན་ཏྲེ་གྲི་གཉིས་མི་ཤིགས་པའི་ཡི་གེར་གྱུར། བྱང་ཆུབ་ཀྱི་ཕྱོགས་ཀྱི་དབང་དུ་བྱས་ན། ཤེས་རབ་ཀྱི་དབང་པོ་དང་། དད་པའི་སྟོབས་གཉིས་ཐོབ། སའི་དབང་དུ་བྱས་ན་སྔགས་ཀྱི་ཐེག་པ་ལྟར་ན་འདུ་བ་ཞེས་བྱ། ཕ་རོལ་ཏུ་ཕྱིན་པ་ལྟར་ན་ས་བདུན་རིང་དུ

སོང་བ་ཞེས་བྱ་བ་ཐོབ། དེའི་དུས་སུ་སངས་རྒྱས་དང་བྱང་ཆུབ་སེམས་དཔའ་ཐམས་ཅད་ས་བདུན་པ་ལ་གནས་པའི་དཔའ་བོ་དང་རྣལ་འབྱོར་མའི་ཚུལ་དུ་དབང་དུ་བསྡུས། ཡོན་ཏན་དུང་གྱུར་བདུན་ལ་དབང་འབྱོར་བ་སོགས་ཡིན་ཏེ། དཔལ་ལྡན་བླ་མ་དམ་པ་བསོད་ནམས་རྒྱལ་མཚན་གྱི་གསུང་ལས། འདི་ལྟ་བུའི་ཡོན་ཏན་ཐོབ་པའི་རྒྱུ་ཡང་། ཡོན་ཏན་ཕྱི་མ་ཕྱི་མ་བཅུ་འགྱུར་དུ་འགྲོ་བ་མཐུན་པ་ལས། ཁྱད་པར་དུ་དྲུག་པ་མན་གྱིས་རྒྱུ་བྱང་ཆུབ་ཀྱི་ཡན་ལག་བདུན་གྱི་དབང་གི་འབྲས་བུ་ཡོན་ཏན་བརྒྱ་ཕྲག་བདུན་དང་། འདྲེ་བ་བཞིན། འདི་ཡང་འཁོར་ལོ་བཞིའི་ཡོན་ཏན་དུང་འགྱུར་ཕྲག་བདུན་དུ་བཞི་སྒྲིས་པས་དུང་ཕྱུར་ཉེར་བརྒྱད་བྱུང་ལ། དེ་ལ་ཡོན་ཏན་གྱི་ངོ་བོ་བདུན་གྱི་བགོས་པས་ཡོན་ཏན་རེ་རེ་ལ་བཞི་བཞི་ལ་སོགས་པ་འབྱུང་བ་ཡིན་ནོ། །ཞེས་གསུངས་པའི་ཕྱིར་དང་། བདག་མེད་མའི་བསྟོད་པ་ལས། ཁྲེ་ཏྲ་ཤིན་ཏུ་གཟུགས་ཅན་བད་ཀན་འབབ། །གྲི་ཤ་དེ་བ་སྐྱི་མ་རྣམས་འབབ་ཅིང་། །ཀོ་སྐྱེས་གོ་རི་སྦྱོང་མཛད་དབང་པོའི་སྟོབས། །ནུབ་ཕྱོགས་འདུ་བ་རིང་དུ་སོང་ལ་བསྟོད། །ཅེས་གསུངས་པའི་ཕྱིར།

དེ་བཞིན་དུ་ས་བརྒྱད་པའི་ཐོབ་ཚུལ་ནི། ཕྱིའི་ཡུལ་སོ་རཥྚ་ཞེས་པ་ཕྱི་རོལ་པའི་ལྷ་ཁང་ཡོད་པ་དུ་རུ་ཀའི་ཡུལ་ཡིན་ནོ་ཞེས་པ་ཡུལ་འཁོར་བཟང་པོའམ། གྲོང་ཆེན་པོ་དང་། སུ་ཝརྞ་དེ་ཤ་ཞེས་པ་གསེར་གླིང་དང་གཉིས་བགྲོད་པར་བྱེད་དེ། ནང་གི་གནས་བླ་སོ་རཥྚ་དང་། བྱིན་པ་སུ་ཝརྞ་དེ་བ་གཉིས་ཀྱི་གྲོང་སྟོང་། དེ་དག་ན་གནས་པའི་རྩ་རྒྱུད་བྱིན་མ་དང་། སྦྱོར་བྲལ་མ་གཉིས་ཀྱི་མདུད་པ་གྲོལ། རྩ་དེ་ནང་ན་གནས་པའི་ཐིག་ལེ་རླུང་རྣམས་དབུ་མར་ཐིམ། ཁམས་ཀྱི་དབང་དུ་བྱས་ན། ཁྲག་གི་ཁམས་དང་། དངུལ་གྱི་ཁམས་གཉིས་དང་། ཡི་གེའི་དབང་དུ་བྱས་ན་སོ་ཧུ་གཉིས་མི་ཤིགས་པའི་ཡི་གེར་གྱུར། བྱང་ཆུབ་ཀྱི་ཕྱོགས་ཀྱི་དབང་དུ་བྱས་ན་བརྩོན་འགྲུས་ཀྱི་སྟོབས་དང་དྲན་པའི་སྟོབས་གཉིས་ཐོབ། སའི་དབང་དུ་བྱས་ན་སྔགས་ཀྱི་ཐེག་པ་ལྟར་ན་ཉེ་བའི་འདུ་བ་དང་། ཕ་རོལ་ཏུ་ཕྱིན་པའི་ཐེག་པ་ལྟར་ན་ས་བརྒྱད་པ་མི་གཡོ་བ་ཞེས་བྱ་བ་ཐོབ། དེའི་དུས་སུ་སངས་རྒྱས་དང་བྱང་ཆུབ་སེམས་དཔའ་ཐམས་ཅད་ས་བརྒྱད་པ་ལ་གནས་པའི་དཔའ་བོ་དང་རྣལ་འབྱོར་མའི་ཚུལ་དུ་དབང་དུ་བསྡུས། ཡོན་ཏན་ཐེར་འབུམ་བདུན་ལ་དབང་འབྱོར་བ་སོགས་པ་ཡིན་ཏེ། ཇི་སྐད་དུ། སོ་རཥྚ་རྒྱུ་སྐྱིན་ཁྲག་འབབ་ཅིང་། སུ་ཝརྞ་དེ་བ་སྦྱོར་གྲལ་དངུལ་འབབ་སྒྲ། ཨེ་སྐྱེས་ཅོ་རིས་སྦྱོང་སྟོབས་གཉིས་ལྡོར། །མི་གཡོ་ཉེ་བའི་འདུ་བ་ལ་ཕྱག་འཚལ། །ཞེས་སོ། །དེ་བཞིན་དུ་ས་དགུ་པའི་ཐོབ་ཚུལ་ནི། །ཕྱིའི་ཡུལ་ན་ག་ར་ན་ག་རའི་ཡི་གེ་འབྱུང་བའི་ཡུལ་ལྷོ་ཕྱོགས་ན་ཡོད་དོ་ཞེས་པ་གྲོང་ཁྱེར་དང་། སིནྡྷུ་ར་ཞེས་པ་ལེགས་སྦྱར་སོར་བཞག་པ་གཉིས་བགྲོད་པར་བྱེད། ནང་གི་གནས། སོར་མོ་བཅུ་དྲུག་ན་ག་ར་དང་། བོལ་གོང་སིནྡྷུ་ར་གཉིས་ཀྱི་གྲོང་སྟོང་། ཡུལ་དེ་དག་ན་གནས་པའི་རྩ་

གར་བུ་དང་། གྲུབ་མ་གཉིས་ཀྱི་མདུད་པ་གྲོལ། །རྩ་དེ་ནང་ན་གནས་པའི་ཐིག་ལེ་དང་རླུང་རྣམས་དབུ་མར་ཐིམས། ཁམས་ཀྱི་དབང་དུ་བྱས་ན་ཆིལ་བུའི་ཁམས་དང་། མཆིལ་མའི་ཁམས་དང་། ཡི་གེའི་དབང་དུ་བྱས་ན་ནཱ་སི་གཉིས་མི་ཤིགས་པའི་ཡི་གེར་གྱུར། བྱང་ཆུབ་ཀྱི་ཕྱོགས་ཀྱི་དབང་དུ་བྱས་ན། ཏིང་ངེ་འཛིན་གྱི་སྟོབས་དང་ཤེས་རབ་ཀྱི་སྟོབས་གཉིས་ཐོབ། སའི་དབང་དུ་བྱས་ན་སྔགས་ཀྱི་ཐེག་པ་ལྟར་ན་ཉེ་བའི་དུར་ཁྲོད་ཅེས་བྱ། ཕ་རོལ་ཏུ་ཕྱིན་པའི་ཐེག་པ་ལྟར་ན་ས་དགུ་པ་ལེགས་པའི་བློ་གྲོས་ཞེས་བྱ་བ་ཐོབ། དེའི་དུས་སུ་སངས་རྒྱས་དང་བྱང་ཆུབ་སེམས་དཔའ་ཐམས་ཅད་ས་དགུ་པ་ལ་གནས་པའི་བྱང་ཆུབ་སེམས་དཔའི་ཚུལ་དུ་དབང་དུ་བསྐུར། ཡོན་ཏན་ཐེར་འབུམ་ཆེན་པོ་བདུན་ལ་དབང་འབྱོར་བ་ཡིན་ཏེ། ཇི་སྐད་དུ། ནཱ་ག་ར་ནི་བསྟུ་བུ་ཆིལ་བུ་འབབ། །སིན་དྷུ་ར་གྲུ་མ་མཆིལ་འབབ་སྣ་ཡི་ཡུལ། །ཨེ་སྐྱེས་བེ་ཏ་ལི་སྦྱོང་སྟོབས་གཉིས་ནུབ། །དུར་ཁྲོད་ལེགས་པའི་བློ་གྲོས་ལ་ཕྱག་འཚལ། །ཞེས་གསུངས། །དེ་བཞིན་དུ་ས་བཅུ་པའི་ཐོབ་ཚུལ་ནི། ཕྱིའི་ཡུལ་མ་རུ་ཞེས་པ་མྱ་ངན་གྱི་ཐང་ངམ། ཆུ་མེད་པའི་ཡུལ་དང་། ཀུ་ལུ་ཏ་ཞེས་པའི་རིགས་ལྡན་གཉིས་བགྲོད་པ་དང་། ནང་གི་གནས་མཐེ་བོང་བཞི་མ་རུ་དང་། པུས་མོ་གཉིས་ཀུ་ལུ་ཏ་གཉིས་ཀྱི་གྲོང་སྟོང་། ཡུལ་དེ་ན་གནས་པའི་རྩ་ཚེང་མ་དང་། ཡིད་བཟང་མ་གཉིས་ཀྱི་མདུད་པ་གྲོལ། རྩ་དེ་ནང་ན་གནས་པའི་ཐིག་ལེ་དང་རླུང་རྣམས་དབུ་མར་ཐིམ། ཁམས་ཀྱི་དབང་དུ་བྱས་ན་མཆིལ་མའི་ཁམས་དང་། སྣབས་ཀྱི་ཁམས་གཉིས་དང་། ཡི་གེའི་དབང་དུ་བྱས་ན་མ་ཀུ་གཉིས་མི་ཤིགས་པའི་ཡི་གེར་གྱུར། བྱང་ཆུབ་ཀྱི་ཕྱོགས་ཀྱི་དབང་དུ་བྱས་ན་ཏིང་ངེ་འཛིན་ཡང་དག་བྱང་ཆུབ་ཀྱི་ཡན་ལག་དང་། བརྩོན་འགྲུས་ཡང་དག་བྱང་ཆུབ་ཀྱི་ཡན་ལག་གཉིས་ཐོབ། སའི་དབང་དུ་བྱས་ན་སྔགས་ཀྱི་ཐེག་པ་ལྟར་ན། ཉེ་བའི་དུར་ཁྲོད་ཅེས་བྱ། ཕ་རོལ་ཏུ་ཕྱིན་པའི་ཐེག་པ་ལྟར་ན་ས་བཅུ་པ་ཆོས་ཀྱི་སྤྲིན་ཞེས་པ་ཐོབ། དེའི་དུས་སུ་སངས་རྒྱས་བྱང་ཆུབ་སེམས་དཔའ་ཐམས་ཅད་ས་བཅུ་པ་ལ་གནས་པའི་དཔའ་བོ་དང་རྣལ་འབྱོར་མའི་ཚུལ་དུ་དབང་དུ་བསྐུར། ཡོན་ཏན་ཁྲག་ཁྲིག་བདུན་ལ་དབང་འབྱོར་བ་སོགས་ཡིན་ཏེ།

ཇི་སྐད་དུ། མ་རུ་མཆེད་མ་མཆིལ་མ་འབབ་པ་འཛིན། །ཀུ་ལུར་ཡིད་བཟང་སྣ་འབབ་ཀླི་ཡི་ཡུལ། །ཨོ་སྐྱེས་ཀླཱ་རི་སྦྱོང་བྱང་ཆུབ་གཉིས། །ཉེ་བའི་དུར་ཁྲོད་ཆོས་ཀྱི་སྤྲིན་ལ་བསྟོད། །ཅེས་སོ། །ས་བཅུ་གཅིག་པའི་ཐོབ་ཚུལ་ནི། ཕྱིའི་ཡུལ་ཤར་དུ་གཏུམ་དྲག་གི་དུར་ཁྲོད། བྱང་དུ་ཚང་ཚིང་འཁྲིགས་པའི་དུར་ཁྲོད། ནུབ་ཏུ་ཨུར་ཨུར་འབར་བའི་དུར་ཁྲོད། ལྷོར་འཇིགས་སུ་རུང་བའི་དུར་ཁྲོད་བཞི་བགྲོད། ནང་གི་གནས་ཁ་གཏུམ་དྲག་གི་དུར་ཁྲོད། སྣ་བུག་གཡོན་ཚང་ཚིང་འཁྲིགས་པ་དང་། ཤང་ལམ་ཨུར་ཨུར་འབར་བ་དང་། སྣ་བུག་གཡས་པ་འཇིགས་སུ་རུང་བ་བཞིའི་གྲོང་སྟོང་། སྙིང་ཁའི་མཚམས་ཀྱི་རྩ་གསུམ་བསྐོར་མ་དང་། འདོད་མ་དང་། ཁྲིམ་མ་

དང་། གཏུམ་མོ་བཞིའི་མདུད་པ་གྲོལ། ཁམས་ཀྱི་དབང་དུ་བྱས་ན། ཀུན་གཞི་དང་། ཉོན་མོངས་པ་ཅན་གྱིས་ཡིད་དང་། ཡིད་རྣམ་པར་ཤེས་པ་དང་། མིག་གི་རྣམ་པར་ཤེས་པ་བཞིའི་རྟེན་དུ་གྱུར་པའི་ཁམས་བཞི་དང་། ཡི་གེའི་དབང་དུ་བྱས་ན་ཧཱུྃ་རིང་པོ་བཞི་མི་བཤིགས་པའི་ཡི་གེར་གྱུར། བྱང་ཆུབ་ཀྱི་ཕྱོགས་ཀྱི་དབང་དུ་བྱས་ན། དགའ་བ་ཡང་དག་བྱང་ཆུབ་ཀྱི་ཡན་ལག །ཤིན་ཏུ་སྦྱངས་པ་ཡང་དག་བྱང་ཆུབ་ཀྱི་ཡན་ལག་དང་། ཆོས་རབ་ཏུ་རྣམ་འབྱེད་ཡང་དག་བྱང་ཆུབ་ཀྱི་ཡན་ལག་ཐོབ། སའི་དབང་དུ་བྱས་འཕྲུང་སྦྱོད་དང་། དཔེ་མེད་པའི་ཡེ་ཤེས་བྱ་བ་ཐོབ། དེའི་དུས་སུ་སངས་རྒྱས་དང་བྱང་ཆུབ་སེམས་དཔའ་ཐམས་ཅད་ས་བཅུ་གཅིག་པ་ལ་གནས་པའི་དཔའ་བོ་དང་རྣལ་འབྱོར་མའི་ཚུལ་དུ་བསྟུས། ཡོན་ཏན་ཁྲག་ཁྲིག་ཆེན་པོ་བདུན་ལ་དབང་འབྱོར་བ་སོགས་ཡིན་ཏེ།

ཇི་སྐད་དུ། གསུམ་སྐོར་འདོད་མ་རེག་པ་ས་སྦྱོད་སྦྱོང་། ཨོ་སྐྱེས་བྱང་ཆུབ་ལམ་གཉིས་ལ་བཏུད་དེ། ཁྲིམ་མ་གཏུམ་མ་ཆོས་དབྱིངས་མཁའ་སྤྱོད་མ། ཨོ་སྐྱེས་བྱང་ཆུབ་ལམ་གཉིས་ལ་ཕྱག་འཚལ། །འདི་བཞི་སྙིང་ཁའི་འདབ་བརྒྱད་ལྟེ་བ་ཡི། །མཚམས་གནས་ཀླུང་དང་བདུད་རྩི་ལྔ་འདྲེས་འབབ། འདི་རྣམས་དབུ་མར་ཐིམས་པས་འཕྲུང་སྦྱོད་དེ། དཔེ་མེད་ཡེ་ཤེས་བཅུ་གཅིག་པར་ཕྱག་འཚལ། ཞེས་སོ། །དེ་བཞིན་དུ་ས་བཅུ་གཉིས་པའི་ཐོབ་ཚུལ་ནི། ཕྱིའི་ཡུལ་ཤར་ལྷོར་ནགས་ཚལ་ཕུན་སུམ་ཚོགས་པ་དང་། བདེན་བྲལ་དུ་མུན་པ་མི་ཟད་པ་དང་། ཀླུང་དུ་ཀི་ལི་ཀི་ལི་སྒྲ་སྒྲོགས་པ་དང་། དབང་ལྡན་དུ་ཏ་ཏ་རྒོད་པའི་དུར་ཁྲོད་བཞི་བགྲོད་པར་བྱེད། ནང་གི་གནས་རྣ་བ་གཡས་པ་ན་ནགས་ཚལ་ཕུན་སུམ་ཚོགས་པ་དང་། རྣ་བ་གཡོན་པ་མུན་པ་མི་ཟད་པ་དང་། མིག་གཡོན་པ་ཀི་ལི་ཀི་ལི་སྒྲ་སྒྲོག་པ་དང་། མིག་གཡས་པ་ཏ་ཏ་རྒོད་པའི་དུར་ཁྲོད་བཞིའི་གྲོང་སྟོང་། སྙིང་ཁའི་ཕྱོགས་བཞིའི་རྩ་རོ་མ་དང་། རྐྱང་མ་དང་། ཀུན་འདར་མ་དང་། འདུས་བྲལ་མ་དང་བཞིའི་མདུད་པ་གྲོལ། ཁམས་ཀྱི་དབང་དུ་བྱས་ན་རྣ་བའི་རྣམ་པར་ཤེས་པའི་ཁམས་དང་། སྣའི་དང་། ལྕེའི་དང་། ལུས་ཀྱི་རྣམ་པར་ཤེས་པའི་ཁམས་དང་བཞི། ཡི་གེའི་དབང་དུ་བྱས་ན་ཧཱུྃ་རིང་པོ་བཞི་མི་བཤིགས་པའི་ཡི་གེར་གྱུར། བྱང་ཆུབ་ཀྱི་ཕྱོགས་ཀྱི་དབང་དུ་བྱས་ན་བཏང་སྙོམས་ཡང་དག་བྱང་ཆུབ་ཀྱི་ཡན་ལག་དང་། འཕགས་ལམ་ཡན་ལག་བརྒྱད་ཀྱི་ནང་ནས་ཡང་དག་པའི་ལྟ་བ་དང་། རྟོག་པ་དང་། ངག་དང་བཞི་ཐོབ། སའི་དབང་དུ་བྱས་ན་ཉེ་བའི་འཕྲུང་སྦྱོད་དམ། ཡེ་ཤེས་ཆེན་པོ་ཞེས་བྱ། དེའི་དུས་སུ་སངས་རྒྱས་དང་བྱང་ཆུབ་སེམས་དཔའ་ཐམས་ཅད་ས་བཅུ་གཉིས་ལ་གནས་པའི་དཔའ་བོ་དང་རྣལ་འབྱོར་མའི་ཚུལ་དུ་དབང་དུ་བསྡུས། ཡོན་ཏན་རབ་བཀྲ་མདུན་ལ་དབང་འབྱོར་བ་ཡིན་ཏེ།

ཇི་སྐད་དུ། མདུན་གཡས་གནས་གཡོན་རྒྱབ་ཀྱི་ཆ་ལ་བཞུགས། །རོ་རྐྱང་དབུ་མ་འདུས་བྲལ་ཨོམ་དང་བཅས། །ཨུ་ཁྲག་དྲི་ཆེན་དྲི་ཆུ་མི་རྟག་སྐྱེ། །འཕགས་པའི་ལམ་གསུམ་བྱང་ཆུབ་ལ་ཕྱག་འཚལ། །ཞེས་སོ། །དེ་བཞིན་དུ་ས་བཅུ་གསུམ་པའི་ཐོབ་ཚུལ་ནི། ཕྱིའི་ཡུལ་རྡོ་རྗེ་གདན་གྱི་ཕྱོགས་བཞི་དང་། མི་སློབ་པའི་གནས་རྡོ་རྗེ་གདན་དང་ལྔ་བགྲོད་པར་བྱེད། ནང་གི་གནས་སྙིང་ཁའི་ནང་གི་འདབ་མ་བཞི་དབུས་དང་ལྔའི་གྲོང་སྟོང་། ཡུལ་དེ་དག་ན་གནས་པའི་རྩ་ཡི་གེའི་དབྱིབས་ཅན་ལཾ་མཾ་པཾ་ཏཾ་ཧཱུཾ་དང་ལྔའི་མདུད་པ་གྲོལ། རྩ་དེ་ནང་ན་གནས་པའི་ཐིག་ལེ་དང་རླུང་དབུ་མར་ཐིམ། ཁམས་ཀྱི་དབང་དུ་བྱས་ན། དྲི་ཆེན་དང་། དྲི་ཆུ་དང་། བྱང་སེམས་དཀར་དམར། ཤ་ཆེན་གྱི་དྭངས་མ་དང་ལྔ་དང་། ཡི་གེའི་དབང་དུ་བྱས་ན། མཾ་ལཾ་པཾ་ཏཾ་ཧཱུཾ་ལྔ་མི་བཤིགས་པའི་ཡི་གེར་གྱུར། བྱང་ཆུབ་ཀྱི་ཕྱོགས་ཀྱི་དབང་དུ་བྱས་ན་ལས་ཀྱི་མཐའ་དང་། འཚོ་བ་དང་། རྩོལ་བ་དང་། དྲན་པ་དང་། ཏིང་ངེ་འཛིན་དང་ལྔ་ཐོབ། སའི་དབང་དུ་བྱས་ན་བཅུ་གསུམ་རྡོ་རྗེ་འཛིན་པ་ཐོབ་པོ་ཞེས་བྱ་བ་ཡིན་ཏེ། ཏེ་ལོ་ཀ་དཔལ་ཚུལ་གྱིས་ནི། །འཁོར་ལོ་བྱས་གང་ཕྱི་ཡི་ཡུལ། །ཉེར་བཞི་གྲགས་པས་དུར་ཁྲོད་བརྒྱད། །རྡོ་རྗེ་གདན་དང་དེ་ཕྱོགས་བཞི། །བགྲང་པས་སུམ་ཅུ་རྩ་བདུན་ནོ། །ཞེས་སོ། །ས་ཕྱེད་དང་བཅུ་གསུམ་གྱི་སྐབས་དེར་སྙིང་ཁའི་ནང་བསྐོར་གྱི་ཕྱོགས་བཞིའི་སྦྲས་པའི་རྩ་ལྔའི་མདུད་པ་གྲོལ་བས་རྩ་ཐམས་ཅད་དབུ་མ་འབབ་ཞིང་། ཧྲཱིཾ་ཨོཾ་ཧྲཱི་ཕྲེཾ་ཧཱུཾ་ལྔའི་མདུད་པ་གྲོལ་བས་ཡི་གེ་ཐམས་ཅད་མི་ཤིགས་པའི་ཡི་གེར་གྱུར། དྲི་ཆེན་དྲི་ཆུ་ལ་སོགས་པའི་བདུད་རྩི་ལྔའི་དྭངས་མ་དྭངས་པས་ཐམས་ཅད་དྭངས་མ་མཆོག་ཏུ་ཐིམ། འབྱུང་བ་ལྔའི་རླུང་དྭངས་པས་ཐམས་ཅད་ཡེ་ཤེས་ཀྱི་རླུང་དང་། དེ་ལྟར་བདེན་པར་བཅས་པའི་དཀྱིལ་འཁོར་གྱི་འགྲོས་བཞི་ཐིམ་པས་སྣང་བ་ཐམས་ཅད་དག་པ་རབ་འབྱམས་འབའ་ཞིག་ཏུ་འཆར། ཕྱོགས་བཅུའི་སངས་རྒྱས་ཐམས་ཅད་ཀྱི་དབང་བསྐུར་ཏེ། སངས་རྒྱས་ཐམས་ཅད་རང་ཉིད་དང་དབྱེར་མེད་རོ་གཅིག་ཏུ་གྱུར། འཁོར་ཚོམ་བུ་འབུམ་དང་བཅས་པས་བཅུ་གསུམ་རྡོ་རྗེ་འཛིན་པའི་ས་ནོན་ནས་སངས་རྒྱས་པ་ཞེས་བྱ་སྟེ།

ཇི་སྐད་དུ། སྦྲས་པའི་རྩ་ལྔ་མདུད་བྲལ་ཆ་དང་བཅས། །སྙིང་ཁའི་དབུས་ནས་གཙུག་གཏོར་མཆོག་ཏུ་གྱུར། །འཕགས་པའི་ལམ་ལྔ་དྲུག་པའི་ཆ་ཡི་དངོས། །རྡོ་རྗེ་འཛིན་པ་བཅུ་གསུམ་པར་ཕྱག་འཚལ། ཞེས་གསུངས་སོ། །དེ་ལྟར་ན་བདེ་མཆོག་དང་བཤད་པ་མ་མཐུན་ནོ་སྙམ་ན། འགལ་བ་མེད་དེ། རྒྱ་རྣམས་ཀྱིས་རྒྱུ་བ་དང་འབྲས་བུ་སྨིན་ཚུལ་ལ་དགོངས་པ་ཡིན་པའི་ཕྱིར་ཏེ། རྐང་པའི་བོལ་གོང་སྐྱུ་མཉེ་བྱས་པས་མིག་བདེ་བར་འགྱུར་བའི་ཕྱིར། མིག་སི་རྒྱུར་བཤད་པ་དང་། བོལ་གོང་སི་རྒྱུར་བཤད་པ་ལྟ་བུའོ། །ལྟེ་བར་སྐྱུ་མཉེ་བྱས་པས་སྣང་བ་བདེ་བར་འགྱུར་བས་གོ་དཔེ་རི་ལྟེ་བའམ། སྣ་བ་གཡོན་ལ་བཤད་པ་ལྟ་བུ་ཡིན་པས་རྒྱུད་གཉིས་པོ་

ཡང་དགོངས་པ་མཐུན་པར་ཤེས་པར་བྱའོ། །ཞེས་གསུངས་སོ། །ལམ་གྱི་སྦྱོར་ཚུལ་ཡང་། བདེ་མཆོག་ནས་བྱང་ཕྱོགས་ཀྱི་ཐོག་མ་རྫུ་འཕྲུལ་གྱི་རྐང་པ་བཞི་ལ་མཛད་ནས་ས་དང་པོ་དང་སྦྱར། ཡང་དག་སྤོང་བ་བཞི་ཀུན་གྱི་མཐའ་མར་བཞག་ནས་མཚམས་ཀྱི་ལྷ་མོ་བཞི་ལ་སྦྱར། །དྲན་པ་ཉེ་བར་བཞག་པ་བཞི་དང་། འཕགས་ལམ་ཡན་ལག་བརྒྱད་ཀྱིས་ཏིང་ངེ་འཛིན་ཏེ་ལྔ་སངས་རྒྱས་ཀྱི་སར་བཞག་ནས་བདེ་མཆོག་ལྷ་ལྔ་ལ་སྦྱར་བར་བཤད་ཀྱང་། བསྒོད་པ་འདིར་བཤད་པ་དང་འགལ་བར་ནི་མ་ཡིན་ཏེ། ཆོས་ཚན་བརྒྱ་རྩ་ལས། རྫོགས་རིམ་གྱི་དུས་སུ་བདེ་སྟོང་ཡེ་ཤེས་ངོ་བོ་གཅིག་ལ་ལྡོག་པས་ཕྱེ་ནས་སྒྲུབ་པ་པོས་ལམ་སྦྱར་ཚུལ་གང་དང་གང་སྦྱོར། རྣལ་འབྱོར་དབང་ཕྱུག་རྣམས་ཀྱིས་མན་ངག་གི་བསྟན་པས་ཇི་ལྟར་བཤད་ཀྱང་འགལ་བ་མེད་དོ། །ཞེས་གསུངས་པའི་ཕྱིར། །འདིར་ས་དང་པོ་ལ་སོགས་པར་ཡོན་ཏན་བརྒྱ་ཕྲག་བདུན་འབྱུང་བར་གསུངས་པ་དང་།མདོ་སྡེ་ས་བཅུ་པར་སོ་བདུན་དུ་ཡོན་ཏན་བརྒྱ་ཕྲག་བཅུ་གཉིས་ལ་སོགས་འབྱུང་བར་གསུངས་པས་མི་འགལ་ལམ། ཞེ་ན། འདིར་ནང་གི་རྟེན་འབྲེལ་གྱི་དབང་གིས་བདུན་དུ་བསྡུས་ལ། མདོ་སྡེར་ཡོན་ཏན་གྱིས་ལྡོག་པས་བཅུ་གཉིས་སུ་ཕྱེ་བ་ཡིན་ཞིང་། འདིར་ཡང་རྒྱུ་འབྲས་ཀྱི་ཚུལ་གྱི་མི་འགལ་ལོ། །

དེ་ཡང་ཡོན་ཏན་བརྒྱ་ཕྲག་བདུན་ནི། མི་མཇེད་འཇིག་རྟེན་གྱི་ཁམས་ལ་སོགས་པ་སྤྲུལ་སྐུའི་ཞིང་བརྒྱ་འགྱུལ་ཞིང་། སྤྲུལ་སྐུ་བརྒྱ་པོ་དེ་དག་གི་ཞལ་ལྟ་བ་དང་། སྤྲུལ་སྐུ་བརྒྱ་པོ་དེ་དག་ལ་ཆོས་མི་འདྲ་བ་བརྒྱ་ཉན་པ་དང་། མིག་དང་མགོ་གཏོང་བ་ལ་སོགས་པ་སྦྱིན་པ་མི་འདྲ་བ་བརྒྱ་གཏོང་བ་དང་། འོད་དཀར་པོ་འཕྲོས་ནས་དམར་པོར་བསྡུ་བ་ལ་སོགས་པ་འོད་མི་འདྲ་བ་བརྒྱ་དུས་གཅིག་ལ་འགྱེད་པ་དང་། བདག་པས་དམན་པའི་གདུལ་བྱ་མི་འདྲ་བ་བརྒྱ་ལ་བསམ་པ་དང་འཐུན་པའི་ཆོས་མི་འདྲ་བ་བརྒྱ་འཆད་པ་དང་། སེང་གེ་རྣམ་འགྱིང་ལ་སོགས་པ་རྒྱལ་བའི་ཡུམ་ལས་འབྱུང་བ་ལྟར་ཏིང་ངེ་འཛིན་མི་འདྲ་བ་བརྒྱ་ལ་དུས་གཅིག་ཏུ་སྙོམས་པར་འཇུག་ནུས་པ་དང་། སྔོད་དུ་མེ་འབར་ཞིང་སྨད་དུ་ཆུ་འཁྲུགས་པ་དང་། གཅིག་ལ་མང་པོར་བྱེད་ཅིང་མང་པོ་ལ་གཅིག་ཏུ་བྱེད་པ་ལ་སོགས་རྫུ་འཕྲུལ་མི་འདྲ་བ་སྣ་ཚོགས་པ་དུས་གཅིག་ལ་ཅིག་ཆར་དུ་འཇུག་ནུས་པ་དང་བདུན་ལ་བྱ་དགོས་པ་ཡིན་ཏེ།

ཇི་སྐད་དུ། ལམ་འབྲས་བུ་དང་བཅས་པ་མན་ངག་གི་རྩ་བ་རྡོ་རྗེ་ཚིག་རྐང་ལས། སྤྲུལ་སྐུའི་ཞིང་ཁམས་བརྒྱ་འགྱུལ་ཞིང་ཉན། སྦྱིན་བརྒྱ་འོད་བརྒྱ་འགྱེད། མར་བརྒྱ་འཆད། ཏིང་ངེ་འཛིན་བརྒྱ་ལ་དུས་གཅིག་ཏུ་སྙོམས་པར་འཇུག་ནུས། ཞེས་གསུངས་པ་དང་། རྫུ་འཕྲུལ་སྣ་ཚོགས་པ་སྐད་ཅིག་མའི་འབྱུང་བ་རྣམས། ནང་གི་ཞིང་ཁམས་མཐོང་བས་སོ། །ནང་མ་མཐོང་བར་ཕྱི་མི་མཐོང་། ཞེས་པ་སོགས་གསུངས་པའི་ཕྱིར། ཕྱོགས་སྔ་

མ་ཁ་ཅིག་ན་རེ། མཾ་ལཾ་པཾ་ཏཾ་རྃ་ལྔའི་དབྱིབས་ཅན་རྣམས་སྦྲས་པའི་རྩ་ལྔར་འཛོག་པ་མི་འཐད་དོ། །ཞེ་ན། དེ་ཡི་སྐྱོན་ཡོད་པ་མ་ཡིན་ཏེ། པཎ་ཆེན་གྱི་ཆོས་ཚན་བརྒྱ་རྩ་ལས།སྤྱི་བོ་ལ་སོགས་པ་རང་ལྡོག་ནས་རྩ་བ་མ་ཡིན་ཀྱང་།གནས་དེ་ན་ཡོད་པའི་ཡི་གེའི་དབྱིབས་ཅན་རྣམས་དང་།ཕྲ་གཟུགས་མ་ལ་སོགས་པ་སྦྱོར་བའི་ཕྱིར་དང་། ཡི་གེའི་དབྱིབས་ཅན་དུ་བཤད་པ་རྣམས་རྩ་མ་ཡིན་ན། དྲིལ་བུ་ཞབས་ཀྱིས། འདི་དག་གནས་སུ་མཁའ་འགྲོ་མ། རྩ་བ་གཟུགས་མཛེས་ཡང་དག་འཛིན། །དཔའ་བོ་ཉི་ཤུ་རྩ་བཞི་པོ། །ལུས་ཀྱི་ཁམས་སུ་རྣམ་པར་བརྟག །ཅེས་གསུངས་སོ། །སྙིང་ཁའི་ནང་ན་གནས་པའི་རྩ་ལྔ་རྒྱུད་སྡེ་འདིར་དངོས་སུ་མ་གསུངས་པས་སྦྲས་པའི་ཐ་སྙད་རྗེ་བཙུན་གྱིས་མཛད་དོ། །

འདིར་སྨྲས་པ། འཁྲུག་བྱེད་དགའ་བའི་མཐོང་སྣོན་རལ་པའི་རྩེར། །ཞབས་ཟུང་ཟླ་ཆེས་རོལ་པ་རབ་བསྟན་ནས། །རྒྱ་བོད་ཡོངས་སུ་གྲགས་པའི་འོད་རྒྱུ་པ། །རྒྱས་པར་གྱུར་པ་འཛམ་དབྱངས་པཎྜི་ཏ། །གང་དེའི་གཞུང་ལུགས་རིན་ཆེན་ནོར་བུ་ནི། །ཕྲོགས་ལས་རྣམ་པར་རྒྱལ་བའི་འཕྲིན་ལས་ཀྱི། །རྒྱལ་མཚན་རྩེ་མོར་བཟུང་སྟེ་གང་འདོད་པའི། །བཟང་པོའི་ཆར་འབེབ་རྗེ་བཙུན་ཆོས་ཀྱི་རྗེ། །གང་དེའི་རྣམ་དཔྱོད་ཤིང་རྟའི་བགྲོད་པ་ཡིས། །ལོག་སྨྲའི་ཚུལ་མཐོང་མ་ལུས་དགག་པའི་མཐར། །གཞན་སྨྲའི་ཉེས་པ་མ་ལུས་མནན་པ་ནི། །སྒྲ་སྒྲོག་ཡུལ་དུ་གཙུག་ཕུད་ཅན་ལྔ་བུ། །རྒྱུད་དོན་གསལ་བྱེད་ལེགས་བཤད་ཟླ་བ་འདིས། །ཐེ་ཚོམ་ལོག་པའི་མུན་པ་རབ་བཅོམ་ནས། །སངས་རྒྱས་བསྟན་པའི་མཁའ་ལ་ལེགས་འཕགས་ཏེ། །རྒྱུད་དོན་ཀུན་དའི་ཚལ་མཆོག་རྒྱས་གྱུར་ཅིག །

ཅེས་བྱ་བ་འདི་ཡང་། མཁས་པ་དང་གྲུབ་པའི་འཁོར་ལོ་སྒྱུར་བ། རྗེ་བཙུན་ཐམས་ཅད་མཁྱེན་པའི་བཤེས་གཉེན་ཤྲཱི་ཀརྨ་ རྡ་དྲའི་གསུངས་ལ། རྗེ་དེ་ཉིད་ཀྱི་ཐུགས་རྗེ་ལ་བརྟེན་པས་གསུང་རབ་ཟབ་མོའི་དོན་ལ་བློ་ཁ་ཕྱོགས་པས་ལུང་རིགས་གི་དོན་ལ་ཅུང་ཟད་རྟོགས་པ། རྗེ་ཉིད་ལ་མི་ཕྱེད་པའི་དད་པ་ཅན་ཤར་མི་ཉག་རབ་སྟེང་ཚར་ལྷང་གི་རྒྱུད་དུ་བྱུང་བའི་ཤཱཀྱའི་དགེ་སློང་ནུ་ཐ་བི་ཛ་ཡ་ཞེས་བགྱི་བས་མཉན་ཡོད་གསེར་མདོག་ཅན་གྱི་ཆོས་ཀྱི་གྲྭ་ཆེན་པོའི་དབུས་སུ་ཟིན་བྲིས་སུ་བཏབ་པ་ཕྱོགས་དུས་གནས་སྐབས་ཐམས་ཅད་དུ་སིདྡྷི་རསྟུ། སརྦ་མངྒ་ལཾ།། །།

༄༅། །སྡོམ་པ་གསུམ་གྱི་རབ་ཏུ་དབྱེ་བའི་འབྲས་བུའི་རྣམ་གཞག་བློ་གསལ་ཉེར་མཁོ་ཞེས་བྱ་བ་བཞུགས་སོ། །

ངོར་ཆེན་ཀུན་དགའ་བཟང་པོ།

བླ་མ་དང་ལྷག་པའི་ལྷ་མཆོག་མགོན་པོ་འཇམ་དཔའི་དབྱངས་ལ་ཕྱག་འཚལ་ལོ། །ཐོག་མེད་འགྲོ་བའི་མ་རིག་ལིང་ཐོག་འདི། །གང་གསུང་གསེར་གྱི་ཐུར་མས་རབ་བསལ་ནས། །ཟབ་དོན་གཟུགས་ལ་ལྟ་བའི་མིག་སྦྱིན་པ། །བཀའ་དྲིན་མཉམ་མེད་མིག་མཁན་དབང་པོ་རྒྱལ། །ཕ་རོལ་ཕྱིན་གཞུང་མི་ནུས་པར། །ཞེས་སོགས་ལ་ངག་དོན་ནི། ཕ་རོལ་ཏུ་ཕྱིན་པའི་ལམ་ལ་བརྟེན་ནས། བསྐལ་པ་གྲངས་མེད་གསུམ་དུ་ཚོགས་གསག་པར་མི་ནུས་པར། རྡོ་རྗེ་ཐེག་པའི་ལམ་ལ་བརྟེན་ནས་མྱུར་དུ་སངས་རྒྱས་ཐོབ་པར་འདོད་པའི་གང་ཟག་ཆོས་ཅན། ཁྱོད་ཀྱིས་སྨིན་བྱེད་ཀྱི་དབང་བཞི་དང་། གྲོལ་བྱེད་ཀྱི་ལམ་རིམ་པ་གཉིས་ལ་འབད་པར་བྱ་རིགས་ཏེ། དེ་ལྟར་བྱས་ན་སྐྱེ་བ་བཅུ་དྲུག་ཙམ་ཆད་དུ་ཕྱག་རྒྱ་ཆེན་པོ་མཆོག་གི་དངོས་གྲུབ་ཐོབ་པར་འགྱུར་བའི་ཕྱིར།

འདིའི་སྐབས་སུ་འབྲས་བུ་སངས་རྒྱས་ཀྱི་སའི་ས་བོན་ལ་དཔྱད་པ་ལ། དགག་བཞག་སྤང་པ་གསུམ། དང་པོ་ལ་ཁ་ཅིག །ཕ་རོལ་ཏུ་ཕྱིན་པའི་གཞུང་ལུགས་རང་ནས་བཤད་པའི་སངས་རྒྱས་ཀྱི་ས་ཡིན་ན་སངས་རྒྱས་ཀྱི་ས་ཡིན་པས་མ་ཁྱབ་སྟེ། ས་བཅུ་གཅིག་པའི་ཡེ་ཤེས་དེ། ཕ་རོལ་ཏུ་ཕྱིན་པའི་གཞུང་ལུགས་ནས་བཤད་པའི་སངས་རྒྱས་ཀྱི་ས་ཡིན་པ་གང་ཞིག །དེ་སངས་རྒྱས་ཀྱི་ས་མ་ཡིན་པའི་ཕྱིར། དང་པོ་མ་གྲུབ་ན་དེར་ཐལ། དེ་ཕ་རོལ་ཏུ་ཕྱིན་པའི་གཞུང་ལུགས་ནས་བཤད་པའི་ཐེག་ཆེན་མི་སློབ་པའི་ས་ཡིན་པའི་ཕྱིར། མ་གྲུབ་ན་དེར་ཐལ། ས་བཅུ་པའི་ཡེ་ཤེས་སྐད་ཅིག་མ་ཐ་མ་དེ། ཕ་རོལ་ཏུ་ཕྱིན་པའི་གཞུང་ལུགས་ནས་བཤད་པའི་རྒྱུན་མཐའི་ཡེ་ཤེས་ཡིན་པའི་ཕྱིར། ཕ་རོལ་ཏུ་ཕྱིན་པའི་གཞུང་ལུགས་ལས་བཤད་པའི་རྒྱུན་མཐའི་ཡེ་ཤེས་ཡོད་པའི་ཕྱིར། གཉིས་པ་མ་གྲུབ་ན། ས་བཅུ་གཅིག་པའི་ཡེ་ཤེས་ཆོས་ཅན། བཅུ་གསུམ་རྡོ་རྗེ་འཛིན་པའི་ས་ཡིན་པའི་ཕྱིར་རོ། །སངས་རྒྱས་ཀྱི་ས་ཡིན་པའི་ཕྱིར་ཞེ་ན། འོ་ན་ས་བཅུ་གཅིག་པའི་ཡེ་ཤེས་ཆོས་ཅན། ཕ་རོལ་ཏུ་ཕྱིན་པའི་གཞུངས་ལུགས་ནས་བཤད་པའི་མཐའ་ཐུགས་ཀྱི་འབྲས་བུ་ཡིན་པར་ཐལ། ཕ་རོལ་ཏུ་ཕྱིན་པའི་གཞུང་ལུགས་ནས་བཤད་པའི་སངས་རྒྱས་ཀྱི་ས་ཡིན་པའི་ཕྱིར། འདོད་ན། རྡོ་རྗེ་ཐེག་པའི་གཞུང་ལུགས་ནས་བཤད་པའི་མཐའ་ཐུག་གི་

འབྲས་བུ་ཡིན་པར་ཐལ། འདོད་པའི་ཕྱིར། ཁྱབ་སྟེ། སྡོམ་གསུམ་ཁ་སྐོང་ལས། མདོར་ན་ཉན་ཐོས་གཞུང་ལུགས་ནས། །གསང་ཆེན་བླ་ན་མེད་པའི་བར། །འབྲས་བུ་དོན་གཅིག་བཤད་པའི་ཚུལ། །ཐམས་ཅད་སྤྲོ་བ་སྐྱེད་ཕྱིར་ཡིན། །ཞེས་གསུངས་པའི་ཕྱིར། གོང་དུ་འདོད་ན། མ་ཡིན་པར་ཐལ། ས་བཅུ་གཅིག་པའི་ཡེ་ཤེས་ཡིན་པའི་ཕྱིར། གཞན་ས་བཅུ་གཅིག་པའི་ཡེ་ཤེས་ཆོས་ཅན། རྡོ་རྗེ་ཐེག་པའི་གཞུང་ལུགས་ནས་བཤད་པའི་སྤང་རྟོགས་མཐའ་ཕྱུག་པའི་ས་ཡིན་པའི་ཕྱིར་ཏེ། རྡོ་རྗེ་ཐེག་པའི་གཞུང་ལུགས་ནས་བཤད་པའི་སངས་རྒྱས་ཀྱི་ས་ཡིན་པའི་ཕྱིར། འདོད་ན། དེ་ཆོས་ཅན། སྤངས་རྟོགས་མཐའ་ཕྱུག་པའི་ས་ཡིན་པར་ཐལ། འདོད་པའི་ཕྱིར། འདོད་ན། བཅུ་གསུམ་རྡོ་རྗེ་འཛིན་པའི་ས་ཡིན་པར་ཐལ། འདོད་པའི་ཕྱིར། ཁྱབ་སྟེ། སྡོམ་གསུམ་རབ་དབྱེ་ལས། ནང་གི་ས་ལམ་ཀུན་བགྲོད་ནས། །རྡོ་རྗེ་འཛིན་པའི་ས་དགེ་བ། །བཅུ་གསུམ་པ་ནི་ཐོབ་པར་འགྱུར། །ཞེས་གསུངས་པའི་ཕྱིར། གཞན་ཡང་ས་བཅུ་གཅིག་པའི་ཡེ་ཤེས་ཆོས་ཅན། ཐེག་ཆེན་གྱི་སྡེ་སྣོད་ལས་བཤད་པའི་སངས་རྒྱས་ཀྱི་ས་ཡིན་པའི་ཕྱིར། ཕ་རོལ་ཏུ་ཕྱིན་པའི་གཞུང་ལུགས་ནས་བཤད་པའི་སངས་རྒྱས་ཀྱི་ས་ཡིན་པའི་ཕྱིར། འདོད་ན། སངས་རྒྱས་ཀྱི་ས་ཡིན་པར་ཐལ། འདོད་པ་དེའི་ཕྱིར། ཁྱབ་སྟེ། གསང་སྔགས་ཀྱི་རྒྱུད་སྡེ་ལས་བཤད་པའི་སངས་རྒྱས་ཀྱི་ས་ཡིན་ན། སངས་རྒྱས་ཀྱི་ས་ཡིན་པའི་ཕྱིར། གསང་སྔགས་བླ་མེད་ཀྱི་རྒྱུད་སྡེ་ལས་བཤད་པའི་སངས་རྒྱས་ཀྱི་ས་ཡིན་ན། སངས་རྒྱས་ཀྱི་ས་དངོས་མ་ཡིན་པའི་ཕྱིར།

གཞན་ཡང་ཕ་རོལ་ཏུ་ཕྱིན་པའི་སངས་རྒྱས་ཀྱི་ས་ཡིན་ན་སངས་རྒྱས་ཀྱི་ས་མ་ཡིན་པའི་ཐལ། དེ་ཡིན་ན། ས་བཅུ་གཅིག་པའི་ཡེ་ཤེས་ཡིན་ནོ། །ས་གང་ཞིག །ས་བཅུ་གཅིག་པའི་ཡེ་ཤེས་ཡིན་ན། སངས་རྒྱས་ཀྱི་ས་མ་ཡིན་པས་ཁྱབ་པའི་ཕྱིར། འདོད་ན། ཕ་རོལ་ཏུ་ཕྱིན་པའི་གཞུང་ལུགས་ནས་བཤད་པའི་སངས་རྒྱས་ཀྱི་ས་ཡིན་ན་༑ སངས་རྒྱས་ཀྱི་ས་མ་ཡིན་པར་ཐལ། འདོད་པའི་ཕྱིར། འདོད་ན། སྟོན་པ་ཤཱཀྱ་ཐུབ་པ་ཆོས་ཅན། དེར་ཐལ། དེའི་ཕྱིར། མ་གྲུབ་ན། དེ་ཆོས་ཅན། དེར་ཐལ། དེ་ནས་བཤད་པའི་མཆོག་གི་སྤྲུལ་སྐུ་ཡིན་པའི་ཕྱིར། མ་གྲུབ་ན། དེར་ཐལ། དེ་ནས་བཤད་པའི་མཆོག་གི་སྤྲུལ་སྐུ་ཡོད་པའི་ཕྱིར། མ་གྲུབ་ན། དེར་ཐལ། དེ་ནས་བཤད་པའི་སྐུ་གསུམ་དང་ཡེ་ཤེས་བཞི་ཡོད་པའི་ཕྱིར། མ་གྲུབ་ན། དེ་ཐལ། ཕ་རོལ་ཏུ་ཕྱིན་པའི་གཞུང་ལུགས་ནས་བཤད་པའི་སྐུ་དེ་ལ་སྐུ་གསུམ་དང་། སངས་རྒྱས་ཀྱི་ཡེ་ཤེས་དེ་ལ་ཡེ་ཤེས་བཞིར་བཤད་པའི། རྡོ་རྗེ་ཐེག་པའི་གཞུང་ལུགས་ལས་སངས་རྒྱས་ཀྱི་སྐུ་དེ་ལ་སྐུ་བཞི་དང་། སངས་རྒྱས་ཀྱི་ཡེ་ཤེས་དེ་ལ་ཡེ་ཤེས་ལྔར་བཤད་པའི་ཕྱིར། ཡང་ཁ་ཅིག་ཕ་རོལ་ཏུ་ཕྱིན་པའི་གཞུང་ལུགས་ལས་བཤད་པའི་སངས་རྒྱས་ཀྱི་ས་ཡིན་ན། སངས་རྒྱས་ཀྱི་ས་ཡིན་པས་ཁྱབ་ཀྱང་། སངས་རྒྱས་ཀྱི་ས་ཡིན་ན་བཅུ་གསུམ་རྡོ་རྗེ་འཛིན་པའི་ས་ཡིན་པས་མ་ཁྱབ་

སྟེ༑ ཕ་རོལ་ཏུ་ཕྱིན་པའི་ལམ་རང་གང་ལ་བརྟེན་ནས་ཐོབ་པའི་ས་བཅུ་གཅིག་པའི་ཡེ་ཤེས་དེ། སངས་རྒྱས་ཀྱི་ས་ཡིན་པ་གང་ཞིག །དེ་ས་བཅུ་གསུམ་རྡོ་རྗེ་འཛིན་པའི་ས་མ་ཡིན་པའི་ཕྱིར། དང་པོ་མ་གྲུབ་ན། ཕ་རོལ་ཏུ་ཕྱིན་པའི་ལམ་རང་རྐང་ལ་རྟེན་ནས་ཐོབ་པའི་ས་བཅུ་གཅིག་པའི་ཡེ་ཤེས་ཆོས་ཅན། སངས་རྒྱས་ཀྱི་ས་ཡིན་པར་ཐལ། ཕ་རོལ་ཏུ་ཕྱིན་པའི་གཞུང་ལུགས་ནས་བཤད་པའི་སངས་རྒྱས་ཀྱི་ས་ཡིན་པའི་ཕྱིར། མ་གྲུབ་ན། དེར་ཐལ། ཕ་རོལ་ཏུ་ཕྱིན་པའི་གཞུང་ལུགས་ནས་བཤད་པའི་སྤངས་རྟོགས་མཐར་ཐུག་གི་ས་ཡིན་པའི་ཕྱིར། མ་གྲུབ་ན། དེར་ཐལ། ཕ་རོལ་ཏུ་ཕྱིན་པའི་ལམ་གྱི་བསྒྲོད་བྱ་མཐར་ཐུག་གི་ས་ཡིན་པ་གང་ཞིག །ཕ་རོལ་ཏུ་ཕྱིན་པའི་ལམ་རང་རྐང་ལ་བརྟེན་ནས་ཐོབ་པའི་ས་བཅུ་གཅིག་པ་ཡན་ཆད་བསྒྲོད་མི་ནུས་པའི་ཕྱིར། དང་པོ་གྲུབ་སྟེ། ས་བཅུ་གཅིག་པའི་ཡེ་ཤེས་དེ། ཕ་རོལ་ཏུ་ཕྱིན་པའི་ལམ་གྱི་བསྒྲོད་བྱ་མཐར་ཐུག་ཡིན་པའི་ཕྱིར། ས་བཅུ་གཅིག་པ་ཡན་ཆད་བསྒྲོད་པ་ནི་རིམ་པར་སྔགས་ཀྱི་ལམ་ལ་ལྟོས་དགོས་པའི་ཕྱིར། གང་ཟག་གི་རྩ་རྟགས་གཉིས་པ་མ་གྲུབ་ན། ཕ་རོལ་ཏུ་ཕྱིན་པའི་ལམ་རང་རྐང་ལ་བརྟེན་ནས་ཐོབ་པའི་ས་བཅུ་གཅིག་པའི་ཡེ་ཤེས་ཆོས་ཅན། ས་བཅུ་གཅིག་གི་ཡེ་ཤེས་སྔོན་སོང་ཡིན་པར་ཐལ། བཅུ་གསུམ་རྡོ་རྗེ་འཛིན་པའི་ས་ཡིན་པའི་ཕྱིར། རྟགས་ཁས། དེས་ན་ས་བཅུ་གཅིག་གི་ཡེ་ཤེས་དེ་ལ་སངས་རྒྱས་ཀྱི་ས་དང་བྱང་ཆུབ་སེམས་དཔའི་ས་གཉིས་སུ་ཡོད་དེ། ཕ་རོལ་ཏུ་ཕྱིན་པའི་ལམ་རང་རྐང་ལ་བརྟེན་ནས་ཐོབ་པའི་ས་བཅུ་གཅིག་པ་དེ། སངས་རྒྱས་ཀྱི་ས་དང་། རྡོ་རྗེ་ཐེག་པའི་ལམ་ལ་བརྟེན་ནས་ཐོབ་པའི་ས་བཅུ་གཅིག་པའི་ཡེ་ཤེས་དེ། བྱང་ཆུབ་སེམས་དཔའི་ས་ཡིན་པའི་ཕྱིར། ཞེ་ན། མི་འཐད་དེ། འོ་ན་མཐོང་སྤྱོད་ཀྱི་ས་དེ་ལ་སངས་རྒྱས་ཀྱི་ས་དང་། བྱང་ཆུབ་སེམས་དཔའི་ས་གཉིས་སུ་ཡོད་པར་ཐལ། ས་བཅུ་གཅིག་པའི་ཡེ་ཤེས་དེ་ལ། དེ་ལྟར་གཉིས་སུ་ཡོད་པ་གང་ཞིག །ས་བཅུ་གཅིག་པ་དང་། མཐོང་སྤྱོད་ཀྱི་ས་གཉིས་ཡིན་ཁྱབ་མཉམ་ཡིན་པའི་ཕྱིར། དང་པོ་ཁྱབ། གཉིས་པ་མ་གྲུབ་ན། དེར་ཐལ། ས་བཅུ་གཅིག་པའི་ཡེ་ཤེས་དེ་ལ། ཕ་རོལ་ཏུ་ཕྱིན་པའི་གཞུང་ལས་ས་བཅུ་གཅིག་པའི་ས་ཀུན་ཏུ་འོད་ཀྱི་ས་ཞེས་པ་དང་། རྡོ་རྗེ་ཐེག་པའི་གཞུང་ལུགས་ལས་མཐོང་སྤྱོད་ཀྱི་ས་ཞེས་མིང་གི་ཁྱད་པར་ཐ་དད་དུ་གསུངས་པ་ལྡོག་དོན་གཅིག་པའི་ཕྱིར། མ་གྲུབ་ན། དེར་ཐལ། ས་དང་པོ་ནས་བཅུ་གཅིག་པའི་བར་གྱི་ས་བཅུ་གཅིག་པོ་དེ་ལ། ཕ་རོལ་ཏུ་ཕྱིན་པའི་གཞུང་ལུགས་ལས་དང་པོ་རབ་ཏུ་དགའ་བའི་ས། གཉིས་པ་དྲི་མ་མེད་པའི་ས། གསུམ་པ་འོད་བྱེད་པའི་ས། བཞི་པ་འོད་འཕྲོ་བའི་ས། ལྔ་པ་སྦྱང་དཀའ་བའི་ས། དྲུག་པ་མངོན་དུ་གྱུར་པའི་ས། བདུན་པ་རིང་དུ་སོང་བའི་ས། བརྒྱད་པའི་མི་གཡོ་བའི་ས། དགུ་པ་ལེགས་པའི་བློ་གྲོས་ཀྱི་ས། བཅུ་པ་ཆོས་ཀྱི་སྤྲིན་གྱི་ས། བཅུ་གཅིག་ས་ཀུན་ཏུ་འོད་ཀྱི་ས་ཞེས་པའི་མིང་ཙམ་དང་། རྡོ་རྗེ་ཐེག་

པའི་གཞུང་ལུགས་ལས། གནས་ཀྱི་ས་དང་། ཉེ་བའི་གནས་ཀྱི་ས་དང་། ཞིང་གི་ས་དང་། ཉེའི་ཞིང་གི་ས་དང་། ཚནྡྷོའི་ས་དང་། ཉེ་བའི་ཚནྡྷོའི་དང་། འདུ་བའི་ས་དང་། ཉེ་བའི་འདུ་བའི་ས་དང་། དུར་ཁྲོད་ཀྱི་ས་དང་། ཉེ་བའི་དུར་ཁྲོད་ཀྱི་ས་དང་། མཐོང་སྤྱོད་ཀྱི་ས་ཞེས་པའི་མིང་གི་ཁྱད་པར་ཙམ་ལོག་དོན་གཅིག་པའི་ཕྱིར། སཾ་པུ་ཊིའི་རྒྱུད་ལས། གནས་ནི་རབ་ཏུ་དགའ་བའི་ས། །དེ་བཞིན་ཉེ་གནས་དྲི་མ་མེད། །ཅེས་པ་ནས། ཕ་རོལ་ཕྱིན་པའི་ས་རྣམས་ལ། །རྣལ་འབྱོར་མའི་ཀླུ་ཀློའི་སྐད། །ཅེས་པའི་བར་གསུངས་པའི་ཕྱིར། གོང་དུ་འདོད་མི་ནུས་ཏེ༑ མཐོང་སྤྱོད་ཀྱི་ས་ཡིན་ནོ། །བྱང་ཆུབ་སེམས་དཔའི་ས་ཡིན་པའི་ཕྱིར། མ་གྲུབ་ན། དེར་ཐལ། ཉེ་བའི་མཐོང་སྤྱོད་ཀྱི་ས་ཡིན་ན། བྱང་ཆུབ་སེམས་དཔའི་ས་ཡིན་པའི་ཕྱིར། གནས་ཀྱི་ས་ནས་ཉེ་བའི་མཐོང་སྤྱོད་ཀྱི་སའི་བར་གྱིས་ས་བཅུ་གཉིས་པོ་གང་རུང་ཡིན་ན། བྱང་ཆུབ་སེམས་དཔའི་ས་ཡིན་པའི་ཕྱིར། སྡོམ་གསུམ་ཁ་སྐོང་པ་ལས། འཕགས་པའི་ས་ལ་ཀྱེ་རྡོ་རྗེར། །གནས་སོགས་བཅུ་གཉིས་གསུངས་པ་ནི། །བྱང་ཆུབ་སེམས་དཔའི་སར་གསུངས་ཕྱིར། །སློབ་པའི་ལམ་གྱི་དབྱེ་བ་ཡིན། །ཞེས་པ་དང་། དེ་ཕྱིར་སློབ་ལམ་ས་བཅུ་གཉིས། ། རྒྱུ་འབྲས་གཉིས་ཀ་དགོངས་པ་མཐུན། །ཞེས་གསུངས་པའི་ཕྱིར།

གཞན་ཡང་། ས་བཅུ་གཅིག་པ་ལ་གནས་པའི་སངས་རྒྱས་འཕགས་པ་ཡོད་པར་ཐལ། ས་བཅུ་གཅིག་པའི་ཡེ་ཤེས་སུ་གྱུར་པའི་སངས་རྒྱས་ཀྱི་ས་ཡོད་པའི་ཕྱིར། རྟགས་ཁས། འདོད་ན། དེ་ཆོས་ཅན། ནང་གི་ཡུལ་ཆེན་གྱི་སུམ་ཅུ་བདུན་པོ་ནི་རླུང་སེམས་དབུ་མར་བཞིན་འདུ་ཞིང་། ཕྱིའི་ཡུལ་ཆེན་སུམ་ཅུ་སོ་བདུན་གྱིས་དཔའ་བོ་དང་རྣལ་འབྱོར་མ་རྣམས་དབང་དུ་འདུ་བའི་གང་ཟག་ཡིན་པར་ཐལ། སངས་རྒྱས་འཕགས་པ་ཡིན་པའི་ཕྱིར། འདོད་ན། ནང་གི་སྦྲས་པའི་རྩ་ལྔ་དང་། ཕྱི་རོལ་གྱི་ཡུལ་ཆེན་སུམ་ཅུ་རྩ་གཉིས་ལྷག་མ་གླིང་བཞི་རི་རབ་དང་ལྔའམ། གླིང་བཞི་དང་གླིང་བཞི་གཅིག་ཏུ་སྡོམ་པ་སྟེ། ལྔའི་དཔའ་བོ་དང་རྣལ་འབྱོར་མ་རྣམས་དང་དབང་དུ་འདུ་བའི་གང་ཟག་ཡིན་པར་ཐལ། འདོད་པའི་ཕྱིར། འདོད་ན། བཅུ་གསུམ་རྡོ་རྗེ་འཛིན་པའི་ས་མངོན་དུ་བྱས་པའི་གང་ཟག་ཡིན་པར་ཐལ། འདོད་པའི་ཕྱིར། ཁྱབ་ཏེ། སྡོམ་གསུམ་ཁ་སྐོང་ལས། ནང་དུ་སྦྲས་པའི་རྩ་ལྔ་དང་། །ཕྱི་རོལ་ཡུལ་ཆེན་ལྷག་མ་ལྔ། །འདུས་པས་བཅུ་གསུམ་ས་སྐྱེ་བར། །རྣལ་འབྱོར་ཆེན་པོའི་རྒྱུད་ལས་གསུངས། །ཞེས་གསུངས་པའི་ཕྱིར།

གཞན་ཡང་ཕ་རོལ་ཏུ་ཕྱིན་པའི་ལམ་རང་རྐང་ལ་བརྟེན་ནས། ཐོབ་པའི་ས་བཅུ་གཅིག་པའི་ཡེ་ཤེས་ཡོད་པར་ཐལ། དེ་སངས་རྒྱས་ཀྱི་ས་ཡིན་པའི་ཕྱིར། འདོད་ན། དེ་མེད་པར་ཐལ། ས་བཅུ་གཅིག་པའི་ཡེ་ཤེས་ཡིན་ན། རྡོ་རྗེ་ཐེག་པའི་ལམ་ལ་བརྟེན་པ་ཐོབ་པའི་ས་ཡིན་པའི་ཕྱིར། དེ་ཡིན་ན། རྡོ་རྗེ་ཐེག་པའི་ལམ་ཡིན་

པའི་ཕྱིར། དེ་ཡིན་ན། སྔགས་སྡོམ་ཡིན་པའི་ཕྱིར། སྨྲས་པའི་རྒྱ་སུམ་ཅུ་པོ་གང་རུང་ཡིན་ན། སྔགས་སྡོམ་ཡིན་པའི་ཕྱིར། ཕ་རོལ་ཏུ་ཕྱིའི་ལམ་རང་རྐང་ལ་བརྟེན་པས་ས་བཅུ་པའི་བར་ཐོབ་པ་ཡོད་ཀྱང་། ས་བཅུ་པ་ནས་ངེས་པར་སྔགས་ལམ་ལ་འཇུག་པར་གསུངས་པའི་ཕྱིར་ཏེ། གསུང་རབ་དགོངས་གསལ་ལས། ས་བཅུའི་བར་ཐོབ་ནས་སྔགས་ལམ་མི་འཇུག་པ་མི་སྲིད་པས། ཕར་ཕྱིན་ཐེག་པའི་ལམ་མཐར་ཕྱིན་ནས་སྔགས་ལམ་གྱི་འབད་རྩོལ་ཆུང་དུས་རྡོ་རྗེ་འཛིན་པའི་ས་ཐོབ་པར་འགྱུར་བའི་ཕྱིར། ཞེས་གསུངས་པའི་ཕྱིར།

གཞན་ཡང་། ས་ཕྱི་མ་གསུམ་ལ་སྨྲས་པའི་ས་གསུམ་དུ་བཤད་པ་མི་འཐད་པར་ཐལ། ཕ་རོལ་ཏུ་ཕྱིན་པའི་ལམ་རང་རྐང་ལ་བརྟེན་ནས་ཐོབ་པའི་ས་བཅུ་གཅིག་པའི་ཡེ་ཤེས་མེད་པའི་ཕྱིར། འདོད་ན། དེ་མི་འཐད་པར་ཐལ། ས་བཅུ་གཅིག་པའི་ཡེ་ཤེས་དེ་ཕ་རོལ་ཏུ་ཕྱིན་པའི་གཞུང་ལུགས་ལས། མིང་མ་སྨྲས་ལ་དོན་སྨྲས་པའི་ས་དང་། ས་བཅུ་གཉིས་པའི་ཡེ་ཤེས་དེ་མེད་པས་མིང་དོན་གཉིས་ཀ་སྨྲས་པའི་ས། ས་བཅུ་གསུམ་པའི་ཡེ་ཤེས་དེ་མིང་སྨྲས་ལ་དོན་མ་སྨྲས་པའི་སར་བཤད་པའི་ཕྱིར། དང་པོ་གྲུབ་སྟེ། ཕ་རོལ་ཏུ་ཕྱིན་པའི་གཞུང་ལུགས་ལས་ས་བཅུ་གཅིག་པའི་ཡེ་ཤེས་མིང་མ་སྨྲས་པ་གང་ཞིག །དེའི་དོན་སྨྲས་པའི་ཕྱིར། དང་པོ་གྲུབ་སྟེ། ཕ་རོལ་ཏུ་ཕྱིན་པའི་གཞུང་ལུགས་ལས་བཤད་པའི་ས་བཅུ་གཅིག་པ་ཡོད་པའི་ཕྱིར། གོང་གི་གཏན་ཚིགས་སོ; ;གཉིས་པ་གྲུབ་སྟེ། ས་བཅུ་གཅིག་པའི་དོན་སློབ་ལམ་ཡིན་པ་གང་ཞིག །ཕ་རོལ་ཏུ་པའི་གཞུང་ལུགས་ལས་སློབ་ལམ་དུ་གྱུར་པའི་ས་བཅུ་གཅིག་པ་མ་བཤད་པའི་ཕྱིར། ཕ་རོལ་ཏུ་ཕྱིན་པའི་གཞུང་ལུགས་ལས་བཤད་པའི་ས་བཅུ་གཅིག་པའི་ཡེ་ཤེས་ཡིན་ན། མི་སློབ་ལམ་ཡིན་པའི་ཕྱིར། དེ་ཡིན་ན། སངས་རྒྱས་ཀྱི་ས་ཡིན་པས་ཁྱབ་པའི་ཕྱིར། གོང་གི་གཏན་ཚིགས་གཉིས་པ་མ་གྲུབ་ན་ས་བཅུ་གཉིས་པའི་ཡེ་ཤེས་ཆོས་ཅན། ཁྱོད་ཕ་རོལ་ཏུ་ཕྱིན་པའི་གཞུང་ལུགས་ལས་མིང་དོན་གཉིས་ཀ་སྨྲས་པའི་ས་ཡིན་པར་ཐལ། ཁྱོད་ཕ་རོལ་ཏུ་ཕྱིན་པའི་གཞུང་ལུགས་ལས་བཤད་མིང་སྨྲས་པའི་ས་གང་ཞིག །ཁྱོད་དེ་ལས་དོན་སྨྲས་པའི་ས་ཡིན་པའི་ཕྱིར། དང་པོ་མ་གྲུབ་ན། དེར་ཐལ། ཕ་རོལ་ཏུ་ཕྱིན་པའི་གཞུང་ལུགས་ལས་ས་བཅུ་གཉིས་པ་མ་བཤད་པའི་ཕྱིར། གཉིས་པ་མ་གྲུབ་ན། དེར་ཐལ། ཕ་རོལ་ཏུ་ཕྱིན་པའི་གཞུང་ལུགས་ལས་ས་བཅུ་གཉིས་པའི་དོན་མ་བཤད་པའི་ཕྱིར། ས་བཅུ་གཉིས་པའི་དོན་སློབ་ལམ་དུ་གྱུར་པའི་ས་གང་ཞིག །ཕ་རོལ་ཏུ་ཕྱིན་པའི་གཞུང་ལུགས་ལས་སློབ་ལམ་དུ་འདོད་པའི་ས་བཅུ་གཉིས་པ་མ་བཤད་པའི་ཕྱིར་ཏེ། ཕ་རོལ་ཏུ་ཕྱིན་པའི་གཞུང་ལུགས་ལས་བཤད་པའི་ཐེག་ཆེན་སློབ་པ་འཕགས་པའི་ས་དེ་ལ་བཅུར་གྲངས་ངེས་པའི་ཕྱིར་ཏེ། རིན་ཆེན་ཕྲེང་བ་ལས། ཇི་ལྟར་ཉན་ཐོས་ཐེག་པ་ལ། །ཉན་ཐོས་ས་ནི་བརྒྱད་བཤད་པ། །དེ་བཞིན་ཐེག་པ་ཆེན་པོ་ལའང་། །བྱང་ཆུབ་སེམས་དཔའི་ས

བཅུའོ། །ཞེས་པ་དང་། སྡོམ་གསུམ་ཁ་སྐོང་ལས། བདེ་མཆོག་སྨུ་གུ་ཁ་སྐྱོང་ལས། །ཕ་རོལ་ཕྱིན་དང་སྒོ་བསྟུན་ནས། །གནས་དང་ཉེ་བའི་དུར་ཁྲོས་བར། །ཉི་ཤུ་རྩ་བཞི་ས་བཅུར་བསྡུས། །ཞེས་གསུངས་པའི་ཕྱིར། རྩ་རྟགས་གསུམ་པ་མ་གྲུབ་ན། ས་བཅུ་གསུམ་པའི་ཡེ་ཤེས་ཆོས་ཅན། ཁྱོད་དེར་ཐལ། ཁྱོད་ཕ་རོལ་ཕྱིན་པའི་གཞུང་ལུགས་ལས་མིང་སྨོས་པའི་ས་གང་ཞིག །ཁྱོད་ཕ་རོལ་ཏུ་ཕྱིན་པའི་གཞུང་ལུགས་ལས་དོན་མ་སྨོས་པའི་ས་ཡིན་པའི་ཕྱིར། དང་པོ་གྲུབ་སྟེ། ཕ་རོལ་ཏུ་ཕྱིན་པའི་གཞུང་ལུགས་ལས། ས་བཅུ་གསུམ་པའི་མིང་མ་བཤད་པའི་ཕྱིར། ཕ་རོལ་ཏུ་ཕྱིན་པའི་གཞུང་ལུགས་ལས། སངས་རྒྱས་ས་དེ་ལ་ས་བཅུ་གཅིག་པའི་མིང་བཏགས་ནས་བཤད་པའི་ཕྱིར། སངས་རྒྱས་ཀྱི་ས་དེ་ཕ་རོལ་ཏུ་ཕྱིན་པའི་གཞུང་ལུགས་ནས་བཤད་པའི་བཅུ་གཅིག་པའི་ཡེ་ཤེས་ཡིན་པའི་ཕྱིར། རྟགས་གཉིས་པ་གྲུབ་སྟེ། ས་བཅུ་གསུམ་པའི་དོན་སྒྲིབ་གཉིས་བག་ཆགས་དང་བཅས་པ་སྤངས་པའི་ས་ལ་འཇོག་པ་གང་ཞིག །ཕ་རོལ་ཏུ་ཕྱིན་པའི་གཞུང་ལུགས་ལས། སྒྲིབ་གཉིས་སྤངས་པའི་སར་བཤད་པའི་ཕྱིར། དེ་ནས་སངས་རྒྱས་ཀྱི་ས་བཤད་པའི་ཕྱིར། གལ་ཏེ་ཁོ་ན་རེ་ནས་ཕ་རོལ་ཏུ་ཕྱིན་པའི་གཞུང་ལུགས་ལས། ས་བཅུ་གསུམ་པའི་མིང་བཤད་པར་ཐལ། དེ་ནས་ས་བཅུ་གཉིས་པ་བཤད་པའི་ཕྱིར། དེ་ནས་བཤད་པའི་ས་བཅུ་གསུམ་པ་ཡོད་པའི་ཕྱིར། དེ་ནས་བཤད་པའི་སངས་རྒྱས་ཀྱི་ས་ཡོད་པ་གང་ཞིག །སངས་རྒྱས་ཀྱི་ས་ཡིན་ན། ས་བཅུ་གསུམ་པའི་ཡེ་ཤེས་ཡིན་པའི་ཕྱིར། ཞེ་ན། འདིར་མ་གྲུབ་བོ། །

གཞན་ཡང་དེས་བཤད་པའི་ས་བཅུ་གསུམ་པ་ཡོད་པར་ཐལ། རྣམ་སྨིན་དེ་དེ་ནས་བཤད་པའི་ས་བཅུ་གསུམ་པ་ཡིན་པའི་ཕྱིར། མ་གྲུབ་ན། དེ་ཆོས་ཅན། དེར་ཐལ། དེ་ནས་བཤད་པའི་ས་བཅུ་གསུམ་པ་དང་། དེ་ནས་མ་བཤད་པའི་ས་བཅུ་གསུམ་པ་གང་རུང་གང་ཞིག །ཕྱི་མ་ཡིན་པའི་ཕྱིར། དང་པོ་མ་གྲུབ་ན། དེར་ཐལ། ས་བཅུ་གསུམ་པ་ཡིན་པའི་ཕྱིར་ཞེ་ན། འདིར་མ་གྲུབ་བོ། །ཕྱི་མ་མ་གྲུབ་ན། དེ་ཆོས་ཅན། དེ་ནས་མ་བཤད་པའི་ས་ཡིན་པར་ཐལ། མ་གྲུབ་པ་དེའི་ཕྱིར། འདོད་མི་ནུས་ཏེ། དེ་ནས་བཤད་པའི་ས་ཡིན་པའི་ཕྱིར་ཏེ། དེ་ནས་བཤད་པའི་སངས་རྒྱས་ཀྱི་ས་ཡིན་པའི་ཕྱིར། ཞེ་ན། ཕ་རོལ་ཏུ་ཕྱིན་པའི་གཞུང་ལུགས་ལས་བཤད་པའི་ས་བཅུ་གཅིག་པའི་ཡེ་ཤེས་མེད་པར་ཐལ། ས་བཅུ་གཅིག་པའི་ཡེ་ཤེས་དེ། དེ་མ་ཡིན་པ་གང་ཞིག །རྣམ་སྨིན་དེ་དེ་མ་ཡིན་པའི་ཕྱིར། དང་པོ་མ་གྲུབ་ན། ས་བཅུ་གཅིག་པའི་ཡེ་ཤེས་ཆོས་ཅན། ཕ་རོལ་ཏུ་ཕྱིན་པའི་གཞུང་ལུགས་ལས་བཤད་པའི་ཐེག་ཆེན་སློབ་པ་འཕགས་པའི་ས་ཡིན་པར་ཐལ། དེ་ནས་བཤད་པའི་ཐེག་ཆེན་འཕགས་པའི་ས་ཡིན་པ་གང་ཞིག །དེ་ནས་བཤད་པའི་ཐེག་ཆེན་མི་སློབ་པའི་ས་མ་ཡིན་པའི་ཕྱིར། དང་པོ་དོན་གྱིས་ཁས། གཉིས་པ་མ་གྲུབ་ན། དེ་ཆོས་ཅན། ཐེག་ཆེན་མི་སློབ་པའི་ས་ཡིན་པར་ཐལ་ལོ། །གོང་དུ་འདོད་ན།

དེ་ཆོས་ཅན། ས་བཅུ་པོ་གང་རུང་ཡིན་པར་ཐལ། འདོད་པའི་ཕྱིར། རྩ་རྟགས་གཉིས་པ་མ་གྲུབ་ན། རྣམ་སྨིན་ནི་ཕ་རོལ་ཏུ་ཕྱིན་པའི་གཞུང་ལུགས་ལས་བཤད་པའི་ས་བཅུ་གཅིག་པའི་ཡེ་ཤེས་མི་གྲུབ་པར་ཐལ། དེ་ནས་བཤད་པའི་ས་བཅུ་གཉིས་པའི་ཡེ་ཤེས་ཡིན་པའི་ཕྱིར། རྟགས་ཁས། རྩོད་པར་མི་ནུས་ཏེ། ཕ་རོལ་ཏུ་ཕྱིན་པའི་གཞུང་ལུགས་ལས་ས་བཅུ་གཅིག་པའི་ཡེ་ཤེས་བཤད་པའི་ཕྱིར། ཕ་རོལ་ཏུ་ཕྱིན་པའི་གཞུང་ལུགས་ལས། རྣམ་སྨིན་དེ་ས་བཅུ་གཅིག་པར་བཤད་པའི་ཕྱིར། རྟགས་འོག་ནས་སྒྲུབ། གཞན་ཡང་། ཕ་རོལ་ཏུ་ཕྱིན་པའི་གཞུང་ལུགས་ལས་བཤད་པའི་ས་བཅུ་གསུམ་པ་མེད་པར་ཐལ། སྡོམ་གསུམ་ཁ་སྐོང་ལས། མདོར་ན་ཕ་རོལ་ཕྱིན་པ་ཡིས། །ས་ལམ་རྣམ་གཞག་བྱེད་པའི་ཚེ། །བཅུ་གཉིས་སའི་ཐ་སྙད་མེད། །ཅེས་གསུངས་པའི་ཕྱིར།

གཞན་ཡང་། རྣམ་སྨིན་དེ་ཕ་རོལ་ཏུ་ཕྱིན་པའི་གཞུང་ལུགས་ལས། ས་བཅུ་གསུམ་པའི་ཡེ་ཤེས་སུ་ཐལ། ཕ་རོལ་ཏུ་ཕྱིན་པའི་གཞུང་ལུགས་ལས་བཤད་པའི་ས་བཅུ་གཅིག་པ་མེད་པའི་ཕྱིར། རྟགས། འདོད་ན། དེ་མ་བཤད་པར་ཐལ། ཕ་རོལ་ཏུ་ཕྱིན་པའི་གཞུང་ལུགས་ལས་རྣམ་སྨིན་དེ། ས་བཅུ་གཅིག་པར་ཐལ་བའི་ཕྱིར་ཏེ༑ སྡོམ་གསུམ་ཁ་སྐོང་ལས། འདི་ཡང་ཕ་རོལ་ཕྱིན་པ་ལས། །བཅུ་གཅིག་པར་བཤད་ལ་འབྲུལ་ནས། །གྲངས་དང་མཚན་ཉིད་ནོར་བར་ཟད། །ཅེས་གསུངས་པའི་ཕྱིར། གཞན་ཡང་། ཕ་རོལ་ཕྱིན་པའི་གཞུང་ལུགས་ལས། རྣམ་སྨིན་དེ་ས་བཅུ་གཅིག་ཡེ་ཤེས་སུ་ཐལ། ཕ་རོལ་ཏུ་ཕྱིན་པའི་གཞུང་ལུགས་ལས་རྣམ་སྨིན་དེ༑ ས་བཅུའི་ཡེ་ཤེས་ཀྱི་སྐད་ཅིག་ཕྱི་ལོགས་དེ་མ་ཐག་ཏུ་རྣམ་སྨིན་ཐོབ་པའི་སར་བཤད་པའི་ཕྱིར་ཏེ། ཕ་རོལ་ཏུ་ཕྱིན་པའི་གཞུང་ལུགས་ལས། ས་བཅུའི་ཡེ་ཤེས་སྐད་ཅིག་ཕྱི་ལོགས་དེ་མ་ཐག་ཏུ་རྣམ་སྨིན་ཐོབ་པར་བཤད་པའི་ཕྱིར། ཕ་རོལ་ཏུ་ཕྱིན་པའི་གཞུང་ལུགས་ལས། ས་བཅུའི་ཡེ་ཤེས་སྐད་ཅིག་ཐ་མ་དེ། རྒྱུན་མཐའི་ཡེ་ཤེས་སུ་བཤད་པའི་ཕྱིར། ཕ་རོལ་ཏུ་ཕྱིན་པའི་གཞུང་ལུགས་ནས་བཤད་པའི་རྒྱུན་མཐའི་ཡེ་ཤེས་ཡིན་ན། ས་བཅུའི་ཡེ་ཤེས་ཡིན་དགོས་པ་གང་ཞིག །ཕ་རོལ་ཏུ་ཕྱིན་པའི་གཞུང་ལུགས་ལས་བཤད་པའི་རྒྱུན་མཐའི་ཡེ་ཤེས་ཡིན་གྱི། ས་བཅུ་གཉིས་པའི་ཡེ་ཤེས་མ་ཡིན་པའི་ཕྱིར། གལ་ཏེ་ཁོ་ན་རེ། རྣམ་སྨིན་སྐད་ཅིག་མ་དང་པོ་ཆོས་ཅན། ཕ་རོལ་ཏུ་ཕྱིན་པའི་གཞུང་ལུགས་ལས་བཤད་པའི་ས་བཅུའི་ཡེ་ཤེས་ཀྱི་སྐད་ཅིག་ཕྱི་ལོགས་དེ་མ་ཐག་ཏུ་བྱུང་བའི་ཡེ་ཤེས་སུ་ཐལ། ཁྱོད་ཕ་རོལ་ཏུ་ཕྱིན་པའི་གཞུང་ལུགས་ལས་བཤད་པའི་ས་བཅུ་གཅིག་པའི་ཡེ་ཤེས་སྐད་ཅིག་དང་པོ་གང་ཞིག །ས་བཅུ་གཅིག་པའི་ཡེ་ཤེས་སྐད་ཅིག་དང་པོ་ཡིན་ན། ས་བཅུའི་ཡེ་ཤེས་ཀྱི་སྐད་ཅིག་ཕྱི་ལོགས་དེ་མ་ཐག་ཏུ་བྱང་ཆུབ་པས་ཁྱབ་པའི་ཕྱིར་ཞེ་ན། མ་ཁྱབ་སྟེ། ཕ་རོལ་ཕྱིན་པའི་གཞུང་ལུགས་ལས་བཤད་པའི་ས་བཅུ་གཅིག་པའི་ཡེ་ཤེས་ཡིན་ན། ས་བཅུ་གཅིག་པའི་ཡེ་ཤེས་ཡིན་པའི་ཕྱིར།

གཞན་ཡང་། གསུམ་ལྡན་དགེ་སློང་རྡོ་རྗེ་འཛིན་པའི་རྒྱུད་ཀྱི་གསོལ་གཞིའི་ཆོ་ག་ལས་ཐོབ་པའི་དགེ་སློང་གི་སྡོམ་པ་ཆོས་ཅན། གསོལ་གཞིའི་ཆོ་ག་ལས་ཐོབ་པའི་སྔགས་སྡོམ་དང་། གསོལ་གཞིའི་ཆོ་ག་ལས་མ་ཐོབ་པའི་སྔགས་སྡོམ་གང་རུང་ཡིན་པར་ཐལ། སྔགས་སྡོམ་ཡིན་པའི་ཕྱིར། ཁྱབ། འདོད་མི་ནུས་ཏེ། དང་པོ་མ་ཡིན་པ་གང་ཞིག །ཕྱི་མ་མ་ཡིན་པར་ཐལ། དང་པོ་མ་གྲུབ་ན། དེ་ལས་སྡོམ་པ་ཐོབ་པ་ཡོད་པར་ཐལ་ལོ། །ཕྱི་མ་མ་གྲུབ་ན། དེ་ལས་སྔགས་སྡོམ་ཐོབ་པ་ཡོད་པར་ཐལ་ལོ། །གལ་ཏེ་ཁོ་ན་རེ། རྣམ་སྨིན་ཆོས་ཅན། ཐེག་ཆེན་གྱི་གཞུང་ལུགས་ལས་བཤད་པའི་ས་བཅུ་གཅིག་པ་ཡིན་པར་ཐལ། ཐེག་པཆེན་པོ་ཕ་རོལ་ཏུ་ཕྱིན་པའི་གཞུང་ལུགས་ནས་བཤད་པའི་ས་བཅུ་གཅིག་ཡིན་པའི་ཕྱིར། འདོད་མི་ནུས་ཏེ། དེ་ནས་བཤད་པའི་ས་བཅུ་གསུམ་པ་ཡིན་པའི་ཕྱིར། བླ་མེད་ཀྱི་རྒྱུད་སྡེ་ནས་བཤད་པའི་ས་བཅུ་གསུམ་པ་ཡིན་པའི་ཕྱིར་ཅེ་ན། སྔ་མ་ལ་མ་ཁྱབ་སྟེ། ཐེག་པ་ཆེན་པོའི་གཞུང་ལུགས་ལས་རྣམ་སྨིན་དེ། ས་བཅུ་གཅིག་པར་ཐལ། ཐེག་པ་ཆེན་པོ་ཕ་རོལ་ཏུ་ཕྱིན་པའི་གཞུགས་ལུགས་ལས་རྣམ་སྨིན་དེ། ས་བཅུ་གཅིག་པར་བཤད་པའི་ཕྱིར། ཁྱབ། རྟགས་བསྒྲུབ་ཟིན། འདོད་མི་ནུས་ཏེ། ཐེག་པ་ཆེན་པོའི་ཕ་རོལ་ཏུ་ཕྱིན་པའི་གཞུང་ལུགས་ལས་རྣམ་སྨིན་དེ་ས་བཅུ་གསུམ་པར་བཤད་པའི་ཕྱིར་ཏེ། བླ་མེད་ཀྱི་རྒྱུད་སྡེ་ནས་དེ་ས་བཅུ་གསུམ་དུ་བཤད་པའི་ཕྱིར། དེས་ན། ཐེག་པ་ཆེན་པོ་ཕ་རོལ་ཏུ་ཕྱིན་པའི་གཞུང་ལུགས་ནས་བཤད་པའི་ས་བཅུ་གཅིག་པའི་ཡེ་ཤེས་ཡིན་ན། ཐེག་ཆེན་གྱི་གཞུང་ལུགས་ན་བཤད་པའི་ས་བཅུ་གཅིག་པ་ཡིན་པས་མ་ཁྱབ་ལ། བླ་མེད་ཀྱི་རྒྱུད་སྡེ་ནས་བཤད་པའི་ས་བཅུ་གཅིག་མ་ཡིན་ན། ཐེག་ཆེན་གྱི་གཞུང་ལུགས་ནས་བཤད་པའི་ས་བཅུ་གཅིག་ཡིན་པས་ཁྱབ་པའི་ཁྱབ་པའི་ཁྱད་པར་འཐད་པའི་རིགས་པ་དེ་སྐབས་འདིར་ཕ་རོལ་ཏུ་ཕྱིན་པའི་གཞུང་ལུགས་ལས། བླ་མེད་ཀྱི་རྒྱུད་སྡེ་དབང་བཙན་པ་ཡོད་པའི་ཕྱིར་ཏེ། སྐབས་འདིར་བླ་མེད་ཀྱི་སྐབས་ཡིན་པའི་ཕྱིར།

གཉིས་པ་རང་ལུགས་ནི། ཕ་རོལ་ཏུ་ཕྱིན་པའི་གཞུང་ལས་བཤད་པའི་སངས་རྒྱས་ཀྱི་ས་དང་། རྡོ་རྗེ་ཐེག་པའི་གཞུང་ལུགས་ནས་བཤད་པའི་སངས་རྒྱས་ཀྱི་ས་གཉིས་ལ་བཟང་ངན་གྱི་དོན་གཅིག་པ་ཡིན་ཏེ། ཚུལ་གསུམ་སྒྲོན་མེ་ལས། དོན་གཅིག་ན་ཡང་མ་རྨོངས་དང་། །ཐབས་མང་དཀའ་བ་མེད་པ་དང་། །དབང་པོ་རྣོན་པོའི་དབང་བྱས་ནས། །སྔགས་ཀྱི་ཐེག་པ་ཁྱད་པར་འཕགས། །ཞེས་ཕ་རོལ་ཏུ་ཕྱིན་པའི་གཞུང་ལུགས་ལས་བཤད་པའི་སངས་རྒྱས་དང་རྡོ་རྗེ་ཐེག་པའི་གཞུང་ལུགས་ལས་བཤད་པའི་སངས་རྒྱས་གཉིས་ངོ་བོའམ་དོན་གཅིག་ཡིན་ཀྱང་། དེ་ཐོབ་བྱེད་ཀྱི་ཐབས་ཀྱི་སྒོ་ནས་སྔགས་ཀྱི་ཐེག་པ་ཁྱད་པར་དུ་འཕགས་པར་གསུངས་པའི་ཕྱིར། སྡོམ་གསུམ་ཁ་སྐོང་ལས། མདོར་ན་ཉན་ཐོས་གཞུང་ལུགས་ནས། །གསང་ཆེན་བླ་ན་མེད་པའི་བར། །

འབྲས་བུ་དོན་གཅིག་བཤད་པའི་ཚུལ། །ཐམས་ཅད་སྤྲོ་བ་བསྐྱེད་ཕྱིར་ཡིན། །ཞེས་དང་། བྱེ་བྲག་སྨྲ་བའི་གཞུང་ལུགས་ནས། །རྣལ་འབྱོར་ཆེན་པོའི་རྒྱུད་སྡེའི་བར། །མཐར་ཐུག་འབྲས་བུ་གང་བཤད་རྣམས། །རང་རང་གདུལ་བྱའི་བློ་ཉིད་ལས། །སྣང་བའི་ཡོན་ཏན་ལོག་པ་ནི། །སློབ་པའི་ཁྱད་པར་མ་རྟོགས་པ། །མཐར་ཐུག་འབྲས་བུ་ཁྱད་པར་མེད། །དཔེར་ན་ཤཱཀྱ་ཐུབ་ཡོན་ཏན་བཞིན། །ཞེས་ཕ་རོལ་ཏུ་ཕྱིན་པའི་གཞུང་ལུགས་ནས་བཤད་པའི་སངས་རྒྱས་དང་། རྡོ་རྗེ་ཐེག་པའི་གཞུང་ལུགས་ནས་བཤད་པའི་སངས་རྒྱས་གཉིས་གདུལ་བྱའི་དབང་གིས་བཤད་ཚུལ་ཐ་དད་པ་ཙམ་མ་གཏོགས་པ་ངོ་བོ་གཅིག་ཡིན་པའི་ཕྱིར། དེས་ན་ཕ་རོལ་ཕྱིན་པ་བ་དང་། རྡོ་རྗེ་ཐེག་པ་གཉིས་སངས་རྒྱས་ཀྱི་མཚན་ཉིད་དམ། ངོ་བོ་འདོད་ཚུལ་ལ་ཁྱད་པར་མེད་ཀྱང་། མཚན་ཉིད་ངོས་འཛིན་ཚུལ་ལ་ཁྱད་པར་ཡོད་དེ། ཕ་རོལ་ཏུ་ཕྱིན་པའི་གཞུང་ལུགས་ལས་ས་བཅུ་གཅིག་པའི་ཡེ་ཤེས་སངས་རྒྱས་ཀྱི་སའི་མཚན་ཉིད་པར་འདོད་ཅིང་། རྡོ་རྗེ་ཐེག་པ་ས་བཅུ་གསུམ་པའི་ཡེ་ཤེས་སངས་རྒྱས་ཀྱི་སའི་མཚན་ཉིད་དུ་འདོད་པའི་ཕྱིར། སཾ་པུ་ཊི་ལས། གང་དག་བསམ་གྱིས་མི་ཁྱབ་པའི་གནས་མངོན་དུ་མ་བྱས་པ་དེ་ནི་དེ་བཞིན་གཤེགས་པ་སྟེ་སངས་རྒྱས་ཡིན་ལ། མཚན་ཉིད་མཚོན་པ་ནི་རྡོ་རྗེ་ཐེག་པའི་ཡང་དག་པའོ། །ཞེས་གསུངས་པའི་ཕྱིར།

དེ་ལྟ་བུའི་སངས་རྒྱས་སའི་ཐོབ་ཚུལ་ལ་ཕ་རོལ་ཏུ་ཕྱིན་པའི་གཞུང་ལུགས་དང་། རྡོ་རྗེ་ཐེག་པའི་གཞུང་ལུགས་གཉིས། དང་པོ་ནི་ཕ་རོལ་ཏུ་ཕྱིན་པའི་ས་ལས་མགོ་དང་རྐང་ལག་སྦྱིན་པར་གཏོང་བ་སོགས་ཀྱི་སྒོ་ནས་བསོད་ནམ་ཀྱི་ཚོགས་དང་། བདག་མེད་གཉིས་རྟོགས་པའི་ལྟ་བ་ཞི་ལྷག་ཟུང་འབྲེལ་སྒོམ་པ་སོགས་ཡེ་ཤེས་ཀྱི་ཚོགས་དང་། དད་གུས་ཀྱི་སྦྱོར་བའི་བརྩོན་འགྲུས་ཆེན་པོ་གཉིས་ཀྱི་སྒོ་ནས་བསྐལ་པ་གྲངས་མེད་གསུམ་དུ་ཚོགས་བསགས་པ་ལ་བརྟེན་ནས་ཐོབ་པར་འདོད་དེ། དེ་ཡང་ཉན་ཐོས་རྣམས་ཀྱི་ནི། ཚོགས་ལམ་གྱི་གནས་སྐབས་སུ་བསྐལ་པ་གྲངས་མེད་གསུམ་དུ་ཚོགས་བསགས་ནས་བསམ་གཏན་བཞི་པའི་རབ་མཐའ་ལ་བརྟེན་ནས། དྲོད་ནས་མི་སློབ་ལམ་གྱི་བར་གྱི་རྟོགས་པ་ཐམས་ཅད་སྟན་ཐོག་གཅིག་ལ་མངོན་དུ་བྱས་ནས་ཐོབ་པར་འདོད་དེ། མཛོད་ལས་དེ་གྲངས་མེད་གསུམ་ལ་སངས་རྒྱས། ཞེས་དང་། སྟོན་དང་བསེ་རུ་བྱང་ཆུབ་བར། །བསམ་གཏན་མཐའ་རྟེན་གཅིག་ལ་ཀུན། །དེའི་གོང་དུ་ཐར་ཆ་མཐུན། །ཞེས་གསུངས་པའི་ཕྱིར། ཐེག་པ་ཆེན་པོ་བ་རྣམས་ཀྱི་ནི། ཐོག་མར་བྱང་ཆུབ་ཏུ་སེམས་བསྐྱེད་ནས། ཚོགས་རྫོགས་ཀྱི་གནས་སྐབས་སུ་བསྐལ་པ་གྲངས་མེད་གཅིག་དང་། མ་དག་ས་བདུན་གྱི་གནས་སྐབས་སུ་བསྐལ་པ་གྲངས་མེད་གཅིག །དག་ས་གསུམ་གྱི་གནས་སྐབས་སུ་བསྐལ་པ་གྲངས་མེད་གཅིག་ཏུ་ཚོགས་བསགས་ནས་མཐར་ས་བཅུའི་སྒོམ་ལམ་རྡོ་རྗེ་ལྟ་

བུའི་ཏིང་ངེ་འཛིན་ལ་བརྟེན་ནས་ཐོབ་པར་འདོད་དེ། སྡོམ་གསུམ་རབ་དབྱེ་ལས། ཕ་རོལ་ཕྱིན་པའི་གཞུང་ལུགས་ནས། །གྲངས་མེད་གསུམ་གྱི་རྫོགས་སངས་རྒྱས། །ཞེས་པ་དང་། དེ་ནི་ཇི་ལྟར་སྨྲར་ན་ཡང་། །གྲངས་མེད་གསུམ་གྱི་དཀའ་སྤྱད་དགོས། །ཞེས་གསུངས་པའི་ཕྱིར།

གཉིས་པ་རྡོ་རྗེ་ཐེག་པའི་ལུགས་ལ། སྐལ་ལྡན་གཅིག་ཅར་བ་དང་། རིམ་གྱི་པའི་ལམ་བགྲོད་ཚུལ་གཉིས། དང་པོ་ནི། དང་པོ་ཉིད་ནས་སྨིན་བྱེད་ཀྱི་དབང་བླངས་ཏེ། གང་ཟག་དབང་པོ་རབ་རྣམས་དེ་ཙམ་གྱིས་གྲོལ་བ་ཡང་མདོར་གསུངས་པ་སོགས་མཐའ་གཅིག་ཏུ་མ་ངེས་ཤིང་། གཉིས་པ་ནི། བརྟག་གཉིས་ལས། དང་པོར་གསོ་སྦྱོང་སྦྱིན་པར་བྱ། །ཞེས་སོགས་གསུངས་པ་ལྟར་ཡིན་གྱི། འདིར་སྐབས་འདིས་གཞུང་གི་གོ་རིམ་ལྟར་བཤད་ན། ཐོག་མར་སྨིན་བྱེད་ཀྱི་དབང་བཞི་བླངས་ནས་དབང་པོ་རྣོ་ཞིང་བསོད་ནམས་བསགས་པ་རྣམས་དེ་ཙམ་གྱིས་གྲོལ་བར་ཡོད་པའི་ཕྱིར། གལ་ཏེ་མ་གྲོལ་ན། དབང་བསྐུར་བ་དེ་ཉིད་བསྲུང་ཞིང་འཕེལ་བར་བཤད་པའི་ཐབས་གྲོལ་བྱེད་ཀྱི་ལམ་ལ་འབད་པར་བྱ་དགོས་ཏེ། དེ་ཡང་ཐ་མལ་གྱི་སྣང་ཞེན་རྣམས་དག་པའི་སྣང་བར་བསྒྱུར་བར་བྱེད་པ་བསྐྱེད་པའི་རིམ་པ་དང་། དེ་ཉིད་བདེན་མེད་ཀྱི་ཡེ་ཤེས་སུ་བསྒྱུར་བར་བྱེད་པ་རྫོགས་པའི་རིམ་པ་སྒོམ་པ་ལ་བརྟེན་ནས་མཚོན་བྱེད་དཔེའི་ཡེ་ཤེས་ཕྱག་རྒྱ་ཆེན་པོ་ཞིག་སྐྱེས་པའི་ཚེ། དེ་ཉིད་གོམས་པར་བྱེད་པ་ལ་བརྟེན་ནས་དྲོད་ཆུང་ངུ་ཐོབ་པའི་རྟགས་མཉམ་གཞག་ཏུ་འཇིག་རྟེན་ཆོས་བརྒྱད་མགོ་སྙོམས་པ་སླམ་བྱེད་པ་འབྱུང་ཞིང་། དེ་ནས་འཁོར་འདས་ལ་བླང་དོར་མཉམ་པ་ཉིད་དུ་སྲེ་བ་ཀུན་འདར་གྱི་ལས་གསང་སྟེ་སྤྱད་པས་ཚར་བཅད། རྗེས་བཟུང་གང་རུང་གཅིག་ནུས་པ་དྲོད་འབྲིང་པོ་འབྱུང་ཞིང་། དེ་ནས་ཀུན་འདར་མངོན་སྤྱོད་ཀྱི་ལམ་ལ་སློན་པའི་བརྟུལ་ཞུགས་ཀྱི་སྤྱོད་པ་སྤྱད་པས། ཚར་གཅོད་རྗེས་བཟུང་གཉིས་ཀ་ནུས་པ་དྲོད་ཆེན་པོ་མཐོང་ལམ་རྣམ་པར་མི་རྟོག་པའི་ཡེ་ཤེས་སྐྱེ་ཞིང་། དེ་ནས་ཀུན་བཟང་གི་སྤྱོད་པ་ལ། བསྐལ་པའི་བར་དུ་སྤྱོད་དེ། མཐར་ཉེ་རྒྱུའི་མཚམས་སྦྱར་ནས་བཅུ་གསུམ་རྡོ་རྗེ་འཛིན་པའི་ས་མངོན་དུ་འགྱུར་བའི་ཕྱིར། དེ་ཡང་མཐོང་ལམ་གྱི་སྟེ་རོལ་དུ་ཉེ་རྒྱུ་ཆ་མཐུན་ལ་སྤྱད་ན། ཀུན་བཟང་གི་སྤྱོད་པ་ལ་བརྟེན་ནས་ས་བརྒྱད་པའི་བར་བགྲོད་ནས། ས་བརྒྱད་པ་ཡན་ཆད་ཉེ་རྒྱུ་ལ་བརྟེན་ནས་ཞག་བདུན་གྱིས་འགྲུབ་སྟེ། ཞག་དྲུག་གི་སྲོད་ལ་བར་ཆད་མེད་པའི་བདུད་བཏུལནས་བདུན་པའི་ཐོ་རངས་བཅུ་གསུམ་རྡོ་རྗེ་འཛིན་པའི་ས་མངོན་དུ་བྱེད་པར་གསུངས་པའི་ཕྱིར། སྟར་ཉེ་རྒྱུའི་ཆ་མཐུན་སྤྱད་ན། ས་བཅུ་གསུམ་པའི་བར་ཀུན་བཟང་གི་སྤྱོད་པ་ལ་བརྟེན་ནས་བགྲོད་ཅིང་། ས་བཅུ་གཉིས་པ་ནས་ཉེ་རྒྱུའི་མཚམས་སྦྱར། བཅུ་གསུམ་རྡོ་རྗེ་འཛིན་པའི་ས་མངོན་དུ་བྱེད་པ་ཡིན་ཏེ། ས་བཅུ་གསུམ་པ་ཐོབ་པ་ལ་མཆོག་གི་དངོས་གྲུབ་ཐོབ་པའི་མངོན་རྟོགས་དང་པོ་བཞི་ལ་ལྟོས་དགོས

པའི་ངེས་པ་མེད་ཀྱང་། ཉེ་རྒྱུ་ལ་ངེས་པར་ལྟོས་དགོས་པའི་ཕྱིར་ཏེ། རྡོ་རྗེ་གུར་ལས། ཇི་ལྟར་ཞིང་ལ་མེ་གནས་ཀྱང་། །མ་བཙུག་བར་དུ་མི་འབྱུང་བ། །དེ་བཞིན་བྱང་ཆུབ་བླ་བྲལ་བས། །རྣམ་པ་ཀུན་ཏུ་ཐོབ་མི་འགྱུར། ། ཞེས་སོགས་གསུངས་པའི་ཕྱིར། ས་བརྒྱད་པ་ནས་ཉེ་རྒྱུའི་སྤྱོད་པ་དང་། ས་བཅུ་གཉིས་པ་ནས་ཉེ་རྒྱུ་སྤྱོད་པའི་ལུགས་གཉིས་གསུངས་པ་ནི། སྔར་སོ་སྐྱེའི་སྐབས་སུ་ཚེ་འདི་ཉིད་ལ་བཅུ་གསུམ་རྡོ་རྗེ་འཛིན་པའི་ས་ཐོབ་པར་ནུས་མི་ནུས་བརྟགས་ཏེ། ཐོབ་ནུས་པར་ཤེས་ན། མཐོང་ལམ་གྱི་སྔར་རོལ་ཏུ་ཉེ་རྒྱུ་ཆ་མཐུན་མི་སྤྱོད་པར། ས་བརྒྱད་པ་ནས་ཉེ་རྒྱུ་མཚན་ཉིད་པ་སྤྱོད་པ་དང་། ཐོབ་མི་ནུས་པར་ཤེས་ན། མཐོང་ངམ་གྱི་སྔ་རོལ་ཏུ་ཉེ་རྒྱུ་ཆ་མཐུན་སྤྱད་ནས། ཉེ་རྒྱུ་མཚན་ཉིད་པ་ས་བཅུ་གཉིས་པ་ནས་སྤྱོད་པའི་ཁྱད་པར་གྱི་ཡིན་པ་ནི། རྒྱུད་ཀྱི་མངོན་རྟོགས་དཔག་བསམ་ལྗོན་ཤིང་སོགས་ལས་ཞིབ་ཏུ་གསུངས་པས་སྐལ་བ་དང་ལྡན་པ་རྣམས་ཀྱིས་དེ་དག་ལས་བཙལ་བར་བྱའོ། །མདོར་ན་གང་ཟག་དབང་པོ་རབ་འབྲིང་གང་ཡིན་ཀྱང་བླ་མེད་ཀྱི་དཀྱིལ་འཁོར་དུ་དབང་བཞི་རྫོགས་པར་ཐོབ་ཕྱིན། དམ་ཚིག་ཉིད་དང་སྡོམ་པ་ལ་བསྲུང་སྡོམ་ཚུལ་བཞིན་དུ་བྱས་ནས་རིམ་གཉིས་རྣལ་འབྱོར་ལ་འབད་རྩོལ་གྱིས་མ་སླབ་ཀྱང་། སྐྱེ་བ་བཅུ་དྲུག་ཚུན་ཆད་དུ་ས་བཅུ་གསུམ་པ་ངེས་པར་འགྲུབ་པར་གསུངས་ཏེ། བདུད་རྩི་ཉིང་ཁུ་ལས། དབང་གི་རབ་དབྱེ་བཅུ་གཉིས་གསུངས་པ་དང་། །ལམ་དུ་དབང་དང་བླ་མའི་རྣལ་འབྱོར་སོགས། །རིམ་གཉིས་སྒོམ་པ་མེད་ཀྱང་དངོས་གྲུབ་མཆོག །འགྲུབ་པར་འགྱུར་བ་འདི་ལ་ཐེ་ཚོམ་མེད། །ཅེས་པ་དང་། སྡོམ་གསུམ་རབ་དབྱེ་ལས། སྡོམ་པ་གསུམ་དང་ལྡན་པ་ཡི། །རིམ་གཉིས་ཟབ་མོའི་གནད་ཤེས་ན། །དེ་ནི་ཚེ་འདིའམ་བར་དོའམ། །སྐྱེ་བ་བཅུ་དྲུག་ཚུན་ཆད་དུ། །འགྲུབ་པར་རྫོགས་པའི་སངས་རྒྱས་གསུངས། །ཞེས་པ་དང་། སྡོམ་གསུམ་ཁ་སྐོང་ལས། དེ་ལྟར་སྡོམ་གསུམ་ལྡན་པ་ཡིས། །དམ་ཚིག་ཟབ་མོའི་ལམ་སྒོམ་ན། །ཚེ་འདིའམ་བར་དོ་ལ་སོགས་སུ། །ཐམས་ཅད་མཁྱེན་པའི་གོ་འཕང་འགྲུབ། །ཅེས་གསུངས་པའི་ཕྱིར།

གསུམ་པ་རྩོད་པ་སྤོང་བ་ལ་ཁ་ཅིག་ན་རེ། འོ་ན་ས་བཅུ་གཅིག་པའི་ཡེ་ཤེས་དེ། ཕ་རོ་ཏུ་ཕྱིན་པའི་གཞུང་ལུགས་ལས་བཤད་པའི་སངས་རྒྱས་ཀྱི་སའི་མཚན་ཉིད་ཡིན་པར་ཐལ། ཕ་རོལ་ཏུ་ཕྱིན་པའི་གཞུང་ལུགས་ལས་ས་བཅུ་གཅིག་པའི་ཡེ་ཤེས་དེ། སངས་རྒྱས་ཀྱི་སའི་མཚན་ཉིད་དུ་བཤད་པའི་ཕྱིར། འདོད་ན། ས་བཅུ་གཅིག་པའི་ཡེ་ཤེས་དེ། ཕ་རོལ་ཏུ་ཕྱིན་པའི་གཞུང་ལུགས་ལས་བཤད་པའི་སངས་རྒྱས་ཀྱི་ས་ཡིན་པར་ཐལ། འདོད་པའི་ཕྱིར། འདོད་ན། དེ་ཆོས་ཅན། སངས་རྒྱས་ཀྱི་ས་ཡིན་པར་ཐལ་ལོ། །ཞེས་ཟེར། སྔ་མ་ལ་མ་ཁྱབ་སྟེ། ཕ་རོལ་ཏུ་ཕྱིན་པའི་གཞུང་ལུགས་ལས། ས་བཅུ་གཅིག་གི་ཡེ་ཤེས་དེ་སངས་རྒྱས་ཀྱི་སར་བཤད་ཀྱང་། ས་བཅུ

གཅིག་གི་ཡེ་ཤེས་དེ་ཕ་རོལ་ཏུ་ཕྱིན་པའི་གཞུང་ལུགས་ལས་བཤད་པའི་སངས་རྒྱས་ཀྱི་ས་ལ་ཡིན་པའི་ཕྱིར། དཔེར་ན། བྱེ་བྲག་ཏུ་སྨྲ་བའི་གཞུང་ལུགས་ལས། རྒྱལ་པོ་དོན་གྲུབ་སོ་སྐྱེར་འདོད་ཀྱང་། རྒྱལ་པོ་དོན་གྲུབ་བྱེ་བྲག་སྨྲ་བའི་གཞུང་ལུགས་ལས་བཤད་པའི་སོ་སྐྱེ་མ་ཡིན་པ་བཞིན་ནོ། །

དེ་ཡང་ཕ་རོལ་ཏུ་ཕྱིན་པའི་གཞུང་ལུགས་ལས་ས་བཅུ་གཅིག་པའི་ཡེ་ཤེས་སངས་རྒྱས་ཀྱི་སར་བཤད་པར་ཐལ། ཕ་རོལ་ཏུ་ཕྱིན་པའི་གཞུང་ལུགས་ལས། ས་བཅུའི་ཡེ་ཤེས་ཀྱི་སྐད་ཅིག་ཕྱི་ལོགས་དེ་མ་ཐག་ཏུ་བྱུང་ཆུབ་པའི་ཡེ་ཤེས་དེ། སངས་རྒྱས་ཀྱི་སར་བཤད་པ་གང་ཞིག །ས་བཅུའི་ཡེ་ཤེས་ཀྱི་སྐད་ཅིག་ཕྱི་ལོགས་དེ་མ་ཐག་ཏུ་བྱུང་པའི་ཡེ་ཤེས་ཡིན་གྱི། ས་བཅུ་གཅིག་པའི་ཡེ་ཤེས་ཡིན་པའི་ཕྱིར། དང་པོ་མ་གྲུབ་ན། དེར་ཐལ། ཕ་རོལ་ཏུ་ཕྱིན་པའི་གཞུང་ལུགས་ལས། ས་བཅུ་གཅིག་གི་ཡེ་ཤེས་ཀྱི་སྐད་ཅིག་ཕྱི་ལོགས་དེ་མ་ཐག་ཏུ་སངས་རྒྱས་ཐོབ་པའི་ཕྱིར། མ་གྲུབ་ན། དེར་ཐལ། སྡོམ་གསུམ་ལས། ས་བཅུའི་ཐ་མར་བདུད་བཏུལ་ནས། །རྫོགས་པའི་སངས་རྒྱས་ཐོབ་པར་གསུངས། །ཞེས་གསུངས་པའི་ཕྱིར། སྐད་ཅིག་མ་གཅིག་ལ་མངོན་པར་རྫོགས་པར་བྱང་ཆུབ་པའི་སྐད་ཅིག་གཉིས་པ་ལ་འབྲས་བུ་ཆོས་ཀྱི་སྐུ་འབྱུང་བས། ཞེས་པའི་གཞུང་འདི་ཕ་རོལ་ཏུ་ཕྱིན་པའི་གཞུང་ཡིན་པའི་ཕྱིར། འོན་ཀྱང་ཕ་རོལ་ཏུ་ཕྱིན་པའི་གཞུང་ལུགས་ལས་དེ་ལྟར་བཤད་ཀྱང་། དེ་རང་ལུགས་སུ་ཁས་ལེན་ཏེ། འདིར་རྡོ་རྗེ་ཐེག་པའི་སྐབས་ཡིན་པའི་ཕྱིར། གལ་ཏེ་ཁོ་ན་རེ། ཕ་རོལ་ཏུ་ཕྱིན་པའི་གཞུང་ལུགས་ལས་བཤད་པའི་སངས་རྒྱས་ཀྱི་ས་དང་། རྡོ་རྗེ་ཐེག་པའི་གཞུང་ལུགས་ལས་བཤད་པའི་སངས་རྒྱས་ཀྱི་ས་གཉིས་དོན་མི་གཅིག་པར་ཐལ། དེ་གཉིས་ལ་བཟང་ངན་གྱི་ཁྱད་པར་ཡོད་པའི་ཕྱིར། ཁྱབ་སྟེ། བདག་མེད་བསྟོད་འགྲེལ་ལས། རྒྱུ་ལ་ཁྱད་པར་ཡོད་པས་འབྲས་བུ་ལ་ཁྱད་པར་ཡོད་པ་ཆོས་ཉིད་ཡིན་ཏེ། ཆུ་དང་འོ་མས་བཅོས་པའི་སྐྱུ་རུ་ར་བཞིན་ནོ། །ཞེས་གསུངས་པའི་ཕྱིར།

གཞན་ཡང་། དེ་གཉིས་མི་གཅིག་པར་ཐལ། ཕ་རོལ་ཏུ་ཕྱིན་པའི་གཞུང་ལུགས་ལས་བཤད་པའི་སངས་རྒྱས་བཏགས་པ་བ་ཡིན་གྱིས། སངས་རྒྱས་མཚན་ཉིད་པ་མ་ཡིན་གྱི། དེ་ཉིད་ལས་དེ་ལ་མངོན་དུ་མ་བྱས་པ་ནི། ཕ་རོལ་ཏུ་ཕྱིན་པ་ནས་བཤད་པའི་བདེ་བར་གཤེགས་པ་སྟེ་སངས་རྒྱས་བཏགས་པ་བ་ཡིན་པས། ཞེས་གསུངས་པའི་ཕྱིར། གཞན་ཡང་དོན་གཅིག་པར་ཐལ། ཕ་རོལ་ཏུ་ཕྱིན་པའི་གཞུང་ལུགས་ནས་བཤད་པའི་སངས་རྒྱས་དེས་བསམ་གྱིས་མི་ཁྱབ་པའི་གནས་མངོན་དུ་མ་བྱས་པ་གང་ཞིག །རྡོ་རྗེ་ཐེག་པའི་གཞུང་ལས་བཤད་པའི་སངས་རྒྱས་དེས། བསམ་གྱིས་མི་ཁྱབ་པའི་གནས་མངོན་དུ་བྱས་པའི་ཕྱིར། དང་པོ་གྲུབ་སྟེ། །ཡང་དག་པར་སྦྱོར་བ་ལས། གང་དག་བསམ་གྱིས་མི་ཁྱབ་པའི་གནས་མངོན་སུམ་དུ་བྱས་པ་དེ་ནི་བདེ་བར་གཤེགས་པའི་

སངས་རྒྱས་ཡིན་ལ། ཞེས་པའི་གཞུང་འདིས། ཕ་རོལ་ཏུ་ཕྱིན་པའི་གཞུང་ལུགས་ལས་བཤད་པའི་སངས་རྒྱས་བསྟན་པའི་ཕྱིར། གཉིས་པ་གྲུབ་སྟེ། དེ་ཉིད་ལས། མཚན་ཉིད་མཆོན་པ་ནི། རྡོ་རྗེ་ཐེག་པ་ཡང་དག་པའོ། །ཞེས་པ་འདིས་རྡོ་རྗེ་ཐེག་པའི་གཞུང་ལུགས་ལས་བཤད་པའི་སངས་རྒྱས་བསྟན་པའི་ཕྱིར། ཅེས་ཟེར་ན། སྐྱོན་མེད་དེ། ལུང་དེ་དག་གི་དོན་ནི། ཕ་རོལ་ཏུ་ཕྱིན་པའི་གཞུང་ལུགས་ལས་བཤད་པའི་སངས་རྒྱས་དང་། རྡོ་རྗེ་ཐེག་པའི་གཞུང་ལུགས་ལས་བཤད་པའི་སངས་རྒྱས་བཟང་ངན་གྱི་ཁྱད་པར་ཡོད་པར་གསུངས་པ་མ་ཡིན་གྱིས། དེ་གཉིས་སངས་རྒྱས་ཀྱི་སའི་མཚན་ཉིད་ངོས་བཟུང་བའི་ས་གཉིས་ལ་བསམ་གྱིས་མི་ཁྱབ་པའི་གནས་མངོན་དུ་བྱས་མ་བྱས་སོགས་ཀྱི་སྒོ་ནས་བཟང་ངན་གྱི་ཁྱད་པར་ཡོད་པ་བསྟན་པ་ཡིན་གྱི། ཕ་རོལ་ཏུ་ཕྱིན་པ་བས་སངས་རྒྱས་ཀྱི་སར་འདོད་པའི་ས་བཅུ་གཅིག་པའི་ཡེ་ཤེས་དེ། བསམ་གྱིས་མི་ཁྱབ་པའི་གནས་མངོན་དུ་མ་བྱས་པ་གང་ཞིག །རྡོ་རྗེ་ཐེག་པའི་སངས་རྒྱས་ཀྱི་སར་འདོད་པའི་ས་བཅུ་གསུམ་པའི་ཡེ་ཤེས་དེ་བསམ་གྱིས་མི་ཁྱབ་པའི་གནས་མངོན་དུ་བྱས་པའི་ཕྱིར་དང་། དེ་གཉིས་ཐོབ་བྱེད་ཀྱི་རྒྱུ་ལ་ཡང་ཁྱད་པར་ཡོད་པའི་ཕྱིར། ཞེས་པའི་དོན་གྱིས། དེ་ལས་གཞན་དུ་ལུང་དོན་རྣམས་ཕན་ཚུན་འགལ་ལྟ་བུར་རྟོགས་དགོས་པར་འགྱུར་རོ༑ ༑

འོ་ན་དེ་བཞིན་ཐོབ་བྱེད་ཀྱི་རྒྱུའི་ཁྱད་པར་ཇི་ལྟར་ཞེ་ན། དེ་གཉིས་ཐོབ་བྱེད་ཀྱི་རྒྱུ་ལ་ཁྱད་པར་ཡོད་དེ། སྔགས་ལམ་ལ་མ་ལྟོས་པར་ཕ་རོལ་ཏུ་ཕྱིན་པའི་རང་རྐང་གི་ལམ་ལ་བརྟེན་པས་ས་བཅུ་པའི་བར་བསྒྲོད་ནུས་ཤིང་། ས་བཅུའི་སྐད་ཅིག་ཕྱི་མ་ཡོགས་ནས། ས་བཅུ་གཅིག་པའི་ཡེ་ཤེས་སྐྱེ་བ་ལ་ཕ་རོལ་ཏུ་ཕྱིན་པ་བས། སངས་རྒྱས་ཐོབ་པའི་ཐ་སྙད་བྱེད་པའི་ཕྱིར། འདི་ལ་དགོངས་ནས་གཞུང་འདི་བཞིན་དུའང་། གལ་ཏེ་འདི་བཞིན་སྒྲུབ་འདོད་ན། །རྡོ་རྗེ་ཕག་མོའི་བྱིན་རླབས་མེད། །ལྟུན་སྐྱེས་ལ་སོགས་འདིར་མི་སྒོམ། །གཏུམ་མོ་ལ་སོགས་ཐབས་ལམ་བྲལ། །ཕྱག་རྒྱ་ཆེན་པོའི་ཐ་སྙད་མེད། །ཅེས་སོགས་གསུངས་པའི་ཕྱིར་དང་། ས་བཅུ་གསུམ་པ་ཐོབ་པ་ནི༔ གསང་སྔགས་ཀྱི་ལམ་ཁྱད་པར་ཅན་ལ་ལྟོས་དགོས་པའི་ཕྱིར། ཕ་རོལ་ཏུ་ཕྱིན་པའི་གཞུང་ལུགས་ལས་བཤད་པའི་སངས་རྒྱས་དེ་སངས་རྒྱས་བཏགས་པ་བ་ལྟ་བུར་གསུངས་པའི་དོན་ཡང་། ཕ་རོལ་ཏུ་ཕྱིན་པའི་གཞུང་ལུགས་ནས་བཤད་པའི་སངས་རྒྱས་དེ། སངས་རྒྱས་བཏགས་པ་བ་མ་ཡིན་པའི་དོན་མིན་གྱི་ཕ་རོལ་ཏུ་ཕྱིན་པ་བས་སངས་རྒྱས་ཀྱི་སར་འདོད་པའི་ས་བཅུ་གཅིག་པའི་ཡེ་ཤེས་དེ་སངས་རྒྱས་ཀྱི་ས་བཏགས་པ་ཡིན་གྱི་ཞེས་པའི་དོན་ཡིན་ཏེ། ཕ་རོལ་ཏུ་ཕྱིན་པའི་གཞུང་ལུགས་ནས་བཤད་པའི་སངས་རྒྱས་ཡིན་ན། སངས་རྒྱས་ཡིན་པས་ཁྱབ་པ་སྒྲུབ་ཟིན་པའི་ཕྱིར། ས་བཅུ་གཅིག་པའི་ཡེ་ཤེས་དེ་སངས་རྒྱས་བཏགས་པ་བར་གསུངས་པའི་

དོན་ཡང་། ཕ་རོལ་ཏུ་ཕྱིན་པ་ལ་ལྟོས་ནས་ཡིན་ཏེ། འདི་ལ་འདོགས་པའི་རྒྱུ་མཚན། བཏགས་པའི་དགོས་པ། དངོས་ལ་གནོད་བྱེད་དང་གསུམ་ལས། དང་པོ་ནི་ས་བཅུ་གཅིག་པའི་ཡེ་ཤེས་ཆོས་ཅན། ཁྱོད་ལས་སངས་རྒྱས་ཀྱི་སའི་མིང་གིས་འདོགས་པའི་རྒྱུ་མཚན་ཡོད་དེ། ཕ་རོལ་ཏུ་ཕྱིན་པའི་ལམ་གྱི་བསྒྲོད་བྱ་མཐའ་ཐུགས་ཡིན་པའི་ཕྱིར། གཉིས་པ་ནི་དེ་ཆོས་ཅན། ཁྱོད་ལ་སངས་རྒྱས་ཀྱི་སའི་མིང་གིས་བཏགས་པ་ལ་དགོས་པ་ཡོད་དེ། ཕ་རོལ་ཏུ་ཕྱིན་པ་པ་རྣམས་ཀྱི་རང་ལམ་ཁོ་ན་ལ་བརྟེན་ནས་སངས་རྒྱས་ཐོབ་ནུས་པར་རློམ་ནས། འདི་གཉིས་གང་འདི་དག་ནས་ལམ་སྒོམ་ལ་སྤྲོ་བས་འཇུག་པའི་ཆེད་ཡིན་པའི་ཕྱིར། གསུམ་པ་ནི། དེ་ཆོས་ཅན། ཁྱོད་སངས་རྒྱས་ཀྱི་ས་ཡིན་པ་ལ་དངོས་ལ་གནོད་བྱེད་ཡོད་དེ། ཁྱོད་སྤངས་རྟོགས་མཐའ་ཐུག་གི་ས་མ་ཡིན་པའི་ཕྱིར། འདི་དག་ནི་དེང་སང་གི་སྐྱེ་བོ་རྣམས་ཀྱི་ཡིན་མིན་སྣ་ཚོགས་ཀྱི་ཡིན་མིན་སྣ་ཚོགས་སུ་སྨྲ་བའི་ཆ་རྣམས་ཕྱོགས་སྔར་བྱས་ནས་རང་གི་རྣམ་རྟོག་ལ་ཤར་ཚུལ་གྱིས་དགག་སྒྲུབ་ཅུང་ཟད་བྱས་པ་ཡིན་ལ། དེ་ལས་གཞན་ཕ་རོལ་ཏུ་ཕྱིན་པའི་གཞུང་ལུགས་ནས་བཤད་པའི་སྐུ་གསུམ་དང་ཡེ་ཤེས་བཞི་ལ་སོགས་པ་རྣམས་རྡོ་རྗེ་ཐེག་པའི་ས་བཅུ་གཅིག་པ་ཡིན་ཅེས་པ་དང་། ཡང་ས་བཅུ་གཅིག་པ་དང་ས་བཅུ་གཉིས་པ་གཉིས་ཕ་རོལ་ཏུ་ཕྱིན་པའི་ས་བཅུ་པར་འདུས་སོ། །ཞེས་སོགས་ཀྱི་ཕྱོགས་སྔ་མ་རྣམས་ནི། གསུང་རབ་དགོས་གསལ་དང་། སྡོམ་གསུམ་ཁ་སྐོང་སོགས་ལས་དགག་སྒྲུབ་ཀྱི་རྣམ་གཞག་ཕུལ་དུ་བྱུང་བ་ཡོད་པས། སྐལ་བཟང་གདུལ་བྱ་རྣམས་ཀྱིས་འདི་ཙམ་ལ་ཡིད་རྟོན་མི་བྱེད་པར། ཡིད་ཆེས་པའི་གསུང་རབ་རྣམས་ལ་འབད་པར་བྱའོ། །མཁས་མང་མཁའ་ལྡིང་དབང་པོ་རྣམས་ཀྱིས་ཀྱང་། །ཟབ་དོན་མཁའ་མཐའ་རྟོགས་པར་དཀའ་གསུངས་ན། །བདག་འདྲའི་བློ་གྲོས་ཕྱེ་མ་ལེབ་ལྟ་བུས། །དེ་ནི་དཔོག་པར་རློམ་པ་ཨེ་མ་མཚར། །འོན་ཀྱང་གདེ་མུག་དབང་གྱུར་བདག་བློ་ཡི། །དྲན་གསོའི་རང་དང་རང་འདྲའི་བློ་དམན་འགའི། །དགོས་བཙོད་བཞི་ཙམ་བྲིས་པ་ཉེས་པ་རྣམས། །འཇིག་རྟེན་གཟིགས་པའི་མཁས་པ་རྣམས་ལ་བཤགས། །ཨ་ཀྱང་འབྲས་མེད་ཚིག་གི་ཅ་ཅོལ་འདི། །སྤྲངས་ཏེ་ལྷག་པའི་ཚུལ་གྱིས་དབེན་པ་རུ། །ཟབ་པའི་དོན་རྣམས་བླ་མའི་མན་ངག་བཞིན། །ཉམས་སུ་བླངས་ནས་མདུན་པ་མི་ལེགས་བསམ། །བཀྲ་ཤིས།། ।།

༄༅། །དམ་ཚིག་ཉི་ཤུའི་བཤད་པ་ལེགས་པ་གཅིག་བཞུགས་སོ། །

ངོར་ཆེན་ཀུན་དགའ་བཟང་པོ།

བླ་མ་དམ་པའི་ཞབས་ལ་གུས་པས་ཕྱག་འཚལ་ལོ། །དམ་ཚིག་ལ་སྤྱི་དོན་ལྔ་སྟེ། དམ་ཚིག་གི་རྣམ་པ་བསམ་པ། དབྱེ་བ་བསྟན་པ། བསྲུངས་དགོས་པའི་རྒྱུ་མཚན། ཉམས་པའི་ཚད་དངོས། མི་ཉམས་པ་བསྲུང་བའི་ཚུལ། ཉམས་ན་བསྐང་བའི་ཚད་བསྟན་པའོ། །དང་པོ་ནི། དབང་རེ་རེ་ལ་མི་མཉམ་གཞག་གི་དམ་ཚིག །རྗེས་སྤྱོད་ཀྱི་དམ་ཚིག །བཟའ་བའི་དམ་ཚིག །བསྲུང་བའི་དམ་ཚིག །མི་འབྲལ་བའི་དམ་ཚིག་སྟེ། དེ་ལྟར་ལྔ་ལྔ་བྱས་པས་ཉི་ཤུའོ། །དེ་ལ་དང་པོ་བུམ་དབང་གི་བསྐྱེད་རིམ། རྗེས་སྤྱོད་ཀྱི་དམ་ཚིག་ལྟ་བ་ངོ་བོ་གསུམ། བཟའ་བའི་དམ་ཚིག་ཤ་ལྔ་བདུད་རྩིའི་ལྔ། བསྲུང་བའི་དམ་ཚིག་རྩ་བ་དང་ཡན་ལག་གི་དམ་ཚིག་ཉི་ཤུ་རྩ་གཉིས། མི་འབྲལ་བའི་དམ་ཚིག་རྡོ་རྗེ་དང་དྲིལ་བུའོ། །གསང་དབང་གི་མཉམ་གཞག་གི་དམ་ཚིག་རྩ་རླུང་། རྗེས་སྤྱོད་ཀྱི་དམ་ཚིག་རང་བྱུང་གི་ཡེ་ཤེས་བཞི། བཟའ་བའི་དམ་ཚིག་སྟོང་གསལ། བསྲུང་བའི་དམ་ཚིག་རྩ་རླུང་དང་གཞི་ལམ་མཐའ་དག །མི་འབྲལ་བའི་དམ་ཚིག་རླུང་ཞི་དྲག་གང་རུང་། ཤེས་རབ་ཡེ་ཤེས་ཀྱི་མཉམ་གཞག་གི་དམ་ཚིག་དཀྱིལ་འཁོར་ཐབས་ཀྱི་ལམ། རྗེས་སྤྱོད་ཀྱི་དམ་ཚིག་དགའ་བ་བཞི། བཟའ་བའི་དམ་ཚིག་བདེ་བ། བསྲུང་བའི་དམ་ཚིག་ཐིག་ལེ་བསྲུངས། མི་འབྲལ་བའི་དམ་ཚིག་དངོས་སམ་ཡེ་ཤེས་ཀྱི་ཕྱག་རྒྱའོ། །དབང་བཞི་པའི་མཉམ་གཞག་གི་ལམ་རྡོ་རྗེའི་ཐ་རླབས་གསུམ། རྗེས་སྤྱོད་ཀྱི་དམ་ཚིག་རྣམ་པར་དག་པའི་དེ་ཁོ་ན་ཉིད་མས་བསྟན་གྱི་དགའ་བ་བཞི། བཟའ་བའི་དམ་ཚིག་བདེ་ཆེན་བདེ་སྟོང་། བསྲུང་བའི་དམ་ཚིག་སྒྲིབ་གཉིས་ལས་ཤེས་བྱའི་སྒྲིབ་པ། མི་འབྲལ་དམ་ཚིག་པདྨ་ཅན་དངོས་སམ་ཡེ་ཤེས་ཀྱི་ཕྱག་རྒྱའོ། །

གཉིས་པ་དམ་ཚིག་དེ་རྣམས་བསྲུང་དགོས་པའི་རྒྱུ་མཚན་འཐད་པ་ནི། མཉམ་གཞག་གི་དམ་ཚིག་བསྲུངས་དགོས་ཏེ། ཏིང་ངེ་འཛིན་སྐྱེ་བའི་རྒྱུ་ཡིན་པས་སོ། །རྗེས་སྤྱོད་ཀྱི་དམ་ཚིག་བསྲུངས་དགོས་པའི་རྒྱུ་མཚན་ནི༏ ཏིང་ངེ་འཛིན་གྱི་ཉམས་གོང་ནས་གོང་དུ་སྐྱོང་དགོས་པས་སོ། །བཟའ་བའི་དམ་ཚིག་བསྲུས་དགོས་ཏེ། འཕེལ་དུ་ལུས་སེམས་ལ་ཕན་འདོགས་དགོས་ཤིང་ཚིམ་པར་བྱེད་པས་སོ། །བསྲུང་བའི་དམ་ཚིག་བསྲུངས་དགོས་ཏེ༏ འགལ་རྐྱེན་མི་མཐུན་པའི་ཕྱོགས་སྤོང་བར་བྱེད་པའོ། །མི་འབྲལ་བའི་དམ་ཚིག་བསྲུངས་དགོས་ཏེ། མཐུན་

པའི་ཕྱོགས་ཚང་བར་བྱེད་པས་སོ། །དམ་ཚིག་ཉམས་ན་རྡོ་རྗེ་མཁའ་འགྲོ་སོགས་ཀྱི་ཉམས་ཆག་བསྐང་། ཞེས་པས། དང་པོ་རྡོ་རྗེ་མཁའ་འགྲོའི་ནི་བློན་པོ་ཡིན་ལ། སོགས་ཁོང་ནས་སུ་ཡེ་ཤེས་མཁའ་འགྲོ། མ་མོ་མཁའ་འགྲོ། ཤ་ཟ་མཁའ་འགྲོ། དམ་ཚིག་མཁའ་འགྲོ་དང་ལྔའོ། །གཉིས་པ་ཡེ་ཤེས་མཁའ་འགྲོ་ནི། སྤྲུལ་སྐུ་མཆོན་པས། མཉམ་གཞག་གི་དམ་ཚིག་ཉམས་པ་ལ། སློམ་པ་མཐའ་རུ་འབྱོལ་དགོས། མ་མོ་མཁའ་འགྲོ་ནི། ལོ་སྐུ་མཆོན་པས། རྗེས་སྤྱོད་ཀྱི་དམ་ཚིག་ཉམས་པ་ལ་བལྟ་བ་མཐའ་རུ་མཁྱོལ་དགོས། ཤ་ཟ་མཁའ་འགྲོས་གཞན་རྣམས་ཉམས་པ་ལ་དུར་ཁྲིད་བདག་པོ་ལ་གཏོར་མ་འབུལ་བ་སོགས་བྱེད། དམ་ཚིག་མཁའ་འགྲོས་རྡོ་རྗེ་སྤྱུན་ལ་སོགས་པ་ཚོགས་ཀྱི་འཁོར་ལོ་བཤམས་ནས་མཆོད་པས་ཉམས་ཆག་ཐམས་ཅད་སྐང་བར་འགྱུར་རོ། །

སྒྲུབ་ཐབས་ཡོངས་རྫོགས་ཕ་རོལ་ཏུ་ཕྱིན་ལམ་དང་བསྟུན་ན། གསང་སྔགས་པས་སྔན་ཐོག་གཅིག་ཏུ་ལམ་ཡོངས་སུ་རྫོགས་པ་ཉམས་སུ་ལེན་པ་ཡིན་ལ། ཚུལ་ཐུན་མོང་དུ་རྩི་ན། སྔོན་འགྲོ་དང་པོ་རྣམས་བྱེད་པ་ནི། བསྐལ་པ་གྲངས་མེད་གསུམ་དུ་ཚོགས་བསགས་པ་དང་ཚུལ་མཚུངས་སོ། །བསྲུང་བའི་འཁོར་ལོ་སློམ་པ་ནི། སྲོད་ལ་བདུད་བརྟུལ་བ་དང་ཚུལ་མཚུངས་པ། དེ་ནས་སྐྱེ་གནས་བཞི་སྦྱང་གཞི། སྦྱོང་བྱེད། ཆོས་འབྱུང་ལམ་དུ་གང་གི་འགྲོ་ན། རྣམ་པར་ཐར་པའི་སྒོ་གསུམ་གྱིས་མཆོན། དེ་ནས་ལྷར་བསྐྱེད་པ་ནི། ཐོ་རངས་སངས་རྒྱས་པ་དང་མཚུངས་སོ། དབང་བསྐུར་ཞིང་རིགས་ཀྱི་བདག་པོའི་རྒྱས་འདེབས་པ་ནི། ཁམས་གསུམ་ཆོས་ཀྱི་རྒྱལ་པོར་མངའ་གསོལ་ནས་རྒྱལ་སྲིད་དུ་དབང་བསྐུར་བ་དང་ཚུལ་མཚུངས་སོ། །དེས་ནས་དཀྱིལ་འཁོར་བསྟུ་བ་ནི། མྱ་ངན་ལས་འདས་པའི་ཚུལ་བསྟན་པ་དང་ཆ་འདྲའོ། །སྤྱོད་ལམ་གྱི་རྣལ་འབྱོར་བྱེད་པ་ནི། དེ་ནས་བཀའ་བསྡུ་བ་དང་། འཆད་ཉན་བྱེད་པ་སོགས་ཐོས་བསམ་སྒོམ་གསུམ་གྱི་སྒོ་ནས་བསྟན་པ་དར་ཞིང་རྒྱས་པར་མཛད་པ་དང་ཚུལ་མཚུངས་སོ། །

རྗེ་བཙུན་བླ་མ་རྣམས་ལ་ཕྱག་འཚལ་ལོ། །འདིར་རྗེ་བཙུན་རིན་པོ་ཆེ་གྲགས་པ་རྒྱལ་མཚན་གྱི་ཞལ་མངའ་ནས། དབང་རེ་རེའི་མཇུག་ཏུ་ཡང་བླ་མ་གང་ཡིན་པ་དང་། དེ་བཞིན་དུ་དཀྱིལ་འཁོར་དང་། དབང་དང་། དྲི་མ་དང་། དཔེ་དང་། ཡོན་ཏན་དང་། ལམ་དང་། ལྟ་བ་དང་། འདའ་ཁམ་དང་། བར་དོ་དང་། དམ་ཚིག་དང་། བཟླ་དང་། གྲུབ་མཐའ་དང་། འགྲོས་དང་། འབྲས་བུ་གང་ཡིན་པ་ཞེས་བྱ་བ་བཅོ་ལྔའི་རྟོགས་པ་བརྗོད་པར་བྱའོ། །ཞེས་གསུངས་པ་ལ། སྦྱང་གཞི་གང་ཡིན་པ་ཞེས་མས་བརྟན་ནས་བཅུ་དྲུག་ཏུ་བྱ་སྟེ། དབང་དང་པོ་ལ། དེ་ལྟར་ན་སྦྱང་གཞི་ལུས་རྩའི་དཀྱིལ་འཁོར་ལ། ཕྱི་སྒྲོ་འདོགས་ཡོངས་སུ་གཅོད་པའི་བླ་མས། རྡུལ་ཚོན་ནམ། དབྱིབས་ཀྱི་དཀྱིལ་འཁོར་དུ། བུམ་པའི་དབང་བསྐུར་བས། ལུས་ཀྱི་དྲི་མ་དག །དཔེ་ཞིང་ས་གཤིན་པ་དང

འདྲ། ཡོན་ཏན་རྒྱ་ཕྲག་བདུན་དང་། བྱེ་བ་ཕྲག་བདུན་ལ་སོགས་པ་ལ་དབང་འབྱོར། ལམ་སྐྱེས་པའི་རིམ་པ་སྒོམ་ལ་དབང་། ལྟ་བ་ངོ་བོ་ཉིད་གསུམ། འདའ་ཁ་མ་གོང་ནས་གོང་དུ་འཕོ་བ། བར་དོ་བདག་ཡིད་དམ་དང་སེམས་རོ་གཅིག་པ། དམ་ཚིག་ཉི་ཤུ་རྩ་གཉིས་བསྲུང་བ་ལ། བཛྲ་ལྔ་དུས་གསུམ་རྩེ་མོ་གནན་པ་གྲུབ་མཐའ་འཁོར་འདས་དབྱེར་མེད། རྩའི་འགྲོས་མཆོག་ཏུ་ཐིམ། འབྲས་བུ་སྤྲུལ་པའི་སྐུ་རང་བཞིན་ལྷུན་གྲུབ་ཀྱི་རྟེན་འབྲེལ་མངོན་དུ་བྱེའོ། །དབང་གཉིས་པ་ལ། སྦྱང་གཞི་ཡི་གེའི་དཀྱིལ་འཁོར་ལ། ནང་རང་བྱུང་གི་ཡེ་ཤེས་སྟོན་པའི་བླ་མས། ཀུན་རྫོབ་བྱང་ཆུབ་སེམས་ཀྱི་དཀྱིལ་འཁོར་དུ། གསང་བའི་དབང་བསྐུར་བས། ངག་གི་དྲི་མ་དག །དཔེ་ཞིང་ས་གཤིན་པ་ལ་ས་བོན་བཏབ་པ་དང་འདྲ། ཡོན་ཏན་ནུས་པ་ལྔ་དང་ལྔ་བ་དང་ལྔ་ལ་ཐོགས་པ་མེད། ཚིག་གི་མཆོག་གྲུབ། སོ་སོ་ཡང་དག་པ་རིག་པ་བཞི་ལ་དབང་ཐོབ། ལམ་རྒྱུད་བྱིན་རླབ་སྒོམ་པ་ལ་དབང་། ལྟ་བ་རང་བྱུང་གི་ཡེ་ཤེས། འདའ་ཁ་མ་འོད་གསལ་བ། བར་དོ་རང་བྱུང་ཡེ་ཤེས་ལ་རྟོག་མེད། དམ་ཚིག་ཤ་ལྔ་བདུད་རྩི་ལྔའི་རིལ་བུ་བསྟེན་པ། བཛྲ་ཐེབ་སྲིན་ཨེ་ལ་རེག་བྱེད། གྲུབ་མཐའ་མ་འདྲེས་པ་ཡོངས་སུ་རྫོགས་པ། ཡི་གེས་འགྲོས་མཆོག་ཏུ་ཐིམ། འབྲས་བུ་ལོངས་སྤྱོད་རྫོགས་པའི་སྐུ་རང་བཞིན་ལྷུན་གྲུབ་ཀྱི་རྟེན་འབྲེལ་མངོན་དུ་བྱེའོ། །དབང་གསུམ་པ་ལ། སྦྱང་གཞི་ཁམས་བདུད་རྩིའི་དཀྱིལ་འཁོར་ལ། གསང་བ་ལྷན་ཅིག་སྐྱེས་པའི་ཡེ་ཤེས་སྟོན་པའི་བླ་མས། བྷ་གའི་དཀྱིལ་འཁོར་དུ། ཤེས་རབ་ཡེ་ཤེས་ཀྱི་དབང་བསྐུར་བ་ཐོབ། ཡིད་ཀྱི་དྲི་མ་དག །དེས་ས་བོན་ལས་མྱུ་གུ་སྨིན་པ་དང་འདྲ། ཡོན་ཏན་སྐུ་གསུམ་ཡེ་ཤེས་ལྔ་ལ་སོགས་པ་སངས་རྒྱས་ཀྱི་ཡོན་ཏན་རིག་པ་ལ་དབང་འབྱོར། ལམ་དཀྱིལ་འཁོར་འཁོར་ལོ་སྒོམ་པ་ལ་དབང་། ལྟ་བ་ཡས་བརྟན་གྱི་དགའ་བ་བཞི། འདའ་ཁ་མ་ནམ་འཆི་བའི་ཚེ་རྡོ་རྗེ་དམ་ཚིག་འབྱོར་པར་འགྱུར། བར་དོ་ལྷན་སྐྱེས་ཀྱི་བདེ་བ། དམ་ཚིག་ཐུད་མེད་ལ་མི་སྨོད་པ་དང་། བཛྲ་བྱང་ཆུབ་མཆོག་གི་ཕྱག་རྒྱ། གྲུབ་མཐའ་བདེ་སྟོང་རྒྱ་ཆུང་དུ། བདུད་རྩིའི་འགྲོས་མཆོག་ཏུ་ཐིམ། འབྲས་བུ་ཆོས་ཀྱི་སྐུ་རང་བཞིན་ལྷུན་གྲུབ་ཀྱི་རྟེན་འབྲེལ་མངོན་དུ་བྱེའོ། །ཞེས་སོ། །དབང་བཞི་པ་ལ། སྦྱང་གཞི་སྙིང་པོ་ཡེ་ཤེས་རླུང་གི་དཀྱིལ་འཁོར་ལ། མཐར་ཐུག་དེ་ཁོ་ན་ཉིད་ཆོས་ཐམས་ཅད་ཤིན་ཏུ་རྣམ་པར་དག་པ་སྟོན་པས་བླ་མས། དོན་དམ་བྱང་ཆུབ་སེམས་ཀྱི་དཀྱིལ་འཁོར་དུ་ཚིག་དབང་རིན་པོ་ཆེ་བཞི་པ་བསྐུར་བས། སྒོ་གསུམ་གྱི་དྲི་མ་བག་ཆགས་དང་བཅས་པ་དག །དཔེ་མྱུ་གུ་ལས་ལོ་ཐོག་ཕུན་སུམ་ཚོགས་པ་དང་འདྲ། ཡོན་ཏན་སྐུ་གསུང་ཐུགས་མི་ཟད་པ་རྒྱན་གྱི་འཁོར་ལོ་སངས་རྒྱས་ཀྱི་ཡོན་ཏན་ཐམས་ཅད་ལ་དབང་འབྱོར། ལམ་རྡོ་རྗེ་ཐ་རླབས་སྒོམ་པ་དབང་། ལྟ་བ་མས་བརྟན་གྱི་དགའ་བ་བཞི། འདའ་ཁ་མ་ཕྱག་རྒྱ་ཆེན་པོའི་འཕོ་བ། བར་དོ་བདེ་སྟོང་གི་ཡེ་ཤེས། དམ་ཚིག་དགོངས་ཏེ་གསུངས

པ་མཐའ་དག །བདྡ་མཛུམ་མོ་ནམ་མཁའ་མཆོན། གྲུབ་མཐའ་བདེ་སྟོང་ཕྱག་རྒྱ་ཆེན་པོ། རླུང་གི་འགྲོས་མཆོག་ཏུ་ཐིམ། འབྲས་བུ་ངོ་བོ་ཉིད་ཀྱི་སྐུ་རང་བཞིན་ལྷུན་གྲུབ་ཀྱི་ རྟེན་འབྲེལ་མངོན་དུ་བྱས་སོ། །

ཞེས་རྒྱུ་དུས་ཀྱི་དབང་གིས་རྟོགས་པ་བསྐྱེད་པའི་རིམ་པ་སྔར་བྱོན་པའི་བླ་མ་ལམ་འབྲས་པ་ཆེན་པོ་འགའ་རེའི་མདོ་ཙམ་ཡང་། བཅོ་ལྔ་པོ་ཐམས་ཅད་རྫོགས་པར་སྣང་། འདི་བླ་མ་རྗེ་བཙུན་ཆེན་པོའི་དགོངས་པ་ལྟར་ཤཱཀྱའི་དགེ་སློང་ཀུན་དགའ་བཟང་པོས་དཔལ་ལྡན་ས་སྐྱར་སྦྱར་བ་འདི་ནི་རེ་ཞིག་རྫོགས་སོ། །སེམས་ཅན་ལ་ཕན་ཐོགས་པར་གྱུར་ཅིག །དགེའོ།། །།

༄། །སྡོམ་གསུམ་རབ་དབྱེའི་ས་བཅད་བཞུགས་སོ། །

པཎ་ཆེན་འབུམ་ཕྲག་གསུམ་པ།

སྟེ་སྡོད་གསུམ་དང་རྒྱུད་སྡེ་བཞིའི་བརྗོད་དོན་སྡོམ་པ་གསུམ་གྱི་ཉམས་ལེན། དག་པ་དང་། མ་དག་པའི་རབ་དབྱེ་གཏན་ལ་འབེབས་པ་དང་། སྡོམ་པ་གསུམ་གྱི་རབ་ཏུ་དབྱེ་བ་འཆད་པ་ལ། རྩོམ་པ་ལ་འཇུག་པ་ཀླད་ཀྱི་དོན། བརྩམ་པར་བྱ་བ་གཞུང་གི་དོན། བརྩམས་པ་མཐར་ཕྱིན་པ་མཇུག་གི་དོན་དང་གསུམ། དང་པོ་ནི་སྡོམ་པ་གསུམ་གྱི་རབ་ཏུ་དབྱེ་བ་ཞེས་སོགས་ཀྱིས་བསྟན།

གཉིས་པ་ལ་བཤད་པ་ལ་འཇུག་པའི་ཡན་ལག བཤད་པ་ཉེ་བར་བཀོད་པ། བཤད་པ་ཡོངས་སུ་རྫོགས་པའི་བྱ་བ་དང་གསུམ། དང་པོ་ལ། བརྒྱུད་པའི་བླ་མ་ལ་མཆོད་པར་བརྗོད་པ། རྩ་བའི་བླ་མ་རྗེ་བཙུན་ལ་མཆོད་པར་བརྗོད་པ། འགྲོ་བ་སྤྱིའི་བླ་མ་སྟོན་པ་སངས་རྒྱས་ལ་མཆོད་པར་བརྗོད་པ། གང་ལ་འཆད་པའི་གདུལ་བྱ་ངོས་འཛིན་པ། གང་འཆད་པའི་བསྟན་བཅོས་ངོས་འཛིན་པ་དང་ལྔ། དང་པོ་ནི། བླ་མ་དམ་པའི་ཞབས་ཞེས་སོགས་ཀྱིས་བསྟན། གཉིས་པ་ནི། བདེ་གཤེགས་བསྟན་པའི་ཞེས་སོགས་ཀྱིས་བསྟན། གསུམ་པ་ནི་སྐྱོན་མེད་ཡོན་ཏན་སོགས་ཀྱིས་བསྟན། བཞི་པ་ནི་དད་ལྡན་སངས་རྒྱས་གསུང་ཞེས་སོགས་ཀྱིས་བསྟན། ལྔ་པ་ནི་སྡོམ་པ་གསུམ་དབྱེ་བ་ཞེས་སོགས་ཀྱིས་བསྟན།

༈ གཉིས་པ་ལ་བསྟན་བཅོས་རྩོམ་པའི་རྒྱུ་ལ་གཉིས་ལས། དང་པོ་དེས་འཆད་པའི་ཚིག་ནི། མཁས་རྣམས་དགའ་བའི་ཞེས་སོགས་ཀྱིས་བསྟན། གཉིས་པ་དེ་འཆད་པའི་ཤེས་རབ་ནི། བདག་ནི་སངས་རྒྱས་བསྟན་པ་ཞེས་སོགས་ཀྱིས་བསྟན།

༈ གཉིས་པ་བཤད་པ་ཉེ་བར་དགོད་པ་ལ། དོན་ལ་འཁྲུལ་པ་དགག་པ་དང་། ཚིག་ལ་འཁྲུལ་པ་དགག་པ་གཉིས། དང་པོ་ནི། དོན་གྱི་གཙོ་བོ་ལ་འཁྲུལ་པ་དགག་པ་དང་། ཡན་ལག་གི་སྒོ་ནས་རྒྱས་པར་བཤད། གནས་མ་འཁྲུལ་པའི་སྒོ་ནས་དོན་བསྡུ་བ་དང་གསུམ། དང་པོ་ནི། སོ་སོར་ཐར་པའི་སྡོམ་པ་དང་ཞེས་སོགས་ཀྱིས་བསྟན། གཉིས་པ་ལ། དངོས་དང་རྩོད་པ་སྤོང་བ་གཉིས། དང་པོ་ལ། སོ་སོ་ཐར་པའི། བྱང་ཆུབ་སེམས་དཔའི། གསང་སྔགས་ཀྱི་སྡོམ་པ་ལ་འཁྲུལ་པ་དགག་པ་དང་གསུམ། དང་པོ་ལ་དེའི་ངོ་བོ་དང་། དེ་ལ་འཁྲུལ་

པ་དགག་པ་དང་། དེའི་བསླབ་བྱ་ལ་འཁྲུལ་པ་དགག་པ་གཉིས། དང་པོ་ལ། མདོར་བསྟན་དང་རྒྱས་བཤད་གཉིས། དང་པོ་ནི། སོ་སོར་ཐར་པའི་སྡོམ་པ་ལ་ཅེས་སོགས་ཀྱིས་བསྟན། གཉིས་པ་ལ། ཉན་ཐོས་ལུགས་ཀྱི་སོ་ཐར་ལ་འཁྲུལ་པ་དགག་པ་དང་། ཐེག་ཆེན་ལུགས་ཀྱི་སོ་ཐར་ལ་འཁྲུལ་པ་དགག་པ་གཉིས། དང་པོ་ལ་ཉན་ཐོས་ལུགས་ཀྱི་རིགས་བདུན་གྱི་ངོ་བོ་དང་། དུས་ལ་འཁྲུལ་པ་དགག་པ་དང་། དེའི་བསྙེན་གནས་ཀྱི་སྡོམ་པ་ལ་འཁྲུལ་པ་དགག་པ་དང་གཉིས། དང་པོ་ལ། མ་འཁྲུལ་པའི་རྣམ་གཞག་མདོར་བསྟན། འཁྲུལ་པ་དགག་ཚུལ་རྒྱས་པར་བཤད། རྣམ་དབྱེ་བསྟན་པའི་སྒོ་ནས་དོན་བསྡུ་བ་དང་གསུམ། དང་པོ་ལ། དེ་དང་དེའི་འཐད་པ་གཉིས། དང་པོ་ལ་སྐྱུས་མ་ཉན་ཐོས་ལུགས་ཀྱི་སོ་ཐར་སྡོམ་པའི་ངོ་བོ་དང་དུས་ཀྱི་ཁྱད་པར་དང་། ཞར་བྱུང་། བྱང་སེམས་སྡོམ་པའི་ངོ་བོ་དང་དུས་ཀྱི་ཁྱད་པར་གཉིས། དང་པོ་ནི་ཉན་ཐོས་རྣམས་ཀྱི་སྐྱབས་འགྲོ་ཅེས་སོགས་ཀྱིས་བསྟན། གཉིས་པ་ནི་བྱང་ཆུབ་སེམས་དཔའི་སྡོམ་པ་ཅེས་སོགས་ཀྱིས་བསྟན། གཉིས་པ་འཐད་པ་ལ་གཉིས་ལས། དང་པོ་འཐད་པ་ནི། དེ་དག་གི་ནི་རྒྱུ་མཚན་ཞེས་སོགས་ཀྱིས་བསྟན། གཉིས་པ་མི་འཐད་པ་ནི། བྱང་ཆུབ་སེམས་དཔའི་སྡོམ་པ་ནི་ཞེས་སོགས་ཀྱིས་བསྟན། གཉིས་པ་འཁྲུལ་པ་དགག་ཚུལ་རྒྱས་པར་བཤད་པ་ལ། ཕྱོགས་སྔ་བརྗོད་པ་དང་དེ་དགག་པ་གཉིས། དང་པོ་ནི་ཁ་ཅིག་ཇི་སྲིད་འཚོ་བའི་ཞེས་སོགས་ཀྱིས་བསྟན། གཉིས་པ་ལ་བསྟན་བཤད་གཉིས་། དང་པོ་ནི་དེ་འདྲ་སངས་རྒྱས་དགོངས་པ་མིན་ཞེས་སོགས་ཀྱིས་བསྟན། གཉིས་པ་ནི། དེ་ལྟར་ཡིན་ན་ཉན་ཐོས་དང་ཟེས་སོགས་ཀྱིས་བསྟན། གསུམ་པ་དོན་བསྡུ་བ་ནི། དེས་ན་སོ་ཐར་པའི་ཞེས་སོགས་ཀྱིས་བསྟན།

༄ གཉིས་པ་བསྙེན་གནས་ཀྱི་སྡོམ་པ་ལ་འཁྲུལ་པ་དགག་པ་ལ། འཁྲུལ་པའི་རྣམ་བཞག་མདོར་བསྟན་པ་དང་། འཁྲུལ་པ་དགག་ཚུལ་རྒྱས་པར་བཤད་པ་གཉིས། དང་པོ་ལ་ཐེག་དམན་ལུགས་དང་། ཐེག་ཆེན་གྱི་ལུགས་གཉིས། དང་པོ་ལ་བྱེ་བྲག་སྨྲ་བའི་མདོ་སྡེ་པའི། དེ་གཉིས་ཀྱི་ཚིག་དང་གསུམ། དང་པོ་ནི་བྱེ་བྲག་སྨྲ་བའི་བསྙེན་གནས་ཀྱང་ཞེས་སོགས་ཀྱིས་བསྟན། གཉིས་པ་ནི་མདོ་སྡེ་པ་རྣམས་དུད་འགྲོ་ཞེས་སོགས་ཀྱིས་བསྟན། གསུམ་པ་ནི་ཉན་ཐོས་རྣམས་ཀྱི་ཚིག་སོགས་ཅེས་སོགས་ཀྱི་བསྟན། གསུམ་པ་ནི། ཉན་ཐོས་རྣམས་ཀྱི་ཚིག་ལ་སོགས་ཞེས་སོགས་ཀྱིས་བསྟན། གཉིས་པ་ཐེག་ཆེན་གྱི་ལུགས་ནི། དོན་ཡོད་ཞགས་པའི་རྟོགས་པ་ལས་ཞེས་སོགས་ཀྱིས་བསྟན། གཉིས་པ་འཁྲུལ་པ་དགག་ཚུལ་རྒྱས་པར་བཤད་པ་ལ། བསྙེན་གནས་འབུལ་བར་འདོད་པ་དགག །འཚོལ་བར་འདོད་པ་དགག །ལྷ་སྒོམ་ཐ་དད་དུ་འདོད་པ་དགག་པ་དང་གསུམ། དང་པོ་ནི་ལ་ལ་བསྙེན་གནས་བསྲུང་ཞེས་སོགས་ཀྱིས་བསྟན། གཉིས་པ་ནི་ལ་ལ་བསྙེན་གནས་འཚོལ་ཞེས་

སོགས་ཀྱིས་བསྟན། གསུམ་པ་ནི་ཁ་ཅིག་བསྙེན་གནས་འབོགས་ཞེས་སོགས་ཀྱི་བསྟན།

༄ གཉིས་པ་ཐེག་ཆེན་ལུགས་ཀྱི་སོ་ཐར་སྡོམ་པ་ལ་འཁྲུལ་པ་དགག་པ་ལ། བསྟན་བཤད་གཉིས་ལས། དང་པོ་ནི་ཐེག་པ་ཆེན་པོ་ལས་འབྱུང་བའི་ཞེས་སོགས་ཀྱིས་བསྟན། གཉིས་པ་ལ་ཐོབ་ཚུལ་དང་། བསྲུང་ཚུལ། གཏོང་ཚུལ་དང་གསུམ། དང་པོ་ལ་ཐེག་ཆེན་མདོ་སྡེ་ནས་བཤད་ཚུལ་དང་ཐེག་དམན་མདོ་སྡེ་ནས་བཤད་ཚུལ་གཉིས། དང་པོ་ལ་ད་ལྟར་གྱི་ཆོག་ལ་བརྟེན་པ་དང་། སྔོན་གྱི་ཆོག་ལ་བརྟེན་པ་གཉིས། དང་པོ་ལ་ལག་ལེན་ནུབ་པ་དང་། མ་ནུབ་པ་གཉིས། དང་པོ་ནི་བྱང་ཆུབ་སེམས་དཔའ་ཉིད་ལ་ཞེས་སོགས་ཀྱིས་བསྟན། གཉིས་པ་ནི་གསོ་སྦྱོང་རང་གིས་བླང་ཞེས་སོགས་ཀྱིས་བསྟན། གཉིས་པ་སྔོན་གྱི་ཆོག་ནི་རྒྱལ་སྲས་བྱམས་པ་འཇམ་དབྱངས་ཞེས་སོགས་ཀྱི་བསྟན། གཉིས་པ་ཐེག་ཆེན་མདོ་སྡེ་ནས་བཤད་ཚུལ་ནི། དེས་ན་ད་ལྟའི་ཆོག་ཞེས་སོགས་ཀྱིས་བསྟན། གཉིས་པ་བསྲུང་ཚུལ་ལ། བསྟན་བཤད་བསྡུ་བ་གསུམ། དང་པོ་ནི་དེ་ན་བྱང་ཆུབ་སེམས་དཔའི་ཞེས་སོགས་པས་བསྟན། གཉིས་པ་ནི་འདི་ལ་སྡིག་ཏོ་མི་དགེའི་ཕྱོགས་ཞེས་སོགས་པས་བསྟན། གསུམ་པ་ནི་སོ་སོར་ཐར་པ་ལུགས་གཉིས་པོ་ཞེས་སོགས་ཀྱིས་བསྟན། གསུམ་པ་གཏོང་ཚུལ་ནི། ཐེག་ཆེན་སོ་སོར་ཐར་ཡིན་ཡང་ཞེས་སོགས་ཀྱིས་བསྟན།

༄ གཉིས་པ་བསླབ་བྱ་ལ་འཁྲུལ་པ་དགག་པ་ལ་ལས་འབྲས་ཀྱི་གནས་ལ་འཁྲུལ་པ་དགག་པ་དང་ཐོས་བསམ་སྒོམ་གསུམ་ལ་འཁྲུལ་པ་དགག་པ་གཉིས། དང་པོ་ལ་ལས་དགེ་སྡིག་གི་ངོ་བོ་ལ་འཁྲུལ་པ་དགག་པ་དང་། འབྲས་བུ་དཀར་ནག་ཟང་ཐལ་དགག །བླང་དོར་ཡེ་བཀང་ཡེ་གནང་དགག །འཕྲུལ་གྱི་ལག་ལེན་འཁྲུལ་པ་གཞན་དགག་པ་དང་བཞི། དང་པོ་ལ་འཁྲུལ་པའི་རྣམ་གཞག་མདོར་བསྟན། འཁྲུལ་པ་དགོག་ཚུལ་རྒྱས་པར་བཤད། ལས་འབྲས་ཀྱི་གནས་བསྟན་པའི་སྒོ་ནས་དོན་བསྡུ་བ་དང་གསུམ། དང་པོ་ལ། ཉན་རང་གདམས་པའི་སྒོ་ནས་མདོར་བསྟན། སོ་སོའི་རང་བཞིན་རྒྱས་པར་བཤད། ལས་འབྲས་ལ་མཁས་པའི་སྒོ་ནས་དོན་བསྡུ་བ་དང་གསུམ། དང་པོ་ནི། དེས་ན་ལས་དང་རྣམ་སྨིན་གྱི། ཞེས་སོགས་ཀྱི་བསྟན། གཉིས་པ་ལ། དགེ་སོགས་ཀྱི་ལས་གསུམ་དུ་དབྱེ། སེམས་པ་དང་བསམ་པའི་ལས་གཉིས་སུ་དབྱེ། དཀར་ནག་ལ་སོགས་བཞིར་དབྱེ། འཕེན་རྫོགས་གཉིས་ལས་ཕྱེ་བའི་བཞིར་དབྱེ། གཅིག་ཏུ་དཀར་བ་ལ་སོགས་པ་གསུམ་དུ་དབྱེ་བ་དང་ལྔ། དང་པོ་ལ། དགེ་སོགས་ལས་ཀྱི་ངོ་བོ་དང་། ཆོས་དབྱིངས་འདུས་མ་བྱས་སུ་བསྟན་པ་དང་གཉིས། དང་པོ་ནི། ལས་ལ་དགེ་སྡིག་ལུང་མ་བསྟན་ཞེས་སོགས་ཀྱིས་བསྟན། གཉིས་པ་ནི། ཆོས་ཀྱི་དབྱིངས་ནི་འདུས་མ་བྱས་ཞེས་སོགས་ཀྱིས་བསྟན། གཉིས་པ་ལ། སེམས་པ་དང་བསམ་པའི་ལས་ཀྱི་ངོ་བོ་དང་། ཆོས་དབྱིངས

སུ་དེ་མིན་པར་བསྟན་པ་དང་གཉིས། དང་པོ་ནི། ལས་ལ་ཐུབ་པས་རྣམ་གཉིས་ཞེས་སོགས་ཀྱིས་བསྟན། གཉིས་པ་ནི། ཆོས་ཀྱི་དབྱིངས་ནི་གཉིས་ཀ་མིན་ཞེས་སོགས་ཀྱིས་བསྟན། གསུམ་པ་དཀར་ནག་ལས་སོགས་བཞིར་དབྱེ་བ་ནི། གཞན་ཡང་ལས་ལ་རྣམ་གཉིས་གསུངས་ཞེས་སོགས་ཀྱིས་བསྟན། བཞི་པ་འཕེན་རྫོགས་གཉིས་ལས་ཕྱེ་བའི་ལས་བཞིར་དབྱེ་བ་ནི། གཞན་ཡང་ལས་ལ་རྣམ་གཉིས་གསུངས་ཞེས་སོགས་ཀྱིས་བསྟན། ལྔ་པ་གཅིག་ཏུ་དཀར་བ་ལ་སོགས་པའི་ལས་གསུམ་དུ་དབྱེ་བ་ནི། གཞན་ཡང་གཅིག་ཏུ་དཀར་བ་དང་ཞེས་སོགས་ཀྱི་བསྟན། གསུམ་པ་དོན་བསྡུ་བ་ནི། འདི་འདྲའི་ལས་ཀྱི་རྣམ་སྨིན་གྱི་ཞེས་སོགས་ཀྱིས་བསྟན།

༄གཉིས་པ་འཁྲུལ་པ་དགོག་ཚུལ་རྒྱས་པར་བཤད་པ་ལ། བསྔོ་རྒྱུའི་དགེ་རྩ་ལ་འཁྲུལ་པ་དགག་པ། ལག་ལེན་ལ་འཁྲུལ་པ་དགག་པ། བསྔོ་བའི་འབྲས་བུ་ལ་འཁྲུལ་པ་དགག་པ་དང་གསུམ། དང་པོ་ལ། ཆོས་དབྱིངས་བསྔོ་རྒྱུའི་དགེ་བ་ཡིན་པ་དགག །ཆོས་དབྱིངས་ལས་གཞན་པའི་ཁམས་བསྔོ་རྒྱུའི་དགེ་བ་ཡིན་པ་དགག །ཆོས་དབྱིངས་ལ་བསྔོ་རྒྱུའི་དགེ་བ་ཡོད་མེད་ཀྱི་ཁྱད་པར་དགག །ཁམས་བདེ་གཤེགས་སྙིང་པོ་གཏན་ལ་དབབ་པ་དང་བཞི། དང་པོ་ལ། ཕྱོགས་སྔ་བརྗོད་པ་དང་། དེ་དགག་པ་གཉིས། དང་པོ་ནི། མུ་སྟེགས་གྲངས་ཅན་པ་རྣམས་ནི་ཞེས་སོགས་ཀྱིས་བསྟན། གཉིས་པ་ལ་ལུང་གི་རྣམ་གྲངས་དུ་མའི་སྒོ་ནས་དགག །མངོན་པའི་ལུང་དོན་བཤད་པའི་སྒོ་ནས་དགག །རྡོ་རྗེ་རྒྱན་བསྔོ་བའི་མདོ་དོན་བཤད་པའི་སྒོ་ནས་དགག་པ་དང་གསུམ། དང་པོ་ལ་དངོས་དང་ཞར་བྱུང་གཉིས། དང་པོ་ནི། གྲངས་ཅན་ལུགས་ནི་མི་འཐད་པས་ཞེས་སོགས་ཀྱིས་བསྟན། གཉིས་པ་ནི། ཁ་ཅིག་བདེ་གཤེགས་སྙིང་པོའི་སྒྲ་ཞེས་སོགས་ཀྱི་སྟོན། གཉིས་པ་ལ་དངོས་དང་། བྱམས་སྙིང་རྗེའི་གཤིས་ཀྱི་དགེ་བ་ཡིན་པ་དགག་པ་གཉིས། དང་པོ་ནི། མངོན་པའི་གཞུང་ལས་ཉན་ཐོས་རྣམས་ཞེས་སོགས་ཀྱིས་བསྟན། གཉིས་པ་ནི། ལ་ལ་བྱམས་དང་སྙིང་རྗེ་སོགས་ཀྱིས་བསྟན། གསུམ་པ་རྡོ་རྗེ་རྒྱལ་མཚན་བསྔོ་བའི་མདོ་དོན་བཤད་པ་ལ། དགོངས་གཞིའི་སྒོ་ནས་མདོར་བསྟན། དགག་སྒྲུབ་ཀྱི་སྒོ་ནས་རྒྱས་པར་བཤད་པ་གཉིས། དང་པོ་ནི། དེ་ན་འགྲོ་བ་ཐམས་ཅད་ཀྱི་ཞེས་སོགས་ཀྱི་བསྟན། གཉིས་པ་ལ། ཡོད་དགེ་ཆོས་དབྱིངས་སུ་འདོད་པའི་གནས་ལུགས་དགག །ཡོད་དགེ་འདུས་བྱས་ཡིན་པའི་རང་ལུགས་བཞག །ཆོས་དབྱིངས་བསྔོ་རྒྱུའི་དགེ་བ་ཡིན་པ་བྱེ་བྲག་ཏུ་དགག་པ་དང་གསུམ། དང་པོ་ལ། ཇི་སྙེད་ཡོད་སྒྲ་མི་འཐད་པའི་དགག་པ་དང་། འགྲོ་ཀུན་གྱིས་སྒྲ་མི་འཐད་པའི་དགག་པ་གཉིས། དང་པོ་ལ་བསྟན་བཤད་གཉིས། དང་པོ་ནི། གལ་ཏེ་ཆོས་ཀྱི་དབྱིངས་ཡིན་ཞེས་སོགས་ཀྱིས་བསྟན། གཉིས་པ་ལ་ཇི་སྙེད་ཀྱི་སྒྲ་མི་འཐད་པའི་དགག་པ་དང་། ཡོད་སྒྲ་མི་འཐད་པའི་དགག་པ་གཉིས། དང་པོ་ནི། དེ་ཡི་རྒྱུ་མཚན་འདི་ལྟར་ཡིན་ཞེས་སོགས་ཀྱིས

བསྟན། གཉིས་པ་ལ་ལུང་གི་དགག་པ་དང་རིག་པས་དགག་པ་གཉིས། དང་པོ་ནི། ཆོས་དབྱིངས་ཡོད་པ་མ་ཡིན་ཞེས་སོགས་ཀྱིས་བསྟན། གཉིས་པ་ནི། རིགས་པས་ཀྱང་ནི་འདི་སྒྲུབ་ཏེ་ཞེས་སོགས་ཀྱིས་བསྟན། གཉིས་པ་ནི། འགྲོ་ཀུན་གྱི་སྐྲ་མི་འཐད་པས་དགག་པ་ནི། གཞན་ཡང་ཡོད་པའི་དགེ་བ་ནི་ཞེས་སོགས་ཀྱིས་བསྟན། གཉིས་པ། ཡོད་དགེ་འདུ་བྱས་ཡིན་པས་རང་ལུགས་བཞག་པ་ལ། དེའི་སྒོ་ནས་མདོར་བསྟན། འཆད་ཚུལ་གྱིས་སྒོ་ནས་རྒྱས་པར་བཤད། སྒྲུབ་བྱེད་ཀྱི་སྒོ་ནས་དོན་བསྡུ་བ་དང་གསུམ། དང་པོ་ནི། དེ་ན་གཞུང་དེའི་དགོངས་པ་ནི་ཞེས་སོགས་ཀྱི་བསྟན། གཉིས་པ་ནི། འགྲོ་བ་ཀུན་གྱིས་བྱས་པ་ཡི་ཞེས་སོགས་ཀྱིས་བསྟན། གསུམ་པ་ནི། དཔེར་ན་འགྲོ་བ་ཀུན་གྱིས་སྡིག་ཅེས་སོགས་ཀྱིས་བསྟན།

༄ གསུམ་པ་ཆོས་དབྱིངས་བསྔོ་རྒྱུའི་དགེ་བ་ཡིན་པ་བྱེ་བྲག་ཏུ་བཤད་པ་ལ་རྣམ་པར་བརྟགས་ཏེ་དགག་པ་དང་ལུང་སྔ་མ་མི་འགལ་བའི་དགག་པ་གཉིས། དངོས་པོའི་ཆོས་དབྱིངས་དགེ་བར་བྱས་ནས་ནི་ཞེས་སོགས་ཀྱིས་བསྟན། གཉིས་པ་ནི་ཆོས་དབྱིངས་དེ་བཞིན་ཉིད་ཅེས་སོགས་ཀྱིས་བསྟན། གཉིས་པ་ལུང་སྔ་ཕྱི་འགལ་བ་དགག་པ་ནི། གནད་ཆོས་ཉིད་དེ་བཞིན་ཉིད་ཅེས་སོགས་ཀྱིས་བསྟན། གཉིས་པ་ཆོས་དབྱིངས་ལས་གཞན་པའི་འཁོར་གསུམ་བསྔོ་རྒྱུའི་དགེ་བ་ཡིན་པ་དགག་པ་ནི། ལ་ལ་བདེ་གཤེགས་སྙིང་པོའི་སྒྲ་ཞེས་སོགས་ཀྱིས་བསྟན།

༄ གསུམ་པ་ཆོས་དབྱིངས་ལ་བསྔོ་རྒྱུའི་དགེ་བ་ཡིན་མིན་གྱི་ཁྱད་པར་དགག་པ་ནི། གལ་ཏེ་བེམ་པོ་ཆོས་ཀྱི་དབྱིངས་ཞེས་སོགས་ཀྱིས་བསྟན། བཞི་པ་བདེ་གཤེགས་སྙིང་པོ་གཏན་ལ་ཕབ་པ་ནི། དེས་ན་དེ་བཞིན་གཤེགས་པ་ཡིན་ཞེས་སོགས་ཀྱིས་བསྟན། གཉིས་པ་བསྔོ་བའི་ལག་ལེན་ལ་འཁྲུལ་པ་དགག་པ་ནི། འགའ་ཞིག་བསྔོ་བའི་ཚོན་ཆ་ཞེས་སོགས་ཀྱིས་བསྟན། གསུམ་པ་བསྔོ་བའི་འབྲས་བུ་ནི། བསྔོ་བ་དེའི་ཡན་ལག་མདོར་སྡུད་ན་ཞེས་སོགས་ཀྱིས་བསྟན། གསུམ་པ་ལས་འབྲས་ཀྱི་གནད་བསྟན་པའི་སྒོ་ནས་འཇུག་བསྡུ་བ་ནི། དེས་ན་བསྔོ་རྒྱུའི་དགེ་བ་དང་ཞེས་སོགས་ཀྱིས་བསྟན། གཉིས་པ་འབྲས་བུ་དཀར་ནག་ཟང་ཐལ་དགག་པ་ལ། བསྟན་བཤད་བསྡུ་བ་གསུམ། དང་པོ་ནི། དཀར་ནག་ཟང་ཐལ་ཞེས་པའི་ཞེས་སོགས་ཀྱི་བསྟན། གཉིས་པ་ནི་གལ་ཏེ་སྤྱོད་པའི་སངས་རྒྱས་ལ་ཞེས་སོགས་ཀྱིས་བསྟན། གསུམ་པ་ནི་དེས་ན་དགོངས་པ་ཤེས་དགོས་ཞེས་སོགས་ཀྱིས་བསྟན།

༄ གསུམ་པ་བླང་དོར་ཡེ་བཀག་ཡེ་གནང་དགག་པ་ལ། དངོས་དང་། རྩོད་པ་སྤང་བ་གཉིས། དང་པོ་ལ་བསྟན་བཤད་བསྡུ་བ་དང་གསུམ། དང་པོ་ནི། ཡེ་བཀག་ཡེ་གནང་ཞེས་བྱ་བ་ཞེས་སོགས་ཀྱིས་བསྟན།

གཉིས་པ་ལ་རང་བྱུང་ནང་ཕན་ཚུན་གནང་བཀག་ཐ་དད་དུ་བསྟན་པ། ཁྲིམ་པ་དང་རབ་བྱུང་། ཐེག་པ་ཆེ་ཆུང་། ཐེག་ཆེན་ནང་ཕན་ཚུན་སྣང་བཀག་ཐ་དད་དུ་བསྟན་པ་དང་བཞི། དང་པོ་ལ། རབ་བྱུང་ནང་ཕན་ཚུན་གནང་བཀག་ཐ་དད་དུ་བསྟན་པ་དང་། གཅིག་ཡིན་པ་དགག་པ་དང་གཉིས། དང་པོ་ནི། དེའི་འཐད་པ་འདི་ལྟར་ཡིན་ཞེས་སོགས་ཀྱིས་བསྟན། གཉིས་པ་ནི། དཔེར་ན་བུ་རམ་ཕྱི་དྲིའི་ཟས་ཞེས་སོགས་ཀྱིས་བསྟན། གཉིས་པ་ཁྲིམ་པ་རབ་བྱུང་གནང་བཀག་ཐ་དད་དུ་བསྟན་པ་ནི། ཁ་ཅིག་རབ་ཏུ་བྱུང་བ་ལ་ཞེས་སོགས་ཀྱིས་བསྟན། གསུམ་པ་ཐེག་པ་ཆེ་ཆུང་ལ་དེ་ཡོད་ཚུལ་ནི། ཉན་ཐོས་རྣམ་གསུམ་དག་པའི་ཤ་ཞེས་སོགས་ཀྱིས་བསྟན། བཞི་པ་ཐེག་ཆེན་ནང་ཕན་ཚུན་ལ་དེ་ཡོད་ཚུལ་ནི། དོན་ནི་ཕལ་པོ་ཕྱིན་པ་དང་ཞེས་སོགས་ཀྱིས་བསྟན།

གསུམ་པ་དོན་བསྡུ་བ་ནི། དེ་འདྲའི་འགལ་བ་བཟྟ་སྤྲོད་ལ་ཞེས་སོགས་ཀྱིས་བསྟན། གཉིས་པ་རྩོད་སྤང་ལ། སངས་རྒྱས་ཀྱི་རབ་བྱུང་ལ་སྙིང་ནད་བྱུས་པར་ལ་བའི་རྩོད་སྤང་དང་། སངས་རྒྱས་དགེ་སྡིག་གི་བྱེད་པ་ཕ་རོལ་བའི་རྩོད་སྤང་དང་གཉིས། དངོས་པ་འདོད་པ་བརྗོད་པ་དང་། དེ་དགག་པ་ལ་གཉིས། དང་པོ་ནི། གལ་ཏེ་སྡོམ་པ་མ་བླངས་ན་ཞེས་སོགས་ཀྱིས་བསྟན། གཉིས་པ་ལ་མགོ་མཚུངས་ཀྱི་ལན་དང་། རྣལ་མའི་ལན་གཉིས། དང་པོ་ནི། དེ་འདྲའི་རིགས་པ་གཟུ་ལུམས་ཡིན་ཞེས་སོགས་ཀྱིས་བསྟན། གཉིས་པ་ལ། ལྟུང་བ་འབྱུང་བ་བཅས་ལ་ལྟོས་པར་བསྟན་པ། དེ་ལྟ་མིན་པ་བཤིས་པ་ལ་སྡིག་པ་མེད་ན་ལྟུང་བར་ལ་ལྟ། རབ་བྱུང་གི་བརྟུལ་ཞུགས་དགེ་བ་ཡིན་པ་དགག་པ་དང་གསུམ། དང་པོ་ནི། དེས་ན་མདོ་དང་བསྟན་བཅོས་ལས་ཞེས་སོགས་ཀྱིས་བསྟན། གཉིས་པ་ནི། དེ་ལྟར་མིན་པར་མ་བཅད་ཀྱང་ཞེས་སོགས་ཀྱིས་བསྟན། གསུམ་པ་ལ། བསྟན་བཤད་བསྡུ་བ་གསུམ། དང་པོ་ནི། དེས་ན་མདོ་ལས་བརྟུལ་ཞུགས་ཞེས་སོགས་ཀྱིས་བསྟན། གཉིས་པ་ནི། གཉིས་པ་ནི་དེ་ལྟར་འདོད་པས་དཔེན་པ་དང་ཞེས་སོགས་ཀྱིས་བསྟན། གསུམ་པ་ནི། དེས་ན་སྡོམ་པ་དགེ་བ་ཡིན་ཞེས་སོགས་ཀྱིས་བསྟན།

༄ གཉིས་པ། སངས་རྒྱས་དགེ་སྡིག་གི་ཀུན་གྱི་བྱེད་པ་པོ་ཡིན་པའི་རྩོད་སྤང་ལ། རྩོད་པ་དང་། ལན་གཉིས། དང་པོ་ནི། དེ་ལ་ཁ་ཅིག་འདི་སྐད་དུ་ཅེས་སོགས་ཀྱིས་བསྟན། གཉིས་པ་ལ། མགོ་འདྲེའི་ལན་དང་། དངོས་ཀྱི་ལན་དང་། བཅས་འགལ་གྱི་ཉེས་པ་སྤོང་ཚུལ་དང་གསུམ། དང་པོ་ནི། འདི་ཡི་ལན་ལ་རྣམ་གཉིས་ལས་ཞེས་སོགས་ཀྱིས་བསྟན། གཉིས་པ་ནི། གཉིས་པ་དངོས་པོའི་ལན་ལ་ནི་ཅེས་སོགས་ཀྱིས་བསྟན། གསུམ་པ་ནི། སྨྲ་གྱུ་ཅན་དང་གོང་བ་ཅན་ཞེས་སོགས་ཀྱིས་བསྟན།

༄བཞི་པ་ལག་ལེན་འཁྲུལ་པ་དགག་པ་ལ། འཁྲུལ་པའི་རྣམ་གཞག་མདོར་བསྟན། འཁྲུལ་པ་ལ་འགོག

ཚུལ་རྒྱས་བཤད་པ་དང་གཉིས། དང་པོ་ནི། མདོ་བསྐུལ་ལ་སོགས་བྱ་བ་ཀུན་ཞེས་སོགས་ཀྱིས་བསྟན། གཉིས་པ་ནི། མདོ་བསྐུལ་རིང་མོ་ཞེས་སོགས་ཀྱིས་བསྟན། གཉིས་པ་ཐོས་བསམ་སྒོམ་གསུམ་ལ་འཁྲུལ་པ་དགག་པ་ལ་བཅས་ཚིག་གི་སྒོ་ནས་དགག་པ་དང་། མ་འཁྲུལ་པའི་བཤད་ཉན་སྒྲུབ་དགོས་སུ་བསྟན་པ་གཉིས། དང་པོ་ནི། ལ་ལ་རྫོགས་པའི་སངས་རྒྱས་ཀྱི་ཞེས་སོགས་ཀྱིས་བསྟན། གཉིས་པ་ནི། དེ་ན་སངས་རྒྱས་གསུང་རབས་དང་ཞེས་སོགས་ཀྱི་བསྟན་ནོ།། །།

༄ གཉིས་པ་ལ། བྱང་སེམས་ཀྱི་སྡོམ་པ་ལ་འཁྲུལ་པ་དགག་པ་ལ། དབྱེ་བའི་སྒོ་ནས་མདོར་བསྟན། འཁྲུལ་པ་འགོག་ཚུལ་རྒྱས་པར་བཤད། བསྟན་པ་རྣམ་དག་གི་སྒོ་ནས་དོན་བསྡུ་བ་དང་གསུམ། དང་པོ་ནི། སེམས་བསྐྱེད་ལ་ནི་ཉན་ཐོས་དང་ཞེས་སོགས་ཀྱིས་བསྟན། གཉིས་པ་ལ། བྱང་སེམས་སྡོམ་པའི་ངོ་བོ་ལ་འཁྲུལ་པ་དགག །དེའི་བསླབ་བྱ་ལ་འཁྲུལ་པ་དགག །ལྟ་སྤྱོད་སྣ་ཚོགས་ལ་འཁྲུལ་པ་དགག་པ་དང་གསུམ། དང་པོ་ལ་ཀུན་རྫོབ་སེམས་བསྐྱེད་ལ་འཁྲུལ་པ་དགག་པ་དང་། དོན་དམ་སེམས་བསྐྱེད་ལ་འཁྲུལ་པ་དགག་པ་དང་གཉིས། དང་པོ་ལ། ལུགས་གཉིས་ཁྱད་པར་མདོར་བསྟན། འཁྲུལ་པ་དགག་ཚུལ་རྒྱས་པར་བཤད། རྣམ་དབྱེ་བསྟན་པའི་སྒོ་ནས་དོན་བསྡུ་བ་དང་གསུམ། དང་པོ་ནི། ཐེག་པ་ཆེན་པོའི་སེམས་བསྐྱེད་ལ་ཞེས་སོགས་ཀྱིས་བསྟན། གཉིས་པ་ལ། སེམས་ཙམ་ལུགས་ཀྱི་སེམས་བསྐྱེད་འབོགས་པའི་ཆོ་ག་ལ་འཁྲུལ་པ་དགག །དབུ་མ་ལུགས་ཀྱི་དེ་མ་འཁྲུལ་པའི་སྒྲུབ་བྱེད་བསྟན། ལུས་རྟེན་གྱི་ཁྱད་པར་དཔེའི་སྒོ་ནས་བསྟན། རྩོད་པ་སྤྲངས་པ་དང་བཞི། དང་པོ་ནི། སེམས་ཙམ་པ་ཡི་སེམས་བསྐྱེད་དེ་ཞེས་སོགས་ཀྱིས་བསྟན། གཉིས་པ་ནི། དབུ་མ་ལུགས་ཀྱི་སེམས་བསྐྱེད་འདི་ཞེས་སོགས་ཀྱིས་བསྟན། གསུམ་པ་ནི། ཇི་ལྟར་འབྲས་ཀྱི་ས་བོན་ཞེས་སོགས་ཀྱིས་བསྟན། བཞི་པ་ནི། གལ་ཏེ་མདོ་ལས་བཤད་པ་ཡི་ཞེས་སོགས་ཀྱིས་བསྟན། གསུམ་པ། རྣམ་དབྱེ་བསྟན་པའི་སྒོ་ནས་དོན་བསྡུ་བ་ནི། དེས་ན་སེམས་ཙམ་པ་ཡི་ལུགས་ཞེས་སོགས་ཀྱིས་བསྟན།

༄ གཉིས་པ་ལ། དོན་དམ་སེམས་བསྐྱེད་ལ་འཁྲུལ་པ་དགག་པ་ལ། མ་འཁྲུལ་པའི་རྣམ་གཞག་མདོར་བསྟན། འཁྲུལ་པ་དགག་ཚུལ་རྒྱས་པར་བཤད། གྲུབ་མཐའ་ལ་སྦྱར་པའི་སྒོ་ནས་དོན་བསྡུ་བ་དང་གསུམ། དང་པོ་ནི། དོན་དམ་སེམས་བསྐྱེད་ཅེས་སོགས་ཀྱིས་བསྟན། གཉིས་པ་ལ། བསྟན་བཤད་གཉིས། དང་པོ་ནི། གལ་ཏེ་ཆོགས་སྐྱེས་ན་ནི་ཞེས་སོགས་ཀྱིས་བསྟན། གཉིས་པ་ནི། དཔེར་ན་ཆུ་ལུད་ས་བོན་ཞེས་སོགས་ཀྱི་བསྟན། གསུམ་པ། གྲུབ་མཐའ་ལ་སྦྱར་པའི་སྒོ་ནས་དོན་བསྡུ་བ་ནི། ཀྱེ་མ་འཇིག་རྟེན་བླུན་པོ་ཞེས་སོགས་ཀྱིས་བསྟན།

༄ གཉིས་པ། བསླབ་བྱ་ལ་འཁྲུལ་པ་དགག་པ་ལ། བསྲུང་བའི་བསླབ་བྱ་སྨུ་བཞིར་བཤད་པ་དང་། བདག་གཞན་མཉམ་བརྗེའི་བསླབ་པ་ལ་འཁྲུལ་པ་དགག་ཚུལ་དང་གཉིས། དང་པོ་ནི། དེ་ལྟར་སེམས་ཙམ་དབུ་མ་གཉིས་ཞེས་སོགས་ཀྱིས་བསྟན། གཉིས་པ་ལ། དབྱེ་བའི་སྒོ་ནས་མདོར་བསྟན། འཁྲུལ་པ་དགག་པ་ཚུལ་རྒྱས་པར་བཤད། གྲུབ་འབྲས་ཀྱི་སྒོ་ནས་འཇུག་བསྡུ་བ་དང་གསུམ། དང་པོ་ནི། བྱང་ཆུབ་སེམས་དཔའི་བསླབ་པ་ལ་ཞེས་སོགས་ཀྱིས་བསྟན། གཉིས་པ་ལ། ཕྱོགས་སྔ་བརྗོད་པ་དང་། དགག་པ་གཉིས། དང་པོ་ནི། ཁ་ཅིག་བརྗེ་བའི་བྱང་ཆུབ་སེམས་ཞེས་སོགས་ཀྱིས་བསྟན། གཉིས་པ་ལ། འཁྲུལ་པ་དགག་ཚུལ་བཤད་པ། མ་འཁྲུལ་པའི་སྒྲུབ་ཚུལ་བཤད་པ་དང་གཉིས། དང་པོ་ལ། དམ་བཅའ་དགག །སྒྲུབ་བྱེད་དགག །བཅས་ཚིག་གི་སྒོ་ནས་དོན་བསྡུ་བ་དང་གསུམ། དང་པོ་ནི། དེ་དོན་དེ་ལྟར་བསམ་པར་བྱ་ཞེས་སོགས་ཀྱི་བསྟན། གཉིས་པ་ནི། བྱང་ཆུབ་སེམས་དཔའི་བློ་སྦྱོང་བའི་ཞེས་སོགས་ཀྱིས་བསྟན། གསུམ་པ་ནི་དེས་ན་དེ་འདྲའི་གསང་ཚིག་ནི་ཞེས་སོགས་ཀྱིས་བསྟན། གཉིས་པ། མ་འཁྲུལ་པའི་སྒྲུབ་བྱེད་བཤད་པ་ལ་བདག་གཞན་མཉམ་བརྗེའི་སྒོ་ནས་བསྟན་པའི་སྙིང་པོར་བསྟན། བདག་གཞན་མཉམ་རྗེའི་གནད་ཆུགས་ན་གསང་མི་རྒྱ་བའི་རྒྱུ་མཚན་དང་གཉིས། དང་པོ་ནི། བདག་གཞན་བརྗེ་བ་སངས་རྒྱས་ཀྱི་སོགས་ཀྱིས་བསྟན། གཉིས་པ་ནི། བྱང་ཆུབ་སེམས་ཀྱི་གནད་འཆུགས་ན་ཞེས་སོགས་ཀྱིས་བསྟན། གསུམ་པ། གྲུབ་འབྲས་ཀྱི་སྒོ་ནས་དོན་བསྡུ་བ་ནི། དེ་ཕྱིར་ཐབས་དང་ཤེས་རབ་གཉིས་ཞེས་སོགས་ཀྱིས་བསྟན། གསུམ་པ། ལྟ་སྤྱོད་སོགས་ལ་འཁྲུལ་པ་དགག་པ་ལ་བསྟན་བཤད་བསྡུ་བ་གསུམ། དང་པོ་ནི། སངས་རྒྱས་དགོངས་པ་མི་ཤེས་པ་ཞེས་སོགས་ཀྱིས་བསྟན། གཉིས་པ་ནི། ཚང་དང་དུག་དང་མཚོན་སོགས་དང་ཞེས་སོགས་ཀྱིས་བསྟན། གསུམ་པ་ནི། དེ་ལ་སོགས་པ་མཐས་ཡས་པ་ཞེས་སོགས་ཀྱིས་བསྟན། གསུམ་པ། བསྟན་པ་རྣམ་དག་གི་སྒོ་ནས་དོན་བསྡུ་བ་ནི། མདོར་སྟན་སངས་རྒྱས་གསུང་རབ་དང་ཞེས་སོགས་ཀྱི་བསྟན་ནོ།། །།

༄ གསུམ་པ། གསང་སྔགས་ཀྱི་སྡོམ་པ་ལ་འཁྲུལ་པ་དགག་པ་ལ། མ་འཁྲུལ་པའི་རྣམ་གཞག་མདོར་བསྟན། འཁྲུལ་པ་དགག་ཚུལ་རྒྱས་པར་བཤད་པ་དང་གཉིས། དང་པོ་ནི། རྡོ་རྗེ་ཐེག་པའི་ལམ་ཞུགས་ཏེ་ཞེས་སོགས་ཀྱིས་བསྟན། གཉིས་པ་ལ། སྨིན་བྱེད་ཀྱི་དབང་ལ་འཁྲུལ་པ་དགག་པ་དང་། གྲོལ་བྱེད་ལམ་ལ་འཁྲུལ་པ་དགག་པ། ཡེ་ཤེས་ཕྱག་རྒྱ་ཆེན་པོ་ལ་འཁྲུལ་པ་དགག་པ། བོགས་འབྱིན་སྤྱོད་པ་ལ་འཁྲུལ་པ་དགག་པ༑ དབང་གི་འབྲས་བུ་ལ་འཁྲུལ་པ་དགག་པ་དང་ལྔ། དང་པོ་ལ། དབང་གི་ངོ་བོ་ལ་འཁྲུལ་པ་དགག་པ་དང་། དེའི་དམ་ཚིག་ལ་འཁྲུལ་པ་དགག་པ་དང་གཉིས། དང་པོ་ལ། མ་འཁྲུལ་པའི་རྣམ་གཞག་མདོར་བསྟན། འཁྲུལ་

པ་དགག་ཚུལ་རྒྱས་པར་བཤད་པ་དང་གཉིས། དང་པོ་ནི། སློབ་པར་བྱེད་པའི་དབང་བསྐུར་ཡང་ཞེས་སོགས་ཀྱིས་བསྟན།

གཉིས་པ་ལ། ཕག་མོའི་བྱིན་རླབས་སློབ་བྱེད་དང་ཆོས་སྒོ་ཡིན་པ་དགག །སློབ་མ་གྲངས་ངེས་མེད་པའི་དབང་བསྐུར་སློབ་བྱེད་ཡིན་པ་དགག་པ་དང་། དལ་མ་དག་པའི་དབང་བསྐུར་སློབ་བྱེད་དགག་པ། ཚོ་ག་མ་དག་པའི་དབང་བསྐུར་སློབ་བྱེད་ཡིན་པ་དགག །དབང་བསྐུར་མེད་པར་སྔགས་ལམ་ཟབ་མོ་སྒོམ་པར་འདོད་པ་དགག །གང་ཟག་རབ་འབྲིང་གི་སློབ་བྱེད་དོན་གཞན་དུ་འདོད་པ་དགག །དབང་བསྐུར་མེད་པར་ཐེག་ཆེན་སེམས་བསྐྱེད་ལ་བརྟེན་ནས་གསང་སྔགས་སྒོམ་པར་འདོད་པ་དགག །གཏོར་མ་སོགས་ཀྱི་དབང་བསྐུར་སློབ་བྱེད་དུ་འདོད་པ་དགག །དབང་ཕྱིས་ནས་ཁས་ལེན་བྱེད་པ་དགག །སེམས་རྟོགས་མ་རྟོགས་དབང་གིས་དབང་བསྐུར་འགོག་པར་འདོད་པ། བླ་མའི་ལུས་དཀྱིལ་ལ་དབང་བཞི་རྫོགས་པར་ལེན་པར་འདོད་པ་དགག །རྒྱུད་སྡེ་འོག་མ་གསུམ་ལ་དབང་བཞི་རྫོགས་པར་འདོད་པ༔ སྔགས་ལ་མོས་པ་ཆོས་སྒོར་འདོད་པ༔ དབང་བསྐུར་མུ་བཞིར་འདོད་པའི་ལོག་རྟོག་དགག་པ་དང་བཅུ་བཞི་ལས། དང་པོ་ལ། འདོད་པ་བརྗོད་པ་དང་། དེ་དགག་པ་གཉིས། དང་པོ་ནི། དེང་སང་རྡོ་རྗེ་ཕག་མོའི་ཞེས་སོགས་ཀྱིས་བསྟན།

གཉིས་པ་ལ། ཕན་མོའི་བྱིན་རླབས་སློབ་བྱེད་ཡིན་པ་དགག དེ་ཆོས་ཡིན་པ་དགག་པ་དང་གཉིས། དང་པོ་ལ། དངོས་དང་། ཉེས་སྤྱོང་གི་ལན་དགག་པ་གཉིས། དང་པོ་ལ་སྒྲུབ་བྱེད་མེད་པའི་སྒོ་ནས་དགག་པ་དང་། དམ་བཅའ་མི་འཐད་པའི་སྒོ་ནས་དགག་པ་གཉིས། དང་པོ་ནི། འདི་འདྲ་རྒྱུད་སྡེ་ལས་མ་གསུངས་ཞེས་སོགས་ཀྱིས་བསྟན། གཉིས་པ་ནི། རྡོ་རྗེ་ཕག་མོའི་སྨིན་རླབས་ཞེས་སོགས་ཀྱིས་བསྟན། གཉིས་པ་ཉེས་སྤྱོང་གི་ལན་ལ༑ རང་བཟོའི་དབང་རྫས་དགག་པ་དང་། རང་བཟོའི་ཚོ་ག་དགག་པ་གཉིས། དང་པོ་ནི། འགའ་ཞིག་འདི་ལ་ཕག་མགོ་སོགས་ཞེས་སོགས་ཀྱིས་བསྟན། གཉིས་པ་ནི། ལ་ལ་རྡོ་རྗེ་ཕག་མོ་ལ་ཞེས་སོགས་ཀྱིས་བསྟན། གཉིས་པ་དེ་ཆོས་སྒོ་ཡིན་པ་དགག་པ་ནི། གཞན་ཡང་ཕག་མོའི་བྱིན་རླབས་ལ་ཞེས་སོགས་ཀྱིས་བསྟན། གཉིས་པ༑ སློབ་མ་གྲངས་ངེས་མེད་པའི་དབང་བསྐུར་སློབ་བྱེད་དུ་འདོད་པ་དགག་པ་ནི། འདི་ནི་རྡོ་རྗེ་འཆང་གིས་བཀག་ཅེས་སོགས་ཀྱིས་བསྟན། གསུམ་པ། དལ་མ་དག་པའི་དབང་བསྐུར་སློབ་བྱེད་དུ་འདོད་པ་དགག་པ་ནི། དེང་སང་བྱིན་རླབས་མི་བྱེད་ཅིང་ཞེས་སོགས་ཀྱིས་བསྟན། བཞི་པ། ཚོ་ག་མ་དག་པའི་དབང་བསྐུར་སློབ་བྱེད་དུ་འདོད་པ་དགག་པ་ནི། དབང་བསྐུར་བྱེད་པ་ཕལ་ཆེར་ཡང་ཞེས་སོགས་ཀྱིས་བསྟན། ལྔ་པ། དབང་བསྐུར་མེད་པར་སྔགས་ལམ་སྒོམ་པར་འདོད་པ་དགག་པ་ནི་དབང་བསྐུར་ཟབ་མོ་ཞེས་སོགས་ཀྱིས་བསྟན། དྲུག་པ་

ལ༔ གང་ཟག་རབ་འབྲིང་གི་སྨིན་བྱེད་དོན་གཞན་དུ་འདོད་པ་དགག་པ་ནི་ཁ་ཅིག་གང་ཟག་དབང་པོ་རབ་ཞེས་སོགས་ཀྱིས་བསྟན། བདུན་པ། དབང་བསྐུར་མེད་པར་ཐེག་ཆེན་སེམས་བསྐྱེད་དེ་ལ་རྟེན་ནས་སྔགས་སྡོམ་སྒོམ་པར་འདོད་པ་དགག་པ་ནི། ལ་ལ་སེམས་བསྐྱེད་བྱེད་པ་དང་ཞེས་སོགས་ཀྱིས་བསྟན། བརྒྱད་པ་གཏོར་མའི་དབང་སྐུར་སོགས་སྨིན་བྱེད་དུ་འདོད་པ་དགག་པ་ནི། གཏོར་མའི་དབང་བསྐུར་ཞེས་སོགས་ཀྱིས་བསྟན། དགུ་པ་ཕྱི་ནས་དབང་སྐུར་ཁ་ལེན་བྱེད་པར་འདོད་པ་དགག་པ་ནི། འགའ་ཞིག་གསང་སྔགས་དཔལ་ལྡན་སྤྱོད་ཞེས་སོགས་ཀྱི་བསྟན། བཅུ་པ་སེམས་རྟོགས་མ་རྟོགས་ཀྱི་རྒྱུས་དབང་བསྐུར་འགོག་པར་འདོད་པ་དགག་པ་ལ། འདོད་པ་བརྗོད་པ་དང་། དེ་དགག་པར་འདོད་པ་གཉིས། དང་པོ་ནི། ལ་ལ་སེམས་ཉིད་རྟོགས་ཞེས་སོགས་ཀྱིས་བསྟན།

གཉིས་པ་ལ། རྒྱས་བཤད་དང་། དོན་བསྡུ་བ་གཉིས། དང་པོ་ནི། འོ་ན་སེམས་ཉིད་མ་རྟོགས་ན་ཞེས་སོགས་ཀྱིས་བསྟན། གཉིས་པ་ནི་། དེ་ནས་རབ་བྱུང་སྡོམ་པ་དང་ཞེས་སོགས་ཀྱིས་བསྟན། བཅུ་གཅིག་པ་བླ་མའི་ལུས་དཀྱིལ་ལས་དབང་བཞི་རྫོགས་པར་ལེན་པར་འགོག་པ་ལ། འདོད་པ་བརྗོད་པ་དང་དེ་འགོག་པ་གཉིས། དང་པོ་ནི། ཁ་ཅིག་ཆོ་ག་མེད་བཞིན་དུ་ཞེས་སོགས་ཀྱིས་བསྟན། གཉིས་པ་ལ། རྒྱས་བཤད་དང་དོན་བསྡུ་བ་གཉིས། དང་པོ་ལ། མགོ་མཚུངས་རིག་པས་དགག །བདེན་གཉིས་རྣམ་གཞག་བསྟན་པའི་སྒོ་ནས་དགག་པ་གཉིས། དང་པོ་ནི། འོ་ན་དགེ་ཚུལ་དགེ་སློང་སོགས་ཞེས་སོགས་ཀྱིས་བསྟན། གཉིས་པ་ནི། དེ་ཕྱིར་དམ་པའི་དོན་དུ་ནི་ཞེས་སོགས་ཀྱིས་བསྟན། གཉིས་པ། དོན་བསྡུ་བ་ནི་དེ་འདྲའི་དབྱེ་བ་ཤེས་ནས་ནི་ཞེས་སོགས་ཀྱིས་བསྟན།

བཅུ་གཉིས་པ། རྒྱུད་སྡེ་འོག་མ་གསུམ་ལ་དབང་བཞི་དང་རིམ་གཉིས་སྦྱོར་བར་འདོད་པ་དགག་པ་ལ༔ འདོད་པ་བརྗོད་པ་དང་། དེ་དགག་པ་གཉིས། དང་པོ་ནི། ཁ་ཅིག་བྱ་བའི་རྒྱུད་སོགས་ལ་ཞེས་སོགས་ཀྱིས་བསྟན། གཉིས་པ་ལ། རྒྱས་བཤད་དང་དོན་བསྡུ་བ་གཉིས། དང་པོ་ནི། འདི་ཡང་སངས་རྒྱས་བསྟན་པ་ཞེས་སོགས་ཀྱིས་བསྟན། གཉིས་པ་ནི། དེས་ན་རྒྱུད་སྡེ་བཞི་པོའི་ཞེས་སོགས་ཀྱིས་བསྟན། བཅུ་གསུམ་པ། སྔགས་ལ་མོས་པ་ཆོས་སྒོར་འདོད་པ་དགག་པ་ལ། འདོད་པ་བརྗོད་པ་དང་། དེ་དགག་པ་གཉིས། དང་པོ་ནི། ལ་ལ་དབང་བསྐུར་མ་ཐོབ་ཀྱང་ཞེས་སོགས་ཀྱིས་བསྟན།

གཉིས་པ་ལ། བསྟན་བཤད་བསྡུ་གསུམ། དང་པོ་ནི། འོ་ན་སྡོམ་པ་མ་ཐོབ་ཀྱང་ཞེས་སོགས་ཀྱིས་བསྟན། གཉིས་པ་ནི། དེ་ན་ཆོས་སྒོ་ཞེས་བྱ་བ་ཞེས་སོགས་ཀྱིས་བསྟན། གསུམ་པ་ནི། དེ་ཡི་སྐྱིང་གཏམ་འདི་

ལྷར་ཡིན་ཞེས་སོགས་ཀྱིས་བསྟན། བཅུ་བཞི་པ། དབང་བསྐུར་མ་བཞིར་འདོད་པ་དགག་པ་ལ། འདོད་པ་བརྗོད་པ་དང་། དེ་དགག་པ་གཉིས། དང་པོ་ནི། ལ་ལ་དབང་བསྐུར་མ་བཞིར་འདོད་ཞེས་སོགས་ཀྱིས་བསྟན། གཉིས་པ་ལ། བསྟན་བཤད་བསྡུ་གསུམ། དང་པོ་ནི། དེ་འདྲ་གང་ནས་བཤད་པ་མེད་ཅེས་སོགས་ཀྱིས་བསྟན། གཉིས་པ་ནི། འོན་ཀྱང་འདི་ཡང་བརྟག་པར་བྱ་ཞེས་སོགས་ཀྱིས་བསྟན། གསུམ་པ་ནི། འདི་འདྲའི་ཆོས་ལོག་ཐམས་ཅད་ནི་ཞེས་སོགས་ཀྱིས་བསྟན།

༄ གཉིས་པ་དབང་གི་དམ་ཚིག་ལ་འཁྲུལ་པ་དགག་པ་ལ། འདོད་པ་བརྗོད་པ་དང་། དེ་དགག་པ་གཉིས། དང་པོ་ནི། ཁ་ཅིག་གསང་སྔགས་ཞེས་སོགས་ཀྱིས་བསྟན།གཉིས་པ་ལ། རྒྱས་བཤད་དང་དོན་བསྡུ་བ་གཉིས། དང་པོ་ནི། འདི་ཡང་ཅུང་ཟད་བརྟག་པར་བྱ་ཞེས་སོགས་ཀྱིས་བསྟན། གཉིས་པ་ནི། ཆོས་ལ་གསང་དང་མི་གསང་བའི་ཞེས་སོགས་ཀྱིས་བསྟན། གཉིས་པ་གྲོལ་བྱེད་ལམ་ལ་འཁྲུལ་པ་དགག་པ་ལ་འདོད་པ་བརྗོད་པ་དང་། དེ་དགག་པ་གཉིས། དང་པོ་ནི། ཁ་ཅིག་འཁྲུལ་དང་མ་འཁྲུལ་མེད་ཅེས་སོགས་ཀྱིས་བསྟན། གཉིས་པ་ལ། ཕྱོགས་དེའི་ཐབས་ཀྱི་གྲོལ་བ་དགག །ཟུང་འཇུག་ལམ་གྱི་གཙོ་བོར་བསྟན། ལག་ལེན་འཁྲུལ་པའི་རྣམ་གྲངས་དགག་པ་དང་གསུམ། དང་པོ་ལ། བསྟན་བཤད་བསྡུ་གསུམ། དང་པོ་ནི། དེ་ཡང་ལེགས་པར་བཤད་ཀྱི་ཉོན་ཞེས་སོགས་ཀྱིས་བསྟན། གཉིས་པ་ནི། ལྟ་བ་དང་ནི་བསྐྱེད་རིམ་ཞེས་སོགས་ཀྱི་བསྟན། གསུམ་པ་ནི། དེ་ཕྱིར་ཐབས་ཀྱི་ཁྱད་པར་ལས་ཞེས་སོགས་ཀྱིས་བསྟན། གཉིས་པ་ཟུང་འཇུག་ལམ་གྱི་གཙོ་བོར་བསྟན་པ་ལ། བསྟན་བཤད་བསྡུ་གསུམ། དང་པོ་ནི། སོ་ནམ་ཚུལ་བཞིན་བྱས་པའི་ཞེས་སོགས་ཀྱིས་བསྟན། གཉིས་པ་ལ། ཕར་ཕྱིན་ཐེག་པའི་ལུགས་ཀྱི་ཉམས་ལེན་དང་། རྡོ་རྗེ་ཐེག་པའི་ལམ་གྱི་ཉམས་ལེན་གཉིས། དང་པོ་ནི། སྟོང་ཉིད་སྙིང་རྗེ་སོགས་སྒོམ་པ་ཞེས་སོགས་ཀྱིས་བསྟན། གཉིས་པ་ནི། ཕ་རོལ་ཕྱིན་གཞུང་མི་ནུས་ཞེས་སོགས་ཀྱིས་བསྟན། གསུམ་པ། དོན་བསྡུ་བ་ནི་ཡང་ན་ཕ་རོལ་ཕྱིན་ཞེས་སོགས་ཀྱིས་བསྟན། གསུམ་པ་ལག་ལེན་འཁྲུལ་པ་དགག་པ་ནི་ད་ལྟའི་ཆོས་པ་ཕལ་ཆེར་ཞེས་སོགས་ཀྱིས་བསྟན། གསུམ་པ་ཡེ་ཤེས་ཕྱག་རྒྱ་ཆེན་པོ་ལ་འཁྲུལ་པ་དགག་པ་ལ། རྟོགས་བྱེད་ཕྱག་རྒྱ་ཆེན་པོ་ལ་འཁྲུལ་པ་དགག་པ་དང་། རྟོགས་བྱ་སྤྲོས་བྲལ་གྱི་ལྟ་བ་ལ་འཁྲུལ་པ་དགག་པ་དང་གཉིས། དང་པོ་ལ་དངོས་དང་། ཐེག་པ་གསུམ་གྱི་ལག་ལེན་ལ་འཁྲུལ་པ་དགག་པ་དང་གཉིས། དང་པོ་ལ། མཚོན་བྱེད་དཔེའི་ཕྱག་ཆེན་ལ་འཁྲུལ་པ་དགག ། མཚོན་བྱ་དོན་གྱི་ཕྱག་ཆེན་ལ་འཁྲུལ་པ་དགག་པ་དང་གཉིས། དང་པོ་ལ། གཞན་ལུགས་ཀྱི་ཕྱག་ཆེན་དགག ། རང་ལུགས་ཀྱི་ཕྱག་ཆེན་བསྟན། གཞན་ལུགས་ཀྱི་དེ་རྒྱ་ནག་ལུགས་སུ་བསྟན། རང་ལུགས་ཀྱི་དེ་རྒྱ་གར་མཁས

པའི་ལུགས་སུ་བསྟན། ཕྱག་ཆེན་གྱི་རྒྱུ་ལ་འཁྲུལ་པ་དགག་པ་དང་ལྔ། དང་པོ་ནི། ཕྱག་རྒྱ་ཆེན་པོ་སྒོམ་ནའང་ཞེས་སོགས་ཀྱིས་བསྟན། གཉིས་པ་ནི། ངེས་ཀྱི་ཕྱག་རྒྱ་ཆེན་པོ་ཞེས་སོགས་ཀྱིས་བསྟན། གསུམ་པ་ནི། ད་ལྟའི་ཕྱག་རྒྱ་ཆེན་པོ་དང་ཟེས་སོགས་ཀྱིས་བསྟན། བཞི་པ་ནི། ནཱ་རོ་དང་ནི་མེ་ཏྲི་པའི་ཞེས་སོགས་ཀྱིས་བསྟན། ལྔ་པ་ལ། ལུས་པོ་ཙམ་གྱིས་སེམས་སྒྱུར་བའི་རྟོགས་པ་དགག་པ་ཕྱག་ཆེན་དུ་འདོད་པ་དགག་པ་དང་། ཆོས་ལ་མོས་པ་ཕྱག་ཆེན་དུ་འདོད་པ་དགག་པ་གཉིས། དང་པོ་ནི། དེང་སང་འགའ་ཞིག་བླ་མའི་ཞེས་སོགས་ཀྱིས་བསྟན། གཉིས་པ་ནི། ཁ་ཅིག་སྐྱེ་བ་སྔ་མ་ལ་ཞེས་སོགས་ཀྱིས་བསྟན།

༈ གཉིས་པ་ནི། མཚོན་བྱ་དོན་གྱི་ཕྱག་ཆེན་ལ་འཁྲུལ་པ་དགག་པ་ལ། དངོས་དང་། ཉེས་སྤོང་གི་ལན་དགག་པ། ལུང་དགག་སྤོང་བ་དང་གསུམ། དང་པོ་ནི། ལ་ལ་གཞི་གནས་ཚུང་ཟད་ཅེས་སོགས་ཀྱིས་བསྟན། གཉིས་པ་ནི། ཁ་ཅིག་ཕ་རོལ་ཕྱིན་པ་དང་སོགས་ཀྱིས་བསྟན། གསུམ་པ་ནི། ཛོ་བོ་ནཱ་རོ་ཏ་པ་ནི་ཞེས་སོགས་ཀྱི་བསྟན།

༈ གཉིས་པ་ཐེག་པ་གསུམ་གྱི་ལག་ལེན་ལ་འཁྲུལ་པ་དགག་པ་ལ་བསྟན་བཤད་གཉིས། དང་པོ་ནི། ཐེག་པ་གསུམ་གྱི་ལག་ལེན་ཡང་ཞེས་སོགས་ཀྱི་བསྟན། གཉིས་པ་ལ། བླ་མ་རྟེན་ཚུལ་ལ་འཁྲུལ་པ་དགག །ལམ་ཉམས་སུ་ལེན་པའི་རིམ་པ་ལ་འཁྲུལ་པ་དགག །གཏོར་མའི་ལག་ལེན་ལ་འཁྲུལ་པ་དགག །སངས་རྒྱས་ཀྱི་སྐུ་མདོག་དང་ཕྱག་མཚན་ལ་འཁྲུལ་པ་དགག །ཚིག་ལ་འཁྲུལ་པ་དགག་པ་དང་ལྔ། དང་པོ་ནི། ཉན་ཐོས་རྣམས་ཀྱི་བླ་མ་དེ་ཞེས་སོགས་ཀྱི་བསྟན། གཉིས་པ་ནི། དབང་བསྐུར་དང་པོ་མ་ཐོབ་པར་ཞེས་སོགས་ཀྱིས་བསྟན། གསུམ་པ་ནི། གཞན་ཡང་གངས་རིའི་ཁྲོད་འདི་ན་ཞེས་སོགས་ཀྱིས་བསྟན། བཞི་པ་ནི་སངས་རྒྱས་རབ་ཏུ་བྱུང་པའི་ཞེས་སོགས་ཀྱི་བསྟན། ལྔ་པ་ལ། བསྟན་བཤད་བསྡུ་གསུམ། དང་པོ་ནི་ཡི་དམ་ལྷ་ཡི་སྒྲུབ་ཐབས་དང་ཞེས་སོགས་ཀྱིས་བསྟན། གཉིས་པ་ལ། སྦྱིན་སྲེག་སོགས་མདོ་སྔགས་སུ་འཆད་པ་དགག་པ་དང་། མདོ་སྔགས་འཆོལ་བར་སྤྱོད་པ་དགག་པ་དང་གཉིས། དང་པོ་ནི། གཞན་ཡང་སྦྱིན་སྲེག་རོ་སྲེག་དང་ཞེས་སོགས་ཀྱིས་བསྟན།

གཉིས་པ་ལ། འདོད་པ་བརྗོད་པ་དང་། དེ་དགག་པ་གཉིས། དང་པོ་ནི། དེ་ན་རབ་གནས་མདོ་ལུགས་དང་ཞེས་སོགས་ཀྱི་བསྟན། གཉིས་པ་ལ། ཉན་པར་གདམས་པའི་སྒོ་ནས་མདོར་སྟན། སོ་སོའི་རང་བཞིན་རྒྱས་པར་བཤད་པ་གཉིས། དང་པོ་ནི། དེ་ཡང་བརྟགས་པར་བྱའི་ཉོན་ཅེས་སོགས་ཀྱིས་བསྟན། གཉིས་པ་ལ༑ རབ་གནས་མདོ་ལུགས་དགག །ཕྱག་རྡོར་མདོ་ལུགས་དགག །ལྷུང་གཤགས་སྔགས་ལུགས་དགག་པ་

དང་གསུམ། དང་པོ་ནི། མདོ་ནས་རབ་གནང་བཤད་པ་མེད་ཅེས་སོགས་ཀྱིས་བསྟན། གཉིས་པ་ནི། ཕྱག་ན་རྡོ་རྗེའི་སྒོམས་ལྷས་ཀྱང་ཞེས་སོགས་ཀྱི་བསྟན། གསུམ་པ་ནི། ལུང་བ་གཤེགས་སངས་རྒྱས་ཕྱག་འཚན་ལ་ཞེས་སོགས་ཀྱི་བསྟན། གསུམ་པ་དོན་བསྡུ་བ་ནི། མདོ་དང་རྒྱུད་ཀྱི་ཁྱད་པར་ནི་ཞེས་སོགས་ཀྱི་བསྟན། གཉིས་པ་རྟོགས་བྱ་སྦྱོར་བྲལ་གྱི་ལྟ་བ་ལ་འཁྲུལ་པ་དགག་པ་ལ། དངོས་དང་། ཞར་བྱུང་སྐྲུབ་པ་ལ་འཁྲུལ་པ་དགག་པ་གཉིས། དང་པོ་ལ། རིམ་དགུ་ལྟ་བ་ཐ་དད་པ་དགག་པ། རྣལ་འབྱོར་བཞིའི་ཐེག་པའི་རིམ་པ་དགག་པ༔ གྲུབ་འབྲས་ཀྱི་དོན་བསྡུ་བ་དང་གསུམ། དང་པོ་ལ། ཕྱོགས་སྔ་བརྗོད་པ། དེ་དགག་པ། ཉེས་སྤོང་གི་ལན་དགག་པ་དང་གསུམ། དང་པོ་ནི། ལ་ལ་ཐེག་པ་རིམ་དགུ་ལ་ཞེས་སོགས་ཀྱིས་བསྟན། གཉིས་པ་ནི། ཉན་ཐོས་དང་ནི་ཐེག་ཆེན་ལ་ཞེས་སོགས་ཀྱིས་བསྟན། གསུམ་པ་ནི། ཁ་ཅིག་དབུ་མའི་ལྟ་བ་ནི་ཞེས་སོགས་ཀྱིས་བསྟན། གཉིས་པ་རྣལ་འབྱོར་བཞིའི་ཐེག་པའི་རིམ་པ་དགག་པ་ནི། གསང་སྔགས་སྔ་འགྱུར་པ་རྣམས་ནི་ཞེས་སོགས་ཀྱིས་བསྟན། གསུམ་པ་གྲུབ་འབྲས་ཀྱི་དོན་བསྡུ་བ་ནི། དེས་ན་ཐོས་པའི་ལྟ་བ་ནི་ཞེས་སོགས་ཀྱི་བསྟན།

གཉིས་པ་ཞར་བྱུང་སྐྲུབ་པ་ལ་འཁྲུལ་པ་དགག་པ་ལ་བསྟན་བཤད་བསྡུ་བ་གསུམ། དང་པོ་ནི།རྒྱུད་སྡེ་བཞི་ཡི་སྒྲུབ་པ་ཡང་ཞེས་སོགས་ཀྱིས་བསྟན། གཉིས་པ་ནི། བྱ་བའི་རྒྱུད་ལ་བདག་སྐྱེད་མེད་ཅེས་སོགས་ཀྱིས་བསྟན། གསུམ་པ་དོན་བསྡུ་བ་ནི། གྲུབ་མཐའི་རྣམ་དབྱེ་མི་ཤེས་ཤིང་ཞེས་སོགས་ཀྱིས་བསྟན། བཞི་པ་འཁོར་འདས་བསྲེ་བའི་རྩོད་པ་ལ་འཁྲུལ་པ་དགག་པ་ལ། སྤྱིར་བསྟན་པ། སོ་སོར་བཤད། གྲུབ་འབྲས་ཀྱི་སྒོ་ནས་དོན་བསྡུ་བ་དང་གསུམ། དང་པོ་ནི། དབང་བཞི་ཡོངས་སུ་རྫོགས་པ་དང་ཞེས་སོགས་ཀྱི་བསྟན། གཉིས་པ་ལ། ཏི་སི་དང་མ་ཕམ་གངས་ཅན་དང་མ་གྲོས་པར་འདོད་པ་དགག་པ་དང་། ཙ་གོང་ཙ་རི་ཏྲར་འདོད་པ་དགག་པ་དང་གཉིས། དང་པོ་ལ། ཉེས་སྤོང་གི་ལན་དགག་པ་དང་གཉིས། དང་པོ་ལ། བསྟན་བཤད་གཉིས། དང་པོ་ནི། དཔལ་ལྡན་དུས་ཀྱི་འཁོར་ལོ་དང་ཞེས་སོགས་ཀྱི་བསྟན། གཉིས་པ་ལ། དུས་འཁོར་དང་འགལ་བ་དགག །མངོན་པ་དང་དགག་བ་དགག །མུ་སྟེགས་ཀྱི་གཞུང་དང་འགལ་བ་དགག །ཕྲ་བྱ་ཆེན་མོའི་མདོ་དང་འགལ་བ་དགག ཕལ་པོ་ཆེའི་མདོ་དང་འགལ་བ་དགག་པ་དང་ལྔ། དང་པོ་ནི། དཔལ་ལྡན་དུས་ཀྱི་དཀྱིལ་འཁོར་ལས་ཞེས་སོགས་ཀྱི་བསྟན། གཉིས་པ་ནི། མངོན་པ་ལས་ཀྱང་འདི་སྐད་གསུངས་ཞེས་སོགས་ཀྱིས་བསྟན། གསུམ་པ་ནི། མུ་སྟེགས་བྱེད་ཀྱི་གཞུང་ལས་ཀྱང་ཞེས་སོགས་ཀྱིས་བསྟན། བཞི་པ་ནི། ཕྲ་བྱ་ཆེན་མོའི་མདོ་ལས་ཀྱང་ཞེས་སོགས་ཀྱི་བསྟན། ལྔ་པ་ནི། ཕལ་པོ་ཆེའི་མདོ་ལས་ཀྱང་ཞེས་སོགས་ཀྱིས་བསྟན།

གཉིས་པ་ཉེས་སྤྱོང་གི་ལན་དགག་པ་ནི། དེ་ལ་ཁ་ཅིག་འདི་སྐད་དུ་ཞེས་སོགས་ཀྱིས་བསྟན། གཉིས་པ་ཙ་གོང་ཙ་རི་གྲུར་འདོད་པ་དགག་པ་ནི། ཙ་རི་ཏྲ་ཞེས་བྱ་བའི་ཡུལ་ཞེས་སོགས་ཀྱིས་བསྟན། གསུམ་པ་དོན་བསྡུ་བ་ནི༔ ཧེ་ས་དང་ནི་ཙ་རི་སོགས་ཞེས་སོགས་ཀྱིས་བསྟན།

༄ ལྔ་པ་དབང་གི་འབྲས་བུ་ལ་འཁྲུལ་པ་དགག་པ་ལ། དཀར་པོ་ཆིག་ཐུབ་ལ་འབྲས་བུ་སྐུ་གསུམ་འདོད་པ་དགག །སྟོང་ཉིད་རྐྱང་པ་ལ་འབྲས་བུ་སྐུ་གསུམ་འདོད་པ་དགག །ས་ལམ་མ་བགྲོད་པར་སངས་རྒྱས་ཐོབ་པར་འདོད་པ་དགག་པ། དབང་བཞི་མེད་པར་འབྲས་བུ་སྐུ་བཞིར་འདོད་པ་དགག །རིམ་པ་བཞི་པ་འོད་གསལ་མཐར་ཐུག་ཡིན་པ་དགག །གྲུབ་ཐོབ་ལས་རྟོགས་ལྡན་བཟང་བར་འདོད་པ་དགག །ཉམས་ལས་གོ་རྟོགས་བཟང་བར་འདོད་པ་དགག །རྩེ་གཅིག་ལ་སོགས་པ་ལམ་དུ་སྒྱུར་བ་དགག་པ་དང་བརྒྱད། དང་པོ་ལ། དངོས་དང་། ཉེས་སྤྱོང་གི་ལན། ཟུར་དག་ལམ་གྱི་གཙོ་བོར་བསྟན་པ་དང་གསུམ། དང་པོ་ནི། ཁ་ཅིག་དཀར་པོ་ཆིག་ཐུབ་ལས་ཞེས་སོགས་ཀྱིས་བསྟན། གཉིས་པ་ནི། འགའ་ཞིག་ཆིག་ཐུབ་སྒོམས་པའི་ཞེས་སོགས་ཀྱིས་བསྟན། གསུམ་པ་ནི། མདའ་རྐྱང་ལ་ནི་བྱེད་ལ་མེད་ཅེས་སོགས་ཀྱིས་བསྟན། གཉིས་པ་སྟོང་ཉིད་རྐྱང་པ་ལ་འབྲས་བུ་སྐུ་གསུམ་འབྱུང་བར་འདོད་པ་དགག་པ་ནི། ལ་ལ་སྟོང་ཉིད་སྒོམ་པ་ལས་ཞེས་སོགས་ཀྱིས་བསྟན། གསུམ་པ་ནི། ཁ་ཅིག་ས་ལམ་མ་བགྲོད་པར་ཞེས་སོགས་ཀྱི་བསྟན། བཞི་པ་ནི། ལ་ལ་དབང་བཞི་མི་འདོད་ཅིང་ཞེས་སོགས་ཀྱིས་བསྟན། ལྔ་པ་ནི། ཁ་ཅིག་འབྲས་བུའི་མཐའ་ཐུག་ནི་ཅེས་སོགས་ཀྱིས་བསྟན། དྲུག་པ་ནི༔ ལ་ལ་སྒྲུབ་ཐོབ་ངན་ཞེས་ཟེར་ཞེས་སོགས་ཀྱིས་བསྟན། བདུན་པ་ནི། ལ་ལ་ཉམས་དང་གོ་བ་ལ་ཞེས་སོགས་ཀྱིས་བསྟན། བརྒྱད་པ་ནི། རྩེ་གཅིག་དང་ནི་སྤྲོས་བྲལ་དང་ཞེས་སོགས་ཀྱིས་བསྟན། གཉིས་པ་རྩོད་པ་སྤོང་བ་ནི། ཁ་ཅིག་ཐེག་པ་རང་ས་ནས་ཞེས་སོགས་ཀྱིས་བསྟན།

༄ གསུམ་པ་གནད་མ་འཁྲུལ་པའི་སྒོ་ནས་དོན་བསྡུ་བ་ལ། དངོས་དང་། འཁྲུལ་པའི་གྲུབ་མཐའ་སྐྱུན་འབྱིན་པའི་ཚུལ་གཉིས། དང་པོ་ལ། བསྟན་བཤད་གཉིས། དང་པོ་ནི། ཐེག་པ་སྣ་ཚོགས་ཚུལ་བསྟན་ཅེས་པས་བསྟན། གཉིས་པ་ལ། གནས་ངོས་གཟུང་ནས་དེ་བཅོས་ན་ཉེས་པ་འབྱུང་བའི་ཚུལ་དང་། གནས་འཆོས་པའི་བདུད་ཇི་ལྟར་འབྱུང་བའི་ཚུལ་གཉིས། དང་པོ་ལ། བསྟན་བཤད་བསྡུ་གསུམ། དང་པོ་ནི། དེས་ན་ཉན་ཐོས་ཐེག་པ་ལ་ཞེས་སོགས་ཀྱི་བསྟན། གཉིས་པ་ནི། དེ་ཡང་མདོ་ཙམ་བཤད་ཀྱིས་ཉོན་ཞེས་སོགས་ཀྱིས་བསྟན། གསུམ་པ་ནི། གནད་རྣམས་མིན་པའི་ཆོས་གཞན་འགའ་ཞེས་སོགས་ཀྱིས་བསྟན། གཉིས་པ་གནད་འཆོས་པའི་བདུད་ཇི་ལྟར་འབྱུང་བའི་ཚུལ་ལ། རྣམ་གྲངས་ཀྱི་སྒོ་ནས་མདོར་བསྟན། འབྱུང་ཚུལ་དཔེར་བརྗོད་

པའི་སྒོ་ནས་རྒྱས་པར་བཤད། མ་འཁྲུལ་པའི་རྣམ་གྲངས་བསྡུས་ཏེ་བསྟན་པ་དང་གསུམ། དང་པོ་ནི། དེ་ལ་གནོད་རྣམས་མཆོས་པའི་འདུད་ཅེས་སོགས་ཀྱིས་བསྟན། གཉིས་པ་ནི། འདི་དག་ཇི་ལྟར་འབྱུང་བའི་ཚུལ་ཞེས་སོགས་ཀྱིས་བསྟན། གསུམ་པ་ནི། འདི་འདྲ་ཤེས་པར་བྱས་ནས་ནི་ཞེས་སོགས་ཀྱིས་བསྟན།

གཉིས་པ་འཁྲུལ་པའི་གྲུབ་མཐའ་སྒྲུན་འབྱིན་པའི་ཚུལ་ལ་བསྟན་བཤད་བསྡུ་གསུམ། དང་པོ་ནི། འཁྲུལ་པའི་གྲུབ་མཐའ་སྒྲུན་འབྱིན་པའི་ཞེས་སོགས་ཀྱིས་བསྟན། གཉིས་པ་ལ། རིགས་པས་དགག་པ་དང་། ལུང་དང་ཁས་བླངས་ནང་འགལ་གྱིས་དགག་པ་གཉིས། དང་པོ་ལ། རང་བཟོ་དགག །རྩ་བའི་གྲུབ་མཐའ་དགག ། དོན་བསྡུ་བ་དང་གསུམ། དང་པོ་ནི། མུ་སྟེགས་སྟོན་པ་དབང་ཕྱུག་སོགས་ཞེས་སོགས་ཀྱིས་བསྟན། གཉིས་པ་ནི། གལ་ཏེ་མུ་སྟེགས་བྱེད་པའི་གཞུང་ཞེས་སོགས་ཀྱི་བསྟན། གསུམ་པ་ནི། བདག་དང་གཞན་གྱི་གྲུབ་མཐའ་ལ་ཞེས་སོགས་ཀྱིས་བསྟན། གཉིས་པ་ལུང་དང་ཁས་བླངས་ནང་འགལ་གྱི་དགག་པ་ལ། དངོས་དང་། ལུང་སྦྱོར་ལ་འཁྲུལ་པ་དགག་པ་ལ་གཉིས། དང་པོ་ལ། ཉན་པར་གདམས་བཅས་པའི་སྒོ་ནས་མདོར་བསྟན། སོ་སོའི་རང་བཞིན་རྒྱས་བཤད། དཔེར་བརྗོད་ཀྱི་སྒོ་ནས་དོན་བསྡུ་བ་དང་གསུམ། དང་པོ་ནི། གལ་ཏེ་ལུང་དང་འགལ་གྱུར་ན་ཞེས་སོགས་ཀྱིས་བསྟན། གཉིས་པ་ནི། ཕ་རོལ་ལུང་དེ་ཁས་ལེན་ཅིང་ཞེས་སོགས་ཀྱིས་བསྟན། གསུམ་པ་ལ། བསྟན་བཤད་བསྡུ་བ་འཕྲོས་པའི་དོན་དང་བཞི། དང་པོ་ནི། དེ་ཡི་དཔེ་བརྗོད་མདོ་ཙམ་ཞིག་ཅེས་སོགས་ཀྱིས་བསྟན། གཉིས་པ་ནི། ཇོ་བོས་གསང་སྔགས་སྤྱོད་བཞིན་དུ་ཞེས་སོགས་ཀྱིས་བསྟན། གལ་ཏེ་འདི་འདྲའི་རིགས་ཅན་གྱི་ཞེས་སོགས་ཀྱི་བསྟན། བཞི་པ་ནི། གལ་ཏེ་མུ་སྟེགས་ལ་སོགས་པ་ཞེས་སོགས་ཀྱིས་བསྟན། གཉིས་པ་ལུང་སྦྱོར་འཁྲུལ་པ་དགག་པ་ནི། བླུན་པོ་མཁས་པར་འཆོས་པ་འགའ་ཞེས་སོགས་ཀྱིས་བསྟན། གསུམ་པ་དོན་བསྡུ་བ་ནི། མིག་ལྡན་ཇི་ལྟར་ལམ་ནོར་ཡང་ཞེས་སོགས་ཀྱིས་བསྟན།

གཉིས་པ་དོན་གྱི་ཡན་ལག་ལ་འཁྲུལ་པ་དགག་པ་ལ། རྒྱས་བཤད། དོན་བསྡུ་དང་གཉིས། དང་པོ་ལ་; གློ་བུར་གྱི་མན་ངག་དགག །གློ་བུར་གྱི་ལུང་དགག །གློ་བུར་གྱི་རྟེན་ལ་འཁྲུལ་པ་དགག །གློ་བུར་གྱི་ལྟས་ལ་འཁྲུལ་པ་དགག་པ་དང་བཞི། དང་པོ་ནི། སྨན་བརྒྱུད་དང་ནི་ཚིག་བརྒྱུད་ཅེས་སོགས་ཀྱིས་བསྟན། གཉིས་པ་ནི། ཀོའུ་ཤི་ཀའི་མདོ་དང་ནི་ཞེས་སོགས་ཀྱིས་བསྟན། གསུམ་པ་ནི། རིང་བསྲེལ་དང་ནི་ཐུགས་དང་ལྗགས་ཞེས་སོགས་ཀྱིས་བསྟན། བཞི་པ་ནི། ཉི་མ་དྲུ་མ་ཤར་བ་དང་ཞེས་སོགས་ཀྱི་བསྟན། གཉིས་པ་དོན་བསྡུ་བ་ནི། དེ་དག་དོན་ལ་འཁྲུལ་པའི་ཞེས་སོགས་ཀྱི་བསྟན།

གཉིས་པ་ཚིག་ལ་འཁྲུལ་པ་དགག་པ་ལ། ཉན་པར་གདམས་པའི་སྒོ་ནས་མདོར་བསྟན། འཁྲུལ་པའི་

ཚུལ་རྒྱས་པར་བཤད། མ་འཁྲུལ་པའི་རྣམ་གཞག་བསྡུས་ཏེ་བསྟན་པ་དང་གསུམ། དང་པོ་ནི། དེ་ནས་ཚིག་ལ་འཁྲུལ་པའི་ཞེས་སོགས་ཀྱིས་བསྟན། གཉིས་པ་ནི། བཅོམ་ལྡན་འདས་ཀྱི་བཤད་པ་ལ་ཞེས་སོགས་ཀྱིས་བསྟན། གསུམ་པ་ནི། དེ་བཞིན་གཤེགས་པའི་བཤད་པ་འདི་ཞེས་སོགས་ཀྱིས་བསྟན།

༈གསུམ་པ་བཤད་པ་ཡོངས་སུ་རྫོགས་པའི་བྱ་བ་ལ། མིག་རྐྱེན་པ་བསྟན་པའི་འཕེལ་འགྲིབ་བྱུང་ཚུལ། གཟུ་བོར་གནས་པའི་བློ་བཅོས་པའི་ཚུལ། བསྟན་བཅོས་བརྩམ་པའི་རྒྱུ་བརྩེ་བའི་བསམ་པ་ཁྱད་པར་ཅན། དེའི་རྒྱུ་ཤེས་རབ་ཁྱད་པར་ཅན། བརྩམ་བྱ་བསྟན་བཅོས་ཀྱི་ཆེ་བ། བསྟན་བཅོས་ཇི་ལྟར་བརྩམ་པའི་ཚུལ་དང་དྲུག །དང་པོ་ལ། འཕགས་ཡུལ་དུ་བསྟན་པའི་འཕེལ་འགྲིབ་བྱུང་ཚུལ། བོད་ཡུལ་དུ་བསྟན་པའི་འཕེལ་འགྲིབ་བྱུང་ཚུལ་དང་གཉིས། དང་པོ་ལ། ཉན་ཐོས་ཀྱི་བསྟན་པ་ལ་འཕེལ་འགྲིབ་བྱུང་ཚུལ། ཐེག་ཆེན་བསྟན་པ་ལ་འཕེལ་འགྲིབ་བྱུང་ཚུལ་གཉིས། དང་པོ་ལ། བཀའ་བསྡུ་དང་པོ། གཉིས་པ། གསུམ་པ་ལ་དེ་བྱུང་ཚུལ་དང་གསུམ། དང་པོ་ནི། སངས་རྒྱས་གསུང་རབ་དྲི་མ་མེད་ཅེས་སོགས་ཀྱི་བསྟན། གཉིས་པ་ནི། བསྡུ་བ་དང་པོ་བྱས་པའི་རྗེས་ཞེས་སོགས་ཀྱིས་བསྟན། གསུམ་པ་ནི། དེ་ལྟར་དག་པར་བྱ་བའི་རྗེས་ཞེས་སོགས་ཀྱི་བསྟན།

གཉིས་པ་ཐེག་ཆེན་བསྟན་པ་ལ་འཕེལ་འགྲིབ་བྱུང་ཚུལ་ནི། ཐེག་པ་ཆེན་པོའི་བསྟན་པ་ནི་ཞེས་སོགས་ཀྱིས་བསྟན། གཉིས་པ་བོད་ཡུལ་དུ་བསྟན་པ་འཕེལ་འགྲིབ་བྱུང་ཚུལ་ལ། བསྟན་པ་སྔ་དར་དང་། ཕྱི་དར་ལ་དེ་བྱུང་ཚུལ་དང་གཉིས། དང་པོ་ནི། ཕྱིས་ནས་གངས་རིའི་ཁྲོད་འདི་རུ་ཞེས་སོགས་ཀྱི་བསྟན། ལྔ་པ་ནི། དེ་རྗེས་ཆོས་ལོག་དུ་མ་འཕེལ་ཞེས་སོགས་ཀྱིས་བསྟན། གཉིས་པ་གཟུ་བོར་གནས་པའི་བློ་བཅོས་པའི་ཚུལ་ནི། འདི་འདྲའི་རིགས་ཅན་འཕེལ་གྱུར་ན་ཞེས་སོགས་ཀྱིས་བསྟན། གསུམ་པ་ནི། བདག་ནི་སེམས་ཅན་ཀུན་ལ་བྱམས་ཞེས་སོགས་ཀྱི་བསྟན། བཞི་པ་ནི། བདག་གིས་སྒྲ་དང་ཚད་མ་སློབས་ཞེས་སོགས་ཀྱི་བསྟན། ལྔ་པ་ནི། ཐུབ་པའི་བསྟན་པ་རིན་ཆེན་གཞལ་མེད་ཁང་ཞེས་སོགས་ཀྱི་བསྟན། དྲུག་པ་ནི། རྒྱལ་བ་ཀུན་གྱི་དགོངས་པ་འདི་ཡིན་ཞེས་སོགས་ཀྱི་བསྟན།

༈ གསུམ་པ་རྩོམ་པ་མཐར་ཕྱིན་པ་འཇུག་གི་དོན་ལ། མཐར་ཕྱིན་དངོས་དང་། ཞར་བྱུང་ཟུར་དུ་གསང་སྔགས་ཀྱི་གནད་ལྔ་ཚུལ་དང་གཉིས། དང་པོ་ནི། སྡོམ་པ་གསུམ་གྱི་རབ་ཏུ་དབྱེ་བ་ཞེས་སོགས་ཀྱིས་བསྟན། གཉིས་པ་ནི། བྱེ་བྲག་དུ་གསང་སྔགས་ཀྱི་ཞེས་སོགས་ཀྱིས་བསྟན། སྡོམ་པ་གསུམ་གྱི་རབ་ཏུ་དབྱེ་བའི་བསྡུས་དོན། དཔལ་ངམ་རིང་གི་སྟོན་པ། མཁས་པ་འབུམ་ཕྲག་གསུམ་པ་ཤཱཀྱའི་དགེ་སློང་ཚུལ་ཁྲིམས་དཔལ་བཟང་གི་གསུང་གི་བདུད་རྩི་ལས་བྱུང་བའོ། །མངྒ་ལཾ།། །།

༄༅། །སྡོམ་གསུམ་གྱི་དགོངས་པ་བདེ་གཤེགས་སྙིང་པོའི་ལྟ་བ་རང་སྟོང་དང་གཞན་སྟོང་གི་དབྱེ་བ་བཞུགས་སོ། །

གཉིས་མེད་ཆོས་སྐུའི་ངང་ལས་མ་གཡོས་ཀྱང་། །གཉིས་འཛིན་འཁྲུལ་པས་བཅིངས་པའི་འགྲོ་བ་ལ། །གཉིས་མེད་ཆོས་སྐུའི་ལམ་རབ་སྟོན་མཛད་པ། །གཉིས་འཛིན་སྤངས་པའི་བླ་མ་དེ་ལ་འདུད། །འདིར་གང་ཞིག་ལ་གུས་པའི་སྐྱབས་སུ་སོང་ནས་གསོལ་བ་རྩེ་གཅིག་ཏུ་བཏབ་ནས་དགོས་འདོད་ཐམས་ཅད་འབྱུང་བའི་ནོར་བུ། དངོས་གྲུབ་སྟེར་བའི་ཡི་དམ། ནད་ཐམས་ཅད་ཀྱི་སྨན་གཅིག །དགྲ་བགེགས་འཇོམས་པའི་དཔའ་བོ། ངན་སོང་ལས་འདྲེན་པའི་ལྕགས་ཀྱུ་སྲིད་པའི་འཁོར་ལོ་བཤིག་པའི་རྡོ་རྗེ། མ་རིག་པའི་མུན་པ་སེལ་བའི་སྒྲོན་མེ། རྣམ་རྟོག་གི་བུད་ཤིང་བསྲེག་པའི་མེ་ལྕེ། འཁྲུལ་སྣང་བཅོམ་དུ་འཛིན་པའི་དོང་ཆེན། ཀུན་རྫོབ་ཀྱི་གྲོང་ཁྱེར་འཇོམས་པའི་དམག །བདུད་རྩི་ཐམས་ཅད་ཀྱི་བཅུད། མན་ངག་ཐམས་ཅད་ཀྱི་གནད། ཐུགས་དམ་ཐམས་ཅད་ཀྱི་སྙིང་པོ། ལམ་ཐམས་ཅད་ཀྱི་མཆོག །སངས་རྒྱས་ཐམས་ཅད་ཀྱི་ཐུགས་གཉིས་སུ་མེད་པའི་ཡེ་ཤེས་བདེ་བར་གཤེགས་པའི་སྙིང་པོ་འདི་ལ། རང་སྟོང་དང་གཞན་སྟོང་པའི་འདོད་ཚུལ་གཉིས་ལ། དང་པོ་ལ་དུ་མ་ཡོད་པ་ལས། ཁ་ཅིག་བདེ་བར་གཤེགས་པའི་སྙིང་པོ་དེ། སེམས་ཅན་ཁོ་ནའི་རྒྱུད་ལ་ཡོད་ཞེས་སྨྲ། མི་འཐད་དེ་བརྟན་གཡོ་ཐམས་ཅད་ལ་ཡོད་པའི་ཕྱིར་དང་། དྲི་མེད་དེ་བཞིན་ཉིད་བདེ་གཤེགས་སྙིང་པོ་ཡིན་པའི་ཕྱིར། འདིས་ནི་སྙིང་པོའི་ཐ་སྙད་ཙམ་ཁས་ལེན་གྱི་དོན་ནི་མ་གོ་ཏེ། སྙིང་པོ་སྒོམས་པའི་ཚེ་ཡོད་འཛིན་མེད་འཛིན་སོགས་རྟོག་པའི་རྒྱུ་བ་མེད་པར་སེམས་ཉིད་མ་བཅོས་ལྷུག་པར་འཇོག་རྒྱུ་ཡིན་པ་ལ། ཆོས་ཐམས་ཅད་བདེན་པར་མེད་དོ་སྙམ་པའི་རྟོག་པ་ངར་དང་ལྡན་པའི་སྒོ་ནས་སྒོམ་ཞིང་། དེ་ལྟ་བུའི་རྟོག་པ་དེ་ཡུལ་གྱི་གནས་ལུགས་རྟོགས་པའི་བློར་འདོད་པའི་ཕྱིར།

ཡང་ཁ་ཅིག་བདེ་གཤེགས་སྙིང་པོ་སངས་རྒྱས་ཁོ་ནའི་རྒྱུད་ལ་ཡོད། མར་གྱི་སྙིང་པོ་མར་ཉིད་ལ་ཡོད་པའི་ཕྱིར་ཟེར་བ་མི་འཐད་དེ་སེམས་ཅན་གྱི་རྒྱུད་ལ་ཡོད་པའི་ཕྱིར་དང་། དྲི་བཅས་དེ་བཞིན་ཉིད་དེ་བདེ་གཤེགས་སྙིང་པོ་ཡིན་པའི་ཕྱིར་དང་། བྱང་སེམས་མཐོང་ལམ་པས་ལས་ཉོན་གྱི་དབང་གི་སྐྱེ་འཆི་སྤངས་པའི་རྒྱུ་མཚན་དུ་དེས་བདེ་གཤེགས་སྙིང་པོ་མངོན་གསུམ་དུ་མཐོང་བར་གསུངས་པའི་ཕྱིར། ཡང་ལ་ལ་དག་བདེ་

གཤེགས་སྙིང་པོ་ལ་འདུས་བྱས་ཀྱང་ཡོད། སེམས་ཅན་གྱི་རྒྱུད་ཀྱི་སེམས་རིག་ཙིང་གསལ་ཙམ་དེ་འདུས་བྱས་ཡིན་པའི་ཕྱིར་ཏེ་ཤེས་པ་ཡིན་པའི་ཕྱིར་ཟེར་བའང་མ་ཡིན་ཏེ། ཡང་དག་མཐའ་ནི་འདུས་བྱས་ཀྱི། །རྣམ་པ་ཐམས་ཅད་དབེན་པ་སྟེ། །ཞེས་གསུངས་པས་བདེ་གཤེགས་སྙིང་པོ་ལ་འདུས་མ་བྱས་ཀྱི་ཁྱབ་པའི་ཕྱིར་དང་། ཤེས་པ་ལ་འདུས་བྱས་ཀྱི་མ་ཁྱབ་པའི་ཕྱིར་རོ། །སྡོམ་གསུམ་རབ་དབྱེར། སེམས་ཅན་རྣམས་ལ་སངས་རྒྱས་ཀྱི༔ །སྙིང་པོ་ཡོད་པར་གསུངས་པ་ནི། །དགོངས་པ་ཡིན་པར་ཤེས་པར་བྱ། །ཞེས་གསུངས་པས་བདེ་གཤེགས་སྙིང་པོ་སངས་རྒྱས་ཁོ་ནའི་རྒྱུད་ལ་ཡོད་ཅེས་ཟེར་བ་དང་།

ཡང་རྗེས་འབྲང་ཁ་ཅིག་བདེ་གཤེགས་སྙིང་པོ་སེམས་ཅན་ཁོ་ནའི་རྒྱུད་ལ་ཡོད་ཟེར་བ་གཉིས་ཀ་ཡང་མི་འཐད་དེ། སྔར་གྱི་རིག་པས་ཁེགས་པའི་ཕྱིར། དེས་ན་སྡོམ་གསུམ་རབ་དབྱེའི་དགོངས་པ་ནི་བདེ་གཤེགས་སྙིང་པོ་དེ་བརྟན་གཡོ་ཀུན་ལ་ཡོད་པ་ཡིན་ཏེ། བདེ་གཤེགས་སྙིང་པོ་དང་ཆོས་དབྱིངས་དོན་གཅིག་པ་གང་ཞིག །ཆོས་དབྱིངས་བརྟན་གཡོ་ཀུན་ལ་ཡོད་པའི་ཕྱིར་དང་པོ་གྲུབ་ཏེ། གཞུང་ལས། ཁ་ཅིག་བདེ་གཤེགས་སྙིང་པོའི་སྒྲ། །ཆོས་ཀྱི་དབྱིངས་ལ་མི་ཟེར་བར། །སེམས་ཅན་ཁོ་ནའི་ཁམས་ལ་འདོད། །ཞེས་པ་ནས། སྦྱོར་བྲལ་ཡིན་ན་སྔར་བཤད་པའི། །ཆོས་ཀྱི་དབྱིངས་ལས་འདའ་བ་མེད། །ཞེས་པའི་ཕྱོགས་སྔ་ལན་དང་བཅས་པ་གསུངས་པའི་ཕྱིར། དེས་ན་བདེ་གཤེགས་སྙིང་པོ་ལ་གསུམ་སྟེ། རྒྱུ་རང་བཞིན་འབྲས་བུ་བདེ་གཤེགས་སྙིང་པོ་དང་གསུམ། རྒྱུ་བདེ་གཤེགས་སྙིང་པོ་ནི་རང་བཞིན་གནས་རིགས་ཡིན་ཏེ་སེམས་ཅན་ཁོ་ནའི་རྒྱུད་ལ་ཡོད་པའི་ཕྱིར། རང་བཞིན་བདེ་གཤེགས་སྙིང་པོ་ནི་སངས་རྒྱས་དང་སེམས་ཅན་གཉིས་ཀའི་རྒྱུད་ལ་ཡོད། དེར་མ་ཟད་ཤེས་བྱ་ཐམས་ཅད་ལ་ཡོད་དེ་ཆོས་དབྱིངས་དང་དོན་ཅིག་པའི་ཕྱིར། འབྲས་བུ་བདེ་གཤེགས་སྙིང་པོ་ནི་སངས་རྒྱས་ཁོ་ནའི་རྒྱུད་ལ་ཡོད་དེ་ངོ་བོ་ཉིད་སྐུ་དང་དོན་ཅིག་པའི་ཕྱིར། བདེ་གཤེགས་སྙིང་པོའི་ངོ་བོ་ནི་གསལ་སྟོང་ཟུང་འཇུག་གོ། །ཁ་ཅིག་འདིའི་གསལ་ཆ་ཀུན་རྫོབ་འོད་གསལ་དུ་འདོད་པ་ནི་མ་ཡིན་ཏེ། ཆོས་ཉིད་མངོན་གསུམ་དུ་རྟོགས་པའི་བློ་ལ་ཀུན་རྫོབ་ཀྱི་སྣང་བ་ནུབ་ནས་དོན་དམ་པའི་འོད་གསལ་འཆར་བའི་ཕྱིར། འོད་གསལ་དེ་ཉིད་རང་རིག་ཡིན་པས་ཤེས་པ་ཡིན་ལ། དོན་དམ་ཡིན་པས་འདུས་བྱས་མིན་ནོ། །

གཞན་ཡང་ཆོས་ཉིད་མངོན་གསུམ་དུ་རྟོགས་པའི་བློ་དེ་ཆོས་ཉིད་དང་ངོ་བོ་དབྱེར་མེད་ཡིན་ཏེ། དེས་ཆོས་ཉིད་ལ་མཉམ་པར་བཞག་པའི་ཚེ། བློ་ཆོས་ཉིད་གཅིག་པོའི་ངང་དུ་ཐིམ་པས་ཡུལ་དང་ཡུལ་ཅན་ཐ་དད་པའི་དབྱེ་བ་གཉིས་མེད་པའི་ཕྱིར། དཔེར་ན་ཆུ་ལ་ཆུ་བཞག་དང་མར་ལ་མར་བཞག་བཞིན་ཡིན། དེའི་ཚེ་ཆོས་ཉིད་ཐམས་ཅད་གཅིག་ཡིན་ཏེ། སངས་རྒྱས་དང་སེམས་ཅན་གང་གིས་བློས་ཆོས་ཉིད་ལ་མཉམ་པར་བཞག་

ཀྱང་། ཆོས་ཉིད་ཀྱི་ངང་དུ་འགྲོ་ལ་ཆོས་ཉིད་ལ་ངོ་བོའི་སྒོ་ནས་དབྱེ་བ་མེད་པའི་ཕྱིར། ཆོས་ཉིད་དེ་ལ་ཀུ་རྫོར་དང་བདེ་མཆོག་དུས་འཁོར་ལ་སོགས་པའི་མིང་འདིར་ཡང་འདོགས་སོ། །དེ་ཡང་དོན་དམ་ཀྱི་རྫོར་སོགས་ཡིན་གྱི། ཀུན་རྫོབ་པའི་ཀྱེ་རྫོར་སོགས་ནི་མ་ཡིན་ནོ། །

དེས་ན་འོད་གསལ་དེ་སེམས་ཅན་ཐམས་ཅད་ཀྱི་རྒྱུད་ལ་དང་པོ་ནས་ཡོད་ཀྱང་ཡོད་པར་མ་ཤེས། གཉིས་སྣང་གི་འཁྲུལ་པ་འདི་མེད་པ་ལ། ཡོད་པར་བཟུང་བར་རང་ངོ་རང་གིས་མ་ཤེས་པ་ཡིན་པས་འཁོར་བར་འཁྱམས་ལ། ད་ནི་རང་ངོ་རང་གི་ཤེས་ཤིང་སེམས་ཀྱི་རང་གནས་སླེབས་པར་བྱས་ལ། སེམས་གཉིས་སྣང་གི་ཡུལ་ལ་འཕྲོ་རྒྱུ་མི་འཇུག་པར་གསལ་སྟོང་ཟུང་འཇུག་གི་ངང་དུ་བཞག་པར་བྱའོ། །དེ་ལྟར་བཞག་པས་སེམས་ཀྱི་གནས་ལུགས་རྟོགས་ཏེ་སངས་རྒྱས་ཐོབ་བོ། །སེམས་རྟོགས་ན་ཡེ་ཤེས་ཡིན་པས་སངས་རྒྱས་གཞན་དུ་མི་བཙལ་ཞེས་ཞེས་པའི་དོན་ཀྱང་དེ་ཉིད་ཡིན་ནོ། །གལ་ཏེ་སེམས་ཅན་ཐམས་ཅད་ཀྱི་རྒྱུད་ལ་བདེ་གཤེགས་སྙིང་པོ་ཡོད་ན། སེམས་ཅན་རྣམས་ལ་སངས་རྒྱས་ཀྱི། །སྙིང་པོ་ཡོད་པར་གསུངས་པ་ནི། །དགོངས་པ་ཡིན་པར་ཤེས་པར་བྱ། །ཞེས་གསུངས་པ་དང་འགལ་ཞེ་ན་སྐྱོན་མེད་དེ། དེ་ནི་རྒྱུད་བླ་སོགས་ནས་བཤད་པའི་མཚན་དཔེས་བརྒྱན་པའི་བདེ་གཤེགས་སྙིང་པོ་ཡོད་པ་དགོངས་པ་ཅན་ཡིན་ཞེས་པའི་དོན་ནོ། །རྒྱས་པར་ཤེས་པར་འདོད་ན་འཁྲུལ་བ་ཟད་པའི་རྗེ་བཙུན་གོང་མ་གསུམ་གྱིས་མཛད་པའི་རྒྱུད་སྡེའི་དུམ་བུ། རྒྱུད་སྡེ་སྤྱི་རྣམ། མངོན་རྟོགས་ལྗོན་ཤིང་། རྩ་ལྟུང་འཁྲུལ་སྤོང་། སྡོམ་གསུམ་རབ་དབྱེ་སོགས་སུ་བལྟ་བར་བྱའོ། །གཉིས་པ་གཞན་སྟོང་པའི་འདོད་ཚུལ་ལ་གཞི་ལམ་འབྲས་བུའི་སྐབས་གསུམ། དང་པོ་ནི་བདེ་བར་གཤེགས་པའི་སྙིང་པོ་མཚན་དང་དཔེ་བྱད་ཀྱིས་བརྒྱན་པ། རྟག་པ། བརྟན་པ། ཐེར་ཟུག་པ། ཐམས་ཅད་ལ་ཁྱབ་པ། བློ་བུར་གྱི་དྲི་མས་མ་གོས་པ། གསལ་བ་བདེ་བ་སངས་རྒྱས་དང་སེམས་ཅན་ཐམས་ཅད་ཀྱི་རྒྱུད་ལ་ཡོད་པ། རྟོག་གེའི་ཡུལ་ལས་འདས་པ། སོ་སོ་རང་གི་རིག་པར་བྱ་བ། ཆོས་ཐམས་ཅད་ཀྱི་གནད་ལུགས་མཐར་ཐུག་པའི་སངས་རྒྱས་དེ་འཁོར་འདས་ཀུན་གྱི་གཞི་ཡིན་ཏེ། དེ་ཉིད་མངོན་དུ་མ་གྱུར་བར་འཁྲུལ་པའི་སྣང་བ་ཤར་བ་ལ་འཁོར་བ་ཞེས་བྱ་ལ། མངོན་དུ་གྱུར་པའི་གནས་སྐབས་ནི་སངས་རྒྱས་ཡིན་པའི་ཕྱིར་ཏེ། བརྟག་གཉིས་ལས། འདི་ཉིད་འཁོར་བ་ཞེས་བྱ་ཏེ། །འདི་ཉིད་མྱ་ངན་འདས་པ་ཉིད། །ཞེས་དང་། དོ་ཧ་ལས། སེམས་ཉིད་གཅིག་པུ་ཀུན་གྱི་ས་བོན་ཏེ། །ཞེས་སོགས་དང་། གུར་ལས། རིན་ཆེན་སེམས་ལས་ཕྱིར་གྱུར་པའི། །སངས་རྒྱས་མེད་ཅིང་སེམས་ཅན་མེད། །ཅེས་དང་།

ཡང་བརྟག་གཉིས་ལས། རྨོངས་ཕྱིར་འཁོར་བའི་གཟུགས་ཅན་ཉིད། །རྨོངས་མེད་འཁོར་བ་དག་པ་སྟེ། །

ཞེས་དང་། ཆོས་དབྱིངས་བསྟོད་པ་ལས། སའི་ནང་ན་གནས་པའི་ཆུ། །དྲི་མ་མེད་པར་གནས་པ་ལྟར། །ཉོན་མོངས་ནང་ན་ཡེ་ཤེས་ཀྱང་། །དེ་བཞིན་དྲི་མ་མེད་པར་གནས། །ཞེས་དང་། གང་ཞིག་ཡོངས་སུ་མ་ཤེས་པས། །སྲིད་གསུམ་པ་ན་འཁོར་གྱུར་པ། །སེམས་ཅན་ཀུན་ལ་ངེས་གནས་པའི། །ཆོས་ཀྱི་དབྱིངས་ལ་ཕྱག་འཚལ་ལོ། །ཞེས་སོགས་ལུང་མཐའ་ཡས་པ་ཡོད་པ་ངེས་དོན་རྒྱ་མཚོར་བལྟ་བར་གྱིས། སེམས་ཅན་གྱི་རྒྱུད་ལ་ཡོན་ཏན་ཀུན་ལྡན་གྱི་སངས་རྒྱས་ཡོད་ཀྱང་། སེམས་ཅན་འབད་མེད་དུ་གྲོལ་བར་མི་འགྱུར་ཏེ། སེམས་ཅན་རྣམས་ནི་གློ་བུར་གྱི་དྲི་མས་བསྒྲིབས་པའི་ཕྱིར་ཏེ། བརྟག་གཉིས་ལས། སེམས་ཅན་རྣམས་ནི་སངས་རྒྱས་ཉིད། །འོན་ཀྱང་གློ་བུར་དྲི་མས་བསྒྲིབས། །ཅེས་དང་། རྒྱུད་བླ་ར། ཉེས་པ་གློ་བུར་དང་ལྡན་དང་། །ཡོན་ཏན་རང་བཞིན་ཉིད་ལྡན་ཕྱིར། །ཞེས་སོགས་གསུངས་པའི་ཕྱིར། གཉིས་པ་ལམ་ལ་ནི། ཡོད་ཏན་ཀུན་ལྡན་གྱི་སངས་རྒྱས་དེ་མངོན་དུ་གྱུར་པའི་ཕྱིར་དུ་ཟུང་འཇུག་བསྒོམས་པ་སྟེ། རྒྱས་པར་བླ་མའི་གསུང་ལ་རྟོགས་པར་བྱའོ། །གསུམ་པ་འབྲས་བུ་ནི་རང་ལ་ཡོད་པའི་བདེ་གཤེགས་སྙིང་པོ་དེ་དྲི་མའི་སྒྲིབས་ལས་གྲོལ་བ་སྟེ། བརྟག་གཉིས་ལས། འདི་ཉིད་བསལ་ན་སངས་རྒྱས་ཏེ། །ཞེས་སོགས་དང་། དབུས་མཐར། ཆུ་ཁམས་གསེར་དང་ནམ་མཁའ་རྣམས། །དག་པ་བཞིན་དུ་དག་པར་འདོད། །ཅེས་དང་། རྒྱན་ལས། ཇི་ལྟར་ཆུ་རྙོག་པ་ལས་དྭངས་པ་ན། །དྭངས་པ་དེ་ཉིད་དེ་ལས་སྐྱེས་མིན་གྱི། །དེ་ནི་དེ་ལ་དྲི་མ་བྲལ་བར་ཟད། །དེ་བཞིན་རང་སེམས་དག་ལའང་ཚུལ་དེ་བཞིན། །ཞེས་སོགས་མང་དུ་གསུངས་སོ། །

མདོར་ན་འདིའི་ལུགས་ལ་མཉམ་བཞག་ལ་བློ་དང་རྗེས་ཐོབ་ཤན་འབྱེད་གཉིས་ལས། དང་པོ་ཡོད་མེད་བདེན་རྫུན་སོགས་སྤྲོས་པའི་མཐའ་ཐམས་ཅད་བསལ་ནས། སྨྲ་བསམ་བརྗོད་མེད་ཀྱི་ངང་ལ་འཇོག་པའོ། །དེའི་ཚེ་ཀུན་རྫོབ་ཀྱི་སྣང་བ་མ་ལུས་པ་ནུབ་ནས་སངས་རྒྱས་དང་སེམས་ཅན་རྒྱུད་གཅིག་ཏུ་གྱུར་ཅིང་། དོན་དམ་པའི་ཡུལ་ཁམས་གཅིག་ཏུ་འགྲོའོ། །དེ་ཡང་ས་དང་པོ་ཐོབ་པ་ནས་ཐེག་ཆེན་འཕགས་པའི་མཉམ་བཞག་ཁོ་ན་ན་ཡོད་དེ་བདེ་གཤེགས་སྙིང་པོ་མངོན་སུམ་དུ་མཐོང་བའི་ཕྱིར། གཉིས་པ་ནི་ཀུན་བརྟགས་གཞན་དབང་ཡོངས་གྲུབ་གསུམ་དུ་བསྡུས་ནས་ཆོས་ཐམས་ཅད་བདེན་རྫུན་གཉིས་སུ་འབྱེད་དེ། དེ་ཡང་གཟུགས་ལ་མཚོན་ན། ཀུན་བརྟགས་པའི་གཟུགས། རྣམ་པར་བརྟགས་པའི་གཟུགས། ཆོས་ཉིད་ཀྱི་གཟུགས་གསུམ་ལས། དང་པོ་གཉིས་ཀུན་རྫོབ། ཕྱི་མ་དོན་དམ་པའོ། །དེས་རྣམ་མཐྱེན་གྱི་བར་དུ་མཚོན་པར་བྱའོ། །དེ་ཡང་ཀུན་རྫོབ་ཐམས་ཅད་འགལ་འདུའི་སྐྱོན་ཅན་དང་། དོན་དམ་ཐམས་ཅད་འགལ་འདུའི་སྐྱོན་མེད་ཡིན་ནོ། །དཔེར་ན་ཀུན་རྫོབ་ཀྱི་བུམ་པ་དང་ཀ་བ་འགལ་ལ། དོན་དམ་པའི་ཀ་བུམ་གཅིག་ཡིན་ཏེ། བུམ་པའི་ཆོས་ཉིད་འཚོལ་བའི་བློས་བུམ་པ

ཡུལ་དུ་བཞག་སྟེ། འཛིན་མེད་དུ་བསྒོམས་པས་ཐུམ་པའི་སྣང་བ་ནུབ་ནས། དོན་དམ་པའི་འོད་གསལ་གཅིག་འཆར། དེ་བཞིན་དུ་ཀ་བའི་ཆོས་ཉིད་འཚོལ་བའི་བློས་ཀྱང་དེ་ལྟར་བསྒོམས་པས་ཀ་བའི་སྣང་བ་ནུབ་ནས་འོད་གསལ་དེ་ཉིད་ཀ་འཆར་བའི་ཕྱིར། དེ་བཞིན་དུ་ཆོས་ཐམས་ཅད་ལ་སྒོམ་ཚུལ་དེ་ལྟར་བྱས་པས་འོད་གསལ་དེ་ཀ་འཆར་བས་དོན་དམ་ཐམས་ཅད་འགལ་བ་མེད་དོ། །

༼འདིའི་མཇུག་མ་དཔེ་ལས་ཡིག་ཕྲེང་གཅིག་ཙམ་ཞིག་མི་གསལ་བས་ལྷད་ནས་མ་དཔེ་གཞན་བྱུང་ན་བཅུག་རོགས་རྩོམ་སྒྲིག་པས།༽

༄༅། །མང་ཐོས་ཀླུ་སྒྲུབ་རྒྱ་མཚོའི་གསུང་ལས་བྱུང་བའི་རྣམ་བཤད་རྒྱུད་བཞི་མཛེས་རྒྱན་ཞེས་བྱ་བ་བཞུགས།

རིན་སྤྲིང་པ་ནམ་མཁའ་རྒྱལ་མཚན།

མདོ་རྒྱུད་ཟབ་མོའི་དེ་ཉིད་ལེགས་རྟོགས་པས། །འབུམ་ཕྲག་གཞུང་ལ་མཁྱེན་པའི་དབང་འགྱུར་ཞིང་། །བློ་གསལ་ཡོངས་ལ་དགའ་སྟོན་འགྱེད་མཛད་པའི། །ཁོ་བོའི་འདྲེན་མཆོག་ཀླུ་སྒྲུབ་རྒྱ་མཚོ་རྒྱལ། །ཞེས་མཆོད་ནས། ལས་སུ་བྱ་བ་ཇི་ལྟ་བུ་ཞེ་ན། ལས་སུ་བྱ་བ་ནི། བསྟན་བཅོས་སྡོམ་པ་གསུམ་གྱི་རབ་དབྱེའི་དོན་གསལ་བར་བྱེད་པའི་རྣམ་བཤད་རྒྱུད་བཞི་མཛེས་རྒྱན། ཞེས་བྱ་བ་འདི་ཉིད་འཆད་ལ། འདི་ཡང་མཁས་པའི་གཙུག་རྒྱན་ཁྲི་ཚང་པ་ཆེན་པོ་མང་ཐོས་ཀླུ་སྒྲུབ་རྒྱ་མཚོའི་གསུང་ལས་དངོས་སུ་ཐོས་པ། ཁོ་བོ་ཤཱཀྱའི་བཙུན་པ་བརྩོན་འགྲུས་ཀྱི་རྩོམ་པ་ཆེར་མི་ལྡན་ཀྱང་། ཤེས་རབ་ཀྱི་ཟེགས་མ་མཚོན་ཙམ་དང་། དད་པའི་ཤུགས་ཟུང་ཟབ་དང་ལྡན་པའི་རིན་སྤྲིངས་པ་ནམ་མཁའ་རྣམ་རྒྱལ་བདག་གིས་ཟིན་བྲིས་སུ་བཀོད་ནས་བརྗོད་ན་གཉིས་ཏེ། ལུས་མདོར་བསྟན་དང་། ཡན་ལག་རྒྱས་བཤད་དོ། །དང་པོ་ལ་བཞི་སྟེ།

བརྗོད་བྱ་བྱེད་ལས་ལྡན་པའི་མཚན་དོན་བཀོད་པ། དགོས་པ་གསུམ་ལྡན་བླ་མ་མཆོད་པ། དགོས་པ་གསུམ་ལྡན་ཁས་ལེན་དམ་བཅའ་བཤད་པ། དགོས་པ་གསུམ་ལྡན་ལུས་ཀྱི་གཙོ་བོ་བསྡུ་བའོ། །དང་པོ་འཆད་པ་ལ། གང་བཤད་པར་བྱ་བའི་བསྟན་བཅོས་འདི་ལ་སྡོམ་པ་གསུམ་གྱི་རབ་ཏུ་དབྱེ་བ་ཞེས་འཇོག་པའི་རྒྱུ་མཚན་ཡོད་དེ། བསྟན་པའི་རྩ་བ་སྡོམ་པ་གསུམ་མ་ཐོབ་པ་ཐོབ་པར་བྱེད་པའི་ཆོ་གའི་རྣམ་གཞག །དེ་མི་ཉམས་པར་སྲུང་བའི་བསླབ་བྱའི་རྣམ་གཞག །ཉམས་ན་ཕྱིར་བཅོས་པའི་ཚུལ། སྡོམ་པ་གསུམ་པོ་དེ་དག་མ་དག་གི་རབ་དབྱེ་རྣམས་ཕྱིན་ཅི་མ་ལོག་པ་སྟོན་པར་བྱེད་པས་ན། དེ་ལྟར་དུ་བཞག་པའི་ཕྱིར། ཞེས་འཆད་པ་ལ། སྡོམ་པ་གསུམ་གྱི་རབ་ཏུ་དབྱེ་བ་ཞེས་བྱ་བ་ཞེས་པ་འདི་བྱུང་།

གཉིས་པ་ལ་གསུམ་སྟེ། བླ་མ་མཆོད་ཚུལ་དངོས། མཆོད་ཡུལ་དམ་པའི་ཡོན་ཏན་བསྡུས་ཏེ་བསྟན་པ། མཆོད་ནས་དམ་པའི་ལས་ལ་འཇུག་པར་གདམས་པའོ། །དང་པོ་འཆད་པ་ལ། དཔལ་ལྡན་ས་སྐྱ་པཎྜི་ཏ་བདག་གིས་བསྟན་བཅོས་སྡོམ་གསུམ་རབ་དབྱེ་རྩོམ་པའི་ཐོག་མར་རྗེ་བའི་བླ་མ་གྲགས་པ་རྒྱལ་མཚན་ལ་ཕྱག་འཚལ་

བ་ཆོས་ཅན། དགོས་པ་ཡོད་དེ། བསྟན་བཅོས་འདི་རྩོམ་པའི་འགལ་རྐྱེན་བར་ཆད་ཞི་ཞིང་། མཐུན་རྐྱེན་བསོད་ནམས་འཕེལ་ནས་རྩོམ་མཐར་ཕྱིན་པར་བྱ་བའི་ཆེད་ཡོད་པའི་ཕྱིར་ཞེས་འཆད་པ་ལ། བླ་མ་དམ་པའི་ཞབས་ལ་གུས་པས་ཕྱག་འཚལ་ལོ། །ཞེས་པ་འདི་བྱུང་།

གཉིས་པ་འཆད་པ་ལ། འོན་ས་པཎ་ཁྱོད་ལ་རྩ་བའི་བླ་མ་དུ་མ་ཡོད་པ་ལས། གྲགས་པ་རྒྱལ་མཚན་ཁོ་ན་ལ་ཕྱག་བྱེད་པའི་རྒྱུ་མཚན་ཅི་ཡིན་ཞེ་ན། དེའི་རྒྱུ་མཚན་ཡོད་དེ་རྩ་བའི་བླ་མ་གྲགས་པ་རྒྱལ་མཚན་དེ་བདེ་བར་གཤེགས་པའི་བསྟན་པ་འཛིན་པའི་ལུང་དང་རིགས་པའི་སེང་གེའི་ང་རོའི་སྒྲས་ལྟ་བ་ངན་པ་ལ་གནས་པའི་རྒོལ་བ་རི་དྭགས་ཀྱི་ཚོགས་མཐའ་དག་སྐྲག་པར་མཛད་པ་ལོག་སྨྲ་ཚར་གཅོད་པའི་ཡོན་ཏན་དང་། སྡོམ་པ་གསུམ་གྱི་ཉམས་ལེན་སངས་རྒྱས་ཀྱི་དགོངས་པ་ཇི་ལྟ་བ་བཞིན་དུ་སྒྲུབ་ནུས་པའི་སྐལ་ལྡན་རྗེས་སུ་འཛིན་པའི་ཡོན་ཏན་གཉིས་ལ་སོགས་པ་གཞན་དང་མཚུངས་པ་མེད་པའི་ཡོན་ཏན་མངའ་བའི་བླ་མ་དམ་པ་དེ་ཡིན་པས་ན། རྗེ་བཙུན་གྲགས་པ་ཁོ་ན་ལ་ཕྱག་འཚལ་བ་ཡིན་པའི་ཕྱིར། ཞེས་འཆད་པ་ལ། བདེ་གཤེགས་བསྟན་པའི་གསུང་རབ་སེང་གེའི་སྒྲས། །ལྟ་ངན་རི་དྭགས་མཐའ་དག་སྐྲག་པར་མཛད། །སངས་རྒྱས་དགོངས་པ་ཇི་བཞིན་ལེགས་སྒྲུབ་པ། །མཚུངས་མེད་བླ་མ་དེ་ལ་བདག་ཅག་དད། །ཅེས་པ་འདི་བྱུང་། གསུམ་པ་དེ་འཆད་པ་ལ། ས་སྐྱ་པཎྜི་ཏ་ཁྱོད་སྐུ་གསུང་ཐུགས་ལ་ཉེས་པའི་སྐྱོན་མེད་ཅིང་། སྤང་རྟོགས་ཡོན་ཏན་གྱི་མཛོད་མངའ་བའི་འགྲོ་བའི་བླ་མ་གྲགས་པ་རྒྱལ་མཚན་ལ་ཕྱག་འཚལ་ནས། ལས་སུ་བྱ་བ་གང་ཞེ་ན། ལས་སུ་བྱ་བ་བྱེད་པའི་ཚུལ་ཡོད་དེ། ལས་སུ་བྱ་བ་བསྟན་བཅོས་སྡོམ་གསུམ་འདི་རྩོམ་མོ་ཞེས་ཤེས་པར་བྱ་བའི་ཆེད་ཡིན་པའི་ཕྱིར། ཞེས་འཆད་པ་ལ། སྐྱོན་མེད་ཡོན་ཏན་ཀུན་གྱི་མཛོད་མངའ་བ། །འགྲོ་བའི་བླ་མའི་ཞབས་ལ་ཕྱག་འཚལ་ནས། །ཞེས་པ་འདི་བྱུང་།

གསུམ་པ་ཁས་ལེན་དམ་བཅའ་འཆད་པ་ལ་གསུམ་སྟེ། འཆད་པའི་ཡུལ་ལ་བཤད་བྱ་འཆད་ཚུལ་དངོས། སྒྲོར་བ་ཕུན་ཚོགས་ཀོ་བདེའི་ཚིག་གིས་བཤད། བསམ་པ་ཕུན་ཚོགས་ལྷག་བསམ་དག་པས་བསྒྲུབ་པའོ། །དང་པོ་འཆད་པ་ལ། ས་སྐྱ་པཎྜི་ཏ་ཁྱོད་བསྟན་བཅོས་སྡོམ་གསུམ་རབ་དབྱེ་འདི་རྩོམ་པའམ། འཆད་པ་ཡིན་ན། འཆད་ཡུལ་གྱི་གདུལ་བྱ་སུ་ཞིག་ལ་འཆད་ཅེ་ན། དེ་འཆད་ཡུལ་གྱི་གདུལ་བྱ་ཡོད་དེ། སངས་རྒྱས་ཀྱི་བསྟན་པ་ལ་དད་པ་གསུམ་དང་ལྡན་ཞིང་། བསྟན་པའི་རྩ་བ་སྡོམ་པ་གསུམ་གྱི་ཉམས་ལེན་སངས་རྒྱས་ཀྱི་དགོངས་པ་ཇི་ལྟ་བ་བཞིན་སྒྲུབ་པར་འདོད་ཀྱང་། རང་སྟོབས་ཀྱིས་སྒྲུབ་མ་ནུས་པའི་གདུལ་བྱ་དེ་ལ་འཆད་པ་ཡིན་པའི་ཕྱིར། ཞེས་འཆད་པ་ལ། དད་ལྡན་སངས་རྒྱས་གསུང་བཞིན་སྒྲུབ་འདོད་པ། །དེ་ལ་སྡོམ་གསུམ་དབྱེ་བ་བདག་གིས་བཤད། །ཞེས་པ་འདི་བྱུང་།

གཉིས་པ་འཆད་པ་ལ། འོན་ས་སྐྱ་པཎྜི་ཏ་ཁྱོད་བསྟན་བཅོས་འདི་དེ་ལ་འཆད་པ་ཡིན་ན། ཚིག་གི་སྦྱོར་བ་གང་གི་སྒོ་ནས་འཆད་པ་ཡིན་ཞེ་ན། གོ་བདེ་བའི་སྒོ་ནས་འཆད་ཚུལ་ཡོད་དེ། སྙེབ་སྦྱོར་དམ་པོས་ཚིག་གིས་བཅིངས་པའི་སྦྱོར་བ་རྣམས་སྤངས་ཤིང་། གོ་བདེ་བའི་ངག་གི་སྒོ་ནས་འཆད་པའམ་བཤད་པ་ཡིན་པའི་ཕྱིར་རོ། ། དེས་ན་ས་སྐྱ་པཎྜི་ཏ་བདག་གིས་བསྟན་བཅོས་སྡོམ་གསུམ་རབ་དབྱེ་འདི་གོ་བདེ་བའི་ངག་གིས་བཤད་པ་ཆོས་ཅན། དགོས་པ་ཡོད་དེ། བོད་ཀྱི་གདུལ་བྱ་མཁས་རྨོངས་ཀུན་གྱིས་གོ་བར་བྱ་བའི་ཆེད་ཡིན་པའི་ཕྱིར་ཏེ། རྒྱ་གར་མཁས་པ་རྣམས་དགའ་བའི་མེ་ཏོག་ཕྲེང་འཛིན་ལ་སོགས་པའི་ཡི་གེ་ལྷོ་ཡང་གི་སྙེབ་སྦྱོར་གྱིས་བཅིངས་ཤིང་། དོན་རྒྱན་སྒྲ་རྒྱན་གབ་ཚིག་གི་རྒྱན་རྣམས་དང་། འཆི་མེད་མཛོད་ལ་སོགས་པའི་མངོན་བརྗོད་ཀྱིས་སྤྲས་པའི་སྙེབ་སྦྱོར་དམ་པོ་རྣམས་བོད་ཀྱི་གདུལ་བྱ་བླུན་པོ་རྣམས་ཀྱིས་གོ་དཀའ་བ་ཡིན་པའི་ཕྱིར། ཞེས་འཆད་པ་ལ༔ མཁས་རྣམས་དགའ་བའི་སྙེབ་སྦྱོར་ནི། །བླུན་པོ་རྣམས་ཀྱིས་གོ་དཀའ་བས། །ཚིག་གི་སྦྱོར་བ་སྤངས་ནས་ཀྱང་། །ཀུན་གྱིས་གོ་བར་བྱ་ཕྱིར་བཤད། །ཞེས་པ་འདི་བྱུང་། གསུམ་པ་འཆད་པ་ལ་ས་སྐྱ་པཎྜི་ཏ་ཁྱོད་བསྟན་བཅོས་འདི་རྩོམ་པ་ཡིན་ན། དགོས་པ་ཅིའི་ཕྱིར་གཞན་ལ་འགྲན་སེམས་དང་། ཕྲག་དོག་གི་སྒོ་ནས་རྩོམ་པ་ཡིན་ནམ་ཞེ་ན། དེ་འདྲ་នི་མ་ཡིན་ཏེ། ས་པཎ་བདག་ནི་སངས་རྒྱས་ཀྱི་བསྟན་པ་དང་། དེ་འཛིན་པའི་སྐྱེས་བུ་ལ་དད་པ་བརྟན་པོ་དང་ལྡན་པ་དེ་ཡིན་པའི་ཕྱིར་རོ། །འོན་ཀྱང་བདག་ལ་བསྟན་བཅོས་འདི་རྩོམ་པའི་ཀུན་སློང་ཡོད་དེ། སངས་རྒྱས་ཀྱི་བསྟན་པ་ལ་འཁྲུལ་པར་སྤྱོད་པའི་གང་ཟག་རྣམས་ལ་མ་དད་པ་སྟེ། སྙིང་རྗེའི་ཀུན་ནས་བླངས་ཏེ་རྩོམ་པ་ཡིན་པའི་ཕྱིར་ཞེས་འཆད་པ་ལ། བདག་ནི་སངས་རྒྱས་བསྟན་པ་ལ། །མི་ཕྱེད་པ་ཡི་དད་པ་ཡོད། །འོན་ཀྱང་སངས་རྒྱས་བསྟན་པ་ལ། །འཁྲུལ་པར་སྤྱོད་ལ་བདག་མ་དད། །ཞེས་པ་འདི་བྱུང་།

བཞི་པ་དགོས་པ་གསུམ་ལྡན་ལུས་གཙོ་བསྡུ་བ་ལ། འོ་ན་ས་སྐྱ་པཎྜི་ཏ་ཁྱོད་ཆོས་དང་ཆོས་མ་ཡིན་པ་རྣམ་པར་འབྱེད་པའི་བསྟན་བཅོས་སྡོམ་གསུམ་འདི་རྩོམ་པ་ཡིན་ན། རྩོམ་ཚུལ་ཇི་ལྟར་བྱེད་ཅེ་ན། ས་སྐྱ་པཎྜི་ཏ་ཆོས་ཅན། ཁྱོད་ཀྱི་བསྟན་བཅོས་འདི་རྩོམ་པའི་ཚུལ་ཡོད་དེ། འདུལ་བའི་སྡེ་སྣོད་ཀྱི་བརྗོད་བྱ་སོ་སོར་ཐར་པའི་སྡོམ་པ། མདོ་སྡེའི་སྡེ་སྣོད་ཀྱི་བརྗོད་བྱའི་གཙོ་བོ་བྱང་སྡོམ། རྒྱུད་སྡེའི་བརྗོད་བྱའི་གཙོ་བོ་སྔགས་སྡོམ་དང་གསུམ་པོ་དེ། མ་ཐོབ་པ་ཐོབ་པར་བྱེད་པ་ཆོ་གའི་རྣམ་གཞག །ཐོབ་པ་མི་ཉམས་པར་བསྲུང་བ་སོ་སོའི་བསླབ་བྱ། སེམས་བསྐྱེད་པའི་གནད་བདག་གཞན་བརྗེ་བའི་བྱང་ཆུབ་ཀྱི་སེམས། ཐེག་པ་ཆེན་པོའི་ལམ་གྱི་གཙོ་བོ་སྟོང་ཉིད་སྙིང་རྗེའི་སྙིང་པོ་ཅན་གྱི་བྱང་ཆུབ་ཀྱི་སེམས། གསང་སྔགས་ཀྱི་ལམ་གྱི་གནད་རིམ་པ་གཉིས་ཀྱི་གསང་ཚིག །དེའི་ལམ་གྱི་གཙོ་བོ་ཡེ་ཤེས་ཕྱག་རྒྱ་ཆེན་པོ། དེའི་ལམ་གྱི་ཁྱད་ཆོས་ཕྱི་ནང་གསང་གསུམ་གྱིས་བསྡུས་

པའི་རྟེན་འབྲེལ། དེའི་ས་ལམ་གྱི་རྣམ་གཞག་རྣམས་ལ་དག་མ་དག་གི་རྣམ་གཞག་ཕྱིན་ཅི་མ་ལོག་པར་གསལ་བར་སྟོན་པའི་སྒོ་ནས་རྫོགས་པ་ཡིན་པའི་ཕྱིར་རོ། །དེས་ན་བསྟན་བཅོས་འདིའི་ཐོག་མར་ལུས་བསྡུས་ཏེ་བསྟན་པ་ཆོས་ཅན། དགོས་པ་ཡོད་དེ། འཆད་པ་པོ་འཆད་སླ་བ་དང་། ཉན་པ་པོ་གཟུང་བདེ་ཞིང་། བསྟན་བཅོས་ལ་ངེས་པ་བསྐྱེད་པ་སྟེ་དགོས་པ་གསུམ་ཡོད་པའི་ཕྱིར་ཏེ། མཁས་པ་འཇུག་སྒོ་ལས། འཆད་སླ་བ་དང་གཟུང་བདེ་ཞིང་། །བསྟན་བཅོས་ལ་ཡང་རྟོད་བྲལ་ཕྱིར། །མཁས་པ་ལ་ལ་བསྟན་བཅོས་ལུས། །བསྡུས་ཏེ་ཐོག་མར་འགོད་པར་བྱེད། །ཞེས་གསུངས་པའི་ཕྱིར་རོ། །ཞེས་འཆད་པ་ལ། སོ་སོར་ཐར་པའི་སྡོམ་པ་དང་། །བྱང་ཆུབ་སེམས་དཔའི་སེམས་བསྐྱེད་དང་། །གསང་སྔགས་ཀྱི་ནི་དབང་བསྐུར་དང་། །དེ་དག་གི་ནི་ཆོ་ག་དང་། །སོ་སོའི་བསླབ་པར་བྱ་བ་དང་། །སེམས་བསྐྱེད་པ་ཡི་གནད་རྣམས་དང་། །སྟོང་ཉིད་སྙིང་རྗེའི་སྙིང་པོ་དང་། །རིམ་པ་གཉིས་ཀྱི་གསང་ཚིག་དང་། །ཡེ་ཤེས་ཕྱག་རྒྱ་ཆེན་པོ་དང་། །ཕྱི་དང་ནང་གི་རྟེན་འབྲེལ་དང་། །ས་དང་ལམ་གྱི་རྣམ་གཞག་གི། །རྣམ་པར་དབྱེ་བ་བཤད་ཀྱིས་ཉོན། །ཞེས་པ་འདི་བྱུང་། དེས་ལུས་མདོར་བསྟན་ལ་སོགས་པའི་གཞུང་རྣམས་ལ་ཚིག་འབྲུ་ཕྲུག་ཙམ་ཅིག་བསྡུས་ཏེ་བསྟན་ནས།

གཉིས་པ་ཡན་ལག་རྒྱས་བཤད་ལ་གསུམ་སྟེ། སོ་སོར་ཐར་པ་ཉན་ཐོས་འདུལ་བ་ནས་བཤད་པ་བཞིན་ཉམས་སུ་ལེན་ཚུལ་སྟོན་པའི་སྐབས་དང་པོ་བཤད་པ། བྱང་སྡོམ་མདོ་སྡེ་ནས་བཤད་པ་བཞིན་ཉམས་སུ་ལེན་ཚུལ་སྟོན་པའི་སྐབས་གཉིས་པ་བཤད་པ། སྔགས་སྡོམ་རྒྱུད་སྡེ་ནས་བཤད་པ་བཞིན་ཉམས་སུ་ལེན་ཚུལ་སྟོན་པའི་སྐབས་གསུམ་པ་བཤད་པའོ། །དེ་ལ་ད་ལམ་དང་པོ་གཉིས་བཏང་སྙོམས་སུ་བཞག་ནས། གསུམ་པ་དེ་ཉིད་འཆད་རྒྱུ་ཡིན་པས། དེ་ལ་གཉིས་ཏེ། གཞུང་གི་འགྲེལ་དང་། དཀའ་གནས་ཀྱིས་མཐའ་དཔྱད་ཟབ་མོ་བསྟན་པའོ། །དང་པོ་ལ་སྨིན་བྱེད་དབང་གི་གནད་ལ་འཁྲུལ་པ་དགག་པ། གྲོལ་བྱེད་ཀྱི་ལམ་ལ་འཁྲུལ་པ་དགག་པ། ཡེ་ཤེས་ཕྱག་ཆེན་གྱི་འཁྲུལ་པ་དགག་པ། ཡན་ལག་ལྟ་བའི་འཁྲུལ་པ་དགག་པ། རྒྱུད་སྡེའི་སྒྲུབ་ཐབས་ཀྱི་འཁྲུལ་པ་དགག་པ། བོགས་འབྱིན་སྤྱོད་པའི་འཁྲུལ་པ་དགག་པ། མཐར་ཐུག་འབྲས་བུའི་འཁྲུལ་པ་དགག་པ། གནས་སྐབས་ས་ལམ་གྱི་གནད་ལ་འཁྲུལ་པ་དགག་པ་དང་བརྒྱད་ཡོད་པའི། བརྒྱད་པ་འཆད་པ་ལ༔ ལམ་ལ་ཉམས་དང་གོ་བ་དང་། །རྟོགས་པ་ཞེས་བྱ་རྣམ་པ་གསུམ། །ཞེས་སོགས་ཀྱིས་འཆད། བདུན་པ། ལ་ལ་སྟོང་ཉིད་སྒོམ་པ་ལས། །འབྲས་བུ་སྐུ་གསུམ་འདོད་པ་དང་། །ཞེས་སོགས་ཀྱིས་འཆད། དྲུག་པ། དབང་བཞི་ཡོངས་སུ་རྫོགས་པ་དང་། །ཞེས་སོགས་ཀྱིས་འཆད། ལྔ་པ། རྒྱུད་སྡེ་བཞི་ཡི་སྒྲུབ་པ་ཡང་། །ཞེས་སོགས་ཀྱིས་འཆད། བཞི་པ། ལ་ལ་ཐེག་པ་རིམ་དགུ་སོགས་ཀྱིས་འཆད། གསུམ་པ། ཕྱག་རྒྱ་ཆེན་པོ་སྒོམ་ན་ཡང་། །

ཞེས་སོགས་ཀྱིས་འཆད།

གཉིས་པ་ལ། ཁ་ཅིག་འབྲུལ་དང་མ་འབྲུལ་མེད། །ཞེས་སོགས་ཀྱིས་འཆད། དང་པོ་འཆད་པ་ལ་གསུམ་སྟེ། མ་འབྲུལ་བའི་སྨིན་བྱེད་ངོས་བཟུང་བ། འབྲུལ་པའི་སྨིན་བྱེད་འགོག་ཚུལ། ཞར་བྱུང་དབང་གི་དམ་ཚིག་ལ་འབྲུལ་པ་དགག་པའོ། །དང་པོ་འཆད་པ་ལ། རྡོ་རྗེ་ཐེག་པའི་ལམ་ཞུགས་ཏེ། །ཞེས་སོགས་འབྱུང་བ་ཡིན་པས། འདི་ཉིད་ལ་ཚིག་འབྲུ་ཙུང་ཟད་ཅིག་བཤད་ན། བླ་མེད་རྡོ་རྗེ་ཐེག་པའི་ལམ་དུ་ཞུགས་ཏེ། མྱུར་དུ་སངས་རྒྱས་ཐོབ་པར་འདོད་པའི་གང་ཟག་དེ་ཆོས་ཅན། ཁྱོད་ཀྱིས་སྨིན་བྱེད་ཀྱི་དབང་བཞི་དང་། གྲོལ་བྱེད་ཀྱི་ལམ་རིམ་པ་གཉིས་པོ་དེ་ལ་འབད་དགོས་པའི་རྒྱུ་མཚན་ཡོད་དེ། དེ་གཉིས་ནི་ཁྱོད་མྱུར་དུ་འཚང་རྒྱ་བར་བྱེད་པའི་རྒྱུའི་གཙོ་བོ་ཡིན་ཏེ། རབ་ཚེ་འདི། འབྲིང་བར་དོ། ཐ་ན་ཡང་སྐྱེ་བ་ཕྱི་མའམ། སྐྱེ་བ་བདུན་ནམ། སྐྱེ་བ་བཅུ་དྲུག་ཙམ་ཆད་དུ་འཚང་རྒྱ་བའི་རྒྱུ་ཡིན་པའི་ཕྱིར་རོ་ཞེས་འཆད་པ་ལ། རྡོ་རྗེ་ཐེག་པའི་ལམ་ཞུགས་ཏེ། །མྱུར་དུ་སངས་རྒྱས་ཐོབ་འདོད་ན། །སྨིན་གྲོལ་གཉིས་ལ་འབད་པར་བྱ། །ཞེས་པ་འདི་བྱུང་། སྨིན་བྱེད་དབང་བཞི་དང་། གྲོལ་བྱེད་ཀྱི་ལམ་རིམ་པ་གཉིས་པོ་དེ་ལ་འབད་པས། རབ་ཚེ་འདི། འབྲིང་བར་དོ་ལ་སོགས་པ་དེ་རྣམས་སུ་འཚང་རྒྱ་བའི་ཤེས་བྱེད་ཀྱི་ལུང་ཡོད་པ་ཡིན་ཏེ། རིམ་བཞིན། གསང་བ་འདུས་པ་ལས། འདི་ཡི་ཆོས་ཀྱི་བདག་ཉིད་ཆེ། །སྐུ་གསུམ་མི་ཕྱེད་ལས་བྱུང་བ། །ཡེ་ཤེས་རྒྱ་མཚོས་རྣམ་པར་རྒྱན། །ཚེ་འདི་ཉིད་ལ་འགྲུབ་པར་འགྱུར། །ཅེས་དང་། དེ་ཉིད་ལས། ཡང་ན་ལུས་འདི་སྤངས་མ་ཐག །བརྩོན་པར་མི་ལྡན་པས་ཀྱང་འགྲུབ། །ཅེས་དང་། གསང་བའི་མཛོད་ལས། དབང་བསྐུར་ཡང་དག་སྦྱིན་ལྡན་པས། །སྐྱེ་ཤིང་སྐྱེ་བར་དབང་བསྐུར་འགྱུར། །དེ་ཡི་སྐྱེ་བ་བདུན་དག་ནས། །མ་སྒོམ་པར་ཡང་སངས་རྒྱས་འགྱུར། །ཞེས་དང་། དམ་ཚིག་ལྔ་པ་ལས། གལ་ཏེ་ལྟུང་བ་མེད་གྱུར་ན། །སྐྱེ་བ་བཅུ་དྲུག་དག་ནས་འགྲུབ། །ཞེས་པ་རྣམས་གསུངས་པའི་ཕྱིར་རོ། །

སྨིན་གྲོལ་གཉིས་ལ་འབད་པ་ལ་བརྟེན་ནས། མྱུར་དུ་སངས་རྒྱ་བ་ཡིན་ན། འོན་སྨིན་བྱེད་ཀྱི་དབང་བཞི་པོ་དེ་ཡུལ་གང་ལས་ལེན། དེ་བླངས་པ་ལ་དགོས་པ་ཅི་ཡོད་ཅེ་ན། ཤེས་བྱ་ཆོས་ཅན། དབང་བཞི་པོ་དེ་བླང་བའི་ཡུལ་ཡོད་དེ། རྡོ་རྗེ་འཆང་ནས་རྩ་བའི་བླ་མའི་བར་དུ་སྙན་བརྒྱུད་བཞིའི་བར་མ་ཆད་པ་སྟེ། བླ་མ་བརྒྱུད་པ་མ་ཉམས་པ། དབང་བསྐུར་བའི་ཆོ་ག་རྣམས་ལ་ལྷག་ཆད་ནོར་གསུམ་གྱི་སྐྱོན་དང་བྲལ་བ་སྟེ། ཆོ་ག་འཁྲུགས་པར་མ་གྱུར་པ། རྟེན་སློབ་མ་ལ་ཕྱི་ནང་གསང་གསུམ་གྱིས་མཚོན་པའི་རྟེན་འབྲེལ་སྒྲིག་མཁྱེན་པ། རྟེན་སློབ་མའི་དཀྱིལ་འཁོར་བཞི་ལ་སྒྲ་བཞིའི་ས་བོན་ནུས་ལྡན་དུ་ཐེབས་ནུས་པ་ཡིན་པ། མདོར་ན་དབང་བསྐུར་བའི་ཆོ་ག་རྣམས་སངས་རྒྱས་ཀྱིས་ཇི་ལྟར་གསུངས་པ་བཞིན་མཛད་པའི་བླ་མ་དམ་པ་ཅིག་བཙལ་ལ་དེ་ལ་དབང་

བཞི་པོ་དེ་བླང་དགོས་པའི་ཕྱིར་རོ། །ཞེས་འཆད་པ་ལ། སློབ་པར་བྱེད་པའི་དབང་བསྐུར་ཡང་། །བླ་མ་བརྒྱུད་པ་མ་ཉམས་ཤིང་། །ཚིག་འཁྲུགས་པར་མ་གྱུར་པ། །ཕྱི་ནང་རྟེན་འབྲེལ་སྒྲིག་མཁྱེན་ཅིང་། །སྐུ་བཞིའི་ས་བོན་ཐེབས་ནུས་པ། །སངས་རྒྱས་གསུང་བཞིན་མཛད་པ་ཡི། །བླ་མ་བཙལ་ལ་དབང་བཞི་བླང་། །ཞེས་པ་འདི་བྱུང་། དེ་རྣམས་རྒྱས་པར་བཤད་ན། འོན་སྐན་བརྒྱུད་བཞི་བར་མ་ཆད་པས། བླ་མ་བརྒྱུད་པ་མ་ཉམས་པར་འགྲོ་བ་ཡིན་ན། སྐན་བརྒྱུད་བཞི་པོ་དེ་ཇི་ལྟ་བུ་ཞེ་ན། དེ་བཞི་འཛོག་ཚུལ་ཡོད་དེ། དབང་གི་ཆུ་བོ་མ་ནུབ་པ། བྱིན་བརླབས་ཀྱི་བརྒྱུད་པ་མ་ཉམས་པ། གདམས་ངག་གི་སནྟ་མ་ལོག་པ། མོས་གུས་ཀྱི་བསམ་པ་ཚིམ་པ་དང་བཅས་པའི་བཞི་པོ་དེ་ལ་འཇོག་པ་ཡིན་པའི་ཕྱིར་རོ། །འོ་ན་དེ་བཞི་གང་ལ་འཛོག་པ་ཡིན་ཞེ་ན། དེ་བཞི་ངོས་འཛིན་པ་ལ། དང་པོ་ལ་གཉིས་ཏེ། དབང་གི་ཆུ་བོ་ངོས་བཟུང་བ་དང་། དེ་མ་ནུབ་པའི་ཚད་བཤད་པའོ། །དང་པོ་ནི༑ དབང་གི་ཡེ་ཤེས་རྣམས་ལ་དབང་གི་ཆུ་བོ་ཞེས་འཛོག་པ་ཡིན་ཏེ། དཔེར་ན་ཆུ་དེས་སྣོད་ཀྱི་དྲི་མ་རྣམས་འཁྲུད་པར་བྱེད་པ་དེ་བཞིན་དུ། དབང་གི་ཡེ་ཤེས་དེས་ཀྱང་སློབ་མའི་སྒོ་གསུམ་གྱི་དྲི་མ་རྣམས་འཁྲུད་པར་བྱེད་པ་ཡིན་པའི་ཕྱིར་རོ། །

གཉིས་པ་ལ་གསུམ་སྟེ། རྒྱུ་དུས་ཀྱི་དབང་གི་ཆུ་བོ་མ་ནུབ་པའི་ཚད། ལམ་དུས་ཀྱི་དབང་གི་ཆུ་བོ་མ་ནུབ་པའི་ཚད། འབྲས་དུས་ཀྱི་དབང་གི་ཆུ་བོ་མ་ནུབ་པའི་ཚད་བཤད་པའོ། །དང་པོ་ནི། རྒྱུ་དུས་ཀྱི་དབང་གི་ཡེ་ཤེས་རྣམས་ལ་རྒྱུ་དུས་ཀྱི་དབང་གི་ཆུ་བོར་འཛོག་ཅིང་། དེ་མ་ནུབ་པའི་ཚད་ནི། རྒྱུ་དུས་ཀྱི་དབང་ཐོབ་ནས། རྩ་བའི་ལྟུང་བ་བཅུ་བཞི་པོ་གང་རུང་མ་བྱུང་བའི་བར་གྱི་དབང་གི་ཉམས་ལེན་རྣམས་ལ་འཛོག་པ་ཡིན་ནོ། །

གཉིས་པ་ལ་གཉིས་ཏེ། ཐུན་མོང་བ་དང་། ཐུན་མོང་མ་ཡིན་པའི་ལམ་དུས་ཀྱི་དབང་གི་ཆུ་བོ་མ་ནུབ་པའི་ཚད་བཤད་པའོ། །དང་པོ་ནི། ལམ་དབང་ཐོབ་ནས་ཞག་བདུན་གྱི་ཁོངས་སུ་དབང་དོན་ཉམས་སུ་ལེན་པའི་ཉམས་ལེན་དང་མ་བྲལ་བ་ཅིག་ལ་འཛོག་གོ། །གཉིས་པ་དེ་འཛོག་ཚུལ་ཡོད་དེ། ལུས་དཀྱིལ་དུ་ལམ་དབང་ཐོབ་ནས། རབ་ཐུན་བཞི། འབྲིང་ཐུན་གསུམ། ཐ་ན་ཡང་ཐུན་གཉིས་མ་ཆག་པར་ལེན་པའི་ཉམས་ལེན་དེ་ལ་འཛོག་པའི་ཕྱིར་རོ། །གསུམ་པ་འཛོག་ཚུལ་ཡོད་དེ། ས་བཅུ་གསུམ་གྱི་ཕྱེད་འོག་མའི་དབང་གི་ཡེ་ཤེས་དེ་ལ་འབྲས་དུས་ཀྱི་དབང་གི་ཆུ་བོ་ཞེས་འཛོག་ཅིང་། ས་བཅུ་གསུམ་པའི་ཕྱེད་གོང་མ་ལ་མཚམས་སྦྱོར་བར་བྱེད་པའི་ཕྱེད་འོག་མའི་དབང་གི་ཡེ་ཤེས་སྐྱེས་ཤིང་གནས་པ་དེ་ལ་འཛོག་པའི་ཕྱིར་རོ། །དབང་གི་ཆུ་བོ་མ་ནུབ་པའི་ཚད་དེ་ལྟར་ཡིན་ན། འོ་ན་བྱིན་རླབས་ཀྱི་བརྒྱུད་པ་མ་ཉམས་པ་དེ་ལ་ཅི་འདྲ་ཅིག་དགོས་ཤེ་ན། དེ་ལ་ཡང་ཁྱད་ཆོས་མཐའ་བཞི་དང་ལྡན་པ་ཅིག་དགོས་ཏེ། ཉམས་སུ་ལེན་པའི་མཐའ། ཉམས་སུ་མྱོང་བའི་མཐའ། བྱིན་

གྱིས་བརླབས་པའི་མཐའ། གྲུབ་པའི་མཐའ་སྟེ་གསང་སྔགས་མཐའ་བཞི་དང་བཅས་ཞེས་པ་ལྟ་བུ་ཅིག་དགོས་པའི་ཕྱིར་རོ། །དེ་བཞི་ཡང་འཇོག་ཚུལ་ཡོད་དེ། བླ་མས་བསྐྱེད་རིམ་དང་རྫོགས་རིམ་ལ་སོགས་པ་སྒོམ་ཚུལ་འདི་ལྟར་གྱིས་གསུངས་པའི་ཉམས་ལེན་བསྟན་པ་དེ་ཉིད། རང་ཉིད་ཀྱིས་ཉམས་སུ་ལེན་པ་དེ་ལ། ཉམས་སུ་ལེན་པའི་མཐའ་ཞེས་འཇོག །དེ་ལྟར་ཉམས་བསྒྲུངས་པ་ལ་བརྟེན་ནས། རང་ཉིད་ཀྱི་རྒྱུད་ལ་བུམ་དབང་གི་ལྟ་བ་ངོ་བོ་ཉིད་གསུམ། གསང་དབང་གི་ལྟ་བ་རང་བྱུང་གི་ཡེ་ཤེས་བཞི་ལ་སོགས་པ་སྐྱེས་པ་དེ་ལ། ཉམས་སུ་མྱོང་བའི་མཐའ་ཞེས་འཇོག །དེ་ལྟར་སྐྱེས་པ་ལ་བརྟེན་ནས། ཕྱི་ནང་གི་མཁའ་འགྲོའི་བྱིན་གྱིས་བརླབས་པ་དེ་ལ། བྱིན་གྱིས་བརླབས་པའི་མཐའ་ཞེས་འཇོག །དེ་ལྟར་བྱིན་གྱིས་བརླབས་པ་ལ་བརྟེན་ནས། གྲུབ་མཐའ་དང་པོ་འཁོར་འདས་དབྱེར་མེད། གྲུབ་མཐའ་གཉིས་པ་མ་འདྲེས་ལ་ཡོངས་སུ་རྫོགས་པ། གྲུབ་མཐའ་གསུམ་པ་བདེ་སྟོང་རྒྱ་ཆུང་བ། གྲུབ་མཐའ་བཞི་པ་བདེ་སྟོང་རྒྱ་ཆེ་བ་ལ་སོགས་པ་སློགས་པ་དེ་ལ་གྲུབ་པའི་མཐའ་ཞེས་འཇོག་པའི་ཕྱིར་རོ། །དེ་ལྟར་ཡིན་ན་གདམས་ངག་གིས་སན྄་མ་ལོག་པ་དེ་གང་ལ་འཇོག་ཅེ་ན། འདིར་འགའ་ཞིག །གདམས་ངག་གི་སན྄་མ་ལོག་པ་ཞེས་ཟེར་ཞིང་། འགའ་ཞིག་གདམས་ངག་གི་སར་ཁ་མ་ལོག་པ་ཞེས་གསུང་བ་རྣམས་ནི་རྟོག་པས་བཏགས་པ་ཙམ་དུ་ཟད་དོ། །དེས་ན་འདི་ནི་སྨན་ངག་མེ་ལོང་ལས། སན྄ས་བཅིངས་པ་སྨན་ངག་ཆེ། །ཞེས་གསུངས་པ་ལྟར་འདི་ལེགས་སྦྱར་གྱི་སྐད་ཡིན་པས། གདམས་ངག་གི་སན྄་མ་ལོག་པ་ཞེས་བྱ་བ་ཡིན་ལ། དེའི་དོན་ཡང་ཕྱིན་ཅི་མ་ལོག་པའམ། གོ་རིམ་མ་ལོག་པའམ། སྦྲ་ཧི་བཞིན་པ་ཞེས་པའི་དོན་ཡིན་པའི་ཕྱིར་རོ། །རྗེ་བཙུན་གོང་མ་རྣམས་ཀྱི་ཐུགས་དགྱེས་རྫོགས་པར་གྱུར་ཅིག །

དེས་ན་གདམས་ངག་གི་སན྄་མ་ལོག་པ་དེ་ལའང་། ཁྱད་ཆོས་བཞི་དང་ལྡན་པ་ཅིག་དགོས་ཏེ། བར་ཆད་ངོ་ཤེས་པས་བདུད་ཀྱི་གེགས་སེལ་བ། ཏིང་ངེ་འཛིན་ངོ་ཤེས་པས་བསམ་གཏན་གྱི་གེགས་སེལ་བ། སྐྱོན་ཡོན་ཏན་དུ་སློང་ཤེས་པ། བར་ཆད་དངོས་གྲུབ་ཏུ་ལེན་ཤེས་པ་སྟེ། ཁྱད་ཆོས་དེ་རྣམས་དང་ལྡན་པ་ཅིག་དགོས་པའི་ཕྱིར། བཞི་པ་མོས་གུས་ཀྱི་བསམ་པ་ཚིམ་པ་ནི། བླ་མས་ཉམས་ལེན་བསྟན་ཅིང་། བསྟན་པ་དེ་ཉིད་རང་ཉིད་ཀྱིས་ཉམས་སུ་བླངས་པ་ལ་བརྟེན་ནས། རང་ཉིད་ཀྱི་རྒྱུད་ལ་ཉམས་མྱོང་ཚད་མ་སྐྱེས། དེ་སྐྱེས་པ་ལ་བརྟེན་ནས་རང་ཉིད་ཀྱི་བླ་མ་དེ་ལ་སངས་རྒྱས་དངོས་ཀྱི་འདུ་ཤེས་སྐྱེས་ཏེ། རྐྱེན་གཞན་གྱིས་འཕྲོག་པར་མི་ནུས་པའི་བསམ་པ་དེ་ལ་འཇོག་པ་ཡིན་នོ། །བླ་མ་བརྒྱུད་པ་མ་ཉམས་པ་ལ་ཁྱད་ཆོས་དེ་ལྟ་བུ་དགོས་ན། ཚིག་འབྲུགས་པར་མ་གྱུར་པ་ལ་ཁྱད་ཆོས་ཇི་འདྲ་བ་ཅིག་ཚང་དགོས་ཤེ་ན། དེ་ལ་ཡང་ཁྱད་ཆོས་བཞི་ལྡན་དགོས་ཏེ། ཞལ་དང་འདྲ་བའི་ཚིགས་ཀྱི་སྒོ་བརྒྱད། སྤྱན་དང་འདྲ་བའི་ཚིགས་ཀྱི་གཙོ་བོ་ཉི་ཤུ་རྩ་བཞི། ཕྱག་དང་འདྲ་བའི་ཚོ་

གའི་ཡན་ལག་བཅུ་དྲུག །ཞབས་དང་འདྲ་བའི་ཚོ་གའི་ཆིངས་བཞི་སྟེ། དེ་རྣམས་དང་ལྡན་པ་ཅིག་དགོས་པའི་ཕྱིར་རོ། །

དེ་རྣམས་ཀྱི་ཡང་དང་པོ་བརྒྱད་པོ་དེ་འཇོག་ཚུལ་ཡོད་དེ། སྔོན་དུ་འགྲོ་བ་བསྙེན་པའི་ཆོག །སློབ་མ་རྗེས་འཛིན་གྱི་ཆོག །སའི་ཆོག །སྟ་གོན་གྱི། ཐྲི་ཤིང་རྒྱན་བཀྲམ་པ། སྒྲུབ་ཅིང་མཆོད་པ། འཇུག་ཅིང་དབང་བླང་བ། དཀྱིལ་འཁོར་ཆེན་པོའི་རྗེས་ཀྱི་ཆོག་དང་བརྒྱད་པོ་དེ་ལ་འཇོག་པ་ཡིན་པའི་ཕྱིར་རོ། །དང་པོ་བསྙེན་པ་ལ་གསུམ་སྟེ། རབ་མཚན་མའི་བསྙེན་པ། འབྲིང་དུས་བསྙེན། ཐ་མ་གྲངས་ཀྱི་བསྙེན་པའོ། །དང་པོ་ལ་གསུམ་སྟེ། རབ་ཡི་དམ་ལྷའི་ཞལ་མཐོང་བ། འབྲིང་རྡོ་རྗེ་དྲིལ་བུ་ནམ་མཁའ་ལ་འཇོག་ནུས་པ་ཡིན་པ། ཐ་ན་ཉམས་སམ་རྨི་ལམ་དུ་ལུང་བསྟན་པ་ཅིག་དགོས་ཤིང་། དེ་གསུམ་ཀས་གཞི་བསྙེན་གྱི་གོ་ཆོད་པ་ཡིན་ནོ། །

གཉིས་པ་དུས་བསྙེན་ལ་རབ་འབྲིང་གསུམ་དུ་ཡོད་པའི་གསུམ་པོ་དེ་ལ། རྗེ་བཙུན་བསོད་རྩེའི་རབ་ལོ་དྲུག །འབྲིང་ཟླ་བ་དྲུག །ཐ་མ་ཟླ་བ་གསུམ་དགོས་སོ་ཞེས་གསུངས་ལ། རྗེ་བཙུན་གྲགས་པས། རབ་ཟླ་བ་དྲུག །འབྲིང་ལ་ཟླ་བ་གསུམ། ཐ་མ་ལ་ཞག་བདུན་དགོས་ཤིང་། གྲངས་བསྙེན་གྱི་རབ་ལ་གཙོ་བོ་ལ་བཞི་འབུམ། འཁོར་ལ་བཞི་ཁྲི། འབྲིང་གི་གཙོ་བོ་ལ་བཞི་ཁྲི། འཁོར་ལ་བཞི་སྟོང་། ཐ་མའི་གཙོ་བོ་ལ་བཞི་སྟོང་། འཁོར་ལ་བཞི་བརྒྱ་དགོས་ལ། དེས་ན་དུས་བསྙེན་དང་གྲངས་བསྙེན་གཉིས་ཀྱི་རབ་གཉིས་པོ་དེས་གཞི་བསྙེན་གྱི་གོ་ཆོད་ཅིང་། འབྲིང་མན་ཆད་ཀྱིས་གོ་མི་ཆོད་དོ་ཞེས་གསུངས་ལ། གྲངས་བསྙེན་ལ་ས་སྐྱ་པ་ཆེན་པོའི་བརྟག་གཉིས་བཀའ་འགྲེལ་དུ། དེ་ཙ་པི་ཙུ་ལ་བཞི་འབུམ་དང་། རྩ་སྔགས་བཟླས་པ་ན་འབུམ་ཕྲག་གཅིག་དགོས་པ་ཡིན་ནོ། །ཞེས་སོགས་རྗེ་བཙུན་གོང་མའི་གསུང་དེ་རྣམས་ལས་ད་ལམ་འདིར་རྗེ་གྲགས་པའི་གསུང་དེ་ཚད་མར་ཁས་ལེན་པ་ཡིན་ནོ། །

གཉིས་པ་གཙོ་བོ་ཉི་ཤུ་རྩ་བཞི་འཇོག་ཚུལ་ཡོད་དེ། དཀྱིལ་འཁོར་དུ་འཇུག་པའི་ཆོས་བཅུ། དངོས་གཞི་ལ་སློབ་མའི་དབང་དྲུག །སློབ་དཔོན་གྱི་དབང་བཞི་སྟེ་བཅུ། མཐར་རྟེན་ལ། རྗེས་གནང་། ལུང་བསྟན། དབུགས་དབྱུང་། གཟེངས་བསྟོད་དང་བཞི་སྟེ་ཉེར་བཞི་པོ་དེ་ལ་འཇོག་པའི་ཕྱིར་རོ། །

གསུམ་པ་ཡན་ལག་བཅུ་དྲུག་འཇོག་ཚུལ་ཡོད་དེ། བསྙེན་པ་བྱ་བ། སའི་ཆོག་ལས་བརྟག་པ། སྦྱང་བ། བླང་བ། ས་བཟུང་བ། ས་བསྲུང་བ་དང་ལྔ། སྟ་གོན་ལ། སའི་ལྷ་མོ་སྟ་གོན། ལྷ་སྟ་གོན། བུམ་པ་སྟ་གོན། སློབ་མ་སྟ་གོན་སྟེ་བཞི། ཐྲི་ཤིང་རྒྱན་བཀྲམ་པ་ལ། ཐྲི་བ་ལ། ཐིག་གིས་ཐྲི་བ། ཚོན་གྱིས་ཐྲི་བ་གཉིས། དང་པོ་ལ། ཡེ་ཤེས་ཀྱི་ཐིག་གིས་ཐྲི་བ་དང་། ལས་ཀྱི་ཐིག་གིས་ཐྲིས་པ་གཉིས་ཏེ། ཐྲི་བ་ལ་གསུམ། རྒྱན་བཀྲམ་པ། སྒྲུབ་

པ༑ མཆོད་པ་དང་བཅས་པའི་བཅུ་དྲུག་པོ་དེ་ལ་འཇོག་པའི་ཕྱིར་རོ། །དེ་ལྟ་བུའི་རྒྱན་དེ་ལ་ཡང་ས་རྒྱན་དང་། གནམ་རྒྱན་གཉིས་ཡོད་པའི་དང་པོ་དེ་ནི། རྐྱང་ནུལ་བྱ་བ་ཞེས་བྱ་བ་དཀྱིལ་འཁོར་འབྲི་བའི་གཞི་དེར་སྟུམ་ཕྱིས་སམ། བ་བྱུང་ལྔའི་བྱུག་པ་བྱེད་པ་ལྟ་བུ་ལ་འཇོག་པ་ཡིན་ལ། གཉིས་པ་དེ་ནི། བླ་རེ་དང་། འཕན་ལ་སོགས་པ་ལ་འཇོག་པ་ཡིན་ནོ། །སྒྲུབ་པ་དེ་ལ་ཡང་གསུམ་ཡོད་དེ། བདུན་བསྲེས་ཀྱི་སྒྲུབ་པ། ལྔ་བསྲེས་ཀྱི་སྒྲུབ་པ། བཞི་བསྲེས་ཀྱི་སྒྲུབ་པ་རྣམས་ཡོངས་སུ་ཡོད་པའི་ཕྱིར་རོ། །མཆོད་པ་ལ་ཡང་། ཕྱི་ནང་གསང་བ་དེ་ཁོ་ན་ཉིད་ཀྱི་མཆོད་པ་དང་བཞི་ཡོད་དོ། །

བཞི་པ་ཚིངས་བཞི་ནི། བུམ་དབང་། གསང་དབང་། ཤེར་དབང་། དབང་བཞི་པའི་ཚིངས་དང་བཞི་པོ་དེ་ལ་འཇོག་གོ། །ཞེས་འཆད་པ་ལ། ཚིག་འབྲུགས་པར་མ་གྱུར་པ། །ཞེས་པ་དང་། ཕ་རོལ་ཕྱིན་གཞུང་མི་ནུས་པར། །གལ་ཏེ་གསང་སྔགས་སྒོམ་འདོད་ན། །ནོར་བ་མེད་པའི་དབང་བཞི་ལོང་། །འབྲུལ་བ་མེད་པའི་རིམ་གཉིས་སྒོམ། །ཞེས་པ་འདི་རྣམས་བྱུང་། སྨིན་བྱེད་དབང་བཞི་པོ་དེ་བསྐུར་བར་བྱེད་པའི་རྡོ་རྗེ་སློབ་དཔོན་དེས། རྟེན་སློབ་མ་དེ་ལ་ཕྱི་ནང་གསང་གསུམ་གྱིས་མཚོན་པའི་རྟེན་འབྲེལ་རྣམ་པ་ལྔ་བསྒྲིག་པའི་ཚུལ་ཡོད་དེ། ཕྱིའི་རྟེན་འབྲེལ་གཙོ་བོར་ཡུལ་གྱི་སྟེང་དུ་སྒྲིག །ནང་གི་རྟེན་འབྲེལ་དེ་གཙོ་བོ་དེ་སེམས་ཀྱི་སྟེང་དུ་སྒྲིག །གསང་བའི་རྟེན་འབྲེལ་གཙོ་བོར་རྩ་ཐིག་རླུང་གསུམ་གྱི་སྟེང་དུ་སྒྲིག །དེ་ཁོ་ན་ཉིད་ཀྱི་དེ་གཙོ་བོར་ཆོས་ཐམས་ཅད་ཀྱི་སྟེང་དུ་སྒྲིག །མཐར་ཐུག་གི་དེ་གཙོ་བོར་སྤྱང་བྱ་དང་གཉེན་པོ་གཉིས་མཐར་ཐུག་པའི་གནས་སྐབས་དེར་སྒྲིག་པའི་ཕྱིར་རོ། །དེ་ནས་གཞལ་ཡས་ཁང་གྲུ་བཞི་སྒོ་བཞི་པ་ལྟ་བུ་སྤྱང་གཞི་ཕྱིའི་རྟེན་འབྲེལ། དེ་ལ་བྱང་ཕྱོགས་སོ་བདུན་གྱི་དག་པ་སྦྱོར་བ་དེ་སྦྱོང་བྱེད་ཀྱི་ཕྱི་རྟེན་འབྲེལ་སྒྲུབ་པ་རང་ཉིད་ཀྱི་ཕུང་པོ་ལྔ། འབྱུང་བ་ལྔ། ཉོན་མོངས་པ་ལྔ། སྐྱེ་མཆེད་བཅུ་གཉིས། ཚིགས་ཆེན་བརྒྱད་ལ་སོགས་པ་རྣམས་སྦྱངས་གཞིའི་ནང་རྟེན་འབྲེལ། ནང་དཀྱིལ་འཁོར་གྱི་ལྷ་གཙོ་འཁོར་ལྔ་དང་། དགུ་དང་། སུམ་ཅུ་རྩ་བདུན་ལ་སོགས་པ་རྣམས་སྦྱོང་བྱེད་ཀྱི་ནང་རྟེན་འབྲེལ་ཡིན་ཞིང་། རྟེན་འབྲེལ་དེ་ལྟར་བསྒྲིགས་པ་ལ་བརྟེན་ནས། སྒྲུབ་པ་པོ་རང་ཉིད་འཚང་རྒྱ་བའི་ཚེ༑ སྒྲུབ་པ་པོ་རང་ཉིད། རང་ཉིད་ལ་བྱིན་གྱིས་རློབ་པའི་བླ་མ་གཅིག །རང་དང་རྟོགས་པ་མཉམ་པའི་མཚན་ལྡན་གྱི་རིག་མ་གཅིག །རང་ཉིད་ལ་དད་པ་ཐོབ་པའི་སློབ་མ་གཅིག །རང་ཉིད་ཀྱི་བར་ཆད་སེལ་ནུས་པའི་ཆོས་སྲུང་དཀར་ཕྱོགས་ཀྱི་ལྷ་གཅིག་དང་བཅས་ཏེ་འཁོར་ཚོམ་བུ་ཅན་གཅིག་ཏུ་འཚང་རྒྱ་བ་ཡིན་པའི་ཕྱིར། ཞེས་འཆད་པ་ལ། ཕྱི་ནང་རྟེན་འབྲེལ་སྒྲིག་མཁྱེན་ཅིང་། །ཞེས་པ་འདི་བྱུང་། དེས་ན་སྨིན་བྱེད་དབང་བསྐུར་བའི་ཚེ་དཀྱིལ་འཁོར་གྱི་ལྷ་ལ་མ་མཐའ་ལྷ་གཙོ་འཁོར་ལྔ་ཚང་དགོས་པའི་གནད་ཀྱང་དེ་ཉིད་ཡིན་ནོ། །

ཕྱི་ནང་རྟེན་འབྲེལ་སྒྲིག་མཁྱེན་ཅིང་། །ཞེས་པའི་ཚིག་ཟུར་གྱི། ཅིང་ཞེས་པའི་ནུས་པས། དེ་ལྟ་བུས་རྡོ་རྗེ་སློབ་དཔོན་དེས། རྟེན་སློབ་མ་དེ་ལ་རྟེན་འབྲེལ་རྣམ་པ་ལྔ་པོ་དེ་སྒྲིག་པར་མ་ཟད། རྟེན་སློབ་མ་དེའི་དཀྱིལ་འཁོར་བཞི་ལ་སྐུ་བཞིའི་ས་བོན་ཡང་འདེབས་པར་བྱེད་པ་ཡིན་ཏེ། སྨིན་བྱེད་ཀྱི་དབང་བཞི་པོ་དེ་ལ་བརྟེན་ནས་འདེབས་པར་བྱེད་པ་ཡིན་པའི་ཕྱིར་རོ། །དེ་བཞི་ལ་བརྟེན་ནས། རྟེན་སློབ་མའི་དཀྱིལ་འཁོར་བཞི་ལ་སྐུ་བཞིའི་ས་བོན་ནུས་ལྡན་དུ་ཐེབས་པར་ནུས་པ་ཡིན་ཏེ། སྨིན་བྱེད་བུམ་དབང་ལ་བརྟེན་ནས་ལུས་རྩ་ལ་སངས་རྒྱས་སྤྲུལ་སྐུའི་ས་བོན་ཐེབས་པར་ནུས། སྨིན་བྱེད་གསང་དབང་ལ་བརྟེན་ནས་རྩ་ཡི་གེ་ལ་སངས་རྒྱས་ལོངས་སྐུའི་ས་བོན་ཐེབས་པར་ནུས། སྨིན་བྱེད་ཤེར་དབང་ལ་བརྟེན་ནས་ཁམས་བདུད་རྩི་ལ་སངས་རྒྱས་ཆོས་སྐུའི་ས་བོན་ཐེབས་པར་ནུས། སྨིན་བྱེད་དབང་བཞི་པ་ལ་བརྟེན་ནས་སྙིང་པོ་ཡེ་ཤེས་རླུང་ལ་སངས་རྒྱས་ངོ་བོ་ཉིད་སྐུའི་ས་བོན་ནུས་ལྡན་དུ་ཐེབས་པར་ནུས་པ་ཡིན་པའི་ཕྱིར། ཞེས་འཆད་པ་ལ། སྐུ་བཞིའི་ས་བོན་ཐེབས་ནུས་པ། །ཞེས་པ་འདི་བྱུང་། དེས་ན་དེ་ལྟ་བུའི་སློབ་མ་དེའི་དབང་བཞི་པོ་དེ་ལེན་པའི་ཚུལ་ཡང་ཡོད་དེ། དབང་བསྐུར་བའི་ཚོ་ག་རྣམས་སངས་རྒྱས་ཀྱི་རྒྱུད་སྡེ་ནས་ཇི་ལྟར་གསུངས་པ་བཞིན་བྱེད་པའི་བླ་མ་དམ་པ་ཅིག་བཙལ་ཏེ། དེ་ལ་དབང་བཞི་པོ་དེ་ལེན་པའི་ཕྱིར། ཞེས་འཆད་པ་ལ། བླ་མ་བཙལ་ལ་དབང་བཞི་བླང་། །ཞེས་པ་འདི་བྱུང་། དེ་ལྟ་བུའི་རྡོ་རྗེ་སློབ་དཔོན་དེས། སློབ་མ་དེ་ལ་དབང་བཞི་པོ་བསྐུར་བ་ཆོས་ཅན། དགོས་པ་ཡོད་དེ། དབང་ལེན་པར་བྱེད་པའི་སློབ་མ་དེ་སྡོམ་པ་གསུམ་ལྡན་དུ་བྱ་བའི་ཆེད་ཡིན་པའི་ཕྱིར། ཞེས་འཆད་པ་ལ། དེ་ཡི་སྡོམ་པ་གསུམ་ལྡན་འགྱུར། །ཞེས་པ་འདི་བྱུང་། དེ་སྡོམ་པ་གསུམ་ལྡན་དུ་བྱེད་པའི་ཚུལ་ཡང་ཡོད་དེ། དབང་གི་སྔོན་འགྲོ་བའི་གནས་སྐབས་སུ་གཙོ་བོར་སོ་ཐར་དང་བྱང་སྡོམ་གཉིས་ཐོབ་པར་བྱེད། དངོས་གཞི་བུམ་དབང་གི་སྐབས་སུ་གཙོ་བོར་བསྐྱེད་རིམ་གྱི་སྡོམ་པ་ཐོབ་པར་བྱེད། དབང་གོང་མ་གསུམ་གྱི་གནས་སྐབས་སུ་གཙོ་བོར་རྫོགས་རིམ་གྱི་སྡོམ་པ་ཐོབ་པར་བྱེད་པ་ཡིན་པའི་ཕྱིར་རོ། །

དེ་ལྟར་སྡོམ་པ་གསུམ་ལྡན་དུ་བྱས་པ་ཆོས་ཅན། དགོས་པ་ཡོད་དེ། གཞི་སྡོམ་པ་གསུམ་ལ་གནས་ནས་ལམ་རིམ་པ་གཉིས་པོ་ཉམས་སུ་བླང་པ་ལ་བརྟེན་ནས། མཐར་ཐུག་ས་བཅུ་གསུམ་རྡོ་རྗེ་འཛིན་པའི་སའི་གོ་འཕང་ཐོབ་པར་བྱ་བའི་ཆེད་ཡོད་པའི་ཕྱིར་རོ། །ཞེས་པ་ལ། རྡོ་རྗེ་འཛིན་པའི་ས་དགེ་བ། །བཅུ་གསུམ་པ་ནི་ཐོབ་པར་འགྱུར། །ཞེས་གསུངས་པའི་ཕྱིར་རོ། །གསང་སྔགས་བླ་མེད་ཀྱི་སྨིན་བྱེད་ཀྱི་དབང་དེ་ལ། སྨིན་བྱེད་བུམ་དབང་ལ་སོགས་པ་བཞིར་ཡོད་ཅིང་། བཞི་པོ་དེར་གྲངས་ངེས་པ་ཡིན་ན། དེ་བཞིར་གྲངས་ངེས་པའི་རྒྱུ་མཚན་ཇི་ལྟ་བུ་ཞེ་ན། བླ་མེད་ཀྱི་དབང་ལ་སྨིན་བྱེད་བུམ་དབང་ལ་སོགས་པ་བཞིར་གྲངས་ངེས་པའི་རྒྱུ་མཚན་

ཡོད་དེ། གང་གིས་བསྒྲུར་བར་བྱེད་པའི་རྡོ་རྗེ་སློབ་དཔོན་དེ་ལ་བཞིར་གྲངས་ངེས། གང་དུ་བསྒྲུར་བའི་དཀྱིལ་འཁོར་དེ་ལ་ཡང་བཞིར་གྲངས་ངེས། གང་ལ་བསྒྲུར་བའི་རྟེན་སློབ་མའི་དཀྱིལ་འཁོར་དེ་ལའང་བཞིར་གྲངས་ངེས། སྦྱང་བྱའི་དྲི་མ་དེ་ལའང་བཞིར་གྲངས་ངེས། དེ་སྦྱོང་བའི་ལམ་དེ་ལའང་བཞིར་གྲངས་ངེས། ལམ་དེ་བསྒྲུངས་པ་ལ་བརྟེན་ནས་སྐྱེས་པའི་ཉམས་མྱོང་གི་ལྟ་བ་དེ་ལའང་བཞིར་གྲངས་ངེས། དེ་ལ་བརྟེན་ནས་ས་ཐོབ་པའི་གྲུབ་མཐའ་དེ་ལའང་བཞིར་གྲངས་ངེས། འདའ་ཁ་མའི་གདམས་ངག་ལའང་བཞིར་གྲངས་ངེས། བར་དོའི་གདམས་ངག་ལའང་བཞིར་གྲངས་ངེས། འགྲོས་བཞི་ཐིམ་ཚུལ་ལའང་བཞིར་གྲངས་ངེས། གནས་གྱུར་འབྲས་བུ་དེ་ལ་ཡང་བཞིར་གྲངས་ངེས་པའི་ཕྱིར་རོ། །དང་པོ་གྲུབ་སྟེ། དེ་ལ་ཕྱི་སྒྲོ་འདོགས་དཔྱོད་པར་བྱེད་པའི་བླ་མ། ནང་རང་བྱུང་གི་ཡེ་ཤེས་སྟོན་པར་བྱེད་པའི་བླ་མ། གསང་བ་ལྷན་ཅིག་སྐྱེས་པའི་ཡེ་ཤེས་སྟོན་པར་བྱེད་པའི་བླ་མ། མཐར་ཐུག་ཆོས་ཐམས་ཅད་མཐར་ཐུག་དེ་ཁོ་ན་ཉིད་དུ་སྟོན་པར་བྱེད་པའི་བླ་མ་དང་བཞིར་གྲངས་ངེས་པ་ཡིན་པའི་ཕྱིར་རོ། །

གཉིས་པ་གྲུབ་སྟེ། དེ་ལ་ཕྱི་རྡུལ་ཚོན་གྱི་དཀྱིལ་འཁོར། ཀུན་རྫོབ་བྱང་ཆུབ་སེམས་ཀྱི་དཀྱིལ་འཁོར། ཕྱག་རྒྱ་བྷ་གའི་དཀྱིལ་འཁོར། དོན་དམ་བྱང་ཆུབ་སེམས་ཀྱི་དཀྱིལ་འཁོར་དང་བཞིར་ངེས་པའི་ཕྱིར་རོ། ། གསུམ་པ་དེ་གྲུབ་སྟེ། དེ་ལ་ལུས་རྩའི་དཀྱིལ་འཁོར། རྩ་ཡི་གེའི་དཀྱིལ་འཁོར། ཁམས་བདུད་རྩིའི་དཀྱིལ་འཁོར། སྙིང་པོ་ཡེ་ཤེས་རླུང་གི་དཀྱིལ་འཁོར་དང་བཞིར་ངེས་པའི་ཕྱིར་རོ། །བཞི་པ་གྲུབ་སྟེ། དེ་ལ་ལུས་ངག་ཡིད་གསུམ་ཀའི་དྲི་མ་དང་བཞིར་ངེས་པའི་ཕྱིར་རོ། །ལྔ་པ་གྲུབ་སྟེ། དེ་ལ་བསྐྱེད་པའི་རིམ་པ་དབྱིབས་ཀྱི་ལམ། གཏུམ་མོ་ཙཎྜ་ལིའི་ལམ། དཀྱིལ་འཁོར་འཁོར་ལོའི་ལམ། རྡོ་རྗེ་ཐ་རླབས་ཀྱི་ལམ་དང་བཞིར་ངེས་པའི་ཕྱིར་རོ། །དྲུག་པ་གྲུབ་སྟེ། དེ་ལ་བུམ་དབང་གི་ལྟ་བ་ངོ་བོ་ཉིད་གསུམ། གསང་དབང་གི་ལྟ་བ་རང་བྱུང་གི་ཡེ་ཤེས་བཞི། ཤེར་དབང་གི་ལྟ་བ་ཡས་བབ་ཀྱི་དགའ་བ་བཞི། དབང་བཞི་པའི་ལྟ་བ་མས་བརྟན་གྱི་དགའ་བ་བཞི་དང་བཅས་པའི་བཞི་པོ་དེར་ངེས་པའི་ཕྱིར་རོ། །དེ་རྣམས་ཀྱི་དང་པོ་ངོ་བོ་ཉིད་གསུམ་གྱི་འཇོག་ཚུལ་ཡོད་དེ། སྣང་ཕྱོགས་ཀྱི་ཏིང་ངེ་འཛིན། སྟོང་ཕྱོགས་ཀྱི་ཏིང་ངེ་འཛིན། ཟུང་འཇུག་གི་ཏིང་ངེ་འཛིན་དང་གསུམ་པོ་དེ་ལ་འཇོག་པའི་ཕྱིར་རོ། །

རང་བྱུང་བཞི་འཇོག་ཚུལ་ཡོད་དེ། ཉོན་མོངས་རང་བྱུང་གི་ཏིང་ངེ་འཛིན། རྣམ་རྟོག་རང་བྱུང་གི་ཏིང་ངེ་འཛིན། སྤྲུལ་བཞི་རང་བྱུང་གི་ཏིང་ངེ་འཛིན། གསལ་ཞིང་ཡང་ལ་མི་རྟོག་པའི་རང་བྱུང་གི་ཏིང་ངེ་འཛིན་དང་བཞི་པོ་དེ་ལ་འཇོག་པའི་ཕྱིར་རོ། །ཡས་བབ་བཞི་འཇོག་ཚུལ་ཡོད་དེ། དགའ་བ། མཆོག་དགའ། དགའ་བྲལ།

ལྷན་སྐྱེས་དང་བཞི་པོ་དེ་ལ་འཇོག་པའི་ཕྱིར་རོ། །མས་བརྟན་བཞི་འཇོག་ཚུལ་ཡོད་དེ། མས་བརྟན་གྱི་དགའ་བ། མཆོག་དགའ། དགའ་བྲལ། ལྷན་སྐྱེས་དང་བཞི་པོ་དེ་ལ་འཇོག་པའི་ཕྱིར་རོ། །དེ་རྣམས་ལ་ཉམས་སྐྱོན་ཅན་སྐྱོན་མེད་གང་ཡིན་ཀྱང་དངོས་བརྟགས་འབྱེད་པའི་ཚུལ་ཡོད་དེ། ངོ་བོ་ཉིད་གསུམ་གྱི་དང་པོ་གཉིས་དང་། རང་བྱུང་བཞིའི་དང་པོ་གསུམ་ལ་ཉམས་སྐྱོན་ཅན་ཡིན་པས་ཁྱབ་ཅིང་། དེ་ལྟ་མ་གཏོགས་པར་གྱུར་པའི་གཞན་རྣམས་ལ་ཉམས་སྐྱོན་མེད་ཀྱིས་ཁྱབ་པའི་ཕྱིར་རོ། །རྒྱ་བའི་བདུན་པ་གྲུབ་སྟེ། དེ་ལ་བུམ་དབང་གི་གྲུབ་མཐའ་འཁོར་འདས་དབྱེར་མེད། གསང་དབང་གི་གྲུབ་མཐའ་མ་འདྲེས་ལ་ཡོངས་སུ་རྫོགས་པ། ཤེར་དབང་གི་གྲུབ་མཐའ་བདེ་སྟོང་རྒྱ་ཆུང་བ། དབང་བཞི་པའི་གྲུབ་མཐའ་བདེ་སྟོང་རྒྱ་ཆེ་བ་སྟེ་བཞིར་ངེས་པའི་ཕྱིར་རོ། །བརྒྱད་པ་གྲུབ་སྟེ། བུམ་དབང་གི་འདའ་ཁ་མ་དེ་ལ། སྣང་བ་བསྒྱུར་བའི་འདའ་ཁ་མ། སྒྲས་འཕོ་བའི་འདའ་ཁ་མ། འོད་ཀྱི་གོང་བུའི་འདའ་ཁ་མ། གསང་དབང་གི་འདའ་ཁ་མ། འོད་གསལ་ནས་འཕོ་བའི་འདའ་ཁ་མ། ཤེར་དབང་གི་དེ། ནམ་འཆི་བའི་ཚེ་ན་རྡོ་རྗེ་སེམས་དཔའ་འགྲོན་པར་འགྱུར་བ། དབང་བཞི་པའི་འདའ་ཁ་མ། ཕྱག་རྒྱ་ཆེན་པོའི་ལམ་ནས་འཕོ་བའི་འདའ་ཁ་མ་དང་བཞིར་ངེས་པའི་ཕྱིར་རོ། །དགུ་པ་གྲུབ་སྟེ། བུམ་དབང་གི་བར་དོའི་གདམས་ངག །སྣམ་བྱ་རྣམ་པ་ལྔ་པོ་དེ་ལྔའི་རྣམ་པར་བསྒྱུར་ཏེ་ཉམས་སུ་ལེན་པ། གསང་དབང་གི་སྣམ་བྱ་ལྔ་པོ་དེ་ཡི་གེ་ཨཱ་ལི་དང་ཀཱ་ལིར་བསྒྱུར་ཏེ་ཉམས་སུ་ལེན་པ། ཤེར་དབང་གི་དེ་བྱང་ཆུབ་ཀྱི་སེམས་མུ་ཏིག་གི་རྡོག་མ་ལྟར་བཀྲུས་ཏེ་ཉམས་སུ་ལེན་པ། དབང་བཞི་པའི་བར་དོའི་གདམས་ངག་རླུང་ལྟུང་འཇུག་གནས་གསུམ་དུ་ཉམས་སུ་ལེན་པ་སྟེ་བཞིར་ངེས་པའི་ཕྱིར་རོ། །བཅུ་པ་འགྲོས་བཞི་ཐིམ་ཚུལ་ལ་ཡང་བཞིར་ངེས་པ་ཡིན་ཏེ། དེ་ལ་རྩའི་འགྲོས་ཐམས་ཅད་དབུ་མར་ཐིམ་པ། ཡི་གེའི་འགྲོས་ཐམས་ཅད་ཡི་གེ་ནཱ་དར་ཐིམ། ཁམས་ཀྱི་འགྲོས་ཐམས་ཅད་མི་ཤིགས་པའི་ཐིག་ལེར་ཐིམ། རླུང་གི་འགྲོས་ཐམས་ཅད་དབུ་མར་ཐིམ་པ་དང་བཞིར་ངེས་པའི་ཕྱིར་རོ། །བཅུ་གཅིག་པ་གནས་གྱུར་འབྲས་བུ་ལ་བཞིར་གྲངས་ངེས་པ་ཡིན་ཏེ། རྩ་གནས་གྱུར་པ་ལ་སངས་རྒྱས་སྤྲུལ་སྐུ། ཡི་གེ་གནས་གྱུར་པ་ལ་སངས་རྒྱས་ལོངས་སྐུ། ཁམས་གནས་གྱུར་པ་ལ་སངས་རྒྱས་ཆོས་སྐུ། སྙིང་པོ་ཡེ་ཤེས་རླུང་གནས་གྱུར་པ་ལ་སངས་རྒྱས་ངོ་བོ་ཉིད་སྐུ་དང་བཞིར་ངེས་པ་ཡིན་པའི་ཕྱིར། དེས་ན་བླ་མེད་སྔགས་སྡོམ་དེ་ལ་བསྐྱེད་རིམ་གྱི་སྡོམ་པ་དང་རྫོགས་རིམ་གྱི་སྡོམ་པ་གཉིས་ཡོད་ཀྱང་། བླ་མེད་ཀྱི་བུམ་དབང་རྫོགས་པའི་ཚེ། བླ་མེད་ཀྱི་སྔགས་སྡོམ་རྫོགས་པར་ཐོབ་སྟེ། དེའི་ཚེ་རིགས་དྲུག་གི་སྔགས་སྡོམ་རྫོགས་པར་ཐོབ་པ་སོགས་ཀྱིས་ཕྱིར་རོ། །དེས་གཞུང་འགྲེལ་ཟབ་མོ་ཕྱུལ་དུ་ཕྱིན་པ་བསྡུས་ཙམ་ཞིག་བཤད་ནས།། །།

གཉིས་པ་དཀའ་གནས་ཀྱི་མཐའ་དཔྱད་ཟབ་མོ་བླ་ན་མེད་པ་འདི་ཉིད་བཤད་ན་གཉིས་ཏེ། རྫོད་བྱེད་རྒྱུད་སྡེའི་རྣམ་གཞག །བརྗོད་བྱ་སྔགས་ལམ་གྱི་རྣམ་གཞག་གོ། །དང་པོ་ལ་བཞི་སྟེ། རྒྱུད་སྡེའི་དབྱེ་བ། བསྡུ་བ། གྲངས་ངེས། སོ་སོར་བཤད་པའོ། །དང་པོ་ལ། ཡོ་ག་པ་སངས་རྒྱས་གསང་བ་ནི། དེ་ལ་དབྱེ་ན་གཉིས་སུ་བྱེད་པར་བཞེད་དེ། དེ་ལ་ཕྱིའི་དེ་དང་། ནང་གི་རྒྱུད་སྡེ་གཉིས་སུ་བཞེད་ཅིང་། དེ་ཡང་། བྱ་སྤྱོད་གཉིས་ཕྱིའི་དེ་དང་། རྣལ་འབྱོར་རྒྱུད་དང་། རྣལ་འབྱོར་བླ་མེད་ཀྱི་རྒྱུད་གཉིས་ལ་ནང་གི་རྒྱུད་སྡེ་ཞེས་སམ། ཡང་ན་རྒྱུད་སྡེ་འོག་མ་གསུམ་ཕྱིའི་དང་། བླ་མེད་ཀྱི་རྒྱུད་ལ་ནང་གི་རྒྱུད་སྡེ་ཞེས་པ་ཡིན་ནོ། །སློབ་ཆེན་ཀུན་སྙིང་ནི། རྒྱུད་སྡེ་ལ་གསུམ་དུ་བཞེད་དེ། བྱ་སྤྱོད་གཉིས། རྣལ་འབྱོར་རྒྱུད་དང་གསུམ་དུ་བཞེད་ཅིང་། རྣལ་འབྱོར་བླ་མེད་ཀྱི་རྒྱུད་ཀྱང་དེ་རུ་མ་འདུས་པའི་སྐྱོན་མེད་དེ། དེ་རྣལ་འབྱོར་རྒྱུད་དུ་འདུས་པའི་ཕྱིར་ཏེ། རྣལ་འབྱོར་རྒྱུད་དེ་ལ་ཏིང་ངེ་འཛིན་སྒོམ་ཚུལ་གྱི་སྒོ་ནས་བླ་མེད་ཀྱི་རྒྱུད་ཀྱི་ཁྱད་པར་འབྱེད་པ་ཡིན་པའི་ཕྱིར་ཏེ། རྒྱུད་ལས། རྣལ་འབྱོར་སྤྱོད་དང་བྱ་དབྱེ་བས། །རྒྱུད་སྡེ་གསུམ་དུ་བཤད་པ་ཡིན། །ཞེས་དང་། སློག་པའི་རྡོ་རྗེའི་སྔགས་དོན་རྣམ་གཟིགས་ལས། བྱ་དང་སྤྱོད་དང་རྣལ་འབྱོར་དང་། །ཤེས་རབ་ཕ་རོལ་ཕྱིན་པའི་ཚུལ། །ཞེས་གསུངས་པའི་ཕྱིར་རོ༑ ༑ཞེས་བཞེད་པ་ཡིན་ནོ། །དཔལ་དགེས་པ་རྡོ་རྗེ་པ་རྣམས། རྒྱུད་སྡེ་ལ་བཞིར་བཞེད་པ་ཡིན་ཏེ། བྱ་རྒྱུད། སྤྱོད་རྒྱུད། རྣལ་འབྱོར་རྒྱུད། རྣལ་འབྱོར་བླ་ན་མེད་པའི་རྒྱུད་དང་བཞིར་བཞེད་པའི་ཕྱིར་ཏེ། རྡོ་རྗེ་གུར་ལས། དམན་པ་རྣམས་ལ་བྱ་བའི་རྒྱུད། །བྱ་མིན་རྣལ་འབྱོར་དེ་ལྷག་ལ། །སེམས་ཅན་མཆོག་ལ་རྣལ་འབྱོར་མཆོག །རྣལ་འབྱོར་བླ་མེད་དེ་ལྷག་ལའོ། །ཞེས་གསུངས་པའི་ཕྱིར་རོ། །ཞེས་བཞེད། ཕ་རྒྱུད་གསང་བ་འདུས་པ་བ་རྣམས་རྒྱུད་སྡེ་ལ་ལྔར་བཞེད་དེ། བྱ་སྤྱོད་གཉིས། རྣལ་འབྱོར་རྒྱུད། རྣལ་འབྱོར་བླ་ན་མེད་པའི་རྒྱུད། གསང་བ་འདུས་པའི་རྒྱུད་ཀྱི་ཆེ་བ་དབྱུང་བའི་ཕྱིར་རྣལ་འབྱོར་ཆེན་པོའི་རྒྱུད་ཅེས་པ་ཅིག་དང་ལྔར་བཞེད་དོ། །མ་རྒྱུད་འཁོར་ལོ་སྡོམ་པ་བ་རྣམས་རྒྱུད་སྡེ་ལ་དྲུག་ཏུ་བཞེད་དེ། མདོ་སྡེ་རྟོག་པའི་རྒྱུད། བྱ་རྒྱུད། སྤྱོད་རྒྱུད། རྣལ་འབྱོར་རྒྱུད། རྣལ་འབྱོར་བླ་ན་མེད་པའི་རྒྱུད། རྣལ་འབྱོར་གསང་མཐའི་རྒྱུད་དང་དྲུག་ཏུ་བཞེད་དེ། བདེ་མཆོག་ཉུང་ངུ་ལས། ཇི་སྲིད་མདོ་བྱ་སྤྱོད་པ་དང་། །རྣལ་འབྱོར་གསང་མཐའི་དབྱེ་བ་ལས། །སེམས་ཅན་མོས་པ་སྣ་ཚོགས་པ། །དེ་དང་དེ་ལ་དགའ་བ་ཡིན། །ཞེས་གསུང་པའི་ཕྱིར། ཞེས་བཞེད། རྫོང་རྗེ་དཔལ་ལྡན་ཨ་ཏི་ཤ་ནི། རྒྱུད་སྡེ་ལ་བདུན་དུ་བཞེད་དེ། སྔར་གྱི་དྲུག་པོའི་སྟེང་དུ། གཉིས་ཀའི་རྒྱུད་དང་བདུན་དུ་བཞེད་ཅིང་། བདུན་པ་དེ་ནི་སྒྱུ་འཕྲུལ་དྲྭ་བའི་རྒྱུད་ཀྱི་ནང་ཚན་འགའ་ཞིག་དང་། པད་མ་གར་གྱི་རྒྱུད་ལྟ་བུ་ལ་འཛོག་པ་ཡིན། ཞེས་གསུངས་སོ། །

གཉིས་པ་བསྡུ་བ་ལ། ཤེས་བྱ་ཆོས་ཅན། རྒྱུད་སྡེའི་བསྡུ་ཚུལ་ཡོད་དེ། རྒྱུད་སྡེ་ཐམས་ཅད་བསྡུས་པ་དེའི་ཚེ་ན། བྱ་རྒྱུད། སྤྱོད་རྒྱུད། རྣལ་འབྱོར་རྒྱུད། རྣལ་འབྱོར་བླ་ན་མེད་པའི་རྒྱུད་དང་བཞིར་འདུས་པ་ཡིན་པའི་ཕྱིར་རོ། །འོན་རྒྱུད་སྡེ་ལ་ལྔ་དང་། དྲུག་དང་བདུན་ལ་སོགས་པར་བཤད་པའི་རྣལ་འབྱོར་ཆེན་པོའི་རྒྱུད་ལ་སོགས་པ་དེ་རྣམས་བཞི་པོ་དེར་ཇི་ལྟར་འདུ་ཞེ་ན། ཤེས་བྱ་ཆོས་ཅན། རྒྱུད་སྡེ་ལ་ལྔ་རུ་བཞེད་པའི་ལུགས་ཀྱི་རྣལ་འབྱོར་ཆེན་པོའི་རྒྱུད་ཅེས་པ་དེ། བཞི་པོ་གང་རུང་དུ་མ་འདུས་པའི་སྐྱོན་མེད་དེ། དེ་འདྲ་བ་དེ་རྣལ་འབྱོར་བླ་མེད་ཀྱི་རྒྱུད་དུ་འདུས་པ་ཡིན་པའི་ཕྱིར་ཏེ། གསང་བ་འདུས་པའི་རྒྱུད་དེ་བླ་མེད་ཀྱི་རྒྱུད་ཡིན་པ་གང་ཞིག །གསང་བ་འདུས་པའི་རྒྱུད་ཀྱི་ཆེ་བ་དབྱུང་བའི་ཕྱིར་དུ་དེ་ལ་རྣལ་འབྱོར་ཆེན་པོའི་རྒྱུད་ཅེས་བཞག་པ་ཡིན་པའི་ཕྱིར་རོ། །དང་པོ་དེ་གྲུབ་སྟེ། དེ་ཕ་བླ་ན་མེད་པའི་རྒྱུད་ཡིན་པའི་ཕྱིར་རོ། །ཡང་རྒྱུད་སྡེ་ལ་དྲུག་ཏུ་བཞེད་པའི་ལུགས་ཀྱི། མདོ་སྡེ་རྟོག་པའི་རྒྱུད་དང་། རྣལ་འབྱོར་གསང་མཐའི་རྒྱུད་གཉིས་པོ་དེ་ཡང་། དེ་བཞི་པོ་གང་རུང་དུ་མ་འདུས་པའི་སྐྱོན་མེད་དེ། དང་པོ་དེ་བྱ་རྒྱུད་དུ་འདུ་བ་ཡིན་ཞིང་། ཕྱི་མ་དེ་བླ་མེད་ཀྱི་རྒྱུད་དུ་འདུ་བའི་ཕྱིར་རོ། དང་པོ་ཡིན་ཏེ། སྤྱིར་བྱ་རྒྱུད་དེ་ལ། ཐུན་མོང་བའི་དངོས་གྲུབ་གཙོ་བོར་བཏོན་པའི་རྒྱུད་ཅིག་དང་། ཐུན་མོང་མ་ཡིན་པའི་མཆོག་གི་དངོས་གྲུབ་གཙོ་བོར་སྟོན་པའི་རྒྱུད་ཅིག་སྟེ་གཉིས་ཡོད་པ་ལས། དང་པོ་དེ་ལ་མདོ་སྡེ་རྟོག་པའི་རྒྱུད་ཅེས་འཇོག་ཅིང་། གཉིས་པ་དེ་ལ་སྤྱི་མིང་བྱེ་བྲག་ལ་བཏགས་ནས་བྱ་རྒྱུད་ཅེས་འཇོག་པའི་ཕྱིར་རོ། །ཕྱ་བའི་རྟགས་ཕྱི་མ་གྲུབ་སྟེ། རྣལ་འབྱོར་གསང་མཐའི་རྒྱུད་ཅེས་བཤད་པ་དེ་ནི་མ་རྒྱུད་འཁོར་ལོ་སྡོམ་པའི་ཆེ་བ་དབྱུང་བའི་ཕྱིར་བཤད་པ་ཡིན་ཞིང་། མ་རྒྱུད་འཁོར་ལོ་སྡོམ་པ་དེ་ཉིད་བླ་མེད་ཀྱི་རྒྱུད་ཡིན་པའི་ཕྱིར་རོ། །རྒྱུད་སྡེ་ལ་བདུན་དུ་བཞེད་པའི་ལུགས་ལ་ཡང་། བྱ་སྤྱོད་ལ་སོགས་པའི་བཞི་པོ་གང་རུང་དུ་མ་འདུས་པའི་སྐྱོན་མེད་དེ། མདོ་སྡེ་རྟོག་པའི་རྒྱུད་དང་། རྣལ་འབྱོར་གསང་མཐའི་རྒྱུད་གཉིས་ནི་རིམ་བཞིན་བྱ་རྒྱུད་དང་བླ་མེད་ཀྱི་རྒྱུད་གཉིས་སུ་བསྡུ་ཚུལ་སྔར་བསྟན་ཅིང་། གཉིས་ཀའི་རྒྱུད་ཅེས་པའི་སྒྱུ་འཕྲུལ་དྲྭ་བའི་ནང་ཚན་འགའ་ཞིག་ནི་རྣལ་འབྱོར་རྒྱུད་དུ་འདུ་ལ། དེ་ལས་གཞན་པ་འགའ་ཞིག་ནི་བྱ་སྤྱོད་གཉིས་གང་རུང་དུ་འདུ་བའི་ཕྱིར་རོ། །རྒྱུད་སྡེ་ལ་ལྔ་དང་དྲུག་ལ་སོགས་པར་བཞེད་པའི་རྣལ་འབྱོར་ཆེན་པོའི་རྒྱུད་དང་། རྣལ་འབྱོར་གསང་མཐའི་རྒྱུད་གཉིས་པོ་དེ་རིམ་བཞིན་གསང་བ་འདུས་པ་དང་། འཁོར་སྡོམ་པའི་ཆེ་བ་དབྱུང་བའི་ཕྱིར་ཡིན་གྱི། དོན་ལ་དེ་གཉིས་རྣལ་འབྱོར་བླ་མེད་ཀྱི་རྒྱུད་དུ་འདུ་བ་ཡིན་ནོ། །ཞེས་པ་དེ་ཁྱོད་ཀྱིས་རྟོག་བཏགས་སམ། ཀྱོགས་བཤད་བྱས་པ་མ་ཡིན་ནམ་ཞེ་ན། དེ་ནི་མ་ཡིན་ཏེ། རྒྱུད་སྡེ་འགའ་ཞིག་ལས་རང་རང་གི་ཆེ་བ་དབྱུང་བའམ་ཆེ་བ་བརྗོད་པ་ཙུང་ཟད་གསུངས་པའི་ཕྱིར་ཏེ། རྩ་རྒྱུད་བརྟག་པ་གཉིས་པ་ལས། ཐམས་

ཅན་རིག་བྱེད་གྲུབ་མཐའ་དང་། །དེ་བཞིན་ལས་རྒྱ་ལ་སོགས་པ། །སྲིད་པ་དགའ་འགྱུར་དངོས་གྲུབ་མིན། །ཡང་ནི་སྲིད་མཐར་སྐྱེ་བར་འགྱུར། །གང་གིས་མི་ཤེས་ཀྱི་རྡོ་རྗེ། །དེ་ཡི་ངལ་བ་དོན་མེད་ཡིན། །ཞེས་ཀྱི་རྡོ་རྗེའི་དཀྱིལ་འཁོར་དུ་ཞུགས་ཏེ་ལམ་ལ་འབད་པ་བྱས་ན། དེ་དོན་ཅན་ཡིན་ཞིང་དེ་ལས་གཞན་པའི་དཀྱིལ་འཁོར་དུ་དབང་བླངས་ནས་འབད་ཀྱང་ངལ་བ་དོན་མེད་ཡིན་ནོ་ཞེས་ཀྱི་རྡོ་རྗེའི་ཆེ་བ་བརྗོད་པའི་ཕྱིར་དང་། བདེ་མཆོག་ལས། རྒྱུད་འདི་རུ་ནི་དབང་བསྐུར་བ། །རྒྱུད་རྣམས་ཀུན་གྱི་སྒོ་སྒྲུབ་ཡིན། །ཞེས་འཁོར་ལོ་བདེ་མཆོག་གི་དབང་ཐོབ་པ་དེའི་ཚེ་ན། རྒྱུད་ཀུན་འཆད་དུ་རུང་ཞིང་ཉན་དུ་ཡང་རུང་ངོ་། །ཞེས་དེའི་ཆེ་བ་བརྗོད་པའི་ཕྱིར་རོ།། །།

གསུམ་པ་གྲངས་ངེས་ལ། ཤེས་བྱ་ཆོས་ཅན། རྒྱུད་སྡེ་ལ་བྱ་རྒྱུད་ལ་སོགས་པ་བཞི་པོ་དེར་གྲངས་ངེས་པའི་རྒྱུ་མཚན་ཡོད་དེ། ཕྱི་རོལ་པ་ལ་ལོག་པར་སྤྱོད་པ་མི་འདྲ་བ་བཞི་ཡོད། དེ་རྣམས་རྗེས་སུ་གཟུང་བའི་དབང་དུ་བྱས་ནས་ཀྱང་། རྒྱུད་སྡེ་ལ་བཞིར་གྲངས་ངེས། འདོད་པ་ཁམས་པ་ལ་ཆགས་པའི་རིགས་མི་འདྲ་བ་བཞི་ཡོད། དེ་རྣམས་ལམ་དུ་བསྒྱུར་བའི་དབང་དུ་བྱས་ནས་ཀྱང་རྒྱུད་སྡེ་ལ་བཞིར་གྲངས་ངེས། ནང་པ་སངས་རྒྱས་པ་ལ་མཚན་ཉིད་གྲུབ་མཐའ་མི་མཐུན་པ་བཞི་ཡོད། དེ་དང་སྒོ་མཐུན་པའི་དབང་དུ་བྱས་ནས་ཀྱང་རྒྱུད་སྡེ་ལ་བཞིར་གྲངས་ངེས། མི་ལ་རིགས་མི་འདྲ་བ་བཞི་ཡོད། དེའི་དབང་དུ་བྱས་ནས་ཀྱང་རྒྱུད་སྡེ་ལ་བཞིར་གྲངས་ངེས། དུས་དེ་ལ་རྫོགས་ལྡན་གྱི་དུས་ལ་སོགས་པ་བཞི་ཡོད། དེའི་དབང་དུ་བྱས་ནས་ཀྱང་རྒྱུད་སྡེ་ལ་བཞིར་གྲངས་ངེས། སྤྱིར་སེམས་ཅན་རྣམས་ལ་ཉོན་མོངས་པ་མི་འདྲ་བ་བཞི་ཡོད། དེ་རྣམས་འདུལ་བའི་དབང་དུ་བྱས་ནས་ཀྱང་རྒྱུད་སྡེ་ལ་བཞིར་གྲངས་ངེས་པའི་ཕྱིར་རོ། །དང་པོ་ཡིན་ཏེ། གཏི་མུག་ཅན་རྣམས་ཚངས་པའི་རྗེས་སུ་འབྲངས་ནས་གཙང་སྦྲ་ཆོས་སུ་འདོད་པ་ཡོད། དེ་རྣམས་རྗེས་སུ་གཟུང་བའི་ཕྱིར་དུ་བྱ་རྒྱུད་གསུངས། ཞེ་སྡང་ཅན་རྣམས་ཁྱབ་འཇུག་གི་རྗེས་སུ་འབྲངས་ནས་འཚེ་བ་ཆོས་སུ་སྨྲ་བ་ཡོད། དེ་རྣམས་རྗེས་སུ་གཟུང་བའི་ཕྱིར་དུ་སྤྱོད་རྒྱུད་གསུངས། འདོད་ཆགས་ཅན་དབང་ཕྱུག་གི་རྗེས་སུ་འབྲངས་ནས་འདོད་ཆགས་ཆོས་སུ་འདོད་པ་ཡོད། དེ་རྣམས་རྗེས་སུ་གཟུང་བའི་ཕྱིར་དུ་རྣལ་འབྱོར་བླ་མེད་ཀྱི་རྒྱུད་གསུངས། དུག་གསུམ་ཅི་རིགས་ལ་སྤྱོད་པ་རྣམས་དུག་གསུམ་ཅི་རིགས་པ་ཆོས་སུ་འདོད་པ་ཡོད། དེ་རྣམས་རྗེས་སུ་གཟུང་བའི་ཕྱིར་དུ་རྣལ་འབྱོར་རྒྱུད་གསུངས་པའི་ཕྱིར་རོ། །གཉིས་པ་དེ་གྲུབ་པ་ཡིན་ཏེ། གཞན་འཕྲུལ་དབང་བྱེད་པ་རྣམས་བལྟས་པ་ཙམ་གྱིས་འཁྲིག་པའི་བདེ་བ་ཉམས་སུ་མྱོང་བར་བྱེད། དེ་ལམ་དུ་བསྒྱུར་བའི་དབང་དུ་བྱས་ནས་བྱ་རྒྱུད་གསུངས། འཕྲུལ་དགའ་བ་རྣམས་རྒོད་པ་ཙམ་གྱིས་འཁྲིག་པའི་བདེ་བ་ཉམས་སུ་མྱོང་བར་བྱེད། དེ་ལམ

དུ་བསྒྱུར་བའི་དབང་དུ་བྱས་ནས་སྤྱོད་རྒྱུད་གསུངས། དགའ་ལྡན་པ་དང་། འཐབ་བྲལ་བ་རྣམས་ལག་བཅངས་ཙམ་གྱིས་སྒོ་ནས་འཁྲིག་པའི་བདེ་བ་ཉམས་སུ་མྱོང་བར་བྱེད། དེ་རྣམས་ལམ་དུ་བསྒྱུར་བའི་དབང་དུ་བྱས་ནས་རྣལ་འབྱོར་རྒྱུད་གསུངས། སུམ་ཅུ་རྩ་གསུམ་པ་མན་ཆད་དབང་པོ་གཉིས་སྦྱོར་གྱི་སྒོ་ནས་འཁྲིག་པའི་བདེ་བ་ཉམས་སུ་མྱོང་བར་བྱེད། དེ་རྣམས་རྗེས་སུ་བཟུང་བའི་སྒོ་ནས་བླ་མེད་ཀྱི་རྒྱུད་གསུངས་པའི་ཕྱིར་རོ། །

གསུམ་པ་དེ་གྲུབ་པ་ཡིན་ཏེ། ཉན་ཐོས་དབང་པོ་བརྟུལ་པོ་ཉི་འོག་བྱེ་བྲག་ཏུ་སྨྲ་བ་དང་། གནས་མ་བུའི་སྡེ་པ་འགའ་ཞིག་རྟག་མི་རྟག་གང་རུང་བརྗོད་དུ་མེད་པའི་བདག་ཁས་ལེན། དེ་དང་སྒོ་མཐུན་པའི་དབང་དུ་བྱས་ནས་བྱ་རྒྱུད་བཞག །ཉན་ཐོས་དབང་པོ་འབྲིང་པོ་ཁ་ཆེ་བྱེ་བྲག་ཏུ་སྨྲ་བ་དང་། མདོ་སྡེ་པ་རྣམས་གཟུང་བྱ་ཕྱི་དོན་དང་། དེ་འཛིན་བྱེད་ཀྱི་ཤེས་པ་གཉིས་ཀ་བདེན་གྲུབ་ཏུ་ཁས་ལེན། དེ་དང་སྒོ་མཐུན་པའི་དབང་དུ་བྱས་ནས་སྤྱོད་རྒྱུད་བཞག །རང་སངས་རྒྱས་ཀྱི་ཐེག་པ་དང་སེམས་ཙམ་པ་རྣམས་བཟུང་བྱ་ཕྱི་དོན་བདེན་པར་མ་གྲུབ་ཀྱང་དེ་འཛིན་བྱེད་ཀྱི་ཤེས་པ་བདེན་གྲུབ་ཏུ་ཁས་ལེན། དེ་དང་སྒོ་མཐུན་པའི་དབང་དུ་བྱས་ནས་རྣལ་འབྱོར་རྒྱུད་གསུངས། ཐེག་པ་ཆེན་པོ་སེམས་ཙམ་པ་དང་དབུ་མ་པ་རྣམས་གཟུང་བྱ་ཕྱི་དོན་དང་། དེ་འཛིན་བྱེད་ཀྱི་ཤེས་པ་གཉིས་ཀ་དོན་དམ་པར་མ་གྲུབ་ཀྱང་། ཐ་སྙད་ཀུན་རྫོབ་ཙམ་དུ་ཁས་ལེན། དེ་དང་སྒོ་མཐུན་པའི་དབང་དུ་བྱས་ནས་རྣལ་འབྱོར་བླ་མེད་ཀྱི་རྒྱུད་བཞག་པ་ཡིན་པའི་ཕྱིར་རོ། །འོ་ན་སྒོ་མཐུན་ཚུལ་ཇི་ལྟར་ཡིན་ཞེ་ན། དང་པོ་དེ་ཡིན་ཏེ། བྱ་རྒྱུད་རིས་ཀྱང་སྒྲུབ་པ་པོ་རང་ཉིད་ཀྱི་མདུན་དུ་ཁྲིས་སྐུ་བཀྲམ་སྟེ། ཡེ་ཤེས་སེམས་དཔའ་སྤྱན་དྲངས་པའི་ཡེ་ཤེས་པ་དེ། སྒྲུབ་པ་པོ་རང་ཉིད་དང་ཁྲིས་སྐུ་གང་རུང་བརྗོད་དུ་མེད་པ་དེ་སྟོན་པ་ཡིན་པའི་ཕྱིར་རོ། །གཉིས་པ་དེ་ཡིན་ཏེ། དེས་གཟུང་འཛིན་དེ་གཉིས་བདེན་གྲུབ་ཏུ་འདོད་པ་བཞིན་ཏེ། སྤྱོད་རྒྱུད་རིས་ཀྱང་སྒྲུབ་པ་པོ་རང་ཉིད་དང་། མདུན་བསྐྱེད་གཉིས་ཀ་ལྷར་བསྐྱེད་པའི་སྒོ་ནས། ལྷ་གྲོགས་པོ་ལྟ་བུའི་ཚུལ་གྱིས་དངོས་གྲུབ་ལེན་པ་དེ་སྟོན་པ་ཡིན་པའི་ཕྱིར་རོ། །གསུམ་པ་དེ་ཡིན་ཏེ། དེས་དེ་འདོད་པ་བཞིན་དུ། རྣལ་འབྱོར་རྒྱུད་རིས་ཀྱང་བདག་མདུན་གཉིས་ཀ་ལྷར་བསྐྱེད། ཡེ་ཤེས་སེམས་དཔའ་སྤྱན་དྲངས། དེ་ལ་ཕྱག་རྒྱ་བཞིའི་རྒྱས་བཏབ་སྟེ། མཐར་གཤེགས་གསོལ་བྱས་པའི་སྒོ་ནས་དངོས་གྲུབ་ལེན་པ་དེ་གཙོ་བོར་སྟོན་པ་གང་ཞིག །གཤེགས་གསོལ་བྱེད་པ་དང་། གཟུང་བྱ་ཕྱི་དོན་མ་གྲུབ་པ་མཚུངས་པའི་ཕྱིར་རོ། །བཞི་པ་ཡིན་ཏེ། དེས་དེ་འདོད་པ་གང་ཞིག །བླ་མེད་འདིས་ཀྱང་བདག་མདུན་གཉིས་ཀ་ལྷར་བསྐྱེད་ཀྱང་མཐར་གཤེགས་གསོལ་མི་བྱེད་པའི་སྒོ་ནས་དངོས་གྲུབ་ལེན་པ་དེ་གཙོ་བོར་སྟོན་པ་གང་ཞིག །གཤེགས་གསོལ་བྱེད་པ་དང་། དེ་གཉིས་བདེན་མེད་དུ་འདོད་པ་དང་ཆོས་མཚུངས་པའི་ཕྱིར་རོ། །བཞི་པ་དེ་ཡིན་ཏེ། བྲམ་ཟེའི་

རིགས་རྣམས་གཙང་སྦྲ་དང་དཀའ་སྤྱད་ལ་སོགས་པ་དྲག་ཏུ་བྱས་པའི་སྒོ་ནས་གྲོལ་བར་འདོད། དེའི་དབང་དུ་བྱས་ནས་བྱ་རྒྱུད་གསུངས། རྗེ་རིགས་རྣམས་དཀའ་ཐུབ་དང་། དཀའ་སྤྱད་དྲག་ཏུ་མི་འདོད་པ་ཡིན་པས། དེའི་དབང་དུ་བྱས་ནས་སྤྱོད་རྒྱུད་གསུངས། རྒྱལ་རིགས་རྣམས་འདོད་ཡོན་གྱི་བདེ་བ་ལ་ལོངས་སྤྱོད་པར་བྱེད། དེའི་དབང་དུ་བྱས་ནས་རྣལ་འབྱོར་རྒྱུད་གསུངས། དམངས་རིགས་རྣམས་མི་གཙང་བ་ལ་རྣམ་པར་རྟོག་པ་ཤས་ཆུང་། དེའི་དབང་དུ་བྱས་ནས་བླ་མེད་ཀྱི་རྒྱུད་གསུངས་པའི་ཕྱིར་རོ། །ལྔ་པ་དེ་ཡིན་ཏེ། རྫོགས་ལྡན་གྱི་དབང་དུ་བྱས་ནས་དང་པོ། གསུམ་ལྡན་གྱི་དབང་དུ་བྱས་ནས་གཉིས་པ། གཉིས་ལྡན་གྱི་དབང་དུ་བྱས་ནས་གསུམ་པ། རྩོད་དུས་ཀྱི་དབང་དུ་བྱས་ནས་བཞི་པ་བླ་མེད་ཀྱི་རྒྱུད་བཞག་པ་ཡིན་པའི་ཕྱིར་རོ། དྲུག་པ་དེ་ཡིན་ཏེ། སེམས་ཅན་གཏི་མུག་ཅན་རྣམས་རྗེས་སུ་གཟུང་བའི་ཕྱིར་དུ་བྱ་རྒྱུད། ཞེ་སྡང་ཅན་རྗེས་སུ་གཟུང་བའི་ཕྱིར་དུ་སྤྱོད་རྒྱུད། འདོད་ཆགས་ཅན་རྣམས་རྗེས་སུ་གཟུང་བའི་ཕྱིར་བླ་མེད་ཀྱི་རྒྱུད། དུག་གསུམ་ཅི་རིགས་ལ་སྤྱོད་པ་རྣམས་རྗེས་སུ་གཟུང་བའམ་འདུལ་བའི་དབང་དུ་བྱས་ནས་རྣལ་འབྱོར་རྒྱུད་རྣམས་གསུངས་པའི་ཕྱིར་རོ། །

བཞི་པ་སོ་སོར་བཤད་པ་ལ། རྒྱུད་སྡེ་བཞི་སོ་སོར་བཤད་པ་དང་། བླ་མེད་བྱེ་བྲག་ཏུ་བཤད་པ་གཉིས། དང་པོ་ལ། བྱ་རྒྱུད། སྤྱོད་རྒྱུད། རྣལ་འབྱོར་རྒྱུད། བླ་མེད་ཀྱི་རྒྱུད་བཤད་པ་དང་བཞི། དང་པོ་ལ་མཚན་ཉིད། སྒྲ་བཤད། དབྱེ་བ། གཞུང་ཚད་བཤད་པ་དང་བཞི། དང་པོ་ནི། ལྷ་རྗེ་དཔོན་ལྷ་བུའི་ཚུལ་གྱིས་དངོས་གྲུབ་ལེན་པ་གཙོ་བོར་སྟོན་པའི་རིགས་སུ་གནས་པའི་ཆ་ནས། རྒྱུད་སྡེ་རྣམས་ཀྱི་དང་པོར་བཞག་པ་དེ་བྱ་རྒྱུད་ཀྱི་མཚན་ཉིད་ཡིན། གཉིས་པ་སྒྲ་བཤད་ནི། དེ་ལ་བྱ་རྒྱུད་ཞེས་འདོགས་པའི་རྒྱུ་མཚན་ཡོད་དེ། ཕྱི་ལུས་ངག་གི་བྱ་བ་གཙོ་བོར་སྟོན་པར་བྱེད་པས་ན་བྱ་རྒྱུད་ཞེས་འདོགས་པའི་ཕྱིར་རོ། །

གསུམ་པ་དབྱེ་ན། རིགས་སོ་སོའི་དབྱེ་བ་དང་། བྱ་བ་སྤྱིའི་རྒྱུད་ཆེན་བཤད་པ་གཉིས། དང་པོ་ལ་ཡང་། འཇིག་རྟེན་ལས་འདས་པའི་རིགས་གསུམ་དང་། འཇིག་རྟེན་པའི་རིགས་གསུམ། དང་པོ་ནི། དེ་བཞིན་གཤེགས་པའི་རིགས་ཀྱི་རྒྱུད། པདྨའི་རིགས་ཀྱི་རྒྱུད། རྡོ་རྗེའི་རིགས་ཀྱི་རྒྱུད་དང་གསུམ་ཡོད་པའི། དང་པོ་ནི། དམ་ཚིག་གསུམ་བཀོད་ཀྱི་རྒྱལ་པོའི་རྒྱུད། འཇམ་དཔལ་རྩ་རྒྱུད། འཇམ་དཔལ་དཔའ་བོ་ཅིག་སྒྲུབ་ཀྱི་རྒྱུད། གཙུག་ཏོར་རྣམ་རྒྱལ་གྱི་རྒྱུད། གཙུག་ཏོར་དྲི་མེད་ཀྱི་རྒྱུད་རྣམས་ལ་འདོག་གོ། །གཉིས་པ་པདྨའི་རིགས་ཀྱི་རྒྱུད་ནི། དོན་ཡོད་ཞགས་པའི་རྒྱུད། དོན་ཡོད་ཞགས་པའི་ཆོ་ག་ཞིབ་མོའི་རྒྱུད། སྤྱན་རས་གཟིགས་སེང་གེ་སྒྲའི་རྒྱུད། སྒྲོལ་མའི་རྒྱུད། ཚེ་དཔག་ཏུ་མེད་པའི་གཟུངས་ལ་སོགས་པ་རྣམས་ལ་འདོག །

གསུམ་པ་རྡོ་རྗེའི་རིགས་ཀྱི་རྒྱུད་ནི། རྡོ་རྗེ་ས་འོག་གི་རྒྱུད། ཕྱག་ན་རྡོ་རྗེ་འབྱུང་པོ་འདུལ་བྱེད་ཀྱི་རྒྱུད།

ཕྱག་རྫོར་གཏུམ་པོའི་རྒྱུད། རྡོ་རྗེ་རྣམ་པར་འཇོམས་པའི་རྒྱུད་ལ་སོགས་པ་རྣམས་ལ་འཇོག །དེས་ན་དེ་བཞིན་གཤེགས་པའི་རིགས་ཀྱི་དཀྱིལ་འཁོར་དུ་དབང་ཐོབ་ན། གཞན་པདྨ་དང་རྡོ་རྗེའི་རིགས་ཀྱི་དཀྱིལ་འཁོར་དུ་དབང་མ་ཐོབ་ཀྱང་དེ་གཉིས་ཀྱི་དཀྱིལ་འཁོར་དུ་དབང་བསྐུར་བས་ཆོག་པ་ཡིན་ཏེ། དེ་གསུམ་གྱི་ནང་ནས་དང་པོ་དེ་མཆོག་ཡིན་པའི་ཕྱིར་རོ། །དེས་མཚོན་ནས་ཕྱི་མ་གཉིས་ཤེས་པར་བྱིས་ཤིག །གཉིས་པ་འཇིག་རྟེན་པའི་རིགས་གསུམ་ནི། ནོར་བུ་བཟང་པོའི་རྒྱུད། སྔ་ཚན་གྱི་རྒྱུད། འཇིག་རྟེན་པའི་རྒྱུད་དང་གསུམ་ཡོད་པའི། དང་པོ་ནི། ནོར་བུ་བཟང་པོའི་གཟུངས་ལྟ་བུ་ལ་འཇོག །གཉིས་པ་ནི། མི་འགལ་ལའི་གཟུངས་ལྟ་བུ། གསུམ་པ་ནི། དབུགས་ཆེན་མོའི་གཟུངས་ལྟ་བུ་ལ་འཇོག་གོ། །

གཉིས་པ་བྱ་བ་སྤྱིའི་རྒྱུད་ཆེན་དེ་ལ་བཞི་ཡོད་དེ། གསང་བ་སྤྱི་རྒྱུད། དཔུང་བཟངས་ཀྱི་རྒྱུད། ལེགས་གྲུབ་ཀྱི་རྒྱུད། བསམ་གཏན་ཕྱི་མའི་རྒྱུད་དང་བཞི་ཡོད་པའི་ཕྱིར་རོ། །ཁ་ཅིག་ནི། དམ་ཚིག་གསུམ་བཀོད་བྱ་བ་སྤྱིའི་རྒྱུད་ཆེན་དུ་བསྒྲང་ལ། དེ་ནི་མི་འཐད་དེ། དེ་བཞིན་གཤེགས་པའི་རིགས་ཀྱི་རྒྱུད་ཡིན་པས། དེའི་རྒྱུད་ཆེན་དུ་བཞག་པ་ལ་འབྲེལ་མེད་པའི་ཕྱིར་རོ། །ལེགས་གྲུབ་ཀྱི་རྒྱུད་བྱ་བ་སྤྱིའི་རྒྱུད་ཆེན་དུ་འཇོག་པ་དེ་ལ། སྡོམ་གསུམ་ལས། ལེགས་པར་གྲུབ་པ་ཡན་ཆད་དུ། །ཞེས་གསུངས་པ་ལ་དཔྱད་པ་བྱེད་རྒྱུ་ཡོད་དོ། །དེས་ན་བྱ་རྒྱུད་ཐམས་ཅད་བསྡུས་ན། གསང་སྔགས་ཀྱི་རྒྱུད། རིགས་སྔགས་ཀྱི་རྒྱུད། གཟུངས་སྔགས་ཀྱི་རྒྱུད་དང་གསུམ་དུ་འདུས་ཏེ། ཐབས་ཡབ་གཙོ་བོར་སྟོན་པའི་བྱ་རྒྱུད་རྣམས་གསང་སྔགས་སུ་འདུ། ཤེས་རབ་མ་གཙོ་བོར་སྟོན་པའི་བྱ་རྒྱུད་རྣམས་རིགས་སྔགས་སུ་འདུ། དེ་གཉིས་ཀ་ཆ་མཉམ་དུ་གཙོ་བོར་སྟོན་པའི་བྱ་རྒྱུད་རྣམས་གཟུངས་སྔགས་སུ་འདུ་བ་ཡིན་པའི་ཕྱིར་རོ། །བཞི་པ་གཞུང་ཚད་ནི། བྱ་རྒྱུད་དེ་ལ་སྟོང་ཕྲག་བརྒྱད་ཡོད་དེ། ཡེ་ཤེས་སྙིང་པོ་ཀུན་ལས་བཏུས་པ་ལས། རྟོག་པའི་རྒྱུད་ནི་སྟོང་ཕྲག་བཞིའོ། །བྱ་བའི་རྒྱུད་ནི་སྟོང་ཕྲག་བཞིའོ། །ཞེས་གསུངས་པའི་ཕྱིར་རོ། །

གཉིས་པ་སྤྱོད་རྒྱུད་ལ་སྔར་ལྟར་བཞི་ལས། དང་པོ་ནི། ལྟ་གྲོགས་པོ་ལྟ་བུའི་ཚུལ་གྱིས་དངོས་གྲུབ་ལེན་པ་གཙོ་བོར་སྟོན་པའི་རིགས་སུ་གནས་པའི་ཆ་ནས་རྒྱུད་སྡེ་གཉིས་པར་བཞག་པ་དེ། སྤྱོད་རྒྱུད་ཀྱི་མཚན་ཉིད་ཡིན། གཉིས་པ་སྒྲ་བཤད་ནི། ནང་སེམས་ཀྱི་སྤྱོད་པ་དང་། ཕྱི་ལུས་ངག་གི་སྤྱོད་པ་གཉིས་ཀྱི་ནང་ནས། ཕྱི་ལུས་ངག་གི་སྤྱོད་པ་གཙོ་བོར་སྟོན་པས་ན། སྤྱོད་རྒྱུད་ཅེས་བཞག་གོ། །གསུམ་པ་དབྱེ་ན། སྐུ་གསུང་ཐུགས་ཀྱི་རྒྱུད་གསུམ་མམ། ཡང་ན་སྤྱོད་རྒྱུད་ཀྱི་དེ་བཞིན་གཤེགས་པའི་རིགས་ལ་རྒྱུད་ལ་སོགས་པ་གསུམ་ཡོད་པའི། དང་པོ་ནི། རྣམ་སྣང་མངོན་བྱང་གི་རྒྱུད་ལྟ་བུ་ལ་འཇོག །གཉིས་པ་ནི། བོད་དུ་མ་འགྱུར་བས་ངོས་འཛིན་མེད།

གསུམ་དེའི་རྡོ་རྗེའི་རིགས་ཀྱི་རྒྱུད་ནི། ཕྱག་རྡོར་དབང་བསྐུར་བའི་རྒྱུད་ལྟ་བུ་ལ་འཇོག །འོན་དང་པོ་དེ་སྟོན་པ་གང་གིས་ཡུལ་གང་དུ་གསུངས་ཤེ་ན། གསུང་བ་པོ་ནི་སྟོན་པ་ཐུབ་པའི་དབང་པོའི་ལོངས་སྐུ་ཐུབ་པ་རྣམ་སྣང་གངས་ཅན་འཚོ་ཞེས་པ་དེས་གསུངས་ཤིང་། ཡུལ་ལམ་གནས་ནི་གཞི་དང་སྙིང་པོ་མེ་ཏོག་གིས་བརྒྱན་པའི་ཞིང་ཁམས་དེར་གསུངས་སོ། །འོན་དེ་གང་ལ་ངོས་འཛིན་ཞེ་ན། དེ་ངོས་འཛིན་ཚུལ་ཡོད་དེ། གླིང་བཞི་གླིང་ཕྲན་བརྒྱད་རི་རབ་ཉི་ཟླ་དང་བཅས་པ་སྟོང་ཐམ་པ་ཕྱིའི་ལྕགས་རིས་བསྐོར་བ་ཅིག་ལ་སྟོང་དང་པོ། དེ་འདྲ་སྟོང་ལྕགས་རིས་བསྐོར་བ་ཅིག་ལ་སྟོང་གཉིས་པ། དེ་སྟོང་ལྕགས་རིས་བསྐོར་བ་ཅིག་ལ། སྟོང་གསུམ་གྱི་འཇིག་རྟེན་ཞེས་འཇོག་ཅིང་། དེ་ལ་གླིང་བཞི་རི་རབ་ལ་སོགས་པ་བྱེ་བ་ཕྲག་བརྒྱ་ཡོད་ལ། དེ་འདྲ་བྱེ་བ་ཕྲག་བརྒྱ་ལ། གཞི་དང་སྙིང་པོ་མེ་ཏོག་གིས་བརྒྱན་པའི་རྒྱུད་དང་པོ་ཞེས་འཇོག །དེ་བྱེ་བ་ཕྲག་བརྒྱ་ལ། གཞི་དང་སྙིང་པོ་མེ་ཏོག་གིས་བརྒྱན་པའི་རྒྱུད་གཉིས་པ་ཞེས་འཇོག །དེ་བྱེ་བ་ཕྲག་བརྒྱ་ལ་གཞི་དང་སྙིང་པོ་མེ་ཏོག་གིས་བརྒྱན་པའི་རྒྱུད་རབ་འབྱམས་ཞེས་འཇོག །དེ་འདྲ་བྱེ་བ་ཕྲག་བརྒྱ་ལ། ཕྱི་ལྕགས་རིས་བསྐོར་བ་མཐའི་གསལ་བྱེད་དུ་སྐྱོར་ཅིག །གཞི་དང་སྙིང་པོ་མེ་ཏོག་གིས་བརྒྱན་པའི་ཞིང་ཁམས་བཀོད་པ་དེ་ལ་ངོས་འཛིན་པའི་ཕྱིར་རོ། །བཞི་པ་གཞུང་ཚད་ནི་སྟོང་ཕྲག་བརྒྱད་ཡོད་དེ། ཡེ་ཤེས་སྙིང་པོ་ཀུན་ལས་བཏུས་པའི་རྒྱུད་ལས། སྤྱོད་པའི་རྒྱུད་ནི་སྟོང་ཕྲག་བརྒྱད། །ཅེས་གསུངས་པའི་ཕྱིར།

གསུམ་པ་རྣལ་འབྱོར་རྒྱུད་ལ་སྔར་ལྟར་བཞི་ལས། དང་པོ་ནི། བདག་མདུན་གཉིས་ཀ་ལྷར་བསྐྱེད། ཡེ་ཤེས་སེམས་དཔའ་སྤྱན་དྲངས། དེ་ལ་ཕྱག་རྒྱ་བཞིའི་རྒྱས་བཏབ་སྟེ། མཐར་གཤེགས་གསོལ་བྱས་པའི་སྒོ་ནས་དངོས་གྲུབ་ལེན་པ་གཙོ་བོར་སྟོན་པའི་རིགས་སུ་གནས་པའི་ཆ་ནས་རྒྱུད་སྡེ་གསུམ་པར་བཞག་པ་དེ་རྣལ་འབྱོར་རྒྱུད་ཀྱི་མཚན་ཉིད། གཉིས་པ་སྒྲ་བཤད་ནི། ཕྱི་ལུས་ངག་དང་ནང་སེམས་གཉིས་ཀྱི་ནང་ནས་ནང་སེམས་ཀྱི་རྣལ་འབྱོར་གཙོ་བོར་བཏོན་པས་ན་རྣལ་འབྱོར་རྒྱུད་ཅེས་བཞག་གོ། །གསུམ་པ་དབྱེ་ན། རྩ་རྒྱུད། བཤད་རྒྱུད། ཆ་མཐུན་གྱི་རྒྱུད་དང་གསུམ་ཡོད་དེ། པདྨ་མྱུ་གུ་ཞེས་པས་མཛད་པའི་བསྟན་བཅོས་ལས། རྩ་རྒྱུད་ཤིན་ཏུ་ཟབ་ཅིང་རྟོགས་དཀའི་དོན། །བཤད་དང་ཆ་མཐུན་རྒྱུད་ཀྱི་རྣམ་དབྱེ་བ། །ཞེས་གསུངས་པའི་ཕྱིར་རོ། ། དེ་ཡང་དང་པོ་རྩ་རྒྱུད་ནི། དེ་ཉིད་འདུས་པ་ལ་འཇོག་ཅིང་། དེ་ལ་ཡང་དུམ་བུ་བཞི་ཡོད་དེ། དུམ་བུ་དང་པོ་རྡོ་རྗེ་དབྱིངས་ཀྱི་རྒྱུད། དེ་གཉིས་པ་ཁམས་གསུམ་རྣམ་རྒྱལ་གྱི་རྒྱུད། དེ་གསུམ་པ་འགྲོ་འདུལ་གྱི་རྒྱུད། དེ་བཞི་པ་དོན་གྲུབ་ཀྱི་རྒྱུད་དང་བཞི་ཡོད་པའི་ཕྱིར་རོ། །གཉིས་པ་བཤད་རྒྱུད་ནི། རྒྱུད་རྡོ་རྗེ་རྩེ་མོ་ལྟ་བུ་ལ་འཇོག །གསུམ་པ་ཆ་མཐུན་ནི། ངན་སོང་སྦྱོང་རྒྱུད་ལྟ་བུ་ལ་འཇོག་གོ། །བཞི་པ་གཞུང་ཚད་ནི། དྲུག་བརྒྱ་ཡོད་དེ། ཡེ་

ཤེས་སྙིང་པོ་ཀུན་ལས་བཏུས་པ་ལས། རྣལ་འབྱོར་རྒྱུད་ནི་དྲུག་བརྒྱ་ཡིན། །ཞེས་གསུངས་པའི་ཕྱིར་རོ། །

བཞི་པ་རྣལ་འབྱོར་བླ་མེད་ཀྱི་རྒྱུད་ལ། མཚན་ཉིད། སྒྲ་བཤད། དབྱེ་བ། ཁྱད་ཆོས་དང་བཞི། དང་པོ་ནི། དབང་བཞི་དང་། རིམ་གཉིས་གང་རུང་གཙོ་བོར་སྟོན་པའི་རིགས་སུ་གནས་པའི་ཆ་ནས་རྒྱུད་སྡེ་བཞི་པར་བཞག་པ་དེ་དེའི་མཚན་ཉིད་ཡིན། གཉིས་པ་ནི། ཉིང་འཛིན་བླ་ན་མེད་པ་གཙོ་བོར་སྟོན་པའི་རྒྱུད་ཡིན་པས་ན། བླ་མེད་ཀྱི་རྒྱུད་ཅེས་བཞག་གོ། །གསུམ་པ་དབྱེ་ན། ཕ་བླ་ན་མེད་པའི་རྒྱུད། མ་བླ་ན་མེད་པའི་རྒྱུད། གཉིས་སུ་མེད་པ་བླ་ན་མེད་པའི་རྒྱུད་བཤད་པ་དང་གསུམ། དང་པོ་ལ་ཡང་། འདོད་ཆགས་ཅན་རྗེས་སུ་འཛིན་པ་རྣལ་འབྱོར་གསང་བ་འདུས་པའི་རྒྱུད། ཞེ་སྡང་ཅན་རྗེས་སུ་འཛིན་པ་གཤིན་རྗེ་གཤེད་ཀྱི་རྒྱུད། གཏི་མུག་ཅན་རྗེས་སུ་འཛིན་པ་རྣམ་སྣང་མངོན་བྱང་སྒྱུ་འཕྲུལ་དྲྭ་བའི་རྒྱུད་དང་གསུམ་ཡོད་དེ། འདོད་ཆགས་ཞེ་སྡང་གཏི་མུག་གི་རྒྱུད་སྡེ་རྣམ་པ་གསུམ་དུ་བཤད། །ཅེས་གསུངས་པའི་ཕྱིར་རོ། །དང་པོ་དེ་ལ་ཡང་། རྩ་རྒྱུད་དང་། བཤད་རྒྱུད་གཉིས་ཡོད་པའི། དང་པོ་ནི། གསང་བ་འདུས་པའི་ལེའུ་བཅུ་བདུན་པ་ལྟ་བུ་ལ་འདོག་ཅིང་། གཉིས་པ་བཤད་རྒྱུད་དེ་ལ་དབྱེ་ན། རྡོ་རྗེ་ཕྲེང་བའི་རྒྱུད། དགོངས་པ་ལུང་སྟོན་པའི་རྒྱུད། རྣལ་འབྱོར་མ་བཞིའི་ཞུས་རྒྱུད། རྡོ་རྗེ་སྙིང་པོ་རྒྱན་གྱི་རྒྱུད། ཡེ་ཤེས་སྙིང་པོ་ཀུན་ལས་བཏུས་པའི་རྒྱུད་དང་ལྔ་ཡོད་དོ། །གཉིས་པ་གཤིན་རྗེ་གཤེད་ཀྱི་རྒྱུད་དེ་ལ། གཤིན་རྗེ་གཤེད་དམར་པོའི་རྒྱུད་དང་། དེ་ནག་པོའི་རྒྱུད་གཉིས་ཡོད་པའི། དང་པོ་ནི། གཤིན་རྗེ་གཤེད་ལེའུ་བཅུ་བདུན་པ་དང་། ལེའུ་ཉི་ཤུ་རྩ་གཉིས་པ་ལྟ་བུ་ལ་འདོག་ཅིང་། དེ་ཡང་ཕྱི་མ་དེ་བུ་སྟོན་གྱིས་བསྒྱུར་བ་ཡིན་པས། དེ་གོང་བོད་དུ་མི་བཞུགས་པ་ཡིན་ནོ། །གཉིས་པ་གཤིན་རྗེ་གཤེད་ནག་པོའི་རྒྱུད་དེ་ལ་གསུམ་དུ་ཡོད་དེ། སྒྲ་གདོང་འཇིགས་གསུམ། ཞེས་གསུངས་པ་ལྟར་གྱིས། སྒྲ་ནག་གི་རྒྱུད། གདོང་དྲུག་གི་རྒྱུད། རྡོ་རྗེ་འཇིགས་བྱེད་ཀྱི་རྒྱུད་དང་གསུམ་ཡོད་པའི་ཕྱིར་རོ། །གསུམ་པ་སྒྱུ་འཕྲུལ་དྲྭ་བ་ལ་དབྱེ་བ་མེད་དོ། །གཉིས་པ་མ་བླ་ན་མེད་པའི་རྒྱུད་ལ། བདེ་མཆོག་མ་ཧཱ་མ་ཡ། སངས་རྒྱས་ཐོད་པ་དང་གསུམ་ཡོད་པའི་ཕྱིར། དང་པོ་དེ་ལ་ཡང་། རྩ་རྒྱུད་དང་། བཤད་རྒྱུད་གཉིས། དང་པོ་ལ་ཡང་། རྩ་རྒྱུད་རྒྱས་པ་དང་། བསྡུས་པ་གཉིས་ལས། དང་པོ་ནི། བདེ་མཆོག་གི་རྩ་རྒྱུད་རྒྱས་པ་འབུམ་ཕྲག་གསུམ་ཞེས་པ་དེ་ལ་འདོག་ཅིང་། དེ་ནི་རྡོ་རྗེ་འཆང་གིས་སྟོན་གྱི་གདུལ་བྱ་ལ་གསུངས་ཤིང་། དེང་སང་མཁའ་སྤྱོད་ན་བཞུགས་པ་ཡིན་གྱི། མི་ཡུལ་ན་ནི་མི་བཞུགས་པ་ཡིན་ཏེ། སྙིགས་དུས་ཀྱི་གདུལ་བྱ་རྣམས་ཚེ་ཐུང་བས་མི་མཐོ་བ་ལ་དགོངས་སོ། །གཉིས་པ་དེ་བསྡུས་པ་དང་། བདེ་མཆོག་ཉུང་ངུ་ཞེས་པ་དང་། དེང་སང་གི་བདེ་མཆོག་རྩ་རྒྱུད་ཅེས་པ་འདི་རྣམས་རྣམ་གྲངས་ཡིན་ནོ། །

གཉིས་པ་བཤད་རྒྱུད་དེ་ལ་དབྱེ་ན་དགུ་ཡོད་དེ། ཧེ་རུ་ཀ་མངོན་བྱུང་དམ། ཁྲག་འཐུང་མངོན་བྱུང་གི་རྒྱུད། བདེ་མཆོག་སྡོམ་བྱུང་། ཕག་མོ་མངོན་བྱུང་གི་རྒྱུད། རྡོ་རྗེ་མཁའ་འགྲོའི་རྒྱུད། རྣལ་འབྱོར་མ་ཀུན་སྤྱོད་ཀྱི་རྒྱུད། སམྦུ་ཊིའི་རྒྱུད། མོས་སྤྱོད་བླ་མའི་རྒྱུད། ཨ་བྷི་དྷ་ནའི་རྒྱུད། རྣལ་འབྱོར་མ་བཞི། ཁ་སྦྱོར་གྱི་རྒྱུད་དང་དགུ་ཡོད་པའི་ཕྱིར་རོ། །

གསུམ་པ་གཉིས་སུ་མེད་པ་བླ་ན་མེད་པའི་རྒྱུད་ལ་གཉིས་ཏེ། རྒྱ་ཆེ་བ་གཉིས་སུ་མེད་པའི་དེ་དང་། ཟབ་པ་གཉིས་སུ་མེད་པ་བླ་ན་མེད་པའི་རྒྱུད་གཉིས་ཡོད་པའི། དང་པོ་ནི། དུས་འཁོར་གྱི་རྒྱུད་ལྟ་བུ་ལ་འཇོག་ལ། དེ་ལ་ཡང་། དུས་འཁོར་རྩ་རྒྱུད། དེའི་རྒྱུད་ཕྱི་མ་དུས་འཁོར་བསྡུས་རྒྱུད་དང་གསུམ་ཡོད་དོ། །དེ་ལྟར་དུ་ཡོད་ན། འོན་དུས་འཁོར་གྱི་རྒྱུད་འདི། ཡུལ་གང་དུ། སྟོན་པ་གང་གིས། དུས་ནམ་གྱི་ཚེ་གསུངས་ཤེ་ན། འདི་ཉིད་ཀྱི་དོན་ལ་རང་ལུགས་བཞག་པ་དང་། གཞན་ལུགས་དགག་པ་གཉིས་ལས། དང་པོ་ནི། ཤེས་བྱ་ཆོས་ཅན། དུས་འཁོར་གྱི་རྒྱུད་འདི་གསུངས་ཚུལ་ཡོད་དེ། སྟོན་པས་དགུང་ལོ་བརྒྱད་ཅུ་བཞེས་པའི་དུས་ན། དཔལ་འབྲས་སྤུངས་ཀྱི་མཆོད་རྟེན་དུ། བྱང་ཤམ་ཤམྦྷ་ལའི་རྒྱལ་པོ་ཟླ་བ་བཟང་པོ་ཞེས་པ་ལོ་གོ་དགུ་ལོན་པ། རྒྱལ་ཕྲན་གོ་དྲུག་དང་བཅས་པས་རྫུ་འཕྲུལ་གྱིས་བྱོན་ཏེ་གསོལ་བ་བཏབ་པའི་ངོར། དུས་འཁོར་རྩ་རྒྱུད་སྟོང་ཕྲག་བཅུ་གཉིས་པ་དང་། རྒྱུད་ཕྱི་མ་བརྒྱ་ལྔ་བཅུ་པ་འདི་གཉིས་གསུངས། དེ་ནས་ལོ་དྲུག་བརྒྱ་ཙམ་ནས། རིགས་ལྡན་འཇམ་དཔལ་གྲགས་པས། མི་ཏོག་ཕྲེང་འཛིན་ལ་སོགས་པའི་སྟེང་སྤྱོར་གྱི་སྒོ་ནས། དེའི་རྩ་རྒྱུད་དང་། རྒྱུད་ཕྱི་མ་གཉིས་ལས་བཏུས་ཏེ། དུས་འཁོར་བསྡུས་རྒྱུད་ཞེས་པ། ལེའུ་ལྔ་པ་ཤློ་ཀ་སྟོང་སུམ་ཅུ་ལྷག་པ་འདི་གསུངས་པ་ཡིན་ནོ། །ལེའུ་ལྔ་ནི། འཇིག་རྟེན་ཁམས་ལེ། ནང་ལེ། དབང་ལེ། སྒྲུབ་ཐབས་ཀྱི་ལེའུ ཡེ་ཤེས་ཀྱི་ལེའུ་དང་ལྔའོ། །དེའི་སྲས་རིགས་ལྡན་པདྨ་དཀར་པོའི་བསྡུས་རྒྱུད་ཀྱི་འགྲེལ་པ། འགྲེལ་ཆེན་དྲི་མེད་འོད་མཛད་དོ། །འགའ་ཞིག་བསྡུས་རྒྱུད་བཀའ་མ་ཡིན་ནོ་གསུང་བ་ཡང་མི་འཐད་དེ། བསྡུས་རྒྱུད་དེས་རྩ་རྒྱུད་དང་། རྒྱུད་ཕྱི་མ་གཉིས་ཀྱི་ཚིག་སྟ་རྣམས་བསྡུས་ནས་གསུངས་པའི་ཕྱིར་དང་། འདི་ཉིད་བྱིན་གྱིས་བརླབས་པའི་བཀའ་རུ་ཡང་འགྱུར་བ་ཡིན་ཏེ། དུས་འཁོར་རྩ་རྒྱུད་རང་ལས། འཇམ་པའི་དབྱངས་ཀྱི་བསྡུས་རྒྱུད་ལ། །འགྲེལ་བཤད་བྱེད་པ་པད་དཀར་འཛིན། །ཞེས་གསུངས་པའི་ཕྱིར་རོ། །

གཉིས་པ་གཞན་ལུགས་དགག་པ་ལ། ཕྱོགས་སྔ་བརྗོད་པ་དང་། དེ་དགག་པ་གཉིས། དང་པོ་ལ། བདག་ཆེན་རྣམ་རྒྱལ་གྲགས་པ་བཟང་པོ་ལ་སོགས་པ་ཁ་ཅིག་ན་རེ། ས་ག་ཟླ་བ་ལ་སྟོན་པ་མངོན་པར་རྫོགས་པར་སངས་རྒྱས་པའི་ཚུལ་བསྟན་ནས་དེའི་ཕྱི་ལོ་ནག་པ་ཟླ་བ་ལ་དུས་འཁོར་གྱི་རྒྱུད་གསུངས་པ་ཡིན། ཞེས་བཞེད།

དུས་ཞབས་པ་སོགས་ཁ་ཅིག །སྟོན་པ་མྱ་ངན་ལས་འདས་པའི་ཚུལ་བསྟན་པའི་ཕྱི་ལོ། འཁོར་ལོས་བསྒྱུར་རྒྱལ་གྱི་ཚུལ་དུ་བྱས་ནས་གསུངས་པ་ཡིན་ནོ། །ཞེས་བཞེད་དོ། །

གཉིས་པ་དེ་དགག་པ་ལ་དང་པོ་དགག་པ་དང་། ཕྱི་མ་དགག་པ་གཉིས་ལས། དང་པོ་ལ། རྣམ་རྒྱལ་གྲགས་བཟང་གི་ལུགས་དེ་འཐད་པ་མ་ཡིན་ཏེ། དེ་ལ་དུས་འཁོར་རང་གི་རྒྱུད་དང་འགལ་བ་དང་། ལོ་རྒྱུས་ལ་སོགས་པའི་འགལ་བའི་སྐྱོན་ལ་སོགས་པ་དུ་མ་ཡོད་པའི་ཕྱིར་རོ། །དུས་འཁོར་རང་དང་འགལ་བའི་སྐྱོན་ཡོད་དེ། དེ་ལས་སྟོན་པ་ཐུབ་པའི་དབང་པོའི་བཀའ་བར་པ་ཤེར་ཕྱིན་གྱི་མདོ་རྒྱས་འབྲིང་བསྡུས་གསུམ་གསུངས་པའི་རྗེས་ནས་དཔལ་ལྡན་འབྲས་སྤུངས་ཀྱི་མཆོད་རྟེན་དུ་དུས་འཁོར་གྱི་རྒྱུད་གསུངས་པར་བཤད་པ་གང་ཞིག །སྟོན་པས་མངོན་པར་རྫོགས་པར་སངས་རྒྱས་པའི་ཚུལ་བསྟན་ནས། དང་པོར་གཙོ་ཆེར་བཀའ་དང་པོ་བདེན་པ་བཞིའི་ཆོས་འཁོར་རྣམས་གསུངས་པའི་ཕྱིར་རོ། །དང་པོ་གྲུབ་སྟེ། དུས་འཁོར་རྩ་རྒྱུད་ལས། ཐུབ་པས་བྱ་རྒོད་ཕུང་པོ་རུ། །ཤེས་རབ་ཕ་རོལ་ཕྱིན་ཚུལ་བཞིན། །ཆོས་བསྟན་དཔལ་ལྡན་འབྲས་སྤུངས་སུ། །དེ་བཞིན་སྔགས་ཀྱི་ཚུལ་རབ་གསུངས། །ཞེས་གསུངས་པའི་ཕྱིར་རོ། །འོན་ལོ་རྒྱུས་སོགས་དང་འགལ་བའི་སྐྱོན་ཡོད་ན། ལོ་རྒྱུད་ཇི་ལྟར་ཡིན། དེ་དང་འགལ་བའི་ཚུལ་ཇི་ལྟ་བུ་ཞེ་ན། དང་པོ་ལོ་རྒྱུས་མཚོན་ཙམ་བརྗོད་ན། སྟོན་པ་མངོན་པར་རྫོགས་པར་འཚང་རྒྱ་བའི་ཚུལ་བསྟན་པའི་རྗེས་དེ་ནས། ཤཱཀྱའི་ཚོགས་མང་པོ་རབ་ཏུ་བྱུང་བ་དང་། བསྙེན་པར་རྫོགས་པར་བྱས་ཏེ། ཕལ་ཆེ་བ་རྣམས་ཀྱིས་འཕགས་པ་ཐོབ་ཅིང་། དེ་རྣམས་སེར་སྐྱའི་གྲོང་ཁྱེར་དུ་བཞུགས་པའི་ཚེ། རྒྱལ་པོ་གསལ་རྒྱལ་གྱི་སྲས་འཕགས་སྐྱེས་པོ་དང་། དེའི་བློན་པོ་གཉིས་ཀྱིས་དམག་བསྐྱལ་ཏེ་སེར་སྐྱའི་གྲོང་ཁྱེར་བཅོམ་དུ་ཡོང་། དེ་ཡོང་བ་ཐོས་ནས་ཤཱཀྱའི་ཚོགས་དེ་རྣམས་ཀྱིས་ངེད་རྣམས་རབ་ཏུ་བྱུང་བ་དང་། འཕགས་པའི་འབྲས་བུ་ཐོབ་པ་ཡིན་པས། ཕར་དབྱུག་པ་སོགས་རྡེག་འཚོག་བྱེད་པ་མ་གཏོགས། མཆོན་བསྣུན་པ་དང་། སྲོག་གཅོད་པ་ལ་སོགས་པ་གཏན་ནས་མི་བྱེད་དོ། །ཞེས་བཅའ་སྒྲིགས་བྱས་པ་ལས། དམག་དཔུང་དེ་རྣམས་ཀྱིས་ཤཱཀྱའི་ཚོགས་ཤིན་ཏུ་མང་བ་བསད། དེའི་ཚེ་ཤཱཀྱ་ཤཱཀྱ་ཞེས་པའི་སྤྲུལ་པའི་གང་ཟག་དེས། ཕར་འཁྲུགས་ཏེ་མི་མང་པོ་བསད། དེ་ནས་དམག་ཕྱིར་ལོག་ཟིན་ནས། ཤཱཀྱའི་ཚོགས་ལྷག་མ་རྣམས་འདུས་ནས། ཤཱཀྱ་ཤཱཀྱ་ཀ་ལ་ཁྱོད་ཀྱིས་བཅས་པ་ལས་འདས་པ་ཡིན་པས། ཞེས་གནས་དབྱུང་བྱས་པས། ཤཱཀྱ་ཤཱཀྱ་ཀས་བྱང་ཤམ་ལྷ་ལར་བྱོན་ཞིང་། དེའི་སྲས་ནི་རྒྱལ་པོ་ཟླ་བ་བཟང་པོ་ཡིན་ནོ། །དེས་ན་རྣམ་རྒྱལ་གྲགས་པ་བཟང་པོའི་ལུགས་དེ་ལ་ལོ་རྒྱུས་དང་འགལ་བའི་སྐྱོན་ཡང་ཡོད་དེ། རྒྱལ་པོ་ཟླ་བ་བཟང་པོ་དེའི་དགུང་ལོ་གོ་དགུ་བཞེས་པའི་དུས་སུ། སྟོན་པ་ཐུབ་པའི་དབང་པོ་ལ་དུས་འཁོར་གྱི་རྒྱུད་ཞུས་པ་གང་ཞིག

།ཤཱཀྱ་ཤཱཀྱ་ཀ་དེ་རྒྱལ་པོ་ཟླ་བ་བཟང་པོའི་ཡབ་ཀྱང་ཡིན་ལ། དེ་ནི་སྟོན་པ་མངོན་པར་རྫོགས་པར་སངས་རྒྱས་པའི་ཚུལ་བསྟན་པའི་རྗེས་སུ་ཤམ་བྷ་ལར་བྱོན་པའི་ཕྱིར་རོ། །དང་པོ་གྲུབ་སྟེ། དེས་དེ་ཞུས་ཏེ། དེས་དུས་འཁོར་གྱི་རྒྱུད་དེ་བྱང་ཤམྦྷ་ལར་གདན་ཡང་དྲངས་ཤིང་འགྲེལ་པ་ཡང་བརྩམས་ལ། དེའི་ཕྱི་ལོ་དེས་བྱང་ཤམྦྷ་ལར་དུས་འཁོར་གྱི་བློས་བསླངས་ཀྱང་བཞེངས་པའི་ཕྱིར་རོ། །གཉིས་པ་དུས་ཞབས་པའི་ལུགས་དེ་ཡང་མི་འཐད་དེ། དུས་འཁོར་གྱི་རྒྱུད་ཞུ་བ་པོ་རྒྱལ་པོ་ཟླ་བ་བཟང་པོ་ཡིན་པ་གང་ཞིག །སྟོན་པ་མྱ་ངན་ལས་འདས་པའི་ཚུལ་སྟོན་པའི་གོང་དུ། རྒྱལ་པོ་ཟླ་བཟང་དེ་མི་བཞུགས་པའི་ཕྱིར་ཏེ། རྒྱལ་པོ་ཟླ་བ་བཟང་པོ་དེ་སྟོན་པ་ཐུབ་པའི་དབང་པོ་ལས་ལོ་བཅུ་དགུས་བགྲེས་པ་གང་ཞིག །རྒྱལ་པོ་དེས་ལོ་བརྒྱ་ལས་ལྷག་པ་མ་བཞུགས་པའི་ཕྱིར་ཏེ། རྒྱལ་པོ་ཟླ་བ་བཟང་པོ་དེ། ཆོས་རྒྱལ་བདུན་དང་། རིགས་ལྡན་ཉི་ཤུ་རྩ་དྲུག་གམ། རྩ་ལྔ་ལ་སོགས་པ་འབྱུང་བའི་དང་པོ་དེ་ཡིན་པ་གང་ཞིག །རིགས་ལྡན་འཇམ་དཔལ་གྲགས་པ་མ་གཏོགས་པའི་གཞན་ཕལ་ཆེ་བ་རྣམས་ལོ་བརྒྱ་ལས་ལྷག་པ་མི་བཞུགས་པའི་ཕྱིར་རོ།། །།

གཉིས་པ་ཟབ་པ་གཉིས་སུ་མེད་པ་བླ་ན་མེད་པའི་རྒྱུད་ནི་ཀྱེ་རྡོ་རྗེའི་རྒྱུད་ལྟ་བུ་ལ་འཇོག་ལ། དེ་ལ་ཡང་། རྩ་རྒྱུད། བཤད་རྒྱུད། ཆ་མཐུན་གྱི་རྒྱུད་དང་གསུམ་ཡོད་པའི། དང་པོ་ལ་ཡང་། རྩ་རྒྱུད་རྒྱས་པའི་རྒྱས་པ། རྩ་རྒྱུད་རྒྱས་པ། རྩ་རྒྱུད་བསྡུས་པ་དང་གསུམ་ཡོད་པའི་དང་པོ་ནི། རྩ་རྒྱུད་འབུམ་ཕྲག་བདུན་པ་ཞེས་པ་ཅིག་ཁས་བླངས་དགོས་པ་དེ་ལ་འཇོག་གོ། །གཉིས་པ་ནི། ལེའུ་སྟོང་སུམ་ཅུ་པ། བརྟག་པ་སུམ་ཅུ་སོ་གཉིས་པ། ཤློ་ཀ་འབུམ་ཕྲག་ལྔ་པ་འདི་ལ་འཇོག་པ་ཡིན་ཏེ། རྡོ་རྗེ་གུར་ལས། སྟོང་ཕྲག་སུམ་ཅུའི་གྲངས་ཀྱི་ནི། །འབུམ་ཕྲག་ལྔ་ཡི་རྒྱ་མཚོ་ཆེ། །ཞེས་གསུངས་པའི་ཕྱིར།

གསུམ་པ་ནི། ལེའུ་ཉེར་གསུམ་པ། ཤློ་ཀ་བདུན་བརྒྱ་ཉི་ཤུ་པ་བརྟག་པ་གཉིས་པ་འདི་ལ་འཇོག་གོ །འོ་ན་རྩ་རྒྱུད་བརྟག་པ་གཉིས་པ་འདི། རྩ་རྒྱུད་རྒྱས་པ་དེ་ལས་ཕྱུང་བ་ཡིན་ནམ། རྒྱུད་ལོགས་པ་ཡིན་ཞེ་ན། ཕམ་ཐིང་པ་ལ་སོགས་པ་ཁ་ཅིག་ན་རེ། འདི་ལོགས་པ་ཡིན་ཏེ། དེའི་རྒྱུད་དེ་ལ་བརྟག་པ་སོ་གཉིས་པ། བརྟག་པ་བཅུ་གཉིས་པ། བརྟག་པ་དགུ་པ། བརྟག་པ་གཉིས་པ་དང་བཞི་ཡོད་པའི་བརྟག་པ་གཉིས་པ་ཁོ་ན་ཡིན་པའི་ཕྱིར་ཞེ་ན། མི་འཐད་དེ། བརྟག་པ་རང་གི་མཇུག་ཏུ། རྒྱུད་ཀྱི་རྒྱལ་པོ་ཆེན་པོ་སྒྱུ་མའི་རྒྱལ་པོ་བརྟག་པ་སོ་གཉིས་པ་ལས་བྱུང་བ་ཞེས་གསུངས་པའི་ཕྱིར། ནཱ་རོ་པའི་རྗེས་འབྲང་དང་བཅས་པ་ཁ་ཅིག་ན་རེ། བརྟག་པ་གཉིས་པ་འདི་རྒྱས་པ་འབུམ་ཕྲག་ལྔ་ལས་བྱུང་བ་ཡིན་ལ། དེའི་ནང་ནས་ཀྱང་བརྟག་པ་དང་པོ་གཉིས་ལས་ཕྱུང་བ་ཡིན་ཏེ། རྡོ་རྗེ་གུར་ལས། རྡོ་རྗེ་སྙིང་པོ་སྟོན་བྱང་ཆུབ། །བརྟག་པའི་རྒྱལ་པོ་དང་པོ་སྟེ། སྒྱུ་མའི་བརྟག

པ་གཉིས་པ་འོ། །ཞེས་བརྟག་པ་སོ་གཉིས་པའི་བརྟག་པ་དང་པོ་ལ་མངོན་པར་བྱང་ཆུབ་པ་ཞེས་དང་། གཉིས་པ་ལ་སྒྱུ་མའི་བརྟག་པ་ཞེས་བཤད་པ་གང་ཞིག །བརྟག་གཉིས་འདིར་ཡང་བརྟག་པ་དང་པོ་དང་གཉིས་པ་གཉིས་ལ། རིམ་བཞིན་མིང་དེ་ལྟར་དུ་བཤད་པའི་ཕྱིར་དང་། འདིར་གླེང་གཞི་ཡང་དང་པོར་བཤད་པའི་ཕྱིར་རོ། །ཞེན་དེ་ནི་མི་འཐད་དེ། བརྟག་གཉིས་རང་གི་བརྟག་པ་དང་པོ་ལས། གོང་དུ་བརྟག་པ་བཅུ་གཉིས་པར། །རྒྱས་པར་བཤད་པ་མདོ་རུ་བསྡུ། །ཞེས་དང་། གོང་མའི་རྒྱུད་ཀྱི་ཚིག་རིམ་པས། །མཆོད་ཡོན་ཞབས་སིལ་གོང་མ་བཞིན། །ཞེས་གསུངས་པའི་ཕྱིར་དང་། གླེང་གཞི་ལ་ཡང་ངེས་པ་མེད་དེ། གླེང་གཞི་བར་སྐབས་སུ་འབྱུང་བ་དེ་འདྲ་འང་ཡོད་པའི་ཕྱིར་དང་། བརྟག་པའི་མིང་གཅིག་པ་ཙམ་ལའང་ངེས་པ་མེད་དེ། བརྟག་གཉིས་འདིར་ཡང་། ལེའུ་བཞི་པ་དང་། བཅུ་པ་གཉིས་ཆར་ལ་དབང་ལེ་ཞེས་བཤད་པ་གང་ཞིག །དེ་གཉིས་ཀྱང་བརྗོད་བྱའི་དོན་སོ་སོ་བ་ཡིན་པའི་ཕྱིར་རོ། །དེས་ན་རང་གི་ལུགས་ནི། རྩ་རྒྱུད་བརྟག་པ་གཉིས་པ་འདི། རྩ་རྒྱུད་རྒྱས་པ་འབུམ་ཕྲག་ལྔ་པ་ལས་ཕྱུང་བ་ཡིན་ཅིང་། དེའི་ནང་ནས་ཀྱང་བརྟག་པ་སོ་གཅིག་པ་དང་སོ་གཉིས་པ་གཉིས་ལས་ཕྱུང་བ་ཡིན་ཏེ། རྡོ་རྗེ་གུར་ལས། རྡོ་རྗེ་སྙིང་པོ་མངོན་བྱང་ཆུབ། །བརྟག་པའི་རྒྱལ་པོ་དང་པོ་སྟེ། །སྒྱུ་མའི་བརྟག་པ་གཉིས་པའོ། །ཞེས་པ་ནས་བཟུང་སྟེ། དེ་ནི་གསུམ་ཅུ་པར་ཡང་བཤད། །ཅེས་བརྟག་པ་དང་པོ་ནས་སུམ་ཅུའི་བར་བཤད་ནས། བརྟག་པ་སོ་གཅིག་པ་དང་སོ་གཉིས་པ་གཉིས་ངོས་འཛིན་པ་ལ། མཁའ་འགྲོ་མཁའ་འགྲོ་མ་ཡི་རྒྱུད། །དག་པའི་སྙིང་པོ་ཡོངས་བསྡུས་པ། །རྡོ་རྗེ་མཁའ་འགྲོས་གསུངས་པ་སྟེ། །འདི་ནི་རྒྱུད་ཀྱི་ངེས་པ་འོ། །ཞེས་སོ་གཅིག་པ་ལ་མཁའ་འགྲོའི་རྒྱུད་དང་། སོ་གཉིས་པ་ལ་མཁའ་འགྲོ་མའི་རྒྱུད་ཅེས་བཤད་ལ། དེ་ཡང་། དང་པོ་དེ་རྒྱལ་བས་རྡོ་རྗེ་འཆང་གི་ཚུལ་དུ་བྱས་ནས། གཙོ་བོར་སྐྱེས་པ་འདུལ་བའི་ཕྱིར་དུ་གསུངས། གཉིས་པ་དེ་བདག་མེད་མས་མཁའ་འགྲོ་མའི་ཚུལ་དུ་བྱས་ནས་གཙོ་བོར་བུད་མེད་འདུལ་བའི་ཕྱིར་དུ་གསུངས་པ་གང་ཞིག བརྟག་པ་གཉིས་པ་འདིས་ཀྱང་། བརྟག་པ་དང་པོ་དེ་གཙོ་བོར་སྐྱེས་པ་འདུལ་བའི་ཕྱིར་དུ་གསུངས་ལ། གཉིས་པ་དེ་གཙོ་བོར་བུད་མེད་འདུལ་བའི་ཕྱིར་དུ་གསུངས་པའི་ཕྱིར། དང་པོ་གྲུབ་སྟེ། རྡོ་རྗེ་གུར་ལས། ཀྱེ་རྡོ་རྗེ་ཡི་རྣལ་འབྱོར་རྒྱུད། །དང་པོ་རྒྱལ་བ་རྣམས་ཀྱིས་གསུངས། །ཕྱི་མ་རྣལ་འབྱོར་མ་ཡི་རྒྱུད། །དེ་ནི་བུད་མེད་གཟུང་ཕྱིར་རོ། །ཞེས་གསུངས་པའི་ཕྱིར་རོ། །

གཉིས་པ་བཤད་རྒྱུད་ལ། ཐུན་མོང་མ་ཡིན་པའི་བཤད་རྒྱུད་དང་། ཐུན་མོང་བའི་བཤད་རྒྱུད་གཉིས་ཡོད་པའི། དང་པོ་ནི། ཤློ་ཀ་སྟོང་ཉིས་བརྒྱ་པ་རྡོ་རྗེ་གུར་ལྟ་བུ་ལ་འཇོག །གཉིས་པ་ནི། ཤློ་ཀ་གཉིས་སྟོང་བརྒྱད་བརྒྱ་དང་གསུམ་པ། སཾ་པུ་ཊའི་རྒྱུད་ལྟ་བུ་ལ་འཇོག །འོན་དང་པོ་དེ་ལ་ཐུན་མོང་མ་ཡིན་པའི་དེ་དང་།

གཉིས་པ་དེ་ལ་ཐུན་མོང་བའི་བཤད་རྒྱུད་ཅེས་འཇོག་པའི་རྒྱུ་མཚན་ཅི་ཡིན་ཞེ་ན། ཤེས་བྱ་ཆོས་ཅན། རྡོ་རྗེ་གུར་དེ་ལ་ཀྱེ་རྡོ་རྗེའི་ཐུན་མོང་མ་ཡིན་པའི་བཤད་རྒྱུད་དུ་འཇོག་པའི་རྒྱུ་མཚན་ཡོད་དེ། རྡོ་རྗེ་གུར་དེས་རྩ་རྒྱུད་ཀྱིས་པ་བརྟག་པ་སོ་གཉིས་པ་དང་། བསྡུས་པ་བརྟག་པ་གཉིས་པ་འདི་གཉིས་ཀོ་ནའི་དོན་གསལ་བར་བྱེད་པས་ན། དེ་ལྟར་དུ་བཞག་པའི་ཕྱིར་རོ། །སམྦུ་ཊའི་རྒྱུད་དེ་ལ་དེའི་ཐུན་མོང་བའི་བཤད་རྒྱུད་ཞེས་འཇོག་པའི་རྒྱུ་མཚན་ཡོད་དེ། སམྦུ་ཊའི་རྒྱུད་དེས། བོད་འདིར་ཡང་རྒྱུད་སྡེ་བཅུ་དྲུག་གམ་བཅུ་བདུན་ཙམ་གྱི་དོན་གསལ་བར་བྱེད་པས་ན། དེ་ལྟར་བཞག་པའི་ཕྱིར་དང་། རྒྱལ་པོ་ཨིནྡྲ་བྷཱུ་ཏི་ལ་སོགས་པ་རྣམས་ནི། རྒྱུད་སྡེ་འབུམ་ཕྲག་སོ་དྲུག་ཙམ་གྱི་དོན་གསལ་བར་བྱེད་པ་ཡང་ཡིན་នོ་ཞེས་བཞེད་དོ། །

གསུམ་པ་ཆ་མཐུན་གྱི་རྒྱུད་ནི། ཕྱག་ཆེན་ཐིག་ལེའི་རྒྱུད། ཡེ་ཤེས་ཐིག་ལེའི་རྒྱུད། ཡེ་ཤེས་སྙིང་པོའི་རྒྱུད་དང་བྱས་པ་རྣམས་ལ་འཇོག །

བཞི་པ་ཁྱད་ཆོས་བཤད་པ་ལ། ཕ་རྒྱུད་མ་རྒྱུད་གཉིས་མེད་ཀྱི་རྒྱུད་གསུམ་གྱི་ཁྱད་པར་བཤད་པ། རྩ་རྒྱུད་དང་བཤད་རྒྱུད་གཉིས་ཀྱི་ཁྱད་པར་བཤད་པ། རྒྱུ་རྒྱུད། ཐབས་རྒྱུད། འབྲས་རྒྱུད་གསུམ་གྱི་ཁྱད་པར་བཤད་པ་དང་གསུམ་གྱི། དང་པོ་ལ་ཡང་། རྗོད་བྱེད་གླེང་གཞི་མི་འདྲ་བའི་ཁྱད་པར། བརྗོད་བྱ་མི་འདྲ་བའི་ཁྱད་པར་ཞུ་བ་པོའམ། གདུལ་བྱ་མི་འདྲ་བའི་ཁྱད་པར་དང་གསུམ། དང་པོ་ལ། དེ་གསུམ་གྱི་རྗོད་བྱེད་གླེང་གཞི་མི་འདྲ་བའི་ཁྱད་པར་ཡོད་དེ། འདི་སྐད་བདག་གིས་ཐོས་པ་དུས་ཅིག་ན། ཞེས་སོགས་གླེང་གཞིའི་ཡི་གེ་བཞི་བཅུས་ཐོག་དྲངས་པའི་རྒྱུད་རྣམས་ལ་ཕ་རྒྱུད་དང་། གསང་བ་མཆོག་གི་དགེས་པ་ན། །ཞེས་སོགས་ཀྱིས་ཐོག་དྲངས་པའི་རྒྱུད་རྣམས་ལ་མ་རྒྱུད་དང་། དེ་གཉིས་ཀ་ཆ་མཉམ་དུ་བཞུགས་པའི་རྒྱུད་རྣམས་ལ་གཉིས་མེད་ཀྱི་རྒྱུད་དུ་འཇོག་པ་ཡིན་ཏེ། ནག་པོ་དམ་ཚིག་རྡོ་རྗེའི་གསང་བའི་དེ་ཁོ་ན་ཉིད་གསལ་བ་ལས། རྣལ་འབྱོར་རྒྱུད་དུ་དེ་བཞིན་གཤེགས། །འདི་སྐད་ལ་སོགས་གང་གསུང་པ། །དེ་ཉིད་རྣལ་འབྱོར་མ་རྒྱུད་དུ། །གསང་བ་མཆོག་གི་དགེས་པ་ན། །ཐམས་ཅད་བདག་ཉིད་དག་ཏུ་བཞུགས། །ཞེས་གསུངས་པའི་ཕྱིར། གཉིས་པ་བརྗོད་བྱ་མི་འདྲ་བའི་ཁྱད་པར་ལ། ཤེས་བྱ་ཆོས་ཅན། དེ་གསུམ་བརྗོད་བྱ་མི་འདྲ་བའི་ཁྱད་པར་ཡོད་དེ། བསྐྱེད་རིམ་གཙོ་བོར་སྟོན་པའི་རྒྱུད་རྣམས་ལ་ཕ་རྒྱུད་དང་། རྫོགས་རིམས་གཙོ་བོར་སྟོན་པའི་རྒྱུད་རྣམས་ལ་མ་རྒྱུད་དང་། དེ་གཉིས་ཆ་མཉམ་དུ་སྟོན་པའི་རྒྱུད་རྣམས་ལ་གཉིས་མེད་ཀྱི་རྒྱུད་དུ་འཇོག་པའི་ཕྱིར་ཏེ། གསང་བའི་དེ་ཁོ་ན་ཉིད་གསལ་བ་ལས། བསྐྱེད་དང་རྫོགས་པའི་དབྱེ་བ་ལས། །རྣལ་འབྱོར་ཕ་དང་རྣལ་འབྱོར་མ། །བསྐྱེད་པ་རྣལ་འབྱོར་ཕ་ཞེས་བརྗོད། །རྫོགས་པ་རྣལ་འབྱོར་མ་ཞེས་བྱ། །ཞེས་གསུངས་པའི་ཕྱིར། གཞན་ཡང་། དེ་

གསུམ་ལ་བསྐྱེད་རིམ་སྟོན་ཚུལ་མི་འདྲ་བའི་ཁྱད་པར་ཡང་ཡོད་དེ། རགས་པ་ཕུང་ཁམས་རྣམས་ལྷར་སྒོམ་ཚུལ་གཙོ་བོར་སྟོན་པའི་རྒྱུད་རྣམས་ལ་ཕ་རྒྱུད་དང་། ཐྲ་བ་རྩ་སུམ་ཅུ་རྩ་གཉིས་ལ་སོགས་པ་ལྷར་སྒོམ་ཚུལ་གཙོ་བོར་སྟོན་པའི་རྒྱུད་རྣམས་མ་རྒྱུད་དང་། དེ་གཉིས་ཀ་ཆ་མཉམ་དུ་སྟོན་པའི་རྒྱུད་རྣམས་གཉིས་མེད་ཀྱི་རྒྱུད་དུ་འཇོག་པའི་ཕྱིར་ཏེ། གསང་བ་འདུས་པ་ལས། མདོར་ན་ཕུང་པོ་ལྔ་རྒྱལ་བ། །དེ་བཞིན་གཤེགས་པ་ཐམས་ཅད་ཡིན། །ཞེས་དང་། བདེ་མཆོག་ལས། འདི་དག་གནས་སུ་རྣལ་འབྱོར་མ། །རྩ་གཟུགས་མཛེས་པའི་ཡང་དག་གནས། །ཞེས་པ་དང་། བརྟག་གཉིས་ལས། གཟུགས་ཕུང་རྡོ་རྗེ་མ་ཡིན་ཏེ། །ཚོར་བ་ལ་ཡང་དཀར་མོར་བརྗོད། །ཅེས་སོགས་དང་། རྩ་ནི་གཉིས་གཉིས་རྣལ་འབྱོར་མ། །རེ་རེའི་རྣམ་པ་རྣམས་སུ་བརྗོད། །ཞེས་སོགས་གསུངས་པའི་ཕྱིར་རོ། །དེ་གསུམ་ཐབས་ཤེས་སྟོན་ཚུལ་གྱི་སྒོ་ནས་ཀྱང་འཇོག་ཚུལ་མི་འདྲ་བའི་ཁྱད་པར་ཡོད་དེ། ཐབས་གཙོ་བོར་སྟོན་པའི་རྒྱུད་རྣམས་ལ་ཕ་རྒྱུད་དང་། ཤེས་རབ་གཙོ་བོར་སྟོན་པའི་རྒྱུད་རྣམས་ལ་མ་རྒྱུད་དང་། དེ་གཉིས་ཆ་མཉམ་དུ་སྟོན་པའི་རྒྱུད་རྣམས་གཉིས་མེད་ཀྱི་རྒྱུད་དུ་འཇོག་པ་ཡིན་ཏེ། རྩ་རྒྱུད་རྒྱས་པ་འབུམ་ཕྲག་ལྔ་པ་ལས། གང་དུ་ཐབས་ནི་ཀུན་སྟོན་ཅིང་། །ཤེས་རབ་རྣམ་པར་སྤྱོད་པས་ཏེ། །ཀུན་རྫོབ་རྣལ་འབྱོར་ཕ་ཡི་རྒྱུད། །གང་ཡིན་དེ་ནི་ངས་བསྟན་ཏོ། །ཞེས་པ་དང་། གང་དུ་ཤེས་རབ་ཀུན་སྟོན་ཅིང་། །ཐབས་ནི་རྣམ་པར་སྤྱོད་པས་ཏེ། །ཀུན་རྫོབ་རྣལ་འབྱོར་མ་ཡི་རྒྱུད། །གང་ཡིན་དེ་ནི་ངས་བསྟན་ཏོ། །ཞེས་གསུངས་པའི་ཕྱིར་རོ། །

གསུམ་པ་ཞུ་བ་པོའམ་གདུལ་བྱ་མི་འདྲ་བའི་ཁྱད་པར་ལ། ཤེས་བྱ་ཆོས་ཅན། དེ་གསུམ་གྱི་ཞུ་བ་པོའམ་གདུལ་བྱ་མི་འདྲ་བའི་ཁྱད་པར་ཡོད་དེ། ཞུ་བ་པོ་སྐྱེས་པས་ཞུས་ཤིང་། སྐྱེས་པ་འདུལ་བའི་ཕྱིར་དུ་གཙོ་བོར་གསུངས་པའི་རྒྱུད་རྣམས་ལ་ཕ་རྒྱུད་དང་། བུད་མེད་ཀྱིས་ཞུས་ཤིང་། བུད་མེད་འདུལ་བའི་ཕྱིར་དུ་གཙོ་བོར་གསུངས་པའི་རྒྱུད་རྣམས་ལ་མ་རྒྱུད་དང་། དེ་གཉིས་ཀ་ཆ་མཉམ་དུ་བཞུགས་པའི་རྒྱུད་རྣམས་ལ་གཉིས་མེད་ཀྱི་རྒྱུད་དུ་འཇོག་པའི་ཕྱིར་ཏེ། རྡོ་རྗེ་གུར་ལས། སྐྱེས་པ་རྣམས་ནི་འདུལ་བའི་ཕྱིར། །རྣལ་འབྱོར་གྱི་ནི་རྒྱུད་ཅེས་བྱ། །བཙུན་མོ་རྣམས་ནི་གཟུང་བའི་ཕྱིར། །རྣལ་འབྱོར་མ་ནི་རྒྱུད་ཅེས་བྱ། །ཞེས་གསུངས་པའི་ཕྱིར་རོ། །དེས་ན་ཀྱཻ་རྡོ་རྗེའི་རྒྱུད་གཉིས་མེད་དུ་ཁས་བླངས་པ་ལ། ཁོ་ན་རེ། ཀྱཻ་རྡོ་རྗེའི་རྒྱུད་འདི་གཉིས་མེད་ཀྱི་རྒྱུད་མ་ཡིན་པར་ཐལ། འདི་མ་རྒྱུད་ཡིན་པའི་ཕྱིར་ཏེ། ཀྱཻ་རྡོ་རྗེའི་རྒྱུད་ལས། རྣལ་འབྱོར་མ་རྒྱུད་ཀྱཻ་རྡོ་རྗེ། །ཞེས་གསུངས་པའི་ཕྱིར་ཟེར་ན། གཞུང་དེ་དང་འགལ་བའི་སྐྱོན་མེད་དེ། གཞུང་དེས་ཀྱཻ་རྡོར་གྱི་རྒྱུད་ཀྱི་ཤེས་རབ་སྟོན་ཚུལ་བསྟན་པ་ཡིན་གྱི། མ་རྒྱུད་དུ་བསྟན་པ་ནི་མ་ཡིན་པའི་ཕྱིར་ཏེ། དེ་ཡིན་ན་ཀྱཻ་རྡོར་རང་དང་ནང་འགལ་བའི་

སྐྱོན་ཡོད་པའི་ཕྱིར་ཏེ། ཀྱེ་རྡོར་རང་ལས། ཐབས་དང་ཤེས་རབ་བདག་ཉིད་རྒྱུད། །དེ་ནི་ང་ཡིས་བཤད་ཀྱིས་ཉོན། །ཞེས་གསུངས་པའི་ཕྱིར་རོ། །

གཉིས་པ་རྩ་བཤད་གཉིས་ཀྱི་ཁྱད་པར་ལ། རྩ་རྒྱུད་དང་། བཤད་རྒྱུད་གཉིས་ཀྱི་ངོ་བོ་བཤད་པ་དང་། བཤད་རྒྱུད་དུ་ཇི་ལྟར་འགྲོ་བའི་ཚུལ་བཤད་པ་གཉིས་ལས། དང་པོ་ནི། རང་གི་བཤད་རྒྱུད་རྣམས་ཀྱི་དང་པོར་བྱུང་ཞིང་། བཤད་པའི་གཞིར་གྱུར་པའི་རྒྱུད་དེ་ལ། རྩ་རྒྱུད་དུ་འཇོག་ལ། དེ་ལ་དབྱེ་ན། རྩ་རྒྱུད་རྒྱས་པ་དང་། བསྡུས་པ་གཉིས་ཡོད་པའི། དང་པོ་ནི། ཆོས་འཁོར་བསྐོར་བའི་དུས་ཀྱི་གདུལ་བྱ་ལ་གསུངས་པ་གཙོ་ཆེ་ལ། ཕྱི་མ་ནི་ཕྱིས་ཀྱི་གདུལ་བྱ་རྣམས་ལ་གསུངས་པ་གཙོ་ཆེ་གསུངས་ཀྱང་བརྟག་པར་བྱའོ། །བཤད་རྒྱུད་ནི། རྩ་རྒྱུད་ཀྱི་ཕྱིས་བྱུང་ཞིང་། མཆེད་དུ་གྱུར་པའི་རྒྱུད་ཅིག་ལ་འཇོག་ཅིང་། དེ་ལ་དབྱེ་ན། ཐུན་མོང་བ་དང་། ཐུན་མོང་མ་ཡིན་པའི་བཤད་རྒྱུད་གཉིས་ཡོད་དེ། གཉིས་པ་བཤད་པ་ལ། དོན་མི་གསལ་བ་གསལ་བར་བྱེད་པའི་སྒོ་ནས་བཤད་རྒྱུད་དུ་འགྲོ་བ་ཞིག །མ་ཚང་བ་ཁ་བསྐང་བའི་སྒོ་ནས་དེར་འགྲོ་བ་ཞིག །རྒྱས་པ་བསྡུས་ཏེ་སྟོན་པའི་སྒོ་ནས་དེར་འགྲོ་བ་ཞིག །ཚུལ་མི་འདྲ་བ་ཞིག་བསྟན་པའི་སྒོ་ནས་དེར་འགྲོ་བ་ཞིག །ཆ་མཐུན་ངེས་པ་བསྐྱེད་པའི་སྒོ་ནས་དེར་འགྲོ་བ་ཞིག །ཚིག་དོན་རྣམ་པར་ཕྱེ་བའི་སྒོ་ནས་བཤད་རྒྱུད་དུ་འགྲོ་བ་ཞིག་དང་དྲུག་ཡོད་པའི་དང་པོར་ནི། རྩ་བའི་བརྟག་པའི་རྒྱུད་འདིར། གང་ཞིག་དབང་གིས་རབ་ཕྱེ་བར། །རང་གི་དཀྱིལ་འཁོར་ཚོགས་སྦྱིན། །ཞེས་པ་དང་། ཞི་སྡང་རྡོ་རྗེའི་བྱིན་བརླབས་འདིས། །རིགས་ནི་ལྔ་དང་དྲུག་ཏུ་འགྱུར། །ཞེས་དབང་གི་དབྱེ་བ་ལ་སོགས་པ་དང་། རིགས་ཀྱི་དབྱེ་བ་མཚོན་ཙམ་བསྟན་པ་རྣམས། རྡོ་རྗེ་གུར་དུ། དབང་གི་དབྱེ་བ་གྲངས་ངེས་ལ་སོགས་པ་རྣམས་དང་། རིགས་ཀྱི་དབྱེ་བསྡུ་ལ་སོགས་པ་རྒྱས་པར་བཤད་པ་ལྟ་བུ་ལ་འཇོག །གཉིས་པ་ནི། རྩ་བའི་རྒྱུད་བརྟག་པ་གཉིས་པ་འདིར། གསལ་པོར་མི་བཞུགས་པ་རྣམས། རྡོ་རྗེ་གུར་དང་། སམྦུ་ཊའི་རྒྱུད་གཉིས་ནས། ཁ་བསྐང་ནས་བཤད་པ་ལྟ་བུ་ལ་འཇོག །

གསུམ་པ་ནི། རྩ་བའི་བརྟག་པའི་རྒྱུད་འདིར་སྤྱོད་པའི་རྣམ་པར་བཞག་པ་རྒྱས་པར་བཤད་པ་དེ། རྡོ་རྗེ་གུར་དུ་བསྡུས་ཏེ་བཤད་པ་ལྟ་བུ་ལ་འཇོག །བཞི་པ་ནི། རྩ་བའི་བརྟག་པའི་རྒྱུད་འདིར། གཽ་རཱི་ལ་སོགས་པའི་ལྷ་མོ་བརྒྱད་ཀྱི་སྟགས་དང་ཕྱག་རྒྱ་ལ་སོགས་བཤད་པ་དེ་དང་། རྡོ་རྗེ་གུར་ལས། དེ་དང་ཅུང་མི་འདྲ་བར་བཤད་པ་ལྟ་བུ་ལ་འཇོག །ལྔ་པ་ནི། རྩ་བའི་བརྟག་པའི་རྒྱུད་འདིར་བདག་མེད་ལྷ་མོ་བཅོ་ལྔའི་སྔགས་མདོག་དང་། ཕྱག་མཚན་བསྟན་པ་ཇི་ལྟ་བར་རྡོ་རྗེ་གུར་ལས་ཀྱང་དེ་ལྟར་དུ་བསྟན་པ་ལྟ་བུ་ལ་འཇོག །དྲུག་པ་ནི། རྩ་བའི་བརྟག་པ་གཉིས་པའི་རྒྱུད་འདིར། རྩ་རྣམས་ནི་སུམ་ཅུ་རྩ་གཉིས་ཏེ། མི་ཕྱེད་མ་དང་། ཞེས་མདོར་བསྟན་པ་ཙམ་ཞིག་

གསུངས་པ་དེ། སམྦུ་ཊ་ལས། རྩའི་ངོ་བོ་གནས་ཚུལ། བྱེད་པ། དེ་ལ་བརྟེན་ནས་ས་དང་པོ་རབ་ཏུ་དགའ་བ་ལ་སོགས་པ་ཐོབ་ཚུལ་རྒྱས་པར་བཤད་པ་ལྟ་བུ་ལ་འཇོག་གོ། །

གསུམ་པ་རྒྱུ་རྒྱུད། ཐབས་རྒྱུད། འབྲས་རྒྱུད་གསུམ་གྱི་ཁྱད་པར་བཤད་པ་ལ། གསང་བ་འདུས་པའི་རྒྱུད་ཕྱི་མ་ལས། རྒྱུད་ནི་རྒྱུན་ཆགས་ཞེས་བྱ་སྟེ། །རྒྱུད་དེ་རྣམ་པ་གསུམ་དུ་འགྱུར། །གཞི་དང་དེ་ཡི་རང་བཞིན་དང་། །མི་འཕྲོག་པ་ཡི་རབ་ཕྱེ་བའོ། །རང་བཞིན་རྣམ་པ་རྒྱུ་ཡིན་ཏེ། །གཞི་ནི་ཐབས་ཞེས་བྱ་བར་བརྗོད། །དེ་བཞིན་མི་འཕྲོགས་འབྲས་བུ་སྟེ། །རྒྱུད་དེ་རྣམ་པ་གསུམ་དུ་འདུ། །ཞེས་རྒྱུ་རྒྱུད་ལ་སོགས་པ་གསུམ་བཤད་ཅིང་། དེ་གསུམ་ངོས་འཛིན་པ་ལ། འཁྲུལ་པའི་དྲི་མ་ཐམས་ཅད་ཟད་པའི་རྗེ་བཙུན་གྲགས་པ་རྒྱལ་མཚན་གྱི་ཞལ་ནས། རང་སེམས་གདོད་ནས་སྤྲོས་བྲལ་རྒྱུ་རྒྱུད་དང་། །དབང་གི་ཡེ་ཤེས་ལམ་གྱི་ལྟ་བ་དང་། །ཉམས་མྱོང་སངས་རྒྱས་ས་དང་ངོ་བོ་གཅིག །རྟོགས་པའི་ཁྱད་པར་བླ་བའི་དཔེ་ཡིས་བསྟན། །ཞེས་གསུངས་པ་ལྟར་གྱི། དང་པོ་རྒྱུ་རྒྱུད་ནི། སྤྲོས་པའི་མཐའ་ཐམས་ཅད་དང་བྲལ་ཞིང་། གསལ་སྟོང་ཟུང་དུ་ཆུད་པའི་རང་རྒྱུད་ཀྱི་སེམས་རང་བཞིན་གྱིས་འོད་གསལ་བ་འདི་ལ་འཇོག་གོ། །འོན་དེ་ལ་རྒྱུ་རྒྱུད་ཅེས་འཇོག་པའི་རྒྱུ་མཚན་ཇི་ལྟར་ཡིན་ཞེ་ན། དེ་ལ་རྒྱུ་རྒྱུད་ཅེས་འཇོག་པའི་རྒྱུ་མཚན་ཡོད་དེ། རྐྱེན་དང་འཕྲད་ན་ནུས་པ་བསྐྱེད་པས་ན་རྒྱུ། དེ་རྒྱུན་མི་འཆད་པས་ན་རྒྱུད། ཅེས་འཇོག་པ་ཡིན་པའི་ཕྱིར། བརྟག་གཉིས་ལས། སེམས་ཅན་རྣམས་ནི་སངས་རྒྱས་ཉིད། །འོན་ཀྱང་གློ་བུར་དྲི་མས་བསྒྲིབས། །དེ་ཉིད་བསལ་ན་སངས་རྒྱས་ཉིད། །ཅེས་པ་དང་། སམྦུ་ཊ་ལས། ནམ་མཁའ་ཇི་སྲིད་མི་འཇིག་པ། །ནམ་མཁའ་ཇི་སྲིད་སེམས་དེ་སྲིད། །ཅེས་སོགས་གསུངས་པའི་ཕྱིར་རོ། །

གཉིས་པ་ཐབས་རྒྱུད་ནི། དབང་བཞི་བསྐུར་བའི་དུས་སུ་སྐྱེས་པའི་ཡེ་ཤེས་རྣམས་དང་། ལམ་བཞི་བསྒོམ་པ་ལས་བྱུང་བའི་ལྟ་བ་རྣམས་དང་། ཉམས་མྱོང་ས་བཅུ་གསུམ་པའི་ཕྱེད་འོག་མ་མན་ཆད་ཀྱི་མཚོན་བྱ་དོན་གྱི་ཡེ་ཤེས་རྣམས་ལ་འཇོག་གོ། །དེ་རྣམས་ལ་ཐབས་རྒྱུད་ཅེས་འཇོག་པའི་རྒྱུ་མཚན་ཡང་ཡོད་དེ། རྒྱུ་རྒྱུད་ལ་གནས་པའི་ནུས་པ་དེ། མ་སྨིན་པ་སྨིན་པར་བྱེད་པ་དང་། སྨིན་པ་གོང་དུ་འཕེལ་བར་བྱེད་པ་ཆུ་ལུད་ལྟ་བུའི་རྐྱེན་བྱེད་པས་ན་ཐབས། དེ་རྒྱུན་མི་འཆད་པས་ན་རྒྱུད། ཅེས་འཇོག་པའི་ཕྱིར་ཏེ། སམྦུ་ཊ་ལས། བསྟན་བཅོས་ཚད་མ་སློབ་དཔོན་དང་། །ལུང་གི་རྗེས་འབྲངས་དེ་ཉིད་རིག །གསང་དོན་དེ་ཉིད་དངོས་པོ་ནི། །གཅིག་ནས་གཅིག་བརྒྱུད་ཤེས་པར་བྱ། །བླ་མ་རབ་ཀྱི་ཞལ་ལས་བླང་། །ཞེས་པ་དང་། བརྟག་གཉིས་ལས། ཆུ་བོའི་རྒྱུན་ནི་རབ་འབབ་དང་། །མར་མེའི་རྩེ་མོ་རབ་བཅིངས་ལྟར། །ཞེས་གསུངས་པའི་ཕྱིར་རོ། །

གསུམ་པ་འབྲས་རྒྱུད་ནི། སངས་རྒྱས་ཀྱི་སྐུ་ལྔ་དང་། ཡེ་ཤེས་ལྔ་ལ་སོགས་པ་ལ་འཇོག་ཅིང་། དེ་ལ་

འབྲས་རྒྱུད་ཅེས་འདོགས་པའི་རྒྱུ་མཚན་ཡང་ཡོད་དེ། རྒྱུ་རྒྱུད་ལ་གནས་པའི་ནུས་པ་དེ། ཐབས་རྒྱུད་ཀྱིས་སྨིན་པ་དང་གོང་དུ་འཕེལ་བ་ལ་སོགས་པའི་འབྲས་བུ་ལོ་ཏོག་ལྟ་བུ་ཡིན་པས་ན། འབྲས་བུ་དེ་རྒྱུན་མི་འཆད་པས་ན་རྒྱུད་ཅེས་བཞག་པ་ཡིན་པའི་ཕྱིར། མདོ་སྡེ་རྒྱན་ལས། རང་བཞིན་དང་ནི་རྒྱུན་མི་འཆད། །རྒྱུན་གྱི་དེ་དག་རྟག་པ་ཉིད། །ཅེས་གསུངས་པའི་ཕྱིར། དེ་ལྟར་རྒྱུ་རྒྱུད་སོགས་གསུམ་གྱི་རྣམ་གཞག་སྤྱིར་བསྟན་ནས། དེ་གསུམ་དགོས་པ་རྡོ་རྗེ་ལ་ཡང་སྦྱོར་ཚུལ་བཤད་ན། ཀྱེ་རྡོ་རྗེ་ལ་ཡང་འབྲས་བུའི་ཀྱེ་རྡོ་རྗེ་སོགས་སྦྱོར་ཚུལ་ཡོད་དེ། དམིགས་པ་མེད་པའི་སྙིང་རྗེ་ཆེན་པོ་དང་། ཤེས་རབ་ཆེན་པོ་ཟུང་དུ་ཆུག་པ་མཐར་ཐུག་པ་ཅིག་ལ་འབྲས་བུའི་ཀྱེ་རྡོ་རྗེ་ཞེས་དང་། འབྲས་བུ་དེ་ཐོབ་པར་བྱེད་པའི་ལམ་དེ་ལ་ཐབས་ལམ་གྱི་ཀྱེ་རྡོ་རྗེ་ཞེས་དང་། དེ་ཐོབ་པར་བྱེད་པའི་རྒྱུ་དེ་ལ། རྒྱུའི་ཀྱེ་རྡོ་རྗེ་ཞེས་དང་། དེ་རྣམས་བརྗོད་བྱར་སྟོན་པའི་བཀའ་དང་བསྟན་བཅོས་རྣམས་ལ། གཞུང་གི་ཀྱེ་རྡོ་རྗེ་ཞེས་འདོགས་པའི་ཕྱིར་རོ། །དེས་ན་དེ་རྣམས་ཀྱི་ནང་ནས། འབྲས་བུའི་ཀྱེ་རྡོ་རྗེ་དེ་ཀྱེ་རྡོ་རྗེ་མཚན་ཉིད་པ་ཡིན་ཞིང་། གཞན་རྣམས་དེ་བཏགས་པ་བ་ཡིན་ཏེ། རྗེ་བཙུན་བསོད་རྩེའི་རྒྱུད་སྡེ་སྤྱིའི་རྣམ་གཞག་ལས། དེ་བས་ན་སངས་རྒྱས་ཀྱིས་དམིགས་པ་མེད་པའི་ཐུགས་རྗེ་ཆེན་པོ་དང་། ཤེས་རབ་ཆེན་པོ་ཟུང་དུ་ཆུད་པ་ཀྱེ་རྡོ་རྗེ་འབྲས་བུའི་རྒྱུད་ཡིན་ལ། འབྲས་བུའི་རྒྱུད་དེ་ཐོབ་པར་བྱེད་པའི་ཐབས་དང་། རྒྱུ་ལ་ཡང་། ཀྱེ་རྡོ་རྗེའི་མིང་གིས་བཏགས་པ་ཡིན་ཏེ། དཔེར་ན། ཕྱོགས་ཀྱི་གླང་པོས། ཤེས་རབ་ཕ་རོལ་ཕྱིན་གཉིས་མེད། །ཡེ་ཤེས་དེ་ནི་དེ་བཞིན་གཤེགས། །སྒྲུབ་བྱ་དེ་དོན་སྦྱོར་བ་ཡིས། །གཞུང་ལམ་དག་ལ་དེ་སྒྲས་བཏགས། །ཞེས་པ་ལྟར་རོ། །ཞེས་གསུངས་པའི་ཕྱིར་རོ། །

གཉིས་པ་བརྗོད་བྱ་ སྔགས་ལམ་གྱི་རྣམ་གཞག་ལ་བཞི་སྟེ། བྱ་རྒྱུད། སྤྱོད་རྒྱུད། རྣལ་འབྱོར་རྒྱུད། རྣལ་འབྱོར་བླ་མེད་ཀྱི་རྒྱུད་ཀྱི་སྔགས་ལམ་གྱི་རྣམ་གཞག་གོ། །དང་པོ་ལ་བྱ་རྒྱུད་ཀྱི་དབང་གི་རྣམ་གཞག་དངོས་དང་། དེ་ལ་བརྟེན་པའི་གྲོལ་བྱེད་ལམ་གྱི་རྣམ་གཞག་གཉིས་ཡོད་པའི། དང་པོ་ལ་དྲུག་སྟེ། གང་གིས་བསྐུར་བའི་རྡོ་རྗེ་སློབ་དཔོན་གྱི་རྣམ་གཞག །གང་ལ་བསྐུར་བའི་སློབ་མའི་རྣམ་གཞག །གང་དུ་བསྐུར་བའི་དཀྱིལ་འཁོར་གྱི་རྣམ་གཞག །ཇི་ལྟར་བསྐུར་བའི་ཆོ་གའི་རྣམ་གཞག །གང་བསྐུར་བའི་དབང་གི་རྣམ་གཞག །དེ་ལྟར་བསྐུར་བ་ལ་བརྟེན་ནས་བྱ་རྒྱུད་ཀྱི་སྒོམ་པའི་རྣམ་གཞག་གོ། །དང་པོ་ལ་སྤྱིར་བཏང་། ཁྱད་ཆོས་ལྔ་དང་ལྡན་པ་ཅིག་དགོས་ཏེ། བྱ་རྒྱུད་ཀྱི་དབང་རྫོགས་པར་ཐོབ་པ་ཡིན་པ། དེའི་དམ་ཚིག་དང་སྡོམ་པ་ལ་གནས་པ་ཡིན་པ། དེའི་དབང་བསྐུར་བའི་ཆོ་ག་ལ་མཁས་པ་ཡིན་པ། རྟེན་སློབ་མ་ལ་ཕྱི་ནང་གི་རྟེན་འབྲེལ་སྒྲིག་མཁྱེན་པ་ཡིན་པ། སློབ་མའི་ལུས་ངག་ཡིད་གསུམ་ལ་སྐུ་གསུང་ཐུགས་ཀྱི་ས་བོན་ཐེབས་པར་ནུས་པ་དང་བཅས་པའི་ལྔ་པོ་དེ་དང

ལྡན་པ་ཅིག་དགོས་པའི་ཕྱིར་རོ། །དམིགས་བསལ་བྱ་རྒྱུད་ཀྱི་དབང་བསྐུར་བ་ལ་བྱ་རྒྱུད་ཀྱི་དབང་ཐོབ་པ་ཅིག་མི་དགོས་ཏེ། བླ་མེད་ཀྱི་དབང་ཐོབ་པ་ཞིག་གིས་བྱ་སྤྱོད་གཉིས་ཀྱི་དབང་བསྐུར་དུ་རུང་བ་ཡིན་པའི་ཕྱིར་ཏེ། རྗེ་བཙུན་བསོད་རྩེའི་དབང་བཅུ་ལས། དབང་བསྐུར་བ་དྲུག་པོ་འདི་དག་ཐོབ་པས་ནི་རྟོག་པ་དང་དཔྱོད་པ་དང་རྣལ་འབྱོར་གྱི་རྒྱུད་མཐའ་དག་ཉན་དུ་རུང་ལ། རྣལ་འབྱོར་རྒྱུད་བཤད་དུ་མི་རུང་ཡང་། བྱ་སྤྱོད་གཉིས་བཤད་དུ་རུང་བ་ཡིན་ནོ། །ཞེས་གསུངས་པའི་ཕྱིར་རོ། །

གཉིས་པ་དེ་ལ་ཁྱད་ཆོས་གཉིས་དང་ལྡན་པ་གཅིག་དགོས་ཏེ། བྱ་རྒྱུད་ཀྱི་ལྷ་དང་བླ་མ་ལ་དད་གུས་ཡོད་པ༑ དེའི་དམ་ཚིག་དང་སྡོམ་པ་ཚུལ་བཞིན་དུ་བསྲུང་ནུས་པ་སྟེ། དེ་ཡང་གཅིག་ནས་ཉི་ཤུ་རྩ་ལྔའི་བར་ལའང་ཡིན་པ་གཅིག་དགོས་པའི་ཕྱིར་ཏེ། གསང་བ་སྤྱི་རྒྱུད་ལས། མཁས་པ་སློབ་མ་གཅིག་གམ་གསུམ། །ལྔ་འམ་ཡང་ན་བདུན་དག་གམ། །ཉི་ཤུ་རྩ་ནི་ལྔ་ཡི་བར། །ཟུང་དུ་མ་གྱུར་སློབ་མ་གཟུང་། །ཞེས་གསུངས་པའི་ཕྱིར།

གསུམ་པ་གང་དུ་བསྐུར་བའི་དཀྱིལ་འཁོར་དེ་ལ་དྲུག་ཏུ་ཡོད་དེ། ཡེ་ཤེས་ཀྱི། སྤྲུལ་པའི། ཏིང་ངེ་འཛིན་གྱི༑ རྟུལ་ཚོན་གྱི། རས་བྲིས། ལུས་དཀྱིལ་སོགས་དྲུག་ཏུ་ཡོད་ཅིང་། ངོས་འཛིན་འོག་ཏུ་འབྱུང་ངོ་། །བཞི་པ་ཇི་ལྟར་བསྐུར་བའི་ཆོ་ག་འཇོག་ཚུལ་ཡོད་དེ། གསང་བ་སྤྱི་རྒྱུད་ལས། རྣམ་དཔྱད་དང་པོ་ས་གཞི་གཟུང་། །གཉིས་པ་སྟ་གོན་གནས་པ་སྟེ། །གསུམ་པ་ལ་ནི་འཇུག་པ་ཤེས། །ཞེས་གསུངས་པ་ལྟར་གྱི། ཐུབ་དང་པོ་ལ་སའི་ཆོ་ག །གཉིས་པ་ལ་སྟ་གོན་གྱི་ཆོ་ག །གསུམ་པ་ལ་དངོས་གཞིའི་ཆོ་ག་དང་གསུམ་པོ་དེ་ལ་འཇོག་པའི་ཕྱིར་རོ། །

ལྔ་པ་གང་བསྐུར་བའི་དབང་དེ་ལ། སྒྲས་བརྗོད་རིགས་ཀྱི་སྒོ་ནས་ཕྱེ་ན་བཞི་ཡོད་དེ། སློབ་དཔོན་དུ་བྱེད་པའི་དབང་། རིག་སྔགས་བཟླས་ལུང་དུ་བྱེད་པའི་དབང་། བྱབ་བཀྲུ་བསྲུང་གསུམ་གྱི་དབང་། བཀྲ་ཤིས་རྫས་བརྒྱད་ཀྱི་དབང་བཞི་ཡོད་པའི་ཕྱིར་རོ། །དེ་བཞི་ལ་དངོས་བཏགས་འབྱེད་པའི་ཚུལ་ཡང་ཡོད་དེ། དང་པོ་དེ་སྨིན་བྱེད་ཀྱི་དབང་མཚན་ཉིད་པ་ཡིན་ལ། ཕྱི་མ་གསུམ་པོ་དེ་དེ་ལྟར་བཏགས་པ་ཡིན་པའི་ཕྱིར་ཏེ། མཐའ་རྟེན་གྱི་དབང་ཡིན་པའི་ཕྱིར་རོ། །དེ་སྐད་དུ་ཡང་། གསང་བ་སྤྱི་རྒྱུད་ལས། དབང་བསྐུར་བ་ནི་རྣམ་པ་བཞི། །སློབ་དཔོན་གོ་འཕང་རབ་སྒྲུབ་ཕྱིར། །དང་པོ་ཡོངས་སུ་བསྒྲགས་པ་ཡིན། །རིག་སྔགས་རབ་ཏུ་སྒྲུབ་པ་ཡིས། །གཉིས་པ་ལེགས་པར་བཤད་པ་ཡིན། །བགེགས་རྣམས་གཞོམ་པར་བྱ་བའི་ཕྱིར། །གསུམ་པ་རབ་ཏུ་བསྒྲགས་པ་ཡིན། །བཞི་པ་འབྱོར་པ་ཐོབ་པའི་ཕྱིར། །ཆོ་ག་རྒྱས་པ་འདི་བཤད་དོ། །ཞེས་གསུངས་པའི་ཕྱིར། ཡང་བྱ་རྒྱུད་ཀྱི་དབང་དེ་ཆོས་ཅན། ཁྱོད་ལ་ངོ་བོའི་སྒོ་ནས་དབྱེ་ན་གཉིས་སུ་ཡོད་དེ། ཆུའི་དབང་དང་། ཅོད་པན་གྱི་དབང་གཉིས་ཡོད་པའི་ཕྱིར་ཏེ། ཡེ་ཤེས་ཐིག་ལེའི་རྒྱུད་ལས། ཆུ་ཡི་དབང་བསྐུར་ཅོད་པན་དག །བྱ་བའི་རྒྱུད་

ལ་རབ་ཏུ་གྲགས། །ཞེས་གསུངས་པའི་ཕྱིར་རོ། །དེ་ཆོས་ཅན། ཁྱོད་ལ་རིགས་ཀྱི་སྒོ་ནས་ཕྱེ་ན་གསུམ་དུ་ཡོད་དེ། བྱ་རྒྱུད་དེ་བཞིན་གཤེགས་པའི་རིགས་ཀྱི་དཀྱིལ་འཁོར་དུ་བསྐུར་བའི་དབང་། དེའི་པདྨའི་རིགས་ཀྱི་དཀྱིལ་འཁོར་དུ་བསྐུར་བའི་དབང་། དེའི་རྡོ་རྗེའི་དཀྱིལ་འཁོར་དུ་བསྐུར་བའི་དབང་དང་གསུམ་ཡོད་པའི་ཕྱིར་རོ། །

དྲུག་པ་དེའི་སྡོམ་པའི་རྣམ་གཞག་འཆད་པ་ལ། བྱ་རྒྱུད་རང་རྐང་ལ། སྐྱབས་འགྲོའི་སྡོམ་པ་དང་། བྱང་ཆུབ་སེམས་དཔའི་སྡོམ་པ་ཙམ་ཞིག་བཤད་པ་ཡིན་གྱི། དེ་ལས་གཞན་རིགས་ལྔའི་སྡོམ་གཟུང་དང་། རིགས་ལྔའི་སྡོམ་པ་ནི་མ་བཤད་དེ། སྐབས་དེར་རྡོ་རྗེ་སློབ་དཔོན་གྱི་དབང་དང་། དེ་སློབ་མའི་དབང་གི་ཐ་སྙད་མ་བཤད་པའི་ཕྱིར་དང་། སངས་རྒྱས་རྣམས་རིགས་ལྔར་བསྡུ་ཚུལ་མ་བཤད་པའི་ཕྱིར་དང་། བྱ་རྒྱུད་ཀྱི་ལྷ་རྣམས་རིགས་ལྔར་བསྡུ་ཚུལ་མ་བཤད་པའི་ཕྱིར་དང་། བྱ་སྤྱོད་གཉིས་ཀྱི་རྒྱུད་དུ་ཡང་། །སངས་རྒྱས་རིགས་ལྔར་བསྡུས་པ་མེད། །སྤྱོད་རྒྱུད་ལ་ནི་རིགས་ལྔ་ཡི། །དོན་གྲུབ་ན་ཡང་ཐ་སྙད་མེད། །ཞེས་གསུངས་པའི་ཕྱིར་རོ། །དེས་ན་བྱ་རྒྱུད་ཀྱི་སྡོམ་པ་ཐོབ་ཚུལ་དེ་ལ་ལྔ་ཡོད་དེ། སྔ་གོན་གྱི་རྒྱུན་བཤགས་ཀྱི་སྐབས་སུ་ཐོབ་པའི་སྡོམ་པ་ཞིག །ཕྱི་ནང་གི་སེམས་དཔའི་སྐབས་སུ་ཐོབ་པའི་སྡོམ་པ་ཞིག །ཡེ་ཤེས་དབབ་པའི་སྐབས་སུ་ཐོབ་པའི་སྡོམ་པ་ཞིག །རིག་སྔགས་བཟླས་ལུང་གི་སྐབས་སུ་ཐོབ་པའི་སྡོམ་པ་ཞིག །ཆུའི་དབང་བསྐུར་གྱི་སྐབས་སུ་ཐོབ་པའི་སྡོམ་པ་ཞིག །ཅོད་པན་གྱི་དབང་བསྐུར་གྱི་སྐབས་སུ་ཐོབ་པའི་སྡོམ་པ་དང་ལྔ་ཡོད་པའི་ཕྱིར་རོ། །བྱ་རྒྱུད་ཀྱི་སྡོམ་པ་དེ་རྫོགས་པར་ཐོབ་པའི་དུས་ཀྱང་ཡོད་པ་ཡིན་ཏེ། ཆུ་དང་ཅོད་པན་གྱི་དབང་བསྐུར་རྫོགས་པར་ཐོབ་པའི་ཚེ་ན་དེ་རྫོགས་པར་ཐོབ་པ་ཡིན་ཏེ། དེ་གཉིས་རྫོགས་པ་དང་། དེའི་དབང་གི་དངོས་གཞི་རྫོགས་པར་ཐོབ་པའི་ཕྱིར་རོ། །འོན་བྱ་རྒྱུད་ལ་སྔགས་སྡོམ་མེད་དམ་སྙམ་ན། བྱ་སྤྱོད་གཉིས་ལ་རིགས་ལྔའི་སྔགས་སྡོམ་མེད་ཀྱང་། སྤྱིར་སྔགས་སྡོམ་ཡོད་པ་ཡིན་ཏེ། བྱ་སྤྱོད་ཀྱི་སྐྱབས་སེམས་ཀྱི་སྡོམ་པ་དེ་སྔགས་སྡོམ་ཡིན་པའི་ཕྱིར། འདིའི་གནད་གོ་དགོས་སོ། །གཉིས་པ་གྲོལ་བྱེད་ལམ་བསྟན་པ་ལ་གཉིས་ཏེ། མཚན་བཅས་དང་། མཚན་མེད་ཀྱི་རྣལ་འབྱོར་རོ། །དང་པོ་ནི། རང་ཉིད་ཐ་མལ་དུ་བྱས། མདུན་དུ་བྲིས་སྐུ་བཀྲམ། དེ་ལ་ཡེ་ཤེས་པ་བསྐྱེད་དེ། རྗེ་དཔོན་གྱི་ཚུལ་དུ་དངོས་གྲུབ་ལེན་པ་དེ་ལ། མཚན་བཅས་ཀྱི་རྣལ་འབྱོར་ཞེས་འཛོག་པ་ཡིན་ཏེ། སྡོམ་གསུམ་རབ་དབྱེ་ལས། འོན་ཀྱང་བྱ་བའི་རྒྱུད་དུ་ནི། །བྲིས་སྐུ་ལྷ་རུ་སྒོམ་ནས་ཀྱང་། །དེ་ལ་དངོས་གྲུབ་ལེན་པ་ཡིན། །ཞེས་གསུངས་པའི་ཕྱིར་རོ། །གཉིས་པ་མཚན་བཅས་ཀྱི་དེ་ལ་གསུམ་ཡོད་དེ། མེར་གནས་ཀྱི་རྣལ་འབྱོར། སྒྲར་གནས་ཀྱི་རྣལ་འབྱོར། སྒྲ་མཐར་ཐར་པ་སྟེར་བའི་རྣལ་འབྱོར་དང་གསུམ་ཡོད་པའི་ཕྱིར་རོ། །

གཉིས་པ་སྤྱོད་རྒྱུད་ཀྱི་དེ་འཆད་པ་ལ་གཉིས་ཏེ། དེའི་དབང་བཤད་པ་དང་། དེ་ལ་བརྟེན་པའི་ལམ་གྱི་

རྣམ་གཞག་གོ། །དང་པོ་ལ་གང་གིས་དབང་བསྐུར་བའི་རྡོ་རྗེ་སློབ་དཔོན་ལ་སོགས་པ་ལྔ་ཡོད་པའི། དང་པོ་དེ་ལ་སྤྱོད་རྒྱུད་ཀྱི་དབང་རྫོགས་པར་ཐོབ་པ་ལ་སོགས་པའི་ཁྱད་ཆོས་ལྔ་དང་ལྡན་པ་ཞིག་དགོས་པ་གོང་དང་འདྲ་ཞིང་། ངེས་པར་དེའི་དབང་ཐོབ་དགོས་པ་ནི་མ་ཡིན་ཏེ། བླ་མེད་ཀྱི་དབང་ཐོབ་པ་ཞིག་གིས་བྱ་སྤྱོད་གཉིས་ཀྱི་དབང་མ་ཐོབ་ཀྱང་། དེའི་དབང་བསྐུར་ཆོག་པའི་ཕྱིར་རོ། །གཉིས་པ་གང་ལ་བསྐུར་བའི་སློབ་མ་དེ་ལ་ཁྱད་ཆོས་གཉིས་དང་ལྡན་པ་ཞིག་དགོས་ཏེ། སྤྱོད་རྒྱུད་ཀྱི་ལྷ་དང་བླ་མ་ལ་དད་གུས་ཡོད་པ། དེའི་དམ་ཚིག་དང་སྡོམ་པ་ཚུལ་བཞིན་དུ་བསྲུང་ནུས་པ་དང་བཅས་པའི་ཁྱད་ཆོས་གཉིས་དང་ལྡན་པ་ཞིག་དགོས་པའི་ཕྱིར་རོ། ། དེ་ཡང་སློབ་དཔོན་དུ་འོས་པའི་དབང་དེ་ལ་སློབ་མའི་གྲངས་ངེས་གཅིག་ནས་བཅུའི་བར་ཅི་རིགས་པས་ཆོག་གིས། གྲངས་ཁ་ཡར་བ་དགོས་པའི་ངེས་པ་མེད་དེ། རྣམ་སྣང་མངོན་བྱང་ལས། དཔལ་ལ་ཡི་རབ་བརྟན་པ་ནི། ། བཅུ་འམ་བརྒྱད་དམ་བདུན་ནམ་ལྔ། །གཅིག་གཉིས་བཞི་ལས་ལྷག་ཀྱང་རུང་། །དཔྱད་མི་དགོས་པས་གཟུང་བར་བྱ། །ཞེས་དང་། དེའི་ཚིག་ལྷུག་པ་ལས། གསང་བའི་བདག་པོ་སྟོན་ཐེག་པ་ཆེན་པོའི་སྤྱོད་པའི་སྒོ་མཐའ་ཡས་པ་སྒྲུབ་པ་ལ་གོམས་པ་དེ་དག་ནི་རྡོ་རྗེ་སེམས་དཔའ་ཡིན་ཏེ། དེ་རྣམས་ཉིད་ཀྱི་དོན་གྱི་ཕྱིར་གྲངས་ཀྱི་ཚད་འདི་བྱས་སོ། །ཞེས་གསུངས་པའི་ཕྱིར་རོ། །སྤྱོད་རྒྱུད་ཀྱི་སློབ་མར་འོས་པའི་དབང་དེ་ལ། སློབ་མའི་གྲངས་ངེས་ཡོད་པ་མ་ཡིན་ཏེ། དེ་ཉིད་ལས། འོན་ཀྱང་སློབ་དཔོན་སྙིང་རྗེ་ཆེན་པོ་དང་ལྡན་པས་སེམས་ཅན་གྱི་ཁམས་མ་ལུས་པར་བསྒྲལ་བར་ཡིད་དམ་བཅས་པ་ཁོ་ནར་བྱས་ཏེ། དེས་བྱང་ཆུབ་ཀྱི་རྒྱུར་འགྱུར་བར་བྱ་བའི་ཕྱིར། སེམས་ཅན་ཚད་མེད་པ་རྣམས་ཡོངས་སུ་གཟུང་བར་བྱའོ། །ཞེས་གསུངས་པའི་ཕྱིར་རོ། །

གསུམ་པ་གང་དུ་བསྐུར་བའི་དཀྱིལ་འཁོར་དང་། བཞི་པ་ཇི་ལྟར་བསྐུར་བའི་ཆོ་ག་གཉིས་གོང་དང་འདྲ་ལ། ལྔ་པ་གང་ལ་བསྐུར་བའི་དབང་དེ་ལ་ལྔར་ཡོད་དེ། ཆུ། ཅོད་པན། རྡོ་རྗེ། དྲིལ་བུ། མིང་གི་དབང་དང་ལྔ་ཡོད་པའི་ཕྱིར་ཏེ། ཡེ་ཤེས་ཐིག་ལེའི་རྒྱུད་ལས། ཆུའི་དབང་བསྐུར་ཅོད་པན་དང་། །རྡོ་རྗེ་དྲིལ་བུ་མིང་གི་དབང་། །སྤྱོད་པའི་རྒྱུད་དུ་གསལ་བར་ཕྱེ། །ཞེས་གསུངས་པའི་ཕྱིར་རོ། །དྲུག་པ་དེ་ལ་བརྟེན་ནས་ཐོབ་པའི་སྡོམ་པ་དེ་ལ་ལྔ་རུ་ཡོད་དེ། སྔ་གོན་ནམ་རྒྱུན་བཤགས་ཀྱི་སྐབས་སུ་ཐོབ་པའི་སྔགས་སྡོམ་ནས། རིག་སྔགས་བཟླས་ལུང་གི་བར་གྱི་སྔགས་སྡོམ་ལྔ་ཡོད་པའི་ཕྱིར་རོ། །གཉིས་པ་གྲོལ་བྱེད་ཀྱི་ལམ་ལ་མཚན་བཅས་མཚན་མེད་ཀྱི་རྣལ་འབྱོར་གཉིས་ཡོད་པའི། དང་པོ་མཚན་བཅས་ཀྱི་རྣལ་འབྱོར་འཇོག་ཚུལ་ཡོད་དེ། རང་ཉིད་ལྷར་བསྐྱེད་མདུན་དུ་རས་བྲིས་བཀྲམ། ཡེ་ཤེས་སེམས་དཔའ་སྤྱན་དྲངས་ཏེ་གྲོགས་པོ་ལྷ་བུའི་དངོས་གྲུབ་ལེན་པའི་རྣལ་འབྱོར་དེ་ལ་འཇོག་པའི་ཕྱིར་ཏེ། སྡོམ་གསུམ་ལས། སྤྱོད་པའི་རྒྱུད་དུ་བྲིས་སྐུ་དང་། །རང་ཉིད་གཉིས་ཀ

ལྷར་སྒོམ་ནས། །གྲོགས་པོ་ལྷ་བུའི་དངོས་གྲུབ་ལེན། །ཞེས་གསུངས་པའི་ཕྱིར། གཉིས་པ་མཚན་མེད་ཀྱི་རྣལ་འབྱོར་གོང་དང་འདྲའོ། །

གསུམ་པ་རྣལ་འབྱོར་རྒྱུད་ཀྱི་དེའི་རྣམ་གཞག་འཆད་པ་ལ་གཉིས་ཏེ། དེའི་དབང་གི་རྣམ་གཞག་དང་། དེ་ལ་བརྟེན་པའི་གྲོལ་བྱེད་ལམ་གྱི་རྣམ་གཞག་གོ། །དང་པོ་ལ་གང་གིས་བསྐུར་བའི་རྡོ་རྗེ་སློབ་དཔོན་ལ་སོགས་པ་ལྔ་ཡོད་པའི་དང་པོ་ལ། རྣལ་འབྱོར་རྒྱུད་ཀྱི་དབང་རྫོགས་པར་ཐོབ་པ་ལ་སོགས་པའི་ཁྱད་ཆོས་ལྔ་ཚང་དགོས་པ་གོང་དང་འདྲའོ། །གཉིས་པ་སློབ་མ་དེ་ལ། ཆོས་མི་ལྡན་གྱི་སློབ་མ་དང་། ཆོས་ལྡན་གྱི་སློབ་མ་གཉིས་ཡོད་པའི། དང་པོ་དེ་ལ་ནི། འདུག་པ་ཙམ་སྦྱིན་པར་བྱ་བ་ཡིན་གྱི། གཞན་དངོས་གཞི་ལ་སོགས་པ་ནི་སྦྱིན་པར་མི་བྱ་ཞིང་། དེ་ལ་གྲངས་ངེས་ཀྱང་དགོས་པ་མ་ཡིན་ཏེ། རྒྱུད་རྡོ་རྗེ་རྩེ་མོ་ལས། གང་ཞིག་སྡོམ་པ་མི་འཛིན་ཞིང་། །སེམས་ཅན་འདུལ་དཀའ་དད་མེད་ལ། །འདུག་པ་ཙམ་ཞིག་སྦྱིན་བྱ་ཡིས། །རྣམ་པ་ཐམས་ཅད་ཉིད་མི་བྱ། །ཞེས་དང་། བཅོམ་ལྡན་འདས་རྡོ་རྗེ་དབྱིངས་ཀྱི་དཀྱིལ་འཁོར་འདིར་བཞུགས་པ་ལ་ནི། སྣོད་དུ་གྱུར་པ་དང་སྣོད་དུ་མ་གྱུར་པ་བརྟག་མི་དགོས་སོ། །ཞེས་གསུངས་པའི་ཕྱིར་རོ། །གཉིས་པ་དེ་ལ་ཁྱད་ཆོས་གཉིས་དང་ལྡན་པ་ཞིག་དགོས་ཏེ། རྣལ་འབྱོར་རྒྱུད་ཀྱི་ལྷ་དང་བླ་མ་ལ་དད་གུས་ཡོད་པ། དེའི་དམ་ཚིག་དང་སྡོམ་པ་ཚུལ་བཞིན་དུ་བསྲུང་ནུས་པ་ཡིན་པ། དེའང་གཅིག་ནས་ཉི་ཤུ་རྩ་ལྔའི་བར་གང་རུང་ཡིན་པ་ཞིག་དགོས་པའི་ཕྱིར་ཏེ། ལྷག་མ་དམིགས་བསལ་མ་མཛད་པའི། །སློབ་མ་ལ་ནི་གྲངས་ངེས་ཡོད། །ཅེས་པ་ཐོབ་པའི་ཕྱིར་དང་། དེའང་འཐད་དེ། དེ་ཉིད་འདུས་པ་ལས། ང་དང་གསང་བ་སྤྱི་རྒྱུད་དང་། །འཇམ་དཔལ་རྩ་བའི་རྟོག་པ་དང་། །ཚིག་བསྡུས་དང་མཆོག་བཤད་ལས། །མཁས་པས་ཚིག་གང་བཤད་པ། །དཀྱིལ་འཁོར་ཚིག་ཀུན་ལ་སྦྱར། །ཞེས་གསུངས་པའི་ཕྱིར་རོ། །གསུམ་པ་དང་བཞི་པ་གཉིས་ནི་གོང་དང་འདྲའོ། །

ལྔ་པ་གང་བསྐུར་བའི་དབང་དེ་ལ་གཉིས་སུ་ཡོད་དེ། རྡོ་རྗེ་སློབ་དཔོན་གྱི་དབང་དང་། སློབ་མའི་དབང་གཉིས་ཡོད་པའི་ཕྱིར་ཏེ། ཡེ་ཤེས་ཐིག་ལེའི་རྒྱུད་ལས། ཕྱིར་མི་ལྡོག་པ་ཡི་ནི་དབང་། །རྣལ་འབྱོར་རྒྱུད་དུ་གསལ་བར་ཕྱེ། །དེ་ནི་དྲུག་གི་བྱེ་བྲག་དབང་། །དེ་ནི་སློབ་དཔོན་དབང་ཞེས་བྱ། །ཞེས་གསུངས་པའི་ཕྱིར། དེས་ན་རྒྱུད་སྡེ་གོང་མ་གཉིས་ལ་རིགས་ལྔའི་སྡོམ་པ་འཛིན་པའི་གནད་ཡོད་དེ། དེ་གཉིས་ལ་རྡོ་རྗེ་སློབ་དཔོན་གྱི་དབང་ཡོད་པའི་ཕྱིར་དང་། སངས་རྒྱས་རིགས་ལྔ་དང་དྲུག་ལ་སོགས་པར་བསྡུ་ཚུལ་ཡང་བཤད་པའི་ཕྱིར་རོ༑ ༑དྲུག་པ་དེ་ལ་བརྟེན་ནས་ཐོབ་པའི་སྡོམ་པ་དེ་ལ་ལྔ་ཡོད་དེ། རྒྱན་བཤགས། རིགས་ལྔའི་སྡོམ་བཟུང་། ཕྱི་ནང་གི་སེམས་བསྐྱེད་པའི་ཡེ་ཤེས་དབབ་པའི། དངོས་གཞིའི་སྐབས་སུ་ཐོབ་པའི་སྔགས་སྡོམ་དང་ལྔ་ཡོད་པའི་

ཕྱིར་རོ། །དེ་རྫོགས་པར་ཐོབ་པའི་དུས་ཀྱང་ཡོད་དེ། དེའི་རྡོ་རྗེ་སློབ་དཔོན་གྱི་དབང་ཐོབ་པ་དང་། དེ་རྫོགས་པར་ཐོབ་པའི་ཕྱིར་དང་། དེ་ཐོབ་པ་དང་། དེའི་དངོས་གཞི་རྫོགས་པའི་ཕྱིར་རོ། །

གཉིས་པ་ལ། མཚན་བཅས་མཚན་མེད་ཀྱི་རྣལ་འབྱོར་གཉིས་ལས། དང་པོ་མཚན་བཅས་ཀྱི་རྣལ་འབྱོར་འཛོག་པའི་ཚུལ་ཡོད་དེ། རང་ཉིད་ལྷར་བསྐྱེད། མདུན་དུ་རས་བྲིས་བཀྲམ། ཡེ་ཤེས་སེམས་དཔའ་སྤྱན་དྲངས་ཏེ། དེ་ལ་ཕྱག་རྒྱ་བཞིའི་རྒྱས་བཏབ་མཐར་གཤེགས་གསོལ་བྱས་ཏེ། དངོས་གྲུབ་ལེན་པའི་རྣལ་འབྱོར་དེ་ལ་འཛོག་པའི་ཕྱིར་ཏེ། སྡོམ་གསུམ་རབ་དབྱེ་ལས། རྣལ་འབྱོར་རྒྱུད་དུ་ཕྱི་རོལ་ལ། །དམིགས་པ་ཡི་རྟེན་ཙམ་བྱས་ནས། །རང་ཉིད་དམ་ཚིག་སེམས་དཔའ་ལ། །ཡེ་ཤེས་འཁོར་ལོར་སྤྱན་དྲངས་ནས། །ཇི་སྲིད་ཕྱག་རྒྱ་མ་དགྲོལ་བ། །དེ་ཡི་བར་དུ་སངས་རྒྱས་བཞུགས། །ཕྱག་རྒྱ་དགྲོལ་ནས་སངས་རྒྱས་གཤེགས། །དེ་ནས་རང་ཉིད་ཐ་མལ་གྱུར། །ཞེས་གསུངས་པའི་ཕྱིར། གཉིས་པ་ལ་བཞི་ཡོད་དེ། རྣལ་འབྱོར། རྗེས་སུ་རྣལ་འབྱོར། ཤིན་ཏུ་རྣལ་འབྱོར། རྣལ་འབྱོར་ཆེན་པོ་དང་བཞི་ཡོད་པའི་ཕྱིར་རོ། །

བཞི་པ་གསང་སྔགས་བླ་མེད་ཀྱི་སྔགས་ལམ་གྱི་རྣམ་གཞག་འཆད་པ་ལ་ལྔ་སྟེ། སྨིན་བྱེད་དབང་གི་རྣམ་གཞག །གྲོལ་བྱེད་ལམ་གྱི་རྣམ་གཞག །དེ་ལས་སྐྱེས་པའི་ཡེ་ཤེས་ཕྱག་ཆེན་གྱི་རྣམ་གཞག །སྤྱོད་པ་རྣམ་གསུམ་རྒྱ་བའི་ཚུལ། དེ་རྒྱུ་བ་སྤྱོད་པ་ལ་བརྟེན་ནས་ས་ལམ་བགྲོད་ཚུལ་གྱི་རྣམ་གཞག་བཤད་པའོ། །དང་པོ་ལ་བཞི་སྟེ། གང་དུ་བསྐུར་བའི་དཀྱིལ་འཁོར། གང་ལ་བསྐུར་བའི་སློབ་མ། གང་གིས་བསྐུར་བའི་རྡོ་རྗེ་སློབ་དཔོན། གང་བསྐུར་བའི་དབང་གི་རྣམ་གཞག་གོ། །དང་པོ་དེ་ལ་དྲུག་ཏུ་ཡོད་དེ། ཡེ་ཤེས་ཀྱི་དཀྱིལ་འཁོར། སྤྲུལ་པའི་དཀྱིལ་འཁོར། ཏིང་ངེ་འཛིན་གྱི་དཀྱིལ་འཁོར། རྡུལ་ཚོན་གྱི་དཀྱིལ་འཁོར། རས་བྲིས་ཀྱི་དཀྱིལ་འཁོར། ལུས་དཀྱིལ་དང་དྲུག་ཡོད་པའི་ཕྱིར་རོ། །དེ་རྣམས་ཀྱི་མཚན་གཞི་རིམ་བཞིན་གཟུང་ན། དང་པོ་དེ་ནི། རྡོ་རྗེ་འཆང་གི་རྒྱུད་གསུངས་པའི་དུས་སུ། ཡེ་ཤེས་ཀྱི་དཀྱིལ་འཁོར་དུ་སློབ་མ་ལ་དབང་བསྐུར་བའི་དུས་ཀྱི་དཀྱིལ་འཁོར་ལྟ་བུ་ལ་བྱེད། གཉིས་པ་དེ་ནི། རྗེ་བཙུན་རྡོ་རྗེ་བདག་མེད་མས་སྤྲུལ་པའི་དཀྱིལ་འཁོར་དུ་རྣལ་འབྱོར་དབང་ཕྱུག་བིརྺ་པ་ལ། བདག་མེད་ལྷ་མོ་བཅོ་ལྔའི་དབང་བསྐུར་བའི་དུས་ཀྱི་དཀྱིལ་འཁོར་ལྟ་བུ་ལ་འཛོག །གསུམ་པ་དེ་ནི་ཏིང་ངེ་འཛིན་གྱི་བརྟན་པ་ཐོབ་པའི་རྣལ་འབྱོར་པ་རྣམས་ཀྱིས་ལུས་ངག་གི་བྱེད་པ་ལ་མ་ལྟོས་པར། རང་གི་སློབ་མ་ལ་ཏིང་ངེ་འཛིན་གྱི་དཀྱིལ་འཁོར་དུ་དབང་བསྐུར་བའི་དུས་ཀྱི་དཀྱིལ་འཁོར་ལྟ་བུ་ལ་བྱེད། ཕྱི་མ་གསུམ་པོ་དེ་ངོས་འཛིན་པ་ལ། སློབ་དཔོན་རྡོ་རྗེ་དྲིལ་བུ་པས། དབང་བསྐུར་དཀྱིལ་འཁོར་སྔོན་འགྲོ་བ། །རྡོ་རྗེ་འཆང་གིས་གསུངས་པ་སྟེ། །འོན་ཀྱང་དཀྱིལ་འཁོར་དེའི་རང་བཞིན། །ཅི་ཡིན་དེ་ནི་

གསལ་བར་བཤད། །རི་མོར་གནས་པའི་ལས་དང་ནི། །ཐིག་ལ་ཚོན་བཀྱེའི་རིམ་པས་བསྟན། །འགྲོ་བ་འདི་དག་རང་བཞིན་གྱིས། །གྲུབ་པའི་དཀྱིལ་འཁོར་གཉིས་མེད་པའོ། །བཅོས་མ་ཡི་ནི་ངོ་བོ་གང་། །དེ་ནི་གདུལ་བྱའི་དབང་ལས་འདོད། །མཁས་པས་སྒྲུབ་བྱ་དེ་མིན་ཏེ། །ཡང་དག་དོན་མཐོང་གྲོལ་ཕྱིར་རོ། །ཞེས་གསུངས་པ་ལྟར་ཡིན་ནོ། །དེས་ན། དུས་འཁོར་གྱི་ནཱ་རོ་འགྲེལ་ཆེན་ལས། དབང་བསྐུར་བདུན་པོ་འདི་དག་ནི། །རྡུལ་ཚོན་གྱི་དཀྱིལ་འཁོར་རྣམ་པར་སྤངས་ཏེ། གཞན་རས་བྲིས་ལ་སོགས་པར་བསྐུར་བར་མི་བྱ་སྟེ། རྡོ་རྗེ་འཆང་གིས་བཀག་པའི་ཕྱིར་རོ། །ཞེས་པའི་ལུང་དེ་ལ་བརྟེན་ནས། ཆོས་ཀྱི་རྒྱལ་པོ་ས་སྐྱ་པཎྜི་ཏས། སྡོམ་གསུམ་རབ་དབྱེར། དེང་སང་གང་ཟག་རབ་འབྲིང་ཀུན། །རྡུལ་ཚོན་གྱི་ནི་དཀྱིལ་འཁོར་དུ། །དབང་བསྐུར་བྱ་བར་གསུངས་མོད་ཀྱི། །གཞན་གྱིས་སྨིན་བྱེད་རྒྱུད་ལས་བཀག །ཞེས་དེང་སང་གི་གང་ཟག་དབང་པོ་རྣོ་རྟུལ་ཀུན་ལ་སྨིན་བྱེད་ཀྱི་དབང་བསྐུར་བའི་ཚེ། རྡུལ་ཚོན་གྱི་དཀྱིལ་འཁོར་ཁོ་ནར་བསྐུར་དགོས་པ་ལྟ་བུར་བཤད་ལ། རྗེ་བཙུན་བསོད་རྩེའི་རས་བྲིས་ཀྱི་དཀྱིལ་འཁོར་དུ་ཡང་བསྐུར་དུ་རུང་བར་བཤད་པས། སྤྱིར་བཏང་དམིགས་བསལ་གྱི་སྒོ་ནས། དེ་གཉིས་གར་བསྐུར་བས་ཆོག་པར་ཁས་ལེན་ནོ། །གཉིས་པ་སློབ་མ་དེ་ལ། སྐལ་དམན་རིམ་འཇུག་པ་དང་། སྐལ་ལྡན་ཅིག་ཅར་བ་བཤད་པ་གཉིས་ལས། དང་པོ་ལ་ཡང་། སྤྱོད་པ་རིམ་འཇུག་པ་དང་། ལྟ་བ་རིམ་འཇུག་པ་གཉིས་ཡོད་དེ། དང་པོ་ནི། མངོན་མཐོ་ལྷ་མིའི་གོ་འཕང་ཙམ་ཐོབ་པར་བྱེད་པའི་བསླེན་གནས་ཀྱི་སྡོམ་པ་དེ་ཐོག་མར་སྦྱིན་པར་བྱེད། དེ་རྗེས་མི་དགེ་བ་བཅུ་སྤོང་བའི་དགེ་བསྙེན་གྱི་བསླབ་བྱ། དགེ་ཚུལ་གྱི་བསླབ་བྱ། དགེ་སློང་གི་བསླབ་བྱ་རྣམས་སྦྱིན་པར་བྱེད། དེ་རྗེས་སེམས་ཅན་ཐམས་ཅད་ཀྱི་དོན་དུ་སངས་རྒྱས་ཐོབ་འདོད་བྱུང་བ་དེའི་ཚེ་ན་བྱང་ཆུབ་སེམས་དཔའི་སྡོམ་པ་སྦྱིན་པར་བྱེད། དེ་རྗེས་ཕྱག་རྒྱ་ཆེན་པོ་མཆོག་གི་དངོས་གྲུབ་ཐོབ་འདོད་བྱུང་བ་དེའི་ཚེ་ན། རྒྱུད་སྡེ་བཞི་ལ་རིམ་གྱིས་སློབ་ཏུ་ཞུགས་པར་བྱེད་དོ། །

གཉིས་པ་ལྟ་བ་རིམ་འཇུག་པ་ནི། ཐོག་མར་བྱེ་བྲག་སྨྲ་བའི་ལྟ་བ་བསྟན་ཏེ། ཤེས་བྱ་བཞི་ལ་སློབ་པར་བྱེད། དེ་རྗེས་མདོ་སྡེའི་ལྟ་བ་བསྟན་ཏེ། གཞལ་བྱ་རང་སྤྱི་གཉིས་ལ་སློབ་པར་བྱེད། དེ་རྗེས་རྣམ་རིག་པའི་ལྟ་བ་སྟོན་ཏེ། མཚན་ཉིད་ངོ་བོ་ཉིད་གསུམ་ལ་སློབ་པར་བྱེད། དེ་རྗེས་དབུ་མའི་ལྟ་བ་བསྟན་ཏེ། བདེན་པ་གཉིས་ལ་སློབ་པར་བྱེད། དེ་རྗེས་གསང་སྔགས་ཀྱི་ཐབས་ཟབ་མོ་རྣམས་སྦྱིན་པར་བྱེད་པ་ཡིན་ནོ། །དེ་རྣམས་ཀུང་འཐད་དེ། བརྟག་པ་གཉིས་པ་ལས། དང་པོར་གསོ་སྦྱོང་སྦྱིན་པར་བྱ། །དེ་རྗེས་བསླབ་པའི་གནས་བཅུ་སྦྱིན། །དེ་ལ་བྱེ་བྲག་སྨྲ་བ་བསྟན། །མདོ་སྡེ་པ་ཡང་དེ་བཞིན་ནོ། །རྣལ་འབྱོར་སྤྱོད་པ་དེ་ལས་ཕྱིས། །དེ་ཡི་རྗེས་སུ་དབུ་མ་བསྟན། །སྔགས་ཀྱི་རིམ་པ་ཀུན་ཤེས་ནས། །དེ་རྗེས་ཀྱེ་ཡི་རྡོ་རྗེ་བརྩམས། །ཞེས་གསུངས་པའི་ཕྱིར

རོ། །དེས་ན་བསླབ་པའི་གནས་བཅུ་ཞེས་པ་དེ་ལ། བཤད་པའི་སྒྲོལ་མང་དུ་འདུག་ཀྱང་། རྗེ་བཙུན་གྲགས་པའི་མངོན་རྟོགས་ལྗོན་ཤིང་ལས། དགེ་བསྙེན་གྱི་སྡོམ་པའི་བསླབ་བྱ་ལྔ་བུ་ཅིག་སྲིན་པས་ཀྱང་མི་དགེ་བ་བཅུ་སྤོང་ངམ། བསླབ་པའི་གནས་བཅུ་སྲིན་པར་འགྲོ་བ་ཡིན་ནོ། །ཞེས་གསུངས་པ་བཞིན་ཁས་ལེན་ནོ། །དགེ་བསྙེན་གྱི་སྡོམ་པའི་བསླབ་བྱ་ལྔ་བུ་ཅིག་སྲིན་པས། མི་དགེ་བ་བཅུ་སྤོང་བར་འགྲོ་བ་ཡིན་ན། འོན་དགེ་བསྙེན་གྱི་བསླབ་བྱ་ལྔ་ལས་མི་གསུང་བའི་རྒྱུ་མཚན་ཅི་སྙམ་ན། དེའི་རྒྱུ་མཚན་ཡོད་དེ། དགེ་བསྙེན་ལ་རགས་སྡོམ་བཅུ་ལ་སོགས་པ། བསྲུང་དགོས་ཚུལ་བརྗོད་པའི་ཚེ་ན། བསྲུང་དགོས་མངས་པས་བསྲུང་མི་ནུས་སྙམ་པར་འགྱུར་བ་ལ། དེ་ལྟར་གྱུར་ན། དེ་སྡོམ་ལྡན་དུ་མི་འགྱུར་བའི་སྐྱོན་ཡོད་ལ། བསླབ་བྱ་ལྔ་ཙམ་དངོས་སུ་སྲིན་པས་བསྲུང་དགོས་ཤུང་བས། བསྲུང་ནུས་པར་འགྱུར་བས་ན་དེ་སྡོམ་ལྡན་དུ་འགྱུར་བའི་ཡོན་ཏན་ཡོད་དོ། །དེས་ན་དགེ་བསྙེན་དངོས་སུ་བསླབ་བྱ་ལྔ་ཙམ་བརྗོད་པ་ཆོས་ཅན། དགོས་པ་ཡོད་དེ། དགེ་བསྙེན་རྣམས་སྡོམ་ལྡན་དུ་བཞུགས་པར་བྱ་བའི་ཆེད་ཡིན་པའི་ཕྱིར་ཏེ། གནས་བརྟན་བྱང་སེང་གི་དགེ་བསྙེན་སྡོམ་བརྒྱད་ལས། ཡན་ལག་ལྔ་ཡི་ཆོ་ག་ནི། །གཞུག་པ་རྣ་ནི་འདོད་པས་སོ། །ཞེས་གསུངས་པའི་ཕྱིར་གཉིས་པ་སྐལ་ལྡན་ཅིག་ཅར་བ་ནི། སྐྱེ་བ་སྔ་མ་རྣམས་སུ་གསང་སྔགས་བླ་མེད་ཀྱི་དབང་གིས་སྦྱངས་པ་སྔོན་དུ་སོང་བ་ཅིག་ལ། ཚེ་འདིར་སྤྱོད་པ་དང་ལྟ་བ་རིམ་ཅན་སོགས་ལ་སློབ་མི་དགོས་པར། བླ་མེད་ཀྱི་དབང་བསྐུར་བས་ཆོག་པ་ཡིན་ཏེ། བརྟག་པ་གཉིས་པ་ལས། གདོལ་པ་མིག་མཁན་ལ་སོགས་པ། །གསོད་དོན་དོན་དུ་སེམས་པའོ། །དེ་རྣམས་ཀྱི་རྡོ་རྗེར་ཤེས་ན། །འགྲུབ་འགྱུར་འདི་ལ་ཐེ་ཚོམ་མེད། །ཅེས་གསུངས་པའི་ཕྱིར།

གསུམ་པ་གང་གིས་བསྐུར་བའི་རྡོ་རྗེ་སློབ་དཔོན་དེ་ལ་ཁྱད་ཆོས་ཀྱི་རྣམ་གྲངས་དུ་མ་བཤད་པ་ལས། གྲུབ་དོན་ཞུས་ལན་ལས། གསང་སྔགས་བླ་མེད་དབང་བཞི་རྫོགས་པར་བསྐུར་བར་བྱེད་པའི་རྡོ་རྗེ་སློབ་དཔོན་དེ་ལ། ཁྱད་ཆོས་དྲུག་དང་ལྡན་པ་ཞིག་དགོས་པར་བཤད་དེ། རྡོ་རྗེ་འཆང་ནས་ཕ་བའི་བླ་མའི་བར་དུ་སྙན་བརྒྱུད་བཞི་བར་མ་ཆད་པ་སྟེ་བླ་མ་བརྒྱུད་པ་མ་ཉམས་པའི་ཡོན་ཏན། རྒྱུད་ཀྱི་དོན་རིག་པའི་ཡོན་ཏན། དམ་ཚིག་མཆོག་ཏུ་བསྲུང་ནུས་པ། མན་ངག་དུ་མས་བརྒྱན་པ། སྙིང་རྗེས་རྒྱུད་བརླན་པ། བསྙེན་བཙོས་དུ་མ་ཤེས་པ་དང་བཅས་པའི་ཡོན་ཏན་དྲུག་དང་ལྡན་པ་ཅིག་དགོས་པར་བཤད་པའི་ཕྱིར་ཏེ། དེ་ཉིད་ལས། བླ་མ་བརྒྱུད་པ་དང་ལྡན་རྒྱུད་དོན་རིག །དམ་ཚིག་མཆོག་བསྲུང་མན་ངག་དུ་མས་བརྒྱན། །སྙིང་རྗེས་རྒྱུད་བརླན་བསྙེན་བཙོས་དུ་མ་ཤེས། །དེ་ཡི་ཞབས་ལ་གསོལ་བ་ལན་མང་བཏབ། །དེ་ཡིས་གནང་སྟེ་དཀྱིལ་འཁོར་ཆེན་པོ་རུ། །ཞུགས་ཏེ་དབང་བཞི་པོ་རྣམས་རྫོགས་པར་བླང་། །ཕྱིན་རླབས་ཕྲ་མོ་ཙམ་གྱིས་མ་ཡིན་པར། །སྔགས་ཀྱི་རྩ་བ

དམ་ཚིག་ཡིན་པས་སོ། །ཞེས་གསུངས་པའི་ཕྱིར་རོ། །

དེའི་བླ་མ་དེ་ལ། སྡོམ་གསུམ་རབ་དབྱེ་ལས། ཁྱད་ཆོས་ལྔ་དང་ལྡན་པ་ཅིག་དགོས་པར་བཤད་དེ། བླ་མ་བརྒྱུད་པ་མ་ཉམས་པའི་ཡོན་ཏན། དེའི་ཚིག་ལྷག་ཆད་མེད་པར་ཤེས་པ། རྟེན་འབྲེལ་རྣམ་པ་ལྔ་བསྒྲིག་མཁྱེན་པ། སློབ་མའི་དཀྱིལ་འཁོར་བཞི་ལ་སྨྲ་བཞིའི་ས་བོན་ནུས་ལྡན་དུ་ཐེབས་པར་ནུས་པ་ཡིན་པ། ཚིག་སངས་རྒྱས་ཀྱི་རྒྱུད་སྡེ་ནས་ཇི་ལྟར་གསུངས་པ་བཞིན་མཛད་པ་དང་བཅས་པའི་ཁྱོན་ཆོས་ལྔ་དང་ལྡན་པ་ཞིག་དགོས་པར་བཤད་པ་ཡིན་པའི་ཕྱིར་ཏེ། དེ་ཉིད་ལས། སྨིན་པར་བྱེད་པའི་དབང་བསྐུར་ཡང་། །བླ་མ་བརྒྱུད་པ་མ་ཉམས་ཤིང་། །ཚིག་འབྲུགས་པར་མ་གྱུར་པ། །ཕྱི་ནང་རྟེན་འབྲེལ་བསྒྲིག་མཁྱེན་ཅིང་། །སྨྲ་བཞིའི་ས་བོན་ཐེབས་ནུས་པ། །སངས་རྒྱས་གསུང་བཞིན་མཛད་པ་ཡི། །བླ་མ་བཅོལ་ལ་དབང་བཞི་བླང་། །ཞེས་གསུངས་པའི་ཕྱིར། གཞན་ཡང་། བླ་མེད་ཀྱི་དབང་བཞི་རྫོགས་པར་བསྐུར་བར་བྱེད་པའི་རྡོ་རྗེ་སློབ་དཔོན་དེ་ལ། གཞི་བསྙེན་ཚད་དང་ལྡན་པ་སོང་བ་ཞིག་ཀྱང་དགོས་ཏེ། དེ་མ་སོང་ན། དེ་བསྐུར་དུ་སྦྱིར་བཏང་ལ་མི་རུང་བའི་ཕྱིར་རོ། །དེའི་རྡོ་རྗེ་སློབ་དཔོན་དེས་གཞི་བསྙེན་ཚད་དང་ལྡན་པ་མ་སོང་ན། དེའི་དབང་བཞི་རྫོགས་པར་གཏན་ནས་བསྐུར་དུ་མི་རུང་བ་དང་། སློབ་མའི་དབང་མི་ཐོབ་པ་ལ་སོགས་པ་ནི་མ་ཡིན་ཏེ། དེས་དེ་ལ་དབང་བསྐུར་ན་སློབ་མ་དེའི་དབང་ཐོབ་པར་འགྱུར་ཀྱང་རང་ཉིད་ལ་ཡན་ལག་གི་ཉེས་བཅས་ཙམ་ཞིག་འབྱུང་བ་ཡིན་པའི་ཕྱིར་ཏེ། བསྙེན་སོགས་དག་པར་མ་བྱས་པར། །ཚིགའི་ལས་ལ་འཇུག་པ་དང་། །ཞེས་གསུངས་པའི་ཕྱིར་རོ། །གཞན་ཡང་། སྔགས་བླ་མེད་ཀྱི་དབང་བཞི་རྫོགས་པར་བསྐུར་བར་བྱེད་པའི་རྡོ་རྗེ་སློབ་དཔོན་དེས། གཞི་བསྙེན་ཚད་དང་ལྡན་པ་འགྲོ་བ་ལ། དུས་བསྙེན་དང་། གྲངས་བསྙེན་ཚད་དང་ལྡན་པ་ངེས་པར་འགྲོ་དགོས་པ་ནི་མ་ཡིན་ཏེ། མཚན་མའི་བསྙེན་པ་རབ་འབྲིང་ཐ་མ་གསུམ་ཀས་གཞི་བསྙེན་གྱི་གོ་ཆོད་ཅིང་། དུས་བསྙེན་དང་གྲངས་བསྙེན་ལ་རབ་འབྲིང་ཐ་གསུམ་དུ་ཡོད་པའི་རབ་གཉིས་ཀྱིས་གཞི་བསྙེན་གྱི་གོ་ཆོད་ལ། འབྲིང་དང་ཐ་མ་དེ་གཉིས་ཀྱིས་གོ་མི་ཆོད་པའི་ཕྱིར་རོ། །དེ་འཐད་དེ། རྗེ་བཙུན་གྲགས་པས། དེ་ལྟར་དུས་དང་། གྲངས་ཀྱི་འབྲིང་དང་ཐ་མ་གཉིས་ནི་བསྙེན་པ་ཁ་བསྐང་བས་དང་པོ་གཉིས་ནི་གཞིའི་ཡིན་ནོ། །ཞེས་གསུངས་པའི་ཕྱིར་རོ༑ ༑

བཞི་པ་གང་བསྐུར་བའི་བླ་མེད་ཀྱི་དབང་འཆད་པ་ལ་གཉིས་ཏེ། དབྱེ་བ་དང་། གྲངས་ངེས་པ་ལས། གྲངས་ངེས་ནི་གཞུང་འགྲེལ་གྱི་སྐབས་སུ་བཤད་ཟིན་ལ། དང་པོ་དབྱེ་བ་ལ་གསུམ་སྟེ། བླ་མེད་ཀྱི་རྒྱུ་དུས་ཀྱི་དབང་། ལམ་དུས་ཀྱི་དབང་། འབྲས་དུས་ཀྱི་དབང་ངོ་། །དང་པོ་ལ། ངོ་བོ། དབྱེ་བ། ཁྱད་ཆོས་དང་གསུམ་

ཡོད་པའི་དང་པོ་ནི། སྔ་གོན་གྱི་སྐབས་སུ་ཐོབ་པའི་དབང་གི་ཡེ་ཤེས་ལྷ་བུ་ལ་བྱེད། གཉིས་པ་དེ་ལ་ཕྱི་འཇུག །ནང་འཇུག །དངོས་གཞིའི་དབང་དང་གསུམ་ཡོད་པའི་དང་པོ་ནི་རྒྱུན་བཤགས་ཀྱི་སྐབས་སུ། བྱང་ཆུབ་སེམས་གཉིས་བསྐྱེད་པའི་གནས་སྐབས་སུ་རིགས་ལྔའི་སྡོམ་གཟུང་གི་སྐབས་སུ་ཐོབ་པའི་སྔགས་སྡོམ་རྣམས་ལ་འཇོག །གཉིས་པ་དེ་ནི། ཡེ་ཤེས་དབབ་པའི་སྐབས་སུ་ཐོབ་པའི་སྔགས་སྡོམ་ལྷ་བུ་ལ་འཇོག །

གསུམ་པ་དེའི་དངོས་གཞིའི་དབང་ལ་དབྱེ་ན། ཐུན་མོང་བའི་དབང་དྲུག་དང་། ཐུན་མོང་མ་ཡིན་པའི་དབང་བཞི་ཡོད་པའི་དང་པོ་ནི། མི་བསྐྱོད་པ་ཆུའི་དབང་ལ་སོགས་པ་རིག་པའི་དབང་ལྔ། རྡོ་རྗེ་སེམས་དཔའ་བརྟུལ་ཞུགས་ཀྱི་དབང་དང་དྲུག་པོ་དེ་ལ་འཇོག །དེས་ན་བླ་མེད་ཀྱི་དབང་དེ་དྲུག་ཐོབ་པའི་གང་ཟག་དེས། རྒྱུད་སྡེ་འོག་མ་གསུམ་ཉན་དུ་རུང་ཞིང་། བུ་སློབ་དེ་གཉིས་བཤད་དུ་ཡང་རུང་བའི་རྒྱུ་མཚན་ཡོད་དེ། བུ་སློབ་གཉིས་ལ་མི་བསྐྱོད་པ་ཆུའི་དབང་ལ་སོགས་པ་ལྔ་ཡོད་པ་ལས་ལྷག་པ་མ་གསུངས་པ་གང་ཞིག །དེ་ལྔ་གང་ཟག་དེས་རྫོགས་པར་ཐོབ་པས་དེའི་དབང་བསྐུར་བའི་ནུས་པ་དང་ལྡན་པའི་ཕྱིར་རོ། །དེ་འདྲ་བའི་གང་ཟག་དེས། རྣལ་འབྱོར་རྒྱུད་ཉན་དུ་རུང་ཡང་། བཤད་དུ་མི་རུང་བའི་རྒྱུ་མཚན་ཡོད་དེ། དེས་རྣལ་འབྱོར་རྒྱུད་ཀྱི་རྡོ་རྗེ་སློབ་དཔོན་གྱི་དབང་། སྐུའི་དམ་ཚིག །གསུང་གི་དམ་ཚིག །ཐུགས་ཀྱི་དམ་ཚིག་སྦྱིན་པ་ལ་སོགས་པའི་རྡོ་རྗེ་སློབ་དཔོན་གྱི་དབང་དེ་མ་ཐོབ་པའི་ཕྱིར་རོ། །

གཉིས་པ་ཐུན་མོང་མ་ཡིན་པ་བཞི་ནི། བུམ་དབང་། གསང་དབང་། ཤེར་དབང་། དབང་བཞི་པ་དང་བཅས་པའི་བཞི་ལ་འཇོག །དང་པོ་བུམ་དབང་གི་དབྱེ་བ་ནི། གོང་ལྟར་ཤེས་ལ། གསང་དབང་ལ་ཕྱེ་ན་ལྔར་ཡོད་དེ། རྗེ་བཙུན་ཡབ་ལས་ཐོབ་པ། ཡུམ་ལས་ཐོབ་པ། གྲོལ་བའི་སྟོབས་ཀྱིས་ཐོབ་པ་དང་གསུམ། གསུམ་པ་ལ་ཡང་། རྣམ་རྟོག་ཤས་ཆུང་བས། རྗེ་བཙུན་ཡབ་ཡུམ་གྱི་ཐིག་ལེ་ལྕེ་ཐོག་ཏུ་ལེན་པ། དེ་ལས་རྣམ་རྟོག་རགས་པས། དེའི་ཐིག་ལེ་ཉ་ཕྱིས་དང་། དངུལ་ལ་སོགས་པས་བླངས་ཏེ་ལྕེ་ཐོག་ཏུ་ལེན་པ། དེ་ལས་཈ྱང་རྣམ་རྟོག་རགས་པས་ཞོ་དང་སྣུན་ལ་སོགས་པ་དང་སྦྱར་ཏེ་ལེན་པའམ། མགྲིན་པར་འཇུག་པར་བྱེད་པ་དང་ལྔ་ཡོད་པའི་ཕྱིར་རོ། །ཤེར་དབང་དེ་ལ་གཉིས་སུ་ཡོད་དེ། དངོས་ཀྱི་ཕྱག་རྒྱ་དང་། ཡེ་ཤེས་ཀྱི་ཕྱག་རྒྱ་ལས་ཐོབ་པ་གཉིས་སམ། ཡང་ཧྟེན་ཕྱག་རྒྱ་བསྟོད་པ་དང་། བརྟེན་པ་དགའ་བ་བསྟོད་པའི་ཤེར་དབང་གཉིས་སུ་ཡོད་དོ། །དབང་བཞི་པ་དེ་ལ་ཕྱེ་ན་ལྔར་ཡོད་དེ། ཚིག་གི་བཞི་པ། དོན་གྱི་བཞི་པ། ལམ་གྱི་བཞི་པ། བཞི་པ་བརྟེན་ཅན། འབྲས་བུ་མངོན་དུ་བྱེད་པའི་བཞི་པ་དང་ལྔ་ཡོད་པའི་ཕྱིར་རོ། །གསུམ་པ་རྗེས་ཀྱི་དབང་རྣམ་མཐའ་རྟེན་གྱི་དབང་དེ་ལ་བཞི་ཡོད་དེ། བུམ་དབང་གི་མཐའ་རྟེན་རྗེས་གནང་། གསང་དབང་གི་མཐའ་རྟེན་ལུང་བསྟན།

ཞེར་དབང་གི་མཐའ་རྟེན་དབུགས་དབྱུང་། དབང་བཞི་པའི་མཐའ་རྟེན་གྱི་དབང་གཟེངས་བསྟོད་དང་བཞི་ཡོད་པའི་ཕྱིར་རོ། །

གཉིས་པ་བླ་མེད་ཀྱི་ལམ་དུས་ཀྱི་དབང་ལ། མཚན་ཉིད་དང་། དབྱེ་བ་གཉིས་ལས། དང་པོ་ནི། བླ་མེད་ཀྱི་རྒྱུ་དུས། ལམ་དུས། འབྲས་དུས་གསུམ་པོ་གང་རུང་གི་དབང་གང་ཞིག །གདུལ་བྱ་སྨིན་ཐེན་གྲོལ་བར་བྱེད་པའི་དབང་དེ་དེའི་མཚན་ཉིད་ཡིན། དེ་ལ་དབྱེ་ན། བླ་མེད་ཀྱི་ལམ་དུས་ཀྱི་དབང་ལ་སོགས་པ་བཞི་ཡོད། གསུམ་པ་བླ་མེད་ཀྱི་འབྲས་དུས་ཀྱི་དབང་གི་ངོ་བོ་ནི། བླ་མེད་ཀྱི་རྒྱུ་དུས་ཀྱི་དབང་ལ་སོགས་པ་གསུམ་པོ་གང་རུང་ཡང་ཡིན། ས་བཅུ་གསུམ་པའི་ཕྱེད་གོང་མ་ལ་མཚམས་སྦྱོར་བར་བྱེད་པའི་ཕྱེད་འོག་མའི་དབང་གི་ཡེ་ཤེས་དེ༑ དེའི་ངོ་བོ་ཡིན་ལ། དེས་ན་རྒྱུ་དུས། ལམ་དུས། འབྲས་དུས་ཀྱི་དབང་གསུམ་གྱི་ཟླས་ཕྱེ་བའི་འབྲས་དུས་ཀྱི་དབང་ས་བཅུ་གསུམ་པའི་ཕྱེད་འོག་མའི་དབང་གི་ཡེ་ཤེས་དབང་བཞི་པ་ས་ཕྱེད་ཅེས་པ་དེ་རྣམས་རྣམ་གྲངས་ཡིན་ནོ། །

གཉིས་པ་གྲོལ་བྱེད་རིམ་གཉིས་ཀྱི་རྣམ་གཞག་འཆད་པ་ལ་དྲུག་སྟེ། རིམ་པ་གཉིས་སོ་སོའི་ངོ་བོ། ངེས་ཚིག །གྲངས་ངེས། དབྱེ་བ། དེ་གཉིས་ལ་བརྟེན་ནས་གྲོལ་ནུས་པའི་རྒྱུ་མཚན། དེ་གཉིས་ཀྱི་མཚམས་སོ། །དང་པོ་ནི། དེ་གཉིས་གང་རུང་གང་ཞིག །བླ་མེད་ཀྱི་ལྷའི་རྣལ་འབྱོར་དེ། བསྐྱེད་རིམ་གྱི་ངོ་བོ་དང་། དེ་གཉིས་གང་རུང་གང་ཞིག །བླ་མེད་ཀྱི་རྫོགས་པའི་རྣལ་འབྱོར་དེ་རྫོགས་རིམ་གྱི་ངོ་བོ་ཡིན་ནོ། །གཉིས་པ་ངེས་ཚིག་ལ་གསུམ་སྟེ། སྦྱང་གཞི་རྒྱུའི་སྒོ་ནས་བཞག་པ་གཅིག །སྦྱང་འབྲས་འབྲས་བུའི་སྒོ་ནས་བཞག་པ་གཅིག །སྦྱོང་བྱེད་ལམ་གྱི་སྒོ་ནས་བཞག་པའོ། །དང་པོ་དེ་སུ་བཞེད་ན། སློབ་དཔོན་ཀླུ་སྒྲུབ་བཞེད་དོ། །བཞེད་ཚུལ་ནི། སྦྱང་གཞི་སེམས་ཅན་སྐྱེ་བའི་རིམ་པ་དང་། སྦྱང་གཞི་སེམས་ཅན་འཆི་བའི་རིམ་པ་གཉིས། སྦྱོང་བྱེད་ཀྱི་ལམ་གཉིས་ལ་བསྐྱེད་རིམ་དང་རྫོགས་རིམ་ཞེས་བཞག་པ་ཡིན་ནོ། །དེ་ཡང་སེམས་ཅན་སྐྱེ་བའི་ཚེ། སྐྱེ་གནས་བཞི་ལ་སོགས་པར་སྐྱེ་བས་ན་བསྐྱེད་པ། མའི་མངལ་ལ་སོགས་པ་རྣམས་སུ་དབང་པོ་རྣམས་རིམ་པས་འགྲུབ་པས་ན། རིམ་པ་ཞེས་བཞག་ལ། བསྐྱེད་རིམ་དུ་གྱུར་པའི་བླ་མེད་ཀྱི་ལྷའི་རྣལ་འབྱོར་དེ། དེ་སྦྱོང་བྱེད་ཀྱི་ལམ་ཡིན་པས་ན། དེ་ལ་བསྐྱེད་རིམ་ཞེས་བཞག་པ་ཡིན་ལ། སེམས་ཅན་འཆི་བའི་ཚེ་ཕུང་པོ་དང་དབང་པོ་ཐིམ་པའམ་རྫོགས་པར་གྱུར་པས་ན་རྫོགས་པ། དེ་ཡང་། ས་ཆུ། ཆུ་མེ་ལ་ཐིམ་པ་ལ་སོགས་པ་རིམ་བཞིན་ཐིམ་པས་ན། རིམ་པ་ཞེས་བཞག་ལ། བླ་མེད་ཀྱི་རྫོགས་པའི་རྣལ་འབྱོར་དེ། དེ་སྦྱོང་བྱེད་ཀྱི་ལམ་ཡིན་པས་ན། རྫོགས་རིམ་ཞེས་བཞག་པའི་ཕྱིར་རོ། །གཉིས་པ་དེ་སུ་བཞེད་ན། སེམས་འགྲེལ་བསྐོར་གསུམ་པ་རྣམས་བཞེད་དོ། །དེ་གསུམ་ནི།

ཕྱག་རྡོར་སྟོད་འགྲེལ། རྡོ་རྗེ་སྙིང་འགྲེལ། འགྲེལ་ཆེན་དྲི་མེད་འོད་དང་གསུམ་མོ། །བཞེད་ཚུལ་ནི། རིམ་པ་གཉིས་པོ་དེའི་ངེས་ཚིག་ཡོད་དེ། བླ་མེད་ཀྱི་ཐུན་མོང་བའི་དངོས་གྲུབ་ལ་བསྐྱེད་རིམ་དང་། དེའི་མཆོག་གི་དངོས་གྲུབ་ལ་རྫོགས་རིམ་ཞེས་འདོག་པའི་ཕྱིར་རོ། །དང་པོ་གྲུབ་སྟེ། དེ་མཆོག་གི་དངོས་གྲུབ་ལ་དྲོད་པ་སྐྱེས་པ་ན། བསྐྱེད་པ་ཞེས་བཞག་ཅིང་། བླ་མེད་ལྷའི་རྣལ་འབྱོར་དེ། དེ་ཐོབ་བྱེད་ཀྱི་ལམ་ཡིན་པས་ན། བསྐྱེད་རིམ་ཞེས་བཞག་པའི་ཕྱིར་རོ། །གཉིས་པ་ཡིན་ཏེ། མཆོག་གི་དངོས་གྲུབ་དེ་ལས་གོང་དུ་བོགས་དབྱུང་དུ་མེད་པས་ན། དེ་ལ་རྫོགས་པ་ཞེས་བཞག་ཅིང་། བླ་མེད་ཀྱི་རྫོགས་པའི་རྣལ་འབྱོར་དེ། དེ་ཐོབ་བྱེད་ཀྱི་ལམ་ཡིན་པས་ན། དེ་ལ་རྫོགས་རིམ་ཞེས་བཞག་པའི་ཕྱིར་རོ། །གསུམ་པ་དེ་སུ་བཞེད་ན། རྣལ་འབྱོར་དབང་ཕྱུག་བི་རཱུ་པ་བཞེད་དོ། །བཞེད་ཚུལ་ནི། དེ་གཉིས་ཀྱི་ངེས་ཚིག་ཡོད་དེ། བརྟེན་པ་ལྷ་དང་། རྟེན་གཞལ་ཡས་ཁང་རྣམས་བསྐྱེད་ཅིང་། དེ་ཡང་གཞལ་ཡས་ཁང་བསྐྱེད་པའི་ཚེ། མདོན་བྱང་ལྔ་ལ་སོགས་པའི་སྒོ་ནས་རིམ་ཅན་དུ་བསྐྱེད་པ་དང་། ལྷ་བསྐྱེད་པའི་ཚེ། བསྙེན་སྒྲུབ་བཞི་ལ་སོགས་པའི་སྒོ་ནས་རིམ་བཞིན་བསྐྱེད་པའི་བླ་མེད་ཀྱི་ལྷའི་རྣལ་འབྱོར་དེ་ལ་བསྐྱེད་རིམ་ཞེས་འདོག་ཅིང་། ལུས་རྩ་རྫོགས་པ། ངག་ཡི་གེ་རྫོགས་པ། ཡིད་ཐིག་ལེ་རྫོགས་ཤིང་། ལུས་རྩའི་རྣལ་འབྱོར། རྩ་ཡི་གེའི་རྣལ་འབྱོར། ཁམས་བདུད་རྩིའི་རྣལ་འབྱོར་རྣམས་རིམ་བཞིན་རྫོགས་པའི་བླ་མེད་ཀྱི་རྣལ་འབྱོར་དེ་ལ་རྫོགས་རིམ་ཞེས་འདོག་པའི་ཕྱིར་རོ། །དེས་ན་རང་རེ་ས་སྐྱ་པ་རྣམས་རྣལ་འབྱོར་དབང་ཕྱུག་གི་ལུགས་ལྟར་ཁས་ལེན་ནོ། །

གསུམ་པ་གྲངས་ངེས་ལ། ཤེས་བྱ་ཆོས་ཅན། བླ་མེད་ཀྱི་ལམ་དེ་ལ། བསྐྱེད་རིམ་དང་། རྫོགས་རིམ་གཉིས་སུ་གྲངས་ངེས་པའི་རྒྱུ་མཚན་ཡོད་དེ། བླ་མེད་ཀྱི་ལམ་གྱི་མི་མཐུན་ཕྱོགས་སྤང་བྱ་དེ་ལ། ཐ་མལ་སྣང་ཞེན་གྱི་རྟོག་པ་དང་། གྱ་ནོམ་ལྟར་ཞེན་གྱི་རྟོག་པ་གཉིས་སུ་ཡོད་ཅིང་། དེ་གཉིས་སྦྱོང་བའི་དབང་དུ་བྱས་ནས་ཀྱང་དེ་གཉིས་སུ་གྲངས་ངེས། ལམ་སྒོམ་པའི་འབྲས་བུ་དེ་ལ་གཟུགས་སྐུ་དང་ཆོས་སྐུ་གཉིས་སུ་ཡོད་ལ། དེ་གཉིས་ཐོབ་པའི་དབང་དུ་བྱས་ནས་ཀྱང་། དེ་གཉིས་སུ་གྲངས་ངེས། དེའི་ལམ་དེ་ལ། རྟེན་དང་བརྟེན་པ་གཉིས་སུ་ཡོད་པ་ལ་དེ་གཉིས་ཀྱི་དབང་དུ་བྱས་ནས་ཀྱང་དེ་གཉིས་སུ་གྲངས་ངེས་པའི་ཕྱིར་རོ། །དང་པོ་ཡིན་ཏེ། ཐ་མལ་སྣང་ཞེན་གྱི་རྟོག་པ་སྦྱོང་བའི་དབང་དུ་བྱས་ནས་བསྐྱེད་རིམ་བཞག །གྱ་ནོམ་ལྟར་ཞེན་གྱི་རྟོག་པ་སྦྱོང་བའི་དབང་དུ་བྱས་ནས་རྫོགས་རིམ་བཞག་པས་སོ། །གཉིས་པ་དེ་ཡིན་ཏེ། བསྐྱེད་རིམ་བསྒོམ་པ་ལས། གཟུགས་སྐུ་ཐོབ་པར་བྱེད། རྫོགས་རིམ་བསྒོམ་པ་ལས་ཆོས་སྐུ་ཐོབ་པར་བྱེད་དོ། །གསུམ་པ་དེ་ཡིན་ཏེ། རྟེན་གྱི་དབང་དུ་བྱས་ནས་བསྐྱེད་རིམ་བཞག །བརྟེན་པའི་དབང་དུ་བྱས་ནས་རྫོགས་རིམ་བཞག་པའི་ཕྱིར་ཏེ།

བསྐྱེད་རིམ་ལ་མ་བརྟེན་པར། རྫོགས་རིམ་རྣལ་མ་འབྱུང་བ་མི་སྲིད་པའི་ཕྱིར་རོ། །

བཞི་པ་དབྱེ་བ་ལ། ཤེས་བྱ་ཆོས་ཅན། བསྐྱེད་རིམ་གྱི་དབྱེ་བ་ཡོད་དེ། ཐུན་མོང་བའི་དངོས་གྲུབ་དང་། མཆོག་གི་དངོས་གྲུབ་སྒྲུབ་པའི་བསྐྱེད་རིམ་གཉིས་སམ། ཟབ་པ་དང་། མི་ཟབ་པའི་དེ་གཉིས་སམ། མཚན་བཅས་དང་། མཚན་མེད་ཀྱི་བསྐྱེད་རིམ་གཉིས་རྣམས་སུ་ཡོད་པའི་ཕྱིར་རོ། །རྫོགས་རིམ་གྱི་དབྱེ་བ་ཡོད་དེ། མཚན་བཅས་ཀྱི་དེ་དང་། མཚན་མེད་ཀྱི་རྫོགས་རིམ་གཉིས་སམ། ལུས་རྩའི་རྣལ་འབྱོར། རྩ་ཡི་གེའི་རྣལ་འབྱོར། ཁམས་བདུད་རྩིའི་རྣལ་འབྱོར་གསུམ་མམ། གསུམ་མོ་ཙཎྜ་ལིའི་རྣལ་འབྱོར། སྒྱུར་མགྱོགས་པོ་ཉའི་རྣལ་འབྱོར། རྡོ་རྗེ་ཐ་ཏླབས་ཀྱི་རྣལ་འབྱོར་རྣམས་སུ་ཡོད་པའི་ཕྱིར་རོ། །

ལྔ་པ་ལ། ཤེས་བྱ་ཆོས་ཅན། རིམ་གཉིས་སྒོམ་པ་ལས་གྲོལ་ནུས་པའི་རྒྱུ་མཚན་ཡོད་དེ། རང་ཉིད་ཀྱི་ཕུང་ཁམས་སྐྱེ་མཆེད་རྣམས་ལྷ་དང་ལྷ་མོའི་རིགས་སམ་རྒྱུ་ཡིན་པའི་ཕྱིར་དང་། ཐབས་ཤེས་ཁྱད་པར་ཅན་གྱིས་ཟིན་པའི་ཕྱིར་དང་། དག་པ་གསུམ་གྱི་བདག་ཉིད་ཅན་ཡིན་པའི་ཕྱིར་རོ། །དང་པོ་ཡིན་ཏེ། རང་ཉིད་ཀྱི་ཕུང་པོ་ལྔ་པོ་འདི་རྒྱལ་བ་རིགས་ལྔར་གནས་འགྱུར། འབྱུང་བ་བཞི་བདེ་བ་ཆེན་པོ་དང་ལྔ་པོ་དེ། ཡུམ་ལྔར་གནས་འགྱུར། ཉོན་མོངས་པ་ལྔ་པོ་དེ། ཡེ་ཤེས་ལྔར་གནས་འགྱུར། ནང་གི་སྐྱེ་མཆེད་རྣམས་བྱང་སེམས་དང་ཕྱིའི་སྐྱེ་མཆེད་གཟུགས་སྒྲ་ལ་སོགས་པ་རྣམས་ལྷ་མོ་དང་། ཚིགས་ཆེན་བརྒྱད། སྤྱི་བོ། རྐང་མཐིལ་གཉིས་ཏེ་བཅུ་པོ་དེ། ཁྲོ་བོ་དང་ཁྲོ་མོར་གནས་འགྱུར་བའི་ཕྱིར་རོ། །རྩ་བའི་རྟགས་གཉིས་པ་གྲུབ་སྟེ། རིམ་པ་གཉིས་པོ་དེ། ཐབས་ཁྱད་པར་ཅན་བྱང་ཆུབ་ཀྱི་སེམས་དང་། ལྟ་བ་འཁོར་འདས་དབྱེར་མེད་གཉིས་ཀྱིས་ཟིན་པའི་ཕྱིར་རོ། །རྩ་བའི་རྟགས་གསུམ་པ་དེ་གྲུབ་པ་ཡིན་ཏེ། སྣང་གྲགས་ཀྱིས་བསྡུས་པའི་ཆོས་ཐམས་ཅད་དག་པ་གསུམ་གྱི་བདག་ཉིད་ཡིན་པའི་ཕྱིར་རོ། །དག་པ་གསུམ་གང་ཞེ་ན། རྒྱུ་དུས་ཀྱི་དག་པ་གསུམ། ཐབས་རྒྱུད་ཀྱི་དག་པ་གསུམ། འབྲས་རྒྱུད་ཀྱི་དག་པ་གསུམ་མོ། །དང་པོ་གསུམ་ནི། རྒྱུ་དུས་ཀྱི་དེ་བཞིན་ཉིད་ཀྱི་དག་པ། དེའི་ལྷ་སོ་སོའི་དག་པ། དེའི་རང་རིག་པའི་དག་པ་དང་གསུམ་ཡོད་ཅིང་། དང་པོ་ནི། ཆོས་ཐམས་ཅད་ཀྱི་ཆོས་དབྱིངས་རང་བཞིན་རྣམ་དག་ལྟ་བུ་ལ་བྱེད། གཉིས་པ་ནི་སེམས་ཅན་ཐམས་ཅད་སྐྱེས་ཙམ་ཉིད་ནས་ལྷ་དང་ལྷ་མོ་སོགས་ཀྱི་ཞལ་ཕྱག་གི་རྣམ་པ་ཅན་དུ་རང་བཞིན་གྱིས་དག་པ་ལྟ་བུ། གསུམ་པ་ནི་སེམས་ཅན་རྣམས་ཀྱི་རྒྱུད་ཀྱི་གདོད་མ་ནས་ཞི་བའི་གཟུང་འཛིན་གཉིས་སུ་མེད་པའི་སེམས་རིག་གསལ་ལྟ་བུ་ལ་འཛོག །གཉིས་པ་ཐབས་རྒྱུད་ལ་ཡང་། ཐབས་རྒྱུད་ཀྱི་དེ་བཞིན་ཉིད་ཀྱི་དག་པ་ལ་སོགས་པ་གསུམ་ཡོད་པའི། དང་པོ་ནི། འཁོར་འདས་དབྱེར་མེད་ཀྱི་ལྟ་བ་ལྟ་བུ། གཉིས་པ་ནི་བསྐྱེད་རིམ་ལྟ་བུ། གསུམ་པ་ནི་རྫོགས་རིམ་ལྟ་བུ་ལ་འཛོག །

གསུམ་པ་འབྲས་རྒྱུད་ལའང་། དེ་ལྟར་གསུམ་དུ་ཡོད་པའི་དང་པོ་ནི། ངོ་བོ་ཉིད་སྐུ། གཉིས་པ་ནི་གཟུགས་སྐུ་ལྟ་བུ། གསུམ་པ་ནི་རྫོགས་ཡེ་ཆོས་སྐུ་ལ་འཇོག་གོ། །རིམ་གཉིས་ཀྱི་གོ་རིམ་ལ། དཔལ་མགོན་འཕགས་པ་ཀླུ་སྒྲུབ། དང་པོར་བསྐྱེད་རིམ་བརྟན་བརྟན་སྒོམ་ནས། དེ་རྗེས་རྫོགས་རིམ་སྒོམ་པ་ཡིན། ཞེས་གསུངས། སེམས་འགྲེལ་བསྐོར་གསུམ་པ་རྣམས། བསྐྱེད་རིམ་བརྟན་ཀྱང་རུང་། མི་བརྟན་ཡང་རུང་། དང་པོར་བསྐྱེད་རིམ་ལོ་དྲུག་བསྒོམ་ནས། དེ་རྗེས་རྫོགས་རིམ་བསྒོམ་པ་ཡིན། ཞེས་གསུངས་རང་རེ་ས་སྐྱ་པ་རྣམས་རྣལ་འབྱོར་དབང་ཕྱུག་བིརྺ་པའི་ལུགས་ལྟར་དུ་གདན་ཐོག་གཅིག་ཏུ་བསྐྱེད་རྫོགས་གཉིས་པོ་དེ་ཉམས་སུ་ལེན་པ་ཡིན་ཏེ། ཐུན་སྟོད་ལ་བསྐྱེད་རིམ་དང་། ཐུན་སྨད་ལ་རྫོགས་རིམ་ཉམས་སུ་ལེན་པ་ཡིན་པའི་ཕྱིར་རོ། །སངས་རྒྱས་ཡེ་ཤེས་ཞབས་ནི། བསྐྱེད་རིམ་ལ་རྫོགས་རིམ་གྱི་རྒྱས་བཏབ་ནས་ཉམས་སུ་ལེན་པ་ཡིན། ཞེས་གསུངས་ལ། དེ་ལ་རྗེ་བཙུན་གྲགས་པས། ཁོ་བོས་ནི་དེ་འདྲ་མ་ཤེས་སོ། །ཞེས་ཅི་འདྲི་ཡང་མཛད་དོ། །དྲུག་པ་ས་མཚམས་ནི། བླ་མེད་ཀྱི་དབང་བཞི་རྫོགས་པ་ནས་བཟུང་སྟེ། སངས་མ་རྒྱས་ཀྱི་བར་ན་ཡོད་ཀྱི་སངས་རྒྱས་པ་ན་མེད་དེ། སངས་རྒྱས་ནས་དེ་གཉིས་སྒོམ་པ་ལ་དགོས་པ་མེད་པའི་ཕྱིར་རོ། །

གསུམ་པ་ཡེ་ཤེས་ཕྱག་ཆེན་འཆད་པ་ལ་གཉིས་ཏེ། ས་པཎ་གྱི་ཕྱག་ཆེན་གྱི་དབྱེ་བ་ལྟར་བཤད་པ་དང་། ས་པཎ་གྱི་རྫོགས་ལྡན་རྒྱན་བུའི་དྲིས་ལན། ཕྱག་རྒྱ་ཆེན་པོའི་མིག་ཐུར་ལྟར་བཤད་པའོ། །དང་པོ་ལ་ཕྱག་ཆེན་གྱི་ངོ་བོ་དང་། དབྱེ་བ་གཉིས། དང་པོ་ནི་རང་རྒྱུ་བླ་མེད་ཀྱི་དབང་བཞི་དང་། རིམ་གཉིས་གང་རུང་སྒོམ་པ་ལ་བརྟེན་ནས་བྱུང་བའི་བདེ་སྟོང་གི་ཡེ་ཤེས་དེ། དེའི་མཚན་ཉིད་ཡིན། གཉིས་པ་དབྱེ་བ་ལ། སྒྲའི་བརྗོད་རིགས་ཀྱི་སྒོ་ནས་དབྱེ་ན། བརྗོད་པ་ཚིག་གི་ཕྱག་རྒྱ་ཆེན་པོ། སྒོམ་པ་དམིགས་པའི་ཕྱག་རྒྱ་ཆེན་པོ། མྱོང་བ་ཉམས་མྱོང་གི་ཕྱག་རྒྱ་ཆེན་པོ། རྟོགས་པ་དཔེའི་ཕྱག་རྒྱ་ཆེན་པོ། མཐོང་བ་དོན་གྱི་ཕྱག་རྒྱ་ཆེན་པོ། གྲུབ་པ་འབྲས་བུའི་ཕྱག་རྒྱ་ཆེན་པོ་དང་དྲུག་ཡོད་པའི་དང་པོ་ནི། ཕྱག་ཆེན་སྟོན་པའི་བཀའ་དང་བསྟན་བཅོས་རྣམས་ལ་འཇོག །གཉིས་པ་ནི། ལྷ་སྒོམ་པ་ལ་སོགས་པའི་ཏིང་ངེ་འཛིན་རྣམས་ལ་འཇོག །

གསུམ་པ་ནི། ཉམས་མྱོང་ཁྱད་པར་ཅན་རྣམས་ལ་འཇོག །བཞི་པ་ནི། མཚོན་བྱེད་དཔེའི་ཕྱག་མཚན་དང་དོན་གཅིག་པས་བླ་མེད་ཀྱི་ཚོགས་སྦྱོར་དུ་གྱུར་པའི་ཕྱག་ཆེན་ལ་འཇོག །ལྔ་པ་ནི། མཚོན་བྱ་དོན་གྱི་ཕྱག་ཆེན་དང་དོན་གཅིག་པས་ས་དང་པོ་སོགས་ཀྱི་ཕྱག་ཆེན་རྣམས་ལ་འཇོག་གོ། །དྲུག་པ་ནི་སངས་རྒྱས་པའི་ཕྱག་ཆེན་ལ་འཇོག །དེས་ན་དངོས་རྟགས་ཕྱེ་བ་དེའི་ཚེ་ན། དང་པོ་དེ་ལ་ཕྱག་ཆེན་མ་ཡིན་པས་ཁྱབ། གཉིས་པ་དང་གསུམ་པ་ལ། ཡིན་མིན་གཉིས་གཉིས་ཡོད་ཅིང་། བཞི་པ་དང་། ལྔ་པ་ལ་ཕྱག་ཆེན་ཡིན་པས་ཁྱབ་ལ། དྲུག་པ་

ལ་ཡང་ཕྱག་ཆེན་ཡིན་མིན་གཉིས་ཡོད་དོ། །ཕྱག་ཆེན་གྱི་ཡེ་ཤེས་དེ་ལ། ངོ་བོའི་སྒོ་ནས་དབྱེ་ན། མཚན་བཅས་ཀྱི་དེ་དང་། མཚན་མེད་ཀྱི་ཡེ་ཤེས་གཉིས་སུ་ཡོད་དོ། །

གཉིས་པ་མིག་ཐུར་ལྟར་བཤད་པ་ལ། ཕྱག་ཆེན་གྱི་ངོ་བོ་དང་། དབྱེ་བ་གཉིས་ལས། དང་པོ་ནི། རང་རྒྱུ་བླ་མེད་ཀྱི་དབང་བཞི་དང་། རིམ་གཉིས་གང་རུང་སྒོམ་པ་ལ་བརྟེན་ནས་བྱུང་བའི་གསང་སྔགས་བླ་མེད་ཀྱི་ཉམས་སྐྱོན་མེད་དེ། དེའི་མཚན་ཉིད་ཡིན། གཉིས་པ་དེ་ལ་དབྱེ་ན། ཕྱག་ཆེན་ལྟར་སྣང་དང་། ཡང་དག་གཉིས། དང་པོ་ལ་ཡང་། ཆ་མཐུན་པ་དྲུག་དང་བཅས་པའི་དེ་དང་། འབའ་ཞིག་པ་སྐྱོན་དང་བཅས་པའི་ཕྱག་ཆེན་གཉིས་ཡོད་པའི། དང་པོ་ནི། ཐོས་བྱུང་གིས་བསྡུས་པ། བསམ་བྱུང་གིས་བསྡུས་པ། སྒོམ་བྱུང་ཡིན་ཡང་རྣམ་རྟོག་གི་དྲུག་མ་ཡལ་བའི་ཕྱག་ཆེན་རྣམས་ལ་འཇོག་གོ། །གཉིས་པ་ནི། སྣང་ཕྱོགས་སྟོང་ཕྱོགས་འབའ་ཞིག་སོགས་ཉེ་ཚེ་བ་རྣམས་ལ་འཇོག །གཉིས་པ་ཡང་དག་ལ་དབྱེ་ན། མཚན་བཅས་ཀྱི་དེ་དང་། མཚན་མེད་ཀྱི་ཕྱག་ཆེན་གཉིས་ཡོད་པའི། དང་པོ་ནི། ས་མ་ཐོབ་གོང་གི་བླ་མེད་ཀྱི་ཉམས་སྐྱོན་མེད་རྣམས་ཡིན་ལ། དེ་ནི་བླ་མེད་ཀྱི་ཚོགས་སྦྱོར་གང་རུང་དུ་གྱུར་པའི་ཕྱག་ཆེན་ལ་འཇོག །གཉིས་པ་ནི། ས་དང་པོ་ཐོབ་པ་ནས་བཟུང་སྟེ། རྡོ་རྗེ་འཛིན་པའི་སའི་བར་གྱི་ཉམས་རྣམས་ཡིན་ལ། དེ་ནི་ས་དང་པོ་ནས་བཅུ་གསུམ་པའི་བར་གང་རུང་དུ་གྱུར་པའི་ཕྱག་ཆེན་རྣམས་ལ་འཇོག་གོ །དེ་རྣམས་འཐད་པ་ཡིན་ཏེ། སྡོམ་གསུམ་རབ་དབྱེ་ལས། དེ་ལས་བྱུང་བའི་ཡེ་ཤེས་ནི། །ཕྱག་རྒྱ་ཆེན་པོ་གོམས་པར་བྱ། །ཞེས་གསུངས་པའི་ཕྱིར་རོ། །

བཞི་པ་སྤྱོད་པ་རྣམས་གསུམ་རྒྱུ་ཚུལ་ལ་གཉིས་ཏེ། སྤྱོད་པའི་སྔོན་དུ་འགྲོ་བ་དྲོད་བཤད་པ་དང་། དེ་ལ་བརྟེན་ནས་ཐོབ་པའི་སྤྱོད་པ་དངོས་བཤད་པའོ། །དང་པོ་ལ་དྲུག་སྟེ། དྲོད་ཀྱི་ངོ་བོ། དབྱེ་བ། དབྱེ་བ་སོ་སོའི་རང་བཞིན། དྲོད་མ་ཐོབ་པ་ཐོབ་པར་བྱེད་པའི་ཐབས། ཐོབ་པ་བརྟན་པར་བྱེད་པའི་དུས། དྲོད་དང་སྤྱོད་པ་མཚམས་སྦྱར་བའོ། །དང་པོ་ནི། རང་རྒྱུ་བླ་མེད་ཀྱི་དབང་དང་། རིམ་གཉིས་གང་རུང་སྒོམ་པ་ལ་བརྟེན་ནས་བྱུང་བའི་ལུས་ངག་ཡིད་གསུམ་གྱི་མཐུའམ། ནུས་པ་ཁྱད་པར་ཅན་དེ་དྲོད་ཀྱི་མཚན་ཉིད་ཡིན། གཉིས་པ་དབྱེ་ན་དྲོད་ཆུང་འབྲིང་ཆེ་གསུམ་དུ་ཡོད། གསུམ་པ་སོ་སོའི་རང་བཞིན་ལ་དྲོད་ཆུང་འབྲིང་ཆེ་གསུམ་པོ་དེའི་ངོ་བོ་ལ་འཇོག་ཚུལ་ཡོད་དེ། རང་རྒྱུ་བླ་མེད་ཀྱི་དབང་རིམ་གཉིས་གང་རུང་བསྒོམ་པ་ལ་བརྟེན་ནས་བྱུང་བའི་ཐབས་ཁྱད་པར་ཅན་ཡིན་པ་གང་ཞིག །ཚར་བཅད་དང་རྗེས་འཛིན་གང་རུང་མི་ནུས་པའི་ཐབས་དེ། དྲོད་ཆུང་ངུའི་ངོ་བོ། དེ་གང་ཞིག །ཚར་བཅད་དང་རྗེས་འཛིན་གང་རུང་ནུས། གཉིས་ཀ་མི་ནུས་པའི་ཐབས་དེ་དྲོད་འབྲིང་གི་མཚན་ཉིད། དེ་གང་ཞིག །ཚར་བཅད་དང་རྗེས་འཛིན་གཉིས་ཀ་ནུས་པའི་ཐབས་དེ། དྲོད་ཆེན་པོའི་མཚན་ཉིད་ཡིན་

ནོ།། །

བཞི་པ་ཐོབ་པར་བྱེད་པའི་ཐབས་ནི། བསྐྱེད་རིམ་དང་། རྫོགས་རིམ་སྒོམ་པ་དེ། དྲོད་ཆུང་དུ་ཐོབ་པར་བྱེད་པའི་ཐབས་ཡིན། ཀུན་འདར་གསང་སྤྱོད་བྱེད་པ་དེ། དྲོད་འབྲིང་ཐོབ་བྱེད་ཀྱི་ཐབས་ཡིན། དྲག་ཤུལ་གྱི་ལས་བྱེད་པ་དེ་དྲོད་ཆེན་པོ་ཐོབ་བྱེད་ཀྱི་ཐབས་ཡིན་ནོ། །

ལྔ་པ་ཐོབ་པ་བརྟན་པར་བྱ་བའི་ཐབས་ལ། ཤེས་བྱ་ཆོས་ཅན། དྲོད་ཆུང་འབྲིང་ཆེ་གསུམ་པོ་དེ་བརྟན་པར་བྱ་བའི་ཐབས་བྱེད་ཚུལ་ཡོད་དེ། དྲོད་ཆུང་འབྲིང་གཉིས་བརྟན་པར་བྱེད་པ་ལ་ཟླ་བ་དྲུག །དེས་མ་ཆོག་ན་ཟླ་བ་བཅོ་བརྒྱད་ཀྱི་བར་དུ་བརྟན་པར་བྱེད་དགོས། དྲོད་ཆེན་པོ་བརྟན་པར་བྱེད་པ་ལ། ཟླ་བ་ཕྱེད་དགོས་པའི་ཕྱིར་ཏེ། བརྟེ་བས་དངོས་གྲུབ་དོན་དུ་ཡང་། །ཟླ་བ་ཕྱེད་དུ་ཡོངས་སུ་རྟོགས། །ཞེས་གསུངས་པའི་ཕྱིར་རོ། །

དྲུག་པ་མཚམས་སྦྱར་བ་ན། དྲོད་ཆུང་དུ་ཐོབ་ནས་ཀུན་འདར་གསང་སྤྱོད་བྱེད། དྲོད་འབྲིང་ཐོབ་ནས་ཀུན་འདར་འཇིག་རྟེན་པའི་མངོན་དུ་སྤྱོད་པར་བྱེད། དྲོད་ཆེན་པོ་ཐོབ་ནས། ཀུན་ཏུ་བཟང་པོ་སྤྱོད་པ་བྱེད་དོ། །ཀུན་འདར་ཞེས་བྱ་བ་ནི། རྣམ་པར་རྟོག་པ་ཀུན་འདར་བར་བྱེད་པ་ཡིན་པས། དེ་ལྟར་བཞག་པའི་ཕྱིར་རོ། །

གཉིས་པ་སྤྱོད་པ་དངོས་བཤད་པ་ལ་བཞི་སྟེ། སྤྱོད་པའི་ངོ་བོ། དབྱེ་བ། སྤྱོད་པ་བྱ་བའི་ཡུལ། སྤྱོད་པ་ལ་བརྟེན་ནས་ཉམས་མྱོང་སྐྱེས་པའི་རིམ་པ་བཤད་པའོ། །དང་པོ་ནི། མྱོང་བ་དྲོད་བརྟན་པར་བྱེད་པའི་ཐབས་ཡིན་པ་གང་ཞིག །ལུས་ངག་ཡིད་གསུམ་ཀྱུ་བའམ་གཡོ་བར་ནུས་པའི་ཐབས་ཁྱད་པར་ཅན་དེ། སྤྱོད་པའི་མཚན་ཉིད་ཡིན། གཉིས་པ་དེ་ལ་དབྱེ་ན། ཀུན་འདར་གསང་སྤྱོད། ཀུན་འདར་མངོན་སྤྱོད། ཀུན་ཏུ་བཟང་པོའི་སྤྱོད་པ་དང་གསུམ་ཡོད་ལ། དེ་ཡང་དང་པོ་དེ་ལ། རྒྱལ་པོ་གཞོན་ནུའི་སྤྱོད་པ་ཞེས་འཇོག །གཉིས་པ་དེ་ལ་སྨྱོན་པ་བརྟུལ་ཞུགས་ཅན་གྱི་སྤྱོད་པ་ཞེས་འཇོག །གསུམ་པ་དེ་ལ། ཕྱོགས་ལས་རྣམ་པར་རྒྱལ་བའམ། སྟོབས་དང་ལྡན་པའི་སྤྱོད་པ་ཞེས་འཇོག །

གསུམ་པ་སྤྱོད་པ་སྤྱོད་པའི་གནས་དེ་ལ་གསུམ་ཡོད་དེ། ལས་དང་པོ་པ་རྣམས་ཀྱིས་རང་གི་ཁྱིམ་དུ་སྒོམ་དགོས། བརྟན་པ་ཅུང་ཟད་ཐོབ་ནས། དུར་ཁྲོད་ལ་སོགས་པ་རྣམས་སུ་སྒོམ་པར་བྱེད། བརྟན་པ་ཆེན་པོ་ཐོབ་ནས་ཡུལ་ཉི་ཤུ་རྩ་བཞི། ཡུལ་ཆེན་སུམ་ཅུ་རྩ་གཉིས་དང་། ཡུམ་ཆེན་སུམ་ཅུ་རྩ་བདུན་ལ་སོགས་པ་རྣམས་སུ་སྒོམ་པར་བྱེད་པ་ཡིན་ཏེ། སྡོམ་གསུམ་རབ་དབྱེ་ལས། དབང་བཞི་ཡོངས་སུ་རྫོགས་པ་དང་། །དང་པོ་རང་གི་ཁྱིམ་དུ་སྒོམ། །བརྟན་པ་ཐོབ་ནས་དུར་ཁྲོད་སོགས། །བརྟན་པ་ཆེན་པོ་ཐོབ་ནས་ནི། །ལུས་དང་ངག་གི་བརྡ་རྣམས་ལ། །ལེགས་པར་སྦྱངས་ཤིང་དེ་ཉིད་རྟོགས། །ས་རྣམས་བགྲོད་པར་བྱ་བ་དང་། །ཡུལ་རྣམས་དབང་དུ

བསྟུ་བའི་ཕྱིར། །གནས་དང་ཉེ་བའི་གནས་ལ་སོགས། །ཡུལ་ཆེན་སུམ་ཅུ་སོ་བདུན་དུ། །རིག་པ་བརྟུལ་ཞུགས་སྤྱོད་ཕྱིར་རྒྱུ། །ལུགས་འདི་རྣལ་འབྱོར་ཆེན་པོ་ཡི། །རྒྱུད་དང་བསྟན་བཅོས་རྣམས་ལས་གསུངས། །འདི་འདྲའི་སྤྱོད་པ་ཤེས་ནས་ནི། །ཚེ་འདི་ཉིད་ལ་རྫོགས་སངས་རྒྱས། །ཞེས་དང་། རིམ་པ་གཉིས་པོ་མི་སྒོམ་ན། །ཡུལ་ཆེན་སུམ་ཅུ་སོ་བདུན་དུ། །འགྲོ་བ་སངས་རྒྱས་ཀྱིས་མ་གསུངས། །རིམ་པ་གཉིས་པོ་མི་སྒོམ་པའི། །སྒོམ་ཆེན་བཟང་ཡང་ཕ་རོལ་དུ། །ཕྱིན་པའི་སྒོམ་ཆེན་ལས་མ་འདས། །མདོ་ལས་ཡུལ་ཆེན་དེ་དག་ཏུ། །འགྲོ་བའི་ཆོ་ག་བཤད་པ་མེད། །ཞེས་གསུངས་པའི་ཕྱིར།

ལྔ་པ་ས་ལམ་བགྲོད་ཚུལ་གྱི་རྣམ་གཞག་འཆད་པ་ལ་གསུམ་སྟེ། སྤྱིར་ཐེག་དམན་ས་ལམ་གྱི་རྣམ་གཞག །ཁྱེ་བྲག་ཐེག་ཆེན་ས་ལམ་གྱི་རྣམ་གཞག །ཁྱད་པར་གསང་སྔགས་ས་ལམ་གྱི་རྣམ་གཞག་བཤད་པའོ། ། དང་པོ་ལ། ས་བཤད་པ། ལམ་བཤད་པ་གཉིས་ལས། དང་པོ་ལ། དམན་པ་ས་བརྒྱད་ཞེས་གྲགས་ཏེ། དཀར་པོ་རྣམ་པར་མཐོང་བའི་ས། རིགས་ཀྱི་ས། བརྒྱད་པའི་ས། མཐོང་བའི་ས། སྲབས་པའི་ས། འདོད་ཆགས་དང་བྲལ་བའི་ས། བྱས་པ་རྟོགས་པའི་ས། རང་སངས་རྒྱས་ཀྱི་ས་དང་བརྒྱད་ལས། དང་པོ་དང་། ཉན་ཐོས་ཀྱི་ཚོགས་ལམ་དོན་གཅིག །གཉིས་པ་དང་། ཉན་ཐོས་ཀྱི་སྦྱོར་ལམ་དོན་གཅིག །གསུམ་པ་དང་། རྒྱུན་ཞུགས་ཞུགས་པའི་ལམ་དོན་གཅིག །བཞི་པ་དང་། རྒྱུན་ཞུགས་ཀྱི་ལམ་དོན་གཅིག །ལྔ་པ་དང་། ཕྱིར་འོང་གི་ལམ་དོན་གཅིག །དྲུག་པ་དང་། ཕྱིར་མི་འོང་གི་ལམ་དོན་གཅིག །བདུན་པ་དང་། ཉན་ཐོས་དགྲ་བཅོམ་པའི་ལམ་དོན་གཅིག །བརྒྱད་པ་དང་། རང་སངས་རྒྱས་ཀྱི་ལམ་དོན་གཅིག་གོ །གཉིས་པ་ལམ་ལ་གཉིས་ཏེ། ཉན་ཐོས་ཀྱི་ལམ་དང་། རང་སངས་རྒྱས་ཀྱི་ལམ་མོ། །དང་པོ་ལ་ལྔ་སྟེ། ཉན་ཐོས་ཀྱི་ཚོགས་ལམ་ནས་མི་སློབ་ལམ་གྱི་བར་རོ། །རང་རྒྱལ་ལམ་ཡང་ལྔ་སྟེ། རང་རྒྱལ་གྱི་ཚོགས་ལམ་ནས། རང་རྒྱལ་གྱི་མི་སློབ་ལམ་གྱི་བར་ལའོ། ། གཉིས་པ་ཐེག་ཆེན་ཕ་རོལ་དུ་ཕྱིན་པའི་ལུགས་ལ་ནི། མངོན་རྟོགས་རྒྱན་ལ་ས་བཅུར་ཕྱེ་ནས་བཅུ་པ་སངས་རྒྱས་ཀྱི་སར་བཤད་པ་དང་། བྱང་ས་ལས། ཐེག་ཆེན་མོས་སྤྱོད་ལ་ས་གཉིས་དང་། བྱང་སེམས་འཕགས་པའི་ས་བཅུ་དང་། སངས་རྒྱས་ཀྱི་ས་དང་བཅུ་གསུམ་དུ་བཤད་པའང་ཡོད་མོད་ཀྱི། མདོ་སྡེ་རྒྱན་རྩ་འགྲེལ་ལས། བྱང་སེམས་འཕགས་པའི་ས་རབ་དགའ་སོགས་བཅུ་དང་། བཅུ་གཅིག་པ་སངས་རྒྱས་ཀྱི་ས་དང་བཅུ་གཅིག་ཏུ་བཤད་པ་འདི་སྙིང་པོར་བཟུང་ངོ༎ ༎

གསུམ་པ་བླ་མེད་རྡོ་རྗེ་ཐེག་པའི་ལུགས་ལ། ཁ་ཅིག །ས་བཅུ་གཅིག་ཁོ་ནར་བཞེད་པ་དང་། ལ་ལ་ས་བཅུ་གཉིས་ཁོ་ནར་བཞེད་པ་དང་། གཞན་དག་ས་བཅུ་བཞི་དང་། བཅུ་དྲུག་སོགས་སུ་བཞེད་པའང་སྣང་མོད་

ཀྱི༔ ཀོ་བོ་ཅག་འཕྲུལ་པའི་དྲི་མ་ཟད་པ་འཛམ་མགོན་ས་སྐྱ་པའི་རིང་ལུགས་འཛིན་པ་དག་གིས་ས་བཅུ་གསུམ་གྱི་རྣམ་གཞག་འདི། ལུང་རིགས་མན་ངག་གསུམ་གྱིས་གཏན་ལ་ཕབ་སྟེ་འཐད་ལྡན་དུ་ཁས་བླངས་པ་ཡིན་ནོ། །དེས་ན། འདི་ལ་གཉིས། ས་བཅུ་གསུམ་གྱིས་བགྲོད་ཚུལ་དང་། ལམ་ལྔ་དང་བྱང་ཕྱོགས་སོ་བདུན་གྱིས་བགྲོད་ཚུལ་གཉིས། དང་པོ་ལ་བཞི། ཡུལ་ཆེན་སོ་བདུན་གྱི་སྒོ་ནས་ས་ལམ་བགྲོད་ཚུལ། རྩ་དབུ་མའི་མདུད་པ་གྲོལ་ཚུལ་གྱི་སྒོ་ནས་ས་ལམ་བགྲོད་ཚུལ། དགའ་བ་བཅུ་དྲུག་འཆར་ཚུལ་གྱི་སྒོ་ནས་ས་ལམ་བགྲོད་ཚུལ། དེ་ལས་ལམ་གྱི་འཇུག་ལྡོག་གཏན་ལ་ཕབ་པའོ། །དང་པོ་ལ་འཁོར་ལོ་བདེ་མཆོག་ནས་བཤད་ཚུལ་དང་། དགྱེས་པ་རྡོ་རྗེ་ནས་བཤད་པའི་ཚུལ་ལོ། །དང་པོ་ལ་གསུམ། ཕྱིའི་ཡུལ་ཆེན་སོ་བདུན་ངོས་བཟུང་བ་དང་། ནང་གི་ཡུལ་ཆེན་སོ་བདུན་ངོས་བཟུང་བ། དེ་ལས་ས་ལམ་བགྲོད་ཚུལ་དངོས་སུ་བཤད་པའོ། །དང་པོ་ལ། ཐུགས་འཁོར་གྱི་གནས་བརྒྱད། གསུང་འཁོར་གྱི་གནས་བརྒྱད། སྐུ་འཁོར་གྱི་གནས་བརྒྱད། དམ་ཚིག་འཁོར་ལོའི་གནས་བརྒྱད། བདེ་ཆེན་འཁོར་ལོའི་གནས་ལྔའོ། །དང་པོ་ནི། འཛམ་གླིང་གི་ལྟེ་བ་རྡོ་རྗེ་གདན་དབུས་སུ་བཞག་པའི། ཕྱོགས་བཞི་མཚམས་བརྒྱད་ན་གནས་པའི་པུལླི་ར་མ་ཡ་སྟེ་རྒྱས་པའི་རིགས། ཛཱ་ལནྡྷ་རའམ། ཛ་ལནྡྷ་ར་སྟེ། འབར་བ་འཛིན་པའམ། དྲ་བ་འཛིན་པ། ཨོཊྚི་ཡ་ན་སྟེ། ཨུ་རྒྱན། ཨར་བུ་ཏ་སྟེ། མཆོད་འོས། གོ་ད་ཝ་རི་སྟེ། བ་ཡི་མཆོག་སྦྱིན། རཱ་མེ་ཤྭ་ར་སྟེ། དགའ་བྱེད་དབང་ཕྱུག །དེ་ཝི་ཀོ་ཊ་སྟེ། ལྷ་མོའི་མཁར། མ་ལ་ཝ་སྟེ། ཕྲེང་བ་ཅན་དང་བརྒྱད་གནས་པ་དེའོ། །གཉིས་པ་ནི། དེའི་ཕྱིའི་སྐོར་གྱི་ཕྱོགས་མཚམས་བརྒྱད་ན། ཀ་མ་རཱུ་པ་སྟེ། འདོད་པའི་གཟུགས། ཨོ་ཏྲེ་སྟེ། རོལ་པ་ཅན། ཏྲི་ཤ་ཀུ་ནེ་སྟེ། དགེ་མཚན་གསུམ་པ། ཀོ་ས་ལ་སྟེ། མཛོད་ལེན་ནམ། དགེ་བ་ཅན། ཀ་ལིངྒ་སྟེ། སླ་བའི་རྟགས། ལམྤ་ཀ་སྟེ། འཕྲེང་བ་ཅན། ཀཉྩི་ཀ་སྟེ། གསུར་བག་ཅན། ཧི་མཱ་ལ་ཡ་སྟེ། གངས་ཅན་དང་བརྒྱད་གནས་པ་དེའོ། །གསུམ་པ་ནི། དེའི་ཕྱི་རོལ་གྱི་ཕྱོགས་མཚམས་བརྒྱད་ན། པྲེ་ཏ་པུ་རི་སྟེ། ཡི་དྭགས་ཀྱི་གྲོང་ཁྱེར། གྲི་ཧ་དེ་བ་སྟེ། ཁྱིམ་གྱི་ལྷ། སཽ་རཥྚ་སྟེ། ཡུལ་འཁོར་བཟང་པོ། སུ་ཝརྞ་སྟེ། གསེར་དང་ལྡན་པའི་གླིང་། ནཱ་ག་ར་སྟེ། གྲོང་ཁྱེར། སིནྡྷུ་ར་སྟེ། ལེགས་སྦྱར་སོར་བཞག །མ་རུ་སྟེ། མྱ་ངམ་གྱི་ཐང་ངམ་ཆུ་མེད་པའི་ཐང་། ཀུ་ལུ་ཏཱ་སྟེ། རིགས་དང་ལྡན་པའི་གླིང་ཞེས་གནས་བརྒྱད་གནས་པ་དེའོ། །བཞི་པ་ནི༔ དེའི་ཕྱི་རོལ་ན། གླིང་བཞི་དང་། ཤར་ལྷོའི་གླིང་ཕྲན་གཉིས་གཅིག་ཏུ་རྩིས་པ་སོགས་གླིང་ཕྲན་བཞི་སྟེ་བརྒྱད་གནས་པ་དེའོ། །ལྔ་པ་ནི་དབུས་ཀྱི་རི་བོ་མཆོག་རབ་ཀྱི་རྩེ་དབུས་དང་ཕྱོགས་བཞིའི་གནས་ཏེ་ལྔ་པོ་དེ་ལ་བྱེད། འདི་དག་ཀྱང་ཤར་ནས་བརྩམས་པའི་ཕྱོགས་གཡོན་བསྐོར་དང་། ཤར་ལྷོ་ནས་བརྩམས་པའི་མཚམས་གཡས་བསྐོར་དུ་གནས་པ་ནི་འཁོར་ལོ་བདེ་མཆོག་གི་སྲོལ་ལོ། །

གཉིས་པ་ནང་གི་ཡུལ་ཆེན་སོ་བདུན་ནི། བྱང་སེམས་འབབ་པའི་རྩ་སུམ་ཅུ་རྩ་གཉིས། སྙིང་ཁ་ན་གནས་པའི་སྣྲས་པའི་རྩ་ལྔ་སྟེ། རྩ་སུམ་ཅུ་རྩ་བདུན་དེ་དག་གི་ནང་ན་གནས་པའི་རྩ་ཡིག་སུམ་ཅུ་རྩ་བདུན། ཁམས་སུམ་ཅུ་རྩ་བདུན། རླུང་སུམ་ཅུ་རྩ་བདུན་རྣམས་ལ་འཇོག་པ་ཡིན་ཏེ། དེ་ཡང་བྱང་སེམས་འབབ་པའི་རྩ་སོ་གཉིས་ལས། སྤྱི་བོ་ནས་གྲེས་པའི་རྩ་བརྒྱད། དེ་དག་གི་རྩ་མདུད་པུ་ཛྙ་ཨོཾ་ཨ། གོ་ར་དེ་མ་བརྒྱད་ཁམས་བདུད་རྩི་རླུང་དང་བཅས་པ་རྣམས། ནང་གི་ཐུགས་འཁོར་གྱི་གནས་བརྒྱད། མགྲིན་པ་ནས་གྲེས་པའི་རྩ་བརྒྱད་དང་། དེ་དག་གི་དབྱིབས་ཀཱ་ཨོ་ཏྲི་གོ། ཀ་ལ་ཀ་རིའི་རྣམ་པ་ཅན་ཁམས་བདུད་རྩི་རླུང་དང་བཅས་པ་རྣམས་གསུང་འཁོར་གྱི་གནས་བརྒྱད། ལྟེ་བ་ནས་གྲེས་པའི་རྩ་བརྒྱད་དང་དེ་དག་གི་དབྱིབས། བྲེ་གྲི་སོ་སུན་སི་མ་ཀུའི་རྣམ་པ་ཅན། ཁམས་བདུད་རྩི་རླུང་དང་བཅས་པ་རྣམས། སྐུ་འཁོར་གྱི་གནས་བརྒྱད། སྙིང་ཁ་ནས་གྲེས་པའི་ཕྱིས་བསྐོར་འདབ་མ་བརྒྱད། དེ་དག་གི་དབྱིབས་ཧཱུྃ་རིང་པོ་བརྒྱད་ཀྱི་རྣམ་པ་ཅན་ཁམས་བདུད་རྩི་རླུང་དང་བཅས་པ་རྣམས་དམ་ཚིག་འཁོར་ལོའི་གནས་བརྒྱད། སྙིང་ཁ་ནས་ནང་བསྐོར་གྱི་འདབ་མ་བཞི་དང་། དེ་དག་གི་དབྱིབས་རྩ་མདུད། ཧྲཱུྃ་ཨོཾ་ཧྲཱིཾ་པྃ་ཧཱུྃ་གི་རྣམ་པ་ཅན། ཁམས་བདུད་རྩི་རླུང་དང་བཅས་པ་རྣམས་ནང་གི་བདེ་ཆེན་འཁོར་ལོའི་གནས་ལྔར་འཇོག་པའི་ཕྱིར་རོ། །དེ་ཡང་པུཎྜི་ར་མ་ལ་སོགས་བརྒྱད་ལ་ཐུགས་འཁོར་གྱི་གནས་དང་མཁའ་སྤྱོད་ཀྱི་གནས་ཞེས་བྱ་སྟེ། སངས་རྒྱས་ཀྱི་ཐུགས་ལས་སྤྲུལ་པའི་དཔའ་བོ་དང་རྣལ་འབྱོར་མས་བྱིན་གྱིས་བརླབས་པ་དང་། དབང་ཕྱུག་གི་ཐུགས་ལས་སྤྲུལ་པའི་སྟེང་ལྷ་ལས་བབས་པའི་འཇིགས་བྱེད་བརྒྱད་དང་པོར་བྱུང་བའི་གནས་ཡིན་པའི་ཕྱིར་རོ། །ཀ་མ་རཱུ་པ་སོགས་བརྒྱད་ལ་གསུང་འཁོར་གྱི་གནས་དང་། ས་སྤྱོད་ཀྱི་གནས་ཞེས་བྱ་སྟེ། སངས་རྒྱས་ཀྱི་གསུང་ལས་སྤྲུལ་པའི་དཔའ་བོ་དང་རྣལ་འབྱོར་མས་བྱིན་གྱིས་བརླབས་པ་དང་། དབང་ཕྱུག་གི་གསུང་ལས་སྤྲུལ་པའི་གནོད་སྦྱིན་གཙོ་འཁོར་བཞི་དང་། སྲིན་པོ་གཙོ་འཁོར་བཞི་སྟེ། ས་སྟེངས་ན་སྤྱོད་པའི་འཇིགས་བྱེད་བརྒྱད་དང་པོར་བྱུང་བའི་གནས་ཡིན་པའི་ཕྱིར་རོ། །

ཙྪེ་ཏ་པུཎྜ་རི་སོགས་བརྒྱད་ལ་སྐུ་འཁོར་གྱི་གནས་དང་། ས་འོག་ན་སྤྱོད་པའི་གནས་ཞེས་འཇོག་སྟེ། སངས་རྒྱས་ཀྱི་སྐུ་ལས་སྤྲུལ་པའི་དཔའ་བོ་དང་རྣལ་འབྱོར་མས་བྱིན་གྱིས་བརླབས་པ་དང་། དབང་ཕྱུག་གི་སྐུ་ལས་སྤྲུལ་པའི་རྒྱ་མཚོའི་ཀླུ་གཙོ་འཁོར་བཞི་དང་། རི་རབ་ཀྱི་ཆུ་མཚམས་མན་ན་གནས་པའི་ལྷ་མིན་གཙོ་འཁོར་བཞི་སྟེ་ས་འོག་ན་སྤྱོད་པའི་འཇིགས་བྱེད་བརྒྱད་དང་པོར་བྱུང་བའི་གནས་ཡིན་པའི་ཕྱིར་རོ། །ཤར་ལུས་འཕགས་པོ་སོགས་བརྒྱད་ལ་དམ་ཚིག་འཁོར་ལོའི་གནས་དང་། འཕྲིན་ལས་ཀྱི་གནས་ཞེས་བྱ་སྟེ། ཤར་ལུས་འཕགས་པོའི་ལྟེ་བ་ན་ཁ་གདོང་མ་གནས། སྒྲ་མི་སྙན་ན་འུག་གདོང་མ། བ་ལང་སྤྱོད་ན་ཁྲ་གདོང་མ། འཛམ་བུ

གླིང་ན་ཕག་གདོང་མ། ཤར་ལྷོའི་གླིང་ཕྲན་གཉིས་ན་གཤིན་རྗེ་བརྟན་མ། ལྷོ་ནུབ་ཀྱི་གླིང་ཕྲན་གཉིས་ན་གཤིན་རྗེའི་ཕོ་ཉ་མོ། ནུབ་བྱང་གི་གླིང་ཕྲན་གཉིས་ན་གཤིན་རྗེ་མཆེ་བ་མ། བྱང་ཤར་གྱི་གླིང་ཕྲན་གཉིས་ན་གཤིན་རྗེ་འཇོམས་མ་སྟེ། སངས་རྒྱས་ཀྱི་དམ་ཚིག་ལས་སྤྲུལ་པའི་སྒོ་མཚམས་མ་བརྒྱད་ཀྱིས་བྱིན་གྱིས་བརླབས་པ་དང་། དབང་ཕྱུག་གི་འཕྲིན་ལས་ལས་སྤྲུལ་པའི་མ་མོ་བརྒྱད་དང་པོར་བྱུང་བའི་གནས་ཡིན་པའི་ཕྱིར་རོ། །

རི་རབ་རྩེའི་དབུས་ན་འཁོར་ལོ་བདེ་མཆོག་ཡབ་ཡུམ། ཤར་ན་མཁའ་འགྲོ་མ་སྔོན་མོ། བྱང་ན་ལ་མ་ལྗང་གུ། ནུབ་ན་ཁཎྜ་རོ་ཧི་དམར་མོ། ལྷོ་ན་གཟུགས་ཅན་མ་སེར་མོ་སྟེ་ལྷ་ལྔ་བཞུགས་པའི་གནས་ལྔ་པོ་དེ་ལ་བདེ་ཆེན་འཁོར་ལོའི་གནས་ཞེས་བྱ་སྟེ། བདེ་ཆེན་འཁོར་ལོའི་ལྷ་གཙོ་འཁོར་ལྔ་ལས་བྱིན་གྱིས་བརླབས་པའི་གནས་ཡིན་པའི་ཕྱིར། དེ་ལྔ་ལ་སྦས་པའི་ཡུལ་ལྔ་ཞེས་ཀྱང་བྱ་སྟེ། ནང་སྦས་པའི་རྩ་ལྔས་མཚོན་པའི་ཕྱིའི་གནས་ཡིན་པའི་ཕྱིར་རོ། །གསུམ་པ་དེ་ལས་ལམ་བགྲོད་ཚུལ་དངོས་ལ་གཉིས། སྤྱིར་བཏང་རྒྱུད་ལུགས་དང་། དམིགས་བསལ་མན་ངག་ལུགས་སོ། །དང་པོ་ལ་སྤྱིར་ཕྱི་ནང་གི་ཡུལ་ཆེན་པོ་བདུན་ལ་བརྟེན་ནས་ས་བཅུ་གསུམ་བགྲོད་ཚུལ་འདི་ལྟར་ཡིན་ཏེ། གནས་དང་ཉེ་བའི་གནས་གཉིས་ལས་ཕྱེ་བའི་ཐུགས་འཁོར་གྱི་ཡུལ་ཆེན་དང་པོ་བཞི་ལས་ས་དང་པོ་བགྲོད། ཕྱི་མ་བཞི་ལས་ས་གཉིས་པ་བགྲོད། ཞིང་དང་ཉེ་བའི་ཞིང་། ཚནྡྷོ་དང་ཉེ་བའི་ཚནྡྷོ་སྟེ། གནས་བཞི་ལ་གཉིས་གཉིས་སུ་ཕྱེ་བའི་གསུང་འཁོར་གྱི་གནས་བརྒྱད་ལས། ས་གསུམ་པ་བཞི་པ་ལྔ་པ་དྲུག་པ་སྟེ་བཞི་བགྲོད། འདུ་བ་དང་ཉེ་བའི་འདུ་བ། དུར་ཁྲོད་དང་ཉེ་བའི་དུར་ཁྲོད་དེ་བཞི་ལས་ཕྱེ་བའི་ནང་ཚན། སྐུ་འཁོར་གྱི་གནས་བརྒྱད་ལས། ས་བདུན་པ་བརྒྱད་པ་དགུ་པ་བཅུ་པ་བཞི་བགྲོད། འཐུང་སྤྱོད་དང་ཉེ་བའི་འཐུང་སྤྱོད། གཉིས་ལས་ཕྱེ་བའི་དམ་ཚིག་འཁོར་ལོའི་གནས་བརྒྱད་ལས། ས་བཅུ་གཅིག་པ་དང་བཅུ་གཉིས་པ་གཉིས་བགྲོད། སྦས་པའི་ཡུལ་ལྔའམ་བདེ་ཆེན་འཁོར་ལོའི་གནས་ལྔ་ལས་ས་བཅུ་གསུམ་པ་བགྲོད་པ་ཡིན་པའི་ཕྱིར་རོ། །

དེས་ན་ས་དང་པོ་དང་། གཉིས་པ་གཉིས་དང་། ས་བཅུ་གཅིག་པ་དང་བཅུ་གཉིས་པ་གཉིས་ཏེ། བཞི་ཐོབ་པ་ལ། ཡུལ་ཆེན་བཞི་བཞི་བགྲོད་དགོས་ལ། བར་གྱིས་ས་བརྒྱད་ཐོབ་པ་ལ། ཡུལ་ཆེན་གཉིས་གཉིས་བགྲོད་པས་ཆོག་པ་ཡིན་ནོ། །ཞེས་མདོར་བསྟན་ནས། དེ་ཉིད་ཞིབ་ཏུ་བཤད་ན། ས་དང་པོ་ཐོབ་པ་ལས་ཡུལ་ཆེན་བཞི་བགྲོད་དགོས་ཏེ། རྩ་མི་ཕྱེད་མ་དང་། ཕྲ་གཟུགས་མ་དང་། རྩེ་བ་མ་དང་། གཡོན་པ་མ་སྟེ་ནང་གི་རྩ་བཞི་དང་། རྩ་དེ་བཞིའི་མདུད་པ་པུ་ཛ་ཨོཾ་ཨའི་རྣམ་པས་སྤྱི་བོ་སྤྱི་གཙུག་རྣ་བ་གཡས་ལྟག་པ་དང་བཞིར་གནས

པའི་ཡི་གེ་བཞི་དང་། རྩ་དེ་དག་ནས་སོ་དང་སེན་མོའི་ཁམས་སོགས་ཁམས་བདུད་རྩི་བཞི་དང་། ནང་གི་ཡུལ་བཞི་རེ་རེ་ནས་ལས་ཀྱི་རླུང་དྲུག་བརྒྱ་བདུན་ཅུ་རྩ་ལྔ་པ་རེ་རྒྱུ་བ་རྣམས་དབུ་མར་ཐིམ་པ་དང་། ཕྱིའི་པུལླི་ར་མ་ལ་སོགས་ཡུལ་བཞིའི་དཔའ་བོ་དང་རྣལ་འབྱོར་མ་རྣམས་དབང་དུ་འདུས་པ་ལས། ས་དང་པོའི་རྟོགས་པ་སྐྱེ་བ་ཡིན་པའི་ཕྱིར་ཞེས་བཤད་པ་ལ།

རྗེ་བཙུན་རིན་པོ་ཆེས། བདག་མེད་མའི་བསྟོད་པ་ལས། པུ་ལི་ར་མི་ཕྱེད་སོ་དང་སེན་མོའི་ཁམས། །འབར་འཛིན་ཕྲ་གཟུགས་སྐྲ་དང་སྤུ་འབབ་ཅིང་། །གཟུགས་ཕུང་གཏི་མུག་མིག་སྒྲོང་ཨ་ལས་བྱུང་། །འཁོར་ལོའི་ཤར་གནས་རྡོ་རྗེ་མ་ཕྱག་འཚལ། །ཨུ་རྒྱན་རྩེ་བ་ལྤགས་པ་དྲི་མ་སྐྱེད། །ཨརྦུ་གཡོན་པ་མ་སྟེ་བྲ་འབབ་ཅིང་། །ཚོར་བ་སེར་སྣ་སྣ་སྒྲོང་ཨི་ལས་བྱུང་། །ལྷོ་ཕྱོགས་གསང་བའི་དཀར་མོ་བདག་ཕྱག་འཚལ། །སྤྱི་བོ་སྤྱི་གཙུག་རྣ་བ་ལྷག་པར་བཞུགས། །ལུས་དང་ཚོར་བ་སེམས་དང་ཆོས་ཀྱི་རྡོས། །རླུང་དང་བྱང་ཆུབ་སེམས་རྣམས་དབུ་མར་ཐིམ། །གནས་དེ་རབ་དགའ་ས་ལ་བདག་ཕྱག་འཚལ། །ཞེས་པའི་ཤློ་ཀ་གསུམ་མོ། །

དེ་བཞིན་དུ་ས་གཉིས་པ་ཐོབ་པ་ལ་ཡུལ་བཞི་བགྲོད་དགོས་ཏེ། ཐུང་དུམ་དང་། ཟུར་སྦྲལ་སྐྱེས་མ་དང་། སྙོམ་པ་མ་དང་། དབང་མ་སྟེ་རྩ་བཞི་དང་། རྩ་དེ་བཞིའི་མདུད་པ། གོ་ར་དེ་མའི་རྣམ་པས། རྣ་བ་གཡོན་པ། སྨིན་ཕྲག་མིག་གཉིས། ཕྲག་པ་གཉིས་ཏེ་གནས་བཞི་གནས་པའི་རྩ་ཡི་གེ་བཞི་དང་། ཆུ་རྒྱུད་ཀྱི་ཁམས་ལ་སོགས་པ་ཁམས་བཞི་དང་། ཡུལ་བཞི་པོ་རེ་རེ་ནས་ལས་རླུང་དྲུག་བརྒྱ་བདུན་ཅུ་རྩ་ལྔ་རེ་རྒྱུ་བ་རྣམས་དབུ་མར་ཐིམ་ཞིང་། གོ་དཱ་ཝ་རི་སོགས་ཕྱིའི་ཡུལ་བཞིའི་དཔའ་བོ་དང་རྣལ་འབྱོར་མ་དབང་དུ་འདུས་པ་ལས། ས་གཉིས་པའི་རྟོགས་པ་སྐྱེ་བ་ཡིན་པའི་ཕྱིར། ཞེས་འཆད་པ་ལ། བདག་མེད་བསྟོད་པ་ལས། གོ་དཱ་ཝ་རིར་ཐུང་དུ་ཆུ་རྒྱུས་འབབ། །རསྨི་ཟུར་སྦྲལ་སྐྱེས་མ་ཟུར་ཕྲེང་བསྐྱེད། །འདུ་ཤེས་འདོད་ཆགས་ལྕེ་སྒྲོང་ཨཱི་ལས་བྱུང་། །ཆུ་བདག་ཆུ་ཡི་རྣལ་འབྱོར་མ་ཕྱག་འཚལ། །དེ་ཝཱི་ཀོ་ཊར་སྙོམ་མ་མཁལ་མ་བསྐྱེད། །མ་ལར་དབང་མ་སྙིང་འབབ་འདུ་བྱེད་དང་། །ཕྲག་དོག་ལུས་སྒྲོང་ཨུ་སྐྱེས་ཡང་དག་སྤོང་། །རྡོ་རྗེ་མཁའ་འགྲོ་གཉིས་པའི་ས་ལ་བསྟོད། །ཞེས་སོ། །

ཡང་ས་གསུམ་པ་ནས་དྲུག་པའི་བར་ཐོབ་པ་ལ་ཡུལ་གཉིས་གཉིས་བགྲོད་དགོས་པ་ཡིན་ཏེ། སྐྱོན་མ། འཇུག་མ། མ་མོ། མཚན་མོ་སྟེ་རྩ་བཞི་དང་། དེ་དག་གི་མདུད་པ། ཀ་ཨོཾ་ཀྲི་གོའི་རྣམ་པས་མཚན་ཁུང་གཉིས། ནུ་མ་གཉིས། ལྟེ་བ་སྣ་རྩེ་སྟེ་གནས་བཞིར་གནས་པའི་ཡི་གེ་བཞི་དང་། རྩ་དེ་དག་གི་ནང་གི་མིག་གི་ཁམས་སོགས་བཞི་དང་། ཡུལ་རེ་རེ་ནས་ལས་རླུང་སྟོང་ཕྲར་བཞིན་རྒྱུ་བ་རྣམས་དབུ་མར་ཐིམ་ཞིང་། ཀ་མ་རུ་པ་སོགས་ཕྱིའི་ཡུལ

བཞིའི་མཁའ་འགྲོ་དབང་དུ་འདུས་པ་ལས་རིམ་བཞིན། ས་གསུམ་པ་དང་། བཞི་པའི་རྟོགས་པ་སྐྱེ། བསིལ་སྦྱིན་མ་དང་། ཚ་བ་མ་དང་། གཞོལ་མ་དང་། རེངས་མ་སྟེ་རྩ་བཞི་དང་། རྩ་མདུད་ཀ་ལ་ཀ་ཧེའི་རྣམ་པས། ཁ་དང་། མགྲིན་པ་དང་། སྙིང་ཁ་དང་། འདོམ་བར་ན་གནས་པའི་ཡི་གེ་བཞི་དང་། ཆུ་རྒྱུས་ཀྱི་ཁམས་སོགས་བཞི་དང་། ཡུལ་རེ་རེ་ནས་ལས་རླུང་སྟོང་མ་བཞིན་རྒྱུ་བ་རྣམས་དབུ་མར་ཐིམ་ཞིང་། ཀ་ལིངྒ་སོགས་ཕྱིའི་ཡུལ་བཞིའི་མཁའ་འགྲོ་དབང་དུ་འདུས་པ་ལས་རིམ་བཞིན་ས་ལྔ་པ་དང་དྲུག་པའི་རྟོགས་པ་སྐྱེ་བའི་ཕྱིར། ཞེས་བཤད་པ་ལ། ཀ་མ་རུ་པ་སྐྱོན་མ་མིག་འབབ་ཅིང་། །ཨོཾ་ཏྲེར་མཛུག་མ་འབྲིས་འབབ་ཆུ་ཡི་ཁམས། །ཨུ་སྐྱེས་པུཀྐ་སིས་སྐྱོང་རྫུ་འཕྲུལ་གཉིས། །བྱང་ཤར་འོད་བྱེད་ཞིང་ལ་ཕྱག་འཚལ་ལོ། །ཁྲི་ཤ་ཀོ་ནོར་མ་མོ་གླྀ་བ་འབབ། །ཀོ་སལ་མཚན་མོ་སྨྲ་མ་ཆུ་ཡི་ཁམས། །རི་སྐྱེས་ཤ་བ་རིས་སྐྱོང་རྫུ་འཕྲུལ་གཉིས། །ཤར་ལྷོ་ཉེ་ཞིང་འོད་འཕྲོ་ཕྱག་འཚལ་ལོ། །ཀ་ལིངྒ་ནི་སིལ་སྦྱིན་ཆུ་རྒྱུས་འབབ། །ལམྤ་ར་ཚ་བ་ལྷོ་བ་འབབ་པ་མེད། །དྲི་སྐྱེས་ཙཎྜ་ལིས་སྐྱོང་དབང་པོ་གཉིས། །ལྷོ་ནུབ་ཚོན་སྣང་དཀའ་ཕྱག་འཚལ་ལོ། །ཀོ་ནོར་གཞོལ་མ་མིག་འབབ་ཁ་བའི་རི། །རེངས་མ་རུས་པའི་ཁམས་འབབ་རླུང་གི་ཁམས། །མི་སྐྱེས་གཡུང་མོས་སྐྱོང་ཞིག་དབང་མོ་གཉིས། །ནུབ་བྱང་མངོན་ཕྱུར་ཉེ་བའི་ཚོན་རར་བསྟོད། །ཞེས་སོ། །

དེ་བཞིན་དུ་ས་བདུན་པ་ནས་བཅུ་པའི་བར་ཐོབ་པ་ལ་ཡང་ཡུལ་གཉིས་གཉིས་བགྲོད་དགོས་པ་ཡིན་ཏེ། ཤིན་ཏུ་གཟུགས་ཅན་མ་དང་། སྤྱི་མ་དང་། རྒྱུས་བྱིན་མ་དང་། སྦྱོར་བྲལ་མ་སྟེ། རྩ་བཞི་དང་། རྩ་མདུད་པྲེ་ཏྲི་སཱཾ་ཤུའི་རྣམ་པས། མཚན་མ་དང་། བཤང་ལམ་དང་། བརླ་གཉིས་དང་། བྱིན་པ་གཉིས་ཏེ། གནས་བཞིར་གནས་པའི་ཡི་གེ་བཞི་དང་། རྩ་དེ་དག་གི་ནང་གི་བད་ཀན་གྱི་ཁམས་སོགས་བཞི་དང་། ཡུལ་རེ་རེ་ནས་ལས་རླུང་སྟོང་བཞིན་དྲུག་བརྒྱ་བདུན་ཅུ་རྩ་ལྔ་རེ་རྒྱུ་བ་རྣམས་དབུ་མར་ཐིམ་ཞིང་། ཕྱིའི་ཡུལ་པྲེ་ཏ་པུ་རི་སོགས་བཞིའི་མཁའ་འགྲོ་དབང་དུ་འདུས་པ་ལས། རིམ་བཞིན་ས་བདུན་པ་དང་བརྒྱད་པའི་རྟོགས་པ་སྐྱེ། ཡང་སྡུ་གུ་མ་དང་། གྲུབ་མ་དང་། འཚེད་མ་དང་། ཡིད་བཟང་མ་སྟེ་རྩ་བཞི་དང་། རྩ་མདུད་ན་སི་མ་ཀུའི་རྣམ་པས། སོར་མོ་བཅུ་དྲུག་དང་། བོལ་གོང་གཉིས་དང་། མཐེ་བོང་བཞི་དང་། པུས་མོ་གཉིས་ཏེ་གནས་བཞིར་གནས་པའི་ཡི་གེ་བཞི་དང་། རྩ་དེ་དག་གི་ནང་གི་ཚིལ་བུའི་ཁམས་སོགས་བདུད་རྩི་བཞི་དང་། ཡུལ་རེ་རེ་ནས་ལས་རླུང་སྟོང་བཞིན་རྒྱུ་བ་རྣམས་དབུ་མར་ཐིམ་ཞིང་། ཕྱིའི་ཡུལ་ན་ག་ར་སོགས་བཞིའི་མཁའ་འགྲོ་དབང་དུ་འདུས་པ་ལས། ས་དགུ་པ་བཅུ་པ་གཉིས་ཀྱི་རྟོགས་པ་སྐྱེ་བ་ཡིན་པའི་ཕྱིར། ཞེས་འཆད་པ་ལ། པྲེ་ཏར་ཤིན་ཏུ་གཟུགས་ཅན་བད་ཀན་འབབ། ཁྲིམ་གྱི་ལྷ་ནི་སྤྱི་ལ་རྣག་འབབ་གཟུགས། །ལྀི་སྐྱེས་གཽ་རི་སྐྱོང་མཛད་དབང་པོ་སྟོབས། །ཤར་

ཕྱོགས་འདུ་བ་རིང་དུ་སོང་བར་བསྟོད། །སོ་སོ་རཀྟ་རྒྱུས་སྦྲིན་ཁྲག་འབབ་ཅིང་། །གསེར་གླིང་སྦྱོར་བྲལ་རྟུལ་འབབ་སྦྲ་ཡི་ཁམས། །ཨེ་སྐྱེས་ཙཱ་རིས་སྦྱོང་མཛད་སྟོབས་གཉིས་ལྡོར། །མི་གཡོ་ཉེ་བའི་འདུ་བར་བདག་ཕྱག་འཚལ། །ནུ་ག་རར་ནི་སྤྱ་གུ་ཚིལ་དུ་འབབ། །སིནྡྷུར་གྲུབ་མ་མཆིན་འབབ་རྣ་ཡི་ཡུལ། །ཨཱི་སྐྱེས་བཱི་ཏ་ལིས་སྦྱོང་སྟོབས་གཉིས་ལྡོར། །དུར་ཁྲོད་ལེགས་པའི་གློ་གྲོས་ལ་ཕྱག་འཚལ། །མ་དུར་མཆེད་མ་མཆིལ་མ་འབབ་པ་འཛིན། །ཀུ་ལུར་ཡིད་བཟང་རྣམས་འབབ་ལྕེ་ཡི་ཡུལ། །ཨོ་སྐྱེས་ཡཀྵ་རིས་སྦྱོང་བྱང་ཆུབ་གཉིས། །ཉེ་བའི་དུར་ཁྲོད་ཚོས་ཀྱི་སྤྲིན་ལ་འདུད། །ཞེས་སོ། །

དེ་ནས་ས་བཅུ་གཅིག་པ་དང་། བཅུ་གཉིས་པ་གཉིས་ཐོབ་པ་ལ། ཡུལ་ཆེན་བཞི་བཞི་བགྲོད་དགོས་པ་ལས། ཐོག་མར་ས་བཅུ་གཅིག་པ་ལ་ཡུལ་ཆེན་བཞི་བགྲོད་དགོས་ཏེ། སུམ་སྐོར་མ་དང་། འདོད་མ་དང་། ཁྲིམ་མ་དང་། གཏུམ་མོ་སྟེ་རྩ་བཞི་དང་། རྩའི་མདུད་པ་ཧཱུྃ་གིས་རྣམ་པས་སྙིང་ཁ་ཆོས་ཀྱི་འཁོར་ལོའི་ཕྱི་སྐོར་འདབ་མ་བརྒྱད་ཀྱི་མཚམས་བཞིར་གནས་པའི་ཡི་གེ་བཞི་དང་། རྩ་དེ་དག་གི་ནང་ན་རླུང་ལྔ་དང་བདུད་རྩི་ལྔ་འདྲེས་ནས་འབབ་པའི་ཁམས་བདུད་རྩི་བཞི་སྟེ། དེ་དག་གི་ནང་ནས་ལས་རླུང་གྲངས་སྟར་བཞིན་རྒྱུ་བ་རྣམས་དབུ་མར་ཐིམ་ཞིང་། ཕྱིའི་གླིང་ཕྲན་བཞིའི་མཁའ་འགྲོ་དབང་དུ་འདུས་པ་ལས། ས་བཅུ་གཅིག་པའི་རྟོགས་པ་སྐྱེ་བ་ཡིན་པའི་ཕྱིར། ཞེས་འཆད་པ་ལ། སུམ་སྐོར་འདོད་མ་རེག་བྱ་ས་སྦྱོད་སྦྱོང་། །ཧཱུྃ་སྐྱེས་བྱང་ཆུབ་ལམ་གཉིས་ལ་བཏུད་ནས། །ཨཾ་སྐྱེས་བྱང་ཆུབ་ལམ་གཉིས་ལ་ཕྱག་འཚལ། །འདི་བཞི་སྙིང་གི་འདབ་བརྒྱད་ལྟེ་བ་ཡི། །མཚམས་ནས་རླུང་དང་བདུད་རྩི་ལྔ་འདྲེས་འབབ། །འདི་རྣམས་དབུ་མར་ཐིམ་པས་འཕྲུང་སྦྱོད་སྟེ། །དཔེ་མེད་ཡེ་ཤེས་བཅུ་གཅིག་པར་ཕྱག་འཚལ། །ཞེས་སོ། །ཡང་ས་བཅུ་གཉིས་པ་ཐོབ་པ་ལ་ཡུལ་བཞི་བགྲོད་དགོས་ཏེ། ཀུན་འདར་མ། རོ་མ། རྐྱང་མ། མདུད་བྲལ་མ་སྟེ་རྩ་བཞི། ཧཱུྃ་རིང་པོའི་རྣམ་པས་སྙིང་ཁའི་ཕྱི་སྐོར་ཤར་ལ་ཉེ་བའི་དབུས་དང་གཡས་གཡོན་རྒྱབ་ཀྱི་ཆ་ན་གནས་པའི་ཡི་གེ་བཞི། དེ་དག་གི་ནང་གི་ཁམས་བདུད་རྩི་བཞི། དེ་བཞི་རེ་རེ་ནས་ལས་རླུང་དྲུག་བརྒྱ་བདུན་ཅུ་རྩ་ལྔ་རེ་རྒྱུ་བ་རྣམས་དབུ་མར་ཐིམ་ཞིང་ཕྱིའི་གླིང་བཞིའི་མཁའ་འགྲོ་དབང་དུ་འདུས་པ་ལས། ས་བཅུ་གཉིས་པའི་རྟོགས་པ་སྐྱེ་བ་ཡིན་པའི་ཕྱིར། ཞེས་འཆད་པ་ལ། དབུས་ནས་གཡས་གཡོན་རྒྱབ་ཀྱི་ཆ་ན་བཞུགས། །ཀུན་འདར་རོ་རྐྱང་མདུད་བྲལ་ཆ་དང་བཅས། །ཁུ་ཞག་དྲི་ཆུ་དྲི་ཆེན་མི་རྟོག་བསྐྱེད། །འཕགས་པའི་ལམ་གསུམ་བྱང་ཆུབ་ལ་ཕྱག་འཚལ། །གནས་བཞི་དབུ་མར་སྟོངས་པས་བཅུ་གཉིས་པ། །ཉེ་བའི་འཕྲུང་སྦྱོད་ཡེ་ཤེས་ཆེན་པོ་སྟེ། །སྤང་བྱ་ཀུན་སྤངས་ཐོབ་བྱ་ཀུན་རྫོགས་པའི། །འཁོར་ལོའི་དབུས་ན་བཞུགས་ན་ཕྱག་འཚལ་ལོ། །རྣ་བ་ཞེ་སྡང་རྣམ་ཤེས་ཕུང་པོ་སྦྱོང་། །སེམས་དག་ཆོས་དབྱིངས་ཡེ་ཤེས

ངོ་བོ་ཉིད། །སྤྲོས་བྲལ་ཨ་ལས་བྱུང་བའི་བདག་མེད་མ། །རྡོ་རྗེ་བདག་མེད་མ་དཔལ་བདག་ཕྱག་འཚལ། །ཞེས་སོ། །དེས་ན་འདིར། འདི་བཞི་སྙིང་གི་འདབ་བརྒྱད་ལྟེ་བ་ཡི། །མཚམས་ན་རླུང་དང་བདུད་རྩི་ལྔ་འདྲེས་འབབ། །ཅེས། འཕྲུང་སྦྱོད་ས་བཅུ་གཅིག་པའི་གནས་ཀྱི་རྩ། སུམ་སྐོར་མ་སོགས་བཞི་པོ་འདི། སྙིང་གི་འདབ་མ་བརྒྱད་ཀྱི་མཚམས་བཞིར་བཤད་པའི་གནད་ཀྱིས། བྱང་སེམས་འབབ་པའི་རྩ་སོ་གཉིས་ཀྱི་ཚྭས་ཕྱེ་བའི། ཀུན་འདར་རོ་རྐྱང་མདུད་བྲལ་མ་བཞི་པོ་འདི་སྙིང་གི་འདབ་བརྒྱད་ཀྱི་རྩ་ཕྱོགས་མཚམས་བཞིར་གྲུབ་སྟེ། བརྒྱད་པོ་དེ་སྙིང་ཁ་ནས་གྱེས་པའི་འདབ་མ་བརྒྱད་དུ་གནས་པ་གང་ཞིག སུམ་སྐོར་མ་སོགས་བཞི་པོ་དེ་མཚམས་ཀྱི་རྩ་བཞིར་བཤད་པའི་ཕྱིར། དེས་ན། རྩ་སོ་གཉིས་ཀྱི་ནང་ཚན་རོ་རྐྱང་དབུ་གསུམ་པོ་དེ་ཡང་སྙིང་ཁ་ཆོས་ཀྱི་འཁོར་ལོ་ལ་གནས་པའི་རོ་རྐྱང་དབུ་མའི་ཆ་ཤས་རེ་ལ་འཛོག་དགོས་ཀྱི། དེ་གསུམ་ཡོངས་རྫོགས་ལ་འཕྲུལ་པར་མི་བྱ་སྟེ། གནས་བཞི་དབུ་མར་སྡོངས་པས་བཅུ་གཉིས་པ། །ཞེས་དབུ་མར་སྡོངས་རྒྱུའི་དབུ་མ་དང་། སྡོང་པའི་དབུ་མ་གཉིས་ལ་ཞིབ་ཆ་མ་ཕྱེད་པའི་སྐྱོན་འབྱུང་བའི་ཕྱིར་དང་། སུམ་སྐོར་མ་སོགས་འཕྲུང་སྦྱོད་ཀྱི་གནས་བཞི་དང་། ཀུན་འདར་མ་སོགས་ཉེ་བའི་འཕྲུང་སྦྱོད་ཀྱི་རྩ་བཞི་སྟེ་བརྒྱད་པོ་དེ་སྙིང་ཁ་ནས་གྱེས་པར་འཆད་དགོས་པའི་ཕྱིར་ཏེ། རྩ་ཡི་གེ་སོ་བདུན་གྱི་ནང་ཚན་ཧཱུྂ་བརྒྱད་པོ་དེ། སྙིང་ཁའི་ཕྱི་སྐོར་འདབ་བརྒྱད་ལ་བཀོད་འདུག་པའི་ཕྱིར་རོ། །

དེས་ན། རྡོ་རྗེ་ལུས་ཀྱི་སྦས་བཤད་ལས་ཀྱང་བྱང་སེམས་འབབ་པའི་རྩ་སོ་གཉིས་ལ། སྤྱི་བོ་ནས་གྱེས་པ་བརྒྱད་སོགས་བཤད་པ་འདི། རྗེ་བཙུན་ས་སྐྱ་པའི་གསུང་གི་ཉིང་ཁུ་སྦས་བཤད་ཀྱི་ཞལ་གདམས་ཡིན་གསུང་བ་ཡང་རྣ་བའི་བཅུད་ལེན་བླ་ན་མེད་པ་སྟེ། འཕྲུང་སྦྱོད་ཉེ་བའི་འཕྲུང་སྦྱོད་ཀྱི་གནས་རྩ་བརྒྱད་པོ་དེ་སྙིང་ཁ་ནས་གྱེས་པར་བཤད་པའི་གནད་ཀྱིས། གནས་དང་ཉེ་བའི་གནས་ཀྱི་རྩ་བརྒྱད་པོ་དེ་སྤྱི་བོ་ནས་གྱེས་པ་དང་། ཞིང་དང་ཉེ་བའི་ཞིང་། ཚནྡྷ་དང་ཉེ་བའི་ཚནྡྷོའི་གནས་ཀྱི་རྩ་བརྒྱད་པོ་དེ་མགྲིན་པ་ནས་གྱེས་པ་དང་། འདུ་བ་དང་ཉེ་བའི་འདུ་བ། དུར་ཁྲོད་དང་ཉེ་བའི་དུར་ཁྲོད་ཀྱི་གནས་ཀྱི་རྩ་བརྒྱད་པོ་དེ། ལྟེ་གསང་གཉིས་ནས་གྱེས་པར་ཤེས་པའི་ཕྱིར་ཏེ། བདག་མེད་བསྟོད་འགྲེལ་ལས་ཀྱང་། སུམ་སྐོར་མ་དང་འདོད་མ་དང་། ཁྱིམ་མ་དང་གཏུམ་མོ་སྟེ་རྩ་བཞི་སྙིང་ཁ་ཆོས་ཀྱི་འཁོར་ལོའི་ནང་སྐོར་རྩ་འདབ་བཞི་ལས་ཕྱི་སྐོར་བརྒྱད་དུ་གྱེས་པའི་མཚམས་ན་རླུང་དང་བདུད་རྩི་ལྔ་པོ་འདྲེས་ནས་འབབ་པའི་བཞི་པོ་སྟེ། འདི་དག་ལ་དགོངས་ནས། བཅོམ་ལྡན་འདས་ཀྱི་རྒྱུད་ལས་གསུངས་པའི་དགོངས་པ། སློབ་དཔོན་རྡོ་རྗེ་དྲིལ་བུ་ཞབས་ཀྱིས་བླངས་ནས་ནང་སྐོར་བཞི་ལ་སྙིང་པོའི་རྣལ་འབྱོར་མ་བཞི་དང་། ཕྱི་སྐོར་བརྒྱད་ལ་སྒོ་མཚམས་མ་བརྒྱད་དང་། སྒོ་མཚམས་མ་བརྒྱད་

ཀྱི་ཁ་དོག་ཐ་དད་པར་འབྱུང་བ་ཡང་། རླུང་དང་བདུད་རྩི་ལྔ་ཐ་དད་པར་འདྲེས་པ་ལ་དགོངས་པ་ཡིན་ནོ། །ཞེས་གསུངས་སོ། །ས་བཅུ་གསུམ་པ་ཐོབ་པ་ལ་ཡུལ་ཆེན་ལྔ་བགྲོད་དགོས་ཏེ། སྒྲས་པའི་རྩ་ལྔར་གྲགས་པ་སྙིང་ཁ་ཆོས་ཀྱི་འཁོར་ལོའི་དབུས་ནང་སྒོར་གྱི་རྩ་འདབ་ཕྱོགས་བཞི་དབུས་དང་ལྔ། དེ་དག་ན་གནས་པའི་ཧཱུྃ་སོགས་ཡི་གེ་ལྔ། ཁམས་བདུད་རྩི་ལྔ། དབུས་ནས་ནམ་མཁའི་རླུང་། ཤར་ནས་ཆུ་རླུང་། ལྷོ་ནས་ས་རླུང་། ནུབ་ནས་མེ་རླུང་། བྱང་ནས་རླུང་གི་རླུང་སྟེ་དྭངས་མའི་རླུང་ལྔ་དང་བཅས་པ་རྩ་དབུ་མའི་གཙུག་ཏོར་མཆོག་ཏུ་ཐིམ་ཞིང་ཕྱི་སྦས་པའི་ཡུམ་ལྔའི་མཁའ་འགྲོ་དབང་དུ་འདུས་པ་ལས། ས་བཅུ་གསུམ་པའི་རྟོགས་པ་སྐྱེ་བའི་ཕྱིར། ཞེས་འཆད་པ་ལ། སྦས་པའི་རྩ་ལྔ་མདུད་གྲོལ་ཆ་དང་བཅས། །སྙིང་ཁའི་དབུས་ནས་གཙུག་ཏོར་མཆོག་ཏུ་ཐིམ། །འཕགས་པའི་ལམ་ལྔ་དྲུག་པའི་ཆ་ཡི་དངོས། །རྡོ་རྗེ་འཛིན་པ་བཅུ་གསུམ་པར་ཕྱག་འཚལ། །ཞེས་སོ། །གཞན་དེས་ན་རྒྱུད་གསུམ་གྱི་དངོས་བསྟན་ལམ་མེ་བ་ཞིག་འཆད་པའི་ཚེ། སྦས་པའི་ཡུལ་ལྔའི་རྟེན་དཀྱིལ་འཁོར་བཞི་དབུ་མར་ཐིམ་མ་ཐག་པ་དེར། བཅུ་གསུམ་རྡོ་རྗེ་འཛིན་པའི་ས་ཞེས་བྱ་བ་སངས་རྒྱས་ཀྱི་ཡེ་ཤེས་མངོན་དུ་གྱུར་པ་ཡིན་པས། ས་བཅུ་གསུམ་པ་དེ་ལ་ཕྱེད་སྨྲ་ཕྱིའི་རིམ་པ་མི་འབྱེད་པར། ས་བཅུ་གསུམ་པ་སངས་རྒྱས་ཀྱི་ས་ཡིན་པས་ཁྱབ་པ་ལྷ་བུར་བཤད་པ་ཡིན་ཏེ། རྗེ་བཙུན་ས་པཎ་གྱི་བདག་མེད་བསྟོད་འགྲེལ་ལས། སྦས་པའི་རྩ་ལྔ་ནི་གནས་སྙིང་ཁ་ན་གནས་ཏེ། ཡང་དག་པར་སྦྱོར་བ་ལས། ལུས་ཅན་སྙིང་གི་དབུས་སུ་ནི། །རྩ་རྣམས་ལྔ་ནི་ཡང་དག་གནས། །ཞེས་བཤད་པའི་ཕྱིར་རོ། །མདུད་གྲོལ་མ་ནི་དེ་དག་གི་རྒྱབ་ཀྱི་ཆ་ལ་བརྟེན་པའོ། །རྩ་གཞན་བསམ་གྱིས་མི་ཁྱབ་པའི་ནུས་པ་འདུས་ཏེ། ཡི་གེ་བསམ་གྱིས་མི་ཁྱབ་པ་ཡང་ཧཱུྃ་ཨོཾ་ཏྲཱཾ་ཧྲཱིཿ་ཁཾ་ལྔར་འདུས། བདུད་རྩི་ལྔ་ཡང་ཞིན་ཏུ་དྭངས་པར་བྱས། རླུང་རྣམས་ཀྱང་ཤིན་ཏུ་སྦྱངས་པས་དཀྱིལ་འཁོར་བཞི་དབུ་མར་ཐིམ་པས་དབུའི་གཙུག་ཏོར་ལྟར་མི་མངོན་པ་སྐྱེའོ། །བྱང་ཆུབ་ཀྱི་ཕྱོགས་ཀྱི་ས་མཚམས་འཛོག་ནའང་ཡང་དག་པའི་ཏིང་ངེ་འཛིན་ལ་སོགས་པ་ལྔ་དང་། དྲུག་པའི་ཆ་ལ་ཡང་དག་པའི་ངག་གོ། །རྡོ་རྗེ་འཛིན་པ་ནི་སངས་རྒྱས་ཀྱི་ས་བཅུ་གསུམ་པ་སྟེ། དེ་ལ་སྒོ་གསུམ་གུས་པས་ཕྱག་འཚལ་བའི་དོན་ཏོ། །ཞེས་བཤད་པས་སོ། །ཞེས་བྱ་བ་འདི་ནི་སྤྱིར་བཏང་རྒྱུད་ཀྱི་ལུགས་སོ། །

གཉིས་པ་དམིགས་བསལ་མན་ངག་ལུགས་ལ། སྦས་པའི་ཡུལ་ལྔ་བགྲོད་པ་ཙམ་གྱིས་བཅུ་གསུམ་རྡོ་རྗེ་འཛིན་པའི་ས་ཐོབ་མི་ནུས་ཏེ། སྦས་པའི་རྩ་ལྔའི་རྟེན་དང་བརྟེན་པའི་དཀྱིལ་འཁོར་བཞི་དབུ་མར་ཐིམ་པ་ལས། ས་བཅུ་གསུམ་པའི་ཕྱེད་འོག་མ་དེར་སླེབ་ཅིང་། དབུའི་གཙུག་ཏོར་ཕྱེད་འཕགས་པ་ཙམ་ཡིན་ལ། རྟེན་དེ་ལ་ཉེ་རྒྱུའི་ཉམས་ལེན་གྱི་གནད་ཀྱིས། སྲོག་རྩོལ་གྱི་རླུང་ཨ་བ་དྷཱུ་ཏིར་འགགས། དབུའི་གཙུག་ཏོར་རྫིལ་པོ་

ཁམས་དྭངས་མས་བརྟན་པར་བྱས་ཏེ། བཅུ་གསུམ་ཕྱེད་གོང་མ་རྡོ་རྗེ་འཛིན་པ་སངས་རྒྱས་ཀྱི་ས་མཚན་ཉིད་པ་མངོན་དུ་འགྱུར་བ་འདི་གསུང་ངག་རྡོ་རྗེ་ཚིག་རྐང་གི་དགོངས་པ་དཔྱིས་ཕྱིན་པ་ཡིན་ནོ། །ཞེས་འཆད་པར་འགྱུར་བའི་ཕྱིར་རོ། །དེས་ན་ཡུལ་ཆེན་སོ་བདུན་ངོས་འཛིན་བཤད་ཟིན་པ་དེ་ནི་གཙོ་བོར་འཁོར་ལོ་བདེ་མཆོག་གི་འཁོར་ལོ་ལྟ་ལ་སྦྱར་བ་སྟེ། ཨ་བྷི་དྷ་ན་ལས། རབ་ཏུ་དགའ་དང་དྲི་མ་མེད། །འོད་བྱེད་པ་དང་འོད་འཕྲོ་དང་། །སྦྱང་དཀའ་དང་ནི་མངོན་དུ་གྱུར། །རིང་དུ་སོང་དང་མི་གཡོ་བ། །ལེགས་པའི་བློ་གྲོས་ཆོས་ཀྱི་སྤྲིན། །དཔེ་མེད་པ་དང་ཡེ་ཤེས་ལྡན། །རྡོ་རྗེའི་ས་ནི་བཅུ་གསུམ་པ། །ཞེས་བཤད་པའི། ས་བཅུ་གསུམ་པོ་དེ། ཡུལ་ཆེན་སོ་བདུན་དང་སྦྱར་ཏེ་གསལ་བར་བྱེད་པ་ཡིན་ནོ། །

གཉིས་པ་ཀྱེ་རྡོ་རྗེའི་རྒྱུད་ལས་བཤད་ཚུལ་ལ། བརྟག་པ་དང་པོའི་ལེའུ་བདུན་པ་ལས། ཀྱེ་བཅོམ་ལྡན་འདས་ཀྱིས་བཀའ་སྩལ་པ། གནས་དང་ཉེ་བའི་གནས་དང་ནི། །ཞི་དང་ཉེ་བའི་ཞི་དང་ནི། །ཚནྡོ་ཉེ་བའི་ཚནྡོ་དང་། །དེ་བཞིན་འདུ་བ་ཉེ་འདུ་བ། །འཐུང་སྤྱོད་ཉེ་བའི་འཐུང་སྤྱོད་ཉིད། །དུར་ཁྲོད་ཉེ་བའི་དུར་ཁྲོད་དེ། །འདི་རྣམས་ས་ནི་བཅུ་གཉིས་ཏེ། །ས་བཅུའི་དབང་ཕྱུག་མགོན་པོ་ཉིད། །འདིས་ནི་གཞན་གྱིས་བརྗོད་མི་བྱ། །ཞེས་མདོར་བསྟན་ནས། །དེ་དག་རྒྱས་བཤད་ཀྱི་སྐབས་ནས། ཡུལ་སུམ་ཅུ་སོ་གཉིས་ངོས་བཟུང་ཡོད་མོད་ཀྱང་། དངོས་བསྟན་ལྟར་ན་གོ་རིམ་འཁྲུགས་པ་དང་། ཡུལ་བཞི་བཞི་དགོས་པར་མ་ཚང་བ་དང་། གཉིས་གཉིས་དགོས་པར་ལྷག་པ་སོགས་ཡོད་པས། བླ་མའི་མན་ངག་གིས་ཕྱེ་སྟེ་བཤད་དགོས་པ་ཡིན་ནོ། །དེ་ཡང་མདོར་བསྟན་དུ། འདི་རྣམས་ས་ནི་བཅུ་གཉིས་ཏེ། །ཞེས་པ་ཡན་གྱིས་གནས་དང་ཉེ་བའི་གནས་སོགས་ས་བཅུ་གཉིས་བཤད་ནས། ས་བཅུའི་དབང་ཕྱུག་མགོན་པོ་ཉིད། །ཅེས་པས་ས་བཅུ་གསུམ་པ་བསྟན་པ་ཡིན་ཏེ། ས་བཅུ་གཉིས་པ་མན་ལ་གནས་པའི་བྱང་སེམས་རྣམས་ཀྱི་མགོན་ནམ་གཙོ་བོ་ནི་ས་བཅུ་གསུམ་པ་ལ་གནས་པ་དེ་ཡིན་ནོ། །ཞེས་པའི་དོན་དུ། སྔ་ཆེན་འགའ་ཞིག་དང་། ཐེག་ཆེན་ཆོས་རྗེའི་གསུང་ཊཱི་ཀ་སོགས་ལས་བཤད་པ་དེ་ལེགས་བཤད་དུ་སྣང་བས་སོ། །

ད་ནི་ཡུལ་སོ་གཉིས་གསལ་པོར་ས་བཅུ་གཉིས་དང་སྦྱར་ཏེ་ངོས་བཟུང་ན། ས་དང་པོ་གཉིས་ལ་ཡུལ་བཞི་བཞི་ས་བཅུ་གཅིག་པ་དང་། ས་བཅུ་གཉིས་པ་ལ་ཡུལ་བཞི་བཞི། བར་གྱི་ས་བརྒྱད་ལ་ཡུལ་གཉིས་གཉིས་ཚང་དགོས་པས། ཐོག་མར་ས་དང་པོ་གནས་ཀྱི་ས་ཐོབ་པ་ལ། ཕྱི་ནང་ཡུལ་ཆེན་བཞི་བགྲོད་དགོས་ཏེ། ཛཱ་ལན་དྷ་ར་སྟེ། འབར་བ་འཛིན་པ་ནི། ཕྱིའི་ཁ་ཆེ་དང་རྒྱ་གར་གྱི་བར་ན་ཡོད་ཅིང་། ནང་གི་སྤྱི་གཙུག་ཨོཌྜི་ཡ་ན་སྟེ་འཐུང་འགྲོའི་ཨུ་རྒྱན་ནི། ཕྱིའི་རྒྱ་གར་ནུབ་ཕྱོགས་ན་ཡོད་ཅིང་། ནང་གི་སྤྱི་གཙུག་གོ་ལླ་གི་རི་ནི། ལྷོ་ནུབ་ལདྣ

ཕུ་རིའི་གྲོང་ན་ཡོད་ཅིང་། ནང་གི་མཆོག་མ། ཀ་མ་རུ་པ་སྟེ། འདོད་པའི་གཟུགས་ནི། མཉལ་གྱི་མདའ་རྒྱ་གར་ཤར་ཕྱོགས་ན་ཡོད་ཅིང་། ནང་གི་སྨིན་ཕྲག་སྟེ། དེ་བཞིའི་རླུང་སེམས་དབུ་མར་ཐིམ་པ་ལས། ས་དང་པོའི་རྟོགས་པ་སྐྱེ་བའི་ཕྱིར་རོ། །ཞེས་བཤད་པ་ལས། ཀྱེ་བཅོམ་ལྡན་འདས། གནས་ལ་སོགས་པ་གང་ལགས། བཀའ་སྩལ་པ། གནས་ནི་ཛ་ལནྡྷ་རར་བཤད། །དེ་བཞིན་དུ་ནི་ཨུ་རྒྱན་ཉིད། །གནས་ནི་ཀོ་ལ་གི་རི་ཉིད། །དེ་བཞིན་དུ་ཡང་ཀམ་རུ་ཉིད། །ཅེས་གསུངས་སོ། །དེ་བཞིན་དུ་ས་གཉིས་པ་ཉེ་བའི་གནས་ཐོབ་པ་ལ་ཡུལ་བཞི་བགྲོད་དགོས་ཏེ། མ་ལ་བ་སྟེ་ཁྲིང་བ་ཅན་ནི་ལྷོའི་གླིང་ཕྲན་ཏེ། ནང་གི་སྣ་རྩེའོ། །སིནྡྷུ་ནི་ཆུ་བོ་སིནྡྷུ་འབབ་པའི་ས་ན་ཡོད་ཅིང་། མིག་གཉིས་སོ། །ན་ག་ར་སྟེ། གྲོང་ཁྱེར་ནི་ཡུལ་དབུས་ན་ཡོད་ཅིང་། རྣ་བ་གཉིས་སོ། །ལྷུགས་པའི་བྲང་ནི་སིནྡྷ་གླིང་སྟེ་ནང་གི་ཁ་ནང་སྟེ། དེ་བཞི་ལས་ས་གཉིས་པའི་རྟོགས་པ་སྐྱེ་བའི་ཕྱིར་རོ། །ཞེས་བཤད་པ་ལ་འབྲུགས་སྤེལ་ན། ཉེ་གནས་མ་ལ་ཝ་ཞེས་བརྗོད། །སིནྡྷུ་ན་ག་ར་ཉིད་དོ། །ཡང་ནི་ལྷུགས་ཀྱི་གྲོང་ཉིད་དོ། །ཞེས་སོ། །ཞིང་དང་ཉེ་ཞིང་ས་གསུམ་པ་དང་། བཞི་པ་གཉིས་ལ་ཡུལ་གཉིས་གཉིས་བགྲོད་དགོས་ཤིང་། ཚནྡྷ་དང་ཉེ་བའི་ཚནྡྷ་ས་ལྔ་པ་དང་དྲུག་པ་གཉིས་ལས་ཡུལ་གཉིས་གཉིས་བགྲོད་དགོས་ཏེ། མུ་མུ་ནི་ཞེས་པ་ལྷོ་ཕྱོགས་རྒྱ་མཚོའི་འགྲམ་ན་ཡོད་ཅིང་། ནང་གི་ཀོས་ཀོ། དེ་ཝི་ཀོ་ཊ་སྟེ། ལྷ་མོའི་མཁར་ནི། རྡོ་རྗེ་གདན་གྱི་ཤར་ན་སྟེ་ནང་མགྲིན་པའོ། །དེ་གཉིས་ལས་ས་གསུམ་པ་ཐོབ། ཀུ་ལུ་ཏ། ཞེས་པ་ལྷོ་ནུབ་རྡོ་ཕུས་མོ་ལྟ་བུ་ཡོད་པ་སྟེ་ནང་རྒྱབ་ཀྱི་ཚིགས་པ། ཨརྦུ་ཏ་ཞེས་པ་ལྷོ་ཕྱོགས་ན་རྡོ་ནུ་མ་ལྟ་བུ་ཡོད་པ་སྟེ་ནང་ནུ་མ་གཉིས་སོ༑ ༑དེ་གཉིས་ལས་ས་བཞི་པ་ཐོབ། ཧ་རི་ཀེ་ལ་ཞེས་པ། ཤར་ལྷོ་ན་ནམ་མཁའི་ཞིང་ལྡན་ཏེ། ནང་སྙིང་ཁའོ། །གོ་ར་ཤ་རི་སྟེ་བ་ཡི་མཆོག་སྦྱིན་ནི། ལྷོ་ཕྱོགས་དཔལ་གྱི་རིའི་ངོས་ན་སྟེ་ནང་ལྟེ་བའོ། །དེ་གཉིས་ལས་ས་ལྔ་པ་ཐོབ། ལམྤ་ཀ་ཞེས་པ་རྒྱ་གར་ནུབ་ཕྱོགས་ན་སྟེ་ནང་གསང་གནས་སོ། །ཀཉྩི་ཞེས་པ་ལྷོ་ནུབ་ན་སྟེ་ནང་རྟགས་ཀྱི་དབུས་སོ། །དེ་གཉིས་ལས་ས་དྲུག་པ་ཐོབ་པའི་ཕྱིར།

ཞེས་བཤད་པ་ལ། གཞུང་ཐོབ་རྩིས་ན། ཞིང་ནི་མུ་མུ་ནི་ར་བཤད་དེ། །དེ་ཝི་ཀོ་ཊ་དེ་བཞིན་ཞིང་། །ཉེ་ཞིང་ཀུལླུ་ཏ་ཞེས་བརྗོད། །དེ་བཞིན་ཨརྦུ་ཏ་ཉིད་དོ། །ཚནྡྷ་ཧ་རི་ཀེ་ལ་དང་། །དེ་བཞིན་བ་ཡི་མཆོག་སྦྱིན་ནོ། །ཉེ་བའི་ཚནྡྷ་ལམྤ་ཀ །དེ་བཞིན་ཀཉྩི་ཀ་ཉིད་དོ། །ཞེས་སོ། །དེ་བཞིན་དུ་འདུ་བ་དང་ཉེ་བའི་འདུ་བ་ས་བདུན་པ་དང་བརྒྱད་པ་གཉིས་དང་། དུར་ཁྲོད་དང་ཉེ་བའི་དུར་ཁྲོད་ས་དགུ་པ་དང་བཅུ་པ་གཉིས་ལ་ཡང་ཡུལ་གཉིས་གཉིས་བགྲོད་དགོས་ཏེ། བྲེད་པའི་བྲང་ཞེས་པ་ལྷོ་ཕྱོགས་རྒྱ་མཚོའི་གླིང་ཕྲན་ཏེ་ནང་རྟགས་ཀྱི་རྩེ་མོའོ། །གསེར་དང་ལྡན་པའི་གླིང་ནི། ལྷོ་ཕྱོགས་མི་མེད་པའི་གླིང་སྟེ་ནང་གཞལ་ཡས་ཁང་པའོ། །དེ་གཉིས་ལས་ས་བདུན་པ

ཐོབ། ཀོཊྚ་ན་ཞེས་པ་ལྷོ་ཕྱོགས་ན་མདྲ་བི་ཌ་ཞེས་པའི་མཆོད་རྟེན་རང་བྱོན་ཡོད་པའི་གནས་ཏེ་ནང་བཏྲ་གཉིས་སོ། །བིཊྚ་ཞེས་པ་རི་བོ་འབིགས་བྱེད་དེ། ལྷོ་ཕྱོགས་ན་ཡོད་ཅིང་ནང་ཕྱུས་མོ་གཉིས་སོ། །དེ་གཉིས་ལས་ས་བརྒྱད་པ་ཐོབ། རབ་སོང་དགེ་འདུན་ཞེས་པ། རོ་མང་དུ་གནས་པ་ཡི་དྭགས་འདུས་པ་སྟེ་ནང་བྱིན་པ་གཉིས་སོ། ། རྒྱ་མཚོའི་འགྲམ་ནི། རསྨི་ཤྭ་ར་སྟེ་ཡི་དྭགས་རྒྱུ་བའི་གནས་ཡིན་ཞིང་། ནང་རྐང་བོལ་གཉིས་སོ། །དེ་གཉིས་ལས་ས་དགུ་པ་ཐོབ། ཙ་རི་ཏ་ཞེས་པ་ལྷོ་ཕྱོགས་རྒྱ་མཚོའི་འགྲམ་ན་ཡོད་ཅིང་སོར་མོ་གཉིས་སོ། །གཞོན་ནུའི་གྲོང་ཁྱེར་ཞེས་པ་བུ་མོ་གཟུགས་བཟང་བ་སྐྱེ་བའི་གནས་རྒྱ་མཚོའི་གླིང་ཕྲན་སྟེ་ནང་མཐེ་བོང་གཉིས་སོ། །དེ་གཉིས་ལས་ས་བཅུ་པ་ཐོབ་པ་ཡིན་པའི་ཕྱིར། ཞེས་འཆད་པ་ལ། གཞུང་ཕན་ཚུན་སྦྱིབས་ན། འདུ་བ་བྱེད་པའི་བྲང་ཉིད་དོ། །དེ་བཞིན་གསེར་དང་ལྡན་པའི་གླིང་། །ཉེ་བའི་འདུ་བ་ཀཱ་ན། །དེ་བཞིན་དུ་ནི་འབིགས་བྱེད་ཉིད། །དུར་ཁྲོད་རབ་སོང་དགེ་འདུན་གྱི། །དུར་ཁྲོད་རྒྱ་མཚོའི་འགྲམ་ཉིད་དོ། །ཉེ་བའི་དུར་ཁྲོད་ཙ་རི་ཏ། །དེ་བཞིན་གཞོན་ནུའི་གྲོང་ཁྱེར་རོ། །ཞེས་སོ། །

ཡང་འཐུང་སྤྱོད་ས་བཅུ་གཅིག་པ་དང་། ཉེ་བའི་འཐུང་སྤྱོད་ས་བཅུ་གཉིས་པ་གཉིས་ལ་ཡུལ་བཞི་བཞི་བསྒྲོད་དགོས་ཏེ། གྲོང་ཁྱེར་ཞེས་པ་ཁ་ཆེའི་བྲེ་བྲག་སྟེ་ནང་ཕྲག་པ། གྲོང་མཐའ་ཞེས་པ་མོན་ཡུལ་ཏེ་ནང་རྐང་མཐིལ། ལཉྩ་རྒྱ་མཚོའི་ནང་སྐྱེས་ཞེས་པ་ཁྲབ་འཇུག་གིས་བྱས་པའི་རྣམ་སྣང་གི་སྐུ་བཞུགས་པའི་གནས་ཏེ། སཽ་རཥྚ་ཡུལ་འཁོར་བཟང་པོ་སྭ་ཕན་ཐན་ཡོད་པ་སྟེ། དེ་གཉིས་ནང་སྙིང་ཁའི་ཕྱོགས་ན་ཡོད་པས་དེ་བཞི་ལས་ས་བཅུ་གཅིག་པ་ཐོབ། ཁ་བའི་རི་ཞེས་པ། ཧི་མ་ལ་ཡ་ནི། བལ་པོར་གཏོགས་པའི་བོད་སྟེ་ནང་ལྟག་པ། ཀོ་ས་ལ་ཞེས་པ་རྡོ་རྗེ་གདན་གྱི་ནུབ་མཉན་ཡོད་ཀྱི་ཕྱོགས་ཏེ་ནང་རྐེད་པ། ཀ་ལིངྒ་ཞེས་པ་ལྷོ་ཕྱོགས་རྒྱ་མཚོའི་འགྲམ་ནང་ལིངྒ་དང་ཉེ་བའི་ཡུལ་འཁོར་དང་། སྐྱིད་ཚལ་ར་བའི་རྫིང་བུའི་འགྲམ། ཞེས་པ་མ་སྐྱེས་དགྲའི་སྐྱིད་ཚལ་གྱི་ཕྱོགས་ཏེ་དེ་གཉིས་ཀྱང་སྙིང་ཁའི་ཕྱོགས་ཡིན་ལ། དེ་བཞི་ལས་ས་བཅུ་གཉིས་པ་ཐོབ་པའི་ཕྱིར། ཞེས་འཆད་པ་ལ། འཐུང་སྤྱོད་གྲོང་ཁྱེར་གྱི་ས་དང་། །འཐུང་སྤྱོད་གྲོང་གི་མཐར་གནས་པ། །ལཉྩ་རྒྱ་མཚོའི་ནང་སྐྱེས་དང་། །དེ་བཞིན་སཽ་རཥྚ་ཉིད་དོ། །ཉེ་བའི་འཐུང་སྤྱོད་ཁ་བའི་རི། །ཀོ་ས་ལ་དང་ཀ་ལིང་ཀ །སྐྱིད་ཚལ་ར་བའི་རྫིང་བུའི་འགྲམ། །ཉེ་བའི་འཐུང་སྤྱོད་མདོར་བསྡུས་པའོ། །ཞེས་སོ། །འདིར་སྐབས་ཀྱི་ཧི་མ་ལ་ཡ་ཞེས་པ་དེ་གངས་ཅན་གྱི་སྐད་དོད་ཡིན་མོད། མདོན་པ་དང་དུས་འཁོར་ནས་བཤད་པའི་གངས་ཅན་མཚན་ཉིད་པ་ནི་མ་ཡིན་ཏེ། འདི་བལ་བོད་ཀྱི་མཚམས་ན་ཡོད་པའི་ཕྱིར་དང་། གངས་ཅན་མཚན་ཉིད་པ་དེའི་ཁྱད་ཆོས་མ་ཚང་བའི་ཕྱིར་རོ། །དེས་ན་གངས་ཅན་མཚན་ཉིད་པ་ནི་བདེ་ཀྱི་ནས་བཤད་པའི་ཡུལ་ཆེན་པོ་བདུན་གྱི་ནང་ཚན་མ་ཡིན་

པར་གོ་དགོས་སོ། །འོ་ན་ཡུལ་གྱི་ངོས་འཛིན་བདེ་ཀྱེ་གཉིས་མི་མཐུན་པ་ཅི་སྙམ་ན། འདི་དག་རྩའི་སྐྱེ་ས་དང་། འབྲས་བུ་སྨིན་པའི་དབང་གིས་ཐ་དད་པ་ཙམ་ཡིན་གྱི། དོན་ལ་འགལ་བ་མེད་དོ། །དཔེར་ན་རྐང་པའི་བོལ་ལ་བཀྲ་མཉེ་བྱས་པས་མིག་བདེ་བར་འགྱུར་བ་རྩ་རྒྱུད་གཅིག་པའི་རྟེན་འབྲེལ་གྱིས་ཡིན་པ་ནི་གནད་ལ་དགོངས་ནས། མིག་སིཀྐུ་ར་བཤད་པ་དང་། རྐང་པའི་བོལ་སེན་རྐྱུར་བཤད་པ་གནད་གཅིག་པ་ལྟ་བུ་དང་། ལྟེ་བར་བཀྲ་མཉེ་བྱས་པས་རྣ་བ་བདེ་བར་འགྱུར་བ་རྩའི་གནད་གཅིག་པའི་རྟེན་འབྲེལ་གཟིགས་པས་གོ་ད་ཤ་རི་ལྟེ་བའམ། རྣ་བ་གཡོན་དུ་བཤད་པ་ལྟ་བུ་ཡིན་པའི་ཕྱིར་རོ། །དེ་ལྟར་ན་བརྟག་གཉིས་དངོས་བསྟན་གྱི་ཡུལ་གྱི་ངོས་འཛིན་ཟིང་ཟིང་པོར་ཡོད་པ། རྗེ་བཙུན་གོང་མའི་ཞལ་ནས་སྔན་དུ་བརྒྱུད་པའི་དག་ལྡན་སོགས་ཀྱི་སྙིང་པོ། འགྲོ་བའི་མགོན་པོ་ཆོས་རྒྱལ་འཕགས་པ་རིན་པོ་ཆེས་མཆན་བུའི་སྒོ་ནས་གསལ་བར་མཛད་པའི་ཡུལ་ཆེན་སོ་བདུན་ངོས་འཛིན་དང་། དེ་ས་བཅུ་གཉིས་དང་སྦྱོར་ཚུལ་གྱི་ལེགས་བཤད་འདི་མ་མཐོང་བར་བརྟག་གཉིས་དངོས་བསྟན་གྱི་ཡུལ་ལ་བདེ་མཆོག་ནས་བཤད་པའི་ཡུལ་གྱི་ཁ་སྐོང་མཛད་པའི་འོ་རྒྱལ་སོགས། བརྟག་གཉིས་དངོས་བསྟན་གྱི་ཡུལ་ཆེན་གཏན་ནས་ངོས་མ་ཟིན་པ་དེ་དག་ལ་ཕན་པར་གྱུར་ཅིག །

འོ་ན་འདིར་སྐབས་ཀྱི་ཡུལ་སོ་བདུན་ཇི་ལྟ་བུ་སྙམ་ན། སྔར་བཤད་པ་དེ་ལྟར་ས་བཅུ་གཉིས་མན་ཆད་ཐོབ་པ་ལ། ཡུལ་སོ་གཉིས་བགྲོད་དགོས་པའི་གནད་ཀྱིས་ས་བཅུ་གསུམ་པའམ། བཅུ་གསུམ་ཕྱེད་འོག་མ་ཐོབ་པ་ལ། སྤྲུལ་པའི་རྩ་ལྟས་མཚོན་པའི་ཡུལ་ལྟ་བགྲོད་དགོས་ཏེ། སྤྲུལ་པའི་རྩ་ལྟའི་རླུང་སེམས་དབུ་མར་ཐིམ་པ་ལས། རང་ཉིད་འཁོར་ཚོམ་བུ་གཅིག་དང་བཅས་འཚང་རྒྱ་བའི་ཕྱོགས་བཞི་དབུས་དང་ལྟའི་མཁའ་འགྲོ་རྣམས་དབང་དུ་འདུ་བ་ཡིན་པའི་ཕྱིར་རོ། །སྐབས་འདིར་སྤྲུལ་པའི་ཡུལ་ལྟ་སྒྲུབ་པ་པོ་རང་ཉིད་ཉེ་རྒྱུ་སྦྱོད་བཞིན་པའི་དབུས་དང་ཕྱོགས་བཞི་ལ་ངོས་འཛིན་པ་ནི་ཅེས་ཀྱང་འཆད་དེ། མངོན་རྟོགས་ལྗོན་ཤིང་ལས་ཉེ་རྒྱུ་མངོན་དུ་བྱེད་པའི་གནས་ལ། ཕྱིའི་གནས་རྡོ་རྗེ་གདན། ནང་གི་གནས་འོག་མིན། དོན་དམ་པའི་གནས་སྒྲུབ་པ་པོ་རང་ཉིད་ཉེ་རྒྱུས་སྦྱོད་བཞིན་པའི་གནས་དེ་ཡིན་པར་བཤད་པའི་ཕྱིར་རོ། །དེས་ཡུལ་སོ་བདུན་བགྲོད་པ་ལས་ས་རྣམས་ཐོབ་ཚུལ་དཔལ་ལྡན་ས་སྐྱ་པའི་བཤད་པའི་སྲོལ་ལས་བྱོན་པ་དེའོ། །

གཉིས་པ་རྩ་དབུ་མའི་མདུད་པ་གྲོལ་ཚུལ་གྱི་སྒོ་ནས་ས་བགྲོད་ཚུལ་ལ་གཉིས་ཏེ། སྤྱིར་རྩ་དབུ་མའི་མདུད་པའི་ཆགས་ཚུལ་དང་། དེ་གྲོལ་བས་ས་ལམ་བགྲོད་ཚུལ་དངོས་སོ། །དང་པོ་ནི། རྩ་དབུ་མ་ལ་རོ་རྐྱང་གཉིས་ཀྱི་བཅེར་བའི་མདུད་པ་སོ་གཉིས་གནས་པ་ཡིན་ཏེ། གསང་གནས་བདེ་སྐྱོང་གི་འཁོར་ལོའི་ཐད་ཀྱི་རྩ་དབུ་མ་ལ་མདུད་པ་བཞི། ལྟེ་བ་སྤྲུལ་པའི་འཁོར་ལོའི་དབུ་མ་ལ་མདུད་པ་དྲུག །སྙིང་ཁ་ཆོས་ཀྱི་འཁོར་ལོའི་རྩ་

དབུ་མ་ལ་མདུད་པ་དྲུག །མགྲིན་པ་ལོངས་སྤྱོད་ཀྱི་འཁོར་ལོའི་རྩ་དབུ་མ་ལ་མདུད་པ་དྲུག །སྙིང་འཚམས་མཛོད་སྤུའི་འཁོར་ལོ་ལ་མདུད་པ་དྲུག །སྤྱི་བོ་བདེ་ཆེན་གྱི་འཁོར་ལོ་ལ་རྩ་མདུད་བཞི་རྣམས་གནས་པས་སོ། །དེ་ལྟར་ཡང་རྒྱུད་ལས། སྲོག་གི་དབྱིག་པའི་ནང་ན་གནས། །སུམ་ཅུ་རྩ་གཉིས་མདུད་དང་ལྡན། །ཕྲ་བའི་ཕྲ་བ་ཡང་དག་མཆོག །ཕྱི་རོལ་མ་ཡིན་ནང་ན་མེད། །ཞེས་བཤད་དོ། །གཉིས་པ་ལ། མདུད་པ་སོ་གཉིས་གྲོལ་བས་ས་བཅུ་གཉིས་མན་ཆད་བགྲོད་ནུས་ཏེ། གསང་གནས་ལྟེ་སྙིང་གི་མདུད་པ་བཅུ་དྲུག་གྲོལ་བས། བུམ་དབང་ས་དྲུག་བགྲོད་དེ། གྲུབ་མཐའ་བཞི་ལས་འཁོར་འདས་དབྱེར་མེད་ཀྱི་གྲུབ་མཐའ་སྐོགས། མགྲིན་སྙིང་གི་མདུད་པ་བཅུ་གཉིས་གྲོལ་བས། གསང་དབང་ས་བཞི་བགྲོད་དེ་མ་འདྲེས་ལ་ཡོངས་སུ་རྫོགས་པའི་གྲུབ་མཐའ་སྐོགས། སྤྱི་བོ་བདེ་ཆེན་འཁོར་ལོའི་མདུད་པ་བཞི་གྲོལ་བས་ཤེས་རབ་ཡེ་ཤེས་ས་གཉིས་བགྲོད་དེ། གྲུབ་མཐའ་གསུམ་པ་བདེ་སྟོང་རྒྱ་ཆུང་བའི་གྲུབ་མཐའ་སྐོགས། དེས་ས་བཅུ་གཉིས་མན་ཆད་བགྲོད་ཟིན་ནས། བཅུ་གཉིས་པའི་རྟེན་དེ་ལ་ཉེ་རྒྱུའི་ཉམས་ལེན་ལ་བརྟེན་ནས་དབང་བཞི་པ་ས་ཕྱེད་བགྲོད་དེ། གྲུབ་མཐའ་བཞི་པ་བདེ་སྟོང་རྒྱ་ཆེ་བ་སྐོགས། དེས་ས་བཅུ་གསུམ་ཕྱེད་འོག་མ་དེར་སླེབ་པ་ཙམ་ཡིན་ལ། སླར་ཡང་ཉེ་རྒྱུའི་ཉམས་ལེན་འཕྲོ་མཐུད་པས་བཅུ་གསུམ་ཕྱེད་གོང་མ་དེར་སླེབ་པ་དང་། འཁོར་ཚོམ་བུ་གཅིག་དང་བཅས་པ་འཚང་རྒྱས་ཟིན་པ་མཉམ་དུ་འབྱུང་བ་ཡིན་པའི་ཕྱིར་རོ། །

དེ་ཡང་གསུང་ངག་རྡོ་རྗེའི་ཚིག་རྐང་ལས། ས་ཐོག་མཐའ་གཉིས་ལ་རེ་རེ། གསུམ་པ་བཅུས་བར་གྱི་རྩ་མདུད་བྲལ་བས་ལ་དོར། ཞེས་པ་དང་པོ་དང་། བཅུ་གཉིས་པ་ལ་མདུད་པ་རེ་རེ་གྲོལ་དགོས། བར་གྱི་ས་བཅུ་ལ་མདུད་པ་གསུམ་གསུམ་གྲོལ་དགོས་པར་བཤད་པ་ལྟར་ཡིན་ཏེ། གསང་གནས་འཁོར་ལོའི་མདུད་པ་དང་པོ་གྲོལ་བས། ས་དང་པོ་རབ་ཏུ་དགའ་བའམ། གནས་ཀྱི་ས་ཐོབ། མདུད་པ་ཕྱི་མ་གསུམ་གྲོལ་བས་ས་གཉིས་པ་དྲི་མ་མེད་པའམ། ཉེ་བའི་གནས་ཀྱི་ས་རྫོགས་པར་ཐོབ། ལྟེ་བའི་མདུད་པ་དང་པོ་གསུམ་གྲོལ་བས། ས་གསུམ་པ་འོད་བྱེད་པའམ། ཞིང་གི་ས་རྫོགས་པར་ཐོབ། ཕྱི་མ་གསུམ་གྲོལ་བས་ས་བཞི་པ་འོད་འཕྲོ་བའམ། ཉེ་བའི་ཞིང་ས་རྫོགས་པར་ཐོབ། སྙིང་ཁའི་རྩ་མདུད་པ་དང་པོ་གསུམ་གྲོལ་བས། ས་ལྔ་པ་སྦྱང་དཀའ་བའམ། ཚནྡོའི་ས་རྫོགས་པར་ཐོབ། ཕྱི་མ་གསུམ་གྲོལ་བས། ས་དྲུག་པ་མངོན་དུ་གྱུར་པའམ་ཉེ་བའི་ཚནྡོའི་ས་ཐོབ་པས། བུམ་དབང་ས་དྲུག་རྫོགས་པར་ཐོབ། ཅེས་བྱ་སྟེ། ས་དྲུག་པོ་དེ། གཙོ་བོར་དབང་བུམ་དབང་། ལམ་བསྐྱེད་རིམ་སོགས་ཀྱི་ལག་རྗེས་ཡིན་པས། བུམ་དབང་གི་ཉེ་བར་ལེན་རྒྱུ་ལྟ་བུ་དང་། དབང་གཞན་གསུམ་ལྷན་ཅིག་བྱེད་རྐྱེན་ལྟ་བུ་ཡིན་པའི་ཕྱིར་རོ། །དེ་བཞིན་དུ་མགྲིན་པའི་མདུད་པ་དང་པོ་གསུམ་གྲོལ་བས་ས

བདུན་པ་རིང་དུ་སོང་བའམ། འདུ་བའི་ས་རྫོགས་པར་ཐོབ། ཕྱི་མ་གསུམ་གྲོལ་བས་ས་བརྒྱད་པ་མི་གཡོ་བའམ། ཉེ་བའི་འདུ་བའི་ས་རྫོགས་པར་ཐོབ། སྨིན་མཚམས་ཀྱི་མདུད་པ་དང་པོ་གསུམ་གྲོལ་བས་ས་དགུ་པ་ལེགས་པའི་བློ་གྲོས་སམ། དུར་ཁྲོད་ཀྱི་ས་རྫོགས་པར་ཐོབ། ཕྱི་མ་གསུམ་གྲོལ་བས་ས་བཅུ་པ་ཆོས་ཀྱི་སྤྲིན་ནམ། ཉེ་བའི་དུར་ཁྲོད་ཀྱི་ས་རྫོགས་པར་ཐོབ་པས། དེ་བཞི་ལ་ཡང་གསང་དབང་ས་བཞི་ཞེས་བྱ་སྟེ། གཙོ་བོར་གསང་དབང་གི་ཉེར་ལེན་དང་། དབང་གཞན་གསུམ་གྱིས་ལྷན་ཅིག་བྱེད་རྐྱེན་བྱས་པའི་ལག་རྗེས་ལྟ་བུ་ཡིན་པས་སོ། །

དེ་ནས་སྤྱི་བོའི་མདུད་པ་དང་པོ་གསུམ་གྲོལ་བས། ས་བཅུ་གཅིག་པ་དཔེ་མེད་པའི་ས་རྫོགས་པར་ཐོབ། མདུད་པ་ཕྱི་མ་གཅིག་གྲོལ་བས། ས་བཅུ་གཉིས་པ་ཡེ་ཤེས་ཆེན་པོའི་ས་ཐོབ་པས། དེ་གཉིས་ལ་ཤེར་དབང་ས་གཉིས་ཞེས་ཀྱང་བྱ་སྟེ། ཤེར་དབང་དེས་ཉེར་ལེན་དང་། དབང་གཞན་གསུམ་གྱི་ལྷན་ཅིག་བྱེད་རྐྱེན་བྱས་པའི་ས་ཡིན་པའི་ཕྱིར་རོ། །དེས་ན་དེ་མན་ཆད་ལ་རྩ་དབུ་མའི་མདུད་པ་སོ་གཉིས་གྲོལ་བས་མཐོང་ལམ་ས་དང་པོ་ནས། སློམ་ལམ་ས་བཅུ་གཅིག་སྟེ་ས་བཅུ་གཉིས་པོ་དེ་ཐོབ། ས་རེ་རེ་ལས། འཕོ་བ་རེའི་རླུང་དགུ་བརྒྱ་པ་ཕྲག་གཉིས་ཏེ་སྟོང་བརྒྱད་བརྒྱ་པ་རེ་འགགས་པས། ལས་རླུང་དགུ་བརྒྱ་པ་ཕྲག་གཉིས་ཏེ་སྟོང་བརྒྱད་པ་རེ་འགགས་པས། ལས་རླུང་ཉིས་ཁྲི་ཆིག་སྟོང་དྲུག་བརྒྱ་ཡང་འགགས། ས་རེ་རེ་ལས་རླུང་ཕྱི་ནང་དུ་སོར་རེ་འགགས་པས་ལས་རླུང་གི་ཚད་སོར་བཅུ་གཉིས་པོ་དེ་ཡང་འགགས། རྟེན་འབྲེལ་བཅུ་གཉིས་དང་སྤང་བྱ་རྣམ་རྟོག་བཅུ་གཉིས་ཀྱང་འགགས་ཤིང་། ཕྱི་ནང་གི་ཡུལ་སོ་གཉིས་ཀྱང་བགྲོད། མས་རྟེན་པའི་དགའ་བ་བཅུ་དྲུག་ཀྱང་རྫོགས་པ་ཡིན་མོད། ད་དུང་ཐམས་ཅད་མཁྱེན་པའི་ས་མཚན་ཉིད་པ་མངོན་དུ་བྱས་པ་ནི་མ་ཡིན་ཏེ། སྤྲས་པའི་ཡུལ་ལྔ་མ་བགྲོད་པས། དེ་བགྲོད་བྱེད་ཀྱི་ཐབས་ལ་བསླབ་དགོས་པའི་ཕྱིར་རོ། །ས་བཅུ་གཉིས་པོ་དེའི། ས་བཅུ་ལ་ཕ་རོལ་དུ་ཕྱིན་པ་དང་སྒོ་བསྟུན་ནས། རབ་ཏུ་དགའ་བ་སོགས་ཀྱི་མིང་བཏགས་པ་ནི་འབྲས་བུའི་སྒོ་ནས་ཡིན་ལ། བླ་མེད་ཐུན་མོང་མ་ཡིན་པས། གནས་དང་ཉེ་བའི་གནས་སོགས་ཀྱི་མིང་བཏགས་པ་ནི་རྒྱུའི་སྒོ་ནས་བཏགས་ཤིང་། སློབ་ལམ་ས་བཅུ་གཅིག་པ་དང་། བཅུ་གཉིས་པ་གཉིས་ནི་ཕ་རོལ་དུ་ཕྱིན་པ་ལ་མ་གྲགས་པས། ཐུན་མོང་མ་ཡིན་པའི་མིང་། དཔེ་མེད་པའི་ས་དང་། དཔེ་མེད་ཡེ་ཤེས་ཆེན་པོའི་ས་ཞེས་བཤད་པ་ཡིན་ཏེ། སམྦུ་ཊ་ལས། གནས་ནི་རབ་ཏུ་དགའ་བའི་ས། །དེ་བཞིན་ཉེ་གནས་དྲི་མ་མེད། །ཞིང་ནི་འོད་བྱེད་ཤེས་བྱ་སྟེ། །ཉེ་བའི་ཞིང་ནི་འོད་འཕྲོ་ཅན། །ཚནྡྷོ་མངོན་དུ་གྱུར་པ་སྟེ། །ཉེ་བའི་ཚནྡྷོ་སྦྱང་དཀའ་བ། །འདུ་བ་རིང་དུ་སོང་བ་སྟེ། །ཉེ་བའི་འདུ་བ་མི་གཡོ་བ། །དུར་ཁྲོད་ལེགས་པའི་བློ་གྲོས་ཏེ། །ཉེ་བའི་དུར་ཁྲོད་ཆོས་ཀྱི་སྤྲིན། །ཕ་རོལ་

ཕྱིན་བཅུའི་ས་རྣམས་ལ། །རྣལ་འབྱོར་མ་ཡི་ཀླུ་གློའི་སྐད། །ཕྱུ་ལ་སོགས་པ་ཅི་གསུངས་པ། །ཕྱི་དང་ནང་དུ་ཡང་དག་བསམ། །ཞེས་དང་། ཀྱེ་རྡོ་རྗེ་རྒྱུད་རྒྱས་པ་ལས། འཕྲུང་སྤྱོད་དཔེ་མེད་ཡེ་ཤེས་ཏེ། །ཉེ་བའི་འཕྲུང་སྤྱོད་ཡེ་ཤེས་ཆེ། །ཞེས་ས་བཅུ་གཅིག་པ་དང་བཅུ་གཉིས་པའི་མིང་དོན་བཤད་པ་དང་། དགོངས་པ་ལུང་སྟོན་ལས་ཀྱང་། འཇིག་རྟེན་དང་ནི་འཕགས་པའི་ཆོས། །སྡེ་མ་ཀུན་གྱིས་བསྙུན་མེད་ཅིང་། །དེ་ཕྱིར་ཀུན་ཏུ་འོད་འགྱེད་པ། །དཔེ་མེད་ཡེ་ཤེས་ཞེས་སུ་བཤད། །ཐུབ་པའི་སྤྱོད་ཡུལ་མ་གཏོགས་པ། །རྒྱལ་སྲས་ཀུན་གྱིས་ལས་བརྒལ། །ཤེས་བྱ་ཀུན་ལ་འཇུག་ཆོས་ཅན། །ས་དེ་ཡེ་ཤེས་ཆེན་པོར་འདོད། །ཞེས་ཀྱང་བཤད་པའི་ཕྱིར་རོ། །

གཉིས་པ་དགའ་བ་བཅུ་དྲུག་འཆར་ཚུལ་གྱི་སྒོ་ནས་ས་ལམ་བགྲོད་ཚུལ་ལ། ལུགས་འདི་ལ་ཡས་འབབ་ཀྱི་དགའ་བ་བཅུ་དྲུག་དང་། མས་བརྟན་གྱིས་དགའ་བ་བཅུ་དྲུག་འཆར་དགོས་པ་ལས། ཡས་འབབ་ཀྱི་དགའ་བ་བཅུ་དྲུག་པ་ལྷན་སྐྱེས་སམ། མས་བརྟན་གྱི་དགའ་བ་བཅུ་དྲུག་གི་དང་པོ་དགའ་བའི་དགའ་བ་ནས། ས་དང་པོ་སྐྱེ་བའི་མགོ་ཚུགས་པ་ཡིན་པས། མས་བརྟན་གྱི་དགའ་བའི་དགའ་བ། དགའ་བའི་མཆོག་དགའ། དགའ་བའི་དགའ་བྲལ་གསུམ་གྱི་ཚེ། ས་དང་པོའི་སྐབས་ཡིན་ལ། མས་བརྟན་གྱི་ལྷན་སྐྱེས་ཀྱི་མཆོག་དགའ། ལྷན་སྐྱེས་ཀྱི་དགའ་བྲལ། ལྷན་སྐྱེས་ཀྱི་ལྷན་སྐྱེས་གསུམ་ཤར་བའི་སྐབས་དེར་ས་བཅུ་གཉིས་པར་སླེབ་ཟིན་པས་བར་གྱི་ས་བཅུ་ལ་དགའ་བ་རེ་རེ་འཆར་བ་ཡིན་ཏེ། རྡོ་རྗེ་ཚིག་རྐང་ལས། རྡོ་རྗེའི་རྩེ་ར་ལྷན་ཅིག་སྐྱེས་པའི་སར། ཐིག་ལེ་གནས་པ་ལྟར་ལུས་བདེ་བས་མྱོས་ཤིང་བརྒྱལ། །ཞེས་པའི་རྣམ་འགྲེལ་ཕལ་ཆེ་བ་ལས། ས་དང་པོ་ལ་དགའ་བ་གསུམ་སྨྱུར་བའི་གནད་ཀྱིས་མཁས་པ་དགེ་བཟང་བའི་གཞུང་བཤད་ལས། ས་ཐོག་མཐའ་ལ་དགའ་བ་གསུམ་གསུམ་དང་། བར་པ་བརྒྱད་ལ་དགའ་བ་རེ་རེ་འཆར། ཞེས་གསལ་བར་བཤད་འདུག་པའི་ཕྱིར་རོ། །དེས་ན་རྡོ་རྗེའི་ལུས་ལ་འཁོར་ལོ་དྲུག་གནས་པའི་ལྟེ་གསང་གཉིས་འཁོར་ལོ་གཅིག་དང་། དཔྲལ་སྤྱི་གཉིས་འཁོར་ལོ་གཅིག་ཏུ་བརྩིས་པའི་འཁོར་ལོ་དང་པོ་ལ། མས་བརྟན་གྱི་དགའ་བའི་དགའ་བ་བཞི་ཤར་ཏེ། ཁམས་དྭངས་མས་བསྟན། གཉིས་པ་ལ་མཆོག་དགའི་བཞི་དང་། གསུམ་པ་ལ་དགའ་བྲལ་གྱི་བཞི་དང་། བཞི་པ་ལ་ལྷན་སྐྱེས་ཀྱི་དགའ་བ་བཞི་ཤར་ཏེ། འཁོར་ལོ་དེ་དག་གི་ལས་རླུང་དག་ནས་ཁམས་དྭངས་མས་གང་བསྟན་པར་བྱས་པ་ཡིན་མོད། གཞད་འདི་ཁོང་དུ་མ་ཆུད་ཅིང་། ས་བཅུ་གཉིས་དང་དགའ་བ་བཅུ་དྲུག་སྦྱོར་མ་ཤེས་པའི་བབ་ཅོལ་གྱིས་དགའ་བ་བཅུ་དྲུག་ཡོད་པས་ས་ཡང་བཅུ་དྲུག་ཡོད་ཅེས་མགྲིན་པ་འདེགས་པ་དེ་འདྲ་མ་མཛད་ཅིག །ཅེས་གདམས་སོ། །

གཉིས་པ་ལམ་ལྔ་དང་བྱང་ཕྱོགས་ཀྱི་བགྲོད་ཚུལ་ལ་གཉིས། ལམ་ལྔའི་བགྲོད་ཚུལ་དང་། བྱང་ཕྱོགས

སོ་བདུན་གྱི་བགྲོད་ཚུལ་ལོ། །དང་པོ་ལའང་། རྒྱུད་དང་། མན་ངག་གི་ལུགས་གཉིས་ལས། དང་པོ་རྒྱུད་ལུགས་ནི། དྲོད་ཆུང་དུ་ཚོགས་ལམ། དྲོད་འབྲིང་པོ་སྦྱོར་ལམ། དྲོད་ཆེན་པོ་མཐོང་ལམ། དེ་ནས་ས་གཉིས་པ་ནས་བཅུ་གཉིས་པའི་བར་ལ་སྒོམ་ལམ། ས་བཅུ་གསུམ་པ་ལ་མཐར་ཕྱིན་པའི་ལམ་ཞེས་བཞེད་པ་ཡིན་ཏེ། བདག་མེད་བསྟོད་འགྲེལ་ལས། རིམ་པ་གཉིས་སྒོམ་པ་ལ་དྲོད་ཆུང་དུ་སྐྱེ་ལ། དེ་ནས་ཀུན་འདར་གསང་སྟེ་སྦྱོད་དོ། །དེ་ནས་དྲོད་འབྲིང་པོ་སྐྱེ་ལ། དེར་ཀུན་འདར་འཇིག་རྟེན་པའི་མངོན་དུ་སྤྱོད་དོ། །དེ་གཉིས་ནི་ཕ་རོལ་ཏུ་ཕྱིན་པ་དང་བསྟུན་ནས་ཚོགས་སྦྱོར་གཉིས་སོ། །དེ་ནས་དྲོད་ཆེན་པོ་མཐོང་ལམ་གྱི་ཡེ་ཤེས་སྐྱེས་ནས་ཀུན་ཏུ་བཟང་པོའི་སྤྱོད་པ་སྤྱོད་དོ། །ཞེས་དང་། མངོན་རྟོགས་ལྗོན་ཤིང་ལས་ཀྱང་། དེས་དྲོད་ཆེན་པོ་ཐོབ་སྟེ། ཟག་པ་མེད་པའི་ཡེ་ཤེས་འཇིག་རྟེན་ལས་འདས་པའི་གྲུབ་མཐའ་སྒོགས་ནས། ལུང་བསྟན་པའི་ཕྱག་རྒྱ་བྱུང་བ་དང་། ཀུན་ཏུ་བཟང་པོའི་སྤྱོད་པ་འཇིག་རྟེན་པའི་མངོན་དུ་སྤྱོད་དོ། །ཞེས་བཤད་པས་སོ། །

གཉིས་པ་མན་ངག་ལུགས་ལ། ཕ་རོལ་ཏུ་ཕྱིན་པ་དང་སྒོ་བསྟུན་ནས། ལམ་ལྔའི་འཇོག་མཚམས་འདི་ལྟར་བཞེད་དེ། འཇིག་རྟེན་པའི་ལམ་ཁམས་ས་གསུམ་གྱི་སྐབས་སུ་ཚོགས་སྦྱོར་གཉིས་འདྲེ་ཞིང་སྐྱེ་བ་ཡིན་ལ། འདས་ལམ་ས་དང་པོ་མཐོང་ལམ། དེ་ནས་ས་བཅུ་གཉིས་པའི་བར་སྒོམ་ལམ། བཅུ་གསུམ་ཕྱེད་འོག་མ་ལ་མཐར་ཕྱིན་ལམ་དུ་བཞག་ནས། དེ་མན་ཆད་ལ་ཕ་རོལ་ཏུ་ཕྱིན་པ་དང་སྒོ་བསྟུན་པའི་ལམ་ལྔ་བརྗོད་ནས། བཅུ་གསུམ་ཕྱེད་གོང་མ་ལ་བཅུ་གསུམ་རྡོ་རྗེ་འཛིན་པའི་ས་ཞེས་འཇོག་པ་ཡིན་ཏེ། སྡོམ་གསུམ་རབ་དབྱེར། ནང་གི་ས་ལམ་ཀུན་བགྲོད་ནས། །རྡོ་རྗེ་འཛིན་པའི་ས་དགེ་བ། །བཅུ་གསུམ་པ་ནི་ཐོབ་པར་འགྱུར། །ཞེས་པའི་རང་མཆན་དུ། ས་བཅུ་གཉིས་པ་དང་ལམ་ལྔ་ཀུན་བགྲོད་ནས། ས་བཅུ་གསུམ་པ་རྡོ་རྗེ་འཛིན་པའི་ས་ཐོབ་པར་འགྱུར་ཞེས། བཅུ་གསུམ་ཕྱེད་འོག་མ་ལ་མཐར་ཕྱིན་པའི་ལམ་དུ་ཞུགས་པ་དང་། གཞུང་བཤད་གཉགས་མ་ལས་ཀྱང་། ཕྱེད་འོག་མའི་སྐབས་ཀྱི་མཐར་ཕྱིན་གྱི་ལམ་ནས་མཐར་ཐུག་འདག་པར་བྱེད་པ་ཞེས་པ། རྡོ་རྗེའི་ཚིག་རྐང་གི་རྣམ་འགྲེལ་དུ། ནང་རྟེན་འབྲེལ་ནི་འགྲོས་བཞི་ཐིམ་པའི་དབང་ཉིད་དོ། །ཉེ་བའི་རྒྱུ་དེ་ཉིད་ལ་ལུང་སྒོ་བསྟུན་ནས། ལམ་ལྔ་ལས་མཐར་ཕྱིན་གྱི་ལམ་ནས་ཞེས་བྱ་བ་དང་། རྟེན་འབྲེལ་ལྔ་ལས་མཐར་ཐུག་གི་རྟེན་འབྲེལ། སྣང་བྱ་ལས་ཀྱང་ཤེས་བྱའི་སྒྲིབ་པ་མཐར་ཐུག་འདག་པར་ཤེས་པར་བྱའོ། །ཞེས་དང་།

ཡང་དེ་ཉིད་ལས། རེ་ཞིག་དེ་དག་གིས་ནི་འཇིག་རྟེན་དང་འཇིག་རྟེན་ལས་འདས་པའི་ལམ་གཉིས་ལ་ལུང་སྒོ་བཅུན་དེ། ལམ་ལྔར་ན་ལྔ། བྱང་ཆུབ་ཀྱི་ཕྱོགས་ལྟར་ན་སུམ་ཅུ་རྩ་བདུན། ས་ལྟར་ན་ཕྱེད་དང་བཅུ་གསུམ་གྱི་ལམ་མ་ལུས་པར་བསྟན་ཏོ། །དེ་ནི་ལམ་དེས་བསྒྲུབས་པའི་འབྲས་བུ་བསྟན་པ་ལས། ཞེས་སོགས་བཤད་

པའི་སྙིང་པོ་བསྡུས་ན། བཅུ་གསུམ་ཕྱེད་འོག་མ་འདི་ནི་དབང་བཞི་པ་ས་ཕྱེད་ཞེས་པ་དེ་ཡིན་ལ། ཕྱེད་པོ་འདི་ལ་འབྲས་དུས་ཀྱི་དབང་། འགྲོས་བཞི་ཐིམ་བྱེད་ཀྱི་དབང་། ཉེ་རྒྱུའི་དབང་། མཐར་ཐུག་གི་རྟེན་འབྲེལ། མཐར་ཕྱིན་གྱི་ལམ། མཐར་ཐུག་གི་སྒྲིབ་པ་འདག་བྱེད་ཀྱི་གཉེན་པོ་ཞེས་མཚན་གྱི་རྣམ་གྲངས་དུ་མས་བསྟན་ཏེ། དེ་མན་ཆད་ལ་ལམ་ལྔ། བྱང་སོགས་སོ་བདུན། རྟེན་འབྲེལ་ལྔ། ས་ཕྱེད་པོ་འདིའི་གཙོ་བོའི་བྱེད་ལས་ཐོབ་དགོས་རྒྱུ་ཡིན་པས། ལམ་ལྔ་ས་ཕྱེད་དང་བཅུ་གསུམ་སོགས་ནི། ལམ་འབྲས་གཉིས་ཀྱི་ཟླས་ཕྱེ་བའི་ལམ་ཡིན་ལ། བཅུ་གསུམ་རྡོ་རྗེ་འཛིན་པའི་ས་ནི་འབྲས་བུ་ཡིན་ནོ། །ཞེས་སྐལ་བ་དང་ལྡན་པ་དག་ལ་སྙིང་གི་བདུད་རྩིར་སྦྱིན་པ་ཡིན་པས། ལམ་བཟང་འདི་ལ་ཡིད་ཆེས་པའི་མཚན་མ་དང་ལྡན་པས་བསྟན་པའི་སྙིང་པོ་རྒྱས་པར་གྱུར་ཅིག །ཅེས་སྨོན་པ་འཚལ་ལོ། །འོ་ན་ཚོགས་སྦྱོར་གཉིས་འདྲེ་ཞིང་སྐྱེ་ཚུལ་ཇི་ལྟར་སྙམ་ན། སྐལ་བ་བཟང་པོ་དག་ལ་བཤད་པར་བྱ་སྟེ། སྤྱིར་མན་ངག་འདི་པས་ལུགས་ཀྱིས་དབང་བཞིའི་ལམ་བསྐྱེད་རིམ་སོགས་བཞི་ནི། ཏིང་ངེ་འཛིན་སྐྱེ་བའི་རྒྱུ་ཚོགས་པས་ན་ཚོགས་ལམ། ལམ་དེ་ལ་བརྟེན་ནས་སྐྱེས་པའི་བུམ་དབང་གི་ལྟ་བ་ངོ་བོ་ཉིད་གསུམ་སོགས་ལྟ་བའི་ཉམས་ལེན་རྣམས་ལ་སྦྱོར་ལམ། ཞེས་འཇོག་ཅིང་། ཚོགས་ལམ་དེ་ལ་དབྱེ་ན། ཕྱི་དབྱིབས་ཀྱི་ཚོགས་ལམ། ནང་སྟགས་ཀྱི་ཚོགས་ལམ། གསང་བ་དབང་གི་ཚོགས་ལམ། མཐར་ཐུག་དེ་ཁོ་ན་ཉིད་ཀྱི་ཚོགས་ལམ་དང་བཞི་ཡོད་པའི། དང་པོ་ནི། བསྐྱེད་རིམ་གྱི་ལམ། གཉིས་པ་ནི་ལྟེ་བར་རླུང་སེམས་འཚོགས་པར་བྱེད་པ་གསང་དབང་གི་ལམ་གཏུམ་མོ་ཙཎྜ་ལི། དེ་གཉིས་ཁམས་འདུས་པ་དང་པོ་ལ་གཙོ་ཆེ།

གསུམ་པ་ནི། ཡུམ་གྱི་གསང་བའི་གནས་སུ་རླུང་སེམས་འཚོགས་པའི་རྒྱུ་ཤེར་དབང་གི་ལམ་དཀྱིལ་འཁོར་འཁོར་ལོ་སྟེ། ཁམས་འདུས་པ་བར་པ་ལ་གཙོ་ཆེ། བཞི་པ་ནི། རྟེན་པདྨ་ཅན་མའི་ལྡྷ་གར་རླུང་སེམས་འཚོགས་པར་བྱེད་པ་དབང་བཞི་པའི་ལམ་རྡོ་རྗེ་ཐ་རླབས་ཏེ། ཁམས་འདུས་པ་ཐ་མ་ལ་གཙོ་ཆེ། དེ་ནས་ཁམས་འདུས་པ་གསུམ་གྱི་ཚོགས་ལམ་ཆུང་འབྲིང་ཆེ་གསུམ་དང་། འདུས་པ་གསུམ་གྱི་ཉམས་གསུམ་ལ་དྲོད་ཆེ་འབྲིང་ཆུང་གསུམ་དུ་འཇོག་ལ། དྲོད་ཆེན་པོ་ལ་མཐོང་ལམ་དུ་མི་འཇོག་པ་ནི། རྒྱུད་མན་ངག་གི་བཤད་པའི་སྲོལ་ཐ་དད་པ་ཙམ་མོ། །འདི་ནི་རགས་པ་ཙམ་ཡིན་ལ། ཞིབ་པར་འཕགས་པ་རིན་པོ་ཆེའི་ཚོགས་སྦྱོར་མངོན་རྟོགས་ལྟར་བཤད་ན། བླ་མེད་ཐེག་པའི་ས་ལམ་ཐམས་ཅད་རྡོ་རྗེའི་ལུས་ཀྱི་བྱེད་པ་ལས་བགྲོད་དགོས་པའི་གནད་ཀྱིས་རྩ་དབུ་མའི་མདུད་པ་དང་པོ་གྲོལ་ནས། ས་དང་པོ་མན་ཆད་བགྲོད་པ་ཡིན་ལ། རྩ་དབུ་མའི་མས་སྣར་མདུད་པ་མེད་པ་སོར་བཞི་ཕྱི་ནས་རོ་རྐྱང་གཉིས་ཀྱིས་བཅེར་བ་རོ་གཅིག་པ་ལྟ་བུ་ཞིག་ཡོད་པ། དེའི་ཕྱི་རོལ་ནས་འོག་ཏུ་རླུང་སེམས་འདུ་འཕྲོ་བྱས་པ་ལས་སྦྱོར་ལམ། དྲོད་རྩེ་གཉིས་ནང་ལོགས་ནས་གྱེན་དུ་འདུ

འཕྲོ་བྱས་པ་ལས། བཟོད་མཆོག་གཉིས་སྐྱེ་བ་ཡིན་ཏེ། དེ་ཡང་ཁམས་འདུས་པ་ཐ་མར་ལུང་བསྟན་པའི་ཕྱག་རྒྱ་པད་མ་ཅན་དང་མཉམ་པར་སྦྱར་བ་ལས། ལྟེ་བའི་འཁོར་ལོ་རླུང་སེམས་ཐབ། དབུ་མའི་མས་སྣ་ཕྱི་ཤུན་ནས་སོར་ཕྱེད་ཐུར་དུ་བསྐྱོད་པས་དྲོད་ཆུང་ངུ། ཡང་སོར་ཕྱེད་བསྐྱོད་པས་དྲོད་འབྲིང་། ཡང་སོར་ཕྱེད་བསྐྱོད་པས་དྲོད་ཆེན་པོའི་ཆུང་ངུ། ཡང་སོར་ཕྱེད་བསྐྱོད་པས་དྲོད་ཆེན་པོའི་ཆེན་པོ་སྐྱེ། སྤྱང་བྱ་ཉོན་མོངས་གཟུང་རྟོག་ཆེན་པོའི་ཆེན་པོ། ཆེན་པོའི་ཆུང་ངུ། ཉོན་མོངས་གཟུང་རྟོག་འབྲིང་པོ། ཉོན་མོངས་གཟུང་རྟོག་ཆུང་ངུ་སྟེ་བཞི་མངོན་འགྱུར་འགག །ཡས་འབབ་ཀྱི་དགའ་བ་བཅུ་དྲུག་ལས་དགའ་བའི་དགའ་བ་སོགས་བཞི་འཆར། དེ་ནས་ཡང་སོར་ཕྱེད་པ་བཞི་ཐུར་དུ་བསྐྱོད་པས། སྦྱོར་ལམ་རྩེ་མོ་བཞི་གོང་བཞིན་སྐྱེས། རྣམ་བྱང་གཟུང་རྟོག་བཞི་གོང་བཞིན་འགག །ཡས་འབབ་མཆོག་དགའི་དགའ་བ་བཞི་ཆར་སྔ་མ་བཞིན་འཆར། དེ་ནས་ནང་ལོགས་ནས་སོར་ཕྱེད་པ་བཞི་གྱེན་དུ་བསྐྱོད། སྦྱོར་ལམ་བཟོད་པ་བཞི་བསྐྱེད། རྫས་འཛིན་རྟོག་པ་བཞི་འགག ། དགའ་བྲལ་གྱི་དགའ་བ་བཞི་འཆར། ཡང་སོར་ཕྱེད་པ་བཞི་གྱེན་དུ་བསྐྱོད། ཆོས་མཆོག་བཞི་བསྐྱེད། རྟགས་འཛིན་རྟོག་པ་བཞི་འགག །ལྷན་སྐྱེས་ཀྱི་དགའ་བ་དང་པོ་གསུམ་འཆར། རྩ་རོ་རྐྱང་གི་ཡས་སྣ་གཉིས་དབུ་མའི་མས་སྣར་ཆུད་དེ། རྩ་མདུད་དང་པོ་གྲོལ་ལ་ཁད། ལུས་ངག་ཡིད་རྡོ་རྗེའི་སྐྱིལ་ཀྲུང་འཆའ་ཞེས་པ་དེར་སླེབ། དེ་ནས་མདུད་པ་དང་པོ་གྲོལ་བ་དང་། ཡས་འབབ་ཀྱི་དགའ་བ་བཅུ་དྲུག་པ། མས་རྟེན་གྱི་དགའ་བ་དང་པོ༑ མཐོང་ལམ་ས་དང་པོ་རྣམས་དུས་གཅིག་ལ་འཆར་བ་ཡིན་པའི་ཕྱིར་རོ། །དེས་ན་ཁམས་འདུས་པ་དང་པོ་གཉིས་ཀྱི་སྐབས་སུ་ཡང་སྦྱོར་ལམ་དྲོད་ཀྱི་རྟོགས་པ་སྐྱེ་མོད། འདིར་ཁམས་འདུས་པ་ཐ་མའི་སྐབས་སུ། དྲོད་སོགས་བཞི་སྐྱེ་ཚུལ་སྦྱར་བ་ནི། རྟེན་པད་མ་ཅན་མའི་རྟེན་ལ་ཡང་དག་སྦྱོར་བའི་ཚོགས་ལམ་ཆེན་པོ་ལ་བརྟེན་ནས་དྲོད་སོགས་ཁྱད་པར་བའི་རྟོགས་པ་སྐྱེ་ཚུལ་བྱེ་བྲག་པ་ཞིག་སྦྱར་བ་ཡིན་ལ། རྩེ་མོ་སོགས་གསུམ་ནི་འདུས་པ་ཐ་མའི་སྐབས་འདིར་མ་གཏོགས། དེ་མན་ཆད་དུ་སྐྱེ་བའི་བཤད་པ་མེད་པ་དེ་ཡང་རྣམ་དཔྱོད་ཀྱི་འདབ་མར་ཆགས་པ་གཅེས་སོ། །

དེ་ནས་འདས་ལམ་བགྲོད་ཚུལ་ལ། རྡོ་རྗེའི་ལུས་ལ་འཁོར་ལོ་དྲུག་གནས་པའི་འཁོར་ལོ་རེ་རེ་ལས། ས་གཉིས་གཉིས་བགྲོད་པས་སྤང་བྱ་རྣམ་རྟོག་ཆུང་འབྲིང་ཆེན་པོ་ཆེན་པོའི་ཆུང་ངུ་སོགས་བཅུ་གཉིས་སྤོང་། ཀ་ཤི་སོགས་རྟེན་འབྲེལ་བཅུ་གཉིས་ལུགས་ཟློག་ཏུ་འགག །ཕྱི་ནང་དེ་ཁོ་ན་ཉིད་ཀྱི་རྒྱ་གསུམ་གསུམ་འཆར་བ་ཡིན་སྟེ། དཔེར་ན་ས་དང་པོ་ལྟ་བུ་ལ་སྦྱར་ན། དབུ་མའི་མདུད་པ་དང་པོ་གྲོལ། ས་དང་པོ་ཐོབ། པུལླི་ར་མ་ལ་སོགས་ཡུལ་བཞི་དབུ་མར་གྲོང་སྟོངས། སྤང་བྱ་རྣམ་རྟོག་ཆེ་འབྲིང་ཆུང་གསུམ་ཆེན་པོའི་ཆུང་ངུ་བཞི་ལ་གསུམ

གསུམ་དུ་ཕྱེ་བའི་ཆེན་པོའི་ཆེན་པོ་འགག །ཕྱི་རྟགས་ཐིག་ལེ་ལ་ཤར་ཏེ་གསང་གནས་འཁོར་ལོའི་ཕྱེད། ཁམས་དྭངས་མས་བསྟན། ནང་རྟགས་རླུང་ལ་ཤར་ཏེ། འཕོ་བ་གཅིག་ལས་རླུང་སྟོང་བརྒྱད་བརྒྱ་པ་གཅིག་འགག །དེ་ཁོ་ན་ཉིད་ཀྱི་རྟགས་སེམས་ལ་ཤར་ཏེ། རྒྱ་བྱང་ཆུབ་ཀྱི་ཡན་ལག་བདུན་ཞེས་པ། རྒྱ་འཁོར་ལོ་བཞི་དང་གཙོ་མོ་གསུམ་སྟེ་བདུན་མངོན་སུམ་དུ་མཐོང་བ་སོགས་འབྱུང་བས་སོ། །དེས་ལྷག་མ་ཡང་མཚོན་ནུས་ཏེ་མངས་པས་འཇིགས་སོ། །བར་གྱི་ས་བཅུ་ལ་ཞིབ་ཏུ་དཔྱད་ན་སྦྱོར་བ་མགོ་རྫོམ་པ་ལ་མདུད་པ་གཅིག་གྲོལ། དངོས་གཞི་ཡོངས་སྤྱོད་པ་ལ་མདུད་པ་གཅིག་གྲོལ་རྗེས་ཐིམ་པ་ལ་མདུད་པ་གཅིག་གྲོལ་ཞེས་འབྱུང་བས། མདུད་པ་གསུམ་གསུམ་གྱི་དང་པོ་གྲོལ་བའི་ཚེ་ས་དེ་ཐོབ་པའི་མགོ་རྫོམ། གཉིས་པའི་ཚེ་ས་དེ་ཐོབ། གསུམ་པའི་ཚེ་ས་དེས་མཇུག་རྫོགས། ཞེས་ཁས་བླངས་དགོས་པ་འདྲ། ཡང་ན་དང་པོའི་ཚེ་ས་དེ་ཐོབ། གཉིས་པའི་ཚེ་ཐོབ་ནས་ལོངས་སྤྱོད། གསུམ་པའི་ཚེ་ལོངས་སྤྱོད་པའི་བྱ་བ་ཡང་རྫོགས་ཞེས་ཁས་བླངས་སོ། །

གཉིས་པ་བྱང་ཕྱོགས་ཀྱི་བགྲོད་ཚུལ་ལ་གཉིས་ཏེ། རྒྱུད་དང་མན་ངག་གི་ལུགས་སོ། །དང་པོ་ནི། བདག་མེད་བསྟོད་འགྲེལ་ལས། ཇི་བྲག་ཏུ་བྱང་ཆུབ་ཀྱི་ཕྱོགས་ལ་སོགས་པ་འདི་རྣམས་རྡོ་རྗེ་ཐེག་པའི་བསྟན་བཅོས་ལས་སྦྱོར་བའི་ལུགས་ཡོད་དེ། རྒྱུ་རྒྱུད་སྣང་གཞི་རྒྱ་ལ་སོགས་པར་སྦྱོར་བ་དང་། ལམ་བསྐྱེད་རིམ་ལྷ་རྟེན་དང་བརྟེན་པ་ལ་སྦྱོར་བ་དང་། སོ་སོ་སྐྱེ་བོ་ལམ་དུ་ཞུགས་པ་ནས་བཟུང་སྟེ་ལམ་ལྷར་ཕྱེ་ནས་སོ་སོ་ལ་སྦྱོར་བ་དང་། བདེན་པ་མཐོང་བ་ནས་བཟུང་སྟེ་སངས་རྒྱས་ཀྱི་ས་མངོན་དུ་བྱས་ཀྱི་བར་ལ་སྦྱོར་བ་དང་། སངས་རྒྱས་ཁོ་ནའི་གཟུགས་སྐུའི་ལྷ་ལ་སྦྱོར་བ་དང་ལུགས་ལྔ་ཡོད་པ་ལས། འདི་ནི་མཐོང་ལམ་ཡན་ལ་སྦྱོར་བ་གཙོ་ཆེ་བ་ཡིན་ཏེ། ལྔ་ཀའང་འདིས་ཤེས་པར་ནུས་པས་ན་གཙོ་བོར་དེའི་ལུགས་ཡིན་ནོ། །ཞེས་བཤད་པ་ལྟར་སྦྱོར་ལུགས་ལྔ་ཡོད་པ་ལས། འདིར་མཐོང་ལམ་ཡན་ཆད་ལ་སྦྱོར་བའི་ལུགས་བཤད་ན། འདི་ལྟར་ཡིན་ཏེ། ས་དང་པོ་ལ། ལུས་ཚོར་སེམས་ཆོས་དྲན་པ་ཉེ་བར་བཞག་པ་སྟེ། དྲན་པ་ཉེར་གཞག་བཞིས་ས་དང་པོ་བགྲོད། སྡིག་པ་མ་སྐྱེས་པ་མི་བསྐྱེད། སྐྱེས་པ་སྤོང་། དགེ་བ་མ་སྐྱེས་པ་བསྐྱེད། སྐྱེས་པ་སྤེལ་བའི་ཡང་དག་སྤོང་བ་བཞིས་ས་གཉིས་པ་བགྲོད། དེ་ནས་བར་གྱི་ས་བརྒྱད་ལ། བྱང་ཕྱོགས་གཉིས་གཉིས་དགོས་པས། འདུན་པའི་ཏིང་ངེ་འཛིན་སྤོང་བའི་འདུ་བྱེད་དང་ལྡན་པའི་རྫུ་འཕྲུལ་རྐང་པ་དང་། དེ་བཞིན་དུ་སེམས་ཀྱི་ཏིང་ངེ་འཛིན་སྤོང་བའི་འདུ་བྱེད་དང་ལྡན་པའི་རྫུ་འཕྲུལ་རྐང་པ་དང་། བརྩོན་གྲུས་ཀྱི་ཏིང་ངེ་འཛིན་སྤོང་བའི་འདུ་བྱེད་དང་ལྡན་པའི་རྫུ་འཕྲུལ་རྐང་པ་དང་། སྤྱོད་པའི་འདུ་བྱེད་དང་ལྡན་པའི་རྫུ་འཕྲུལ་གྱི་རྐང་པ་བཞིས་རིམ་བཞིན་ས་གསུམ་པ་དང་བཞི་པ་གཉིས་བགྲོད། དད་པའི་དབང་པོ། བརྩོན་འགྲུས་ཀྱི་དབང་པོ། དྲན་པའི་དབང་པོ། ཏིང་ངེ་འཛིན་

གྱི་དབང་པོ། ཤེས་རབ་ཀྱི་དབང་པོ། དད་པའི་སྟོབས་སོགས་ལྔ་དང་བཅུ་ལས་གཉིས་གཉིས་ཀྱིས་ས་བཞི་པ་ནས་དགུ་པའི་བར་བགྲོད། བྱང་ཆུབ་ཡན་ལག་བདུན་ལས། དྲན་པ་ཡང་དག་བྱང་ཆུབ་ཀྱི་ཡན་ལག །ཆོས་རབ་ཏུ་རྣམ་པར་འབྱེད་པ་བྱང་ཆུབ་ཀྱི་ཡན་ལག་གཉིས་ཀྱིས་ས་བཅུ་པ་བགྲོད། དེ་ནས་ས་བཅུ་གཅིག་པ་དང་བཅུ་གཉིས་པ་ལ་བྱང་ཕྱོགས་བཞི་བཞི་དགོས་པས། བྱང་ཆུབ་ཡན་ལག་བདུན་གྱི་ནང་ཚན། བརྩོན་འགྲུས་ཡང་དག །དགའ་བ་ཡང་དག །ཤིན་ཏུ་སྦྱངས་པ་ཡང་དག །ཏིང་འཛིན་ཡང་དག །བྱང་ཆུབ་ཡན་ལག་བཞིས་ས་བཅུ་གཅིག་པ་བགྲོད། བྱང་ཆུབ་ཡན་ལག་གི་ནང་ཚན་བཏང་སྙོམས་ཡང་དག་བྱང་ཆུབ་ཡན་ལག་དང་། འཕགས་ལམ་ཡན་ལག་བརྒྱད་ཀྱི་ནང་ཚན་ཡང་དག་པའི་ལྟ་བ། ཡང་དག་པའི་རྟོག་པ། ཡང་དག་པའི་ངག་གསུམ་སྟེ་བཞིས་ས་བཅུ་གཉིས་པ་བགྲོད་པར་བྱེད་པའི་ཕྱིར་དང་། དེ་ནས་འཕགས་ལམ་ཡན་ལག་བརྒྱད་ཀྱི་ནང་ཚན་ལྷག་མ། ཡང་དག་པའི་ལས་ཀྱི་མཐའ། འཚོ་བ། རྩོལ་བ། ཡང་དག་པའི་དྲན་པ་དང་། ཡང་དག་པའི་ཏིང་ངེ་འཛིན་སྟེ་ལྔས་ས་བཅུ་གསུམ་པ་སངས་རྒྱས་ཀྱི་ས་བགྲོད་པར་བྱེད་པའི་ཕྱིར་རོ། །དེ་ལྟར་སྦྱོར་ཚུལ་དེ་ནི། བདག་མེད་མའི་བསྐྱོད་པ་རྩ་འགྲེལ་སོར་བཞག་པ་ཡིན་ལ། འོན་ཀྱང་། འཕགས་པའི་ལམ་ལྔ་དྲུག་པའི་ཆ་ཡི་དངོས། །ཞེས་ས་བཅུ་གསུམ་པ་ལ་འཕགས་ལམ་ཡན་ལག་བརྒྱད་ཀྱི་ལྔ་དང་སྦྱར་བས་བྱང་ཕྱོགས་སོ་བདུན་ཚང་བཞིན་དུ། དྲུག་པའི་ཆ་ཡི་དངོས། ཞེས་དྲུག་པའི་ཆ་ཤས་ཅིག་བསྟན་པ་ལ་ནུས་པ་ཁྱད་པར་ཅན་དགོས་རྒྱུར་སྣང་བས་དཔྱོད་ལྡན་དག་གིས་དཔྱད་པར་བྱའོ། །

གཉིས་པ་མན་ངག་ལུགས་ལ། བྱང་ཕྱོགས་སོ་བདུན་ཚོགས་ལམ་ནས། ས་བཅུ་གསུམ་ཕྱེད་འོག་མ་མན་ཆད་ལ་སྦྱོར་བ་ཡིན་ཏེ། སྣང་བ་དཀར་ལམ་གྱི་གཉེན་པོར་ས་ཀླུང་རྫུ་འཕྲུལ་གྱི་རྐང་པ། དེ་བཞིན་དུ་ཆུ་ཀླུང་། མེ་ཀླུང་། རླུང་གི་ཀླུང་རྫུ་འཕྲུལ་གྱི་རྐང་པ་སྟེ། རྫུ་འཕྲུལ་གྱི་རྐང་པ་བཞིས་སྣང་བ་དཀར་ལམ་གྱི་འཕྲང་བསྒྲལ་ཏེ། ཁམས་འདུས་པ་དང་པོའི་ལམ་ཆོད། དེ་ནས་སྟོང་པ་དཀར་ལམ་གྱི་གཉེན་པོར། རང་ལྟར་སྒོམ་པ་ལུས་དྲན་པ་ཉེར་གཞག་དང་། དེ་ལ་ཡེ་ཤེས་སེམས་དཔའ་གཞུག་པ་ལྷ་དྲན་པ་ཉེ་བར་བཞག་པ། ལྷ་དེའི་སྙིང་པོ་བཟླས་པ་སྔགས་དྲན་པ་ཉེ་བར་བཞག་པ། ལྷ་དེའི་རྒྱན་དྲུག་གི་དགོས་པ་བསམ་པ་ཆོས་དྲན་པ་ཉེ་བར་བཞག་པ་སྟེ། དྲན་པ་ཉེར་གཞག་བཞིས། སྟོང་པ་དཀར་ལམ་གྱི་འཕྲང་ལས་བསྒྲལ་ཏེ། ཁམས་འདུས་པ་བར་པའི་ལམ་ཆོད། དེ་ནས་བདེ་བས་བརྒྱལ་བའི་གཉེན་པོར་ཡང་དག་སྤོང་བ་བཞི་སྒོམ་སྟེ། དེ་ཡང་རོ་རྐྱང་གཉིས་ཀྱི་མས་སྣ་རྩ་དབུ་མའི་མས་སྣར་ཆུད་པ་ལུས་རྩའི་རྟེན་འབྲེལ། གཡོན་རྐྱང་མའི་མས་སྣ་ན་ཡོད་པ་ཡི་གེ་བཞི་པ་སྙིང་པོའི་ཨ་དབུ་མའི་མས་སྣར་སླེབ་པས། དབུ་མའི་ཆ་ཤས་ཡི་གེ་བཞི་པ་ཕྱི་དབྱིབས་ཀྱི་ཨ་གྱེན་ལ་

བསྐྱོད་པ་རྩ་ཡི་གེའི་རྟེན་འབྲེལ། དེ་ལས་ཆུ་ཀླུང་སོགས་རླུང་ལྔ་དབུ་མའི་མས་སྣར་ཆུད་པ་རླུང་གི་རྟེན་འབྲེལ། དེ་ལས་རྩ་གཡས་གཡོན་གྱི་ལས་རླུང་རྒྱུ་བའི་སྒོ་ཐིག་ལེས་བཀག་པ་ཁམས་བདུད་རྩིའི་རྟེན་འབྲེལ་ཏེ། རྟེན་འབྲེལ་དེ་བཞིས་གཟུང་འཛིན་གྱི་རྣམ་རྟོག་སྦྱོང་བས་ཡང་དག་སྦྱོང་བ་ཞེས་བྱ་ཞིང་། དེ་བཞིས་བྱིང་བ་ཆེན་པོའི་འཕྲང་བསྒྲལ་ཏེ་ཁམས་འདུས་པ་ཐ་མའི་ལམ་ཚོད་པས་ན། བྱང་ཕྱོགས་བཅུ་གཉིས་པོ་དེས་འཇིག་རྟེན་པའི་ལམ་མན་ཆད་བགྲོད་པར་བྱེད་པའི་ཕྱིར། དེ་ཡང་། ཡང་དག་སྦྱོང་བ་བཞི་ནི། ཚོགས་ལམ་ཆེན་པོ་ཡིན་ལ། དེ་ལས་དྲོད་སོགས་བཞིའི་རྟོགས་པ་འཆར་བའི་ཚུལ་ལམ་གྱི་སྐབས་སུ་བཤད་པ་བཞིན་ནོ། །དེ་ནས་བྱང་ཕྱོགས་ཉི་ཤུ་རྩ་ལྔས་འདས་ལམ་ས་ཕྱེད་དང་བཅུ་གསུམ་བགྲོད་པ་ཡིན་ཏེ། རྩ་འཁོར་ལོའི་དབྱེ་བས། ཨེ་ཝཾ་མ་ཡའི་རྣམ་པ་ཅན་དུ་ཡོད་པ་བཞི་དང་། རྩའི་གཙོ་མོ་རོ་རྐྱང་དབུ་གསུམ་མཐོང་བ་ནི་བྱང་ཆུབ་ཡན་ལག་བདུན་ཏེ། དེས་བུམ་དབང་ས་དྲུག་བགྲོད། འབྱུང་བ་ལྔའི་རླུང་ལ་དབང་ཐོབ་པ་ནི་དབང་པོ་ལྔ་སྟེ། དེས་གསང་དབང་ས་བཞི་བགྲོད། འབྱུང་བ་ལྔའི་རླུང་སྟོབས་སུ་གྱུར་པ་ནི། སྟོབས་ལྔ་སྟེ་དེས་ཤེར་དབང་ས་གཉིས་བགྲོད། ཡི་ཤེས་ལྔར་གནས་འགྱུར་བ་ལ་མངོན་དུ་ཕྱོགས་པའི་བརྟེན་པ་རྣམ་ཤེས་ཚོགས་བརྒྱད་ནི་འཕགས་པའི་ལམ་སངས་རྒྱས་པའི་ཡན་ལག་སྟེ། རྒྱུ་ཡིན་པས་འཕགས་ལམ་ཡན་ལག་བརྒྱད་དེ། དེས་དབང་བཞི་པ་ས་ཕྱེད་པོ་དེ་བགྲོད་དེ་བཅུ་གསུམ་ཕྱེད་འོག་མར་སླེབ་པ་ཙམ་ཡིན་པའི་ཕྱིར་རོ། །

འདི་ལ་གཞན་དག་ན་རེ། ས་བཅུ་གཉིས་པ་ལས། གོང་དུ་ས་བཅུ་གསུམ་པ་ཞིག་ཁས་བླངས་དུ་ཆུག་མོད། བཅུ་གསུམ་པ་ལ་ཕྱེད་གོང་འོག་གཉིས་བཅོས་ནས། ཕྱེད་འོག་མ་སངས་རྒྱས་སར་མི་འཆད་པ་འདི་ནི། ཁྱེད་ས་སྐྱ་པ་དག་གིས་རྟོག་པས་བཏགས་པ་ཡིན་ཏེ། ཡིད་ཆེས་པའི་ཁུངས་མེད་པའི་ཕྱིར་རོ་ཞེ་ན། ལུང་ཁུངས་ཅིས་ཀྱང་ཡོད་དེ། གསུང་ངག་རྡོ་རྗེའི་ཚིག་རྐང་ལས། ས་བཅུ་གཉིས་པ་རྫོགས་སངས་རྒྱས་སར་མ་སླེབ་པའི་བར་དེར། ས་ཕྱེད་དང་བཅུ་གསུམ་པའོ་ཞེས་བཤད་འདུག་པ་འདི་ཁྱེད་ཅག་ལ་ཐུགས་རྒྱུས་མེད་པ་བདེན་ཡང་། ཁོ་བོ་ཅག་རྗེ་བཙུན་རྡོ་རྗེ་བདག་མེད་མ་ནས་སྙན་རྒྱུད་ཀྱི་བཀའ་བབས་པ་དག་ལ་རྒྱུ་ཆ་ཙམ་མངའ་བས་སོ། །ཁྱེད་ཅག་དེ་ལ་མི་རྩི་འོ་སྙམ་ན། རྡོ་རྗེ་འཆང་ལ་དག་མི་གནང་བ་དེ་དང་ལྷན་ཅིག་འབེལ་བའི་བཀའ་མཆེད་རྫོ་མི་ཐོགས་པས། སྙིང་ལས་ཆུང་དུར་གནས་པ་ལེགས་སོ། །དེས་ན་བཅུ་གསུམ་ཕྱེད་འོག་མ་འདི་ནི་འབྲས་དུས་ཀྱི་དབང་དང་། མཐར་ཕྱིན་གྱི་ལམ་དང་། འགྲོས་བཞི་ཐིམ་བྱེད་ཀྱི་དབང་ཡིན་ལ། འདིའི་ཉམས་ལེན་གྱི་གཙོ་བོ་ནི་ཉེ་རྒྱུའི་ཉམས་ལེན་ཡིན་པས། འདི་ཙུང་ཟད་ཕྱེ་ན། སྐད་ཅིག་མ་བདུན་དུ་བཤད་པ། གསུམ་དུ་བཤད་པ། གཉིས་སུ་བཤད་པ་གསུམ་ལས། དང་པོ་ནི། ཐབས་ཀྱི་རྒྱུད་དག་པ་ལ་སྐད་ཅིག་མ་གསུམ། ཤེས་རབ་ཀྱི་རྒྱུད་

དག་པ་ལ་སྐད་ཅིག་མ་གསུམ། ཐབས་ཤེས་སོ་སོར་དག་པ་ལ་སྐད་ཅིག་མ་གཅིག་གོ །གཉིས་པ་ནི། ཐབས་ཀྱི་རྒྱུད་དག་པ་ལ་སྐད་ཅིག་མ་གཅིག །ཤེས་རབ་ཀྱི་རྒྱུད་དག་པ་ལ་སྐད་ཅིག་མ་གཅིག །ཐབས་ཤེས་སོ་སོར་དག་པ་ལ་སྐད་ཅིག་མ་གཅིག་གོ། །

གསུམ་པ་ནི་ཐབས་ཤེས་རབ་ཀྱི་རྒྱུད་དག་པ་ལ་སྐད་ཅིག་མ་གཅིག །ཐབས་ཤེས་རབ་ཀྱི་རྒྱུད་སོ་སོར་དག་པ་ལ་སྐད་ཅིག་མ་གཅིག་སྟེ། སྐད་ཅིག་མ་གཅིག་གཉིས་སོ། །དེ་ལྟར་སྐད་ཅིག་མ་གཉིས་སུ་ཕྱེ་བའི་སྐད་ཅིག་མ་དང་པོ་དེ་ལ། བར་ཆད་མེད་པའི་དུས། སྒྲོད་ལ་བདུད་བཅུལ་བའི་དུས། ཆོས་འཕྲུལ་བསྟན་པའི་དུས། འབྲས་བུ་གཉིས་ཀྱི་དུས། ཞེས་དང་། སྐད་ཅིག་གཉིས་པ་ལ། རྣམ་པར་གྲོལ་བའི་དུས་ཐོ་རངས་མངོན་པར་བྱང་ཆུབ་པའི་དུས། ཐམས་ཅད་མཁྱེན་པ་ཆུང་ངུའི་དུས། འབྲས་བུ་གཅིག་གི་དུས། ཞེས་པའི་མིང་གི་རྣམ་གྲངས་ཀྱིས་བསྟན་པ་ཡིན་ལ་འདིའི་སྐད་ཅིག་མ་གཉིས་པ་ལ། རྣམ་པར་གྲོལ་བའི་དུས་དང་། མངོན་པར་བྱང་ཆུབ་པའི་དུས་ཞེས་འཇུལ་གཞི་བྱས་ནས་སྐད་ཅིག་མ་གཉིས་པ་དེར་སངས་རྒྱས་མཚན་ཉིད་པར་བྱེད་པ་དང་། གཞུང་བཤད་མར་མ་ལས་ཀྱང་། སྐད་ཅིག་མ་དང་པོ་དེ་ལ་ས་ཕྱེད་དང་བཅུ་གསུམ་པ་དང་། སྐད་ཅིག་མ་གཉིས་པ་དེ་ལ་བཅུ་གསུམ་ཕྱེད་གོང་མར་མཛད་སྣང་བ་ནི། ཅིས་ཀྱང་མི་རིགས་ཏེ། ཉེ་རྒྱུའི་སྐད་ཅིག་མ་བདུན་དང་། གསུམ་དང་གཉིས་སུ་ཕྱེ་བ་ཐམས་ཅད། ལམ་དང་འབྲས་བུ་གཉིས་སུ་ཕྱེ་བའི་ལམ་གྱི་སྐབས་ཡིན་ལ་ཉེ་རྒྱུ་སྐད་ཅིག་མ་གཉིས་པའི་བྱེད་པ་ལས། སྒྲོག་རྩོལ་གྱི་རླུང་ཨ་ཝ་དྷཱུ་ཏིར་འགགས་ཤིང་། གཙུག་ཏོར་ཐིལ་པོ་འཕགས་ཏེ། འགྲོས་བཞི་རྫོགས་པར་ཐིམ་ཚར་བ་དང་། འབྲས་བུ་སྐུ་ལྔ་མངོན་དུ་གྱུར་པ་ཡིན་པའི་ཕྱིར། གནད་དེས་ན་སྐད་ཅིག་མ་གཉིས་པ་དེ་ལ་ཐམས་ཅད་མཁྱེན་པ་ཆུང་ངུ་དང་། མཐར་ཕྱིན་པའི་ལམ་ཞེས་བཤད་པའང་། ཕ་རོལ་ཏུ་ཕྱིན་པ་དང་ལུང་སྒྲོ་བསྟན་པའི་ཐམས་ཅད་མཁྱེན་པ་དང་། མཐར་ཕྱིན་པའི་ལམ་ཡིན་ཞེས་བྱ་བའི་དོན་ཡིན་གྱི། བླ་མེད་ཐེག་པས་གཞལ་བའི་དེ་དང་། དེ་མཚན་ཉིད་པ་ནི་མ་ཡིན་ཏེ། ཕ་རོལ་ཏུ་ཕྱིན་པ་དང་སྒྲོ་བསྟན་གྱི་བྱང་ཕྱོགས་སོ་བདུན་གྱི་ལམ་དང་། སྔགས་ལམ་ས་ཕྱེད་དང་བཅུ་གསུམ་མན་ཆད། ལམ་དང་འབྲས་བུའི་ལྷས་ཕྱེ་བའི་ལམ་དུ་བཞག་པའི་གནད་ཁྱད་པར་ཅན་རྟོགས་དགོས་པའི་ཕྱིར་རོ། །

དེས་ན་ཉེ་རྒྱུའི་ཉམས་ལེན། རྡོ་རྗེ་ཐ་རླབས་ཀྱི་ལམ། འབྲས་དུས་ཀྱི་དབང་། བཅུ་གསུམ་ཕྱེད་འོག་མ་རྣམས་མིང་གི་རྣམ་གྲངས་སུ་བཤད་ཀྱང་། དོན་གཅིག་ཏུ་འཇུལ་བར་མི་བྱ་སྟེ། ཉེ་རྒྱུའི་ཉམས་ལེན་ཙམ་ཞིག་ས་བརྒྱད་པ་ནས་ཉམས་སུ་བླང་བར་བཤད་ཀྱང་། ས་བརྒྱད་པའི་ཉམས་ལེན་དེ་འབྲས་དུས་ཀྱི་དབང་དང་། བཅུ་གསུམ་ཕྱེད་འོག་མ་མ་ཡིན་པའི་ཕྱིར་དང་། རྡོ་རྗེ་ཐ་རླབས་ཀྱི་ལམ་ཙམ་ཞིག་ས་སོ་སོ་སྐྱེ་བོས་ཀྱང་ཉམས

སུ་བླང་བྱར་བཤད་ཀྱང་། སོ་སྐྱེའི་ཉམས་ལེན་དེ། འབྲས་དུས་ཀྱི་དབང་སོགས་མ་ཡིན་པའི་ཕྱིར་རོ། །དེས་ན་མན་ངག་གི་སྐབས་འདིར། བྱང་ཕྱོགས་སོ་བདུན་རྟེན་དཀྱིལ་འཁོར་བཞི་དང་། བརྟེན་པ་རྣམ་ཤེས་ཚོགས་བརྒྱད་ལ་བཞག་འདུག་པ་ནི། གཞན་དང་ཐུན་མོང་མ་ཡིན་པས། རིགས་པ་ལྟར་སྣང་གི་ཅོ་འདྲི་བར་མ་བྱེད་ཅིག །ཅེས་གདམས་སོ། །དེས་རྒྱུད་མན་ངག་གི་སྡོམ་སྲོལ་ལས་བྱུང་བའི་བྱང་ཕྱོགས་སོ་བདུན་བགྲོད་ལུགས་སོ།། །།

གཉིས་པ་ལམ་འཇུག་ལྡོག་བསྟན་པ་ལ། འོན་སྔར་བཤད་པའི་ལམ་ལྔ་དང་ས་བཅུ་པོ་དེ་ངེས་པར་བླ་མེད་སྔགས་ལམ་ལ་བརྟེན་ནས་བགྲོད་པ་ཞིག་དགོས་སམ་ཞེ་ན། མཁས་པ་བོ་དོང་པ་དང་། རྭང་བྱམས་པ་རྡོ་རྗེ་རྒྱལ་མཚན་སོགས་ཕར་ཕྱིན་ཐེག་པ་པས། ས་དང་པོ་མན་ཆད་བགྲོད་པ་མེད་དོ་ཞེས་འཆད་མོད། བླ་མ་ས་སྐྱ་པ་ཆེན་པོའི་ལམ་འཇུག་ལྡོག་ལས། ཕར་ཕྱིན་ཐེག་པས་འཇིག་རྟེན་པའི་ལམ་ཕལ་ཆེར་བགྲོད་ནས་བླ་མེད་ལམ་ལ་ཞུགས་ནས་ས་དང་པོ་ཡན་ཆད་བགྲོད་པ་དང་། ས་དང་པོ་མན་ཆད་ཕ་རོལ་ཏུ་ཕྱིན་པས་བགྲོད་ནས་ས་གཉིས་པ་ཡན་ཆད་སྔགས་ལམ་གྱིས་བགྲོད་པ་ནས་ས་བཅུ་པ་མན་ཆད་ཕ་རོལ་ཏུ་ཕྱིན་པའི་ཐེག་པས་བགྲོད་ནས། ས་བཅུ་གཅིག་པ་ཡན་ཆད་སྔགས་ལམ་གྱིས་བགྲོད་དགོས་པའི་བར་བཤད་དེ། ལམ་འཇུག་ལྡོག་གི་ཡིག་ཆུང་ཁ་ཅིག་འཇིག་རྟེན་པའི་ལམ་མན་ཆད་དུ་ཕ་རོལ་ཏུ་ཕྱིན་པའི་ལམ་གྱིས་བགྲོད་ནས། དེ་ནས་རྡོ་རྗེ་ཐེག་པའི་ལམ་ལ་ཞུགས་ཏེ། ས་དང་པོ་ཡན་ཆད་རྡོ་རྗེ་ཐེག་པས་བགྲོད་པ་ཡང་ཡོད་དོ། །

ཁ་ཅིག་ན་ས་དང་པོ་མན་ཆད་ཀྱང་ཕ་རོལ་ཏུ་ཕྱིན་པས་བགྲོད་ནས། ས་གཉིས་པ་ནས་རྡོ་རྗེ་ཐེག་པ་ལ་ཞུགས་ཤིང་ས་རྣམས་བགྲོད་ཅིང་། འབྲས་བུ་མངོན་དུ་བྱེད་པ་ཡང་ཡོད་དོ། །ཁ་ཅིག་ནི་ས་དྲུག་པ་མན་ཆད་ཕ་རོལ་ཕྱིན་པའི་ཐེག་པས་བགྲོད་པས། དེ་ནས་རྡོ་རྗེ་ཐེག་པའི་ལམ་དང་རོ་གཅིག་པར་གྱུར་ཏེ། དེ་ཡན་ཆད་ཀྱིས་ལམ་བགྲོད་ཅིང་འབྲས་བུ་མངོན་དུ་བྱེད་པ་ཡང་ཡོད། ཁ་ཅིག་ས་བཅུ་པ་མན་ཆད་ཕ་རོལ་ཏུ་ཕྱིན་པའི་ཐེག་པས་ལམ་བགྲོད་ནས། དེ་ནས་རྡོ་རྗེ་ཐེག་པ་ལ་ཞུགས་ཏེ། སྔས་པའི་ས་གཉིས་དང་མཐར་ཕྱིན་གྱི་ས་ཕྱེད་བགྲོད་ནས། རྡོ་རྗེ་འཛིན་པའི་ས་མངོན་དུ་བྱེད་པ་ཡང་ཡོད་དོ། །ཞེས་གསལ་བར་བཤད་པ་ལ་སྐྱོན་དུ་མེད་པའི་ཕྱིར་རོ། །དེས་ན་ཕར་ཕྱིན་རང་རྐང་ལས་ས་བཅུ་པ་མན་ཆད་བགྲོད་པ་ཡོད་ཀྱི། བཅུ་གཅིག་པ་མན་ཆད་བགྲོད་པ་ནི་མེད་དེ། སློབ་ལམ་ས་བཅུ་གཅིག་པ་སོགས་ནི་ཕར་ཕྱིན་ཐེག་པ་ལ་སྨྲས་ནས་མ་བཤད་པའི་ཕྱིར་དང་། སངས་རྒྱས་པར་གྱུར་པའི་ས་བཅུ་གཅིག་པ་ཞིག་ཕར་ཕྱིན་རང་རྐང་ལས་ཐོབ་པར་ཕར་ཕྱིན་པ་དག་བཞེད་ཀྱང་། དེ་ཐོབ་པ་གནས་ཚུལ་ལ་མི་སྲིད་པའི་ཕྱིར་སྙམ་པ་ནི་ལུང་འདིའི་དགོངས་པ་བླ་ན་མེད་པ་ཡིན་ལ། འདི་ལ་རྫོང

ལུགས་པ་བཤད་པ་དང་། བགྲོད་པའི་ཁྱད་པར་ཞེས་ཕ་རོལ་ཏུ་ཕྱིན་པ་ལས་དེ་ལྟར་བཤད་པ་ཙམ་ཡིན་གྱི། བཤད་པ་ལྟར་ཐོབ་པ་ཁས་མི་ལེན་ཞེས་སྐྱོགས་བཤད་སྣང་བ་ནི། མཁས་པའི་རྣམ་འགྱུར་མ་ཡིན་ཏེ། ཡིན་ན་ཕ་རོལ་ཏུ་ཕྱིན་པའི་ཐེག་པས་ས་བཅུ་པ་མན་ཆད་བགྲོད་པར་རློམ་ནས། དེ་ནས་རྡོ་རྗེ་ཐེག་པ་ལ་ཞུགས་ཏེ། ས་དང་པོ་ཡན་ཆད་བགྲོད་པ་ཡོད་ཅེས་གསུང་རིགས་ཀྱི། དེ་ནས་རྡོ་རྗེ་ཐེག་པའི་ལམ་ལ་ཞུགས་ཏེ། སྔགས་པའི་ས་གཉིས་དང་། མཐར་ཕྱིན་གྱི་ས་ཕྱེད་བགྲོད་ནས། ཞེས་སོགས། ས་བཅུ་པ་མན་ཆད་བགྲོད་མི་དགོས་པར་བཤད་པ་འདི་ལ། དགོས་པ་ལྟ་ཅི་སྨོས། དགོངས་གཞི་ཙམ་ཡང་མེད་པར་ཐལ་ཏེ། དེ་འདྲ་བ་དེས། སྔགས་ཀྱི་ཚོགས་སྦྱོར་ནས་ས་དང་པོ་ཡན་ཀུན་བགྲོད་དགོས་པའི་ཕྱིར་རོ། །ཁྱེད་ལ་དོན་དང་མཐུན་པའི་ལན་མེད་དོ། །

འོན་ཀྱང་རང་ལུགས་ལམ་འཇུག་ལྟོག་གི་གཞུང་དོན་ཁས་བླངས་པ་དག་ལ་སྐྱོན་དག་སྤང་དགོས་ཏེ། འོ་ན་ཕར་ཕྱིན་རང་རྐང་ལས་ས་བཅུ་པ་མན་ཆད་བགྲོད་པའི་བྱང་སེམས་དེས། སླིན་མཚམས་མན་ཆད་ཀྱི་མདུད་པ་ཉི་ཤུ་རྩ་བརྒྱད་པོ་དེ་གྲོལ་ལམ་མ་གྲོལ། གྲོལ་ན་ཕར་ཕྱིན་རང་རྐང་གི་ལམ་ལས་མདུད་པ་གྲོལ་བར་སོང་བས། ཕར་ཕྱིན་རང་རྐང་གི་ལམ་དེ་ཡང་རྡོ་རྗེའི་ལུས་ལ་གནད་དུ་བསྣུན་པའི་ལམ་ཡིན་པར་ཐལ་ལོ། །གལ་ཏེ་མ་གྲོལ་ན། སླར་ཡང་རྩ་མདུད་དེ་དག་འགྲོལ་བའི་ཕྱིར་དུ། བླ་མེད་ཀྱི་ས་བཅུ་རིམ་གྱིས་བགྲོད་དགོས་པར་ཐལ་བའམ། ཡང་ན་ས་བཅུ་གཅིག་པ་ཐོབ་པའི་ཚེ། མདུད་པ་ཉེར་བརྒྱད་ཅིག་ཅར་གྲོལ་བར་ཐལ་བ་གང་རུང་ལས་མ་འདས་སོ་ཞེས་བྱ་བ་ནི་སྐྱོན་གཅིག་གོ། །ཡང་དེ་ལྟ་བུའི་བྱང་སེམས་དེས་ཕྱི་ནང་གི་ཡུལ་ཆེན་ཉེར་བཞི་བགྲོད་དམ་མ་བགྲོད། བགྲོད་ན་གནས་དང་ཉེ་བའི་གནས་ནས། དུར་ཁྲོད་དང་ཉེ་བའི་དུར་ཁྲོད་ཀྱི་བར་བཅུ་ཡང་བགྲོད་ཟིན་པས། བླ་མེད་ཀྱི་ས་བཅུ་ཐོབ་ཟིན་པར་ཐལ་ལོ། །གལ་ཏེ་མ་བགྲོད་ན་སླར་ཡང་ཕྱི་ནང་གི་ཡུལ་ཆེན་ཉེར་བཞི་བགྲོད་པའི་སྒོ་ནས། བླ་མེད་ཀྱི་ས་བཅུ་རིམ་གྱིས་བགྲོད་དགོས་པར་ཐལ་བ་དང་། ཡང་ནི་དེས་ས་བཅུ་གཅིག་པ་ཐོབ་པའི་ཚེ་ཕྱི་ནང་གི་ཡུལ་ཆེན་ཉེར་བཞི་པོ་ཅིག་ཅར་བགྲོད་པར་ཐལ་བ་གང་རུང་ལས་མ་འདས་ཤིང་། ཐལ་བ་ཕྱི་མ་ལ་འདོད་ན། དེས་བླ་མེད་ཀྱི་ས་བཅུ་ཡང་དེའི་ཚེ་ཅིག་ཅར་ཐོབ་པར་ཐལ་ལོ༔ ༔ཞེས་པ་ནི་སྐྱོན་གཉིས་པའོ། །ཡང་དེ་ལྟ་བུའི་བྱང་སེམས་དེས། མས་བརྟན་གྱི་དགའ་བ་བཅུ་དྲུག་ལས། མས་བརྟན་གྱི་དགའ་བ་བཅུ་གཉིས་མན་ཆད་པོ་དེ་ཐོབ་ཟིན་ནམ་མ་ཟིན། གལ་ཏེ་ཟིན་ན། མས་བརྟན་གྱི་དགའ་བ་རྒྱུད་ལ་སྐྱེས་པའི་ཕར་ཕྱིན་རང་རྐང་གི་འཕགས་པ་ཡོད་པར་ཐལ་ལོ། གལ་ཏེ་མ་ཟིན་ན། མས་བརྟན་གྱི་ཟག་མེད་དགའ་བ་དང་པོ་འཆར་བྱེད་བླ་མེད་ས་དང་པོ་སོགས་རིམ་གྱིས་ཐོབ་དགོས་པར་ཐལ་བའམ། ཡང་ན་དེས་ས་བཅུ་གཅིག་པའི་ཚེ་མས་བརྟན་གྱི་དགའ་བ་བཅུ་གཉིས་པོ་དེ་ཡང་ཅིག་ཅར་མངོན་དུ་བྱེད་པར་ཐལ

ལོ་ཞེས་པ་ནི་སྐྱོན་གསུམ་པའོ། །

ཡང་ས་བཅུ་པ་མན་ཆད་ཕར་ཕྱིན་རང་རྐང་གིས་བགྲོད་པའི་བྱང་སེམས་དེའི་རྗེན་ལ། བླ་མེད་སྔགས་ལམ་དུ་འཇུག་པ་དེའི། དེར་ཞུགས་མ་ཐག་ཏུ་ས་བཅུ་གཅིག་པ་ཐོབ་པ་ཡིན་ནམ་མ་ཡིན། ཡིན་ན་དེ། བླ་མེད་ལམ་དུ་འཇུག་པ་དེའི་ཚེ་བླ་མེད་སྨིན་བྱེད་དབང་ནས་བསྐུར་དགོས་སམ། ལམ་དབང་དང་འབྲས་དབང་ལྷ་བུ་ནས་ཞུགས་པས་ཆོག ཕྱི་མ་གཉིས་མི་སྲིད་དེ། བླ་མེད་ཀྱི་སྨིན་བྱེད་ཀྱི་དབང་མ་ཐོབ་པར། བླ་མེད་ཀྱི་ལམ་དབང་དང་འབྲས་དབང་ཐོབ་པ་བརྒྱུད་པ་འདིའི་ལུགས་ལ་མེད་པའི་ཕྱིར་རོ། །གལ་ཏེ་སྨིན་བྱེད་དབང་ནས་འཇུག་པ་ལས་འོས་མེད་དོ་སྙམ་ན། འོན་སྨིན་བྱེད་ཀྱི་དབང་དེ་ལ་སྔ་གོན་དང་དངོས་གཞི་གཉིས་དགོས་སམ། དངོས་གཞི་ནས་ཞུགས་པའི་ཆོག །དང་པོ་ལྟར་ན། སྔར་དབང་གིས་མ་སྨིན་པའི་ལས་དང་པོ་པ། དབང་གི་སྔ་གོན་ཐོབ་མ་ཐག་ཏུ། ས་བཅུ་གཅིག་པ་ཐོབ་པ་དེ་བརྒྱུད་པ་འདིའི་ལུགས་ལ་མི་སྲིད་དོ། །

གཉིས་པ་ལྟར་ན་ཡང་། དེ་ལ་དབང་གི་ཕྱི་འཇུག་ནང་འཇུག་དགོས་སམ། དངོས་གཞི་བུམ་དབང་བཅུ་གཅིག་ནས་རིམ་པས་ཞུགས་པས་ཆོག །དེ་དག་གང་ལྟར་ཡང་། སྔར་མ་སྨིན་པའི་ལས་དང་པོ་པས། དབང་གི་འཇུག་པ་ལ་ཞུགས་མ་ཐག་པའམ། སློབ་མའི་དབང་ཐོབ་མ་ཐག་པའམ། སློབ་དཔོན་གྱི་བུམ་དབང་ཐོབ་མ་ཐག་སོགས་སུ་ས་བཅུ་གཅིག་པ་ཐོབ་པ་ནི་མི་སྲིད་དེ། བླ་མེད་ཀྱི་ས་བཅུ་གཅིག་ཐོབ་པ་ལ་བླ་མེད་ཀྱི་དབང་བཞི་ཐོབ་དགོས་པའི་ཕྱིར་རོ། །གལ་ཏེ་དེས་དབང་བཞི་དང་ས་བཅུ་གཅིག་པ་སོགས་ཅིག་ཅར་ཐོབ་པ་གཅིག་འགལ་ལོ་སྙམ་ན། དབང་བཞི་གཅིག་ཅར་ཐོབ་པ་དང་། དབང་འོག་མ་མ་ཐོབ་པར་གོང་མ་ཐོབ་པ་སོགས་ལུགས་མཆོག་འདི་ལ་ཁས་མི་ལེན་ཏེ། རྡོ་རྗེ་སྙིང་འགྲེལ་ལས། རྡོ་རྗེ་སློབ་དཔོན་བློ་དང་ལྡན་པས་དབང་མ་འཚོལ་བའི་སྐྱོན་སྤྲངས་ལ་དབང་བཞི་གོ་རིམ་བཞིན་དུ་བསྐུར་བར་བྱའོ། །ཞེས་བཤད་པའི་ཕྱིར་དང་། གཞན་དུ་ན་ས་བཅུ་གཅིག་པ་དང་། ལམ་ལྔ་སོགས་ཅིག་ཅར་བགྲོད་པ་སྲིད་པར་ཐལ་བའི་ཕྱིར་རོ། །གལ་ཏེ་དེས་སྔགས་ལམ་དུ་ཞུགས་མ་ཐག་ཏུ་ས་བཅུ་གཅིག་པ་ཐོབ་པར་མི་ནུས་ན། བར་སྐབས་དེར་ཚོགས་སྦྱོར་གཉིས་བླ་མེད་ཀྱི་ཚོགས་སྦྱོར་གཉིས་མངོན་དུ་བྱེད་དགོས་པར་འགྱུར་ལ། དེ་ལྟར་ན་བླ་མེད་ཀྱི་མཐོང་ལམ་སོགས་ཀྱང་ཅིའི་ཕྱིར་མངོན་དུ་བྱེད་མི་དགོས། ཞེས་བརྒལ་ཞིང་བརྟག་པ་ནི་སྐྱོན་བཞི་པའོ། །

དེ་ལྟར་སྐྱོན་བཞི་པོ་དེ་སྤོང་བ་ངེས་པར་གནད་དུ་ཆེ་བས། འདི་ལྟར་སྐྱོན་དང་པོ་མེད་དེ། ཕར་ཕྱིན་གཞུང་ལས་རྒྱ་མཚོ་གྲོལ་བའི་ཐ་སྙད་མ་བཤད་ཀྱང་། ཕར་ཕྱིན་ཐེག་པས་ས་བཅུ་པ་མན་ཆད་བགྲོད་པའི་གང་ཟག་དེས། རྡོ་རྗེའི་ལུས་ལ་རྩ་མདུད་ཉེར་བརྒྱད་མན་ཆད་གྲོལ་དགོས་ཏེ། དེས་ས་བཅུ་ཐོབ་པའི་འགལ་རྐྱེན་གེགས

རྣམས་བསལ་ཞིང་། ཐོབ་བྱའི་ཡོན་ཏན་ཐོབ་ལ། རྫོགས་བྱའི་གནས་ལུགས་རྣམས་རྫོགས་པའི་སྒོ་ནས་ས་བཅུ་པ་མན་ཆད་བགྲོད་དགོས་པའི་ཕྱིར་རོ། །དེས་ན་རྒྱ་མདུད་གྲོལ་བ་ལ་ངེས་པར་རྡོ་རྗེའི་ལུས་ལ་གནད་དུ་བསྣུན་པའི་ལམ་དགོས་པའང་མ་ཡིན་ཏེ། ལམ་ཟབ་མོ་བླ་མའི་རྣལ་འབྱོར་ལས། རྒྱ་མདུད་ཅི་རིགས་པ་གྲོལ་བ་ཡང་སྲིད་པའི་ཕྱིར་རོ། །དེས་ན་སྐྱོན་གཉིས་པ་དང་གསུམ་པའང་རང་གྲོལ་ཡིན་ཏེ། ས་བཅུ་པ་བགྲོད་པའི་ཕར་ཕྱིན་པ་དེས། སྤྱི་བོ་སོགས་ཀྱི་ཁམས་རྣམས་དབུ་མར་ཐིམ་ཟིན་པས། ཡུལ་ཉེར་བཞིའི་ཐ་སྙད་མ་བགྲོད་ཀྱང་དེ་དག་གི་དོན་བགྲོད་ཟིན་པས་སླར་བགྲོད་མི་དགོས་པའི་ཕྱིར་དང་། གནས་དང་ཉེ་བའི་གནས་སོགས་ཀྱི་ཐ་སྙད་མ་ཐོབ་ཀྱང་། དེ་དག་གི་དོན་ས་དང་པོ་ཐོབ་ཟིན་པས། སླར་གནས་སོགས་བགྲོད་མི་དགོས་པའི་ཕྱིར། དེས་དེ་བཞིན་དུ་མས་རྟེན་གྱི་ལྷན་སྐྱེས་མ་ཐོབ་ཀྱང་། ལྷན་སྐྱེས་ཀྱི་དོན་རྣམས་ཇི་ལྟ་བ་བཞིན་ཤར་བ་ཡིན་ཏེ། ས་དང་པོའི་ཚེ། གསང་གནས་ཀྱི་འཁོར་ལོ་དྭངས་མས་བརྟན་ཞིང་ཟག་མེད་ཀྱི་དགའ་བདེ་ཐོབ་པ་སོགས་ཀྱི་ཕྱིར་རོ། །སྐྱོན་བཞི་པས་ཀྱང་མི་གནོད་དེ། ཁོ་བོ་ཅག་སྤྱིར་བཏང་དང་དམིགས་བསལ་དུ་བྱས་ཏེ། དེ་ལྟ་བུའི་བྱང་སེམས་ཀྱི་རྟེན་གྱིས་སྔགས་ལམ་དུ་ཞུགས་པ་དེས། སྔགས་བླ་མེད་ཀྱི་ཚོགས་སྦྱོར་གཉིས་མངོན་དུ་བྱེད་དགོས་ཀྱང་། མཐོང་ལམ་ས་དང་པོ་ནས། སྒོམ་ལམ་ས་བཅུ་པའི་བར་མངོན་དུ་བྱེད་མི་དགོས་པར། སྦྱོར་ལམ་གྱི་མཇུག་དེར་ས་བཅུ་གཅིག་པ་ལ་ཞུགས་པས་ཆོག་པར་འདོད་པའི་ཕྱིར་རོ། །

འོན་དེས་སྔགས་བླ་མེད་ཀྱི་ཚོགས་སྦྱོར་གཉིས་མངོན་དུ་བྱེད་དགོས་པའི་གནད་ཇི་ལྟ་བུ་སྙམ་ན། གནད་འདི་ལྟར་ཡིན་ཏེ། དེ་ལྟ་བུའི་བླ་མེད་ལམ་དུ་ཞུགས་མ་ཐག་པ་དེ། སྔགས་བླ་མེད་ཀྱི་ལས་དང་པོ་པ། སྔར་དབང་གིས་མ་སྨིན་པ་ཡིན་པས། དེས་སྨིན་བྱེད་དབང་བཞི་རིམ་ཅན་དུ་ནོད་དགོས་ལ། དེ་དབང་བཞི་ཐོབ་ནས་མཚོན་བྱ་དོན་གྱི་ཡེ་ཤེས་ཅིག་ནམ་རྒྱུད་ལ་སྐྱེས་པའི་ཚེ། ས་བཅུ་གཅིག་པ་རྒྱུད་ལ་སྐྱེས་པ་ཡིན་ལ། དེ་མ་སྐྱེས་གོང་གི་དབང་བཞིའི་ལམ་རྣམས་ནི་ཚོགས་ལམ་དང་། དབང་ལམ་དེ་དག་ལ་བརྟེན་པའི་ལྟ་བ་ངོ་བོ་ཉིད་གསུམ་སོགས་ལ་སྦྱོར་ལམ་དུ་འཇོག་དགོས་པའི་ཕྱིར་རོ། །དེ་ལྟར་མ་ཡིན་པར། དེ་བླ་མེད་ལམ་དུ་ཞུགས་མ་ཐག་ཏུ་ས་བཅུ་གཅིག་པ་ཐོབ་པ་ཡིན་ན། དེ་ལྟ་བུའི་བླ་མེད་ལམ་དུ་ཞུགས་མ་ཐག་པའི་གང་ཟག་གི་རྒྱུད་ཀྱི་ས་བཅུ་གཅིག་པ་ཆོས་ཅན། ཁྱོད་མཚོན་བྱེད་དཔེའི་ཡེ་ཤེས་པ་མ་ཡིན་པར་ཐལ། ཁྱོད་སྔགས་བླ་མེད་ཀྱི་མཚོན་བྱ་དོན་གྱི་ཡེ་ཤེས་ཡིན་པའི་ཕྱིར། ས་བཅུ་གཅིག་པ་ཡིན་པའི་ཕྱིར། གོང་དེར་ཁྱབ་སྟེ། སྔགས་བླ་མེད་ཀྱི་མཐོང་ལམ་ཡིན་ན། དབང་བཞི་ཐོབ་པའི་ལམ་བཞི་ཡིན་དགོས་པའི་ཕྱིར་ཏེ། དེ་ཡིན་ན། ཁམས་འདུས་པ་ཐ་མའི་སྐབས་ཀྱི་ཡང་དག་སྦྱོང་བ་བཞི་ལ་བརྟེན་ནས་ཐོབ་དགོས། ཁམས་འདུས་པ་ཐ་མའི་ཡང་དག་སྦྱོང་བཞིའི་ལམ་

ཡིན་ན། དབང་བཞི་པའི་ལམ་ཡིན་དགོས་པ་འདི་གསུང་ངག་ལ་རྒྱུས་ཡོད་པ་རྣམས་ཀྱི་སྤྱི་ལུགས་ཡིན་པའི་ཕྱིར་རོ། །གལ་ཏེ་འདོད་ན། དེ་འདྲ་བླ་མེད་ལམ་དུ་ཞུགས་མ་ཐག་པ་དེས། དབང་བཞི་གཅིག་ཅར་ཐོབ་བམ་རིམ་གྱིས་ཐོབ། གཅིག་ཅར་ཐོབ་པ་ས་ལུགས་ལ་མི་སྲིད་ལ། རིམ་གྱིས་ཐོབ་ན། བླ་མེད་ལམ་དུ་འཇུག་ཁ་མའི་ས་བཅུ་པའི་ཕ་རོལ་ཏུ་ཕྱིན་པ་དེས་ཀྱང་བླ་མེད་བུམ་དབང་སོགས་ཐོབ་ཟིན་པར་འགྱུར་བས། བླ་མེད་སྔགས་སྡོམ་ཐོབ་ལ་མ་བཏང་བའི་ཕར་ཕྱིན་རང་རྐང་གི་འཕགས་པ་དེ་འདྲ་ཡང་མཚན།

གཞན་ཡང་ཕར་ཕྱིན་ཐེག་པའི་ཚོགས་སྦྱོར་མན་ཆད་བགྲོད་པ་དེ་བླ་མེད་ལམ་དུ་འཇུག་པའི་ཚེ་ས་དང་པོ་ནས་ཞུགས་ཚོག་པ་དང་། ས་དང་པོ་མན་ཆད་བགྲོད་པ་དེས། བླ་མེད་ལམ་དུ་འཇུག་པའི་ཚེ་ས་གཉིས་པ་ནས་ཞུགས་ཚོག་པར་འགྱུར་ལ། དེ་ལྟར་ན་སྨིན་བྱེད་དབང་བཞི་མ་རྫོགས་པར། གྲོལ་བྱེད་མཐོང་སྒོམ་ཟག་མེད་ཀྱི་ཡེ་ཤེས་བླ་མེད་སྔགས་ལམ་གྱིས་བསྡུས་པ་དེ་རྒྱུད་ལ་སྐྱེས་པ་ཞིག་ཁས་བླངས་པས། སྨིན་གྲོལ་གྱི་རྣམ་དབྱེ་ཐམས་ཅད་འཆོལ་བར་འགྱུར་བས། ཧ་ཅང་ཐལ་ཆེས་སོ། །གནད་དེས་ན་ཕར་ཕྱིན་ཐེག་པས། ས་བཅུ་མན་ཆད་བགྲོད་ནས། བླ་མེད་སྔགས་ལམ་དུ་ཞུགས་མ་ཐག་པའི་བྱང་སེམས་དེ་ཐེག་ཆེན་འཕགས་པ་ཡིན་མོད། ཕ་རོལ་ཏུ་ཕྱིན་པའི་འཕགས་པ་དང་། སྔགས་བླ་མེད་ཀྱི་འཕགས་པ་གང་རུང་མ་ཡིན་ཏེ། སྔགས་ཀྱི་ཐེག་པ་ལ་གནས་ཤིང་། བླ་མེད་ཀྱི་འཕགས་ལམ་རྒྱུད་མ་ལ་སྐྱེས་པའི་ཕྱིར་རོ། །དེས་གཞན་ལ་ཡང་མཚོན་ནོ། །

དེ་ལྟར་ཕྱེད་དང་བཅུ་གསུམ་བགྲོད་ཚུལ་བཤད་ནས། དེས་ན་འབྲས་བུ་ས་བཅུ་གསུམ་རྡོ་རྗེ་འཛིན་པ་ཐོབ་ཚུལ་ལ། དངོས་དང་། དོགས་པ་དཔྱད་པ་གཉིས། དང་པོ་ལ། ས་བཅུ་གསུམ་ཕྱེད་གོང་མ་དེའི་རྒྱུད་པའི་རྒྱུ་ནི། སྤྱོད་པ་རྣམ་པ་གསུམ་དང་། ལྷན་ཅིག་བྱེད་པའི་རྐྱེན་ནི། ཉེ་རྒྱུ་ཞེས་མིང་བཏགས་པ་འགྲོས་བཞི་ཐིམ་བྱེད་ཀྱི་འབྲས་དུས་ཀྱི་དབང་དེ་ཡིན་ལ། ཉེར་ལེན་གྱི་རྒྱུ་ནི། འགྲོས་བཞི་ཐིམ་ཁ་མའི་རྟེན་དཀྱིལ་འཁོར་བཞི་རྟེན་དང་བཅས་པ་རྣམས་དང་། དེ་ལྟར་འགྲོས་བཞི་ཐིམ་པ་ལས། རང་དོན་གྱི་ཆེ་བ་སྐུ་ལྔ། གཞན་དོན་གྱི་ཆེ་བ་ལོང་བ་རྣམས་ཀྱིས་མིག་ཐོབ་པ་ལ་སོགས་པ་དྲུག བདག་གཞན་གཉིས་ཀའི་ཆེ་བ་འཁོར་ཚོམ་བུ་གཅིག་དང་བཅས་ཏེ་འཚང་རྒྱ་བ་ཡིན་ནོ། །དེ་ཡང་འགྲོས་བཞི་ཐིམ་ཚུལ་ནི། བུམ་དབང་རྩའི་འགྲོས་ཐིམ་སྟེ། རྩ་ཐམས་ཅད་ཀྱི་ནུས་པ་དབུ་མར་ཐིམ། དབུ་མ་ཡང་གཙུག་ཏོར་མཆོག་ཏུ་ཐིམ་སྟེ། ཚད་སོར་གཅིག་པ་དབྱིབས་ཡི་གེ་ནཱ་ད་ཞེས་པ་གསུམ་འཁྱིལ་གྱི་རྣམ་པ་ཅན། སྡོམ་ཕྲ་ཧ་ར་བརྒྱར་གཤགས་པའི་ཚད་ཙམ་པ་སྟེ། དེའི་ཚེ་རྩ་གནས་གྱུར་སྤྲུལ་པའི་སྐུ་ཞེས་པ། རྡོ་རྗེ་འཆང་ནས་ཤཱཀྱ་ཐུབ་པའི་སྐུའི་རྣམ་པས་འགྲོ་བའི་དོན་བྱེད་པ་དེ་འབྱུང་། གསང་དབང་རྩ་ཡི་གེ་འགྲོས་ཐིམ་སྟེ། སྙིང་པོའི་ཨ་དེ་རྩ་མདུད་གང་གྲོལ་བར་ཕྱིན་པ་སྤྱི་བོའི་ཧཾ་ལ་གཏད་པ

ལས། །ཁ་དོག་ཐིམ་པས་དཀར་པོ་དབྱིབས་ཐིམ་པས་ཨ་ཧཾ་མི་ཐི། སྟོབས་ཐིམ་པས་ཧཱུྃ་གི་སྟོབས་སུ་གྱུར། དེའི་ཚེ་ཡི་གེ་གནས་གྱུར་ལོངས་སྐུ་ཞེས་བྱ་བ་ལེགས་སྦྱར་གྱི་སྐད་ནས། འགྲོ་བ་རིགས་དྲུག་སོགས་ཀྱི་སྐད་ཀྱིས་འགྲོ་བའི་དོན་བྱེད་པ་དེ་འབྱུང་། ཤེར་དབང་བདུད་རྩིའི་འགྲོས་ཐིམ་སྟེ་ཁམས་དཀྱིའི་དྭངས་མ་ཐམས་ཅད་གཙུག་ཏོར་མཆོག་གི་དབུ་མར་ཐིམ། དེའི་ཚེ་བདུད་རྩི་གནས་གྱུར་ཆོས་སྐུ་ཞེས་བྱ་བ། ཤེས་བྱ་ཇི་ལྟ་བ་དང་། ཇི་སྙེད་པ་ཐམས་ཅད་གསལ་ལེར་མཁྱེན་པས་འགྲོ་བའི་དོན་བྱེད་པ་དེ་འབྱུང་། དབང་བཞི་པ་རླུང་གི་འགྲོས་ཐིམ་སྟེ། ལས་རླུང་ཐམས་ཅད་གྲོང་གྲོངས་ཏེ། ཡེ་ཤེས་ཀྱི་རླུང་འབའ་ཞིག་ཏུ་འགྱུར། དེའི་ཚེ་རླུང་གནས་གྱུར་ངོ་བོ་ཉིད་སྐུ་ཞེས་བྱ་བ་སྐྱེ་འགག་འགྲོ་འོང་སོགས་དང་བྲལ་བའི་དྲི་བྲལ་དབྱིངས་མངོན་སུམ་དུ་གཟིགས་ཏེ་འགྲོ་བའི་དོན་བྱེད་པ་དེ་འབྱུང་། དེ་ལྟར་རྟེན་གནས་གྱུར་སྐུ་བཞི་དང་མཉམ་དུ། བརྟེན་པ་ཀུན་གཞི་གནས་གྱུར་ཏེ། ཤིན་ཏུ་རྣམ་དག་ངོ་བོ་ཉིད་ཀྱི་སྐུ་ཞེས་བྱ་བ་དབྱིངས་དང་ཡེ་ཤེས་ཟུང་དུ་ཚུད་བདེ་བ་ཆེན་པོའི་སྐུ་ཐོབ་སྟེ༑ འཁོར་བ་མ་སྟོངས་ཀྱི་བར་ལ་འགྲོ་དོན་རྒྱུན་མི་འཆད་པ་དེ་འབྱུང་། དེ་ལྟར་བདག་ཉིད་ཀྱིས་སྐུ་ལྔ་བརྙེས་པའི་ཚེ། སྒྲུབ་པ་པོ་རང་ཉིད། རྒྱུད་དག་པའི་ཕྱག་རྒྱ་མོ་གཅིག །གསོལ་བ་འདེབས་སའི་བླ་མ་གཅིག །མོས་པ་ཐོབ་པའི་སློབ་མ་གཅིག །བར་ཆད་སེལ་བའི་མཁའ་འགྲོ་གཅིག་སྟེ། འཁོར་ཚོམ་བུ་གཅིག་དང་བཅས་པ་དུས་མཉམ་དུ་གྲོལ་བ་ནི། བླ་མེད་རྡོ་རྗེ་ཐེག་པ་འདིའི་རྟེན་འབྲེལ་གྱི་ཆེ་བ་སྟེ། ཕྱི་ནང་གི་རྟེན་འབྲེལ་གཟིགས་པ་བརྒྱུད་པ་བར་མ་ཆད་པའི་སྙན་རྒྱུད་ལས་དེ་ལྟར་གསལ་བས་སོ། །

གཉིས་པ་དོགས་དཔྱོད་ལ། སྔ་རབས་མཁས་པའི་གསུང་སྒྲོས་སྐྱར་བ། རྗེ་བཙུན་གོང་མས་ཇི་ལྟར་བཤད་ཚུལ། སྙིང་པོའི་དོན་ངེས་གཟུང་བའོ། །དང་པོ་ལ། སློན་གྱི་པཎ་ཆེན་ནཱ་རོ་མི་ཏྲི་པ་ནི། ཕར་ཕྱིན་ཐེག་པ་དེ་སྔགས་ལ་འཇུག་པའི་ཐེམ་སྐས་ལྟ་བུ་ཡིན་གྱི། སྔགས་ལ་མ་ལྟོས་པར་འཚང་རྒྱ་བ་མེད་ལ། གནད་དེས་ན་ཕར་ཕྱིན་ཐེག་པས་སྔགས་ལ་འཇུག་པའི་ཕྱི་མཐའ་ཚོགས་ལམ་ཆེན་པོ་ནས་ཡིན་ཏེ། དེར་མཆོག་གི་སྤྲུལ་སྐུ་ལས་ཆོས་ཉན་དུ་ཡོད་པས། དེ་ནས་ངེས་པར་སྔགས་ལམ་ལ་འཇུག་པ་ཡིན་ལ། ཐེག་ཆེན་སྦྱོར་ལམ་ཡན་ཆད་ནི་སྔགས་ཀྱི་ཐེག་པས་བགྲོད་དགོས་སོ་ཞེས་འཆད་ཅིང་། དེ་དང་མཐུན་པར་ཕྱིས་ཀྱི་མཁས་པ་བོ་དོང་ཕྱོགས་ལས་རྣམ་རྒྱལ་དང་། དཔལ་ལྡན་ས་སྐྱ་པའི་ཕྱོགས་གཅིག་ཀྱང་འདི་བཞིན་བཞེད་པར་སྣང་ངོ་། །

རྗེ་བཙུན་ནཱ་རོ་ཏ་པ་ནི། རྒྱུ་འབྲས་ཀྱི་ཐེག་པ་གཉིས་པོ་མྱུར་ཕྱུལ་གྱི་ཁྱད་ཙམ་མ་གཏོགས་མཐར་འཚང་རྒྱ་བ་ལ་ཁྱད་པར་མེད་པས། ཕར་ཕྱིན་ཐེག་པའམ་རྒྱུད་སྡེ་འོག་མའམ། བསྐྱེད་རྫོགས་ཀྱི་ལམ་གང་ལ་ཕྱིན་ཀྱང་ས་དང་པོ་ནས་སངས་རྒྱས་སའི་བར་དེ་དག་ནང་ཕན་ཚུན་སྤང་རྟོགས་ལ་ཁྱད་པར་གཏན་ནས་མེད་པས། མདོ་

ལམ་ནས་སངས་རྒྱས་པ་དང་། སྔགས་ལམ་ནས་སངས་རྒྱས་པ་གཉིས་ལ། སྤང་རྟོགས་ལ་ཁྱད་པར་གདའ་ནས་མེད་དེ། སངས་རྒྱས་ཐམས་ཅད་དགོངས་པ་གཅིག་པའི་ཕྱིར་ཞེས་བཞེད་ལ། པཎ་ཆེན་དེ་དག་གི་སྒྲོལ་འཛིན་སྤྲུལ་སྐུ་པདྨ་དཀར་པོའི་གསུང་ལས། སའི་རྣམ་གཞག་བཅུ་གཉིས་བཅུ་དྲུག་བཅུ་གསུམ་སོགས་ཐམས་ཅད་ཚང་མ་མཛད་ནས། རྟེན་འབྲེལ་བཅུ་གཉིས་དག་པས་ས་བཅུ་གཉིས་སུ་ཕྱེ་བའི། ས་དང་པོ་བཅུ་གཅིག་སློབ་ལམ། བཅུ་གཉིས་པ་སངས་རྒྱས་ས་དང་། ལྷན་ཅིག་སྐྱེས་པའི་དགའ་བ་བཅུ་དྲུག་ལས་ཕྱེ་བའི་ས་དང་པོ་བཅོ་ལྔ་སློབ་པའི་ས་དང་། བཅུ་དྲུག་པ་མི་སློབ་པའི་ས་དང་། བརྟག་གཉིས་ལས་བཤད་པའི་ས་བཅུ་གཉིས་སློབ་ལམ་དང་། བཅུ་གསུམ་པ་མི་སློབ་པའི་སར་འཇོག་ཅེས་དང་། ཡང་ས་ལུགས་ལ་སྐྱོན་བརྗོད་སྣང་བའི་ཚེ། ཁ་ཅིག་མདོ་ལམ་དུ་ས་བཅུ་ཚུན་བགྲོད་ནས་དེ་ནས་སྔགས་ལམ་དུ་ཞུགས་ཏེ། ས་བཅུ་གཅིག་པ་དང་། བཅུ་གཉིས་པ་དང་། བཅུ་གསུམ་པ་རྣམས་རིམ་གྱིས་ཐོབ་པར་འདོད་ཅིང་། བཅུ་གསུམ་པ་དེའི་ཕྱེད་འོག་མ་སློབ་པ་དང་། གོང་མ་མི་སློབ་པའི་སར་འདོད་དོ། །ཞེས་ཕྱོགས་སྔ་བླངས་ནས། ས་བཅུ་བགྲོད་པ་དེའི་ཚེ་རྩ་མདུད་མ་གྲོལ་ན་ནི། ནང་རྩ་གནས་ཀྱི་རྟེན་འབྲེལ་ངོ་མཚར་ཅན་གྱི་ས་དང་མ་མཐུན་པས་འཕགས་པ་བཏགས་པ་བར་ཁས་ལེན་དགོས། གྲོལ་ན་ནི་མདོ་ལམ་ནས་ཕྱིན་ཀྱང་སྔགས་ཀྱི་སྤང་རྟོགས་རྫོགས་པར་སོང་ངོ་། །གང་ཟག་དེ་ལ་སྨིན་བྱེད་ཀྱི་དབང་བསྐུར་མི་དགོས་ཏེ། སྨིན་བྱེད་ནི་རྒྱུ་དབང་ཡིན་ལ། དེ་ལ་ལམ་དབང་དང་འབྲས་བུའི་དབང་ཙམ་གྱིས་ཆོག་པར་བཤད་སྣང་བས་སོ། །དེ་དབང་མ་བསྐུར་བར་ཐོབ་པ་ཡིན་ན། དབང་མ་ཐོབ་པར་གསང་སྔགས་ཀྱི་འཕགས་པའི་སྤང་རྟོགས་སྐྱེད་པར་འདོད་ན་ནི་རང་གཞུང་དང་ཡང་འགལ་ལོ། །ཞེས་སོགས་སྐྱོན་འཕེན་པར་མཛད་དོ། །

ཡང་རྗེ་བཙུན་རེད་མདའ་པ། ས་བཅུ་གསུམ་བཤད་ཀྱང་། དོན་ལ་ས་བཅུ་གཅིག་ལས་མེད་དེ། ས་བཅུ་པའི་རྣམ་གྲོལ་ལམ་དང་། ཁྱད་པར་ལམ་ལ་ས་བཅུ་གཅིག་པ་དཔེ་མེད་པ་དང་། བཅུ་གཉིས་པ་ཡེ་ཤེས་ལྡན་དུ་བྱས་ནས། བཅུ་གཅིག་ཀུན་ཏུ་འོད་ཀྱི་ས་ལ། བཅུ་གསུམ་རྡོ་རྗེ་འཛིན་པའི་ས་ཞེས་བཞག་པ་ཡིན་པའི་ཕྱིར་རོ། །ཞེས་འཆད་དོ། །

ཡང་དཔལ་ཤཱཀྱ་མཆོག་ལྡན། སྔགས་ནས་བཤད་པའི་ས་གསུམ་དང་། མདོ་ནས་བཤད་པའི་བཅུ་གཅིག་ཀུན་ཏུ་འོད་ཀྱི་ས་གཉིས་གནད་གཅིག་པས། དེ་གཉིས་ཐོབ་པ་སྔགས་ལམ་ལ་ལྟོས་དགོས་ཀྱིས། ཕར་ཕྱིན་ཐེག་པས་ཐོབ་ནུས་པ་མ་ཡིན་ནོ་ཞེས་འཆད། ཀུན་མཁྱེན་གོ་རམ་པ། མདོ་སྔགས་གཉིས་པོ་སངས་རྒྱས་ཀྱི་མཚན་གཞི་ལ་མི་མཐུན་སྟེ། ཕར་ཕྱིན་པས་བཅུ་གཅིག་ཀུན་ཏུ་འོད་ལ་གནས་པ་དེ་སངས་རྒྱས་སུ་འདོད་ལ།

སྔགས་བླ་མེད་པས་བཅུ་གསུམ་རྡོ་རྗེ་འཛིན་པའི་ས་ལ་གནས་པ་དེ་དེར་འདོད་པས་སོ། །དེས་ན་ཕར་ཕྱིན་ཐེག་པ་ནས་བཤད་པའི་བཅུ་གཅིག་ཀུན་ཏུ་འོད་དང་། བླ་མེད་ནས་བཤད་པའི་བཅུ་གཅིག་པ་དཔེ་མེད་པའི་ས་གཉིས་གནད་གཅིག་ཅིང་། ས་བཅུ་གཅིག་པ་ཡན་ཆད་སྔགས་ལམ་ཁོ་ན་ལ་བརྟེན་ནས་བགྲོད་དགོས་ཀྱི། ཕར་ཕྱིན་ཐེག་པས་བགྲོད་པར་མི་ནུས་སོ། །དེ་གཉིས་སངས་རྒྱས་ཀྱི་མཚན་ཉིད་ལ་ནི་མི་མཐུན་པ་མེད་དེ། སྤྱངས་རྟོགས་མཐར་ཐུག་བརྙེས་པ་ཞིག་ལ་སངས་རྒྱས་སུ་འཇོག་པར་མཐུན་པའི་ཕྱིར་རོ། །དེས་ན་ཕར་ཕྱིན་ཐེག་པ་ནས་བཤད་པའི་སྟོན་པ་ཐུབ་དབང་དེས། ས་བཅུ་གསུམ་པ་ཐོབ་ཀྱང་། ཕར་ཕྱིན་ཐེག་པ་ལས་དེ་ལྟར་ནི་མ་བཤད་དེ། ས་བཅུ་གཅིག་པ་ལ་སངས་རྒྱས་སུ་འཇོག་པའི་སྐབས་ཡིན་པའི་ཕྱིར་རོ། །ཞེས་བཞེད་དོ། །

ཡང་མཁས་པའི་དབང་པོ་སྒྲ་པ་ཤེས་རིན་པའི་གསུང་ལས། འཁོར་བ་ལ་ཕྲ་རགས་གསུམ་ཡོད་པའི་རགས་པ་ནི། ལས་ཉོན་མཚན་ཉིད་པས་སྐྱེ་འཆི་བྱེད་པ་འདི་དག་སྟེ། འདིའི་རྒྱུ་བ་ནི་ཟག་བཅས་ཀྱི་ལས་ཉོན་འཁོར་བ་ཕྲ་བ་ནི། ཟག་མེད་ཡིད་ལུས་ལ་བརྟེན་པའི་དགྲ་བཅོམ་པ་སོགས་ཏེ། འདིའི་རྒྱུ་བ་ནི། མ་རིག་བག་ཆགས་ཀྱི་སའོ། འཁོར་བ་ཤིན་ཏུ་ཕྲ་བ་ནི་ཕར་ཕྱིན་རང་རྐྱང་གི་སངས་འཕགས་ཏེ། འདིའི་རྒྱུ་བ་ནི། འཕོ་བའི་བག་ཆགས་ཕྲ་མོའོ། །དེས་ན་ཕར་ཕྱིན་པའི་སངས་འཕགས་དེ་ཡང་བླ་མེད་ལམ་ལ་འཇུག་པའི་ཚེ། ཚོགས་ལམ་ནས་རིམ་བཞིན་ལམ་ལྔ་སོགས་ཐེར་ཆགས་སུ་བགྲོད་དགོས་ཞེས་འཆད་པར་མཛད་དོ། །དེ་ལྟར་བཞེད་སྲོལ་མང་དག་སྣང་བའི་དང་པོ་ཕར་ཕྱིན་ཐེག་པས་ས་དང་པོ་ཙམ་ཡང་བགྲོད་མི་ནུས་ཞེས་འཆད་པ་དག་ལ་འདི་སྐད་ཅེས། བསྟན་པའི་བདག་པོ་ཐུབ་དབང་ཉིད་ཀྱིས་རྒྱུའི་ཐེག་པའི་ཆོས་འཁོར་བསྐོར་བ་ལ་དགོས་པ་ཅུང་ཟད་ཀྱང་མེད་པར་ཐལ། དེ་བསྐོར་བ་ལས། དེའི་ཆེད་དུ་བྱས་པའི་གདུལ་བྱས་བདེན་པ་མཐོང་བ་མེད་པའི་ཕྱིར། རྟགས་དངོས། མ་ཁྱབ་ན། འོན་སྟོན་པས་ཐེག་དམན་དང་ཐུན་མོང་བ་བདེན་བཞིའི་ཆོས་འཁོར་བསྐོར་བ་ལས། དེའི་གདུལ་བྱས་བདེན་པ་མཐོང་བ་མི་སྲིད་པར་ཐལ་ལོ། །འདོད་ན་སྟོན་པས་སྔགས་ཀྱི་འཁོར་ལོ་བསྐོར་བ་ལས་ཐེག་དམན་གྱི་གང་ཟག་གིས་བདེན་པ་མཐོང་བ་ཡོད་པར་ཐལ། ཐེག་དམན་འཕགས་པ་གཅིག་ཡོད། ཐེག་དམན་གྱི་ཆོས་འཁོར་བསྐོར་བ་ལས། ཐེག་དམན་གྱི་གང་ཟག་གིས་བདེན་པ་མཐོང་བ་མེད་པའི་ཕྱིར་རོ། །འདོད་ན་སྔགས་ལམ་ལ་བརྟེན་ནས་ཉན་ཐོས་འཕགས་པ་ཐོབ་པ་སྲིད་པར་ཐལ་ལོ། །དང་པོ་སྐབས་འདིར་ཐེག་དམན་འཕགས་པ་ཁས་མི་ལེན་གསུང་ན་གཞན་དུ་དཔྱད་དོ། །

ཡང་སྟོན་པས་བྱ་རྒོད་ཕུང་པོར་ཤེར་ཕྱིན་གྱི་ཆོས་འཁོར་བསྐོར་བ་ལས། བདེན་པ་མཐོང་བའི་གང་ཟག་ཡོད་པར་ཐལ། སྟོན་པས་ཝ་ར་ཎ་སིར་བཀའ་དང་པོ་བདེན་བཞིའི་ཆོས་འཁོར་བསྐོར་བ་ལས། འཁོར་ལྔ་སྡེ་

བཟང་པོས་བདེན་པ་མཐོང་བ་བཤད་པ་འདི་བརྗུན་གསུང་བ་མ་ཡིན་པའི་ཕྱིར་རོ། །མདོར་ན་འཁོར་ལྔ་སྟེ་བཟང་པོས་ཆོས་འཁོར་གང་ལ་བརྟེན་ནས་བདེན་པ་མཐོང་གསལ་པོར་སྨོས་ཤིག །

ཡང་དོན་འདི་ལུང་གིས་ཀྱང་འགྲུབ་སྟེ། འགྲེལ་ཆེན་དྲི་མེད་འོད་ལས། བྱང་ཆུབ་སེམས་དཔའ་ཆོས་འཕགས་དེ་ཕ་རོལ་ཕྱིན་པའི་འཕགས་པར་བཤད་པའི་ཕྱིར་དང་། ཤེས་རབ་ཀྱི་ཆགས་པ་དང་བྲལ་བ་ལས་ས་བཅུ་གཅིག་ཐོབ་ཚུལ་དང་། ཤེས་རབ་ཀྱི་ཆགས་པ་དང་བཅས་པ་ལས། ས་བཅུ་གཉིས་པ་ཐོབ་ཚུལ་བཤད་པ་ལས་རྟོགས་ནུས་པའི་ཕྱིར་རོ། །དེ་ལྟར་འགྲེལ་ཆེན་ལས། བཅོམ་ལྡན་འདས་ཀྱིས་གསུངས་འདིའི་ཕྱིར་ཐར་པ་དོན་དུ་གཉེར་བ་རྣམས་ཀྱིས་མཆོག་ཏུ་མི་འགྱུར་བའི་ཕྱག་རྒྱ་ཆེན་པོའི་ཡེ་ཤེས་སྒོམ་པར་བྱའོ། །གལ་ཏེ་མི་འཕོ་བའི་ཚུལ་ཁྲིམས་མེད་པར་མངོན་པར་ཤེས་པ་ལྔར་མི་འགྱུར་བ་མ་ཡིན་ནམ། དེའི་ཚེ་ཆོས་འཕགས་ལ་སོགས་པའི་བྱང་ཆུབ་སེམས་དཔའ་རྣམས་དང་། བཤཱཀྱ་ལ་སོགས་པ་དྲང་སྲོང་རྣམས་ཇི་ལྟར་ན་མངོན་ཤེས་པ་ལྔར་འགྱུར། ཞེས་ཁམས་འཕོ་མེད་ཀྱི་བདེ་ཆེན་ཡེ་ཤེས་མངོན་དུ་འགྱུར་བ་ལ། ཟག་མེད་ཀྱི་ལམ་ཐོབ་པ་མི་སྲིད་ན། ཆོས་འཕགས་སོགས་ཕ་རོལ་ཏུ་ཕྱིན་པའི་བྱང་ཆུབ་སེམས་དཔའ་རྣམས་དང་། བཤཱཀྱ་ལ་སོགས་པའི་ཕྱི་རོལ་པའི་དྲང་སྲོང་རྣམས་ལའང་དེ་མེད་པར་ཐལ་ལོ། །ཞེས་དོགས་པ་བཀོད་ནས། དེའི་ལན་དུ་བྱང་ཆུབ་ཀྱི་སེམས་འདི་ལ་བཅིང་བ་གཉིས་ཏེ། ཤེས་རབ་ཀྱི་ཆགས་པ་དང་བྲལ་བས་དང་། ཤེས་རབ་ཀྱི་ཆགས་པས་སོ། །དེ་ལྟར་བརྗོད་པའི་རིམ་པ་འདིས། ས་བརྒྱད་ཀྱི་དབང་ཕྱུག་ལ་སོགས་པའི་ལྷ་རྣམས་དང་། བྱང་ཆུབ་སེམས་དཔའ་རྣམས་ལ་ཡང་མངོན་པར་ཤེས་པ་ལྔ་རིག་པར་བྱའོ། །བཤཱཀྱ་ལ་སོགས་པའི་དྲང་སྲོང་རྣམས་ནི་མངོན་པར་ཤེས་པ་ལྔ་མེད་དེ། ཞེས་སོགས་བཤད་པས་སོ། །

ལུགས་གཉིས་པ་སློབ་དཔོན་པདྨ་དཀར་པོས། ས་བཅུ་གཉིས་དང་བཅུ་གསུམ་སོགས་ཐམས་ཅད་ཚད་མར་ཞལ་གྱིས་བཞེས་པ་ལ་དཔྱད་པར་བྱ་སྟེ། དུས་འཁོར་ནས་བཤད་པའི་བཅུ་གཉིས་པ་ཐོབ་མ་ཐག་པའི་གང་ཟག ཆོས་ཅན། ཁྱོད་ཀྱི་རྡོ་རྗེ་ནས་བཤད་པའི་ས་བཅུ་གསུམ་པ་ཐོབ་པའི་གང་ཟག་ཡིན་པར་ཐལ། ཁྱོད་སངས་རྒྱས་མ་ཐག་པའི་གང་ཟག་ཡིན་པའི་ཕྱིར། འདོད་ན། ཁྱོད་ས་བཅུ་གཉིས་པ་ཐོབ་ཟིན་ཐོབ་པའི་གང་ཟག་ཡིན་པར་ཐལ། འདོད་པའི་ཕྱིར། འདོད་ན་མ་ཡིན་པར་ཐལ། ས་བཅུ་གཉིས་པ་ཐོབ་མ་ཐག་པའི་གང་ཟག་ཡིན་པའི་ཕྱིར་ཏེ། ཆོས་ཅན་ཡིན་པའི་ཕྱིར་རོ། །གལ་ཏེ་ཀྱེ་རྡོ་རྗེ་ནས་བཤད་པའི་ས་བཅུ་གསུམ་པ་ཐོབ་པའི་གང་ཟག་མ་ཡིན་པར་ཐལ། མ་ཁྱབ་ན། དེ་ཆོས་ཅན། ཁྱོད་དེ་ཐོབ་རེས་ཀྱི་གང་ཟག་ཡིན་པར་ཐལ། ཁྱོད་དེ་ཐོབ་པའི་གང་ཟག་དང་། ཐོབ་རེས་ཀྱི་གང་ཟག་གང་རུང་ཡིན། དང་པོ་མ་ཡིན་པའི་ཕྱིར་རོ། །འདོད་ན། ཁྱོད་ཀྱེ་རྡོ་

རྗེ་ནས་བཤད་པའི་སངས་རྒྱས་རིགས་ཀྱི་གང་ཟག་ཡིན་པར་ཐལ་ལོ། །འདོད་ན། ཁྱོད་སངས་རྒྱ་རིགས་ཀྱི་གང་ཟག་ཡིན་པའི་ཕྱིར། ཡང་ཀྱེ་རྡོ་རྗེ་ནས་བཤད་པའི་ས་བཅུ་གསུམ་པ་ཐོབ་མ་ཐག་པའི་སངས་རྒྱས་ཆོས་ཅན། ཁྱོད་ས་བཅུ་དྲུག་པ་ཐོབ་པའི་གང་ཟག་ཡིན་པར་ཐལ། ཁྱོད་དེ་ཐོབ་པའི་གང་ཟག་དང་། ཐོབ་རིགས་ཀྱི་གང་ཟག་གང་རུང་ཡིན། ཕྱི་མ་མ་ཡིན་པའི་ཕྱིར། འདོད་ན། ཁྱོད་ས་བཅོ་ལྔ་པ་ཐོབ་པའི་གང་ཟག་ཡིན་པར་ཐལ་ལོ། །འདོད་ན། ཁྱོད་ས་བཅུ་དྲུག་པ་དང་། བཅོ་ལྔ་པ་དང་། ས་བཅུ་གསུམ་པ་གསུམ་ཅིག་ཅར་ཐོབ་པའི་གང་ཟག་ཡིན་པར་ཐལ། ཁྱོད་དེ་གསུམ་ཐོབ་པ་གང་ཞིག །ཁྱོད་དེ་གསུམ་རིམ་ཅན་ཐོབ་པའི་གང་ཟག་མ་ཡིན་པའི་ཕྱིར། འདོད་ན། ཁྱོད་སློབ་ལམ་དུ་གྱུར་པའི་ས་བཅོ་ལྔ་པ་དང་། མི་སློབ་ལམ་དུ་གྱུར་པའི་ས་བཅུ་དྲུག་པ་གཉིས་ཅིག་ཅར་ཐོབ་པའི་གང་ཟག་ཡིན་པར་ཐལ། འདོད་པ་གང་ཞིག །ས་བཅོ་ལྔ་པ་དེ་སློབ་ལམ་དང་། ས་བཅུ་དྲུག་པ་དེ་མི་སློབ་ལམ་ཡིན་པར་ཁྱེད་རང་འདོད་པའི་ཕྱིར་རོ། །འདོད་ན། ཁྱོད་སློབ་པ་ཡིན་པར་ཐལ། ཁྱོད་སློབ་ལམ་དུ་གྱུར་པའི་ས་བཅོ་ལྔ་པ་ཐོབ་མ་ཐག་པའི་གང་ཟག་ཡིན་པའི་ཕྱིར། འདོད་མི་នུས་ཏེ། ཁྱོད་སངས་འཕགས་ཡིན་པའི་ཕྱིར་རོ། །འདོད་ན། ས་བཅུ་དྲུག་པ་དང་། བཅུ་གསུམ་པ་དང་། བཅུ་གཉིས་བཤད་པ་དེ་དག་སྤང་རྟོགས་རིམ་ཅན་ཇི་མཐོང་སོང་ནས། རང་རང་གི་མཐར་ཐུག་དེར་སླེབ་པར་ཁས་ལེན་ནམ་མི་ལེན། མི་ལེན་ན། ས་བཅུ་དྲུག་ཏུ་བཞག་པ་ལ་དགོས་པ་མེད་དེ། ས་བཅོ་ལྔ་པ་མན་ཆད་ལ་སྤང་རྟོགས་རིམ་ཅན་མེད་ཅིང་། རྟོགས་པ་གོང་འཕེལ་དུ་འགྲོ་རྒྱུ་མི་འདུག་པའི་ཕྱིར་རོ། །

གལ་ཏེ་ཁས་ལེན་ན། དུས་འཁོར་ནས་བཤད་པའི་ས་བཅུ་གཉིས་པ་ལ་གནས་པའི་སངས་རྒྱས་དེས། ཀྱེ་རྡོ་རྗེ་ནས་བཤད་པའི་ས་བཅུ་གསུམ་པ་ཐོབ་པའི་གེགས་སུ་གྱུར་པའི་སྤང་བྱ་དང་། ས་བཅུ་བཞི་པ་དང་། བཅོ་ལྔ་པ་དང་། བཅུ་དྲུག་པ་རྣམས་ཐོབ་པའི་གེགས་སུ་གྱུར་པའི་སྤང་བྱ་རྣམས་སྤངས་སམ་མ་སྤངས། མ་སྤངས་ན་སྤངས་རྟོགས་ཡོངས་སུ་མ་རྫོགས་པའི་མཐར་ཐུག་གི་སངས་རྒྱས་དེ་འདྲ་ཡ་མཚན་ཞིང་། སྤངས་ན་དེས་ཀྱང་ས་དེ་རྣམས་ཅིག་ཅར་དུ་ཐོབ་པར་ཐལ་བ་བཟློག་ཏུ་མེད་པས། སློབ་ལམ་དང་མི་སློབ་ལམ་གྱི་ས་གཉིས་རྒྱུད་ལ་ཅིག་ཅར་འཛོམས་པ་མཁས་པའི་བདེ་བའི་དགའ་སྟོན་ཆེན་པོ་མ་ལགས་སམ། ཡང་ཀྱེ་རྡོར་ནས་བཤད་པའི་ས་བཅུ་གཅིག་པའི་ཡེ་ཤེས་སྐད་ཅིག་མ་ཐ་མ་ལ་གནས་པའི་གང་ཟག་དེ། ཡུལ་ཆེན་སུམ་ཅུ་རྩ་གཉིས་བགྲོད་ཟིན། རྩ་དབུ་མའི་མདུད་པ་སོ་གཉིས་གྲོལ་ཟིན་ཀྱང་སློབ་ལམ་ཙམ་དུ་བཞག་ནས། དུས་འཁོར་ནས་བཤད་པའི་ས་བཅུ་གཉིས་པའི་ཡེ་ཤེས་སྐད་ཅིག་དང་པོ་ལ་གནས་པ་དེ་ཡང་སངས་རྒྱས་ཀྱི་ས་མཚན་ཉིད་པར་འཛོག་པ་ལ་གནད་ཅི་ཞིག་ཡོད། གལ་ཏེ་ཀྱི་རྡོར་ལུགས་ལ། དེའི་གོང་དུ་ཡང་སྨས་པའི་ཡུལ་ལྔ་བགྲོད་

དགོས་པའི་རྒྱུ་མཚན་གྱིས་ཡིན་ནོ་སྙམ་ན། གཞན་དེ་ཉིད་ཀྱིས་དུས་འཁོར་ས་བཅུ་གཉིས་པ་ལ་གནས་པ་དེ་ཡང་། སངས་རྒྱས་མཚན་ཉིད་པ་མ་ཡིན་པར་གོར་མ་ཆག་སྟེ་ཡུལ་ཆེན་སོ་བདུན་མ་བགྲོད་པས་སྦྱངས་རྟོགས་མཐར་མ་ཕྱིན་པའི་ཕྱིར་རོ། །གལ་ཏེ་འདི་སྙམ་དུ། དུས་འཁོར་ས་བཅུ་གཉིས་པ་ལ་གནས་པའི་སངས་རྒྱས་དེས། བརྟག་གཉིས་ནས་བཤད་པའི་ས་བཅུ་གསུམ་པ་དང་། ལྷན་སྐྱེས་ས་བཅུ་དྲུག་པ་རྣམས་ཐོབ་པས་སྦྱང་རྟོགས་ཡོངས་སུ་རྫོགས་སོ་སྙམ་ན། འོ་ན་དེས་བརྟག་གཉིས་ནས་བཤད་པའི་ས་བཅུ་གཉིས་པ་ཐོབ་པར་ཐལ། དེ་ནས་བཤད་པའི་ས་བཅུ་གསུམ་པ་ཐོབ་པའི་ཕྱིར། ཁྱབ་པ་འདི་ཁོ་བོས་མཁས་པའི་འདུན་སར་དམ་བཅས་ཤིང་། འདོད་ན། དེས་དེ་དུས་ནམ་ཞིག་གི་ཚེ་སྐབས་གང་དུ་ཐོབ་དྲིས་ན། བརྟག་གཉིས་སློབ་ལམ་ས་བཅུ་གཉིས་པ་དང་། དུས་འཁོར་མི་སློབ་ལམ་ས་བཅུ་གཉིས་པ་ཅིག་ཅར་ཐོབ་ཅེས་སྨྲ་དགོས་འབྱུང་བས། མཁས་པའི་རྣམ་འགྱུར་དུ་ཨེ་འགྲོ་ན། དགོངས་ཤིག །

ཡང་ས་ལུགས་ལ་སྐྱོན་འཛིན་པའི་ཚེ། ཕར་ཕྱིན་ལམ་གྱིས་ས་བཅུ་པ་མན་ཆད་བགྲོད་པ་དེས། རྒྱ་མདུད་མ་གྲོལ་ན། ནང་རྩ་གནས་ཀྱི་རྟེན་འབྲེལ་ཟབ་མོ་མ་མཐོང་བའི་ཕྱིར། འཕགས་པ་བརྟགས་པ་བ་ཡིན་ན། གྲོལ་ན་མདོ་ལམ་ནས་ཕྱིན་ཀྱང་སྔགས་ཀྱི་སྦྱངས་རྟོགས་རྫོགས་པར་སོང་ཞེས་དང་། དེས་ན་གང་ཟག་དེས་ནི་དབང་མ་བསྐུར་ཀྱང་ཐོབ་པ་ཡིན་ཞེས་སོགས་བཤད་སྣང་བ་ནི་དཔྱད་མི་བཟོད་དེ། མདོ་རང་རྐང་ནས་ས་བཅུ་པ་མན་ཆད་བགྲོད་པའི་གང་ཟག་ཆོས་ཅན། ཁྱོད་མདོ་རང་རྐང་ལས་ས་བཅུ་བགྲོད་པའི་གང་ཟག་མ་ཡིན་པར་ཐལ། ཁྱོད་སྔགས་ལམ་ལ་བརྟེན་ནས་ས་བཅུ་བགྲོད་པའི་གང་ཟག་ཡིན་པའི་ཕྱིར་ཏེ། ཁྱོད་སྔགས་ལམ་དུ་གྱུར་པའི་ས་བཅུ་བགྲོད་པའི་གང་ཟག་ཡིན་པའི་ཕྱིར་ཏེ། ཁྱོད་ས་བཅུ་བགྲོད་པའི་གང་ཟག་ཡིན་པ་གང་ཞིག །ཁྱོད་ཀྱིས་ཐོབ་པའི་ས་དང་པོ་སོགས་བཅུ་ཆར་སྔགས་ལམ་ཡིན་པའི་ཕྱིར་ཏེ། དེ་རྣམས་སྔགས་ཀྱིས་དབང་མ་བསྐུར་ཡང་ཐོབ་པའི་ལམ་ཡིན་པའི་ཕྱིར། རྟགས་དངོས། གལ་ཏེ་མདོ་ལམ་ནས་ས་དང་པོ་སོགས་ཐོབ་པ་ཡོད་པར་ཁས་བླངས་ཀྱི། མདོ་རང་རྐང་ནས་དེ་ཐོབ་པར་ཁས་མ་བླངས་སོ་སྙམ་ན། འོ་ན་མདོ་ལམ་ནས་ས་བཅུ་བགྲོད་པའི་ས་བཅུ་པོ་དེ་མདོ་སྔགས་ཀྱི་ལམ་གྱི་གཞི་མཐུན་པ་ཡིན་པར་ཐལ། དེ་མདོ་ལམ་གང་ཞིག །སྔགས་ལམ་ཡིན་པའི་ཕྱིར། ཕྱི་མ་གྲུབ་སྟེ་སྔགས་ཀྱི་དབང་བསྐུར་ཐོབ་པའི་ལམ་ཡིན་པའི་ཕྱིར། རྟགས་དངོས། ཡང་རྗེ་རེད་མདའ་པས། ས་བཅུ་གསུམ་སོགས་བཤད་ཀྱང་། དོན་ལ་བཅུ་གཅིག་ལས་མེད་གསུང་བ་ནི། མདོ་སྔགས་ཀྱི་ཟབ་ཁྱད་མ་ཕྱེད་ཅིང་། གསུང་ངག་རྡོ་རྗེ་ཚིག་རྐང་ལྔ་བུའི་ས་ལམ་བགྲོད་པའི་ཟབ་དོན་ཐུགས་སུ་མ་ཚུད་པས་ལན་ནོ། །

ཡང་མཁས་པ་གོ་རམས་པས། མདོ་སྔགས་གཉིས་སངས་རྒྱས་ཀྱི་མཚན་གཞི་ལ་མི་མཐུན་པ་མ་གཏོགས། མཚན་ཉིད་ལ་མཐུན་ཅེས་དང་། མདོ་ནས་བཤད་པའི་བཅུ་གཅིག་ཀུན་ཏུ་འོད་ཀྱི་ས་དང་། སྔགས་ནས་བཤད་པའི་བཅུ་གཅིག་པ་དཔེ་མེད་པའི་ས་གཉིས་དོན་གཅིག །ཅེས་འཆད་པ་དེ་ཡང་བརྟག་དགོས་ཏེ། འོ་ན་མདོ་རང་རྐང་ནས་བཤད་པའི་སངས་རྒྱས་མཚན་ཉིད་པ་གཅིག་ཡོད་པར་ཐལ། མདོ་སྔགས་གཉིས་སངས་རྒྱས་ཀྱི་མཚན་ཉིད་ལ་མཐུན་པའི་ཕྱིར། འདོད་ན། མདོ་རང་རྐང་ནས་བཤད་པའི་སངས་འཕགས་ཆོས་ཅན། ཁྱོད་ས་བཅུ་གསུམ་པ་ཐོབ་པའི་གང་ཟག་ཡིན་པར་ཐལ། ཁྱོད་སངས་འཕགས་ཡིན་པའི་ཕྱིར། ཁྱབ་པ་དོན་གྱིས་ཁས། འདོད་ན། མ་ཡིན་པར་ཐལ། ཁྱོད་ས་བཅུ་གཅིག་པ་ཀུན་ཏུ་འོད་ལ་གནས་པའི་གང་ཟག་ཡིན་པའི་ཕྱིར། ཁྱབ་སྟེ། ས་བཅུ་གཅིག་པ་ཀུན་ཏུ་འོད་ཡིན་ན་སློབ་ལམ་ཡིན་པས་ཁྱབ་པའི་ཕྱིར་རོ། །རྟགས་གྲུབ་སྟེ། ཆོས་ཅན་ཡིན་པའི་ཕྱིར། ཁྱེད་རང་གི་ཕར་ཕྱིན་པས། སངས་འཕགས་ས་བཅུ་གཅིག་པར་གནས་པར་ཁས་ལེན་ཞེས་བཤད་པའི་ཕྱིར། གལ་ཏེ་རྩ་བར་མ་ཁྱབ་ན། མདོ་རང་རྐང་ནས་བཤད་པའི་སངས་རྒྱས་འཕགས་པ་ཡོད་པར་ཐལ་ལོ། །མདོ་རང་རྐང་ནས་བཤད་པའི་ས་བཅུ་གཅིག་པ་ལ་གནས་པའི་གང་ཟག་དེ་སངས་འཕགས་ཡིན་པའི་ཕྱིར་ཏེ། དེ་སངས་འཕགས་དང་། བྱང་འཕགས་གང་རུང་ཡིན། ཕྱི་མ་མ་ཡིན་པའི་ཕྱིར། ཕྱི་མ་མ་གྲུབ་ན་དེ་ཆོས་ཅན། ཁྱོད་མདོ་རང་རྐང་ནས་བཤད་པའི་སངས་འཕགས་མ་ཡིན་པར་ཐལ། སྔགས་བླ་མེད་རང་རྐང་ནས་བཤད་པའི་སངས་འཕགས་ཡིན་པའི་ཕྱིར་ཏེ། ཁྱོད་ས་བཅུ་གཅིག་པ་དཔེ་མེད་པའི་ས་ལ་གནས་པའི་སངས་འཕགས་ཡིན་པའི་ཕྱིར། ཁྱབ་སྟེ། བཅུ་གཅིག་པ་དཔེ་མེད་པའི་ས་ཡིན་ན། བླ་མེད་རང་རྐང་ནས་བཤད་པའི་ས་ཡིན་དགོས་པའི་ཕྱིར། རྟགས་དངོས། གོང་གིས་རྟགས་གྲུབ་སྟེ། ཁྱོད་ས་བཅུ་གཅིག་པ་ལ་གནས་པའི་འཕགས་པ་ཡིན་པའི་ཕྱིར། གལ་ཏེ་ཆོས་ཅན་དེ་འདྲ་མེད་དོ་ཟེར་ན། མདོ་རང་རྐང་ནས་བཤད་པའི་ས་བཅུ་གཅིག་པ་ལ་གནས་པའི་གང་ཟག་ཡོད་པར་ཐལ། མདོ་རང་རྐང་ནས་བཤད་པའི་བཅུ་གཅིག་པ་སངས་རྒྱས་ཀྱི་ས་དང་། སྔགས་བླ་མེད་ནས་བཤད་པའི་བཅུ་གསུམ་རྡོ་རྗེ་འཛིན་པའི་ས་གནད་གཅིག་ཅིང་ཞེས་སོགས་བཤད་པའི་ཕྱིར་རོ། །

གལ་ཏེ་མདོ་ནས་བཤད་པའི་དེ་ཡོད་པའི་ཕྱིར་ལ་མ་ཁྱབ་ན། འོན་མདོ་ནས་བཤད་པའི་བཅུ་གཅིག་ཀུན་ཏུ་འོད་དང་། བླ་མེད་ནས་བཤད་པའི་བཅུ་གསུམ་པ་དོན་གཅིག་པ་ཡང་བརྟག་པར་བྱ་སྟེ། མདོ་ནས་བཤད་པའི་བཅུ་གཅིག་ཀུན་ཏུ་འོད་ཀྱི་ས་ཆོས་ཅན། ཁྱོད་སྤྲས་པའི་ས་ཡིན་པར་ཐལ། ཁྱོད་ས་བཅུ་གསུམ་པ་ཡིན་པའི་ཕྱིར། འདོད་ན། ཁྱོད་ཕར་ཕྱིན་ཐེག་པ་ལ་སྤྲས་ཏེ་མ་བཤད་པར་ཐལ་ལོ་བྱས་པ་ལ། ཁོ་ན་རེ། འོ་ན་ཁྱོད་

རང་ལ་སངས་རྒྱས་པའི་མཁྱེན་པ་ཆོས་ཅན། ཁྱོད་སྒྲས་པའི་ས་ཡིན་པར་ཐལ། ཁྱོད་ས་བཅུ་གསུམ་པ་ཡིན་པའི་ཕྱིར། ཁྱབ་པ་དངོས། རྟགས་ཆོས་ཅན་གྱིས་གྲུབ། འདོད་ན། ཁྱོད་ཕར་ཕྱིན་ཐེག་པར་སྒྲས་ཏེ་མ་བཤད་པར་ཐལ་ལོ་ཟེར་ན། རང་ལྡོག་ལ་འབྲས་པའི་སྐྱོན་དུ་སྣང་མོད། དོན་གྱིས་ན་ཕར་ཕྱིན་ཐེག་པར། སངས་རྒྱས་དང་། སངས་རྒྱས་ཀྱི་མཁྱེན་པ་དང་། རྣམ་མཁྱེན་སོགས་མིང་ཙམ་ཞིག་མ་སྒྲས་པར་བཤད་ཀྱང་། དོན་སྒྲས་ཏེ་མ་བཤད་པས་དོན་ལ་སྐྱོན་ཆགས་པ་མ་ཡིན་ནོ། །ཡང་མདོ་རང་རྐྱང་ནས་བཤད་པའི་བཅུ་གཅིག་ཀུན་ཏུ་འོད་ཀྱི་ས་དེ། ས་བཅུ་གསུམ་པ་ཡིན་པར་ཐལ། དེ་ཡོད་པ་གང་ཞིག །བཅུ་གཅིག་ཀུན་ཏུ་འོད་ཀྱི་ས་དེ། ས་བཅུ་གསུམ་པ་ཡིན་པའི་ཕྱིར། དང་པོ་དེར་ཐལ། མདོ་རང་རྐྱང་ནས་བཅུ་གཅིག་ཀུན་ཏུ་འོད་ཀྱི་ས་བཤད་པའི་ཕྱིར་ཏེ། མདོ་རང་རྐྱང་ནས་ཐེག་ཆེན་གྱི་ལམ་ལྔ་བཤད་པའི་ཕྱིར་རོ། །རྩ་བར་འདོད་ན། དེ་ཆོས་ཅན། ཁྱོད་མདོ་རང་རྐྱང་ནས་བཤད་པའི་ས་མ་ཡིན་པར་ཐལ། ཁྱོད་སྔགས་བླ་མེད་ནས་བཤད་པའི་ས་ཡིན་པའི་ཕྱིར་ཏེ། བཅུ་གསུམ་རྡོ་རྗེ་འཛིན་པའི་ས་ཡིན་པའི་ཕྱིར།

ཡང་སྒྲ་པ་ཤེར་རིན་པས། མདོ་ལམ་ནས་ས་བཅུ་ལམ་ལྔ་མཐར་ཕྱིན་པ་དེས། སྔགས་ལ་འཇུག་པའི་ཚེ་སྔགས་ཀྱི་ཚོགས་ལམ་ནས་ལམ་ལྔ་ས་བཅུ་སླར་ཡང་བགྲོད་དགོས་ཞེས་འཆད་པ་འདི། དཔལ་ལྡན་ས་སྐྱ་པའི་དགོངས་པ་ནི་གཏན་མ་ཡིན་ཏེ། ལམ་འཇུག་ལྡོག་གི་ཡིག་ཆུང་དང་འགལ་བའི་ཕྱིར་རོ། །ཡང་ཕར་ཕྱིན་རང་རྐྱང་གི་སངས་འཕགས་ཆོས་ཅན། ཁྱོད་སྤྱངས་རྟོགས་མཐར་ཐུག་བརྙེས་པའི་སངས་རྒྱས་ཡིན་པར་ཐལ། ཁྱོད་སངས་འཕགས་ཡིན་པའི་ཕྱིར། འདོད་ན། ཁྱོད་འཕོ་ཆགས་ཕྲ་མོ་སྤྱངས་པའི་གང་ཟག་ཡིན་པར་ཐལ་ལོ། །ཡང་ཟག་པ་མེད་པའི་ཡིད་ལུས་ལ་བརྟེན་པའི་ཉན་རང་དགྲ་བཅོམ་རྣམས་ཆོས་ཅན། ཁྱོད་འཁོར་བ་མ་ཡིན་པར་ཐལ། ཁྱོད་འཁོར་བ་སྤྱངས་པའི་གང་ཟག་ཡིན་པའི་ཕྱིར་ཏེ། ཁྱོད་འཁོར་བ་ལས་ཐར་བའི་ཐར་པ་ཐོབ་པའི་གང་ཟག་ཡིན་པའི་ཕྱིར་ཏེ། ཁྱོད་དགྲ་བཅོམ་པ་ཡིན་པའི་ཕྱིར་རོ། །འདོད་མི་ནུས་ཏེ། ཁྱོད་འཁོར་བ་རགས་པ། ཕྲ་བ། ཤིན་ཏུ་ཕྲ་བ་གསུམ་གྱི་ནང་ནས་འཁོར་བ་ཕྲ་བ་ཡིན་པའི་ཕྱིར་རོ། །རྟགས་དངོས།

གཉིས་པ་རྗེ་བཙུན་གོང་མས་ཇི་ལྟར་བཞེད་ཚུལ་ལ། བླ་མ་ས་སྐྱ་པ་ཆེན་པོའི་གསུང་། རྡོ་རྗེའི་ཚིག་རྐང་གི་ལྔ་བཅུ་ལ་གསང་། ཞེས་པའི་རྣམ་འགྲེལ་དུ། ཕ་རོལ་ཏུ་ཕྱིན་པའི་ལམ་ལྔ་དང་ས་བཅུ་ལ་གསང་ཞེས་དང་། ཕ་རོལ་ཏུ་ཕྱིན་པའི་ལོངས་སྐུ་རིགས་ལྔ་ལ་གསང་། ཞེས་ཕར་ཕྱིན་རང་རྐྱང་གི་སངས་འཕགས་ཡོད་ཅིང་། དེ་སྔགས་ཀྱི་སངས་འཕགས་ལས་ཅུང་རྟོགས་པ་དམའ་བ་ལྟ་བུར་བཤད། དེ་བཞིན་དུ་རྗེ་བཙུན་རྩེ་མོས་རྒྱུད་སྡེ་སྤྱི་རྣམ་ལས་ཀྱང་མདོ་རང་རྐྱང་ནས་བཤད་པའི་བཅུ་གཅིག་ཀུན་ཏུ་འོད་ལ་གནས་པའི་འཕགས་པ་དེ། མདོ་

ལམ་པའི་སངས་རྒྱས་ཡིན་ཀྱང་། སྔགས་ནས་བཤད་པའི་ཡེ་ཤེས་ལྔ་དང་། སྐུ་བཞི་དང་ལྔ་ལ་སོགས་པ། ཤེས་བྱ་ཐམས་ཅད་རང་སྣང་དུ་མཁྱེན་པ་སོགས་མ་ཡིན་པས། མདོ་སྔགས་ཀྱི་སངས་རྒྱས་ལ་ཁྱད་པར་ཡོད་པ་ལྟ་བུ་ཞིག་བཤད་དེ། དེ་ཉིད་ལས་མཐར་ཐུག་པ་ནི། དེ་ལས་གོང་དུ་བགོད་བྱ་མེད་པས་མཐར་ཐུག་པ་སྟེ་སངས་རྒྱས་ཀྱི་ཡེ་ཤེས་སོ། །དེ་ལའང་རྣམ་པ་གཉིས་ཏེ། སྤྱི་དོན་གྱི་མཐར་ཐུག་སྟེ། ཐེག་པ་ཐུན་མོང་བ་ལ་གྲགས་པ་ས་བཅུ་གཅིག་དང་། སྦས་དོན་གྱི་མཐར་ཐུག་སྟེ་སྔགས་ལ་གྲགས་པའི་ས་བཅུ་གཉིས་པ་དང་བཅུ་གསུམ་པའོ། །གལ་ཏེ་མཐར་ཐུག་དེ་གཉིས་མི་རིགས་ཏེ། སྤྱི་དོན་མཐར་ཐུག་ཡིན་ན། དེའི་སྟེང་དུ་ཡོན་ཏན་བསྐྱེད་དུ་མེད་པས། སྦས་དོན་མཐར་ཐུག་ཏུ་མི་རིགས་ལ། ཡོན་ཏན་བསྐྱེད་དུ་ཡོད་ན་སྤྱི་དོན་ལ་མཐར་ཐུག་པར་མི་རིགས་སོ་ཞེ་ན། ཡོན་ཏན་བསྐྱེད་དུ་ཡོད་དེ། ཕ་རོལ་ཏུ་ཕྱིན་པ་ལས། ཆོས་ཀྱི་དབྱིངས་ཀྱི་ཡེ་ཤེས་བྱ་བའང་མ་བཤད་ཅིང་། ཕར་ཕྱིན་ལས་སྐུ་གསུམ་ལས་མ་བཤད་ལ། སྔགས་ལས་སྐུ་བཞི་དང་། ལྔ་བཤད་པ་དང་། དེ་བཞིན་དུ་དཔལ་སམྦུ་ཊ་ལས། གང་དག་བསམ་གྱིས་མི་ཁྱབ་པའི་གནས་མངོན་དུ་མ་བྱས་པ་དེ་དག་ནི། བདེ་བར་གཤེགས་པ་སྟེ་སངས་རྒྱས་ཡིན་ལ། མཚན་གཞི་མཚོན་པར་བྱེད་པ་ནི་རྡོ་རྗེ་སེམས་དཔའ་ཡང་དག་པར་གསུངས་སོ། །ཞེས་བྱ་བ་འདིས་ཕ་རོལ་ཏུ་ཕྱིན་པ་ལས་ཤེས་བྱ་གཞན་སྣང་ལས་མཁྱེན་པས། གཟུགས་ཀྱང་གཞན་ལ་རྣམ་པ་ཐམས་ཅད་མཁྱེན་པའི་ཡེ་ཤེས་ཀྱང་གཞན་ཞེས་གསུངས་ལ། སྔགས་ཀྱི་ཤེས་བྱ་ཐམས་ཅད་རང་སྣང་དུ་མཁྱེན་ཞེས་བྱ་བ་འདིས་ཁྱད་པར་ཡོད་དོ། །འོ་ན་སྤྱི་དོན་མཐར་ཐུག་ཏུ་བཞག་པ་མི་རིགས་སོ་སྙམ་ན། འཐད་དེ། ཉེ་བའི་བྱ་བ་བྱས་པའི་ཕྱིར་རོ། །ཞེས་སོགས་གསལ་བར་བཤད་པའི་ཕྱིར་རོ། །ཡང་རྗེ་བཙུན་ས་པཎ་གྱིས་བདག་མེད་བསྟོད་འགྲེལ་ལས། ཕར་ཕྱིན་ཐེག་པ་ནས་ས་བཅུ་གཅིག་པ་ལ་གནས་པ་སངས་རྒྱས་སུ་བཤད་པའི་སངས་རྒྱས་དེ་ནི། སངས་རྒྱས་བཏགས་པ་བ་དང་། བླ་མེད་ལས་ས་བཅུ་གསུམ་པ་ལ་གནས་པའི་སངས་རྒྱས་དེ། སངས་རྒྱས་མཚན་ཉིད་པ་ཡིན། ཞེས་དངོས་རྟགས་ཕྱེ་ནས་བཤད་དེ། བདག་མེད་བསྟོད་འགྲེལ་ལས།

སྤྱི་དོན་གཉིས་པ་རྩོད་པ་སྤང་བ་ལ་གཉིས། རྒོལ་བ་འགོག་པ་དང་། དེ་དགག་པའོ། །དང་པོ་ལ་ཁ་ཅིག་ན་རེ། ཁྱོད་རྡོ་རྗེ་ཐེག་པ་བ་དག་བཅུ་གསུམ་པ་སངས་རྒྱས་ཀྱི་སར་འདོད་པ་ནི་མ་ཡིན་ཏེ། ཕ་རོལ་ཏུ་ཕྱིན་པ་ལས་བཅུ་གཅིག་པ་སངས་རྒྱས་སུ་བཤད་པ་དང་འགལ་བའི་ཕྱིར་རོ་ཞེ་ན། དེ་དགག་པ་ལ་གཉིས་ཏེ་ལུང་དང་རིགས་པའོ། །དང་པོ་ནི། ཡང་དག་པར་སྦྱོར་བ་ལས། གང་དག་བསམ་གྱིས་མི་ཁྱབ་པའི་གནས་མངོན་དུ་མ་བྱས་པ་དེ་ནི། བདེ་བར་གཤེགས་པ་སྟེ་སངས་རྒྱས་ཡིན་ལ་མཚན་གཞི་མཚོན་པར་བྱེད་པ་ནི། རྡོ་རྗེ་འཛིན་

པ་ཡང་དག་པའོ། །ཞེས་བཤད་ལ། དེའི་དོན་ནི་བསམ་གྱིས་མི་ཁྱབ་པའི་གནས་ཤེས་བྱ་ཕྲ་ཞིང་ཕྲ་བ་སྟེ། དེ་མངོན་དུ་མ་བྱས་པ་ནི་ཕ་རོལ་ཏུ་ཕྱིན་པ་ནས་བཤད་པའི་བདེ་བར་གཤེགས་པ་སྟེ་སངས་རྒྱས་ཡིན་ལ། ཤེས་བྱ་ཕྲ་བའི་ཕྲ་བ་མཚན་གཞིའི་དོན་མ་ལུས་པ་ཡེ་ཤེས་ཀྱིས་མཚོན་པ་ནི། རྡོ་རྗེ་འཛིན་པ་ས་བཅུ་གསུམ་པ་ཐོབ་པ་སྟེ། རྡོ་རྗེ་ཐེག་པ་ལས་བཤད་པའི་སངས་རྒྱས་མཚན་ཉིད་པ་ཞེས་གདགས་སོ། །

གཉིས་པ་རིགས་པས་ཀྱང་གནོད་དེ། རྒྱུ་ལམ་རིམ་པ་གཉིས་ལ་སོགས་པའི་ཁྱད་ཞུགས་པས། འབྲས་བུ་ལ་ཁྱད་པར་འཇུག་པའི་ཆོས་ཉིད་དེ། ཆུ་དང་འོ་མས་བཙོས་པའི་ཀུ་རུ་ར་བཞིན་ནོ། །འོན་ཕ་རོལ་ཏུ་ཕྱིན་པ་ལས། ས་བཅུ་གཅིག་པ་སངས་རྒྱས་སུ་བཤད་པ་དང་འགལ་ལོ་ཞེ་ན། འོན་ཁྱེད་མདོ་ལས་ས་བཅུ་པ་སངས་རྒྱས་སུ་བཤད་པ་གང་གིས་སྤོང་། དེ་ཉེ་བ་ཉིད་ལ་དགོངས་སོ་ཞེ་ན། བཅུ་གཅིག་པའང་ཉེ་བ་ཉིད་ལ་དགོངས་པས་མཚུངས་སོ་ཞེས། མདོ་ནས་བཤད་པའི་ས་བཅུ་གཅིག་པ་ལ་གནས་པའི་འཕགས་པ་གཅིག་ཡོད་པར་ཞལ་གྱིས་མཆིས་ན། དེ་སངས་རྒྱས་བཏགས་པ་ཡིན་པ་དང་། བླ་མེད་ནས་བཤད་པའི་ས་བཅུ་གསུམ་པ་ལ་གནས་པའི་གང་ཟག་དེ་སངས་རྒྱས་མཚན་ཉིད་པ་ཡིན་པར་གསལ་བར་བཤད་དོ། །དེས་ན་གཞུང་འདི་ལས་ཀྱང་། རྒྱུ་ལ་ཁྱད་ཞུགས་པས་འབྲས་བུ་ལ་ཁྱད་པར་འབྱུང་བ་ཆོས་ཉིད་དེ། ཞེས་སོགས་ཀྱིས་མདོ་རང་རྐང་གི་ལམ་ལས་ཐོབ་པའི་ས་བཅུ་གཅིག་པ་གཅིག་ཡོད་པ་ལྟ་བུར་བཤད་ལ། གོང་གི་སྤྱི་རྣམ་ལས་ཀྱང་། ས་བཅུ་གཅིག་པ་སྤྱི་དོན་གྱི་མཐར་ཐུག་ཏུ་བཤད་པས། ས་བཅུ་གཅིག་པ་མདོ་ལམ་ལས་ཐོབ་པར་ནུས་ཞེས་ཡོད་པར་སོང་ལ། སློབ་དཔོན་རིན་པོ་ཆེས་གནད་ཀྱི་གསལ་བྱེད་ལས་ནི། ཕར་ཕྱིན་ཐེག་པས་བགྲོད་པར་བྱ་བ་དང་། ས་བཅུ་གཅིག་པའམ། བཅུ་གཉིས་པ་སྤྱི་དོན་མཐར་ཐུག་ཅེས་བཤད་པས། ས་བཅུ་གཅིག་པ་དང་བཅུ་གཉིས་པ་གཉིས་ཆར་ཡང་མདོ་རང་རྐང་གི་ལམ་ལས་ཐོབ་པར་ནུས་པ་ལྟ་བུར་བཤད་མོད། གོང་དུ་བཤད་པའི་ལམ་འཇུག་ལྡོག་ལས། མདོ་རང་རྐང་ལས་ས་བཅུ་པ་མན་ཆད་བགྲོད་ནས། ས་བཅུ་གཅིག་པ་ཐོབ་པ་ངེས་པར་སྔགས་ལ་ལྟོས་དགོས་པར་བཤད་པའི་གནད་ཀྱིས། མདོ་རང་རྐང་ལ་བརྟེན་ནས་ཐོབ་པའི་ས་བཅུ་གཅིག་པ་སོགས་གཏན་ནས་ཞལ་གྱིས་མི་བཞེས་པས། གོང་མའི་གསུང་གྲོས་དེ་དག་ལ་ཞིབ་ཏུ་དཔྱད་ན་མི་འདྲ་བའི་ཁྱད་པར་ཏ་ཅང་ཆེ་བ་ཞིག་ཡོད་པར་མངོན་ནོ། །

གསུམ་པ་གཞན་གྱི་དོན་ངོས་བཟུང་བ་ལ། འོན་རྗེ་བཙུན་གོང་མའི་གསུང་དེ་དག་འགལ་མེད་དུ་ཁས་བླང་ཚུལ་ཇི་ལྟ་བུ་སྙམ་ན། རྣ་བ་བླགས་ཏེ་ཉོན་ཅིག །འདི་ལ་རྒྱུད་དང་མན་ངག་གི་ལུགས་གཉིས་ལས། དང་པོ་ནི། ས་བཅུ་གཅིག་པ་ཐོབ་པ་སྔགས་ལ་ལྟོས་དགོས་པ་ལམ་འཇུག་ལྡོག་ནས་བཤད་པ་ལྟར་ཡིན་པས། ས

བཅུ་གཅིག་པ་ལ་སྔགས་ལམ་ཡིན་པས་ཁྱབ་ལ། འོན་ཀྱང་རྒྱུད་སྡེ་སྤྱི་རྣམ་དང་། བདག་མེད་བསྟོད་འགྲེལ་གྱི་དགོངས་པ། མདོ་རང་རྐང་ལས་ས་བཅུ་གཅིག་པ་ཀུན་ཏུ་འོད་ཀྱི་མིང་ཙམ་ཞིག་བཤད་ཅིང་། མདོ་ལུགས་པ་དག་གིས། ས་དེ་ཐོབ་པ་ལ་སངས་རྒྱས་སུ་བཞེད་པ་ཙམ་ལ་བསམ་ན། ས་བཅུ་གཅིག་པ་ལ་གནས་པའི་གང་ཟག་དེ། སྤྱི་དོན་གྱི་མཐར་ཐུག་དང་། ཕ་རོལ་ཏུ་ཕྱིན་པའི་མདོ་ལས་བཤད་ཚོད་ཙམ་གྱིས་སངས་རྒྱས་ཡིན་ཀྱང་། སྤྱིར་སྤངས་རྟོགས་མཐར་ཐུག་བརྙེས་པའི་སངས་རྒྱས་མ་ཡིན་པས། སངས་རྒྱས་བཏགས་པ་ཡིན་ཞེས་ཁས་ལེན་པ་ཡིན་གྱི། དེ་ཕར་ཕྱིན་མདོ་ལམ་ནས་ཐོབ་པའི་སངས་རྒྱས་ཡིན་ཀྱང་། དེ་སངས་རྒྱས་མཚན་ཉིད་པ་མ་ཡིན་ཞེས་ཁས་ལེན་པ་ནི་མ་ཡིན་ཏེ། ས་བཅུ་གཅིག་པ་མཚན་ཉིད་པ་ཞིག་སུས་ཐོབ་ཀྱང་། སྔགས་ལམ་ལ་བརྟེན་ནས་ཐོབ་དགོས་པའི་ཕྱིར་རོ། །

དེས་ན་རྒྱུད་ཀྱི་སྐབས་འདིར། མདོ་ལས་བཤད་པའི་བཅུ་གཅིག་ཀུན་ཏུ་འོད་ཀྱི་ས་དེ། སྔགས་ནས་བཤད་པའི་བཅུ་གཅིག་པ་དཔེ་མེད་པའི་ས་ཡིན་པས། དེ་གཉིས་གནད་གཅིག་པ་ཡིན་མོད། རང་ལྡོག་ནས་དོན་གཅིག་ཏུ་ཁས་བླངས་བར་མི་བྱ་སྟེ། བཅུ་གཅིག་པ་དཔེ་མེད་པའི་ས་དེ་མདོ་ནས་བཤད་པའི་ས་བཅུ་གཅིག་པ་མ་ཡིན་པའི་ཕྱིར་ཏེ། དེ་སྔགས་བླ་མེད་ཀྱི་རྒྱུད་སྡེ་ཐུན་མོང་མ་ཡིན་པ་ནས་བཤད་པའི་ས་ཡིན་པའི་ཕྱིར། དེ་བཞིན་དུ་མདོ་ནས་བཤད་པའི་ས་བཅུ་གཅིག་པ་ཆོས་ཅན། སྨྲས་དོན་གྱི་ས་ཡིན་པར་ཐལ། སྔགས་ནས་བཤད་པའི་ས་བཅུ་གཅིག་པ་ཡིན་པའི་ཕྱིར་ནའང་མ་ཁྱབ་སྟེ། ལམ་འབྲས་པས་སྨྲས་པའི་ས་ཕྱེད་དང་གསུམ་མམ། སྨྲས་པའི་ས་གསུམ་སོགས་བཤད་པ་ནི། སློབ་ལམ་དུ་གྱུར་པའི་ས་བཅུ་གཅིག་པ་དེ་མདོ་ལས་སྨྲས་ཞེས་པའི་དོན་ཡིན་གྱི། ས་བཅུ་གཅིག་པ་རང་ལྡོག་ནས་སྨྲས་པར་མི་འཆད་པའི་ཕྱིར་རོ། །འོན་དེ་ཆོས་ཅན། ཁྱོད་སྨྲས་པའི་ས་ཡིན་པར་ཐལ། ཁྱོད་སློབ་ལམ་དུ་གྱུར་པའི་ས་བཅུ་གཅིག་པ་ཡིན་པ་གང་ཞིག །དེ་མདོ་ལས་སྨྲས་པའི་ཕྱིར་ནའང་མ་ཁྱབ་སྟེ། སྔགས་ལམ་གྱི་ཐ་སྙད་མདོ་ལས་མ་བཤད་ཀྱང་། སྔགས་ལམ་ཡིན་ན། མདོ་ལས་མ་བཤད་པའི་ཁྱབ་པ་ཁས་མི་ལེན་པ་བཞིན་ནོ། །དེ་ཁས་ལེན་ནོ་ཞེ་ན། སངས་རྒྱས་ཀྱི་ཡེ་ཤེས་ཆོས་ཅན་གྱིས་གཤགས་པས་ལན་མེད་དོ། །དེས་ན་མདོ་ནས་བཤད་པའི་ཀུན་ཏུ་འོད་ཀྱི་ས་ལ་གནས་པའམ། ས་བཅུ་གཉིས་པ་ལ་གནས་པའི་འཕགས་པ་དེ། མདོ་ལུགས་ཀྱི་སངས་རྒྱས་སམ། མདོ་ལས་བཤད་པའི་སངས་རྒྱས་ཡིན་ཞེས་བྱའི། མདོ་རང་རྐང་ནས་བཤད་པའི་སངས་རྒྱས་སམ། མདོ་ལམ་ལས་བསྒྲོད་པའི་སངས་རྒྱས་སམ། མདོ་ལམ་ལ་གནས་པའི་སངས་རྒྱས་ལྟ་བུ་ནི་མ་ཡིན་ཏེ། སངས་འཕགས་ཡིན་ན། སྔགས་ལམ་ནས་བཤད་ཅིང་། སྔགས་ལམ་ལས་བསྒྲོད་དགོས་པ་དང་། སྔགས་ལམ་ལ་གནས་དགོས་པའི་ཕྱིར་རོ། །དེ་སངས་རྒྱས་མཚན་

ཉིད་པ་མ་ཡིན་ཏེ། གང་དག་བསམ་གྱིས་མི་ཁྱབ་པའི་གནས་མངོན་དུ་མ་བྱས་པ་དེ་ནི། བདེ་བར་གཤེགས་པ་སྟེ་སངས་རྒྱས་ཡིན་ལ། ཞེས་པའི་དངོས་བསྟན་གྱི་སངས་རྒྱས་ཙམ་ཡིན་ཀྱང་། མཚན་གཞི་མཚོན་པ་ནི། རྡོ་རྗེ་འཛིན་པ་ཡང་དག་པའོ། །ཞེས་པའི་དངོས་བསྟན་གྱི་སངས་རྒྱས་དེ་མ་ཡིན་པའི་ཕྱིར་རོ། །

གཉིས་པ་མན་ངག་གི་ལུགས་ལ། མདོ་ནས་བཤད་པའི་བཅུ་གཅིག་ཀུན་ཏུ་འོད་ཀྱི་ས་དེ། མན་ངག་གི་སྐབས་འདིར། དབང་བཞི་པ་ས་ཕྱེད་ཅེས་གྲགས་པའམ། ས་བཅུ་གསུམ་པའི་ཕྱེད་འོག་མ་ཞེས་གྲགས་པ་དེ་དང་གནད་གཅིག་པར་ཁོ་བོ་སེམས་ཏེ། ཕྱེད་འོག་མ་དེ་ཕ་རོལ་ཏུ་ཕྱིན་པ་དང་སྔོ་བསྟུན་གྱི། མཐར་ཕྱིན་གྱི་ལམ་དུ་བཞག་འདུག་པའི་ཕྱིར་དང་། ལམ་འབྲས་ལས། བཅུ་གསུམ་ཕྱེད་འོག་མ་དེ་ལ་སྐད་ཅིག་མ་གཉིས་སུ་བཞག་པའི་སྐད་ཅིག་མ་དང་པོ་ལ། བར་ཆད་མེད་པའི་དུས། བདུད་བཏུལ་བའི་དུས། ཆོ་འཕྲུལ་བསྟན་པའི་དུས་ཞེས་སོགས་བཤད་ནས། སྐད་ཅིག་མ་གཉིས་པ་དེ་ལ། རྣམ་པར་གྲོལ་བའི་དུས། མངོན་པར་རྫོགས་པར་བྱང་ཆུབ་པའི་དུས། ཐམས་ཅད་མཁྱེན་པ་ཆུང་ངུའི་དུས། ཞེས་སོགས་བཤད་ནས། ཕར་ཕྱིན་ལུགས་ཀྱི་སངས་རྒྱས་དེ་ཙམ་ཡིན་པ་ལ་དགོངས་ཏེ་བཤད་པའི་ཕྱིར་རོ། །འདི་ནི་ཁོ་བོས་རྟོགས་ཏེ། སྐལ་བཟང་སྙིང་ལ་དགའ་སྟོན་དུ་གྱིསཤིག །དེ་ལ་ཁོ་ན་རེ། མདོ་ནས་བཤད་པའི། བཅུ་གཅིག་ཀུན་ཏུ་འོད་ཆོས་ཅན། སྨས་དོན་གྱི་ས་ཡིན་པར་ཐལ། ས་ཕྱེད་དང་བཅུ་གསུམ་པ་ཡིན་པའི་ཕྱིར། ཟེར་ན། ཁྱོད་རང་ལ་མདོ་ལས་བཤད་པའི་སངས་རྒྱས་ཀྱི་ས་ཡིན་པར་ཐལ། ས་བཅུ་གསུམ་པ་ཡིན་པའི་ཕྱིར། ཞེས་སོགས་མཚུངས་སོ། །

ཡང་བཅུ་གཅིག་ཀུན་ཏུ་འོད་ཆོས་ཅན། ཁྱོད་མདོ་ནས་བཤད་པའི་སངས་རྒྱས་ཀྱི་ས་མ་ཡིན་པར་ཐལ། ཁྱོད་མདོ་ནས་བཤད་པའི་བྱང་ཆུབ་སེམས་དཔའི་ས་ཡིན་པའི་ཕྱིར་ཏེ། ཁྱོད་མདོ་ནས་བཤད་པའི་བྱང་ཆུབ་སེམས་དཔའི་དེ་དང་དེ་ནས་མ་བཤད་པའི་བྱང་ཆུབ་པའི་ས་གང་རུང་གང་ཞིག །ཕྱི་མ་མ་ཡིན་པའི་ཕྱིར། དང་པོ་གྲུབ་སྟེ་བྱང་ཆུབ་སེམས་དཔའི་ས་ཡིན་པའི་ཕྱིར། ཕྱི་མ་མ་གྲུབ་ན། ཁྱོད་མདོ་ནས་མ་བཤད་པར་ཐལ། ཟེར་ན། འོ་ན་ས་བཅུ་གཅིག་པ་ཆོས་ཅན། ཁྱོད་མདོ་ནས་བཤད་པའི་སྨས་དོན་གྱི་ས་ཡིན་པར་ཐལ། ཁྱོད་དེ་དང་། ཁྱོད་དེ་ནས་མ་བཤད་པའི་ས་གང་རུང་གང་ཞིག །ཕྱི་མ་མ་ཡིན་པའི་ཕྱིར། འདོད་ན། ཁྱོད་མདོ་ནས་མ་བཤད་པར་ཐལ་ལོ། །འདོད་མི་ནུས་ཏེ། ཁྱོད་མདོ་ལས་སྨས་པའི་ས་ཡིན་པར་ཐལ་ལོ། །རྩ་བའི་རྟགས་དང་པོ་དེར་ཐལ། ཁྱོད་སྨས་པའི་ས་ཡིན་པའི་ཕྱིར། མ་གྲུབ་ན། ས་བཅུ་གཅིག་པ་དེ་སྨས་པའི་ས་ཡིན་པར་ཐལ། སྨས་པའི་ས་གསུམ་ཡོད་པའི་ཕྱིར་རོ། །ཡང་འདི་ལྟར། ཁྱེད་ལམ་འབྲས་པ་དག་འཚང་རྒྱ་བའི་ཚེ། འཁོར་ཆོམ་བུ་གཅིག་དང་བཅས་འཚང་རྒྱ་དགོས་ན། འཁོར་ཆོམ་བུ་གཅིག་གི་ནང་ཚན། སློབ་པ་པོ་རང་གི་བླ་མ་དང་། གསོལ་

བ་འདེབས་པའི་སློབ་མ་ཡང་ཆོས་ཅན། ཁྱོད་འཁོར་ཆོམ་བུ་གཅིག་དང་བཅས་འཚང་རྒྱ་བར་ཐལ། ཁྱོད་འཚང་རྒྱ་བ་ལ་མངོན་དུ་ཕྱོགས་པའི་གང་ཟག་ཡིན་པའི་ཕྱིར། ཁྱབ་པ་ཁས། འདོད་ན་དེ་གཉིས་ཆོས་ཅན། ཁྱོད་རང་གི་བླ་མ་དང་རང་གི་སློབ་མ་དང་། རྒྱུད་དག་པའི་ཕྱག་རྒྱ་སོགས་དང་བཅས་འཚང་རྒྱ་བར་ཐལ། འདོད་པའི་ཕྱིར། འདོད་ན། སྒྲུབ་པ་པོ་རང་ཉིད་འཚང་རྒྱ་བའི་ཚེ། ཆོམ་བུ་གྲངས་མེད་དང་བཅས་འཚང་རྒྱ་དགོས་པར་ཐལ། རང་ཉིད་ཆོམ་བུ་གཅིག་དང་བཅས་འཚང་རྒྱ་བའི་ཚེ། ཆོམ་བུའི་ཡ་གྱལ་རེ་རེ་ལ་ཡང་ཆོམ་བུ་རེ་རེ་དགོས། ཆོམ་བུ་དེའི་ཡ་གྱལ་རེ་རེ་ལ་ཡང་ཆོམ་བུ་རེ་སོགས་ཐུག་མེད་དུ་ཡོད་པའི་ཕྱིར། ཟེར་ན། འོ་ན་ཁྱོད་ལ་རྣམ་གསལ་གྱི་དཔེ་བསྟན་པར་བྱས་ཏེ། ཤིང་གཅིག་ལ་ཡལ་འདབ་ལྔ་ཁ་ན་ཡོད་པའི་ཡལ་འདབ་ལྔ་པ་དེ་ཆོས་ཅན། ཁྱོད་ཡལ་ག་ལོ་མ་དང་ལྡན་པ་ཡིན་པར་ཐལ། ཁྱོད་ཤིང་ཡིན་པའི་ཕྱིར། འདོད་ན་ལོ་འདབ་ལྔ་ཁ་ན་བྱས་པའི་ཤིང་དེ། ལོ་འདབ་ལྔ་པ་ཁ་ན་ཅན་མ་ཡིན་པར་ཐལ། དེ་ལ་ལོ་འདབ་གྲངས་མེད་ཡོད་པའི་ཕྱིར། ཞེས་སོགས་ཀུན་ནས་མཚུངས་སོ། །དེས་ན་འཁོར་ཆོམ་བུ་གཅིག་གི་ནང་ཚན་རེ་རེ་ལའང་། ཆོམ་བུ་རེ་རེ་དགོས་པ་མ་ཡིན་ཏེ། དེ་དག་འཁོར་ཆོམ་བུ་གཅིག་གི་ནང་ཚན་ནམ། རིགས་སུ་གནས་པ་ཡིན་པའི་ཕྱིར་རོ། །ཡང་ཁོ་ན་རེ་ཁྱེད་བི་རུ་པའི་རྗེས་འབྲང་དག །འཚང་རྒྱ་བ་ངེས་པར་ཉེ་རྒྱུ་ལ་ལྟོས་དགོས་ན། འཁོར་ཆོམ་བུ་གཅིག་གི་བླ་མ་དང་སློབ་མ་སོགས་ཀྱང་ཉེ་རྒྱུའི་སྤྱོད་པ་ལ་བརྟེན་ནས་འཚང་རྒྱ་དགོས་པར་ཐལ། དམ་བཅའ་དེའི་ཕྱིར། འདོད་ན། དེ་དག་ལ་ཡང་ཕྱག་རྒྱ་མ་རེ་དགོས་པར་ཐལ་ལོ། །ཟེར་ན། སྐྱོན་མེད་དེ། འཚང་རྒྱ་བའི་ཚེ། རང་གཞན་གང་རུང་གི་ཉེ་རྒྱུའི་སྤྱོད་པ་ལ་བརྟེན་ནས་འཚང་རྒྱ་བ་ཡིན་པས། སྒྲུབ་པ་པོ་རང་ཉིད་འཁོར་ཆོམ་བུ་གཅིག་དང་བཅས་འཚང་རྒྱ་བའི་ཚེ། སྒྲུབ་པ་པོ་རང་ཉིད་ཉེ་རྒྱུའི་སྤྱོད་པ་དང་། གཞན་རྣམས་གཞན་གྱི་ཉེ་རྒྱུའི་སྤྱོད་པ་ལ་བརྟེན་ནས་འཚང་རྒྱ་བ་ཡིན་པའི་ཕྱིར་རོ། །

ཨེ་མ་ཧོ། མདོ་རྒྱུད་གྲངས་ཅན་ནོར་བུའི་ལྟེ་བ་ནས། །སྡོམ་གསུམ་ཧ་རིའི་འཁྲི་ཤིང་རྒྱས་པའི་རྩེར། །ལེགས་བཤད་འབྲས་བུ་ཆགས་པའི་དྲི་བསུང་གིས། །མཉན་ཡོད་བདུད་རྩིའི་ལྗོངས་འདི་གང་བར་ཤོག །ཅེས་པ་ལམ་འབྲས་བུའི་ལེགས་པར་བཤད་པ། མཉན་ཡོད་བྱ་གཤོངས་ཀྱི་འདུན་ས་ཆེན་པོར། ཁྲི་ཚང་པ་མང་ཐོས་ཀླུ་སྒྲུབ་རྒྱ་མཚོའི་ལེགས་པར་བཤད་པ་རྫོགས་སོ།། །།